聯合評論

第五輯

本刊已經香港政府登記

聯合評論

週刊

每逢星期五出版

United Voice Weekly

第二四七號

督印人：黃宇人　總編輯：左仲平

社址：九龍大埔道一六八號南亞書局 805641

承印：嘉羅印刷有限公司 香港灣仔馬師道5號

總代理：友聯發行公司 每份港幣一毫

本刊美洲總經銷 紐約中美出版社

CHINESE - AMERICAN PRESS, INC

199 CANAL STREET.,

NEW YORK13 N. Y. U.S.A.

美洲航空版每份售美金一角

張君勱辭去中國民主社會黨主席啓事

勱於民國廿一年建黨，旨在改變一黨專政，促進憲政，以奠定吾國民主政治之基礎。抗戰之中[illegible]簽訂合作宜言。及戰事結束，勱勉力草成今日[illegible]至台灣。然此政府已非憲法所規定全國人民按[illegible]，政府特有美國軍援經援以永保其政府黨之地[illegible]在野黨。勱在國外遙任主席之名，而實虧領導[illegible]。謹啟。五月廿八日於金山

談華僑的團結與祖國的統一

並質海外論壇上「中印界爭」作者李鐵錚先生

李　璜

在二月一日出版的留美學人討論問題的海外論壇上，筆者拜讀了李鐵錚先生作的「中印界爭對我留學生思想上的影响」一文，覺得作者旅居異國既久，思鄉愛國，熱望祖國早日得到統一；為了祖國統一的願望與計劃，作者乃「引領以望」華僑與留學生先行團結；為要如何去求團結，作者又希望海外論壇多討論什麼是我們公認的國家利益。——作者此文可算得是深體時艱，語重心長了！並且，在本文中作者列舉了曠觀世局來的若干事例後，提出了一個基本問題：「思想鬥爭的需要應否超越國家利益的要求，還是國家利益的要求應否不顧思想上、信仰上的分野？」這裏作者所強調的「國家利益」四字，筆者覺得大可研究，因不揣淺陋的來討論一下，以就正於作者，並願向留美學人請教。

蓋好在作者李先生的本意，便是希望大家多多討論什麼是我們所公認的國家利益；而作者著筆很好，因為既曰「公認」二字，則國家利益，尤不是執政者一黨人所單獨認識的國家利益，更不是中國大陸上中共非如是認定不可的。而強迫人民以共軍打敗國軍而奪得中國大陸的江山之後，中共也特別強調「國家利益」四字，如「抗美援朝」，其口號是「保鄉衛國」，而中共雖然在北韓打死了我同胞一百餘萬，而中共卻認為這是在國家利益之下死得應該的。中共又如何在韓戰中打掉了十六億美元，其財政從此不能再支，乃實行三反五反以至將農民糧食搜括殆盡，中共當權者還叫大家在「一窮二白」中，收緊褲帶，拼命生產，其公開號召，也是說為的國家利益。因是，中共特別誇耀「祖國的強盛，超過任何一個時期」。我們如果去收聽大陸的廣播，便一定常常的聽見這句誇耀之辭的。這個誇耀的用意，很明瞭的是說：人民雖然吃不飽，穿不暖，甚至以營養過於缺之而致死者以萬千計，但為了國家的利益，還是應該的、值得的。

然而，這個中共所強調的國家利益，在事實上，又是不是我們所「公認」的國家利益呢？即以李先生的本文緣起所說的「中印界爭」而論，在事實的演變上，乃有一長段的經過，可以奉告於李先生的：這是在民國三十九年，中共接收四川，引起大動亂，中共幹部被川人殺死二千多人以後，中共決心將四川殘餘軍閥的殘餘部隊以及野性難馴的四川哥老餘黨，盡行逼離家鄉，一大部份送往參加韓戰（故今日在台灣的韓戰義士一萬多人，四川人乃佔七千以上），另一大部份則送往西康修路並實邊。於是引起西藏喇嘛的疑忌，暗中襲擊中共的糧食運輸車輛，而引致西藏之役；又因西藏之役，達賴喇嘛逃往印度，而更引致中印界爭的。（在已停刊的香港自由人三日刊上，筆者曾述此事變經過詳況，茲不贅。）其實，今日所謂中印界爭已經變了質，因為中共大軍已退過麥馬洪線二十里了，而印度仍不肯講和；中共勞師遠征結果，可謂名實兩虧；而尼赫魯則老是故作哀者，向英美及其國中的各大檀越普求布施，大得其利。目前，中共對印，天天在喊和平，而尼赫魯則藉故不理，筆者尚不知中共為國家利益計，何以善其後也！

至於思想鬥爭的需要應否超越國家利益？則中共的思想鬥爭的需要來得特別大，可以說超越了一切任何利益。我們茲不必談共產主義者的鬥爭理論，有其一套的信條或偏見；即以中共自據大陸以至於今十三年中，其思想鬥爭的實施辦法之劇烈，可以說超過了其他的共產極權國家的所行所為：初則鬥地主、鬥富農、鬥反革命，繼則鬥所謂資本家與剝削階層，繼而又鬥右派，鬥：等，這類在國內的思想鬥爭的辦法，名稱多得很，辦法也多方而殘酷，要列舉，可以寫上一大篇，非在此的短文所許可，但中共並不隱瞞，僑胞多已明白，而外國人統名之曰「洗腦」，其實為洗腦，腦未洗淨而人已被弄死者不知凡幾！試問，中共這一種不斷的思想鬥爭，是為的國家利益嗎，抑或只是為的中共藉恐怖以穩住其政權的黨的利益？何況目前毛澤東為思想鬥爭，而還在花大本錢去收買阿爾巴尼亞、北韓與北越等，要與蘇俄的赫魯曉夫爭一爭共產世界的領導權；這樣，與中國國家的利益又有何相干呢？（下轉三版）

雜文兩則

左舜生

一、

從去年九月到現在，我已近九個月沒有寫過有關時局的文字，一方面是因為在旅行中對國內情形多少有些隔膜，不願隨便亂說；一方面是因為在波士頓和舊金山兩次生了二十四天的病，身體上和精神上受的損失不小，更想以沈默代休息，不願多動腦經。但這不能解釋為我無憂無慮，存心鬼混；更不能解釋為我打算得過且過，對國事漠不關心。

我在本刊最近的四個月共十六期，寫了三萬字左右的一篇「旅美實感」，這是因為我初回香港的時候，不少的朋友向我問長問短，我覺得要向每一位朋友逐一說明，實在太費氣力，決不是我病後的身體所能勝任，因而只好用文字作一總答覆，使我自己節省一點精神，也使大家得著一整個的概念。這篇東西儘管有三萬字以上，但我所要說明的卻只有兩個重點：其一在說明我國留美學生一般的動向；其又一則在說明部分美國學者對現代中國的研究，非常熱心。我覺得在一個時期，經常有七八千個中國青年在美國研究科學，而且有不少的人已經有了了不起的成就，這是過去一百年所不曾有過的一種現象。如何使這一群科學人才對國家能有所盡力，這是今天國內朝野共同的責任，必得要好好的考慮。至於有一部分人也希望留美學生起來參加解決中國目前的政治問題，我便感到有些文不對題。說到研究現代中國，這本來是中國人自己的責任；美國學者的觀點和研究的方法儘管有許多值得我們參考，但期待他們作一種綜合而深入的探討，能得出有價值的結論，這似乎還不是今天的美國學人所能勝任。

二、

上月二十三日香港「工商日報」特訊：「（台北）「時與潮」周刊被勒令停刊一年，理由是該雜誌刊登了幾首雷震在獄中所寫的詩。雷震是「自由中國」半月刊的發行人，因煽動罪被判處十年監禁。「自由中國」早已被勒令停刊。」

我看了這一則消息很奇怪：我和雷儆寰做朋友，已快有三十年的歷史，從來就不知道儆寰會做詩，也從來不曾見過他關於詩的寫作。從南京到重慶，從重慶到台北，他的家我是常到去的，也偶然到他家裏去撥過幾圈麻將。他的書架上所陳列的那些書，我也曾偶然望過，好像涉及的方面很多，惟獨關於中國文學的卻是絕無僅有。再說到儆寰這個人，他也似乎很少具有詩人的氣質：假定他真有幾分詩人氣質，可能他對台北的批評便不會那樣認真，那樣效死不去！舉世混濁，他既不肯隨其流而揚其波；衆人皆醉，他又不願餔其糟而啜其醨，他之所以終於「被難」，以他的懷抱與立場來說，也可以說是「求仁得仁」吧！

「時與潮」這種雜誌，從前我也偶然見過，近來手邊卻是沒有；因為覺得一個從來不做詩的人，坐了幾年牢，居然會做了，而且因為登了雷的詩又引出該雜誌的停刊，乃急於要找來看看。從朋友處借得一六六、一六七期及一六九期的「時與潮」三冊，儆寰這首所謂「自勵詩」，便登在一六六期上面。嚴格說起來，這只是一個普通用功的讀書人用以自勉明志的一首箴言，或用白紙寫就貼在書桌傍邊的一篇座右銘之類，三個字，四個字或五個字一句，倒也整齊，可是談不到什麼詩，因為不論舊詩或新詩，都沒有這種寫法，不過儆寰自己既說是詩，即承認它是詩，也未嘗不可，好在這一切一切都無關宏旨。不過，說到這首詩的內容，卻真是平平無奇，除自勉自勵以外，既沒有開罪任何人，也不帶絲毫的煽動性，現在我把這首原詩錄在下面，給遠地的朋友們看看，也可使大家對台灣增加一點認識。他的原詩是這樣的：

「無分敵友，和氣致祥；多聽意見，少出主張。容忍他人，克制自己；自由乃見，民主是張。批評責難，攻錯之則；處心接納，改勉是從。不怨天，不尤人，不文過，不飾非；不說大話，不自誇張；少說多做，功成不居。毋揭他人短，毋揚自己長；毋追懷既往，毋幻想將來。忠於信守，悉力以赴；只顧耕耘，莫問收穫。處心無愧，毀譽由人，當仁不讓，視死如歸。做人和處世，皆賴之以進，治國平天下，更非此莫成。」

詩是去年九月九日夜裏寫的，詩後還附有一段跋文，說明他這一天的獄內生活，只是寫實，也看不出有什麼不妥當的辭句。至於儆寰的夫人宋英女士峇覆「時與潮」記者訪問的一篇談話，更是小心謹慎，心平氣和，沒有半句刺激感情的話，反之，她於監獄方面對儆寰的照顧，還表示了非常的感謝，認為儆寰能靜度三年的牢獄生涯，在身體和修養方面都有相當進步，不能不說是監獄方面的一種賜予。像這類的話，究竟有何開罪他人之處？又有何損害國家之處？而登載這類文字的一本雜誌，何以便要受到停刊一年的處罰？我實在是莫測高深。究竟發出這種停刊命令的是什麼人？執行這一命令的又是什麼機關？是否僅僅只有如「工商日報」所記的這一表面理由，或還有其他的內幕？我都不想知道，實際也無從知道，總而言之，統而言之，不難窺見目前台灣政象的一斑就是了？

中國經過了五十年以上對內對外的紛紛擾擾，人才的自毀與被毀，已多到不可勝數；照目前所僅有一小部分人才，維持了台灣十幾年來這一小康的局面，已經不太容易。現在反攻復國的聲浪，總算是高唱入雲，可是反攻的工具，除掉幾十萬的軍隊和相當困難的財經之外，總還需要在人民的心理上多找根據。要減輕目前人民心情的極度苦悶，凡一切過度操切或近於衝動的舉措，總以愈少愈好，我不願在這裏毛舉細故，但希望有責任的方面在原則上加以考慮。

中共新技團團員楊少亨請蘇丹庇護

綜觀

中共常派人往世界各地去作文化宣傳或戲劇技術表演，以進行滲透和宣傳活動，這是誰都知道的。所有這些被派出的人，人與人之間互相監視，一點也沒有個人行動自由，這也是誰都知道的。所以，有些不明內幕的人，看見他們在舞台上或某些場合替中共大賣氣力，還以為他們真的忠心中共，其實他們都是外紅內白，他們都是被逼迫，他們都是內心反共的。只因缺乏機會，內部控制太嚴，故難於得到投奔自由的機會而已。但他們一有機會，便冒險脫離魔掌，最近在非洲蘇丹請求政治庇護的中共新技團團員楊少亨便是一個顯明例子。

中共派往非洲表演的「重慶雜技團」是於本年五月到達非洲蘇丹表演的。楊少亨於五月六日看準機會，決然投奔自由，即請求了蘇丹政府的庇護，並向蘇丹政府表示願回到中華民國的台灣省去。當經蘇丹政府將楊少亨送至中華民國駐希臘大使館，而由中華民國駐希臘大使館武官陪同乘飛機經美國紐約及日本東京而於五月廿七日飛抵台北。

楊少亨現年廿六歲，雖然幼年時讀書不多，但所寫文字仍頗暢達。據楊少亨說，他原是天津人，但卻出生於廣州，長成於重慶。他是雜技世家。他父親便是抗戰時在重慶及西南大後方著名的楊家班的班主，他雖然有三個姐姐，但他本人卻是楊家班班主的獨子。中共派到中南美洲及非洲各地表演過的這一所謂重慶雜技團，則不過是中共強迫楊家班即楊少亨的父親將楊家班改組擴大的一個組織而已。中共給他們的任務卻是「一切為黨服務」，「一切以政治掛帥」。

據楊少亨說：中共控制大陸後，對於戲劇界的控制，一如它對其它的各種控制是一樣。中共把他父親一生辛苦經營的楊家班接管後，即加以擴大，命名為「重慶雜技團」，勸令他們到各處表演，他說他們經常被「分為幾個小隊，派出去表演。由於每一小隊的人手太少，當演出時，演員不但要在台上表演，還有許多「兼差」都要演員負担，例如演員要兼搬道具，打掃清潔，舞台管理，還要帮作宣傳的工作。由於雜耍都是很消耗體力的功夫，當一九五二年過端陽節的前兩天，我們被派在重慶市郊表演時，一則由於我自己的體力消耗過多，兼以營養不足，一則由於其他演員也像我一樣的過度疲勞，當輪到我表演「疊立五把椅子，人在椅子頂上倒立的「大頂」節目時，因其他演員都疲乏了，致注意力疏忽，把五個椅子的號碼秩序弄錯，當我爬上最高一把椅子，全身倒立時，我才發現弄錯了，但此時已為人騎在虎背上一般，已無法由椅子上跳下來，終致椅子倒下，我摔下來，跌斷了左腿。

「我的腿跌斷了，這是人命關天的大事，但在中共控制下的雜技團，並不能因此停止演出，其他的演員仍要若無其事的照常演出，我就被擱在後台角落上，延誤了一個多小時，才把我抬送到重慶市立二醫院治療。

「在醫院治療了兩個多月，在此時間，父親和姐姐姐夫們，都在身不由主的被逼情況下，繼續到各地演出，我養傷兩個月，就沒有我的親屬到醫院探視過我。

「中共控制下的藝人，非但要被這如此的無人情、無人性，它們把藝人根本不當人，當作它們是政治的工具。

「它們役用藝人為工具的方式，大約分為兩種方式：一是由「黨」安排好了日程派出雜技團到各地輪迴數月之久的演出，這種演出收入是比較「自由」。另一種演出就是一種「政治任務」。記得當大陸上「三年災害」最嚴重時期，中共最缺少糧食，中共發現農民仍有餘糧不肯向「政府」捐獻，為了搜刮，中共就用雜耍團到鄉村表演，來招集農民。以「點名」的方式，向農民要糧，農民們在軟硬兼施的逼迫下，只有硬着頭皮，乖乖地把餘糧拱手給人。

「我因表演失手跌斷左腿，住院養傷了兩個多月後，謝謝上蒼，我的腿居然完全康復。

「我回到團裏繼續吃這一行飯，但我從此再也不表演在幾把椅子上倒立人身的「大頂」功夫了。

「並不是我自己不願再作這種驚險的玩藝，而是派駐在我們這個雜技團中的中共幹部，認為我在舞台上表演時失手，丟了團的面子，把責任全推到我一個人身上，不准我再作這一項表演。

「中共幹部的這一決定，在他們來說，還是對我的一種懲罰，但對我來說，實在是使我內心十分暗喜的事。

「而事情卻又並不如此盡如我意。中共幹部雖然不准我表演椅上倒立人身的「大頂」功夫，但他們對任何一個藝人的利用價值，是一點也不肯放鬆的。他們看我正年輕，仍可以學習新的雜耍節目，於是他們又命令我學習「罎技」。

「所謂「罎技」，一般雜耍團的這一節目，就是演員仰臥在桌上，高舉雙腿，把一個陶器的罎子頂在腳板上，各種花樣，玩弄於腳板之上。但團裏的中共幹部不相信我的左腿已完全康復，不信任我用雙腿來練習罎技，他們出了一個很絕的主意來「磨」我，叫我用頭頂着重約廿斤的大罎子來練習罎技。

「我失手摔斷左腿的時候，還只有十六歲，我開始練習罎技，是在一九五五年，這時我已經十九歲了。由於中共幹部叫我用頭頂罎子練習罎技的主意太絕了，沒有名師指點，我只有被逼硬着頭皮，用無師自通的方式，勤練了兩年多，我的罎技才被正式排為節目，上台表演了。

「在一個雜耍演員來說，僅學習一項表演節目，就要花兩年多的工夫，這是頗為滑稽的事。

「誰都知道，任何一個雜耍演員的訓練，都是要從孩童時代就開始，我到十九歲才被逼學習罎技，在生理條件上實在是一種殘忍的事。

「其實，任何一個雜耍演員，在孩童時代開始鍛鍊學習時，都帶有一些殘忍的意味。因為任何一個雜耍演員，在學徒時期除了身心筋骨所受的痛苦折磨，不是局外人所能想像到的。

「我在八歲時開始學習雜耍，由於我父親是「楊家班」班主，我跟父親學藝，父親就是我的師父，更由於我是獨子，父親難免特別疼愛我一些，所以我在習藝時期，父親從來沒有揍過我。

「我雖然沒有因練工夫挨過揍，但兒時練工夫所忍受的身心筋骨的痛苦，回憶起來，真是無限辛酸無盡淚。

「成為一個雜耍演員的基本條件，除了身體要強健，還有：手腳要長、直，盤腿和彎弓膀子，都沒有養成為雜耍演員的資格，當然，如果肩是彎的，背是駝的，那就更不用談了。」

楊少亨並且說，中共對他受傷後的訓練異常殘酷。但中共因為沒有別的和更好的雜技團可以派往外國表演，所以，中共一面殘酷的訓練他，一面仍强迫他出國表演。

而他的內心，則亦暗中高興他有出國機會。因為他有找機會在外國請求政治庇護，以投奔自由。

說到楊少亨在非洲蘇丹地方請求政治庇護的故事，卻也是相當戲劇化的，而他的勇敢和機智亦極值得人們敬佩。

據楊少亨說，他自己既早已存着投奔自由的決心，故隨時留意機會。他們到達非洲蘇丹去表演時，中共幹部曾對重慶雜技團全體團員介紹情況，指出「蘇丹並不是我們的真正友人，我們在非洲的資本主義國家設立大使館，是為了向非洲的左翼份子顯示像一九四九年奪取中國大陸的馬克思主義革命，是可能在非洲成功的。」

楊少亨說，共幹的這一番話，本來是對重慶雜技團全體團員的一種政治分析，也是該團共幹的政治工作的一部份，殊不知，這對楊少亨卻發生了另一種啟示。他想：蘇丹既不是中共的真正友人，那末，他正可在蘇丹設法覓取政治庇護。於是，他跟隨共幹在蘇丹京城各處參觀的時候，他暗暗留意街道與地形，作好投奔自由的必要準備。

楊少亨說：有一天，他佯裝上廁所，趁空溜了出來，並立即去找一個蘇丹官員，正式表示他要請求政治庇護。但楊少亨不會說英語，更不會阿拉伯語，蘇丹官員聽不懂他的話，根本不知道他是要請求政治庇護。後來，他靈機一動，從袋中取出一張世界地圖，把地圖在蘇丹官員面前攤開，並且指着地圖向蘇丹官員說：「北平──不，台灣──是」。如此再三比劃，那蘇丹官員才懂得他是要到台灣。但蘇丹官員表示自己不能作主，還得請示上級，於是，楊少亨無可奈何，只得回到住處。但他回到他所住的樓房時，天已快亮了。正當他緊張而暗暗舉步登樓時，一件事使他大吃一驚，他抬頭看，原來隨團監視的兩個共幹，已分別坐在通往樓上的兩個樓梯口，正在等他。

「你到哪裏去了？」身為隊長的共幹先用嚴厲口吻查問他。他實在無詞以對，共幹一再盤問後，最後命令他寫一封坦白報告書。第二天，楊即被監視，無法逃出。但幸而再隔一天，即五月六日，全體團員都要登台表演。當晚，他趁全體團員上台與觀眾行見面禮的時候，他立即抓住機會，穿着戲裝，也來不及卸，拿起包袱，便急促離開劇場，找到那位蘇丹官員後，再度提出請求政治庇護，並請求蘇丹政府送他到台灣。蘇丹政府算是很好，立刻把他安置在蘇丹兵營中，那裏靠近機場，並為他辦理各種手續。遂於五月十九日登上飛機，順利飛到了希臘京城雅典。中華民國與希臘建有邦交，設有大使館，乃由中華民國駐希大使館武官陪同他飛到美國紐約，轉飛日本東京，再飛到台北。

他並且說：中共幹部時常對他們說，西方資本主義國家和整個自由世界都是落伍腐化經濟衰退貧窮不堪的，但他乘船經過各地，眼見各地人民自由快樂，與中共統治的大陸比較，中共統治下正像地獄，所以，他完全粉碎了中共的謊言，更加强了他投奔自由的勇氣。

談華僑的團結與祖國的統一

並質海外論壇上「中印界爭」作者李鐵錚先生

（上接第一版）

李璜

因是，所以我說，國家利益四字大可研究，而李鐵錚先生的「公認」二字着筆得很好，就是如此！

然則，國家利益又如何的去公認呢？茲由筆者不揣冒昧的來先認定一下，只暫作拋磚引玉而已。

國家所以成立之要素，照舊日常識所認定的，曰：土地、人民、政事；改用近代新名辭，來釋其內容，則曰：主權國家、民族國家、福利國家。所謂主權國家則為十八世紀以來的國權的獨立與平等是；但到了十九世紀至二十世紀初，則此主權的獨立應不將少數民族及殖民地與次殖民地民族壓迫而合併在內，於是有「民族自決」的口號，曾由羅斯福總統公開的提了出來，而成為二十世紀的近來民族建國的新潮流，卒令亞非兩洲今日新成立之國，幾佔聯合國的半數席位。但是，主權國家與民族國家之義尚矣，而二十世紀近三十年，因有羅斯福總統的四大自由提了出來，則在確立言論的自由，信仰的自由，免於貧乏的自由，及免於恐怖的自由等原則之下，又有福利國家一義去賦予一國的執政者，要使在其國內政事上特加注意。此邱羅於一九四一年八月十四日，所發起的大西洋憲章，而經我國以至蘇俄其他二十四國政府簽字於其上；聯合國即據此義而成立，中有一條，曰：「任何國家在其國境以內，都使之安全無虞，任何個人都當使之免於恐怖與貧乏。」

且福利國家之義，經英國工黨執政所實施「國民生活最低限度水準之強制執行」(Universel Indorsement of National Minimum)，以及美國民主黨執政而實施「全民普遍就業」(Full Employment)，其義日顯；故今日的國家學說，為有鑒於二次大戰前後右傾與左傾極權的主張，一味強調「民族至上」，「國家至上」，使國家民族成為絕對之義，要個體（國民）為之無條件的犧牲一切，卒致引起大戰；大家痛深創鉅之後，乃強調福利國家，藉以修正絕對的民族國家：民族國家在其絕對的意義上，強調「人民所以為國家而存在」；而福利國家，則認為「國家所以為人民而存在」；質言之，如果一國執政者，其政事乃不能解決人民的生活問題，徒使人民受苦，長遠無自由與繁榮的生活可言，則執政者徒為愛國之義而要求人民長此犧牲下去，乃成為無意義的舉動了！

即脫開今日民主國家如英美，共產國家如中共與蘇俄，其所表現，在國家利益上看來，孰優孰劣，姑置不論外，要之，一個國家，其人民生活，長遠的困乏下去，則其人民身體必日趨於衰弱，精神必日趨枯萎。其不願衰弱與枯萎者，則必終趨於逃散，此我詩經之有「碩鼠」之章：「碩鼠碩鼠，無食我黍，三歲慣汝，莫我肯顧，逝將去汝，適彼樂土，樂土樂土，爰得我所」；而鐵幕竹幕中之人民，必得紛紛投奔自由，往外逃來，寧棄父母之邦，而流落於外，甘為難民，——是又豈強調主權國家與民族國家的強權者之所能制止其國民的求生之念嗎？

以上所言，似乎是已超出本題所說的「華僑的團結與祖國的統一」這一題旨之外，但為討究如何的團結與統一，則團結必須大家有一共同認識的立場，則此團結方有意義而穩固；統一也必須大家有一認定統一的可能性，何況李鐵錚先生是「相信祖國的強盛，是華僑與留學生一致的要求」，則其何以始足以期於強盛，又豈可徒託空言！

因之，請進而一談團結的立場。

我國華僑自唐代以來，即以逐次相當的大量的前往南洋從事開發事業，華露藍蔞，以啟山林，尤以宋末為盛；明清時代，華僑在東南亞的經濟事業，即已有堅固基礎，而前清中葉，且遠赴非、美兩洲各國者不乏其人，類皆能刻苦奮鬥，故所至之地，多能樹立其工商規模，掌握其經濟樞紐，而為當地人所羨慕。但因我僑胞政治意識不強，又莫有政府為其有力的後盾，故僑胞終成為僑民，而在十七世紀以來，即屢受殖民地主義者與當地土著的壓迫，因是華僑的民族思想特強；且中國人因普遍的受到儒家正統思想的教育，不輕棄父母親族之邦，故對於故國之思也特厚，此所以孫中山先生以民族大義為號召，以革命排滿，便立刻得到各地華僑的助力，而卒有辛亥革命的成功，近人史家稱「華僑為革命之母」，並非虛譽。

然而，華僑因愛國家民族之故，近五十年來，每當國內有大事變，看不清楚，或受誘惑而人與其錢財竟自受了欺騙，大吃其苦者也不少人，而尤以此次中共佔據大陸後，其受騙吃苦為最厲害。因是懲前蔑後，我華僑如言救國而團結，當先求所以自立之道；而其立場，在我認為，萬不可再採第三者調和國共的地位，去斯望在和平理論之間，便足使兩個中國變為統一的一個祖國。

「兩個中國」的謬論，不但李鐵錚先生認為荒誕，筆者知道我華僑皆不贊成，故有前年五百萬人簽名反對「兩個中國」的呼聲，筆者親見自美寄來的此項文件，且自己也簽名其上。然而「兩個中國」固是謬說，而如欲輕易的以僑胞團結之力，便足將台灣與大陸變為一個統一的祖國，則又未免有不識國情，看事太易之譏。

因為李鐵錚先生談到第三勢力，筆者固甚願我僑胞去組織真正的第三勢力，但不可效法民三十四至三十五，在重慶的調和國共的那一個第三勢力；自己莫有武力，而乃周旋於有武力的國民黨與共產黨之間，想提出方案，叫兩方都為之就範，此真所謂書生之見，所以徒勞奔走，而卒無補於時艱。

且由調和去求統一，其間所需要，以容忍（Tolerance）為第一要義。但共產黨的特點，便是對異己者絕對不予容忍。當民主同盟裏天字第一號書生梁漱溟先生提出調和的方案時，其時的國民黨當局明知梁案辦不到，但尚能表面容忍，笑笑而已；而共產黨的周恩來則對梁大先生大罵，非逼着梁先生自己將案撤回而後已！筆者當時親身在場，早在事實教訓上，認識祖國實際，絕非雍容壇坫，折衝樽俎之外交家式想法之足以有為也。

然而，筆者認為李鐵錚先生的愛國熱忱，終不會辜負了的。我輩雖已老，後起必有人；不過，要看後起者的團結中有無自立之道而已。

五二、五、三一

民主或自治運動與政治自覺

孫寶剛

近來香港聯合國協會叫我去香港大會堂作了幾次關於香港自治的演講。事後我想：香港自治運動頗類似中國民主運動，中國鬧了幾十年民主運動，到今天還沒有民主政治出現；香港鬧自治運動也相當年了，但只聞樓梯響，不見人下來。我以為所以如是，兩者同犯了基本錯誤。這或許因為兩者都由中國人在搞的緣故。

照理，香港的自治論調並不很高，大多數祇主張增加幾個民選的立法局議員，一步步地才做到全部立法局和行政局議員民選。以香港的文化和物質條件而論，比之亞非許多地區要進步許多，現在亞非許多國家都獨立或自治了，為什麼香港連要求幾個民選的立法局議員都做不到呢？正如以中國而論，中國在世界上並不是一個很落後的國家，一般人民的文化水準並不低，為什麼至今還不能成為一個民主國家呢？

我有一次聽到一位主張香港自治的人在演講，他問：在座各位願意不願意做奴隸？還是做個自由人？香港到處有木屋，這就表示許多窮人終年勤勞，還是不能過一個像人的生活。但看看富有的人們，財產積聚至千萬，甚至萬萬的，他們過着窮奢極侈的生活，這就是因為在殖民地的統治下。……他的話，好像自治以後，香港便可以成為天堂了！

這一套話聽來很悅耳的，正如我們中國自滿清末年起，一直到現在喊民主政治，好似一旦民主，便可以把人民自水火而登之衽蓆一樣。不過事實上是不是如此呢？中國至少已經把滿清打倒了五十餘年，到今天，大陸與台灣也都說在實行民主政治，一個是所謂人民民主專政，另一個是依據憲法所產生的民主總統，不管怎麼樣，他們都還談着民主。但是人民幸福麼？天堂有沒有降到地上來呢？當然沒有。這是什麼原因呢？

我們知道，一個國家既然沒有民主，這即是顯明了有反民主的力量存在。或一個國家在制度上似乎民主了，但沒有得到民主之果，這也顯明了一定有偽民主的力量存在。我們今天以香港來說，即是反民主的力量還存在，所以香港連幾個民選議員而不可得。以中國來說，大陸也好，台灣也好，都是偽民主或彎曲了民主，所以在制度上似乎是民主的，實際上恰恰相反。要改變這兩個情況，祇是靠一小羣民主或自治運動的人，散散漫漫的喊一下口號，作幾次演講，甚至寫幾篇文章是不夠的。政治學上有一條原則：任何法令，沒有獲得人民的支持，這條法令便很難貫徹的。試想一條法令尚且如此，一個政治制度更不容說了。所以我認為在大多數人民還沒有自覺到有民主和自治的必要時，這個地區或國家很難獲得自治或民主的。因為沒有大多數人民的自覺，就無法來改變反動的力量。但是大多數人民的是否自覺，怎樣可以表現出來呢？這唯有藉組織而表現出來。也唯有有了組織，才可以去促成未自覺的人們的自覺。香港也好，以及中國的民主運動也好，到今天為止，很少看到有人循着這個途徑去努力。易言之，很少看到有人開始在把大多數人民組織起來，使在一個團體或運動之下，以求達成民主或自治的目的，這是我覺得非常奇怪的。

制度是一個死東西，是個空架子，中國在抗戰以後，頒佈了一部憲法，改組為三黨聯合的政府，這在制度上，不是擴大了民主基礎了麼？事實上怎樣呢？我相信明眼的人都看到，這是一個幌子，與實際的民主運動毫不相干，也許更壞一些，因為這使當局多了一個憲法作為他利用的工具，也多了一批敗類，在文飾當局的不民主作風。那麼，香港的自治運動者如祇求多幾個民選議員，不就是蹈中國民主運動者在抗戰後的覆轍麼？

所以我認為，民主自治運動在發軔時期，不必目標對準了政府，要求這個，要求那個。應該目標對準了人民，更應該對準自己，我們應該先使自己有一個自覺，在自覺之下行動起來，並且要合理的行動起來；然後促進其他人民的自覺，有了少數人就應組織起來，再來促進尚未自覺的人們的自覺，而擴大組織，這樣地一步步地做下去，才有一天，大部份的人民都自覺了，這就是一個龐大的力量，才能抵消反動的力量，而真正獲得自治或民主。

假定以這個尺度來量香港或中國的自治或民主運動，香港雖然鬧了十餘年，我認為還沒有進入正式的發軔時期。中國的民主運動，雖然鬧了近百年，自共黨佔據大陸後，已把以往的民主運動基礎，掃蕩無遺，今天也可說還沒有進入復興民主運動的發軔時期，這是一件多麼悲慘的事啊！

不過無論什麼事，如能走上了一條正確的路，遲早總會到達的，就怕徘徊歧途，或徒托空言，那就糟了。

台灣簡訊

志　清

一、民社黨中委雙罪齊發

既收紅包又開空頭支票

去年基隆信義國民學校校長傅將易人，該市政府額外秘書劉某（民社黨籍）即展開活動，欲獲此缺。時在該市政府衛生局任職的另一民社黨人亦活動教育科長，於是兩人即共策進行，雙方協議：如王得任教育科長即任劉為信義學校校長。為了打通市長林番王（亦民社黨籍）的門路，他倆找到一位担任市立中學校長的民社黨人，請教秘訣。這位中學校長說：民社黨的中央委員譚某與林番王頗有交情，他得任中學校長，就是請譚某向林番王推介的，但要打通譚某的門路，則非大紅包不可。去年八月，王即向劉借一張房屋地產，押了三萬元，送與譚某，譚滿口答應。後來王某得知譚與林的交情已經破裂，三萬元的紅包完全被譚吞沒，教育科長未能活動到手，即找譚索回這三萬元。但譚還不出來。在劉、王緊迫之下，譚始於四月間以一百五十箱肥皂作價三萬元，王即將肥皂送到劉家。繼因譚某所交的肥皂乃是用空頭支票騙來，被人告發，經省警務處查封，因而才揭開了這一宗紅包案，使民社黨在基隆又增加了一件醜聞。

二、監委糾舉二案

（一）夏惟上違法誤事（二）軍法司法劃分尚未執行

監察委員陶百川、衡權兩人以台灣高等法院首席檢察官夏惟上將王鎮移請警備司令部偵訊「違法誤事」，特依監察法第十九條提案糾舉，經該院委員張維翰、余俊賢、李不韙、錢用和、侯天民等五人審查成立，於五月二十四日函送行政院依法辦理。據陶委員說：如果糾舉案不能收到應有的效果，他將進一步對瀆職官員提出彈劾案。

大約因受王鎮案的刺激，監委王澍霖、陳式庵、張秉智、張靄真、李正樂等五人於五月十八日在該院院會中提出一項提案，內稱：「查台灣省戒嚴時期軍法機關自行審判及交法院審判案件劃分辦法公布施行後，軍法機關自行審判案件，僅以（一）軍人犯罪，（二）犯戡亂時期檢肅匪諜條例與懲治叛亂條例所定之罪為限，其餘案件，一律由法院審判，並經行政院四十六年十一月十六日台法字第六二四九號令規定，凡屬法院審判之案件，應認為包括偵查、訊問、逮捕等權在內。軍法機關今後不得行使此權。權限劃分，已極明顯。惟據本院調查，近年來軍事機關及司法機關多依據司法院三十三年二七八號解釋，各省區保安司令部及各地衛戍，或警備司令部之職掌，均核與特種刑事案件訴訟條例第三條所稱司法警察官署之資格相當，認為此項軍事機關亦即為司法警察官署，可自行傳訊被告移送法院審辦。法院亦以為此項軍事機關具有司法警察官之地位，自可請其協助偵查。按特種刑事案件訴訟條例早經廢止，前項司法院解釋已失所依據，而以此項軍事機關協助法院偵查，尤與行政院嚴行劃分軍司法審判（包括偵查訊問逮捕等權）之令旨違背，擬交內政司法國防委員會審議處理。」

本案提出後，經院會決議交由內政、司法、國防三委員會所組設之專案小組併案處理。

三、聯合國助建金屬發展中心

據聯合報透露：我國政府現正積極推動在高雄籌設金屬工業發展中心的工作，除聯合國特別基金援助的一、〇三九、一〇〇美元外，我政府決定撥出一、〇四五、一九五美元的等值台幣四一、八〇七、八〇〇元，以資配合；其中有二三、一九九、二〇〇元，美援駐華公署已同意在美援相對基金項下分年撥付，其餘之一八、六〇八、六〇〇元，則由各公營事業機構視與此項計劃之關係及財務情形分別負担。各公營事業分別負担之數額並經行政院初步核定如下：台糖及中油公司各五〇〇萬元，台電公司四〇〇萬元，台肥公司三〇〇萬元，台鋁公司一〇〇萬元，台機公司及台船公司各二十萬元，金屬礦業公司二〇八、六〇〇元，以上各款應先以捐助費科目列入預算，俟奉上級機關核准後支付。」據說，整個計劃業已送交聯合國特別基金會遠東辦事處。

四、美援會七月改組

由於美援今後將逐漸改為貸款，但其他之援助，則可能增多，政府為適應這種新的形勢，乃決定將美援運用委員會改組；並由行政院王雲五副院長所召集的一個專案小組負責研究改組辦法。經多次的商討，最後決定於七月一日將美援會改組為「國際經濟合作發展會」，將由行政院長陳誠暫兼主任委員，秘書長則仍由美援會秘書長李國鼎充任。其工作範圍，包括長期經濟建設計劃及統一運用外來的技術援助。

據悉：新機構的組織，將以美援會的組織為基礎，署予調整。共設五處一室。將前美援會所屬投資小組、國際開發協會的貸款保管委員會，及經濟部的工礦計劃組，交通部的運輸計劃組等加以合併，投資小組則改為投資業務處。至於各處室的編制及人事安排，刻尚未定。據消息靈通者透露：新機構雖較前美援會多設一處；但陳兼院長已指示一項原則，新機構的編制和經費開支，應較前美援會署為縮減。

五、監察院糾舉黃國書違法失職

監察院於去年接獲一項檢舉案，檢舉立法院長黃國書於台灣合會儲蓄公司董事長任內與總經理馮慕鵑違法失職，經派張委員一中調查屬實，提出報告，又由該院財政委員會增派監委郝遇林、張靄真、張維貞等三人共同審查。張、郝、張、張等四委員經過多次的審議，於五月三十日聯名提出一項糾正案，當經財政委員會修正通過。

據糾正案指出，黃國書等處理公務，積弊重重，使國家公庫蒙受鉅大損失，其事實如下：（一）擅存一月餘或數天之存款，一律照三年定期最高利率一二．六%，付給國光公司利息新台幣十萬〇九千一百四十四元六角（該款實乃黃國書之妻所存）。（二）公司所列預募費係合會部照新會戶金額以千分比計算於營業費內作新經募會戶者之獎勵費用……。始終列記於「資產負債賬」、「應收款」科目內作呆賬，使公庫受損。（三）黃國書辭職時，總經理等聯名通知全體機構員工贈送現金以購紀念品集資十七萬六千多元，形同斂財。（四）於短短一年半內批准會計室主任領用十多萬元作交際費，過於濫支。（五）自董事長以下至科室主任及各分公司經理，家均有服役工友，總公司十九名，每名月支一千二百五十六元。分公司四十一人，每人月支七百到九百不等，明知不當猶沿陋規。（六）未經比價議價購汽車連同稅捐共用五十九萬七千九百五十三元，專供黃國書之用，辭職後仍長期借用。

六、王鎮控告鄭彥棻等改提自訴

因涉嫌在虛報出口案中接受不法商人賄賂的台北地檢處檢察官王鎮（前誤為王震），前於四月二十七日在台北看守所向台北地檢處派往為他驗傷的檢察官陳劍芳提出口頭告訴，控告司法行政部長鄭彥棻，台灣高檢處首席檢察官夏惟上，台北地檢處首席檢察官楊鳴鐸等三人，違法將他移送非司法警察機關，意圖取供而施刑求，陳檢察官雖依法不能受理，但頗感棘手。因為依據法院組織的規定，檢察官須服從首席檢察官的命令。檢察官辦理案件至相當程度，或遇有特別情形時，應向首席檢察官報告，檢察官所擬的公文書，應送請首席檢察官核定。檢察官對承辦案件的見解，與首席檢察官相反，首席檢察官並有權將該案移給其他檢察官辦理，或親自辦理。王鎮不但控告台北地檢處首席檢察官，而且一併控告台灣高檢處首席檢察官。因此之故，陳檢察官在偵查本案時，面臨了前所未有的難題。

現在王鎮改提自訴，其理由是夏惟上與楊鳴鐸兩人均為現任高、地兩檢處的首席，他的控案如由台北地檢處檢察官偵辦，恐難期公平。但如此一來，却為檢方解除了多日以來的煩惱。

台北地方法院接獲王鎮的自訴狀後，即交刑庭推事陳計男審理，陳推事向記者表示，他將先傳訊王鎮，至於是否傳訊鄭彥棻、夏惟上、楊鳴鐸三人，須俟看過全卷後再作考慮。並說：第一次傳訊不公開，並禁止旁聽。據法學界的某君說：依照刑事訴訟法的規定，王鎮的自訴案，承辦的推事可以先詢問王鎮，再調查証據，如認為被告無罪，無須傳鄭彥棻、夏惟上、楊鳴鐸等三人到庭訊問，就可宣判被告無罪，王鎮如不服上訴高等法院，高院亦可引用該命令處理，如仍認為被告無罪，即可判決上訴駁回。如再上訴最高法院，而第三審是法律審非事實審，最高法院不開庭調查，祗是根據高院的案卷，審核高院的判決是否有違背法令之處；至於高院對事實的調查有未盡之處，最高法院可以將原判決撤銷發回更審，如原判無違背法令，事實無需再行調查，就以「上訴無理由」予以上訴駁回。所以王鎮的自訴案，地院、高院如認為被告無罪，可以裁定自訴駁回，也可以無須傳訊被告即判決被告無罪，這一場官司打到三審定讞，鄭彥棻等三人，均可不必與過去的部屬現在的原告王鎮對簿公堂。但上述的情況，是指被告無罪而言。如果被告有罪，在審判獨立的制度下，地方法院的推事，照樣可以判處司法行政部長應得之罪。因為在法律之前人人平等，鄭部長如因本案被傳出庭應訊時，他就是被告鄭彥棻，而非司法行政部長鄭彥棻了。

七、國校導師的奇異處罰

唆使同學毆打犯規學生

多年以來，台灣國民學校的許多秉有特殊身份的導師，常對小學生作威作福，濫加體罰，以致打傷學生的事時有所聞；去年還有一個學生因傷斃命。雖然社會輿論不斷呼籲應禁止體罰，教育廳亦三令五申；但這些教員多屬蔣經國系統下的特務人員，有恃無恐，學校當局和學生家長對於他們，亦多敢怒而不敢言，因而體罰之風不但迄未稍斂，而且愈演愈甚。今年二月十八日，台北大安國民學校導師張黎明因該班學生黃曉不按規定作業，除罰他站立而外，還唆使其同班學生黃台生用拳頭猛打他的前額二次，卒致該生發生腦震盪病。其母獲悉前情，乃向台北地檢處投訴，經承辦檢察官偵查屬實，於五月二十九日以傷害罪提起公訴。

大陸簡訊

藍星

中共與阿富汗談判劃界

中共一向把它與阿富汗的劃界問題當作一件宣傳品在吹噓，其動機則在藉此表揚中共無領土野心，從而暗示中共與印度之衝突，其咎不在中共，而在印度。所以，即將與阿富汗舉行劃界談判的事，香港左派報紙是把它當成頭條新聞來登了。

據中共「中國新聞社」北平五月廿七日電：「陳毅副總理今晚在阿富汗駐中國大使米斯凱尼亞舉行的國慶招待會上講話，說中國和阿富汗政府就正式劃定兩國邊界的談判，就要在喀布爾開始了。他說，這是中阿兩國間一件大事。中阿兩國都抱有在平等協商的基礎上解決問題的眞誠願望」。

中共又同時公佈「劉少奇主席、周恩來總理、陳毅外交部長昨天分別發出了祝賀阿富汗王國國慶的電報，周恩來總理出席了今晚的宴會」。

其實，這一點也不表明中共眞有什麼睦隣的存心，相反，祇恰巧反映了它的野心罷了，因爲阿富汗是什麼一個國家呢？原不過隣接中共與印度之一個小國而已。阿富汗地瘠民貧，國土又小，中共對它自無眞正興趣，因爲中共是要擇肥而噬的。中共對阿富汗之故示懷柔，是與它對高棉緬甸等小國故示懷柔是一樣，旨在進行欺騙宣傳，用以造成中共在亞非集團中的較好形勢，從而掩飾它在別處之侵略與擴張而已。

中共替印尼排華幫腔

印尼最近大舉排華，本是蘇加諾自定的一貫陰謀。但蘇加諾之所以選擇此時此刻進行，則是利用劉少奇陳毅訪問印尼之機會，看透了中共正在想要拉攏印尼，看透了中共啞子吃黃連，決不致在北平正強調中共印尼友誼聲中，忽然自己打自己嘴巴，說印尼對華僑不友善，從而對印尼提出抗議。於是，對於印尼排華的事，中共也就居然跟着蘇加諾的曲子跳舞，人云亦云，替印尼幫腔，硬說印尼排華是美國在背後支持的。這種荒謬說法，眞可謂滑天下的大稽了。

對此，中共人民日報曾於五月三十日發表評論說：「最近在印度尼西亞的許多城鎮發生的，以反對印度尼西亞的華裔公民和華僑爲藉口的一系列的反革命騷亂事件，是經過周密部署，有組織有計劃製造出來的」。又說「反革命騷亂的目的是推翻印度尼西亞共和國和蘇加諾本人，美帝國主義把它對印度尼西亞的顛覆活動，看作是它在東南亞和遠東實現其侵略政策和戰爭政策的重要步驟」。

看人民日報上述顛倒黑白說法，中共偽政權眞是無恥極了。印尼排華明明是印尼政府蓄意製造以刼殺我華僑的罪行，但中共卻作成印尼的幫兇，硬說印尼排華是美國在幕後支持的，眞是集謊話之大成了。中共政權不顧華僑利益。中共政權對全體華僑是一種危害，由此又得一証明。

內蒙苦旱疫癘流行

據中共「中國新聞社」最近消息說：中共內蒙古自治區政府衛生部最近已緊急抽調了二千多名醫務人員分赴各地人民公社，協助基層醫療機構救治患者及設法遏止疫癘之蔓延。中共新聞社又說，由於內蒙古衛生環境惡劣，加以乾旱，以致內蒙古各地發生普遍疫癘，各農民及牧民受傳染者極多，僅呼倫貝爾一地即已病倒七千多人云。

長江水位高漲華中三省告急

中共雖然年年在吹水利，實際由於設計不當，土方不合規格，鋼材不敷應用，中共所謂水利事實上變成了水害才是眞的。

現在，長江的洪水尚未到達高潮季節，但據五月廿七日中共人民日報說，華中三省已面臨水災的威脅了。人民日報說：華中三省的數十萬人已經動員起來，準備抗拒洪水的威脅。因爲水位已昇至幾乎以前在這個時候所不曾有過的高度。

人民日報又說：幾個星期以來，長江下過大雨後，長江及其它附近河流的水位已迅速上漲，湖北湖南安徽三省已面臨水災之威脅云。

中共嗾使寮共強硬對付富馬

據永珍五月三十日合衆社電：一名高級巴特寮官員今日携帶英蘇兩國呼籲立即實行停火的函件，搭乘飛機前去康開巴特寮總部。這個官員是工務部次長蘇旺薩，他由中共駐永珍大使館的四名人員陪同前往。他們搭乘國際監督委員會的直昇機前去。中共的外交人員携有行李，表示他們計劃至少將在康開過夜。康開正是寮共頭子蘇發努萬的總部所在。據悉，蘇發努萬不斷受到中共及北越的壓力，要他採取強硬路線來對付中立主義的富馬云。

北平零訊

黃明

蘇聯塔斯社在北平停止發稿

塔斯社是世界聞名的最大通訊社之一，它是蘇聯官方的宣傳機構和特務機構，正如中共所設立的新華社的性質完全相同。

塔斯社在世界許多地區都設有分社，也在中共偽政權之首都所在地北平設有分社。但據北平五月廿六日路透社電：「蘇俄塔斯通訊社的每日俄文通報，業經停止在北平分發。有關上述措施的官方理由，並未有所透露。但查詢訂閱上述通報而退還其稿費的訂戶，經被告知以塔斯社本身業經決定停止刊行此項通報，因爲此項通報的編輯工作，已不再具有任何價值了」。眞正內幕究竟如何呢？是蘇聯自動停止其發稿嗎？抑或還是中共勒令停止發稿呢？當此中共與蘇聯之矛盾與衝突益加複雜與劇烈之際，這是頗費尋思的。

新西蘭共黨總書記在北平抨擊老赫

在赫毛鬥爭及由赫毛鬥爭延伸出來的中蘇共鬥爭中，現在又多了一個亞洲以外的共黨站在毛澤東一邊了。在以往只有北韓、印尼、日本的共黨明顯的站在毛澤東及中共的一邊，最近，由於劉少奇訪問北越結果，北越共黨也站在中共一邊了。在以往，在歐洲方面只有一個阿爾巴尼亞站在中共一邊，最近，由於新西蘭共黨總書記維·喬·威斯科克斯與中共簽聯合公佈，並公開發表講演抨擊修正主義，因而毛澤東又多了一個伙伴，而赫魯曉夫又多一個內部敵人了。

據中共「中國新聞社」五月廿七日北平電：威斯科克斯廿五日在中共中央高級黨校發表講演，說：「現代修正主義是用攻擊別人是教條主義的辦法來掩飾他們對馬克思列寧主義的背叛，他們事實上製造了一種理論，說帝國主義將和平的滅亡，但是帝國主義者卻不認爲自己應該和平地消失掉」。

按所謂修正主義，乃毛澤東及中阿共對狄托及赫魯曉夫所加的一項罪狀，而所謂教條主義，則是老赫及狄托以及蘇共南共對毛澤東及中共所加的一項罪狀，觀新共總書記所言，可知新西蘭共黨今後是站在擁毛反赫的路線上了。

僑鄉近訊

鍾之奇

中共氣象台預測六月上旬仍少雨

廣東各地已有連續六七個月的嚴重旱情，本報早經報導了。然則，最近廣東會下雨嗎？雨量會有很多嗎？這是僑鄉廣大人民關懷的問題，也是海外僑胞關心的問題。

但據中共廣東省氣象台於五月廿八日發佈六月上旬天氣預報說：六月份上旬天氣將繼續乾旱。它說：「預計六月上旬，熱帶高壓將經常控制本省，因此，省內各地總雨量，和常年同期平均雨量比較，仍然偏少」。

中共廣東省氣象台又「預計六月上旬的總雨量，韶關、肇慶兩個專區北部，湛江專區東北部及西部地區，四十到六十毫米，但中心地區有一百到一百二十毫米。韶關、肇慶兩專區南部、湛江專區東南部、佛山和汕頭專區北部，十到三十毫米，南部沿海地區十五毫米以下」。

如果中共廣東省氣象台對六月上旬廣東各地之氣象及雨量預測不錯的話，則不但廣東各地在六月上旬仍將陷於嚴重乾旱中，且因香港毗連廣東沿海，香港在六月上旬之雨量亦將是很少的了。

海豐民兵大隊部被炸

由於嚴重旱災，海豐縣各地農作物多已枯死，加之食水不够，中共限制人民每人每天只能用一斤六兩水，故民怨沸騰，反共志士更趨活躍。茲據廣州來客談，海豐縣赤石墟公社所屬民兵大隊之大隊部曾於五月廿三日午夜十二時左右被反共志士爆炸，除共幹一名及民兵兩名受傷且房屋震塌外，又曾發現反共標語，其中有「打倒毛澤東劉少奇」、「打倒共產黨」、「歡迎反攻」等云。

高州縣患白內障而盲目者最多

大陸人民因爲營養不良，各地患病者也越來越多。廣東高州縣人民則患白內障等盲人最多。

爲了這種原因，廣東省共黨首腦已被迫由廣州特派眼科醫師前往診治。

據中共南方日報報導，高州縣共幹已初步將盲人分爲兩種，一種是有希望復明者，一種是毫無希望復明者。由於醫藥器材缺乏，醫師人手少，且留縣治療時間短，故高州縣共幹只將最有可能復明的一部份盲人送往診治。第一批被准許者共一百三十一人，但醫療結果，却有很多人毫無進步，現高州共幹已準備再准許一百五十人前往住院應診。至於醫療費用，則仍須患病的人自己負担，據五月廿五日中共控制的香港大公報「本報高州專訊」說：「連住院費、手術費和伙食，總共才化了三十多元人民幣」。但大陸人民十四年來在中共層層剝削與無情壓榨下，吃飯穿衣且已成爲問題，只能靠野生植物維生，試問何來此三十多元人民幣？所以，三十多元人民幣在香港及海外僑胞或高級共幹看來雖不多，但在早已民窮財盡的廣東人民看來，則是鉅數了。因爲，在目前的廣州，房租每人每月通常爲人民幣一元。而三十多元人民幣即是相當於三年多的房租了。

粵共引韓渡榕救濟潮陽旱田

潮陽關埠一帶旱象，現在可以說眞是已經到達空前嚴重的程度了。粵共亦已承認現刻已無從潮陽本地任何地方能够取水來解救潮陽的乾旱了。粵共迫不得已，只得冒險調動韓江的江水渡過榕江來救潮陽了。

據中共「中國新聞社」汕頭五月廿七日電：說引韓水是救潮陽是「把它引過已經受鹹潮湧上的榕江江面，再又向對岸潮陽東北渡口的京北渠道，來灌溉潮陽關埠一帶的受旱田地」。

但這一辦法究竟能否長期有效？又這一辦法既將河流系統打亂了，那末，對河流系統打亂後究將發生何種惡果？粵共只圖救急於一時，便不考慮其它了。然而，人們却由此明白看到，中共所謂水利建設，原本就是毫無成效而且事前對各地的可能旱情毫無周顧的。

蘇加諾左右開弓

蘇蘭芳

黃袍加身

印尼總統蘇加諾「左右開弓」，像馬戲班中的首席什技員，表演最精彩的走鋼線技術。蘇加諾的左傾右擺的玩要，究竟能够完成全程的表演，安然到達目的終點，抑是會跌下鋼線去？目前加以預料，尚嫌過早。但誰也不能否認，這幕表演的精彩實力。

在西爪哇反華騷動的萬隆市，蘇加諾終於「黃袍加身」——接受了人民代表會晉封給他的「終身總統」名位。這議案是由阿都干尼提出的，阿都干尼是蘇加諾的重要追隨者之一，以前在外交部長任內曾犯外滙貪污案，而蘇加諾予以庇護，把他從外長調任為民族委員會副主席。民族委員會係停止政黨活動後代替國會的所謂民意機關，僅有諮參議的權力。但它却對於國家元首任期的重要議案，作了憲法性的決定。

這完全是蘇加諾的自導自演，而且是幾乎等於完全公開的，正如萬隆反華暴動的等於公開，「奉旨行事」似的。

印尼警方發言人極力否認萬隆暴動係蘇加諾之子所策劃，謂有一名參加暴動者「極似總統之長公子」，（名「孔都」，現在萬隆就學。）希望人民切勿聽信此項「謠言」云云。

也許因為暴動的頭目「極似」總統長公子的緣故，軍警不能辨認是真公子抑假公子，所以對於萬隆一帶的暴動，軍警只有眼巴巴地看着他們把華僑商店打得落花流水。

誰反革命？

否認總統公子參加暴動，即否認暴動與統治階層有關。但僅居於參加議政地位，非統治階層的印尼共黨，也否認他們牽涉到暴動。印尼共黨頭子艾廸地，否認反華暴動係「親蘇」共黨指揮，謂此乃「外國人」對印共的誣蔑，實際乃係「親馬來西亞份子及親中華民國份子」所發動。但艾廸地又說：「這些『反革命份子』有三個目標，反蘇加諾，反華人，及反共。」這種說法，顯然矛盾，親台灣及親馬來亞份子，是沒有理由打擊——親手消滅華僑資產階級財產的，無論如何，有錢人多是右翼份子。這就是說，反華事件，沒有誰肯承認，當然也毋須有人負其責任。代總統首席部長朱安達，對於此事，只有找納蘇賢（參謀總長兼國防部長）會談，要求協助。會談中「強調三軍與非軍事當局合作之重要性」。而印尼官方安塔拉社却於此時公佈說：六月一日結束緊急狀態，終止軍事統治，其「主要目的」在克服漸增的反革命活動」。所謂「反革命活動」，是蘇加諾給反華暴動所加的名稱。若照安塔拉社的詮釋，此項反革命活動，乃與軍事統治制度有關。

美國壓力

無論如何，被打擊者乃是華僑，既非蘇加諾，也非共黨，也不是軍部。在印尼，這三支力量，只有打擊別人，而沒有別人打擊他們——如年來受排擠的第二大黨第三大黨、瑪斯友美黨和社會黨，動輒受這三方面的打擊。至於三大勢力的受打擊，也只限於他們相互之間。

像印尼共黨，參政權只限於民族委員，做官最高至副部長，艾廸地三番兩次要求「民主」，要求一至二個部長職位，蘇加諾每次都予以敷衍。這次萬隆「黃袍加身」的「勸進」演出，共黨原望在犒賞羣臣」之下，可以有所分肥。但蘇加諾對部長職位，仍吝而不予。傳說共黨承攬萬隆暴動，以打擊蘇加諾稱帝的大會，便是有此由來。

但在對外界施予打擊這一方面，蘇加諾與共黨却是一致的。如對英美石油公司的壓迫，事屬「反帝」，極合他們雙方的口味。印尼當局已「向亞細亞石油公司埋手」，要求在六月十五日以前接受印尼某些條件，否則「他們將面臨被沒收的危險」。

事件是對付英商亞細亞公司，但「他們」有被沒收危險」一語，德士古、美孚等也會被一樣對待。英國對於印尼有馬來西亞問題的衝突，無可能有為力之處，只有向美國諸商。美國為此，已派肯州副州長韋亞特為專使，到東京去晤蘇加諾。韋亞特告訴蘇加諾說：美國國內現有很大壓力，促使對沒收美國資產之國家，撤銷援助。

按美國國會已有公開要求停止援助印尼的討論，現下美國對印尼的援助，每年約為一億美元。

東京之會

蘇加諾要堅決走他的「反帝」路線呢？還是會記得美國壓迫荷蘭把西伊里安拱手讓給印尼，及為每年這些鉅額美援而動容呢？

蘇加諾這次出國旅行歸來之後，他對馬來西亞所採的態度行動，將可答覆此一問題。

蘇加諾在東京突然邀約馬來亞總理前往會談，拉曼總理業已飛抵東京，即將與蘇氏會晤。據吉隆坡的報導，謂拉曼獲訊報告內閣時，「面有喜色」。實際上馬來亞人口不過一千萬，馬來西亞也只有千多萬，而印尼則為有七千萬人口的大國，在印尼的「對抗」政策下，馬來亞自然感受威脅。如印尼飛機掠過星洲領空，印尼海軍在馬六甲海峽演習，沙勝越警署受來自印尼武裝襲擊等，都使馬來亞感到受壓迫困擾。亟望解除此項威脅，但拉曼所根據的，也只是「蘇加諾或會有所讓步，否則他不會來電邀約面談」。這種看法，固然不無理由，但仍屬於相當空泛。

邀請拉曼前赴東京會談，是蘇加諾採取的主動。印尼外長蘇班德里奧親訪馬來亞駐日大使館，表示蘇加諾願意和緩印馬兩國因馬來西亞的困擾，最好的辦法為兩國領袖直接會談。並親交馬使館以蘇加諾之照會，邀拉曼於六月二號蘇氏離日前在東京會晤。

據東京的「靈通東南亞外交人士」消息說：蘇加諾接納馬來西亞成立，有兩個條件，一是馬來西亞應不為英聯邦之一員，其次是應予北婆三邦人民複決投票，選擇加入馬來西亞抑或自行獨立。這可能是印尼駐日外交方面所透露的消息，當然，也許這透露不是全面的。

照一般的估計，北婆三邦人民複決，大概不至推翻馬來西亞計劃，尤其是複決若舉行於馬來西亞成立之後，（像在西伊里安的情況）更不至有所更改。於是問題的焦點落到「馬來西亞不得參加英聯邦」這一蘇加諾要求上面。

蘇加諾認為北婆三邦在大馬之內參加英聯邦，便是「新殖民主義威脅印尼的後門」。若馬來西亞與英聯邦沒有關連，蘇加諾便能够以馬來人三國家中最大一國的領袖，成為馬來族的族長，稱雄於南海。但困難的是馬來亞與英國關係的密切，英馬聯防，及預定的英與馬來西亞的聯防。

沒有英馬或英與大馬連防，馬來西亞便沒有防衛，除非跟着印尼走，不能有自己的國策。這當非拉曼及馬來亞（甚至北婆）民意所能接受。

所以拉曼在赴東京道出馬尼剌時，預先發表聲明：「馬來西亞是否參加英聯邦，乃是它自己的事」。暗示不接受所傳蘇加諾這項條件。據說蘇加諾原擬到東京羽田機場迎接拉曼，結果却連蘇班德里奧也沒有前往，未知與拉曼馬尼剌談話，是否有關？

．棉蘭通訊．

蘇加諾更躊躇滿志了

丁和

充滿了獨裁野心的印尼總統蘇加諾，刻已正式接受為「終身總統」。這個年逾花甲而熱中權勢的老頭兒，自然更感躊躇滿志了！他接納為終身總統的當日（五月二十日），曾眉飛色舞的對羣衆呼籲：「追隨我的領導吧，我將我個人的生命奉獻給你們」！又大聲疾呼說：「我雖然已覺得自己老了，但神會讓我再活二十年」！（按，蘇加諾現年六十一歲）。其傲然自得的氣慨，溢於言表。

蘇加諾這傢伙，是一向都狂妄自大的，自在荷蘭手中奪取了西伊里安之後，更加氣燄萬丈，自以為不可一世，於五月五日的貝克島民衆大會中，就居然誇耀着，謂印尼將成為世界第二强國，並主張將印度洋改名為「印度尼西亞洋」，將貝克島的八個山脈改名為「蘇加諾山」；看他這種自大狂的神氣，不難要把他自己封為「亞洲巨人」！

其實，蘇加諾祇是一個善於投機的老奸巨滑吧了，並非真的有甚麼了不起的才智；相反地，他極可能墮入共產黨的陷阱而將來要自食其惡果！如所週知：目前蘇加諾是在利用共黨集團的內在矛盾，及東西方國家的冷戰，而造成了印尼的被北平和莫斯科爭取的對象，同時也成為美國爭取的對象，因而在這三者之間取得了不少軍、經援，於是自以為得計。再加以不費一槍一彈而取得了西伊里安，更被勝利冲昏了腦袋。迨至獲得了共黨集團多少好處之後，更氣燄萬丈，公然出面企圖破壞大馬來西亞的誕生。蘇加諾這種狂妄囂張的行動，定必招來嚴重的後災！

蘇加諾的野心，完全是在東西方國家尖銳鬥爭的夾縫中成長的。遠在一九五零年至一九五五年間，當共黨勢力逐漸在亞洲膨脹的時候，蘇加諾便看準了機會而走上「中立」路線，更要出了極度取巧的把戲，伸手向東西兩大壁壘要錢，藉此使印尼在他們的夾縫中佔到了適當的地位。在此期間，蘇加諾曾一面在國內鼓吹印尼民族主義，提出「建國五原則」，博得人民的擁護，另方面則分別訪問資本主義、中立主義、共產主義等十多個國家，在東西方若干政治領袖面前要出了相當圓滑的手段，於是，既獲得了美國的一億美元經援來渡過當時的經濟危機，又在蘇聯方面先後獲得了約值十億美元的物資援助，因而蘇加諾更由此而滋長了獨裁的野心，和稱雄於亞洲的妄念。例如：（一）一九六零年二月十日，蘇加諾發表宣言，宣佈成立全國最高民意機關「人民代表大會」，恢復一九四五年革命性憲法規定，使他自己成為印尼最高權力的國家元首；（二）同年二月廿二日，蘇加諾發表演說，主張亞非國家代表出席五月召開的東西方國首腦會議，儼然以亞洲國家發言人自居；（三）四月廿九日，要求赫魯曉夫支持印尼收回西新幾內亞，而印尼則支持蘇聯的主張召開全面性裁軍會議，藉此抬高印尼在世界局勢中的地位；以至（四）今年五月二十日接納為終身總統。——這都是蘇加諾野心表現的犖犖大者，在蘇加諾本人，當然是自以為聰明絕頂，詎知他這種野心，正等同授予共產國家以柄，將來受到嚴重災禍的，正是印尼！

以目前來說，蘇加諾業已集政、軍、黨大權於一身，其職位為：印尼終身總統，海陸空軍最高統帥，國務總理，及「國家陣線」領袖。換言之，他就是永久國家元首，行政首長，作戰總指揮，唯一大政黨的黨魁，這即是俱備一個國家獨裁者的全部權力；他，蘇加諾，確是躊躇滿志了！

然而在實際上來說，蘇加諾的投機手法雖然高明，但無論如何，是不能靠投機來消除印尼政治上和經濟上的危機的，尤其是他目前不正徘徊於共黨陷阱的邊緣，難再蹈尼赫魯的覆轍！——雖然印尼的情勢和印度不同，但其「親共自豪」的醜態則一，將來也自食惡果，自不待言！更何況西方國家的政治領袖決不是絕對的愚昧無知，又怎會長久地忍受蘇加諾的玩弄？那末，蘇加諾今日的野心勃勃，無異是使印尼擴大其本身的隱憂！

女貞庵（七）

（版權保留）

黎明

第四場：問疾

妙淨：嗯，不錯，說得有道理。

陳妙常：姐姐您聽我說，聽我說。

妙淨：好，又聽您說，又聽您說。

陳妙常：姐姐！那名花末，是不要有主，也不怕風雨的。（唱）：

須知道，幽蘭不怕在空谷；
門盡霜雪有寒梅。

（至此假意兒哆着嘴瞪了必正一眼，必正也模仿她的動作，以為報復。）

妙淨：嗯，也不錯，說得倒有志氣。

陳妙常：不錯就是不錯，怎麼說是「也不錯？」姐姐你不公平！

潘必正：本來就是我不錯嘛！

陳妙常：本來就是我不錯。

潘必正：是我不錯。

陳妙常：是我不錯，是我不錯。

妙淨：哎哎、慢來！慢來！師父要我們來探病的，怎麼你們一個是病人，一個是探病的，倒吵架起來了？

潘必正：姐姐你來看（故作昂胸挺幹）我這病末，早飛到爪哇國去了！

陳妙常：好一個不害臊的病人！（以手羞之，嬌憨可掬。）

潘必正：好一個忒刁蠻的探病人！哈哈哈哈！

妙淨：（對二人凝視了一陣，旁唱）：

我的眼睛看得真，
他二人，郎有心來姐有心。
我何不順水推舟把人情做？
給他引綫與穿針；
他們畫龍我點睛。

（忽聞鐘鼓齋鳴）

咦呀，怎奈那晚齋鐘鼓又催人。

妙靈：（在幕後高聲嚷叫）三位姐姐，師父請你們晚齋啦！

二妙：（高聲答應）就來！

陳妙常：姐姐、我們告辭吧。

妙淨：（轉向必正）今天我們暫且告辭，保重了！

陳妙常：（含情脈脈）保重了！

（與妙淨同施禮下樓）

進安：（托茶盤正想上樓，恰與二妙相遇）怎麼茶也不喝便去？

妙淨：你的茶來得太早了！

進安：我只不過多打了一個盹兒罷了，來得並不遲呀！

陳妙常：那你就代我們喝了吧！（與妙淨微慍地交換了一個眼色同下。）

進安：（正放下茶盤要對二妙發作，忽見必正顫巍巍走下樓來，失驚地旁白）：嘻！方才還嚷着心熱頭痛，怎麼這會子却下樓來了？（連忙上前攔阻）相公那裏去？

潘必正：我也和她們晚齋去。

進安：不成，不成，不成；（攔阻益力）你的晚齋，這幾日都是開在床上的；快快讓我扶你上樓去吧！

潘必正：啊進安！（與孳孳地）我來告訴於你：從今往後末，我再也不消在床上晚齋了。哈哈哈哈！（移）。

第五場：鬧會

地：女貞庵的門口和院中；門口如第一場。院中有池館、楊柳、荷花，並可見大雄寶殿的一角。

時：接上場幾天後。

人：潘法成、香公、陳靜宜（建康府尹之女）、梅香（陳婢）、與安（陳的老家人）、王百萬（溧陽惡霸）、萬事（王的幫閑）、吳成（同上）。

王百萬：嗯呸（手搖紙扇，故作斯文，上）：一身都是風流債，六朝烟水洗不清。

萬事：為厭秦淮脂粉膩，

吳成：鍾山來覓草堂靈。

王百萬：孩兒們！到了沒有？

萬事：到了，到了。

吳成：就是此處。

王百萬：吳成！

吳成：大爺！

王百萬：你快快把那庵中年輕貌美的尼姑與爺叫幾個出來！

吳成：呵這──

萬事：慢來，慢來，慢來；（忙作攔阻介）我的爺，使不得，使不得。這是金陵地界，乃建康府所管，比不得在我們溧陽呀！

王百萬：依你之見？

萬事：必先假裝進香，才好見機行事。

王百萬：如此，吳成與爺通報去來。

吳成：呵是！──門上有人麼？

香公：（迎上）敢是進香的？

吳成：不錯；煩勞通稟，就說溧陽縣王百萬老爺前來進香。

香公：什麼？「王八蛋老爺」？這倒新鮮！

吳成：呸！休要胡說；王百萬老爺。

香公：哦哦、──王百萬老爺。（覺得可疑，跨出門口看究竟，見王、萬二人均裝模作樣，旁白）：喲，這個香油紙燭也沒；這那裏像是「進香」？想來「偷香」倒是真。待我悄悄報於師父知道，防備一二才是。（轉向王、萬）各位施主少站一時，待小老兒報與我家師父知道。

王、萬、吳：（同吆喝）快去！

香公：喳。（下）

潘法成：（上白）鑪爐瑞烟焚鳳篆，風揚幡影似龍飛。──王施主在那裏？

香公：（隨上）現在門外。

潘法成：快快有請。

香公：有請「王八蛋老爺」！

王百萬：嗯呸！

（萬、吳跟了同進。）

潘法成：（趨前合十）阿彌陀佛，王施主，失迎失迎；列位施主敢是進香？

萬事：不錯不錯，我們要先隨喜，然後進香。

王百萬：嗯，嗯呸！要先隨喜，然後進香。

潘法成：如此，施主們隨我來。（同下）

香公：（望着王等的背影）呸！全不是什麼好東西！

（梅香扶陳靜宜在庵外下車，與安攜香油紙燭同上）

友聲集（三〇）

蝴蝶蘭臺灣名種　遜翁

一叢幽獨異行藏，昨夜簷前暗吐香。不向東風爭尺土，自為王者冠羣芳。人憐去楚吟憔悴，春與隨莊夢杳茫。欲倚瑤琴彈此意，臨睨故國總徬徨。

倚樓　千夢

江山萬古鴻長愁，曠劫蟲沙竟未休。繞霧虹霓頻北望，橫天參昴自西流。萬言悱惻空呵壁，一局興亡付倚樓。開濟豈關吾輩事，填胸惟剩十分秋。

次彌庵均題香港　履川

爵士香飄狐步狂，萬鐙園夢盪肌光。星眸馭電追魂魄，寶氣搏冰鑄肺腸。入饌孅隅矜異味，襲裾薰陸散仙香。天閶久下西溟拜，何物南瞻是故鄉。

晚晴　荔莊

依依遠岫出空冥，裊裊晴絲著戶庭。去鳥將生別意，落花過雨濕微馨。甲兵未洗天寧醉？草木相看眼尚青。拋卻閑愁歸一枕，晚涼悄竹夢湘靈。

雙調

苦旱行　遜翁

新水令　舉頭紅日挂天高。照晴空，片雲都渺。歎門前花盡萎，看陌上草齊焦。不信芳郊，竟似是秋風掃。

駐馬聽　田中坼到枯焦。阡陌縱橫苗盡槁。魚兒已空池沼，鵝鴨憔悴腹俱枵。杏東風不見雨如膏。又南風易得人煩躁。驚傳報，水塘見底怎生好。

沉醉東風　這天道緣何亂了。杏油雲，更杳雨飄搖。是老龍睡太酣，是齊婦冤難剖。問如何，沒個分曉。一任山枯轍盡涸。渴到，相如病倒。

折桂令　一霎聲水令重調。供水分朝，制水連宵，撲水紛呶。爭水咆哮。滿路上瓶捧肩挑。怎敢說冲涼洗澡。難為了淘米充庖。只怪他乾鵲聲囂。鳩婦[illegible]。竟朝朝日麗天高。

收尾　桑林七事還須禱。暫止渴，且望梅梢。待西決西江，東把蟄龍招。便張皇掘井占星也休笑。

唐詩偶釋（九一）

鄧中龍

奉濟驛重送嚴公四韻　·杜甫·

遠送從此別，青山空復情。幾時杯共把，昨夜月同行。列郡謳歌惜，三朝出入榮。江村獨歸去，寂寞養殘生。

詩中起筆，凡首句即事說，次句必然放空。此詩是也。首句懸空一托，次句必然跌落，「天末懷李白」之詩是也。此二法最妙，亦有平放者，又當別論。

兵貴神奇，詩文之道亦用兵之道。胡林翼論戰術，謂不外奇正二字。故善用兵者，或繞出敵後，或攻其兩翼，或調虎離山，或金禪脫殼，臨機應變，出奇制勝，非萬不得已不尚正面斷殺。此詩僅首句為正面，次句一筆放空，三句繞出題後，四句說到題前，而又以倒裝筆法出之，便覺情深文茂矣。

一句正面便托空，一變。托空之後又繞出前後，二變。繞出前後而出之以倒裝，三變。五六句就其一生行業言：五句說題後，六句說題前，四變。愈變則愈妙。

三四倒裝，對法生勁。李義山之「此日六軍同駐軍，當時七夕笑牽牛。」（馬嵬詩）溫飛卿之「回日樓臺非甲帳，去時冠劍是丁年。」（蘇武廟詩）皆從此句脫胎。

第七句與首句遙相呼應，從三朝出入，急轉到寂寞殘生，想浣花草堂，亦應有漂泊無依之感。送別之詩，悲意每從末句帶出，幾成通例。「茫茫江漢上，日暮欲何之。」（劉長卿：送李中丞歸漢陽別業）「相送情無限，沾襟比散絲。」（韋應物：賦得暮雨送李曹）「掩泣空相向，風塵何所期。」（盧綸：送李端）「更有來朝恨，離杯惜共傳。」（司空曙：雲陽館與韓紳宿別）此皆情眞意眞，自有千萬離愁見諸字面。工於詩者，或能將別緒離情，寄托在景物描摹之外，故通首不言愁恨，而愁恨即攝其中，斯為上乘。李白「送友人」詩末聯：「揮手自茲去，蕭蕭班馬鳴。」上句一筆擲向空中，看似全無惜別之恨者，豈知其全盤心事，皆貫注於班馬蕭蕭。物尚有離愁，況於人乎！此太白之所以高人一着處。雖然，送別之詩，牽皆即景生情，儻或過於雕琢，終類繁文縟飾，則「掩泣」「沾襟」之事，亦自不得以詩家之嚴格規律繩之也。

五六句，稍嫌平直，對仗亦勉強，與全詩意境不稱。王摩詰詩中，決無此等句子。

「幾時杯共把」句，共字或作「重」字，以此詩所用聲調觀之，應以上聲之「共」字為當。

憶陳果夫先生（一一）

宇人

抗戰期間，每逢國民參政會開會，蔣先生例必邀宴國民黨在參政會的黨團幹事，多有布雷先生在座，我和他才慢慢的熟識起來。三十九年夏秋之交，蔣先生在重慶南郊黃山召見，我去的時候，恰好和布雷先生同車，在車上，我談到青年對現狀漸覺不滿，殊爲可慮，認爲除了積極刷新政治而外，應由未負行政責任的同志出面創辦一份政治性的週刊，以檢討庶政，批評得失爲主，一方面使青年們知道本黨同志也不滿意現狀，但要改革現狀，則必須循序漸進，才不致影響抗戰工作，同時也可對各級行政人員發揮一些監督的作用，使他們有所警惕。布雷先生期期以爲不可，他的理由是，恐怕一發而不可收拾。我當時雖然不以他的意見爲然；但仍確信他的動機完全是愛國愛黨的。稍後參政會開會，蔣先生邀請黨團幹事午餐，席間談到黨政關係的問題，我主張省縣政府的施政方針，應提出國民黨的省縣代表大會通過，庶可矯正黨員所信仰者和黨部所宣傳者是一套，而省縣政府所實施者又是另一套的畸形現象，與蔣先生話不投機，他忽然發了脾氣，說「貴州人排外」，並罵我「幼稚」，「十個人還抵不上一個吳鼎昌。」我答以我一向在外省工作，抗戰後才回到貴州，平素祇知有國家民族，從無地方觀念，總裁指爲排外，不知有何所據？至於吳鼎昌的高下如何，我不願置評，但我不到二十歲便參加革命，自有我的志願和抱負。雖然才疏學淺，却無意與他人相比。同席的同志不待蔣先生答話，即提出其他問題來談，談話的氣氛才緩和下來。

自從我在參政會對孔祥熙和若干部會首長的某些措施有所批評後，卽不斷的被人在蔣先生之前「告狀」，有的說我不應批評政府，使家醜外揚，有的說我說話「尖酸刻薄」。蔣先生曾幾次吩咐吳鐵城先生勸阻我。吳先生除約我見面或請我吃飯，傳達蔣先生的意旨而外，也曾親自訪我幾次，訴說爲了我在參政會的言論，他遭受蔣先生的責罵，請我「幫幫忙」。我認爲批評政府的措施乃是參政員應盡的職責，祇要不違反三民主義和抗戰建國的國策，我在參政會的言論就不應受到干涉；政府首長如認爲我的批評有何不當，亦應到黨團幹事會來和我辯論，不應向蔣先生「告狀」，把蔣先生當作他們的擋箭牌，因而仍決定我行我素。但在此以前，蔣先生對我在參政會的言論有所不滿，却從未當面提出指責。這天，他突然說：「貴州人排外」，而且我一向未向他提及吳鼎昌，他竟還突的把他牽顯然是有人「告狀」的。

宴後，布雷先生特別送我出來，他說：他深知蔣先生對我一向很好，希望我不要介意。我答以蔣先生如此侮辱我，我決不能忍，將辭職不幹。當天下午，我就寫了一封信給蔣先生，請辭貴州省黨部主任委員和三民主義青年團貴州支團主任的職務。在信中，我曾引用蔣先生上中山先生書的一段，我說：「嘗讀鈞座上總理書，知總理曾期望鈞座以事英士先生者事總理，而鈞座則希望總理以英士先生之信任鈞座者信任鈞座。生今日在黨之地位，雖未必能與鈞座當年在黨之地位相比，但亦忝負一黨務團務之總責，而鈞座竟無故予以辱罵，實較不信任尤有過之，自無法再繼續負責。」信寫完後，我請布雷先生轉交，他初不允，並勸我說：「總裁近來常感到受各黨各派的氣，隨時都很氣悶。你是他的學生，他平素對你又很好，日前偶不經心，說話畧有過火之處，你就如此頂撞他，將使他覺得難過。」他勸我將信收回，我不允。第二天，布雷先生約我見面，將原信交還我，我還以爲他未曾轉交。他說：「總裁已經看過了，上面有批示。」我翻開來看，信後有蔣先生寫的字和簽名，原文是「此即幼稚之表現，應即回職自修，勿涉意氣。」布雷先生又勸我說：「總裁要你不要和他鬧意氣，無異是向你表示歉意了。」他希望我把這件事當作已經過去，及早回黔工作。

在這裏，我還想把我和吳鼎昌的關係作一簡單的叙述，因爲直到如今，許多人，甚至如我的好友梁寒操兄也以爲我在貴州時和吳鼎昌勢不兩立。記得梁兄在港時，我有一天去他的府上，他出示所作的七絕詩二十首，並說：詠的都是時人，有一首還是詠我的，要我自己發現。我細讀一遍，並不覺得有那一首詠的是我。後經他指出，中有句云：「不去吳姬誓不休」，我問他吳姬何指，他答以吳鼎昌，當時因有其他客人在座，我未加解釋。

誠然，在思想上和作風上，我和吳鼎昌可謂格格不入。記得有一次他和我聊天時，他說，他想向蔣先生上一個「條陳」：建議把三民主義青年團改爲蔣介石青年團。我說：「你是不是以爲我們應該效法德國希特勒青年團的例子？但德國是極權國家，而我們則是處於民主國家之列呵。」他說：並非完全如此；而乃由於他認爲大家參加青年團，無非是爲了信仰團長和擁護團長，那麼，以團長的名字來作團的名稱，豈不更可增加青年團員對於團長的親切之感？我說：「我們入團的目的，乃是實行三民主義，並非擁護任何個人。我們現在信仰團長，擁護團長，祇因他能領導我們實行三民主義。假如有一天，團長違反了三民主義，我們不但不再信仰他，而且還要反對他的。」他以驚異的神情問我說：「這是團長的本意嗎？」我說：「我相信是的。當年他在黃埔時，常常訓誡我們應以主義和黨爲中心，不應以校長爲中心。青年團成立後，他也祇訓勉大家應爲人民服務，爲主義盡忠，從沒有要我們擁護他個人。」吳鼎昌說：「這在我還是初次聽見。」他又曾向我叙述當年袁世凱不敢用他的一段故事，言外之意，對於蔣先生能用他，頗有知過之感。由此可知他完全是以蔣先生個人爲中心的。站在國民黨的立場上說，他當然不是一個三民主義的忠實信徒；但他爲人正派，辦事平穩，在當時的一班官吏中，實不失爲一位良好的行政人員。總計他主持黔政六年，若以建設三民主義的地方自治爲尺度來衡量他，當然無足可取；但若僅就一般應革應興的地方事務言之，則是有成績的。（待續）

帝王型人物與宰輔型人物

三國人物故事評論之三

劉裕畧

劉備的另一長處，是他能夠虛心檢討自己集團的人事狀況，從而吸收新血，加强陣容，以謀功事。對於這一點，綜觀劉備的一生，劉備確曾一再表現他的這種長處。建安二十四年（公元二一九年）劉備自曹操手中取得漢川後，拔魏延督漢中，當時全軍震動。因爲魏延乃劉表之將，赤壁大戰之後，魏延始歸附劉備，以私人關係而言，魏延與劉備之關係可謂極淺，且亦無特別大功，但只因魏延比較有才，所以當其別人都以劉備必將任命張飛等一類舊人爲漢中都督，獨當一面時，劉備却特別擢用了魏延這一個新人，難怪蜀漢全軍對於這一任命都爲之震動了。但劉備却毅然如此爲之，不因全軍之震動而遲疑瞻顧，這正是表現了劉備的特長。

在此以前，當孫權與劉備組織聯合陣綫擊敗曹操後，孫權因周瑜之計，遣使荆州，約劉備共同伐蜀。其時適當諸葛亮外出督長沙零陵桂陽三郡以充軍實，劉備對孫權的意見遲疑難決，荆州主簿殷觀就向劉備提出建議：「若爲吳先驅，進未能克蜀，退爲吳所乘，即事去矣！今但可贊其伐蜀，而自說新據諸郡，未可與動。吳必不敢越我而獨取蜀，如此進退之計，可以收吳蜀之利，先主從之，權果輟計」。而劉備也就因此立刻升遷殷觀爲別駕從事。

看以上兩事，劉備拔魏延，是在魏延並未建功之前，只以魏延之才而用之；擢殷觀，則在殷觀一有表現之後，而立刻升擢，都可見劉備求才若渴，極能跳出人事上小圈子的精神和毅力，初不僅只空喊求才口號而已。

而在這方面，劉備表現得最明白而澈底的，則還在他那三顧茅廬以訪諸葛亮的一幕。

至於劉備三顧茅廬以訪諸葛亮這一件事，蜀志先主本紀並無詳細記載。只概畧的說劉表使劉備「屯新野，荆州豪傑歸先主者日多。」對此，劉備也頗可自傲，因他在敗亡之時，豪傑之士仍然歸他。假如在他敗亡之後，就不再有人歸他，那他就可悲了；又假若歸他的並非一些新的豪傑之士，而只是一些自命「忠貞」，實則卑鄙汚齪的人，那末劉備也可悲了。對於諸葛亮之歸劉備，蜀志諸葛亮傳說得很清楚。它說：「時先主屯新野，徐庶見先主，先主器之，謂先主曰：諸葛孔明者，臥龍也，將軍豈願見之乎？先主曰：君與俱來！庶曰：此人可就見，不可屈致也。將軍宜枉駕顧之。由是先主遂詣亮，凡三往，乃見」。由此可見劉備確曾三訪諸葛亮。

本來，三次去拜訪一個人，這也不算是什麼了不得的事。但諸葛亮何許人呢？在當時不過是一個年僅二十七歲的半耕半讀的青年而已。既非達官，亦非顯宦，既無皇親國戚，亦非年高德劭。而其時劉備已四十六七歲，且劉備已出來打天下達二十年。先後已和曹操、袁紹、袁術、呂布等著名人物交過手，且又爲孔融與陶謙等所推崇，更會與漢獻帝劉協論皇室血統關係，而被尊爲劉皇叔，若從官僚主義的觀點來論資格，像諸葛亮這樣一個躬耕隴畝的青年，是根本不能與劉備相提並論，也根本不會獲得劉備重視的。但一經徐庶等人推薦，劉備卽枉駕顧之，這尤可見到劉備眞正尋求人才，並不止於空喊口號了。另一方面也正可見到劉備頗能檢討和反省自己集團的人事，並不閉小圈子，也並不自滿，他眞能檢討到和反省到自己集團內的班底不行，而必須努力爭取新人物，以加强自己集團的力量。本來劉備本人縱然是一個可以打天下的英雄，假如他所帶的一羣人都不是打手，則他們這一個集團要想還空打天下，其可得乎？看後世很多人，其抱負或更超過劉備，但所率領的隊伍多數是膿包，宜乎後世許多人物都只在某些僥倖情況下，在歷史上浮光一閃便卽幻滅了。

我們曉得：歷史上許多人一到小有成就的時候，就常常志得意滿，尤其許多有過一二十年門爭歷史的小集團，就常常固步自封，就常常沉醉在自己的小成就中，對於別人，每每忽視，對於那些年輕人，尤其忽視。但劉備却沒有這種毛病，極力拉攏新人，拔擢新人。正因爲劉備有此長處，所以，劉備雖在敗亡途中，屯駐新野小地方，仍能被天下人所重視，許爲可以有爲之人物。否則，劉備窮途末路的時候，也正該是許多人離心離德的時候，又更何諸葛亮荆州豪傑之士歸之之可言呢？

從再一方面看：諸葛亮對於出處，也確實很愼重。儘管在劉備三顧茅廬之前，諸葛亮對劉備的領導品質和人事氣度，已有了解，且自己對天下大勢，已計定先求三分，再求復興漢室的政畧步驟，但諸葛亮却並不在劉備一訪二訪時就和劉備談天下事，必也等待劉備三訪才談，這倒不是諸葛亮故弄玄虛，也不是諸葛亮故意矜持做作，眞意所在，乃最後考驗劉備的誠意，同時亦在剔除劉備內心深處仍然殘存着的那種輕視之心，並從而暗示劉備和天下的人，使知諸葛亮並不是一個呼之卽來，揮之卽去的人，更不是一個想在仕途中希圖倖進的人。

諸葛亮對於他自己出處的態度，儘管可以說是很愼重了，但前面說過，他是仍然遭遇到劉備集團的人事困難的。所幸劉備極有起用新人的決心，更加上諸葛亮本人的才華，所以這一困難，不久便已克服了。本來這一種困難，是很容易克服的。因爲關羽張飛等畢竟也都是歷史上的不凡人物，假如關羽張飛全是一班小人，那末，縱有十個諸葛亮也沒有辦法了。

本刊已經香港政府登記

聯合評論

週刊

United Voice Weekly

每逢星期五出版

第二四八號

督印人：黃宇人　總編輯：左仲平

社址九龍塘大埔道一六一號亞洲書局 805641

承印嘉羅印刷有限公司香港灣仔駱克道5號

總代理：香港書報有限公司發行　每份港幣一角

本刊美洲總經銷處：紐約中美出版社

CHINESE - AMERICAN PRESS, INC
199 CANAL STREET.,
NEW YORK13 N. Y. U.S.A.

美洲航空版每份零售美金一角

大陸同胞，苦難方殷

胡越

今春以來，中共又搞了一連串的政治運動，經已証實的有「社會主義教育」運動、「學習雷鋒」運動，「反修正主義」運動，此外還有從社會主義教育運動演變成的「新五反」運動，新五反運動尤堪注意，對它的具體情況已從逃亡者的談話中，見其梗概。

在上述的幾個運動中，反修正主義運動，主要是對付蘇俄的，學習雷鋒運動是牢籠青年的，其目的皆在思想的教育和控制，但是社會主義運動及新五反運動則涉及政治暴力的懲罰及經濟利益的剝奪，今舉列若干資料，加以分析。

一、據廣東省東莞縣石龍漁業公社，集體逃亡的一群漁民透露；他們逃亡之目的，爲了反抗中共的三定政策。所謂三定是：一定產，規定各漁戶必須增產，交產數量比去年提高百分之六十。以前每艘漁船月定百担，現在月定百六十担。二定界，劃分漁作區域，不准越界捕魚，中共出此一方面爲了便於管制、防止逃亡，一方面爲了搾取漁民勞力，使在一定時間一定地點，必須捕魚若干。三定繳，即課稅，照新定交產量，餘下的漁穫必須納稅，稅額比從前提高百分之五十。

二、社會主義教育運動在農村實施時，打擊重心放在富裕中農身上。根據中山、寶安各地逃出農民談話，社教運動主要打擊自發思想，各公社、生產隊在召開羣衆大會時，都檢舉幾個富農上台鬥爭。罪名是他們抗拒走社會主義道路，要走資本主義發財的道路。還指責他們把農村風氣帶壞了，農民搞個人副業，開荒擴大自留地，不肯到公社出勤，向香港逃亡，在集市貿易上投機倒把，都是他們帶頭鼓動。故意破壞的。據中共廣東省中山縣永寧公社的統計，全社四百一十九戶，在堅決要求退社戶中，富裕中農佔百分之八十四點九。陽江縣已退社五百八十七戶中，富裕中農四百五十九戶，佔百分之七十八。

這裏所謂富裕中農，並非舊有的富裕中農；經農業合作化，人民公社之後，從前的富裕中農，早已經消滅無遺了。這裏所說的富裕中農，是一九六〇年底毛澤東頒布農村工作緊急指示十二條，實行整風整社之後，即發還一畝自留地，重開集市貿易，准許搞私人副業，准許開荒殖地之後，新起來的富裕中農。也就是說他們是農村中的勤勞優秀份子，由於他們的勤奮力作，使大陸副食供應來源恢復，使惶惶不可終日的經濟匱乏轉趨穩定的功臣。現在他們又成了社會主義的罪人！

三、據海豐縣逃出人士稱，中共決定由本年二月起至八月，進行爲期半年的新五反運動。由縣委、區委、配合公安部內務，親自領導進行，做到使這一運動，村村見血！新五反運動，最着重的是「反投機倒把」及「反勾結國特」。所謂反投機倒把，實際上是逼迫人民一年到頭出勤。在六一年整社之後，規定不出勤的農民，每月要向公社繳交廿元至廿五元的贖身費，現在又讓他們補交十元至一百元不等，時間由去年四月算起，到今年三月，全年須繳六百元至千元之鉅，他們付不出，就拳打脚踢加以鬥爭，有當場被鬥死者，有被鬥之後，送去勞改。外財富，中共爲搾取香港的單幫商人及走私的漁民進行突擊檢舉，沒收他們的走私物品，把人送去治罪。單是海豐縣圓山生產隊，即沒收高麗參六二四斤，黃金九斤八両，手表一〇七隻。

上述資料，値得我們注意的有下列幾點：（一）毛共誘民入罪。因爲一九五八年實行公社之後，大陸同胞財物全被沒收，都成一窮二白。結果鬧出人災大飢饉。毛澤東才被迫實行整風整社，在都市允許小商小販小工業復活，在農村允許私有自留地，開荒搞副業，並開放自由市場，復活垂死的經濟。發還小商店小工廠，發還民私產，當然是鼓勵他們自營發財了，現在居然又懲罰他們「自發思想」，豈不是故意誘他們入罪？（二）農民寧可每月繳廿元到廿五元人民幣（合港幣約五十元）的贖身費也不出勤，可見得集體主義的公社是多麼不得人心了。老子道德經中有言：「我無事而民自富」，我從毛共一緊一鬆的經濟政策可以得到証明，當中共放鬆管制，增加私有部分，減少集體主義，經濟就轉好；當它加緊管制，加強集體主義，經濟就立刻惡化。「我無事而民自富」，用現代的政治來說，就是自由經濟。毛澤東死迷共產主義，與人性作殊死戰，他將慘敗是註定了的，但是卻苦了大陸同胞！

（下轉第三版）

南越政府鎮壓佛教徒示威

這是違反了信仰自由與政教分離兩大原則

孫寶剛

昨天的合衆和美聯社電，有這麼一段新聞：在南越古都「許」這個地方，有千餘軍隊和警察用靡爛性的手榴彈等作武器，鎮壓佛教徒示威遊行。這些佛教徒示威的目的在要求信教自由，希望政府不要去阻撓信教自由。自五月八日起不幸發生了流血事件以後，流血事件時有發生，六月二日竟有六十餘人因傷入院。這類事件大概還會繼續發生。

另據各方面的報導，南越總統吳廷琰是天主教世家。自他做了總統以後，藉其政治地位，予天主教徒以種種便利，舉一個例子來說，天主教徒如在軍隊中便有特權，軍隊的指揮官係天主教徒，薪餉便可提前發給。反之，佛教徒想在其寺院中升懸佛教的旗子也受到了阻撓。但是整個中南半島的國家，都是信奉佛教的，以越南來說，佛教徒就佔人口總數的十之七八。佛教徒在這樣的環境下，當然表示不滿，所以引起了最近的示威運動。政府派軍隊和警察去壓制，我們還沒有明瞭當時的情形，果然不能立即批評壓制的是否有當，但祇就使用靡爛性的手榴彈一項來說，已可証明太過份了。示威佛教徒不是真正的敵人，怎可使用靡爛性的手榴彈呢？

讀過歐洲歷史的人都知道，在歐洲因爲基督教和回教之爭，又因爲基督教分裂爲正教和天主教和基督教之爭，而引起了不知多少次的戰爭和非正式的殺戮，前者則殺人盈野，後者則殺人盈市盈獄，死去的人不可勝數，這眞是一件大悲劇。到了近世紀來，隨着人類文明的進步，才漸漸覺悟到，常此敵對下去，不特每個教徒的生命都沒有保障，社會和國家的秩序也無法維持，所以祇有和平共存一條路。但是要和平共存，便不能不政教分離。因爲一個國家之內，必有不同宗教信仰的人民，而執政的人也必有不同宗教的信徒，所以政教不分離，政教間便決不能和平共存。而事實上，政治是在管理俗世的事務，宗教則管理精神上的事務，本來也不宜混在一起的。

我眞意想不到，南越總統連這一個歷史的教訓都沒有注意到，而開着時代的倒車！而且，我上文已說過，越南地方佛教徒佔全越人民十分之七八，天主教徒祇十之一二，衆寡之勢懸殊，站在天主教徒的立場，怎可以對敵下去呢？今天南越政府主要的敵人是共黨，合全民之力去和共黨鬥爭，尚處力有不及，怎可以自棄了十之七八的人民，不是自速滅亡嗎？一個賢明的總統，在這樣的情況下，即使自己屬於任何一個宗教，爲了使內政增進效能，和抗共的戰爭可以獲勝起見，絕對不應把政府牽入宗教鬥爭的漩渦，並且應該積極勸導宗教間的和平共存，怎可反其道而行之，其愚不可及矣！

這幾天正是全世界的天主教徒痛失若望教皇的時候，我雖不是一個天主教徒，可也敬佩若望教皇的作爲，而惋惜其逝世的太驟。因爲召開大公會議的這種精神，如能推而廣之，不特可以團結基督教的各宗派，也可做到世界各宗教的大團結。最低限度可以使各宗教能眞正做到和平共存。那不是大有助於世界和平麼？

在我想來，每一個宗教都在崇拜至高無上的神，不過在稱呼上有些不同。有的叫天主，有的叫上帝，甚至叫造物主或玉皇大帝，我們中國人則大都叫「天」，意義都是一樣的。再看每一個宗教，邪教除外，都在教人愛人，叫人寬恕人，當然也叫人能容忍人。基本既都沒有多大出入，祇是儀式上不同，教規上互異，這究竟沒有基本教義的重要，假如能把握着「本」而在「末」方面放鬆一些，各宗教爲什麼不能團結？我認爲較之各國間的團結容易許多。但現在各國已藉聯合國而在團結了，宗教更注重精神生活的，而更强調所有的人都是造的，爲什麼反落後呢？所以我很敬佩若望教皇的作爲，我相信大公會議必不因若望教皇的逝世而有遜色，並且能擴而大之，以謀世界各宗教的團結。

今天的形勢，已使全人類不能不團結，不然的話，總有一天，使全人類毀於核子戰爭之下。但要人類的團結，實有賴於各宗教的先能團結，最低限度是和平共存。

可憐這個天主教世家的南越總統，連對其自己所奉的教的教皇的意旨都沒有弄清楚，還要來歧視其他宗教，而想把天主教來統治南越，這不是笑話麼？

我眞是替他在担憂。中國拳匪之亂，假如再在南越演出，那怎麼辦呢？拳匪之亂時就因西方教會挾帝國主義的威權，處處祖護教徒，以魚肉教外的中國人，於是引起了教外人民對教徒的仇視，才爆發了拳匪之亂，以殺戮教徒爲能事，而慈禧太后又想利用來排除外力，遂使演了一場喪權辱國的戰爭。今天吳廷琰挾其政權以祖護天主教徒，排擠佛教，這很可能使一般佛教徒仇視一般天主教徒，假如共黨又加以鼓動，不也可能使一般佛教徒亂殺天主教徒嗎？假如這樣一幕大悲劇眞的演出的話，便成遍地流血，政府將怎樣去維持地方和國家的秩序呢？這比防共要困難百十倍，不知吳廷琰有沒有想到這一後果。

最後，我要給美國政府一個忠告。據報導，南越政府曾經請美空軍的輸送機運載鎮壓佛教徒示威的軍隊去「許」，美空軍拒絕了，這証明美軍並沒有同情南越政府的鎮壓行爲。不過這是不够的，我認爲堅尼第總統已一再申明，美國的反共是爲着自由，易言之，與自由相敵的人們，應該都和美國的政策所不相容的。今天美國以無數的物資，與美國人的性命，去支援這樣一個政權，而這個政權至少危害了南越十份之七八的人民的基本自由，即信仰自由，美國能不能祇取沉默的消極的不介入態度，爲已盡了其責任呢？

從印度開始稱中共為「大陸中國」說起

劉裕畧

中共政權本來不是中國的合法政權，中共政權本來不能代表中國人民和中國，印度政府本來不該承認中共政權的合法地位，這是許多論政者的一致見解。中華民國本來才是中國的惟一合法政府，中華民國政府本來才能代表中國人民和中國，印度政府本來不該忽視和否定中華民國政府之仍然存在，這不但是中國人民對印度人民和政府的一種善意的願望，不但是中國人民之利益所在與道義所在，而且也是印度人民與印度政府之利益及道義所在，但很不幸的，是中共偽政權自一九四九年十月一日在北平成立起，印度很快的便予承認了。這所謂承認，竟然就是一種承認中共政權乃是中國惟一合法政府之謂。跟着而來的印度對華政策，便是揚棄了一向與印度政府相當友好的中華民國的邦交，從而在亞非集團中與中共打成一片，甚至還在聯合國中一再提議要許中共入聯合國。

客觀而冷靜的說，無論從道義與利害着眼，印度政府的這一措施實在都是錯誤的，而應加以改正的必要。為了這種原因，所以我曾在本刊寫過好幾篇評論此一問題的文章，並對印度現政府的領導人尼赫魯先生寄予期望。我之所以對尼赫魯先生寄予希望，是在我看來，尼赫魯先生原本是一個智者，而且也有他的應用到政治問題上的超人頭腦，更懂得道義與利害的比較價值。當然，我並不否認今日國際間的外交原則，原不是專講道義的。而且，與其說是應該着重道義，還不如說應該着重利益，至少，亦應該說是應同時兼顧道義與利害二者。因為人類社會現階段充滿了爾虞我詐，充滿了不公平與不理想，在如此現實的人類社會國際環境中，獨以道義對武裝力量落後和國內社會環境複雜的印度政府相責，那就把尼赫魯先生太單純的看成是迂腐的書生和空談理想的學者了。因此，也就有人以為印度與中共為鄰，其國境防線之相密接者以數千里計，印度安得不率先與中共打交道。誠如某些現實政客所言，與中共訂邦交，並不等於喜歡中共。不過，這些說法，在我看來，仍然是膚淺之談。若謂印度與中共為鄰，印度若不與中共友好，中共便將侵略它，那末葡萄牙更該承認中共，更加應該與中共友好了，因為葡屬澳門不是更接近中共，且時時刻刻不是更在中共威脅下嗎？倘不如此，豈不是中共即將吃掉澳門。然而，事實如何呢？鐵的事實是勇敢的葡萄牙迄未與中共建交，反而一直與台北的中華民國建交，澳門却至今未被中共吃掉。以印度與葡萄牙相比，不消說，印度是比葡萄牙更大更強了，所以，印度政府近年曾輕易的自葡萄牙手中收回果阿。但說到對中共政權的勇敢與明智，則印度政府實又不如葡萄牙。此無它，中共侵不侵略印度，其關鍵決不在印度承不承認中共，現在，中共已以鐵的事實與血的教訓給了印度，中印邊境的衝突，中共去年斷然在中印邊境用兵，實已給安撫論者妥協論者以當頭棒喝，尼赫魯先生現在實在應該修改他的對華政策了。尼赫魯先生無疑是一個極高明的人，但智者千慮，必有一失，印度以往對中共的承認政策，實在就是這一失。

但據中共新華社北平六月六日電：印度現時對中共的外交照會，已一改以往承認中共乃中國惟一合法政府口吻，而改稱中共政權為「大陸中國」。在我看來，這可以說是印度政府已開始逐漸改變其對華政策的一種迹象。因為它對中共所加「大陸中國」這一稱呼，至少已表明印度政府現時已在政治的意識形態上否認中共政權是中國惟一政權，更同明白肯定「大陸中國」之外尚有另一中國。當然，印度政府這一種稱呼，有點「兩個中國」的味道。「兩個中國」原本是美國某些愚蠢淺薄政客的蠢見，且為全體中國人所不承認。但就印度政府這一態度來說，實已較前進步。值得讚揚。當然，我們希望隨着時間和局勢的演變和發展，印度應該像美國像日本像葡萄牙一樣，承認中國只有一個惟一的合法政府，這一個惟一合法政府，不是中共偽政權，而乃現在偏安台北的中華民國。

另據中共新華社北平六月六日電訊說：中共政權曾於六月六日把一件照會交給印度駐北平大使館，曾向印度提出指責，說「印度政府在五月六日的照會中，竟別有用心地提出什麼難僑『不想回到大陸中國』。誰都知道『大陸中國』一詞，是美帝國主義為了製造兩個中國而使用的敵視中華人民共和國的稱呼。現在印度的官方文件也公然使用了這一稱呼，無怪乎最近有消息說蔣介石的官員，在美國政府的嗾使和撮合下，已經同印度政府接觸，商談了華僑問題，這就進一步證明，印度政府使用這一敵視中華人民共和國的稱呼絕不是偶然的。中國政府對此表示極大的憤慨，並向印度政府提出強烈抗議」。

從上述新華社所報導中共外交部給印度的抗議，更可看出中共政權簡直把印度政府看成是它的屬國或投降者。否則，試想中共有何權利干涉印度對中共的稱呼呢？難道印度自己沒有主權決定印度對中共的政策和稱呼嗎？中共既要用軍隊打擊印軍殺戮印人，又强迫印度的外交政策必須符合中共的心意，中共是太不把印度看在眼裏了。如果印度人尚有一分自尊心的話，應立即根本在外交上撤消對中共的承認才對。

×　×

岑學呂先生與我

王世昭

近來在台灣方面，寫作上頗流行傳記文學，所發表於雜誌報章上的，多半是對於一些名人或故友的回憶錄；在有幾篇的回憶錄中，我看出兩個意義，一是敘述者的「既傷逝者，行自念也」的生命悲感，一是被敘述者的「壯而積極，老而消沈」的時代苦難。

我今來敘述一下岑學呂先生與我，乃是本於第二個意義的，即岑先生老而信佛，閉門靜修，在香港荃灣成為居士，乃時代使他由壯即慷慨悲歌，留心國事；繼由用世服官，努力報國；乃到晚年，竟遁跡空門，一心向佛；然而，年已八十，未逝世之前，與知友如我們聚談，仍舊慷慨激昂，一如當年也！

十年前的一個新正，陳而威兄提議，我們去為師尚老人（岑號師尚）拜年。那一天談兩小時有多，老人準備素食，接待我們來客三人，非常熱情，六時後，我們才拜辭下山。又一年以後，我和而威再去到師尚山堂，老人臉圓神健，還是春風滿面，一面讓坐，一面說：「我介紹一位朋友和你們相見，她是洗玉清女士，才學都好。現在，她手邊藏有羅原覺送給她的一個明人古印，書「雷峯」二字，那是天然禪師的私章。好好好，鐵髯兄，我送你一張琴條，天然禪師的詩，我的字，洗玉清女士手邊的古印，我們結個翰墨因緣罷！」我打開一看，天然禪師詩三首道：

「陸賈清談收百粵，衣冠曠代見忠良。
秩宗首義車先裂，文苑連營陣亦亡。
萬古江山終易主，一朝簪紱競稱王。
何人搆門紓傳檄，闔戶身殲築怨長。」

「粵秀山前鼓角哀，越王臺畔草堆堆。
飛龍白日旌旗閃，獨騎黃塵斥堠來。
王謝入為麾下客，賈商推出濟川才。
十年巨室誅求盡，閭巷蕭條番木災。」

「萬里悲笳朔氣深，故園搖落倍沾襟。
登樓漫擬劉琨嘯，出郭誰為梁父吟。
普天丘墓無新舊，近海雲山有古今。
去國豈須憐鄭谷，徘徊鷗鳥是知音。」

此老當寫這三首詩的時候，似乎胸中鬱結尚未抒去，又為跋云：「第七十八庚寅，佛明居士書於千佛山陽，讀師別詩，至亂世有山容易住，道衰無侶不成藏。又：忍看國破先離俗，但道親存便返扉；萬里飄零雙布履，十年回首一僧衣。撫今思昔，彌難為懷。」

在這一幀琴條上，老人共用四個章，曰：「江山如夢」，曰：「學呂七十後作」，曰：「順德岑氏」，曰：「學呂」；加上天然禪師的「雷峯」章和我的「王世昭真賞」章，共計是六個圖章。此外，老人給我的墨寶，還有戊戌在圓玄學院修稧的一幀便箋，以及虛雲和尚年譜虛雲和尚法彙上的題字。

到了一九五七年，即中華民國四十六年，香港圖書藝術館在萬宜大厦開幕，主事人徵求我們十個人開書畫聯展以壯聲勢。定名曰：「十朋書畫聯合展覽會」。依年齡，老人居長，次吳子深，次易君左，次曾克耑，次王世昭，次趙戒堂，次黃堯，次曾后希，次林千石，次林大庸。黃天石氏曾為聯展作敘云：「十子篇於古，遯海隅，臨大難而不屈，其精光浩氣，固足以激昂百世，殆將為中土文藝復興與奠茲始基者乎？」易君左也有「書畫十朋歌」。

大概是民國四十七年吧，朋友們久耳老人為允文允武淑世有道之士，所以有一天，李幼椿，夏煦蒼，黃天石三位先生屬我先容，同到師尚山堂訪問老人，那時老人精神尚佳，仍健談，且談得又非常投機。他對李幼椿先生說：「貴黨辦的醒獅周報，在國內的時候，我每期都看，而且從不脫期。最後訂成四厚冊，可惜離開大陸的時候，放在家裏，現在拏不出來了！」言下不勝唏噓。老人並且說：『今天當代論政、論事或論史的人，往往忽畧青年黨在四十年前倡導反共的貢獻。站在政府黨的立場，似乎以為反共都是他自己包辦的，而站在共產黨的立場，則曾利用國民黨以壓迫青年黨。而當年國民黨本身，則亦以青年黨為反革命，故到處打擊，排擠，拘捕。我是讀過「醒獅」報的，所以比較了解青年黨。尤其大陸淪陷之後，對於青年黨的過去，更有「謀適不用」之嘆。』我記得，幼椿先生答老人道：『青年黨人今天所要求的，還是政治民主化，軍隊國家化，社會合理化，農工電氣化。這些目標，都是全體人民所爭取的目標。所以，青年黨人在時代上，並未喪失其作用。』

今年（癸卯）正月，我到師尚山堂為老人拜年。老人命兒媳扶坐床上，領首微笑坐我於床沿。老人說：「虛雲和尚年譜新訂本已經脫稿印行了，我的願也畢了！」繼詢我入台近況，我擇要陳述，約談十五分鐘，我與辭而出，老人笑謝，命公子送我於門庭之外。比閱報，知老人於夏歷三月十日趺化，十一日下午二時出殯，遺囑命火葬。其著作已印行者，有雲門山志，虛雲和尚法彙，三水梁燕蓀年譜，岑學呂詩畧，虛雲和尚年譜等。岑學呂詩畧我於十年前嘗借觀，老人云：「此為手邊惟一孤本，讀畢盼即歸還！」我於讀畢後，為題詩一首云：

「讀公佳作百五首，清比梅花柔似柳；
剛腸俠骨是英雄，佛手仙心此老叟。」

老人廣東順德人，前清廣州陸軍學校畢業，入民國，嘗任粵軍都督府秘書長，韶關講武堂監督，知廣東東莞台山諸邑縣事，又任蒙藏委員會主任秘書，廣東省政府委員兼秘書長，一度代理省主席。老人諱學呂，字伯渠，一字師尚，法號寬賢，佛明居士則為旅居荃灣千佛山時之別稱。本師虛雲和尚，老人為其在家弟子，壽八十四歲。

怎樣開始組織和行動

——謹致孫寶剛先生一封公開信

歐陽雪芬

實剛先生：恕我的冒昧向先生打擾，出發點係拜讀大作激動我的覺醒，對人生觀又重新起頭，覺得這個世界並不絕望尚有可爲。我雖然也讀過大學，但對世界哲學的思潮並不清楚，原因係那黨化教育把我們思想的眼睛，十幾年來，我一直在馬列主義的囚籠裏摸索，如今走到自由世界裏來，我係一隻無舵的小舟，飄浮在茫無邊涯的海上。我讀的學校過去是中國有名的學府，而今天却變成糟蹋青年的魔窟。我們這輩青年是最不幸的。

一部中國近代史是一筆糊塗賬。倭署國家如日本能够復興，最軟弱的印度也被人尊敬，爲什麼我們中國一直在沒有過太平的日子呢？這是什麼原因呢！國民黨統治了中國四十餘年的建國政策是什麼？何以抗戰勝利後不能推行民主政治？蔣介石係統治國家領袖，其治理中國的政治哲學，與素行的政範是什麼？這些問題時時困擾我們的思想，當鳴放的時候，我們的學校會貼出大字報，公開討論過暴政與民主。青年人的思想激烈，血氣方剛，有的同學竟公開主張，懲治蔣介石和毛澤東，他們同樣是民主的反動物，是時代潮流的叛逆。但是他們竟一直覇佔在中國領土上，宰割同胞，難道我們就這樣懦弱，容許他們毒害下去嗎？

中國青年知識份子最大的苦痛和苦悶，是處在毛朝的暴政下的壓迫，兼之代表國民黨的蔣介石亦無希望，如果能行仁政何以有毛澤東之出現。反共不擁蔣是眞理的啟示，時間的考驗。

我們的希望寄託在海外，原因這批先進的知識份子站在民主文化思潮的前面，並且能享有思想言論的自由。但是各位先生的辦法在那裏呢？光陰似箭，轉眼十五年了，俟河之清，人生幾何？

目前海外數十種報紙、雜誌，不外兩大類型，擁毛的和擁蔣的，關懷人民的可謂寥若辰星。而無論是擁毛的擁蔣的，在言論上，都不談自由民主。因此我們在思想上的苦悶與在大陸相較，也不過五十步和百步而已。只有極少數的刋物，聯合評論是其中之一，能够發揚民主的精神，傳播世界文化，結合革命言論，深切關心國家的前途，民族的命運，並且對於如何反共復國，如何建設民主的新中國，提出積極的想法，和具體的方案。但是單是理論和方案，是不够的，還得有組織和行動。否則我們就無法把歷史推進一步。

近拜讀先生大作詳談：「研究、宣傳、組織和行動」。在內容的意見是提高革命的認識，思想的充實，却不可作冒昧的盲動，革命的勇敢是必要的，但行動要造成有意義與革命的價值。簡明厄要針針見血。並說明了什麼是社會的道德行爲，什麼是與人民無利的亂來行爲，革命是社會的產物，却不可以個人英雄的想頭，而影響了大衆的幸福。不動則已，一動必成事、成仁的價值。所行動的表現產生了革命的結晶，使廣大人民肯爲革命而犧牲，這才需要的是革命的行動，先生的文章是充滿理論與實踐的結晶。不是口號，不是標語，那些空泛失去生命的熱情，無靈魂的叫囂。

您的寶貴意見願拜讀，藉以充實我們的理論，「宣傳」方式的步驟，是那些？「組織」，在第一步如何組織一個新生的民主政黨，與反共的事業結合爲中國新的執政黨？「行動」，思想的行動，文化的行動。這是在初期的宣傳階段，採取如何進一步發展民衆的行動，向惡勢的暴徒採取行動呢？在民主化的人們應該如何的新建立？

請先生鑒宥我的胡說，我是來港不滿一年的青年，我並不能用筆說明了我意見，至於寫文章更是笑話。我是聯合評論的讀者，每期必寄給我的朋友在澳洲和夏威夷的同學們，她們亦成爲長期讀者了。並說寫文章的人物皆是中國的文化前輩，而思想充沛，是我們的燈塔，生命的光，因爲這裏充滿革命的正義。

再論研究、宣傳、組織和行動

孫寶剛

歐陽先生來信叫我對研究宣傳組織和行動再討論一下，我也覺得我前次寫的那一篇文章，雖以此四者爲題，實際上有許多未盡之意，所以應該再討論一下。

以研究來說，在黨的立場上，應該依照理論體系中所述的政治、外交、國防、經濟、文化、社會等研究成一套具體的政綱和政策，但是這些政綱政策決不是閉門造車，應該對國內外的實際情形都有一番調查和統計，並上溯本國的文化，下瞻將來的發展而調製成的，我們看英國的費邊社，他們至今已出版了幾百種的小冊子，每一個冊子把每一個問題作爲主體而加以研究。所以人們說，費邊社是工黨的靈魂，它在思想上爲工黨決定了政綱和政策，我想這句話是一點不誇張的。我在抗戰中讀過蔣介石先生的中國之命運，讀了以後，我覺得他缺乏實際的基礎。舉一個例子來說，他說中國應有十萬個醫生。我眞不明白他立論的根據。以英國來說，他們以城市中一千人需要一個醫生，鄉村中一千五百個人需要一個醫生，這是根據歷年統計而來。蔣先生說要十萬個醫生，太沒有根據了。並且訓練十萬個醫生，要多少醫學校，怎樣訓練法，經費多少，時間多久，教師在那裏，都應有一個調查和統計，在中國是否做得通？假如是通的，才能成爲一條政策。所以嚴格的說起來，黨的研究機構是相當龐大的，而担承的任務是相當艱難的。尤其在沒有統計和調查數字的中國。不過此是後話，須待黨有了相當規模，才能辦得到。現在我想提一提作爲一個政治幹部，應有什麼研究。

我想至少應把中外歷史讀一下，現在的國際間關係，以及主要國家的幾個基本外交政策，也應大體明瞭。其次總要把政治學經濟學和社會學大綱等看一遍，才對於現代的政治理論不致完全門外漢。民主政治是主張法治的，而中國是最缺乏法治的一個國家，所以我認爲幹政治的人物，必須要有法學常識，而各國的議會法，即孫中山所謂民權初步，眞是每一個幹政治的人所必讀的書。中國的許多機關，總是議而不決，決而不行，就是因爲不引用民權初步所致。其實無論怎樣小的一個委員會，開會時應當依照民權初步來進行，這就是練習民主政治的初步。

其次講到宣傳，宣傳在今天是五花八門的，報紙、雜誌、專題小冊子都是宣傳工具，無綫電、電影等也是宣傳工具，這當然要等待黨有了範模才辦得到，但在今日而論，口頭的宣傳，寫稿去宣傳，是每個人可做得到的。集合十個八個朋友作座談會或聚餐會，既可研究，也可宣傳。我們不要小看了口頭宣傳，事實上一切宣傳，必須經過口頭宣傳才能收決定性的効果，而踏上組織的道路。並且由一而十，由十而百，功効也是可觀的。

最後說到組織，在一個民主的政黨，其組織是和共黨或法西斯的黨不同的。許多人以爲共黨或法西斯黨的工作効力較强，因爲他們重視鐵的紀律，上下命令，要求絕對服從，左右是不相往來，不作橫的聯繫。但是後果必是個人獨裁，大家盲從。所以民主政黨，不取這種辦法。雖然在工作效率上差一些，這是實行民主政治的代價。民主政黨最重要的一點是注意影响力而不重權力（即强制力）。所以一個偉大的民主領袖，並不是在黨內有什麼權力可以命令黨員，而是有他偉大的影响力。在議會制的國家，一個政黨的能否執政，在看各選區有沒有適當的領袖，易言之，即是議員的候選人。以英國來說，所謂黨的領袖乃在議會中由該黨全體的議員選出來的，而不是黨的主席。全國代表大會所決定的政策，交給議員們去辦，但不能强制怎樣辦和什麼時候辦。因爲議員在一方面是黨員，但另方面是向選民負責的。在英國還要求全體黨議員要一定投黨所決定的票。在美國，連這一點都不受約束。這就是因爲民主政治的精神。我在這裏暫把行動一節不談。因爲行動不是空談，廣義地說，上面所述的研究宣傳和組織也都是行動。直接政治的行動乃是屬於門爭的部門，是見機而作的，無法預定。不過有一條原則爲民主政治運動者所應遵守的，即是不可不擇手段。

大陸同胞，苦難方殷

胡越

（上接第一版）

（三）六〇年底到六一年出，整風整社之後，毛澤東爲了刁買人心，討好農民，曾對共幹實行反五風，其中有一條是反强制命令風；並在緊急指示十二條中特別指出，雲南某地爲了驅農民出勤，發生吊打農民事件，認爲應該改革等等，現在証明完全是假慈悲。當農民眞的脫離公社，使他的勞什子公社發生動搖時，他就再露出兇相，實行種種見血的殘酷鬥爭了。從陽江縣有五百八十七戶要求退社的情况來看，大陸農民反抗公社是很激烈的，可惜他們又上了毛澤東的當。

（四）美國六月七日出版的「時代」周刊報導說，「中共最近阻止農民走向資本主義的自發思想運動，可能導致一九五九年發生的農業災難。」這一論斷是確有見地的。讀者或許懷疑，毛澤東何以在整風整社向農民讓步之後，何以經濟部份好轉的效果，現在又要以殘酷手段壓制農民，製造災難呢？原因在毛澤東之整風整社是迫不得已的，是一種戰畧撤退，得形勢稍一安定，他就反攻，加强集體主義來維持他的個人威信及政治生命。

當一九六一年春天，毛共實行整風整社，調整工商業之後，海外某些人，對中共的單思病又告抬頭了。總以爲毛澤東再不好，仍然是中國人，只要他回心轉意，稍爲變得文明一點，就願意做一個毛記順民。可憐這種幻想現在又被撕成片片碎了。毛澤東不能放棄教條主義是鐵硬的，這因爲他在黨內爲了堅持三面紅旗，清算了兩次反對派，連最親信的彭德懷都不免。因此三面紅旗已成他的政治生命，除非垮台，絕不會更改。其次是他與俄共鬧得僵了，他反修正主義，不但在外交上反對與美國妥協，並且在內政上反對俄共及東歐諸國的自由化。這內外兩大因素，把他逼在獨木橋上，進退不得！對他害單思病的先生們，可以死心蹋地了。要想改變中國現狀，要推翻毛共政權，別無他途！

更正： 本刊前期李璜先生的「談華僑的團結與祖國的統一」文中，將威爾遜誤排爲羅斯福，特此更正，又「崧」字誤爲「莀」字並正。

「時與潮」週刊被迫停刊的經緯

獨清

（台北通訊）「時與潮」週刊忽被停刊一年。這可說是雷震案的餘波。該刊本來不大為人們所注意；但經此一停刊處分，反使其聲價百倍，兩週以來，台北的街談巷議，多以此事為主題，許多從來不看該刊的人，也四處設法尋找該刊來看，尤其是與被停刊處分有關的那幾期。政治圈內的人士，雖然在當權派高壓之下，不敢作公開的表示；但在茶餘酒後，仍免不了議論紛紛，有的嘆息，有的憤慨。而與當權派有關的人則絕口不談此事，顯見他們也並不覺得怎樣的光榮呵。

台北市政府充當劊子手

五月十五日該刊有信致各訂戶，原文如下：「本刊在五月十一日接到台北市政府五二年五月十一日府新字第二三八九六號行政處分書一件，命令我們停刊一年。處分的原因，是本刊曾在第一六六期刊載了雷震獄中自勵詩和雷夫人監察院委員宋英女士的談話，認為違反了出版法。

「既然如此，我們祗得遵命停刊了（停刊的時間是：從五月十二日起到明年五月十一日止）。

「這幾年來，承蒙格外支持，直到今天，我們萬分感激。這次的處分，出於我們的意外。同時，這也很對不起先生您對本刊愛護支持的善意和熱情，我們除了等到復刊以後再繼續給先生服務之外，現在祗有告別了。

「對於先生所訂閱的本刊未滿期的，將待復刊後繼續補寄。如願退還餘欵，敬請函告，當即遵辦。」

「事非得已，敬請先生原諒。一年之後再見，順便向您祝福！」

這個停刊的命令，雖發自台北市政府，但幕後的決定者，則是國民黨的宣傳會報。而宣傳會報所作的決定，又幾乎都是秉承蔣經國的意旨行事，有時陶希聖也可在其中發揮某些推波助瀾的作用。換言之，這個決定，不但不是行政當局的意思，也不是「蔣總統」的指示；而乃是太子派扼殺新聞出版自由的又一項可恥行為。因為就這個停刊的命令來說：該刊登載雷震獄中的詩和宋英女士的談話，被認為違反出版法，但究竟違反了那一條，則並未指出。出版法原是當權派用來壓制自由言論的工具，但也沒有規定刊載監察委員的談話為有罪呵。再從情理方面言之，雷震的獄中詩，從頭到尾都祗是自勉自勵，應該「容忍他人，克制自己」，毫無一絲一毫的怨憤之情；而宋英的談話，也說雷在獄兩年有餘，心情已經平靜下來，她對監獄方面特別關照雷震的美意，還表示感謝。實在看不出有什麼觸怒當權派之處。然而時與潮週刊却因此被迫停刊，眞所謂欲加之罪，何患無詞了。

內情並不簡單

據熟悉內情者透露：該刊被罰停刊的原因有三：

一、當然是雷震的關係，雷震的獄中詩和宋英的談話，雖然並沒有違反出版法之處，或在情緒上對當權派有所過不去；但盡人皆知祗要有人提到雷震的名字，當權派——尤其是蔣經國，就會感到極度不快的。因為兩年多以前，他們雖然以莫須有的罪名，把雷震判處十年徒刑，而且收到扼殺自由中國半月刊和阻止新黨產生的雙重效果，但其所付出的代價是很大的。由於時至今日，畢竟不能一手掩盡天下人的耳目，世人在雷案發生後，不但深知當權派口談民主自由，竟做出這種違法悖理之事；而且更了解他們口談仁義道德，實則最為陰毒險狠，背信忘義，無所不用其極，像雷震那樣曾為「蔣總統」奔走多年，勞怨不辭的忠貞幹部，祗因一朝見棄，即憑空被扣上一個與匪諜有關的罪名。可以說，為了雷案，却反而使雷震名揚中外；但當權派則為了雷案而聲名狼藉，此中的是非得失，是盡人皆知的。因此種種，當權派但願人們忘記了雷震，但願雷震早日氣死或悶死在獄中。如今由於雷震的詩和宋英的談話，雷震雖作了囚徒，却仍很健旺；而雷震那一首雖名曰詩而實則並不像詩的作品發表後，更引起好幾首和詩，足証好多人一直在懷念着他。當權派原來已患上「作賊心虛」的心病，自然是感到莫大的刺激，因而也就不惜再次施用其扼殺自由言論的傳統慣技，迫令「時與潮」停刊，聊以洩憤。

二、「時與潮」是東北籍立法委員齊世英所發行的。齊委員原是新黨的發起人之一。該刊登載雷震的獄中詩和宋英女士的談話後不久，齊又和高玉樹、吳三連、楊玉城等多人聯合宴請台灣省議會中不屬於國民黨籍的議員，席間曾交換意見。讀者當還記得，雷震發起組織新黨時，原是由選舉檢討座談會而起的，高玉樹等也是發起組織新黨的要角，太子派認為他們宴請黨外議員之舉，可能有再度醞釀組織新黨之意，故決定藉刊載雷震的詩和宋英的談話為題目，對「時與潮」下毒手，使齊、高諸人有所恐懼而不敢再有進一步的行動。

三、陳立夫在美國的養鷄場被焚，有立法委員二百餘人聯名致函慰問，齊世英也是其中之一。蔣經國對此，大為憤怒，認為CC有死灰復燃之勢。前此，陳立夫奔父喪回國時，蔣經國曾有意挪他以對付陳誠，繼因見立夫回抵台北時，有千餘人前往歡迎，又認為他仍具潛力，心存忌憚，因而立夫在辦完親喪後，祇好再度流亡異域。事隔數年，蔣經國根據陳建中的報告，原以為CC分子多已歸向他自己，立夫已被他們遺忘，因而一度又有請立夫回來參加陽明山第三次座談會之議。如今立夫的鷄場被焚，[illegible]名致函慰問，無異是[illegible]CC有意向他示威，[illegible]「時與潮」被開刀的原因之一。

由直接傳子到間接傳子？

來雁

（台北通訊）關於蔣總統傳子的問題，最近突然有了新的發展。此一新的發展，是由俞大維的兒子做了蔣經國的女婿而引起的。因為俞一向是陳誠的親信，如今又與蔣經國成了兒女親家。同時，俞大維在美國當局的心目中，似乎尚有良好的印象，由他來調解陳誠與蔣經國的衝突，實在是最恰當不過的事。

據說辦法是這樣的，由陳誠先繼蔣介石為總統和國民黨的副總裁，以蔣經國為行政院長，負實際的責任。如此一來，在蔣總統來說，不過是改直接傳子而為間接傳子，對於傳子的既定目的並無影響，而且還可減少阻碍。在蔣經國來說更可明正言順的掌執大權。在陳誠來說，祗要能繼蔣介石而為國民黨的領袖和國家的元首，自可心滿意足。在俞大維來說，於蔣於陳都能兼顧，自何樂而不為，這一辦法被認為是一面俱到的折衷辦法。聞有某學者正在為蔣經國寫一本有關三民主義的書籍以表明他的腦海中已不再有共產主義存在，希望能免除外間，尤其是美國方面對他的誤解。據說：此次俞大維赴美，其主要的目的，便是向美國政府解釋陳蔣合作無間，而且蔣經國的思想已經完全變過來了，希望美國放心，千萬不要減少美援。但話雖如此說，蔣經國是否能等待，陳誠是否甘作傀儡，顯然都是大有問題的。

台灣簡訊

志清

一、台南市議員集體辭職

台南市議員十四人，於月前集體提出辭職，據說乃是揭發（一）市政府建築國民住宅不但未公開招標，連比價亦是秘密進行，市宅興建會祇與嘉林和華泰兩家建築商秘密交易，繼因市議會副議長林全興提出抗議，才加入林的兄弟所經營的「大成」一家。（二）兩年多來，市府對於運河護岸工程、球場工程及市立中學強迫募捐等案，有舞弊情事。（三）市議會議長副議長串通市府，在公車漲價案中曾發生公文偷渡的事。

集體辭職案發生後，國民黨台南市黨部曾多方設法，破壞十四位議員的集體行動，因而有黨籍議員三人又補函市議會撤銷辭職。市長和正副議長則企圖藉此將這些辭職議員排出。市長辛文炳且於五月三十一日向新聞記者發表談話，據稱：依照縣市議會組織規程的規定，議員辭職在其辭職書送達議會時即行生效。故各議員的辭職早經生效。辭職議員十一人即於三日發表書面聲明，指責市政發包工程，有很多弊端，並對興建國民住宅提出十七點疑問，認為有舞弊嫌疑。

十四名議員集體辭職書送到省政府後，黃杰恐事情擴大，不敢擅專，即報請內政部核辦。聞內政部將予駁回，其理由是非常時期，對於集體辭職的事，不予受理。但實際的用意，則在為他們化解，以免辭職的議員揭發更多的弊端，影響政府的聲譽。又據市府方面透露：十四位議員因在興建國民住宅案中索取紅包不遂，均以辭職為要挾。總而言之，一團糟而已。

二、台北市宅會集體貪污案的奇跡

從犯多已服刑期滿出獄　主犯黃啓瑞尚未定罪

台北市長黃啓瑞在市民住宅興建會中有集體貪污情事，於五十八年八月奉省令停職，隨即被地方法院判處徒刑三年半；但因藉口上訴，至今尚逍遙法外，而其他各從犯則均已服刑期滿出獄。

據本月四日聯合報透露：依照法律規定，如黃啓瑞上訴被判無罪，還可官復原職；被判有罪則應入獄服刑，台北市長必須改選。但因本案拖延至今，黃啓瑞即被判有罪入獄服刑，台北市長一職亦可由周百鍊代理下去，不必馬上改選。因為依據有關縣市長選舉罷免法的規定，縣市長因案判刑或辭職在其任期不足一年時，得由省府派員代理，不須補選。黃啓瑞在案發時，任期尚有兩年零八個月，但現在則已不足一年（明年六月二日滿期）了。又據與黃啓瑞接近的人透露：黃啓瑞對政治已不感興趣，即使判決無罪，也將辭職。

三、大魚漏網，小魚難逃

本月二日，台北聯合報有一則短評，原文如下：「這是一面奇特的魚網。對於小魚，甚至於蝦子，可以一網打盡，毫無遺漏；正所謂「天網恢恢，疏而不失」。對於大魚，却每每網開一面，任其逃脫，成為「漏網之魚」。依理而言，大魚出網的漏洞面積既大，小魚當也可以跟進而且更為方便；但事實却又大為不然，大魚可以漏網，小魚却難逃出。這實在是一面奇特的魚網，而且是一面不可思議的魚網。」

據說本省各地的欠稅，總額達六億元之鉅，其中多為「大戶」，有欠稅數百萬元，乃至千萬元以上者。稅務機關對於這般「來頭大」的大戶，深感棘手，只好本諸「為政不得罪鉅室」的古訓，不去「惹」它，免得找上麻煩，「吃不了，兜着走」。於是前任既然放了交情，不追在案」，後任當也落得效尤，不加過問。於是若干大戶歷來積欠的稅金，乃變成了「呆賬」；但對於小戶的欠稅，却察察為明，斤斤計較，絲毫不予放鬆。」

由此，可見今日台灣的稅收，原是專收小戶，放走大戶的，蔣「總統」說：要把台灣建設為三民主義的模範省，其此之謂乎？

封鎖停刊消息

「時與潮」被迫停刊的事，不但官方報刊不准提[illegible]

論中共躍進號萬噸貨輪沉沒調查報告

劉裕畧

中外各大通訊社曾於本年五月二日發出報導，謂中共一萬一千四百八十二噸貨輪「躍進」號忽於五月一日下午一時在南海附近海域沉沒。該輪是中共一再吹噓過的遠洋航海貨輪，這一次由青島裝貨遠航日本，還是它的第一次遠航。當它準備進行這一次遠航時，香港左報還登載過它的宣傳資料和照片。想不到，隔不了幾天，這艘被中共報章一再渲染的大貨輪便突然沉沒了。

為什麼會突然沉沒呢？據日本東京發出消息：根據那些被日本船隻救回的中共船員說：中共這艘躍進號萬噸貨輪是被一艘不明國籍的潛艇用魚雷把它擊沉的。於是，躍進號萬噸貨輪忽然沉沒事，立刻轟動了世界，台灣和美國都立即發表了未曾擊沉躍進號貨輪的聲明。左報則一再暗示中共躍進號貨輪不會無故沉沒。中共政權則更大模大樣要對躍進號貨輪沉沒事進行調查。

本來，中共船員本身不能提出可靠的沉沒原因，中共政權不能信任中共船員的報告，已經使中共自己大丟其醜。因為，假如中共船員一直沒有無中生有憑空製造不明潛艇三枚魚雷擊沉躍進號的謊言，則中共政權對躍進號忽然沉沒的原因加以調查，尚屬近於情理，中共既一向認為它的船員及船上重要幹部是「又紅又專」的人物，那末，中共就該信任它的船員們的報告了。然而，中共政權大致亦覺得該船員的報告仍有不妥之處，所以，不得不勉强進行調查。這一調查，就調查行為的本身而言，已經是中共對它的船員打嘴吧了，更對中共政權自身的信譽打嘴吧了。否則，既有中共船員的報告，又為何還要調查呢？

最使中共航業技術和船員信譽掃地的，是中共自己調查的結果，竟然絲毫並無中共船員所說被潛艇擊沉的那回事。據中共新華社北平六月二日電：「新華社奉命聲明，中華人民共和國交通部為了進一步查明躍進號貨輪遇難的確實原因而派出的調查作業隊和中國人民解放軍海軍協助調查的艦艇，在蘇岩、虎皮礁、鴨礁之間，發現了沉沒了的躍進號船體。經過周密的調查，已經証實躍進號是因觸礁沉沒的」。

中共對此不能不調查，調查後不能不發出報告，報告內容自不能再隨意製造謊言，因為全世界人民都可以看得見沉沒的眞正原因的。所以，這一報告把中共船員的無賴行為和盤暴露了出來，也把中共政權航業的低劣技術和盤暴露了哩！

大陸簡訊

藍星

中共又說印度飛機侵犯

中共與印度的糾紛早已陷於互相指責的無法清算中，其中，尤以中共動不動就無中生有的指責印度，更使此項糾紛益趨複雜。

據中共新華社北平六月四日電：中共又指責印機侵入邊境了。它說：

「中華人民共和國外交部二日把一件照會交給印度駐華大使館，駁斥印度政府五月十六日來照中就印度飛機侵犯中國領空的事實所進行的抵賴。並且斷然拒絕印度政府五月二十一日來照中捏造的所謂中國飛機飛越印度領空的指控和來照中提出的抗議」。

新華社又說中共的照會曾說：「印度政府一九六三年五月十六日來照中對中國一九六三年四月廿六日照會中提出的一九六三年第一季節印度飛機廿七架次侵犯中國領空的確鑿事實照例抵賴。而且又一次把印機飛越的中國領土說成是無可爭辯的印度領土。這種蠻不講理的態度更加清楚地暴露了印方以武力改變中印邊界現狀的企圖。印方來照中妄想否認這一點，是徒勞的」。

其實，誰都知道：這筆糊塗賬無論如何也是無法清算的。因為，中共橫蠻不講理是世人皆知的啊。印度要想解決中國與印度邊界問題，決不是可以從中共偽政權那裏所得而能。蓋中共根本不能代表中國，印度縱然與中共獲得任何協議，全體中國人也不會予以承認，何況，中共橫蠻不講理，還根本無誠意與印度解決問題哩！印度要想與中國解決邊界問題，印度應該在中共之外另找中國的合法政府談判才是。

中共不斷對日本進行心理作戰

日本是中共的死敵，對於這一點，中共是最明白不過的。但是，最奇怪的，却是日本的左傾分子則不明白這一道理，反而不知不覺的在幫助中共對日本人民進行心理戰。

據中共新華社六月三日東京消息：「正在日本進行友好訪問的中國人民對外文化協會代表團二日參加了歧阜市的『日中不再戰』碑揭幕式。當地日中友好團體、工會、婦女學生代表參加了揭幕式。當歧阜市市長松尾悟策揭開幕碑時，兩千個帶着日中不再戰字樣的彩色氣球升向天空，幾十隻象徵和平的白鴿在碑的上空飛翔，日本歧阜市各界人士和市長會倡議在杭州市和歧阜市各建立一座反對侵畧戰爭紀念碑。歧阜市的碑文是『日中不再戰』，杭州市的碑文是『中日兩國人民世世代代友好』。他們並在去年十月派代表團到杭州市交換了碑文」。

以上是中共新華社的報導，這消息可以很明白的看出中共是不斷的從各方面對日本人民進行心理作戰。杭州碑的碑文並無中日不再戰，只有歧阜市碑文有中日不再戰的字樣，已表明了中共對日本人民的欺騙，而中共與幼稚的日本左傾人士玩這一類把戲，尤証中共處心積慮都在處處設法麻醉日本人民，瓦解日本人民之戰志。而其所以要瓦解日本人民之戰志，正反映了中共赤化日本的野心哩！

崔庸健訪問北平

崔庸健是中共所支配的北韓傀儡之一。其在北韓之地位甚高，僅在韓共另一傀儡金日成之下。崔庸健現在北韓傀儡政權之名義是「朝鮮民主主義人民共和國最高人民會議常任委員會委員長、朝鮮勞動黨中央委員會政治委員會委員、朝鮮勞動黨中央委員會副委員長。據中共新華社說，崔庸健已於六月六日「上午乘專車到達北京。受到北京數十萬羣衆熱烈、隆重的歡迎。中國共產黨和國家領導人劉少奇、董必武、朱德、周恩來等前往車站熱烈歡迎」。足見當此北越與中共加緊勾結以對抗赫魯曉夫之際，北韓的崔庸健忽到北平訪問，顯然是中共有意加强領導亞洲共黨的一種措施。

僑鄉近訊

鍾之奇

廣東大部地區普遍降雨

廣東全省各地已陷入嚴重的旱災中達六七個月之久了。據廣東來客談，由於廣東各地旱情之嚴重，許多地區都未能適時揷秧，中共歷年所吹噓的水利建設，皆已在旱災中証明毫無效用。故廣東各地人民對中共所吹噓之水利建設，毫無信心，大家都只望老天下雨，才能眞正解除旱災。事實上，也不止廣東各地人民之心情如此，各級共幹之內心原也如此的。所以，一有下雨消息，中共的新聞機構也爭先發表消息了。據中共「中國新聞社」廣州六日電：「久旱的廣東省最近普遍降雨，大部份地區的旱情有所緩和」。並說「大範圍的降雨，是從六月一日起次第開始的。粵北和海南島的大部份地區，粵東、粵中地區和珠江三角洲，雨量都在二十到五十多毫米，個別地區達一百毫米」云。

南海有八百六十多種魚類

自中共中央把全國農民之糧食生產品盡量勒索之後，復令饑餓的人民向深山進軍，向海洋進軍以覓取食物以來，中共偽政權所屬各種機構亦即奉令配合此種要求。故中共廣東省水產科學研究工作人員亦被迫動員長期研究廣東附近海中之魚獲種類，以作中共勒令人民向深海進軍之配合。茲據北平出版的光明日報最近消息：「廣東省水產科學工作者，經過八年的艱苦努力，完成了對南海水產資源的普查工作，以及北灣的系統調查。調查所得的初步結果表明，南海水產資源蘊藏豐富，具有廣濶的開發前景。南海魚類的種類，較東海黃海為多。初步確定在八百六十種以上。其中有一定經濟價值的有一百一十多種。在生產上佔比重較大的有三十多種。……經過八年的調查，基本上摸清了鯡鯉等主要經濟魚類的生物學特性，初步掌握了它們的生活習性和洄游規律，進一步認識了南海魚場的情況，繪出了漁撈海圖、群衆漁業漁場圖」，準備勒令廣東漁民按圖工作云。

新會擴大養蠔場

蠔是可以換取外滙的一種產品，故中共自一九五七年開始勒令新會縣增闢養蠔場，以便外銷。養蠔人員不得已，只好遵命行事。眼見養蠔場年年擴大，但養蠔收入則全被中共攫去，養蠔人員仍然飢寒交迫，糧食分配不足維持最低生活。

據中共消息：「新會縣自一九五七年開始試養以來，到目前為止，養蠔面積已達一千二百多畝。部份已開始收獲。蠔場在珠江口的崖門沿岸。該處為鹹淡水交界，是較適宜養蠔的區域」云。

靈山茶農横被搜括

對於人民辛苦經營的任何物資，中共一向都全部搜括，對於廣東省靈山縣的茶葉，亦不例外。

據中共消息：「盛產茶葉的靈山縣，今年春茶收成很好，至最近止，全縣已採製了乾茶三萬多斤，多是春分茶和清明茶，靈山茶葉以清香醇和著稱，靈山紅茶遠銷國內外，主要產區為雙鳳，五葉蓮，泗洲，大遠，清和等地」云。

信宜縣山區廣修公路

自從台北近年不斷派遣武裝突擊小組在廣東沿海各縣登陸及內地山區空降以來，中共認為為了使廣東各縣的土產都能便於搜括集中，同時，為了便於防範山區被反共愛國武裝佔據起見，都有廣修山區公路之必要。所以，對於廣東信宜縣山區，中共亦不惜人力，强迫全縣男婦老幼，一律日夜義務勞動，廣修公路。據中共最近消息：「有羊腸小道縣」之稱的山區信宜縣，近年來開闢了許多公路。到目前為止，全縣已有六百三十多華里公路線，較前期增加十四倍。另外還有一百多公里快要修成。全縣二十五個人民公社已有廿三個公社有了公路。山區所產木材、竹子、柿餅、山楂等都在日夜運出外銷」云。

東約演習與寮局

「反攻」的假想

何之湄

東南亞公約機構正在泰國東北部舉行演習，美軍及英聯邦軍隊，由大規模的空運降陸泰國。自美國夏威夷空運抵達的美第廿五步兵師第一戰鬥隊，開入泰東北中心的柯叻。由英、澳、紐所組成的英聯邦第廿八步兵旅，曾參加多次戰役的，其中包括最近在婆羅乃剿滅叛軍成功的將士，也由星洲空運至接近寮國與高棉邊界的烏隆府。

這些英、美的軍事空運，自六月一日起繼續至六月六日，方始告竣。尚有另一批美軍戰鬥部隊，將於六月十日由其遠東中心基地之冲繩島，直接飛至泰邊，參加定於六月十一日開始之東約大演習。

這次東約演習的全部兵力，預計為二萬五千人，規模為歷次東約演習之空前龐大者。組成份子計為美軍七千人，英聯邦軍一千三百人，泰軍一萬五千人。非律賓，巴基斯坦，法國，各派出若干參謀人員參加。

當上次寮國危機，美國派軍進駐泰邊時，部隊總額為六千人。及後撤退時，美、泰雙方聲明，美軍隨時可以重新開入泰國，如果寮戰再起而認為需要的話。現在寮國似已迫在熱戰的邊緣，東約聯軍的重返泰國，雖以演習為名，當不無「監視」寮局的作用。

演習計劃，已決定首作「防衛」，假想共軍越過寮泰邊境南侵，而在「接觸」遏阻攻勢之後，再繼之以「反攻」。

李江又退却

儘管亞洲共黨的主力——中共和越共都在叫囂，說東約演習乃是美國「準備干涉寮國」。可是在寮國的共黨行動，却似乎沒有顧忌到這一可能的「干涉」。瓦瓶平原中立軍李江部隊的主要地盤，包括川壙、康開、豐沙萬等市鎮，陷於共軍手中已近二月。被認為受西方支持的右翼軍及李江部隊，並沒有進行對這些地區「收復」的戰事。在平原上那些互轟的炮聲中，只有若干村落會告易手。右翼軍較前迫近川壙，而李江軍則因受共軍壓迫，而放棄了平原邊沿班布亞、和班古亞兩個村莊據點，李江總部所在地的孟本，右翼陣地已經受到威脅，孟本已經不屬於平原的範圍，而在平原之東南。

比較起來，自平原戰事爆發，「停火」和談試探以後，除川壙等平原三重鎮不計而外，寮共擴充地盤，仍比右翼軍為多，李江軍的防地，則日見迫促。隆隆的炮聲譏諷了「停火」的可笑，而「和談」則成為互相指責。寮共一面指責「美軍干涉」和「右翼進攻」，却不斷地擴充地盤——實際進攻者乃是寮共。

監委會的狠狽

不理會所謂「美軍干涉」而不斷進攻，寮共的挑戰態度是顯明的。更顯明的，是他們對於國際監督停火委員會的打擊，監委會由於遭受共方的拒絕，自康開撤退監察站以後，已再不能進入共區，他們只能在孟本附近，聽數共軍所發的炮聲若干響，據以發表公佈和報告。

繼着監委會兩架直昇機上次在平原遭共軍擊落之後，六月五日又有兩架監委會直昇機在孟本上空遭共軍射擊，機身洞穿。現在送來泰國美軍基地修理。它們原是運載糧食和日用品，給在孟本的監委會人員的。監委會本身，已是「滿身瘡痍」，對「停火」起不了效用。

監委會的波蘭代表，更破壞了監委會的規章，採取單獨而與印度加拿大委員對抗的行動，與寮共一鼻孔出氣，指責印加委員「偏袒」「庇縱」右翼，謂監委會不應在孟本設監察站，因共方及波蘭「不同意」。實際上，依監委會的規章，三國委員投票議事，以票多決定。印度加拿大兩代表投票同意在孟本設站，即應執行，波蘭絕沒有反對的餘地。

波蘭委員背叛

波蘭在共產集團中，是屬於蘇聯系而非中共系統的，因此波蘭的單獨行動，極為令人矚目。原因是美國一貫認為，寮共乃受中共及越共的指揮，而蘇聯則仍願望寮國在所謂「中立獨立」的狀態。現在波蘭的做法竟站在中越寮共方面，那是否蘇聯因為「調整與中共關係」之故，而對以中共為首的在寮作亂，予以放任默認呢？蘇聯如果放任中越寮共，固然是一大問題。即使蘇聯有意在寮國與西方妥協，但不能對中越寮共發生壓制或影响力，也是一大問題。

儘管波蘭委員對監委會採取背叛的態度，但駐寮蘇聯大使却仍採穩健的做法。雖然蘇聯曾擬在日內瓦兩主席發給傅馬及寮國三派呼籲停火的聲明中，加入「譴責美國」的辭句而為英國所拒絕，及後仍然刪去發動戰爭責任這一部份而發出呼籲，同時蘇大使法納西夫也仍答應與英大使偕同前赴康開與寮接洽和談。當然蘇聯這項做法可能只是外交上的禮貌，可是竭力企圖維持聯合政府的傅馬，却不能不視此為唯一希望。

可是寮共對於英蘇兩主席前赴康開的通知，也迄未予以答覆。英蘇兩大使致送寮共的建議中，同時要求恢復監委會在平原的工作，後者正是寮共所强烈反對的。原因是李江多次向永珍報告：越共軍以營為單位，與寮共併肩攻擊中立軍。監委會人員若能進入共區，越共的存在便無從掩飾或狡辯。

「嚇阻」作用微

談判目前還未能接觸，就算接觸和展開，看來也不容易談攏。寮共拒絕在王都談判，而要求易地康開，附帶開列的談判六條件，對傅馬及永珍右翼來說，似乎絕不能承認，可以作為談判的基礎。

寮共的六條件第一條要求「美國停止一切形式的干涉」，照他們所指，是要美國除外交人員以外，一切人員撤出寮國。第二條要求右翼人員退出李江的部隊及機構，要親右翼的別動隊（苗族）撤離平原，而平原山區原是苗族的本土。第三、四條要求懲辦右翼將領陶辛，解散右翼領導的國家安全局，成立永珍「三方面混合警察」部隊——即「中立永珍」。第五、六條組混合停火會，「制止大戰爆發」。

整個條件最後的兩條，本來就已是「談談打打」而已，但寮共也絕沒有具體條件的提出，如以前平原事變後，共方曾經提過的「雙方軍隊各退原防」的談判基礎，共方似乎不願談了。而在前四條中，一貫是削弱永珍的奧援，禁制右翼，切斷右翼與中立派的聯系，和最後中立永珍，攤瘓聯合政府。

傳馬不可能接受這些條件，右翼似乎更不能對此有所考慮，因為設若考慮接受，就等於宣佈他們自己的終結。問題倒是以英蘇為首的綏撫主義，是否能夠說動美國，再由美國「施影响力」要傳馬和右翼對寮共作若干讓步。

儘管美軍已在泰邊作實戰演習，以圖「嚇阻」寮共，可是寮共似乎並沒有受到嚇阻。他們清楚知道，若是他們不進入泰境，美軍就不會對他們作戰。而美軍為了避免在寮境山地作戰，也仍然只有讓步的一途。曼谷的西方觀察家和亞洲人士，都認為「無論如何」美國不會為寮國而戰，而這也許是寮共猖獗的原因。

．曼谷通訊．

印尼覬覦南洋羣島

丁和

印尼終身總統蘇加諾野心很大，他不僅於奪得西伊里安後進而公然阻撓大馬來西亞的建立，還覬覦到南洋羣島的富源。現在，印尼對外的第一個目標，就是北婆羅洲。蘇加諾曾說過：「北婆羅洲從前是印尼的領土」；其野心的意圖，顯已溢於言表。但是，印尼的慾望還不止此，假如蘇加諾將來真的如願以償，囊括了北婆，一定還未感滿足，那時，印尼便表露出第二個目標。那第二個目標，便是葡萄牙的屬地帝汶，和澳洲的屬地新幾內亞東部；蘇加諾也說過：「澳洲所屬的新幾內亞，乃印尼領土之一部份」。絃外之音，如見其肺腑。由此可以預料，印尼之覬覦南洋羣島，係擬定了三個步驟：第一是先收回西伊里安，第二是兼併北婆三洲，第三是攫取葡屬帝汶和澳屬新幾內亞。

印尼的天然資源，原是豐富的，再加以同時獲得美、蘇和中共三方面的援助，國家經濟，本來可以不致發生困難，可是事實却與此完全相反，目前印尼的人民生活，已瀕於嚴重飢饉的程度，物價固然暴升，通貨膨脹也越來越厲害，政府雖規定了公價，一英鎊兌印尼貨幣五百二十九盧布，但黑市的兌率，則為每一英鎊升值一千盧布；至於糧食的漲價，更屬驚人，每一公升米的售價，竟相等於一個勞工的工資六倍；此種情形，刻仍在繼續惡化中！

然而蘇加諾對上述的惡劣情況却漠不關心，祗知以全部精神來圖謀對外擴展；因而繼續維持龐大數額的軍隊，並使用蘇聯的高價武器，把三十五萬國防軍置於備戰狀態中。國防部長納蘇賢且公開對全國軍隊發出這樣的訓示：「阿扎哈里以前是印尼軍人，他所率領的北婆軍乃我們的兄弟，可是我們的這些兄弟現正遭遇到新殖民主義者的馬來亞聯邦侵略，我們必須協助自己的兄弟抵抗，使他們能夠獲得自由、獨立，如此，我們就必須跟馬來亞來一次攤牌……」。納蘇賢敢於說出這種爆炸性的話，當然是秉承着蘇加諾的意旨。印尼目前的備戰姿態，確是日趨尖銳化；其覬覦南洋羣島的野心，顯已暴露無遺。

印尼這種狂妄的野心，當然是有人從中煽動和支持；煽動和支持印尼的，如所週知，就是惟恐天下不亂而無時無刻不企圖混水摸魚的蘇聯和中共；尤其是後者，進行得更積極，更顯露。劉少奇於最近訪問印尼時，即與蘇加諾發表了共同聲明，內容表示出中共支持印尼反抗大馬來西亞計劃。至於劉少奇和蘇加諾是否簽訂了某種秘密協定，或有了某種默契，那就更難想象了。

現在，大馬來西亞聯邦的成立日期（今年八月）已愈益迫近，而印尼破壞該計劃的陰謀，自然也進行得倍為積極；因此，最近沙勝越國境已頻遭襲擊，婆羅乃的騷動也加劇，這都是由印尼所造成。此外，印尼對馬來亞也更為怒目相向；短期內會不會發生衝突？這都是由蘇加諾一手造成的緊張局勢，將來的演變，實難以逆料！

本來，印尼的實力目前還未算強大，那有力量去覬覦南洋羣島？可是由於蘇加諾的狂妄和野心特大，竟然甘於接受共黨的利用。於是，印尼便成為共黨侵擾南洋的工具、蘇加諾政府遂被印尼共黨支配和操縱，顯然，蘇加諾現在已無形中做了國際共黨的獵犬！國際共黨在表面上是協助印尼去覬覦南洋羣島，用這一「糖餌」來滿足蘇加諾狂妄的慾念，但在實際上蘇加諾是替國際共黨去「混水」，好讓國際共黨伺機「摸魚」。蘇加諾這種極度愚笨的行為，不僅替南洋羣島的人民帶來了無限災禍，且亦必使其本身國家——印尼——也將受到了極其嚴重的禍殃！

國際共黨的支持印尼，稍有頭腦的人都會意料得到，無論如何都不是善意；尤其是中共，它所懷的「鬼胎」更大。印度的尼赫魯的受愚弄和歎侮，不是很好的例子麼？蘇加諾比赫尼魯更愚昧得百倍，他在共黨的煽動下對南洋羣島的野心愈強，將來印尼所受到的禍害也必愈重。到了那時，這位「終身總統」即使後悔，恐怕也來不及了！

文史漫談

由戲劇的談到歷史的「趙氏孤兒」

徐亮之

「趙氏孤兒」乃一部好的戲劇，但並不是一部好的歷史戲劇；因爲它太把歷史還就戲劇了；太輕率地破壞歷史的眞實去敷衍戲劇的技術末節了。「趙氏孤兒」原名「八義圖」，乃根據「列國志」說部所改編；「列國志」所記的趙氏孤兒一公案，則又是根據「史記趙世家」而寫作；而「趙世家」對於趙氏孤兒的記載，本身就有問題。

原來關於趙氏孤兒一公案，「史記」所記和「左傳」恰恰相反。茲先談趙氏這一家族的組織成員，然後再談這一公案的兩種記載。

（一）趙氏家族的組織成員：

這裏所謂「趙氏家族」，乃指趙衰一支而言。（因史記趙世家說衰乃夙之孫，世本說衰乃夙之子，左傳說衰乃夙之弟，三說孰是，本文不擬深究。同時，趙夙一支，似並未受本案的影響，觀於本案發生的後六年其後人趙旃尙將新軍，可知。）前六五五年，趙衰隨重耳奔狄時，妻狄女叔隗生盾。（左僖二十三年傳）前六三六年歸國後，重耳復妻以女趙姬，生原同、屏括、摟嬰（杜註：「原、屏、摟三子之邑」）。趙姬賢，讓嫡於叔隗，故盾爲嫡子（左僖二十四年傳）。盾子朔尙成公女莊姬（依杜註。史記趙世家及說苑作成公姐，文公女，非；正義已駁正。）生武，即所謂「趙氏孤兒」是。

（二）這一公案的兩種記載：

趙氏家族的組織成員既明，便可以進而比較這一公案的兩種記載了。

甲、「左傳」的記載（「春秋」唯於成八年書「晉殺大夫趙同、趙括」；「公」「穀」兩傳同）：根據左傳的記載，這一公案乃由趙嬰（即摟嬰、史記及說苑作趙嬰齊）私通寡侄媳莊姬而起（成四年傳）。（莊姬這時已守寡兩年了；因爲她的丈夫趙朔原將下軍而欒書爲佐，但成公二年救魯衛時，却換了「欒書將下軍」；所以正義說：「郤戰以來，趙朔無代；今欒書將下軍，則趙朔卒矣」。）茲將有關材料最錄如次：

一、「晉趙嬰通于趙莊姬。」（成四年傳）

二、「原（同）屏（括）放諸齊，嬰曰：『我在，故欒氏不作；我亡，吾二昆其憂哉！且人各有能有不能，（杜註：「言己雖淫，而能令莊姬護趙氏」。）舍我何害？』弗聽。嬰夢天使謂己：『祭余！余福女。』使問諸士貞伯；貞伯曰：『不識也。』既而告其人曰：『神福仁而禍淫，淫而無罰，福也。祭，其得亡乎!?』祭之之明日而亡。」（成五年傳）

三、「晉趙莊姬爲趙嬰之亡故，譖之于晉侯曰：『原、屏將爲亂。』欒、郤爲徵。（杜註：「欒氏、郤氏亦徵其爲亂。」——按「徵」爲「證」之假借字。）六月、晉討趙同（即原同）趙括（即屏括）。武（即趙氏孤兒）從姬氏畜于公宮。以其田與祁奚。韓厥言於晉侯曰：『成季（趙衰）之勳，宣孟（趙盾）之忠，而無後，爲善者其懼矣！三代之令王皆數百年保天之祿，夫豈無辟（邪辟）王賴前哲以免也？周書曰：「不敢侮鰥寡」；所以明德也。』乃立武而反其田焉。」（成八年傳）

乙、「史記趙世家」的記載（「說苑」「新序」大同小異）：

晉景公時而趙盾卒，謚爲宣孟。子朔嗣。趙朔晉景公之三年，朔爲晉將下軍救鄭，與楚莊王戰河上。朔娶晉成公姊爲夫人。晉景公之三年，大夫屠岸賈欲誅趙氏……屠岸賈者，始有寵於靈公；及至於景公，而賈爲司寇，將作難，乃治靈公之賊，以致趙盾。徧告諸將曰：「盾始不知，猶爲賊首。以臣弒君，子孫在朝，何以懲辠？請誅之。」韓厥曰：「靈公遇賊，趙盾在外，吾先君以爲無罪，故不誅。今諸君將誅其後，是非先君之意。而今妄誅，妄誅謂之亂臣。有大事而君不聞，是無君也。」屠岸賈不聽。韓厥告趙朔趣亡，朔不肯曰：「子必不絕趙祀，朔死不恨。」韓厥許諾，稱疾不出。賈不請而擅與諸將攻趙氏於下宮，殺趙朔、趙同、趙括、趙嬰齊，皆滅其族。趙朔妻成公姊有遺腹，走公宮匿。趙朔客曰公孫杵臼，杵臼謂朔友人程嬰曰：「胡不死」？程嬰曰：「朔之婦有遺腹；若幸而男，吾奉之。即女也，吾徐死耳。」

居無何，而朔婦免身生男。屠岸賈聞之，索於宮中。夫人置兒絝中祝曰：「趙宗滅乎？若號！即不滅，若無聲！」及索兒，竟無聲。已脫，程嬰謂公孫杵臼曰：「今一索不得，後必且復索之，奈何？」公孫杵臼曰：「立孤與死孰難？」程嬰曰：「死易，立孤難耳。」公孫杵臼曰：「趙氏先君遇子厚，子疆爲其難者，吾爲其易者，請先死。」乃二人謀取他人嬰兒負之，衣以文葆，匿山中。程嬰出，謬謂諸將軍曰：「嬰不肖，不能立趙孤；誰能與我千金，吾告趙氏孤處。」諸將皆喜，許之。發師隨程嬰攻公孫杵臼。杵臼謬曰：「小人哉程嬰！昔下宮之難不能死，與我謀匿趙氏孤兒；今又賣我。縱不能立，而忍賣之乎?!」抱兒呼曰：「天乎天乎？趙氏孤兒何罪！請活之！獨殺杵臼可也。」諸將不許，遂殺杵臼與孤兒。

諸將以爲趙氏孤兒良已死，皆喜。然趙氏眞孤乃反在，程嬰卒與俱匿山中。

居十五年，晉景公疾，卜之，大業之後不遂者爲祟。（按秦趙同祖大業，見史記秦本紀。）

景公問韓厥，厥知趙孤在，乃曰：「大業之後在晉絕者，其趙氏乎？……今吾君獨滅趙宗，國人哀之，故見龜策，唯君圖之。」景公問：「趙尙有沒子孫乎？」韓厥具以實告。於是景公乃與韓厥謀立趙孤兒，召而匿之宮中。諸將入問疾，景公因韓厥之衆以脅諸將而見趙孤。趙孤名曰武。諸將不得已，乃曰：「昔下宮之難，屠岸賈爲之。矯以君命，並命羣臣。非然、孰敢作難？微君之疾，羣臣固且請立趙後，今君有命，羣臣之願也。」於是召趙武程嬰徧拜諸將，遂反與程嬰趙武攻屠岸賈，滅其族。復與趙武田邑如故。

由上引「左傳」和「史記」所載這一公案的內容看來，有如下五點顯著的不同：

（一）這一公案，依左傳所載，事實上乃由趙嬰亂倫而起；依史記則係由弒君餘波而起。

（二）依左傳：莊姬乃一心毒手狠的淫娃，爲了姦夫被夫家逼走，不惜譖殺夫家的滿門。依史記則莊姬乃智節雙全的烈婦，爲了夫家寃遭滅門橫禍，不辭冒險保全孤兒，以全香烟於一脈。

（三）依左傳：趙朔乃死於滅門之前，趙武並非遺腹子；依史記則趙朔正躬罹滅門之禍，趙武乃係遺腹子。

（四）依左傳：孤兒乃莊姬獨力所保全，並無公孫程嬰合謀一段；依史記則特別强調合謀一段。

（五）依左傳：造成趙氏滅門之禍，莊姬是主角，欒郤是配角，而並無屠岸賈其人。依史記則屠氏是主角，諸將是配角，却並無欒郤的名字。

把這公案上引兩種記載加以比較，自然史記所記是表面上更加完整而富有教育意義；但稍一分析，其破綻亦實最爲明顯；而最大的破綻，厥爲把所謂司寇屠岸賈其人的權力寫得超常識的突出。原來晉國最重要的權力者乃是「中軍」主將，而並非什麼「司寇」。中軍主將，在戰時是軍隊統帥，在平時是首席執政，乃集軍政於一身的頭號大員；而據正義引服虔說，這公案發生前晉國各軍的將佐乃如左表：

	將	佐
中軍	欒書	荀首
上軍	荀庚	士燮
下軍	郤錡	趙同
新中軍	韓厥	趙括
新上軍	鞏朔	韓穿
新下軍	荀騅	趙旃（趙夙一族）

由這表看來，除非屠岸賈乃欒書的化身（「欒」近「屠岸」的合音，「書」「賈」同屬五部），否則，像史記的所謂「諸將」是不可能違犯傳統的建置去受什麼屠岸賈的指揮的。同時，史記只一味空洞地敘說「諸將」和屠岸賈的夥同誅趙，究竟此所謂「諸將」爲誰，却始終不敢明白地加以確指；遠不如左傳一則載趙嬰之言謂「我在，故欒氏不作；我亡，吾二昆其憂」；再則曰：莊姬譖「原屏將爲亂」而「欒郤爲徵」云云的合情合理，且合於事勢發展之實，其爲作僞，踪迹顯然。

總之、史記對這一公案的記載，正義斥之爲「妄說」（左成八年傳疏），允爲篤論。史記既妄，則根據史記對這公案添枝加葉的小說「列國志」、戲劇「趙氏孤兒」，其妄更不待言。

女貞庵

（八）（版權保留）

黎明

第五場：閙會

陳靜宜：世上恨無清靜地，山中偏有素心人。我、陳靜宜；父親現爲建康府尹，母親曹氏，所生僅我一人，因此二老好生珍愛。是我前年曾與陳妙常姑結爲方外姐妹，文字好友，時常過府，彈琴詠詩，倒也逍遙自在。不想月來，不見姐姐踪跡。是我放心不下。今乃觀音大士壽誕之期，因此備了香油紙燭，一面參拜大士，就便探望姐姐去者。（忽聞鐘鼓梵誦之聲）哎呀，法會已開，來的正好，與安速速通報去來。

興安：是。——香公那裏？我家小姐進香來了。

香公：喲，原來是興安小哥。（看了香油紙燭，旁白）：這才是規規矩矩進香的呀！（趨迎靜宜）小姐快快請進！

陳靜宜：梅香！（以目示意）

梅香：（會意，走向香公）此乃紋銀五兩，乃我家小姐送與香公打齋的。

香公：喲，這怎麼好意思？這怎麼好意思？（却連忙接過往懷裏揣）如此，小老兒這廂謝過了！（謝介）

陳靜宜：些小意思，何勞致謝！——呀，香公我來問你，我姐姐今日也參加法會麼？

香公：這——（作左右看介，見沒雜人，始討好地說）：小老兒正要稟報小姐；常師父原是參加的；只是適才來了三個閑漢，小老兒瞧他們賊眉賊眼，定非善類，因此暗稟老師父知會她廻避了。

陳靜宜：原來如此。——就煩香公報與老師父，說我們進香來了。

香公：哦，是是是；有請師父！陳小姐進香來了。

潘法成：（內白）來了。——列位施主寬等一時，老身去去就來。

王、萬、吳：（同內白）師父請便，我等自己隨喜便了。

憶陳果夫先生（二二）

宇人

我在貴州工作的期間，不但未曾和吳鼎昌發生任何衝突，而且有兩件事還頗能獲得他的合作。

其一，是處理共產黨的問題，他表示完全由我作主，如果必要時需要軍警的配合，他也可以照辦「因爲他兼任滇黔綏靖副主任，有指揮駐軍之權」。但他要求和我訂立一項君子協定：如中央有人追問時，由我負責承當。我對他的用意自然十分了解。他深知當時中央「黨國要人」對共黨的態度，並不一致，有的主張反共，有的則與共黨眉來眼去。吳鼎昌本人是反共的，同時又不願開罪於反共的「黨國要人」，故樂得讓我對於共黨問題全權處理；在另一方面，他考慮到嚴厲處置共黨可能引起不主張反共的「黨國要人」出來找麻煩，所以要求和我訂立此項君子協定，以便必要時，將責任向我的身上一推。但在我來說，祗要能放手處理共黨問題，一切責任我都願意承担的。因此，我們隨即組織了一個特種會報，由我爲主席，省政府有關的廳處長和綏署參謀長均爲委員，省黨部調查室主任爲秘書。上文會提到我們在貴陽破獲了一個共黨的秘密軍事機關，即是特種會報所決定，然後交貴陽警備司令部執行的。董必武爲了此事特請王世杰先生陪同去見蔣先生要求他電令我們釋放已被判處徒刑的幾個共黨分子，蔣先生首肯，王先生據此電知吳鼎昌，吳即電覆王先生請此案乃省黨部黃主任委員所主辦，就是根據這項君子協定。後來因爲此事我受到許多煩擾，吳則置身事外。除了省黨部和特種會報所發現的共黨案件而外，省政府和綏署所捕獲的共諜，亦是由我處理。記得有一次我去重慶開會時，省保安處曾奉吳鼎昌的命令，在滇黔邊區拘捕十餘人，多係知識分子，指爲共諜，且均供認不諱。我回到貴陽後，調閱全卷，發現他們的供詞均不可信。因爲他們所供於某時某地加入中共某項秘密組織，依據我們當時的了解，中共在該地並無該項組織。後來調省詢問，始知他們因爲下鄉演戲，作抗戰宣傳，與地方政府和駐軍發生衝突，被拘捕後，又受恐駭，故不得不糊亂作供。我乃提出特種會報，一律予以釋放。又有一次，獨山方面拘捕一名利用基督教女青年會作掩護，替中共刺探軍情的女間諜，依據我們當時的規定，向軍政機關從事間諜活動情節重大者，應處極刑。我接到布雷先生的急電，謂奉蔣夫人面諭，囑即放人；但事實上，我們並未遵辦。吳鼎昌還向我表示，中央對處理共黨問題的態度如此不一致，地方機關實在左右爲難，如果不是我願負責，此事將無人敢辦。

其二，是懲辦貪污的問題。我一向對貪官污吏恨之入骨。我到省黨部不久，即接獲普定縣黨部書記長檢舉該縣縣長貪污的報告，此事原是舊案，在我的前任王漱芳尚未辭職時，縣黨部即已提出檢舉。當時因省黨部與省政府的關係不好，這個貪污縣長又和民政廳孫希文是同鄉，故迄無結果。我詳閱檢舉書後，認爲所列舉的貪污事實及証件均屬確實，即在去省府開會時，將檢舉書面交吳鼎昌，不數日，該縣縣長即被撤職解省，並經軍法判處死刑。但後來呈報軍事委員會時，竟發回重審。吳鼎昌向我說：這分明是中央方面有人爲他說情，認爲我們判刑太重。但重審結束，仍判十年徒刑。其次，是我的家鄉——黔西縣一個姓劉的縣長，他也是孫希文的同鄉，此時已調桐仁縣長。我到省黨部後，地方士紳心有不甘，又提出檢舉，我仍將原檢舉書面交吳鼎昌，不數日，省府會議即將劉調省，原定交保安處軍法審判；但因孫希文走漏消息，卒被逃逸，不久，孫亦去職。爾後委員長侍從室第三處（果夫先生任主任）介紹一個曾在中央軍校任教官並在軍委會任法官，又在中訓團受訓畢業，還一度被侍從室派到貴州來視察中訓團畢業學員工作成績的某甲（已不記其名）來黔任縣長，吳鼎昌向我說：「他是侍從室介紹來的，當不會貪污，派他去任貴縣的縣長，如何？」我答以此乃省府的職權，不便表示意見。但省府會議通過後，此人到省黨部來看我，言必稱委員長；並拿出一本密電本給我看，說是蔣先生發給他的密碼。我當時即認爲他不是一個好人。果然到任後不久，即發生一件大貪污案，經縣黨部檢舉。吳鼎昌說：這個縣長是侍從室介紹來的，不能不有所顧慮，擬授意他辭職了事。我不同意，並電呈蔣先生請示：會在中訓團受訓並由侍從室介紹來黔工作的人，倘有貪污情事，是否應遵照他平素的指示加倍處罰。蔣先生回電說：「應如此辦理」。我將原電函轉吳鼎昌，這個縣長即被撤職押交保安處，並釘上腳鐐手銬，後來判處徒刑十五年。此外，還有好幾件貪污案，都是一經檢舉，他即撤職嚴辦，從未有所偏護。除了貪污案而外，因與縣黨部書記長不睦而被調職或撤職的縣長，亦有數人。記得其中二人，好像與吳鼎昌頗有關係，因爲省府秘書長和民政廳長均曾向我爲他們說話。

綜上所述，可知我在貴州工作的期間，與吳鼎昌的關係，在大體上說，可算是好的。不過與省黨部有關的幾個婦女團體卻曾與吳鼎昌夫人主持的婦女工作委員會發生一件不愉快的事，而且吳夫人從此不再參加與省黨部有關的婦女活動。事緣參政會第三次大會通過請政府提前召開國民大會，頒佈憲法，實施憲政後，重慶的若干婦女團體發起組織婦女競選會，爭取增加國大代表的婦女名額，並紛紛推出若干婦女，爲國大代表候選人，以供中央遴選。各省市的婦女團體均先後響應。貴州省婦女會亦發起組織貴州婦女競選會，吳夫人的婦女工作委員會雖是以辦理救濟戰時婦孺爲職責，但亦有志於此。貴陽基督教[illegible]女團體更爲熱心，要求參加共同發起。該會總幹事汪某某，據說曾在美國留學，與蔣夫人宋美齡女士頗熟識，[illegible]黨部調查室[illegible]共黨分子[illegible]

（待續）

中國現代史資料評介之四之五

左舜生

一、白石老人自述

『齊白石詩文篆刻集』，爲香港『上海書局』所印行，我去年九月初到紐約時，哥倫比亞大學圖書館已購到一冊，在其未編入目錄前，我即已借得一閱。全書內容爲：『白石文抄』，『白石詩抄』，『白石印譜』，『白石老人自述』，及『附錄』。卷首印有白石肖像一幀，及其所作書若干幅，類多晚年精品。但爲我所最愛讀而認爲極具有史料價值者，則爲『白石老人自述』一文。文長約六萬字，爲白石口述，其門人張次溪筆記，歷叙其家世及其一生所以成爲一有名藝術家的經過，其親切有味。而張君的白話文，也確能摹擬老人的口吻，曲曲折折把老人一副倔強不屈的神態完全表達了出來。就我近年所看過的傳記文字，只有許姬傳君筆記兩本『梅蘭芳舞台生活四十年』，差可與這一篇相提並論。所可惜的，只叙述到老人八十八歲爲止，他最後幾年在毛政權下生活的經過，則尚付缺如，最好仍由張次溪君爲他補足，使大家能知道老人一生的全貌。

民國三十八年，黎錦熙、胡適、鄧廣銘三位，寫過一本『齊白石年譜』，也只寫到八十八歲爲止，而且內容非常簡畧，老人讀書學畫所經歷的艱苦，以及老人那種落落難合的性格，都不能給我們一個較深刻的印象，現在有他這篇詳細的『自述』，爲他寫一篇新的傳記或年譜，或者可以着手了。

在他這篇『自述』中，有兩段涉及蔡松坡與黃克強者，爲我以前所不知，茲特節錄於後，可供研究蔡黃兩先生生平的一種參考。

『（光緒三十一年，乙巳，一九○五）我在桂林，賣畫刻印爲生。樊樊山在西安給我定的潤格，我借重他的大名，把潤格掛了出去，生意居然很好。那時，寶慶人蔡鍔，新從日本回國，在桂林創辦巡警學堂。看我賦閒無事，託人來說：「巡警學堂的學生，每逢星期日放假，常到外邊去閙事，想請我在星期那天，去教學生們作畫，每月薪資三十兩銀子。」我說：「學生在外邊會閙事，在裏頭也會閙事。萬一閙出轟教員的事，把我轟了出來，顏面何存，還是不去的好。」三十兩銀子請個教員，在那時是很豐厚的薪資，何況一個月只教四天的課，這是再優惠沒有的了。我堅辭不就，人都以爲我是個怪人。松坡又有意自己跟我學畫，我也婉辭謝絕。』

在同一年，另有一段說：

『有一天在朋友那裏，遇到一位和尚，自稱姓張，名中正，人都稱他爲張和尚。我看他行動不甚正常，說話也多可疑，問他從哪裏來，往何處去，他都閃爍其辭，沒曾說出一個準地方，只是吞吞吐吐的「唔」了幾聲，我也不便多問了。他還託我畫過四條屏，送了我二十塊銀元。我打算回家的時候，他知道了，特地跑來對我說：「你哪天走？我預備騎着馬，送你出城去！」這位和尚待友，倒是很殷勤的。到了民國初年，報紙上常有黃克強的名字，是人人知道的。朋友問我：「你認識黃克強先生嗎？」我說：「不認識。」又問我：「你總見過他？」我說：「素昧平生。」朋友笑着說：「你在桂林遇到的張和尚，既不姓張，又不是和尚，就是黃先生。」我纔恍然大悟。但我和黃先生始終沒曾再見過。』

按『蔡松坡先生年譜』，松坡應廣西巡撫李經羲之聘入桂，在光緒三十一年七月。時松坡年二十四。入桂後，所任職爲[illegible]記。又按蔡譜同年另一條云：『十月，黃興以公在桂有權位，乃變姓名爲張愚誠，偕趙聲潛赴桂，所與公密計，後起事鎮南關。』可見白石所述『張和尚』[illegible]與事實完全相合。[illegible]欲從白石學畫，克強且有重要使命在身，亦於白石備致殷勤，且欲騎馬相送，於此，可窺見兩先生風度之一斑也。

二、章太炎先生家書

此冊影印太炎手寫家書八十四封，其時間起民國二年（一九一三）八月，迄民國五年（一九一六）六月袁世凱死。除兩封係寫給他的第三個女兒者外，其餘八十二封，均係致其夫人湯國梨女士者。據湯夫人『叙言』，她之所以要把這幾十封家書影印出來，一方面是爲了紀念中華民國創建五十周年，一方面則以供研究袁氏叛國這一段史實者的參考。蓋其時二次革命已爲袁所擊敗，孫中山、黃克強等先生亡命日本，袁氏帝制野心，則已日益暴露；因而壓迫黨人，無所不用其極，以致人心惶恐，舉國沸然。太炎應共和黨人之電邀，於是年八月北上，距其新婚之期甫及一月；從他的這些家書中，幾乎沒有一封不對湯夫人表示情致纏綿，此在太炎其他學術及應酬文字中，誠爲別調；蓋古今中外一切對學問事功大有成就之人，固往往爲多情種子也。

太炎自入民國以後，在形式上已與孫黃分道揚鑣，另組共和黨，可是在袁氏眼中，則太炎與孫黃同爲創建民國之人，其忌章之心理，固與忌孫黃者無二致也。其時太炎對政治確尚未能忘情，因而他在寫給夫人的第五封信上便說：『驥老伏櫪，志在千里，況吾猶未老耶？如必無成，則老萊偕隱。孟光賢睿，亦從君之雅志也。』其時的報紙對太炎於此時此際突然北上，誠不免種種揣測[illegible]』像這類的話，當時經過檢查，居然尚能放行，可以看出今天比袁世凱的時代進步多了！這幾十封家書，牽涉的人物甚廣，確爲研究民初政象的寶貴資料。『生王之頭，曾不若死士之壟』，袁在進行籌備帝制中，乃曾與太炎有此一段糾葛，由今日視之，何損於太炎毫末，袁氏亦枉作小人而已。

本刊已經香港政府登記
每逢星期五出版

聯合評論

週刊

United Voice Weekly

第二四九號

CHINESE - AMERICAN PRESS, INC.
199 CANAL STREET,
NEW YORK 13 N. Y. U.S.A.

馬來西亞邦聯的理念與現實

許子由

（一）首次政治協商

印尼、馬來亞、菲律賓三國，一致接受了馬來西亞邦聯的概念，提出了「馬菲印度」——Maphilindo——的口號。在東南亞區域中，這三個主要新興國家邦聯的建議，無疑是一項遠大的理想，可以給這地區帶來和平、安定和繁榮。

印度尼西亞羣島、馬來羣島、菲律賓羣島，逶迤分佈於南太平洋而環繞着整個的南中國海；蘊藏豐富、農作茂盛、地域廣袤、人口稀少，發展未可限量；而又是多數馬來族人住居的地方。這種歷史地理所形成的環境，不管是「南海天堂」，同時也是「馬來人的天堂」。

不過，歷史雖給馬來民族安排了良好的環境，歷史也給馬來民族遺留下了麻煩的課題，有待於馬來族人去妥慎解答，然後這個「南海天堂」的理想，才能底於實現。

首先存在於「印馬」、「菲馬」、「馬馬」三支馬來民族間的問題，是民族的隔閡。他們雖然同一種族，但因過去各有統治者，以致他們之間甚少互相交往，政治上固不待說沒有聯繫，就是經濟貿易、文化交流，不但少之又少，且多數不是由他們自己出頭接洽，造成了長期疏隔的狀態，沒有做好進一步合作的基礎。這次「馬來西亞聯盟」的提出，可以說是三國間第一次重要的政治的協商。

（二）政治的歧異

「馬來西亞邦聯」確是一項美麗的理想，但不容忘記的是，這項理想並非在和平而是在紛爭的背景下提出的。這項紛爭反映出這馬來族三國政治態度的歧異，而這一歧異，將會是步向大聯合途中不易克服渡過的暗礁。

印尼絕無理由地反對馬來西亞的成立，指星馬與北婆三邦合併「威脅印尼」，因北婆與印尼的加里曼丹（南部婆羅洲）接壤。但誰都知道，將要合併成立的馬來西亞，也不過是千多萬人口的國家，而印尼的人口已達七千餘萬；馬來亞只有小型的軍隊，而印尼卻擁有東南亞最強的空軍和最大的陸軍！馬來亞或馬來西亞決不可能威脅印尼，事實上是印尼在威脅馬來亞，不許馬來西亞成立。

蘇加諾這種顛倒事實的說法和做法，反映出他「別有用心」的所在，乃是基於他那種「中立左傾」的政治態度，不喜歡穩健而親西方的馬來亞勢力，伸展到北婆三邦。馬來亞總理拉曼所指出的：印尼有共黨三百萬，勢力不弱，蘇加諾「反大馬」的呼聲，正是「替共黨說話」。這話絕對不錯，因為北婆三邦由英殖民地獨立而加入英聯邦，正是「殖民主義的結束」，在印度、馬來亞都有先例，絕對不是蘇加諾所說那樣的「殖民主義的伸展」。

（三）政體的不同

蘇加諾除了採取在兩大集團間可以投機的政治立場而外，骨子裏還存在着他的大印尼主義和個人英雄主義。印尼得美國的助力而從荷蘭手中獨立，也得美國幫助而從荷蘭手裏取得西伊里安。前者是適逢戰後殖民主義的退潮，後者乃美國顧慮投鼠忌器——避免發生戰事造成印尼的赤化。這可以說都是「因緣時會」，可是蘇加諾貪天之功，以為己力，藉着這個時際，要求他御用的「民意機構」，給他以終身總統的封職。對外則以南洋羣島的領導者自命，過問、干涉鄰國的事情。如「反大馬」及以它不加入英聯邦為撤銷反對的條件，都是干涉馬來亞的內政。

蘇加諾之並非「南洋巨人」，不難從印尼內情窺見一二。印尼是東南亞物產最豐富的國家，但因行政貪污及無效率，弄到經濟朝不保夕，幣值日跌，糧食缺乏，社會動盪，民生凋蔽。印尼共黨三百萬，在國內逢事興風作浪，多方動搖政府的根基。在國外策動星馬共黨作亂，發動對婆羅乃、沙勝越的襲擊，替印尼對鄰邦挑釁，好孤立蘇加諾。但共黨這種製造混水以便摸魚，為奪取政權作準備的陰謀，蘇加諾在「勝利冲昏了頭腦」中並不覺察，反而為完成個人獨裁的形式，極力剪除右翼政黨，失去了與左傾勢力制衡的平衡。

（四）誰起帶頭作用

蘇加諾這種寡頭政治，險象畢露。他在國內能否善為操縱，壓制共黨，穩定經濟，渡過難關？已成問題。對外能否睦鄰修好，談判糾紛，不惹戰事？也是疑問。這種情形，與民主稍有基礎的馬來亞以至菲律濱的政治安定經濟繁榮的程度，實不可同日而語。

政治制度和政治態度距離甚遠的印尼與馬來亞，其合作必然是極有限度的。因之馬來西亞邦聯的概念只是一種遠景，在可以預見的將來不可能實現。馬、菲有識之士認為馬來西亞聯盟而由印尼領導，這未免離題太遠，這看法絕對正確。從安定東南亞政治經濟着眼，決不能期望印尼影響馬、菲，而只有擴大馬、菲的安定與繁榮去影響印尼。此則有賴於菲、馬的合作和人民的努力。

（六月十八日）

反共與反華

觀海

馬來亞總理拉曼十五日在吉隆坡發表談話，聲明「馬來亞無意在境內『剝奪』中國人的生意」，因為「此舉將挑起境內的種族糾紛」。拉曼解釋說，「馬尼拉會議未有說過要排除華商的話，任何排除華商行為，勢將獲得相反的結果，馬來亞也不會同意此一做法」。拉曼稱此項謠言為「有意的搗蛋」。

副總理拉查克十六日再就此發表談話，說他「很嚴肅地關懷此間及其他方面」指馬來聯盟計劃乃是『排華』之意。若干宗教社團及親共份子曲解非總統的計劃，指為排華。我要鄭重否認此點，否則任何宗教社團散播是非的販子，便要藉端生事」。拉查克指證說：「馬來亞的華巫印三族相處融洽，中國人集團對馬來亞進步發展有大貢獻，為聯邦政府所讚揚。當聯邦政府將成立時，也有同樣謠言散佈，並謂華人將被迫離境，但這些事實絕未發生，華人仍生活在繁榮的日子中」。

拉曼的聲明，係駁斥馬尼拉一項報紙報導；謂菲、馬、印尼三國聯盟的第一步，係要剝奪中國及中共商人的生意。

拉查克的談話，主要係針對馬來亞反對派在競選活動中的宣傳，指非總統馬卡柏佳的（三國聯盟）計劃之目的，係想「排除聯盟地區的中國商人」。拉查克使用「此間及其他方面」的字眼，當然他的意思也包括馬來亞以外的排華論調。

當菲、馬、印尼三國商討一種「邦聯方式」的聯盟時，排華的問題也引起注意，實際並不是偶然的，且也不是完全屬於「造謠」。拉曼所說三國會議中沒有這一議題及談話，那是完全可信的。第一是這次會議還是首次，枝節的「排華」不會談及；第二是「排華」並非光彩的狹隘觀念，即有之也不能見諸議程或國際協議的文字。但在會議「走廊」間有沒有這項排華的說話？拉曼沒有否認，似難保其必無。拉曼所說「馬來亞也不會同意」，正可能是有人要徵求馬來亞同意（採取同樣排華政策）的反証。

菲律賓一貫地是在排華，有關的法案不斷出爐，一個比一個變本加厲。印尼的排華運動也不斷發生，那更出乎法案和執行以外，成為暴動的方式。巧立名目橫征暴斂，攘奪財產，已，不是文明的方式，殺人放火凌辱迫害，更是野蠻的行徑。但這些排華事件都正在發生！那麼認為馬來聯盟會議內外不無小器者流有涉及排華的言詞，決不是以小人之心「度君子之腹」。最近還有過報導，說印尼方面，深恐華人以其優越的財力及智識，控制定於秋間成立的馬來西亞。而問題一涉及華人，便會形成「對印尼及菲律賓的共產威脅」！

馬來西亞計劃有一「冲淡」星馬合併後華人成份的作用，已是盡人皆知，而被列為拉曼的要點之一。以巫族領導馬來西亞，即使退一百步說，計劃的實現，「華人控制馬來西亞」絕不可能實現了，它也不會成為「共產威脅」。曾被指為「赤極一時」的星加坡人民行動黨，其執政後的分共及反共，就是一例。更何況馬來西亞地區中，像馬華公會、人民聯盟等穩健有力的政黨，比行動黨更強也更得勢。中國一向以和平立國，她既未曾像西方帝國那樣，因僑民商業需要便派兵到海外建殖民地或護僑。她也未曾像今天的新帝國主義者一樣，在別人的國度中埋伏了第五縱隊，一旦便實行顛覆，製造附庸政權。中共是中國土地上唯一的不肖子，甘為共產國際鷹大而走有後者的路線。但由於華僑本身乃是「有產階級」，是中共清算的對象；由於中共的殘民以逞，為人不齒。華僑差不多百份之九十九，是屬於反共的。

東南亞國家實不該把反共與反華混為一談。說到反共，無論何人如有違犯，反共國家俱可以嚴峻的法律繩之。不理共黨活動的國家，則雖明人士或華人如屬中共份子而無犯法行為，也只有予以容忍。知其屬中共，藉口「反共」之名，行反華之實，只有加深種族糾紛，引起騷亂，適得其反，正是替共黨造機會。結果華僑因其數百年相承無庸否認的勞力創造，在東南亞國家市場上佔有優越的地位，但須知這是他們祖宗開闢山林的血汗結晶，也都以現階段來說，繳納了當地所代課的重稅，就華僑經濟替當地拓展了國際貿易，使城鄉資金物產交流，在每一國都像馬來亞邦樣，有「對建設與發展大有貢獻」。絕沒有理由加以剝奪追害。

誠然，經濟地位的優越會引起經濟貧乏者的妒念，這是出於小民的看法，「老百姓」的常情，但國家的當政者，或財經專家，卻不該同樣的眼光如豆。如果一國的經濟就只着眼於把華僑的財產及生意，難道在一天之中統通把華僑的財產生業奪了過來就滿足，就解決了麼？當然那絕不算辦法。

以東南亞國家資源的豐富，有待開發實業的項目，正是不可勝計。政府擁有政治權力及國家的資力，還有友邦的投資金及技術援助，正可從事大規模的開發建設，採取國營、公私合營、或輔導當地人士經營的方式，廣泛的進行，在若干年之後，必可超越華僑的經濟，絕對也沒有疑問。在這項開發經濟過程中，也可以徵集華商資金，使他們部份的資金，參加有建設性的生產事業。當然，在開發產業的同時，最好能對華人開放政權，並不是說要讓他們做官，而是讓他們依照人口或職業團體比率，在議會有發言權，使他們溝通民情，瞭解某一業體的利弊而有利於改進。被剝奪了經濟權利發展的，有了政治發言權，便更加就會加重對社會責任公益的自覺。反共切勿誤導入反華，因為反華只能加強界限及問題的長久性，東南亞國家對於華人問題，只有採取疏解和同化，才是根本解決的辦法。

毛澤東爭取領導權

中共覆函蘇共論述廿五個問題 提出國際共產主義運動總路線

裕畧

據中共新華社說：中共駐蘇大使潘自力曾於六月十五日拜會蘇共中央書記蘇斯洛夫，把一封信交給蘇斯洛夫，這封信是中共中央於六月十四日寫給蘇共中央的。

中共六月十四日致蘇共函的內容究竟是怎樣的呢？莫斯科方面並未發表，但中共北平出版的人民日報卻於六月十七日以「關於國際共產主義運動總路線的建議」爲題，發表了中共中央六月十四日對蘇共中央的信的內容。信的內容全長三萬餘字，除提出「國際共產主義運動總路綫」外，並對蘇共論述了廿五個問題。可以說，這是毛澤東在理論上意圖壓服赫魯曉夫從而取得他對國際共產主義運動的一次最重大的總挑戰。假如蘇共眞的接受中共中央的這些論點的話，則無異七月份在莫斯科舉行的中蘇共會談將是毛澤東的天下。因爲，事態很顯然，中共中央六月十四日這一覆信必然是出諸毛澤東的手筆，而且也正是一般共產黨人口頭所說的「毛澤東思想」。

中共中央提出的所謂「總路線」及所論述的廿五個問題及附帶論述的斯大林問題的內容，概述如下：

總路線

覆信說，「什麼是宣言和聲明的革命原則呢？概括地說，就是：

「全世界無產者聯合起來，全世界無產者同被壓迫人民、被壓迫民族聯合起來，反對帝國主義和各國反動派，爭取世界和平、民族解放、人民民主和社會主義，鞏固和壯大社會主義陣營，逐步實現無產階級世界革命的完全勝利，建立一個沒有帝國主義、沒有資本主義、沒有剝削制度的新世界。」

「在我們看來，這就是現階段國際共產主義運動的總路線。」

覆信指出，這條總路線，是各國人民堅決進行革命鬥爭，把無產階級世界革命進行到底的路綫；也是最有效地反對帝國主義、保衛世界和平的路綫。

二十五個問題

中共中央覆信所論述的二十五個問題是：

一、堅決捍衞一九五七年宣言和一九六〇年聲明的革命原則是當前的迫切任務。

二、現階段國際共產主義運動的總路綫。

三、不能把國際共產主義運動的總路綫片面地歸結爲「和平共處」、「和平競賽」、「和平過渡」。

四、當代世界的基本矛盾。

五、在當代世界基本矛盾的問題上應當受到批判的錯誤觀點。

六、怎樣正確對待社會主義陣營的問題。

七、建立反對美帝國主義及其走狗的最廣泛的統一戰綫。

八、亞洲、非洲和拉丁美洲各國人民的革命運動的重大意義。

九、亞洲、非洲和拉丁美洲被壓迫民族和被壓迫人民的革命鬥爭問題。

十、帝國主義國家和資本主義國家人民的革命鬥爭問題。

十一、從資本主義向社會主義過渡的問題。

十二、國際共產主義運動和民族解放運動的經驗教訓。

十三、社會主義國家同全世界被壓迫人民和被壓迫民族的革命鬥爭的相互關係。

十四、戰爭與和平問題。

十五、核武器問題。

十六、和平共處問題。

十七、社會主義國家的階級和階級鬥爭。

十八、「全民國家」。

十九、「全民的黨」。

二十、關於「反對個人迷信」。

二十一、社會主義國家自力更生和互助合作的問題。

二十二、兄弟黨相互關係的問題。

二十三、反對國際共產主義運動中的主要危險修正主義和反對敎條主義的問題。

二十四、關於無產階級的革命黨。

二十五、國際共產主義運動的公開論戰的問題。

中共中央在覆信中說，「我們在這裏所談的問題，都是國際共產主義運動所需要注意和解決的中心問題。所有這些問題，以及你們在來信中所提出的問題，我們都希望在兩黨會談中和世界兄弟黨代表會議中進行充分的討論。」

批判斯大林問題

「此外，還有一些共同有關的問題，例如，批判斯大林問題，蘇共第二十次代表大會和蘇共第二十二次代表大會提出的有關國際共產主義運動的若干重大原則性問題，等等，我們也希望在會談時坦率地交換意見。」

中共中央在覆信的最後說，

「我們眞誠地希望，中蘇兩黨會談能夠取得積極的成果，能夠爲準備召開各國共產黨和工人黨代表會議作出貢獻。

「現在，比任何時候都更加需要各國共產黨人在馬克思列寧主義和無產階級國際主義的基礎上，在兄弟黨一致協議的宣言和聲明的基礎上，團結起來。

「中國共產黨願意同所有馬克思列寧主義政黨一起，同全世界革命人民一起，爲了維護社會主義陣營和國際共產主義運動的利益，爲了維護被壓迫人民和被壓迫民族解放事業的利益，爲了維護反對帝國主義和爭取世界和平事業的利益，繼續進行堅持不懈地的努力。」

中共人代會何以又延期？

綜觀

關於中共「全國人民代表大會」之開會日期，據中共宣傳，由於中共全國人代會常務委員會於六月七日舉行的第九十八次會議，在聽取周恩來的報告後通過，決定「第二屆全國人民代表大會第四次會議改於一九六三年第四季度召開」。可見，中共這一次應該舉行的人代會又延期了。

對於中共來說，所謂全國人民代表大會原本只是它的一個點綴門面的組合。它所屬的代表均係中共所指定，雖然形式上也經過選舉手續，但候選人只有由中共指定的一個人，並無第二人。所以不但無競選現象，而且也根本不是由人民羣衆中產生，而乃由中共黨中央所指派，其不能代表「民意」，至爲顯然。其違反民主的自由制度，也至爲顯然。因爲眞正的自由民主制度，一定不能只有一個由中共指定的候選人，而必須要由人民自動自發競選，有一人以上競選才算眞正民主。

不過，中共所謂人代會雖然不是合乎民主而產生的，雖然它也只是形式上和名義上的最高統治機關，但它畢竟被利用來作一種點綴，而中共又是向來善於假戲眞唱的，所以對於所謂全國人代會的舉行，中共便也常常作古正經的隆重舉行。以中共組織之嚴，做事之毒辣以及一向不惜舖張浪費的習氣來說，對於人代會之舉行，應屬毫無困難，決不至於延期才是。但中共人代會任期原爲五年，第二屆代表於一九五八年選出，一九五九年舉行第二屆第一次會議，一九六〇年舉行第二次會議，一九六一年便應舉行第三次會議，一九六一年卻因內部種種困難，尤其經濟困難，竟至延期，因而第三次會議未，在一九六一年舉行，到一九六二年始舉行第三次會議。今年（一九六三年）本應舉行第四次會議，而且早經決議在今年第三季度舉行，但現在卻又延期到第四季度才舉行了。

對於所謂人代會的權力與尊嚴來說，中共隨意延期，而又公佈特別理由，對於中共已經是一種諷刺，因爲照規章之規定，中共的經濟預算及決算原是應該提交所謂全國人代會報告及通過的。本年度之會議不在年初舉行，已屬違時違法，由第三季度再延至第四季度開會，則顯示中共已把所謂全國人代會的尊嚴全部抹去，把全國人代會變成一個追認一切的尾巴機關了。

當然，這也並不奇怪，因爲中共原只把它當作點綴品。但我們不免要問中共爲什麼不能把全國人代會的尊嚴稍稍保持？爲什麼中共非把全國人代會一再延期呢？我想其中必有特別理由。其一般研究中共問題之專家認爲這一次延期舉行仍是經濟困難所造成之原因，我則以爲這不應該是最主要原因，因爲中共提出一種經濟上的數字來向全國人代表會作報告，那些數字原本就不確實，原本就是在「政治掛帥」原則下虛擬的，何況中共最近還在標榜和吹噓「全國經濟生產已全面好轉」，所以，我以爲這不是中共延期開會之主因。

我以爲中共這一次延期開會之主因，是在中共與蘇聯的衝突之談判上。

中共中央及毛澤東似已決心在這一次將要召開的人代會上提出有關中蘇衝突的決定性報告，徹底貫徹到全大陸之基層，由全國人代會而省市縣人代會一級一級的傳達下去。但中蘇共莫斯科會談預定七月十五日才舉行。何日談判結束，尚不可測。若這一次的人代會在第三季度開會的話，可能來不及提出報告，所以乾脆移後到本年度的第四季度了。

當然，中共屆時是否對全國人代會提出報告，將來還得視其它許多具體條件來決定，但目前似有我所說的上述打算。

阿克拉荷馬州的內陸海港計劃

鄭如愚

（美國通訊）記得去年十二月七日氣象報告，大風雪自加拿大經美國西北部向東移侵襲本州，地面積雪已逾六英寸，而高山地域竟達數尺之深。由華府開出之西行之長途巴士，也無法開行。但是我一切的行程，早在數月前便計劃好了。幾次都想取消此行，最後打聽到火車仍照常行駛，因此又鼓起我繼續作西行之勇氣。當車離開本州境界而進入俄亥俄州一片平原，地上積雪亦甚稀疏，翌日清晨抵達米蘇里州之聖路易城，再換上原先已購好的巴士車票繼續向西南行。

自從我八年前達到美國以後，便一直在東海岸一帶的城市中移動。所見到的都是些工業城市，超級的公路與綿綿漫長之天橋，環繞着每一座城市的外圍。遠離了都市便是一望無際的大平原，被春風吹盪的一片碧綠的麥浪，或草原上奔放着大羣的牛羊。啊這眞是一個天府之國。上帝賜給了他們這一份豐厚的禮物，因爲足跡僅走這有限的區域，因此在我的腦海中印象，這就代表了美國的一切，這一錯誤的觀念，八年來一直盤踞我的心裏。

當車子越過了米蘇里州的邊界而進入了阿克拉荷馬州的時候，出現在我眼前的景物，使我以爲到了非洲，我有點不敢相信自己的眼睛，那一片的荒凉，草木不生，怪石猙獰，遙遙數十里除了在公路馳駛的稀疏車輛以外，見不到人影也看不到牛羣，偶爾出現一羣麋鹿遨遊在蔓草石堆間，似乎並不畏懼有人會對他們加以侵害，即就這驚鴻一瞥，也迅即消失在車塵的深處而無影無踪了。我的思考已沉落在那被滅的夢幻中，美國也有這般不毛之地。同時也漸漸的修改了我的觀念。

「你是來自韓國嗎？先生。」一句突然的問話將我從夢幻中拉回來，是我鄰座的一位中年的美國人。「不，我是中國人，因爲東方人的面貌在你們看起來是很難區別的，對嗎？」我回答說。「十年前我曾隨軍駐防在韓國。咳！你剛才曾長久的向車外瞭望，發現了什麼有趣的嗎？」對的，看那夕陽反照在平原上是美極了。只可惜見不到人影與牛羣」。「這也正是我剛才凝望時的感覺，」如果你不介意，我有一個問題，以美國的財力雄厚，科學技術的進步，爲什麼仍有這一大片荒凉之地？是因爲經濟與技術的困難？抑爲了因農產品的過剩而無意加以發展」？「也許二種原因都存在，但是我可以講點令人興奮的事實給你聽，至少也可消磨我們這夜長漫漫的旅途，也許你已經從報章雜誌上讀到的了這些……。」

內陸的海港計劃，這確是一個令人費解的名詞。但這却是一事實。正在進行中的事實。阿克拉荷馬州是一個遠離海岸綫的地方，被亞根索、德克薩斯與路易斯安那三州隔離，在墨西哥灣的內陸，我們不能去侵佔人家的土地去找出海口，如某些國家會經施加予你們中國的行爲。但是又必須要得到一條直通海洋之道，使各種的物資可以較便利的輸入本州，使大企業家的視綫駛移到這裏來，使政府大筆的太空發展計劃也分潤點過來，在沒有一條便利的水道這一切都是可望而不可及的了。

一九五五年時本州選出的參議員羅拔・克爾先生（一九六一年一月突發心臟病去逝）同時也被推舉爲參院的河道與海港委員會主席。因他極力的爭取開發亞根索河五百英里的河道，自本州第二大城市的祖賽（Tulsa）經亞根索州連接自北，南下的密西西比河，而直通路易斯安那州的紐阿連斯港而入墨西哥灣。同時由美國鋼鐵之城的賓夕凡尼亞州的匹資堡所產生的鋼鐵，亦可經俄亥俄南下，滙入密西西比河，再溯亞根索河西行而輸入阿州。相反的本州所產的大量石油亦可經此北上或南下。尚另由本州首府阿市開發另一支流，與之相接。這一偉大的計劃全部經費十二億美元，於一九七〇年完成由國會撥欵施工，尤有進者在州之西部，有大量的小河流，將興築水霸，積水以便灌溉這不毛之地。使之變成碧綠的草原。這就是克爾先生的雄心，也就是他爲什麼放棄州長之職位，而競選國會議員的原因。

儘管有人攻擊克爾先生，用全國人民納稅的錢，大量花用在他自己的州內。但是這些利益並不僅限於阿州，凡是屬於這一河流系統的州，都會受益的。阿州石油的運費降低了，你也可買到廉價的汽油，可以每月多幾次帶你的女朋友坐汽車去電影院——我不知道你是是否願意接受我們美國人的幽默。阿州的工業發達了，難道賓夕凡尼亞州的鋼鐵不會有更大的滑路嗎？美國的經濟系統是一連鎖性的，所以這並不是所謂自私的計劃。再者克爾先生是阿州選出的參議員，當然他是要爲阿州的利益在國會中努力，我們不管他是一頭笨驢（民主黨人）或一隻呆象（共和黨人），但是他現在代表的是阿州。阿州是美國的一州。人是美國的公民。不僅是如此，阿州的工業發達了，全國各地任何失業的人都有權來這裏找工作。這門戶是永遠開放的。那就是目前正在施工進行中的河道開發工程，便吸收了不少來自各地的工人。這是現實中的利益，對失業工人的功効已不小，將來的遠景更是光明燦爛。我敢保證可與前總統胡佛先生的TVA計劃相媲美啊！

窗外漸顯曙光，從那冰雪地中二十四小時後，而進入了這熱帶的地域，竟夜之談，使黑夜便在不知不覺中溜過去了。前面隱隱現出一片高聳大廈的形影，我們快抵達阿州首府阿克拉荷馬市了。湯姆遜先生正在收拾他的行李，這裏已是他的家了，他約我去他家中小坐，但我因任有約會，同時不能在此有較長久的停留，仍欲西行往德克薩斯州以及加亞利忠那州，所以謝了他的好意，也謝謝他給我的講述。這裏也是阿州大學的所在地，校中有着數十位中國學生及數位敎授。他們身處此域，當有比我更深刻的瞭解。我們的祖國也有着極類似的困難問題存在，因此人家的努力，確深深值得我們將來建國時候的借鏡。我更感到興奮的是，我們正有着數十位青年有爲的留學生在苦修攻讀，這一批英才正是我們建國時所正急需的，因爲他們是處在一塊，親眼親身所見的一切也正是將來我們祖國創建時第一步便要遭逢的問題。

（下轉第四版）

釋放雷震，兼論反攻大陸

黎以先

自從雷震被捕入獄，轉眼已將三年矣，在這三年漫長的牢獄歲月中，我們這位民主鬥士不知又多添幾許白髮，歲月不饒人，世局日在變，令人難免有今昔之感，反顧台灣的今天，假如自由中國不被迫停刊，台灣的民主政治也許更能朝前邁進幾步，如今出版自由的美好名稱已不復再聞於台灣，所謂的言論自由也不能再向海內外吹噓自豪，雷案發後，台灣的手法很顯然的是摧殘言論自由，壓迫民主人士，如果仍持着言論自由的旗幟吶喊的話，那無異是打自己的嘴吧；人民的眼睛是雪亮的，常常說謊的專家也總有拆穿的一天，更何況雷震的定刑是在如何的審判及罪名之下所構成的。歷史有記，不容强辯。然而，這過去的已經過去，錯誤的造成已終不能挽回，未來的局面及前途尚待共同的努力及反省，語云：「人非聖賢，孰能無過。」蔣氏及國民黨都是人，當然也不能免，問題是錯誤造成以後必須設法如何的補救，掩耳盜鈴的時代已經過去，遑論似乎也無補於雷案的功過，但是如何能「恕人責己」却是每個大政治家所應有的風度，尤其是大陸失守後的十幾年來，蔣氏韜光養晦於陽明山莊，對於「風度」二字似乎應該有點心得才對。

雷震入獄之初，除了國民黨及少數無恥流氓，幾乎海內外稍有正義和良心的輿論都是認爲莫須有的罪名，都認爲雷震的犧牲無非殺鷄警猴的把戲，甚至有些人願意很天眞的想，雷震的刑要重重的判，而特赦令緊跟着來，這樣可以使海內外人士明白和感謝「聖恩」的偉大，一方面故示自由中國是一個賞罰分明的民主政權，並不如人人想像當中的强姦民意和摧殘自由份子，一方面用以號召團結民心的重要。三年來的証明，我們的期望落空了。但是我們這一羣流落海外的智識份子並沒有忘記這回事，我們仍希望能見雷震等人的特赦令出現，因爲我們不忍台灣永遠背着言論不自由的名，我們不忍看着這一塊僅有的復國基地與民主自由背道而馳，說得明白點，我們是希望台灣能與海內外同胞團結起來協力同心的反攻大陸回到故鄉，但是這一切的願望都須要上下一心，精誠一致才能達到，而推行民主政治改革台灣內政才是達到這神聖目標的唯一步驟，因此在一切都已歸於平靜的今日，我們願向台灣再進一忠言，「是釋放雷震的時候了」，而大陸及國際上種種徵兆也告訴我們：「是反攻大陸的時候了。」

兵法有云：「昔之善戰者，先爲不可勝，以待敵之可勝。不可勝在己，可勝在敵，故善戰者，能爲不可勝，不能使敵必可勝，故曰勝可知，不可爲。」大陸淪共以來，可勝的機會很多，可以有把握勝的計有三次，一是韓戰爆發之後，共軍大批入韓參戰，沿海防備鬆懈，又值佔領大陸不久，一切安民手續尚未就緒，國軍如能把握時機，一部份由韓國越鴨綠江牽制入韓之共軍，一部份由沿海登陸，配合大陸地下工作人員及流落越緬邊區的國軍必能奏一奇功收復部份失土。二是西藏抗暴，達賴流亡印度，共軍大舉入藏鎮壓，沿海雖有重兵，而多年來的清算鬥爭，五反三反，已令得人怒民怨，國府如能揮兵北指，必能得到內部的援助而推翻中共暴政。三是年前大批難民湧入港澳，共區正鬧大飢荒的時候，應是反攻大陸最恰當不過的時候。孟子曰：「物以民爲貴，民以食爲天。」歷史上多少引發革命的事蹟都是爲了百姓的糧食問題而起，中國本是農村社會，人民單純的要求是吃飯，肚子塡不飽，當然要革命，革命革不成，當然要逃亡，而且飢荒逼人，飢荒毀家，新的政權不仁，自然會懷念到舊的政權，國軍如能趁時反攻，一定可以奏奇功。但是這三次機會都輕易的被送掉，實在是很可惜的事。事實上中共的危機仍然存在，尤以近年來中共經濟計劃的展期，中印邊境的糾紛，中共的黨政計劃雖然仍是高舉三面紅旗，可是那是失敗後的遮羞而已，何況蘇俄在古巴的讓步以及數年之久的阿爾巴利亞之爭，中蘇之友誼雖存在，但已僅是貌合神離，不如韓戰初期之穩固，可以看出中俄之間的裂痕之深。

中共在大陸居然能以迅雷不及掩耳，殘風掃落葉的姿態，在一夜之間將國民黨政權踢出而席捲整個大陸，其成功之道無非是利用矛盾心理的成功，如今他本身矛盾心理的存在更甚於國民黨當年，這也是他失敗的致命傷，國民黨除了能在台灣學到些中共的雕蟲小技如嚴密特務控制，加强政工制度，組織學生運動之外，似乎也應該將矛盾的心理分化術用到眞正的敵人身上才對，乘着中共邊境的糾紛，大躍進及人民公社的停頓，大飢荒大水災的措手無策，台灣正應登高一呼，配合革命的各股力量，裏應外合，登陸沿海，空投大陸，正是王師北定中原的大好良機呢！

昔季康子問政於孔子，孔子對曰，政者，正也。子帥以正，孰敢不正。今天台灣有兵有將，有民有糧，又是中華民族的合法政府，所缺的只是一個「正」字，在科學發達的今天來講，「正」字乃是民主自由之風。子曰，其身正，不令而行，其身不正，雖令不從。」要反攻大陸，必先團結海內外中華同胞，欲謀大團結，台灣必先正其身，所以我在今日猶高唱釋放雷震的理由在此。

爲了國家未來的前途，爲了中國六億同胞的生命，爲了中華元氣和國魂的維繫，還希望台灣能就反攻大陸與釋放雷震二問題愼加考慮。

台北市的三大特點：髒、臭、黑

獨　清

（台北通訊）兩年以前，黃啟瑞因市府所屬公車管理處和他自兼主任委員的市民住宅興建委員會發生兩件頗為驚人的集體大貪污案而被省府停職，省政府委員周百鍊即受命代理台北市長。由於周是一位有名的醫生，在此以前，省府為改進本省各縣市的環境衛生，成立全省環境衛生督導團，特別選派他為團長。他在督導任務完畢時，曾對各縣市的環境衛生作了一個總報告，台北市雖分屬首善之區，卻被列為最劣的地方。他就任台北代市長之初，即表示，一定要把台北的環境衛生弄好，許多人都寄以很大的希望。但不料事隔兩年，到了今天，台北的環境衛生還是依然故我。本月三日，聯合報曾有一篇特寫，指出：髒、臭、黑乃台北環境衛生之瘤。據衛生局課長莊進源向該報記者透露：今日困擾台北市環境衛生的基本問題，主要是廢棄物的處理問題。所謂「廢棄物」，便是人體排洩出來的「大小便」，使用過後的「污水」，拋棄的「垃圾」和燒煮時所升起的「煤烟」。這四項是今日台北市政所最頭痛的問題，而也是今後市政建設所必需面對的問題。

莊進源說，由於沒有完善的下水道系統以排除「污水」，污水流溢大街小巷，發出惡臭，滋生蚊蟲；由於沒有垃圾處理廠，每天七五〇噸的「垃圾」，任隨倒入河溝，或堆積市郊，污濁河水，繁殖細菌；由於沒有水肥處理廠，每天一千噸的「水肥」，除了兩百噸可以賣給附近的農民作肥料外，其他八百噸沒有出路，也只好倒入河中，或作其他不合衛生規定的處理。至於煤烟，因為煤氣公司遲遲不能擴建，再加上柴油車的日益增多，其對市民健康的威脅已日趨嚴重，而更對衣物的污染，對建築物的薰蝕，其給市民增加不少經濟上的負担和損失，此外，據專家意見：煤烟散佈在花木葉上的呼吸細孔，阻塞了花木的呼吸功能，直接影響花木的生長，這對「綠化市容」努力的成果，無疑給予打了一個大折扣。

如何有效解決這四項問題？排除「污水」，勢非興建下水道系統不可；而目前由於廿億元的工程費難籌，這一工程計劃何時能付諸實施，實在不可預期。惟依據衛生工程專家的意見，認為市府應為市民的健康設想，擬訂一個長期性的計劃，在財力許可情況下，分年分期逐步進行。同時，他也希望市民應瞭解這一工程的意義，支持這一工程，給市府以充分的合作，不要反對征收工程受益費。有了完善的下水道系統，污水得到適當的處理後，市區就不會再有蚊蠅和飛蟲了。到時候，市民們自無須購置蚊帳和裝設紗窗紗門了。單單以這筆省下來的錢來繳納工程受益費就夠了！

至於「水肥」和「垃圾」的處理，市衛生局現已在研究計劃中。垃圾的處理辦法，通常有三種：掩埋、焚燒、堆肥。這三種辦法各有優劣，站在衛生的觀點，自以其焚燒最好；而在經濟觀點上，掩埋可以填高土地，提高土地使用價值，堆肥可以賣給附近農民當作肥料使用。只是，掩埋需有適當地點，且須每天加蓋泥土，花費甚多人力；而堆肥却要考慮到銷路問題。有此種種顧慮，故對垃圾的處理方式，到現在還沒有作最後的決定。如果以堆肥處理的話，即將興建一座垃圾處理廠，工程費須四千五百萬元。對水肥的處理，該局現已擬訂了一個興建水肥處理的計劃，該計劃的實施，要工程費五千四百萬元，但每日一千噸水肥經處理廠處理後，可製成兩噸乾肥，每噸至少可賣一萬元，每年可收入六、七百萬元，較現在每年的水肥只二百萬元，多四、五百萬元。因此，該局希望這個計劃能獲得各方的贊助，俾能早日付諸實施。這樣，不但可解決台北市的水肥問題，而且，也替市庫多闢了一個財源。

要消滅煤烟，最根本的解決辦法，自是煤氣公司的擴建，使台北市民均能普遍使用煤氣，生煤的焚燒自然可不禁自絕。目前，禁燒生煤，由於罰則太輕；而且，煤烟管制辦法中所規定的依照「違警」處分的法令，又不為警察機關所承認，而只能依照「行政執行法」處分。因此，燃燒生煤者即不繳納罰鍰，衛生單位亦莫奈其何！

莊進源又說：今日環境衛生工作推進的困難，除上述各種衛生工程的建設受財源的限制外，便是衛生法規的不完整，及衛生稽查人員的職權太小，有時候，如無其他的單位合作協助，幾乎無法執行職務。所以，他提議：應設置衛生警察；否則，即應修訂法令，以提高衛生稽查人員的職權，以達到維護市民健康的目的。

環境衛生工作推行困難的另一個原因，據說：與今日的行政組織有關。一般人總以為環境衛生的工作，自是由衛生單位負責的，事實却不然。依照現代公共衛生學的分類，環境衛生在行政管理上共分八項：（一）上下水道的管理，（二）擸㩕水肥的處理，（三）撲滅三害（蚊子、蒼蠅和老鼠），（四）公共場所衛生管理，（五）「公害」的防止（包括噪音、煤烟、震動、水質污染等），（六）食品衛生，（七）都市計劃，（八）建築衛生。這八項環境衛生工作，在現代一般都市的行政組織裏，都是歸屬一個衛生單位來策劃辦理的；然而，我國的現行制度，却分屬於幾個不同的單位，如下水道的管理及都市計劃，是屬於工務局；擸㩕的處理是屬於警察局的衛生大隊：水肥的處理另設有水肥處理委員會；公共場所中最主要的市場，是由財政局管理；「公害」中的「噪音」管制，屬於警察局；至於「建築衛生」的管理，因為在建築法中到現在尚沒有衛生法規的規定，所以根本的就無人管理，故對於化糞池、抽水馬桶的是否符合衛生標準，從無人過問。而現在真正由衛生單位負責的環境衛生工作：只有食品衛生、撲滅三害、公共場所衛生管理，及「公害」中的煤烟管制。由於職權的如此分散，彼此配合連繫不够，環境衛生工作的推進無形中受到甚大的影響。

據市衛生局長李悌元說：衛生局在目前人力物力的限制下，對其現在所管理的幾項環境衛生工作，只能作「重點」的推進。如對公共場所的環境衛生管理，因全市有二千家公共場所，而稽查人員只有十人，自難經常普遍查看，只能參照季節，集中注意市民來往較多的地方。又如夏季的噴射DDT，亦因限於經費預算，只能在環境衛生較差的地方實施，而無法作全市普遍的噴射。

從衛生局負責人員的這種表示看去，台北市的環境衛生，如要改善，可謂遙遙無期了。主要的原因，就是經費不足，但每年雙十國慶和祝壽等的開支，都是以若干億計，為什麼不用來改善台北的環境衛生呵？

阿克拉荷馬州的內陸海港計劃

鄭如愚

（上接第三版）

我們所缺乏的，還是必須先有一個自由民主安定的政府，使這一大批的英材學而致用，而免於長久流浪在這異域。這是國家的損失，這也是他們內心的隱痛。滿腔報國的熱潮與新智識而不能為自己的國家使用，這唯道是他們的罪過嗎？因為共產與獨裁的政權仍繼續在霸佔我們的國家，人民連基本人權的自由都已完全喪失了，獨裁者只知有個人、家族與黨的利益，他們何曾會想到六億人民已淪為牛馬，千萬同胞淪落海外，中華民族，並非次一等的民族，中華的英俊在自己的國內雖被迫害得抬不起頭來，但在海外却是遍地開花。尤其是在美國，不論在何州、何校、何機構，只要有中國人的地方，都表現出了中華民族子孫高度的智慧，我們現在所期待的只有一條路，那便是收拾那共產與獨裁的魔鬼，讓我們結伴返鄉，共同重建自由中華。

台灣簡訊

志　清

一、台北市的教育一團糟，市議員有報告

台北市議員組織了一個考察團，考察本市的中小學校，至本月十日，業已考察完畢，發現了五大缺點，聞將作一次澈底的檢討。

（一）教室不够的問題最為重要，而最不良的現象是新建教室多在未完成前停工，有的工程進行只有一半，有的樓梯未建或門窗尚缺而置之不管。據說是因為經費困難，所以中途停止。議員們認為經費不足可不必開工，既已施工，必須集中財力完成建設；否則等於沒有增建。

（二）各校都有廁所不够使用之苦，平均每幾百名學童使用一處廁所，一下課，學生即爭先跑到廁所前排隊，排了很久時間才能進入，這是嚴重問題之一。

（三）有的學校課桌椅高度不適，或高低不平，學生勉强坐着上課，彎着身子遷就椅桌，這樣情形日子久了，對學生身體妨害甚大。

（四）「逾齡」校長太多，六十歲以上老校長們，年紀大了，有的動都不願動，當然缺乏研究發展的精力，致學校辦得沒有朝氣；許多成績好的年青的教導主任和訓導主任，却沒有升任的機會，在全市將近五十所國校中，女校長只有兩人，所佔比率太少，國校校長由女性担任尚屬適合，應多聘任女校長。

（五）教具不足，是阻碍教學發展的主要原因，在各校經費困難情形之下，都不能備足充分教具應用。

又議員們在考察中一一聽取校長的意見，校長們除拜托議員支持外，特別要求議員先生不要到學校推銷補習教材，因為有一位做國校學生補習教材生意的議員經常到各學校推銷。校長們說：「在嚴禁惡性補習聲中，學校絕對不可購用這種補習書本，但不買又碍情面，因此各校對這位議員咸到很頭痛。」議員們對那位推銷書刊的同仁咸到傷腦筋，是否要自己檢討一番？大家的意見不一。

二、校長打傷學生

雲林縣最近又發生一件駭人聽聞的校長打傷學生案。縣立斗六初中校長黃呈坤於月初用手捉住該校學生黃正亮的頭向壁牆猛力撞擊，當場昏迷，由家長送往該鎮外科醫院急救，經醫生注射鎮痛劑及强心針，才甦醒過來，回家休養，本月九日，傷勢惡劣，再送入省立嘉義醫院急救，病勢甚為嚴重。黃呈坤托人向黃正亮的叔父黃萬成疏通，願意拿出一萬元作和解費，但為後者所拒絕。據黃萬成表示：假如政府教育科對此事不作合理的解決，他將提出控訴。據說這個野蠻的校長是蔣經國手下的特務人員，不但教育科不能奈他何，就是黃個萬成是否敢去控訴，也還是一疑問。總而言之，祇要遇上特務，任何人都祇好自認倒霉而已。

三、日本製糖商背信違約

日本森永株式會社於去年來台投資，與台灣製糖菓公司合作，製造水菓與牛奶糖。當時民間輿論及糖菓業咸表反對，認為水菓與牛奶糖我們已能自己製造，不應引入外資，以打擊本省業者。尤其是森永佔有台灣糖菓公司股權百分之六十，該公司無異成了森永在台灣的分店，其所謂投資，也就是憑日治時代在台擁有的影響力來打擊我國糖菓製造業；但有關當局却一意孤行，仍予核准。其所持的理由，是森永承諾將以大部的產品外銷，並訂立具體的內外銷比率。但森永現在竟不守信諾，其所生產的糖菓均在台灣傾銷。美援會秘書長李國鼎特於本月五日致函日本駐華大使館秘書鷲巢，對森永之背信行為，表示遺憾；並說：如再不踐約外銷，投資小組今後對日本來華投資事業的服務，將發生困難云云。李秘書長的措詞雖然委婉動聽，但日商是否將有所動於衷，則是一般老百姓都能預料的。祇可嘆那些對日本商人自作多情的政府官員還在做夢呵。

中共正在加强莫斯科談判資本

劉裕畧

據中共新華社莫斯科六月十五日電：「中華人民共和國駐蘇聯大使、中共中央候補委員潘自力同志在六月十五日下午拜會了蘇共中央主席團委員、蘇共中央書記蘇斯洛夫同志。潘自力同志把中共中央六月十四日對蘇共中央三月三十日給中共中央信件的覆信，交給了蘇斯洛夫同志，拜會時在座的有：蘇共中央主席團委員，蘇共中央書記庫西寧同志，蘇共中央書記安德羅波夫同志，蘇共中央書記波羅馬廖夫同志」。

顯然，中共覆函蘇共，論述廿五個問題，提出國際共產主義運動總路線，都是為了要在七月份在莫斯科舉行中蘇共衝突問題作宣傳和爭取勝利。然而，中共如此咄咄逼人，蘇共能接受嗎？對會談能否舉行無影響嗎？中共對莫斯科會談的準備，其實是正在大力籌劃中。

中共中央派僅次於毛澤東之地位之劉少奇訪問北越，加强了和爭取了北越在中蘇共衝突中對毛澤東及中共之支持，可以說，正是中共在莫斯科會談之前加强談判實力的重要措施之一。

新西蘭共黨總書記維・喬・威斯科克斯最近應邀訪問北平，並與中共發表聯合公報，共同抨擊赫魯曉夫，强烈批評所謂現代修正主義，使新西蘭共黨在赫毛個人權利衝突中，走上北平路線，可以說，這是中共在莫斯科會談之前加强談判實力的另一重要措施。

中共把北韓最高人民會議常任委員會委員長、朝鮮勞動黨中央委員會委員、朝鮮勞動黨中央委員會副委員長崔庸健於六月六日邀到北平，中共予以特別熱烈的歡迎和超額的禮遇，因為前往歡迎的人物，依國際慣例及中共作風，照例應由中共方面相當於崔庸健地位之朱德前往歡迎，即算合適，然而，中共方面却由劉少奇親自前往歡迎，然後崔庸健又於六月十五日與劉少奇在同一場合先後發表談話一致强烈抨擊所謂現代修正主義，劉少奇除表示「不能對帝國主義抱有幻想」外，並强調「應提高警惕反對大談和平而放棄鬥爭的機會主義立場」。可以說，中共如此這般在此時此際把北韓的崔庸健邀到北平來發表此類談話，也正是中共在莫斯科會談之前加强談判實力的一系列的重要措施之一。

當然，像六月十五日中共人民日報以「狄托集團為誰效勞？」為題的那種社論，也可以說是同一系列的重要措施之一。因為，中共明責狄托，一向就是暗責赫魯曉夫的。

然則，毛澤東和中共中央這種不是憑誠意而欲憑威力作談判對莫斯科會談將是好呢？抑或還是不好呢？事實很快就會揭露出來了，且等着瞧罷！

大陸簡訊

黃微星

印度歸僑被派苗族地區勞改

在數年前，中共與印度故意互拉交情的時候，少數留印華僑，眼光淺短，被中共誘惑走上了親共的路，直到去年中共軍隊大舉進攻印軍，這少數親共華僑便開始吃苦頭了。他們在印度受到印度政府的監視，最近，又被中共誘惑回到大陸。他們以為大陸是他們的祖國，殊不知，中國大陸在中共統治下業已變成地獄，中共所說優待歸僑也全屬謊言，中共政權像一個黑店，對任何歸僑實行謀財害命才是眞的。

而歸僑們回到大陸後，先經中共公安部門之特務予以嚴密偵訊，然後分發到各地以農場為名的集中營去勞動改造，則是每一個歸僑必然遭遇的命運。

茲據六月十一日中共新華社昆明電：「前往雲南省的第一批印度受難歸國華僑六百多人，已分別到達了大理白族自治州賓川縣和太和、賓居華僑農場和文山僮族苗族自治州硯山縣平遠街華僑農場」。

我們曉得：雲南邊區的白苗自治州和苗族自治區，都是文化落後，種族界限嚴格，生產力低，而氣候惡劣的荒涼地區。苗族素以兇悍著稱，對漢人常有殺戮情事，或擄漢人子弟作「娃娃」，所謂娃娃，即長期奴隸之謂。這是一兩千年來苗族的傳統習俗，最近十四年，經過中共統治，但中共既給各族少數民族自治，可見中共亦無餘力改革此等少數民族之野蠻落後現象。而中共將最近由印度回到大陸之華僑集中送到此等苗族地區從事開荒，可知此等回到大陸之華僑之遭遇是何等悲慘。蓋前此居留印度之華僑皆習工商業者，且素居印度熱帶地區，今忽改配寒冷之雲南，縱然不死，也將被苗族所迫害，再不然，也必然無以進行開荒進行耕種以維生活也。

沈鈞儒病死北平

靠攏中共之民主同盟主席沈鈞儒於一九六三年六月十一日在北平去世，這是中共新華社北平六月十一日電訊報導的。

沈鈞儒原籍浙江嘉興，年九十歲，是患急性支氣管炎診治無效死的。依道理說，支氣管炎不是一種很嚴重的病，然而未能醫治，足見中共方面現代有效醫藥之缺乏。

沈鈞儒雖然是前清翰林，但却頭腦頑固，而又熱中名利。所以黃炎培曾批評他說他再活一百年也讀不懂馬列主義。但由於沈鈞儒的女兒嫁給了共產黨員范長江的緣故，故沈鈞儒便成了中共玩弄民主同盟的頭號傀儡。沈鈞儒也恬不知恥，一向熱捧毛澤東。當政協會議破裂，國共衝突重起的時候，民主同盟內部分裂。一向堅持民主愛國立場的民社黨與青年黨退出了民主同盟，沈鈞儒等人則隨同當時的民主同盟主席張瀾投靠中共。張瀾死後，沈鈞儒當了民盟主席，同時，也當了中共偽政權的人民代表大會常務委員會的副委員長。

據中共新華社說：前往瞻仰遺容的，有「中國民主同盟副主席楊明軒、史良、高崇民、胡愈之、鄧初民、吳晗，楚圖南等」。看上述名單，可知民主同盟中之眞正民主分子如羅隆基章伯鈞張東蓀等都已被中共排除，代之而起從而操縱民主同盟者，都是些中共提拔起來或派在民盟之內潛伏的共特了。

中共將在巴西舉行展覽會

據新華社里約熱內盧六月九日電：「巴西前總統和將參加一九六五年選舉的共和國總統候選人庫比契克今天晚間在里約熱內盧接見了中國經濟貿易展覽會籌備工作小組和新華社記者。雙方進行了友好的談話。以侯法會為首的中國經濟貿易展覽會工作小組是在七日到達里約熱內盧的」。

新華社又說：「接見過程中，庫比契克表示：他很關心中國預定在巴西舉行的展覽會，並將盡力予以支持」。

可見中共目前對中南美的滲透工作之進行，仍不遺餘力。而巴西的左傾幼稚分子如庫比契克等人，則正在與中共的陰謀相呼應云。

僑鄉近訊

鍾之奇

廣東全省動員五百萬人抗旱

廣東中部及北部最近雖然下了一場不小的雨，但廣東各地的旱災却並未因此解除。主要原因：一則由於農民自被迫組成人民公社後，家庭被拆散，財產被沒收，對農事根本不再具有自動自發的熱誠和興趣，另一方面，則由於中共的所謂水利建設，實在是勞而無功之故。所以，上一個星期，中共廣東省共幹雖然高高興興的宣佈天已下雨了，但過了一個星期，却又不得不宣佈廣東全省旱災仍在繼續發展，現已動員五百萬人抗旱。而且正在千方百計尋找水源哩！

據中共「中國新聞社」六月十一日廣州專電說：「廣東省各地農村人民公社的社員們，正在繼續以頑强的戰鬥精神抗旱保苗」。又說：「近幾個月來，廣東省旱情不斷發展，湛江專區兩萬多個大小山塘水庫，大部分都已經乾涸。雷州島、東江流域等地區以及沿海一帶，許多河溪泉澗斷流，山塘水庫乾涸。直至五月份，廣東省絕大部分的雨量仍然偏少，近幾天雖然大部分地區下了陣雨，但雨量分佈很不均勻，降雨量不多。目前全省各地仍有五百萬人天天堅持在抗旱的第一線」。

讀中共自己作出的上述報導：使人想起五百萬究竟是何等大的一個數目。中共現時已動員五百萬人在第一線抗旱，究竟廣東全省有幾個五百萬人？又中共所說堅持在第一線抗旱的就有五百萬人，那末，堅持在第二線第三線抗旱的又有幾個五百萬人呢？中共雖未明白說出，但廣東全省都已牽入旱災中，則是很顯然的了。最荒謬的，是造成這一廣大旱災的原因，中共不說自己的水利設施不好，反而埋怨上天「雨量分佈得不均勻」。這都可見，中共一向的作風，就是有功則歸諸中國共產黨和毛澤東的領導，有過則諉諸其它的斜惡作風。

東莞發生六十年未見大旱

「今年東莞縣遭遇六十年來未見之大乾旱」，這是六月十二日中共控制的香港大公報「本報東莞專訊」報導的，農田和插秧工作受到何種程度的影響呢？據大公報說「又如東坑公社，早造有一萬二千三百畝田，在插秧前，社內水源只能解決二千畝田的插秧用水；後來全社十二個大隊聯合起來開挖了一條二十公里的引水渠，從峽口水閘引入東江河水，經寮步河口，流到神山」，「再用水車車水上田」，才算勉强「解決了插秧和保苗的水」。但這還得希望上天迅速下雨。如若再不下雨的話，則這僅有的一點保苗的水，也將被陽光所蒸發而將把秧苗枯死了。

雷州半島打了十六萬個井

由於廣東各地普遍遭遇旱災，所以，雷州半島各地也不例外。

據中共「中國新聞社」於六月十一日自廣州發佈消息說：「由於久旱無雨，各地有不少大中型水庫的水已經不能自流了」。「汕頭專區集中了三百六十多台抽水機專抽水庫放不出來的死水。海豐縣的公平水庫水位降至放水線以下，周圍的公社便組織了大規模的協作，……兩千多人在那裏日夜輪流抽水車水。在乾旱十分嚴重的雷州半島，廣大社員們冒着烈日曝晒，打井挖溝，向地裏要水。目前，雷州半島上的徐聞、海康、遂溪和湛江市郊，已挖了十六萬多個水井與自流井。……在汕頭專區的東部，肇慶專區的中南部，韶關專區的東南部以及東江流域地區，人們再度封江堵河，用機械抽水、人力車水。或挖掘地下水來灌溉農田」。

中共「中國新聞社」六月十一日廣州電訊又說：「饒平、潮陽、惠來、海豐、陸豐沿海地帶和興寧、梅縣、蕉嶺等地的山區、丘陵地帶，多數山塘水庫、河溪都沒有水了」。

看過中共自己所發佈的上述旱災消息，可知廣大僑鄉的人民在中共統治下是何等悲慘。

寮國中立軍右翼軍的合流

何之湄

李江聲明

在「和談」僅懸着一線希望的情況下，寮國分為兩個中心的集團，正加緊準備「疆場相見」，作武力的決戰。這兩個中心，一個是寮政府所在地首都永珍，另外的一個，則是「赤都」康開——雖然寮共目前還沒有在康開另立「政府」。

中立軍李江司令六月十二日發表爆炸性聲明，指出他的軍隊受到越盟共軍的攻擊。李江指述：越共軍四營開到川壙，其軍官及士兵參加寮共對孟本附近中立軍的攻擊；更有一隊以二百二十輛卡車組成的車隊，分兩路自北越運送軍火及補給到康開，增援寮共進攻孟本、孟康、樂波等中立軍陣地的戰鬥；越盟軍的飛機，也參加運送軍火上前線的運輸，越共飛機破壞寮國領空，把軍火送到接近寮南齊家莊方面的寮共軍隊，証明他們可能同時在寮南發動戰事。

李江提出要求，要寮共迅速談判，停止可能爆發的大規模戰爭。同時他要求寮共停止反中立軍的宣傳，並不要把中立軍叛將杜尼上校稱為「中立軍」，根本上，杜尼已是寮共的前鋒部隊。最後，他呼籲當局採取行動，使越盟共軍自寮境撤退。

傅馬態度

李江正式報告越盟軍在寮共作戰，這已不是第一次。早在寮中平原事變之時李江早就向永珍政府提出越共參戰的報告。不過上一次的報告只由李江總部自行發表，總理接到他的報告後，祗把它作為一項參考文件，送交國際監察委員會參考。國際監察委員會實際上遭受共方的拒絕，不能前往寮中肇事地點進行調查，對於李江報告也就無從處理。而最近這一次報告之所以富有「爆炸性」，除了報告中指述戰役中越共參戰的真實性外，更由於總理府的正式把這一報告發表，肯定了傅馬總理確認越共參戰的事實，係「不容置辯」的。

當傅馬上次仍在奔走於永珍——康開之間打開和談的時候，他是採取一種「大事化小」的手法，一面約束李江部隊，不讓他反攻進行收復已被寮共奪去的地區，一面不對寮共作公開的指責。但是寮共一直口稱願意和談而實際加以拒絕，同時不斷侵奪村鎮及準備大規模戰爭。以致傅馬對寮共逐漸趨於絕望，而不能不採取較為強硬的態度。這不是傅馬主觀的轉變，而是由於寮共所造成。

軍火來源

李江軍隊的補充裝備，使寮共像吃下了很多噸的炸藥，因為李江所部的一大部份，已恢復了接受美式裝備。在寮中事變時期中，原來使用蘇式軍火的李江軍，因被寮共停止蘇式彈藥和零件的補充，飽受杜尼上校與寮共聯軍的攻擊而吃了大虧，在不到一星期之內，相繼失去了平原上川壙等三個重鎮。當時鑒於那種危急的局勢，美國曾經聲稱：若經寮政府請求，將以軍火支援寮府，因為那是日內瓦協定所許可的。起初傅馬總理並沒有對此採取行動，以為假使通過他的前赴康開求和，也許停息戰事。可是「和談」在共方阻撓下始終無法正式展開，而中立軍已形勢日非，又迫使傅馬不得不申請美式裝備給中立軍。寮共曾因此舉而抨擊傅馬，說他走「美國——乃沙立路線」，後者指的是永珍接受泰國糧食援助。但傅馬憤怒地反擊寮共，指出寮政府「有權」接受友好國家的軍援，而為日內瓦協定所准許的。不像寮共並沒有合法的地位，而接受越盟的軍火。他反問寮共說：你們的「軍火是那裏來的」？

一大轉變

互相指責及互相抨擊，不過是「題中應有」的一項插曲。因為「指責」絕不能改變事實，也不能在任何法官之前獲得公正的裁判。譬如共方攻擊中立軍並一舉奪去寮中三重鎮這項事實，是無所用於指責或解辯的。無論如何，雙方都在加強裝備，補充軍火，成為一種平行的事實形勢。

寮共在控制寮中平原後仍大量補充軍火，及証實有越共併肩作戰，同時又加緊掃蕩平原的邊沿中立軍陣地，逐漸伸展武力至右翼軍根據地的寮南。可以証實李江將軍認為共軍「將有事於寮南」的看法。傅馬為免於中立軍的被消滅，申請美式軍火裝備李江部隊是必然的形勢；而也是一種必然的形勢，促使中立軍與右翼軍採取聯繫。前者施行的結果是使中立軍與右翼軍使用同一的武器，甚至在前線雙方犄角形的陣地上，獲得由同一運輸路線所供應的軍器彈藥補充。後者的進行現在還沒有明顯的表現，但也許可以使到原來與共軍併肩對右翼軍作戰的李江中立軍，此後轉過來而成為右翼軍與李江中立軍，併肩對共軍作戰。即使它們不是「合流」，也將是寮國「內戰」史上的一大轉變。

化敵為友

李江將軍與右翼首腦諾沙旺將軍在永珍的會面，成為上述歷史性轉變的一個回合。

發動永珍叛變的當年傘兵營長李江，當年背叛了他的上司國防部長諾沙旺，搶奪了永珍政權。諾沙旺出走寮南由沙灣那曲重整右翼軍光復永珍，驅李江出走，至寮中與寮共合流，擁戴傅馬出任總理，與永珍的彭庵總理的政府對立。當年的李江與諾沙旺，是由朋友變為敵人；而今天的李江與諾沙旺，卻由敵人再變為朋友！

六月九日李江自孟本返回永珍，報告前方戰況後，晉謁副總理兼財政部長諾沙旺，會談達七十分鐘。內容沒有正式發表。

李江返回永珍後，先謁傅馬總理，然後晉見諾沙旺。本來在「同朝為官」的場合下，一個司令官謁見一個副總理是很平常的事，但在李江與諾沙旺過去的一重恩怨，以及多年沒有見面的情況下，這會見就不平常。所以有人認李江這一次的回返永珍，主要目的並非謁見傅馬，而是為了與諾沙旺會面；並且這一歷史性會見，必然經過傅馬總理的特別安排。

這也可以看到，傅馬是迫於共軍不斷蠶食中立軍，步步進逼的形勢，為挽救中立軍及加強永珍政府，安排了這中立軍和右翼軍兩首領的會晤。李江方面今日雖非當年「吳下阿蒙」，也不能不向諾沙旺低頭請援。諾沙旺的折節重新下交李江，也無非為了共軍威脅寮南及永珍的形勢。一句話說：形勢比人強！

自寮中事變之後，右翼軍實際上已自原陣地向平原週圍推進，作為寮南根據地的一種前進防衛。無形中已經形成，「作中立軍後盾」的作用。接着諾沙旺更主動的釋放中立軍俘虜，（那是以前在小衝突戰役中所俘獲的）表示對中立軍的友好。到了諾沙旺與李江的會晤，已等於確認右翼軍與中立軍將必然地成為「友軍」。

不出李江所料的，寮越共聯軍又向寮南的阿督坡發動攻勢，那是沙灣那曲的外圍，顯示共軍要向右翼軍啟釁。在英蘇兩大使尚未能飛赴康開「和談」的時候，共軍的進攻很可能使右翼軍大規模投入戰鬥。而在戰幕再啟時，如果不是共軍攻入寮南，便將是右翼與中立聯軍向寮中挺進。

曼谷通訊。

寮國聯合政府已被共黨利用了

穆越

寮國「中立」的聯合政府，成立了還未滿一年，已被共黨要出了「騙局」的手法，將它利用。從目前情勢中已可以顯示出：寮共透過了聯合政府成立時所簽訂的協定的便利，其軍事力量已愈益強大。迨至經過「瓦瓶平原戰役」之後，寮共又獲控制另一大塊土地，於是共黨乃得以通過寮共新近所控制的一條走廊，運輸一切軍備以接濟南越的共黨游擊隊；而且共特也可以沿着邊境幾十個地點，滲透入泰國。——今日的寮國，可以說，是共黨在東南亞擴展勢力的溫床。其未來的危機，實不堪想象！

在目前來看，西方國家顯已面臨了一項極大的困擾，這就是寮國的「中立」實質的日形潰敗，而寮共的地位則反而漸趨優越；這兩大演變，西方國家又將如何應付？

當地人士，還窺察出一項秘密；據他們指出：目前寮境雖仍有疏落戰鬥，政治暗殺，和其他騷擾性的行動，但寮共在今日的態勢下，將暫不會採取全面戰鬥的行動，因為寮共還要利用聯合政府，倘若以軍事行動來攫取了聯合政府各機構，則那些機構便會失掉了「美援」，又會引起美國再派軍隊入泰，更會引致美國在南越再加強反游擊戰的活動，這都是對共黨不利的。現在共黨在寮的活動，祗是進行着下列兩項陰謀：第一、由北越派入寮國的共幹，加緊引誘中立派份子變節，投奔共方；第二、煽動反共勢力不再接受美國的訓練，並設法誘導反共人士，使其意志消沉。——那末，美國對此「絕招」又將怎樣抵禦和還擊？

猶憶在本年四月初寮共又發動了新行動的時候，美國便立刻和其他東南亞條約組織的國家，舉行一次聯合的軍事力量表演，即於四月九日下令陸軍在泰國境內舉行廣泛的演習，同時在東南亞海域舉行海軍大操演；這些行動，在美國來說，其作用顯係欲使共黨知道西方國家已投入大規模軍力來作準備應付戰爭的決心。可是，共黨却早看透了美國的肺腑。共黨並不相信如果寮國戰爭再演變得嚴重時美國會有胆量採取軍事干涉的行動。換言之：共黨早已看穿了西方國家應付東南亞紛爭的底牌。這底牌，就是西方國家決不會付出較大的實質的支援。時至今日，共黨更看透了美國對寮局所採取的政策，唯有出諸下列的途徑：維持現狀，繼續支持這個在危殆邊緣的聯合政府。

到了現階段，西方國家之對寮局越是採取消極辦法，愈使共黨更易於利用聯合政府。寮國中立派本身的武力，實際上已完蛋了；聯合政府在此態勢下維持下去，則共黨在聯合政府中的勢力必愈益增強。此長彼消，反共勢力必逐漸被削弱；整個聯合政府，不難完全控制在共黨手中！

——最近，不少國際觀察家已一再指出：寮國聯合政府萬不能就此給共黨利用着來作擴展軍力的「魔術牌」，西方國家尤其是美國，必須迅即改變其長首長尾的態度，立刻作下重大的決心，趕快以實質的行動支援寮國，才能把寮局的危機挽救過來。這不僅是挽救寮國，同時也是挽救整個東南亞。因為寮國如果一旦給共黨控制了，則共黨將以此為基地，而將其勢力向四方八面擴張；到了那時，泰國，高棉，南越，緬甸等東南亞各地區，也必同時陷於更為混亂了！可是照目前情形來看，西方國家似乎仍然在進行着「消極辦法」中哩！

據最近的消息報導，寮國的中立派和左派，當在瓦瓶平原舉行正式談判之前，將先召開一個預備會議，藉以使「解決政治危機」的談判得以順利進行。西方國家對他們這一個談判，將寄予很大的期望。不過，照一般推測，談判將澄清不了混亂的局勢，共產勢必繼續利用「聯合政府」來擴張他們的實力。

共黨的長遠計劃，是着意於吞沒整個東南亞的；依照目前的形勢來推斷，如果西方國家不迅即徹底改變其政策，則很難尋求適當辦法，以遏止共黨在寮國的野心。

失落了的冬天

——爲紀念先祖母而作——

陳肇炘

早上，毛毡從身上滑掉，冬天的寒流，有如一隻冰冷的巨掌驀地印在我的肩頭和胸膛把我猛然催醒。披上晨褸，站在露台上深深地呼吸一下。清鮮的空氣中透着涼意，使人有一種很熟悉却又說不出的感覺。太陽也和人們一般懶得起來；在灰厚的雲層之中，祇微微地現出魚肚白色。院子裏幾棵梧桐在晨光中顫抖，一陣寒風吹來，枯黃的葉子沙沙地飄起、盤旋，又無力地落下。兩隻白頭烏鴉忽地飛過來，在樹枝上磨了回嘴，東張西望一陣，忽又哇地飛走。「呵！又是冬天了。」我在想。

只有童年的冬天給我很深的印象，這些印象始終不能從我的腦海中消失去，儘管這個世界上很多事物和人們都已給我忘却了，但童年的印象永遠是鮮明，眞切，好像就在昨天發生一般。現在回憶起來，當時的冬天實在太美好了；可惜的是，這些失落了的冬天，不知何日再回來。

三十多年前我住在廣州的祖居，房子很大，也很古老，陳設的傢具，今天看來簡直是古董。每年大約農曆十月左右，老祖母就忙碌起來了。醃臘味啦，晒魚乾啦，夏秋的衣服洗滌收好啦，冬天必需的被服拿出來刷備用啦，尤其是佃戶們都在這個時候來跟她請安。他們攜帶了甜薯、芋頭、萊菔、雞、鴨、蛋和炒米餅之類的農村產品，老祖母就得打發他們賞錢，還要招呼吃一頓。吃的時候，一定問長問短，從莊稼、鄰里、治安、問到他們出嫁了的女兒，和內外孫子（來給她問安的都是老頭兒，佃戶的家主）很親切地關懷着。最後總是這麼一句：「我們幾代相處，都是一家人了。不要爲田租過份周張，有需要的話，祇管先挪去，慢慢才算，祇要通知我一聲便行了。」

起初我還以爲田租就是那些甜薯芋頭，後來才曉得是用穀子算的，並不直接交來廣州。粗手笨脚的佃戶們竭力裝成彬彬有禮的樣子，使我看得忍不住笑，其中有些還開口閉口的稱老太太做「奶奶」。因爲父親是獨子，伯叔們都養不起來，而父親又絕大部份時間在別處辦事，這些場合，總免不了我這個長孫的份兒。往往因爲我頑皮地摹做佃戶們用鄉音叫奶奶，她咬着嘴唇忍着笑，教訓我要守禮貌，把氣氛弄得既尷尬，又滑稽。

跟着大夥兒又忙着掃屋了。這個清潔運動無論如何一定要在農曆冬至前幾天完成。除掉要把屋子內外打掃一番之外，閣樓上的陳年老傢具也得清理。這些古董包括好幾十套酸枝桌椅，是歷代搬進來的陪嫁東西。另外還有二三十個陽江皮槓，放滿了許多清代朝服和袍褂，磁瓶、碗碟、卷軸、書畫，雕刻品及其他許多我不認識的物件。銀器、銅器和錫器則分別貯放在三個大木箱中。這裏面有比我高的香案，也有如鴿蛋大小的杯子；有附了燙酒錫筒的茜條酒壺，也有雕刻很精緻的黃銅暖手爐。所有這些整年都原封不動地擱着，平常家裏現成應用的器皿，已够應付十桌八桌，怎會需用到這些「古玩」。

每次打掃閣樓的當兒，我便像隻小獼猻，東蹦西跳，拿這取那；因爲這些東西一年祇見一次，終究感到新奇的啊。但是，最使我發生興趣的是一個大概三尺高，二尺濶，九寸深的紫檀小櫥。這櫥平日是緊緊地鎖着的，獨自放在一張几子上。每天早晚用人們都得給它拂拭。約摸每隔十天半月，還要塗上些像傢俬臘般的東西擦個光亮。大掃除接近尾聲的時候，老祖母指揮四五個用人把它捧到神廳，然後從一大串古老鑰匙中找出一條，開了兩扇門，把裏面藏着的東西拿出來。你道那是什麼？原來櫥內分做三隔，擺滿了體積、形狀、顏色、花紋、圖案不同的扁身瓶子，後來我才知道這叫做鼻煙壺。那些瓶子實在太漂亮了，太美麗了，眞可以說得上人見人愛。有些全身雪白，中央有一塊半透明的深紅色；有些通體碧綠，看來像翡翠；有些底色像天藍，面上捲起幾絲雪白浮雲；有些似水晶雕成；有些如瑪瑙刻就；有些好像是貓眼石或者閃山所造；在不同的光度下，瓶身便反射出不同的光芒；還有些瓶像今天的搪瓷，瓶身燒出很精緻的山水、樓閣、人物、雀鳥或花卉，雖然藏了很久，還是顏色艷麗，五彩繽紛。老祖母鄭重其事地親自拭拂清理，從不假手別人。瓶子看來總有百多二百個，最少也得化她大半天工夫。我常常是先看看這個，看看那個，然後趁她一個不留神，拏了個心愛的便走。但是她心中有數，對着這新奇可愛的東西，盤桓了這許久，現在肯毅然離開，一定有古怪。於是一聲：「人來，拿住那個小淘氣。」房子雖然橫廣三四進，縱深六七叠，中間有一個不少的院子，後進還有閣樓，畢竟老年人太多了。老太太一聲喊，我便難逃天羅地網。守嫲的伯母、叔母、姑母、和用人、丫頭等不一會便像老鷹捉小雞般把我抓回來。這當兒我還倔强地不放手，嘴吧拉得老長。結果老祖母開出條件，吩附一個年紀較大的丫頭帶我出街（平時是難得越過大門半步的），並特准選購我所喜歡而不超過兩個銅板的東西。瓶子當然原璧歸趙；老太太還附贈一句：「祖宗收藏的東西也要偸，將來難保不當大賊。」老天，原來我的祖宗是鼻煙壺收藏家！

冬至輪流在農曆十一月的上、中、下旬。冬至前三天，大厨房裏便忙得不亦樂乎。（所謂大厨房就是整個家庭的公共炊事處，另外有一間專弄早餐、午點和消夜給老太婆，母親和我兩兄弟的稱做小厨房。）用人們磨米啦，調粉啦，配料啦，灶裏跟忙過一輪，灶裏跟着整天燒個不停。蘿蔔糕、芋頭糕、九層糕、糯米糕、馬蹄粉糕、崧糕：一盤盤地捧進客廳。這一來可把我樂透了；這盆拈一片臘腸、蝦米，那盆摘兩粒瓜子、欖仁。老祖母愛理不理，見到時便說不許動，轉過背來就眼開眼閉。伯母叔母們看看老太太面色，也就放着不管。用人丫頭們倒會偶然說一句半句，但我却不理她們。不過，最使我感到沒趣的是厨房外面一定有人把守着，除掉幾個年紀大的用人和徐伯外，（徐伯是祖父的書僮，聽說他的父親從前也是跟隨曾祖的）任何人等，非得老祖母許可，不准入內。初時我對這種措施感到莫名其妙，後來才曉得老太太對冬節蒸糕看得十分隆重。不許我和年紀小的丫頭進去是恐怕我們隨口說出，她認爲不吉利的話，至於成年女人們則恐怕她們的身體「不乾淨」；所以能够進去的，祇有年紀達到不會「不乾淨」的老用人們和世故老人的徐伯。

糕蒸好了，用人和丫頭們走遍差不多整個廣州。親戚們，朋友們，左鄰右里們，有過交往的人們，從祖父母那代的內外姻親起，到和我常有往來的小同學止，都得送去。一部份環境較差，或者家庭不在廣州的親友還被邀來過冬，吃晚飯。那天黃昏，老祖母換過衣服，叩拜天地祖先，迎接冬節，並且還要我們這些嫡裔叩拜。「冬大過年，恭敬點啊！」她總是這麼說。開飯的時候，全部上下人物，等閒也有六七桌。

友聲集

（三一）

讀羅瘿庵詩題後

荔莊

節庵剛父俱陳迹，髫髮波瀾盡可師。別有江湖名士氣，微憐絲竹暮年時。夢中一枕禪初覺，身後千秋醉不知。欲陟盤山賦招隱，相呼寥郭我來遲。

散原先生百歲生日會祭用其論詩均

履川

雙井錢餘造化悲，起公錬石門酣嬉，扶携匡蠡神靈下，紬繹蒙騷邈忠思。忍向西山話塵劫，漫依南斗數期頤。元精耿耿輝千祀，朝菌蟪蛄世豈知！

謝竺摩上人贈閱無盡燈刊

遯翁

無盡燈傳無盡光，燭天炤海現毫芒。世人久爲頭迷惘，佛子眞須舌廣長。知有白蓮開淨土，定容黃菊共秋霜。上方龍象威神力，應化修羅作道場。

題大愚上人詩

千夢

昔年曾買九僧詩，寒谷春回獨寤時。日月光華原易見，鬼神幽渺最難知。千行地老天荒淚，一卷哀蟬落葉詞。寂寞無言諸義了，傳燈空焰是吾師。

唐詩偶釋

（二〇）

鄧中龍

別房太尉墓

他鄉復行役，駐馬別孤墳。近淚無乾土，低空有斷雲。對棋陪謝傅，把劍覓徐君。惟見林花落，鶯啼送客聞。

杜老與房公（琯）相友善，房敗於陳濤，杜疏救之，與房俱貶。故感懷眷戀如此。

首句點別字之頂，次句落題，三句言俯而哭，四句言哭久便抬頭仰視，五句言仰而思之，遂想及生前，六句因念生前舊情，遂欲復尋故友，覓之不得，惟見林花紛落，黃鶯亂啼，倍增淒涼之感。結聯急接，歸到「別」字。此全詩語脈。

低頭痛哭，哭久便仰首視天，正是傷心人景象。仰視惟見雲斷天低，又正是佇立冥思景象。八句皆一氣旋轉，筆妙如環，一接尤宜神會。前六句說得悽慘悲涼，幾若斷弦遊絲，結聯乃一筆推開，以花落鶯啼點綴淒涼意境。「惟見」二字應上「孤」字，哭而不聞，思而不見，所見者林花之落，所聞者黃鶯之啼，花落鶯啼，其意清苦，其境悲涼。試問落花啼鳥，其爲悲房太尉乎？或竟爲房太尉之化身乎？從第二句言，應從上意；從第六句言，應從下意。第恐當時作者亦竟無法道出耳。於悲哀沉痛之中，開出迷離惝惚之境，凌空摩盪，委曲傳神。大家結構，若天外雲烟，空山鳥語，望之不能狀其色，聞之不能象其聲。而眞色眞聲，固自炫人耳目也。其殆神來之筆乎！

遠在他鄉，益以行役，更那堪駐馬吊故人墳墓？「孤墳」作更深一層寫法。「他鄉」「行役」「駐馬」「別孤墳」，二句四意，每轉愈深，沉痛之至。

詩須布局，尤須着色調聲。必聲色調和，而後詩味乃出。此則不足爲淺人道也。以此詩而論，首聯「復」字「役」「別」字「駐」字，皆去聲，去聲高昂，易攝遠神遠韻。項聯陡降，轉爲上聲，「近」「淚」「土」「有」「斷」五字，皆爲上聲字。由去轉上，往往用於酸楚處，讀者於其聲響之轉換，即足以引出沉痛情緒，固不待細究文字也。以今日影劇術語而論，此即爲音響效果，讀者中如有擅長音樂者，試以此詩前四句譜入琴弦，自知其妙。

大凡表激昂之情，去聲爲尚；達幽怨之感，入聲較宜；道酸楚之苦，則非上聲無以極其妙。唐代大家之作，於此等處，從不敢掉以輕心，必刻意經營，千錘百鍊，而後抑揚頓挫乃出。元明而後，悟此者鮮矣。噫，詩道豈易言哉！

憶陳果夫先生（二三）

宇人

汪某深得吳夫人的歡心和信任，不但婦女工作委員會的事，事實上完全由她主持，即吳夫人對外的一切活動和言論，都是由她安排的。她們要求參加發起組織婦女競選會，省婦女會明知汪某別有懷抱，但却不便拒絕。在籌備會中，吳夫人又提出婦女競選會應徵求會員參加，以人為單位來組織，不要以團體為單位，而且十分堅持。這當然也是汪某的主意。因為若以團體為單位，則與省黨部有關的婦女團體佔了多數，汪某自不能在裏面發生作用。但若以人為單位，她認為與省黨部有關的婦女團體素無羣衆基礎；而其所主持的基督教某婦女團體則有衆多的會員，婦女工作委員會更有一個婦女工廠——二四工廠（為救濟二月四日，日本飛機盲目轟炸貴陽所造成的一批婦女災胞而設的），轄有數百女工。省婦女會負責的同志向我請示，我告以不必為此小事和吳夫人爭執不下。她們躭心羣衆基礎薄弱，人不足與汪某抗衡，我乃囑青年團貴陽分團酌予協助。後來，籌備會審查通過會員三百餘人，婦女工作委員會和基督教某婦女團體所介紹者合計約佔半數；吳夫人和汪某又主張由籌備會介紹一張婦女競選會的委員及國大代表候選人名單以供會員大會的參考，也經大家同意。在此以前，省婦女會曾決定，競選會的委員任由汪某競選，不加妨礙；但絕不能使其當選為國大代表候選人，以防其利用此一名義到省外各處作不法的活動。同時，為促醒婦女界的自覺和爭取社會的同情，盡量介紹有學識能力的黨外和外省籍婦女為候選人。我並限制青年團的女職員不得參加競選；省黨部的女職員則以資歷較深的二人為限。記得青年黨籍的周蜀雲女士，乃四川人，時在貴陽大夏大學任教，也被提名為國大代表候選人。選舉之日，吳夫人担任大會主席，一切均照籌備會的決議進行，直到開票將近完畢時，他發現汪某落選，才突然高聲嚷道：「我的汪××，這樣好的人才都不能當選，太不對了！我決不承認。」隨即和汪某悻悻然退席。大會決議另推主席，繼續開會。第二天，吳夫人在貴州省政府的機關報——貴州日報上登載一則啟事，聲明退出婦女競選會。該報記者並發表一篇會場特寫，對苗胞婦女參加選舉有所議評（因為貴陽出征軍人之一家屬女會，也是競選會的發起人之一，該會所屬會員有苗胞婦女），省婦女會的負責同志見此情形，深恐引起黨政糾紛，向我請示應如何應付；省黨部委員亦表關懷。我向他們解釋：「中國人的習慣，太太吵架，先生一樣可以做好朋友。此事乃省婦女會與婦女工作委員會負責，省黨部僅在幕後支持，省婦女會並未出面。婦女工作委員會雖然是吳夫人所主持，但該會與省政府並無任何關係，我相信吳鼎昌決不會介入的。」省黨部書記長躭心吳鼎昌誤會省黨部對他的太太採取敵對態度，因而遷怒於省黨部。我說：此事絕不會擴大，囑他們放心。當天下午，競選會的委員舉行首次會議，決議准吳夫人退會，其所遺委員缺額以候補遞補；並去函貴州日報質詢該報議評苗胞婦女參加選舉是何居心，要求該報道歉。此後，吳夫人方面即沒有再作任何表示；貴州日報雖未道歉，但仍將競選會的消息照刊無誤。吳鼎昌和我見面時，也未提及此事，省黨部與省政府的關係一切照舊。不過聽說吳夫人和汪某已向蔣夫人告狀，我當時對此並未重視。不久，中央秘書處轉來一項文件，是「貴陽婦女代表向蔣夫人控告省婦女會包辦婦女競選會，排斥外省籍人，由六七十個素不知名的婦女署名蓋章。省黨部公事公辦，交貴陽市黨部查覆。據呈覆，署名婦女全是二四工廠的女工，她們是奉該廠主持人之命在一份空白紙上加蓋名章，據說是去請發救濟品的。她們向市黨部聲明，並不知道是向蔣夫人控告省婦女會。省黨部即將市黨部所查的結果函覆中央秘書處；並加按語，指出婦女競選會所選出的委員和國大代表候選人，大部份均為外省籍，原控所謂排斥外省人云云，毫無事實根據。此事即算過去。但後來得悉，汪某另有一信與蔣夫人指控省黨部排斥他，蔣夫人會向何敬之先生提過。因此之故，當日蔣先生還坐說「你們貴州人排斥外省人」，並把吳鼎昌牽入，許多人都認為可能是受了蔣夫人的影響。

話說回來，我在布雷先生的勸解之下，也就仍回貴州，繼續工作。不久，布雷先生的一位少君來貴陽省立醫院任職，布雷先生又有信介紹他來見我，措詞十分客氣，說「特命其前來修子侄之禮」；我對布雷先生更有一種親切之感。次年，日軍侵佔香港，我國留港的若干重要人士，多因缺乏交通工具，無法及時撤退，甚至農林部長陳濟棠亦淪陷在港，沒有消息；但報載孔祥熙的二小姐却以專機將愛犬一隻由港運渝。後方輿論大為憤激。時我正因接洽公務滯留重慶，即去中央團部用長途電話囑貴州支團負責同志即日召集各學校幹部舉行會議，說明此項消息不確，要他們嚴防共黨藉此煽動學潮。照當時的實情來說，我並不知此事的真假；但由於大家平素對孔家的印象極為惡劣，我也寧願信其為真。祇因認為假如為了此事發生學潮，將為共黨造成一種發展的機會，故作此違心之論。第二天，蔣先生忽然召見我，說他接獲情報，共黨將利用飛機載狗的事在各地製造學潮，昆明方面業經開始，成都、重慶也在醞釀中，貴州境內有七個大學，勢必波及，囑我立即返省，設法防止。我答以有事尚未辦完，一時不能回省；但對此事已有準備，除了浙江大學因為青年團尚未組織成立沒有十分把握而外，其他各大中學均可保無事。就是浙江大學也並非毫無基礎，共黨至多祇能在校內有所活動，不可能造成風潮，更不可能波及校外。蔣先生仍堅囑我立即回省，我祇好佯為應允。後來，貴州各大中學果然平靜無事，蔣先生知道我仍留重慶，又召見我，除了慰勉而外，並問我的經濟情形怎樣？我說：「還過得去；祇是貴州支團同志的生活太苦。」蔣先生問：「每月要多少錢才可解決他們的生活問題。」我畧作估計，答以「一萬元。」蔣先生說：「你寫一個報告來，我給你。」我問他報告交何處，他說：「可交布雷先生。」

中國現代史資料評介之六

遐菴詩乙稿及驛舍探幽錄

左舜生

『康長素之出，實由樵野薦之於翁叔平，翁薦之於光緒，故戊戌變政，樵野實其原動，西太后欲殺之久矣。庚子亂命，與害珍妃同一筆法，事類袁紹之殺田豐。蓋自恥失敗而永圖滅口，且杜翻案耳。樵野之起，不由科第，而才華顯露，衆多側目；至其親家李芍農亦與不諧，故受禍雖烈，而稱之者稀，尚不克比於許景澄、徐用儀，亦可傷矣。阮季湖前覓得樵野遺集寄京，偶題此什，以抒所感，亦論近世史者所宜知也。』

上面這段文字，乃葉玉甫（公綽）『遐菴詩乙稿』中『讀張樵野鐵畫樓集』一首七律的短序。長素，康有為字，樵野，張蔭桓字，叔平，翁同龢字也。翁日記對薦康一事，諱莫如深，蓋畏罪而自行改竄者。又王慶保，曹景郕所著『驛舍探幽錄』，亦記張蔭桓對康表示極端不滿：『張曰：康有為何足齒數，如此妄作，何異瘋痰？諭旨謂我尚非康黨，我罪爰從未減，其實我豈屑黨彼哉？……』此蓋與翁同一心理，不得不自為洗刷，決與事實不符。但葉玉甫所謂『戊戌變政，樵野實為原動』，則說得分量太重，如謂戊戌變政一幕，翁與張均為極有關係之人，則固不容否認也。

按戊戌八月，張蔭桓與徐致靖、楊深秀、楊銳、林旭、譚嗣同、劉光第、康廣仁共八人，同繫刑部獄，事前原有張與六君子同日處決的傳說，英使館得知此訊，乃與日本使館聯繫，共同救張。日代辦公使林權助，且親向李鴻章關說，並稱當時在北京遊歷的日前首相伊藤博文亦望張能得救。於是由李轉達榮祿，再由榮向太后緩頰，張罪乃得減刑，改戍新疆。當時張由北京前往新疆，係由沿途各省分段派委文武專員押解，並有少數軍隊衛護。『驛舍探幽錄』著者王曹兩位，均當時直隸的候補知縣，即奉命押解張赴山西交割的解官。張初忘記了自己是一位犯官，對王曹仍大模大樣，後見王曹亦非俗吏，且能談詩，態度乃一變；在直隸境內同行十餘日，彼此相處頗為融洽，且相互唱和，作詩甚多。王曹亦好事者，見張相待如此，乃對張提出問題甚多，例如張得罪的原因，被逮的經過，在刑部獄內的情形，張多年來所辦各事的概況，他與康有為的關係，翁與康的關係，慈禧對光緒帝后的虐待，德親王亨利及伊藤訪問北京的經過，太監李蓮英的納賄召權等等，幾於無所不問，張亦大放厥辭，幾於無所不談。『探幽錄』全文約一萬四千字，雖所記與他種資料有合有不合，但大抵可資參考，也可看出當日清廷人才及政象的一斑，茲摘述其要點如下：

一、政變發生於八月初六，是日，張蔭桓住宅因被疑為康有為藏匿之所，曾被搜查一次。但張本人被捕，則在初八。捕去在提督衙門住一宿，即奉旨交刑部審訊，入監，與甲午戰爭得罪之葉志超為鄰。據葉云，他入獄用了六千四百元，而張對王曹兩解官說，他這次乃花了一萬一千餘元，此可見當時監獄之黑暗。

二、六君子被殺在八月十三，並未經過提審。在車赴刑場前，張問獄卒『能留一二人否？』卒答：『留二人。』問『為誰？』答：『楊深秀、康廣仁。』及聞套車為六輛，張知不免，乃靜以待死。但結果提出者為楊深秀、楊銳、林旭、譚嗣同、劉光第、康廣仁，張始稍為放心。

三、張於八月二十日自良鄉出發，帶家丁五名，戚友送行者六七人。十九日，張與戚友梁姓晏姓談至夜深，所操粵語，多為兩解官所不解，但聞某處若干萬，某處若干萬，共約七八十萬，此証張確有錢。

四、康應乙未會試，本不在被取之列，翁同龢於落卷中搜出之，乃得中式。康於翁有知己感，乃請張介紹見翁，翁允而臨時不見。此與康自編年譜所述不合，蓋翁不惟見之，且向康表示十四年不為康代遞所上書之悔意。

五、張述戊戌正月初三在總署召見康，同見者為奕劻、李鴻章、翁同龢、及張本人，此亦與康年譜不合，康述是日在總署與之談話者除李、翁、張外尚有榮祿及廖壽恒，共五人，奕劻並未出席。

六、張認康與中山為同黨，戊戌康在京活動所用之錢，皆出自中山，此亦想像之辭，蓋孫與康固無一面之雅也。

七、張平日在同官中恃才傲物，此不難於張答兩解官之語氣中看出，實其召禍重要原因之一。張在總署處理外交事件，多由其一人主持，同事者鮮得與聞。蓋剛毅、廖壽恒輩本甚胡塗，翁亦不甚了了，一切為張之言是聽。參劾張者謂其『專擅』，張自認除『專擅』外亦無他法也。

八、張路經保定，託友人代為搜購書籍甚多，備到戍所後閱覽，此足徵其平日好尚，要不失為當日官僚中之佼佼者。

九、張述其二十三年赴歐，曾於巴黎購得名貴禮物兩份，以一份獻太后，一份獻光緒帝，惟於總管太監李蓮英毫無點綴；李乃於太后前多方挑撥之。太后性本倔強，但其大半生乃甘心被玩弄於李蓮英掌股之上，所謂『智勇多困於所溺』，信然。（此點須參看吳永所述『庚子西狩叢談』）。

十、張經手借外欵頗多，此亦其被人疑忌原因之一。

十一、伊藤到北京，由張帶領見太后，張與伊握手為禮，耳語頗殷勤，此本尋常禮貌，太后乃疑張與伊有私。德親王欲一遊天壇，廷議不許，張力爭，亦引起同官不悅，謂其見好外國，欲藉以抬高自身地位。

十二、張謂光緒帝身體漸成虛損，已入膏肓，惟貼奕劻所進膏藥，稍可。帝后事太后均甚苦，太后賜食，即已甚飽亦必食盡。

十三、張又說太后有私蓄二三千萬金，半在南苑，半在大內，皆用紅頭繩束之。在第一次償日本賠欵時，曾撥出兩百萬。按庚子聯軍入京，此藏金未被搜去，太后大喜。（此事須參看羅惇融『庚子國變記』。）

本刊已經香港政府登記

聯合評論

週刊

每逢星期五出版

United Voice Weekly

第二五〇號

805641

CHINESE - AMERICAN PRESS, INC.
199 CANAL STREET,
NEW YORK13 N.Y. U.S.A.

人性、民族性、階級性

李璜

毛澤東鬧着門許多天不見人，中共中央便忽然於六月十四日答復俄共一封長達三萬字的回信（關於國際共產主義運動總路線的建議）。因爲信寫得很長，所以特別引起人們的注意。其實，一加細讀，便只見階級階級，矛盾矛盾，革命革命，好像唱歌式或唸咒式的，反覆的充塞於二十五段之間，與毛澤東自來所吹彈的調子並無不同，全無新義！這足見毛經過十三年在國內及國際不斷的失敗，弄得在國內一窮二白，對印度進退兩難，在國際陷於孤立，對人民怨聲載道，而自身並未感到事態嚴重，毫無長進，而還以抱住了馬克斯、列寧的「眞理」去自豪於共產世界！——這眞有點像王莽在漸臺的情形：「天生德於予」的氣慨之類了！

不過，我對於毛澤東這封長信的筆底悲憤情緒：對俄共把中共當着「下級黨」，不以獨立平等的資格看待它；俄共「把自己的意志强加於人，損害別的兄弟國家的獨立和主權，損害別的兄弟國家人民的利益」；「幾年來，雖然我們（中共）面臨一系列違反兄弟黨，兄弟國家關係準則的嚴重事件，遭到許多强加給我們的困難和損失，我們的黨員，我們的人民，採取了十分克制的態度」，這許多處毛在長信中的「吐苦水」，我還是對之有點表同情。因爲俄人的陰險狠毒，在三百年來，對中國的侵畧伎倆無所不用其極！自一六五二武裝侵入黑龍江，亂殺我國人說起，一直到今天，一有機會，便只知向中國的領土及權益肆行奪取，歷史具在，可以一一覆按，但不料毛澤東竟完全無知，一味去靠俄共卵翼，而且決心一面倒向「老大哥」，——今日當然是要後悔的啊！

關於對中共這封長信的分析與批判，本刊前一期已畧向讀者表示，要繼續的由本刊另幾位朋友執筆，分期的加以發表。我只在這篇短文裏，特將毛澤東所一向强調的階級性，來在事實上，說明其違反人性與民族性，業已屢次失敗，而且失敗得很慘，至今不悟，則還必得失敗到底！

毛澤東在長信裏，一再强調國際的工人階級意識，認爲要打倒美國爲首的帝國主義和各國反動派的廣泛的統一戰線，就全靠這一階級意識；「如果離開具體的階級分析，或者隨便找一些表面的現象，作爲主觀的臆斷，就必然不可能得到關於國際共產主義運動路線的正確結論……。」其實，如果眞的加以具體分析，則當代世界的基本矛盾，並不是階級意識，而仍是民族主義。因此社會主義的陣容，如毛澤東所說，雖已有十三個國家，然而並不能團結起來：首先南斯拉夫要變成修正主義的國家，自有其國的處境與民族性的不同，而匈牙利之要向俄共革命，波蘭、羅馬尼亞先後要向俄共要求自由生產與分配，其間皆有民族性的自尊心在發揮作用，並不是毛澤東的工人階級意識所能具體分析得出來的。

即就毛澤東本人的經歷來說，中國共產黨的工人革命與農民革命，似乎可稱爲階級鬥爭的具體事實，然而這都在中國曾經澈底失敗了的。一九二六二七等年，李立三路線的工人都市革命，在上海、武漢、廣州都是失敗得很慘的。而毛澤東的農民革命路線，上山爲寇，用武力脅迫農村窮人跟着他打游擊，也是被圍在江西，不能支持；只有突圍而逃，一直狼狽的逃往陝西延安，方纔苟延殘喘。假使沒有日寇的橫暴侵畧，引起中國的民族主義的全民抗戰，毛澤東的殘餘隊伍得以混跡其中，中共的命運，在一九三六便早完結了的。——毛澤東在抗日的民族主義聖戰中乃得以長成了起來，他竟不知民族性格中的自尊與自主的重要嗎！

很奇怪的是，中共近年以來，常常强調「祖國」一義，如抗美援朝，明明遵從史太林的嚴命，而乃以「保鄉衛國」爲號召；其他要華僑捐獻，要人民工作，無不以爲祖國服務爲言；即以此次不惜與俄共絕交的長信中，在情緒上，也偶然露出大國沙文主義使他受不了，赫魯曉夫對他的壓迫與拆台，有辱及中國的國格的樣子。然而，毛在這長信裏，分析事理，乃一味注重「國際工人階級」六個大字，雖然去花了好多天工夫，寫了三萬字之多，除此六字，別無所有！

毛澤東如果眞的相信階級意識可以改造國內人民與國際大勢的話，我願在此正告他：在國內人民的怠工、減產、動亂、逃亡……等等現象不斷發生，使他的「三面紅旗」都倒捲了起來，那乃是人性在反抗他！毛愛說，「社會主義的國家是工人當家作主」的，其實最反對中共的，就是大陸上的工人！自從一九五七的大躍進開始，毛要做到「一天等於二十年」的收穫，於「十五年超過英國」的工業，因之而增加工人的工作時間與進度；隨着更又要試行向共產主義的過渡作法，取銷計件計酬制度，在事實上削減工資，降低待遇，這一來，工人也好，農人也好，大家怠工了，工業農業也因之而一下子委頓下來了！這足見人不是機器，也不是毛及其一羣，可以隨他們意旨的，要如何使用便如何行動！工人農人是人，人便有人性人情，凡不近人情，違反人性，把人當牛馬，當機器的，人性必然要反抗的，人情必然是不能容忍的，此馬克思、列寧主義的根本缺點所在；此其所以必然要加以修正，不修正便要失敗到底；此狄托與赫魯曉夫比毛澤東高明的地方！

（下轉第二版）

分析中共六月十四對蘇共覆函之動機

——對中共廿五個問題及總路線評論之一

劉裕畧

由於本報各版均必須在出版前六天及四天分別發稿，所以，當中共新華社於六月十六日將中共函覆蘇共論述廿五個問題，並提出國際共產主義運動之總路線發表時，我只能在上期本報忽促的加以簡畧的介紹，而不及細加分析，現在且來逐次評論它。

說到評論中共問題，由於毛澤東或中共的宣傳文章，往往總是非常冗長，所以，每每使我想起毛澤東的從前對整風問題談話。照毛澤東自己說，他是討厭又長又臭的文章的，他主張命意精簡言必有物。所以，凡不合乎上述要求的文章，他都要「整」。此所以整頓文風亦成爲毛澤東整頓三風的一大對象。然而，不幸得很，客觀研究起來，毛澤東本人的文章，先就犯了許多該整的毛病，文件冗長實是從斯大林身上得來的一種時髦的傳染病，有人曾經問我：共產黨人的文件何以總是這樣冗長？我說：這有三個原因：第一、是他們受斯大林的影響，斯大林以往就總是這樣冗長，赫魯曉夫本人今天仍在這一點上未能將斯大林傳染菌除去；第二、共產黨人的報告或文章往往缺乏眞實內容。於是，他們就運用技巧，堆砌字句，多用形容字，多用排列似的語句，以掩飾其內容之缺乏與論理上的弱點，這就不可避免的形成一種又長又臭的黨八股了；第三、共黨首腦們既自知其「質」不佳，乃以「量」多來虎嚇人；何況他們尚欲藉長篇報告來顯示他們的精力。中共六月十四日覆蘇共函，共約三萬字，除提出國際共產主義運動總路線外，更一共論述了二十七個問題，其中二十五個問題是論述的主題，兩個問題是論述的附題。平均每個問題約佔一千一百字，已算比較精簡。這也許是毛澤東有意便於蘇共中央諸首腦及其它各國各地共黨首腦們閱讀的關係。然而在我看來，這一篇出自毛澤東手筆的文章，如果把它眞正「整」一下的話，如果眞正求其情簡的話，則由三萬字緊縮爲一萬字，亦已足矣。

現在閒話休提，言歸正傳。且說中共六月十四日覆函蘇共中央的動機，據中共覆函蘇共的頭段開場白說：「蘇聯共產黨中央委員會親愛的同志們：中國共產黨中央委員會研究了蘇聯共產黨中央委員會一九六三年三月三十日的來信。一切關心社會主義陣營團結和國際共產主義運動團結的人們，都對中蘇兩黨會談十分關切，希望我們的會談有助於消除分歧、加强團結。爲召開各國共產黨和工人黨代表會議創造有利的條件」。又說：「目前，國際共產主義隊伍中存在着一系列的重大原則性的分歧。但是，不管這種分歧多麼嚴重，我們都應當有充分的耐心尋求消除分歧的途徑，以便把我們的力量聯合起來，加强反對我們敵人的鬥爭」。更說：「中共中央就是抱着這樣的眞誠願望，對待即將到來的中蘇兩黨會談的。蘇共中央在三月三十日來信中，就中蘇兩黨會談需要討論的問題，系統地提出了自己的觀點，特別是提出了關於國際共產運動總路線的問題。我們也願意在這封信裏，就國際共產主義運動總路線以及與此有關的一切原則性問題，談談我們的觀點，作爲我們的建議。我們希望，這樣闡明自己的觀點，會有助於我們兩黨的相互了解，會有助於在兄弟黨的國際會議中充分地交換意見」。

中共的動機眞正如此嗎？我看不然。如果中共的動機果然如此的話，則其結果應該不致引起蘇共中央之斷然拒絕與中共本身更不致單方面先將它的內容揭露。再從赫毛個人衝突及中蘇共矛盾的全部發展過程來看，毛澤東對整個事件的意願是關係最大的。中共中央所表示的一切，不過只是毛澤東個人意願與個人利害的反映。簡言之，除毛澤東立場外，中共中央是並無其它立場的。而毛澤東與赫魯曉夫的個人權利衝突根本未能解除，甚至也未能緩和，那末，毛澤東又怎會有誠意與蘇共和好呢？那末，中共中央又怎敢違背毛澤東的個人意願與個人利益而與蘇共和好呢？中共中央之所以如此，當然也不是中共中央的每一個成員都心甘情願追隨毛澤東，而是客觀形勢使然。因爲，直到今天，毛澤東雖然在佔據大陸後越來越胡作亂爲，但由於毛澤東曾統率中共打出天下的威望未失，且中共黨政軍仍一直被緊握在毛的手裏，所以大家不敢反抗，正如赫魯曉夫之在蘇聯然。而毛澤東是把預期七月舉行的中蘇共會談當作一種鬥爭和擴大影響以打擊赫魯曉夫以爭取國際共黨的領導權的。所以，中共中央六月十四日覆蘇共函所列各點，並非表達中共有意和解，相反，只是毛澤東利用這機會提出他的領導世界各國共黨綱領，至少，亦暫時先形成與老赫及蘇共造成相對的領導形勢罷了。

弔周祥光先生

劉裕畧

周祥光先生逝世了，這是一個突然而來的消息。不僅我個人對周祥光先生之死，異常悲弔，我相信許多朋友聽到這一消息，也將大吃一驚，而且也將異常悲弔。

前一個多月，我還和祥光先生通過信，他還是那樣富有反共愛國思想，他還是那樣情致殷殷的關懷許多朋友，他還是那樣富有正義感和那樣鼓勵人，但是，上一個星期，我突然接到兩位素不相識的朋友由印度的來信。信的原文和全文是這樣的：「裕畧先生台鑒：久仰大名，無緣識荊，殊為抱憾。茲啟者，先師周祥光博士，於本月三日因胃潰瘍不治逝世。因素稔先生為先師生前至交，故此不揣冒昧，專函奉達，隨函附上通訊一則，擬懇請先生代為設法交貴地報紙刋登，以告旅居貴處之先師友好，尚希篤念故交，惠予賜辦，不勝感禱。耑此並頌時祺，並候覆示，後學余志偉李英明拜啟一九六三年六月十日」。

這真是突如其來的一個噩耗，由於來信不是寄到我的住所，而是由他處轉來稍遲，所以，我不及在上期本刊寫文來追弔，且不及發佈這一個消息，衷心無限抱憾。

據余李兩先生附來的通訊說：「我國旅印學人阿拉巴阿大學漢文系主任周祥光博士於中華民國五十二年六月三日患胃潰瘍不治逝世，噩耗傳出，中外友好均為震愕與悼惜。其遺體已於是日下午四時按照佛教儀式舉行大葬，前往執紼者有中外學者數百人，素車白馬，備極哀榮。周博士籍隸浙江黃岩，現年四十五歲，曾在印度各大學任教多年，長於歷史哲學及佛學，著作甚豐，深為各界人士所欽仰。唯渠生平廉潔自守，故死後遺下妻子兒女共六人，景況殊為蕭條云」。

祥光先生對佛學、印度哲學、印度歷史、印度文學均有極精深之研究，其所寫英文本佛學著作，乃自前國際學術界最重視且廣被引用和廣被參考的書，其在香港所出版的「印度通史」，也是目前我國研究印度歷史最重要著作。祥光先生又精通梵文，且年事甚輕，所以，他是一位極難得的學者，達賴喇嘛之母親在印度大學設立中國哲學講座時，就一直請祥光先生主講，足見祥光先生之居留印度，不僅獲得印度總統以下人士的一致欽敬，而且也獲得與印度極具密切關係的我國西藏同胞之重視，僅就這一點而言，祥光先生之逝世，已經是國際學術界和我整個國家民族之損失了。

記得前幾年印度與中共在外交上顯得很友好時，我國居留在印度的反共僑胞，即受到中共的嫉視，而有印度居大不易之感。祥光先生之居留亦發生問題。祥光先生乃詢之印度副總統，印度副總統告訴他。說：「不要太重視印度與中共的外交關係，假如因中共之故，而使像你這樣的學者而不能自由的在印度居留的話，那末，印度便也不成為印度了」。這樣，祥光先生就安心的居留下來。

本來，據我所知，祥光先生是很有機會離開印度到另外的安適地點去敎書或講學的，如像香港，如像意大利，都有這種機會。但祥光先生決定留在印度，留在印度冒險和吃苦，而不願意到香港或其它安適地區去過較優遇的生活。這是為什麼呢？據祥光先生告訴我，這是因為他自覩祖國的災難和大陸的淪陷，有責任對國家盡一分力量，而他冒險留在印度，是可以在現階段做一些反共工作，將來則可能進行更有意義的事。祥光先生並告訴我，君勸先生也是這樣期望他，所以意大利某大學去年有意請他前去時，他便毅然辭謝。

在學術界中，有些人是為學術而學術，有些人則像孔子一樣，必聞其政，乃以天下國家為己任的。凡是研究自然科學的人，如果他們為學術而學術，確有充分理由，雖然在我個人看來，我仍希望他們在學術之外，同時注重世事。因為所有的人都生活在這一個世界，安能對這一個世界的事熟視無睹？毫不動心？不過，假如他們因為時間與精力或個人之興趣只在學術的話，他們是仍然應該受到最大的尊重與尊敬的。至於從事社會科學的人或研究哲學的人，竟然也有人強謂為學術而學術，這就使人有點莫明其妙。他們之中的許多人在我看來實在早已變成市儈和鄉愿，令人鄙視。但祥光先生則不然，他關切社會之情，遠過於關切自己，他愛他的國家民族，遠過於愛他個人。正因為這樣，所以，他才不以個人生活的安全與優遇為目的，而求所以貢獻於國家，以至死於印度。多年來，祥光先生一直關切着國家民族的命運，一直關切着民主反共運動的發展，而且一直在印度方面持撐着民主反共的大旗，凝聚着那一地區的民主反共愛國人士，與共產黨堅持誓不兩立的門爭。

祥光先生是君勸先生的得意學生，志行高潔，不同其它，可謂出乎其類，拔乎其萃。數年前，君勸先生給我的信，在論到文章時，君勸先生會說他對文章最注重「氣」。而他從前就因為祥光先生的文章有「氣」而特別深愛祥光先生。君勸先生數年前給我的信並說：「想不到短短十年間，祥光竟已成為聞名國際的學者了。」待君勸先生讀到這篇弔文，獲悉祥光先生逝世消息時，我想那一定是異常悲痛了。

祥光先生也會參加中國民主社會黨。但祥光先生對人對事雖然熱心，對名利却不熱心。對台北許多民社黨人的胡作亂為尤深惡痛絕，認為民社黨必須改造。對於這一點，去年海外民社黨人召開非常大會，祥光先生被選為非常大會主席團成員時，祥光先生與我在信函中交換意見，曾一再提到。這也足見祥光先生胸襟開濶且特別富有正義感。

亞里斯多德說得好：凡人皆有死。故死不足惜。但祥光先生今年才四十五歲，如太陽之東升，尚未到達中天，即突然逝世，則未免可惜了。

我們曉得：在芸芸衆生中，有些人活在世上，是有意佔有世上的某些利益的。但也有人活在世上，是準備把自己的生命當臘燭，用燃燒自己的方式來對抗黑暗增加這一世界的光度的。祥光就是屬於後一種人。然而他就在他正在燃燒自己的中途就逝世了，就更使人悲痛了。

祥光先生現在是一去不返了，但祥光先生遺志尚在。但願後死者繼續奮門，尤盼印度華僑中之民主愛國人士，繼續高舉民主自由大旗，與共黨堅持門爭，為光復祖國努力。

人性、民族性、階級性

（上接第一版）

李璜

本日報載：赫魯曉夫的部下在俄共中央會議中，曾批評毛澤東這封長信說：「憂鬱的理論家，只會對空洞的題目撰寫又長又臭的論文，對於如何改進人民生活的實際工作，乃置之不顧，這種理論家自以為偉大，只是自命不凡，自我陶醉而已！」其「改進人民生活」六字，比之毛的「階級、矛盾、革命」六個字重要得多！——我相信毛終於要向赫的部下去領教而修正其「不信邪」的老毛病的啊！

至於在民族性方面，一般說來，西方的日耳曼民族與斯拉夫民族，出草昧，受文化，都較中國遲了一千年，故西方各國民族的性格也比較中華民族為強硬，而容易發生政治上的反抗。即單以斯拉夫族的俄人而論，在十七八世紀，彼得大帝實行改造俄國的社會及政治，即遇着俄民不斷抵抗西化；彼得大帝於一七二五年一死，俄國的西化立刻褪了色！帝俄的黑暗專制雖然厲害，而俄國虛無主義的暗殺作風也特別出色！殺人魔王史太林在晚年雖保衛自己很周到，然而死得仍舊的不明不白！蘇俄的知識分子如齊伐哥醫生的深沉勇敢，在今日中國便少見，亦猶如會做南國的共產黨副總統吉拉斯之反共，在中國便難得一樣！因是，赫魯曉夫與狄托不能不有顧忌，而要去改進他們國內人民生活了！不過毛澤東不要高興！認為由他胡搞一通，自以為是，而他的江山便可以永遠利用中華民族性的容忍而便不會倒！在中國歷史上，反抗暴政的全民大革命，仍舊是可歌可泣的：遠之如陳勝、吳廣之叛暴秦，一呼夜呼而亂者四應；近之如孫中山先生之領導同盟會革清室之命，前仆後繼，以民族主義號召，終於打倒滿清的專制，而建立了民國。

毛澤東敢於背叛民國，而一以俄共為師，建立了俄共式的共產暴政，弄死了同胞在千萬以上，而今天又痛罵俄共，這不啻是在自打嘴巴，實足以暴露其無知與無能！但還有人說，毛是想與赫魯曉夫爭世界共產運動的領導權。如然，則毛之幼稚無知更為可笑！今天已不是戈矛時代，而是原子時代了，毛又拿甚麼作本錢去稱霸，去與「以美國為首的帝國主義」抗衡呢！

總之，人性與民族性，乃是推動人類創造文明與改進社會的兩個鉅輪。因為人性要求自由與自主，然後纔最初去與自然界抗爭，而創造衣服、宮室，以抵抗風寒暑濕，發明石斧、銅戈，以戰勝猛獸毒蛇，人類文明得以從此開始；接着便一代一代的有更多的自由與自主要求，而更能自由的創造與發明，故德國史家稱，一部人類歷史乃是不斷的為自由的奮門史。而今共產極權暴政，首先要滅絕人性上的自由與自主，實足使人類停止其文化的創造，此毛澤東之必然要弄到中國人一窮二白，其結果，只有同返於延安的窰洞去罷了！至於民族性，則中國民性雖柔，而長於消極抵抗，這比之西方民族性之積極抵抗，還要厲害得多！毛澤東及其一羣，無知顢頇，目前早已弄到「民欲與之偕亡」了，還談甚麼共產世界的領導權啊！

五二、六、二四

中俄共鬥爭陣地的擴大

胡越

讀了中共六月十五日答覆俄共三萬餘字的長信，使我們對中俄共的爭鬥及中共首腦的心理狀態，有了新的了解。俄共給中共的信是在三月三十日送交中共的，毛澤東及其左右，研究了兩個半月，才做出這篇冗長而鬥性強烈的覆信。俄共三月三十日的信，要求停止互相攻擊，以談判解決歧見，曾一度和緩了雙方的緊張，可是由於中共這次背信公開發表這篇覆信，暴露了雙方的和緩毫無真正諒解的基礎；因此未來在莫斯科舉行的談判，變成毫無意義了。那將是一場痛苦的浪費的緊張的爭辯。

一、「誰戰勝誰」的問題

史大林把辯証法的矛盾統一律，應用在黨內鬥爭上，認為黨內矛盾的解決，也必須經過你死我活「誰戰勝誰」的鬥爭。讀了中共覆俄共的長信，我們發現了這一史大林主義的氣質。因為二者鬥爭，已並非意氣之爭，原則相同的枝節之爭，或者對某一個問題的歧見之爭，而是共產主義基本了解的對立，「革命總路線」的鬥爭；換言之是馬列主義與背叛馬列主義之爭。讀了這封信再看今春赫魯曉夫說南斯拉夫是社會主義國家，最近狄托公開說美國不是帝國主義等情形看來，我們可以預見，共產國際將陷於長期的分裂鬥爭中，其鬥爭的殘酷，時間的延長，對歷史影響的深遠，將與基督教的新舊教之爭比並。在中共毛澤東指責赫魯曉夫「追隨南斯拉夫修正主義的政策，力圖取消社會主義陣營，或者援助資本主義來攻擊社會主義的兄弟國家，那就是背叛整個國際階級和全世界人民的利益。」從這段話看，赫魯曉夫在毛澤東的眼中已是不兩立的叛徒。

二、從廿五個問題看歧見

毛澤東悍然公開發表這封長信，充分表現了他的湖南騾子脾氣。他自鳴得意地提出廿五個大歧見，列出來給世人看，認為這樣足以表明他站在真理一邊，把俄共的錯誤和罪惡徹底暴露出來。他表現了無可計量的愚蠢！第一，他死抱着陳腐的馬列主義，食而不化，如巫女之唸咒，在任何有近代常識的人都要發嘔的。第二，他對馬列主義並未精通，信中出現了重大的誤解；第三，他把與赫魯曉夫的爭端開了一個清單，使我們了解他們的歧見如此之多，如此之深，如此之廣，如此的詳細具體，在此多謝了。老子說過：「善戰者不怒」，老毛這樣怒形於色，自暴於敵，是取敗之道。這些年他把大陸搞得亂七八糟，就因為他這種驕奢爆怒的性子。

我們從廿五大歧見發現，他們的紛爭已從對西方的外交政策，共產國家的關係，擴展到彼此內政的指責。毛共在這封覆信中，左列幾點都是針對俄共內政的：

（一）我們知道俄共是已經宣佈終止無產階級專政，發揚黨內民主以經濟建設從社會主義向共產主義升進。毛澤東針對這一點說道：「任何一個社會主義國家，即使在實現了社會主義工業化和農業集體化以後的幾十年甚至更長的時間，都不能說那裏已經完全沒有像列寧所反覆痛斥過的資產階級食客，寄生蟲，投機倒把者，騙子，懶漢，流氓，盜竊國庫者這類份子；也不能說，社會主義國家已經不需要或可以放棄列寧所提出的『清除這些由資本主義遺留給社會主義的傳染病、瘟疫和潰瘍』的任務。

在社會主義國家裏，社會主義和資本主義誰戰勝誰的問題，需要一個很長的歷史時期才能逐步解決。社會主義和資本主義兩條道路的鬥爭，貫穿着整個歷史時期。這種鬥爭時起時伏，是波浪式的，有時甚至是很激烈的。鬥爭的形式是多種多樣的。

否認無產階級專政時期中的階級鬥爭，否認在經濟戰線上、政治戰綫上和思想戰綫上徹底完成社會主義革命的必要性，是錯誤的，不符合客觀事實的，違背馬克斯列寧主義的。」

從毛澤東上述一段話中，我們得出下列幾點了解：

一、他認為無產階級專政永無止期的，因為「階級鬥爭貫穿着整個歷史時期」。這是最粗野無知的修正主義。馬克斯地下有知，非急出眼淚不可。馬克斯和恩格斯無數次的說過，只要把私有財產沒收，階級一經消滅，國家機器就要消亡的。

二、他藉此攻擊俄共取消階級專政之不當，要所有共產國家都跟着他實行「波浪式」的鬆一陣、緊一陣的階級鬥爭和專政。因為別的共產國家都放鬆專政，予人民自由，只剩下他孤家寡人太尷尬了。

三、從老毛這一攻擊看來，他有意把與俄共的鬥爭陣地擴大，並且擺出干涉俄共內政的架勢。

（二）關於「反對個人迷信」毛澤東也表示了強烈的個人意氣。在這個問題上，他一開頭，就用武斷的口吻說道：

「幾年以來，有些人違反列寧關於領袖、政黨、階級、群衆之間相互關係的完整學說，提出所謂『反對個人迷信』，是錯誤的，有害的。列寧在這個問題上提出的學說是這樣的：

一、羣衆是劃分為階級的；

二、階級通常是由政黨來領導的；

三、政黨通常是由比較穩固的集團來主持的，而這個集團是由最有威信、最有影響、最有經驗、被選出担任最重要職務而稱為領袖的人們組成的。

列寧說：以上這些都是『起碼的常識』。

……提出所謂『反對個人迷信』，實際上是把領袖同羣衆對立起來，破壞黨的民主集中制和統一領導，渙散黨的戰鬥力，瓦解黨的隊伍」。又說這是：「醜化無產階級政黨，醜化無產階級專政。」

對上述一段話，我們如此了解：列寧對此問題只是隨便說了幾句話，哪裏稱得上什麼學說？可憐毛老大除幾本馬列主義小冊子一無所知，才說出這樣蠢話。他所以咬牙切齒反對「反對個人迷信」，因為這直接威脅他的個人威信和個人獨裁。他對此最忌也最怕。有人說他崇拜史大林，才反對清算史大林，其實他爲了自己，為了怕自己的偶像地位被損害，才起來反對清算史大林。毛澤東如果稍有政治常識，稍為了解世界上一般人的政治意識，就絕不會提出這個問題，更絕不會公開發表。只因為自己既掌握天下真理，又有蓋世無雙的辯才，只要提筆隨便寫幾句，就可以叫人信服。起碼叫人捉摸不透。這充分表露了他的自我狂迷。在搞「鳴放」一時，他的左右期以為不可，他硬是堅持，結果出了亂子，以「陽謀」收兵。都因為他對自我狂迷使然。

三、反修正主義的後果

毛澤東有胆子把法共、意共的修正主義文件在人民日報上發表，把與俄共的思想鬥爭公開讓人民知道，充分表現了他的衝和蠻勁。他並以此自傲。按照他的控制人民思想以達獨裁統治的目標來說，他又做了一件大的蠢事。據我與從大陸逃出的青年和知識份子接觸的經驗，他們百分之九十一致的告訴我，鳴放的反共反黨的思想來自反胡風思想運動。在反胡風之前，他們雖然不滿，但是說不出道理來；反胡風運動時，傳閱了胡風的反共文件，才感到許多悶在心裏的思想被胡風說了出來。就是說，反胡風運動的結果，造成胡風思想的流佈，同樣的，反修正主義的結果，必將造成修正主義思想的蔓延！

四、對核武器的困惱與胡說

在這封長信中提出的第十五個問題是「核武器問題」。對此中共表示了困惱與胡說。「同帝國主義相反，社會主義國家依靠的，是人民的正義力量，是自己的正確政策，這根本不需要在世界上玩弄核武器的賭博。社會主義國家掌握核武器，完全是為着防禦的目的，是為着制止帝國主義發動核戰爭。在馬克斯列寧主義者看來，人民是歷史的創造者，在歷史的發展上和現實的生活中，人是決定的因素。馬克斯列寧主義者重視技術變革的作用，但是，如果貶低人的因素的作用，誇大技術的因素的作用，是錯誤。」從這段話看，中共製造核子武器仍很渺茫。這些年來害有嚴重恐共病，東京的中共問題專家們，每年都做中共將於某年擁有核武器的預言，預言雖屢次不中，但是總是樂此不疲。

去年他們預言一九六三年中共將爆發第一枚原子彈，現在看來又落空了。因為毛澤東已聲明他不喜歡「玩弄核武器的賭博」。

因為一時不能製核武器，毛澤東大唱「唯人論」；認為「在歷史發展上，人是決定的因素。」這又是一項大胆的修正主義。這段話一定是老毛自己寫的，如果經陳伯達等人審閱一下，決不會寫這種離經叛道的話。馬克斯的歷史唯物論分明說，生產工具的發展引起生產力的改變，生產力與生產關係的矛盾，推動歷史發展，並且必須由階級鬥爭來解決。這是馬克斯主義ABC的常識，老毛雖口口聲聲以馬克斯主義者自居，我看他還得多讀點馬克斯主義小冊子。

五、今後中共的動向

對毛澤東抱着已經死了的狄托夢的美國人，對毛澤東害有單思病希望他馴順，逐漸帶給中國自由的人們仔細聽着，現在毛澤東又一次鄭重宣稱他的國際共產主義運動的總路綫：「全世界無產者聯合起來，全世界無產者同被壓迫人民被壓迫民族聯合起來，反對帝國主義和各國反動派，爭取世界和平，民族解放，人民民主和社會主義，鞏固和壯大社會主義陣營，逐步實現無產階級世界革命的完全勝利，建立一個沒有帝國主義，沒有資本主義，沒有剝削制度的新世界。」現在你們的「夢」和「單思」總該醒了吧！

依照這個總路綫，我們預見中共在對外方面，將更無忌憚的從事戰爭冒險。集中焦點將是越南和寮國。現在蘇俄對寮國的局勢顯然已失去控制力和影響力，西方國家還拉着赫魯曉夫的衣襟祈求和平。中共和越共正藏在寮共的幕後，施展談談打打，打打談談的戰術，以逐步蠶食寮國。越共與中共的關係除非突變，否則南越戰爭必將激化，美國將被迫於參戰或撤走的困境。

中共對內方面，將更加劇反修正主義的整肅，將儘可能（不會太蠻幹）加強集體主義經濟，更再加強專政措施，嚴格控制以防變亂。

黃啓瑞貪污無罪

吳見微

（台北通訊）台北市公共汽車管理處集體大貪污案，市長黃啟瑞夫婦，市府總務主任莊謙義，公車處處長呂志超，秘書郗雲梯等十八人，原經台北地方法院於五十年十月二十七日，分別判刑。黃啟瑞處有期徒刑三年六月，黃朱金鳳一年六月，呂志超二年。黃等上訴高等法院，於去年八月三十日經高院判決，各減刑六月。他們又上訴最高法院，最高法院認為上訴有理由，乃發回高等法院更審。該院於六月十三日判決如下：原判決關於黃啟瑞、黃朱金鳳、徐德綸、莊謙義、羅雲登、張伯英、呂志超、郗雲梯、蔡天賜、徐源健部份均撤銷。莊謙義、郗雲梯、羅雲登、張伯英公務員，共同連續對於主管之事務直接圖利，各處有期徒刑二年，各褫奪公權二年。蔡天賜、徐源健公務員，共同連續對於主管之事務直接圖利，各處有期徒刑一年六月，各褫奪公權一年。徐德綸公務員共同連續對於主管之事務直接圖利，處有期徒刑一年六月，褫奪公權一年。黃朱金鳳與公務員連續對於主管之事務直接圖利，處有期徒刑一年，褫奪公權一年，緩刑兩年。黃啟瑞、呂志超均無罪。莊謙義所得利益新台幣四十二萬四千七百九十三元八角，羅雲登所得利益新台幣四十萬零八千三百廿五元一角六分，張伯英所得利益新台幣卅五萬四千三百廿五元八角，郗雲梯所得利益新台幣廿三萬九千五百七十八元八角，蔡天賜所得利益新台幣廿五萬四千四百五十二元四角，徐源健所得利益新台幣十一萬一千七百八十元四角，黃朱金鳳所得利益新台幣卅萬元，徐得綸所得利益新台幣五萬元均沒收之，如全部或一部份不能沒收時追徵之。

市長、處長罪同命不同

高等法院所作的這個判決，除黃啟瑞和呂志超改判無罪而外，對其餘各犯，也均從輕發落，黃啟瑞之妻黃朱金鳳雖然沒有被改判無罪，但緩刑二年，事實上也等於判了無罪。因為在二年以後，她當然又有充分的理由來申請免刑的。

最為突出的，是案發之初，各被告均被拘押；但主犯黃啟瑞則始終逍遙自在，在家安享清福，如今被判無罪，不過是等於承認事實而已。至於呂志超雖被判無罪，卻早已服刑期滿出獄。換言之，這個無罪的判決，對呂來說，也祇能有一點點象徵性的作用，並無實際的好處。在本案中，黃啟瑞的罪大過呂志超，而所遭受的待遇則竟如此懸殊，蔣「總統」所謂法律之前人人平等的眞實意義，就是如此。

妻子作代罪羔羊

據最高法院承審推事梁冠巨向聯合報記者表示，判決黃啟瑞無罪的理由是：黃在本案的偵查期間及第一、二審中，均未承認收受賄款及知情之事。過去判決黃啟瑞有罪，係根據莊謙義和徐德綸的口供；但莊在本院審訊時推翻前供，指陳在遊查組偵查時受刑逼供。梁檢察官認為莊之口供既非出於自由意志，自不能據以判黃啟瑞有罪。但莊謙義所謂受刑逼供是否實情，梁推事並未提出具體事實，以資佐證，顯然是存心為黃啟瑞開脫罪了。而且梁推事既不加求供証而遂認為莊謙義的供詞可靠，又何不將黃朱金鳳一併宣判無罪呢？因為黃朱金鳳收受賄賂的事，也是莊謙義等所供出的。同一個供詞，一部份可信而另一部份則不可信，梁推事如此推事，正是台灣司法界的常事。

至於呂志超被判無罪的理由，據梁推事說，也是由於呂在偵查期間及第一、二審中，均否認曾收賄款。郗雲梯雖供述「呂曾在五十年二月間，打電話要我送去一萬元」，但梁推事查悉遊查組在四十九年即開始調查本案，呂已將全部資料送與該組，因而認為呂「豈會再打電話給郗雲梯要錢而自投羅網？」這一個推論，顯而易見是很勉強的。因為有人在查案時，利用當事人怕被揭發的心理而索取賄賂的事，在今日的台灣，原是很普遍的。梁推事判呂志超無罪的第二個理由，是本案被揭發後，呂妻馬德章畏罪自殺，在遺書中曾說：「我對不起丈夫，我害了丈夫。」認為「自可採信」。可見呂妻雖死，還是有貸價的。

棉紡織業輔導方案名存實亡

獨清

（台北通訊）據聯合報載，本年四月，行政院公佈的紡織業改進方案，其主要的作用有三：（一）減息：在紡織業目前遭遇的艱難環境之下，無法負担九厘九的利息。對於紡織業的貸款利息，應全面減低。（二）提高內銷價格。在棉織品內銷和外銷均為虧本的情形下，惟有提高內銷價格，以內銷補貼外銷，方案規定提棉繳交百分之二十五的合作基金，即含有以內銷補貼外銷之作用。（三）減產：方案與紡織業責任公約有相輔相成的作用，方案規定機器減產，以各廠生產量七成為外銷，三成為內銷為標準，合作公約則規定外銷減少棉紗三十件，則封停紗錠四百錠。

但自方案公佈實施迄今，三個主要的作用，完全喪失。方案的失敗，並不是方案本身的缺點。當初，各有關單位討論這項方案時，確實經過不少的研討，認為方案如能澈底執行，對於紡織工業所遭遇的嚴重艱難的問題，並不是不可能解決。可是，在方案公佈之後，負責執行的單位，就不斷提出相反的意見，使方案失去了三項主要作用，這是誰也意想不到的。

台銀不允減息

減息是方案最重要的一點，是解救紡織工業的困難減息是最迫切需要的。可是，有關單位在草擬方案時將紡織工業貸款減息，誤寫為周轉資金。因此，在方案公佈之後，台灣銀行即根據方案條文，對於周轉資金的解釋，認為是短期周轉資金，因此，對於紡織工業向該行貸借之四千萬元的短期貸款部份，同意減息，而對於紡織工業向該行貸借的長期貸款四億元部份則不肯減息，由於負責草擬方案官員的大意和疏忽，是始料所不及的。後來，雖各有關單位討論此一問題時，有提出解釋，認為研擬方案的原意，所謂減息的貸款，係指長期貸款。但是，立即又有另一種新的論調，認為對工礦企業的減息，應該全盤考慮，而不可以單獨限於紡織工業。同時，台灣銀行的高級官員又說，如果紡織工業必須依賴減息才能生存，則這個紡織工業已無藥可救。由於長期短期貸款之爭論，進而演成全盤考慮降低工礦企業利息的局面，方案的減息問題，自無從提起。

台銀不允借貸合作基金

（二）方案規定提棉繳交合作基金，其用意係以內銷補貼外銷，雖然政府始終不肯承認，但是，在內外銷均告虧本，惟有內銷補貼外銷。可是，方案公佈之後，卻又變了質。根據方案規定合作基金，由台灣銀行貸借，設立專戶，在提棉之前貸借，提棉之後繳交專戶由台灣銀行保管，實際上，並沒有經過紡織廠業者之手。可是，台灣銀行又有異議，認為這個責任，不能負責，其理由是如果借出去之後，不能收回，怎麼辦？其實，紡織業的棉花是存放在台灣銀行的倉庫，台灣銀行容易控制；同時，根據合作公約，紡織業提棉數字，均有限制。所以，台灣銀行提出的理由，實際上是講不通的。由於合作基金貸借發生問題，紡織業者，非但得不到好處。依照規定，提棉先要繳百分之廿五合作基金，提這一筆費用，紡織業只得自掏腰包繳交，迄至目前為止，紡織業提棉一萬餘包，所繳交合作基金達二千萬元，這一筆錢，本來是台灣銀行應該貸借的，現在，非但借不到，還要業者自行負担，未蒙其利，先得其害！

指導小組一事無成

（三）方案和責任公約有關減產的作用，減產如能澈底執行，內銷棉紗價格應該要上升，那就是一件棉紗要漲高一千餘元。可是，事實上，內銷紗價並未回漲，這就是涉及執行的效率問題。內銷棉紗每件要加上合作基金一千餘元，而內銷紗價卻未上漲，則棉紗成本提高，本來尚不致虧本的紗廠，這一來，反而要虧本了。事實上，目前各紗廠是否眞正做到七成外銷，三成內銷，恐怕是一個疑問。

還有一點，必須提起的，依照行政院公佈的方案，這一措施，應組織指導小組負責推行。這指導小組迄今已召開過五、六次會議，竟然是一事無成。指導小組議決案件，並沒有絕對的效力，就如担任重頭戲的執行機關台灣銀行，就在種種藉詞之下，不肯執行，指導小組似乎拿不出更好的對付辦法。因此，對於指導小組的權力，使人發生懷疑。指導小組不是指導人家，是到處去求人家，人家不答應，亦無可奈何。

職合報「嘆太太的命運」

六月十九日，聯合報有一篇短評，題為「太太的命運」，文中指出玉山林區管理處前任處長周芝亭因乃妻周王淑蘭連續接受領工林身修之妻林李嫌的賄款，於六月十五日被嘉義地方法院以「因公務員連續對於職務上之行為收受賄賂，並將監督之事務間接圖利，併處有期徒刑三年，褫奪公權三年；但周王淑蘭則未被判罪。前任林產管理局局長皮作瓊由於乃妻受賄，夫婦均被判處徒刑。如今黃啟瑞和呂志超的案子，也是太太出面受賄，但卻祇太太被判有罪，先生則無罪。該報說：「這三件瀆職案，在事實上頗為類似，而結果竟大相逕庭：（甲）周案、先生有罪而太太無涉；（乙）皮案、先生太太共同有罪；（丙）另案、先生無罪而太太有罪。在甲案中，太太逍遙法外；在乙案中，太太身繫囹圄；在丙案中，太太有罪而緩刑。同樣做官太太，而其命運之懸殊，一致於此。這叫做「法律之前，人人平等」，然「命中八字，各有不同」。捨此，殆別無解法了。」

黃、呂是否復職

由於黃啟瑞的兩大貪污案均先後被判無罪，若干報紙上均對他是否仍將官復原職，紛作揣測。據聯合報載，「權威方面人士」表示：目前談到黃啟瑞是否復職的問題，為時尚早，因為市民住宅會的集體貪污案雖經高等法院改判無罪，但檢察官已提起上訴，尚須待最後的審理。公車處集體貪污案尚不知檢察官是否將提出上訴。故兩案的最後確定，尚須相當時日。這一個所謂權威人士，自然是當權派中人，由此看去，黃啟瑞尚若仍想復職，恐非易事。黃啟瑞本人當然深知其中的奧妙，所以在答覆新聞記者的詢問時，也說：「將來如果案子都判無罪確定後，復職尚可向市民補過；但退讓賢路，對地方建設也許更有貢獻，所以我決定辭職，相信選民會諒解我的。」

至於呂志超，據報紙上所載，市公車處的員工在知道他被判無罪的消息後，幾乎都在揣測他是否復職的問題，各單位主任也紛紛前往他的住所（省公路局所配給的宿舍）慰問。據與他接近的人向聯合報透露：他經過此番打擊，對市公車處的事已無興趣。

儘管黃啟瑞和呂志超均已聲名狼藉，但在蔣「總統」領導下的台灣，原是一個笑貧不笑貪的社會。因此，黃、呂一經被宣告無罪，他們兩家公館立即賀客盈門，黃公館內冷落已久的內外客廳，更是座無虛席。電話鈴也不斷的在響，好像有大喜事一般的熱鬧。海外讀者於此當可知今日的政風是如何的敗壞了。

大陸僑生反抗中共暴政

李鎮祥林敬由廈門逃出 泅水四小時竟逃抵金門

藍星

最近，繼中共重慶技術團團員楊少亭在非洲反共請求政治庇護之後，又有兩位僑生由福建游水逃抵台灣，可謂英勇了。

這兩位僑生，一位姓李名鎮祥，另一位姓林名敬。李鎮祥是福建廈門華僑中學的學生。林敬則是中共安徽淮南礦冶學院機電系的學生。他們同於六月十六日狂風暴雨之深夜，冒着中共海岸衛兵的槍擊而泅水逃到金門前哨的大担島和二担島。然後由政府接到台北的。

據這位年僅十八歲的印尼僑生李鎮祥在台北招待新聞記者時說：「現在大陸上，無論是男女老幼，都對中共不滿，一心希望政府，希望我政府早點兒反攻大陸。」

李鎮祥原籍是福建漳州人，僑居印尼，民國四十九年隨父返回大陸，便開始掉進了悲慘的深淵。他說：中共在廈門辦了一所華僑中學，學生幾乎清一色是從印尼被騙去的僑生，僅有少數幾個學生是從泰國去的。父親李仁杰已返印尼病故，母親和弟弟目前仍僑居印尼泗水經商。當他回到大陸前，本來曾抱着滿腔的希望，好好地讀點兒書，可是一到他接觸事實後，情況就完全不是那回事，整天幹部們要他們搞「政治學習」，根本就學不到甚麼東西。同時生活方面更是苦透了，吃又吃不飽，穿也穿不好，共幹們還强制執行硬要大家去勞動。同學們都識透了共黨，但這種恨只好隱藏在內心裏，敢怒而不敢言，否則這些不滿的牢騷，要是被共幹知道了，那就要加上反動的罪名，送去「勞動改造」。

由於他們都是來自海外，所以同學們會想藉返回僑居地省親的機會，脫離這暗無天日的苦海。但是狠毒陰險的中共，將這些天眞的僑生騙到大陸後，那肯輕易放過他們，因此沒有一個學生能够僥倖地獲得中共的允許回到原來的僑居地去的。

中共的嘴吧一向是花言巧語，共幹們說：並不是不准讓他們回去，而是因為中共須要他們這批年青人參加建設。

李同學一連申請了三次要回到印尼去探望家人未獲中共的允諾後，在心理上更加痛恨；但消極的恨不是個辦法，所以他就動起腦筋來，要想方法逃出中共的魔掌。

李鎮祥從小就是個游泳健將，中共也看清了這一點，叫他天天練習游泳，這一點正中李同學下懷，因為在他心坎裏早已隱藏了一個秘密——橫渡海峽，游到大陸對岸的自由祖國去。

李鎮祥又說：「在今天大陸上，除了高級共幹養得肥胖而外，一般人民的生活實在是苦到極點。一個大學生畢業後很難找到工作，就是很幸運的找到一個工人的工作，也祇能每月拿到十五元人民幣，三年後最多能增至廿元。但是這點錢有什麼用呢？買件襯衫就要七元人民幣，如果想要買雙皮鞋的話，那就非廿餘元人民幣不可，同時還要有配給票才能去買。所以陳列在商店櫥窗裏的那些商品，祇是樣品而已。」工人的工資少，工作時間長，而且又吃不飽，所以在大陸上患水腫病是很通常的現象。

李同學說：由於大家的肚子太餓，長期的營養不夠，所以大家都想吃，胃口當然也就特別大，在他們同學裏很多人，如果眞想要塡飽肚子的話，那一餐就要二斤半米。可是事實上那有這許多米來給他們吃呢？因此，祇有挨餓了。」

李鎮祥又說：「為了飽肚子，所以我就學會了跑單幫，做單幫生意。我曾經一個人到上海去做過單幫生意。」他說，他做這種生意，當然也是很危險的。

說到李鎮祥與林敬認識及共同逃亡的經過，據說，那是因為李鎮祥喜歡彈吉他，林敬則喜歡小提琴。因為音樂的媒介，所以他們成了莫逆之交。

有一天晚上，他們兩人閒談，李鎮祥說：「他媽的，現在我們在大陸上，沒有吃的，沒有穿的，又沒有自由，畢業後也更沒有什麼前途，我看，我們走吧！」

「走到那兒去？」林敬很驚訝的問。

「就是那邊！」李同學指着對面的金門斬釘截鐵的說。

從此，這兩位志同道合的青年人，就下定了決心——衝出鐵幕去。他們本想從大陸邊緣的南方逃出魔掌，但經過他們再三研究後，沿途路程太遠，危險太大，所以就決定仍經由海路。

李鎮祥本是游泳健將，橫渡三千五百公尺的海面，原是很有把握的，林敬的游泳技術雖然比較差，但他們自從決心逃亡後，已在不斷練習游泳。

李鎮祥六月十五日與林敬電話聯絡後，約定十六日下午二時在廈門茶館碰頭。

從十五日起，李鎮祥就感到神情緊張，無法進食。他回憶在大陸上最後一頓晚餐時說：那一天和平常一樣，仍是一盤鹽水煮的空心菜，要是以前肚子太餓，老早就搶着吃了；可是這天他實在緊張，筷子都拿不起來。夜裏翻來覆去怎麼也睡不着，好不容易才挨到十六日下午的兩點鐘，出發前，才設法買了兩個饅頭飽飽肚子。

他們兩人不動聲色，蹲在鼓浪嶼的海邊，佯裝出很悠閒的樣子。他們所在的位置正好是在一塊大石頭的後面，擋住了附近中共士兵的視線。天黑了，海邊上的人都逐漸離去，祇有這兩位年青人，仍躲在大石頭的後面。

海浪拍擊着岩石，不斷發出巨響，天際翻滾，黑壓壓的烏雲，海風也越來越大了，一種陰森恐怖的氣氛從四面八方包圍着他們。到了晚上八點鐘的時候，李鎮祥和林敬，祇脫去身上的衣服，剩下一條黑色的游泳褲，向大陸投以惶恐的一瞥，便躍進海水，一直向金門游去。不久，他們便碰到一艘帆船，當時實在嚇壞了。他們靜止在水面，祇留個腦袋浮在水面，等帆船遠離時才又繼續向前拚命地游。起初兩個人的距離祇保持一公尺，但海上的風浪越來越大，天空又落下了重重的雨點，四週黑壓壓的，什麼都見不到。當他們正在浪上翻騰，在水中掙扎，在狂風暴雨中拼命的時候，忽然發現中共海軍的砲艇駛過來了，探照燈將海上照得透明。在這千鈞一髮的時候，這兩個小伙子悄悄然潛到水底下去，逃避了這驚險的一幕。

可是李鎮祥和林敬在海上所遭遇的驚險並未就此完了，死亡之神每一分每一秒都有向他們降臨的可能。由於海水太冷，在水裏又泡得太久，肚子餓，心裏又恐怖，所以腿子開始抽筋了，痛得他們無法動彈，隨時都可能身沉海底。但是，一股强烈的求生慾與奔向自由的意志在不斷地支持着他們，經過一番水下按摩後，總算幸運地闖過了死神關卡。

在這茫茫的大海上，在這風雨交加之夜，李鎮祥和林敬為了自由，他們已拚出全身的氣力，雖然隱約中已可見到那可能就是他們朝夕嚮往的自由土，但是命運之神，似乎故意在考驗這兩位勇敢的年青人，他們之間的距離，由於海浪的襲擊和冲撞，已從三公尺拉到十公尺，終於相互間失去了聯絡。

夜黑風狂、雨大、淚急、水冷、腿抽筋、渾身力竭、如今又失散了自己相偕逃亡的夥伴，可是這兩位青年，並不因此而心灰氣餒，相反的，像艱苦地跑萬米一樣，越接近終點，勁頭越大了。就在那最後一衝，李鎮祥和林敬終於分別登上了大担島和二担島，完成了他們奔向自由的壯志。

和僑生李鎮祥一同奔向祖國的林敬，是位長得高高的廿一歲青年，祖籍福建漳州，寄居在鼓浪嶼，父母仍在大陸，哥哥是位虔誠的基督徒，因在家裏做禮拜禱告，被中共加上反動份子的罪名，判了五年徒刑，押到江西去勞改。弟弟林向垣和姐姐林若濟目前都在香港。他說：姐姐是在香港崇基學院讀書，希望她能寫信來聯絡。

僑鄉近訊

鍾之奇

廣州菜市大走「鬼」

自中共於十四年前佔據大陸以來，大陸上的一切，包括人民自己的私產，即逐漸被中共所控制所沒收，到毛澤東實行人民公社時，農民之生產品均被中共全部搜括，後因農民消極反抗，農民生產情緒低落，加上天災人禍，整個大陸之生產量驟然萎縮，頻於破產，中共始在技術上稍稍放寬了一些規定，准許人民保有自留地，准許人民在自留地上種植蔬菜及養猪養鷄養鴨。同時，並准許人民形成一個小小的自由市場。所以，在中共未准許民間有小小的自由市場以前，一切物資缺乏，是無東西可買的。人民也不肯把蔬菜等盡量供應中共，迨中共准許小小自由市場後，農民始將自己所種植之蔬菜等全部運到市場出賣。但最近廣州市共幹看見自由市場上之蔬菜供應量大增，為之眼紅不已，而且還怒人民，說人民平時不肯把物資賣給中共，等中共准許他們自由買賣，物資却有如此之多，可見人民平時全在反抗中共之措施，有意隱藏各物，於是廣州共幹老羞成怒，最近曾派出大批公安部隊前往菜場，施行突襲，拘捕出賣蔬菜之農民，因而引起人民之大奔跑，形成香港人所謂「走鬼」。卒之均被中共逮捕無一倖免云。

海豐青年組革命委員會

據由海豐逃出難民透露，本年二月中旬，廣東海豐縣各中等學校學生，被迫放棄學業，一律下鄉勞動。當時海豐赤坑中學全體學生，對中共這種措施，非常不滿，多藉故請假作消極抵抗。該校校長陳鶴年，不但不准學生請假，並以取消學籍作威脅，迫令學生就範。因此，除部份學生自動放棄學籍外，其餘學生只得任由中共支配，準備下放。迨集合出發時，發現各教室黑板牆壁及校長室門口，均貼有「反飢餓反奴役」，「海豐青年學生聯合起來打倒毛魔」及「打倒共產黨」等藍紙白粉字的反共標語，下署「海豐青年革命委員會製。」

此事發生後，該校校長以事態嚴重，即將當日到校學生全部看管，通知中共海豐公安局赤坑公社派出所，派民警到校調查及核對各學生筆跡。並將到校而自動放棄學籍學生中十四人加以拘捕，解送該縣公安局審訊，被捕學生，多為中共所謂階級異己份子子弟，僅有一個姓林的原為該校學生會主席，及中共青團支部委員會委員，出身貧農，但他竟被指為領導人。

三水曲江瓜果全部被搜括外銷

瓜果也是可以外銷以換取外滙之物資之一，對此，中共搜括不遺餘力，以圖彌補其越來越短絀之外滙。

據中共宣佈：著名的廣東三水縣，今年的西瓜收成極好，目前三水縣各地西瓜正在源源收購中。預計今年全縣西瓜產量將達一百八十多萬斤，與正常之年產量相等。並說此等西瓜均行外銷，以往每年至少也有一百萬斤是實行運銷海外，其餘則運銷北平。

曲江縣出產之南華李，亦係廣東名產之一。據中共說，今年南華李普遍結果良好，主要產區之一的烏石公社濠連大隊早已開始派出三五成群的女農民採摘。預計全縣可產南華李二十萬斤。按南華李係唐朝時候由印度輸入，至今已達一千三百多年，海外華僑多喜食之，故中共今年乃將之全部搜括，以運銷海外云。

南越佛教徒鬥爭事件觀感

阮氏珍

南越的反共戰爭正逐漸取得了優勢之際，突然爆發了佛教徒反對政府歧視的鬥爭，馴至六月十二日，一個七十六歲的高僧在西貢市中心區當衆自焚，更使這鬥爭事件一度趨於尖銳化。幸而吳廷琰政府雖指責係由共黨挑撥煽動，但尚能自我檢討，使事件不至繼續擴大。

吳廷琰總統全家人，都是天主教徒。他家鄉（順化）中的主教，也是他的兄弟。政府中的重要人員，也大多數是信仰天主教的。南越的反共戰爭，完全是由西方國家大力支持，而天主教是反共的，他們遂成為南越政府反共戰爭的重要支柱，在一切反共行動中，南越的天主教徒便都成為中堅份子，這也許就是共黨以此為藉口用來煽動佛教徒反對歧視的主要原因。但是，如果佛教徒不是受到歧視，則共黨雖欲煽動，亦必煽動不來。

南越的天主教徒，總計人數不過一百五十萬，至於佛教徒，則有逾千萬人；假如這次的「不愉快事件」一旦由反共戰爭而發展成為「宗教戰爭」，則整個南越形勢，必不堪設想！吳廷琰政府面臨此嚴重危機，無論如何，必須付出更大的努力和更大的忍耐，始能永遠地把這危機消除。

據當地人士透露：這次的「不愉快事件」係由南越政府禁止順化佛教徒懸旗慶祝佛祖誕辰所引起。事緣五月八日佛祖誕辰那一天，順化佛教徒要在佛塔上懸旗誌慶，但由於這天恰是一九五四年奠邊府戰爭紀念日，故此政府禁止懸旗遊行，因而引起了軍警與羣衆發生衝突，羣衆死亡者七人，受傷者卅餘人，於是共黨立刻把握這「機會」，大力挑撥、煽動，迅即將事件擴大。事後，並有各地「領袖人物」聯名發表宣言，謂佛教徒受政府不公正的統治已歷時多年，佛教徒要為其信仰而從事奮鬥。他們並提出了五項條件，聲言如不達目的，則決定準備犧牲。

該五項條件是：（一）取消禁止塔上懸旗命令；（二）佛教寺院與耶教教堂應有平等待遇；（三）停止對佛教徒的拘捕；（四）保障信仰佛教的自由；（五）懲戒殺害佛教徒的兇手。吳廷琰對此，雖表示原則上同意，並與佛教徒約定於五月十三日會談，但到了該日，吳廷琰因為要陪同外交使節往各地遊覽，要改期到十五日始會談，使佛教徒異常不滿，當時順化有許多和尚和他們的信徒，在大佛寺裏舉行絕食抗議。其後又因為佛教徒與吳廷琰談不到結果，到了五月二十日，形勢更趨緊張，順化和西貢等地，都有佛教徒舉行抗議的行動。廿一日，六百名身披袈裟的和尚，手捧死者的靈牌，在西貢各街道上遊行，他們的旗幟，用越文和英文寫着「為着紀念順化的慘死者」等字樣。卅一日，四百名黃衣僧尼，在西貢國會大廈舉行四十八小時絕食運動，其旗幟則寫「要求總統立刻接受五條件」，「我們願為佛教而犧牲」，「要求國會與政府實施宗教平等」。但吳廷琰政府仍未接受他們的要求，所以西貢和順化，都繼續有抗議行動。六月二日，西貢有八名僧人被捕。三日，順化佛教徒舉行遊行示威，又與軍警發生衝突。於是形勢又進一步惡化！其後西貢方面乃成立了一個部長級委員會，準備與佛教徒再展開談判。可是到了十二日，突然演出了高僧自焚的慘劇，正顯示出佛教徒的鬥爭確已達到尖銳化。這個局勢，是值得憂慮的！

誰都知道，南越的反共戰爭，西方國家（尤其是美國）是可以大力支持到底的；但是若一旦釀成了「宗教戰爭」，西方國家就不能不有所戒懼了；更何況與南越接境的高棉，緬甸，錫蘭，印度等，都是佛教國家，吳廷琰政府當然不能不要顧慮到本身的環境。

迨至六月十五日，政府與佛教徒再行會談，獲致協議，十六日，政府即與佛教大多數領袖簽署協定，「不愉快事件」雖然在這一天遂告一段落，但仍有羣衆與警察發生衝突，一青年被擊死，五十多名警察和市民受傷，但如果吳廷琰政府能夠處理得宜，相信也不會再釀成意外的風波。（六月十七日寄自西貢）

馬來西亞的陣痛時期

「危機期間」

俊華

距離馬來西亞定期成立的八月三十一日，還不到七十天的光景。可是有關這個新邦誕生前應有的安排，還沒有按照預定的計劃，隨着日期的漸趨迫近而順利解決。外而印尼菲律賓的反對，雖因三外長會議而告和緩，但盛傳着的印菲要求馬來亞「共同反華」的流言，一直沒有平息，此誠給馬來亞境內數達百份之四十的華人以濃厚的疑慮陰影。以華人為主體的星洲，與馬來亞的財政談判，自恢復會談後沒有進展，甚更陷於破裂。婆羅乃對馬來亞的財政談判，也與星馬會商一樣，由談判中斷而至入於攤牌的階段。近的如星馬反對黨極力反對、破壞馬來西亞；遠之如英國工黨議員要求延緩馬來西亞成立日期。這一切的一切，都使吉隆坡陷入一種焦燥緊張的氣氛，因為拉曼原已預定七月上旬前赴倫敦，就馬來西亞的合併與英國簽訂「最後」的協定，即是英國把星加坡自治領，婆羅乃保護國，北婆、沙勝越兩殖民地，移交給馬來亞的權力移交方式的協定。現在因為這種種問題的發生，拉曼已把行期延到七月中旬。而在赴英之後的七月末，還要舉行馬菲印尼的三國高峯會議，對菲印反對馬來西亞一事作最後的疏解。但如果馬來西亞內部有問題，無論是馬星或馬婆的合作破裂，或星洲反對派鬧出亂事，那就會給印尼菲律賓以反對的藉口，馬來西亞「不得人心」正如他們所料。那麼自現在至七月底止的一段期間，已經成為馬來西亞的「危機期間」。這四方八面同時俱來的重大阻力，似乎已使拉曼總理深感焦燥。

最後通牒

拉曼一反他向來那種安詳有耐心的態度，對星洲總理和婆羅乃蘇丹發出了最後通牒。這通牒於六月十九日發出，即日送達星洲當局，翌日送給婆羅乃蘇丹，俱限期於四十八小時內答覆。

星馬、馬婆談判的決裂，都是為了財務問題。其先星馬及馬婆兩組都是由派出的代表組成委員會討論，委員會不能解決，請求召開部長級談判討論，於是星馬間發生上次李光耀與陳修信互相抨擊的事；馬婆間的談判雖沒有爆出新鬧揷曲，但一直也不順利。最後這項談判已進展到由總理與總理之間，及由總理與蘇丹親自談判進行。一直到六月十九日，馬來亞方面中斷了談判，而向星婆發出最後通牒。

通牒是以閣議形式發出的，星、婆不肯接受馬來亞的合併財政條件，而仍尋不出折衷協議能為各自雙方所接受。馬來亞乃以召開閣議的方式，決定條件，以通牒形式去迫使星婆接受這些條件。

條件內容現在還沒有完全公開，但拉曼宣稱：我們將不再談判；「這是最後的」。他又說：馬來西亞仍將定期於八月卅一日成立，不論星洲與婆羅乃是否加入，「我們不能等待他們了」！

星洲對案

星馬財政談判中的最大問題，是星洲剩餘解歸馬來西亞國庫的問題，在上次李光耀與陳修信互相抨擊中，內容已有透露。馬方要求星方應將剩餘解庫，並以一九六一年星洲財政最高剩餘年為準，倘若不足，則星方自行動用其準備金，理由基於馬來西亞中央負責星洲國防及安全之故。星洲方面則認為因自行處理教育及勞工，有保留歲收剩餘的必要。據說現在星洲對馬方的要求，仍有所保留而持出折衷的對案。內容為（一）星洲酌解稅收若干成數歸中央。（二）星洲願撥每年五千萬（叻幣）於最初五年內開發北婆地區。（三）每年繳交七千五百萬為中央國防及內部安全費。

靈通人士認為，馬來亞方面對此星方條件將不會接受。因馬方已採攤牌方式，他們把對星洲的態度看作「啤牌」中的「偷雞」，或者是「要」，或者「放棄」，而無商量的餘地。

拉曼六月二十日抵檳榔嶼時說，他迄中午仍未得星婆對最後通牒的答覆，才來此間。他說，婆羅乃加入馬來西亞，仍然展望良好。但星加坡則要「等着瞧」。這可能是他預料到僵局的出現。

李光耀則於自吉隆坡返抵星洲時說：星馬合併不論為被迫或雙方同意，均屬不可避免者。因正如拉曼總理所說：若不合併，則將成南北對峙之局。但我個人則認為：能「在雙方同意下合作比較妥當」。

婆羅乃與馬方的歧見，則在石油收入。婆方要永遠保有油稅，而由其每年獻金若干予中央政府，如發現新油田，收入也歸婆羅乃。馬來亞已同意婆方可再保有十年，馬、婆之間，或可再有折衷。

防暴戒備

但乘着星馬談判破裂，星洲左翼又乘機搞風撥雨。星洲左翼社會陣線要求人民行動黨政府辭職，謂政府「已引導人民入於一個不愉快之境地」，更無理由在談判中，對馬來亞讓步，以七千萬叻幣協餉中央。李光耀對此出以譏笑的口吻說：社陣乃「無所不反對者」，即使反轉過來，由大馬中央撥七千萬叻幣給星洲，社陣也是要反對的。

但這些抨擊與要求下台等等，還不過是表面文章。幕後還有更嚴重的醞釀，即共黨策劃在星洲暴動。星洲日來正舉行大規模的演習，首次有馬來亞軍警參加。據安全官員說：演習雖是例常的，但星加坡共黨份子可能發動暴動，作為阻止馬來西亞不能依期成立的一個步驟，當局已接獲報告，因為在星洲、沙勝越、婆羅乃暴動，即可以說是人民反對馬來西亞，無論是嚴重的暴動，或較輕微的示威，我們都應早為防範。我們已接到「同時」舉行暴動或示威的消息。

在北婆三邦方面，英軍也正作同樣的戒備。該地英軍人士說，去年婆羅乃叛黨被擊敗後，表面活動不多，但內裏可能「蘊藏風暴」，他們正採取戒備，準備應付更大的困難。現在英駐軍人數已有增加，一是為馬來西亞成立後的防衛及軍事基地設立的打算，一則是由於印尼不斷發出援助叛黨的恫嚇，以及不久前發生過幾次沙勝越邊境被來自印尼武裝的襲擊，不能不預防此項襲擊的規模可能加大。印尼的援助婆羅乃「志願軍」，仍然沒有解散，駐於加里曼丹距沙勝越婆羅乃邊境僅數十里以外，我們得慎防萬一。

防止襲擊、示威、和暴動，已成為星婆北婆沙勝越等四個地區當前安全問題的基調，這項戒備，將「自現在起，至八月三十日止」，以迄於馬來西亞的成立。在北婆三邦是防襲擊及示威，在星洲則是防暴動。在星洲演習中，英國與馬來亞軍隊，聯同開入「暴動區」，便是作此可能的假想。

自現在至八月卅一日這不到七十天的期間，一面要防暴防襲，一面要解決許多利益衝突的談判，內內外外的談判，而且不是預料一定成功的，無論對印非，對星婆，都不是可以迎叉而解。吉隆坡對一切雖表堅持，無論如何也要大馬依期成立。但不能不感到焦燥和煩惱的重壓，這是馬來西亞的「陣痛」時期呢！

・吉隆坡通訊・

失落了的冬天（中）

——爲紀念先祖母而作——

陳肇炘

冬節過後不久，農曆新年的氣息已隱約可以感覺到了。首先是布疋店、臘味店和金飾店的人穿梭來往；接着成衣匠、日用品、油糖酒麵、海味柴炭、蘇杭洋雜等店家流水般到訪；最後，年貨、生果、香烟、瓜子、骨董、字畫等店戶也分別來了。這些店戶大部份都是整年交易的，也有少數來找新客戶。他們都帶了禮物來，當然也有貨辦。一方面酧謝光顧，另方面希望多做點生意。接見這些人，徐伯和春桃姑幫老太太不少忙。祖母的個性本來相當强，但是對於她認爲在經濟上多少要倚靠她的人却很心軟。佃戶、店家、淸寒的親友，有時甚至家裏的用人，常會把她弄得不知如何是好；往往事情委決不了，或者感到情面難却，便祇有交給他和她去辦。

關於春桃姑我得在這裏交待一下。她是老祖母娘家的丫鬟，自小伴着老太太，後來更陪她出嫁過來。春桃姑丫角終老，畢生奉侍老太婆，由童年、青年、少年、中年、壯年，以至老死始終沒有離開過。她看到我父親、姑母們，和去了世的伯叔們誕生，看到我父親結婚和姑母們出嫁，也看到我和二弟出世。老祖母倚她爲左右手，幾乎言聽計從，家內事務和她商討的遠比和母親商討的多。（事實上母親那時也太年輕，沒見過多少世面。）全家上下，以姑奶奶的禮法待她。春桃姑不祇精明能幹，公忠耿直，她尤其難得的是修養極好，絕不因老太太看重她而畧有驕矜態度，對後輩更極盡呵護祥和的能事，所以每個人都十分敬愛她。她死後葬在我家祖塋的範圍內，和歷代祖宗並列；族譜上寫上的名義是老祖母不嬪的義姐。她的喪事，被承認爲我家大事之一，做足七七四十九天，僧尼道場，超幽壇醮絲毫不苟，完全按照家庭成員的禮法，我們這些後輩還得戴孝百日。而她生前也確實做到鞠躬盡瘁的地步，對事物和人情調度處理得井井有條。在我母親面前她永遠不以長者自居，偶然老祖母在無關輕重的事情上對母親有微詞的時候，她往往還會袒護母親。春桃姑彌留時，緊握着老太太的手不放，殷殷請她善爲珍重，以自己不能再繼續奉侍爲憾；而事實上，她那年已經七十多歲了。

臘月一到，過年的氣氛更濃厚了。成衣匠送新衣來，全家大小試穿，不合適的改過。金銀匠送金飾和銀器用具來，驗貨啦，必要時改型啦，忙個七手八脚。跟着送年貨的來了。祖父生前的僚屬、知交，父親商業上有往來的行幫店號，再加上各方面的世好、姻親、戚友，好不熱鬧。鷄也、酒也、京果海味也、衣料疋頭也、古玩字畫也、瓶花盆栽也、日用物品也，不一而足，洋洋大觀。老祖母也早準備好一張送禮單子，有禮來的固然要回，沒送來的，也得送去。她說「這叫做禮不可失。」於是按照親疏輩份，交誼程度，或親自送禮回拜，或由徐伯、春桃姑代表，或着用人送上。祇要我放了學，幾乎沒有一次沒我份兒。老實說，我是十分不願意跟用人去的，因爲家裏的轎子除家人外，祇有徐伯和春桃姑可以用。有馬路可通的當然坐黃包車，但住戶在內街的可討厭了。用人們總希望早點辦妥，回來交差，這可苦了我兩條小腿，黃家李宅地跑來奔去。不過不去又不成，老祖母認爲送禮或回禮，祇派用人去是不够恭敬的，一定要有個家庭成員作代表才行。現在想起來，我這個代表也不易爲啊。

忽忽尾禡又過，廟裏上香許願，家中拜祖酧神，終日香燒繚繞。祖先廳、神廳和老太太私人的觀音閣所有全部奉神用具，再來一次洗擦。農曆廿三送灶，例有甜湯丸子，幾色糕點，甘蔗和金橘。灶神整年給烟火薰得黧黑的面孔，現在是煥然一新了。不過最多三兩個月後罷，它又會變昏黃的。當時幼小的心靈裏就有這樣的想法，假如有天我當了神仙，發誓不要作灶君。送過灶神，準備開油鑊了。老祖母翻破曆書，要選個上好的良辰吉日。有時自己決定不來，還得請教卜卦先生。日子擇定，早一天齋戒，用黃皮葉和柚子葉煮水沐浴。當日淸早，敬拜天地，虔祝風調雨順，物阜年豐，家庭和睦，老幼康寧，然後製造油器宣告開始。油器雖然祇是油炸的麵粉製品，但按照鹹甜味道和揑製形狀，可以有很多不同的名稱：如煎堆、油角、脆角、糖環、芋蝦、茶泡、笑口棗、金銀盒、脆麻花、猪油蛋散……等。每種東西第一件例由老祖母放進油鍋，徐伯跟着讚唱吉利的說話一句至數句不等。油器不在厨房製造，三四個大油鍋都設在神廳。由朝至晚，撓粉、揑型、煎糖、握爆榖、炸油器忙得不可開交。但二三十人的場合，除掉徐伯的祝詞外，人人不敢發言，鴉雀無聲，祇有爐子裏的松油柴迫卜作響，襯和着麵器放進油鍋時「渣」然之聲，另外就是神前琉璃燈花偶然輕微噼啪罷了。

望眼欲穿的除夕到了，全宅內外，燈火通明，再加上大小紅燭無算。上下人等，穿戴得整齊光潔。我照例是大禮服：深藍文華縐長棉袍，黑軟緞釘金鈕扣馬褂，玄絲紅絨球瓜皮帽，帽前鑲片白玉或象牙。吃過年夜飯——廣州通稱團年飯，取團圓聚會的意思，有好幾年父親抽得出時間，從老遠也趕回來吃這頓飯——我就纏着徐伯帶我逛花市，因爲每年的花枝一定是他經辦的。我很奇怪，園子裏花有的是，枝頭盆頭俱備，何必一定要到外面買？徐伯的解釋是過年的花一定要從花市買的才作算，不管家裏有多少，必須要買些回來。經我一纏，老頭兒總是抹抹鬚子，含笑地說：「大官兒，早點上床吧，等會交過子時，還得起來給老太太拜年呢。」眞是廢話，那一個小孩子在除夕的熱鬧氣氛裏肯早上床的呢？不過，他話雖然是這樣說，一等見老祖母也說：「奶奶，我打算現在到花市走走，給你老人家選棵茂盛富貴花，可好啊？」那有什麼不好？老祖母當然微笑答允，跟着囑咐一句：「花市人擠，看緊這小淘氣，不要讓他亂闖。」這其實是多餘的，徐伯寧可丟掉老命，也不會讓我迷失。於是丫頭們燃好兩個燈籠，跑到外面轎廳，一聲：「乜哥，打轎。」把燈籠前後插好，四個轎伕欣然笑問：「徐伯逛花市嗎？」跟着輕快地「起槓」，因爲他們知道，每年徐伯逛花市賞給的酒錢是特別豐富的。

除夕花市，萬頭鑽湧，攤販林立，花卉成行。桃、梅、吊鐘、牡丹、芍藥、朱錦、蟹爪、水仙、金桔……應有盡有，爭妍鬥麗。我們捲起轎簾，東張西望，左顧右盼，先在花市逛一週，然後找個地方放好轎子，留下一個轎伕看守，其他的便和徐伯擁簇着我，看這看那，忙個不休。路上行人的笑聲，花販們的討價還討聲，轎伕們的吆喝叫道聲，加上私用黃包車叮噹叮噹的鈴聲，好一片熱鬧昇平的景象。徐伯祇是蹓躂蹓躂，看看這廂，問問那檔，始終不肯下手。我就這個也嚷着拿，那個也吵着買，食的旣要，玩的又要。

友聲集（三二）

就珠海講席有作示諸生

遯翁

跌宕江湖不計年，又飄華髮試青氈，居陶屢散千金產，浮海終辜萬里船。已分琴書供嘯傲，尚堪童冠共留連。眼前十畝俱成果，一笑吾今擁硯田。

書憤

履川

嶔奇歷落懷寧識？屈抑摧傷意每加。照世高文供覆瓿，居夷孤夢幻乘槎。龍蛇機發應同盡，鴻鵠風微豈獨嗟。大海前橫天莽蕩，出門一笑悟生涯。

讀明史有慨于弘光朝事

千夢

不見春華但懍秋，天穿地朽此登樓。坐忘邦族三千劫，何止燕雲十六州?!戡定已無新建伯，謀謨誰似武鄉侯?公家事豈癡兒了，殘霸興亡一慨休。

婦病

荔莊

索乳宵啼在抱兒，牽蘿秋貸補茅資。糟糠未起牛衣疾，塵世難逢鮑叔知。薄祿養生支歉歲，藿金無術長庸醫。艱危最有慈親在，猶爲分憂到鬢絲。

唐詩偶釋（一二）

鄧中龍

月夜

杜甫

今夜鄜州月，閨中只獨看，遙憐小兒女，未解憶長安。香霧雲鬟濕，清輝玉臂寒，何時倚虛幌，雙照淚痕乾。

天寶十五年，安祿山已陷長安，玄宗走避四川，杜甫自奉先携眷逃抵鄜州（在今陝西），聞肅宗即位靈武，前往投奔，不幸中途被賊兵擄至長安。此詩即在長安作。

月夜詩評者不一，或謂其語麗情怨，或謂其悲婉備至，或謂其不言思兒女，情在言外，或謂其反覆曲折，情味不盡。此數說者率皆有當，然亦具體而微。夫所貴乎爲文者，要在能達人之情耳。徒說吾憶妻，妻獨不憶吾乎？僅言妻憶吾，則吾獨不憶妻乎？兩地相憶，乃天理人情之常。淺於情者，或單寫一面，拙於文者，或兩面實寫，則滯而不達矣。杜老本有兩面欲說，而於妻憶吾，則用實寫；我之憶妻，只末句畧露鱗爪，令讀者尋味而自得之。一奇一正，一虛一實，意本兩平，筆却側出。此則爲全詩之至微至妙處。讀起聯，須先有自己看月一層橫於胸中，然後一筆透過，始能見全詩精神，方不負作者營構之至意。

寫兒女未解憶，正爲閨中之深憶托出全神。「獨看」「雙照」數字，首尾緊扣，情意盡出。言「雙照」，則二人皆有淚矣，只此一句輕輕點出，而憶妻之情，乃躍然紙上，此全詩結構。

五六二句精鍊，以三四流走，故此乃必以鍊句承之。雲鬟濕，玉臂寒，皆爲預擬之詞，霧本無香，特香生髮沐中耳，舊注如雲鬟如香霧，未當。

鄜州之月，惟有閨中獨看。雖有兒女在旁，未識相憶之苦，而獨看之情，更無以堪。三四句補足第二句，「遙憐」二字，作飛花點水之勢，暗啟結句。此種穿針引綫之處，稍加忽畧，即不能體會其微妙。念之深，情之切，至於雲鬟濕於冷霧，玉臂寒於淸輝。極寫癡情，所以爲下文蓄勢。

第七句一頓，括上啟下，融情入景，而相思之苦，乃在若隱若現之間矣。獨看實乃雙看，而雙照偏爲單照，帷燈匣劍，煞費苦心，妙不可言。此等詩，命意布局，於此可悟少陵才力。

詩以布局爲尚，而布局乃自命意出。少陵之詩，布局之佳者，幾十之八九，於此亦足以徵其命意之高。俗儒於詩道無所窺，僅摘取陳言僻字作塡字遊戲，乃自謂可以上並昌黎，遠追工部，殊可笑也。

憶陳果夫先生（二四）

宇人

當天，我就寫好報告，往訪布雷先生，請他轉呈蔣先生。布雷先生不以為然。他說：「雖然總裁對你特別好，但貴州支團既可直接請他按月補助，其他的支團自亦可以援例。假若各省市黨部得此消息，也請求總裁按月補助，他也不好不應允。如此一來，他的那點特別費怎够開支呢？」我說：「我完全同意你的意見；但這個報告是總裁要我寫的，並不是我請求他的。他囑我寫好後交給你，我祇得遵辦。至於是否轉呈，請你斟酌決定，我並不堅持。」隔了兩天，布雷先生約我見面，他說：「總裁已經批准從本月份起按月發給你特別費一萬元。」他因預防其他的團部和黨部援以為引，決定按月把錢匯交吳鼎昌轉給我，並希望我嚴守秘密，就是對中央團部也不可公開。我當時雖然覺得布雷先生太過於顧慮；但對他處處為蔣先生設想的那種忠貞的精神，則是很感佩的。後來，吳鼎昌將錢轉來，我仍提出貴州支團幹事會報告，並決定全部用於津貼支團部和各分團部的重要幹部。支團幹事曾建議撥出一份給我，但我堅拒不允。省政府首次轉來這筆錢時，原由主計主任親自將支票送給我。我向不經手金錢的事，即囑他送交支團部會計。此後，我既未請求增加，蔣先生亦未停止，似乎一直發到抗戰結束的那一年。

我到中央團部工作後，雖然與布雷先生少有私人間的往還；但在公共場合上見面的機會，則是很多的。他曾向我透露：蔣先生每逢心情不好或精神欠佳時，常吩咐他每週祇看公文八件。他感到十分惶恐，因為在那麼多的公文中，究應選出那八件呈送蔣先生核閱，實在是傷透腦筋的事。我當時聽了布雷先生這番話之後，深感到蔣先生把一切權力都集中於一身，而卻以如此的方式處理公文，假如換了另一個人來担任布雷先生的職務，他縱不蓄萌野心，從中操縱政令；也容易利用機會，營私舞弊。楊永泰當年任南昌剿匪總司令部秘書長時，所以能厚植黨羽，權傾一時的原因，即在於此。但布雷先生則公忠服務，勞怨不辭，這是他最為難能可貴之處。

有一次，布雷先生又向我說：為了給蔣先生起草新生活×週年紀念的廣播詞，他曾費了五個晚上的時間。因為蔣先生改了又改，一直改到第五次才表示滿意。他認為像這樣無關重要的文告，蔣先生大可交他全權處理，至多在事前指示一個原則，即已足矣。然而蔣先生卻如此認真，不但使他花費很多的時間，迫得把其他更重要的工作都壓在後面；而蔣先生本人用了這麼多的精神來對付此等細微末節，也足以誤大事的。布雷先生向我說這些話，足証他把我當作一個很好的朋友看待。因為以他的小心和謹慎，絕不會向一個不能深信的人對蔣先生有所批評的。

綜上所述，可知我和布雷先生的關係一向是很好的。如今為了我批評全會的一篇宣言草案，使得他如此激動，雖然我並不認為我有何錯誤，但內心總覺不安。第二天是星期日，又聽說布雷先生昨天回家後，曾將寫字枱推翻，並聲言「從此不再寫文章」。我當時原想找他當面解釋，但被一位好友勸阻。這位朋友指出：我在全會批評宣言草案時，布雷先生原是在塲的。我自始至終祇批評宣言，並未批評起草宣言的人，布雷先生當然聽見的。因此，布雷先生絕不會對我的批評有所誤解。後來布雷先生在會塲哭鬧，分明是向蔣先生發脾氣，說我罵他沒有革命性，不過是一種藉詞而已。但目前布雷先生正在氣頭上，假如我去找他解釋，反而很可能弄假成真。我認為這位朋友的勸告和分析頗近情理，也就決定暫時作罷。

第三天，星期一，中央黨部和國民政府在軍委會大禮堂舉行聯合紀念週，出席全會的中委和列席全會的軍、政要員均於事前接到中央秘書處的通知，謂總理紀念週將由總裁主持，請準時參加。我在上文說過，自六全大會後，我就決定不再參加總理紀念週，所以當日並沒有去。不料，蔣先生一到軍委會，即着人找我，發現我不在，於是大發雷霆，在紀念週上竟以全部的時間來罵我。他說：「黃宇人到處罵官僚，主張革新。我看他就是一個官僚。」翻來覆去的罵了足足半小時。在塲的人，都認為蔣先生失態；時在中央組織部任要職的某君還為我抱屈，當塲淚流滿面。

侍從室奉蔣先生之命派人到外面找我，被派的人很快的便在中央團部找到了我（因為我仍住中央團部），說總裁請我去。我坐着他的車子到軍委會時，紀念週已經散塲。侍從室裏面一位平素和我很熟的同學要我等候片刻，容他進去通報。一會，他出來向我說：「現在沒有事了」；並約我下午在一個朋友家裏見面。我當時對於蔣先生忽而派人找我，忽而又說無事，頗覺懷疑；但也無心探詢原因，仍回中央團部。中午，有幾位會參加紀念週的朋友來，我才知道蔣先生在紀念週罵我的事。

下午，我和那位同學會見，他說：上午，蔣先生找我，可能是要我去看看布雷先生，藉以緩和他的心情。繼因發現我沒有到，才大為動怒。他指出近若干年來，每逢蔣先生訓話，黨、政、軍的許多大員都取出特備的手冊，當塲記錄，顯出奉為金科玉律之狀，無非是博取蔣先生的歡心；蔣先生也明明知道他們祇在作態，但也引以為慰。我是他的學生，他平素對我已經優容有加，竟敢不到塲聽訓，當然犯了大不敬之罪。不說別的，就是為了面子問題，蔣先生也不能容忍的。這位同學又說，當時他很為我躭心；但我到軍委會時，他看見蔣先生已預備回官邸，沒有再問是否已經找到了我。他誠恐蔣先生的餘怒未息，所以沒有給我通報。據他的觀察，此事已經過去了。

隔了不幾天，劉健羣兄奉蔣先生召見；據他說，蔣先生特別垂詢我這幾天以來的情形怎樣，他答以並沒有什麼。他覺得蔣先生對我仍是很愛護的。再隔數日，我又接到蔣先生召見的通知。有幾位關心我的朋友都勸我務必應召，藉以彌補紀念週上的那點痕跡；但我仍決定不去。我不去的原因，並不是對蔣先生在紀念週上罵我的事有所介懷，而乃認為蔣先生既無改革的決心，與其見面徒作毫無結果的空談，增加彼此的不快；不如少見幾次，還可多留一些好感。

數日後，我即回到北平。

中國現代史資料評介之七

合肥執政年譜

左舜生

段祺瑞任中華民國的臨時執政，這是民國十三年十一月的事，從這一年十一月二十五日他就職擔任這一名義開始，到十五年四月十九日他退休到天津去為止，為時約一年又五個月。

段祺瑞活了七十二歲（一八六五—一九三六），當辛亥革命爆發於武昌的時候，他已經是四十七歲。儘管他在清末所任的軍職已相當重要，可是談不上政治關係，他之正式捲入政治漩渦，這只是入民國以後的事。

吳廷燮為他寫的這部年譜，對他一生的經歷，大致也可以說是應有盡有，可是條理不甚清楚，交待不太明白，而且抓不着事實的重點。假定一個看這部書的人，對清末民初的政治情況，不先了解一個輪廓，他對這部年譜，便將不發生怎樣的興趣，而會感到這只是一大堆的斷爛朝報，並看不出老段這個人，竟究在清民接續之交的這一時代，有何等的重要性。

毫無疑義，老段一生歷史的重要階段，與袁世凱是分不開的。可是，就他的出生地點（安徽合肥）來說，就他的祖父（名珮，字韞山）與淮軍重要人物如劉銘傳、張樹聲、以及周盛波盛傳的關係來說——乃至就老段本人青年時期曾在李鴻章所創辦的天津武備學堂肄業三年的事實來說，一方面我們固然不能不承認他是袁世凱部下最重要的將領之一，但另一方面也可以說他是『淮軍』這一派系下面一個重要的結束人物。

原來從清咸豐帝的初年算起以迄今日，為時約一百一十年，中國最龐大的軍事派系共有五個：如果我們以曾國藩代表『湘軍』，李鴻章代表『淮軍』，袁世凱代表『北洋』，蔣介石代表『黃埔』，而以目前在大陸跳梁的毛澤東代表『紅軍』，我想這不會與事實相去太遠。儘管這幾個派系的軍隊對國家的是非功罪為另一問題，但站在一個研究者的立塲來說，却不能不了解它們間的脈絡與綫索。

說到段祺瑞這個人，我覺得他在一般北洋軍人中，畢竟不失為鐵中錚錚，庸中佼佼。

在民國初年，我常聽到有人把王士珍、段祺瑞、馮國璋三人，說成袁門的龍、虎、狗，這自然只是一種齊東野人之語；可是像王士珍那樣閃閃爍爍，要幹而又不肯多負責，却眞有一點『神龍見首不見尾』的樣子。以老段與袁世凱的關係，他居然敢於反對老袁做皇帝，而且更不肯把袁克定那樣一位太子爺放在眼下，此所謂『弒父與君，亦不為也』，畢竟是『虎虎有生氣』的！至於馮國璋，當他辛亥在武漢督師的時候，一面放火大燒漢口，一面更猛力攻奪漢陽，一聽清廷給了他一個子爵，便欣然色喜，這可以說他對袁在當時的心理全不了解，無法不使袁不把他調回北京，後來袁介紹一位他的家庭教師和他結婚，他好像也有點受寵若驚的神氣；至於他以副總統資格繼黎元洪任總統一個短期的任內，乃至連中南海養了多年的許多魚，也被他撈取一空，像這類的事，說他不有一點近於『鼠竊狗偷』，又如何可能呢？

一般無聊文人稱頌段祺瑞的，說他有什麼三次翊贊共和之功。

第一次是說他辛亥率領大批北洋軍人兩次通電逼溥儀退位。第一次的電報比較的溫和，宗社黨的載澤溥偉等未為所動；第二次他乃正式表示一種倒戈的姿態，說要『謹率全軍將士入京，與王公剖陳利害』，於是把清廷嚇慌了，退位一幕才急轉直下。其實這一舉動，完全是袁及其策士們所授意，段等不過機械的作了他們一次傀儡就是了。這正與後來袁不肯南下到南京就任臨時大總統職而嗾使曹錕在京津保兵變同一筆法。民國以來的軍人如馮玉祥之類，動輒倒戈，恬不知恥，始作俑者，便是袁老一面教猱升木，其結果乃不戢自焚。無聊的文人乃把辛亥這兩次通電說成段祺瑞的翊贊共和，眞不知從何說起。至於這兩次的內容，當然第二次比第一次的大，但著年譜的人，却只附錄了第一電的全文，而第二電則略去，我也不知道是何用意。

說到老段第二次的翊贊共和，便是說他民國四五年之間，反對老袁稱帝，這一點可與黎元洪不接受武義親王比美，確可表現段的一點骨氣，我在前面已經說過了。

所謂第三次的翊贊共和，是說民國六年段在馬廠誓師討伐擁溥儀復辟的張勳。這件事的內幕相當複雜，後來張勳失敗逃入荷蘭使館，聲言要把所有內幕公諸於世，段對張就馬馬虎虎，不敢硬逼。這也可看出段對這件事儘管表面上是理直氣壯，但實際也不過是投機，以便他自己再度登台，所謂『功』也就只是這麼一回事就是了。

寫年譜的人，對上面所舉的三件事，却只是浮光掠影，完全不能給讀者一深刻的印象。

民國十三年中山北上，謀與老段和張作霖面談，而中山即於十四年在北京病逝，這也是民國以來的一件大事，寫年譜的人，於段在中山北上以前，究竟有過何種表示，也隻字未提，完全不能表達出這件事的來龍去脈。

總而言之，這部年譜從段一生的經歷，大體上可備研究清末民初中國政治者的參考，認他有如何了不起的價值，那就很難說了。

本刊已經香港政府登記

聯合評論

週刊

United Voice Weekly

每逢星期五出版

第二五一號

督印人：黃宇人　總編輯：左舜生

社址九龍太子道一六一號　電話805641

承印：嘉羅印刷有限公司　香港灣仔馬師道5號

CHINESE - AMERICAN PRESS, INC
199 CANAL STREET,
NEW YORK13 N. Y. U.S.A.

美洲航空版每份售美金一角

美總統訪歐洲

孫寶剛

美總統自二十二日晚動程赴德，展開訪歐之行，藉資促進大西洋聯盟關係。到今天止已為期九日，今天大概還在英國，可能明天去羅馬，會晤羅馬教皇和意大利的政要。所以在今天來評述其訪歐洲之行，本屬為時稍早，不過為了本期聯合評論最遲須於今天付印，所以祇就九天的情形作一評論。好在今後兩天的情形，大概可以想見的。

據各方報導，因為西方國家之間，缺乏互相信賴，又隨着國際形勢的演變，所以歐洲國家對於美國在軍事和經濟上都有着矛盾。第一是恐懼美國自歐洲退出，第二是恐懼美國在經濟上的競爭。法國政府發言人皮氏說：「法國從未懷疑甘廼廸總統防衛西歐意圖，但未悉此一政策將否由其後繼者執行。一九一四年（第一次世界大戰開始）時，法國原欲得美國協助，尤以一九三九年第二次世界大戰爆發時為然，但直至一九四一年美國才予援手。法國以為一個國家茍欲圖存，則應自能支配其國防，一個國家完全放棄本身防禦，仰賴他國，乃不合理者，皮氏懷疑，十年後的美國政策仍否一如甘廼廸的聲明。」即以現時來說，核子戰爭既有毀滅人類的可能性，所以非至最後關頭，決不會發動核子戰，現美國在西方國家中既握有百分之九十八核子武器，那麼對於最後關頭的解釋，在美國的立場上，對美國本身的所謂最後關頭，和對其他西方國家的所謂最後關頭，定有不同，萬一西方某一國家已蒙了十分不利，而美國尚不認為最後關頭時，這不是把那個西方國家白白犧牲了麼？以德國來說，就怕美國在柏林問題上對蘇聯妥協。又美國今天要令西方國家聯合起來組織一個核子部隊，許多軍事專家就認為在技術上非常困難。講到經濟，自戴高樂拒絕英國參加共同市場後，繼以法國海軍退出北大西洋公約，其企圖想以小歐洲為主體造成一個第三勢力，已顯而易見。西歐的國家不特恐懼美國大量工業品的生產，並且也怕美國的農業品的大量輸入。在戰後的破殘歐洲，唯恐美援不去，所以各國卻歡迎馬歇爾計劃，現在歐洲工業已經復興，擴張率還大於美國，所以不希望美國有控制經濟的威脅了。

美國在這樣一個環境下，所以甘廼廸總統不得不有訪歐之行，想挽救這個形勢。不過他事先也很明瞭，戴高樂的個性是非常頑固的，事實上他另有企圖並不單是一種誤會或恐懼而已，所以和戴高樂去現身說法，徒然碰釘子，決不會發生好的效果，他所要爭取的主要目標是德國，並且是整個的德國，由德國政府以至反對黨和全體人民。我們看甘氏除和阿頓諾會晤以外，還對阿氏未來的承繼人阿爾特和社會黨未來總理候選人布蘭特的接觸，以及屢次出現於德國民眾團體的演說，甚至到東柏林的圍牆邊遙眺東柏林，這卻是一種姿態，頗有似當年的競選旅行，在爭取全國的人民呢！

對於戴高樂，他祇抨擊民族主義的落伍，和單單重視軍事力量的不當，他說：雙邊協定沒有多大意義，整個歐洲，甚至整個自由世界的合作，才是最重要的。這不特使德國人民在美法之間有一個抉擇，即以對法國人民說，也是非常有影響力的。假如西德能站在美國一邊，即和整個歐洲合作，則戴高樂便有陷於孤立的可能，也許可使戴高樂不至再進一步的和美國對立。我們看戴氏一生，不特自高自大，並且是個絕對的民族主義者，他個性堅強，魄力偉大，不過，自其另一方面說，他決不是一個死硬派，他在傳統性的戰爭之中，能首先發明閃電戰，他能以鎮壓阿爾及利亞獨立戰爭起家，而結果達成妥協，於此可見一般。可見美總統如能把法美的基本環境改變，也未嘗不能使戴氏的政策有所改變的。

以上所述，是甘氏訪歐的重大目標。其後去愛爾蘭，那是因為他的祖先原是愛爾蘭人，藉此以聯絡愛爾蘭人民的感情，當然也是理所當然，但和大局無甚關係。隨着去英國，和麥美倫及其閣員會談。但麥美倫正在鬧家務，不至談出什麼重要決策來，而況甘麥之間，以前既有了六次的晤會，這一次第七次，更不會有什麼新的結果。就英國而論，甘氏和英工黨領袖們在華盛頓的會談，依我看還比這次在倫敦和麥氏會談更重要！因為工黨在英國明年的大選中，執政的可能性很大，至少其力量是會增加很多的。

明天甘氏會去羅馬，但意大利政府才成立，可能新的執政者還不可能提出具體的意見，所以訪問的主體，祇能予意大利人民以很好的印象。我認為這次甘氏會見羅馬教皇是非常重要的。自若望教宗努力和緩蘇聯和自由世界的緊張空氣，而主張和平共存以來，對於世界東西兩陣營的對立，已予相當大的影響，新教宗也是屬於開明派，將繼若望教宗的政策，繼續努力，這對將來世界和平是非常重要的。甘氏這次去和教宗晤會，正可和教宗商討，怎樣積極努力使世界可以和平共存。雙方如能有所協議，對於世界和平前途，是很有補益的。因為美國和蘇聯的協議路線，自與教宗和蘇聯的消除緊張有所不同，但對世界和平，則殊途而同歸的。

一般人以為這一次美總統訪歐，純在促進大西洋聯盟間的關係，使反共力量更為團結和龐大，而甘氏訪歐本身，就是一種冷戰。這個看法，當然可以同意，不過這祇代表了傳統的作風的一面。我們看這幾天，蘇聯的赫魯曉夫也到了東德，這不是針峯相對麼？依照赫氏的一貫作風，眞可大放厥辭，破口讒罵。可是事實並不如此，反仍表示繼續努力和平共存，對甘氏訪問祇輕描淡寫的說了幾句話。不是令人感到意外麼？這是因為這次甘氏訪歐，固然在團結歐洲力量，但團結的方法，倒不在想藉此行以解決美歐間的誤會和歧見為滿足，事實上，也無法在片談間可以解決的。甘氏這次以相等於他在國內競選時作競選旅行的姿態，目的是在爭取全歐人民的支持，不並祇囿於政府。他一方面固然提到了禁止核子試驗協定和貿易協定等具體問題，但主要的還在告訴歐洲的人民，美國已澈底的放棄了她的傳統的孤立主義。他這一次簡直對歐洲人民提出了世界的「新境界」。正如報導所說：甘廼廸為西方聯盟提出了一項偉大的新使命——創造一項新社會秩序。植基於自由與正義。在這個秩序內，人們是命運的主人，而國家是人民的公僕，所有的男女，自己和他們的子女，都可以享受好的生活。他又說：吾們的盟國正在過渡時期，實際亦應如此。西歐已完全合作，她不再是戰爭的溫床，而是團結的工具，協調之榜樣。最重要的是吾人已經認識責任，發揮共同社會遺業。……所謂戰爭，乃指對貧乏，飢饉，病菌，及文盲的戰鬥。

由於這個新境界的確立，美國根本想以軍事，政治，經濟，以至文化等，和歐洲完全合作，和互相依存，使歐洲人民對於美國軍隊的撤退和經濟競爭一節當然不再憂慮，所以甘氏說：祇有這樣做，才能適合這個變動的世界，而使鐵幕內的人民，會仰慕自由世界。易言之，以謀自由世界的眞正團結，永久繁榮，使人民過着永久的好生活，才可以和蘇聯謀和平共存，也不怕和蘇聯和平共存。更可促進鐵幕內的變化。這個變化並不是變成更緊張，而是變成距離更接近。赫魯曉夫似乎也瞭解了這一點，所以在甘氏訪歐之際，還是强調和平共存，而沒有肆口謾罵，以抗衡甘氏訪歐之行。

這樣看來，世界大戰的可能性是愈來愈渺了。今後兩陣營間的緊張情形，可能會逐漸和緩。依我看蘇聯的政策也許會循着南斯拉夫所行的一套走，而南國本身則將更走向自由和正義，馬列主義可能束之高閣。而漸漸在提高人民的生活和自由。於是和自由世界眞能和平共存下去。

上述的看法，果然太樂觀一些，不過世界唯有這樣做，才能免於浩刼，假如用一抽象的話來說，自由世界確在民主社會主義化。而歐洲的共產黨，包刮蘇聯在內，確在向右靠，終有一天，兩個制度的分別並不很大，而不須以兵戎相見的。

悼印度亞拉哈拔大學教授周君祥光

張君勱

天地之間，人才不易得，不易養成，尤不易有成就。嗚呼祥光！抗戰之中，艱難辛苦，以求學於印度，刻苦自勵，半工半讀，以求自給，卒畢業於德里大學，得博士學位，乃任亞拉哈拔大學教職。平日教書之餘，兼事著作，有英文本之中國佛教史與中國政治思想與近代中國史，及漢文本之印度思想史。廿載以還之赴印就學者多矣，然成就之卓越如君者何可多得，奈何天既育而成之，及其如日方中之年，又奪之以去。我不能不有感於老子「天地不仁以萬物為芻狗」之言，而悲不自勝矣。

方大理民族文化書院初創立，舉行入學考試，君以警官學校學生報名投考，各生試卷經閱卷者審定，君已名落孫山，我取落第卷再閱一過，讀君之文字雖不修潔，然志雄氣壯，藏有可造之潛能，我特拔擢而置之被取之列，隨班專治佛學與佛教史。及太平洋戰起，書院遭政府封閉，時赴印從軍者多青年，君見而羨之，告我以赴印之願，苦於川資無所出，時劉君百閔主持讀書出版社，向我購菲希德對德意志國民演講一書版權，議價國幣四千元，我卽以此數交君手，而君又受警校同學之贐，乃跋涉西去。臨行告以去印留學須入英文大學，且以治英語為關鍵。君始學於加爾各答大學，兼職於印度宣傳部與軍官語言學校，繼而轉學德里大學，入進修院之博士班。時我在印之各大學演講，亦受德里大學之託為審查論文之一員，及我因事離印，乃由意大利之印度學專家居棲氏任審查之責。君自此與居棲書函往復，益知所以治印度學之方向。君之性情，嚮往釋迦禪定之學，因而復多讀佛教典籍，治印度思想，自豁然貫通，嘗赴南印葡萄牙屬地瓜牙印哲與羅賓度（Anrobindo）之禪院，閉關靜修數月之久，又嘗取印度僧大雅南陀（Dayanando）之打通印度與西方哲學者漢譯之，是以窺君之稟賦中有深厚之根氣在矣。君居印二十年以上，交遊頗廣，與印度各政黨領袖為友，識前印總統普拉刹現任總統拉特克里希那總理尼赫羅與前外次與駐俄使梅農氏。我常舉法顯玄奘義淨之名以勉祥光，自二十世紀之留印學生所以知印度者，不可落於此三高僧之下，君亦以此自勵，不獨治印度學術，且於中印國交之友善多所致力，聞中共對印挑釁以來，尼赫魯謀與台灣國民政府交好，或者將有復交之可能，此正為祥光之所欲努力者。孰料此時為君發展長才之日，奈忽嬰胃潰瘍而遽然長逝。嗚呼自今以往欲求二十年留印而能負起中印學術與中印外交聯絡之使命如君者，何可再得乎。我與君在學問上多有切磋，原不敢自居為孔子與陽明，然君之超詣，追蹤顏回與徐愛。有天資之美，而不許其永年，能不令人痛哭流涕哉！

毛澤東的經驗主義與領導野心

——對中共廿五個問題及總路線評論之二

劉裕畧

無論後果怎樣？影響怎樣？中共於六月十四日向蘇共致函論述廿五個問題並提出中共對國際共產主義運動之總路線一事，對中共本身來說，對毛澤東本人來說，總是一件重要的事。對於這樣一件重要的事，起草這一函件的毛澤東當然不會太隨便。而且，由於這是關係毛澤東本人成敗榮辱的一件大事，毛澤東起草這一函件時，無論其內容在我們看來是如何狗屁，毛澤東豈能掉以輕心？我們應該設想到，他決不是隨便東拉西扯弄廿五個主要問題和附帶論述兩個問題來湊數的。更不會隨便寫上幾行字便算是「總路線」的。

就我個人來看：中共於六月十四日向蘇共提出這一函件，而且作為覆信的方式提出，在時機上，也不是未費心思。他實在採的是一種「打蛇隨棍上」的戰術，因為蘇共曾於三月三十日致函中共，論述世界共產主義運動之總路線，所以，毛澤東便利用這一機會和順應的把他用以爭取國際共產主義運動領導地位的這一函件適時提了出來。

說到毛澤東爭取國際共產主義運動的領導地位問題，我最近讀到很多篇有關此一問題的論述，多認為毛澤東是根本沒有資格沒有力量領導國際共產主義運動的。對此，我亦有同感。

不過，這不是說毛澤東無領導野心。因為毛澤東或中共有無核子力量有無龐大工業生產力有無龐大財力與物資支持和進行領導是一件事，毛澤東有無野心去領導又是一件事。何況就這些條件來說，只在我們眼裏，他才確無任何領導資格和領導條件。但這畢竟是我們的看法，而不是毛澤東的看法。毛澤東的想法和看法又如何呢？這是應該研究的。同時，毛澤東這人本就出乎我們意料之外的狂妄和荒唐，儘管客觀事實規定了他的附庸地位和不可能的領導地位，但他却仍然有取國際共產主義運動而領導之心。在我們來看，他的這種野心儘管終必不能實現，終必失敗。但他竟然存在這種野心却是事實。而且，中共六月十四日致蘇共這一函件就是基於他的這一野心而提出，也是事實。正因為這是事實，所以，我以為要分析中共致蘇函件所提廿五個問題及所謂總路綫，便必須先掌握住毛澤東的這一動機和這一基本方針來把它的全盤內容作綜合的觀察和相應的分析才對。因為，無論毛澤東所提廿五個主題兩個附題及所謂總路線是如何的荒謬如何的不通不妥，它們却都是毛澤東基於他自己的動機與基本方針而編織成的。如果先不從這一點去察看，便不算是把握住了它的全貌，更不算是抓住了它的用神。

也正因為毛澤東草擬這一函件時的動機和基本方針，是這樣的，所以表現在這覆信中所提出的總路線和廿五點主要論述以及兩點附帶論述，都與他這一動機與這一基本方針相關。而所提國際共產主義運動總路線則更是積極的主要的一面，廿五點主要論述及兩點附帶論述則是消極的次要的一面，而且是用以支持它所提的總路線的。主要的積極的建議的一面是毛澤東用以作為國際共產主義運動的綱領的，次要的消極的一面則是用以打擊赫魯曉夫和赫魯曉夫領導的蘇共中央，並用以打擊南斯拉夫和狄托，同時，又用以挑撥蘇聯與東歐各衛星國之關係，且又同時爭取其它各共黨之同情使之傾向中共的。

毛澤東何以忽然有此龐大野心呢？是從來就有此野心嗎？抑或還是近年來才發生這一野心呢？

就核子力量的威力和發展情況看，就中共工業生產力之落後情形看，就中共的薄弱財力看，中共明明不足以領導共產世界以對抗美國及自由世界，難道毛澤東眞的愚昧至此，連這種情勢都不知道嗎？如果知道，那末，他又想憑什麼來領導國際共產主義運動呢？

如果毛澤東企圖領導國際共產主義運動的野心並非從前早有，而只是發生於最近幾年，那末，他又是因為什麼原因而有此轉變呢？

我想如果我們不能對上述諸問題作出圓滿答覆，便很難確認毛澤東有意領導國際共產主義運動的這一說法的眞能成立。

為了解答上述問題，在這裏，我願意提供我對這一問題的思維和看法來供研究，尤其提出毛澤東的經驗主義與毛澤東當年只在對蘇聯爭首席奴才的地位，到如今却在爭領導地位的演變過程來研究。

我想：如果我把毛澤東草擬六月十四日這一覆信的動機與基本方針看錯了，那末，我對中共這一覆信所提出的總路線及廿五個主要論述和兩個附帶論述，便將全盤把它們的性質及意向弄錯。

說到毛澤東的經驗主義，不但毛澤東要否認，一般中共黨員要否認，甚至稍為涉獵過中共問題的反共人士，也要否認，因為毛澤東及中共任何幹部都沒有說過毛澤東有什麼經驗主義。有之，則惟見其一再強調辯証唯物主義而已。但我却認為毛澤東腦經裏眞的充滿了經驗主義。

我這所謂經驗主義，當然不是指一種哲學的方法而言，而乃指他自己的行為觀念而言，而乃指他自己不自覺的一種意識形態而已。而且，這種意識形態並不止表現在毛澤東個人身上，而乃經常表現在所有共幹和宣傳上。這是我曾經在中共統治下居留時期仔細體認到的。

在沒有眞正廣泛接觸過共產黨人的人想來，共產黨員都是講求思想方法的，都是通過他們對唯物辯証法的研究和信仰而迷信馬克思主義的。我看到的事實却完全不是這樣。我看到只有極少極少的幹部注意理論，此所以周恩來曾經向大公報總編輯王芸生說：「在中國，只有毛澤東同志和劉少奇同志懂得馬列主義，其餘的人都不懂」。而王芸生却把周恩來的話聽錯了。誤為：「在中國，懂得馬列主義的人極少，只有毛澤東同志。連劉少奇同志也不懂」。王芸生聽錯了還算事小，他居然把聽錯了話寫諸文章，公開出來，這就引起軒然大波了。結果還是由王芸生登報公開道歉，聲明自己聽錯了，才了事。然而，也就由這一件事可以窺察到中共一般幹部是誰也不敢自認懂得馬列主義的。於是，把馬列主義，作為所欲為的解釋，在中共來說，當然就只有毛劉二人。毛劉二人以外的人，都在學習之列。中共每有重要文件，中共一向是「報告」—「學習」，然後又以「傳達」—「報告」—共同學習」的方式層層下達的，其結果當然就是造成毛劉二人才是可以大談理論的偶像，其它的人就只有學習和執行的一種迷信式的經驗。主義便也就在這一情況下產生。因為毛澤東說資本主義和帝國主義是必垮，無產階級革命是終必成功的。大前提既已如此確立，所以中共中央，自毛澤東起，就一直流行和傳播着這樣一個經驗主義的觀念，而為大陸上所有共幹所習知。這經驗主義的觀念便是：「第一次世界大戰打出了蘇聯，第二次世界大戰打出了東歐共產國家暨中國，所以，第三次大戰便是赤化全世界」。這是他們的經驗，這一經驗本來也有一點似是而非。因為第一次世界大戰確實打出了蘇聯，第二次世界大戰也確實打出了東歐各共產國和中共在中國大陸的勝利。於是他們就以此得出一個被他們認為是眞理的結論，這便是我所說的毛澤東的經驗主義之一。

然而，毛澤東的經驗主義，尚不止此。當年他是憑幾桿爛槍從井崗山起事而於十四年前佔據大陸，而他的敵人當時却異常龐大，他都把它擊敗了。於是，他覺得天下的敵人都是如此，就是資本主義發達到最高階段的帝國主義也不過是紙老虎，韓戰的結果，使他向這種錯誤的經驗主義更跨進一步。不僅毛澤東對未來鬥爭的看法，作出了違背了辯証唯物主義的結論，說什麼決定戰爭勝負不是其它，而只是人。甚至一般共黨首要，如中共國防部長林彪，竟也發出荒謬的經驗主義的結論，說中共有的是「精神原子彈」，足以克服一切。因之，無論在毛澤東本人或中共許多幹部心裏，便都認為由毛澤東為首的中共中央來領導世界革命，實比之由赫魯曉夫為首的蘇共中央領導更好。

這是毛澤東有心領導國際共產主義運動的原因之一。

其另一原因，則是受赫魯曉夫的壓力，被迫奮鬥。爭首席奴才地位既不可能，遂乾脆由爭平等而爭領導。

中共的組織力究竟有多强？

胡越

遍數古今中外的統治者，無論意志的顢頇和頑强，毛澤東確是一個罕見的角色。一九六〇年前後大陸經濟潰亂，人心動搖到那樣程度，迫他向右做一百八十度的大轉彎，以「整風整社」的緊急措施，恢復部分資本主義，把動蕩和混亂救住，今春剛剛有點起色，他居然敢於搬出「社會主義教育運動」，重再從政治和經濟兩面嚴厲打擊使大陸經濟起死回生的資本主義傾向，這股蠻勁就眞够瞧的；而還不止如此，他一方面冒險對內恢復死硬政策，同時對蘇俄大張旗鼓進行「反修正主義鬥爭！」不睬赫魯曉夫的陽關道，單走下臨萬丈深淵的獨木橋！毛老大眞算够橫了。

要知道反修正主義鬥爭，不是一件輕鬆的事。雖然由於戰後蘇軍在東北內蒙的滔天罪行，給大陸同胞留下深惡絕痛的印像，反蘇可以順應一部分民心；但是他遭受困阻和矛盾却大得多。蘇俄既然如此不是東西，當初爲什麼向他一邊倒？而「一邊倒」三字是清清楚楚印在毛著「論人民民主專政」那本小冊裏的。這個思想上的疙瘩，是不易鬆解的。其次，中共對黨員的敎育，一向把蘇俄捧爲社會主義的天堂，現在一旦罵成帝國主義的同路人了，許多人的頭袋就轉不過來的。破除一個迷信，是要費很大的麻煩的。

一九五九年被整肅的彭德懷、黃克誠、陳雲、張聞天，他們的罪名是有右傾思想，實際上主要是爲了有親蘇和擁蘇思想。類似彭、黃、陳、張的人，在中共黨內還有相當大的數目；老毛搞反修正主義鬥爭，必使黨內思想發生震蕩。而他却非搞不可！

毛澤東這種蠻幹到底勁頭，我們不能粗心大意的論斷，以爲完全出於狂妄的衝動，在客觀上他必有點憑持的條件。據我的觀察和分析，老毛近三年銳意經營、把握不放的有三件東西：一是軍隊、二是特務，三是黨。這個東西互相控制，互相支持，可總名之爲組織力。老毛以爲只要我握緊這三件法寶，並且能够靈活操縱，就可以天不怕、地不怕；美國這隻紙老虎雖然有核子牙，但是太馴順不會咬人，赫魯曉夫的核子牙，也一時不敢咬他。大門前的一虎一熊都傷不了他，那麼關起大門來，那六萬萬餓得頭昏眼花，東倒西歪的老百姓，怎能奈何得了他？

反攻大陸四個字，被台北當局喊臭了。到今天連台北當局自己也不好意思提了。因爲一提反攻就等於自我諷刺、自踏痛脚！在海外向台北喊反攻的人，聲音也愈來愈小了。就是聲音大也沒人理睬，因爲台北當局不做臉、不撐腰！

台北當局反攻不成，是不是中國人民就絕無可能把老毛趕出懷仁堂吧？哇！老兄，你怎麼提這個！你要知道中共的組織多嚴密、控制多厲害呀！這種失敗主義的心理，不但台北當局、海外一般中國人有，在美國的留學生諸君尤甚，就連三百六十五天，天天被毛共指着鼻子痛罵的美國鬼子，也是這麼想！這一懶惰、悲觀的想法，像一道上拉天下至地的鐵閘，把六億中國人民恢復自由的希望封死了！希望尚且不敢希望，那麼還談到甚麼實現？六億億螞蟻，就此世世代代做螞蟻嗎？泱泱五千年的華風，就此一掃光，做無底沉淪了麼？你，讀方塊字的黃面孔，你眞的認帳了麼？

現在我們面對一嚴重的課題，中共的組織力究竟有多强？是不是强到神話的地步？我們連想都不敢想了？

所謂組織力，有兩大要素，一是組織的形式及運用組織的方法，二是組織成員的質素和思想意志。要知道組織的形式，運用組織的方法，都是死的東西，它們是組織活動的經驗所積累的知識，這些東西如果沒有意志堅强的人去支撐它，它就一點力量也沒有。軍隊是最嚴格的組織，但是一旦士氣動搖，戰意瓦解，就會陣前起義，棄甲曳兵。可見組織成員的思想意志是組織力的根脈，我們要衡量中共的組織力究竟有多强，必須考察它的黨員和幹部的思想狀態。

中共雖然是第三國際政策之下的產物，由寄生於國民黨內而得發展，由盲目的城市暴動到殺人放火的游擊戰爭，經兩萬五千里長征，藉抗日戰爭而壯大，乘國民黨之昏私腐敗而取得政權，前後歷時幾三十年。經過三十年的艱苦鍛鍊，其基幹黨員之間已完成血肉相連的關係，生死利害，成敗榮辱已成一體，有這樣一個基幹集團爲中心，其黨的組織，在中國近代史上是堅强無匹的。如果不是毛澤東發狂妄、亂折騰，單憑長征及抗日期間訓養的這批基幹黨員（約百萬衆），他實可在五十年內無敵於中國。這一百萬人分散於軍隊、黨政、財經、文敎各部門各層面，控制思想，掌握政策，以三千餘萬黨團員爲前鋒，將六億人緊緊納於各種組織之中，每人的一呼一吸皆在監視之下，此誠難以摧毀之巨力。可是這一鋼鐵似統治系統，於一九五七年以後開始崩壞，已截然成爲過去了。

從鳴放運動到反右派鬥爭，毛澤東第一次有效的全面的打擊了中共的組織力。要知道反右的這一「陽謀」，不但摧毀民主黨派的信心，使統一戰線徹底瓦解；傷透了知識份子的心，並且動搖了基幹黨員的忠誠。因爲這一陽謀不但用來對付人民，並且用來對付黨員。

鳴放和反右只在黨內引起了的動搖，但是當一九五七年，全國的經濟情況還相當穩定，一場政治的波瀾過去之後，組織力仍可恢復。

到了一九五八年開始大躍進，實行人民公社之後，把全國經濟生產搗碎了。全國陷入動蕩和混亂，每個黨員都瞪大眼睛看着，這一天大的錯誤和挫敗。在思想上引起劇烈的矛盾：（一）開始感到蘇俄及東歐的修正主義之誘惑。彭、黃、陳、張諸人之右傾思想是一明証。（二）對黨的決策和領導發生懷疑；（三）對共產主義的理想感到幻滅；因爲中共自吹公社是走向共產主義的捷徑，結果一接近共產主義立刻跌得鼻青臉腫。

一九六〇年以後，開始了反蘇俄修正主義運動。對這一運動，一般人多從中俄共經濟條件的差異，赫毛爭奪共產國際領導權的衝突求取了解，這些固然也是原因；最近我發覺，毛澤東所以如此猙獰的反赫、反修正主義，是因爲修正主義思潮的泛濫，直接威脅毛的權位及中共政權的存在。

反修正主義鬥爭，引致的共產國際的分裂，對於一個忠誠的共產主義者，是深刻沉重無比的打擊！毛澤東雖然抱着馬列主義的遺著誇誇其談，但是蘇俄是第一個社會主義國家，是共產主義運動的總根據地，是唯一擁有核子力量與西方對抗的堡壘，現在把它罵成帝國主義的走狗，意義之嚴重實不待多說。毛共未嘗沒有取代俄共領導地位的妄念，但是三面紅旗高懸的大陸，十年之內難望好轉，有什麼條件，有什麼本錢來領導世界革命？這是今天大陸上有思想的共產黨員最黯然神傷的了，從一九五七到目前的變化，中共組織中那些對共產主義最忠誠的，在各種各級組織中起骨幹作用的基要份子，正陷徬徨苦悶的動搖瓦解之中。把反共復國的担子肩起的中國人，現在有了機會，眞正的機會！可是機會來了，你爲什麼徘徊瞻顧？爲什麼惘然若失？爲什麼逃之夭夭？

敎權與人權

謝扶雅

新聞家依每年「決算」的慣例，若點數一九六三年的十大事件，當必首推羅馬敎皇約翰廿三世於六月三日之歸天。不，他不但是今年全球的第一個新聞人物，也實在是一位開創世界歷史記錄的敎皇。本來天主敎居世界宗敎中最堅强制度化，最保守者之一，居然將這個於聖經無據的敎皇制度保留一千五百年，直至盛行宗敎自由，人權平等的二十世紀六十年代而猶未取消。敎皇的統治權除總轄全人類的精神界而外，從前還兼轄了塵世的若干國家，自十九世紀七十年代以後，政治權力始完全失去，但仍爲全世界六億天主敎徒的精神元首，並一向排斥其它宗敎信者，視爲異端。

破天荒地這位八十一歲的約翰老敎皇，思想非常開明，態度非常公正。他曾竭全力以謀世界和平，屢屢强調人類自由。他於今年復活節前夕發表萬言「通諭」(Encyclical)，題曰「地上和平」(Pacem in Terris)，廣泛涉及解決世界問題的意見，如裁軍、禁核、富國接濟貧國，人類互通有無，消除殖民地主義及種族歧視，並殷殷重申人權自由及互相尊重之旨。他不但企求基督敎內的合一（與希臘東正敎及新敎各宗派），兼欲於今冬召開全世界宗敎大會，號召寰宇宗敎信徒共爲解決世界問題而盡力。當他彌留之日，連異敎信徒都爲他祈禱，全球輿論無不以巨大篇幅去頌揚他。各國政治領袖均馳電敬悼，包含赫魯曉夫在內，只中共政權及阿爾巴尼亞默然而已。

溯原始政敎合一時代，酋長獨攬大權，統轄他部落成員的身體和精神。在我華夏，則演變爲「天子」或帝王，代表上天而統治天下。西方於中世紀產生敎皇制度，集神權敎權王權於一身。進至近代，神權政治完全消除，宗敎成爲個人純粹內心信仰的產物，而不容藉制度和組織控制大衆，以遂特權階級壟斷之私。政治更被公認爲人民公共之事；國家也跟敎會一樣，不外乎一種自由結合的團結，由成員訂約而組成，所謂「民有、民治、民享」。惟有存十九世紀，於特種情形下出現的宗敎性馬克斯共產主義，却倒退至原始野蠻的政敎合一，蔑視人類平等自由，並在政治經濟及思想上侵襲滲透一些後進民族，造成變相的新殖民地主義和敎權的帝國主義。這眞是二十世紀人類文明的最大污點。世人若不予以迎頭痛擊，或迫其根本改造，則微菌滋殖蔓延，誠有如中共頭子所宣言的「精神核子彈」，足以毀滅人類所苦心積聚的精神文明。

「共產敎」所以成爲目今人類的大敵，端在其以無限權力壓迫及抹殺個人的價値，蹂躪人權，違反人性，以至否定人之所以爲「人」。按「人權」一詞在西文作「Human rights」，直譯應爲「人的正是」，初與所謂「權利」或「權力」的觀念不同。「正」因「是」人，故非求生不可；「正」因「是」人，故必要求享用其自己勞力所得。這就是近代政治思想家所唱最基本的「生命權」及「財產權」，其它信仰、思想、言論、出版、集會、結社等等自由皆隨以演出；於是抽象的「正是」遂具體化爲複數的「權利清單」(the bill of rights)，相約責成政府爲之保障，同時亦便限制了政府的「權力」（Power）。明定於自由公民所共製定的國家基本法律憲法之中。倘有一個政府而不守憲法，非法違法，或强姦民意，擅作自便私圖的憲法，則人民當然必要起而改革或推翻這種反人權的政府，而另組一合乎民意的政府。這是每一個人應有的常識，也就是人之所以爲人的天職所在了。

台灣簡訊

志清

一、清查漏稅，忽然爆出大紅包案

六月六日，台北市稅捐處稽查室稅務員胡奇、程承德、林順明、陳士奇等四人主動查辦本市博愛路隆德西藥行涉嫌漏稅案，要求市警察局經濟課派員協助，該課課長李惟喬即指派課員林烈銘、胡相基兩人配合稅捐處人員一同前往該行。據說：李惟喬因鑒於會辦案件常發生弊端，故指派向有廉潔不苟紀錄的林課員負責。林、胡兩課員偕同稅務局的胡、程、林、陳等四人到達該藥行後，即在樓上樓下查獲涉嫌漏稅的各類賬冊二十餘本，漏稅數額頗鉅。該行老板許福仁即向彼等央求，請「特別幫忙」，但稅警兩方人員仍將漏稅賬冊查封。當晚，即有人向警局胡相基課員活動，說該行願以十萬元分贈辦案人員，請他們不要往上報。胡諒商於林，林以事關警譽及稅務人員風氣，將情形報告李課長。李囑林、胡兩課員虛與委蛇，並暗中派人監視，準備將行賄人當場拘捕；但結果竟毫無所獲。

事隔兩日，至六月八日，林課員持新台幣一萬元報告李課長，說是隆德藥行的賄欵，由胡課員轉交與他的，李課長又問胡課員，胡也交出一萬元；據稱：該藥行於昨晚叫店員賴五美送到他家，他曾告以不能收，但賴回頭就走；並說：稅捐處方面已由許老板打通，你們祇須於十日上午到該處將賬冊起封後就走，他們自會設法將其中的重要賬冊取出，你們不需負任何責。」李課長以案情重大，即報告張局長鍼中。張囑胡課員將經過情形寫成書面報告，並交刑警隊偵辦。

市警局刑警隊於六月十日傳訊行賄店員賴五美，並予扣押。賴供認承奉該行老板許福仁之命向胡課員行賄不諱。許初則一度逃匿，至十四日深夜，始由警局總務課員孫雲弟帶同到案，但否認有向稅務員行賄之事。市警局當即准予交保。但賴五美行賄部份，則連同賄欵兩萬元移送台北地檢處法辦。

從以上的事實，顯見本案尚有內幕。就有關市警局部份而論，該局經濟課長李惟喬既已吩咐課員胡相基虛與隆德藥行行賄店員賴五美委蛇，以便人贓俱獲，為何胡相基收到賄欵二萬元時，不但不報告李惟喬俾得當塲捕人，反而留下一萬，另將一萬轉送林烈銘。假如不是後者報告李惟喬，胡相基顯然是有意將此項賄欵隱沒的；但市警局對此竟不加追問。最顯著的是賴五美送賄欵與胡，乃係奉店主許福仁之命行事，但市警局對許先有總務課課員陪同到案，隨即交保，僅將賴移送法院，顯見該局對許法外施恩，其中有無別情，實令人懷疑。至於稅務人員是否曾收受賄賂，警方人員雖避免提及；但証以僅處於協辦地位的警局人員均每人接獲賄欵一萬元，可以想見主辦的稅務人員絕不會沒有收獲，而且為數更不止此的。

此間盛傳許在逃匿期間，曾與稅務人員串通滅証，並已打通了警察高級人員，然後投案。觀其投案時有警務人員陪同，而投案後立即交保等事實，足証此項傳說不是空穴來風的。

報載：省財廳稅務處和省警務處對本案頗為注意，將分別進行澈查。下文如何，祇有待事實來証明了。

二、經濟部請警總放寬工商人員出入境手續

經濟部為利便工商人員出國，擴展對外貿易，於最近致函台灣警備總司令部，請對外銷實績在二百萬美援以上，銷售市場在三個以上的工商團體成員，准予增發一人在一年以內使用多次之出境証。

依台灣省出入境管理辦法二十八條第八欵規定，各廠礦行號主持人因業務關係確有經常出入境之需要者，經主管機關証明可發給一年以內使用多次之出入境証，惟領証人資格限於公司董事長，未設董事長之公司代表董事，登記有案之經理人，執行業務之股東，廠礦行號之代表人，通常以一人為限，且以能够提出一年外銷實績達廿萬美元之証明為原則。唯事實上有部份大規模之公司，為了國外業務範圍大，常請求加派人員出國，經濟部考慮結果，如上建議。但因出入境管制在形式上雖由警備總司令部主辦，實則最後的決定權乃操之於蔣經國所主持的特務機關，故經濟部的建議是否被接受，仍將有待於蔣經國的決定。

三、省議會擱置公賣局預算

台灣省議會財政審查委員會於六月十九日審查公賣局五十三年度營業收入及支出預算決議如下：「查該局所編五十三年度事業預算，由於菸酒銷路呆滯，資金之調度發生困難，該年度擬透支資金數達十億元以上，據前年度決算中透支資金僅一億六千餘萬元，至五十二年度該局透支資金截至目前為止，幾達十億元，由此可見該局之財政管理、成本計算、以及擴充資產設備，在在均有問題，為期健全該局之財務制度，本預算案應留俟財政審查委員會調查該局之營運情形後，再予審查。」

由於公賣局的營業預算，在省政府的總預算中，佔了百分之五十四强，預算年度又於七月一日即開始，省政府對財政審查委員會所作的上項議決，極為關懷。因為如不能於七月一日以前完成立法程序，省府下年度的建設工作，勢將蒙受重大影響。日來省府高級人員正尋求各種可能的途徑與財政委員會各議員進行洽商，希望能打開僵局。

據財政審查委員會召集人陳重光議員（國民黨籍）向新聞記者談稱：「該會將省公賣局五十三年度事業預算案予以擱置，完全是由於該局目前營運方針過於偏差，勢須作澈底瞭解後，方能進行審議。」陳議員又說：公賣局本年度銷貨收入預算，遠較去年為低；該局透支借欵總額已達八億九千三百萬元以上，每年須負担利息九百萬元之多；但管理費用反而較上年增加一百五十餘萬元；他認為應予核減。二十日，省議會預算綜合委員會開會，對公賣局的預算案，亦決議應尊重財政委員會的意見，俟後者派員赴該局調查整個營業情形後，再行審查。

二十一日，財政審查委員會議員黃占岸等前往台北實地調查公賣局的營業情形，向該局索取透支十億餘元的詳情說明，但該局未能提出。黃等大為不滿，即以長途電話報告召集人陳重光議員，促其即於當晚趕往台北，共商對策。聞該項透支，多與蔣經國的特務機關有關，故不能向省議員們公開。

據熟悉內情者透露，國民黨在省議會內的黨團負責人已奉命展開活動，務使公賣局預算能於七月一日前通過。因此，財政審查委員會各議員雖對該局的營業情形，尤其是透支欵項深表不滿；但該局預算則仍須如期通過的，至多是附帶幾項決議，要求該局如何如何改進和要求省府如何如何監督，藉以自我轉環而已。

▲　▲　▲

為黃啓瑞貪污案稍作補充

讀者投書

編輯先生：

我剛自台北來港，讀了貴刊所載「黃啓瑞貪污無罪」的一篇台北通訊，願就所知實情，畧作補充如下：

一、黃啓瑞原有好好先生之稱，在國民黨當權派旗下的台籍人士中，他可算是一個身家清白的人；不但沒有像其他許多人一樣，曾在所謂日治時代，為虎作倀，而且在光復後的初期，也是循規蹈矩，未曾為非作歹，發過橫財。祇因其對上恭順，蔣經國認為容易駕御，遂引為忠實幹部。於是，平步青雲，不數年便爬上台北市長的寶座。當時曾不知羨煞了多少熱中利祿的台灣人。但他的悲劇便從此開始。因為在今日的台灣，不但競選須花費大錢；而當選以後，更必須為國民黨籌一筆「特別費」。同時對於那些主辦選舉的黨務人員也得有所報酧。這是各民選縣市長的通例；不過台北因為是首善之區，數目特別大而已。黃啓瑞就是為了要撈回競選費和籌集「特別費」及「酧勞費」，才不得不步上貪污的途徑。本來，他的貪污，國民黨當權派在事前是完全諒解的；還可說是奉命而行的。其所以突然案發，完全是由於他是一位好好先生，不够機警所招來的。事緣三屆非法總統誕生前後，蔣經國與陳誠的關係，壞到極點，太子派人士都對陳誠採取敵對的態度，但黃啓瑞却糊塗透頂，對陳誠依然十分恭順。在他本人來說，陳誠和蔣經國同為頂頭上司，自應同樣效忠，庶可取得他們的歡心。但在蔣經國看來，就認為他有了二心，因而授意其手下的特務人員將市公車處和市宅會的兩大集體貪污案揭發出來。最初，黃啓瑞還以為他的貪污原是國民黨當權派所諒解，有恃無恐；後來，知道是蔣經國懷疑他不忠，於是一方面趕快交出台北市長，一方面央人向蔣經國百般說項，才緩和下來。兩年以來，總算他能閉門思過，蔣經國已漸回心轉意，所以兩案均被判無罪。由此可知，黃啓瑞的貪污完全是國民黨當權派一手造成的。假如他不做台北市長，他當不致學會貪污的；或者做了市長後而能善體蔣經國的意旨行事，那麼，縱然貪污也一定會安然無事的。國民黨當權派——尤其是蔣經國，一方面造成一種環境，引人去貪污，而且使人不能不貪污，但貪污以後，他却拿着把柄使此等人附首聽命，永供驅使。但若一旦見疑，他就授意手下的特務人員予以揭發，使你身敗名裂。據說：這就是蔣經國控制幹部的秘訣。明乎此，黃啓瑞之忽而被重用，忽而被控貪污舞弊，忽而又宣判無罪，亦可思過半矣。

二、呂志超原是一個奉公守法，精明能幹的優良人員。由於他在省公務局的工作成績很好，黃啓瑞就任台北市長之初，極欲對市民怨聲載道的市公車處有所改進，特向省公路局借調呂志超主持其事。呂到職後，果然不負衆望，建樹良多。但黃啓瑞的心腹人士莊謙義等為了代黃籌集上文所述三大筆費用，認為利用公車處購料舞弊，可以事半功倍，不料遭呂拒絕。因而市政府與市公車處頻頻發生磨擦，呂不安於位，憤而辭職。黃啓瑞誠恐事洩，親加挽留，呂才打銷辭意。但此後不久，呂的秘書郁梯雲即被莊謙義等所誘惑，呂妻亦因平素生活清苦，眼見他人貪污愈多，升官念快而愈大；黃啓瑞又是國民黨當權派的紅人，和他串同貪污，更可升官發財。於是在莊謙義與郁梯雲等的大把金錢誘惑之下，也就同流合污了。呂志超事後得知其情，亦無法自拔。論法，呂志超當然是有罪的；但論情，却是被環境所迫的。現在他雖然被判無罪，但其所受的損失却是慘重的。不但半生的清名毀於一旦，而且遭受了兩年牢獄之災。尤其是愛妻羞憤而死，一個好好的家庭竟弄得破碎不堪，更是他畢生不能彌補的。

總之，今日台灣的政治，完全像一個大染缸，凡是進入裏面或與它接近的人，絕不可能保持清白的，黃啓瑞和呂志超不過是其中的兩個而已。

台北來客朱國則上

七月一日

中共新華社報導：

蘇共中央已斷然拒絕中共覆信

綜觀

關於六月十四日中共給蘇聯的覆信，自中共於六月十六日命令人民日報用社論方式將其全文片面先行發表後，已引起各方面的注意和分析。

中共六月十四日這一覆信和末經蘇共同意即片面地將它先行發表，是否足以導致中共與蘇共預期七月召開的會議的破裂，目前尚難斷定，因為一切情勢尚待進一步發展始能完全明瞭。不過，中共六月十四日這一封表面號稱團結實則旨在進行對蘇鬥爭的信，已被蘇共「斷然拒絕」，則是肯定的了。因為中共新華社已於六月廿五日發佈消息說六月廿一日閉幕的蘇共中央全會已通過了一項「關於即將舉行的蘇共中央代表和中共中央代表會談」的決議。

中共新華社的報導原文是這樣的：

「蘇共中央斷然拒絕中共中央對於蘇共和其它共產黨對蘇共第二十次、第二十一次、和第二十二次代表大會決定以及對它的綱領的攻擊。認為這種攻擊是沒有根據和誹謗性的」。

新華社並說蘇聯眞理報已發表了蘇共中央這一決議案的原文。決議說：

「一、蘇共中央全體會議完全地、一致地贊同蘇共中央主席團，蘇共第一書記、蘇聯部長會議主席尼·基塔·謝爾蓋耶維奇·赫魯曉夫同志在進一步團結世界共產主義運動力量方面的政治活動，以及蘇共中央主席團在同中國共產黨中央委員會的相互關係中所採取的具體行動和措施。

「全體會議贊同地指出，以尼·謝。赫魯曉夫同志為首的蘇共中央主席團過去和現在始終一貫地、堅定地貫徹一九五七年和一九六〇年各國共產黨和工人黨莫斯科會議的一致決定。

「二、贊同蘇共中央今年六月十八日關於中共中央一九六三年六月十四日來信的聲明。

「三、責成蘇共中央主席團在即將舉行的同中共中央代表的會談中遵循下列各點：

「堅定地執行我黨在蘇共第二十次、第二十一次和第二十二次大會上，在各國共產黨會議上所採取的、並在宣言和聲明中得到反映的、被實際生活、被國際共產主義運動發展的實踐和國際事件的進程完全証實的路線。

「蘇共中央現在和將來始終一貫地執行在馬克思列寧主義理論和一九五七年、一九六〇年在莫斯科會議的歷史性文件的基礎上團結兄弟共產黨和工人黨，克服現有分歧的路線。

「蘇共中央今後仍將致力於在馬克思列寧主義和社會主義國際主義的原則的基礎上加强蘇聯和中華人民共和國兩國偉大人民之間的兄弟友誼和關係，以利於國際共產主義運動和工人運動的團結，以利於爭取我們共同事業——共產主義勝利的鬥爭。

「蘇共中央斷然拒絕中共中央對我們黨和其它共產黨，對蘇共第二十次、第二十一次和第二十二次代表大會的決定。對根據馬克斯列寧主義理論，蘇聯社會主義建設和國際革命運動的實際經驗制訂的蘇共綱領進行的攻擊，認為這種攻擊是沒有根據和誹謗性的。

「歷次代表大會的決定以及全體蘇聯人民和國際共產主義運動一致贊同的蘇共新綱領，成了我國共產主義運動建設中的巨大的動員力量。

「蘇共中央過去和將來的出發點是：不在共產主義運動中進行公開論戰，並表示希望，中共中央方面將不是在口頭上，而是在行動上遵守已經達成的關於停止公開論戰的協議。

「在會談中，陳述和捍衛蘇共在世界共產主義運動和工人運動的主要原則性的問題上的立場，以及解釋蘇共在蘇聯共產主義建設根本上的立場，這些立場為生活本身所証實，得到兄弟共產黨的一致贊同」。

以上是新華社所報導的原文。從這一報導看，蘇共中央尚無停止舉行中蘇共下月舉會議的迹象。但是蘇共將不接受中共中央六月十四日所給覆函所提出的總路線及廿五個主題及兩個附題的論述，則已甚為明顯。所以，中蘇共之間之矛盾如何發展，尚值得繼續注意。

至於上述蘇共中央決議所謂蘇共新綱領已得到「兄弟共產黨的一致贊同」的話，當然也是一種謊言。因為，除中共外，在今日各國各地共產黨中，就有阿爾巴尼亞的共產黨（即勞動黨），北韓共黨、新西蘭共黨、北越共黨、印尼共黨等站在中共一起反對赫魯曉夫及蘇共中央的現行政策。這是誰也知道的。

大陸簡訊

藍星

中共嘲笑蘇共不敢公佈中共覆函

中共六月十四日致函蘇共後，蘇共中央委員會已決議斷然拒絕中共的指摘。對於中共的這一覆信，蘇共已分發給它的中央委員、中央候補委員和中央檢查委員會的全體委員看過，但卻決定不在蘇共的眞理報或其它報紙發表。

中共原本希望蘇共能將中共覆函公開發表，以擴大它的反赫影响。但蘇共中央不這樣做，赫魯曉夫的女婿且公開責罵毛澤東只會高談臭理論，而不知改善人民生活。於是，中共起而嘲笑蘇共理虧心虛，以致不敢公佈中共六月十四日給蘇共中央的函件，除此之外，中共又命令它的駐蘇大使館散發俄文文件，此一俄文文件即是中共六月十四日致蘇共函的譯本。

在此情形下，蘇共乃公開指摘中共不應公開此一論戰。因中共與蘇共前此曾彼此訂立過一個不將雙方論戰之文件予以公開之協議。今中共違反協議，擅自將論戰文件公開，所以，蘇共中央委員會決議案中曾表示希望，希望中共不止是在口頭上遵守該協議，而應該在行動上遵守該協議。

中共抨擊蘇共「只許州官放火」

中共對蘇聯所發出之抨擊，通常是由中共新華社播發的。有時，則輪流由中共「中國新聞社」播發。由於蘇共指摘中共違反不公開論戰之協議，於是中共「中國新聞社」又於六月廿六日奉命予蘇共以還擊。它說：

「中共中央六月十四日覆信曾提出兄弟黨的公開爭論，必須根據兄弟黨的獨立、平等、協商一致的原則來處理。在國際共產主義運動中，誰都沒有權單憑自己的意圖，想發動攻擊就發動攻擊，想禁止對方答辯就下令停止公開爭論。現在，蘇共中央不提它公佈在三月三十日系統提出自己對國際共產主義運動總路線的來信，反而責備中共發表提出自己關於國際共產主義運動總路線的建議的覆信。這顯然是自己挑起了公開的論戰，卻把責任卸給對方，而且不許對方答辯。這不正是只許州官放火，不許百姓點燈嗎？」

不讀中共此一指責尚可，讀了之後，我們才知中共對蘇聯一向是看作州官，而中共自己則一向自視為百姓的。

其實，這件事情卻給了自由世界一大教訓。蘇共與中共彼此之間，所訂的協議，彼此間尚不遵守，而且互相玩把戲，那末，有些天眞的人甚至還想自由世界或自由世界的國家與共黨國家訂協議，試問那又怎會期望共黨國家遵守呢！？

僑鄉近訊

鍾之奇

廣州各地今年農村日用品稍增

一則為了緩和大陸各地人民之反共情緒，一則為了暫時安撫內部以對赫魯曉夫，所以，毛澤東今年對大陸各地的生活必需品的供應量，採取了較去年稍為增加的策略。

據中共「中國新聞社」北平六月廿五日電：「廣州市商業部門今年頭五個月調往廣東省各地農村的日用百貨，比之去年同期增加了百分之十二」。是不是眞的增加了百分之十二呢？因為中共的統計數字是以「政治掛帥」的原則虛報的，所以，並不絕對可靠。不過，稍為增加了一些是事實。當然，這卻絕對不能解釋為毛澤東今後對大陸人民之各種控制將繼續放寬或繼續改善。事實上，由於中共財經開支浩大，而又沒有別的財經來源，中共主要的財經收入原是只靠向大陸農民去壓搾的。所以，如果海外僑胞以為中共今後將更放寬，那就必然將會失望。事實上，中共目前這種稍稍放寬的政策究能維持多久？亦是問題。何況，中共對廣東各地農村的供應，今年縱然比去年增加百分之十二，那也距離人民之基本需要甚遠。事實上，今日廣大僑鄉之同胞是仍在饑餓線上掙扎的。除非把中共暴政推翻，改為自由民主，人民是不可能有眞正幸福的。

晉江地區部分早稻有收成

據中共「中國新聞社」報導：晉江地區今年的早稻只有部分地區有收成。據說：「晉江縣金鷄水渠沿岸以及被稱為晉江穀倉的陳埭、青陽、池店三個公社的五萬多畝早稻，今年長得特別好」。但其他地區的農事就成問題了。據中共說：這是因為「晉江下游平原，今年遇到幾十年罕見的二百多天嚴重乾旱。在溶田揷秧以前，晉江、南安和泉州市郊的十多個公社，五次聯合攔江截流，把晉江水引進金鷄渠道，還新開三十多條支渠」的緣故。而且中共尚在「金鷄渠道兩岸新設三百四十六台抽水機，使大片水稻得到正常灌溉」的結果。至於其他地區呢？那就不能與金鷄渠兩岸的情形相比了。一則其他地區不能充分利用江水，再則根本沒有大量的抽水機，所以，農田被受到旱災了。

廣西全省旱情嚴重

中共早已把廣西改為僮族自治區，即是廣西省的別稱。廣西目前的情形怎樣呢？據中共新華社六月廿六日南寧電：「廣西絕大部份地區的嚴重乾旱目前仍在持續發展。受旱時間從去年十月算起已經超過了八個月。降雨量一般比正常情況減少六成以上。受旱地區已遍及五十六個縣。嚴重的問題是：一些原來受旱的地區也開始呈現旱象」。

印度返回大陸華僑被分派各地

由印度返回大陸的僑胞，已有一部分被强迫分配到雲南邊區的苗族和白族地區從事勞動改造，已誌本報。茲據中共自己報導：第二批從印度回大陸的華僑，又已被强迫分往各地了。

這消息是中共「中國新聞社」六月廿六日自廣東省湛江縣發出來的。它說：

「第二批從印度回國的受難華僑和他們的家屬，其中一百一十六人，已於二十五日下午離開湛江，前往廣東英德華僑農場」。

又說：「其它三百多名難僑和他們的家屬，也將在日內離開湛江，分別前往廣西、雲南等地」。

我們曉得：華僑們在海外都是從事工商業，今中共忽然要他們從事農業勞動，而且到苗族、白族、僮族等少數民族居留的荒山僻野去開荒，那末，他們以前在印度所遭遇的只是一時的災難，回到大陸後，今後將是永久的災難了。哀哉！

泰國已形成了反共支柱力量

自一九五四年東南亞公約組織總部在曼谷成立了後，泰國便立刻成爲東南亞反共的主要支柱。迨至前年五月，美國派出了一千名武裝部隊進駐泰國，更使泰國的反共地位，愈益堅强。這一千名美軍雖是和美國派駐西柏林的部隊的性質相同，祇是一枝象徵式的隊伍，但其意義就等於表明了美國全面支持泰國的決心，和表明了美國協防東南亞反共國家的動向；於是，泰國便逐漸形成了反共的堅强力量，使共黨在東南亞的擴展陰謀，有所戒懼。

泰國的政治，經濟，地理，在東南亞各國中，確是處在相當重要地位的。她在暹羅灣的頂端，而與馬來亞，緬甸，寮國，高棉等國爲隣，海陸交通，均頗便利。在經濟上來說，泰國是足以自豪的，她不像亞洲其他國家有過多或過少的人口，而所生產的米糧除足供國內食用外，還有大量可以輸出（據最近估計，泰國一年中所輸出的米糧可達一億五千萬元），並擁有小型而廣泛的工業能力，有利的貿易平衡，因此，人民生活，相當安定。至於在政治方面，則泰國早已於一九三〇年便已宣佈共黨爲非法組織，人民崇尚自由。事實上，這個「泰」字的意義，就是「自由」了。泰人是在十三世紀時，爲逃避蒙古忽必烈大帝之壓迫而由華南南下，迨建立了國家後，便以靈敏的外交應付了在印度和緬甸的英國殖民地主義，和在越南的法國殖民地主義；她從未受過殖民地的侮辱，也從未感染到自稱爲「中立」的投機主義者的品質。泰國還有一種堅定的國民思想，絕不受共產主義的影響。泰人是盡忠於國王的；他們信奉佛教，故絕不會接受馬克思的唯物主義。但是有一項是最獨特的，那就是篤信佛教的泰人，却對基督教徒表示歡迎；在不同的生活方式中，他們却能洽然相處。

泰國和西方自由國家聯繫得具有悠久歷史的，就是美國。泰美之間的聯繫，可以追溯到一八三三的貿易協定，那時是泰王蒙谷特於美國內戰時，以若干大象送給林肯。而泰國之獲得美援，則自一九五四年起，每年都有約五千萬元，其中一半爲軍事應用，餘則作爲經濟發展用途。至於泰國的華僑，則約有三百萬人，多數經營米廠，他們雖然對大陸的親屬極爲關切，但他們從不喜歡談及政治；中共雖曾千方百計誘使他們親共，但他們的眼睛雪亮，決不受「共特」所愚。

由於泰國在近數年來粉碎國內共黨政策，獲致巨大的成功，並能將外來的共黨滲透潛遏制至最低微的限度，尤以其國內人民，尤其是鄉村地區，沒有受到共黨的侵害。

美國之對泰國，頗具銳利眼光，看透了泰國的內情，故早已認定泰國是東南亞反共的重要支柱；尤其是當寮國局勢逆轉，及最近寮國「聯合政府」重現危機的時候，便立刻以行動來全力支持泰國。同時，美國也已考慮到：如果泰國一旦受到共黨的侵擾，則整個東南亞局勢，便岌岌可危；如果整個東南亞都給共黨控制了，則英、美等自由國家，便會立刻遭受到嚴重的打擊。因此，美國對泰的援助，支持，絕不稍爲鬆懈。美國今日，是以行動來表明對泰國支援的，這不僅使泰國人民都吃到了「定心丸」，同時也使到東南亞那些動搖不定的國家，也對美國增强信心。這在自由世界的反共工作上，也將獲致良好的後果。

設在曼谷的東南亞公約組織總部，其型式一如北大西洋公約組織，這是保証會員國在受到共黨侵畧時則予以共同援助的。美國軍專代表團早已與泰國國防部合作，訓練泰國陸軍十萬人，使之成爲現代化而有充份戰門力的部隊。這十萬精銳陸軍，足夠保障泰國的安全。在最近寮局的惡劣發展中，雖然也觸發了泰國一些危機；由於泰國東北部有六百二十五哩邊界，使泰國對寮局的演變不能不有所戒備；但是，泰國早已獲得美國的保証，美國協防泰國拒抗共黨，是不必等待東南亞公約國同意的。這一來，泰國的反共決心，自然也就更爲加强。目前，泰國確已形成東南亞公約反共支柱的態勢了。（彭定）

馬來西亞的壓軸戲

「開硬弓」失敗

俊華

馬來亞政府致送給星加坡和婆羅乃的最後通牒，並沒有發生一如馬來亞方面所預期的效力——把星、婆兩方壓服。這項出乎馬來亞方面意料之外的發展，頓時加深了馬來西亞成立「觸礁」的危機。

馬來亞與星加坡、及馬來亞與婆羅乃間有關財務談判的擱淺，筆者在上週通訊已有報導，率先採取主動中止談判的，原是馬來亞方面。因爲談判僵持不下，馬方乃採取內閣會議方式，訂定條件，於六月十九日閣議後分別於二十日將馬方訂定有關財政條件，通知星方，併於廿一日通知婆方，均「限四十八小時內答覆」。拉曼總理並聲稱：不再談判，但馬來西亞仍將依期於八月三十一日成立，「不理星洲與婆羅乃之參加與否」。

可是馬來亞這一着「開硬弓」的棋子，似乎是下錯了。無論對星加坡或對婆羅乃。

婆羅乃蘇丹的戲劇性退出談判，並於二十一日乘其專機飛返婆羅乃。和星洲方面的並沒有對馬方最後通牒屈服，仍然提出抗辯的對案。使吉隆坡大爲震駭，悲觀人士甚且認爲，千辛萬苦籌組的馬來西亞計劃，或許會功虧一簣，在沒有誕生之前就宣告流產！

蘇丹「拂袖而去」

婆羅乃蘇丹賽福丁原自六月十四日起便到吉隆坡，親自與拉曼總理談判該邦合併馬來西亞問題，但因油稅問題，相持不下。蘇丹堅持石油收益應歸婆羅乃，而由該小邦以獻金方式獻出一部份予馬來西亞中央。但馬方則强調婆羅乃此項利益只能保持十年，十年後即須全部歸中央支配。十九日馬來亞內閣會議，決議堅持馬方條件原則，蘇丹實際上已有所聞，於是在尚未收到馬方「通牒」時，即行飛返婆羅乃。

蘇丹在啟飛前會約集記者發表談話，聲明婆羅乃參加馬來西亞的兩項原則：（一）馬來西亞原定由星、馬、北婆、沙勝越、婆羅乃五邦「通過自由談判」而組成之新聯邦。（二）婆羅乃之特別利益及人民權益應根據馬來亞政府數月前之保証再加確認以爲保障。

蘇丹解釋說：他目下尚未收到馬來亞政府的「最後條件」，假使條件係不脫離上述兩原則，那麼婆羅乃的加入將無困難。

蘇丹的話，暗示馬方提出「通牒」，第一違反「自由談判」的原則：第二則暗示馬方不履行其諾言：當婆羅乃叛亂發生時，蘇丹强力支持馬來西亞，深受馬方激賞。馬方首長，當時也確曾有尊重婆羅乃特殊利益（指油田）的話。

婆羅乃的油稅，近三千萬（叻幣），蘇丹已願每年「獻金」予馬來西亞中央一千三百三十三萬叻幣。蘇丹認爲爲數不菲，因此他更强調表示，如馬來亞違反上述兩原則，則婆羅乃「寧願維持現狀」，作爲英國保護國。

基地將「消失」

本來是馬來亞方面提出：假如婆羅乃不接受條件，就不讓它加入馬來西亞。現在却是婆羅乃蘇丹聲明：若馬來亞違反合作原則，婆羅乃就不加入馬來西亞。以婆羅乃油產之富，及自英軍協防後的安定，它確有不急於加入馬來西亞的可能。因此蘇丹的「拂袖而去」，不但與拉曼的做法針鋒相對，抑且可以說予馬來亞以嚴重的一擊。

星洲的地位，比較婆羅乃困難，因它有着內部治安、勞工、經濟、失業等問題，完全獨立並不容易，甚且幾乎是不可能的，正如李光耀所曾說的，若使星洲不能合入馬來西亞，則星洲將成爲「亞洲的古巴」。自然，李光耀也不希望星洲有卡斯特羅出而執政。但星、馬關係的微妙不可分，使得星洲對馬來亞也有其重要性。李光耀於自吉隆坡談判失敗返星時即聲明說：沒有星洲的馬來西亞，「簡直不可想像」。因爲「若使星洲位於馬來西亞以外的話，則星洲英基地『將迅速消失』，而失去防衛馬來西亞的力量」。

李光耀所說，也是事實。星洲的歷次共黨暴動，目的就在癱瘓軍事基地，以免這基地威脅中南半島的共黨活動；因爲英國是東南亞公約成員，澳紐軍協防公約地區，即以星洲爲中繼站。一旦有事，美軍也必利用此一基地。蘇加諾所指「殖民主義威脅」：也即指星洲基地而言。而在星洲的「政治氣候」上，反基地活動隨時可能發生，隨着星洲經濟困難的增加，左翼可能執政，他們當然要求撤廢基地。在星洲不加入馬來西亞的場合下，保守的估計，星洲軍事基地，最長只有五年的壽命，可能兩年便完了。

「見財起意」

李光耀曾經指出，因星洲人民賴基地爲生者，約近四份之一，故基地不能立刻一且撤廢，或需十年或較長時間，逐漸縮小以至廢除。不過這種說法，是以星洲單獨獨立而立論。如果星洲加入馬來西亞，「防務」問題由中央負責，星洲當局也樂得對基地問題，卸去仔肩，由中央決定其存廢。在馬來西亞的情形之下，第一是英馬（來亞）聯防協定已決定擴大爲英與馬來西亞協定。第二是爲防衛北婆三邦的需要，（假想敵是印尼）。第三是東南亞公約的需要，（（假想敵是中、越共）。星洲基地可能會無限期延長地保留。

這一牽涉，關連很大，不能說不重要。所以星洲也對馬來亞的通牒提出了對案，對於馬來亞要求星洲撥出剩餘一千六百六十萬叻幣予中央一節，不肯就範。只允逐年酌撥開發北婆三邦的開發「貸款」。李光耀說：星洲到柔佛取用淡水，也要付款。當然，給北婆的貸款，也要利息。「因爲打開我們的藏寶箱，發覺我們有點錢」，（就見財起意），但我們辛苦積來的錢，不能眼巴巴付出去。

星洲對於稅收的對案，對於馬方要求撥歸中央百份之四十一節，只允撥出百分之三十四。但李光耀說：星方保持打開談判之門。

英「教唆」說

星洲的對案，有點使馬來亞難於下台；婆羅乃蘇丹「拂袖而去」，更令馬方無從着手。即使願意收回「不再談判」聲明，謀取協商的話。但是僵局不能長此僵持，因馬來西亞成立之期只有六十多日。於是第三者告出現，英駐東南亞高級專員薛爾寇克爵士，駐馬最高專員陶里爵士，和薛爾寇克的副手摩爾副專員，出而斡旋，要求馬、星、婆各方——包括北婆和沙勝越代表，齊集倫敦談判。星洲、北婆、沙勝越的首長代表經已首途，馬來亞代表團則由副總理拉查克率領，偕財長及工商部長陳修信、林瑞安，拉曼將俟代表團電告談判就緒，然後飛英簽字。幾位英官員更已率先飛往。

各方行前均表「團結的信心」，似乎合作大有希望，馬來西亞不致流產。不過北婆代表史蒂芬斯（內定未來首席部長）說，馬來西亞成立，即使「延期也僅數天」。此語恐有內幕。馬來文「前鋒報」則抨擊英國應負婆羅乃談判破裂之責，「英東南亞官員」及在婆之「蜆亮油公司」人員，（從中教唆）「多生枝節」云云。假如是事實的話，除非馬方讓步，否則婆羅乃延後加入大馬，並不是不可能的。

吉隆坡通訊．

文史漫談

由「玉衡指孟冬」談起（一）

徐亮之

「古詩十九首」乃東漢的作品，今日差不多已無異義；只不過因爲「明月皎夜光」一首的「玉衡指孟冬」句，李善「文選註」牽扯上了漢初的曆法，於是不免有人給他誆住，認爲可能這一首眞是西漢的作品，甚至乃漢武太初元年改用夏曆以前的作品；其實這乃是一種誤解。關於這點我曾反復推敲，推敲的結果，認爲這詩根本就是根據夏正而作，根本就與漢曆無關，而大家所以有此誤解，只是一方面上了李善的當，另方面復誤解了本詩而已。茲先揭出本詩，然後疏釋其它。

按本詩見「文選」卷二十九雜詩上，其辭曰：

「明月皎夜光，促織鳴東壁；玉衡指孟冬，衆星何歷歷。白露沾野草，時節忽復易。秋蟬鳴樹間，玄鳥逝安適？昔我同門友，高舉振六翮。不念携手好，棄我如遺跡。南箕北有斗，牽牛不負軛。良無盤石固，虛名復何益！」

我何以說這詩根本乃根據夏正而作的呢？在沒談到我的意見以前，不能不將什麼叫做「夏正」先來一說。原來我國古代的時候，新統治者爲了「易民之視」和「以紀於政」（逸周書周月解）的緣故，照例都要在曆法上玩些花樣，因而夏商周秦四代都各有各的曆法。夏以正月爲歲首，正月爲寅月，故稱建寅曆，亦名「夏正」。商以夏正十二月爲歲首，十二月爲丑月，故稱建丑曆，亦名「殷正」。周以夏正十一月爲歲首，十一月爲子月，故稱建子曆，謂之「周正」（亦名「周月」，逸周書周月解）。秦以夏正十月爲歲首，十月爲亥月，故稱建亥曆，亦可名「秦正」；而漢武太初改曆前用的即是秦正。由於歲首月份的不同，因而形式上四季的月份便也不能不跟着不同；而其不同的情致，如左表：

	孟	仲	季（春）	孟	仲	季（夏）	孟	仲	季（秋）	孟	仲	季（冬）
夏	一	二	三	四	五	六	七	八	九	十	十一	十二
商	十二	一	二	三	四	五	六	七	八	九	十	十一
周	十一	十二	一	二	三	四	五	六	七	八	九	十
秦	十	十一	十二	一	二	三	四	五	六	七	八	九

由這表看來，漢初曆法既然和秦一樣，則漢初的「孟冬」，實乃夏正的「孟秋」；因而李善註，說「漢之孟冬，今之七月」，因而肯定「玉衡指孟冬」指的「明是漢之孟冬，非夏之孟冬」，表面上確是有根據的；所以劉大杰君在其「中國文學流變史」中，便有「這解釋非常精確，沒法子推翻他」（P一四二）的說話，而上當於不覺了。但一揆其實，劉君這樣判斷，雖可說乃上了李善的當，而李善肯定這詩的「孟冬」指的便是「漢之孟冬」，卻又是上了古人的當的了。

原來古代的所謂「改正朔」，雖然我們的古人說得那麼天經地義頭頭是道，戳穿了說卻只不過是官樣文章而已；其主要目的，卻只不過是表示換了朝代，玩弄一個大家都看得見的花樣，以便「易民之視」和「以紀于政」而已；而事實上則不但民間我行我素遵奉夏正無訛，對這花樣不理不睬；即就政府本身說，也就有許多事務同樣不爲這花樣所限制。說是換了朝代，民間便會立刻把「數得天正」（禮記月令疏及春秋桓四年「公狩於郎」疏）的「夏正」，一概拋卻；便會立刻跟着新朝把冬叫做春，把春叫做夏，把孟秋叫做孟冬，如李善之所云云，是不可想像的。因此，我敢肯定說：我們古代雖然有着四種曆法的不同，而民間和政府所辦的若干事務，卻仍然奉行的是不折不扣的「夏正」。左列材料可作我這一肯定的證明：（未完）

奉題崇華書院師生書畫展覽

幼椿

憶作青城客，登臨挾遠風，樹杪發天籟，明霞寫晚空，夏木增綠意，秋山漸綴紅，因悟藝術理，即茲造化功。談藝首推樂，萬象羅之胸，交響徹八音，渾元不可蹤；繪事追此境，超外得環中，毋固復毋我；神會斯理通。詩歌與書法，人力亦天工；意到筆難到，時苦於辭窮，妙手偶得之，而我困雕蟲；縱觀書國裏，徒羨走蛇龍，學字二十年，跬步如兒童，嗟哉西鄙人，求師靡所逢。既冠遊巴黎，讀畫魯佛宮，精光羅繁星，劃代足啟蒙；文藝復興始，三傑自豪雄，學古邁前脩，宗派開龐鴻，或指性靈眞，或驚色澤豐，研幾其稿本，綫條何從容！不辭千百稿，柔與健交融，方知繪後素，白描通始終。十九世紀來，人才秋紗籠：初而新古典，「實馬」與「拿翁」，繼而羅曼派，泉樹「水仙」共，想像洛神賦，景氣雨濛濛；寫實貫意境，「晚禱」似聞鐘；印象派晚出，柔和病朦朧。古意既已衰，披猖起畢公，漫言畢好怪，線條老愈恭。寄語中士士，法無間西東；越軌趨者蹶，堅城莫浪攻，穩以健筆力，蘊藉養其鋒；意固在筆先，形須骨幹充；色尤胎氣韻，沒骨非正宗。院派與文人，脫灑期許同：矯矯韓幹馬，鬱鬱巨然松，渭川千畝竹，一竿雨意濃；胸中滿丘壑，筆下兩三峯。竭來近十載，海濱藝運隆，避地多老宿，墜緒斯拾重，閉門奮大筆，餘力事辟雍；青年得名師，秀發非凡庸，出手質當世，予亦喜其崇！

失落了的冬天（下）

——爲紀念先祖母而作——

陳肇炘

結果差不多年年一樣，一個獅頭，一把關刀和一袋中果。中果這東西家裏本來不少，但和油器、糕點、瓜子、糖果等一樣，未交除夕子時，任何人不能動，雖然「全盒」老早已經準備好了。花市內外走過幾遍之後徐伯大概心中有數，有時他會再上轎子到另外一個走走，有時卻就地多走幾回。直到花市所在一帶店鋪陸續燃放鞭炮，子時已經到了。徐伯和轎夫們也覺得路已經走得差不多，於是便回到他認爲老實可靠的幾處，仔細欣賞，小心查驗，討價還價，跑去跑來，終於枝頭的綑在轎頂，盆頭的僱幾個苦力挑着，浩浩蕩蕩，打道回府。

回到家裏，老祖母已經拜過天地祖先。於是一面打發用人擺好花枝，一面吩咐開消夜給我吃。吃過東西，洗好手臉，就得和老太太拜年了。這通常在客廳舉行，但有時她在神廳拜祀過後也許跟着就地受禮。這情景是不容易使人忘懷的。大廳正中貼着牆壁放着一張狹長的橋枱，兩張或三張八仙桌從橋枱下一直伸向廳中心。靠着橋枱在八仙桌左右放着兩把宮座椅。老祖母坐在右邊，左邊的那張從我懂事起一直空着，祖父在我出生前十多年已經去世了。長輩們坐在廳子兩旁，用人和丫頭們分站在「宮座」椅兩邊後側。在母親、徐伯和春桃姑催促之下，我靦靦覥覥地跪在拜墊上喃喃唸着「恭祝嫲嫲身壯力健，福壽康寧」之類的話，然後叩下三個頭。老祖母含笑塞一個紅封包在我馬褂的口袋裏，把我擁在懷中。廳中數十人寂然無語，徐伯抬頭望着花枝，春桃姑用手帕輕輕地印在眼上，好像在啜泣。我現在可以想象出老太婆的心情：年紀青青便孀守，把持着一個相當龐大的家庭。兒子生了不少，但唯一養得起來的，卻聚少離多。雖然家裏相當多人，但直系孫兒祇有我和二弟；那時二弟還在襁褓，能夠給她叩頭賀年的嫡親男孩子，就祇有我這個「小齊天大聖」了。門外爆竹斷續，戶內香煙氤氳，環顧整個擁滿人的大廳，無可名狀地感到有缺少了什麼的感覺。望望左邊空置了廿年以上的座位，估記着千里迢迢的獨子，回溯過去，瞻望將來；再看看蜷伏在懷中的「小淘氣」，堅強能幹的老太太也情不自禁地熱淚盈眶了。

「乖乖，現在已經是春天，又一年了；你也長大一歲，很快便是個大孩子，要好好地做人了啊……」老祖母一邊說，一邊顯得氣喘咻咻。最後，竟然嗚咽起來，泣不成聲。

今天，三十多年以後，我懷着一顆中年人的心迎接又一個冬天。時光與世情把我磨鍊得近乎麻木，也許是生活的重担太殘酷了吧。我自覺對事物已經沒有明顯的是與非的界綫，也輕視人世間一切的所謂恩仇哀樂，更沒有一般青年人不必要的無病呻吟。但是，卻不能沒有回憶，那是不能自已的，無法忘卻的。

我要問：失落了的好冬天，何日再來？

一九六一年十二月初稿

唐詩偶釋（二）

鄧中龍

旅夜書懷　杜甫

細草微風岸，危檣獨夜舟。星垂平野濶，月湧大江流。名豈文章著，官因老病休。飄飄何所似，天地一沙鷗。

前半寫旅夜，後半書懷。首句岸，次句水，三句承岸說，四句承水說，分劃承遞，層次井然。

分劃承遞，最易失之重複，倘不能斛酌於命意遣詞之間，終不免平板呆滯之弊。盛唐大家，率能注意及此。試即以此詩爲例，前四句均爲寫景，而首聯從小處近處說，次聯便從遠處大處說。一近一遠，一大一小，相錯成文，於承遞見整嚴，於錯綜見變化。此等處後人多已不復講究矣。

五六句「豈」「因」二字，暗通消息。杜公非區區翰墨之士，於軍國大計，嘗欲有所設施，而竟以論事罷官，故曰：「名豈文章著，官因老病休。」意本一串。其曰老病者，體如是也。沈歸愚曰「胸懷經濟，故云名豈以文章而著；官以論事罷，而云老病應休。立言之妙如此。」此論極是。

大家行文，轉接處每用全力。如此詩中聯是也。宋人詞重潛氣內轉，詩亦如之，第不善安排，每易流於晦塞。

詩中結聯，每用問答。或竟有全詩作問答體者，絕句中此格最多。

細草、微風、危檣、獨夜，語意凄絕。細微二字所以應下「飄飄」，危獨二字所以應下「老病」，全篇氣氛，皆蒼涼落寞，固知大家之作，刻意經營，用力至大。首二句全部寫景，草也、風也、檣也、夜也，皆常見之物與景。而以「細」「微」「危」「獨」四字形容，則情自出矣。有危檣獨夜句在前，而末二句始覺有着落，此中綫索牽引處，學者宜特別留意。

星垂平野濶句，垂字俗本作隨，不當。

三四句，世許爲名句。星月，尋常景耳。平野濶，大江流，亦尋常景耳。有一「垂」字「湧」字，便覺全詩皆活。雖然，此亦爲淺學道耳。詩中有句眼，固能化腐朽爲神奇，而過分重視，亦自有傷詩氣。至於季世，詩人乃以句眼爲尙，而全詩遂不可復問矣。胡應麟曰：「盛唐句法，渾涵如兩漢之詩，不可以一字求。至老杜而後，句中有奇字爲眼，才有此句法，便不渾涵。昔人謂石之有眼爲石之一病，余亦謂詩之有眼爲詩之一病。」詩眼之說，爲歷代詩家所重，得胡說而治之，其庶幾乎！

憶陳果夫先生（二五）

宇人

回家以後，閒中無事，感慨殊多。接着，中央各機關均由重慶還回南京，革新座談會還發行一份雜誌，名曰「革新」，由梁寒操兄主持其事。我寫了一封信給他，大意說：當年康、梁發起維新運動時，那拉氏及其左右視爲大逆不道，橫加迫害；但維新運動失敗後，滿清王朝不旋踵即告覆亡。我們今日發起革新運動，亦有人視爲大逆不道。我認爲假如我們不能於最近一二年中，在政治上促成幾件足以振奮人心和挽回士氣的大改革，縱然我們能倖免於當年康、梁的命運，而國家和黨的前途，仍堪憂慮。梁兄回信說：我們有三民主義，自非康、梁的維新運動可比。我讀了他的覆信，眞有啼笑皆非之感。自此以後，革新運動也就無聲無息了。

是年夏，由於全國人民對中央派往各地的接收人員，咸表深惡絕痛，政府爲緩和輿論，決定由參政會和監察院合組接收清查團，分別前往京滬、武漢、平津和東北等處清查接收人員的不法行爲，並規定必要時得請軍警及法院檢察官協助。參政會駐會委員推我和榮照、蘇××（已不記其名）等三人參加平津清查團。當我在天津正忙於清查國防部海軍特派員劉乃沂和天津市政府工務局長王××（已不記其名）兩大員的接收舞弊案時，青年團的許多朋友，紛紛自廬山函電交馳，促我迅即前往出席青年團第二次全國代表大會。他們都說：蔣先生已決定把青年團組成一個新黨，由他一人而兼國民黨的總裁和新黨的領袖，希望我去參加組黨工作；也有極少數的人希望我去反對組黨。我在上文數次提到的中央組織部老同事楊興勤兄也有一個電報給我，催我早去廬山；但未說明原因。我當時對青年團事已不感興趣，但認爲若把青年團組織一個新黨而又由蔣先生兼任領袖，其結果將必加速國民黨的敗亡，故決定前往出席。我唯一的目的，便是反對組黨。於是，在劉乃沂和王××的接收舞弊事實及証據清查告一段落，並將前者解交北平行營軍法處審判，後者捕交天津地方法院收押後（後來劉被判處死刑，王被判有期徒刑三年），我不俟清查團工作結束，即提前飛到廬山。

我到廬山後，得知蔣先生曾在青年團代表大會開幕時指示，青年團不應了黨的利益而犧牲了自己的前途。許多人都認爲這是蔣先生決定把青年團組成一個黨的明証；與蔣經國接近的人士更顯得興奮異常。據說：新黨將以蔣經國爲中心。第三天，我即接到蔣先生請吃飯的請帖，打聽之下，原來是他分批宴請出席大會的人員，我沒有去。大約是我到廬山後的第四天，大會主席團排定議程，以全日的時間，討論「團的前途」。所謂前途，即是組黨之意。蔣先生和夫人同蒞會，親聆大家的意見，整個上午，可說都是一片組黨之聲。每一提到組黨，便有如雷的掌聲附和。他們所持的理由，不外是「國民黨已腐敗不堪救藥，不足以擔負實現三民主義的重任；青年團必須另組新黨，才能復興中國的革命」。其中也有一二人（谷正綱和任卓宣）表示組黨之事，應鄭重考慮；但在衆寡懸殊的形勢之下，顯得十分柔弱無力。下午，繼續討論，蔣先生和夫人仍按時蒞會。我遞了發言條，直到四點過鐘接近休息時才輪到我發言。我開宗明義，表明我堅決反對組黨，場內會有數處發出噓聲。我接着指出，國民黨腐敗不足以實行三民主義，自是鐵一般的事實；可是，國民黨過去也曾有過很光榮的歷史，足証它並非原來就是腐敗的。今日國民黨的腐敗，每個黨員都有責任，而總裁的責任更大；例如我們不滿意黨的官僚化；但黨的中央負責人都是總裁任命的；我們不滿意政府的貪汚無能；但政府的中央大員也是總裁任命的。而且，他們所做的許多壞事，每當遭受輿論的抨擊無法招架時，還把總裁請出來作擋箭牌，藉以脫身，可見總裁所負的責任最大。因此之故，假如我們青年團的同志果有決心另組一個足以實行三民主義的黨，就必須另外選出一位領袖，才能名正言順；如果團長能脫離國民黨而專任新黨的領袖，當然是再好沒有的事。因爲我們相信他在一個新的環境之下，必能發揮良好的領導才能。否則，我們一面罵國民黨腐敗，因而不惜脫離國民黨而另組新黨；但同時却又奉國民黨的總裁爲領袖，豈不是自相矛盾？而我們的團長以一人而同時兼做兩個黨的領袖，其中一個黨又被另一個黨指爲腐敗不堪救藥，他又將何以自處？我又說：今天的問題，不是應否組織新黨的問題，而是團長有無決心改革的問題。如果團長有改革的決心，我相信國民黨雖然腐敗，還是可以救藥的。假如團長沒有改革的決心，縱然組織了十個新黨，也必然要重蹈國民黨的覆轍。我要求蔣先生如果不能作全面的改革，最低限度也希望能將一兩省劃出來先作改革的實驗，庶可爲國民黨培養一點命根。

青年團的代表們畢竟大多數都是年青而純潔的，因在我發言之初，雖然曾有人發出噓聲；但他們繼續聽下去以後，竟轉了一百八十度的轉變，全場的掌聲越來越多，有的歷久不歇，充分表現出他們對於我的意見完全同意。依照議事規則的規定，每人發言時間不得超過十分鐘，主席的旁邊，設有記時員，當發言人的發言時間完畢時，他即按鈴，促其停止發言。但，我大約說了廿分鐘，竟未遭受阻止。可能是由於我獲得了會衆的熱烈支持，主席和記時員也聽得出神，因而忘記了注意我早已發言逾時。

我說完以後，蔣先生即步上發言台，他說：他一從無把青年團組成一個黨之意，責許多人誤解了。他隨即宣佈休息，五分鐘後繼續開會。蔣先生和蔣夫人一離去，其他曾遞發言條的代表均已表示不再發言，「團的前途」的討論，即宣告結束。

當晚，楊興勤兄來，他說：他打電報催我來廬山，是奉立夫先生的命而行的。並說：立夫先生因爲看見蔣先生要把青年團組成一個黨，認爲祗有我來才能反對得了；但耽心我不來開會，所以要他打電報給我。我到廬山後，他知道我已決定反對組黨，故未把立夫先生的意見透露。今晚立夫先生向他表示，我在大會上的一篇演說，已收到了「旋乾轉坤」的功效，甚感快慰。他認爲應將經過情形相告。

中國現代史資料評介之八

黎元洪評傳

左舜生

這本書是台北中央研究院『近代史研究所』的專刊，沈雲龍著。該書著者近年已有多種關於人物傳記一類的寫作發表，但說到內容的完整，持論的平實，把一個人物的生平，說到恰如分際，要以此書爲第一。

黎元洪本來是一個平平常常的人，假定清朝不亡，他在一個良好的領導者之下，可能做到一個中上級的模範將領；如果運氣好的話，按資歷升遷，一帆風順，爬到一個提督軍門也沒有多大問題。至於幹政治，他自來無此素養；即對他的性格說，也是格格不入。說到主持全國的大政，這當然更是超出他的能力範圍以外了。

他根本無所謂革命思想，自然更沒有革命企圖，對清末一般從事革命的人物或團體，也絕對沒有任何關係。因緣時會，中國的大革命居然爆發於武昌；而當時革命的發動者，大抵只是一大羣下級的軍官和士兵，革命地點是那樣的重要；革命空氣又是那樣的濃厚；在一個羣龍無首而必須一個足資號召的領導者又是那樣迫切的情況之下，於是他乃被擁戴，被强迫，作成了這樣一個不可少的重要角色！儘管他的生平也有若干應該遭受批評或非難的事項，可是今天我們研究中國現代史的人們，也無法不承認他是中華民國開國的元勛之一，中外歷史上一位大人物功名的成就，像他這樣得之於儻來，可以說是並不多見的。

黎籍湖北黃陂，天津水師學堂出身，算是嚴復的學生之一；甲午中日戰爭，他正在廣甲兵艦上服務，廣甲在大連附近沉沒，他是四個泅水逃生而保全了生命者之一。他後來之所以被張之洞所賞識，在辛亥以前他能在湖北軍界服務到十七年之久，一方面固然是由於他所學的相當踏實，做事相當認眞；一方面他的性格和態度能避免他人的忌刻中傷，以及他的籍貫能適合當地的環境，也不失爲重要的原因之一。

黎生於前清同治三年甲子，卒於民國十七年戊辰，得年六十又五（一八六四——一九二八）。當他初回湖北的時候，他是一位剛到三十的少壯軍官；辛亥革命爆發，他還不過四十七八，也是正當大可有爲之年。

在袁世凱稱帝的野心還沒有十分顯著的一段時期，黎一直擁護老袁的。這一點以黎在清末的經歷和他入民國後的地位，以及他和一般革命黨人的關係來說，是無怪其然的。可是等到老袁已經接受勸進而封他爲武義親王的時候，他乃對中華民國表現了異常的忠貞，而斷然加以拒絕，這却是他一生的歷史上最值得大書特書的一筆。原來在民國二年二次革命以後，老袁爲擴充北洋軍人的地盤，並避免黎在南方被別人利用，已把黎湖北都督的地位根本取消而代以段祺瑞。黎到北京以後，儘管老袁對他還是非常敷衍，而且兩人變成了兒女親家，可是他在瀛台那種類似幽囚的生活，如名記者黃遠生筆下之所描寫的，他人已經是萬難忍受的，而他却還是能忍人之所不能忍，這一點也可看出黎在處逆境時候的態度，確是相當的沉着。假定袁世凱不利令智昏的話，則當籌安會初發起的時候，一經第一流的文人如梁啟超、張一麐，第一等親信如段祺瑞、馮國璋公然反對，便早已應該偃旗息鼓；可是他過信自己的實力，又爲他的兒子以及一般趨炎附勢的政客官僚所蒙蔽，還是要一意孤行。這種情形，也可以說是袁的這種弱點，黎一一都看在眼裏，袁這個太祖高皇帝之無法實現，可以說三尺童子也可與知；難得的乃是黎處在這種完全喪失自由的環境，而且隨時有發生生命危險的可能，而還能毅然決然不喪其所守；單就這一點來說，黎已經可算得一個對歷史有交待的人物了。

黎在民初最不理於人口的一件事，便是他在民國元年八月假手袁世凱誘殺張振武方維的一幕。可是就所謂知道的來說，辛亥首義的那般所謂革命元勳，其能精白乃心確實具有悲天憫人的懷抱的誠然很多，但平日毫無修養，滿肚皮懷着功名富貴的念頭的，却也所在皆是。即以張振武來說，革命尙未成功，他便和孫武、蔣翊武以職位關係而大鬧情緒，從他的私生活來看，以一個革命軍人的地位，所討的姨太太，爲當時的人所知道的，便有六個之多；至於生活的豪華，對於公欵的侵佔，揮霍，當然更不在話下；僅此數點，本來已經足以遭殺身之禍而有餘，何況他對湖北失意軍人更多方勾結，其有顚覆當時湖北政局的企圖，事屬顯然。誠然，黎在殺張方的手續上相當操切，僅憑他一紙電文，便不經審訊而捕去槍斃，確實也近於惡毒；可是以張方在當時武漢的潛勢力，如果不把他們誘到北京去殺，在湖北境內黎便沒有殺他們的可能。儘管有人以這件事對黎不能加以原諒，可是以黎的性格來說，毋寧說他是非常機警而能弭患於未然的。

沈先生這本書，共有十二萬字左右，以一本傳記性質的書，可以說是夠詳細的了。

看這本書不僅能使我們對黎兩度秉政的始末得到充分的了解，即對民國十三年以前的一般政象，以及當時那般北洋軍閥的猙獰面目，也能給我們一淸晰的印象。現在關於中國現代史的好書還不多見，這一本我覺得眞是值得大家看一看的了。

本刊已經香港政府登記

聯合評論

週刊

每逢星期五出版

United Voice Weekly

第二五二號

CHINESE-AMERICAN PRESS, INC
199 CANAL STREET,
NEW YORK 13 N. Y. U.S.A.
美洲每份售美金一角

毛澤東最後的苦杯

左舜生

毛澤東生於一八九三年，現在也算是十足七十歲的老人了。他之搞共產黨，既不是由於他對主義眞有何等的認識，也不是他果有何等的抱負，更不是他對中國確有何等的理解；不過當俄國革命以後，正遇着中國的軍閥橫行，政治前途，看不出任何希望；而國際對中國的壓迫，更本着他們數十年一貫的手法，絲毫不肯放鬆；於是中國的思想界，由於內外的推盪，乃起了相當的變化；而所謂『新思想』，『新文化』這類的名辭，也就隨時掛在中國知識分子的口頭，出現於中國文人的筆底。其實講起來，當時所謂『新思想』『新文化』的內容究竟是什麼東西，即在提出這類名辭的人，也莫明其妙。

陳獨秀者，不過是敢於武斷，而又富有煽動性的，這類新文人之一；他覺得攏統的高談『新思想』『新文化』究竟太嫌空泛，於是他乃提出所謂『賽』先生『德』先生作爲這類思想的文化的內容，給予大家一個較爲清晰的印象。其實您要問陳獨秀：科學要如何才能在中國生得根來？民主又必須如何才能在中國推得動，他也還是瞠目不知所對。

與陳獨秀比肩的李大釗，嚴格說來，不過是當時北方的新政客之一，他與吳佩孚的關係甚深。在俄國還不會向中國大施誘惑手段以前，像陳李這類的人，尤其是李大釗，他們原不難各自找到他們的出路，換言之，他們確不是注定非做共產黨不可的。後來俄國對中國所施的手法，一天天趨於複雜而又具體，所謂中國共產黨固然接受了俄國的豢養，自己立了一個小小的門戶；而中山經過無數次的挫折與失敗，無論精神與身體，又都已接近暮年，於是國民黨乃出現了容共聯俄的一幕。當時代表中共與國民黨接頭甚至代表中共在改組後的國民黨第一次全國代表大會內發言的乃是李大釗而非陳獨秀，也正因爲李具有一副政客的頭腦，而同時具有一副政客的體貌（白晳烏鬍而態度穩重）之故。

毛澤東在國民黨容共以前，不過是陳李下面一個三等脚色，即以我所認識的共產黨人而論，其能力比毛強而又正式受過高等教育的乃多到不可勝數。可是經過改組後國民黨第一次全國代表大會以後，毛乃以跨黨分子的資格，取得了一個中央執行委員。就我所知，看出中山將不能久於人世，而國民黨的地位確可由中共取而代之的，要以毛爲最早。這一事實是毛親口告訴鄧中夏與惲代英，又由鄧惲告訴我，即作爲當時引誘若干少年中國學會會員與他們採同一行動的有力說法之一。十六年國民黨清黨以後，又經過十年間的所謂剿共，中共分子被殺的確也不少，加上李死而陳又彼逐，其他能力知識高出毛上的人，又被毛分別對付而漸歸淘汰，於是毛在中共黨內的地位，乃逐漸確定。再加上，日本軍閥繼續瘋狂侵畧中國不已，無端而又有所謂西安事變發生，使得國民黨雖欲延緩抗日而無可能，於是中共在斯達林領導之下，黨員既日見加多，武力也日見加厚，尤其要緊的，乃是使它取得了公開活動的地位以後，一個對中共更有利的形勢，更日見形成。歸納中共所以開成如今天這樣一種態勢，始終對它扶助指導之者

[illegible]

而言之，中共在取得整個大陸以前，完全以『哀者』的姿態出現，因而它確能博得若干人的同情，同時也引起了國際對它若干的迷惑，但一個全面得意的形勢來得太快，無形中給毛澤東以及他們若干高層分子冲昏了頭腦，也提高了他們無往不利的信心，於

[illegible]

型人物；對世界的眞實情況，自然缺乏理解，即對所謂馬列主義的認識，也不會比他們的『賀龍同志』更爲高明；『不信邪』毋寧說是他這頭湖南騾子的一點長處，但『不怕醜』却使得他完全忘記了他的本來面目。截至現在爲止，他依然迷信幾個口號和幾篇

[illegible]

中共中央這封三萬多字的長信，即所謂『關於國際共產主義運動總路線的建議』，我還是十足花了兩點鐘的時間，耐心的看了一遍。這篇文章可能不是完全出於毛澤東的手筆，但由毛澤東長時間關起門來加以潤色琢磨，再加上他一些看似強硬而實則軟弱的

[illegible]

中蘇交惡與美蘇交易

許子由

當莫斯科中共代表鄧小平等正與蘇代表蘇斯洛夫等談判的時候，赫魯曉夫却在基輔與比利時外長史巴克會談。前者是以共產集團內部淆弭歧見爲鵠的，後者則以減輕東西冷戰爲目標；而在兩者之間，却是互相矛盾的。如果「中」蘇不交惡的話，美蘇便不可能「交易」；反之，美蘇如果要交易的話，中蘇便不能不交惡。赫魯曉夫究將何去何從？

中共蘇共談判，內容絕無透露，非俟會談結束有所公佈，固無從確切判定其結果。但單自會談開始後所發生的事態，似已可以逆料到，中共蘇共的談判，決然不會順利。

第一件事，是中共仍然在蘇散發中共致蘇聯的長函（二十五點），相信是假手於中共在蘇的留學生散發的。同時莫斯科聽到的北平俄語廣播，也仍反覆在播述還二十五點。這長函原是六月廿五日發出的，但到七月八日仍在散發和播送。中共這一做法，反映出中共的頑强，不肯在理論上──同時也影響到國家政策的具體處理上──對蘇讓步。而在蘇聯方面，對中共這種無賴的做法，必然深感不滿。因爲剛剛驅逐了五名散發中共傳單者，中共還要繼續散發傳單，對於蘇聯的「示做」手法，置之不理。難道要追蘇聯把一千五百名中共留學生中許多散發傳單者，再來一次驅逐嗎？

其次，中蘇共的爭議，已經晉入談判階段，一切便應該在會議中提出爭論，而有宣傳既不能影響會議，反映何況影響方引起不滿的「反感」，而況公向負責方面「反映」。而公開或擴大發表，正是所有共黨的大忌，等於「散佈流言」。而中共竟如此做法，絕不顧慮刺激蘇方，可能認定會談不會有何成就，或根本不望會談有何成就。

第二件事，是中共歡迎被蘇聯逐回的五名人員，由陳毅郭沫若等主持的七千人大會，「熱烈歡迎」、獻鮮花，外次劉曉演說，派蘇聯「無理」的不是，說「正直的」蘇聯人民不會同意這種行爲」。這等於說「做這種行爲的蘇聯當局便不正直」。被逐的首者梅文閣更「講蘇聯內情」，說廣大的蘇聯人民十分珍視中蘇團結，迫切要求了解中共的立場和觀點；但蘇聯（當局）長期以來就不讓人民知道中共的觀點。

這事果然引起蘇聯的不良的反應，蘇共中委會八日聲明中共歡迎被蘇驅逐之五人一事，引起蘇共與中共關係之惡化。當中蘇共會議之時，中共竟以歡迎支持五人之錯誤活動使關係惡化及不符合兩國人民利益云云。中共口稱「堅持（與蘇）團結，反對分裂」，但做的却是分裂的行爲，加上年來中蘇共思想上政治上的諸多糾紛，誠不知何從團結起。

蘇聯的聲明，雖說是被中共所迫而發出，但在會議期間發出這樣斥責性的聲明，一是看不起中共、不予姑息，一則也可能是認定會議不會有何成就。

[illegible]

中共公安部戰報有漏洞

反攻小組分八批進襲沿海　一組退回七組確曾獲進展

劉裕晷

繼去年十月份的屢次出動之後，偏安台灣的中華民國政府最近又出動了八批反攻小組進襲大陸沿海各地。據台北方面發表公報，此八批反攻小組，只有一組被中共擊退，其餘七批均已滲入大陸。

對此，中共方面亦曾發表戰報，宣傳中共的勝利。我是一貫主張台北應該施行局部反攻的，雖然台北目前所採取之行動，向與我個人的想法有相當距離，但論其性質則有接近之處，所以，我個人對於台北的這些行動的效果，異常關心。同時，這些突襲行動之得失也正是台北能否進一步擴張此種反攻小組爲局部反攻之關鍵，所以，我特別在這裏把台北和中共雙方的戰報同時列出來，並對它作一客觀的分析和檢討。

台北方面發表的消息

台北方面首先發出的報告是由合衆社於六月廿七日自台北發出的。它說：「八組中華民國的游擊隊曾於五月十七日之後的某一個時期，嘗試滲透入中國大陸，其中一組在遭遇抵抗後業已折回，有十一喪生。其它七組游擊隊，業已成功的滲進大陸，建立秘密基地」。又說：「在去年一月至十月，他們曾派出游擊隊八百七十三名，分成十二個小組，進入大陸。如果照平均計算，每組人數應爲七十三人。但相信每組人數依其任務而並不相同」。中共方面的戰報，則是六月廿九日由中共新華社根據「中華人民共和國公安部六月廿九日公報」發佈的。

中共公安部的公報

中共公安部公報的原文如下：「一九六三年六月，我廣東、福建、浙江沿海地區的軍民連續殲滅了從海上偸渡登陸的六股美蔣武裝特務。這是繼去年我廣東沿海軍民全殲九股美蔣武裝特務之後對敵鬥爭之又一次重大勝利。美帝國主義和蔣介石匪幫不甘心去年連續遭到的失敗，爲了實現其建立游擊根據地的迷夢，爲了維繫蔣匪幫內部日益渙散的軍心士氣，繼續動員蔣匪幫的全部特務機構，拼湊特務武裝，對我廣東、福建、浙江沿海地區竄犯進擾。這些武裝特務登上大陸以後，迅即被我沿海軍民全部、乾淨、徹底的殲滅。有的被活捉，有的被斃傷，有的繳械投誠，無一漏網。這六股武裝特務被殲情況如下：

「六月廿一日，蔣匪情報局派遣的武裝特務一股二十二人，企圖在廣東省中山縣神灣地區偸渡登陸。隊長郭漢等十名被殲，其餘的未敢登陸，向澳門方向狠狽逃竄。

「六月廿一日，蔣匪國防部特種軍事情報室派遣的反共挺進軍第七十一支隊支隊長王嘉森，副支隊長于志武等武裝特務七人，在福建省漳浦縣將軍澳偸渡登陸，這股特務上岸後不久，就被我軍民發現包圍，他們懼於我人民的威力，未敢抵抗而繳械投誠。

「六月廿二日，蔣匪國防部特種軍事情報室派遣的反共挺進軍六十一支隊的武裝特務十人，在福建省詔安縣雅寮偸渡登陸。支隊長邱陵、副支隊長余漢杰以下全部被殲。

「六月廿二日，蔣匪國防部特種軍事情報室派遣的反共挺進軍第九十一支隊的武裝特務十八人，在廣東省海豐縣洪武嶺偸渡登陸。支隊長姚良彥、副支隊長鄧國英以下全部被殲。

「六月廿七日，蔣匪國防部特種軍事情報室派遣的反共挺進軍第三十一支隊的武裝特務十一人，在浙江省平陽縣大漁灣偸渡登陸。支隊長吳鎭、副支隊長房希禹以下全部被殲。

「六月廿八日，蔣匪情報局派遣的廣東省反共救國軍獨立第三十一縱隊的武裝特務九人，企圖在廣東省電白縣河北港偸渡登陸。司令賴禮、副司令石志禮以下全部被殲。

「在此以前，我沿海軍民還先後在四個地方捕獲和擊斃了五名偸渡登陸的美蔣特務，被我捕獲的有：在浙江省象山縣登陸的蔣匪情報局特務尤爾誠、尤爾魁，在福建省霞浦縣登陸的蔣匪陸軍總部第二署情報隊特務林德惠，在廣東省珠海縣登陸的蔣匪情報局特務唐華漢；被擊斃的是企圖在福建省龍海縣登陸的蔣匪國防部特種軍事情報室特務林長青（化名）。

「以上共殲美蔣特務六十二人，繳獲美製無聲手槍、卡賓槍、手槍、子彈、毒藥、電台、密寫藥劑、各種僞造証件及其他物資一批，擊沉運送特務機帆船一艘。

「在這次殲滅美蔣武裝特務的鬥爭中，我東南沿海地區的人民解放軍邊防部隊、人民公安部隊、民兵和公安人員以及廣大人民羣衆，表現了高度的革命警惕，發揚了團結對敵、機智勇敢的戰鬥精神，充分顯示了我國人民民主專政的強大威力。但是美帝國主義和蔣介石匪幫是決不會從他們的可恥失敗中接收敎訓的。他們還在繼續網羅特務，準備繼續潛來竄擾。我東南沿海軍民，必須隨時準備給敢予來犯的敵人以殲滅性的打擊」。

把雙方報導加以比較

以上是中共公安部於一九六三年六月二十九日所發公報的原文，我們把台北的報導與中共公安部這一戰報加以比較，可以發現中共公安部公報所說的戰果，顯然是誇大了的。而且，顯然有一個大漏洞。因爲台北派到大陸去偸襲的原本總共有八批，但中共却只發現了七批。這就說明台北所派八批中至少有一批未被中共發覺，因而未曾遭遇抵抗，而是很順利的進入了大陸內地。這一點，台北的消息說得很清楚，台北一共是派了八批，其中有一批被擊退，其餘七批則登上了大陸。把中共公安部的戰報來看，這被擊退的一批，應該是六月廿二日「企圖在廣東省中山縣神灣地區偸渡登陸」的一批。即是由郭漢作隊長的這一批。照中共說，這一批共有二十二人，而「隊長郭漢等十人被殲，其餘的未敢登陸，向澳門方面狠狽逃竄」。而台北的報導則說「其中一組在遭遇抵抗後已折回，有十一人喪生。其它七組游擊隊業已成功的滲進大陸，建立秘密基地」。可見被中共抵抗因而折回的這一組，正是中共公安部公報所說的六月廿二日企圖在廣東電白縣登陸這一組。其中稍有出入者，是這一組的死傷人數，台北說這一組有十一人喪生，而中共公安部則說：「郭漢等十人被擊斃」。可以想像得到，中共當時所發現之已被擊斃者只十人，實則被擊斃者是十一人。大抵，尚有一人被擊斃而未被中共發覺。

本來，像台北的這種報導與中共公安部的這種戰報，常常是不盡全是事實，戰爭之事，尤多秘密。不過，目前的形勢却迫着雙方對這一類的每次行動都非加以報導不可。原因乃在既有行動，就必然有死傷和戰鬥經過，既有戰鬥經過，就必然有勝敗，敗的一方固然甚願隱藏，但勝的一方終必宣佈，所以，戰鬥的雙方便也無法隱藏這一類的戰鬥，而終必予以宣佈了。

我之所以認爲合衆社自台北發出的消息比較可靠，倒並不是我特別相信台北的報導。誰都知道慣於打敗仗的國民黨當權派所發戰報的信用向來是不佳的，我在這裏之所以認爲台北消息比較可靠，其最大的原因，是合衆社的台北消息發佈於六月廿七日，而中共的消息發佈於六月廿九日，台北的消息比中共的消息早發出兩天，其中一切吻合，故認爲有把雙方戰報加以比較和分析的價值。

此外，還有一點是值得大書特書的，是台北這次派八個小組，對大陸的偸襲行動，不但戰果比去年十月的那九組的戰果更見輝煌，更重要的，是根據中共公安部的公報，已反映了台北這一次的偸襲行動，已比去年的突襲地區擴大了。去年十月派出的九組只限於廣東省沿海幾縣。但這一次却從廣東地區擴張到了浙江和福建，所以，中共公安部才有「對我廣東、福建、浙江沿海地區竄犯襲擾」的話。可以說這是一種在空間方面擴大進襲的好現象。而台北的消息却並不知道在宣傳上對此加以渲染。

突襲大陸的空間及方式都較去年進步

另據美聯社七月二日台北電：「據星期二（七月二日）此間消息透露稱：一隊中國政府游擊隊已越過中國大陸沿海兩省邊界而進入華東的內陸地區江西省。該游擊隊的實力未經透露，但據悉該游擊隊是配有新式武器的。據稱：現時正向江西省的仙霞嶺方面推進」。

據台北英文中國郵報說：「該批游擊隊是於六月廿七日黎明前在浙江省平陽附近地區登陸，並且在該處獲得當地居民的掩護和協助，已順利深入內陸。據悉，該游擊隊中，大部份是浙江省的土著居民，而且是深悉當地的地勢和方言的。在他們登陸後，據悉已獲得當地居民熱誠而保密的支持」。

台北七月二日發出的上述這一消息如果屬實，則這一批游擊隊似乎就是中共迄未知道的一批游擊隊。不過，將中共公安部六月廿九日的戰報來對照，則六月廿七日曾在平陽登陸的游擊隊已被中共殲滅。那末，是否當時曾有兩隊在平陽登陸，一組已被殲，被殲的一組即中共公報所說「反共挺進軍第三十一支隊」，而深入內陸則是另一組呢？

此外，還有一點也是很有意義的，那就是除了這八批之外，台北還派遣了尤爾誠尤阿魁在浙江象山登陸，又派遣了林德惠在福建霞浦登陸，又派遣了唐華漢在廣東登陸，林長青在福建龍海登陸。而台北的消息並未對上述諸人的反共愛國的勇敢行動有所報導，但六月廿九日中共公安部的戰報却反而報導了它們，由此可知，台北方面不僅在空間方面擴展了它的大陸的突襲行動，即由廣東一省擴展到了廣東福建浙江三省，同時，突襲的批數也更有了增加。而這都是一切反共愛國的人所樂聞的。

當然，說到這些行動的價值，我在前面說過：這仍與我個人的主張距離甚遠。不過，台北當局能够多向這方面做總比不做好。同時，台北似乎仍只把這些行動作爲實驗。假如能因實驗而獲得良好結論，從而迅速開展局部反攻，那當然就更好了。

從英國應召女郎姬娜事件說到毛赫之爭

幼椿

停雲天外，時雨不來，溽熱幾日，令人悶乏！但幾日以來，英國應召女郎姬娜事件充滿於中英文報第一二三版中，長篇闢欄，玉照傳眞，暑中觸目，頓生涼意；比之同一張報紙中，所載毛澤東與赫魯曉夫對罵之辭，有如潑婦，絮絮不休，讀之厭煩，大異其趣！

即紐約寄來之論壇報，名專欄作家亞索卜所寫長篇論毛赫之爭，也以大字標題為：「只有姬娜不在其內」！意謂毛之控訴赫魯曉夫，罪惡多端，惜乎姬娜小姐並未糾纏在內，因之減色不少。專欄亞索卜的，也怕姬娜小姐當前，已無人注意其分析毛赫之爭，故標題不見毛赫字樣，而竟大書克麗絲汀！——這令人想起毛的沁園春句：「數風流人物，還看今朝」，毛乃只知大煞風景，作惡造亂之流，其所謂風流，比之姬娜，又焉可同日而語！

姬娜的風流過人處，是在足以顛倒衆生，而又並不要求去當領袖！凡賣弄風情，使用手段，造作是非，甚至陰謀險計，明槍暗箭，以爭取領袖地位之輩，皆不得稱為風流人物，實惡俗無賴而已！

史太林便是惡俗無賴之尤！其取得俄共的領袖地位，不知用了好多陰謀詭計！殘害同僚，幾無噍類；血腥滿手，甚過豺狼；俄共及俄人皆恨之刺骨；故其一死，而赫魯曉夫即鞭其屍，以大快其同志及其人民的心意！至於史太林去爭取共產世界的領袖，也完全用的陰險伎倆，不是乘人之危，便是攻人之短；不是花言巧語，騙人上其圈套；便是威嚇利誘，實行篡奪人國；中國大陸之所以淪陷，使我五億同胞至今還在水深火熱之中，回思四十年來往事，無一不是史太林在設計、導演、暗中牽綫或明火搶奪；毛周及中共頭目們無非是史太林的工具或爪牙，因之毛周輩至今還在奉史太林為師，挂起史太林的偶像，而不願摘了下來！

要知道，史太林惡俗無賴的這一套作法，在他生前，已經用了三十年，人們已經上過當，而學聰明了，所以赫魯曉夫繼史太林而起，不能不另換一套，否則赫如再用史的老套，對國內及國際，便不會再發生效力了！這不是一向被史太林所豢養、教訓、扶持、與使喚的毛周輩所能了解得到的啊！

因是，毛澤東這回要與赫魯曉夫作思想鬥爭，而又提出了批判史太林的問題，好像要做翻案的文章，這是毛最不高明的地方！試想，今日的東歐附庸國家的共黨頭子們，誰沒有吃過已死的史魔的虧！東歐附庸國的共黨頭子以往枉死在史魔手裏的人不知有多少！毛澤東還想替史魔翻案使其作法復活，則眞令東歐附庸共頭們聞之便要不寒而慄了啊！——這樣想法要將蘇俄的東歐附庸分化，將赫頭打倒，毛眞算表錯情了啊！

而且毛共這兩天一再宣稱，要向俄共爭辯意識型態問題，開會議，用口舌來較一較短長。所以忍受着赫魯曉夫連日來的一轟再轟，並且實行將其外交人員加以驅逐，而鄧小平等還是老着面皮，前赴莫斯科！殊不知，毛要講理，而赫是講力的；在聯合國大會會議裏，那一種文明各國彬彬有禮，冠裳之會，壇坫雍容的地方，赫魯曉夫還要脫了皮鞋，拿在手裏，大敲桌子，表示其原子彈的野蠻國的威風，又何況今日關着門，來對付既無原子彈，而且連飯都未給中國大陸人民吃飽的毛共代表呢！鄧小平輩必受辱而歸，毫無疑義！

以力服人，以兵威或以特務來脅迫別人拋却志願而跟隨有權力者走，咱們中國讀書人固向來不會贊成且多不畏懼的，故曰：「三軍可奪帥也，匹夫不可奪志也！」然而毛澤東却沒有資格說這個話。因為他們曾經向俄共賣身投靠，曾經奉以金錢和武力支持他們的史太林為師，而且把俄共都呼為「老大哥」，曾公開宣稱「一面倒」。到了今天，赫魯曉夫因他的國內經濟也有問題，自己國際危機日益加深，自顧不暇，而沒有能力再去提拔毛共，使毛澤東也能揚眉吐氣於世界；因此，毛便向「老大哥」大鬧情緒，拿出意識型態來，想使赫魯曉夫下不了台，以便藉此換點錢來用用，換點機器來使使，或者更換得以赫之力，打入聯合國去出出風頭，這就是毛要鬧起門來，寫上三萬字的本意所在。但是，毛遇着的對手是蠻橫的赫魯曉夫，是講力不講理，一向習慣了的俄共頭子們，意識型態的辯論會還未開，赫已在咆哮不已，俄共已給予毛共連轟帶逐的兩棒了，毛在這場冷戰上，恐怕是凶多吉少啊！

不過，毛這一來，也有好處；好處在使近幾十年來，以至今天的政治野心家或妄人，動輒想學俄共，以陰謀詭計，或威脅利誘，要去達到他的國際甚麼集團的領袖，如像俄國很神氣的以共產集團領袖自居，而便能超國界的頤指氣使的俄國頭子那樣，因此，纔有全特兵威的法西斯集團出現，而希特拉竟引起了第二次世界大戰；因此在近年，又有但還詭計的中立集團出現，大阿刺主義集團出現，甚至非洲新興國家中，也有「大非洲」的野心家，在想利用機會去做成他整個黑人國的領袖地位，是皆足以造成世界的大亂子，而於人類前途毫無好處可言的。

赫魯曉夫經毛澤東這一次的反臉不認「老大哥」，有意掀動共產國際的分化，俄共的世界霸主之夢，算是完結了！本來，這種夢想就是狂妄的，無聊無賴的，一切在做國際集團領袖之夢的人們，都趕快醒來罷！

五二、七、七

想到了成吉思汗！

學鈍

近來因為毛赫之爭，西方論者總認為毛要爭赫的領袖地位，於是從歷史的聯想，想到了成吉斯汗，使筆者憶起羅素之言。

前年，倫敦人士反對試驗氫彈之際，英哲羅素曾表示：『寧願被征服，也不願被氫彈將生命毀滅』。這種偷安苟活的見地，竟出諸羅素之口，舉世目為怪論，或評論是誠為大英帝國，昂克魯沙遜民族衰老的象徵，或指出老人羅素憤世疾俗故為悲憤的過甚之辭。筆者則認為羅素忽發怪論，不能膚淺視之，細味其言，有云：『成吉斯汗雖以征服為事，然其後人忽必烈還是不錯。』其意似謂被征服，並不會被斬盡殺絕，而且還是有文化生命繼續下去的。然羅素何以特別提出成吉斯汗，又稱道他的孫子忽必烈，筆者回憶史實，始悟到老人在幽默的譏刺俄國人也！

查中國史實，成吉斯汗的第三子，大汗窩濶台於一二三七年佔領當時的俄國全境，俄國諸部落酋長皆降。據現在蘇俄史家稱：

『成吉斯汗死後，他的帝國分裂成數大領地或汗國，由其諸子孫分領，成吉斯汗的第三子窩濶台被推為他的承繼人，即「大汗」。成吉斯汗家中其他諸人皆從屬於窩濶台，成吉斯汗次子察合台分得花剌子模以東的中央亞細亞，即今時之月即伯基斯坦，塔什基斯坦二地，及喀薩克斯坦的一部份。他的領地被稱為察合台汗國。另一在今日蘇聯境內之蒙古大國為金帳汗國（Golden Horde），乃成吉斯汗之孫拔都所建。屬於拔都的，有也爾的石河（Irtysh）以西所有蒙古馬蹄能及之處。拔都續出征服西方的土地，一二三六年，他的部下越過烏拉爾河，侵入伏爾加河上保加利亞人土地，大加破壞……。

『第二年，韃靼人又入侵亞里山公國。當時俄羅斯東北部分裂為許多獨立小公國，自無力對抗韃靼人。諸王公並未能聯合共抗共同的敵人。……在一個月中，他們攻佔並焚毀了十四個城鎮，包括莫斯科在內！……。』（見中華書局出版省微譯蘇聯上古中古史一〇八——一一四頁）。

成吉斯汗子孫征服俄羅斯全境及今日東歐、波、匈、捷等國土地，在上引「蘇聯上古中古史」內敘述甚詳。自一二三七年拔都開始征服俄人，直到一八四〇年金帳汗國完全衰落，伊凡第三纔脫離韃靼人的統治，而建立俄國，這中間有二百四十三年被異民族統治的時間；比之在中國元朝稱帝只有九十年，則俄國人被征服的時日要長得多。

然則筆者說羅素在譏刺蘇俄，何以羅素不提出拔都，而扯到忽必烈身上去了呢？忽必烈即元世祖，乃是征服中國而統治之者。西方人對元世祖這一時代的文明生活最為欣賞。馬可波羅（Marco Polo），最早的一個從西方來中國的旅行家，認識了中國的文明，加以讚美，著有游記，至今為西方人所稱道，故西方人一提到成吉斯汗及其子孫，便想到馬可波羅書中的文明盛況。其實此文明盛況並非成吉斯汗子孫所一手創造，乃元朝之前的中國歷代創造所累積的成績，而顯露於此自威尼斯遠來游客之前的。

不過，中國的文明故非忽必烈所一手創造，而俄羅斯從野蠻進入文明，却有賴於成吉斯汗的子孫。因為在十三世紀時，俄國民族還在部落時代，文化簡陋得很，連穿皮鞋，披外衫，等衣飾以及作戰用具皆慢慢的效法蒙古人的。即上引「蘇聯上古中古史」的著者潘克拉脫伐（A. M. Paukratova）雖然驕傲，也不諱言：

『韃靼的貴族階級，大量採取波斯人，中國人，及其他亞洲文明民族的文化。十四世紀時，韃靼的封建主們又採取了回教，並將該教傳布於韃靼人民大衆。這給與韃靼的封建主們一種壓制人民就範的工具。同時此舉又加強了金帳汗國對東方文明諸國的聯繫。韃靼的統治也相當影響到俄羅斯諸封建主的生活及習慣。他們採用：韃靼人的東方服飾（俄語鞋Bashmak長衫Kaftan帶Kushak 頭巾Kotpak 諸字皆源於東方語），及各種用武器和具。若干韃靼的制度，也長時間留存於俄國。例如，驛站（yami）的制度由韃靼人傳入，此制在俄羅斯繼續了數世紀之久。（見書中一一七頁）。』

羅素的怪論，據我認識，是在譏誚俄共，然而我們也不能以普通的幽默一例看待其言，此中還寓有羅素晚年來的哲學思想。近年來，筆者在倫敦出版的圖畫郵報上讀到羅素談生活幸福之類的短文，大抵以恬澹為樂，繁華為苦，頗有中國道家「歸眞返樸」的見地。羅素生平不大順從英國紳士派的禮法，而且能夠領會中國人的生活藝術，其思想有時就較接近中國的老子。孔子問禮於老聃，老聃說：『子所言者，其人與骨皆已朽矣』。這一個意思，（孔子問禮有無其事，茲不在意，筆者只談這一意思而已，）筆者不僅在羅素晚年文章中感覺得到，就在讀索羅鏗著「恐慌時代的社會哲學」書中，也隨時於史賓格爾（Oswald Spengler）湯比（Arnold J. Toynbee）等思想家中，感到其論盛衰之理，自然之道，其言也頗近中國的老莊。（讀索氏書的筆記曾發表於民主潮一一四、一一五等冊。）湯比在其「文化在考驗中」第二篇上有一段話：『著者回想五十年前，在一八九七年一個下午，於倫敦，同着他的父親坐在一個「艦隊街」家中窗前，看見加拿大與澳洲等地的馬隊，齊來慶祝維多利亞女皇的六十年紀念慶典。他至今能憶及這引人驚賞不易常見的壯麗的殖民地部隊軍容盛況，雖帽飾服色與本土軍隊有異，而仍稱為大英帝國的軍隊，這情景對於一個小孩，不過給予他一種新的活躍的廣濶生活，不然而對於一個哲學家，或者他應感到向之所欣，俯仰之間，已為陳跡。』故湯比於這個第二篇「歷史的現在觀點」一開始便結論到：『只有上帝纔能知道眞實的情景，我們人類個人的目瞬等於黑暗中的火花而已』（God alone Knows the true picture Our individual human apercus are shots in the dark.）

特權人物套購招商局舊輪

靜　吾

（台北通訊）招商局在黃仁霖「將軍」的主持之下，歷年虧損，財務已面臨絕境，乃奉准將逾齡的海宿、海地、海宇、海宙等四艘自由輪標售，以資彌補。依照政府的法令，出售國有財物，原應採取標售的方式；但因特權人物從中運用，交通部竟將標售改爲議價，假如他們的企圖得逞，一轉手間便可獲得鉅利，該局則將遭受兩千萬元以上的損失。

「忠貞員工」首揭內情

此事本是秘密的進行，週前，監察院接獲一封署名「招商局忠貞員工」的投書，才暴露出來。原文如下：

本局海字號的自由輪只剩海地、海宿、海宇、海宙四艘，依交通部汰舊更新計劃，此四輪因不合經濟原則，均應全部拆售，另一艘同型海黃輪在台賣與鐵工廠，售價新台幣八百餘萬元，依現在折價計算，上述四輪，每輪可賣新台幣九百餘萬元至一千萬元，如按現時國際航運船舶市價，計每艘亦在美金廿萬元以上，正與此間折價相當。本局財務已瀕破產邊緣，出賣船舶係屬處分國有財物，自應依法公開招標，以裕庫收，而防不法不忠行爲。不意竟有兩家空頭輪船公司運用有力人士（包括前任交通部航業司長徐照基港務長唐同孫等）以威脅利誘方式，使交通部矇蔽行政院，竟破例核准以議價方式讓售，經於本年四月十九日議價未成。其後國際航運價格忽然上漲幾達一倍，迄今並未下降，交通部竟又替這兩家公司特別幫忙，矇報行政院請准按四月十九日國際航行之自由市價爲準，每艘約爲美金十四萬元，將來如該兩公司於兩年拆鐵，則補繳當時拆鐵與航運價格之差額。此項辦法表面冠冕堂皇，言之成理；實則欺騙小孩之戲法，損害國庫，圖利他人，尤其在交通政策上遺害無窮，徒增糾紛。茲分述如次：

（一）據述交通部核准這兩家公司特惠的原因，一家因有小船在政府遷台前應軍差沉沒，一家在台担任軍運多年，所以政府准予每家買自由輪兩艘，除自籌三成購船資金外，由政府担保其餘七成貸款。政府對於其他担任軍運的航商，都無特惠，而獨對這兩家另眼看待，將來其他同樣航商紛請援例，交部應如何辦理？（二）政府特准担保七成船款，已屬天高地厚，爲何又聽其以巧取豪奪方式向病危的本局吸血自肥？

（三）交通部沈部長對我們迭次訓話，說我們的自由輪太舊，應該拆解，並通令禁止所有公民營航商購進自由輪，現在爲何特許這兩家航商買自由輪；難道本局不能經營的自由輪，一經轉售民營，他們就會轉虧爲盈？否則，己所不欲，勿施於人，交通部如何自圓其說？

（四）若謂節省外滙，更屬欺人之談；因爲我國廢鐵全是外滙進口。報載最近外貿會鑒於國內需要，已宣佈准許舊船進口，政府爲何不許本局把這四艘自由輪公開招標？不論航行或拆鐵，總以最高價爲得標；如果拆解也是節省進口拆鐵外匯，交通部改招標爲議價有何必要？

（五）本局在五年前也有一惡例，即交通部批准小船聯營處以航行理由向本局以議價買進艘小油輪，旋該處經由專家鑑定認爲不堪修復而轉手拆解，本局蒙受相當損失，此次該兩家我們不敢武斷說還是「假航行，眞拆解」；但交通部所規定的補繳拆解差額，眞不切實，我們竟寄厚望於一艘船都沒有的這兩家公司，未免太天眞了。

（六）本年四月十九日議價不成，既未協議，更未簽約，交通部爲何事後於國際船價大漲之際，矇報行政院核准，倒來仍以四月十九日之國際船價爲準，限令本局讓四輪於此兩家民營航商，不知是何居心？

（七）如果沈部長有意特別幫忙，除由政府銀行担保七成外，還可以由國庫特別補貼，向國外購船增加噸位，何必又在本局賣船方面使本局蒙受每艘十萬美元以上的損失？

監院派員調查

監察院交通委員會於六月二十六日討論本案，金越光、酈景福等九位委員又提出補充資料，指出：「泰利公司在厦門僅有一艘鷺江號小輪，在台本無公司設立，其眞正船東並未來台，僅有職員翁維鈞一人，生活幾成問題，後經交通部離職科長陳福尾頂用泰利公司名義，向各方活動與交通部科長聶嘉於勾結，始有由政府貸款八成籌備復業之案。該公司毫無資本，活動奔走已虧空百餘萬元，於是以出頂權利方式請基隆港務長唐同孫任董事長，保留一艘自由輪外，已將另一艘輪船，憑其貸款與向招商局所獲之抑價讓購特權，頂讓與前航政司徐照基集團。據聞其坐獲兩百萬元，故泰利公司形式上向招商局承購自由輪兩艘，實則早已在外抛空，俟泰利購成後，即分別成立二公司。似此情形已成公開秘密，國家特惠，已與眞正泰利公司船東無關，殊失政府特准復業之德意，而爲官僚所利用，欲望其補繳差額，本質既變，則結果更謬以千里矣。另一家濟運公司由其同鄉之特別幫忙，在台雖有担任軍差成績，但公營民營均有之，政府並無特惠，將來別家援例，交部何善其後？較該公司更具成績之亨達公司申請政府核准貸款七成，未經批准；在台應軍差沉沒之華興輪，政府迄未理會；與濟運同應軍差之民生公司，其船在金門被匪炮擊沉，政府亦未予以特惠，最近欲將其所有唯一之自由輪新惠生輪，另換一艘同型而性能較優之自由輪，經由台灣鐵工廠負責掉換，且補貼民生一百六十萬元，但交通部尚未批准，其理由認爲政府航政法規規定，沈部長並不鼓勵航商再購進自由輪，準此則交通部强令招商局將四艘自由輪抑價轉讓與該兩公司，誠不知是何政策？是何居心？」

金越光委員並說：他曾和交通部長接觸，該部對此事也頗注意。酈景福委員又說：他曾與招商局王總經理和中信局陳局長通電話，前者也認爲此事在法律上不大合法，後者表示中信局方面也感到困擾，顯見內情並不簡單。陳志明委員說：交通部批准給予兩家公司如此優惠的條件，外傳乃由於退職人員從中上下其手，官商勾結，認爲應予澈查。王澍霖委員提出三點意見：（一）推派委員迅予調查，（二）本案將於本月廿七日開會議價，希望調查委員先與交通部長說明監院正在調查，議價應暫緩處理。（三）「招商局員工」的投書中指出五年前即有此種惡例，亦須能併案調查糾正。

討論結果，一致議決推金越光、郝遇林兩委員進行調查。

立委指出有人借屍還魂

立法院交通委員會於七月一日開會，交通部長沈怡出席報告經過情形。他說：自抗戰以迄今日的戡亂，民營輪船公司的船隻，因軍事目的而受到損失，政府理應賠償；但由於財政支絀，問題拖延了多年無法解決。後來泰利、濟運兩家公司願意放棄賠償要求，條件是政府允許他們向國外購船。此時，恰巧招商局要出售四艘逾齡自由輪，外滙當局爲了替國家節省外滙，乃建議招商局的舊船賣給兩家輪船公司，後經行政院批准。政府爲了對泰利、濟運二公司有所補償，乃決定採用議價方式。

立委們對沈部長的報告頗爲不滿，紛紛提出詢問。福建籍的林競忠委員更指出所謂泰利公司原是交通部退職人員，利用特權借屍還魂的勾當。他說：「泰利公司原是一個家族企業，設在福建厦門，老板王鼎揚和我在南安是鄰居，我們的交情很好。民國三十八年，他爲了護送我離開南安，不幸被匪兵擊斃。該公司的另一重要股東王振相，也是我多年的好友，亦已去世。其他股東也沒有一人在台灣。該公司過去確對政府有過貢獻，政府如果對眞股東有所賠償，自屬應該；但現在的事，却是政府官員勾結該公司從前的一個職員，以買空賣空的伎倆，套購國家財物，從中取得暴利。這個黑幕，我必須予以戳穿，方才對得起過去的股東老友。」以反對特權聞名的女立委王長惠認爲是特權人物，借屍還魂，要求沈怡趕快從「推拖」的泥濘中拔出來。潘衍興委員又指出泰利公司是一個大騙局；外傳這筆交易如果做成，有人可獲佣金五百萬元，他要求沈怡應查個水落石出。劉震東委員認爲交通部應將議價的事暫擱一下，俟調查清楚後再辦。因爲各方傳說如不查明，國家政府和交通部長的信譽，都將受到影響。此外還有劉志平、張明經、鄭祥宇等好幾位委員相繼發言，都認爲議價的事。於法於理，均有不合。因時間不够，交通委員會決議另定舉行會議，繼續質詢。

交通部隱名官員猶作狡辯

七月一日，中央社訊：「交通部官員一日否認泰利輪船公司有「冒名頂替」的事。這位官員說，該公司是於民國六年在厦門由菲律賓和香港僑胞王振相等人集資設立。民國卅八年該公司隨政府遷來台灣，還有一艘「鷺江」輪，已於民國四十三年八月拆解。民國四十六年該公司董事長王振相和總經理翁維鈞檢呈交通部於卅六年度發給該公司的民國廿六年徵用泰利公司輪船三艘証件及交通部准予列入第二批賠償案的文件，請求賠償，交通部通知該公司應該等到光復大陸後再議，後來泰利公司又要求賠償了好幾次，都經交通部回絕。前年翁維鈞自動放棄政府賠償，請求政府貸款購船營運，因爲該公司的証件齊全，既然放棄賠償，交通部就答應該公司照一般辦法買船，船價自籌三成，還有七成向銀行貸款。這位官員說：招商局這次出售四條自由輪，讓售程序都依照審計法令辦理。規定參加議價的輪船公司先繳保証金新台幣卅萬元，議價以一次爲限，如議價不成改爲公開標售。如果議價成功，應在五天到十天內繳淸全部價欵。目前「海宿」、「海地」、「海宇」、「海宙」四條自由輪，仍停泊在基隆港，成交後在基隆港交船。他又說：招商局出售這些自由輪後，將買進兩條勝利輪，這完全是配合營運的需要。他透露：根據招商局估計，淘汰四條自由輪，改用兩條勝利輪營運後，該公司每年可以節省開支新台幣四千萬元。」

中央社不透露發表這篇談話人的姓名，而祇說是交通部官員，足見此人是見不得天日的，因而他的辯詞也就大可懷疑。且就其所謂「招商局出售這些舊輪後，將買進兩艘新輪，每年可節省開支四千萬元」一節而論，據監委金越光等所提的補充資料所載：「如照所議的價格售與該兩公司，所得價款將不足以購進新船，勢必影響其汰舊換新計劃。」可見，這位官員的話實爲不實不盡之談。但由中央社發佈他的談話中看去，顯見這位官員是大有來頭的。

輿論的反應

泰利和濟運兩個空頭公司獲准以議價方式向交通部承購招商局所屬的四艘逾齡自由輪，表面上的理由，是由於他們曾在軍運中蒙受損失；實際的作用，則是以最低的營運價格購入，到相當時期後，以廢鐵賣出。因爲自政府禁止廢鐵及舊船進口後，台灣的廢鐵價格卽直綫上升，他們在一轉手間，每艘自由輪便穩獲五百萬元以上的暴利。交通部雖曾規定在兩年內不得將船拆解，如兩年後將船拆解，當廢鐵賣出時，須補償差價。這不過是掩耳盜鈴的一種手法。因爲船隻既已落入他們的手中，事實上，交通部也不會再予過問的了。

此事被揭發後，官報都含糊其詞，民營報也不敢有所評論；自是奉了禁令所致。但聯合報在刊載監院討論此事的消息時，特以大號字標明「財源茂盛通四海」，『好』『買』『賣』，下又有兩小標題爲「人物很特殊」、「事情不簡單」，字裏行間，已很够表明該報對此事的觀感了。

莫斯科會談展望不佳

綜觀

中共與蘇共在莫斯科舉行的兩黨會談，已於七月五日正式開始了。但事前的一切跡象却表示中共與蘇共雙方都只想在會談中克服對方和打擊對方，所以，自六月十四日中共致蘇覆函提出廿五點論述及國際共產主義運動總路線之後，關係即更趨惡化。

六月廿七日是中共與蘇共之間的極不愉快的日子。當天，蘇共曾通過蘇聯外交部將五名中共人員撤退，這已經是中蘇共之間的空前行動。據悉：這五名人員中，有的是中共駐蘇大使館人員，有的是中共派往蘇聯的留學生，但均以散發中共的小冊子，而使蘇聯對他們表示「不歡迎」。

六月廿七日這一天，更有一件使中共大丟臉的事在莫斯科發生，那就是中共駐莫斯科大使館的窗櫥忽被四個蘇聯人搗毀。這當然不能解釋為偶然，也不能解釋為常常發生於民主國家的那種普通事件。因為在一般民主國家裏，示威是一件常事，搗毀別人的大使館也是一件常事，在共黨國家裏，尤其在蘇聯，這却不是一件常事。誰都知道蘇聯與中共一樣，也是一個控制嚴密的警察國家，人民無自由，如非蘇聯當局安排，豈有忽來四個俄人將中共大使館窗櫥予以搗毀之理？

對於蘇聯要求中共將五名中共人員召回一事，據新華社北平七月四日電：中共已於七月四日向蘇聯提出抗議如下：「蘇聯駐華大使館：中華人民共和國外交部僅就蘇聯外交部一九六三年六月廿七日致中國駐蘇聯大使館的照會聲明如下：蘇聯外交部六月廿七日致中國大使館的照會，繼六月十七日和六月廿四日蘇聯外交部副部長庫滋湼佐夫同志就散發中共中央覆信事，對中國駐蘇大使館所作的兩次無理指責之後，竟然宣佈中國駐蘇聯大使館工作人員梅文崗、魯培新、王耀同和中國留蘇研究生劉道生、研究所工作人員姚毅等五人為『不受歡迎的人』，要求『立刻從蘇聯召回』。中國外交部對此提出强烈抗議。蘇聯外交部來照中說中國大使館人員和在蘇聯的中國公民散發中共中央覆信的行動，是『非法的』。是與大使館的地位『不相容的』，是『對蘇維埃國家主權的不尊重』。這種指責是完全沒有道理的：……」。

此外，蘇共還於七月四日發表了指責中共的文件。中共亦於七月五日在北平發表了反擊蘇聯之文件，而中共代表團赴莫斯科會談之前，派了九個人先到莫斯科去作必要的安排，以便鄧小平彭眞等人於七月五日飛往莫斯科。而此先行的九個人到達莫斯科時，又遭到海關的故意留難達九十分鐘，而別的來客，則不過十五分鐘即已辦妥一切手續。

此外，中共人民日報和北平其它共報還於七月五日即中蘇共在莫斯科會談開始之日，一致全文發表了言論，指責蘇共把「分歧擴至國家關係」。並說「人們無論從過去的單方面撕毀兄弟國家間的幾百個協定和合同，或者從現在的蘇聯政府無理要求中國政府召回梅文崗等五人的事件，只能得出這樣的一個結論：『把分歧從黨與黨之間的關係方面轉到國與國之間的關係上的不是別人，恰恰是它自己』。」

雖然，中共代表團在鄧小平彭眞率領下，已經於七月五日到達了莫斯科，而且已經開始了會談，但會談的展望却不佳。中共與蘇共之間要完全恢復和好是決不可能的，是否立即破裂？是否把黨與黨之間的分歧立即擴大到「國與國」之間的公開破裂？就要看雙方的手法了。本文刋出之日，會談也許還在勉強維持呢！

莫斯科會談中共代表團名單
鄧小平任團長彭眞任副團長

藍星

中共與蘇共在莫斯科舉行的兩黨會談，已經於七月五日開始了。中共這一次派出的代表團，其成員的組成，據中共公佈如下：

「團長：中共中央總書記鄧小平、副團長：中共中央政治局委員、書記處書記彭眞。團員、中共中央政治局候補委員、書記處書記康生，中共中央書記處候補書記楊尚昆，中共中央委員劉寧一，中共中央委員伍修權，中共中央候補委員潘自力」。

以上，可以說清一色都是毛澤東的心腹。

中共中央給予中共代表團的「基本立場」，據中共七月一日聲明說是：「堅持原則，加強團結，清除分歧，共同對敵」。

中共代表團於七月五日晨乘機離開北平飛莫斯科。行前，除毛澤東本人未到機場外，中共曾發動所有留平的黨政軍高級人員前往歡送，以示內部一致，劉少奇、周恩來、朱德均曾前往機場歡送云。

僑鄉近訊

鍾之奇

粵共在沿海亂捕無辜

自去年十月，台北派出九個小組在廣東沿海縣區登陸突襲以後，中共認為廣東人民有人暗中支持反共志士，遂大捕了許多人民，加以嚴刑拷打。本年六月，台北又派了八組反共志士分在廣東、福建、浙江登陸，中共發現企圖掩護反共志士之人民越來越多，所以，粵、閩、浙三省共幹乃採取寧肯寃殺三千，不肯放走一個的辦法，大捕各地居民。尤其是「階級成份」有問題者。此係中共南方日報所透露。

廣東部分地區又鬧水患

廣東各地的旱災，基本上說來，目前仍未解除。但由於戴莉絲颶風吹襲廣東，廣東部分地區現在又鬧水患了。

香港人所謂戴莉絲颶風，即中共天文台所謂一九六三年第四號颶風。據中共新華社廣州六月三日電：該颶風於六月一日抵達粵境後，帶來了暴雨，引起了各江水位猛漲。其中九龍江和木蘭溪因堤壩出現險段和洪水漫頂，泛濫成災。沿岸農田多被淹沒。漳浦、詔安、平和、南靖、漳州、晉江、泉州、及仙遊等縣，由於降雨量達二百多毫米，兼且風力强勁，稻田及房屋受損尤多。有不少人被困於危險房舍中，低窪地帶之物資遭到鉅大而普遍之損失。

對此，中共新華社亦承認此次水災之所以造成損失，半由天禍，另一半則確係人禍。新華社認為粵省各地共幹對此次颶風來襲，事前無周到準備。等許多河堤發生險象時才臨時組織人力來搶修，實在太遲。

事實上，在廣東各地旱象尚未完全解除的時候忽然又因一次颶風而發生水災，主要原因實在是粵共前此為了引水救旱，曾將各江各溪堵塞達數千處，迄未撤除。因此江流被阻，水患乃又發生。足見中共頭痛醫頭，脚痛醫脚之辦法，不但不能對僑鄉帶來幸福，相反，是只有帶來災難的。

福建災情仍極嚴重

根據中共新華社及中共「中國新聞社」的報導，福建過去六七個月未下過雨，以致旱情嚴重，為四十年來所僅見。尤以福建中部及南部災情最重。蒲田、永泰、晉江、龍溪、南安、古田、同安、華安、德化、大田等地的農作物均因缺水而枯萎。

據中共「中國新聞社」於六月廿五日發出的報導，則說晉江下游十幾萬畝平原上農地，均已呈現嚴重災情。各公社曾五次聯合攔江截流，進行抗旱，均未徹底把農作物解救過來。

中共新華社更於七月三日報導說：龍溪、厦門和晉江等地區的早稻，目前尚未黃熟，但又已面臨颶風之威脅云。

廣東各地蔬菜因旱災而減產

據中共廣州日報最近透露：由於廣東省今年遭到百年來的奇旱，不但影響了稻田的種植，而且也影響了蔬菜的生產。自本年四月份後，廣東各地已出現歷史上第一次的蔬菜生產淡季。

據稱：目前廣東各地，尤以廣州、沙頭、佛山、江門、肇慶、韶關、湛江、茂名、海口以及潮州、石歧、惠州、北海等廣東九個大中城市和四個縣鎮的蔬菜供應，已達到空前的困難程度。依往年情況，四月份以後，原應屬於蔬菜的旺季，蔬菜的供應量，應較平時更多，但今年則情況完全相反，不但未能增多，且更大大減少。但粵共却仍號召各地農民，必須抽調新鮮蔬菜，支援海外銷場及北方各省，僅以廣州、佛山、江門三地而言，今年五月份仍被抽調了十萬五千多担云。

「英國產婆」階上的嬰兒

馬來西亞難產

俊華

在倫敦舉行的「英國斡旋星馬談判」，無論在時間上和在情勢上，都已逹到了最後關頭，但仍然地危機四伏，驚險百出！令人担心到馬來西亞的誕生，會不會「難產」，或者生下了一個先天不足的嬰兒來。

「馬來亞聯邦今日把『馬來西亞嬰孩』放在英國門前的石階上」。某電訊社的這項報導，可算是刻劃盡緻。事實上呢，如果把「誕生」來作譬喻的話，馬來西亞這位嬰孩還沒有誕生，而馬來西亞則是產婦本身，在陣痛中還在極力忍耐掙扎，要設法生出一位男孩兒來；及到痛苦不堪，然後她說道：「好吧，無論是男是女，就給生下來再說吧！」這就是她告訴「英國產婆」的話。

馬來亞前此曾經一而再，再而三的堅決聲明：「馬來西亞決依期於八月三十一日成立」。可是現在，他對英國說：是不是依期成立，或者延後，或者怎麼樣，由你做主吧！說着，她已昏迷過去……

這就是「把嬰孩放在英國門前石階上」的情況，在馬來西亞這位孕婦的感覺，是星加坡、婆羅乃這兩個一胎四嬰的「孖仔」，在腹中舞動手脚，使馬來亞極感痛苦，幾乎寧願把這對小生命犧牲拋棄。而在居於產婆地位的英國，可正爲着這母親與胎兒的不合作，而煞費手脚！

拉曼造成危機

這「難產」危機也還是馬來亞總理拉曼所造成的。在吉隆坡的拉曼，於婆羅乃蘇丹已赴倫敦，及盛傳拉曼本人也將繼續啟程前往倫敦之際，突電令在倫敦的馬來亞代表團，中止星馬合併談判，並着該團「於必要時返國」。

這是七月四日的事情。本來在先一天的七月三日，在英國聯邦關係大臣桑第斯的斡旋之下，已有喜訊傳出，謂「星、馬協議接近」。斡旋的方式，是由桑第斯與馬方代表團長副總理拉查克會談，聆取馬方讓步可能性的幅度；然後由桑第斯與李光耀會談，試探星方也可能讓步的可能幅度。一旦接近，便由英方召集星、馬，作三角調處式的會議。可能雙方都已有些微的讓步，這方才傳出了「接近協議」，及三角談判即將舉行的消息。

而也是這麼一個消息，促使婆羅乃蘇丹的飛往倫敦。儘管婆羅乃仍可獨自維持現狀於星馬北婆沙勝越以外，但若果星馬能夠協議，也許婆羅乃會更高與於參加馬來西亞。蘇丹的迅速飛英，顯然仍抱「兩可」──維持現狀，或參加大馬均無不可的態度，但也未始不抱着「看看」的心情。

所謂「看看」，一是看看星馬談判結果如何，一是看看馬來亞對婆羅乃讓步的程度如何，再者，婆羅乃如欲尋求維持現狀，仍作英保護國，則要看看英國意向如何。

但無論如何，星馬談判的結果，當然也影響馬、婆的談判。何況，若果馬來亞代表團竟然實行「返國」，馬、婆談判當然更屬無從着手。

要英國想辦法

拉查克一旦返國，原定五邦聯合的馬來西亞，就將「只有馬、沙、北婆三邦」，一如拉曼上次最後通牒時所說的，不幸而言中了。如果說最後通牒那一次是拉曼的首次攤牌，那麼這一次倫敦談判中斷，則是拉曼的第二次攤牌了。拉曼訓令拉查克中止星馬談判及在吉隆坡說：馬來西亞（的組成）似乎不會有星加坡參加，看來，「星洲似乎已確實退出」。拉曼又說：馬、沙、北婆仍將繼續進行聯合，星洲要置身事外，「那是星洲的自由」。

拉曼沒有談及婆羅乃，但也沒有把婆羅乃列入於「繼續聯合」的名單中。這樣的說明也給人以一種感覺，即如果星馬破裂的話，馬來亞與婆羅乃「也用不着說的」會同樣破裂。

但拉曼聲明中有一個要點，即是以前他迭次聲稱，即使星洲婆羅乃不加入，馬來西亞也將「依期於八月卅一日成立」。現在則祗使用「繼續進行聯合」的字樣。實際上是把「依期成立」或「不能依期成立」，交給英國決定。這就是「把嬰兒放在英國石階上」的實情。

那就是說，馬來亞再度採取攤牌的形式，但並沒有同時離開枱子。向做莊家的英國發問，徵求星洲和婆羅乃，願意不願意再賭下去？

拉查克受到授權「中斷談判及返國」，相機行事。也同樣可以相機行事，作「將在外君命有所不受」的做法；恢復談判，如果英國還能拉攏得成的話。

要求修正憲法

星馬歧見的基本，仍然是財政問題，更由此一點出發，涉及共同市場問題，以至憲法修正問題。財政兩大爭執，一是星洲「給予」抑「貸予」北婆開發及其款額問題。二是星洲剩餘」及稅收劃撥「若干」歸中央問題。三是星洲要求設立共同市場一事，在最初馬方由財長陳修信談判時代，馬方認此事與財政無關。到了拉查克負責談判階段，馬方接納星方共同市場的原則，但最後在倫敦星方認爲談判協議不够保証，要求將若干共同市場原則，預定列入將來馬來西亞憲法中，以保証新邦範圍內共同市場的形態，但馬方未允接受。

兩項財政爭執，在倫敦談判的詳情，拉曼拒絕對詢問者透露，難詳告，不日或可清楚發表。但可信的是馬來亞已作讓步，而認爲星洲方面的讓步不够。共同市場要點列入憲法一事，馬方原來無此準備，星方卻堅持要求！拉曼之動怒，不得不於調解者之前再度對星洲攤牌，顯是對於這個「馬來西亞」的問題兒童」，感到不耐煩了。

拉查克的風度

「倫敦僵局」的消息，給予星馬同樣强烈的震動。顯現於經濟市場的是，膠錫股價突跌，直到傍晚（四日）方才站住。另一方面，是印尼馬來亞菲律賓三國高峯會議，傳將延期舉行。

三國高峯會擬於馬來西亞成立前舉行，採取印尼菲律賓同意馬來西亞的形式。另一方面則由馬來亞向印菲保証某種滿意的條件，如非印尼所要求的公民投票，在馬來西亞成立之後舉行。但如果婆羅乃不加入馬來西亞，向來藉口「婆羅乃獨立」的印尼就無理由與馬來亞爲難，高峯會議會「撲了一個空」。

股票市場的趨跌反映出的是星馬聯合成功，經濟將會穩定，否則割裂的經濟，必會予膠錫市場以損害。傍晚膠錫價格的站住，官方還莫明其理由，不過很可能是外商獲自倫敦的電訊，告知星馬談判「雖中斷尚非破裂」，且可能有復談的希望。

拉查克確似乎有大將風度。他在接拉曼「中斷談判相機返國」訓令後說：我不知道將會有何事發生，「但我現時不會返吉隆坡去」，我要檢討整個局勢。拉查克的冷靜地留在倫敦，使一切未告絕望。

桑第斯再度與拉查克會談，薛爾寇克爵士則在吉隆坡向拉曼勸釋。最後的消息說：星馬已決定恢復會談。「英國產婆」已盡了她應盡的力量，她只有希望這是最後的一場「陣痛」。

・吉隆坡通訊・

施漢諾的成就

・阮氏珍・

誰也不能否認，高棉的施漢諾親王是東南亞國家中一位最圓滑的政客；他雖然在外表看來像是個「花花公子」，但是「年少練達」，他統治了他的小王國，乃盡量採取親民的方式來讓老百姓對政府了解，而報以眞誠的擁護；這正顯露出他的對內手法，要得很「到家」。至於對外，他曾到過日內瓦出席會議，讓世界人士進一步認識他的中立觀點；又曾到過北平訪問，以探察中共對印度的眞正意圖。他表示過：他要使世界各國都對他的小王國絕不忘懷；各國人士越多談論高棉，關心高棉，則高棉便會越趨於安全。施漢諾親王這種概念，確是相當聰明的。

目前高棉所最關切者，是中共對印度將會再作出怎樣的行勁。因此，他不能不先向中共拉拉交情，但是，我們切不可誤會，他是絕不喜歡高棉國內有共產主義存在的。

施漢諾有兩個傳統敵對的國家：一是泰國，另一就是南越。這兩個國家都曾和高棉發生過邊境爭執，直至現在，仍未相處得和諧。可這兩個國家都是美國積極支援的軍事同盟國；由於要對付共產主義，這兩個國家的軍隊都有相當良好的裝備。這樣，在施漢諾的眼中，當然不能不有所戒懼，於是他就傾向中共，以期在矛盾的態勢下獲致力量的平衡。施漢諾的想法，目前確是如此。

施漢諾之訪問北平，正是意圖在世界人士之前，顯出了高棉已獲得中共尊重其「中立」，其用心就是給點「顏色」予美國看看。祇是，中共的諾言，從來都好像雲煙般輕飄；周恩來不是曾經親口對尼赫魯說過「尊重印度的中立」嗎？然而侵略印度的正是中共。那末，中共對高棉的許諾，又有甚麼價值？這點，施漢諾當然也「心知肚明」的，他當然會考慮到：亞洲的中立份子，包括高棉在內，現在該怎樣自處？他固然不願意轉爲明顯的反共，但也不能信賴中共的尊重；因此高棉便發展着一項微妙的局勢。

施漢諾正如東南亞其他許多「適應潮流」的國家一樣，務求自己有「中立感」，達成「國家完整」的目的。施漢諾以傑出的圓滑手法統治高棉，目前是頗爲成功的；因此，既獲得美國的援助，又獲得中共援助，也獲得蘇聯援助。過去數年來，高棉曾得過美援達三億美元，而且有一部份作爲軍事和警察的經費。在美國和蘇聯的眼中，都是認爲高棉確是需要防守的，也確是需要建設的。在今日高棉的國都金邊裏，已可以到處見美國和蘇聯的經濟援助的成果。

在六七年前，高棉鄉村裏的老百姓，也許還覺得他（她）們的政府還未有關懷他（她）們，可是到了今天，施漢諾已經常跑到各鄉村去，努力指導和督促地方官員辦理好鄉村的政務，增强農業的生產，改善鄉民的生活，照顧兒童的教育，趕辦醫藥和衛生的設備，使到各鄉村的男女鄉民，都一致湧起了擁護施漢諾政府的熱情，替施漢諾政府効忠。顯然，他已取得了人民的愛戴；在施政上，確已獲致重大的成就。

至於高棉所感覺到泰國和南越給予威脅是備受困擾，但這兩個鄰邦的態勢，目前仍是處在美國支援下的，美國決不會任由泰國或南越對高棉再作出進一步的鬥爭。而來自中共，寮共或越共的滲透或侵擾，則高棉經遐美、蘇的援助後，現在自己有力量抵抗得來。更何況美國目前對這個小王國的安全，也決不是袖手旁觀的；假如中共要動手來迫害高棉，西方國家，包括美國，都决不會坐視。

總之，施漢諾統治高棉的手法，不論對內和對外，他都能够幹得「頭頭是道」；這位會被看作「公子哥兒」的政治領袖人物，現已顯著地表露出其精明能幹，具有超卓的眼光，獨特的手法，把他的小王國引起了世界人士注目，提高了他的小王國的國際地位。在東南亞各國中，高棉顯已成爲重要的一員。若以今日東南亞各國的情況來說，高棉也稱得上是一個較爲安定的國家；即使寮共越共仍對她虎視眈眈，但高棉人民在其安定生活中，當不致接受共產主義的宣傳和影响。這可以說：完全是施漢諾的功勞！

文史漫談

多麗　遯翁

太希寄示贈影星白露明詩索和，其詩云：珠女珠兒本一家，問名白露玉無瑕。明霞照海輸其麗，秋水爲神不算誇。他日風流誰作婿，今生顏色已如花。萬千紅紫皆臣僕，第一人間綠萼華。並附書謂其人驚才絕艷，得未曾有，即席技癢，率成以贈。昔畏廬詩云：不留宿孽累兒孫，不向情田種愛根；綺語早除名士習，畫樓寧負美人恩。今弟又犯綺語戒矣！然快意之事，當與兄分享之云云。余聞之孔子：少之時戒之在色，及其老也，戒之在得。然則賞其色而不志乎得，斯正頤老之壽徵，雖綺語，復何害也；因譜此闋以應之。

正無聊。小樓靜似僧寮。乍遙天，傳箋遞簡，新詩細寫嬌嬈。是珠兒，珠圓玉潤；是珠女，珠媚花天。秋水爲神，明霞照海，千紅萬紫盡勾銷。便贏得，劉郎傾倒，紫陌賦仙桃。還分與，堪飡秀色，隔海相邀。想丰神，當筵對酒，何人不爲心搖。問人間，誰堪作婿，問今日，誰與同嬌。見已魂銷，聞應神往，幾回低詠路迢迢。仍自笑，枯禪久寂，綺思被君挑。多應是，聊施狡獪，故逗推敲。

天石招飲過其山居

谷口言尋鄭子眞，但看丘壑即幽人。石橫澗底疑無路，門嵌岩邊已絕塵。分結松筠三徑友，自栽花葯四時春。不嫌說與南陽客，鷄黍殷懃許識津。

哀郢

遠遊何意陟椒丘，又爲臨睨悵去留，國步已非空疾首，吾謀不用枉凝眸。徘徊閶闔呼難應，憔悴江潭死始休。分是高陽舊苗裔，獨傷禾黍望長楸。

禱雨

半載雲霓望眼穿，人情急難便呼天。誰令旱魃橫張燄，不放飛龍躍出淵。靑界當頭仍赫奕，蒼生疾首歎熬煎。桑林偏禱應能達，乞瀉銀河作沛然。

由「玉衡指孟冬」談起（二）

徐亮之

（一）尚書盤庚三篇，一般認爲乃商書中的可靠者；盤庚上篇有「若農服田力穡（疏：「穡是秋收之名」），乃亦有秋」的話。依根據夏正的詩豳風七月的「八月其穫」（鄭箋「禾可穫也」，朱註「禾之早者可穫也」，又左桓六年「始殺而嘗」杜註：「建酉之月（夏正八月），陰氣始殺，嘉穀始熟，故薦嘗於宗廟」。又月令「孟秋農乃登穀」。）推算，夏正的八月乃殷正的七月，正是秋收的時候。「豳風七月」，我們雖不必相信「詩序」所說什麼周公「陳后稷先公風化之所由」的話，但詩中說的乃是尚未「翦商」時期的周人之事，却是可以相信的；亦卽易言之：在商代民間和政府擧辦的若干事務中，行的乃是「夏正」。

（二）逸周書周月解：「㝯數得天（註言得天地之正），百王所同。其在商湯，用師於夏，除民之災，順天革命；改正朔，變服殊號；一文一質，示不相沿；以建丑之月爲正，易民之視，若天時大變，亦一代之事。亦越我周王，致伐於商，改正易械（謂禮樂之器）。至於敬授民時，巡狩烝享，猶自夏正焉。是謂周月，以紀於政。」逸周書此說，其正確性是可以証實的；例如周頌臣工乃周人早期的詩，而於「維暮之春」下亟接以「於皇來牟，將受厥明」的話，正寫的是夏正三月麥熟政府督導臣工割麥的情況。又如小雅四月乃周代中葉的詩，而有「四月維夏，六月徂暑」，「秋日凄凄，百卉具腓（病）」和「冬日烈烈，飄風發發」的純然夏正時令的話。更如周禮媒氏「中（仲）春之月，令會男女；於是時也，奔者不禁」云云；也非指夏時不可；因爲夏正的仲春，才是春光明媚適於男女會合的季節；若換了周正，則其仲春恰是朔風凜冽的十二月，那時縱然政府有「令」，人民也非大倒胃口不可的了。這三個例子，小雅四月等於夏正時令的縮描；周頌周禮所說，則都有關「授時」之政；以此例彼，所謂「巡狩烝享」等事，必然用的也是夏正，當然可無疑問，不具述。

（三）左傳雜取諸侯史策成書，雖復三正參用，（如隱六年宋人取長葛，經本周正書「冬」，傳本殷正書「秋」是。）但揆其用心，畢竟仍是採用夏正之處爲多；（亦可解釋爲左氏所據史策原文，根本用的就是夏正。）所以桓七年，穀伯綏、鄧侯吾離來朝，經書「夏」（周正）而傳書「春」（夏正）；僖五年，晉侯殺世子申生，經書「春」（周正）而傳繫上年十二月（夏正）；十年晉里克弒其君卓，經書「正月」（周正）而傳繫上年「十一月」（十一月乃殷正，疑乃十二月之誤）；十五年，晉侯及秦伯戰于韓，經書「十一月」（周正）而傳書「九月」（夏正）；文十四年，齊公子商人弒其君舍，經書「九月」（周正）而傳書「七月」（夏正）卽其顯証。不特此也，僖九年，經書「冬，晉里克殺其君之子奚齊」，而殺奚齊之「冬」實爲周之季冬夏正孟冬之十月，傳則更書「冬十月」以坐實之。凡此均足徵左氏用心之所存或春秋之世夏正普行之一斑。抑又不特此也，孔子作春秋用周正，而論語記他答顏淵問爲政，却答以「行夏之時」（衛靈公）；同時，其弟子曾點所謂「春服旣成」「浴乎沂，風乎舞雩」的「暮春」，也顯非夏正的暮春三月不辦；如果曾點指的竟是周正的暮春，則恰是夏正的正月，在老夫子的家鄉山東，漫說「浴乎沂，風乎舞雩」絕不可能，恰正可能「飄風發發」之外，還另加「瑞雪紛紛」的哩！所以春秋時代的普行夏正，也可當無疑問。

（四）趙翼說：「至戲國時，更無有不用夏正者」（陔餘叢考卷二「春不書王」條）；他曾舉「呂氏春秋」全用夏正，和「汲冢紀年」「以夏正爲首」做例証；這是一點也不錯的。按呂不韋氏死於秦始皇十二年，卽秦并天下頒行「秦正」的前四年，亦卽「呂氏春秋」乃戰國末期的作品，同時也是結合以前各代的經驗與事實，而把「夏正」加以體系化的鉅著。如以呂氏的野心，如不於秦并天下前得罪而死，則其必勸秦始皇以「夏正」爲「秦正」，實又可能是當無疑問之事。

（五）由漢初到武帝太初元年改歷「與夏正同」，中間凡九十八年都是「襲秦正朔」的時期（詳史記歷書）；但襲秦正朔的九十八年之中，同樣不能影响「夏正」的普行。舉例言之，賈誼生於高祖七年，死於文帝十二年，前於太初改歷五十三年；所作的「鵩鳥賦」便公然有不秦不漢純然夏正的「四月孟夏」的話。（未完）

唐詩偶釋（三二）

鄧中龍

春望　杜甫

國破山河在，城春草木深。感時花濺淚，恨別鳥驚心。烽火連三月，家書抵萬金。白頭搔更短，渾欲不勝簪。

前半貼題寫景，後半拓開言情，看似未嘗粘題，實則句句皆望字中應有之義。此全詩結構。

前四句皆寫望中之景，而起句舉頭一望最濶遠，次句低頭近視較仄狹，三四則偏舉一事言之，而又分聞見大小廣狹，錯雜成章，此前半結構。

前半意雖沉痛，語皆依傍，故中聯特說兩句正面。前半詞旣鍾鍊，筆亦整嚴，故中聯乃出之以疎直，而結聯乃又出之以精鍊。蓋中聯一鍊，則傷於嚴；結聯倘不繼之以鍊，則流於率。此後半結構。

起聯兩句，皆上二字頓住，下三字下一轉語。次聯兩句，皆上二字頓住，下三字透過一層。

花鳥本無知之物耳。乃至於感時花濺淚，恨別鳥驚心。詩人每能以其慧光注於萬物，遂能易呆滯爲生動，化腐朽爲神奇，此詩家智慧語，此哲人點化語。

文天祥詩：「山河風景原無異，城郭人民半已非。」語本「國破山河在」句。

司馬溫公曰：「古人爲詩，貴於意在言外，使人思而得之，故言之者無罪，聞之者足以爲戒，近世惟杜子美最得詩人之體。如春望詩：國破山河在，明無餘物矣；城春草木深，明無人跡矣。花鳥平時可娛之物，見之而泣，聞之而悲，他可知矣。」（司馬溫公詩話）

烽火旣連三月，家書自抵萬金。自念流落天涯，頻悲白髮，搔而更短，至於簪欲不勝，極寫離亂傷春之情，便暗寓渴望承平之意。詩人之敦忠厚之遺也。綜觀全詩，望山河之空在，望草木之徒深，對景生情，乃有感時別恨之句，進而至於望家書，望承平。至則春望之望，其着重點果何在乎？作者並未明言，第卽此恍惚迷離，已倍增黍離麥秀之感矣。

辛文房曰：「能言者未必能行，能行者未必能言。觀李杜二公，崎嶇版蕩之際，語語王霸，褒貶得失，忠孝之心，驚動千古；騷雅之妙，雙振當時。兼衆善於無今，集大成於往作，歷世之下，想見風塵。惜乎長轡未騁，奇才並屈，竹帛少色，徒託空言。嗚呼哀哉！」（唐才子詩卷二）。

胡應麟曰：「杜五言律，規模大，格致沉深，而體勢生動。」如此等詩，足以當之。

友聲集（三二）

經緯書院詞課

浣溪紗　望雨　張文祥

一枕虛堂夢不成，遙聞遙見月華生。尋常誰不羨天靑。背井綆深人簇簇，坳堂底涸草婷婷。臨軒默默祝蒼冥。

前調　望雨　梁守添

漠漠平疇布坼紋，甘霖何事少殷勤。欲呼雨伯起滄溟。天若哀時天亦淚，滂沱三日願同聽。舉頭無語望高層。

前調　望雨　關麗儀

大旱雲霓思不禁，小溪天籟闃流音。夜深好夢也難尋。乍覺片雲頭上黑，旋嗔杲日霧中明。一方低首待甘霖。

前調　春暮感懷　許紹銘

碧野朱橋枕細流，年年柳色度芳洲。車塵馬跡幾時休。有限飛花飛不盡，無邊美景美難留。澗前凝望意悠悠。

憶陳果夫先生

（二六）

宇人

第二天，蔣先生又到大會訓話，他說：他雖然無意把青年團組成一個黨；但黨團幹部則必須分開，凡是願意在青年團工作的，如在黨部兼有職務，則必須辭去；否則即不能再担任團的工作。我當時雖不以此項劃分爲然；但因已無意再從事黨務或團務工作，所謂事不關己不勞心，也就不再表示任何意見。蔣先生訓話完畢後，青年團中央幹事兼國民黨中央委員的陳雪屏和吳紹澍（此君現已投共）即席宣佈放棄國民黨的中委職務，另一位中央幹事何浩若亦宣佈放棄國民黨中央候補委員。青年團的許多朋友都望我也放棄國民黨的中委，專負團部的責任；但我沒有這樣辦。並不是我對國民黨的中委有所留戀，而乃認爲青年團本是國民黨的組訓青年機構，如果不願意做國民黨的中委，自應向國民黨中央請辭，絕無向青年團聲明放棄之理。尤其是那幾位即席聲明放棄國民黨中委或候補中委的仁兄，顯然祇是爲了討好蔣先生，我更羞與爲伍。

接着，代表大會又通過中央幹事監察選舉辦法，規定採取分類選舉制：原任中央幹事監察爲第一類當然候選人；但在國民黨有兼職者，必須聲明辭去兼職；否則即不能作候選人。各地方團部出席代表所推出的候選人爲第二類，學校團部代表所推出的候選人爲第三類，青年軍代表所推出的候選人爲第四類。每一類候選人的當選率，都有一定限制。記得第一類的候選人似乎限定佔當選額的十分之六。即原任中央幹事和監察，在青年團的新中央幹事會和監察會中祇能佔百分之六十。換言之，即有百分之四十縱然獲得足够的票數也不能連選連任。當時大家都認爲這是蔣先生特別爲蔣經國而作的一種安排。其所以限制原任中央幹事和監察之兼任黨部職務，不聲明放棄者即不能再在青年團工作，顯然是有意將團內資歷較深的若干原始幹部排除，以免他們對蔣經國有所滯礙。因爲這些人絕不願意受蔣經國的控制，當然是蔣先生所深知的。而分類選舉辦法，更無異是迫使原任中央幹事和監察讓出名額，俾與蔣經國有關的人容易擠入中央團部。所謂與蔣經國有關的人，即青年軍的代表和曾在中央幹部學校畢業的地方團部代表。據我所了解，這些人對蔣經國的印象本來不好，祇因遭受若干地方團部的歧視，迫得依靠蔣經國以自保；於是，蔣經國便視他們爲心腹。這一部份代表中，雖然也多青年有爲之士；但由於資歷甚淺，在公平競選之下，他們當選的可能性是很少的。如今有了分類選舉的辦法，他們縱然只能得到極少的票數，也可當選一定的名額。蔣經國的這番設計，可說是「匠心獨具」；然而青年團却從此一蹶不振了。

在前述選舉辦法通過後的第二天，代表大會公佈經蔣先生核定的候選人名單，原任中央幹事，且曾在初期代理書記長的朱家驊及自青年團誕生後即任中央常務幹事的陳立夫、段錫朋、梁寒操、谷正綱和原任中央監察且歷任監察會書記長的王世杰等多人，均因爲兼任國民黨中央委員未曾聲明放棄而「榜上無名」；我也是其中之一；但原任中央幹事陳誠、賀衷寒、劉健群等人，雖然也兼任國民黨中央委員並未聲明放棄，却仍被列爲候選人。當時，許多人都窃窃私議，認爲顯有厚薄之分。谷正綱還向很多人表示，他祇是一個「門神」。依照他的解釋，門神在人家開門時，是在門內的；但人家關門時，却被推到門外。顯見，他對於青年團藉口黨團幹部分開而未將他列爲候選人，認爲是被推到門外。他又向我說：有幾位代表請朱家驊題字，朱寫的都是「天下爲公」四個字。他說：由此可知朱家驊對青年團的選舉辦法，也是很有感慨的。意即指蔣先生以天下爲家。

代表大會投票後，並未當場宣佈選舉結果；當選名單由秘書長倪文亞先呈送蔣先生核定。第二天蔣先生到會親自宣佈選舉結果。在當選的中央幹事中，突然又有了我的名字，並被指派爲常務幹事。許多希望我仍在團部工作的朋友，紛紛向我道賀。大約就是當天中午，蔣先生又請吃飯，由於同席的僅有新疆麥斯武德、堯樂博士和艾沙等五六人，一位在侍從室工作的同學特別關照我勿再缺席，我祇好赴宴。我的席位被排在最末，蔣先生僅對幾位新疆的客人問長問短，不會和我談一句話，我正引以自慰。因爲我年餘以來曾幾次沒有應蔣先生的召，不免感到有些尷尬。宴後他們向蔣先生告辭，我也隨着站起來。蔣先生忽向我說：「你留在後面，我還有話和你說，」我祇得遵命。蔣先生將他們送走後，回頭叫我隨着他在門前的花園內散步。隨後走向一根大樹，其下放有一條可容兩人並坐的長櫈，蔣先生坐在一端，要我坐在另一端。他以很親切的態度說道：「我有幾句話老早就想告訴你；但在重慶、北平都沒有找到你。你在各種會議中發言，雖然有很多人給你鼓掌；但你須知你是很吃虧的，因爲大家都怕了你。你現在已經年紀不輕，應該做些實際的事，不能祇是罵人便算了。」我說：「我知道我是很吃虧的。祇因鑒於國家和黨的局勢已經十分危殆，而一般黨政負責人却一味的矇上欺下，我認爲長此下去，前途實不堪設想；所以才不顧一切，把平素所見所聞的各種弊端揭發出來，希望能促起總裁的注意，及早從事改革。但我說的也並非全部；有許多足以動搖國本和黨基的事，我對外仍是守密的。」蔣先生說：「你說的也有道理；但爲了不要多樹敵，以免妨碍做事，我還是希望你今後少罵人。」他又說：「你應該做點實際的事了。」問我願意做什麼事。我答以「不再辦黨辦團，也不從政。」他說：「你年紀輕輕，爲什麼這樣消極？」我說：「並非消極，而是因爲目前的黨政局面已經腐濫到了深根，絕不是局部的努力所能挽回的。」蔣先生說：「那麼，你去寫一個改革的意見書來。」我說：「如果總裁決心作全面的改革，請先召集有關人員舉行一次會議，宣佈你的決心，我願意盡陳所見，以供參考。否則，祇由我提出一份改革意見書，總裁又交與中央黨部研究，在目前的情形之下，其結果不過是中央黨部的檔案上多了一份文件，而令我多一次失望而已。」蔣先生表示將再考慮，我們那天的談話即如此結束。這是我和蔣先生單獨談話的最後一次。（待續）

魯肅是政畧家兼戰畧家

——三國人物故事評論之四——

劉裕畧

當曹操大軍南下荊州，魯肅向孫權提出要求，請孫權准許他到荊州去了解形勢並相機聯絡劉備時，魯肅心中雖然已有聯劉抗曹的腹案，即魯肅計劃的輪廓，但這一腹案尚非[illegible]。因爲任何計劃，任何方案不只是要理論上說得通，更重要的是必須切實可行。事實上行不通的方案，無論理論上怎樣好，想像上怎樣美，都不是好方案。所以魯肅雖然心中已有一個孫劉聯合陣綫的腹稿，但因這一方案究竟能否實施，還須審度荊州的形勢才能決定，更因這一方案不只是孫權一方面的事，而是把劉備牽涉在內的事，所以縱然其他一切都適合都無問題，劉備方面的狀況如何？意向如何？仍然是未知數，也還亟待解決。因之，魯肅雖然是到荊州去觀察一般情勢和一般問題，但觀察劉備的狀況和動向，却是魯肅到荊州去的主要目的。

當魯肅在孫權面前主動要求到荊州時，儘管魯肅心中已有腹稿，但他對劉備的情況，還不敢完全確定，所以他對孫權說：「若備與彼協力（指劉表死後的荊州當權人物），則宜撫安，與結盟好；有如離違，宜別圖之，以濟大事」。可見魯肅此時對劉備在荊州的情況，還能作兩種假定，這一方面固然是魯肅對人對事謹慎使然，但同時也正是魯肅思慮周密的地方。惟其如此，所以，魯肅到荊州去的這一件大事便是訪晤劉備，與劉備交換意見。

但三國時代的交通情況不像今天這樣快捷。儘管荊州方面的情況緊急，情勢也可能千變萬化，但魯肅却無可奈何，只能從江東坐木船逆江而上襄陽樊城，才能與劉琮劉備謀面，因當時劉琮尙在襄陽更北地區之故，這是魯肅動身時的情況。

荊州情勢後來果然變得快，等魯肅到達襄樊一帶時，由於曹操大軍南下非常迅速，就在魯肅前往荊州途中，劉軍已被曹軍壓迫，盡速向南撤退，雖欲在撤退途中稍作休息，也不可能了。魯肅到達夏口（今武昌）時，聽說前方形勢甚緊，但魯肅是個責任心重的政治家，便即冒險日夜兼程趕往襄陽，但僅僅趕到南郡，已經趕不及與劉琮見面，劉琮已經投降曹操了。在劉琮暗中投降曹操後，劉備的處境更危險，前後有被夾擊的危險，劉備乃倉惶奔走，於是魯肅才在調查了劉備奔走的方向後，向劉備奔走的方面前進，以期能够和劉備在奔走途中相遇。所幸魯肅智勇雙全，所以魯肅與劉備終在長阪坡相會。這長阪坡便是劉備大打敗仗的地方，魯肅到此與劉備相會，魯肅是冒了生命危險的。

劉備接見魯肅時，雖然劉備初時還虛僞的說要找蒼梧太守，但最後當然欣然接納了魯肅所提孫劉聯合陣綫以抗曹操的意見，因爲這實在是劉備求之不得的事。至此，由於劉備方面的問題已經解決，[illegible]客觀條件，便算基本完成，而剩下的只是孫權對這一計劃的有無最後決心問題了。

魯肅經夏口趨往襄陽，向劉備敗退途中前進，希望能够在劉備敗退途中與劉備相會。客觀的講：魯肅這一行動是既勇敢而且機智的。因爲曹軍追擊劉備的敗軍甚速，倘魯肅趕不及劉備，或在途程中錯過劉備，則魯肅本人有被曹軍俘虜的危險，所以說魯肅勇敢；同時，若不儘伏與劉備相會，則不知劉備敗到那裏去，若劉備敗到不可收拾，則孫權縱然接納魯肅的意見，來與劉備聯合，但因劉備已潰不成軍，聯合的條件已不具備，則孫權聯合劉備以抗曹操，事實上也勢必不可能了。所以，在這時候，爲了魯肅心中所抱腹案能够具體實現，魯肅也是必須先把劉備聯絡上，看看劉備的情形，並替劉備作一安排，然後計劃才有可能的。否則一切便都會成幻影了。所以，我們說魯肅改變行程，準備到劉備敗退途中去會見劉備，這是機智的。若魯肅不是這樣一個勇敢而機智的人，看見劉琮既降，劉備又不知敗到何處，那末，自己爲個人安全計，暫找一處安全地方坐以觀變，則一切計劃當然也都會付之流水了。

幸而魯肅趕到長阪坡時，就會見了劉備。商議結果，劉備完全受了魯肅的意見，這所謂意見便是孫劉聯合抗曹的意見。當時魯肅「勸備與權併力，備正歡悅」（見吳志魯肅傳）。劉備何以接受魯肅意見甚且歡悅呢？這是我們在這裏要稍加說明的，因爲這關係未來甚大。

就當前形勢講：劉備在敗退之中，正是無家可歸之際，此時魯肅來與劉備提孫劉聯合陣綫的事，眞何異雪中送炭！劉備那有不接受之理！這是就當前形勢而論；然而，劉備之所以接受魯肅意見，還不只當前的現實問題，尙有一個長遠的規模更大的政畧戰畧問題，這閱題更是諸葛亮隆中決策時所提的大計劃了。諸葛亮在隆中所提決策，是在長阪坡吃敗仗前兩年的事。兩年前：與孫權聯合抗曹，還是很遙遠的事，因爲劉備本身當時尙非荊州之主，自己的實力亦不充，且當時劉備尙駐在荊州北部之新野小地方與荊州以南擁有江東之孫權大實力，實在還談不上聯合。不料曹操南征的結果，劉表既死，劉表之次子劉琮，又向曹操投降，劉表之長子劉琦則在夏口無有作爲，且劉琦一向聽命於劉備，於是，荊州情勢雖在千變萬化中，劉備却反變成了荊州方面的主腦，從而也就變成可與孫權談聯合的對象了。由此可見，天下事不怕千變萬變，只怕你本身不行，若是本身行，本身具有條件，則你在千變萬變中雖有危險，雖有艱苦，却對自己越變越有利。觀乎劉備在敗軍之中，仍能開拓機運，進而奠定鼎足三分之局，就是一個最明顯的例子。

猶憶隆中決策時，諸葛亮就已指出「孫權據有江東，巳歷三世，國險而民附，賢能爲之用，此可與爲援，而不可圖也。」現在由魯肅把江東孫權之援送上門來，劉備安得而不歡悅呢！說到這裏，我們不能不承認魯肅對劉備晚年之成就關係甚大。

聯合評論

週刊

本刊已經香港政府登記

每逢星期五出版

United Voice Weekly

第二五三號

督印人：黃宇人　總編輯：左仲千

社址：九龍大埔道一六八號南亞書局 805641

承印：嘉羅印刷有限公司　香港灣仔馬師道5號

總代理：友聯發行公司　售價每份港幣一毫

本報美洲版總經售處美國紐約中美出版社

CHINESE - AMERICAN PRESS, INC

199 CANAL STREET.,

NEW YORK13 N. Y. U.S.A.

美洲航空版每份零售美金一角

赫毛鬥爭中的「西風壓倒東風」

觀海

（一）打破了中共的窗櫥

自從莫斯科中共大使館的玻璃窗櫥被打破後，共產世界已經打破了一個窟窿，讓鐵幕以外的人們，充滿好奇心地向窟窿窺看，看看那共產國際史上史無前例的赫毛鬥爭。

像打破使館玻璃這一類的示威舉動，原是共產黨對付西方使節的慣技，現在卻拿來在「團結固如磐石」的所謂兄弟國間使用，不論是「請君入甕」、抑「以其人之道還諸其人之身」，都是一種頗足解頤的事。如果倫敦的中共代辦處窗櫥玻璃的被打破，那倒不算什麼一回事。莫斯科所打破的這些中共「共產主義的窗櫥」玻璃，大概會永遠鯁住在毛澤東的心上。

同樣的，禁止發表異己的議論，也是共產黨作風的特徵之一。既是不合口味就應禁止發表，應該是共產黨的成文或不成文的法律。莫斯科對於中共覆信「不予轉載」，自當依法有權。中共卻不能「設身處地」原諒別人，不能尊重共產國所應有的這種「共產統治權利」，更採用散發傳單的共產方式去對抗。不料「薄言往愬、逢彼之怒」，派發傳單者被科以「希予召回」的處分，作為輕微的特務行為看待。這種向來發生於「東」「西」冷戰中的驅逐外交人員行動，「不圖於中、蘇共間見之！且不說其重要性若何，僅就新聞性的價值，已是不能輕估。

這一來，在「赫毛鬥爭」之中，也已發生了「東」「西」冷戰。歐洲部分的蘇聯當然應稱為「西方」，而中共則是地道的「東方」。這項鬥爭如果用小說術語說，目前正是「殺得難分難解」，但可以見到也可以預料的是：「西風壓倒了東風」。

（二）從「核子牙」說起

「美帝是紙老虎，『但有核子牙』！」赫魯曉夫初對中共說這句話的時候，一般的解釋有兩個作用：一是說美國有核子牙，叫中共不可狂妄輕敵。其次是說美國有核子牙，告訴中共說蘇聯不能對美國輕敵。但如果縝密再予詮釋，還可以有第三個作用；那便是有核子牙的美國，唯有有核子牙的蘇聯，方才可以與之週旋，無論是戰爭或談判，都非中共所能置喙，如果中共也要插一手，便是越俎代庖了。

推而廣之，在有核子牙者與無核子牙者之間，雖同在共產社會，其「聲大夾惡」與「人微言輕」的差別很大。正如中共所哀鳴的，蘇聯可以在北平散發傳單而中共不可以在莫斯科為之。蘇聯可以驅逐中共人員而中共卻不能報復地也驅逐一些蘇聯人員。蘇聯撤回專家、工廠、藍圖，中共卻要隱忍到兩年而後才忍不住透露！這種蘇聯中共間「州官」與「百姓」的情況，明眼人早已洞若觀火，更何況有中共「不許點燈」的自供！

目下莫斯科會談中，鄧小平彭眞在會中是否及如何對蘇方抗辯，既不敢把今天在會中所說的，於晚上印成傳單在莫斯科散發，就連北平新華社也沒有隻字發表；看來中共已經要求蘇聯不要再採言詞的斥責或行動的懲罰，即使不接納中共的請求，也不要公諸世界。陳毅在北平呼籲莫斯科勿使「親者痛、仇者快」，無非是「掩家醜」的說法。在「報喜不報憂」的共產社會中，「獻醜自然不合「在屁股擦粉」的原則。可是沒有核子牙的中共，卻想勉強有核子牙的蘇聯，與美國較量核子牙的厲害，如此慷他人之慨，未免太不自量！即使蘇聯感到「親者痛」，也非揚出家醜不可了。

（三）「爛泥扶不上壁」

中共的「戰爭革命論」，基於「帝國主義不會自動退出歷史舞台」，而惟有使用戰爭可望予以打倒。中共這樣諄諄向蘇聯勸說的，赫魯曉夫何會不懂？其奈目前共產集團發動戰爭，並不是「不打無把握的仗」。不但鹿死誰手絕未可料，而且可能「沒有勝利者」的戰爭，必把蘇聯四十餘年的基業，毀於一旦。中共自知一窮二白，沒有集中工業區及資財可遭轟炸；也自以為廣土衆民，即受轟炸之後，核子牙下的孑遺者，也必比美國蘇聯為多。因此不惜採取挑起世界大戰的戰爭販子態度，但僅憑三寸不爛之舌，要把蘇聯「拖」入大戰漩渦，首當其衝，赫魯曉夫怎肯當這一「貓腳爪」？

赫魯曉夫的「共存論」當然也不是好東西，因為那是階段性及癱瘓性的，並且也不放棄滲透與顛覆。像在古巴，老赫雖被迫「吐」回許多贓物，但究竟是「偷雞得手」。毛澤東曾經有過何項傑作，越洲建立共產國的據點？中共出兵韓國印度，都是勞師遠征，一無所得。前者做了貓腳爪還欠一身的生債，後者卻遭逢到了米格式機的阻截。中共「戰爭革命論」的實踐如何？不也可以思過半嗎？

中共以亞洲共黨泰斗自命，但日共、菲共、馬共、星共、泰共、緬共、印共，就在中共當政這十餘年內失敗，所有的業績，只是南越游擊和寮國割據，那不過是一九五四年日內瓦綏撫協定的餘波罷了！

以中國在亞洲的影響力，原不應如此微末。所以然者，因共產主義在大陸失敗，以致不能輸出，非邏軍事佔領不可，而共軍軍力一旦太突出，便有與核子牙磨擦的危險。

毛澤東「在戰畧上渺視敵人」，便是罵「美帝」與二百餘次抗議之類。「戰術上重視敵人」，則實行不挑戰不抵抗。在兩大集團鬥爭中，它並不能成爲蘇聯良好的助手。赫魯曉夫雖感「親者痛」，但對毛澤東的作爲尚難由說服使之改途易轍，當前似乎仍然只有採「西風壓倒東風」的糾正手法。（七月八日）

祝馬來西亞聯邦協議成立

孫寶剛

成立馬來西亞聯邦的協議已在倫敦簽字了，這是一個可喜的消息。據說婆羅乃雖未立即參加，待馬來西亞聯邦成立後，也就會參加的，所以不算得一個問題。假如依報紙所載，婆羅乃之所以遲一步參加，純是因爲蘇丹的地位問題，那麼，我也相信婆羅乃不久就會參加的。因爲據有一報導指出，依馬來亞的蘇丹們的地位高低，依其成爲蘇丹的日期而定，那個做蘇丹最先，就位居第一，次之則居第二，依此推算，婆羅乃的蘇丹乃居第四。我想婆羅乃的蘇丹不會不同意罷！

不過這多少時期來，另有許多報導，使我有些疑問。前些時婆羅乃和馬來亞談判的決裂是因了油田的收入。馬來亞的提議是要把油田的收入多一些貢獻給馬來西亞中央政府，婆羅乃似未予同意。我想這也是小事，問題要看中央和地方的職權劃分。假如中央負的責任較多較大，所需的經費自然較大，婆羅乃理應多給一些錢給中央。取之於公，用之於公，婆羅乃的執政者應該知道這個道理的。我現在所顧慮的，倒是婆羅乃的前途問題。因爲婆羅乃是印尼所虎視眈眈的一個地方。印尼口口聲聲說，婆羅乃的加入馬來西亞，應經由人民投票表決。同時印尼又說，馬來西亞的成立，破壞了印尼的革命理想，破壞印尼的國家，也破壞了印尼的理想。

由上述的幾句話中，使我們廻想起去年的婆羅乃事變，以及印尼的併吞西安利亞問題。去年的婆羅乃事變雖然不數日即敉平，但是背後有印尼在支持，印尼也公開承認的，所以印尼在婆羅乃的人民中，已播有一些種子。當然以地理上來說，婆羅洲大半個屬於印尼，小半個屬於英國，印尼在反帝，反殖民地和領土的擴張野心上，都有得之而甘心的心理。但是印尼的執政者不想一下，反帝和反殖民地和領土擴張是矛盾的。我們既反對帝國主義者佔據殖民地，以奴役人民；怎可以自己去擴展領土，以統治人家呢？所以去年印尼佔領西安利亞時，我就非常不贊成，因爲西安利亞在地域上和印尼不甚有關，在民族上與印尼的馬來民族毫無關係，這完全是野心家的所爲，見到西安利亞人民文化落後，不能自決，荷蘭在歐洲，鞭長莫及，所以就起併呑之念，那時國際形勢，美國要安撫印尼，所以印尼就如願以償了。這實在是抄了帝國主義的舊路，印尼以一個甫行獨立的新國家，口口聲聲革命，眞是不應該這樣做的。

假如印尼眞的想幫助西安利亞人民，不願見西安利亞人民再在荷蘭殖民統治之下，儘可以建議聯合國，求聯合國來托管，直至西安利亞人民可以自治而贊助其獨立。

印尼不這樣做，而併合了它，可見印尼想併合婆羅乃等地是很顯然的。但是一旦加入了馬來西亞，要併吞的機會就很少了，因爲馬來西亞是個獨立聯邦，婆羅乃是聯邦之一，不復是英國的保護國，印尼要煽動婆羅乃人民獨立或併入印尼的立場沒有了。馬來西亞的版圖雖還不及印尼大，但決不是一個很小的國家了，軍事外交的力量，決不是印尼可以輕侮的。所以無怪蘇加諾說[illegible]

[illegible]各信其信，決不能說馬來西亞破壞了印尼的思想。印尼的革命，我還看不出馬來西亞的執政者有絲毫跡象想去破壞印尼的革命呢！如以國家的立場來說，印尼的軍事力量，居東南亞諸國之冠，[illegible]西亞決無力量去侵畧印尼，那末馬來西亞的成立，怎會破壞了印尼國家呢？

這十餘年來，我看到新興的國家不下幾十個。當然新興的執政者不下數百人乃至千人，但他們大體上受了[illegible]

[illegible]蘇加諾是其中的一個，而位居於東南亞最大國家的印尼，將來東南亞如不寧靖，[illegible]實是一個禍首。我希望婆羅乃的新執政者及人民，以及馬來西亞的新執政者，在現時就應大覺悟，一方面要堅定立場，一方面要和衷共濟，趕快把馬來西亞成立起來，為世界新興國家一個示範，乘印尼內憂方殷，軍力有名無實之際，消除了它的野心，為東南亞的安全，奠一基礎。

毛澤東勢必繼續領導部分國際共產黨

——對中共廿五個問題及總路線評論之三

劉裕略

在七月五日中共與蘇共舉行莫斯科會談之前，毛澤東已取得他對一部份國際共產黨之領導，在會談中，傾向毛澤東及中共的這一部份國際共產黨，正式支持毛澤東及中共，經過八天的談判，而於七月十三日暫告結束後，毛澤東勢必繼續領導一部份國際共產黨，以對抗赫魯曉夫及其領導的蘇共，以對自由世界實行其一定政策，以對狄托及其領導的南共進行打擊，是我客觀而仔細觀察當前中蘇共紛爭的一個結論。

我之所以認爲毛澤東及中共已在七月五日中蘇共會談之前取得了他對部分國際共黨之領導，乃是基於事實，而非基於推想或敏感。這事實是基於下列情況構成的：

阿爾巴尼亞支持毛共

一、阿爾巴尼亞共黨領導人謝胡與霍查是與毛澤東勾結得最早的。論時間及共黨集團內部紛爭的發展經過，阿共領導人謝胡與霍查之明白反對赫魯曉夫，還在毛澤東及中共之前。最初，毛澤東及中共還僅在幕後支持阿共隱隱對抗蘇共及老赫而已。但阿爾巴尼亞國小勢弱，不但政略戰略地位不重要，而且物資貧困，尚須在經濟上仰賴中共之援助和支持。所以，儘管阿共領導人霍查對馬列主義的修養並不比毛澤東低，其言辭之煽動力，甚且超過毛澤東，毛澤東却假借着偉大的中華民族的廣土衆民和中國在亞洲的特別形勢轉而領導了阿共，使阿共在反赫反蘇共中央的現行糾紛中，變成了中共的附庸。

北韓支持毛共

二、是北韓領導人金日成及北韓共黨之支持毛澤東及中共。從戰略地理來講，北韓既隣接中共，又隣接蘇聯，而蘇聯是「共產主義的祖國」，聲威與實力，更大過中共，如無其它特殊原因，北韓原是應該毫無疑問成爲蘇共附庸的。何况，中共雖曾參加韓戰，但中共當時是奉克姆寧宮主人史大林之命參戰的。無如北韓領導人金日成曾經作過中共人民解放軍的團長，是中共黨員，且是毛澤東一手培植起來的北韓傀儡，除金日成外，其它北韓主要人物，亦多出身中共，所以，人事條件便超越了其它條件，而使北韓在赫毛個人權利衝突所引發的這一國際共黨糾紛中傾向了毛澤東及其所領導的中共。當然，除了人的因素外，北韓目前處境也是促使傾向中共的一個原因。因爲北韓目前仍是南北韓對立的形勢，南韓固欲統一北韓，北韓亦自隨時意欲統一南韓。至少，雙方也不斷在求自保。而赫魯曉夫的「和平共存」政策，雖在指導整個國際共產主義運動方面具有無上的策略意義，足以瓦解自由世界的鬥志，麻痺民主反共集團之精神，但對正在用武力以謀發展以謀統一的北韓而言，但對國內戰爭狀態尚未正式結束的北韓而言，共產黨人雖力戒本位主義，但北韓的政策是免不了有時是會從它本位的利害觀點來衡量問題的。此所以毛澤東所高喊之「反對美帝」口號，較之赫魯曉夫所標榜的「和平共存」政策更爲吸引北韓也。况毛澤東好大喜功，對於亞洲隣國，誠如高棉元首施漢諾所言：「我們的中國友人是可以不顧其本國人民之生活而援助別人的」。而蘇聯對任何國家之援助，則一向要取價值，那末，北韓又安得不傾向毛澤東呢？

北越胡志明支持毛共

三、是北越胡志明對毛澤東及中共的支持。論北越共與中共之關係，實又較北韓與中共之關係稍有不同。從人事關係講：北越共黨諸領袖，自胡志明以下，雖與金日成一樣，同是起家於中國。但北韓金日成等是完全出自中共的卵翼，曾在中共部隊服役和作戰，且韓國獨立後，金日成等又一齊由中共送回北韓，以建北韓共黨和北韓傀儡政權；胡志明等人則不同，雖亦曾托庇於中國，但胡志明等在中國時，係以越南之民族主義者自居，以越南獨立爲標榜，經常在中國國民政府的統治地區活動，而非在中共地區活動，故胡志明與中共之關係，較金日成等人與毛澤東之關係較淺。胡志明之回到越南取得其地位，也不是中共送去的，故越共與中共之血緣亦不及北韓與中共之關係深。如果只從上述人事情况這一方面看，則北越可能成爲中共附庸之成份並不大。不過，我們分析問題時，不可孤立的看問題，而必須把各種因素聯系起來看。除人事問題外，戰略地理條件顯然是另一決定問題的要素。從戰略地理條件來看北越與中共之關係，則它們之間之密切關係，實又超過北越與蘇聯之關係，因而與北韓的戰略地理形勢大有不同。北韓既隣近中共又隣近蘇聯的，北越則只隣近中共，而全不與蘇聯隣近。相反，北越與蘇聯之間，正被土地廣濶的中國大陸隔離着。而中國大陸是被中共控制着的，所以，除空運及海運外，蘇聯與北越之間的關係，不可能不倚靠中共，不可能完全與中共無關。而空運與海運力量有限，遠在一九五〇年中共初佔中國大陸之第一年，中共在交通設施上，即無視於中共本身之急需，將中共本身所急需修築之諸鐵道棄而不顧，於一九五〇年首先動工修築湘桂黔鐵路到鎮南關之支線。其目的，端在加強蘇聯對北越之陸路支援，因爲，只有鐵道運輸才是足以供應大量物資之惟一辦法，而湘桂黔鐵路支線則是連接蘇聯西北利亞鐵路系我國東北之鐵路系統，從而直貫中國大陸，使蘇聯之軍火與物資通過鎮南關直達北越的戰略要道。所以，從這一交通形勢，可以明顯地看出，如北越想從蘇聯直接取得大量援助，而不經中共地區，而單憑空運或海運，是不可能的。何况，老赫近年標榜「和平共存」，雖然胡志明未嘗不知道老赫所說的「和平共存」原本只是一種烟幕策略，但就北越的本身利益講，如果與南越實行和平共存，則北越要想統一南越的念頭便要落空，至少，暫時落空。而鬥爭慣了的共產黨人，和正在艱苦奮鬥用「革命」來充飢的共產黨人，是反對革命停頓論而主張不斷革命論的。鬥爭已經成了他們的心情和神經的慣性，老赫既不肯且既不可能以大量軍火和人員供應北越，毛澤東則可以而且非常慷慨的以軍火和人員源源供應，所以，北越諸領袖對於中共與蘇共之爭，對於赫毛個人衝突所發展的一系列情況，始則觀望猶疑，繼則逐次傾向中共，到中共中央副主席兼中共政權主席劉少奇於最近訪問北越時，劉少奇終於替毛澤東建立了拉攏胡志明及北越共黨諸領袖之大功，北越終於進一步支持毛澤東及中共之反赫路線了。

印尼共黨與日共支持毛共

四、是印尼共黨與日共對毛澤東及中共的支持。在性質上說，印尼共黨與日共却與北越北韓共黨之擁有武力且建有政權的情況又自不同。不過，說來奇怪，這兩個亞洲地區的共黨却似乎由於在思想上更接近中共，而在沒有十分充足理由的情況下，跟了毛澤東在走。

印尼共黨何以要支持毛共，我在目前還舉不出特別理由，但印尼共黨與日共之支持中共，我遠在去年就已發現了，且早就在本刊論列過了。而印尼共黨與日共於中蘇共七月五日會談前一天（七月四日）發表聯合聲明說：「一九六〇年莫斯科聲明規定，全世界一切眞正的馬克思列寧主義政黨的神聖的共產主義職責是，堅持不懈地同現代修正主義和現代教條主義作鬥爭，從而保衛馬克思列寧主義的純潔性，這是爭取完全的民族獨立、民主、和平和社會主義的鬥爭取得勝利的最好的保証和保障」，更進一步証明印尼共黨與日共之支持中共。日共之所以支持中共，當然也沒有別的什麼主要原因，只因日共及日本左傾人士一向幼稚，竟然崇拜毛澤東，故有此結果。

新西蘭共黨支持毛共

五、新西蘭共黨支持毛澤東及中共，現在也是已經很明白了。因爲新西蘭共黨總書記受中共邀請曾於最近不久由新西蘭專程訪問北平，並與中共發表聯合聲明，明罵狄托，暗罵老赫及蘇共中央，所以，就現階段新西蘭共黨的路線而言，就新西蘭共黨對中蘇共糾紛之態度而言，是傾向毛共的。

羅馬尼亞共黨支持毛共

六、此外，則尚有羅馬尼亞正由支持老赫及蘇共，轉向支持毛澤東及中共。

羅馬尼亞之逐漸傾向中共，可以視爲一件不平凡的事情。因爲羅馬尼亞一向與中共無特殊關係，而羅馬尼亞又是對蘇聯極具重要政略戰略意義的東歐衛星國中之一員。依常理看，它是沒有理由傾向毛澤東及中共的。但羅馬尼亞不滿蘇共對羅馬尼亞的經濟控制和安排，因而對赫魯曉夫不滿。羅馬尼亞雖對中共一向並無特殊關係，但由於它對老赫及蘇共不滿，所以便無形中成了毛澤東及中共反赫反蘇共中共的一個夥伴。此所以中共中央六月十四日致蘇共覆函，論述廿五個問題並提出總路線時，蘇聯及東歐其它各共黨國皆不公佈，而羅馬尼亞却單獨予以刊出之原因。假如羅馬尼亞目前態度不變，繼續其反赫政策，則羅馬尼亞今後勢必更將與中共接近，而更形成被毛澤東領導之局。

馬共寮共可能支持毛共

七、除上述阿共韓共越共印尼共日共新西蘭共羅共外，在我個人看來，尚有馬共及寮共，正在暗中支持毛澤東及中共，而目前則尚無顯著迹象。這主要原因是馬共及寮共與中共之關係之利害形勢都與北韓及北越相像，人事關係及戰略地理條件亦與中共有深切淵源之故。

總結

總結說來，毛澤東以往對蘇聯只是首席奴才的地位，但由於赫魯曉夫反對個人崇拜，危及毛澤東在中共的領導地位，毛赫之間遂發生個人權利衝突，赫魯曉夫原欲以停止對中共援助來壓服毛澤東，並迫毛澤東垮台，毛澤東遂由爭首席奴才地位轉而用爭平等獨立的手段發展爲爭國際共產主義運動之領導地位之現階段形勢。無論毛澤東本人的才能及中共之實力是否足以領導國際共產黨，但八十八國際共產主義「兄弟黨」中已有六七個傾向中共並支持毛澤東的反赫路線則是事實。對此，我好有一比，在反赫鬥爭中最先發難的本是阿爾巴尼亞共黨領導人霍查，但霍查却只在反赫運動中成了梁山泊的晁蓋，眞正坐上了第一把交椅的却是毛澤東。毛澤東的領導路線的評價及毛澤東應有的作法如何，本文不及深論，我將在下篇詳談。

宗教的容忍與政治的容忍

李璜

近來閱報，看到南越佛教領袖的自焚，與昨載西貢獄中反政府的一位文學作家自殺於判罪之前夕，令人心中十分的不快！這個不快之感，想必不止筆者一人，即就香港幾張商業性的素無黨見的日報而言，也均在表示不安，而且對吳廷琰總統惋惜；因為大家都認為吳是一個讀書人，不但有中國文化根底，而且有西方知識素養，為何一當上總統地位，便顢頇至此！何況南越正有共禍，大敵當前，而必須團結民眾，兼收並容，以免為共黨所乘；乃在此時來掀起中古時代式的宗教仇怨，與乎反民主的政治鬥爭，這不能不說是吳總統及其左右之不智，於是一向反共的人們都在替南越南的前途，加以憂慮了！

筆者深知，長於詭計陰謀的共產黨無孔不入，用滲透方法，來動亂人國，無所不用其極，即使以慈悲為本，清修為主，與共黨理論與行動絕不相容的佛教，共黨也可以乘機加以利用；然而吳總統是虔誠的天主教徒，而且西貢的天主教勢力甚大；在平日，吳總統即該當小心的考慮到，越南從前本是佛教發展了多年的地方，宗教根本就有排他性的，執政者必須早留意到，萬不可因此一教有政治的優勢，便引起彼一教的反感，而釀出事端，易為共黨所乘。

筆者曾在三年前去過西貢一次，聞之當地友人，即曾言及在朝黨領袖及其左右頗以蕩平高台教等異教徒而沾沾自喜，認為這是仗天主之靈，乃宗教的勝利。彼時，筆者便認為這乃是中古時代的想法，高台教等本是邪教，其教義並無歷史，並不為人們所共喻而信服，且聚烏合之眾，想趁火打劫，故其必敗，乃是當然。但佛教則不同，歷史有幾千年，教義為全亞洲知識分子所尊重，一般人民所信服，且足稱為南越南之友邦，如中華民國、日本、泰國等，皆對佛教有長期的信從歷史。奈何吳總統會掉以輕心，在平時竟未注意到，佛教在越南的重要性，在亞洲及友邦中的影響，而竟以一面旗幟的小事，為意氣之爭，而釀成悲劇，至今尚有問題！

即使說，南越南的佛教裏，有共產黨在從中作祟，然而識大體的執政者也應潛移默化，暗中設法，而不應在一面旗幟上去十分計較，爭個優劣，令人感到十字軍之於回教徒，糾紛竟及百年，問題終未解決，歷史家至今尚不能判定基督教與回教，竟究誰敗誰勝；或者兩勝，或者兩敗，然而於南越南今日所面臨的共禍危局，却幫助，而反有危害！為今之計，吳總統只有嚴令其左右與黨人去萬分的容忍，勿使糾紛再起；而南越南天主教的主教神父們，亦應體新故教宗若望二十三世團結世界的仁愛意旨，而善盡其在西貢主持教務之責也！

至於說到政治的容忍，這一西歐的政治進步作風，本是跟隨着宗教容忍的實現後，而才慢慢的形成的。我們只要翻開中學歷史教科書一看，即可明瞭西歐如英、法、荷、德等國，曾在十六世紀至十七世紀中，均有基督新舊教兩派的殘酷的鬥爭，而且鬥爭的毫無人性，特別是在德國境內的三十年戰爭（一六一八—一六四八）新舊教徒彼此相殺，以致各村人口減少三分一至二分一者；然後才彼此休戰，而英法才首先開始了宗教的容忍，新舊和平相處，繼之以新舊教徒在政治上的同等權利，以是而開啟了政治上容忍；雖在君主專制之下，無論君主信仰新教或舊教，而官吏並不一定要與君王或長官同一教派。—這算近代文明開始發展的關鍵之一，也是今天民主政治重要的基石之一。

不幸，近三四十年，在東歐有神秘習性的俄國民族，產生了列寧以及史太林等神秘人物，他們將馬克斯主義奉為聖經，而將自己擬於教皇，要以第三國際來代替公教，以莫斯科比於梵蒂岡，於是第五縱隊四出，宣傳共產「福音」，以動亂人國；而且「共產教」的不容忍，比之中世紀以至近世初天主教的不容忍，更為過之；共產政治則在其一階級專政與一黨專制之下，鬥爭其他階級與其他政黨，其殘酷而無人理，更有過於羅馬暴君與近世初之迷信舊教而新教之英法昏君也！

三十年來，為對付這「共產教」及其政治作風之極度不容忍，於是發生了兩派主張與作法，一為法西斯主義，一為民主主義；前者以不容忍去對不容忍，厲行一黨獨裁，以黨魁去兼政治領袖，而同時又是一國的教主，集黨、政、教於一身；後者則仍本民主自由的容忍異己，而使其國內的政治得其平，民得其所，安定繁榮，令共黨的滲透與造亂，竟無從生其效力來。

這兩派對付共產黨的主張與作法，孰優孰劣，筆者在此短文裏，不能詳為分析，而且在三十年來，筆者曾不斷分析，已不下數十萬字，不必在此贅說，不過我明瞭在事實上的表現，以不容忍對不容忍的法西斯作法敵不過共產黨的作法，早已證明的了，如中國大陸往事，就是前車之鑒。而以民主自由的容忍辦法對付共產黨，則西德今日之安定繁榮，使東德共產國的民衆嚮風而往，因是而令莫斯科也不能改變一點作風，以求穩住陣脚，事實亦具在，也可以為反共或與共黨隨時在戰爭的國家用為借鏡。

吳廷琰總統究何去何從？筆者因為愛護越南，故心有不安，不得不一言耳。

五二、七、一四

醜惡的美國人

孫寶剛

「醜惡的美國人」這本書已傳誦了很久，可是我始終沒有讀過，最近新華電影院映出馬龍柏立度主演的「醜惡的美國人」影片，我倒去看了。

我是素未寫過影評的，不過這個電影片和一般的片子有些不同，所以很想寫一點我的觀感。

故事是很簡單的：一個美國新派到某國去的大使，因為他在戰時的一個戰友，後來又成了好友的，現在是該國的革命領袖。該國在戰後獲得獨立後，那位革命領袖却並沒有參加政府，因為他不同意那些參加政府的人們，覺得他們是貪污無能的，更覺得美援用來築一條自由公路，不特對人民沒有好處，徒然增加了那些執政者的發財機會和增加了壓迫人民的力量。所以他是站在反政府的立場上，因此他在人民中很有力量，很獲得人民的擁護，成為政府的一個很可怕的力量。

該國的鄰國已是共黨在執政，該國當然眈視這個國家，總想有機會把這個國家也歸入鐵幕之內。那位新派的美國大使，就在這樣一個狀況下去到任，他認為有他這樣一個革命領袖是他的摯友，他可藉這位摯友的協助，一定可以為美國，也為了那個國家，做出一番事業來。易言之，他可以做該國人民和美國政府的政策的貫通者，而美國政府的政策是在反共，同時也想去幫助該國的人民。

豈知他到任以後，首先發覺美使館的辦事人員都不很負責，對於該國實際的情形也知道得很少，萬事敷衍，很少積極去推行美國政府的政策。所以在他到任的那天，在飛機場上就遭遇了該國人民向他示威暴動，差一點使他們夫婦的生命都發生危險，但美使館人員事先一無所知，當然也一無預防。在最緊急的關頭，總算靠了憲兵的力量脫險。

這個下馬威，使他當夜去拜訪他那摯友的革命領袖，在他未去前，他也已獲得了那位革命領袖的禮物，並且接到了要為他洗塵的請帖，所以他去拜訪這位革命領袖，是充滿了信心，以為一見面，定可商討出美國和該國合作的具體辦法，也就是在該國的反共方案。反之，那位革命領袖也以為他來做大使，一定可以使美國的政策改變，即停止建築自由公路。

不意見面以後，雙方的意見非常相左，一方說他是共產黨，另一方說他是美帝。

這個結果，那位革命領袖真的給共黨利用了，同意由共黨幫助武器，發動武力革命，這位美大使則太快地肯定了那位革命領袖是共產黨，而要把防共的政策更積極些，決定將自由公路延伸至鄰國的邊境，並要求國王去主持公路的剪綵典禮。可是革命就在剪綵典禮中爆發，革命羣衆一口氣就包圍了政府大厦，要執政者交出政權來。美國大使這時冒險去政府大厦會見該國的總理，那位貪污無能的執政者，原先也是那位革命領袖的同志。那位總理要求美國出兵，同時說明俘虜了共黨的一個上校，証明共黨傘兵已侵入國境，但那位革命領袖不是共黨黨員，共黨計劃在那位革命領袖革命成功時，就槍殺他，以奪取整個革命的後果。所以那位總理願意和那革命領袖組織聯合政府。美國大使聽了這一段話後，就趕去見革命領袖，轉告其已被共黨所欺，不特共黨傘兵已進侵邊區，其本身性命也將發生危險。所以他來邀他去和總理談判聯合政府事，革命領袖聽了，願意去談判，於是召其最親信而隨從其最久的副官，囑以監視他上車，看有誰會暗算他。這位副官就在他這句話剛說完，待那位革命領袖轉身要外行時，就給那位副官打死了。

這個片子至此終止。在這個片子中，我們可以看出美國政策和這位大使犯了幾點錯誤：第一：他們不大注意對方的政府的制度、政策、以及是否在為人民做事。他們常以政府為合作的對象，所以那個政府要是不民主的話，一切美援却在助紂為虐，而與人民為敵。第二：他們不重視整個的情況，以為靠一兩個人的影響力，便可轉移大局，須知一個國家的貧富、強弱，乃多少年積聚而成，決不是一二人之力所可立時挽回的。即使退一步說，去靠一二個私人的朋友，想去挽救大局，但也太主觀了些，他沒有客觀的，週詳地研究對方的心理、主張、以及想用的方法、以及反對的什麼。他更沒有研究，對方所以形成這種心理的背境，以及對方所反對這些事件的背境。而完全用主觀方式，要對方跟隨自己的政策或主張走。這不是很大的錯誤麼？譬如當那位革命領袖反對築自由公路，而後來那個住在該國久而很得人望的總工程師也建議，不要延伸公路至邊境，以造成對共方的緊張，不如化一些資金去築一個平民醫院，可以收到人民擁護之效果。但是那位大使，並沒有慎重地去考慮他們的意見，祇是想主觀地幹下去。在他看來自由公路是最重要的，因為自由公路築成了，一方面可以防共，另方面可以開發許多資源，不是對人民大有利益麼？但是他沒有知道，一般人民却是比較現實而短視的，淺顯的歌曲，和唱的人比較多，高深的曲子，便會感到知音者的缺乏。築自由公路去防共，在一般平民是不會注意到這些大問題的，至於說將來資源開發以後，可以提高他們的生活水準，那更是迂遠，很難使他們體會到。反之，他們看到政府的當局，甚至那些富有的人，坐着汽車，飛馳在公路上面，耀武揚威，他們是親眼看到的。再看到運輸車上滿載着貨物，由一地到另一地，這樣做，便可賺錢，而所以能這樣做，就是因為美國人築了自由公路，他們也可以想像得到的。同時這些運輸車和貨物是誰的呢？當然不是窮人的，而是政府的和有錢人的，但政府並不民主，並不為着人民服務，有錢人也只知剝削，只知窮奢極侈，所以他們恨政府和恨有錢人，所以他們也恨美國人了。

關於那位革命領袖，我認為也犯了和那位大使同樣的主觀觀概的錯誤。同時他也沒有瞭解到：不滿意政府是一件事，反共不反共又是另外一件因反政府而和共黨合作更是另外一件事。那位領袖對於共黨沒有認識清楚，以為反對政府便須有外援，便須和共黨合作，這是非常錯誤的。

我所以不憚煩地寫了二千多字陳述這個影片，因為其內容，在我們中國，也常常在以同樣的姿態出現着呢！

王鎭分身之術，法網難逃

獨清

（台北通訊）哄動一時的台北地方法院檢察官王鎭等在虛報出口案中收受涉嫌行商鉅額賄款一案，經台北地方法院於七月一日宣判如下：

莫煛，公務員共同對於違背職務之行為收受賄賂，處有期徒刑六年，褫奪公權四年。

王鎭、王琪，與公務員共同對於違背職務之行為收受賄賂，王鎭處有期徒刑六年，王琪處有期徒刑四年，各褫奪公權四年。

朱逸民，意圖為自己不法之所有，以詐術使人將本人之物交付，處有期徒刑二年，褫奪公權一年。

蕭柏舟、蕭柏煌、蕭秀梅，共同對於公務員關於違背職務之行為交付賄賂，蕭柏煌處有期徒刑一年六月，蕭柏舟、蕭秀梅各處有期徒刑一年，均褫奪公權一年，蕭秀梅緩刑三年。

王琪所收受之賄賂新台幣廿五萬元，莫煛、王鎭共同收受之賄賂新台幣一百四十五萬元，均沒收之，如全部或一部不能沒收時，追征之。

判決書說：「被告王琪、朱逸民亦均供認無異，雖被告王鎭前開犯罪，始終否認，於偵查中以二月十四日及十六日兩次接王琪電話邀宴，均以內外勤為婉辭，十八日則自下午六時至十時許偕妻兒赴新店姻親仝道雲晚飯，至十時許始返回自宅，苟有在南京大酒店闢室密談之事何以旅客登記簿未見記載，迨審理中，又謂二月十四日輪值內勤，處理案件達十四件之多，無暇離開法院為辯，惟查（一）王鎭係二月十九日輪值內勤，乃於十四日臨時商請是日輪值檢察官調換，據配置王鎭之書記官徐承恩稱：「六點鐘我到食堂吃飯，吃完後，上辦公室，未看到他（指王鎭）」。「約七點半，法警來說有一批通緝人犯要理，我去找檢察官不在，到約八點鐘的時候，又有一批通緝的人犯，法警來報告，我說通緝人犯可以由我處理，警察局移送的一定要等檢察官處理，等到八點過一點，檢察官就回來了」等語，核與共同被告朱逸民供即是日下午六時許，王鎭確在亞士都餐廳與彼等共進晚餐，菜未用畢，即以另有要事待理為由先行離開云云不謀而合，次查本院檢察處內勤記錄簿記載雖有十四案之多，但內勤檢察官受理案件均係於下午六時後，由警局陸續移送者，王鎭既於下午六時後離開法院至八時許始返辦公室，則移送案件之多寡事前何從知悉，自不能以是晚會受理案件十四宗引為不便離開法院之辯解，尤有進者，被告對其於二月十五日中午下午兩度電邀莫煛至本市中山北路美而廉餐廳商談朱逸民為大同担保稅欵，及為蕭柏煌活動幫助之事，始終承認屬實，如事前未與王琪等共謀為蕭柏煌關說則以其並未經辦假出口退稅案件，事不關己，又何致熱心若是，從而所謂十三、四日未與王琪等接商之說自不足信，（二）二月十六日王鎭輪值外勤，曾至台北縣平溪鄉，相驗楊賢社屍體，於下午五時左右返抵法院門口，與書記官等分手後，即未再他處相驗同晚與朱逸民等晚飯時，曾告以其外勤驗屍之事，不惟徐承恩及朱逸民分別供明在卷，即與莫煛對二月十六日與被告等會面經過情形所供「是日下午四、五時許，王鎭事先打電話給我，要我下班後到中山北路美而廉去一下，我於下午七時左右去的……」亦相符合，是王鎭當日與朱逸民等在亞士都旅社聚會，要無庸疑。（三）被告二月十八日下午六時至十時許偕妻仝道媛及兒女赴仝道雲家晚飯一節，毋論親屬証言已難遽信，即卷查仝道媛等供錄所述當時同席吃飯人數與僱用計程車情形互有不符，何況王鎭於偵查中曾自承於二月十八日晚八時至翌晨二時在家裏吃飯洗澡睡覺等語尤見自相矛盾，証人証言難堪採信。（四）本院偵查及審理中，鄭如松先後証稱：「我曾三次懇請王鎭登記均以尚有客人未至，住否不定為由遭其婉拒。」並當庭於七共同被告中，指認王鎭、莫煛、王琪等為於二月十八日晚至該酒店開四一〇房間之男客無訛。參以王鎭於案發後潛匿三天始行投案之事實則王鎭委有參與莫煛等受賄犯罪，事屬明顯，要非砌詞掩飾所能解免。

本案宜判後，其他各犯均俯首無言，但王鎭仍表示不服，將提出上訴。

×　×

監察院彈劾前任大使張道行

見微

（台北通訊）監察委員葉時修、王冠吾以我國哥斯達黎加前任大使張道行於任內貪污瀆職，提案彈劾，經監委楊宗培、金越光、陳慶華、陳思元、王文光、侯天民、酆景福、劉延濤、劉行之等九人審查成立，於本月三日移付公務員懲戒委員會依法懲戒；涉及刑事部份，則移送最高法院檢察署依法偵辦。

經營房地產買賣，並放高利貸

據彈劾書署稱：該大使之妻顧劍霞在哥斯大黎加首都聖約瑟置有房地產五處，計（一）聖京省轄地產登記地皮一段，登記價值哥幣一萬五千元。（二）聖京省轄地皮一段，價幣哥幣十四萬元。（三）座落Cartago地皮一段，該地產原係僑胞王維仁所有，原值哥幣十五萬元，張妻在當地法庭以賤價哥幣一萬元購得。（四）聖京省轄座落Alajuelita地皮及房屋一棟，以五萬五千元買入，再以六萬五千元賣出。（五）Heredia省地產，原值哥幣一萬五千元，於法庭拍賣時以哥幣二千元購得。且張妻在經營房地產中，與當地人民發生借貸關係三筆：（一）借與Maria Eugenia Lizans Montero哥幣二千元，以地產為担保，因借欵人無力還欵，張妻向法庭控告而取得抵押地產。（二）借與上述一當地人民美金一千五百元，以地產為担保，現借欵已歸還。（二）借與Ora Elwost Fossett Nogle哥幣二萬一千一百元，以地產為担保，借欵已歸還。又張員及其妻與當地僑胞王維仁發生借貸關係多次，其中先後借與王維仁美鈔五千一百二十八元二角，哥幣三萬四千元及美金二千元等三筆，均經清償。最後一筆借欵，為數哥幣十五萬元，王維仁以價約哥幣二十三萬元之農場作為抵押，為期八月，月息二分，屆期自知難償，以低價售與西人Stilley，契約中註明承購人負責清償債務，事過一月，由王維仁陪同該西人與張員相商延期，未獲結果，終交律師拍賣。依照哥國法律，債權人有權向原負債人或承購人兩者之一追討現欵，張員選中王維仁索債，結果張員出價一萬元自購，依哥國民法，王維仁尚欠哥幣十四萬元（約合美金二萬一千二百餘元），張員仍在追討。是則，張員及其妻因私人債務糾紛，致引起駐在國法院拍賣僑胞及當地人民財產情事，大悖敦睦邦交與保護僑胞權益之政策，顯屬不當。

偽造文書，私吞雇員薪金。

外交部歷據駐哥斯大黎加前公使館及大使館呈報該館雇員計有二人，一為葛多(M. Coto)，四十一年十月八日雇派，月支國幣三七〇元，其後歷年考成加薪，至四十七年月支六〇〇元（折美金一七七元），四十八年及四十九年考成，均給予半個月薪額之奬金。一為拿拉斯哥(Flor Nalasco J.)，四十四年十二月五日雇派，月支薪國幣四〇〇元，歷年考成加薪至四十九年月支六〇〇元（折美金一六五・二〇元），所有各該雇員支領薪水均由張員檢具葛多及拿拉斯哥簽名之單據報銷。茲經外交部調查結果，葛多一員，已多年不在該館工作。拿拉斯哥一員，遍查哥國公民及歷年來哥居留之外人中，從未有其人，業經哥國政府証實。足証該雇員等歷年之考成分數，葛多係部份偽造，拿拉斯哥則係全部謊報。又該館在升格為大使館，辦公室遷入市區前，僅有雇員一人，其薪金亦非照外交部所發數額發給，是則，在此期間，張員時任公使，冒領葛多及拿拉斯哥二人薪金，而僅以少數薪資，僱用臨時雇員，將所餘大部薪金，私吞入己，至為顯然。及至四十八年後期，該館升格為大使館，張員任升大使，將館址遷入市區後，該館僱用雇員，仍未據實呈報，續以偽造葛、拿二員名義冒領，中飽私囊。乃復偽造葛、拿二員之考成分數，矇報外交部，致使該二員歷年薪級積升至最高級，並獲奬金，併予吞沒。所有葛、拿二員薪金領據，皆由張員偽造簽名，謊報外交部核銷。張員身為駐外大使，竟虛報雇員、冒領薪金、偽造文書、矇蔽上級，貪污瀆職，百口莫辯。

濫用外交特權，販賣免稅外酒圖利。

依照國際慣例，外交官員於其所駐國家，享有外交特權，外來烟酒，准予免稅進口，亦為此種優惠待遇之一。張員駐哥期間，利用此種特權，託由哥國首都聖約瑟規模甚大之Almaden La Magnolia雜貨店講買威士忌、香檳等外酒一批，免稅入口。所有應付之價格運費等均由該店負担，進口手續亦由該店代辦。外酒入口後，即歸該店所有，轉售他人，所有入口外酒之應行免稅金額，由該店開一張員之戶頭，視為張員在該店之存欵。譬如張員授權該店代購外酒十箱，每箱應付關稅哥幣二百元，十箱共為二千元，今因免稅入口，即將此二千元存入張員戶頭賬內，作為其存欵，張員在該店購物，不必付欵，而在上述戶頭賬內扣除，亦可付出現欵交予張員，上項事實，業經外交部派員詢問該店經理Antonio Escarré說明屬實。張員勾結當地不法商人，濫用外交特權，免稅進口外酒，轉售圖利，觸犯當地禁律，貽羞中外，損害國體，洵屬咎無可原。

將公家發給免費宣傳書刊出售圖利

外交部寄往駐外使館各項宣傳刊物，其中有台灣省政府新聞處編印之「台灣畫刊」及行政院新聞局贈送之「中外畫報」，均係免費分發駐在地有關機關及僑胞，以便宣傳之用。張員竟將上述兩種畫刊，委託聖約瑟之C. Valerin & Co. Ltda書店，以每冊台灣畫刊哥幣一元，中外畫刊哥幣二元出售。業經外交部派員詢據該書店老闆Carlos Valerin Saeng承認無訛，並有該大使館前司機高戴羅(Raman Luis Cordero Gonzalez)於一九六一年八月三十一日及另一司機貝那維得斯Mario Benavides Castillo)於同年九月四日經由該國律師瓦來玲(Ricardo Valerin Rivesa)公証，上函我國外交部長作証屬實。似此，該大使竟以公家寄發之免費宣傳書刊，託交當地書店出售圖利，自屬不合。

基於上述各項事實，特依法提出彈劾，應請將該駐哥斯大黎加前大使張道行移付懲戒，刑事部份併送法院訴追審理，以懲貪黷，而肅政風。

張道行的背景

張道行是中央政治學校畢業的學生，一向是CC的特務頭目葉秀峯的親信，在CC的支持之下，他曾任外交部司長。觀其在大使任內的所作所為，可說是一個典型的官場老手。他從利用外交特權，勾結駐在國不法商人，販酒圖利，到將政府寄發的免費宣傳書刊，作價出售中飽，甚至先向僑胞放高利貸，又利用當地法律罅穴以哥幣一萬元的低價購入債務人原值二十三萬元的抵押品。總而言之，貪污枉法，無所不用其極。但他因案發而被調回外交部後，仍逍遙法外，目前還在陽明山受訓，將來說不定還要更為發達呵。

不斷有人從閩浙逃金門 是值得注意的特殊事項

溫州師大學生陳鴻平泅水逃出 北大學生應文林等亦駕舟逃出

劉裕畧

自中國大陸淪陷中共之手十四年來，由大陸逃抵香港和澳門，準備用反共行動重新返回大陸的人最多，而由滇緬邊區逃抵東南亞，由印藏邊區逃抵印度不丹錫金尼泊爾者，爲數亦復不少。以達賴喇嘛來說，他就是通過印藏邊區逃出來的。但從福建浙江直接逃抵台灣者，在以往十四年中，却鳳毛麟角，除中共空軍人員劉承司駕米格機飛台及少數漁民外，循海路逃到台灣或金門者，爲數更是少之又少了。

考其原因，則主要由於閩浙兩省與台灣之間，隔着大海，而閩浙兩省又一直被中共控制嚴格，中共大軍雲集閩浙兩省之各點，中共一直把閩浙兩省當作前線，以與保衛金門之國軍作對抗的。故閩浙兩省人民雖欲逃出，亦往往只能輾轉前往廣東，然後由廣州經過深圳到香港，或由廣州到澳門。

但最近的情形，却頗有不同，除六月廿八日本報香港版（即七月五日本報紐約航空版）所報導的大陸僑生李鎮祥林敬從厦門泅水於六月十六日逃抵金門外，據台北合衆社七月四日電：「一名中共青年於七月三日越過哩許的厦門灣，投奔中國政府治下之金門。來自金門的報導指明，該投奔自由者名陳鴻平，爲中共浙江溫州師範大學學生，二十四歲，係於七月三日游過厦門灣尋求自由的第三人。陳鴻平在金門對記者稱：他已厭惡了共黨，並認爲中共沒有前途。他說他在上週用僞造的証件到達厦門，他在七月二日晚間試圖逃亡，但該旅館的經理發現他的証件是僞造的，要求他向公安部自首。結果，他在海中飄浮了十小時，始經海灣中的國軍哨兵予以救起」。

另據台北七月四日消息：「七位駕船衝破鐵幕回到自由國土的浙江省大陸青年難胞，他們七人分駕兩艘船由浙江黃岩出海，逃抵台灣」。

「其中年廿九歲的應文林，廿四歲的馬錦華，係中共北京大學文學系學生。廿七歲的林理建則畢業於中共上海東南紡織工學院。曾在中共山西省工業廳做過技術員。十八歲的陳雅素是林理建的妻子，曾在中共路橋中學肄業。卅六歲的金榮昌則是一名船工。他們都是浙江黃岩人。今年五月六日凌晨共駕一艘五噸重的小船衝出了中共的海上封鎖線，在海上遇到了風浪，船艙漏水，經日本『日新丸』漁船救起，而後抵達台灣。此外則廿四歲的陳細鎖及其十八歲的侄子陳如亮共駕一舟逃出，在大海中浮沉了十二天，遇到中華民國政府出巡的海軍，始獲救助，而後抵達台灣」。

讀過上述各報導後，使我感覺到李鎮祥林敬陳鴻平馬錦華等最近分由福建及浙江從海上逃出，是頗富特殊意義的事。不要小看他們倖而逃出者不過上述幾人，但却反映了一項事實，那就是大陸人民由閩浙兩省從海上直接逃出忽然有了可能。而這一可能則說明了中共對閩浙兩省的控制實已產生了漏洞，並不如以往之有效。否則他們是不可從閩浙兩省尤其福建前線用泅水的方式逃抵金門的。

在中共嚴格控制的閩浙地區尤其福建前線的厦門地區怎會發生控制上的漏洞呢呢？是中共人民解放軍官兵士氣不振嗎？是中共士兵對逃亡者暗中表示同情故不予格殺呢？抑或還是中共在閩浙兩省的嚴密控制無法整個繼續呢？

不管原因如何？最近期間，忽然有人從中共的閩浙前線逃得出來，總是說明了中共對閩浙前線的控制已不如從前有效。因此，對於反共的意義來說，便是一項值得特別注意的事情。

而從中共閩浙前線最近逃出的，絕大多數都是中共控制下的大學學生和青年，這就尤其具有深長意義。

當然，我們不可能而且也不應該期望會有大量的青年大學生或人民從閩浙兩省越過海洋泅水逃抵金門或台灣。這一方面固然因爲是中共將因此而加緊嚴密監視和控制閩浙沿海，更主要的，是大陸青年學生原本不是個個都有逃亡機會，原本不是個個都有長途游泳能力啊！

大陸簡訊

黃徵明

大陸紙張缺人民日報減少發行量

大陸紙張奇缺的現象不自今日始，早在兩三年前，中共已無法供應書籍所需紙張，所以，由大陸運銷香港之左傾書籍亦來源枯竭，中共有關當局更在人民日報大聲疾呼，必須大力節約紙的用途，主張一切用紙都須兩面使用，而北平出版的中共人民日報，甚至也不得不於兩年前縮小篇幅，由每日兩大張減爲一張半。最近，則由於人民日報缺乏紙張，以致港九各報攤都難於買到中共的人民日報了。

中共在大陸各地一共出版了四十幾種報紙，但除北平人民日報、北平大公報等七種准許外銷外，其餘各種地方報，中共一律嚴禁出口，故有些人爲了要看中共地方報紙，不惜花費五六十元港幣買一張內地報紙看看。這是指中共不准出口的那些內地報紙而言。至於中共准許公開出口的北平人民日報，則售價原本只是每份港幣一毫，每月三元。但報攤通常出售都是每份二毫。然而最近以來，各報攤已無人民日報出售，甚至原有的訂戶也未能從報攤取到報。各報攤也不肯再承訂人民日報。這是爲什麽呢？顯然是由於大陸紙張缺乏，人民日報的印刷數量越來越減少了之故。

中共與羅馬尼亞訂協定

在中共最近與其它國家所訂的所有協定中，以中共與羅馬尼亞所訂協定最值得注意。因爲羅馬尼亞是東歐衛星國中唯一不滿蘇聯的國家。赫魯曉夫兩週前在東柏林借慶祝東德共黨領袖壽辰之名而召開東歐共黨巨頭會議時，波捷匈保各共黨首腦俱曾出席，但羅馬尼亞共黨首腦却未參加。另一方面，中共本年六月十四日致蘇共論戰廿五個問題並提出國際共產主義運動總路線的覆函，蘇聯及東歐各共黨均拒絕公佈，羅馬尼亞共黨却予以公佈，可見中共與羅共頗有進一步勾結共同反赫反修之可能。

據中共新華社七月七日北平電說：「中國科學院和羅馬尼亞科學院科學合作協議和兩國科學院科學合作協議一九六三年到一九六四年執行計劃，已經在七月六日於北京簽訂」了。

僑鄉近訊

鍾之奇

開平縣旱情嚴重旱稻減產

廣東開平縣的旱情異常嚴重，這是本報早已報導過的。但究竟嚴重到何種程度呢？中共「中國新聞社」七月十一日自開平縣發出的電訊，對此有了透露。中共的電訊雖然一再强調開平縣的早稻已將收割完畢，但却免不了透露着開平縣以往幾個月艱苦旱情的輪廓。

它說：「地處山區和丘陵地帶的蜆岡、赤水、金鷄、東山、東江等公社，儘管今春經過艱苦抗旱，仍有一些田無法揷秧，早稻畧有減產。但及時改種了經濟作物。如今廣大社員一邊在收割早稻，一邊在收獲經濟作物。」

又說：「在抗旱最艱巨的日子裏，全縣出動了九萬多人，攔河截壩一千一百多處，打井一千三百多眼。……許多公社的生產隊發揮了集體互助協作精神，互相支援或組織聯隊聯合抗旱」。

潮汕開荒二千多畝

「向海洋進軍」，「向荒山進軍」，是大陸人民飢餓不堪，中共無糧食供給飢民時，中共向飢民提出的口號，對於僑鄉潮汕平原各地的人民，中共提出的口號亦復如此。爲了這種原因，所以，今年的潮汕平原，又有許多僑眷被迫向荒山與大海謀食。

據中共「中國新聞社」七月十一日汕頭電：「澄海、潮安、潮陽、揭陽、饒平、普寧等縣和汕頭市郊，在夏收大忙期間就種下了番薯十多萬畝」。

又說：「夏耕中各地積極擴大耕地面積和改良低產田。澄海縣廣大社員開展了圍河灘、圍海坪、翻舊堤、塡廢溝、開墾荒山荒地活動，已擴大耕地二千多畝」云。

福建旱災之後又有水災蟲災威脅

中共幹部平時雖然普遍發動大陸人民高唱一種對共產黨及毛澤東歌功頌德的歌，說什麽「自從有了共產黨，走到哪裏，走到哪兒哪兒亮」。但中共統治大陸十四年來的事實，則是共產黨走到哪裏，旱災水災蟲災也走到哪裏，而且如影隨身的跟在哪裏。這當然並非偶然，而是由於共黨制度最善於製造災情之緣故。

福建就是一個明顯的例子，不但年年有災，今年更是旱災剛去，水災又來，而蟲災的威脅也在附近地區發生了。

據中共人民日報七月六日說：「今年春季，華東南三省發生了歷史上罕見的春旱，其中尤以福建南部地區最爲嚴重」。「最近福建連日下雨，旱象雖已解除，但洪水威脅接踵而來」。又說鄰近福建地區之浙閩邊境之「二化螟三化螟也開始盛發」云。

廣東全省只能生產化肥十多萬噸

肥料缺乏，是今日大陸的普遍現象，也是中共無法解決的頭痛問題。無疑，這一問題一直制約了大陸的農業生產量，因爲沒有肥料，是無法播種，不可能有收成的。

近年，中共雖一再强調已在各地迅速增產化肥，但事實上的生產量仍極有限，所以，大陸各地，始終仍患肥料荒。僑鄉各地迄今亦是如此。

依香港大公報七月十三日（本報廣州專訊）說：「今年上半年，廣東全省化肥廠生產的化學肥料，已經達到全年生產計劃的七成多。據有關部門統計，到六月底止，總共生產了氮肥和磷肥十一萬多噸。……目前廣東有二十多間生產化學肥料的工廠」。

粵共現今所生產的化肥十一萬多噸既已是粵共今年生產計劃的七成多，那末，可見粵共今年的全部生產計劃也不到二十萬噸。然而，廣東全省所需肥料數字極大，粵共所能生產的這一區區之數，是與廣東人民實際所需仍然相距極大的。

馬來西亞倫敦談判

最後的會議

俊華

馬來西亞談判終於在倫敦談判解決，吉隆坡的人們爲之透了一口氣。因爲這是「最後的」也是「最重要」的。

因爲「大馬」的各邦須先協議，然後英馬才能簽署協定。而英馬協定必須提經英國國會通過，但英國國會最近這次會期之後，須俟來春方再開會。假如「大馬」此次不能協議，不但八月卅一日的定期成立沒有可能，即本年內也不能成立。英國邀集各方前赴倫敦談判，也因「大馬」成立期間已屆「最後」，不能再事拖延之故。

說到「大馬」成立的重要性，馬來亞本身也很明瞭。在對外來說，菲律賓要求北婆領土，而印尼支持婆羅乃叛亂。如果不能在此時將北婆三邦納入「大馬」範圍，難免夜長夢多，也許此後再沒有機會，也很難說。對內的方面，星加坡是拉曼總理所稱爲「大馬的問題兒童」，若果不能合併於大馬之內，她的經濟困難將使失業衆多，把原來有些左傾的政權影響到更爲左傾，一如李光耀所說的，星洲將成爲「亞洲的古巴」，到那時候，馬來亞決不能置身事外。尤其李光耀所警告的，謂「星洲基地將迅速消失，大馬必失其防衛」，也是鐵般的事實。所以拉曼總理雖然一度對星婆的合併條件相當强硬，但自赴英談判代表團首途後，實際上他也無日不在等候副總理拉查克的電報——他與拉查克約定，談判就緒就電請他赴英簽字。這電報終於到達了：「即來，簽字」。

桑第斯之功

英國聯邦關係大臣桑第斯的斡旋，確是「功不可沒」。爲星馬雙方談判，條件的折衝，桑氏奔走於雙方代表團之間，不辭勞苦，又與雙方代表舉行通宵的馬拉松會議，使逐漸接近的意見達到協議。終於在七月九日午夜後，於英國聯邦關係中心的馬博羅宮簽字，由「大馬」四邦的代表簽署。而聯邦關係部的高級人員仍澈夜動員，草擬冗長的「大馬」白皮書及有關附件，以備趕向開會的下院提出。

原定的「大馬」五邦，只有四邦在協定上簽署，是「美中不足」的地方，拉曼對此「極表失望」。不過已有四邦簽署，總算是不幸中之大幸，而且在比重上來說，星洲的重要性遠過於婆羅乃。假如只有馬、婆、沙三邦或者四邦而沒有星洲參加，「大馬」將會是畸形的。現在有星洲在內的大馬總算比較完整，因爲完整，婆羅乃最後加入的希望也就更高。即使婆羅乃不能迅速加入，但同時在英聯邦陣營內，大馬與婆羅乃加强聯繫，也與完全合併沒有太大的差別。

拉曼總算是成功了。有人說這是他一生事業的最高峯，因爲他將出任大馬的總理。不過，李光耀的合作，桑第斯的斡旋，同時有功於大馬的創建。

李光耀的風度

李光耀在這次大馬談判中，可以稱得是「不卑不亢」。他不屈服於馬來亞閣議「最後通牒」之下，但不採決裂而仍提出對案，保持談判之門洞開；同時提出星洲基地對大馬關係重要的問題，使馬來亞考慮讓步。而在最後倫敦協議，星洲也還是作相當讓步，以接受馬方的條件，這是因爲他鑒於星馬必須合併，非合併不可之故。這不能說不是「能見其大」了。

星洲的讓步是同意星洲稅收以百份之四十繳交大馬中央，這只比馬方原來要求的條件少了百份之五。其次爲星洲贈款五千萬元（叻幣）開發婆羅洲，本來星方是要以「貸款」方式出之的。星洲這兩項讓步，換得了將設立共同市場一事明列於大馬憲法之內。

共同市場問題對星洲相當重要，因爲星洲是自由港，不徵關稅；而馬來亞則有關稅壁壘。星洲工業品（因徵稅後價貴）在馬不能暢銷，以致星方工廠相繼遷入馬境，或移出資金在馬設廠。共同市場設立，使大馬成爲一家，星洲在這範圍內的「工業先進」，便可獲得出品暢銷整個大馬區域的利益。在交通及工業優勢之下，工業化將比其他三邦爲速。所以在星洲來說，雖然向大馬中央有所報效，却可能換得工商的繁榮。至於開發北婆雖屬贈款，但由於贈款可能附帶技術協助，可能由星聘請技師僱用技工及購買機器，對星洲工商業也是有所裨益。

星洲總理還向英國方面談判基地的土地問題，英國在星洲軍事基地所使用的土地，約有四千三百英畝之多。星方認爲英在星洲「沒有土地權」，故不能無條件使用；即使使用，也可以（一）縮小範圍，（二）付出代價。此原則經英方接納，討論結果，英方願放棄全部基地中之一千多英畝，交回星洲。其在使用中之土地，星方要求英方付出一千五百萬元叻幣，有關款額及付款名義尚待相洽，但英方原則上也已接納。在對英對馬雙方的條件上，星方大致也可滿意。

蘇丹眞意何在？

婆羅乃蘇丹的自婆飛英，曾被認爲可能參加大馬簽字，但結果却出一般意料之外。筆者於兩週前的通訊中，便曾指出婆羅乃不參加馬來西亞，「並不是不可能的」，已經不幸而言中。

當七月九日子夜星馬婆沙四邦簽署大馬協定時，蘇丹的顧問團發表聲明，謂「他們（馬來亞）現在的處境，不能實現他們以前所同意及反覆保證的條件」。因此「蘇丹陛下不能不懷疑：馬來亞是否目下有能力執行婆羅乃加入大馬的條件」。顧問團人員並說：是否再加討論，「言之太早」。顯示婆方不欲立即繼續談判。

婆羅乃的最後未能參加簽字，是否有何「內幕」，尚未明瞭。當上次蘇丹自吉隆坡飛返汶萊城時，馬方報紙曾經指名「英國蜆殼石油公司」及英駐東南亞某某等官員，「應負婆羅乃與馬來亞談判破裂之責」。這次蘇丹赴英，當然是爲與馬方談判，但也未始不一面「求取婆羅乃維持現狀（仍爲英保護國）之可能性」。而實際上，這種可能性是存在的，即假如蘇丹堅持要求一仍舊貫，英方大概不會堅拒。

正如上面所述及的，若使星洲不加入大馬，大馬就會是一個畸形的產物。可是婆羅乃不加入的話，馬來亞也是相當完整的；這是一方面，另一方面，星洲獨立，勢不可能，但婆羅乃則否，她有元首，有憲法，政治不若星洲動盪，經濟豐裕爲各邦之冠，不如星洲的經濟不安。只要英軍繼續駐防，似乎一切便沒有問題。英方眞正意向爲何？是否如某馬來文報紙所指，有意使婆羅乃居於大馬之外，像以前把印度分爲印巴兩國，或像在馬來亞海峽一樣，先准馬來亞獨立，而星洲仍屬自治領。

據海峽時報特派員說，婆羅乃與馬來亞所爭持之石油收入分配問題，「已告解決」，而所餘者僅爲蘇丹地位[illegible]問題。馬副總理拉查克說：此事須經「蘇丹會議」方能解決。假如也祇是單純的問題，[illegible]。召開蘇丹會議，婆羅乃是否會趕於八月卅一日以前加入，便可以看到婆羅乃是否長久立於大馬之外了。·吉隆坡通訊·

印度政策改變了

·翁自申·

印度政策改變了！她的五年計劃，在過去原是以經濟建設爲主的；可是當與中共發生了邊境衝突之後，尼赫魯的政策便不能不要立刻轉變。現在，印度已改採經濟建設和國防建設並重的主題，而且加深了對英美等西方國家的依賴了！

印度自在邊境衝突中吃了中共之大虧後，雖然中共一再聲明「主動停火」，「主動後撤」，「主動退出有爭議的地區」，「主動交還繳獲的軍用物資」，「主動遣回印俘」，而催促印度同意直接談判，但是，這一次邊境衝突，印度人民已迅即被刺激起堅强的民族主義意識，他們已看穿了中共以前的所謂「友好」完全是假面具，以前雖然說盡好話，但骨子裏是「佛口蛇心」；他們的腦海中已烙下了「中共就是敵人」的印象。於是，親共的梅農，被追丟掉國防部長的烏紗。印度共黨，也因受到民族意識的冲激而分裂。在朝的國大黨，也因對付中共的態度不夠堅決而被反對黨所擊敗。這都顯示出：印度人民對中共的欺凌是決不甘罷休，實無談判餘地。他們的內心，已燃起了反抗中共的火燄。

印度政府當局，當然，它也要準備應付中共的第二次侵擾。因此，就把政策改變了下來。目前在他們經濟建設和國防建設並重的政策積極推行中，遂轉而趨向西方國家求取更大的援助。這是必然的步驟，且已見諸事實了。

五月底時，印度的經濟國防協力部長和外交部長，都已訪問過英、美，要求擴大援助。據說，他們曾和英、美當局討論過印度在今後三年內的國防計劃，希望英、美等國能予以十五億元的軍援。——在去年邊境衝突爆發後，英、美兩國已平均担任過十五億元援助；其後又再予以一億二千萬元的緊急援助。——雖然一時未能達致完全協議，但美國方面已對印度表示，爲抵抗中共的侵略，決繼續予以軍援。

迨到了六月初，印度總統拉達克利希南也親自跑到華府去，在美逗留十天後，便又轉到倫敦。這是印度總統的首次訪問英、美，其意義當然是相當重大。最值得國際人士注意的，就是反映出印度的政策，確已轉變。這轉變，顯示着印度爲要抵抗中共的再圖進攻，不能不要增建國防設備，因而逐漸親近西方，求取西方國家的援助。

印、美兩總統會談後，曾發表了一項聯合公報，表示兩國對中共的侵略將實行互相防衛。爲了保障印度的獨立、自由，和領土的完整，兩總統認爲這不僅是亞洲問題，也是關係世界的大事。美總統曾告知印總統，美國對印度的國防與經濟建設，抱有熱烈的同情，決予以實際的支援。印度總統表示印度人民決心維護領土完整，抵抗共黨的侵略，並盡力在自由民主政治的範疇內，努力提高人民生活水準，切實加强國防設備。

印度總統並曾在新聞界宴會發表演說，謂中共對印度的侵略，隨時再有可能發生，所以印度一定要增强防衛力量。印總統又謂：由一九六三年到六四年，是印度的五年計劃的第三年，由英、美、法、德、日、意、加、比、荷等國及世界銀行國際援助所組成的銀行團，已決定予印度以九億一千四百萬元的信用貸款；美國承諾担任其中的三億七千五百萬元，倘他國能有增加，則美國尚可增至四億五千萬元。這更反映出印度政策的轉變確已達到了使西方國家興奮的程度。換言之，就是印度的轉變，在行動上，已有了很積極的明顯表現。

印度既轉變了其政策而親近西方，於是她今後的安全問題，也就促使了西方國家的關懷，尤其是美國，自當更予以切實的支持。美國國務卿哈里曼曾就這問題發表過談話，他說：中共爲目前太平洋安全的主要威脅者，如其對印度、越南、及寮國的侵略，美國不能不[illegible]加以協助防衛。他又說：中共今後對印度的動向，美國仍在極度注視中。

目前的形勢是：印度繼續接受西方國家的援助，其國防建設和經濟建設也在繼續發展中。至於印度和中共的關係今後將有怎樣惡化，那就要再觀察一個時期了。

文史漫談

由「玉衡指孟冬」談起（三）

徐亮之

而賈誼乃李義山詩所謂「宣室求賢訪逐臣，賈生才調更無倫；可憐夜半虛前席，不問蒼生問鬼神」（賈生）的國師型的人物；賈誼如此，他人可想。至太初改曆後，出現於大戴禮中的「夏小正」，和以呂覽十二月紀首章為藍本的小戴禮的「月令」（月令疏引鄭目錄），全都大力為「夏正」張目，其為反映「夏正」早具有源遠流長普遍通行客觀事實，自更不在話下。

由上所述，可見從商到漢，易代之際的所謂「改正朔」，只不過是例行公事，官樣文章，和民間及政府的若干事務仍然通行夏正，可說了無妨礙。所以，太初以前，雖然漢行秦正，該以一月為孟夏的（參閱前表），賈誼的賦卻偏有胆量可以從夏正說是「四月孟夏」來。賈誼用真名實姓尚敢公然不遵漢正；說是作「明月皎夜光」的無名氏（古詩十九首皆已不知作者，徐陵「玉台新詠」謂「西北有高樓」等七首乃枚乘之作，不足信），卻非遵奉漢正不可，如李善「交選註」之所云云，是沒有任何道理的；是上了古人「例行公事官樣文章」的當的；而毫無疑問；劉大杰君卻又是上了李善的當。

至於就詩的本身說，我們所發現的也只是看到作者用的是夏正，而並不是以十月為首的秦正或漢正。例如詩中有句曰：「促織鳴東壁」，「促織」即蟋蟀，見「爾雅」「釋蟲註」。而根據夏正所作的「豳風」「七月」則曰：「七月在野，八月在宇，九月在戶，十月蟋蟀入我牀下」；（自七月到十月均指蟋蟀的蹤跡而言，此等句法在語法上乃順序的連貫複句。說見吾友向夏著「漢語文言語法綱要」P七一及七九）。這所謂「九月在戶」，不就正是「促織鳴東壁」的同一時令嗎？但李善為了要坐實他所謂的「漢之孟冬今之七月」，以便証明這詩乃根據漢正而作，卻偏不引豳風的「九月在戶」作解釋，反引禮記月令季夏的「蟋蟀居壁」去解釋，意以為「促織鳴東壁」既是夏正季夏的六月，則下句「玉衡指孟冬」的「孟冬」自是漢之孟冬夏正的七月的了。殊不知他這樣做卻犯了如下一個大錯誤；原來月令所謂「季夏蟋蟀居壁」，據孔疏說：「此物生於土中，至季夏羽翼稍成，未能遠飛，但居其壁；至七月，則能遠飛在野。」可見所謂季夏的六月，只是蟋蟀「羽翼稍成」「居壁」未能「遠飛」的時期（蟋蟀必能鼓羽乃能大鳴）；而一到了夏正季秋的九月，則羽翼早成，方才是既能遠飛，又能大鳴的蟋蟀，而後「在戶」「鳴壁」也方才能有打動詩人心弦的資格。毫無疑問，李善所引月令季夏居壁的蟋蟀，卻顯然尚不可能具有此資格；此其所以為大錯誤也。

總而言之，這詩前半所描寫的都是夏正的秋天的景物，除「促織鳴東壁」與上引豳風「九月在戶」同屬夏正季秋景物外，其餘景物也和「夏小正」與「月令」全不謀而合；例如：月令說「仲秋之月：……玄鳥（燕子）歸」，夏小正說：「九月：……陟玄鳥蟄」（補註引秦蕙田曰：「仲秋玄鳥歸，季秋之月，始畢蟄也」）；這詩則有「玄鳥逝安適」之句。又如夏小正說：「七月：……寒蟬鳴」，月令說：「孟秋之月：……白露降，寒蟬鳴」；這詩則有「白露沾野草」和「秋蟬鳴樹間」之句是。只不過「玉衡指孟冬」的「指」字，義乃「指向」的「指」，而非「指定」之「指」；「指向」云者，將至而實未至之時令也；此其所以詩中雖有「孟冬」之字樣，而所寫則皆秋天的景物也。倘如李善所說，此之孟冬即漢正之孟冬，亦即夏正之七月；則漢正之孟秋實為夏正之四月，仲秋實為夏正之五月，季秋實為夏正之六月，豈非四月白露已降，寒蟬已鳴；五月燕子已歸；而六月「羽翼稍成」的蟋蟀，便能「鳴」於「東壁」，具打動詩人心絃的魔力的嗎？雖李善對於這點，自己也知道說不過去，因於「秋蟬」「玄鳥」句下，釋為「此明實候，故以夏正言之」云云，但這不更是自打嘴巴，治絲益棼了嗎？所以我認為牽扯漢初曆法，不敢承認這詩也是東漢的作品，乃是上了李善的當，乃是一種誤解。（完）

一剪梅

遯翁

大會堂觀崇華書畫展，與夏金兩君同下樓，電梯突壞，困不得出；遑遽之際，金君發覺同乘有邵氏女明星，緊張空氣，頓化輕鬆。既出險，於渡海輪中與君左兄遇，相與誦其事，夏君戲言「幸有明星作救星，故有驚無恐耳。」此女星適同舟，亦為嫣然回眸。余以此語甚趣，因以長短句寫之。

畫賞高樓下六層，吟詠神清，升降機輕；懸空忽訝電流停；梯困門扃，魄動魂驚。幸有明星作救星，到耳鶯鳴，到眼珠明；盡忘身正寄危縋。且幸同行，更幸同經。

文聲集（三四）

經緯書院詞課

浣溪紗　馮正華

幾點疏星碧海邊，南飛烏鵲亦神仙。人間行樂趁華年。水殿香飄風細細，天池雲破月娟娟。惹人愁思是關山。

前調　林可居

枉卻巫山一片雲，斜陽無語送黃昏。遙天誰箇逐輕塵。水面浮萍凝復散，風前飛絮聚還分。堤邊愁煞眼前人。

前調　黃卓偉

誰把琵琶舊譜尋，四絃聲鬱透冰心。月明風靜院庭深。墨客寄情偏惜別，故人入夢漫相迎。難裁片語付青禽。

前調　伍顯琨

綠柳垂絲拂露葉，高低粉蝶戲村姑。野亭二叟對提壺。抵掌笑談天下事，幾人曾訪草堂廬，禮賢無復漢安車。

前調　夏夜　馮正華

淡淡銀河媚欲流，天邊眉月掛簾鉤。好風如水畫屏幽。金獸香銷添夜色，新詞墨妙寫閒愁。一聲長笛倚江樓。

女貞庵（九）

（版權保留）　黎明

第五場：鬧會

潘法成：（上白）小姐在那裏？

陳靜宜：（連忙迎上）老師父，弟子這廂有禮！（行禮介）（王百萬等雖說「自己隨喜」，這時卻躡手躡脚跟了出來，遠遠站在一旁，作對靜宜評頭論足狀；但其聲細不可聞。）

潘法成：（合十還禮）阿彌陀佛！小姐今日可謂勝緣，今天乃大士聖誕之期呢！

陳靜宜：弟子正是為恭祝聖誕而來。

潘法成：（再合十）阿彌陀佛！這便越發功德不淺了！哈、哈、哈、哈！

興安、梅香：參見老師父！（同行禮介）

潘法成：哦、原來是你們陪同小姐來的；好、好，今天就一同用了晚齋再回衙去吧！——哦、香公！你招扶興哥兒用茶，老身和小姐燒香去者。

香公：是。

潘法成：小姐隨我來。（下）

陳靜宜：來了。（與梅香同下）

香公：興哥兒咱們屋裏喝茶去；不、（扯了扯興安的衣角，用手暗指鬼頭鬼腦的王百萬等）看戲去，好戲還在後頭哩！

興安：（順着香公的手瞧）嚇！什麼東西！（同下）

王百萬：（和萬吳同以急促的步伐走上香公興安方才站立的位置，向靜宜的背影張望，直望到她轉過殿角不見為止）好一個標緻的女子！（唱）：這樣的美人兒真真少見；

吳成：（接唱）恐怕是謫凡塵天上神仙。

萬事：（接唱）只恐怕玫瑰花有香有刺，

王百萬：（接唱）怎和她同鴛帳共枕而眠?!（白）孩兒們！那一女子美貌超羣，你二人該與爺拿個主意弄她到手才是呀！

吳成：這容易。

王百萬：怎說容易？

吳成：有道是「有錢能使鬼推磨」呀！

萬事：這不容易。

王百萬：怎說不容易？

萬事：有道是「千金難買美人心」呀！

王百萬：你卻怎生知曉？

萬事：依我看來：這一女子定是官宦人家千金小姐，並非秦淮水榭人物可以手到擒拿；這豈不是不容易？

王百萬：你怎麼知道她乃官宦人家小姐？

萬事：水榭之中焉有此等人物！

王百萬：我卻不信。

萬事：大爺不信，喚出香公一問，便知分曉。

王百萬：有理有理；——香公那裏！

香公：來啦來啦！（急上，見是王等，投以輕蔑的眼光）原來又是你們；你們不是燒香的嗎？卻呆在此處則甚呀？

王百萬：香公我來問你，方才那一女子，她是甚麼樣人？

香公：我早就知道你要有此一問了。

王百萬：怎麼你早就知道我要問你了？好好，你且詳細道來，大爺定當重重酬謝於你。

吳成：招呀！所以我早就說過，這個容易呀。

香公：休得胡言亂語！老漢我與你實說了吧。（唱）她本是府尹爺寶貝千金，和妙常結金蘭一對玉人；（忽自打嘴巴旁白）該死！該死！我怎麼老糊塗了？連常姑的名兒也漏給他們了！（憤然續唱）癩蝦蟆休想吃天鵝之肉；不燒香鬧寺院開什麼竅心！

王百萬：你這老兒好生無理……（正想發作）

萬事：（以目制止百萬，轉向香公賠小心）香公休要誤會，我等原為燒香而來；只因方才那位小姐佔先了一步，故而動問一聲，別無他意。——您老有事請便了吧！我們只在此處等那小姐燒過了再燒不遲。

香公：這還像人說話。我本來有我的事，並不想理你們的汚糟事的呀。（憤憤而下）

王百萬：咄、什麼東西！

（妙淨聽了吵鬧之聲，躡足潛上，躲在樹後偷聽）

憶陳果夫先生（二七）

宇人

當天下午，貴州支團幹事鄭代恩找我，他說：他原已當選中央監察，被蔣先生於核定當選名單時易以他人；他希望能到中央團部工作，請我向蔣先生推介。我知道蔣先生將於次日上午到代表大會接見出席大會的一部份人員，即於是時偕同鄭君前往等候。蔣先生接見完畢時，我邀入接見室，向他報告鄭君的事及其志願，蔣先生問鄭君適宜担任何職，我答以可任副處長。他要我帶鄭君去見他，我說：他就在外面，隨即出引鄭君入見。當承面允派在中央團部工作，後來鄭君被派爲服務處副處長，處長是胡軌。

雖然蔣先生「欽定」我爲中央幹事，並接受我的推介，允派鄭君爲中央團部的副處長，顯出他對我仍極信任；但我却無意再回青年團。我寫了一封簡短的信給蔣先生，請辭中央幹事職務，他批覆「仍應繼續負責」；但我迄未到職。

在青年團代表大會開會期間，我和立夫先生曾見面多次，貴州支團出席代表大會的幾位幹事也見過立夫先生。這說明雖然果夫先生在國民黨六全大會後，對我已經是相見不相識了；但我對立夫先生則仍未存任何介蒂之心。

青年團代表大會閉會後，我由廬山到南京，不久中央召集制憲國民大會。我本不以爲然。我認爲制憲乃國家百年大計，必須在全國一致的局面之下，才能舉行。如今共黨尚稱兵作亂，政府當局也無行憲的誠意；僅是爲了外博取憲法政府的美名，而玩弄國家根本大法，不但不能解決共黨問題，而對憲政前途，更是有害無益的。我原主張先平亂，再制憲。但蔣先生和當權的政府要員都以爲一經戴上行憲的面具，便可取得大量的外援而永保政權，民青兩黨也欲以行憲之名而擴大參政之實，因而提出三黨共同制憲，共同行憲的主張。大勢如此，自不容有所異議。我當時的心情是十分沉重，所以在國民大會開會時，自始至終，未發一言。

制憲國大閉會後，貴州出席國大會的若干負責人士在一次談話中，提及時局如此嚴重，省內各派應一律化除成見，團結一致，共同奮鬥，庶可鞏固地方，而使中共無法逞其滲透和傾覆的伎倆。大家都表示同感，因而產生了所謂大團結運動。在我離開貴州以後，省內的國民黨同志曾分爲若干派，其一，以CC爲中心，其二，以青年團貴州支團爲中心，其三，以教育廳長傅啟學爲中心。此外貴陽市長何輯五暨貴陽中央日報社長王亞明亦各有一個小組織。貴州的CC本已支離破碎；但因此時立夫先生重長中央組織部，社會部長谷正綱，對貴州省社會處的事，也以立夫先生的意見爲主，所以他們又重振旗鼓。當時所謂大團結，其主要目的，就是要上述各派言歸於好，何輯五、王亞明均表示願意把他們的小團體結束。經過幾次的談話，最後獲得完全的協議，並由傅啟學擬就一份團結志願書，聲明各派「願以至誠在張道藩、谷正綱、黃宇人、劉健羣四位先生的領導之下，化除過去一切成見，團結奮鬥。如有違背，願受全省同志所共棄」。除了志願書而外，他們對即將改選的貴州省黨部委員人選，亦有書面協議。其中載明：一、下屆省黨部主任委員，由黃國楨担任。黃君原係調查室方面的人，在我任省黨部主任委員時，他因爲誣告我被中央撤職。我離開貴州後，對此早已置之度外，故亦表示同意。（二）青年團貴州支團幹事兼省黨部組織處長雷澄林及曾任貴陽市黨部書記長的鄭代恩均不再競選下屆省黨部委員，由省黨部協助其競選立法委員；（三）省黨部的女委員一席，由陳明儇任之。她也是調查室的人，且曾隨同陳惕廬到山東省工作。

團結志願書和上述協議均由黃國楨、周達時（二人代表CC）、季天行（代表貴州支團）、傅啟學、何輯五、王亞明等六人簽名蓋章，存於張道藩處。但第二天，黃國楨和周達時又來找我，說他們方面的名額，無法容納陳明儇在內，其意顯然是希望其他方面再讓出一個名額給她。但在協定中，CC方面已經增加了兩席；貴州支團則因雷澄林和鄭代恩兩人不再競選，已減少兩席。傅啟學方面本來祇有兩席，自均無可再讓。但依照規定，省黨部委員必須有一人爲女性，最後由傅啟學提出一項解決辦法，在與他有關的兩席中，換一人爲女性，並提議以許方媛任之。爲了不使陳明儇落空，他又提議由省黨部協助陳明儇競選立法委員。黃、周兩人均表同意。當時，中央團部曾有人指出貴州支團的同志太過天眞，將來必吃大虧。他們說：雷、鄭兩同志先讓出省黨部的重要職位，僅換得一句將來選舉立法委員時由省黨部協助競選的空言。但CC一向沒有信義，那時他們在省黨部已佔優勢，一定要推翻前議的。但貴州支團的同志仍深信不疑。他們以爲張道藩和我是患難之交，谷正綱在平素的表現，亦頗爲公正，貴州支團的同志對他們兩人向極尊重，他們絕不會容許貴州的CC分子有悖信忘義的事。因爲如果沒有他們的支持，貴州的CC是絕對不敢破壞協定的。

上述協議達成後，張道藩還在國民黨中央常會提出報告，自稱「貴州的同志已經團結一致，如果其他各省市同志也能以此爲模範，中央對於各省的事，尤其是未來有關行憲的各項選舉，也就可以放心了。」可見他當時對此，頗爲自得意滿。後來貴州省黨部改選，雷鄭兩人均照協定，不再參加競選，傅啟學、何輯五、王亞明等亦各守諾言不誤；但陳明儇則仍競選甚烈，黃國楨、周達時推說此乃他的個人行動，實則調查室自始至終，都是積極支持她的。由於她未能當選，大家也未提出指責；張道藩、谷正綱更是故作不知。不過，從此以後，大家對於CC已經懷有戒心了。（待續）

中國現代史資料評介之九

容菴弟子記

左舜生

這是袁世凱的一篇傳記。全書約五萬餘言，共分四卷。出版於中華民國二年二月，叙述袁的生平，到光緒三十四年冬（一九〇九）他五十三歲被清廷放逐爲止。名義上執筆者爲沈祖憲與吳闓生，大抵係袁所自述，由沈吳兩位在文字上加了相當的潤色。可能做這一潤色工作的還不止沈吳兩人，例如袁的兒子克定、克文、以及袁門若干參與機要的能文之士，如徐世昌、唐紹儀、梁士詒、趙秉鈞、乃至段祺瑞、馮國璋之類，也許曾加以參訂，這是從全書字裏行間，以及若干複雜的事實可以看得出來的。

袁本來是繼曾國藩、李鴻章而起的一個人物，在清末可以和他比肩的督撫，則爲張之洞與岑春煊。假定以曾、李、張、岑與袁作一比較，論到書本上的修養，袁自然不能望曾、張的項背，可是論能才氣的縱橫，辦事的條理，以及那種敢作敢爲氣概，和建樹的宏遠，袁較曾等四人不僅毫無遜色，在若干方面或且突過之。

現在還有人崇拜曾國藩，不錯，在某些方面，曾確有許多可以令人敬仰之處，不過因爲他在三十以後，曾做過一段宋學的工夫，有時總不免若干的『頭巾氣』，可是他的知人之鑑，以及他那種『與人爲善』和『取人爲善』的精神，眞是太不可及了。

說李鴻章是一個勇於負責的人，大概大家都不會有異議；可是曾國藩有一句戲言：『李少荃拼命做官』，却也是對李的的評。李算是清末一個比較明白國際概況的人，但不能說有什麼眞知灼見。太平天國起來以後，有清這個朝代仍延長了五十年，這不是李個人的力量；但庚子以後的十年，却不能不說是李的關係最大了。

張之洞也有『抱冰堂弟子記』，歷叙他生平的若干大事，但這只是他自己一篇自以爲很巧妙的文章。章太炎曾主張在武漢爲張建銅像，就湖北一局部來說，我不反對這一提議。但統觀張的一生，說得好一點，他正是李鴻章所批評他的所謂『書生』；說得不好一點，他乃是徹頭徹尾的『巧宦』。

我從岑春煊自傳——『樂齋漫筆』所得的印象，他不失爲一個忠憤耿耿的人物，像他那種不畏强禦的精神，自奕劻以次的一般貪官污吏，對他都不免戰慄。以他這種精神，即拿到今天來用，也仍不失爲一劑起死回生的特效藥，可是他在清末的地位，比之曾、李、張、袁輩，却不能相提並論了。

曾國藩勞碌一生，只活到六十二歲（一八一壹——一八七二）；李鴻章秉賦最强，算活到七十有九（一八二三——一九〇一）；此外張之洞拖到了七十有三（一八三七——一九〇九），岑春煊晚年的態度相當雍容，也以七十三歲的高齡，死於上海（一八六一——一九三三）。

袁世凱以一個二十四歲的青年，便已在朝鮮大顯身手，頗有終軍傅介子之風，可以說是『其興也勃焉』；他四十三歲便已做到了直隸總督北洋大臣，在清代也算是一個少壯的督撫；他五十八歲做皇帝失敗，便一氣而死（一八五九——一九一六），正所謂『其亡也忽焉』；單就他『能氣死』這一點來說，也可以証明他不是一個平凡的人物。

這部『容菴弟子記』寫得相當的有條理，儘管不免有些過分渲染的地方，但十之八九也還是事實。關於戊戌政變的一幕，這本書畧而不提，這是因爲在民國初年發表這部書的時候，他不能不對梁康一派多留餘地；關於光緒三十四年十二月十一日他被放逐回籍這一幕，不得不故用曲筆，多少也還有爲淸室諱的意思存乎其間。

在民國元二年之間，中國的名記者黃遠生，有一篇批評袁世凱的文章，我認爲是相當的持平之論，他說：

『……大抵袁總統之爲人，並非不可與爲善之人，然自其受政以來，則善日少而惡日多者，此由其本身之原因者半，由於其左右及政黨政客者亦半。今試更詳言之：袁總統之爲人，意志鎮靜，能御變故，其長一也；經驗豐富，周悉情僞，其長二也；見識宏遠，有容納之量，其長三也；强幹奮發，勤於治事，其長四也；拔擢材能，常有破格之舉，能盡其死力，其長五也。有此五長，而爲善日少而惡日多者，一由智識之不能與新社會相接，一由於公心太少，而自扶植勢力之意太多，綜言之，則新智識與道德之不備而已。故不能利用其長於極善之域，而反以濟惡。既自顧手執政權者十餘年，天下之大，變故之繁，無不爲其牢籠而宰御，則益驕視一切，以爲天下事不過如此；於是其手段日以老練，其執行日以勇往，乃至舉國之人物爲供奔走，盡中國國家所有，供其政治演劇之材料。某今敢斷言於此：長此不變以終古，袁總統者，在世界歷史上雖永不失爲中國怪傑之資格，而在吾民國歷史上，終將爲亡國之罪魁。夫以其宏遠舉世難得之資，若令其左右能盡職而忠規，議院能守法以監督，言論界能秉公勸告，則向能利用潮流以立功名，不顧逆潮流以取咎戾之袁總統，未必不能進化……』

以袁世凱這樣一個人，他自己的短處固然戕賊了他自己，但社會上的一大羣混蛋，確實也害死了他！現在中外關於袁的記載，已逐漸的多起來，假如有人願意爲他寫一篇傳記似乎可以着手了。這本『容菴弟子記』，算是他自己的供狀，我覺得爲他寫傳記的人，也不容忽視。

本刊已經香港政府登記

聯合評論

週刊

每逢星期五出版

United Voice Weekly

第二五四號

督印人：黃宇人　總編輯：左仲平

社址九龍通菜街三十八號南亞書局 805641

承印：嘉羅印刷有限公司香港灣仔馬師道5號

總代理：友聯發行公司　售價每份港幣一毛

本報美洲版總經售處美國紐約中美出版社

CHINESE - AMERICAN PRESS, INC
199 CANAL STREET.,
NEW YORK13 N. Y. U.S.A.

美洲航空版每份零售美金一角

本報遷移社址啟事

敬啟者，本報社址自卽日起，由大埔道遷往九龍旺角通菜街三十八號地下南亞書店內，特此敬告讀者。

聯合評論社啟

閒話當前局勢

左舜生

去今五十年前，有一位在中國傳敎多年的美國敎士，他的名字叫李佳白，英文名字便是Robert Richard Lee，他生於一八五七年，卒於一九二一年。他的生平，以及他在中國活動的經過，我知道得很少；究竟他是死在中國，或者是回到美國去死的，我也弄不清楚。但我知道他曾經畢業於紐約的神學院，屬於基督敎的長老會，他到中國傳敎，便是長老會派他來的。他的中國話說得很自然，但山東口音很重，這大概是因爲他在山東傳敎時間最久的緣故。

我和李佳白第一次見面，大致在民國三年（一九一四）秋季開學後的某月，其地點爲上海法租界寶昌路（後改名霞飛路）的『尚賢堂』。尚賢堂是李所創辦而且一直是由李所主持的。尚賢堂的創辦時期原不在上海，經過庚子拳變後才遷到上海來的。我從李的講話可以聽得出來，他大致能動手寫寫中國的文字，也讀過若干的中國書，在中國的先秦諸子中，最富有一種宗敎精神的，殆莫如墨子，『墨子』書中，有『尚賢』上中下三篇，李所主持的這一機構，取名爲『尚賢堂』，大致便是根據『墨子』書中這一篇名而來的。

李佳白和另一位英國敎士名李提摩太（Timothy Richard）的，都曾參與過康梁一派的維新運動，當戊戌政變發生的前夕，康有爲已離開北京，他其所以沒有在上海被捕而逃到香港，便正是由於李提摩給他以打救。在民國三四年之間，我正在上海讀書，幾乎每一個星期都可看見李佳白，但也有一次在那裏見着了李提摩太。李佳白體長而瘦削，李提摩太則肥碩而稍矮，年齡也較高。聽他們兩位說話，看他們兩位的表情，一個是美國人，一個是英國人，却是很分明的。

『尚賢堂』每星期六午後總有一次講演，其時間可延長到一小時半或兩小時，聽講的大率爲三四十人至五六十人。有時是請外面的人來講，但以李佳白自己主講的時候爲多。講題的方面甚爲廣泛，但大致以中國的政治和國際上當時的情况爲主；我在那裏繼續聽過一年以上，却從來沒有一次聽到他們涉及宗敎。民國三四年之間，正是袁世凱戰勝了國民黨的二次革命，國會已經解散，約法已經廢止，袁本人已做到了一個名實相符的大權總統。但他猶以爲未足，一切的復古運動仍在次第登場：始而還只有一名所謂『國務卿』，後來便連『上卿』，『中卿』，『下卿』，乃至『上大夫』，『中大夫』，『下大夫』等等名目，也在陸續出現！尤其可笑的，更有祀孔郊天的那一套禮服，和那一頂平天冠式的帽子，於是一個大皇帝要在中華民國奉天承運而誕生已事屬顯然，而大家對袁克定也便直呼爲『太子』而不名了。

當時中國的情況是這樣，這位在中國飽經滄桑的敎士李佳白，却依然在尚賢堂高談民主。我記得有一次，他的講題是『總統制內閣制的比較』，他手裏拿着一大捲英文講稿，嘴裏却說的是流利的中國話，頗娓娓動人。講完以後，他大致是對當時的中國局勢有所感觸，乃對着聽衆發了幾句牢騷：『眼見中國又可能陷於極端的紛亂，以上海這樣大的一個都會，我眞不知道每天有幾個人在伏案用功，從事中國問題的研究，這個情形實在太可悲了！』這幾句話，我當時聽了相當感動，一直到經過近五十年的今天，尤其是住在目前的香港，更能引起我無限的感慨。

毛澤東，自始不過是拿着共產黨這面幌子來騙取蘇聯的援助，其惟一的目標則在搶奪政權。所謂『馬克思列寧主義』，他從來無法搞通；所謂『世界革命』，他也由來無此存想。不想經過這十幾年的演變，所謂帝國主義者，以及他們的祖國蘇聯，乃積累了大宗的核子武器，作爲從事冷戰一種最有效的工具；而他們的惟一恩人斯達林同志，却已被他們的赫魯曉夫同志鞭了屍。毛澤東所恃以作爲賭博籌碼的，除掉六億可憐的大陸人民以外，却依舊別無長物。赫魯曉夫之所以敢於痛打斯達林，他自有蘇聯人民和蘇共的心理作爲根據，我們只看赫魯曉夫採取了這一行動以後，他在蘇聯和蘇共的地位不僅沒有動搖，而且日趨穩固，便可承認他這一行動的正確性。毛澤東不度德量力，居然想藉爲斯達林打抱不平以打擊赫魯曉夫，而赫則以召回在華蘇技術人員及撕毀幾百個合同作爲還擊，同時，赫進一步以交歡南斯拉夫和正面援助印度給中共一個更嚴厲的敎訓；再進一步則不惜禁止核試條約對美英表示讓步：於是中共與蘇聯之必然破裂，乃成了旣定之局。中共於此際有廿五點長文的發表，意在對世界共產陣線能多少發生一點煽動作用，可是現實當前，誰還會對這種空空洞洞的理論加以理睬？何況這篇長文強調的所謂『馬克斯列寧主義』，如何如何不可動搖，『世界革命』如何如何必須繼續，南斯拉夫如何如何必須加以膺懲，以及最後結論到團結之必不可少，更與蘇聯所造成的旣成事實更全不相干呢？

世界上很少有以專談理論而召集的一個國際會議，因爲蘇聯不願把全面破裂的責任落在自己的頭上，乃在開會前夕，更有對中共駐蘇五個外交人員的驅逐，中共駐蘇使館門前玻璃公告欄的擊毀，其目的不外加強對中共的刺激，使得他們知難而退，以不赴會而單獨負起正面破裂的責任。可是中共對這一陰謀也已警覺，因而鄧小平的七人代表團仍只好忍痛一行。可是會議儘管開了，但破裂則依然破裂，而所召致的冷淡待遇，則眞非稍有血氣者所能忍受，於是只好在吃過赫酋所賞賜一頓『嘔氣飯』以後，以將來再談的飾辭，悄悄的鎩羽而歸。中共對這一七人表代團，去有五千人歡送，歸有五千人歡迎，這僅僅等於對四十年來中共和蘇聯的關係一種追悼。期待舊歡重拾，或更召集一次全世界的共黨會議，蘇方當然更不會有這種雅興了。

有人問：美國在綏靖蘇聯以後，會不會趁勢對中共加以更大的打擊？這要看中共對東南亞今後的態度如何，如中共稍知自重，則就目前的跡象來說，美國依然沒有放棄對中共招安的打算。這一點乃是自由中國所必得密切注視的了。

思想有問題！

李璜

以鄧小平爲首的中共代表團，在莫斯科與俄共的談判代表談了兩星期，昨日無所表示的返回北平。談判的內容不爲外人所得知；但所得知者，卽在談判期中，俄共眞理報與中共的人民日報所載彼此對罵之辭：赫魯曉夫罵毛澤東想在原子戰爭的死人堆上去建立新社會，而無胆去和平比賽社會主義的優良成績，乃爲『儒夫』，這個話似乎很公道。而毛澤東罵赫魯曉夫於一九六〇年突然於一個月內撤走全部在華的俄國專家一千三百名，撕毀了幾百個協定和合同，停止供應許多重要設備和物資，給中共的經濟、國防和科學研究工作不可估量的困難和損失，這不是對兄弟黨所應有的惡毒辦法，故毛要打倒赫這個『壞蛋』，這個話也似乎很公道。不過毛赫究竟誰對不起誰？眞如京戲裏所說：『你說你公道，我說我公道；公道不公道，惟有天知道』了！

不過，毛所向赫提出三萬字的挑戰長文，是意識型態問題，而赫魯曉夫所派與鄧小平等談判的俄共代表，也是俄共的理論專家，於是乎談判竟成爲思想有無問題的裁決，這當然是談不出一個結果來的。因此，好像毛赫雙方代表在莫斯科若斷若續的了談兩星期，似乎只爭論以何種根據來說，鄧小平主張以毛的三萬字建議爲根據，而蘇斯洛夫反對之，問題就僵持在那裏，便沒有進展了。

毛不曾在說赫思想有問題，這思想又分明指的是馬列主義，然而馬克斯主義已是一百年前的『眞理』，不能不說是過時的東西，至少得大爲修正一下。至於列寧主義，則列寧就是一個馬克斯主義的修正者，他的工農聯盟就已不合馬克斯的主張；並且列寧因主張過『不斷革命』，同時也主張過『和平共存』。所以毛澤東要拿馬列主義去與赫魯曉夫打理論官司，則勢必『公說公有理，婆說婆有理』，永遠說不出一個結論，只有彼此罵街了事！

三四十年來，共產主義的革命黨拿出一個官式哲學（Official Philosoph）來，奉爲神聖，強人信從，違反之者，被視着思想有問題，思想有問題，便被稱爲反革命，重則有被殺被囚的危險，輕則也須加以排斥或加以洗腦，這差不多成爲號稱革命政黨的一致風氣，且不只限於共產的一黨專政的國家裏。——就在中國這三十多年來，爲『思想有問題』這五個字，便不知弄死害苦了多少人啊！

這一個政治的統一辦法而且及於思想與信仰的統一，令人們身受之者，恍惚回到了歐洲的中世紀之前！當其基督敎自東方傳到了羅馬，凱撒們就痛惡這個一神敎不合羅馬一向的官式敎義，而要加以排斥與禁止。本來，基督敎會並無意與羅馬皇帝爭政權，而有『上帝的還給上帝，凱撒的還給凱撒』的主張；但因爲基督敎認爲『羅馬帝國不能久存，終必滅亡』，被羅馬皇帝斥爲思想有問題，便對基督敎徒去加以虐待、殺戮，或投之老虎獅子口中，而視爲當然！

及至中世紀，基督敎戰勝了異敎，而羅馬敎皇又要照抄思想與信仰統一那一套作法，於是羅馬的公敎派與拜贊廷的正敎派，同爲基督敎的舊敎，便因定於一尊的相持，而有『純正』（Pure）敎義敎儀之爭，因而釀成至今一千年還是不合作。——這眞像毛澤東（東方敎主）與赫魯曉夫（西方敎皇）的誰是馬列正統與修正之爭了！

不料人類知識進步到了二十世紀六十年代，而毛赫還鬧中世紀所謂『黑暗時代』之爭！——這就是以武力而奪得了政權，統治了一方人民，而還想靠此武力將思想信仰一併加以統治；本是凡夫俗子，及至當了一方的政治領袖，便自以爲天亶聰明，神聖文武，再加以官僚主義給予有大權在握者的一捧再捧，所以毛澤東便自認他這一個『東方紅』還比赫魯曉夫那一個『西方黑』要高明得多，於是乎，這位『風流人物』便直以赫魯曉夫的思想有問題，而想去爭全世界的共產敎的敎皇了！

其實，毛澤東連中國大陸上的人們思想信仰便從來沒有統一過，在事實的明証據上，不但一般中國大陸老百姓的思想，較之毛的想法，大有問題；就是毛的左右手周恩來的思想，對於毛，也有問題，筆者就未在所謂『中共人民廣播電台』裏，聽見周恩來反美兼反俄有如毛的三萬字的那樣兒！

中國古語說得好：『人心之不同，各如其面。』自古及今，卽使親如父子夫妻，朝夕相處，彼此的思想都未見能辦到一致，何況要將全國的人以至幾國的億萬衆都辦到思想的一致！不一致便要加以清算鬥爭；以爲用殘酷的洗腦，而每個人的腦就可以眞的洗乾淨了，這不只是顢頇，而且是狂妄之極！

史太林執政數十年，用嚴刑峻罰，威逼利誘，以使其左右及國人服從他的什麼史太林主義，但在史生前，仍反對之者不斷，而史的殘暴行爲也不斷；但史一死，便遭其親信的赫魯曉夫痛鞭其屍，以快人心。這已足見一國領袖要使其國人改變思想之不易，而且其結果適得其反了。毛澤東眞是迷信史太林太過份，而不知，中國大陸人民甚至其左右對於他表面雖好像效忠，而內心則對他的思想都有問題的啊！

五二、七、二二

讀者投書：小評凌君的投書及其他

談心敬

在第二二九期的聯合評論美洲航空版發表的大作，早經拜讀了，久仰久仰！原來閣下還是來自台灣某名學府的留學生，眞的是失敬失敬！

一向我以爲接受過大學教育程度的人，個個都很了不起，所寫出來的文章當然是特別吃香，金聲鏗鏘，比一般人强，這是我過去崇敬學士先生的信念。可是！事情往往並不如此簡單理想，須知百花叢中亦會長着莠草，在方帽子羣中不免也有南郭先生，難怪有些掛羊頭賣狗肉的子虛留學生，一旦舞起文來，不是非驢非馬，便是江郎才盡，難以成章之感，如此學人，所謂知識份子也者，徒然把國家的金錢期望浪擲虛牝，能不令人惋惜長嘆！

假使閣下不是怨懟當局，不滿台灣，難免令人懷疑先生不是位藉着朝聖爲名，偸龍轉鳳逃避學關爲實的走私者。或是特殊人物的太保，如共產黨徒蔣經國之子蔣孝文者之流是也。只有這班大權在握，操切自如的人物的太保，才享有這種別人所無的權益，也只有這些驕縱慣養，劣根成性的阿飛才不理學業長進不長進，因爲他們有的是老子的權勢，可以不必經過留學考試，也無須顧慮自己的成績好不好，只要實貝們樂意爽心，隨時隨意都可以拿到護照，打着留洋的旗號，冒充留學生出國大搖大擺地學阿飛的。

要是閣下還不善忘的話，自然尚清楚記得蔣孝文這個飛仔嫌命長，在公路上開快車，被交通警察捉住，名嘈一時這宗侮辱國的聽聞的。本來一個寄居異國的僑民，觸犯了當地的法律，是本身之恥，國家之辱的。然而！說也奇怪，我們那位專拍馬屁缺乏羞恥心理的糊塗外交官，却認爲是本人之榮，自告奮勇，運用外交途徑去爲太保說情。根據美國的交通警例，開快車也不過要受十元至廿元之間的處分而已，像這樣蕞爾小事，用得着驚動官府，勞神外交老爺去施展權力嗎？本來這件小得很普通的事，可以神不知鬼不覺的過去，但經過我們這位自作多情的外交官，像搞屎棒向茅坑一搞，輿論就好似茅坑的屎虫、金蠅，聳動得大嘈特嘈又够臭了，這種小題大做的勾當，簡直是濫用職權，侮辱中國的外交，眞難爲他有面目去交涉見人。倘若僑胞有什麼事用得他的時候，他會這樣爽快盡心盡力爲你服務嗎？這也難怪，好容易有一份如此輕鬆的優差，既慷慨！顯忠貞！又媚主！還可以表功，眞的是一舉萬利，怎不教奴才賣命以赴！我們的外交官員如此用命服務僑胞，（這裏是單指太保及權貴）我們還有何話好說，眞的是外交至聖也莫過這位仁兄了。這個彎子拐得不小，下面言歸正題吧。

凌先生：閣下那篇讀者投書，着實令人有點失望，恕我不敢恭維，也不便欣賞，要是閣下還够虛心的話，不妨自己仔細地安詳一番，不但發覺報導得不盡不實，有如霧中看花，令人迷離懵懂。而且文學的修養，也淺鄙異常，生澀不堪，看起來比跌進荊棘叢中還不稱心。最遺憾的是連句子也砌得延延纏纏，讀起上來依稀有點似是非是，似通非通，不淸也不爽之感。同時還有最大的毛病，在字跡行間，加揮着太多猪蹄狗跡，不痛也不癢的無謂詞藻，變作欲蓋彌彰的衰荷包，累累熬熬。照理那篇文章，只要六七百字便可以盡善盡美，交待得清清楚楚，一點也不含糊。可是！閣下却寫了近千字，還是隔靴搔癢，空空洞洞，說不出所以然。如果先生不是尙在求學，要靠賣文鬻字，煮卷療飢的話，倒有幾分像文棍一條。說句諧謔，比方我是編輯老爺的話，我會毫不容情的把來稿當作秦書十上，打入冷宮讓它凍藏起來，的。但仁慈的左先生大概是看在你大言不慚，掛在眉頭上的招牌——留學生，盡量寬宏地向你的臉上貼金箔吧了，你應該向編輯先生致謝才是。

凌先生：我們素昧平生，不但萍水未逢，根本連影子也不在夢中出現，當然談不上有什麼怨仇舊恨，我也並不是固意與你爲難，衝擋你，詆毀你，挑剔你，事實上你的文章報導得很不像樣。爲着盈千累萬的讀者的進益計，礙難緘默不得不向你嚕囌一番吧了。譬如你的大作中所說：「從廣州逃出來的那位同學，還清清楚楚的記得某年某月，費孝通，徐毓枬，潘光旦幾位教授被清算」的話。你聽了那位同學的敘述，當然也清清楚楚知道其中的底蘊的。究竟這三位教授是拍馬屁，拍着馬腿被清算？還是他們想劏猪（朱）拔毛捋了朱毛的鬍子而被清算？這點作者固然應該要盡一份報導者的責任，讀者也無時無刻不想明白大陸鐵幕裏的情形，但你也應該知道這份民主舌頭報的責任，它是反專制，反獨裁，反特權，反暴政的勇敢戰士，專門把蔣介石毛澤東這兩個老禽獸的一切醜惡切切實實地評論一番，詳詳細細的公告大衆的。但閣下簡單到無法再簡，只用一句話，輕描淡寫地抹殺了一件罪惡的案由，這種態度作風是反共？是親共？還是什麼明堂？只有天曉得。像這樣不倫不類，不三不四的東西，眞難爲你好意思寄到聯合評論去投稿。

又如所說：「由於預定的罪名沈從文教授去當錄事」。這句話却有點像痴人說夢，或狂人亂語，有頭冇尾，無情無緒，不着邊際，莫測高深。又有點如江湖客葫蘆裏未曾宣佈的妙藥，不知是什麼東西。到底沈教授是吮癰吮得不徹底？還是舐痔舐得不乾凈？或嫌他的舌頭短而有罪呢？也應該開列點滴事理出來，讓諸君明白個大概，才不像去袴「放屁」沒有一點根據，但閣下的大才却不作小用，將簡就鄙，不屑見告讀者，這樣寫什麼文章。假如憑一句無根無據的話，可以令人深信誠服，那麼！你何不索性說蔣介石或毛澤東這兩個老傢伙同時急症死了，豈不是更加奇聞動聽嗎？要是像閣下這樣拙劣的作品，可以得到讀者擁戴支持的話，那麼！天下的文人作家非要擲筆改行不可。像這疏忽低能不切實際的文章報導，簡直是吊兒郞當！無聊！胡鬧！設若列朝的騷人墨客，像閣下如此不講究實際，事不求是的取材記載史料，那麼，我們中華民族五千年來的固有文化，恐怕只有十二史相傳到如今吧了。

凌先生：閣下那篇投書，實在不很高明，不敢領教。除了有點像甘蔗打，狗，斷得這裏一截，那裏一截外，却又有點相似山羊撒屎，左一團，右一團，東一堆，西一堆，散漫得滿地皆是，沒有一點文氣。像這樣粗鄙不文，不清不楚，不够份量的作品，刋登在聯合評論之上，無疑是等於浪費篇幅，貶抑讀者的長進吧了。說老實話，四五年來何曾見過這樣糟糕的文章，冲斥在聯合評論這塊自由民主的淨土之上。希望閣下自量諒人，見仁見知，識趣一點，不要動輒擺出留學生這張王牌炫耀嚇人。希望你愛惜這份小小的唯一民主之聲的篇幅，讓實學有識之士來耕耘這塊美麗、可貴又可愛的園地，這樣！則讀者幸甚！聯合評論幸甚！民主前途也就日漸光輝燦爛了。謹此祝福！

紐約讀者投書

談心敬上

毛澤東正在暗中推動種族統一陣線

——對中共廿五個問題及總路線評論之四

劉裕畧

統一陣線是中共一向喜歡玩弄的鬥爭手法。在國內，周恩來曾經做過許多政治性的高級統戰工作，所以，國內許多民主黨派和民主人士，都領教過周恩來的「統戰」，因此，便有許多人認爲在中共內部，只有周恩來才是惟一喜歡搞統戰工作的人。其實，這完全是一種錯覺，追根溯源，毛澤東才是中共一切統戰工作的創導人。對此，毛澤東曾經有過許多統戰理論，通過中共中央的決議來實施，周恩來等人則不過執行毛澤東的統戰理論，並在中共對民主黨派與民主人士的統一戰線工作中扮演一個重要角色而已。

據毛澤東自己說，他自己幼年時期在他家內，就已把對他父親的統戰工作做得很出色。因爲他當時已經知道而且能够把他的弟弟和母親統在一起來對付他父親。其後，推而廣之，逐在政治鬥爭上應用了同一的統戰策署，把主要敵人以外的人都統一到自己的戰鬥目標之下，利用主要敵人以外的一切人，來幫助自己，同時孤立主要敵人和打擊主要敵人。在國內鬥爭時期，國民黨是中共的主要敵人。其它民主黨派在性質上講，本來都是中共的次要敵人。但毛澤東看透了各民主黨派各民主人士及一切軍閥政客乃至所有野心家都在向執政的國民黨爭民主爭自由，而執政的國民黨對此除一味顢頇一味意氣用事外，毫無政治技術，更不知道聯合小黨派以化敵爲友，於是，毛澤東就以孤立和打擊國民黨，這一主要敵人爲目的，喊出了民主統一戰線。說起來，眞是笑話，誰都知道共產黨原本是最極權最仇恨民主自由的一個主張階級鬥爭和階級專政的黨，竟然也高唱民主，豈不滑稽？然而爲了把所有的民主黨派與個人都利用起來，毛澤東竟然就假戲眞做的發表了他那騙人的新民主主義，以促成民主統一戰線的實現，從而達成孤立和圍殲國民黨當局的目的。

在此以前，毛澤東爲了轉移國軍的剿匪攻勢，乃以對日抗戰爲手段，從而使中共在龐大國軍壓力下透一口氣，並利用抗戰來壯大自己。所以，在抗戰發生之前，毛澤東又高喊過民族統一戰線。把大家都統一在抗戰工作裏，然後讓中共利用抗戰起家。

所以，客觀事實很清楚，並不是周恩來喜歡搞統戰，而是毛澤東在創導統戰理論，指導統戰工作，並且把統戰工作提高到與武裝暴動平行的地位以作毛澤東對中共的一個主要領導內容。

明瞭了這一點，然後我們才能認識到蘇聯政府機關報——消息報上星期何以忽然說中共在實行種族主義的道理。

事實上，蘇聯也是最懂得統戰原理的。因爲自馬克思以來，就一直有利用所謂同路人的說法。馬克思和列寧都認定所謂同路人是最不可靠的，却又是最可利用的。而統戰策署的要點，則在把主要敵人以外的次要敵人以下的人一律暫時變爲同路人，予以充分利用，到將來無利用價值時再予殺戮或除去。正因爲蘇共也懂得統戰策署，而且一直在國際間運用種種外圍團體進行國際統戰，加上蘇共近年在亞洲與中共爭奪北韓北越巴特寮日共印尼共黨的失敗教訓，再加上蘇共在非洲的赤化工作反而不及中共的宣傳工作有效的可恥事實，所以蘇共已隱隱體會到中共是在利用種族觀念種族主義來作反蘇的統戰。

我以爲，說今天毛澤東已彰明較著的提出了一個種族統一陣線的名詞出來有如他當年曾在國內正式公開提出民族統一戰線和民主統一陣線一樣，那是不確實的。因爲，作爲一個共產黨領導人來說，無論如何也不可能而且不敢正式公開提出種族統一戰線的口號的。但中共幹部和代表暗暗地以一種種族意識和種族隔膜來作爲它對北韓北越日共印尼共黨的煽動情緒之一種手段，則毫無可疑。認眞說來，毛澤東本人或其手下的嘍囉暗中以種族統一戰線來團結亞非兩洲各共黨，並以離間亞非兩洲各共黨之對蘇關係，我相信乃是毛澤東用以反對赫魯曉夫的有效的靈符之一。

毛澤東不會正式公開提出種族統一戰線的另一理由，那是由於毛澤東尚欲分化東歐共黨集團並加强阿爾巴尼亞共黨對中共的依附，且又正欲爭取卡斯特羅等人，所以毛澤東決不能公開提出有色人種共黨的種族統一陣線來對抗蘇共及其以白種人爲主所形成的蘇共集團。但中共的統戰人員對人說人話，見鬼說鬼話，在阿共羅共古巴共等白色人種的共黨面前決不會絲毫提及甚至還必然堅決否認這種有色人種共黨的統一戰線。但在有色人種的共黨面前却是極可能用暗示等方法以推動這一種族統一戰線的。以上是我讀中共六月十四日覆函涉想毛澤東如何進行反赫反蘇的感覺之一。

論香港能不能作政治活動？

孫寶剛

上個星期，香港聯合國協會要我去演講「香港能不能作政治活動？」可惜我沒有時間，所以沒有去演講，不過這個題目確是許多人在關心着，尤其這幾天的中西文報紙連續載着香港將有第一個政黨，民主自治黨，宣告組織的消息出現，我相信許多人定在想，香港是不是不准作政治活動的呢？為什麼會有政黨要宣告組織呢？

我不是香港當局，當然不能明確的說，香港是准許或不准許作政治活動，我想當時聯合國協會要請我去演講，也不過希望我作一理論上的檢討而已。所以我現在就以我的所見，寫成此文，以示我沒有去演講的歉意。

另一點我先要提出的，就是在無論任何國家內，不能作任何不利於其鄰國的政治活動的。所以站在英國的立場，也即是香港政府的立場上，假如有人在香港，做反對中共，或反對台灣，或反對任何一個鄰國的政治活動，都是應當禁止的。所以在以往十五年來，確是有人因為忽畧了這一點，而做了這類的政治活動而受到香港政府的制裁。於是過份小心的人，遂認為在香港根本不准做政治活動。其實在我觀察，那些忽畧的人們固然太忽畧了，所以他們受香港政府制裁，在法律上是無話可說的。但那些過份小心的人以為香港根本不准有政治活動，那又有些神經過敏。

依照我的觀察，也依照天賦的人權，香港是不會不准做有關香港範圍內的政治活動的。這句話有何根據呢？

首先我們應明瞭，所謂政治活動，在英國來說，便是組織政黨，宣佈政治主張，進一步是競選議員，在議會中代表民意發言或立法，如是大多數的政黨便組織政府，實行執政。今日香港政府的組織，立法局等於英國的議會，但所有立法局的議員都不是民選的，所以便談不到組織政府。不過在政治學的觀點上來說，凡是一羣人，依着共同的政治主張，組織一個團體，想促進使他們的政治主張由政府來實施，這個團體便是一個政黨，尤其對於那些團體提出候選人，參加競選的，更無可否認的是一個政黨，不管在實際上的名稱是同盟或會、或社，都是無關重要的。所以依據這個原則，革新會和公民會不能不算是政黨，我們經常看到他們在發表政治主張，他們是一個團體，他們當然在促使政府實施他們的主張，雖然他們所競選的是市政局議員，在香港政府的組織上，市政局議員不及立法局議員來得重要，但民選的市政局議員是政治性的，是多少代表一部份人民的，所以我們祇能說香港政府的基礎還沒有完全站在民主基礎上，所以使他們不能履行政黨的全部權利和義務。但不能說，革新會和公民會，不是一個黨。我們如一查民主國家有許多政黨，在其初成立之時，因為人力財力的限制，往往不能提出許多候選人，有的就根本沒有提出候選人，但仍不失其為一個政黨，可見香港的革新會和公民會，實已超出了許多歐美的政黨的初成立之時呢！

我上述的觀察，假如沒有錯誤的話，那麼，香港是否准許政治活動這個問題，便可有一答案了。

再就另一個角度來看，香港雖然是個殖民地，我們都居住在這個殖民地上，但我們決不是奴隸，而是自由人，既然是一個自由人，便有基本人權。按照聯合國的人權宣言，每個人有其言論、出版、信仰、和組織等的基本人權。但我上文說過，香港政府還沒有完全站在民主的基礎上，但香港政府確已是一個法治的政府。在理論上來說，立法的目的是為着社會的好，並且所有立法都應是合理的。除非這個立法已是過時的或落伍的。由於這個解釋，假如你的一舉一動是好的或合理的，定然會和立法暗合，所以一個良好的公民，他雖未必讀過法律，但他一生的每一舉動，都未違背過法律。今天我們如用民主的方式，組織一個政黨，而為全體居民謀福利，這不能說是不合理或不好罷！所以在法治的政府之下，決不會不許可的。

而況就我的看法，因為香港政府還沒有完全站在民主的基礎上，即使有政黨成立，也祇能做到依着共同的政治主張，組織團體，促使他們的政治主張由政府來實施而已，對於競選，立法和執政還談不到。假如我這個看法不錯的話，那些成立的政黨，實不過在實行他們的信仰、言論、出版、和組織等的基本人權而已。

今天在香港，出版物不下一千種，自左至右，各種思想、各種言論，應有盡有，不能說沒有信仰、言論和出版自由，而各種出版物除了極少數是由一個人或三四個人主持者以外，一般的都有一個組織，規模大的有數百人，少的也有一二十人。不過這數百人或一二十人並沒有以共同政治主張為結合的條件。但假如以共同的政治主張，為結合的條件的話，香港政府也決不應認為違法而加以禁止的。由此可見，今天在香港准不准做政治活動，更可有一個明確的答案了。

至此，我們可以歸納一下：依我的觀察，香港不會不准對香港範圍內的政治活動，並且革新會和公民會，在學理上來說，已經是政黨，已經在做政治活動。所以即使組織新政黨，應是不成問題之事。不過香港政府還沒有完全站在民主的基礎上，即使有政黨成立，還不能履行政黨的全部權利和義務，簡單的說一句，在現階段，實不過是組織了一羣人，依着共同的主張，發為言論而已。這不是與現在的報館和雜誌社或出版社，相差無幾嗎。所以更不會不准許去作這一類的活動的。

反之，香港政府是一個法治的政府，一般來說，一切的法律是好的和合理的，所以香港政府也定是向着好的和合理的方向在走。今天的香港已經成了一個現代化的大都市，內容已經相當複雜，專靠幾個英國來的官員來決定政策，以謀香港的政治的好和合理化，事實上相當困難，作為香港的居民，每個人都有其義務與權利，都在決策中參加一份，共同使香港的政治能做得好和合理化，這是理應如此的。所以大家應起來組織或參加政黨，這才是香港居民應有的權利和義務！

× ×

再論南韓軍政權

孟戈

（一）

上月，我在越南的「自由太平洋」上，發表了一篇「南韓軍政權何去何從」的時評。據知南韓駐越大使親訪該刊主持人與主編人，希望能與作者直接交換一下意見。我對於他們的「注意」——不論是「善」意或者「惡」意，中心均為之感動。我只是一個旁觀者，我對於鄰邦的大局演變，要去特別關心，也可說是理所當然的。在這裏，我願意為朴正熙將軍再進一言。

首先，我必須再度强調一次，朴正熙將軍毫無疑問是一位英雄人物。他不憑父蔭，不假勳爵，以籍籍無聞的軍校，發動軍事政變——這種旋乾倒坤與驚天動地的「革命」，確是英雄造時勢的行為。不過，古今中外的史倫，都用成敗論定英雄。因而，某些英雄成為流芳千古的偉人，而某些英雄却變為遺臭萬年的賊寇。在衡量偉人與賊寇之間，全看他對國家民族的是非功罪為準繩。而抉擇功罪與是非之間，又全繫於這位英雄人物之一念。這所謂一念之間，千萬不可不知，亦千萬不可不慎的！

中國出過一個看得開的皇帝——魏文帝曹丕，他在「典論、論文」上寫下兩句名言：「年壽有時而盡，榮樂止乎其身。」年壽終了就是「死」，死是大公無私的，古往今來，皇帝與小民、美人與名將，到頭來人死歸土，富貴榮華，眞的是黃粱一夢！至於所謂「榮樂」呢，甘廼廸未必比李政道楊振甯為「榮」，亦未必比李蔡波頓為「樂」。就像今日的毛澤東，大受蘇聯「老大哥」的歧壓，內臨人民一窮二白的絕境，這位向以「風流人物」自況的地煞星，焉能為之「榮」？又安得一時半刻之「樂」呢？明乎此，作為一個人，必須認識到浮生幾十年光景，斷了氣而入了棺材，一切就付諸塵土了，亦必須認識安享榮樂，大可不必做獨裁者！如果不能做好事，千祈不可做壞事！如果不能做有利於國家民族的好事，千祈不可做有害國家民族的壞事！特別是一個英雄人物，如果需要顧忌到身後名，考慮到身後千秋萬世的大業，則榮辱毀譽，全操諸自己，決定於自己的一念而已！

（二）

二十世紀七十年代是太空火箭的世紀，自由人類的思維不祇會抉擇地球上的民主生活方式，而且開始探索星球上的生存活動事象了。時至今日，居然還有人妄想左右國家權柄，甚而夢想黨政軍權一手抓，即使不及身於見其毀滅，亦必遺禍其本身與後裔的。事實告訴我們，大獨裁者，一夕數驚，既怕人謀殺，又恐人家篡奪權位。「榮」固不足言，「樂」更不用說了！一旦像史大林那樣，可能躺在棺材裏還會被掘墓鞭屍，這種貽笑於千年萬載，眞可憐人也！

中國有一個袁世凱，他想做皇帝，亦想兒子做皇帝，結果呢，完了，下場比南韓活生的李成晚更慘更慘！然而美國有個林肯，這位政治人物，雖不得善終，然光榮了美國的歷史，也光榮了全世界人類的歷史，朴正熙將軍所面對的十字街頭——他可以做南韓的林肯，亦可變成中國的袁世凱，要是他問我，該走那條路？我的答覆，正如前文指出，應該放棄軍事統治，眞正還政於民。他不但是南韓民主政治的元勳，而且是南韓的第一人！

軍事獨裁是最落伍的政治統治形式，中國曾經長期忍受軍閥砍殺的痛苦。近三四十年來，名義上不再有軍閥割據了。但統治形式還脫不開軍閥統治的一套，朔即國家，人治重於法治，歸根到底一句話，中國缺乏一位開明的英雄人物。南韓的李成晚挾其開國聲望地位，以及雷霆萬鈞的權勢，如果他有開明的頭腦，又有遠大的眼光，那麼，南韓的民主政治早就實現了。可惜的是他不及此，終被國人擯棄國門之外，今生想再回到祖家的田園廬墓，諒不能矣！其情可憫，然而其罪實不足赦的。

（三）

朴正熙將軍當然比我還清楚！他必不致步李成晚的後塵，這血淋淋的歷史紀錄，是他身經目擊的！現在，南韓已決定十月大選了！希望這是南韓民主政治的第一頁光榮史。

朴正熙將軍如想當總統，應該儘快放棄軍職，做一個政黨黨魁，參加公平競選。假使他當上了總統，應該盡量扶植反對黨，使南韓成為多黨的民主政治。假使他失敗了，亦不妨站在反對黨魁的領袖地位，監督執政黨，積極培養人民的民主政治觀念，而希望下一屆的總統大選時，捲土重來。

朴正熙將軍正壯年有為，個人的職業與出路，榮與樂，自不必深思熟慮。何況，這是國家民族的大轉捩點，祇要他慷慨放手，讓全民大選，以身作則，眞正展拓南韓的民主政治，那麼，他是南韓的英雄——南韓的偉人，亞洲的偉人。全世界的自由人民，必同聲讚美，必同聲稱許，必大力扶持的。

誠如是時，南韓的復興，指日可望，北韓的崩潰，亦是可以指日而待的了。

朴正熙將軍以為然否？

我僅以此文敬覆南韓駐越大使，並致企望之誠！

五二、七、一五

台灣簡訊

志清

一、懲貪條例總算通過

已故立法委員林樹藝於五十年六月所提的戡亂時期貪污治罪條例草案，初則被擱置整整一年之久，直到去年五月才開始審查，但進行甚緩，一時有「審查牛步化」之譏。繼經輿論的督促和監察委員陶百川等的呼籲，總算勉強於去年十月間審查完竣，提出院會討論。不料由於第二條規定「軍人、公務員、公職人員、或受公務機關委托承辦公務之人，犯本條例之罪者，依本條例處斷。非前項人員而與共犯者亦同。辦理社會公益，或政黨之事務，以公務論；其財物以公物論」。當權派為了切身的利害關係，自不容將黨務人員列為適用的對象；同時，所謂公職人員，指的是國大代表與立、監委員，某些平素聲名狼藉的立委也認為於己不利，於是互相勾結，還把「軍人」一項也拉在一起，認為此三者均不應列入，主張將本條例重付審查。其所謂重付審查，即可能使本條例胎死腹中。幸賴若干主持正義的立委多方努力，始得於去年十一月二十三日開始逐條討論，進入二讀的程序。但第二條於今年四月二十四日卒被修正為「依法令從事公務之人員犯貪污罪者，按本條例處斷，其受公務機關委托承辦公務之人員犯本條例之罪者亦同。」此一修正，在當權派之用意是預留餘地，俾將來應用到個別案件時，可授意承辦的法官將黨務人員除外；但主持正義的立法委員則認為黨務人員辦理選舉，也是依據法令從事公務，當然包括在本條例之內。因此，將來在解釋上可能又將發生問題。

又依據本條例的規定，今後犯貪污罪情節重大者，將被判死刑，其被判徒刑者不得假釋；貪污所得財物應予追繳，全部或一部無法追繳時，應以其財產抵償，其財產總額不足時，勿庸酌留其家屬的必需生活。深具治亂世用重典之義，今後貪污之風，或可稍減。但某一向不在院會發言的國民黨籍立委向記者表示：貪污乃現政權的靈魂和命根，假如不准貪污，當權者當感無人為己用了。因此他認為儘管本條例已經通過，至多祇能使小貪污稍為斂跡；但大貪污則仍將如故。

二、公車購料又出毛病

因黃啟瑞的集體貪污案而名聞中外的台北市公共汽車管理處（簡稱市公車處），又發現有價值三十萬元以上的材料，來路不明，管理人員顯有舞弊情事。據該代處長何柏林向新聞記者說：這些材料如何進入修理廠的材料庫，目的何在？毛病出在何處，將詳加調查，如涉及刑事責任，當移送法院偵辦；如追查發生困難，將報請治安機關協助。但據聯合報透露：何已受到壓力，有意大事化小，小事化無。

自本月七日，這批所謂怪料被發現後，八日即有二十餘輛公共汽車因「待料修理」而停駛，十日已增至八十餘輛之多，以致在台中的周百鍊亦要打電話回到台北，吩咐對市公車處購料應予方便，顯見此事的內情甚為復雜。九日公車處物料課長又向新聞記者發表談話，說這些材料，十九均已查明原係該處所採購，且進倉時，亦有駐守警員的登記；僅餘約值二萬元的材料，尚在核對中，日內即可查清。似乎何柏林所談的話，並不可靠。但在若干市議員的窮追之下，市公車處又於十四日向市議會提出報告，指出該處材料進出登記單據及手續多欠完善，核對封存材料發現數量有出入，該處中崙材料庫管理員林繼侯管理不善，難辭其咎，其行政責任決依人事獎懲法令嚴予議處，對來源不明的溢出材料亦決依法處理。報告書說：由於手續不完備，所塡數量與封存材料實際數量有出入，每一單據所塡之品名僅其中部份與封存材料相符合，而部份單據因塡單日期為時已久，甚難證明其為有效。有的以數張單據合認封存的同一材料，亦不能使數字相符合；且其中未經駐警隊進出登記簿登記者甚多。核對結果發現有一百九十七項無法查出曾否登記，因此這些材料自應視為溢出。報告書又說：「在查核中發現該庫對於已辦理案件擱置積壓，使廠商無法領款，究何意圖，殊令人費解」。

報告書的結論是：須詳細逐項查對；但需時一月以上，始能獲得正確的結果。不過中崙材料庫管理員林繼侯等人服務該處均在十年以上，對管理材料工作情形甚為瞭解，而此次檢查發現其作業之紊亂，管理之不善，該員等難辭其咎，其行政責任應依人事獎懲法令嚴予議處。

又據市議會消息：公車購料經費預算：全年為一千三百餘萬元，今年已用去八百餘萬元，都是零星購置，未經招標，議員們對此更為指責，該處物料課長江維敦亦為被質詢的主要對象。按江是前任市長高玉樹的總務秘書，周百鍊代市長後才被派現職。

三、大雪山公司貪污腐化

台灣省議會於本月十五日對農林廳提出質詢，議員多人抨擊大雪山林業公司貪污腐化，有一位議員更認為該公司總經理俞友田應即辭職，以免妨碍林務。

賴榮木議員指出：一、大雪山林業公司職員總數計一百餘人，其中將近半數的新人，都是俞總經理所引用者，多係無能之輩。他請俞友田辭職後，並把這批私人帶走。二、俞總經理二次以修理大雪山林業公司台北辦事處名義，運往台北製品一一、六一七立方公尺，用於擴建其私人中山北路住宅，並以變相方法，報支工資三萬元；同時將公家高價檜木製品，換取低價之三夾板及柳杉，實有詐欺瀆職之嫌。三、大雪山林場今年五月間貯木場無故失火，該公司所發給各報消息，僅謂損失木材約一〇〇〇公噸，價值四萬餘元，而該公司報銷數量估計約值三十餘萬元，是否有虛報情事，應請農林廳查明嚴辦。四、大雪山林業公司發給新建製材工廠工程加班費，未按省令規定，不參與此項工程的該公司負責人及各單位主管，均按月固定支給，有假公濟私之嫌。

蔡李鴦議員繼稱：省議會對大雪山林業公司業務，極為關切，過去一團糟，而今卻未見改善，使人對此一公司前途失去信心，她希望俞總經理認真做事，切實整頓。

俞友田答稱：「一、新增人員係經報准後任用。二、他所住台北房子係國防部所配住。三、貯木場失火損失，正由台灣產物保險公司賠償中。四、製材工廠員工加班費，係呈准支給。」至於他是否曾以修理台北辦事處名義套用大批製品，修理個人住宅及報支工資三萬餘元，則並未答覆，顯見賴議員的指責，並非事出無因的。

四、官商勾結，强迫推銷算術習題牟利

監察院教育委員會於七月十日舉行會議，審查王宣、張維翰、段克昌、田欲樸等委員所提請調查官商勾結，抽印「算術教學指引」中之習題，强迫推銷牟利一案。據提案人在書面說明中指出：政府明令嚴禁惡性補習，規定初中入學祇考國語、算術兩科，命題不得超過教學指引之範圍。但有人則將教育部審定的國民學校算術教學指引中的習題大量印成專書，每本定價五元，一共五冊，强迫各校學生購買，去年共銷六十萬冊，今年則已近百萬冊。王委員等以算術教學指引一書，乃由教育廳編輯，教育部審定後，指定台灣書局承印，配發與小學教師作教學參考之用，印刷費原由政府補助。而今竟由他人將其中習題抽印，强迫推銷，有關當局熟視無睹，顯有官商勾結之嫌，主張由教育委員會派員徹查。由教育委員會討論結果，決派輪值委員二人進行調查。

監察院彈劾檢查官熊家曾

虛報出口案餘波蕩漾　熊家曾則予以不起訴處分

見微

（台北通訊）監察委員陶百川、于鎮舟、田欲樸三人以台北地檢處檢察官熊家曾在偵辦虛報出口案中，有庇縱大同實業公司董事長兼總經理蕭柏舟之嫌，依法提出彈劾，經監委余俊賢、丁淑蓉、陳翰修、孫式庵、王宣、衡權、劉耀西、康玉書、錢用和、陳肇英、王贊斌等十一人審查成立，於本月十三日由該院移送公務員懲戒委員會依法懲戒。

警務處曾指控蕭柏舟同謀

依據彈劾書所述，警務處在移送書內曾稱：「本案被告蕭柏舟，係大同公司董事長，雖據供稱事先並不知情，惟渠又稱董事長對外代表公司，對內監督管理一切，而該公司出口申報書負責人亦係由該蕭柏舟具名申請，經核五十一年十一月廿九日出口申報書所蓋印章，與其到案應訊時隨身携帶蓋於偵訊筆錄上之印章，完全相符，足見其對虛報出口，確有同謀。」

熊家曾對蕭柏舟予以不起訴處分。其理由是：「訊據被告蕭柏舟矢口否認參與其事；且辯稱渠担任彰化縣議會副議長，公私事務甚忙，對於公司業務無暇過問，一切均委由胞弟亦即該公司總經理蕭柏煌負責，因手足情殷，平日均深信不疑。該公司所有進出口文件均未經其核閱劃行，原件俱在，可以覆按。至於出口申請書所用印章，並非其所有，係該公司台北營業所所刻，與其所有者雖頗相似，但一經細察，即可辨明不同。偵查中復將該二印章蓋於同一紙上請求比對。查大同實業公司雖係公司組織，而其股東則為蕭氏家族。該蕭柏舟任所地係在彰化，復在當地担任民意代表，則所辦公司業務委由其弟負責等情，尚堪予以採信。何況大同公司虛報出口之其他被告徐志剛、徐正甫、顧如標等在警方專案小組及偵查中雖訊問數十次之多，均無一語涉及該被告，則此事係蕭柏煌所為，當係不爭之事實，蕭柏舟既無行為之分担，自不能遽以刑責相繩，至於該二印章雖極相似，惟仔細比對，則並不相同，是其罪嫌顯屬不足，應依刑事訴訟法第二百三十一條第十款處分不起訴。」

被告證物，會不翼而飛

但據監察院調查所得蕭柏舟一向兼任該公司董事長兼總經理，並非僅為董事長，其罪嫌自甚重大。乃熊家曾僅憑蕭柏舟之一紙申辯書，既不傳案親加訊問，亦不稍加調查；即對圖章之是否相同，亦不加以鑑定。且其作為重要證物之蓋有蕭柏舟陰文圖章之大同公司出口申報單竟自台北地檢處證物卷中不翼而飛，而熊檢察官乃竟認為蕭柏舟並無罪嫌，予以不起訴處分，其草率庇縱，殊屬不合。雖云有所秉承，但避不舉證，依法仍應負責。據熊檢察官七月九日函稱：「查該項報單（申報單）仍裝訂於警務處移送之第二十八號（按係在十八號之誤）卷內，隨即可供查對。」查本院調查人員往台北地方法院查對該項證物時，在大同實業公司四批假出口證物之四個紙夾中，僅有三張申報單，所蓋蕭柏舟圖章係陽文而非陰文，但作為重要證物之蓋有陰文圖章之另一張申報單，則未在該紙夾中，六月二十六日本院調查委員提示該四個紙夾，詢據熊檢察官答稱：該項證物渠根本未曾查對，大約警務處未曾送來云云。而詢據警務處則謂確已送去，並提出照片為證。本院調查委員經此查證遂認為該申報單不翼而飛。迨調查報告載於報章後，熊檢察官方來函謂並未遺失，然在此以前則固亦目擊四個紙夾中未見該申報單也。

辯稱時間短促，不及詳查

彈劾書又指出：又據熊檢察官辯稱，係因上級人員希望該案早日偵結，時間短促，不及詳查，將來仍可依刑事訴訟法第二百三十九條提起公訴。但按該條規定必須有新事實新證據方可另行起訴，而原有事實或證據本可據以起訴者，因原辦檢察官之枉法或失職或疏忽，不予採用，即使再依該條重行審酌，亦不得認為係新事實新證據而據以起訴。檢察官之偵查責任，本甚重大，自應審慎從事，以免枉縱，乃熊檢察官偵辦蕭柏舟部份之草率庇縱，竟如上述，自應依監察法第六條提案彈劾。

大陸各地彌漫反蘇情緒

綜觀

在最近兩年中，我接觸過許多由大陸逃亡到香港的同胞。他們都是在最近兩年中才由大陸逃亡出來的。大陸人民對蘇聯的看法怎樣？是我和他們談話時兩個主要研究問題之一。大陸各地人民彌漫反共情緒，便是我和他們談話時所獲得的結論之一。依據我和他們談話時所得到的感覺，大陸各地人民彌漫反蘇情緒，並非最近幾個月的事。相反，遠在一年半以前，大陸各地人民就早已普遍反蘇了。

這麼普遍的反蘇情緒是怎樣形成的呢？一位頭腦比較清晰的難胞向我分析，他說：這主要原因可以分為兩方面：一方面是大陸人民本來具有反蘇情緒，另一方面，則由於中共中央及各級共幹從正面及側面努力推波助瀾之結果。

他說：大陸人民的基本反蘇情緒，可以遠溯到十年前，那時正是毛澤東高喊「一面倒向蘇聯」「向蘇聯老大哥學習」以及中共時刻高叫「感謝蘇聯老大哥的無私援助」的時候。他說：大家不要以為中國人民愚蠢無知，其實忠實勤勞而又柔順的中國人民而且更是很聰明的。當時，不管中共把這些親蘇口號叫得怎樣響，但中國大陸的同胞卻釘點兒對蘇聯及蘇聯人民甚至蘇聯顧問都無好感，大家眼見一列車一列車的糧食和農產品由中共從大陸人民手中搜括得來之後，再由中共一手運送到蘇聯去，大陸人民本身則不斷長期吃苦，而且糧食的配給量，一年比一年少；因此，大陸人民不但鄙視，中共討好蘇聯主子，同時，也就對蘇聯引起基本的反蘇情緒。

到最近兩三年，毛澤東與赫魯曉夫發生個人權利衝突，引致中蘇共之間發生相應的矛盾以後，中共的報章雜誌以往雖然一直避免宣洩這一衝突，但中共中央給予各地共幹和各級黨部的學習文章，以及各級「首長」的轉達報告，卻早已使很多人民對此亦有了解。何況，各級共幹還有意無意的把一切飢餓一切工業停頓減產一切配給無法提高的責任都推在蘇聯身上，所以，大陸人民之反蘇情緒，更為之普遍了。

我覺得這位難胞的觀察力及分辨力都比較高，他所說的上述情勢，確有根據。事態本來很顯然，自赫魯曉夫提出反對個人崇拜這一原則並清算史大林以後，赫魯曉夫的做法就已危及毛澤東在中共的已存利益，因為，毛澤東在中共，是一向受着極高度的個人崇拜有如史大林之在蘇聯然。毛赫衝突既因此發生，毛便預防老赫對他進行陰謀，他便早在兩年前就借整風運動之名把所有親蘇分子予以整肅，迨蘇聯對中共停止工業援助，毛澤東便在大陸各地暗中推動反蘇活動了。毛澤東的用意很簡單，他之所以如此做，主要目的，是藉以鞏固自己的統治，他明知大陸人民對中共不滿，於是他就輕輕地暗暗地把大陸人民之所以陷於今日這樣的衣食貧乏，完全由於蘇聯之壓搾之故，從而把大陸人民之反共情緒轉化為反蘇情緒，既可穩定內部，又可對抗赫魯曉夫，所以，今日大陸各地彌漫反蘇情緒，實非偶然。

大陸簡訊

藍星

劉少奇函幾內亞鼓勵非洲「反帝」

在中共與蘇共衝突聲中，中共不但迄未停止它對亞洲的戰爭路線，而且還正加強它對非洲的戰爭路線的煽動，這一點，可以從劉少奇最近給幾內亞總統杜爾的信件中可以充分反映出來。

據中共新聞社七月十八日北平電：「中華人民共和國主席劉少奇七月十日寫信給幾內亞共和國總統塞古．杜爾，說中國人民將始終不渝地堅決支持非洲人民反對帝國主義的鬥爭」。

並說：「目前，非洲已獨立的國家仍然面臨着新老殖民主義干涉、侵略、威脅和維護國家獨立與主權的莊嚴任務。非洲尚未取得獨立的國家和地區仍處在殖民主義統治之下。……帝國主義和各種反動力量不會停止他們破壞非洲人民團結和反對帝國主義事業的活動。這就要求非洲各國團結，提高警惕，進行堅持不懈的鬥爭」。

我們曉得：劉少奇信中所謂新老殖民主義及所謂各國反動力量是指蘇聯在內而言，由此可見，中共不但意欲與英美法爭非洲，而且也欲與蘇聯爭非洲了。蘇聯最近抨擊中共說中共正在煽動有色人種以對抗白種人的種族鬥爭，是確有根據的。

中共派軍事代表團訪古巴

當然，中共也不止在煽動有色人種反對白種人，有如蘇共所云。事實上，除亞非之外，中共也是正在有色人種以外的地區，無論歐洲或美洲，進行挑釁，煽動白種人打擊白種人的。中南美洲尤其是中共的戰略矛頭指向之處。

不信嗎？正當古巴的赤色總理卡斯特羅訪蘇回來發表談話同意蘇聯的「和平共存」政策後，毛澤東又派遣了一個在中共內部素具地位的軍事代表團訪問古巴了。值得注意的，是中共這一個軍事代表團乃由毛澤東派中共空軍司令員劉亞樓上將率領。據中共「中國新聞社」北平七月十八日電：「以劉亞樓空軍上將為首的中國軍事友好代表團十七日下午乘飛機抵達哈瓦那。……中國駐古巴大使申健、中國大使館武官黃政基上校及中國大使館其它官員也前往機場歡迎代表團」。

顯然，毛澤東之所以忽然派中共的空軍上將司令員劉亞樓率團訪問古巴，決不是無所謂而來，意在煽動古巴的鬥志，並尋求如何援助古巴，自係必然的使命。

北平萬人大會譴責蘇婦女代表團

中共派到莫斯科去參加最近舉行的婦女大會的代表團自在蘇京受辱後，中共大為光火，為此，據中共「中國新聞社」北平七月十八日電：「北京各界一萬多人今天下午在人民大會堂隆重集會，熱烈歡迎參加世界婦女大會後歸來的中國婦女代表團」。以譴責蘇共。

並說：「大會在暴風雨般的掌聲中通過決議，表示完全支持中國婦女代表團在世界婦女大會上的各項活動。讚揚中國婦女代表團同一切要反帝要革命……的正確路線。決議還堅決譴責蘇聯婦女代表團領導人和國際民主婦聯的一些領導人在大會上公開露骨地策動反華大合唱，譴責她們蠻橫專斷，踐踏民主，進行宗派、分裂的活動」。

香港中共大公報以此一消息作七月十九日第一版頭題，其題目是「北京大會譴責蘇婦女代表團舞指揮棒策動反華大合唱」，可見中共人員今已成為過街老鼠人人喊打了。

僑鄉近訊

鍾之奇

退伍軍人在粵北僑鄉滋事

中共是一向重視武裝部隊的，所以，對於退伍軍人及烈屬（即共軍死亡將士之家屬）也一向規定有優待辦法。但一則因為退伍軍人及共軍烈屬為數太多，而又多無生產技能，只靠各人民公社特予優容，多予配給，而大陸各地連年災荒頻仍，各公社社員之配給本已少得可憐，所以也就根本無法再優待退伍軍人及烈屬；再則退伍軍人及烈屬自視甚高，平時養尊處優，自以為曾對中共有功，恃寵而驕，所以，常有不滿及敢於滋事心理。為了這些原因，據廣州來客說，廣東各地僑鄉曾屢次發生共軍退伍軍人及烈屬滋事之個別事件。而最近在粵贛邊區發生之三起事件，則進一步擴展為退伍軍人及烈屬共同聯合滋事的事件了。

他們不堪飢餓，而又缺乏勞動力，他們曾於六月二十日在粵北翁源縣南龍墟發生一次規模最大的騷動。連同退伍軍人烈屬及由他們所鼓動而參加騷動的共有一千餘人之多。曾將該公社招牌取下，並搗毀了一部份農具，搶走了一部糧食，該公社中共黨支部人員亦被痛毆，待大批武裝共軍馳至，將二百餘騷動份子當場拘去，十餘人當場被共軍開槍射擊，三人死亡，九人受傷，餘衆逃去，騷動事件始告一段落。但粵共各縣尤其翁源共幹，現正分頭追捕每一參加騷動之分子云。

珠江三角洲早稻收成比去年增減不一

乾旱了幾個月之後，珠江三角洲各地已於六月中旬起開始解除了旱情。但對今年早稻的收成究竟起了什麼影響呢？據中共「中國新聞社」廣州七月十七日專電透露：「到七月十二日止，全專區已收割早稻二百六十四萬畝。估早稻面積的一半以上。在全專區地區中，如中山、新會、南海、順德、高鶴等縣和佛山、江門兩個市的郊區，早稻都比去年增產。但其他的幾個縣有的保產，有的畧為減產」。

那末，平均收成究竟比去年好呢？抑或比去年壞呢？中共電訊未加說明。可以斷言的，就是珠江三角洲今年早稻總產量一定不比去年，相反，而是比去年壞。否則，中共電訊不會把今年的總生量為去年總產量的估計總數避而不談，而只談中山、新會等增產。

台山縣斗山公社仍在大量搜括糧食

廣東省台山縣斗山公社原本不是富饒地區，相反，由於接近沿海地區，耕地有一大部份是沙田，但中共今年卻仍將該地農民辛苦耕種得來的糧食大量搜括入倉，人民變成白白的勞動了。

看七月十八日中共控制的香港大公報的台山通訊「穀滿倉」及「台山縣斗山公社農民運糧入倉」的像片，雖然中共在宣傳上丑表功，但中共搜括台山農民血汗的事實卻完全暴露了出來，而台山縣斗山墟的農民現在則是完全被中共加以控制，編隊工作，完全變成了農奴的。據中共透露，他們現在把斗山墟的農民是如此的編為農奴的：

中共現已就斗山墟地區改組為斗山公社。斗山公社共包括以下四個鄉，即：六村鄉、上閣鄉、浮石鄉、鎮口鄉。並就這四個鄉每一個鄉分編為五個生產大隊，故斗山公社共轄二十個生產大隊。每一個生產大隊又分編為二十二個生產隊，故斗山公社共有四百四十個生產隊，原日斗山墟四鄉農民無論男女，凡有勞動力者，加上由中共中央及廣東省偽省府分派下來的「下放」者，皆合編在這四百四十個生產隊之內。故這四百四十個生產隊實際上也就是四百四十個農奴隊云。

蘇加諾重新對抗「大馬」

印尼「備戰」

俊華

印尼總統蘇加諾突然又宣佈「對抗」馬來西亞，並且下令爲對抗馬來西亞而備戰。新聞部長阿都干尼與國防部長納蘇賢舉行會談後，宣稱蘇加諾已下令加强武裝部隊，並呼籲印尼人民團結一致，站在國家後面，配合國家「反大馬」的政策，準備隨時有事發生。

由於馬來西亞已定期於八月三十一日成立，距離目前只有五個星期的光景。蘇加諾既然反對在倫敦簽訂的馬來西亞協定，並採取備戰的姿態，則很可能在大馬成立之前這五個星期中，會發動騷擾、破壞、或戰爭。因爲英國，星馬與北婆兩邦，依照預定期間成立大馬，決不會對印尼有任何挑釁。那麼蘇加諾之所謂「有事發生」，乃是印尼內定準備採取的主動行動。馬來亞方面，對於印尼突又變化的這種動態，已加以密切的注意。駐在星洲的英軍當局，亦已靜悄悄地採取必要的警戒。

可是在這種可能的「有事發生」之前，有好幾個問題都祇是在懸疑的階段之中。由於蘇加諾的不變，沒有人能夠瞭解或預測：爲什麼蘇加諾容應過不對抗大馬，而又突變地重又聲稱對抗大馬？討論大馬的印、馬、菲三國高峯會議，蘇加諾是否仍出席？印尼採取備戰行動，是否將擴大對北婆地區的騷擾，抑是有意發動威脅整個馬來亞的戰爭？

「右傾」之說

「蘇加諾最近趨向右傾」，這是華盛頓接近官方觀察家不久前的論斷；剛在馬來西亞協定簽訂之前，美國對蘇加諾的態度是樂觀的。認爲蘇加諾右傾，「容許」大馬成立是根據之一。延緩將印尼境內的英美石油公司收歸國有，是根據之二。在劉少奇訪問印尼的前後「反華」，是根據之三。

印尼一度如火如荼的反華暴動，雖說最後仍由軍警的彈壓而停止。但在事發那最初幾天中，軍警的不予干涉的態度，和事件發生在印尼精銳陸軍駐防地的西爪哇這些跡象，印尼當局實在不能推卸責任。尤其是一場偌大的暴動，而不公開審訊拘獲的暴動份子，不追查幕後主使人的背境，現在被捕暴動份子也陸續釋放了，草草了結。這種不依法律處理的行爲，顯見此事是被作爲一種政治手段而發動的。

關於印尼聲稱擬將外商石油公司收歸國有，但最終則由蘇加諾在東京與美英代表協議簽字，在五年之內由該等石油公司增納租稅予印尼，到五年後再議。美國當時雖曾警告印尼，謂若沒收英美石油公司，美將取銷對印尼美援，以作報復。假如收歸國有是印尼國策，則雖受到取銷美援的警告，也應仍然實行收回。蘇加諾「得意以手」，似乎在目前仍不欲走向極端。

印尼「容許」馬來西亞依期成立一事，也與石油談判同時，在東京由蘇加諾與拉曼會談決定。當時傳出的消息是，馬來西亞可先行依期成立，然後才舉行公民投票，決定人民是否願意參加「大馬」。可是倫敦馬來西亞協定一告簽訂，印尼外長蘇班德里奧即恢復抨擊，接着蘇加諾正式宣佈對抗大馬，因爲拉曼「食言」。

是誰「食言」

蘇加諾與拉曼東京之會，當時在日本外相大平正芳的官邸舉行，日方只替他們安排會晤，並沒有參加會議。印、馬雙方有三位部長參加過會談，但有一個階段是蘇加諾與拉曼單獨會談，他們既是同種同文，也毋須譯員參加，所談的內容，除他們兩人而外，實在沒有第三者或文件可以証實。

現在雙方各執一詞的分歧點，是蘇加諾說拉曼同意先在北婆舉行公民投票，然後成立馬來西亞。而拉曼則說他並無「食言」，是馬來西亞接受公民投票的原則，但舉行於大馬成立之後，雙方同意由一個公認的第三者參加監督，也是印尼同意的。

這種沒有對証的爭辯，很難確定誰是誰非。不過拉曼當時自東京返馬來西亞，曾聲稱「馬來西亞勝利」，重申大馬決依期成立。而印尼對拉曼這些談話，則不贊一辭，似乎予以默認。從這一點推測，可能拉曼的說法較近事實。那也即是說，更可能是蘇加諾答允於前，現在則反口於後。

蘇加諾向來善變，一般都認爲蘇加諾又「轉變」了。問題是，他轉變的原因呢？

兩枚「棋子」

有一項解釋，被認爲比較近理的：據說馬來西亞協定，星、馬、和婆羅乃三方，當時在倫敦發生爭議，在差不多一個星期中，能否達成協議簽字，尚在不可知之數。故印尼採用靜觀態度，暫時保持緘默，如果三方不能協議，大馬即使成立也屬畸形的，毋須印尼的反對。但星馬最後卒之協議並立即簽字了。只有婆羅乃沒有參加。

婆羅乃的不參加簽字，因爲她與馬來亞間的問題，蘇丹在大馬各邦蘇丹間的排名問題，和石油稅收繳交大馬中央的問題，大致上說與大馬以外的國家無關。不過就英國來說，蘇丹因對馬來亞談判不洽，赴英續談並一面「尋求維持現狀」，可能「維持現狀」的意向，是獲得英方諒解的。而對於印尼，蘇丹雖沒有任何聯繫，但婆羅乃尚未參加馬來西亞，對於印尼確是構成了一個好題目，可以大做文章的。

印尼對北婆三邦，即使說沒有領土野心，最少也有發揮政治控制力的野心，像納薩埃及在中東的「大阿剌伯主義」一樣，蘇加諾也正想實施他的印尼領導的「大馬來主義」。馬來聯盟的提出，正是蘇加諾要執南中國海牛耳的証明。因此他主張婆羅乃獨立，支持阿哈薩里的獨立運動，與阿氏以庇護，並發動由印尼越境向沙勝越邊界警署及軍營的武裝襲擊，與英國及馬來亞作對。他對付英國是所謂排除殖民主義，對付馬來亞，則是所謂反對「馬來亞殖民主義」，前者是他必須使婆羅乃擺脫原有的保護者，印尼方才能以新保護者的姿態出現；後者則是印尼與馬來亞的爭權，因星馬北婆地位重要，有英馬軍事協定的支持，美國也表示贊助。印尼明知由馬來亞主持的馬來西亞，不會採取印尼的治政態度走印尼的路線，他就必須削弱馬來亞對印尼的均勢。而把北婆三邦割裂，則是削弱馬來西亞的最好辦法。

印尼對婆羅乃的如意算盤，最好當然是獨立而由阿哈薩里執政，那麼印尼便有一個一手製造的附庸國。因阿哈薩里曾在印尼軍中任下級軍官，印尼軍稱他爲「我們的兄弟」。如阿氏不能奪得政權，則獨立而仍由蘇丹執政，只要阿哈薩里一黨能夠參政，印尼也已在婆有第五縱隊。（阿氏的革命軍，在現階段仍聲稱擁護蘇丹的。）然後徐圖局勢的轉變，趨向對印尼更加有利。

現在蘇加諾將會强調婆羅乃獨立，脫離英國也獨立於大馬以外，他可能聯同菲律賓，要求婆羅乃以獨立之資格參加馬來聯盟。這樣他就可以利用婆羅乃爲對付馬來亞的棋子，而以阿哈薩里爲對付婆羅乃蘇丹的棋子。

·吉隆坡通訊·

印度國大黨受挫的原因

·凌宏光·

印度國大黨在最近三次的補選中，顯然是連受挫敗！這三次補選，在烏它普拉得西之兩個選區中，國大黨慘敗於前普拉加社會黨領袖克里巴拉尼，和另一個社會主義者羅希亞博士；至於在葛茶拉省的拉可特選區中，原是國大黨的老地盤，然而在補選中也告敗陣！——這雖是印度國內的政潮，但它卻不特叩響了印度人民的心聲，同時也引起了世界政治觀察家的注視，認爲印度將可能出現新局面。

國大黨受挫之後，雖仍厚着臉皮宣佈其深得民心一如疇昔，但畢竟是掩不住它的窘態了。從議會中現在的席次來說，國大黨誠然還可以翹起了大拇指，因爲它的席次仍和一九六二年時相差不遠，但若從別的角度來看，則國大黨的聲譽無可否認是已打了個大折扣。國大黨在這三次補選中受挫，正是發生於與中共邊境衝突後的呀！

國大黨之處理與中共邊境衝突這一事件，吃了中共的大虧，顯然引起人民很大的不滿，尤其是尼赫魯的政策，受到人民的嚴厲批判，認爲尼赫魯政策失當，是召致受辱的主因。於是舉國民心，多在求變；這即是說，印度人民已對執政的國大黨怨懟叢生！

國大黨此次之受挫，它的本身確是應負很大責任的。國大黨雖一再號召全民同心同德共禦外侮，可是其黨內的派系鬥爭，卻從未休止，尋且愈演愈烈，以致黨內的中央領導人物左右爲難，發令指揮，全不靈活。自從前國防部長梅農被迫下台以後，國大黨內兩大派系更互相攻訐得如火如荼，所謂社會主義派與反動派（或稱左右兩翼）的爭執，且漸漸超出了政策歧異之外，而流入利害、意氣之爭，以致影響了政府的政策也陷於一片混亂。抑尤有甚者，就是國大黨的兩個五年計劃均由於執政的人的無能和腐敗而未克完成，甚至連最低目標也未能達到。幾年以前，印度的生產成本原屬世界最低水平，可是到了如今，其鋼、鐵、水泥等工業生產成本則躍居於世界最高水平；這一來，國內經濟的遭受嚴厲打擊，自是意料中事。至於在發展農產方面，雖然投下了鉅大資金來改善農田灌溉和鄉社建設，可是其成效却微乎其微。於是印度人民都爲之感到沮喪和懊惱。

在和中共發生邊境衝突期中，國大黨政府和尼赫魯本人仍均一再强調發展經濟的重要，認爲改善經濟條件爲抗拒中共的最有效辦法。然而結果潰敗，受辱；因而人民嘩然，一致對國大黨抨擊，連社會主義者也都認爲國大黨的偏重經濟建設而忽略軍事建設是極大的失策，並公開表示對國大黨的經濟計劃的前途是有極大的失望。

國大黨新近開征的捐稅，尤爲引起一般平民的反感。據說：在和中共邊境衝突達到最緊張時，對國防基金捐輸最踴躍的不是富商鉅室，或政府權要，而是一般平民，但新預算中的捐稅竟然又復普遍地加重平民的負担。對低入息的平民而言，强迫儲蓄不管是「穀糠榨油」，而加以通貨膨脹，於是一般平民生活更苦上加苦。生活指數的上昇仍方興未艾，國大黨政府却束手無策，任令一般平民痛苦呻吟。另方面，政府大叫「節衣縮食」，而富室顯要却仍豪奢如故；政府機構且擴大組織，浪費公帑。凡此種種，都使人民增加了對國大黨的憤恨。

此外，國大黨政府應付中共的辦法和態度，也引起了人民的責難。第一，政府在邊境的防禦工事上犯了苟且偸安的毛病，還對人民揚言防衛力堅强，迨至中共大軍來攻，轉瞬即一蹶不振；使人民對政府失掉了信心。第二、軍事潰敗了之後仍沒有積極性的挽救政策，反而接受哥倫坡建議作爲談判基礎，更顯出政府的無能和懦弱，人民當然大表不滿。這都是國大黨受挫的主要原因。

反對派之所以能夠挫敗國大黨，正是利用着人民不滿意現政府「混亂」……「屈辱」，「腐化」……等憤激的情緒，並把握着現政府政策的漏洞，來施以猛烈的攻擊。國大黨內部正陷於意見分歧，於是連一點招架之工也沒有。這正是咎由自取哩！

女貞庵（一〇）

（版權保留）　黎明

第六場：鬧會

萬事：大爺如何？所以我說不容呀易！
王百萬：難道就罷了不成？
萬事：大爺休要煩惱；這個不容易，那個却容易了。
王百萬：什麼這個那個？
萬事：方才香公言道，這個小姐與那妙常，義結金蘭，乃是「一對玉人」。我早就聞聽人言，女貞庵中有個帶髮修行的陳妙常尼姑，具有沉魚落雁之姿，閒月羞花之貌；天上無雙，人間少有；她須不是官宦小姐，弄來給大爺做個第五房姨奶，有何不好？
王百萬：吓！有這等事！但不知怎樣弄到手來？
吳成：這個容易。
王百萬：怎麼？又容易？怎麼個容易法？
吳成：叫幾個家丁把她鏑溜回去也就是了。——這個叫武主意。
王百萬：吃下官司，何人擔帶？
吳成：自然是大爺你擔帶。
王百萬：這個主意不好。
吳成：還有一個文主意。
王百萬：文主意怎樣？
吳成：多備金銀財禮，找個媒婆正式說親，也就是了。
王百萬：倘若他不答應呢？
吳成：自然是只怪大爺運氣不好。
王百萬：你去
的！
萬事：我倒有個又文又武的好主意。
王百萬：什麼叫又文又武的好主意？
萬事：派乘轎兒，就說府尹小姐請她講經，一直担向溧陽而去。那時，木已成舟，米已成飯，不答應也得答應；豈不是又文又武的好主意？
王百萬：唔、不錯，是好主意！孩兒們！咱們回去
就這麼辦吧。正是：魚兒難脫千層網，安排金屋藏阿嬌。（同下）
妙淨：嘻！（躥身而出）狗賊子，眞有你的！哎呀且住；好在這話是給我聽到。如若不然，常妹呀常妹！你這個小羔羊就難免不膏虎口了！（忽作沉思若有所悟，又羞又氣介）唔、唔，有了；我就是這個主意。賊子呀賊子！你若不來，還則罷了；你若前來，老娘包叫你吃不了摚着走。（作羞介碎步下）（移）

第七場：詞媒

地：白雲軒。
時：接上場的晚上。
人：陳妙常、妙淨、妙靈、潘必正。
陳妙常：（情思懨懨上）人淡如菊，情似海，心寒於灰，恨如山。自從那日和淨姐探問潘郎病體以後，兀自行不定，坐不安，睡不穩，心中老不自在。今日香公言道，庵中來了幾個閑漢，報請師父要我躲避一時，以免出生事故；沒奈何只得回轉軒中獃着。看來我陳妙常，眞不知前生有何罪孽，落得今生不但出家無家，而且是見不得人的人兒的了！唉、這空門歲月，到底何時才是了局也呵！（唱）：又早是，碧雲天，黃葉滿地；燕兒去，雁兒來，初涼天氣。西風緊，吹不散，女兒幽情；秋月明，窺不透，女兒心事。這幾日，茶不思，飯不下咽；行不安，坐不穩，睡不安席。不是鹹，不是甜，更不是酸；剪不斷，理還亂，不是「愁」字。收不攏，放不下，推又不開；這才是白白熱熱、火火烘烘、窕窕孼孼、道道地地的相思眞滋味。——哎呀佛爺呀！你對我陳妙常好狠心也！到如今，我才知，我才知：斬不斷，是那三千的煩惱絲；流不盡，是那萬點的相思淚！（白）——忽然下了決心有了救主（以）也……能我佛無心，文字有靈；我不免塡一首「西江月」兒消遣消遣則個。唔，我就是這個主意。（欣然回座，調水、磨墨、吮筆、沉思，有頃，振筆而書。）
妙淨：（帶了假髮換了俗裝上，雖然她身段步法刻意模仿妙常，却一點也不像，只是予人以滑稽之感而已。白）：偸天換日，還妙手；出家娘做歸家娘。是我今日在樹後偸聽那幾個亡八羔子的陰謀詭計，要用府尹小姐邀請常妹講經爲名，騙她去做第五房姨奶；此計若成，豈非鮮花插上牛屎？誤了常妹終身？害了潘相公的性命？想我老淨雖然短命，袈裟也早已穿得膩了；那賊與我嘿嘿，倒也才貌相配，我旗鼓相當，乘此機會，來個偸天換日，李代桃殭，有何不可？這才眞是叫做「方便方便，與人方便，自己方便」呀！不過話得說回來，我老淨的長相，本來也就不錯呀！（自故作羞媚，顧影自憐，不覺已到了妙常的門口）哟！門却閉上了！妙常的聽到上的呢？忽人聲呢？待我又來貼耳偸聽偸聽介（作）
陳妙常：（唸）「強將津唾咽凡心，爭奈凡心轉盛」——這兩句太露骨了，該打！該打！
妙淨：（急忙槌門）哎哎，打不得呀，打不得！快開門來！
陳妙常：（猛吃一驚，連忙一面摺起詞稿，一面答應）誰呀？（一面稿摺起，但一時却想不出該放何處）
妙淨：你說是誰就是誰。
陳妙常：是淨姐姐？
妙淨：說是也好，不是也好。
陳妙常：別胡鬧！來了來了！（忽忽忙忙，把稿兒壓在硯下，匆匆從起身前來開門；見來者却是俗家打扮，又不覺一驚）咿！你到底是誰？
妙淨：（嬉皮笑臉）師父！您不認識了？這便是「我」呀！這便是「我」的本來面目，本來面目的「我」呀！
陳妙常：（借着燈光，端詳了一會，方才認出來）笑得說不出話來。隨即帶笑帶罵說）：你這個鬼，老是胡鬧，鬧得師父瞧見了，看你怎生下場！（待續）

唐詩偶釋（四二）

鄧中龍

春宿左省　杜甫

花隱掖垣暮，啾啾棲鳥過。星臨萬戶動，月傍九霄多。不寢聽金鑰，因風想玉珂。明朝有封事，數問夜如何。

開筆從暮景說起，由暮而夜，由初夜而中夜，次第挨講，不幾近於扯長儱散，而無結構之精意乎？不知「明朝」一句，乃全詩之母也。作者先有此句之意橫於胸中，然後作出上六句，讀者宜先會此句之意，然後讀上六句，便見得由昏而夜，歷數小時之久，時時記得明朝有封事，所見所聞，無不關心。故此詩看似扯長儱散說，實乃精心營構也。

前六句次第寫來，勢如流水，至「明朝有封事」句一頓，萬籟俱寂；「數問夜如何」句，抽身轉步，緊扣題面，是全詩關鎖處，萬不可忽畧。「花隱」「鳥過」「星臨」「月傍」「聽金鑰」「想玉珂」，皆觸目驚心，無非問字之意。有此一句，則全詩皆在掌握中，毫不外散。「夜如何」者，點化前六句也。蓋論先天，則「明朝」句要緊；論後天，則「數問」句要緊。人知三四五六爲名句，不知訣竅實在結聯，特學者未能細察耳。

前疊後總，雖亦律詩常法，然須具有絕大筆力，始足以供驅遣。否則，勢如流水，一去不回，便難見結構之妙。此詩如無七八二句之精鍊，可以不讀。常建「破山寺後禪院」詩：「清晨入古寺，初日照高林，曲徑通幽處，禪房花木深。山光悅鳥性，潭影空人心。萬籟此俱寂，惟聞鐘磬音。」亦爲第七句一頓，第八句放開。然與杜甫此詩較之，則常詩似覺有意作結，不及杜詩之渾成。「數問夜如何」句，一筆關鎖上文，何等緊鍊。不論自韻律筆力方面視之，均較常詩遠勝。

杜甫「晚出左掖」詩第三四句「退朝花底散，歸院柳邊迷。」朱晦庵註云：「唐殿庭間種花柳，故杜詩云：『花隱掖垣暮』。」觀此，則此詩首句「花隱掖垣暮」，蓋紀實也。日本人森大來評釋此詩云：「是乃春夜宿直之作，故首句先點花字，以提起其爲春。」亦未必不當，然不可太過拘泥。

三四句釋者不一，月傍九霄，星臨萬戶，以喻帝居高迥，氣象，則誠有之矣。然若干箋釋家，每喜作傅會之說，至有謂「民勞則星動，月屬陰象，以喻女子小人得時而進者」，此則牽強之至，直已墮入魔道。強作解人，不特上誣作者，亦且誤盡蒼生。

友聲集（三五）

悼友　千夢

存亡亂世本尋常，如此爲懷亦可傷！聲氣交遊眞汝果，歌鐘文酒替人忙。兩年遽見陵爲谷，一暝微憐鬢未霜。遼鶴歸來應太息，岳陽樓上有斜陽！

學庵贈畫用太希韻以謝　遯翁

結鄰曾共隔籬盃，草草平生幾樂哀！松菊就荒歸未得，江山依舊畫將來。事如藏鹿眞成夢，心似焦桐不盡灰。知與寒梅共孤潔，雪中珍重待春回。

詩人節　茘莊

尋常解道詩人節，誰向江潭醉獨醒？自信余心有蘭芷，早知天問付沉冥。孤懷欲共騷魂語，萬古惟餘楚淚馨。漫抱離憂問興廢，風波渺渺暮愁零。

杜鵑花　履川

飄飛十載客無家，海角春風拂鬢斜。故國魂迷歸未得，蠻山紅老杜鵑花。

老對名花意每慵，如花人遠渺難蹤。枝頭點點啼春血，化作蓬山夢萬重。

儀端館詞

紉詩

醉花陰　秋水鴛鴦

月浸蘆花天似水，風在碧波起。意暖不知秋，笛韻纔停，自抱清涼睡。蓬萊此去三千里，路接人間世。夢到好回頭，莫羨神仙，留戀無情地。

如魚水　訪梅

白石詞心，藐姑體態，恰似舊留開遲。一兩三枝；堆成冰雪圈兒。無是相思。春到也，人在天涯。算打疊情緒看花，未成吟賞又須歸。無一語，立多時。風緺水面頤黎。燕子飛飛。空香纔遡墻西；柳條低。天不管，綠瘦紅肥。最憐汝，特地清寒骨相，欲折贈伊誰？！

眼兒媚　聞有非余服用容飾者賦此謝之

銀河獨理釣竿絲，人世海枯時。歌憐天老，春歸路遠，杜鵑空啼。東風抵死吹花落，多事到羅衣。傷心不語，江山如此，猶妬蛾眉。

小重山　樓前馬纓花紅如綴錦

三月春歸花已空。黃梅時節雨，夕陽中。知君不肯嫁東風。樓台五步一簾櫳。天作主，休問爲誰紅。如夢一枙逢。有情留倦蝶，漫匆匆。容易又、明月照梧桐。

憶陳果夫先生（二八）

宇人

此後不久，蔣先生忽然決定將「黨團合併」。所謂黨團，即國民黨與三民主義青年團。本來後者的設立，乃前者的臨時全國代表大會所決議；並在總章內規定「本黨爲組織及訓練全國青年，設立青年團。青年團設團長一人，由本黨總裁兼任之。」（原文不十分記得，但大意如此）可見青年團僅係國民黨的組織訓練青年機構；並不是與國民黨對等的一個獨立團體。因此，如果蔣先生認爲青年團已無存在的必要，祇能提出國民黨代表大會予以撤銷，實無理由，更無權力把青年團與國民黨合併爲一。但當時國民黨的中央委員不以此爲然者，雖爲數不少；卻無人敢於表示異議。

在團黨合併之前不久，CC似乎認爲他們的黃金時代已經來臨，忽然恢復組織；並將某些著名貪官汚吏如徐堪等以及前屬於改組派的某些健將納入組織。至於原屬CC而認爲不再可靠的人則多被摒諸門外。

CC恢復組織後的第一個行動，便是片面的將革新運動所留下來的一點點團結的遺跡，予以腰斬。因自革新運動以後，參加此一運動的中央常務委員例必於常會開會前，先作一度集議，交換對議題的意見，以便出席時一致主張及表決。記得王世杰因接長外交部辭去中央宣傳部部長時，曾經報告蔣先生，以該部副部長某君升任部長，蔣先生已經批准，並下了手諭。照過去的慣例，凡是蔣先生手諭的事，中央常會是不敢有任何異議的。但因革新運動的關係，國民黨第六屆中央第二次全體會議曾將中央常會組織法修正，規定中央各部會首長副首長，由總裁提名經常會通過任命之。當時，黨要們也許以爲所謂通過不過是一種形式而已；因而並未注意其可能產生的後果。但革新運動所以作此規定，其主要的用意，即在於必要時可以否決蔣先生所提的人選。當吳鐵城秘書將蔣先生派某君爲宣傳部部長的手諭宣讀後，參加革新運動的中常委即根據會前的協議，一致主張應舉行投票。投票結果，某君被否決，吳鐵城先生大驚失色。他說：「總裁的手諭，常會怎可反對？」大家答以此乃依據組織條例行事，並非反對，不過通不過而已。吳秘書長迫不得已，祇好報告蔣先生。蔣先生雖然很不高興，但也無可如何。後來，另提黃少谷，才得通過。這是蔣先生做了總裁後第一次受制於中央常會的事。以後革新運動雖已無聲無息；但參加革新的中委會則仍保持於會前先行集議。

直到黨團合併前的幾個星期，CC方面的中常委忽然連續兩次缺席是項集議。探詢之下，才知道原來是CC已經恢復組織，因而他們對革新運動所留下來的這點遺跡，也就刻意予以取銷，俾免有所制肘。但從此以後，蔣先生對國民黨中央常會又可以任意擺佈，通行無阻了。

爲了黨團合併，蔣先生特召開國民黨六屆三中全會。青年的中央幹事監察和各省支團負責人都奉命列席。若干地方團部的同志認爲他們的工作成績比當地黨部爲優，希望合併後改組各該省市黨部，由他們來主持；有的則希望中央黨部的某些部會改由與團有關的同志繼任；但沒有一個人幻想「中央幹事監察可一躍而變爲國民黨中央委員」一則因爲國民黨的中委是由全國代表大會產生的；二則，青年團的幹事監察除了原兼國民黨中委的少數人而外，其餘都自覺資歷不夠，尚不足以語此。然而事實竟大出衆人所料，蔣先生卻決定把青年團的全體中央幹事和候補幹事變爲國民黨的中央執行委員和候補執行委員，青年團的中央監察和候補監察變爲國民黨的中央監察委員和候補監察委員。至於各地方黨部，則一律規定爲黨正團副：即省市黨部增設副主任委員和副書記長一人，縣市黨部增設副書記長一人，即以團部的幹事長和書記任之。此項合併辦法，顯然與國民黨總章抵觸，大家都認爲蔣先生的目的，乃在於把蔣經國及其擁護者送入國民黨的中央，以使他從中生根發芽。因爲自廬山代表大會後，青年團在社會上——尤其是在各大學中的影響力，雖然已經每況愈下，但蔣經國在中央團部的權勢則大爲擴張，不少的中央幹事和監察都爲他馬首是瞻。如今他們都成了國民黨的中央委員，也就是說明蔣經國在國民黨中央已經具有相當的實力基礎。

寫到這裏，我還想把我過去與蔣經國的關係和對他的觀感略說一下。

我認識蔣經國是在張治中的家。一次張治中請吃飯，有經國、緯國和我及其他幾位黃埔同學，我對他們兩人的第一次印象都不錯，經國樸實，緯國謙恭，各有可取之處。後來，青年團第一次全國代表大會開會，經國是江西支團的負責人，也來出席。當時，與中央團部有關的某些原屬於復興社的重要幹部懷疑我是CC，多所妬視；但江西支團出席大會的同志則與貴州支團的同志頗爲接近，我和經國才比較熟識。代表大會後，中央團部決議設立幹部學校，由蔣先生兼任校長，下設敎育長一人負實際責任，張治中提出以經國任之，我曾表反對。我當時並非反對他個人，而是認爲旣由蔣先生兼任校長，即應另派敎育長；若認爲經國主持幹校最適宜，不如派他爲校長。似此則父親爲校長，兒子爲敎育長，幹部學校豈不成了父子學校？張治中說：他事前未考慮及此，但因已報告蔣先生，現在不好再有變動。其他出席的常務幹事也說：旣經報告過團長，祇好如此。我的意見未得通過。中央幹部學校成立後，經國對於校務常向蔣先生直接請示，張治中對此漸感不滿。後來經國有意繼康澤而爲中央組織處長，張不同意，可能即基於此。據我所知，在幹部學校開學之初，學生們眼看經國和他們共同生活：有時勞動服務，經國更脫了上衣，担土運石，比他們還顯得有力，因而頗爲敬佩。但爲日旣久，由於經國的學問修養不够，學生們覺得除了爬山、賽跑、挑土等而外，他在思想方面並無足以領導他們之處，也就漸失信仰了。幹校學生畢業後分派工作時，中央團部組織處對他們有所歧視，才又投向經國，藉以謀求個人的出路，並成立了一個幹部學校的同學會。事緣中央團部在設立幹校之前，曾在中央訓練團附設青年幹部訓練班，由康澤主持，先後調訓中央及各地方團部的工作人員甚多，因而形成青幹班和幹校之分。中央組織處較偏心於前者，故引起幹校畢業學生的反感，因而給經國造成一種爲淵敺魚的形勢。

劉備怎樣利用劉琦？

三國人物故事評論之五

劉裕畧

赤壁之戰以後，荊州在事實上入於劉備的掌握，但在法統上，封建時代，職位雖可讓人，如陶謙之讓徐州與劉備，但以傳位來講卻以傳子爲原則。對於荊州，劉表是無意把荊州讓給劉備的。所以，劉備要統治荊州，便有一些不太順理的小問題。尤其在劉表的兒子仍在的時候。

我們曉得：劉表是把荊州傳給他的次子劉琮的。本來，劉表原應該把荊州傳給他的長子劉琦。但「表受後妻之言，愛少子琮，不悅於琦」，後來劉琦雖因諸葛亮畫策而保全了性命，但劉表死時，卻把荊州傳給了在他身邊的劉琮。有劉琮在，劉備固然不好作荊州牧，劉琮降後，有劉琦在，劉備是仍然不好作荊州牧的。所以，劉琦儘管是劉備與諸葛亮所玩弄的傀儡，但在當時，荊州的一切，雖在事實上是由劉備作主，名義上，卻仍不可把劉琦廢去。

三國演義第五十二回「諸葛亮智辭魯肅」一節，寫魯肅來討荊州，它說：「肅曰：吾主吳侯，與都督公瑾，敎某再三申意皇叔，前者操引百萬之衆，名下江南，實欲來圖皇叔，幸得東吳殺退曹兵，救了皇叔。所有荊州九郡，合當歸於東吳。今皇叔用詭計奪占荊襄，使江東費錢糧軍馬，而皇叔安受其利，恐於理未順。「孔明曰：子敬乃高明之士，何故亦出此言？常言道：物必歸主，荊襄九郡，非東吳之地，乃劉景升之基業，吾主固景升之弟也，景升雖亡，其子尚在，以叔輔侄，而取荊州，有何不可？肅曰：若果係公子劉琦佔據，尚有可解。今公子在江夏，須不在這裏，孔明曰：子敬欲見公子乎？便命左右請公子出來，只見兩從者從屏風後扶出劉琦。琦謂肅曰：病軀不能施禮，子敬勿罪。魯肅吃了一驚，默然無語，良久言曰：公子若不在，便如何？孔明曰：公子在一日，守一日，若不在，別有商議。肅曰：若公子不在，須將城池還我東吳。」以上是三國演義所寫諸葛亮用劉琦來抵擋魯肅要求荊州的經過，雖然就史實的觀點來看，三國演義所寫這一段經過都不是事實，而乃出於虛構。但它卻把諸葛亮像玩把戲一般的玩弄劉琦這一傀儡，卻寫得情文並茂，有聲有色。

事實上，赤壁戰後之初期，劉備本人確未居荊州之主之名，荊州之主之名，是仍讓劉琦担負着的。但這只是劉備當時對內對外的一種手法。劉備當時使劉琦來担負這空名義，在做法上，是和劉備後來表權行車騎將軍，領徐州牧的做法相同的。蜀志先主本紀說：「與曹公戰於赤壁，……北軍多死，曹公引歸。先主表琦爲荊州刺史。又南征四郡」，這都可見劉備當時之所以上表朝廷請以劉琦作荊州刺史，不過表示劉備在策畧上小心謹愼，逐漸運用而已。

劉琦與劉備本來並沒有什麼關係，但內外各種形勢演變的結果，劉琦卻成了劉備的傀儡。在客觀形勢的運用上，他對劉備給了許多方便。而劉琦死的時間，則恰正是劉備自己要作荊州之主的時候，所以，後世有人懷疑劉琦之死是否與劉備有關？甚至是否與諸葛亮有關？

就劉琦的原有立塲來說，劉琦是劉表的長子，長子可望承襲劉表在荊州的地位，而劉備是蓄意謀奪荊州的，諸葛亮替劉備畫策亦是主張奪取荊州的，由此可見劉琦本與劉備處於矛盾與對立的地位。但劉表家庭內部的另一矛盾，給予劉琦的壓力卻大於劉備與劉琦的矛盾，於是劉琦走上了悲劇的命運。

據魏志劉表傳載：「初表及妻愛少子琮，欲以爲後，而蔡瑁張允爲之支黨，乃出長子琦爲江夏太守。衆遂奉琮爲嗣。琦與琮遂爲讎隙」。

在劉琦出任江夏太守之前，由於劉表及其妻欲立劉琮爲嗣，更加蔡瑁張允爲劉琮之幫兇，致使劉琦當時已處於有生命危險的地位，劉琦當時很器重諸葛亮，在劉琦心裏，或者還想結納諸葛亮爲自己在荊州從事人事鬥爭之助力。但諸葛亮卻無意與劉琦深相結合。所以，蜀志諸葛亮傳說劉琦每欲與亮謀，諸葛亮都予以拒絕。對此，蜀志的記載說：「劉表長子琦亦深器亮，表受後妻之言，愛少子琮，不悅於琦，琦每欲與亮謀自安之術，亮輒拒塞，未與謀畫。」

諸葛亮爲什麼不肯替劉琦謀畫呢？主要是劉琦的問題乃家庭內部糾紛問題，而且是荊州牧劉表的家庭內部糾紛問題，對於普通老百姓，已經是清官難斷家務的事，何況，劉表係荊州之主，諸葛亮本人原本只是避亂荊州之難民，隨後雖是劉備的謀士，而劉表本人則是多疑的，若不愼而牽入此一漩渦，則極可能演變爲政治糾葛，從而影響鼎足三分的大計。所以，諸葛亮之所以拒絕替劉琦設謀，很有理由。

後來劉琦「乃將亮遊觀後園，共上高樓，飲宴之間，令人去梯，因謂亮曰：今日上不至天，下不至地，言出子口，入於吾耳，可以言未？亮答曰：君不見申生在內而危，重耳在外而安乎？琦意感悟，陰規出計。會黃祖死，得出，遂爲江夏太守。」從諸葛亮傳所述上一段話，可知劉琦之得以出爲江夏太守，也還是出於諸葛亮的暗示。而諸葛亮的這一暗示，是在劉琦於高樓上去梯後強求出來的。則諸葛亮於高樓上被劉琦強求，自不得再拒絕，但諸葛亮給予劉琦的這一暗示，一方面固然是爲劉琦的安全着想，另一方面則亦還是在擴大劉表家庭內部矛盾，並有將劉琦這一力量予以保留待用之政治意味在，看來，劉琦出外到江夏，似乎是一着閑棋，但後來曹操南征，劉備在長阪坡大敗後走江夏，並糾合劉琦之衆，不下萬人，聯合孫權，以抗曹操，則知諸葛亮這一着棋也不完全是閑棋了。

値得驚疑的事則是劉琦之死，不遲不早，恰在劉備與孫權交換政治利益之後，劉備將作荊州牧之前。本來有劉琦在，劉備要作荊州牧，是還要另費周章的，劉琦一死，劉備作荊州牧，當然就名正言順了。因此，劉琦之死，頗有被劉備謀死之嫌疑。惟其劉備有此嫌疑，所以，三國志作者陳壽才在蜀志先主本紀特別記說「琦病死，羣下推先主爲荊州牧」了。

本刊已經香港政府登記

聯合評論

週刊

每逢星期五出版

United Voice Weekly

第二五五號

督印人：黃宇人　總編輯：左舜生

本報美洲版總經售處美國紐約中美出版社
CHINESE - AMERICAN PRESS, INC
199 CANAL STREET.,
NEW YORK13 N. Y. U.S.A.
美洲航空版每份零售美金一角

毛澤東應先共蘇聯之產

——對中共廿五個問題及總路線評論之五

劉裕畧

毛澤東曾在中共六月十四日覆蘇共函中論述廿五個問題，並提出了國際共產主義運動總路綫。我再三仔細研究這一覆函，我發現所論述的廿五個問題大半都是針對蘇共而發的問題，或者說是大半都是針對赫魯曉夫而發的內部衝突問題。但奇怪的，却是毛澤東在所提總路綫中並未明白提出任何對共黨集團內部尤其中蘇共衝突如何處理的方案。而共黨集團內部衝突尤其由赫毛個人權利衝突所引起的中蘇共衝突顯然密切關聯着整個共黨陣營之成敗，然則，不與蘇聯發生關係的總路綫還能成爲一種正確的總路綫嗎？然則，完全忽視或故意避開中蘇共內部衝突而無所處理的總路綫，還能成爲一種正確的總路綫嗎？我想，誰也知道那是不可能的。

我們曉得：毛澤東在六月十四日對蘇共覆函所提總路綫，不但是毛澤東個人用以爭取國際共產主義運動領導地位的一種綱領，同時，也是打擊赫魯曉夫路綫，從而想由自己獲致領導國際共產主義運動成功的一種政略戰畧。然而，我把毛澤東所提出的這一總路線，全文連標點一百八十個字仔細一看再看，我實在看不出他的完整性，同時更看不出它可以成功的理由。這一百八十個字總路線的原文是這樣的：「什麼是宣言和聲明的革命原則呢？概括地說，就是：全世界無產者聯合起來，全世界無產者同被壓迫人民、被壓迫民族聯合起來，反對帝國主義和各國反動派，爭取世界和平、民族解放、人民民主和社會主義，鞏固和壯大社會主義陣營，逐步實現無產階級世界革命的完全勝利，建立一個沒有帝國主義、沒有資本主義、沒有剝削制度的新世界。在我們來，這就是現階段國際共產主義運動的總路線」。其中，除了「反對帝國主義和各國反動派」一句中所謂「各國反動派」一詞似乎也指着蘇聯而言之外，再無任何地方涉及蘇聯。然而，就是「各國反動派」一詞究竟是否眞的包括蘇聯在內，亦嫌隱晦不明，如果毛澤東故意把蘇聯隱射在「各國反動派」這一隱晦不明的範疇之內，那也恰巧只是表明了這一總路線的脆弱無力。

在毛澤東的心裏，也許自以爲這一綱領性質的總路線所規定的一切非常有力。因爲它一開始就強調了「全世界的無產者」的聯合，另一方面又特別強調了「被壓迫民族」和「民族解放」的要求。但把這些作爲主要內容，既嫌平庸而且都是站不住而且經不起批駁的。

七月十五日蘇聯消息報所發表的米爾斯基的文章，曾說「中國領導人在國際共產主義運動中散佈錯誤觀點」，「企圖把民族解放運動從世界反對帝國主義的力量的總流中分出來，並把它說成是主要的、幾乎是唯一的使帝國主義崩潰的因素」。就馬列主義的正統觀點來講，民族主義當然是可以強調的。但馬列主義者所說的民族主義，只是在適應某一階段的本地氣候而言，換言之，馬列主義者甚至包括斯大林在內，都只把民族主義當作運用的工具，用以煽動經濟落後地區和被壓迫民族去親共反帝，以利便國際共產黨的國際統戰工作之順利展開。至於馬列主義對民族主義的眞正態度則是敵視的，不准許共產黨人眞正信奉的。因爲馬列主義者的立場是無產階級立場，而不是民族或國家立場，馬列主義眞正強調的是無產階級的國際主義而不是民族主義。正因爲正統的馬克思主義的觀點原本如此，所以由於毛澤東在這一綱領性質的總路線中過於強調了民族解放運動的作用，乃被米爾斯基的文章和蘇共的一般報紙指爲種族主義者。蘇聯某些報紙甚至還說毛澤東正在煽動有色人種反對白色人種，正在煽動有色人種的共產黨反對白色人種的共產黨。只因蘇共是白色人種的共產黨，所以，蘇共對毛澤東加的這一頂帽子可以說是很大很大的。比之對毛澤東加上「托派」、「教條主義」、「叛徒」、「忘恩負義」等罪名更厲害百倍，而且其影響之深遠也不可想像。雖然，反過來說，毛澤東爲了要對抗赫魯曉夫，除此一着及其它某些辦法外，似無更好辦法，但客觀檢討起來，毛澤東的這一着，有利亦有弊，若欲以此作爲領導國際共產主義運動之主要內容，則顯然不够。

考毛澤東在六月十四日致蘇共函件中所提總路線之基本目的，無非在求「實現無產階級世界革命的完全勝利」。而毛澤東又一向認爲「美帝」是全世界最大敵人。所以，毛澤東的政畧戰畧思想便一直以爲把打擊力量集中指向「美帝」，從而把「美帝」打倒，共產主義便會在全世界成功。殊不知，毛澤東的這一想法不僅犯了偏執和估計錯誤的毛病，而且也犯了步驟和策畧上的毛病。

（下轉第二版）

關於中蘇共衝突的認識

袁　望

最近中共與蘇共的衝突，已因雙方公開發表互相攻擊的文字而表面化。這種衝突不僅是共產世界中一件大事，而且也是世界政治問題的一大變化；預料在未來的歷史中，對這一事件必有專章論述。我們今日面對這種局勢，必須有以下幾點基本了解：

第一：由於共黨內部常有或大或小的鬥爭，因此比較熟悉共黨歷史的人們，很容易將這次中蘇共的衝突，也看成與那些黨內鬥爭同類的事件。但這種看法是頗嫌膚淺的。因爲中共與蘇共的公開衝突，表示共產國際活動的整體性業已失去。列寧死後，史達林與其他政治局委員爭權，僅是爭領導的問題；史達林死後馬林可夫諸人的互相殘殺，也只是彼此爭領袖權位。這都不影響共產黨整個活動的特性。幾個人爭領袖的結果，必產生一個新領袖；而無論何人在鬥爭中獲勝，大體上並不會改變共產黨活動的目的及方式；所以，那種鬥爭只顯示共黨內部「產生領袖的過程」，並不影響世界問題的實質。

現在，中共與蘇共的衝突，却是另一種性質。這裏並不是爭領袖的問題；甚至也不僅是宗派問題，而是政策上的實質的分歧問題。從宗派問題看，我們固然可以說這是「史派」與「赫派」之爭；但從政策實質看，則毛澤東所眞正反對的，是赫魯曉夫對「世界革命」的方畧，以及對中共的直接傷害——如援助印度，撤退技術人員等等。目前，毛澤東已公開反對莫斯科的「領導」。共黨雖善於騙人：這種形勢却不可能是僞裝的。既然不是僞裝，則今後世界共黨的活動至少會分爲兩部份；各有其基本政策，各有其基本力量。這將使共產黨活動的整體性無法維持。「整體性」如不能維持，則今後世界共黨的活動效率，在實質上必大大減弱。縱使毛澤東爲了威脅莫斯科並表現力量，或者會在最近策動一些事件，但那只是表象而已。在實質上，中蘇共衝突已破壞共產黨的整體性，因此，在客觀上有利於世界的反共運動。這是我們首先應當了解的。

第二：關於這種衝突在未來的可能發展，我們雖不能輕易預測，但至少可以確定一點，即是：無論在作理論及宣傳鬥爭時誰佔優勢，中共斷不能推翻赫魯曉夫的勢力。這可以分兩點說。

先就「世界革命」的方畧說，不論中共怎樣博引馬列著作來駁赫魯曉夫，赫魯曉夫的主張是有客觀形勢支持的。今日核戰的危險性，並非一信仰或觀念的問題，而是一個事實問題。只要事實上核戰會導致人類全面的毀滅，則赫魯曉夫避免大戰的主張即無法反對。毛澤東及其左右，本不應不了解這點道理；他們會在這一點上反對赫魯曉夫，正與幾年前大鬧「煉鋼」的笑話同樣，難以解釋。但煉鋼本身雖愚蠢，却另有目的。這次中共反對赫魯曉夫的緩進革命政策，或許也是如此。但不論如何說，在已定的客觀形勢下，中共無法尋出一條可通之路來代替莫斯科目前的路線。

再就統治的成績說，中共統治中國十餘年，目下只造成普遍的飢饉與貧困。而赫魯曉夫統治下的蘇聯，則人民生活有顯著改進。只這一點已足使羣衆寧願擁護赫魯曉夫，而不會去對毛澤東的路線懷甚麼熱望。何況，除此以外，毛澤東的路線有濃厚史達林氣息，而史達林之殘忍又正爲人民所深惡痛絕；毛澤東究竟憑甚麼能使群衆背赫而向他呢？羣衆如並不嚮往毛澤東的統治，則我們很難想像毛澤東路綫如何能打倒赫魯曉夫路綫。

所以，我們倘若就大處觀察，則可以知道，中共想推翻赫魯曉夫的勢力，實在沒有可成功的因素。無論在「世界革命」的政畧方面，或在統治成績方面，毛澤東都很難贏得羣衆的擁護。

第三：就中國問題說，我們却也不能以爲中蘇共之衝突對目前形勢有甚麼有利的影響。因爲，雖如第一點所說，這種衝突已破壞共黨活動的整體性，因而會削弱其活動效率；但這種「削弱」在長的全面活動中方能表現出來。就中共對中國大陸的統治講，一時不會有甚麼影響。毛澤東雖沒有推翻赫魯曉夫的力量；赫魯曉夫目前對中共的壓力，當亦止於撤退技術人員，停止援助，再加上破口大罵攻擊而已。正如毛澤東不能使蘇聯羣衆跟他走反赫的路線，赫魯曉夫亦無法使中國內部羣衆反毛。而且，毛澤東可能利用中國的民族感情，在反蘇運動中更提高他的「威望」；中國羣衆對馬列理論雖無興趣，但在「出氣」的情緒要求下，多半仍會跟着中共走的。我們不能幻想，中國大陸內部由於中蘇共衝突會有甚麼變化。

至於國際間反共形勢，在目前也沒有特別有利於中國反共運動的新因素。毛澤東目前在共產世界中的處境，雖然大大不利，但國內的統治不會自行崩潰，我們也不必多作幻想。

總之，中蘇共之爭雖在某一意義上表現共產世界之動亂與衰萎，但對中國反共運動不會有很快的影響。中國的反共者只能將希望寄在自己身上。倘若反共勢力自己不能成長，則縱使有利機會到來，也無法運用。這是比以上各點更爲基本的，更爲重要的。

毛澤東應先共蘇聯之產

——對中共廿五個問題及總路線評論之五

劉裕畧

（上接第一版）試想：毛澤東就能憑「全世界無產者聯合起來」與「民族解放」這口號性質的雙鉗攻勢就把「美帝」打垮嗎？從而就把國際共產主義運動領導成功嗎？誰也知道那是太不量力的。

又試想：美國固然是今日世界的富強國家，但蘇聯何嘗又不是今日世界的富強國家呢？共產黨人一直只在謀劃如何去共美國之產，卻從未計劃或提出要求以共蘇聯之產，那末，誰能相信共產黨人的共產之法是公平的呢？難道只有美國之產該共，而蘇聯之產不該共嗎？若毛澤東認爲蘇聯之產不該共，只有美國及其它自由國家之產該共，那末，毛澤東在中共六月十四日覆函提出的總路線所說「逐步實現無產階級世界革命的完全勝利」又怎麼是可能的呢？毛澤東既已肯定「無產階級世界革命的完全勝利」的方法是在「逐步實現」，那末，難道共產黨人不該先共蘇聯之產，再共「美帝」之產，以逐步實現嗎？所以，我把問題檢討到這裏，便得出一個總結論：「毛澤東應先共蘇聯之產」。

毛澤東之所以應先共蘇聯之產，還有如下許多理由：

一、就毛澤東個人講，赫魯曉夫死後或垮台後，或者是毛澤東本人死後或垮台後，中共與蘇共誠然並非全無協調之可能，但如赫魯曉夫不死不垮或毛澤東不死不垮，則赫毛個人權利衝突必不能調和，同時，分別由赫魯曉夫及毛澤東領導之蘇共與中共之間的衝突亦必不能調和，則可斷言。再就目前趨勢看，赫毛個人權利衝突實已發展到短兵相接的公開階段。雙方過去對於這一衝突都一直在瞞隱，但現在中共固已公開鼓動和煽動蘇共推翻赫魯曉夫之領導，而赫魯曉夫現在亦已公開煽動和鼓勵中共黨內能有推翻毛澤東之行爲了。所以，這一衝突，無論對赫個人或對毛個人而言，都已勢成騎虎。去年我曾經在本刋寫過一篇有關毛澤東的文章，題目是「毛澤東的四面危機與五條出路」，事實上，就毛澤東個人處境來看，可以說他現在的危機是更深了。不過假如毛澤東能對赫魯曉夫展開澈底而有效的鬥爭，却仍不失爲毛澤東當前出路之一。但毛澤東現在對赫魯曉夫的鬥爭策畧如何呢？如上所述，仍只限於一些平庸的方法而已。毛澤東要想以這些平庸方法就把赫魯曉夫鬥垮，真是戛戛乎其難。我以爲假如毛澤東今天能够在共黨陣營中，登高一呼，堅決主張各國各地共黨應先共蘇聯之產的話，我相信赫魯曉夫及其所領導之蘇共中央，必感大禍臨頭、同時，經濟落後國家和經濟落後地區以及其它許多正受蘇聯經濟壓搾之共黨政權，均將支持毛而反赫。因此，這才是毛澤東眞能打垮赫魯曉夫的一個有效方法。

二、再就今日中共所控制的中國大陸及其它許多國家的經濟情況論。毛澤東近年已認識到中國大陸的人民是「一窮二白」。中國大陸人民既然是這樣的窮，那末，試問僅僅在中國實行共產制度又有什麼意義呢？假如中國人民富足，則不患寡而患不均的話，尚有重大意義。雖然，馬列主義是反對平均主義的，但馬列主義仍最要對資產階級小資產階級甚至還要對工商人士和地主進行清算鬥爭的。不清算不鬥爭，中國大陸的大多數人民早就是窮，再來幾次清算鬥爭的結果如果仍然是窮，那末，共產主義在中國之推行豈不是多餘的事？由此可知，如果中共只在中國一國之內共產，那實在是無聊的。徒然殺害人民，多一些破壞的。但是，假如毛澤東能够去共蘇聯之產，則情形就不同了。尙有一種希望可說。這希望便是中國大陸可以因此而獲得蘇聯的一部份財富和資源，更可以大家分到一些工業設備。此外，科學發明與核子成就也可不再成爲蘇聯一國之秘密，而可以成爲共產黨人所謂「社會陣營」的公產。這樣一來，整個共黨集團豈不更加團結強大？以上是僅就中國大陸的經濟及科學技術落後的情況加以檢討所得到的結論。事實上，亞非兩洲所有國家和其它地區許多的共產黨的處境原皆如此，所以，毛澤東倘能就此登高一呼，確定如下一個總路綫：「要逐步實現無產階級的世界革命的勝利，必先共蘇聯之產，再共美國之產」。那末，毛澤東就眞能鬥垮了赫，並使中共從蘇共手中奪得國際共產主義運動的領導權，從而使整個共產集團，無論在本質或外貌，無論在策畧或方法，都爲之改觀！

三、再就馬列主義的理論及思想來說：馬克思原本未嘗預料共產黨人的所謂革命會最先在俄國成功。依照馬克思的看法，共產革命最先成功的國家將是資本主義最發達的國家。因爲資本主義最發達的國家也就是最具「革命品質」最多的工人的國家。只有具有這種最好「革命品質」的工人人數最多的國家，革命才容易成功。所以，馬克思也好，恩格斯也好，做夢也沒有想到共產革命最先會在工業並不發達而且農奴制度才廢除了不久的俄國成功；馬克思當然更沒有想到俄國經列寧之手而成了「共產主義祖國」之後，俄國革命雖然比其它國家早了幾十年，東歐衛星和中共在中國大陸之出現，則比俄國竟然會遲到幾十年。不要小看這幾十年，它們彼此相差的這幾十年，却已不可避免地使蘇聯與中共北越等政權就在經濟發展的階段上有了極大的差異，從而形成一種新的經濟矛盾[illegible]是馬克思[illegible]沒有預料到[illegible]。[illegible]大林在世的時侯，所有各國各地共產黨均應優先保衛蘇聯這一共產主義祖國，曾爲各國各地絕大多數共產黨人所承認所奉行，但最近幾年，蘇聯因過去以往幾十年的辛苦累積的工業成就已日益顯著，因此，不但蘇聯成了富強國家，而且蘇聯人民之今日生活已比十月革命成功後初期俄國人民生活之困苦大大地有了改善，甚至可以說，今日之蘇共固然已經成了一種新階級，今日之蘇聯人民生活也絕不同於今日之中國大陸之人民生活與今日北韓今日北越之人民生活，而辯証唯物主義原是强調「存在決定意識」，「經濟是一切社會結構的下層建築」，毛澤東更倡言「政治是經濟的集中表現」的，那末，蘇聯現存經濟情況與要求對中共北韓北越等現存經濟情況與要求發生尖銳對立，當然也完全在馬克思與列寧諸人想像之外了。而另一方面，蘇聯尙負有對整個自由世界作各種鬥爭之主要任務，爲蘇聯計，事實上它不得不走一種國家資本主義及對共黨集團內部其它國家實行帝國主義式的經濟掠奪與壓搾的路。這也就是今日之羅馬尼亞反對蘇聯的經濟計劃與控制之所以然；當然，這也同樣就是蘇聯不可能給予中共北韓北越等以眞正無私的援助的所以然。七月二十日蘇共把與中共在莫斯科的會談結束後，立即不顧羅馬尼亞的不滿而在莫斯科迅即召開了與東德波匈捷保等國經濟會議的原因亦在此。事實上，今日東歐衛星國有些人士與中共北越等地的某些人士，已感到蘇聯之經濟計劃與經濟措施只在把蘇聯建立成一個工業帝國，其它則皆不過使之成爲或者是發展輕工業或者是發展農業的經濟附庸，有如資本主義國家之於殖民地。所以，北越共黨首領之一黎箭最近會發表文章要在經濟上工業「自力更生」，反對蘇聯對它的農業化要求，所以倘若毛澤東能振臂一呼，主張先共蘇聯之產以解除「社會主義陣營」自[illegible]的經濟矛盾，必[illegible]獲得共黨集團內[illegible]之普遍響應，實無可疑。屆時，團結在毛澤東周圍的，必將不止北韓北越等目前少數國際共產黨了。

再進一步看：如果毛澤東不先共蘇聯之產，則將來縱然把「美帝」打倒，而且縱然赤化了全世界，屆時，蘇聯之經濟情況不過又是共產世界中之第二個「美帝」。未來的赤化世界將仍是一種經濟上的不平衡。那末，所謂無產階級的世界革命成功還不也是毫無意義的嗎？我們曉得：馬克思原本認爲國家不過是一種鬥爭工具，到某個階段，「國家」的界限便應廢除。誠然，馬克恩未曾規定在所謂無產階級的世界革命未成功前，共黨國家與共黨國家之間應先共產。但馬克思却也並未規定共黨國家與共黨國家之間不可先行共產。同時，馬克思既已認定國家不過是一種對外鬥爭工具，終久要予廢除，那末，根據「社會主義陣營」現階段的具體情況，把馬克思主義向前發展一步，「社會主義陣營」內部各共黨國家或政權對外仍保國家獨立或政權獨立之名，對內則先行共產之實，就馬列主義之理論及思想本身而論，這應該是一種眞正的發展。

我最近曾在聯合評論連續寫文評析毛澤東在中共六月十四日致蘇共覆函所提廿五個問題及總路綫。我曾經肯定毛澤東六月十四日提出總路線之動機在爭取他在國際主義運動中之領導地位；我又曾經肯定毛澤東現已而且勢將繼續領導一部份國際共產黨；此外，我又還說阿爾巴尼亞的共黨領袖霍查雖是最先反對赫魯曉夫的晁蓋，但坐上反赤陣綫第一把交椅的却是毛澤東。所以，毛澤東今日之反赫鬥爭既已勢成騎虎，就應一不做二不休，乾脆號召各國各地共黨先共蘇聯之產。因爲蘇聯既然完全自私，不是眞正能給各「兄弟黨」以無私援助的「老大哥」，而是新階級形成的共黨帝國，那末，就算它鬥爭它，自屬應該，先共蘇聯之產，也就成了千該萬該的事。問題只在毛澤東究竟有無此一胆識而已。

以上是我站在被批評者立場來檢討被批評者的主張所得的一種結論。我們曉得：凡是批評，有兩種尺度可以經常使用：一種是站在自己的立場，用自己的主觀標準去批評對方的優劣長短，一種是站在被批評者本身的，衡量其本身之得失。本文是屬於後一種。換言之，是站在毛澤東立場替毛澤東設想的一種。如果站我個人[illegible]貫反共的立場來評毛澤東六月十[illegible]日致蘇共覆函各[illegible]，可以說，毛澤[illegible]的論述一無是處[illegible]而且毛澤東既受[illegible]赫魯曉夫的打擊[illegible]求嘗蘇聯之首席[illegible]才而不可得，毛[illegible]東就該大覺大悟[illegible]行己有恥，把馬列主義的緊箍咒完全拋棄，解散共產黨才是。然而，毛澤東的腦子中馬列主義之毒巳深，其本人殺人放火倒行逆施，不到彼推翻的一天，根本不會覺悟。所以，我一向主張堅決反共，乾脆澈底完全打垮毛共，而不對他作任何幻想。本文認爲毛澤東原應以先共蘇聯之產作爲總路綫之主要內容，而毛澤東却智不出此，只提出了一些平庸方法，顯見毛澤東的頭腦畢竟越來越貧乏了。

「兩個中國」之見並不合於現實

幼椿

近兩年來，我在美國報紙上常常看見「兩個中國」的說法與主張，說去說來，大都認為中共佔據中國大陸十年以上了，統治着六億人口，這是一個現實；而台灣則只統治大陸以外二三千萬人，美國去承認中華民國，認為他是代表全中國的，這是不合於現實的。然則讓北平將台灣這一個中華民國的象徵抹去了罷，美國又不願，而且還用第七艦隊保護着它；不然，就讓台灣的反攻復國的國軍去登上大陸拚一拚罷，美國以聯防協定為言，又不答應這樣做，於是美國少數政論者，便在六神無主之下，提出這一「兩個中國」的見地來！

這兩年間，自美來港的美國研究中國近代史，特別是研究中共起源及其發展，向我們訪問的學人不少，大都皆不談這一所謂現實問題，間有一二向我們問及者，在我個人，直諸不答，因為答復起來，不免要批評這是一個幼稚的想法，有點得罪朋友，或竟誤解了他們自以為是的善意。

昨讀航郵寄來七月二十日紐約時報，內有兩篇涉及這問題的：一為楚門布爾（Robert Trumbull）寫的「美國與兩個中國」，一為阿凱因（Lawrence Okane）寫的「台灣說客」事件。美國的議員先生們中，有甚畏所謂台灣說客者，足見其六神無主。因為如果自己心中認識得明白，早有定見，又何懼於「國民黨中國」的說客！美國的所謂「名記者」史諾（Edgar Snow）前年會過毛澤東等回美發表了長達八百餘頁的「河的那面」一書，內容大半在替中共解釋說中國大陸之糟並不如外間所傳之甚呢？這又是不是一「共產黨中國」的說客呢？何以美國國會外交委員們要追究「新領袖」雜誌三千美金的來源，而便忽視史諾之書，究竟有無「人民幣」的外滙在說話？

這且不言，我們只看楚門布爾這篇「美國與兩個中國」文字的小標題：「承認在台灣的制度時，華盛頓就得面對北京的現實」。於是在這一題下，作者便列舉一連串的現實出來：首先說在「官式上美國是承認台北國民黨制度是合法的政府，而另一看法，美國政策又秘密的在承認中共統治中國之一現實，因此纔有不斷的非正式的美國大使與中共大使在華沙的會談。」換句話說，華盛頓在這一作法下，算是暗地裏承認兩個中國了。然而作者又轉筆大意的寫到，「美國官方人士既認為蔣介石總統的力量實不足以取現有北京制度而代之」。但又恐「蔣的地位不穩，而應予以繼續支持，故在美國官方最後，還是否認有「兩個中國」的懷抱。」換句話說，還是不打算公開的承認中共。

這篇文字相當長，在主張「兩個中國」的美國人論調裏，這篇比較的算是不大離譜，但對台北的中華民國政府仍多譏誚語句，如像懷疑「台北的政制去稱為全中國的真正政府，乃是一個「神話」式的政體（Mythocracy）這是所謂Barbarism的造作名辭，可譯為「神話政治」的或虛構的制度），不過，文字雖長，仍無結論，雖然一方面懷疑「大陸出了大亂子，蔣是否能重返政權」，而一方面又懷疑「這一神話式政體是否可以久存」，似對台灣仍無好感。」總而言之，這仍是一篇六神無主的「兩個中國」之論！

因此，我覺得要說現實，非將現實（Reality）之所謂現實，先弄清楚不可！譬如說，我在香港，香港有三百多萬人，這對於我，乃是一個現實；但是這一現實並不與我完全相干；所相干者，我在專上書院教書，往來的多是教育界或文化界的朋友，我在論政，約集的多是政見相同的寫作者，其餘的大多數人的現實，可以說與我並不相關。但如果我不是教書的教授，而是推銷可口可樂，或者專賣駱駝牌香烟商人，我所面臨的現實自又不同，大多數人的口味這一實現，便與我推銷汽水或香烟商大有關係了。因是，所謂現實也者，要看與我相干不相干；而相干與不相干，要看自己的立場如何而定。我覺得美國的「兩個中國」論調之所以並不合於現實，乃是在自己立場上，顯有問題之故。美國的立場，如果能明白的表示出任何不說是政制的國家和平共存，並不去問這些國家顏色，赤與不赤，反美與不反美，而都要予以承認，中共自不例外。照這樣明確立場，我無再有立場不明的批評；但我還是要贊上一句：為什麼華盛頓不公開承認赤色的古巴，而去與大鬍子卡斯特羅講朋友呢？

我這質問的一句話，七月十九日的紐約時報「與古巴共存」一題下就答復明白了：「因為卡斯特羅與其拉丁美洲共產革命國度裏煽動共產主義之下，所以美國政府要孤立卡斯特羅政權，不能容許此種方式，去使這惡劣的偽裝的，悲劇的，危險的政權趨於滅亡。」然則中共在亞洲，就對美國不惡劣，不偽裝，不悲劇，不危險了嗎？南越前線，南韓前線，寮國前線，就不等於弗羅里達海峽的前線嗎？何況南越、南韓與寮國的偽裝部隊，中共的軍隊有時炮火相持之中，美國軍人被捉被殺，連美國陸空軍人被捉被殺之比加勒比海的風雲還多變幻呢！

半月前，有一位美國遊客經介紹特來訪我，提出今年聯合國大會席上又要討論中華民國的席次問題來問我。他說：「如果今年中華民國的席次討論得不到多數票的話，又如果提出兩個中國來可以得着多數票的話，你看結果如何？」我說：「你的兩個假設，我還沒有研究，不便在「如果」字樣之下說肯定的話。勉強要說結果，則這結果必然意味將到聯合國裏，中國將無有代表去參加了！」聯合國參加將中美國的現實看法不合，只有美國人自己去考慮罷！」

五二、七、二七

論閩浙人民協助登陸游擊部隊

孫寶剛

中央社台北廿七日電：「我游擊隊在浙江南部以及閩浙交界之處獲得一連串登陸成功後，中共業已加緊其對此地區的警戒。根據一個從浙江逃出的難民報導，在此兩省沿海地區的居民，正隨時和台灣前往登陸的突擊隊一再採取合作。……該難民稱：此項反共人民在表面上表示和共軍部隊合作，暗中則對游擊隊給予支持，特別以共軍部隊調動情形通報突擊部隊」。

這個消息，在許多反共的人士看來，是一個非常可以興奮的消息。認為過去十餘年來，天天叫反攻，現在真的在開始了。其實，真的開始了麼？

遠在十五年前，那時共黨才席捲了整個大陸，許多反共之士，蜂起參加游擊隊，內中有些人士以香港附近的島嶼做游擊根據地，進行着游擊戰。我那時才到香港不久，正在辦一份雜誌叫「民主與自由」。我在第二期上就寫了一篇文章，認為游擊隊決無前途，徒然犧牲了千千萬萬熱血志士的生命。當時許多朋友看了我這篇文章就來責難我，認為不管我的理論對不對，能有人去打游擊總是好的，我不應該潑冷水。中國古語不是說：「知其不可為而為之」，所以即使我的話對，也不應潑冷水。我當時就說，知其不可為而為之，乃是在不得已的情況下，想不出第二個辦法，而環境已四面楚歌，不容你歇手，也不容你暫時撤退，以待再舉，那時才可知其不可為而為之，拚到底，為止。這樣的情況，在政治上很少的，唯有在小部隊的戰鬥中，給敵人包圍了，才有這種情形。一個民主運動者，應當以其所知，告訴人們，要人們訴於理智，在理智的抉擇下來發為行動。決不可鼓動人們去作無謂的犧牲的。後來，所有游擊戰的情形，果不幸而言中，所有游擊隊都被共黨所肅清，而所有參加游擊戰的人們，也都白白犧牲了。

現在依據上述的消息，台灣在作游擊戰了。不過依據上述消息，祇提到一連串的登陸成功，登陸以後怎樣，游擊隊的數量怎樣，都沒有提及。但依據我最近在報紙上或口傳的消息所得：所謂登陸的游擊隊，大概在一二十人一隊的樣子，有的登陸便給共黨殲滅了，有極少數是在沿海打了一個轉回來了，假如這一消息是正確的話，那麼，我們如以游擊戰來形容這一類的動作，未免有些過份誇大。

在軍事上來說，當兩軍對陣，有時候對於敵人警戒線後的某一點的情形不大清楚，而急需知道，但藉斥喉或便衣偵探的力量，又不能達到目的，於是一二十人所組成的一個戰鬥單位去做威力搜索。易言之，以戰鬥的行動，進入那個地區去搜索所需的情報。待目的已達，即形撤回。

台灣現在所實施的所謂游擊戰，大體和此相似。所以嚴格說起來，這是威力搜索，決不能稱為游擊戰。但是在這裏我要連帶說明，威力搜索大概是在兩軍對陣間，為了要知道某一個戰鬥的，最多是戰術的情報，才實施的。假如為了戰略的目的，那就決非這一類的威力搜索所能達成。因為這類威力搜索，人數祇有一二十人，雖然配有武裝，火力究竟有限，並且輕裝而去，持久性也是有限。所以祇能作小而淺的敵人警戒線後的搜索。不能作深入敵地的廣濶範圍的搜索情報。

假如我上述的解釋不錯的話，我對台灣派出這些威力搜索隊便有些疑問了。因為今天台灣和大陸對峙是兩個極大的軍事力量的對峙，一個擁兵幾百萬，另一個也有幾十萬。而雙方還有一海之隔。就軍事上而言，今天台灣要的情報似應為敵人的軍事政策，國防設施，軍隊組織訓練等等，國防性的和戰略性的情報，對於戰術和戰鬥範圍內的情報似無必要。那末，台灣在今天派出這許多搜索隊，是否有當，我是有些懷疑的。

並且據我所知，台灣派出這些威力搜索隊，還希望他們能長期的支持在大陸上。假如真的如此，那我真要說，台灣太昧於大陸的情形了。以大陸今天的情形說，我們祇能說，大陸的政權在逆轉，已經開始有崩潰的跡象，但決不能說。大陸政權已失去了控制力，而大陸的特務和情報人員也已完全腐化。所以這幾十個武裝的兵員，進入大陸以後，可以長期支持下去，使大陸特務和情報人員無法知道，即使知道了也無法消滅。假如我的意見是對的話，不是白白的犧牲了這些兵員的可貴的生命麼？

或者我們可以退一步說，這些小部隊上去祇少可在沿海一帶起騷擾作用，使共黨在沿海一帶不能安寐。這話雖然不錯，不過，依我想，所謂不安者，大多數是沿海的人民，和一小部份沿海的防守部隊而已。對於共黨的政權以及中共的政要，完全沒有影響。以台灣的地位，應以中共的政權為對象，應在勵精圖治，以怎樣去打倒中共這個政權，騷擾沿海的人民和中共防守人員，不是把自己看得太低了麼？

有些人說，台灣的這種騷擾行動目的在製造幾條新聞，使已經遺忘了台灣的人們，或對台灣失望的人們，能耳目一震，於是使他們在不自覺中，生出一種錯覺，以為台灣真的要反攻了，中共政權崩潰在即了。假如這種說法，真的說中了的話，那又太簡單了，因為這樣的行動，到了相當久的時間以後，人們又不足為奇，而認識到其最大限度的意義。可是反過來，需要維持這樣的行動相當久，倒是需要相當的人力和物力去犧牲，以今天台灣來說，不能不說是一個相當重的負擔。

我希望台灣的當局能真正瞭解台灣和大陸今後的真正形勢，以及世界的真正形勢，作出一套真正有效的反共的政策來，才能在相當時間，真能舉反共之效。依我看，今後的情形，軍事更失去重要性了，恐怕經濟、政治和外交，仍是將來決定勝負的主要因數。

台灣簡訊

志清

一、國大代表以破布冒充尼龍襪出口，騙領獎金

國民大會代表汪波開設針織公司，自任董事長，竟與報關行不法人員勾結，虛報出口，騙領外銷實績獎金五十八萬餘元，經台北地檢處檢查屬實，於七月十九日分別以詐欺、瀆職等罪提起公訴。本案被告共有六人：

一、汪波，五十六歲，恒興針織公司董事長，住台中市建國路五十一號。

二、楊渭澄，三十三歲，北市正中尼龍公司總務，在押。

三、盛元德，三十一歲，基市宏德報關行負責人，在押。

四、余振元，四十三歲，大華永報關行職員，在押。

五、鄭柏光，四十二歲，台北關驗貨員，在押。

六、李成章，卅九歲，基隆隆光船務行職員。

據起訴書指出，被告汪波負責恒興公司實際業務，五十年十一月及五十一年四月，該公司先後申請獲准進口國外委託加工尼龍絲一萬公斤，此項原料依照規定應繳各項稅百分之九十五，惟政府為發展經濟，利用台灣機器及勞力獎勵加工品外銷，對於申請原料進口加工外銷者，均准將應繳各項稅捐暫繳半數或全部記帳，俟加工成品出口時，以海關之出口證明書向國庫辦理退稅或冲帳手續，而不法廠商認為該項原料進口，如運在台灣銷售，不惟可獲厚利，復可免開發票偷漏稅捐，虛報出口尚可將應繳之稅金退回或冲轉，間接並增加出口實績，又可據此向有關機關聲請更多之原料進口，被告汪波因見有利可圖，遂將該項進口之原料非法內銷。並勾串楊渭澄以破布冒充尼龍襪，辦理假出口，汪波除出售進口原料已獲一筆不法利益外，又領到滯納保證金台幣十七萬〇四百二十元，監督出口保證金十三萬一千四百元，外銷實績獎金二十八萬三千五百元。至於該一萬公斤保稅之担保品銀行優利存款單等約為新台幣七十九萬餘元，則經雙方協議全部由楊渭澄領取。楊於事後領獲該款後，即分三十萬元與盛元德，盛又分七萬五千元與鄭柏光，分九萬元與余振元、李成章二人。

二、監察院糾舉大批關員

監察委員陶百川、衡權、于鎮洲、于俊生等四人以十五名海關人員在虛報出口案中，違法失職，致使國家蒙受重大損失，特提案糾舉，經監委張岫嵐、葉時修等五人審查成立，於七月十八日由該院移送行政院財政部依法處理。被糾舉的關員包括台北和台南關的稅務司在內。

據糾舉書署稱：「財政部台北關四等稽查員周樂書，本口稽查員康濟民、楊人俊及洪紙票，辦理結關手續違反規定，不憑大副收貨單，而僅憑退關單擅准結關，殊屬不法，超等監查長蔡國光、白慶國、袁慰親，二等監查長李百龢，一等副監查長周景松，一等監查員劉傳芳，對所屬職員之上項違失行為，自有應負之責。三等二級稅務員李章富，二等一級幫辦王恩，負責核對艙單，未能查出正副本不符，釀成嚴重後果，殊屬不合，驗貨股股長任誠，對直屬驗貨人員黃明道等之貪贓枉法，怠於防範，疏於覺察，顯係違失。台北關稅務司吳熙，對所屬職員多人多次多時之出口退稅舞弊案，及台南關稅務司林聯芳對二十五批出口退稅舞弊案，俱有監督疏失之咎，為嚴肅紀律，整頓關務，除二等驗貨員黃明道，一等驗貨員金恒瑞，一等副驗貨員鄭柏光，超等一級驗貨員李汝勤，本口稅務員蘇文燦，支關稅務員丁邦礎，關警任熾強等已經法院起訴，並由本院另案糾正外，特依監察法上列各員提案糾舉。」

三、台灣銀行貸款以多報少

——由特權人物担保無法收回——

台灣省議員黃堯及李源棧兩人，揭發了台灣銀行貸款的一大秘密，據該行總經理毛松年報告，該行貸出的款額為七億三千三百萬元，貸款人是本省現有的二十四家紡織業。但據黃、李兩議員的調查所得，該行借出的款額已超過二十億，約為毛總經理所報告的三倍，而這些超出的借款並無任何抵押，僅由若干特權人物的介紹或作担保人，迄無法收回，事實上已成了呆賬。據悉：所謂特權人物是誰，黃、李兩議員並未指出，但人們都知道除了太子派而外誰有此資格向台銀借款不還，而該行還要代守秘密？

四、市公車處又出皮漏

台北公共汽車管理處最近因發現大批來路不明的材料，竟有八十餘輛公共汽車因「待料」而停駛，街談巷議多以此為話題，認為正是蔣「總統」提倡「動員」、「革新」、「戰鬥」的最好示範。唯其能動員，所以大批來路不明的材料才能神速的進入了該處的材料庫；唯其能戰鬥，所以有人提出查究，他們便來個待料停駛。但好戲似乎不僅此。七月二十日，該處業務員王尊賢忽又向台北地檢處檢察官周德美自首，據供稱：他在車管處經辦出售學生月票職務，因其弟出國留學，挪用了公款十餘萬元；以後經營養鷄等副業失敗，又連續挪用了數萬元公款，共挪用二十餘萬元。

因他所經售的學生月票無存根聯，所以出售後以多報少，祇要在報表上做了假賬，即不易被查出。他挪用公款行為，是自四十九年開始，最多的一次，是在一日之間挪用了一萬元。

但據市公車處透露：依據王尊賢經手售出的學生月票所短少的數字計算，他所挪用的公款實為七十萬四千元。依照規定，王尊賢在票務股，辦理的售票業務，是由各校向該處統購的學生月票部份，依照該處規定，售票員所售的票款，均須於當日繳交公庫派駐該處的收款員，並須於次日十時以前報，填具車票結存日報表，具售票營收統計表，連同學校申請購票單及公庫繳款單送主計室核查，而主計室亦須逐日檢查票務股領用的票數與繳款單及實存票數是否相符。因此，他能挪用鉅額公款，先後達四年之久，何以有關單位始終未能查出？顯見本案的內情並不簡單。

檢察官的寶箱失竊記

靜吾

（台北通訊）剛於週前被監察院彈劾的台北地檢處檢察官熊家會，七月二十七日又成了報紙上的頭條新聞人物。事緣他於今年三月承辦偵訊虛報出口案期間，曾向刑警大隊報稱保險箱失竊，但後來又通知該隊不必追查。此事因警檢兩方均守口如瓶，未為外界所悉。七月十八日台北某晚報予以透露，才引起廣泛的注意：認為熊檢察官忽而有鉅款失竊，忽而又請不必追查，其中必有隱情。尤其是在虛報出口案發時，不法廠商曾企圖以鉅額賄款買通法院承辦人員，台北地檢處另一檢察官王鎮所收受的一百餘萬元之賄賂仍下落不明，而熊家會在起訴該案時，竟將主犯之一的蕭柏舟予以不起訴處分，蛛絲馬跡，更增加人們的懷疑。

陶百川函說經過

監察委員陶百川看了某晚報之後，立即致函監察院，認為本案頗可重視，請由該院函請司法行政部查覆，原函如下：「本月十八日下午，從晚報中閱悉假出口退稅案有關之某官員有鉅額美金鈔票失竊，正由我調查云云，查彼時我尚不知有此事，次晨接得報告一件，內稱：『熊檢察官……購買一只保險箱，內裝美鈔一萬元，該款竟為其原配夫人知悉，特請該保險箱行老板為其配置鑰匙，經該行老板婉拒，旋為其伙計將鎖啟開，因美鈔藏於保險箱夾層櫃內，未被覓見，因鎖已損毀，不能恢復原狀，乃央請該行以五百元代價更換，事為熊檢察官返寓發覺，趕至三重市，啟開原箱，僅餘百元左右，其餘一萬元美鈔，已不翼而飛，經報告刑警大隊，由林副大隊長指派三組王承琳負責偵查，事後熊檢察官於思慮之下……復請刑警大隊暫停偵查，……』

「我即電詢林副大隊長，旋據覆稱本年三月間熊檢察官曾向李隊長報告鐵箱內一萬一千元台幣失竊，經派王員偵辦，其情節與上函所說大致相同，惟一稱美鈔，一稱台幣，而原箱啟開後，所發現剩餘之鈔票則為二十元美鈔，而非台幣，後經熊檢察官通知刑警大隊不必繼續偵查。」

查本案頗可重視，擬請本院函請司法行政部查覆。」

商行負責人道出經過情形

七月二十一日聯合報載，華昌鐵櫃行一位負責人說：熊檢察官所使用的一只保險箱是本行賣出，熊太太打電話到本行來說是保險箱鑰匙遺失，經派姓吳的伙計前往熊家開啟保險箱，箱內究竟有何貴重物品，本行不甚清楚，因保險箱之鎖毀損不能恢復原狀，另以三百元代價更換一只新保險箱，舊保險箱由本行送三重市工廠修理，但該保險箱尚未修理，熊檢察官即與刑警大隊人員到本行，熊說該保險箱內尚有手槍及美鈔及珠寶等貴重物品，旋由本行老板陪赴三重市安慶街五十八號本行工場將原保險箱開啟，並將該只保險箱攜至博愛路本行門市部暫時保管。後來熊檢察官和刑警人員又說是沒有什麼貴重東西，只有少數的美鈔。

另據前往熊家開啟保險箱的華昌鐵櫃行姓吳的伙計說：恍惚記得熊太太打電話請去開啟保險箱是在本年四月初的一天上午，因為老板說熊檢察官是本行顧主，熊太太是熊家的女主人，她要求開啟保險箱是本行應當服務的，他於開啟保險箱後，只看見面上的衣服，旋即走避至客廳，該保險箱內究竟有何貴重物品，他因未目睹熊太太清查，所以不清楚。因為該保險箱的鎖已毀壞，熊太太要求更換一只新的，並補貼本行新台幣三百元，熊太太並曾要求本行老板告訴她的先生所用原保險箱的密碼，但本行並未告訴熊太太。

聯合報稱為「百寶箱之謎」

據刑警大隊林副大隊長答覆陶百川委員的查訊，所稱熊家曾在向刑警大隊報告失竊時，曾說保險箱內有一萬一千台幣；但原箱開啟後所發現的剩餘鈔票則為美鈔。又據聯合報載，華昌鐵櫃行負責人也說，熊家曾與刑警大隊人員到該行時，熊說：「箱內有手槍、美鈔及珠寶等貴重物品。」並未說有台幣，足証箱內所存的是美鈔而非台幣，已無疑慮。但一萬元以上的美鈔被竊，熊家竟不欲追查，顯見其別有隱衷。七月二十一日聯合報刊載此一消息時，除了以大字標出「檢察官離奇失竊，保險箱幻化萬千」而外，還有一則短評，題為百寶箱之謎，頗可幫助海外對本案的了解，特介紹於下：

「假出口案眞是一件「高潮迭起」的案件；本案的被告計有官商十餘人，已成為一股波瀾壯濶的高潮，繼而由本案牽出了朱逸民、王琪、莫熒、王鎮等涉嫌詐欺及共同瀆職一案，由此案外之案又湧起另一股新的高潮。再由該案被告王鎮聲稱遭受刑求，控告有關司法官員以至於司法行政部長，同時其妻向立、監兩院請願，立法委員為此展開質詢，監察委員為此調查，終至監察院為此對台灣高院首席檢察官提案彈劾，殆已達於高潮的顛峯狀態。不意在此顛峯之後，竟又傳出辦理假出口案的某官員，損失鉅額美鈔而不敢報案，又引起監察委員以及社會人士的注視。該官員擁有麥克麥克的鉅額美鈔，究竟由何而來以及如何而去？成為一個猜不透的謎底，也湧起一股新的高潮。

據說這位官員的鉅額美鈔，鎖在家中保險箱的夾層裏。因為夫妻不和，其妻私自召人打開保險箱，只見一枝手槍，未開夾層，誤將原保險箱調換一口新的，以致夾層裏的鉅額美鈔隨之失蹤。果屬如此，則此鉅額美鈔既是「來路不明」，終於下落不明，與其說是一個謎，不若說是一場夢。這與「警世通言」裏的「杜十娘怒沉百寶箱」，同樣具有「警世」的意味」。

中共蘇共聯合發表會談公報 內容空虛討論毫無結果而散

劉裕畧

中共與蘇共於七月五日開始的莫斯科會談，一開始就徵兆不好，隨後它們一邊在會談相會，一邊又各在莫斯科和北平發表攻擊對方之文件，而且，它們的這一次會議，雖名曰為了消除歧見，加强團結，實則各懷鬼胎，雙方却把這一次的會談作成了打擊對方的冷戰場合，所以，自七月五日在莫斯科勉强舉行後，幾乎每隔一天，便休會一天，大有寸步難行之概。經常休會之原因，大都因為中共代表團需要向北平請示之故。

到七月十三日，這一會談本已頻於結束，因為雙方在當時都已顯出不可能獲得任何協議的情況，因之當時莫斯科方面即已盛傳七月十三日後將不再舉行會談之說。但隨後又繼繼間歇的勉强舉行了幾天，但終於七月二十日未能達成任何效果而散，像這樣一個會談，原本就不可能達成任何協議的。何況，不舉行這一會談還好，因為天眞的人們還可幻想由毛澤東與赫魯曉夫二人而引起的中蘇共之間的矛盾與衝突，還可因中蘇共各派代表團舉行會談而獲得解決或緩和，及至圖窮匕見，正式舉行會談之結果，則更進一步使他們的分歧與衝突表面化了。所以，若不發表聯合公報嗎？形式上似乎說不過去，發表公報吧，會談既無成果，公報的內容從何着筆呢？最後，大抵是由於中共代表團的提議，還是勉强發表了一個聯合公報。但公報的內容却已明白顯示雙方會談毫無成效了，反而更自各走極端了。

據中共新華社北平七月廿二日電：中蘇共莫斯科會談公報原文的全文是這樣的：

「中國共產黨代表團和蘇聯共產黨代表團，於一九六三年七月五日到二十日，在莫斯科舉行會談，參加會談的有：

「中共方面」——中共中央政治局委員、中共中央總書記鄧小平同志（團長），中共中央政治局委員，中共中央書記處書記彭眞同志（副團長），中共中央政治局候補委員、中共中央書記處書記康生同志，中共中央書記處候補書記楊尚昆同志，中共中央委員劉寧一同志，中共中央委員伍修權同志，中共中央候補委員潘自力同志；

「蘇共方面」——蘇共中央主席團委員、蘇共中央書記米·安·蘇斯洛夫同志（團長），蘇共中央主席團候補委員維·瓦·格里申同志，蘇共中央書記尤·弗·安德羅波夫同志，蘇共中央書記列·弗·伊利切夫同志，蘇共中央書記鮑·尼·波羅馬廖夫同志，蘇共中央委員帕·阿·薩丘科夫同志，蘇共中央委員斯·瓦·契爾沃年科同志。

「在會談中，雙方就現代世界發展，國際共產主義運動和中蘇關係等一系列重大問題，闡述了各自的觀點和立場。

「根據中共代表團的建議，雙方達成協議：代表團的工作暫時告一段落，再過一些時候，繼續舉行會談。繼續會談的地點和時間，將由中共中央和蘇共中央另行商定」。

以上便是中蘇共所發表的聯合公報的原文的全文。

看過上述原文的全文後，我獲得下列三個印象：

一、由於中蘇共莫斯科會談毫無結果，而又不得不官式的發表一個聯合公報，但又由於這一公報之難於着筆，於是把雙方代表團的職衔與名單分別列進去，以充內容，因而雙方代表團的職衔與代表名單便佔了公報原文全文的三分之二。以上的文字，草擬公報的人雖然運用這一手法把這一勉强發表的公報粉飾了一下，但明眼人一看就更顯得內容貧乏。

二、雙方在會談中除了各說各話，各自「闡述了各自的觀點和立場」以外，在我想像中，他們這兩個代表團恐無一人敢面對現實，挺身而出去把中蘇共衝突的焦點——赫毛個人衝突提出來檢討，因而雙方都只在大做官樣文章，你說你的官話，他說他的官話。雙方代表既不敢對引起中蘇共衝突的眞正原因（由於赫毛個人權利衝突）提出檢討與解決方案，這一方面固然反映了兩個代表團的組成份子皆是奴才，誰也不敢一捋虎鬚，誰也不敢檢討自己的主子，另一方面，當然也就反映了赫魯曉夫與毛澤東都各自充分控制了他的代表團。因此，大家空議論一番，當然無結果而散。

三、蘇共似乎並無意思再與中共舉行，這類的會談，所以，公報原文並無雙方俱有意再談的話，相反，公報原文却只提到由於中共代表團的建議，雙方才達成惟一的協議，這一協議就是過些時候再談，什麼時候在什麼地點再談呢？公報原文沒有說，大抵，他們也尚無成議，而要再等中共與蘇共中央再交換意見。而中蘇共之再會談能否舉行與何時何地舉行？就要看其它一切情況的演變了。

中共代表團由莫斯科返抵北平 毛澤東劉少奇周恩來等親往迎接

藍星

據中共新華社電：中共代表團於七月二十日晚接受蘇共邀宴，并由赫魯曉夫出席招待，算是蘇共對中共的一次官式宴會，而在此以前，赫魯曉夫一直沒有接見中共代表團。據莫斯科方面的外電說：赫魯曉夫於七月二十日白天會見美國副國務卿哈里曼時，即已透露當晚將最後餞別中共代表團。所以，該項宴會雖由中共代表團團長鄧少平率全體團員參加，却僅在宴會中互相舉杯而已，并無任何談判。

中共代表團參加了七月二十日晚蘇共設的餞別宴後，即於七月廿一日飛返北平。

據中共「中國新聞社」七月廿一日北平電：「參加中國共產黨和蘇聯共產黨會議後的中國共產黨代表團，由團長、中共中央總書記鄧小平和副團長、中共中央政治局委員、書記處書記彭眞率領，今天下午由莫斯科回到北京，毛澤東主席等黨和國家的領導人以及北京各界五千多人，到飛機場熱烈地歡迎代表團成員歸來。中共中央主席毛澤東，中共中央副主席、中華人民共和國主席劉少奇，中共中央副主席、國務院總理周恩來，中共中央副主席、全國人民代表大會常務委員會委員長朱德，中共中央政治局委員、中華人民共和國副主席董必武等黨和國家領導人，中共中央各部門負責人、全國人民代表大會常務委員會委員……各民主黨派……中國人民解放軍各高級將領以及社會主義陣營各使節，都到機場歡迎。今天北京機場上紅旗飄蕩，鑼鼓喧天，歡迎的人群高舉許多巨幅標語：「擁護中共中央堅持原則、消除分歧、加强團結、共同對敵的正確立場！」「堅持保衛世界和平，反對帝國主義戰爭政策、侵略政策」！「全世界無產者聯合起來，反對我們的共同敵人」！「不許帝國主義插手中蘇分歧」！「中蘇兩國人民的偉大團結萬歲」！「社會主義陣營、國際共產主義運動的偉大團結萬歲」！看了中共在北平機場打出上述標語和熱烈歡迎，不禁使人想到中共歡迎的并不是團結而是分裂，又試問中共與蘇共兩黨之間都不能團結，那末，「中蘇兩國人民」又怎能團結而且「團結萬歲呢」？可見都是一派胡說。

僑鄉近訊

鍾之奇

開平縣的共幹亂賣特等染精

廣東省開平縣的共幹們一向胡作亂為，是開平縣全縣人民習知的了。最近開平縣又發生一樁共幹胡亂推銷染料的事情，廣州出版的中共南方日報亦刊載其事。茲僅將中共南方日報原文照抄如下：

「四月十九日，開平縣蒼城墟有一中年男子，力竭聲嘶的宣傳什麼『特等染精』，每包二角，可染衣服八両。顏色鮮艷，永不褪色。許某聽信其言，買了兩包，回家一看，原來是一些黑色粉末，一件半新舊的衣服，却染成黑白不分，對於這種衔頭：『推銷員』人人要辨別其特色才是」。

由此可見共幹派出的推銷員是如何的在胡亂賣東西如何的為害人民了。

吳川縣的電報掛號被漏掉

中共的宣傳刊物雖時常在宣傳共黨極權制度的效率，但中共政權的官僚主義及一般共幹的胡作亂為，却是今日大陸全體人民所深受目擊的。最近吳川縣又發生一件笑話。中共南方日報也不得不予刊登。現在照抄中共南方日報原文如下，以見共幹之荒謬低能：

「去年，吳川縣糖業烟酒公司向本縣郵電局申請使用電報掛號碼為六九一號，並經郵電局同意收費使用。但是電報員把電報掛號碼漏掉了，結果不能使用。今年一月下旬，糖業烟酒公司再次使用電報掛號一三四八號，不料電報掛號又被漏掉了，最近，該公司擬向外省調銷一千担白酒，由於電報掛號被漏掉，無法及時與外面聯繫，造成白酒的積壓損失，用戶有問：到底漏洞在那裏」？

以上是中共廣州出版的南方日報的原文，它把吳川縣中共郵電局對於本身事務漫不經心的顢頇態度完全描寫了出來，故特照抄如上。

燃料缺乏廣州街樹被就地取柴

中共供應廣州市民的燃料一向數量不足，所以，人民無法可想，只好就近取柴，紛紛向廣州市街道上的街樹也砍折來燒了。這樣一件事，如果不是由中共報紙自己報導出來，人們也是很難想像的。報導這一消息的却是廣州出版的中共羊城晚報。據中共羊城晚報說：「荔灣東路的路樹，慘遭剝皮，遍體鱗傷。好些還到了刮骨的地步。據讀者反映，這是附近某些居民叫小孩就地取柴所造成的結果。有關部門應即加以制止」。而附近共幹視若無覩，可謂妙事。這也就可見廣州人民由於缺乏燃料而不得不破壞路樹，共幹們由於心的深處潛藏着反共心理，所以對於一切也隻眼開隻眼閉了。

順德塘魚飼草不足將減產

順德縣是廣東著名的出產塘魚的地方。而塘魚是可以外銷以賺外滙的物資，所以，中共對於順德縣各養魚為主的公社一直勒令他們增產。但今年廣東各地遭遇連續幾個月的天旱，不但影響了魚苗的生長。而且也影響了飼草的搜集。

據中共報紙消息，今年春天順德下了三十多萬魚種，可是，中共南方日報農村版最近却有一篇短評，要求順德縣那些以養魚為主的公社一律要多備飼草，緊急解決塘魚的飼料問題。南方日報這一短評並呼籲順德縣共幹要打破「本地無飼料，飼料靠外援」的思想，從而自力更生，自己想辦法。南方日報短評還說：要多多利用邊角田基桑基多種飼料，只要多種草料，飼料自可解決。

可見順德縣現在連餵魚的飼草也成問題了。

菲律濱政潮激盪

全國嘩然

莊前水

菲律賓副總統巴勒茲辭去外長兼職，激起了菲國政海的波濤。本來一位政府部長的辭職，該只是一件不大不小的事故；可是一則由於巴勒茲在政界的人望頗高，一則由於他辭職所牽涉的事件背景，以致掀起了軒然大波，據說可能成為政治的危機。

巴勒茲的辭去外長兼職，起於司法部長馬里諾抨擊「高級政客」貪污納賄，「不下三十人之多」，並指名前總統加西亞，參院主席馬可斯，現副總統巴勒茲，若干衆院議員，新聞記者等，均涉嫌與美籍巨商史東希爾「勾結」，有金錢上之來往。史東希爾為美國麥克阿瑟元帥駐菲時之舊部，軍階僅為上士，但渠投機善變，戰後即申請退伍，經營工商業而成為千萬之鉅富，然終因逃稅、非法交易、授賄等行徑之被揭發，於去年八月被驅逐出境，成為菲國驅逐美籍人士之第一人。

馬里諾的指責並且是在電視中揭露的，報紙也隨之揭載，這麼一來，馬尼拉市首先轟動，繼而全國嘩然。

前任司法部長狄奧克納更有驚人的透露，他指責現任總統馬卡柏佳接受史東希爾的金錢援助。奧狄克納說：一九六零年馬卡柏佳在副總統任內訪問紐約時，曾自史東希爾的代表處接受二千五百美元。到一九六一年總統選舉時，史東希爾全力以金錢支持馬卡柏佳競選，數目相當龐大。

如果兩位司法部長所抨擊的屬實，那麼菲律賓的頂兒尖兒人物，不少都牽涉在這項納賄的醜聞之內，範圍之廣，超過了英國的姬娜桃色醜聞。

掛冠而去

對於這項貪污抨擊反應最為劇烈的，便是副總統兼外長巴勒茲，他憤然請辭兼外長的兼職，並立即向法院以誹謗罪控訴司法部長馬里諾。巴勒茲反擊馬里諾作「欺騙的行為」，是一種「人格謀殺」的陰謀。由於這項「可鄙的謊言」之出於內閣閣員之口，「他已不能再擠身於內閣之列，所以他，非辭去外長兼職不可。」

馬里諾發表電視演說作上述指責，是七月廿一日晚上，巴勒茲即於廿二日晨辭職。馬卡柏佳總統聞訊，即派人向巴氏慰留，為巴氏所拒。巴氏廿二早到外交部召集職員，向渠等道別，謂渠甚願能繼續任職，但現已不可能，因在環境上「已被製造成一種不良之氣氛」，使渠無法在外交部代表國家。在致訓後，渠即離外交部，不再視事。

巴勒茲的掛冠而去，引起了外交事務障碍的問題，一般認為，非、印尼、馬來亞三國定於七月底舉行的三國高峯會議，可能會受影響而延會，因有關馬來西亞及三國會議的談判，均由巴氏一手經理，渠突然放手，總統府與外交部均感無所適從。巴氏本人也認為三國高峯會議「已成疑問」。

巴勒茲斡旋於印尼與馬來亞之間，頗具調解作用。他與馬來亞正副總理拉曼及拉查克私交甚厚，馬方認為他能瞭解成立「大馬」的建設性意義。菲律賓提出要求北婆領土時，曾以東南亞協會為賭注，不少政客聲稱，倘若北婆要求不達目的，誓將扼殺東南亞協會，使之夭折，以示與馬來亞不兩立的姿態。但巴勒茲居中主持，反對操之過急。使非國始終站在斡旋者的地位，不流於與印尼一鼻孔出氣的過激立場。

撐腰有人

馬卡柏佳總統的極力挽留巴勒茲，可能為了這樣外交上的問題；但更重要的，則是菲國內政的一方面。就內政方面說，巴氏的辭職也影響極大。

巴勒茲之去，表面是馬里諾對他的抨擊，但問題不祇馬里諾個人。巴氏廿二日所稱菲京「氣氛已經毒化」，便說明了不僅個人問題，而是涉及黨派之爭。巴氏絕不諱言：馬里諾「背後有人撐腰」，所以才敢如此放肆。言意迨指馬卡柏佳總統庇縱或授意。同時，他更宣佈要以不負實職的副總統身份，與馬卡柏佳總統展開政治戰，他抨擊馬卡柏佳「趨向於一人統治」，國家現已「陷於危機中」。看來，正副總統早已有「心病」存在，不過巴勒茲沒有首先發難，而因馬里諾之指責，乃連其素日對總統之不滿，也告爆發。

馬卡柏佳總統對巴氏予他的抨擊，以及前司法部長所指他與史東希爾的糾葛，都沒有發出糾正的聲明。他想急切予以彌縫的，似乎只是他的內閣。在派員慰留巴勒茲被拒之後，他曾親自登門慰留巴氏於其郊外的副總統私邸，懇談達三小時之久，據說馬總統促巴氏返任外長，或至少改任內閣其他部長，然終為巴氏所拒。巴氏在延見馬卡柏佳總統之前，曾出席一次特別召開的自由黨領袖會議，會中秘密討論甚久，諒係討論此項政治風暴的問題。也許一自由黨會議的決策，巴氏終於採取與總統決絕的途徑。

草廬枉顧

巴勒茲於送走馬卡柏佳總統後，對記者的宣佈：「本人堅決辭職」一語，被認為是拒絕與總統妥協，準備於一九六五年菲律賓總統競選中與馬卡柏佳一決雄雌。因在自由黨中，巴氏屬於有力的「聯盟派」，巴氏原為聯盟黨的領袖，一九六一年投入自由黨，競選副總統獲售，兼任外長。在自由黨中甚為活躍，在政界也頗獲人望，無形中成為自由黨未來的總統候選人，背景相當雄厚。馬卡柏佳的枉顧草廬，也許是為了這個緣故。因為巴氏之去，首先影響內閣破裂，次則將使兩黨——自由黨與國民黨的鬥爭加劇。

現在的問題，就在貪污「納賄」的真相如何？狄奧克諾指實馬卡柏佳收受史東希爾的金錢，及用史東希爾金錢從事競選而獲選總統，是否屬實？反之，馬里諾所稱巴勒茲曾接受史東希爾一萬披索，購買股票。真相又是怎樣？

巴勒茲對馬里諾的反駁說，他雖曾託史東希爾購買一萬披索的股票，但該欵已經照付，此外並無金錢之來往。這麼說來，購買股票及價值一萬披索，確有其事，問題在於「託購」抑或「購贈」？且看提出抨擊的馬里諾，是否能持出証據，以支持他抨擊巴勒茲受賄的說法。現在巴氏既已以誹謗罪控告馬氏於法，法院開審之後，馬氏若提不出真証來，他的誹謗罪可能宣告成立。

據一般認為，倘若巴勒茲能夠令菲律賓人民相信：在此次政治波浪的衝擊中，他是無辜而清白的，則他很有贏得一九六五年總統選舉的希望。因為目下在兩黨人員互相抨擊之下，現總統、前總統、副總統、參院議長、衆院議員以及一批名記者，都牽涉在納賄案之中。巴勒茲若能脫出漩渦，便是「衆人皆濁我獨清」了。

不過若干比較獨立超然的政界人士，對於當前這種混亂的現象，卻表示對全政界的不滿，因為如此之多知名的自由黨及國民黨人士涉嫌納賄，決不可能一洗脫干淨。某權威人士曾沉痛地說：「究竟你們自由、國民兩黨，是在攪些什麼」？

這話似乎比較可以代表老百姓的意見，他們只看眼花撩亂，滿天烏鴉而已！

・岷市通訊・

巴基斯坦是否真要左傾

・唐和乙・

巴基斯坦由於極度不滿意英美的加強援助印度，邇來對英美的憤懣已越來越大，而另方面，則對中共越來越親善；於是有人意料到巴基斯坦似乎已有點左傾的意向了。當然，這個小國的最近動態，是很值得人們注視的。

巴基斯坦的報紙上，曾刋載過他們的外交部副部長迪拉比的談話，大意是說：美國駐巴外交官，邇來竟不斷地干涉巴國的內政，要求更換政府內部的官員等，如都是極明顯的干涉內政的行為。原來，美駐巴的外交官員哈欽遜確會與巴國官員會談時觸及過巴外交部的內情；哈氏坦白地指出，巴外交部有兩名官員是共產主義者，這二人其一是情報助理官謝哈布，又其一正是迪拉比。於是立刻觸發了巴國官方憤恨的反應，掀起對美國不滿意的情緒。迪拉比的反美談話，當然是因為美駐巴外交官給他戴上「共產主義者」的帽子而引起，跟着，報紙上也刋出了反美的言論，大罵「醜惡的美國人」，並力予斥責美國的駐外官員荒謬地指巴國政府官員為「共產主義者」係沒有禮貌，同時，也藐視了駐在國的政府。另一些輿論，則更激烈地說：巴基斯坦對美國的援助固然是感謝，並很願意跟美國合作，但要是美國企圖運用美元壓力來強迫我們任免官吏，控制我們的內政，則我們定必堅決反對；無論如何，我們是決不願意做美國的一個洲！——這可以反映出，巴基斯坦憤恨美國的激烈已到了怎樣的程度。

也許有人說：巴基斯坦之對美國不滿，與美援也有連帶的關係？當然，這亦是原因之一。不過，最主要的原因還是由於英美（尤其是美國）過於偏重印度。巴基斯坦政府對此立刻泛起了「人厚我薄」的妒念；在印度獲得較多援助而軍事設備加強的時候，巴基斯坦政府更會感覺到國家安全將受到威脅。為的是：巴、印關係早已惡化，印度軍事擴展了之後，巴基斯坦政府自然會意想到危險性已急劇增加。因此，巴國政府就不能不要「還以顏色」，從此更與中共接近，並表示將熱心與共黨國家擴展貿易，且向捷克申請援助建立重工業。於是就有不少人意會到，巴基斯坦漸趨向左傾。

然而從實際裏觀察，巴基斯坦是否真的要左傾？我們就不難尋出一個較為真確的結論來。

巴基斯坦之不滿意英美（尤其是美國），確是事實；但有關巴基斯坦左傾問題，似乎是印度方面過度渲染的宣傳。印度的報紙，曾一再誇張宣傳巴國政府內部親美派與親共派鬥爭的結果，謂在親美派勢力退後之同時，親中共派勢力大增，造成左傾的趨勢。其實巴國政府內部雖有親中共派人物存在，但決非「勢力大增」。巴基斯坦總統阿猶布，是軍人出身的，他具有軍人的堅強氣質，假如親中共派人物過於作露骨的活動，則阿猶布必斷然加以鎮壓。換言之：親中共人物決不能影響阿猶布的固定政策。

巴基斯坦除參加了中央條約外，還參加了東南亞公約的；阿猶布又怎樣會受到親中共份子的影響而改變其政策哩！

至於最近（七月十八日）巴基斯坦的全國工人委員會在卡拉奇發動示威，反對巴基斯坦仍留在中央條約組織和東南亞公約組織內，促請政府採取「獨立外交政策」。這都可以說，是巴國人民在憤恨中的一種「發洩」，而並非巴基斯坦的政策有所改變而轉向左傾。

此外，還傳出一項消息，謂巴基斯坦可能已與中共簽訂秘密防衛協定。此項傳說頗引起了英美的懷疑，而英國高級專員詹姆斯和美國大使麥康諾，聯袂於七月十八日飛到拉瓦品第，與巴國政府會談。然而，這是巴基斯坦在當前處境，也僅謂是個「可能」而已；傳說中的「波瀾」，英專員和美大使之匆匆趕往巴基斯坦，決不是單純為上述的「傳說」。詹姆斯和麥康諾的此行計劃，最主要的是設法平息巴基斯坦人民的憤恨吧了。

我們可以肯定地說一句：巴基斯坦決不會完全脫離西方，傾向共黨集團！

女貞庵 （一一）

（版權保留）

黎明

妙淨：嘿！（兩手一叉，態度堅決，斬釘截鐵而言）：該下場時自下場，師父不送嫁衣裳。

第七場：媒詞

陳妙常：喲！如此說來，姐姐今日改妝，莫非竟有出嫁之意？

妙淨：不錯，正是爲人出嫁。

陳妙常：姐姐說錯了；書上只有「爲人作嫁」，並沒有「爲人出嫁」；這意思，原指的是替人家做嫁衣裳，並不是替人家做新嫁娘呀！

妙淨：光「替人家做嫁衣裳」？我才不幹?! 我說的正是「替人家做新嫁娘」呀！

陳妙常：（滿腹狐疑，不得要領，但仍以爲是開玩笑，姑且問之）：眞的嗎？但不知替的那一個？

妙淨：（突然嚴肅）替的就是你。

陳妙常：胡說八道！（羞得面紅耳赤）我幾時對你說過要出嫁來？你這話若被外人聽見，成何體統！

妙淨：妹妹呀！（唱）今天來了三個人，他們的話兒我聽得眞；他們要冒名府尹小姐來接你，接到別處去成親。——妹妹呀！潘郎對你情義好，人生難得是知音。大好姻緣莫錯過，姐豈肯，眼光光，看着你們鴛鴦拆散兩離分？因此上，偸天換日施妙計，姐情願，李代桃殭做替身。

陳妙常：竟有此事麼？倒是錯怪了姐姐。——小妹這廂陪禮了！（作揖介）

妙淨：（連忙阻止）快別酸溜溜的；只消妹妹知道爲姐對你一片眞情實意也就是了。

陳妙常：哦、姐姐休要煩惱；我想賊子既敢如此胆大妄爲，你我何不先下手爲强？待小妹明日去到府尹府中報與靜宜妹妹知道，派幾個公差在此守候，把他們捉將官裏，一網打盡，也就是了。

妙淨：不可。

陳妙常：却是爲何？

妙淨：妹妹呀！（唱）人家都想脫凡塵，我却只想脫離清靜門。你看我，清磬紅魚二十載，形單影隻度光陰。人皆有情非草木，蝶也成雙貓叫春。人間既有男和女，偏是那、佛光不照女兒心！塵世有何不合理？男婚女嫁長兒孫。倒强過那佛門弟子善知識，修到西天也還是個大呀大單身！——妹妹呀！出嫁之事，說是爲你也爲我；從今往後，你我姐妹，不但是要做呀做那新嫁娘，也要做新人。

陳妙常：咿呀！（唱）：一言驚醒夢中身；姐姐你，可算得，大澈大悟大義人！我這裏，無言對答淚沾襟；雙膝跌跪地埃塵。（跪介）

妙淨：哎哎！（急忙扶起）這算那一行！這算那一行！快快請起！快快請起！

（妙靈急上，見門關了，上前搥門。）

妙靈：常姑！常姑！

陳妙常：（與妙淨俱各一驚）誰呀？

常靈！是我呀；淨姑也在這裏麼？師父叫你們啦。

陳妙常：來了！來了！（不覺慌了手脚）

妙淨：（却鎮靜得多；邊摘下假髮，脫去俗裝，邊說）：是靈妹妹嗎？你先回去；一會兒我同常姑就來。

妙靈：就來的啵，別讓師父等久了。

妙淨：是啦，小狐狸崽子！去你的吧！（僞裝脫淨了，丟向妙常臥房，與妙常相視一笑。）

妙靈：唔！（嘮嘮下）。

陳妙常：（開門，與妙淨挽手而去）正是：撥開雲霧見天日；

妙淨：出家女做歸家娘。（同下）

潘必正：（神彩飛揚上）三更燈火無情思，一病偏得美人憐。小生病起無聊，這幾日又是觀音誕辰，庵中熱熱嚷嚷，不見常姑蹤跡，心中十分煩悶。祇今夜凉人靜，不免到白雲軒中走走，多少是好！（唱）：青松旁掩雲房靜，月影斜侵竹徑深；仙源本在人間世，可許漁郎來問津？悄步行來，不覺已到白雲軒口。門却是開着的喲！待我進去。喲！沒有人咧；待我揚聲喚來：「仙姑可在麼？」「仙姑在那裏？」喲！沒人答應；待我等候於她。（流覽室中陳設移時）好一座清雅的靜室也！（唱）：香繚琴書不染塵，端應住個如花人；倘若是，添上一個俏郎君，管叫你，仙家歲月四時春。喲！怎麼還不見來？待我到書桌前面坐着等候。（坐下時發現硯下箋角）喲！硯下壓有詩箋一角，待我取出看來。（取出，理好，唸介）：

西江月

松舍清燈閃閃，雲堂鐘鼓沉沉，黃昏獨自展孤衾，欲睡先愁不穩。

××

一念靜中思動，遍身綺慾難禁；強將津唾咽凡心，怎奈凡心轉盛！

哎呀妙常呀妙常！（驚喜之情，如獲至寶）小生只道你艷如桃李，冷若冰霜；誰知你的心情，原來正和小生一樣呀！唔！此詞既入我手，看你今晚再有何言搪擦於我！我不免也塡上一首，挑逗於她便了。（吮筆濡墨，一揮而就。忽聞門外脚步聲，連忙把兩詞都藏入懷中，正襟而坐）。

陳妙常：（上唸）一池春水風吹縐，滿腔心事訴誰人!?

潘必正：嗯咗！

陳妙常：（聞聲不覺一驚，入門見是必正，連忙上前爲禮（原來是潘相公在此，有失迎候，這廂告罪！

潘必正：（連忙離座還禮）仙姑少禮，小生等候多時了。

陳妙常：日來法事忙碌，致疏問候，不知相公貴恙，可曾痊癒？

潘必正：多謝仙姑！早痊癒了。

陳妙常：相公衾夜到此，必有所謂。

潘必正：良宵難遣，小生塡了一首小詞，特地拿來請仙姑指敎。（取出己詞遞於妙常）

陳妙常：（欣然接過）這就不敢！待小尼恭讀來。（讀介）：西江月（纔讀此三字，因與己題相同，心中不覺微微一震。但以下却越讀越氣；不過也只是表面的生氣而已，其實乃深喜之也。」

粉面何須傅粉，仙花豈類凡花？十分春色透袈裟，莫負花前月下。

××

本是如花美眷，可憐逝水年華；未知何日到仙家，應許綵鸞同跨。

（轉向必正，態度在生氣與撒嬌之間）相公！你好生無禮！我來問你：是誰個「春透袈裟」？又誰個許你「綵鸞同跨」來？你說！你說！你若說不出來，我便把詞給你姑母瞧去。（嘮嘴生嗔）

潘必正：哦、仙姑要罰的她是誰個麼？自然有呵。（以手笑撫其肩）

陳妙常：（嘮嘴避開）誰？誰？到底是誰？你說；你說；你說；你說呀！

潘必正：（揚揚得意地唱）：掩松舍，坐雲堂，鐘鼓沉沉；對清燈，展孤衾，睡愁不穩。靜思動，遍身綺慾難禁；將津唾，咽凡心，凡心轉盛。這人兒，她是誰，你有分寸；向姑母，告枉狀，勝負難分。（待續）

癸卯生朝述懷

梁友衡

卅年宦海任浮沈，無補時艱內疚深。
徒捋虎鬚言逆耳，空撐螳臂力違心。
放懷甯傲杯中物，焦尾誰知爨下音？
歲月消磨人漸老，鑠金玷玉白頭吟。

次韻友衡詞長生朝述懷

方若文

嶙峋骨氣未消沈，國步艱虞感慨深。
臺諫遺風原不忝，闒茸翫日竟何心。
萬言陳亮胸中策，一曲陶潛絃外音。
耆耇聯翩生有自，高歌把酒和龍吟。

唐詩偶釋 （五二）

鄧中龍

送友人 李白

青山橫北郭，白水繞東城。此地一爲別，孤蓬萬里征。浮雲遊子意，落日故人情。揮手自茲去，蕭蕭班馬鳴。

青山二句整齊，三四句流走而下，五六勁健，結聯有蕭散之致。「大匠運斤，自成規矩」，（乾隆御批語）此詩之妙，宜神會之。

惟欲流走也，故先以整齊作其勢，得此整齊之聯，則流走者乃愈見其妙。流走之後，參以勁健，以堅其格。勁健之後，繼以蕭散，以疏其氣。相反而適以相輔，相錯而適以相濟。後人不悟此中訣竅，往往用機勢則失之輕淺，尙鑄鍊則失之矜嚴，蓋自宋元迄今，悟此者鮮矣。

君意如浮雲，我心似落日，念此去行蹤無方，而惓戀之情，自是難已。揮手自茲去，喻其臨去光景，其又奈班馬猶爲離別之聲，下「蕭蕭」二字，倍覺沉鬱。物猶如此，人何以堪，此所謂意在言外也。

送別之詩，結句多唏噓語，此乃常例。然唏噓不可至於蹶躄，衡以古詩及蘇李贈答詩，大率如此。沈德潛評李白此詩，謂猶不失古意，可謂知言。

詩貴空靈，不可貼實說。纔一貼實，便須放開，否則，便失空靈灑脫之妙矣。大家之作，於此等處，莫不刻意營構，用是能托出遠神遠韻，以感人於無窮。李白「夜泊牛渚懷古」詩末聯：「明朝挂帆席，楓葉落紛紛。」王維「酬張少府」詩末聯：「君問窮通理，漁歌入浦深。」劉長卿「秋日登吳公臺上寺遠眺」詩末聯：「惆悵南朝事，長江獨自今。」皆與此詩結法正同，可細閱。（請參閱拙著唐詩偶釋第十九，載六月七日本報）

孤蓬句，意本曹植詩：「轉蓬離本根，飄颻隨長風。」（雜詩六首之二）浮雲句本古詩十九首：「浮雲蔽白日，遊子不顧返。」（行行重行行篇）

此詩前半言景，後半言情，就其作法而言，似分兩截。首聯對起，三四散行；五六又爲對句，七八散行。則與初唐詩同格。太白之詩，七言長句及絕句最精，律體本非所長，故猶因襲陳隋及初唐風格，而鮮變化。譽之者或謂此正以歌行之勢行之於律詩，則非所敢苟同矣。

憶陳果夫先生（二九）

宇人

對日抗戰末期，蔣先生倡導知識青年從軍運動，青年團的許多同志都參加了青年軍。由於蔣經國是青年軍的政治部主任，這些從軍的同志在復員時，又受到中央團部某些單位和若干地方團部的歧視，他們也就祗好投向經國，於是，又爲他增了一批羽翼。但貴州支團則無此情形，我在貴州負責時，對於曾在青幹班受訓和幹部學校畢業的同志均一視同仁。後者因爲學識較優，遂被派担任較重要的工作。我離開貴州後，支團的負責同志，仍本此旨行事，以故貴州支團的內部是完全一致的，並無所謂青幹班與幹校之分。後來知識青年從軍運動，中央團部又推我去主持貴州方面的工作，所有從軍的青年，都是團部的得力同志和各大中學的優秀學生，他們復員時，或回團部工作，或繼續進原校肄業，都受到熱烈的歡迎。因此，有一次幹部學校同學會開會檢討各地同學的工作狀況時，大家都說貴州最好。據說，曾有人提出建議，希望蔣經國和我多多聯繫。當時他的第一助手胡軌也是我的好友，當時青年反共救國團在南京計劃成立之初，胡軌還約我參加發起。繼因我主張反共應與反官僚資本同時並行，經過幾次的討論，他們去請示蔣先生，請示的結果却是應先反共，我不同意，才拒絕參加。由此，可見在大陸時，我和蔣經國不但沒有任何衝突，而且還可說相處不錯。

我當時對蔣經國的感想，是深爲他婉惜。假設他的政治背景沒有問題，在國民黨那種腐敗的情形之下，尤其是在蔣先生的左右，像他那樣吃苦耐勞和勇於做事的人，確是鳳毛麟角的。倘若他能循規蹈矩的努力做去，還可能影響蔣先生使國民黨和國家的局面有所改進。祇以他的環境太壞，而爭取權勢的慾望又太過急切，不但毀滅了他本人可能發揮的正當作用，而且變成了蔣先生的盛德之累。他青年時代都在蘇俄，學習的是共黨理論，交遊的是共黨分子；對民主憲政固然未有所聞，即對三民主義亦甚爲陌生。回國以後，任贛南行政專員原應獲得一些做人做事的實際體驗，又因其喜歡直接向蔣先生報告和秉承，又自覺有恃無恐，凡事獨斷獨行，不顧法令；甚至胡作亂爲，上級政府既不敢糾正；報章雜誌亦不敢指責；一般趨炎附勢的小人又從而阿諛逢迎之。因而未能在工作中有所長進，更沒有機緣結交良友。

此後，他即一躍而爲國民黨中央的神秘人物，權勢日增，需人愈多；但和他有深交而爲他所信任的，仍是一些曾和他同時在俄國受訓的共黨分子。他們回國以後有的因爲被捕也辦過自首的手續，有的則沒有。此等人擁護他的用心，自可想而知。此外，那些奔走於他的門路的新進，並非有何政治上的理想，更非對他有何信仰，而祇是想接近他以求升官發財。這兩種人奉他爲主子的目的雖不盡同；但不惜多方阿其所好則如出一轍。至於能對他稍盡勸善規過之道的人，則從未有所聞。

說到阿其所好，我還聯想起一件往事。在黨團合併之初，上海市黨部某處長（CC）自覺不可能見容於蔣經國，地位朝不保夕，向果夫先生請示辦法。果夫先生指示應從酒色兩方面向經國多做工夫。他依計進行，果然立見奇效。這個內幕消息，是一位當時在中央組織部任要職的CC朋友告訴我的，自係事實。這說明，就是像果夫先生那樣德高望重的黨國元老都免不了要教人利用酒色以接近蔣經國，在如此的環境之下，他豈易自拔？

話說回來，國民黨三中全會開會，蔣先生除把青年團的中央幹事監察一律變爲國民黨的中央委員而外，並將中央常務委員的選舉辦法改爲由他提名，事實上即是由他指派，我也忝在其中。至此，二中全會時革新運動所爭得的些微改革、也就全部化爲烏有了。

大約就是三中全會開會之日或後一日，國民黨貴州籍的若干同志在一起午餐。谷正綱向我耳語，說蔣先生剛召見他，要他繼立夫先生爲中央組織部長，他表示恐難勝任云云，我曾予以鼓勵。當天下午，張治中請原與青年團有關的若干同志茶叙，曾擴情當衆報告，谷正鼎中午請他吃飯時，告以中央黨部的人事即有變動，陳立夫任秘書長，谷正綱任組織部長。在座的許多同志得此消息，立即暴跳起來，尤以鄭介民的態度最爲激烈。他說：谷家兄弟均已加入CC，如此一來，黨團合併後的中央黨部將被CC完全包辦，非向蔣先生堅決反對不可。我當時尚不大相信正綱、正鼎兩人均已加入CC，但因鑒於那幾年社會部在人事方面實已受制於CC，亦認爲如果立夫先生任秘書長，則谷正綱做組織部長自難保持公正的態度。因此我主張應向蔣先生力爭，兩者之中必須有一席由與團有關的同志担任；我所謂與團有關的同志，意即不以團部的負責人爲限。同時，我也不贊成一併反對他們兩位，更不贊成對谷正綱採取敵對的態度。我說：「谷正綱曾做中央常務幹事多年，和青年團的同志一向相處甚好，我們爲什麼反而化友爲敵？」繼續發言的同志雖然也有人同意不必對谷正綱採取敵對態度；但却一致主張中央組織部長一席應由團的同志接替。他們的理由是：果夫、立夫先生相繼做組織部長先後達二十餘年之久，成績並不好，從法、理、情各方面講，都應該換換他人。假如我們來做也沒有成績，甘願拱手奉還CC。我自然不便反對團的同志來做組織部長；但我仍指出，假如我們要求總裁選派團的同志來做組織部長，我們就不應反對陳立夫先生做秘書長，因爲我們也沒理由要包辦中央黨部。我又問他們：假如總裁祇允派團的同志爲秘書長而以谷正綱爲組織部長，大家是否仍要反對？經過了長時間的熱烈討論，最後決定推陳辭修先生（他不在場）和張治中代表大家去見蔣先生，請他對中央秘書長和組織部長的人選再作考慮，希望其中有一席能選派與團有關的同志担任，庶可安定各方面的情緒，確保內部的協和。後來是誰代表去見蔣先生，我不十分清楚，祇聽說他們仍指名道姓的反對陳谷兩位的新任命。結果是中央秘書長仍由吳鐵城先生做下去，中央組織部長則在較後的時間改派谷正鼎。

（待續）

中國現代史資料評介之十

左舜生

蔡松坡先生年譜

『蔡松坡先生遺集』，遠在十五年前我即已看過，當時匆匆翻閱一過，未及細加檢討。不過我覺得編輯這部『遺集』的劉達武（粹叔）先生，能從事搜集，把護國一役的史料大部分保存下來，總算煞費苦心，值得重視。

後來，我根據這部『遺集』，寫過一篇一千多字的筆記，題曰『爲爭人格而討袁的蔡鍔』，一度在某刊物上發表，後來收入我的『萬竹樓隨筆』（P二八三——二八五）。其內容僅就可靠者記下一個梗概以備遺忘而已。

去年，台北的文星書店，把這部『遺集』又影印了出來，列入他們出版的『中國現代史資料叢書』第一輯，內容一切如舊。

『遺集』的傳首，第一篇『蔡松坡先生年譜』，是『遺集』的編輯者劉達武先生所寫的，總算把這位活到三十五歲（一八八二——一九一六）的模範軍人的生平，敘述了一個大概；對於護國一役，更花不少的筆墨。我近來因爲研究民國十四年中山逝世以前的這一段現代史，乃又有機會把松坡的這篇年譜檢閱了一遍。

『中國現代史資料叢書』的主編者吳相湘先生，曾指出松坡年譜的二十一、二十二頁上的時日有錯誤，但就我所知道，『年譜』所叙述的事實，錯誤之點還很多，現在不妨就我知道的，舉出幾個例子如下：

一、松坡與梁任公間的一段師生關係，實自光緒二十三年丁酉十月任公赴長沙時務學堂講學開始。任公在時務講學，始於是年十月，於次年正月，即因病赴上海就醫，二月，乃由康廣仁陪同前往北京。其留長沙的時間，實不足四個月。（參看『梁任公先生年譜長篇』卷六卷七，任公『三十自述』，及梁啟勳『曼殊室戊辰筆記』等資料。）

松坡年譜二十四年戊戌一條說：『十七歲，三月，以督學徐仁鑄薦，入長沙時務學堂肄業。（時譚嗣同爲學監，梁啟超爲總教習，所倡學說傾於民主政治，公思想爲之一變。啟超於諸生中獨器重公。）』云云。上面引號裏面的一段話，包括括弧裏面的說明，都是年譜的原文。我可以斷定『三月』兩字確係錯誤。假使松坡的參加時務學堂確在戊戌的三月，則其時任公早已離開湖南，而且早已經過上海到達了北京，試問任公與松坡間的一段師生關係，將如何建立？更如何談得到松坡聽過任公的講『思想爲之一變』的話呢？自光緒戊戌年迄民國五年（一八九八——一九一六）松坡之死，爲時共十八年。在這十八年中，包括松坡在日本讀書的一段，梁蔡的關係始終未斷：假如我們說松坡一生的成就，最主要的一部分確係建立在他與任公的師生關係上面，也決不爲過。考時務學堂的成立，在光緒二十三年丁酉的秋天，松坡加入時務，至遲也不會遲到同年的冬季，如果照年譜所說，係在二十四年三月，則不僅任公與松坡的關係無從建立，乃至後來十八年的關係，包括護國一役兩師徒合作在內，也就一筆勾銷了。因此，像這種錯誤便不是小錯，而是不可原諒的大錯。

二、年譜宣統三年辛亥一條，在十月後，十一月初六日前，忽然挿入如下面的一段文字：『電令北伐援川各部隊，聯合各蜀軍分道援勤，並電覆南京大總統、黃元帥、武昌副總統及各都督』云云。同條稍後，更有如下面的一段紀載：『初十日，與各省公認鄂爲臨時政府』，並請鄂先告外交團，電各該國承認』云云。年譜編者在民國元年以前所寫的時間，均用陰曆，這當然是應該的。可是編者好像不知道中山是年陰曆十一月初六日始取道歐洲抵達上海，其時連臨時大總統副總統的選舉會也不曾召集，何來『大總統』『副總統』這類名目？既然有了大總統，副總統，則是臨時政府已確定在南京了，何以下面又有『與各省公認鄂爲臨時政府』的紀載呢？大抵由於年譜的編者對當時的一切事實發展的先後次序全不分曉，以致陷於這樣的顛倒錯亂，更使年譜的讀者感到莫明其妙。

三、年譜民國元年的一條，更有如下面的一段紀載：『（十一月）以四川尚未獨立，川督趙爾豐仇視民兵，再出兵援川』云云。按四川重慶的光復，在辛亥年十月初二，成都的光復，在同年十月初七，而趙爾豐之被殺，則在同年十一月初三，到了民國元年的十一月，[illegible]，已快經過一[illegible]，忽然在民國元年一條，冒出這樣的一大段，眞是白晝見鬼！所以[illegible]這樣的大錯，其理由與上面所舉的第二例正同，即年譜的編者對當時的一切事實發生的先後次序全不分曉，是也。

四、年譜民國四年一條，也有一段莫明其妙的錯誤，其原文如下：『十一月，以病往天津日本共和醫院，函招戴戡自黔來津（時方卸貴州巡按職），共詣梁啟超寓廬，（時袁有命，任梁爲法部副大臣，共計劃……』云云。按任公反對袁氏稱帝的一篇大文——『異哉所謂國體問題者』，已於是年八月下旬脫稿，大致在八月底——九月初已遍登京滬各報，而袁氏在此時亦尚未公然稱帝，怎麼會有『任梁爲法部副大臣』的怪事？袁任梁爲法部副大臣，係袁氏在宣統三年九月二十六日奉清廷命組織內閣時候的事，年譜編者把這件事記在民國四年的十一月，直是匪夷所思！

好，我不想再寫下去了，總而言之，松坡的遺集，松坡的年譜或傳記，都有待於重編、重寫，劉達武先生所寫的這篇年譜，當然是要不得的。假如說劉先生所寫的也還有可供參考之處，則大致在叙述松坡先生家世的一部分，可是也還得細細加以檢討才行。

本刊已經香港政府登記

聯合評論

週刊

United Voice Weekly

每逢星期五出版

第二五六號

督印人：左舜生

CHINESE - AMERICAN PRESS, INC

199 CANAL STREET,

NEW YORK13 N. Y. U.S.A.

變與不變

左舜生

我們這個小小的刊物，第一期發行於民國四十七年的八月十五，再過幾天便算是整整的五年了。

在這短短的五年中，世界誠然發生過若干的事變；大陸與台灣，也曾爆出了不少可驚可愕的新聞；不過就大體的傾向說，卻依然是原封不動。換言之，就整個的世界說，依然是共與反共兩個大壁壘的對峙，就中國的一局部說，也依然是共與反共兩個政權的對立。以目前的情況考之，這一大形勢，並不是沒有變化的可能，就說已經開始在變，也不能說是神經過敏。例如中共與蘇聯鬧成如今天的樣子，這豈是五年前我們所能逆料？又如美蘇間的空氣變得相當融洽，我們又何能斷定決無進一步妥協的可能？變儘管在變，可是在這一變化的過程中，要如何運用才能使得它對於我們有益，這仍然需要最高的智慧，最大的決心，加以審慎的考慮與應付。當我們這個刊物的發行伊始，我們曾在發刊詞上，說過如下的一段話：

『我們不能把反攻復國的希望完全寄托在外援和世界變化上面，我們必須『別求所以自力更生之道』。只有有了真正可靠的自力，然後才能與外援和世變得到很好的配合，否則即令外援有加，世變驟起，也可能與我們所要實現的希望全不相干！』

『這是今天一個抱有反攻復國決心的人所必須具有的基本認識。』我們相信，這一原則性的看法，就到現在也還是適用的。所謂『自力更生』，看來好像是相當的迂濶，可是『七年之病，求三年之艾，苟為不畜，終身不得。』而世界只會有『潛變』，『緩變』，而決不會有『驟變』，何況即有『驟變』也不一定於我有益呢？

說台灣方面沒有在自力更生一點上下過相當的工夫，這是不合事實的。第一步，台方鑑於抗日勝利後，軍事上發生了重大的弱點，因而以全力求得軍力的加強與整飭，確表現得相當積極；其次，經濟上必須有新的建樹，始能求得局勢的穩定與軍力的維持與發揮，他們確也有過不少的措施；乃至近年對外交方面的應付，也總算相當的活潑。但使人感到最為遺憾的，便是一般的政治情況卻仍然保持着過去『以不變應萬變』的作風，既不能可大可久，而且是危機潛伏。換言之，在維持現狀的空氣之下我們只看見惰性有加，而看不出一種方興的朝氣；甚至在一個人事凍結的原則之下，而使人有陳陳相因暮氣沉沉之感。

我們曾反覆說明像過去在大陸那樣一個大而無當應有盡有的政治機構，決不足以適應當前的非常之局，同時也決不足以助長軍事，經濟，外交等等方面的新機而使之繼續發揮其較大的作用。換言之，但求無過，不求有功，把公事辦得很妥貼，奉行故事做得很熟練，彌縫敷衍，得過且過，乃至自我陶醉，以維持現狀為滿足，這決不是今日一般人民對政治的要求，也決不足使得若干友邦對我發生新的觀感，更不足以使得大陸無數反共的人民對來新政治心焉嚮往。更澈底言之，今天台灣第一要緊的措施，依然在政治的改革，而且這種改革的行動，必須以快刀亂蔴與大刀濶斧的精神出之，決不是動動小手術所能有效。

默察近數十年的中國政治情況，人才寥落的事實，以今天最為顯著，培植人才決不是過去三十年的訓練機構所能有功，而必須使得十五年來無數新興的少壯分子，能得到事實上的磨練。六十，七十，八十的老年人，只最高限度的作用，能維持現狀，決不能期待他們創造政治的新生命。如果一切聽其自然，只能一切聽自然律的新陳代謝的作用去支配，老實說，反攻復國的希望是難保不要落空的。基於這種看法，除極少數特殊例外，我隨時都在希望台灣大多數的老年人，都能從政治的行列中，自動退役，使得多數的少壯派能登上舞台，質言之，現狀無可維持，我們所要的是朝氣蓬勃；衰頹遲鈍的空氣必須一掃而空，代之而起的，應該是活潑進取[illegible]在奮發；我們寧願看見若干急進的分子所偶犯的偏差，但決不願看見一套圓熟老練的排場，而於現狀的改造不生影響。『窮則變，變則通，通則久』，不變的應該只有一個反攻復國總原則，應該以萬變應萬變，乃是今天隨時在變動不居的一切新生事象。大家不要誤會，以為我上面的這些說法，又在發揮民主的老調，實際我所寶愛的只是一個民主的總傾向，而於民主的實現則自來主張逐漸推進；在步驟上必須以週密審慎出之，而認定一切塗飾耳目的表面民主，一無可取。

就實際說，要把台灣的政治做到安穩進步，從各方都能表現得生氣滿滿，使人心不倦，這並不是不可能的，要緊的乃在拋棄不變的惰性，發揮敢變勇氣而已。在這一政治條件未具備以前，而輕言反攻，我是從來不敢附和的。

對莫斯科三國談判的感想

黃宇人

（一）

經過了十六年又七個月的交涉，美，英，俄三國終於在莫斯科簽訂了一個局部禁止核子試驗的條約。在協議達成之初，赫魯曉夫首先向真理報和消息報的記者發表談話，大讚其為「良好的開端」，他保証俄國有誠意進一步談判，以求結束冷戰；並說，「倘雙方能以同樣的善意，以解決互不侵犯條約的問題，相信可能迅速達應協議」。美國首席代表哈里曼在莫斯科舉行記者招待會時，也說「禁試條約打開了其他協議之門」。甘廼廸總統在全國廣播電視中，雖然指出此一條約「並沒有意味着核子戰爭威脅的終結，它既不減少核子武器的儲積，亦不停止核子武器的生產或限制戰時使用核子武器；而且仍准許地下核子試驗」。但因其為自一九四六年美國原子能委員會主席巴魯茲向聯合國提出國際管制核子毀滅力量的計劃以後，東西雙方首次所獲得的一項協議，故認為是「離開戰爭，走向和平的重要的一步」。麥美倫首相則譽其為「具有超越的重要性的大事」；認為「這一步的本身雖然是很小的一步，但可能是許多步的第一步」。由此，可見美，英，俄三國政府首長都抱着很大的希望在後面。

（二）

從減免核子競賽這一角度看去，局部禁試可能發生的作用，雖然微乎其微；但比之於完全沒有禁試總算畧勝一籌。尤其是倘能因此一步而邁向全面的禁試和裁軍，自屬全人類的幸福，甘廼迪總統稱其為人類的勝利，當即指此。可是，我們如果再就今日的世局作一全面的檢討，即發現前途並不容樂觀。據七月二十七日美國合眾社電訊，被稱為氫氣彈之父的泰勒博士在洛杉磯國際機場向新聞記者說，他非常懷疑這一形式的條約是否有益於美國，他認為禁止大氣層核子試驗，可能阻礙美國發展反飛彈的努力；他極力要求參議院在批准或拒絕之前，必須詳加研究，以免鑄成大錯。泰勒博士的話雖然十分保留的，但亦已充分顯出他對於三國條約的初步印象，是懷疑它可能於美國不利。泰勒博士的評論還僅就軍備方面着眼。再就三國的明情而論，條約內最重要的第四條，在美，英兩國和蘇俄可能發生的影響；亦將大不相同。該條規定「本約各國為執行其國家主權，在認為有關本約的主要事項的特別事件危及該國最高利益時，有權退出本約」。由於美，英兩國人民習於安樂，厭惡戰爭，再加以言論，出版，集會，結社的充分自由，就是在雙方公開進行核子競賽的今日，民間反對核試的運動已經有加無已。一旦達成局部禁試的協議，他們更容易誤以為從此即可長享太平，除非戰爭臨頭，自不願再見恢復核試。因此，今後美，英兩國政府縱然發現本條約對於各該國的最高利益有所危害，亦不易輕言退出。但在俄國則反是。俄國人民久處共黨積威之下，一切均為統治者之命是從；共黨的處世哲學，又是祇求目的，不擇手段，背信毀約在他們原屬家常便飯。且看，赫魯曉夫對於曾誓言一面倒向蘇俄，並奉蘇俄為老大哥的中共，尚且片面的撕毀了數以百計的合同，其對於一心要予以埋葬的資本主義國家，自必更有甚於此者在。這就是說，由於國情的殊異，這個條約對美，英兩國政府將有很大的束約性，而赫魯曉夫則可隨時予以毀棄，不受任何限制。

赫魯曉夫和甘廼廸總統，麥美倫首相都希望能繼此條約作更進一步的談判。前者顯然以結締大西洋公約國與華沙公約國的互不侵犯條約為主，因為他可以藉此而達到安定內[illegible]各附庸國的雙重目的。但美[illegible]方面，由於法國已表示關然[illegible]德亦聲明不參加任何含有承[illegible]權的國際協定，華盛頓和倫[illegible]，在與盟國充分磋商前將拒[illegible]一問題，足詞三國繼續談判[illegible]多艱難。美，英兩國倘操之[illegible]可能影響西方陣營的團結。[illegible]判以擴大大西洋公約國的裂[illegible]赫魯曉夫所欲求而恐不得的[illegible]

（三）

基於以上的分析，三國[illegible]條約在表面上似乎已使美，[illegible]間的氣氛大為改善；但於整[illegible]則並無實際的補益。而且，[illegible]西方國家產生某些不利的副[illegible]廼廸總統似乎以為祇要美，[illegible]和好，世界就可和平無事。[illegible]國是否將向美國發動戰爭，[illegible]力祇是他們要鄭重考慮的因[illegible]而美國與其盟邦的關係，也[illegible]重要。假如美國因與俄國談[illegible]盟邦的疑貳，給赫魯曉夫以[illegible]，我相信戰爭更不可避免。[illegible]爭發生，美國仍須爭取盟邦[illegible]才能獲得勝利。因此，我認[illegible]後與俄國繼續談判，決不可[illegible]而不顧盟邦的共同利益。近[illegible]，由於美，英諸國政府祇顧[illegible]個別利益，而忽畧了盟邦，[illegible]犧牲盟邦，充分顯露他們雖[illegible]主自由，而其眞正的目的則[illegible]國爭霸世界，以致許多仰賴[illegible]援的國家都紛紛採取中立或[illegible]盟政策，以求避免拖累。就[illegible]留在自由世界陣營裏面的國[illegible]也祇是在兩害相權取其輕者[illegible]下，不得已而如此，並非對[illegible]國的領導具有任何信心。[illegible]總統就職之日，曾以莊嚴的[illegible]言將繼續美國革命先烈爭[illegible]議入權的犧牲精神，以建立[illegible]公正，弱者安全的法治新世[illegible]勢力的新均衡。美國如要[illegible]自由世界的責任，必須依照[illegible]做去，始能確立自由世界必[illegible]幸，兩年多以來，祇留空言[illegible]行。當年艾森豪總統就職之[illegible]大言炎炎，要解效鐵幕後的[illegible]主政八年，却始終沒有動鐵[illegible]（甚至東德波蘭發生動亂，[illegible]）革命，他都坐視不援。如[illegible]統以「當仁不讓」見稱於世[illegible]蹈艾克的前輒；但當此美，[illegible]國外長正在莫斯科作局部禁[illegible]進一步的會談時，我仍不能[illegible]之。

赫魯曉夫的兩面作戰

赫魯曉夫現在已陷入任何政治家所頭痛的兩面作戰的環境下了——他一面須和西方冷戰，另一面又須和中共冷戰。

孫寶剛

在以往，他時以領導三分之一的人類自豪，但是現在這三分之一的人類中的七億人口，不特不受他領導，還在罵他，說他在替資本主義幫兇。不特如此，就以餘下來的三億人口說，有的也已和中共相通氣，在支持毛澤東呢！這對世界冷戰的形勢來說，不能不說是個極大的轉變。

今後的赫魯曉夫，對西方要繼續軍備競賽，另一方面是要和西方作經濟競賽，對東方來說，是和中共作理論競賽，和怎樣使全世界的共黨不會跟着中共走。

這個任務是很難達成的。以軍備競賽來說，美國有一個時期固然處於劣勢，現在已經趕上了。以美國的人力物力，和科學的技術，祇要美國時時提高警覺、恐怕不會再落後的，毋寧說，美國會迎頭趕上。就經濟方面來說，美國的經濟，至今還看不出有不景氣的現象，據一般經濟學者的估計，假如美國的經濟生產能保持每年擴張百份之四以上，那麼，蘇聯在生產擴張上，將很難趕得上美國。再加上歐洲共同市場近來的成就，更可証明，西方在經濟上的優越性很可能保持下去。再進一步來說，蘇聯這幾年來對人民的生活水準，固已提高了不少，這是赫魯曉夫政權得以穩定的很大因素之一。但是依着和平共存的氣氛日益濃厚，東西的交通必至日益增進，蘇聯的人民必然會知道，他們的生活水準雖然提高，但是離開西方的還很遠。那時赫魯曉夫如不繼續提高人民的生活水準，內政的穩定性，必然會發生影響。但欲繼續提高的話，經濟競賽便會發生問題。假如經濟競賽和軍備競賽都發生問題，不是使對西方的冷戰，完全失敗麼？和平共存即使成功，赫魯曉夫能否甘心這樣地共存下去呢？

說到和中共的冷戰，這次莫斯科的會談，在不決裂的狀況下，中共代表團黯然返國，會談的內容怎樣，因為對外絕對保持秘密，外間不得而知，不過由種種跡象看來，會談的成績是不會圓滿的。反之，由於毛澤東的親自出迎代表團歸國，並申言將把蘇聯奴役其他共產國家的秘密，都要揭發出來，可見會談的結果，非常不好，中蘇共的冷戰不特會繼續下去，甚且要變本加厲。

變本加厲的結果，世界將會有兩個共黨陣綫，每一個國家的共黨，也可能分裂為兩個，這使共黨對所謂資本主義者的鬥爭必至削弱不少力量。易言之，也削弱了赫魯曉夫在國內外的實力和地位。所以我說，赫魯曉夫已面臨了任何政治家所最頭痛的兩面作戰的情況了。

但是赫魯曉夫在這個情況之下，就一蹶不振了麼？在我看來，倒又未必。依照這幾天的形勢，局部的原子禁試，已和美國簽了字，這對和平共存的政策，不能不說是躍進了一大步。假如這個形勢發展下去，可對整個軍備競賽的談判是大有裨益的。假如整個軍備競賽可以停止，西方固然放下了一個經濟重負，蘇聯當然也是如此。但是西方是自由國家，每個政府固然都有經濟政策，以誘導生產的發展方面，決不能像蘇聯那樣的富有計劃性。所以西方的經濟發展必然地要較蘇聯偏重於生活水準的更提高，易言之，是消耗品的更形擴大生產。反之蘇聯則必然的要偏重於再生產，這無異使蘇聯在經濟競賽上，站在有利的地位。到那時，蘇聯或許恢復其對中共的經濟援助。

因為依照我的看法，我當然不是研究中共的專家，但就我讀過了近來中共所發表的，對意共和蘇共的長篇累牘的文章，我不覺得在基本的立場上，甚至對馬列主義的基本解釋上，有什麼不能兩立的差異。在我看來，中共斤斤於心的，還是因為蘇聯停止了對中共的經濟援助。中共因此使用了以鬥爭來爭取合作的辦法，在理論上發動對蘇的攻勢，希望蘇共因了理論攻勢的麻煩，恢復一些經濟援助。可惜蘇聯未被中共的理論攻勢所屈服，因之中蘇的關係弄得這樣惡化。但是這決不是雙方所願意的。原因是蘇聯那些對中共經濟援助的合約，大都是在馬倫可夫時代簽訂的，那時美國正獨占原子秘密，蘇聯還沒有開始和美國作原子競賽，這倒使蘇聯有餘力去在經濟上支援中共，所以簽訂了這許多對中共的經濟合約。後來，蘇聯進入了對美的原子競賽了，消耗人力物力當然可觀，所以許多合約無法履行，中共在開始向蘇戰鬥，終至蘇聯老大哥老羞成怒，完全停止援助，連蘇聯顧問都全部撤了回去，而成了今天和中共展開理論鬥爭的大局面。

假如和平共存的局面有了基礎，蘇聯一方面因了軍備競賽停止而釋了經濟上的重担，另方面因為更富於計劃性而在經濟擴張上較之西方站在有利的地位的話，蘇聯可能為了勿使共產陣營的分裂，而向中共實施懷柔政策，而重新給予經濟上的援助，因為蘇聯如能把世界三分之一的人口重入其領導之下，一方面使中共的經濟眞正能擴張，在那時比現在更為重要。所以蘇聯可能會這樣做。而那時，中共既然重獲了蘇援，可能也會將理論問題，置之高閣。毛澤東是一個現實的人，其實所有共黨都是現實的。毛澤東為了抗日可以到重慶向蔣介石三呼萬歲，並寫了一本新民主主義，那麼，在將來他為什麼不能到莫斯科向赫魯曉夫三呼萬歲而寫一本新馬列主義呢！

中共報紙怎樣抨擊蘇聯

藍星

據中共新華社七月二十七日北平電：蘇聯已發動了它的反對中共的新高潮。這一反中共的新高潮是怎樣的呢？據新華社說，其情況乃如下：

「自從眞理報七月十四日發表蘇聯共產黨中央委員會給蘇聯各級黨組織和全體共產黨員的公開信後，蘇共中央又發動了一個空前規模的攻擊。誣衊和誹謗中國共產黨的運動。這使六月廿一日蘇共中央全會閉幕後所掀起的，并一直連續進行的反對中國共產黨運動達到了新的高潮」。

又說「蘇聯一切宣傳機構、報刊、通訊社、電台都不遺餘力的投入這一運動，用各種形式連篇累牘地發表社論、署名文章、談話、來信，對中國共產黨進行攻擊和咒罵。眞理報消息報十五日兩天連續發表社論。紅星報勞動報蘇維埃俄羅斯報蘇維埃文化報教師報汽笛報莫斯科眞理報列寧旗戰報莫斯科晚報等報紙也全文轉載了眞理報十五日社論。據初步統計，僅在十五日和十六日兩天，眞理報消息報等十四家中央報紙（十五日除眞理報和消息報外其它報紙都休刊），就發表了五十二篇攻擊中國共產黨的談話和來信，十二幅組織地閱讀蘇共中央公開信的照片」。

又說「眞理報消息報和其它報紙這些天來每天都是用將近一版到兩版的篇幅，用顯著的地位，甚至是在通欄標題或紅色大字標題下，發表各種反對中國共產黨、擁護蘇共中央公開信的社論、文章、談話、來信和消息」。

新華社更具體的舉例說：「眞理報十五日發表的作家吉洪諾夫、考澳林立克、記者茹科夫三人聯合署名文章和列夫欽科的兩篇文章，集中攻擊中國共產黨，誣衊中國共產黨攪分裂運動。……消息報十五日發表的米爾斯基的文章，誣衊中國共產黨領導人在國際共產主義運動中散佈錯誤觀點，企圖把民族解放運動從世界反對帝國主義的力量的總流中分出來，并把它說成是主要的，幾乎是惟一的使帝國主義崩潰的因素。他們企圖突出亞洲、非洲和拉丁美洲三大洲人民革命鬥爭的作用，而企圖抹殺所有其它打擊帝國主義力量的作用。把亞非團結運動同現代其它反帝運動對立起來」。

「米爾斯基誣衊中國共產黨人把有色人種和白色人種對立起來。煽起沙文主義和宣揚翻過來的某種種族主義。有意無意地向這些區的人民灌輸一種他們是優越的和特殊的。他們比白色人種優越的思想。冒瀆地把白色人種中壓迫有色人種的上層剝削分子同西方一向反對這種上層分子的勞動羣衆混為一談。用對抗無產階級團結而硬指某些種族和民族的資產階級民族主義團結的邏輯來偷換馬克思主義的，無產階級的邏輯」。

新華社又說「蘇共在各家報紙發表的文章，談話和來信中，顛倒黑白，攻擊中國，歪曲了蘇聯專家撤離中國的原因。說中國領導人企圖以此來削弱蘇中人民的友誼。中國領導人提出錯誤的建立自給自足經濟的觀念，從而削弱了社會主義國家間的兄弟友誼的團結。在這些文章，談話和來信中，還惡毒地辱罵中國共產黨人是叛徒，是左派社會革命黨人，是變節者，忘恩負義，誣衊中國共產黨號召戰爭，奉行加劇國際局勢和發動熱核戰爭的方針。企圖在勞動者的骸骨上建立新世界」。

民族解放之星

——貝塚茂樹著「孫文」述評

狷夫

日本講壇社，近年出版了一套二十世紀人物叢書，叢書的總名稱是「推動了二十世紀的人們」。一九六二年十月已出到了第十二冊「民族解放之星」。這部書由京都大學教授貝塚茂樹主編，包含五個獨立的傳記；一是孫文、二是列寧，三是尼赫魯，四是狄托，五是納薩。孫文一篇由貝塚氏親自執筆，全書四四〇頁，孫文一篇佔了一九〇頁，可見份量的重要。

孫中山先生爲中國近代第一個政治人物，不僅受國人的尊仰，且爲國際所崇敬，可是孫中山逝世已近四十年了，國內還沒有一本像樣的傳記出版，實可悲歎。雖然，孫氏革命的事蹟，見於紀錄和文件者，多不勝數，但皆多爲黨人所撰，歪曲誇張，不可盡信。而革命緣起，革命事畧之類的紀錄，又絕不能代替孫中山的傳記。因爲前者只在記事，傳記是要呈現一個有血有肉的人。

今讀貝塚氏所著孫文一書，發現了許多新奇有趣的材料和評論。對孫氏及辛亥革命之了解，實爲有益的參考。原作者爲日本人，對中國的歷史人物雖未能深透了解，涉及中日關係之處，也未能鑒空衡平，但是其撰述態度大體尚稱客觀。最可賞的是在他筆下的孫中山，並非不食人間煙火的神明，也不是人慾淨盡，天理流行的聖人，更不是造亂打天下的大寇，而是一個不平凡的人。他有理想也有慾望，有功德也有過錯，有聰明也有愚蠢，總言之，他是有靈有肉的人。

貝塚氏敍述中山的身世，其中一段筆墨甚爲有趣。他說：對於王朝的開祖與革命的英雄，都有一段神話，誇張他們自幼秉賦穎異等等，未亡人宋慶齡對孫先生也有類似的話，她說孫先生晚年親口告訴她：因爲出生在貧農之家，所以變成了革命者云云。宋慶齡說這個話的意思，顯然在强調孫先生的「階級成分」好，符合馬列主義的要求。貝塚氏隨即指出，孫先生的父親曾務農，後來到澳門做過裁縫和皮匠，又回故鄉復治田產。並根據孫先生自述從七歲入塾讀書，到十二歲已讀完四書五經的話來考証，如果生在貧農之家，是不可能入塾讀書的。據陳少白所撰「興中會革命史要」一文所記，也說孫先生之父是小商人。可見貝塚氏駁宋慶齡的說法，是很有見地的。

孫中山是一個性格極强的人，這可以從他少年時代一件故事看出來。他十四歲那年離開故鄉去夏威夷依長兄孫眉。在那裏入意奧蘭尼書院（Iolani College）讀書，三年畢業之後，升入奧湖書院（Oahu College）。當時他十八歲，頗欽慕基督教義，乃入教；而其長兄孫眉是一個維護民族傳統極强烈的人，認爲中國儒學遠較基督教爲佳，聽說弟弟入了基督教，大爲震怒，迫令他退出，於是兄弟二人發生劇烈爭吵。中山被哥哥打了一頓，他一氣即收拾行李，離開哥哥家，向一位美國老師借了路費，不辭而別回國了。

對於此事，貝塚氏論道：孫中山最初的志願本擬在檀香山修完中學教育後，再去美國本土升大學，如果不是因歸信基督教的問題兄弟二人反目，他也許成爲學者，一生將消磨在書齋和講壇裏，不會成爲革命領袖了。可見人的命運受偶然性的決定是相當大的。

光緒二十二年（一八九六年）九月，孫中山在倫敦蒙難一幕，對革命運動之發展有重大的影響。在這以前，興中會雖有廣州起義，因規模太小，時機未熟，影響並不大。倫敦蒙難之後，孫中山一躍而爲舉世周知的革命領袖，對國內國際皆收極大的宣傳效果。關於蒙難經過，中山自撰「倫敦蒙難記」，爲衆所熟知的重要史料，但據貝塚氏根據中山密友陳少白的記述，發現實際經過與「倫敦蒙難記」所說頗有出入。陳少白在「興中會革命史要」一文中對此確有耐人尋味的記載：「到了倫敦，也不認識甚麼人，恰好那時候康德黎博士已回到英國，見孫先生到了，就替他在自己家的附近找一間房屋住下。自此以後，孫先生就時常跑到康德黎博士的家裏，談談天，看看書，這種情形，差不多天天如是。後來，忽然有好幾天沒到康德黎的家去，康德黎夫人認爲很奇怪，到孫先生的住所去尋也沒有消息。這時候，就是在公使館被捕的事情發生了。「……當時孫先生怎樣會被公使館拘留起來呢？照孫先生自己作的『倫敦蒙難記』所說，是遇公使隨員鄧廷鏗（號琴齋），自言是香山同鄉，他鄉遇故，就拉他到鄧家內談天。原來他的家就是中國公使館，以後先生與鄧又遇到好幾次，末了一回，即被挾持登樓，禁諸室中。但是實際並不是這樣一回事。當時孫先生對我說，他早已知道公使館，他故意改換姓名，天天跑到公使館去宣傳革命。後來公使館的人疑惑起來，因爲當時廣州起義的事傳聞還盛，大家認爲這人或者就是孫逸仙，公使館隨員鄧廷鏗因爲是同鄉，試出他的確是孫逸仙，於是孫先生就被他們拘留起來了。」

陳少白是中山先生最初獲得的少數革命同志之一，且與中山私交最篤，中山與所有同志寫信皆稱兄，唯對陳少白向稱五弟。可見其感情之親密。中山倫敦蒙難之後，翌年到日本，第一個見面的同志也就是陳少白，當時並住在陳少白橫濱的家裏，兩人連床夜話，談的事情一定是倫敦被囚的事情，因此陳少白的記載，應是確實可靠的。陳少白所以把這段內幕寫出來，據情理來推度，當然絕非惡意，他可能以爲這件事足以顯示中山的勇敢。中山在自寫蒙難記中，故意隱改了事實，可能是爲了擴大宣傳效果的緣故。

倫敦蒙難時的孫中山已經卅歲，在被懸紅通緝的情況下，居然到公使館去宣傳革命，我們與其說他魯莽，不如說他瘋狂。革命者必有瘋狂的熱情，才能捨棄一切冒險犯難。

一八九六年，中山在倫敦蒙難那一年，上海「時務報」創刊，梁啟超任主筆，變法維新運動正在積極醞釀中。一八九七年八月，中山回到日本，翌年「戊戌政變」發生，康有爲和梁啟超也奔走日本。熱心的日本人士，如犬養毅等以爲中山與康有爲同是愛國志士，如能合作必可增强力量。因此居中進行撮合拉攏，可是由於康有爲堅持不能忘記「今上」（指光緒皇帝）而告失敗，後來兩派鬥得勢成水火。

就當時的情勢說，維新派的康有爲遠較革命派的孫中山佔優勢。因爲康有爲是當代的大儒，是變法的領袖，戊戌政變一幕尤使舉世震動，而孫中山在國內是無名小卒，倫敦蒙難雖使他在國際上露出頭角，但國內的人對「革命」二字猶談虎色變，認爲是殺人放火的大寇。當時日本上流社會猶流行中國詩文書法，在這一點上，康有爲自然容易博得尊敬，中山則自幼進西方學校讀書，相形之下，未免見絀了。又因爲日本在明治維新之後，對保皇維新的康有爲引爲同道，相較對孫康的重視，是一邊倒的。甚至在中國革命已經成功之後，一九一三年二月號「中央公論」記者寫大隈重信的訪問記，竟以「孫文不是了不起的人物」爲題，可見一般日本人偏見之深了。在當時日本記者的筆下，孫中山是五尺二寸高的小個子，頭部顯得很大，頗有美國紳士風度的人物，這對於崇敬身體魁梧的日本人來說也是不合口胃。孫中山的摯友，贊助中國革命最力的宮崎寅藏，初會面時就對此感到失望。但是儘管如此，孫中山堅强的意志與過人的才幹，終博得不少朝野志士的尊重與援助。

一九〇五年同盟會的成立，對清末革命是一個重大關鍵。在這以前，革命的策源地只限於廣東一隅，革命團體只有孫中山領導的「興中會」，參加革命的人多爲華僑及幫會份子，知識份子是比較少的。一九〇〇年義和團事件之後，形勢爲之大變，由於全國人心對清廷已絕望透頂，咸認爲非倒清不足以圖存了。從一九〇〇到一九〇五這五年間，國內自發的革命運動風起雲湧，一九〇三年起，黃興、宋敎仁等倡導的「華興會」活躍於長沙武漢一帶；一九〇二年前後，章太炎、蔡元培、鄒容等所組織的「愛國學社」、「光復會」則活躍於上海與江浙一帶。而一九〇四年皆因革命活動失敗而逃亡到日本，遂團結合作產生了「同盟會」。

貝塚氏在述及同盟會之成立，提到兩件事，一是鄒容及其所著的「革命軍」，另一是華興會領袖黃興。鄒容所著「革命軍」一書暢銷達一百萬冊，孫中山讀了也爲之感動，在日本翻印了一萬部於海外發行；另據劉揆一所撰「黃興傳」記載，一九〇三年黃興回長沙時，也帶了「革命軍」數千冊，散發給軍事教育兩界人士及親友，可見「革命軍」一書影響之大，實乃當時革命思潮的主導。鄒容廿一歲即瘐死獄中，寫此書時只有十九歲，眞是蓋世奇才了。

對於黃興，貝塚氏尤讚揚備至。黃興比孫文小八歲，一八七四年生於湖南長沙。與孫文之出身農家不同，是書香世家。一個容貌魁偉、沈默寡言、豪胆聰明的人。以能文章、善書法聞名，爲總督張之洞所賞識，選送日本留學，很快就有了民族主義的覺醒而立志倒清。曾從軍事教官習戰術和操法；自幼即精於拳術，是一個雙手可舉百斤的健者。在東京留學時，每天早晨到射擊場練習射擊，在競射會百發百中，常獲得獎牌而歸。這樣的經歷、性質、敎養，與孫文完全相反的對照：……。」

書中繼續提到在華興會成立時，黃興對中國革命所持的見解：「本會皆實行革命之同志，自當討論發難之地點與方法以何爲適宜。一種爲傾覆北京首都，建瓴以臨海內，有如法國大革命發難於巴黎；英國大革命發難於倫敦。然英法爲市民革命，而非國民革命，市民生殖於本市，身受專制痛苦，奮臂可以集事，故能握其吭而拊其背。若吾輩革命，不能藉北京偸安無識之市民得以撲滅虜廷，又非可與異族的禁衛軍同謀合作，則是吾人發難，只宜採取雄據一省，與各省紛起之法。」

黃興這一戰畧即辛亥革命成功之戰畧，誠有卓識遠見。孫中山的爭先攻佔一城，突破一點，繼而推展擴大的戰畧，是太平天國革命的戰畧，實不如雄據一省及各省紛起的戰畧之容易發生效果。

關於孫中山與黃興在東京「鳳樂園」初次會面即商定團結合作一事，貝塚做了一個錯誤的論斷。他說：「關於發展革命運動的方法，持各省紛起說的黃興，對孫文[illegible]大革命運動爲全國規模，必須採取統一的理論敬服了，乃果斷的放棄了自己的意見。」據筆者了解，孫中山與黃興初次會談時，他强調的是革命力量必須團結統一，而非指革命戰畧。

孫中山的興中會與黃興等的「華興會」、章太炎等的「光復會」合作建立同盟會之後，不但革命活動的根據地由廣東擴展兩湖和江浙，人才也增加數倍，而章太炎、黃興等個人之聲望及鄒容的「革命軍」所造成的風潮，都一併投進同盟會的洪爐裏，聲勢和氣概都大爲壯濶，一年之內黨員發展至萬人，民報創刊號一年之內連印七版之多，從人心反應上看，已經是沛然莫之能禦了。因此，從一九〇五至一九一一六年之間所發動的六次起義，前仆後繼，使清廷岌岌不寧，終於在武昌一役大功告成。

辛亥當時，孫中山雖已料定革命終必成功，但是仍沒想到成功來到如此之快。這與當年列寧在瑞士初聞二月革命成功，乍驚乍喜，半信半疑的情形完全一樣。

（未完）

台北市政府醜事連篇

從公車處長辭職說起

獨清

（台北通訊）台北市公車處自黃啟瑞與呂志超等的集體貪污案被揭發後，周百鍊代理市長即派市府秘書兼業務檢查主任何柏林為代理處長。在黃啟瑞等被判刑之初，該處大小人員均恐遭受牽連，有所顧忌後，一時尚未聞有其他弊端繼續發生。但自黃啟瑞、呂志超兩人被改判無罪後，卻又故態復萌。過去一月，初則發現有價值三十萬元以上的庫存材料來路不明，何柏林甫經開始進行調查，即有八十餘輛公共汽車因「待料修理」而停駛，該處材料庫的經管人員卻辯稱絕大部材料都是該處所採購，並於入庫時登記有案的；但何柏林向市議會的報告，則指出經辦人員所提供的各項單據均與數字不合，其中頗有弊病，繼又發生一個經管學生月票的職員，竟盜用公欵七十餘萬元之多，而且為時多年，主管和主計人員迄未發現，顯有串通之嫌。但何柏林對於這兩件事似均感無力追究，乃於七月二十二日提出辭呈，並聲言自二十四日起即停止辦公以示堅決。據聯合報載：辭職的表面原因，一是因為代理處長二年多來，公車處一本身派系林立，而有關方面亦未給予有力支持，致工作迄無法展開，未能實現他當時接任時所抱負的理想；二是最近公車處先後發生「溢出材料」案和「挪用公欵案」，何認為自己監督不適，因此決定辭職；但實際原因頗為複雜。

市議會請前任貪污處長復職

最奇怪的，是市議會於二十三日上午，通過一項臨時動議，「請呂志超復職」。呂志超在市公車處的購料舞弊案中，雖然被改判無罪；但判決書僅說受賄的乃是呂志超的妻子並非呂志超本人。那位「奉命」改判呂志超無罪的法官仍然承認公車處購料舞弊是事實。市議會請呂志超復職是不是認為市公車處在呂志超主持下所發生的集體舞弊尚有未足之處，還想請他回來繼續舞弊，以竟全「功」呢？人們從市議會公然有此等決議這等事情看去，就可知道市議員們的品格之高下了。再以呂志超而論，在上一次購料舞弊案中，他還有一個太太替罪的羔羊，如今那位太太已經羞愧自殺，縱算呂志超本人仍無羞愧之心，居然順應市議員們的願望而重作馮婦，他日事發，又有誰可作代罪的羔羊呵！有人說：假如呂志超有意復職，他一定要先續娶一位太太。

貪污市長黃啟瑞又想復職

據一位觀察者的分析，市議會通過請呂志超復職的議案，是與黃啟瑞有關的議員們（不限於國民黨籍者）準備使黃啟瑞復職的一種試探行動。因為黃啟瑞在市公車處的集體貪污案中也是先被判有罪而後改判無罪的。被改判無罪的理由，也是說收受賄賂的是他的妻子，並不是他本人，因他的妻子黃朱金鳳仍被判徒刑，但緩刑二年。假如呂志超能復職，市議會自可援以為例，再促請黃啟瑞復職。據說：黃啟瑞本人對於復職的事總覺得由他人出面為他活動，才比較有面子，因此之故，他尚沒有自己提出申請復職的打算。市議會是代表民意的，倘由市議會出面活動，自然順利得多，所以市議會才有請呂志超復職的決議。但呂志超對此尚無反應，代市長周百鍊雖然在表面上沒有什麼表示，而且還派人去慰問過呂志超；實則是欲迎還拖的。照目前的跡象看去，何柏林辭職後，周百鍊仍要委派一個他自己的親信去接任，如非受了上面的壓迫，決不會輕易起用呂志超的。足見市議員們企圖以促請呂志超復職來打開黃啟瑞復職之門，進行並不順利；而黃啟瑞要想帶着一個被判徒刑的太太再坐上市長的寶座，恐怕也不容易吧。不過人們於此，更可知道今日的政風敗壞，已經到了何等的程度了。曾因貪污去職並曾兩度被判徒刑的人，竟不知羞愧，還想官復原職，市議員們居然也毫無是非羞恥之心，不惜在堂堂的市議會作出違法背理的決議。孟子說：「上下交征利而國危矣。」今日的台灣，不但上下交征利，而且上下全無羞恥之心，又安得不危？

台灣簡訊

志清

一、台灣之「疫」，不是霍亂而是貪污　台灣之「毒」，不是病菌而是積弊

去年夏季，副霍亂在本省流行時，基隆海港檢疫所奉令加強檢疫，以保持基隆為清潔港的令譽。海港檢疫所奉令後，凡進出基隆港之中外船隻及部份進口貨，其消毒或蒸燻過期者，一律施以消毒及蒸燻，該項費用則由輪船或貨主負担。檢疫所收取消毒費的收據，共為三聯，第一聯為存根，第二聯為正式收據，第三聯報省衛生處。至今年二月間，一家輪船公司向檢疫所核對存根，與收據數字是否相符時，檢疫所人員告以收據存根已報省衛生處，無法核對。該輪船公司更為懷疑，認為其中定有問題，乃向某治安單位檢舉，同時，一名離職的檢疫所人員，亦向該治安單位提出告密。

某治安單位展開偵查時，先向各輪船公司及貨主收集收據，並向檢疫所調閱收據存根，經核對後，發現收欵數字與存根及報省衛生處的數字，相差達十倍到一百倍之鉅。其中有一筆收據開一萬八千元，而存根及報省的兩聯，祇有一百八十元，相差達一百倍。根據已查獲的相差數字，七十餘萬元之公欵被吞入私囊。

治安單位於獲得部份證據後，將嫌疑重大的檢疫所蒸燻課長游玉麟，出納高鵬、事務員陳明德（被林番王市長提名為仁愛區長，並已報省核定中）等三人扣押，主計馬永銘交保，監印陸希平因在收據加蓋檢疫所大印時，並未看出第一聯第三聯與第二聯數字不符，故亦列為被告。本案初步偵查已告一段落，移送基隆地檢處，由檢察官張廷傑偵辦。

承辦本案的某治安單位，除將消毒費集體舞弊部份已送地檢處外，部份有消毒人員涉嫌收取紅包部份，是否事實，尚在偵查中。據稱：按照規定部份進口貨物，必須進入檢疫所的消毒倉庫，但商人為了爭取提貨時間，希望不要消毒，乃向消毒倉庫人員行賄，以較消毒費更高的現金，贈予主管消毒人員，使貨物免予消毒而立即提走。

此一案件，尚在繼續偵查中。聯合報在一篇短評內，指出「當前的『疫』，不是霍亂，而是貪污；當前的『毒』，不是病菌，而是積弊。因此，當前的檢疫工作，應該是消除積弊。」可謂一針見血之論。

檢查官失竊寶箱餘聞

靜吾

（台北通訊）台北地方法院檢察官熊家曾因在辦理虛報出口案，涉嫌不法商人以鉅欵向治安及司法人員行賄的期間，向刑警大隊報告失竊鉅欵，繼又請該隊不必追查，監察委員陶百川等認為案情「頗可重視」，請由監察院函請司法行政部查覆。此一消息經報章刊載之初，熊檢察官僅向聯合報記者表示，願靜候調查，不願多說。七月二十二日，他向司法行政部提報告，據稱：他於五十一年四月參加該處方正琬檢察官所邀的新台幣五百元會，該會於每月一日在辦公廳內開標一次，共有廿二人，他於今年二月間標得該會，共收到會欵九千九百九十餘元，連同他積餘的一千元現欵，一併存放在家中鐵櫃內，該櫃內並放有手槍一枝，及私蓄美鈔二十元，不料該鐵櫃被其妻啟開時弄壞，另換了一個新的鐵櫃，但此事他並不知道。

熊家曾在報告中又說：他於偵辦格魯佛命案後又偵辦假出口案，因工作需要，經常徹夜不歸，致其妻對他發生誤會，遂私自啟開鐵櫃以致將鎖弄壞，換了新鐵櫃後，櫃內之物是否被她所收存，她亦不願說出。他因原有鐵櫃內存有手槍，如被他人拿去後果嚴重，仍請刑警大隊派員會同他前往調換鐵櫃的商店查問，但在原櫃內祇找到美鈔二十元。事後其妻因見他極為焦急，始告訴他手槍及現欵均為她所收存。他以手槍及現欵既未失落，遂通知刑警大隊無需再行調查，不料竟因此引起一場誤會。

此外，還有男女檢察官各一人證明熊家曾參加他們的會，曾標得一萬元會欵。

刑警大隊的發言人也說：「熊檢察官是於今年四月初，向該隊偵查隊長李磯報案，說他因與太太鬧意見，家中的一隻鐵櫃被太太私下找工人打開，裏面存放的一萬一千元新台幣，美鈔二十元及自衛手槍均不知去處，同時這隻舊鐵櫃因鎖損壞被他太太掉換了一隻新的，熊檢察官說：事後他雖然問他太太，但他太太不理他，無從知道詳情，但熊檢察官想手槍是藏在鐵箱抽屜後面，廿元美鈔捲成一個紙捲塞在抽屜後面鐵皮縫裏，也許他太太看不見，萬一這支手槍仍在鐵箱裏，恐怕落到別人手裏會出事情，因此請李隊長幫忙派員會同前往華昌鐵箱行將舊的鐵箱重新打開看看。但當熊檢察官會同刑警大隊隊員王承琳將這隻鐵箱重新開啟後，並未發現手槍，祇有廿元美鈔仍然存在鐵皮縫裏。由熊檢察官當場取回。隔了一天，熊檢察官告訴李隊長說：這件事情不必查了，手槍已有了下落。」

司法行政部乃於七月二十六日函覆監察院，略謂：「經查熊檢察官所失之欵係新台幣一萬一千元左右，該欵係標會得來之欵，並係其妻取去，非屬被竊。」

此一傳說紛紜，為大眾所注目的「寶箱失竊案」，大約就如此這般的了了之。可是，人們對本案的疑雲不但並無消除，而且反而加甚。因為就在這些官樣文章中，也是漏洞百出的。第一，據陶百川致監察院的信說：他曾以電話詢「刑警大隊林副大隊長，據答稱：「熊確曾向該隊報失台幣一萬一千元，開啟原鐵箱後則僅見美鈔二十元。」後熊又通知該隊不必繼續偵查。」這就是說熊在報案時並未說明箱內存有美鈔和手槍，通知該隊不必繼續偵查時，亦未說明存欵和手槍均為其妻取去，足證該隊發言人的話是前後不符的。第二，熊家曾自談稱因辦案常徹夜不歸，致其妻發生誤會，但熊夫婦本是老夫老妻，他徹夜不歸的原因如果確因辦案關係，其妻又何致會發生誤會。由此可見，熊平素的生活至少是並不檢點的。一個待遇清苦而生活又不檢點的人，自難望其廉潔自守的。第三，熊家曾果係標會得欵，但為數不過萬元，又有何必要必須花一筆大錢去購買新保險箱存放？未免太不合人情了吧？第四，據出售保險箱的華昌行向聯合報記者透露：熊家曾偕同刑警隊人員到該行查問時，曾稱箱內有美鈔、手槍及珠寶等貴重物品，如今在呈覆司法行政部的報告中，則未提珠寶的事，顯屬前後矛盾。第五，事實如果確如熊家曾呈覆司法行政部的那樣簡單，何以在陶百川要求監察院函請司法行政部查覆之初，他既已接見聯合報記者，為何不立予說明，不能不使人懷疑他當時尚未編好這番辯詞。因此種種，無論熊家曾如何自作解釋，刑警大隊的發言人如何與他配合一致，以及司法行政部對監察院的覆函如何敷衍塞責，社會上因寶箱失竊案又對司法界增加了一層惡劣的印象。

二、法院改隸問題獲致結論

推、檢從此分家

喧嚷數年的法院改制問題，據報載：行政院和司法院業經達成協議，將各級法院一律改隸司法院，各級檢察處則仍屬行政院司法行政部。如此，則推事和檢察官從此分家。此一問題所以延至今日，乃由於若干檢察官都希望能改隸司法院，他們的理由是我國司法制度一向規定推檢同為法官，可以互調，因而使改隸問題一度擱淺。但真正的原因，則為當權派不肯放棄其「司法應配合國策」的傳統政策。而其所謂司法配合國策，又即是以行政控制司法的別名，以故一向不願見司法獨立。現因立監兩院的不斷督促，和社會輿論的催詢，雖然允將推事改隸司法院；但仍把持各級檢察處，不肯放手。因此，將來縱能依據此一新的協議辦理，「奉令不上訴」的事例，還是隨時都可再見的。

中共首次公開辱罵蘇聯 毛澤東現正亂想出風頭

中共居然提議召開世界首腦會議

綜觀

自蘇聯於七月十四日的公開信中公開斥中共，中共與蘇共的莫斯科會談無結果而散後，中共政權更是日暮途窮，中共政權更是處境惡劣，毛澤東也更是只能作垂死的掙扎了。就毛澤東的性格說，毛澤東畢竟是一個實力空虛才能有限而野心無窮的人。所以，他在中共政權處境十分困難個人處境十分危險的時候，他仍然不自反省，不自安份而竟然提議召開世界首腦會議，他竟然又想置身世界首腦之林來出風頭了。

據中共新華社七月卅一日北平電：中共曾於七月卅一日發表了一個「中國政府主張全面、徹底、乾淨、堅決地禁止和銷毀核武器，倡議召開世界各國首腦會議的聲明」。

該聲明首先對美英蘇三國代表於七月廿五日在莫斯科簽訂的核子禁試條約作了猛烈的誹謗和歪曲。它說：「這是三個核大國簽訂的條約，他們企圖通過這個條約，鞏固自己的核壟斷地位，而把一切受核威脅的愛好和平的國家的手脚束縛起來。在莫斯科簽訂的這個條約，是一個愚弄全世界人民的大騙局，是同全世界愛好和平人民的願望完全相反的」。

當全世界的絕大多數輿論都在贊成核禁試的時候，都在稱譽七月廿五日莫斯科核禁試條約的時候，中共竟唱反調，雖然中共也在口口聲聲說和平，但中共的好戰態度却完全暴露了出來。至於中共說莫斯科三國禁試協定「與全世界愛好和平的人民的願望完全相反」一語，當然更是荒謬滑稽，難道全世界人民都不希望締結禁試協定嗎？

當然，七月廿五日在莫斯科簽訂的這一個三國禁試協定，並沒有能够全面徹底禁止核子武器，不過，造成了一些和平空氣却是真的。何況，要達成毛澤東所說「全面徹底乾淨堅決禁止銷毀核武器」原本就不可能呢？更何況，毛澤東提出這一呼籲，只不過是掩飾中共政權好戰本性的一種姿態和一種陰謀。事實上，今日美國與英國所擁有的核武器比美英兩國所擁有的其它普遍武器更重要，它是今日世界惟一鎮壓共黨暴動和發動戰爭的主要手段。試想，假如不是美國在這方面擁有絕對優勢的核武器，蘇聯或赫魯曉夫還會不發動世界大戰嗎？還會願意締結核禁試協定嗎？須知，就是美國今天如此這般的擁有核武器，赫魯曉夫及蘇聯的共產黨人是仍然時時刻刻在想乘虛用核武器偷襲美國的，這一點，可以從赫魯曉夫去年偷偷的把飛彈運進古巴，而且秘密地在古巴安裝起來，準備用突襲方式發射，都可以說明赫魯曉夫絕非善良份子，相反，而是懷有極大陰謀，而是比毛澤東更善於偽裝和平的。因此，我們可以曉得中共在七月卅一日這一聲明裏所說蘇聯政府實行三大出賣：「出賣了蘇聯人民的利益，出賣了社會主義陣營各國包括中國人民的利益，出賣了全世界愛好和平的人民的利益」的話，並不正確，因爲赫魯曉夫路線與毛澤東路線的本質並非不同，它們都在企求赤化世界，只是方法不同步驟不同而已。

中共七月卅一日聲明除首次公開正式責罵蘇聯的外交措施和政策外，並首次公開責罵蘇聯說：「蘇聯政府所執行的政策是：聯合戰爭力量，反對和平力量；聯合帝國主義，反對社會主義；聯合美國，反對中國；聯合各國反動派，反對世界各國人民」。中共這樣破口大罵蘇聯，算是中共進一步具體地使中共與蘇共之間的分裂進到一個無可挽回的公開地步。但中共七月卅一日這一聲明所抨擊的部份，還只是陪襯的部份，主要的部份，也就是毛澤東所要表現的部份却還在他所提召開世界首腦會議的主張以及全面銷毀核武器的主張。

前面說道：全面銷毀核武器在事實上本來是辦不到的，同時，在理論上講，爲自由世界的安全計，也是不應該的。因爲如果自由世界的領袖國家美國與英國之核武器被銷毀，則自由世界手上將無足以鎮壓共產黨人的惟一有效的武器了。屆時，如果大家都沒有核子武器，都只有普通軍備的話，那末，中共與蘇聯就可憑藉它們的優勢人力與人海而發動世界戰爭從而赤化整個世界了。所以，中共這一提議，是有其一定的陰謀的。

除此陰謀外，中共尚欲藉此博取世界未嘗擁有核子武器或根本無希望擁有核子武器的若干小國之同情，以形成一個反對大國壟斷核子武器的國際統一陣線，這當然也是毛澤東的另一用意。不過，我相信毛澤東在這方面不會有太多的收獲，雖然也不是毫無收獲。因爲高棉等小國是仍然可能响應毛澤東的號召的。而中共七月卅一日聲明所說「全面徹底乾淨堅決禁止及銷毀核武器」則根本不可能辦到。

至於毛澤東想召開世界首腦會議一節，那當然也是妄想。因爲中共政權根本尚未被世界大多數國家所承認，而且中共政權至今一直未能進入聯合國，它並未成爲一個合法的國家單位，而居然也要置身世界首腦會議之林，不說世界各國都有其一定的政府組織，有問題時，原應根據其政府組織之正常辦事方式，經由外交部與各國外交部之間，或通過聯合國，或通過某一特定國際組織而議事，爲什麼一定要召開首腦會議呢？縱然舉行世界首腦會議，中共也是無資格無權參加的，何況，世界各國並不個個都是獨裁極權國家，並不個個都靠首腦辦事，而是依靠民主制度辦事，所以，更是根本不應該舉行中共所主張的世界首腦會議了。

大陸簡訊

藍星

捷克驅逐三名中共記者 三名記者回北平受歡迎

據中共新華社北平七月廿七日電：「首都新聞界和各機關團體工作人員一萬多人今天在人民大會堂舉行盛大集會，熱烈歡迎被捷克政府無理要求召回的新華社布拉格分社社長兼人民日報記者黃振聲、新華社記者兼人民日報記者張毓芬和新華社記者陸郝慶」。

尼赫魯接見中國佛教代表團 中共干涉印度內政竟提抗議

最近，中華民國自台北派出了一個佛教代表團訪問印度，尼赫魯曾以極友好態度親自接見，爲此，中共僞政權竟向印度提出抗議，謂印度要搞兩個中國。中共此舉無異視印度爲殖民地，否則何能干涉印度之內政外交呢？

僑鄉近訊

鍾之奇

中共强迫福建僑眷擁軍優屬

中共是一個靠武裝暴動起家的政權，故共對軍隊之重視特高，平時，中共對所謂軍人及軍人家屬均有籠絡辦法，而迫使人民去奉行。福建頻臨金門馬祖，與台澎只一衣帶水之隔，近年台灣復不斷分批派游擊隊到福建浙江廣東三省沿海登陸襲擊，中共更恐軍心不穩軍屬消極反抗中共，故中共最近除在大陸各地普遍推行擁軍優屬運動外，更在福建特別着重施行。

中共所謂擁軍，卽是叫人民用各種方式經常對軍隊表示崇敬與供奉，如獻金慰勞等。所謂優屬，則是叫人民必須優待軍人家屬，以安軍心。據福建共報最近透露，福建省擁軍優屬運動現已全面展開。

據福建共報說：福建省今年的擁軍優屬活動，其規模遠比去年大得多。除中共中央及中共政務院派來之各種各色慰勞團隊外，中共更令福建省內每一專區都必須自組慰勞隊，分別到各該專區及其它專區交換慰勞及表演。

由於福建是廣大僑鄉，海外華僑多福建人，居留在福建各地的僑眷亦甚多，故中共又勒令僑眷婦女組織歌唱隊慰勞隊等分往各地及前線代表華僑表示擁軍優屬。各僑眷內心雖極不願意，但處於中共淫威之下，故許多僑眷婦女亦不得不打扮得花枝招展的去從事慰勞云。

廣西各地全面歉收

據中共廣西日報說：來自南寧、容縣各地的消息，說廣西西南部各縣包括容縣、南寧、百色等專區今夏將收成很壞，大部份地區歉收。少數地區的收成雖比去年稍好，但其總產量仍距原定生產指標甚遠。

廣西日報說，由於這三個地區今夏歉收，今後的糧食供應卽將發生問題，必須依靠外省或「國家」的支援。

廣西日報並說，某些地區今夏的畝產量竟低到一百七十餘斤，大多數農田的畝產量均不過二百斤。

但中共對於這種歉收並不自己反省，並不承認那是由於人民公社制度不好和人民消極反抗之結果，而仍千篇一律的歸咎於長期乾旱云。

中共在廣州推行「一厘錢」精神

中共現因物資奇缺，乃在大陸各地推行「一厘錢」精神。此一運動式的活動，目前已在廣州展開。

據中共報紙說，這個「一厘錢」精神，以往被人目爲地主思想的「算死草」，但中共現在却認爲它是勤儉運動之中心。

據中共報紙說，這一精神將爲「國家」「創造」很多財富。它並舉例說：廣東省海口市運輸公司職工，由於發揮了這一精神，已解決車輛汽油消耗率高的問題。

中共南方日報說：最近職工受到一厘錢精神的啟發，從過去許多不注意的地方發掘潛力，就找到到站不關油門，用汽油洗手，倒汽油洗零件等十六個浪費汽油的漏洞。其中僅停站上落旅客時不關油門一項，每部車每天就可省半公斤至一公斤汽油。把這一消耗算個總帳，大家就可注意一點一滴的節省汽油。

南方日報又說：還要同時推行安全滑行等節約汽油辦法，極力節省使每百公里平均耗油量降低到十九點七公斤云。

馬尼剌談判的側影

莊前水

菲律賓、印尼、馬來亞三國高峯會議，七月卅一日在此間馬尼拉揭幕。

這三個馬來族的國家，為了馬來西亞的歧見，由她們的最高領導者到此集會，能否消弭歧見，抑是終於會議破裂而使歧見加深？目前尚難作完全的估計。不過，「馬來族三國的團結抑分裂，繫此一舉」；「東南亞戰爭與和平的分野，也以此為其關鍵」；倒都是實際的情況。世界的視線正向着這一區域注目，以及這一區域中的人民，正以嚴肅的心情瞻望這一會議，自更不在話下。

調解

菲總統馬卡柏佳，是東道主，會議的召集者，也是會議中的調解人。在馬來亞要依期成立馬來西亞而印尼採取「對抗」馬來西亞的緊張局面中。菲律賓是站於比較中立的地位。

尤其馬卡柏佳總統在外交上穩健的作風，使人對這會議的由他出面斡旋，寄以很大的期望。當菲律賓初次醞釀要求北婆羅洲領土問題時，馬卡柏佳總統最初擬不向英馬正式提出，以免妨礙馬來亞的友誼。後來迫於朝野的壓力，提出要求對北婆主權。但並沒有如激烈派所主張的，不惜扼殺泰、菲、馬的東南亞協會，甚至不惜與馬來亞絕交去爭取，因此獲得馬來亞的信賴。

對印尼方面，菲律賓基於近鄰和同種的關係，曾極力支持印尼取得西伊里安，並以此事為契機，協商解決邊境的走私、巡邏等問題，進行文經交流的討論，相當順利。菲副總統兼前外長巴勒茲，便是親在聯合國投票支持印尼者。巴氏雖因菲閣內鬨而辭去外長兼職，但仍被邀出任菲代表團參加這會議的顧問。印尼對菲最近感情的更加融洽，也可望成為調解工作的樞紐。

當然，菲律賓能當調解的角色，還有着國際上的背景。

宣言

馬卡柏佳總統在會議的開幕辭也充份表露菲方調解的態度。他一則強調這會議將是馬來族的里程碑，再則強調是亞洲歷史的里程碑，並謂「世界正在注視我人」，如我人能自行解決當前的問題，我人對於和平，將有莫大貢獻。

馬卡柏佳稱讚拉曼前來與會，乃係對於東南亞人民必須彼此密切合作商決自身問題，「重申其信心」。對於印尼，馬氏稱：在東南亞國家應付對於和平，安全進步，及諒解的挑戰中，「蘇加諾總統尚須具有新的，更大的涵容」。馬氏這種說法，是要拉曼忍耐，而要蘇加諾讓步，對雙方打圓場的態度。

蘇加諾肯不肯讓步？即使讓步，能讓步到什麼程度，在形勢上又有什麼迫使蘇加諾讓步呢？這些是問題的關鍵，也可以說是會議有無結果的關鍵。據接近高峯會議及熟知內幕人士的透露，會議的氣氛，各方的「底牌」，以及估計可能的出路，都有相當的輪廓。不過正如馬卡柏佳所說，任務是「艱鉅」的，「只要能繼續談下去，便是成功」。似乎是馬氏並不敢預期，一下子就能夠「解決」。

底牌

會議的氣氛到是很良好的，這是指的公開會議而言。在開幕禮中，三國巨頭都笑容滿面，互相作熱烈的握手，及讓記者拍照。初次討論會（秘密）之後，決定由三外長草擬「馬尼拉宣言」，這個第一個馬來族的宣言，「保証友好談判以解決相互間的問題」。

這似乎已有一個良好的開始，較諸會外的印、馬邊界情況，更有天淵之別。剛在開會的前二天，蘇加諾正由「對抗」大馬以至高呼「打倒大馬」，印尼國防部長在南婆羅洲動員民來，聲言供應武器策動北婆叛亂。英軍在北婆、沙勝越拘捕及驅逐印尼僑民；印尼也驅逐了境內兩位英領事。印尼海軍與英馬海軍，互相在海峽地帶作對峙性的巡邏和演習；曾受來自印尼境武裝襲擊的沙勝越邊境，英軍晝夜作戰鬥戒備，嚴防再度來自印尼的攻擊！

印尼的內部情況：印共力圖挑起戰禍，以便混水摸魚。陸軍把一部份精銳開到南婆羅洲，表面發動「對抗」大馬，是否另一面有鎮壓、監視共黨的兩面手法？內情不明。蘇加諾似乎還能控制陸軍和共黨，但他的底牌是什麼呢？

「警告」

在會議開幕的那天，美駐印尼大使也匆匆飛到馬尼拉來，與印、菲當局有所接觸。據印尼共黨的抨擊，謂美國再次對菲印表示其維護馬來西亞的意向，「警告蘇加諾，倘若他採激烈手段破壞馬來西亞，美國將首先切斷對印尼的經援」。

美國支持大馬成立，已由甘廼迪總統親自聲明，當無疑問；不過此際加以重申，當可加強菲方斡旋的力量。至於「警告」印尼云云，也許只是印共的挑撥，大概用不着警告，蘇加諾也會估量到事件的牽連。所以一般認為他不會過激魯莽，尤其是在談判的時候，估計邊境不會有什麼軍事甚至襲擊的行動。

「自決」

而在現階段會議中所爭辯，就集中在「自決」和「基地」兩個問題。

蘇加諾強調：「自決」卽公民投票，且必須於大馬成立前行之。蘇班德里奧（印尼外長）則指責倫敦條約，延長英馬聯防，星洲保留英國基地，為對印尼的「威脅」。

據說菲律賓同情印尼對英基地的指責，那是基於「大馬乃東南亞人自家事」的範疇。但在另一個範疇中，在防共的東南亞公約中，非英乃是盟友，星洲基地乃東約中心基地。就馬來西亞防衛說，沒有基地，防衛將成為不可能。現實如此，英馬決不能遷就撤廢基地的要求。印尼也明知此要求不能達到目的，但仍然以「基地」為題者，據說是要對在北婆兩邦新設基地，（如計劃中的納閩島基地），予以限制。

「自決」原則是拉曼與蘇加諾東京會談所同意。但「自決」方式、「自決」時間，乃成爭辯的中心。蘇加諾要在大馬（原定於八月卅一日）成立前舉行公民投票。若然舉行，大馬勢必延期成立。拉曼則謂自決投票可在大馬成立之後，一如印尼之西伊里安自決。如必須在成立前「自決」，可由聯合國「鑑定」，而鑑定工作，可於二星期中完成，不至影響大馬成立之期。

聯合國代表麥敬時氏，為此與宇丹秘書長通長途電話，據說秘書長認為很難有把握迅速辦理完竣。因計劃、經費、程序、人員等等，均須作緊急之部署。於是三外長開始就秘書長所提出的各點討論，而三巨頭則就「鑑定」抑「投票」，展開辯論。

首先傳出的是拉曼大讓步，認為如因「鑑定」不及，可由聯合國秘書長決定所需時間，俟鑑定後成立大馬，即成立可以展期。惟倫敦方面仍堅持依期強行成立，然後與蘇加諾談判。至於蘇加諾是否作相對讓步，肯由「投票」改為「鑑定」，目前尚無所悉。但很顯然的，事情已落在聯合國的肩上。

・馬尼拉通訊・

巴基斯坦「缺口」漸大

・屈永生・

巴基斯坦由於地理上分開了兩部份，故人民方面除了宗教之外，其風俗、習慣、以至言語、文化，都互相迥異；而這些內在的因素，遂使巴基斯坦的經濟、建設和內政也釀成了一個「缺口」。此一「缺口」，刻已在日漸擴大中。以目前的情況來說，顯已形成了東、西巴基斯坦的對峙狀態。

當巴基斯坦立國之始，其西部地區因道路較好，交通也較便利，是以易於接受外來的投資和內部的建設發展；正因如此，以至播下了東西兩部份逐漸距離的種子。由印度遷移或逃亡入巴的回民，其所帶來的資金，大部份投在西巴基斯坦內，造成了西巴基斯坦的日趨繁榮，而一般企業家見到此繁榮景象，也紛紛到西部來經商，繼而又把他們賺到的資金再投入工業方面求發展，就此互為因果，更使西巴基斯坦的繁榮突飛猛進。迨至一九五五年，當巴基斯坦第一個五年計劃開始時，經濟設計者也見到投資在西部收效較大，較易，同時也較快，所以撥在西部的投資額也較多；這一來，更使西巴基斯坦的發展由自由企業而再加上了政府的援助，如錦上添花，其工商業的發展和地方建設，遠非東巴基斯坦所能追及；於是東西兩部份的成就隨着時間的積累就相距愈遠，其「缺口」也愈大，愈深。接着，連政治上也受到經濟發展速率的影响，益使東西對立之局愈覺牢不可破。

巴基斯坦政府所接受的外援，其運用計劃也是側重於西部的。據說：投入西部的外援資金達百份之八十。甚至連東部大宗輸出的黃蔴所獲得的外滙，也大部份移入西部作發展用途。這正反映出，巴基斯坦政府在施政上也有很大的偏見。因此，引起了東巴基斯坦人民的怨懟，實是意中事。

直至目前為止，這個「缺口」已出現了危險性的趨勢，使巴基斯坦政府提高了警惕，並曾一度試圖將這「缺口」予以填補。但是，時至今日，東西兩部的地方經濟基礎，工商業建設，及人民生活水準，以至軍事政治措施，雙方都已相差得很遠，加以受到地理和氣候環境所限制，一時實在沒有辦法可以把這個「缺口」填補得來。因為如果現在要填補這「缺口」，則必須由目前起，立刻停止西部的一切建設若干年，而集中力量去發展東部；然而，這樣的辦法，又怎有可能施行？

至於「缺口」的危險性，則是由於東巴基斯坦的人民日漸泛起了不滿現實的情緒。現在，東巴基斯坦裏已出現了「差別」這個名詞，當地人民經常叫出了「消滅差別」的口號，這正表示出他們的心坎中已經勃發起「消滅差別」的要求。東巴基斯坦有一位政治家最近曾公開發表過：「我們快將變為一個殖民地了，我們決不可能長期容忍下去啦」！他又說：「西部人民的高傲態度和優越感，實使我們痛恨」！這位政治家所說的話，就是代表了東巴基斯坦人民的心聲。現在許多東巴基斯坦人民都這樣談論着。「在印度宣告獨立之前，回族同盟的原始要求是甚麼呢？大家當然還記得，那就是公平分配，無論官職、工作、政治勢力等，都要分配得公平，後來由於印度的盲目，自私，以致迫使巴基斯坦要求和印度分離，可是，現在巴基斯坦西部又犯着和印度同樣的錯誤」！絃外之音，不是顯露出東巴基斯坦人民將會做出「不平則鳴」的行動嗎？這種「不平則鳴」的議論，其影響所及和將來會有怎樣的發展，誠難預料。然而，有一樣却是肯定的：這就是東巴基斯坦人民的不平之鳴，決非佳兆！那末，巴基斯坦對這「缺口」的危險性問題該怎樣設法使之消除呢？從經濟方面着想，目前似乎一時已無可能，唯一的途徑祇有先從政治方面下手吧了。當地有不少政治家認為最好是能夠出現一個新的、有遠大理想的政黨，取得東西巴基斯坦人民的支持，然後擬訂一項改善種族、社會、經濟的程序，使一切措施都在公平中進行，同時並容許東西巴基斯坦人民都有經濟政治自主權，這樣才能夠號召全國，加強內部的團結，把隱伏於「缺口」裏的危機逐漸平息。

女貞庵（二一）

（版權保留）

黎明

第七場：詞媒

陳妙常：（聽了第一句「松舍」「雲堂」字眼，猛悟乃己詞中所有，連忙過去移硯尋詞；却不見了；知為必正所竊，不禁心虛面赤。因而以下越聽越羞，急得嘮嘴跺脚，以袖障面。等聽完了，只得向必正半生嗔半告饒地虛聲恫嚇起來）你偷了我的詞；好好還給我來！若不還我，告到官司，把你當賊辦。

潘必正：（更得意地）自古道「偸書不爲賊」；這偸詞嘍？越發地不爲賊了。

陳妙常：（明知無效，却繼續趣前恫嚇）你到底還我不還？

潘必正：（故意斬釘截鐵地答覆）不還。

陳妙常：（易恫嚇爲懇告，嬌羞之態可掬）潘郎，你還是還了我吧！（說着恰和必正目光相接，又羞得以袖障面）。

潘必正：（故作正經）不還就是不還。（乘她障袖之時，也兀自障袖竊笑。）

陳妙常：（忽然覺自己手裏正拿着必正的詞，立即計上心來，笑吟吟轉向必正）呀潘郎！你我來個交換，你把我的詞還我，我把你的詞還你如何？（故意把手中的詞箋揚給必正看。）

潘必正：這詞嘍？（淡然不屑地）你拿去姑母瞧去；我嘍，是不要它的了。

陳妙常：呀潘郎！——那末，你要的是什麼呢？

潘必正：（悍然，昂然）我要人啊！

陳妙常：（明知故問，假痴假呆）但不知這人是那一個？（最後四字其聲輕而婉）

潘必正：就是你。

陳妙常：（又羞得以袖障面，無言對答）。

潘必正：怎麼樣？（走過妙常的左邊，她立即改以左袖障面）答應了？……

陳妙常：……

……

潘必正：（再走過妙常的右邊，她立即又改用右手障面）怎麼樣？不答應？……

陳妙常：……

……

潘必正：（冷然而有把握地）不答應就罷；告辭了。

陳妙常：（連忙驚異地回轉身來）那裏去？

潘必正：（掉頭就走）和我家姑母瞧「西江月」去呀！

陳妙常：（急得連忙上前拉住必正的右邊袖子）潘郎你你你你不要去！

潘必正：（假戲眞做地）你別拉扯！我一定要去。

陳妙常：唔、我不依；（嬌滴滴地）潘郎！你還是不要去！

潘必正：（突然轉身，恰好左手攬着妙常的纖腰，幾乎臉兒相貼）吓，不要去？（以右手輕輕地摸了一下妙常的下巴）小生本來就不想去的喲！

陳妙常：（含情脉脉端詳必正移時，然後以手指輕輕地戳了一下他的額角）冤家！（掙脫着翩若驚鴻地急朝臥房走去。）

潘必正：哈哈哈哈！

陳妙常：（走了幾步，又嬌慵地回過頭來）潘郎！門還未曾閂呢！（說罷碎步疾行而下。）

潘必正：這門麼？不妨事；待小生與它門上便了。哈哈哈哈！（閂門介）（移）

友聲集（三六）

觀音巖

書枚

山容足奇秀，雕鑿豈人力。萬象門玄妙，鴻濛記開闢。乘風自巴渝，維舟試攀陟。潮遊石倒懸，插天峯陡直。洞窅白日昏，磴暗陰風逼。中座踞佛龕，窟標嵌絕壁。纍纍鍾乳垂，下視深不測。履險未覺危，磴滑亦不踣。歸臥篷窗底，夢寐猶怵惕。

八六子

依淮海韻　前人

歎征颿望迷煙水，離思遠逐潮生。正掩面浮花歷亂，惱人新燕呢喃，放懷自驚。　容華空念娉婷，舊夢碧池留恨，深杯白墮縈情。只暗記前塵細書蠶紙，面覺紅斷，鬢雲嬌減。仰看霽照穿林未晚，海棠經雨還晴。暮光凝，吳謳又吹曼聲。

韓國李教授相殷來訪

張君勱

（李教授來談於舊金山，爲述新儒家思想史第一冊已讀，第二冊離韓時方寄到，又談韓國情況。）

儒家思想史，由美傳三韓；上下計兩冊，聊供蠹魚餐。憶昔宋慈湖，日嘗叩兩端；陽明良知學，掛悟質疑團。況我桴海來，國事難心安，願與箕子國，力挽此狂瀾。

唐詩偶釋（六二）

鄧中龍

渡荊門送別

李白

遠渡荊門外，來作楚國遊。山隨平野盡，江入大荒流。月下飛天鏡，雲生結海樓。仍憐故鄉水，萬里送行舟。

細味全詩並無送別意，題中送別二字，疑是衍文。

遠渡荊門，來遊楚國，惟有故鄉之水，萬里相送，此智慧語，亦傷感語，全詩結構，與孟浩然詩正同。首尾迴應，中四句平排，而一山一水，一夜一晨，自然錯雜成文，此律詩常法。

「仍憐故鄉水」五字，括上啟下，具見筆力。讀此句，須會起上六句。此等筆法，亦古人常用。

五六句釋者不一，亦率從寫景之論。舊註謂江水之濶，望雲月如在海天，殊難盡此詩結構之妙。月夜句言夜景，雲生句言曉景，言日復一日，所見如此，殆所以跌起結聯，必須作如此解，則「仍憐」二字，始不突兀。

以雲生月下泛言早夜，亦所以泛指時間之變遷。初唐及六朝詩人，率用此法，余於釋王灣「次北固山下」一詩中，已言之詳矣。（請檢閱五月三日本報）李白律詩，不論造句布局，猶多六朝餘習，其以雲生月下代表時間流轉，自屬全不足怪。然究與詩貴經濟之道相乖，不足爲法。

江水發源於青海，橫亘全蜀，四川山高水急。至兩湖始跌到平地，故云「山隨平野盡」。江水至兩湖，勢亦紓徐條暢，故曰「江入大荒流」。

此二語最爲精切。故人詩中，除山川風物靜態素描而外，間亦有涉及地理形勢者。惟以囿於見聞，或且誇張失實，每致笑料百出，是又在讀者之能細察耳。

杜甫「旅夜書懷」詩第三四句：「星垂平野濶，月湧大江流。」與此詩三四句正同。李杜同時，亦殊難論其摹擬之迹，或景與神遇，遂不覺所見皆同耳。然亦有通首相似者：如杜甫禹廟詩：「禹廟空山裏，秋風落日斜。荒庭垂橘柚，古屋畫龍蛇。雲氣生虛壁，江聲走白沙。早知乘四載，疏鑿控三巴。」李白「秋登宣城謝朓北樓」一詩：「江城如畫裏，山晚望晴空。兩水夾明鏡，雙橋落彩虹。人煙寒橘柚，秋色老梧桐。誰念北樓上，臨風懷謝公。」二詩章法相同，句法亦似，而橘柚二字，互見二詩，尤爲巧合。杜詩結句，往往絕佳，而此詩虎頭蛇尾，其弊亦同於李白。英雄所見，蓋有不謀而合者，其殆上述二詩之謂歟！

忍古樓遺詩

吾鄉夏映庵先生忍古樓詩集，早年在滬印行，目前港坊肆殊不易覯。頃聞書枚兄云，另有自選本未印，爰倩鈔出若干首，並將與學友倡酬諸篇先由本刊登出，以餉讀者。且見前輩風誼云。　·亮之·

贈梁節庵

掀髯岸幘此東坡，風義規人有不磨。一疏舉朝驚折檻，劇談當座等懸河。江湖數面成瓜葛，鸞鵠高蹤笑網羅。北望修門秋色裏，閉關誰識病維摩。

樊樊山、陳子礪、黃小魯、楊梓勤、陳善餘、陳仲純、梁節庵、陳伯嚴同集半山荊公故居，子礪爲圖，善餘作記，皆即席賦詩。

荊公遺宅舊誅茅，佳俠相攜出近郊。野色背城青滿座，秋聲當樹午懸匏。主賓勝槩詩收拾，南北羣峯酒井包。照影斜陽老葵麥，便緣松柏上雲梢。

同陳伯嚴、梁節庵、曾敬貽、程德彝登惠山，飲第二泉，得二十韻。

市樓若蜂聚，地當尾閭渫。秋瓶煎濁茗，噬飲苦不潔。扁舟惠山下，喜與塵境絕。戴雨登層軒，不虞屐齒缺。雲光滌松毛，嵐氣梳草髮。湖河遠映帶，廟塔高顛頡。置身上青冥，洗眼窺瓊鐍。程侯瀹茗椀，春芽沃霜雪。肺肝咽白露，久之彌芳列。弟兄谷簾水，頗疑共一穴。玉枝鎖蒼翠，石罅噴珠屑。當時東坡翁，滿貯大瓢月。陳梁妙言論，清波廣長舌。七椀已入腹，五鹿爲角折。曾侯攜妙妓，雙歌青雲裂。欲寫樵青圖，惟愁畫工拙。垂老當惜歡，翻手事難說。蒲團曲几際，坐聽瓶笙徹。在山與出山，臭味淄澠別。天留一勺水，與熱西山蕨。

憶陳果夫先生（三〇）

宇人

我在上文曾多次提到張治中，由於他現在業經投共，我覺得應該把我過去對他的觀感在此作一簡單的敘述。我在黃埔軍校肄業時，是編在軍官團（當時我們第四期的學生，分為軍官團、軍官預備團和特別大隊，以後軍官團改為第一團，軍官預備團改為第二團），張治中即是我們的團長。他曾在若干細節上，獲得多數同學的好感。例如當時雖是革命的大時代，而黃埔軍校又是所謂武裝革命健兒的搖籃；但校內若干官員的官僚氣派還是十足的，敎育長方鼎英就是其中的一個。每當他在我們的附近經過時，誠恐我們未注意他，不行禮致敬，有損其威嚴，故意咳嗽幾聲，使我們聽見。但他愈是如此，我們愈故作不聞不見，因而常常被他責罵：「為什麼看見長官不行禮？」我們當然答以並未看見，他又問：「難道沒有聽見我咳嗽嗎？」我們也說：「的確沒有聽見。」於是他也無可如何。但張治中則全無這種情形。記得他的團長辦公室，是在我們的寢室附近，他每天都要從我們寢室的窗前經過不知多少次。我們白天留在寢室的時候，都是休息時間，同學們多躺在床上，署事休息；若在熱天，有的還脫光上身，以求片刻的爽快。此時倘有長官在窗前經過，我們最為狼狽。張治中深知此情，乃在我們寢室的窗外掛上一層竹簾。如此一來，他經過時我們就可故作不見，免得行禮，大家都很高興。再如，當時我們每天上課、上操和自習，都有嚴格的規定，祇在飯後和睡前有短時間的休息，有些長官卻在此時作又長又臭的訓話，同學們最感頭痛。張治中卻很少於此時向我們訓話，偶有所講，也祇是三言兩語。又如，有時早操時，他要我們作環島跑步或爬上校後的升旗山，總是和大家一起行動。記得北伐軍興，他被任為總司令部的副官長，吳思豫繼任我們的團長。一次，我們作了整天的野外演習，時値夏天，演習完畢時，同學們都累得上氣不接下氣。吳思豫卻很悠閑的從大路來到與我們有相當距離的一個山坡上，命令我們前往聆聽他的講評。他平素講話，既無內容，又無條理，我們早已十分厭惡，此時大家一時憤怒，覺全體大譁，抗命不往，有如兵變。他無可如何，祇好走向我們休息的地方來講評。當然，我們也唯有忍着性子讓他罵一頓。當時同學們都說：假如張治中在，就不會有此情形了。但我對張治中的印象則很壞。唯一的原因，就是每當何香凝來校和我們講話時，他總是以一種脅肩諂笑的姿態去侍候她。我當時對於何香凝雖然也很尊敬，但卻認為張治中對她的態度近於卑鄙，不是一個革命軍人所應為。北伐統一後，他任南京軍官學校的敎育長，我在國民黨的第三第四兩次全國代表大會和國民會議中，也曾看見他，但從未向他打招呼，我也不知他是否還記得我。在此期間，盛傳某次蔣先生偕同蔣夫人宋美齡女士向軍校學生訓話時，張治中曾領導高呼「校長萬歲！」和「蔣夫人萬歲」的口號，據說：絕大多數的同學們都不肯隨着他呼「蔣夫人萬歲」的口號，致使蔣先生、蔣夫人和他都感到尷尬。我當時雖然不知是否果有其事，但由於平素對張治中的印象不佳，所以也寧願信其為眞。上海一二八事件發生，張治中已升為第五軍長，奉命參加第十九路軍作戰，中央黨部和江蘇省黨部發起捐獻衣物及現金勞軍，我也捐了一點東西，但註明祇捐與十九路軍，意即不捐與第五軍，也就是因為對張治中個人印象不好的關係。後來楊與勤兄到上海前線視察回來，他說：第五軍作戰甚力，犧牲慘重，因為統帥部不想讓日軍得知我軍的作戰能力，第五軍在戰場上的旗號都是用十九路軍的名義，以致該軍的戰績，未為外間所知。勞軍團體請張治中題字留念，他寫的多是「願作無名英雄」數字，足見他的內心是很有委曲的。我聽了楊兄的一番話以後，深悔我在捐獻衣物勞軍時，註明祇捐與十九路軍的不是。同時，對張治中的觀感，也開始有所轉變。

抗戰初期，參政會推我參加湘、鄂、贛戰區的軍風紀巡察團，武漢撤退之夕，我們正在長沙，時張治中為湖南省政府主席，設宴招待由漢口退出的中樞長官和軍風紀巡察團的團員，他在席上致詞，聲言一定要把湖南建設成為一個銅牆鐵壁的國防區域，以備埋葬敵人。我當時雖然覺得他的話未免有些誇大；但由於自參加軍風紀巡察團以來，我在前線所遇見的軍政長官（陳辭修先生時任第九戰區司令長官，本團同仁會見他時，我因病尚留在漢口，故未和他見面），可以說，沒有一個不是失敗主義者，他們都說敵軍的火力太大，我們無法抵抗，就是平素最喜吹牛的熊式輝（時任江西省政府主席）也未曾對抗戰前途表示任何信心。因此我對張治中這種堅定的表示感到莫大的快慰。可是，以後長沙大火，鄷悌等三人被政府槍斃，張治中於被革職留任之後發表告湘省父老書，自稱用人不當，肇此浩劫。鄷悌的夫人則印發一本小冊子，內述在敵人來時燒燬長沙，原是張治中所定的焦土抗戰政策，所有一切放火的準備，鄷悌都是奉他的命而行。祇以當時前線的電訊失靈，預定負責引火的單位，誤以為敵軍即將入侵長沙，乃引火燒城。但火起後，敵軍未有入侵之勢，鄷即向張治中請示應否救火，不得要領，隨即親到張的公館求見，張亦避而不見面，鄷在張的客廳坐候通宵，迄無結果。她認為鄷是代張負罪而死的。我看了這本小冊子後，又對張治中發生了較前更甚一層的反感，認為他不但卑鄙，而且險惡。此後，不久他被調為蔣先生的侍從室主任，據說，在到職之初，曾有一位惡作劇的黃埔同學在他的辦公桌上留下一張「小心火燭」的字條，他看見以後，一連好幾天都稱病沒有到公。（待續）

周瑜與諸葛亮並無直接衝突

——三國人物故事評論之五

劉[illegible]畧

在與諸葛亮有關的人物中，最為人樂道的有兩個：一個是周瑜，一個是司馬懿。兩人都是與諸葛亮鬥智的對手，一個在東吳，一個在曹魏。其鬥智的經過，都被三國演義這一小說寫得非常精彩，以諸葛亮在司馬懿面前玩的空城計來說，就極為後人所傾倒，究竟史實上有無其事？眞象究竟如何？這留到以後再說，這裏且先來談談諸葛亮與周瑜的事。

談到諸葛亮與周瑜，大家總容易想起孔明三氣周公瑾的事；以及所謂「既生瑜，何生亮」的話。孔明三氣周公瑾的事都不確，這只要我們仔細看看周瑜究竟是怎樣一個人，又他與諸葛亮的關係究竟如何就知道了。

事實上，周瑜為人與性格，眞是被三國演義這一部小說把他歪曲了，三國演義中把他寫得氣量非常狹窄，實則，周瑜乃是一個既有才氣又有修養的人。試看赤壁之戰，周瑜作統帥，程普作副帥，程普自以為資格老，屈居周瑜之下，心裏有所不甘，也很看不起周瑜，但周瑜卻並未因此仇視程普。江表傳對此有一段記載，說：「普頗以年長數凌侮周瑜，瑜折節容下，終不與校，普後自敬服而親重之。時人以其謙讓服人如此。」所以，到了最後，程普也不得不改變以往的態度說：「與公瑾交，如飲醇醪，不覺自醉。」周瑜既是如此有雅量的一個人，所以，三國演義和一般戲劇是確實把周瑜寃枉了。大抵，三國演義是想把孔明的智術與器識極力抬高，遂不惜一再極力壓抑其他與孔明相敵對的人，以反襯諸葛亮。而其他的人，就往往由此受不白之寃，變成小說和戲劇中的犧牲品了。

以時間來計算，諸葛亮與周瑜接觸的機會並不多，他們之間的關係，只在赤壁之戰前後。諸葛亮到江東時，江東內部主戰主和之議不一，時周瑜奉使鄱陽，魯肅乃建議孫權，將周瑜召回，以決大計。這時候，周瑜才與諸葛亮開始見面。在此以前，諸葛亮在荊州，周瑜在鄱陽湖練水軍，他們之間根本沒有見面的機會，他們既見面之後，跟着就共同進行了赤壁之戰，當時，孫權是派「周瑜程普魯肅等水軍三萬，隨亮詣先主，并力拒曹公」的，（見諸葛亮傳）。這隨亮詣先主，并力拒曹公的「隨」字，說明周瑜是與諸葛亮一同從江東溯江而上夏口，往謁劉備，聯合對抗曹操的。可見諸葛亮不是從江東單獨回夏口的。其間許多糾葛當然也由此証明並沒有發生。

而赤壁之戰以後，孫劉兩方雖然各自忙於搶地盤，諸葛亮與周瑜之間似乎容易有衝突，其實也沒有。因為周瑜這時候在荊州前方率兵繼續與曹軍作戰，其時，曹操已北歸，卻留着曹仁守江陵，周瑜則欲擊退曹仁，奪取江陵，因之，周瑜一直在前方的戰鬥中過生活，而諸葛亮呢？則於這時候，由於替劉備策劃有功，乃由客卿一躍而為劉備的軍師中郎將，但卻未留在劉備身邊，乃經常來往長沙、零陵等地。因為那時候劉備正欲乘機擴充地盤，加多軍隊，而強兵必先理財，所以諸葛亮這時的任務，便是督導零陵、長沙、桂陽三郡的軍政，並調其賦稅，以充軍實。所以他們各在一方，根本沒有直接鬥智的機會。稍後，則周瑜就去世了，於是他們連間接鬥智的機會也沒有了。

那末，諸葛亮與周瑜之間，簡直沒有鬥爭嗎？那也不是的。不過，周瑜確實並非以諸葛亮為鬥爭對象，而是以劉備為鬥爭對象的。周瑜建議孫權，主張軟扣劉備的事，那就是周瑜把矛頭向劉備的一項事實。至於諸葛亮，周瑜是不必把矛頭指向他的。因為他只是劉備集團中之一員，軟扣了劉備，其餘的人當然隨之解決，不足為慮了。這是周瑜為孫權而設想產生的鬥爭，乃集團與集團間之鬥爭。正因為諸葛亮與周瑜之間的鬥爭乃是集團與集團間的鬥爭，（那時候，孫劉兩方都沒有發展為國，所以，還說不上國與國間的鬥爭）而不是一種在集團內部的個人與個人間的人事鬥爭，所以，孫權集團中之周瑜便不可能與劉備集團中之諸葛亮有什麼直接鬥爭了。

相反，為了對付兩個集團的共同敵人，他們倒還可能不謀而合的對抗曹操。試看赤壁戰前，諸葛亮主戰，周瑜亦主戰，其對敵情之分析，則諸葛亮認為：一、曹操之衆，遠來疲弊；二、且北方之人不習水戰；三、荊州之民附操者，偪兵勢耳，非心服也。故其對孫權之結論是「今將軍誠能命猛將，統兵數萬，與豫州協規同力，破操軍必矣。操軍破，必北還，如此，則荊吳之勢強，而鼎足之形成矣成敗之機，在於今日。」周瑜之敵情分析是：一、北土既未平安；二、馬超韓遂尚在關西，為操後患；三、且舍鞍馬，杖舟楫，與吳越爭衡，亦非中國所長；四、今又盛寒，馬無藁草；五、驅中國士衆，遠涉江湖，不習水土，必生疾病。故其對孫權之結論是：「此數者，用兵之患也。而操皆冒行之。將軍擒操，宜在今日。瑜請得精兵三萬，進駐夏口，保為將軍破之。」周瑜與諸葛亮之見解正不約而同，表面看來，周瑜之分析且尤較諸葛亮之分析為更詳盡，而其彼此間毫無見解上之矛盾，更顯然可見。所以，我們可以看出周瑜與諸葛亮之間，並未在這一問題上直接鬥智。

檢討周瑜的想法與諸葛亮的想法，就只在取益州這一問題上是間接鬥過智的。只是這一幕鬥智的事尚未演完，周瑜即已去世吧了。

原來，諸葛亮在隆中時已替劉備書策，第一步驟取荊州，第二步驟取益州，第三步驟是所謂待天下有變，則命一上將，將荊州之軍以向宛洛，將軍身率益州之衆，以出秦川。可見益州是諸葛亮整個政策中的一大目標。而周瑜則在甘寧計劃之後，魯肅計劃之後（甘寧計劃與魯肅計劃均待另節討論），提出了他的計劃。這一計劃，我們姑名之曰周瑜的計劃，這一劃就正是一個爭奪益州的計劃。周瑜為此，曾對孫權建議「今曹操新折，方憂在腹心，未能與將軍連兵相事也。乞留奮威，俱進取蜀，得蜀而并張魯，因留奮威固守其地，好與馬超結援。瑜還，與將軍據襄陽，以蹙操，北方可圖也。」他此計劃之輪廓，竟與諸葛亮之隆中決策頗相似，皆欲取益州，以構成對曹操之南北兩鉗，然後夾擊曹操。所以，周瑜計劃與諸葛亮計劃便在取益州這一問題上構成為鬥智的焦點，惜乎周瑜尚未出師，即已身死，所以這一幕也未能終場。否則，倒是有好戲可看的。

本刊已經香港政府登記

聯合評論

週刊

每逢星期五出版

United Voice Weekly

第二五七號

[illegible]

CHINESE - AMERICAN PRESS, INC
199 CANAL STREET,
NEW YORK13 N. Y. U.S.A.

美洲航空版每份零售美金一角

毛澤東對禁核主張的輕率與矛盾

李璜

這一向，毛澤東與赫魯曉夫不斷的在鬧馬列主義的「雙包案」！誰是眞「包」，誰是假「包」，只有讓國際共產黨人去自己辨別，我們非共或反共的人們已無代爲辨別的必要。而且即是國際共產黨人，也會永遠的辨不清楚；從此，兩「包」在台前，就這樣的對唱下去，一直到毛赫的勢力彼此相消以至完結而後已！

不過在我個人覺得，如果毛澤東只從共產理論或革命原則去與赫魯曉夫爭辯，明白說，毛就用他六月十四那封長信所持的總路線，去加緊宣傳，以謀打倒老赫，這在毛，可以說還不失其立場，而老赫終無法以理論去戰勝他，因爲過時了的馬列主義本來就自相矛盾，可以抓住其中任何一點來隨便加以解釋，再變出一個第三「包」來，也不稀奇的！

但毛澤東去與赫魯曉夫爭，要去提出當前的具體問題來，毛就注定要失敗的！如像提出核彈禁試問題來罵老赫向美帝國主義投降，而且自己又提出一個全面禁止的主張與方案，這就表現出毛的輕率，而且自陷於矛盾了！

何以見得毛的輕率呢？因爲第一，這個全面禁止核戰的主張，本來就是赫魯曉夫的老調，曾經唱了幾年，今天毛始提出，豈不還是站在赫的下風！其次，何以赫要採取主動，自行減價，而簽訂了部份禁試？因赫要爭取世界大多數的同情，毛應已看見附和部份禁試的簽字國已達到九十六國了！復次，毛罵赫簽訂部份禁試，爲向美英投降；赫也可以說是美英向他投降；因爲禁止部份試驗，英美所受的約束是與蘇俄同等的。八月三日的紐約時報就載有美議員佛卜萊特（J. W. Fulbright）譏誚其同事戈德華特爾（Barry Goldwater）議員的話，說「後者反對和平共存與部份禁試，並不是中共的同路人，而是忠實的熱愛國家的美國人咧」。——老赫便用這句話，便可以將老毛答復了：你看，美國人還在大呼上當了呢！

至於毛澤東一再強調全面禁止並銷毀核子武器，聲稱，「徹底、乾淨、堅決」云云，這不只是輕率，簡直是個笑話！試問，中共又拿甚麼來徹底與乾淨呢？中共自己連一個核子彈的影子都還沒有，又那裏够得上提這種主張！戴高樂究比毛澤東高明，他說：「等法國有了像樣的核子武器時，我再來提出我的較徹底的禁試主張」。戴氏這一說法，便不啻形容出毛的資格不够說此大話。這有點像乞兒聲稱要所有人們都不許吃酒席，而自己從來就沒有吃過酒席一樣！

國際之間，要用會議來解決問題，完全是靠國力說話。毛澤東天天在反對帝國主義，不料他連這一點常識都沒有！與俄共爭，還可以勉強說得上用馬列主義的理論去求勝利，難道與「美帝」爭，也只靠馬列主義就把「美帝」嚇退，而得到全面禁核了嗎？一九二二的華盛頓會議裏，英、美、日、法、義五國，訂立五國海軍條約，五國的主力艦的比率限制爲五：五：三：一、六七：一、六七。這就足見有多少本錢，便說多少話，一點也不含糊的啊！

毛澤東一見蘇共與英美開會，便說老赫與美帝爲的資本主義國家妥協，今簽英、美、俄三國部份禁試條約，又大罵老赫投降；然則，美、毛的大使級的華沙會議，最近秘密的說了三點鐘，毛的代表說的是不是妥協？其打算是不是要向「美帝」投降？這還是一個謎，大有待於探查！

大陸弄得一窮二白，人爲的災荒不斷，毛澤東要維持他數百萬以至千萬的軍隊特務等人員的日食，不惜動輒用數億美金的外滙，去向澳洲、加拿大等資本主義國家買米麥。這已經在事實上表現毛在與資本主義者妥協，像這樣的以大量美金支付與資本主義者，不但簡直不像要「建立一個沒有帝國主義，沒有資本主義，沒有剝削制度的新世界」的樣子，而且中共正在背道而馳，正在向資本主義者妥協；否則便買不到糧食，更買不到機器！

毛澤東大罵赫魯曉夫之後，於七月三十一日提出一個全面禁核的世界各國首腦會議來；這當然是毛要想出席於世界各國會議，過一過「我也是一個首腦」的癮！這在我看來，這個癮，毛是今生休想過了！這不能去怪赫魯曉夫，更不能去怪英美！誰叫你毛澤東近年來做出那樣窮兇極惡的樣子呢！？

老赫近日罵姓毛的纔是帝國主義者，我認爲不確實。何以故？因爲中國大陸已被姓毛的及其共幹們搞光，眞所謂「完全、徹底、乾淨」了；姓毛的即使想當帝國主義者，那來的力量，又那來的本錢呢？既無本錢，又無力量，而老是做出兇惡無比的樣子，又有誰怕呢！

不過，話又得說回來，毛澤東這兩三年來，對內辦法雖愈來愈窮，而對外態度則愈來愈兇，還是美國人的安撫政策害死了他！這兩三年來，美國國會的少數議員們，紐約的大報的少數政論者，隨時都在輕視台灣而寵視中共，且向中共屢次表示，害怕而願拉攏之意，這便容易使毛澤東誤認爲這一個「紙老虎」是可以恫嚇得下來的了；於是近來中共每天廣播必大罵「美帝」一番，直逵到發瘋的情景；然後方使美國安撫中共一派人也感到了中共的好戰成性，難以理喻。其實，這乃是美國兩三年來一派的「姑息養奸」作法的必然結果。今日應可以休矣！

五二、八、一二

世界局勢變遷對自由世界有利

孫寶剛

最近美國國務卿發表了一篇文章，題目是「世界局勢變遷對自由世界有利」。他一開始就舉出了四點：

第一點，西歐團結的趨勢，使產生了一個新的世界力量。

第二點，戰前的殖民地已建立起五十個新的國家，但所有那些國家都拒絕以共產主義作爲他們的政府的方式。

第三點，中蘇共的矛盾在增進中，在蘇聯內部以及東歐各國中，都在要求擴大個人的自由。

第四點，擺在我們面前的問題：自發展待開發的地區和去除人爲的貿易的障碍起，以至戰或和的大問題止，現在已有更多的國家都準備以合作的方式來協議或共同作戰。

他認爲自一九四〇年以後，美國是唯一的西方的力量，但現在的西歐，已是一個富於活力的世界力量了，可以分担美國對於世界的負担。明顯的說一句，就是西歐共同市場的形成。這對北大西洋公約，給予了一個新的意義。雖然也發生了一些新的問題，但終究是予人以新的機會。

同時在軍事方面說：共同原子部隊的組成，可以使北大西洋公約的部隊現代化，而不須增加擁有原子武器的國家的數目，這是一個很高明的辦法。

十四個歐洲國家和日本組織了一個支援發展的委員會，可以使自由世界的援助計劃更爲有效。而美國和其他四十三個國家還在準備怎樣去達成對於關稅和貿易的共同協議。

第二次世界大戰以後所獨立的四十六個國家，沒有一個國家是自動的以共產主義作爲他們的政府的方式的，不特如此，共產主義最近在近東大受挫折，如敍利亞和伊拉克都成立反共的政府。

但是相反的，在共產集團之中，已顯出對於「世界革命」的意見非常相左。這在許多世界共產黨互相攻訐的言論中便可証明。同時中蘇兩國的內部經過都發生了問題，雙方對於農業方面，都不能解決困難。中共方面大躍進，和人民公社完全失敗，現在已經停滯了工業計劃方面而在糧食方面想辦法而已。蘇聯方面，[illegible]某幾方面雖然有她的進步，但糧食生產則頗成問題。和她的人口增加[illegible]對於投資方面究竟是加强農業呢？還是軍需或[illegible]業方面或增加人民生活水準的工業方面呢？眞是進退維谷。

羅斯克以上所講的話，[illegible]事實，我們[illegible]世界趨勢，[illegible]，而這個[illegible]

不過[illegible]是一個主角，[illegible]國的政策[illegible]導，美總統將訪問法國，以與[illegible]消除歧見，是否可以成功，這是値得注意的一件事。[illegible]，但是他[illegible]許多問題的看法，就與美國不同，假如各走極端的話，不特西歐的團結可以發生不良的影響，就是對蘇談判也必發生困難。

其次說到許多新興的國家，果然至今還沒有以共產主義作爲他們的政府形式。但是據報紙所報導，這許多新興國家的內政，許多都沒有上軌道，傾向於獨裁和腐化的很多，總而言之，許多新興的國家都不能做到眞正在爲人民謀幸福，常此下去，人民和政府相對立，這是否會給共黨以侵入的機會，也是可以顧慮的。就以東南亞來說，印尼是最大的一個國家，表面上蘇加諾在獨裁，實際上共黨的力量天天在增加，會不會有一天，共黨起而代之，或成立一個以共產主義爲政府方式的一個政府呢？

再就中蘇雙方矛盾來說，表面上是共產理論的歧見，而使中蘇雙方關係非常緊張，但有些專家認爲，中蘇在理論上的歧見是托辭，因爲毛澤東和赫魯曉夫實際上都是修正主義者，我們看雙方在內政上的設施，不難找出許多証明，所以專就理論上言，雙方不會，也不應鬥得如此兇。主要原因是蘇聯停止了中共的經濟援助，並且特使毛氏的經濟建設成了泡影，不使毛氏的政權，因了經濟建設失敗而危危欲墮，所以毛氏拿出理論鬥爭來報復，也是共黨所常用的手段，以鬥爭來爭取合作，希望蘇聯能繼續給以多少援助。

但是蘇聯在美蘇的原子戰爭的競賽中，需要的人力物力實在使蘇聯已經不堪負担，無法抽出力量來支援中共，所以也祇能和中共週旋於理論的戰中。

許多人認爲，假如美蘇的冷戰所以鬆懈，準備原子戰爭的競賽，甚至一般的軍備競賽，可以雙方獲得相當妥協的話，蘇聯的人力物力可以抽出一部份來支援中共的。因爲在原子戰爭中，中共有助於蘇聯者甚少，一旦由軍事而轉爲政治和經濟的冷戰，蘇聯需要於中共的反而加重，所以蘇聯應該不惜抽出一部份的人力物力去支援中共以加强她本身對美的政治和經濟的冷戰的。假定情況眞正發展到這一地步的話，那麼，世界的局勢又是一變了。所以我希望美國應該有這個遠見，而未雨綢繆。

美國政府公佈中共秘密文件
共軍內部已呈現不穩　羅瑞卿承認極端嚴重

黃徽明

據美國之音八月八日華盛頓廣播：八月五號美國政府公佈由某一方面得到了大批的中共機密文件，這批文件現在交由國會圖書館保管，供給美國學者和其他關心國際問題的人士去閱讀或研究。

美國國會圖書館剛得到的一批中共文件，是中共「人民解放軍總政治部」編印的刊物，叫作「工作通訊」。一共有二十九期，書本的日期，是從一九六一年一月一日到八月廿六日。這份不定期刊物，是專門發給「人民解放軍」「團長」以上階級的軍官參閱的，每一期的封面都註明「機密」兩個字。

從這些資料裏，我們得到証明，中共從一九五九年起，發生嚴重的災荒，糧食很是缺乏。特別是在一九六〇年冬和一九六一年春，這一段時期裏，情形更是惡劣。中共「人民解放軍」的軍糧也受到了很大的影響。軍隊中，因爲食糧不足，營養缺乏，因之臌腫病的人數很多。「解放軍總政治部」的「兵力工作簡訊」第十一期裏，刊載了一篇總後勤部的關於全軍臌腫病防治情況的報告，對於這件事有詳細的透露。

在這個報告裏，中共「國務院副總理」兼「人民解放軍總參謀長」羅瑞卿因爲事態嚴重，才特別加上他關於處理這件事的指示。羅瑞卿的指示這樣說：從這個報告看來，全軍臌腫病患者，比我們原來設想的要嚴重，實在不容忽視這個問題，請務必抓緊加以解決。特別要抓這些忽視這個的問題的單位或者部隊，部隊訓練期中以及支援建設的任務快要開始，體力消耗會增加，如果不抓緊，一定還會發展，請務必重視此事。

這個關於中共「人民解放軍」臌腫病的報告說，自從一九六〇年，全年陸續發生臌腫病，從九月開始到十二月，發病率更爲增高。

報告說，據不完全的統計，從一九六〇年十月，到一九六一年一月底，全軍軍官士兵職工家屬的各類人員中，共計發生臌腫病三萬兩千六百五十人，據南京湖州地區和總直屬隊等單位的材料中，發病率一般在百分之五左右，發病的範圍比較廣。全軍除西藏內蒙沒有報告之外，其他各軍區、軍種、各總部、各院校都有發生。發生較多的是總直屬隊，蘭州軍區，其次是北京軍區和海軍。

中共「人民解放軍總後勤部」的報告繼續說：在各種病人中，一般職工家屬多於軍官，軍官多於新兵；但在士兵中，新兵又多於老兵。據蘭州軍區統計，在四千九百三十六名病人中，職工家屬是兩千兩百三十名，佔發病人數的百分之六十四點六。軍官佔一千五百三十多，佔百分之三十一，士兵八百零五名，佔百分之十六點三。總直屬隊一十單位兩千九百三十七名病人中，職工爲一千零四十七名，佔百分廿七點四，軍官六百九十二名，佔百分之二十三點六。士兵三百九十三名，佔百分之十三點七。

從這統計數字看來，在僅僅三個月的期間內，中共軍隊發生臌腫病有這樣驚人的數目，可見當時營養問題的嚴重。爲什麼營養不足而發生臌腫病呢？據中共總後勤部報告結論：主要的原因是（一）主食吃不足定量，（二）副食供應不足，調劑不當；所以主食吃不足定量這一層，照道理這樣說，除按總後勤部規定糧食節約的指標外，有的單位還層層增加節約任務，如新疆軍區砲團，團級供給排長和上士規定每天預計節約糧食廿斤以外，因爲就餐人不變，常有人外出，又規定每天可作五個人的飯。發麵作饅頭的時候上士就讓炊事員留出兩斤到三斤的麵，「按板節約」，但作好了以後，每頓還要留出三個人到五個人的量，作爲機動，準備來客人吃的，這樣扣來扣去使就餐人員吃不飽。海門軍區：一九六〇年十月份除了參加總政治部規定節約外，實際每人每月只吃糧食三十六點四斤，還有些單位的食堂在開飯時候，也是一樣。〇〇三八部隊一個（收聽不清）只給二兩一錢的米做飯。

中共這個報告還透露，不少軍官職工，把自己個人的主副食定量補貼給家屬和小孩，兩個人的飯三個人吃，三個人的飯四個人吃使本人吃不足定量而致營養不夠。還說，廣州軍區九六九四部隊有十九名軍官發生臌腫病，其中有十六個人是在家裏吃，〇〇三八部隊定量四十斤，實際只吃二十八斤，在軍官中類似的情況很多。

至於副食供應不足，中共總後勤部一九六一年的這一部份報告這樣：北京地區每人每日只能吃到蔬菜八兩，油、肉以及豆類供應也很少。有的單位，因爲沒有青菜只吃鹽飯。貴州省軍區伙食團把戰士每月一斤油的標準降低到半斤。海軍直屬工程委員一百七十五個人吃的飯平均每餐飯裏面只放兩斤油，比定量少了二點六斤。

我對聯合評論第七版的意見

方炳星

（讀者投書）逕啟者，久聞大名，未識韓荊，祇以天淵修阻，徒興雲樹之思，緬維精神康健，著作宏富，指導輿論，改造人心，國事尚有可爲，差堪告慰，香港聯合評論，自發刊紐約航空版以來，弟乃是一個長期讀者，數年於茲，未嘗間斷，拜讀文化鉅子許多文章，獲益良多，經常奉閱先生之佳作，藉知先生之履歷，平素之言行，大公無私，風骨嶙峋，熱誠爲國，令人起敬，富貴不能淫，貧賤不能移，威武不能屈，正是當今之大丈夫，可惜時當亂世，黃鐘毀棄，瓦釜雷鳴，讒人高張，賢士無名，野有遺賢，深爲國家人才惜，政治殘暴，又爲生靈塗炭悲，奈何奈何，不勝感慨，尚幸先生等還有三千毛瑟，可能攻破黑暗之路，走上光明之途，有福於國，有利於民，聯合評論，宗旨純正，名家執筆，言論公直，新聞翔實，對於紐約航空版第七版，所編文字，多數文學作品，適合於香港文化水準甚高，學人衆多者閱讀，對於旅美華僑，文化水準略低，學人數少，深奧文學，不甚適合多數華僑閱讀，弟欲有小小獻議，不忖冒昧，畧陳管見，共同討論，不是批評，請主編第七版先生，幸勿誤會，今日辦報，如無特殊背景，須要經濟基礎穩固，方能支持於久遠，辦報亦要講生意經，讀者數衆，廣告位多，自有相當來源，始可維持現狀，人之閱報，爲精神食糧，有如日常飲食，甜酸苦辣，各有所好，淺顯文字，雋永故事，趣味新聞，華僑最喜歡閱讀，此乃實際情形，所以獻議貴報第七版，在可能範圍之內，有時增編中外古今名人軼事，對於民族國家有特殊貢獻，及其所作事業有益於人羣者、世界各國風土人情，地方名勝、掌故特產、有效衞生常識，奇效醫藥等類。因第七版篇幅無多，文字以短小精警者爲佳，其他如中西食譜，特別點心，京、滬、蘇、川、粵新奇菜式，如何製作，及其用料分量，詳爲註明，旅外華僑必以先覩爲快，因飲食一道，與華僑有密切之關係，華僑經營餐館者，人數甚衆，家庭主婦，亦想學習烹飪知識，如果一張報紙，適合華僑心理，發生興趣，花費一角之錢，買張報紙閱讀，毫無吝嗇，現在旅美華僑，大約有廿餘萬之衆，希望對於貴報多讀者，報館經濟問題，不無小補，上述淺見，乃是個人體察情形，忖度華僑心理，因此不避上瀆清聽，據實直陳，是否可行，敬希卓奪，辦報常有種種困難發生，合於此而不合於彼，徵集多類稿件，亦屬難題，唯有主其事者，才知如何應付，未知改良一事，有無抵觸貴報既定之宗旨，否則，當作閒談，可也。

聯合評論，公平正直，大有益於世道人心之刊物，恭祝貴報萬歲，爲長明不滅之光燈，秦鏡高懸，永遠照耀人間，臨書倉卒，未盡所懷，餘容後罄，耑此

敬候

著安

方炳星謹上

一九六三年七月十五日

鄙人才疏學淺，對於韻學，屬於門外漢，言不成文，文不成章，向來不敢舞文弄墨，自獻其醜，因近年覽閱聯合評論，常見騷人墨客，許多題詠，一時興到，偶詠幾句粗詞俚句，不計工拙，特錄呈上，敬懇先生大筆斧政，免之貽笑大雅，倘若不嫌有污篇幅，請代刊登聯合評論，聊表讀者對貴報之心聲。

奉贈香港聯合評論諸先生

長期讀者新民學吟草稿

批評時事賴群英
褒貶春秋一字明
不入權門高尚志
當今賢士豈無名
掃除專制行民主
爭取自由合國情
赤手空拳憑筆管
宣傳文化拯蒼生

奉懷雷震先生

思憲

倡行民主復中原
常被獨裁嫁禍根
古代岳飛三字獄
今時雷震十年冤
鳴攻誤國先防患
抨擊貪官敢直言
人不自由因法毀
世間正義永留存

請問孫寶剛先生

（讀者投書）　張鳴

主編先生：見聯評載『孫寶剛先生尊作：『論閩浙人民協助登陸游擊隊』一文，讀完之後，感到是高論，孫先生提出的主張！在客觀環境不可能的行動，是一種犧牲無價值的盲動？並反映大陸的情況：『大陸的政權在逆轉，已經有崩潰的跡象，但絕不能說，大陸政權已失去了控制力，而大陸的特務和情報人員也已完全腐化……。』

這種說法在革命意識的精神上，是否有宣傳的價值，所謂革命是針對眞理，犧牲是爲正義，不是爲了個人的利害計而採革命的犧牲。

請問孫先生，我們的軍事行動應在什麼時間採取行動！是的要打必勝戰，如何方式與手段可以產生必勝。什麼是冒險的代價，據孫先生所論台灣對客觀環境沒有認識清楚！缺少軍事透視的知識與獨到的政治認識，革命思想的宣傳，所以不能發揮革命的價值　與革命的火種。

孫先生在大作內他並沒有指明對大陸進行的革命行動與策劃的方式！我們在蘊化革命的實力，不輕舉妄動，是對的，以免犧牲人力物力的沒有代價地損失。保持實力的建設，使實力發揮完整的效能。在理論上是比較言之有物的理論，不空論，不虛張，以免有失宣傳的效能，孫先生的主張是對的，但是遺憾孫先生並沒有將他的主張提出一共世人醒目，對於反共建設發揮理論與行動的理論體系?!

請問孫先生如何瓦解大陸的思想，建立新的思想與復興祖國建設的途徑！在不成熟的時期應注重某種方式，所謂文化思想宣傳的方式？如何批判不合理的？非人生活的社會。所謂時代思潮的新社會觀對人權存在的眞義是什麼？

請問孫先生什麼形式的政府是合乎人民的要求？能發揮中國人文化道德藝術的生活觀！

次之所謂政治的秩序，與經濟的政策，今天的中國需要什麼政治組織與經濟制度，達成中國人的解放，經濟的保障，社會正常的就業？希望先生發揮宏論高見以使社會人們醒目。恕我隨便胡說一通，希望予以指正。謹頌

撰祺

讀者張鳴叩　八月三日

民族解放之星

——貝塚茂樹著「孫文」述評

猶夫

辛亥十月間，孫中山正在美國各地演說籌款，忽接到黃興從上海拍發，經橫濱馮自由轉到的電報，內容告以武昌情勢緊急，已成騎虎之勢，希望儘快籌寄軍費云云；孫中山當時手中正窮，為節省電報費，當夜在回電中只說：「不要輕舉，稍待」之類的話，以連日旅途疲乏就上床酣睡了。第二天早晨十一點才起來，一看晨報上面大字標題刊着：「革命黨佔領武昌」，始知革命成功了。

孫中山在確知革命成功之後，表現了沈着與偉大的風範，他既沒有急忙趕回國去鞏固自己的權位，也沒有藉此來張揚自己的聲名。當他在美國聖路易士城車站上讀到報紙上消息：「武昌的革命軍，是奉孫文之命發動的，目的在建立共和國。料定孫文當選的第一任大總統。」中山讀了這段新聞，行動更加謹慎，謝絕一切新聞記者訪問，一心從事外交活動，爭取外國援助，因為新成立的南京政府當時正遭遇嚴重的經濟困難。

十二月二十五日，孫中山回到上海，受到萬人空巷的歡迎。但是他僅能對歡迎者說：

「我一個錢也沒帶來，只帶來了一點革命精神。」

中國清末的革命，與日本關係至為密切，可說完全是以日本為根據地。但是日本對中國的革命政策始終徘徊不定。孫中山在自撰「革命原起」一文中，論及革命成功之後的外交形勢說：「惟日本則與中國最密切，而其民間志士不獨表同情於我，且向有捨身出力以助革命者，惟其政府之方針實在不可測。按之往事，彼一次曾逐予出境，一次拒我登陸，則其對於中國之革命事業可知。但以庚子條約之後，彼一國不能在中國單獨自由行動。要而言之，列強之與中國最有關係者有六焉，美法二國則表同情革命者也，德俄二國則當反對革命者也，日本則民間表同情而其政府反對者也，英國則民間同情而其政府未定者也。」

當時日本政府對中國革命的態度所以「不可測」，是因為他們醉心於侵華的「大陸政策」，不願意中國統一富強。由於這一錯誤，不僅毀壞了因革命黨人在日長期活動所奠立的友誼，釀成日後中日兩民族的殊死戰爭，並且對中國大陸被赤流淹沒發生了決定性的影響。假使在二次革命後，日本政府接受孫中山的中日合作建議，援助中國革命，則聯俄容共即不會發生，中共就沒有那樣好的寄生發展機會，中國歷史必將改寫；假使在九一八事變以後，日本不再得寸進尺，凌迫國民政府，西安事變可能不會發生，困處陝北的中共早被消滅，中國就可避免這場曠古的浩劫了。

貝塚氏對當時日本執政者的愚昧短見，曾再三慨乎言之。在述及中國革命之友犬養毅為爭取日本改變對華外交失敗之後，他評道：「由於日本對華外交的錯誤，……遂與在日本育成的國民黨對立，乃成為太平洋戰爭的導因。這都是頑固的軍部巨頭山縣有朋所造成的。」

文中說「國民黨是在日本育成的」，這話雖有點誇張，但是假使沒有日本朝野給予的方便和援助，革命是否能於辛亥成功實是一大疑問。孫中山在辛亥以後重臨日本，在東亞同文會的歡迎會上發表演說時曾說：「我在廿多年裏，曾往來居住貴國十幾次之多，貴國實是我的第二故鄉。」縱然孫中山曾經一次被逐，一次被拒上陸，但是多次仍是被接受了的。日本始終是革命黨人的大本營，同盟會就在那裏建立。

孫中山與日本的關係，於辛亥前固然如此密切，辛亥以後仍有三度赴日，而這三次亦都有重大意義。

第一次赴日是在一九一三年二月，其時正當南北和議成功，袁世凱就任總統，孫中山被委任為鐵路督辦之後，他往日本的目的表面上雖是借款，實際上則是謀中日外交的出路。

當時日本正值桂太郎內閣，桂太郎頗有一番抱負，是一個很明白的人。可是當孫中山抵日的前一個月，桂因政潮而辭職，當時桂正擬建立「立憲同志會」新政黨，準備重握政權，而孫中山雖然在野，由於國民黨在國會中也佔多數，也有隨時控制議會、掌握政權之可能。因此二人之會談，雖非正式代表政府，但有重大的實際政治影響則毫無疑問。關於這次會談，戴季陶在其所著「日本論」一書對桂氏的談話曾有追述：

「那一年在東京居留四十天裏，使我記憶難忘的有一件事。那就是中山先生與桂太郎公爵的會見。……那一次密談，前後有十五六個小時。（桂說）我在日俄戰爭以前，並積極主張組成日英同盟，現在日俄戰爭的結果既已明朗，日英同盟的效用已完全終了。今後日本無聯英的必要，英國亦無聯日的必要。相反的，在太平洋上日英兩個完全變成敵對了。從今以後，日本的活路，也是東方民族唯一的活路，是極力阻斷英俄同盟，同時與德國結盟，如果以日德同盟把英國霸權打倒，則東方便能高枕無憂，日本的生存才萬全。……今天聽到先生的高論，實至感快。今後我們兩人互相信賴，以達目的結成日、土、德、奧同盟，設法解決印度問題。全世界有色人種必須得到甦生，日本如果能成就這些功業，今後絕對沒有憂慮無地移民和貿易的必要，同時也絕對不能採取侵略中國的拙策。……如閣下再起取得政權，我一定以全力幫助先生。這件事在政治道德上，中山先生和我一直守着秘密，桂太郎一死，歐洲大戰發生，日本對德宣戰了，先生才始向親近的同志說出來。」

貝塚氏評道：「依照桂太郎與孫文的秘密會談，廢棄英日同盟，締結日德同盟，孫文主宰的中國與日本建立友善關係，並含有共同開發中國東北等的大亞細亞主義的外交構想，由於十月間桂公的逝世，而一同埋葬了。」

這段話中提到共同開發中國東北的一點，是頗值得注意的。當然這裏所謂共同開發並無侵略的意味，而應是一種平等的經濟合作。這一方案果能實現，九一八事變也許不會發生，歷史就完全不同了。其次值得注意的是，中山當時辭讓大總統給袁世凱，暫時從政壇退出，是迫不得已的，正在等待機會，捲土重來，這可以從桂太郎表示願意支持他重握政權的談話中得到証明。而這段談話出自戴季陶之手，可靠性是相當大的。

辛亥以後，中山第二次去日本是在同年的十二月，正當二次革命失敗，國民黨人再度亡命國外。

中山乘信濃丸抵達神戶之後，日本山本權兵衛內閣已接到袁世凱禁止孫文上陸的外交通牒，所以船一靠岸，水警輪立刻就登艦搜查。幸虧船長郡寬四郎頗有豪膽俠氣，將中山等人藏在船長室中，把搜查人員騙過。等到夜半，萱野長知以小船登艦把中山救出，藏在川崎造船所長松方幸次郎的別墅中。後來犬養毅和頭山滿拚命與山本內閣交涉，才容許中山在日本居住。犬養氏回顧這段經過時說道：

「大正二年第二次革命失敗，孫文亡命來歸，聽說不准在神戶上陸。窮鳥投懷，獵人還不殺，何況前次來時山本還盛大歡迎，孫文，轉手之間，即出以如此殘酷手段。我正想尋政府交涉，頭山來了，嚷道：『我已找到了死的地方』；我問他：『在什麼地方死』，他答道：『到神戶去和警官開戰』；『不要幹糊塗事。』玄洋社怎麼強也趕不上警官人多勢衆。況且即使開戰，孫文能否上陸也不可知，不如把事情交給我們。』隨後立刻派古島一雄去神戶，我們到山本（權兵衛首相）和牧野（伸顯外相）那裏去談判，終算准許上陸了。頭山沒有死，孫文也平安得以亡命了。」

從這段記載中看出，浪人領袖頭山滿對中山的友情如何篤厚，而那股輕死敢鬥、豪膽義氣的風範躍然紙上，使人歎賞。中山脫險後即移往東京赤坂頭山滿私邸，前後約三年。在此期間建立中華革命黨，重組革命隊伍，一九一六年六月袁世凱逝世，才又回到祖國。

中山先生這次亡命日本期間，在個人生活上有一件大事，即與宋慶齡女士之婚姻。貝塚氏有一段記述。

「在重建革命戰線的時期中，四十九歲的孫文與本妻盧夫人離婚，在一月廿五日與廿四歲的年青秘書宋慶齡正式結婚。孫文在一八八五年滿十九歲時與盧夫人結婚，一八九一年生長子孫科，一八九五年生長女，一八九六年生次女；一八九七年亡命日本之後，以日本為根據地東奔西走，孫文與盧夫人離多聚少。在橫濱居住時曾與某中國女子有交情，據說現在仍活在香港，並且與前任秘書慶齡之姊宋靄齡之間有過愛情。

「妻妾同居本是舊時代道德觀的常事，在原有婚姻基礎上開始新的戀愛本是可以的，而他把過去的一切關係清算，到了五十歲才初知戀愛，斷然與新秘書宋慶齡再婚，無論如何確係革命家孫文之所為，是理想主義的表現。可是從前愛人靄齡突奔向孔祥熙而結婚，把妹妹推荐給孫文一事來看，這一婚姻似有許多暗雲，世人的批評也集中在這一點上。」

中山一九一四年再婚，一九一六年回國。當時中華民國第一號罪人袁世凱雖然死去了，但國事依然紛亂，中山仍繼續遭受嚴重的挫折，北方是軍閥混戰之局，革命政府只偏處粵桂兩省，一九二二年陳炯明叛變，使中山幾無立足之地。一九二三年乃有與蘇俄代表越飛發表聯合宣言之舉，從此採行聯俄容共政策。中國歷史遂走向可悲的歧途。

一九二四年十一月中山從廣州北上經上海去北京與段祺瑞執政謀商和平統一。但是他並沒有從上海直接去天津，乘日本郵船上海丸，先去神戶。在門司他會見記者時發表談話：

「我來日本的目的，如報紙上所發表的，最重要的一點，希望日本能援助中國取消外國的不平等條約，日本在三十年前曾受過同樣的痛苦，經與歐美諸國之奮鬥，解除了這種痛苦。我希望於日本方面的是本着君子己立而立人，己達而達人的精神，共有苦痛的同情心，援助我們中國的奮鬥。」

十一月廿四日中山復在神戶高等女校發表演說，此即那篇有名的「大亞細亞主義」的演說。演說最後一段尤警醒動人；他向日本聽衆懇切的問道，日本是要做西方霸道文化的犬鷹呢？還是做東方王道文化的干城呢？請諸位做慎重的選擇。

証之事實，中山對這番語重心長的期待，却完全化為泡影了。同文同種兄弟之邦的日本，不但未做援助中國，並且成為侵略中國的急先鋒，中山在孤立無援的情況下，唯有死心塌地「以俄為師」了。

中山先生在神戶演說時，若干日本友人都看出他面上已有病容了。當中山離開神戶，船駛出玄海灘時，猶若無其事的暢吃日本菜，想不到一到天津，肝病即突然發作。在天津碼頭歡迎者有兩萬人，在北京前門車站的歡迎者達十萬人，他不得不用手捧着腹部，忍着肝臟的劇痛向歡迎的羣衆揮手示意。當他的聲望和功業達到巔峯之際，可是他的生命已臨到最後的階段了。

「和平、奮鬥、救中國！」這是中山離開人世之前最後的一句遺言。這一代偉大的愛國者，盡到了他的責任，離棄他苦難的祖國和同胞溘然而去了。遺囑中有「革命尚未成功，同志仍須努力」兩句話，可見他是死不瞑目的。

貝塚氏在書中特別提到一點說，中山死後，除藏書及上海一棟房子以外，無半文遺產留給後人，從這我們也可以見出中山對金錢的淡泊。

中山先生彌留之際，日本友人宮崎寅藏，曾在榻畔告訴他在神戶的演說在日本民間得到很大的反響，中山表示很安慰。

「對於孫文從心裏發出的呼籲，日本國民的耳朵聽不進，終於演成從九一八事變到七七事變的發展，回想再回想實是遺憾之事！」這是本書最後的一段話。

（完）

台灣簡訊

志清

一、聯合報對法院改隸感慨萬千

本月四日，聯合報的社論，以「法院改隸感慨萬千」為題，首述法院改隸經總統府行政改革委員會建議於前，又由大法官會議解釋於後，似乎應該是衆議僉同了。但却被冷擱三年，據說，有關單位舉行了十三次會議，對如何執行這個決策，却始終得不到一致的結論，足証高階層雖有原則性的決定，而低階層則有很多方面予以蔑視。該報認為行政改革委員會的建議不被採納，事情還小；而大法官會議的解釋不被尊嚴，則問題就大了。社論次述自三年前大法官會議解釋各級法院應屬於司法院後，各級法院檢察官，專門性的學術團體，報界的言論和社會上絕大多數入的意見都認為推、檢必須一家，應隨法院之改隸一併歸入司法院的管轄，司法行政部也應改隸司法院，以便完成司法體系的一元化。乃行政司法兩院對調整司法監督會商小組所作成的協議，非但規定司法行政部仍隸屬行政院，抑且檢察官仍歸屬行政院的司法行政部，這已經是司法院方面的重大委屈，把憲法第七十七條所明文規定的「司法院為國家最高司法機關」，貶抑而為有如民國二十年公佈國民政府組織法第三十五條所稱「司法院為國家最高審判機關」。但行政院的司法行政部，却仍不認為滿足，又要在司法院改隸之後，於總統府設置一個司法人事審議委員會，由行政、司法兩院各提委員四人組成，副總統任主任委員，行政、司法兩院院長分任副主任委員，司法行政部長任秘書長，掌理司法人事任免調轉之審核同意。該報認為這種辦法，使推、檢分家之後，司法院連對推事也不能獨立行使任免調轉之權，不僅憲法上所稱的司法權再次被割裂，即五權憲法中的司法獨立原則，也被破壞殆盡。社論的結論是：「最後，我們要沉痛指出，法院改隸，從大法官會議解釋之後，悠悠三年，在執行階段，如此牛步化，已經令人感到十分不耐。而在牛步化的執行階段中，居然還有參與其事的人，在轉彎抹角，節外生枝，提出許多於理不通，於法不合的主張，一味總想保留某種程度的行政干涉司法的惡例。我們實在不懂，他們是來所期望的在為國家的進步着眼？還是有人所稱的在為國家的開倒車着手？」

二、官、商、佃農勾串 變放領地為私產 獲暴利四百餘萬元

聯合報載：某治安機關最近偵破一件地官、商人及佃農勾結，將北市中山區下埤頭段一萬八千多坪放領耕地變為私產買賣，從中漁利達新台幣四百餘萬元的集體舞弊案。在這一違法耕地的買賣過程中，又爆出黑吃黑不遂案。涉嫌本案之某單位官員與商人、佃農，及黑吃黑不遂的有關人員，多達二十餘人，刻正由治安機關積極展開偵查。內有涉嫌之佃農王氏三兄弟，已供承地官與商人勾結，將該一大筆放領耕地藉用佃農名義，矇請主管單位將地價一次繳清，變為私產，佃農所得權利為每坪三十五元，涉嫌商人然後以每坪二百五十元轉售圖利。涉嫌本案之主角之一的某單位一個離職股長，已於案發後逃逸無踪，治安機關出動幹員加緊偵緝中，一俟緝獲歸案，將有進一步發展。

三、兩大戶漏稅二千萬 拖延兩年未辦 任其將資產轉移

台北市警察局奉命偵查聚泰皮革公司涉嫌漏繳貨物稅、營業稅及所得稅共約一千七百餘萬元，及華僑俱樂部舞廳涉嫌漏繳娛樂稅，筵席捐共約二百餘萬元兩案，台北稅捐稽征處竟拖延兩年多，不移送台北法院偵辦，以致兩案負責人乘間將資產轉移或變更。其中聚泰公司並已呈准政府主管機關宣告解散，欠稅無法追繳，使政府的稅收遭受鉅大的損失。據傳，本案關係人曾以百餘萬元四出活動，以求不了了之。聞經濟部，省建設財政兩廳及台北市警察局對台北稅捐稽征處為何將兩案拖延不送法院及聚泰公司為何在漏稅案偵查期間能呈准宣告解散，至為重視；認為承辦該案的有關官員頗有違法瀆職之嫌，已分別進行調查，以便依法懲處。但台北稅捐稽征處長饒運炎則於本月五日向新聞記者說：他對承辦本案的稅務人員已派員徹查，如有違法循情故意拖延情事，當依法處理；隨又辯稱：「像這樣漏稅案件太多，因為核算漏稅確實數額需時甚久，且有很多問題要向財政廳請示解釋，及漏稅商人提出行政訴願等，故拖上一、兩年，也是常有的。」

四、警備司令部決心 剷除「五毒」

台灣警備司令部於本月六日召集警憲各治安機關首長及該部各有關單位主管人員舉行專案協調會報，由副司令李柏立主持，據說總司令陳大慶已決心施展鐵腕，對危害本省社會治安的竊盜、流氓、烟毒、職業賭徒及不良少年等五毒分子開刀。限定在本年九月底前將全省一千餘名五毒分子全部緝獲，分別送往小琉球、蘭嶼島等地的職業教育訓導總隊施行不定期的矯正處分或命其學習生活技能。由於祇說不做，甚至說好做壞，已成了蔣「總統」治下的傳統特徵，陳大慶是否能言出必行，尚有待於事實的証明；尤其是今日台灣的不良少年，多是權門巨戶的子弟，陳大慶要想向他們開刀，真是談何容易。

民社黨的「爛攤子」？

靜吾

戢翼翹表示無法收拾

（台北通訊）自張君勱先生於四月二十八日自美國寄出一則啟事，刊載香港聯合評論，聲明辭去該黨主席後，此間民社黨人初則咸表震驚，繼則各自展開活動，國民黨當權派復在幕後有所策動，於是，連日報上又不斷的出現新消息。

先是八月八日，聯合報上刊出一則張君勱啟事。原文是：「查勱前登啟事，請辭民社黨主席，茲接到解清、沈沉、毛以亨、劉行之、李祖謙、關伯平、齊梅閣、李志衡、彭慶修、劉家麟等百餘同仁，以第二次代表大會，舉勱為主席，在第三次大會未集會，無人有權，准勱辭職云云。勱之主席職務，在無人接替前，照章自難擺脫，茲接受同仁等之請，應速籌備召開本黨第三屆全國黨員代表大會，具體辦法已托由戢勁成、金侯城兩同仁督促進行，此啟。」

朝野兩黨有喜可同

這一則啟事刊出的同日，蔣勻田向聯合報記者說：該黨主席張君勱先生已決定不再辭職，對執政黨和在野黨都是一件可喜的事，他希望張先生於九月底到香港後，能便中返國。並說：民社黨團結的前途，頗為樂觀，可望在本年十月召開第三次全國代表大會。籌備工作，即將開始。至於張先生打銷辭意一事，對執政黨和在野黨都是一件可喜的事，蔣勻田則未加說明。但從他們談話看去，似乎執政黨和民社黨原是有喜可同的。金侯城也於同一日表示：「民社黨團結的阻力，現已消除，真正的全面團結，可望實現。張先生主張召開第三屆代表大會，一定開得成功。」但戢翼翹（即戢勁成）則於九日前往苗栗與該黨另一要人郭虞裳洽商黨事時，向聯合報記者表示：張君勱先生事前未曾與他洽談黨事，突然刊登啟事要他和金侯城兩人負責督促召開第三屆全國黨員代表大會，「那是不可能的」。他又說：「在目前的環境，我與金侯城是無法收拾這爛攤子的。」他希望張君勱自己回國主持。

團結委員會緊急啟事

繼張君勱先生的啟事和蔣、金兩黨要的談話後，民社黨團結委員會秘書處又於八月九日在報上刊登緊急啟事如下：

「查本黨於去年五月十一日由各方面協立團結方案，宣告全面團結，成立召集人會議，由向構父、孫亞夫、李緞任召集人，為本黨最高執行機構，並負責籌備全國代表大會，該方案第七條規定：自團結方案簽訂後，各方原有組織自然結束，所有各方面原有主席副主席及主席團等名義，一律不復存在。故本年四月廿八日張君勱先生自美發登香港聯合評論辭職本黨主席之啟事，因其主席職務業經不復存在，是以本處不再聲明，最近竟有本黨不肖份子假冒張君勱先生復職名義刊登啟事，顯係侮辱君勱先生之人格，徒引起外界對君勱先生有出爾反爾之譏，其破壞團結之陰謀，昭然若揭，因此敬告各界人士及黨內同仁共鑒。」

團結委員會秘書處除了刊登這一則緊急啟事而外，又於十日繼續發表消息稱：「該黨中央工作人員余仁美、黃孟剛等十餘人發表聲明指出說：「張君勱日前所刊登之啟事，係有人假借名義，並聲明他們決不擔任籌開代表大會之籌備委員及督導委員。」此外，團結委員會又發佈另一油印稿，據稱：「該黨立監委員周樹聲、毛以亨、李祖謙三人，對於張君勱委托他們為該黨全國代表大會籌備委員及督導委員事，不勝駭異，因為他們對此事事先毫無所知。」

中央總部有所辯正

民社黨中央總部於十日晚宣稱：「張君勱的啟事，係張先生來函囑登，沒有人假借他的名義」。據聯合報載：該總部一負責人曾將張先生的私函讓該報記者過目，以証那則啟事，並無人假借名義。此一負責人又說：「啟事中所列的名單，均係張先生親自核定。至於有人不願接受邀請担任籌備員，自有其個人的自由。」但既稱啟事中所列的名單均係張先生親自核定，可見這張名單是由他人所擬的，張先生不過核定而已。

從以上的各項矛盾消息，海外讀者對於民社黨的事，不免要如墮五里霧中，莫明所以。張君勱先生在聯合評論聲明辭職後，忽又在台北聯合報上聲明打銷辭意，究竟原因何在？團結委員會說：他的後一啟事，是「不肖分子假冒刊登的」；蔣勻田則說：張打銷辭意「對執政黨和在野黨均是一件可喜的事」。究竟真象如何？團結委員會原是尊奉張先生的勸告而設立，並為該黨各派和張先生所共同承認的，張先生果已打銷辭意，何不直接函告團結委員會，而另托人刊登啟事？

實則這些內情，在台灣已是盡人皆知的。張先生憤於國民黨當權派的種種違憲措施和其黨徒之不爭氣，乃在聯合評論刊出啟事，聲明辭職，這是他的初意；但如此一來，他的那些祇想利用他的名義向當權派討價還價，以求分一杯羹的黨徒們豈不是前功盡棄？怎肯甘心？於是又寫信央求他收回成命，不要打斷他們的路。張先生原是忠厚長者，自然也就表示默許。這是復職啟事的由來；祇以張先生在台灣的某些高足幾乎每一個人都想取得獨家代表他的地位，以便挾張先生以自重；因而在寫信要求張先生時，不但事前沒有和其他的同志及同學磋商，而且保持極端的機密，以致甲表示擁護，乙則提異議。此次張先生的復職啟事，顯然是由某一部份人促成的，團結委員會的其他委員都蒙在鼓裏，因而啟事一經刊出，團結委員會的秘書處即緊急啟事，指為不肖分子所假冒。將來如何發展，尚不可知；但民社黨的團結前途，則已因此增加了一重新的困難；張先生的信望也受了相當的影響。戢翼翹說：民社黨是一個無法收拾的爛攤子，其然乎，其不然乎？

中共公開大罵：「蘇領導人背叛人民」「最終絕對不會得逞」

藍星

中共機關公開大罵蘇聯出賣「社會主義陣營」之後，八月三日中共中央機關報——人民日報又以社論方式以「這是對蘇聯人民的背叛」為題，大罵赫魯曉夫說：

「蘇聯政府同美英兩國政府合伙，簽訂了一個部分停試核試驗的條約，製造了一個危害世界人民利益和世界和平事業的大騙局。目前，蘇聯領導人和蘇聯報刊，正在竭盡一切努力，大事吹捧這個條約，企圖擴大這個騙局的效果，進一步麻痺和欺騙反對帝國主義的全世界人民。

「簽訂這樣一個把停止核試驗同禁止核武器分割開來，並且把禁止地下核試驗排除在外的條約，究竟意味着什麼呢？答案用不着到西方的瘋子那裏去找尋，蘇聯領導人和蘇聯報刊提供了正確的答案，現在他們背叛了自己。

「他們過去說，簽訂這樣一個條約，『是把蘇聯雙手捆住』，『損害蘇聯和其它社會主義國家的利益』，可是他們現在背叛了自己，說這是蘇聯和平共處政策的勝利。

「他們過去說，簽訂這樣一個條約，有利於美『改善自己的核武器』，『保証西方國家的片面軍事優勢』，可是，他們現在背叛了自己，說這『為人類徹底擺脫原子彈和氫彈的災難開闢了道路』。

「他們過去說，簽訂這樣一個條約，『等於是推動侵略者實現他們危及全人類的陰謀』，『對和平事業幫倒忙』，可是，他們現在背叛了自己，說這『是爭取世界和平道路上決定性的步驟』。

「他們過去說，美英兩國在一九六二年八月廿七日提出的條約草案，是『拿人類普遍的人道感進行投機』，可是，他們現在背叛了自己，說這個條約的翻版『符合社會主義人道主義的崇高原則』。

「蘇聯領導人過去曾經鄭重宣告：『蘇聯政府不能，也不會同意這種勾當，只有那些把自己的政策建立在欺騙各國人民和在談判中玩弄花樣的才顧幹這種勾當』。可是，現在蘇聯領導人背叛了自己，恰恰參加了這種騙人的勾當。

「這是一個一百八十度的大轉灣，這樣一個大轉灣，不僅背叛了他們自己的正確立場，背叛了蘇聯人民的利益，而且背叛了所有支持過他們的人』。

中共人民日報八月三日這一社論還說蘇聯推行的這一外交，是一種「投降外交」，並且說美蘇合作，有兩個目的，一個目的是主宰世界，一個目的是反對「中國」。中共所謂「中國」，指的不是中華民國，而指的是中共偽政權，指的是毛澤東等人偽造的「中華人民共和國」。

從表面看，誠如人民日報所云，蘇聯前後表現是充滿了矛盾。不過，蘇聯也有它的解釋，這解釋便是前後具體情況不同，所以處置也各異。總之，公說公有理，婆說婆有理，中共自以為振振有辭的在責罵蘇聯，但人們卻總以為美蘇簽訂核子試驗的局部禁試總比根本不禁試好，因此中共的叫囂，徒自獻醜，而且充分反映了中共的好戰罷了。

再說，蘇聯誠然是前後自我矛盾，但人們不免要問，中共是否就不前後矛盾呢？毛澤東從前不是一再鄭重宣佈中共要一面倒嗎？為什麼今天又反蘇呢？毛澤東及中共首腦過去不是曾經一再歌頌蘇聯「老大哥的無私援助」，為什麼現在才說蘇聯從來一切都自私呢？這不是毛澤東等人一直在騙人而何？

大陸簡訊

黃徽明

中共在平歡迎索馬里總理　蘇匈保羅蒙使節當場退席

目前，非洲索馬里共和國總理訪問北平，當此中共正陷於四面楚歌之日，對此左傾而又幼稚之總理，乃予特別盛大之歡迎，以慰寂寞。不料，蘇聯及包括羅馬尼亞在內之東歐衛星國甚至外蒙之駐北平偽政權之大使，當場聯合給中共以極大的難堪，使中共偽政權在這一位非洲左傾總理之眼前大丟其醜。

據路透社八月六日北平電：其經過是這樣的：「此間今天為歡迎索馬里共和國總理到訪而舉行的羣衆大會中，當中共一主要演講人對蘇聯政策進行猛烈攻擊時，被邀出席之蘇聯、東歐各國暨外蒙等大使相繼先後退席。中共總理周恩來及外長陳毅眼巴巴望着這些使節從北平人民大會堂的表演台上相繼退席。蘇聯大使契爾沃年科閱讀了當場分發的中共北平副市長萬里所發表的一篇演詞之後不久，首先起立離開會堂。十分鐘之後，東德代辦羅斯相繼起立離去，再過了十分鐘，則有波蘭、捷克、保加利亞、羅馬尼亞、匈牙利以及外蒙等大使全體發動退席。萬里當時正進行攻擊昨天在莫斯科簽署的核子禁試條約。當該等外交使節通過龐大的現代化大會堂被日光燈照耀的中間走道大踏步離去時，中共在場廣大羣衆，彼此交頭接耳，相顧愕然。」

以上是英國路透社的報導，所說當係事實，中共偽政權真可謂當場出醜了。預料此類事件今後還將繼續發生，中共固無可如何，因為這是各駐平使節的無可干涉的權利，而這些退席行動對當場被迫參加的羣衆及共幹顯然是將發生重大影響的。

中蘇共代表在廣島大會鬥法　日社會黨及總評退出呈分裂

在日本廣島舉行的所謂「禁止原子彈氫彈世界大會」本是國際共黨的外圍統戰活動之一，以往每年舉行，最近又舉行了所謂第九屆大會。但八月五日舉行的這一屆大會，卻因中蘇共之衝突，而使大會分裂，中共代表及蘇共代表除均當場出醜外，而且都已不能如意操縱該大會了。

據中共新華社八月六日北平電說：「這兩天在廣島出現了令人側目的現象，有人在那裏揮舞指揮棒，同日本右翼社會民主黨勾結在一起，進行各種破壞活動，陰謀阻撓召開大會。」

新華社又說「法保兩國代表曾在會上散發奇怪傳單」。「蘇聯代表茹科夫特地要求不要召開世界大會的國際會議」。「他還侮辱出席世界大會亞非洲國家的代表說，他們之中，有些人是亡命者，是否有權當代表是可疑的」。顯然，這是因為中共胡亂拉了一些人去冒充亞洲地區的代表的緣故，蘇聯代表及其它代表之要求審查代表資格，正是針對中共意欲操縱這一大會的陰謀。

另據報導，日本社會黨及擁有數百萬會員的日本最大工會——日本工會總評議會亦已退出了廣島大會。他們認為這一大會已被共產黨人操縱，故爾退出。其實日本社會黨及總評早應退出，因為這一大會原本一向由國際共黨分子所操縱。而無恥的日共則仍在中共支配下繼續呼籲要求大家參加，但日本社會黨及總評又準備另外舉行大會云。

僑鄉近訊：穗共令廣州全市婦女學習梁秀音

鍾之奇

梁秀音是怎樣一個人呢？請看中共「羊城晚報」如下記載：

最近兩三個月，廣州市區及郊區正被中共廣州市黨委員會推行一個學習婦女模範梁秀音的運動。據廣州市黨委會機關報「羊城晚報」五月六日說，中共市委會已向全市婦女發出號召，一致學習。但是大家卻可以從梁秀音這一件事知道一般農民是如何在反抗中共。

中共市委會並已命令各級黨組織要把這一學習工作安排到所謂社會主義教育計劃中去，而且還要結合生產來進行，從而達到增加生產的目的。因此，這一學習運動自五月上旬起至目前階段，全市婦女仍在被迫加緊學習中。

中共廣州市委會並規定推行辦法是由各級黨組織首先向幹部和黨員羣衆連續不斷宣傳梁秀音的模範事迹，然後組織他們座談和討論，再進入第三階段，要求他們聯繫自己的思想，進行工作上的思想檢查，也就是所謂用梁秀音的思想事迹來改造自己。結合並解決幹部、黨員和羣衆中所存在的思想問題。

然則梁秀音是怎樣一個人呢？

據羊城晚報說，原來她是一個共產黨員。她現在是從化縣棋杆公社新隅大隊黨支部的宣傳委員。

她的所以值得學習的「模範行為」則是她在一九五二年首先响應共產黨的號召參加了「農業互助組」。

隨後，中共把「農業互助組」改為「初級社」時，一般農民不肯參加，她卻帶頭參加。因此，她當時即被中共評為該縣帶頭走社會主義道路的兩個模範之一。

而她最為中共賞識和中共叫大家向她學習的「模範行為」，據羊城晚報說是「一九五七年秋的一個夜晚，秀音剛從區委開會回來。就聽說社裏出了事，幾個農民把社裏耕牛奪回去了。有些人還上山斬山林果木，還有人竊竊議論，合作社要散伙了。……梁秀音一聽，頓時怒火中燒，說了聲去，快去把耕牛追回來。便帶着幾個社員奔出去了。路上，他們碰到農民李沛林的老婆陳樹英，正趕着一頭耕牛回家去，『往那裏去？』梁秀音盤問她。『這是我家的牛，牽回家去！』『這是什麼話，你家的牛入了社，如今就是社裏的，沒有社裏的吩咐，誰也不准動！』陳樹英被梁秀音的話嚇住了，只好讓梁秀音把牛牽回社裏。接着，梁秀音又去把李銳光等的耕牛奪回交到社裏；……」。

羊城晚報又表揚梁秀音說「有一天，隊裏正等着肥料給三類禾追肥，梁秀音帶着一批社員到各家去收肥，這其中，有一家農民特別吩咐說：『我糞房裏有兩堆肥，你們揀大堆的挑好啦！』梁秀音覺得這話裏有文章，便把那兩堆肥都扒開來看，結果發覺那兩堆肥面上差不多，裏面卻大不同了。大堆裏面都是些垃圾和牛糞，小堆裏面卻都是猪屎人肥等好肥，梁秀音看了很生氣，不把好肥交給生產隊，卻留給了他自己的自耕地種番薯，結果那堆好肥，梁秀音命令人拿去了」。

羊城晚報又還表揚梁秀音說「梁秀音有一個小叔叫李東秀，有一段時間為了改善一下生活，經常上山去打黃猄，對隊裏的生產不放在心上。梁秀音便對他說『二叔，我們過去沒田沒地，長期替地主打短工，缺吃缺穿，解放後，走上集體化的道路生活過好了，可不能忘了本啊！』她一次又一次的這樣說，李東秀起初沒有理睬她，後來聽得多了，就頂了她：『妳老是跟我算老帳，說什麼過去苦苦苦，我聽得都煩死了，我打我的黃猄，犯什麼法？』有一次他還大發脾氣說『妳以後不要上我的門，不要來管我！』梁秀音聽了，便露出她的黨性說：『你私心太重，不顧集體，我現在要管，以後還要管，你有理，就請大家來評評看。』李東秀知道請大家評評看這句話是什麼內容，因此，就不敢吭了。」

馬尼剌會議的折衷

俊華

拉曼先讓步

印尼、菲律賓、馬來亞三國高峯會議，在有限度協議下解決了馬來西亞的危機。雖然所謂解決，並沒有如何徹底澄清一切，但最低限度，它已避免了會議決裂或不歡而散後那種準備兵戎相見的緊張氣氛，而馬來西亞的成立也已沒有疑問，不論她能否依期於八月底成立，或作短暫的延期。

高峯會議的獲得協議，一半繫於馬來族三國的分裂抑或團結的課題上，另外的一半，則由於形勢比人強的緣故。關於前者，身爲東道主兼調停人的非總統馬卡柏佳，便在會中力陳，謂世界上馬來族的國家，唯此三國，倘若分裂交惡，甚至不幸互動干戈，終將難免陷於依附他國的地位。此固與蘇加諾總統之主張：「馬來人自己處理自身事務」有所違背，惟有三國團結，然後才能求得此一地區的繁榮與和平。

據說拉曼總理是在會議中最先表示讓步的一人，他同意並強調馬卡柏佳總統的說法，但他特別指出，三個國家各有歷史背境，如非律賓與美國的親密友誼，馬來亞與英國的親切關係，均係「不可斬斷」的，但盟約無損於非馬之獨立，故在目前，必須對一切有關方面作妥慎之安排；而在同時提出馬來聯盟之長遠目標，逐漸步向合作及福利。

拉曼力陳：人口一千多萬之馬來西亞，決無對於人口七千餘萬之印尼，會有成爲威脅之可能。即使與馬來亞有聯防協定之英國，在其結束廣大的殖民統治已至最後之今日，也決不會對印尼有任何不利。故印尼之對於馬來西亞，不必有何疑慮，儘可如印尼之對於西伊里安，於接管之後，再舉行公民投票。

但拉曼說明，他並非對一切強硬堅持，雖然馬來西亞預定於八月三十一日成立，不過假如聯合國認爲「鑑定」北婆及沙勝越民意，是需要時間，以致馬來西亞「稍爲延後」成立的話，馬來亞方面也可以作相應的讓步。

英態度強硬

蘇加諾對馬來西亞的條件，所強調的是以民意爲依歸，而探查民意的方法，必須舉行公民投票，且此項公民投票，必須於馬來西亞成立「以前」舉行之，至於主持機關，印尼也早已同意，可信任聯合國主辦。

這項條件，拉曼當然不能接受。因在北婆及沙勝越地區，交通不便，也未有公民登記或適齡居民調查等之舉辦，恐怕費時數月，尚不能舉行一次可稱滿意之公民投票。若要待舉行後方才成立馬來西亞，可能要延後一年，也未可料。這不但阻礙了既定計劃，且因星洲方面情況，複什而有流動性，可能「夜長夢多」，馬來亞無論如何也不能担承這項危險。

英國方面，更堅決反對。英國第一反對舉行公民投票，因在馬來西亞成立之前，北婆沙勝越乃其領土，英反對在其領土內舉行公民投票，更反對「有印尼觀察員參加」之公民投票，姑無論其爲任何第三者所主持抑爲聯合國。

英國更反對馬來西亞成立延期。英方認爲，馬來西亞乃英國與馬來亞及北婆沙勝越間之事務，不容印菲干預，三國會議是馬來人間的事，但對北婆及沙勝越的「放手及何時放手」，乃英國之事。所以即使馬來亞願對印尼讓步，俾馬來西亞延後成立，英國也不予同意。

自印尼境內發生反英示威，英驅逐北婆印尼領事出境以來，英國、印尼間，感情惡劣；尤是印尼武裝襲擊沙勝越邊境，英軍則嚴陣以待，採取武力掩護馬來西亞成立的立塲。英國似乎早已確定：印尼應能估計，對北婆兩邦用武不能取勝，而對印尼也並非有利。

因此，英國擺出「兵來將擋」的姿態，對印尼不予理會。

蘇加諾軟化

英國的強硬，顯然給蘇加諾以一個難題，即是即使馬來亞同意，英國也有權不同意在北婆沙勝越作調查民意或至舉行公民投票。英國不同意馬來西亞延期成立，「調查」民意是否有充份時間？已成問題，公民投票當然更不可能。而蘇加諾的底牌，似乎正如英國所窺見的，他實際上不準備用兵，用兵對英作戰，也無勝算。印尼內部有共黨問題，經濟困難問題，一旦兵連禍結，經濟首先不支，共黨可能乘機作亂，何況傳說印尼一旦動武，美國可能切斷美援。澳洲因印尼取得西伊里安，對印尼已認爲「假想敵」。在南中國的範圍，無論如何，總是東南亞公約集團的軍事勢力範圍。除非蘇聯的支持，印尼實不能對東南亞公約成員如英國者作戰。

可是蘇聯最近似乎無意承攬這一地區的糾紛，雖然莫斯科也聲稱不滿意馬來西亞；但並不像以前印尼爭取西伊里安時一樣，蘇聯元帥正式鼓勵印尼軍隊，「自荷人手內把西伊里安拿回來」。至於中共通過印尼共黨給蘇加諾以種種獻議，煽動對北婆動武，但中共國勢正在走下坡的途中，蘇加諾似乎不能予以信賴。

西方的勝利

終於蘇加諾也不能不稍作讓步，那便是把「公民投票」案取銷，而接受拉曼的「鑑定」民意辦法，三方同意由聯合國主持之，在馬來西亞成立之前舉行。如因舉行未竣而至馬來西亞必須延期，拉曼也同意延期。不過這只是「稍作延後」，並非長期拖延。拉曼自馬尼拉返吉隆坡機塲時，曾提出上述的解釋。

可是英國並沒有參加馬尼拉會議，馬尼拉會議通過在北婆舉行民意調查，在英國認爲是「干涉內政」，並且已有政黨投票及調查過了，豈非等於不信任英當局已經採取了的步驟及其結果？可是拉曼已經答應了，只好由拉曼承攬起來，由拉曼說服英國，准許調查隊進入北婆。經吉隆坡與倫敦數度電報諮商，據說英國最後只好答允。

會議中另一重要問題「取銷外國基地」問題，也是印尼提出的，（在上週馬尼拉通訊中已有報導）事前一般預料，要取銷原有基地（如星洲基地），事勢絕不可能。惟有限制新基地的設立，或可能協議。關於此一點，三巨頭於多次會商後，已決定爲不在三國中新設外國基地。

英國原擬在北婆的納閩島設立基地，印尼認英係東約國家，其基地可能借予美國使用。故早已聲稱若北婆設有美國基地，印尼將邀請蘇聯，在加里曼丹（西南婆羅洲）設立基地。現在三國會議中舊事重提，馬來亞顧意讓步，不新設外國基地，但以印尼也不設立外國基地爲對案。這樣避免了聯蘇在印尼設立基地的可能，西方國家認爲這是馬菲在三國會議中的勝利。

可是正如英國所顧慮的，印尼並沒有聲明取銷「對抗」馬來西亞政策，蘇加諾自會議返國後，萬隆仍舉行反馬來西亞集會，其他大城市也仍將舉行。拉曼也認爲，基地雖不能設立，「總得有個地方讓英國人留此」協助。看來問題並未全了。不過能如三巨頭所說：「討論解決歧見」，總比演出全武行好些。

．吉隆坡通訊．

吳廷琰不智極了！

．黎文隱．

這是早已擺在目前的事實：南越政局出現了新危機。

這裏所說的「新危機」就是吳廷琰政府現正面臨着一種足以動搖政權的龐大而廣泛的壓力。

這壓力，并不是來自越盟的游擊隊，而是來自一向被認爲「純善」的佛教徒。──南越佛教徒，是佔人口的百份之七十；而且東南亞有許多國家，都是信奉佛教的。因此，佛教徒的行動，當然不容忽視。可是，吳廷琰政府此次卻幹出了被認爲是「歧視佛教」的事件來；姑勿論吳廷琰政府是否眞的「歧視佛教」，但它此次僅爲應付佛教徒「抗議禁止懸旗」便引起了偌大的宗教糾紛，毋可諱言，是吳廷琰的極大不智。

糾紛的起因是這樣的：五月八日，爲佛祖誕辰，順化的佛教徒，舉行盛大慶祝，并在佛塔上懸旗，及列隊遊行，而吳廷琰政府以這一天正是奠邊府戰爭紀念日，於是禁止他們懸旗和遊行，派出軍警到塲制止，而軍警竟與羣衆發生了衝突，結果，有九名佛教徒被槍轟斃，於是立刻觸發了佛教人士的不斷抗議和示威，而吳廷琰却沒有立刻拿出完善的辦法來平息佛教人士的憤怒，遂致事情愈弄愈大，使到本來不是信仰共產主義的佛教人士，却成爲反對吳廷琰政府的最有力份子。

本來祗是一項小小的糾紛，到了現在却已擴大了成爲政治上的鬥爭。誰爲爲之？孰令致之？答案祗有一句話：是吳廷琰的處理不當！

據最近西貢的消息：宗教糾紛發展至一名高僧自焚和一名作家自殺以抗議政府的「歧視」之後，政府的軍隊中，現在也引起了對政治的不安；吳廷琰政府在人民中似已逐漸陷於孤立地位。同時更有一項使人感覺嚴重憂慮的傳說，那就是有不少當地的智識份子已認爲這次事件如果吳廷琰再不迅予解決則頗有發展內戰的危機。倘若所傳不虛，而眞的一旦成爲事實，唔！這就眞是「親者痛而仇者快」，無形中替越盟製造出很有利的機會了！

此外，南越的宗教糾紛還有一項是値得重視的。東南亞方面，有不少是佛教國家，她們當然也很不滿意吳廷琰政府之「歧視」佛教；因此，佛教國家之柬埔寨，錫蘭，尼泊爾等，已向天主教教宗保祿六世發出呼籲，要求干預吳廷琰（因吳是天主教徒）的措施。這一來，便不難把事件鬧致「國際化」。美國原是支持吳廷琰政府對抗越共的，但在這一事件中，到此田地，顯然是「狼狽異常」！美國在南越的立塲，一方面是不便直接干預吳廷琰政府的內政，而另方面却又不能不尊重宗教信仰自由。倘若南越的宗教糾紛演進成「國際性」，美國就當然更傷透腦筋！

宗教糾紛僵持了三個月之後，一位佛教高僧曾將一項抗議的照會致送給駐越的美國大使館，要求美國當局敦勸其所支持的吳廷琰政府「大發慈悲」，不要迫害僧人。這一來，當然會使到美國自覺「難過」。

吳廷琰政府是指摘佛教徒受到共黨利用的。也許，共黨是時時刻刻都企圖勾引佛教徒；然而直至目前爲止，却還沒有正確的證據顯示出佛教徒是眞眞正正的受到共黨的利用。而在另一角度來看，吳廷琰政府是明知其人民有百份之七十是佛教徒，却不能好好地使他們心悅誠服來參加反共的行列，這豈非吳廷琰的極度不智嗎？看着其隣邦泰國總理乃沙立元帥怎樣地安撫着佛教徒而收爲己用，就恰和吳廷琰成了一個強烈的對照！乃沙立總理是很適當地把境內的佛教徒安撫着，使之成爲反共的隊伍；可是吳廷琰却愚昧而幼稚，剛愎自用而冥頑不靈，遂招致今日的危機四伏。這就是吳廷琰的過失！

八月四日，佛教徒「自焚抗議」的慘劇，又告再度演出！這天正午時份，在西貢以北約九十五英里的藩切市中，又有一個年僅廿歲的小和尚，當衆引火自焚，直至焦斃，以示抗議吳廷琰政府的繼續「歧視佛教」。從這第二次演出的慘劇中，正反映出南越的宗教糾紛迄仍在僵持中；其危機，也將繼續發展！吳廷琰總統，多麼的不智呀！

女貞庵（一三）

(版權保留)

黎明

第七塲：代嫁

地：王百萬別墅中的新房，房作左右平列，睡房在左，梳洗房在右，中有大圓門相通。房中幃幔陳設，豪華而帶俗氣。梳洗房有門通往廳堂，但却是門仕的。

時：距上塲數日後的一個早上。

人：妙淨、王百萬。

（妙淨首先下床，伸了一個懶腰，回向帳兒喜孳孳地貼耳而聽，帳中鼾聲隱隱可聞。）

妙淨：（聽了一會，得意地自言自語）：他昨晚灌的黃湯還沒有醒呢！待我且去梳妝打扮一番，等候於他。（作輕移蓮步介，向梳洗房走去，但却滑稽百出，令人捧腹。）（唱）：

昨夜晚，施巧計，把他蒙混；他說要「燒高燭，照紅妝」，我却堅不應承。假害臊，逗得他，百依百順；這才是，名符實，滅燭留髡。到今日，木成舟，米已成飯；管叫他，乖乖底，拜倒榴裙。

（白）待奴家我打扮起來。（先就原妝對鏡自覺滿意地端詳了一陣；再摘下假髮，露出光頭，覺得渾身不得勁地端詳了一陣；忽聽得王百萬起床的聲音，驚得連忙將假髮戴上，伸了伸舌頭，方始正式梳妝起來。）

王百萬：小心肝兒！您在那兒呀？（聲出帳中）喲、她倒先起身了。（下床，伸懶腰，瞄見梳妝台前妙淨的背影，樂得骨頭都幾乎酥化了。）我好喜也！（唱）：

昨夜晚，喝酒醉，昏昏沉沉；黑甞甞，同羅帳，暗自消魂。聽說她，美容貌，人間少有；——咳咳、今日價哆，我定要，仔細底，賞鑑一番。

（急不暇擇地大踏步朝梳洗房而來。白）：呀、小心肝兒！怎麼這麼早便起來了？

妙淨：（早已聞聲避開了鏡子低下了頭）官人你也起來了？怎不多睡一回兒呢！

王百萬：我佔記着你呀！（說時右手已按上了妙淨的右肩。）

妙淨：唔！（作嬌羞不勝介，但頭却仍是低着的）人家也佔記着官人你呢！（其聲嗲甚。）

王百萬：（哈哈哈！這才是我的好小心肝呀！（說着，用雙手把妙淨的身兒扳了過來，妙淨乘勢站起，把假髮向妝台上一丟，雙手叉腰，笑逐顏開與王百萬面對面挺身而立，嚇得王百萬連忙鬆手倒退，幾乎跌倒。）吓！吓！你、你、你、你是什麼人？

妙淨：（大剌剌而又笑吟吟地）奴家就是官人你派人搶來做五姨奶的陳妙常姑娘呀！怎麼你倒裝起蒜來了？

王百萬：吓！你便是陳妙常？陳妙常乃帶髮修行的絕色美人，豈似你這樣禿頭禿腦的母夜义？待我找萬事、吳成兩個狗才算賬去。

妙淨：且慢！（橫臂擋之，聲色俱厲。）

王百萬：為何攔阻於我？

妙淨：先算清了奴家的賬目再走！

王百萬：我與你素不相識，有何賬目可算？

妙淨：嚇！你倒推得乾淨；只怕事到如今，一切只由得我，由不得你了！

王百萬：吓、吓、你、你、你此話怎講呀？（心虛了。）

妙淨：我來問你：你如今倒是想要「文休」還是「武罷」？

王百萬：「文休」怎說？「武罷」怎講？

妙淨：這「武罷」末，干淨利落，痛快極了。

王百萬：是怎麼個痛快法呢？

妙淨：聽着！你強搶空門之女做妾，敗了奴家的清規，壞了奴家的名節；教奴家回不得庵堂，見不了爹娘；奴家今日只有同你拼了。（說着便握緊拳頭向王百萬衝去。）

王百萬：哎哎、（連忙以手制止）慢來！慢來！「武罷」不好；還是「文休」了罷！

妙淨：這「文休」麼？倒是痛而不快的了！

王百萬：怎叫痛而不快？

（待續）

正誤：上塲標「第七塲」乃「第六塲」之誤。

文聲集（三七）

餞春次武仲翁均

履川

高閣殘春送晚鐘，莫呼靑帝一尊同。摩空星月追飛疾，挂夢山河詛祝中。四野蕭蓼換新綠，十年寂歷養嬌紅。秦庭天醉寧從問，妙筆輸君奪化工。

恍登太華聽淸鐘，鐙鍩芳洲幾韡同。北國欲歸氛霧塞，東皇試酹雨風中。流哀逝水荒荒碧，戀影殘陽瑟瑟紅。劫罅來春思爛漫，可無豪語奬天工？

夜讀

千夢

平生天際眞人想，垂老童蒙句讀師。肝肺槎枒傷亂早，閭浮縱浪讀書遲。江山何日能還我？聖哲精魂偶見之！殘角飛愁騰獨夢，未妨魑魅共論詩。

敬羣書稱文章有價賦此解嘲

前人

入抱天倪氣漸淳，行畸忤俗率吾眞。文章有價空歎世，歲月如仇不貸人。縱使桑田復滄海，難明去果況來因？聖凡已分同淸濁，此意深微爲子陳。

唐詩偶釋（七二）

鄧中龍

宿桐廬江寄廣陵舊遊

・孟浩然・

山暝聽猿愁，滄江急夜流。風鳴兩岸葉，月照一孤舟。建德非吾土，維揚憶舊遊。還將兩行淚，寄與海西頭。

唐人律詩，寫山色，往往一句遠，一句近；其於舟次，往往一句岸，一句水。此詩起句較遠，次句較近，三句較遠，四句較近；起句說岸，次句說水，三句說岸，四句說水。舊註謂首句為聞，次句為見，三句為聞，四句為見，則未免板滯矣。論某一時代之詩，必先明某一時代之詩法，否則，未見其有當也。

尾五字，前四句寫題首四字，後四句寫題尾五字，第五句，承上啟下，為全詩樞紐。此雖常法，而語脈甚微，不先領會此點，不足以悟此詩之妙。

前四句寫建德之景，皆有異地愴懷之意，山色昏暝，不堪寒夜急流，伴猿聲而動客愁，益以風鳴月照，天地孤舟，句句皆為「非吾土」三字伏綫。五句乃傳神之筆，為全詩關鎖。詩中括上啟下處，往往在不經意中為之，所謂不經意，實具大筆力。建德既非吾土，則維揚之憶，自然脫口而出，第六句無一絲斧鑿痕，而詩意已自桐廬江急轉至廣陵舊遊矣。離鄉既遠，空憶舊遊，惟有兩行清淚，還寄至海西頭耳。極寫旅途艱苦景況，章法渾成。

唐初律詩，多於首二句言景對起；晚唐則三四句多作一串，盛唐如沈宋李王諸家詩，中四句大率言景，不學者每易流於湊砌堆疊。惟杜甫諸篇，中聯雖亦多言景，然大率能以情間之，乃能臻情景交融之妙。「登樓」詩三四句：「錦江春色來天地，玉壘浮雲變古今。」秋興八首其一詩五六句：「叢菊兩開他日淚，孤舟一繫故園心。」詠懷古跡五首之四第三四句：「翠華想像空山裏，玉殿虛無野寺中。」此等詩，明為寫景，實乃抒情，而融情於景，若水乳之不可復辨矣。浩然此詩，前四句皆寫景，衡以盛唐律法，自是別格。寫景而又未能鑄之以情，則在讀者眼中，不過為一純粹之景耳。純粹之景非不能動人，然終不及鑄情於景之為勝。此等詩，即在浩然集中，亦非佳作，讀者於此，可體味五六句轉折之妙，其他不必過分研究也。

就全詩而論，前四句景，後四句情。情不為景攝，景不與情融，截然兩端，似若互不相犯。初學若於此入門，難入老杜矣。學者其愼之。

忍古樓遺詩

羅挟東易實甫約訪道階和尚於法源寺餞春

春風無所住，客至花亂開，幾許耐風日，無頃非塵埃。樹下衆趺坐，坐處生綠苔。長老不飲酒，花落空尊罍。丁香歲解結，已覯四十回。未作花氣味，蟲鳥休浪猜。

參孺博徵君挽詞

抱此幽憂病，何由得瓦全。人皆傷歿後，我已慟機先。相豈虞翻蹇，書空賈誼傳。桐棺三寸厚，眞用戢彌天。

覿面神交後，猶能十載游。翻成向壁歎，誰預掛冠謀。歧路傷離重，交衢拊節休。何緣敏與惠，更許夢中求。

寂寂憫忠寺，昨方祭後山。誰知無忌諱，淚為故人潸。便與明尊輟，因之春事刪。素箋焚寄後，那復報書還。

哭羅挟東

聞子死耗至，嗒然若喪吾。萬端相仇殘，白頭作天俘。況子才過我，讀遍人間書。遭世無所用，坐為無道屠。寫詩出心肝，臟血刀劍刳。餘生付歌者，百念消醼酤。奈何犯衆忌，排娼騰其誣。豈謂焚樂器，埋子骸骨枯。哀哉死生故，墮地啼呱呱。萬事無一可，細甚不免誅。此意至沈冥，內難詰妻孥。邇聞病狂婦，怒碎空米盂。緊誰裹飯人，歌哭來黃壚。酒羞薦靈床，餓死寧復蘇。惟當對子殯，一效長鳴驢。

投康長素

六合極茫昧，春秋日經天。降逮百世下，口義彌然。新莽王荊公，惟能用周官，孳孳以圖治，所見殆不完。仲舒誠大儒，手寫繁露篇。非同墓中珠，金椎控頤傳。孔色若死灰，跖心如涌泉。否極將自驗，入杞徙憂煎。康君曾遠跡，白髮映朱顏。還借船官居，縹筆吟湖山。

憶陳果夫先生（三一）

宇人

以後由於戰事的變化，陳辭修先生辭去青年團書記長和政治部主任兩項兼職，前往湖北恩施長駐，主理該方面的軍事。蔣先生派張治中繼任青年團書記長兼政治部主任。我在報上見到此一消息很受刺激；覺得蔣先生以張治中這樣的人爲青年團的書記長，實乃對青年團全體同志的一種莫大侮辱，即想脫離青年團。適國民參政會召開大會，我去重慶出席，乃將此意向康澤透露。他卻說：「張書記長對發展團務頗有一番理想，辦事很有民主風度，對青年同志更能竭力扶植。」他力勸我先找張治中談談，再作決定，我未表同意。大約就是當天，我碰見黃埔第一期的一位同學，又談到張治中，他對張大肆抨擊；但其所持的論據，反而使我對張治中的印象又一度向好的方面轉變。他說：「張治中也許因爲在長沙放了一把火，自覺對不起湖南人，所以接長政治部後，秘書長和各廳廳長全是湖南人；其他省籍的同學縱有很好的學識、能力，也休想去政治部工作。」他說話的態度極爲憤慨。我問他張治中用的是那些湖南人，他指出袁守謙、鄧文儀、黃少谷、何浩若等。我認爲他們幾位都很不錯，因而感到康澤說張治中頗能扶植青年同志的話，可能是有所根據的。同時，我又想起一二八捐獻勞軍時我指明祇捐與第十九路軍，後來得知張治中所率領的第五軍作戰也很英勇，曾經後悔的往事，覺得不應太過衝動，於是，決定接受康澤的意見。

由於當時張治中很少到中央團部辦公，我去政治部找他，才知道須先登記。我在他們所給的一份登記單上填了姓名、職務、住址等項以後，又在「請見事由」欄內寫了「報告工作及請示」數字。經管登記的一位職員以一種近於傲慢的態度要我再詳細填明年齡、籍貫、學歷、經歷等項，我已感不耐，答以「中央團部有案可查」。那位職員仍說：「非逐項填明不可」，我一時氣極，乃說：「他做了青年團的書記長，對各支團負責人的學歷、經歷都一無所知，豈不是糊塗。我見團長和前任書記長也沒有這樣多的麻煩，他一到青年團就擺出這種臭架子，眞是豈有此理！」說罷，即憤然離開政治部。隔了兩天，張治中到參政會旁聽，我對他故作不見。可是，在休息的時間，他卻走過來向我打招呼，請我次日到他家吃晚飯，順便談談。隨即將他的住址和電話號碼寫給我，並說：「以後你如找我，最好先打電話；如不在家，你祇須將你在重慶的住處告知接電話的人，我就會約期相見。」在此情形之下，我祇好應允。第二天傍晚，我如約前往他家，飯後談了很久。他詳述他對發展團務的計劃，我很感興趣，也就打銷了脫離青年團之意。

數月以後，中央團部召集各支團及直屬各大學分團的主任、書記舉行工作會議，張治中提出一項政治工作綱領草案，標明以反對共黨和反對官僚資本主義爲兩大目標。由於當時的政治風氣已經日趨敗壞，官商勾結，化公爲私的現象所在多有，出席人員對反對官僚資本主義的主張均表示熱烈的支持。有一位地方團部的書記曾慷慨陳詞，他說：「今後各地方團部因從事反官僚資本主義的工作，很可能與地方政府機關隨時發生衝突，希望中央團部能予以支持。」他又指出：「官僚資本主義的根源是在中央，要求中央團部對反官僚資本主義的工作，能以身作則。」這位同志的發言雖然十分簡短，但全場掌聲雷動，歷久才停，顯出大家都具有同感。張治中即席答稱：「中央團部一定予各地方團部以應有的支持，請大家放心。」他又承認官僚資本主義的根源確在中央，聲言：「中央團部對反對官僚資本主義的工作，無論如何困難，均將努力以赴。」可是以後的事實，則是官僚資本主義依然盛行無阻。日後，青年團雖對外首先高舉反對的旗幟，卻並未有任何具體的行動。第二年初，青年團舉行第一次全國代表大會，我在檢討工作時，責問中央團部對反對官僚資本主義的工作綱領曾否付諸實施及有何成績，張治中坦率承認中央團部在政治工作綱領通過後，不但未能實行，而對於官僚資本主義之爲害，「連屁都不敢放一個」；他願意接受代表大會的檢討和議處。同志們對他的這種風度，都很稱道。

第一次全國代表大會後，我被留在中央團部工作。在此後的數年間，我曾多次反對張治中的某些措施，有的他曾接受；有的則否；但他從未因此對我有所介意。比之於當時那些因爲我常在各種會議中抨擊黨的官僚作風和政府的貪污腐敗，而常向蔣先生告狀的若干黨政大員，實有天淵之別。雖然當時我對他們的告狀毫不爲動，但精神上總免不了感受一些煩惱。因而在這一方面我對張治中確有好感。

此外，青年團的同志某次在北碚集會，檢討時局，都主張上書蔣先生，請撤免行政院副院長兼代蔣先生主持政務的孔祥熙，另派廉能有爲的同志負責改組政府，刷新政治。我曾提議，假如張書記長和中央團部的各處處長有所不便，可不必簽名。張治中和康澤均表示願意簽名，張並負責將意見書呈送蔣先生。以後不久，孔祥熙即以出國聞，有人推測，可能就是受了青年團的影響。又有一次，青年團的同志與張治中檢討到請蔣先生檢討他自己的領導方式，他表示將商之於陳辭修先生，伺機向蔣先生提出。後來，據說：陳先生也很同意，曾在重慶南郊黃山蔣先生召集的一次談話會中提出此項意見，蔣先生面允以後邀集少數有關的同志作定期性的檢討。繼因史迪威事件發生，蔣先生的心情不佳，致未實現。

抗戰後期，中共向中央提出擴充共軍的要求，蔣先生派張治中和王世杰負責與共方代表林祖涵、周恩來等談判。參政會開會，張、林兩人分別代表國、共雙方提出報告。張在報告時，聲色俱厲，曾引起周、林的指責。但由此亦可證明他當時還是堅決反共的。（待續）

中國現代史資料評介之十一

左舜生

我的歷史（上）

這是宋教仁在清末光緒三十年（一九〇四）至三十三年（一九〇七）留居日本時所寫的一部日記。民國九年曾由其同學友人印行於宋的故鄉桃源。

大致在民國十年左右，其時我正在上海中華書局任編輯，友人王蒲生先生，特由長沙把這部日記購來贈我。封面的標題爲『宋漁父遺著』，沒有用宋自己定的這個名稱——『我的歷史』。

其時我對中國近代史和現代史的研究還沒有開始，因而對這部書也沒有全部細看，四十八年退出大陸時，這部書也就連同我的其他藏書一併失落在上海了。

後來看到李劍農著的『中國近百年政治史』，關於『中國革命同盟會』成立的經過，其所徵引的資料，乃完全以這部日記所紀錄的爲主，曾給我一清晰可靠的印象，於是再度引起我想重得到這部日記的熱望。

有一天，偶然和劉百閔先生談起，他說他手邊還有這部書，乃從他的藏書中檢出送我，眞使我喜出望外。

去年台北的文星書店又依照這一桃源的石印本影印了出來，列入他們出版的『中國現代史料叢書』的第一輯，連裏面許多錯字也全未加以改正。（實際這些錯字都是很顯然的，似乎是改正後排印比較好。）

宋本來是參加華興會的一分子，光緒三十年九月，『華興會』因在長沙謀發動革命失敗，其重要分子如黃興、陳天華、劉揆一等，均逃出湖南經上海前往日本（黃於光緒二十九年即曾在日本入弘文速成師範。『華興會』即其時在東京所發起者）。宋到長沙聽到這一消息，知道他自己的名字已爲被捕者供出，也就匆匆逃出長沙，到日本亡命。

宋字遯初，籍湖南桃源，後來他在上海『民立報』發表文字，其筆名即爲『桃源漁父』或『漁父』，在日本讀書時，則改名『宋鍊』。光緒二十九年，年二十二，曾入武昌文普通學校，即與胡瑛等創建一革命團體名『科學補習所』。次年回湘，乃參加黃興等（其時黃名軫，字慶午，其名興字克强，亦逃出湖南時所改者）的『華興會』。到日本曾入東京弘文學校、及早稻田大學爲中國學生特設的預備班，專習日本語文。

光緒三十一年，『華興會』分子在東京者不少，且相當活動，因有『二十世紀之支那』雜誌的創刊，鼓吹種族革命甚力。是年六月（陽曆七月），孫中山由歐洲到達日本，由其日友宮崎寅藏（即宮崎滔天）之介，首先與黃克强見面，謀『興中會』與『華興會』的合併，黃已答應，隨後又由宮崎介紹宋及陳天華與中山見面。宋在日記中記他與宮崎第一次見面的情形說：

『十九日（陽曆七月）初，至程潤生（即程家檉）寓，已同赴宮崎滔天之約……滔天已外出，惟其夫人在，……速客入，囑稍待之，余等遂坐。良久，一偉丈夫美髯椎髻，自外昂然入，視之，則滔天君也。余表來意訖，遂起與行禮，復坐。滔天君乃言：「孫逸仙不日將來日本，來時余當爲介紹君等」云云。又言：「君等生於支那，有好舞台，有好機會，君等須好爲之，余深恨余之爲日本人也。」又言：「孫逸仙所以遲遲未敢起事者，以聲名太大，凡一舉足，皆爲世界所注目，不敢輕於一試，總以秘密實行爲主，君等將來作事，毋使虛聲外揚也。」言次，復呼取酒來，遂圍坐而飲之。滔天君又言：「孫逸仙之爲人，志趣淸潔，心地光明，現今東西洋殆無其人也。」又言：「現今各國無一不垂涎於支那，即日本亦野心勃勃，日本政黨中始終爲支那者，惟犬養毅一人而已。余前往支那，一切革命之事，皆犬養氏資助之，現今大隈重信之政策，皆其所主張者，孫逸仙亦深得其助力，蓋純然，支那主義者也。君等既有作事之志，不可不一見犬養毅氏，余當爲介紹，可改日偕余去也。」至下午四時始飲酒畢，……至酉初始辭去。……』

宋日記又記他與陳天華第一次與中山見面的情形說：『二十八日（陽曆七月）……午正回寓，接程潤生來信稱：孫逸仙約余今日下午至『二十世紀之支那』社晤面，務必踐約云。未初，余遂至該社，既見孫逸仙與宮崎滔天已先在，孫逸仙問此間同志多少，如何情形。時陳君星台（即陳天華）亦在坐，余未及答，星台乃將去歲湖南風潮事稍談一二及辦事之方法訖，逸仙乃縱談現今大勢及革命方法，大概不外聯絡人才一義，言：「現在中國不必憂各國之瓜分，但憂自己之內訌，此一省欲起事，彼一省亦欲起事，不相聯絡，各自號召，終必成秦末二十餘國之爭，元末朱陳張明之亂，此時各國乘而干涉之，則中國必亡無疑矣。故現今之主義，總以互相聯絡爲要。」又言：「方今兩粵之間，民氣强悍，會黨充斥，與淸政府爲難者已十餘年，而淸兵不能平之，此其破壞之能力已有餘矣。但其間人才太少，無一稍可爲之人以主持之。去歲柳州之役，時余在美國而無以招納人才之，彼等閉關至香港以應之也。若現在有數十百人者出而聯絡之，主張之，一切破壞之前之建設，破壞後之建設，種種方面之事件，皆有人以任之，一旦發難，立文明之政府，天下事從此定矣。」（逸仙之言尙多，余等不悉記）談至申正，逸仙約余等來日曜日往赤坂區黑龍會會談，余允之，遂回。……』

本刊已經香港政府登記

聯合評論

週刊

每逢星期五出版

United Voice Weekly

第二五八號

CHINESE - AMERICAN PRESS, INC
199 CANAL STREET,
NEW YORK 13 N. Y. U.S.A.

再談陪選及其他

答台北民主中國半月刊

黃宇人

七月一日，台北民主中國半月刊（以下簡稱該刊）又有一篇署名朱一飛的文章（以下簡稱朱文），題目是「談立功及其他」，標明是拙作「談陪選及其他」一文（以下簡稱前文）的「讀後」。我和該刊發生論戰，肇端於我在檢討中韓兩國民主憲政前途的一篇文章內提到台北選舉第二屆總統時，民社黨「讓」（我的原文是「推」），茲根據四月一日該刊自辯的一篇社論，改為「讓」）代主席徐傅霖為蔣先生「陪選」一事，認為是「憲政史上最卑污的一頁」。照論戰的常度言之，該刊的辯駁必須就徐傅霖是否是陪選，和陪選是否卑污這兩個焦點立論，才可使是非曲直大白於讀者之前。但該刊的社論竟拖泥帶水的夾雜了許多與題毫無關連的話，其中有一部份還對我個人含有侮辱性，我才在前文內不厭其詳的逐項予以答覆。不料朱文也和那篇社論有異曲同工之妙，對於陪選問題和我所舉出來反駁他們的例証，或則牽強附會，或則故作不知，或則避而不答；而對我個人又作了一些更具侮辱性的蜚語。似乎不知講道理，祇會無中生有的對他人亂發侮辱性的言論，已成了他們的習尚。在此情形之下，我覺得再和他們辯論下去，實在毫無意義。但因朱文有「試問黃先生現在的國籍能否告訴我們嗎」一語，假如我不予以答覆，他們可能又將以己之心度人，懷疑我的國籍已經有了問題。既然答覆，也就對朱文所提到的其他各點，一併談談。

入境管制問題

首先，我正告朱先生及其同志：我雖然對於某些中國人因為有國不能歸，迫得加入外國籍以求苟安的事，不願深責；但我自己則永遠祇是一個中國人。無論現在或將來的環境如何艱難困苦，我絕對不會加入任何外國籍的。六年前我的小兒尚在初中讀書時，因為在報上看見校長申請入外國籍的消息，即在週記上予以抨擊，級任老師責以不應對校長如此不敬，他不服。我得知此事，還予以鼓勵。這說明就是我的兒子也不會加入外國籍的。此等情事，或非朱先生所能想像；但朱先生不先打聽清楚，便信口開河，提出這種具有最大侮辱性的問話，不但侮辱他人，而且也不是尊重自己的應有之道。近十餘年來，張君勱先生亦是流亡海外，你們是不是也對他的國籍發生疑問？

朱文又說，「假定黃先生的答覆是中國人，為了不滿入境限制而不回到台灣來，然請問香港政府現在嚴拒大陸難民入境，也拒自台灣的自由入境，該如何解釋」？我真好笑極了。香港政府限制入境與我何干？朱先生還什麼理由要問我「該如何解釋」？可是，我必須向朱先生及其同志指出：今日的香港乃是英國的殖民地；台灣則是中華民國的領土，且為大陸淪陷後政府的所在地，並不是任何外國的殖民地。香港政府一向把中國人視為外國人，難道台灣也把海外的中國人視為外國人嗎？朱先生以台灣的入境管制與香港的限制入境相提並論，你也許自以為替當權者的不法行為找到了一個好的例子；但如此的立論，恐怕當權者也不願意接受吧？我不知民社黨的有識之士，看了朱文後作何感想？

再說到我因否認政府有限制人民回國的權力，寧願流亡在外，從不向當權者申請入境許可，這是我堅守政治原則，不計個人利害的明證。至於他人甘願接受這種於法無據，於理不合，於情有虧的入境管制而不以為侮，乃是他或她的事，我不願多評。但自稱民主政黨的代表刊物，竟亦認為當權派有限制人民回國的權力，而為之辯護，我以為大可不必再彈什麼爭取民主自由一類的高調了。

陪選問題

朱文對陪選的事，認為「不過是尼克森電賀甘迺迪的民主禮貌」，並說陪選「這個名字實在太新奇了」。我真有些不解。尼克森電賀甘迺迪乃在競選總統當選以後，而徐傅霖要求支持他的國大代表們轉而支持蔣先生，則是在競選之時，兩者絕不能混為一談，雖三尺童子，亦可瞭然，難道朱先生反而不知嗎？

至於陪選一詞，也是早在第一次全國代表大會時即已眾口喧騰的；而在台北選舉第二屆總統時，更做得像煞有介事。朱先生竟認為「太新奇」，如非故作不知，就未免所知太少了。

「立功」問題

我前因該刊的社論說我指責陪選乃是「想以誣蔑民社黨為立功之道」，才在前文內順便舉出三個反証，藉以証明想向當權者立功的，並不是我，而正是民社黨的某些要角。朱文對我所舉的第一個反証承認「亦有所聞」；但却以「不知實情，暫不具論」八個字，輕輕推開。對第三個反証則避而不提，顯已默認，因此我也不願再提。但對第二個反証，即數年前，民社黨某要角由美返台過港時，曾請一名為國民黨的特務機關作情報的小特務王某為他約見某幾位先生，他和這幾位先生會見時，力勸他們去台灣。說明他勸他們入台一事，如非奉王某之命而行，便是希望王某將此情報告國民黨的特務機關，藉以向當權者作丑表功。否則他和這幾位先生原很熟識，縱有意見相勸，為何不直接找他們，而却要請王某為他轉約？朱文辯稱：「據某要角說、從未由黨外人約會朋友」。但此事乃是民社黨在港的有關朋友所共知的，你們的那位要角所說的話，假如不是公然說謊；即是表明他和小特務王某已是同黨，因而才可認為王某不是黨外人。

總上所述，足証我說民社黨的某些要角想向當權者立功，乃是有事實根據的；而你們說我「想以誣蔑民社黨為立功之道」，則完全是無稽之談。而且，在此以前，我祇是在一篇文章內偶然對陪選一事，有所指責；對於民社黨十餘年來在台灣不斷演出的那些醜劇都不會提及，我又從何誣蔑你們？朱先生說我是「主觀的血口噴人」，正好是夫子自道。（下轉四版）

應對中共採有限度攻勢

許子由

（一）利用中共蘇聯分裂問題

關於中共蘇聯分裂程度如何？目前尚無一致確切的論斷。但綜合各國政治當局及各專家的估計，大致認為中、蘇共的「歧見」不易彌縫，赫、毛鬥爭不可能和解，兩國多年種下來盤根錯節的糾紛，更難以一一設法解決。可是為了「共產集團」的緣故，雙方仍力避徹底的破裂；如果有外來對共產集團重大的危害，它們便會像「兄弟鬩牆，外禦其侮」，重新安排復合的步驟。這種看法，差不多是目前各方所公認的。

由於中、蘇共的分裂形態，產生了中共今後動向問題——即中共可能實行「獨行其是」的政策這結論。從而自由世界的對共黨政策，便分為兩個方面，即對蘇作結束冷戰的試探，而對中共則作防範冷戰加強、或冷戰轉為熱戰的措施；前者的地域在歐洲，後者則在亞洲。

這種對付「西方共黨」與「東方共黨」態度不同的手法，已經不是「全球性戰畧或政畧」；而是利用共黨分裂，制訂出來的兩套政畧戰畧，或者是在原則上仍是一套，而在歐洲與亞洲的執行上，有程度上的差別。過去共產集團聲氣相通，可以聲東擊西，桴鼓相應。現在失去這種靈活性，情勢便有重大改變，應不是無懈可擊。因為蘇聯集團與中共集團，力量的差別簡直不可以道里計，對付蘇集團難，而對付中共集團較易。明朗地說：自由世界已決定對蘇聯緩和，便可以對中共強硬。

（二）中共蘇聯盟約存廢問題

「強硬」僅是一個原則，一旦要付諸具體實施，便發生「強硬到什麼程度」的問題。例如韓國三八線，台灣海峽，東南亞越南寮國，若然發生熱戰，該採什麼策畧？會不會影響「中」蘇同盟條約而引致蘇聯出兵？

蘇聯曾恫嚇中共，問中共代表「是不是要取銷同盟條約」？這僅是警告中共，要明瞭自身「被保鑣」的地位，但究終沒有一方提出取銷之議，足見雙方是「雖已分居，對外仍欲維持夫妻名義」一樣。印度根據廣島反核大會中「中、蘇」代表互相抨擊，便認為「中蘇條約等於廢紙」，是不可過信的。假如美軍與中共作戰而登上大陸，在情勢上，蘇聯沒有不予支援的道理。蘇聯鞭笞中共，只是要他乖乖地做一名家奴，不是要趕他投靠別家，更不會犧牲這家奴所看管的偌大土地。中共若遇重大危險，也是有重新投回舊主人的腳下去。

那麼，若以「反攻大陸」而論，有美國支援是不可能的，美國也沒有考慮作此項支援。中共孤立，是復國的好機會；但國府及海外中國人民，應該進行自力反攻大陸，及擴大大陸內變，發動純粹的「中國人民與中共」的戰爭。

（三）改進台峽、東南亞形勢問題

但美國也不是無事可為的，如艾森豪時代的「解除台灣中立」，出之以修改中美條約的方式，可給中共在軟腹上以威脅。上次盛傳國軍反攻，曾使中共恐懼，急訓令駐華沙代表向波蘭美使請詢，美國反告以「絕無此事」。若中美條約修改，像此類事，美國便不必越俎代庖，勸中共「放心」！國軍能隨時對東海沿海威脅，相信中共不敢大舉向東南亞擴張。

說到東南亞局勢，寮中平原陷共數月，光復無期。最近越共軍由寮入越，猛攻湄公河三角洲戰畧村，寮越戰場實際已打成一片，駐越美軍當局，認為「對三角洲越共採取堅決行動的時候已經到臨」。以中越共全面向寮越作滲透進攻及攻城掠地，而美軍但作拱衛總統府之戰，這種戰畧，似乎不得要領。

據「新聞週刊」載，美國已向中共警告：（一）中共若突破三八線，決不如上次韓戰，讓共軍有「庇護所」。（二）如迫使美軍參與寮戰，則戰爭不限於寮國。（三）南越戰爭若更擴大，侵畧基地河內，將受打擊。這一透露，可能是甘迺迪警告中共，若在亞洲用武，「美國決不坐視」的內涵。

美國實不宜大事警告而不捱打。美國大可要求交還寮共奪去之土地，否則策動右翼軍反攻。要求將越共遣返北越，否則轟炸或襲擊河內。這是維護日內瓦越寮條約的舉措，美國何懼而不為？（八月二十日）

西畫史的觀賞

爲崇華書院暑期講習會藝術系同學講

李璜

去年曾與本院藝術系林大庸敎授談過，本系同學學畫很是努力，我要找機會與他們談一談西畫。但是，我不是學畫西畫的，我是研究歷史這門學問的；不過因爲我注意西洋文化史，就不能不讀西洋藝術史，藝術史中，繪畫當然佔重要部份。故我對於西畫雖是外行，並不能畫，但能爲史的通觀與欣賞。

而且我既曾在巴黎這一「藝術之宮」留學經六年歲月，耳濡目染，所得藝術的常識也不少。況在當時，與徐悲鴻、林風眠、陳宏、李金髮、常玉這幾位學繪畫或雕刻的同學往還，特別是徐、陳、常，每週日同去魯佛宮畫廊觀賞，至今對於少年時所得的深刻印象，還是不能忘去了的。

因此，我今天與諸位講的雖是簡畧的西洋畫史，然而也偶談到我個人的觀感，以及我感到的與中國繪畫相通之處。但我要重複一句，我不是西畫畫家，而所談的都是西畫的常識；這一常識，在西方每一個知識分子，都是具有着的。

遠古上古

既然是史的觀賞，當然應從源頭處談起。在西方的遠古及上古，於藝術作品保留下來遺蹟，以建築與雕刻爲多，繪畫不多，這理由不用說，繪畫比雕築容易損壞，即中國亦然。不過藝術史家常說：「人們還不懂得吃飯的時候，就已懂得了搞藝術！」這個話不但用遠古的雕築遺物可証明，就是五十年來所發現的舊石器時代山洞中的繪畫，更可以供我們的驚賞。我們應知道舊石器時代的人們是經過第三間冰期至冰河紀初期（從公元前十五萬年至公元前二萬五千年），這十幾萬年之中，氣候冷凍，人們穴居避寒，因於洞中，就從事雕刻以至繪畫消遣。請看這兩張在法國及西班牙古洞中所發現的繪畫，便可感到公元前五萬年左右，人們一下筆（這不是真正的筆，而是以手指或石子同獸血或草根染料作畫）所鈎勒出的輪廓與體態便如是其優美！

在遠古的洞中繪畫作品多半是人與猛獸的鬥爭，而在上古埃及金字塔王墓中所發現繪畫的，則是人與人共同工作的故事，而家畜家禽也與花木並列，足見由狩獵進化而爲農牧了。上古的繪畫中足稱爲傑作的一張畫，要算古希腊的別號爲「巴黎女郎」一張半身女子像！這是公元前三千五百年左右，古希腊前期文化克列特島的遺蹟；請看她的細緻的面形，尤其髮型與裝束，是如何的有現代化的風味！古希腊所遺留的雕刻甚多，大都爲無價之寶，給與後來文藝復興與初期的藝術仿古上的受用不少；但在古希腊繪畫，如上所舉的在墻壁上的精美作品則很少，而多半是繪在瓶罐盆杯等石製或窰器上，這猶如我們的漢瓦或康磁。古希腊文化史家要考究當時希腊社會生活的真實印像，就得要在這些陶器繪畫上去看見，「荷馬史詩」上所說的戰鬥情形，「奧林比亞運動會」上的競技狀態，這一些繪畫的人像，都異常生動，而且筋骨畢現，輪廓柔和，足已開啟歐西十五六世紀文藝復興的作風。

文藝復興

從古希腊（公元前二四〇〇——公元前三二三，亞歷山大帝國在內）起，藝術的作風便留傳成爲古典文化的重要質素；其古典作風，尤其是雕刻造像，向西面影響古羅馬甚大，而向東影響古印度也不小；印度的佛像在公元前三世紀已受了希腊雕刻作風的影響，而中國北魏與齊梁的佛菩薩造像，也帶希腊風味，便是受了古印度的影響。

至於傳到了古羅馬，因爲羅馬人的性格質樸，在建築上還有藝術進境，在繪畫上甚少發揮與遺作。一直到中古時期，經過黑暗時代而到了基督教全勝時候，這一千多年中，說西方藝術的特色，都應從廟堂建築與雕刻塑像方面去研究，茲談西畫不必牽入。西畫的大放異彩，要推功於文藝復興。

大家都知道文藝復興運動的特點是：（一）反對基督教會的壓制人性，而特重現世人生；（二）注重人性的發揮，而表現能愛能恨之情，內美與外美並重；（三）崇尚獨立思考與自由創造，而從摹仿古希腊文藝作風開始。因此運動而十六世紀的意大利便產生了文藝復興的三傑，這三傑都以繪畫見長（達芬奇，一四五二——一五一九；拉斐爾，一四八三——一五二〇；米奇朗格羅，一四七五——一五六四），而名重當時，成爲開派宗師；其所繪名畫，至今不朽，價值鉅萬！

三傑開派的價值在那裏呢？（一）意境在表現人性，能將喜怒愛恨從筆端流露出來，即畫耶穌、聖母、聖子，於莊嚴之外，特具慈愛；奴隸寫真，於痛苦中表現恨怒；（二）筆法在注重線條的輪廓周至，鈎勒有力，而留傳至今之畫稿，爲學畫者所認爲珍本，觀摩與學習不絕；（三）氣魄與色調都邁前古而表現雄厚意味。因三傑爲敎會與王家所崇奉，所畫教堂大的壁畫與王家貴族人像，皆精於布置，强調特點，茲指出所帶畫史中的甚多幅中的數幅傑作，以資觀賞。

但三傑雖名重一時，成爲近代西畫宗師，然奇才並非從天而降，時風也有影響，如前於三傑之萬伊克（Jan Van Eyck 一三七〇——一四四〇），即以表現人性與色調濃厚見稱；而稍後於三傑之替善（Titian 一四七七——一五六〇），發明在帆布上繪畫，使線條更趨柔和，色澤更加融厚（以前都在薄木板上畫），而且替善更能於人像後布置風景，像前點綴物品，使一張寫生更爲靈活；從此帆布油畫流行。

十九世紀

我爲時間所限，從十六世紀一跳，便到了十九世紀，這不是說十七八世紀的西畫已無名人可談；如十七世紀之荷蘭大師朗卜郎（Rembrandt），以善調明暗，色彩以襯托而愈見深純。又如十八世紀的西班牙大師哥亞（Goya），以裸體美人像的大胆獨到開派。

但西畫的能手紛起，派別層出，皆有可觀，要算是十九世紀，特別在法國方面，這也因在文藝方面，自法國大革命後，思想更趨解放，而藝術各有所創造與獨到（這有點像中國從院派畫到文人畫的彼時趨勢。）

先說拿破侖時代，拿破侖多才多藝，當然也好繪畫，他供奉得有所謂「拿破侖畫師」，如路易大衛（Louis David），如德拉若施（Delaroche）皆以畫拿翁戰爭故事見長，繼之者有梅索里葉（Meissonier），他們稱爲新古典主義；新古典派的畫法，長於布署許多人馬的戰爭大畫面，疎落有致，遠近有法，而且不失其畫中的重點所在。如大衛的「斯巴達王與三百戰士」，德拉若施的「拿破侖越過阿爾卜斯山」，梅索里葉的「拿破侖敗於莫斯科」等，茲在畫面上說明新古典派的特長。

拿破侖以平民出身爲帝，提倡民間從事教育與文藝，故十九世紀，法國民間「沙龍」之風特盛；文藝擠入沙龍，一經品題與互相標榜，聲譽即起；故羅曼派繼起，人才甚多，如德拉克羅瓦（Delacroix）之畫「但丁神曲」，吉里果（Gericault）之畫「風雨之舟」等，皆大開大闔，氣韻兼長。但我特愛哥羅（Corot）的風景畫，如「枯泉」與「黎明」，直是中國的春木秋林的山水名畫，爲西畫前此所未有。

因文學趨向寫實主義，而農家生活的寫實畫家米勒（Millet）名重一時；其「晚禱」與「拾穗」兩幅，寫實而有意境，甚爲動人；在民十左右，中國文化人書房中多懸有此兩幅的印刷品，因中國的詩歌與繪畫都重視田間題材。（有畫面）

印象派起，初亦重視田間題材，如莫萊（Monet）之「春野」（見畫面）。但西方文明究竟偏於都市的感受，有名印象派大師羅瓦（Renoir）便以燈紅酒綠下的美人歌舞見長。（見畫面）印象派後期即已漸趨怪異，畫美人本重窈窕婀娜，而塞薩命（Cezanne）與果敢（Gauguin），則畫來特別肥腫，說是印象因人而異；但自此便新派紛起，不可究詰。

我不喜新派畫，但它有其長處，爲我所不能欣賞而已。不過新派當如畢加索之用工夫；如畢加索之在新派成爲大師，並非偶然，其線條工夫甚深，鈎勒輪廓甚穩，意境與作風雖與舊派大有分別，然並非如其他新派畫家之信手拈來。

五二、八、二三

犧牲和世界的趨勢

答張鳴先生

孫寶剛

一個革命的人物，當然時時要準備犧牲，甚至犧牲生命也所不辭，這是一條原則，是革命的人物所應具有的修養。非有了這個修養，到時才能視死如歸。不過在什麼時機之下去犧牲，那是一種智慧。我自小就參加革命運動，眼見許多所謂革命的領導者，拿了大帽子，戴在人們的頭上，運用了他那伶俐的口才，鼓起了人們的熱忱，使人們去犧牲了生命，但是效果怎樣呢？有的對革命事業上一些效果都沒有，有的雖有些微的效果，但也是太浪費了。須知在以往參加革命的人們，以知識青年居多。中國的知識青年原已太少，再在這太少的青年中，選擇具有革命熱忱的，尤是鳳毛麟角，假如不計效果地去浪費或白白犧牲他們的生命，眞是太可惜，且終至革命的元氣大傷，而成了革命無人的悲慘狀態。所以我一向主張不要胡亂叫人犧牲，更不能隨便叫人犧牲生命。在作戰的時候，因爲要使整個的戰鬥有利，可以叫一小部份的部隊作不顧生命的猛烈攻擊，或頑强抵抗，結果這一小部份的人也許個個都犧牲了他們的生命，但整個戰局因了他們的犧牲而有利，因此而獲得了勝利，或在防禦或退却時，可以達成了目的。這種犧牲有時是可以一試的。當你被選爲這一小部份的人們之時，你應當自覺到責任的重要，代價的偉大，所以也應當仁不讓。反之，假如徒逞英雄氣概，對大局無補而去做了些英雄作爲，去犧牲了你自己或其他人的生命，祇使人知道你是一個勇敢不怕死的英雄，或使人知道我們中間有勇敢不怕死的人存在着，這是沒有多大意義的。我上次提到台灣派幾十個人去大陸騷擾，而結果祇是留了一個或幾個記錄，某月某日，某些人去大陸，殺了某幾個中共的下級幹部，燒去了幾百担甚至幾千担中共的糧食。試想中共的幹部不知有多少，且可陸續訓練，而實際上他們也却是可憐人；中共的糧食也不知有多少，且可以向其他國家購入，再不然把老百姓的分配口糧減少一些，所以我說無甚意義，大可不必去叫人做這種犧牲。有的人也許會想，我們台灣的人口有一千萬，犧牲了幾十個，乃至幾百個士兵或下級軍官去騷擾大陸的人，又有什麼相干呢？？這句話和毛澤東不怕原子彈，死去幾億中國人不要緊的想法，立場完全一樣，我無以言之，言之曰草菅人命。這是共產黨和法西斯黨的領導層的英雄人物的想法。民主政治是以個人爲基礎，我們要愛惜每個人的生命，我們要尊重每個人的生命，一定要有了這個基本觀念，民主政治才能建立起來，才有一天中國會成爲一個民主政治的國家。在民主政治之下，人就是一個人，沒有大小高低的，生命的價值是一樣的。不管你是一個元首，或是一個凡夫走卒，在其本身來說，生命是他最可貴的東西。在沒有必要之下，不能叫一個人把他的最寶貴的東西給你任意犧牲。中國以往，祇少在這幾十年來，我親眼目睹的，所謂領導人，沒有把這個觀念，深深的印在他們的心坎內，所以天天聽到他們談民主，但是中國的民主政治老是不能生根，而有爲的青年却犧牲了不少。（下轉第三版）

中共政權發言人發表十二點聲明

責罵蘇聯領導人背信棄義 四年前毀約拒供原子秘密

黃微明

據中共「中國新聞社」北平十五日電：「北京各報今天都在第一、第二版上刊登了一九六三年八月十五日中國政府發言人聲明，這項聲明是評蘇聯政府八月三日的聲明的。」

按蘇聯政府於八月三日所發表聲明，原是攻擊中共政權於七月卅一日關於全面禁止和徹底銷毀核武器聲明的，因為中共於七月卅一日所發聲明，全在攻擊蘇聯與美英在莫斯科所簽的核禁試協定的。

據中共「中國新聞社」說：中共政權發言人曾代表中共政權首先大搖大擺儼然自以為是，用蔑視蘇聯的口吻說：「很遺憾，我們認真地研究了蘇聯政府的聲明以後，不能不指出，這篇聲明東拉西扯，文不對題，沒有講出什麼道理，辯護得不大像個樣子。」

至於中共發言人於八月十五日所發的這一篇聲明，合計有一萬三千字，內中包括十二個要點，中共人民日報於八月十五日刊登此一聲明時，其所列要點如下：

「蘇聯聲明否認不了蘇聯政府背叛自己，出賣蘇聯人民和世界人民利益的事實。」「三國條約的簽訂，是蘇聯領導人公開向美帝主義投降的結果。」「這個條約是一個從頭到尾適合美帝國主義全球戰略需要的條約。」「這個條約造成一種和平假像麻痺世界人民。」「這個條約使地下核試驗合法化，便利美帝國主義奪取核優勢。」「這個條約根本不能阻止美國進行核擴散，有利於加強帝國主義經營的侵略力量。」「蘇聯領導人以投降求和緩，是圖一時之苟安，貽百年之大患。」「蘇聯領導人勾結美帝國主義，企圖綑綁中國的手脚，不自今日始。」「三國條約的簽訂証明，蘇聯領導人執行的外交路綫是一條不折不扣的投降主義路綫；企圖利用世界人民的和平願望投機，終究是要遭到失敗的。」「蘇聯領導人把全禁核武器的旗幟放下了，我們有義務把它更高舉起來。」「中國政府提出的建議是明確堅定的，又是切實可行的。」「要保衛馬克思列寧主義，就必須揭露對於馬克思列寧主義和無產階級國際主義的背叛行為。」

在八月十五日中共政權發言人所發表的十二點聲明，最值得注意的是其中之第十一點，原來中共竟自己揭開了蘇聯不肯把原子彈秘密給中共的事實。據該聲明說：蘇聯原本答應把原子秘密給中共的。但赫魯曉夫却在幾年前把給原子秘密予中共的協定撕毀了。

關於這一件事的內幕，中共政權八月十五日聲明說得很清楚，值得一讀。茲僅將中共八月十五日聲明有關蘇聯不給原子秘密的原文照錄如下：

「蘇聯領導人，勾結美帝主義，企圖綑綁中國的手脚，不自今日始。遠在一九五九年六月二十日，當所謂停止核試驗條約還沒有影子的時候，蘇聯政府就片面撕毀了中蘇雙方在一九五七年十月十五日簽訂的關於國防新技術的協定。拒絕向中國提供原子彈樣品和生產原子彈的技術資料，作為蘇聯領導人九月到美國同艾森豪威爾會談的見面禮。」

「一九六二年八月二十五日在美英提出部分停止核試驗條約草案兩天以前。蘇聯政府通知中國說，美國國務卿臘斯克建議簽訂一項協定，其中規定：第一，核大國將承担義務，不把核武器及其生產所需的技術情報轉交給無核國家；第二，沒有核武器的國家將承担義務，不生產、也不向核大國索取這類武器，不接受核武器生產所需的技術情報；對於臘斯克這項建議，蘇聯政府給了肯定的答覆。

「中國政府一九六二年九月三日，十月二十日和一九六三年六月六日，三次向蘇聯政府提出備忘錄，告訴蘇聯政府，他們向美國承担義務，不把核武器及其生產所需的技術情報轉交中國，是他們自己的事。但是，中國政府希望蘇聯政府不要破壞中國的主權，代替中國承担不生產核武器的義務。我們鄭重表示，如果蘇聯政府不顧中國的反對，竟然同美國簽訂某種條約，來剝奪中國人民採取措施抵抗美帝國主義核威脅的權利，我們是不答應的。我們將發表聲明，表明我們的立場。

「我們原來希望，在我們作了這些誠懇的勸告以後，蘇聯領導人能够懸崖勒馬，不要把事情做絕。不幸的是，對於我們的勸告，他們連一個字也沒有聽進去。他們終於同美國和英國簽訂了部分停止核試驗條約，企圖借此施加壓力，使中國承担義務。

「事情的全部過程就是這樣。蘇聯政府起初想用不幫助中國的辦法把中國壓下去，來向美帝國主義討好，後來又企圖用種種不能自圓其說的理由，要中國放棄自己的嚴正立場。當這一切都失敗以後，它就明目張膽地伙同帝國主義強盜，一起來壓中國。」

「鑒於以上種種，中國在發展自己的核力量來抵抗美國的核威脅方面，早就對蘇聯領導人沒有任何指望了」。

美政府獲得中共秘密文件

証明中共軍隊軍心動搖與黨對立 有的加入反共組織有的打家刼舍

藍星

（據美國之音八月十日華盛頓廣播）據美國之音廣播一項中共機密文件稱：中國大陸從一九五九年起，一連三年發生嚴重的糧荒民不聊生，特別是在一九六〇年冬天，和一九六一年春天的一段時期裏，情形更為惡化。對於中共的「人民解放軍」的士氣和經濟有極大的影響，部隊裏面充滿不滿的情緒，怨聲載道，部份軍人，對於中共政權發生懷疑，思想動搖，進而從事破壞活動，張貼反共標語，充分顯出匪軍內部之不安。

據廣播引証中共之「工作通訊」所載之文字稱「由於今年一九六〇年的特大災荒，現在糧食有些困難，食品供應有些緊張，軍隊是穿軍衣的農民和工人，地上有什麼問題，軍隊就會有什麼反應。從某些部隊的情況看來，由於目前經濟生活比較困難，政治案件有所增加。我們在政治工作上應該預計，約在一九六一年特別是上半年政治上的事故和案件，可能比任何一年都多。由於經濟生活上存在有些困難，某些幹部和戰士就可產生些不滿的情緒，甚至發生對地方埋怨，跟地方鬧不團結的現象。」

「工作通訊」在一九六一年二月一日出版的第七期，由中共「人民解放軍總參謀長」羅瑞卿考察一個師工作向中央的報告，裏面也說，自發生嚴重糧荒以來，部隊人員思想引起了比較大的波動。羅瑞卿這報告還說：「這些錯誤思想的產生，許多是和戰士的家庭的影響有關的。戰士接到家信後，情緒低沉，甚至痛哭流涕，還有人不獨攻擊三面紅旗，漫罵黨和政府所提倡的低標準（收聽不清楚），散佈謠言，各別的從組織暫時逃跑。」

「工作通訊」一九六一年四月五日出版的第十五期裏面透露「人民解放軍」不滿的情緒蔓延到中共的軍事學校內。例如該期有一篇文章詳細列舉學生思想波動的情況。

工作通訊一九六一年一月六日第二期，有總政治部為貫徹執行中央關於開展社會政黨內部肅反運動的指示，裏面顯示人民解放軍的不滿情緒，性質很嚴重。至少有四個訓練部的軍人被檢舉參加所謂反革命活動。中共「解放軍總政治部」這個指示有以下這麼說：我們軍隊經過歷次政治運動，和不斷清理，內部成員基本上是純潔的，但是還存在着一個指頭或者不到一個指頭的問題，內部成員還有不純。從運動中揭發和教育出來的問題上足見不純的情況在某些方面和某些單位還是嚴重的。

該「工作通訊」又說：特別明年青黃不接期間，反革命破壞可能增加，少數不堅定的份子，可能發生動搖。

「工作通訊」一九六一年一月十七日的第五期裏，「有中國國防委員會兼解放軍副總參謀長」楊成武在電話會議上講話，楊成武在講話中說，根據總參謀部動員部對河南、山東初步摸底的實況看來，去年一九六一年，全國民兵代表會議之後，由於我們的實際工作沒有跟上去，加以頭兩年連續發生自然災害的影響，民兵的違法亂紀，脫離羣衆，和破壞分子所掌握利用的情況更為嚴重。單舉河南商城縣的例子，就可充份說明這個問題的嚴重性。這個縣內十三個公社的武裝部隊的無法無天，他們代理民兵抄人的家，搶人的糧，打人罵人，强姦婦女，攔路搶劫，嚴重破壞黨的政策，違反國家法律。

犧牲和世界的趨勢

答張鳴先生

孫寶剛

（上接第二版）我始終相信，今後世界大戰的可能已減少到不會有的地步。今後起是兩個陣營的政治和經濟的鬥爭。中國的情形，大體上也會以政治經濟的因素，來決定將來中共的命運，假定用廣義的看法，把經濟包括在政治之內，那麼，簡單的話一句，就是要看中共能否渡過今後的政治的難關。所以我連續前幾個月，寫了二十餘篇文章，描寫出今後中國的思想體系來，實際就是一套政策的說明。可惜張先生沒有注意，那是很遺憾的，好在聯合評論社有合訂本出賣，張先生不妨去買一本看看。我這套理論體系是非常平淡的，因為這是一套可以實行的政策，所以不唱高調，不尚空談，不知道張先生看了以後，是否認為「醒目」或不「醒目」。

張先生問起，什麼形式的政府是合於人民的要求？這倒很易答覆。我們可以直接爽快的答一句：民主的政府。其理由在聯合評論上也早已發表過許多文章。

我可以武斷的說一句，聯合評論在過去的二百五十餘期的文章中，大體上已把中國所包括的大問題，都已討論過，我們雖然不敢說是怎樣的精闢，但是大體方面只是不錯的，假如有人能將聯合評論的二百幾十期的合訂本，細細閱讀，大體上已可瞭解，中國現狀是怎樣，用怎樣途徑去解決中國問題。不過今後的問題是怎樣幹的問題。但是今天是自古以來所未有過的大局面，不易給一般人所看清楚的。所以大局在這幾年來變得很利害，而我們生活在這個大局面中，好像還不覺得。這是因為一般人所注意的，往往是小的和切身的，所以大的變化反而不覺得。我認為今後是要注意世界在怎樣的變，中國又在怎樣的變，而決定怎樣去幹，這個幹能配合了大局。這是很微妙的，也是很不爽快的，有時還會和自己原有的許多觀念相矛盾，而覺得非常苦悶。其實我們應當自我檢討，我們有些觀念，是不是不很準確？譬如以民族主義這個問題來說，現在已在過去中，所以絕對的民族主義已經落伍了，已經幹不通了，今天多少要帶些世界主義，也可以說是人道主義，把民族主義和世界主義參合起來，它是今天世界的趨勢。我們瞭解了這個趨勢，然後對於反攻、反共、以及一切政治問題的看法，有一個新的看法，然後可以瞭解到今天以一個中國人，站在今天的世界中，應該怎樣幹法。張先生在來函中提的問題太多，好在有的在以前的許多文章已經討論過，所以今天祇能寫了這一堆意見，供張先生參考。如另有意見，當然很歡迎和張先生研討的。

空軍健兒的英勇事蹟

獨清

（台北通訊）空軍總司令徐煥昇於十二日對曾深入大陸執行偵查及空投任務的空軍健兒咸榮春上校等三十八人頒授勛獎。獎品包括寶鼎、雲麾、光華等勛章及現金，獎金最高者爲六萬元。空軍總司令部的頒授勛詞稱：「空軍咸榮春上校等三十八員，忠勇的執行政府所交付的重要任務，近年來出死入生，冒險犯難，不顧天氣之惡劣，不顧匪機或地面炮火之攻擊，駕機深入大陸，遍及三十餘省，涵蓋面積達四百餘萬平方公里，不顧任何犧牲，前仆後繼，完成偵照空投等艱鉅任務，成果豐碩，不但獲致匪方軍事設施上極有價值之情報之資料，且使大陸民心，對政府之拯救，莫不鼓舞與振奮，受獎人員，其忠勇秉備，踔厲奮發之壯舉，已充分發揚我空軍有我無敵之傳統精神，不斷創造空軍光榮之史頁，述論功宜膺懋賞，經呈奉上級核准，分別頒授勛獎章及獎金，用示激勵。」

聯合報有一篇特寫，描述空軍健兒們在大陸上空的英勇事蹟，特摘要介紹於后，以饗本刊的海外讀者。

「空軍特種部隊在十多年前由於事實的需要與迫切，在非常困難，在非常艱鉅的情況下成立，任務部隊均加以嚴格的選拔和訓練，先後成立不同形態的組織，經過千錘百鍊的考驗，才有今日的規模。空勤人員的血，地勤人員的汗，爲了[illegible]工作，不眠不休的人員，爲了他們總是不計險阻去爭取，陳懷生的成仁，周以粟的殉國，還有[illegible]員，爲了這一艱鉅任務犧牲了。」

「到目前爲止，他們活動的領域，廣及大陸四百萬方公里，佔大陸全面積的三分之一以上，橫貫三十多個省份的空投物資達幾千萬磅之多，成果的輝煌，忠勇的表現，屢屢獲得，政府及自由世界人士的贊許。

成就偉大

「此次授獎禮，還是空軍首次將這一枝深入大陸擔任特種作戰任務的部隊公開，每一個接受獎章的健兒充滿興奮的心情，[illegible]他們歷年來艱苦工作所得到的[illegible]，意義實在極爲重大。[illegible]任務的情況：「每一次任務，担任任務的每一個人員在起飛之前，都要準備三四個小時，起飛以後，就要「洛藍」「天文」航跡，尋找偏流，校對推測航向，報告位置，或改變航速和航向的時間。當然，在起飛之前，早已要帶去空投的米、麵、糖、傳單是起飛之前早已裝好的了。

「從台灣的基地起飛後，很快進入台灣海峽，但是，他們仍然是在戰鬥機掩護之下，慢慢的天南地北的閒盪着，雷達員要緊盯着幾個螢光幕上的點，領航員要不斷的正確標定位置，準備等待機會鑽破鐵幕進去。有時候，就這樣蕩蕩化得三、四個鐘頭。

逗弄匪機

「常他們在海峽的那一邊接近大陸邊緣徘徊的時候，匪的攔截機會出現，而且採取監視姿態，但他們多半與匪機航向平行，然後使用戰術上的變化，來逗弄匪機。他們已確定某一個地方是進入點，他們於是來一個左轉到進入點的山背後，航向平行的匪機，由於速度較高，就超過了進入點的山背又轉出來了。這樣匪機不但肉眼看他們不到，連雷達也找不着。這一手金蟬脫殼妙計，把匪機驅得稀里糊塗。但是他們在擺脫了匪機後，更厲害的殺手是放一架掩護他們的戰鬥機在進入點上，來代替他們的位置，擺在他們原先的航線上，再把匆匆追過了頭，又糊糊塗塗折回來的匪機愚弄一番，如此這般一來，他們早已安全地以高空或超低空方法飛入大陸腹地去了。

「他們執行任務的地方，一次起碼是四五個省，十個以上的城市。有時候是空投，經過一地，就丟下一百包大米，或撒出一二百捆傳單。「惡劣的氣候，常使他們險阻備嚐。有時候，他們不得不穿過一條一百多英里長的「滯留鋒」，飛機在四面的雷聲中前進，不斷的抖顫，綠色發光的靜電在明膠玻璃的座艙罩上跳來跳去，常常使他們偏航，但每次卻不太大。

「他們總把最後空投的一個目標叫做「幸福城」，因爲在那裏總把所有剩下的糧袋，一古腦兒統統扔下。胸襟掛着十六枚勛獎章的咸榮春上校說，他在五千多小時的飛行任務中去過北平和許多其他邊陲地區，大半時間是單槍匹馬的前往，但他不覺得寂寞，因爲一路上要做的事，實在太多。他的作業是秘密的，絕大部份不能作公開報導。他承認並不是每次任務都十分圓滿。

縱橫匪區

「另外一位李中校，他是杭州人，他在大陸上空縱橫了三十五次，故鄉更是必經之地。他說：大陸的東南西北都飛去過了，大米，糖果，傳單，文告、乾糧每次都在預定地點投下去。他泰然自若的說，每次都碰上匪機和地面匪砲的攔擊，但他長於躲閃，每次都靠優異的戰術躲掉了。他說，每次總是在眼看着匪機飛進到機槍射擊距離內時才開始躲，無論米格十五或米格十七，都奈他不得。

「他有次出任務後十八小時才回到基地，就可以想像得到他們的任務是多麼的遼遠和如何的艱鉅了。」

但最堪浩嘆的，是我們的空軍健兒雖然如此英勇，而當權者則因愚昧自私，祇圖在台灣關起門來實行家天下，對於反攻的事業，仍怯懦不前。

再談陪選及其他

答台北民主中國半月刊（上接第一版）

黃宇人

民社黨的分裂與官方津貼

我在前文說民社黨的分裂與爭分「陪選費」和「宣傳費」有關，朱文辯說，民社黨的首次分裂，乃因爲徐傅霖將該黨的組織部副部長免職，八常委不服，乃罷免徐的副主席。是否眞係如此，雖然仍不能無疑；但總算提出了一項在表面上足供論証的事由。朱先生說，「功罪是非，祇好讓歷史家去評定」，我願意接受此一意見，故對陪選費事不再多說。

但關於所謂反共抗俄宣傳費問題，我在反共抗俄之上加了「美其名曰」四字，朱先生說「實在想不出黃先生是何用心」。實則我祇是根據事實說話並無什麼用心。無論朱先生自以爲民主中國半月刊已爲反共抗俄的宣傳增加了多大的力量；但事實上那一筆錢並不是完全用於該刊的。而且，即使是完全全用於該刊，也祇可說是爲民社黨宣傳。何況，據我所知，該刊祇得到其中極小的一部份。我所謂美其名，即是指你們在名義上領的是反共抗俄宣傳費；而實際的用途則與此風馬牛不相及。朱先生如果還不承認，我再舉一個近例。八月十六日，台北聯合報上有民社黨中央總部所刊登的一個公告，其中有云：「本黨前結餘在行政院反共抗俄宣傳費業經各同仁之請求曾致函捐贈救濟逃港大陸災胞在案近聞此項節餘經費已冒領朋分當依法究辦。」這就是說，現在這筆宣傳費已被其他一部份民社黨人所「冒領」；但並非用於宣傳，而是拿去「朋分」的。這筆錢既然是拿去朋分，而卻要名之曰宣傳費，我謂之爲美其名，又有何不當？

近若干年來，民社黨的每一次糾紛，都要牽涉到這筆「宣傳」費。當權者有時發給甲派，有時發給乙派，有時發給丙派，有時則一律停發，藉以加深他們的分裂。而台北的民社黨人，得錢者固然對當權派矢志效忠，得不到錢者雖常寫信到海外告狀，指說某派已被當權派所收買；但仍向當權派頻送秋波，一有機會，他們也去領取這筆錢而不以爲恥。朱先生說「各黨黨費不應取自國庫，是我們的一貫主張，我們的立法委員早於四年以前在立法院提案並獲得多數之支持，將此項預算（即指宣傳費）剔除」。果能言行一致，當然是再好不過的事。但試問在此以後，你們是否仍舊去領這筆錢？你們有些人當時所以在立法院有此提議，不過是因爲領不到這筆錢，故如此這般的裝腔作態。等到可以領錢時，你們也就不管曾經請立法剔除這筆預算的事了。總之，事實証明你們之中，每一派都想得到這筆錢，我說你們的分裂與官方的津貼有關，還是很客氣的。

我願意原諒

朱文最後說「如有失敬之處，尙幸原諒是幸」。我在此奉告朱先生，辯駁，我是很歡迎的，責難，我也不介意，含有攻擊性的詞句，我也願意原諒；但與國民黨特務機關一鼻孔出氣的口吻，我則不能忍受。例如你指我爲「一位講民主的反共人員」。我自民國十四年入黃埔軍校時即開始反共，數十年如一日，有我的言論和行動可憑。你對「反共人員」四個字還加了一個括弧，似乎認爲我的反共立場尙有可疑之處，這和最近數年，國民黨的特務機關所加於我的誣蔑，如出一轍。你須知就是蔣經國，陳建中等人也自知這種誣蔑不但於我無損，而且適足以表現他們的無聊與無恥，因而才請托某幾位立法委員，向我解釋，推說是他們下面的那些無知小嘍囉所做的，並非他們兩人的本意，希望我能諒解。我眞不解朱先生爲什麼竟也如此。至於人員二字，我也不能接受。我現在祇是一個老百姓、一個難民，沒有資格做什麼人員，朱先生如有意爲之，最好請你收回去自用吧。

最後我再補充一句，截至現在爲止，我祇是就該刊因辯論陪選問題而加於我的各種具有侮辱性的詞句，擇其要者予以反駁，並不曾反唇相稽，而把台北若干民社黨人的諸般醜行都揭露出來，也就是表示原諒之意。

台灣簡訊

志清

公營金融機關浮濫放款

監察委員陶百川在院會提出一項議案，原文是：「公營金融機構對廠商放款，因有抵押及保証；自不必派員監理。如認爲其管理不良或信用不佳，不堪信任，則即使派遣一、二人前往監理，亦多無濟於事，而本身反深陷於泥濘，故對此等廠商根本不應放款。近聞若干監理放款案件或因動機不純或因辦理不善，以致結果不良，且有官商勾結之嫌，似應加以調查檢討及糾正。擬請推派委員或交審計部切實查報，以便依法處理。是否有當，請討論案。」

陶委員在補充說明時又指出：本案牽涉到兩個問題，一是公營金融機關的放款是否浮濫；二是放款後，倒賬收不回的原因何在？主管人員有無違法失職。關於銀行放款是否浮濫的問題，據審計部向監院提出報告稱，該部查過五十年的賬，發現放款浮濫而發生種種不良後果。他又引證審計部的資料：五十年度放款超過存款達四十二億五千九百多萬元，較四十九年之三十四億四千四百萬元，增加八億多。審計部在另一資料中指出五十年放款增加率高達百分之二三‧七，爲歷年來最高的一年。

陶委員又以經濟生長率的情形來說明銀行放款雖然大爲增多，而其所收到效果則並不佳。他指出：國民生產毛額五十年比四十九年多百分之一〇‧六九，如與放款增加率的一半。放款浮濫情形，以五十年最爲嚴重。他認爲銀行放款過於浮濫，此爲信用過份膨脹，對國家社會是有害無利的。

陶委員又進一步指出放款浮濫的現象，有很多人借款難，也有很多人借款容易到手，所謂「小戶難，大戶易」，財務狀況好的，實際上不需要借款；但只要有背景，可以每借必到手，屢借屢到手。目前的監理制度不好，有些工廠信用不好，但可一借再借，其背後是否有不可告人之處，應予調查。

陶委員又透露：最近監察院財正委員會開會，曾談到銀行監理的問題，審計長告知若干大戶向銀借款的情形，該部已向台灣銀行調查，但其他金融機關，如中信局、土地銀行、商業銀行等，還沒有調查。他認爲凡是公營銀行都有放出鉅款收不回的情形，應該一律調查。至於派員至工廠監理，已表示政府對某等工廠不信任，其放款戶頭更應澈查。一家一家去查，一筆一筆地查，查看究竟有無官商勾結的情事，有無什麼特別的背景？

金越光、陳翰修、陳肇英各委員相繼發言，都支持陶委員的提案，院會議決交審計部切實查報。陶百川委員的這一個提案和監察院的決，原應使人興奮的；但由於那些濫借國家銀行鉅款不還的人都是特權階級，而且多屬蔣經國的旗下，不但審計部對他們莫可奈何，就是監察委員們自己直接去查，也不會有任何結果的。

台北又派五組游擊隊分襲大陸 中共何以破例至今沒有報導？

劉裕畧

不管中共與蘇共之衝突如何？不管美國與蘇聯之部分核爆禁試之影响如何？也不管毛澤東如何親自出面主持種族統一陣線？我始終覺得中華民國能否反攻？如何反攻？才是一切問題中之最重要的問題，也才是特別應該優先研究和優先考慮的問題。正因為這種原因，所以我在最近發覺一件很奇怪的事象。這奇怪的事象便是偏安在台灣的中華民國政府於七月下旬派了五批反共武裝小組分襲福建與浙江，在大陸登陸，但中共方面的報章雜誌竟破例隻字未提此事。而在以往，台北每派一批反共武裝襲擊大陸，台北事後必立即發表一篇公報性質之消息，跟着中共亦必由中共中央公安部發表一篇戰報式的公報，把如何殲滅「美蔣特務」的事渲染一番，但這一次卻只見台北有消息，中共方面則迄無任何消息，在留心這一問題的人看來，這實在是一件怪事。

根據台北與北平雙方以往的公佈：自去冬以來，台北一共派過三次反共武裝分襲大陸，並在大陸登陸。第一次是去年冬，當時台北曾於派遣後立即發佈公報，中共旋亦發表公報，當時台北派往大陸的反共武裝共分九組，登陸地點都在廣東，據中共說，台北所派「美蔣武裝特務」九組有的被活捉有的被擊斃。到本年六月，台北又發表消息，謂又派遣了八組反共武裝分襲閩粵浙三省，隨後，中共公安部亦通過中共新華社於一九六三年六月廿九日正式發表戰報，謂「一九六三年六月，我廣東、福建、浙江沿海地區的軍民連續殲滅了從海上偷渡登陸的六股美蔣武裝特務。這是繼去年我廣東沿海軍民全殲九股美蔣武裝特務之後對敵鬥爭的又一次重大勝利」。那算是台北的第二次派遣。另據台北七月廿五日合衆社電：「又有五組中華民國的游擊隊，已從台灣成功的登陸於中共區的東南沿海。」並說「這幾組游擊隊，已於幾日前登陸福建省和廣東省的海岸，其人數未見提及」。又說「這些中華民國游擊隊已經與中國大陸的反共份子會合，並已依照計劃到達他們的目的地」。這算是台北方面的第三次派遣了，但奇怪的是這一次派遣登陸距今已達二十天有多，但中共方面迄無對此事的任何報導，中共更無對這五組反共武裝加以殲滅的任何勝利消息，然則一、台北的這一消息根本不確，美國合衆社的上述報導根本並無其事嗎？二、是因為這五組反共武裝都順利的全未遭受抵抗，進展到了目的地，中共全未察覺，因而無從發表勝利戰報呢？三、抑或還是中共內憂外患方多，中蘇共新破裂不久，大陸內部動蕩不定，中共不願在此時此際宣傳台北又在派人進襲大陸，以免引起大陸內部之重大反應呢？四、抑或還是中共目前尚未結束對這五組反共武裝的戰鬥，因而遲遲未能及早發表戰報呢？五、甚或還是中共對這五組反共武裝的戰果不佳，因而避免發表戰報呢？

以上都是值得研究的問題。

冀朝鼎死了

平野

曾經經由美國政府向中華民國國民政府推薦因而深入國民政府工作之共黨特務份子冀朝鼎，據中共「中國新聞社」宣佈，已於八月九日在北平去世。

按冀朝鼎是曾經獲得美國政府之信任而深入國民黨的。故大陸淪陷前，冀朝鼎一直是國民黨當權派內的重要財經幹部之一。迄中共佔據大陸，冀朝鼎始正式在中共政權內担任財經部門之重要工作，並担任中共對拉丁美洲之滲透策反以及貿易等工作。據中共所公佈之消息說：冀朝鼎除担任中共政權之「國際貿易促進委員會副主席」之外，他本身「是共產黨員，生前還担任中國人民政治協商會議全國委員會委員、中國拉丁美洲友好協會副會長、中國人民對外文化協會常務理事、中國銀行董事長、中國人民保衛世界和平委員會常務委員等職」云。

× ×

大陸簡訊

黃微明

毛澤東在平接見非洲訪客 親自煽動黑人反美並反蘇

據中共新華社八月八日北平電：「毛澤東主席今天下午接見了正在北京訪問的一批非洲外賓，毛主席在接見時發表了一項聲明，呼籲世界人民聯合起來，反對美國帝國主義的種族歧視，支持美國黑人反對種族歧視的正義鬥爭。毛主席在聲明中代表中國人民，對美國黑人反對種族歧視、爭取自由和平等權利的鬥爭，表示堅決的支持」。

新華社並說毛澤東曾說：「美帝國主義對黑人的法西斯暴行，揭穿了美國的所謂民主和自由的本質，暴露了美國政府在國內反動政策和在國外侵畧政策之間的內在聯繫」。「在全世界百分之九十以上人民的支持下，美國黑人的正義鬥爭是一定要勝利的。萬惡的殖民主義、帝國主義制度是隨着奴役和販賣黑人而興盛起來的，它也必將隨着黑色人種的徹底解放而告終」。「被壓迫人民爭取徹底的解放，首先是依靠自己的鬥爭。其次，才是國際的援助」。

不久以前，蘇聯報紙曾指責毛澤東在宣揚種族主義，本報亦有文指出毛澤東正在暗中推動國際種族統一陣線。現在看起來，毛澤東的行動恰恰証驗上述的觀察，他眞的是在煽動亞洲非洲各地的有色人種來反對白色人種了。毛澤東的言論雖表面上只對美國，實亦同時反蘇，這裏所謂支持黑人，則不過是毛澤東推動此一運動的藉口而已。

北平盛大集會罵甘迺廸蹂躪黑人 又罵蘇聯修正主義者替美國抹粉

為了擁護毛澤東煽動黑人進行種族主義的八月八日那一聲明，中共於八月十二日在北平舉行盛大集會，據中共宣佈說：「中國各人民團體、各民主黨派和首都一萬多人，今天下午在人民大會堂隆重集會，對美國黑人兄弟不畏強惡、英勇不屈的鬥爭精神表示最堅決的支持。在會上講話的中外人士，一致贊同和完全支持毛澤東主席八月八日發表的支持美國黑人反對美國種族歧視的聲明」。

中共又說「中華全國總工會主席劉寧一代表各人民團體講話，說：「肯尼廸政府鎮壓黑人鬥爭的法西斯暴行，也使得全世界人民認識到美帝國主義政策的侵畧性和欺騙性，又一次揭穿了他向非洲推銷的所謂攀親戚運動的虛偽性。從而提高了人們對美國新殖民主義的警惕。不管那些自稱為馬列主義的人，怎樣為肯尼廸開脫罪責，塗脂抹粉，美帝國主義的強盜本質是絕對掩蓋不了的。」

可見中共煽動黑人的種族主義是既反美又同時反蘇的。因為劉寧一的話顯然把蘇聯說成是替「美帝」塗脂抹粉的幇兇。

僑鄉近訊

鍾之奇

「工業下馬」後汕頭市工人失業衆

據汕頭消息，汕頭市最近的失業工人越來越多。因之，盜竊案每日均有數起發生。據初步統計，小小的汕頭市，已有二萬多人失業。失業的原因，則是因為蘇聯停止援助中共之工業後，中共許多工業無法開動，於是中共在無可奈何的情勢下，只好叫出「工業下馬」的口號，「動員」工人下放到農村去勞動。但許多工人又不願或不善於作農業勞動，有的因此未去，有的去而復返，汕頭市上，遂萬頭鑽動，街上盡是因失業而遊蕩的工人。中共公安部門除增派公安人員到各處監視外，並破獲了多起盜竊案。因之，中共汕頭市公安局時有盜竊案之判決消息公佈。大抵，所有盜竊犯均由中共判決下放勞動由一年至三年不等。然而汕頭市的一般情勢並未因此改善，人心亦頗浮動，反攻謠言亦時有所聞云。

福建女共幹母女因坐花轎問題爭吵

坐花轎是舊式婚姻的許多儀式之一。對此，女方一向重視，以其含有對婚姻不同兒戲之隆重意義在，故大陸各地以往均甚盛行。但共幹則認為這是一種封建意識，故力加反對，福建省長泰縣最近即發生過這樣笑話式的爭吵。

據中共人民日報說，長泰縣岩溪公社珪前大隊女共幹婦代會副主任陳德春本是共青團員，她要出嫁了，她不肯坐花轎，但她的媽媽却一定要她坐花轎，但她受到共青團的鼓勵，叫她堅決反對。但她媽媽也堅持非坐不可，這樣一來，兩母女便大大爭吵起來。她媽媽更向她說，「我平日把你寵得像個女王似的，甚麼都依你，你一輩子就依我這一件事吧！」楊德春仍堅決不肯，只把她媽媽的話當作耳邊風。媽媽再勸她，她却說：「要我坐轎，我寧肯不出嫁！」於是，母女的意見更僵持。直到婆家正式表示希望她坐花轎時，她才勉強改變態度，同意坐花轎。但她剛剛贊同時，共幹却通知她去開「勞模大會」，在「勞模大會」上，共幹們大呼大叫「共青團員在農村中要帶頭樹立新風氣，反對封建迷信與舖張浪費」。共幹們知道她正在為坐花轎問題煩腦，惟恐她坐花轎，遂又叫她務必樹立典型，不能按照封建意識辦事。她無可奈何，只得對共幹們說，如果她不坐花轎，不但對不起媽媽，而且怕婆家不答應。共幹們又向她說：一個共青團員結婚如果要坐花轎，就是帶頭宣傳封建迷信，以後怎麼好做工作呢？在共幹們的堅持與脅迫下，她只好堅決反對坐花轎，娘家與婆家都奈何她不得，娘家與婆家都懾於共幹的威風，只好不坐花轎，草草成婚。

中共人民日報不惜篇幅轉載這一鬥爭故事之後，還加以表揚說：「寧肯與母親爭吵，絕不同落後的風俗和舊習慣勢力妥協的精神，實在值得欽佩」云。

廣州郵電局職工做事不負責

在一般人想像中，中共幹部的做事效率總是比較高的。其實，這完全是一種錯覺。中共廣州羊城晚報最近刊登一段新聞，可以說是共幹做事毫不負責的明顯事例。據羊城晚報說：

「時間：六月十一日下午七時。

地點：長堤郵電支局電報機前。

女青年：[illegible]同志！發加急電報。

男營業員：加急電報也要等。

女青年：我還要趕路去開會。

男營業員：開會不能照顧，看電影才可以照顧。

女青年：今晚能發到目的地嗎？

男營業員：一般可以，如有意外，你可別來找我。」

以上是羊城晚報原文，可見一般共幹的弔兒郎當。

緬甸政治危機的里程碑

沙　温

凌晨大逮捕

八月九日仰光的政治大逮捕，可能是緬甸政治危機的一個里程碑。它刻劃着緬甸政治危機的深刻，還可能把危機向前推進，發生更危險的變化。緬甸老資格的穩健政界人士，和仰光外交界人士，差不多都抱有同樣的憂慮。

大逮捕是在凌晨的天色迷濛中執行，革命軍事政府的軍隊，頭戴鋼盔、手執自動武器，分頭出動向一班政要的寓所搜索，情形的緊張，不下於去年三月的政變一役。只是這次並沒有發生流血的意外不幸事件而已。

被捕者有反法西斯同盟主席宇巴威，副主席宇戈仁，前緬甸駐美大使宇溫，英文「國家日報」總編輯宇羅源，另其他反法西斯同盟重要幹部五人，他們在以前宇努執政的政府中，均曾担任副部長及局長這一級的職位。由於被捕者都是反法西斯同盟的人物，這次逮捕事件，被認爲是軍事政府對反法西斯同盟的攤牌。也由於反法西斯同盟仍是緬甸執政黨以外最大的政黨，所以軍事政府對反法西斯同盟的攤牌，在情勢上難免造成嚴重的政治危機。

本來，在六月中旬，軍事政府曾將三名前政府的重要人員釋放，計有前副總理德欽丁，前農業部長德欽丹曼，前國務部長斐安等三人。因爲當局態度緩和的緣故，一般認爲也許前總理宇努釋放有望——宇努自去年三月政變，即被軟禁在住宅之內，軍隊長駐宅外，監視他的行動。現在釋出三人而重又拘去九人之後，宇努被釋出的希望，似乎又告黯淡了。

要尼溫下台

據革命軍事政府情報部所發表的聲明，宣稱大逮捕是爲了「國內和平的利益」，但並沒有指責被捕者的罪狀。不過實際上用不着當局具體的指責，任何人也能瞭解到，這是兩派的政治衝突，由積極醞釀而達到了爆發點。

七月十九日是緬甸的烈士紀念日，反法西斯人民自由同盟主席宇巴威，曾於是日發表演說，强烈指責尼溫將軍主持的革命軍事政府，抨擊尼溫採取「極端的社會主義」政策，以致經濟困難，人民埋怨，「人民已不予信任」。如果尼溫將軍是愛護他的武裝軍隊，愛護他的國家和人民的話，他就應該「光榮的撤退」，自動下台。這是他作「英勇的決定」的時候了。如果貿然前進，面前只有懸崖的險境。反法西斯同盟反對法西斯已有長久的歷史，光榮的戰績，如果發現有法西斯主義者，「反法」同盟一定與之作戰！

宇溫的演說對宇巴威的演詞作補充，從在民主而立論，謂基於緬甸的多種族及多政黨，必須實行民主，軍事統治的過份延長，不能在政策上滿足人民的需要。軍事政府當局許諾恢復民治，應該不是空言欺騙。若當局有答覆此一挑戰，應即將前總理宇努釋放出來。並立刻舉行公平的選舉，還政於民。

宇巴威和宇溫的演詞，即被親「同盟」的報刊全文刊載，並有預先印定的油印稿多份，作傳單式分發到瓦城等大城市。「國家日報」稱此種政治小冊子已顯示「地上及地下當前政治要求的强烈」，是「人民爭自由」的行動表現。

當然，這些都是反法西斯同盟有計劃的行動，想利用人民的情緒——由於軍事政府的統制經濟政策所造成的經濟蕭條引起的人民不滿，和由於軍事政府軍政管制手段嚴峻所引起人民的反感。從而鼓動出一項不信任尼溫政府的運動，或甚至發動反尼溫政府的示威。

據說被軟禁中的宇努也參與這項計劃，以爲他被釋再起的張本。軍事政府當然也看到這一情勢，便先發制人地實行大逮捕。

用右腕行左政

大逮捕會不會終止反對尼溫政府的運動呢？大多數的答案是否定的。反法西斯同盟總部於宇巴威等被捕後數小時，即行發表聲明，謂他們決在合法範圍內從事及繼續他們被捕領袖同樣目標的工作。這一方面因爲「反法」同盟是緬甸最具歷史的政黨，擁有相當的潛力。另一方面軍政府在軍事統治的形式上，使用的是「右腕」；而在極端社會主義的經濟統制政策上，行的卻是「左政」，這種「以右腕行左政」的辦法，兩者似乎都過於激烈，不但不易爲人民所接受，抑且不易過渡到安定和繁榮。

緬甸政治中的另一個因素，似乎也不能忽視。那便是緬甸共黨的動向。這次大逮捕都是「反法」同盟的人物，親共組織「全國統一陣線」的領袖，並沒有一人在逮捕之列。這一事實，顯出政治的縱橫中，一種十分微妙的關係。

尼溫將軍在上次「看守政府」執政後還政於民的時候，「統一陣線」在大選中支持反法西斯自由同盟，一時盛傳「宇努左傾」，而宇努也因獲得「統一陣線」的票數，重登政壇，以迄去年的政變。可是在這一次反法西斯同盟與尼溫軍政府的衝突中，慣搞民衆運動的「統一陣線」並沒有參加或幫助「反法」同盟的工作。態度上與其說是中立，毋寧說是接近或親近尼溫。

尼溫將軍除「改革經濟」而外，更標榜解決國內「政治」及「民族」問題，前者指共黨，而後者指喀倫族。因此他舉行大赦，呼籲叛軍「走出森林」，舉行和談。那些叛軍，是「白旗共產黨」，和一部份的喀倫叛軍。他們最近通過公開活動的「紅旗共產黨」，向當局透露，他們願意認眞考慮與當局談判的問題。

有些觀察家們認爲，共黨叛軍表示願意與當局舉行和談一事，可能也爲此次當局對「反法」同盟採取激烈行動的原因之一。尼溫將軍及其決策者可能認爲，宇巴威所領導的反政府運動，最終會影響到或破壞當局所作「和平」的努力。「白旗共黨」與政府軍決裂後走入山林，作戰迄今十五年之久，成爲緬甸的腸炎，使仰光當局極爲頭痛。喀倫叛軍問題，歷史更與緬甸獨立政府同其長久，爲不易解決的問題。現在共黨游擊隊與喀倫軍既願意和談與當局，即認爲「和平曙光」，故此迅速把這些「搗亂」的政治家加以管束，以免分散政府的權勢，影響和談的進行。

尼溫將軍解決國內政治問題達成和平的抱負，原則上自然是未可厚非。但與共黨談判而能達成和平的先例，到現在止似乎還未曾有過，這只是因共黨決不肯放下武器的緣故。這點姑置不論，可注意的，倒是緬共那種「朝秦暮楚」的態度，和這樣做法的居心。

親共的「統一陣線」幫助宇努上次再起執政，但並不幫忙到底，於宇努被軟禁，尼溫登台之後，他們更向尼溫左右搭線靠攏，可能是他們認爲宇努實力不如尼溫，他們犯不着再幫宇努與尼溫衝突，他們自己更不與尼溫正面衝突，致被削弱。所以他們寧願避開糾紛，表示擁護政府，加强政府與「反法」同盟的衝突。「反法」同盟被削弱，他們便會是「第二大黨」。尼溫政府的左傾經濟政策，與他們是「氣味相投」的，尤其在「反帝」、「反資本家」方面，如果他們能寄生於尼溫政權中，說不定有一天就是他們的大機會到來的時候。緬共想做「鷸蚌相持」中的漁翁，恐怕不是尼溫將軍所能想像的。仰光通訊．

印度「緊張」面面觀

．鍾和泰．

自七月底起，印度方面又傳出了邊境再度緊張的消息。據七月廿八日「印度時報」的報導，謂中共軍已向北方境界推進，可能在兩三週內發動進攻；估計共軍兵力爲十三師，計十三萬人。尼赫魯認爲，此係中共對印度的重大威脅。並指出：中共軍已侵入拉達克。於是他向全印人民再度發出呼籲，力促人民加强團結，提高警惕。——尼赫魯對「邊境局勢」表露出十分不安，而印度的參謀長查陀利將軍，於訪問英美期中也立即縮短了行程，由美趕回印度。國防部長查凡，也匆匆自印度南方趕返新德里。這都是對外顯示出：事態確不尋常！

更有使尼赫魯寢食不安的，那就是中共已加强了對巴基斯坦的勾結。印度和巴基斯坦由於克什米爾問題的紛爭，雙方都早已怒目相向，而中共則極力討好巴基斯坦，除業已與巴基斯坦單獨解決了邊界問題外，最近還表示願意對巴基斯坦予以實力的支援。在邦交關係上，中共也對巴基斯坦極力巴結，如航空協定的訂立，從喀拉蚩到東京間的航線，中共特許巴基斯坦的航機經由廣州，上海，以至日本的東京。中共這些行動，當然更使印度感到「緊張」！

此外，中共又公開指責印度「爲着內政和外交的需要，不惜惡化中印關係，製造謠言，進行冷戰宣傳，拒絕邊境事件的談判」。並指責印度「爲了增强軍備，一面向英美要求援助，一面向蘇聯接洽軍援」。又謂「印度接受了英美的援助計劃，定於秋冬之間舉行邊境地方的聯合空軍演習，這都是印度的一種狂妄的野心，對中共懷有極大的不利」。中共這些指責，益使印度感到中共是正在找尋種種藉口，準備再來一次軍事行動。

至於中共的「人民日報」，則更謂「印度與美國的防空協定，乃印度有計劃地製造緊張局勢，足以威脅亞洲的和平。印度之與美國勾結，不僅是針對中共，愚弄人民，尤其是存有詭計，藉以對付巴基斯坦」。中共「人民日報」這種言論，既指責了印度，同時也挑撥了巴基斯坦，當然更使到印度惶惑不安，全神注視中共的下一步行動。

但也有一些亞洲國家認爲印度是「故意說謊」，「製造緊張」的，如尼泊爾，就坦率地批評了印度，說印度是在「揑造冷戰氣氛」；「尼泊爾新聞」報稱：目前印度是進行宣傳戰，故僞造了中共大軍在邊境活動的消息，謂中共軍將要在中、印邊境再發動進攻。該報並指出：尼赫魯之所以要製造這些緊張，其主要目的是爲着要獲得更多的英美的援助，而跟印度對立的巴基斯坦，則更認爲這是尼赫魯狡獪的計劃；巴基斯坦「晨報」稱：印度一直在宣傳着中共軍隊在中印邊境調動和結集，他們是企圖藉此緊張消息來誘致西方國家給予更多的金錢和武器。此外，更有些人認爲：印度已派出了兩個代表團分訪蘇聯，捷克，及英，美，加等國，求取軍備上的援助。其訪問蘇、捷的代表團，是由國防部次長率領，其目的係要求蘇、捷兩國供給戰鬥機、運輸機、飛彈，及雷達設備；而訪問英美之參謀長也是負有要求加强經濟和軍備援助的任務的。在此「加緊求援」時期，印度不能不增加一些「求援資料」，於是揑造邊境緊張的情況，一再擴大宣揚，其目的如何？顯而易見。

從上述幾方面的「消息」和「言論」來看，印度之「緊張」實在是一個相當微妙的問題。若說中印邊境沒有火藥氣味，當然，這決不會是事實。但印度所宣傳的「情況」，却也有誇大之嫌。如所週知：中共刻正與蘇聯交惡中，那還有胆量向在蘇、美支持的印度來作出軍事行動？不過中共也是詭計多端的，它雖然不敢正面進攻印度，但它利用印度和巴基斯坦的對立而勾結巴基斯坦，使印度感到惡感擴大。中共的勾結進行，則確已在進行。巴基斯坦原是東南亞公約組織。和東南亞公約組織的國家，倘若巴基斯坦被中共勾結上了，則這個組織必然受到很大的影響，印度的隱憂在此，東南亞局勢的隱憂也在此！

女貞庵（一四）

（版權保留）

黎　明

第七場：代嫁

妙淨：你且聽了！（唱）
倘若你，竟敢把我趕出王家門，
我定找左鄰右舍把理論；
就還他們做見証，
好到建康府裏把寃伸：
狀告你越境強搶空門女，
始亂終棄太不仁。
強盜更兼採花賊，
犯了王法又負心。
這樣的罪名你担得了？
更何況，那府尹小姐是我結拜義妹自家人？
那時節，縱你家財百萬中何用？
管教你，抄家破產又充軍。
（白——惡狠狠地）告訴你：這便叫做「文休」。（說罷意氣如山，悍然而立）。
王百萬：哎呀！（旁唱）：
萬事吳成眞害人，
無端端招來一個五閻君。
「文休」「武罷」雖休罷，
哎呀，這便怎麼處？這便怎麼處？
（搔首抓頭思索移時，忽然若有所悟）
哦哦，有了！有了！
有道是自古金錢能通神。
（把握十足地轉向妙淨）：師姑呀！（續唱）：
「文休」「武罷」都休論，
有話好說莫生嗔。
我送你雪白紋銀三百兩，
權作你的遮羞銀。
一夜風流一夜了，
神不知來鬼不聞。
原班轎伕堂堂皇皇送你去，
——師姑呀！
你好不好馬馬虎虎就此回山門？
妙淨：吓？（故作柔順）你送銀子要我回去？
王百萬：正是。
妙淨：好、好，你過來！
王百萬：（欣然走近）師姑你你你答應了？
妙淨：（仍然柔順地）我答應了。（待百萬走近，猛然一掌摑去，其聲清脆可聽）我把你這無情無義的狗賊子！
王百萬：（退回原處，撫頰呼痛）哎喲！哎喲！怎麼倒打起我來了！?
妙淨：賊子呀！（唱）：
賊子說話欠思論，
全不想「一夜夫妻百夜恩」。
奴本是守身如玉千金體，
豈是那野草閒花沒本根？
你無情來奴無義，
那個稀罕你三百銀？
你有情來奴有義，
並不要你半毫分。
你既娶奴到你家，
奴家就是你家的人。
奴的容貌那點不及你？
你有八兩奴半斤。
告訴你：別發昏！
無論「文休」和「武罷」，
休想奴出王家門！
王百萬：哎呀！這就難辦了！（旁唱）：
用金錢，打不動，她半毫分；
一聲聲，她只要，做王家的人。
這件事，鬧開了，非同小可；
怕眞要，吃官司，破產充軍。
也只怪，我一生，不做好事；
到頭來，果然是，惹鬼上門。
前又思，後又想，無計可奈；
我只得，上前去，陪個小心。
（轉向妙淨）
呀師姑！
妙淨：（半嗔半喜地）你叫誰？誰是師姑？
王百萬：哦、是我叫錯了；——是姑娘。
妙淨：（嗔的成分少了）誰是你的姑娘？
王百萬：哦、哦，又是我叫錯了。（想了一想，猛然省悟）我叫你五奶奶如何？
妙淨：（嗔的成分全沒了）奴家原本就是五奶奶，誰稀罕你叫來?!唔、我不依，——不依！（邊嗲邊搖擺身體，憨態可掬。）
王百萬：哦——哦哦，（只有苦笑）我倒忘懷了；我的小心肝兒！
妙淨：嗳。（其聲嗲而長）呀官人！奴家我餓了呀！
王百萬：哦哦哦，小心肝兒你餓了？如此，戴起你的假頭髮，待我開門，咱們一同吃飯去。
妙淨：來了。（戴起假髮，拋給王百萬一個令人噁心的媚笑）官人！
王百萬：嗳。（百無聊奈，祇好如此。）
妙淨：你與奴家開門來。
王百萬：喳。（開門同下）（移）

忍古樓遺詩

題節庵遺墨後

平生每誦扇頭詩，謂似冬郎骨在肌。道載斯文肩比鐵，身隨國祚命如絲。重臣須愧埋名寡，先帝應傷入傅遲。我展欲窮彈指跡，相追殘夢苦無涯。

題羅掞東手書詩卷

子厚貽詩示孟嵩，王書題背我收存。時人誰敢譏羅趙，一洗君家萬古寃。

老學庵中陸務觀，詩功百鍊到寒丹，王城十載能容足，爲有歌場片席寬。

渼碧歌名漸出藍，就中甯子最回甘。論功自有先河在，手寫新詩報魏三。

挽康南海

一節全始終，蓋棺誰復謗。追念酒座語，辭理抑何壯。計雖百無補，志實表貞亮。當時逆衆流，側手一東障。士議固後子，重名無與抗。史官究成敗，責稍歸孟浪。隱禍伏宮闈，無子詎無恙。國亡子不二，垂死道益喪。天誠絕斯文，泣涕覩歸葬。

題潘蘭史虎丘賞梅圖

不過小塘十載餘，玉梅入夢漸稀疏。謀生悔失花園巷，苦憶東溪月上初。

乍見小亭入畫來，細思曾坐幾多回。當時皮陸風流散，往與何人倒酒杯。

潘令平生冰玉姿，祇今雙鬢白如絲。座旁給侍能吹笛，可似東風上老枝。

贈葉玉虎

與君總角交，初面在吾里，言談孰最超，一座服神理。躍馬東湖壖，先馳騁騄駬。視我乘蹇驢，崎嶇豈勝箠。黑頭收功譽，宇內見方軌。身閒且著述，獨住日中晷。堂堂應仲遠，連綴狀人紀。洽聞溯石林，等身已媲美。

爲鄭韶覺題歲寒三友圖

守待春從冰雪生，幾曾敢却歲寒盟。講堂階下勤培種，桃李相依要老成。

汪憬吾寄示羅浮蝶詩，兼道寓廬藏書爲淫霖漂散，詩中一再惋惜慨歎，賦和奉慰

峨峨朱明啟陽宮，雞鳴海日光曨曨。壞衣幻化尺蠖繭，長養遺蛻丹砂中。我聞二枚致君所，七日蛻出翔飛空。娟彩袂戲書幔，爲君勸酒殊從容。人間何地避洪猛，磐牖況有如壼蜂。琅環散帙誠足惜，慰君疑與脈望通。洞天方索走失蹤，去去儻謝耽經翁。道書不似儒書窮，璠房可畢藏山功。

題汪精衛秋庭晨課圖　甲戌年作

握筆慈母旁，養正自童幼。誰能几後擊，敏腕早成就。觀君庭課圖，秋爽開宇宙。出簷拒霜呆，篆壁虬藤秀。當前母色喜，聞君聲諷籀。追慕過隙駒，夢寐常觀覯。一圖覩杯棬，奚異看甑舊。堂堂述德篇，眞氣浹膚腠。論交先輩篤，長公曾邂逅。閉門居海南，著述娛老壽。遼來頻書問，於我有勤懋。我方事親年，求艾謁醫灸。覽圖切觀感，陟屺內彌疚。君今衆所望，變急手難袖。道在具與，安興斯止寇。膽高懼基下，國本可深究。佑器喻母腹，羣兒說力謬。持茲敎天下，民德庶歸厚。

宴梅道士山房

．孟浩然．

林臥愁春盡，搴帷覽物華。忽逢青鳥使，邀入赤松家。金灶初開火，仙桃正發花。童顏若可駐，何惜醉流霞。

詩有粘題不粘題二種：或跳出題外，繞出題後，或因事立題，如題而止，古文中亦多此種筆法。此詩次第寫來，似未嘗加意結構，而實在妥貼安詳，固不可以其平易而忽之也。

王孟之詩，大體相同。惟王之境界遠，多注重心理之刻劃；孟之境界切，多留意於近事之描繪。清淡二字，則王孟兼而有之。

項聯流水對最矯健。王子安之「與君離別意，同是宦遊人。」（杜少府之任蜀州）駱義烏之「不堪玄鬢影，來對白頭吟。」（在獄詠蟬）均與此同一筆法。求其故，即是起聯得力。起聯爲此處着力作勢，展開步武，下二句自然應絃赴節矣。蓋以項聯欲縱，則起聯必先擒之，此語盡人皆知，顧未能細心涵詠，以悟其神妙耳。

唐詩偶釋（八二）

鄧中龍

「青鳥」乃王母之物，「赤松」爲古代之仙，以此詩爲宴梅道士山房，故用來乃倍覺其渾成耳。「忽逢」「邀入」之格，在浩然集中常用，如「夏日宴衞明府宅」第三四句：「喜逢金馬客，同飲玉人杯。」「送袁太祝府豫章」第三四句：「相逢武陵客，獨送豫章行。」「南還舟中寄袁太祝」第三四句：「忽聞遷谷鳥，來報五陵春。」杜子美收京三首之二第三四句亦爲「忽聞哀痛詔，又下聖明朝」，與浩然此詩三四句格全同。此格之妙，不在「忽逢」「邀入」等字，而在其所用之典故是否渾成。詩中用典，無人可以避免，高下之判，乃在渾成與生澀耳。必用典而不覺其爲用典，則透澈玲瓏矣。「青鳥」「赤松」皆典，置於此處，竟如天造地設，此無他，善於用典也。唐代大家，用典使事之妙，莫過杜甫，下及晚唐，李商隱亦時有佳作。如「南朝」詩：「誰言瓊樹朝朝見，不及金蓮步步來。」「隨師東」詩：「軍未聞誅馬謖，捷書惟是報孫歆。」皆圓融渾成，無迹可求。至於宋人，專好用事，窮其極，至於爲事所使，則已失用事之理趣矣。嚴羽云：「近代諸公乃作奇特解會……且其作多務使事，不問興致，用字必有來歷，押韻必有出處，讀之反覆終篇，不知着到何在。」（滄浪詩話．詩辨篇）胡應麟云：「禪家戒事理二障。蘇黃好用事而爲事使，事障也；程邵好談理而爲理縛，理障也。」（內編卷二）二氏之語，可醫用事之病，學者其愼之。

憶陳果夫先生（三二）

宇人

抗戰後期，伊犂發生叛變，不消說，這是俄國在背後策動的。新疆省政府張治中奉命前往處理，他和伊犂方面的代表幾經折衷，卒獲完滿的解決。新疆省政府改組，由一向親中央而且久居南京、重慶的麥斯武德為主席，各廳處長由新疆籍與內地籍的人士担任，中央的軍隊仍留駐新疆。迄後日軍進入黔南，貴陽危急，重慶震動，何應欽先生奉命入黔，主持軍事。我因負責發動知識青年從軍，此時已先回貴陽。張治中偕同張道藩、劉健羣兩兄與何先生，同日抵達貴陽，在各機關的招待會上，同他宣佈蔣先生派張道藩、劉健羣、谷正綱（時正在黔南督導救濟難民工作）和我四人，負責督導民眾動員工作。當日由於前線軍事節節後退，原駐貴陽的各機關均疏散到外縣去，貴陽附近的橋樑一律放置炸藥，準備於我軍撤退時予以炸毀。我們四人每天晚上均與何先生、張治中、湯恩伯在黔靈山聚會一次。在最緊張的數日，從湯恩伯口中知道敵軍入侵貴陽的日期，從五日、四日、三日，減到兩日。……

直到湯恩伯預計敵人將於三日後入侵貴陽的第二天上午，我在街上碰見資源委員會交通處長莫衡，我和他雖然很熟，但無私交，素來沒有私人間的往還。他問我的家屬是否已經疏散，我答以因無交通工具，尚未疏散。他很驚異的說道：「黃先生的家屬都無法疏散，實在太不像話了。」他略事思索後，又問我：「府上的人多否？」我說：「不多。」他接着說：「資源委員會還有最後的一輛卡車，預定明晨開往遵義，原是運送東西的，但稍為加重一點也沒有關係，因為我們可以把行車的速度略為減慢。如果黃先生不嫌不好，請於八時前送太太和小弟妹們到交通處門口集合上車，我們負責送到遵義。」我真是喜出望外，對他再三稱謝。第二天，我送妻和三男一女（最大者八歲，最小者不及兩歲）按時到達該處，莫已先在場照料。妻和小孩被安置在卡車的「四層樓」上。「四層樓」是當時的術語，最下層為卡車的木板，木板上面放上一堆東西，上面又放一層木板，木板上又堆東西，再上面才坐人，都是用繩子綁着，以防車子震動時被拋下來。

[illegible]

中國現代史資料評介之十一

我的歷史（中）

左舜生

（五）「在清光緒三十一年乙巳（一九〇五）『中國革命同盟會』成立於日本東京以前，中國倡導革命的團體共有三個：（一）『興中會』，光緒二十年甲午十月（一八九四，十一月），由孫中山發起於檀香山，時中山年二十九。次年在廣州發動革命的第一次，光緒二十二年丙申中山在倫敦被難……

[illegible]

經過說：『七月三十日，晴。……未初至赤坂區檜町三番黑龍會，赴孫逸仙會也。既至則已開會，到者七十餘人。孫逸仙演說革命之理由，及革命之形勢，與革命之方法，約一時許訖。黃慶午乃宣告今日開會，原所以結會，即請各人簽名云。乃皆簽名於一紙，訖，孫逸仙復布告此會宗旨訖，復由各人自書誓書，傳授口號。卒乃舉起草員，規定章程，舉得黃慶午八人訖，乃閉會。……』（舜按：此次集會實為『同盟會』成立大會的預備會。）日記又說：

『八月十三日，晴。……午初至富士見樓，經理開會一切事宜畢。午正至櫻亭，孫逸仙已至，遂囑其早到會場，余遂復至富士見樓。未初孫逸仙至，遂開會。先由余述歡迎辭，眾皆拍手，大喝采。次乃請孫逸仙演說，時到者已六七百人，而後來者猶絡繹不絕，門外擁擠不通，警吏命封門，諸人在外不得入，喧嘩甚。余乃出，攀援至門額上，細述人眾原因，又開門聽其入，遂罷。申正，孫君演說畢，程潤生（即程家檉）及蒯□□相繼演說，又請來賓宮崎滔天及末永節二君演說，至酉初始散會。……』（舜按：此次為對孫的歡迎會，同時也有擴大宣傳意味，以到會者之擁擠，可見革命情緒之熱烈。）日記又說：

『八月二十日，陰。是日為□□□□會成立開會發布章程之期，會場在赤坂區靈南坂本珍彌邸。午後一時余到會，時到者約百人。二時開會，黃慶午宣讀章程，共三十條，讀時會員有不然者，間有所增減。讀訖，乃公舉總理及職員議會，眾皆舉得□□為總理，舉得□□□等八人□為司法部職員。舉得□□□等二十人為議員。其執行部職員，則由總理指任，當即總理指任□□□等八人為之，訖……末乃由黃慶午提議，謂『二十世紀之支那』雜誌社同人，半皆已入本會，今該社員願將此雜誌提入本會，作為機關報，將何如？眾拍手贊成。議決俟下次再商辦法。會事既畢，乃大呼萬歲而散，時已酉初矣，大雨。……』

本刊已經香港政府登記

聯合評論 週刊

每逢星期五出版

United Voice Weekly

第二五九號

CHINESE - AMERICAN PRESS, INC
199 CANAL STREET,
NEW YORK13 N. Y. U.S.A.

亞洲眞是落後地區嗎？

對越南吳廷琰等思想落後有感

李璜

十年前，美國杜魯門曾宣布一個第四點計劃，說是扶助亞洲的落後地區。這「落後地區」四字，在當時令我見着，頗生反感；記得曾爲文反駁道：「亞洲各國，除南洋開化較遲，其餘國家，雖有的被歐西人打敗而曾淪爲殖民地，但在文化上言，多係文明古國，浸潤於儒家佛家的高級教化甚深且久，大半均有一兩千年歷史。當其西方人還在中世紀的森林中，過其日耳曼蠻族或北蠻部落生活時，遠東國家多已是上古的文明國家，並非如今日之新幾內亞土人，何得稱爲落後地區！」

但是近年以後，我接連着看見毛澤東的後陋顢頇，蘇加諾的小醜跳梁，以及這一次吳廷琰等十足的表現思想落後，眞令寫過前面一段話的我，有點氣餒，我也要來稱一稱：亞洲眞是落後地區了嗎？

這兩天，香港中、英報紙的第一版地位，幾被吳廷琰政府宣佈戒嚴，出動軍團，在全國大捉和尚尼姑的新聞佔滿了！據吳廷琰的家族寵兒吳廷儒夫婦說是和尚尼姑要造反，發動政變，但任何人都不相信，就是吳廷儒的岳父也不相信，而認爲「他的女兒所發出的反佛教聲明，乃是對越南信佛的多數人士缺乏尊敬」。（見華盛頓二十二日美聯社電）因之，吳廷儒的岳父陳文章憤而辭去越南駐美大使之職。

緣吳氏家族與越南佛教徒之爭，乃起於越南政府禁止佛教集會懸掛佛教教旗一事，這種一定要卸下了民間一種社會的招牌，而且是佛教社會早已有的老招牌，一向並與政治無妨害的，這已經表示出執政者的無聊胡鬧；及至佛教徒焚身抗議，這一位愛出風頭的總統弟婦乃譏爲「烤燒肉」，則其漠視宗教情緒的力量，不但愚昧無知，而且近於野蠻了！

最後，宗教情緒因受激盪而釀成高潮，焚身殉教者繼續不斷，乃吳氏家族又令軍警搶去骨灰，藏着而不還給殉教者之父母；如此一直無知胡鬧下去，勢必使宗教情緒激成忿怒的巨流，因之而有青年學生大批參加遊行，大學教授三十餘人能課辭職之舉，其勢非出亂子不可了！

最可怪者，吳廷琰身爲總統，始終不明白公開的表示態度！我認爲即使其一向放縱已成習慣的弟弟弟婦亂動胡說，闖下禍事，在其初第一個老和尚焚身後，如果吳氏便能立刻公開責備其弟弟弟婦，而親身領導去爲這老和尚做一個大彌撒，表示同情與懺悔之意，則宗教情緒可以爲之平復一些，然後再來親身慢慢加以調處，則其事絕不會愈鬧愈大，又何致於鬧到今日大動干戈，去捉和尚尼姑，使國內騷然，萬邦唾棄！

吳廷琰及其家族，一向報載是系出名門，當然不是沒有知識的人，吳廷琰本人在未從政於今日越南之前，還是一個天主教的修士，也並不是沒有宗教修養，然而今天這樣的胡鬧法，或者聽任家中寵兒而吳本人不加以嚴厲干涉的胡鬧法，這無疑是表明吳廷琰等的思想是落後了！

宗教的不相容忍，以至假借政治權威與軍隊力量，來從事宗教的戰爭，並不是沒有過，但這已在一千九百年前，如羅馬多神教之於基督教；或者較近在五百年前，基督教舊教之於新教，彼此混戰之在日耳曼境內打去打來，打得日耳曼境內人煙稀少，神聖羅馬帝國爲之解體；其結果，還是誰都沒有打倒誰，然後纔由聰明的國王出而提倡宗教容忍，而且宗教了宗教，政治了政治，各不相干，所謂「政教分立」，這纔得以大家和平相處，以有今日的歐西文明。

這個歷史，天主教徒當然知之甚詳，不必我來贅述。但吳廷琰等這幾位號稱虔誠的天主教徒想法乃會不同，認爲佛教徒竟可以用中世紀的羅馬暴君或專制教皇的暴力手段可以壓制得下去，這無疑是他們的思想落後了！

有人說，吳氏家族與越南佛教徒一開始發生糾紛，外國輿論便批評吳家過甚，有干涉越南內政之嫌（倒霉的美國人，爲反共出力出錢，要想將事情做好，乃處處不找好，而反事事的責任都被狹隘的民族主義者推在他的頭上去），所以足使吳氏一家人動了感情，一不做，二不休，纔弄到今日這樣的狼狽地位。但是，以今日的交通便利，世界息息相關，凡一國的重要事件，要使各國人不加以議論，又如何可能，別人一批評，而執政者便要動感情，反而顢頇起來，這就表示生當二十世紀，自己知識落後，以致不能冷靜的處理國事，就夠不上去當今天一國的執政者！

然而吳廷琰等之思想落後，究竟比中國大陸上的毛澤東還要好一些，高明一些！毛澤東及其一羣，則數年以來所表現的思想落後更爲可驚！如想將中國社會的基礎——家族完全拆散，而勵行其人民公社；如用土法鍊鋼，就認爲可以十五年趕上英國的工業；如一面在標榜農業機械化，一面又宣傳一位收穫較好的老農人爲科學家，爲工程師；諸如此類，笑話百出；而且就在思想落後的笑話裏面，毛等不知道整死了好多的中國人了啊！

但是毛等以其落後思想去整死了人，中國便有梁漱溟、馬寅初以及大鳴大放時的許多知識分子並不怕毛等的雷霆萬鈞的高壓之力，而去加以反抗，這種精神，乃是中國儒家精神，萬古常新的；這也猶如越南佛教徒反壓力而不斷自焚的佛家精神，同是萬古常新的！——亞洲地區大部份的民族並不落後，所可嘆者，亞洲國家的執政者多半是落伍分子而已！

五二、八、二五

尼赫魯休矣

孫寶剛

尼赫魯是甘地的承繼者，自印度獨立以後，執政至今，對於印度的內政外交有着絕對的決定性。我在孟買的時候，聽見一個朋友說：有一次印度的國會，在討論一條政策，可是尼赫魯遲到了，等到表決的時候，尼氏還沒有來，國大黨的議員簡直不知道投贊成票或反對票。大家正在徬徨的時候，尼氏匆忙的步入議廳，口說贊成，一邊走向他的座位，一邊舉着手，國大黨議員於是也就舉手投了贊成票。由此一端可見尼氏在印度的權力了。但是當他執政了十餘年的今日，國會中竟對他提出了不信任案，雖然沒有通過，可是以他在印度的地位，而有這個議案提出，我說尼氏可以休矣。最近大事更動政府中的部長以及其他的重要人員，已成強弩之末呢！我們如檢討尼氏十餘年來的主政，確有許多不能滿意的地方在。印度在亞洲而論，是僅次於中國的大國，但是人民太窮和太多，言語和種族太複雜，加上宗教的不同，階級的歧視，我相信以內政來說，是世界上最難處理的國家，不過內政是一個國家的基本，尤其在民主政治的信念下，人民是一個國家的主體，國家的所以有存在的價值，全看其對人民的服務怎樣或達成了什麼福利。所以換一句話說，一個人執政的是否好與壞，全看他對全國的人民達成了上述的任務沒有。

假如我是尼赫魯，我一定在國內埋頭苦幹；第一使這許多的窮人怎樣有飯吃，然後怎樣使全國人民的知識有所上進，而瞭解到貧富懸殊，對人對已都不一定有利。宗教階級等的對立是沒有意義的，言語的不統一，更是使全國人進步和團結的一大障碍，而種族的不同乃是很偶然的，不應互相歧視，甚至仇殺。易言之，第一應着眼於國內經濟，先使個個人能活下去，第二是努力於教育，不特使人民的知識上進，對於謀生的技術有所改良，並且使他們對於傳統的不正確的觀念有所改變，以形成全國性的團結，而不要互相歧視和衝突。

但是尼氏好像沒有這樣做。我們聽見尼氏因克希米而與巴國劍拔弩張，使用了相當兵力於印巴的國境上。繼而我們看見尼氏天天在爲中共捧塲，並天天在爭取亞菲國家的領導權，最近則又以中印邊境之爭而和中共以兵戎相見。隨着天天在求美援英援和蘇援，想擴大軍事力量。聽說印度原有的經濟建設計劃，近來因爲要偏重於軍事而削弱了。我眞是替尼氏担心，尤其替印度人民担心。這樣下去，印度人民的窮和知識的不普及以及國內的各式各樣的對立和矛盾，怎樣可以消除，而怎樣去謀人民的幸福呢？

我並不是鼓勵尼氏對巴國放棄克希米，我也不是要尼氏向中共屈服，假如中共眞的侵略了印度的土地的話，我也不反對印度去領導亞非國家。但是一個政治家應該度德量力，知所輕重，知所先後。大政治家割地求和，以救全國人民於浩劫，歷史上並不是沒有。不過這眞要具有大智慧和大魄力才能做得到。

我在青年時，我看過一本尼氏的自傳，他在自傳中幾次提及那時的印度在甘地領導之下，許多的政策，他的意見常和甘地相左的，可是他信仰甘地，他始終服從甘地。大體上說來，甘地重實踐，尼氏富幻想。一個實幹的領袖果然需要崇高的理想，但是在實踐時，應當脚踏實地去促進理想，這是尼氏不及甘地的地方，也是今天遭遇到困難的地方。所以印度在尼氏執政之下十餘年，印度人民到底實受其惠的是什麼，有多少，這是令人懷疑的。

後來我去出席亞洲社會黨會議，遇到許多印度社會黨的人物，我問起尼氏的爲人。他們說，尼氏是個四不相。他是一個大資本家出身，帶有一些資本家的氣息，也充滿了優越感。他自小受英國的教育，固然有些民主政治的思想，但有時又把英國的帝國主義的作風也注入了他的血液內，但他又看到印度的窮困，所以他又吸收了一些社會主義的思想，常常自稱爲社會主義者。其實他是一個四不相。他並沒有把上述的幾種矛盾性，融滙貫通起來。我覺得這幾句話是相當中肯的。

不過我看尼氏這十餘年來的行動，我覺得尼氏以其大半生爲印度獨立而奮鬥，所以民族主義對他可能影響最大。獨立以後，常厠身於亞非新獨立國家的領袖人物之間，這又是一個充滿了民族主義的環境。所以尼氏可能中了過份強調民族主義的流弊。同時在這個環境中，他是一個最爲飽學之士，所以優越感是相當強的，這又使他的民族主義帶有相當的擴張性。所以這十幾年來，他運用了他的學問、縱橫於國際事務之中，似乎是一個國際人士，其實還離不了一個帶有擴張主義的民族主義者，而忽畧了對內的任務，同時也偏重於運用，而沒有注重實實在在的埋頭苦幹。所以，才有今天的後果，不特對世界並無貢獻，即對印度也沒有完成其應有的責任。尼氏眞可以休矣，再幹下去，恐不會有什麼美景！

毛澤東的血手開始伸入了美國

劉裕畧

現在，毛澤東已把他那沾滿了中國人民鮮血的血手伸入了美國，這已是不容否認的事實了。毛澤東的血手，現在和今後將在美國國內通過黑人進行種族鬥爭，通過美國的親毛分子從事滲透和顛覆活動，也是不容否認的事實了。

不容否認的事實的根據，究竟何在呢？這裏且先從毛澤東八月八日發表的那一煽動黑人對美國政府對美國社會進行鬥爭的聲明說起。

毛澤東八月八日在北平鄭重其事發表的那一反美聲明，原名「呼籲世界人民聯合起來反對美國帝國主義的種族歧視、支持美國黑人反種族歧視的鬥爭的聲明」。據中共宣佈，該聲明「是應美國黑人領袖、美國全國有色人種協會北卡羅來納州門羅分會前任主席羅伯特·威廉的要求而發的」。所以，事態很明顯，毛澤東的這一聲明，不但說明了他想把他的血手伸入美國，而且，事實上，已經伸入美國。否則，美國黑人羅伯特·威廉爲什麼會要毛澤東發表這種聲明呢？否則，毛澤東又爲何要答應羅伯特·威廉的要求而發表這一聲明呢？

當然，我們進一步看，說美國黑人羅伯特·威廉向毛澤東要求，那也只是一種形式和一種藉口，毛澤東藉此把他的血手伸入美國，正式開始和擴張他的種族主義以破壞美國才是眞的。

羅伯特·威廉的擁護和支持

羅伯特·威廉究竟是如何一個人呢？據中共控制的香港大公報於本年八月廿一日介紹。說「羅伯特·威廉今年三十八歲，黑人。在美國飛機廠、汽車廠當過工人，是美國全國有色人種協進會北卡羅來納州門羅分會前任主席，他參加過反法西斯的第二次大戰，在美國海軍陸戰隊中服過役。戰後復員還鄉，看到他的同胞遭到白人種族主義分子的迫害，十分氣憤。他號召美國黑人在暴力前不要畏縮，而在必要時可以用暴力來對付暴力，以保護自己的生命和尊嚴。羅伯特·威廉在黑人中的威信日益提高，一九五三年他參加了美國有色人種協進會。不久後就當選爲門羅分會主席。此後，他組成了美國南部第一支黑人民兵隊，對當地白人種族主義分子的挑釁活動給予迎頭痛擊。他還辦了一張報紙，名叫『十字軍』，宣傳自己的觀點」。

中共大公報又說「美國政府對羅伯特·威廉的活動十分害怕和仇視。一九六一年九月，當門羅城的白人種族主義分子襲擊了一次黑人的非暴力示威，接着黑人同白人種族主義分子發生了一系列衝突之後，肯尼迪的聯邦政府插手進來，同當地的白人種族主義分子勾結，誣衊羅伯特·威廉綁架了一對白人夫婦。在美國各地郵局都掛起了附有威廉照片的通緝告示。聯邦調查局發誓說：一定要抓到威廉，不論死活。後來，威廉同他的妻子，兩個孩子設法逃到了古巴，在古巴作政治避難」。

大公報又說：「一九六二年，羅伯特·威廉寫作和出版了「帶槍的黑人」一書，敘述了他在門羅和種族主義分子鬥爭的經過」。

大公報又說：「羅伯特·威廉讀了毛主席聲明後說：聲明將使美國黑人十分高興，使他們感到自己的鬥爭不是孤立的，從而進一步加强他們的信心，他還說：聲明對美國黑人的鬥爭有重要的指導意義」。

什麼是「重要的指導意義」呢？如所週知，所謂重要的指導意義，即是說毛澤東對黑人在思想上予以領導之意。因此，事態很顯然，毛澤東的種族主義思想已經和他的共產主義思想同樣成爲美國部份黑人的領導思想了。這不是毛澤東的血手已經伸入了美國而何？

也許有人會說羅伯特·威廉不過是美國許多黑人中之一個黑人，部分不能代表全體，羅伯特·威廉擁護毛澤東，接受毛澤東的指導，並不等於所有黑人擁護毛澤東和接受毛澤東的指導。實則這一想法與實際政治行動的情況是很違背的。何以說呢？因爲任何政治行動，尤其是反抗性的鬥爭行動，都只依靠少數人的創導，大多數人都只是隨從。而羅伯特·威廉是美國黑人中的創造少數中之一，所以，其作用不可低估。再看羅伯特·威廉於八月十日打給北平八月十二日所舉行的支持黑人鬥爭大會的一封電報，也是很值得參考的。他的原電說：「我以爲爭取在種族主義的美國中被壓迫黑人的自由而進行鬥爭的最英勇和最革命的自由戰士們的名義，對民主的中國人民的支持和聲援行動表示兄弟般的感謝。我們特別感謝你們偉大的革命領袖毛澤東爲了我們的利益和爲了正義與人道的事業向全世界發出的呼籲。我們人民中最英勇的戰士們正在迅速地了解到：用惡犬、警棍、水龍頭、炸彈的陷害和種族主義者們冷槍子彈來迫害和殘殺遭受恐怖威脅的婦女和兒童的殘暴的種族主義野獸，也就是對手無寸鐵的南越婦女和兒童施放毒氣，散佈死亡與破壞和進行殘殺的大屠殺的帝國主義者。我們也知道，陰謀剝奪中華人民共和國在聯合國的合法席位的這些恬不知恥的僞善者，也正是對美國的印第安人和黑人實行種族滅絕的國際强盜。我們知道，也正是這些企圖把中國人民孤立於國際生活主流之外的僞善者，還力圖通過恐怖手段和殘暴武力來把我們黑人排除在美國的國家生活的主流之外。我們爭取在所謂自由世界中過像人的生活的鬥爭路線已經更加明確。我們的敵人已變得更加殘酷和野蠻。由於他們瘋狂地企圖壓制在奮起反抗的黑人羣衆及其盟友的鬥爭浪潮，他們正在把一切人類道德標準掃蕩無餘。種族主義的美國是對全世界和平、安全和幸福的威脅，美國黑人的敵人是壓迫者，是整個文明世界的敵人，在邏輯上不可能從任何其他角度來看待這個敵人。美國黑人、拉丁美洲、非洲和亞洲各國人民有着一個共同的敵人，那就是典型的種族主義的反動的美國人及其帝國主義政府。讓我們團結一致來同這個野蠻的敵人進行鬥爭。今天，你們就在表明我們在全世界的正義與和平的共同事業中的團結」。

此外，據中共新華社古巴哈瓦那八月十日電：當中共駐古巴大使申健於八月十日在古巴接見羅伯特·威廉並把毛澤東八月八日那一篇聲明交給羅伯特·威廉的時候，羅伯特·威廉還作了如下表示：「毛澤東主席的聲明將使美國黑人十分高興，使他們感到自己的鬥爭，不是孤立的，從而進一步加强他們鬥爭的信心」。又說：「毛澤東主席的聲明對於在進行反對種族歧視和爭取民族獨立的非洲人民的鬥爭也有巨大的意義」。又說：「聲明對美國黑人的鬥爭有重要的指導意義。某些人說，我們黑人是少數，但是聲明使美國黑人能夠看到我們有全世界大多數人民的支持，我們是多數。並且看到，聲明把美國黑人鬥爭提高到國際範圍的水平上來了」。又說：「美國統治階級希望我們黑人不要鬥爭而耐心地等待，某些人也勸我們不要鬥爭而要耐心的等待，這是一種大國沙文主義的表現。我們是被壓迫者，我們要站起來鬥爭，我們有爲取得解放而鬥爭的權利」。

看羅伯特·威廉上述電文及會見中共駐古巴大使申健後所發表的談話，不難看出中共固已把古巴作爲向美國進行赤化宣傳和煽動有色人種反對白色人種進行鬥爭的基地，而羅伯特·威廉則不但擁護毛澤東八月八日那一篇支持黑人鬥爭的聲明，而且是在中蘇共衝突中，也站在毛澤東一邊了。因爲羅伯特·威廉所謂「某些人也勸我們不要鬥爭而耐心等待，這是一種大國沙文主義」，所抨擊的顯然是蘇聯。

杜波依斯夫婦的談話

何況，毛澤東八月八日這一聲明所引起的反應，還不僅美國黑人羅伯特·威廉一人。據中共「中國新聞社」八月十九日阿克拉消息。跟卽發表談話擁護和接受毛澤東這一聲明的，尚有「美國著名黑人學者」杜波依斯夫婦。中共阿克拉消息說：「美國著名黑人學者杜波依斯博士和夫人感謝毛主席聲明，博士的夫人歇利·格蘭姆今天在這裏說：全世界人民都熱烈歡迎毛澤東主席支持美國黑人鬥爭的聲明。她說：我的丈夫杜波依斯博士和我對偉大的領袖和人類的朋友毛主席表示感謝。歇利·格蘭姆向新華社記者發表談話說：『從來還沒有一個强大的國家的領袖向全世界發出過這樣的號召』。『我們在不久就要統一起來的非洲，懷着興奮的心情聽到了這個號召和聲明』。『美國的財富是在消滅一種民族——印第安人和奴役另一個民族的基礎上建立起來的。……但是在今天的美國，沒有一個美國黑人能夠高枕無憂，放心自己不會受到侮辱』。她揭露說：肯尼廸政府的支持者大肆宣揚的爲消除種族隔離和歧視而作的努力，是一種還延時日，不會有多少成果的事情」。

這就可見毛澤東的血手伸入美國，受到影響的，已不止羅伯特·威廉一個黑人，而尚有杜波依斯等黑人了。

更何況，在美國白人中，尚有親毛反赫的部分共產黨人或同路人擁護和接受毛澤東八月八日煽動黑人進行鬥爭的聲明，這只要看下列消息就知道了。

斯特朗及其他美國白人支持毛澤東聲明

據中共「中國新聞社」北平八月十九日電：「哈瓦那消息：僑居在古巴的美國人十八日寫信給新華社古巴分社，表示支持毛澤東主席在八日發表的呼籲世界人民聯合起來反對美帝國主義的種族歧視、支持美國黑人反對種族歧視鬥爭的聲明」。不消說，這些所謂留居在古巴的美國人，當然都是共黨分子或左傾幼稚人士。

另據中共在香港控制的大公報說：八月十二日中共在北平舉行支持美國黑人進行鬥爭的大會時，現時正在北載河修養的美國女作家安娜·路易斯·斯特朗也在會上發表了錄音廣播，說「我們願意告訴美國黑人，美國的壟斷資本主義是美國黑人最後一個敵人，也是美國人民和全世界人民的敵人」。又說：「在古巴避難的黑人領袖羅伯特·威廉籲請中國的毛澤東發表聲明，這是意味深長的」。

綜合以上各情，可知毛澤東的血手確已開始伸入美國。我們很公正的說，在美國而有種族歧視的事，這對於美國確實是一大缺點。不過，應該認清的，是這種對有色人種尤其對黑人的種族歧視，畢竟只在美國局部地區存在，而且那也只是歷史遺留下來逐漸褪色的缺點，毛澤東於今故意對它加以强調，只說明毛澤東蓄意破壞美國，只說明毛澤東蓄意利用黑人遭受歧視的事情作爲他組合有色人種以進行龐大的種族統一陣線，從而利便他那反美反蘇的共產主義總路線而已。值得驚奇的，是美國國內居然還有少數人對毛澤東對中共存着妥協的幻想，殊不知，毛澤東的血手已經開始伸入美國來從事無情而又殘酷的鬥爭了。

機器的使用與中國知識分子

幼椿

記得亞爾豐斯．多得（Alphonse Daudet 1840—1897 法名小說家）在他的「磨房書簡」裏有一短篇，敘述一個開磨房的老頭兒。他的磨麥工具是舊式的，是用風車之力推動的，因爲他人和氣，麥磨得乾淨，一向生意很好。不幸，機器磨麥流行了，既磨得快，又磨得特別白淨，於是所有磨房，紛紛改裝機器，廢了風車。但這個老頭兒不服氣，仍舊認爲他的風車比機器好，不願改變，不過漸漸沒有生意上門了。很奇怪，並沒有人送麥子去，而老頭兒磨房的風車還是轉個不停！更奇怪的是，老頭兒早出暮歸，總是車進幾袋麥子，又車出幾袋麵粉，與往常一樣的，似乎還是有生意的情形！一日風車停了，老頭兒又未見走出磨房了，鄰人不放心，進入一看，老頭兒的房內，炊無煙，甑無糧，家徒四壁的窮餓而死，年來他每日所携帶出入幾個布袋裏，雖仍裝得滿滿的，但不是麥子或麵粉，而只碎草塡塞，用以假裝場面，表示生意仍舊興隆而已。

這個可憐的磨麥老頭兒，看了令我想起我國前淸光緒初年，一班率領鄉人去砍電桿，拔鐵軌的秀才舉人，一班主張用義和團刀矛符咒去抵敵洋人槍炮的王公大臣，以至今日還在用土法煉鋼，說原子彈有何可畏的中共權貴們來！

自機器發明以來，因爲生產品的精益求精，而且大量出產，便與西方人的人生增加了無限的繁榮享受，但同時因爲由機器生產了戰艦槍炮，日形精確威猛，便與我們中國人百年來帶來了無窮的災禍：軍事侵略使我領土日蹙，經濟侵略使我手工破產，國富日減，然而這不能去怪機器，認爲他是魔鬼。機器是不會說話，要看你是否用之能得其道。但是機器的力量向你壓迫着時，你還是只有用機器纔可以把這力量抵抗得住，此所以六七十年以來，中國的有心人便已開始在輕重工業這上面去注意與創立了。不過，從張之洞開始辦漢陽鐵廠，張謇辦通州紗廠算起，至今也有半世紀以上了，何以中國尚不能免於西方人稱爲「未開發地區」，或竟稱「落後地區」？此其故，可以令人深長思之！

前幾年，香港有位大學敎授黃菩生先生送我一本英文小冊，標題爲「原子時代自由亞洲經濟再調整」，黃敎授在這個題目下，主張用原子能的國際合作（艾豪森之所倡導），來開發亞洲落後地區，使這裏的十一萬萬人口，在物質與精神上兩皆得其解救與開展、因之其社會與政治上均必爲之改觀，就不怕再爲共產黨所利用，而引起第三次大戰了。亞洲落後的地區，與其枝枝節節來提高其中人民的生活標準，不如一下子就用原子能來大幹特幹，使沙漠變作綠洲，滄海成爲桑田，這眞所謂近人愛用的一句口號，叫「迎頭趕上」，黃敎授卻不失爲一位有心人！然而這中間有個大問題，就是所謂國際合作也者，必得要雙方能够合作，換句話說，必定要自由亞洲的人們與美英拿原子能來從事開發的人彼此能配合得上，不是仍舊別人造汽車飛機，我們只是叫司機開起，坐享便捷了事，像這樣就不能叫合作咧。自由亞洲要用原子能來大幹特幹，說到與人合作，只有日本還可以勉强從事，其他亞洲國度裏則够不上去與美英談合作，因爲我們差了一長節的準備工夫！

談到準備工夫，其實也不奇特，就是要大家會玩機器，玩機器的人，不但要有大量的工程師，更大量的技師監工工頭，而且要一國之民大家都要有玩機器的常識，對家常日用的機器能够去加意保養與簡單修理。在三十年前，我個人在西歐留學或游歷時，住在巴黎柏林中下等人家裏，親見別人家主在週末或星期日，都常常自行修理房屋家具或電燈開關，或脚踏輪車等，這些家主並不是工匠，而是郵政局管理員或商人敎師，都習慣改鑽鉗子等的靈活使用，了解自來水，自動車以及鐘表的內容構造，至少在使用時能够注意到保養，而不會兩下用壞，又去請敎匠人。在十年前，我在美國游歷，則不但見着美國人都會自駛汽車，不請司機，而且大都還能自行修理汽車臨時所出的小毛病。至於家裏用的無線電收音機、電冰箱，以至浴室廚房的電器等，全家人都懂得內容構造，而去保養與修理，不像在香港的每一條街上，就有幾家電器水喉修理行，而且生意大都興隆。

有人爲人類下一定義：人類是會玩工具的動物。然而中國人一讀了聖賢之書，便大都成了不玩工具的動物了！中國知識分子只會玩筆桿，我也自知我除了筆桿之外，對於其他的工具，無不是笨手笨足。像這樣的知識分子充滿於國中，要這國度裏去工業化，便大成問題，何況要用原子能來大幹特幹，一切電器化，一切利用機器，來增加生產，維持消費呢。就靠美國來供給工程師能，然而監工技師與工頭的需要量就很大呀！在三十多年前，李石曾先生就有鑒及此，他提倡留法勤工儉學的本意乃是要爲中國工業化造就大量的監工技師與工頭，故留法勤工儉學生一到法國，不是送入木土鐵工的初級工藝學校，便是直接送入工廠，然而這一千多勤工儉學生多未能眞正學到工業上的手藝的（自然也有少數從工廠中學到很精的工藝，回國後大受歡迎的），原因是我們是知識分子，我們是來法國讀書的，沒有書讀，又要去動手作工，那就非所願也，無法入學校，便去搞共產黨，還是玩筆桿，逞口才，內行得多！

但是，話又得說回來。這十年，在香港有一些中國知識分子，在機器工業的表現上又非常突出！逃出中國大陸，來到香港這一工商社會，企業自由，幣值穩定，而且有商業銀行扶持機器工業，香港殖民地政府又給予辦實業者以種種便利，於是不少的中國知識分子都成爲使用機器的有名工業家。——這足見政治的關係於中國知識分子的能爲是很大的啊！

每個人都有生存的權利

孫寶剛

這幾天報紙上載有一段關於拆除木屋的新聞，大體上說是政府派了武裝人員去拆除人們搭在公地上的木屋，這些木屋是未經政府許可而擅自建立的，有的已經建了幾年，甚至十幾年的。

沒有到過香港的人是很難想像出這一件事情的，就我個人來說，走過的地方不能算太少，像香港的所謂木屋區，恐怕全世界都沒有。木屋對於有些國家的人來說，應該不是很生疏的，因爲他們的住宅，尤其在鄉間的住宅，都是用木材來建成的，不過我在這裏所說的木屋，決不是現代化的寬暢的房屋，祇是用木材來建造而已的木屋。我這裏所說的香港木屋區的木屋，大都是全部面積不到一個平方丈，嚴格說起來是不能避風雨的木屋，集體建在山坡上，或是山谷中，遠一些望去，好似一個個的火柴匣，小得可憐。近一些去觀察一下，又是簡陋，又是污穢。但往往一家數口居住於斯。他們是眞眞的難民，由大陸逃了出來以後，貧無立錐之地，當然也租不起最低廉的房屋，所以就在山坡上或谷地中建搭了這樣一間如火柴匣式的木屋。他們離市區要遠一些，謀生不便，像香港是終年制水的，由公共的水喉去等自來水，等到了水後，要担到自己的木屋內，眞是一件不容易的事。一旦火警，更是一無辦法，任由火焰自然蔓延，因爲在木屋區內，政府是不准裝置自來水的。所以一個晚上，成千的木屋被焚，已成了香港司空見慣的事情。

可見非在萬不得已，易言之，不是最窮困的人，決不願意去住木屋區。但是香港的木屋區，多得驚人，也大得驚人，在市區之內，以及市區附近，到處有木屋區，而每個木屋區常有數千戶以上。以往給火燒去了許多，也給政府派武裝人員拆了許多，可是現在仍有着很多。易言之，這可以表明香港的窮人確是不少，他們在過着非人的生活。

可是他們是自願的，他們很明白（因爲居住其中的，也頗有知識份子），這個非人的生活固是非人的。但是他們要活下去，所以即使是非人的生活，也祇能勉强住下去，甚至可以說，他們對這生活，還是非常珍惜呢！因此當政府每一次去拆除他們的木屋時，總有許多糾紛。哭的罵的，甚至和武裝人員衝突而用武的。不願被拆而死守在木屋內，一定要政府人員用强力把他們驅走，再把拆下來的材料沒收的，總是多得不計其數，這眞是一件慘事和怪事。

我不大明瞭這些窮成這樣可憐的人們，住在這樣可憐的木屋之中，政府爲什麼一定要使用着武裝人員去迫遷呢？當然不用說，政府一定對這塊土地有其使用計劃，至少可以說，土地既係政府所有，這些木屋居民未經政府許可，擅自建屋，是一件違法的事，政府爲了要維持法紀，也得拆除他們的木屋。

不過我們得反過來想一下，這些被拆的木屋內的人民，他們眞的甘心違法而擅建木屋的嗎？我記得我小的時候，先生問我說：偷東西當然是不對的，可是一個小孩，當他餓了幾天，身上又沒有錢，也沒有認識的人，他在麵包店中偷了一個麵包吃，你作何感想，是不是他這個偷東西的行爲，完全要他負責？我當然知識未開，好似這個偷的責任不能完全由這個小孩負責，但也說不出個道理來。後來先生解釋說，這是一個社會問題？爲什麼使這個小孩既沒有錢，而又沒有人照顧，而又沒有麵包吃呢？難道他應該餓死？難道他不應該活下去麼？在一個良好的社會，應該負起責任，不應使這個小孩子挨餓，更不應使小孩子餓死！個個人有活下去的權利的。以基督的敎義來說，人都是上帝的兒女，所以人與人之間的關係，都是兄弟姊妹。依照中國的傳統文化，四海之內都是兄弟。兄弟姊妹中固然可以有窮富之別，但是眞的有愛心的人們，他決不願意看到他的兄弟姊妹一窮如洗，而他能過着奢侈的生活，安之若素的。

退一步來說，即使沒有愛心（因爲今天有愛心的人根本已不多了），他們爲了本身的快樂或安全，也不應該使窮得一貧如洗的人太多罷！假如你起了一座花園式的大房屋在貧民區的中間，你出出入入的時候，你看到面有菜色、衣衫襤褸的人很舒適麼？你有沒有想到，在半夜中，那些窮得實在不堪忍受的人會爬進你的圍牆，偷或盜，而演成慘案麼？所以爲了你自己的安全或舒適，也不應使社會上有窮人存在。

我們把話回到本題上來，木屋搭在公地之上，是因爲他們太窮，這也是一個社會問題，我們不能叫他們本身完全負責的。所以不能以强力去一拆了事。我們應給他們一個安頓的辦法。

現代的政府，不論是保守的或是急進的，房屋政策已是每一個政府的主要政策之一。每個人都有生存的權利，所以每一個人應有獲得其最低的衣食住的權利。現代的政府是對全體人民負責的，所以應爲全體人民解決人民的衣食住的問題。易言之，政府應對人民的衣食住，應有一套完整的政策。香港政府對於人民的住的問題，似乎在關心着的，所以香港有着大規模的徙置計劃，不過我還沒有瞭解他們的計劃和政策，是否是公道的、週密的、或是很積極，且已經做到香港人民所能負担的最大限度！這些被拆遷的人民，爲什麼不能加以徙置呢？

台灣簡訊

志清

一、省議員不提質詢，祇要糧官

日前報載，台灣省議員若干人要求糧食局長李連春將代理高雄糧食事務所所長陳道紀調開，另委與他們有關的某甲繼任。他們的條件是，如果李連春應允，他們在省政總質詢時就可不提有關糧食局的質詢。據聯合報透露：他們還請一位有力人士向李連春說項，以冀軟硬兼施；但為李所拒絕。李表示寧願被質詢，絕不受要挾。人們當還記得當年政府在重慶時，由於做糧官，可發大財，曾有「為正（政）不如從良（糧），從良不如當娼（倉）」之謠，如今省議員們為了介紹一個小小的糧食事務所所長，竟寧願犧牲其神聖的質詢權，可見台灣糧官的行情是很高的。

可是，自此一消息見報後，省議會即有不同的反應。謝東閔議長說：他對此事曾調查過，女議員蔡李鶯曾向糧食局李局長介紹一位糧食事務所長，因為有困難，李局長沒有任用；但未聞以不提質詢為交換條件。他又說：議員們不免有向省府介紹人事的事情；但介紹工作與質詢連在一起就不好了。張富議、葉寒青兩議員也主張不必深究。但許新枝議員則力主進行澈查，他說：此事早不發生，遲不發生，而恰在總質詢的期間發生，是否是政府官員有意藉此阻止議員們的質詢？他又說：據聞此一新聞是由糧食局提供的，他還透露在質詢後兩天就會接到警告，受到威脅。李源棧議員更指出糧食局長態度驕傲，因其來頭甚大，有靠山，對議員的建議都不理睬。他主張追究到底，必須查明此一新聞是否是李連春所發表的。徐國輝議員認為議員在質詢的第二天就受到警告，對議員在議會的發言影響很大，必須調查清楚。經過長久的討論，省議會最後決議請議長副議長負責調查，並將結果向大會報告。

二、教員請調動須送紅包

新竹縣關西國民學校女教員張某因乃夫在彰化縣工作，適逢彰化縣茄冬國民學校有位姓陳的女教員，其夫又在新竹工作，乃請求對調，並經該兩縣的教育科批准。但張姓教員到彰化縣教育科辦理報到手續時，該科有人從辦公室內走出來告以既來這裏，就應依照這裏的規矩先送四千元紅包，如果要求分發到較好的學校，則須送紅包七千八百元。並解釋送四千元有四千元的學校，送七千八百元有七千八百元的學校；如想要分發到交通方便的學校，就應該多送一點錢。張姓女教員因無力送紅包，祇得請求仍調回原校，並將此事報告關西選出的省議員，再由那位省議員轉告省議會議長謝東閔。

監察院於本月十日舉行院會時，監委丁俊生等三人提議，畧謂各省市校長教員等之任命調動，甚至稅務與主計人員之升遷調動，多需致送紅包，本院早擬糾彈，苦無証據；今彰化縣教育科復有向張姓女教員索取紅包之事，擬請由院派員澈查，以期根絕此種惡習。該院決議，關於教育人員部份交教育委員會澈查，關於主計及稅務人員部份，交財政委員會處理。

三、省議會有壯舉

省議員王國秀等七人日前向省議會提出一項提案，畧稱：際此國際局勢瞬息萬變，我前方將士隨時準備反攻之時，全體軍民理應節衣縮食，積極備戰；而後方城市之酒家、茶室等之消費場所，竟然燈紅酒綠，極盡奢靡之能事，殊為不應有之畸形發展。且因此等場所報酬較多，致貧困之良家婦女，被迫墮落者頗衆；損害社會風俗至巨，理應加強管制，並嚴格取締未成年婦女充當服務生，以維善良風俗。

本案提出後，卻遭遇到強烈的反對，經兩小時以上的激辯，最後表決時，在場議員四十人，兩票棄權，贊成、反對者各得十九票，可謂勢均力敵。幸得担任主席的副議長許金德投票贊成，才算勉强通過。

台灣省議會過去每次討論有關茶室或酒女的問題時總有一批議員為她們的權益而大力奮鬥，上屆議會為了有人提議禁止二十歲以下的女子當酒女時，曾引起大批酒女到議會請願，各議員們聽說酒女駕到，即停會出來迎接，議長也親自招待，並在議會設宴款待酒女，結果卒將二十歲改為十六歲。本屆省議會居然有半數的省議員提出此一議案，而副議長又能投下最後的一票予以支持，實可謂難能可貴的壯舉了。

四、課長挪用公款買電冰箱送縣長

台北縣政府林務課長挪用公款造林經費五萬元，買了一個豪華級的電冰箱送與該縣長，事機不密，被省林務局所悉，深為不滿；但卻不依法處理，竟將省局應補助該縣的推廣林產經費刪去三分之一。該縣議會開會，議員們紛提質詢，林務課長推說冰箱祇是寄存在縣長公館，並非贈送。該縣長則說不知；但議員們指出：偌大的一個冰箱送到縣長公館，縣長竟不知道，足見他的公館大得驚人。該縣長面紅耳赤，無言以對，一時議員席上及旁聽席上都充滿了笑聲。

五、高雄縣長瀆職圖利被提起公訴

高雄縣長余登發涉嫌利用縣長職權圖利，經監察院交由最高檢察處轉令高雄地檢處偵辦，復經該處指派檢察官吳朝成負責偵查，歷時四個月，認為罪嫌屬實，於本月十七日提起公訴。起訴書指出余登發的犯罪行為共三大項：（一）變更地目，圖利自己；（二）放領耕地任意轉讓，合法所有，難領權狀；（三）清理欠稅農戶，利用職權圖利。每一項罪行起訴書均詳具事實及經過。但余登發則向新聞記者說：他堅決相信他是無罪的。

六、高中畢業女生可望獲准出國

教育部長黃季陸於本月十七日在留美同學回國訪問團與政府各部會首長的座談會上說：替留學生解決婚姻問題，是我們的責任，送高中畢業女學生出國，是一個好辦法。不過，這事牽涉很多，目前正在商討中，希望不久就能得到具體的答案。他又說：這幾年來，我們的留學政策是放寬了很多，我們是鼓勵優秀青年出國深造，但是希望他們用正正當當的手段出國。至於一些用假借「朝聖團」及「道德重整會」等名義出國的男女青年，他們在國外向教育部申請變更護照的身份為「留學生」，教育部是絕對的予以拒絕。因為政府不能失信於別國政府；同時，他們當初出國簽証時曾鄭重「宣誓」，我們不願看到他們違背誓言。

七、台北市議會創奇例

台北市議會因為會期已滿，而市府的總預算又未審查竣事，曾由府會兩方同推代表向省省府陳情，請示補救辦事。結果由市府函請該會採取變通措施，改開座談會四天，以便將預算案完成立法程序。堂堂議會竟不能開大會而迫得以座談會的方式來審議市府的預算案，也可說是憲政史上的一種奇例。本月十七日市議會舉行首次座談會，審議稅捐處預算，多位議員都要求該處將所有欠稅的大戶名單送交議會，並指責該處對於一般欠稅甚微的升斗市民毫不留情的移送法院，但對大戶則莫可奈何，要求說明原由。但捐稅處長饒運炎則辯稱：如要詳列欠稅入名單，在法律上殊有問題，因為依法該處應對納稅人的納稅數字保密。他又說：即使不顧法令而向議會提出報告，稅捐處也無此人力財力。因為要造那麼多的名冊，至少也非若干萬元的經費不可。議員們說：祇要列報欠稅五萬元以上的大戶即可。饒運炎初則答不出話，久久才說法律上亦無大戶小戶之分。由此可見台北欠稅大戶之多，而稅捐當局還要為他們保密。此中顯然是有不可告人的原因在。

八、公路局收購議員浴場監院要調查

監察院交通委員會於本月十六日開會，于淑蓉委員提出臨時動議，畧謂：報載台灣省公路局購買省議員李建和的瑞濱浴場，其所議價格超過實值甚鉅，究竟有無假公濟私，藉資交結之嫌，人言嘖嘖，恐非無因，本會似應派員調查，以明真相。惟該案正在審計處審議中，擬請先函該處查復，再行核辦。該會討論結果，決議由院會飭審計部查覆。

九、白水泥進口之爭

最近外貿會准許國際民航局進口白水泥一批，用以擴建松山機場。本月二十四日，華僑投資的啟信實業公司董事長陳啟猛大表不滿。他向新聞記者宣稱：該公司不願讓人們一進松山機場即看到所用白水泥竟是外國貨，關於民航局擴建松山機場所需之三、五〇〇包白水泥，該公司願免費供應，只要外貿會及民航局能應允不自國外進口。因外貿會所用以進口白水泥的外滙，可說是該公司所產白水泥出口所換來的。該公司辛苦所得來的外匯，不僅未得到政府之獎勵，所得到的竟是這種浪費外滙的無情打擊，實使他們太痛心了。

他又說：台灣由於市場狹小，該公司所產白水泥百分之八十以上係出口外銷，每年為政府爭取外滙金額達四十多萬美元，目前外銷東南亞，菲律賓市場總消費量百分之三十，香港百分之四十，越南幾為百分之百，假如該公司所產白水泥品質不好，試問如何能有此外銷成績？同時該公司所產白水泥均按期送建設廳抽樣化驗，均合國際標準，不論何種性能均不低於外國貨。此次外貿會核准民航局進口白水泥如成事實，外商將可向國外到處故意宣傳台灣白水泥品質不好。民航局不用本國貨而買外國貨，此種為親者痛而仇者快的事情，非出自民間貿易商，而竟是出自政府機關的民航局，無異是對政府發展工業政策的一大諷刺。該公司為了節省政府外滙，擁護政府工業政策，不使國外華僑灰心，及維護該公司所產白水泥在國外市場之信譽，所以情願免費供民航局使用，而堅決反對自國外進口。

他更指出：外商所以用特別低廉的價格將白水泥賣給民航局，完全是故意以傾銷的方式打擊該公司，政府不察而批准進口，正中了外商打擊省內民族工業之詭計。

但外貿會主任委員徐柏園則對新聞記者表示：國際民航局申請白水泥進口數量很少，僅數十美元而已。果真如此，想來啟信公司也不致會這樣大做文章了。

十、蘇東啟被判無期徒刑

雲林縣議員蘇東啟於前年九月被警備司令部秘密拘捕，因為他在雷震等籌組新黨時甚為活躍，平素復常在議會發表抨擊當權派的言論，故為中外所注意。青年黨也曾為他呼籲（他是青年黨員），但未發生効力。究竟案情的真象如何，警備部未曾有所透露，社會上傳說紛紜，莫衷一是。本月二十四日，警備部發言人王超凡又向新聞記者宣佈：「蘇東啟、張茂鐘等，組織叛亂團體，積極吸收徒衆，煽動變亂，實行以非法顛覆政府一案，經本部初審軍事法庭審訊明確，分別依懲治叛亂條例及戡亂時期檢肅匪諜條例，判處罪刑。蘇東啟、張茂鐘、詹益仁、陳庚辛等四名，各處無期徒刑，褫奪公權終身，其餘林東鏗等分別情節，各酌處有期徒刑，另知匪不報之廖學庚等，各處有期徒刑二年，自行投案者，並予宣告綏刑。」

報載：蘇東啟等如對警備總部軍事法庭初審判決表示不服，還可向國防部軍法覆判局申覆判。至覆判局判決確定，全案即告定讞。

但由於蘇案的審訊，一直都未公開，王超凡又僅說蘇東啟等組織叛亂團體，煽動叛亂，實行以非法傾覆政府。是否有事實根據，人們仍多懷疑。

巴基斯坦開闢大陸航線之作用

綜觀

根據最近的消息，巴基斯坦有意開辦由巴基斯坦橫貫中國大陸而至日本東京的航空線。據說，此事正在巴基斯坦與中共協商中。

巴基斯坦原是一個虔誠的回教國家，其反共態度，也一向比印度更堅決。這原是值得稱贊的。不過，最近幾年，巴基斯坦的對外政策却有一部份走入了歧路。這主要原因，是巴基斯坦與印度之間自獨立以來，就存在着邊境及喀什米爾地區的嚴重爭執。而中共近年來亦與印度發生邊境爭執，於是巴基斯坦近年為了反印，乃不惜與中共勾結，而入於歧途了。

其實，從巴基斯坦的國家利益看：中共才是最大的敵人，也是最有威脅的敵人。因為印巴之爭，不過是邊境及少數地區之爭，而中共對巴基斯坦之威脅，則是巴基斯坦的整個淪亡與整個赤化的問題。試想：如果印度被中共之侵略而赤化，巴基斯坦還能獨存嗎？所以，中共才是巴基斯坦之大敵，實為無疑。

問題就發生在巴基斯坦對此認識不清，更加上中共的誘騙，遂使今日之巴基斯坦實已墮落成了中共的應聲蟲和附庸，這實在是可惜的。

以言開闢由巴基斯坦經中國大陸而至日本東京的航線，也是對中共的利益多於對巴基斯坦本身的利益。這主要是因為中共對外交通不便，目前尚無航線自中國大陸直通東京，有之，則將對中共提供了對日本滲透與活動的極端方便。另一方面，中共通往阿爾巴尼亞等地之空中交通，一向繞道蘇聯，而目前中共正與蘇聯交惡，其通路可能隨時發生問題，所以，巴基斯坦開闢了由中國大陸直飛巴基斯坦的航空線，實無異對中共與歐洲中東及非洲之間提供了又一重要而且簡短之通路，這對中共都是顯然有利之點。

至於目前巴基斯坦尚在與中共交涉之各點，如巴基斯坦希望中共保証過境旅客之安全與方便（因為可能有美國及其他反共乘客）等，則已屬技術和枝節問題了。

大陸簡訊

白帆

北韓響應中共禁核主張　北越支持中共反蘇建議

自中共公開反對莫斯科三國禁試協定並提出其所謂全面禁試建議後，被中共玩弄在股掌之上的北韓政權，已由金日成出面正式予中共以支持。現在，北越也一再墮落，胡志明終於與金日成為伍，公開響應中共主張，變成中共的應聲蟲了。

據中共「中國新聞社」八月二十日北平電：「河內消息：越南共和國總理范文同八月十九日給中華人民共和國國務院總理周恩來一封覆信，表示支持中華人民共和國關於召開世界各國政府首腦會議討論全面禁止和銷毀核武器問題的建議。范文同總理的覆信說：美帝國主義正在越南南方進行侵略戰爭，使用了包括化學毒劑在內的現代化武器，企圖把我南方變成美國的軍事基地和新型殖民地；我們更在關心總理同志所提出的問題，越南民主共和國政府贊成中華人民共和國政府關於召開世界所有國家的政府首腦會議討論徹底禁止和銷毀核武器問題的建議」。

印尼總理蘇加諾舊病復發　中共派七個中醫前往會診

印尼總統蘇加諾早就患有腎病，早就在歐美各地就醫而未奏效，因之，乃由毛澤東派了中醫數名為蘇加諾診治，初步反應良好，曾誌本報，蘇加諾夫人前此之所以訪問北平，當係報答毛澤東派人為蘇加諾醫腎之功。

不過，蘇加諾的腎病是否真的給毛澤東派去的中醫根治了呢？却是沒有的。現在，依據確實消息，蘇加諾的腎病又已復發了。對此，中共所控制的香港大公報所刊電訊，已足可証明。

據八月二十一日香港大公報所刊八月二十日雅加達電訊說：「今天有七名中國醫生被召入獨立宮為蘇加諾看病，事前有消息說，這位六十二歲的印尼領袖又病了，醫生在獨立宮逗留了四個鐘頭，後來得悉他的舊病膽石病又復發了」。

毛澤東接見比利時工會代表　親自煽動比利時的工人起事

久矣難得露面的毛澤東，最近，由於中蘇共衝突尖銳化之後，已不斷親自露臉來煽動反美反蘇工作了。

毛澤東最近除了接見了非洲黑人訪問北平的許多人外，跟着又接見了比利時的工會代表，從事煽動工作。

其接見情形，據中共新華社八月廿二日北平電訊說：「毛澤東主席今天會見比利時工會代表團團長、比利時鐵路工會書記保羅．布爾杜克斯，團員：鐵路工會的莫里斯．馬索，維利．德．瓦艾勒和教育工會的羅杰．汪．根，同志們進行了親切友好的談話，會見時在座的有中華全國總工會副主席劉長勝，中國鐵路工會全國委員會副主席章智」云。

毛澤東電羅馬尼亞祝國慶　想把羅馬尼亞盡量拉過來

作為蘇聯東歐衛星國之一的羅馬尼亞，目前是正在對蘇聯的經濟控制和計劃不滿，而有與中共互相合流之勢。但羅馬尼亞對中共的態度却還在搖擺中，所以，邇前蘇匈保捷等國大使在中共所舉行的北平歡迎索馬里總理的講演中，曾聯袂先後拂袖退席，羅馬尼亞駐北平大使亦在退席之列。但只因羅蘇關係仍未恢復，毛澤東認為仍然有機可乘，所以，毛澤東又借祝羅馬尼亞國慶之名，拍發了一個很長的電報，在祝賀之外，說了許多拉關係的話，顯然意圖破壞羅蘇關係，並把羅馬尼亞爭取到反蘇反赫陣容來。

這只要看毛澤東的長電，除一再表示祝賀外，又說「中國和羅馬尼亞是社會主義兄弟之邦。一年來，我們兩國本着相互尊重獨立和主權，平等互利，互相合作的原則，在經濟、文化和科學技術等方面的友好合作有了良好的發展。這種發展是符合兩國人民的共同願望的。中國人民一向珍視同羅馬尼亞人民的友誼，並且相信，通過雙方的努力，中羅兩國人民的深厚友誼，將在馬克思列寧主義和無產階級國際主義的基礎上，在一九五七年莫斯科聲明的基礎上，得到進一步的鞏固和發展」。

此外，毛澤東還在這一長電中最後向羅馬尼亞說：「祝羅馬尼亞人民在社會主義建設，保衛世界和平和促進人類進步事業的鬥爭中取得新的更大的成就。祝中羅兩國人民的兄弟友誼萬古長青」。

以羅馬尼亞駐北平大使最近夥同蘇匈保捷東德等駐北平大使之拂袖退席來說，可以說羅馬尼亞已對毛澤東的臉重重的吐上了一口痰。但毛澤東現在却唾面自乾，力求拉攏羅馬尼亞，中共與羅共之今後關係如何？就尚待進一步發展了。

僑鄉近訊

鍾之奇

共軍在廣州舉辦「榮譽室」

什麼叫做「榮譽室」呢？海外僑胞乍見此一名詞，必定不大了解。事實上，究竟什麼叫做「榮譽室」，如非中共報紙自己加以宣傳和解釋，人們確難想像得到。

原來中共人民解放軍所舉辦的所謂榮譽室，乃是一種展覽性質的宣傳玩意。據中共南方日報載：中共廣東軍區政治部宣傳處，最近宣揚了中共人民解放軍駐守海南島的一個「好四連」的「榮譽室」的「模範事跡」。

什麼一些榮譽的模範事跡呢？中共廣東省軍區政治部宣傳處對此曾作了如下說明。它說：

「一張桌子上擺着戰士們自製的當年建造營房用的墨斗鎚子等工具。一頂雪白的蚊帳，身上補着一百個補釘，這是前任副支部書記韋陸香留下的紀念。連長楊大全用過十三年的臉盆，戰士們用的什物箱，油瓶做的節約燈，一個戰士穿過的一雙換過三次底的皮鞋」等。

此外，據中共報紙說：「榮譽室」裏還有一張說明書，上面寫着：九年來，全連開荒三十八畝，一年來，全連收獲蔬菜三萬二千五百斤，節約大米二千二百斤，節約擦炮布一百一十六點七尺，十三名共青團員儲備人民幣三百八十五元，拾金不昧的二百二十五人次，全連每人一個針線包一等。

總而言之，由於大陸民窮財盡，共軍的生活水平也無法像以往那樣優裕。但毛澤東又怕軍隊生活太苦而動搖軍心，導致共軍叛變，所以，便由中共中央發動這種「愚兵政策」，提倡軍隊吃苦而已。

漳州龍海平原災田三十萬畝

災荒與中共結了不解緣，所以，十三年來，大陸各地不是旱災，便是水災，再不然就是蟲災。現在，閩南又繼大旱災之後而發生水災了。

據八月廿三日出版的中共人民日報說，今年豐收大有希望。但也畢竟只是希望而已。而且，人民日報又說，這種豐收希望，也要在今後一個半月至兩個月不發生特大的自然災害才行。而目前的局部地區，據人民日報說，已發生比較嚴重的災害。同時，中共新華社記者謝丁、劉奏華、侯民杰三人在人民日報聯合報導說：今年的福建省，尤其是福建南部地區，從去年冬到今春，發生了二百四十多天的大旱。六月中，由於發生十一級颱風，降落暴雨，又遭受洪水災害，僅漳州龍海平原，就有三十萬畝早稻被洪水淹沒，有的只剩下短短的一節，稻穗浮在水面上。當時九龍江下游防洪堤漳州段第二號閘門附近堤圍，潰決泛濫，其它各江水位，均超十三年來的最高水位云。

廣州財經共幹浪費飯菜

在今日大陸，飯菜是最寶貴的東西了。因為人民大衆都吃不飽，天天捱餓，所以，大家對於有飯有菜的共幹都很羨慕。

但奇怪的事却也正在這裏發生，中共貿易公司的共幹却預約了飯菜而不吃。可見他們的生活優裕之一般。據中共羊城晚報說：「上星期六，省貿易公司有幾位職工在該公司膳堂掛牌預約晚餐，開飯時却不見他們的踪影，膳堂人員為了教育這些不愛惜飯菜的人，特將剩飯剩菜，留至本星期一展覽，參觀者說：預約了飯菜不吃者，誠然值得批評，可是，膳堂不及時把剩飯剩菜處理好，留至兩天後作展品，浪費得更徹底也應批評」。

古人說，朱門酒肉臭，野有餓死骨。以之對照今日廣州財經共幹之浪費情形，真可以說是維妙維肖。在今天大陸普遍飢餓情況下，人們不禁要問中共貿易幹部何能如此奢華呢？

調查北婆民意的波折

俊　華

英國聲明

雖然經過馬尼拉會議中三巨頭的「協議」，馬來西亞誕生前的陰霾還是不能够廓清。正如英國方面所憂慮的：在馬尼拉會議中，印尼「並沒有明言放棄對抗政策」。自蘇加諾返國以迄現在，印尼的態度仍然是居心叵測。

拉曼在馬尼拉會議中答允在「大馬」成立前調查北婆兩邦的民意一事，早已使倫敦大感尷尬。因為「大馬」成立之前，兩邦仍是英國屬地，倘若任人調查，等於准許「干涉內政」。據說在英國歷史上，這是未曾有過的。然而拉曼既已答允了，英國又將奈之何？難道予以拒絕嗎？那樣的話，不但拉曼將在東南亞元首之間，失去許下諾言而不能踐履的信用；印尼也必將藉口馬來亞不能履行諾言，而加強它對「大馬」的攻擊，那麼大好的前途必定更是「夜長夢多」。

通過拉曼的懇切要求，英國終於讓步，接納「調查北婆兩邦民意」的辦法，與聯合國秘書長宇丹合作，俾他的人員能夠進入，及協助他們順利調查兩邦人民的意願。幸而是由聯合國調查，總比較由其他國家主持調查較好一些，在某些意義上，聯合國總算有「國家底國家」的意味。

英國除答覆馬來亞政府，同意聯合國進行調查外，並由聯邦關係部發表聲明：「馬尼拉的東南亞三巨頭會議，對英國與馬來西亞的防衛協定沒有任何影響」。馬來亞雖已向英國作出上述的保証，但英國仍認為有正式聲明之必要，大約是意在告訴印尼：「無論『大馬』事件如何演變，英國不放棄其在該區的防衛」。這是倫敦的小心之處。

印尼的「對抗」

印尼在馬尼拉會議中的態度，殊不明朗，始終沒有明言放棄「對抗大馬」政策，而實際上行動，也沒有放棄的表現。馬尼拉三國會議的「蜜月期」只有短促的幾天，由接近進入協議到蘇加諾返抵耶加達的那日，只有那天，印尼人歡迎蘇加諾返抵機場時沒有抨擊大馬的口號。但隔日萬隆又舉行反對馬來西亞大會，接着是蘇門答臘也舉行同樣的大會，接着是與北婆接壤的加里曼丹；這些大會像波浪式般舉行，遂漸推向北婆邊境；印尼共黨在這些大會中風頭十足，大聲疾呼「粉碎帝國主義及新殖民主義：」對於耶加達當局，這些也許可以誣稱為「民眾運動」，像歷次印尼的「排華」那種有組織有計劃的運動，幕後人都沒有露面。但耶加達當局並沒有禁止或要求停止這項反大馬運動，它的本身，也沒有抹去對大馬所仍然採取的敵意。這種敵意，表現在他們對聯合國調查北婆民意工作加以阻撓這一行動上面。

聯合國調查北婆民意，既非舉行公民投票，也非如何直接向人民普遍調查，而是屬於「鑑定」的方式，即調查當地最近選舉的結果，政黨或人民團體對參加馬來西亞贊成與否的數字比率。對於非投票而祇屬調查一節，拉曼與蘇加諾及馬卡柏佳總統早有協議。具體的步驟，則在隨後的三外長會談中協商出來，更經馬來亞與英國、聯合國間加以闡明。吉隆坡方面因此一度頗感雀躍，以為「鑑定」容易，以為「大馬」仍可望能趕於八月底成立。

可是聯合國秘書處的估計，就算只是「鑑定」，也不能粗製濫造，而必須有若干必要的手續步驟，預計最早必須於九月十四以前，方能竣事。

觀察員問題

聯合國調查團美籍團長澈摩爾及瑞典籍主要助手納拉辛漢一行，八月十六日由星洲飛往古晉及北婆。他們十九日在北婆受到盛大的歡迎，熱烈情況只有英女皇夫婿菲獵親王上次訪婆時可與比擬。但在古晉，歡迎的行列不若北婆之盛，還有數十人列隊示威，作「沉默的抗議」。這些人是屬於沙勝越一部份工會的，有三十個工會聯名致電聯合國秘書長，聲言反對此項調查，並抨擊納拉辛漢，說他「無資格」主持此項調查。因納拉辛漢前次曾訪問沙婆，並向聯合國秘書長報告，謂兩邦民意同意參加大馬。

聯合國當然不會理會當地這些抗議，因為無論「贊成」抑「反對」，都在調查之列，均須俟彙集到最後，呈報給秘書長。但印尼對調查團的阻撓，卻成為重大的難題。

馬尼拉會議中決定，准許印、菲、馬各派觀察員，隨同聯合國調查隊工作。印尼要求派三十人，英國不同意，最後限定每國派出四人，以便於調查團分隊工作時，每隊都可有三國的一名觀察員隨伴。但調查團到達北婆後，只有馬來亞的觀察員已經派出到達，印尼和非律賓的觀察員，並沒有依期前來。

調查團因為希望趕快辦妥調查工作，已決定並立即展開工作，「即使沒有印尼觀察員參加」，同時一面致電宇丹秘書長請示。在這同時，印尼外長蘇班德里奧在耶加達卻發出新的恫嚇，對英國限定每國只派觀察員四人表示不滿，聲稱「印尼觀察員沒有到達之前，聯合國調查隊不能工作」。「若然沒有印尼的觀察員參加，馬尼拉會議一切協議等於無效」。

印尼的這項恫嚇，受到沙勝越和北婆的反擊。沙勝越未來首席部長寧根說：調查團之來此，全因印尼干涉別人私事所致。北婆聯盟黨領袖史蒂芬斯（未來首席部長），則以該黨名義向聯合國抗議調查工作延緩，要求向印尼施用壓力，依期派出觀察員。

可是調查團的「展開工作」，仍屬於準備工作的階段，如要求政黨或民眾團體提供書面報告，最好用英文的，俾節省工作時間。及準備調查的對象及行程等。正式調查工作，已宣佈延到八月廿六日方才開始。

聯合國秘書長接到調查團的報告後，已有一項折衷建議提交馬來亞政府，建議對印尼、非律賓觀察員人數，重新考慮。吉隆坡當局沒有透露秘書長是否建議若干名觀察員的人數。不過人數一旦變更，又須經過馬來亞與英國協商，又須經過印尼與非律賓接納，及等待他們的觀察員到達沙婆當地，目前八月份已將告終，如在九月初展開正式調查，九月十四日調查完竣這個聯合國預定日期，恐怕也將趕不及了。

邊境武裝襲擊

在這最後期間中，沙勝越邊境仍三番兩次受到來自印尼的武裝襲擊，他們在襲擊時所遺下的槍枝旗幟等，被英軍鹵獲的，曾在古晉陳列展出，證明這些襲擊乃由印尼所發動。有一名「居喀」籍英軍，就在他奉派前往護衛聯合國調查團進行工作時，在沙勝越第三省邊境，遭印尼武裝襲擊斃命。印尼不但以觀察員人數問題對調查進行阻撓，而且實行使用暴力，破壞調查工作，甚且襲殺參加工作的人員。

因此英國已由星洲派出海軍艦艇一隊，到沙婆海面巡邏，並空運英軍向沙勝越第二省及第三省沿邊增援，這正是接近印尼加里曼丹的地帶。對於藉故或無故滋事的印尼來說，以武力對武力可能正是對症下藥。印尼觀察員的是否派出，將可以決定蘇加諾是否要為破壞大馬而引起戰爭。

·吉隆坡通訊·

印度的「民間矛盾」

·紀森·

印度是一個擁有四億四千萬人口的大國，而她的種族、宗教、言語、風俗、習慣、生活方式和社會階級，其複雜，混亂，和矛盾的程度，也在亞洲首屈一指。

且來先說其西北部的克什米爾地區；克什米爾人膚色比其他印度人較為白皙，多屬黃髮碧眼，單就其外型容貌來看，已和別的地區的印度人有了顯著的分別，而他們自己也另有一套特殊的生活方式，表現出和其他地區的印度人是有着很大的距離，同時，他們也漠視了印度政府的統治，他們的民間糾紛，是由自己的領袖處理，他們的社會秩序，也是由自己的領袖維持，當然，他們對尼赫魯是不會有怎樣印象。

克什米爾以南就是旁遮；這一地區的情形，又和克什米爾截然不同了，人民是務農的居多，他們都各自擁有自己的田地，生活水準為印度各地之冠，民性勇悍，是印度著名戰士的出產地，他們常自誇自己的鄉土是「印度的利劍」，人民從軍的也遠較全國各地為多。

由旁遮再下，就是印度首都新德里，它位於印度河和恒河上游的中間，地勢相當險要，「德里」二字的意思，就是「門檻」，這可見其地位之重要。千餘年來，阿富汗人，波斯人，阿利安人，印度教人，蒙古人，及英國人，都曾在這「門檻」打過仗。在新德里東部約三百哩的印度河各支流地區，正是古代印度文化的搖籃，沿河各城市，都可被稱為世界最古的市鎮。印度河大部份是流經西巴基斯坦的，其在印度境內的則多流經荒漠地區。至於恒河流域，則發源於德里，滾滾東流，所經各地，二百哩之內，都是世界上最肥沃地區，但沿河的居民，由於過度稠密，却又成為世界上生活最困苦的人民。在該區掙扎圖生的印度人，數逾二億，其中在一塊小如泊車位的土地上耕食的人很多，而連一點土地也都沒有的人，為數也不少。恒河流域的人民，是信印度教的，區內滿佈聖河，聖井，聖廟，及聖城；最神聖的城市是瓦拉那西城，它是世界上最古的城市，每年到該城朝聖的人，數達百萬，他們要到恒河去沐浴聖水。另有些老病人，則堅信在這城裏呼吸到最後幾口空氣死後便可以上天堂。年老的人死後，都在岸邊舉行火化；火葬的烈燄常日夜不停。

印度河流域之南，人民的生活習慣和風俗却又漸漸不同了。橫過中部達加大平原，人民的膚色漸黑，語言也改變了不同的口音：這好像把北方的印度人和南方的印度人劃分着一條界線。南方人對北方人的企圖控制全個印度是深深地表示憤激的，他們特別是憎惡北方的語言，尤其是對達美爾族的口音，他們認為是粗野。在食物方面，他們也相差得極大：南方人是吃米的，北方人則吃饅頭。南方共劃分為四個省份，包括地勢狹長的濱海而一度由投票決定歸共黨管理的却里拉省在內。最離奇的，是該省雖曾由共黨管理，但省內的天主教徒反而比其他各省為多。且省內人民有過半數懂得讀書寫字，是「文盲」最少的一個省份；他們被共黨主義麻醉的很少。

西部海岸都會孟買，人口約有五百萬，市面繁榮熱鬧，帶有歐洲城市色彩；可是加爾各答貧民區裏，却有無數人由出生以至死亡，都是流浪在街頭。此外，還有一個很大的矛盾：加爾各答區裏雖有十萬青年投入大學，但以整個印度來說，能讀能寫的僅有一億一千萬人，而目不識丁的却有三億三千萬。以全印的智識水準來說，每一萬個印度愚拙和迷信的人民中，始有一個科學家。以全印的職業水準來說，每一萬個赤足苦力中，始有一個民航機駕駛員。

還有：印度的絕食風氣也是極其離奇而矛盾的。甘地在生時，已認為絕食是他的個人生活完整的一部份，也是印度教義中完整的一部份。現在，印度人民已把絕食作為「要求達到目的」的武器，不論為着感召欠債者來還債也好，或是要求政敵放棄其錯誤主張也好，也都會實行絕食。但是，他們有一種絕食是在隔離的期間准許吃一些食物的，這真使人大惑不解。（新德里通訊）

終南別業

・王維・

中歲頗好道，晚家南山陲。興來每獨往，勝事空自知。行到水窮處，坐看雲起時。偶然值林叟，談笑無還期。

王維中歲以後，篤志奉佛，蔬食素衣，喪妻不再娶，孤居三十年。其別墅在藍田縣南輞川，嘗自寫其景物奇勝，日與文士丘丹、裴廸、崔興宗等遊覽賦詩，琴樽自樂。

行所無事，一片空明，此老手退筆。看似無規律可尋，然令能熟讀王維之詩，亦可悟其着意營構之力。先輩謂右丞終南別業詩，不必粘題，不必分解，清微之至，可謂得此詩之妙矣。顧清微之境，非率爾可幾也。凡詩文之平易近人者，必具潛氣內轉，則其用力尤深。用力而不以力見，乃詩家之絕技，然非才大者不能。盛唐詩家，挾此等絕技以馳騁於詩壇者，首推杜甫。王維其次焉者也。摩詰之詩，以五律五絕勝；而五律首聯多着力，往往傳神。其法殆胎息於六朝賦體！江文通之恨賦、別賦，鮑明遠之舞鶴、蕪城，其前身也。（此僅論首聯）獨此詩平平引起，每轉愈深，通篇着力，而不見着力之迹，固知大家之作，無施不可。然此固不足爲淺學道也。

不分律法而律法自備，不分轉合而轉合自分，非具大智慧，不足以出此；非具大筆力，不足以馭此。摩詰之詩，於盛唐大家中別樹一幟，其空靈清淡之境，直上越陶謝，渾非並世諸公可及。表聖曰：「匪神之靈，匪幾之微，如將白雲，清風與歸。遠引莫至，臨之已非。」惟摩詰其庶幾乎！「詩人玉屑」曰：「此詩造意之妙，至與造物相表裏，豈直詩中有畫哉！觀其詩，知其蟬蛻塵埃之中，浮遊萬物之表者也。」（宋，魏慶之編詩人玉屑卷十五王維條引後湖集）

前六句皆靜境，第七句引出林叟，第八句乃有聲響。此則詩家調聲之法，凡大家無所不能。杜甫「客至」詩，前六句亦自言自語，第七句始引出「鄰翁」，第八句「隔籬呼取」始有聲響，全詩安排，與此畧同。悟動靜相形之妙，可與言詩矣。

山谷老人曰：「余頃年登山臨水，未嘗不讀王摩詰詩行到水窮處云云。」顧知此老胸次，定有泉石膏肓之疾。」（胡仔：苕溪漁隱叢話。）

方回曰：「右丞終南別業詩，有一唱三歎不可窮之妙。」（方回：瀛奎律髓）

唐詩偶釋（九二）

鄧中龍

女貞庵（五一）

（版權保留）

黎明

第八場：阻約

地：碧筠樓外與白雲軒內。

時：妙凈出走後的一個晚上。

人：潘必正、潘法成、陳妙常。

潘必正：（從碧筠樓外的涼亭中徐步而出）（唱）：

居然世外結奇緣，
夜夜偎香抱玉眠；
巧把洞房藏洞府，
東山又見月娟娟。

（白）自從那夜小生與妙常定情之後，經已暗締鴛盟，誓偕白首。原來她也是簪纓世家，書香子女；父死金兵，母女逃難失散，故爾權且寄跡於此。哎呀、妙常呀妙常！你我眞乃亂世兒女，共命鴛鴦也。祇今夜深人靜，月色甚好，我不免悄悄地逕到白雲軒中去者。正是：芸窗白日溫經史，梅帳深宵會玉人。（欲下介）

潘法成：嗯呸！

潘必正：（聞聲聳然一驚，遙見法成乃向碧筠樓而來，連忙躲在樹後，旁白）：哎呀不好！怎麼這般時候，姑母還會來在此處呢!?

潘法成：唉、可惱呀可惱！（唱）：

自從妙凈出山門，
叫我好生不放心。
她慣愛說那瘋言與瘋語，
六根沒曾淨一根。
倘若是，在外面，更做出那瘋魔事，
這女貞庵的顏面竟何存？
我有心要把清規整，
免得旁人說紛紜。
明偵暗察宜仔細，
可憐我，一庵之主，如今倒做了那巡夜之人。

（白）來此已是碧筠樓，這些時庵中事故多，沒曾與侄兒好好敘話，我不免逕自前去，就便看看他的功課如何。吓、門却開着？待我冒叫一聲，侄兒那裏？

潘必正：（連忙從樹後轉出）姑母拜揖！

潘法成：唔！這般時候，不在樓中讀書，却往那裏閑游去了？

潘必正：侄兒並未去那裏閑遊，祇在這亭子上納涼。

潘法成：如今秋深夜靜，風高露冷，還「納」的什麼「涼」呀？

潘必正：這個

潘法成：怎樣？

潘必正：侄兒祇因在樓中坐得久了，一時心中抑悶，偶爾下來，閑步一回。

潘法成：緣何情現慌張？

潘必正：失候尊長，故而惶恐；還請姑母恕罪！

潘法成：侄兒呀！（唱）

書要勤讀志要強，
春雷好動桃花浪。
金榜題名姓字香，
花前月下休閑蕩。
好把流螢手自囊，
莫讓春風又過牆！

（白）也罷！（堅定而嚴肅，好像看透了必正的心事似的）你隨我到經堂去，一邊我打坐，一邊你讀書，待我出定，你才寢息去罷！

潘必正：這個

潘法成：唔！如何？（更嚴肅）

潘必正：萬般無奈）侄兒遵命就是。（待續）

友聲集（三八）

清平樂

潮青

璞翁新作，慨念堅社舊人，水流雲散，不能爲懷。晏叔原所謂感光陰之易遷，歎境緣之無實者，意復相類，讀罷淒然，繼聲依韻。

旗亭事了，舊夢歌雲繞；逐歲尊前人漸少，說甚春風才調。　詞成沾淚茫茫，幾回鶗鴂辭芳；逝水東流宛轉，開簾生怕回腸。

拂花游

前人

憶彌龕

闌干自碧，正暗水沉鐘，薄涼生樹。東風似語，勸斜陽屋角，客懷分付。舊賞鵑紅，偏欠哀時俊侶。黯凝竚，問濺淚看花，誰共今度。　前事堪細數；算門韻山堂，鷓鴣春徂。重尋夢去，怕幽單萬感，落燈簾戶。俛仰心期，只剩新緗故素。怨遲暮，倩鄰家，更翻笛譜。

醜奴兒

畫竹

遯翁

數竿瀟洒琅玕影，寫上圍屏，張上疎櫺；風雨來時似有聲。　故人夢裏參差遠，水濶山橫，塞黑林青；可有平安報未曾？

忍古樓遺詩

挽潘若海

鬱鬱沈哀獨在胸，不因易代換章縫。九原誰爲歸君骨，五載無由識汝蹤。未死定歎瓜種谷，及亡方覩木生淞。高文自古輸風義，足愧揚雄與蔡邕。

題潘若海極樂寺看海棠詩卷，琴南寫圖

廿年隨急景，夢想故都春。賸有招提境，都成寂寞濱。吟邊少朝士，花底屬殘人。重念吾亡友，開圖一愴神。

題潘若海手書詞卷，其子叔璣其璇持來，並投長篇

！語軍符出，連州動義兵。孔休寧受責，翟義竟埋名。絕筆看仍在，怨歌吐不平。持來伴詩札，喜聽鳳雛聲。

輓黃晦聞

漠漠蒹葭澹澹霜，斂襟一瞑更何鄉。生前語淺饒深意，詩律精能入晚唐。

臘雪斟杯照鬢斑，低徊夢境一追還。歲寒詩卷松壇側，擬辦齋筵祔后山。

疊韻答胡展堂述梅之作

論詩得平情，抉擇斯獨至。君語挾秋霜，孰能易一字。杜須伐皮毛，韓莫文淺思。哺糟遺其醇，正恐乾嘉類。宛陵亦師古，曾不杜韓棄，尤於香山眞，斟酌盡能事。成功在有己，豈望滿人意。奚假一家言，硜硜樹標幟。君語固我同，茹古取兼味。

三疊韻寄展堂論詩

古人骨已朽，徒古未爲至，言須今日言，字爲古人字。古人倘生今，所見入吟思。豈甘毀塵羹，滿紙陳跡類。晉唐譯佛書，文雅世無棄。字樣必頒行，廟堂愼其事。曹衛寫人物，亦取康僧意。持比武梁刻，堂堂立新幟。吾言顧質君，儻非獨嗜味。

題黃蔭普母秋鐙課子圖

攻苦成名母卽師，辛酸惟有一鐙知。韋家音義源能溯，垣氏風誡所垂。窗几秋深頻夢憶，書編舊熟更尋思。講堂試爲諸生語，督責彌勤請業時。

爲馬武仲題媚秋堂尋詩圖

海南四時春夏氣，君獨藏懷滿秋味。碧梧一樹日玩芳，收拾西風入吟思。君家廊館最精潔，比似倪迂坐清秘。圖書小印要雙鈐，畫本題詞重唐荔。我聞疚齋稱粵士，於君娓娓述韻事，我雖未面已神往，心念小山有叢桂。安能渡海謀一醉，就君彝鼎讀銘字。飽君蔬筍誦君詩，挹取白露滌肝肺。

哭汪憬吾

病起書告存，悔恨牋答遲。昨者聆遠訃，令我橫涕洟。聞呼馬君訣，拱手易簀時。神明湛然在，精魄遽爾澌。又聞旬日間，猶復譽我詩。匪惟文字契，亦曰道在茲。志業抱微尚，天南此人師，薪傳自東塾，著述老不疲。夜哦雨屋燈，晝下櫻窗帷。成書數百卷，示後教所垂。世承青湖德，士節堅守持。避地走海澳，弔古傷明遺。白露冷未凝，儔幽遂長辭。知舊羣痛悼，豈我哭其私。

題陳弢庵爲梁節庵畫松

馬尾之役歲甲申，二公先後皆逐臣。當時強諫批逆鱗，痛哭不救火厝薪。海西滄趣兩隱淪，荔灣一諾十五春。長松磊落圖其眞，乞畫牋答今並存。畫間題字當庚辛，兩宮西狩方蒙塵。我腸鐵石子節筠，滿腔忠憤無由伸，奮筆力可擔千鈞。立形隱跡傳松坤，燔胸譬若慈仁焚。共歷浩劫雙松身。後來遭際尤艱屯。國步既改師始尊，昔有倪黃今梁陳，此幀世宜掌故寶。（完）

憶陳果夫先生（三二）

宇人

總上所述，可知張治中在青年團的時期，對國民黨還是很忠誠的。在當時那種貪污盛行的局面之下，青年團的許多同志所以尚能具有一股反對官僚資本主義和要求全面改革的朝氣，與張治中的作風也頗有關係。不過，很多人對他的印象都一直很壞，認為他為人卑陋。我在中央團部和他相處雖然很好，對於這種批評，也無異議。但後來他從反共一變而為投共，卻不是我始料所及的。不知一向引他為心腹的蔣先生，是否也感到意外？

現在，再繼續寫黨團合併後的若干往事。

三中全會通過將黨團合併後，青年團中央團部縮編為中央黨部的青年部，由陳雪屏任部長。原在中央團部的許多工作同志均因青年部的編制太小，不能容納，迫得另找工作；但卻到處碰壁。各地方團部併入黨部後，形式上雖是黨正團副，實則由於CC似乎決定要銷滅青年團的力量，以致副的完全不能問事。各支分團的工作同志多被投閒置散。因而羣情憤激，平息已久的CC與黃埔的鬥爭，遂一變而為CC與青年團同志的全面鬥爭，而且較前更為激烈。後來國大代表和立監委員的提名、選舉、以及副總統的爭奪戰，都受了很大的影響。

依照法令規定，國民黨對國大代表和立監委員的提名，是先由有志競選的黨員向所屬黨部申請登記，再由各該省市選舉指導委員會作初步的審查，認為合格者專冊呈報中央，認為不合格者另冊附於卷末，再由中央常會作最後的核定。為鄭重其事計，中央常會又推派委員分赴各省市實地指導。各省市選舉指導委員會是由省市黨部主任委員、副主任委員、書記長、組織處長及省市政府主席（或市長）、民政廳長、社會處長和省參議會議長之為本黨同志者組織之。由於團已合併於黨部，團方參加選舉指導委員會者僅有一人（即在省市黨部副主任委員者），CC方面除了省市黨部主任委員、書記長、組織處長而外，各省市的社會處長也多與他們有關。因此，CC在各省市指導委員會幾乎都具有決定性的作用。從而在審查候選人資格時，團方同志大受影響，其中尤以貴州為甚。

我在上文曾提到制憲國民大會後，貴州到南京開會的各負責同志即在京達成一項所謂大團結的協議。其中有一個條款，是CC要求貴州支團的兩位同志將所任省黨部委員的席位讓給他們而以協助這兩位同志競選立法委員為交換條件。但此時CC因在貴州省選舉指導委員會佔了優勢，便悍然自食前言。他們因為找不出適當的理由可說，竟在選舉指導委員會作成一項別出心裁的決議：對國大代表和立監委員候選人的審查，採記分制。即不加評語，祇打分數，得分不滿六十分者，即為不合格。如此一來，他們就可不必說明任何理由而任意將他們所欲排擠的候選人審查為不合格。再加上貴州省參議會議長平剛是一位幾乎終年足不出戶的老先生，他應評定的那一份分數也是交與CC的省黨部主任委員代評。於是，他們更可為所欲為，不但將貴州支團會讓出省黨部委員那兩位同志的立委候選人，審查為不合格，甚至連我的候選資格，也想打入不合格之列。還是中央指導員梁寒操表示不以他們之所為為然，他們才多給我幾分，算是勉強及格。

儘管CC在貴州方面對我和被認為與我有關的同志採取如此的敵對行動；但我在中央方面仍力持冷靜客觀的態度；有時還幫了CC的忙，茲舉一事為例。當各省市關於國大代表和立監委員的提名已經發生了不少紛爭之時，立夫、鐵城兩先生忽然約我去中央黨部，他們說：遼寧省的選舉提名至今仍未舉辦，擬請我前往指導。我坦率告訴他們：「因為北方不可久居，已將北平的住宅賣出，準備搬家到南京來。我正在建造一所房子，計劃造好後出賣，藉此賺一筆錢來做今後生活的基礎。因而外表尚有規模，內部則儘量偷工減料，我每天從早到晚都忙於監工。現在物價飛漲，早晚不同，假如我去瀋陽一行，往返也得半個月甚或二十天。在此期間，無人負責監工，工程進行勢必延緩，延緩一日我就要受一日的損失，延緩二十天，我就受不起了。倘承包商再乘機偷工減料，將來恐怕不待完成，便會倒場。我豈不是連老本都不能收回？今後全家的生活將怎樣維持」？我請他們另找其他委員。但立夫先生則說遼寧的情形特殊，非我去不能解決；並說：在我離開南京的期間，他和鐵城先生可以替我監工。鐵城先生也在旁幫腔。我說：你們兩公真會開玩笑，我怎敢請你們替我監工？你們又那能有空替我監工？但說來說去，我終於經不起立夫先生的敦促還是應允了。

我到瀋陽後，才知道該省選舉指導委員會已形成兩大壁壘，對國大代表和立監委員候選人的意見，多不相同。而尤以對齊世英申請登記為立法委員候選人的態度最為敵對，省黨部書記長和省政府主席是支持他的。其他的選舉指導委員則結成一條反對他的陣營。我和齊雖無私交，平素幾乎沒有往還；不過他在民國二十年即到中央工作，抗戰期間又歷任國民參政員則是我所深知的。以他這樣的資歷，申請登記為立法委員候選人，我認為自應獲得黨內的支持。因此，當時該省青年團的同志雖然都向我說，齊是CC，是立夫先生的親信，希望我不要支持他。但我告訴他們，我不管什麼CC不CC，我也不是支持任何個人；我祇是主持公道。假如他們所提出的人選，其學識、能力和在黨的歷史均比齊為優，我當然也可同意。反之，假如他們所提出的入選都不及齊，僅是為了派系的關係而將齊的候選人資格審查為不合格，那就太不公道了。

經過了兩天的個別接觸，該省選舉指導委員和其他有關同志的意見，都已聽取。我即在第三天召開選舉指導委員會，即席作了一個簡短的致詞。（待續）

中國現代史資料評介之十一

我的歷史（下）

左舜生

所謂『二十世紀之支那』，原係『華興會』同人所辦的一種刊物，光緒三十一年五月，出版了第一期，延至是年的八月，才出第二期。剛剛由印刷所送到發行處，即被警察追蹤而至，謂本期文字有妨害公安處，不許發行，即將所送到之雜誌全部收去。經向警署再三交涉，終不得要領，僅云係奉內務大臣之命令，不肯說明理由，惟問第一篇文稿從何而來，然後知第二期第一篇文字『日本政客之經營中國談』出了毛病。

光緒三十四年，余在長邑高等小學讀書，曾於舊書攤上購該雜誌第一期一本，前面有插圖兩幅：第一圖為黃帝像，反面有題詞云：『起崑崙之頂兮，繁殖於黃河之滸。藉大刀與闊斧兮，以奠定乎九有。使吾世世子孫有嗽飯之所兮，昔賴帝之櫛風而沐雨。嗟四萬萬之同胞兮，尚無數典而忘其祖。』現在看這部日記，才知道係出於宋之手筆。第二圖為孔子像，反面題詞則為舊文，即『孔子孔子，大哉孔子，孔子以前，前無孔子，孔子以後，後無孔子，孔子孔子，大哉孔子！』這也可看出當時留東學生風氣的一斑，今天則並此調也不彈了。

宋留在日本的這三年多，其年齡為二十三至二十六，看他的全部日記，可以知道他其時對於學問、品格、以及待人接物各方面，都還沒有怎樣成熟。他家境清貧，留學係官費，平日手中常常沒有錢，但有了一點錢，便要買書，這可看出他的求知慾確實是相當高的。可是他買書絕無標準，有許多毫不相干的書，他也買來亂看。他歡喜看小說，懸格也不高，大致他在署通日文以後，即藉看小說以消遣，並不是欣賞什麼文學。在他的日記中有談到『紅樓夢』的地方，見解也非常平凡。此外，他也看過若干關於修養的書，他在一個時候，頗服膺陽明，日記中錄過他的話不少。他在讀書時有一個重點是可以看得出的，即頗留意中國邊疆的地理，後來他對『間島問題』、『片馬問題』有些見解，大概即導源於此。

宋的年紀究竟很青，非常好動，除生病外，幾乎每天都出去看朋友，一談動輒兩三小時，甚至談到深夜，他的朋友大致非同志即同鄉。他也[illegible]喝酒，隨時都和朋友們上館子，有時乃至喝得爛醉。他初到東京時對某一日本女子頗有情愫，後經朋友再三勸告，即斷絕不復往來，這也可看出他的生活相當有節制。他因為錢不夠用，因此，凡有人為他介紹可以賺錢的工作，如教中國文語，或翻譯文件等，他總答應，但也做不長久。他曾屢次發願學英文，交過學費，上過課，但依然無法繼續。凡此種種現象，大致是當日一般出國留學同時又要做政治活動的青年的普通情況，不獨宋個人如此也。

『二十世紀之支那』既不能繼續出版，於是『同盟會』的機關報乃改名『民報』，第一期即於光緒三十一年十月（十一月）出版。黃克強與宋，因過去『二十世紀之支那』的關係，曾擔任過『民報』一時期的經理和發行，不過到第二年的二月（陽曆的），黃宋與孫中山之間，已鬧得相當不快。宋在這一年的二月二十八日有一段記載說：

『下午……七時，至民報社，與慶午言余辭職事（按即辭『民報』經理發行事），慶午不應，良久，慶午忽言欲退會（指同盟會），勸絕關係。其原因則以□□以己意製一新國旗，而慶午以為不善，請其改之，逸仙固執不改，並出不遜之言，故慶午怒而退會。時諸人均在，皆勸之。余則細思慶午不快之原因，其遠者當另有一種不可推測之惡感情漸積於心，以致借是而發。不實則此猶小問題；蓋□□素日不能開誠布公，虛心坦懷以待人，作事近於專制跋扈，有令人難堪處故也。今既如此，則兩者感情萬難調和，且無益耳，遂不勸止之。又思□□會自成立以來，會員多疑心德，余久厭之，今又如是，則將來之不能有所為亦意中事，不如早自為計，以免燒炭黨人之譏，遂決明日即向逸仙辭職，慶午事亦聽之。十時回，夜大風。』

又：『三月一日，晴。十時，至孫逸仙寓，言辭職事，並以一切文件交之，逸仙初猶不允，余固言之，乃已，遂皆交代清楚。』

余前言在宋日記中可看出他隨時歡喜找朋友談天，他既有一段時期處理『民報』事務，而『民報』在十三期以前，汪精衛寫的長文最多，可是在宋的日記中，卻無一字提及汪精衛，汪兆銘或汪季新者，為『民報』撰文章的人，如胡展堂、章太炎（民報自第六期起即由太炎編輯，蓋此時太炎已自上海出獄，被歡迎到東京也。）等，卻隨時有與宋接觸的事實，宋亦有記載，惟獨於汪絕無往來，亦一怪事也。

在黃花崗一役後，宋與譚人鳳（亦華興會舊人）陳其美等在上海創建『中國同盟會中部總部』，其所發出宣言及章程，亦出自宋的手筆，則批評同盟會『有共同之宗旨，而無共同之計劃；有切實之人才，而無切實之組織』，其對會員個人（包括中山、克強、展堂）亦均有微詞。又辛亥商量組織臨時政府，宋即主張內閣制而為中山所反對；孫欲提宋為臨時內務部長，亦為同志所不能通過；此可見宋之態度確實咄咄逼人，急宋者固不止袁世凱一人，即黨內亦然也。

章太炎為馮自由序『中華民國開國前革命史』，盛推譚人鳳及宋之功；及辛亥宋在滬，奪為臨時政府活動，章，更不惜以江左夷吾目之；及宋被刺死，梁任公為文追悼，稱宋『有政治家風度』，張季直以聯挽宋，則曰：『何人忍賊來君叔，舉世誰為魯仲連』。可見在民國初年，中國尚有公道可講也。

本刊已經香港政府登記
每逢星期五出版
聯合評論 週刊
United Voice Weekly
第二六○號
CHINESE - AMERICAN PRESS, INC
199 CANAL STREET.,
NEW YORK13 N. Y. U.S.A.
美洲航空版每份零售美金一角

日本到了應深切反省的時候了！

左舜生

上月二十三日，日本池田內閣的全體會議，正式決定批准了倉敷人造絲公司和中共簽定的一個合同。該合同的內容，係由倉敷向中共輸出一整套價值兩千萬美元的維尼龍工廠設備，其付款的方式，除首次由中共付出現款百分之二十五以外，其餘的百分之七十五，則於交貨以後，分作五年平均支付。其分期付出貨款所附加的利息，最初僅規定百分之四點五，後經池田內閣酌予提高，但仍由倉敷將貨款總額七十四億日元減為七十二億日元，作為一種掩耳盜鈴之計。日本與中共這一筆由日本政府正式決定的交易，總算正式完成，只靜待付款與交貨手續的實現了。

當池田內閣正式決定此一事件的前一天（即八月二十二日），中華民國的駐日大使張厲生，曾奉命向日本的外務省提出抗議，但日方的大平外相仍列舉若干不相干的理由以資搪塞，即在第二天他們的閣議對此事作出最後決定的時候，也沒有把我方的抗議提出加以討論，其對中華民國的一筆抹煞，尤屬顯然。

台北方面對此事是否準備採取比較有效的第二步驟，截至現在為止，我們一無所知；我現在只想把我個人對此事的一些看法，提出以供參考，同時也想把這十八年來的若干往事順便在這裏一提，以促起日方若干還不曾完全為現實利害所蒙蔽的開明分子，能多少加以反省。

一、日本對於退處台灣的中華民國，若干年以來，便始終沒有把它放在眼裏，尤其以他們幾家有地位的大報，表現得最為清楚。他們關於中共的『毛主席』或『周首相』的一舉一動，那怕就是放一個屁，他們也不惜累牘於在紙上的重要地位登載；但就是與中華民國有關的重要消息，也隻字不提，即萬不得已非多少有一點報導不可，也只是以兩行的小字登在一個最不容易使讀者注意的角落上，聊備一格！充他們這種獻媚中共而蔑視中華民國的心理，他們還有什麼事不可以做出來，何必要等到今天他們公然勾結中共以害中華民國才開始有所警覺呢？

二、在過去的若干年，日本曾不斷的有所謂民間的個人或團體代表跑到北京去勾搭勾搭，而日本政府一向只是裝聾作啞做出一種不理不睬的姿態。其實根據日本過去侵略中國的一貫態度，他們根本無所謂官方與民間，凡以民間姿態出現的人物，幾乎無一不得有官方的默契，甚至直接奉有官方的使命，否則像高崎達之助這類的人物，如何能與中共的負責者正式簽訂所謂『五年綜合計劃』？即以這一筆交易而論，中共在未經日本政府正式批准以前，他們早已有正式合同的簽訂，如果倉敷不早已得有政府的默許，他們如何會採取這種毫無把握的行動呢？

三、美國近年來已漸漸知道必須研究東方情況，從大體上說，可謂用力甚勤，規模甚大，花的錢真也不少；可是以語言文字上的隔閡，過去又未多加留意，除極少數人已多少有些心得以外，成績還是平平。日本人對於中國及東南亞一帶，畢竟是近水樓台，又以一般生活習慣的大同小異，往來甚為方便，語言文字的了解不難，更積有一百年侵略中國的經驗，他們總以為軟硬兼施，便可以操縱裕如。即以近年他們對中共的了解而論，他們懂得：中共領導層的人物，不僅對於中國的高等文化毫無素養，即對世界各方面的了解，更是十足道地的土包子，再以他們一般留法留俄的人物而論，也大抵留而不學，所造甚淺，只以世界突變，他們得了一個勾結外力的機會，又遇着一個鬆弛懈怠，凡事掉以輕心的國民黨，居然於最短期間，便能佔有一個廣土衆民的中國大陸，於是如毛澤東輩，乃居然以風流人物自居，一切言論行動，乃在不知不覺中，流於荒誕不經，更不知今世何世！他們平日標榜的所謂『世界革命』，所謂『馬克思列寧主義』，乃至所謂『民族主義』，『反殖民地主義』，『反帝國主義』等等，一切一切都不過是一種幌子，其惟一目的，只在如何保持他們這個僥倖得來的政權，他們壓根兒早已處心積慮，只想與世界一切帝國主義者來一次大妥協，但不幸這一着，乃為尼赫魯，狄托，赫魯曉夫等人着了先鞭，於是毛澤東等乃氣得七竅生煙，不禁大跳大閙，以發揮他們的兒童心理！這一切一切，赫魯曉夫都看在眼裏，了解在心裏，日本人和世界那些帝國主義的老狐狸精，更是相視而笑，莫逆於心，於是赫魯曉夫乃不惜『撲作教刑』，對他們大張撻伐；而日本人則運用他們的小智小慧，發揮他們的小心眼，運用他們的小手段，對中共大獻其小慇勳，捷足先登，以來塡補這一中共與蘇聯間破裂的大空隙，以求對中國大陸邁進一步，同時為第二度大侵略中國的張本。最近毛赫間這一空前的衝突，原因自然相當複雜，時間也已遷延甚久，可是假如我們忘了這是毛澤東對勾結帝國主義者被赫魯曉夫搶了先着，實為主要原因之一，則我們對他們的看法，便將不會完全中肯。

四、以我個人的心情來說，我總覺得一個一個的日本人，長處甚多，他們所最不了的，只是在思想上，政治上缺乏偉大人物的領導，這是他們在上次戰爭中失敗的總原因，而所謂『科學不如人』尚屬次要。當十八年前日本宣布無條件投降的前夕，一般人正在歡欣鼓舞，而我個人的心理狀態卻非常沈重。後來看見當時領導抗戰的蔣先生曾向國際表示：日本天皇制應否保留，可讓日本人民自決。後來他更正式決定：關於中國抗戰八年間所受一切的嚴重損失，中國對日本決不採取報復手段而乘人於危。我個人深深知道：﹙尤其以一九四五年七月四日午後我在延安和毛澤東作過一度長談以後為然﹚中共的凶燄，必有一個短時期要在中國大陸熊熊地燃燒，像接近一億人口，這樣一個日本民族，我們決不能聽其一直衰敗貧乏下去，而為共產這一逆流所捲去，以遺害整個亞洲和全體人類。我對蔣先生其他的政治看法與做法，截至今天為止，依然有許多不同的意見，但關於處理戰後日本的這一態度，我卻曾代表我們的黨，不惜予蔣先生以全面支持，曾於黨內黨外，作過多方的說服。我有位國民黨的老友，曾譏笑我們這一主張為『自作多情』，終有一天依然要上日本的當；另有一位老友，並曾以開玩笑的口吻，目我為『新親日派』，我總是一笑置之。一九五三，一九五六，一九六二，我曾三度前往日本視察，其目的則在了解日本一般復興工作的進度，以及他們人民生活的實際情況，其用意也還是在檢討我所贊成的這一基本原則有無漏洞，日本近年對中華民國和中共的態度，誠然給了我不少的刺激，可是我在原則上依然沒有動搖。我覺得：即令對於一個如何頑劣的兒童，我們唯一的辦法，依然只有加強我們的教育工作。我們在過去，不惜慨然放棄[illegible]美元﹙一個最低限度數字﹚的賠償，給予日本一個[illegible]身的機會，[illegible]有識者，試[illegible]舉措，與六十八年前，當日代表日本與中國議和的伊藤、陸奧兩位，[illegible]待張蔭桓和李鴻章的那種氣燄薰[illegible]劣態度作一[illegible]能不能平心[illegible]認我們確確[illegible]有泱泱大國[illegible]度？[illegible]定今天日本[illegible]者，如池田[illegible]之類，再度[illegible]重的錯誤，[illegible]領導你們全[illegible]民往共產黨[illegible]裏面去攢，[illegible]你們的國家[illegible]萬刼不復，[illegible]候，我們卻[illegible]愛莫能助了[illegible]有識的國民[illegible]眞是值得你們深切反省的時候了！

毛澤東的阿Q精神

許子由

鬱熱的天氣，沉悶的時代，執筆要寫「文章」，絕不覺得是什麼「經國之大事，百世之偉業」，而只有揮汗如潮的苦惱。殊不知道寫短文固難，讀長文更難，像中共的「中國政府發言人聲明」，一寫便是三萬多字！那些「辯証式」的辭句，像黃大仙的籤詩，簡直傷透腦筋之至！可是這究竟是一個做事少而說話多的時代，除了讀讀這些印在紙上的說話以外，又有什麼可看的呢？

料不到讀完毛澤東那篇纏腳布式的長文，倒也發現出妙語如珠，矛盾百出。不少可以遺興與解頤之處。拉什書感，以供同好。

核子彈與「腐鼠」

駁斥蘇聯聲明的中共聲明，是以「這個聲明，越說越不像話」做冒頭的。如果仿此來批評中共聲明，便應該像下面這樣：「這個聲明，越聲明越不像聲明」。

中共聲明說：蘇聯「大言不慚地說，只是因為蘇聯的核武器在保護着中國，我們才能夠批評他們。好吧，請蘇聯還是用你們的核武器保護我們一下吧，我們還是要批評你們的」。中共既說蘇聯「大言不慚」，為什麼不叫蘇聯撤銷核子保護？或要求廢棄「中蘇同盟條約」，讓中共去「自力更生」呢？

中共聲明的第一、二兩大段，完全掩飾不了對蘇聯拒以核武器技術供給中共的憤怒，更明言如果蘇聯是「真正無產階級立場」，就沒有理由阻止中國自己生產核武器。但卻偏要置辯，說蘇聯指中共要不到核彈而發火，乃是「以小人之心度君子之腹」。中共與蘇聯交訌，拿不到核子彈是重要原因，舉世皆知！毛澤東引出莊子中「惠子相梁」一段，把核子彈譬喻做「腐鼠」，以自示他的「君子」的清高。只有毛澤東才愛好這樣引經據典而又用典不當，也只有毛澤東才會說「美帝用更多氫彈對準中國；『並沒有什麼了不起』！」像毛澤東這樣糊塗地在「當國」，倒是視民命如腐鼠！

「燒餅歌」式的預言

這種摔氫彈「沒有什麼了不起」的說法，正足以証明毛澤東的「狂妄好戰」的態度。中共聲明引「毛澤東同志又說」一段：「估計氫彈戰爭要死多少人？全世界二十七億人口，可能損失三份一，再多一點，可能損失一半……還有一半人，帝國主義打平了，全世界社會主義化了，再過多少年，又會有二十七億，一定還要多」。更闡明了毛澤東何以認為摔氫彈「沒有什麼了不起」，就因為雖然可能全世界死了一半人，「還有一半」。不過可惜的是，「聲明」與毛澤東同志所說，並沒有「辯証」可以証明：死去的一半是帝國主義，存下來的一半是「社會主義化」的，而只能作「燒餅歌」式的預言，或共產主義的符咒！

如果「不幸」，死去的一半是「社會主義化」的呢？或生存的一半中，帝國主義力量仍佔優勢呢？大概毛澤東預料，他已在犧牲之列中，「死無對証」了。

其實，在整個人類的立場來說，即算共產主義如何「罪惡」，共產主義如何良善（事實上它年紀青青，罪惡已經不少。）如果有一場可能犧牲人口半數的戰爭，凡是人類，無論如何都該設法避免。不惜把世界變為「廢墟」，再在「廢墟」上來創造希望中不可必的文明。這簡直是愚蠢之尤者！蘇聯所說的「野獸的概念」。（下轉第二版）

致蔣介石的公開信

（原文見「中央公論」八月號）　高木健夫

（一）自由之名何在？

蔣介石總統閣下：

久疏問候甚爲歉仄。憶自前在台北草山官邸相見，已五年於茲了。當時承饗以貴鄉奉化的餅食，點心之美味，固永記勿忘。在這期間，中國人民熱望回到大陸，而仍舊不可能，想到祖先的塋墓，故鄉的親人，而自己則留居台灣，其苦痛與悲慘的情況，實使作爲貴國的鄰人者，不禁中心傷悲。

這一封信，也許可能作爲「情報」到達閣下及政府當局官員的手中，但是中國人民恐怕不能見到。因爲在國民政府治下的台灣即所謂「自由中國」，對於日本的刊物，不止如代表日本的報紙，甚至如「中央公論」那樣的綜合雜誌，也禁止輸入的，爲什麼這樣呢？據中國的友人說，是因爲日本的報章雜誌，常把共黨的報道與自由陣營的消息，同樣來加刊登。所以在以「反共復國」爲國策的「自由中國」便不能有輸入的自由了。

我以爲言論自由乃民主主義的根本，倘若不然，那麼台灣就有背於「自由中國」的名稱。我的所以寫此一信，最初的主要動機，是因爲有名字與「自由中國」相同的一本半月刊，曾在台北出版，而由前曾爲國民黨同志，並作爲政治智囊的雷震發行，讀了他在獄中的感想而執筆的。說起雷震，我知道國府的要人們是把他作爲厭憎的人物的。爲什麼「自由中國」的政治家，對於這位「自由中國」半月刊的社長，這樣的討厭呢？據我與他相見談話的感想，雷震可說是近來的所謂愛國之士，他也不是第三黨式的，而爲憎恨共黨的愛國者。

但是這樣的一位「反共愛國」的志士，却在反共的國府統治下，受到叛逆，與間諜那樣難堪的罪名而被逮捕，由軍事裁判而判處徒刑十年。聽到了這樣的消息，實使人不禁爲之愕然失驚。原來「自由中國」不止沒有言論自由，甚至政治的自由思想的自由也沒有了的。

這已是二年七個月的事情了，現在雷震正被囚於台北郊外新店的軍事監獄中。他現年約六十七歲，倘待刑期終了而恢復「自由」之身，怕就要年達七十四、五了。實則在此十年間，也就是在雷震被捕以來的十年間，是對於中國關係非常重要，可說是歷史的十年間。但是這十年間的中國（大陸也是同樣），卻以失去了雷震正義剛直的言論，而成爲一種空白狀態，這不能不說是大不幸的事情。

就我與雷震來說，並不是能完全意見相投的，當八年前，應邀來到台北，其間曾連日與之相見，討論日本與中國的問題，雙方作坦白的敘述。在此以前及以後，經由「自由中國」雜誌，感到他對國家民族的將來，懷抱高超的志趣與憂慮。當彼此通宵敘談時，他對國府的惡政，不惜極口加以批評。我曾說道：「雷先生，你也是國府當局的要人啊。」他回答：「正因如此，所以感到痛憤」，說着不禁流下淚來。

說來失禮，這也許是故意做作的淚，但雷震是容貌魁梧的大漢，像他那樣的人，竟在鄰國的新聞記者面前，毫不羞愧的流淚。他說：「國府的行事乃是獨裁政治，國民黨以一黨獨裁的體制，要想取得共黨獨裁下的大陸民心，這怎麼可能呢？但若不能取得大陸的民心，那麼『反共復國』又怎能辦到呢？且如國府既已公布了憲法，卻又對憲法屢次加以破壞。」

「但是你曾任國民參政會的秘書長，又自國府還到台灣，不是担任着總統的國策顧問嗎？爲什麼不向總統提出忠諫呢？」

「也曾數次進言相告，但這不過造成了我今日的結果。例如爲了接受美國務院的邀請，爲了要想去日本，都是因此不能得到護照。不但如此，在我的身後，隨時有特工的跟踪。」

「危險嗎？」

「是的。不過無論如何仍想前往日本，把國府獨裁政治的危險加以說明。」雷震這樣一面說着，一面流淚。

蔣介石總統閣下：

在我看來，所謂「自由中國」已與名不符了。憲法規定着要確保言論的自由（第十一條）所以雷震主持的「自由中國」半月刊，彷彿証明憲法第十一條的存在，可以常對國府提出批評，而與陶希聖主筆的「中央日報」相對峙，在表面上呈現一種壯觀。這種表面的言論自由，在國府獨裁下的「自由中國」，確是奇異的現象。據里巷傳聞，乃是因爲「自由中國」的社長本是胡適，而其經費又來自美國，所以國府便沒有辦法了。只是「自由中國」雜誌的在野黨的，作爲反對黨的社長，卻受到了這種有形無形的壓迫，對於雷震的流淚，我是能够明白的。

在我訪問台北的時期，新聞用紙是在政府統制之下的，所以如具有反政府言論及反對黨色彩的「公論報」等，便不能得到用紙的配給，因此只好用其他的紙張，但是惟有「自由中國」卻用了比「中央日報」更優的美國報紙。這的確是一種奇觀。並且「自由中國」雜誌還對你明白表現其反對黨言論的存在，這便是在發行祝賀你七十壽誕的「祝壽專號」的時候。那時候，胡適引用了艾森豪總統的例子，提出「呂氏春秋」以「無智，無能，無爲」爲元首之德的話。

像胡適那樣的人，他的文章，據說並不是自動寫成的，乃是由於國府機關報「中央日報」的社長胡健中，在總統七十歲誕辰時，致電加里福尼亞大學的胡氏，要求他能率直的表示所見，謂總統也希望如此，所以他纔有了他的「三無主義」高論，先是刊登在「中央日報」，後來由「自由中國」發表「紀念特輯」，作爲對總統的批判而發表的。

我亦認爲中國古代此種政治哲學，尤其在今日獨裁的「自由中國」是有其必要。爲什麼一國的元首應該用力於「三無」呢？據「呂氏春秋」所言，「夫君也者，處虛素服而無智，故能使衆智也。智反無能，故能使衆能也。能執無爲，故能使衆爲也。無智、無能、無爲，此君之所執也」。（見似順論「有度篇」）。

在這特刊中，「自由中國」的社論，反對總統三選，主張責任內閣制與軍隊國有化，並要求遵守憲法。但是這樣的議論恰好與實際情況相反對。所以如胡適在美的詭辯，謂由「自由中國」雜誌的存在，可見台灣是有其言論自由，但是不知國府的獨裁意旨正在隨時準備有一天要封閉「自由中國」，並除去雷震。我在六年前會見他的時候就爲他感到危險。

「我的將受危害，只是時間問題而已。」他說。

（二）反共政治的實態

蔣介石總統閣下：

但是他依舊對國府發表批評。

雷震並不是反國府的台灣人，是與你同鄉（浙江）的純然中國人，二十歲時加入國民黨，以後當選中央委員，並任行政院的政務委員，乃是一個主張「民主憲政」的徹底的自由主義者。一般雖說「雷震是失意的官僚政治家」，但我覺得他並不是失意者。我相信他是一個忠於政治的良心的愛國者。爲什麼呢？因爲他若選取了升官發財之路，那是很容易辦到的。這可由他的政治經歷而明白。但是在十年前，他被除名於國民黨，受到特工的監視，並且剝奪了出國的自由。他在台灣，選取了與軟禁同樣的一個浪人之路，冒着危險，對國府，向你蔣總統不憚直言勸諫者，只是爲了熱愛國家民族，深憂其前途而已。

民社黨，青年黨等，在今日台灣，以國民黨的支持而作爲友黨，但卻不可能保有反對黨或在野黨的地位。這與在中共大陸，那些民主黨派和中共的關係，正是一樣。這些在台灣的黨派，他們過去的指導者與創立者，現在已都不在台灣。例如張君勱在美國，李璜與左舜生兩人在香港，還有如被免去台灣省主席的吳國楨，也亡命在美國。據吳說，倘在台北，將有生命危險。這種連訴苦悲鳴的自由也沒有的台灣，是不能說出心中要說的話的，恐怕確是真情罷。倘要証明，那麼如吳亡命美國時，即曾寫信給你與第四次國民大會，要求國府政治之徹底民主化。他並說反共青年救國團是希特拉青年團的台灣版。但這樣的言論，不會出現於台灣，吳當然是知道的。

亡命外國，有了言論自由，要對國府發表批評，自然容易辦到。但若身在台灣，而敢於發表批評，那就需要異常的勇氣了。這種勇氣，當戰時的日本，我也曾有過，但說也慚愧，竟不敢有，因爲這實在不容易。雷震就是以此勇氣，本其良心的主張而以言論活躍於「自由中國」刊物上的。他對國府的法西斯化，蔑視憲法，反攻大陸的無謀，及政治的腐敗，提出痛擊，並主張有結成在野黨的必要。這種行動，決不是失意的官僚政治家所能有的，實使我爲之感動。

現在雷震已被捕了，這是一九六〇年九月的事。罪名是叛逆，這使我爲之大吃一驚。雷震所企圖的是怎樣的反叛呢？依據中華民國憲法第九條，規定「人民除現役軍人以外，不受軍事裁判。」但是雷震則以軍事裁判而被處徒刑十年，致被囚於台北郊外新店的軍人監獄中。雷震出身日本京都帝大，是由服務教育而從事政治的，他不像你與張羣那樣是日本陸軍士官學校出身的。既然不是軍人，什麼理由要受軍事裁判呢？

（下轉第三版）

毛澤東的阿Q精神

以「一堆肉」自豪

許子由

（上接第一版）

中共把「野獸的概念」這一句評語回敬蘇聯，抨擊蘇聯所認爲「戰爭概念已因火箭核子彈而改變，『沒有非正義戰爭與正義戰爭的區別』，因所謂正義戰爭不能取得勝利，而只能帶來人類的毀滅」。說蘇聯認爲「活着就是一切，而目的是沒有的」，因此是「野獸」。中共的說法，實際牽强得很，事實上人類活着決不會沒有目的，在既有的文明基礎上，一定有改進有進步，而不一定要天天「革命」，更用不着一定要爲革命而鼓吹不怕戰爭。

中共引述出來抨擊蘇聯所說的：「對於許多人民來說，社會主義問題根本就不存在了，因爲他們的肉體已從我們這個星球上消失了」。這話倒是正確的，在核戰爭中「死去一半」的人民，按比率就有一半是「已解放」的，和一半「待解放」的人民。即使戰爭的廢墟上能建立「更好」的世界，也不知道要經歷若干年代？何況這「更好」也並沒有把握，那麼憑着什麼理由，要不惜犧牲世界半數的人口？

毛澤東强調他的民兵，也誇大游擊戰。赫魯曉夫却認爲民兵是「一堆肉」，游擊戰不過是爭取「壯麗地死去」。這是毛澤東所最痛恨的。毛澤東强調「人的因素」，以至要否定「核時代」和「太空時代」，那知道時代的進展，絕不是無能而强項的毛澤東所能挽回的？何況毛所强調的中國人民，對中共已有「及爾偕亡」之痛。毛澤東所認爲他所憑藉的，也快要起來把他埋葬呢。

蘇共七月十四日駁斥中共公開信原文節要

編者按：中共曾於本年六月十四日給了一封信與蘇共中央，信中對廿五個問題作了論析，並提出了毛澤東的所謂國際共產主義運動總路線。各方判斷，均認為中共六月十四日致蘇共函是毛澤東親自起草的，而且也是毛澤東和中共中央諸首腦的自鳴得意的。因為他們自以為那封信寫得很好，不但足以駁斥蘇共，而且足以打擊赫魯曉夫及其所領導之蘇共從而爭取領導權了。所以，當中共將六月十四日函交給蘇共，遲遲未見蘇共公開發表，中共便一方面嘲笑蘇共自知情虧理輸，不敢發表中共之函，另一方面便片面的單獨將該函發表，並在蘇聯及東歐各地印發。殊不知，蘇共也有它的一手。它之所以遲遲未將中共之函公開發表，乃是為了在公開中共六月十四日函件時，同時駁斥該函。所以，等到蘇共駁斥中共之函擬好時，便於七月十四日即中共致蘇共函後一個月，便一面發表中共六月十四日原函，一面同時發表了這一封公開信駁斥中共的公開信。蘇共七月十四日駁斥中共的這一封公開信，不是寫給中共，而是寫給蘇聯共產黨各級黨組織的。所以，在性質上說，這是中蘇共衝突進一步惡化的一封重要的公開信。該信內容不但揭發了中蘇共間過去的許多秘密，而且也刻劃了中蘇共間今後的鬥爭輪廓。極為值得一讀。

當蘇共於七月十四日發表此一公開信後，中共曾嘲笑這一公開信毫無內容，中共在香港控制的大公報於報導上述消息時，且以「奇文共賞」為大字標題以輕蔑之。但蘇共七月十四日這一封公開信是否毫無內容有如中共所說呢？凡讀過中共六月十四日致蘇共函及蘇共七月十四日公開信的人，都可作如下回答：就是蘇共七月十四日公開信，比之中共六月十四日致蘇共函，實在比中共函高明多了。兩相比較，情虧理輸的顯然是中共，而不是蘇共。也正因為如此，所以香港大公報雖然曾在新聞標題以「奇文共賞」標出，但大公報始終未將「奇文」原文刊出以供讀者一讀，這「共賞」原因何在呢？大概香港大公報的編輯們也覺得 [illegible] 。

[illegible] 讀者多 [illegible] 本刊編輯部接到許多讀者來函，希望本刊能將蘇共七月十四日原函轉載，但因篇幅太長，這一原函共一萬二千多字，雖有轉載價值，但我們限於篇幅 [illegible] 。

自本期起，祇能將蘇共七月十四日駁斥中共公開信之節要發表，幸祈讀者諒鑒。以下是蘇共七月十四日公開信原文：

[illegible] 年代，蘇聯人民給予中國人民兄弟的援助。中華人民共和國成立，中蘇兩國政府就締結了友好同盟互助條約，這個條約是抵制帝國主義侵略、加強東方和全世界和平的因素。蘇聯人民把自己的多年來的社會主義建設的經驗和成就、科學技術經驗慷慨地給予中國人民。蘇聯給予中國的經濟發展 [illegible] 的援助。在蘇聯的幫助下，中國建立了用蘇聯最新設備裝備起來的一百九十八個工業企業、車間和項目。在蘇聯協助下，在中國建立了汽車、拖拉機、飛機等新的工業部門。蘇聯給了中國兩萬一千套以上的科學技術資料，其中包括一千四百多份大型企業的設計資料。我們一直幫助中國鞏固國防和建立現代化的國防工業。在蘇聯的高等學校裏，在我國的企業裏，培養了數以千計的中國專家和工人。而且現在蘇聯繼續對中華人民共和國八十八個工業企業和工段的建設給予技術援助。我們講這一切，並不是為了自誇，而僅僅是因為中國領導人最近企圖貶低蘇聯援助的意義。並且我們也沒有忘記，蘇聯也從中國獲得了需要的貨物。

「還在不久前，中國領導人曾經對中蘇兩國人民的友誼和中共對蘇共的團結說過很多公道話，曾經高度評價蘇聯的援助並號召學習蘇聯經驗。毛澤東同志在一九五七年說過：『中國人民在爭取民族解放的過程中，獲得了蘇聯人民兄弟般的同情和支援。中國革命勝利之後，蘇聯對於中國的社會主義建設事業又給予全面的、巨大的援助。這些都是中國人民永遠不能忘記的。』」

「中國領導人開始忘記了這一點，對此祇好表示遺憾。」

「我們黨、全體蘇聯人為偉大的中國人民在新生活建設中取得的成就而高興和驕傲。尼·謝·赫魯曉夫同志在北京舉行的祝中華人民共和國成立十周年的盛大招待會上說過：『在自己的光榮的共產黨領導下的勞動勇敢的中國人民顯示了，人民一旦掌握了政權，能做出什麼樣的事業來。』現在大家都公認：中國人民共和國共產黨所取得的成就。亞非各國人民看到，應當走什麼道路和採取什麼制度才能真正地發揮出人民的才能和創造力，才能讓人民全面地和充分地顯示他們強大的創造力量。」

「這就是中國領導人沒有開始離開世界共產主義運動共同方針以前的情況。」

「一九六○年四月中國同志公開地暴露了他們同世界共產主義運動的分歧，發表了名為「列寧主義萬歲！」的文集。在這本以竄改列寧的著名著作和斷章取義地、不正確地解釋其論點為基礎的文集中包含的論點，實質上目的是反對一九五七年莫斯科會議宣言（毛澤東同志代表中共在這項宣言上簽了字）的基礎，反對列寧不同社會制度國家和平共處的政策，反對在現時代有防止世界戰爭的可能性，反對既利用和平的途徑也利用非和平的途徑來發展社會主義革命。中共領導人開始把自己的觀點強加給所有兄弟黨。一九六○年六月，當世界工會聯合會理事會在北京舉行會議的時候，中國領導人不經兄弟黨領導人同意，便召集了當時在北京的某些黨的代表的會議，對蘇共和其他馬克思列寧主義政黨的立場和一九五七年莫斯科會議通過的宣言展開了公開的批評。不僅如此，中國同志還把他們與蘇共和其他兄弟黨的分歧帶到了非黨組織的公開講壇上。」

「中共領導這些步驟引起了兄弟黨的嚴重不安。考慮到這一點，在一九六○年共產黨布加勒斯特會議中曾嘗試同中共領導人討論已產生的分歧。五十個共產黨和工人黨的代表對中國領導人的觀點和行動進行了同志式的批評，呼籲他們根據莫斯科宣言的原則回到國際共產主義運動團結和合作的道路上來。遺憾的是，中共領導人藐視同志式的幫助，繼續執行自己的錯誤方針，加深自己同兄弟黨的分歧。」

「為了防止事態的這種發展，蘇共中央提出了同中國共產黨中央委員會舉行會談的建議。會談於一九六○年九月在莫斯科舉行了。但是，那時也由於中共代表團頑固地不願傾聽兄弟黨的意見而未能克服已產生的分歧。在一九六○年十一月舉行的八十一個共產黨和工人黨代表會議上頑固地堅持自己的特殊觀點，祇是在出現了它會完全孤立的威脅的時候，他才簽署了聲明。」

「現在已經十分明顯，中共領導人在一九六○年的聲明上簽字，不過是要花招而已。在會議結束後不久，他們就利用阿爾巴尼亞勞動黨領導作為傳聲筒，重新開始宣傳自己的方針。他們背着我們黨，展開了反對蘇共中央和蘇聯政府的運動。」（未完）

致蔣介石的公開信

高木健夫

（原文見「中央公論」八月號）（上接第二版）

誠然台灣今日是在戰時狀態，也許這就是理由所在。但是司法部既全是國民黨員，在數年前，曾有律師遺書自殺，指責法官的事件，即張金衡尸諫事件。所以多數裁判以金錢賄賂為標準，加上行政的干涉，與軍法司法職權的混淆不明、通從被裁判者來說，實際上普通裁判與軍事裁判都是差不多一樣的。但就對不守憲法的政治作嚴厲攻擊的雷震來說，因為受了軍事裁判，致不經審議而遭到嚴酷的刑罰，到底令人難堪。

然則雷震的所謂反叛行為，究竟是怎麼回事呢？自然就外國人的我來說，是難以知其詳情的。但據所傳聞，雷震被逮捕的直接原因，是說他曾與中共的間諜相往來。

我在訪問台北時，曾對雷震說道：「國府只是徒託空言的叫着反攻大陸，在慢性的戒嚴令下，要想實施如你所說的民主憲政，使台灣真成為民主政治的模範國家，實為事所可能。並且認為你若真能愛中國民族，而為其幸福着想，那麼應該設法解消目前不幸的國共對立狀態，而使大陸復歸於和平。」

他說「不，這樣的事決無可能。」

「然則是否想長久留在島上嗎？你們以為在共黨統治下的人民，正苦於權力政治，致陷於衣食不足的狀態，實則恐未必如此。誠然，現在六億人民的生活水準，與國民黨時代來作比較，已不能相提並論。但來到台灣的二百萬外省人，他們都希望能有一天，早日回到祖上所安眠的大陸，不是一心在作此想望嗎？」

「所以都想歸去。」他泫然淚下的說着。「但是沒有用。我們是在共黨據有大陸一天，死也不作歸計的。」他便是那樣憎惡中共的人，但是却被視為與中共的間諜通謀，懷抱推翻國府的陰謀，果真能有這樣的事情嗎？

蔣總統介石閣下：

在「自由中國」，尤其關於共產黨，我知道是決無反共的自由的。並且如所謂「檢肅奸匪條例」等一串的「反共立法」，在加重人民生活的困苦，而在此等反共立法之下，本是反共的、善良的台灣人（實際上他們是連什麼是共產黨也不知道的），正受到政治與行政的各種不平等待遇，以及壓迫。這也是我所知道的。例如有了親友而與共產黨發生關係，那麼他們若有知悉，便有告發的義務。過去有政府財長，即因默認其外甥與共黨的關係，致被連累而判處徒刑七年。且若不是默認，而是由於全然不知，那也是有罪的。據說這叫做「不告知罪」。

「不告知罪」，如日本歌舞伎戲的台辭，釋迦也所難免。但如本人完全不知，而其友人或其友人的友人，竟與中共間諜有了關連，那麼本人雖是怎樣純潔，據說也難免有罪。我想雷震也許是因此受到連累的罷，但若果如此，也應有斟酌實情的餘地，具有一線希望的。

但是問題却在更深的地方。因為自由主義分子叫着有結成反對黨的必要，而設法與台灣人的「民主自治」運動相結，以謀結成無黨無派人士的新黨，於是國府便視之為無賴漢與無聊政客，目的不正，違背反共抗俄的國策，對其結成新黨要實行取締了。因此之故，視為新黨中心人物的雷震，就在被捕以前，已受特工重重的包圍與監視了。

據說在台北和平東路二段十八巷一號「自由中國」社的對門，就曾設立「專案小組」，作為「雷震叛逆罪的搜查本部」。在本部中，經常備有吉普車一輛，大型車三輛，凡是雷震外出時，輒有特工三四名尾隨跟踪。因此由搜查本部的活動，一個自由人並熱烈的愛國者雷震，遂以實有其事般被認為犯了叛逆罪，從事陰謀活動了。

在雷震被捕的同時，不消說新黨運動也受到壓迫而消滅。質言之，雷震的被捕而被處徒刑十年，並不是因為與共諜通謀，而只是因為對黨的獨裁與法西斯政治，要想建立反對黨而開拓民主政治之路。這便是所謂背叛國家罪。由此情形，「自由中國」難道不要為「自由」而哭泣嗎？

當雷震被捕時，胡適尚在美國。一個月後，他回到了台北，但並不去監獄探望雷震，並且還從此否認再任「自由中國」的發行人。對於已死的胡適，不願多所深責，但作為自由主義者的胡氏，對着真正為自由而戰的雷震，就未免令人感到不足了。比較胡適的善於明哲保身，雷震雖屬愚直，究不愧是有信念的熱情之士。他不知道運用策略，不知道為一身的安危而謹慎其言論活動。

他甚至在牢獄中，做夢也想到胡適在「自由中國」上所發表的「容忍與自由」的文章。他說：「容忍為一切自由的根本，無容忍，自由即無由而生。」由這思想，熱情愚直的雷震果真是後退一步，還是對國民黨的獨裁想作一時的降服呢？不然，不然，我以為他並不如此。（後略）

台灣簡訊

志清

一、立委送子從軍有妙文

立法委員段劍岷的幼子鍾濟畢業於台北建國中學初中，已考取本校高中；但奉父命，改進空軍幼年學校，日前段委員送愛子入學時，還發表一篇書面談話，頗堪玩味，原文是：「命子從軍，既合於吾父子報國的心願，更希望改革社會的風氣，以身作則，首先提倡。因為社會風氣不正，有許多有權有錢的子女，如院部會首長，立監委員等，多千方百計，送子女出國，躲避現實，濫費外滙；甚且在報上揄揚，某人有若干兒女，皆在國外修習學位。自鳴得意，引以為榮。若要人的子女皆在外國，反攻大陸，靠何人犧牲？此種風氣，若不改革，流毒必深。吾雖是窮立委，言微人輕，個人起不了作用；但深感沉痛，願以身作則，叫愛子從事空軍。若能少收改良風氣的效果，乃天眷中華，國家之福。」

二、中信局改善投標辦法

中央信託局決自九月　日起將其所經辦的國內採購，改用通訊投標辦法，暫定先試辦三個月，其要點如次：

「（一）購領標單：凡合於該處通訊投標須知規定之資格者，均可於規定日期內隨時（不具名）向該處購買標單。

（二）投標手續：投標廠商領標單後，應妥慎填寫，（標單投郵後，不得申請更改補充或撤回）密封於該處規定封套內，（該項封套隨同標單一併發售）最遲必須於開標之前一日，以隨時掛號寄送該處，其寄達日期，以郵戳為準，倘逾期寄達，則原封退回，不予受理，投標人不得提出任何異議。

（三）報價辦法：投標廠商應按照投標須知規定之規格及條件報價投標，如所投標單之規格及案件與投標須知不符者，其標單概作無效，投標廠商不得提出任何異議。

（四）繳納押標金：投標商應於投標截止後，開標之前，依照公告規定繳納押標金，如未繳納押標金，或所繳金額不足者，其標單均作無效。

（五）核驗證件：得標廠商到本處通知後，應於規定期限內繳驗有關證件，如經核對廠商資格不符規定時，除予廢標外，並依照投標須知規定處理其押標金。」

據稱：該處經辦國外內採購，圍標的情形頗為嚴重，尤其是國內採購，在投標時，不但廠商互相勾結圍標，甚至發現有流氓等不良份子，當場威脅參加投標廠商。而造成圍標的最大可能性，即目前採用的投標辦法，規定各參加廠商，齊集一處投標，因而各廠商即可當場暗中勾結圍標。為防止圍標情形更為猖獗，該處研究結果，只有採取通信投標辦法，其優點為：（一）各廠商彼此不見面，以信件投標，可減少彼此勾結圍標的機會。（二）向該處購買標單不必具名，則參加投標的廠商事前不致外洩，而造成圍標。這種通信投標的方式，與現行的國外投標頗多相似。目前國外投標，國外廠家有自行以信件投標的。

該處又說：國內投標試行通信投標辦法，係屬試辦性質，推行時，有無困難，尚不得而知。因為，參加投標的廠商，仍然有資格之限制，例如標購鋼鐵製品，則限於鐵工廠，而本省目前可以參加投標之鐵工廠有限，各廠仍有預先勾結圍標之可能，故通信投標是否可以澈底消滅圍標，尚無把握。

最堪注意的，是中信局乃國家的金融信託機構；但其舉辦國內採購，投標時，竟有「流氓等不良分子當場威脅參加投標廠商」，該局無可奈何，祇得改變投標方式以避之，足見這些流氓等不肖分子是有恃而無恐的。

三、縣轄市長藉名集會

近年以來台灣省市縣民意代表常假藉各種名義自行集會，但其真實的目的，則不外二者，其一為爭取私利，如各縣市議會議長為了爭取縣市議員的待遇和增加縣市議長的「辦公費」等，曾集議多次；其二，為尋找娛樂，如縣市議員乃至市民代表常假借考察，研究等名義集會，實行遊山玩水，甚至參觀大腿舞。因為他們都是假藉一些似公非公的名義，所以一切開支，均出自公帑。最近，各縣轄市的市長和市民大會主席等多人又以研究市政的名義，在宜蘭市集會，省政府以此等集會於法無據，特嚴令糾正，並限令所有參與此項會議人員的餐旅各費，不准以任何名義報銷；對於其所作的建議事項，各縣政府及有關機關，亦不得置理。嗣後倘再故違禁令，浪費公帑，將從嚴懲處。

四、殷台公司的遺患

曾在立監兩院引起掀然大波的殷台公司，前曾向「台航公司」承造「台新號」輪一艘，全部價欵為美金四百萬零六千七百六十一元五角三分，台航已付出美金二百餘萬元。該輪原應於今年元月十五日完工交船。繼因殷台倒台，由台船公司接造，遲至九月底始交貨。台航公司認為不合規格，工程進行中保養不佳，交船日期又一再延誤，乃拒絕接收；並向台船公司要求建造技術工程方面的保證及賠償延期交貨的一切損失。但後者則予拒絕，其理由是該公司不是殷台公司的繼承人，沒有繼承殷台義務的理由。兩者兩持不下。八月二十八日，交通部乃決定改由招商局予以接收，據稱：台新輪在技術上的檢驗，仍應依照國際慣例，由驗船機構檢驗，並依照規定由主管航政機關檢查合格，並經試航符合標準後，才能接收。

監察院糾正建設廳及市公務局

為了台北違建大樓

獨清

（台北通訊）近幾年來，台北市政府奉命嚴格取締所謂違章建築，還成立了一個拆除大隊，專司其事，致使許多升斗小民於轉瞬之間，便無家可歸，因而不時發生慘劇。可是，若干有錢有勢的特殊人物，則可任意興建違章大樓，並無人敢動其毫毛，其中尤以館前街四十三號的那一座高達十一層的鋼筋水泥大樓最具代表性。該樓在開始建築不久時，即已鬧得滿天風雨，不但輿論嘩然，市議員們也要求予以取締，市公務局且將所發執照吊銷，並函拆除大隊强制拆除；但事實上該樓刻已建築完成。足見該業主是有所恃而無恐的。八月二十八日，監察院為此特對省建設廳和市公務局提案糾正，列舉應糾正的理由五項，雖然不免有大題小做之嫌，但讀者於此亦可對今日台灣的政情增加不少的了解，特摘要錄後。

一、施工不依圖則，工務局不加制止

糾正案畧稱：「該大樓業主林錦祥委託大興建築事務所代為設計六層鋼筋混凝土店舖一座，次年向台北市公務局領獲建築執照。但在施工之初，即擅改為八層，並未向工務局申請變更設計。據該建築師稱：該樓工程，渠僅監工到二樓，以後則僅看看鋼筋的數量而已。繼因毗鄰的人壽保險公司以該大樓損害其四十五號之房屋，一再向工務局投訴，請飭令停工，該局始通知業主吊銷原發執照。時該樓已建至第九層。該樓既無圖樣，亦無施工日誌，而派往現場監督人員迄不報告，到建至四層以上經毗鄰之人壽保險公司向工務局提出安全損害之抗議時，工務局亦不派員實地勘查，僅以一紙通知飭該業主自行改善，至建至九層，經保險公司一再抗議，始予吊銷執照，但仍任其繼續興工不加制止，殊有未合，此應糾正者一。」

二、既令强制拆除，復任興建完工

「該違建大樓營建執照被吊銷後，業主並未停止施工，仍日夜趕建，至九月下旬已建至第十層。工務局乃函拆除隊派工强制拆除。但拆除隊於九月二十日到達現場時，業主林錦祥又提出工務局局長劉鼎文親批：「交建管課通知限期辦理變更設計」之申請書一紙，致拆除未果。該大樓亦於五十一年十一月初，十一層全部建築完成。社會輿論嘩然。工務局始將派往工場監督之技工予以更調，主管股長記過一次了事。現該違建大樓，已全部出租加以使用，工務局並未依法處置，不無違法失職之嫌，此應糾正者二。」

三、冒名廠商承包，實係自行監造

「依照法令規定，大樓建築工程應由甲級營造廠承包。但在名義上承包該工程之建榮營造廠係屬乙級，而且早經建設廳公告停業。又詢據業主及原監造建築師均稱：該大樓工程係自行僱工購料監造，該營造商不過僅在開工申報查驗單上蓋章，以示工程係由合格之營造廠承建而已。工務局各級承辦及主管人員均未覺察，實背情法，此應糾正者三。」

四、建廳不無違失，亦屬非是

「台灣省政府建設廳於該案發生之初，頗為注意，即派技佐前往調查，認為安全問題極為嚴重，應先將八樓以上拆除，再依照建築法第卅一條規定予以罰鍰，然後始得准其變更設計；乃建設廳竟飭工務局自行擬具處理辦法報廳。建設廳明知工務局處理該案確有偏頗違失之情，自應依法負責作果斷之決定，乃反飭工務局自行處理，致迄今仍未解決。政府威信掃地，不無違失之嫌。又建設廳於派技佐林雅雄調查之後，又派第四科第一組組長李昌時再行調查，其調查報告曾經面囑其本人及林廳長轉飭抄送參考，均未見送達，嗣復函建設廳及黃主席催促其速送，但迄今數月仍避不檢送，亦屬非是，此應糾正者四。」

五、台北大樓多違建，安全可慮

「台北市所有高樓如第一大飯店、東方大飯店　南京大飯店、中國大飯店、五洲大樓等等，均係先請准四五層樓之建築，然後再變更設計，為八九層以上。且工程多有為業主自行雇工購料監造，營造廠徒具虛名，只供蓋章而已。建築師及營造商均乏榮譽感，只要稍有利益，即可輕假名器，非其設計之圖樣固可任意蓋章，而非其承建之工程，亦可諉稱承建。而市府工務局，派往各該區管理人員大都為低級之技工及雇員，市府亦以編制及待遇等限制，不易延聘學識豐富之技術人員。而一般業主與建房屋之目的在於出租轉售圖利，故利速成，不惜偷工減料草率從事。加以社會有力人士，復多不顧身份予以關說庇護。有此種種原因，故台北市新建高樓多不合建築標準，發生安全問題者其不良後果雖須待十數年以後，方能實現；但其惡因已種於今日，為將來社會人民之安寧計，亟應加以注意。此應糾正者五。」

六、國家政令，形同具文

「工務局對於違章建築之取締向未澈底執行，所發通知，亦屬虛應故事。據本院前彈劾工務局局長林永倉建管課課長范源遠一案之懲戒會議決書內該員等申辯稱：「所謂如不遵辦即予拆除者，不過一種嚴斷警告而已。」「以即刻停工……派代表拆除等嚴厲之詞令飭之者，無非提高當事人警惕，加强督促改善之效」親此申辯，無怪乎各違建之業主對於工務局通知均置之不理，致使國家政令形同具文，喪失政府威信。此應糾正者六。」

任何人讀了監察院的糾正案後，都可想見其中必有官商勾結的因素存在，如非業主送夠了紅包，便是該違建大樓業主與特權人物有關。否則該樓業主又焉能在十目所視，十手所指的情形之下，以六層樓的設計而興建十一層的大樓？

棉花產量不高棉布供應短缺
始終是中共最感頭痛的問題

劉裕署

據中共「中國新聞社」八月廿六日北平電：中共最近在北平特別舉行了一次「全國性」的棉產會議。中共政權國務院總理周恩來也出席了這一會議，並且發表了講話。

據中共新聞社說：「由於今年中國棉花播種面積比去年擴大一千萬畝左右，大部份地區棉花又生長得好，預計今年全國棉花產量可比去年增產兩成到三成。這是最近國務院在北京召開的第二次全國集中產棉縣棉花生產會議上指出的。」

又說「周恩來總理曾在會上講了話，他要求各地加強組織領導，拿出足夠的領導力量，結合專家和羣衆，專門抓，長期抓，抓到底，爭取在棉花生產戰線上打更大的勝仗。」

又說「會議指出，目前，除北方的河北、河南等省部份地區的棉田，最近雨多受澇外，全國大部份棉區普遍生長得好。長江中下游的棉花高產區浙江、上海、湖北、江蘇、江西、湖南等省市的棉花，預計將比去年有較大幅度的增產。其他各地如山西、陝西、新疆、四川、雲南、山東、遼寧、北京等省市和自治區大部份棉花，生長也比去年好。」

我們曉得：大陸棉產不高，棉布配給異常短缺，始終是中共比它對糧食生產更感頭痛的問題。此所以中蘇共衝突以來，毛澤東為了安撫內部，避免叛亂，忍痛將人民糧食配給量於最近一年已略為提高，但對人民的棉布配給量不能增加一分一寸的原因。

據中共人民日報消息，中共早已用各種手段以謀棉花之增產，譬如把棉農的糧食配給量提高到比一般農民的糧食配給量多，就是中共尋求棉花增產的明顯手段之一。然而，由於種種原因，包括生產關係農民生產情緒及技術原因等，中共的目的始終未能達到。這也就是中共現今不得不在北平一再舉行其所謂全國棉產會議以及周恩來被迫出席不得不喊出「專門抓，長期抓，抓到底」的口號的背景。

據上述中共電訊，謂今年棉花產量可望比去年增產兩成到三成。因生產情形似乎比去年好。但上述中共電訊宣傳成份仍然很多，事實上，從中共各地方廣播電台早已一再播出今年棉花生產情形根本不好。而且中共這一會議亦已承認北方幾省棉田受澇，山西、陝西、四川、雲南等省不過目前生長較好，並不說明今年會有較好收獲量，中共預計今年能有較好收獲量的也只蘇鄂浙贛數省而已。

再說，中共今年的植棉區既已比去年擴大一千萬畝，今年比去年多收兩三成原也應該，但這並不說明單位產量之增加。問題還在整個生產量太少，而又無法增產，所以中共對這問題勢將頭痛到底。

大陸簡訊

白帆

捷克封閉了中共新華社 中共向捷克提强烈抗議

在蘇聯的東歐衛星國家中，羅馬尼亞正與中共眉來眼去，中共對東德則正在挑撥，謂蘇聯正在出賣東德，中共最憤恨的，則是捷克，因為捷克對中共最嚴厲，除最近曾驅逐中共三名記者出境外，現在又把中共設在捷克京城布拉格的新華社分社正式封閉了。

據中共說，捷克封閉新華社分社的時間與經過是這樣的：「捷克斯洛伐克政府在八月廿二日悍然宣佈封閉新華社布拉格分社。當天，捷外交部副部長克利奇卡約見中國駐捷克大使館參贊胡成放，代表捷政府作了口頭通知，無理指責新華社布拉格分社出版的新聞稿上刊登中國政府和中國共產黨的文件，並且宣佈：一、立即取銷新華社布拉格分社的活動權利；二、立即弔銷新華社布拉格分社出版電訊稿的許可証；三、取銷新華社租用的電視路線。克利奇卡限新華社在一個月內完成撤退工作。胡成放參贊當場對克利奇卡的口頭通知和他提出的無理要求提出强烈抗議。並且鄭重聲明，由此產生的一切後果，必須由捷方負責。」

跟着，中共政權就經由其外交部發言人於八月廿四日正式向捷克提出抗議。

據中共「中國新聞社」說：「中國外交部發言人二十四日發表聲明，指出捷克斯洛伐克政府無理封閉新華社布拉格分社一事，是捷克斯洛伐克政府繼今年七月間無理要求召回新華社布拉格分社三名記者之後，進一步惡化中捷兩國關係破壞社會主義陣營團結的一個極為嚴重的步驟，中國政府對此表示極大的憤慨，並提出强烈的抗議」云。

毛澤東最近頻頻露臉 又接見北朝鮮科學家

在以往幾年，毛澤東已不常露面接見次要客人，但最近為了進行反赫反蘇鬥爭，為了主持和推動有色人種的國際統戰工作，為了團結亞非拉丁等洲共黨分子及左傾分子，毛澤東已一再親自拋頭露面了。

據中共「中國新聞社」八月廿五日北平電：「毛澤東主席今天下午接見以朝鮮科學院院長姜永昌為首的朝鮮科學院代表團，毛主席同朝鮮朋友進行了親切友好的談話。」

這顯然是毛澤東的安撫和懷柔手段之一，如果不是中蘇共發生衝突的話，相信毛澤東是不會親自接見這類訪客的。

中共宣稱已在廣島大會擊敗蘇共 廣州市長曾生與趙樸初熱烈擁抱

一年一度在日本廣島舉行的所謂禁止原子彈氫彈世界大會，原是由共黨幕後操縱的。左傾的日本社會黨及左傾的日本工會總評議會亦照例參加其間。但近年來，中共已不如以往那樣隨心所欲的操縱日本社會黨及日本工會總評議會。到今年八月，在廣島舉行的所謂第九屆禁止原子彈氫彈大會，則因中共與蘇共之直接衝突，所以，中蘇共之衝突亦被帶到了這一大會。先是蘇共認為參加大會的亞非兩洲若干代表係中共暗中遣派，主張予以資格審查，未獲贊成，中共代表乃進一步在會上予蘇共代表茹科夫以種種難堪，並提出種種駁斥蘇聯之斥責。大會因此分裂，日本社會黨及日本工會總評議會乃率先退出，於是中共代表與日共代表乃更進一步操縱了大會，而將蘇共代表完全擊敗。因此，中共代表團趙樸初率領代表團各團員返回大陸，經過廣州時，中共廣州市長曾生則曾親到車站，慶祝反蘇勝利，熱烈歡迎。

八月十九日中共新華社廣州電訊描述其盛況說：「廣州車站上今天鑼鼓喧天，紅旗招展，歡迎羣衆拿着紅旗，手執花束，高舉着紅色標語牌，上面寫着：「歡迎第九屆禁止原子彈氫彈世界大會的代表勝利歸來！慶祝第九屆禁止原子彈氫彈大會的重大勝利！」

僑鄉近訊

鍾之奇

中共在福建災區大量搜括糧食

僑鄉的同胞，在中共統治之下，過的生活眞是非常慘，福建各地旱災之後，又是水災，而且據中共宣佈，福建今年的災情，比六十一年前清光緒二十八年的嚴重災情還要慘重。但中共的態度如何呢？不但沒有運糧食到福建各地去救濟，有如滿清或任何政府，反而在福建各地大大搜括糧食。

中共新華社八月廿一日曾從福州發則電訊吹噓人民公社效力宏大，對抗旱工作創造奇蹟作虛偽宣傳，實則暴露了中共在福建各地搜括糧食的眞象。它說：「開鐮收割早稻以來，每天從早到晚，生產隊送糧的車船在公路河流上往來不息，國家糧庫門前，一袋袋收糧排成長龍，等待過磅入庫。」

龍溪晉江等地粮食被大量搜括

八月廿一日中共新華社又說：「龍溪專區絕大部份這一季交售給國家的糧食，佔今年征購任務的百分的六十以上（往年只約百分之四十五）。閩候專區到七月廿五日，入庫的夏季征購糧食已完成國家計劃的百分之八十，比去年同期入庫的進度快。晉江專區獲得早稻大面增產的莆田南北洋和仙遊平原，一邊收割一邊售糧，只用了一個多星期就提前超額完成了夏糧征購任務」云云。

當此福建災情如此嚴重，人民糧食配給量如此短缺之日，中共却仍如此大量搜括，中共新華社的記者也覺得太說不過去。所以，中共新華社於八月廿一日從福州發出這一電訊時，又說這所征購的乃是「抗災勝利糧」。因為這是「抗災勝利糧」，所以新華社又厚顏無恥的描述說：「因此，許多社員都認為應該多賣餘糧給國家。閩候縣城門公社連板大隊在戰勝大旱，取得了早稻增產三成的收成後，一舉完成了全年征購任務，還多賣了八千多斤超額糧給國家。漳州市八個農村人民公社，夏收開始後十六天中就售交新糧六百萬斤，比去年增加一百五十萬斤」云。

徐聞縣共幹向高州縣婦女求婚

因為斯太林在世的時候，蘇聯實行的集體農場，時常以使用拖拉機作為吹噓之用。其實美國許多農民今天已有的在用自備汽車和飛機了，使用一點拖拉機又算得什麼呢？何況中共並沒有很多拖拉機，而只在各省舉辦一個示範性的國營農場，在該農場內配備少數拖拉機而已，最可憐的，則自蘇聯停止工業援助中共後，中共已無法生產拖拉機，而被迫將廣東拖拉機製造廠改為拖拉機零件修配廠，而中共在廣東徐聞縣辦的拖拉機農場也就再也不能作為宣傳工具了。可是，笑話却在最近從廣東徐聞縣配有拖拉機之東方紅農場傳了出來。原來這一個農場的共幹，竟因找不到「愛人」，乃使用引誘手法，向隣縣的婦女求婚。其經過如下：

「徐聞縣東方紅農場試驗站程某，寫信給高州縣頓梭公社幾個女社員，動員她們放棄生產隊的生產，到東方紅農場參加工作。」以上是六月十一日中共廣州出版的羊城晚報所說。並說程某的信還說：「我場各方面很好，耕田用拖拉機，工作輕鬆，……不辦手續也可以，反正來就是了。前次寄去幾張男青年的相片，合心意者就任你們挑選。……」可見中共幹部為了尋求「愛人」，既可以不辦手續，又以工作輕鬆等條件誘人，「反正來就是了」一語，更說明了他們之間男女關係之隨便與苟合。

閩粵各城市中學生多被下放

據廣州來客談，廣東福建各地中學畢業生絕大多數都被下放到農村勞動。據中共人民日報說，最近一年大陸各地包括閩粵各城市中學生總數已有十萬多人去勞動云。

英國强力掩護「大馬」成立

謝森

調查北婆羅洲和沙撈越民意的聯合國調查團，八月廿六日正式展開調查工作。第一天他們在沙撈越首府古晉，與議員及民衆、職業團體首腦會談，聽取他們對參加馬來西亞贊成或否的意見；一宿無話。但第二天（二十七日）他們到達沙撈越的第二個大城市詩巫，卻遭遇到示威的反對。

「聯合人民黨」

由於印尼武裝的三番四次襲擊沙撈越邊境，這些邊境即屬於「第二省詩巫」的地區；也由於在這些邊境附近的森林中，曾發現有印尼方面所設立的地下青年訓練營，及曾拘獲前往訓練營擬偷渡往印尼境內的華僑青年男女。沙撈越的英國當局，老早便已宣佈：禁止巡行示威等集會。這與北婆方面大異其趣，北婆羅洲毗鄰印尼邊僻地帶，雖也有英軍駐防，但在邊境沒有採取備戰的戒備，在城市也沒有戒嚴的措施。沙撈越卻全面戒嚴，邊境作二十四小時的戒備。也許因為「沙撈越聯合人民黨」是堅持反對加入馬來西亞的緣故。在較早的時候，英國與馬來亞所混合組成的「柯博特委員會」，在巡廻訪問沙撈越及北婆各地之後，曾經就北婆三邦人民對於參加馬來西亞意見，提出一個報告書，該報告書中即有多處指出「沙撈越聯合人民黨」是被共黨滲透了的。

詩巫的示威

聯合國調查團二十七早自古晉乘機飛詩巫，在不到一個鐘頭已經抵達，在機場時只有很少的一隊約三、四十人呼出「反對馬來西亞」的口號，接機的官方人士及警官不予理會，調查團乘車入駐當地最大的沙撈越酒店，進餐及休息後驅車到詩巫中學會晤地方議員時，即遭遇到有組織的羣衆所困擾。

由聯合人民黨所領導的示威羣衆，當調查團在酒店中的時候，他們已預先麕集在由酒店到學校的路上，為數約達三千人。起初他們僅分排於街道兩旁，高呼「反馬」的口號，到了調查團車輛駛至快到詩巫中學的時候，突然一聲呼嘯，羣衆蜂湧上前，包圍汽車，一面高呼「反馬」口號，一面把「反馬」的傳單、旗幟，投擲及塞入汽車內部。是時汽車已不能行進。警察一隊約三十名趨前保護聯合國人員步出車外，排衆走入學校。羣衆大憤，竟向警察投石，並尾隨鼓噪。乘載警察前來之警車及另一警官之小車，在後掩護。調查團一行順利入校登樓，但尾隨而至之群衆也合力衝入大門，拆毀運動場上之籃球架，用該木架撬倒大小兩輛警車，加以搗毀。同時大小石塊紛紛飛向樓上課室，玻璃門窗被擊毀殆盡，原來調查團就準備在這課室與議員舉行會談的。

護衛調查團的警察，見羣衆來勢洶洶，恐有進一步不軌，乃向空鳴槍數響，羣衆稍却。嗣而警局兩個防暴隊，帶同盾牌衝鋒槍，催淚彈及防毒面具趕至，羣衆始被驅散。警察與英軍分佈各要道站崗。擾攘達三小時後，調查團仍然開始其接見議員及地方獨立人士徵詢意見之工作。暴動中祗有兩警察受到輕傷。二十八日調查團繼續工作一天，然後轉往米里。

米里的暴動

米里是一個鄰近婆羅乃石油城詩里亞的城鎮，主要也以石油為業，與婆羅乃的貿易關係更較與古晉密切，因此，與婆羅乃聯合人民黨的關係也較深；婆羅乃詩里亞叛亂時，米里一度局部牽入，該地被認為是沙撈越聯合人民黨的重鎮。

經過詩巫示威一役之後，警方對於聯合國調查團到達米里時可能發生的羣衆行動，早已有所戒備。二十九日調查團抵達機場時，警察兩隊已在該處迎接，機場上也無示威的隊伍。當他們驅車進入市內時，只遇到一隊二、三百人的示威者，舉着小旗高呼反馬來西亞口號。但到調查團人員入住花地瑪酒店時，示威者即向酒店麕聚約千餘人，向政府人員的汽車投石，擊碎汽車玻璃，隨而石頭即遠擲向酒店窗戶，護衛的警察也用石頭向羣衆投擲，壓制不許他們前進。調查團人員在群衆與警察相持下，即乘間乘直昇機至米里附近的魯東機場，另由該處驅車入市，至大會堂展開工作。

示威羣衆原擬將調查團攔阻在酒店中，聞說調查團已間道抵達大會堂，他們乃趕到大會堂去，人數更衆，他們用石子、酒樽、木棍，向警察的防哨攻擊。警察及羣衆均有受傷。有一名用酒瓶擊傷警察之示威者，被數名警察毆打，後由警官召十字車送往醫院。這時羣衆憤怒吼喊，衝破了警察的防哨。在第二線的防暴隊迫得豎出「催淚彈」的警告牌，實行施放催淚彈，那股辛辣難聞的氣味，方才迫使羣衆後退逃散。防暴隊及警察再將通往大會堂的各路口封鎖，前後騷動達一時半之久。

印尼將如何？

沙撈越「聯合人民黨」公開領導詩巫和米里的示威，不理會當局早已宣佈的禁止巡行示威令。他們並公開宣稱：所以發生邊境騷動──指印尼武裝襲擊事件，洶因以馬來西亞「强加於人民」、違反民意之故。該黨的這種態度，一則不惜違反禁令與當局對抗，再則間接聲明他們同情邊境的動亂，或間接承認他們與動亂有關，這是事情嚴重的地方，可能超過兩次示威本身所發生的損害。

聯合人民黨與邊境武裝襲擊有關，而邊境襲擊又與印尼有關，要說聯合人民黨聽命於印尼，也不為過。印尼的態度，似又轉趨强硬。

印尼與英、馬所爭持的觀察員問題，聯合國秘書長出面調解，主張由原來的「觀察員四人」，增加為「觀察員四人，文員四人」。馬來亞已表示接受，但印尼仍不滿足。英方對印尼態度，大感不耐，表示俟印尼答覆後始考慮發給該等印尼人員之護照。並電請聯合國迅速展開調查，得宇丹秘書長的電覆，聯合國調查團乃在沒有印尼與非律賓觀察員參加下，開始正式調查沙、婆兩邦的民意。非律賓方面對觀察員人數沒有意見，但要印尼派出觀察員時，他們的觀察員才趕程前來。

印尼外長蘇班德里奧對此提出警告說：若沒有印尼與非律賓觀察員參加，印尼將不接納聯合國所調查的結果，他們的調查「將告無效」。但印尼「不會這麼笨」，在調查快接近尾聲的時候，趕派觀察員到北婆去。

英國在馬來亞總理拉曼（在馬尼拉高峯會中）接受調查北婆時，便已認為此舉干涉英國內政，有些不快。英在北婆拘捕逐出一部印尼僑民，及印尼要求英領離境，和印尼襲擊沙撈越邊境等事已使英與印尼關係惡劣。印尼人員在星洲與英方洽商「觀察員」及「文員」入北婆護照時，各人員身份問題又發生歧見。英國似乎始終認定「大馬」是英國、馬來亞、北婆間之事，而印尼又堅認「大馬」成立前必須得到印尼的首肯。

自英聯邦關係大臣桑第斯抵星洲後，盛傳英決「强力」替「大馬」催生，定下的日期決不再改，而現已定九月十五日為「大馬」成立日。印尼如果非挽回面子不可的話，似乎需要發動較大規模的暴動或攻擊。

・古晉通訊・

陳麗春其人

（西貢通訊）

・吳擺・

南越「政教糾紛」惡化至八月廿一日吳廷琰總統頒下了戒嚴令，並派出武裝軍隊和警察實施突擊檢查，及數千軍隊衝入了西貢的大舍利寺（佛教總部）大捕僧人之後，不滿吳廷琰政府的當地人士就立刻把「打倒陳麗春」口號叫得更響亮，把陳麗春和吳廷琰聯在一起，都看作眼中釘。

陳麗春就是吳廷琰的弟婦，吳廷儒的太太，她也被人稱作「南越第一夫人」；顯然，她是一個很了不起的女性。

這個了不起的女性姿容相當艷麗，她雖已是四個兒女的母親，但她還能够保持少女時代的丰采。這樣的一個女性，竟然被當地人士看成作為吳廷琰「專制政權」的象徵；而在此次嚴重「政教糾紛」中，也就成為衆矢之的。

不錯，陳麗春的個性是有點自負，任性，矯枉過正的；但她是有才幹的，有魄力的，同時也是够勇氣的，責任心很强的。目前她在南越的地位是國民議會議員，婦女運動首領，其工作能力，真的是不讓鬚眉男子。但也正因為如此，造成了她的高傲和倔强；在政治上若有所爭論，吳廷琰也要讓她三分。換言之，她的言行，是足够影響南越政府的政策，因而更引起一般人的反感。

她的丈夫吳廷儒，是吳廷琰總統的政治顧問，他控制着南越的秘密警察，並在軍官的升級、文官的任命、和合約的簽訂等問題上向總統提供意見，他對南越政府和吳廷琰個人，也具有很大影響作用的；但其潛力則遠不及他的夫人陳麗春。這即是說：陳麗春是高高的騎在丈夫頭上。

陳麗春是河內人，現年約卅八歲，她的家族是越南富豪之一，其所受的主要教育是來自家庭教師，對法文是有相當造詣的。當她十六歲時，開始與吳廷儒認識，後由吳廷儒帮助她讀拉丁文。一九四三年，她和吳廷儒結婚，並由那時起，信奉天主教。南北越戰爭爆發，她的丈夫自越共地區裏逃出，但她則被囚禁，經過一段時期後，始獲釋放，即南下西貢，與夫團聚。吳廷琰任總統後不久，她曾一度被送到本港來，在一家天主教女修院裏讀書，於是她學懂了英文。後來她回到西貢，出任國民議會議員。她極力提倡禁止娼妓，和禁止墮胎；可是她的言論却常常遭受大部份人民劇烈抨擊。無疑的：她是欠缺「人和」。

當「政教糾紛」開始發生時，這位「第一夫人」滿不在乎的漠視了這危機；迨至糾紛愈益擴大，她却表示應付的最好辦法，是「予他們以重力的打擊」；當高僧光德法師在西貢市中心區自焚時，她仍是無動於中。她還對一位外國記者發表過這樣的談話：「那些佛教徒燒死了一個和尚，做得並不澈底，因為他們使用的是外來的電油」。她這番談話被報章刊出了後，南越駐美大使立刻發表了一項聲明，謂陳麗春的談話祗是她個人的意見，並非代表南越政府」。這位大使，正是陳麗春的父親陳文章。

陳文章也是不滿意南越政府此次歧視佛教的行動的，因此他已於八月廿二日提請辭職，並對他的女兒陳麗春加以指責。

迨至陳文章提請辭職以後，越局發展得更奇妙了：吳廷琰可能被迫下野，而登台的竟可能是陳麗春的丈夫吳廷儒。如果將來真的成為事實，那末，陳麗春的所謂「第一夫人」這個頭銜，也就變成「如假包換」的第一夫人了。因此，陳麗春最近的動態，更引起人們的注目。

陳麗春是一向都左右着她的「大伯爺」吳廷琰的施政方針的；吳廷儒是她的丈夫，自然更受[illegible]；而陳麗春是漠視「政教糾紛」的，今後「政教糾紛」將怎樣解决？人[illegible]一問題，當然[illegible]春將會弄出怎[illegible]然越局的安危[illegible]緊，在陳麗春這[illegible]上，但最低限度[illegible]息相關。

此外，在八月廿六日以後的一兩天中，還傳出一個更離奇更神妙的消息，就是說：此次吳廷琰「兄弟鬩牆」，祗是應付[illegible]戲咁做一；而[illegible]是由陳麗春這個「奇異婦人」在幕後導演！如果所傳屬實，則陳麗春這英雌更了不起了！

女貞庵

（一六）

（版權保留）　黎明

第八場：阻約

潘法成：這便才是呀！正是：從來佛教通儒教，要識儒修即佛修。——隨我來呀！（下）

潘必正：（搖頭太息）來了。（隨下）（移）

（白雲軒前）

陳妙常：（倚欄悵望移時）（唱）

人約黃昏忽深更，
轉眼月落與參橫。
倚定欄干將他等，
——喲！（粲然一喜）
果然花外有人行。
——哎呀、又不是呀！却原來：
風動簾鈎一聲聲，
鶴步空庭影伶仃。

（自言自語）這外面風高露冷，我不免屋內等去來。（回轉屋內，自怨自艾）陳妙常呀陳妙常，你好痴心也！（續唱）：

玉釵敲斷鳳凰頸，
孤燈暗數更漏清；
雨約雲期難憑準，
知他有情還無情!?

（泣然背燈支頤而坐）

潘必正：（躡足而上，作左右張望介）佳期偏爲惡姑阻，燈前博取美人憐。（見妙常背燈而坐，輕輕把門關上，然後施禮）呀常妹！小生來了，天到這般時候，你怎麼還不安歇呀？

陳妙常：你還來做什麼？把人丟下就是了！（其聲幽怨，話雖說了，頭却不回。）

潘必正：哎呀常妹呀！今日幾乎露出破綻，並非小生故意來遲。

陳妙常：（聽了猛然一驚，連忙拭淚回頭）却是爲何？

潘必正：只因小生正要前來，忽被姑母叫住，怪我不在樓中攻讀，惡狠狠地，把我帶去經堂，她一邊打坐，我一邊看書；說她出定之時，方始准我回去；以此來遲。還求常妹恕罪！

陳妙常：（嫣然一笑）原來如此。人家等了你幾個更次，你說不氣麼！人家還有許多話要和你說哩！

潘必正：這却也難怪。您瞧，您的眼淚還沒有擦干呢！待小生與您擦來。

陳妙常：誰要你擦來？奴要你好好坐下敘話。

潘必正：哦，是是是，坐下敘話。——但不知常妹你要和我說的什麼話兒呀？

陳妙常：奴來問你：淨姐姐失踪了，你知也不知？

潘必正：怎麼？淨姐姐失踪了？小生是一點也不知道呀！

陳妙常：她不是失踪，是出嫁去了。

潘必正：怎麼？是出嫁去了？爲什麼事前一點兒風聲也沒有呀？

陳妙常：也不是她出嫁，是代奴家我出嫁去了。

潘必正：吓?!代你出嫁？代你出嫁？哈哈哈哈！——哦，哦哦，我倒明白了；原來說了半天，却是和小生我末開玩笑的。（以爲猜透謎底，得意非凡）。

陳妙常：誰和你開玩笑來，是眞的。

潘必正：常妹呀！（唱）：

你我雙雙前日才成親，
晨鐘暮鼓是媒人；
佛祖觀音是主婚；
梅花帳裏恩愛深；
猩紅一瓣篋中存；
你已嫁了潘必正，
還有那個大胆的漁郎敢問津？

陳妙常：潘郎，你那裏知道呵！（唱）：

奴的話兒句句眞，
且聽奴，細說後果與前因：
都只爲，那日庵中觀音誕，
溧陽來了三個人；
說要搶奴去做五姨奶，
假冒接到府尹府中講經文。
話給淨姐聽到了，
忽然發下菩薩心；
她言道：都因你我情義好，
不忍鴛鴦兩離分。
後來溧陽人來到，
她換上釵裙就動身。
這件事兒只有奴知道，
人前不敢露半分。
——潘郎呀！
她爲我來我爲你，
一夜夫妻百夜恩；
切莫喜新來厭舊，
把奴委作清路塵！

潘必正：吓！竟有此事嗎？妹妹但放寬心，淨姐姐既然如此，我潘必正如有出頭之日，你我夫妻把她親姐姐一般看待也就是了。

陳妙常：這便才是呀！——呀、潘郎！天色快亮，您回去安歇了罷！（拋給必正一朵媚笑）

潘必正：怎麼？要我回去？

陳妙常：正是。（但笑得更媚）

潘必正：那你方才却爲何要等我怨我？

陳妙常：等你敘話呀！（其聲婉媚，言不由衷故也。）

潘必正：光只等我敘話嗎？——我末，是既來之，則安之；唔、是再也不回去的了。

陳妙常：唔、潘郎！（故作嬌嗔）那末，那燈兒，難道你也是再也不吹熄了的啵?!（說畢掩袖碎步奔向臥室而去。）

潘必正：哦、是是是，知道了。哈哈哈哈！（但吹燈之時，恰好潘法成上場。）

潘法成：氣煞我了！（唱）

碧簃樓，沒人影，燈火通明；
白雲軒，快天明，方才熄燈。
心問口，口問心，這是鐵証；
到明天，休怪我，鐵面無情。

（白）眞眞氣煞我也！（憤然頓足而下）（移）

友聲集

（三九）

柳　有序

潔生

辛未暮春，與王陸一三兄薄遊吳門，見山塘柳色，惘惘愁人。君賦詩有所贈，嘗邀余同作。比來台北，追念舊遊，儘多棖觸。仍用前題，續成四律。嗟乎！擲流年於風雨，醉客芳辰；結遙怨於岑波，幽鬟遲暮。蓋無人可與語今昔之感矣！

煙空湧現楚腰身，占盡山塘惘惘春。迎雨偸妝青未攏，低筵門舞倦還伸。大隄撼曉拋啼眼，遠驛隨波攪夢塵。忍寄伶俜憔悴裏，因風玉笛最關顰。

陌頭竚立易黃昏，暗縷淒迷惹轍塵。煙外何人見眉語，春來如夢勸盃巡。拂鞍膩倚桃花笑，撲閣還防燕子嗔。恨語陽關無限疊，幾番銜雨蝕歌唇！

游絲結伴向天涯，靚舞年年白玉花。入畫喜能超小劫，踏歌知是落誰家！多生惜別凋青眼，後約凝妝語碧紗。今夜關河風月白，爲君零露一枝斜。

絡鼓珠光事可憐，青門還曬夕陽邊。投書龍女三聲戶，拂箔元君一笑年。吳舫螢深鐙未定，隋隄鴉散露空圓。雕欄換盡春光老，莫綻他生未了緣。

尋南溪常道士

・劉長卿・

一路經行處，莓苔見屐痕。白雲依靜渚，芳草閉閑門。過雨看松色，隨山到水源。溪花與禪意，相對亦忘言。

唐詩偶釋

（三〇）

鄧中龍

前半次第寫尋而不見之意。後半拓開說，從不見後着筆，空處徵實，別有意境。詩文妙諦，往往不在正面，而在前後空隙閒暇中，長卿此詩，可謂得探空抵隙之深旨矣。南溪地名，常道士人名，全題六字，（一作「尋南溪常山道人隱居」，亦有作「尋常山南溪道士隱居」者。）其可着意之論，僅一「尋」字耳。易俗手爲之，必句句從尋字正面着想，乃作者劈分兩截，遂成絕妙結構。此意本非難曉，患在不得於心。常人每不知求之於題中前後空隙閒暇，專從門面鋪排敷衍，窮其極亦不過工於字句而已。論其格調韻味，安足以入名家。

莓苔句畧露端倪，虛虛引起，妙在「見屐痕」三字，見屐痕而不見其人，則尋字之意，已暗寓其中。次聯承上句寫足，白雲芳草，靜渚閑門，見得尋而不遇。遇雨二句，一筆開放，極寫其閒適之狀，第二句轉合題位，消息在「亦」字。溪花禪意，相對忘言，則我之所尋者果何人乎？果何物乎？尋而不尋，意極迷離惝怳，是此詩絕妙傳神處。

「芳草閉閑門」句，芳字或本作「春」字，誤。考長卿詩，以芳草對白雲者凡數見。如「洞山陽」詩第三四句：「白雲將犬去，芳草任人歸。」「寄靈一上人」詩第五六句：「新年芳草徧，終日白雲深。」「春過裴虯郊園」詩第三四句：「何處隨芳草，留家寄白雲。」芳草白雲，已成長卿口頭禪，自不得易以他字也。嚴滄浪曰：「世之技藝，猶各有家數。……僕於作詩，不敢自負，至識則自謂有一日之長，於古今體製，若辨蒼素，甚者望而知之。」（答出繼叔臨安吳景仙書）滄浪所謂望而知之，固由辨其體製，然於此等處，亦自不可不辨。

晚唐高仲武選唐詩，題爲「中興間氣集」，於劉長卿條評云：「長卿……詩體雖不新奇，甚能鍊飾。大抵十首已上，語意稍同，落句尤甚，思銳才窄也。」長卿之詩，雖未必盡如高評，然落句意弱，亦非過語。遍閱長卿詩，起句特工，尤善於斬削。往往一筆落下，如揮利刃，畧無停滯，亦不可增減，此其大畧也。然已無盛唐之高華典贍矣！

憶陳果夫先生（三四）

宇人

我說，我無意參與指導委員會的審查工作，祇希望各位在三日之內將審查結果報告我，如我認為滿意，當轉報中央核定；如不滿意，再發還各位從新審查。倘再無令我滿意的結果，我即認為各位無法達成提名的任務，將請中央代為提名。最後，我又說：目前東北的局勢已十分嚴重，各位還有更艱鉅、更迫切的工作待做，假如為了提名而曠時廢事，甚或掀起內部的紛爭，將何以號召全省的同志同胞來犧牲奮鬥，共挽危局？我想，各位對此比我更能了解。因此，我希望並相信各位一定能夠如期完成任務。我當時所以採取此一方式，乃因自信向有相當的威望；同時審情度勢，認為如此辦法，較易收效。後來，他們果於限期內將審查結果報告我，我認為很滿意。齊世英兄似乎是列在立法委員候選人的第七名。

我在瀋陽的期間，還對瀋陽市的提名有所協助。該市是另一選舉區，中央黨部推派周紹棠兄負責指導。某日晚間，周兄來談，該市選舉指導委員會開會多次，市長金某迄未出席，祇派市府秘書長代表，事事都推說要回去請示，以致開會多次，毫無結果。他認為金某有意從中作梗。我與金某原不認識。我到瀋陽後，他曾來會晤，又在市府設宴招待，據稱：擬競選遼寧省某縣的國大代表，希望我多多指導，我未置可否。我覺得我對他可能有些影響力，乃向周兄說：「我可以從旁給他一個勸告，也許有所幫助。」我即打電話給金某，直截告以周兄認為他有意作梗，甚為不滿。我說：依照中央規定，你是以市長之為本黨同志者的身份參加選舉指導委員會，亦即以黨員的資格，你怎可派秘書長代表出席？周委員沒有拒絕你派秘書長為代表，是對你客氣，你却使他在此稽留多日，尚無結果。假如他一氣而回中央，報告你從中阻碍，瀋陽無法提名，對你的影響是很大的。他連聲說：他並無作梗之意，實因太忙；同時也不很了解法令，所以才派人代表，希望我千萬不要誤會。我說：「我倒沒有誤會；誤會你的是周委員。你如要向周委員解釋，最好是用事實證明。」他問應該怎樣辦。我說：事情是很簡單的，祇要明天選舉指導委員會開會，你親自出席。據我所了解，瀋陽市聲請登記為國大代表和立監委員候選人的同志也不過二十人左右，假如大家沒有什麼成見，一次會議即可審查完畢。到時，周委員的誤會也就自然冰釋了。」他答：「一定照這樣做。」我說：「那麼，我也替你勸勸周委員。」他又連聲稱謝。我收了電話綫向周兄說，「就他說話的神情看去，也許明天的會可以順利進行了」。第二天，金某果然親自出席選舉指導委員會，該市的提名，當即獲得解決。周兄也和我同機南返。

因為急於趕回南京，我來回經過北平時，都祇在家裏停留一天。

我回到南京後，立夫、鐵城兩先生自然表示滿意；但我的房屋工程却發生了嚴重的問題。原來，我離京後，承包商即已幾乎完全停工，他現在復向我提出加錢的要求，據說：由於物價暴漲，他已經虧損甚鉅，實在無力繼續。在當時的那種情形之下，我祇好應允。由於在北平賣房子所得的錢已完全用在這所房子上面，我不能不設法向銀行借款。一位曾做過我的秘書的CC朋友謝君得知其事，他向我建議說，農民銀行為了美化南京，訂有房屋抵押借款的辦法，我那所房子已造了七八成，向該行抵押借款，當無問題。我說：果夫先生老早就不高興我，他們豈肯借錢給我？他說：果夫先生對我縱有誤會，現在事隔多時，想已消除；同時，我此次去瀋陽指導提名，不但幫助了齊世英，而且連帶的也使其他的好幾位CC分子的提名都獲得通過，足證我對他們並無惡意，果夫先生一定不會不允的。但為了不願意去碰壁，我還是請他先向該行負責人問明後，再去申請借款。次日，謝君來告，已向南京農民銀行經理黃君談妥。我才和他一道去該行會晤黃君，黃君表示很好，並當面拿了幾份借款申請書給我。我把申請書帶回後還未填寫，謝君忽然來說，借款的事，黃君報告果夫先生，不料果夫先生不准，黃君甚為抱歉，托他向我致意。我說：這原是我最初所料到的，我一點也不怪他。

既然向農民銀行借不到錢，唯有轉而向商業銀行設法。當時政府規定，銀行祇能舉辦工廠貸款，其他一切貸款，均被禁止。但事實上，祇要有人事關係，不但可以隨意借錢，而且借款手續都可由銀行代辦（即假冒工廠之名），不過需要黃金或美鈔作抵。我和商業銀行素無往還，又無金條美鈔；後來幸得梁寒操兄的介紹，金城銀行允借我一筆錢，已故立法委員陳逸凡兄又替我借來兩條黃金，這樣，才算將錢借到手，這是我一生向銀行借款的第一次。可是，第一筆借款用完後，房子尚未能完工，仍要加錢，又由其他幾位朋友幫忙，或介紹銀行，或代借黃金美鈔作抵押，計先後向中國實業銀行、浙江省銀行等借了幾筆（確數已記不清），總算勉強完工。但因時間已延遲四個多月，南京房價降低，無法賣出。此時，我的家庭已由平還京，雖有房可住，但負了一身的債務，可以說日夜不安。後來幸逢澳洲駐華大使舘擴充，武官處另尋辦公處所，我才租與他們，先後收入租金美金五千元。由於法幣的貶值，不消數百美金便把債務還清。我流亡香港後的最初八九年，雖然妻在很早便獲得一份固定的工作，兒女的學費也可減免，但每月所入仍不敷所出，就是全靠這筆錢來支持。

記得當我到處設法借錢時，有一位反CC的朋友得知果夫先生不准農民銀行借錢給我的事，還向我取笑說：「你去瀋陽幫CC的忙，因而才受到這樣的損失。但他人都可以向農民銀行借錢，果夫先生却偏不借給你，他們似乎認為你太可欺了。」我聽了之後，祇好苦笑。（待續）

劉備何以南走荊州？

三國人物故事評論之六

劉裕畧

俗語說：爭利於市，爭名於朝。又說：爭天下者必須逐鹿中原。在中國古代，所謂中原，即指黃河流域一帶。因為在古代，當地文化最發達，人口最多，經濟最繁榮，因而政治重心亦多在彼，而不在其它各地。而所謂洛陽、長安或所謂許都，則一都是當時的政治重心所在。掌握了那一帶，對全國各地自然也就具有號召和控制作用。劉備知其如此，所以自涿郡起兵以來，便也一直在那一帶爭鬥，換言之，即是在那一帶逐鹿。其間，經過一二十年之久，迄未離開。但建安五年，劉備却決心離開中原，南走荊州了。這是為什麼？難道劉備不再企圖爭霸中原了嗎？當然不是。那末是為什麼呢？

原來劉備雖不是一個能征慣戰的人，却也很有頭腦，他頗能隨時認識問題，考慮問題。最先，他和關羽張飛結義之後，他領導着他的那一個小集團，本想在中原逐鹿，即在中國北部爭霸。但到了建安五年，他却開始了解自己已經很難再在中原立足，同時，他發覺自己的集團並不健全。那時候，他已經和許多著名人物交過手，其中有許多是膿包人物，不足成事，他是知道的，但其中並非毫無人物。譬如曹操，他就不敢輕視。尤其建安五年那一次，曹操東征，劉備被曹操打得落花流水，不但自己的部隊全被曹操打垮，並且連劉備的妻子也活捉了去，甚至留關羽守下邳，關羽也被曹操所擒。這使劉備對曹操的實力開始懷疑起來。本來勝敗乃兵家常事，但劉備對於小沛的這一敗，不可忽視，更非偶然。因為這一敗，已經充分說明自己與曹操的實力確實大大懸殊，而自己手下的唯一大將關羽，且終為曹操所擒，則自己之不足單獨抗衡曹操，極為明顯。於是劉備考慮到如何聯結其他的人來共同對抗曹操的問題，事實上抗衡曹操的，在北方就只有袁紹一人。劉備因為只有袁紹能夠抗衡曹操，心當然很希望袁紹能抗住曹操，不讓曹操把整個北方統一，則其他的人可以再有在中原立足，否則更說不上中原逐鹿了。所以，就劉備小沛一戰失敗，投奔袁紹的情況來說，劉備後來心情確很沉重，關羽從曹操處逃歸，劉備集團算是散而復聚，但劉備對在中原爭霸的信心，却並未恢復。他知道要想關羽張飛兩員戰將來打曹操，已經不可能。至於袁紹，他發覺袁紹本人也非曹操的對手。儘管劉備離開袁紹南下時，袁紹的外形力量仍甚強大，袁曹兩軍在官渡相持，曹操也尚未佔到什麼上風。但劉備是知人的，他已看到袁紹決不是曹操的對手，袁紹遲早要被曹操打敗，曹操必將統一北方了。雖然，使北方被曹操統一，是劉備內心最不願意的，但無情的趨勢將如此，劉備又奈之何呢！所以劉備看清楚上述情勢之後，便忍痛南下荊州，另求發展，徐圖再舉了。

劉備在小沛一戰，被曹操擊潰後，不得已投奔袁紹。後來，劉備發覺袁紹根本不能抗衡曹操，同時，袁紹又根本無意以平等地位的同盟方式待自己，而只利用自己去與黃巾賊出身的劉辟為夥，同時，劉備這時候原本在小沛被擊敗的部隊，已稍稍來歸，妻子亦隨關羽從曹操處回來，所以，劉備便決心離開袁紹。

但投奔易，離開却有相當困難。因為袁紹是一個外表寬厚，實則心懷狹窄的人。如果離開的方式不好，一經袁紹見疑，則劉備大有被軟扣，或被追斬的可能；這是劉備要離開袁紹前所遭遇的難題之一。正因為這是一個難題，所以，這便也就是劉備離開袁紹前所要籌思的問題之一。另一方面，離開袁紹後，將到何處去？這也是劉備當時另一個難題。因為建安五年時候的北方，已經不同於建安元年以前的北方。建安元年以前的北方，形勢混亂，人事複雜，羣雄割據，尚無一個壓到性的大力量獨霸北方，但到了建安五年前後，即劉備投奔袁紹前後，北方的形勢已大變，過去許多在北方立足的人物和力量都已倒下去了，剩下的就只有曹操與袁紹兩大主力。當時的北方，除曹袁兩大主力以外，實無第三大力量可以與曹袁抗衡。而劉備自與董承密謀誅曹操後，劉備即已與曹操居於勢不兩立的地位，因此，不能再去投奔曹操的。那末，劉備離開袁紹後，究竟往何處去？如何離開袁紹？都成了兩大問題。這兩大問題是劉備當時的兩大問題，如何求得一個綜合的解決，是當時劉備所急切籌思的。論大的政略戰略，劉備誠然並不見長，但說到人事權謀，劉備畢竟還有一手。同時，說到大的眼光，劉備本人也確還有一些。劉備已深知他自己不能再在北方與曹袁爭霸了，所以他決心南下，另闢天地。但如何才能脫身呢？

看清楚，袁紹這時候需要什麼呢？袁紹在與曹操的對抗中，最需要的，就是南方的助力，尤其是荊州牧劉表的助力。假如這時候，加上荊州一股力量的話，將使曹操腹背受敵，曹操將立刻失敗。本來當時的北方形勢，確實如此。由於劉備看破了袁紹有此一需要，所以劉備當時便利用袁紹的此一需要，來作自己的脫身的計形，同時，也就以此來構成自己南下的形勢。對此，蜀志先主本紀曾有一段記載說：「曹公與袁紹相拒於官渡，汝南黃巾劉辟等叛曹公應紹。紹遣先主將兵與辟等略許下。關羽亡歸先主。曹公遣曹仁將兵擊先主，先主還紹軍，陰欲離紹，乃說紹南連荊州牧劉表。」可知劉備當時確實是以此來作自己的脫身計的。

當然，劉備的這一南連劉表之計，也未嘗毫無維護袁紹之心。因為劉備儘管看不起袁紹，但為維持北方的均勢，劉備內心確也不願看見曹操把袁紹吃掉。假如袁紹與劉表真能相連以抗曹操，劉備也還是樂於促成以便自己將來捲土重來。

本刊已經香港政府登記
每逢星期五出版
聯合評論
週刊
United Voice Weekly
第二六一號
督印人：黃宇人　總編輯：左舜生
紐約九龍通菜街三十八號亞南印刷所承印 805641
香港仔漁港灣馬師仔公司有限公司代理發行
美洲代理：友聯書報發行公司　每份港幣一毫
本刊美洲版由紐約美華出版社印行
CHINESE - AMERICAN PRESS, INC
199 CANAL STREET,
NEW YORK13 N. Y. U.S.A.
美洲有空郵版每份美金一角

論蔣經國訪美

謝扶雅

消息傳來，說蔣經國應美國務院之邀，將於九月七至十七日來此考察美國情形，並在華府與美國當局晤談交換意見云云。蔣經國在中華民國政府中的職位，不過是一個行政院裏的政務委員，本不足以代表國府的整個局面或主要部門。然而事實上，他以「太子爺」的身分，暗地總攬軍，政，黨一切大權，幾等於「太上皇」之實。偏安在台灣的國府，近自陳誠副總統兼行政院長告假之後，暗底伏着若干難題。「老先生」年事既高，健康日損，既已決心作了傳子的準備，而「萬事俱備，只欠東風」——東風為誰，即是美國當局的點頭。所以趁此機會，總統（？）特叫他的兒子親自跟華府接觸，試探一下美援「婆婆」後台老板的意旨。這是從台北方面「一廂」情願的最後賭注。

但從實驗主義者的美國這一方面來看。美國目前正對自己深陷泥足中的南越政府，感到極度頭痛心煩。她雖然派出一等老練的外交家如洛奇者馳赴西貢，充任大使，但應付和收拾這已無可救藥的局面，真是比對蘇聯，對南美，對國內黑人問題，難到不止幾十百倍。崇尚民主自由的我們曾屢次告訴美國，必須對此「家天下」而腐敗獨裁的吳廷琰政權加以根本改革。但美當局一方面為避免干涉別人內政之嫌，另一方面亦畢竟東方事情不大了了，情報雖多，觀察終嫌隔膜。南越的根本癥結，端在去吳氏後之繼無人，而南越政府和社會皆從不曾，亦真不知對此早為之所。美國只了解南越不比寮國，南越斷乎不可淪於共黨之手；而如何才能做到這樣，則除軍經援吳氏政權，並自己派出相當軍隊而外，別無辦法。詎知以此保全南越，而不從根本上着想，終必歸於徒勞。我們之所以在本文祇述越事，並非軼出題外，而實緣美國對於南越，正可作為對台灣的一面最好鏡子。

美國目下痛心於越局之噬臍莫及，真所謂前車之鑒。因此未雨綢繆地，崗邀這位頗相稱於南越禍首吳廷儒夫人的台灣蔣經國委員，來美「鑑別一下」。經國列身共產黨籍三十餘年，而從未明白宣布脫黨，美國早經知之。經國近年在台攬權作勢，美國盡知之。前年暗捕反對黨運動主腦雷震，以及一貫壓迫言論思想自由，美國亦知之。但現實的美國對華政策，只要做到保住台灣使勿陷入中共大陸之手，而這，除一方面與中共敷衍委蛇——當然毫無結果——之外，現在急於要查看一下，蔣經國人，總統繼承人蔣經國，是否亦能配合這個對華政策，是否將不免又蹈南越日前爛瘡的覆轍。國務院發出邀約，隱衷在此。而這也是美國近十餘年來對華政策，以至一般對共政策上「一廂」情願的中途一步。

台北的「一廂」如此，華府的「一廂」如彼，現在要畧談一下中國人的「一廂」了，雖則台北和華府兩方似乎都不願意面對這泛泛而無實力的中國人的「民意」。首先，我們中國人，除一小部分台灣省人而外，一向完全反對美國現行對華政策的暗盤『兩個中國』。而作者個人的意見，則甚至為：與其將來出現台灣獨立共和國，實與今日淪入中共大陸手裏並無分別。其次，中國人在政治上的全力反對者，為腐敗獨裁專制極權的政府，而非任何政黨，更非任何個人。其三，徵諸蔣經國近年所作所為的一切，在他父親死後，他絕不可能治好台灣，或安定台灣，那怕他已實際控制着台灣，而且即使美國肯全力支持他的話。美國人最喜歡講「有效控制」這句話。美國一直相信毛澤東能在中國大陸作有效的統治。美國到今天還有些人認為吳廷琰仍有效地控制着南越。

最後，政治固不應太講理想，當然更不許作幻想，但也不可固執現實。美國本色的實驗主義，應是拿現實作基礎而向理想偶一顧及的哲學。準此哲學思想，美國對於所有在軍經援中的國家，勿以能有效控制的政府為對象。尼赫魯有效控制了印度十五年，現在怎麼樣，而況其它許多遠不及尼赫魯政治思想的人呢？美國誠欲援助一個國家，必須切實物色及結交當地——以至不幸流亡在外——的有民主素養，或真誠熱愛民主自由而願為之奮鬥的人士，把事情託付在他們手裏。不論對南越，對南韓，對台灣，對……都好，這才是保障真正和平，安定世界的根本政策。專門謾罵美帝如毛共之流，固然不是美國之福，一味順從美國的話的Yesman，也不見得是美國的有益朋友。而況，你真還摸不到蔣經國的底細呢。要而言之，他是一個反民主自由佼佼者！

六三，八，二七，自美東。

歷史的光明來自地獄

胡越

從一九六〇年以來，筆者對中國局勢的想法，發生了一個重大的轉變。在那以前，中共雖已罪惡昭彰，但是危機未深，敗象未成，我們有較從容的時間，考慮和重建反共的力量。因此，我和許多的先生們，皆認為反共復國的道路，是促進台灣的政治改革，在民主憲政基礎上，實現舉國一致的反共陣容，使歷史轉向一個新的起點；這樣才能夠掃除一九四九年以來的失敗主義和昏惰心理，從而煥發人心、恢宏士氣。然後秣兵厲馬、磐修戰備，待機反攻，規復中原。台北當局果於一九六〇年以前，完成這一戰備，則吾人今天或已返回大陸了。

上述的想法，事實証明完全落空了。而一九六〇年大陸形勢急劇惡化，真是「山雨欲來風滿樓」，我們已確切判明中共是可敗可亡的了。從這開始，我痛切感到，不管在台灣的國民黨千不好、萬不好，總比中共好得多。當此頑敵敗象已露之時，所有反共的人趨快携起手來，先把中共打倒，其他的都可日後再說。因此在言論上，我盡可能的不再批評台灣，甚至避免提及台灣。但是有一件事我非提及不可、非批評不可，那就是雷儆寰先生迄今仍在坐「匪諜」牢！

年過六十五的老翁，清白無辜被加上莫須有的罪名，迫他離開家庭的照顧，囚之於暗無天日的軍犯牢獄之中，這件事本身，固然值得痛憤；但是雷先生之坐牢，實更有嚴重的歷史意義。

一九四九年以來，海內外主張民主憲政，反共復國的人們，大約可分為三派：一、淺嘗輒止派。這一派的人士，多為國民黨內的開明份子，或與國民黨關係較深，有遠見的社會賢達。雖然他們言論立場是模糊的，態度是含蓄的，主張是溫和的，但是他們內心的覺悟，與其他兩派人士並無不同。他們也看出來，當權集團如果不改弦更張，除私佈公，不奠立憲政基礎來刷新號召，反共復國的前途是絕無希望的。但是他們因為形格勢禁，只能在空氣最緩和的時候說幾句明白話，專在一些枝節問題上做文章。二、明哲保身派。這些先生們，在見解上雖較前一派人士透徹清楚，並且擇善固執，始終不渝，但是為了自我生存，不得不披了一件忠貞的外衣。他們在言論態度上，提倡忠言善道。所謂善道，是「話道舌邊留半句」，結果每流於不黑不白、不痛不癢，做了當權集團的民主裝飾。三、忠言直諫派。這些人的態度是「有甚麼就說甚麼」，並且堂堂正正把自由民主的旗幟揹在肩上，坦蕩以自由國民自居，對公僕知無不言，言無不盡。雷儆寰先生就是這一派的中心人物。因此他所主辦的『自由中國』半月刊，成了時代的聲音，民族的良心。所以能夠震動朝野、深入人心。我相信它在歷史上，將與「新青年」、「獨立評論」、戰前的「大公報」並垂不朽！

雷儆寰先生這種義無返顧，忘我直前的奮鬥，使他成為當權集團報復的目標，終於做了台北當局摧抑憲政運動的祭羊！

所以當雷儆寰先生一天還在牢獄裏受苦，那就表示台北當局仍在與每一個主張民主憲政的人為敵。換句話說，每一個主張民主憲政的人，都有一份恥辱和痛苦，一份不能推卸的道義和責任！

當雷儆寰先生一天還在牢獄裏受苦，那就表示台北當局，仍然與民主憲政為敵，仍然沉迷於一派一姓之私，毫無反省和覺悟！

當雷儆寰先生一天還在牢獄裏受苦，那就表示台北當局，仍然漠視反共大團結的必要性，反共復國仍沒有舉國一致的陣營，反攻大陸仍沒有有力的政治號召。

我們為此，向台北當局表示沉痛的抗議！

當雷先生初被捕的時候，一位在台北和雷先生極熟的朋友打電話告訴我，雷先生從此在中國歷史上不朽了！如果被砍頭，即成為烈士，關在牢裏是英雄，放出來就是領袖。在當時悲憤交併的心情下，這幾句話卻給了我不少安慰。事隔三年了，這幾句話仍在我胸中迴蕩。謹以這三句話，恭祝雷儆寰先生的健康。

中華民國五十二年九月四日

蘇共七月十四日駁斥中共公開信原文節要（二）

「去年秋天，在前任中國駐蘇聯大使劉曉同志離開莫斯科之前，蘇共中央主席團曾同他進行了長時間的談話。在這次談話過程中，中央主席團的委員們再一次表現出在加強中蘇友誼方面的主動精神。尼·謝·赫魯曉夫同志請劉曉同志向毛澤東同志轉達我們的建議：「拋開一切爭論和分歧，不去分辯誰對誰錯，不要翻過去的東西，而是從新的一頁開始我們的關係。」我們這種真摯的呼籲甚至沒有得到任何回答。

「中共領導人加深自己同各兄弟黨的意識形態分歧，開始把這種分歧擴大到國與國之間的關係上。中國機構開始縮減中國同蘇聯和其他社會主義國家的經濟和貿易聯系。由於中國政府的主動，中國同蘇聯的貿易額在最近三年裏減少了幾乎三分之二，成套設備的提供減少到原來的四十分之一。這種減少是由於中國領導人的主動而產生的。對於中國領導走上這樣的道路，我們感到遺憾。我們過去和現在一直認為，應該繼續發展蘇中聯系，發展合作。這對我們雙方會是互利的，而首先有利於人民中國，它曾經從蘇聯和其他社會主義國家得到過大量援助。以前，蘇聯曾同中國發展廣泛的聯系，今天，蘇聯仍主張擴大，而不是減縮這種聯系。本來，中共領導應該首先對發展同各社會主義國家的經濟聯系表現關懷。但是，中共領導卻朝着相反的方向行動，不考慮這種行動給中國經濟帶來的損失。

「中國領導人沒有把由於誰的過錯而使這些聯系減少了的真相告訴本國人民。在中國共產黨員當中，甚至居民當中，展開了旨在詆毀蘇共內外政策、煽起反蘇情緒的廣泛宣傳。

蘇共中央曾提醒中國同志注意這些不正確的行動。我們對中國同志說過，不要以所產生的爭論和分歧為轉移而促使人民時而讚揚、時而咒罵這個或那個黨。每個共產黨員都明白，兄弟黨之間的分歧，不過是暫時性的事件，而社會主義各國人民之間的關係現在是永久確立的。

「但是，中國領導人對蘇共提出的同志式的警告每次都置之不理，而繼續加劇中蘇關係。

「從一九六一年年底起，中國在國際民主組織中的代表開始公開把自己的錯誤觀點強加於人。一九六一年十二月，在世界和平理事會斯德哥爾摩會議上，中國代表團反對召開爭取和平與裁軍世界大會。在一九六二年，世界工會聯合會、世界和平運動、亞非團結運動、世界民主青年聯盟、國際民主婦女聯合會和其他許多組織的活動都因中國代表的分裂行動而受到了威脅。中國代表反對歐洲社會主義國家亞非團結委員會的代表參加在莫希舉行的第三次亞非人民團結大會。中國代表團領導人對蘇聯代表說，「白人在這裏沒有什麼事可做」。在雅加達舉行的新聞工作者會議上，中國代表實行的方針是以蘇聯……不屬於亞洲國家為理由不讓蘇聯的新聞工作者成為有充分權利的參加者。

「令人感到奇怪和驚異的是，中國同志指責不久之前舉行的世界婦女大會的絕大多數人進行分裂活動和執行錯誤的政治路線，而在通過告各大洲婦女書時，參加大會的一百一十個國家中只有兩個國家——中國和阿爾巴尼亞的婦女代表投票反對。這倒真是：愛好自由的婦女的整個億萬大軍步調都不一致，而只有兩個走得正確，遵守隊形！

「中國領導同蘇共和其他兄弟黨的分歧的簡單經過就是這樣。它表明，中共領導人把自己的特殊路線同共產主義運動的共同方針對立起來，力圖把自己的號令、自己對當代根本問題的極其錯誤的觀點強加給共產主義運動。

「以中共為一方、同以蘇共和國際共產主義運動為另一方之間的分歧的實質何在呢？無疑，每一個看了中共中央六月十四日的信的人都會產生這個問題。

「這封信的許多論點乍一看來可能令人不解：中國同志究竟在同誰爭論？例如，難道有反對社會主義革命或者不認為進行反帝鬥爭和支持民族解放運動是自己職責的共產黨人嗎？為什麼中共領導如此糾纏不休地提出這種論點呢？

也可能產生這樣一個問題：為什麼不能同意中國同志在他們的信件中所敍述的對許多重要問題的立場呢？就拿戰爭與和平這樣一個根本問題來說吧。中共中央在自己的信件中說到和平與和平共處。

「問題的實質是，中國同志在向各馬克思列寧主義政黨對當代根本問題的方針開始發動進攻後，第一，把蘇共和其他馬克思列寧主義政黨從未表達過的以及同它們格格不入的觀點硬加在它們身上；第二，他們竭力用口頭承認從共產主義運動文件中拿出來的公式和方針的辦法來把自己的錯誤觀點和不正確立場偽裝起來。如果公開反對各國人民爭取和平、爭取不同社會制度國家和平共處的鬥爭，反對裁軍等等，那就意味着在全世界共產黨人和愛好和平的人民的眼前暴露自己的立場，並把他們從自己身邊推開。因此，論戰越是進行下去，中共領導立場的弱點越是暴露，它就越要竭力採用這種偽裝。如果不考慮到中國同志這種手法，那麼從旁看來甚至會覺得，似乎爭論的性質是煩瑣的，似乎談的只是遠離迫切問題的個別提法。

「而事實上，爭論的中心是涉及到各國人民切身利益的問題。

「這就是戰爭與和平問題、世界社會主義體系的作用和發展的問題，這就是反對「個人迷信」的思想和實踐的問題，這就是世界工人運動和民族解放鬥爭的戰略和策略問題。

「在評價戰爭與和平問題和對待這些問題的解決辦法方面，不能有任何含糊不清和吞吞吐吐，要知道，問題關係到各國人民的命運和全人類的未來。

「我們還冷靜地估計到進行戰爭手段有了根本的、質的改變及其可能產生的後果。在本世紀中葉所製成的火箭——核武器改變了以前關於戰爭的概念。這種武器具有空前的破壞力。只說一點就夠了，即一個強大的熱核炸彈的爆炸力就超過包括第一次和第二次世界大戰在內的以前所有戰爭中使用的全部戰鬥武器的爆炸力。這樣的炸彈已經積貯了成千上萬個！

「共產黨人有權無視這種危險嗎？我們應不應該把關於熱核戰爭後果的全部真實情況告訴人民呢？我們認為，毫無疑問是應該的。這不可能像中國同志所斷言的那樣對羣眾起「麻痺」作用。（未完）

讀者投書

斥責日本政府經援中共的無恥勾當

鄭振言

編輯先生：請將此函在貴刊發表，事緣最近報載日本政府已批准日本左傾幼稚商人以價值二千萬美元的整套尼龍工廠設備，用延期付欵方式，輸往中共，這真是使我們華僑無比憤怒的一件事情。

二次大戰前，日本軍閥發動侵華戰爭，不僅中國大陸同胞死傷無算，財產房屋損失無算，香港與東南亞各地，亦於今血漬未乾，言之齒冷。依理，日本人應如何發奮圖強，自省思過才是。但日本坐使中共在中國大陸強大以致席捲大陸，威脅亞洲後，却傾向中共，甚至還有人向毛澤東要求請把日本變為中共的一省，當時，我們讀到這一新聞，還只以為是極少數的日本人是這樣無恥荒唐，現在日本政府竟不顧廣大華僑之反對，不顧亞洲全體人民之利益，明說是延期付欵，實則經援中共，這就可見喪失良心傾心中共欲將日本變為中共之一省者，並非一二人，更非少數人。如果說由於少數日本商人左傾欲與中共貿易，日本政府乃不得不予批准，那末，日本政府何不乾脆批准少數日本左傾人士之願望，將日本歸附為中共之一省呢？

以言政治應與經濟分開，那末我們不禁要問日本政府今後還準不準備與中共在東南亞及香港對中共作貿易競爭。準不準備再要求亞洲各地的輿論在經濟貿易上支持日本？而且，星加坡華人現正展開對日本戰時屠殺之清算，日本政府是否希望亞洲全體華僑一致仇視日本，從而抵制日貨？我想：如果日本政府還稍有良心和道義，還稍有長遠眼光，也應毅然拒絕批准日本左傾商人的這類荒謬行為的。現在，我僅先斥責日本政府，並予警告。如果日本政府還行不改，我相信定引起全體華僑仇視，其對日本之危害，必定超過日本對中共所得之利，幸日本政府三思之！

一九六三年九月二日鄭振言敬白

破壞性的鬥爭

李璜

這一兩月來，毛澤東與赫魯曉夫的鬥爭，無非是彼此臭罵，彼此挖老根，揭內幕，不過毛還兼帶吐苦水，痛說數年來「老大哥」對他的無情無義，逼得他工業失敗，只好亂來一套土法寶！

但是，顢頇的毛澤東，究竟不是狡黠的赫魯曉夫的敵手。只要赫向毛用「野獸觀念，好戰心理」八個字輕輕一挑，毛在近幾天又向赫連來兩次萬言以上的痛哭陳辭！殊不知言多必失，最容易在這種動輒來個十幾點的氣憤語中，被人捉住錯。如這一連的兩篇長文，關於「毀復核子禁試」，及「蘇共領導和我們分歧的由來和發展」，因為話說得太長，不但醜像畢露，漏洞百出，被人瞧不起；而且要希望別人對他老毛表同情，就最不應該說：「核戰要把人類絕滅，乃是悲觀的了，最多只會炸死一半人類罷了。」這一類幼稚而且傻的話！

毛在臭長的文字上，還將這傻話一再加以解釋，說是世界上有三十億人口，核戰最大限度只能打死十五億人口。」這種吃人魔王的氣概，好像世界上慘死了十五億人口，都滿不在乎一樣！這樣說法，不但得不到世界上別人的同情，就連毛所謂「兄弟般國家」的同志們，也要想一想，好傢伙！死個十五億人，恐怕只有非洲森林與亞洲高山裏未開化人們可以倖免，此外各處「在劫難逃」；眞如老毛主張，這種共產鬥爭，實在碍難同意！

然而，毛澤東竟自不加審愼的把這傻話說出口了，而且並不感到不是一個「人」（有肉、有血、有幾萬年進化歷史的人）所應該說的話，這就是所謂「馬恩列史」一向所主張的破壞性鬥爭，害了毛澤東，使他失却了人性！

馬恩發其源，列寧暢其流，而史太林揚其波的鬥爭思想，完全是偏於破壞性方面的；俄式的共產主義，質言之，乃是「打倒主義」！自列寧掀動革命以來，封建主義、帝國主義、資本主義、民主主義、民主社會主義、智識階層的腐化思想等等，打倒打倒，已經數不清；而在史太林手中，則更反托洛茨基派、反布哈林派、反修正主義、反猶太人、反反革命……反這反那，殺人如麻，滿手血腥，一直到臨死之前，還感到沒有將他左右的異己者反光，而抱恨以終！

毛澤東自二十幾歲以來，即拜史太林為師，雖未得如李立三、陳紹禹、鄧小平、劉少奇輩能親炙受教，然而毛總想青出於藍，大大的仿行史太林的破壞性鬥爭；於是毛一坐上北平帝王高位，便恨不得一下子便將中華民族三千年以來，聖賢豪傑所創造，全民所努力，而形成的中國社會制度，道德倫常、風俗習慣，以至於老百姓做工、吃飯、睡覺等等方式，都一掃而光的，用鬥爭破壞了去！於是毛澤東的打倒、打倒、打倒、反、反、反，比之列史，變本加厲，十倍百倍，至今十三年有多，還在中國大陸從事破壞性的鬥爭，已鬥死大陸幾千萬人，永遠沒得完，而中國大陸之糜爛糟糕，已不可聞矣！

毛澤東所唯一學到的是列太老師與史老師的破壞性鬥爭，而並不知建設性的重要性，故一聞赫魯曉夫的「和平競賽」四字，便認為與他的「不斷革命」大為不合，斥為修正主義；但不知，一個執政者，執政了十三四年了，不但對其國內沒有建設成績來表示，而且連大多數老百姓弄得來都沒有飯吃了，像這樣，即使老用破壞性鬥爭，再去反，再去打倒，終於使自己垮台，無法久存的！

日前蘇俄政府機關報「消息報」說得好：「從中共的觀點看來，蘇俄要衣衫襤褸，居住簡陋，過半飢餓生活，日夜吶喊打倒美帝國主義口號，纔是眞正革命者。」並稱：「中共相信勝利的革命主要條件，不在於經濟競爭，而在於外來的戰爭；中共領導人的路綫乃由於其對社會主義與資本主義在經濟上競爭的勝利，缺乏信心。」（見五日莫斯科路透社電）

這個話的前一段，雖有點形容中共對其現狀的不堪與沒辦法，然而後一段話，却不失為對中共的一個忠告。中共十三年以來，確是愈來愈對中國大陸的政治與經濟表現無能力與沒辦法，而只有寄望於不斷革命的理論，與乎更向世界各地去作破壞性的鬥爭，以覓求出路；今日俄共要擋住中共這一條出路，因此中共便不惜對俄共實行破壞性鬥爭起來！

不過，俄共今天被中共弄得非常狼狽，也罪有應得。因為這一套破壞性的鬥爭理論與方法，都是俄共頭子列寧、史太林、以至赫魯曉夫等教給中共的。這種列史等所教給毛澤東的一階級專政，一黨專制，民主集中制的一人獨裁種種作法，不但在這十多年害苦了毛澤東及其一羣，使他目中無人，胡作非為，至今陷於四面楚歌，而中國老百姓也因之被整死了幾千萬人；就是在毛澤東未打得江山之前，這個破壞性鬥爭的毒素已經在中國有了二十年以上的傳染流行，以致反共的執政黨，標着民權的招牌者，也厲行一黨專制，一人獨裁，對於異己者，完全採破壞式的鬥爭方法，不停的加以分化、收買、壓迫；於是陷於孤立，終為中共所乘，而輕易的便丟掉了中國大陸！

自俄式的革命理論，在民十三之際滲入了中國的政治界以來，不斷革命的主張好像成為凡執政黨的迷信一樣，未執政前要革命，還可以說不得已去用破壞的手段，以達到建設的目的；及至既已執政，軍隊政權都已在手，正應該用和平建設，以增加人民幸福的生活；用寬大容忍，以消解異己反側；萬不能只認識破壞性鬥爭一時有效，而便忘却了建設性鬥爭乃永遠有效的；此所謂「馬上得天下，不能以馬上治之」是也。

共黨式的專政作法與英美式的民主作法，其在國內國際的勝負之數，根本係於前者重在不斷革命的破壞手段，而後者重在予人為善的建設工夫，並不係於核子彈之多與少，禁試與不禁試。毛澤東在那篇「毀復核禁試」文中，既已知道，核彈雖兇，並不及多數人心之力；並且反覆言之；又何以毛竟不知以緩和手段，建設工作，去爭取中國大陸多數民眾的人心，而還在那裏疑忌橫生，清算鬥爭不已呢！五二、九、九

目的和行動

孫寶剛

目的和行動兩者的關係是任何人都很清楚的。有了一定的目的，須以配合這個目的的行動去求其實現，最後才眞的把目的達到了。假如行動和目的不相配合，那麼，最後便不能達到目的。我相信稍有頭腦的人都會這樣想，也一定會這樣想，好像是非常簡單明瞭的。但是衡之許多事實，我們常常看到，許多人雖然有了一定目的，他們的行動却和目的愈來愈遠，終至結果和原來的目的，成了南轅而北轍。我們以美國在南越的行動，就發生了這樣的情形。

我記得甘廼廸總統上台的時候，他申明美國所以反共是在維護自由和民主，所以美國的支援南越的目的，當然也是為了維護南越的自由和民主。他們採取的行動是反共。這在表面上看來，我們可以說，目的和行動是相配合的。可是為了反共，便須加强南越政府的一切力量，所以南越的軍事力量增强了，南越的警察力量，甚至特務的力量也增強了。這許多力量增强的結果，應該在反共的行動上發生效果，而使南越人民的自由和民主也擴大了，這才算達到了目的，依照近來的報導，似乎南越人民的自由和民主，非但沒有擴大，反在縮小中，這不是美國在南越的行動，適和目的南轅而北轍麼？

到了這樣一個不幸的結果，美國現在才謀補救而要更換南越政府的主要人物，想使南越的人民多一些自由和民主的基礎。可是事實上做得到麼？南越政府已正式申明不要美國干涉內政，同時更申明美國的特務在企圖顛覆南越政府，認為是非常不友好的舉動。南越政府還要求美大使館引渡那三個在美大使館庇護的佛教領袖。從這一些事實看，美國也在進退維谷中，不特美國恐已無法達到要求，還要維繼對南越政府的支援，而使南越政府的反自由和反民主的力量，還繼續增進呢！

在這裏，我們可以提出二個問題。第一個問題是美國怎會使她所支援的政府的反民主和反自由的力量坐大呢？美國以往在支援許多國家時，已經多次發生過類似今日南越的情形，遠的不用說，就以支援中國的蔣政府來說，已是一個明顯的教訓，我看美國支援南韓政府也很顯然地會走到這樣的方向去。難道美國的教訓還是不夠麼？我在甘廼廸總統初上台時，看到勒斯克有一段談話，他批評杜爾斯的外交，不知未雨綢繆，專門在應急，所以耗費大而效果小，勒氏將知幾知微地在事態嚴重以前，先有種種預防或處置，使事態不會嚴重得要手忙腳亂地去應急。我看了這一段勒氏的談話，深感美國國務卿的得人。

可是以南越佛教事件來說，我是住在香港的一個普通人，祇以香港和南越相距不遠，南越時時有人到香港來，早已知道吳廷琰家族統治南越的情形，以及南越天主教處處佔有優越的地位，並處處使佛教徒不利的情形，為什麼美國前駐南越大使說，佛教和南越政府的糾紛，在最近才知道呢！前天報紙上不是說，佛教對政府的不滿，已是很久的事，掛旗事件不過是佛教徒在忍無可忍的情形下而做了導火綫而已。

由此使人懷疑到，我在上文所引的勒氏的談話，好像在行動是並沒有注意到。

第二個問題是假如南越政府仍是一意孤行，逆施到底，美國將怎辦呢？繼續支援麼，豈不和目的——即擴大南越人民的民主和自由——大相勁庭？不繼續支援麼，不是給共黨以完全併吞南越的機會？同時美國要求更調南越政府要員，是不是干涉了南越的內政，而內政是不是一件神聖不可侵犯的事？在我看來，兩個國家為了一個最高目的而其中一個允許另一個國家去支援軍事和經濟，甚至到了大部的軍事和經濟全靠那個國家的支援而另一個國家才能生存，在這種情形下，那另一個國家對那個國家來說，可說已經沒有內政可言，所以為了達成最高的目的起見，那個國家對另一個國家干涉一些內政，祇要是必要的，且和最高目的一致的，那就並不是絕對不能干涉的罷！美國又何以這樣畏縮不前呢？假如經過干涉而南越政府不接受美國的要求，美國應不應繼續支援呢？我認為美國如眞的有不支援的決心，南越政府也自然會接受美國的要求，假如美國患得患失，南越政府也就利用了這個弱點，而不接受美國的要求的。這就是心理戰，我相信美國政府在對蘇冷戰時，已經應用過，為什麼對南越反不敢應用呢？

即或南越政府頑冥不靈，美國須採取不支援的行動，而使共黨收漁翁之利，在理論上說，這也沒有什麼大不了的事，因為美國如姑息下去，南越人民百分之百不會有民主和自由。不姑息的話，南越即使暫時間給共黨佔了便宜，但是遠一些看，假如民主和自由的基礎擴大，全南越人民都合作起來反共，我相信收復失地並不是不可能的。所以我認為美國應取强硬的態度，必要時可以採取不支援的行動，因為遠一些看，還是對擴大南越人民的民主和自由是可利的。

最後我要回到本題上來，目的和行動必須互相配合，並且要時時配合，不要到危機來臨時再去補救，勒斯克的話是對的，應當未雨綢繆，不過講了話要實地去做。

台灣簡訊

志　清

一、台北市成立新聞評議委員會

台北市報業公會於九月二日成立新聞評議委員會，聘蕭同茲、黃少谷、成舍我、陶百川、阮毅成、程滄波、端木愷等七人為委員，由各委員互推中央通訊社管理委員會主任委員蕭同茲為該會主任委員，並通過由台北報界公會所推荐的沈宗琳（現任中央通訊社總編輯）為秘書長。依據組織章程的規定，該會的宗旨是「推行報業自律運動，提高新聞道德標準，促進新聞事業之健全發展。」其職掌有二：其一為受理新聞、評論所涉及的當事人及社會各方人士的陳訴和檢舉，經調查及聽証後，予以裁定。其二為就有關提高新聞道德之問題，委托新聞研究機構，定期作專題研究；其所提報告，經該會審核定後，印發台北市報業公會各會員。

這是台北市新聞界自律運動的一個開端，將來成效如何，雖尚有待於事實的証明；但能有此開端，總是一件值得稱道的好事。

蕭同茲在成立茶會中致詞，提出一位美國作家所說的兩句話「合理的分析，開明的判斷」與大家共勉；並說：「今天台北市報業公會，成立這個新聞評議會，並且一反英國、日本新聞自律組織的成例，不由報業中從業人員出來主持，而邀約我們七個非現役新聞記者來担任新聞和評論的評議任務。這種風度和信任，我們眞是十分感動。」他又指出：「本會的成立，是由台北市報業公會主辦的。因此，本會同仁担任的評議工作，實際上只是台北市報業公會所委託信任的一個觀察站或者瞭望台。我們只能做一點事後的，客觀的評議或者裁定。臨事的小心自律，主觀的努力自律，還在台北市報業公會各會員報的全體同仁；自動自發，持之以恒。而且也唯有如此，本會的成立，才有其意義，本會的使命，才可望達成。」

中央日報社長曹聖芬，代表台北市報業公會致詞，他說：「七位評議員先生，有的是新聞界的先進，有的是法學界的權威，有的現正從事新聞敎育，他們肯毅然担任評議員的工作，台北市報業公會的每一位同業，都應該向他們深致感謝。」他又指出：「新聞評議委員會的兩大任務，一項是對個別案件的裁定，一項是對一般原則性的建議。」保証「台北市報業公會的會員對於委員會的建議和裁定，一定尊重」；並說：「他深信他們各位的豐富經驗和高度智慧，一定可使台北市報業在新聞技術上和道德上進到一個更高的境界。」他又說：「報業新聞評議委員會成立之後，我們報業面對嚴師益友，在道義上多受一種拘束的力量；但我們並不把改進新聞技術，提高新聞道德的整個責任，寄託在他們各位委員的身上。新聞評議委員會的成立，是我們報業自覺的決心之表現，今後，每一會員必將更加自動自發，加強我們的責任感，提高新聞道德的水準。惟有發自內心的自覺配合外來的道義挾持力量，才能使我們獲得真正的進步。」

曹聖芬的這一席話，可謂冠冕堂皇之至，但鑒於當權派的傳統作風，是厭惡新聞和言論自由的，今日台灣的報紙，不是官報，便是黨報，真正民營的獨立報紙，可以說絕無僅有，人們都希望當權派不要再利用新聞界的自律運動來對目前已經極為有限的新聞及言論自由，又加上一層控制。」最好是當權派也能知所自律，才能談得到「真正的進步」。

二、監察院再彈劾熊家會

曾因假出口案被監察院彈劾的台北地被處檢察官熊家會，正所謂禍不單行，八月三十一日又因另一案被該院再度提出彈劾，並指為案情重大，應即先行停職。

據彈劾案稱：「查台灣省警務處因偵辦巴克萊公司台灣分公司負責人英僑梅谷(E. J. N. Mycock)涉嫌套匯漏稅，妨害國家總動員法案，經與財政廳、台北市稅捐稽征處等有關機關組成專案小組，分別進行調查，並於五十年九月八日函由台北地方法院檢察處指派檢察官熊家會到該處主持偵查，於同年十月二日將妨害國家總動員懲罰暫行條例及偽造文書嫌疑部份，移送台北地方法院檢察處偵查，其移送書要旨，略為：(一)梅谷係英國籍，三十九年來台，與本國女子周蘊珠結婚，四十年九月台北市設立義記洋行，由梅谷自任負責人，惟意圖逃避本國稅捐，四十二年均變更登記為美商義記洋行，以美籍囉呼夫人為負責人，而該洋行所有對外文書，則由梅谷潦草簽具C. D. Nicholo或E. J. N. Mycock等英文模糊字樣，使人無法辨明負責人究為何人，而納稅義務人囉呼夫人在台灣既未設有居住處所，其納稅義務及行政責任亦無從追究，其目的顯在逃避捐稅，不無構成偽造文書嫌疑。(二)該梅谷續於四十五年五月登記為美商巴克萊公司台灣分公司負責人，意圖不法謀取暴利，乃於同年六月間假其義記洋行職員林明添之名義，向台北市稅捐處登記設立梅谷土木包工業，遂利用該土木包工商之名義，向駐台各美軍機關承攬建築工程，並以自己之名義逕行簽訂建築契約，所有工程費用，均係收取美鈔，或美金支票，除部份美鈔支票曾向台灣銀行兌換新台幣外，大部份美鈔，或美金支票，均轉入國內銀行被告帳戶之內，套為私有。(三)該梅谷既掌有義記洋行、梅谷土木包工業，及巴克萊公司台灣分公司三個商行，又在台北市天生行印製美國紐約市巴克萊公司空白發票，濫行填發，並持有太平洋娛樂中心空白發票，經查獲者、梅谷對美國海軍輔導通信中心(N. A. C. C.)交易時，曾利用巴克萊公司發票，共計交易美金三四一·三四元，另於四十七年為美軍高雄軍官俱樂部裝置冷氣機等，曾將結算之工價新台幣三〇、九三〇元，改收美金八五九·一七元，另併其他費用收取美金支票六、六八九·六〇元，亦由梅谷簽具背書逕寄國外銀行帳戶。(四)依據查獲之收據，証明梅谷對N. A. C. C. 收取美金現金計八、七三九·七七元，KRC四九·七〇元，所有美金支票及現金，均套取國家外滙轉入私人帳戶，在香港為上海滙豐銀行一二一五〇六——一〇八〇帳戶，紐約為滙豐銀行紐約分行一——二六二——二六〇號帳戶。(五)被告周蘊珠在台印製紐約巴萊公司發票上附註簽名供人使用，被告林明添出名假設梅谷土木包工業及營造廠，任由梅谷使用，均涉有共犯嫌疑，一併移案偵辦。」

但該案移送台北地檢處，由熊家會承辦，則予以不起訴處分。其理由是(一)外幣支票並非國家動員物資。(二)向美軍各單位收受美金現鈔，罪嫌不足。雖經警務處函請台北地檢處重行偵查，經交該處熊家會擬辦，仍函復警務處未便重查。監察委員陳訪先、金越光等進行調查，認為熊家會對外幣支票，則斷章取義曲解為非總動員物資，對收取美鈔，則避重就輕，認為不能証明，處處均為被告設詞開脫。檢察官原有追訴犯罪之職責，今竟對明知為有罪之人不使其受追訴，其為違法瀆職，情弊顯然，爰依監察法第六條提案彈劾，請依法交付審查移付懲戒；並以本案情節重大，應請懲戒機關依照公務員懲戒法第十六條規定通知其主管長官先行停止被付懲戒人之職務，又本案被彈劾人熊家會係台北地方法院檢察官，所有刑事部份，擬送請司法行政部指定法院偵查。關於梅谷違反國家總動員法案，情節重大，（其收取美金套滙國外，經查獲確據者，計有八百餘筆，七十餘萬美元。）凡與美軍交易之廠商，均在觀望效尤，而其認定外幣支票為非國家總動員物資，與現行外滙政策及政府法令尤有違背，影響重大，並應函司法行政部發交該管法院重行偵查。陳委員等並以被彈劾人違法之行為，情節重大，有急速救濟之必要，應依監察法第十四條函請司法行政部為急速救濟之處分。

三、鄭彥棻也談獨立審判

九一記者節慶祝會，司法行政部鄭彥棻作專題演講，題為「對審判獨立的認識」。他說：「法官獨立審判，原是國父的一貫主張和國民黨的一貫政策。現行憲法規定法官須超出黨派以外，依據法律，獨立審判，不受任何干涉，更建立了一個「極為完整的制度」，他「絕對由衷的予以信奉」。他認為「法官要做到真正的審判獨立」，除了充實自己的學識之外，品德和修養，尤其重要。孟子所說成為「大丈夫」的一個條件，「富貴不能淫，貧賤不能移，威武不能屈」，在法官來說，只要缺了其中任何一個，就不能做到真正的審判獨立。英國在十七世紀初葉，英王常有干預審判的事情，後經當時的法官，柯克爵士犯顏直諫，不客氣地說：「陛下的聰明才智，固為上帝所賜；但法律卻關係人民的生命財產，須有專長的技術和經驗，才能運用自如，不是只靠天賦才智，便能辦得了的。」自此之後，在英國獨立審判的原則，才逐漸確立。還有日本，在明治二十四年五月十一日發生津田三藏刺殺俄國皇太子未遂事件，當時朝野震驚，唯恐俄國藉此啟釁，經皇室廟議的決定，必欲處以極刑，並由司法大臣、內務大臣，親往勸說承辦法官，可是彼時日本的大審院長兒島謙卻能不為所動，終於奠定了日本獨立審判的基礎。再從我國歷史上看來，也不乏崇尚獨立審判的事例。漢代的廷尉張釋之，對漢文帝交辦的一宗「犯蹕」事件，擬科罰金，文帝認為過輕，加以結責，他侃侃然申辯說：「法律是君主和全國人民共守的規範，如果法律規定已是如此，卻偏要加重它，那便使人民對法律失去信心。廷尉一職是公平象徵，只要有一些兒的偏頗，那末一般執法的人，也都會跟着任意地畸輕畸重，老百姓就要無所措手足了。」終使文帝折服。故千秋傳為佳話：所以獨立審判的精神，在我國古代也早見濫觴了。以上的中外事例，都表現了法官應有「大丈夫」氣概，也只有如此氣概的法官，才有希望做到真正的審判獨立。

鄭彥棻更進一步指出：「上面所說的「大丈夫」氣概，只是不受外來的干涉，只要心存正氣，還不難辦到；但是一個標準的好法官，要做到百分之百的獨立審判，還要不受任何自己內在的干涉。以前王陽明先生曾說過：「如問一詞訟，不可因其應對無狀，起個怒心；不可因其言語圓轉，生個喜心；不可惡其囑託，加意治之；不可因其請求，屈意從之；不可因自己事務繁冗，隨意苟且斷之；不可因旁人譖毀羅織，隨人意思處之。這許多意思皆私，須精細省察克治，惟恐此心有一毫偏倚，枉人是非。這就是所謂「去心中之賊」。以陽明先生之賢，尚且說過「去山中賊易，去心中賊難」，可知一個法官審刑案件，要做到不受自己心理上干涉，一定要注重品德修養才行。」

鄭彥棻這一篇引經據典的演詞，似乎頭頭是道；但若與今日的事實相對照，則幾乎適得其反。即以法院改隸一事為例，還延三年，卒在鄭彥棻精心努力之下，獲得了巧妙的安排，即不但司法行政部仍隸屬行政院，而且還繼續統轄各級檢察官。甚至推事雖然改隸司法院，卻要在總統府設置一個以司法行政部長為秘書長的所謂司法人事審議委員會，對各級推事之任免，具有調轉審核同意之權。其處心積慮，顯然是要保持以行政干涉司法的傳統慣技。然而他卻大言不慚，還舉出英、日兩國，及我國漢朝時代司法人員拒絕皇帝干涉審判的種種事例，可見其羞惡之心已經喪失無遺了，這也許就是他能官運亨通的妙訣呵。

中共新華社報導 平漢鐵路曾中斷

華北暴雨成災九萬民工搶險 河北邯鄲淹水棉田損失不貲

藍星

自毛澤東於十三年前在北平成立僞政權以來，雖然年年都在吹噓水利建設，但水災旱災蟲災卻年年在大陸各地普遍發生。足証中共之一切建設宣傳都是自欺欺人之談。

據中共新華社八月廿一日從山東省濟南發出的消息說：「從七月以來，省內連續降雨，部份地區遭到內澇，聊省專區沿衛河，運河受淹的冠縣、館陶、臨淸三縣共組織二千多名幹部，九萬多名民工，日夜巡堤査水，搶修險工，嚴密防守。他們在水漲堤高，擋住洪水的口號下，在長達一百三十八公里的河堤上，築起了一段底寬三米，高一米，頂寬一米的子堤。運河成州段的廣大羣衆，在長達一百七十公里的大堤上，冒雨搶修河堤，加高堤壩。惠民專區廣饒、陽信、無棣等縣的廣大社員，經過緊張的抗洪門爭，很快把一部份農田的積水抽出。」

在此以前的幾天，新華社又報導河北的情況說「歷史上罕見的暴雨而成災。」

此外，中共新華社還說：「近幾天，在邯鄲地區的田野裏，到處可以看到緊張，搶救棉田的人羣，在仍有積水的棉田裏，人們正在挖溝排水。積水已排出的棉田裏，人們則扶起被水冲倒的棉棵，洗掉棉桃和葉子上的污泥。剪掉被水浸過的空枝。」又說「大雨過後，許多公社都展開了同水奪棉的門爭。地勢高的棉田，則採取挖溝排水，低窪棉田，則打捻，掏水……據估計，棉花的產量將要減少三分之一以上。」

以上是中共新華社有關華北水災報導的一部，此外，中共還正式承認由北平到廣州的所謂京廣鐵路曾因水災冲毀路基而一度中斷。可見災情嚴重之一般。

大陸簡訊

白帆

証明中共缺棉價值三百萬鎊 中共向烏干達購七萬包棉花

本報上期曾報導中共政權在北平舉行所謂全國棉花增產會議，並指出中共棉花生產量低，棉布配給量短缺，始終是中共最感頭痛的問題。現在，中共向烏干達購買大量棉花，適足以証明中共嚴重缺棉花的情形。因中共向烏干達購買這七萬包棉花，要花費英鎊三百萬鎊。在中共如此短缺外滙之日，仍不得不花費如此鉅欵以購買棉花，又適足以反映大陸棉布之嚴重短缺也。

中共向烏干達購棉花是美聯社九月一日自倫敦報導的。它說「據標準銀行之發言人稱：由巴拉來之消息指出，中共所購之棉花，超過七萬包。約佔烏干達產量之五分之一。價值三百萬英鎊，中共去年未在烏干達購買棉花，但一九六一年曾購去六萬五千包，倍於一九六〇年所購者」云。

中共人民日報繼續僞造輿論 說蘇聯九成人站在中共一邊

在人類社會歷史上，在今日世界各地，僞造輿論的事件很多，但以胆大臉厚的僞造工夫來說，却還數中共第一。

對此，中共最近根據毛澤東的指示，又有若干傑作。據中共「中國新聞社」九月一日北平電：「人民日報今天在第三版我們的朋友和同志遍於全世界的通欄標題下，連續第三天以整版篇幅發表來自全世界各大洲的朋友支持中國共產黨的來信。今天發表了十四封來信，這些信來自蘇聯、保加利亞、波蘭、荷蘭、比利時、盧森堡、美國、墨西哥、阿富汗、錫蘭、阿爾及利亞、幾內亞、摩洛哥等十三個國家，還有一封信署名是『非洲革命者』。來自蘇聯的一封信，署名爲『忠誠於你們的工人們』的信件說：你們捍衛列寧思想的純潔性，揭露了那些用列寧名義粗暴地歪曲一切的人。蘇聯工人階級，全體人民百分之九十，同你們站在一邊」云云。人民日報登出這種僞造信件，硬說蘇聯人民百分之九十同中共站在一邊，眞可謂妙不可言，但信不信由你了。

毛澤東繼八月八日種族主義宣言 又發表一反對美國干涉越南聲明

爲了對抗赫魯曉夫，爲了取得對部分國際共產黨的領導，毛澤東最近不得不打破長期以來所保守的深居簡出的緘默態度，而被迫經常拋頭露面了。就以八月份這一個月來講，毛澤東就發表了兩篇反美聲明。一篇是八月八日發表的那一支持美國黑人進行暴力鬥爭的聲明，另一篇則是八月廿九日發表的有關越南問題的聲明。

毛澤東八月廿九日發表的這一聲明，原名「反對美國——吳庭艷集團侵略越南南方和屠殺越南南方人民的聲明」。自毛澤東以好戰姿態公開聲援越南後，據中共「中國新聞社」八月卅一日北平電訊說：「越南和朝鮮報紙分別在廿九日、卅一日在頭版或國際版顯著地位，刋登了毛澤東主席二十九日發表的反對美國——吳庭艷集團侵略越南南方和屠殺越南南方人民的聲明。全文刋登這一聲明的報紙，有：人民報、首都河內報、新時代報、新越華報。刋登這一聲明的朝鮮報紙有：勞動新聞、民主朝鮮報、民主青年報、平壤新聞」云。

中共中央歡宴印尼共黨領袖艾地 毛澤東親自接見阿爾及利亞訪客

除於八月廿九日發表反對美國干預越南聲明外，毛澤東又於次日接見阿爾及利亞訪客，這都說明內外事態緊迫，毛澤東不得不多多親自出馬。

據中共「中國新聞社」八月三十日北平電：「毛澤東主席、周恩來總理今天下午分別接見了阿爾及利亞新聞代表團。毛主席、周總理同他們進行了親切友好的談話。」

在同一天，中共中央又歡宴了艾地。據中共「中國新聞社」八月三十日電：「中共中央副主席劉少奇、周恩來、朱德、總書記鄧小平今天晚上舉行宴會，熱烈歡迎印度尼西亞共產黨中央委員會主席廸．勞．艾地和由他率領的印度尼西亞共產黨代表團全體成員。出席宴會的還有中共中央政治局委員董必武、彭眞、陳毅、賀龍、李先念、柯慶施、李井泉、譚震林，中央政治局候補委員烏蘭夫、陸定一、陳伯達、康生、薄一波，中共中央書記處書記李雪峯、羅瑞卿，中央書記處候補書記劉瀾濤、楊尙昆，中共中央委員、中共中央高級黨校校長林楓，中國科學院院長郭沫若，中共中央委員宋任窮、劉寧一、伍修權、陶鑄，中共中央候補委員趙毅敏，外交部副部長黃鎭等」。毛澤東則於九月三日接見艾地云。

僑鄉近訊

鍾之奇

廣州涼茶店完全不講衛生

自中共於十三年前以暴力控制大陸後，中共的宣傳機器即不斷吹噓大陸人民在中共統治下如何講究衛生，英國前首相工黨領袖艾德禮也一度爲中共的魔掌遮蔽了眼睛，硬說大陸已無蒼蠅。但中共報紙隨後自己承認大陸的蒼蠅多得很，衛生情況也越來越差，而最近出版的中共羊城晚報所刋載的一段廣州涼茶店全不講衛生的新聞，則更進一步暴露了中共控制下僑鄉的污糟情況。

羊城晚報說：「吉祥路口有家涼茶店在茶桶的龍喉下邊放了個碗，接盛滴漏出來的茶水盛滿了，又把這受污染的水倒回桶中出賣，爲了保障顧客的健康，這幾分錢賺不得」。足見廣州涼茶店在中共控制下和壓搾下，已變得如何不衛生了。

廣州的和味粥變成了和汗粥

廣州飲食店不講衛生的情形，中共廣州出版的羊城晚報又暴露了又一事例。它說：「一日上午，仁濟西路和心茶樓粥品檔前，一位不戴口罩的服務員大聲吆喝着：『喂！魚生片猪紅粥，一角』。不時飛舞五爪金龍，把葱花撒在粥面上去，又用手擦一擦膊胳上的汗，顧客來了，服務員迅速地把不滾的猪紅粥倒到舖着魚生片的碗中，直到顧客吃的時候，有些還帶着血紅色。筆者特作一聯以誌之：『和心樓，和味粥，幾撒葱花加點汗』、『講衛生，賣魚生，五爪金龍誤諸君』。」

以上是羊城晚報記者在羊城晚報的記述，眞可謂和味粥變成和汗粥了。

中共在廣州對工人推行强迫儲蓄

由於中共政權一向自己標榜說是工人階級的政權，所以對於一般技術工人的工資便訂得稍高。但糧食棉匹的配給量仍然少得吃不飽穿不暖的程度。於是，收入較豐的工人便把多餘的人民幣不惜向黑市高價購買物品。但中共惟恐通貨膨脹，又恐助長黑市，遂在大陸各地推行一種强迫儲蓄。實則，這種儲蓄等於肉飽子打狗，是永遠一去不回的。因爲儲戶是永遠不能隨便動用。要動用除非中共批准。而中共又以節約儲蓄爲辭，向不批准。

據中共報紙所刋中共廣州市人民銀行消息，說這種强迫儲蓄「僅在今年一至四月，該市全市參加儲存欵的新戶已達一萬一千九百多戶。其中參加定期存欵的佔百分之七十五以上。到五月底止，存欵額也比去年底增加了三百多萬元」。

又說「今年頭四個月，廣州市東山、越秀、荔灣和海珠四個區的職工和居民，通過儲蓄會和集體儲蓄的存欵就有一千一百六十多萬元，相當於去年這類存欵的八成多」云。

「京廣路」被水淹瓜菜被迫在穗廉賣

中共在廣州出版的報和香港共報最近都一度刋出消息說廣州瓜菜市場貨積如山。這消息是否眞的呢？據廣州來客談，確是眞的。只是其原因並非瓜菜在廣州的供應有了改善，而乃華北暴雨成災，由廣州通往北平的所謂京廣鐵路被水淹中斷。在中共搶修京廣鐵路期中，原定由鐵路運往北平的瓜菜無法安頓，只好放在廣州市場上廉賣，故廣州市上確曾一度瓜菜甚多，但這只是臨時現象云。

中共在廣東各地推廣煤灰造牆法

由於磚塊缺乏，中共現正在廣東各地推行煤灰造牆法。中共中南建築工程管理局最近曾在廣州召開會議，叫大家利用城市的大量煤灰，解決中南數省磚瓦木石之不足。會議並曾決定在中南地區，全面推行這一煤灰造牆法。中共並宣佈第一道示範牆已在廣州市黃花崗中學築成。會議決定的口號是「爲煤灰找出路，爲建屋節省磚塊」云。

星、馬違憲問題的論爭

俊華

星洲、北婆羅洲、沙勝越三邦，於八月卅一日宣佈自治，引起了馬來亞強烈的反對。在馬來西亞快將成立之際，「大馬」內部又出現了裂痕！邦與國間聯合的不易，團結一致的困難，以及政治事務的變幻無定，在這個東南亞的多事之秋，倒是不能不令人慨歎了。

三邦自治

由於印尼的阻撓，把「大馬」原定八月卅一日的成立期阻延，以致星、馬，馬、婆，馬、沙之間發生強烈的齟齬，這是出人意表之外的。如果馬來西亞已在八月卅一日成立，各邦已於是日加入「大馬」，就不會有這一問題的發生。「夜長夢多」這一句話，正恰好來解釋這種情況。「大馬」成立期之不能再延，又得到一次的証明。馬來亞和他的三位「大馬」夥伴，把成立期「鐵定」在九月十六日，不理會印尼的反對，便是恐怕再拖延下去，會發生意料不到的意外。

「大馬」諸邦，雖已將成立期延至九、一五，但仍把八、卅一日定為「馬來西亞團結日」，在是日分別舉行慶祝。星洲方面，在「團結日」典禮中，總理於鐘樓大鐘敲響六時三十分時宣稱：星洲已「向新的憲法邁開大步」。我人在此刻「看到一個紀元的終結，在這一紀元中，星洲在東南亞的革命、危機、及轉變中，安然渡過了」。而另一紀元，一項偉大的考驗，正在開始，這考驗擺在我們面前，但，它的前途是燦爛的！」

李氏所指的是星洲完全自治，這是前已預定的，並由星洲元首尤索夫加以正式宣佈。在這項自治之下，星洲擁有它自己的國防權及外交權。

馬來亞為此，已向英國提出抗議。

內外威脅

在北婆方面，北婆羅洲和沙勝越也與星洲同日宣佈自治。北婆羅洲定名為「沙峇」國，首席部長史蒂芬同日就職，以婉轉的語氣說：「我們並未遺棄東姑拉曼，同樣的，也非疏遠我們在馬來亞的友人，他們仍是我們的盟友。沙峇及其人民現在的獲得自治，僅是表示我們決心使馬來西亞實現的一個階段。」

沙勝越首席部長寧根，早在八月末聯合國民意調查團抵步之後，已以「內定首席部長」的資格執行職務。但沙勝越自治，仍於八月卅一日午夜，以鳴炮二十一响歡迎寧根和他的閣員上台就職。寧根和史蒂芬，早幾天曾為印尼拒派觀察員參加聯合國調查團事，指責過印尼「干涉別人事務」。印尼外長蘇班德里奧反唇相稽，警告北婆和沙勝越，要他們「審慎」，不要在本身謀求獨立中「與強大的鄰邦結怨」。實際上，印尼正以部份重兵，印尼部署在距沙勝越邊境三十哩之內；印尼共黨份子與沙勝越境內的中共份子合流，發動沙勝越詩巫、美里的反聯合國調查團示威暴動。印尼國防部長納蘇蒂安八月三十日在蘇島公開聲稱，印尼支持北加里曼丹（北婆）的地下組織。印尼把這些反英馬的份子，稱為「自由鬥士」，把北婆地區稱為「英軍所侵入的印尼領土」。印尼官方安塔拉通訊社說，印尼海軍副部長沙迪金准將，空軍代將納古蘇瑪，奉派赴「英軍侵區」的邊緣工作。

沙勝越的自治政府，是在這些內外威脅嚴重的情況下成立的。

團結失敗

雖然如此外敵當前，但馬來西亞內部，「夥伴們」仍不免於爭辯，以至面紅耳赤。馬來亞政府九月二日召開緊急閣議後，宣稱星洲自治的片面行動，「非法違憲」，馬來亞政府並正式向英國提出抗議，反對英國准許星洲、北婆、沙勝越三邦作此項「獨立」的行動。馬來亞向英質詢：「何以此項針對馬來西亞的行動，在馬來西亞將於僅二星期後成立時，何以尚有其需要？」

馬來亞政府並對星方聲明：「星洲地位不變」。意指馬方認為星洲仍如以前一般地位，沒有國防權和外交權。

李光耀對於馬來亞內閣有關星洲自治的決議及處置，表示遺憾。他說：在馬來西亞成立以前，星洲有她自己的權限，馬來亞不能干涉，也無權干涉，星洲的做法，自認是正確的。

四邦的齟齬，尤其是馬來亞與星洲的針鋒相對，立場強硬。使英殖民大臣桑第斯氏處理為艱。桑氏自倫敦來駐吉隆坡，原以英國為「大馬」「成立保鑣的代理人身份前來，預定駐隆至「大馬」成立之後。他的方針是「團結四邦對付印尼」，英國就印尼觀察員赴婆事採取強硬對印尼的立場。由此產生了「大馬」四邦漠視印尼意向定期（九、一五）成立的決定。而英軍的在沙撈越及北婆邊境準備作防守戰，也是這項加強軍事，忽視外交政策的產物。

但現在由四邦內部發生意見，可見這項「團結四邦」的工作，實際頗成問題。

尖銳聲明

桑第斯匆匆由關丹飛返吉隆坡，就馬來亞為「大馬」內部發生意見向英抗議一事，與馬副總理拉查克舉行會談，其後桑氏又會見拉曼總理。桑氏與拉氏發表的聯合聲明說：「倘若有任何（英、星）的移交，是涉及國防及外交權的，則此項移交乃無效者。因國防外交的移交，均須由樞密院的命令，但現在，英國大臣（桑氏）已經証實，英樞密院並沒有發出此項命令。」

這種說法，意指星洲所稱自有其國防外交權限，乃是不合法的。馬方對此，當然表示滿意。

對於北婆及沙撈越兩邦自治政府的權力，乃大馬憲制成後所賦予的該兩邦權力。至於該兩地區之「大馬」中央政府權力，英國將飭由各當地總督暫時掌管，以迄於大馬成立，移交這項權限給大馬。因兩自治政府權力，是「由大馬賦予」，馬來亞也當然同意。

馬來亞副總理拉查克與桑第斯簽署上述兩項要點的聯合聲明之後，以為事情已解決，因英大臣已支持馬來亞。可是星洲總理李光耀，卻不滿英大臣的態度，發表強硬的反對意見。

李光耀的強硬聲明說：現在限期九天，請英殖民大臣桑第斯就若干有關馬來亞協定的事項，加以澄清，否則桑氏「必須面對後果」。

「我們有足夠的文件，証明我們的所作所為，完全合法，並且正確。更重要的一點是：若果桑第斯部長在九月十二日以前沒有對這些事情分別澄清，則桑第斯部長將發現他會處於一個極不愉快的地位，那可能是「反殖民地與新殖民地」的一種爭端的夾縫中。」

「我們知道桑第斯部長是一個強硬的人，但我們也曾跟比較桑第斯部長更強硬的人週旋過。天眞的人士以為政權是由英國呈獻出來，這並非正確見解。新的亞洲非洲國家都在誕生，並非皆由別人所呈獻。「當納薩總統接收埃及政權時，並非自法魯克王手中接受王璽，反之，他卻限法魯克王於廿四小時內整備行裝離境」。

八月卅一到九月十六，不過兩個星期。星洲對馬來亞對英國，又形成尖銳的對立。可是一般並沒有怪責星洲，而認為拉曼對馬來西亞「抓得太緊」。英東南亞專員寇爾爵士事後立即訪李光耀，從事調解。這說明桑第斯片面幫助馬來亞的強硬，並不怎樣站得住腳。

·吉隆坡通訊·

巴基斯坦更親近中共了

·車平·

巴基斯坦和中共，已於去月廿九日簽署互相擁有降落權利的航空協定了。這顯示出：非共的巴基斯坦今後將更親近中共。該航空協定簽署了後，巴基斯坦國際航空公司準備於明年初即派出飛機飛航喀拉蚩，狄加，廣州，上海，東京；雖然日本政府可能接受美國的勸告，禁止飛經中共大陸的巴基斯坦客機在東京降落，但巴基斯坦對此並不顧慮，而毅然與中共簽約，由此可知巴基斯坦親近中共的政策是如何的堅強。中共的民航代表團團長沈杜曾宣稱：「吾人與印度的關係發展至最高峯時，也未與之訂航空協定，今吾人卻決然與巴基斯坦簽署空約，足証吾人與巴基斯坦的交誼，確已有高度的發展」。沈氏這一番話，正反映出巴基斯坦此次之投向中共，係出於政治上的理由，和環境上的需要；而雙方的互相利用，亦屬實情。

巴基斯坦除準備派出飛機飛航中共大陸之外，還打算貢獻其努力，協助中共發展民航，因為在這方面，中共比其他國家遠為落後。如所週知：廣州和上海的機場跑道，迄今還未能容納巨型波音機起降，但巴基斯坦將來用於此航線的就是波音機，可知巴基斯坦的民航發展，已比中共勝一籌，中共當然要利用巴基斯坦的民航技術來作「他山之石」。至於巴基斯坦之所以要與中共勾結，其主要原因，則當然是要「借重」中共來應付印度了。此外，還有一項雙方都「滿肚密圈」的利益：在中共方面，它獲得巴基斯坦給予准許其民航機在狄加及喀拉蚩降落權，這種安排，將減少中共倚靠莫斯科作為客貨運往歐美的出口的不便；同時，飛行時間，也可減縮中共與世界各地的距離。中共並可利用這條航線透過巴基斯坦而採購其所急需的其他國家的軍事物資和工業原料，而將之直接運回大陸。在巴基斯坦方面哩，則可以獲得廣州和上海間儎運客貨的權利，無論如何，這都是一條有利可圖的航線。而且由狄加至東京的航行，中途在廣州上海停站，約需七小時，是巴日間最快捷的航班，貨運與客運之佳，是意料中事；換言之，這是可以打得响如意算盤的生意經。

巴基斯坦此番之親近中共，美國是深表關注的；初時，美國曾把巴基斯坦與中共的「航空勾結」描述為「破壞自由世界團結」，並暗示可能引用「交戰條約」條文而停止對巴基斯坦的援助，或禁止將波音機的零件供應給巴基斯坦航空公司。但是，就目前的情形來看，係約業經簽署了，即使美國施以壓力，巴基斯坦也不會低頭。美、巴關係本已漸趨低潮，如果美國再對巴基斯坦的「政策」強予阻撓，則美、巴關係祇有更趨惡化吧了。

巴基斯坦「露骨」地親近中共，無可否認，是含有政治性的動機。巴航之計劃開闢大陸航線，乃在巴基斯坦與印度交惡臻於白熱化之後，同時也是不滿英美之側重於援印，是巴基斯坦遂決定擴展其接觸區，一方面用以增進其商業利益，另方面則作為在外交上的一項「政治資本」，暗中表露出其將採取「不結盟政策」的先兆；阿育汗顯已從他的勁敵尼赫魯處學懂了「左宜右有」的那一套手法。不過，阿育汗玩起「把戲」來，似乎比尼赫魯要得更精彩。可以說：青出於藍而勝於藍。

目前巴基斯坦和中共的「友好關係」，仍在繼續增進中。巴基斯坦且已公開袒護中共，如最近盛傳中共大軍集結印度邊境，巴基斯坦則認為並非事實，指是印度方面的宣傳。同時，巴基斯坦又曾公開指責過印度與西方國家存心向「愛好和平」的中共挑釁。凡此種種，都是巴基斯坦逐漸親近了中共後所發出的「驚人論調」；從這些「驚人論調」中，反映出巴基斯坦於與中共簽署「航空協定」之後快將有更進一步的行動，使雙方的關係聯繫得更親切。至於中共，當然也樂於拉緊巴基斯坦；為的是：巴基斯坦是中央條約和東南亞公約的成員國，若果把她拉近身邊來，當然可予反共國家以有力的打擊。這一個局勢的轉變，是相當值得重視的！

女貞庵（一七）

（版權保留）

黎　明

第九場：還試

地：禪堂。

時：接上場第二天。

人：潘法成、潘必正、陳妙常、妙寧、衆師姑、進安。

（禪堂：佈置簡單而嚴肅，除佛一龕外，唯蒲團若干而已。）

潘法成：（手唸珠神態嚴冷上）嘿！我好糊塗也！（唱）：

卻原來，鸞飄鳳泊蕭蕭寺中，
怪不得，他們兒女情長法緣空。
—還妙常末，
我還道：救得她一朵青蓮出火宅；
又誰知，她菩提難脫煩惱叢？
—這必正畜生末，
我還道：他黃卷青燈多辛苦；
又誰知，他偷香竊玉更從容？
—也：罷！
今日箇，快刀斬斷煩惱網，
不管你鴛鴦浦上雨和風；
我卻要，整頓山門振宗風。

（轉身禮佛，匐伏移時；然後起身轉面，坐於佛龕下面正中一個蒲團之上。）妙寧，你來！

妙寧：（上白）來了。連日師父眉不展，好生叫人心不安。（行禮介）參見師父！喚徒兒出來，不知爲了何事？

潘法成：叫潘相公速速前來。

妙寧：是。（行禮下）

潘必正：（喜孳孳上）月兒有閏更無閏，良宵一刻過千金。（行禮介）姑母在上，侄兒拜揖。

潘法成：少禮，一旁坐下！

潘必正：侄兒告坐。（坐在旁邊一個蒲團上面）呀姑母！把侄兒喚了出來，不知有何訓教？

潘法成：兒呀，你來庵中已不少日子；但不知你功課，已經準備如何？

潘必正：姑母但放寬心，這功課末，小侄我是早已準備好了的。

潘法成：吓！早已準備好了？好！好！好！阿彌陀佛！（故意欣然而起，必正跟着起來，法成笑撫其肩）侄兒呀！（唱）：

你本是，潘門中，獨樹孤生；
你父母，只望你，一舉成名。
屈指數，試期近，休再錯過；
祇今日，檢琴書，即便登程！

潘必正：這個……（聽了猶如晴天霹靂，失色旁白）哎呀且住！姑母忽然逼我先期赴試，這這這是何緣故呀？—莫非我與常姑之事，竟然給他看破了？……這便如何是好呀！嗯、嗯、我自有道理。（轉向法成）呀姑母！依侄兒之見，如今離試期尚早，等待開春前去也還未遲。只是侄兒在此不免多打攪姑母：……

潘法成：唔！（突轉怒惱，截斷必正的話頭）你這說的是那兒話來？難道姑娘我只爲你在此打攪於我，便要趕你赴試不成？須知姑母乃出家唸佛之人，此處乃世外清修之地；正所謂四大皆空，一塵不染；較之世俗，逈然兩途。我兒你世緣未了，血氣方剛；正好力爭上游，以圖出人頭地；豈宜久居於此，消磨自家壯志？我與你父共榦連枝，非比尋常；又兼你乃三世單傳，一家寶貝；日後耀祖榮宗，全都寄望於你。你如自甘人下，不求上進，有何面目去見你家父母？倘若你家父母日後埋怨於我，姑娘我又有何言答對於他？唉、好不痛煞人也！（作悲介）

潘必正：（亦作悲介）姑母休要煩惱，侄兒遵命就是；容侄兒且作謝各房師姑去來。

潘法成：不消！待我叫她們出來與你送別便了。香公那裏？請各房姑姑齊到禪堂者！

香公：（內應）知道了。—師父請各房師姑齊到禪堂者！

妙寧等：來了。（凡五六人同上，拜揖）參見師父！

潘必正：罷了；（用目蒐索，不見妙常，怒形於色）你等且少站一時。

妙寧等：是。（分站兩旁）

陳妙常：（上白）荒徑葉乾秋色老，禪堂晝永人語喧。（忽見必正垂頭喪氣而立，不覺滿腹狐疑；旁白）咿呀！緣何他也在此？這却是何緣故呀？（旁唱）

只見他，垂頭喪氣站一邊；
重重心事鎖眉尖。
又只見，師父顏色更不對，
鐵面嚴冷似枯禪；
姐妹全都泥塑木雕樣，
沒聲沒氣同寒蟬。
莫不是庵中又已出了什麼事？
莫不是，我和他的事兒被揭穿？
左思右想心不定，
含羞帶愧不自然；
事到臨頭難由己，
也只好硬着頭皮走上前。

（低着頭虛虛怯怯地走向法成面前行禮介）參見師父！

潘法成：好、好，你們都來了。今日要你們出來，非爲別事；只因我侄兒即刻就要起身赴試，特向你們告別則箇。

陳妙常：吓！（猛然一震，驚歎之聲，不覺脫口而出。旋即自知失態，幽幽旁白，淚隨聲下）爲何平地會有此事？這倒是從何說起呀！

潘法成：妙寧！快去吩咐進安，收拾行李，即刻啟程。快去！快去！

妙寧：是。（下）

潘法成：（侄兒呀！（必正一直呆若木雞，此時聽得呼喚，始抬頭看了法成一眼之後，仍復低頭如待決之囚似的，木然而立。）（唱）：

快趁西風着祖鞭，
文章有價莫遲延。
丈夫要遂凌雲志，
清涼世界休流連。
今日送你上京去，
但願你一舉成名天下傳；
好親玉陛上金鑾。

潘必正：姑母呀！（唱）：

多謝姑母金玉言，
功名之事本偶然。
他日若遂凌雲志，
敢忘姑母作周全！

（至此向法成木然一揖；但卻偷覷着妙常，恰好四目悽然相接。旁唱）：

她出家人，原本該與人方便；
又何必像這樣煮鳳烹鸞!?

陳妙常：相公呀！（唱）：

那斜陽外，千山萬山；
秋江上，風寒水寒。
愛月還須夜眠早，
貪涼切莫着衣單；
長路要加餐。

（悽然和必正交換了一個眼波，旁唱）：

奴胸有萬言難出口，
人前唯有淚暗彈！

潘必正：多謝常姑！（乘機上前幾步，細聲相囑）你也要好生保重才是呀！

（待續）

唐詩偶釋（一三）

鄧中龍

秋日登吳公臺上寺遠眺

·劉長卿·

古臺搖落後，秋入望鄉心。野寺來人少，雲峯隔水深。夕陽依舊壘，寒磬滿空林。惆悵南朝事，長江獨至今。

通體無望鄉意，不知何以獨夾入「望鄉」二字。

項聯概言其地，腹聯實指其景，一虛一實，此律詩常法。

寺即陳將吳明徹戰場，故末聯乃及「南朝」，實懷古之作也。

夕陽依疊，疊則舊矣；寒磬滿林，林則空矣。依字有無限眷懷之意，滿字有不勝蕭疎之感，乃知大家爲詩，字不虛擲。中唐詩格雖不高，而句甚鍊，此等句是也。然細究之，亦自盛唐來。余於評王維「歸嵩山作」詩一文中，曾極許其五六二句：「荒城臨古渡，落日滿秋山。」試以此詩五六二句較之，自可窺良工運斧之迹。或有以余言爲牽附者，則請舉長卿另詩爲証。長卿「宿北山禪寺蘭若」詩第五六句云：「靑松臨古路，白月滿寒山。」不過將「古渡」易「古路」，「落日」換「白月」耳，固知長卿作此等句時，胸中必有摩詰之句在。

就句論句，劉詩「夕陽依舊壘」，且較王詩「荒城臨古渡」爲勝；就以全詩較之，王詩渾成，劉詩單薄，此則盛唐與中唐之別，要在讀者博覽而深究之。

夕陽寒磬，舊壘空林，乃詩中之着色處。上所以應第一句之「搖落」，下所以開第七句之「惆悵」，必有此，則「惆悵」一句始不突兀。詩中氣勢，須前後兼顧，乃能臻擒縱如意之妙。如此詩：古臺搖落，秋意蕭條，人少水深，林空壘舊，睹夕陽之依戀，聽寒磬之悲愴，對山河風景，轉念及勝事前朝，惟有萬里長江，閱盡興亡存廢耳。前六句皆爲第七句蓄勢。第七句一頓，然後藉萬年不變之長江貫穿古今，遂爲以「古」字起，以「今」字終。或乃巧合，然亦絕妙。

長卿之詩，每多懷古傷今之作，「搖落」、「惆悵」諸字，常見於吟詠中。夫固以性剛多忤，兩遭遷逐，乃以詩自抒其胸臆也。不然，何其蒼涼悲壯之至於如是耶？

「夕陽」二字，幾爲劉隨州詩中之註冊商標。讀隨州集，殆無處無「夕陽」，亦趣事也。茲畧舉數例：「夕陽孤艇去」（送方外上人之常州依蕭使君），「夕陽臨水釣」（過前安宜張明府郊居），「夕陽千萬山」（秋杪江亭有作），「漢廣夕陽遲」（贈別盧司直之閩中），「遙指夕陽邊」（清明後登城眺望），「鳥度夕陽遲」（陪王明府泛舟），「夕陽帆杳杳」（送李端中赴東都）「千峯共夕陽」（移使鄂州次峴陽館懷舊居）。

友聲集（四〇）

秋日重集瓊華樓　亦園

一甌相約又芝樓，餘暑猶驕七月秋。茶亦有情閒可伴，家寧無念夢難求。慣從詞客盟鷗鷺，肯爲癡兒作馬牛？參透平生眞與幻，簞瓢終老意悠悠。

秋日集瓊華樓亦園詩先成依韻奉和　書枚

雲移遍影上瓊樓，樓外山川一片秋。來門茗甌誠可喜，能同氣類更何求？是非豈效爭儒墨，名實空煩辨馬牛。秀句繽紛誰掇拾，殷勤高士意清悠。

追暑會迎亮之蝶衣兩兄　前人

秋陽煮海沸江城。白帝當權赤帝爭。熱浪猶催肌上汗。清泉共遣客中情，騷壇濟濟添新侶。釣石悠悠負舊盟。一縷鄉愁無着處。可堪殊域以詩鳴。

癸卯秋日再集瓊華樓次亦園韻　任難

騰梯直上幾重樓，共賞南天七月秋。殊域朋簪閒裏聚，故邦文物夢中求。從知仗義容屠狗，却笑爭雄類鬥牛。此日金風初送爽，茗邊餘話意悠悠。

祝英台近　新月　遯翁

鎖春山，窺半面，纖影照銀漢。漸到黃昏，恰在柳梢見。一鉤隱隱含情，姮娥粧罷，盈盈出，廣寒宮殿。訝天半，爲了何事勾愁，低徊掩羅扇？但現彎彎，此意杳難問。料應看遍人間，軒眉無地，故畫作，一痕幽怨。

懷陳果夫先生（三五）

宇人

由於CC與青年團有關同志的鬥爭，中央常會審核各省市的國大代表和立監委員候選名單時，自始至終，都充滿了戾厲之氣。國民黨的元老們除了關懷與他們有關的極少數候選人而外，都盡量避免表示意見。例如當陝西某一地區的立法委員候選人，有兩人競爭甚烈。一爲「中統」分子，CC支持甚力；一與「軍統」有關，團方若干同志予以維護。兩者相持不下，大家同意請于右任先生決定；但于先生考慮至再後，仍推說兩個都好，他也無法決定。足証就是曾經參與創黨開國的革命先進，也深深感到左右爲難了。

當時，民青兩黨提出共同制憲、共同行憲的口號，國民黨爲了爭取他們共抗共黨，自不能不有所讓步，故對兩黨所要求的國大代表和立監委員名額，曾允保証。立夫先生是代表國民黨與民青兩黨商談此一問題的主要負責人，團方同志懷疑他有挾兩黨候選人以抵制團方候選人的情事。因爲有很多次，團方亟欲爭取某一地區或團體的國大代表或立監委員候選人時，立夫先生都說：「此席已經讓與青年黨或民社黨了。」於是，團方同志也祇好忍讓。但當CC的重要候選人與兩黨所提的候選人同屬一個地區或團體時，立夫先生則可商請各該黨改在另一地區或團體提名；而此一地區或團體，又往往是團方所欲爭的。以是之故，每當團方候選人碰上民青兩黨的候選人時，團方同志即齊聲嚷道：「又碰着地雷了。」意即指立夫先生以民青兩黨的候選人爲地雷，藉以炸毀團方的候選人。立夫先生顯得頗能容忍，對此名詞，並未有任何抗議的表示。

我當時仍力持公正的態度，對青年團的候選人在原則上雖然應允支持；但假如CC或其他方面的人選，其學識，資歷和人望比較優良時，我還是支持他們的。記得老立法委員黃佑昌與湖南支團書記周天賢同屬一縣，依法該縣祇能產生一個候選人，團方同志當然屬意於周君；我則以黃先生學識豐富，在立法院卓著成績，故仍支持黃先生。又如和我在中央組織部普通組織科的老同事伍家宥兄爭取湖南某一地區的立法委員候選人，我深信他必能勝任愉快；但因他是CC的重要幹部，湖南又是黨團鬥爭最烈，團方較佔優勢的省區，我就心他遭受團方同志的反對，乃於事前商請賀衷寒兄予以維護，賀兄慨然應允，伍兄乃得順利通過。其他類似的事例尚多，不勝枚舉。

此外，在審查職業團體候選人時，谷正綱提出各行業的候選人應以各行業中人爲限，不得以行業以外的人冒充。我首先表示贊成，團方同志也無異議。此後進行個別審查，他常取出一個隨身攜帶的名冊詳細翻閱，有時主張應遵重地方選舉指導委員會的審查意見；有時却申言：「有幾位在本行業很有歷史，很有聲望的同志都被該省市選舉指導委員會所排擠而名落孫山，成了孤魂野鬼，我們中央既有權變更地方的提名，就應該替他們伸寃。」隨即提出某團體的國大代表或立監委員候選人，應以某人代替原經各該省市選舉指導委員會審查合格的某人。就當時的實情來說，究竟誰是某一行業中人，誰非某一行業中人，團方同志多感隔膜，因而谷正綱的意見幾乎無不獲得通過。直到後來審核浙江和貴州兩省農會國大代表候選人時，大家才發覺他原是別有用意的。

先是，江蘇支團幹事長顧希平爭取提名爲該省農會國大代表候選人，已經該省選舉指導委員會審查通過，團方同志力予支持；但谷正綱則堅決反對，主張改提另一人，其理由是顧非農業界中人，團方同志祇好作罷。可是，接着討論浙江和貴州兩省的農會國大代表候選人時，谷正綱即露出馬腳。該兩省選舉指導委員會所通過的候選人都是省黨部主任委員，大家都知道他們並非農業界中人；但谷正綱却說：很合格，其理由是他們乃農會的會員。袁守謙問谷：「爲什麼不是農業界中人也可作農會的會員？」谷說：「因爲他們都有一個農場，應視爲農業界中人。」大家聽了，都不禁發出笑聲。袁說：「他們的農場位於何處？你是否曾經看見？如果還空亂說，那麼，你怎知顧希平沒有一個農場？至於所謂農會會員的問題，你不要以爲祇有黨部的同志才可以隨意取得農會的會籍，如果團部的同志肯作假，也可以同樣辦得到的。」袁主張江、浙、黔三省的農會國大代表候選人應併案解決，如果省黨部主任委員可以做，支團部的幹事長也應視同一律。爭論結果，決定黨部團部負責人均可作職業團體的候選人，但須取得各該團體的會籍。至於他是否該行業中人，則不必深究。

既然決定黨部團部的負責人都可作職業團體的候選人，團方同志也就不再反對浙江和貴州省黨部主任委員爲各該省農會的國大代表候選人。以後，還有好幾個省的農會國大代表，也是以省黨部主任委員爲候選人，都獲得通過。但江蘇省農會的國大代表候選人，谷正綱仍堅持，既經決定，不應翻案。團方同志不依，爭執良久，最後還是我勸團方同志讓步，袁守謙表示同意，才算了事。我當時認爲若干素非農業界中人，爲了要做國大代表而冒充農會會員，已經可鄙；團方同志若也因爲有例可援而爲顧希平爭執，殊不值得。不過，如此一來，CC在職業團體的國大代表和立監委員候選人中，則佔了不少的便宜。

後來，討論到貴州的候選人時，張道藩、谷正綱兩兄一唱一和，更顯得十分出力。梁寒操先報告去貴陽指導的經過，指出該省選舉指導委員會對於申請登記的候選人均未加評語，祇打分數；而且在打分數時曾有勾串的情事，主張中央審核該省候選名單時，不心以該省指導委員會所呈報之次序爲依據。但張道藩、谷正綱均認爲仍應遵重該省指導委員會的意見。我問谷正綱：「其他的省市指導委員會完全依照中央所規定的程序行事，你尚說有許多有歷史、有人望的同志因被排擠而名落孫山，變成了孤魂野鬼，我們中央應該替這些孤魂野鬼伸寃；貴州的選舉指導委員會不但把好幾位有歷史、有人望的同志都審查爲不及格，而且有勾串違法的情事，中央指導員也認爲非是，主張不必以他們的意見爲依據，你却主張非遵重他們的意見不可，這是一個什麼原則？」（待續）

中國現代史資料評介之十一

詹天佑先生年譜

左舜生

這本詹天佑年譜，是淩鴻勛（竹銘）先生爲詹先生誕生一百年的紀念而編的，於民國五十年由中國工程師學會（按此學會原爲詹氏所首創）出版。

淩先生以一個鐵路工程專家的資格，爲他這位同行的前輩來寫這部年譜，確實是最適當不過的人選。

這本書儘管只有不足五萬字的篇幅，但取材精審，文字謹嚴，對於詹先生一生的所志、所學、所事，確能從各方面發揮淋漓盡致，而使讀者自自然然對這位譜主發生無限的景仰。在最近十餘年間，我所讀過古代和近代人的年譜，殆不少於三百種，而經我看過兩遍者，則不出十種左右，而淩先生這一種實居其一。我所以對這本書特別感到興趣，其理由也很簡單：一、我們從本書不只，對詹先生的生平能得一個清晰的印象，即在民國八年（一九一九）詹氏去世以前有關中國各鐵路修築的經過，編者也都大體的提到，對清末民初這一段中國的鐵路小史，也可從此書看到一個輪廓。二、詹先生其所以在鐵路工程方面得享盛名，實由於不假外國工程師之助，由他個人領導以四年不足的時間，完成了一條工作非常艱鉅的京張鐵路。（按京張鐵路的開工始於光緒三十一年（一九〇六）九月初四，迄宣統元年（一九〇九）的八月十九，即已舉行全路通車典禮。）淩先生在這本書裏，附得有兩幅很要緊的圖：一幅爲『京張鐵路平剖面圖』，另一幅爲『京張鐵路八達嶺附近平剖面圖』。看此書時，以圖文對照，乃能喚起我三十二年前在這一條路上一度旅行對所經南口至康莊一段路工艱鉅的回憶。三、我平常也感到年譜往往只能詳於譜主個人，對其人所生時代的背景，及其人在該時代中所生的影響，乃至承先啟後的種種關係，則每每不能儘量發揮（眞正寫得好的年譜當然不會如此）。同時，一個不善剪裁的作者，又每多自矜博雅、對譜主個人一切行事與言論，乃不惜毛舉細故，甚至譜主某年某月所作過一篇極不重要的文或一首詩，也不惜將其篇題目逐年逐月加以列舉，而其實這位譜主又不一定是一位眞正了不起的文學大家，實在令人讀來索然寡味，而不及一篇寫得好的傳記或評傳，使人一看即能明白其人在其所生時代的地位及其師友淵源。淩先生此書，於按照普通年譜體例逐年作一縱的敘述而外，更補寫了一篇約三千字的『編後』，就詹先生生平所作大事及其成功的關鍵所在，更能給以一種夾敘夾議的發揮，乃使人於讀年譜所得的益處以外，更能有一種讀傳記之樂。

詹先生原籍安徽婺源，自其祖父世鸞公始遷居廣州，遂爲廣東南海人。他生於清咸豐十一年辛酉（一八六一），卒於民國八年己未（一九一九），得年僅五十有九。

詹係清同治十一年實行派遣幼童一百二十名赴美留學第一批的三十名之一。其時派遣此項學生，須由其家庭正式向官方具結，詹父興洪公，當時所寫的具結書如下：

『茲有子天佑，情願送赴憲局（指當時清廷在上海所設的出洋局），帶往花旗國肄業，學習技藝。回來之日，聽從差遣，不得在外國逗留生理。倘有疾病死亡，各安天命。此結是實。……童男詹天佑，年十二歲，身中，面圓白。徽州府婺源縣人民。曾祖文賢，祖世鸞，父興洪。』

其時清廷採納容閎派遣幼童一百二十名赴美留學的建議，並於清同治十一年（一八七二）迄光緒元年（一八七五）分作四批派送，原議此項幼童可在國外肄業十五年，可是後來清廷的保守派人物聽信學生監督吳子登對此類學生過度洋化的蜚語中傷，於光緒七年（一八八一）將此項留學生全部撤回。詹先生以出國在第一批，乃得經過預備學校、中學校，並於光緒四年（一八七八）考入耶路大學（Yale University）工學院，習土木及鐵路工程，於光緒七年五月，畢業，年齡始二十有一，可謂幸運（其時彼撤回的學生以尚在大學肄業者居大多數）。

詹於回國以後，曾服務於水師學堂，測繪廣東沿海形勢，並充當洋文教習；先後歷七年之久，實用非所學；迄光緒十四年（一八八八）始應北上當時的鐵路公司經理伍廷芳之聘，任工程師，是爲先生置身鐵路之始。自此以後，凡歷三十一年，迄未間斷。當時中國境內所築各路，如關內外、津蘆、西陵支線、潮汕、滬寧、道清、萍醴、津浦、洛潼、京張、綏、粵漢、川漢、中東等等，詹先生莫不躬與其役，發生或多或少的關係，而以築成京張一路最爲有名。

詹先生『生平受知於張之洞、伍廷芳、胡燏芬、盛宣懷、李鴻章、袁世凱、徐世昌諸顯要』（用淩先生『編後』的原文）假如他熱中於做官的話，他也可能更做到飛黃騰達；但他絕對不肯跳出他的本行範圍，僅此一點，已足爲後輩的矜式。

又淩先生於年譜『編後』，就京張路全路工欵每公里用費，隧道工程每公尺用欵，及京張路建築資本中的總務費用與其他各路所用者列成三個簡單的比較表，則詹先生對於公帑的力事撙節，可以一目了然，現在我把這三個表錄在下面：

甲、全路建築工欵平均每公里約用銀元數：（一）滬寧，[illegible]（二）津浦，[illegible]（三）京漢，[illegible]（四）京奉，[illegible]（五）京張，[illegible]

乙、隧道工程用欵：[illegible]

丙、工程時期的總務費用：[illegible]

按京張路全路工欵的原預算，[illegible]像他這種不敢濫費國庫的精神，更足資一切從事公務者的模範了。

本刊已經香港政府登記

聯合評論 週刊

每逢星期五出版

United Voice Weekly

第二六二號

督印人：黃宇人　總編輯：左舜生

社址：九龍通菜街三十八號南亞書局 805641

承印：嘉羅印刷有限公司 香港灣仔馬師道5號

總代理：友聯發行公司 售價每份港幣一毫

本刊美洲版總經售處 美國紐約中美出版社

CHINESE - AMERICAN PRESS, INC

199 CANAL STREET.,

NEW YORK13 N. Y. U.S.A.

美洲航空版每份零售美金一角

論「黃禍」的可能性及美國應有的對策和戰略

——兼論毛澤東一面反赫一面又依靠蘇聯核子力量保護的無恥嘴臉

劉裕略

毛澤東的性格和處境，本來很複雜，尤其毛澤東與赫魯曉夫發生個人權利衝突，中蘇共隨之發生矛盾以來，一切情勢更在不斷的變，所以，整個情勢就更加複雜了。在這複雜而多變的情勢中來討論或研究問題，孤立的看問題，固然不可以。只把各個問題作單線的聯繫，也未必能掌握問題的眞象和變化。必也一方面看清問題的起點和焦點，一方面透視問題的內在變化與外在狀況所引起的關聯，並對每一個問題每一種變化從各個不同角度反復而又綜合去觀察才行。

以言毛澤東的複雜性格和複雜處境，他既有着個人英雄主義的一面，又有着奴才性格的一面；他既時常犯着衝動與直覺的一面，如像土法煉鋼，在農業生產上主張深耕密植等都是他憑直覺隨便提倡的例子，又有權謀欺詐不打無把握的仗等理智活動；他既矢言反美，又要反赫反蘇；既揚言蘇共不足領導，又跳不出馬列主義的圈子，……等等都很顯然。

自赫毛衝突演變到中蘇共衝突表面化，毛澤東性格上的弱點與處境上的弱點的暴露，可以說是愈來愈多。赫魯曉夫給予毛澤東的奚落與難堪，也可以說是到了相當的程度。譬如說核子彈與民兵問題。毛澤東一向說核子彈只是紙老虎，赫魯曉夫却嘲笑毛因爲沒有看見過核子彈，故對核子彈的威力完全無知；毛澤東自認爲大陸有三千萬民兵被他控制，可以不怕一切，赫魯曉夫則嘲笑這些民兵，都不過是一塊肉。這種種嘲笑，我相信稍有羞恥之心的普通人都受不了，何況自以爲統治着中國大陸，逍遙乎北平故宮與懷仁堂勤政殿之間把秦皇漢武不放在眼裏的毛澤東。然而毛澤東的反應如何呢？却仍然在與赫魯曉夫爭着做列寧的親生子。據毛澤東及中共中央說，赫魯曉夫完全違背了馬克思列寧主義，好像自己才是列寧的親生子一般。其實，誰也知道列寧是俄國人，赫魯曉夫也是俄國人，毛澤東不過是中國人，說到他們與列寧的親疏，毛澤東當然比不上赫魯曉夫，毛澤東至多只算列寧的乾兒子罷了，無論赫魯曉夫好不好，別人總是列寧的親子孫。所以我一看見毛澤東的言行稍爲表現得像一個人的時候，我也未嘗不願欣賞，但每一看見他始終脫不掉馬列主義那件袈裟時，我就不禁作嘔。但仔細思之，則又發覺這一切皆緣毛澤東性格和處境複雜，智慧畢竟不高，意境畢竟超不出馬列主義範疇，最多只能成爲馬列主義的一代高僧而又內在多矛盾，夾雜與馬列主義極端違反的個人英雄主義與種族主義意識，所以，蘇共報紙最近强調毛澤東幻想着成吉斯汗，正在煽動有色人種的共產黨反對白色人種的共產黨，確非無稽之談。

從今日世界最新武器的威力來看，毛澤東既未擁有核子彈，而只能寄望於幾千萬民兵進行人海戰術，則毛澤東縱然志比天高，想作第二個成吉斯汗，事實上也似無此種可能。因此，今日西方所顧慮的「黃禍」似亦杞人憂天，無從實現。我最近在香港讀到一些報紙，大都闢斥此種「黃禍」論，有些人所持理由恰如上述，有些人則更認爲以中國人爲主要的黃種人根本不會爲患世界，故無黃禍可能。

就我個人來說，我的看法却與這些看法都略有不同，我以爲所謂「黃禍」既不是必然不可能，也絕不是必然可能。說它絕對可能，固然是一種武斷，說它絕對不可能，同樣也是一種武斷。其可能或不可能之關鍵乃在自由世界尤其美國之對華政策對中共政策與對中共戰略而定。我的理由是這樣的：

說到所謂黃禍，不妨先對西方所謂黃禍回顧一下。原來西方所指黃禍，乃指成吉斯汗十二世紀指揮十餘萬鐵騎縱橫歐亞的遠征而言。但我們應該辯明的是各方對成吉斯汗遠征的功過與其對人類社會歷史的評價原本不一。究竟應不應該稱它爲「黃禍」，在看法上也各自不同。不過，不管人們對成吉斯汗的看法如何，但可斷言的，如果中共政權不垮，毛澤東的國際共產主義路線加上毛澤東種族主義路線所造成的禍害却必將是一種極大極大的禍害，而非成吉斯汗的行爲可比，此一禍害，謂之爲「黃禍」，雖並不恰當，因爲毛澤東及中共所將可能造成的這一禍害，並不只是黃種人向白種人及其它種族人的鬥爭，而乃是黃種人結合黑種人及其它所有有色人種對白種人的鬥爭，所以嚴格言之將不止是一種黃禍而已，而乃是集階級仇恨與種族仇恨於一爐的熊熊大火，以亞洲非洲拉丁美洲爲基地，甚至還伸入歐美內部的一種既包含種族鬥爭又包含經濟鬥爭還包含階級報復的一種殘酷鬥爭。所以，我說毛澤東及中共所將爲禍的並不只是一種黃種人對白種人的鬥爭，因之，名之曰黃禍，乃不盡恰當。但若認爲此一禍患係因黃種人中之一個人——毛澤東，黃種人中之一個黨——中國共產黨所發動所造成，因而名之曰黃禍，則亦不無理由，姑名之曰黃禍，則亦無不可。

但前面說過毛澤東手裏既無核子彈，又無成吉斯汗的那種鐵騎，毛澤東所有的不過是數百萬裝備落後的軍隊及赫魯曉夫嘲笑的「不過是一塊肉」的那三千萬民兵，那末，又何足爲禍世界以致造成歷史的空前大禍呢？這一問，似乎很有道理，實則這一問也只是皮相之談。因爲毛澤東之所以可能足以爲禍，並不是依靠核子彈或核子火箭，如果十年之內世界上眞正有人以核子彈與核子火箭爲害世界，將只有蘇聯及赫魯曉夫，而決不是中共或毛澤東。因爲毛澤東在十年之內不可能擁有核子武器，毛澤東之所以可能足以爲害，則不是憑藉這些而是憑藉另外一些方法和另外一些力量。

在今日中蘇共紛爭中，有一件極滑稽的事，那就是蘇共及赫魯曉夫手上明明有核子彈，但蘇共及赫魯曉夫却揚言「和平共存」，僞稱決不主動先用核子彈；另一方面，中共及毛澤東手上明明沒有核子彈，却反對「和平共存」，而主張「打核子戰」。如此一來，如果自由世界的領袖稍微天眞一點的話，就很容易被欺騙，因爲中共根本無核子彈，雖高叫打核子戰，本只白喊？蘇共雖有核子彈，却不願打，那末，豈不也是打不起世界戰爭來。殊不知赫魯曉夫高叫和平共存原本是假的，赫魯曉夫所說不欲主動先用核子彈也是欺詐，其目的，只在僞裝和平，迷惑自由世界，麻痺美國，意欲出美國之不備，效日本人之偸襲珍珠港，以核子彈偸襲美國而已。試想：如果赫魯曉夫或蘇共眞不準備主動使用核子武器或火箭，那末，赫魯曉夫爲什麼要將發射火箭的裝置秘密運入古巴呢？難道是毛澤東叫蘇共把火箭秘密運入古巴的嗎？（下轉二版）

論新疆居民六萬人逃入蘇境事件

鍾北望

據中共及蘇聯最近先後宣佈：居住在新疆的中國人，共有六萬人之數，已由新疆越過中蘇邊境，逃入蘇聯境內，這件事實在是值得注意的一件大事。

我們曉得：在歐洲，自第二次大戰後，蘇聯在德國東部建立東德傀儡政權以來，曾有成千上萬的東德居民，冒生命危險，逃出東德，進入西德；在亞洲，則自中共於一九四九年强佔大陸以來，亦有數百萬人冒生命危險，逃出中共控制下的中國大陸，進入香港和澳門。然而，在世界各地，絕未發生這一共黨政權下的居民逃出這一共黨政權而進入另一共黨政權的。有之，則惟有在中共統治下居住新疆的中國人逃入蘇境的這一事了。

居住在新疆的中國人爲什麼要逃出中共的控制而進入蘇聯呢？據中共說，這是因爲蘇聯在新疆進行顛覆活動，這六萬人係因蘇聯之强迫而進入蘇境，至今尚未解決。但據蘇聯宣佈，則謂這六萬人現今確仍在蘇境，但他們之進入蘇境，乃因中共統治下生活太苦，不堪壓榨，故自中共控制下逃出。蘇聯並謂蘇聯基於人道主義，故接受了這六萬人之逃庇，並謂已將他們安置在集體農場，若中共須將他們接回，則中共應派人前往問訊，只有基於他們自己的意願，才可遣回，否則不能强迫遣回。而中共堅持强迫遣回，不願派人前往問訊，故問題迄未解決云云。

對此，我們可以很公平的說，蘇聯也居然會講人道主義嗎？那當然是假的。不過，蘇聯竟敢而且蓄意不將中共統治下的居民遣回中共，則確實反映了和顯示了中蘇共衝突的嚴重性，而中共的臉也在這裏丟完了。

客觀而冷靜的看來，這六萬人何以逃入蘇境？中蘇共各自所說理由，都不是毫無根據。何以說呢？試問中共，如果在新疆居住的中國人如果不是由於生活太苦，如果不是由於中共對他們太迫害，他們爲什麼會脫離中共統治而願逃入蘇聯境內呢？中共所說蘇聯曾在新疆進行顛覆，我們也相當相信，但我們要問中共：新疆既在中共的有效控制下，蘇聯人爲什麼會能够進入新疆來從事顛覆活動呢？難道不是中共多年來一面倒向蘇聯，開門揖盜的結果造成的嗎？再說，蘇聯既然對中共進行這種帝國主義行爲，中共爲什麼不在當時宣佈？不立即用武力對抗蘇聯這種顛覆行動呢？中共遲到現在才宣佈，中共遲到現在赫毛發生尖銳個人權利衝突的時候才宣佈，可見毛澤東賣國有心，如果赫毛之間之衝突不繼續尖銳，中共對蘇聯的這種帝國主義也將會不予計較了。

更進一步說，如果中共早在中蘇邊境嚴密設防的話，這件事也不會發生，新疆居民也不可能隨意越過邊境，他們隨意越過邊境時，中共的邊防軍隊也決不會不加阻擋。更根本的說，如果中共對人民不要壓迫得太厲害的話，如果中共對人民的生活稍有照顧的話，中國人也決不會被迫跑到俄國人的殘酷統治下去苟活求生的。這都可見這一件事不但使中共大丟其臉，而且也說明中共政權實在是一切問題的禍根。

論「黃禍」的可能性及美國應有的對策和戰畧

——兼論毛澤東一面反赫又一面依靠蘇聯核子力量保護的無恥嘴臉

劉裕畧

（上接第一版）既然是赫魯曉夫及蘇共中央要把火箭秘密運入距離美國腹地最近的古巴，而且還由蘇聯派了許多名軍事工程人員和火箭部隊到古巴秘密安裝，那末，這還不恰好說明赫魯曉夫口說和平共存，實則心懷陰謀，準備乘虛偷襲美國嗎？可見蘇聯所謂和平共存原本都是假的。而毛澤東呢？與赫魯曉夫一樣心懷陰謀，只是陰謀的內容各有不同。毛澤東在手頭沒有核子武器以前，他高喊打核子戰不過是一種姿態，而以結合共產主義與種族主義進行大規模的反美反蘇的冷戰為基本手段，一方面大罵赫魯曉夫，一方面卻仍無恥躲在蘇聯的核子保護傘下對自由世界進行滲透與顛覆，冷戰與局部熱戰互用，根本不打核子戰，而用漸變的方式，積小勝為大勝，然後求得整個問題的質變。所以，表面看起來，中共的實力似不及蘇共，但其對整個世界的可能危害則甚至還可能大於蘇共。因為它手上目前尚無核子武器，往往為人忽視，實則中共統治的人口比蘇共多，它所結合的亞非兩洲的有色人種數量龐大，地域廣濶，故不止作用大而且影響深遠。客觀的檢討今日世界，從原則上講，種族歧視當然是一件不人道的事。但種族歧視卻是今日世界存在的一個相當普遍的事實，這一事實雖然是歷史遺留下來的包袱，而且正在逐漸褪色中，但毛澤東抓住了它，不可否認正是毛澤東足以為禍世界的一大資本。冷靜推想，如果整個人類文明就是這樣演變下去，種族歧視的事要在人類世界完全絕跡，可能是幾百年後的事，而今日世界的交通正在發展中，作為有色人種主要居留地區的亞非兩洲現今正在抬頭，所以毛澤東在此時此際抓住這一問題而加以煽動與鼓勵，作用之大與影響之深遠，確足以貽百世之害，這是我所以說毛澤東足以造成世界大禍原因之一。其次，是亞非兩洲的經濟情況都在事實上相當落後，根據本年六月聯合國糧農組織提出的報告說「亞洲和遠東的富饒土地上居住了一半的人類，他們於四十年內將面臨嚴重的飢荒」。該報告又說「目前世界的人口，其中有一半以上都遭受飢饉或營養不良。但預料四十年內人口將增加一倍而超過六十億人了」。這顯然也將是毛澤東及中共將用以煽動戰亂的另一資本；第三，是中共在黨本身的組織上對這一煽動工作所具有的效率及戰鬥經驗；第四，再加上亞洲各共黨違離蘇共而加強的依附了中共。這顯然也都是毛澤東足以造亂的重大資本。何況，毛澤東本人及中共雖然天天自我宣傳說中共政權極有效率，中共控制着的中國大陸將在經濟上自力更生，實則這都是虛偽和不可能符合事實的吹噓。以中國大陸之一窮二白，偏又要供應中共政權之龐大開支，既無蘇援，又無美援，可以斷言，中共今後是必不能解決內部經濟困難而只有挺而走險向外擴張的。至於有些人認為一般中國人不會而且不願造成黃禍。這說法當然不錯。不過如果繼續讓毛澤東控制中國大陸，則大陸人民在毛澤東刀鋸斧鉞下，雖不欲向外擴張，在毛澤東的裏脅下，雖不欲對外作「黃禍」性的人海戰，又安得而可能呢？所以這問題的關鍵，不在大陸人民之願不願，而在大陸人民會不會繼續被毛澤東控制。如被毛澤東繼續控制，則毛澤東是仍可驅迫這些內心極不願的中國大陸人民去闖禍的。有此五大原因，所以，我認為毛澤東及中共已在客觀事實上業已具備在世界上製造大禍的條件。更何況在今後十年，誠如美國總統甘迺廸所說，好戰的中共將在一九七〇年以後擁有核子武器，屆時自由世界及美國將遭受中共核子武器的挑戰。甘迺廸總統的這一預見極正確，可是如何應付七八年後即將到來的這一局勢呢？甘迺廸沒有進一步說明。我以為甘迺廸總統及美國政策製訂人都應圍繞這一問題，以這一問題作中心來重新衡量美國的世界戰畧，尤應重新衡量美國的遠東政策，必須利用中蘇共當前的矛盾，勇敢地掌握時機，先把中共推翻，至遲必須在中共擁有核子武器以前把它摧毀，那末甘廼廸總統的這一預見才有真正意義，否則這一無補於事實的預見又將只屬空談了。

我們曉得：作為一個偉大的政治家，主要的就在能夠預見未來並處理它。試想：假如二三十年前的美國總統們能夠預見蘇聯共產黨的威脅的話，蘇聯這一國家何至能夠坐大到今天這樣來危害世界文明？又試想假如艾森豪威爾不太糊塗而稍為勇敢稍為有遠見的話，又何至坐失美國的原子優勢而讓蘇聯起來，造成今天這樣一種似乎是核子僵局的形勢？所以，今日美國政府是必須預見毛澤東及中共的必將到來的禍害的，而且必須趁早將之摧毀才是。再說，以蘇聯作美國世界戰畧的主要對象，誠然是美國擒賊擒王的一種有價值的戰畧思想。但又試想如果蘇聯，眞想繼續赤化世界，蘇聯沒有人民衆多地居亞洲戰畧要衝的中共，其赤化全世界的企圖可能實現嗎？那是一定不能的，那末，我們為什麼不作如下一些推想：假如蘇聯今後眞願與美國和平共存，則未來世界所將面臨的威脅及挑戰，將只會是來自中共了，那末，趁早將中共摧毀，西方所顧慮的黃禍不是就可避免了嗎？假如蘇聯今後不願與美國和平共存，而仍要為禍世界的話，則趁此中蘇共衝突之際將蘇聯之重要夥伴——中共去掉，則屆時難道不是蘇聯雖欲赤化全世界，亦將因為缺乏亞洲之廣大地域與中國大陸之衆多人民而成為不可能了嗎？所以，從美國的世界戰畧看，擒賊擒王，針對蘇聯固然應該是美國世界的戰畧的基礎部份。但趁早將眞正足以在十年之後雖無蘇聯為助亦將單獨為禍整個世界之中共剪除，應是美國世界戰畧的明智決策。對此，我希望甘迺廸總統及美國的政策製定者細加衡量並予以確切策劃。

要趁早推翻中共，美國就該支持亞洲一切反共國家，以圍擊中共，這是當然的。美國應該加強支援中國的反共力量，當然尤屬重要，不過，在這一個問題上，美國當然還應該同時瞭解到，支援海內外所有眞正反共的中國人尤其支援中國的民主反共勢力，實是推翻中共政權的一條極有意義和必須使用的道路，這也是不可不知的。

蘇共七月十四日駁斥中共公開信原文節要（三）

中共領導採取的立場是怎樣的呢？它宣傳這樣一些論點：只要存在着帝國主義，就消滅不了戰爭，和平共處是幻想，它不是社會主義國家對外政策的總原則；爭取和平的鬥爭妨礙革命鬥爭，這些論點能夠表明什麼呢？

這些論點表明，在戰爭與和平問題上，中國同志違背了世界共產主義運動的共同方針。他們不相信有防止新的世界戰爭的可能性，對和平和社會主義力量估計不足，對帝國主義力量估計過高，實際上是忽視動員人民羣衆同戰爭危險進行鬥爭。

可見，中國同志不相信社會主義國家人民、國際工人階級、一切民主和愛好和平的力量能夠粉碎戰爭罪魁的計劃，能夠為我們這一代和後代謀得和平。在中國同志響亮的革命詞句的後面是什麼呢？不相信工人階級的力量和它的革命能力，既不相信和平共處的可能性，也不相信無產階級在階級鬥爭中的勝利。在爭取防止戰爭的鬥爭中，所有愛好和平的力量正在聯合起來。這些和平力量按其階級成份和階級利益來說是不同的。但是，爭取和平、爭取防止戰爭的鬥爭能夠把他們聯合起來，因為原子彈不遵循階級原則，它會消滅所有落進其破壞作用範圍內的人。

走上中國同志所建議的道路，就意味着把人民羣衆推離曾經以自己堅持不懈的和英勇的爭取和平的鬥爭贏得各國人民同情的各國共產黨。

現在，在廣大羣衆的意識中，社會主義與和平是分不開的！

中國同志顯然對熱核戰爭的全部危險性估計不足。他們斷言，「原子彈是紙老虎」，它「並不可怕」。他們說，主要的是盡快消滅帝國主義，至於通過什麼途徑，以怎樣的損失來達到這一點，似乎是次要問題。試問，對誰來說是次要的呢？是對一旦爆發熱核戰爭時便注定要遭到死亡的億萬人呢？還是對在這種戰爭的最初幾小時就會從地球上消滅的國家？

任何人，包括大國在內，都沒有權利玩弄千千萬萬人的命運。那些不願作出努力把世界戰爭從各國人民生活中排除出去並防止人們遭到大規模消滅和人類文明的珍品受到毀壞的人，是該受譴責的。

中共中央在六月十四日的信件中，說了許多關於似乎為了革命會有「不可避免的犧牲」之類的話。某些負責的中國領導人也說過在戰爭中犧牲數以億計的人的可能性。在中共中央贊同的「列寧主義萬歲！」的小冊子中斷言，「勝利的人民，他們在帝國主義死亡的廢墟上，將會以極迅速的步伐，創造出比資本主義制度高千百倍的文明，創造起自己眞正美好的將來」。

試問中國同志：他們是否明白，世界火箭——核戰爭會留下什麼樣的「廢墟」？

蘇共中央（而且我們相信，我們全黨、全體蘇聯人民在這方面一致支持我們）不能同意中國領導關於在數以億計的人的屍堆上創造出「高千百倍的文明」的觀點。這種觀點根本違背馬克思列寧主義思想。

試問中國同志：為了消滅帝國主義，他們建議採取何種手段？

我們完全贊成消滅帝國主義和資本主義。我們不僅相信資本主義必然死亡，而且正在盡一切努力，使這點能通過階級鬥爭實現，而且能盡速實現。這一歷史問題應當由誰來解決？首先是每個國家中以自己的先鋒隊——馬克思列寧主義政黨為首的工人階級和勞動人民。

中國同志提出另一種東西。他們直截了當地說：「在帝國主義死亡的廢墟上」，換言之，由於發動戰爭的結果，「將創造起美好的將來」。如果同意這樣做，那麼，和平共處原則、爭取鞏固和平的鬥爭的確用不着了。我們不能走這種冒險主義的道路；它違背馬克思列寧主義的實質。

大家都知道，在現代條件下，世界戰爭將是一場熱核戰爭，帝國主義者決不想自動退出舞台，自動躺入棺材，而不使用他們所擁有的最極端的手段。

顯然，那些把熱核武器稱為「紙老虎」的人沒有充分意識到這種武器的破壞力。

（未完）

個人對蔣廷黻的一點感想與希望

孟戈

立法委員潘朝英，又在立法院會上抨擊駐美大使蔣廷黻了。潘立委似乎是以執政黨籍國會議員身份攻擊無黨無派的職業外交家蔣大使。他不祇有絕對的自由，亦有相當的權利與責任。壞就壞在咱們的立委諸公已凍結成長俸終身職，既然無需乎對選民負責，當然大可不必基於民意基礎上提出質詢了。因而今日之立委發言，正如報刊社論的主筆行文，與其說是「輿論」，倒不如說是「管見」，既來得光明磊落，亦落得勇敢負責。所以，當我讀了潘立委的質詢全文，總想說出個人對蔣大使的一點感想與希望來。

我常常有這個感覺，咱們國家駐美的外交官們，捧的算是「金碗飯」，吃的卻是「窩窩頭」。杜威和杜魯門爭總統，甘廼廸和尼克遜亦爭做總統。咱們總要搖旗吶喊，面紅耳赤站在旁觀者地位助威。而且，一面倒助威。甘廼廸上台了，葉公超有晒表情，新總統並未把這位助選的學者大使放在眼裏。後來，咱們的政府趕快請于斌主教去打圓場，據說：甘廼廸說了一句很肯定的話：「你們在旁助選的作風，我雖不會報復，但永遠不會忘記。」結果呢！結果葉公超挂冠了，名義上是因「外蒙問題」丟官，實質上是奉令助選問題上了當的。所以，潘立委指摘蔣大使「向來不贊成反攻」，甚而「同意取銷購買登陸艇合同」，我認為被認為「祇作橋牌之戲，或讀書報以消耗耆老之年」的蔣廷黻，未必有這個愚蠢見解，未始不是奉令行事的吧？這不是理論問題，而是常識問題。

至於潘立委認為蔣大使「缺乏朝氣」，「缺乏朝氣」似乎是今日台灣官海的特徵。鄭清上下，大官巨爵，大抵是點綴着一片「老成持重」的黯然王氣！從第一把交椅往下算，「老當益壯」的人物霸滿朝廷。做官的益然志趣，確有「鞠躬盡瘁，死而後已」的氣慨！我認為這似不屬蔣某人個人問題，而是偏安台北的國家大問題。

所以，我最欣賞的是，祇是潘立委指出蔣大使「在政治上另有立場與作風」這一點。

潘立委引証蔣大使在紐約華美協進社舉行追悼胡適博士的演詞，並特將「演講原文影印本兩份送交立法院秘書處與行政院參考。」

其實，早在潘立委質詢前一年又五個月，蔣廷黻的這篇「我看胡適之先生」演詞，已在三月三十一日台北的Free China Review刊過了，並且在四月一日的台北「文星」雜誌全文迻譯出來。

關於潘立委說蔣大使「政治上另有立場與作風」一段。我沒有看過英文原稿，我想比較公道的譯法，似不好照抄台北言曦先生的譯文——蔣廷黻這樣說：

「胡先生是否應該組織一個政黨參與實際政治的，確是值得討論的問題。他曾經一再慎重地考慮過。經過考慮以後，他決定不這樣做。有一個時期我渴望他領導中國具有現代頭腦的人組成一個政黨。我知道，他和他的朋友們最多只能担任反對黨的角色，因為：他不可能使他的黨成為自由中國的多數黨。但是，我認為中國人應該學習做一個負責的反對黨的藝術和實際經驗。有具備不同程度的優點和缺點、好的和壞的政府，也有具備不同程度的優點和缺點的、好的和壞的反對黨。假如一個國家不能產生一個好的反對黨，大概也就不會產生一個好的政府。兩者對於一個民主政府的成功都是必要的因素。」

蔣廷黻欲繼續胡適的遺志——至少在渴望中國要出現一個強有力的反對黨上，他們倆是完全一致的。作為一個學人，他有說這話的絕對自由，就作為一個中華民國的職業大使言，他亦有說這話的良知與責任感。

美國政府，從共和黨執政，而到民主黨捲土重來，從來就沒有一個總統說過我們的國家是一個像樣或者合乎民主尺度的國度。當年共產黨打垮國民黨，追根窮源是咱們壓根兒就沒有民主過，沒有建立過真正的政黨政治。問題很簡單，祇看馬共和非共之無能為力就可一目了然，一個具有民主政治的國家，共產黨是一籌莫展的。從杜魯門到甘廼迪，民主黨並未承認過當年不理不睬國民黨是他們的過失。時至今日，從寇克至賴特——這兩位新駐華大使，又何嘗說過一句「關於國民黨的好話」。正如潘立委所說，美國反而故意停發美援，蓄意削減軍援，如果說最近美國表示「親善」「好轉」的現象，至少我認為缺乏任何証據支持。別再說這一類夢話吧！

老實不客氣說，如果我們不快動手挽救中華民國的危機，將來就想救也救不活了。我們的盟邦是講現實主義的。有朝一日，想望苟全「兩個中國」於亂世，似乎亦不可能的！事實上，從「中美協防條約」簽訂之日起，「兩個中國」就產生了。怕的是未來會出現一個「中華人民共和國」和「福摩薩國」而已！當那個時機成熟了，「中華民國」這名望，就在世界歷史上灰飛煙滅了。我們這一代的責任，長江大河亦洗不清的。可怕得很！

怎樣救呢？一句話，要使人家知道「中華民國」政府是真正代表大陸、海外以及台灣人民的政府。

唯一挽救之道，就是務使偏安台北的政權，積極進行「政治民主」與「經濟繁榮」！

要講政治民主，必須出現強有力的反對黨。

這就是蔣大使所強調的「假如一個國家不能產生一個好的反對黨，大概也就不會產生一個好的政府」。

能希望國民黨政府，不要再妄想了！妄想實行一黨專政，收買三五個無恥無賴的政治騙子——那羣諂詐與搔首弄姿的小政黨丑腳。就自欺欺人說「我們亦是多黨制呀！」「我們很民主呀！」想藉此拿美援，欺騙人民，你想可以騙這位作風潑辣而又胆大年青的甘廼迪麼？可以騙海外及台灣的中國人民麼？不可能，一千個不可能！

我也希望蔣廷黻大使，不要再戀棧了，應該馬上辭職，來號召和協助海內外有志於民主政治的人士，再動手組織強有力的反對黨。胡適不敢跳火坑，你就應該跳火坑。這比你在美國大使級任上對國家民族有利得多，有勳績得多。你還想再做葉公超｜這條可憐的代罪羔羊嗎？不，一萬個不！

雷震先生坐牢以後，我們有很大的收穫，這無價之寶是中國人民真正瞭解到反對黨的重要性，認識到獨裁和極權之必需制止。蔣廷黻先生，這是我們「應該學習做一個負責的反對黨的藝術和實際經驗的時候」了！

（五二、九、一一）

在商言商

孫寶剛

昨日和幾位工商界朋友宴會，席間他們問我世界大局和國事的演變情形，我大略地予以說明以後，鼓勵他們要在他們力量所及的範圍內為國家盡一些責任，最低限度應對我們永久居住的香港盡一些責任。他們說他們是商人，在商言商，政治不是他們的份內事。

在商言商這句口頭禪，在中國很普遍的。所以商人唯利是圖，除此之外，他們什麼也不管。最可笑的，有些商人還自認逢商必奸，而不以為恥。

由于在商言商，于是在農言農，在工言工，他們都不管政治。好在以往是學而優則仕，總算還有這一批讀書人想做官，去幹政治。當然，嚴格講起來，做官並不和幹政治相同。因為做官是去做人家的伙計，聽人家的吩咐去做事。幹政治要把自己站在主人的地位上，自己出主意，要自己決定，國家的政治應當怎樣幹。如以這個標準去衡量，以往中國，可說沒有人在幹政治，祇有皇帝一個人在發號施令。尚幸中國幾千年來自成一個天下，內部以農立國，皇帝受了以民為本和垂拱而治的政治思想的影響，政治很簡單，老百姓和政治的關係也很少，所以在不很壞的皇帝統治下，老百姓還可安居樂業。

到了今天，政治便非常複雜。國防，外交，教育，經濟，交通，以及社會福利等等，政府無所不管，易言之都劃入政治範圍中了。再靠一個皇帝來發號施令，決計行不通，因為一個人的聰明和知識有限，一定要靠集體組織，集中三百六十行的人在一個組織內，大家繼續不斷的研究，一方面顧到他本行的利害，另方面顧到世界和國家的大局，這樣決定出來的政策，才是比較行得通而不會太壞的一個政策。

所以今天的政治是需要個人去參加，並且要組織政黨，大家在政黨內研討一套政治的政策來。假如有幾個政黨，便產生了幾套政策，再由人民全體投票來決定那一套，易言之，決定那一個黨去執政。須得這樣做才能保証這個國家的政治不會太壞，老百姓不會受冤枉苦！我有一回對人說，蔣總統，即使叫馬路上任何一個拉車伕去代替做，也不會比蔣先生自己做要幹得壞。那人認為我的話荒唐，其實這是一句深入淺出的話。因為我相信，今天的政治，決不能靠一個人發號施令，決定一切的。拉車伕固然不懂政治，所以不會做得好，但根據上述的理由，蔣先生也決不做得好，同樣是不好，不是一樣麼？我們不要誤會，美國政府是總統制，一切在表面上由總統發號司令，決定一切，實際上他是代表千千萬萬人發號司令，決不是毫不根據一般的輿論，專家的報告而任意決定一切的。

說到這裏，可見今天政治非有大家來幹不可，在商言商這句口頭禪不過去了。不過還有人在想，政治幹不幹好和我有什麼相干，祇要我發了財就可以了。我告訴你們，這個想法是錯誤的。因為今天的政治是無所不管，你的一切當然也都在被政治管理之中。但是最最關心你的一切祇有你，易言之，最最想保障你的利益的當然是你，你不去管，人家往往把你的利益犧牲了或忽略了。前天我看報紙，見到美國政府要減輕所得稅。譬如說：假如你收入一千萬，要繳百分之八十一的所得稅，現在如改為百分之七十二，你不是省下了九十萬元麼？這九十萬，你可以作你一年的家用還有餘，也許你可以帶了全家人去很潤氣的作一次全世界旅行。但是政府雖然有這樣的提議，要是你不關心，不去積極擁護這個減稅政策，其他醉心于社會福利，或是一般窮人，一定在想，一個千萬收入的資本家多徵他九十萬有什麼關係呢？他已經是太多了，再少徵他九十萬，不是太便宜他了麼？反之，一個資本家少徵九十萬，十個便九百萬，一個全國算起來也許要少了幾億，將來在國家綱製支出的預算時，勢必要減少了社會福利金。我的爹每月領一百元的養老金已經不夠了，再減少不是更不夠，他不是一定要我來每月津貼他一些？另外一個窮人在想，我的孩子這麼多，常常生病，社會福利金一減少，醫院一定少了幾個，那不是對我孩子們健康一定發生影響？他們這麼一想，一定會反對減稅，于是通過輿論，以及代表他們的利益的黨和議員，使減稅政策不能通過。你不是吃了大虧！

再進一步來說，你不要以為祇是那些窮人會反對減稅政策，就是那些和你一樣有錢，甚至更有錢的資本家，也會反對減稅的！因為他們的資本都投資在海外，或是雖在國內而專向殖民地貿易的，譬如像很多英國人投資在香港，或和香港貿易的英國公司那樣。他們的利害和英國國內的其他資本家有些不同。他們是不願意把國防預算減低的，因為這樣，可以使英國在海外的陸空軍減少，這就減少了他們在海外的聲勢，他們在海外的生意便會吃虧，寧願少賺了許多錢，打起算盤來，他們是不會減稅的。所以他們也製造輿論，反對減稅，通過他們的黨和他們的議員，反對減稅。

從上述的理由看來，可知在商言商是做不通了，你將大大的吃虧，所以我勸你還是抽出一些時間，繳納一些和你利害相同的政治組織｜黨｜的政治活動費，甚至多捐一些也不要緊，因為這究竟是數目極小，對你的利益才大呢！不要說政治的大道理，一旦政治不良，對你的身家性命都發生了影響。吃過抗日戰爭的人，吃過國民政府和共黨政府虧的人，都應該知道得很清楚，不須我細說罷！

立委利用特權向國家銀行套借鉅欵不還

獨清

監察院提出調查報告

監察院財政、經濟兩委員會於本月四日舉行聯席會議，通過監委陳翰修、丁俊生兩委員對美昌化學工廠向台灣銀行及中央信託局套借鉅欵，迄未歸還及付息的調查報告書，這是一年前曾哄動一時的所謂特權階級借欵不還之中的一件事。

立委開染廠，自任董事長

據調查報告說：美昌印染化工廠於四十四年成立，資本定為三百萬元，由立法委員于錫來任董事長獨認一百六十七萬元，乃妻徐淑貞認二十八萬元，另一以于為董事長之經緯紡織廠認二十萬元，三宗合計共為二百一十五萬元。四十六年該廠即呈不支，除由股東墊欵三百餘萬外，尚有各項到期借欵本利及欠欵達二百七十萬之多，無法付出，被列為票據拒絕來往戶。四十七年元月于錫來乃以其個人名義直接函請當時行政院長俞鴻鈞請由台灣銀行以抵押貸欵方式借欵五百萬元。該行因鑒於該廠已破產邊緣遲遲未決，同年七月于又以董事長名義逕函省府主席周至柔，請飭令台銀照借，該行始於四十八年二月與該廠簽訂透支額三百卌萬元為期三年之活存抵押透支約據。至五十年底，因利息之滾存及代付押品保險等費已結欠三百八十二萬八千四百八十三元，至今分文未還。

資本三百萬，欠債六百七十萬

調查報告又指出，美昌除欠台灣銀行的鉅欵而外，對其他各行局亦欠有鉅欵如下：

一、中央信託局：該廠於開辦之初，即以廠房及機器作抵，兩度向該局貸欵共一百萬元，其後僅還十五萬元，截至五十年八月底止，共結欠本息二百○二萬七千六百九十七元。

二、土地銀行：該廠於開辦之初，即以機器設備及染化學品作抵，向該行貸欵四十五萬元，約期半年，以後僅還四萬元，迭經催收，迄未再付分文，截至目前，共結欠本利八十萬○七千六百六十六元。

三、華南商業銀行：該廠於四十六年七月由于錫來為保証人向該行借貸信用借欵五萬元，迄今分文未還。

以上三項合計，共負債二百八十八萬五千三百六十三元，再加上所欠台灣銀行的三百八十二萬八千四百八十三元，該廠所負的債額，已達六百七十一萬餘元之多，超出該廠的資本總額一倍以上。

標賣廠產，無人承購

調查報告又透露：該廠自五十年八月起，已非自營，先租與鴻翔綢緞莊經營五個月，五十一年四月起又與林敬菴者合作，以迄於今。現在該廠已呈半休眠狀態，僅漂染部份尚零星開工，印染樹脂加工部份已停工多時，機器及木置設備，且有拆卸與腐蝕現象。其他作為抵押的染料，已失效用，瘡痍滿目，不堪一睹。

關於該廠所欠各項債款，據調查報告說：除華南係屬信用貸款，已訴經取得參加分配名義外，其他各行局貸款，均屬抵押貸款業，經各該局依法追訴，歷經台北地方法院鑑價定期公開標售多次，然均以無人參加投標，迄今懸而未決，本年二月十一日該三行局曾就如何解決開會協商三項結論：（一）由三行局聯合狀請法院按照分期付款方式繼續執行第三次拍賣該公司財產，至分期付欵辦法，另商洽有關行局後辦理。（二）前項拍賣方式，如仍無人承購，即由三行局聯合先向法院聲請強制管理，暫行出租與第三者經營；並另由三行局分別覓求買主承購該廠以所得價款償還各行局貸款。（三）如上述兩項辦法均無成效，即另行設法向法院聲請宣告該公司破產。」事雖如此，惟目前仍未見有實際解決之跡象。

監委調查意見

調查報告最後提出調查意見四項，認為應予糾正。一、于錫來為美昌貸欵不循正式途徑申請，反由其私人或董事長名義，先後函中央及地方最高行政長官請求，經批交台銀核辦，程序上均難謂為適當，言為利用特權，牽就特權，原非無的放矢。二、台銀常務董事會討論美昌貸款數次未決，迨延至四十七年七月間，行政院頒佈：「工廠營運資金臨時貸款辦法」後，迅即決議通知依該辦法申請，其間為巧合，抑有因人設事之微妙關係，雖難臆斷；惟台銀之初審以及臨貸指導小組之核定，實有曲意寬縱之嫌。三、本案縱循法律途徑拍賣或強制管理或宣告破產，其六百七十餘萬元之國家本息，可能收回者，估計不及二、三成，是該台灣銀行及臨貸指導小組之處理失當，致政府遭受重大損失，已可定論。四、又查銀行放欵就本身而言，要者為求取安全，而期有信守。本案貸款，雖均有質押，惟若能再予重視徵信工作，與其他各行局間切取連繫，從而精予審核，當不致發生如今日之後果，查此項徵信制度在大陸行之已久，惜遷台後未能加強施行，實屬缺憾，似有並促注意改善之必要。

聯席會議討論結果，決議依法提出糾正；至於本案有關人員，則將另行糾彈。

從監委的調查報告看出，美昌印染化工廠，在開辦之初，雖報稱資本三百萬元，但已向中央信託局及土地銀行抵押一百四十五萬之多，而且即已開始欠債不還，顯見這位立委祗是利用工廠名義，向國家銀行套借鉅欵圖利。四十六年，于錫來又向台灣銀行借欵三百三十萬元，也是本息未付分文，更足証明其預有借而不還的存心。否則縱因不善經營，無力償還本金，又何致連利息也未付過一次呵？尤其是在台灣銀行常務董事會經兩度的討論，尚未決定貸欵與該廠時，行政院突然頒佈工廠營運資金臨時貸欵辦法，該行即決議通知該廠依據該辦法申請借欵，調查報告雖認為究係時間上之巧合，或有因人設事的微妙關係，殊難臆斷；但一般老百姓都可一望而知的。

台灣簡訊

志清

一、黃國書歛錢有術，「姑准免議」

監察院前以現任立法院長黃國書在台灣合會儲蓄公司董事長任內，營利舞弊，致使國家公庫蒙受鉅大之損大，曾提案糾正，現據省政府答覆，業已分別遵照，其中有關黃國書本人之部份如次：

一、黃國書之妻黃龍鳳以國光人壽保險公司名義向合會公司寄託金部陸續存入活期存欵二千六百餘萬元，其中有一大部份實際僅存入月餘，甚至數天即行提取；但該公司竟一律依照三年期的定期最高利率付息，共付十萬零九千餘元。已令飭應由該公司依照政府核定之給付利息標準，重新詳加核算；所有超過規定給付部份，應即向國光人壽保險公司追回具報，藉重公帑。

二、該公司五十一年四月間購買一九六二年型卡拉克名牌轎車一輛，價欵連稅捐合計新台幣五十九萬九千餘元，專供前董事長黃國書乘用，其辦理治購事宜均與法定程序不合，已令知不予核銷。

三、黃國書辭職時，該公司總經理馮慕鵠及副總經理呂文禎、葉水能等聯名通知全體員工贈送現金，前後集資新台幣十七萬六千餘元，此舉不僅敗壞公務人員風氣，且亦形同斂財，已令飭速將所集全部欵項分別退還原贈送人，以正風尚。

四、有關失職人員責任部份，據省政府答覆，已作如下之處理：

（一）該公司董事長黃國書業已離職，且未在省屬機構繼任職，姑准免議。

（二）該公司總經理馮慕鵠、寄託金部前經理劉盛財各記過二次。

（三）該公司會計室主任江國楷記過一次。

（四）該公司副總經理呂文禎、葉水能各予申誡。

省政府給監察院的答覆，雖然對黃國書姑准免議；對其妻向合會所僱獲的鉅欵不法利息，亦祇空言追回，對其不依法定程序，以六十萬元的高價購入的豪華自用轎車，更祇言不予報銷，並未提到是否將向黃國書追回，可以說，完全是一篇官樣文章，對於黃國書夫婦已經到手的錢物，毫無影響。但黃國書身為堂堂的立法院長，竟做出這種違法舞弊的事，經監察院提出糾舉尚不以為恥，正所謂笑罵由他笑罵，好官我自為之了。

二、大學訓導長勾串商人出售公地圖利

本月五日聯合報載成功大學訓導長丁作韶，台南縣仁德鄉長黃榮東，成功大學伙食部負責人楊澤與商人袁逸君共同串通，出售公地圖利達百萬元之鉅，經仁德鄉民代表提出檢舉，台南地檢處於四日上午開庭偵訊。

事緣天主敎台南敎區公署，擬在台南市創辦兩所工業專科學校，去年五月間，為了建校土地問題，委託丁作韶及楊澤代為尋覓校址，丁楊卽與黃榮東接洽，擬將該鄉嵌脚段四○六號及四○六之一號面積一萬五千坪公有林地，以每坪一百元共為一百五十餘萬元價格，出售給天主敎公署，幷由天主敎公署付給定金五十萬。惟因該公地在辦理過戶時，手續煩雜，丁作韶、楊澤、黃榮東暗中商量，由黃榮東以鄉公所公文，偽稱該批土地，鄉代表會巳決議讓售，幷於五十一年五月十三日標售，但標售時投標者僅有丁作韶、袁逸君、郭潔麟等三人，乃由天主敎公署代表神父郭潔麟得標，決定售與天主敎公署。但丁、楊等向天主敎接洽時，雖以每坪一百元洽定，而付給鄉公所的價每坪二十元計，總共獲利一百二十萬元。按說這筆交易原可結束，但此事被鄉民代表聞悉，以鄉公所出售公地，鄉長黃榮東、職員李榮泰、黃添進等，並未召開鄉民代表會議，竟偽造決議，實有串通勾結，從中圖利、偽造文書及瀆職之嫌，遂由鄉民代表向司法行政部調查局台南站提出檢舉，站偵查後移送台南地檢處偵辦。

據丁作韶說，他是冤枉的。但該批土地交易時，寫明黃榮東是公有土[illegible]

三、胡秋原的筆墨官司，兩造俱敗訴

立法委員胡秋原、匪情專家鄭學稼於去年夏秋之交向台北地方法院控告文星襍誌發行人蕭孟能、葉明勳，台灣大學研究生李敖誹謗一案，在審理期間，蕭、李兩人又分別對胡、鄭兩人提出誹謗的反訴。本月五日，經台北地方法院判決如下：

蕭孟能、李敖共同連續散布文字誹謗，各處罰金一千元，如易服勞役以六元折算一日。

葉明勳無罪。

胡秋原連續散布文字誹謗，處罰金六百元，如易服勞役以六元折算一日。

鄭學稼被訴[illegible]誹謗部份不受理[illegible]

被判有罪的胡秋原、蕭孟能、李敖均將提出上訴，他們的辯護律師周漢勳、李晉芳說：「我們當事人表示，此一判決不適當。」

本案的[illegible]

據張推事說：[illegible]原討論中西文化問題，各持己見，互不相讓，結果轉變為人身攻擊，第念當事人間平日之關係尚無仇隙，因超越文化論戰範圍，致觸刑章，其犯罪情形非不可原，爰從寬處以適當之罰金，并諭知易服勞役之折算標準，以示薄懲。鄭學稼被控於五十一年[illegible]論，刋登「[illegible]一文，有誹[illegible]（六個月）[illegible]年五月十日[illegible]答孟戈的所[illegible]誹謗與公然[illegible]

中共又發表兩篇長文

一篇還駁蘇共七月十四日公開信
一篇說老赫清算老史有五大陰謀

藍星

最近，為了反赫反蘇，中共又先後發表了兩篇長文，一篇是由中共中央機關報「人民日報」和「紅旗」雜誌聯合共同於九月六日發表的。題目叫「蘇共領導同我們分歧的由來與發展」，副題是「評蘇共中央的公開信」。

我們曉得：「中共曾於本年六月十四日提出一封變相的公開信，信中會論述廿五個問題，並提出毛澤東所謂國際共產主義運動總路線。因為該信出自毛澤東手筆，中共自以為很有內容，所以一直悻悻自得。殊不知蘇共於七月十四日發表的一篇駁斥中共六月十四日的信的公開信，內容既較中共前函充實，論據亦較中共有力而尖銳，使得中共幾乎還不出手。直到九月六日才勉强作了這一答覆。

據中共九月六日這一文章說：「國際共產主義運動一系列原則分歧是從一九五六年蘇共二十大開始的」。又說「中國共產黨歷來認為那次代表大會提出的許多觀點，特別是全盤否定斯大林和所謂和平過渡的觀點，是重大的原則錯誤。毛澤東同志和其他中共中央領導同志在同蘇共同志的多次內部會談中嚴肅地批評了這些錯誤」。「蘇共領導沒有能壓服中共，乃採取了一系列步驟，把兩黨之間的思想分歧擴大到國家關係方面，撤走全部在中國的蘇聯專家，撕毀幾百個協議和合同，並且挑起了中蘇邊境糾紛」。又說蘇聯對匈牙利革命暴亂事件，一度準備採取投降主義政策將匈拋棄，中共當時堅決反對錯誤做法，提出正確建議，蘇共接納，懷恨在心。中共最後的宣傳爛調則仍是說蘇共七年來的事實証明：「蘇共領導所走的道路，是一條聯合帝國主義、反對社會主義，聯合美國、反對中國，聯合各國反動派、反對世界人民，聯合叛徒鐵托集團、反對馬克思列寧主義兄弟黨的道路」等語。

以中共這一篇全長兩萬多字的文章來與蘇共七月十四公開信相比，毛澤東已到江淹才盡黔驢技窮的地步，處處不如蘇共，哀哉！

跟着，中共又於九月十三日由人民日報與紅旗聯合發表了第二篇評蘇共中央公開信的文章。題目是「關於斯大林問題」。全文共長一萬多字。主要是替斯大林辯護，說「斯大林功大於過」。又說赫魯曉夫否定斯大林，共有五個大陰謀。中共說赫魯曉夫這五大陰謀是：一、把斯大林同無產階級對立起來；二，醜化社會主義制度；三、抬高自己打擊馬列主義者，為修正主義篡奪陰謀開闢道路；四、力圖按着自己意願顛覆兄弟黨、兄弟國家的領導；五、打擊堅持馬列主義的兄弟黨，分裂國際共產主義運動云。其實老赫這一作法損害了毛澤東，毛澤東乃起而反抗才是真的，其它都是廢話。

大陸簡訊

白帆

中共火車在蘇邊境被打回頭 又有七個中共軍官被拒入蘇

據九月十日莫斯科路透社電：「一個蘇俄女雜役今晚指斥一羣中共人員，在蘇聯邊境的一個火車站內隨意小便。並說祇有畜生纔這樣做的。據蘇俄政府喉舌的消息報說，這事是上星期六日在北平至莫斯科的直通車抵達西伯利亞與外蒙古邊境的諾希基車站，從火車下來時發生的。」

又說「昨晚所公佈的蘇俄照會，指責中共人員企圖偷運禁書入境，並在車站上大吵大鬧兩天，直至被驅離蘇境為止」。

事實上，中共為了推翻赫魯曉夫及蘇共中央諸首腦，所以利用了由中共開往蘇聯的任何交通工具和每一個人員，都在這些交通工具上及人員身上放置反赫反蘇文件，俱如中共自鳴得意的中共六月十四日致蘇共函等俄文文件，以資煽動。所以蘇聯也不客氣，便將中共那一列車上的九十二名乘客扣留，並將該列車打回北平，不准進入蘇境。

隨後，中共又叫返回蘇聯工作的七名中共軍官携帶同類文件，名曰為了自己學習，實則意圖散發，所以，也被蘇聯把七名中共軍官打回了頭，不准往蘇。但中共却把這些被蘇聯打回頭的人都當作英雄，一律在北平舉行羣衆大會予以歡迎云。

毛澤東在北平接見新共主席 印尼共黨送極樂鳥給毛澤東

毛澤東為了對抗赫魯曉夫，同時為了保持自己的統治，近來拋頭露面的時日越來越多了。九月九日毛澤東又在北平接見了新西蘭共產黨主席姆·威爾斯。據新華社說，「會見的時候，在座的有中共中央候補委員趙毅敏，中共中央機關負責工作人員俞志英等」。

新西蘭共黨總書記最近曾訪北平，並曾與中共聯合發表公報反對赫魯曉夫及蘇共中央的路線，這一次，新共領袖到北平，毛澤東當然更要親自大賣氣力拉攏他，使新共成為毛澤東所領導的部份國際共產黨中之一員。

另據新華社說，毛澤東最近接見印尼共黨主席艾地時，艾地曾將印尼西伊里安的珍禽極樂鳥一隻贈送毛澤東。可惜毛澤東今天並非極樂鳥而只是四面楚歌內憂外患異常嚴重的一隻極悲鳥罷了。

毛澤東打電報命金日成 必把三種事業進行到底

金日成本來就是中共黨員，曾在中共軍隊中任團長。其後，金日成平地一聲雷，由毛澤東把他提拔起來，送回北韓，不但當上北韓共黨領袖，而且當了北韓的政治首腦。因此，在中蘇共衝突中，金日成也死心塌地的站在毛澤東一邊，毛澤東也把金日成仍看作自己的部屬。

九月八日毛澤東曾在北朝鮮政權建立十五週年打電給金日成，雖曰祝賀，實則等於給金日成的命令。

毛澤東在電報中說：「中朝兩黨、兩國都決心把社會主義革命和社會主義建設事業進行到底。把反對帝國主義，支援一切被壓迫人民和被壓迫民族的鬥爭，保衛世界和平的事業進行到底，把反對現代修正主義、保衛馬克思列寧主義、維護社會主義陣營團結和國際共產主義運動團結的事業進行到底」云云。

捷克又驅逐兩名中共駐捷人員 中共提空頭抗議不敢强硬對付

據中共新華社九月六日北平電：「中華人民共和國外交部發言人今天就捷克斯洛伐克社會主義共和國政府最近無理要求中國政府召回中國駐捷克斯洛伐克大使館商務參贊處工作人員常連仲和中國留學生李俊恒一事，發表聲明」並提抗議云。

僑鄉近訊

鍾之奇

羊城晚報說廣州師資不學無術

教育與文化是任何國家任何民族任何社會的重要事情。但中共施行「政治掛帥」的結果，大陸各地的教師的學術能力却是愈來愈低了。因為中共只要求教師們做馬列主義的傳聲筒，只要求教師們加强黨性，於是，教師們便都變成誤人子弟的黨棍了。可惜的是我們華僑的子弟，竟被中共誤了一生。

對此，本年三月廿五日中共廣州羊城晚報曾有一段記載。它說：廣州市耀華中東小學一個教師在教語文課時，竟在黑板上把「聚」字少寫了一筆，而把它寫成了「聚」字，有一個聰明的華僑子弟看見之後，就站起來說：「老師，書本裏聚字是三筆的，怎麼黑板上的聚字只有兩撇？」這個老師竟厚着臉皮回答說：「手寫體與印刷體不同嘛」！學生又說：「字典裏也是三撇」。老師竟老羞成怒的說：「我早已說過，手寫體與印刷體不一樣，我是老師，你是學生，你是來學我的智識嘛！哼！你比我還聰明！……」羊城晚報說這一場爭問，結果還是老師勝利了， 因為學生見老師動怒，便不敢再問了。

廣州電燈公司收費員官氣十足到處罵人

中共儘管時常在報紙上宣傳反對官僚主義，實則上有好者，下必有甚焉。毛澤東既常在北平故宮勤政殿與懷仁堂踱方步，好大喜功，中共各級共幹便也風行草偃，人人官氣十足。最近廣州出版的中共羊城晚報刊登了一則廣州供電公司抄錶收費員的故事，把中共幹部的官僚氣透露得十足。

羊城晚報說這位共幹的表情與言行，簡直是一幕小電影。它說時間是十一日上午十點多鐘。人物是「廣州供電公司抄錶收費員杜某忽忽上場。在某戶門口抄了錶，把電費單在門口居民手上一塞，扭頭便走，居民愕然，展視電費單，急找戶主，戶主忽忽追出交費，杜大罵：誰叫你拿錢拿得慢，快一點，我十一點鐘就下班的。另一戶門前，電費單上寫着二元三角一分，用戶遞了一張五元人民幣給杜，杜勃然作色，沒有得找，你到泰康路繳交去。用戶急忙撇下家中的事情，到街市去換零鈔，回來時，已不見抄錶員蹤影。又一戶門前，杜某過門不入，居民急忙揮手招呼：喂，請入來收電費呀！杜某厲聲回答，我的規矩，不能入屋收費。你不趕快拿錢出來，到時你停你的電。杜某繼續趕路，繼續罵街，群衆憤然」。

以上是羊城晚報的原文，一字不易，照錄如上，十足的透露了這一個小小的抄錶收費員的官僚神氣，一個電燈公司的小小收費員也居然如此神氣，其它共幹的官僚更可想而知了。

白沙公社醫院內秩序混亂不堪

任何醫院或衛生院，為了照顧病人的健康，為了保持醫生的清淨，所以，醫院或衛生院內的秩序是必須保持良好，不得大聲叫喊，不得大聲笑罵，不得大聲喧嘩的。

但是中共的醫院和衛生院內的秩序却是一場糊塗。病人見了固然搖頭嘆息，醫生見了也不得不搖頭嘆息。

對此，中共羊城晚報對廣東省白沙縣七坊公社衛生院的情形寫得很清楚。它說：「白沙縣七坊公社衛生院內，裝有兩個大字『肅靜』，然而院內職工的小孩三五成羣追逐嬉戲。叫聲、笑聲、哭聲，混成一片，鬧得病人無不捲耳裝聾，此情此景，院方能不聞不問乎」？然而院方就一直不聞不問，羊城晚報也只得嘆息一番。

永珍巷戰的背景

中立永珍之爭

何之湄

永珍左右兩翼軍隊突然發生巷戰射擊，使沉寂多時的寮局，重又陷於緊張。自中立軍駐地中部瓦瓶平原被共軍奪去，忽忽已有數月。在傅馬總理主張採取和緩辦法應付，維持所謂「中立的寮國」的方針之下，雖多次盛傳中立軍李江所部，與右翼軍諾薩萬將軍率領的隊伍，有聯合對付左翼共軍的企圖，但究竟沒有明顯軍事行動的表現，傅馬總理的談判政策，約制了中立軍和右翼軍的行動。

傅馬總理的委曲求全，反而被寮共認為弱點，而儘量加以利用。寮共頭子蘇發努馮，表面上是响應談判，要「和平解決寮國問題」，但實際上却是藉談判去拖延局面，一則便於寮共對於吞在口裏的瓦瓶平原加以消化，如清除異己，組訓人民親共等的積極進行。另一方面，更藉口右翼軍握有永珍警察權，拒絕到永珍談判，儘管傅馬及右翼提出安全的保証，及准許共方帶進大量衛隊，蘇發努馮仍拒到永珍。要求先行將永珍「中立化」。

「永珍中立化」有兩個作用，一則削弱右翼在永珍的勢力，一則使首都癱瘓，以利於共軍在外繼續蠶食土地。這一要求，右翼當然不肯接受，因聯合政府成立當時，各部門職位照「三頭馬車」——即「中立、左翼、右翼」——的成份均勻分配，求其平衡牽掣，除非左翼也交出某一部門的權力，互相抵銷，否則右翼沒有交出警察權之理。同時一個首都如果沒有政府首長所認為滿意的警衛，政府當然無從執行政務，更說不到命令能出都門。所以傅馬總理也不肯接納共方「中立」永珍的荒謬要求。

誰代表「中立軍」

不過傅馬總理並不是徒然拒絕中立永珍，他還提出許多代替辦法，如雙方或三方到王都琅巴喇邦去談判，或遷都至琅巴喇邦，假如共方同意，他都可以考慮。可能是共方志不在談判，而是「談判」的背後另有目的；所以在繞了一個大圈之後，另要到永珍談判，不過並不是蘇發努馮本人，而是共黨部長——永珍新聞部長馮維希，帶同百餘人的衛隊，到永珍來談判。

自瓦瓶平原事變，蘇發努馮突離永珍，到平原的康開共軍總部駐節以後，馮維希是共方部長級人物最後離開永珍的一人，他當時不告而行，但到共區後，仍宣稱是到桑怒省出巡。一巡數月，才以共方代表身份重返永珍。

談判並沒有涉及，沒有能夠深入到應該討論的主題。照道理說，這次談判是因共軍自中立軍（李江部）手中搶奪去瓦瓶平原，那麼談的應該是恢復事變前的軍事態勢，即在當時各方面包括英蘇駐寮大使所主張的：「雙方（中立及左翼）軍隊各返原防」。可是共方却強詞奪理，說李江中立軍已被右翼滲透，不能算是中立，中立軍叛軍投共的杜安上校，才是中立軍。若果依照共方這種解釋，那便是瓦瓶平原「仍在中立軍手中」，數月戰鬥及數百里土地的易手，不能算事。共方的統治瓦瓶平原，也並非他們自李江中立軍手中搶奪。而不過是由杜安上校的託管。這麼說來，還有什麼可以談判的。既成事實便是既成事實。

深夜四次開火

所以傅馬總理認為：「親共的戰鬥寮無意作三方面鼎足式公平的競爭，寮共把所謂『中立派』變作附庸，而（真正的）中立派，發覺他們與右翼站在同一陣營，只要擺脫共軍（對防地）的佔領」。這就是「談判」的真相，像開玩笑似的。共方可能自命為得意之作，使用否認李江將軍係中立派，而堅持以杜安上校代表中立派，這種詭辯的手法，就可以據住瓦瓶平原用不着放手。這麼一拖，拖到傅馬總理將要首途赴聯合國開會，談判也就只好結束。

傅馬總理定於九月九日經印度訪尼赫魯，並由印飛聯合國開會。就在九日凌晨三時，馮維希所率領的衛隊、左翼保安隊，向右翼軍的一部軍車開火，及用手榴彈投擲，因該軍車駛近馮維希的辦事處，該地已成共方的永珍總部。

翟衛首都及駐紮近郊的右翼軍，聞訊及奉召馳往肇事地點，終於把馮維希辦事處包圍起來。深夜雙方曾開火三次，全面射擊及投擲手榴彈。到早上八時，才逐漸沉靜，但商店關門，氣氛緊張。

永珍軍區司令甲希少將（右翼）的公報，指出王室軍隊「被迫採取行動，制止射擊」。馮維希則謂係退伍軍人駐所的屋頂，有人向他的衛隊開槍，死一人傷數人，他的衛隊方才還擊。政府公報則說：是共軍「胡亂開槍」。

據說右翼軍曾計劃將共軍繳械，但在天明以前他們並沒有那樣做，到了天色大明，傅馬總理宣佈延期飛印，處理此事。英蘇駐寮大使也進入共方辦事處晤馮維希，採取防止事件惡化的步驟。結果各方協議，寮共部隊撤出市區，由越盟派機運回寮北，馮維希也同時飛往共區桑怒，一切即日執行。幸無意外發生。

傅馬總理也於九月十日下午，乘機飛曼谷轉往印度。傅馬臨行在機場發表談話說：「寮共仍然蓄意阻延使用和平方法解決寮國目前的危機」。

是誰的「陰謀」

照蘇發努馮所指責，是「右翼軍進行擾亂性活動，製造永珍事件，想迫走愛國黨（寮共）代表」。這一說法，似乎不能入信。因為談判入於僵局之後，傅馬決定九日離寮赴印，馮維希也定於同日飛往桑怒。「迫走」代表是不需要的。

右翼方面的看法，一個可能是出於誤會，共軍見有右翼軍車駛近，便以為有不利於他們，先發制人開火及擲手榴彈。一個可能是製造事件，以便利他們「永珍中立化」的高調。

蘇發努馮於事後致急電給傅馬，就強調永珍事件，認為應由三派合組警察軍，及宣佈永珍為中立區。他同時指責「美帝」及諾薩萬製造事件，指責傅馬縱容他們破壞談判。

寮共同時反對傅馬前往聯合國開會。寮共電台「寮國之音」九日說：「傅馬親王想借助聯合國解決寮國問題是一種危險的幻想，聯合國已受美帝控制，利用過聯合國干涉朝鮮和剛果，如借助聯合國，將使寮國局勢更為混亂。寮國三方面必須自行談判，任何外國不能干涉」。

也許，永珍事件是一項陰謀，有阻止傅馬前赴聯合國大會（九月十六日）的作用？

值得研究的，是蘇聯大使九日晨在防止事件惡化的調解中，極為賣力，他力勸左翼部隊撤出永珍，以免戰鬥再起。傅馬總理也說：蘇聯態度「正確，蘇聯仍然支持我所主持的政府」。那麼，是不是寮共有意製造嚴重事件，而傅馬和英蘇兩大使，及時阻止事態的擴大？

中共的發言却與寮共一鼻孔出氣，與蘇聯當局的不作表示也大異其趣。寮國問題，會不會成為中共戰爭論與蘇聯和平論的試金石，這倒是各方所注視的。中共寮共反對聯合國，蘇聯是否會跟聯合國合作，處理寮局呢？

·曼谷通訊·

南越局勢傷透甘廼廸腦筋

華民

連上帝也不能預知何時何日才能結束的南越馬拉松式戰爭，真使甘廼廸傷透腦筋。這一場越戰迄目前為止，已花掉了美國五十億金元；還有逾百美軍，為之喪生！結果如何？不特勝利無期，且於最近爆出了「政教糾紛」，吳廷琰指揮着由美援裝備得相當精銳的武裝部隊來對付佛教徒，於是迅即掀起了轟動世界的「高僧自焚」的悲慘事件，影响了反共軍事的進行，甘廼廸對此，自然更感不安！同時，當南越政教糾紛發展至最高潮時，還湧起了若干傳說，其一謂美國當局將慫恿南越軍事領袖發動政變，推翻吳廷琰政府；另其一則謂美國政府將考慮削減對南越的軍經援，或甚至絕斷南越的軍經援，藉以迫使吳廷琰剷除吳廷儒夫婦。這些傳說，更使甘廼廸為之啼笑皆非！

當然，華府方面對最近南越局勢的演變和發展，是十分關切的，尤其是對於上述的傳說，認為必需急予澄清，因此，華府的官員最近就發表了一項談話，強調甘廼廸總統在現階段的局勢中，無論如何都不會支持任何人來推翻吳廷琰政府。並坦白地表明：美國目前所要做的，僅是從外交途徑方面加強勸導吳廷琰從速設法和緩目前政教糾紛的局勢。而甘廼廸總統也即授命駐越大使洛奇，着他勸告吳廷琰勿再對佛教徒採取激烈行動。由此可知：甘廼廸是如何的正視越局，如何的替南越的政教糾紛傷腦筋了！

甘廼廸不滿意吳廷琰此次對佛教徒的措施，確是事實；但若說美國當局將以激烈行動來抑制吳廷琰，則似乎係屬謠傳。如所週知：甘廼廸是眼光遠大的，心思精細的，他怎會那麼魯莽？他當然也會考慮到，若以激烈行動來對付吳廷琰，則很可能使吳廷琰產生極端的及衛動的反應，對整個南越反共戰爭都會受到打擊；顯然，這祇是對共產黨有利，而美國多年來援助南越的「心血」，也將廢諸一旦。甘廼廸焉肯出此！

以目前的情形來說，甘廼廸應付南越局勢的唯一辦法，祇有加強外交「作用」，從而促使吳廷琰革新其政府吧了。九月二日，甘廼廸曾在一項電視節目中發表公開談話稱：南越政府必須停止壓迫當地佛教徒，否則南越的反共戰爭必然將失去人民的支持而宣告失敗。甘氏又指出：吳廷琰對當地佛教徒處理不當；是十分愚細的行為。甘廼廸雖然這樣的強烈指摘吳廷琰，但他却聲明：他不同意美國應退出南越的論調。甘氏認為：如果美國停止援助南越，將屬大錯特錯的做法。最後，他還強調說：無論如何，美國必履行在南越所担承的義務。——從甘廼廸這番談話中，我們可以領悟到，甘廼廸之應付南越局勢，費煞苦心！

至於美國駐貢大使洛奇坦率地對吳廷琰表示：美國不同意南越政府對佛教徒採取高壓政策。同時，其內部組織也應予以改變。這就是美國的所謂「外交壓力」，也止於「不同意」而已，並沒有表明美國將採取怎樣激烈的行動對付。正可以反映出甘廼廸今日對南越政府將繼續支持。而未來的趨勢，則是南越政府在美國的「外交壓力」下，將局部改組的迹象，已於本月八日顯露出來了。

據南越政府的官員透露：吳廷琰曾於本月八日與其弟吳廷儒會談一段長時間，係計劃進行政府的大改組。據說，改組的目的，係一方面要使美國「滿意」，另一方面要加強政府的「政治效果」。官方人士並謂：目前所知到的，總長方可能由代理參謀總長陳文同任國防部長，吳廷琰本人兼任；這是加強反共戰爭力量的一項最需要的計劃云。姑勿論其改組辦法如何，總之，南越政府改組的可能性已是極濃厚的了。其計劃改組政府的目的，除上述兩項之外，還有一項南越政府當局所說的「心知肚明」的企圖，就是要收拾民心。誠如甘廼廸所說的「反共戰爭」不能失掉人民的支持；吳廷琰今日面對南越的政局危機，當然也很焦慮，要從速平息政教糾紛，唯一的辦法，祇有把政府改組（或局部改組），既適應甘廼廸的要求，復符合民意的，這確是最明智的措施。

南海唱和集

寄固庵　彭醇士

少時不好學，垂老惜茲日。稍欲收桑榆，去者已百十。窗下讀君詩，感歎戶未出。韓孟雖云亡，巧覷造化隙。抗懷世士，有作兼在昔。盛年寄物外，豈與客爭席，可憐窮舍翁，六十猶面壁。

題北苑龍宿郊民圖　前人

按石渠寶笈思翁壺簞之說，清高宗已辨其誤。歐陽圭齋龍袖嬌民爲元人習用語，亦所不取，高宗以左氏龍見而雩爲釋，雖屬牽强，意近雅馴。愚意北苑爲鍾陵人，攷之詩有「昔年行樂穠桃畔，醉與龍沙揀蜀羅」。馮注：通典，南昌有龍沙。水經註：龍沙甚潔白，高峻而陁有龍形。以杜詩觀之，其地唐時已爲游樂繁華之區。南唐始都南昌，當益盛矣。北苑所繪，豈其事耶？若然，則龍宿郊即龍沙別名。其民但知行樂，作者不無所嘅耳。茲仍從清高宗說，再附記所疑如此。

蒼龍現東方，村鼓作雲日。人物闐兩岸，婦女亦數十。江上綵舟橫，林間縞袂出。百戲紛雜陳，長臯莽無隙。思翁昧史事，進御媚誣昔。圭齋修博洽，鄙語亂文席。夏景何清和，西山澹曉壁。

辛丑秋香港大學五十周年紀念敬叠固庵南海唱和詩韻四首　吉川幸次郎

橫舍臨滄溟，講論無虛日。招徠萬邦客，海外洲眞十。我亦佞宋餘，卮言聊以出。愧彼博學人，天日照窗隙。能事及樂章，綜錄今復昔。密如十七篇，一一記几席，豈似竹垞老，疑信參孔壁。

炎方御風到，蕉黃媚秋日。吾遊可汗漫，淹留朝將十。尤憶屯門鎮，孤峯雲表出。翠微藏古寺，倒影涵巖隙。杯渡與宋王，有無事自昔。海波青銅恬，恨不一揚席。咫尺水中央，島島皆丹壁。

儼然一城郭，村墟負落日，居民久一姓，分房知幾十。矮簷左右比，小巷縱橫出，圜之以高墉，數仞無罅隙。時平絕盜賊，困困守猶昔。誰能笑固陋，儒亦上珍席。彼不顧偷光，何必勸鑿壁。

吾車行絕巘，吾遊盡一日。結伴多詩人，篇章自可十。忽逢飛瀑泉，銀絲林際出。山道屢逶迤，登頓緣澗隙。其坦盡如砥，豈不以傲昔。俯看暝色近，海陸如接席。奇觀慰平生，默誦蘇赤壁。

謝彭醇士贈畫　饒宗頤

（以下各首皆疊前韻）

平生慕甘亭，儷句堪炫日。餘晷及繪事，畫水日計十。尺縑從雲墜，雨洗新秋出。筆清了絕塵，辨我三餘隙。一往既奔詣，眞趣迴邁昔。山林何坦迤，嘉卉羅堂席。明鏡照無疲，清光滿蓬壁。

題龍宿郊民圖幷寄楊聯陞教授　前人

行都尚嫵媚，憶當南渡日。籠袖載歌舞，吳兒復十十。羨彼太平人，嬉春渡頭出。茲圖豈異此，膚寸竊覘隙。好事東維子，隕涕說疇昔。陳義既堅深，符采紛盈席。伊余亦何爲，卮言徒嚮壁。

教授撰龍宿郊民解，訂董思翁之說。謂此四字應是「籠袖嬌民」。余考楊維楨送朱女士桂英演史序稱「錢唐爲宋行都，男女痛峭，尙嫵媚，號籠袖驕民。」陳眉公太平清話卽襲此。「籠袖驕民」一語，南宋以來始用之，則斯圖是否出於北苑，不無可疑矣。近見沈寐叟海日樓札叢卷三，亦引元曲公孫汗衫記，以說「籠袖驕民」四字。

陳槃庵惠貺五華詩苑因題其書　前人

與君不同州，神交累年日，筆削春秋旨，義例窮五十。昌詩及梓桑，異軍張纛出。佳篇紛絡繹，搜討喜乘隙，鄉舊零落盡，鼙鼓愴疇昔。因憶層冰翁，垂老不暖席。溫風久怠時，蟋蟀空鳴壁。

赤柱觀蜑家　前人

試作踏潮歌，炎州送片日，提封自成國，列檣譬井十，欲從丐烟波，一濯秋陽出。可聞長江磻，叩舡依巖隙。頓有起予興，綢繆故勝昔，回首招漁父，雲山方側席。永憶媚川池，明珠夜照壁。（唐子西詩言「聞蜑戶叩舡作長江磻，欣然樂之。」秦淮海詩亦云「試問池邊蜑」，「豈無明月珠」，茲用其語。）

屯門晚望　前人

屯門曷曾高，靑山繚白日。波濤汨沒處，杆栯猶百十。南荒[illegible]來，未聞經此出。昏昏幻蜃氣，拍天水無隙。往事忽如烟，龍戶空話昔。歸津望斷隴，窮髮展片席，自崖意云遙，孤雲生暮壁。（韓詩「屯門雖云高，亦映波浪沒」。公赴潮州，實未經此，觀增江口一詩可証。）

送吉川幸次郎教授東歸　前人

障川知有誰，橫流到今日，寥寥宵燈下，可語難過十。欲辯久忘言，眞意酒後出。罕聞隙。天下裂堪憂，楹書徒夢昔。雨暘苦不定，羈旅欣促席。看君返自崖，飄風猶嘯壁。

再答叔雍　前人

寒暑恣推移，流人不惜日。吟思比春蠶，禽一乃寘十。晨起褰帷望，卷舒風雲出。妙句可上口，杜宇響山隙，芳草信有時，佳興未改昔，觀海意溢海，羣鷗競入席。萬里欲賡歌，重與樂詩壁。（叔雍來詩有「杜鵑攪山隙」之句。）

寄棪齋倫敦　前人

海角久滯書，眞同隔天日，拙編勞挂齒，細閱胡至十。神物驚知己，曳尾汙泥出。相守短檠燈，棲林固牆隙。卜官廢已久，絕幽窮曩昔，荊公老作賦，文仲許分席，壓獻不足徵，看取蝸書壁。（李棪自倫敦謂海外讀拙作殷代卜人通考至于十遍不遺一字者，惟彼一人，詩以致謝。荊公有同王濬賢良賦龜詩，故及之。）

下大嶼山遇暴風雨澗水陡漲追記六首　前人

淩晨終喪日，吾久禱，佛龕且合十。鳳嶺近失蹤，未見樵人出。空濛迷百里，天海無寸隙。一雨不肯休，草木多活意，華滋不異昔。喧豗烟瀑外，挾我登灘席。破胆怯聞雷，昨宵苦撼壁。

沐雨緣山行，僞天訝換日，崩土等危丸，凝注者累十。峯轉頓無路，忽瀉驚洪出。不知何所詣，死生付絕隙。褰裳厲之過，步履似平昔。固知岩牆下，何曾非衽席。安危繫一心，前路皆竦壁。

誰作米家山，潑墨遮雲日。披麻復解索，變化何止十。遊心大化中，妙筆與爭出。於茲悟至理，無勞鑽穴隙。古人骨已朽，披圖夢夙昔。何如眞山水，日日供案席。取舍自吾儕，尋幽且搏壁。

下山更遭風，豈眞無寧日。山海盡顛蹶，前趨一仆十。撲面如受鞭，陷泥久不出。林卉既停偃，水火豈構隙。胡爲不先後，安排疑宿昔。持傘履此山，飛廉竟倒席。天其畀詩人，高歌夸絕壁。

沿坡覓行車，艱阻如追日。泥潦不可步，草樹九坼十。衆澗會成河，輪入不能出。水勢何湯湯，方割崩崖隙。下車挽不進，驟雨未減昔。餘寒戰我齒，溼地焉可席。行路覓爾難，雨絲猶噴壁。

挾筴共登山，本以銷長日。看山如讀畫，一行目常十。夏雨不饒人，驅我荒山出。驚瀑懸百丈，山度越穿林隙。前山忽異態，轉瞬判今昔。上蒼旋作美，雨霽俾逃席。歸來喜無恙，剪紙急烘壁。

題范寬秋山行旅圖　前人

濱虹老作畫，黑如雲掩日。宋繇原自爾，彼黑乃倍十。豈傚董思翁，意從思白出。密林何茂蒨，妙在露微隙。欲爲黑白論，執今以御昔。但看蒼茫間，崇山勢壓席。且挹百丈泉，溉我四立壁。（濱虹晚歲論畫力求黑，余戲謂此論乃從董玄宰思白之說悟出，今觀范中立溪山行旅圖，其黑處實分五色，乃知作畫亦貴知白守黑，非僅一黑字所能了也。）

題秋山問道圖　前人

巨師水墨間，坐對輒移日。一峯何蔥鬱，礬頭不止十。老衲破庵前，未敢呼之出。鐘聲落上方，隱隱度林隙。即此闋神理，泯然契今昔。何苦規倪黃，自躡北宋席。少豁胸中塵，日日張粉壁。

題郭熙早春圖　前人

晴川矗瑞松，羣壑爭初日。吾意在荒遠，條風拂里十。雲樹依嶔岑，時見層樓出。春歸一何早，鶺鴒喧林隙。氤氳籠尺幅，滋味信如昔。休作無李論，卽此可奪席。高致增吾狂，且醉亭閒壁。

女貞庵（八一）

（版權保留）　黎明

第九場：逼試

衆姑：相公呀！（同唱）：你本蟾宮折桂仙，禪房暫寄亦前緣；此去定然功名遂，來春好等捷報傳。

潘必正：多謝各位師姑！

進安：（挑琴書上唱）：又打疊起來了行李一肩，却緣何竟走得這樣突然？我想，料這期間，必有蹊蹺；八成兒，是爲了那月裏嬋娟。（對妙常作了個鬼臉，然後放下行李，趨向法成行禮）參見姑奶奶！

潘法成：進安！可都收拾好了？

進安：全收拾好了。

潘法成：好、好；衆姑各自回房，老身自送姪兒江邊去者。姪兒！進安！我們一同去來！（下）

進安：來了。（挑行李下）

潘必正：唉！（望了望掩淚的妙常，負手垂頭喪氣而下）（移）

友聲集（四一）

入市踐約　蝶衣

胸次默藏蕭瑟感，多閒暑與世周旋。一街長似鼎能沸，萬貫總忘腰未纏。燈以徹明當日暮，客將沉醉報花前。愁中莫唱思歸引，附郭今無二頃田。

壬寅除夕

流人劫外享承平，歲欲更時百感橫。不達早由如願去，多閒但覓麴生傾。屠龍未售原非技，引鳳能歌若有情。（「描金鳳」劇本脫稿，稍得卒歲資。）獨守夜闌緘一默，重聽爆竹沸山城。

宋皇臺遺址　弔古

夕陽未勸客先來，聖蹟驚看燹後摧。（舊時臺在一小阜上，阜名聖山。）四海皇圖存片石，一臺蹕路失重陔。當年空設移靈祭，（日據時期炸山開闢飛機塲，曾舉行移靈之祭。）此日平添弔古哀。秋唱無聲詩侶散，（南海伍德彝繪有宋臺秋唱圖，知當年曾有觴詠於此者。）更誰知有舊崔嵬。

過宋皇臺公園感賦

景炎史蹟已成塵，片石猶祧海外禋。園拓百弓開碣館，樹栽三尺代楓宸。魚門汐漲歸帆緩，龍寨祠荒往轍湮。俯仰未逾千載事，又因崖覆一酸辛。

憶陳果夫先生（三六）

宇人

我又問道藩：「去年貴州的同志在南京達成所謂大團結的協議時，曾有雷、鄭兩位同志讓出省黨部委員的席位；並對省黨部主任委員人選也作了很大的讓步，其他方面的同志則承諾協助雷、鄭兩同志競選立法委員。現在他們已經達到了做省黨部主任委員的目的，却反對提名雷、鄭兩同志為立委候選人。你是大團結協議書的保持人，不但不維護公道；反而偏坦他們這種背信忘義的行為，是不是自相矛盾」？但張谷兩位仍堅持應照貴州省選舉指導委員會的意見辦理，據說是為了避免引起更多的糾紛。

我當時所爭的，祇是雷鄭兩同志。因為貴州支團的絕大多數同志都很年輕，對國大代表、立監委員等職位無興趣，除了有一位馮同志因本縣無人競選國大代表被該縣有關各方面提名為候選人而外，雷、鄭兩同志競選立委，完全是因為大團結時曾有此一協議。大團結運動時，他們兩位均不在場，其所以接受大團結所作的協議，亦是基於信任我的關係。如今他們已經依照協議放棄了在省黨部的重要地位，而CC方面却對他們競選立委的事，不但不依照協議，予以協助，反而處心積慮，要使他們兩位不能參加競選，無論就公誼和私情來說，我都不能坐視不援。但我對其他有學識、有資歷及人望的人仍同樣支持。CC方面，則除了要將雷鄭兩同志排除於外，對其他候選人，亦欲取而代之。老立法委員李仲公也是立委候選人之一，孫哲生先生曾表示支持李仲公，道藩等也認為孫先生與李仲公並無深切關係，有機可乘，乃在中央常會休息時間，假冒眾意向孫先生說：「貴州的立委名額太少，不敷分配，我們貴州籍的幾個中常委都希望孫先生不必支持李仲公，幫助我們解決一個困難」。我適從他們的旁邊走過，因而完全聽見，立即向孫先生指出：「此僅他個人之意，與貴州籍的其他中常委無關」，並表明我本人則是支持李仲公的。」道藩頗為尷尬。後來幾經爭執，李仲公仍為立委候選人，雷、鄭兩同志則列在候補，十五年曾與道藩和我同奉中央黨部之命回黔籌備黨務，抗戰初期又一度任貴州省臨時參議會副議長，以後復當選國民參政員的商文立，也由於我的力爭而得為立委候選人。CC雖然達到了破壞雷鄭兩同志的部份目的；但其爭取更多立委席位的野心則並未得逞。貴州立委提名問題解決後，進行審國大代表候選人名單，貴州支團參加競選的馮同志，因為該縣祇有他一個候選人，CC也提不出人來和他競爭，因得無異議通過，其餘的人選，雖然多屬CC分子，但我也無意多所反對，所以也就很順利的獲得解決。

當時CC反對雷、鄭兩人的真正用意，完全是在對付我。他們以為我所以敢於中央無所顧忌，乃因自恃在貴州有相當的基礎。雷、鄭兩同志被認為是我的得力助手，假如不能參加競選，他們幻想貴州一般同志即將對我失去信心，我在貴州的基礎必然要發生動搖。因而道藩才不惜犧牲我們兩人多年的友誼，和背負貴州支團有關同志一向對他和正綱等人的尊敬而出此下策。就當時的實情來說，雷鄭兩同志即使連候補立委資格亦不能取得，也不會引起貴州一般同志對我的疑貳；但在我的精神上確受了重重的一擊。我因為不願意與CC演成全面的破裂，曾於爭執最激烈時往訪余井塘兄。我當時曾認為道藩之為此，乃係借以重振他在CC的頹勢，而正綱則正獲得CC的寵信，自不得不隨聲附和，不一定是立夫先生的本意。因請井塘轉報立夫先生，希望他能及時糾正；但井塘表示無能為力，要我直接找立夫先生談談。第二天，中央常會開會，我在會前找立夫先生，他表示也不以貴州省黨部若干同志的背信為然，並允在中常會討論到貴州候選人時，為雷、鄭兩同志說話，把他們改為正式候選人。但到時，他却僅以一種試探性的語氣問：「可否將雷鄭兩同志的候補名次提前一名（當時他們被列在候補第三第四）？」充分顯出他是在和我玩弄小手段。至此我才知道道藩正綱之所為，如非出自立夫先生所授意，至少也是他所認可的。井塘表示無能為力，可能即是有鑒於此。

自是以後，CC和我即完全處於敵對的地位。此外，還有幾件有關提名及選舉的事，也值得一述。

中央常會審核各省候選人之初，原是沒有候補的，但稍後立夫先生忽提議應有候補，以備正式當選人出缺時有人遞補。我曾加以反對。我說：就法理而論，選舉結果，以得票最多者為當選，換言之，得票次多者即為落選。因此，當選人如因故出缺，即應舉行補選。若不經過選民的決定，而逕以選舉時之落選者遞補，實與選舉的意義及功用背道而馳，世界各民主國家均無此例。我又指出，縱然拋開法理和各國的通例不顧，就技術方面言之，設置候補，亦將引起無窮盡的紛擾。因為既有候補候選人，他自必參加競選；否則沒有人投他的票，他又怎能取得候補的地位。一旦參加競選，誰有權限制祇能有某一定數量的選民可以選他及必須選他？假如選舉結果，候補候選人所得的票數，較正式候選人為多時，我們將如何處理？尤其是我們現在會對民青兩黨有所保證，如果沒有候補，我們可以在兩黨提名的地區或團體不提候選人，並盡我們的力量協助兩黨的候選人。但一經有候補，我們勢必也得讓我們的候補候選人競選。假如選舉結果，我們的候補候選人當選，民青兩黨的候選人則落選，我們豈不成了自己破壞自己的諾言？我力陳設候選的辦法，不但適足以毀壞本黨和民青兩黨的諒解，而且還將造成黨內同志間的紛爭。但白崇禧先生和其他許多中常委都支持立夫先生，甚至青年團的同志也表同意，因為設候補後，等於多了二分之一的候選人名額，大家都可藉以幫助在提名正式候選人時未能入選的好友。（待續）

程昱預斷孫權不殺劉備

三國人物故事評論之七

劉裕畧

孫子兵法說：「未戰而廟算勝者，得算多也，未戰而廟算不勝者，得算少也。多算勝，少算不勝，而況於無算乎？」孫子所謂廟算，蓋指未戰之前之最高決策會議而言。廟指廟堂，乃帝王祖宗靈位所在，廟堂決策，正是指的那種關係國家生死存亡的重大決策而言。通常此一決策必須對敵人、友軍、我軍三方面的情況作通盤檢討和綜合計議。對此，領導者固應愼重行之，領導者左右的幕僚，即所謂謀士，則尤應愼重精密計議，以便提供領導者作決策之參考。這情形頗與今日軍隊中之參謀業務相似。

不過，所有這一類的計議，古往今來，都並不限於只在廟堂之上，或最高決策會議時才作，所有參謀人員，所有謀士，是必須隨時留心各種情況之發展，並隨時對各種情況之有關問題作成意見。我們知道劉備之投奔曹操，程昱曾勸曹操殺劉備的事，這裏，我們再來談談劉備從長阪坡打敗這戰後，走夏口，指望孫權，曹操方面，尤其程昱對孫權與劉備關係的判斷。

於荊州曹操南征荊州以前，乃曹操本人對荊州方面之劉表、劉備，乃至江東方面孫權，當然都有一番估計，這裏所謂估計，當然是包括對劉表劉備孫權個人，及其相互關係在內而言。在劉表劉備孫權三人中，劉備與孫權之間的關係，將會如何？當然是曹操及其左右最留心的一個問題。因為這個問題關係荊州和江東的未來情勢最大，假如劉備與孫權不能聯合，各自為戰，則曹操自可採用各個擊破的戰法，把劉備和孫權先後個別吃掉，從而統治荊州與江東。假如孫權與劉備火拼，劉備勢孤力小，孫權勢大兵多，則孫權將很容易把劉備殺掉，從而也替曹操除去了一個敵人，這當然是曹操方面期望的。不過，客觀事實與主觀願望是兩件事，判斷問題時，不可一廂情願的不顧客觀事實的發展，而把自己的主觀願望強加在客觀事實上，倘若如此，則所謂判斷，就一定會要失敗了。本來，劉備與孫權未來關係原有三種演變的可能：一種是各自作戰，一種是互相火拼，另一種是孫劉聯合對抗曹操。就曹操方面的主觀願望來說，自然希望孫劉的關係是屬於前二者，而不希望走上第三個可能，但客觀事實如何呢？這就是另一問題了。

曹操南征荊州時，曹操所指揮的部隊誠然不斷的在進展，但曹操左右對荊州情勢的發展，尤其對孫權與劉備之間的關係究竟今後將如何，卻不斷在注意，因為這關係[illegible]勢很大。但當時曹操左右的謀士，對此問題的判斷，卻仍是不夠冷靜客觀，而把自己的主觀願望與客觀事實混在一起的。只有程昱，他雖然最初就主張曹操殺劉備，[illegible]殺劉備，他卻認為：「孫權新在位，未為海內所憚。曹公無敵於天下，初舉荊州，威震江表，權雖有謀，不能獨當也。劉備有英名，關羽張飛皆萬人之敵也，權必資之以禦我。難解勢分，備資以成，又不可得而殺也。」[illegible]

聯合陣線，共同擊敗曹操，這對劉備眞是一大幫助。但是我們曉得，政治之事，不比個人之事。個人可以講恩義，政治却是講利害的，同時也是講取得的。那末我們不免要問孫權又究竟從劉備那裏取得了什麼好處呢？即，劉備對孫權又究竟有什麼好處呢？

從大勢看，不可否認，劉備對孫權也確是有好處的。[illegible]何以認定只有劉備才可以抗衡曹操？難道沒有劉備，孫權便不能抗衡曹操嗎？

無論從資望或年齡來講，孫權當時確實[illegible]

本刊已經香港政府登記

聯合評論 週刊

每逢星期五出版

United Voice Weekly

第二六三號

督印人：黃宇人　總編輯：左仲平
社址：九龍通菜街三十八號南亞書局 805641
承印：嘉羅印刷有限公司 香港仔馬師道5號
代理：友聯發行公司 售價每份港幣一毫
本刊美洲版總經售處 美國紐約中美出版社
CHINESE - AMERICAN PRESS, INC
199 CANAL STREET.,
NEW YORK 13 N. Y. U.S.A.
美洲版空郵每份零售美金一角

聯合國十八屆大會所面臨的亞洲問題

李璜

聯合國的每年九月大會，其第十八屆會議已於昨十七日開幕了。一開幕，即面臨三個問題，而且很湊巧的這三個問題都在亞洲的國度裏！

第一是在開幕會議中，印尼代表便叫囂着的提出馬來西亞聯邦的席位問題，而大會主席在當天記者招待會中，說是要候印尼進一步行動，且馬來西亞席位要待審查委員會決定；但這問題是無法拖延，而必得要在大會裏展開激辯的。

第二是十五個亞非集團國家，要求優先討論南越南破壞人權，盼立即決定本星期五或下星期一討論，其情緒表現得非常迫切而緊張。主席答復說：「最快都要等到十月七日，始能提出討論」。

第三是所謂「中國席位問題」，這是照例幾年來要無理取鬧的辯論一番的。不過，今年有個特異之點，是由中共的小朋友阿爾巴尼亞代表首先提了出來；蘇俄共黨集團代表只是居於附和地位，發言贊成中共的態度，並不像以往的熱烈；但可惜的是，美國代表仍不強力反對；而主張投票表決的喀麥隆代表，於投票時，乃又棄了權！

以上是聯大開會三天來所呈現的亞洲國度問題。此外，尚有印度與中共正在交戰狀態中，聯合國如果眞的是為世界和平，似乎不能不加以過問。還有，印尼忽然瘋狂的反英，置國際公法於度外，而將英國人在印尼的財產刼掠焚燒，甚至打爛使館，將英國駐印尼大使也驅往美國大使館中避難，這簡直是無政府狀態；印尼政府及其人民這一作風，直可以引起國際間的混亂狀況（如馬來亞便在對印尼加以報復了），這在聯合國維持國際秩序的立場，也似乎不能視若無覩！

如果說，聯合國的會員們並未忘掉聯合國憲章的宗旨是：「防止且消除對於和平之威脅，制止侵略行為或其他和平之破壞：」則聯合國這一屆的大會應當十分留意到亞洲的緊張狀態，特別是東亞、南亞、與東南亞！更明白言之，北韓正威脅着南韓；北越正威脅着南越與寮國；印尼威脅着東南亞，愈來愈肆無忌憚；印度的戰雲密佈，戰火隨時可再度狂發，特別是在蘇俄有野心的加緊助印度以軍火的情勢之下！

不錯的，亞洲這一大部份地方的和平，確是正受到了最大的威脅，我想，聯合國的會員國都能夠承認而加以重視的。不過，聯合國的責任不只在會員國對於這個和平的威脅有認識而已，而在宗旨上還得要大家來防止且制止和平之破壞，否則聯合國從前便不會有對韓國和平受了侵害的警察行動，以及前年對於剛果內戰的武裝調解了！

但是，亞洲這一連串的威脅和平事件，固然表現在印尼，在寮國，在南越南，在韓國的三八線上，然而我們看病象不可以只在表面上看，我們必須了解這些病的病源所在。英美式的醫生，一向治療這些地方動亂的病患，總是只在表面上治，所謂「頭痛醫頭、腳痛醫腳」，因此並不見效，而病患且日益加重。

譬如印尼動亂的病，病在印尼共黨的勢力挾持住印尼的蘇加諾總統不得自由向國際間履行他自己的承諾。以蘇加諾本人對馬來西亞聯邦的承諾，一次在東京，二次在馬尼拉，都表現得相當有理智；但一回國，所言所行就變了樣！聯合國秘書長宇丹勞了很大的神，來為蘇加諾本人所應允的沙勞越與沙峇兩地民意調查，結果調查過了，適如事前所料定的多數贊成大馬來西亞，然而蘇加諾反口了，印尼共產黨攻打馬來亞與英國使館了！——這很明瞭的是，蘇加諾沒有自由，印尼共產黨才有自由，印尼共黨何以敢於如此橫行？因為有中共為之撐腰，為之組訓，為之供給金錢與武器，這在亞洲人是看得清清楚楚的。

又如寮國與南越南的動亂，在寮國，英國大費其氣力，與蘇俄辦交涉，總想壓住寮共不要再搗亂，以便三派和平解決寮國的危機，然而至今不[?]但無效，且寮共勢力愈來愈大，造亂愈來愈兇！寮共其初力量甚小，本不足慮，而一經中共兩年來的扶持組訓，勢力日形擴大的，現在快將中立派的力量與地盤完全併吞，這又證明病患的癥結是在中共的作祟！越南也是一樣的情形，越共有中共為背景，其源泉是不竭的；美國只知道在南越截堵，簡直是醫生只知瘡口止血與敷藥，而不知其毒並不在瘡口！——我看，美國政府這樣做法，不知道要冤枉花掉美國納稅人好多的金錢啊！至於說吳氏家族反佛教的胡塗，我也一樣罵他胡塗，然而吳氏家族的可原諒處，是被共黨的不停動亂，使他們的頭腦弄昏迷了啊！

這三個月來，南北韓的三八線也不寧靜起來，北韓又有多大的能力與膽子敢於與聯合國在三八線的隊伍作敵，還不是中共在挑起動亂，向聯合國示威，以與他在印度邊境示威是一樣的好戰表現！

因之，亞洲這一連串反映到目前聯合國大會來的問題，共問題的眞正癥結所在，都無疑的集中在毛澤東一人身上！中共佔據了中國大陸，沒有辦法了，而要打算挑起四圍的戰爭，以實現中共這一向所不斷公開宣傳的世界革命，即使引起核子戰爭，死個上[?]五億人，他也認為不足惜！

事實擺明如此，還有人要想把中共引入聯合國來，不是聯合國大會諸位代表們也贊成世界革命？也贊成核子戰爭呢？

五二、九、二〇

從謠言談到張君勱先生辭去民社黨主席之原因經過及在東京的談話

劉裕略

謠言起源於何時？已不可考。曾參殺人的故事，一方面說明謠言起源甚早，一方面說明謠言足以惑人。而今日謠言之盛行，與製造謠言之技術，散佈謠言之方法，似又比曾參時代更進很多步，套句俗話說，這眞是「自古已然，於今為烈」了。

謠言在今日之所以特別盛行，我想：大抵由於今日是亂世，亂世人心浮動，宵小乘隙其間，謠言遂易傳播；製造謠言的技術與散佈方法之所以特別進步，主要原因之一，乃因謠言已被用作政治鬥爭工具。所以，輕鬆的看：可以說造謠是一種兒戲一種無聊；嚴肅言之，則可以說造謠也是一種心理戰一種冷戰。正因為如此，所以中共的「統戰」部和國民黨當權派的「聯戰」部不但按月給予生活津貼經常豢養了一批職業造謠專家，而且還辦了專門刊登謠言和散佈謠言的刊物。

誰是中共豢養的職業造謠專家？誰又是國民黨當權派豢養的職業造謠專家？大家心領神會，這裏不必細說了。什麼是中共辦的造謠刊物？什麼又是國民黨當權派辦的造謠刊物？大家心領神會，這裏也不必細說了。我要在這裏談談的，是有關張君勱先生六月五日在聯合評論刊登辭去民社黨主席之原因與經過以及所引起之謠言和與這些謠言相對立的眞實事實。此外，我更要談談的是君勱先生八月廿七日在東京的談話情形。

我接到君勱先生從美國舊金山寄來的辭去民社黨主席的啟事，是六月三日。君勱先生從美國寄信的日期是五月廿八日。六月三日這一天也正是君勱先生的介弟公權（嘉璈）先生離港乘飛機赴菲律賓的一天。公權先生的個性與君勱先生個性相近，不喜歡勞動朋友迎送，不肯將離港日期告知有關朋友，所以，在聯合評論方面去送行的只有我一個人。在香港啟德機場的休息室中，我本來有足夠的時間把君勱先生辭去民社黨主席的事告知公權先生。而且我當天收到的信及啟事也正放在我上裝的口袋裏，但我經過考慮，終於沒有告知。公權先生也沒有和我談到這件事。依我觀察，公權先生當時並不知道君勱先生將辭或已經決定辭職。因為公權先生在香港這幾個月，我也有時陪他拜訪朋友或談問題，以我們過去談話所涉及的內容來說，如果公權先生知道或曾經參與這項決定的話，公權先生一定會告知我。至於我之所以決定不把這件事告知，則有下列三原因：一、我覺得這是君勱先生個人的事，不必一定告知他的介弟；二、如果由我告知公權先生，無論公權先生贊成與否，都將使公權先生担負一部份贊成或不贊成的責任；為避免他負這種責任，自以不告知為佳；三、我於六月三日早晨接得君勱先生來信及啟事，我已決定在六月五日出版的聯合評論刊出，不欲發生拖延或阻擾。因為我一方面是想遵從君勱先生之意辦理，一方面是我自己根本早就認為君勱先生應該辭去民社黨第二屆全國代表大會所選的主席職。倘若我把這件事告知公權先生，又倘若公權先生不贊成君勱先生辭職，則可能引起這一決定之拖延或變更，而這是我所不希望的。基於上述三個原因，所以我當時不但未將這件事告知公權先生，由於同樣的理由，我也未將這件事事先告知聯合評論內的任何一位。可以說，聯合評論社的諸位先生，最先看到這一啟事的，也只在六月四日即該期聯合評論出版前一天的校對時間，其餘諸位先生都是六月五日聯合評論出版後他們和其他讀者一樣讀報後才知道。

以上是事情的眞實經過，但台北方面的謠言是怎樣的呢？一則說君勱先生的辭職啟事並非君勱先生本人所擬，而乃聯合評論社的社務委員們在社務會議所決定；我也是聯合評論社社務委員之一，聞之深覺滑稽。試想：這種謠言與事實的眞象相距何其遠!?

更奇妙的謠言，是這一辭職啟事六月五日在聯合評論刊出後，國民黨第六組主持「聯戰」的人員，曾經去向與該組素有關係的兩位民社黨員探詢君勱先生何以辭職的緣由，這姓毛姓王的兩位竟說這是由於張公權先生在本年四月赴台考察時，眼見台灣各種情況不佳，政府前途已經絕望，乃向君勱先生建議辭去民社黨主席，遂有這一辭職啟事之刊出云云。實則我在前面已經說過，公權先生根本不知道君勱先生辭職的這一件事，公權先生更從未向君勱先生作過這種建議，相反，據我所知，公權先生本年四月赴台觀察所得以及公權先生與台北當局私人人事關係之融洽，都是與這種謠言完全相反的。（下轉第二版）

從謠言談到張君勱先生辭去民社黨主席之原因經過及在東京的談話

（上接第一版）

劉裕略

當然，讀者也許要問我何以知道毛某王某製造過這種謠言？這一問，問得非常好。但我可以答覆我對此實有充分根據。原來國民黨第六組主持聯戰的負責人向毛王兩位探得上述謠言後，乃向我的一位姓李的朋友轉述，並希望這位姓李的朋友再對我和一位姓羅的朋友探詢，李先生遂將這情形告知羅先生，羅先生又將這情形告知我。

如若不信？我還可以再舉一個鐵証，証明這謠言不但散佈於香港，而且還通過國民黨第六組的「聯戰」人員傳達於台北。鐵証何在呢？鐵証就在國民黨當權派在香港辦的機關報——香港時報上。本年七月廿七日廿八日廿九日香港時報曾連續刊登長約八九千字以「民社黨的團結運動」為題的長篇「自由中國通訊」，其中就說：「外傳張君勱之毅然辭職是受了乃弟張嘉璈的影响」，這就可見這謠言是傳到了台北而且在台北散開了的。

看了這些謠言之後，我不禁替國家的前途耽心，也為國民黨當權派隨意揮霍國帑可惜。國民黨當權派不把政府偏安時期的有限金錢用之於急需用錢的反共復國大業上，而用之於豢養這些淆亂聽聞顛倒黑白的造謠工作上，國民黨當權派眞是不僅誤國而且自誤了。

至於君勱先生何以忽然辭職？據我所知的絕對正確的緣由，乃是由於國民黨當權派不該用金錢收買一二民社黨人。國民黨當權派給錢孫亞夫，是君勱先生最憤怒最不滿的事。也是君勱先生忽然辭職最大緣由。而七月廿七日香港時報所刊「據孫亞夫，向構父，郭虞裳說：張氏之忍痛求去，主因之一，可能是有鑒於內部之始終不能團結而感到傷心」。香港時報又說「同時像孫亞夫和蔣勻田又都是勱老在政大的得意門生」。這完全是顛倒黑白之談。人所週知，君勱先生從未認為亞夫是他的得意門生，亞夫所謂君勱先生辭職「可能鑒於內部之始終不能團結」云云，也與事實絕對不合。各方對亞夫之觀感及評價如何？我不必細說，值得奇怪的，是國民黨當權派竟要千方百計迫走君勱先生這樣一個在道德文章各方面都享譽國內外的民社黨的領袖，而代之以孫亞夫這樣的人。難道國民黨的忠貞人士認為只有蔣先生作國民黨領袖孫亞夫作台北民社黨領袖才是並駕齊驅一雙最好的配搭嗎？否則，國民黨當權派為什麼要用金錢把亞夫捧出來作台北民社黨人的領袖呢？在我看來，亞夫只在民社黨內據有一定地位，但却不可作民社黨之領袖，更不配與國民黨領袖蔣先生並坐平行。因此，我要站在國家民族立場和愛護蔣先生的立場，請蔣先生及國民黨諸位元老以及擔任國民黨中央常務委員的十五位先生尤其是陳辭修先生張岳軍先生和蔣經國先生仔細想想，蔣先生是不是應與孫亞夫同時作自由中國的政黨領袖？這對蔣先生是否是侮辱？

君勱先生在六月五日出版的聯合評論刊出辭去民社黨主席啟事後，另外一件應該特別提出一談的事，是台北報刊上隨後又出現君勱先生打銷辭意的復職啟事。對於君勱先生忽然辭職又忽然復職的新聞，港台各報曾爭相刊載，發表評論者更不乏人。但據我所知的絕對確實情況，是君勱先生辭職後並無復職意。台北報刊所刊復職啟事亦非出自君勱先生手筆，更非君勱先生本人請人刊登。換言之，那完全是出於別人的製造。

以上已將有關君勱先生辭職原因與經過以及所引起的謠言都說過了。現在再來談談君勱先生八月廿七日在東京的談話。

有關君勱先生八月廿七日在東京的談話，略見於九月七日出版的新聞天地總號第八一二期。這不是謠言，而是一篇東京航信的記載。題目是「張君勱到日本」，作者是胡成蘭先生。本來，依我們所知，該文作者的大名應該是胡蘭成先生，我們不敢想像一向受到台北國民黨當權派讚揚的卜少夫先生所主辦的新聞天地會把胡蘭成三個字錯排成胡成蘭，因此，我們不知道「胡成蘭」三個字是否胡蘭成先生有意如此使用的筆名，所以，本文只好依照新聞天地原文稱該文為胡成蘭先生之文，或簡稱胡文。

胡成蘭先生全文約二千字，雖然以記述君勱先生的談話為主，但胡成蘭先生描述八月廿七日這一東京聚會的參加人物及胡先生本人的感想佔去很多篇幅。據胡文說君勱先生「近應香港大學邀請講學，路過日本，於八月廿七日在霞友會館與日本諸友歡聚，同進午餐。席上縱談東洋文學與美國。並答諸人關於中國現狀的詢問，自正午起至午後三時而散」。胡先生又說「是日出席者約三十人，政界有前副首相石井光次郎，財界有日本商會會長足立正，諸氏皆一時名士」，並說「開場的應酬是由清水董三及足立正致辭，張先生答辭」。還說日本當代大儒「安岡正篤先生還引了兩句詩當作歡迎張博士，曰：「大暑酷吏去，清風故人來」。」等語。

本來胡成蘭先生熱心寫這篇通訊，值得感謝。不過，我們仍有不能不言者，端在君勱先生八月廿七日在東京霞友會的這一聚會既如胡先生所說「自正午起至午後三時而散」，而且是以君勱先生為惟一主客而聚談，可知君勱先生在三小時過程中談話之多，決不止於胡成蘭先生在新聞天地的短短記載。而「部份」不能代表全體，「部份」雖然有時也可據以窺見全體，但「部份」却也常常導致不明事理的人的誤解，所以我們想對胡成蘭之記載稍予說明。

據胡成蘭先生的記載說：君勱先生曾在答覆亞細亞大學教授中山優先生等人的問答中曾說毛澤東「鑒於太平天國因否認儒教而敗，故他不作壓迫儒教之事」，於是，香港方面讀過八一二期新聞天地胡成蘭先生大文的朋友就覺得奇怪，君勱先生一向尊崇儒家，現在美國許多大學都以君勱先生所寫英文本「中國儒家思想史」為教本，而且也常到香港大學及新亞書院等也以講演儒家哲學為主要目的，何以忽然在東京會說中共並未壓迫儒家的話來。我後來和君勱先生談及此一問題，我才知道君勱先生八月廿七日在東京所談，是說毛澤東鑒於太平天國特別強調打倒儒家，終於因此不敵中國之文化傳統而敗。故毛澤東不特別強調打倒儒家的話。但毛澤東却一直在強調反封建和打倒封建，而毛澤東是把儒家歸併在封建範圍之內的。君勱先生的這一意思很明顯是說毛澤東很狡猾，毛雖不單獨強調打倒儒家，以免觸犯深入人心的文化傳統，却把儒家歸併在封建範圍內，而在反封建打倒封建時一併打倒之。可謂陰狠。這是這一段話的原意，然而胡成蘭先生只記述了這一問題的上半截，而省略了這一問題的下半截。故有些朋友對此發生了疑問。其實，易地以處，要在短短二千字的東京航信中，把君勱先生在東京霞友會三個小時的談話都記述下來，原本不可能。也正如我現在寫這篇文章一樣，要在這裏把君勱先生在東京霞友會三個小時所談的話都補正出來，實屬不可能。惟其不可能，所以，我只能舉出一個細例以概其餘，恕不一一補正了。

至於有些根據謠言而亂發批評，有些根據不完整的記載而大發議論而胡說八道，我們司空見慣，不欲加以喝斥。蜉蝣撼大樹，對大樹原本不會有損。何況古人說得好：「謠言止於智者」。那些不智者，那些經常由國民黨當權派豢養的家狗或野狗，他們一向以罵民主愛國人士為職業，如果牠們高興狂吠，如果牠們只能這樣才能報銷才能為生的話，那就由牠們去一犬吠影百犬吠聲吧！我們可沒有閒時與興趣來與牠們對罵。牠們儘可把我們當敵人，我們却不把牠們當敵人，我們只把毛澤東及毛澤東所領導的中共當敵人，這是人所共知的。

× ×

蘇共七月十四日駁斥中共公開信原文節要

（四）

我們清醒地估計到這點。我們自己在製造熱核武器，並生產了足够數量的熱核武器。我們對它的破壞力十分清楚。如果帝國主義對我們發動戰爭，那麼我們就毫不躊躇地對侵略者使用這種可怕的武器。但是，如果別人不進攻我們，我們不會首先使用這種武器。

馬克思列寧主義者不是通過向帝國主義乞求和平，而是通過團結革命的馬克思列寧主義政黨，團結各國工人階級，團結為自己的自由和民族獨立而鬥爭的各國人民，依靠社會主義各國的經濟和國防威力，來力求保障鞏固的和平。

請問建議把美好的將來建築在毀滅於熱核戰爭中的舊世界的廢墟上的中國同志：他們有沒有就這個問題同帝國主義統治着的那些國家的工人階級商量過？資本主義各國的工人階級一定會這樣回答他們：難道我們請求你們，要你們發動戰爭，在消滅帝國主義者的同時毀滅我們的國家嗎？要知道，壟斷資本家和帝國主義者是比較少的一撮人，而資本主義各國居民的基本組成却是工人階級、勞動農民和勞動知識分子。原子彈不會辨別帝國主義者在什麼地方，而勞動人民又在什麼地方的，它轟擊成片的地方，所以消滅一個壟斷資本家，就會消滅數以百萬計的工人。工人階級、勞動人民要問這樣的「革命者」：你們有什麼權利為我們決定我們的生存和我們的階級鬥爭的問題，我們也贊成社會主義；但是我們願意在階級鬥爭中，而不是通過發動世界熱核戰爭來取得社會主義。

中國同志對問題的這種提法會使人產生理所當然的懷疑：這裏已經不是用階級的態度來看待消滅資本主義的鬥爭，而是懷有某種完全另外的目的。如果在舊世界的廢墟下，既埋葬剝削者，又埋葬被剝削者，那麼將由誰來建設「美好的將來」呢？

在這方面不能不注意到，中國同志不是取表現在「全世界無產者，聯合起來！」這一口號中的階級的、國際主義的態度，而是頑固地宜傳沒有階級內容的「東風壓倒西風」的口號。

蘇共、共他馬克思列寧主義政黨為一方，中共領導人為另一方，在戰爭、和平與和平共處問題上的觀點的深刻差異，在一九六二年加勒比海危機期間特別明顯地表現了出來。這是一次尖銳的國際危機：人類從來沒有像去年十月那樣接近過熱核戰爭邊緣。

中國同志斷言，在加勒比海危機期間，我們把火箭運到古巴是犯了「冒險主義」的錯誤，而後來我們從古巴運走火箭則是向美帝國主義「投降」。

（原注：這種斷言見「人民日報」一九六三年三月八日社論「評美國共產黨聲明」）

這種斷言是根本違背事實的。

實際情況究竟如何呢？蘇共中央和蘇聯政府擁有確鑿的材料說明，美帝國主義對古巴的武裝侵略眼看就要開始。我們當時十分清楚地了解，為了反擊侵略，為了有效地保衛古巴革命，需要最堅決的措施。詛咒和警告——即使把它們叫做「嚴重警告」並重複二百五十次——對帝國主義者都是不起作用的。

（未完）

家庭主婦也應幹政治麼？

孫寶剛

上星期寫了「在商言商」，我的原意就是說：每個人都要幹政治，當然，各人的環境不同，幹的方式和程度各有不同，有的可以全部精力去幹，有的祇能以一部份精力去幹，總之每個人都應幹，不幹的話，不特國家和社會要吃虧，連他自己也吃虧！

說到這裏，有人提到家庭主婦應不應幹政治？理論，家庭主婦，至少有她丈夫在幹，不是可以不幹了麼？而況家庭主婦一天到晚在家中處理家庭瑣務，有的是不出戶，有的也祇在買菜或購買家用零物或送孩子讀書時出戶，和政治有什麼關係呢？試想一個家庭主婦，她每天一早起身，為丈夫和孩子們煮早餐，待早餐過後，送孩子們上學，回來時便要去買菜，接着須準備午飯和洗濯衣服，和整潔家中各室。等到上述的事情做完，大概已是吃午餐的時候了，午餐過後，洗了碗碟，也許空閒一些，但到了五時左右，丈夫和孩子們回來了，晚餐的時間也快到了，她又要忙個不了去準備晚餐，有的主婦在晚上尚須督促孩子們溫課，直到睡覺為止。這樣的一天天過去，三百六十五天大都如此，似乎不須和外界接觸，更談不到和政治有什麼關係！

其實真的如此麼？我說不然。我們如把上述的她的一天工作來分析一下，便和她的生活，甚至說她的幸福，完全和國家的政策發生着密切的關係，要是她不瞭解這個關係，而放棄了她的權利，那她便吃了極大的虧！

譬如說，她一早起來煮早餐，就要用電或煤氣，或用煤油或柴炭，這不是和政府的燃料政策大有關係麼？世界上大多數的國家，對於公用事業大多是公營的，易言之，像電氣和煤氣這等公司，大都已公營了，但是香港還是私營的，到最近才在討論是否應該公營或仍舊私營。主婦們是否應該知道，公營和私營，在服務上和價格上，那一種對主婦們有利呢？假定私營有利，那主婦應該支持私營政策，否則應該支持公營的政策。你不要看輕主婦的力量，一個國家之中，即以香港而論，不知有多少主婦，並且主婦還可影響其丈夫和已成年的兒女和親戚朋友等等，所以個個主婦如不放棄其權利，她們的力量很大，大可左右政府的政策。燃料政策，即對於電氣等的政策，假如主婦們不放棄她們的權，便可以使對主婦有利。易言之，每個月不特使主婦們省了一些電費和煤氣費，並且可以使她們在使用時更方便些！

再講到一日三餐所購的食物，這便和政府的糧食政策有關。政府的政策這樣決定，便可影響食物的價格，這對主婦們的影響也很大。在香港來說：魚和蔬菜是由政府統制着的，這個統制當然影響了魚和蔬菜的供應和價格，主婦們有沒有瞭解，政府的統制政策是否對主婦有利，以及統制的方法是否有當？假如統制政策不當，因此使魚和蔬菜的供應困難，或價格提高，主婦們為什麼不反對呢？我在倫敦時有一個感覺，倫敦的生活費當然比香港高許多，不過倫敦的麵包、雞蛋、和牛乳，並不比香港貴，也許竟要價廉，這是什麼原故呢？完全因為在工黨上台時，工黨覺得這三樣食物是窮人和孩子們最重要的食物；對於健康最有關係，所以工黨的政策，把這三樣東西特別予以方便，使窮人和孩子們不因窮而影響了他們的健康。由此可見主婦們應該不應該幹政治了。

上面所說，祇是說到燃料和食物問題。假如說到主婦要送孩子們去入學和晚上與孩子們溫課，對於主婦更是重要。這不特包括了交通政策問題，更有關教育政策問題。試想一個主婦帶了幾個孩子上學，以香港來說，便須搭公共汽車或電車，假如過海更須搭渡海小輪。這些公共汽車、電車和渡海小輪的服務的好壞，以及收費的昂或廉，對主婦的影響太大了。一家如有三四個孩子讀書，一個月的交通費也不少，更重要的是孩子們上學和放學時，是否有充份的交通工具供應？假如像現在香港的情形，有些地區，須等上一兩小時才能搭車，不是對孩子們和主婦們的時間浪費了許多。這個損失，可以影響孩子們的學業和健康，也可影響主婦們的健康，和處理家務的時間，假如主婦們個個關心政治，我上面不是說過，可以影響政府的交通政策，而形成主婦們自己所希望的一個政策，以香港來說，在孩子們上學和放學的時候，有幾條交通綫應多增車輛，假如主婦們去力爭，公共汽車公司就得遵照主婦們的共同意旨而增加的。有人說，公共汽車公司假如這樣做，不是增加了公司的開支麼？在我看來，依據公共汽車公司每年穫利的報告，似乎太大了些，已經超出了所謂合理的利潤，可見主婦們多少已多給公共汽車公司以應付的車費了，這不是不必要地增大了主婦們的家用麼？在一個富有的家庭，多花一些交通費，不算什麼一回事，但在一個經濟相當困難的家庭，一月多花十塊錢，已經對家庭發生了影響！我們看市面上分期付欵的縫衣機，不是每月十元，便可買一架麼？假如拿上述多化的交通費使家庭中有了一架縫衣機，不是方便了許多，並且又可節一些縫衣和補衣的費用麼？

大同敎敎主白哈烏拉說：女人比男人更重要，因為我們的下一代，是靠着婦女。這個話就是說，主婦們和孩子們的接觸較多，所以孩子們愛母親的影響要大於父親。因此敎育孩子這一件事，可以說是肩在主婦的身上，但是主婦單靠在家中管敎兒童是不够的，還必須為兒童選擇好的學校，但是政府的敎育政策不好，便可以使什麼學校都辦不好，至少使每一個學校不能發揮其應有的功能。再就經濟環境不好的主婦來說，政府的敎育政策，對她們關係更大了。我舉一個例子來說：小學敎育應該不應該免費，而使每一個孩子都有受敎育的機會呢？這對窮人們的下一代，有着十分重要的關係。有的人說，社會的不平等，經濟固是一個重要的因素，但知識的高低也是非常重要的，我們看社會上，許多人固然因為有錢而形成了重要性，但是因知識而形成重要性的，並不亞於有錢，進之，因知識而形成重要性的，一般地說，恐怕比因錢而形成重要性的，還比較受到一般人尊敬。所以一個國家的敎育政策，假如小學是個個小孩子能受到，中學和大學又有奬學金以幫助有天才的窮學生，窮人出頭的機會便多了，易言之，人與人間平等的機會也多了。即使退一步來說，你的孩子並不是一個天才者，但是受過小學敎育以後，最低限度可以計算一下數字，寫一封簡單的信和閱讀日報，不特謀生較易，精神上也會快樂許多！由此可知主婦應不應該去為政府的敎育政策而奮鬥了。

寫了這多話，我想主婦應該參加政治活動，已可自明，所以在許多先進國家，主婦已作為一種職業，她們已經團結起來，組織主婦的工會，以維護主婦所應得的權利。這是一個很大的政治力量，我們不能忽視的。再進一步來說，主婦們的工作，比較自由，尤其在四十歲以後的主婦，兒女們已經長大了，不需要操心，家庭的許多工作，兒女也可担當一部份，主婦們應該有更多的自由的時間。在中國的社會內，她們往往把這些自由的時間，浪費於無謂的交際，如打牌等等，這是非常可惜的，我希望，她們能把這些時間來幹一下政治，這不特對國家和社會有利，甚至對她們的家庭，對她們自己，都是有利的。事實上非這樣做，一個國家才能上軌道。我在許多先進國家看到，四十歲以上的婦女，不是參加宗敎活動，或社會活動，便是參加政治活動，因為她們真是一個特權階級，因為她們的丈夫在那時，已在事業上相當成就，她們的子女在那時已經長大了，她們自己在那時也相當成熟和老練了。所以她們出來做些活動，收效比一些年輕的婦女還有效呢？可惜在中國的婦女不知道利用她們的特權，而把時間浪費去了。

抨台北當局對日本缺乏基本政策

楊益智

中華民國與日本的關係現在是表現得很惡劣了。這幾天，台北當局及台北輿論以及海外的輿論甚至包括聯合評論都在義憤懲膺的抨擊日本，斥責日本。這當然不錯的，因為日本確實不該以變象的手段經援中共，日本也不該以價值兩千萬美金的尼龍工廠設備用延期付欵的方式資助中共，日本首相池田勇人更不該向美國隨便亂說中華民國沒有收復大陸的希望，池田勇人首相尤其不該表示偏安於台灣的中華民國政府不可因反攻大陸而在亞洲可能引起熱戰。不過，反過來說，偏安在台北的中華民國政府為什麼不反省一下呢？難道日本人是一個一向講究信義的民族嗎？難道今日世界的國際行為都是以道義為基礎嗎？所謂信義難道是今日世界國際行為的準則嗎？今日世界的國際行為明明是以利害為一切衡量的標準，而不是以什麼忘不忘恩負不負義為標準，難道台北當局連這一點還不知道嗎？

中華民族是一個偉大的民族，假如今日之中華民族或今日之中華民國國勢強大，中華民國在世界上提倡一種道義外交，那是可以的。但中華民國在今天却是偏安的弱小的，自己不振作，自己的圈子越縮越小，那末，怎能希望眼光淺短的日本島民講信義呢？

今天，台北當局動輒斥責日本忘恩負義，沒有表現別的，只十足表現了台北當局或曰國民黨當權派對日本素無理智的考慮，素無從利害衡量問題的政策罷了，只過於強調恩義，只反映了自己的可憐相，期望別人講人情，只反映了自己的顢頇。所謂恩義云云，只十足反映了台北當局的封建意識而已。

這其實也不足怪，因為台北國民黨當權派的政治現象本來就是封建意識最重的。所有一切人事都以封建社會的尺度作標準，就是國民黨當權派也經常以人與人間的私人恩怨來決定是非的。至於政策，至於理智活動的政策，對不起，台北當局從來就沒有。

如果我們希望台北當局對內對外有什麼政策，那原本就是奢望。因為台北當局一向以當權派的個人喜怒為對人對事的根據。其左右其部屬也一向仰觀「天象」，看最高當局或次高當局的面色而定問題。試問：像這樣一個官僚集團，像這樣一個人事集團又怎能產生好的政策呢？

政策是純理智的活動結果。它必須先對客觀環境作冷靜觀察，然後又以超越的智慧作研究省視，面對現實，再加上願望與運用，乃能產生。但台北當局却往往是以當權派的直覺與喜怒決定問題的，所以，只知在所謂恩義等方面打圈子，而不知道如何從整個形勢來製訂一種高明的方案。這方案原本就應該早就假定日本政府是不講道義的。到今天才來只知從道義來斥責日本，而無其他對策，充分說明台北當局之無能。

本來，所謂「能」原是從高明的人與高明的制度才能充分產生。而所謂高明的人是指人才，所謂高明的制度那是民主制度。然而台北當局所擁有的多是奴才，所擁有的只是獨裁制度。那末，人才自然不能產生，而通過人才與民主制度才能充分產生的高明政策自然也就沒有希望可以產生了。對此，台北當局何不切實反省？台北當局時常叫人反省，大概台北當局只要求人家反省，自己從不反省吧！

亞洲近事雜感

許子由

儘管美蘇兩國正在陶醉於冷戰解凍的蜜月期中，西歐的情勢也相當穩定；可是亞洲方面却仍是多事之秋：無論「共產」與「自由」之間，「共產」與「共產」之間，「自由」與「自由」之開，不少重大的糾紛，都有擴展的趨勢。「樹欲靜而風不息」，這種面對美蘇核子覇權挑戰的情形，難道眞像劉少奇所說：核子彈是「紙老虎」麼？

美兩將軍東來

南越的情形，已到令美國頭痛的程度。早些時强調佛教問題「不影響剿共」，然而游擊隊轉入陣地戰已達最高峯，法新社發自西貢的電訊，報導觀察家們「並不排除越共試圖把南越分成兩半的可能性」。美國防部長麥納瑪拉和聯合參謀會主席泰勒兩將軍，啣美總統特命東來赴越，可知情況的嚴重。

麥、泰兩將軍代表團的報告，將幫助甘廼廸總統判斷，「這種針對越共的戰爭能否以現在的方法獲勝？」這說明華府已經懷疑，越共「游擊隊」爲什麼野火燒不盡？事實上以馬來亞剿匪式來應用在南越是不適當的，正如中國的江西圍剿與東北作戰，是截然兩事一樣。馬共的後面是泰國軍警，所以受夾擊而終於消滅。越共的背景是北越與中國大陸，人力無窮。「現在這種方法」決不能贏得戰爭，也正如麥克阿瑟不能在「被綁住一隻手」的有限度戰爭中獲勝一樣。麥納瑪拉部長如果不想蹈他的前任柯林斯部長的覆轍，就應該建議：炸河內！

印尼人應讀歷史

南越、泰國正在「惡化、腐化」當中，南中國海風雲又緊！印尼增兵北婆邊境，海軍窺伺檳城。英國絕不料到，會有一天要與印尼正面作戰。可是耶加達英使館熊熊的一把火，不但映照出馬來西亞前途多艱，而且令人担心這個東南亞大國印尼，究竟要往那裏去？

排荷、排華、排馬、排英，是印尼獨立後的「獨立歷史」，擺取不同種族不同地域的西伊里安，干預鄰境北婆羅洲，是印尼的「民族主義」。工會和民衆團體，成爲掠奪外國人財產、打殺外國人的慣常打手！這樣的「以打立國」，難怪華府援外主持人貝爾說，美國已向印尼明白表示：「美國僅能援助行動有理性之政府。」

印尼人該讀讀本國的歷史，是不是印尼獨立當時，英國和美國曾在印、荷之間做過調人？還在聯合國幫忙過印尼獨立？西伊里安殖民地，是不是這些「帝國主義者」在不流血情況下交給印尼的？

如果印尼人不讀這些歷史，蘇加諾總統該叫他們去讀。「帝國主義、殖民地主義」是艾廸地的口號，與印尼民族主義無關。而這位想做北平的耶加達總督艾廸地，正在大陸爭取作亂的援助，蘇加諾應該清楚。

日本領袖的偏差

在訪問非律濱印尼途中的日本首相，發下了調停印馬非的宏願。這次不樹起「東亞新秩序」的大旗，而以「在商言商」姿態出現的日本，大概會比較「實際」一些。可是在商言商而至給銀紙冲昏了頭腦，究竟不利於日本重新在亞洲充當重要角色的展望。

日本把尼龍纖維工廠賒給中共，便是見利忘義的所爲。這裏的所謂「義」，並不是對中華民國之義，一如蔣總統所指責者：而是對於日本身，與及執政的自民黨的「義」。

二千萬美元的尼龍廠，其事不太大。但從此開日本與中共貿易的先河，此後日本工商界，將以大陸爲新大陸，中共要滲透日本也就大有機會。關西財閥不久將入主東京，「大陸派」又將控制日本政治。日本有識之士如果沒有忘記以前的「滿洲禍國記」，倒應該審愼研究一下「親共亡國論」。姑無論英德意如何對中共貿易，但在日本的地位，決不能「見錢開眼」！

偏生日本的領袖就不能審愼。戰後元勳吉田茂首相，以在議會中罵議員「馬鹿」而下台。現在的池田勇人，又以認爲中華民國不能反攻大陸的失言而引起糾紛。戰前日本「理想」過高，對中國估計過低；現在日本理想過低，對中共估計過高。似此偏差，究非日本之福。

蔣總統父子之言

中共的聲價，最近正在狂跌，可能要「停拍」。自蘇聯宣佈中共要求核子武器以遂侵畧後，其「好戰狂妄」已不齒於世界人類，只有日共、韓共、越共、印尼共等，仍替毛澤東捧場。當然這些共黨爭權而與中共拉攏，都是爲了在本國爭權。但獨立國家的領袖如蘇加諾總統、池田勇人首相，却不該像浮士德一般與魔鬼打交道。

不過話得說回來，日本外相大平正方說：「美對中共態度難測」，顯係瞻美國馬首的日本之苦衷。中共問題，究竟是美國和中華民國的責任。

美國以中共十年或十餘年內不能有原子彈自慰，但十多年是一個短的歲月，國府偏安於台灣，就已十四年了！如果十多年內不解決中共，要等待十多年後迎接「黃禍」麼？

蔣總統說國軍反攻，蘇聯不會干預；蔣經國說中共是一隻將餓死的老虎。既然如此，爲什麼不乘機「打虎」，反攻大陸呢？

對於駁斥池田或抵制日貨……等等，似乎都是多餘的，那究竟有損於當年救助天皇放棄賠償的泱泱大度。只要自己長進，便不怕別人看不起。「止謗莫如修德」，事實勝於雄辯，國府何不用事實去答覆池田勇人？

（八月廿四日）

台灣簡訊

志清

一、台船公司向「殷台」討濫賬

殷台公司雖然事實上已經「關門大吉」；但其所留下來的大批濫賬則迄未了結，台灣造船公司以殷台公司將船廠交還後，迄未履行其請求退租時之諾言，清理一切債務。我政府經由美援會一再函請美國國際開發總署以債權人地位就近在美督催該公司對於在台債務以及造船工程虧損儘速清理，並經台船公司於本年三月直接函催殷台公司清償所欠租金，關稅及造船虧損。均未獲得答覆。行政院國際經濟合作發展委員會日前接獲我駐美大使館王蓬公使報告，謂美國政府已以原告身份向法院訴追殷台公司償還貸款本息美金六六四、一九三元及二二四、四七六元，並經紐約南區地方法院判決（被告殷台公司未應傳到庭）原告勝訴。我政府鑒於美國政府對殷台公司之債權既已依法訴追，已無與美方採取共同行動之必要，因即通知台船公司對殷台公司應償債務，刻日委請律師向台北地方法院依法訴追。

殷台公司資產負債經整理結果，資產淨值爲三、〇〇二萬元，負債二、八四〇萬元，資產負債相抵，尚餘一六二萬元，惟殷台公司於退租時，曾超領造船價欵一、四六六萬元，同時以造船合約向台灣銀行押借二千萬元，加上積欠之利息五百多萬元，共約四千萬元。此項貸欵經移轉爲台船公司爲殷台公司之債權，已無資產可資抵償，故決定依法訴追。

此外殷台公司尚欠台灣銀行美金三十萬元及以材料抵押之借欵新台幣五百萬元，據說因均有抵押品，可以逕行依法聲請拍賣補償已無向法院興起訴訟之必需。

二、國營事業經營失當 監委擬就調查報告

監察委員曹啟文等五人組成的調查經濟部所屬十五個國營事業的單位的專案小組，已完成調查工作，並提出一項長達三萬餘言的調查報告，將於日內由監察院經濟委員會開會討論決定。

聞查報中指出：五十年度國營事業十五單位，經營失當，以致虧損達五億元之鉅。調查委員認爲經濟部各首長及各單位主管，因經營公營事業不善，浪費資金，以致延誤了建國的良好機運，各應負其責任。將對各有關失職人員，分別提案糾彈。

專案調查小組是根據五十一年十二月三日監察院院會通過曹啟文的提案而組成，委員是張一中、張維貞、王澍霖、曹啟文、劉巨全等五人。調查工作開始於今年二月下旬，其間歷經波折，調查工作告一段落後，由曹啟文草擬調查研究報告書，初稿於八月十五日完成，曾向經濟委員會建議八月十八日邀請楊繼曾部長有所查詢，但未爲經濟委員會接受，延至上月十八日調查報告全部完成，九月二日付印，其後小組中有委員又以未看過爲理由阻止提出，經濟委員會將於日內開會，進行討論，以決定處理辦法。

這是年來監察院調查較重大案件之一，社會各方對若干國營事業早有批評，因此，對於監察院的調查報告寄以重視。但是，本案將來是否能順利獲得通過，目前尚不得而知，因爲仍有一些人士希望不要將該案提出或公開發表。

三、教育部將發起「現代中國人」運動 鼓勵研究西方科學技術

教育部長黃季陸於九月八日向新聞記者表示，該部正在計劃發起一項「現代中國人」運動，旨在提高國人對於研究西方科學和技術的興趣。他認爲這個運動開展以後，將可使我們目前的科學與技術向前推動半個世紀。他說：一個膺選爲「現代中國人」者，其事蹟將由政府予以正式紀錄，並發給獎章和獎金，而獎金則將是一筆很可觀的數字。所有國內國外的中國人，只要有特殊的成就，都有資格獲得這份榮譽，包括各地的華僑在內。但他指出目前他認爲有資格接受這份榮譽的人，並不太多。他認爲：一九五七年共同獲得諾貝爾獎金的李政道、楊振甯，就應該獲得這份榮譽。打破世界十項運動紀錄的楊傳廣，也有資格列入「現代中國人」。

他强調：我們必須迎頭趕上西方的文化，才能把中華民族從根救起。我們要打破中國古老傳統觀念，才能在科學和技能方面趕上西方國家。一個致力於使國家現代化的人是不考慮到將被指責爲「蔑視中國的歷史和文化」。

他又說：中國的確具有悠久而光榮的歷史和文化，但是，過去兩百年來，中國人就是過份陶醉於這種光榮，而阻碍了國家科學和技術的進步。唯有現代的科學和技術才能使我們的國家進步和繁榮。「現代中國人」運動的推展，不僅在鼓勵已經獲有成就的「現代中國人」！其更大的意義，在於形成風氣，改變觀念，進而培育無數的「現代中國人」。

四、青年救國團展開效忠領袖運動

在教育部的推動「現代中國人」運動聲中，青年救國團所主辦的大專學生暑期集訓又展開一項「效忠領袖」的運動。據中央社訊：五千餘正在「總統」成功基地受訓的大專學生感於「總統」對青年的慈祥愷悌，關懷熱愛，親蒞該班致訓，衷心感動之餘，願以行動矢志效忠，追隨領袖反攻復國。據說：此項發自學生內心的呼聲，基於青年自覺運動的效忠領袖運動。是由該班第三團學生所發起；經該團的團結代表討論，獲得熱烈的通過，除呈報班本部外，並將分函各學生團體響應，以期引起全體同學的共鳴。

青年救國團每年花費鉅額的公帑，召集與該團有關的大專學生舉行結訓，在結訓時，他們照例作一番效忠領袖的表演。他們把一般青年當作猴子要，蔣「總統」也許甚慰老懷，蔣經國更認爲是得意之作，但對於下一代的國民的身心健康是否有很大的妨害，他們則是不計的。

中共何故僞稱大陸經濟已全面好轉？

劉裕畧

最近，中共發動了它的全部宣傳機器，從不同角度，向不同場合，對不同對象，吹噓它在大陸的經濟情況，說中共在大陸的經濟，現已全面好轉，它說這是「自力更生奏效」，又說這是「兩年努力見功」。更說「今年各種農作物可全面增產」。還說「工業產量提高，市場供應活躍」。這種種吹噓，可以九月上旬出版的日文「北京週報」所刊「中國國民經濟情況已經全面好轉」一文爲例。它說：「在農業方面，過去兩年間，糧食產量在逐漸恢復的基礎上，今年的農業戰線出現了各種農作物全面增產的新氣象。今年的春耕作物的種植面積，糧食、棉花、麻類、製糖作物等均比去年增加，質量亦較良好，現在大部分地區的作物長勢良好。已經收穫的夏收作物，大都比去年增產。全國小麥主要產地除少數人民公社因災減產外，產量均比去年增加。有的甚至增產一成到二成。全國早稻主要產區華東、華南各省，今年雖有嚴重旱災，但除少數省份外，大多數省份都較去年增多，有名的旱稻產區湖南、湖北、江西則獲得豐收。全國夏收油料作物，也比去年有若干增加，四川則比去年增長一成以上。」

以上是有關大陸農業增產方面的吹噓，以下還有有關工業質量產量均昇的吹噓。它說：「在工業方面，經過兩年多的調整，也出現了產量全面上昇的喜訊。今年上半年，各種主要工業產品的產量逐漸提高，大多數都比去年同期增加，支援農業的化學肥料增加了百分之四十二之多。拖拉機出廠數目比去年同期增加三成左右。在輕工業方面，以工業品爲原料的產品又比去年同期增多；就是以農業副產品爲原料的輕工業品也開始增產，從一月到六月，有七種產量提高了二成，乳製品、蛋粉、肉類罐頭、肝精、肥皂、香烟等，則分別增加了四成到一倍不等。在重工業的原材料、燃料生產方面，鋼鐵、鋼材產量均開始上昇，原油生產量也急劇增加，木材產量比去年同期增加一成以上。六月份的煤炭平均產量比一月份平均日產量增多四萬餘噸，大多數產品在六月底已經完成了全年生產計劃的一半，有的還超額完成。……工農業產量大增之後，市場也日趨活躍，商品供應量增加，今年上半年國營商業部門收購的農業副產品比去年同期增加二成左右，猪肉和鷄蛋的收購量則增加一倍以上。同時農村供應的商品，如肥皂、面盆、暖水瓶、呢絨等則分別增加了六成至二三倍不等」。

中共出版的這一本日文「北京周報」除了宣傳性列舉了上述情況外，最後又還指出中共經濟所以如此全面好轉的原因作爲結論。它說好轉的四項原因如下：「第一，調整、鞏固、充實、提高的八字方針奏效；第二、人民公社的威力；第三、一九五八年到一九六〇年大躍進的建設成果；第四，全國人民在中國共產黨領導下的大團結，這是克服困難，勝利建設社會主義的根本保証。」

除了上述中共日文「北京周報」的這一宣傳外，同類的宣傳也還有一再見之於中共的其他報刊或中共首腦的嘴裏。那末，我們不免要問中共要如此這般大事宣傳其經濟好轉的動機何在呢？我們不免更要問這些宣傳究竟是有眞事實作根據抑或還只是謊言呢？

依我看：所有中共經濟業已全面好轉的宣傳都是基於一種心理作戰的動機，依據政治掛帥的準則製造出來的宣傳資料，其目的，則在欺騙大陸的人民和自由世界的人民和國家。上述這樣一種文章見之於中共出版的日文刊物，則尤其日本是中共從事此一虛僞宣傳的主要對象之一。而中共之所以把日本當作從事此種虛僞的主要對象之一，則又是由於日本國內的左傾勢力相當强大，天眞幼稚而又迷信中共的日本人相當的多，美國的情報機關及研究人員近來又往往信任日本人對中共的研究與判斷，所以，中共便除了普遍宣傳外，又選擇日本人作爲它的宣傳中的一個特殊對象了。

基本上講：自中蘇共公開衝突以來，自蘇共停止在重工業方面援助中共以來，毛澤東既不得不在政治上孤軍奮鬥，於是，中共的經濟方針便也被迫不得不走上所謂自力更生之路。但，如果中共在經濟上的自力更生無效，則勢必影響大陸內部的人心，同時影響中共的對外威望與信用，甚至還會招致偏安在台北的中華民國的反攻。所以，爲了一石數鳥，中共便在此時此際大宣傳大陸工農業已全面好轉，不止在口頭上宣傳而已，毛澤東爲了安內與對外，且更不惜採用少少提高大陸人民糧食配給量的方法以印証大陸經濟確已全面好轉的事實。同時，毛澤東還一手法，更對大陸人民作出暗示，暗示中共與蘇共衝突，暗示自己與赫魯曉夫衝突，對中共及大陸人民是有利的。否則，便不會在中蘇共衝突之後，反而增加人民之糧食配給量。這不但足以安撫大陸內部人心，而且足以挑起大陸人民對蘇聯之仇視，從而鞏固自己的統治，杜絕和預防赫魯曉夫對他的顚覆。

此外，毛澤東自與赫魯曉夫衝突後，已不斷在結合其它地區和其它國家的共產黨，尤其亞非兩洲的共產黨或與中共有關係的國家，以謀形成對赫魯曉夫之對抗。但毛澤東知道他們也在觀望中共的經濟危機，所以，毛澤東便不得不更在事實上打腫臉充胖子，多給一些金錢或物資予那些更落後的共產黨和國家，而在實際賜與之外，毛澤東當然更投機似的趁着這種施與的機會同時進行廣大的普遍的虛僞宣傳，說中共的經濟業已全面好轉了。

這一種宣傳，當然還有一種意思，那就是鼓勵北韓北越等，說縱無蘇聯援助，自己也是可以自力更生的。否則，毛澤東便不能不担心北韓北越等現時傾向中共的國際共產黨隨時轉變態度，這也正是現刻正在北韓訪問的劉少奇所以在平壤的羣衆集會中大吹經濟上應該自力更生，可以自力更生，而且中共經濟業已因採取自力更生政策而全面好轉的由來。

此外，毛澤東當然也知道，倘然把中共經濟的不良狀況暴露出來，當此中蘇共衝突趨於尖銳化之際，對中共是極不利的，甚至足以招致西方的進攻或美國加强支助台灣進行反攻，所以，兵不厭詐，效曹操官渡之戰，明明糧食已盡，但仍硬說糧食充足的假話，以謀戰局的穩定或勝利，並以遲滯台灣的反攻。

當然，我決不抹煞今年大陸工農業不會比去年壞，甚或更可能比去年好的事實。但縱然稍好，那也是極有限的，何嘗說得上全面好轉。就以中共日文「北京周報」的上述宣傳文章而論，工農業副產品及輕工業產品何止數千種，但中共也只說「有七種提高了二成」，而全部宣傳中，它也不敢自我吹噓說樣樣皆已好轉，可見縱然好轉也極有限。何況它所說好轉原因，倶如什麼「人民公社的威力」呀！什麼從一九五八年到一九六〇年三年的建設成果呀！都是人所共知的欺人之談，而且誰都知道中共在一九五八年至一九六〇年這三年正是中共受蘇共之打擊及天災人禍之交來，而在經濟大躍退的時候，中共自己對此亦早經承認，怎麼又在這裏大吹一九五八年到一九六〇年三年的建設成果呢？可見此一虛僞宣傳已自露馬脚了。

僑鄉近訊

鍾之奇

中共加緊擴建英德鐵礦

廣東英德縣的鐵礦不但品質好，而且藏量高，這是誰都知道的。對此，中共當然亟欲加以盜取。

據中共新華社九月十八日廣州電訊說：「廣東英德硫鐵礦錦潭礦區第一期擴建工程已經在最近移交正式生產。這個礦另一礦區——井冲角礦區擴建的露天採礦場，目前正在加緊施工」。

又說「英德硫鐵礦出產的是塊礦，礦質品位高，雜質少，是我國優質硫鐵礦之一。蘊藏量相當豐富，這裏開採的礦鐵礦石，是供給廣州、南京和上海等地的化工廠用的」云。

石圍塘農場的石橋變成了石梘

中共報紙儘管天天吹噓說共產主義制度好，人民都擁護人民公社制度。實則人有人性，人性與共產主義是絕對抵觸的。中共所說大陸人民愛好人民公社制度的宣傳也完全是鬼話，最近中共在廣州出版的「南方日報」曾刊載一段小事，也足以反映人民並不愛護公社制度，因爲他們根本不愛護公社公物。

南方日報說「石圍塘農場範圍內，原來有一座由四塊大石板架成的小橋，每天通過這條小橋的行人不少，可是不知道從什麼時候起，石板竟飛到附近一些居民屋前，當作石梘。小橋卻變成了斷橋。行人跳過無術者，只好脫鞋涉水而過」。其實，這也並不表明大陸人民無公德心，而乃由於大陸人民生活太苦，試想，假如大陸人民有梘可坐的話，他們何必費氣費力去把公衆用的石橋取回來作自己的石梘呢？只緣中共把大陸人民的一切都搜括了，乃至居民連坐的梘子也缺少，所以才迫不得已取石橋了。

廣州公共煤炭店煤炭付東流

只因爲中共政權的利益與人民自己利益不一致不調和，所以，人民便只關心自己的事情，而不關心中共的東西。因而，中共的東西便在保管上時常發生毛病。

據中共南方日報說：廣州「寺貝底柴炭零售店煤場，不採取任何防雨措施。本月九日暴雨，該場煤炭通過坑渠大量流向寺右新村一帶。至於隨水流失的煤粉有多少，很難估計。十二日暴雨，冲到寺右新村的煤更多。村前村後頓成黑海。據說：這種國家財產付東流的現象，遠在去年五月就發生了，現在又重演，這與一厘錢精神相去何其遠？」

其實，毛澤東爲了鞏固自己的地位，發展自己野心，到處打腫臉充胖子，北平當局荒淫耗費人民血汗之多，震驚中外，大陸人民爲什麼要遵守中共在廣州推行的「一厘錢運動」而爲中共節省呢？中共不爲人民節省，中共只知壓迫大陸人民，人民自無替中共節省之理。

長堤小孩紛紛搶拾公家煤炭

正由於中共的一切所謂公物，都是自人民手裏搶來，都是人民的血汗，而人民則被掮削得一窮二白，無衣無食無燃料，那末，有良心的某些中共幹部利用運送公家物資的機會，乘隙取用一些，或叫小孩們來搶拾，自然也就成爲必然現象了。

據中共南方日報說：「十二日下午，兩部卡車在長堤大三元酒家門口卸煤粉，遺落在地上的煤竟有一百斤左右，裝卸人員就收手不管，眼開眼閉的讓十多小孩，掃到私人的煤籮裏去，這些裝卸人員和小孩是什麼關係，不便猜測，但見他們之間有說有笑，有個小孩還罵出『最衰阿發叔』，可供有關部門參考」。

其實，這才眞正可供海外廣大華僑參考。試問在中共刀鋸斧鉞下，誰敢用變相的手段將公物化爲私物，若非人民生活太苦，太一無所有，有良心的裝卸人員也不會冒自己被處罰的危險讓這些小孩掃拾煤炭，而這些小孩，如果家裏有燃料，也是不會來冒險的。

印尼反英暴動以後

星洲緊張

俊華

兩架英國軍機於十九日夜間在星洲機場降落，載來自耶加達撤退的英官員及僑民眷屬婦孺二百零一人。另有兩架由英當局租用的泛美機，也將於稍遲自耶加達飛來，繼續撤退羈留印尼英僑的任務。這一行動，使得已在戒備狀態中的星馬，更形緊張。

一般來說，撤僑往往是絕交的前奏，而絕交又往往會有戰爭或衝突接踵而來。耶加達發生的反英暴動浪潮，性質的暴戾，破壞的澈底，都超出若干激烈的示威行動之上。印尼與英國的關係，已不絕如縷。加上馬來西亞與印尼的絕交，星洲與蘇門答臘貿易的切斷。這個英遠東空軍基地的星洲，正充滿着一種滿城風雨的氣氛，不少人担心那些初生之犢的印尼空軍，會輕率地挑起局部衝突的戰火。

本來是印尼與馬來西亞間的衝突，即北婆與沙勝越與星馬合併問題，印尼反對前者兩邦合併於馬來西亞，其破壞的方法，一般預料是在北婆與印尼加里曼丹的邊境——在邊境進行比前更大的突襲，煽動北婆沙勝越內亂，或者以「義勇軍」式大規模侵襲兩邦。却想不到耶加達的激烈反英暴動，把緊張帶到星加坡來！原來着重派遣陸軍到北婆沙勝越邊境佈防的英軍，現在也已派出軍機在星洲上空附近警戒，以監視在蘇島海岸線「巡邏」的印尼空軍。

耶城暴動

印尼的意圖，印尼的可能的行動究竟是怎樣的呢？這就是星馬朝野所認為難於解釋，而又亟求解答的問題。

當聯合國調查團在北婆沙勝越調查民意是否願意歸附於馬來西亞的後一階段，印尼的觀察員是參加了調查工作的。而在印尼觀察員抵達前那幾天的調查工作，均已有錄音及書面陳述意見等紀錄，這些紀錄，已優先送請印尼和非律賓的觀察員查閱，那些錄音帶，也同樣播放給他們聆聽。但馬來西亞於九月十六日成立之後，印尼和非律賓都不肯承認這個新的國家。

他們的藉口仍是以前的那一套，即調查民意並非經過全民投票，而只是根據以前的選舉結果，但以前這些選舉，却是在英聯邦軍隊及殖民當局統治下舉行的。

其實問題不在於全民投票或非全面投票，而在於馬尼拉三巨頭會議的同意，是聯合國「鑑定」北婆兩邦民意，而非「監督」投票以觀取民意。印尼既然派出觀察員參加，而仍反對馬來西亞的成立，毋疑的是印尼的反覆。

印尼的反覆無常，已是見慣的了，他的排外暴動，也是見慣的了。從反荷，至反華，一連串反馬，反英，的行動，是搶掠商行，以佔據為「接收」，襲擊或毆殺僑民，向使館示威暴動，尤以這次的反馬來亞與反英，最為激烈也做得最澈底！

英駐耶加達使館，十八日整日在數千暴民包圍之下，呼嚷喧囂，用石頭襲擊，門窗盡碎，英大使吉克里斯本人，也曾被石頭擊中兩次，英旗被扯下，與大使之汽車一併焚毀，羣衆湧入館內，英使及外交人員衝出，獲警察保護，暫住警署一宵，翌日才移往旅館。衝入使館的羣衆，縱火把大使館焚燒。大使業已撤退的馬來亞大使館，也被搗毀「接收」，塗上「印尼人民財產」字樣，印尼「人民協商大會」，左翼「青年陣線」，出面領導這些襲擊外國使節、破壞友邦財產的行動。

印共巧計

印尼和非律賓不承認馬來西亞，對於馬來亞來說是很尷尬的。因為馬來西亞成立之後，馬來亞已不存在，其在印、菲的使館，也即失去效用。這是其一。如果印、菲僅把駐馬大使召回，宣佈不承認馬來西亞，馬來亞也許不致採過激行動。但非律賓却要求把駐吉隆坡使館改為領事館，表示輕視馬來西亞之意。這麼一來，更激起了馬來亞官員的憤怒。這是其二。吉隆坡於十七日緊急閣議後宣佈對印尼菲律賓絕交，似乎有點實迫處此。

吉隆坡羣衆向印尼使館所作的報復示威，焚毀蘇加諾巨像及扯下印尼國徽金鷹徽，與耶加達方面的焚燬拉曼巨像，扯下馬來亞國旗，正是針鋒相對。羣衆把金鷹徽拖到總理府，把拉曼擁上去時，拉曼眼含清淚，不得已的在羣衆指使下予以踐蹈。假如印尼與馬來西亞以後會結成「世仇」的話，拉曼的幾滴清淚，便足以說明一切。

在東南亞僅有——也是世界上所僅有的三個馬來族人的國家，而且都是新成立的並非強國的國家，本來應該是守望相助，患難與共的。現在在一開始便走岔了道路。所謂「馬、非、印尼」的大馬來聯邦精神，可能就此一去不返，如果不幸爆發武裝衝突或戰爭，禍患更不曉得到什麼時候終止。東南亞「心臟地帶」的安寧，也必然要隨着印、馬的糾紛而消逝。印尼共黨在襲擊英馬駐印尼使館這一着輕巧的動作上，是大大的奏了膚功。

美國「警告」

倫敦英國當局三次召見印尼駐英大使，警告印尼如不保護英國僑民，則英國將與印尼絕交。印尼駐英大使狄亞，已急電報耶加達，也由蘇加諾正式照會答覆，保証英人在印尼生命財產的安全。對於十八、九日所發生的焚燬英大使館事件表示遺憾，並表示不再容忍有類似該日事件的發生。狄亞並答應向他的政府交涉，發還被群衆刼收的英人財產，並且予以賠償。

印尼的反馬暴動和反英暴動，是由同一羣衆所發動的，這些公開民衆組織，也是印尼政府所承認的，如果說印尼當局對暴動事件並無與聞或並未預知，那是說不過去的。蘇加諾的官式文章，只不過是事後的彌縫之術罷了。

不過即使僅僅是彌縫吧，也可以看出耶加達當局的態度。那即是他們的使用示威暴動的手法，（而不向邊境使用大規模襲擊或義勇軍入侵），可能對英國方面仍有所保留，同時希望在外交方面發生影響，做他們談判的根據。如在聯合國大會中，或在重新倡議的三巨頭會議中，印尼可能會有對馬來西亞約束的新的提出。

英國對於馬來西亞與印菲絕交，馬來亞當局對於採取此一步驟，事出匆遽，未及與倫敦交換意見。英國當時即認為此後英與印尼「難免發生磨擦」。果然在馬印絕交的第二天，便發生耶加達襲擊英使館暴動。

英國並沒有預料到英與印尼間關係惡化的程度，現在倫敦只希望印尼恢復「理智和正常」。英國絕未估料到會要與印尼正式兵戎相見，國防大臣桑尼格羅夫答問說：如果是（北婆）內亂或暴動，我們已有充份準備，「但如果你說的是全面戰爭，我們却不曾計到了」！顯然，印尼或英國都犯不着為馬來西亞而訴之全面戰爭。

美國很關心印尼對英的關係，國務卿魯斯克曾召見印尼大使賽恩，有所表示。據說賽恩接獲「警告」。大概美國為恐東南亞爆發新的亂事，警告印尼不要製造禍亂，是很可能的。蘇加諾的有限度做法，也許就是這個緣故。

・吉隆坡通訊・

緬甸不會實行共產主義

・吉甫田・

緬甸政府業已大力倡行社會主義，決心建立社會主義的社會，執政當局早已把所有銀行，收歸國有，並控制一切出入口生意，及私人企業，甚至連大小商品接管；工業生產，也都由政府經營；然而，尼溫主席却強調聲明：緬甸雖實行社會主義，但決不會變成共產國家，共產主義永不會在緬甸開花結果。

據當地的新共和日報報導：一九三八年，共產主義才開始在緬境出現；那時，愛國的青年都對馬克思恩格斯和列寧的理論着了迷，他們都泛起了強烈的反英思想，並對當時緬甸政府的行政措施大表不滿。愛國青年們都一致認為：緬甸決不能向英國乞求得獨立，惟有採取鬥爭的行動，才可以獲致自由。因此，他們都渴望進行革命。

如所週知：當時那些愛國青年，曾組織了一個政黨；歐山，宇努，尼溫，和後來一度控制着新成立的共產黨的塔金蘇和陳東，都參加了該政黨為主要的黨員。塔金蘇和陳東雖秘密進行組織共產黨，但直至一九四四年該政黨推行反法西斯運動後，共產黨才漸露頭角。但那時該共產黨是支持歐山所領導的緬甸防衛軍的；緬甸防衛軍正是當時抵抗日本侵略的基本實力，替其本國及盟國建下了不少功勞。迨至第二次世界大戰結束後，英國總督杜曼史密斯重返仰光，反法西斯的「人民自由聯盟」在歐山領導下執掌政權，其後歐山及其內閣同僚被人行刺，由宇努繼之執政，並於一九四八年正式宣佈獨立，其時共黨曾企圖發動武裝叛變來奪取政權，而「人民自由同盟」則陷於分裂，尼溫組織「看守政府」，其後在一九六〇年普選中，宇努獲得壓倒性勝利，一九六二年尼溫捲土重來，掌握大權，成立革命委員會，在緬甸近代史中，佔了重要的一頁。目前，緬甸政壇上的領袖，包括尼溫在內，都是曾經受過馬克思主義薰陶的，他們今日之走向社會主義，實是意料中事。至於他們是否已接受了共產主義，或準備接受共產主義？這個問題，照緬甸最近的現實情況看來，答案是否定的。

尼溫所領導的革命委員會和其政黨，都已先後宣佈過，表明他們絕對沒有共產主義的思想存在，目前的措施，端的是為着要適合國情所實行的，乃新的社會主義吧了。執政黨方面，最近也發表了聲明，重申他們的立場。據稱：革命政府雖然盡力謀求改善農工人民的生活，把一切進出口工商業收歸國有，並逐漸消除資本主義，而以社會主義的思想來構成人民生活的經緯，但革命政府並未接受蘇聯或中共的共產主義。

緬甸為甚麼不接受共產主義？最大的原因，是緬甸乃屬佛教國家。——宇努執政時，曾頒佈一項法令，以佛教為國教。——人民在佛教信仰的薰陶下，怎能改變其人生觀？故無可能接受與佛教教義大相逕庭的共產主義。而執政者當然也絕不可能改變全國人民的思想和信仰，及其生活的意向的；最近就曾發生一項事件，使革命政府向僧侶低頭，這足以証明。該事件是這樣的：革命政府考古部為保存曼德勒的瑪哈牟尼寺年代久遠的建築物和木刻彫像，曾準備接管該寺的部份地方，但消息甫經傳出，佛教僧侶立即提出憤怒的抗議，而全國人民也一致聲援，終於迫使革命政府派出文化部的官員親往安撫僧侶，並保証今後在未得僧侶同意之前，決不採取接管寺產的行動。一場風波，至是才告平息。由此顯露出，佛教徒的潛力是多麼的龐大，政府當局對佛教徒的意願是多麼的尊重。這種內在因素，正是緬甸不能接受共產主義的主要骨幹。

此外，緬甸的人民經濟情況，家庭生活，向稱安定，故整個社會都沒有滋生共產主義的機會存在；換言之，就是緬甸的內部沒有貧富懸殊的現象來給共產主義把握着作為宣傳的藉口，也沒有足夠的條件給共產主義繁殖和生存。

還有一項擺在目前的事實，那就是革命政府的高級官員，刻正虔誠地從事於佛教的沉默思想，求取精神的力量，以建設他們的國家。這更可以清楚地表現出：緬甸是不會實行共產主義。

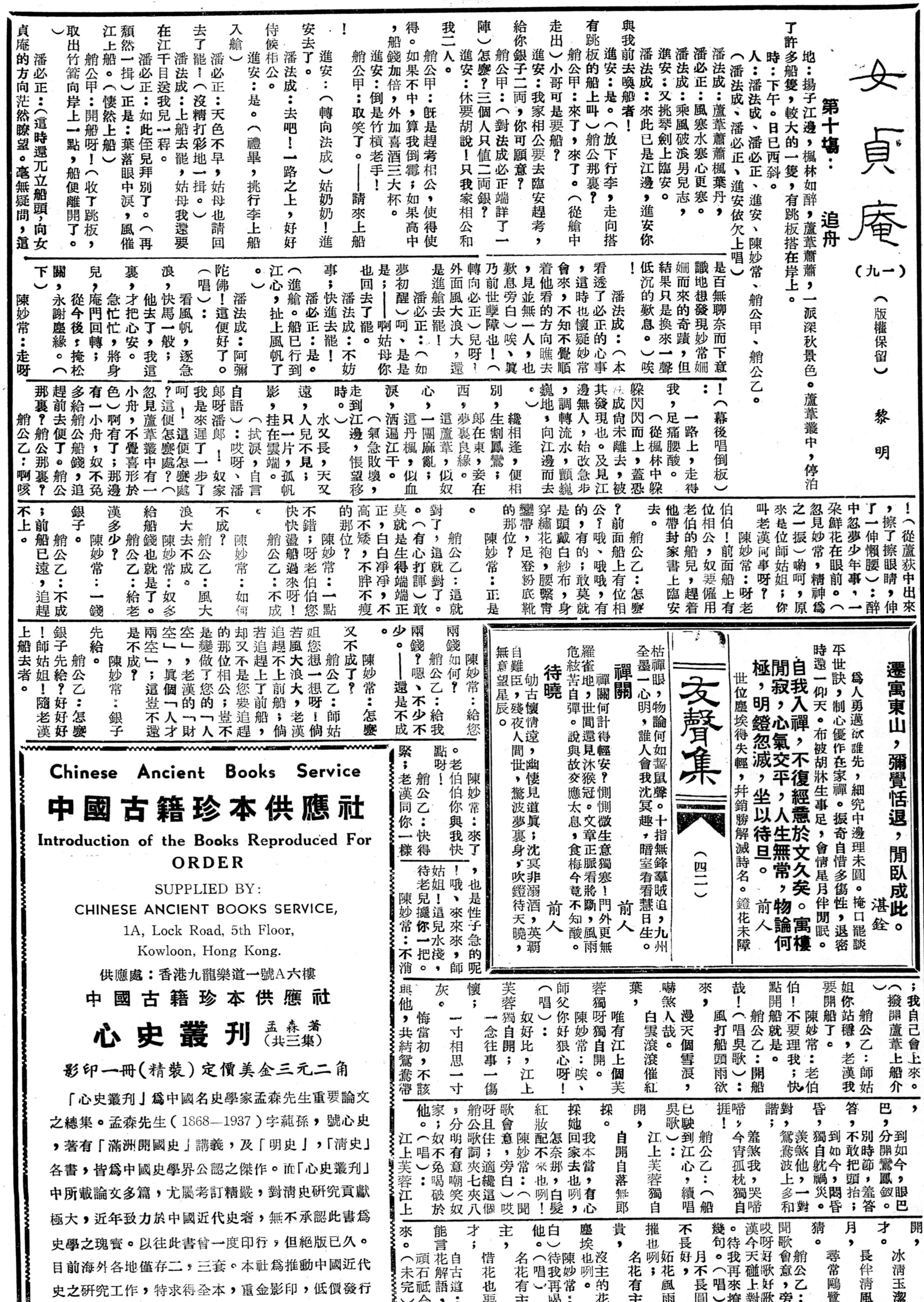

女貞庵 （一九）

（版權保留）　黎明

第十場：追舟

地：揚子江邊，楓林如醉，蘆葦蕭蕭，一派深秋景色。蘆葦叢中，停泊了許多船隻，較大的一隻，有跳板搭在岸上。

時：下午。日已西斜。

人：潘法成、潘必正、進安、陳妙常、艄公甲、艄公乙。

（潘法成、潘必正、進安依次上唱）

潘法成：蘆葦蕭蕭楓葉丹，

潘必正：風寒水寒心更寒。

潘法成：乘風破浪男兒志，

進安：又挑琴劍上臨安。

潘法成：來此已是江邊，進安你與我前去喚船者！

進安：是。（放下行李，走向搭有跳板的船上叫）艄公那裏？

艄公甲：來了，來了。（從艙中走出）小哥可是要船？

進安：我家相公要去臨安趕考，給你銀子二兩，你可願意？

艄公甲：（對法成必正端詳了一陣）怎麼？三個人只值二兩銀？

進安：休要胡說！只我家相公和我二人。

艄公甲：既是趕考相公，使得使得。如果不中，算我倒霉；如果高中，船錢加倍，外加喜酒三大杯。

進安：倒是竹槓老手！

艄公甲：取笑了。——請來上船！

進安：（轉向法成）姑奶奶！進安去了。

潘法成：去吧！一路之上，好好侍候相公。

進安：是。（禮畢，挑行李上船入艙）

潘必正：天色不早，姑母也請回去了罷！（沒精打彩地一揖。）

潘法成：上船去罷，姑母我還要在江干目送我兒一程。

潘必正：如此侄兒拜別了。（再頹然一揖）正是：葉落眼中淚，風催江上船。（悽然上船）

艄公甲：開船呀！（收了跳板，取出竹篙向岸上一點，船便離開了。）

潘必正：（這時還兀立船頭，向女貞庵的方向茫然瞭望。毫無疑問，這是百無聊奈而下意識地想發現妙常姍姍而來的奇蹟，但結果只是換來一聲低沉的歎息。）唉！

潘法成：（本看透了必正的心事，這時也懷疑妙常會來，不知不覺順着他看的方向瞧去，見並無一人，也歎息旁白）唉、眞乃前世孽障也！（轉向必正）兒呀！外面風大浪大，還是進艙去罷！

潘必正：（如夢初醒）呵、是是；——啊姑母你也回去了罷。

潘法成：不妨事；快進去罷！

潘必正：是。（進艙。船已行到江心，扯上風帆了。）

潘法成：阿彌陀佛！這便好了。（唱）：看風帆，逐急浪，快馬一般；我這裏，他去了，才把心安。急忙忙，將身兒，庵門回轉；從今後，掩松關，永謝塵緣。（下）

陳妙常：走呀！（幕後唱倒板）：一路上，走得我，足痛腰酸。（從楓林中躲躲閃閃而上，蓋恐法成尚未離去，被其發現也。及見江邊無人，始改急步，調轉流水，顫巍巍地，向江邊而去。）纔相逢，便相別，生割鳳鸞；郎在東，妾在西，夢裏良緣。這蘆葦，似奴心，一團麻亂；這丹楓，似血淚，洒遍江干。（氣急敗壞，走到江邊，悵望移時。）水又長，天又遠，人兒不見；只一片，孤帆影，挂在雲端。（拭淚，自言自語）：哎呀、潘郎呀潘郎！奴家我是來遲了一步了呵！這便怎麼處？這便怎麼處？（忽見蘆葦叢中有一小舟，不覺喜形於色）啊有了；那邊有一小舟，奴不免多給艄公船錢，追趕前去便了。艄公，艄公那裏？艄公那裏？

艄公乙：啊咳！（從蘆荻中出來，擦了擦眼睛，伸了一伸懶腰）：醉中忽夢少年事，一朵鮮花在眼前。（忽見妙常，精神為之一振）喲呵，原來是位師姑姐；你叫老漢何事呀？

陳妙常：呀老伯伯！前面船上有位相公，奴要僱用老伯的船兒，趕着他帶封家書上臨安去。

艄公乙：怎麼？前面船上有位相公？哦、哦哦，有的；敢莫就是頭戴白紗布，身穿繡花袍，腰繫青鑾帶，足登粉底靴的那位？

陳妙常：正是。

艄公乙：這就對了，這就對了。（有心打諢）敢莫就是生得端端正正，白白淨淨，不高不矮，不胖不瘦的那位？

陳妙常：一點不錯；呀老伯伯您快快盪船過來呀！

艄公乙：不成！

陳妙常：如何不成？

艄公乙：風大浪大去不成。

陳妙常：奴多給船錢也就是了。

艄公乙：給老漢多少？

陳妙常：一錢銀子。

艄公乙：不成；前船已遠，追趕不上。

陳妙常：給您兩錢如何？

艄公乙：給我兩錢？嗯、不少不少。——還是不成。

陳妙常：怎麼又不成了？

艄公乙：師姑姐您想一想呀！倘若風大浪大，老漢追趕不上前船；倘若追趕上了前船，却又不是您要追趕的那位相公；豈不是變做了您的「人空」，老漢的「財空」，眞個「人才兩空」；這豈不還是不成？

陳妙常：銀子先給。

艄公乙：怎麼銀子先給？好好！師姑姐！隨老漢上船去者。

陳妙常：來了。老伯伯你與我快點呀！

艄公乙：快得緊；老漢同你一樣，也是性子急的呢！哦、來來來，師姑姐！這兒水淺，待老兒攙你一把。

陳妙常：不消；我自己會上來。（撥開蘆葦上船介）

艄公乙：師姑姐你站穩，老漢我要開船了。

陳妙常：老伯伯！不要理我；快點開船就是。

艄公乙：開船哉！（唱吳歌）：風打船頭雨欲來，漫天個雪浪，嚇煞人哉。白雲滾滾催紅葉，唯有江上個芙蓉獨呀獨自開。

陳妙常：唉、師父你好狠心呀！（唱）：奴好比，江上芙蓉獨自開；一念往事一傷懷；一寸相思一寸灰。悔當初，不該與他，共結鴛鴦帶，到如今，眼巴巴，分開鸞鳳釵。別時節，羞答答，不敢把頭抬；到如今，悶昏昏，獨自躭禍災。羨煞他，一對對，鴛鴦波上多和諧；羞煞我，哭啼啼，今宵孤枕獨自捱！

艄公乙：（船已駛到江心，續唱吳歌）：江上芙蓉獨自開，自開自落無郎採。我本當，有心採她回家去也咧，怎奈那，白髮紅妝配不來也咧！

陳妙常：（聞歌會意，旁白）哎呀且住；適纔這個艄公歌詞夾七夾八，分明有意嘲笑奴家；奴不免喝破於他。（唱）：江上芙蓉江上開，冰清玉潔不凡才。長伴清風和明月，尋常鷗鷺莫浪猜。

艄公乙：（也聞歌會意，旁白）哎呀好歌好歌！老漢今天碰上對手了。待我再來撩撥他幾句。（唱）：月不長圓花兒不長好，妬花風雨更相摧也咧；名花有主方為貴，沒主的花兒墮塵埃也咧。

陳妙常：（旁白）待我再喝破於他。（唱）名花有主要眞主，惜花也要謫仙才；自古道：石不能言花解語，頑石祇合點頭來。（未完）

友聲集 （四二）

遷寓東山，彌覺恬退，閒臥成此。　湛銓

為人勇邁欲誰先，細究中邊理未圓。掩口罷談平世訣，制心優作在家禪。振奇自惜多傷性，退密時還一仰天。布被胡牀生事足，會情星月伴閒眠。

自我入禪，不復經意於文久矣。寓樓閒寂，心氣交平，人生無常，物論何極，明鐙忽滅，坐以待旦。　前人

世位塵埃得失輕，拚銷勝解滅詩名。鐙花未障枯禪眼，物論何如齧鼠聲。十指無鋒辜賊迫，九州全墨一心明，誰人會我沈冥趣，暗室看看慧日生。

禪關　前人

禪關何計得輕安？惻惻微生意獨寒！門外更無羅雀地，世間還見沐猴冠。文章正脈看將斷，風雨危絃苦自彈。說與故交應太息，食梅今竟不知酸。

待曉　前人

劬古懷情遠，幽悽見道眞；沈冥非溺酒，英覇自難臣，殘夜人間世，驚波夢裏身，吹鐙待天曉，無意望星辰。

中國現代史資料評介之十三

丁文江的傳記

左舜生

關於丁文江（在君，一八八七——一九三六）先生的生平，在過去我僅從老友丁月波（文淵，在君的胞弟）和丁廷標（在君和月波的族叔）兩位的口頭知道一個大概；對在君本人，我更只在南京某一會場中見過一面，而沒有過正式的接觸。民國四十六年的三月，月波把胡適之先生為在君寫的這部傳記（中央研究院院刊第三輯抽印本）送了一本給我；我當時匆匆看過一遍，引起我的感想甚多：中國近代學人如梁任公（啟超）先生，僅活到五十有七（一八七二——一九二九，舜按：任公生清同治十二年正月二十六日，卒民國十八年一月十九，如照公曆標，任公的生卒年代，其生年應為一八七二，以同治十二年正月二十六，適為一八七二年十二月二十四日也。）王靜菴（國維）先生乃剛到五十晉一（一八七七——一九二七，其生年為清光緒三年丁丑十月二十九，卒年為民國十六年五月三日），而在君則更僅得四十有九（一八八七年四月十三日，迄一九三六年一月五日，即清光緒十三年丁亥三月二十日，迄民國二十五年一月五日也），他們三位都是儲學最力而又貢獻最多之人，除靜菴先生係受時局影響憤世自沉以外，任公與在君兩位，都不免多少為醫生所誤，未克盡其天年，而更精進於所學，誠不能不使人有『人亡國瘁』之感。同時我也想到：中國近代若干對政治與學術極有關係而又都係入民國後始先後去世的人物，如孫中山、黃克強、章太炎、宋遯初、蔡孑民、康長素、梁任公、蔡松坡、嚴又陵、王靜菴、陳伯嚴、乃至反派人物如袁世凱、盛宣懷、梁士詒、楊哲子等等，都沒有中國的歷史學者，以謹嚴的態度，分別為他們各寫一篇評傳，這也不能不令人感到中國史學界的荒蕪。我曾假定：我們如果從清季以迄今日，約一百二十年，在這一段時期中，選出對政治與學術確有過重大影響的一流或二流人物（影響包括好的和壞的），七八十人到一百人，由民間的研究機構或個人，通力合作，廣集資料，嚴加鑑別，再物色適當的人選，為這羣人分別各寫一篇傳記，把這一段時期中在政治上表現的種種糾紛，思想上種種不同的說法，一一反映出來，這不僅對於一般的國民教育大有用處，即為一般研究中國近代史的人着想，確也可節省他們多少精力，同時糾正他們若干錯誤的看法。就我近年所看到這類的書籍而論，如劉厚生寫的『張謇傳記』，胡適之寫的『丁文江的傳記』，便大致能符合我這種希望。

胡先生在民國四十五年為在君先生寫這本傳記的時候，其時他還住在美國，對於在君的若干遺著，他感到無法搜集得完全。例如在君在『努力週報』和在天津『庸報』上所發表的文字；尤其是民國十五年在君任淞滬總辦這一時期的許多文電原稿，曾由在君寄存在他的一個朋友手裏的；他在海外都沒有看到。言外好像他對自己的這一工作仍有若干不滿足的意思。但我就這部傳記的篇幅約略檢查了一下，已經有十一萬字左右，總也算得够詳盡的了。

傅斯年說：『……在君確是新時代最良善最有用的中國人之代表；他是歐化中國過程中產生的最高的菁華；他是用科學知識作燃料的大馬力機器；他是抹煞主觀，為學術為社會為國家服務者，為公衆之進步及幸福服務者。這樣的一個人格應當在國人心中留一個深刻的印象。……』

胡先生平日寫文字，那怕在一般大人先生們看來不算是一個怎樣了不起的題目，例如『醒世姻緣傳考證』，但他總是竭全力為之，甚至不惜窮年累月去找材料。他的這部『丁文江的傳記』，自然也不是例外。他確實花了不小的氣力，對上面傅斯年所說的幾點，可以說都已十足的做到。只要你能把這部傳記細看一遍，丁文江這個人，便能在你『心中留個深刻的印象』，自屬毫無疑義。

我對在君的四弟丁月波先生，曾有過兩度的共事：一度在美國人出錢辦的『知識分子救協會』；一度在『中國文化協會』。當月波在這兩個機構任事的時候，他的身體已經害了一種不治之症，而且經醫生動過大手術，宣告他只有五年的壽命了！可是他依然是孜孜不倦，凡事不肯馬虎，好像他知道自己是快要死的人，再不努力便來不及了的樣子！實在使我非常感動。

我讀過這本『丁文江的傳記』，才知道在君和月波兩昆仲的性格完全一樣：都是凡事認真，而又不肯節勞。因此，在君二十四年的十二月，到我們湖南湘潭譚家山去測勘煤礦，他一定要親自走下六百英尺斜深的鑛洞，洞內熱度很高，着單衣也汗流浹背，但出洞以後，卻是極冷的原野冬風，於是傷了風，同時也陷於極度的疲勞；傷風而又疲勞，乃不能不生上煤爐，將門窗關了睡覺，因而中了煤毒！在君之死，便是這樣死的。在君以一個地質學專家，其致死之因則由於測勘煤鑛，真可以說是以身殉學了。

在君又不只是一位科學家，他對中國文學的造詣也不錯，詩文都寫得很好，因而他對人的感情乃極端豐富。有兩個湖南人，他終身不能忘記：一位是做過他家鄉泰興縣長同時也鼓勵他出洋讀書的龍研仙（璋）先生，一位是老教育家同時也是早年帶他到日本去留學的胡子靖（元倓）先生。梁任公對在君很了解，也很重視，任公死了，在君做了一首非常感人的輓聯輓他：『生我者父母，知我者鮑子；在地為河嶽，在天為日星。』在君本人有一個得意的學生名趙亞曾，民國十八年在君和趙亞曾等分組到川、滇、黔一帶去作地質調查，趙君在雲南的昭通被土匪打死了，在君非常傷心，在路上哭過好幾次。同時，在君還是一位愛國者，因而他也熱心政治。他似乎覺得中國要建設成一個現代國家，民主也許反不如獨裁來得快。民國二十二年在君在蘇俄旅行以後，二十三年十二月，乃在『獨立評論』發表一篇政論（民主政治與獨裁政治），便公然主張所謂『新式的獨裁』，可是他對這種獨裁首領的資格，卻限制得非常的嚴格：

一、獨裁的首領要完全以國家的利害為利害。

二、獨裁的首領要澈底了解現代化國家的性質。

三、獨裁的首領要能够利用全國的專門人才。

四、獨裁的首領要利用目前的國難問題來號召全國有參與政治資格的人的情緒與理智，使他們站在一個旗幟之下。

他的結論是：『我已經說過，目前的中國，這種獨裁還是不可能的。但是我們大家應該努力使他於最短期內變為可能。放棄民主政治的主張，就是這種努力的第一個步驟。』

我們應該注意：他這種論調是抗戰前兩年多提出的。他好像不知道中國的所謂『獨裁』，乃是從一黨專政演變出來的，既是從一黨專政演出，則所謂『獨裁的領袖』，乃不能不處處顧到『黨的利益』，如此，則所謂『以國家的利害為利害』，『利用全國的專門人才』，所謂『號召有參與政治資格的人的情緒與理智使他們站在一個旗幟之下』，乃成為不可能。假定在君不早死，居然參與了後來的政治，他可能做出的成績，最多也不會超過翁文灝與楊永泰。所以我對他這種說話，實在無法苟同，換言之，既不能產生一個諸葛亮，則不如運用三個臭皮匠來實行『漸進的民主』要妥當得多了。

憶陳果夫先生（三七）

宇人

復次，憲法規定行政院為國家最高行政機關，對立法院負責，這原是民青兩黨所力爭才得到的。我當時以為兩黨必將其領導階層的人物提為立法委員候選人。但事實上，他們僅要求國民黨保證各該黨在國大代表和立監委員中佔有一定的名額。聽說：他們曾詢問張羣先生：國民黨是否將以第一流的人士參加立法院，張答無此意向；因而兩黨的領袖人物也無一人出任立委候選人。由於自北伐完成以至抗戰開始，國民黨都是實行一黨專政，他黨沒有公開活動的機會，兩黨的發展受了很大的限制，所以大多數的省區均沒有他們的組織。因此之故，兩黨獲得了國大代表和立監委員的名額保證後，內部即發生了嚴重的問題，在兩黨有基礎的地區或團體，因限於名額，許多有學識、有人望和在黨有歷史的老黨人竟沒有機會被提名為候選人；但在沒有基礎或根本無組織的地區和團體，雖有名額卻又無適當的人選可提而迫得臨時拉黨外人來充數，甚至某些平素劣跡昭著為社會所不齒的分子，都可於一夜之間搖身一變而為兩黨的國大代表或立監委員候選人。有的國民黨員也因緣時會，突然以兩黨候選人的姿態出現。例如湖南某縣的國大代表，原由該縣的某巨紳以國民黨員的資格申請登記為候選人，後來國民黨將該縣讓與青年黨提名，某紳的愛子忽又成為青年黨的候選人，於是國民黨讓青年黨乃變成了父讓子，一時傳為笑話。又如貴州婦女團體的國大代表，因為讓與青年黨提名的關係，國民黨內有好幾位有學識、有人望的女同志都不能參加競選；但青年黨所提的候選人則是一個僅受過初中教育且一度在國民黨貴州省黨部調查室做最低級臨時雇員，年齡不過二十左右的青年女子。在貴州曾引起國民黨人的憤憤不平。她到南京開會時來看我，我問她何時參加青年黨，她答是臨時才參加的，因為該黨在貴州的負責人找不到人，請她幫忙湊數。

由於國民黨在民青兩黨提名的地區和團體，也提有候補候選人，而兩黨所提的人選又未能盡孚人望，選舉結果，在許多地區和團體，都是國民黨的候補候選人當選，兩黨的候選人反而落選或僅當選為候補。兩黨大為不滿，立向國民黨交涉，要求履行諾言。

同時，國民黨內亦發生種種紛爭。有的是候補候選人當選，正式候選人變了候補或落選，有的是未經獲得黨內提名而自行競選的人當選。當選者依據法理要求承認其當選有效；經提名而未獲當選者則指責對方抗命，競選有違黨紀，要求取銷其當選資格並予違紀者以處分。中央常會討論此一問題時，我主張先確定處理的原則，然後才考慮個別的案件。我並提出兩個原則：（一）黨內同志一律以得票較多者為當選。（二）黨外人士則應確守對民青兩黨的承諾。我說：選舉以得票多者為當選，這是不可爭論的常理和世界各國的通例，本黨的民權主義也是如此主張。假如我們一方面要實行選舉制度，同時卻不承認得票較多者為當選，不但與選舉的意義和本黨的民權主義背道而馳，而且是以選舉為兒戲，將為國家種下不可補救的禍根。至於所謂違紀競選問題，那祇是黨內的事，與選民完全沒有關係。我們中央如果要追究，最多祇能將違紀競選者開除黨籍，根本無權取銷他們當選的資格。但這些違紀競選的同志未得黨的支持卻能當選，足証他們在選區有較佳的人望和較好的社會基礎。假如我們中央把他們一律開除，不但將使本黨在國民大會和立監兩院的形勢大為不利，而且還足以動搖本黨在各選區的基礎。有的同志或認為黨如對這些違紀競選者不予以黨紀的處分，將使中央的威信遭受嚴重的影響；但我覺得大可不必顧慮。如果我們中央承認得票多者為當選，未獲提名而當選的同志必將感到中央大公無私，對同志一視同仁，因而更加強其向心力。祇要同志們對中央的向心力日益加強，我們不必天天談威信而中央的威信也會自然增加的。反之，假如我們處理同志間的爭執，毫無原則，祇顧私情，致使同志們離心離德，縱然時時刻刻把威信兩字掛在嘴邊，中央的威信也祇有日漸低落，絕不可能增高的。至於對民青兩黨的問題，我認為為了保持本黨對友黨的信用和鞏固三黨合作抗共的形勢，我們應該設法疏導本黨在各地區或團體獲得當選的同志，共體時艱，自動退讓，藉以實踐對兩黨的諾言。我說：假如我們中央對黨內的事能够處理公允，我相信絕大多數的同志都會顧全大局，接受疏導的。但立夫、鐵城兩先生和多數中常委都認為應斟酌個別案件的特殊情形，分別處理，不必先定統一的原則，結果，也就成了因人而易。

本刊已經香港政府登記

每逢星期五出版

聯合評論

週刊

United Voice Weekly

第二六四號

CHINESE - AMERICAN PRESS, INC
199 CANAL STREET,
NEW YORK13 N. Y. U.S.A.

對日本動向一個初步的看法

左舜生

『微風起於蘋末』，『一葉落而知秋』，最近日本的官方與民間，在言論與行動上完全趨於一致，下了很大的決心，一定要和中共作出進一步的勾搭，我們千萬不可把這件事看得太輕鬆，太簡單，以為彌縫一時，只要勉強可以敷衍得過去便算了事。

上月十七，池田向美國報人發表談話，公然說：『中華民國希望收復大陸，僅係幻想。』同時，他還說：『中共政權，至少在今後三五年內，不會有變化。』過了兩天，即上月十九，他在一個外國記者聯誼會對他的招待會上，更作出如下的聲明；他說：『中華民國反攻大陸，可能導致亞洲熱戰的爆發，這種熱戰不是我們所盼望的。』

十七這天的談話，他的重點在討得中共的歡喜，亦即想以此作為對中共的敲門磚，以便他們正在北京活動的分子，如自民黨的議員石橋湛山等，能對日本和中共的貿易擴大，以及行將在北京開幕的日本工業展覽會，乃至日本對中共進一步勾搭，得到更大的收穫。

十九這天的談話，所謂不盼望在亞洲爆發熱戰云云，這是說給美國人聽的。他知道：今天迫切不希望在世界任何一地爆發熱戰的，莫如美國人；而今天上了日本人的當，對中華民國的行動可能予以多方牽掣的，也莫如美國人。同時他也知道：最近這十幾年以來，美國其所以不惜以全力扶助日本，其目的無非期待日本能趕快恢復她的實力，作為亞洲反共的一有力支柱；他也了解，美國人總覺得他們自己對亞洲情況的理解，遠不如日本人高明，因此，池田以為由他來代表日本人，說出中華民國反攻大陸可能導致亞洲的熱戰，乃不能不使美國人更為注意而加以垂聽。

池田這兩度的談話，儘管內容非常簡單，可是『手揮五弦，目送飛鴻』，在他卻不是湿口而出，而實在是根據他們十幾年來所醞釀而確定的一種國策！他們的國策是什麼？一言以蔽之，便是他們要雪十八年前向中，美，英，蘇四國無條件投降之恥！換言之，只等到他們的國力到達充實而確有相當把握的時候，他們便要實行報仇，而今日還只是他們執行報仇方針的開始！

一般人只知道有少數的美國人在那裏主張『兩個中國』，實際最熱心實現『兩個中國』的不是美國人而是日本人！我們看九十年以來日本侵略中國的歷史，他們總是處心積慮要如何分化中國。以較近的事實來說：他們可以敷衍滿清政府，一面他們也可以同情推翻滿清的革命運動。他們可以鼓勵袁大總統『高陞』，他們也可以金錢，以武器贊助護國軍的討袁行動。民國十七年『濟南慘案』之所以出現，日本的目的便在掩護北方的殘餘軍閥，以阻遏北伐軍的統一。民國二十年『九一八』以後，他們先後製造偽滿洲國，製造華北偽政權，製造汪偽政權，更有那一件事不是在促成中國的分裂？至於中國在抗戰勝利以後，中共勾結蘇聯，把拖垮日本的國民政府逼走到台灣，而中共則蟠踞了中國的整個大陸，這在日本看來，乃無異假手中共，雪了她八年為中華民國所戰敗之恥！我們只看日本始終對中共是多方獻媚，而對中華民國則一貫的半冷不熱，豈不是肺肝如見？

去年十一月，我在美國曾參加某大學幾位教授的一個晚會，暢談了三點鐘以上，這般教授們大抵都是研究東方問題的。他們了解日本是一個可注意而又可怕的國家，他們也承認日本永遠不會忘記長崎廣島兩顆原子彈的仇恨，目前日本對美國仍不能不有所仰仗，因而還保持着相當的客氣，但一旦時機成熟，他們卻不敢保証日本一定是美國忠實的朋友。可惜具有這種理解的，在美國畢竟只是少數的學人，因而日本暗中倡導的『兩個中國』說，在美國還是有不少的人加以附和。

今天在中共的眼中，美國依然是帝國主義的渠魁，甚至認美國是他們一夥兒的公敵；對古巴，他們固然隨時作了種種同情的支持，對卡斯特羅更表示了高度的親熱；南美任何一國對美國有所不滿，他們也不惜加以鼓勵；甚至美國內部的黑人問題，毛澤東也要火上澆油，加以多方的挑撥與煽動。這可看出中共的反美，確實是始終一貫，絕對不肯放鬆。在這樣一種的情況之下，戰敗以後一直受着美國扶助與掩護的日本，乃公然向中共大送其秋波，此一行動的意義，乃直接對中共加以支持，即間接對中共的反美予以有力的鼓勵，這在日本豈不知道可能引起美國的不安，可是因為他們有一種復仇的心理在那裏作祟，他們也就顧不到將來的後果如何了。

假定中共與蘇聯始終打成一片，這對日本確實是一種莫大的威脅；何況中共與蘇聯之間，更有一個軍事協定，乃公開以日本加美國作為他們共同的假想敵呢？這可看出對日本的復仇心理最為敏感的，乃莫如蘇聯。近年因中共與蘇聯領導層的錯覺，逐漸醞釀出種種的矛盾，以致鬧出如目前的一種景象，而愈鬧愈僵，更有鬧到中蘇共永遠分手的可能，這在日本看來，眞一晉天賜的一陣『神風』，於是他們乃劍及履及，趕快向中共靠攏，不惜給中共一針有效的强心劑，以鼓勵中共這羣近視的領導者去加强反蘇。最近日本在北京的活動分子，聲言要把日本與中共間的貿易，在最短期間擴充到每年十億美金，這還只是一種表面的障眼法，而他們眞正的懷抱，只要中共更能積極的反美而又反蘇，則日本對中共將更不惜提供一切中共目前所迫切的需要，即日本的技術人員，他們也可能大量的輸出，以填補蘇聯撤走在大陸技術人員的這一空缺，但他們可能不公開而以秘密的形式出之，我們應該加以密切的注意。

說到日本對於英國的態度，他們在過去數十年的外交動向，原以追隨英國作為他們最高的國策，在日本人的心目中，世間眞懂得應付現實而絲絲入扣的確沒有任何其他一國更能高出英國之上。但日本獨霸亞洲的野心不死，他們總覺得不把英國在亞洲的潛力徹底清除，則英國將終為日本的一大障碍。他們在過去，曾以作了英國在『太平洋的看門狗』而認為大不上算，而把一九〇二年的英日同盟將日本提高到世界大國之林，且以此而贏得一九〇四到一九〇五的日俄一戰，則一筆勾銷，因而在上次的大戰中，他們乃敢於賭乾坤的一擲，毅然決然不惜對英美同時作戰，便正是這種心理的充分表現，也就是他們早已實行過的『以怨報德』！最近池田在出國訪問伊始，即聲言願介入印非與馬來西亞間的爭執而作為調人，可是他首先卻給予甘廼迪總統一封信，期待美國不停止對印尼的援助；則池田究竟是一種什麼心眼，當已不難想像。目前香港的大亨們，總以為港九可以永遠的長治久安，可是只要日本與中共合作的機緣一旦成熟，則港九便立即可變為秋風中的一片枯葉！但這只可為有遠慮者陳述我個人的隱憂，一般短視的人們，當然尚不足以語此。

我這篇短文，僅在對日本的復仇心理描繪出一個粗枝大葉的輪廓，至於日本第二步的做法如何，中共的反應怎樣，日本可能召致的後果會演變到何種程度，則惟有靜待事實的展開，再作進一步的分析。

民族主義將毒禍東南亞

孫寶剛

一個民族在沒有獨立的時候，提倡民族主義，以振奮人心，使作民族獨立的奮戰，是應當的，但在獨立以後，再提倡民族主義，必至走上擴張和排外主義，這是有害人類的，最後對該民族來說，也必自受其害，我見許多民族主義的領袖們，他們在為其民族獨立的奮鬥中，固有他們的不可泯滅的功績在，但他們在其民族獲得獨立以後，仍是繼續着標榜民族主義，其後果必至為害人類而又自毀其民族。東南亞的三個國家，現在已露端倪，將來或許會造成自害害人的局面。

先把印尼來說，是一個星佈在熱帶上亙三千哩的島國，以蘇加諾為絕對的永久的領袖。有人說蘇加諾是具備着蘇丹的個性，大權集中在一身，但又專喜在女人堆裏打轉，並且出國的日子，可能比其在國的日子要多得很多。我在報紙和雜誌上常常看到他和女人們嬉皮笑臉的跳舞的照片，使我產生了一個老阿飛的印象。因此說句老實話，我對蘇加諾的印象並不好。事實上，以我的觀察，他的治理印尼，確也沒有治理好。印尼本來是一個物資非常豐富的國家，眞正有計劃的做起來，大有可觀的。可惜蘇加諾的腦子中，好像祇有民族主義和暴力革命兩件事。所以始則清算荷蘭人，繼則清算中國人，用的方法都是暴力的和畧奪式的。他沒有知道，財產畧奪來了，要懂得經營，以往印尼的工農商業都靠荷蘭人和中國人在經營，現在把這批人清算了，自己又不會幹，徒然增加經濟的紛亂而已。蘇加諾沒有覺悟到這一點，近年來竟擴張起軍備，最近口口聲聲反對馬來西亞，耽視着北婆羅洲。這種不顧內部政治、經濟和社會的紛亂，藉着民族主義的美名，而實施擴張主義的政策。我眞替他担憂，結果恐將自害害人！

其次說到菲律賓，菲律賓的民族，原先也是馬來民族，不過，始則受統治於西班牙，許多人轉信了天主教，繼又受統治於美國，所以菲律賓的馬來人，和馬來及印尼的馬來人，在風俗習慣上已大不相同。第二次大戰後獨立，政治和經濟也卻沒有上軌道，但也藉着民族主義，始則排華，現在也想染手於北婆羅洲，其實以英國為後盾的北婆羅洲，豈能因菲律賓的叫囂而為菲律賓所併吞麼？那麼菲律賓又何必要弄到和鄰國不睦呢？在我看來，菲律賓排華這件事，已夠荒唐了，你把華僑都弄成破產和失業以後，對於菲律賓有害而沒有好處的。人與人是生而平等的，你自己不願被壓迫，所以要獨立，現在又去壓迫人，這個道理怎講呢！這是完全因為中國的兩個政府都不爭氣，不然，不將鬧出大亂子來麼！

最後說到馬來西亞。在這次的馬來西亞糾紛中，馬來西亞是被害者，東菇的態度還算老成，同時決心亦相當堅決。

（下轉第三版）

「兩個中國」謬說的由來

幼椿

「兩個中國」的謬說，本由英國少數政治界中人主張出來的，雖經自由中國海內外的政論家屢次駁斥其說，而我也曾多次為文，斥其淺陋，然而此說有如頑癬，雖是小小疥蟲為祟，但終日在那裏發癢不已，且做成一個陰影創痕，大為討厭。愛護中華民國之領土主權的完整者，不可不時加留意。故我特紀出此一謬說之由來，析其心理因素，並再辯而闢之。

原來，英國有一批害怕第三次大戰的發生，因而得了恐共病症的少數人，他們總想安撫國際共產黨，特別是劍拔弩張，隨時在喊打叫殺的中共。於是在韓戰之後，便已開始誘說其大英聯邦諸國及美洲各國去承認中共，特別去不斷的勸誘美國。在這班患有恐共病症的英國人心中，似乎認美國人一天不承認中共統治中國的權力，則英國無論如何都無法去安撫中共，而中共便要在世界上造亂子。然而他們又感到美國是不能放棄台灣這塊土落入中共手中，則美國將認為她的國防上有了漏洞，將重蹈珍珠港被偷襲的覆轍。因為美國既無法拋棄台灣，而中共又叫囂不已，非得着美國的承認不可，於是英國的恐共病患者才想出一個「兩個中國」的謬說來！

本來自十七八世紀以來，西方列強就幹慣了分裂人國，把弱國的領土，由強者會商之下，被分為兩個，或被割裂出一大塊來，作為彼此酬報式的分贓，已成慣例，例不勝舉的。最有名的維也納會議（一八一四——一八一五）即是最對弱國領土分割得特別利害的一次。所謂鐵腕首相梅特涅，不但膽大妄為的去宰割天下，而且在維也納會議中還出現了一個以羊肉去飽虎口的分贓辦法，叫作補償原則（Principle of Compensation），以求各得所欲，息爭相處。

因是自十九世紀以來，西方列強更宰割到了遠東方面，亞洲弱國紛紛受害，我中國竟幾乎受了瓜分之禍！一九一九年的凡爾賽和平條約上，英法諸強竟把中國的青島與膠州灣權利劃與日本，還不是在所謂補償原則之下，中國便作了強國彼此酬報辦法的犧牲！然而就因為這一痛苦的犧牲，方激成中國青年學生的愛國運動，仇視西方列強，乃使國際共產黨有機可乘，利用這一青年學生的愛國情緒，而在中國播起了中共的種子，後此發芽生根，因以有今日中國大陸的赤化，而且使中國大陸成為人間最悲慘的血腥世界！

自二十世紀以來，西方的科學大為進步，社會生活也大為提高，因之一般知識水準均較前增進，高層分子的人道觀念也較前發揚，但是西方政治界對於國際事務的見地並沒有隨着時代向上開展，仍舊抱着弱肉強食的老觀念，每於不知不覺中還走的是分贓以為彼此報酬的老路子。一九四五年二月雅爾達的會議，就是很明顯的例子。英美俄三巨頭在雅爾達會議中，並未得着中國的同意，而竟秘密的將中國的外蒙古宰割了，劃與蘇俄了，這不能不說是舊式的馬基維里派的陰謀外交！當時英美於不知不覺中沿用報酬的老路子，因引起蘇俄更大的野心，始令之敢於獨霸中國東北，而且更進一步的扶持中共打入華北，以致今日佔據大陸，以整個世界為之不寧！

前事不忘，後事之師。西方民主國家在兩次世界大戰之所以只贏得戰爭，而未能贏得和平者，就因為處理和平方法的不對，只注意和平二字，而便忘了正義二字；要知道正義一天不能勝利，則和平是終難確保的，西方的歷史對此是指示得很明白的。何況在此民族主義思想高張的時代，連一些落後的弱小民族如非洲的黑人諸族都不肯再受殖民主義者的繼續割享其權利，而要紛紛的謀取主權的獨立與領土的完整，又何能再向亞洲的文明古國來任意施其割裂政策！

在英國，近年以來本不乏明智的政治家，像大戰後竟能讓印度、巴基斯坦、伊朗、埃及、以至馬來亞聯邦等先後獨立自主，這足見英國政府識時務的地方與很聰明的舉措；於今這些獨立國度究竟不易於去被共產黨所利用，而且關係於世界的和平與安定甚大，這是在二十世紀以來英國處理其國際事務具有遠見的所在，然而對於遠東，特別是對於中共，就不免於近視與短見了！

英國被兩次世界大戰打窮了，弱了，且失去國際間的領導權力了，因此英國怕再有第三次大戰，這一心理是吾人們所共見而諒解的。然而英國政治界中人想把遠東的事情一味的放平，而總是放不平，就該當改弦易轍，另想辦法，以遏止國際共產黨的野心。中共一佔有中國大陸，英國首先承認，然而中共並不對此承認加以重視，總認為英國是依附美國的，連毛澤東都不願接見英國駐北平的代辦，這是何等的沒趣！而且經過了韓國的抵抗中共的侵略戰，經過了越南奠邊府中共的打擊，又經過西藏的中共屠殺與印度的中共入侵，英國的政治界中好像仍未將中共要獨霸亞洲以及國際共產黨在不斷進行其世界革命這一行徑看清楚的樣子，即至今少數人尚在堅持其「兩個中國」的謬論，甚至主張「台灣託管」，用以誘惑美國，使之成為中華民國的隱憂，而中國愛國人們對英國這主張不能不加以仇怨，這真是損人未必利己，何苦來哉！

我個人曾經在美國住過九個多月，我當時即曾感覺到英國人的主張，往往會去影響美國人的，因此美國在近年來，「兩個中國」的謬論也不知不覺的流行起來，甚至美國所謂的「中國通」還在那裏閉門造車的製造理論，而且想辦法！我認為英美這一些少數人，在想不費氣力的去製造出「兩個中國」，乃是一向情願的懶人想法。這些懶人心裏先有了「兩個中國」，或者便足以解決問題的懶主意，然後去製造其理論根據的。前年在英美的一二刊物上，他們主張「兩個中國」的論據，乃是所謂的「法理說」，說在法理上，台灣曾於光緒甲午年（一八九四）中日戰後，由中國清廷割讓與日本了，故台灣已不是中國的。但是此說之不通，早在有此說之前，曾為羅斯福總統與邱吉爾首相在開羅會議（一九四三）所發出的聲明所否認掉了，因為在這個聲明裏，羅、邱、蔣三氏曾議定繼續對日作戰外，宣言不需要任何領土，惟日本所佔領的土地則必需歸還，如朝鮮應及時獨立，台灣應還與中國等……。如果說，開羅會議所聲明的不算數，不是法理，則至少十九世紀以來的一切國際會議所議定的國際法也都應推翻，也應該拿來重寫一遍！時間近一點來說，則亞爾薩斯、維南兩省便不應該歸還與法國，馬爾他島也不應該落於英國之手；再遠一點來說，豈不是北美合衆國還不應該成為獨立大國，而還應恢復其一七八三年以前的狀態了嗎？

這個所謂「法理」之不通，簡直不值一駁，故爾近一年來所謂「台灣不是中國的」的荒謬法理說，早已銷聲不聞，不見於英美報刊了。但兩年以前，英美的別有用心的懶人們，又製造一個民族說，此說不但比前說更淺薄無聊，而且可惡之至，其目的在想捏造一個「台灣獨立」或「台灣共和國」的根據，甚至不惜與廖文毅之流相唱和，而生編出一個所謂「福爾摩沙民族」（People of Formosa）的新名辭來。本來廖文毅在日本的言行，與乎一部份留美的台省學生在美的活動，政府認為是既無力量，而又顯然的違背了台灣全省愛國國民的意願，故不十分注意，但在美愛國僑胞則對美國一二刊物上的「福爾摩沙民族」說，這種分裂舊有的台省同胞與十數年來新到的台省同胞的說法，非常氣憤，無法忍耐，曾經與香港來信，要我們為文加以駁斥。香港自由報的雷嘯岑先生也接着這樣的美國來信，於是他請國史教授余又蓀先生在自由報發表一篇「台灣歷史漫談」，從中國隋唐時代說起，說明那時就已有中國閩粵人前往開發台灣的事跡；他又請左舜生教授用中國近代史資料，去証明在近三四百年來，台灣更是以中華民族為基礎，而使台灣及其附近島嶼特別開發，而賦以物質及文明的開展的。總之，找遍台灣全省，找不出甚麼福爾摩沙民族來！福爾摩沙這個字，本來是基督教舊教一位教皇的名字（Formosa, Pope of 891—896），想必是荷蘭人攻佔台灣時，偶然給予台灣省的稱呼，這稱呼並不見於中國經傳的，台灣省的老百姓並不懂得有此一名稱的，為何會忽然爆出這一民族來呢?!!

就因在美國報刊上近年來有此無聊的怪論，我愛國僑胞情緒為之非常不安，亦猶之香港僑胞在春節中回鄉省親，見着親人飢寒交迫，坐以待斃的情形，因之情緒不安，乃是一樣的。（恐怕在台灣的同胞要算是情緒最安定的了。）在美國舊金山的一家華文日報，也請我就此題為文，對這個無聊的民族說加以駁斥，我寫了一千字寄去，大意說：就民族血統來立論，則台灣省百分之九十幾以上的省民都是不折不扣的中華民族，這是不容外國人來置喙的。從前前往台灣的中國人，大多數是福建省的閩南人與廣東省的客家人，這是至今在他們的語音上一聽便知其淵源所在的。如果說，厦門話與客家話不是同國語的語音一樣，則紐約市民所說的英語便顯然與舊金山市民的語音有異，而法國北部諾曼地省的法語也與巴黎人的語音大有差別。

再說，福建人與客家人原來是晉唐時代從揚子江以北，中原地帶河南等省長征遠徙的，大批的移來閩粵的。今日尚保存得有閩籍，客籍的世家族譜，上面還記載得很明白，他們各自是在某一時代，從河南某一縣村，經過某處某處，而來閩粵居住的。因此，今日在台灣省久居的中國人，不但其祖宗是閩粵兩省的中國南方人，而且其遠祖還是中國的北方人。

在三十多年前，有一位美國的優生學者，曾在中國專門研究中國閩粵兩省人的來源，著了一本書，叫作「自然淘汰與中華民族性」，這本書由潘光旦譯成中文，在三十年前甚為流行。在「自然淘汰與中華民族性」書中，著者引了中國晉唐時代許多史事，由於天災人禍，逼得中國中原地方的優秀國民，不肯坐以待斃，而大都往南逃來，移住閩粵，開發閩粵，而方使閩粵兩省得以文物進展，而[illegible]來的豐盛情況。著者且在結論上說到，閩粵兩省的中國人所以敢於冒險前往南洋、美洲，以及其它的蠻人荒島從事開發，只靠他們一雙手與吃苦的精神及聰明的辦法，而使得荒島每創成富庶之區，乃是閩粵兩省人在先天裏賦有其祖宗的冒險進取的性格，故不辭隻身萬里，投荒開創，而且畢有了成就！

上面這一段美國人所証明的話，已足使瞎稱「福爾摩沙民族」的美國人啞口無言了，大可以不必再白費心思了。再如要以省界來分別中國人有何不同之處，則我們四川省的省民乃是中國南北各省遷合成功的。自從明末流賊張獻忠亂川（一六四四）之後，原來居住四川的人民已剩餘不幾個了。於是在清初強迫移民，移住四川的多半是廣東嘉應州的客家人，湖南省的寶慶人，湖北省的孝感人，此外陝西、甘肅、浙江、江西等省的人也不少；所以至今四川人很少是明末以前就住下的，因之四川話各省人都聽得懂，四川菜各省人都吃得來，四川人並不排擠外省人，因為推本求源，大家都是外省來的，又有甚麼分別與不同處啊！

筆者對於「兩個中國」的謬論，為文痛斥，已有多次，可以說，每屆聯合國開大會時，必需一次。昨聞友人寄來之日本東京報紙，這種「兩個中國」的謬論，見利忘義的日本人也學着英人，拾其唾餘，照樣的主張起來，尤為令人氣憤，故再寫出此文。

蘇共七月十四日駁斥中共公開信原文節要（四）

從保衛古巴革命的必要性出發，蘇聯政府和古巴政府商定在古巴設置火箭，因爲這是警告美帝國主義侵略的唯一現實的辦法。在古巴設置火箭會經意味着，進犯古巴，就將使侵略的組織者遭到使用火箭武器的堅決回擊。蘇聯和古巴方面的這種堅決措施引起了美帝國主義者的震動，他們有史以來第一次感覺到：一旦他們對古巴進行軍事入侵，他們本國的領土就會受到毀滅性的回擊。

由於問題不簡單地是美國和古巴之間的衝突，而是兩個最大的核國家的衝突，加勒比海地區的危機會由局部性的變爲世界性的。產生了世界熱核戰爭的實際威脅。

在當時的局勢中有兩條出路：受「狂人」（人們這樣稱呼美帝國主義的最富於侵略性和最反動的代表人物）的支配而走上發動世界熱核戰爭的道路，或者，利用運進火箭所造成的可能性，採取一切措施，以便就和平解決所產生的危機達成協議，不許對古巴共和國進行侵略。

大家知道，我們選擇了第二條道路，而且相信我們做得對。我們相信，我國全體人民也都抱同樣的看法。蘇聯人不止一次用事實証明，他們善於捍衛自己，保衛革命事業和社會主義事業。誰也沒有他們更清楚地知道，戰爭會帶來多少痛苦和災難，戰爭會使各國人民受到什麼樣的苦難和犧牲。

爲交換美國政府作出不入侵古巴並約束其盟國也不這樣做的保証而達成的撤出火箭武器的協議、古巴人民的英勇鬥爭、愛好和平的各國人民對古巴人民的支持，使得有可能粉碎準備蠻幹的美帝國主義極端冒險分子的陰謀。結果保衛住了革命的古巴，拯救了和平。

中國同志認爲我們關於肯尼迪政府在古巴危機過程中也表現了一定的明智和現實態度的說法是「爲帝國主義塗脂抹粉」。難道他們眞的認爲，一切資產階級政府在所有事情上都喪失了任何明智嗎？

中國同志力圖証明，帝國主義者是絕對信不得的——他們一定要欺騙人的。但這裏的問題完全不是信不信，而是清醒的估計。加勒比海地區危機消除至今已有八個月，美國政府仍在履行自己的諾言——沒有對古巴國境進行任何入侵。我們也作出了從古巴運走火箭的保證，並履行了保證。

但是也不能忘記，我們也對古巴人民作了保證：如果美帝國主義者食言而入侵古巴領土，我們就要援助古巴人民。每個思想健全的人都清楚地了解，一旦美帝國主義者入侵，我們像在古巴領土上援助古巴人民一樣，在蘇聯領土上援助他們。誠然，在這種情況下火箭飛得時間稍微長些，但是它們的命中率並不因此而稍差。

古巴革命領導人自己把蘇聯政府的政策看作是兄弟聲援和眞正的國際主義的政策，爲什麼中國同志頑固地無視古巴革命領導人的這一評價呢？中國領導人究竟爲什麼不滿意呢？也許是防止了對古巴的入侵和制止了世界戰爭的爆發這點使他們不滿呢？

中共領導在加勒比海危機期間的行徑是怎樣的呢？中國同志在這危急的關頭提出自己的特殊立場，同蘇聯政府的現實而堅定的方針相對抗。他們遵循某種自己的特殊概念，把批評的火力與其說是集中在侵略成性的美帝國主義身上，不如說是集中在蘇共和蘇聯身上。

在這之前曾經論證帝國主義隨時都可能發動世界戰爭的中共領導在最緊要的關頭採取了批評家的立場，而不是戰鬥的同盟者和同志的立場。在那些日子裏，誰也沒有聽到中國領導人發表過關於他們採取實際行動來保衛古巴革命的聲明。中國領導人不是這樣做，而是顯然企圖使加勒比海地區本來就已經尖銳的局勢更加尖銳化，往陰燃的衝突之火裏添乾柴。

中共領導的眞正立場，非常明顯地表現在戰爭與和平問題上，表現在它極其低估，甚至故意無視爭取裁軍的鬥爭。中國同志甚至反對共產黨人提出這個問題，竟敢援引馬克思列寧主義，千方百計地証明，裁軍一方面是「不可實現的」，另一方面是不必要的，他們引經據典來証明，似乎只社會主義在地球上徹底勝利的條件下，才有可能全面裁軍。

當世界被軍備競賽壓得透不過氣來，當帝國主義在積極儲核武器，威脅要把人類推入世界戰爭的深淵時，馬克思主義者是否應當袖手等待社會主義在全世界的勝利呢？不，在時代的威嚴命令面前，這將是犯罪性的無所作爲。（未完）

民族主義將毒禍東南亞

孫寶剛

（上接第一版）不過依我觀察，整個婆羅洲三個小國，受共黨迷惑而不贊成馬來西亞的人，確也不少，且大部是華人。整個婆羅洲和印尼的婆羅洲是南北相接壤。印尼的內政固然紛亂不堪，現在雖然又擴張了軍備，固也不足爲患，但是印尼在中共的指使下，做各種的顛覆運動，婆羅洲三國的當局，實在太落後了，恐怕不易應付罷。這是我所認爲隱憂的。所以馬來西亞的問題還在怎樣使內部團結。但要團結，就必須內部各民族一律平等，不分彼此。整個馬來西亞，人口不到一千萬，中國人和馬來人的人口約相等，可能中國人還多一些。但在經濟、文化和材能方面，無可疑問的中國人佔先。在這樣一個情況之下，馬來人仍有些自以爲事事應較中國人有優先權自居。易言之，馬來人的民族主義也在作祟，這是一個非常不智之舉。前天新加坡大選，巫統完全失敗，因爲新加坡的許多馬來人投了李光耀一票，沒有支持代表馬來人的巫統。在我看來，新加坡的馬來人能以政策爲重，不依封建式地或盲目地去支持巫統，這是一個好現象。因爲唯有這樣，以政策來爭政權，而供人民選擇，大家才能成爲一體，把不同種族的隔膜，漸漸消除。不意力量很大的馬來亞巫統竟大謂不然。這種態度是非常危險的。須知中共指使着印尼，想染指婆洲，馬來人如太強調了民族主義，不也易激發起中國人的民族主義麼？中共便求之不得，但從此馬來西亞便多事了。所以我希望馬來西亞的政治領袖們應該有所警惕，既是馬來西亞人民，不論其原屬於馬來人或中國人，都不應分彼此，一律平等，大家效忠於馬來西亞這個國家。須如此，可能無內憂，也才能抵拒外患。同時我也希望印尼和菲律賓亦不宜再強調民族主義了。現在已到了二十世紀的六十年代，國家主義都已經落伍了，不要說民族主義了。作爲一個現代的國家，一方面固然還不免要爲自己國家打算，但沒有世界眼光，沒有人道主義作爲基本立場，結果必至自害害人，東南亞這三個國家的對立，近來已在尖銳化，祇要使民族主義不再作祟，我相信可以安然無事的。

論蘇聯斥責中共進犯蘇邊境五千次事件

徐行展

蘇聯政府於本年九月廿一日突然發表一項聲明，說中共在最近三年曾進犯蘇聯邊境五千一百次。對此，合衆社曾於九月廿一日自莫斯科發佈電訊說：「蘇俄政府今晚指責中共自一九六〇年來，曾經進行五千一百次邊界侵犯。又說，他們作這項侵犯乃是帶着要求蘇俄領土的意向。這些領土，據說，曾經有一度是屬於中國的。這項指責是在蘇俄就中俄共事務所作的聲明中，第二部分內提出的。該第二部分的聲明，已由「消息報」加以發表。這項聲明說，中共漁民曾經接近黑龍江的蘇俄島嶼，當蘇俄邊防軍下令時，他們拒絕離開。

這項聲明說，蘇俄政府一再要求中共拒絕談判，是繼續侵犯這項邊界。克里姆林宮指這項邊界情勢爲「警戒的，特別是鑑於中共宣傳曾予過去中俄共某些地區的疆界表示不公平的暗示。」

這項聲明，顯然提到中共最近出版十八世紀及十九世紀的地圖，這些地圖顯示，現在蘇俄在西伯利亞及亞洲所保持的領土，曾經有一度屬於滿洲帝國。

蘇俄政府進一步警告說，領土的事爭執與衝突乃是正式用於征服戰爭，爲了這個緣故，它呼籲「利用談判手段，對邊界事端作和平解決。」蘇俄的聲明憤怒地拒斥了中共的聲明說莫斯科武裝印度攻打中共。該聲明說，這項指責是不正確的。它說：中國（共）軍隊利用蘇俄武器攻打印度。因爲每一個人都曉得，蘇俄給予中共巨大的軍事援助。

「從一種立場要共黨進行一項爭論，我們認爲是不能容忍的，在該項立場上，一個人將他的政策製訂在經過一場熱核戰爭之後會有多少人死亡的，論據上。所有人類的命運對馬克斯列寧主義來看是珍貴的。」

可以說，這是一項有關中蘇共衝突的極關重要的新聞，也是一項具有深遠影響的報導。從表面看，中共如此這般的進犯蘇聯邊境，似乎是極爲值得稱讚的行動。因爲現在隸屬於蘇聯的很大面積的土地，確實原本是屬於中國的。在中國歷史上，除了倭寇是從中國東南沿海入侵中國的一大敵人外，在中國西北邊疆上，俄國却是時常侵擾中國的一大敵人。海參威本屬中國，今屬蘇聯，這是蘇聯侵略了中國的明顯例子之一。在中央亞細亞，在連接中國東北及西北滿蒙地區的西伯利亞，都有大片土地是中國的。最顯著的，則還有外蒙。外蒙原屬中國領土，只因史大林領導的蘇聯對中國不斷侵略，外蒙才以所謂「獨立」之名被蘇聯奪去。所以，任何一個眞正站在中國國家民族立場的愛國政府，一定要用外交或武力收回外蒙，而與蘇聯發生衝突的。但中共偽政權自一九四九年十月一日在北平成立以來，中共在最初十年，包括史大林在世的四年及赫魯曉夫繼起之最初六年，中共迄未對蘇聯採取任何交涉，更未採取任何行動。據赫魯曉夫透露：史大林當年在世之日，是對中共抱着帝國主義態度的。事實上，蘇聯政府確也不顧中共中央偽政權之存在，不理會中共中央偽政權的統一性，而由蘇聯政府與高崗領導之東北人民政府逕直訂立非法的條約，如果中共偽政權還稍有一點國家民族觀念，如果毛澤東還稍有一點自尊心，中共中央偽政權當時都該立即對蘇反抗。但毛澤東只把高崗供其它題目清算了，而未對蘇聯之帝國主義行動採取相應措施，這都可見毛澤東及中共首腦毫無愛國心。只要蘇共頭子不觸及他們的私人利益，他們便無恥的安然接受。他們對外蒙的態度表現得無恥，直到今天，他們不但不去收回外蒙，反而與外蒙訂所謂「國界」，稱外蒙爲「兄弟國」。這就可見中共偽政權確非符合中國國家民族利益的政權。

那末，中共最近三年何以又忽然對蘇聯邊境進犯五千一百次呢？當然，這些所謂「進犯」的規模和性質，無論蘇共或中共都迄未詳細說明，究竟是否眞如蘇聯政府聲明所說，尚是一個謎，但中共的行動縱如蘇聯政府聲明所說，中共的動機和行爲也不是爲了愛國，則可斷言。因爲這些進犯行動不過發生於最近三年。而最近三年乃是毛澤東與赫魯曉夫發生個人權利衝突的時期，所以中共的這些進犯，不是站在國家民族立場出發，僅是由毛澤東的個人利害出發而已。如果中共眞是從國家民族利益出發的話，則中共應立即照會蘇聯收回一切中國領土，並立即取消外蒙獨立，使之成爲中國的一部份。若蘇聯不依，則中共應該立即向蘇聯宣戰才是。否則不說五千一百次小小規模的進犯於事無補，縱然五萬一千次的這種小小規模的進犯又有何意義呢？

台灣簡訊

志清

一、一片抵制日貨聲

自日本政府正式批准倉敷人造絲公司以分期付款的方式向中共輸出一套價值兩千萬美元的尼龍工廠設備後，此間即表示強烈的反對。爾後池田首相又發表一篇欲蓋彌彰的謬論，更激起我國朝野一致的憤怒。週來，台北的各行各業團體，紛紛舉行會議，要求政府當局改變對日政策，並呼籲海外同胞一致抵制日貨。二十五日下午，各界代表在台北民衆全體活動中心開會，全國工業總會理事長束雲章要求政府財經當局趕快修訂對日貿易的政策。中國南美經濟協進會理事長潘仰山建議政府，立即與日本在經濟上絕交。中日文化經濟協會理事長瞿荊洲，從國際貿易的觀點指出：日本與共匪間的貿易是不智的。中華民國國際貿易協會理事長陶一珊，代表對外貿易的機構保証支持政府的決策，他說，大家對於日本資助共匪的行為都很憤慨。大同機械製鋼公司董事長林挺生提出書面意見，勸告日本首相池田勇人，趕快懸崖勒馬，採取補救的措施。台灣省議會議員陳重光等，也在會中講話，作同樣的主張。

民衆團結活動中心副主任委員張泰祥作結論時說，希望日本政府重新考慮改變資助共匪的政策，與中華民國合作，共同為鞏固民主國家的團結，謀求世界和平而努力。

華僑救國聯合總會，於二十七日下午三時在北市金山堂舉行座談會，討論的總主題為「日本政府的愚行」。楚崧秋將在會中講「日本經濟資匪與池田謬論的影響」，董世芳將講「各地華僑的反應」，黃仁俊將講「華僑應有的認識與努力」。到會人士對日本資匪行為和池田謬論，咸表憤慨。

二、立委有人主張撤換張厲生

立法院於二十四日繼續質詢對日外交問題，立委程烈主張撤換駐日大使張厲生，劉兆勛委員認為政府對駐日大使人選，應重加考慮。楊寶琳委員也認為張大使未能盡到職責。但據熟悉內情者透露：張厲生之出使日本，原係下放性質。因為他在三屆總統非法連任時，蔣經國派認為他利用中央黨部秘書長的地位，將他們在海外發動的許多勸進函電壓不發表，向蔣「總統」告了一狀，蔣「總統」一怒之下，才將他下放為駐日大使。他曾以不懂外交，當面力辭；但蔣「總統」說：我很了解日本的一切，你以後凡事問我好了。張厲生不敢不允，才帶着一種沉重的心情赴任。三年以來，他曾幾次請辭均未獲准，如今却變成衆矢之的，可知在今日的台灣，要做一個唯命是從的忠貞分子，也不是容易的。

三、台北市議會要求定該市為陪都

台北市議會於二十五日討論市議員李黃恒貞、歐陽斌、袁建華、洪禮錠等卅餘人聯名提出的一項臨時動議，請中央把台北市升格為院轄市，並明令定為陪都，以符實際。市議員們在該臨時動議中舉出五點理由稱：（一）台北市人口現已超過一百萬人，已符合院轄市的標準。（二）在抗戰時期，政府曾明令重慶為陪都，今日對匪俄的鬥爭，較抗戰更為艱鉅，中央政府還台現已十五年，台北市事實上早已成為我國首都，今明令定台北市為陪都，誠為名正言順，名實相符的舉措。（三）台灣今已為國際人士所矚目，而台北市為本省首善之區，是政治、經濟、文化的中心，為國際觀瞻計，自應定為院轄市，並加強現代都市的建設。（四）台北市每年所繳付的各種稅款達十餘億元，而事實上用於北市本身建設者僅四、五億元而已，致北市的各項公共建設，如下水道、防洪工程等，均因財源無着無法進行，如將北市升格為院轄市，財源問題則可解決，各項公共建設均可分別付諸實施。（五）議會自第一屆開始，已連續通過，建議中央把北市升格，迄未獲政府採納施行，實應再行建議政府研議實施。」

討論結果，大多數的議員均表贊成，當即順利通過，對改為院轄市後市長應如何產生的問題，也作成決議，認為仍應實行民選。

四、縣長利用職權建水堤保私產，被提起公訴

高雄縣長余登發，在一連串的訟案中，目前有一件涉嫌利用縣長職權，假公濟私，在大社鄉建築水堤保護自己產業的瀆職案，經縣議員盧伯濱檢舉後，由高雄地檢處檢察官曾憲政提起公訴。

據起訴書中稱：余登發，在高雄縣大社鄉萬金村北端保舍甲溪西岸有田一甲九分七厘餘，因恐溪水泛濫流失，必須於其私有地旁下流處設水堤堵塞，始克有濟，遂假借其綜理縣政大權，授意縣府主辦單位編列設提預算工程費新台幣六萬五千元，提經該縣議會議決。議會於審查通過時，於預算書內附加意見，即該水堤應由萬金村崩毀處（即南端）起興設，以保村民生命財產。詎被告不理議會意見，竟帶同建設局水利課辦事員黃如松蒞勘現場，着令於其私有地上端（即北端）為有利於個人之設計，竣工後其本人雖已受益，然因溪流轉向結果，致鄰田流失一分以上，使鄰田所有人陳新發遭受意外損失，事為縣議員盧伯濱獲悉，以其不依照議會通過預算之意見，利用公帑為圖自己之建設，涉嫌對於主管事務間接圖利，乃向地檢處告訴。

檢察官指出：被告余登發明知議會決議設在該溪之南端，倘果屬難行，何以不提請覆議，而竟求達到保護自己之田土，不惜流失他人之土地，被告身為縣長，對其主管監督之事務，間接圖利，實甚明顯，犯行應予認定。核其所為係犯刑法第一百卅一條之罪，依刑事訴訟法第二百卅條第一項提起公訴。

防止印尼發動戰爭

范群

（一）

印尼對抗馬來西亞事件，目前正鬧到危險的階段。印尼軍隊不斷向加里曼丹增兵，對沙撈越的襲擊規模比前更大。最近這股入侵大馬國境的印尼武裝，雖已為英軍所逐退，但那不過是印尼一種試探式的騷擾行為，耶加達稱之為「婆羅乃人民武裝」所主持者，並不是大規模的游擊戰，也不是印尼「志願軍」的支援「大馬人民革命」之戰。實際上印尼在邊境囤駐的陸軍，數達數萬。從各部隊抽調精銳的「志願軍」，也在二萬以上，已向加里曼丹集中，空軍突擊隊也早就開到邊境，宣稱隨時候命行動。如果印尼的這種軍事部署，並不嚴格限制於作戰鬥狀的姿態中，一旦「志願軍」進攻大馬，情形當超過北越向南越滲透的游擊戰，而近似中共軍「志願」援朝的陣地戰。駐防沙撈越及沙峇（北婆）的英軍，總數不過六千人，要像目前驅逐印尼武裝那樣，驅逐印尼「志願軍」出境，就不是易事。那麼一場新的戰爭將告爆發，其後果縱使不至有如印尼外長蘇班德里奧所說的，「使亞洲地圖變色」，也必將使「東南亞風雲變色」。

除了陸空軍對北婆兩邦的進攻部署外，蘇門答臘島方面的印尼海空軍也已集中完成，它們針對星加坡取警戒防衛，而對巴生港及檳榔嶼，採攻擊姿態，有牽制星洲基地的作用。目前盛傳印尼海軍「窺伺檳城」，以及印尼炮艇轟擊馬來亞商船將之擄去的事件。顯示出戰爭如果爆發，並不限於北婆方面。如果馬來半島這邊也發生衝突，那便是印尼與大馬全面戰爭的爆發。

（二）

假如不幸爆發大規模的全面戰爭，前途是頗難估計的，尤其是它的發展、演變、及後果，更屬難以估計。大致的說，印尼是東南亞最大的國家，情勢有如中國的在東亞，很難以制服且幾乎不可征服。以英國在遠東所可能抽調的部隊，先後悉數開到北婆去對付印尼「志願軍」，顯然不易在一年半載的短期內予以肅清，印尼軍隊年來在蘇援武裝的配備加強下，部隊中有一部份有過去對荷蘭作戰、與對印尼「革命軍」的作戰經驗，戰鬥力雖不必過於高估，但也不至於不堪一擊。從在戰爭並非短期可以結束的原則估計，英國必至為這種糾纏與消耗而煩惱。馬來亞方面目前只有輕裝部隊萬餘人，與號稱三十五萬的印尼軍相比，簡直是小巫見大巫的情況。大馬目前雖也已開始徵集青年，成立部隊並加緊原有部隊的裝備，但這究竟不是迅速所能辦到的事。即使全國漫長的海岸防衛，大馬本身也恐難於應付，大部份責任仍要落在英軍身上，更用不着說會有什麼力量可用於攻勢防衛。

何況對於印尼，英國並沒有準備與之作全面戰爭；英國國防大臣桑尼格羅夫就曾就此問題答覆詢問說：英國認為現有（在北婆）的部署，足以應付內亂，但並沒有估計到全面的戰爭。而且印馬戰爭，不但使馬來族分裂，種下了永遠的仇恨禍根，在印尼本國來說，首先會引致經濟破產，影響蘇加諾政權的變質，因與英美為敵之故，傾向於依賴共產國家，而在印尼內部有強大力量的共黨，必須乘機搶奪政權，印尼赤化的前途，極為可慮。蘇班德里奧所說的「亞洲地圖變色」，當不是印尼的囊括北婆羅洲；倒是印尼本身的變色，乃可以預見的。

（三）

蘇聯和中共對於印尼「對抗」大馬，先後表示支持，便是預見到印尼如發動戰爭，無論如何是對共黨有利。蘇聯方面，祇不過空泛的聲明支持印尼反「殖民主義」的立場，但中共却大感興趣，有認為「天助我也」的情勢。

中共正在極度孤立之際，正加強拉攏亞洲共黨，一面與蘇聯鬥爭，一方面與西方拮抗。但無論在越寮韓國發生大規模軍事衝突，都將危及中共的本身。若能利用印尼與英馬戰爭，中共從旁協助，必可收漁人之利。中共要召集亞非會議支持印尼，第一滿足蘇加諾想做中立主義領袖的慾望，第二藉此打擊尼赫魯的中立地位，第三則要引起所謂中立主義與「帝國主義」之戰。一石三鳥，而且印尼共黨首領艾迪地，訪問北平後正由周恩來陪同到廣州「遊覽」，不難測定這是一項中共與印尼共預先部署的聯合行動。總之，中共對於挑撥及支持印尼發動戰爭，是極為熱中而且具體化了。

對於防止東南亞這一場新的戰爭，西方是分從經濟政治軍事三方面進行的。美國曾以停止美援企圖禁制印尼妄動，現在美援已停止了，印尼是否軟化，尚未可料。耶加達似乎還擺出「與共產國合作」的態度，作為對抗。目下西方只有從政治着手，方法便是說服菲律賓，由菲率先承認大馬，使印尼孤立。如能做到這一着，對於蘇加諾的盛氣凌人，可以有釜底抽薪的效用。

軍事上美國第七艦隊宣稱已加強巡邏南中國海，隱密掩護英軍的含意。不過鑑於局勢的嚴重，英美實應早定決策，不容許它企圖投共或發動戰爭。一面提出警告，一面再運用政經辦法輔助疏導，也許能夠奏效。

（十月一日）

物資缺乏影响了後勤供應

廣州共軍正進行勤儉節約運動
中共戰士報說一分錢也要節省

綜觀

本報曾經報導由於大陸人民糧食配給量太少，已由民心動搖連帶影响到中共軍隊的軍心也已動搖，現在則由種種証據，証明中共物資缺乏，也影响到了中共軍隊的後勤供應。這情形可以本年六月二日出版的中共「戰士報」所刊的消息爲証。它說：

「廣州部隊領導機關非常重視對部隊官兵進行艱苦奮鬥，勤儉節約的光榮傳統教育，各級首長不斷深入部隊作輪廻報告，講艱苦奮鬥的革命故事。在不久以前召開的廣州部隊第三屆黨代表大會上，還樹立了五名艱苦樸素，勤儉節約的標兵，號召全體官兵向他們學習」。

要求共軍艱苦，勤儉，正是因爲共軍物資缺乏，後勤補給和供應成了問題之故。

又說：「許多幹部和戰士訂了自己艱苦樸素，勤儉節約的計劃。他們能處處精打細算，節約一分錢就節約一分錢，能少用一滴油就少用一滴油。某部隊首長黃榮海少將，是「勤儉專家的好首長」，他認爲愛護武器是部隊最大節約，因此他每到一個部隊都要到各連檢查一下武器保管情況，在他的影响下，這個部隊官兵很重視愛護武器，經常使武器保持良好狀態，許多連隊許多年沒有損壞武器裝備，許多單位由於對武器裝備維護得好，延長了使用年限。而海軍某艘輪機部門，由於輪機維護得當，延長了檢修時間三倍多，共爲國家節約了十五六萬元資金。這艘艦的主機班長萬德咸，還從節約一滴油做起，在主機所有灣油的地方，都按上罐頭盒，接滲灣漏出來的油料，一年來爲國家節省了六千多斤柴油，二千七百多斤生油」。

這段話等於說中共的武器是超齡的老爺武器，是漏油的老爺兵艦。

「戰士報」還說了一個用舊電池的故事，這個故事說：

「某部器材倉庫的官兵，使許多器材延長了使用年限，並使大量報廢器材復活，不僅保証了部隊器材供應的需要，而且爲國家節約了大批資金，今年來，他們僅翻修報廢電池一項，就爲國家節約了四千七百多元，翻修後的電池，放電量時間還超過新電池」。

還有一個廢鐵做鋤頭的故事，故事說：

「某部隊四好連隊七五砲連，接受生產任務時，只有三把舊鋤頭，一把破鐮刀和兩副破水桶。但是，他們用廢鐵自己打鋤頭，自己編製籮筐等生產工具，完成了開荒任務」。

這樣的軍隊，其實只是一窮二白的軍隊，但中共却大讚這種艱苦樸素，勤儉持家的風氣，而毛澤東及中共中央自民國十六年八月一日於南昌開始武裝暴動以來，即用優待軍隊伙食等方法籠絡共軍，使之賣命。現則倡導節約，如非物資奇缺，毛澤東斷不會如此，但却由此可見共軍戰鬥力已越來越低降了。

中共第三次抨擊蘇共七月十四日公開信

說魯赫曉夫以鐵托爲師舉出十二事實以爲憑証

藍星

雖然毛澤東與赫魯曉夫的個人權利衝突，才是中蘇共衝突之起因，但在形式上，外表上，雙方却都以所謂理論之爭作個人權利衝突之掩飾。

自毛澤東以中共名義於本年六月十四日致函蘇共論述廿五個問題並提出所謂國際共產主義運動總路線後，蘇共卽於七月十四日發表了一封公開信，該信全長二萬多字，把中共駁斥得體無完膚，幾乎使中共無辭答辯。經過毛澤東及中共中央諸首腦之千方百計之研究及推敲，始於九月份對蘇共七月十四公開信提出答辯。

由於蘇共七月十四日公開信對毛澤東及中共具有沉重之打擊力量，所以，聯合評論曾應讀者要求，節錄原文，在聯合評論連續刋登，迄今仍在刋登中。而中共則於九月廿六日由中共中央機關報及紅旗雜誌共同發表了一篇題爲「南斯拉夫是社會主義國家嗎？——三評蘇共中央的公開信」。明罵鐵托，實罵蘇聯及赫魯曉夫。全文長二三萬字。其中第八部份列舉十二項事實証明「赫魯曉夫在對外政策或對內政策上，實際上都是以鐵托爲師。亦步亦趨地沿着修正主義道路滑下去了」。

所舉十二項事實如下：

一、鐵托反對斯大林，是從根本上反對馬克思列寧主義。赫魯曉夫全盤否定斯大林，也是從根本上反對馬克思列寧主義。

二、鐵托和赫魯曉夫都否定馬克思列寧主義的基本原理，都攻擊中國共產黨人和其他堅持馬克思列寧主義的共產黨人是「教條主義者」，都把自己對於馬克思列寧主義的篡改說成是對於馬克思列寧主義的「創造性發展」。

三、鐵托和赫魯曉夫都爲美帝國主義的頭子吹噓捧場。鐵托說，艾森豪威爾是「努力保衛和平的人物」，肯尼廸的努力「有助於改善國際關係和和平解决世界的迫切問題」。赫魯曉夫也說，艾森豪威爾「眞誠希望和平」，肯尼廸「表現出對維護和平的關懷」。

四、鐵托和赫魯曉夫都極力渲染戰爭的恐怖，用來恐嚇世界人民，要他們放棄革命鬥爭。鐵托說，一旦發生核戰爭，那就是「人類的毀滅」。赫魯曉夫也說，一旦發生核戰爭，「我們將毀滅自己的諾亞方舟——地球」。

五、鐵托同赫魯曉夫都宣揚，在還存在着帝國主義的條件下，就可以實現所謂沒有武器、沒有軍隊、沒有戰爭的世界。

六、鐵托宣揚「積極和平共處」是南斯拉夫對外政策的「基石」。赫魯曉夫宣稱「和平共處」是蘇聯「對外政策的總路線」。

七、鐵托和赫魯曉夫都宣揚「從資本主義和平過渡到社會主義」的可能性增長了。鐵托集團說，「人類正在通過各種途徑不可阻擋地深深地進入社會主義時代」。赫魯曉夫說，可以用「議會的道路」代替十月革命的道路。

八、鐵托宣揚通過「和平競賽」實現世界「政治一體化和經濟一體化」。赫魯曉夫也宣揚通過「和平經濟競賽」，實現同帝國主義的「全面合作」。

九、鐵托集團從各方面破壞民族解放運動和民族解放戰爭。赫魯曉夫藉口「任何一個小小的『局部戰爭』都會成爲引起世界大戰的火災的星星之火」，反對民族解放運動和民族解放戰爭。

十、鐵托集團取消無產階級專政。赫魯曉夫也在「全民國家」的口號下取消無產階級專政。

十一、鐵托集團否認共產黨是工人階級的先鋒隊。赫魯曉夫說，蘇共已經「成了全體人民的黨」。

十二、鐵托標榜「非集團」，反對社會主義陣營。赫魯曉夫也說，「集團之類的說法是暫時的」。他們都要取消社會主義陣營。

看來，中共還將對蘇共七月十四日公開信繼續作出反駁，此無它，都只因爲蘇共七月十四日公開信對中共打擊得太厲害了的緣故。

僑鄉近訊

鍾之奇

台山農民消極怠工生產情緒低落

人民公社制度之違背人性，之違反農民利益，是誰也知道的。加上中共對農民的種種剝削，增產也好，減產也好，農民自己是同樣吃不飽穿不暖，所以，大陸農民生產情緒低落，消極怠工的現象是普遍嚴重的，七月十日廣州出版的中共「南方日報」則透露了台山縣農民怠工和生產情緒低落的情形。

它說「台山縣今年有一部份地區因爲抗旱得到勝利而增產」，也有一部份地區抗無可抗，因而受災減產了。而目前這兩部份地區農民的生產勁頭都不大。增產了的地區，農民普遍存在着自滿鬆勁情緒，不顧意發揮更大幹勁爭取晚稻更大增產。而那些旱造減產了的地區呢？則對搞好晚造生產缺乏信心，存在着悲觀消極情緒」。

又說「海晏公社是旱造減產公社，雖然幹部領導挑水下田，一桶一桶的點播，一壳一壳點澆，但是田那麼多，水那麼少，一桶一桶的水挑到田裏，連水泡都不多一個，結果因旱而嚴重減產了」。

可見僑鄉人民生活是何等的苦！僑鄉農民是何等的憤恨中共！

廣州冰室冰水內灰沙多

冰水內偶而不愼，夾雜一點灰沙，也不算特別奇怪的事，奇怪的是廣州冰室內的冰水經常夾雜灰沙，顧客問詢時，服務員却大發脾氣用水潑顧客。這不是反共人士造謠，而乃見之於中共廣州出版的羊城晚報。

它說：「爲什麼冰水內會有灰沙呢？某顧客隔着玻璃板向海濱冰室十五號工作人員提意見。話剛說完，對方却把半勺水迎面潑來。還大聲叫嚷：『眞討厭！有灰沙就不要飲！』這是六月二十八日上午，編者前往探詢究竟，該冰室某些職工解釋說：可能調冰水時用力太大，冰水濺了出來，跟那眞討厭相比，眞有異曲同工之妙」。

廣州得來茶樓職工非常「不好」

據中共報紙一再報導，說廣州冰室的職工態度不好，如前一段消息所說，又說廣州其它茶樓的職工態度也不好。我們仔細想想，這些職工的態度爲什麼不好呢？是偶然的呢？抑或另有原因？

事實上，這决不偶然，而是另有原因。原因何在呢？就在中共政權時時刻刻壓迫人民，剝削人民，人民心頭怒火時刻在燃燒，所以，動不動就把怒火發洩出來，被中共報紙認爲是職工態度不好了。職工態度好不好，看來不過是一件小事，但却由此可見僑鄉職工是如何充滿着憤怒的內心的。

羊城晚報所刊廣州職工態度的另一事例是「六月廿七日上午，某顧客向海珠中路得來茶樓一服務員提意見，批評他們服務態度不夠好，對方連聲說：『好好好，以後改正！』樣子很虛心，可是等到提意見的人一走開，『眞討厭』三字就脫口而出。」

什麼人向職工提意見呢？當然是共幹。共幹一走開，他們討厭共幹的眞正態度便表露出來了。

廣州顧客被理髮師嚇出冷汗

職工態度不好的又一例子，也是羊城報說的。它說：「同福東路萬興美容院，某理髮師和他的對手下象棋。一顧客進門，坐在椅子上等了好一會，理髮師才放下棋子開始理髮，眼睛還不時瞟向棋盤。棋盤上的那位對手，突然大喊『捉象』，理髮師一邊替顧客刮臉，一邊瞟着棋盤不信地回答『任你捉象捉馬，三步棋將你的軍！』在剃刀亂刮之下，顧客嚇出了一身冷汗」云云。

馬來西亞的內憂外患

印尼全面對抗

俊華

印尼全面對抗馬來西亞，已經迅速展開各項步驟。印尼陸軍精銳及特別抽調組成之突擊隊，開抵沙勝越邊境，作戰鬥部署，「可以隨時出動」。空軍出擊部隊也調至沙婆邊界，「執行對抗大馬政策，應付邊區任何情況」。也許是作為一種示威，在這些印尼增援部隊抵達之後，有數顆迫擊炮彈自印尼境內射過沙勝越第一省邊界境內，這是邊境首次使用炮彈。使人預想到未來如果有邊境衝突的話，將不是過去那樣的偷襲行動。而可能是使用陣地炮火的戰鬥，更可能輔以空軍的轟炸威脅。東南亞最强的印尼陸空軍，似乎正在找尋機會，及鋒而試。

馬來海峽的印尼與大馬國境，據馬方的估計可能不至受到戰爭的威脅，因為即使有衝突或戰爭，大致會在北婆的邊界爆發；非至全面進入戰鬥，大概印尼尚不至於進攻馬來半島。不過由於印尼海空軍早已沿蘇門答腊全島作「警戒巡邏」，海軍不時越過大馬水域，以致吉隆坡一度盛傳，印尼海軍有意襲擊檳榔嶼，引起了緊張的氣氛，最後才証明不過是虛驚。

但印尼的經濟對抗，却已使星洲市場局部為之癱瘓。星洲與耶加達的空航客運貨運，俱告停止，電報電話相繼切斷。蘇門答腊棉蘭與檳榔嶼間的情況，也是一切交通貿易切斷。星檳兩地，本是印尼產品特別是橡膠錫砂出口貿易的集散地，轉口關係極為密切，尤其是檳城方面的煉錫廠，自印尼與荷蘭交惡之後，接受大部份的印尼錫砂，煉成錫磚塊然後轉口，現在只好局部停工減產。據說印尼已與荷蘭接洽，要把錫砂恢復運到荷蘭去提煉。

英國準備攤牌

這種情形不啻是一種諷刺：英商在荷蘭與印尼交惡期間，承攬了原來荷蘭商所承辦的印尼生意；而現在英國與印尼發生嚴重磨擦，荷蘭商人又捲土重來，填補這些英商可能退出的空缺。據荷方不止接辦印尼煉溶錫砂的工作，還可能承攬椰子產品的銷售歐洲貿易。

印尼境內的英國企業，於耶加達焚燬英使館暴動時被「人民接收」的，印尼政府目前對之施以「保護性接管」，儘管蘇加諾聲明保護英人財產，印尼外交部也申明這些企業商行，將於適當時間交還英方，及如有損失予以賠償。但英國却要求印尼詳細解釋「保護性接管」的意義及具體內容，和什麼時候才是交還的「適當時機」。自印尼執行制止反英暴動及保護僑民財產後，趨向破裂的英與印尼關係，更一度稍告和緩。可是這些商行企業遲遲未能交還，顯出印尼拖延不履行諾言，招致英方極大的不滿，又重新考慮到與印尼作外交上攤牌的準備。

據說倫敦對印尼最近數天對抗大馬的行動，經濟完全絕交，軍事作戰門部署，外交（在聯合國）採强烈攻擊，認為如此全面强烈的行動，恐怕沒有和緩的希望。耶加達暴動的越軌及暴動後不能實踐諾言，也顯示對英國的漠視。所以英國也不能不準備到與印尼最後的決裂。

强烈支持大馬的聯邦關係大臣桑第斯，與他持同一見解的同僚被稱為「馬來西亞派」的，認為英國既然承担馬來西亞的成立，就應採取一切方法維護大馬，强硬對付印尼。外相何謨方面，却仍想盡一切可能的外交途徑，維持英在印尼的企業。

稍先英國曾經通過華府對印尼施用壓力，警告印尼不要採取激烈反英反馬行動，否則將停止美援。以美國為首的國際財團，原準備以二億五千萬美元左右的數字，貸予印尼協助其消除預算上的赤字。耶城反英暴動後，美援外負責人曾坦率向印尼警告可能停止美援，但印尼不恤，美國終於宣佈凍結這項對印尼的援助，並明言是受過來印尼所發生事情，「有不利影響」。這「不利」可以有兩項解釋：不利於援助國家的觀感，及不利於援助本身──即鑒於印尼自動製造動亂，援助也沒有用處。

吉隆坡英馬觀察家認為，美援問題不能使印尼就範，事情就可能嚴重。因為印尼沒有顧忌，任何事情都可能發生。不過英馬方面只有戒備增防，預備印尼的下一次攻擊行動。

星警突擊南大

剛在這個時間，大馬內部的星洲，也發生了不平常的事，一是星洲選舉，一是大馬當局對南洋大學及其董事長千萬富翁陳六使採取反顛覆的行動。

星洲政府九月廿二日援用司法程序，褫奪陳六使公民權，控罪是「囂張地干預昨天的大選」。政府發言人說：陳氏「不斷、積極地與共黨合作」，是內裏的原因。

二十五日夜，星洲警察及政治部人員暨防暴隊百餘人，進入南洋大學宿舍，拘捕為首顛覆份子五人，被其他學生獲悉，立即集合男女學生千餘人，稱為「護校隊」，把守校內各門口，並推運石塊阻塞校內道路，使汽車不能行走，一面向警方人員要求釋放被捕之五名學生領袖，為警員所拒，學生即鼓噪用石頭及玻璃樽向警察襲擊，警察防暴隊以盾牌抵拒，及用木棍還擊，造成騷動。警察在抵抗中，一面將被捕五名學生押出校外馳往警局，陳六使聞訊曾進入校內調解，警方仍捕去暴動為首學生四人。事後調查，有學生二十二人受傷，重傷者五人，警察輕傷六人。警方另在星洲中學及南大附近，拘捕學生等十餘人，有六人是南大的畢業生，「社會陣線」的黨員。

馬來西亞內部保安部負責人伊斯達就此事發表的聲明說：警察採取此項突擊拘捕行動是必要的，為了粉碎星加坡的顛覆活動。因共黨在這次星洲大選中不獲成功，使他們要把星洲建立為共黨政權的計劃遭受挫折，他們便準備進行顛覆行動。

暴動時所拘的學生有兩人已被提控「阻差辦公、蓄意暴動」，經保釋後另期審訊，被認為顛覆份子者則尚未提出審訊。這次事件，顯然是星洲大選的餘波。

二十一日的大選，李光耀總理的人民行動黨獲得壓倒勝利，計在全星五十一個選區中獲得三十七個席位，「社會陣線」僅得十三席，統一人民黨一席。人民行動黨在上次大選時，曾以五十一席中得四十三席空前優勢執政，左派分裂出組「社陣」後，李光耀一派僅餘二十五席，尚不能過半數。這次增加了十二個席位，不能不說是大勝利。

李光耀說：「吾人獲得人民的信任一事，將在全馬來西亞發生影響，真正敵人乃為共黨，餘均不足道。曾有人以為星洲已淪於共黨之手，實則並未淪亡，且將獲得領導以推動民主制度」。

左翼份子在選舉前極力打擊李光耀，甚至在競選旅行中把他推落渠中，但選舉結果仍失敗，醞釀其他陰謀是必然的。不過當局於選舉翌日褫奪陳六使的公民權，翌日又拘捕職業學生，也可能是乘大選獲勝而採取的肅清行動，更由於印尼的對抗政策，及馬共與印尼共的聯絡，星馬當局這項措施，似乎也是避免一旦與印尼軍事衝突時可能發生的內亂。

．吉隆坡通訊．

蘇加諾反英反馬將自食惡果

印尼攫得了荷屬新幾內亞之後，蘇加諾更氣燄萬丈了！迨至被選為「終身總統」，這傢伙更給英雄主義沖昏了腦袋，於是迅即泛起着稱霸東南亞的野心，遂於大馬來西亞正式成立之日，立刻進行反英，反馬，掀起了目無國際道義的大暴動：無數印尼暴徒焚燬英駐印尼的大使館，劫奪英人在耶加達的產業。暴徒的行動，無疑地是有官方人員領導，同時是有計劃展開：事先，他們是已經調查清楚英人在耶加達的產業、屋宇，然後加以焚燒和劫掠，而印尼的軍警則袖手旁觀，任由暴徒為所欲為，是以所有英人產業，都無一倖免。迨至最近，蘇加諾並準備以軍事行動來增加東南亞局勢的危險氣氛，這一下橫蠻的手法，當即引起大馬及英國的憤恨，而自由世界各國，也為之側目！

蘇加諾這種「手法」，如所週知，是受到共產黨的唆擺和支持；正因如此，蘇加諾的動向就更引起了自由國家的憂慮。最近印尼外長蘇班德里奧在紐約出席聯大會時，還明目張胆地警告美國總統甘廼廸，及其他自由國家的領袖，切勿驅迫印尼走進中共懷抱。蘇班德里奧這項「警告」，正反映出蘇加諾已有了此種意圖。假如蘇加諾為着發展他的「英雄主義」，滿足他的野心，真的走向共產黨的陣營，則東南亞各國，如非律賓，緬甸，高棉，越南，泰國，都將受到嚴重的威脅。而且印尼擁有一億人口，是世界第五最大國家；如果印尼投進共黨懷抱，勢必成為太平洋地區的一個極具危險性的火藥庫。

目前，包圍在蘇加諾前後左右的，都是一些「革命份子」，他們在對荷蘭作戰時，都曾立下不少功勳；無疑的，他們是盡忠於蘇加諾，但他們也充滿自大狂，尤其是對政治和外交，對世界局勢的認識，都毫無經驗，更為膚淺。同時，他們也欠缺農、工生產的學識，沒有交通、運輸等建設的技術，他們管理着印尼政府各部門，祇有把印尼的政治弄得一團糟。猶憶在一九五七年荷蘭政權被逐出了後，印尼的最大農田，工廠，都陷於混亂狀態，蘇加諾雖派出了官員去接管各部門，但所有生產立刻低落了百份廿五。第二次世界大戰前，印尼供應世界之食糖佔所需的總額百份六，但現在却完全沒有食糖輸出，反而要輸入一百萬噸白米。無可諱言，蘇加諾統治了印尼那麼多年，印尼的經濟和生產祇有日趨衰退；於是，共黨份子就在印尼找到了溫床。迨印尼共黨成為合法政黨之後，其潛力迅即向四方八面擴張，而蘇加諾那時正倚靠着蘇聯和中共的援助，俾得改善其國家經濟。印尼這樣的「飲鴆止渴」，當然更有利於共黨，蘇聯和中共便都掌握着這機會，大力協助印尼共黨的發展。迨至印尼共黨鼓勵蘇加諾收回荷屬西新幾內亞獲致成功，共產的氣燄和勢力，也就從此高揚、龐大；共產黨的滲透工作，也從那時起，獲得更大的成功。

但是蘇加諾並不理會這些，同時也不理會國家經濟、政治的危機，最近却十分起勁地抨擊大馬來西亞問題，迨「大馬」正式宣佈成立，蘇加諾便又發動反英，反馬，頓使新成立的「大馬」，立刻進行備戰；風雲險惡，局勢緊張，而蘇加諾則揚威耀武如故，遂使這「火藥庫」隨時都有爆炸可能。據九月廿三日傳來的消息：印尼傘兵及供應品，已在距沙勝越邊界約一百二十英里的地區投下；傘兵的人數，約有百餘名。印尼這種軍事行動，正反映出「英雄主義」的蘇加諾，仍在共黨的利用下，加深了東南亞的危機。也許，有人說：蘇加諾今日的行動，完全是因為他接受了蘇聯和中共的援助，不能不有所「交代」；也即是說」，他還要騙取更多的「共援」。但話雖如此，蘇加諾却極可能挑起了「新殖民地主義戰爭」。那時，鷸蚌相持，得利的就是漁人（蘇聯和中共）了！

假如蘇加諾依然不自量力，繼續大搞反英、反馬的把戲，勢必自食其惡果，蓋英國的盟友是美國，而「大馬」的背後還有澳、紐，又怎能容許蘇加諾的狂妄胡為？

．翁立．

向「蘇州人」致敬

徐亮之

「盜亦有道」；的確，這句話，不但使我相信；而且以後我對於這所謂「盜」的「道」，比較某些道貌岸然而儼然道統在躬者所談的什麼道，要欣賞得多了。

事情是這樣：九月二十二日下午七時一刻，我和太太送完了一位曼谷朋友的飛機後，忽然想看九點半在麗聲上映的伊麗沙白泰萊主演的「名流怨婦」。因為距上映的時間還有兩點多，又忽然想起最好到麗聲對面的玄妙觀「歎」翻一樽五加皮，一碟鹵蠶豆，然後胡亂弄些麵點作晚餐，庶幾時間可以扣得天衣無縫。却不料酒醉飯飽之餘，時間還有的是「大把」；於是又漫無目的地參觀了彌敦道上的幾家書店和百貨公司。於是碰見遊子先生了。他說他也是同太太出來「行街」的；我說：「太太在那裏？」他說：「在前面。」我說：「何不請來相見？」他說：「我去找她來。」結果、找來了；寒暄了幾句；我們時間已到，也就分道揚鑣了。

九月二十四日下午二時，是我該到大同書院上課的時候了。我充滿了自信，因為我皮篋裏最後的港幣十二元八毫足夠維持我的烟酒車費而接上新學期「出糧」的時候了。不過、我用「最後」兩個字，也許不是香港的教書先生不能明白；不能不加以解釋。好吧、現在就略微解釋一下吧。告訴你：原來我們香港私立專上學校的兼任教師，寒暑假期照例是要勒緊褲帶的。一年十二個月，任何人都要吃十二個月的飯，只有專上學校的兼任教師除外，他們照例只准有十個月飯好吃。（大同書院今年倒除外，合併聲明。）而津貼的專上學校的兼任教師更「論盡」，他們原則上不但和私立專上一般只有十個月飯吃，而且每逢什麼國內的、國外的、國際的、宗教的什麼紀念節日，全都成為他們該勒緊褲帶的法定紀念日；雖然表面的數字上他們比私立專上學校的待遇好得多。

閒話少說，言歸正傳：我在大同上完了課，正在休息室盤算如何更有效的使用這最後的十二元八毫，俾和新的「出糧」期能作最緊密的衙接時，摸了一摸褲袋，皮篋竟然不翼而飛。結果、我只能幸運地撫摸着裝有二元八毫硬幣的另一小皮篋廢然而去！

照例、關於碰上這一類事件，我是抱定以不告訴太太為宗旨的；因為自對日抗戰到此次「走難」以來，這類事件在我記憶所及，最少已是第五次了。我不願再送話柄給太太作為取笑我的資料的。然而、然而我一進門，話柄却依然給太太抓着了！

「有一封怪信在你書桌上。」太太說：

我聽了不免一驚；自然我不會懷疑時至今日還有人給我寫情信而被太太所發現；但太太口中的「怪信」二字，却也確實「唔話得唔得人驚」。於是我連忙拿起這所謂「怪信」來看，先看信封：第一行、我的地址；第二行、我的姓名；第三行、「蘇州人」三個字。再看封內：除了一本去了封皮的住所名簿外，什麼也沒有；而這些人名却全都是我的朋友；其姓名、其住址、其電話號碼、也全是朋友自己或我的親筆。於是我恍然大悟，原來我這小簿子乃夾在皮篋之內；皮篋夾上小簿，頗似「銀紙大把」，因而引起「蘇州人」先生的注意；因而乘我和遊子夫婦寒暄之際，施其空空妙手；而不料此乃我皮篋中最寒傖之一次，結果乃竟等於撲了一個空也！

而我之所以必向「蘇州人」先生致敬且欣賞之趣油然以生者，也便在此。你想：他所取於我者祇不過港幣十元和一個破皮篋而已；是本可以大罵一聲：又碰上了窮鬼教書匠，而大呼晦氣的。那本住所名簿更可以丟進垃圾桶而絕無必須歸還我的義務的。然而他却不然，他居然能灼然瞭然於這本簿子比我篋中之藏之更重要，不出三天竟毅然決然專函歸還於我；此其衷於道理為何如耶!?此其磊落光明持較某些以販賣道理為業而口是心非的道學家，其高下又何如耶!?

「蘇州人」先生：我現在正式向你致敬。但我也正式奉勸先生：以後為免自找晦氣，凡碰上類似教書匠型的人物，最好少「埋手」為佳。

陳風子治印

陳風子，別號瘦翁，浙江杭州人，鑽研金石文字凡數十年，爲西湖西泠印社得前輩大家法最深之浙派後人。本報今後將逐期刊載陳氏作品，以饗讀者。

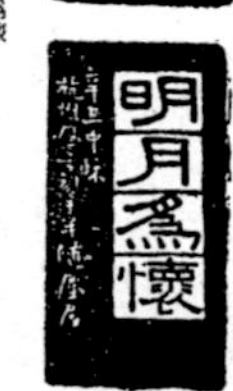

文聲集（四三）

六月十七覽揆繼五兄作

湛銓

深密居藏四十年，漸須晴日住中天。名高易與身相左，人好何煩月定圓。寸策觀生知可大，（策、蓍也。易、觀我生君子無咎。又可大則賢人之業。習彥威與桓秘書命世而作佐者，必垂可大之餘風。）一肩擔道到無邊。炎風未礙薑花發，百盞眞香已盛傳。

新秋雜詩

前人

故山猿鶴漫相譏，未改秋風爛布衣。別館重尋憐繭足，眞文三食老書圍。來雲好作連緜淨，去水無聲獨自歸。頗怪流邊蘇玉局，茹辛何以得臞肥？

地迴方知得月多，秋邊閒著意如何？漸無昌谷平原想，並廢曹瞞碣石歌。幾日看花銷霸氣，寸心凝白足禪那。君看無極滄浪水，水底龍馴已不波。

夏夜風雨無寐作

前人

坐夜每至曉，處身殊覺寬。文辭有枝葉，風雨助波瀾。未借名增重，徒知性所安。蒼生今輾轉，天眼可曾看！

唐詩偶釋（二三）

鄧中龍

送李中丞歸漢陽別業

・劉長卿・

流落征南將，曾驅十萬師。罷歸無舊業，老去戀明時。獨立三邊靜，輕生一劍知。茫茫江漢上，日暮欲何之？

流落二字，一章之主。首二句立案，以下分承，末二句復接到流落二字。首尾迴合，中間平排。此全詩間架。

項聯承起句說，腹聯承次句說，此律詩常法。

明是送中丞歸別業，偏曰日暮欲何之，沉痛之至。此有心人語也。俗手滿紙寒溫，故一覽便鮮餘味，閱此等詩應體會其營構之至意。

當日曾綰領十萬雄師之征南將，今乃流落天涯，無人存問。詩有不待諷諭而諷諭自見者，此詩起聯是也。天下滔滔，曾無一片乾淨土，日之暮矣，君欲何之？詩有不待感慨而感慨自見者，此詩末聯是也。中四句，上聯言其廉，下聯言其勇，叙其廉勇，所以益悲其流落也。此全詩大旨。

茫茫江漢上，江漢或作漢江。就詩題而言，李中丞乃歸漢陽別業，用「漢江」亦未必不妥。然詩人用字，固無須如此落實者，若必欲易江漢為漢江，反失空靈之妙。且以音節而論，由平轉去，再由去轉上，音調最苦，「江漢上」三字最能符合此種音節。去聲之下，非不可以接以平聲，惟通常須有兩平聲始能見遠神遠韻。古人詩，於上二下三句格，鮮有用「去平上」者，固知「江漢上」不可易以「漢江上」也。

詩中音節，論其嚴格處，固不如塡詞。然大家之作，於緊要關頭，亦自不敢掉以輕心，往往句斟字酌，務其竟體渾成。讀詩者或不經意，而作詩者實已煞費苦心矣。柳宗元「江雪」詩，幾全部以平聲與去入聲字相間而成，故乃淸峭已絕，令人於音節中足以窺見一獨立之人格。李商隱「登樂遊原」詩，後二句幾全為平聲與上聲字相間而成，故乃悲苦已極，令人於音節中可以體會作者之痛苦情懷，即此等詩，固不待細究其文字意義，藉其音節安排之巧妙，亦足以感人也。

附柳宗元「江雪」詩：

「千山鳥飛絕，萬徑人蹤滅。孤舟蓑笠翁，獨釣寒江雪。」

附李商隱「登樂遊原」詩：

「向晚意不適，驅車登古原。夕陽無限好，只是近黃昏。」

女貞庵（二〇）

（版權保留）

黎明

第十場：追舟

艄公乙：（旁白）哎呀、罵起老漢來了；唔、我要再撩撥她幾句才是。（唱）：

莫道石頭勿好哉；
好花要傍石頭栽也咧。
石頭曾把情天補，
女媧娘娘揀過來也咧。

陳妙常：（旁白）哎呀且住，這艄公苦苦逗奴對歌，奴家今日豈有此等閒情？奴不免奉承他幾句，免得他再來囉唆便了。（轉向艄公乙）啊老伯伯、您的歌眞唱得好呀！

艄公乙：師姑姐您也不弱呀！

陳妙常：這就不敢。啊老伯伯、您看天色不早，快點與奴追趕前船，明日奴再與您好好對歌一番如何？

艄公乙：怎麼？師姑姐、您明日肯和老漢對歌？好、好、好，您請坐下，別摔壞了腰兒，待老漢快划幾槳者。（用力介）

陳妙常：如此有勞了。（坐下；唱）：

又只見遠浦林踈日影寒，
長江似淚流不乾。
槳快怎比奴的心兒快？
只恐怕別時容易見時難！

（這時已離前船不遠。急轉向艄公乙說）：啊、老伯伯！此處已離前船不遠，煩您與奴叫住前船者。

艄公乙：怎麼個叫法呢？

陳妙常：就說潘相公慢走，妙—！剛說個「妙」字，忽然覺得不好意思，（低頭旁白）唉呀怪難為情的，奴的名字怎好讓艄公他知道哩!?……

艄公乙：啊師姑姐！為何不說了？到底怎麼個「妙—妙」法呀？

陳妙常：唉！也—罷！您就說「妙常姑找他講話」了吧！（說罷以袖障面）

（待續）

憶陳果夫先生（三八）

宇人

中央常會對於處理所謂違紀競選的問題，既然沒有一個統一的原則，而祇是因人而易，於是，派系關係便成了決定問題的主要因素。屬於甲派或與甲派有關的當選人，如果原來僅被提名為候補候選人甚或壓根兒沒有被提名，該派的中常委也要多方維護。反之，如與本派有關的候選人未獲當選或僅當選候補，該派的中常委又說必須保全中央威信，非把違紀競選者的當選資格取銷不可。立夫先生對於CC分子違紀競選的事，如果落選者是民青兩黨的候選人；他尚可設法勸說各該黨有所讓步；但有不少地區和團體的落選者也是CC分子，他就陷於兩面不討好的窘況了。再加以內政部發給當選證書時，也不是完全以各省市選舉監督的正式報告為依據，有的候選人雖然落選却可優先領獲當選證書，當選者來到南京後自然不依，因而更演成了不少的雙包案。哄動一時，騰笑中外的國大代表自備棺材抬到會場的醜劇，即是最顯著的一例。以後經過幕後的討價還價，大多數的雙包案雖然獲得妥協；其中的一部份仍僵持不下。直到國民大會開會前夕，尚有自稱依法獲得當選，但被內政部拒發當選證書的「國大代表」二十餘人散發宣言，並搶先進入會場，佔據席位，卒至勞動軍警將他們挾持到另一個特定的處所，予以軟禁。次日，國民大會正式揭幕，表面上固然是冠蓋雲集，盛況空前；但事實上，這些被軟禁的「代表」則正在實行絕食；不過，緣於禁令的森嚴，報紙不敢刊載而已。後來，還是接受了他們所提的某些交換條件，才算解決。

立法委員選舉的結果，也僅較國大代表略勝一籌。廣東方面曾想出了一種極為特別的解決辦法。如三人共爭一席立委，他們相互協議排列次席，每人輪做一年。為了預防有背信的情事，輪值第一年的人，先寫好一份簽名蓋章的辭職書，交與輪值第二年的人收存，以便他在第一年期滿時代為提出，這樣，他就不必耽心輪值第一年的人到期不讓了。輪值第二年的人也照樣寫好一份辭職書交與輪值第三年的人收存。當時，奉國民黨中央派往廣東指導提名選舉的李大超還引以自慰，鐵城先生也認為廣東的辦法不錯。我雖力斥其謬；但在那種情形之下，也就等於枉費唇舌了。

當時民青兩黨因為所提的立委候選人落選甚多，直到立法院開會後，還在提出交涉。曾記得當選東北某一地區的立委，原是國民黨籍的某君，並已出席立法院會議多次。立夫、鐵城兩先生以行政院的次長做交換條件，商請他提出辭職，讓與民社黨，他答應了。於是，行政院便明令發表他為某部的次長；但繼他而為該區立委的民社黨人却是他的太太。有人說：她就是為了要接受乃夫的遺缺才臨時加入民社黨的，而他也就是因為可以夫婦同榮才肯辭職的，確否自不得而知。但由此可見，當時國、民、青三黨自提名，以至處理選舉糾紛，都同樣的漫無準則可言。經過這次選舉以後，不但國民黨在實質上已陷於支離破碎，無法收拾的邊緣，也不但民青兩黨都有人大鬧分裂，社會信譽一落千丈；而且還為國家的憲政前途，創下不易補救的種種惡例，至今遺害未已。

現在，再說到貴州的選舉情形。

先是在所謂大團結運動以後，道藩、正綱、健羣和我時有接觸，漸漸的，他們三位談到行憲即將開始，各省政府主席必須由本省人士担任，才符合地方自治的目的；並主張應設法請蔣先生在谷正倫和道藩、正綱等三人中擇一任命為貴州省主席，我當然表示同意。後來他們又說：最好先取得行政院長張羣先生的同意，由他向蔣先生提出，才比較有效。但張是政學系，CC和黃埔兩系一向都是反對政學系的，他們三位都表示不便去找他，要我先去作初步的試探。我請一位朋友將此意轉達張羣先生，他表示原則同意，隨即請我們四人到院長官邸晚餐，同商進行的辦法。大家都覺得當時貴州省政府主席楊森在抗戰期間，率部出川，轉戰各省，雖無殊功，却有勞績，理應善予安排，最好是調他為重慶市長。一則楊對市政建設向來極有興緻，重慶又是陪都，市長的地位也可說比貴州省政府主席還要顯要一些，他必樂於接受；二則市政比較省政簡單，楊必能勝任；三則以四川人主持四川的市政，正合地方自治的要求。我們五人當晚的會談，可謂十分圓滿，道藩、正綱都顯得高興逾恒；祇待張先生侍機向蔣先生提出，即可望實現我們的願望。約兩週後，張又告知我們，蔣先生已同意任命谷正倫為貴州省政府主席，調楊森為重慶市長。但接着便久無消息，時國民黨召開中央全會，我們貴州籍的中委有所集議，他們主張在全會檢討政治報告時，應强調以本省人主持省政的必要和不可緩，藉以促起蔣先生的注意；並推我發言，我不願單獨為之，他們乃加推谷正鼎。可是，第二天全會開會時，我照大家的意見發言後，谷却向我說：他沒有什麼新意見，不想發言，我祇好聽之。此後不久，蔣先生忽任命谷正倫為行政院糧食部長，據張羣先生的解釋，蔣先生要谷先在中央做一個短時期，再回貴州。但如此一來，國大代表和立監委員的選舉，勢必將在楊森的任內舉行。貴州的CC便散佈謠言，說我反對楊森，並加油加醋的引我在中央全會所說應以本省人主持省政的話為証。又加以此時，楊森主持貴州省政已滿二年，舉行紀念，道藩、正鼎均去電致賀，我因事前未有所聞，少此一舉，於是，楊森及其左右也就為CC所惑，對我採取敵對的行動，密令我的本籍——黔西和鄰近各縣的縣長，嚴禁選民投我的票，其目的，顯然要使我無法當選立委。我得知此情，率性決定不回貴州去競選，任其自然發展。我原希望被提名為候補的雷、鄭兩同志進行競選；因為我認為他們仍有當選的可能；但他們鑒於環境惡劣，堅持應以全力顧我，不允作此考慮。稍後健羣回貴州競選，會見楊森，楊本人對我的態度才稍有改變；唯為時已晚，選舉結果，我在我的原籍僅得五十多票。賴有青年團全體同志和若干縣黨部的支持，我在他們不大注意防範的許多遙遠縣份，却得票很多，因而仍獲當選。CC在貴州向我發動的一場惡戰雖然未能達到他們所想望的目的，但雷、鄭兩同志則因我的關係而失去競選立委的機會。後來，楊森得知真象，到南京時曾來看我，我也泰然處之。（待續）

諸葛亮與周瑜無直接衝突

三國人物故事評論之八

劉裕畧

談到諸葛亮與周瑜，大家總是很容易想起諸葛亮三氣周瑜的事，以及「既生瑜何生亮」的話。其實，周瑜的脾氣並不暴燥，所謂三氣周瑜的說法，原本只是三國演義的小說故事，並非史實。真正說來，周瑜倒是一個既有才氣而又有修養的人。試看赤壁之戰，周瑜作統帥，程普自以為資格老，屈居周瑜之下，心裏很不高興，也很看不起周瑜，江表傳有這樣一段記載說：「普頗以年長數凌侮周瑜，瑜折節容下，終不與校，普後自敬服而親重之。」時人以其謙讓服人如此。」所以，到了最後，程普也不得不說「與公瑾交，如飲醇醪，不覺自醉。」周瑜既然是這樣一個既有氣度又有風度的人，諸葛亮三氣周瑜事之不可靠，也就可想而知了。

以時間來計算，諸葛亮與周瑜相接觸的機會並不多，他們之間的關係只在赤壁之戰前後，更早則諸葛亮沒有出山，稍遲則周瑜就死了。而赤壁之戰，又是劉備與孫權組織聯合陣線，共同對付曹操的一戰，在作戰期間，他們之間所共同期望的是打敗共同敵人曹操，所以，沒有衝突可言。誠然，他們這一聯合陣綫，彼此間也暗中存在着矛盾，戰後，為了爭奪戰勝後的果實，他們之間的矛盾更不可避免地明顯起來擴大起來，但劉備與孫權之間仍然有着互相為用的作用，所以，最大的衝突却又不能有，於是，他們之間便只能有一種近乎冷戰的「鬥智」了。

諸葛亮與周瑜在各自的企圖上最有衝突的地方是關於劉備的問題，不消說，諸葛亮是替劉備畫策如何襲取荊州從而使劉備獲得一塊基地的人，而周瑜呢！他雖然與孫權一樣，認為在對付曹操這一大問題上，東吳是需要劉備這樣人物的，但是周瑜以為東吳雖需要劉備，却不必把荊州永遠給劉備，最好是把劉備用一種軟方法覊迷起來，到需要用的時候再用他，所以，劉備到東吳見孫權的時候，周瑜向孫權上疏說：「劉備以梟雄之姿，而有關羽、張飛熊虎之將，必非久屈為人用者，愚謂大計，宜徙備置吳，盛為築宮室，多其美女玩好，以娛其耳目，分此二人，各置一方，使如瑜者得挾與攻戰，大事可定也。今猥割土地以資業之，聚此三人，俱在疆埸，恐蛟龍得雲雨，終非池中物也。」周瑜要想把劉備弄到東吳軟化，有事時，再利用他作戰，諸葛亮則想劉備佔荊州得益州以謀天下三分，他們兩人之間便在各自的理想和策劃上有了衝突。而兩人都不是主官，但却又都有重大影响力，這樣，他們便在暗中間接鬥起智來了。這一冷戰，由於孫權認定曹操在北方是最重大的威脅，當廣攬英雄，又恐劉備難卒制，故不納周瑜之意見（見周瑜傳）而把劉備放回了荊州，這雖不一定就是諸葛亮一定打了勝戰，但周瑜的計劃沒有實現却是真的。

關於這一件事，蜀志先主本紀說：「琦病死，羣下推先主為荊州牧，治公安。權稍畏之，進妹固好，先主至京，見權綢繆恩紀。」可見孫夫人就是在周瑜主張軟留劉備的時候嫁給劉備的。孫權平時本來很聽從周瑜的意見，但這一次，孫權不但沒有接納周瑜的意見，而且反而「進妹固好」，難怪三國演義有意幽默周瑜說：「周郎妙計安天下，陪了夫人又折兵」了。

劉備有一次對孫權說：「公瑾文武籌畧，萬人之英，顧其器量廣大，恐不久為人臣耳！」這或許是諸葛亮教劉備用來離間孫權的話，但孫權沒有聽信。

隨後，周瑜又上疏孫權，主張進軍西川，滅掉劉璋，然後吞併張魯，再進而進擊曹操，他認為曹操新敗，正是東吳西進的好機會。顯然，周瑜主張孫權取西川與諸葛亮主張取西川的覇圖正相同，大抵，周瑜那時看見劉備正在忙於安定荊州，暫時無力西進，東吳正好趁機西進，對於這一個意見，孫權是接納了。不過，為了應付劉備，孫權却派人約劉備共同伐蜀。這時候，諸葛亮正以軍師中郎將的名義督零陵、桂陽、長沙三郡，調其賦稅，以充軍實在外未歸，劉備不知道孫權的真意如何？荊州主簿殷觀就向劉備建議說：若為吳先驅，如果進不能攻克西蜀，退就會為吳所乘，那末，荊州的大事便去了。為今之計，不如贊成東吳自己伐蜀，事實上，吳必不敢越過荊州單獨伐蜀，因為東吳也會害怕前有西蜀，後有荊州的。劉備採納了殷觀的建議，由於這一建議很好，所以，殷觀就立即被升為別駕從事。當孫權接納周瑜伐蜀的意見時，周瑜回江陵準備一切，但走到巴丘就病死了。所以，這時候，周瑜並沒有和諸葛亮發生直接衝突。

至於戲台上把諸葛亮掛起黑鬚，把周瑜扮成白面將軍，以之象徵性格則可，以之說明年齡則有錯了。因為事實上，周瑜的年齡是比諸葛亮還要大些。

本刊已經香港政府登記

聯合評論

週刊

每逢星期五出版

United Voice Weekly

第二六五號

督印人：黃宇人　總編輯：左舜生

CHINESE - AMERICAN PRESS, INC
199 CANAL STREET,
NEW YORK13 N. Y. U.S.A.

兩個世界與兩個中國（一）

許子由

「兩個中國」問題，最近又甚囂塵上。這並不是說：所謂兩個中國有正式形成的可能，而不過是各種最近發生的事實，加强了對這種現實情形的襯托；因而使人擔心到所謂兩個中國問題的發展——換句話說，擔心到中國將來的前途，這決不是杞憂。

台灣和大陸兩個中國政權的存在，是內政的產物，但也是國際關係的產物。以前者言，國民政府在對日戰爭勝利後的失敗——如「劫收」及通貨膨脹，以及軍人復員和處理偽軍的欠妥等等，造成了民心離散而予中共以可乘之機。人民方面，絕大多數不關心政治的老百姓，以為「改朝換代」乃是歷史上常有的事，只要向皇帝或總統抑主席納粮，便可以過着「帝力於我何有哉」的日常生活。就算是口談國事的智識份子，也大部份受了毛澤東「新民主主義」戲法的欺騙，以為中共是「民主主義」而不過「新」了一點，可能是農村改革者，或社會政策以至有限度社會主義的主張者。因此在當時那種政治紊亂民不聊生的情況下，「人心思變」，以為滿口「改革、解放」的中共，或者會「變」得好一點。「窮則變，變則通」這句話是不够邏輯的，最少在「則通」這兩個字上令人有「即通」的感覺，而沒有表現出也許要變十次八次然後才通，像毛澤東那樣多變，丕變，一直變了十四個年頭也還是此路不通。那種丕變的「變」法，和這種顛連破碎的結果，決不是國共之戰方殷的當時，絕大部份中國人所能想像或預料的。

中國的士大夫階級，過去在改朝換代中，僅有絕少的殉國或不仕，大部份仍是「歸順」新朝，替「明主」效其犬馬。因為不管姓什麼的江山，仍然是江山，而做官却是他們的職業，謀生的手段。「搭線、靠攏、起義」之多，也就自古已然，於茲為烈。這麼一來，國民政府也就只好乖乖地退出大陸，而被稱為「國民黨中國」了。

實際上「國民黨中國」這名稱在大陸時代也極為適用；大陸政治，民、青兩黨其實「不與也」，至於老百姓，他們在數千年皇帝及軍閥統治下，「勿談政治」是祖宗家訓及個人明哲保身之道。我們還能怪誰？要麼只有怪責包括我們自己在內的知識份子，也包括知識份子的做官人，不是沒有智慧，便是沒有節氣。毛澤東罵知識份子是「牆頭草」，並非新的發明，那不過是「儒冠溺器耳」的引伸。年來大陸知識份子慘被芟夷斬伐，我們即使兎死狐悲也無濟於事，那是「俱往矣」的了。

無論統治階層，協助統治階層，被統治階層，都承襲專制時代的風氣，「民國」並非民主，便構成了目前「兩個中國」形式的悲劇。

（二）

從國際關係上看，美國錯認中共是農村改革者，並把司徒雷登大使留在南京，（相機與中共打交道），也是當時的認識不足，鑄成大錯。今天美國在南越處境尷尬，飽受吳庭儒夫人的冷諷，也還知道堅持不撤退的原則。可能便是知道無論怎樣難堪，也總比把土地拱手讓共黨接管要好一些。若果當年馬歇爾能像今天的泰萊聯合參謀長那樣，提出在黃河流域與中共門打遊擊的計劃，當然不會有什麼「渡江」的事。再說，韓戰為什麼不讓聯合國常任理事之一的中國參戰，又為什麼美軍受中共軍伏擊大敗，而仍要制止麥克阿瑟不宜而戰？就說最近，中共為國軍反攻大陸之說起了恐慌時，美國為什麼要在中共要求特別召開的華沙會議中，明告中共以美國沒有協助反攻的意向？蘇聯在「兩個中國」問題上，是經最近中共的指責方才顯露的。其一是指責赫魯曉夫以「兩個中國」遊說中共，其次是國府簽字於禁試協定，經中共抨擊後，蘇方向美抗議。這在以前，一般還祇認為蘇聯不肯助中共進攻台灣，乃為恐與美國衝突，及便於對中共之控制。還沒有人檢討到妥協主義或綏撫主義這一點上。直到現在，蘇聯的態度才被看出明朗化了。

美蘇在「兩個中國」問題上有一個共同點，那便是維持現狀。自韓越兩戰結束以後，除了伊拉克、古巴政變而外，以武力擴奪土地的只有寮共及越共。自「兩個德國」以下的「兩個」任何國家，都是原封不動。這都是美蘇勢力的影響，也是美蘇政策的產物。美蘇政策的試圖達成「冷和」或「解凍」，現在也是已經明朗化了的。

至於英國日本這一類「非霸權國」的國家，對於「兩個中國」的態度只以他們本國的利益為依歸，也即是「承認現實」的態度。但就中而論，英國要比日本高明一些。英國因香港及貿易企圖而承認中共，但迄今雙方代辦並沒有陞格，英國固不能愚弄中共，可也不為中共所利用。日本要走到承認中共的道途，雖極遙遠，但目前一旦展開與中共貿易，便使涸轍之鮒的中共，有得水復甦的情勢。在物資與技術上，它既可填補蘇聯退出的空虛，在四面楚歌的孤立困境上，也使中共獲得改善。尤其是在打擊台灣和滲透日本這兩件事上，不啻予在黑暗中摸索的中共，得到一抹曙光，一條出路。我們不願抨擊日本經濟界的短視，而不能不慨歎日本政治家的不够氣魄！不過這種國際情勢的發展，也是對「兩個中國」推波而助瀾的。

（三）

凡是中國人都反對「兩個中國」，國府、中共、海外僑胞及民主人士，沒有不加以反對。當然，國府與中共的反對是兩回事，前者要反攻大陸，而後者要「解放」台灣。這就是說，中國人雖然全體反對「兩個中國」，却不能一致合作，與國際形勢抗爭。那麼問題便落在中共以外的中國人身上，如何與中共及國際形勢抗爭？就上述內政的觀點說，大陸陷共是除了共產黨徒而外絕大部份中國人的失敗——今天，即使共產「黨徒」也有很多不滿於共黨統治的——那麼，如何懲前毖後，知過迅改，揚棄我們政府和人民的古老病態？

「外交乃是內政的延續」，以今天日本的開始「轉變」來說，我們能只埋怨日本不為中國守義，而不痛責自己不爭氣嗎？從只顧利害的國際關係原則來說，那豈不是不求諸己而厚責於人？何況埋怨並不會生出有利的效果來？

中華民國五十二年來，人民在政治範圍的發言權及影響力如何？人民在國家生活中的「享受」又是如何？言之心痛！因為沒有民主，也就沒有民權。國家讓當權者推向危機，民生幾陷於萬劫不復。除非全體人民以除了國共兩當權派外的台灣大陸人民，海外僑胞同胞，能够一致起來爭取民主外，我們看不出有什麼力量與國際形勢對抗。

雙十於今，又一週年！風雨如晦，國事已不堪回首；雞鳴不已，正志士起舞之時。中國知識份子，能够有如譚嗣同梁啟超者的興起麼？（十月六日）

毛澤東拋頭露面忙於應付危局

劉裕畧

辛亥革命起義的雙十節日，昨天又已屆臨了。當此佳節，我們除了緬懷往哲，崇仰先烈出錢出力流汗流血為國家為民族的犧牲奮鬥外，再掉頭來看看我們的共同敵人——中共偽政權的形勢及其領導人毛澤東的處境如何呢？

自中共於一九四九年佔據大陸在北平成立所謂「中華人民共和國」以來，從基本上講，中共偽政權十四年來一直在走下坡，毛澤東本人所遭遇的危機也正是越來越多。在最近幾年，自毛澤東把中共偽政權「中華人民共和國政府」主席交給劉少奇，毛本人專任中共中央主席後，毛澤東本人本已採取對一般事務少去處理，只負決策的責任，但到了最近半年，由於毛澤東與赫魯曉夫個人權利衝突加劇，毛澤東內外危機四伏，為了應付這一危局，毛本人又不得不拋頭露面自己出馬了。

人們大概還能記得，在二三年前，毛澤東每年都要離開北平，前往其它各地去旅行或休息的。有時，他赴北戴河避暑，有時，他到杭州休息，有時，他又到湖北湖南各地去巡視。但在今年夏天，他却一直留在北平，沒有到任何地方去，這已經是反常了。

另一方面，毛澤東在最近幾年，縱然是在留在北平的時候，他也是深居簡出，很少拋頭露面的。他固然沒有一般民主國家的那些領袖們經常招待記者公開發表談話的民主習氣，甚至，就是前往北平訪問的顯貴。在最近幾年，由他本人接見的也不多。但最近半年，尤其最近幾個月，毛澤東却不時接見各種人物。各國各地前往北平訪問的有名人物，他固然不斷接見，就是前往北平的三四流訪客，他也一概接見了。對此，本報曾有報導。其實，毛澤東最近幾個月不但「紆尊降貴」不斷接見各方的三四流外客，就是大陸內部以前許多根本見不到的人，現在也由他親自接見了。

前幾天，有一個很顯著例子，據中共新華社十月四日北平電：「毛澤東主席以及黨和國家其他領導人劉少奇、周恩來、朱德、陳毅、賀龍、聶榮臻、徐向前、張鼎丞今天下午接見前來北京參加國慶活動的內蒙古、西藏、新疆、雲南、四川、貴州、甘肅、福建、浙江等九個省和自治區的少數民族參觀團全體團員，內蒙古、西藏少數民族青年學習參觀團全體團員，中國人民解放軍和公安部隊國慶觀禮全體代表，以及中央政法幹部學校全體學員」。而在以往幾年，毛澤東是不會親自接見上說這些雜色隊伍的。又據中共通訊社說，周恩來於本年九月卅日晚即中共所謂「國慶」前夕在北平舉行盛大晚宴時，毛澤東亦打破十四年來一向不去參加之慣例，而於當晚前往參加。這都可見毛澤東這個老和尚過去幾年只在方丈室唸經，現在却必須自己拋頭露面來登壇使法了。

把毛澤東叫做「老和尚」，是中共大鳴大放時一般人民對毛澤東的一個頗有幽默感而又相當恰當的稱呼。事實上，毛澤東既然迄今不能脫去他那件馬列主義袈裟，他口中縱然唸唸有詞，確也至多不過成為馬列主義之一代高僧。換言之，亦不過是跟着馬克思走，自己沒有獨立思考能力的二流尾巴人物而已。何嘗說得上什麼秦皇漢武畧輸文彩，唐宗宋祖稍遜風騷呢？何況當秦皇漢武唐宗宋祖晚年，都是江山穩固，絕不是毛澤東這樣越來越走下坡，終於被迫親自出面應付內外各種危局的呀！

蘇共七月十四日駁斥中共公開信原文節要（五）

在帝國主義陣營中，還存在着反對裁軍的強大勢力。但是，正是爲了這種勢力退却，必須激發各國人民的憤怒來反對它們，迫使它們來執行各國人民的意志。各國人民希望裁軍，並且相信，共產黨人才是各國人民爲達到這個目標而鬥爭的先鋒隊和組織者。

我們爭取裁軍的鬥爭，不是一個策畧手法。我們眞誠地希望裁軍。在這方面，我們完全站在馬克思列寧主義基礎上。弗·恩格斯在上一世紀末就曾指出，裁軍是可能的，並稱裁軍是「和平的保証」。在我們時代，裁軍的口號是弗·伊·列寧作爲一個實際任務而首先提出來的，蘇聯關於全面的或局部的裁軍的第一個建議，在一九二二年的熱那亞會議上就提出來了。這是列寧在世時的事情。而且關於裁軍的建議也是由他擬定的。

爭取裁軍的鬥爭，是防止戰爭的最重要因素，是反對帝國主義的有效鬥爭。在這一鬥爭中，人類的絕大多數是站在社會主義陣營一邊的。

中國同志提出了「針鋒相對的鬥爭」的口號，用這一口號來同其他社會主義國家執行的旨在緩和國際局勢和停止「冷戰」的政策對立。這種口號實質上是往帝國主義的「戰爭邊緣」政策的磨盤中注水，給主張軍備競賽的人幫忙，給人的印象是，中共領導人認爲，保持和加劇國際緊張局勢，特別是蘇聯同美國關係中的緊張局勢，是有利的。顯然，他們認爲蘇聯應該以挑釁來回答挑釁，走進帝國主義陣營的「狂人」所設的陷阱中去，應該接受帝國主義者的這樣的挑戰：在冒險主義和侵略性方面進行競賽，也就是說，不是進行保障和平的競賽，而是進行發動戰爭的競賽。

走這條路，意味着使和平和各國人民的安全受到威脅。珍視各國人民利益的共產黨人永遠不會走這樣的道路。

爭取和平和爭取現實不同社會制度國家和平共處原則的鬥爭，是各國人民反對帝國主義，反對他們正在準備的新戰爭，反對帝國主義者在殖民地國家的侵略活動，反對帝國主義者在他國領土上設置的軍事基地，反對軍備競賽等等的最重要鬥爭形式之一。這個鬥爭符合工人階級、全體勞動人民的利益，從這個意義上說，這是階級鬥爭。

我們黨、所有兄弟黨都記得，並在自己的活動中遵循聲明的下列結論：不要等到落原子彈和氫彈的時候才展開反對新的世界戰爭危險的鬥爭。現在就應當進行這一鬥爭，並且一天比一天更努力。主要的是及時約束侵畧者，防止戰爭，不使它爆發。今天，爲和平而鬥爭，就是保持最大的警惕性，不倦地揭露帝國主義的政策，警覺地注視戰爭挑撥者的陰謀詭計，喚起世界人民對那些奉行戰爭方針的人的神聖憤怒，提高一切愛好和平力量的組織性，不斷加强群衆保衛和平力量的積極行動，同一切對新戰爭不感興趣的國家加强合作。

爭取和平與和平共處的鬥爭削弱着帝國主義陣線，使最富於侵畧性的帝國主義集團在人民羣衆中陷於孤立，幫助工人階級的革命鬥爭和各國人民的民族解放鬥爭。

爭取和平，爭取和平共處的鬥爭同反對帝國主義的革命鬥爭有機地聯系着。八十一個共黨在自己的聲明中寫道：「在和平共處的條件下，出現着有助於在資本主義國家中開展階級鬥爭、有助於殖民地和附屬國人民開展民族解放運動的可能性，同時，革命的階級鬥爭和民族解放鬥爭的成就又促進和平共處的鞏固。」

在和平共處的情況下，最近幾年，無產階級的階級鬥爭和各國人民爭取民族自由的鬥爭，都取得了新的重大勝利，世界革命進程順利地發展着。因此，把爭取不同社會制度國家和平共處的鬥爭同反對帝國主義和殖民主義、爭取獨立和社會主義的革命鬥爭割裂開來，把它們互相對立起來，像中國同志所做的那樣，就意味着把和平共處原則歸結爲一句空話，閹割它的現實的內容，實際上無視爲反對帝國主義、爭取和平與和平共處而進行堅決鬥爭的必要性，這只會有利於帝國主義者。

中共同蘇共和其他馬克思列寧主義政黨在同對斯大林的個人迷信的後果作鬥爭的問題上，存在着嚴重的分歧。

中共領導人扮演了個人迷信維護者和斯大林錯誤思想的傳播者的角色。他們企圖把個人迷信時期盛行的那些制度、意識形態和道德以及領導的方式方法強加給其他黨，我們直率地說，這種角色是不令人羨慕的，它既不會帶來榮譽，也不會帶來光榮。誰也無法讓馬克思列寧主義者和進步的人們走維護個人迷信的道路！

蘇聯人民、世界共產主義運動正確地評價了我們黨及其以尼·謝·赫魯曉夫同志爲首的中央委員會在反對個人迷信後果的鬥爭中所表現出來的勇敢、剛毅和眞正的列寧主義原則性。

大家知道，我們黨這樣做是爲了解除束縛勞動人民強大力量的沉重壓迫，從而加速蘇聯社會的發展。我們黨這樣做是爲了純潔偉大的列寧遺留給我們的社會主義理想，清除玷污了這種理想的濫用個人權力和專橫的行爲，我們黨這樣做是爲了永不重演那些伴隨個人迷信而產生的悲劇性事件，是爲了使所有社會主義而鬥爭的人們從我們的經驗中吸取教訓。

整個共產主義運動正確地理解和支持了反對同馬克思列寧主義格格不入的個人迷信及其有害後果的鬥爭。當時中國領導人也贊同這樣做，他們談過關於蘇共第二十次代表大會的巨大國際意義。

毛澤東同志在一九五六年九月主持中國共產黨第八次全國代表大會開幕時說：

「蘇聯的同志們，蘇聯人民，按照列寧的指示做了。他們在不長的時間內，取得了極其燦爛的成就。蘇聯共產黨在不久以前召請的第二十次代表大會上，又制定了許多正確的方針，批判了黨內存在的缺點。可以斷定，他們的工作，在今後將有極其偉大的發展」。

在劉少奇同志在代表大會上所作的中共中央政治報告中，這一評價得到了更加全面的表達：

「今年二月舉行的蘇聯共產黨的第二十次代表大會是具有世界意義的重大政治事件。它不僅制定了大規模宏偉的第六個五年計劃，決定進一步發展社會主義事業的許多重大政策方針，批判了在黨內曾經造成嚴重的後果的個人迷信現象，而且提出了進一步促進和平共處和國際合作的主張，對於世界緊張局勢的和緩作出顯著的貢獻。」

鄧小平同志在中共第八次代表大會上的關於修改黨的章程的報告中說過：

「列寧主義要求黨在一切重大的問題上，由適當的集體而不由個人作出決定，關於堅持集體領導原則和反對個人迷信的重要意義，蘇聯共產黨第二十次代表大會作了有力的闡明，這種闡明不僅對於蘇聯共產黨，而且對於全世界其他各國共產黨，都產生了巨大的影響。」

中國同志在「人民日報」衆所周知的編輯部文章「再論無產階級專政的歷史經驗」（一九五六年十二月）中寫道：

「蘇聯共產黨第二十次代表大會，在破除關於斯大林的迷信，揭露斯大林的嚴重錯誤、消除斯大林錯誤的後果方面，表現了巨大的決心和勇氣。全世界的馬克思列寧主義者和同情共產主義事業的人們，都支持蘇聯共產黨糾正錯誤的努力，希望蘇聯同志的努力得到完滿的成功。」

情況正是這樣。

任何一個客觀的人如果把中國領導人的這些講話同中共中央六月十四日信件中說的話對照一下，就會看到，他們在對我們黨第二十次代表大會的評價上來了個一百八十度的轉彎。

但是在這種原則性的問題上難道可搖擺不定嗎？當然不可以。二者必居其一；要末是中國領導人以前在這些原則問題上同蘇共中央沒有分歧，要末是所有這些都是虛僞的。

大家知道，實踐是檢驗眞理的好標準。

正是實踐令人信服地証明，實現蘇共第二十次、二十一次和第二十二次代表大會的路線在我國生活中產生了多麼出色的結果。自從我們黨恢復黨內生活中的列寧主義原則和準則作了急劇的轉變以來，已經過了十年，在這段時期中，蘇聯社會在發展經濟、科學方面，提高文化、加強國防力量方面，在外交政策成就方面，都取得了眞正偉大的結果。（未完）

從艾索浦的觀察談到中共農業前途

綜觀

美國著名專欄作家艾索浦於十月四日自香港發出報導，說中共政權氣數已盡，因爲中共已絕對無法把大陸農業從可怕的失敗中挽救出來。

艾索浦在一項可供很多報紙採用而在華盛頓由華盛頓郵報刋出的專欄中說，這些內部的失敗乃中共現時的事實，且其重要性遠遠超過於莫斯科與北平間之分裂。但中共與蘇聯間之分裂，可能在日後北平的主要武器及機械零件用完時，成爲一項主要因素。

該專欄中，艾索浦又曾詳述中共政權在追求工業發展過程中的曲折，以及中共對人口問題的政策與措施。

據艾索浦詢問從中國大陸逃出的難民所得，在中共統治下的這些最惡劣的年頭中，艾氏稱「中國歷史上無與倫比之悲慘」。並說大陸人口可能已實際減低，但農村生產却更慘。艾索浦指出這些詢問的結果，顯示「農業集體化之後，每畝生產量之減低，至少減少了百分之五十，甚至有時還減少到了百分之七十」。

艾索浦從而作出結論說：「無論如何，鄉村的情況，絲毫不能使人期望農業生產會逐漸改善到足以供給中共所必需的復員及成長之用的轉圜餘地。……一項可能的預測，情況將益壞而非轉好。而中國大陸的統治者，將絕無解决的辦法」。

艾索浦是美國許多新聞記者中對中國問題尤其對中共問題最有觀察能力的專欄作家。他的上述評析，可謂適當。

事實上，中共政權既依靠剝削農民爲生，而且其剝削程度又屬空前，所以，從這一最基本的情況來說，那也是决定了中共的命運是註定着要越來越慘，越來越失敗的。

最近，有很多人都上了中共的當，因爲最近有很多人都認爲中共最近一年的農業已經有了轉機，其實，這完全是中共故意製造出來的錯覺。

很多人上當的原因之一，是因爲中共最近在報刋上不斷宣稱大陸工農業已全面好轉，中共而且還列出了許多生產數字，於是那些專門統計中共謊報的數字而研究中共問題的人，便自以爲自己很有心得，把中共故意製造出來的數字加以堆砌，從而墮入了中共的宣傳陷坑；很多人上當的原因之二，是中共近年對大陸人民的糧食配給量有着小小的增加，於是，他們便以爲這是中共農業生產業已好轉的証據。實則這不過是毛澤東爲了對抗赫魯曉夫，爲了防止蘇共顚覆毛共以安撫大陸的權宜之計，根本與大陸農業之好轉或不好轉無關。

根本言之，中共農業目前並未好轉，將來也不可能好轉，乃是命定之局，艾索浦的看法倒是對的。

× × ×

印尼的叫戰

孫寶剛

這幾個月來，印尼和馬來西亞的糾紛，愈來愈嚴重了。在沙撈越和印尼的交界地方，印尼已集中了大量的軍隊，據說又從軍隊中抽調了二萬人做志願軍，其用意當然要把它來作爲對付馬來西亞的先鋒隊。現在已經在進行突擊沙撈越的突擊隊，可能就是那批志願軍所爲。當然到今天爲止，都被駐在沙撈越的英軍掃蕩了。可是這樣地發展下去，前途是可虞的。因爲印尼的軍事領袖們已宣稱過，爲了反對馬來西亞而戰至最後的一兵一卒，亦所不惜。蘇加諾總統也一再聲明，要不惜一切來反對馬來西亞。這種口氣，易言之，假如馬來西亞不讓步，印尼就不惜要和馬來西亞一戰的。不過我不很明白，假如印尼眞的和馬來西亞一戰，印尼在勝利上究竟有多少把握呢？

有人說，印尼是東南亞的最大的國家，以人口來說，差不多要比馬來西亞大十倍。印尼在近年來又大事擴張軍備，號稱有軍隊三十萬。馬來西亞方面，目前只有輕武裝部隊萬餘人，英國駐沙撈越的軍隊不過六千人，兩者相比，不是印尼佔了絕對的優勢麼？這句話是表面的。因爲英國和澳洲的態度已很明朗。馬來西亞如有事，英國和澳洲決不袖手旁觀。假如眞的這樣，印尼怎樣辦呢？

並且就軍事上來說，常備軍隊的數量，並不是決定作戰力的可靠標準。現代的戰爭，一旦發生，必至全國總動員，這就是說，必須動員全國的人力和物力。以印尼這樣三千多個島嶼的國家，動員是最爲困難的。而況所謂印尼政府，主力是在爪哇島而已，其他的島嶼上的力量，是否能和印尼政府開誠合作，是一個問題。印尼政府在這十餘年來，壓迫華僑，無所不用其極，今天華僑的力量果然已減弱了許多，但是三百萬華僑，以前握着印尼的整個經濟，現在其力量即使減弱了，這個殘餘的力量，還是可觀的，他們甘心胆誠的合作麼？再加上前年的叛軍，現在雖也已告一段落，他們不會乘機再起麼，我並且聽說，印尼的共黨是印尼最大的政黨，事實上蘇加諾的這一次的反馬來西亞傑作，是共黨在作崇，但印尼的軍隊，據說是反共的，軍人好大喜功，受着民族主義的迷惑，所以對沙撈越有染指的心理是極平常的現象，所以這一次在反馬來西亞這一點上，印尼共黨和印尼軍隊的立場一致的。不過，印尼如眞的一旦和馬來西亞作戰，印尼在形勢上非乞助於中共不可，那時的中共，如眞的來協助印尼作戰，必然派遣大量的中共軍事人員到印尼去，易言之，到印尼軍隊中去。印尼的軍人是否甘心受他們的指導呢？

再進一步說，以印尼的經濟現狀言，印尼是個工業不發達的國家，所以一切的軍需品，全部須仰給於外國，印尼有這個力量來購買這個戰爭的一切軍需品麼？以我看，印尼這幾年來的經濟紛亂情形，已爲舉世少有其匹，就是沒有戰爭，已經在破產的邊緣上了，所以印尼的經濟絕不可能負担起這個責任，即使爲了政治的作用，共產國家能予以資助，但中共是沒有強有力的海軍的，蘇聯雖有海軍，在和平共存的口號高唱入雲之下，難道派其艦隊來護航，保護一切軍需品到達印尼麼？我們假定英國和澳洲抽調其一部份的海空軍來擾亂印尼的領海。以印尼這樣一個小小的艦隊，不難吞沒下去罷？那時，印尼的海外運輸，甚至其島上的運輸，不就停滯了麼？那麼，怎可以繼續作戰呢？

軍事上還有一個怪現象，即是作戰力和民族性有着非常密切的關係。全世界一百幾十個國家，並不是個個國家的人民都適合作戰的。幾次大戰中，我們可以看出，有的國家的軍隊，天生富於作戰力，有的國家的軍隊，即使具有優良的軍備，不一定富於作戰力。印尼果然沒有參加過大規模的戰爭，加其人民是否適合於作戰，還沒有經過世界的軍事家品評過。不過，我們如留意過印尼政府軍和共黨的作戰，以及政府軍和叛軍作戰的情形，印尼人是不很適宜於作戰的。我們不要看了英國和澳洲這兩個紙老虎，依據以往的戰史，他們的作戰力，至少不會在印尼人之下的。

而況戰爭的勝負，有否優異的統帥和中上級將領是非常重要，因爲一般軍人，還可在一年半載之中，倉卒練成，初級軍官也許也可以予以速成的訓練，但是一個中上級的將領，十年八年未必能養成出來。印尼建國十餘年，沒有軍事的傳統，我不相信，印尼有優異的中上級將領。

我記得我在日本士官學校畢業回來，從蔣百里先生再習軍事的較高理論。蔣先生有一天對我說，你能不能作大將，在你的媽的肚子中已決定了。我問其故，他說：一個大將的養成，三分天材，七分努力。所以一個沒有天材的人，即使盡一切的努力，祇能有七份成就，這就是說，不能作大將。反之，即使有三分天材，而後天不努力，則其成就祇有三份，當然不能成大將矣。這一番話在今天想來，極有見地，一般人都公認，日本人是缺乏軍事天材的，所以第二次世界大戰，沒有出類拔萃的大將出現，但他們的將校的訓練和修養，可說已盡其可能努力的能事、照理中國歷史上，大將輩出，中日戰爭，亘八年之久，軍隊幾百萬，可是沒有一個大將，我可以武斷的說一句，後天的努力都不夠所致。（我的意思不是指今天有了四顆或五顆星的將官）。

以這十餘年的印尼軍隊情形，印尼軍人的後天努力，不可能盡其[illegible]盡的能事，而況我上面已經說過印尼人並不適宜作戰的。

所以我希望，蘇加諾要愼重將事，兵凶戰危，如不及早轉圜，一旦眞的非作戰不可，印尼人民塗炭矣。

讀者投書

請各地華僑盡各力抵制日貨

日本政府默許商人資助中共　日本親共商人更迷途不知返

王海濆

自從池田內閣批准日本商人以價值二千萬美元整套尼龍工廠用延期付款方式資助中共後，亞洲各地以及美國方面對此雖迭有抨擊，但日本政府默許下的資共計劃，却日趨擴大。不僅眼光淺短之日本商人對中共有了更高的貿易慾，而且日本失意政客也正式投機其間，大唱其荒謬絕倫的「中日友好」。

據中共「中國新聞社」十月四日北平電：「日本工業展覽會明天就要在北京正式開幕了。這次以機械工業爲主的展覽會，展品數量多，品種也複雜，是日本在國外舉行的最大一次展覽會。在中日雙方工作人員的共同努力下，佈置工作在北平早幾天就已經順利完成。展覽會總館長宇都宮琢磨強調說：從第一批展品在八月廿七日到達塘沽新港開始，就得到中國方面的積極協助，他還一再讚揚兩國技術人員在佈置、安裝工作中的親密合作。」

中共通訊社又說：「記者已兩次巡禮了展覽會場，到處都看到身穿墨綠色工作服裝的日本技術人員和中國安裝工人和搬運工人、美術工人之間的融恰氣氛。中國方面的人員都知道，這次展覽會不僅標誌着中日貿易的開展，而且反映了日本人民要求同中國友好往來的強烈願望。保証展覽會按時勝利開幕，爲中國工人爲中日友好應盡的義務。」

又說：「還在日方人員沒有到齊以前，中國工人就主動做好了安裝的準備工作。」

而在十月四日這一天，據中共「中國新聞社」說：「中國日本友好協會今天在北京成立」。「日本工業展覽會總裁石橋湛山應邀在會上講話說：『不應當因爲思想與政治制度的不同，而阻礙彼此間的友好關係。他表示自己今後願爲徹底實現中日友好而鞠躬盡瘁』云云。」

由以上的報導，可知日本商人與日本投機政客在日本政府默許下的資共行爲，現在是愈來愈猖獗了。日本投機政客及日本親共商人所謂「中日友好」，當然是荒謬絕倫，根本文不對題的。因爲誰都知道中國大陸的人民是普遍反共的，如果日本人眞的要與中國人民友好，日本人就該幫助中國大陸人民反共，日本人就該幫助中國大陸人民反共才是符合中國大陸願望的合理作法，然而日本人却不是這樣的，然則，事情很明顯，日本人所謂「中日友好」指的不過是日本欲與迫害中國人民的中共僞政權友好而已。那末，這當然是要引起中國大陸人民對日本的仇恨的。今天，在客觀形勢上，中國大陸人民雖然對資助他們的敵人的日本政府無可如何，但可以斷言，如果日本政府的此種邪惡行爲不改，則必將因此引起百年千年之影响，確然可知。而這是對日本人民極不利的，而且也與日本人民之長遠利益極不相符的。所以從日本政府的這資共行爲看，決非高明而有遠見之政策，相反，只是扳起石頭打自己的脚而已。

今天，海外各地華僑已羣起呼籲抵制日貨，這當然完全應該。雖然，由於千餘萬華僑分散各地，而且處境不盡相同，因而頗難一致抵制日貨之實效，但各地華僑應盡個人和一己一地之可能，盡量施行。因爲這不僅爲中國人民，而且爲了日本人民的眞正長遠利益，尚望我海外各地華僑應各盡各的力量以行之。

××××××

陳誠辭職與蔣經國訪美

一鳴

（台北通訊）從本年七月起至九月止，這當中，台北發生了兩件很不尋常的事。一件是行政院長陳誠突然稱病辭職。一件是中美雙方同時公佈行政院政務委員蔣經國訪美。由於這兩件事有互相的連貫性，以致引起了寶島上，說來不大，其實也不小的一場政治風波。更由於這一場風波之來得連貫和不尋常，因而在寶島上發生了兩種不同的傳說：第一種傳說是，陳院長之突然辭職，是有感於其內閣之有名無實，尤其是近年以來，無論在行政上，經濟上，人事上的處理問題，雖身任院長但已不能有半點取決之權，凡事除了要聽命於蔣先生外，還要受制於蔣經國，陳院長在忍無可忍的情況下，只有迫得出於消極求去之一途。

另一種傳說是，政務委員蔣經國今天在台灣地位已越一切，原因是經過他十多年來的「堅苦奮鬥」，實際上早已暗中掌握了黨，政，軍整個大權，正擬趁外而有美國撐腰之際，內而有攀龍附鳳之士擁護之時，若不於此時進一步公開的出而領導國家，則未免有失當機立斷之嫌。

對於以上這兩種傳說，據筆者個人所深知的內幕消息，雖然不完全是空際來風，但距離陳院長的辭職，蔣委員的訪美，其間的事實經過則大有不同，爲使海內外人士澈底明瞭此一事件發生的真正原因何在，特將內幕事實經過說明如後：

一、陳院長辭職及其復職經過

根據筆者深知的內幕消息，陳誠此番突然「稱病」辭職的原因有三：

一是在立法院中，有一部份站在蔣經國旗下的立法委員，突然聯在立法院中提出一項決議；要求行政院對台灣所有的軍公教人員普遍加薪，立法委員們的此一主張，在表面上看來好像是在爲窮困已久的軍公教人員請命，本無可厚非之處，而實際上則是故意與行政院爲難。因「立委」們明知國家財政已陷困頓之境，今竟不顧事實，作出此種不負責任的決議，其目的無非是要迫使陳院長知難而退。後來，此一決議雖未付諸實施，但陳院長經此打擊早已有不安於位之感。

一是人事上的紛爭，實際上掌握了台灣主要經濟命脈的「對外貿易委員會」主任委員一職，原本是陳院長的親信尹仲容兼任。自尹仲容病逝後，陳院長即簽請以該會副主任委員馬永祥升充，殊此「簽呈」竟被總統留中不發，稽延到數月之久，突然由「總統」直接下令委派蔣經國親信同志現任國民黨財務委員會主任委員徐柏園接充，而陳院長的另一親信馬永祥，不但未得升充，反將原有的副主任委員一職一併失掉，改委爲顧問。如此一來，致使陳院長更爲難堪。

一是外交部長沈昌煥在六月二十五日的行政院例會中提議，自請以特使身份赴羅馬樊蒂岡參加教皇保祿二世的登基大典。陳院長則以節省國家外匯起見，無須沈部長親往參加爲理由否決了沈部長的請求。此一否決當然使正紅得發紫的沈昌煥體面難堪，爲挽回面子計，乃實行「越級挑戰」，透過蔣經國的關係，居然直接簽呈總統，陳述其有親往羅馬參加教皇登基典禮之必要。而蔣先生根據沈昌煥的簽呈和蔣經國的從旁贊助，竟並未向陳院長徵詢意見，竟自批准了沈昌煥赴羅馬之行。此一「越級挑戰」的成功，當然使陳院長更感置身無地。

有了上面接二連三的不如意事件發生，陳院長之「稱病」辭職，豈屬偶然。

本來陳誠稱病辭職之事，也不自今日始。在他組閣的若干年歲月中，也曾有過好幾次因病請求掛冠的事發生，而每次辭職的原因，又大多與蔣經國多少有些關連。不過從前每次「稱病」後，蔣先生必然要親臨問疾，而且慰勉有加。據說由於每次蔣先生的精神感召，每次都能使陳院長感激涕流，甚而在感激之餘，當面向蔣先生表示願「鞠躬盡瘁，死而後已」，從而又重新視事。

不過此番「稱病」辭職，則幾乎弄假成真，原來在陳院長休假一月期中，蔣先生並未如往常之親臨問疾，更無隻字相慰勉。與此同時，台北方面則盛傳某元老將東山再起出而組閣。蔣經國先生則出任副揆。後來又風傳某元老已婉言謝絕組閣之命。因此台北又先後傳出顧祝同將軍及谷正綱，張其昀等均有奉命，組閣之可能的傳說，更囂塵上。

誰知正在傳說紛紜，莫衷一是之際，蔣先生突然駕臨台中陳誠養病之所，躬親問疾。隨後陳院長也就乘坐總統專用飛機飛返台北，並且提前視事，還在立法院中發表了一次有關日本與中共貿易的有力聲明。此一撲朔迷離，冷熱不常的驟然轉變，頓使關心人士一時如墜五里霧中。

不過據筆者從權威方面得來的內幕消息，陳誠之又重新視事，尚有正反兩面因素存乎其間：

正的方面是蔣先生年老心慈，雖然一時對陳誠有些不滿，而有更換內閣之意，但經過一番清夜自思後，到底陳誠是自己提拔之人。雖然對自己有時也不免有些爭執，到底對自己始終還，能言聽計從。因此，陳誠之能去而復返，完全由於蔣先生的感情轉變使然。

反的方面是，陳院長經過蔣先生親臨慰問後，即能立刻打消辭意，是有條件的，其條件是，蔣先生保証陳誠將來繼任總統，但須以張其昀爲首揆，蔣經國爲副揆。筆者對此，不敢以小人之心度人，特姑誌之，以觀後驗。

二、蔣經國爲何訪美

行政院政務委員蔣經國應邀訪美，此事在台北引起了不少的謠言。有人說，蔣委員此次訪美是代表政府交涉反攻大陸的秘密技術問題。有人說，蔣委員此次訪美是想進一步求得美方的諒解和支持，以便早日公開的掌握整個政權。其實兩者都不是。吾人如不健忘，蔣委員從前也曾訪問過美國一次，不過那一次不是美國國務院正式出名邀請，而當時，美政府對他的禮遇，也沒有這一次來得隆重。

據筆者所知，當「劉自然案件」發生不久，美國務院即有正式邀請蔣經國訪美之請帖發出。當時蔣委員其所以未即前往，是由於當時的美國輿論把因「劉自然案件」而使美大使館遭到搗毀的不愉快事件，寫在蔣經國頭上。同時又有一位美國會議員公開宣稱：不歡迎蔣經國訪美，理由是怕他因訪美而抬高了他在台北的身價。在此種不愉快氣氛之下，聰明的蔣經國，當然不會貿然前往，對美國的邀請，只好婉言謝絕。

直到去年（一九六二）台灣派遣到大陸上的潛伏份子發生了重大效用，在大陸各地炸毀了中共不少的倉庫和橋樑，擾動了大陸上一部份飢民起而抗共，更進一步由台灣直接派遣的游擊部隊，分數十股在閩粵沿海潛行登陸，事前並未被中共海防部隊所察覺，拆穿了中共金城湯池的自我宣傳。後來雖然登陸的游擊部隊因衆寡懸殊，大部份仍被中共所消滅。但事實上証明了中共海岸並非是不可攀登，因而開闢了國軍一旦大舉登陸的前奏。

這些成績，在台灣來說，當然都是歸功於蔣經國。在美國駐台的政治軍事機構人員來說，對這些成就，也大感興趣，因而在他們政府的報告書上，對蔣經國讚揚備至。於是美政府當局對蔣經國也就另眼相看，奠定了他訪美受到隆重禮遇的原因之一。

另一原因，則是今天蔣經國在台灣確已成爲第一號強人，大有掌握台灣政權，捨我其誰之慨。正與美國多年以來只知在亞洲各反共國家中扶助「實力派」的一貫政策相吻合，而不問其所施行的政體是民主，抑是獨裁！更不問其反共之是否能發揮效用！請予不信，請看今天美國在南越支持的吳廷琰，在南韓支持的朴正熙，即可作爲明証。所以今天的蔣經國之能得到美當局青睞，受到隆重的接待，又何足爲怪呢？

台灣簡訊

志清

一、立委再促開放報禁

立法委員牛踐初於九月二十七日在立法院質詢時，再度促請政府開放報禁。他說，「政府過去爲了節約報紙，以行政命令不准發行新的報刋；但現在台灣的報紙生產已有多餘，仍未取銷此項禁令，我反對此項不合理的措施。」他認爲報禁倘再繼續下去，實不啻保障現有的二十九家報紙，造成獨佔現象，與企業競爭的精神大相違背，也就難望有所進步。他問行政院對不開放報紙登記的缺陷已否明瞭，其所以不開放，有無其他不得已的原因？牛委員不就新聞出版和言論自由的立場立論，而僅說報禁與企業競爭的精神有違，顯然是有所諱忌的。因爲當權者之所以實行報禁，其目的完全在於限制言論和出版自由，所謂節約報紙不過是一種藉口而已。而且在現有的二十九家報紙中，大半都是國民黨的機關報，其餘所謂民營報是國民黨員，或與國民黨有關的人所發行的，否則即不能生存。例如李萬居的公論報，如今也早就被國民黨籍的台北市議會議長張傳祥所奪取。因此，今日台灣的報紙謂之爲清一色的國民黨報亦無不可。牛委員的質詢，雖然避重就輕，顯得軟弱無力；但他能提出開放報禁的要求，已經難能可貴了。

二、台省府又玩文字遊戲

台灣省政府於九月二十日頒發「整飭政治風氣綱要」，通令所屬各機關迅即訂定具體實施辦法，切實施行。綱要首先指出「各級公務人員應實踐總統五項守則訓示，切實做到守時，守分，守法，守信，守密，并遵行動員，革新，以樹立戰鬥精神。並提示各單位要提倡多做不錯，少做是錯，不做大錯的革新觀念，及崇法務實，節用愛民的精神，注重研究改進，提高工作效率。」此一所謂整飭政治風氣的綱要，可謂廢話一篇，毫無內容，大約是他們閒得無聊，有意玩文字遊戲，以資消遣。否則既云整飭政風，又何不針對目前的貪汚泄沓現象，提出具體可行的改革辦法？但這也許就是黃杰所以得寵的妙訣。蓋自蔣「總統」自主政以來，最初聲言奉行黨治，近十多年來，又號稱民主憲政，但質之實際的情形，則完全是實施個人獨裁的，把中央乃至地方的大小權力均集中於自己。無論是行政院長或省市政府主席，都得事事請示，毫無一點實權。因而才造成所謂多做多錯，少做少錯，不做不錯的政風。假如眞要整飭政風，勢必須先從蔣「總統」的作風整起，黃杰何人，焉敢存此妄念。可是，由於政風已經壞到了天怒人怨的地步，勢不得稍作整飭的表示，藉以欺騙善良百姓。而蔣「總統」平素又是喜歡有人把他所作的那些似通非通的詞句，當作聖經一般傳誦。至於是否實行，因爲蔣「總統」本人就是一個慣於言不顧行的老手，所以對於部屬也就不再深究。黃杰也許正是深知此中的奧妙，所以才有這一道整飭政風的通令發出。人們於此，當可知假如蔣「總統」的個人獨裁局面仍繼續下去，政治風氣祇有愈整飭愈敗壞的。

三、教師向學生索紅包

據聯合報透露，由於教師節來臨，很多國校學生放學回家，都帶回一個空的紅包，上面印着孔子的肖像，裏面印有家長會的通知，規定學生必須最低繳納多少「敬師金」，放在紅包裏，在教師節那天帶到學校去。雖然署名爲家長會，但實際上這個空紅包却是由老師交給學生，形同老師向學生伸手要錢。而且錢數還有硬性規定，無異是一種強迫的攤派紅包。該報諷其爲「紅包教育，可當作紅包社會的一項基本訓練」。該報認爲以孔子誕辰爲教師節，原以尊孔與敬師，可視爲一件事，因而併案處理。然而現在每年逢到教師節，却置師道的尊嚴於不顧，都有所謂敬師金的募集，殆不免有精神分裂之嫌，倘孔子生於今日，當大嘆其道不行矣。

中共公安部門透露 廣東全省一年以來 反共案件一千八百餘宗 兩萬多人被捕被囚被殺

白帆

中共廣東省公安部最近曾通令廣東全省各地區公安部及公安部隊，叫他們必須提高警覺，必須對「反革命份子」和「壞份子」加強調查、拘捕，審判和鎮壓。據該項通令說：廣東全省一年以來共發生政治性的反共案件總數達一千八百三十五宗之多。並說這一千八百三十五宗政治性反共案件中，破壞案佔四百二十宗，散發傳單和張貼反共標語案佔六百七十宗。

通令又說：一年來已在廣東全省各地包括城鄉共逮捕了二萬一千二百人，其中除一萬二千餘人經審訊後已釋放監視外，尚有二千餘在監禁中，其餘七千餘人則有的被判無期徒刑，有的被判有期徒刑，有的則已判處死刑，有的已予執行云。

通令還說，所有判處有期徒刑及無期徒刑之犯人，均已分別予以強迫勞動云。

大陸簡訊

藍星

毛澤東天安門檢閱遊行 周恩來大罵蘇以大欺小

一年一度的中共偽政權所謂「國慶」，又在最近過去了。這說明中國大陸人民之異常悲慘，因爲他們竟在中共偽政權統治下被統治被剝削十四年了。

一九四九年十月一日是中共偽政權的成立日子，也是毛澤東開始在中華民國之外另搞所謂「中華人民共和國」的日子。對於這一天，可以說：正是中國人民與中共形成不共戴天進一步勢不兩立的日子。然而，毛澤東却定這一天爲所謂國慶。每逢此日，便在北平偽首都歌舞昇平，舖張浪費，點綴其場面。據中共新華社十月一日北平電：「首都五十萬人今天在莊嚴雄偉的天安門前舉行盛大集會和遊行。熱烈地隆重地慶祝中華人民共和國成立十四周年。中國人民的偉大領袖毛澤東以及劉少奇、宋慶齡、董必武、周恩來、朱德、鄧小平等黨和國家領導人參加了大會，並檢閱了遊行隊伍。……兩座高大的標語塔上，用金字寫着『中華人民共和國萬歲！』……『反對現代修正主義和現代教條主義，捍衛馬克思列寧主義』！」等云。

而在九月三十日上，中共偽政權總理周恩來則不惜搜括人民的血汗，用極奢侈的飲食舉行了盛大的招待會，周恩來又自我吹噓說：「我們終於找到了既符合馬克思列寧主義的普遍眞理，又適合我國具體情況的建設社會主義的法寶。這就是建設社會主義總路線、大躍進、人民公社三面紅旗，依靠三面紅旗，中國人民戰勝了連續三年的嚴重自然災害，迅速地取得了國民經濟開始全面好轉的局面。依靠三面紅旗，中國人民一定能夠克服前進逆路上的一切困難」。

此外，周恩來又曾大罵蘇聯，責蘇聯犯有大國沙文主義的錯誤，以致以大欺小云。

據新華社說：九月卅日晚會舉行時，曾有四千餘來賓被邀參加，十三年來，從不參加此一晚會之毛澤東今年亦破例參加。這當然不是說明別的，而只說明毛澤東已深感赫毛公開衝突後，自己處境危險，已不得不拋頭露面，多與各方週旋了。

新疆難民逃入蘇聯境內時 中共曾開槍殺死數十難民

最近蘇聯會公開宣佈居住在新疆的中國人民，年來曾有六萬餘人因不堪中共之壓搾與迫害，而逃入蘇聯境內，迄今仍在蘇境居留。

茲據合衆社十月一日自莫斯科報導，謂「去年中共當局曾用機關槍將數十名男女及兒童加以擊斃，這些男女老幼乃是要求允准從新越境逃到蘇俄去的。」

又說「這項報導，是從中共陸軍中的一位少將口中傳出來的，這位陸軍少將於三年前逃到了蘇俄」云。

中共不斷大吹經濟已全面好轉 蘇共揭穿大陸無褲子穿喝清水

近月以來，尤其中共偽政權十月一日所謂國慶前後，中共宣傳機構及各種報刊均一致吹噓大陸經濟已全面好轉。但中共紅旗雜誌却又透露蘇聯正在對中共這種虛偽宣傳予以無情的揭穿。十月一日出版的中共紅旗雜誌曾在社論中指責蘇聯根本否定中共經濟業已全面好的說法。據蘇共報紙報導，中共統治下的中國大陸，目前正在經濟後退。蘇報並說大陸人民正過着「只喝大鍋清水湯」，「沒有褲子穿」的生活云。

事實上，蘇共報紙的這一揭載，倒是眞的。

大陸物價已不斷發生多種毛病 中共新設物資局及物價委員會

中共最近除了增設第五機械工業部及第六機械工業部之外，又因物價問題日趨嚴重，因而新近增設了「物資管理總局」及「全國物價委員會」。

據中共新華社十月二日北平電：「九月十四日舉行的國務院全體會議第一百三十五次會議通過任免名單如下：袁寶華爲國家物資管理總局局長，李哲人、李超佑、謝北一、劉生標、鄧存倫爲副局長，薛暮橋爲全國物價委員會主任，劉岱峯、劉卓甫爲副主任」云。

中共向荷購尿素成套設備 又向日本購五萬噸氯化銨

如所週知，中共的工業衰退是更在日甚一日的，化學肥料之缺乏，可從本年七月中共經港輸入之肥料比去年同期增加一千餘萬一事見之，更可從中共最近向荷蘭購尿素成套設備及向日本購五萬噸氯化銨等事見之。

據中共「中國新華社」九月廿九日北平電：「中國技術進口公司向荷蘭大陸工程公司訂購尿素成套設備，經過雙方代表友好談判，已經達成協議，今天晚間在北京簽了合同」。

又據新華社東京三日電：「據今天化學工業界傳出消息：共產中國已向日本定購入氯化銨五萬噸」云。

僑鄉近訊

鍾之奇

廣東各地流行新民謠

元朝統治中國的時候，大陸各地在中秋佳節曾有吃月餅殺韃子之說。最近，廣東各地，尤其廣州市亦有新民謠出現，而且極爲流行。茲據廣州來客談，這一首新民謠是這樣的：

八月十五到邊疆，家家團聚我悲傷，
月餅唔食不要緊，上山下鄉好淒涼！

南方日報大罵共幹的享受思想

今日大陸的現象，眞是十分矛盾的。一方面是人民衣不暖食不飽，一方面是中共政權各政要的高度享受以致引起一般共幹的享受慾。

據中共在廣州出版的南方日報說：「某同志最近向靈山縣靈山中學學生作報告，在報告中，大談特談他去廣州開會的生活。說住在愛羣大厦生活如何舒適，用具如何完善？上樓下樓坐電梯等等。而對於他所經常接觸的農村先進青年如何在艱苦環境中鍛鍊成長起來的情況，却隻字不提。聽者嘆曰：這個同志貪圖物質享受的思想，實在言不及義」。

其實，共產黨奉行的是馬列主義，至今，毛澤東還厚着臉皮與赫魯曉夫爭着做列寧的親生子，而且，毛澤東早已宣稱不行仁政，那末，中共幹部言不及義，又有什麼奇怪呢？

廣州公共汽車司機危險駕車

據中共報紙根據中共政權交通部的統計，在去年一年中，大陸各地的交通意外事件竟發生二十七萬餘次之多。可見中共的交通管理是如何的不善和不當，乘客坐在中共的車船上，其安全是如何的成問題。

最近，中共在廣州出版的羊城晚報又刊登了一個廣州市公共汽車危險駕車的故事。

它說：「大北路上，四一四三號公共汽車在行駛着，司機張某一手抓方向盤，一手拿着雪條，反復地往口裏送遙拉出。有時側着腦袋，防止雪水往下滴，司機透身涼，乘客出冷汗」云。

禁止吸烟，視若無睹

中共政權是一種極端專橫的政權，所以它的行爲一方面是殘酷，另一方面是繁細。各種禁令之多，出人意想之外。

不過，祇因爲禁令太多，其中有應禁者，亦有不應禁者，於是，人民對於太多的禁令，便常常反而不顧遵守。據羊城晚報說：「新廣州木器社車間高掛着『車間食烟，等於放火』的防火標語，前幾天上午，在那裏等於放火的人就有十多位」。羊城晚報又說：「標語僅僅高掛，是沒有用處的。要貫徹到實際行動中去才好」。可見大陸一般工人，對中共政權內心都極不滿，對於中共的禁令，也視同具文，否則，在不應該吸烟的地方也居然有十餘人在大吸其烟的事，就決不會發生。

僑生被中共集體下放勞動

以往，曾有不少海外華僑青年被中共的「愛國」口號和其他宣傳騙回大陸。後來發現中共一切都是騙局之後，但已身陷大陸，不能出來。所以，最近幾年，海外華僑洞悉中共奸計的人已越來越多，因而最近返回大陸的僑生也已越來越少。

但已經回到大陸的僑生，則因爲無法離開大陸，而遭遇極慘的生活待遇。最近，據中共通訊社報導，則所有僑生均已在中共所謂下放勞動鍛鍊名義下被集體奴役了。

對此，中共「中國新聞社」曾發表消息說：「今年有三千多名從高等學校畢業的僑生和港澳學生，被集體分配到基層去受爲期一年的勞動鍛鍊。應屆高中畢業的僑生，除部份考取了各地高等學校以外，落選的學生，也大部份下鄉參加勞動鍛鍊」云。

拉曼拒開三頭會議

俊華

印尼對馬來西亞的軍事騷擾，已經逐漸趨於頻繁。並且由於願意居間調處的各方，未能找出政治外交上疏導的辦法，印、馬兩國糾紛癥結仍存，看來這種印尼的騷擾性襲擊，終於會擴大到演成大規模的軍事衝突。

襲擊頻繁

在沙峇（北婆）和沙朥越邊境，一週來印尼武裝的入侵，已達四次之多。沙峇著名港口斗湖南面十哩的塞巴提島，被來自同島印尼境的武裝侵入，他們攻入馬里猶卡邦，向居民聲稱印尼不久將「接管」該地區，警告他們不得參加馬來西亞，否則將被「處決」。這是印尼武裝侵入沙峇的首次。

沙朥越的第二及第三省，早就爲印尼武裝襲擊的目標。十月二日，印尼武裝近百人，配帶有自動武器，深入邊境達三十五英哩，襲擊隆扎維鎮，擄去數名邊境民防隊員及替英軍工作的當地人，英軍趕到發生戰鬥，激戰達九小時，英軍的居加部隊，同時在林夢河上截獲滿載恐怖份子的船艇，互相槍擊，結果擊死印尼武裝三名，拘獲一名受傷者，英軍也有六人陣亡。居加部隊再在全區發動搜索戰，又擊斃印尼份子六名，他們方才退回印尼邊境。幾個月來的襲擊及遭遇戰，印尼武裝已有三十二人死亡。現在馬來西亞部隊也已開上這一邊境去，預料馬軍與印尼武裝的戰鬥，也快告開始。

海盜行爲

印尼海軍的騷擾，範圍更爲廣泛，自南中國海以至馬來海峽，均有印尼海軍的挑釁活動，九月梢印尼海軍巡邏艇在西伯里斯島外拉普倫島附近，襲擊馬來西亞電船，死一人，重傷二人，該船被扣，船員被俘，印尼指該船企圖「滲透」印尼領海。十月十一日，在馬六甲海峽的印尼炮艇，於巴生港附近布老克潭海面，向約三十艘的馬來西亞漁船開火炮擊，擄去漁船兩艘，漁民六人，被毆打侮辱後始予釋回。印尼炮艇警告馬漁船不得在「近」印尼的海面捕魚，否則下次將把他們射殺，顯然印尼海軍實行武力封鎖原來馬方漁民在海峽捕魚的魚場。在上述馬來亞漁民被釋回的時候，印尼炮艇又擄去馬來西亞商人的貨船一艘，把裝儎的貨物衣料牛乳麥精等劫去，把商人驅上漁船送回。那艘炮艦懸有印尼的國旗。

同日，另一艘馬來西亞商人貨艇，載有貨物約值一萬叻幣，在馬六甲公海約三十哩處被印尼炮艇截獲拘去。印尼炮艇上有十二人，穿印尼的制服。現在吉隆坡把這些印尼海軍，稱爲「全副武裝穿制服的海盜」。

馬來西亞的水警正與英海軍商討加強防止海盜的巡邏。商討是否能夠武裝保護捕魚，但對於一旦與印尼海軍遭遇時，是否實行開火作戰？却還沒有達到結論。

日泰調停

對於因印尼對抗馬來西亞所引起的衝突，雖有第三者願意出面調解，但迄今爲止仍未找到端緒。日本首相池田，泰國外長乃他納，都關心印馬的糾紛，有試探調解的建議，可是還找不到一個途徑。

日本首相池田在訪問菲印尼澳洲途中，於馬尼剌及耶加達，會晤菲總統及蘇加諾，據池田說，菲律賓用不着說，印尼也是表示願意和平的，於是池田於抵達澳洲時，面請澳洲總理向拉曼總理勸說，請同意在馬尼剌舉行另一次印馬菲的巨頭會議。因馬來西亞總理曾經表示，若要開會只有由蘇加諾及菲總統到吉隆坡，但蘇加諾則堅拒到吉隆坡，所以池田建議仍以馬尼剌爲開會地點，菲總統也已同意。

澳洲基於英聯邦的關係，是強烈支持馬來西亞的。因爲印尼攫取西伊里安，與澳洲的東部新幾內亞接壤，並且由於印尼擴軍，及有向外擴展的趨向。澳洲已曾發出嚴正的聲明，謂新幾內亞邊境若受侵犯，澳洲將予迎擊。同時澳洲也聲稱他們原駐馬來亞的部隊，不止要爲防衛馬來西亞而戰，其作戰範圍將視聯邦的需要而定，明顯地是說澳軍準備必要時可開至北婆對付印尼武裝。有了這種原因，加上印尼對抗政策正在化爲暴力行動的時候，澳洲並沒有對池田作勸說拉曼到馬尼剌開會的承諾。

泰國外長乃他納，是馬菲泰東南亞協會的發起人之一，對於這個東南亞共同市場芻型的協會，進行甚力，但自馬來西亞糾紛發生後，協會無形停頓，深覺可惜。同時泰國也極不願意見到印尼與馬來西亞眞個發生戰事，非將影響整個地區的安，危害經濟的進步。所以乃他納氏也曾與自聯合國開會歸來道經曼谷的印尼外長蘇班德里奧提出，召開另一次印馬菲三外長會議，或三國巨頭會議，泰國願爲東道主，邀請這個會議在曼谷舉行，以第三者提供地點的立場，可以免去雙方拒絕到對方國內的困難。乃他納甚至強調，即使三巨頭會不能獲得協議，能夠見面也是有益的，見面後也可交給三外長緩緩談，那樣總比兵戎相見好些，無論如何可以緩和局勢。蘇班德里奧沒有肯定答覆乃他納，只說乃氏的意見是好的，他將向蘇加諾報告。

馬方看法

但是在澳洲和泰國還沒有正式向吉隆坡提出具體建議之前，拉曼總理從各方報導及報章刊載中，獲悉這消息之後、已率先表示他的觀感，認爲三巨頭會議不會有用。他認爲蘇加諾以前在東京和馬尼剌，兩次與他會晤時都曾表示合作，但其後又撕毀諾言，再談也沒有什麼作用。這種情形，雖似乎是拉曼拒人於千里之外，但實際上蘇加諾的行動，確是意向莫測。

拉曼對於菲律濱，態度相當緩和，他認爲馬來西亞與菲律濱間的距離較短，他說：如果菲律濱與馬來西亞恢復邦交，「我們會欣然接納」。據說菲律濱正在攷慮承認大馬，不過可能要求先決條件，即馬來西亞對菲保證，大馬的成立包括北婆羅洲，但不影響菲國對英索取北婆領土的要求。

菲方這項要求是基本的，但由於池田調解所引起，現在菲方又增加一項召開三巨頭會議的條件，而拉曼對於後者，又表示不能不加以拒絕。

拉曼說：在印尼一切對抗活動正在加緊進行的時候，我不能參加與他們開會。與印尼開會也無所用處，因印尼已爲共產黨勢力所控制，並且印尼共黨與中共是有聯絡的，中共正要破壞此一地區的安全，而通過印尼來發動。拉曼說，除非印尼沒有了共產黨勢力，否則他不願與印尼談判。

拉曼堅持他的條件，如要談判，必須在吉隆坡舉行，（而那是蘇加諾所必然拒絕的。）其次，印尼撤退在北婆邊境的武裝，及放棄對抗大馬的政策。

看來，印尼也不會讓步的，一般預料，在這一個階段，雙方的鬥爭會加劇，再大的軍事衝突，極有可能發生。

·吉隆坡通訊·

阿育汗存心刁難美國

近一兩週來，一般人的視綫都集中於印尼和大馬之間的「火藥氣味」，却忽畧了一項具有「爆炸性」的事件，那就是阿育汗存心刁難美國，巴基斯坦已逐漸更倒向中共。巴基斯坦原是反共的，係中央條約和東南亞公約的會員國。曾被美國認爲是最堅強的亞洲盟邦之一；可是時到今日，阿育汗竟然公開地跟美國的敵人（中共）打起交道來，這眞是使華府當局既憤懣而又尷尬。

阿育汗原是在英國軍校受教育的軍人，不特具有固執的個性，且養成了鋼鐵般堅強的意志；因此，他這次的刁難美國，是口到手到，絕無保留。最演得「傑出」的，是和中共簽署「航空協定」的那一幕。巴基斯坦和中共談商訂立「航空協定」，原已接觸了一段頗長的時期，但仍未獲致協議；可是當美國將派出副國務卿波爾前赴巴基斯坦作說客的消息一傳抵阿育汗的耳鼓，阿育汗立即「快馬加鞭」，跟中共談好「航空協定」的細節，而於波爾到達巴基斯坦行政首都瓦拉爾平第之前三天，便匆匆的與中共簽署那協定，迨波爾飛抵了拉瓦爾平第時，那宗「買賣」已是既成事實，於是波爾爲之「吹脹」。此外，阿育汗還向美國打了一記悶棍，隨即宣佈古巴外交使節昇格，昇爲大使地位。誰都知道，古巴與美國的關係已惡化至斷絕外交，而仍然身爲美國盟邦的巴基斯坦却幹出了這一項使美國難堪的行動；若非存心刁難，曷忍出此。

且阿育汗之向美搗蛋，不自最近始。兩年前，他已猛烈抨擊過美國，指責美國「外交政策糊塗，對待朋友與非朋友都一視同仁」。不過，那時阿育汗的刁難美國祇是出之於口，還不致見諸行動。但自去年十月中共和印度發生邊境衝突，美國立刻着重於援印之後，阿育汗便立刻「呷醋」，迅即發動「反美運動」，同時加速與中共建立更親密的關係；第一，與北平再談「中巴邊界」問題，獲致解決，巴基斯坦雖然得到了領土的利益，中共更得到了外交的利益。第二，與北平簽署「貿易協定」。第三，與中共締結「航空協定」。——根據這項協定，喀拉蚩與北平之間，實行採取互惠行動。在上述三項事件中，最令美國難堪的，就是第三項。美國當局日前原擬以四百三十萬美元借給巴基斯坦，幷協助巴基斯坦改善德卡機塲的設備的，現在爲了巴基斯坦的突然與中共締結「航空協定」，赫然震怒，立刻宣佈將該項貸欵延期支付。但阿育汗却滿不在乎；相反地，他更加强親近中共的行動，繼續大力刁難美國。

美國副國務卿波爾抵達巴基斯坦在瓦拉爾平第與阿育汗會談時，曾運用過威迫利誘的手法，希望阿育汗能「回心轉意」。波爾當時曾警告稱：如果巴基斯坦跟西方國家的共同敵人（指中共）建立友好的關係，則美國便再不能把巴基斯坦視作盟友而予以援助支持。波爾又說：美國雖然予印度以大量的軍事援助，但保証阻止印度的一切侵畧行動。（這幾句話，顯然是暗示着使阿育汗消除與印度間的喀米爾問題的疑慮）。可是阿育汗仍無動於中，他對波爾說：你們美國未能了解印度；印度是一個反覆無常的國家。因此，波爾雖然和阿育汗會談了三次，依然不得要領，央央飛回華府。而巴基斯坦的官員則放出「馬後炮」，譏諷波爾此行完全沒有建議出「新顯的辦法」。

照目前的情勢來看，阿育汗放棄「完全依賴美國」的政策，是業已決定的了。巴基斯坦放棄完全依賴美國之後，當然要另找門路，設法尋求其他方面的支持，於是中共「乘虛而入」。阿育汗以中共曾與印度發生邊境衝突，那正好利用中共來向印度「還以顏色」，及利用「親共行動」來刁難美國，這完全是一種報復性的計劃。

阿育汗的刁難美國，固然使到美國痛心疾首；同時更反映出：亞洲的反共陣綫，已出現了一度裂痕！這具有爆炸性的裂痕，可能釀成嚴重的後果！

女貞庵（一二）

（版權保留）　黎明

第十場：追舟

艄公乙：哦，原來如此。（邊划邊扯長喉嚨喊）前船潘相公聽者！妙常姑找你講話啦！快快停船啦！潘相公！妙常姑她來了呀！快快停船呀！（這時船更近了）

潘必正：（急忙出艙張望）吓！是叫我？

陳妙常：（見了必正，又喜又悲又急，連忙站起招呼）潘郎！是奴來了呀！

潘必正：（又驚又喜，似癡似獃）她來了；是她來了；果然來了，果然來了！（轉向艄公甲）艄公！艄公！你快快停船！快快停船！

艄公甲：哦、是是是；待我收帆。（收帆介）（這時兩船已貼近）

陳妙常、潘必正：（同時各吩咐艄公）老伯伯／艄公公伯，你快把纜兒纜住！奴／我與這位相公／師姑要有話講。

艄公甲乙：（同作會心的鬼臉，同說）伙計！纜住吧！這個時候是要「攬住」才好呀！（同時各作一個「攬抱」的手勢，然後彼此拋出纜索，一個纜住船頭，一個纜住船尾）相公、師姑姐都「攬住」了。

潘必正、陳妙常：（分向艄公甲乙）有勞了！

潘必正：常妹妹！船已纜住，你我還是艙中敘話去吧。（伸出雙手，欲相攬引）

陳妙常：（初時不敢趿接，祇幽怨地望了必正一眼，便低下頭來；終於輕微地嘆息了一聲，還是拉着必正的手過船一同進艙去了。）

潘必正、陳妙常：娘子／哎呀潘郎呀！（攬住歔欷移時，然後拭淚分開）

潘必正：娘子呀！（唱）：

我只道別時容易見時難，
碧澄澄斷送行人江上晚。
昨宵呵，梅花帳裏恩情知多少？
今日個，秋江離恨有萬千。
傷心怕開蓬窗看，
相思堆成兩岸山。

陳妙常：潘郎呀！（唱）：

事無端來恨無端，
無端恨棒打鴛鴦。
一聲歸去魂先斷，
羞將珠淚對人彈。

（白）呀潘郎！今天忽然要你上京，莫非你我之事，有人走漏消息？敢是你口兒不緊，致被師父窺破？

潘必正：這件事兒，小生也和你一樣，祇是不明不白；眞乃平地風波，痛腸難盡！

陳妙常：呀潘郎！方纔在庵中，礙着衆人面前，有口難言，有情難盡；因此背了師命，趕來看你，奴有許多話要和你說哩！

潘必正：多謝厚情，感銘肺腑！小生也有許多話，礙着姑母衆人，不敢對你說哩！

陳妙常：潘郎呀！（唱）：

同船過渡要夙緣，
你我相逢非偶然。
——潘郎呀！
你我雖無三媒和六証，
一片癡情金石堅。
人道臨安花似錦，
奴怕你，野草閑花恣流連；
自古江南佳麗地，
奴怕你，得新忘舊易情遷；
新人笑時舊人哭，
怕把奴作秋扇捐。
始亂終棄男兒尋常事，
怕祇奴奴苦海孤雛受熬煎。
——哦噎噎噎（泣不成聲）

潘必正：（趨前和妙常拭淚）哎呀娘子！你說此話，豈不冤煞小生也！（唱）：

我和你，初相見，心甜意甜；
我和你，定情後，生連死連。
快別說，閑花草，移情別戀；
快別說，忘故劍，秋扇見捐；
我怎敢，轉眼間，負却前言？
我怎敢，便忘却，燈邊枕邊？
——哎呀娘子呀！我變？
只愁你，別離後，形單影單；
只愁你，秋夜長，衾寒枕寒。
說不盡，傷心話，喉乾舌乾；
流不盡，想思淚，西風斷猿。

陳妙常：哦噎噎噎！（互拭淚介）呀潘郎！你我之事既被師父窺破，奴也無顏再住庵中。奴有一結拜姐妹，名叫陳靜宜，乃現任建康府尹之女；潘郎此去，無論中與不中，務必前來此處接奴去者。奴有碧玉鸞簪一枝在此，（從頭上取下）就送給潘郎作爲加冠之兆；聊表別情。

潘必正：（欣然接受，藏向懷中）多謝娘子！小生也有白玉鴛鴦扇墜一枚，原是家君所賜，（從扇上解下）今日就送於娘子，期爲雙鴛之兆。

陳妙常：也欣然接受，藏向懷中）多謝郎君！

艄公甲乙：（同喊）相公、師姑姐，時候不早了，我們要解纜啦！

陳妙常、潘必正：（同聲）來了，來了。

陳妙常：潘郎！你要好好保重！（淚隨聲下）奴家我要回去了。

潘必正：娘子！你也要好好保重呀。——待我扶你下船。正是：潭波江上催行晚；

陳妙常：古道斜陽帶淚歸。（完）

陳風子治印

陳風子，別號瘦翁，浙江杭州人，鑽研金石文字凡數十年，爲西湖西泠印社得前輩大家家法最深之浙派後人。本報今後將逐期刊載陳氏作品，以饗讀者。

萬松書屋主

訥夫長年大利

靜觀自得

靜竹齋主

拾遺補缺

唐詩偶釋（三三）

鄧中龍

餞別王十一南遊

劉長卿

望君烟水闊，揮手淚沾襟。
飛鳥沒何處，青山空向人。
長江一帆遠，落日五湖春。
誰見汀洲上，相思愁白蘋。

贈別之詩，爲詩家主要題目，亦輾轉相因，易落俗套，大家每能於此等處着意營構，往往奇兵突出，不尚正面厮殺。如此詩，若僅言別時情事，便盡人皆能，了無深味矣。透過一層，從別後着筆，自覺壁壘一新，此詩前六句是也。別後懷人，亦是尋常正面語，乃又從對面着筆，見得友亦懷我。兩地論情，益形眞摯。此詩末二句是也。解此用心落筆，便高人一着矣。

開筆提出「望」字，以下句句傳望字之神。一句貫通章，律詩中有此一法。

起聯質直，頷聯流麗，腹聯凝鍊，末二句空靈深婉。良匠運斤，動中繩墨。此等處後人多不講求矣。傳曰：「若琴瑟專一，誰能聽之！」詩文之道，亦不外是。

末聯「誰見」二字，亦長卿常用字。此種筆法，乃便於推開說。然偶一爲之則可，畢竟不足爲訓。宋人詞重瀞氣內轉，實則詩道亦然。杜甫集中，句無虛字，字無虛擲，用能擲地作金石聲。王孟諸公之五言，亦着意安排，不涉輕率。詩至中唐，調始卑而格漸淺矣。究其故，乃在詩人之不能以全力運之於詩，於轉折處鮮事斟酌。以長卿另詩爲例，則淺格卑調，昭然可見。長卿「步登夏口古城作」一詩云：「平蕪連古堞，遠客此沾衣。高樹朝光上，空城秋氣歸。微明漢水極，搖落楚人稀。但見荒郊外，寒鴉暮暮飛。」此詩後六句全部寫景，略無轉折，幾類攝影師所爲。第七句，本宜有波瀾，始足以扛起全詩，然詩人才力不勝，難當大任，乃用「但見」二字，橫插其中，不僅全無力量，亦且俗不可耐。而不幸此種筆法，竟時見於長卿集中，此高仲武所以譏其思銳才窄也。（長卿送李侍御貶郴州詩，末聯與此幾全同，可參閱。）

歷代詩人，以飛鳥空山置之句中者甚少，而長卿特多。此則涉及詩家常用字，不必置評；然太多則語意稍同，究非大家所應有。此詩三四句，如單獨看，甚佳；合長卿集中詩觀之，亦套語也。

附送侍御貶郴州詩：「洞庭波渺渺，君去弔靈均。幾路三湘水，全家萬里人。聽猿明月夜，看柳故年春。憶想汀洲畔，傷心向白蘋。」

友聲集（四四）

（鍾記室品張茂先詩謂恨其兒女情多風雲氣少）

酣歌助感待旦如歲强自解慰忽成二律

湛銓

日暮酣歌爲莫傳，佳人天末久相捐。別無神趣消遙夜，弱作風情夢往年。曲學署難資世用，論才猶可奪詩權。浮生但要安心了，酒盞茶鐺自一天。

長年茫莫掩孤標，就熱趨明不自聊。蛙鼓風琴愁裏曲，燈圍星網眼中宵。尋常淺夢能滋淚，咫尺清溪欲起潮。兒女情多君莫恨，茂先才調信超超。

答賓

前人

宵深賓至且相酬，夢話何嘗說不休。朱首如堪久南面，黃河寧信忽西流。點裝廊廟須卿等，函蓋乾坤有酒甌。去去容吾酣短睡，明朝風雨要登樓。

尖沙咀夜渡

前人

星火難分山上天，殘冬長夜對茫然。驚濤恍在胸中湧，缺月留看劫後圓。默乞春君酬宿約，欲揮風馬入無邊。如何錯踏人間路，更坐黃牛上水船。

中國現代史資料評介之十四

梁任公先生年譜長編初稿（一）

左舜生

丁在君（文江）先生徵求得梁任公近一萬封的遺札（包括任公給朋友們的信和家信），即以此作為主要的原料，還採用了許多同時人的記錄，例如『南海先生自編年譜』和任公的老弟梁啟勳寫的『曼殊室戊辰筆記』等等，由在君自己和他的助手趙豐田君，編成了這部近七十萬字的『梁任公先生年譜長編初稿』。

這件事，當我到香港不久，便已聽到老友丁月波（在君的胞弟）先生為我提起過好幾次。月波知道這部年譜的原稿，有一份油印的保存在『中央研究院』的『歷史語言研究所』，他想取出交由一家書店出版，以完成他老兄的這一工作（我為此事也催促過月波好幾次）。可是仍然經過許多手續，也推延了好幾年的時間，一直到民國四十四年五月，才由董彥堂先生幫忙，將這部油印稿本從『歷史語言研究所』借出，交給世界書局的楊家駱先生派人重抄付排，又經過兩三年，才於四十七年出版。其時去任公先生的逝世已二十九年，去在君之死已二十二年，為此書寫『前言』說明付印經過的丁月波先生，已於此書出版的先一年去世，到現在，則為此書作『序』的胡適之先生也已經作了古人，我前幾天取出此書重看一遍，把這些事實想了一想，真是感慨不置。

我初看這部『年譜長編』的時候，還在民國四十八年的五月，當時我匆匆看過一遍，便在第三冊的最後一葉的空白上，寫了下面的幾句話：

『此書由台灣分作三次寄來，四十八年五月三日閱畢。五十年來，支配我精神生活者，以任公為第一人，讀譜中所錄先生予友人之遺札及家書，余於任公始有進一步之了解。』

『民國九年三月，余以張東蓀先生之介紹，曾於上海中國公學與王光祈兄一度晉謁先生，並聽其三小時講演。時先生甫自歐洲歸國，年四十八，精神異常飽滿，初不料其不及十年，即已與世長辭也。』

同年十一月，我在本刊第六十五期，還寫過一篇短文，題為『讀梁任公先生年譜長篇初稿』，內中有一段說：

『……但我依然很懷疑：我知道在君先生自來都是很忙，他所徵得這近一萬封的遺札和家書，是否都曾一一過目？我知道任公治學是很虛心的，尤其見人在某方面有一些長處，他總是欣慕不置。例如他對詩和古文辭，便曾向榮縣趙堯生（熙）先生有所請益；在歐遊中在君教他讀英文，他便稱在君為『本師』；又任公戊戌東渡以後，黃公度（遵憲）曾給他不少的信，大抵都曾在當時任公所辦的『清議報』和『新民叢報』上發表過。任公在政治思想和主張上，似乎受黃的影響不小，任公在當時也可能有更多的信給黃；何以任公這類關於商量舊學和新知的遺札，被選擇在這部『年譜長編』中的，竟幾乎是絕無僅有呢？……』

丁在君是在民國七年才開始認識任公的。月波在這部『年譜長編』的『前言』裏，有一大段敍述任公和在君訂交經過的話，對於任公晚年拋棄政治活動，從事講學和著作，有很大的關係，我現節錄一部分在下面：

『民國二年，二哥（指在君）應北京工商部鑛政司司長張軼歐的邀請，就任工商部僉事，兼地質科科長，因此創立地質調查所。慘淡經營，將近十年，纔能建設了中國第一個在國際上有地位的學術機構。當時在北京的知識界，他已經負有相當的聲譽，然而始終還沒有認識任公先生。

『一直到民國七年，任公以私人資格，去歐洲遊歷，想藉此對歐洲做一個詳細的考察。因此除了蔣百里、張君勱、劉子楷三位老朋友以外，還請了徐新六作為他們財政經濟的顧問。到時任公仍以為不足，很想再得一科學專家同行，纔能對現代的歐洲有徹底的認識。於是徐新六就推薦了二哥，二哥也纔認識了任公先生。他並沒有隨任公同行，是和新六隨後由美洲去歐洲。到達法國以後，纔和任公朝夕相處。據新六告訴我，任公在法英兩國的演講，多是二哥替他翻譯，任公對他極為傾倒。二哥素性戇直，對人極具至性，有問必答，無所隱諱。與任公坐談之際，嘗謂任公個性仁厚，太重感情，很難做一個好的政治家。因為在政治上，必須時時具有一個冷靜的頭腦，纔能不致誤事。又謂任公的分析能力極強，如果用科學方法，研究歷史，必定能有不朽的著作。因此勸任公放棄政治活動，而從事學術研究，任公亦深以為然，此實任公的大過人處。像他那樣早歲就參加變政大計，而又譽滿中外的一位大人物，當時還正在他鼎盛的時候，居然能夠聽一個青年後輩的勸言，幡然改圖，從事學問，終身奉守不渝，只有任公具有那種『譬如昨日死』的精神，纔能確實做到。新六又言，二哥當時還曾協助任公如何學習英文，並且（為他）介紹了好幾部研究史學的英文書籍，任公據此類新讀的材料，寫成『中國歷史研究法』一書。以後許多歷史學術的著作，也陸續出版，成為民國史學上的一位大師。任公以後掌教於清華研究院，據胡適之先生說，也是二哥在中華教育基金董事會所主張的。』

最近十年，我在香港幾處大專學校講中國近代和現代史，學生們知道有康梁其人者，已經不多，能詳其身世及其學問思想者，更絕對沒有。即對孫中山先生，也只知道尊稱他『國父』和對『三民主義』一些淺薄的宣傳，至於這位『國父』的生平，乃至個性，所學，乃至同時人對他的影響，世局演變對他的刺激，也當然一切茫然。我不知道香港高中對本國史是怎樣教的？先生們的修養怎樣？教科書的內容又如何？我現在打算就任公這部『年譜長編』，作出一個概括的提要，或者對香港的大學生們對任公先生的認識，能多少有些益處。

憶陳果夫先生（三九）

宇人

自黨團合併後，CC和我的關係雖然已經日趨惡化，但在立法委員選舉以前，我和曾在中央組織部同事的若干老朋友仍時有往還，他們對果夫立夫兩先生的某些措施也不以為然；尤以吳任滄兄最為憤慨。他曾不止一次的向我透露，果夫先生出任江蘇省政府主席後，即說要為黨籌特別費十萬元，指定省農民銀行做十萬元的假賬。省行乃向各分行攤派。於是有的不肖的分行負責人，其中還有政治大學及其前身——中央黨務學校的畢業生，即乘機舞弊，例如省行分派他做一萬元的假賬，將所得款項全數解省，他卻做超過一萬元乃至兩萬元的假賬，而超出所得的錢則盡入私囊。果夫先生得知此情雖然大為震怒；但無法懲辦。因為他們敢於造假賬，原是果夫先生指示的，一旦鬧出去，對果夫先生和國民黨的聲譽實在影響太大。但漸漸的，由於那些奉公守法的分行負責人，都不能達成任務，果夫先生反而覺得這些善於混水摸魚的不肖分子幹練可用。從而他們的營私舞弊，不但逍遙法外，而且還得到升遷的優先機會。後來果夫交卸時，江蘇省農民銀行尚有部份賬目無法彌補，倖而日寇進犯，江蘇淪陷，該行的若干倉庫均被焚毀，乃得不了了之。

又有一次週末，我因事由南京去上海，時任滄任中央信託局長，次日，他請我在他家午餐，餐後，又約同往郊外一個偏僻的花園，據云，他因喜其寧靜，每星期日都要來休息半日，藉以恢復一週的疲勞。我們最初祇是天南地北的聊天，漸漸的他又談到果夫先生，他說，他到中央信託局後，果夫先生又告以介壽堂的建築費超出預算二十億元（法幣），要他在該局設法籌補，所謂設法籌補，即是造假賬之意。他答以剛到局任事，就作如此鉅額的舞弊，難免不被人發覺。是時，不但影響他個人的前途，且將牽連果夫先生。但果夫先生仍要他設法，他不允，結果，由果夫先生介紹一個親信的人去負責該局某一部門的業務，他不加過問。

任滄又說，果夫先生還要他用蔣夫人的名義將上海宋老太太公館後面及側面的兩幢洋房買過來，把房契交果夫先生轉送蔣夫人宋美齡女士，果夫先生的理由是蔣先生到上海時住的是宋公館，後面和側面的房屋恐有閒雜人等居住，為蔣先生的安全計，自應把它們買過來。但他仍未遵令，聽說，後來果夫先生另囑交通銀行辦理。

以上的話，我當時聽了真感到十分驚異。因為在我的印象中，果夫先生決不會做出此等事的。但假如是出自平素反對CC的人或CC中的失意分子之口，我尚可疑為是存心詆毀果夫先生。而任滄則是果夫先生的親信，提携扶植不遺餘力；其所說的種種，又都是他所親歷的，我實在沒有理由不相信。

由於任滄的這番談話，我又想起自抗戰末期，蔣先生對果夫先生似乎很為不滿。有若干跡象，顯出果夫先生曾想盡方法以期討好蔣先生，介壽堂的建築和要中信局用該局名義將上海宋公館後面和側面的房屋買過來送與蔣夫人，祇是其中之二，但似乎仍未收到預期的效果。介壽堂原是用政治大學校友會的名義建來與蔣先生祝壽的。在建築之初，即通告全國各地的政校畢業生負責向外捐款，照常理度之，建築經費，祇有多餘，不會短少的。但建築完成後，蔣先生卻拒絕接受，因而該堂迄未舉行開幕大典。果夫先生和他左右的親信乃想出如下的一個妙計。他們鑒於每年陳英士先生夫人的生日，蔣先生例必偕同夫人前往陳府道賀，乃商得陳夫人的同意，將是年的壽堂，改設在介壽堂。他們以為如此一來，蔣先生勢必到該堂向陳夫人道賀。祇要蔣先生一經駕臨，他們即發出消息，說為陳夫人祝壽與介壽堂開幕典禮同時舉行，這樣就可表示蔣先生已經接受了介壽堂，果夫先生對政治大學的員生們也可勉强交代了。但事出果夫先生的意料，是日，蔣先生仍偕夫人到陳府祝壽，陳府的人報告他今年的壽堂是設在介壽堂時，他僅說，「夫人回府時請報告她我們已經來過」。於是逕回官邸，並未前往介壽堂，不免辜負了果夫先生的一片至誠。

當日任滄還透露一事，他說，對日抗戰勝利後，該局曾沒收了一批顏料，原是某漢奸的。但因漢奸的姘婦也是某院長的姘婦，她卻說是她的，要求發還。全靠阿諛逢迎做官的洪蘭友竟一再寫信給他，說那個漢奸的姘婦是某院長的如夫人，要他看在某院長的面上，將顏料發還她。任滄很憤慨的說，洪蘭友是立夫先生一手提拔的人，竟如此無恥之至，我沒有權辦他，祇好將他的這些來信一律當作公文，存入一個顯明的卷宗。假如以後無人追查這件案子，就讓其如石沉大海；祇要有朝一日，還有人來過問，他們即可毫不費力，一目了然。他自認如此作法，祇是稍洩心中積憤，深知絕不會有何結果。後來，監察院決議派員調查本案，果然一翻卷宗，便將其中的原委全部查明，任滄的用心，可說並未全費，惜因大陸隨即變色，本案仍無結果。

我和任滄在此以後，即未再見。不久，他竟積勞病故。他死後數日，果夫先生曾親去他家，稱說為他清理文件，將他的書房緊閉，即與夫人也不准入內，一連三四天才清理完畢。可以想見果夫先生對留在任滄手中的文件，是很躭心的。此時，果夫先生的身體已不很好，經過數日的勞累，竟至病倒，後來帶病入台，一直未能痊愈。

本刊已經香港政府登記

每逢星期五出版

聯合評論

週刊

United Voice Weekly

第二六六號

CHINESE - AMERICAN PRESS, INC
199 CANAL STREET,
NEW YORK 13 N. Y. U.S.A.

美洲空版每份美金一角

毛澤東左右會有人叛變嗎？

劉裕畧

最近，許多美國人都着意研究中共內部問題，尤着意研究毛澤東左右是否會有叛變？這不但是美國許多研究中共機構的研究主題，甚至還有許多研究中共的專人，不辭長途跋涉跑到香港來向許多反共人士請教。

就我個人來看：這問題確然是一個值得研究，而且頗有興趣的問題，但對這問題的作法，卻不應止於研究而已。

毛澤東左右會有人起來叛變嗎？這是毛澤東於民國廿四年在遵義會議取得中共中央領導權以來一貫在反共人士心目中隨時衡量和留意着的問題，毛澤東於一九四九年佔據大陸後，這問題受到更大的重視，到最近兩三年，毛澤東推行人民公社，打出所謂三面紅旗，使中共統治着的大陸益趨窮困，再加上毛澤東與赫魯曉夫發生個人權利衝突，以致引起中共蘇共間亦發生公開衝突，人們更提出了如下的疑問：毛澤東左右誰會因毛澤東之倒行逆施危害國家民族而毅然舉起反共大旗呢？毛澤東左右誰會因毛澤東之反赫反蘇而受到赫魯曉夫及蘇共中央之策動而反毛所領導的中共呢？

毛澤東左右究竟誰會起來叛變？有人曾經把劉少奇周恩來等兩三個人加以研究。我覺得要進一步研究這一個問題，應先考慮一下中共中央的首要究竟有無反毛的可能。假如無此可能，那末，在毛左右去猜測去衡量誰會起來反毛，都是多餘都是浪費時間的事了。假如毛澤東左右確有反毛可能，我以為研究的初步對象又不應止於劉少奇周恩來等二三人而已。而是應該就中共中央政治局全體委員來逐個研究的。當然，這不是說中共中央政治局委員以外的中共黨員就毫無反毛可能。不過，這將牽涉更廣大的人事，這裏無法一一去考慮罷了。

對於毛左右究竟有無反叛可能？在看法上頗有不同。有少數不明瞭共黨組織內幕不明瞭中共中央以往歷史的人，往往輕言毛澤東左右不會有人叛變，甚至有人更加肯定的說，毛澤東左右縱然有人反毛，也不會有人反共。其實這看法完全錯誤。須知自列寧奉馬克思主義以進行所謂革命以來，內部叛變就曾層出不窮。這不僅見之於理論，而且也一再見之於政治行動。中國共產黨自在中國奉馬克思主義以進行所謂革命以來，其情況亦復如此。陳獨秀是中共最初的領導人，且羣以中國共產黨之家長目之，然而陳獨秀終被清算，且被毛澤東等人替他加上托派帽子；陳獨秀之後，向忠發李立三陳紹禹等人都曾一度領導中共，但都一律被清算。所謂清算，實亦即是被其左右所背叛之別名，比較特殊的，則是毛澤東的領導權特別維持得長久，以至今天，但毛澤東過的也不是內部完全平靜的日子，就以中共佔據大陸最近這十四年來說，就曾發生高崗饒漱石的所謂「反黨聯盟」，又發生過彭德懷的反毛活動。在早的，則更有張國燾之反叛，事實上，張國燾的反叛，不僅反毛，而且是從共產黨最高的核心部份走到民主路線，所以，這些史例不但証明毛澤東左右不但會有叛變曾有叛變，而且甚至還確曾有人跳出馬列主義圈子而走上反共道路。

那末，中共中央政治局的現任委員們究竟誰會起來反叛呢？要研究這一點，不妨把眼光先從劉少奇周恩來鄧小平等兩三個人的身上放開，放眼看看中共中央政治局的全部名單。據我所知在彭德懷未被整肅前的中共中央政治局全部委員名單是：毛澤東、劉少奇、周恩來、朱德、陳雲、林彪、鄧小平、彭眞、董必武、李富春、彭德懷、劉伯承、陳毅、賀龍、李先念、羅榮桓、柯慶施、李井泉、譚震林等共十九人。候補委員則為烏蘭夫、陸定一、張聞天、薄一波、康生、陳伯達等共六人。書記處書記則有鄧小平（總書記）、彭眞、王稼祥、譚震林、李先念、譚政、王克誠、李雪峰、李富春等共九人。候補書記則有劉瀾濤、楊尚昆、胡喬木等三人。楊尚昆更兼辦公廳主任。此外尚有毛澤東的貝利亞——羅瑞卿在中共中央掌實權，而毛澤東則是中共中央主席、劉少奇、周恩來、朱德、陳雲、林彪、等五人皆為中共中央副主席。在十九名中央政治局委員中，彭德懷已因反毛聯蘇而遭整肅，其所擁中共中央政治局委員名位是否尚繼續存在，則不得而知。譚政與王克誠的地位亦似乎有問題。

如果先從這十幾名政治局委員與毛澤東私人關係的親疏來揣測誰人可能起來反毛，誰人不會起來反毛，似乎是一種較好的方法。但我覺得這方法仍未必眞好，仍未必眞正正確。因為一向站在與毛合作地位上的周恩來，一向作為周恩來的重要親信而又輕視毛澤東的陳毅，以及在共軍中素有「軍神」尊號而又素為毛澤東疑忌的劉伯承，本來都是最可能起而反毛的。但合周恩來、陳毅、劉伯承三人之力，在中共黨內之力量恐亦不及高饒。因為饒漱石聯合高崗及其它五名中共省主席進行反毛反劉時，饒當時正担任着中共中央組織部長，然而反毛結果仍然失敗。所以，當此毛澤東戒備特嚴以防內變之日，我相信如無外在武力去擂擊中共（如台灣反攻一類行動）的話，周陳劉等縱有反毛之心也是只能隱忍待機不敢隨便造次的。相反，倒是毛澤東的親信，卻反而在此時此際更有反叛可能。因為他們手中更有實力。彭德懷本是毛澤東最大親信之一，彭德懷毅然反毛，說明非親信有時反而格於形勢而不能隨意起事，反叛的機會對於眞正的親信則反而機會更多。至於反叛之事成與不成，則須視多種因素來決定。正因為中共中央內部諸首腦鑒於高饒反毛之失敗，又鑒於彭德懷反毛之失敗，大家是不致輕舉妄動的。必也等待機會，甚至還得長期潛伏，偽裝「忠貞」。說來，眞是很奇怪，史大林可謂共黨陣營中之一世梟雄了，然而反對史大林最力的赫魯曉夫就潛伏在他身邊，有如司馬懿當年潛伏在曹操身邊一樣。所以，切不要以為這些暴君身邊沒有反叛份子，相反，準備反叛他的人正是在他身邊多着呢！問題還在鐵幕以外能對中共予以何種打擊，以便他們眞正動手。現在空談誰將反叛？誰決不至於反叛？都是不切實際的。

留港民主人士共同慶祝雙十國慶

一年一度的雙十國慶又屆臨了，流亡海外的每一個中國人，每當這一個創建中華民國紀念日屆臨的時候，眞可以說是一則以喜，一則以懼，一則以歡欣，一則以悲痛。

喜的是什麼？如所週知，是偉大的中華民族終於在五十二年前走上了民主道路，揭棄了數千年的獨裁專制，懼的是什麼？如所週知，懼的正是中華民族所走的民主道路，卻是非常的崎嶇。當五十二年前，中華民國初初誕生的時候，即遭遇了竊國大盜袁世凱的陰謀和帝制自為，袁世凱死後，又遭逢北洋軍閥的割據與混亂。民國十五年，國民黨的北伐工作雖然得到軍事勝利，但中國共產黨的武裝暴動隨即於民國十六年八月一日在江西南昌開始，隨後幾年，國民黨當局也逐漸走上法西斯道路，於是，整個中國又陷在面臨極權主義的混亂中，民主建設反而被忽視被蹂躪。

民國廿六年神聖的對日抗戰揭幕，中華民族受到了一次嚴重的考驗。結果是偉大的中華民族勝利了，但最不幸的是中共竟然喪心病狂利用抗戰起家，加上國民黨當權派的昏瞶無能，中共竟在中國抗戰勝利後不過三年左右便以武裝叛亂與武裝進攻强佔了中國大陸乃又走上了更沉痛的命運。

在留居在海外的中國民主反共愛國人士看來，中共雖已建立了它的偽政權至今已達十四年，但中共偽政權的處境卻是越來越走下坡的，毛澤東個人的處境也越來越惡劣。不但大陸內部現已充滿了反共的心情，而且中共偽政權對大陸的控制也已日顯其搖動。另一方面，中共已早被自由世界不恥，到今天，中共在亞非集團中亦已陷於孤立，不但中共與印度的衝突將長期化，就是中蘇共之間的衝突，目前也還是在向更尖銳的方向發展中，所以，從整個世界和整個中國的前途看，共產主義已屆居下風，是人所共見的事實，中共必垮，也已是海內外全體中國人的一致結論。流亡在海外的中國民主反共愛國人士對此當然異常歡欣。但歡欣之餘，內心免不了的悲痛是在台北國民黨當權派至今不知反省，至今只知把矛頭針對民主反共愛國人士，至今不了解民主的眞義與偉大效用，至今仍迷戀在獨裁與封建的圈子中，以致經常倒行逆施，不知道走民主大團結的路去反共，更只知在口號上高唱反攻，所以，留港民主反共愛國人士今年面對中共必垮與台北又太不爭氣的這雙重現實，與會的人無不以更高的努力與警惕來互勉，并期望台北迅即反攻。

今年十月十日雙十國慶日，留港民主反共愛國人士，假座香港馬司道東來順餐館舉行慶祝并聚餐。除新近由美抵港講學之張君勱先生特來參加外，一向居留在香港的參加者計有：王世昭先生、左舜生先生、李璜先生、李任難先生、李芝與先生、任益年先生、許子由先生、許冠三先生、徐亮之先生、勞思光先生、張煥華先生、黃宇人先生、陳權先生、陳芝楚先生、陳錫餘先生、陳傑三先生、梁友衡先生、馬煥然先生、孫寶剛先生、劉裕略先生、羅鴻先生等，除熱烈祝賀外，席間并對時局及民主反共大業交換意見云。（建）

俄國史與俄國人

幼椿

憶在巴黎大學文學院西洋史學系上課時，正當俄國革命，列寧打倒克侖斯基，布爾失維克初初登台，引起我想進一步去研究一下俄國近代史的興趣，請教本系教授塞覺博斯先生，有什麼較詳明的俄國史，可以一讀，以便了解俄國的政治與社會，尤其是近百年以來的。塞覺博斯教授搖頭說：「沒有好書，尤其是近代的，我也寫得不能滿意。」塞氏當即於架上取出他所著的「現代歐洲政治史」，翻出俄國一章，指他所下的附註道：「狠因難的在俄國政治史上，給予它一個相當於俄國重要的篇幅。帝國，在他的專制組織上，看不出足以稱為現代生活的政治動態。與十八世紀君主專制一樣，俄國沒有別的史實，除了君主及其宮庭的事變，而這些事件，還是由政府的反對者所敘述，在外國所發表，為他本國政府所未及監督與防止到者。至於官方報紙所記載，則完全不是生活的真象。這就是俄國內政史之所以貧乏的原因。除了亞力山大二世之改造運動外，便少有佔篇幅的事件，比較詳一點的，如俄政府向他的波蘭敵人，分離者，革命者加以壓迫的事件，都是由外國紀載的。」

由塞覺博斯教授這個註言看來，好像俄國的鐵幕自來就挂起來的，不只對於外國人，而且對於其本國人，因為我們研究西洋史的人，就數不出一個俄國有名史學家，也尋不到一部俄國人著的像樣點的俄國史。

民國三十九年夏，我譯法哲希格斐著的「西方民族性」，其中述及俄國民族，而特標題為「神秘主義的俄羅斯」，著者並且寫道：「百年前辜斯丁就這樣說過，通常的外交團和通常的歐洲人，被這個政府以拜贊廷的眼光，或被整個俄國人當作難測可疑的間諜看待。雖進俄國疆界，無論在昔日尼古拉二世，或在今日史太林治下，自己便立刻會感覺到環繞着起疑的氣氛，好像自己真是難測而可疑的間諜樣。法國公使之一，在第一次大戰前夕，曾經願意對俄國工業作一個考察，但聖彼得堡政府認為他這打算懷有很大的惡意；我相信我們今日在莫斯科的外交代表團簡直都不去想作這類考察了啊！」

俄國人特別是俄國的政治界何以會養成這種猜忌陰狠的性格，一切自來就神秘得有似魔鬼？這固然一半由於寒帶草原氣候，陰森森的，隨時怕被豺狠把人吃掉，然而歷史的因素也必有其來由的。

近來偶然在香港中華書局買得俄人潘克拉托夫著的「蘇聯上古中古史」的譯本，其書以恩格爾斯的唯經濟史觀見地來作編述旨趣，毫無價值，然其書中第六章敘蒙古人的經畧，對於成吉思汗帝國之擴張有十頁紀載，（一〇八——一一八）第十一章敘金帳汗國及其衰落，也佔了八頁，（一五二——一六〇）第十二章敘伊凡第三的興起與俄羅斯土地的構成，一半也是在敘述韃靼人奮鬥，而獲得解放的經過。讀了這幾章俄國的中古史，我覺得俄國民族之所以養成這種對外疑懼，對內殘忍的性格，我們亞洲的蒙古人以至中國人都應該要負一點責任，因為在十三世紀開始，一直到十五世紀末，三百年間，成吉斯汗帝國以及金帳汗國征服而且奴役俄羅斯民族，實在把他們整得太慘了啊！錄該書兩段作證：

「他們的帝國雖然如此分裂，但成吉思汗仍能確切把握最高的國家大權，他組織了一隊精編的宿衛軍以資依賴。他的軍隊品質高而且組織極嚴密，出戰時以十人百人或千人為單位，各設長指揮，主力則為配備着弓箭的騎兵。蒙古人的作戰術，學自中國，圍攻敵人時，他們使用飛車，火箭，撞牆器等，以攻破城堡。……一二〇七年，成吉思汗之子朮赤征服西北利亞南部的人民，……數年後，又繼之以入侵中央亞細亞，……以前屬於譔罕默德的王國，完全落入成吉思汗之手，他並征服了波斯的很大一部份。成吉思汗諸部將所統率的蒙古大軍，第二步向外高加索及高加索區進攻，他們殘破了亞塞爾拜然，亞美尼亞及喬治亞，進犯波羅夫齊人的草原地帶。……一二二三年，俄羅斯諸王公在基輔王公的領導下，進入草原去迎擊韃靼人——韃靼就是俄羅斯人對蒙古人的總稱呼，韃靼人開始往後退，以誘俄軍深入草原。……不料波羅夫齊人不敵韃靼軍進攻，突然逃走，遂陷俄軍於混亂。……俄軍乃亦大敗。……同時基輔及其他王公本未參加戰鬥，雖駐兵在附近山上，雖目睹戰事的逆轉，亦不加入援助，韃靼兵繼而向他們發動攻勢，俄軍堅守三日後，卒被迫投降。諸王公雖曾被保證可以保全生命，但此項保證並未實行，他們全遭殺戮！……」

「在此後蘇聯境內的蒙古大國為金帳汗國，乃成吉思汗之孫拔都所建。屬於拔都的有也兒的石河（Irtysh）以西所有「蒙古馬蹄能及之處」。拔都續出征服西方的土地。一二三六年，他的部下越過烏拉爾河，侵入伏爾加河上的保加利亞人土地，大加破壞。第二年，韃靼人又入侵里亞山公國，當時俄羅斯東北部分裂為許多獨立的小公國。自無力對抗韃靼人。……里亞山遂被佔，夷為平地。韃靼人又毀破了伏拉底迷，並蹂躪附近諸公國，「殺人如割草」，在一個月中，他們攻佔並焚燬十四個城鎮，包括莫斯科在內。……俄羅斯諸王公同意向韃靼人交納貢稅，並供給軍隊。拔都則賜與諸王公一種詔書，封給他們以某公國。……其臣屬於韃靼人之諸王公赴拔都處朝謁時，禮節極受折辱，諸王公進入蒙古汗所居帳幕前，必須行經兩行烽火。韃靼人認為火可以禳除邪惡，倘使某一王公對此加以拒絕，即視為犯罪，加以誅殺，（如赤泥哥爾夫王公密開爾即是，）入帳後，須在汗前叩頭及地，並跪聆一切。拔都置長官於各主要的俄羅斯城市，此輩專橫貪婪，人民飽受壓迫。……凡無力交付貢稅之人，即應捕交韃靼，永留為奴隸。……」

俄國民族在十六世紀初纔從蒙古人的暴虐統治中解放出來，整整三百年中過着異民族的奴役生活，其所以養成對外國的疑懼，對本國人的殘忍，這種民族性格，是有其歷史因素的。何況十三四世紀的俄羅斯文化並不比蒙古人高，被征服者只有向征服者去學習模仿咧。據「蘇聯上古中古史」的著者所述，亦足見蒙古人實為俄國人之開化者：「韃靼的貴族階級大量採取波斯人，中國人，及其他亞洲文明民族的文化。十四世紀，韃靼的封建主們採取了回教，並將該教傳布於人民大衆，這給與韃靼封建主們的一種壓制人民就範的工具，同時此舉又加强了金帳汗國對東方文明諸國間的聯繫。韃靼的統治也相當影響到俄羅斯諸封建主的生活及習慣。他們採用了韃靼人的東方服飾，（俄語鞋，長衫，帶，頭巾，諸字皆源於東方語）以各種武器和用具。若干韃靼的制度，也長期留存於俄國，例如「驛站」的制度，即由韃靼所傳入。……」

俄羅斯的開國者伊凡第三，用巧妙的手段，利用蒙古人自相攻擊，以收復其俄國土地，建立君主國，距今不過四百多年，比之中國，固然短了二千多年，比之英國，也短了五六百年的開化時間。現在的英美政治家便希望與俄國由彼此了解而和平相處，未免太早了一點！

蘇共七月十四日駁斥中共公開信原文節要（六）

在個人迷信時期毒化人民生活的恐懼、懷疑和徬徨的氣氛已經永遠消逝了。不能否認這樣一個事實：蘇聯人的生活更好了，享受着社會主義的福利。請問一問獲得了新住宅的工人（這樣的人數以百萬計），問一問晚年得到了保障的領養老金者，問一問富足的集體農民，問一問成千上萬在個人迷信時期受到不應有的迫害而已經恢復自由和名譽的人，你們就會知道，蘇共第二十次代表大會的列寧主義方針的勝利對蘇聯人來說，實際上意味着什麼。

請問一問那些父母在個人迷信時期成了鎮壓的受害者的人，承認他們的父母兄弟是正直的人，他們自己並不是我們社會的變節者，而是蘇維埃祖國值得尊敬的享有充分權利的兒女，這對他們來說意味着什麼。

工業、農業、文化、科學和藝術，不管我們把目光轉向哪裏，處處都在迅速前進。我們的宇宙飛船現在正在遼濶的太空遨遊，在這方面也光輝地証明我們黨用以領導蘇聯人民的方針的正確性。

當然，我們並不認為，在我國已經為蘇聯人和為改善他們的生活做了一切。蘇聯人明白，這一原則的實現不只取決於我們的願望。必須建成共產主義社會和創造豐裕的物質財富。因此我國人民在頑強地勞動，以便更迅速地創造物質財富和精神財富，使共產主義的勝利早日來到。大家都可以看到，我們正在按照正確的方向前進，清楚地看到我們發展的前景。

在蘇共綱領裏規定了共產主義建設的具體計劃。這一計劃的實現將保証蘇聯人民有最高的生活水平，給逐步過渡到「各盡所能，按需分配」這個夢寐以求的共產主義原則奠定基礎。

蘇聯人聽到中國同志企圖辱罵蘇共綱領——建設共產主義社會的宏偉計劃，感到奇怪和荒誕。

中共領導人針對我們黨宣佈為人民爭取美好生活是自己的任務，暗示蘇聯社會的某種「資產階級化」和「蛻化」。按照他們的邏輯，如果人民穿草鞋和喝大鍋清水湯，這就是共產主義，而如果勞動者生活得好和希望明天生活得更好，這彷彿就是資本主義復辟！

還想把這種哲學當作馬克思列寧主義的最新發現送給我們！這暴露了這種「理論」的作者是些不相信已掌握了政權和已建立了自己的社會主義國家的工人階級的力量和能力的人。

如果看一下我國歷史，看一下蘇共綱領，就會很容易看出，當我們在列寧領導下取得了政權的時候，我們是從什麼起點開始的，而蘇聯人民現在達到了什麼樣的頂峯。我們國家變成了最强大的社會主義國家。在工業產值上，蘇聯佔歐洲第一位，佔世界第二位，很快就要趕過美國而躍居第一位。

蘇聯工人階級、蘇聯集體農民、蘇聯知識分子是我們一切勝利的締造者。

我們確信，不僅蘇聯人民能，而且其他社會主義國家的人民也能樹立偉大的勞動功勳，只是必須要保証對工人階級和農民的正確領導，必須要實行這種領導的人現實地思考，作出可以把勞動人民的力量和精力引上正確道路的決定。

中國領導人企圖為個人迷信辯護，在自己的信中充滿着關於在蘇聯的階級鬥爭、關於蘇共綱領中似乎是錯誤的全民國家和全民黨的論點的遠離馬克思主義的論斷。我們不打算在這封信中詳細地分析他們的一切論據。任何一個讀中共中央六月十四日信件的人，無疑都會注意到，中共中央的信件中所包含的論斷是完全無力的和脫離蘇聯人民的生活的，他們教導我們說，在蘇聯的社會中還存在着敵對的階級，因此也還存在着無產階級專政的必要性。

這是一些什麼階級呢？從中共中央的信件中可以了解，這是「資產階級食客、寄生虫、投機倒把者、騙子、懶漢、流氓、盜竊國庫者」。

不用說，中國同志對階級和階級鬥爭有着奇特概念。從什麼時候起這些寄生分子被認為是階級呢？是什麼階級呢？是懶漢階級還是流氓階級，是盜竊國庫者階級還是寄生虫階級呢？罪犯在任何社會中也不構成一定的階級。這是小學生都知道的。當然，這些分子在社會主義中也不構成階級，這是資本主義殘餘的表現。（未完）

民主政治在亞洲的展望

孫寶剛

這幾年來，亞洲的許多國家，有的軍人在專政，有的在實施獨裁，也有的仍是君主政治，民主政治的國家所存無幾了，前幾天又來了一個消息說：菲律賓總統也將解散國會，實行指導民主。消息是由印尼發出來的，但後來由菲律賓的官方加以否認。可見這個消息是有些造謠性質。大概印尼實施指導民主，有些寂寞，所以希望菲律賓也能這樣做。現在經過了官方否認，當然可以說，菲律賓這一民主政治制度，還不至受到威脅。不過平心而論，菲律賓歷年來的民主政治，實施得也不很好，尤其在大選時的兇殺案、和平時的貪污案疊出，可見一斑。我屈指一數，除了以色列外，竟沒有一個像樣的民主國家，即以日本論，也不算得實施得很好。我因此在想，亞洲人是否是不適宜於實行民主政治麼？持有這種見解的人，恐怕還是少數？他們的理由大部人說，亞洲人民的政治水準很低，不適宜於民主政治。這個理由在表面看來好像很對的。因為亞洲的文盲恐怕還是全人口的百分之八十以上。文盲多，即代表人民的智識水準低，智識水準低，即代表不能實行民主政治。

其實深一層去看，文盲並不一定是智識低的，易言之也不一定是政治水準低的。我常常看到有些目不識丁的人，仍能是非分明，通達事理，並且正義感和責任感都很強。反之，以至許多飽學之士，常常自私自利，是非不明，強辭奪理，所以在我看來，文盲不文盲，並不是那個國家可行民主政治的最重要的原因，尤其在今天無線電話和電視，以及電影等非常發達，要使人民獲得一些政治知識，常常可以使用文字以外的工具來教育或宣傳的。

再進一步來說，現代最進步的國家，一般人民教育水準最高也不會超過初中的程度。以一個初中程度的人民來說，在理論上，要他們對一些有關政治的常識，要他自己能夠想出國事應怎樣辦，那也絕對做不到的。

以今天的世界和社會的複雜性，政府的每一條政策，都非經過專門的調查和研究，不能任意制定一條政策。所以講民主政治，必須有政黨。因為唯有政黨的力量，才能做到調查和研究，並且可以傳達給於民衆，個人是很難做到的。所以現代的國家，制定政策的是政黨，人民不過加以認可或反對而已。假如一個國家有兩個或三個黨，對某一政策提出了不同內容，民衆祇能在那兩或三個中選擇了一個。但當他選擇時，總又不外站在兩個立場上，一個是站在自己的利害的立場上，譬如以工人來說，祇要那個黨的政策主張把工人待遇提到最高，他便投他的票。另一個立場是站在正義感或國家的立場。又如以工人來譬喻說，甲黨對於工人的待遇不主張提得像乙黨那樣高，因為他用種種理由說明，工人的待遇已經太高了，如再提高便會損害生產和貿易等等，而損害了國家和社會的利害，那個工人如站在正義、國家的立場上，便投甲黨一票，沒有去投乙黨。但是我們如遇到甲、乙、丙三黨都是不健全的，提出來的政策都有些胡鬧或不正確。那時，一般人民除了棄權以外，祇好對任何一黨胡亂的投了一票。

可見在我看來，人民識字不識字，倒不很重用，祇要他能辨別是非，有正義感便可以了。倒是那些主持政黨的人們的知識水準如何，是很有關係的。假如我們相信孟子的話，是非之心，人皆有之。那末，問題在那些政黨提出「是」的政策，是否能普遍的向人民說明是非，人民一定有選擇的能力。所以我們又可歸納一句話，祇有適宜不適宜的政黨，沒有適宜不適宜的人民。也就是說，以亞洲人民來說，當然是適宜於實施民主政治的！

但是上文不是說，亞洲已差不多沒有民主政治存在。那麼，是不是沒有適宜實行民主政治的政黨麼？依我這幾年赴亞洲各國所見，我真有這個感想。

一個政黨的良否，又賴該黨的領導層的良否。所謂領導層的良好，是雙方面的，他對於政治知識的是否充分固然重要，他的人格和材能是否可取，尤為重要。所以要做一個真正的政治家，知識和材能是並重的，而人格尤為重要。古人有句話說，政治的不良，因官邪也，以今天的話來說，一個政治家第一要有人格，才能對其所主張的政策能忠實地實施，不會掛羊頭賣狗肉。但是他的政策是否良好，這又待他的知識了，在今天這樣複雜的一個國家內，一個政治家對於社會科學的理論沒有相當修養，即使有了調查工作，也研究不出高明的政策來。而況沒有知識的人也決不會去重視調查和研究。

等到高明的政策研究出來了，怎樣去宣傳和教育人民，以及執政後怎樣去實施，或在反對黨時怎樣去監督執政黨，甚至糾正執政黨的錯誤，都需要材能。所以政治家而沒有材能也是不行的。

我在亞洲各國所見，亞洲各國真是缺乏合乎這個標準的政治家。所以每個國家的政黨都表演得不好，於是人民也不重視政黨，或不擁護政黨，野心家遂乘時而起，改行獨裁政治或軍人專政。其實軍人的材能和知識在治軍，他們即有為國犧牲的高尚人格，以之來治政是不够的。至於說到獨裁，那更糟糕。一個人的知識和材能是有限的，一個人怎能知道這麼多？而況在亞洲各國來說，各種調查統計，都還沒有做，有的即是做了，也做得不好，獨裁者將拿什麼來做基礎作為他決定政策的基礎呢？民主政治之下，議員來自各地，出身於三百六十行，國家雖然沒有調查和統計，但他們以他們的常識來決定政策，總比獨裁者一個人決定一切要好一些。所以結論我還是主張在亞洲各國，應繼續實行民主政治，不過我對於想做政治家的人們，希望他們要有所警惕，而自己想想有沒有這三個條件——人材，知識和材能。

毛澤東的種族主義左右開弓

被毛澤東種族主義煽動的美黑人在北平强調反美．

黃之衡

毛澤東雖以馬列主義正統自居，但既犯着高度的個人英雄主義毛病，又犯着高度的種族主義毛病。毛澤東高度個人英雄主義的毛病，表現得很早，可以說，遠在抗戰以前，毛澤東所作「沁園春」一詞，就已把他的高度個人英雄主義充分表露出來了。他在「沁園春」詞中所說：「秦皇漢武，畧輸文彩，唐宗宋祖，稍遜風騷，成吉斯汗只識彎弓射大鵬，但往矣！數風流人物，還看今朝。」這是誰也能够看出它是如何帶有高度個人英雄主義的意識的。如果追溯更早的時期，則毛澤東從瑞金逃亡所謂「二萬五千里長征」時所作：「天高雲淡，目斷南飛雁，不到黃河非好漢，屈指行程二萬。六盤山上高峯，紅旗慢卷西風，今日長纓在手，幾時縛住蒼龍？」也已透露了他的個人野心。至於毛澤東腦子裏的高度種族主義意識，則是最近才逐漸表現出來的。

最先正式揭露毛澤東具有高度種族主義意識的，不是別人，乃是毛澤東過去所依傍的「蘇聯老大哥」。據蘇共要人一再在蘇聯報紙揭露，說毛澤東把種族主義思想擺在比共產主義思想更高的地位之上。事實上，不僅此也，如果我們今天仔細檢查毛澤東在反對赫魯曉夫反對蘇共中央的做法時，即可立刻發現毛澤東不但把種族主義的地位擺得很高，而且還正在以種族主義來團結有色人種的共產黨，右打白色人種的資本主義，左打白色人種共產黨。亞洲許多共產黨，俱如印尼共產黨日本共產黨北韓共產黨北越共產黨之所以在中蘇共衝突中站在毛澤東及中共一邊，主要原因也還不是什麼思想什麼路綫問題，而在種族問題。換言之，都是因為它們受了毛澤東的種族主義的蠱惑之故。

到現在，毛澤東自與赫魯曉夫的衝突益趨尖銳公開以後，毛澤東就更進一步推行種族主義了。毛澤東對美國鬥爭，以前是寄望於美國的工人階級，現原則寄托在美國的黑人身上。

據中共「中國新聞社」十月十一日北平電：「北京各界一萬多人，今天下午在人民大會堂舉行反對美國帝國主義，支持美國黑人反對種族歧視的盛大集會。」

又說：「著名美國黑人領袖羅伯特．威廉和夫人梅貝爾，在北京的許多美國朋友和亞洲、非洲、拉丁美洲、大洋洲的朋友們，出席了大會。……羅伯特．威廉在暴風雨般的熱烈歡迎掌聲中發表了長篇講話，他的講話一開始，就表示感謝毛澤東主席和中國人民對美國黑人解放鬥爭的支持。傾吐他對中國人民的深摯感情。他說『中國和古巴都是我們的同胞的禁地，但是我，作為一個黑種人，生平第一次發覺在兩個國家裏我才感受到自己屬於人類這種愉快的感情。我生平第一次感覺到解除了種族暴虐的沉重負担。解除了在一個白人至上的世界裏生而為黑種人的壓力。』

「羅伯特．威廉說：美帝國主義是種族主義的帝國主義，美國企圖征服世界，……希望人們不要為狡猾的美國佬所欺騙。」

顯然，羅伯特．威廉是毛澤東運用來進行種族主義來進行反美的工具，他是在赫毛衝突中站在毛澤東一邊而且主張以暴力推翻美國政府的黑人，所以，毛澤東這一次把他接到北平，正是毛澤東大力推行種族主義明証。

台灣簡訊

一、黃啓瑞居然想復職

志 清

曾因市公車處和市會的兩大集體貪污案而被省府停職並被台北地方法院分別判處徒刑的台北市長黃啓瑞，由於蒙受主子蔣經國的回心轉意，前一案已由最高法院宣判無罪，僅將乃妻黃朱金鳳作代罪羔羊，仍維持初審時的判決，處徒刑一年，但准緩刑三年。後一案於本月三日也由最高法院審判，黃啓瑞及黃朱金鳳均改判無罪，其理由是黃朱金鳳在興建市民住宅期間向承包商許富江拿的一百萬是借款而非賄款。

黃啓瑞是市宅會的主席，他將興建市宅的工程交與許富江承包後，乃妻即向許取得一百萬元。誠如檢察官所述，陳，黃、許非親非友，許更非富有，謂非賄款而為借款，其誰信之。但今日的台灣，司法原是要配合國（蔣經國）策的。蔣經國既然要決定寬宥黃啓瑞，法官們當然祇有遵循他的意旨去行了。

報載，黃啓瑞的市宅會貪污案，經最高法院宣判無罪後，即有其好友多人於當日下午六時設宴為他慶賀，他也懷着一顆輕鬆愉快的心情赴宴，冷落已久的黃公舘更是賀客盈門。四五兩日，黃宅的大小客廳和寬敞院子都備有大量的美酒，招待賀客，黃啓瑞滿面笑容，舉起嬌小的高脚玻璃杯，不停的和賀客乾杯。「梅江票房」還到黃宅的凉亭中演唱平劇。台北黃氏宗親會及一署名「萬華區有志一同」者又聯合請來舞獅隊、舞龍隊、中式鑼鼓隊和女子西樂隊到黃宅表演。鞭炮之聲，震耳欲聾。晚上，前庭後院，更是燈火輝煌，顯得十分熱鬧，活像是達官鉅富舉辦什麼大喜事一般。

台北黃氏宗親會和所謂萬華區有志一同者在送上述各表演隊伍到黃宅時，由前曾做台北龍山區長吳某坐着三輪車在前面開道，他的手上還高舉一張「要求我們的總統迅速飭黃市長復職」的大標語，隊伍還有意繞過代市長周百鍊的住宅，才轉到黃宅，有的新聞記者在十四日晚往訪黃啓瑞，請他發表談話，他說：「信心是做事的基本，我對法律、對輿論，一向有信心。過去，無論法律程序如何進行，社會輿論對我如何批評，我的信心始終不變，因為我深信是非曲直終可大白。」對於是否請求復職的問題，他說：「我一向做事，都是服從上峯的決定。」但又說：「我競選時，所發表的政見，一共有十二條，現在被實現的程度距離理想尚遠。」十五日，某報載，「黃啓瑞將不再申請復職，改做律師。」但他隨即向聯合報記者鄭重否認。他說：「這完全是謠言，做為一個公務員，本身既然獻給國家，對自己的職責，便不應擅作主張，我是否復職，完全遵照上級政府的決定。」周百鍊也表示將呈請省政府撤銷他代理台北市長的兼職，讓黃啓瑞復職。

黃啓瑞之妻黃朱金鳳並未出面招待賓客，黃啓瑞因為終於獲判無罪，雖然處處表現得甚為輕鬆愉快，但黃朱金鳳的心情似乎仍是很沉重的。將來黃啓瑞假如真能復職，重坐台北市長的寶座，這位貪污有罪的太太，不知將置身於何處？

二、監察院決查水災責任

監察院於本月七日舉行院會，委員王文光等九人提出：葛樂禮颱風過境，造成嚴重水災，人民生命財產損失至鉅，究竟有無機關負責人員有疏忽失職之處，擬請由院會推派委員三人負責調查。委員郭學禮、楊宗培提出：石門水庫於颱風緊急期間放洪成災，負責措施失當，似乎失職之嫌。省氣象所發佈颱風警報，何以不與空軍氣象中心協調，致有錯誤，省交通處亦未追究責任，均應予以徹查。討論結果，決議推王文光、郭學禮、楊宗培、葉時修、王澍霖五委員組織專組徹查，並提報院會。

三、學院常務董事包庇役男被處徒刑

逢甲工商學院常務董事邱伯璘，總務主任陳會瑞等於錄取新生時，向旁聽生收受樂捐建校費，計羅鐘旭五萬元，林孟光四萬元，廖登沛、李勝桐、盧敏男各三萬元，江英男、鍾鴻志、葉明雄、陳明武、朱旭昭、彭啟仁各二萬元，陳政雄、陳信雄、黃德義各一萬五千元，邱詹眞文一萬元。邱伯璘為使該生等及其與陳會瑞共同推薦之其他旁聽生陳雲尚等共三十三人取得學籍，逃避兵役，乃於該院呈報教育部的新生名冊中，將他們夾於其中。經教育部發覺羅鐘旭等三十三人並非該部分發有案的新生，飭令予以剔除。羅鐘旭、葉明雄、江英勇、盧敏男四人隨又先後接獲征集令，家長羅啟源等即向邱伯璘要求發給學生緩征兵役證明書，邱伯璘明知旁聽生無學籍，不能緩役，乃偽告該院公函分致台北市政府及高雄縣政府，證明羅鐘旭等四人為在校學生，使其得以逃避兵役。經台中地檢處檢察官提出檢舉，由台中地方法院審訊終結，判處有期徒刑一年，褫奪公權二年。其子邱也超及該院助理秘書丘善忠亦以共同連續意圖妨害兵役而便利受征集之男子逃避服役，前者被判處徒刑二年，後者被判處刑八月，均各褫奪公權二年。

四、監委要求清查流言

監察委員陶百川、于鎮洲、田欲樸、陳訪先、余越光等五人提案彈劾台北地檢處檢察官熊家曾違法失職後，香港某報曾有一則台北地院的消息，略謂一位提案彈劾熊家曾的監委在五年前曾因涉嫌貪污瀆職，被人向地檢處舉發，該處還延未辦。最近司法行政部重申前令清查積壓案件，該案正由熊家曾偵辦，因而引起某監委的報復行動。陶百川等五委員見報甚為憤怒，即聯名致函于院長，請由監察院函台北地檢處追查該項消息來源，以明眞象。據熟悉內情者透露，陶等五人迄未被任何人向地檢處有所檢舉；但監察委員在地檢處有案的卻另有其人。

監察委員對電力加價的調查報告

見 微

（台北通訊）監察院前曾推派委員陶百川、孫玉琳兩委員專案調查台灣電力公司加價案，日前陶委員等已完成調查工作，並向該院經濟委員會提出一份長達萬言的調查報告，內分兩大部份，第一部份是事實，第二部份是調查意見。

台電盈利未達預期的五大原因

調查報告的事實部份指出台電盈利所以未能達到百分之六的預期利潤，其原因約有五項。

第一、利潤之計算方法未能符合電業法之規定，查電業法及民營公用事業監督條例之規定台電之利潤應以實收資本二十億元為計算之基礎。如將歷年股息紅利及所得稅併入計算則為二十七億餘元。但台電另訂所謂費率基礎，即以重置資產之現值及營運資金，減去負債額，以其餘額作為費率基礎，以代替實收資本，作為計算利潤之根據。照此計算五十一年之利潤已達百分之五點六五，如照現行法律之規定計算，則其利潤當在百分之十二以上。

第二、折舊提存與所得稅法及獎勵投資條例不合，且為數太多。依據所得稅法及獎勵投資條例之規定以及一般公司行號之通例，提存折舊應以資產之原價為計算之基礎，其資產不得年年升值。必須物價有劇烈波動，即其指數超過百分之二十五，公司行號之資產方得經財政部及各該事業主管之核准，辦理資產重估價（升值），以估定資產重置現值。此項限制，一般公司行號悉皆遵守，即公營事業之台糖及台肥等亦皆準此辦理。但台電之資產則照物價指數，年年自動升值，故其資產現值乃愈升愈大。台電之折舊，係以依照物價指數升值之資產現值為提存之計算基礎，其比例為上項資產之百分之二點五，台電資產之年年升值，且依升值資產現價提存折舊，不獨依法無據，且為數亦必過多。

第三、維護費之提列，亦與折舊提存同樣不合。按台電之維護費係依升值之資產現值在預算上提列百分之一。台電資產之半年升值，既不合獎勵投資條例及所得稅法之規定，其維護費之提列，雖僅預算，亦屬不合。且維護費之浮提，自必相對的減少利潤，後者預算如不足百分之六，自必臨時漲價，五十年七月之漲價，電費其因果即係於此。

第四、開支浩大，以台電五十一年度決算為例，全年收入十九億八千萬元，但用人費開支一億九千三百萬元，燃料四億一千四百萬元，其他營業費七千九百萬元，長期借款利息三億八千六百萬元。又據審計部四十八年度國營事業機關綜合決算審核報告書載：「該公司對於員工物質上之優厚待遇以及事務上之浪費支出，均非受援（負責）機構應有之現象，以用人費用而論，台電現有職員二千九百五十六人，總管理處之普通行政事務人員，在董事會及總經理副經理辦公室者，即有五十九人，其中協理八人，此外尚有總務處，其文書事務人員亦有四十六人，會計處與財務處之組織尤為龐大，現有職員一百五十一人。其更有借與其他機關之職員及工人，為數亦頗可觀，其中借與石門水庫建設委員會者七十九人，又工人一百六十三人，借與經濟部及其直屬機關者二十四人，又工人八人，借與其他機關者十四人，又工人八人，上項職工合計二百七十七人。又達見水庫工程尚未開始，但台電已設立工程處，且組織龐大，僅職員即有一百十八人之多。至營業支出中之可以撙節者，例如材料之呆存足以積壓資金，損失利息，而台電僅燃煤一項經常堆積兩個月之用量，計值七千餘萬元，其他材料之呆存者亦甚可觀，營運殊欠經濟。又台電擁有交通車輛（工程用車不在內）共計九十一輛，年需十萬元左右，此項消耗約為九百餘萬元，但台電報告則為六百零八萬元，惟不包括折舊在內。

第五、電力供求失調：售電收入連年減少，五十年售電度數較預算數減少約四千四百餘萬元。五十一年度據稱：「售電度數較預定減少甚多，本年度電力用電與電燈用電比例變更，總計售電收入減少一億零二百萬元。」此種售電收入連年減少之趨勢，無異表示電力供應已經超過實際需要。查台灣為調查電源，連年舉債，截至五十一年底止，負債總額達六十二億元之多，如果再舉巨債，例如再用七十餘億元以發展達見水庫，而售電收入勢不能為比例之增加，即使再增電價，亦將不能湊足。

調查意見

調查報告繼指出：十二年來，台電增加電費已達八次之多，台電雖列舉各國電費，以說明我國電費最為低廉；但我國國民所得遠較他國為少，自不能相提併論。例如台電舉出美國電費每度較我國電費貴四分之三十五，但美國國民所得高出我國二十二倍，故若以國民收入為比例，我國用戶之電費負担，實重於美國十六倍。調查報告認為台電及政府當局應依據上述事實迅作改善，俾始可不加電費而達到獲利百分之六的目的。

陶委員等的調查報告，被認為與前此監委曹啟文對國營事業的調查報告，有同樣的重要性，可能同樣遭遇被擱置的命運。

毛澤東衆叛親離

中共外交官周湘浦投蘇已獲庇護
訪日代表團員周鴻慶又逃奔自由

綜觀

最近幾天，連續發生了幾件極不平凡的事。一件是中共外交官周湘浦經過蘇聯境內時，突然向蘇聯請求政治庇護，不再回中共統治下之中國大陸。據法新社莫斯科十月六日電：「此間東歐人士今日証實，中共駐倫敦大使館代理二等秘書周湘浦於今夏在蘇要求並獲得政治庇護。他們說，周氏係於本年八月離開倫敦，目前偕其妻及兩子女住在莫斯科」。對此，合衆社亦於十月六日發出報導說：「一名中共外交人員和他的家屬，顯然已背叛中共向蘇俄投靠。消息靈通的共黨新聞人員說，中共駐倫敦大使館二等秘書周湘浦和他的太太與兩名子女，於幾週前到達此間，表面上是取道返回中國大陸，但是一直留在莫斯科。周某的確實下落尚不能立即確定。也沒有人能透露他背叛的動機和他的未來計劃」。

其實，周湘浦的此一行動的動機是很顯然的。可以說，周湘浦不是反對共產黨，相反，而僅僅是反對毛澤東及由毛澤東領導的中共中央。因為，事態很顯明，如果周湘浦是反共的話，則周湘浦應在倫敦選擇自由，向英國請求政治庇護，周湘浦不在英國請求政治庇護，而在由英國回大陸路過蘇聯時請求政治庇護，顯然說明周湘浦是一名在赫毛個人權利衝突中的反毛親赫份子。而這對於毛澤東來說，其所暗示出來的毛澤東的危機，可以說是極大極大的。因為在此之前，尚無中共黨員在赫毛個人權利衝突中公然表示反毛親赫哩！

本來，赫魯曉夫就是一直想從中共內部推翻毛澤東的。所以，赫魯曉夫最需要的也就是中共內部的反毛份子，現在周湘浦既然正是這種反毛親赫份子，那末，赫魯曉夫當然會不顧中共之反對，而予周湘浦以政治庇護了。

事實上，不僅給予政治庇護而已，赫魯曉夫必然還會進一步培養周湘浦這一類反毛份子的。

至於中共訪日代表團團員周鴻慶教授在日本之突然從中共訪日代表團出走，以投奔自由，雖然他最先也是投奔到蘇聯駐日大使館，但他與周湘浦的動機稍有不同。周湘浦的動機是反毛，而周鴻慶的動機則在反共。

原來，中共最近派了一個科學代表團訪問日本，周鴻慶是中共這一代表團的團員之一。他們最近到達了日本。但當中共這一科學代表團訪問期滿，即將返回大陸之前夕，突然從中共代表團住地出走，他臨時雇了一部的士，叫的士司機把他載到中華民國駐日本大使館去。但的士司機弄不清中國駐日大使館的地址，而把周鴻慶載到了中華民國駐日大使館附近的蘇聯駐日大使館。他於是向蘇聯駐日使館請求政治庇護，然後由蘇聯駐日使館移交日本政府，並証明周鴻慶確實不願回到中國大陸。

據合衆社十月八日東京電：「中共投誠人員周鴻慶今天告訴日本警方，他希望在中華民國尋求政治庇護。並希望以任何代價避免回到大陸。周鴻慶選擇前往中華民國的事實，使他的投奔行動，產生了政治上的意義。一位警方發言人引述周鴻慶的說話，他投向蘇聯大使館，乃是因為他把中華民國大使館的館址弄錯。三十年前他在東京上學時，中國大使館就是在現在的蘇聯大使館的對面的一條街上。」……在另一發展中，中華民國的大使館開始與外務省就釋放周鴻慶問題進行談判。大使館的一位發言人說，該大使館的公使張伯謨正與日本外務省磋商中」。

據十月十日的東京消息，則謂日本警方已決定不對周鴻慶提出控訴，而將予以釋放。但日本政府如何處理周鴻慶，則目前尚無所知。日本政府當然應該尊重國際慣例依從周鴻慶尋求自由之意願，而絕對不應該把周鴻慶送回大陸。中共科學代表團團長原本由於周鴻慶逃奔自由，讓其它團員先回大陸，單獨留在日本，向日本政府交涉，硬要索回周鴻慶，但該團長已於十月九日經香港由日本回到大陸去了。可見中共意欲硬非法索回周鴻慶的事已絕望。但日本政府究竟准許周鴻慶赴台灣呢？抑或只准許周鴻慶留在日本呢？抑或把周鴻慶送到香港呢？截至十月十二日止，尚無最後決定。但，我們認為日本政府是應該尊重周鴻慶本人之意見，准許他回到中華民國的台灣。如果日本政府怕因此開罪中共，那就是日本政府無能了。

大陸簡訊

白帆

毛澤東接見美國黑人羅伯特威廉

羅伯特·威廉是美國黑人中主張用暴力推翻美國政府的，他從美國逃出後，居留在古巴，最近曾因他在中蘇共衝突中，站在毛澤東一邊，毛澤東曾應他的請求發表了一篇鼓勵和煽動美國黑人從事鬥爭的聲明，從而使毛澤東的血手開始伸入了美國。本年十月一日中共僞政權舉行其所謂國慶時，曾將羅伯特·威廉從古巴接到北平，參加中共的所謂國慶，並由毛澤東面授反美機宜。據中共新華社說：「毛澤東主席於十月一日接見了美國黑人領袖羅伯特·威廉夫婦」。

中共下月舉行「全國人代會」

因內部經濟困難及與蘇共衝突而一再延期的中共「全國人民代表大會」現在決定下月份舉行了。

據中共新華社十月十日北平電：「全國人民代表大會常務委員會第一〇四次會議、全國政協全國委員會第四十次會議，今天舉行聯席會議。會議決定第二屆全國人民代表大會第四次會議和中國人民政治協商會議第三屆全國委員會第四次會議在今年十一月中旬同時舉行」。

中共給阿爾及利亞五千萬美元貸款

據美聯社阿爾及利亞十月十日電：「阿爾及利亞政府宣佈，已收到中共相等於五千萬美元的無息貸款。阿爾及利亞廣播出這次公報，强調這項貸款是長期的，同時指出這是兩國友誼的進一步的証明」。

中共政權早已處於民窮財盡之情勢中，這是誰都知道的，毛澤東早已處於內憂外患中，這也是誰都知道的。但毛澤東竟於此日此際打腫臉充胖子，不顧大陸人民死活，從窮困的外滙中，抽出五千萬美元無息貸與阿爾及利亞，這沒有說明別的，充分說明中共野心龐大蓄意向外擴張而已。

僑鄉近訊

鍾之奇

增城旱情特別嚴重

今年大陸各地仍然發現過嚴重的旱情，廣東省各地僑鄉的旱情亦極嚴重，對此，本報已迭有報導。但廣東各地的旱情究竟嚴重到何種程度呢？中共南方日報最近曾有透露，它說：「增城縣今年遭遇到數十年罕見的奇旱，由於旱情持續時間長，受旱面積很大，全縣插了四十三萬畝旱稻中，就有三萬畝是靠抗旱搶插的。因此，今年旱造各生產隊的生產費用普遍增高，而各種春收作物春種作物受旱損失又很大，經濟收入減少。由於資金困難，不少生產隊抗旱保苗和晚造備耕生產受到了影響」云云。

廣州衛生標語多但衛生情況惡劣

有人說，共產黨政權沒有別的長處，只有一種長處，那就是善於宣傳，尤其是善於作虛偽宣傳。這話卻有相當道理。僅以廣州市的衛生情況來看，確實是充分印証了上述中共最善作虛偽宣傳的說法。

大凡經過廣州或在廣州住過的人，都知道廣州衛生標語之多，是達到了驚人程度了的。可以說，廣州共幹是經年累月在搞所謂衛生運動的。「愛國衛生運動」還未結束，「夏季衛生運動」，「秋季衛生運動」又來了。「四誠三無」，「乾乾凈凈過國慶」等口號亦經常張貼在牆壁上。但廣州市的實際衛生情況如何呢？是否有如英工黨前任領袖艾德禮所說廣州市看不見蒼蠅呢？

對此，中共出版的羊城晚報最近有所報導，它說：「新華戲院對面的市糕點食品加工廠第二分場內，貼着一張醒目的通知，要求提貨人先洗手消毒，戴口罩方可入倉，以重衛生，可是該場職工對自己的要求，卻另有一套，這些人把口罩掛在一個耳角上，有些人的口罩祇掛在上領，有些人則索性不戴」。

羊城晚報又說：「九日上午，有人在曾獲衛生店的滙記小食店看到服務員六人，三位戴的是標準口罩，遮口不遮鼻，兩位完全豁免煮東西的，端食物的，則一律施用『五爪金龍』。枱面蒼蠅三五成羣，待售飽點，紗布半遮不蓋，衛生標語琳瑯滿目，在一條『人人動手搞好愛國衛生』的紅布大標語上面，加蓋着厚厚的一層灰塵』云。

共報一再透露廣州衛生環境差

羊城晚報另外還報導一則廣州衛生環境差的故事。它說：「中山三路東皋大道仁道與街六號之一姓曾的住戶，飼養牲畜很不注意衛生，在天井挖了一個小池積蓄糞溺，臭氣四溢，近來長了不少蚊蟲，住在附近的幾戶人家，長期不敢打開窗戶，他們曾多次向曾某提出意見，同時也向街坊辦事處和東山區衛生防疫站反映過，都沒有結果」云云。

惠陽海產站被炸

據廣州來客說，十月一日午夜十二時，惠陽縣屬平海海產收購站曾發生猛烈爆炸。死傷共幹達二十餘人。這消息是這位廣州來客在廣州會見他的一位親戚，該親戚係惠陽人，親自告知這位廣州來客的。據說該海產收購站之所以被炸，係因惠陽人民平時恨中共入骨，中共派幹部在惠陽廣設海產收購站，以極低價值强迫收購人民辛勞所得之各種海產，而人民本身則仍不足維生，故從事海產工作之人民，遂因憤怒而設法將該收購站炸毀，並說炸藥則係得自海上愛國反共志士。當該站被炸時，曾發生隆然巨响，站址平房隨即倒塌云。

星洲共黨大罷工失敗

俊華

政治背景

號稱擁有六萬會員的左翼星洲行業工聯會，和二十九個同情者擁有四萬會員的工會，定於十月七日宣佈罷工。在此之前，星洲英軍基地的九千名工人，已於先一夜的十月六日晚上罷工。「癱瘓城市」是罷工的目標，說不定還會有暴動！鑑於星洲歷次的罷工罷學，都因為佔據廠房校舍，及糾察隊阻攔上工，發生過多次的暴動。所以這一次的左翼工人大罷工，一般預料到工商交通將會真的癱瘓，並且十分可能發生意外。緊張的氣氛籠罩着每一個角落，正像是暴風雨來臨的前夕。

尤其是左翼發動這次罷工的背景，性質相當嚴重。對外來說，正值馬來西亞與印尼絕交，雙方軍事戒備刁斗相對，北婆方面不斷發生游擊襲擊，逐漸擴大的時候。內部罷工暴動可能是一種「裏合外應」的行動。會不會是先把星洲基地癱瘓了，抵銷英馬軍隊的作戰防衛力，然後由印尼發動龐大的對馬來西亞軍事攻勢？

從在內部方面看，這又是一種星洲左翼反馬來西亞行動的延續，和反李光耀的示威。左翼一貫反對星洲加入馬來西亞，但現在馬來西亞的成立已包括了星洲，反共的大馬中央，已開始了整肅星洲共黨份子的步驟，如褫除陳六使氏公民權，逮捕南大職業學生領袖等，早已見其端倪。職工會便要在這方面先發制人，企圖使用罷工暴動控制星洲，予吉隆坡大馬中央以致命的一擊。

李光耀的行動黨在最近一次星洲大選中獲勝，這選舉的「搏命」可以說是歷次所無。行動黨主席杜進材與社會陣線主席李紹祖，在同一個政區競選，結果杜進材僅以九十六票的多數，把李紹祖擊敗，轟動一時。而行動黨在五十一個議席中奪得三十四個議席的優勢。此一勝利將使到星洲出席大馬中央議會的十五名議員，完全由行動黨選派產生。如此星洲左翼在吉隆坡議會將無發言的餘地！這項慘敗尤使他們不能不記恨，「亟思有以報之」。

一般對於星洲這次工潮採取嚴重性的看法，担心於必然繼續發生暴動及流血事件，就是基於左翼在內外環境形成頹勢之際，極可能出於「最後一擊」的政治背景。

基地防衛

因為背景嚴重的緣故，當局對於這次罷工的開始，在應付上絕對不敢掉以輕心，而是針對種種可能發生的事態禍亂，多方作應付的萬全準備。負責大馬中央內部安全的內政部長伊斯邁，事先已聞訊飛至星洲主持鎮壓。拉曼總理也決定於必要時親自飛星，與伊斯邁部長及星洲當局協同防範應付。因為這並不是單純的如爭取待遇等表面文章的罷工問題，而是星共、馬共、印尼共，甚至中共連同一致，打擊馬來西亞的問題。也可以說，這是大馬成立後首次「內部安全之戰」。

負有防衛馬來西亞重責，及宣稱對於印尼襲擊或進攻馬來西亞「決不袖手」的英軍，面對這項內外夾擊的攻勢，自然也採取高度的警戒。如果星洲基地一旦被癱瘓下來，英軍不但不能在北婆對印尼游擊隊作戰，並且不能防衛星馬受印尼軍的侵擾。所以在罷工還沒有開始之前，英軍當局早已先作妥慎的防衛部署。

當基地九千五百名工人開始罷工的六號晚上，照常上工的工人人數不足一百六十人，即能工的人數已達百份之八十四以上。

由艦上增援的海軍陸戰隊開上基地，另有三百餘名水兵，事先抽調熟諳基地工作的，也同時開進，接替罷工後的大部份重要工作，此外，還臨雇用一批非工會的短工，而由陸戰隊站崗及巡邏，掩護水兵及短工展開工作。左翼工會糾察隊雖在基地週圍執行糾察任務，也不敢採取強阻工人不得進入基地或毆打臨時短工的情事，基地工作於是在戒備下照常進行，不致阻碍到陸海空軍的使用和調遣。面對軍事警戒，工方可說是無奈之何。在這期間中，一批大馬部隊正分由海空兩路，自基地出發開往沙勝越，馬方部隊共將開出二千人，連同增援的英軍，北婆區在三週之內，將增加到有現役部隊一萬人駐防。

糾察「糾察隊」

對於市內方面，為應付總罷工及可能的暴動，英軍出動警戒者達五千名，其中一部，是以前應付暴動有經驗的部隊，警察、民安隊也協同執行職務，形成軍警總動員的形勢。

行動黨屬下的工會、和不屬於左翼工聯的工會工人，特別發動照常上工，即使有輕微疾病早已請假的，也為團體及他們的黨的立場而返廠上工。他們一般在警方的保護之下返回工作場所工作。就是屬於左翼工會而願意返工者，警方也予他們以保護。左翼糾察隊對此種情形，大為光火，曾加以干涉而與警察發生數宗衝突，但由於警方有備，在軍警強力掩護之下，終於沒有發生暴動。工、警雙方受輕傷者只有七人，工人糾察隊多人被捕，可能控以阻差辦公之罪。

除了因阻碍上工的逮捕之外，當局另展開其他的逮捕，搜查工會會所及俱樂部，拘去「黑名單」上的人物，涉嫌與發動暴動有關的。工會曾指此項「預防拘捕」為非，但伊斯邁部長認為為了將內部安全的緣故，不惜採取最高度的整肅，大馬將「不容共黨的肆虐」。據九號晚的統計：工方被捕者有一百三十七人，但大部份是糾察隊，因為依照罷工法規，糾察隊只能「勸告」工人不要上工，而不能用強，倘若使用暴力行動阻止，便是違法。警方便根據此點，打破了工方的糾察網。

又一次勝仗

星洲政府發表文告，指出罷工並非通常的罷工，而係由共黨所主使，要與外國（指印尼）所發動的「對抗」馬來西亞相配合，破壞大馬及星洲的安全。當局呼籲當地的誤入迷途的共黨份子及早退出，不要成為共黨火中取粟的貓脚爪，徒然做共黨利用的盾牌。假如並非搗亂份子的工人不受利用，則能工人數可能少之又少，當局便可以全力對付那些蓄意搗亂份子及幕後策動騷亂份子，早日恢復秩序與安全。

文告的號召，戒備的週密，和非共工會人員的活動，同告生效。左翼工會中堅持暴動罷工的份子，竟告失敗，因為他們發覺，突然間他們竟站在少數方面。多數主張罷工應及時停止，在「以免損失力量」的名義下，個別工人，也不少看到形勢不對，先行個別或三五成羣地復工。堅持暴動派看到情形無可遏止，終於被追宣佈：「正義行動已告成功」，停止罷工。而原來他們是宣佈「無限期罷工」的，現在絕無所獲，便「虎頭蛇尾」地結束了。

拉曼在吉隆坡聞訊大慰，說他已可取消星洲之行。李光耀更認為那是行動黨在大選勝利後的另一勝利，是大馬與行動黨對共黨決鬥獲勝的另一回合。李光耀說，他已把主持罷工暴動的馬共某重要份子的名字告訴伊斯邁，因該共黨份子不理李氏「二天內離境」的警告。李光耀說：人們總謠傳我與共黨有關，「現在可知道我是與共黨對立了」。

·吉隆坡通訊·

接受許多國家援助的印度

儘管尼赫魯口口聲聲高叫「堅持不結盟立場」，但是印度目前接受了許多國家（包括蘇聯和南斯拉夫）的援助已是鐵一般的事實。顯然，「不結盟」這三個字是尼赫魯表演「左宜右有」把戲的靈符；而當印度獲得援助的時候，內裏有甚麼「景囊」，那就祇有受授雙方的執政者才曉得。今日唯一為來所週知的，就是印度確是還着多方面的援助而壯大了起來。當然，壯大了的還包括國防設備。

協助印度加强國防建設的，除了以英美為首的一批西方國家之外，還有蘇聯；追至最近，連南斯拉夫也參加這援印的行列。尼赫魯對此，怡然自得；於是來者不拒，多多益善。據印度的國防部長凡透露：援助印度的，有十一個國家；其援助的主力，將於一九六四年三月間即可具備，包括有槍械、飛機零件，軍需品，和足夠用以建立五個新的山岳師團的裝備。印度的軍事力量的加強，確是指日可待。印度的官方消息還透露：美國現正空運機動性雷達網所需的物品到印度去，以備英、美、澳、印四國的高性能飛機在印境舉行聯合防空演習之用。此項演習，將是一連串的技術性的測驗，目的在乎改進對印度各大城市的保衛力。加拿大方面，則進行以價值一千二百萬美元之運輸機供給印度。法國則以價值五百萬美元之戰鬥機零件供應印度空軍。此外，義大利供給大量毛毯，紐西蘭供給大量牛油，羅得利亞則供給大量銅塊。至於南斯拉夫，則已與印度簽訂了合約，替印度製造軍需品。蘇聯則進行與印度談判，援助各種軍火，估計其數額將在五千萬至一億美元以上；目前自莫斯科和布拉格兩地返回新德里的印度技術代表團對此項談判雖守口如瓶，但據其有關方面所傳出的消息，印度的購物單內，開列有飛彈，運輸機，大炮，還要求供應兩個中隊的米格廿一型戰鬥機。印度在大量的外援下，其軍事力量的增强，實屬意料中事。

尼赫魯的手法是耍得很巧妙的，他一手拿定「中共將再度侵印」來做宣傳中心，而他的宣傳却是援透出，他首先向國會作出報告，說中共進反其「停火建議」和「撤兵行動」，已再次在拉達克及東北邊區的非軍事地帶建立了五十個哨崗，而侵犯性的斥兵和巡邏部隊也沿着印度邊境活動。在喜馬拉雅山地區，當季候風雨漸告終結，霜雪未降之前，中共武裝部隊將沿着二千五百哩的地帶，最低限度選擇一個地點，展開深入的探索，藉以觀察印度在英美協助下的防衛力量。尼赫魯於是大聲疾呼：印度的國防力量必須重新加强起來，尤其需要的，是機動性的防守力。如此，則印度一旦再受侵略，才能作滿意的自衛。以免中共在東南亞方面衝破一個缺口。印度官方又指出：中共是擅於採取「出人意外」的行動的。也許在今年內完全不進攻，而祇不斷製造緊張的局面，等待來年完成了各條公路支線及貫通了拉薩鐵路線之後，始揮軍進入尼泊爾，錫金及不丹，全力威脅印度。亦未可定。因此，印度必須繼續加強戒備。印度這番論調，是說得相當動聽的；西方國家於是紛起援助，使印度迅速地加強國防。至於蘇聯和南斯拉夫，則由於「別有用心」，因而也爭相援助印度。

此外，另有一項消息：尼赫魯的「政策」：印度雖然接受許多國家援助，但印度仍有一部份人士認為對付鄰國最佳的政策，是採取疏遠，將因此損害印度的利益。或人民方面刻已顯示出一個跡象：現正從事努力，重新與鄰國接觸。日前有很多青年被遣送到東方去，從事研究亞洲問題（包括軍事局勢），以至亞洲各地的風俗，人情，宗教和民族意識的傳統習慣，以至學習各地的文字和方言，反映出尼赫魯的心底裏，可能是已受到影響而另泛着一番意願。雖然誰都知道尼赫魯是一個很難觀測的傢伙，接受了許多國家援助後的印度，將來會成為怎樣的形態？當然，目前也是很難預測。（司馬仁）

女貞庵（二）

（版權保留）

黎明

第十一場：探親

地：王百萬的別墅。——或即如第七場的佈景。
時：距上場四五個月，一派春天的景色。
人：王百萬，王姨奶（妙淨）。

王百萬：（興冲冲上）哈哈哈！（唱）：
如今稀奇的事兒說不完，
居然尼姑庵中出狀元。
我家有個母老虎，
她也是來自那個尼姑庵。
（白）適纔有人打金陵回來，說是新科狀元叫做什麼潘「不」正，原本住在金陵女貞庵中。今由建康府尹主婚，竟然和我一樣討了女貞庵中一個師姑為妻。我想此事我家母老虎定然知曉。如果此事當真，我王百萬倒是狀元的襟兄了；好不喜煞人也。喲呵！說着說着就到了家門口了。待我叫門，（敲門介）開門來！

王姨奶：（遍身羅綺，滿頭珠翠，已經不用假髮了，只是頭髮却短得有點滑稽。）脫却袈裟換羅綺，在家到底勝出家。誰呀？

王百萬：是我；是我呀。

王姨奶：來了，來了。（聽得是百萬的聲音，連忙喜孳孳地碎步前去開門。）

王百萬：喲、小心肝兒！怎麼要您來開門呀！那春梅丫頭呢？

王姨奶：還說呢！幾天也看不見你的影子，家裏人參燕窩全完了；我叫她買去啦。

王百萬：為何不早講？

王姨奶：你呀——（用右手的食指點百萬的額頭）人都見不着面了，我向誰早講，向誰早講呀？

王百萬：哦、哦，這這是我不好，是我不好。下次多預備一點也就是了。外面風大，還是屋裏去吧？

王姨奶：那你就攙扶我來。

王百萬：哦、是是是。

王姨奶：（向王百萬拋了一個嘔心的媚眼）人家這幾天腿都脹死了。

王百萬：等一會我一定多給你搥幾輪。

王姨奶：是的啵？（又拋出一朵嘔心的媚笑。一進了房，便向床上躺。）哎喲！脹死了。（向百萬指着自己的腿）來嚧！來嚧！

王百萬：來了，來了。（坐向床沿，邊搥邊問）呀、小心肝兒！我來問你：有個在女貞庵住過的什麼潘「不正」，您可認識？

王姨奶：是潘必正，不是「潘不正」。

王百萬：（驚喜交集）那——您認識他的？

王姨奶：不但認識，而且——

王百萬：而且什麼？

王姨奶：而且是我的義弟。

王百萬：吓，你的義弟？

王姨奶：不但是我的義弟，而且——是我的妹夫。

王百萬：又而且什麼？

王姨奶：而且是我的妹夫。

王百萬：什麼？你的妹夫？——那末、那末、你、不，你我的妹妹現在那裏？

王姨奶：在女貞庵。

王百萬：在女貞庵？難道、難道她也是個出家的？

王姨奶：（憤然推枕而起）怎麼？你怎麼說？出家的怎麼樣？出家的不好嗎？你說！你說！

王百萬：哎、不不不：這就對了，這就對了！呀、小心肝兒！我是特地恭喜你來的呀！

王姨奶：恭喜我？

王百萬：正是。

王姨奶：恭喜我什麼呀？

王百萬：你那義弟潘必正中了狀元了。

王姨奶：什麼？中了狀元了？

王百萬：正是；中了狀元了。

王姨奶：（夷然不屑）中了不就中了；他本早就該中的呀；這有什麼可恭喜來？

王百萬：不但中了狀元，而且——

王姨奶：（較有興趣地）而且什麼？

王百萬：而且成了親了。

王姨奶：吓？成了親了？

王百萬：不但成了親，而且是建康府尹主婚的呢！

王姨奶：此事當真？

王百萬：當真。

王姨奶：果然？

王百萬：我還敢哄你不成？

王姨奶：哦、哈哈哈哈……（笑得幾乎倒在地上）

王百萬：你看！你看！（連忙上前扶住）樂成這樣，摔壞了腿兒，我可要心疼的呀！

王姨奶：官人呀！（唱）：
我喜的不是什麼狀元郎，
喜的是他們二人情義長；
皇天佛祖不負我的好心腸。
官人呀！快快準備轎和馬，
你我即刻去到金陵走一趟。
管叫你，大開眼界心歡暢；
會一會你那狀元小舅子，
看一看那千嬌百媚，百媚千嬌，真真正正，道道地地的狀元夫人，陳呀陳妙常。

王百萬：怎麼？你們庵中到底有幾個陳妙常？

王姨奶：不必多講，到了金陵，自然知曉。你我速速準備去者。

王百萬：好好好！我這就去。正是：平生慣做糊塗事；

王姨奶：皇天不負苦心人。（移）

友聲集（四五）

楊績孫專員將去蕪湖賦詩為別次韻酬之

己丑三月作　書枚

士習久婾墮，所競唯祿利。高情覷屣，扁舟去如棄。守官誠多能，百務若無事。時危歸束手，悃欵負初志。胸次皎以瑩，功入法雲地。鄣然接混茫，觀海自無際。固知懷抱奇，百中取一譬。治絲日以棼，爬梳窮次第。示民要信誠，今已昧此義。老弱溝中斷，壯者亦瘠瘁。積衰必墜崩，萬象成乏匱。白日不西出，滄海無東至。荊棘已在眼，陸沈未可避。盟師縱百萬，兩端詎我庇。第一自振奮，庶幾不携貳。將驕卒始亂，禮弛俗乃恣。往蹟殊昭昭，今茲豈二致。四鎮終一閧，蟲沙空七萃。反覆惜別吟，寸紙出真意。諸州既魚爛，尚見羣飛刺。覆異代凝碧池，迎巢禍慘悴。長江水如帶，下視一擲淚。豈猶天所廢。覆滅踵相嗣。剝復理宜有，承平人所企。他日幸傾蓋，執手敦古誼。蒼生待霖雨，雕鶚蓄剛鷙。千古論直枉，我思柳下季。

花下晚步，讀友人詩有作

思光

塞海憂思向暮深，嵯嶒獨影戀花陰。一天風雨苞蕭淚，十載流人杕杜吟。曲盡高墻歸意切，春回明鏡歲華侵。中郎才筆非當日，駐馬猶憐爨下琴。

唐詩偶釋（四三）

鄧中龍

歲暮歸南山

·孟浩然·

北闕休上書，南山歸弊廬。不才明主棄，多病故人疎。白髮催年老，青陽逼歲除。永懷愁不寐，松月夜窗虛。

首二句立案，北闕句剔一舉，南山句即勢落題。中四句平排叙述，蓋當下第放歸，君恩友誼，俯仰蕭疎，而年老無聞，歲月易逝，感懷身世，未免多情。故中四句承起聯疊下。第七句總括上文，須稍頓住，然後讀末句。若一氣讀下，便失營構之妙矣。此全詩結構。

明主之棄，原非由於不才；故人之疎，實非原於多病。寫盡人情冷暖，世態炎涼。然微嫌過露，有傷忠厚。老杜「旅夜書懷」詩五六句：「名豈文章著，官因老病休。」亦與此同。

永懷句一句三層。由永懷而愁，由愁而不寐，沉痛之至。論詩法，「永懷」二字括上，「不寐」二字啟下，松月夜窗，皆不寐中所見。下一「虛」字，便覺清趣暗生，而全詩亦不病於枯寂矣。良工運斤之迹，自當於此等處求之。

律詩中，第七句往往為全詩關鍵。必振起有力，然後作抽身轉步之勢，方能有遠神遠韻。凡上文叙實事者，下必逸接，方能結，方能顯吞吐之妙。凡上文描景者，下必實結。一味踏實者，如讀賬簿；一味懸空者，如讀天書。此二者，均非詩家所尚。大家之作，所以必致意於布局也。此詩如無松月夜窗虛一語放空，可以不讀。

五律起句，多不押韻。初唐詩人，偶一為之，亦非正格。至浩然乃獨多此種變體，在其所作五律中，此等格乃逾十之一。「臨洞庭」一詩，亦為平起者，試與此詩合看，自可悟其音節之妙。大抵五言律首句押韻者，上二字必用入聲字，或至少有一字為入聲，始能成為一特殊音節。浩然「臨洞庭」詩首句：「八月湖水平」，與此詩之「北闕休上書」，均是。晚唐許渾「秋日赴闕題潼關驛樓」詩首句：「紅葉晚蕭蕭」，亦為首句押韻，而第二字亦為去入聲者。許詩三四句「殘雲歸太華，疎雨過中條」，雖為佳句，然全無首二句之音節鏗鏘，亦殊難襯托三四句之韻味。學者於此，其三致意焉。

孟浩然四十遊京師，與諸名士遊。張九齡、王維極稱道之。一日，維侍詔金鑾，私邀浩然入，俄報玄宗臨幸，浩然伏匿床下，維不敢隱，因奏聞，帝喜曰：「朕素聞其人，而未見也。」詔出，命誦近作，至「不才明之棄，多病故人疎」句，帝慨然曰：「卿不求仕，朕何嘗棄卿，奈何誣我？」因命放歸南山。

陳風子治印

陳風子，別號瘦翁，浙江杭州人，鑽研金石文字凡數十年，為西湖西泠印社得前輩大家家法最深之浙派後人。本報今後將逐期刊載陳氏作品，以饗讀者。

龍馬精神好讀書

壬寅九月　泉唐瘦翁刻

天下英才得而教之

無量壽

與世無爭

中國現代史資料評介之十四

左舜生

梁任公先生年譜長編初稿（二）

（A）任公的童年和少年時代（1）

任公生於清同治十二年癸酉正月二十六日，卒於民國十八年一月十九日（一八七三——一九二九），得年五十有七。

任公出生的地點爲廣東新會縣能子鄉之茶坑村。能子鄉爲新會縣城南海中的一小島，故任公在『三十自述』中，說他是『中國極南之一島民』；其地離宋帝昺殉國處的崖山僅七里許，實中國歷史上可紀念之一頁也。（舜按：任公『三十自述』『能子鄉』作『熊子鄉』，『年譜長編』據『新會縣志』作『能子』，似應以縣志爲確。）

任公出生的這一年，李鴻章已五十一歲，張之洞三十七歲，康有爲十六歲，孫中山八歲。

任公生長於一且耕且讀的家庭。他的祖父名維清，字鏡泉，秀才，祖母氏黎；父名寶瑛，字蓮澗，在鄉敎書，母氏趙。任公說他的祖父有及見之孫八人，而對他則尤所鍾愛。

任公在童年便非常聰明，據他自述，及他的胞弟啟勳所記，他四五歲時，即由他的祖父和他的母親敎他讀『四書』和『詩經』，晚上和祖父同睡一床，祖父『日與言古豪傑哲人嘉言懿行，而尤喜舉亡宋亡明國難之事，津津道之。』六歲以後，除由他的父親敎他讀書以外，並從塾師張乙星學，受中國畧史，五經卒業，八歲學爲文，九歲能綴千言，十歲開始就童子試，十二歲進學，有神童之目。當他六七歲的時候，塾師以『東籬客賞陶潛菊』命對，他即應曰：『南國人思召伯棠』；十歲與人同船赴省城應府試，船中某父執指盤中『鹹魚』爲題，叫他做詩，他即應聲曰：『太公垂釣後，膠鬲舉鹽初』；都可証明他的早慧。又據任公自述，他家貧無書可讀，僅有『史記』一，『綱鑑易知錄』一，他的祖父和父親即日以此課之，因此，他對『史記』能成誦八九。父執有愛其慧者，贈以『漢書』一，姚氏『古文辭類纂』一，他也全部讀了。同時，他也歡喜讀唐人詩，覺得比八古文有趣味得多。凡此，都是他在十二歲以前的事，可以說明他後來之所以成爲一代文豪，決非偶然。

任公的父母，儘管也和他的祖父一樣，對他非常慈愛，可是對他的管敎却又非常嚴厲。任公有一篇『我之爲童子時』的短文，說他的家庭對小孩凡百皆可饒恕，惟說謊話則絕對不饒恕，當他六歲的時候，不記得爲什麼，偶然說了一句謊話，乃受了他的母親一度重重的鞭撻，並罰他跪了半夜。他的母親是當他十五歲那一年去世的，這篇文字是他在四十以後所寫，他說他追憶此一故事時，仍淚沾滿紙。他又說：他的父親，對他除督課以外，也使之勞作，言語舉動稍有不謹，輒呵斥不少假借，常訓他說：『汝自視乃如常兒乎？』他也誦之不敢忘。以上種種，均可見任公童年時讀書情況及所受家庭敎育的一斑。

自十三歲至十六歲，任公始治段王訓詁之學，兼及詞章，並先後從呂拔湖、陳梅坪、石星巢諸人遊。十五入學海堂，時廣州有大書院五：曰學海堂、曰菊坡精舍、曰粵秀書院、曰粵華書院、曰廣雅書院。任公十六爲學海堂正班生，同時又爲菊坡、粵秀、粵華院外生，各院月考有獎賞，優者銀數兩，名曰『膏火』，任公考輒冠其曹，其買書之費，悉出於此，如『正續皇清經解』，『四庫提章』，『四史』，『二十二子』，『百子全書』，『粵雅堂叢書』，『知不足齋叢書』等，均購於此時，蓋浸浸已有讀破萬卷的氣象了。

光緒十五年己丑（一八八九），任公中廣東鄉試，第八名舉人，主考李苾園（端棻）即以其妹字之。

次年，任公十八歲，赴北京會試，由其父挈與偕行，下第歸，路經上海，購得『瀛環志畧』讀之，始知有五大洲各國。其年秋，始交陳通甫（名千秋，字禮吉，廣東南海），又字通甫，即以通甫之介，初識康有爲，任公述其與陳第一次見康的情形說：『……時余以少年科第，且於時流所推重之訓詁詞章學，頗有所知，輒沾沾自憙，先生（指康）乃以大海潮音，作獅子吼，取其所挾持數百年無用舊學更端駁詰，悉舉而摧陷廓清之，自辰入見，及戌始退，冷水澆背，當頭一棒，一旦盡失其故壘，惘惘然不知所從事，且驚且喜，且怨且艾，且疑且懼，與通甫聯床，竟夕不能寐。明日再謁，請爲學方針，先生乃教以陸王心學，而並及史學西學之梗概，自是決然舍去舊學，自退出學海堂，而間日請業南海之門，生平知有學自茲始。』

十七年，任公與陳請康開館講學，即所謂長興里之『萬木草堂』是也。『草堂常課，除『公羊傳』外，則點讀『資治通鑑』，『宋元學案』，『朱子語類』等，又時時習古禮，千秋啟超弗嗜也，則相與治周秦諸子及佛典，亦涉獵清儒經濟書及譯本西籍，皆就有爲決疑滯，居一年，乃聞所謂『大同義』者，喜欲狂，銳意謀宣傳；有爲謂非其時，然不能禁也。……』又『啟超治『僞經考』，時復不慊於其師之武斷，其後遂置不復道；其師好引緯書，以神秘性說孔子，啟超亦不謂然。……』（上所引見啟超著『清代學術概論』）任公從這一年起，學於草堂者凡三年以上（光緒十七年至二十年），其同學除通甫早死（年二十二）以外，知名者更有徐勤，麥孟華，龍澤厚，韓文舉等諸人。

（未完）

憶陳果夫先生（四〇）

宇人

其後，國民黨爲了行憲以後，不能再繼續向國庫領取黨費，決定舉辦黨營事業，一方面責成中央委員向黨內富有同志捐募基金，一方面將接收敵僞的若干工廠和戲院改歸黨營。中央通訊社，中央廣播電台，正中書局，中央日報及各地黨報等機構亦分別改組爲公司，統由果夫先生以中央財務委員會主任委員的身份主持一切。所有各地區黨營事業的負責人及市省黨部財務委員會正副主任委員，除了台灣中華日報董事長梁寒操和中央通訊社董事長蕭同茲兩人而外，幾乎都是清一色的CC分子。曾被CC所鄙視的徐堪，還做了中央財務委員會的副主任委員。當時尚在中央組織部任要職的兩位CC朋友也很不以爲然。他們曾向我說，果夫先生對財務委員會和黨營事業機構的人事安排，無異是小組織的具體化。他們所謂的小組織，指的即是CC。足証此時果夫先生的用人標準，已無智愚賢不肖之分，而唯以派系爲限，就是CC分子中也有人看不順眼。

四十七年三月國民大會開會，國民黨爲了討論總統副總統候選人提名問題，召開臨時中央全體會議，開幕之日，蔣總裁發表演說，主張首屆總統應由國民黨提出一位黨外人士爲候選人，他自己無意參加競選。他並提出三項人選標準：（一）在學術上有成就者；（二）在國際上有聲望者；（三）愛國家者（大意如此）。當時很多人都認爲他指的是胡適，還盛傳他曾要王世杰先生徵求胡先生的同意，胡已首肯。但國民黨的若干元老仍主張應推蔣先生爲總統候選人。蔣先生頗表不耐，指定由中央常務委員再加審查。當晚，審查會開會，賀衷寒、袁守謙及其他與青年團有關的中常委，都主張接受蔣先生的意見，張道藩、谷正綱及其他與CC有關的中常委則擁護蔣先生做總統。道藩且說：『如果贊成總裁不做總統，請問有什麼辦法可以要國大代表另選他人？』他似乎認爲國大代表除了蔣先生而外，絕不會再選第二個人的。國民黨的元老們則祇有戴季陶先生發言，其餘盡都守口如瓶。我的本意，願希望蔣先生做總統，而以胡適爲行政院長，切實遵守憲法規定，對立法院負責，以期奠立憲政的初基；但從各種跡象看去，蔣先生決不願放棄行政實權，他所謂不做總統，就是準備做行政院長之意。我覺得蔣先生既不願意放棄行政權力，爲了不願見他以總統身分來干預行政，破壞憲法體制，所謂不得已而求其次，讓他不做總統而做行政院長也好。因此，我也主張中央全會應接受蔣先生的意見，推一位黨外人爲總統候選人。我起立請求發言時，坐在前排的戴季陶先生也請求發言。主席（似乎是孫科先生）告以我起立在先，戴先生回頭望望我，準備讓我，但我仍請戴先生先發言。他轉灣抹角的說了很久，暗示蔣先生並非不願做總統。我繼起發言時，列舉四大理由：

（一）依照憲法規定，總統是國家元首，行政院長是國家的行政首長。我認爲此一規定與我們的民族性最爲適合。因爲我國歷史上的盛世，幾乎都是宰相當政，遠者如我們時常提到的堯舜禹湯文武時代，無一而非如此。近者，如民國以來，也是林主席做超然主席，不負國家行政責任的十年期間最爲安定。總裁在事實上是今日的政治領袖，他不願出任總統，祇準備作行政院長，不但適應憲法的需要，且與我國優良的政治傳統相吻合，故應該贊成。（二）總裁大半生的歷史，顯出：凡是他專負一項實責的時期，都有優良的成績。反之，凡是他一身而兼若干名實不符的職務時期，還可能引起紛亂。例如在廣東時他專做黃埔軍校校長，很快的便培養成一批優良的革命幹部，組成一枝百戰百勝的黨軍，對討平陳炯明和統一廣東，發揮了決定性的作用。北伐軍興，總裁被任爲國民革命軍總司令，復兼中央黨部主席，黨內即起分爭，幾乎影響了北伐的軍事。後來，總裁辭去中央黨部主席，專負軍事責任，北伐才迅速完成。再後，總裁被推爲國府主席，內戰即不斷發生；直到九一八事變，總裁辭去國府主席，專任軍事委員會委員長，國內的政局才逐漸平定下來。此後，總裁駐節南昌專負剿匪責任，很快便將共區完全收復。抗戰開始，總裁也祇是做行政院長，並未兼國家元首，建立了舉國一致的抗戰基礎。林主席逝世後，總裁復兼國府主席，大家甚至把他當作一種萬靈藥使用，省政府主席人選有困難，也把他推出去兼任，大學發生風潮，也把他推出去做校長；但事實上却沒有收到預期的功效。在我看來，此無異是強迫總裁行其所短而棄其所長，實非愛護領袖之道。（三）民國成立以來，都是軍人專政，以致內亂頻仍。北伐統一後，北洋軍閥政權雖已崩潰；但軍人主政的遺風尙未盡去。由於總裁也是軍人，最近若干年，有的軍人同志竟想做他的繼承人，從而不務正業，亂干政事；甚至有的自知尙無做繼承人可能的軍人同志，因爲自恃蒙受總裁的恩寵，也公然廣納黨羽，自立門戶，造成了一種畸形發展現象。現在行憲開始，更有幾位軍人同志準備競選副總統。長此下去，不但民主憲政的基礎無法確立，我們國家的前途亦甚可憂慮。假如我們能遵從總裁的指示，推選一位黨外的文人做總統，我相信那幾位準備競選副總統的軍人同志必將自覺慚愧而放棄競選，如此，我們行憲後的總統副總統均可由文人出任，把民國以來軍人專政的局面予以結束，也才符合本黨還政於民的初旨。（待續）

本刊已經香港政府登記
每逢星期五出版
聯合評論
週刊
United Voice Weekly
第二六七號
CHINESE-AMERICAN PRESS, INC
199 CANAL STREET,
NEW YORK 13 N. Y. U.S.A.

世界商場耳，何嘗是國家！

李璜

在中華民族全民抗日戰爭時，自民二十八（一九三九）起，我們便已步入了艱苦階段中，政府退居重慶，宜昌遭了封鎖，長江不通，滇緬路也未開築，對外連絡，只靠飛機，且當時所謂外援，有限得很。

但彼時美國人尚以破銅爛鐵，大量的賣與日本，增加敵人裝造槍砲的原料；而英國人更是與日本大做其生意，香港成為英日貿易的重要樞紐。是時，我的好友詩人彭芸生兄曾在雜感百首詩中，有這麼兩句感慨語：「世界商場耳，何嘗是國家！」

然則，當時的英美人是不是在表同情於中國人的艱苦抗戰呢？是的，英美多數人都表同情於中華民族的英勇鬥爭。特別是一九三八年後，德、意、日三個法西斯國家已打成一片，向世界民主國家肆行侵略的形勢之下，英美有眼光的政治家，如羅斯福、邱吉爾諸人已能看得見日閥的野心並不限於中國本土的征服，而也如同希特拉，日閥在中國戰爭得手後，將要與英美爭雄於太平洋，隨時可以發動對英美的戰爭的！

但是，英美政治家這樣的遠見以及英美人對中國抗戰的同情，終不能敵其國中的普遍的生意眼：今天只要有錢可賺，有利可圖，那管明天便天崩地裂，生意還得趕做不誤！我記得與胡適之先生在勝利後南京重晤時，他就對我說過，在一九三九左右，他在美國大使任內，曾對美國總統羅斯福警告過多次，說：是日閥野心很大，最後的戰爭目標，必定指向美國。美國人再不能以戰爭物品去資助日本。而羅斯福總是答復適之，我明白的，但一個總統只能慢慢的去轉變全國輿情，而不能一下子改變全體國民一向習慣的心情的啊！

這種情形今天好像又在重演！今天這一向，似乎仍在尖銳鬥爭的兩個世界（共產世界與自由世界），生意做得很鬧熱！加拿大以大量麥子賣與中共，而美國跟進，更以二億五千萬美元的小麥賣與俄共；英國不斷以機器售入竹幕，而日本跟進，更以整套價值兩千萬美元的維尼龍工廠設備輸予中共；而且日本還在北平開盛大的工業展覽會，陳列其出品，以圖與英國貨相競爭！

這是不是資本主義與共產主義業已達到了和平共存了呢？而從此天下太平，照裁軍會談的老結論，德國問題的無法妥協，兼之西方馳往柏林的通道，還是在受阻而釀成隨時的緊張，印度與印度支那半島的風雲仍然是變幻莫測，誰又能說，共產黨人已不再想「埋葬資本主義」了呢？不過，甘迺迪總統說得很明白，美國要平衡預算，這兩億五千萬美金的麥子的生意就必須做。英國保守黨領袖也很明白，既已不能加入歐陸市場去做生意，如果不向共產世界去多做一點生意，則明年大選，保守黨的票子更必會減少。日本首相池田，他的說得更巧妙，他要與中共大做其生意，乃是為的遠東和平，不打熱戰；他便不感到韓國三八線便是熱戰的中心，隨時可以爆發；而南韓如果在一九五一年完結，日本便早已成了北韓或北越了啊！

這一向，自由中國海內外的反共言論界都在罵日本當權者對於中華民國的忘恩負義；並在譏刺英美人只知做生意賺錢，而便忘了正義所在；我一時也有此感，故爾在前些日子，為本刊作文，也寫出立國之道，總得要有正義，不可見利而忘義，這一類的話。後來一想，不對。想到好友（恐怕芸生早在大陸已被清算而死，要稱亡友了）這兩句詩，更覺得不對；至少我們中國儒家所說的「見利忘義」這四個字，不適用於去責備西方人，因為西方的文化，便是有濃厚商人意味的文化，我們能責備商人不要去重利嗎？先天的，西方文化，打從上古的腓尼基人與希臘人說起，他們便是以拼命做生意起家的。腓尼基人與希臘人曾在地中海東部打過仗，但西史稱之為商戰；腓尼基人後來建立迦泰基國於北非，與羅馬共和國相對，又以爭商業霸權於地中海西部，而被羅馬人打敗而亡國；但腓尼基人所發明的商業殖民政策，傳之於西歐各國，而有十六七世的葡法與荷蘭的遠航經商，各有其東印度公司，以代表其國家。十八世紀後，英國後起，稱霸海上，英國的東印度公司的生意便特別做得大；而且在東方，誰不願意與她做生意，她便與你拼命，這便叫做「砲艦叩關」！——中國因之而有雅片烟戰爭，其結果，五口以通商；日本也因美國潘理的砲艦叩關，而放棄了鎖國主義，實行與西方各國通商。但日本乖巧，而且又沒有染上中國重農賤商、重義忘利這一套文化思想，所以開關不久，便學會了西方的一套重利忘義的文化，而去拼命做生意；並且也學會了腓尼基人的商業殖民政策，向中國侵畧起來！

至於中國，則一再受了政治侵畧與經濟侵畧，喪權辱國，以至滿清之末葉，中國的士大夫仍反對去學西法、西藝；曾國藩要派幼童去美國留學（一八六七），而大學士倭仁上書阻止，其奏書中的警句有：「竊聞立國之道，尚禮義，不尚權謀，根本之圖，在人心，不在技術」……這個立國之道的想法，在今日來說，無人不以為這是迂濶之論了。然而，今日我們要以道義或正義去責備西方國家以至效顰西方的日本，又是不是有點兒迂濶呢！

世界商場耳，何嘗是國家！赫魯曉夫要「埋葬資本主義國家」的一句話，在這種形勢上看來，前途氣運，殊未可知！

德日四首相合論

許子由

阿登諾頌

執政十八年的西德總理阿登諾，以八十七歲的高齡引退，由副總理艾哈特繼任。在西德政治史上，這可能是一個段落的結束，而也是另一局面的開始。

阿登諾一九一七年即任科倫市長，身經兩次大戰，納粹時代，被逮捕迫害多次，那時他已經六十歲。但是他堅持發動侵畧是危害德國的看法，不屈不撓！在森林、地洞、法庭、監獄，與蓋世太保劊子手週旋。到了德國戰敗，阿登諾不幸而言中。

戰後阿登諾重任科倫市長，因為說了「希望英國政治家把我們作西歐人看待」的一句話，被英軍司令撤職逐出科倫。但那並不能阻止阿登諾「從廢墟中重建祖國」的決心，他組織基督民主同盟，由此任參議院議長，獲選總理。十八年來堅苦奮鬥老而彌壯。西德的復興，舉世共覩；西柏林屹立鐵幕，散發自由民主的光芒。阿登諾實足以自豪！現代人物，只有邱吉爾翁戰時領導英國勛績，足與阿登諾媲美。

艾哈特的展望

新總理艾哈特是西德經濟策劃的領袖，也應列為聯邦再建人之一。當一九五〇年西歐六國共同市場組織時，他們曾叫英國認識清楚：「他們的麵包是在那一面塗上牛油的？」事隔不過一十二年，英國已經清楚「他的麵包」是在歐陸這一邊塗上牛油，欲求加入歐洲共同市場而不可得。西德經濟的復興，西德工業的發展，同樣是光芒四射，令人矚目。而艾哈特卻應居其首功！

星島日報社論說：「阿登諾有萊茵河流域人沉着，堅毅，擇善固執的個性，是個政治家。艾哈特有巴伐利亞人圓通、樂觀，易與的民性，是個經濟家」。確是的切的評論。但我仍想補充說：沒有阿登諾的政治掩護，艾哈特的經濟不能有此成就；沒有艾哈特的經濟支持，阿登諾的政治未必如此成功。這實是雙璧爭輝，但卻是相得益彰的局面。

阿登諾曾謂艾哈特「不懂政治外交」，這不能認為抨擊的話，而是出於老年人愛國的顧慮，也是對於蘇聯對德國陰謀的警惕——這顧慮並不過份。西德經濟，在艾哈特主持之下，當必更有發展，可是德國的任務未了！正如阿登諾臨別贈言所說：「德國統一，有賴盟邦之協助。」西德必須加強與美英法的團結，然後統一可望。阿登諾的金玉之贈，艾哈特總理亦當三復斯言！

吉田茂的回憶

如果把日本現任總理池田勇人比作艾哈特，那麼日本的阿登諾便是前期首相吉田茂。吉田氏現年八十五，比阿登諾小二歲。以前曾任駐英大使，戰時也以自由主義者「反戰」而為軍部所拘捕。戰後受命於危難之際，奔走於佔領軍之下；我讀他的政治回憶錄「回想十年」，其中紀述那些他們謀國的艱難辛苦，真是不足為外人道。在吉田氏手上，卒之能簽訂和約，使日本獨立。在這一點上，日本是比德國較為幸運。吉田氏雖不敢誇功，但其政治元勳的地位，終於建立，這未始不是政策方針正確的成就。今天日本左翼動輒「反美」「親美」，如果沒有美國的糧食，日本人戰後如何活下去？如果沒有美國人在韓戰浴血的掩護，蘇聯會那樣容易讓日本獨立麼？

所望於池田勇人

日本今天既已富足，經濟成長率超於英國之上，舉世刮目相看！在這當中，池田勇人先生，雖非有如艾哈特氏在西德的地位，但歷掌日銀，久任財相，以「兩倍生產」為號召而膺任首相，相當地兌現了競選的諾言，不失為戰後日本黃金時代頂尖兒的人物！台北「政論家」的「挖根」指池田氏在「九一八」時不過是東北日軍治下一個小公務員，實在違反中國「達者為師」，「英雄莫問出身」的原則。不過當年大藏省內對池田氏的通評：「有政治性而無資性（資質、或悟性）」，這一點倒與艾哈特氏的長於經濟疏於政治，有些相似。

池田首相最近訪問菲印（印尼）澳紐四國，調停印菲馬糾紛；東京電訊，謂池田氏每稱日本為亞洲領袖國，頗有以強國姿態，恢復進出世界政治舞台之勢。詎知印尼要「毀滅」馬來西亞，幕後是中共指揮棒所主使；池田首相僅憑對東南亞貿易及技術援助，實不能作強有力的仲裁。反而在另一方面，日本卻正在大力展開對中共貿易，豈不是幫助中共滲透東南亞蠶食日本市場，一種「齎盜糧」的途徑？更用不着說中共還藉貿易扶助日本左派一層了。

要做領袖國須有足夠條件，尤貴有遠大政治眼光，所謂「立國之道」。日本過去「站穩自由世界及聯合國立場」，實為要着。像前首相石橋湛山到北平日貨展覽會做拍賣員，決不是自民黨出色的脚色。希望池田先生在他的經濟成就之上，再把自己造成一位大政治家。

我對周恩來向路透社總經理談話的看法

劉裕畧

十月十三日，中共偽政權國務院總理周恩來曾向前往北平訪問的英國路透社總經理發表談話。這一談話，曾引起國內外各方人士的注意。注意的焦點似均着重在周恩來的談話中去找尋去揣測中共與蘇共之關係，尤其中蘇共關係之可能演變。

這裏，我來談談我對周恩來十月十三日這一談話的看法。

在沒有說我的看法以前，不妨先將周恩來當時向路透社總經理龍格的全部談話檢視一下。

據路透社北平十月十三日報導這一談話的經過及內容如下：

『中共「總理」周恩來今日在此間稱，認為可以利用中蘇共間的分歧來個別對付共產中國和蘇聯的人，必然會失望。

周氏是在接受路透社總經理龍格訪問期間，於答覆問題時發表談話。

詢以中共與蘇共領導間的分歧是否會影響兩國間的關係，他答說：「我們認為不會。」

他說：「當然，我們兩黨間在原則上有嚴重爭執，而在一些問題上，蘇方已經把這些分歧帶到國家關係中去。

「在我們方面，我們嚴守兩黨爭端的原則。

「兩國間和兩黨間的接觸，將如過去一樣繼續保持。我認為沒有理由以為我們兩國應該互相分裂。

「蘇聯領導人自己說過這是社會主義國家集團裏的事。有的人也許以為可以利用中蘇分歧來個別對付共產中國和蘇聯。有這種想法的人必然會失望。

「相反地，假如有侵略任何社會主義國家的行動發生，那麼這將是一種侵略整個社會主義陣營的行為。不給予支持是不行的。假如某一國拒絕給予支持，那它就不是一個社會主義國家。」

周氏被詢蘇聯於一九六〇年停止援助是否增加了中共近年來的困難。他說，停止援助自然有所影響。

詢以中共是否將發表蘇聯援助及停止援助的詳情，他答道：「我們對這不想談得太多。

假如蘇聯沒有挑起這爭端，那我們連說都不會說得這麼多。一個社會主義國家，主要應依靠自己。

「作為世界上第一個社會主義國家，蘇聯自己就是這樣。所以我們在蘇聯有個好榜樣。

「當然，友好幫助是好的，任何國家都會接受這種友好幫助。」

周恩來曾被詢及中共所發表關於中蘇邊境事件包括指蘇聯誘迫數萬中國人民到蘇聯去的聲明。

他答道：「這些事件發生於一九六二年。局勢最近已經好轉。」

周氏被詢他對美國國內主張修改美對中共政策的意見有什麼感想。他說，就是美國執政集團內也有人認為應該有所改變。

他又說：「他們可以談到改變美國對中共政策，但只要他們不改變基本政策，就難以使共產中國和美國靠近，這種政策是對共產中國侵略和作戰爭威脅的政策。

「我們在中美大使會談中，未能和美國政府的代表達致有關一個基本問題的協議，這問題就是：美國是否要在原則上同意從台灣和台灣海峽撤出武裝威脅？美國執政集團並未同意。

「不管是什麼派系或集團，我們都不認為它他們之中任何一個有意思改變使台灣同中國分開的政策，因此，我們沒有見得這個基本政策有什麼改變。」

中共總理說，他認為美國可能再度在聯合國糾集大多數國家，來保持中華民國代表為中國代表。

他說：「這是非常無理和可笑的，中國過去很忍耐，但所有自尊的國家和民族，對這不會感到憤憤不平」。

周氏答覆一個關於中共在國際事務中的任務問題時稱：「我們願意和全世界人民友好：

「對於所有和我們有同樣願望和以和平共處五原則為政策基礎的國家，我們都願意與之友好。

「我在九月三十日慶祝我國國慶的國宴上發表的講話說過，我們願意和所有和我們有同樣願望的國家，政府，黨，組織及個人友好。

「但我必須說明我們的立場：我們不能和任何違反和平共處五原則。侵犯我們，侵略我們或干涉我們的內政的國家友好。

一個很明顯的例子是美國，它還在霸佔我們在台灣的領土，還在台灣海峽進行武裝威脅。

就是對美國來說，我們也常常告訴外國朋友，我們願意和美國人民友好。我們也不拒絕和美國政府談判」。

周氏提起了八年來先在日內瓦後在華沙舉行的中共美大使級談判。

他說：簡言之，中共贊成保持世界和平，反對外國侵略，這也是中共在國際事務中的任務。

他又說：中共在世界事務中的任務是有限度的，因為她現階段的主要注意力，必須集中於國內經濟建設和消滅「中國舊統治者所遺留下來的落後特徵」。

周氏答覆對于印度關係之問題時，重申他願意到新德里，與印尼談判。

又說：中共曾說過，「中共與印度該重開任何級的談判，包括政府首長，但不該有任何先決的條件。」

又說：「一切現在南越發生的事，是因美國的武裝侵略及干涉而起。只要解決這問題，美國人撤走」。

問及關於大陸的經濟，現在是否很進步？是否足以抗拒未來的天災？

周氏答：「對的，過去幾年我們克服」兩項困難（一）一連三年天災造成結果。（二）我們要組織起各方面的國家經濟建設，走上更能以自給自足一途」。「我們謀達成此點，我們在國家經濟方面，須有時間去重行調整的」。「當然的，這種重行調整，不是解放後的初期的重建國家。對重行調整，我們有了工業基礎，因此，我們可以更信賴自己的努力。我們正為固本填補，提高水準，進一步發展而工作」，「在鄉村裏，我們建了人民公社，這可憑藉集體力量去克服天災。大陸大部份地區，我們已恢復了農產，有部份地區，且在增加中。」』

綜觀周恩來這一談話，一共包括了下列幾個問題：

一、中蘇共之關係問題。

二、中共與印度間之關係的問題。

三、中共現階段的基本政策問題。

四、中共與印度間的關係問題。

五、中共目前的經濟政策及農工業問題。

其中最為各方注意的仍是中蘇共之間的關係問題。研究這問題的人大多認為周恩來這一談話反映了中共對蘇的態度很軟弱。是的，在周恩來這一談話所顯示的中共對蘇態度確很軟弱。但為什麼軟弱呢？會長期軟弱嗎？各方未加深論。我認為中共目前的對蘇態度軟弱，不是偶然的。其原因是中共看見赫魯曉夫越來越強硬，有強硬到不惜完全破裂，甚至引起邊界衝突，乃至取消「中蘇同盟」之勢，所以，中共目前的對蘇態度便改趨軟弱了。當然，這不是說毛澤東或中共的這種對蘇態度不會轉變。事實上，中共目前的這種軟弱態度，既是由於現階段的具體情況與具體條件而來，那末，事情很顯然，一旦具體情況或具體條件有變，它的態度便又必然有變了。

根本言之，所謂中蘇共之間之衝突，原本不過就是毛澤東與赫魯曉夫個人之間的衝突，所以，一旦毛赫個人衝突有變，中蘇共之間的衝突，便也必然隨之而變。而中共目前對蘇態度之軟弱，主要則是由於赫魯曉夫對中共態度極為強硬，強硬到使毛澤東內心也害怕起來了。

在過去三四年，赫魯曉夫已經給予毛澤東許多壓力，其中甚至包括停止蘇聯對中共既定的工業援助，毛澤東都未軟化。但直到最近蘇共公佈一項消息，說中共曾在最近三年進犯蘇聯邊境五千一百次，毛澤東的態度及中共中央以及中共一切報刊的對蘇態度就開始軟化了。直到今天，這一對蘇軟化態度，仍在繼續中。顯然，這是毛澤東害怕赫魯曉夫在中蘇邊境與中共正式或非正式藉口邊界問題動武了。

另一方面，蘇共已正在醞釀召開國際共黨會議，有意將中共開除，而毛澤東的反赫反蘇活動，雖已有若干成就，雖已有小部份國際共產黨跟中共走，但毛澤東的實力顯然仍舊遠不及赫魯曉夫，為了拖過蘇共目前正在籌劃開會的這一關，等會議開過再說；這是毛澤東對蘇暫時採取退一步戰畧的另一主因。

另外，還有一個極重要的原因，那就是毛澤東雖然反赫並反對赫魯曉夫所領導的蘇共中央，但毛澤東及中共眞正的戰力空虛，仍不得不在整個形勢上尋求和依靠蘇聯核子武器的保護，為了獲得蘇聯在「中蘇同盟」的條約下的核子保護，毛澤東是不敢與蘇聯絕對破裂的。而蘇共公佈中共曾於最近三年進犯蘇聯邊境五千一百餘次這件事，却意味着不但蘇共可能與中共在邊界發生武裝衝突，甚至還嚴重的意味着赫魯曉夫可能取消所謂「中蘇同盟」。假如赫魯曉夫眞的取消「中蘇同盟」，中共就將得不到蘇聯的核子保護，而將暴露在台北的反攻和美國乃至日本的強硬行動面前了。而這是毛澤東及中共政權存亡所繫的事情，所以，毛澤東及中共不能不在最近對自己的言行有所約束。

我以為以上所列各點，便是周恩來十月十三日在北平對路透社總經理龍格的談話有關中蘇共之間關係的背景。周恩來所說「在我們方面，我們嚴守兩黨爭端的原則」，這就是中共極力避免將中蘇共兩黨之間的衝突變成所謂兩「國」之間的衝突的原因。而周恩來所說「假如有侵畧任何社會主義國家的行動發生，那麼這將是一種侵畧整個社會主義陣營的行為。不給予支持是不行的。假如某一國拒絕給予支持，那它就不是一個社會主義國家」，則更厚顏無恥說成是蘇聯非支持中共不可，中共也非接受蘇聯的支持不可。質言之，周恩來的話表達了，毛澤東及中共中央不但認為蘇共有在戰爭時用核子力量保護中共之義務，而且中共也有在戰爭情況下必須接受蘇聯核子力量支援的權利與義務。

在我看來，這是周恩來全篇說話的重心。其目的仍在配合中共最近期間對蘇共的軟弱政策，同時仍在對西方表示中蘇共之間雖有衝突，中共却仍受着蘇聯核子力量的保護，西方休想動手。其內心恐懼台北及西方正式大規模進攻，實已表露無遺。

至於周恩來所談其它各點，已是這一談話之陪襯，所談中共與美國之關係，其中以台灣問題為中心，仍清楚表明中共至今仍想用武力奪取台灣，消滅中華民國，突破美國的太平洋防線，進而威脅日澳及東南亞；所談中共現階段注重大陸內部建設以及日前工農業好轉等語，則不過是烟幕是虛偽宣傳，而中共不可能與印度將衝突調解下來，則從周恩來的這一談話又再次得到證明了。

朴正熙做了總統

孫寶剛

韓國自李承晚執政，到今天朴正熙當選爲總統止，已經變了幾次，在前幾個月，朴正熙忽而要放棄競選，忽而又要競選，同時又逮捕了他的政變時的同志，我是很替韓國担心的，因爲這樣作風的一個所謂强人，很像是一個戀於權力而決心和勇氣不够堅强的人，更好像缺乏了民主的素養。所以我替韓國担心，認爲這樣的一個人繼續主持國政，國事決不會弄得好。其後選期將屆，反對黨居然出而競選，並能把競選者由三人而轉讓爲一人，我又爲韓國叫好，韓國眞還有人在，政治家們還能以國家爲重，不是自私自利，並且一見了鐵腕，便縮頭縮脚的。不過我還在想，競選時會不會流血呢，現在居然把選舉平安的渡過了，不特沒有流血，連各國選舉中所時時聽到的事項，如舞弊等等也無所聞，並且投票率達百分之八十五。可以証明朴正熙以下韓國的軍政府人員還知守法，而全國人民對於國事也很認眞。作爲一個現代民主國家來說，可以當之無愧。但話雖這麼說，在選舉揭曉以後，報紙上載有兩段消息，使我覺得美中不足。第一即是尹普善競選失敗以後，本人即潛伏起來，深怕朴正熙對他有不利的舉動。可見韓國在朴正熙的軍政府統治之下，確是籠罩着恐怖的空氣，這對民主政治是很不利的。第二即是逮捕了一批所謂反動的學生。這更使已經彌漫的恐怖空氣，更增加了一重陰影。論理，幾個學生，固然是學生運動的領袖，在此新行選舉才幾天，欲起而推翻政府，又既沒有軍人參加，決沒有可能性的。可能他們在以往軍政府時期有着這個企圖。但現在既已經過了選舉，朴正熙也已聲明還政於民，這不就是說韓國在這幾天已經進入了一個新的階段，和幾天前是完全在一個不同的階段中。所以馬上捕人，是非常不智的舉措。

民主政治主要的是容忍，和尊重反對派的意志，在一個民主國家之內，有各種階級，於是有各種的思想背境，他們對於政策的意見也就不同，對於一個進步的和有正義感的人來說，眼看到有許多人，甚至許多政黨，是落伍的，是爲着某一階級的利害，沒有把整個國家的利害擺在第一位，也可以說是完全自私和缺乏正義感的。但是作爲一個信仰民主主義的人，即使他是一個很有權威的執政者，決不能把這些落伍的人們或黨一股腦兒地都加以逮捕，或盡行掃除。因爲民主政治的主要原則便是容忍和守法，在他們沒有違反國家的法律以前是沒有辦法逮捕的。

在南韓的朴正熙來說，尤應注意一點，因爲朴正熙原是軍政府的强人，我們可以想像得到，一個軍政府，尤其一個强人，往往爲了要達到某種目的，不管是好是壞，一般往例，總是不擇手段，不顧法律而採取行動；現在既已還政於民，經過了選舉，雖然當選的仍是他自己，雖然擁護他的人，也許就是他原有的擁護軍政府的人們，但是在幕後相隔一日之間，前後兩個政府的本質，已經完全不同。中國古時有一句話說：矯枉必須過正。所以由一個軍政府而能變爲一個民主政府，由一個强人而轉變爲一個民主政府的民選的總統，在作風上也必須過正，易言之，必須比一般民主政府的作風，更形民主化，才能把以往人民心中的恐懼陰影，冲淡起來，而漸漸地轉變成一般民主政治下的正常心理。假如做不到這一點，那麼，民主政治始終無法實現。

今天的南韓，一面要防止和北韓的戰事再起，可說還在半個軍事時期，另一面需要集中一切的經濟的，物質的和精神的資源來建設成一個現代化的國家。這兩方面的需要，都需要有一個强有力的政府，假定南韓的憲法採取總統制的話，即是要有一個强有力的總統，現在朴正熙的軍政府的强人被選爲總統，所以我們並不顧慮他不够强，我在顧慮他太强呢！一個太强的人，有時會在無意中，超出了憲法所授予他的權力的。

我還沒有詳細研究過南韓的憲法，在本文中也無法指出韓國憲法所授予總統的權力的限度，不過大體可以想像，假如總統能和議會合作，在議會授權之下，可以把握有極大的權力，在第二次世界大戰時的美國總統羅斯福和英國首相邱吉爾就是一個很好的例子。不過今天依照朴正熙和尹普善在競選總統時所得的票數來看，雙方所得票數相當接近，可見在最近即將舉行的議員選舉，反對黨的議席不會與執政黨相差甚遠，甚至有超出執政黨的可能，這好在短期內就可分曉。假如眞的如此，那麼，朴正熙要獲得議會的授權是不很容易的事，這全要看朴正熙的智慧如何和政治運用方法是否圓活，一切的政策是否能得國人的熱烈擁護而定。一個卓越的政治家，常常可以化敵爲友，也常常可以增進其聲望，而使原來不擁護他的人們轉而擁護他。但是歸根到底的說一句，還是需要忍耐，容忍和守法，韓國原以一個日本的屬國，經過中日戰爭，再經過南北韓之戰，以及十多年來內政並不上軌道，所以國內的情形，必係百廢待舉。但是羅馬不是一天能够造成的。所以在朴正熙的立場上，我認爲祇要能力爭向上，便是已盡了他的責任，如要操之過急，或許反可壞事。據今日報載：漢城戒嚴令已取消，而紐約時報星期六晨的一篇社論說，參加韓國軍政府的朴正熙將軍自最近在總統選舉中勝利後，談話即轉趨溫和，這是一個有希望的信號。我雖然在香港的報紙上，還無法獲得朴將軍的談話轉爲溫和的詳細資料，但看了紐約時報的這篇社論，我是爲朴將軍和韓國採樂觀的看法的。

× ×

蘇共七月十四日駁斥中共公開信原文節要（七）

同這樣一些人作鬥爭並不需要無產階級專政。全民國家完全能够完成並且正在完成這一任務。我們根據自己實際經驗知道，黨、工會和其他社會團體的教育工作做得越好，輿論的作用越大，蘇聯民營的工作做得越好，同犯罪的鬥爭就越有成效。

現在蘇聯的社會是由工人和農民兩個基本階級；以及知識分子組成的，同時蘇聯社會沒有一個階級佔有可以剝削其他階級的地位。這一事實是不能否認的。專政是一個階級概念；中國同志建議在蘇聯對誰實行無產階級專政呢？對集體農民還是對人民知識分子？不能不考慮到，在社會主義社會裏，工人階級和農民階級已起了本質上的變化，它們之間的差別、界限日益消失。

在社會主義取得完全的、最終的勝利以後，工人階級已不再通過無產階級專政來實現自己的領導作用。在全面展開共產主義建設的條件下，工人階級仍然是社會上最先進的階級。工人階級的先進作用，是由它的經濟地位，由它同社會主義所有制的最高形式具有直接聯系，以及由它在數十年的階級鬥爭中受到最大的鍛煉和擁有革命的經驗所決定的。

中國同志引用卡．馬克思的話說：從資本主義到共產主義的過渡時期的內容只能是無產階級專政。但是，馬克思在談到這一點時是指共產主義這個完整的、統一的社會經濟形態（共產主義的第一階段是社會主義）而沒有社會主義革命和無產階級專政是不可能過渡到這一形態的。弗．伊．列寧也發表過一系列的意見，其中十分清楚地強調指出，無產階級專政之所以需要，恰恰是為了用來戰勝剝削階級的反抗，組織社會主義建設、保証社會主義——共產主義第一階段的勝利的。由此可見、在社會主義勝利以後，當社會上只剩下勞動者、友好的和本性已經完全改變的階級，而再也沒有人要受鎮壓的時候，無產階級專政的必要性就會消失。

如果從中共中央關於這些問題的信件中所包含的一整套虛假的理論論斷中提取眞正的內容，那麼這個內容就是：中國同志反對在我黨第二十次、第二十一次和第二十二次代表大會決議中以及在蘇共綱領中那樣有力地宣布的蘇共發揚社會主義民主的路綫，在他們全篇冗長的信中甚至找不到一處提到在社會主義條件下以及共產主義建設條件下發揚民主的問題，這絕不是偶然的。很難充分判斷中國同志保衛個人迷信所持的動機。實際上，在國際共產主義運動史上，我們還是第一次遇到公開頌揚個人迷信的事。必須說，甚至在我國個人迷信盛行時期，斯大林本人也不得不在口頭上竭力否認這個小資產階級的理論，並且說過，這個理論是從社會革命黨人那裏來的。

想借助馬克思和列寧來保衛個人迷信的意識形態的企圖不會引起別的，只能使人感到驚奇。莫非中國同志不知道，列寧早在我黨建立初期就同民粹派關於英雄與羣氓的理論進行了巨大的鬥爭，在列寧在世時實現了我黨中央和蘇維埃國家的眞正集體領導方法，列寧是一個異常謙遜的人並無情地斥責了那些對他的阿諛奉承和獻媚的極微小的表現。

當然，我黨或其他馬克思列寧主義政黨從來沒有把反對個人迷信理解爲否認黨和國家領導人的威信。蘇共不止一次地強調指出，其中包括在第二十次和第二十二次代表大會上指出，黨是珍視自己的領導的威信的；在揭露個人迷信並克服其後果的同時，黨是高度評價那些眞正代表人民利益並且把自己的力量獻給爭取共產主義勝利的鬥爭，因而享有應得的威望的活動家的。

分歧中心的另一個問題，是關於資本主義國家工人階級的革命鬥爭和民族解放鬥爭的道路和方法。關於全人類向社會主義過渡的道路問題。

在中國同志的描繪中，在這一問題上的分歧看來是這樣：他們自己爲一方主張世界革命，而另一方——蘇共和各馬克思列寧主義政黨——則忘記了革命，甚至「害怕」革命，它們不關心革命鬥爭，反而去關心那些與眞正的革命者「不相稱」的東西：和平、社會主義各國的經濟發展和這些國家人民福利的提高、爭取資本主義各國勞動人民的民主權利和切身利益的鬥爭。

但是，事實上，中共的觀點同國際共產主義運動的觀點之間的分水嶺完全是在另一方面：一些人，即中共的領導人不管恰當與否地談論世界革命，利用各種藉口，而且往往是沒有理由地炫耀「革命的」辭藻，可是另外一些人——恰巧是被中國同志批評的那些人——以極嚴肅的態度來對待革命的問題，他們不是高談闊論，而是頑強地勞動，努力尋求最正確的、符合於時代條件的社會主義勝利的道路，爲民族獨立、民主和社會主義而進行頑強的鬥爭。

我們來研究一下中國同志對現代革命運動的問題的基本觀點。

革命爲着「世界革命」而停止爭取和平，放棄和平共處與和平經濟競賽的政策，放棄爲資本主義國家勞動人民切身利益和民主改革而鬥爭，這種方針會有助於各國人民向社會主義過渡嗎？社會主義國家的共產黨人爭取和平和奉行和平共處的政策，難道就是只顧自己而忘掉了在資本國家中自己的階級兄弟嗎？

每一個人，只要考慮過爭取和平反對熱核戰爭的鬥爭的意義，就懂得，蘇聯共產黨人和其他社會主義國家的兄弟黨以自己的和平政策給予資本主義國家工人階級和勞動人民以無可估價的援助。這裏的問題不僅在於：防止核戰爭意味着拯救工人階級和整國甚至整洲的人民免於毀滅，雖然僅此一點就足以說明我們的整個政策都是正確的。（未完）

台灣簡訊

志清

一、台北國民黨籍市議員促黃啓瑞復職

台北市議會國民黨籍議員三十餘人於本月十五日舉行黨團會議，有人提議黃啟瑞在市公車處和市宅會的兩大集體貪污案件中，既經高等法院改判無罪，理應早日官復原職，俾使實現其競選時所發表的政見；同時也有人指出他雖然已被改判無罪，但是否仍負有嚴重的行政責任，尚待公務員懲戒委員會裁定，目前談及復職問題，未免過早。討論約半個小時，最後仍經大多數通過，請中央黨部早日使黃啟瑞復任台北市長。

黨團委員會還通過籌組「台北升格院轄市促進委員會」，負責推動促使台北市早日升為院轄市的各項工作。國民黨籍的市議員對於促進該市升格的問題所以如此熱心，還有一個不可告人的原因。原來黃啟瑞縱獲復職，其任期亦僅有七個月；國民黨且已於本月十五日開始辦理候選人提名登記。依照法令規定，縣市長連選連任以一次為限，黃啟瑞已經連任了一次，到明年四月改選時，自不能再做下去，從而他們擁護他復職，也就很難得到所希望的報酬。但假如台北改為院轄市，則市長即可改由行政院任命，可以不受連任一次的限制。

儘管多數的國民黨籍市議員均擁護黃啟瑞復職，但議長張祥傳則決心競選市長，且已於日前向台北市黨部辦理登記手續。這也說明市議會的黨團會議雖有決議，議長却無意予以遵重。

代理市長周百鍊，在黃啟瑞被判無罪之初曾表示向省府提出辭呈，以便後者復職，但仍決心競選。不過，他至今尚未申請登記。據說他的智囊曾有人勸他主動的申請提名登記，其理由是，如果他不主動的申請登記，將給選民造成一個印象，表示他對市長一職可有可無；同時，給有意逐鹿者以藉口，說他在代理市長期間成績欠佳，失去自信，所以才不便主動的申請登記。但他仍遲疑不決，認為應該聽候上級決定，一切為黨命是從，才可博得領導階層的特別垂青。好在候選人提名登記的期限要到下月六日才截止，他還可以再多幾日的觀察和考慮。

二、監察院彈劾財政局長

監察院委員胡阜賢，以台北市政府財政局長孫石生、財產課長陳詞、前任財產課長方楷懸及課員兼股長蘇金義，處理放租牛埔段四二〇號市有土地一案，有徇私失職及違法之嫌，特提案彈劾，經衡權、金維繫、孫式菴、康玉書、楊犛先、王宣、丁淑蓉、王贊斌、陳翰珍等九委員審查成立，已於本月十二日由該院移付公務員懲戒委員會依法懲戒。

三、中信局購車玩花槍 車商將提出檢舉

郵政總局最近委託中央信託局標購卡車十輛附帶零件一批；但後者在標單上並未註明所需零件的數字，依照一般習慣，每輛新車祇配備零件四、五十種。故參加投標的十家車商中，有八家均照此開價。但得標的福特代理商台灣汽車公司與其姊妹公司義和同貿易公司所開列的零件則多得驚人，足供十年之用。價值幾與車身相等；而報價且高出市價四成以上。據內行人估計，該兩公司在車身價格方面每輛約虧本美金二百五十元；但零件部份則可獲利美金一萬元以上。未得標的八家車商咸認中信局在標單中含糊其詞，未將所需零件數目註明，有故意使得知內情的兩家車商得標之嫌，已着手搜集更多資料，準備向政府有關部門提出檢舉。他們又指出：中信局所標購的卡車註明輪距一七〇吋至一八〇吋，但得標的福特F六〇〇型卡車並無此規格，顯然是將高一級的卡車拆裝，而該局竟認為合格，其中不無別情。

四、僑領慨嘆入境難

——中國人反不如外國人——

僑務委員會召集回國慶祝雙十國慶的各地華僑領袖舉行為期兩日的僑務會談，他們對僑胞出入境問題，提出四項意見：一、華僑持中國護照者，反不如外人申請便捷，請予改善。二、有邦交地區華僑申請回國，請授權駐外使領館，准予回台加簽。三、曾經進入大陸探親者，請放寬入境限制。四、持用外國護照可辦理七十二小時短期停留免辦簽証入境，華僑本人，如因駐在國永久居留証不能隨身携帶，不獲享受此項免辦簽証之規定，有欠公允，擬請放寬限制，准比照外僑享受七十二小時免辦簽証入境。

由於當權派施行所謂出入境管制，海外中國人如想進入祖國的台灣，比去其他國家還要困難，已經是衆所週知的事；如今從這些僑領所提的意見中，又可見到中國人申請入台反而不如外國人方便，足証當權派家天下的台灣，對於海外同胞的歧視已經到了不可思議的程度了。僑務委員會委員長高信雖然表示將轉達政府有關部門注意改善；但顯然是一句官話而已。

除此而外，僑務會談對日本政府的行為也齊表憤慨，一致主張應在僑居各地發動抵制日貨運動，並斷絕與日本的文化交流。

五、公營事業將移轉民營

經濟部長楊繼曾表示：凡公營事業可以移轉民營者，政府現正儘速辦理移轉民營手續，俾擴大民營工業範圍，創造有利投資氣氛。有關民族基本工業，如民間不願舉辦時，則由政府創辦，俟有成效後，再視實際情形移轉民營或由政府繼續經營。此外對出口有前途的產品，政府將在技術及資金方面給予協助，同時加強檢驗制度，建立外銷信譽。對於必要進口之物資，政府亦將在資金及手續方面儘量予以便利，俾能推廣對於各友邦的貿易關係。

他又說：台灣工業發展已到了必需作更高一層發展的階段，應積極推動重工業，高級機械工業，石油化學工業及鋼鐵工業等，以適應台灣工業不斷進步之需要。否則，只維現狀，不求進取，我們的經濟是難以趨向繁榮的。

家天下的內在矛盾（讀者投書）

朱國則

從反攻說起

近來台北當權者又高談反攻大陸。由於中共政權禍國殃民，無所不用其極，假如台灣方面眞能反攻大陸，解民倒懸，當然是再好不過的事。

然而事實上，台北當權者却一而再，再而三的坐失反攻良機，如今雖然天佑中華民國，又使毛澤東輩和他們賴以起家的主子俄國頭子大鬧思想問題，無異再給我們以反攻大陸的大好機會；但十餘年來常掛在蔣「總統」嘴邊的反攻口號，反而不如從前的響亮。回憶十二年前，他曾說過：「一年準備，兩年反攻，三年掃蕩，五年成功。」三屆非法臨時總統產生時，他又說：「將於六年之內回到北平。」但據本月十八日合衆社台北電：蔣「總統」在招待回國慶祝雙十國慶的各地僑領之茶話會中，保証他決心於可能最早的日子進行反攻大陸。什麼是可能最早的日子，他並未提供任何期限，足証他所謂反攻大陸，還是很渺茫的。

蔣「總統」勞心焦思

根據最近由台來港轉往海外的幾位朋友所供的消息：蔣「總統」當然是一心一意想反攻大陸的。大陸自他手中失去，如能從他手中收回，他對歷史，才能有所交代，他自己也才不致為天下後世所譏笑。然而，由於年事太高，他已不復有北伐和抗戰時那種至少在表面上尚顯得輝宏的氣度，因而一天一天的喪失籠罩羣倫的自信力。於是，愈想反攻，愈恐反攻沒有把握，招來更大的禍患。所以，就不能不把全盤的希望寄托在美援上——希望美國有朝一日，能護送他安安穩穩的回到大陸。可是，如所週知，此一希望是愈來愈渺茫了，蔣「總統」雖然衰老，但並沒有昏庸，當然也很知道。因此，他日夜都在勞心焦思，苦於想不出萬全之策。

陳誠有氣無力

行政院長陳誠也是渴望能反攻大陸的；可是，他深知要反攻大陸，就須內而取得海內外同胞一致的支持，外而獲得盟邦的諒解；而此二者，都非在內政上先有一番足以一新耳目的改革，不能為功。但在現局之下，不改革，已經受到蔣經國的重重掣肘，假如還想改革，蔣經國自然更要率先予以破壞的。陳誠的性格雖然也很倔強，却無奈蔣經國何。因此，陳誠對反攻大陸也就感到有氣無力了。

蔣經國祇想繼位

蔣經國的最大目的是繼承乃父的「大位」。為求達此目的，他似乎認為在台灣還好過返回大陸、因為今日的台灣，黨、軍已在他的掌握之中，台灣省政府也受其控制；他所沒有完全得到的，祇是外交和經濟，但他覺這些都不足為慮。可是，假如乃父眞能反攻大陸，他的勢力雖然也可以隨之擴大，但以大陸之大和情勢之複雜，他就無法控制全局了。所以，他認為安守台灣的局面比反攻大陸對他還要有利得多。復次，蔣經國已是中年以上的人，年齡對他來說，比乃父猶為不利。蔣「總統」雖已到了望八之年，若能及時反攻大陸，自然可以彌補生平的大憾，即使是老死在台灣，也遠較流亡在外死無葬身之地的若干末代皇帝好過百千倍。而蔣經國的情形則與此大不相同。假如他不能在最近二三年內繼承乃父的「大位」，則轉瞬即是望六之年的老翁，他怎不着急？人們多謂陳誠和蔣經國有衝突，實則時至今日，與蔣經國的利害最突衝的，莫過於蔣「總統」不肯罷休。因為在蔣經國來說，祇要他有勢力，他自不難將其他被認為於己不利的人除去；包括陳誠在內。但儘管他當年曾在莫斯科高呼過「打倒新軍閥蔣介石」的口號，現在若要將蔣「總統」除去，則勢不能不有所顧忌。而蔣「總統」多做一日「總統」，就使他繼承大位的日期延後一日，却又是他所不能再等待的。

至於蔣「總統」方面，「傳子」乃是既定的政策，所以多年以來，才不惜干冒黨內黨外的非議而竭盡一切不法的手段，以培植蔣經國在黨、政、軍各方面的勢力；但為了傳子而放棄自己的權位，他却又不願意的。尤其是目前大陸上的情勢有利於「反攻復國」，他更不能不有所戀棧了。

文武百官樂不思蜀

再說到文武百官，除！極少數的例外，大家都是樂不思蜀的。他們在台灣，吃得好、穿得好、住得好、出入有豪華汽車代步，起居有年輕的美女作伴，身為政府大小首長的，在所謂人事凍結之下，祇要能善討主子的歡欣，縱然不做一事，乃至為非作歹，都可長保飯碗；年紀大的，還可安安心心的等待死在任所，不患沒有身後的哀榮；至於身為國大代表或立監委員的，更可做一輩子。既可撈錢，又可隨意罵人，好不威風！最上乘者，也可不勞而領乾薪。總而言之，他們都已志得意滿，別無他求。但假如眞能回到大陸，這些人中，除了極少數或仍可希望有機會發「劫」收財而外，其餘的林林種種，豈能再有此等現成的「清福」可享，因此之故，他們也就不管什麼反攻不反攻了。

總上所述，可知在家天下的局面之下，雖然一再出現天賜的反攻良機，但若望他們能及時反攻，依然是會落空的。

中共緊急調物資救古巴

五萬噸米麥及棉布鋼材

中共只關懷古巴災情而不關懷大陸災情

白帆

為了爭取卡斯特羅在赫毛個人權利衝突中支持毛澤東，毛澤東又利用古巴遭受風災而大施小惠。

據中共「中國新聞社」北平十八日電：「周恩來總理十六日寫信給古巴總理菲德爾．卡斯特羅表示中國人民對古巴災情的深切關懷。並且通知他：中國政府已經緊急籌調一批物資贈送古巴政府，作為救災之用。信上寫道：我國人民對古巴災情非常關懷，我們密切注視着古巴人民的救災工作，並對你們已經取得勝利的巨大成績感到鼓舞，現在僅就我們力所能及，緊急籌調一批物資贈送古巴政府，作為救災之用，以表示我國人民對受災的古巴人民的同情和支持。我們堅信，人民的團結要比風暴有力，英雄的古巴人民，在你的領導下，一定能夠勝利地通過這一考驗，重建被天災所破壞的一切，並且建設得更好。」

中共「中國新聞社」又說「中國政府贈送古巴政府救濟物資有：大米二萬噸，小麥及玉米三萬噸，茶葉二十五噸，猪肉罐頭二百萬公斤，棉布三百六十萬米，膠鞋一百萬雙，水泥二萬噸，鋼材一萬噸，玻璃二萬箱，鉛筆一百四十四萬打，練習簿及拍紙簿三十萬本。」

從上述周恩來給卡斯特羅的信上所說「現在僅就我們力所能及，緊急籌調一批物資」一語來看，可見中共物資奇缺，但中共自己力既止此，那末為什麼不救濟比古巴人民生活過得更慘的中國大陸人民，而要去救濟古巴人民呢？這尤可見中共政權確實不是一個為中國人民謀利的政權，而乃一個專門從事個人權利鬥爭而又高調世界革命的荒唐政權哩！

大陸簡訊

黃之華

中共反對聯合國調查南越

說美企圖埋葬日內瓦協議

代表中共中央說話的北平人民日報，於十月十七日發表以「警惕美帝國主義破壞日內瓦協議的新陰謀」為題的文章，說美國指使吳廷琰邀請聯合國派調查團去越南調查越南政府與佛教之爭是一種陰謀。

人民日報說：「由於美吳集團對南越佛教徒和南越人民的瘋狂迫害和鎮壓，全世界一切愛好和平的有正義感的人民無不紛紛譴責美吳集團的滔天罪行」。

越南吳廷琰政府與越南佛教徒發生矛盾，是舉世皆知的事。中共發動越共在南越進行武裝叛亂也是舉世皆知的事，中共把越南政府與越南佛教徒之爭硬把美國拉上，硬說「美吳集團」迫害越南佛教徒，又硬說美國對「南越人民的瘋狂迫害」，都可以說是顛倒黑白，淆亂是非的大撒謊。

中共為什麼要反對聯合國調查越南政府與越南佛教徒的衝突呢？顯然是怕越南內部的爭鬥會因聯合國之調查或美國的干預而解決，從而失去中共在越南製造糾紛的機會而已。揭穿來說，也就是中共害怕美國阻礙其在東南亞的赤化工作而已。

至於中共藉口說「美國企圖埋葬日內瓦協議」，尤見中共強盜政權是不適宜參加任何國際協定的。只要某一協定與它稍有關聯，它就要藉口這一協定而興風作浪，製造問題。所以，由此又可得一結論，自由世界是決不應允許中共進入任何國際機構的。

中共說印軍侵入新疆偵察

又向印提出所謂強烈抗議

中共與印度的衝突，無論如何一定是要長期化了。換言之，中共將在中印邊境把它的泥足愈陷愈深，也就是不可避免的鐵定事實了。

而在這種衝突的長期化中，隨時發生邊境事件，也是必然的。

據中共「中國新聞社」北平十月十七日電：「中國外交部十月十四日致印度駐華大使館照會一件，強烈抗議印軍四人帶馬五匹在九月廿二日非法越過中印邊界西段西端起點的喀喇崑崙山口，侵入中國新疆境內的兩公里，進行偵察活動。照會指出：喀喇崑崙山口是邊界山口，其北側地區一直是毫無爭議的中國領土。印度政府在一九六〇年中印官員會晤中也已明確承認，印度軍隊在近幾年來不斷侵犯中國領土的過程中，也未敢侵入這個山口，現在，印度方面竟公然把它的入侵活動擴展到這個連它自己都確認為屬於中國的一向平靜無事的地區，這顯然是蓄意製造緊張局勢，擴大邊界糾紛」云云。

事實上，無論印度是否真的入侵中國領土，中共現在不敢對印度採取任何行動，只敢口頭罵罵尼赫魯，又只敢口頭罵罵赫魯曉夫不該援助印度，中共自己，由於毛澤東目前對印實行龜縮政策，所以，也就不敢對印度發動任何正式戰鬥行動的。

中共又與阿爾巴尼亞簽署合作協定

並與印尼簽技術合作協定補充文件

據中共新華社北平十月十七日電：「中國阿爾巴尼亞技術和技術科學合作聯合委員會第八屆會議，一九六三年十月五日到十四日在北京舉行，並於十五日簽訂了這屆會議的議定書，會議是在十分親切友好的氣氛中進行的」。

又說：「議定書規定中華人民共和國和阿爾巴尼亞人民共和國的有關部門將相互提供科學技術資料，相互接待專家，考察有關國民經濟方面的生產經驗和先進技術成就，以及派遣技術援助專家和實習人員」。

另據新華社北平十月十六日電：「中華人民共和國政府和印度尼西亞共和國政府經濟技術合作協定的補充文件今天在這裏簽字」。

芝加哥每日新聞最近報導

中共今年農業生產仍歉收

據美京華盛頓消息：「芝加哥每日新聞駐遠東記者雷溫荷特本日從香港報導說：從香港這個有利的觀察位置所作的估計，中共本年的農業作物收成，如果能與去年的一億八千五百萬噸相等，便屬僥倖之至。中共即使能達成此一估計的數量，亦不過等於大陸在一九五八年的產量而已。而當時該政府所要養活的人口還比現在少七十萬左右。雷溫荷特指出：在中共的農業情況下，最佳者係農民之小塊自留地上出產之蔬菜、水菓、猪鷄和蛋。這小塊自留地是近兩年給農民的。中共農業情況的最黑暗的一面，則是人民公社下的生產情況」云云。

僑鄉近訊

鍾之奇

福建中部腦膜炎流行

中共統治下的中國大陸，可以說是真已成了貧病交加之區。我海外僑胞之廣大僑鄉，自不例外。自前幾年大陸流行霍亂病以來，至今東南亞許多地區均被流傳而迄未絕跡。以今年的香港而論，霍亂病雖經香港政府的努力預防，但仍不免時有發現。而今日福建中部，則又有腦膜炎病在流行了。

據本港最近返回福建僑鄉探親回港的僑胞說，最近兩個月，福建中部許多縣份已有腦膜炎流行，再証以許多僑胞新從獲自福建僑鄉之家書，亦紛紛對此有所敘述。而且許多僑眷都在向海外親友索取有關藥物，這是腦膜炎病又在福建猖獗之鐵証。

廣東共幹高呼節省汽油

自從毛澤東與赫魯曉夫公開衝突後，蘇聯取消了停止了蘇聯對中共的幾百項工業援助，目前所唯一尚未完全截斷供應中共的，是汽油。汽油是動力的源泉，不但飛機需要它，很多汽車也需要它。假如沒有汽油，中共的許多機械化軍隊便都將不能行動了不能打仗了。

為此，中共中央及毛澤東本人都很着急，唯恐蘇聯再將汽油供應完全截斷。中共現在除了努力爭取羅馬尼亞外，因為羅馬尼亞是以出產汽油著名，另外則在大陸各地高呼節省汽油，這一呼聲現在也已在廣東各地展開六個多月了。

據六月十二日中共在廣州出版的羊城晚報說：「四月初的一天，第二車隊營支部書記關展，在車場裏看見一輛汽車在跑道繞了幾圈後，才進行剎車試驗。為飛行安全，剎車試驗是少不了的。但是能不能少繞一個圈子呢？關展向在場的司機提出了一個問題，不繞足圈子，不夠汽壓呀！司機們對他這樣說，原來解放牌汽車是用氣壓剎車的。先打幾個圈子是用發動機打足汽壓。沒有別的辦法呢？關展和司機們討論起來。他們先算了一筆賬，一輛車子在車場裏繞一個圈是三百六十米，每繞一個圈要用汽油三兩一錢，第二車隊每月有八十三輛次解放牌汽車要進行保養，那末，一個月就要空跑七百九十公里。共要耗用汽油一百零一公斤。大家不禁大吃一驚。便一起找尋讓車少跑一圈的門路。有人提議，利用給輪船打汽的風泵，先行給汽車打足汽後再試剎車。一試效果很好，剎車試驗先跑空圈的次數減少了。過去要繞車場跑六圈，現在逐步減少為二圈，這樣第二車隊每日僅此一項就可節省幾百公斤汽油」云云。

廣州共報不准居民播音樂

在今日大陸，中共雖然提倡音樂，但却只准播唱中共那些黨性很強，以及那些恭維「毛主席的恩情說不完」或歌頌「東方紅，中國出了一個毛澤東」之類的肉麻音樂。凡不是中共製定的音樂，則共幹及共報一律以「黃色音樂」或「資產階級」音樂視之，而加禁止。

據中共羊城晚報說：「上月十五日曾公開批評文昌北路耀華大街雙號門牌有兩戶居民播送黃色音樂，傳播資產階級毒素。批評後，稍為好些，曾幾何時，靡靡之音又起。不過，播送的技巧稍為高明，音調降低到只有附近幾戶才能聽到，再次奉勸這些人，迷魂毒藥吃不得，還是一刀兩斷好」。

使人奇怪的，是羊城晚報這一次對這兩戶人家却用「奉勸」的字樣。為什麼要奉勸而不禁止呢？可以想像這兩戶人家決非普通老百姓。在今日廣州而能隨便用收音機播送音樂，非高級共幹而何？既是高級共幹，而高級共幹偏又嗜好「黃色音樂」，共報也只好「奉勸」了。

印尼與英國之間

風鶴頻傳

俊　華

印尼指責英機侵犯領空，成爲耶加達焚燬英大使館以來的新事件。這件事指向一個可能的發展，即英與印磨擦難免，且極可能爆發新的衝突。

耶加達電台十月十六日晨早廣播，根據印尼安塔拉通訊社來自邊區之報告，謂英機破壞印尼領空。據印尼派駐當地軍事指揮官蘇波托少校的報告，謂英機「侵犯印尼領空」時，低飛達一千尺，掠過印尼屬西婆羅洲巴拉卡南根，投下照明彈並向附近一村莊縱火。

自耶城印尼「暴徒」焚燬英大使館後，印尼在聯合國大會中，曾飽受「粗暴」的抨擊，國際上多不直印尼所爲。印尼當局似一度企圖彌補過失，宣稱將對英賠償，及交還暴動時「暴徒」所劫收的英國商行。但由於「對抗」馬來西亞政策的加强執行，印尼對英關係的路線，仍在於搖擺不定之中。而加强對抗大馬，勢必引起對英的磨擦，西、北婆羅洲邊境事件，不過是其一端。

蘇托波少校並沒有報告英軍機焚燬印尼村莊，可能英機是採取在馬來亞剿共時的方式。向森林縱火以杜絕印尼武裝的藏匿，而地點則在沙撈越境內，因爲印尼武裝對沙撈越和沙峇「北婆」的襲擊，有增無已。據沙峇當局向吉隆坡的報告，印尼武裝十五日又襲擊北婆東岸曼達鐸村，劫掠及焚燬民居數處。實際上，以前是邊境山村，等於無人地帶的一帶，現在已風鶴頻傳了。

馬來西亞國防部長拉昔克，突然飛沙撈越視察，該部發言人說：部長此行與保安問題有關，不能詳述，事實上，馬來西亞已不斷向沙婆增兵防守，爲防印尼來攻，不能不有預防的作戰部署。

英駐印尼大使吉里克斯氏，也已奉命返英，參加英對印尼未來關係之討論。英國與印尼未來的關係怎樣？誰曉得呢？

厲兵秣馬

英國是想極力避免與印尼攤牌的，據說倫敦對印尼的問題，有分爲兩派的主張，曾坐鎮吉隆坡主持大馬成立的聯邦關係大臣桑第斯及馬來西亞的支持者，主張强硬掩護大馬，甚至必要時不惜對印尼作戰。但外相何謨爲首的穩健派，則以儘可能與印尼保持外交關係，即使在西、北婆邊境有英與印尼軍的交綏，如此方能保持英在印尼的產業及貿易。現在英閣正在閣潮之中，恐怕一時不易產生强碩的對策。

從在英海軍大臣卡林頓來訪吉隆坡的經過，似可看出英對印尼現階段的政策，還未走到桑第斯「强碩保鑣」的路線。卡林頓氏雖宣稱遠東英海軍强大「足以應付任何事變」，及「必定予大馬以支援」。但對於印尼海軍擄劫大馬商船及漁船一事，原來是英馬海軍聯合巡邏馬六甲海峽的，現在却改由馬來西亞海軍單獨加强巡邏，以對付海峽上的「海盜行爲」。雖然據被釋或逃回漁民及貨船押儎人的供述，他們是受到有印尼旗及穿軍裝的炮艇所擄劫，但大馬方面仍指那些擄劫者爲「海盜」。一旦馬來西亞的巡邏艦掩護漁船隊捕魚，而與這些印尼海盜遭遇開火時，爆發出來的不會是「海盜事件」，而可能是兩國海軍的衝突。而大馬海軍的巡邏，却是有英機爲之掩護的。

那一方面，印尼空軍飛機早已在星加坡一水之隔的蘇島沿岸印尼水域上面，展開晝夜不斷的巡邏。印尼海軍也早就在海峽接近大馬水域進出，十六日印尼還在爪哇海外舉行海軍大演習，「陳兵觀武」，由海軍參謀長馬特甸納達少將主持，芮蘇賢總長也往觀操，芮蘇賢並且宣稱：這個演習是我們「對抗大馬政策的一部份」。

在印尼厲兵秣馬聲中，盛傳小股印尼武裝，滲透入馬來亞柔佛海岸，使星馬突形緊張，以致民間有許多前所未有的推測。以前一般認爲印馬衝突，可能只限於北婆邊境地區，但由於印尼海軍在馬六甲海峽的挑釁，及在馬來海峽的佈防，加強滲透柔佛事件，使民間敏感者認爲印尼若發動騷擾，可能不只在北婆邊境，而可能雙管齊下，擾及星馬本土。

大馬警方已在柔佛附近巴督、奈端、沙吉一帶海岸，展開徹夜用火炬的森林搜索，但迄今仍無所獲。村民所報告的見有「外人武裝登岸走入森林」的消息，雖已被認爲確實，但迄未能獲得証據。這麼一來，軍隊也調到柔佛，展開對沿海半個州的警戒。這又是風聲鶴淚的另一方面。

全面對抗？

對於印尼武裝小股的騷擾，無論在北婆或在本土，都只能引起民間的疑慮，當局却是很鎮定的，因爲軍事上已有足够的部署，足以應付。不過當局所顧慮的，却是如果發生戰爭的話，將要怎樣應付？

迄今爲止，英國並沒有作與印尼發生戰爭的準備，北婆英駐軍（大部份是居喀軍）僅六千人，連大馬軍隊及地方民防部隊，不過一萬五千人，而印尼部署在西婆邊境，抽調自各軍「精銳」號稱「志願軍」的，已逾三萬之衆。大馬現在正在招兵買馬，不過還要經過訓練，才能在戰場上使用。

馬來西亞沒有加入東南亞公約，但英澳紐却是東約會員國。由於澳紐——尤其是澳洲已聲明支持馬來西亞，一般認爲一旦有事，或可設法要求東約的協助，換句話說，即要求美國的援助，因東約國比英澳紐更强的，只有一個美國。

美國駐馬來西亞大使鮑爾溫十六日飛沙撈越訪問，擬在古晉設領事館。據鮑氏說：美國仍望印馬爭端和平解決，美國關於印尼「對抗大馬」政策，「並無直接或間接的捲入」，美國對馬來西亞無軍事承諾，但因其在東南亞反共，美國是予大馬以支持的。吉隆坡方面對於美方這項態度，似乎未表滿足。

因爲自從日本，泰國出面斡旋印馬菲糾紛以來，印馬的反應冷淡。蘇加諾雖聲言不妨到曼谷舉行印馬菲三巨頭會議，但印尼議會却否決蘇氏出席此項會議。這究竟是蘇加諾的兩面手法？抑是印尼內部的矛盾百出？吉隆坡方面找不到適當的答案。

據說吉隆坡當局檢討印尼的內情，認爲蘇加諾仍是馬來族人，他也不是共產黨，與蘇加諾談判，當不是不可能。但印尼共產黨的勢力，却使馬方担心，剛自廣州返回印尼的共產黨領袖艾地十三日在萬隆演說，還抨擊三巨頭會議是「泥沼，一條死路」。而印尼有些人口稱「反馬」，實則企圖奪取政權，然後與英馬妥協。故此應該「全面對抗」，（一）斷絕與星馬全部貿易，（二）承認北加里曼丹政權（阿哈薩里叛軍），加强國內人民團結，「如果英國訴諸戰爭，她就要失去在東南亞的地位」。

蘇加諾對巨頭會議，正徘徊瞻顧。而對印共所指的「右翼顛覆」，他更顧忌於左翼的顛覆。現在他已與星馬斷絕貿易，走了印尼共產黨所指示的第一步，是否要承認「阿哈薩里」政權」，走上與英國訴之戰爭的道路？第一要看「赫魯曉夫武裝同志」（蘇加諾語）態度如何？第二要看艾廸地從中共帶給蘇加諾什麼條件。

·吉隆坡通訊·

蘇加諾的迷夢快將破滅

東方英

印尼總統蘇加諾刻仍沉醉在「帝國迷夢」中；這個傢伙，一直都抱有一個很大的野心，賣弄着狡猾的政治手法，運用着他的國家武力，向外發展，企圖把印尼擴張，而成爲東南亞的一個大帝國，而他自己就成爲東南亞的皇帝。然而，這迷夢又怎可能實現？相反地，它快將破滅了！戳破他的迷夢的，就是印尼的國家經濟。目前，印尼的經濟已瀕於崩潰的邊緣，蘇加諾面對這「噩耗」，刻已束手無策而萬分焦慮。

印尼擁有一億的人口，散處於亞洲及澳洲間的三千個海島上，原是一個潛伏性的世界强國，她具有石油，錫鑛，和橡膠的財富，足够發展國家的建設，可是蘇加諾祗是野心勃勃，他並不開發自己的土地，却計劃向隣邦進行侵畧，甚至對澳洲的地大物博也虎視眈眈，垂涎欲滴。

反觀印尼的內政，却給蘇加諾弄得一塌糊塗。在過去十年間，印尼曾獲得美國的援欵二億五千萬鎊，蘇聯援欵二億二千萬鎊，可是印尼的經濟不特毫無生氣，而且還大鬧通貨膨脹。在黑市上，印尼貨幣的兌換率比官方滙率低了三倍。工業方面，則由於管理不善，弄至全無振作。農業方面，雖然具有土地肥沃的優厚條件，但在蘇加諾的統治下，印尼目前已由糧食出口國家變爲糧食入口國家，且經常鬧飢荒，人民生活也陷困境。但蘇加諾對於解救經濟危機的辦法却一籌莫展，祇知鼓其如簧之舌，編羅故事，蠱惑人民，聲言當印尼周圍的「帝國主義者」被擊潰驅逐後，光榮的日子便告來臨。這「美麗的遠景」，把無數輾轉呻吟的人民帶到「太虛幻境」。此外，他還要出一套奇妙的「政治技術」，設立了所謂「指導民主」的制度；並以强硬的手腕對待反對者，凡是頑固地反對他的人，都把他們納諸獄中，或把他們軟禁，使不滿意「指導民主」的羣衆，都噤若寒蟬。於是，蘇加諾便可爲所欲爲了！

至於蘇加諾的對外政策，更是大玩「花臣」，增加了美國，蘇聯，和中共之間的矛盾，猜忌，仇視，而他則挾以自重，儼然以中立國家亞非集團的領袖自居。他又曾陰謀狡猾地打擊過英國與澳洲醞釀組織的「米蘭尼西亞」新國家，使英、澳的計劃成爲畫餅。蘇加諾是料度得到的，如果這新國家成立，便將限制着他的向東擴展。計劃中的「米蘭尼西亞」是包括新幾內亞及英屬所羅門羣島在內，將成爲一個可以生存的單位，在種族上，是和印尼完全有別。新幾內亞一半屬荷蘭，一半屬澳洲，倘若「米蘭尼西亞」的建立成爲事實，則將自英、澳、荷三國承襲一種鞏固的民主政治，對蘇加諾來說，當然是有極大的不利。到了今年初，蘇加諾則通過了一種錯綜複離的威脅，和聯合國的外交，把荷蘭的一半的新幾內亞併入印尼版圖，他竟食言而肥，拒絕在西新幾內亞舉行公民投票；這塊土地，蘇加諾已「袋袋平安」，今後可寫意地向東擴展了！

然而蘇加諾的野心却受到沉重的打擊，最近大馬來西亞聯邦成立了。顯然，這正是蘇加諾的眼中釘。他將如何去對付「大馬」？是一個很嚴重而又相當繁難的問題。蘇加諾曾提出一項指責，指「大馬」是「新殖民主義」的產物，可是這指責却遭聯合國斷然拒絕接納，使他感到異常失望。那末，硬着頭皮去跟「大馬」鬥爭嗎？但蘇加諾的機智和才能完全不是馬來西亞總理拉曼的對手。印尼雖擁有三十萬大軍，但他們的戰鬥力却使人懷疑。尤其是「大馬」的支持者就是英國；假如印尼以軍事行動去對付「大馬」，英國當然不會袖手旁觀。蘇加諾雖然野心勃勃，但他有向英國挑戰的胆量嗎？

然而蘇加諾是不會就此罷手的，他將運用宣傳和破壞的每一種方法，滲透「大馬」中的沙撈越和北婆；印尼的游擊隊已在沙撈越境內活動了數月了。

不過，蘇加諾的迷夢一定會在短期內破滅的！印尼的經濟危機刻已愈益加深，印尼在經濟崩潰的困迫下，蘇加諾的「帝國迷夢」勢將烟消雲散！

女貞庵（三二）

（版權保留）

黎明

第十二場：團圓

地：女貞庵的白雲軒外。

時：春天。

人：潘必正、陳妙常、王百萬、王姨奶（妙淨）、妙靈。

（白雲軒外百花齊放，氣象一新。幕後合唱，喜氣洋洋。）

春暖花開滿院香，
鴛鴦成對蝶成雙。（池中鴛鴦，花間蝴蝶隨歌出現。）
空門有女花模樣，
花兒沒有她情長。
有情人兒成眷屬，
多情女嫁多情郎。
唯有情天長不老，
花前月下喜洋洋。

（歌聲纔了必正妙常冠帶整齊，雙雙出現。）

潘必正：夫人呀！（唱）：白雲軒中夢也香，你可曾記得，月夜鳴琴聲嘹亮？廣寒一曲斷人腸。我也曾對天盟誓無虛誑，你卻口口聲聲要拉我去見姑母娘。

陳妙常：這？（嬌羞不勝）——你還好意思說咧！

潘必正：吓！（假怒）我怎不好意思說？怎麼不好意思說？你說！你說呀！

陳妙常：潘郎呀！（親切而嗲媚）（唱）：你全不怪，那時自己多清狂；氣洶洶，惡狠狠，鑽穴踰墻。女兒家，終身事，豈能孟浪？奴也曾，勸郎君，「花陰深處慢慢行」。

潘必正：好、好、好！（唱）：好一個「花陰深處慢慢行」，害得我幾乎一病見閻王。要不是多虧一曲「西江月」，怕不直慢慢行到那地老與天荒？

陳妙常：唔、（半羞半惱）潘郎！我不許你說這個；你自己還不害臊呢！（以袖障面）。

潘必正：吓？我害什麼臊呀？我害什麼臊呀？（佯怒趨前扳下她障面的手。）

陳妙常：（假意掙扎了一下，隨即面對必正，以手指戳了一下他的額頭。但這時王姨奶和王百萬已躡足而上。王姨奶示意王百萬藏在一株大樹後面，自己則猶躡手躡腳繼續前進。）你呀！（唱）：你偷香竊玉偷詩章，欺負了人家還嘴強。倘若那大主考是我女妙常，斷不中你這個強梁的狀元郎。

王姨奶：怎麼？妹妹！你又碰上強梁了？強梁在那裏？強梁在那裏？——

潘必正 陳妙常：（同吃一驚，回頭見是妙淨，連忙施禮不迭，同白）：原來是淨姐姐；你眞把我們想壞了呵！

王姨奶：（還禮）狀元公！狀元夫人！我們賀喜來遲，還請恕罪！

潘必正 陳妙常：姐姐乃我夫妻的大恩人，何必如此多禮？

王姨奶：呀賢弟賢妹！為姐我倒眞正帶了個強梁來了。（說到此處，用手向王百萬躲藏的方向一招，）咻！快來見過妹夫妹妹呀！

王百萬：（自慚形穢地從樹後蹓了出來，尷尬地分向必正妙常一揖）恭喜狀元公！恭喜狀元夫人！

潘必正 陳妙常：（還禮）這就不敢。

王姨奶：（向潘陳指百萬）呀賢弟賢妹！這便是你姐夫王百萬。

潘必正 陳妙常：（同施禮同白）哦、原來是姐夫到了。

王姨奶：（向百萬分指潘陳）喏喏，這便是妹夫狀元公潘必正；這便是我妹妹眞眞正正的陳妙常。

王百萬：（分向潘陳施禮）哦、是是是；妹夫！妹妹！

（待續）

文聲集（四六）

秋懷 二首

幼椿

十載栖遲願早違，懶看紅紫鬥芳菲。有情北雁逢秋至，送爽西風促夢歸。未許挾書供治術，眞成煮字誤謀饑。頻年奔走炎方道，不待新涼汗已微。

未必人心厭鼓鼙，側身南望戰雲低，鳴鳩寢寢窺新構，哀燕紛紛失故棲。競糴餘糧資盜寇，誰憐野火徧招提！秋懷牋有傷時語，惆悵東坡縱筆題。

素庵命題企止先生十六國紀遊詩冊

春晴

迅霆西塞決蒼黃，事去英倫痛未忘。鐵血不從今日始，巴黎猶是昔年强。韓陵斜照創鷹影，肉壘嚴烽舊戰場，一代雄圖隨物換，凱旋燐火尚霄光。

柏林歌嘯與誰聞，景往來因又縱觀。兩戒風雲新壁壘，百年恩怨舊江山。劫餘烟水無窮碧，象外瓊樓不盡寒。獨立蒼茫望遺果，彌天烽火詫鷗閒。

唐詩偶釋（五三）

鄧中龍

新年作

劉長卿

鄉心新歲切，天畔獨潸然。老至居人下，春歸在客先。嶺猿同旦暮，江柳共風煙。已似長沙傅，從今又幾年。

首句感懷新歲，末句歎及來年，一起一結，天然間架。中間鍊四句，而又半虛半實，相間成章。此全詩結構。

首尾包舉，中間平排，三四句較虛，五六句較實。首尾包舉，所以完其神而不致於延蔓；中間平排，所以飽其衷而不病於單薄；又必半虛半實者，所以妙其局而不流於板滯。作家針線未易窺尋，註家每穿鑿附會，任意曲解。或則放言高論，故涉玄妙。不佞之所以不憚煩絮者，殆欲有補於初學下端造手之初，即此以求，或可上窺三唐大家眞諦。

「同」字「共」字，承上「獨」字生來。同旦暮者惟嶺上之猿，共風煙者僅江邊之柳，嶺猿江柳，無知無情，則上文「獨」字，乃更覺清苦矣。「已似」二字，緊承上文，末句跌進一層作結。

「老至居人下，春歸在客先。」巧不傷雅，鍊不傷氣，然已非盛唐境界矣。盛唐大家為詩，重意境，重神韻，重氣勢，故乃能渾涵萬有，而氣象雍容。不期一字一句之奇，自有竟體芬芳之妙。中唐而後，詩道日隘，李杜光芒萬丈，後繼維艱。於驚奇炫惑之餘，拾其一鱗一爪，紛紛以此名世。詩道至此，肢解無完膚矣。春歸在客先，雖極巧鍊，然亦王灣「江春入舊年」之意耳。（見王灣「次北固山下」詩第六句）就詩論詩，王意猶較勝。

題為「新年作」，而句句不離新字意，此則為本詩之可取處。近人作詩，每多文不對題，往往自抒胸臆，不涉題義。或僅偶爾提帶一筆，而下即亂以他語。作詩而不能緊扣題面，乃為難以自恕之病，宜以長卿此詩治之。

首句點題，第二句立案，下六句皆自第二句開出，此律詩常法。同旦暮者惟嶺上之猿，共風煙者僅江上之柳，值老年而居人下，逢新歲而念故鄉，此人情之所不能堪也。「獨潸然」三字，在此種氣氛籠罩之下，乃倍覺悽苦矣。

陳風子治印

陳風子，別號瘦翁，浙江杭州人，鑽研金石文字凡數十年，為西湖西泠印社得前輩大家家法最深之浙派後人。本報今後將逐期刊載陳氏作品，以饗讀者。

布衣暖菜根香

荷花世界夢皆香

靜竹齋

十方皆是有緣人

懷陳果夫先生（四一）

宇人

（四）這幾十年來，我們的政治上和社會上，都充滿了爭權奪利的現象，似乎自私自利，不顧公益，已成了我們民族的根性。要想矯正這種風氣，本非易事；但假如領導人物能在若干舉國矚目的大事上，以身作則，則可收到風行草偃之效。華盛頓是美國的開國元勛，但他做了兩任總統之後，即拒絕再連任下去，因而樹立了美國總統祇以連任一次爲限的傳統。我認爲這是美國自立國後就能步入民主憲政常軌，沒有再發生變亂的最大原因。第二次世界大戰期間，羅斯福總統雖然打破了這個傳統；但我總覺得此乃事出非常，不足爲訓的。本黨自總理逝世，總裁繼起後，他的功勛彪炳，雖然蓋於一時；但亦有人常以小人之心測他，在背後批評他太自私，以致造成黨內和國內的種種原可避免的紛爭。如今開始行憲，有的人還認爲總裁的目的祇在於做總統，並無誠意實行民主憲政。現在總裁宣佈不願做總統，足証他一心爲國爲黨，毫無權利觀念，不但可使那些平素對他懷疑的人們心悅誠服，而且足爲全黨同志和全國人民樹立一個良好的表範。其影响於社會人心和政治風尚，比華盛頓拒絕連任三次，可能還要遠深。今後任何人如再有爭權奪利的情事或自私自利的企圖，我相信祇要我們把總裁的名字舉出來，就可使他自慚形穢，而翻然省悟的。這正是給我們的民族劣性和當前政治上、社會上的壞風氣施以最有特效的一付對症良藥。我認爲我們千萬不可予以阻碍。」

我說完以後，戴先生忽然走到我的坐位傍向我一揖，並以嚴肅而憂鬱的神情說道：「黃老弟，時局嚴重得很，我請求你不要開玩笑！」我趕快必恭必敬的站起來回答戴先生道：「戴先生，我知道時局嚴重得很；但我剛才所說的話是經過詳細的考慮才說的，我並不敢在這裏開玩笑。同時，我相信總裁不願做總統，也是經過很詳細的考慮才決定的，並非和我們開玩笑。」一時會塲的空氣，顯得十分陰沉。大家默然一會，張羣先生起立發言，也是暗示蔣先生並非不願做總統。賀衷寒主張表決。照當時的情形來說，表決結果，我們贊成蔣先生不做總統的中常委可能仍是少數；但此時陳布雷先生忽然起立發言。他說：「總裁並非不願做總統，祇以憲法上所規定的總統權力過小，不足適應當前戡亂形勢的需要，才有捨總統而改就行政院之意。現已徵得莫德惠先生的同意，由他領銜向國民大會提出一項臨時條欵，在戡亂時期付予總統以某些必須的權力。因此，總裁已允出任總統。」他說完後隨即從衣袋裏面取出一張紙條，據云已代審查會擬好一個決議文，大意說：「總裁既堅決表示不願做總統，中央全會自不能違反他的指示，故決定不提總統候選人，留待國民大會代表來決定；但鑒於國家當前的局勢，正迫切需要總裁的繼續領導，仍希望總裁本其救國救民的初旨，出任總統，以慰全國人民喁喁之望。」我聽布雷先生慢條斯理的宣讀這個決議文時很不以爲然，即向坐在旁邊的某中常委（似乎是袁守謙兄）批評道：「他果知總裁有意做總統，就應提議推總裁爲總統候選人，不必寫這種自相矛盾的官樣文章——既說不應違反總裁不願做總統的指示，又說仍希望總裁出任總統。」我說話的聲音雖然很低；但坐在我後面的李唯果已經聽見，他問我是否還要說話。我點頭示意。他說：「老兄，這個決議文是經總裁看過的，並非布雷先生個人的意見。你如果還要起來罵它是官樣文章，豈不將氣死布雷先生？」我聯想到前次爲了批評布雷先生所擬的中央全會宣言，曾經引起一塲風波，也就有所遲疑。戴先生又再度發言。他說：「我剛才所說的意見，也是如此，不過，我不敢像布雷先生那樣明顯罷了。」並主張即將布雷先生所擬的決議文通過。主席徵詢大家的意見，無人出聲，後來現在台灣的某中常委以很氣憤的口吻說道：「總裁既然不願意做總統，就不必再多問了。」於是主席即宣佈「無異議通過」。第二天，中央臨時全體會議繼續開會，也就照審查會所提出的決議文通過，並無任何辯論。以後蔣先生即由國民大會代表簽署提名而爲總統候選人，並順利的獲得當選。據蔣經國透露：蔣先生所以改變初衷，完全是受了戴先生和果夫先生的影響。

首屆總統選出雖然頗爲順利；但副總統的選舉，則迭起浪潮。在國民黨中央臨時全會開會之前，除了孫科先生獲得蔣先生的支持而外，于右任、李宗仁、程潛三先生都宣佈決心參加競選。臨時全會爲了遷就事實，祇好決定不提副總統候選人，由黨內同志自由競選。但蔣先生仍屬意於孫，立夫先生則向蔣先生承担將孫選出的全部重任。孫先生在抗戰中期曾提倡民主政治，反對官僚主義，除了時向黨部團部同志發表演說而外，還發行了一份期刊，名曰民主世界。當時許多不滿現狀，渴望改革的國民黨員都對孫先生的主張十分嚮望。尤以青年團的同志最爲熱烈。每次孫先生到團部演講，總是掌聲如雷，歷久不停，充分顯出他們對他的擁戴。假如孫先生仍繼續保持這種態度，他競選副總統，必能易如反掌。祇惜爲時不久，孫先生却又無聲無息了。勝利復員後，孫先生升任國民黨副總裁和國民政府副主席，蔣先生又撥鉅欵在中山陵園爲他建造了一座頗爲華美的住宅，從此即似乎志得意滿，一切均爲蔣先生的意旨是從，因而對黨內一般希望改革的青年同志，失去了曾經一度獲得的信仰。

（待續）

中國現代史資料評介之十四

左舜生

梁任公先生年譜長編初稿（三）

（A）任公的童年和少年時代（2）

又任公晚年所撰『南海先生七十壽言』，記其在萬木草堂的讀書和生活情況更詳，其言曰：

『吾儕初侍先生於長興也，徒侶不滿二十人，齒率在十五六乃至十八九之間，其弱冠以上者裁二三人耳，皆天眞爛漫，而志氣踸踔向上，相愛若昆弟，而先生視之猶子。堂中有書藏，先生自出其纍代藏書置焉；有樂器庫，先生督製琴竽干戚之屬咸備。先生每逾午，則升坐講古今學術源流，每講輒歷二三小時，講者忘倦，聽者亦忘倦。每講一度，則各各懽喜踊躍，自以爲有創獲，退省則醰醰然有味，閱久而彌永也。嚮晦則燕見，率三四人入室旅謁，亦時有獨造者。先生始則答問，繼則廣譚，因甲起乙，往往遂及道術至廣大至精微處。吾儕始學，不能質疑，獻難者至尠，其有之則先生大樂，談益縱，而所以誨之者益豐。……』

其記戶外生活情形曰：

『……每月夜吾儕則從游焉，粵秀山之麓，吾儕之舞雩也，與先生相期焉，或不相期，然而春秋佳日，三五之夕，學海堂，菊坡精舍，鎭海樓一帶，其無萬木草堂師生蹤跡者蓋寡。每游率以論文始，既乃雜遝汎濫於宇宙萬有，芒乎沕乎不知所終極。先生在，則拱默以聽；不在，主客論難鋒起，聲往往振林木，或聯臂高歌，驚樹上棲鴉拍拍起。噫嘻！學於萬木蓋無日不樂，而此樂最殊矣。……自長興以後，衞鄺家祠，而府學宮，從游者歲增，動至數百千人，雖得朋日豐，而親炙之時日不能偏給，樂稍殺矣。』

以下更記他與其他同學助南海編著各書的情況說：

『先生著「新學僞經考」方成，吾儕分任校讎，其著「孔子改制考」及「春秋董氏學」，則發凡起例，詒吾儕分纂焉。吾儕坐是獲所啟發，各斐然有述作之志。其著「大同書」，覃思獨造，莫能贊一辭，然每發一義，未嘗不擇其可語者相與商榷，陳禮吉（千秋）曹著偉（泰）其最有異聞也。』

復次，更記南海對其時國事的態度說：

『抑先生雖以樂學教吾儕乎，然每語及國事杌隉，民生憔悴，非侮凴陵，輒慷慨欷歔，或至流涕。吾儕受其教，則振蕩怵惕，懍然於匹夫之責，而不敢自放棄自暇逸。每出則舉所聞以語親戚朋舊，強聒而不舍，流俗駭怪，指目之謚曰康黨，吾儕亦居之不疑也。』

以上可見任公少年時師友間切磋之樂。自學校教育興，而私人講學之風廢，然外國大學亦有採導師制者，每一教授所領導之學生往往不多，蓋生與教授個別接觸的機會也不少，仍可把這種學風保存幾分之幾，與中國目前教學的作風比，先生下講堂後，即與學生漠不相關，仍有不同也。

光緒十七年冬，任公赴北京就婚李氏，任公年十九，李夫人長任公四歲，已二十三矣。是年康有爲刻『僞經考』成。

十八年夏，任公偕李夫人回鄉居一年有奇，斯時除國學書籍而外，更購江南製造局所譯之書，及各星軺日記，與英人傅蘭雅所輯格致彙編等書。（見曼殊室戊辰筆記）是年有兩書與汪穰卿（康年），其一介紹康幼博（廣仁，南海之弟，戊戌六君子之一）與汪見面；其一則希望汪向張之洞建議，修築一貫通南北之大鐵道。

十九年二月，任公長女思順（令嫻）生。是年康有爲應廣東鄉試，中式第八名舉人。

光緒二十年甲午，次年乙未，任公於甲午年春，偕李夫人入京，中日戰爭爆發，李夫人歸寧貴州，任公仍返粵。二十一年春，任公復入京會試，仍報罷。是年會試正考官徐桐，疑梁卷爲康有爲，故抑之；副考官李文田，則對任公文頗欣賞，題其卷末曰：『還君明珠雙淚垂，恨不相逢未嫁時。』任公以中日戰爭刺激，頗以求同志倡風氣爲念，甲午乙未間有三書與夏穗卿（曾佑），兩書與汪穰卿，均以求人才爲說，與夏第一書有云：『此行本不爲會試，頗思假此名號作汗漫遊，以畧求天下之人才。……今日之事，以廣求同志開倡風氣爲第一義，前在都講之已熟，君近有所得否？……弟以爲今日求人才，必當往敎，不能俟其來學。』與夏第二書云：『貴省（指浙江）通材罕悉，但仍欲覓後起之秀者，雖學未成而志氣過人，亦足貴也。我輩閱人不可太苛，於意云何，若見有此等人，尚乞見告。』又與夏第三書云：『我輩以普度衆生爲心，多養人才是第一義，吾粵學子雖非大佳，然見聞稍開，骨植稍堅，第四顧天地，此方人尚可用也。』與汪第一書云：『我輩在今日有何事可爲，求人才是第一義，一二素心人又復勞燕遠絕，我勞如何？』又與汪第二書云：『我輩今日無一事可爲，只有廣聯人才，創開風氣，此事尚可半主，在都言之已熟，不識足下在彼所得如何耳：……君所見之人，所聞之事，望時時見告。』任公是時，年齡不過二十二三，其物色人才，廣求同志之念，熱烈若此，蓋隱然已以國事爲己任了。其時夏穗卿送他的詩有句云：『……君子尚靑春，英聲乃如此，嗟嗟吾黨人，視子爲泰否。』証以任公後此三十餘年之歷史，豈不信然？

光緒二十一年三月中日馬關和議成，任公在北京，曾代表廣東公車百九十人上書陳時局。康有爲以是年成進士，聯合公車千餘人（實際簽名者僅六百餘人）上書請變法，任公奔走甚力。此實任公投身政治活動之始，亦即戊戌變政之前奏，我在『中國近代史四講』的第二講，已記之頗詳，可以參看。

本刊已經香港政府登記

聯合評論 週刊

每逢星期五出版

United Voice Weekly

第二六八號

督印人：黃宇人　總編輯：左舜生

社址：九龍通菜街三十八號南亞書局 805641

[illegible]

本報美洲版總經售處美國紐約中美出版社

CHINESE - AMERICAN PRESS, INC

199 CANAL STREET.,

NEW YORK13 N. Y. U.S.A.

美洲航空版每份零售美金一角

時局雜感種種

左舜生

時局已演變到了一個險惡而又微妙的階段，這是一切站在中華民國立場堅持反共的人們所值得警惕的。

（一）中華民國在聯合國的地位，每年都要經過會員國的一次搬演，這一點除掉使我們認識敵友分明以外，真是莫大的恥辱：今年祖護中華民國的比去年多了一票，有人感到欣慰，還有人似乎在丑表功，也真够得上說糊塗昏瞶。

（二）日本以兩千萬美元賣給中共一套維尼龍廠的設備，以致激起中華民國朝野一致的憤慨。其實日本的官方與民間與中共勾勾搭搭，已多歷年所，其必然要演到這一步，而且不會以到這一步為止，事屬當然。太可笑的，乃是這次日本工展在北平開幕，周恩來、彭真、廖承志、郭沫若諸人，乃不惜對石橋湛山等大捧特捧，好像日本已變成了他們莫大的恩人，這是曹、章、陸等所不敢為，而他們乃公然為之，中國共產黨的本質只是一個賣國黨，於此豈非又得到一個鐵證？回想過去八年的抗戰，中國人民所流的血，可以染紅一條滔滔不絕的長江，中共首腦人物，對這一天大的事實，似乎已經忘記得一乾二淨，虧他們平日還口口聲聲以打倒帝國主義的急先鋒自命咧！這次對這一幕比較少說話的，好像只有毛澤東，我推測毛這次所以比較的冷靜，其原因不外兩點：1.他幾篇反蘇的大文，被蘇共迎頭痛擊，已經被打得頭腦昏昏，幾乎不能繼續還手，現在他所考慮的，乃是如何求得一轉圜之道，以期待『赫某人』對他覆水重收；假如他再親自出面向日本人表示過分親熱，毋乃等於火上澆油；蘇聯方面本來有人說中共要團結有色人種以反對白人，而庚子以後的所謂『黃禍』說，也確有人在那裏重彈老調，單以中共的廣土衆民，所謂『黃禍』，原也還不足怕，如果以中共所誇耀死不完的七億人口，再加上一億具有科技素養的日本人口，卻真也不能不使人談虎色變，此其一。2.毛澤東大概也知道：大陸上的老百姓，對過去八年抗戰所受的犧牲，究竟還有大多數人未能忘記，如果他對大陸親日分子的態度不有相當的保留，一旦日本人侵略中國的舊病復發，大陸人民以舊仇新恨的觸發，也可能對中共政權有多少不利。這一點可說是毛已老朽不還沒有完全昏庸。不過目前他們遭受蘇聯的高壓，確實又有點喘不過氣來，病急亂投醫，剛好日本也有生產過剩而原料不足的痛苦，必須向中國大陸尋求出路，因而中共與日本的勾結，乃構成了一種一拍即合的形勢。以目前中共的動向，他們既要一面反美，又要一面反蘇，即除『美帝』『蘇帝』以外，其他一切的帝國主義者，幾乎無一不在他們可以勾結之列。中共口口聲聲責蘇聯不守原則，實際以『反帝』這一原則來說，中共可以說是不守原則之尤，大勢所趨，即令毛還懂得對日親善不能不有所保留，但這種保留也極有限度就是了，此其二。

說到石橋湛山這個人，他今年的高齡已經是七十有九，過去曾一度拜命組閣，以病重入院之故，乃不能不將總理大臣的實座拱手讓人；其心實有不甘；這也猶之乎中國的張表方（瀾）與沈衡山（鈞儒），張的最高目的，不過想再過一度四川主席的癮，沈的目的，能給他一個司法院副院長的地位，也就心滿意足；可是國民黨當局却始終吝而不予，而黨方的負責者，更隨時要把這類的人物，拼命向中共方面趕，而忘記了他們亦自有其相當的作用，可能對中華民國造出多多少少的壞影響。我平日有兩句話批評國共兩黨對黨外人的態度：國民黨的自信力甚強，認為處理一切國家大事，絕對沒有借重黨外人士的必要，因而他們不惜用種種方法，使黨外人『化神奇為腐朽』；共產黨自然也是把持無所不用其極，可是他們覺得某一黨外人士還可供他們某一時期的利用，他們却也不惜用種種的方法，使這一類人『化腐朽為神奇』。僅此兩種不同的方式，已經構成了過去國民黨在大陸必然失敗的一個主要因素。這次周恩來等以過去對待張沈等的方法，對石橋大灌其米湯，居然使得石橋飄飄然，發出中共與日本合作，『關係日本未來的命運』這類怪話，可見一般日本人所中中共的毒已經不淺。我過去原認日本的所謂左傾分子，僅以一部分學生工人以及大學敎授中的少數書癡為限，要整個赤化日本並不怎樣容易，如果中共把這類惡毒的統戰方法，推廣到了若干日本的老朽昏庸，則去日本全盤赤化的時期，大致也就不遠了！

（三）明年在日本召開的世運會，有只許中華民國赴會的運動員稱『台灣隊』，不能稱『中華民國隊』一說，而最近的周鴻慶事件，顯然更是日本向中共獻媚的一種手法；再加上法國方面，更於此時發出了要考慮正式承認中共的一種傳聞，假定法國果眞如此做了，第一個起來向法國看齊的，可能便是日本。如果法日都正式承認中共，說美國仍然不會牽動，這便不能不說是一個太大胆的假設。何況美國態度的捉摸不定，原也不自今日始呢？年來的台北外交，似乎只着重在爭取幾個非洲的新興國家，自然這也不能說完全無用，可是對於若干足以左右世界大勢的國家反而忽畧，豈非本末倒置？我過去在本刋曾指出最熱心『兩個中國』運動的莫如日本，我更不能不懷疑年來池田與大平在歐美和東南亞一帶四處走動，其散播損害中華民國的空氣，也以日本為最多啊！我不知道台北諸公對於目前大野伴睦之來，又有如何的一種應付？難道池田的一封私函和大野的一番遊說，仍然可以使台北諸公陷於一種自我陶醉的狀態嗎？

（四）一個久居美國的李宗仁，在台北諸公的眼中，其價值可能連一個廖文毅也不及；可是中共却依然本着『化腐朽為神奇』的原則，多年來便對他緊緊包圍。過去郭德潔一度回到香港，據說與她接觸最多的，便正是與大陸關係最深的統戰分子。以李最近所發表的談話，其內容與辭藻，當然不是李宗仁腦經中所有的，我敢斷言乃是出於與李聯名在『紐約時報』對中印邊境衝突發表意見的某君。以李的興趣與修養，他當然沒有遠適巴黎去比較什麼中法文化的心情與能力；甚至連到巴黎去排遣排遣他的苦悶也無此必要；如果他赴法之行果然成為事實，其已取得美國方面的某種諒解，也事屬顯然。我希望台北諸公不要忘記李確會一度被選為中華民國的副總統，也確會一度取得代總統的名義，其有被利用的價值，與廖文毅究有不同，要謹防這一着可能演變為製造『兩個中國』的國際陰謀的一環，這不一定只是我個人的神經過敏啊！

沙撈越的內憂和外患

孫寶剛

我在本刊的前幾期上寫過一篇文章，分析印尼這個國家，表面上雖有一億人口，並有幾十萬的海陸空軍，但是因為獨立以後的政治，始終未能納入正軌，經濟頻於破產，三千多個島嶼，交通不便，作戰的武器，以及其他器材，都須向外購入，所以在軍事上來說，印尼根本沒有能力可以發動一個戰爭的，也祗能滲透一些武器交恐怖份子來搗亂而已。反之沙撈越在軍事上有英國協助，澳洲也已表明態度，必要時予以軍事協助，所以這些印尼的武裝搗亂份子決不能為沙撈越大患，我相信英軍是有能力去對付他們的。

依我的看法，倒是家賊難防。這三十至五十個共黨所組織的野營，以及在印尼訓練的千餘武裝的男女，一旦在沙撈越行動起來，使我想起英軍在馬來亞剿共的往事了。那時馬來亞的共黨也是以華僑為主體，也不過三四千人，英軍用丁這麼巨大的軍費，這麼長的歲月，才算大功告成，今天沙撈越的情形，會不會也鬧到這樣嚴重呢？這眞是值得考慮的問題。

廻憶馬共當年，所謂武裝的共黨，其實也不能說是眞正的共產黨份子，祗少在開始武裝叛變時是如此。大體上他們都是參加抗日的游擊隊，他們在勝利之後，沒有得到英政府的公平待遇，於是忿而走險，遂鬧出這樣的大亂子。今天沙撈越的所謂共黨組織，據熟悉內幕的人士稱，也說不是眞正的共產黨，他們大都是不滿現狀的青年，他們覺得七十五萬人口的沙撈越，華僑佔二十三萬，雖是較小數的民族，但不應處處受着歧視，而處於第二等人民的地位。觀察社的報導內也提起：華僑的農人耕種的土地，因為人口的增加，已減不足，但仍不准他們多得一些土地。大量的土地是保留着給土人的，用亂砍一頓而火燒的方法，浪費的耕作着。華僑要入籍是非常困難的，並且在中文學校畢業的人，不准他們參加政府的工作。所以極少數的左傾敎員們便藉機宣傳，鼓動起反殖民地和反對馬來西亞，而產生了這樣的所謂共產黨的組織。再加上印尼予以種種的方便，他們便武裝起來了。

又據觀察社的報導，他們常常告訴他們的親友說：馬來西亞的中央政府大部份是馬來人。中國人被迫要和馬來女子結婚，不准吃猪肉，中國的傳統文化當然要廢棄，回敎成了國敎，土地將留給馬來人；政府官員起碼有五分之四是馬來人，中國人是毫無權利的。

我們看了上述的這一段話，當然知道這些青年是受了彎曲的宣傳，所以引起了他們反對當地政府，也反對加入馬來西亞。不過話又說回來，天下事無風不起浪。上述的宣傳雖然有些彎曲，但馬來亞也好，沙撈越也好，他們沒有一律平等地和華僑共處，那是事實。在今天二十世紀的六十年代，世界任何一處都在要求平等自由，卽以南非作一個例子罷！無可否認的，白人的文化和經濟力量以及一切方面都比黑人要强一點，但是依據人是生而平等的原則，不特南非的黑人在反抗白人對他們的不平等歧視，全世界開明的人士，也有大量白種人包括在內，都在抗議這種不平等和種族歧視的現象。我相信，在馬來亞或沙撈越的華僑，在一切和一切的狀況下，決不可能比馬來人稍遜，現在一定要他們做第二等人民，當然是辦不到的。而況照一般人的心理發展，當受到異族的歧視或壓追時，愛國心和民族主義的心理，必然加强。所以華僑和戰時的人民比較愛國，同時一般人又不大把愛國和服從政府這兩件事，常常混而為一，所以許多華僑便易於給共黨所煽動。我希望開明的沙撈越當局要瞭解這幾點，立卽從事內政的改革，那麼，我相信這批忿怒的青年人不是不可以改變路線的。

總之，平等和自由，已經成了六十年代不可抗拒的思潮，任何人不能輕易可以倒行逆施的。馬來亞和沙撈越，那能例外。

前是英倫觀察社說：沙撈越[illegible]當危急，倒並不是無藥可救。

談民主自治

李璜

近兩周來，香港報紙上湧現出一個民主自治黨來！我覺得是一件可喜的事，雖然我並不認識其組織中的分子，而傳說的內容也因人而異。不過我總感到，香港已有近四百萬的中國人，而工商業也發展到與國際市場積極競爭的程度，與西方民主政治的演進往史來衡量，香港似乎應有中間階層（Middle Class）出而組織政黨，為民主自治而活動了。

何況數年以來，就早已有了革新會等類的組織，推舉候選人，出而宣傳香港人權利的主張，以競選立法局非官守的議員。這種組織不能不說是一個政黨的雛形，今天再添加一個民主自治黨，並不算得是突然的創舉而已。故香港殖民地政府並不認為奇怪，而已准許其登記。——這在有民主的長期習慣的英國人看起來，是一種平常的事，而在我們中國人驟然看見「黨」這一個字，有的反感到了非常。其原因「黨」在中國，歷半世紀，成績不佳，所謂國人只見民初以來，言與行愈來愈不相符，所謂大黨的組織，抵在中國，黨的表現不是自爭權奪位，全不以多數民眾的福利為念，甚至還集結黨徒，四佈爪牙，魚肉人民，弄得民不聊生，因此在中國一般人心中，黨的組織，竟成了實者為！

其實這一種誤解之來，乃是緣於中國人一向總希望出一個真命天子，神聖文武的來造福大家，而大家自己便老是等待有如上帝的降福樣，耶穌來了，自然得救，從來便未想到大家都不能自治，而老是隨時會任運的聽候他治，則他治必然來的會一切權利的暴君，像這樣專制政體，民主的名義下，也一樣產生暴君的。因此中華民國的革命先烈，要打倒滿清專制，是要民主，成立中華民國，其目的就是不願再有他治，而要自治；故孫中山先生的建國大綱，國民都起來自治，其基點乃在於縣自治，而省自治：要民眾能夠自治，民主不能自治，就必然會變質，而徒有其表。此香港的民主自治黨，在民主之下標明自治為宗旨，我們甚為擁護，而要問：為何國人現在不能實行民主呢？是因為自己不能以自主，豈但過去有一個歷史原因，我在此前曾說過多次，願意在此再說一說：中國自漢朝以來，以至於清末，皇帝的政治都是家天下，以其所持的家庭概念，乃是國為家的擴大，故其政治原則為家族主義，而主張以孝治天下，所謂以孝治天下，即將全國政治的小單位，限於每一個家族上，其辦法是只要全國每一個家族都能自治，則皇帝便可以垂拱而治了。因此之故，中國歷來並不是沒有自治，但這個自治，乃是家族的自治：「弟子入則孝，出則弟，謹於言而慎於行」，這是中國倫理的大經，是「施於有政」，「以事君」，「求忠臣必於孝子之門」，故皇帝便把這個「道」的責任交之於每一個家族的「家長」，所以父親又稱之為「嚴君」，或「家嚴」，而在中國歷史上，家族的自治，其表現的家長負責精神，仍有其可歌可泣的道德往事可念的！

但這是天下上的家是一種撤倫理及其作法，乃與民主制度不相適合的。因為民主制度的實施基點，是要每一個國民（或市民，統稱公民）向社會及政治負責，而不是每家向家長負責，一家的家長負責其全家（除了子弟未成年），其主法治下每一公民也有其權利與義務，而不能推之於其家長上，因之其身，民主的自治，乃要每一個成年的國民或市民都能對其國家或其城市，在立身行事上處處顧到其公益的所在，而為此一國民或市民，每都將過問其國或其城市的政事，這就是自治政府（Self-Government 也簡稱自治）所以產生的由來，而民主便因之而自然實現。二千多年不過經二千多年的家族主義的政治習慣，中國一般人大都只知有家族的自治，而心目中便不感到有國家或城市的自治。

說到「齊家」，中國人都能熟習孔孟之言，或至少了解朱柏廬的治家格言的一套：「黎明即起，灑掃庭除」；但對本國或本市，便不大了了如何的去自治了。

試從眼前小事說起：香港每有一條街上，都放得有垃圾箱，初叫行人將爛紙、果皮等雜物投入箱中，不要隨地亂丟，在箱上寫有字道：「Keep Your City Clear」並譯成中文「保持你的城市清潔」。這是人人多可以看得見的，但看見了，就很少人留意「你的城市」這四個字，因為香港市民很少城市的意義，而只感到某街幾樓幾號是「我的家」，要保持我的家的清潔，在中產階級或白領階層，都有此習慣，因此，窗明几淨，其門不亂的人家很多，但一出門，人家大門，則樓梯污穢，創痕纍纍，比比皆是，便沒有人過問了！「各人打掃門前雪，莫管他人瓦上霜」，這一老習慣至今猶然。因此你要干涉鄰家不把家裏的灰土雜物掃出來放在樓梯角，他（鄰人）便立刻要說：「樓梯又不是你一家的樓梯，你真多事！」以此類推，凡中國人喜歡管公益的事情的人，不是被人目為愛出風頭，便是認為具有個人野心，更進而對於過問國家政治的國人，則其父老皆不以為然，大為浩歎，這個子弟雖然聰明，但是太不安於本份也！本份一辭在西文為Duty，稱義務，但在中國一般人的義務，好像被限制在「正心、修身、齊家」這上面，而「治國、平天下」不與焉，因為是乃「大人」之事也，而「小人」因此不應該去過問。中國儒家的修齊治平之道，對中國一般人來說，乃是一以貫之的道，但並未能一以貫之，也因此一般人對本國、本市，都是自好者多，熱心人少，本市只有少數人熱心，不幸少數人熱心又每每容易被多數人疑為想當議員，故爾熱心。

以上從中國歷史的習慣說到中國人對於國家或城市的看法，可以看出中國人的習性使然，故中國雖號稱民主半個世紀，而並沒有出現過真的自治政府。

但在西方，則自上古的雅典政治，便已表現出城市的自治，雅典人不粉飾其家，而美化其城，至今還使游人欣賞雅典的建築與廢墟，都是雅典市民投票出錢出力造成的。後來雅典的民主傳統因影響到歐洲的市民，創造了歐洲的市民對於城市的維護與自治，英國人當然是其中最力的，所以英國人當然主張自治，不認為這一自治是不當的，所謂民主自治，都有很多事可做，並且要領導市民去做公共事業，其實並不是要當選，並非只增加幾名立法局議員而已。

中共替蘇報最近言論算總賬
說蘇報怪論連篇竟罵毛澤東

黃之衡

最近，中共對蘇聯的態度雖然已趨軟化，但蘇共報紙對中共的抨擊，尤其對毛澤東的抨擊，卻一直未放鬆。對於蘇共最近一個月以來的言論，中共新華社十月二十日自北平發出的電訊，曾對蘇共這些言論作了一個總結，說它又已掀起反對中共的新高潮。

以下是新華社的總結，我們且看毛澤東在蘇聯如此繼續攻擊下究竟有沒有膽子還擊，以及中共首腦如劉少奇、周恩來等是否甘心做縮頭烏龜：

據新華社十月二十日北平電訊說：

『最近一個月來，蘇聯報刊在加緊反華，天天登載大量文章，從各方面對中國、共產黨和中國人民進行攻擊。它們誣衊中國國內外政策，它們全面展開了反中國的攻擊宣傳，肆地散布謊言，誹謗和侮辱中國領導人，煽動民族主義情緒，並且力圖以反華文章汙衊中國領導的「關於分裂」的辦法，來掩飾蘇共領導的分裂活動。』

『九月二十一日蘇聯政府又就莫斯科部分停止核試驗條約發表了一個長篇反華聲明，接着，蘇聯的宣傳機器就開動了，掀起了一個新的反華宣傳高潮。蘇聯所有報刊都登載了這個反華聲明，卻不敢刊登作為它的攻擊對象的中國政府發言人九月一日的聲明。』

『從九月二十日到十月十五日，蘇聯中央十一家報紙和七十家雜誌就發表了一百幾十篇反華文章、社論、評論、編輯部文章、漫畫、小品文、諷刺詩等，以及許多惡毒攻擊中國共產黨、中國人民和中國領導人的文章。在九月二十四日，蘇聯「真理報」等十一家報紙刊登了四篇反華的「所謂讀者來信」。』

『在中華人民共和國成立十四周年的前夕，也被蘇聯宣傳機器當成反華的「紅星報」、「真理報」、「新時代」、「消息報」、「中國」雜誌在中國這一偉大節日發表社論和文章，肆無忌憚地誣衊中國領導人破壞同蘇聯的合作」、「實行分裂主義政策」等等。』

『蘇聯報刊不斷地公開指名攻擊中國人民的偉大領袖毛澤東主席。「消息報」在十月三日，「十月」雜誌第十期，「蘇維埃文學」在十月六日都發表了這種文章。「消息報」的一篇題為「北京理論家們亂七八糟的」文章從許多方面攻擊了毛澤東的辯證唯物主義重要論點。「蘇維埃」紙在十月四日甚至還刊登了侮辱毛澤東主席的漫畫和「諷刺詩」。「消息報」十月九日的一篇文章和「蘇維埃俄羅斯報」十月十日的一篇文章都指名攻擊了劉少奇主席。「紅星報」在十月五日的一篇文章中，也攻擊周恩來總理九月三十日在北京國慶招待會上的講話。』

『在誹謗和攻擊中國國內政策方面，蘇聯報刊最近特別賣力。它的攻擊範圍越來越廣。據不完全統計，從九月二十一日到十月十日這二十天，它們就發表了十幾篇專門攻擊中國社會主義建設的文章，攻擊中國的社會主義建設總路線、人民公社和大躍進的方針是「紅旗」。「莫斯科新聞」十月五日發表的一篇文章更是異想天開，竟誹謗中國是「沉醉於渴望取得霸權」。』

『蘇聯報刊最近還竭力造謠誣衊中國共產黨正確的民族政策，企圖以此蒙蔽蘇聯人民的耳目。「文學報」、「哈薩克真理報」、「列寧接班人」都胡亂造謠說，中國領導人「狂暴地迫害在中國的哈薩克人和維吾爾人」，強迫他們設立了什麼「集中營」、「禁閉營」，強迫他們「帶着沉重的鐵鏈」勞動」。』

『十月四日出版的蘇共中央政治理論刊物「共產黨人」在「維護世界共產主義運動的總路線，反對左傾機會主義、民族主義和冒險主義」的總標題下，一共刊登了四篇反華文章，其中以題為「國際共產主義運動總路線和中國領導的分裂綱領」的編輯部文章最為冗長。這篇文章就國際共運的總路線、戰爭與和平、民族解放運動等問題，系統地攻擊中國共產黨的正確觀點和立場。這篇文章還大叫大嚷地說什麼中國領導人「同蘇共和其他馬克思列寧主義政黨鬧分裂」，要「破壞無產階級國際紀律」，要「承擔嚴重責任」等等，企圖用這種辦法來掩蓋蘇共領導的分裂活動。』

『「烏克蘭真理報」九月二十八日發表一篇奇怪的文章說，中國領導人不是按階級的原則而是「按人的皮膚顏色」分析社會生活現象。它攻擊「東風壓倒西風」的論點說：「西風就是白種人，東風是有色人種」，而「中國政治家的口號是：『打倒白種人！』而美國種族主義者的口號是：『打倒黑人！』……這都是種族主義，只不過顛倒過來而已！」』

『蘇聯報刊不惜採取捏造聳人聽聞的謠言的卑劣手法，企圖在蘇聯人民中間煽動民族沙文主義情緒和反華情緒。「消息報」九月二十八日的一篇文章造謠說，在中國大連市公園和俱樂部「不許蘇聯人入內」，中國人在馬路上對蘇聯海員及其家屬「要流氓行為」。文章說：「這都是中國當局作了相應的工作的結果」。為了達到煽惑人心的目的，蘇聯報刊最近還反咬一口，一再散布所謂中國軍民「侵犯」蘇聯邊境的謠言。它們還編造了所謂中國正在進行什麼「反蘇宣傳」的神話，胡說什麼在中國凡是主張中蘇友好的人，閱讀普希金等人著作的人，都「被宣布為修正主義者」

從麥米蘭談到布特勒

劉裕略

我常常覺得一個領袖型人物，所需要具備的條件固然不止一端，俱如氣度、胸襟、才能、見識都很重要。但最重要的却還是性格。

我也常常覺得替國家考慮人事選擇人物時，其人的學識、才幹、品格、資望等誠然都很重要，個人關係如何雖也常常被人作為重要因素來衡量，但最重要的却還在確實衡量誰對國家會作出可能的最大貢獻，誰是國家眞正需要的人。我每每以此衡量中華民國政府的人事變動時，總每每失望。而英國首相麥米蘭此次因病卸職，休謨繼起，原本出任首相呼聲最高的布特勒改任外相等一連串的變動，却隱隱的喚起了我前面所談的那兩點看法。

麥米蘭患的是尿塞病。這是一種老人病。許多年老的人都常患這種病，說它嚴重也可以，說它不嚴重也可以。因為這種病，一經開刀之後，有些人是迅速的走向死亡，也有些人隨即痊癒。麥米蘭的病經過開刀後，會走向何處呢？目前尚不可知。但麥米蘭本人却不管開刀後病況如何，立即表現了他的政治家風度，毫不戀棧，決定辭去首相職。而英倫的輿論以及英國政壇也沒有覺得非把麥米蘭留下不可，這就可見一個眞正業已建立起民主政治制度的國家，在人事上是如何的公平合理。

在麥米蘭開刀的當日上午，他還出席了歷時長達三個鐘頭的內閣會議，他扶病出席閣議，一點也沒有透露病情，這說明並不是只有那些靠革命靠武力起家的領袖才有堅强意志，事實上，麥米蘭的意志就已經在這裏表現得很堅强。

閣議後，經醫生檢查必須開刀，儘管第二天就是他所領導的保守黨舉行全黨大會的日期，但他毅然於開會前夕入院開刀，不再拖延，而且同時乾脆辭卸首相職，以利便其它的人起領導保守黨並繼任首相，這更說明麥米蘭政治風度的光明磊落，毫不自私苟且。

麥米蘭決定辭首相後，誰繼任首相？立刻在保守黨內部引起競爭。中共譏諷這種競爭是爭權奪利，其實，這是表明中共這類政權之不懂民主競選乃是民主常軌，却與克姆林宮內的爭奪共黨領導權，在性質上是完全不同的。

在三四個可能繼任首相的人選中，休謨並不是最熱門的一個，但結果却由休謨繼任了首相。這是為什麼？我覺得這是大有原因的。我們只需試一回顧二次大戰後英國首相的繼任過程，便可發現外相的地位最被重視。邱吉爾卸首相職後，繼任邱吉爾首相職位的是外相艾登，艾登卸任首相後，繼任艾登首相的是外相麥米蘭，現在麥米蘭卸首相職，又由休謨以外相地位而繼任首相，可見自第二次大戰後，所有首相繼承人，都是外相。外相何以如此重要呢？我以為這中間大有道理在，而絕不偶然。原來，今日之大英帝國，外交工作更比一切工作重要。大英帝國既由許多聯邦構成，如何調協和如何團結大英帝國內部各聯邦，已屬關係大英帝國存亡興廢的外交性質的大問題。因為表面看來，如何調協和如何團結大英帝國內各聯邦似乎是內政問題，其實不然，只因各聯邦均有自己的外交權，所以調協和團結帝國內各聯邦已是外交性質的問題，而不僅是內政性質的問題，更不止是聯邦關係大臣能辦的事了。

再說：大英帝國的經濟利益，雖然似乎只是商業和貿易等問題，實質上則仍與外交情況息息相關。何況，美國今日雖然是自由世界的領導者，但大英帝國却仍然是在政治上協同美國的領導國家。其外交工作之正確與否，顯然關係大英帝國之地位與實際利益。所以，作為英國首相來說，懂得外交，實比懂得其它一切更屬重要。這也就是自第二次大戰以來，英國的首相人選，選來選去，終於仍然一直由外相繼任的原因。

在人情方面來說，英國前任副首相財相布特勒每次首相出缺時，都成熱門候選人，都曾一再代理首相職務，但到頭來，每次選擇結果，他都落空。難道是布特勒的財政工作或代理首相職位做得不好嗎？當然不是。基本原因，却還在布特勒是財相是代理首相，而不是外相，他的財政工作雖然很好，但他對當前外交工作却不甚熟悉，所以，英國政壇決策人終於還是每次破除情面，只以誰對外交工作最熟悉？誰對整個大英帝國可能作出最大的貢獻？而摒棄了他，斷然選擇那一對外交工作最熟悉的人來繼任首相。誰對外交工作最熟悉呢？當然是現任外相。於是布特勒每一次都落選，每一次的繼任首相都終於最後選擇了那一原任外相的人來繼任首相。這都可見英國政壇決策人，俱如卸任首相的邱吉爾、艾登乃至麥米蘭都能正確的着眼於整個大英帝國的需要，而不是專門着眼或被私人人事觀念所拘泥。而中華民國政府的人事變動，則往往與此異趣了。

由此可見，中華民國政府至今仍是一個落伍而又低能的政權，確非偶然。

布特勒現在終於轉任外相了。如無特別意外發生，如果保守黨仍能繼續執政，布特勒勢將出任下屆英國保守黨的首相職位了。可以說：布特勒正現時調任外相，是為他異日出任首相鋪路哩！

蘇共七月十四日駁斥中共公開信原文節要（八）

問題還在於：這樣的政策是幫助國際革命工人運動達到其基本的階級目標的最好方法。社會主義國家在它們所爭得的和平的條件下在發展經濟方面取得卓越的成就，在科學技術方面獲得日新月異的勝利，不斷改善人們的生活和勞動條件，發展和完善社會主義民主，這難道不是對工人階級鬥爭的巨大貢獻嗎？

資本主義國家的每個工人看到這些成就和勝利時會說：「社會主義用事實證明：他比資本主義好，為這個制度而鬥爭是值得的。」在目前條件下，社會主義之深入人心不僅是通過書本，而首先是由於自己的行動，自己的活生生的範例。

一九六〇年聲明認為，我們時代的主要特徵是，世界社會主義體系正在成為人類社會發展的決定性因素。參加會議的所有共產黨得出了共同的結論，根據這個結論，站在現時代的中心的是國際工人階級及其產物——世界社會主義體系。

革命運動的所有其他任務解決在很大程度上取決於世界社會主義體系的鞏固。因此各國共產黨和工人黨有義務「不倦地鞏固各國人民的社會主義大家庭，這個大家庭的國際作用和對世界事件進程的影響一年比一年地增長着」，我們黨把實現這個最重要的任務看作是自己的崇高的國際義務。

弗·伊·列寧教導說：「……我們主要是用我們的經濟政策去影響國際革命。……在全世界範圍內鬥爭已經轉到這個方面來了。我們一旦解決了這個任務，那我們就是在國際範圍內眞正地最終地取得了勝利。」（「列寧全集」第三十二卷中文版四二七——四二八頁）

蘇聯共產黨人牢牢記住了偉大列寧的遺訓，其他社會主義國家的共產黨人也遵循着這個遺訓。但是有些同志却認定弗·伊·列寧是不正確的。

這是怎麼回事呢？不相信社會主義國家有能力在經濟競賽中戰勝資本主義嗎？或者這是這樣一些人的立場，他們一碰到了社會主義建設中的困難就灰心失望，看不到有可能用自己的經濟成就，用本國勝利建設社會主義的榜樣對國際革命運動施加主要影響？這些人想通過另一些在他們看來更為近便的途徑來更快地實現革命。但是，勝利了的革命能夠以人民的勞動，並且只能夠以人民的勞動來鞏固和發展自己的成就，證明社會主義對資本主義的優越性。誠然，這是不容易的，尤其是革命如果是在繼承了過去經濟不發達的遺產的國家中進行的話。但是，蘇聯和其他許多社會主義國家的榜樣令人信服地表明，即使在這種情況下，只要實行正確的領導，就能取得巨大的成就，就能向全世界證明社會主義對資本主義的優越性。

其次，什麼樣的局勢對資本主義國家工人階級的革命鬥爭更有利——是和平與和平共處的局勢，還是經常的國際緊張狀態和「冷戰」的局勢呢？

這個問題的答案是不會有任何疑問的。誰不知道，帝國主義國家統治集團利用「冷戰」局勢來煽起沙文主義、戰爭歇斯底里和瘋狂的反共主義，以便使極端反動分子和親法西斯分子當政，以便取消民主，鎮壓工人階級的政黨、工會和其他羣衆性組織。

共產黨人爭取和平的鬥爭在很大程度上加强着他們同羣衆的聯系，加强着他們的威信和影響，也就是說，有助於建立一支所謂革命政治大軍。

爭取和平和爭取不同社會制度國家和平共處的鬥爭，決不會阻礙，決不會推遲，相反地，却提供可能充分展開為達到國際工人階級最終目的而進行的鬥爭。

很難相信，像中國同志這樣自己進行過革命而富有經驗的人會不了解一個基本東西：在今天，進行世界革命，要通過世界社會主義體系的加强，要通過資本主義各國工人的革命階級鬥爭，要通過爭取民族解放運動和加强亞洲、非洲新獲得解放的國家的政治獨立和經濟自主的鬥爭，要通過爭取和平、反對侵略戰爭的鬥爭，要通過人民羣衆的反對壟斷的鬥爭以及其他許多途徑，不應當把這些途徑彼此對立起來，而應當把它們結合起來，導向一個目的——推翻帝國主義的統治。

中國同志高傲地和侮辱性地指責法國、意大利、美國以及其他國家的共產黨，說它們不折不扣地是機會主義和改良主義，是「議會迷」，甚至說它們陷入了「資產階級的社會主義」。有什麼根據呢？根據就是：這些共產黨沒有提出立即進行無產階級革命的口號，雖然中國領導人也應當理解，沒有革命形勢，是不能這樣幹的。

任何一個內行的馬克思列寧主義者都知道，當國內還不存在革命形勢的時候，過早地提出武裝起義的口號，就意味着使工人階級注定遭到失敗。大家知道，列寧曾以怎樣極其嚴肅的態度對待這個問題，他曾以怎樣的政治遠見和對具體情況的了解來對待革命發動時機的選擇。列寧在十月革命前夜曾指出，十月二十四日發動還太早，而到十月二十六日發動就已經晚了，會失去一切，因而，一定要在二十五日奪取政權，誰來確定階級矛盾的尖銳程度和革命形勢的存在，誰來選擇發動的時機呢？只有每個國家的工人階級，它的先鋒隊——馬克思列寧主義政黨才能做到這一點。

國際工人運動的歷史表明，那種自稱為工人黨，只研究經濟問題，不用革命精神教育工人階級，不培養工人階級去進行政治鬥爭和奪取政權的黨是不好的，在這種情況下它就不可避免地要滑到改良主義的立場上去。但是，那種脫離爭取改善工人階級、農民和一切勞動者的經濟狀況的鬥爭，而提出政治鬥爭的任務的黨，也是不好的。這樣的黨必然要脫離羣衆。一個黨只有正確利用階級鬥爭的一切形式，善於把他們結合起來，才能成為眞正革命的、馬克思列寧主義的黨，成為羣衆的領袖，順利地引導工人階級向資本冲擊，去奪取政權。（未完）

台灣簡訊

志清

一、沈昌煥訪法僅得與戴高樂的侍從參謀合影
立委問「成何體統」？

立法委員劉明侯日前向外交部提出質詢：不久以前，報紙上刊載沈昌煥訪問法國總統時，與其隨從參謀合攝的照片，而不見有其與法國總統和法國外長的合影照片，他問：「這成何體統？」外交部次長朱撫松答以沈外長在訪問歐洲和非洲數十國時，與各國元首及外長的道別照片甚多；但宣傳不够，未經報章登載。至於沈昌煥是否曾和法國總統或外交部長合影，以及為何要與法國總統的侍從參謀合影，朱撫松則避而不提。有一位立委向記者說：沈昌煥與戴高樂的侍從參謀合影雖然有辱國體，但對沈個人却也是適如其份的。因為他本來也祇能至多做一個侍從參謀而已。

自沈昌煥訪問法國後，即揚言中法邦交已大有進步；但近來外電却傳來法國可能承認中共政權的消息，台北即大感震驚。日前法國駐台北大使館向我申明，法國在承認中華民國的同時，不會承認中共政權，當權者又大為欣慰。實則鑒於法國迭派要員訪問北平，今日還有一位曾任法國總理的人正在北平受到中共熱烈的招待等一連串的事實，我們已經有很充足的理由，必須自己警惕了。而所謂在法國承認中華民國的同時不會承認中共政權一詞，還可有另一種的解釋，即法國假如一旦承認中共政權，也將不同時承認中華民國，這是一眼便知的。但我們今日的當權者却不知自立自強，祇憑他人的顏色來壯胆，他們對法國的態度忽憂忽喜，即此之故。

二、女兵着細高跟鞋參加檢閱
女立委認為「不適合」

前年雙十國慶紀念，即有政工幹部學校的女兵一隊參加檢閱，她們穿着細高跟鞋和曲綫畢露的窄裙在閱兵台前以正步的姿勢走過，觀衆中雖也有人大讚其婀娜多姿，使閱兵行列生色不少；但大多數的人仍諷其為妞妮作態，與莊嚴的閱兵場面，形成了一種強烈的對照。這些女兵如果祇是訓練出來作表演之用，固然可以博得大人先生們的一粲；但若訓練她們的目的，是要她們到軍隊中去工作，那麼她們穿着這樣的服裝又怎能上戰場呢？祇因這是蔣經國的得意之作之一，所以也就無人敢公開的予以指責。

去年蔣總統因身體違和，取銷閱兵，人們沒有機會看到這些女兵，大家也就把她們忘記了。今年雙十國慶，由於蔣「總統」的健康業已復元，又恢復閱兵的大典，人們又有機會看見這支多姿多彩的女兵，於是又引起不少的街談巷議。本月二十二日，立法委員莊靜更在院會上提出質詢，她說：「政工幹校女生大隊參加國慶閱兵時，行列頗受許多人的歡迎，就現場參觀者，覺得她們能有如此的精神，實在是可欽佩的，唯為一般人所關心的，就是足下的高跟鞋，走正步恐怕不太合適。今後為使我們的花木蘭方便起見，國防部應該研究改善。」

國防部副部長梁序昭答覆時說：關於參加國慶閱兵的女生大隊服裝問題，國防部事後曾加檢討，優點與缺點互見，女青年穿着高跟鞋列為缺憾之一。該部打算今後女青年大隊參加檢閱時，將改穿平底鞋並改穿較寬的裙子。

三、何謂「現代中國人」？
立委質詢教育部長

不久以前，教育部長黃季陸發表談話稱：該部即將發起一個「現代中國人」運動，制定獎勵辦法，凡獲選為「現代中國人」者，由政府發給一筆獎金云云。本月十八日，立法委員陸宗騏曾在院會上有所質詢。本月二十二日黃哲真委員又提出質詢，畧謂政府提倡或推動任何運動，其涵義必須明確，方法必須可行，才可望收到實效，否則勢必流於空洞，變成標語口號，反而助長當前政治上和社會上的浮誇之風。他問：「現代中國人的定義是什麼？」黃季陸答稱：他認為政府對有特殊成就的人應給予適當的鼓勵。並說：「今日教育的重點有二：一方面要提倡體育，促進國民的健康；同時，還須弘揚我國固有文化和提倡科學，庶可使我國迎頭趕上歐美。至於「現代中國人運動」，祇係他個人的意見，政府至今還沒有制定辦法，」恕不能答覆。有幾位立法委員和記者談及此事時，他們說：「當中國提倡民主與科學，已經半個多世紀，但我們的總統還在一心一意的要實行傳子主義；甚至警察也要自命為人民作之君作之師。這顯出從上到下尚充滿了帝王時代的一種落伍思想，黃季陸如要推行現代中國人運動，應該先向蔣「總統」着手。否則，我們的總統尚不能現代化，教育部長却高談現代化，豈不成了政府本身的一種自我諷刺？」記者亦深有同感。

四、稅務人員兼作保險商掮客

最近兩年多來，保險公司紛紛設立，稅務機關經管房捐和營業稅的人員以及縣市政府工商科或股的人員多兼任保險公司的專員，為保險商作掮客，專向他們繳納稅欵的市民拉保險生意，人壽與火險並保或祇保一種。假如拉得到生意，就可獲得優厚的佣金；拉不到生意也可支取「專員」的薪金。有些雇主和店主，因為景況欠佳，沒有餘錢去保險；但不保又恐開罪了這些「專員」，將來惹出更多的麻煩，深以為痛。據本月二十四日聯合報透露：財稅當局對此已有所聞，現正澈查中。

五、中信局標購韓國蘋果
又傳其中有文章

最近中央信託局代郵政總局標購卡車及零件，傳有舞弊情事的疑雲尚未澄清，現在又傳該局向韓國購蘋果，超過實價兩成，其中亦有文章。事緣該局易貨處這次向韓國採購蘋果十萬箱進口，事先並未公開招標購買，僅要幾家貿易廠商比價即作決定，並以每箱FOB價格美金二元四角七分八，由韓國振東株式會社（此間代理商為衡通公司）等商行供應。惟此間某貿易商接獲韓國方面報價，每箱FOB價格僅索取美金二元，比較中信局決定，並已簽約供應的價格（美金二元四角七分八），低落兩成以上。由於韓國政府對於供應輸台蘋果廠商，可以准許該廠商進口台灣香蕉；而台灣香蕉銷韓每簍FOB美金七元者，在韓國可賣至美金二十元左右，獲利相當可觀，他們才願以較低價格供應蘋果供銷。本市建隆貿易行得悉此情，提出抗議，結果，由該局撥出一萬箱蘋果由該行進口了事。其他貿易商認為該局這次採購韓國產蘋果不作公開標購，而以約請數家貿易商比價決定，價格又超出實際價格很多，似有與廠商勾結嫌疑，正醞釀向有關方面提出檢舉。

張祥傳想向黃啓瑞學習

靜吾

黃啟瑞求神保佑

（台北通訊）黃啟瑞在市公車處和市宅會的兩大集體貪污案，先後經高等法院改判無罪後，他原可從此逍遙法外。但因仍想做官，尚恐公務員懲戒委員會予以嚴重的行政處分，有礙前途。乃於十月二十日上午十一時在中國佛教會理事長白聖法師的陪同下，到樹林鎮淨律寺拜福，黃啟瑞夫婦兩人雙雙跪在佛前燒香、叩頭，祈求神靈保佑。據聯合報載：篤信佛教的黃啟瑞得慶恢復清白，還來精神顯得特別愉快。那天拜佛以後，還留在寺內午餐，並與主持廣元法師和白聖法師等合影留念。至於並未恢復清白的乃妻黃朱金鳳是否也顯得特別愉快，該報則未有所透露。

懲戒會記過二次的事

也許是由於黃啟瑞拜佛有靈的緣故，公務員懲戒委員會於十月二十四日對他在兩大貪污案中有無行政責任的問題議決如下：「台北市長黃啟瑞對於公車購料舞弊案防範欠週，記過二次。另一與建北市南京東路市民住宅案，黃啟瑞並無責任。」

懲戒會對於公車購料案的審查意見：被付懲戒人黃啟瑞對該案尚無不法圖利情事，為台灣高等法院確定判決所認定。（按：該案係高院判決無罪，檢察官捨棄上訴而確定。）徐德綸、莊謙義並非黃啟瑞所素識，係為人介紹推薦，示意經濟支援之說不足遽信，惟查黃啟瑞身為市長，負監督責任，平時未能嚴格控制，致使屬員徐德綸、莊謙義、郁雲梯、羅雲登、張伯英、蔡天賜等（均已判刑）有串同購料舞弊之機會，且其妻黃朱金鳳亦在內接受「紅包」，其怠忽職守，防範欠週，顯有違公務員服務法應謹慎之義，違失之咎，自屬無可諱言，要難以任何理由，解免其應負之責。

關於與建南京東路市民住宅案，審查意見認為：據被付懲戒人黃啟瑞申辯：「友好楊逢春善意借欵與黃朱金鳳償還欠債」等語，核與最高法院判決書所載相符，尚可採信，自難課以何項責任。

據懲戒會負責人表示：因該兩案停職的黃啟瑞，可根據該會的議決，以及法院的無罪判決，向省府申請恢復他的市長職務。

無恥的臉嘴

自懲戒會的決定發表後，黃啟瑞的住宅又賀客盈門；有些是在他因案停職後離開市府的舊職員，他們都希望他能官復原職，使他們也得重溫舊夢。黃啟瑞本人對懲戒會的決議表示完全接受。關於是否復職的問題，他向聯合報往訪的記者表示：「祇要對市民有利的事，他都願做。」又說：「現在國難當頭，國家要他做什麼，他就做什麼。」言外之意，顯然是希望其主子明令他復職；或另派其他職務。這就是說，雖然公務員懲戒委員會也指出他的妻子黃朱金鳳接受紅包，黃啟瑞仍想帶着這個貪污有罪被判徒刑的太太再去做官，不但証明他全無羞恥之心，也証明了今日的官場風氣已經敗壞到了何等的程度。但黃啟瑞雖然不知羞恥，還想做官，却又不敢申請復職，祇向聯合報記者表示復職與否，悉聽上峯決定。他也許以為採取這種「一切服從上級」的恭順態度，必可更加獲得主子的歡心。但據聯合報載：當該報記者告訴他，據有關方面透露，如果不自行申請復職，他將繼續停職下去，黃市長這時又低聲地「噢！」了一聲。可知做奴才的心情也是很苦的。

張祥傳想向黃啓瑞學習

據登記競選台北市下屆市長的台北市現任議長張祥傳，會同台北市農會理事長蔡荐，工會理事長褚一飛，婦女會理事長賴秋連，商會理事長陳茂榜和民間遊藝團體聯誼會理事長王成章等四人聯名發出請柬，訂於十月廿七日假中山堂光復廳舉行台北市各界歡迎黃啟瑞復職酒會，被邀的人在二千人以上。據說：這是張派的人經過好幾天的密商才決定的一項重要戰畧，他們的用意，並不是誠心為黃啟瑞「催駕」，而是藉此討好他，希望能爭取黃派的人為他助選。一說他想請教黃啟瑞有何妙訣可以連犯兩大貪污案竟能終於獲判無罪，以為當選市長以後的參考。黃啟瑞認為無論其用意如何，可以多少為他恢復自被判徒刑以來久已失去的「顏面」，因而決定應邀赴會。

粵共發出通知

命令全省立即開荒擴種 以挽救早造災荒之損失

綜觀

中共雖然用盡氣力，從各種角度，利用各種報刊，加强宣傳硬說大陸今年經濟情況，無論工業農業都已全面好轉，但八月十六日由廣東中共人民委員會發出的一個通知，却充分的暴露了廣東全省今年早造收成根本不好，以往所謂廣東各地今年已較往年豐收云云，實已證明全屬謊言。粵共八月十六日這一通知，載於八月十七日中共在廣州出版的「南方日報」上。其原文如下：

「目前，全省晚造插秧計劃已經基本完成。為了奪取晚造大豐收，彌補早造旱災造成的損失，除了再接再勵，做好中耕追肥，除虫滅病，防旱防澇，保証禾苗正常生長，努力提高單位面積產量之外，還必須在全省範圍內，在完成晚造插秧計劃的基礎上。立即展開一個擴種水稻，雜糧的羣衆運動，以達到多種多收，增加全年糧食總產量，我省晚造生產向來比較穩定，各地可以新墾，復墾的荒地，荒田，可以利用的五邊土地，仍然很多，潛力很大。為此，要求各地立即抓緊如下幾件工作。

「一、各縣，公社，大隊，生產隊和國營農場，林場，毫無例外地都要向羣衆繼續進行一次動員，說明擴種運動的重大意義，算增產增收賬，鼓起幹勁，發動查荒地，荒田，查五邊土地，立即訂出擴種的計劃，并且邊規劃，邊行動，迅速掀起一個群衆性的擴種高潮。

「二、擴種要做到充份挖掘土地潛力，因地制宜，能種什麼就種什麼。凡是能够插植水稻的，盡量種植水稻，不能插植水稻的，就種植番薯和其他雜糧。惠陽專區最近利用沿湖沿江低窪積水地區，開墾湖田，插植蘇仔穀；有山塘水庫的地方，借枯水時期進行擴種；水源較好的丘陵地區，推行雜糧上山，把旱地改種水稻，利用涌邊，蟹塘擴種，利用失收的黃廣地，改種水稻，山區組織專業隊，開墾山田等擴種辦法很好，各地可以參加。在擴種中，要同時注意做到面積，秧苗，種籽，水源，都落實，以保証擴種計劃得以實現。

「三、必須以生產隊集體擴種為主，凡是成片的土地，和雖然零星分散但管理方便的「五邊地」，都應由生產隊統一規劃，統一安排勞動力種植，建立責任管理制，收成歸生產隊集體所有。

「四、為調動生產隊擴種的積極性，要廣泛宣傳幾條政策：（一），開荒擴種，增產多收，晚造不增加糧食証購任務，也不計入明年配購任務基數。（二）開墾生荒，五年不配公糧，復墾生荒，三年不征公糧。（三）早造受災，評定減免後，晚造擴種多收，可以多吃，早造確定統銷的糧食也不抵扣。（四）必須抓緊時機，採取全面突擊搶種和專業隊種植相結合的辦法，迅速行動、并注意提高種植技術和質量，種後要建立責任管理制，加强管理，保証有種有收，爭取豐收。」

讀過上述通知後，使我們不但很容易了解到中共前此所說今年廣東豐收的話，全是偽造的，否則，粵共何敀在這一通知中强調要在晚造中爭取豐收來彌補早造之損失呢？

尤其顯然的，是粵共這一通知更充分反映出廣東各地人民對開荒的事全不感興趣，所以，粵共才在這一通知中訂出引誘人民和鼓勵人民開荒的辦法。一則說開荒擴種，增產多收之後，不增加糧食征購任務，也不計入明年配購任務基數；再則說開墾生荒、五年不配公糧；甚至還說早造受災，評定減免後，晚造擴種多收，可以多吃，早造確定統銷的糧食也不抵扣等語，這都可見廣大僑鄉之人民充滿反共情緒，對中共消極反抗，提不起生產興趣之一般。

大陸簡訊

白帆

毛澤東加强奴役大陸青年 四千萬知識青年下放農村

中國大陸的人口雖多，但知識青年并不多。依理，這些知識青年都是國家的支柱，應該在國家民族的重要崗位為國家民族担任更重要的工作才是，但是毛澤東及中共的做法却不然。他們認為城市的較好和較高工作應由中共幹部担任，不可以用知識青年來担任，於是，毛澤東和中共就把這最寶貴的四千萬知識青年，下放到農村去勞動，今日大陸的知識青年眞是太不幸啊！

據中共「中國新聞社」北平十月廿二日電：「中國農村知識青年越來越多，這些知識青年在新農村中起了巨大作用。目前，中國農村中具有高小畢業到高中畢業文化程度的的青年，已經達到四千多萬人，約佔全國農村青年總數的五分之二」。

又說「為了加速知識青年掌握農業技術，許多地方的人民公社建立了知識青年技術學習小組，由經驗豐富的老農指導，還經常請勞動模範作關於農業知識和農業技術的報告」。

又說「近年來，越來越多的醫科大學和中學衛生學校的畢業生分配到農村工作」云。

爭取越南佛教徒同情 北平舉行佛教徒大會

由於越南政府無理迫害越南佛教徒，中共為了爭取越南佛教徒之同情，以便進一步利用越南政府之無理措施而在越南進行顛覆活動，一向反對宗教迫害宗教之中共偽政權遂亦改裝慈善面孔，而在北平舉行所謂「亞洲佛教徒會議」。

據中共「中國新聞社」十月十九日北平電：「亞洲十一個國家和地區佛教徒會議今天在北京法源寺舉行會議歷時三天，在閉幕會上，亞洲十一個國家的佛教代表團，僧侶和居士，一致通過了『告世界佛教徒書』」。

又說該告世界佛教徒書說「南無佛陀耶，南無達摩耶，南無僧伽耶，尊敬的比丘、比丘尼們：全世界法門兄弟們：為了找尋和研討解決越南南方佛教徒問題的辦法，我們柬埔寨、中國、印度尼西亞、日本、朝鮮、老撾、尼泊爾、巴基斯坦、越南南方、泰國、越南十一個國家和地區的僧侶和居士們於一九六三年十月十七日至二十日在北京舉行佛教徒會議。」又說：「吳庭艷政權的這種暴行，是違反佛陀的教旨的。是對宗教信仰自由的公然剝奪，是對基本人權的野蠻蹂躪。這樣事件的發生，不是沒有因緣的，我們應當指出它的因緣，譴責吳庭艷政權及其支持者。」

中共居然也說人權，顯見中共之用心在利用這一件事來對亞洲佛教徒進行統戰，并顛覆越南而已。

中共明年再購緬甸米 雙方在北平達成協議

據中共「中國新聞社」十月廿三日電：「應中共對外貿易會邀請，緬甸聯邦農產品銷售局副主席吳宛丁和緬甸飲料公司副總經理吳覺庭來北京進行了友好訪問，并就一九六四年中國購買緬甸大米問題同中國對外貿易部進行了商談。經過這友好協商後，雙方順利地進行了協議，并在今天簽訂了有關議定書。」云足見中共仍然缺糧嚴重。

僑鄉近訊

鍾之奇

中共强迫海南島人民養猪

自毛澤東推行人民公社後，猪隻銷售港澳是中共獲取外滙的主要手段之一。隨後中共為了鼓勵人民養猪，以便換取外滙，所以最近兩年，中共已對人民撥了一小塊自留地，便利人民從事猪隻及菜蔬生長，然後由中共低價購買，高價售出。

茲據中共消息，海南島今年的養猪業已顯著增加，「目前全島生猪存欄量已由去年同期的六十萬零五千多頭，發展到九十萬零五千多頭。增加將近百分之五十。生猪產區的臨高縣平均每戶養猪兩頭；山區的白沙、瓊中、樂東等縣，平均每戶也達兩頭以上。今年一至八月，全島上市生猪量較去年同期增加兩倍半。此外向廣東廣西各地調出四萬六千多頭猪苗」云。

中共搜購吳川沙螺銷港澳

凡能外銷以換外滙之物資，中共在各地僑鄉無不搜購盡淨。據中共消息：「吳川縣著名特產沙螺收成很好，今年以來，全縣已捕獲二萬多担，目前正大量上市。價格亦較前降低三四成。吳川沙螺肉香甜爽脆，螺湯清甜潤喉，營養價值頗高，遠銷港澳各地」云。

中共所謂「價格亦較前降低三四成」云云，正是中共用低價强迫搜購之鐵証。

中共又在順德大量收購塘魚

塘魚也是可以遠銷海外的物資之一。為了增加外滙，中共强迫收購工作亦迄未放鬆。據中共說：「著名的塘魚產區順德縣，今年塘魚的生產良好，至九月底止，全縣已向國家交售塘魚十九萬多担。比去年同期多交了三萬担。總上市量也較去年同期增加近兩成。目前各公社魚塘存魚量充足，今後數月內除可按月完成交售國家計劃外，還將有大量超產魚上市」云。

電白縣共幹亂開玩笑

僑鄉共幹究竟過的是一種什麼生活，海外僑胞都不很明瞭。這裏抄錄中共廣州出版的南方日報一則故事，可以反映共幹生活胡鬧之一般。

據南方日報說：「電白縣某單位有兩個慣於開玩笑者，一叫老楊，一叫老蔡，一天，老楊的妻子從家鄉來探望丈夫，恰遇他因公外出，老蔡不問明來人的身份，習以為常的說：楊同志出街找他的愛人去了，老楊的妻子聽他這麼一說，便信以為眞，怒衝衝地跑了。她回到家裏，哭了一夜，第二天一早就上公社鬧離婚。後來，經過多少麻煩，又經老蔡登門解釋，一場風波才漸漸平息下去」。南方日報從而評論這一共幹說：「開玩笑至此地步，可謂大花臉抹眼淚，離行離列」。

其實，這一則故事不過說明共幹們平日的生活一定是胡天胡地，荒淫無恥，否則，何至「習以為常」的如此說法呢？

廣州的馬路被當作了遊樂場

由於共產黨最善作虛偽宣傳，海外許多天眞的人便常常以為中共統治下的社會秩序總是比較好的。其實，這完全是一種錯覺。事實上，中共統治下的社會秩序並不好。這裏且舉中共羊城晚報所刊廣州的一個小故事，足見一般。

據羊城晚報說：「海珠廣場外環形路兩段，最近正當入黑，騎車男女紛集，儼然單車遊樂場，有的搖搖欲墮地騎車，有的旁若無人的表演閘車，有的橫衝直闖兜圈鬥快，這裏是一路和八路公共汽車必經之地，而且行人熙攘的，上得山多終遇虎，還是不要把馬路當遊樂場吧！」廣州兩條公共汽車必經的馬路，竟然變得如此無秩序，其他就可想而知。

廣州高級共幹紛紛雇請工人侍候

照馬列主義說，工人是被剝削的。工人是被雇主奴役的。所以，共產黨平時一直為工人被剝削被壓迫鳴不平。但現在事實証明這不過只是共產黨的挑撥手法，相反，中共高級幹部現在是紛紛雇請傭工來伺候以資享受了。據中共最近出版的南方日報替那些雇請工人的幹部辯護說：「請褓姆管理家務，照顧孩子，這是目前人們生活不可缺少的需要，只要合理安排勞動時間，合理付給工資，互相尊重，就不存其剝削問題了。」

傳馬謀以蘇聯制中共

何之湄

一雙姊妹國

當南越政情戰局混亂的消息，正佔着報紙主要篇幅的時候，寮國所發生的變化，相形之下便不大受到注意。其實寮國也正在發生重大的變化；也許雨季一告結束，新的大規模戰爭便會爆發。

寮國和越南是一雙「姊妹國」，不但在地理上它們的國土同是蜿蜒在印支半島上，自北向南。就在歷史上她們也有同樣的命運，由法國殖民地而「獨立」，並且獨立之後迄今仍在戰亂之中。而現在，她們却同是共黨侵畧下——尤其是中共侵畧下的一雙姊妹國。

同樣是由「日內瓦」所協定出來的產物，寮國和越南，都由「日內瓦」保証它們的「中立獨立」或領土劃分。然而對於這一「保証」的諷刺者是現實本身；南越的戰亂，說明了劃分之後，仍有共黨蠶食領土的軍事活動。寮國的「中立獨立」則更可笑，她的著名的「三頭馬車」政府，每位三分之一的股東都擁有否決權；三派也各有他們的軍隊，以相互間作戰爲經常的職業。她既不具備獨立的條件，當然也無法中立。

可是仍然有人擁護「日內瓦」，那便是共黨，尤其是中共方面。一則因爲中共是越寮內戰中的一個脚色，它曾在「日內瓦」簽了字，這是它所僅有的一點子的國際上的發言權。但那還不夠重要，重要的是「日內瓦」的休戰監督小組，那個小組的印度加拿大波蘭三名委員，非得到當地武裝軍隊的同意，就不能進入他們各自的控制區去「執行」任務。他們無法防範或制止軍事衝突，而只能作事後調查，飛報英蘇兩主席。兩主席又轉而向三頭馬車政府呼籲，請它維持和平。

這樣，「日內瓦」的制度就有利於發動戰爭的共黨方面，如南越共黨游擊隊的流竄於湄公河三角洲，寮國共黨的武力奪取而盤踞瓦瓶平原。所以中共和北越都支持「日內瓦」而反對聯合國，他們反對聯合國派代表團調查南越政府與佛教徒的糾紛；他們反對寮國總理傳馬到聯合國大會報告寮局。他們深懼「聯合國干涉」，十三年前，曾有聯合國軍干預韓國的事例，代表世界多數國家遏阻軍事侵畧意願的具體表現。共同深恐聯合國的干預，會導致執行制止戰爭的實力行動，而這行動的背後，有世界多數國家或多或少的實力，與及强大輿論力量的支持。

美機被擊落

寮共在上月上旬退出永珍的時候，曾由共黨部長馮維希的衛隊向右翼軍射擊，製造了九月九日的永珍巷戰，企圖藉此阻止傳馬赴聯合國，寮共首腦蘇發弩馮要求傳馬不要出國，「處理國內緊急狀態」，寮共電台更指責「聯合國已受美帝控制」，如供助聯合國，將使寮局更爲混亂。「任何外國不能干涉」。可是傳馬似乎「洞悉其奸」，他仍於九月十日赴印度晤尼赫魯；轉程聯合國大會，會後並訪問英國及蘇聯。

在傳馬出國期間，發生了共軍在寮中炮轟李江中立軍總部，及寮共擊落美國運輸機的事，預示寮國最近將來發展的趨向。前者象徵着戰事可能的擴大，而後者則將使政治冷戰加强。

在沙灣拿吉省被寮共擊落的美國運輸機，機上有兩名美國人，一名泰國人，一名華僑，都落於寮共之手。這架C46型飛機，是運輸糧食前赴邊區山地救濟難民的，此項救濟工作，自聯合政府成立後不久，便已在傳馬總理的同意下，不斷進行。毋庸否認的，在共軍控制區後方，有不少山區苗族不肯附共，且有部份曾與共軍作戰；後者飽受共軍的戰鬥打擊，而前者也被切斷向市鎮補給的路線。加以山區的貧困，遂造成了大量飢餓的難民。多月以來，就倚賴美機運載糧食及少量日用必需品的補助過活。共方對於這項美機，極爲不滿而時時予以射擊，最近就把一架C46射擊下來。

寮共戰鬥部隊司令部對於捕獲機上的兩名美國人，如獲至寶，該司令部發言人捏造事實，說這架美機是「侵犯戰鬥部隊領空」，是「向老撾解放區內作爲美國和沙灣拿吉集團（右翼軍諾沙旺部）代理人的武裝土匪（指武裝的苗族）提供糧食和武器」。因此他們是「戰俘」，要受審訊。

寮國政府的救濟難民專機在寮國國內飛行，却被稱爲寮國軍隊的寮共所射擊，俘去機上人員，指爲戰俘。寮國當然有她的領空，但寮國戰鬥部隊也竟然有所「領空」，這未免是滑稽之尤者。但寮共製造了這另一事件，却是有重大目的的。

寮共發言人說：「如果美國政府對這一案件有任何要求，它必須送來正式照會，或直接與寮國戰鬥部隊司令部會晤」。任何人要想爲美國出力和充當調解人是徒勞的，因爲這不是他的事情，他不能也無權干預這件事。

後段的「他、他」指的是傳馬總理，永珍曾以總理名義，向寮共作非正式接觸討論此事，但爲寮共所拒絕。寮共堅持要與美國直接談判，否認美國對寮國事情應以永珍政府傳馬總理爲對手，有幾個作用，第一要美國承認寮共爲「交戰團體」。第二表示他們已「不承認永珍」，有自立爲一「國」之意，劃割「南北寮」。第三，藉這兩名美囚，向美國勸索。

美國一向反對分割寮國，希望藉着「日內瓦」的外在軀殼，和支持傳馬政府，援助右翼軍的實質，使非共力量與共黨取得平衡，求一個時期的安定。但共方並不以三頭馬車政府爲滿足，又欲藉優勢武力擴展土地。不斷打擊及進行癱瘓永珍政府，也不斷發動攻城掠地的戰爭。

李江求蘇援

寮共要求與美國直接談判，顯是受到中共的指示，師法中共利用美俘的舊智。加强戰爭和擴大分裂，也被認爲是中共對寮國局勢的方針。

美國是否會答應寮共的要索？那是後話，但除非寮共獲得很高的代價，他們對兩名美囚是不會放手的，而美當局也就要爲此而飽受國內釋囚要求的壓力。而在寮美方又勢不能答應寮共的政治勸索。

只有加强右翼軍的實力及設法使中立軍與右翼比肩作戰，才能應付寮共藉軍事壓力作政治要求。右翼方面用不着說，李江中立軍一部份獲配美國武器，可能便是拉使中立與右翼接近的步驟之一。因前此共軍攻擊中立軍後，中立軍所攜蘇式武器的補給——包括彈藥和零件，已爲寮共所切斷。

訪問蘇聯歸來的李江將軍本人，却已向蘇聯方面想辦法，李江曾訪問泰國，是他發跡後的第一次訪問，曾與泰國副總理兼國防部長乃他儂將軍會談，並由乃沙立元帥接見。李江說他堅守寮國中立，此要告知泰國人，[illegible]

曼谷通訊。

南越政教紛爭前途可慮

東方英

南越政府由於大力鎮壓佛教徒而引起的嚴重糾紛，迄今雖已歷時數月，但仍沒有任何解決的跡象；反之，演變至目前，已釀成重大的危機。身爲天主教徒的南越總統吳廷琰，自執掌政權之後，政府各機關都任用了大批天主教徒；可是南越人民却有百份之八十是信仰佛教的。——這正是「政教紛爭」的最大癥結。

由「政教紛爭」所引起的後果，無疑地，是使到人民的心目中對政府有了一個相當惡劣的印象。這「惡劣的印象」，不管是天主教徒抑是佛教徒，都將受到極不利的影響。最低限度，整個國家都已受到動蕩不安的打擊；而更嚴重的，就是給予共黨以加强威脅的機會。

南越政府現正展開一塲長期性的對共黨作極度尖銳的軍事戰和政治戰，可是統治國家的吳廷琰却在此次「政教紛爭」中失掉了民心，使人民對其政府逐漸疏遠，逐漸憤恨。這樣的國家，又怎能應付頑强的共黨的挑戰？

美國派駐南越的軍事人員，都曾目覩滿面怒容的學生舉行示威大巡行；亦都曾目覩佛教徒已越來越獲得民衆的支持。同時，美國人員也都清楚知道：吳廷琰政府之鎮壓佛教徒，是削弱了對共黨作戰的戰鬥力。自己削弱了戰鬥力就等於間接加强敵人的戰鬥力；這個危機，異常嚴重！

直至現在，佛教徒抗議政府的無理鎮壓仍然如火如荼。當地有識之士刻已提出一項「事實的警告」：如果吳廷琰政府仍冥頑不靈，繼續壓迫佛教徒，則南越將產生兩種人民，其一是對政府的行動感到極端憤怒，於是轉而投向共黨，又其一是冷却了他們的心情，採取消極態度，實行袖手旁觀。前者固對共黨有利，替南越政府敲響喪鐘；而後者亦對共黨無形中有着很大的幫忙。

在目前的局勢中，美國顯已陷於進退維谷的困境。美派駐南越的軍事顧問，作戰軍隊，和輔助人員，共達一萬三千人，每天耗欵達一百萬美元；然而美國是透過吳廷琰政府來對越共作戰的。

在一般人民看來，不管美國發出怎樣的聲明，他們都會仍然認爲美國是毫無用處的支持着一個違反民意的政府。美國的歷任駐越大使都曾交替使用過强硬的路線和溫和的路線圖使吳廷琰政府改變其愚蠢的政策，立刻以開明的態度加緊爭取民心，但迄未獲結果。

擺在面前的重大問題是：吳廷琰政權目前能否依賴對越共作戰勝利而繼續生存？駐越美軍會透露過：「吳廷琰總統在一晚的時間中覺然失去了我們經過十八個月努力才替他建立起來的聲望」。這番話，正反映出吳廷琰政府今時今日的處境。可是吳廷琰却仍執迷不悟如故！

西貢的越籍有識之士都認爲：照目前的情勢來看，即使南越政府能夠把佛教徒壓服，也不過是暫時性；而骨子裏，却是種下了將來再有無止境的麻煩的禍根。爲的是，以力服人，決不能使人心服。佔了南越人口絕大多數的佛教徒，無論如何都不會在武力之下低頭；壓迫力愈重，反抗力愈大，今日的暫時被壓服，而內心憤恨之火仍在燃燒，誰又敢說他們的憤恨之火不會再燎原？何況更有可慮的，一個被人民憤恨的政府，對共黨作戰又怎能夠獲得勝利？

此外，南越政府之鎮壓佛教徒，顯然也會引起亞洲許多佛教國家的不滿，如泰國，錫蘭，印度等。其對南越的關係，當然也受到很大的影響。內失民心，外失與國，其危機之嚴重，不言可喻。

聞美國方面刻已正視這個滾雪球般越大的危機，積極尋求應付和挽救的辦法，一方面使南越政府迅即改革其頑固的措施，放棄以鎮壓手段對付佛教徒，馬上改轅易轍，再爭取民心；一方面則寧願加重在軍事力量上的担承，使南越政府的抗共戰爭可以繼續在勝利途徑上展開；實行雙管齊下，以期有效地擊潰越共。可是美國的努力收效如何？直至目前爲止，其答案仍是「且聽下回分解」。

唐詩偶釋（三六）

鄧中龍

過故人莊

·孟浩然·

故人具雞黍，邀我至田家。綠樹村邊合，青山郭外斜。開軒面場圃，把酒話桑麻。待到重陽日，還來就菊花。

此詩章法極具法度，初學尤宜加意揣摩。首聯報原起；次聯寫入莊所見，從大處寫；中聯寫至莊把酒光景；結聯還訂後約。所見皆田家之景，所說皆田家之語。娓娓道來，有條不紊。末句「還來」二字，微妙之至。言即不邀我，我亦還來。「還」字與首聯「邀」字消息暗通，此詩中脈絡。浩然與張九齡、王摩詰等極友善，張王輩極稱道之。即在李杜二家集中，亦時多酬贈之作。李白云：「吾愛孟夫子，風流天下聞。」杜甫云：「吾愛孟浩然，短褐即長夜。賦詩何必多，往往凌鮑謝。」其見重於當世者如此。晚唐皮日休亦襄陽人，於孟詩尤推崇備至。其言曰：「明皇之世，章句之風，大得建安之體者，論者推李翰林杜工部為最，而介於其間能不愧者，惟我鄉孟先生。」先生之道，遇景而入詠，不鑿奇挾異，而束於齷齪人之口，涵涵然有干大之風，有公輸氏之巧而不用焉。」浩然之詩，是否能介於李杜之間而無愧，非本文所擬討論，至謂遇景入詠，不鑿奇挾異，則容有可得而言者。詩貴推敲，尤重謀篇布局，必能納六合於須彌，運天下於掌上，始足以盡世態之變，參天地之化。或意與神會，遇景入韻，以平淡之語，致深遠之趣，容亦有之，然可遇而不可求，可變而不可常也。通閱浩然全集，殆執變以為常者也，以言平淡，誠平淡矣。然淡而無味，則寧去淡而取奇。孟詩有不可及處，在其平淡；孟詩多不足取處，亦在其平淡。平淡與庸俗，若毫髮之相間耳。蘇東坡曰：「孟浩然之詩，韻雖高而才短，譬如有造內法酒之手，而苦無才料。」旨哉言乎！

「過故人莊」一詩，雖極具法度，就浩然集中，類此之作甚多，供初學揣摩則可，不足與論神韻也。下舉一例，格調與此全同，博覽綜觀，思過半矣。附孟浩然「臨渙裴明府席遇張十一房六」詩：「河縣柳林邊，河橋晚泊船。文叨才子會，官喜故人連。笑語同今夕，輕肥異往年。晨風理歸棹，吳楚各依然。」

梧桐山

岑順翹

夜，一個恐怖的初春之夜。

天上霪雨靡霏，野外陰風怒吼；不時閃電衝破魑魅的夜空，驚雷轟醒死沉沉的大地。我帶着四男二女，沿着山間泥濘的羊腸小道，直指梧桐山而去。

這四男二女，一個是已年登花甲，銀鬚白髮但却相當硬朗的何老伯；三個是牛高馬大，爬山越嶺，如履平地，赴湯蹈火，却是不在乎的渾小子。其餘兩個，却是一對出身富有華僑之家，自小嬌生慣養，弱不禁風的廖姓姊妹花；而且姐姐已經身懷六甲哩。——我們全都是不甘心再受魔鬼磨折，決心不惜任何代價投奔自由的一羣。我們的決心是：縱使自由是燈火，而我們是飛蛾，我們也甘心情願地向它撲去；而其理由却簡單明瞭到只有一點，同時也是最後的一點：即死於光明，最少比死於黑暗好；亦即自由無論從任何角度解釋，它總該是屬於光明的一面。

因此、我們的決心制約我們的行動，只准前進，不准後退；其理由又簡單，明瞭到只劃了一點：即前進是可死而不必死，後退則準死而必不活。所以這春雨之夜，雖給我們帶來無限的麻煩，諸如一不小心，便會給蔓草絆倒，給蒼苔滑倒；輕則皮破血流，重則腦漿迸裂之類；然而這在我們却只是次要問題；我們只是全神貫注，憑着以往的記憶；憑着雷電的閃光，，憑着惡劣氣候的掩護，小心翼翼摸索前進而已。但這種惡劣的氣候，却也意外地成了我們安全保護的烟幕彈；因為他使得關口的民兵，龜縮不出；使得邊防的共軍，疏於防範；大大地減少了我們被捕的危機。

在我們四個青年中，我和黃財都有五次以上逃亡的經驗，艱苦與失敗的經驗。我們對民兵及共軍的佈防都已瞭如指掌；懂得如何運用迂迴戰術及如何應付急變；也就憑了這點，使我們「天與人歸」地成了這個逃亡小組的自然領袖。而由於我們的指揮得法，因應咸宜，午夜十二時，這個出色的小組便已進抵寶安縣的龍崗鎮了。龍崗鎮乃上梧桐山的最後的一關，也是最危險的一關。在這鎮周圍，民兵步哨、共軍暗崗星羅棋布，與川流不息的巡邏車組成着一種嚴密的封鎖網；真乃使人有「插翼難飛」之勢；而我們的成功與失敗，便也全看這一步棋走的是如何的了。

為了把我們共同的命運，能作最佳的安排，大家公推我為帶路人。於是，我立即通知停止前進，就地紮營。在一個低坳裏，我們用黑膠布支起帳幕，坐下歇息。

「何老伯，峯迴路轉，够滋味了吧！」我故作輕鬆地探問着。

「哈哈，老弟！你的飯量不及我；而我的年紀，却永遠不能代表我的飯量。光看這點，想來是老弟的話，不需要我再答覆了吧？」

出乎我的意料之外，何老伯比我更輕鬆；竟反而「幽」了我一「默」的了。

這時、寒風加勁，一陣陰冷之氣猛撲而來；我身傍的廖五妹，左搖右幌了幾下，頹倒在我的右肩上了。（未完）

友聲集（四七）

南渡

友衡

半壁河山忍淚看，趙家天下局終殘。中原北望空烽火，上國南遷逼彈丸。二帝難歸奇恥在，六軍不發反攻難。幾州鐵鑄錯如此，竟課偏安是久安。

辛丑三月重登赤崁樓謁鄭成功祠

春晴

鍛羽歸來猶逐荷，侵驪還我舊關河，東隅事去真能補，鼎命天亡可奈何。廟貌心香人百拜，樓頭煙雨夢重過。不堪西望豐州道，汚盡家山鳥獸多。

幹蠱千秋史不磨，鬢邊儒服燼荒莎。曠代雄圖疚宇宙，一時書還讀，縱豹層峯霧已多。塡胸忠憤南紀靖兵戈。瀛天無限興亡恨，付與東流汨汨過。

惠州西湖

水心

凉風忽已至，披襟登獅山，烟水日將夕，秋光動禪關，林薄聳丹青，驚鴻獨往還，蠻湖信幽絕，夢寐許追攀。

女貞庵（四二）

（版權保留）

黎明

第十二場：團圓

王姨奶：呀賢弟賢妹！聽為姐我道來；我們末；（唱）：一來是，恭喜新科狀元郎；二來是，探望賢妹女紅粧。三來是，備了紋銀一千兩，要請師父蓋上一座報恩堂；報答佛祖菩薩慈悲廣，肯為世間有情兒女做周方。

潘必正：好、好、好呀！（唱）：人有情來佛有光，佛法世法兩無妨。華嚴妙理理路長，姐姐可算女孟嘗。

陳妙常：姐姐呀！（唱）：世間好事總成雙，苦盡甘來理應當。我家老母早來到，我公婆也現已在上方。還有我義父義母和義妹，齊在雲堂談家常。人生有酒須當醉，——少時節，妹定要，親敬姐夫姐姐一滿觴。

妙靈：（急上）常姐姐！常姐姐！（忽見妙淨、百萬）咿！——你是淨姐姐！你是淨姐姐！

陳妙常：靈妹！還不上前見過王姐夫？（指着百萬）

妙靈：參見王姐夫（行禮介）

陳妙常：呀姐夫！這是靈妹妹。

王百萬：哦哦，哦，靈妹妹。（還禮）

妙靈：呀兩位姐夫姐姐，酒宴已經擺齊，府尹、夫人、小姐、老爺、老奶奶，和我家師父都等着啦；快入席吧！

潘必正：如此姐夫姐姐請！

王百萬：妹夫妹妹請！

陳妙常：（向必正）不必客氣，還是你和姐夫，我和姐姐，挽手而行了吧！

潘必正：好好好！我與姐夫挽手而行。正是：一家親眷聚佛堂，

王百萬：這種聚會不尋常。（同必正下）

王姨奶：方外也有紅鸞照（同下），

妙靈：留得美名萬古揚（下）。（完）

振文先生　千古

家國總關情，十年來數過香江，讜論不離興復計。
刀圭猶有恨，萬里外曾奔紐約，金丹無補瘁勞身。

聯合評論社同人拜輓

陳風子治印

陳風子，別號瘦翁，浙江杭州人，鑽研金石文字凡數十年，為西湖西泠印社得前輩大家家法最深之浙派後人。本報今後將逐期刊載陳氏作品，以饗讀者。

詩書繼世長

寒松閣主珍賞

大建畫記

壽世壽人

求是山房

憶陳果夫先生（四二）

宇人

復次，由於有關副總統選舉的事，都是由立夫先生向蔣先生承担的，各省市青年團的同志多認為假如孫先生當選，立夫先生必將更得蔣先生的寵信，CC對青年團同志的排擠可能還要嚴厲。為了破壞立夫先生在蔣先生之前的信用，有好多人都轉而支持李先生。他們並不是對李先生有何信仰，而祇因蔣先生忌刻李先生。他們還有一種很天真的想法，以為李先生如獲當選，可能刺激蔣先生對他自己的作風有所改革。換言之，他們的動機，還是對蔣先生備存希望的。原在青年團中央團部負責的若干人士雖不以為然，尤以賀衷寒兄為甚；但黨團合併後，他在中央黨部祇是一個空有其名的常務委員，並無任何實權問事，因而也就無可如何了。

我對桂系的印象本來不佳，抗戰開始後，才覺得他們的表現很不錯。新四軍事件發生，白崇禧先生與何應欽先生一再聯名宣佈中共的種種不法陰謀，我對他的反共態度，頗為欣賞。抗戰後期，和他見面的機會漸多，常談到共黨問題，他認為剿共必須實行總體戰，更是深獲我心，我對桂系的觀感才稍有改變。但我此時仍與李宗仁先生不很熟識。勝利後，我舉家還往北平，在平的國民黨中央委員每月例必舉行談話會一次，李先生又常請我到行營便餐，交換對黨政的意見，處處顯出虛懷若谷，平易近人，我和他比較談得來。可是，也祇是限於談談而已，我並不覺得他有什麼值得擁護的改革主張和抱負。後來副總統選舉時，在四位競選人中，李先生雖然標榜反對官僚資本，主張實施改革，但我仍認為他不是副總統的最適當的人選；而且當選後也不可能在政治上產生改革的影響，所以沒有出面支持他。不過，拿他和當時的孫先生比較，我的內心，還是偏向他的成份稍多。

在副總統競選戰進入白熱化的階段時，李先生忽然宣佈有人妨礙選舉自由，放棄競選，于右任先生和程潛繼之。孫先生自覺一人競選，不成體制，也申明放棄。我以為蔣先生必將召集國民黨中央常會，另提一位能為各方面所接受的先進同志為副總統候選人。如此，不但可以達到使李先生不能當選副總統的目的，還可顧全各競選人的面子，彌補黨內因競選副總統而引起新的裂痕。不料，蔣先生却先後召見白、李兩先生，告以他想到北伐和抗戰兩時期，均因有李、白的勳助而得到最後的勝利，如今是戡亂時間，他也同樣需要李白的勳助，因而決定支持李先生競選副總統。李、白均大受感動，深信不疑。但稍後，我又得知蔣先生曾召見賀衷寒、袁守謙兩兄，面諭他們立即為程潛助選，並撥出一筆相當可觀的競選費交他們支配。蔣先生的理由是，他現在已知孫先生不是李先生的對手，唯有為程潛助選，才可勝過李先生。賀、袁與程本無深切的關係，祇以同屬湘人，又有蔣先生的吩咐，也就欣然應命。當時曾有一位湘籍的青年團同志來找我共同為程助選，我即向他指出蔣先生之言未可輕信。果然，事隔一日，蔣先生又指示賀、袁諸人着將為程潛爭得的選票撥與孫先生，他們下來後大發牢騷，抱怨蔣先生不把他們當人。據說：當時，蔣先生在四位副總統競選人申明放棄之後所以沒有考慮另提候選人的原因，乃是相信立夫先生的報告，認為孫先生終可當選。後來，孫先生落選，CC又歸咎於他人不服從黨命，因而也就沒有責任了。

依據我當時的了解，假如黨團合併後，CC能善待青年團各地的同志；或在決定支持孫先生做副總統時召集黨團兩方同志舉行一次懇切的會談，使青年團同志有機會報告他們在黨團合併後所遭受的種種壓迫而稍予解除，我相信絕大多數的青年團同志決不致會投李先生的票或為他助選的。有人說：李先生之所以能當選，乃由於安徽省政府主席李品仙供以大量的金錢；實則以用金錢來說，孫先生斷然獲得蔣先生的全力支持，自亦不致感到困乏的。所不同的，祇是各種對現狀不滿和反對CC的因素，都被李先生用上而已。我相信李先生在當選後，亦曾感到勝利出於意外。

在副總統最後決選之日，我出去回拜一位由外省來到南京的朋友，經過一間外表相當舊的住宅，大門是開着的，裏面站着很多人，顯得喜氣洋洋，程思遠也在其中。他看見我在門前走過，立即出來將我叫住。他說：「德鄰先生已經當選了，請進來坐坐。」我才知道是李先生在南京的住處。在副總統選舉期間，李先生曾到過我家，我適外出未遇。我因為無意為他助選，覺得以避免見面為宜，故沒有回拜，因而不知他住在何處。我聽了程君的話以後，覺得不好再過其門而不入，也就進去向李先生道賀。接着，立夫先生也來到，有人請他和李先生合影，我即告辭，前訪某友。不料數日以後，我在一位軍統的同學處得知中統已向蔣先生密報，說我暗中為李先生助選甚力，李先生當選後，我第一個前往道賀。至此，我深深的感到CC開始向我亂拋帽子了。

此時，我決定不再出席中央常會，因為依據數月以來的親身體驗，中常會已經失去了它應有的功能。不但蔣先生不將國家大事提交它討論和決議；即對其權所能及的黨務問題，亦往往議而不決或決而不行。國民黨的元老們雖然也常來出席會議；但大都裝癡裝聾，守口如瓶。其餘的濟濟多士，偶有所爭論，也多屬派系之見。而今行憲在即，他們對民主憲政的常道，甚至對中山先生的民權主義亦全不注意。我將我的感想和梁寒操兄談到，他也認為中央常會已被自私和無知的氣氛所支配，不想再出席。（待續）

甘寧計劃的來龍去脈

—三國人物故事評論之九—

劉裕畧

我們知道呂蒙與陸遜會合謀關羽，在呂蒙陸遜合謀關羽時，孫權是完全同意的，而且孫權是完全採納了的，從而才有孫軍潛軍而上，取公安南郡，迫關羽敗走麥城，終而又有斬關羽之一幕。但我們曉得：諸葛亮替劉備畫策是東和孫權，北拒曹操；魯肅替孫權畫策，則是南和劉備，北拒曹操，其彼此相和之意，既相同，且早經孫權同意，而且採納了的。何以後來孫權又接受呂蒙陸遜之意見，與劉備相爭，並蓄謀暗襲關羽呢？是孫權無主見無定見，故前後反覆嗎？抑或有其他原因呢？為了澄清這一問題，不能不把孫權對荊州的前後各種看法和想法來說一說，然後，我們才能對孫權之忽戰忽和的道理和原因有一了解。

而要談孫權對荊州的看法和想法，又不可不從甘寧計劃談起。何以故？因為在甘寧之前，尚無人對孫權提出荊州問題之具體意見故。本來甘寧計劃這一名稱是沒有的，但由於甘寧對孫權提出了一套意見，而這一意見又被孫權所接納和實行，所以我想不妨以現代國防戰略方案之類似之名稱名之曰甘寧計劃，以甘寧計劃實係赤壁大戰以前，孫權對荊州最早的一個國防性質的戰略方案也。

對於甘寧，後世並不怎樣重視，實則此人在東吳人物中也是一個佼佼者。因為東吳人物中，甚少具有一套政略戰略看法者，而甘寧則是具有一些政略戰略想法的。雖然，甘寧計劃的規模，並不遙遠，亦不龐大，但總算是有。所以，若以他與東吳重臣張昭一類人相比，顯然，他又是很高明的人了。

甘寧是周瑜與呂蒙共同推荐給孫權的。甘寧對孫權的建議是：「今漢祚日微，曹操彌憍，終為篡盜，南荊之地，山陵形便，江川流通，誠是國之西勢也。寧已觀劉表，慮既不遠，兒子又劣，非能承業傳基者也。至尊當早規之，不可後操。圖之之計，宜先取黃祖，祖今年老，昏耄已甚，財穀並乏，左右欺弄，務於貨利，侵求吏士，吏士心怨，舟船戰具，頓廢不備，怠於耕農，軍無法伍。至尊今往，其破可必，一破祖軍，鼓行而西，西據楚關，大勢彌廣，即可漸規巴蜀。—（以上見吳志甘寧傳）

從以上甘寧的話，很明顯的看出，甘寧是主張孫權向荊州擴張，並且先打黃祖，次及劉表，從而吞併整個荊州。吞併荊州之後，則東吳之企圖即可指向巴蜀。此與諸葛亮建議劉備先取荊州，然後進取巴蜀之意見，亦頗有類似之處。僅甘寧之分析，在條理上不及諸葛亮細密，在觀察上不及諸葛亮周到，在意義上不及諸葛亮宏遠而已。但却因此奠下孫權對荊州的計劃與方案，則無可疑。據甘寧傳云，當時「孫權深納之」，雖有張昭之阻難，但孫權仍舉酒屬寧曰：「興霸今年行討如此酒矣。決以付卿，卿但當勉建方略，令必克祖。則卿之功何嫌張長史之言乎？」

興霸，甘寧之別名也。孫權亦可人，除採納甘寧之言外，並進而採取行動，其後果擒黃祖，盡獲其士衆，而甘寧亦因此有功，由孫權投兵甘寧，屯當口。孫權直到赤壁大戰前一年，即建安十二年，猶在夏口一帶用兵，皆甘寧計劃所擬定之行動也。

甘寧為什麼會有一套奪取荊州的計劃？又周瑜與呂蒙為什麼要向孫權共同推荐甘寧呢？原來甘寧字興霸，乃是當時巴郡臨江地方的人。少有氣力，好游俠，聚衆為師，自為渠帥，且常以鈴為飾，他人一聞鈴聲，即知是甘寧到來了。但甘寧不能長久過這種游俠生活，而巴郡又無可為，所以，他後來就前往荊州依劉表。在甘寧依劉表的時候，正和諸葛亮一樣，卜居在南陽，但久久不見用，遂又轉依黃祖。但黃祖也不重視他，只把他作為一個平凡的人相待，於是，甘寧才又到江東尋出路。

甘寧到江東後，先與周瑜呂蒙相識，那時甘寧已經有了勸孫權奪取荊州的一套計劃，周瑜與呂蒙很賞識甘[illegible]

聯合評論 週刊

本刊已經香港政府登記

每逢星期五出版

United Voice Weekly

第二六九號

CHINESE-AMERICAN PRESS, INC
199 CANAL STREET.,
NEW YORK13 N.Y. U.S.A.
美洲航空版每份零售美金一角

論美英蘇援印在政略戰略上對中共之打擊

劉裕略

當一九六二年中共與印度在邊界發生武裝衝突時，英國立即表示將要軍援印度，由於印度至今仍屬大英聯邦之一員，以英印關係之深，英國援助它，自不意外。隨後美國也以實際行動援印，既給予大量武器彈藥，又給予適合戰鬥使用之裝備和飛機，而且還有長期援印方案付諸施行。於是，我曾經看到有人譏笑美國的這種援印行爲。他們認爲印度人不會打戰，印軍戰鬥力低，戰志也薄弱，援助它就是一種浪費。而且有些人還斷言印軍打不過共軍。因之，認爲美國把武器與裝備大量給予印度，對中共不可能有實際損害。

其實，這看法極幼稚。可以說，這看法不但不了解印度正在以民主社會主義從事建設以與中共用暴力及極權的共產主義作建設競賽的事實，而且也極不了解中共政權在亞洲的形勢，更忽視了這些援助在政略戰略上對中共政權之實際打擊。

除英國美國一直在援印外，蘇聯也自中共與印度發生邊境衝突時起一直在援助印度，不但給予最新式的米格機，而且還給予其他種種可用以對抗中共的援助。對此，中共雖曾一再發出對蘇抨擊，但自由世界的輿論却往往忽視了蘇聯援印對中共的實際影響。

依我看，不止美國英國援印度，對中共政權的政略戰略形勢有極大打擊，就以蘇聯援助印度而論，其對中共政權政略戰略形勢之不利，也是重大深遠的。

我們曉得：毛澤東今日佔據的中國大陸，乃是亞洲大陸上一塊面積龐大廣濶而又交通不便之區。海岸線既長，其與蘇聯及印度接壤的邊界線亦極遙遠。而由於中共工業生產落後，自不能大量生產現代化武器。但中共却是無論爲了何種目的，不管爲了將來向外擴張，不管爲了保衛自己控制的土地，都必須建立所謂現代化共軍的。但建軍工作，並不簡單，它必須按照目的，根據自己的具體條件，循序漸進，決不能撒豆成兵。所以，中共政權雖然自一九四九年十月一日成立以來迄今已達十四年，但中共所建的所謂現代化共軍之數量却有限，質量之低，更不消說。然以中共的陸海空三軍來比較，中共自無財力物力以建龐大海軍，而且海軍乃一種技術軍種，更非十年八年所能建立；中共之空軍建立工作亦受空軍裝備尤其汽油缺乏之影響而受限制，故在中共陸海空三軍及公安部隊中，仍以陸軍及公安部隊人數較多，在守衛及防禦部署方面，毛澤東雖可命令他的公安部隊及民兵代替一部份正規陸軍担任防務，但中國大陸之海岸線畢竟太長了。既無強大的海空軍作掩護，中共之海岸防禦自必完全暴露無遺，處處防禦，則處處薄弱，重點防禦，則防禦網就必然有漏洞易爲反共軍隊所乘；何況，金門馬祖無異台灣國軍伸向大陸的橋頭堡，中共不得不在閩浙贛三省屯集重兵以防之。所以，中共雖自稱民兵衆多，但民兵戰鬥力不够，戰志亦有問題，近年中共一直在誇耀它的民兵數量，正說明正反映了中共現代化共軍在數量上之不敷應用。

一年多以來，台北國軍游擊隊之所以能够派出由二三十人組成之若干小組不斷突擊大陸，最早雖只能在廣東沿海登陸，隨後能在粵閩浙三省登陸，最近更進而能在粵閩浙魯六省沿海鑽隙登陸者，其原因亦在中共現代化共軍數量不敷也。

瞭解了這一形勢之後，再來檢討美英蘇大量援印，迫使中共更不得不在中印邊境之漫長而又遙遠之防線上設防，就可知道對中共戰略防禦部署所加之壓力之大，實已達到難於想像之地步了。

以設防沿海及內陸鎮壓尚嫌現代化共軍兵力不足之中共，又須同時對中印邊境設防，已係重大負担，何況，中印邊境不但地域遼濶，自西藏以迄新疆，皆交通不便之叢山峻嶺之區，而且萬里裹糧，更非中共今日之後勤補給力及交通運輸力所能担負，不說印軍大力進攻，就以中印邊境這種長期對峙之局來說，就已足令中共吃不消，從而担負了極大的消耗了。而近年中共工農業景況根本不佳，蘇援又已大部中斷，所以這不僅足以間接影響中共的各種所謂建設，而且還已直接迫使中共將其有限的現代化共軍軍力的一部份被動的使用在漫長的中印邊境線上，這就迫使中共的整個戰署形勢有如一個晉亮，內部空虛，四周膨脹。而其內部之後勤及交通運輸陷於長期奔命現象。而以上的種種就對大陸內部的起事或叛變以及台北的反攻將提供極有利的戰略形勢。

至於美英蘇援印，更有在政略上孤立中共之作用，更有意在民主的印度與極權的中共在政治競賽上使印度表現政治思想與政治制度的優越，那是自不待言的。美英欲在政署上孤立中共，本在人們想像之中。蘇聯亦欲在政署上孤立中共，則似難使人理解。其實，自赫毛開始個人衝突，因而引致中蘇共衝突後，毛澤東不但已取得他對一部份國際共產黨之領導權，而且還存在亞非集團中戰勝了蘇聯的控制。而亞非集團是今日蘇聯及今日中共極欲由自己加以充分運用之對象。中共在亞非集團中比蘇共佔了上風，蘇共自不甘心，爲了穩定印度在亞非集團中之作用，爲了打擊中共在亞非集團中的地位和作法，蘇聯自非大力援印不可。

所以，美英蘇分別援印，不僅對中共的戰略形勢是一種大打擊大包圍，使之多面設防，四面受敵，而且也在政略形勢有削弱中共孤立中共的重大作用。十一月二日北平出版的中共機關報『人民日報』發表一篇以『蘇共領導聯印反華的眞相』爲題而長達一萬五千字的文章，共分四個部份，分別闡述中共同蘇聯領導人在中印邊界問題上的分歧與由來和發展，分歧的主要問題，等，從而抨擊蘇聯，說蘇聯援助印度，其目的在『挑撥亞非國家同中國的關係』，殊非偶然。但是台北當局似乎至今仍未了解美英蘇援助印度對中國反共形勢的意義哩！低能的台北當局當然更說不上如何去利用這一形勢了！

對南越政變初感

左舜生

本月一日南越的一幕悲劇，據今天所見的最後消息，大致已接近尾聲。

這次政變，在發動者方面似乎是做得相當機警而且乾脆同時，在他們採取行動以前的保密工作，也眞做得十分徹底。因此，由於這次動亂所生的影響，僅限於西貢一隅，並沒有波及南越全境，因而秩序的恢復也異常迅速。一個文武合組的反共政府，日內即將實現，我想不出一星期，當不難取得多數民主國家的正式承認，而且反共的行動還可能加強。這也可使得某些幸災樂禍的共產國家非常喪氣。

吳廷琰昆仲對這次事變的突如其來，事前似乎是毫無所知，因而他們兄弟倆乃雙雙坐在總統府裏靜以待死，臨時即想逃亡也措手不及。說他們的死亡乃由於『自殺』，這當然是靠不住的。

有人認定這次事變的策動者完全爲美國人，我看這不一定是事實。說美國政府對南越這一『家族政權』不滿意，尤其對南越政敎衝突發生後感到非常不安，這是不錯的。可是像吳廷琰政府的用人行政，一個親兄弟既已掌握着南越的警察與特務，儼然成了南越的第二號人物；而此君一位能說會道而又頗有幾分姿色的老婆陳麗春，確又在名實上取得了所謂『第一夫人』的地位；同時，吳的另一老弟吳廷[illegible]，既然是駐英大使，還有一位哥哥吳廷俶却在羅馬活動，不惜誇大天主敎信徒的人數，爲了佛敎徒而想取得樞機主敎一席，以致造成順化事件而成爲這次政敎衝突的導火線；[illegible]長且爲吳廷玗[illegible]吳氏兄弟的南越駐美大使陳文莊，其態度誠不失爲庸中佼佼，但他之所以取得這一重要國家的大使地位，又是不是因爲他正是這位『第一夫人』的爸爸呢？凡上所舉，還只是浮在表面上的幾個例子，其他與吳氏家族沾親帶骨的二三等人物，蹯踞南越一切重要位置的，可能還不在少數。這正合着中國兩句老話：『一人成佛，合宅昇仙！』像這樣一種不爲人民所容許的政府，再加上這次政敎的空前衝突，共產黨更多方搗亂，這一政權的隨時可垮，原早在一般人意料之中，何以見得必須美國人從中策動，才有這一幕悲劇的出現呢？

美國年以數十億金元援助反共民主國家，在南越，美國且已等於實際參戰，這不僅是美國納稅人一個沈重的負担，而且和美國有了生死的利害關係。說美國不應干涉南越的內政，在原則上是可以講的，但說美國人連話也不能說，態度也不能表示，一切只能聽憑吳氏家族胡作亂爲，這又如何講得過去？美國是一個輿論國家，美國政府所採行動不能不隨輿論爲轉移，這不是一個極權國家所能懂的，而在他們却是天經地義，受援者平日不能以妥當的行爲爭取美國的輿論，出了亂子以後，但以空言責美國應該負責，這有什麼用處？

這次南越和尙的自焚殉敎，先後已發生了七宗，而這些死去的和尙中且有道行很高的，陳麗春却誣蔑顚倒這些事實說只是由於共產黨煽動出來的『烤肉表演』！我們可以說直接殺了吳廷琰和吳廷儒的，便正是陳麗春其人！看這次陳在國外的言論，則平日吳氏昆仲縱容這個女人把南越鬧得烏烟瘴氣，豈不是咎由自取？

有人問：這次發動南越政變的這羣軍人，誠然得着南越人民的支持，也不難博得國際的讚許，但他們有了這一血淋淋的敎訓，他們今後能否把南越導入一個民主反共的正軌呢？則我暫時却只好加以保留。但凡死權的夸者，對任何敎訓都不容易接受，否則一部人類歷史上亡國敗家的事實，便不會連續不斷的層出不窮了啊！（十一月六日）

政權和治法

孫寶剛

六年前，我因爲去英倫出席英工黨所召開的英聯邦會議，有一天的晚上吃過晚餐後，坐在客廳內休息，英工黨那時的副領袖克利潑斯坐到我的旁邊的椅上來和我談天，他知道我去過亞洲的許多新獨立的國家，所以問我對那些國家的觀感。我對他說：民族主義的思想籠罩着所有這些國家的幹政治的人們的腦子內，可惜他們對於民主社會主義缺少研究。他問我這句話什麼意思。我說：一個殖民地給外國人統治着，認爲是一種恥辱，所以有志之士掀起一個偉大的運動，要求獨立，至少是要求自治，這是民族主義。一個已經獨立或自治的國家，內部缺乏正義，或缺乏自由，或貧富懸殊，大部份的生活水準太低，過着非人的生活，所以有志之士掀起一個偉大的運動，爲着上述的不良的情形而奮鬥，希望所有的人可以由精神的和物質的壓迫和缺乏之下解放出來，使人人能過着平等而自由的生活，這是民主社會主義運動。我們如再把上述的話用另一種說法來解釋，前者是政權的轉移，即是要把政權自殖民者手內轉移到本國人手內。後者是怎樣去運用政權，制定一套政策，使全國的人民都蒙受其利。亞洲的許多國家以往都是殖民地，所以他們掀起民族主義運動，這就是要把政權自外人手中轉到國人手中，基本上並無什麼不合，可是我們要知道，具有這一個想法的人，是多種多樣的。野心的法西斯蒂主義者可以爲民族主義的領袖，在他爲着民族的獨立或自治而奮鬥時，你不能說他不是一個眞正的民族主義者。他自己也在想：把外國的統治者趕了出去，他是本國人，他可以實行獨裁統治，這仍不背他的民族主義。自私自利的資本主義者也可以參加民族主義的陣線。在他想來，把外國的資本趕了出去，他不是可以獨佔本國的經濟領域麼？就是一些原來是殖民主義者的幫兇，如買辦洋奴之流，他也會想，一旦把外國統治者趕出去，他自己來做統治者，不是更好麼？所以我們可以說，參加民族運動的人是多樣多色的，一旦民族主義運動成功，本國人執政，但是不是對全體人民有利，眞是一個問題。照以往的事實來說，往往不純正而原有一些政治的經濟的或社會的力量的人，比較站在優越的地位，他們在僞裝之下，不負責任的投機，可以把成功以後怎樣治理國家絕口不談。反比純正的人們較易掌握民族主義的領導權，而成功以後，他們也較有機會執政。但等到他們一執政，人民就倒霉了，有時比殖民地時代更壞，我們如默思許多的亞洲的新國家，不難舉出許多例子的。

再進一步來說，即使那些執政的人是純正的，他們也不會眞正把國家能治理好。我們却瞭解，民族主義運動的主要工作，是把外國的統治力量趕出去，這是一種消極的和破壞的工作。做這種工作的領袖們，也許要大胆，要冒險，要去喚起人民的仇恨的情緒，甚至去參加暴烈的和破壞的工作。一旦他們的工作成功，他們去執政。他們便不知所措，亂幹硬幹，把國家也弄壞了。因爲治理國家就要他們有冷靜的頭腦，按步就班地去做建設的工作，內政外交的政策應該怎樣？經濟財政和金融的政策應該怎樣？其餘如教育政策，社會政策都要很客觀地去制定，並且要知道怎樣去製成整套法令和計劃，怎樣去訓練實施這些法令的幹部。這和沒有獨立或沒有自治以前的民族主義運動的那套行動，完全不同的。中國有句老古語，馬上得天下，不能馬上治之，便是這個意思。我們如默想許多亞洲新獨立的或新自治的國家，也不難舉出例子來的。

所以我說，祗有民族主義的思想，籠罩着這批幹政治的人的腦子內，易言之，這批民族主義者的思想，如祗有民族主義而已，不管他們是邪是正，一旦民族主義運動成功，他們不知道治理國家的方法，國家必受其害，徒然使人民失望和受苦而已。

唯有信仰民主社會主義的人們，並對於民主社會主義有研究的人們，他們瞭解到世界的歷史，怎樣由自由主義而演變爲資本主義，資本主義的優點在那裏，缺點在那裏，資本主義的國家，施行的什麼政策，那幾條政策是對的，那幾條政策便有流弊，所以應該怎樣改變？

他們也知道，怎樣由資本主義的思想演變爲空想的社會主義，又由空想的社會主義怎樣演變爲共產主義，優點和缺點何在？以及後來爲什麼又有民主社會主義的產生？而民主社會主義的基本理論是怎樣的？他們的政策又怎樣？戰後爲什麼民主社會主義能這樣的突飛猛進，許多國家已經由民主社會主義者執政，他們的成績怎樣？有的是成功的，爲什麼會成功；有的是失敗的，爲什麼會失敗？又如自另一角度看，民主社會主義的理論，爲什麼在歐洲和在亞洲或非洲不同？必須把以上許多問題有了相當研究，才知道我們這個國家假如一旦由我們去執政，應當怎樣去辦。然後，不至把自己的國家弄得更壞或更糟。

所以我主張，當一個國家還沒有獨立或自治時，從事民族主義的人們就應當信仰和研究民主社會主義，才不至一旦成功後，反至爲害了人民。而同時也使民族主義，不至被邪惡的人們所利用。因爲民主社會主義者在民族主義運動沒有成功時，他們已明確的標明了各種政策，人民也已明瞭了獨立或自治以後應當怎樣辦，所以這批人在成功以後執政時，便不容易彎曲，而走上爲害人民的道路。

那位英工黨前副領袖聽了我這一段話，非常贊同。第二天晚上，我們又在客廳中談天時，他對我說：你聽到我今天的演講麼？我引用了你的意見。

今天香港已漸漸地有人在主張自治，中國的大陸給共黨弄成這個樣子，將來也要革命，但成功以後將怎樣辦呢！我寫上面一段文字，是想供大家的參考。

台北又派出國軍游擊隊十一批在中共控制下的東南六省登陸

中共何以不像以往一樣發表戰報呢？

綜觀

據台北十月廿九日美聯社電：『有十一個縱隊的中華民國游擊隊，自十月六日至十月廿六日期間，在中共控制下的大陸沿海登陸成功。此種消息來臨，乃係得自直接策劃及指揮中國游擊隊行動方面。據稱：登陸地點，包括六個省份，自鍥入東京灣的廣西起，至黃海的山東爲止。

『據謂：此十一縱隊進襲時，遭遇抵抗至微，與當地反共部隊取得聯絡後，已向內陸推進。每一獨立縱隊之實力未及透露，但每一登陸部隊之人數，大約爲十二人至十四人之譜。

消息來源方面說：其中一隊係在廣西登陸，在廣東登陸者三隊，福建三隊，浙江一隊，江蘇二隊，山東一隊。

『中國游擊隊派遣到如此遠的南及廣西，北抵山東的地區去，則尙爲第一次。公報說：反共人士曾與游擊隊相偕行動，但在運卸供應品後，即行撤退。』

另據台北消息：『據担任大陸行動方面今天透露，在十月六日至廿六日之間，有十一批國軍游擊隊，成功地登上大陸，並已與大陸的反共人士取得連絡。該方面說：這些游擊隊在北起山東，南迄東京灣的漫長的大陸沿海地區登陸，幾乎沒有遭遇到什麼抵抗。

中國日報列舉十一批登陸游擊隊的番號和登陸地區如下：

第七縱隊——廣西。

第三十七縱隊——廣東。

第二十一縱隊第四十一梯隊——廣東。

第二十一縱隊第五十四梯隊——廣東。

第二十五縱隊第五梯隊——福建。

第廿五縱隊第十四梯隊——福建。

第九縱隊第十二梯隊——浙江。

第九縱隊第十五梯隊——浙江。

第十八縱隊——江蘇。

第廿二縱隊——江蘇。

第十二縱隊——山東。

該方面又說：這些登陸的游擊隊單位，在獲得當地反共鬥士的支援後，已向內陸推進。』

基本上講：台北在最近半年一共派遣了卅二個游擊小組登陸，是一個可喜的現象。本報一向主張反攻，本報同人中更有人提出局部反攻主張，故本報對於台北當局及台北的政治不民主現象雖有嚴厲抨擊，但對台北採取任何反攻性質的行動，即使因其行動小得來只如以往所派的那些小組，我們的言論也一向站在反共復國的愛國立場予以支持和鼓勵。

再看上述電訊：發覺台北派往大陸的游擊隊已由廣東一省，擴向福建，再由粵閩擴向浙江，最近這一次由粵閩浙三省的沿海地區擴向山東、江蘇、廣西等省，自屬一種良好發展。不過，話說回來，台北當局切不可認爲這就是眞正的反攻，更不可以此作爲多年來空喊反攻的交待。事實上，這距離全面反攻無論在規模在意義在方式等各方面，都是尙極遙遠的。而且也與局部反攻的要求不相符的。

當然，軍事行動幷非兒戲，「兵者國之大事，存亡之道，不可不察也」。反攻是關係中華民國存亡和大陸人民是否得到解救的一大關鍵，自不能在具體條件沒有成熟前冒昧爲之或輕意爲之。但話說回來，如果台北當局不加强政治團結，不實行民主改革，又怎能實行反攻，從而達成反攻復國的使命呢？難道台北當局就永遠的只派遣這麼一些爲數不過二三十人一組的小組游擊隊進襲大陸嗎？

依據中華民國國防部軍事發言人裴毓棻少將十一月一日在台北的談話，說「中華民國反共游擊部隊最近大批順利登陸大陸，和內陸反共游擊部隊的武力會合，建立反共基地的事實，證明了共匪沿海防禦力量薄弱，匪軍士氣低落，幷且說明了大陸人民已普遍地支持這個反共的壯舉」。我相信台北最近半年所派遣的三十二批游擊隊比較順利的在大陸東南六省沿海登陸是眞的。這証明中共沿海防禦力量薄弱，大陸人民有人支持這些游擊隊，這些都是眞的。但說這些游擊隊業已建立起長期的游擊基地，則仍有懷疑。否則，台北何以不擴大這些游擊基地呢？

大體上講，台北派出的這些游擊隊，在戰術上仍只能說是在試驗性質的突襲大陸，以搜索情報和測驗大陸情況的階段上，所以，嚴格說來，這還不能說是反攻，而只能說是在做如何施行反攻的實驗工作而已。但如果這些實驗做得好，則亦可迅即擴張爲局部反攻。

至於中共，當台北於過去兩度派遣游擊隊分批在廣東及福建登陸時，中共政權曾由中共公安部正式發表戰報，詳述中共如何抵抗甚至打擊這些游擊隊的情形，但最近半年以來，台北雖然派出了卅二批游擊隊在東南六省登陸，中共却迄今未發戰報。這是不是台北根本未派遣游擊隊登陸呢？當然不是。主要的是中共害怕發表這種公報從而在今日中蘇共劇烈衝突時在大陸內部引起不良反應，另一方面，當然也是由於中共抵抗這些游擊隊未能如以往那樣順利，故無輝煌戰報發表了。

但我相信，不久的將來，中共終將發表一個輝煌戰報專門叙述如何殲滅這些游擊隊登陸的經過的。

中共反駁蘇共七一四公開信所說黃禍論原文

藍鳥

原文見中共本年十月下旬由中共人民日報及紅旗雜誌聯合發表。主題為「新殖民地主義的辯護士」，附題為「四評蘇共中央的公開信」。

「同樣的，根據無產階級國際主義的原則，壓迫民族的無產階級和共產黨人必須積極支持被壓迫民族的民族獨立的權利，支持他們的解放鬥爭。壓迫民族的無產階級革命，必須在被壓迫民族的援助下，才有更大的可能取得勝利。

「列寧一針見血地指出：「如果歐美工人的反資本鬥爭不把被資本壓迫的億萬『殖民地』奴隸充分地最緊密地聯合起來，那末，先進國家的革命運動事實上只不過是一場騙局。」（「列寧全集」第三十一卷，第二百三十八頁。）

『但是，有些自稱馬克斯列寧主義者的人，恰恰是在這個根本原則問題上，背棄了馬克思列寧主義。法共領導人就是一個典型的例子。

『法共領導人長期以來，一方面，放棄反對美帝國主義的鬥爭，對美帝國主義在政治、經濟、軍事方面對法國的控制和束縛不進行堅決的反對，把法國反美的民族旗幟完全讓給戴高樂等人；另一方面，却用各種方法和藉口維護法國帝國主義的殖民利益，不支持並且反對法屬殖民地的民族解放運動，特別是反對民族革命戰爭，他們墮入民族沙文主義的泥坑。

『十幾年來法共領導人追隨法帝國主義的殖民政策，充當了法國壟斷資產階級的尾巴。一九四六年，當法國壟斷資本統治者玩弄新殖民主義的花招，提出建立法蘭西聯邦的時候，他們就跟着鼓吹：「我們一貫把法蘭西聯邦看作是自由人民的自由聯盟」，「建立法蘭西聯邦能夠在新的基礎上解決法國人民和過去隸屬於法國的海外各地人民的關係問題」。一九五八年，當法蘭西聯邦垮台，法國政府為了維護法國殖民體系，提出組成「法蘭西共同體」的時候，法共領導人又跟着鼓吹：「我們相信成立一個真正的共同體將是一件有積極意義的事件。」」

『長期以來，法共領導人根本不承認阿爾及利亞的民族獨立的權利，他們跟着法國壟斷資產階級叫喊什麼「阿爾及利亞是法國不可分割的一個偉大的非洲強國」。多列士等人最關心的是阿爾及利亞每年可以向法國提供「一百萬頭羊」和大量小麥，來解決法國「缺乏肉類」的問題和「補充穀物方面的不足」。

『請看，法共領導人的民族沙文主義是何等狂熱啊，在他們那裏哪有一絲一毫無產階級革命者的影子呢？他們的這種民族沙文主義立場，背叛了國際無產階級的根本利益和真正的法國民族利益。

『蘇共領導反對民族解放運動的一切法寶都用盡了，只好乞靈於帝國主義的最反動的種族論。他們把中國共產黨堅決支持民族解放運動的正確立場，說成是「建立種族和地理的藩籬」，「用種族觀點來代替階級觀點」，說成是「利用亞洲和非洲人民的民族主義的、甚至種族主義的偏見」。

『要是世界上還沒有馬克思列寧主義，說這種謊話，倒還能夠騙一騙人。可惜，這種謊話的製造者們生不逢時，現在馬克思列寧主義已經深入人心了。斯大林說得好，列寧主義已經「拆毀了橫在白種人和黑種人，歐洲人和亞洲人，帝國主義的『文明』奴隸和『不文明』奴隸之間的牆壁」。（「斯大林全集」第六卷，第一百二十二頁。）蘇共領導想要重建這種種族主義的牆壁，只能是枉費心機。

『當代的民族問題，歸根結底，是一個階級鬥爭問題，是一個反對帝國主義鬥爭的問題。現在，全世界白色、黑色、黃色、棕色等各色人種中的工人、農民、革命的知識分子、反帝愛國的資產階級分子和其他反帝愛國的開明人士，結成一條廣泛的反對以美國為首的帝國主義及其走狗的統一戰線。這條統一戰線，正在不斷鞏固和壯大。這裏根本不是站在白色人種一邊，還是站在有色人種一邊的問題，而是站在全世界被壓迫人民和被壓迫民族這一邊，還是站在一小撮帝國主義和反動派那一邊的問題。

『被壓迫民族必須同帝國主義和殖民主義劃清界限，這是馬克思列寧主義的階級觀點。模糊這個界限，才是為帝國主義和殖民主義服務的民族沙文主義的觀點。

『列寧說過：「在社會民主黨的綱領中，中心問題應該是把民族區分為壓迫民族和被壓迫民族。這種區分構成帝國主義的本質，而社會沙文主義者和考茨基卻虛偽地避而不談。」（「列寧全集」第二十一卷，第三百八十八頁。）現在蘇共領導誣蔑亞洲、非洲、拉丁美洲人民在反帝鬥爭中的團結，是什麼「以地理和種族原則為基礎」的團結，這分明把自己放在社會沙文主義者和考茨基的地位。

『蘇共領導販運「種族論」，把亞洲、非洲和拉丁美洲的民族解放運動說成是有色人種反對白種人的運動，顯然是為了在歐洲和北美洲的白種人中煽起種族主義的仇恨心理，轉移世界人民反對帝國主義鬥爭的目標，轉移國際工人運動反對現代修正主義鬥爭的目標。

『蘇共領導到處大喊大叫，說什麼「黃禍」呀，「成吉思汗的威脅又來了」呀，這實在不值得一駁。在這篇文章裏，我們不準備評論成吉思汗的歷史作用，也不準備評論蒙古、俄羅斯、中國等民族發展和國家形成的過程，我們只提醒蘇共領導一下，當你們造這種謠言的時候，溫習一下歷史還是必要的。成吉思汗是當時蒙古的汗，中國和俄國，都是遭受侵略的，成吉思汗在一二一五年侵入中國的西北和北方的一部分，一二二三年侵入俄羅斯。成吉思汗死了以後，他的繼承者在一二四〇年征服了俄羅斯，過了三十幾年以後，一二七九年征服了全中國。

『中國著名的文學家魯迅，在一九三四年寫的一篇文章中，講過一段關於成吉思汗的話，對你們可能有些用處。我們順手抄下，供給你們參考。

『他說：他在二十歲的時候，「聽說『我們』的成吉思汗征服歐洲，是『我們』最闊氣的時代。到二十五歲，才知道所謂這『我們』最闊氣的時代，其實是蒙古人征服了中國，我們做了奴才。直到今年八月裏，因為要查一點故事，翻了三部蒙古史，這才明白蒙古人的征服『斡羅思』，侵入匈奧，還在征服全中國之前，那時的成吉思汗還不是我們的汗，倒是俄人被奴的資格比我們老，應該他們說『我們的成吉思汗征服中國，是我們最闊氣的時代』。」（「魯迅全集」第六卷，第一百零九頁。）

『稍微懂得一點世界近代史常識的人，就會發現，蘇共領導喧嚷的一套「黃禍論」，不過是繼承了德國皇帝威廉第二的衣鉢。早在半個世紀以前，威廉第二就宣布「朕為黃禍論者」。

『德國的威廉皇帝宣揚「黃禍論」，是為了進一步瓜分中國，侵略亞洲，鎮壓亞洲的革命，轉移歐洲人民革命的視綫，並且作為當時積極準備發動帝國主義世界大戰和爭奪世界霸權的煙幕。

『威廉第二宣揚「黃禍論」的時候，正是歐洲資產階級處於極端腐朽和極端反動的時候，正是俄國一九〇五年革命前後，民主革命席捲中國、土耳其、波斯，並且波及印度的時候，也正是在這個時候，列寧提出了「落後的歐洲和先進的亞洲」這一名言。

『當時的威廉第二是赫赫一世的大人物，但是，他不過是陽光下的雪人。沒有過多久，他製造的反動理論連同這個反動頭目一古腦兒冰消瓦解了。而偉大的列寧連同他的光輝的思想，卻萬古長青。

『時間過去了五十年，西歐和北美的帝國主義，更加腐朽了，更加反動了，壽命更加不長了；同時，席捲亞洲、非洲、拉丁美洲的革命風暴，比列寧在世的時候，想不到還有人要扮演威廉第二這個角色，這實在是對歷史的嘲弄。」

看了上述中共駁蘇共抨擊中共的種族主義之文後，我們可以很明顯地發覺中共的理論根本站不住。第一、它並沒有說明毛澤東不搞種族主義；第二、它並沒有說明中共政權不會醞出「黃禍」；第三、中共的反駁，更把成吉思汗與中華民族的關係歪曲了。中共所根據的只是魯迅的胡說八道，真是可笑呢！

蘇共七月十四日駁斥中共公開信原文節要（九）

中國的領導人認為發達的資本主義國家的許多共產黨所犯的滔天大罪，是它們認為自己的直接任務是為爭取勞動者的經濟利益和社會利益，為爭取實現民主改革而鬥爭，這些改革在資本主義制度下就可以實現，能夠改善工人階級、農民和居民中的小資產階級階層的生活條件，有助於建立作為進一步爭取社會主義革命勝利的基礎的廣泛反壟斷組織的戰線。也就是說，它們所做的正是一九六〇年莫斯科聲明中所寫的東西。

中國同志反對發達的資本主義國家的共產黨目前所做的一切，對於在階級鬥爭前沿同資本搏鬥的共產黨人沒有表現出最起碼的團結一致的感情，對這些國家的具體條件，這些國家中工人階級革命運動所走的特殊道路沒有了解。實質上，他們說「為了革命」，却正好否定了導致革命的道路，硬要人們採取共產黨在群眾中陷於孤立、使工人階級失去與壟斷組織的統治、與資本主義作鬥爭的同盟軍的那種方針。

在不同國家向社會主義過渡的形式問題上，中國同志也同世界共產主義運動有分歧。

大家知道，正如莫斯科會議文件和蘇共綱領中所明確說明的，蘇共和其他馬克思列寧主義政黨是從和平地和非和平地向社會主義過渡的可能性出發的。儘管如此，中國同志卻頑固地硬說我們黨和其他兄弟黨只承認和平道路。

蘇共中央在一九六三年三月三十日信件中再次闡述了自己對這個問題的立場：

工人階級及其先鋒隊——馬克思列寧主義政黨，爭取以和平方法，不通過內戰來實現社會主義革命。這種可能性的實現符合工人階級和全體人民的利益，符合本國全民族的利益。與此同時，革命發展途徑的選擇不僅僅取決於工人階級。如果剝削階級要對人民施行暴力，工人階級就不得不採用非和平道路來奪取政權。一切都取決於具體條件，取決於國內和世界舞台上的階級力量的分布情況。

自然，由資本主義向社會主義的過渡，不管通過何種形式來實現，只有通過社會主義革命，各種形式的無產階級專政才是可能的。蘇共高度評價資本主義國家內以共產黨人為首的工人階級的忘我鬥爭，並認為給它們以一切援助和支持是自己的義務。

我們已經多次地說明了自己的觀點，在這裏也就不必要更詳細地闡述了。

而中國同志在這個問題上的立場是怎樣的呢？它像一根紅綫一樣地貫穿在他們的所有言論和中共中央六月十四日的信中。

中國同志把是否在任何時候、任何場合、任何地方都承認武裝起義看作是衡量革命性的基本標準。因而中國同志實際上否認了利用和平方式進行爭取社會主義革命勝利的鬥爭的可能性，然而，馬克思列寧主義教導說，共產黨人應當掌握革命的階級鬥爭的一切形式——暴力和非暴力的形式。（未完）

反攻與祝壽

見微

（台北通訊）當此海內外同胞一致渴望及時反攻大陸之際，台灣方面的陸海空軍和政府首長所爭先恐後、全力以赴的却是為蔣「總統」祝壽的事。本來，早在數年以前，他老人家似乎已經感覺到大陸自他手中失去，未能光復以致國脈民命，不絕如縷；若再為了他個人生日而勞民傷財，於理於情，都說不過去，曾面諭總統府秘書長通告各黨、政、軍各機關和各公私團體，謝絕為他祝壽。然而事實上，儘管他每年都表示謝絕，而文武百官却不但從未遵守他的意旨，反而竭盡各色各樣的方式來為他祝壽。最奇怪的，是蔣「總統」一向以「服從領袖」為訓練幹部的中心要旨，他所制訂的國民黨黨員守則也明文規定「服從為負責之本」，自政府退守台灣後，他更以對他個人是否服從為「忠貞」分子的採取標準，在在顯示出他對於文武百官的最大要求即為服從；但對於這些在他謝絕祝壽之後，公然為他大祝而特祝其壽的抗命分子，却另眼相看，人們當然不敢懷疑蔣總統謝絕祝壽的諭旨，乃是言不由心，欺世盜名的一種伎倆。可能是時至今日，他已經是號令不出宮門。他的諭旨全被三軍司令當作廢話，所以才有這種矛盾的現象發生。

三軍獻「成果」

這也許正是蔣經國留俄十年的心得吧？在史大林時代，俄國人的一切努力，都是為史魔個人而作的，因而他們如有任何成果，也必須獻與史魔，作為効忠的禮品；赤色恐怖下的中國大陸，亦復如此。幾年以前，中共推行所謂大躍進時，每逢有什麼節慶，大陸上例必有向毛澤東呈獻所謂生產成果的種種表演。今日台灣雖號稱反共抗俄，但在蔣經國控制之下，却處處師法俄共和中共之所為而唯恐不及。因而在蔣「總統」七十晉七的生日，也來一套三軍獻成果的玩藝，據官方的宣傳說：這是表示「恭祝總統萬壽無疆及効忠的赤誠」。茲摘要分述如下：

一、陸軍總部為了「恭祝總統華誕」，特於十月三十日晚在中正堂設置壽堂，舉行暖壽晚會，二十一日上午舉行祝壽大會，均由總司令劉安琪上將主持。劉上將並代表全軍向蔣「總統」呈獻下列各項祝壽禮品，計開：（一）陸軍幹部一年來踐行反攻作戰決心保証之具體成效；（二）一年來陸軍重大建樹與成效——有關教育訓練後勤設施之成果；（三）陸軍施政管制中心模型一座；（四）M—七山地車模型一座。

同日晚，又在中正堂舉行祝壽晚會，由平劇團演出麻姑上壽和龍鳳呈祥。

陸軍各部隊則奉命就駐地分別設置壽堂，遙向蔣「總統」拜壽；並舉辦各項文康活動、演出晚會、軍民同樂等節目。三十一日，又分別在台南、台中、台北三地及台北市等四個地區舉辦萬人大合唱，歡迎各界民眾參加。台北市的大合唱於下午二時在綜合運動場舉行，動員了國軍一萬餘人，共編成十二個大隊，由國防部的示範樂隊伴奏，劉安琪上將親自到場主持。

二、海軍總司令黎玉璽上將，於卅一日代表海軍全軍官兵向「總統」呈獻四項壽禮：（一）一年來海軍幹部踐行反攻作戰決心保証書及成果；（二）海軍一年來重大建樹；（三）呈獻兩棲機械登陸艇模型一座，（四）呈獻兩棲登陸戰車突擊橋一所。

此外，海軍並主辦一項擴大的空中祝壽晚會，自十月三十日起至十一月一日止分別舉行暖壽晚會，祝壽晚會及効忠晚會。同時又在台北舉行忠義美術展覽，由參謀總長彭孟緝主持揭幕典禮，除有巨幅油畫，將鄭和下西洋，海軍南下護法，抗戰、戡亂以及十餘年來海軍所創建的海戰勝利等事蹟繪出，以示海軍的忠義而外，其他如國畫、水彩畫、金石、木刻、攝影、雕塑、書法、漫畫、以及圖案設計等，也均以我海軍効忠領袖，堅貞不渝的忠義軍風為主。

三、空軍於三十一日在台北市中正路介壽堂隆重舉行祝壽大會，由空軍總司令徐煥昇上將主持，有官兵一萬人前往祝壽。空軍各基地亦於同日上午分別設置壽堂祝壽。

徐煥昇上將並代表空軍向蔣「總統」呈獻壽禮，計有「一年來踐行反攻作戰決心保証與具體成效」及「一年來空軍重大建樹與成就」之精裝書面成果二種，內容包括對大陸偵照空投及沿海巡邏警戒等豐碩成果，及RF—一〇一，F—一〇四G精緻飛機模型各一座。

此外，空軍並舉辦文宣祝壽活動，祝壽「天美展覽」，「中國的空軍」出特刊，空投三十萬份五彩祝壽傳單，祝壽球類比賽，祝壽晚會，及「飛虎」祝壽晚會等。

四、台灣警備總部全體官兵於卅一日上午八時卅分齊集該部中正堂舉行祝壽大會，由總司令陳大慶上將以全體官兵踐行反攻作戰決心具體成效一冊，及警備模型、民房動員模型各一座，向「總統」呈獻祝壽，並舉行簽名祝壽，官兵大會餐、祝壽晚會，官兵文藝創作展覽等活動。該部主辦的文武青年大會師，亦將於卅一日上午九時在台北市中興大橋舉行，國軍文康訪問團和陸軍供應司令部的七百名「武」青年樂隊和台北市各學校「文」青年樂隊三千人會師。

五、聯勤總部於廿九日下午三時假座台北中山堂舉行祝壽聯歡會，演出「飛駝獻壽」歌舞劇。三十一日上午，向蔣「總統」呈獻該部官兵過去一年的工作及研究發展成果，作為壽禮。這項成果包括：一、該部兵工研究發展之兩項武器彈藥；二、刺繡總統肖像一幅；三、祝壽成果冊，內容有踐履反攻作戰決心保証書，具體成效檢討，及該部近年來重大建樹與成就。

機關，團體獻統計數機

除了三軍的成果由參謀總長彭孟緝率領三軍總司令赴總統府呈獻而外，據本月三十一日聯合報載：今年中央及地方各機關、團體遵守蔣「總統」的節約指示，對於祝壽的方式，均盡量避免鋪張，僅分別設置壽堂，並備有簽名簿，供所屬官員簽名祝壽。同時都把一年來的努力成果，以大堆的統計數字獻給蔣「總統」，作為祝嘏的禮品。總統府也在介壽堂設置壽堂，供各國使節及僑團前往祝嘏，市民亦可自由進入壽堂拜壽。

台北的民眾團體活動中心主任委員張寶樹也在該中心恭設壽堂，供民眾拜壽。據張主任委員表示：全國各界本來決定以實踐「總統」訓示的服膺「總統」領導的具體事實，來為「總統」祝壽。這個具體的事實，就是一年來實踐「革新、動員、戰鬥」公約的成果，由全國性及台灣省級的五百二十個民眾團體推出六十位代表呈獻「總統」祝壽。

但匠心獨具的，還是立法院長黃國書和副院長倪文亞，他們除了親到總統府簽名，呈獻努力成果，及在院內設置壽堂拜壽而外，還呈獻一篇古色古香的頌文如下：

「中華民國五十二年十月卅一日，恭逢總統蔣公七秩晉七華誕，立法院長黃國書、副院長倪文亞、暨全體立法委員、全體員工，謹掬悃，誠而上頌曰：巍巍元首，大德曰生，法天承運，覆物惟仁，綱紀萬方，秉斷如神，立茲斗杓，以旋大鈞，通國仰望，如歲首春，世界同和，學本先民，執固不偏，日又咸新，比岱之峻，比河之長，比松之青，比曙之光，烟塵掃，弘我憲章，眉壽萬年，百祿永康，試聽興頌，億和聲呂。」

省城有遊行、閱兵

台灣省政府所在地的祝壽活動，除了遍設壽堂及呈獻一年來的努力成果而外，還在體育場舉行了一個盛大的祝壽大會，並有文武青年五萬餘人接受大會主席兼檢閱官徐汝誠中將的閱兵。主席提出上蔣「總統」的祝壽電文，大會一致通過，然後高呼「總統」萬歲的口號。散會後，由各校組成的千人樂隊，又行祝壽大遊行，市民夾道歡呼。據說是「恭祝總統萬壽無疆」。

總而言之，為了給蔣「總統」祝壽，雖然尚未家家門前設香案，但確已是凡有機關團體即必有壽堂。這幾天來公私電台所播送的幾乎都是祝壽的節目，報紙上也充盈滿了祝壽的新聞。不但世界各國元首的生日無此盛況，即專制時代的帝王生日也有遜色。至於國父孫中山先生的生日，則更是望塵莫及了。同時更可看出了蔣經國的勢力是多麼的雄厚。為了恭祝蔣「總統」的生日，他在幕後一經指示，即可發生如此普遍而深入的效果。假如有朝一日，他正式繼承大位，其對台灣的軍民，必將更能指揮自如，那就不用多說了。

家天下的收場（讀者投書）

鳴鼓攻

在台北剛剛慶祝蔣介石七十晉七生日的第二天，越南西貢忽然發生政變，吳廷琰兄弟兩人當場被殺。這兩件事，表面上似乎是風馬牛之不相及；實則凡是略知中越兩國政情的人們，都不禁要因西貢的政變而為蔣介石父子捏一把汗。

如所週知，蔣介石和吳廷琰都是以反共為名而以特務統治，實行家天下主義為實。蔣介石以兒子蔣經國為特務頭目，吳廷琰沒有兒子，則以乃弟吳廷儒為特務頭目。兩個特務頭目在政府都祗負一個並不重要的虛名，前者是政務委員，後者是顧問，但却對黨務、政治、軍事無所不管；對人民的生命財產更握有生殺予奪的大權。蔣介石父子高談反共，不但退守台灣十餘年，至今仍不敢反攻大陸，而且連台灣海峽還靠美國協防，台灣的經濟，也多靠美國的支援。可是，他們迫害民主人士和侵犯人民自由，却顯得格外的有決心和辦法。君不見雷震剛要發起組織新黨，蔣介石父子即向他抛了一頂紅帽子，判處徒刑十年。如今台灣已變成了蔣家的天下，看不見一個反對的黨派，也看不見一篇反對的言論。足見蔣介石父子雖然反共不足，但反民主自由則是綽有餘裕的。

同樣的情形，吳廷琰兄弟也是高談反攻，但不僅對盤據北越的共黨不敢動一毫毛，即南越也全靠美國的軍援和經援才能勉強維持。在另一方面，他們迫害異己，侵犯自由，也和蔣介石父子一樣，顯得格外的有決心和辦法。就這一方面來說，吳家兄弟的南越和蔣家父子的台灣，正是一對難兄難弟。也許就是這個緣故吧，在南越迫害佛教徒，激起若干僧人自焚之初，全世界的輿論都不值吳家兄弟之所為；羅馬教宗還拒絕接見吳廷琰的長兄吳廷俶大主教；但蔣介石却與身為吳廷儒之妻而却號稱南越第一夫人的陳麗春一鼻孔出氣，向南越的佛教徒亂抛紅帽。如今吳廷琰、吳廷儒都不得好死，吳氏家族的家天下主義已成了春夢一場，不知蔣家父子將作何感想？

我現在特錄本月五日星島晚報白山先生「血淋淋的下場」一文的最後一段，以結束本文。

『中國的老百姓是好老百姓；中國的土地是好土地，唯有藉建國救國之名而幹壞事的高高在上的人，忘了他也是一個平凡的人，也由人羣中來：無知的把自己神化起來，為了私慾昧着天良幹着見不得陽光的事。弄得國不是個國的樣，民則陷在水深火熱之中或流離失所；福國變成了禍國，利民變成了殃民。如果讓老百姓隨處懸掛牌扁，就把備好的兩塊牌扁「禍國殃民」，一塊懸在「中南海」門前，另外一塊懸在……。

中國需要重建。我不直指出來，大家也心中有數；想担當這個大任的人，得把吳廷琰兄弟的下場考慮在內；無視老百姓的願望，縱使得到了政權，也將血洒在不為老百姓所擁護的政權之上。像今天吳廷琰這樣悲劇的例子很多，應引以為戒。』

陳毅向日本記者宣佈：

中共寧肯人民無褲穿也一定要擁有核武器

並說中共將在數年後舉行原子試爆

綜觀

中共政權能否擁有核子武器？何日可以試爆核子彈？一直是今日國際間密切注意着的一個問題。因爲中共好戰成性，不但主張用武力實行世界革命，而且反對美英蘇的莫斯科禁試協定，主張大打核子戰。所以，美國總統甘迺迪說得好，他說一九七〇年後，美國即將面臨一個擁有核子武器而又好戰的中共政權的威脅。然則中共政權究竟是否有意自己擁有核子武器呢？中共政權是否即將舉行核子試爆呢？

對此問題，中共政權政務院副總理兼外交部長陳毅於十月廿八日接見日本記者時，曾有透露。據中共新華社北平十月二十八日電：「陳毅副總理今天接見了隨日本工業展覽團來中國的全體日本記者十五人。接見時在座的，有中日友好協會會長廖承志等」。另據參加陳毅記者招待會的日本共同新聞社說：「這位中共副總理是在北平的一次日本記者會上發表這些談話的。陳氏說：他的國家要幾年後才能第一次原子彈試驗。陳氏說試驗之所以遲延，是由於中國大陸工業基礎的落後情況所致。中共要很久後才能大事生產原子武器。但他強調說中共政府很想獲得核子力量，因爲沒有它，中共就永遠是一個二三等國家。」「他說，中共贊成解決原子武器生產問題。」「他又說，中共的目標是在「數年內」有原子彈，飛彈和超音速武器裝備。」

「陳氏指出蘇聯人曾嘲罵中共連褲子都不够的時候也想製造費用巨大的核子武器。但他又說，中共就是沒有褲子穿，也要有現代武器。」

「陳毅說，無論如何，擁有原子武器將不影響中共的對內對外政策。他說，不管有沒有原子彈，中共都不肯向美國屈膝。」

「陳氏說：經過三年的天災，蘇聯技術人員於一九六〇年撤退，以及美國和它的盟國因韓戰而通過貿易協作委員會實行貿易限制後，中共的經濟已在實行整頓階段。」

「他說，這一切對第三個五年計劃的規劃都有影響，大陸經濟還要一年才能走上正軌。」

「談到中蘇共爭吵時，他說中共與蘇聯的關係，應建築在一個道義基礎上，而不應建築在暫時的自利上。」

「他說，他不同意歧見會導致分裂的說法，但他堅持說，兩「國」間的關係，唯有中共繼續保持其對馬克思列寧主義的支持（這是形容相對於蘇聯和平共存政策的中共革命路線的另一種說法），才能改善。」

「陳氏譴責禁止核子條約旨在於中共開始試驗時加以責備。」

「他說，中共並不希望早日進入聯合國，在當前世界局勢下，中共在這個組織裏無事可爲。他又說，只要聯合國「憐憫」美國，中共只好蔑視這個世界組織。」

「陳毅說：看看美國演出阻撓中共取得合法席位的鬧劇能再演多久，將是一件有趣的事。」

「他說：中共希望迅速和日本恢復正常關係，但現在障碍是在日本那邊。他又說：他希望中共對日貿易將增加日本的支付能力，這樣可提高貿易。」

「陳氏說，他深信日本終將與中華民國斷絕關係。」

「談及馬來西亞時，他說，馬來西亞是一個帝國主義計劃，假如拉曼總理認爲他不必反對帝國主義或殖民地主義而能進步的話，那他就自己騙自己了。」

從陳毅的上述談話，可以看出中共確實是在全力發展核子武器。目前雖然由於工業落後而不能立即舉行試爆，但陳毅所說中共寧肯人民不穿褲子也要製造原子彈的話，却已顯示中共決心不惜任何犧牲以變成擁有核子武器之政權，從而利便它的赤化世界和領導國際共產黨的企圖。所以，自由世界尤其美國，決不能輕視中共目前沒有核子武器，更不要嘲笑它目前不能舉行原子試爆，事實上，幾年之後，這些目前之所不能都將變成事實上的可能。屆時美國就將面臨重大威脅了。若美國不能在中共擁有核子武器前，將中共政權消除，美國屆時若不向中共屈膝，那末，美國就只有與這一個擁有七億人口而又擁有核子武器的政權打核子戰。至於現在偏安台灣的中華民國政府若不能及早反攻，將來就將毫無希望了。

大陸簡訊

白帆

中共派五個代表團到阿爾及利亞活動

據中共「中國新聞社」北平十月廿八日電：「由中國共產黨中央委員會委員劉寧一率領的中國共產黨代表團，由國家計劃委員會副主任方毅率領的中國政府代表團，由中國人民解放軍軍事學院政治委員李志民上將和北京駐軍副司令員鄭維山中將率領的中國軍事代表團，由中華人民共和國婦女聯合會書記處書記吳全衡率領的中國婦女代表團，由中華全國青年聯合會副主席錢李仁率領的中國青年和學生代表團十月廿七日乘專機到阿爾及爾。代表團是應邀前來參加阿爾及利亞國慶日（十一月一日）慶祝活動的」。

又說「阿爾及利亞總統本貝拉二十七日下午在人民宮接見了中國共產黨代表團、中國政府代表團、中國軍事代表團全體成員」云。

中共與芬蘭簽貿易協定規定對芬輸出工鑛產品

據中共「中國新聞社」廿八日北平電：「芬蘭共和國工商部部長托依伏．維海爾海依莫及其隨行人員，今天上午乘飛機到達北京。今晚李先念副總理接見了維海爾海依莫和他的隨行人員，以及正在北京訪問的由麥基拉率領的芬蘭政府貿易代表團」。

又說：「今天在北京簽訂了中國和芬蘭兩國政府一九六四年貿易協定。李先念副總理參加了簽字儀式。中國對外貿易部部長葉季壯和維海爾海依莫分別代表兩國政府在協定上簽了字」。

又說：「這個協定的貿易額較一九六三年協定有所增加。中國出口商品主要有：礦產品、農副產品、紡織品、輕工業品、土產和手工藝品等；芬蘭出口商品主要有：紙漿、紙張、人造纖維、紫銅和機械、船舶工業產品」云。

參加「新興力量運動會」中共體育代表團已抵椰城

由於印尼倒行逆施，不准中華民國參加在印尼舉行之國際運動會，以致印尼被國際體育組織開除。印尼惱羞成怒，乃與中共勾結成立所謂「新興力量運動會」。無資格參加世運之中共，對此自極煽動印尼，以破壞國際世運。

據中共新華社耶加達十月廿九日電：「中華人民共和國參加第一屆新興力量運動會體育代表團，在團長、國家體委副主任榮高棠和副團長李夢華、趙正洪率領下，今天中午分乘飛機和輪船到達耶加達。另一部份人員由副團長黃中率領已先期到達耶加達」。

又說：「這屆運動會將於十一月十日在那裏開幕」。

按之奧林匹克世界運動會之規定，凡參加中共幕後牽線的這一印尼非法的「新興力量運動會」者，皆不得參加合法的奧林匹克世運云。

僑鄉近訊

鍾之奇

中共又號召僑鄉青年鬥爭父母

鬥爭父母是中共對大陸所有青年的號召，也是中共對今日僑鄉青年的號召。中共的這一號召，本非始自今日，遠在十三年前，中共初佔大陸時，便已開始這一號召，但最近却又舊話重提，要求所有青年，對黨效忠，作黨的工具，加强黨性，反對父母，鬥爭父母。

中共的這一號召，見於中共青年刋物「中國青年」的文章上。這一以「正確對待家庭親屬的思想影響」爲題的文章說：「在我們的社會裏，青年的成長，主要是靠黨和國家的教育」。

該文章又說：「剝削階級和無產階級爭奪青年的鬥爭，仍很激烈。他們之中，有不少的人不甘心於本階級的死亡，一有機會就蠢蠢欲動，妄圖死灰復燃，奪回自己失去的天堂，重新爬到人民頭上。有些頑固的反動地主份子，到今天還懷着強烈的階級仇恨，他們表面上雖然俯首貼耳，但背地裏却咬牙切齒痛恨革命。想方法設計爭奪青年。有的地主份子就常常指點自己的子女說，那些田原是他家的，那座房屋原是他家的。要子女記下這筆賬，想將來變了好報仇，一般的資本家，儘管他們已接受社會主義改造，穿上了幹部服，當上了國家職員，並且這些年來，在黨的教育下，在思想上也有了一定進步，但是要改造他們的思想意識，那是一個脫胎換骨的過程，決非短短幾年工夫可以見效」。

據廣州來人談，由於中共號召大陸青年鬥爭父母，廣大僑鄉之鬥爭父母事件，已在共青團主持下紛紛展開，發生了很多次鬥爭云。

粵西秋旱嚴重晚造情況惡化

中共廣東人民廣播電台及中共廣州出版的南方日報最近曾一再報導粵西地區秋旱嚴重，晚造禾及雜糧的生長情形極不良好。

據廣東人民廣播電台說：廣東省西江上游的羅定、鬱南、茂名、信宜等縣由於晚稻用水不够，晚禾開花後，大多數灌漿不足，因此結實大打折扣。並說如果秋旱繼續下去，田間用水不足，那麼晚稻禾最多只會有七成收穫，其中特別缺水的田，估計只可能收五成云。

「人民代表」視察糕店時蒼蠅滿天飛

說大陸已無蒼蠅，這不僅在英國前首相艾德禮訪問大陸時，是一種謊言，若以今天來說，蒼蠅滿天飛，已不僅平時如此，甚至當中共人民代表正式視察時，也是如此了。

據最近到港的中共「羊城晚報」說：「一位人民代表到海珠區三如糕點加工場視察，見蒼蠅在工作台上散步，工作人員用五爪金龍排動拷熟的糕點，……人民代表當場提出意見，該場有些職工，還若無其事，愛理不理，借問三如糕點加工場，你們是不是人民的企業？你場的有關職工，是否要接受人民的監督」？

其實，三如糕點加工場可以回答，「你們共產黨都不接受人民的監督，任意害人殺人，我們爲什麼要接受人民的監督，蒼蠅固然可惡，難道還比共產黨人更可惡嗎？」

廣東各地農村普遍發生「生產成本高」

生產多寡？固然是農業生產的一個基本問題，但生產成本高低如何？却同是農業生產的另一個重要問題。而最近一兩個月來的中共南方日報，却屢次透露廣東各地現刻正面臨一個生產成本高的問題。

據南方日報說，這主要是由於抗旱搶種等原因使生產成本抬高了的。南方日報曾舉梅縣梅江公社爲例：「今年早造這個大隊各生產隊的總收入普遍比去年減少。……全大隊種子、肥料投資比去年同期增加了三千多元。……按全大隊人口計算，每人平均就要負担三元。從而減少收入三元。……根據初步試算，在夏收預分中，各生產隊如果全部扣除早造生產投資，則分配給社員部份將比去年同期大大減少」。

這可見，廣東各地今年不但早造收成不佳，而且就已有的生產而言，生產成本又比去年大大增高了。

印尼反馬走向極端

非、馬談判

俊華

馬來西亞的沙峇和沙撈越邊境，最近一週稍趨沉寂；馬六甲海峽與蘇門答臘海峽，也同樣沒有糾紛或衝突發生。可是這樣表面跡象，並不足以解釋印尼與大馬間局勢的和緩；正好相反，在彼此之間的關係上，實已趨向高度的惡化。

儘管非律賓與馬來西亞正在進行復交的談判，但印尼却似乎不理它自身的孤立，仍然獨自肩負起反馬的大任。由於印尼的一意孤行，採取了種種反馬的步驟；馬來西亞方面也就不能不「奉陪」下去。這樣的循環報復，唯一的結果便只有惡化之一途。

非律賓與馬來西亞復交談判，已正式由外交途徑開展。那是出於泰國的斡旋，泰國對泰馬菲的東南亞協會，向極熱心，不願因印尼的挑撥菲馬關係，致東南亞協會於破裂，極力向菲馬雙方解釋，終於獲得菲方同意，首先向大馬提出復交的談判。

這項談判目下尚在秘密階段中，即菲方的復交條件，仍未由官方公佈，這是為了便利雙方當局的折衷，不至在互相指責下鬧成僵局的緣故。據透露，其中主要項目，是馬方須負責承諾，「大馬成立不影響菲向英國索取北婆沙巴之要求」，以及附帶條件「必要時在北婆全民投票」，以決定該地之歸屬。

馬方對於菲國條件，初步反應據說不能接受，已有對案於復文中提出。拉曼總理認為，馬方所提辦法「公平」，菲律賓沒有理由懷疑我們的誠意，我們一向是好朋友，我很願望「恢復我們的友誼」。就拉曼談話的溫和看來，菲馬復交似乎甚有希望。另一方面，照印尼的走向極端情勢觀測，菲律賓也已不可能與印尼走在一起了。

顛覆大馬

印尼經濟「對抗」大馬，與星馬斷絕貿易之後，星馬固然深受影響，如轉口貿易減少，鍊錫工廠減產（主要是檳城方面），工人局部失業等。但印尼方面情况更糟，原來已入蕭條階段的經濟，更迫瀕於破產，印尼盾慘跌至有價無市，爪哇本島主婦排隊輪購糧食，若干離島更全無糧食供應。與星洲對面的廖內島居民，因缺糧逃至星洲求食者達數百人，咸謂「不能靠吃魚維生」，因駕小艇冒海上風浪，有沉沒溺斃者，據說有三十人之多。這是印尼「對抗」政策下的悲劇。

「經濟對抗」之外便是政治對抗。由印尼所製造的一個稱為「自由馬來亞」的機構，在印尼境內成立，收攬一些馬來亞的流氓逃犯，當作政治流亡的「志士」，說他們是「反帝、反殖民主義」的解放」——準備跟隨印尼軍隊前來「解放」馬來亞。所謂「政治對抗」，就是顛覆活動。

印尼迭次宣稱馬來亞「意圖顛覆印尼，因馬來亞同情印尼的「背叛份子」。事實上，如前印尼革命軍政府領袖沙魯夫汀，於蘇加諾被荷蘭軍囚禁時曾代理印尼政府主席，迭任部長及印尼銀行總裁，與星馬當局人士固有往還，但在革命軍與印尼政府軍作戰中，星馬均嚴守中立。僅是同情，絕不能說就是「意圖顛覆」。

拉曼總理對蘇加諾的親共作風，極端不滿乃是事實。拉曼在抨擊蘇加諾受印尼共黨所左右時，確曾說過印尼有一天會改變此種錯誤的態度，因走共黨路線對印尼有害。「不過印尼有見識有地位人士現在都不能出聲，他們都受到軟禁」。拉曼這話，大概是指印尼開國元勳之一，前副總統哈達，和社會黨領袖沙理爾等。這些談話，毋庸否認拉曼希望印尼那些穩健政治家能夠出而參與政治，以免印尼不斷左傾，但這種意見絕不能說成一種顛覆行為，有如印尼公然製造「自由馬」的顛覆大馬機構那樣。

政治對抗

蘇加諾在耶加達青年大會演說說：我現在向拉曼挑戰，「印尼全國要粉碎爾的馬來西亞」，這英殖民主義的新產品，終有一天要被粉碎，崩潰！我們上下一致要粉碎馬來西亞。「拉曼，現在你想怎樣？」在大會中，他們宣佈「沒收」耶加達的馬來亞大使館。

拉曼在丁加奴州答覆蘇加諾說：「世界上無人能有力量毀滅馬來西亞」，我們犯的什麼罪過，以致印尼對我們如此過不去？印尼共黨首領艾廸地「現正暢所欲為」，印尼國策操在他的手上，共產黨與回教不兩立，共產黨是馬來西亞的國家公敵。

由吉隆坡飛往丁加奴參加「反蘇加諾大會」的副總理拉查克說：馬來西亞已有準備，去對付蘇加諾要「毀滅」這新聯邦，「我們懂得蘇加諾的『毀滅』計劃，並有全面的準備，將他的計劃瓦解」。

在印尼所謂「全面對抗」的辦法中，「經濟對抗」對印尼害處更大，却不能予馬來西亞以沉重的打擊。「政治對抗」方面，如所謂「自由馬來亞」顛覆機構的成立，馬方也認為不足重視，因為它是一個在別國土地上及由其製造的組織，而且沒有能够找出一個有名望的主持人物。只有通過印尼共黨由星洲「左翼」出動的罷工暴動，才為當局所注意。但當局自一開始便已決定嚴厲對付，自上次左翼罷工失敗後，安全當局已通緝馬共若干負責人，昨天更將與罷工有關的七個左翼工會的牌照吊銷，解散他們的集會活動。看來，印尼的「政治對抗」，也搞不出什麼花樣來。

軍事行動？

剩下來的印尼困擾大馬的辦法，似乎只有軍事對抗，或者可以生效。依照蘇加諾最近的態度，他似乎要走到與共黨一致，發動對馬來西亞戰爭這一條路上去。

蘇加諾在上述的青年大會（十月廿八）上，大談其「亞、非、拉丁美洲」反帝，要把「新興力量」的亞非抬出來，更說：「我們實際上是與社會主義國家一道，進行鬥爭」。蘇加諾這些話，不但與中共是一鼻孔出氣，而且更支持中共抨擊蘇聯說：「社會主義國家的一些朋友，縮小民族主義的作用，抱錯誤的看法，指亞非新聞工作者會議『破壞團結』，亞非工人會議『破壞團結』，這些都是誤解」。

議」目下正在耶加達舉行，這些「亞非」會議，以及亞非運動會等，都是由中共所策劃，而由印尼一手承辦的。中共與馬共在星馬失敗，而印尼共黨在印尼勢力日大，這是中共「收之桑榆」的做法。中共反對亞非領袖尼赫魯，而蘇加諾有意出承其乏，要改印度洋為「印尼洋」，正好被中共利用。蘇加諾循着這一方向走去，馬來西亞區的軍事衝突，似乎只是時間問題。

英國可能已經預見馬來西亞問題前途並不簡單，最近已經加強遠東英海軍軍力，明言志在警告印尼，別要為馬來西亞問題而訴之戰爭。美國方面，太平洋艦隊的主力，已移到南中國海，表面說是注視南越局勢，但實際上脫不了對印尼可能的軍事行動，採取監視的作用。太平洋艦隊中的核子潛艇，也將於不久開進遠東區域，對第七艦隊予以加強，從冲繩島到與印度洋交界，作整個西太平洋的巡邏，英美的防備，能否阻止蘇加諾冒險呢？

·吉隆坡通訊·

蘇加諾進一步向共黨低頭

黎棠

這是印尼共黨的又一次勝利：蘇加諾終於在左傾份子的壓力下，同意在原則上修改那十四條「經濟統制方案」。這方案，是印尼政府於今年五月公佈的。

印尼共黨曾大力地反對那十四條方案，其主席艾廸且發表公開抨擊，謂該「十四條經濟統制方案」是和「帝國主義者」長期以來堅持的經濟穩定案同一路綫的。印尼共黨還謾罵蘇加諾是美國的「馬仔」，從而聯合其他政黨向印尼政府提出抗議，并鼓勵左翼工運機構「印尼中央職工會」發動一系列的罷工，藉以使蘇加諾低頭。

蘇加諾原是「國家陣綫」的主席，但在九月間的最後辯論會中，他已在經濟問題上遭受絕對多數的左翼反對黨及工會的反對，而陷於孤立；隨後印尼共黨更不斷地在「國民陣綫」會議中攻擊蘇加諾，要求蘇加諾迅速改革政府。這幾下「散手」，更使蘇加諾大感狼狽。

可是，蘇加諾雖進一步的向共產黨低頭，依然未能使印尼共黨心滿意足，為的是，印尼共黨的最後目的是要爭奪印尼的政權。印尼共黨主席艾廸除尖銳地打擊蘇加諾外，還向外謀求發展，企圖拉攏外國共黨的加強「親善」，藉以增加自己的聲勢來對付蘇加諾。顯然，蘇加諾目前是正徘徊在「政治陷阱」的邊緣！

艾廸在過去幾個月中，曾先後訪問過莫斯科，北平，北韓。艾廸在訪問莫斯科時，曾與蘇共主席及其重要頭目舉行過一連串會談，事後蘇加諾輕鬆地承認，說他們是「談好了有關兩黨利益的問題」。甚麼「利益」？艾廸沒有作出明顯的透露；但一般人都會意料得到，印尼共黨將可獲得蘇共的加強支持而聲威大振。迨艾廸到了北平，他也和毛澤東及其他中共頭目舉行多次「洽商」；同時，他也被中共的「科學院」授予名譽院士學位。他并在中共的「高級學校」中發表演說，演詞中涉及印尼的國內問題。艾廸說：「印尼的革命性質是資產階級民主主義革命，印尼共黨認為無產階級的歷史任務是要奮力取得革命的領導權」。絃外之音，就是表明了印尼共黨要力圖掌握印尼的政權。艾廸還說：「讀了毛澤東同志關於爭取無產階級在革命中領導權的條件和意見後，我們可以這樣說，印尼的無產階級和印尼共黨已經在這些條件上大有進展」。艾廸這番話，固然是存心向中共拋媚眼，送秋波，及把高高的帽子向毛澤東的頭頂上蓋，而同時也是企圖表明印尼共黨的政策和手法，也正與中共吻合，藉此爭取中共的同情，予以大力支持。艾廸還暗示出，印尼共黨刻仍採取「民族團結陣綫」的策略來爭取政權。他說：「團結可能獲得更多的人民站在我們的一邊。為了達到此目的，印尼共黨在未來鬥爭中將堅決執行下列三方面的工作：第一，加強農村區域的活動；第二，忍受艱苦，繼續在城市展開工作；第三，通過最近在軍隊中獲得的成就，使軍隊和人民的關係更親密，最要的，就是使軍隊再不受「反動份子」的利用來對付人民。——這在三方面的工作中，我們更可以明顯地看出：印尼共黨不僅要在政府中，工人中，農民中，和其他各階層群衆中爭取領導地位，而且還要把全印尼的軍隊都置於他們的控制下，聽他們指揮，作為他們爭奪政權的重要資本。

在印尼共黨目前尚未能完全控制印尼軍隊之前，他們對於上述的第一第二兩項工作刻已進行得如火如荼。他們的大力反對「十四條經濟統制的方案」，正是上述兩項工作的一種具體行動。現在蘇加諾既被迫至再進一步的向共黨低頭，同意在「原則上」修改該方案，這顯然印尼共黨又戰勝了一個回合了！印尼共黨戰勝這一個回合之後，聲威當然大振，潛力也當然大增加；在此種態勢下，印尼共黨之乘勝向蘇加諾追擊，實是意料中事。

蘇加諾為求滿足他的「向外發展」的野心，初則借助於共黨以自重，到了今時今日，才感覺到共黨的壓力；然而已是形勢比人強，相信這傢伙還有再來一次更屈辱的向共黨低頭哩！

梧桐山

岑順翹

「怎麼樣？廖姑娘！太冷了吧？來，飲口米酒，暖和暖和一下吧。」我又從乾糧袋裏取出一件用薄雨布包着的冷衫遞過去，「瞧你面青唇黑，一定頂不住了。請拿去，否則你是無法支持的。」她用發着抖、微帶點凝血的纖手擎着小酒瓶，像食黃連般飲了幾口，細長地噓了一口氣，把冷衫退給我：「多謝你，留回你用吧！」話還未說，又打了一個寒噤。「好孩子，還是穿上吧！客氣什麼？」經過何老伯慈父般勸說着，她終於接受了。

夜，越來越陰森，我利用閃電告訴大家，我的行進規畫：「前面不遠就是龍崗，是我們必經之地。現在，希望大家整理一下自己的行裝，凡會撞擊出聲響的東西一律拋棄。糧票、銀紙要好好收藏。趕快塡飽肚子！一點鐘後出發，衝過龍崗，直上梧桐山。如果走散了，都在那棵大松樹下面集合。」

一點了，我們出發了。這時，雖已雨歇風停，而由於雷止電收，卻又四圍黑漆一團，萬籟俱寂，寂靜黑暗得和死一般。我抖擻着精神，走在前面，不時用手撥開濕漉漉毛茸茸的亂草，輕步前進。後面約莫隔一丈左右，黃財攙着廖四姐，麥泉拉着廖五妹，分作護花使者。最後則是何老伯拄着樹枝拐杖做殿軍。這樣行行重行行，小心又小心，感謝皇天上帝，在民兵負責的封鎖線中，我們走得只差最後一個哨位了。這哨位設在一個小山坡上，是日寇所遺下的堡壘。前面還有一個很深的山溝。站在山上，能夠一覽無遺。以前，許多人都不能逃過這一關口的。

我們沿着堡壘對面的山溝小路，一衝一伏，一急一緩，提心吊胆地前進。靈巧地躲避着堡內不時射出的強烈的搜索的電光。

又落雨了，而且越來越大，終於傾盆而下。於是我們藉着這機會，忽然開始衝過去。

「哆」的一聲，有人掉落山溝了。我心頭像爆裂般震了一下，衝過溝尾，鑽進山邊的小叢林裏，回頭觀察着，只見堡內走出一個背荷長槍，右手握着手槍，左手亮着電筒的民兵，沿着塘邊巡查。

「嘓嘓，嘓嘓嘓，嘓……」一陣青蛙叫聲。我明白，這是黃財的絕技的施展；由於他這絕技，民兵果然遲疑地停駐了一下，但不一會卻又走了過來，十丈，八丈，六丈，……越來越近出事點了。我的心幾乎要從口裏跳了出來。說時遲，那時快，一陣猛烈的旋風，捲起了沙石，折斷了樹枝，瀰天漫地從山谷裏橫掃而出。一條粗樹枝，藉着風勢，擋得那個民兵跌下山溝，很久很久才爬了上來，接着搖曳着身子，蹣跚地走了回去……

約莫深夜三點光景，跌下溝的何老伯才爬了上來，找到我們，一百感交雜，悲從中來，不禁老淚縱橫。我們這些年青人也黯然神傷，陪着他共洒酸淚。大家歇了一會，於是正式攀登梧桐山了。

我們幾乎全恢復了爬蟲時代的本能。但當我剛爬到山腰時，突然，一道強烈的電光，一聲嚴厲的恫喝直逼準着我：「舉手！」同時「不准動！」一隻軍犬，張着血盆大口，露出兇殘利齒，猛撲過來。我下意識地懂得：碰上這種場合，任何第二種考慮都是沒用的；又說時遲，那時快，一個後轉箭步，一個鷂子翻身，直從懸崖絕壁上，栽了下去。留下的是：「轟！」一顆子彈拖着殘光，撕破長空，消逝在雨夜的黑幕中。

「謝謝皇天上帝！」當我從山澗的水底浮起來時，摸了摸腦袋，依然還在頸頷子上；不禁噓了一口氣，選擇另一個角度，泅了上岸，鑽進茂密的叢林去做「人猿泰山」了。

這乃一片灌木林，樹上籐蔓縱橫，地上尖石滿布，蛇蟲螞蟻不知多少；只能攀沿樹枝前進。學着百萬年前我們祖先猿人的傳統步法前進。有時，從樹上攢下來，掉在荊棘叢中，攤在尖石嘴上，沒奈何也只有帶着鮮血，忍着創疼，堅持這一步法，仍奮奮勇而前。——這時，天已微明，我希望我和我們的前途也和這時的天色一般。

「嘩！飯鏟頭！」我不覺失聲驚呼。一條長約五尺，圈黑圈白的毒蛇出現在我下面的一棵小樹上，虎虎有聲地順着樹幹爬上來。我驚恐得一時不知所措。眼看就快要到面前了，才在氣急敗壞中，縱身向另一棵樹跳去。猛不料我這行本領畢竟不如我們的老祖宗，結果，想要跳上的樹枝落了空，反而吊在深谷半腰一株老樹的粗枝上打鞦韆。

可是，飯鏟頭到底是飯鏟頭，而不像我一般飯桶；牠竟隨我掉下之時，破空而下，撲向我的胸前了；我下意識地用右手猛烈一掃，才勉強把牠掃了下去。但牠卻仍不肯甘休，又捲士重來，瘋狂般向我進攻。我這時倒反而比較鎮定，心頭一縐，計上心來，立即解下一枝小電筒，亮着拋下去。這像伙一見亮光，立即追下，用全身纏住它，一動也不動，就如一個任牠的獵物——我一般。

經過這[illegible]，又幾經我[illegible]述的困難，我才算出了一座猛惡的樹林。

「啊呀！我的媽呀！老虎[illegible]肚內說：這時我確走不動了！只好等待命運的安排，一想到命運的安排，我反而毫無畏懼，蹲下拾起兩塊鵝卵石，猛力互擊，其聲尖而刺耳，又用脚撥動小樹枝，發出「只喳只喳」響聲。不料這方法意外地倒很有效，老虎聽了，竟然沒命地狂奔，越過另一山頭而去。我長長地吐了一口氣，多謝我的那一位老同學教會我這個方法。接近大松樹旁，我兩耳嗡嗡鳴響了，頓時頭暈眼黑，天旋地轉，大喊一聲，暈倒過去。

「好了，好了！醒過來了！」何伯的聲音：「阿財，再灌他一點酒。」

我飲了一大口酒，慢慢地張開着疲倦的雙眼，朦朧中看見廖姓姉妹在啜泣。我不禁驚問：「天亮了嗎？」「天亮了。我們已逃出魔鬼的魔掌了！」黃財的聲音。（完）

友聲集（四八）

林呈沈大

丙申二月　春晴

野哭聲通百二州，嘉揚十日迴難侔。燒書世忍觀秦火，去國天教切杞憂。薄宦無心淪左海，殺機誰信識楊修。廣陵曲散淞波遠，從此詩亡不可求。

× × ×

載道啼痕送播遷，危城風鶴想當年。祇教侯景圍京邑，誰窘孫恩作水仙。碧海波分東市血，歸雲夢繞北征篇。春風歲歲江南路，悽斷柔條總可憐。

× × ×

鰲頭獨樹共鶴枝，海水橫飛曾幾時。十載兵戈重歷劫，一行生死判交期。深求高處何從說，明月清風未可思。強遣哀忱託疑信，春來宿草又離離。

× × ×

傷心事有勝窮途，便決鯤波眼復枯。室毀鴟鴞猶未已，詞高鸚鵡可無虞？江山未劫消遊釣，姓字當時勸沈吳。聞道豈應悲夕死，兵間苟活亦須臾。

陳風子治印

陳風子，別號瘦翁，浙江杭州人，鑽研金石文字凡數十年，為西湖西泠印社得前輩大家法最深之浙派後人。本報今後將逐期刊載陳氏作品，以饗讀者。

人壽年豐

唐詩偶釋（三七）

鄧中龍

谷口書齋寄楊補闕

錢起

泉壑帶茅茨，雲霞生薜帷。竹憐新雨後，山愛夕陽時。閒鷺棲常早，秋花落更遲。家僮掃蘿徑，昨與故人期。

起聯直寫谷口書齋，結聯方入寄楊補闕意。首尾還題，中四句寫齋外所見之景，一片清幽，絕妙境界。茅茨結於泉壑之畔，雲霧生於薜蘿之帷，惟以與故人早訂遊期，乃有家僮清掃蘿徑，具見其閒適之狀。杜子美「花徑不曾爲客掃，蓬門今復爲君開」，與此正復同一境界。中四句，上聯較渾括，下聯較刻劃；上聯較濶遠，下聯較細緻。於四句平排中，又分兩層，可謂細針密縷，安置妥貼。

新雨後之竹，夕陽時之山，盡人皆能體會此境。下「憐」字「愛」字，便是無情化有情矣。此為畫龍點睛句法。孟襄陽之「氣蒸雲夢澤，波撼岳陽城」，李義山之「孤燈燃客夢，寒杵搗鄉愁」。「燃」「搗」「蒸」「撼」諸字，率皆詩人智慧語，學者務宜留意。三四為上一下四句，尤見筆力。秋花落更遲者，乃對春花而言，見得能開許久，較春花更能供人欣賞也。舊註謂秋花遲落由於山深，謬矣。

錢起，字仲文，天寶中及第，大曆中為翰林學士，王右丞許以高格。右丞沒後，仲文為雄。與郎士元齊名，士林語曰：「前有沈宋，後有錢郎」，其見重於當世如此。相傳仲文未釋褐前，初從計吏至京口客舍，月夜閒步，聞戶外有行吟聲哦曰：「曲終人不見，江上數峯青。」凡再三往來，起遽從之，無所見。嘗怪異之。及試粉闈，詩題乃「湘靈鼓瑟」，起即以鬼謠十字為落句，主文李暐深嘉美，擊節吟詠久之，曰：「是必有神助之耳。」遂擢置高第，釋褐授校書郎。湘靈鼓瑟詩之落句，誠極佳美，然仲文集中，此等句亦時見。蓋其意在神外，用能理致高遠，自不必假手於神助耳。「闕下贈裴舍人」詩三四句：「長樂鐘聲花外盡，龍池柳色雨中深。」讀者試想象鐘聲盡於花外之境界，則知曲終江上之句，亦自平常。仲文為天寶大曆中人，論時代正由盛唐轉入中唐，而詩歌之演變，亦由渾涵轉入纖巧。仲文之詩，巧句極多，而竟體渾涵者絕少，盛唐氣象，不可復見矣。豈時代所限乎！此杜工部之所以能獨步千古也。

中國現代史資料評介之十四

左舜生

梁任公先生年譜長編初稿（四）

（B）任公與戊戌維新（1）

戊戌維新為中日甲午一戰所激起的一幕政治運動，任公所奔走的公車上書，所參加的強學會，均為戊戌變法的前奏，而任公為強學會主編的『中外紀聞』，則為任公從事報館生涯的開始。所謂『中外紀聞』，係日出一張的一種木刻小報，且為委託送京報人挾在每天的『宮門鈔』附送的一種『非賣品』，每天撰論文數百字刊出者，即任公與麥孟華。經過月餘，居然每天印到三千張左右，頗引起當時讀者的驚詫。

強學會的主要策動者，除康有為外，還有文廷式、陳熾、沈曾植諸人，而楊銳、丁立鈞、江標、張孝謙、孫家鼐、袁世凱、徐世昌等均為會員，並公推陳熾為負責人，張孝謙副之，任公則作書記，而孫家鼐實為會長，以陳為翁同龢所信任，張則與李鴻藻有師弟關係也。此外英美人士如李提摩太、李佳白等，也對此會頗表同情。及『中外紀聞』出版，而會員又已增加到一百人左右，乃為守舊分子徐桐、剛毅等所痛恨，而御史褚成博等且準備奏請太后嚴懲有為，於是有為被迫於八月底南下至上海，另組強學分會，京會則一以委諸任公。張之洞（時署兩江總督）對滬會初表贊助，張謇、陳三立、章炳麟、汪康年、黃遵憲等，且已入會，稍後張之洞見康風色不佳，乃藉口不贊成康的孔子改制說，將所認捐款停止不發（僅交最初捐的一千五百兩），因而等到京會於光緒二十一年十一月封閉以後，滬會也只好解散。但北京的強學會封閉以後，所購書籍、儀器等仍予發還，乃改組成一官書局，後更由官書局演變而為京師大學堂（即後來之北京大學）；滬會停頓以後，則由黃遵憲、汪康年等，運用滬會餘款（黃個人捐出一千兩），創刊一『時務報』，並延任公為主編。

『時務報』從光緒二十二年七月初一出版於上海，每旬發行一冊，內容雖分『論說』、『諭摺』、『京外近事』、『域外報譯』等欄，而翻譯外國各報尤所置重，擔任譯英、法、俄、日各外文報紙者，均有專人。後來以國學大師著稱的章炳麟，曾一度任該報編輯（此外任編輯者尚有麥孟華、徐勤、歐榘甲諸人），王國維則曾充書記。據任公自述云：『每期報中論說四千餘言，歸其撰述；譯東西各報二萬餘言，歸其潤色；一切公牘告白等項，歸其編排；全本報章，歸其復校。十日一冊，每冊三萬字，啟超自撰及刪改者幾萬字，其餘亦字字經心目。六月酷暑，洋燭皆變流質，獨居一樓上，揮汗執筆，日不遑食，夜不遑息。』（見梁著創辦『時務報』原委記）。任公在這個時候，不過是一個二十四五歲的青年，其任事不苟的精神已如此，該報能風靡一時，不數月即銷至一萬餘份，決非偶然。

任公這一次在上海停留的時期頗長，他在光緒二十二年的三月到達上海，籌備『時務報』約經過三個月左右，延至六月下旬乃完全就緒，因而該報能在七月初一出版第一期。他主編『時務報』約有一年又四個月的時間，一直到二十三年的十一月，他才離開該報，改就長沙時務學堂之聘。任公在『時務報』的言論，一以批評時政主張變法為歸，首著『變法通議』，於該報逐期發表。其警句有云：『變法之本，在育人才；人才之興，在開學校；學校之立，在變科舉，而一切要其大成，在變官制。』可看出他筆鋒銳利的一斑，亦即『變法通議』的主要精神所在。至其他文字如『論報館有益於國事』、『西學書目表』、『古議院考』、『論中國積弱由於防弊』、『論加稅』、『說羣自序』等篇，均影響極大。可是『時務報』儘管大受歡迎，但也有一個無法克服的先天弱點：即該報創辦人之一的汪康年，與張之洞關係甚深，報館的經費來源，仍為張所供給，張對該報主伸民權，頗事干涉，汪亦以報館主人自命，而視任公如僱傭，任公不能耐。適黃遵憲任湖南鹽法長寶道（後署理臬司），謀集多數新人物於長沙，助湘撫陳右銘（寶箴）推行新政，堅約任公去長沙任時務學堂總教習，任公在『時務報』的工作乃告一段落。

任公留在上海的這一年多，新認識的朋友不少，除與黃遵憲、汪康年及馬良（相伯，江蘇丹徒）、馬建忠（眉叔）兄弟關係最密，並一度從建忠學拉丁文外，又由馬氏兄弟的介紹，與徐建寅（仲虎，江蘇無錫）、盛宣懷（杏孫，江蘇武進）、嚴復（又陵）及當時辦理洋務諸人有所往還。此外，他還認識了許多學佛的朋友，如吳嘉瑞（雁舟）之類，因此，任公自己也開始涉獵了若干佛書。尤其譚嗣同此時以候補知府名義住在南京，從楊文會（仁山，石埭）學佛，也隨時到上海與任公見面，譚正著『仁學』一書，每寫成一篇，常攜稿與任公商榷，因此任公在思想上受嗣同的影響不小。

此外，任公在這一段留上海的時期，還有若干事實也頗可注意：

一、黃遵憲在去湖南以前，曾被命為出使德國大臣，曾奏請以梁偕行，因德對黃未予同意，不果行。伍廷芳（秩庸）使美，也奏調梁為二等參贊，任公原已答應，卒以『上循公議，下追賤事』的理由，婉辭謝絕。又任公的另一朋友吳瀟德（字季清，一字小村，四川達縣）署理錢塘縣令，也想把任公關在西湖，專聘一二西文教員，讓任公學習一兩種外國文字，即馬相伯也以任公宜多事修養，不以其入世太早為然；但卒以遵憲強迫拉他去湖南，致閉戶學西文這一着，也未能實現。

二、與汪康年、麥孟華等創辦不纏足會。此事康有為在光緒九年，原已在廣東結合同志竭力提倡，且首先不許他的長女同薇裹腳，會遭遇種種非難與阻礙。此時任公等在上海繼續發動，成績依然不大。

三、又與經元善（聯珊）等創辦了一女學，更與康廣仁創設了一個大同譯書局，由廣仁任經理，後來康有為及任公的若干著作，即由這一家書局出版。

總而言之，任公這次留在上海一年半以上的時間，決沒有虛度，而且是他一生學問與事業的一大關鍵：他對學問興趣的愈趨多方；他之終生在從政與治學兩者之間徘徊；以及他成為中國近代史上一個首屈一指的宣傳家；可以說在這一時期已大體確定。

憶陳果夫先生（四三）

宇人

總統、副總統選出後，立法院正副院長的人選，又成了衆所矚目的焦點。當時盛傳廣西的黃紹雄頗有意乘李宗仁先生競選副總統獲勝的餘勢，出來競選立法院長。一日，有部份國民黨籍的國民參政員在中央飯店聚談，我也在其中，談到立法院的問題時，邱昌渭主張院長副院長均應由新人任之，才可挽救當前政治上的頹風。他雖然沒有提到黃紹雄的名字；但在場的參政員多認為這是他為黃助選的先聲。我在副總統選出後，即任為立法院長一席，仍應屬於孫科先生；但因當時祇是閒談性質，我並未提出此項意見。大約就在第二天，黃紹雄、邱昌渭、程思遠、韋永成四人來到我家，黃紹雄說：因為立法院即將集會，想先和我交換一些意見。我直截問他是否有意競選立法院長，他答尚未決定。我說：「如此最好。」並告以「立法院長的人選以哲生先生為最恰當。一、哲生先生在訓政時期連任立法院長多年，對議事的熟悉，國民黨的立法委員實無出其右者，自應仍由他繼續下去，以資熟手；二、訓政時期的立法院在抗戰勝利後的一段時間表現得很不錯，雖未能對行政當局發生了應有的制衡作用；但就現實的政治環境來說，已經難能可貴，應歸功於哲生先生的領導有方。行憲後的首屆立法院若由他繼續領導，當可發揮更佳的制衡作用，從而奠立民主憲政的初基。三、哲生先生在黨有悠久的歷史和很高的地位，競選副總統既經失敗，倘若連立法院長的地位亦併失之，在人情上，也說不過去。四、自德鄰先生競選總統獲勝後，黨內黨外對你們桂系即有許多推測和傳說，假若你再競選立法院長，必將更引起更多的誤會，不但於國於黨不利，即於桂系也是不利的。」黃紹雄聽了我這一番話後，表示他本人也很同意。隨後大家又漫談了一陣，他們才告辭。我送他們走出時還向黃建議，最好他去看看孫先生，宿詢表明支持之意，藉以彌補競選副總統時的一些痕跡。他答以誠恐孫先生不見他。我說：「我想，哲生先生不會如此的。」他請我為他約定時間。我說：「我和哲生先生極少往來，你何不請思遠兄為你約？」我轉過頭去看程君，他允於下次出席中央常會時當面請孫先生約定時間，然後陪同黃紹雄往訪。後來聽說，黃紹雄見孫先生時因話不投機，迄未向孫表示支持之意。

隔數日，中央常會開會，蔣先生提出以孫先生為立法院長候選人，立夫先生為副院長候選人。我對前者深感到頗獲我心，對後者亦不覺得驚異。因為立夫先生登記為立法委員候選人時，大家就已知道他的目的即在於此。

中央常會開會後，劉健羣、王啟江兩兄來訪，據云：已與吳鐵城先生談過，決定要反對立夫先生做立法院副院長。我問常會開會的經過情形（因我此時已不出席），他們說：事前分發的議程並沒有這一項議案，蔣先生臨時提出，大家全無準備，故無人發言，因得無異議通過。我說：「你們不當場反對，現在立夫先生已經常會通過，才來說反對，誰相信你們的反對能支持多少時候？假如立夫先生知道你們要反對他，向總裁報告，總裁把你們叫去罵一頓，你們還敢反對嗎？」他們齊聲說：「一定反對到底。」要我出來共同策劃一切。我說：「我已不出席常會，自可不受常會決議的拘束，祇要你們能反對到底，我是沒有問題的。且看你們有何具體的事實表現再說。」此後，青年團的許多立法委員都來說：「假如立夫先生再當選立法院副院長，CC的勢力將更澎漲，各地青年團同志所遭受的壓迫也就沒有解除的可能了」；他們的主張無論如何都要在選舉立法院副院長時予立夫先生以打擊，最好是將他打倒。我在黨團合併後，雖已身受CC和中統局的迫害，但對立夫先生個人仍無敵意；不過，我也認為假如立夫先生當選立法院副院長，在當時的情形之下，孫先生也難免不受其形響，許多中統人員更將以各種不同的身份滲入立法院及其所屬各種委員會為職員。如此一來，立法委員的一言一動，都在他們的監視之下。這些平素就以製造假情報和亂拋帽子為能事的特務分子，必將更對我們一般被視為異己者的言論行動，故作種種歪曲的報導，藉以挑起蔣先生對我們的憎惡，而達其必欲去我們而後快的目的。所以，也就毅然決然的表示：假如他們（指青年團的同志）都能堅持到底，我一定以全力赴之。過不了兩天，接到蔣先生請在官邸餐叙的請帖，探詢之下，知道他請的盡是中央常委，我既已不出席常會，也就決定不去。但當天上午十一時許，劉健羣、王啟江兩兄又來，（似乎還有吳鐵城先生，已不十分記得清楚），邀我同去，我初不允，他們坐不肯走。我無可如何，祇得向他們說：「假如總裁提出立夫先生的問題，你們採取什麼態度？如果當面不反對，下來又說反對，我可敬謝不敏了。」他們說：「總裁一定不會提的。」我說：「我要知道的是總裁如果提出，你們將作何表示？」他們說：「當然表示反對。」我說：「誰先發言？」他們說：「老兄是名參政員，當然是你哪。」我說：「如此，我就不去了。」他們問：「要怎樣你才去？」我說：「假如總裁提出立夫先生的問題，你們先起來反對，我才可以去。這並非我想不說話；乃是因為如果我先說話，碰了總裁的釘子，你們一定不敢再出聲的。反之，你們若肯先說話，縱然碰了總裁的釘子，我還是一樣要起來支持你們的。所以非你們答應先說話不可。」他們互相推了一番之後，王啟江兄終於應允假如總裁提出立夫先生為立法院副院長候選人的問題，他先起來發言反對。於是我便和他們一同前往蔣先生的官邸。（待續）

本刊已經香港政府登記

聯合評論

每逢星期五出版

週刊　United Voice Weekly

第二七〇號

805641

CHINESE - AMERICAN PRESS, INC
199 CANAL STREET,
NEW YORK13 N. Y. U.S.A.
美洲航空版每份零售美金一角

中共恐懼國軍反攻
共軍重新部署說

許子由

台北電訊報導，中共在東南沿海兵力，正作重新部署，以防國軍反攻。大致上在閩省方面，將重兵集結於南平、永安、龍岩之線；粵省方面，則在平遠、翁源、曲江之間，距海岸均自二百至三百公里。此乃因海岸線過長，為防國軍登陸重點突破，而致措手不及。部署之後，在閩可用鷹廈鐵路、在粵則用廣九鐵路為運兵樞紐。

同一報導並說：中共在西北的蘭州，及東北的齊齊哈爾，分別集結軍力二十及四十萬人，共六十萬人沿中蘇邊境佈防，防備蘇聯突然發動戰爭。入藏共軍也有二十五萬人以上，這却是準備中印邊境戰事再度爆發。

泛亞社報導上述消息係台北一家通訊社所發，未指明該社社名；路透社則說明「英文中國日報」刊載此項消息，係來自有情報背景之可靠人士。大概這是接近軍方的消息，也即台北軍方的情報，沒有什麼疑問。

中共以前為進攻印度而調遣入藏的中共軍，迄未有調回的消息，依照中印邊界時有小衝突發生，及印度積極備戰的情況，入藏中共軍必然大部分被膠着於邊境一帶，或留藏境作預備隊伍，是必然的。關於西北及東北佈防防蘇一事，前此已有類似的報導，按照中共與蘇聯曾發生多次邊境出入境及政治難民糾紛，以及曾有小規模軍事衝突，中共的不能不稍作防備，自也是意中之事。只有「東南共軍重新部署」的消息，涉及國軍反攻大陸問題，比較值得討論。今天便有注意「王師北定中原日」的人士，過訪徵詢對於上述消息的意見；足見有關反攻的訊息，只要是一鱗一爪，便會引起海外廣大同胞的關懷。

攻守之勢異

對於台北軍方情報的正確性，一時當然無法加以判斷。但這個可能性是有的，而且可以判定，共軍重新部署，是與最近國軍游擊隊登陸沿海有關。因為儘管游擊隊的人數總共不過數百人，但登陸範圍已及於六省；即使最後失敗，也已經作相當的滲入。很明顯的，可以偷渡登陸的地方，也可能就是可以突擊登陸的地方，以六省來說，數千哩的海岸綫，那有許多中共軍可以步步佈防？中共採取準備作戰方式的部署，（把重兵放在第二綫），在戰畧上是合理的。中共未必相信國軍會大規模登陸，也即是不相信國軍會在此際作總反攻，但是它不能不有此防備。此中有許多原因，而那不是純軍事的。

中共雖然發表了許多「民兵捉特務」的繪影繪聲的報告，用毛澤東那「照單全收」的輕鬆滑稽語調。但可以確定那是不盡不實，按照中共民兵配備那些簡陋的槍械，與國軍游擊隊的美式新武器對比的，在「困獸猶鬥」的情況下，沒理由「特務」都是呆若木雞，「束手就擒」。以中共在一個點動用民兵之多，若干處且報告正規軍馳到參加圍捕。則這些特務之不是全部上去「送槍」，而可能是射出子彈」，絕無疑問。

中共在「慶祝」擊落U2機及全殲「美蔣特務」的大會中，那些做法，也可以充份看出北平的「色厲內荏」。它強調中國人民「不可侵犯」，但並不能掩飾它對國軍游擊隊騷擾的恐懼。這些每隊三、二十人的游擊隊，還不能「竄」，但中共[illegible]呼「粉碎竄擾大陸的陰謀」。它說中國人民不可侵犯，不敢說共產黨不可侵犯；它兩度高呼「保衛祖國」，不敢說保衛共產黨公社制下的人民生活；它更必須把「美蔣」串起來，以指責「美帝侵畧」，而並不像以前那樣抨蔣「妄想恢復封建統治」。它完全是向民兵讚揚、鼓勵、打針、提起警惕，而完全說的是人民自己及訴諸人民的愛國心。甚且拉出一頂大帽子，說那是「保衛世界和平」。

那些什麼「毛主席共產黨領導下豐衣足食」的話都沒有說，因為不能說；因為「人心思漢」，即使國民黨腐化的時代，人民的生活總不及共產黨治下的痛苦！中共之對於國軍反攻，落得如此無話可說，等於緘口結舌，此中原因，正如賈誼論亡秦：「仁義不施而攻守之勢異也」。

中共甚且借着南越近事，再來一次「號召蔣帮起義」來「歸」，以為這也有「釜底抽薪」之效，這想法不但幼稚，而且更足以反映中共心理的恐慌。

是決心的時候

中共這種恐慌情態，正說明了國軍竄擾，反攻的時機，仍然存在，雖然這時機不及一九六○、六一年大陸動亂時那樣良好，但決不能說中共稍微能夠鬆弛糧食的供應，便會迅速轉而獲得人民的擁護。那些公社、躍進的失敗，下放、整肅的叢怨，親蘇反蘇的反覆，派系隱伏的鬥爭，這一切的一切明傷暗疾，決非開大會喊口號所能醫癒，即使自欺也不能欺人，而這一切，就都是國軍竄擾或反攻的好機會。問題就在台北，能不能夠利用這些機會。

從純軍事的觀點說，游擊隊在目前的數量與規模，還不能做到竄擾。即使以數以萬計的國軍，登陸突破，若照粵閩浙等省共軍有數十萬兵力的情況，國軍也未必能攻城畧地，擴大佔領。但這不是說否定軍事的效用，相反的，正應竭力擴大游擊及突擊，達到能夠「竄擾」困擾共軍，以迄可以正式反攻的時候。

無論游擊或登陸，都有賴於內部的策應，否則難有成功。那麼，反攻的大部份是政治問題，已很明顯。過去，中共「斬韓信」的高饒事件，一九六○年動亂事件，台北都沒有情報，而不能加以利用。情報失敗應加檢討；「不能利用」可能是沒有準備。此後必須注力於反攻，利用機會採取行動，才能使海外及大陸人民相信。

中共對人民的罪大惡極，已不待詈罵與擯斥，人民心裏有數。問題在於推翻中共之後，是否「恢復封建統治」？能夠給予人民以怎樣的一個社會？怎樣的生活遠景？土地問題如何處理，共產黨員共青團員如何寬赦？軍政時期如何儘量縮短？法治制度能否迅速確立？「反攻大陸設計委員會」設計多年，是否有若干項已達到結論而可以公佈的？至於民主（最要緊的是民權）法治，決非空言的期許，而是應先在台灣做到，使大陸人民知道，國府重來，不是過去的官治，而是法治與民治。否則在中共治下十餘年，若仍可「拋紅帽子」的話，人民又怎敢「迎王師」呢？

台北今天應該有拿出氣魄的勇氣，乾坤一擲的決心。昭告自由國家，決計反攻復國；號召反共文武耆宿，共商與毛集團週旋。約法三章，與民更始。然後才能有所發揮。否則不但竄擾無以為繼，坐視國際局勢日壞，偏安也難長久。這也該是台北下決心的時候了。

（五二一年國父誕辰）

寫在國民黨九全大會的開會期中

左舜生

國民黨的第九次全國代表大會已於昨天揭幕，我默念着中華民國創建的艱難，北伐完成與八年抗戰兩幕全國人民所付出代價的偉大，以及當前國家的命運確已到了一個最險惡的關頭，我好像有一種『義不容辭』的心情，不能不說幾句話。

中國有兩句老話：『忠言逆耳利於行，良藥苦口利於病』，我不敢說我的話一定是什麼『良藥』，但我不能不自信我所說的要不失為一種可資參考的『忠言』。

我想到中山先生逝世的時候正是他的六十之年，今年是他的『九八』誕辰，因而我感到國民黨的總裁蔣先生繼承孫先生未完的遺志，實際掌握着中華民國的大權，已經有了三十八年之久。清朝有一個皇帝，為要表示他一生功業的成就，自稱『十全老人』，我期待，國民黨的朋友們發奮為雄，等到您們『十全』大會的時候，能在南京中山陵墓的前頭舉行開幕式，而蔣老先生以八十高齡出席致辭，遙望着『蔣山青，秦淮碧』，也真有『十全』之感！

二、國民黨的朋友們，您們最大的使命是『反攻復國』，也可以說您們當前惟一的使命也就是『反攻復國』。中華民國的國民，茹苦含辛，受盡人世所不堪的磨折，已經有了十五年之久，『飢者而為食，渴者而為飲』，您們要使得中華民國的老百姓感到相當的滿足，看來很難，實際也很容易。我希望看見您們在北伐前的那股『朝氣』，更希望看見在抗戰中那樣的全國『團結』。

三、千萬不要誤會我們在今天還有什麼高調。中華民國有一部一百七十五條的憲法，這是國民黨的總裁蔣先生所曾敬謹接受的，我從來沒有希望這一百七十五條的條文在今天這一非常時期能一一見諸實行。但其中有若干條卻是最『基本』的，假如並此而無法實現，則中華民國的老百姓不僅不能生存，而且不能『自比於人』！因此，我不能不希望您們在開會發言或提出具體建議的時候，能把這部憲法先唸一遍，同時比照當前的政象，指出三條或五條，在過去這十五年中確確實實是為您們的政府所誠意履行了的。

四、反攻必須與清明良好的政治全面配合始能有效，也才能一勞永逸。關於您們黨內的選舉，這是我們黨外人無從發言，也不能發言的。可是，我不能不希望您們的黨確能有權，也確能得着全國的老百姓的傾心信仰，然後您們心目中的國策，才庶幾有實現之望。假如您們在過去若干年確曾發現您們黨內的某一同志在工作方面未能竭盡全力，或者沒有顯著成績，您們似乎應該為黨『求才』，也為國『求才』，不必過分姑息，而使得全國的老百姓感到失望，因為今天確實已經到了一個不能繼續敷衍的時候了。

五、這若干年來我隨時感到不安的，便是以今天台灣的一省，（尤其不應忘記在前清光緒十一年以前，台灣更不過是福建的一道）而一定要保持一個與過去大陸一模一樣應有盡有而龐大無比的政治機構。在我想來，凡與反攻復國沒有直接關係的機關，大抵應在『暫停』或『緊縮』之列；我不知道這種牽涉人事的問題，您們有發言建議的餘地沒有？同時，我看到這次英國的新閣員，曾沒有一人在年齡上超過了六十的，而最年青的，乃僅僅只有三十九歲。英國是一個號稱最保守的國家，其側重少壯的精神，尚且如此，難道國民黨便眞有一二少壯人物可担負起國家的重任了嗎？除極少數特例以外，您們為什麼一定非煩勞七十、八十乃至接近九十的老年人不可呢？自然，過去在政治上確有貢獻或對國家曾有勳勞的老年人，大家必予以適當的安排，但所謂「人事凍結」的原則，在今天已完全不能適用，確實已經是顯而易見的事實了啊！我不知道這種直接涉及人事的問題，您們也有發言建議的餘地沒有？

六、最後還有一點：以我這樣一個主張「逐漸實現民主」的人，決不反對「一黨執政」，但我確無法贊成「不專」的「專政」，因為果真做到了一黨專政而無所不專，則所謂「在野黨」便決沒有生存的餘地，一個事實上不容許在野黨存在的國家而空談團結，這是一件不會使大家感到興趣的事。

從台北與北平兩份戰報看國軍游擊隊登陸大陸的情況

劉裕略

本刊上期曾有一篇報導，報導台北美聯社電訊及中華民國國防部發言人所談國軍又有十一批游擊隊突襲大陸的情形。本報更指出中共不久將有戰報發表。該文發排之後，中共公安部果即於十一月四日從北平發表了戰報。

現在，僅就台北的戰報及中共公安部所發有關這十一批游擊隊登陸的戰報作一客觀分析，以供留心反攻問題的讀者研討。

當然，這所謂客觀分析，在資料上講，也是極不完備的，因爲我們手頭并無這十一批國軍游擊隊突襲大陸及共軍抗擊這十一批游擊隊的詳細情報，而只能就雙方所發表的戰報來加以比較客觀的分析而已。無論如何，即就新聞資料來分析，總還可以對這問題觀察出一個大致的輪廓來。

有關這十一批國軍游擊隊如何分組？何組突襲何處？台北公佈原文是這樣的：

「第七縱隊——廣西。

第三十七縱隊——廣東。

第二十一縱隊第四十一梯隊——廣東。

第二十一縱隊第五十四梯隊——廣東。

第廿五縱隊第五梯隊——福建。

第廿五縱隊第十四梯隊——福建。

第九縱隊第十二梯隊——浙江。

第九縱隊第十五梯隊——浙江。

第十八縱隊——江蘇。

第廿二縱隊——江蘇。

第十二縱隊——山東。」

中共於十一月四日以所謂「中華人民共和國公安部公報」的原文則是這樣的：

「最近一個時期，我廣東、福建、浙江、江蘇、山東沿海地區軍民又連續殲滅了九股偸渡登陸和空降的美蔣武裝特務共九十人，再一次粉碎了美帝國主義和蔣介石匪幫對我沿海地區進行小股騷擾的罪惡陰謀。九股武裝特務被殲情況如下：

「六月廿三日，美國中央情報局駐台灣的特務機構『海軍輔助通訊中心』（N.A.C.C.）直接派遣的武裝特務八人，乘飛機在廣東省海南島陵水縣山區跳傘着陸。隊長鄧建華、副隊長周少茂以下分別被我包圍，全部被殲。

「七月廿四日，蔣匪國防部特種情報室派遣的『反共挺進軍第十一支隊』武裝特務十二人，在浙江省永嘉縣老虎岩偸渡登陸。支隊長范輝、副支隊長王宜堂以下全部被殲。

「八月廿日，蔣匪國防部特種軍事情報室派遣的『反共挺進軍第八十一支隊』武裝特務十人，在廣東省澄海縣南港地區偸渡登陸。支隊長魏雄文，副支隊長林良勇以下全部被殲。

「八月廿七日，蔣匪情報局派遣的『浙江省反共救國軍獨立第三十支隊』武裝特務七人，在浙江省渴嶺縣三蒜島偸渡登陸，支隊長高度妹，副支隊長林茂新以下全部被殲。

「十月六日，蔣匪情報局派遣的『山東省反共救國軍獨立第十二縱隊』武裝特務十六人，在山東省海陽縣大辛家地區偸渡登陸。司令張吉元以下全部被殲。

「十月八日，蔣匪情報局派遣的『江蘇省反共救國軍獨立第十八縱隊』武裝特務十人，在江蘇省射陽縣射陽河口地區偸渡登陸。司令劉直權以下全部被殲。

「十月二十日，蔣匪國防部特種軍事情報室派遣的『反共挺進軍第一百四十一支隊』武裝特務九人，在福建省福清縣後岐村偸渡登陸。支隊長盧浩，副支隊長盧新垞以下全部被殲。

「十月廿四日，蔣匪情報局派遣的『福建省反共救國軍獨立第九縱隊』武裝特務五人，在福建省莆田縣平海灣偸渡登陸。司令吳國英以下全部被殲。

「十月廿四日，我浙江平陽縣沿海軍民，在平陽縣南麂島附近，擊沉蔣匪國防部特種軍事情報室運載武裝特務的機帆船一艘，蔣匪國防部特種軍事情報室上校特務賀展霄以下十三人全部被殲」。

中共公安部十一月四日公報除了列舉上述九組游擊隊的情況以外，又說：

「除了上述被殲的武裝特務以外，在美帝國主義的指使下，蔣匪情報局還派遣六股武裝特務共四十七人，先後於七月廿九日和十月廿三日從毗鄰我廣東省的越南民主共和國原海寧省沿海地區偸渡登陸，企圖竄入我廣東省西部山區進行騷擾破壞。這些武裝特務一踏上越南民主共和國的領土，立即被兄弟的越南軍民全部殲滅。

「美帝國主義為了推行其對我國的侵略政策和戰爭政策，自去年十月以來，就唆使和支持蔣匪幫不斷地向我沿海地區派遣武裝特務，進行騷擾活動。最近，美帝國主義和蔣匪幫又進一步勾結南朝鮮和越南的傀儡集團，把南朝鮮和越南南方沿海島嶼，作為武裝特務偸渡登陸的跳板，以擴大對我沿海地區的騷擾活動。被越南民主共和國軍民殲滅的美蔣武裝特務，就是從台灣乘船駛至南越南方峴港附近的島嶼，在越南傀儡集團的幫助下，進行休整補給後，在越南民主共和國原海寧省偸渡登陸的。在江蘇山東沿海被殲滅的美蔣武裝特務，就是從台灣乘船到南朝鮮的鹿島，在南朝鮮傀儡集團的幫助下，進行休整補給後偸渡登陸的。這是美帝國主義及其走狗南朝鮮傀儡集團和南越傀儡集團對中國人民的嚴重挑釁。」

又說「自一九六二年十月一日，至今年十月廿四日，美帝國主義和蔣介石匪幫除去上述派遣六股武裝特務共四十七人在越南沿海地區偸渡登陸，被兄弟的越南軍民全部殲滅以外，還先後向我沿海地區派遣了二十四股武裝特務共三百二十四人」。

以上是台北官方報導及中共公安部於十一月四日發表的公報。現在不妨從頭看看這個問題，并且把雙方公報加以比較和分析。

從頭算來，中共公安部十一月四日發表的這一公報已是中共公安部有關國軍游擊隊突擊大陸的第三次公報了。

中共公安部發表的第一次公報，發表於去年十二月廿九日，那一公報曾經公佈台北國軍游擊隊曾於去年十月到十二月的三個月內，曾有九批國軍游擊隊在廣東登陸，總共「殲滅」了一百七十二人。中共公安部第二個公報於今年六月廿九日發表，根據該公報的說法，中共曾於今年六月份內在東南沿海地區連續「殲滅」六批國軍游擊隊，總共十二人。中共公安部十一月四日的這一公報，便是中共有關台北國軍游擊隊的第三次公報。中共三次公報總計所說的國軍游擊隊共廿四批，總人數三百二十四人被「殲滅」。但是依據台北官方公佈，從去年十月到今年十一月卻不止二十四批游擊隊在中共控制下的中國大陸登陸，而是僅今年六月後就有卅二批國軍游擊隊在沿海登陸。這就可見中共所謂台北派來的登陸游擊隊都已被殲滅的說法，是誇大之言，而與事實不合。假如中共公安部十一月四日所發現的廿四批真如中共所說的話，均被中共全部殲滅了，但事實上也不過被中共發現了或殲滅了六月廿四以後卅二批中之二，而不過其中三分之二而已。

其次，再細讀中共公安部的三個公報及中共有關這三次公報的有關戰鬥紀載，當可立刻發覺中共公安部所用的「被殲」一詞，用得「極含混」，而在利用「全殲」「被殲」等字加以渲染。

我們曉得：所謂「全部被殲」乃軍事上常用的一個術語。這一個術語的原意，是被全部殺絕或全部消滅的意思。但中共新華社在上述中共公安部公報外經常叙述如何活捉某批游擊隊中之某人或某幾人，由此可見中共所謂「被殲」，并不全是國軍游擊隊被殺了，而縱然他們仍有活的被捉，但却不一定是真被殲。

論台北的公佈，無可否認，中共的公佈都是一種誇大的宣傳，都必然有誇大的成份。譬如台北的公佈總是說：「游擊隊遭遇抵抗，至徹底順利登陸大陸」；又說：「抵抗激烈」之詞；游擊隊經百戰，雖然百分之八十都在大陸上登陸了，只有百分之二十被擊退。最近這十一批國軍游擊隊，大部份都已在大陸登陸，台北也承認十月廿四日在浙江平陽縣的一批游擊隊機帆船未登陸前即全部被殲。這可見國軍游擊隊十之八以上，確實登陸成功了，但這些游擊隊登上大陸以後，台北說都很順利，或者說是只遭遇到微弱的抵抗，而中共公安部的戰報所說，則都「被殲」了，這當然也都是誇大的宣傳。中共說的國軍游擊隊均在數小時內「被殲」，然更是一種「心戰」。事實上，台北今年六月以後所派卅二批游擊隊中，中共只發現這廿四批，另據中共「中國新聞社」的補充報導，曾有一批游擊隊空降在海南島，飛機未被中共發現，中共算是總共廿五批，這已充分說明所有登上大陸之游擊隊并非全部被「殲」，因為其中至少有八批未被中共發現。這八批游擊隊現在究竟在何處呢？當然是一個謎。台北當局也仍未經撤回台灣，也仍在大陸，都未可知。如果游擊隊真在大陸還有什麼游擊的話，大概就是這八批游擊隊中的某幾批。以前及以後被中共發表的某些游擊隊，中共發了三份公報，數月前某些游擊隊北派曾登陸該批消息，並指出中共未發表該五批戰報，且提及中共至今仍未提及該五批游擊隊，足見該五批直至今中共未曾發現。此五批游擊隊的下落，我們既可以確定登陸大陸的事，但非台北官方所說的那樣「順利」，也不如中共公安部所說那樣全部被殲。那末，兩個戰報所說的大抵是中共「殲滅」了和活捉了大部份國軍游擊隊，至於中共公安部戰報所說：「八月廿日……支隊長魏雄文、副支隊長林良勇以下全部被殲」，「八月廿七日……支隊長高度妹，副支隊長林茂新以下全部被殲」等類文字，及中共新華社的報導及別的新聞報導中所發表的名字，則尤其活捉或殲滅的真正姓名，各人該詳細記載何以中共公安部既不說明何以戰報中既不詳細呢？何以中共新華社甚至長達萬言的報導，經過描寫，都還只說了「副支隊長魏雄文」、「支隊長林茂高度妹」、「副支隊長林茂新」之類呢？為什麼一個人的名字都不能把它寫清楚呢？這些人名究竟是什麼人？是否真是名字呢？為什麼還不能把國軍游擊隊的名字探知清楚呢？中共公安部在戰報中所說「被殲」的國軍游擊隊，是否只是一個名字呢？報告用的公式概括說法，只是一種渲染的宣傳。

於十一月四日配合中共公安部的戰報發表一篇長達萬字的文章，以「無形的長城」為題，報導「沿海軍民殲滅美蔣武裝特務紀實」的詳情。依理，中共既已「活捉」某一游擊隊，新華社總不至於把該批國軍游擊隊的姓名弄錯了吧？然而中共新華社卻竟然自己承認把他們的姓名都弄錯了。對此，中共新華社曾於十一月五日正式發表更正，更正「無形的長城」一文第六段內報導，說「報務員高泰應爲報務員高克泰，第九段一個匪徒叫朱峰應爲一個匪徒叫馬頭」，這可見中共實上是不完全清楚國軍游擊隊的全部姓名，而只是根據其中一二人之傳述而弄錯。

至於國軍游擊隊的番號，台北所發表的番號與中共所發表者不同，台北方面發表有關游擊隊的番號時，不願中共獲知其詳，故台北方面乃將其番號更改，真實的番號倒還以中共公安部所發表者為真實。不過，從反共立場說，國軍游擊隊現在的登陸地區，已從以往只能在廣東一省登陸，擴而至現在已能在廣東、浙江、福建、江蘇、山東、廣西六省登陸，有的用船隻，有的用空投，則是可喜的現象。

是挽救中華民國最後的時機了！

孟戈

國際險惡風雲，正吹向亞東來，愈來愈加變幻，愈形奇突，至於中國方面，若干年來所懸出的「兩個中國」紅燈警號，也在這股飄風暴雨中閃動不已！面對這醜惡的現實壓力，一個大陸政權和一個台灣政權，將會把中華民國完整的土地，硬生生地分割成兩個「國家」。因而有朝一日，所謂「反攻大陸」與「解放台灣」這兩個被政治魔術師所玩弄的口號，就會被視爲「破壞國際和平」的「侵略行爲」了。

第十八屆聯合國大會，關於中國代表權問題，又以五十七票對四十一票否決了中共政權代替台灣政權的議案。顯而易見，這項重要課題，始終呈現「膠着」狀態中！

一、華裔佔絕大比重的馬來西亞，居然主張「兩個中國」。

二、所謂「第三勢力」的法國，正步英國後塵，亦意圖承認中共政權，製造「兩個中國」。

三、美國政府正受到有加無已的內在壓力，要想做生意，在紐約時報不斷鼓吹「兩個中國」。

其他英、荷……等早已承認中共更不消說得。

自從毛赫鬥爭全面化與表面化以後，帶給西方政客一種直覺的興奮。他們認爲蘇聯意圖孤立中共，西方國家就不必孤立中共，赫魯曉夫謀劃鬥垮毛澤東，西方國家的領袖就該設法支撐毛澤東。他們認爲祇要中蘇裂痕能保存，毛赫鬥爭繼續，那麼，蘇聯會靠近西方，而中共亦一定「親善」西方國家的。如是乎共產主義的擴張可予戢止，「和平共存」的幻夢亦可望實現了。要是中共不「一面倒」向蘇聯，無異乎在美蘇之間出現一個緩衝地帶，不管中共壞過蘇聯，亦不理毛比赫更具野心，然而，至少可以減輕核子對立的危機，這是美國夢寐求之的事象。從日本與中共大打交道看來，誰敢說這祇是池田內閣的行動呢？誰敢說這不也是甘廼廸政府的主意呢？

然而，「兩個中國」實在行不通。

毛澤東是驕橫跋扈的獨夫，威震寰宇的成吉斯汗，尚不在他的眼裏，想望他手上把中國變成南宋北宋的局面，這是很難實現的事。他有「寧爲玉碎，不爲瓦全」的孤僻性格，「兩個中國」這名堂，他一定反對，而且會反對到底。不過，畢竟形勢比人強，十四年來，中共被遺棄在聯合國門之外，又被冷落在國際若干國家之間，這絕對不是毛澤東今後力所能及的。因而，面對西方國家誘惑與試探的今日，他的外交政策很可能「變」，這一個「變」，很可能是以准許以「台灣獨立」來換取金門與馬祖，而取得聯合國的席位。時局愈對中共不利，這件政治買賣也愈有成交的可能。

至於國民黨政府呢！當然十分反對「兩個中國」事，反對儘管反對，實是歸於徒然，問題很簡單，要根絕「兩個中國」的陰謀，祇有一條路走，就是「反攻大陸」，但外力既不可恃，自力又不能更生。儘管說「反攻大陸，每分鐘都可開始」，事實是祇派一百幾十人作大陸游擊戰而已。這就是中國的厄運！

中華民國立國已經五十多年了，中華民國國民始終沒有得到一點真正民主與自由的權利！大陸出了一個毛澤東，血腥統治的極權政治使六億善良人民過着「新奴隸主義」的奴隸生活，這是非人生活。至於以「反攻復國」爲號召的國民黨政權呢？他又給予人民多少民主與自由？他又帶給人民多少希望和信心呢？五十年來不算短的歲月，在中國的土地上一次又一次的騷動，中國的政治魔術師一次又一次的玩把戲，於是乎中國人民的鮮血就一次又一次白流了。現在，中華人民的血是不能再白流了！

五十多年的大夢一覺，中國的土地就快會被割裂了。這是我們這一羣流徙四海的中國人——忠於民主自由的孤臣孽子挽救中華民國的最後時機了！

貴族政治的禍亂

幼椿

越南革命發生，吳氏家族慘遭覆滅的一週以來，報紙上所暴露的一切，無非顯示出越南吳氏八年來是實行貴族政治：滿朝朱紫貴，盡是一家人；而所行所爲，據先後報導，大都胡塗顢頇，以致衆叛親離，勢必滅亡。

不過，貴族政治的內幕，尚有貪污腐化的一面，吳氏家族自不能免。這種貪污的普遍流行，充滿於西貢政府上下各級人員。只要去問一問香港的與西貢打交道的商人，或者去問一問西貢堤岸的華僑經商者，便會告訴得很明白：做生意一與吳家政府生關係，便非賄路不行，而西貢政權又統制着外滙，實行着保護關稅；因之，與西貢做進出口貨的商人便都得與吳氏家族的私黨說人情，進賄路，並且講價還價，數字不小！筆者在香港與西貢兩處都曾親自見聞其事，因之，曾令筆者想到我國清末時代，慈禧太后柄政的貴族政治，爲我國家及國民造成的種種禍亂。

幸越南吳氏家族的貴族政治，只得數年而滅，實越南人不幸中之大幸；而我國的貴族政治，以最顢頇與最腐敗的清末而論，有六十年之久，眞是中國及其國民的大不幸，茲畧述之：

讀台北國民出版社印行之「近世人物志」爲金梁所選輯之翁同龢、李蒓客、王壬秋、葉昌熾四人日記所記多係清末大小官吏及各色名士之公私生活，讀之足以側窺清末六十年間（一八五〇——一九一一）政治及社會之變局，及當時士大夫之盲昧顢頇，不能適應國情，或保守自大，不識世事，而只知墨守成規，或一知半解，大言欺人，而以國事爲兒戲。當時之內憂外患，紛至沓來，而又遇一無識貪權之老婦人慈禧太后，主持國事，焉得不亂不亡！葉昌熾日記云：『新舊相爭，旗漢相爭，英俄相爭，實則母子相爭，追溯履霜之漸，又出於嫡庶相爭，亂匪降自天，生於婦人，豈不信哉！』

然則金梁的書上所述近六百人之中，又豈無聰明才智之士，其所以頹勢難挽，乃積習已深，不可移易，如石下墜，不落地不止，茲歸納其書中所見，積習之最足以誤國事者有三：

一爲官場習氣太重。——專制政治之下，逢迎一人或少數人，便可以飛黃騰達，故易養成詔上驕下之官僚作風，而無識之西太后及其左右之權貴，又最怕人瞧不起，最喜歡阿諛，於是官場便習於無恥，只知如何取得在上者之歡心，而有官可做，其餘一概不問。目的既然在做官，則不一定要講求做事，因爲眞正做事，一有得失，反易妨害升官，故不如奉行故事，敷衍塞責，於是上自大臣疆吏，下至府縣百僚，一律皆是皇帝的書辦而已！書辦平時既只知做紙面上的工夫，故每遇問題一來，不是顢頇處理，便是手脚無措。不幸彼六十年間，內憂外患又紛乘而來，除極少數還能勉強擔當一下，大多數官僚不但無能，只有壞事！書中四家日記，均對此官場積習，慨乎言之，而李蒓客、王壬秋兩名士的日記尤處處感慨，甚至不惜嬉笑怒罵。如王壬秋記彭玉麟：『雪琴辭官還山，朝命優渥……雪琴此去，使京中王公知天下有不能以官祿誘動之人，爲益於末俗正大，高曾左一等矣！』又李蒓客記楊昌濬：『彼以三家村學究，驟擁八騶，作十一郡節使，宜其魂已失，彼心目中自朝廷階級外，尚復知有人事……。』而王記亦稱：『楊石泉（昌濬子）巡撫來，自言曾作官，雖龍尤有官意……。』

二爲華夷之見太深。——中國有二三千年的高級文明足以自傲，中國歷史所遭遇的夷狄來侵，其文化又皆不如我，故中國士大夫對於「尊攘」（尊周攘夷）之義，持之甚堅。一民族應有自尊心，本來未可厚非。然不幸清末竟遭遇「五千年未有之變局」，來侵我國者，其文明未必低於我，而戰術武器皆比我利，且時逢衰亂，內憂甚大，乃仍一味自尊，既不知己，又不知彼，龐然自大，動輒主戰，而以辦外交爲媚外，主和局爲漢奸，一敗再敗，到不可收拾，便交與李鴻章去想辦法。然而李鴻章及一切所謂辦洋務者，仍在當時被攻擊得體無完膚，朝野上下皆認爲可殺，及今觀之，實爲可憐！本書四人日記所記，如當朝號稱賢相之翁同龢，彼對於洋務乃一無所知，每對外交使節輒避不見，對外患主戰，對李鴻章及其他辦洋務者皆有貶辭，李王葉三人也皆堅持尊攘之義，而痛恨其所謂辦洋務者，如對郭嵩燾，李記：『閱郭嵩燾「西使紀程」，記道里所見極夸飾，大率頌其富強，爲中國所不及。嵩燾自前年被召，即爲清議所賤，去年夷人入長沙，將建天主堂，其鄉人以嵩燾主之也，羣欲焚其家，値湖南鄉試，幾至罷考，迨此書出，而通商衙門爲之刊行，凡有血氣者，無不切齒』，有詔燬板，而流傳已廣矣。』王記：『閱郭筠仙海外日記，殆已中洋毒矣。』（見一二六頁）然李記對李鴻章尚有一兩句公道話：『合肥受北洋之寄，極使相之尊，久其事，深信夷人，又委任動效法夷，廣作機器，糜費鉅資，然身處危疑，非人譏責，亦無解人，力分勢掣，財匱兵驕，事事備之，不中事會。近法夷和約五事，外之言，不償兵費，不增難端，越南之朝貢如常，滇桂之邊防如故，速定盟言，自來歎議，此舉差優，平情論之，功不可沒。』

三爲攻訐之風太甚。——在皇朝專制下之官僚政治，因功罪是非，惟皇帝一人之喜怒是聽，故最易形成功則相爭，過則相諉，彼此互相攻訐之局，尤其國家衰敗，屢遭不幸時，則諉過爭功更甚，互相攻訐更烈，派系門爭，直將問題不管，國事不顧，以至於亡國，金梁敘「近世人物志」，對於此點，特別注意：『同光朝局，翁久師保，罔不預聞，恭醇二王，隱爭政柄，翁初善恭，而後附醇，既引毓汶孫，孫乃假醇去恭，並且去翁。恭本惡孫，昔予重譴，甲申易樞，正修其怨，其後起恭罷孫，翁爲之主，乃有乙未之報。戊戌恭殤，未逾月而翁被逐，傳者謂出遺命，孫實發之，亦可信也。光初訓政，漸啟門戶，南沈北李，各有援引；二張標榜，互相傾軋；滇案越防，卒至十年而未已。越縵（李記稱越縵堂日記）身藏人海，隱操清議，皆莫能道其筆端……。』（見敘言）

曾國藩一手平定太平天國之亂，對於清室可謂「生死人而肉白骨」，然其晚年，對當時派系攻訐之風長之特甚，憂讒畏譏，至不能安枕席。曾臨死之前兩年（同治九年），以朝廷重臣，辦天津敎案，處理甚適當，而大受攻擊，氣得發暈，翁記最詳：『曾相查辦津案告示，有決不用兵之語，道府並撤，而委署縣令，一猾吏也，未審其用意所在，大畧爲索証據挐辦兇手耳。』又：『曾國藩力言洋人無迷拐事，請明旨昭雪。遂召見諸王諸臣，惇醇兩邸持論侃侃，恭邸持之堅，卒如曾請。』又：『曾相報羅威兩會入都，前所要求殺府縣事皆未允，請勿爲搖惑。』又與人言：前者以崇厚傳語激切，一時氣忿頭暈，而崇厚遽請更派重臣，摺已發始知會，云云。』假使曾不於後二年即死去，或尚有傾陷之者。

專制政體下的官不是人做的，於李鴻章之屢支危局，屢受排擠可見。彼既無法在中樞立住脚，主持大計，而昏庸顢頇的王公大臣將國事弄到不可收拾時，又要他來想辦法。直至庚子義和團之亂，惹下包天大禍，八國聯軍佔了北京，還是他來處理，所以他一到天津，便忍不住當衆大哭一場，淚盡而繼之以血，庚子九月即嘔血致死。憶其幕客范肯堂有詩紀其心情，誦之令人感慨。

相公實下人情淚，豈謂於今非哭時，
譬以等閒鐵如意，頓敎鎚碎玉交枝！
皇輿播蕩嗟難及，敵境森嚴不敢馳，
曾是卅年辛苦地，可憐臣命已如絲。

——聞李相國至天津大哭——

監委之聲

獨清

一、主張再澈查黃啓瑞案

（台北通訊）黃啟瑞所犯的兩大貪污案，自經高等法院改判無罪後，他忽然又顯得身價十倍，台北市議長張祥傳還聯合該市名流多人連名設宴歡迎他復職。他赴宴時市議會的非國民黨籍的議員張詩經和黃介信兩人還將他高高的抬起，以示擁護之意。可是，祗要能貪污無罪，就是平素滿口民主自由以反對派自居的要角們也要爭先擁護的。可見今日台灣之崇尚貪風，固不限於國民黨也。著名的監察委員陶百川看不順眼，乃於本月五日在該院的年度檢討會上提出指責，他說：

「黃啟瑞在公車處涉嫌瀆職案，初判科刑已輕，但高院審理結果，黃、呂兩人皆獲判無罪，餘犯全體減刑，其中莊、羅二人，各貪贓四十餘萬元，而竟獲減為徒刑二年。最可異者，黃妻朱金鳳既被認定貪贓三十萬元，但竟恩准緩刑。凡此俱不可解。以此列彼，前林管局長皮作瓊妻因受賄而受重刑，皮本人也因其妻受賄而被連帶處重刑，應感何等不幸與不平。他認為高院主辦人員汪、梁二推事，於黃案判決後，皆已升為最高法院推事，豈非以其辦理黃案賢於辦理皮案之推事耶！本案如此審判，主辦推事究係枉法或僅玩法，監院應向法院調卷查閱，如屬枉法應負刑責。

陶委員又說：公務員懲戒會對黃啟瑞僅予以記過處分，此與該會就黃案所認定之重大失職情節殊不相當，顯屬有意寬縱。查此項寬縱做法，在該會大部份委員中，近已相習成風，致使彈劾及懲戒不能收懲勸之效，殊可惋惜。但因監察院對司法院向不行使糾正權，而對懲戒委員即使予以彈劾，亦苦於無人可以受理，故目前只有希望懲戒委員們能把良心拿出來。」

六日，馬空羣委員也對黃案在法院的演變表示極度的不滿，他首先說明黃案發生時曾由該院交通委員會推派陳恩元委員和他調查，因法院已經起訴，他們認為這是一件衆目昭彰的大案子，法院當然會依法辦理，所以沒有提案彈劾，誰知結果使人很難滿意，希望監察院能再澈底調查一下，把實在情形公佈出來。

二、抨擊四大毛病和兩抓主義

馬空羣委員還指出：目前政治上有的四大毛病和兩抓主義。他說，今日政治上的毛病很多，但最大的毛病有四：一是繁複，包括法令多如毛，機構重床疊架，遇有新事情發生，就定新法律，設立新機構，於是法律和新機構越來越多，原有機構的職權多被干越，遇事洽商、請示，費時曠日，而一些辦事手續之繁，表格之多，更令人感到不耐，最後演變成紅包政治。漢朝有句名言：「君子之道有四：簡而易用也，要而易守也，炳而易覩也，法而易嚴也」這是醫治繁複的良藥。二是散漫，政府不能組織化和統一化，很多事情顯出頭痛醫頭，痛醫足的情形，有權有勢的機關，待遇較好，會爭吵的機關預算多，一切顯得散漫，毫無制度。三是虛假，政府不僅不設法糾正虛假，還在提倡虛假，一些行不通的法令一定要行，於是就產生了例如假報銷之類的事。四是矇蔽，一個機構對外有一套辦法，對內又是一套辦法，對上一種說法，對下又是另一種說法，矇蔽之風盛行，影响政治風氣。

馬委員又指出目前政治上的兩抓主義也是要不得的，一是抓錢主義，一是抓權主義，這兩主義處處在破壞我們的國家社會。他主張要提倡「抓心」主義和「抓事」主義來替代，就是要抓住民心，軍心，敵心，要以多做事為前提，這樣，反攻復國才有希望。

三、慨嘆糾彈案沒有效果

葉時修委員則慨嘆政風敗壞，監委所提的糾彈案，完全失去應有的效果。他說，「監委提糾彈案的主旨原在於整肅官箴，但有的是法官弄權，有的是懲戒委員不敢得罪巨室，因循敷衍了事，沒有發生應有的效果。他又指出監察院去年檢討會有五件調查案至今尚未提出報告，今年一月至六月的調查案未提出報告者達三十五件，調查案件擱延如此之久，事過境還，現在還拿不出調查報告，就是拿出來，也沒有什麼意思了。因此，他感覺到監察院的一部份調查費花的十分冤枉。

四、行政院說革新已有成效

儘管監察委員們都一致抨擊政風日壞，行政院在答覆監察院對一般政治設施的檢討意見中，却說「關於政治革新，素為各方所重視，當前主要工作，為根據總統「革新、動員、戰鬥」之昭示，銳意政治建設，並以此推進其他各方面之進步。經年來的努力，已有成效。」海外讀者只要把監察委員們所抨擊的和行政院所答覆的作一對比，就可知道家天下台灣的政風，是已經敗壞到何等的地步了。

台灣簡訊

志清

一、外貿會科長涉嫌貪污八十萬

外貿會輸出組前任科長，現任專員吳亮言頃被人檢舉在經辦M2品種洋菇罐頭出口一案中，曾利用職權，向廠商索取紅包，經司法行政部調查局報請台北地檢處檢察官傳訊，初認為無羈押之必要，曾一度諭命交保；但調查局仍繼續偵查。

據有關方面透露：洋菇罐頭外銷，每箱價值美金十一元左右，此項「M2」洋菇約有一萬箱，因品質較差被禁止外銷，廠商將損失美金十萬元上下，因之廠商乃向吳亮言活動，他們祇求收回製造成本，願將該一萬箱左右外銷的利潤約八十萬元作為活動費用。吳亮言收下該八十萬元紅包後，即利用職權，矇混上級簽准該批「M2」洋菇外銷東南亞。後因廠商認為東南亞並無市場，要求改銷歐美；但改銷歐美案經吳亮言簽報上級後，並未獲得上級批准。不久吳亮言出國考察，此事即被擱置，以致消息外洩。

吳亮言在被檢察官偵訊之初，矢口否認，調查局乃根據上述檢舉的內容，向本案關係人住宅進行搜索，查出廠商曾付出一筆鉅款與吳。廠商與吳雖辯稱乃係借款，並非紅包，但偵辦人員仍認為可疑。

除了八十餘萬元的鉅款而外，吳亮言的家中還有許多頗為貴重的家私也是洋菇罐頭廠商所贈送的。是否尚有其他不法情事，調查局正在詳查。

據本月六日聯合報載：有關方面認為吳亮言雖係直接主管洋菇罐頭出口職務，但對於洋菰罐頭出口辦法，係由外貿會輸出組洋菇罐頭產銷小組決定，吳以科長職權有限，實無法改變辦法，其中顯有涉及其他官員之可能，實有擴大偵查之必要。

外貿會主任委員徐柏園於本月十日在該會業務會報上說：「吳亮言涉嫌瀆職，係外貿會接到檢舉後認為有送治安機關調查必要，乃由他本人決定專案送司法行政部調查局調查，現已由調查局調查完竣，本案係吳亮言利用職權向洋菇罐頭工廠借款數十萬元，而非外傳數百萬元至一千萬元，也未涉及民意代表、台鳳公司董事長謝成源及農復會何衛明等，現該案正由司法機關依法偵辦中。」他又說：「幾日來外間傳說頗多，客易引起誤會，實有澄清之必要。」

顯見這位繼承孔宋餘業的財經大史還想將本案大事化小的。

據本月八日的消息：台北地檢處檢察官陸耀祥，因查出吳亮言除了M2洋菇罐頭一案而外，尚涉嫌其他洋菇罐頭出口時收受賄賂多起，恐其湮滅証據及串供，乃下令收押。九日乃發出傳票十張，傳訊下列十人：俞汝鑫（外貿會顧問兼輸出組召集人）、郝昭宓（輸出組長）、林深池（嘉昌公司經理，經營「M2」洋菰）、洪江林（金山公司負責人，經營「M2」洋菰）、殷志偉（民生公司總經理，經營瓶裝洋菰）、李金燦、賴五純、劉天意、宋木興、謝敬忠。

二、公車處官商勾結

基隆市公共汽車管理處營建辦公大廈，處長張民及市政府秘書黃禮賓等與不肖廠人勾結圖利，經該市地檢處偵查屬實，分別以瀆職詐欺及偽造文書，侵佔等罪提起公訴，被告達十人之多，計有車管處長張民（四七歲），市府秘書黃禮賓（四九歲），市府工程師游登貴（五六歲），車管處工務課長潘酒柏（四九歲），車管處總務員李建平（卅九歲），連榮營造廠工地負責人崔雲奎（卅九歲），及劉衡山（卅八歲），商人黃邱垂平（卅九歲），袁榮行（四二歲），翁開基（年未詳）。

三、合庫主任貸款舞弊

台灣省合作金庫，台北縣中和鄉代理處主任蔡明陽，於本年一月二十一日核准貸款六萬元與洪振祿，貸期三個月，由洪以定期支票五張作抵，其中兩張面額為七萬三千元，但貸款到期後，洪振祿未能償還，蔡明陽因受關係人之托，故意不將支票兌現，却將保証人林金用的財產拍賣抵償。延至八月，因林金用提出指控，蔡才將洪振祿所交面額七萬三千元的兩張支票提出交換，但一張為拒絕來往戶，一張為存款不足，經警方調查結果，蔡明陽與洪振祿勾通，洪向合作金庫借獲六萬元時，蔡曾收回扣一萬元。

四、水肥會集體舞弊

台北市水肥會出納李萬生自四十七年八月到職後，前後挪用公款一百九十餘萬之多，都是以其妻高梅枝名義開出第一銀行，龍山區合作社及第四信用合作社的支票兌換水肥會現款，但到期後，支票變成空頭。至今年九月始經人向市政府檢舉，周百鍊交市警察局偵查屬實，予以扣押，移送台北地檢處法辦。承辦檢察官余健生經初步偵查後，認為李萬生侵佔鉅額公款，內情並不單純，可能有集體舞弊情事，乃向刑庭申請延長羈押二月，發交市警局繼續擴大偵查。

美國黑人威廉成了毛澤東手上的玩具

綜觀

自從主張接受毛澤東領導而又主張用武力推翻美國政府的美國黑人羅伯特・威廉以慶祝中共十月一日之所謂國慶而由古巴抵達北平以後，不僅毛澤東會親自予以接見，當面加以煽動和指示，在這一個多月中，中共特務機構並對羅伯特・威廉作了種種指示。

最近，中共更令羅伯特・威廉在北平舉行了一個記者招待會，大力抨擊美國政府。

據中共「中國新聞社」十一月一日北平電：「美國黑人領袖羅伯特・威廉今天在這裏舉行的記者招待會上指出，美國黑人正在全世界反動勢力堡壘的心臟中進行一場偉大的鬥爭。這個鬥爭是所有被壓迫人民對共同敵人美帝國主義和爭取解放鬥爭的重要組成部份。……他說美國是世界上最大的新殖民主義國家，是萬惡的種族主義和殖民主義的最後據點。美國黑人正同亞洲非洲拉丁美洲人民和全世界被壓迫人民一起進行着反對同一個敵人的鬥爭」。

中共同一通訊社又說「羅伯特・威廉在談到毛澤東主席發表的關於支持美國黑人鬥爭的聲明時說，所有黑人自由戰士和文明的白人，所有被壓迫的人民都熱烈歡迎和感謝毛主席的聲明。儘管有些人說這個聲明是號召有色人種反對白色人種的，但是所有要求擺脫剝削和壓迫，要求獲得正義和解放的人民，並不理睬這種無恥的誣衊。

又說「有些人本來是應該主持正義的，本來是應該對種族壓迫感到憤怒的，可是這些人不去譴責美國和南非的種族主義，卻去攻擊毛澤東主席的聲明。並不是毛澤東主席發明的種族隔離和種族仇恨，而正是他們把實行種族隔離和製造種族仇恨的美國和南非看作是自由世界的合法成員。我們知道：這些攻擊毛澤東主席聲明的人，他們眞正的同情是在那一邊的」。

又說「羅伯特・威廉還列舉美國當局和種族主義者迫害黑人的暴行，揭穿美國的所謂民主和自由的謊言。他指出肯尼廸政府一再揚言他們是黑人的朋友，而一切事實都証明肯尼廸是美國三K黨的同伙，是一個惡毒的僞君子，是美國種族主義的頭子，他必須對殘酷迫害黑人的一切罪行負責」。

從上述美國黑人羅伯特・威廉在北平招待記者的談話來看：很可以看出羅伯特・威廉現在已經成了毛澤東進行種族主義的手上的一張皇牌。因為毛澤東的種族主義不是黃色主義，而是聯合黃色黑色棕色等有色人種以進擊白色人種——無論這些白色人種是共產黨抑或還是資產階級——的一種主義，而反對美國白人的美國黑人則正是毛澤東所急需的。何況，毛澤東在他與赫魯曉夫個人權利衝突中，更需要威廉這樣能夠站在毛澤東一邊的美國黑人，所以，來自中共的消息說毛澤東將以大量美金資助美國黑人羅伯特 威廉的一切反美活動，實非揣測之辭了。

大陸簡訊

白帆

毛澤東在上海接見富爾

在以往幾年，毛澤東照例要每年出巡到江南各地遊樂。毛最愛住而且住得最久的是杭州和上海。直到最近一年，由於大陸內部情勢混亂，加上毛澤東與赫魯曉夫的個人衝突直向尖端發展，於是，被大陸人民稱爲「老和尙」的毛澤東便爲了應付當前局勢，而未離開北平。

在以往，自毛澤東將中共僞政權之主席職務交劉少奇接手後，毛澤東本人即未管重要決策，從事遊樂，不常接見客人。直到今年，也由於中蘇共衝突之劇烈發展，毛澤東這個老和尙才又不得不拋頭露面一一接見各方訪客，甚至以往根本不可能被毛接見的三四流訪客，毛本人也破例親自接見了。

最近，毛澤東爲了對中共即將在北平召開的「全國人代會」及「全國政治協商會議」作搜集資料之準備姿態，才又抽暇到了上海。並在上海接見了十月廿二日抵達北平訪問的法國參議員，前法國總理富爾夫婦。

據中共新華社說：毛澤東是在十一月二日於上海接見富爾夫婦的。從新華社的傳眞照片來看，毛澤東現在是越來越臃腫了，神情也沒有從前那樣愉快了。

中共人代及政協十六日在平舉行

中共所謂第二屆全國人民代表大會第四次會議及所謂中國人民政治協商會議第三屆全國委員會第四次會議原應早就舉行。但中共內部問題太多，加上中蘇共之間的關係同時亦在不斷變化，所以上述兩個早就應開的會議，遂一再延期，延到不能再延的現在，始勉强作出決定，將在十一月份舉行了。

據中共「中國新聞社」說：這兩個會議已規定於十一月十四日以前報導，而將於十一月十六日在北平同時舉行。

賀龍前往印尼出席新興運動會

所謂新興力量運動會是中共煽動蘇加諾搞的一個對抗和分裂世界奧林匹克運動會的陰謀活動之一。

爲了加强這一分裂活動，中共曾大賣氣力，中共除了已派遣了一個所謂「中國出席新興運動會的體育代表團」前往印尼出席之外，又特別派遣了中共的所謂元帥所謂國務副總理兼體育運動委員會主任委員前往印尼參加。

據中共「中國新聞社」北平十一月六日電：賀龍已於十一月六日自北平乘飛機前往耶加達，中共僞政權總理周恩來及外交部長陳毅且曾赴機場送行云。

中共又派作家代表團訪日

由於中共政權的擴張本質決定了中共雖在民窮財盡之今日，仍不斷對外進行各種滲透與活動。

而要赤化日本，中共一向是特別着重日本的工會及日本的知識份子的。所以，爲了煽動和收買日本工會，中共不但不斷付出金錢上的重大代價，而且也不斷派遣中共特務及主持和負責國際統戰的得力幹部以中共所謂工會代表團的名義屢訪日本，此外，又不斷派所謂什麼文化代表團、什麼新聞代表團之類的特務前往日本聯絡日本知識份子，進行赤化。

茲據中共消息：中共最近又派了一個作家代表團到達日本作這類活動。

照例，中共是要派遣幾個較有名的人點綴代表名義而以共特夾雜其間，這一次，也不例外，中共這一代表團在名義上是由巴金謝冰心率領的。

據中共新華社十一月六日東京消息：「中國作家代表團一行六人，在團長巴金、副團長謝冰心率領下，於五日晚乘飛機到達東京」。

又說當日本左傾幼稚知識份子歡迎巴金等時，巴金曾說：「他相信中日兩國人民和作家的友誼的花朶將會開得更美，並結出豐碩的果實」一類統戰言論云云。

僑鄉近訊

鍾之奇

共報承認僑鄉到處是反共份子

廣大僑鄉的親友，究竟是反共呢？抑或還是擁共呢？這是海外僑胞心中時常存在着的一個問題。

對此，中共廣州出版的南方日報的透露替我們作了一個答覆。

據最近出版的南方日報說：「我們農村的地主、富農等反動階級雖然在政治上經濟上早已被推翻被摧毀，但是這些階級的分子尙存在，要把這些人改造過來，還需要很長的時間」。

南方日報又說：「他們須是企圖復辟」。「有些地主富農份子表面裝得老實聽話，背面却千方百計腐蝕幹部，打擊貧農、下中農，企圖纂奪領導權，伺機反攻倒算。他們反共反人民反社會主義的立場沒有放棄，我們怎能强這些人的本性已經改變呢？我們同地主富農份子之間的階級鬥爭還長期的存在着，絕不能放鬆階級鬥爭的警惕性」。

共報呼籲共幹加强鎮壓僑鄉人民

正因爲廣大僑鄉的僑眷到處都是反共份子，所以，中共便命共幹一面在宣傳上欺騙海外僑胞，一面在僑鄉大力鎮壓僑眷。

對此，最近出版的南方日報又告誡共幹呼籲共幹說：「在當前激烈的階級鬥爭面前，我們只有運用階級鬥爭的觀點和階級分析的方法，才能够對復雜的社會現象獲得正確的認識。採取正確的態度奪取鬥爭的勝利。鞏固和發展革命的果實。」

南方日報並警戒共幹說：「否則，將會敵我不分，迷失方向，談不上孤立和打擊敵人，也談不上帶頭領導羣衆把社會主義革命進行到底」。

八月十七日南方日報甚至還說：「國外帝國主義勢力的存在，國內沒有改造好的各類反動份子和殘餘反革命份子的存在，是他們（指反共人士）的復辟力量。資產階級政治觀點，思想意識以及習慣對人們的影響，小資產階級自發勢力的傾向，也是他們復辟的因素」。「這幾年，由於我們社會主義建設事業出現暫時的困難，國內各類反動份子也蠢蠢欲動。資產階級份子除了支持小生產者的資本主義自發勢力外，有些還直接從事投機倒把等活動。並用糖衣砲彈來腐蝕國家幹部，封建勢力殘餘份子也跟着資本主義的活動企圖借屍還魂」。

南方日報是中共黨的機關報，所說反共份子佈滿各處等候復辟的話，應非虛假。由此可見，今日僑鄉是充滿反共力量的。

中共强購湛江漁民的魚

魚是可以外銷用以換取外滙的物資之一，而中共是一向短缺外滙的，所以，對於一切凡是可以換取外滙的物資，無不强迫大陸人民去生產，然後又無不加以强迫征購。對於魚的强迫收購工作自不例外。

最近，廣東省湛江縣漁民所捕之魚就很慘的被中共以所謂「國家任務」全部强購去了。

據十一月八日中共控制的香港大公報「本報湛江專訊」說：「北海鎮外沙漁業公社秋汛漁業生產初傳捷報。全社出發到大陳、大港等漁場追捕紅三、紅線、狗棍等魚羣，約一百三十多艘漁船，首批返航，共獲鮮魚一百五十多萬斤。目前已有十多個生產隊提前超額完成了全年交售國家的任務」云。所謂提前超額完成云云，正是中共提前超額壓搾的別名。

中共在廣州製配長途汽車

長途汽車是今日大陸異常缺乏的交通工具。爲此，經過多年的努力，中共始在最近於廣州建立了一個長途汽車裝備廠。雖不能製造汽車，但却勉强可以裝備。

據十一月八日香港大公報說：「廣東汽車製配廠最近裝了一批車身長九米寬二米五，可載四十二人的長途公共汽車，供應廣東、福建、雲南、浙江等省交通部門使用」。另據中共報紙透露，中共最好的是解放牌汽車，但該項車輛仍多缺點云。

湄公河的嗚咽

西貢、河內

林世賢

西貢是著名美麗的城市，寬敞的馬路配着優雅的法式建築，兩旁行人道上綠樹婆娑；湄公河水悄悄的流着，流播着南歐一般的越國情調。

如果拿越南的西貢與河內相比，正如把中國的南京與北平並列一樣。金陵雖然龍蟠虎踞，有六朝的金粉；卻不若故都的甌領建瓴，富宏大的氣度。紅河的濁水來自滇邊山區，滔滔流貫河內，直至海防入海；那情景與京、津正有些仿彿！

自從越南在北緯十七度線劃分以來，南、北朝就不斷地作着你死我活的爭鬥。後者的地區，有飢餓和恐怖；前者雖繁榮，卻一貫混亂。如果有新的文豪，以其生花之筆，來寫一部越南的「雙城記」，訴盡這兩河流域兒女的哀愁！它可能更深刻地刻劃出，在這一角落，這一時代的時代的悲劇。

這悲劇最顯著地出現在南越總統吳廷琰的身上；在短短不够二十四小時的時間內——有如迅雷閃電，一幕急亟的政變以吳廷琰為主角上演，上演並且閉幕了！雖然它是迅雷閃電般迅速的演出，但它包括有兵變、圍攻、抵抗、呼援、拒降、逃遁、被擒、最後，等多幕的劇情，還有揷曲、尾聲，悲慘而壯烈，壯烈而悲慘，投下湄公河水的嗚咽中。

方其盛也

與西貢的現代化都市相對，堤岸則是一個屬於上世紀建築的市廛；西貢是歐化，而堤岸卻是華化。西貢自成為南越的政治中心後，差不多可以說是禍亂相繼，但堤岸的僑商們可仍然繼續做他們的買賣，幸而沒有遭遇過兵燹，年來被視為「世外桃源」。華僑的守望相助，不介入政治，及善為應付局勢，使任何派系都對堤岸華人寄與信任，是造成這種小康局面的原因。可是與西貢接壤對峙的堤岸，卻免不了「把十年興亡看飽！」正是「這總統府，不姓吳；湄公河，鬼夜哭！」在短短的九年之內，目覩吳廷琰的興起與敗亡，滄桑飽歷。

近年南越的人們，似乎忘記了吳廷琰曾以越南救星的姿態而出現過。但在當年，「夜總會皇帝」保大統治下的南越，實在不像是一個國家的樣子。人們絕不期望保大能够與那在奠邊府戰勝法軍而野心勃勃的越共對抗。就在那群龍無首、局勢阽危的時候，吳廷琰應時而出，獲得了壓倒優勢的民意支持，擊敗了橫行西貢、魚肉四境的和好教及高台教軍隊，終於把南越塑造成一個國家的鶵形。這是吳廷琰「方其盛也」的時代。

士卒離散

自吳廷琰總理（其後才晉為總統）的政府軍與教派軍作戰，堤岸便慣常聽聞西貢方面的槍聲。教派軍被肅清了，共黨游擊隊卻繼之而起，湄公河三角洲又是不斷的游擊戰，以及爆炸市區、破壞公路鐵路，毀壞橋樑，襲擊航運等恐怖活動。再後，一部份空軍份子叛變，傘兵事變，及空襲轟炸總統府之變，都經吳廷琰總統號召各軍勤王而救平了。但最近的政教糾紛，引出僧人自焚不綴，又使到西貢的局勢，如火如荼，一步緊一步的達到似乎非激變不可的地步。

十一月一日海軍陸戰隊及空軍飛機進攻總統府的臼炮聲、炸彈聲，震撼了西、堤兩市，也震撼了這個民主還沒有上到軌道的國家。總統府的警衛團雖曾作苦守的抵抗，可是陸戰隊加上陸軍的增援，終於粉碎了逐見微弱的抵抗。總統府「陷落」了，而這也是吳氏政權垮台的時刻，時間約在二日凌晨六時左右。

戰鬥當時，祇有海軍司令部曾發高射炮射擊轟炸嘉隆府（總統府）的空軍飛機，但半小時後，海軍部被解決了。此外，吳廷琰總統曾用無綫電向陸軍各司令、各省長呼援，吳廷儒又向其青年部隊及陳麗春的婦女工作隊呼援，但後者無能為力，前者沒有反應，因為各軍均已參加叛變的革命委會。這些各軍的首腦楊文明、陳文敦等將軍，就是當年替吳廷琰總統討平教派軍隊的能征慣戰的將士。

隧道逃出

在海軍陸戰隊穿過大炮聲穿的牆洞而進入總統府不久，屋內戰鬥即已停止，二百餘名嘉隆府的守軍被驅集樓下一室，但搜索不到吳廷琰總統及其弟，在先以為他們在地窖中，將校團（革命委員會）當派代表團進入地窖，擬勸說吳氏出國。詎知地窖竟是隧道，吳氏兄弟已逃亡了。

在西貢郊外近堤岸的天主教堂中，吳氏兄弟被擒獲，而在押解他們的裝甲車上，最初的「自殺」之說已不能成立，証實在車上遇害，是否有如公佈所說：「因吳廷儒企圖奪槍逃逸」，被擊殺，則屬無從証實。究係押解人員的意外事件，或押解將校團的授意？相信在短期內，將難以分曉。他們兩個遺體被送至聖保羅醫院，由他們的甥女陳太太領屍，六日秘密下葬於華人墳場。兩吳之死，尤其是吳廷琰之死，各方都表示遺憾。即革命委會方面也然，他們雖沒有公開如此說出，但如「自殺」及「圖逃」的說法，都反映出他們「遺憾」的情緒。

我可效勞？

其實革命委會未嘗不想保全吳氏的生命，只要他肯將政權交出。一日下午空軍轟炸總統府時，革方便曾要求吳氏投降，保証安全出國。當吳氏致電話給美駐越大使洛奇，詢問「現在你站在那一邊？」時，洛奇答以「余難以在西貢作此判斷」後，即表示「我關心你的安全」，詢問吳氏「讓我知道是否有可以效勞的地方？」但吳廷琰不願考慮。在進攻軍事更緊時，洛奇再致電話吳廷琰，請他注意叛軍電台，讓他「安全出國」的消息，但吳廷琰依然拒絕，旋即將電話收綫。

吳廷琰為什麼拒絕這些對他的生命進行營救的好意？是出於他的部屬叛變？被朋友遺棄的憤激？還是出於他那種固執、或者殉道的性格？這問題已無從答覆。但無論如何，洛奇的好意已落空。美國只能詢問自己及南越人民：What Can I Do For You (Or For Him)？

政權的交替，在民主國家中，退休的舊領袖多成為國家之大老。但獨裁國家則不然，必須殺戮、鞭屍，流放、幽囚乃其小者。南越政變如果說有「遺憾」的話，那便是在這麼一個型式上。

雖然西貢有人民的慶祝，發於自吳廷儒特務統治下解放的歡欣；也有歡迎受難高僧出獄的盛會，慶幸宗教信仰的自由。但民間仍有不少同情吳廷琰，說他為吳廷儒夫婦所「累死」。大致上說，吳廷琰有幾個弱點：以北越人統治南越，用人有家天下的傾向。以天主教凌迫佛教，造成多數人的離叛。在剿共上與美方及軍方有歧見，以至傳出吳氏兄弟擬與北越謀和的嚴重問題。都是他敗亡的原因。不過不應忘記的是，吳廷琰的悲劇，仍然是西貢與河內對抗中所爆出的一粲火花！

吳廷瑾逃入順化美領館，已被送交革命委會，因他有「順化皇帝」之稱，前途命運凶多吉少。陳麗春流亡海外，無家可歸。昔日譏自焚僧侶為「烤肉」，今天卻眼見家人同一命運！這原是悲劇，但未免太慘烈了。

·堤岸通訊·

南越政變有驚無險

吳文蒙

南越終於發生政變了！

自本月一日槍聲響後，雙方經過十餘小時的浴血戰後，軍方終於推倒了吳廷琰政府，而控制了整個南越的政權，並組成軍事將領委員會進行「善後工作」，繼則設立臨時政府，而臨時政府則由前任副總統阮玉書出任總理，今後越局的發展，當然要視乎發動政變的楊文明和陳文敦這兩位少將的「善後」手法如何來判定。照目前情況推測：政變領袖楊文明是剿共英雄，而阮玉書也是深得民心的政治家，如無特殊意外，則新政府當可漸趨穩定，並繼續與共黨鬥爭。

無可否認：此次政變係肇因於政教糾紛。這糾紛自今年六月間「順化事件」爆發以來，一直就充滿爆炸性。在這期間，第一是接二連三的僧侶自焚，第二是有若干重要官員為不滿意政府壓迫佛教徒而辭職，第三是青年學生的集體示威；馴至全國人民嘩然，均不甘受吳廷琰的「家族政治」的壓迫，於是政變終於釀成。

而順化政教糾紛的引起，是由於當地官員制止佛教徒慶祝「浴佛節」懸旗。南越人民絕大多數係佛教徒，他們每年對此「浴佛節」必舉行熱烈慶祝，尤以這個越南古王城的順化為然。當地人民的習俗，每年浴佛節都舉行會景巡遊，家家戶戶均高懸佛旗，這是牢不可破的積習，尤其是此乃屬於人民的宗教自由。詎今年浴佛節順化人民舉行慶祝時，竟受到當地官員的干涉，派出廣播車，發出臨時通告，禁止佛教徒的慶祝節目，尤其主要的是不准人民懸掛佛旗和扛着佛像遊行，這一項無理的措施，確是違反了人民的習俗傳統，和剝奪了人民的宗教自由，因而立刻引起人民的反抗，並演出了一個迹近於示威的場面，當地官員老羞成惱，竟下令軍警向群衆開火，釀成九人死亡的嚴重慘劇。事發後，吳廷琰亦同樣如既往的情形一般，立刻受到他的家族包圍，以致未能熟審利害，將肇事官員迅予應有處分，遂引起佛教徒和全南越人民的憤怒，後來政府方面曾數度與佛徒會代表談判，可是吳廷琰卻堅持偏見，致未能獲得解決。繼而吳廷琰更變本加厲，以高壓手段對佛教徒，遂刺激起西貢方面屢有僧人自焚，表示抗議，旋復激起學生示威，而吳廷琰政府則惟知武力鎮壓，拘捕，囚禁，因而演成民意沸騰、民心離散之局，直至美援留中不發，聯合國調查人員相繼蒞止，一切都加深了吳廷琰政府的不利因素。可見此次的軍人政變，完全是肇因於吳廷琰政府之歧視佛教徒，再加以「家族政治」的一意孤行，遂釀成了內外形勢相迫的結果。據當地外籍人士的觀察，亦認為吳廷琰政府之所以有今日的下場，係含有下列三項主因：（一）吳廷琰的施政是存有偏見，且帶有獨裁作風；（二）南越人民信仰佛教的遠多於信仰天主教，而「順化事件」的發生，由於吳廷琰的家族完全是天主教徒，於是使南越人民認為這是「宗教迫害」，剝奪了他們的信仰自由；（三）吳廷琰在「家族政治」圈子內一旦遇到「意外」，仍然不能擺脫其家族的影響，及控制，故政治的問題愈多，人民也就愈對政府不滿。由此以觀，則此次之軍人政變，實屬意料中事。任何國家發生政變，其事皆屬可悲；而南越此次政變，雖曾一度被共特冒充學生進行放火劫掠，但在驚險百出的局面下，未致被共黨加深惡化，使混亂的情況得以迅速恢復平靜，也算是不幸中之大幸了！

據政變後第三天的消息報導：「軍政府」已與各黨派領袖接觸，將組織一個「混合政府」；此臨時政府的總理則由阮玉書出任。西貢市面，已恢復常態；人民亦已照常作業。當然，這是一個極可喜的現象。

至於政變領導人楊文明，亦已發出正式公佈，强調聲明新政府決繼續推行反共政策。這更使自由國家人士放下了他們的憂慮心情。

我們可以說：南越的政變，是有驚無險。但願今後化戾氣為祥和，使在反共鬥爭中，南越政府終於獲致勝利！

（十一月五日）

初賦驪歌（上）

——獻給大哥——

從郵箱中檢出一封信，撕開來一看，頓時使我樂得什麼似的，這是台大的入學通知書。我要進入大學了，四年之後，我便是土木工程學士，一頂四方帽子變有趣。嗯！我還要考取政府公費，到美國研究城市設計，將來一座一座繁華的城市，便要在我手下完成，不過我不要留在外國，我要建設中國；因為我是中國人。

我興奮得像一隻小雲雀，一跳一跳的跳到媽的面前，把信送到她的手中：

「媽！我考進了台灣大學，我要到台灣唸書了，媽！妳高興嗎？我唸的是土木工程系，將來我還要到美國去深造，我要做一個大工程師！媽！妳說好嗎？」

「嗯！很好！媽很高興！不過，……你問過爸爸沒有？」

像在火爐中澆了一盤冷水，內心熾熱的興奮忽然降低了九十度，我幾乎可以肯定爸爸不會答應我去的，大哥去年的情形也就是這樣；如果不是爸爸反對的話，他現在已經在台灣了。

我輕輕敲了兩下房門，不久房門嘎然開了，大哥似乎有點愕然，隨即便回復正常，這倒使我有點慚愧；我和大哥的個性分別很大，他平時只喜歡研究什麼四書五經，楚辭漢賦，鼻樑上又掛着一副大近視眼鏡，就是假期也老是把自己關在書房裏，我相信連太陽是方是圓他都不曉得，我一向把他當作獃子，所以很少和他談話，而今天不過是為了應付爸爸，為了升學才去找他，這實在太慚愧了。

「大哥！我考進了台灣大學。」

「真的？」大哥一托滑到鼻尖的近視眼鏡，「太好了，你準備什麼時候過去？唸那一系？」

「我準備唸土木工程，可是我還沒有告訴爸爸，我相信爸爸一定不許我去的，所以……大哥，你有沒有辦法？」

「不錯！爸爸這一關是最難通過的……二弟！你放心好了，我一定替你想辦法！」大哥慢吞吞地說，從他的語氣聽來，他也沒大把握，看樣子我要絕望了，我的理想殞滅了。

×　　×　　×

「爸爸！我考進了台灣大學了。」我戰戰兢兢地說。

「……」爸爸冷峻的望了我一眼，並沒有回答。

「爸爸！我考中了土木工程系。」我再補上一句。

「……」爸爸理也沒理，只是搖動筷子，把飯往口裏送。

「爸爸……」

由爸爸的表情的冷淡看來，升學的希望實在很渺茫，大哥不是說過要幫我忙嗎？為什麼他一直不發一言呢？我望望大哥，他似乎沒聽到我對爸爸所說的話，只是急急的吃飯，幫我的忙？哼！那不過是一張永不兌現的空頭支票而已，他不肯在爸爸面前替我說話，難道我自己不會說？我再鼓起勇氣地說：「我準備下月就要到台灣去唸書。」

爸爸皺一皺眉頭，額上現出密密的、深刻的皺紋，手上的飯碗一擱，笨拙地把身挪動到一張舊而破的靠椅上，點着一支「鷹王牌」的香烟，慢吞吞地吸了兩口，半晌，才說出一句話：

「你還是別去罷！」

「……」彷如晴天霹靂，眼淚差點兒要流出來。

「店裏的生意不好，你是知道的，你看，我們一家人口多，而且你還有四個弟妹讀書：：」

「也許未必如是吧！」我心裏想着：「找一個藉口誰不會!?」

「況且，聽說台灣畢業出來的學生，找工作賺錢很不容易……」

「讀書的目的只在賺錢嗎？」我心裏有點不服氣的想着。

「所以我的意思是要你找工作也好，留你在店裏也好，甚而你要讀書的話，也可以進師範學校。那也很不錯，一年就可畢業，之後每月便有六百多元入息。」

我忍不住爸爸那庸俗的想法，淚水再也不能自制的滴下來，內心的激動已到達極點：

「我要去台灣！我要去台灣升學！」

爸爸深深地吸了一口香烟，沉重的搖一搖頭。

「爸爸……」

「不用說了，爸爸不是不供你讀，事實上太不容易了，房租，學費，以及百物昂貴，要維持兩餐一宿，還得知慳識儉，否則，……」

我沒有話說，一方面注視着他手上的「鷹王牌」香烟。

「二弟，你還是到外面去吧！我和爸爸談一會。」

我賭氣的望了大哥一眼，心想：走便走吧！只會說替人想辦法，但在爸爸面前就一言不發，現在爸爸主意已定，還說什麼？哼！書獃子，除了讀什麼四書五經以外，就什麼也不懂，看你還能爆出什麼好主意！

（未完）

友聲集（四九）

壬辰秋赴菲念亂傷離成律詩六首　春晴

空山草木共神傷，昨夜風聲過紫陽。微服猶疑籠海月，荒雞無復認橋霜。招魂原野添新鬼，點石天花失道場。怕向宮人談往事，黃巾今滿鄭公鄉。

晉水千波洗淚痕，平明側帽過江村。詩亡北地天應泣，（泉州陷後幼嚴就義）風散南皮酒不溫。片席夢迷雙髻驛，（雙髻祀呂仙春秋佳日邑人多登山祈夢）窮邊懷共一峯尊。（一峯書院半邨先生結廬處）凌霄老去鈴聲死，誰對秋山聽暮猿。

孤城落照閟霜笳，篝火蒼茫水一涯。昔去東瀛無甲子，今來大地有龍蛇。青門草闢瓜成蔓，赤壁兵燒眼未花。便託甲胄仍入郢，却憐曠別我無家。

天昏日黑暮潮瘖，羈緒危時感不禁。谷外人來宜隔世，風前燕去怯巢林。勝流誰擊荒江楫，多難長傷遠客心。華髮未饒生入願，玉關西顧掩層陰。

人民城郭兩驚非，又見中原獵一圍。皮骨生憐鷄鶩瘦，風塵久覓稻粱肥。孤帆秋水天同遠，斜日西風雁未歸。廿載泥痕成淺夢，池塘春草尚依稀。

煙霞吟破桂留芬，事去鰲峯不可云。夢影總邊梅煮酒，波光筆外驚能羣。歸途情急兵車過，載籍灰餘劫火焚。愁負深求別時句，暫修鵬翼主南雲。

唐詩偶釋（八三）

鄧中龍

淮上喜會梁州故人

·韋應物·

江漢曾為客，相逢每醉還。浮雲一別後，流水十年間。歡笑情如舊，蕭疏鬢已斑。何因不歸去，淮上有秋山。

本欲言淮上，却先說江漢，此詩中陪客。妙在淮上二字僅在末句點出，而一見得我輩曾為客於江漢之間，而不意一別十年後又相會於淮上。以輕快之筆，表沉重之情。離合悲歡，乃在字裏行間之外。此全詩意脈。

前四句皆從題前說起，後半寫正面。「歡笑」句略轉，頂起聯；「蕭疏」句又一轉，頂次聯。「一別十年」，可謂久矣，而相逢歡笑，情意如舊。故此句為略轉。

端莊雜流麗，剛健含婀娜，此文法，亦詩法。偏於流麗與婀娜，往往失之輕猾。此詩一氣呵成，清圓流利，本稱佳構。第無堅老之句以鎮之，究不免流於輕猾。此中亦難索解人，試以陳杜沈宋王孟李杜之詩証之，便可得其崖略矣。

應物性高潔，所至必焚香掃地而後坐。其詩亦閒澹高遠如其人，瑩潔有風骨。其寄全椒山中道士詩云：「今朝郡齋冷，忽念山中客。澗底束荊薪，歸來煮白石。欲持一瓢酒，遠慰風雨夕。落葉滿空山，何處尋行跡？」此詩末二句，不僅可以象徵其人格，亦且足以形容其詩格。應物之詩，往往有清冷氣，讀之如以手置冰雪中，其寒徹骨。以「淮上喜會梁州故人」一詩而論，前六句已極蕭疏矣，然猶未至徹骨也；乃突於第七句故作問語，提筆一振，第八句陡然落下，而後寒意自出。初學於此，宜特別留意。蓋擒縱之法，調色之方，胥寓於此矣。

律詩第七句用問語，第八句似答非答，幾成通例，凡大家咸能為之。然必有可問之意在，乃能收一筆振起之妙。否則，自問自答，有類癡人自語，便失體統。此等詩，前六句必得處處為第七句蓄勢，以逼出可問之意，可問之情，然後提筆一問，便覺有萬鈞筆力。李商隱「春雨」詩云：「悵臥新春白袷衣，白門寥落意多違。紅樓隔雨相望冷，珠箔飄鐙獨自歸。遠路應悲春晼晚，殘宵猶得夢依稀。玉璫緘札何由達？萬里雲羅一雁飛。」此為第七句發問者。學者可與韋詩參閱，揣摩前六句之氣氛，乃可悟第七句發問之妙。

陳風子治印

陳風子，別號瘦翁，浙江杭州人，鑽研金石文字凡數十年，為西泠印社得前輩大家家法最深之浙派後人。本報今後將逐期刊載陳氏作品，以饗讀者。

止於至善

大風居士珍賞

彩墨娛情

修竹引清風

三月風來竹有聲

書畫雅趣

懷陳果夫先生（四四）

宇人

席間，蔣先生先提出行政院長的人選問題，他說：他想就張岳軍、何敬之兩先生中選擇一人爲行憲後的首任行政院長，希望大家表示意見，久之無人出聲。我乃起立發言，問蔣先生曾否考慮到第三個人。他反問我：「你指的是那一位？」我說：「我所想到的是一位黨外的人，因爲今日之事，剿共爲主。欲求剿共的軍事能够早日勝利結束，外援實屬重要。但近年以來，國際間對於我們的誤解甚多，而尤以美國爲甚。現在行憲開始，我們如果能提出一位在國際上有聲望——尤其是在美國有信譽的黨外人士爲行政院長，對於轉移國際的觀感和爭取美國的援助，必有很大的幫助。」

……

由甘寧計劃到魯肅計劃再到周瑜計劃

——三國人物故事評論之十

劉裕略

……

（待續）

本刊已經香港政府登記

聯合評論

週刊

United Voice Weekly

第二七一號

每逢星期五出版

805641

CHINESE - AMERICAN PRESS, INC
199 CANAL STREET,
NEW YORK 13 N. Y. U.S.A.

獨裁極權者反共的內在矛盾必性然

李璜

這一次越南政變，吳廷琰弟兄慘遭殺死，論者中有一味推過於美國之處者，認為吳廷琰弟兄不聽美國的勸告，而陳麗春還要在美國大放厥辭，譏評美政府中人，所以吳氏家族便與美國在西貢的力量發生了矛盾，而加重了危機，遭遇了慘禍，質言之，這是外在的矛盾。

但獨裁者用極權方法去反共，本身便有其必然的內在矛盾性，這一點，似乎是這次越南政變的根本原因，故大多數論者認為越南政變，美國或不免有推波助瀾之處，不過如果越南的吳氏的極權作法不早弄得天怒人怨，使吳氏家族陷於孤立，則美國少數人雖欲去吳，美國輿論雖反對吳，吳氏政權仍不會便輕易的在幾點鐘工夫內便烟消雲散的！

筆者曾在本刊發表過一篇「左右兩極政治乃是孿生兄弟」的文字，曾說，近三十年，凡反共的政府，都主張用極權方法去反共，認為這比用民主反共有效，於是受了左傾極權威脅的國家，其國便每易產生右傾極權的政府，因之左右兩極權直成為孿生的兄弟。然而用極權反共的右傾獨裁者，自己以為有效，往往其效未著，而自身便為民衆或為其左右所推翻，南韓李承晚已成為前車之鑒，而吳廷琰又成為後車之覆，中東近東與南美，像這類的情形早已層出不窮，方興未艾，未必處處都是美國人在作怪，事事都源於外在的矛盾嗎？茲為促起反共之獨裁者反省起見，願在此短文裏略陳右傾極權在反共中的內在矛盾必然性。

我國早年在國內大陸上反共戡亂時，當局者好談剿共工作，應用三分軍事，七分政治，此言今猶在我之耳！並且有進一步論及，滅虜之道，在事事與虜相反，其意更在於爭取民心。然而一旦施行極權政治，則最易趨於十分軍事，而便不能得見爭取民心的政治之效。何以反共剿共的當局口裏雖言七分政治，而其政治設施總是無論在前方後方，都十足的表演軍事統治，甚至胡塗顢頇，弄得天怒人怨，共未剿完，而自身便不得不倒呢？這中間有兩個錯覺存在於獨裁極權的心中眼中，不可以不辨！

第一點是，獨裁極權者，因認反共剿共為愛國家愛民族之舉，則凡愛國者都自應無條件的擁護我這個領導反共剿共的獨裁極權者，否則便不愛國，不愛國便該死該殺！——這一來，便不是爭取民心的作法，而是天命有歸，誰敢不從，或誰敢侮予的真命天子的想法。但在當今之世，「天王神聖，臣罪當誅」這八個字惜乎已不適用！故越南有人說是，離了吳廷琰，便找不出第二個人，而吳氏的親戚前駐美大使陳文章便說，這是胡說，這未免太侮辱越南人了！

這一個獨裁極權的唯一的領袖想法與作法，本已是時代的落伍見解，而偏偏要用這想法作法，去與崇尚平等自由的美國人合作，且強美國人也去接受他這一個想法作法，故美國執政者為顧全大局計，雖能容忍於一時，而美國輿論界終於無法容忍；因美國輿論之不能容忍，而更加重本國輿論之鼓噪，於是內在矛盾更形加深，而內亂政變終於不能免了！

第二點是，獨裁極權者誤認反共戡亂為短期可了的事——三個月，六個月，最多一年，便一戰成功，天下太平，然後再徐圖補救內政上的缺憾，或者說得好聽一點，然後再來尊重人民自由，實施憲政之治。但不知反共戡亂絕非單純的短期可了的軍事問題，而共黨所潛伏力量是很深的，滲透的方法還是很多的；稍一不慎，共黨便可以捲土重來。徵之往例，我國自民十八至二十五竭全國軍事力量以包圍中共，勦滅其所謂之紅軍，直至陝北，令毛澤東等失魂落魄的去依附土共，也只餘兩師之衆了，這不能不說是反共戡亂已經大勝；然而在軍事上國軍固然勝利，而在社會上則仍被中共處處滲透；因之，纔有七君子之獄，纔有西安事變的發生，終仍給予共黨以死灰復燃的再度長大，以有今日！

往事歷歷，猶在心目，足見反共戡亂絕對不是單純的軍事問題，必得要使共黨無法鼓惑民衆，無法滲透於社會各階層，是則非實施民主，以爭取民心不為功，決不是只靠特務組織，便把千千萬萬的民衆都看得住的！何況在長期的反共戡亂期中，一味施行戒嚴或半戒嚴式的統治，這也不許人民亂說，那也不許人民亂動；時間一長，則大多數人民未有不煩悶，而政府官僚也因之要生氣日減，終致僵化，而徒有其形式，實不堪於一戰的。試看吳廷琰弟兄在未遭政變前的一瞬，共閱兵之整齊，壓迫佛教徒之似乎有效，以至要全體高級軍官簽名擁護其高壓政策之表演，無不是存表面上得心應手，然而這只徒使內在的矛盾加深而已，加速獨裁極權之自行崩潰而已！

獨裁極權者反共的內在矛盾之點，要從三十年來我所親見的事實為証，話還很多；但我這篇短文，在說明內在矛盾必然性的道理，並無意於批評任何人；指証太多，恐有人反認為在「算舊賬」，在「消極破壞」，故只陳述上列兩點，且照港報流行武俠小說中所慣用的八個字：「點到而已」，無意傷人」。不過，古語所謂，「得民者昌，失民者亡」，這是政治上千古不磨的真理。我們大家都已了然共黨政權之終於必敗，乃是它喪失了民心的原故，奈何以反共勦共自命的能者，乃不能鑒及於此呢！

五二、一一、一九

世界共產主義運動的分裂

孫寶剛

中蘇共的理論鬥爭，現在已波及了全世界的共產黨，有的確明朗地支持了蘇共，有的已明朗地支持了中共，也有些共黨，其黨內的大多數雖然支持了蘇共，但少數派是支持中共的。我們從意大利和比利時的共黨開除了一部份支持中共的重要黨員，就可見一般。現在我分別的報告如下：

東歐：蘇聯的共黨，包括史太林主義者在內，都是反對中共的。波蘭和匈牙利的共黨，所以也最支持赫魯曉夫。保加利亞和羅馬尼亞，以及捷克和東德的共黨，也都是支持赫魯曉夫的。以上各國的共黨共有一千六百萬黨員。我們如把反對中共的南斯拉夫共黨也算在內，總計便有一千七百餘萬。

西歐：意大利共黨是西歐最大的共黨，全體支持赫魯曉夫的，祇有極少數我在上面已說過，是支持中共而被開除了。意共內部又有一部份是修正主義者，但他們對中蘇共的理論鬥爭來說是站在赫氏的一面。法共和芬共也是支持赫氏的。挪威的共黨力量極小，有時似有一些傾向中共。其他歐洲的共黨都支持赫氏，但力量都極小。

美洲：美國有二萬九千名共黨黨員，加拿大也有極少數的共黨，都是支持赫氏的。南北美洲共有二十五個共黨，力量都極小，經過長久的遲疑之後，都傾向了莫斯科。但是巴西的共黨有些例外，一部份支持蘇共，另一部則支持中共。嚴格地說起來，南美的共黨還有一個特別情形，即青年部份和左翼大都是傾向中共的。不過以上二十五個共黨，總數祇有二十五萬黨員，所以在共產國際間並沒有發生大的影響。古巴共黨是唯一支持中共的，不過力量不知道，因為卡斯特羅根本不是一個共黨黨員。

非洲：大多數的非洲國家還沒有共產黨，祇有八個國家是有的。埃及的共黨成立於一九二〇年，南非的共產黨成立於一九二一年，其他阿爾及利亞，突尼斯，摩洛哥，蘇丹，巴蘇士蘭，重聚島，固然有共黨，但都是非法的地下黨，成立也很遲。八個黨共有五萬黨員。大體上是站在蘇聯的一面。

大洋洲：澳洲約有六千黨員，新西蘭有一千五百人，前者支持蘇聯，後者則支持中共。但在國際共產黨運動中，都不很重要。

亞洲：亞洲的東南亞各國共產黨都是支持中共的。中共本身有一千七百萬黨員，當然在共產國際運動中佔了極重要的地位。北韓共黨是執政黨，有一百一十二萬黨員，稍經遲疑之後，即支持了中共。北越共黨也是執政黨，有六十萬黨員，也是支持中共的。印尼共黨有二百萬黨員，是世界上第三個大的共產黨，日本的共黨有十萬人，以上兩者都支持中共的。其他如緬甸、柬埔寨、寮國、馬來亞、泰國的共黨，雖然不很大，也都支持中共。

蒙古（四萬五千人）和印度（三萬人）的共黨支持蘇聯。中東的伊拉克、伊朗、黎巴嫩、敘利亞、土耳其，塞波拉斯、以色列和錫蘭的共黨也支持蘇聯的。尼泊爾、巴基斯坦、菲律賓的共產黨，都是非法的，支持中共。

但以上各黨中卻有少數份子，取相反的立場。譬如以印度的共產黨來說，雖然有中印邊界的糾紛，但印共中仍有些人支持中共的。

全亞洲的共黨共有二千一百五十餘萬黨員。約有十個黨支持了中共，佔了二千萬人。所以大體來說，中共在亞洲佔了絕對的優勢。

依照最近統計，全世界共有八十八個共黨，合計有黨員四千一百六十萬。內中有七十六個黨，計二十萬二千人支持蘇聯，其餘十二個黨，合計二十一萬黨員支持中共。所以用黨來計，蘇聯佔了絕對優勢，但以黨員數目計，中共卻多了一些。最近中共主張召開全世界共黨大會，但堅持要以人數比例來規定出席代表人數，這是使蘇聯頭痛的。還有一點我們應當注意的，就是在支持蘇聯的共黨中間，有許多是修正主義者，意大利、波蘭、匈牙利和南斯拉夫的共黨就是顯明的例子，他們在中蘇共的鬥爭上雖然支持蘇共，但他們的主張和赫魯曉夫大異其趣的。

中共現在正努力在分化所有支持蘇共的各國共產黨，不能不說有相當的成績，所以將來的趨勢，將造成怎樣一個局面，現在還不能逆料，大體說來，整個共黨世界的運動，因為中蘇共的鬥爭已經削弱了。最近報紙上有一段消息說，有幾個共黨想出面調解中蘇共的糾紛，要蘇聯繼續以經濟支援中共，而中共不要再在亞非的共黨中，再施分化的工作。這個意見，看來是蘇共授意的，假如真的如此，那麼我們可以說，蘇共在焦急了。但是我們看這次中蘇共的鬥爭已經完全公開化，且已成了一個運動，把鬥爭的意旨自上而直貫徹到每一個黨員，所以中蘇共今後是否能真正的妥協，是一個疑問！

論中國國民黨的現狀及應有的努力

黃之華

中國國民黨第九次全國代表大會」於本年十一月十二日在台北開幕了。筆者草擬本文是十一月十五日，但到本文刋出之日，國民黨九全大會又將閉幕了。國民黨九全大會閉幕之日，照例會發表一篇宣言，報告其開會經過及今後的政策的。依理，本文似應在該會閉幕之後，參考它閉幕時所發的宣言來寫，才好像更言之有物。但筆者以為國民黨的宣言無論如何不過必然將是一種空洞的官樣文章，與其從國民黨的宣言去評論國民黨，還不如從頭察看國民黨的以往和目前的現狀以評論國民黨來得有價值。所以筆者便不等待國民黨九全大會宣言的發表，而來作一評論了。

依理，一個黨的閉會宣言，通常都是應該具有相當價值的。不過，我以為假如孫中山先生今日尚活在世上，或者國民黨至今仍被一種思想所領導，或者國民黨至今仍未墮落為一個官僚集團而確是一個「革命民主政黨」的話，那末，筆者以為它的宣言顯然是仍極重要的。因為它必然會在它的宣言裏反映該黨的一些有意義的活動。但時至今日，中山先生已死，該黨久已墮落為一個權力鬥爭和只知做官的集團，早已沒有什麼思想領導可言。民主二字固然已與國民黨的中心目標無關，革命二字對該黨而言，也不過只是口號和口頭禪，加上該黨內部已無新人才與新活力，所以，所謂會議，既已只是形勢的意義居多，所謂決議和宣言，當然也都形同具文了。

說到國民黨的歷史，那倒確實是很有光輝的。遠在六十年前，中國就有人提出民主的主張，那些提出民主的主張的人雖然當時可以分為兩派，一派是康有為梁啟超，他們主張的民主，乃是緩進與立憲維新，但另一派主張用革命手段來達成民主的，則正是國民黨的創導人孫中山先生。在當時，主張革命的與主張維新的儘管大打筆戰，維新的一派甚至還儘管走上了光緒皇帝的路，因而有過接觸政權的機會，但最後真正創建中華民國却仍是孫中山先生所領導的國民黨，所以，說到國民黨，誰能不對它過去的光輝燦爛的史蹟致敬呢？

但是，若以今日的國民黨來講，人們的觀感就大不同了。然而，嚴格的說，這還不是人們的觀感問題，而是國民黨的自身問題。人們的觀感原是被觀察的對象的真實內容所決定。什麼樣的內容，就會給人什麼樣的觀感。試想：辛亥革命前後中山先生領導的國民黨是如何的一個黨？難道它當時不是集中了全國的多數傑出人才嗎？難道它當時不是人人犧牲個個奮勇，拋頭顱、洒熱血以為國家民族嗎？唯其如此，所以它當時有極強的生命力，有極強的創造力，到處活動，隨時活動。雖然當時的整個大陸都被滿清統治着，但國民黨却能推翻它打倒它。可以說當時的國民黨員都是為革命而來，中山先生也確能以能否革命為衡量人才評論是非價值與功過的標準尺度，但今日之國民黨，包括國民黨當權派的許多重要人物在內，他們已經不是為革命而來，他們都是為當官甚至發財而來，孔宋利用國民黨政權而大發其財，是人所共知的事實，為了當官，更是它的普遍風氣。衡量人才的革命尺度早已失去，代之而來的標準尺度却是對領袖忠不忠貞？這真是二十世紀駭人聽聞的封建落伍意識！一個標榜革命民主的黨，不以革命民主為主，而以對個人忠不忠貞為主，試問這還成什麼黨？試問這還如何能夠給人好的觀感？試問這還如何能夠號召天下？試問這還如何能夠吸引傑出人才？國民黨內原有的人才且已不得不遠離，那末，留着的一批庸才奴才又怎能給人重視？又怎能開得出一個特別的會？試問由這樣一些人開會又怎能開得出特別的花朵？所發宣言又怎能使人感覺值得一讀？

民國十五年北伐時，中國國民黨也曾表現過它的輝煌成績。但那時距中山先生之死不過一兩年，中山先生餘蔭猶在，北洋政府亦早失人心，同時，當時國民黨之人才，亦比今天多得多，當時大家仍以革命為務。且當時國民黨內部重要負責人都比較年輕，因而亦比今天更有朝氣，所以北伐軍便能以弱勢兵力，起於廣東一隅，不旋踵即能打到南京，在形式上統一中國。

自民國十五年至民國廿六年抗戰開始的這十一年，國內情勢在大勢所趨之下尚大致安定，故尚能粗安。但官僚風氣之形成却亦以那十一年為最厲害。可以說，國民黨內部革命意識的消退與淡化，是在那十一年中的官僚意識相對的高張與侵蝕分不開的。

在民國廿六年抗戰發生後，國民黨的領導誠然功不可沒，但抗戰之所以終於勝利，却是中華民族的民族生命力民族自尊心等實居更重要地位。國際形勢之有利，亦是不可否認的因素。假如國民黨本身很健全的話，可以斷言，它就決不會在抗戰勝利後不過兩三年就將整個大陸失掉，從而退僻到台灣一隅。

就最近退僻到台灣的十四年而言，國民黨雖然經過它自己所謂「改造」，但人們無法指出它自身究竟改造了什麼？若說人事上有什麼更健全的現象，大家實在看不出，因為大家只看見許多國民黨有黨性的老黨員被排除，同時，誰也指不出它有什麼新進的傑出人物。質言之，只見其圈子越縮越小，未見其人才有更趨充實之象。只見其要求黨員對領袖之忠貞愈來愈嚴，未見其對國家對民族對反攻大陸對民主建國有何特別舉措。不僅對黨內如此，對黨外亦復如此。所謂大團結云云，固然只是與事實相反的空談，所謂「聯合作戰」也恰恰只是它進行分化收買的別名。所以，到了今天，我們很容易看到，人們對國民黨召開什麼全國代表大會，已不重視，更不寄以任何希望。大家都曉得那是產生不出好結果來的。因之，除了國民黨黨報以外，其他報紙很少談到這件事，像筆者這樣來寫這樣一篇有關國民黨的文章，已不多見了。古人說：「哀莫大於心死」，對國民黨不抱希望不願多加評論也正是心死的表現之一。由於國民黨事實上還是掌握着或者說是霸佔着中華民國政權的黨，所以，我倒要特別希望國民黨當局清夜捫心，仔細想想。曾子曰：「吾日三省吾身」。你們應該反省的何止三十件事三百件事。但我仍希望你們自己先反省反省：「自己對得起先總理及革命先烈嗎」？「自己真能收復大陸而不是在作宣傳以騙人嗎」？「自己確實是在為國家民族工作而不是自私自利嗎？」

假如國民黨當局都能真正反省上述三個問題，國民黨當局就該痛哭才是。由國民黨把大陸淪陷十四年來，我曾經看到國民黨元老戴季陶（傳賢）先生自殺與陳布雷先生自殺。我平時並不敬佩這兩個人，但看到他們兩人竟然能夠自殺，可見他們兩人還確能反省確有反省，只怕國民黨當局中許多人連他們兩人的這種反省也沒有了。

最基本而且最簡單的講：今日之國民黨實已不能單獨負起反攻復國及民主建國任務。你們痛定思痛之餘，你們應該團結各方人才，人才是惟一可能反攻復國的道路。假若不此之圖，我相信你們必無前途，而只有愈益墮落愈益失敗的了。

讀者投書

譴責日本把周鴻慶遣返大陸

張大義

編輯先生：這是我第一次給貴報的讀者投書，務請刋登出來。因為這不只代表我一個人的意見，而是代表了我們許多朋友的意見。

我們是身居菲律賓的華僑，我們覺得日本真是可惡。日本政府最近倒行逆施，既已把價值兩千萬美元的全套尼龍廠的設備貸助中共，現在竟又違反國際道義，違反人權，違反國際政治庇護法，蓄意要把在日本投奔自由請求政治庇護的周鴻慶送返大陸，這是我們極端憤慨，決不忽視的。我敢說，如果日本政府果真如此胡作亂為，所有愛好自由的中國人都必將仇視日本，而且一定要找機會報復日本。縱然我們這一輩子不能報復日本，我們也將遺囑我們的子孫報復日本。

我們表達這樣激烈的態度，我們曾經檢討，並不是我們偏狹，相反，而是我們很冷靜很客觀。

據日本政府說，想對中共做生意的，並非日本政府，而乃日本商人。那末，我要進一步請問池田首相及日本內閣，你們日本究竟有政府的嗎？還是無政府的？如果日本有政府，那末，日本政府只能做順從少數左傾商人的事嗎？還能做做站在政府立場應做的一些事？難道你們只有准允日本左傾商人與中共做生意的權力，就無拒絕批准的權力嗎？你們難道盡是日本左傾商人的傀儡嗎？

再說，如果日本商人與中共做生意不是資共，而是為了替日本賺錢的話，那末，你們與中共的貿易行為應該有錢可賺才是，但是你們在沒有賺錢之前，先就以價值兩千萬美元的尼龍廠用延期付欵的方式變相的送給中共，那末，試問這是什麼生意經呢？那末試問你們還有什麼更大的生意可以從中共賺回比這兩千萬美元更多的錢呢？

日本政府更荒唐的是對周鴻慶案處理之不當。周鴻慶想在日本投奔自由，這是任何人都可以用常識判斷的。周鴻慶最初早已表示願意前往台灣，這也是周鴻慶曾向他的律師明白表示過的。但是日本政府竟然玩弄把戲，讓日本左傾人士去精神壓迫和引誘周鴻慶。須知周鴻慶原是一個在中國大陸裏的鐵幕居住了十幾年的人，他一向受到中共的精神追害，對自由世界的情勢也必然不太清楚。他所期求的和依賴的只是日本政府的正義感和公正處理，但是日本政府為了討好中共却故意讓日本的左傾人士去誘迫他，那末，他當然容易受到誘迫，當然容易懷疑日本政府的態度，從而只好又改變他的主意了。所以，假如周鴻慶隨後又有要求遣返大陸的意思，那也決非出自周鴻慶的本意。因此，如果日本政府定要把他遣返大陸，那是決不公正的。

為了維護人權，為了維護周鴻慶的生命，為了避免中共將來對周鴻慶的迫害，當然，我們更為了尊重和維護國際間請求政府庇護這一法律的神聖有效，我們堅決反對日本政府把周鴻慶遣返大陸。能夠把周鴻慶按照他的最初意願送去台灣，是上策，不然的話，亦應將周鴻慶永遠留在日本。如果日本政府執迷不悟，硬要不顧道義，不顧國際法，而將周鴻慶送返大陸的話，我們將在這裏誓言，終必手刃日本人以為報復。

讀者張大義敬上
十一月八日

中共蘇共之衝突最近有轉機嗎？

綜觀

最近，由於毛澤東、劉少奇、朱德、周恩來聯名於蘇共十月革命的紀念日打電報給赫魯曉夫等蘇共領導，致賀電中，並有「中、蘇人民的友誼牢不可破」等語，再加上赫魯曉夫於十月十六日曾對共黨國家記者發表的談話中，有下列語句：「蘇聯與中共應停止在其觀念爭執指名攻擊，以加強共黨世界的力量。」於是香港許多報刊神經過敏的感覺到前者是中共向蘇聯求和之意，後者是赫魯曉夫有意與中共停止爭執之表示。其實，這完全是不正確的看法。

先說毛劉朱周四人給蘇聯的賀電吧！這賀電原本是一年一度的官樣文章，每逢蘇聯十月革命紀念日，全世界各國各地的共黨，無論與蘇聯的情感怎樣，都是要打賀電到蘇聯去，電文中所謂中蘇人民的友誼牢不可破之語，也是千遍一律的外交辭令，並無新鮮意義，決不能代表中共或毛澤東有意向蘇共求和。

而赫魯曉夫於十月十六日向共黨國家記者所說中蘇之間應停止指名攻擊之說，也僅是赫魯曉夫爭取其他國際共黨分子同情的宣傳姿態，與赫魯曉夫要想打垮毛澤東在中共的領導，實不相干。

事實上，赫魯曉夫既是蘇共領導人，為了爭取別人同情，毛澤東當然懂得。所以，老赫一經作出上述表示，中共隨即指出老赫並無誠意，只是手法。

假如老赫真的有意停止攻擊老毛，那末，事情很簡單，蘇共中央及蘇共宣傳部門一定必然立即根據老赫的這一停止攻擊老毛停止攻擊中共的意旨，將蘇共最近幾個月一直持續下來的如火如荼的言論攻勢停止下來了。然而蘇共報紙刊物於本年十月十六日老赫發表上述談話後，是否已經停止攻擊老毛及中共呢？卻是沒有停止的。

據中共十一月十五日的新聞廣播說：在赫魯曉夫於十月十六日發表所謂應停止指名攻擊後，「蘇聯報紙仍在進行着猖狂的反華宣傳」。中共並且根據它的不完全的統計，僅僅從十月廿八日到十一月十日為止的這兩個星期，蘇聯報紙雜誌就已發表了八十多篇社論、蘇聯和外國作家的文章、讀者來書、漫畫、報導等，專門攻擊中共。

中共新聞廣播甚至還說，在最近一個月以來，蘇聯報紙攻擊中共的文字，已發展到公開辱罵中共領導人特別是毛澤東的情勢。蘇聯報紙竟說毛澤東是「馬克思主義的叛徒」，為個人迷信「哭靈的人」，「一個人迷信的衛士」，「災難的理論家」等等。

中共新聞廣播還說：蘇聯報刊最近對中共「國內建設和各項政策」的攻擊範圍，比過去也已有了擴大，言論也比以前更粗野了。中共廣播說蘇聯攻擊中共所謂除四害、工業技術革新、興修水利等工作都「造成了慘痛的結果」。並攻擊中共的人民公社與兵營只會造成「兵營式的共產主義」。中共廣播還說蘇聯認為中共在大陸農村的活動正是一種「地獄般的勞動」。

中共廣播還說：蘇聯報紙雜誌已連續對中共進攻了四個月。在這四個月中，蘇聯全國的一切報紙、雜誌、通訊社、廣播電台和其它宣傳機構，都被發動參加了這一攻擊。一共發表了兩千多篇攻擊中共的各類文章和漫畫。

因此，中共廣播說：蘇聯所謂「停止公開指名攻擊」云云，不過是蘇共領導人企圖掩蓋其「更加猖狂進行反華的手段。」

依我看：中共的這一判斷是正確的。赫魯曉夫目前確實並無與中共協和之意。

當然，這也並不是赫魯曉夫有什麼不對，事實上，中共也並沒有完全停止它對蘇共暨赫魯曉夫之攻擊。那末，赫魯曉夫為什麼真的把攻擊停止下來呢？

就中共對蘇共的攻擊對赫魯曉夫的攻擊而言，目前誠然已經不及前幾個月那樣尖銳與厲害。但這並不是說毛澤東已決心低頭，更不是說毛澤東已決定放棄也另行領導部份國際共產黨以與蘇聯對抗，相反，僅僅為「蘇聯最近曾發表中共於最近三年曾進犯邊境五千一百餘次的消息，而使毛澤東及中共中央稍微震驚。因為蘇聯公佈中共進犯五千一百次的這一件事，含義異常重大，戰意異常濃厚，毛澤東及中共中央不得不顧慮到蘇共真的在中蘇邊境動起手來。雖然儘管只是小小動手，雖然儘管只是發生一點「意外」的邊境局部衝突，但那就勢必影響到中共的整個政略戰略地位，甚至蘇聯還有進一步取消「中蘇同盟」之可能。唯其意義如此重大，所以毛共不得不在言論上稍稍退讓一下了。

另一方面，赫魯曉夫已有意召開世界共黨大會，而且有意在大會上用多數通過的方式打擊中共，或譴責中共，或開除中共，中共不能不顧慮，因為中共目前一方面既要仍靠蘇聯核子傘的保護，一方面又不願過早的與蘇共在世界共黨大會攤牌，因為毛澤東今天所能領導的國際共黨畢竟只是整個共黨陣營中之小數，所以，今日之毛澤東及今日之中共，既不會誤信赫魯曉夫的姿態，也決不會向蘇共低頭，而在爭取時間，徐圖反赫。假如我們誤認中蘇共之間目前已到達和解邊緣，那是與事實決不符的了。

當然，這也決不是說中蘇共之間的衝突，將來決不可能和解。但目前卻是並未達到和解地步，則可斷言。未來的發展如何？則應視未來的情況發展而定。

蘇共七月十四日駁斥中共公開信原文節要（十）

還有一個問題，這就是國際工人階級的鬥爭和亞洲、非洲、拉丁美洲各國人民的民族解放運動之間的聯繫問題。

今天以世界社會主義體系和資本主義國家的共產黨為代表的國際革命工人運動和亞洲、非洲、拉丁美洲各國人民的民族解放運動，是當代的偉大力量。它們之間的正確的相互關係是戰勝帝國主義的主要條件之一。

中國同志是怎樣解決這個問題的呢？這從他們的新「理論」中可以看出。根據這種理論，我們時代的基本矛盾竟然不是社會主義同帝國主義之間的矛盾，而是民族解放運動同帝國主義之間的矛盾。在中國同志看來，反帝鬥爭的決定性力量不是世界社會主義體系，不是國際工人階級的鬥爭，而仍然是民族解放運動。

中國同志這樣做，看來是想用最輕易的辦法在亞洲、非洲、拉丁美洲的人民當中贏得聲望。然而，但願這種「理論」誰也欺騙不了。這種理論的實際意義，不管中國理論家們願不願意，在於使民族解放運動孤立於國際工人階級及其產物——世界社會主義體系之外。但這對民族解放運動本身是巨大的危險。

事實上，亞洲許多國家的人民，儘管有十分英勇和自我犧牲的精神，但如果不是十月革命以及後來世界社會主義體系的形成從根本動搖了帝國主義，摧毀一切殖民主義者的力量，難道能夠取得勝利嗎？

現在，當解放了的各國人民進入了自己鬥爭的新階段，集中努力來鞏固政治成果和經濟獨立的時候，難道他們沒有看到，如果沒有社會主義國家的援助，解決這些任務要困難得無可比擬，甚至根本不可能嗎？

馬克思列寧主義者一向強調指出民族解放運動及其偉大未來的世界歷史意義，取得勝利的民族解放運動進一步勝利的主要條件之一是同世界社會主義各國結成鞏固的聯盟和合作，同資本主義國家的工人運動結成鞏固同盟。這種立場是在一九六〇年的聲明中確定的。這種立場所依據的，是列寧關於工人階級的領導（領導權）是反帝鬥爭取得勝利的條件的思想。只有在取得這種領導權的條件下，這個運動才能最終具有真正社會主義的性質，才能以向社會主義革命道路的過渡來完成。

列寧的這一思想在十月革命的經驗中，在其他國家的經驗中已經得到證驗，沒有引起任何人的懷疑。但是看來中國同志竟想「糾正」列寧的思想，證明似乎不是工人階級，而是小資產階級或民族資產階級，甚至「一部分愛國的王公貴族」，應當是全世界反帝鬥爭中的領導。而在這以後中共又教訓世界共產主義運動說：在任何時候，在任何情況下，都不能喪失無產階級的階級立場！

無論是國際工人階級還是民族解放運動的未來勝利的保證都在於它們的鞏固聯盟和合作，在於它們為進行反帝鬥爭的聯合所要求的共同利益，在於工人階級以自己的自我犧牲和忘我地為各國人民的利益服務而博得對其領導作用的承認，使自己的同盟者相信，工人階級的領導是它自己獲得勝利和它的同盟者獲得勝利的可靠保證。

我們列寧的黨把民族解放運動看作是世界革命過程的一個組成部分，是反對帝國主義的強大力量。科學共產主義奠基人馬克思和恩格斯的偉大號召：「全世界無產者，聯合起來！」已成為國際無產階級的戰鬥旗幟。馬克思和恩格斯事業的繼承人弗拉基米爾・伊里奇・列寧在偉大的十月革命勝利後形成的新的歷史條件下特別指出了社會主義革命和民族解放運動之間不可分割的聯繫，把「全世界無產者，聯合起來！」這一主要口號的內容擴大了，提出了「全世界無產者和被壓迫民族聯合起來！」的口號。這一口號指出了國際工人階級的主導作用和民族解放運動業已增長的作用。我們黨在自己的全部活動中都嚴格遵循這一馬克思列寧主義的國際主義原則。

台灣簡訊

志　清

一、吳亮言貪污案可能將有新發展

外貿會輸出組科長吳亮言收受洋菇罐頭外銷商的八十餘萬元紅包案，據聯合報透露，台北地檢處承辦檢察官已擴大偵查範圍，正進一步偵查五一至五二年期間超額生產洋菇罐頭四十三萬箱的空罐來源問題。

事緣外貿會為了要控制洋菇罐頭外銷數量，認為不易控制菇農使其定量生產。於是，乃從控制洋菇罐頭的空罐着手。規定外銷的洋菇罐頭，必須用物資局專案進口的Prime馬口鐵製成。如此則洋菇廠商如欲外銷，祇能向物資局申請配購其限額所需的馬口鐵來製造空罐；而每次配購此項馬口鐵的外銷罐頭出口時，物資局還要核對然後才予核銷。如果能如此辦理，外銷廠商縱欲在限額以外，多得一個空罐也不可能。但事實上，在五一——五二年的期間，竟發現超額的洋菇罐頭達四十三萬箱之多，其製罐所需的馬口鐵，從何而來，顯然是一個很嚴重的問題。依據內行人士的分析，此項空罐來源祇能有三：其一為物資局核配馬口鐵時，沒有依據限額，但該局局長張仁滔在這件事發生後曾說，該局已經調查過，並無超額配售的情事。其二為廠商將配售外銷鳳梨所用的空罐移用於洋菇罐頭；但各廠獲配鳳梨之空罐，亦經物資局核對，均已外銷，並無多餘的空罐可資移用。其三各廠商以其他的馬口鐵製罐；但其他的馬口鐵與Prime馬口鐵的品質懸殊，一看就可分曉，不可能混在一起。由此，可見空罐的來源並不簡單。而且超額生產的洋菇罐頭所費不小，廠商何以敢於冒險，先投下二億元之鉅的資金來作此非法的事，也頗值得研究。他們如非得到某些人的默許和支持？顯然是不敢如此的。也許就是因為這個原由，外貿會主任委員徐柏園在超額洋菇罐頭發生之初，曾在業務會報上嚴飭該會專案小組徹查這些空罐頭的來源，但至今沒有下文。據悉：他以後又認為以秘而不宣為最宜。由此，可見吳亮言收受紅包案，並不是一件很單純的個人貪污案，台北地檢處承辦檢官果決定擴大範圍偵查，其志殊可嘉；但有無結果，則尚待於事實的証明也。

二、國校教員也可頂讓　頂費四千至六千

最近台北各報報紙上常有「徵求教員互讓」的小廣告，有的是外縣國民學校的教員想調來台北；有的是台北市教員想調到外縣，並且還「不限服務地區」。據熟悉內情者透露：凡是想調來台北市國民學校任教的，必須付出一筆頂費，自四千元至六千元不等，看地點而定。如果原來是在一個偏僻的地區服務，要想和一個在台北市區服務的教員對調，其所付出的頂費更高於此。至於這些原在台北市國校服務的教員為什麼願意調到外縣去，有的是因為親屬在外縣不能不去，因而藉此撈一筆額外的頂費；有的——尤其是那些不限服務地區的人，則是以此為生財之道。他們被調到外縣之後，做了一個短時期，又可設法回來，再作第二次的頂讓交易。此事經若干民營報揭載後，台北市教育局長林清輝發表談話，表示將要嚴辦。但他所謂嚴辦的具體措施，則僅是通知人事股切實注意防範了事。其實在監察委員馬空羣指為兩抓主義（即抓權與抓錢）的台灣，從上到下，可以說，無人不抓，蔣家父子既然抓權不放，而且為了抓權，不惜到處行使各色各樣的收買政策，因而蔣朝文武也都千方百計，設法抓錢。這些國校教員們僅以自己的職業換一點頂費，也夠可憐了。

三、工務局長被撤職處分

公務員懲戒委員會於本月九日議決：台北市公務局長劉鼎文處理該市館前街違建大樓案失職，應予撤職，並停止任用二年。同案的該局建築管理課課長范源遠，應休職十月，股長黃鴻鉦應予撤職，並停止任用兩年。據懲戒會於審查意見中指出：台北市館前街四十三號房屋，原准建築六樓，業主擅自建築為十一樓，台北市政府在擅建期間內未能作有效之制止。據調查報告，除市長不知情外，業主於去年六月十四日企圖建七樓，該府工務局於同月廿二日通知停工，業主未照辦。在繼續施工階段，台灣人壽保險公司一再向該府檢舉，該府工務局各級主管人員，自不能謂事前不知，既知其繼續興工，又知建築管理員無力制止，始終不採取有效處置，使其停工，竟任其完成十一樓，造成不能解決之局面，被懲戒人不無失職行為。

劉鼎文得悉懲戒會對他的處分後，向新聞記者辯稱：「自五十年十一月我奉令代理工務局長以來，因台北市工務事項浩繁，自己無法面面顧到，乃採用分層負責方式處理公務。「館前大樓」是工務局林技正代批准的，我沒有過目，因此，該大樓違章施工期間，我一直不知道其建築執照僅批准興建六層樓房，去年九月間，我知道它是違章建築時，大樓已蓋好十一層。」他認為懲戒會對他的處分太重，使他感到意外；但因該會處分，依法沒有申覆的餘地，他祇好服從。劉鼎文的辯說，可謂強辭奪理之至。因為在該建築大樓尚未完工以前，由於隔鄰人壽保險公司認為遭受危險，一再向該局控訴，報上也不斷的提出指責，該局曾飭令拆除大隊前往拆除；但該隊到達該樓時，他着該樓業主即出示補辦申請手續的手令，因而停止拆除。如今他却推說該樓已經蓋好十一層後，他才知道違章建築，顯屬自欺欺人之談，但這正是今日台灣的官場慣例呵。

四、機場建民宅，投標有毛病

台北市南機場興建十棟相連的公寓式市民住宅大樓，容納川端和馬場町堤外的一千二百六十四個違章建築戶，總工程費用為五千餘萬元。由警備總部協調台北市政府、省審計處等有關單位組成一個違章建築整理委員會主持其事，並有違建居民代表參加。此項工程於十七日公開投標，警備總部副總司令李立柏中將還親臨監督。當時還宣稱：由於主辦人員事前均能保持機密，確無圍標等不法情事。投標結果，台南市振成營造廠以四千零七十八萬一千元得標土木工程部份。但其後卻發覺該廠所繳押標金的一張兩百萬元支票，原是將一張兩萬元的台銀本票塗改的。因塗改手法極為巧妙，肉眼不易看出，一時受其矇混。整建會發覺該建築公司使用塗改的本標作押標金後，即報由台北市警局將涉嫌犯振成營造廠老板蔡金羅，工程師蔡兩全及國華營造廠老板張國聯等三人扣押，該局已偵查完畢，復於本月十一日將蔡等三人移送台北地檢處，當經檢察官開庭偵查，蔡金羅等供承塗改台銀本票不諱，並稱與丁某及葉某兩人共謀塗改支票詐欺得標，等到動工時取得鉅額工程費後就開始拆爛污。涉嫌共謀之丁、葉二人已於案發後潛逃。檢察官指示北市警局專案小組，務於近期內將在逃疑犯緝獲歸案。

五、盲啞學校校長貪污被毆

台灣省立台南盲啞學校校長白今懸連續剋扣該校公費生的餘額公費數十萬元不發，達數個學期之久，激起盲啞學生的公憤，予以圍毆成傷。事件發生後，學生會散佈傳單，揭發該校內情，並集體到警局投案。學生家長們除應允嚴管子弟不得再生事端外，並要求對該校校長扣發公費一事進行澈查。省教育廳長亦認為扣發公費，甚為不當，派駐區督學沈勁冬就近調查，以憑處理。報載：台南地檢處檢察官對於本案亦極重視，已進行偵查。白如今雖然被毆成傷，但處此四面楚歌中，自不能安於位，聞已於十三日以限時掛號信向教廳某高級負責人表示歉咎之意。函中雖未明確表示將引咎辭職，但從各種跡象看去，他在這段急流中，勢非勇退不可。

六、警務科員畏罪自殺未遂

省警務處外事室科員馬芳蹤於本月十五日舉槍自殺未遂，由該處派車送往台大醫院急救，住頭等病房，經輸血三百CC及以氧氣幫助呼吸後，已無生命之虞。他的自殺原因，乃與一件百萬餘元的空中大走私案有關。

事緣在美僑單位管理倉庫的職員高尚志於前月從空中運來一批價值百餘萬元的高級衣料，並偽造美大使館証明文件，矇騙海關人員免稅放行，然後將貨物提出暗中向市場銷售圖利。美大使館首先發現，向台北市警局刑警隊外僑組提出檢舉，該局負責偵辦，復查出高尚志從空中運來之走私貨物，都是經由台北市推銷百貨的攤客莊石水向市場銷售，並在莊的住所起出一大卡車尚未銷出的貨物。即將高、莊二人逮捕。二人承認走私不諱。該局乃將本案移送台北地檢處依法辦。

本月十四日，承辦檢察官周德美接獲密報，指稱警局辦案人員多人，其中還有警官曾受賄路，並將查獲的走私貨物以多報少及將真正的主犯隱匿不報等情。周檢察官以案情重大，即於當晚將高尚志自看守所提出訊問；並隨又親到台北市刑警隊訪晤羅隊長，查訊該隊偵辦走私案的經過情形，並傳訊涉嫌貪污的辦案人員。高芳蹤亦接到傳票，通知於十五日晚到台北地檢處應訊。

據聯合報透露：檢舉辦案人員貪污瀆職的即是走私犯高尚志的親屬。他們因為曾經「破財」却未能為高尚志「消災」，要求經辦本案的某高級警官務必設法將高保釋；否則即將揭露其受賄及匿贓等內幕。有關的警官及其他辦案人員即四出代高奔走活動，馬芳蹤也是其中之一；但未能收到預期的效果，於是，此一大走私案中的貪污案便被揭出。

據聯合報載：馬芳蹤入台大醫院後，警方曾派員前往處理，隨後受到指示，由上級直接處理。他在台大醫院，亦受到關照，將病患紀錄收藏，並否認任何自殺消息。同時，除有關方面人員外，謝絕一切採訪。顯見他的上級（按即蔣經國的特務機關）還是想將此事大事化小，小事化無的。聯合報還有一則短評如下：

近年來，大約由於「豐衣足食」的關係，酒肉徵逐之風，極為盛行；馳輒造成一股又一股的熱流，掀起一陣又一陣的旋風，彷彿人生便是一場永遠不散的宴席。社交界男性的所謂「名流」、女性的所謂「名件」，便經常在「應酬旋風」的風力半徑圈裏忙得團團轉，始而是花天酒地，終至於昏天黑地，弄得醉薰薰、樂陶陶，連自己姓什名誰，都忘得一乾二淨，那還記得起此時此地，是反共抗俄的戰時，和反攻復國的基地！

應酬的方式雖然五花八門，無奇不有，但揭穿所謂人情的幌子，將不難窺見其主要的因素，殆皆不外乎「權」與「勢」。如果無權無勢，縱然你有閒情逸緻，樂於參加應酬，不僅無人來請你，甚至你請人，人家也不會來。如果你有權有勢，縱然你想深居簡出，不願參加應酬，但人家一定要請你，而且想出種種辦法，來促駕、來勸駕，不由你不去。

日昨有位自殺警官，雖然地位不高，「官拜科員」，但因主管外僑保防業務，對於外僑出入的酒吧、觀光旅社、特約商店等營業，掌有審核之權，於是應酬頻繁，經常不在家裏吃晚饗。一位科員如此，則一般位高權重的官員們應酬之忙，由此可以想見其一斑矣。

中共「人代」「政協」的性質是怎樣的？

裕略

中共所謂「全國人民代表大會」及所謂「全國人民政治協商會議」在一再延期之後，終於決定在本年十一月份內召開了。根據十一月初中共公佈，謂中共已決定所謂全國人代與全國政協同時在北平舉行。茲據中共公佈，則所謂全國人代會已於十一月十七日開幕消息，所謂「政協」亦於十七日分別開幕。

其實不管它們是否同時召開，它的本質卻已命定的確定了它們自身毫無價值。因為所謂全國人代會既不能代表全國人民，開會時也無任何實權，而只徒具形式；政協云云，則更只是虛有其名，早已不過是一個失去了眞實作用的統戰機構罷了。

中共「全國政治協商會議」之所以只是一種統戰機構，並不是我們反共的人隨便說的，而是中共早已明白規定了的。根據中共所製定而為一九四九年九月二十九日「中國人民政治協商會議第一屆全體會議」通過的所謂「中國人民政治協商會議共同綱領」的序言所說：「由中國共產黨、各民主黨派、各人民團體、各地區、人民解放軍、各少數民族、國外華僑及其他愛國民主分子的代表們所組成的中國人民政治協商會議就是人民民主統一戰線的組織形式」。它既然只是中共的統戰工具，初無眞正的政治協商可言，所以中共的這種所謂政協會，實在沒有受到我們來加以討論的價值。

至於中共的所謂全國人代會，依據上述政協綱領及中共所謂憲法之規定：「人民行使國家政權的機關為各級人民代表大會。所謂「全國人民代表大會」則更為「國家的最高權力機關」，而且也只有它才有「行使唯一立法的權力」。但如所週知，中共政權的一切，都決於中共中央政治局，尤決於中共中央主席毛澤東，毛澤東說的話就是唯一立法，毛澤東和中共中央政治局的命令，就是唯一最高權力，何嘗還有什麼人民？所以，從基本性質來講，從中共政權的實際情形來講，所謂「全國人民代表大會」云云，也是空有其名罷了。它與英美等民主國家的國會及國會所擁有的權力是根本不能相比的。

中共現在舉行的這一「全國人代會」，是中共所謂第二屆人代會的第四次會議，這次會議早經中共宣佈定於今年上半年舉行，但中共隨後未曾宣佈理由又再次宣佈延期到今年下半年舉行，最近始宣佈決定於十一月舉行。中共對此為什麼一再延期而不宣佈理由呢？當然有不能將其理由宣佈的苦衷，否則，中共自必在宣佈延期時就將所以必須延期的理由同時宣佈了。其不能將其宣佈的苦衷，依我看：它實有幾種原因：一、赫毛衝突及所引起的中蘇共衝突一直在不斷變化，毛澤東及中共中央不願對尚在變化中的事過早宣佈其決策，而舉行這種所謂「全國人代會」及「政協會」又不能對此隻字不提，所以便將這兩個會議延期再開，這是一個原因；二、中共內部近年形勢實在太不好，故中共會將一九六一年的所謂人代會停止召開，一九六二年的人代會雖勉強舉行，但周恩來以所謂國務院總理的身份所提出的報告却異常空洞短簡，遠不及以往那些報告的洋洋灑灑，今年的情況仍然不好，所以，能否提出預算決算，能否報告一些具體內容，實成問題。然而，既曰最高權力機關，又似乎不能不開，所以終於一再延期了。但可以斷言的，是這種會的本身決無政治價值，只供周恩來等人去表演一番而已。

大陸簡訊

白帆

中共在北平公開展覽從印度所獲蘇聯武器

自從中共與印度發生邊界衝突後，蘇聯卽站在印度一邊，使中共異常難堪，使中共異常憤怒，這是舉世皆知的了。為了加强印度對中共的武力，蘇聯會以飛機大砲等軍事物資援助印度，這也是舉世皆知的了。

最近，為了顯露中共已將蘇聯援印武器已被中共獲得，據中共統戰報紙說，中共最近曾在北平舉行展覽會，名曰「中印邊界實物展覽」。其中包括蘇製直昇機一架，蘇製槍枝及其它軍用物資甚夥云。

據說中共還內部放映了邊界實況的紀錄片，但只許共青團員以上幹部始可觀看云。

中共政協三屆四次會議已定十一月十七日開會

因內部困難一再延期的中共所謂「全國人代會」及「全國政治協商會議」已在無法再拖的情況下而定於十一月份開會了。

據中共「中國新聞社」北平十四日電：「中國人民政治協商會議第三屆全國委員會第四次會議將在十一月十七日開幕。這是在今天舉行的政協全國委員會常務委員會第四十一次會議上決定的」。

說來眞是很滑稽，中共今天居然還在開什麼「全國政治協商會議」。我們知道：所謂全國政治協商會議原是十五年前中共沒有用武力控制大陸前全國人民的一種要求，要求國共雙方及民主人士以及社會賢達共同舉行的一種會議。其目的在通過這一會議以安排和確定中國的政治問題。其後，中共用武而不是用協商方式控制大陸，而且還否定了中華民國的國名，另建立所謂「中華人民共和國」偽政權於北平，那末，事態很顯然，所謂政治協商云云，早已不存在了。因為大陸的一切早已由中共用暴力決定，早已用命令決定，何曾再有什麼協商？但中共為了點綴場面，進行統戰，遂仍有這一所謂「全國政治協商會議」之舉行，其實，拆穿來說，這都是毫無作用的多餘的會議了。所以，與其說這是什麼政治協商會，還不如說這是「政治聽命會」，聽命於毛澤東一人，聽命於共產黨一黨而已。再說這是什麼政治協商會，那就眞是嗚呼哀哉了！

中共說蘇工程師淫亂又說蘇今年臨橡膠荒

在毛澤東未與赫魯曉夫發生個人衝突前，蘇聯就是中共嘴裏和文章裏的天堂，自赫毛發生個人衝突後，中共報紙卽對蘇聯抨擊不遺餘力。而且經常刊載一些蘇聯內部幹部淫亂，或物資缺乏，再不然就是蘇共貪污亂法的事情，以破壞蘇聯名譽。對此，不僅中共人民日報新華日報等在北平或上海出版的中共報是如此，甚至中共在香港控制的大公報也是如此。

以十一月十四日為例，香港大公報就刊載了兩篇有關蘇聯內部情形的文章。一篇文章的標題是「蘇京總工程師被控、淫亂少女四十一人」，文章內容說：「莫斯科電視站總工程師波立斯·尤金（五十歲）今天在法院受審，被控引誘至少四十一名少女過淫亂生活。莫斯科青年共產黨人報說：尤金邀請年僅十五歲的少女們到他的寓所聽音樂，向她們叙述她們沒有機會經歷的海外傳奇性的荒淫生活，然後幫她們追求這種生活。該報說：他的受害人有許多是接電話女郎，但也有十五人是共青團團員，大多數是知識有限的少女。該報說：偵探發現尤金的寓所堆滿少女們各種醜態的照片」云。

十一月十四日大公報另一有關蘇聯的文章的標題是「蘇今年面臨橡膠荒」附題是「製膠廠在機器方面得不到必要配備」。內文說「眞理報今天發表古比雪夫一間大化學工廠的一封公開信，公開信警告說，若不立即採取決定性的步驟，蘇聯今年將得不到任何人造橡膠。信裏又說該廠將不能達到所承受的任務，因為機器工業未能供給它必要的配備」云。

僑鄉近訊

鍾之奇

共報責江湖相士在廣州行騙

最近出版的廣州羊城晚報，叙述一個共幹被江湖相士騙錢的經過，因而大大抨擊這些江湖相士。甚至中共廣州市黨委會還為此發出通告，嚴防這些江湖相士乘機進行反共活動。

據羊城晚報說：目前有一些點痣看相的傢伙在廣州活動，影响很壞。羊城晚報並舉例說：「上月十七日，青年劉某王某步行至海珠廣場附近，忽然有個中年人從偏僻處鑽出來，拉住他們，從口袋裏掏出小鏡子，照着劉某的臉瞎吹道：同志，我看你相貌長得很不錯，瀟洒風流，臉上這顆痣也長得很好，能逢凶化吉，將來一定有福份，可惜耳根下部那顆黑痣是不好的，應該趕快點脫去，否則好痣會被冲掉，一輩子找不到老婆，正說着，後面又鑽出一個人纏住王某道，看你的相，是會有很多女人愛你的，可惜你胆小怕事。兩個傢伙一唱一和，胡扯一通之後，不管對方是否允許，就亂點所謂不好的痣。並說可以不要錢，是相送的，交交朋友。點完了，馬上露出眞形，連催帶嚇的討錢。並且索價甚高，據讀友反映，有個青年在解放中路給一個點痣的點一顆痣，竟被騙去三元，而黑痣仍在」。

羊城晚報從而評論說：「這些看相的傢伙，到處詐騙錢財，宣揚封建迷信和資產階級思想毒素，腐蝕青少年，麻痺毒害人民，令人不能容忍」云。

閩粵各地知識青年被徵當兵

毛澤東曾經喊出一個口號，說要建立現代化共軍，必須以工農子弟當兵。因為毛澤東認為只有工農子弟才有階級性才能站穩階級立場。但毛澤東的這一作法一直幹了幾年，毛澤東才發覺這一作法與所謂建立現代化共軍的目標越來越遠。何以故呢？這就因為毛澤東所謂現代化共軍，必須士兵和幹部具有一定的文化水準和科學常識，然後始能担任訓練及戰鬥任務。而所謂工農子弟由於文化水準太差，根本無法操作現代化武器，所以，毛澤東最近又下令各地一定要徵集知識青年當兵了。

廣東及福建廣大僑鄉之知識青年，最近已紛紛被徵。這些知識青年原本不願替毛澤東充當砲灰，但既無法逃離大陸，所以也就無法不被徵了。

這些被徵去當兵的僑鄉青年現在都在共軍中過着異常艱苦的生活。對此，中共新華社十一月五日亦曾透露說：「某部四百八十九名知識青年戰士，入伍一年多，……入伍後駐守最前綫一座荒無人烟的小孤島上，島上生活很艱苦，一刮風就飛沙走石，出步是怪石嶙峋的羊腸小道，食水從陡峭的山脚下背上來。」云云，可見艱苦之一般。

廣州市人民醫院忽視病人

中共的宣傳刊物經常在吹噓共幹如何替人民服務，其實這都完全是假話。事實上，共幹早已官僚化，更根本不把人民看在眼裏。中共在廣州出版的羊城晚報最近對此又刊載過一個活生生的事例。

據羊城晚報說：「廿二日上午十一時多，市第一人民醫院門診部藥房窗口，還有三十多人在等候取藥，某司藥員却放下工作，與一位醫生換穿塑膠鞋，足足有幾分鐘，如果不是旁人點醒的話，她們還不知要躭擱多久呢！」

廣州共報責共幹慷公家之慨

據中共說，由於共產黨專政，便等於是工人當家，所以，工人們便愛護公家愛惜公物。但我們曉得：大陸上各業工人却從未當家，也從未覺得中共政權是為工人謀福利的。所以大陸上的工人對中共所謂公物也向少愛惜。

中共羊城晚報最近曾舉例嘆息說：「喂！細佬，拍硬檔，帮我推車上斜坡，給你一餐菜。十九日在華貴橋頭，一運菜工人對路邊小孩子這樣說。上了斜坡，眞的將一扎約五斤重的白菜扔下。如此作為不但對公家財物不愛惜，而且會養成小孩子貪圖小利的壞習慣，要不得！」

印尼在和戰間徘徊

曼谷之會

何之湄

在曼谷開會的可倫坡計劃部長會議，討論的是經援及技援問題，但它的外表是經濟的，而幕後却是政治的。因爲印尼、菲律賓、馬來西亞，三個東南亞糾紛國家正在此出席；馬來西亞的支援者英國，也是會議的一位成員。至於東道主泰國，同時也是極力調解「印、菲、馬糾紛」的國家。

泰國年來比較安定，因此對於發展經濟特具興趣。可倫坡計劃是東南亞「正在發展中」的國家，與西方「完全發展」的國家的合作。同時東南亞本身還有「東南亞協會」，包括泰、馬、菲，較昔時還希望印尼能夠加入。但自馬來西亞爭執以來，協會無形停頓。泰國總認爲極堪惋惜，毅然以馬、菲間的調人自任，更希望由馬、菲之先行和解，然後再進而使印尼與大馬和解。

對於泰國的進行調處，會議前有許多估計，看好的一方面，認爲馬、菲的和解頗有可能，即使不然也不至於更壞。但看淡的一方面，却認爲目下尚非調解的時候，勉强爲之，或者反會導致相反的結果。

會場衝突

首次會議中印尼與英國會有語言上的磨擦，英代表團首席代表，技術合作署署長卡爾，曾謂代表團將盡力反對「任何分散此會議目標的努力」，他明白說：「具有政治性之馬來西亞問題」，我希望它不會發生，「但也許它可能發生」。

印尼首席代表，文化部長伊斯肯達，即指英方聲明乃係「一種挑戰」，印尼不能漠視。伊斯肯達說：此一會議乃討論合作之場所，但如某一國家因其係大國而欲顯示實力的話，我們也能夠顯示實力。

泰國代表希望扭轉這一瞬間的語言衝突，乃他納外長强調會議應以經濟爲主題，尤其是物價和貿易。前者指的是東南亞國家的農礦產品價格的穩定要求，後者也爲這些國家生產的製成品找尋銷路。泰、菲代表均特別强調，貿易幾乎比援助更爲重要。

可是印尼代表仍然提出馬來西亞的冷戰，他强調聲明：如果可倫坡會議文件中列入「馬來西亞」的話，他的代表團將要求保留。他並聲明，印尼永不再透過「所謂馬來西亞」各邦去發展貿易。

馬來西亞副總理拉查克對印尼的態度深抱反感，他說：如果還是印尼所要求的，則他們將會得到。拉查克之意，乃指馬來西亞也將斷絕與印尼之貿易。

馬菲談判

議場中的氣氛，不利於幕後談判，似乎辜負了調人泰國的苦心。印尼、菲律賓兩外長，馬來西亞副總理，不兼任代表團長，印、菲兩外長均非固定地出席會議。而拉查克副總理在第一次會議後即已表示，他將於後天（十四日）返國，但印尼外長蘇班德里奧，須十五日始飛抵曼谷。這也即是說，拉查克不準備與蘇氏晤面。

印尼駐泰大使說：耶加達與吉隆坡雙方，「火氣太盛」，目前似不宜於會談。

但泰外長乃他納仍極力斡旋，他分別，訪晤菲外長羅培茲，及馬副總理會晤。最後更由他以晚宴的方式，邀請拉查克及羅培茲吃中國菜，作爲一個同意展開討論的開場白，然後多次由乃他納奔走斡旋，傳達雙方的意見。

一項方案已被提出，那是乃他納透露的，他說：那可以作爲解決的辦法，若菲、馬雙方接納，「恢復關係便在望了」！拉查克說：菲、馬意見「十分接近」，此項交換意見，將向各自的政府報告，羅培茲則稱：余已將該方案報告政府。

方案內容無人透露，但均稱係「兩國恢復關係之基礎」。果然如此，應算是泰國努力斡旋的一項成功。

印閣改組

對於爲馬來西亞向印尼的斡旋，似乎無從着手。蘇班德里奧抵泰後，雖曾與乃他納會談，但拉查克已返吉隆坡，馬方沒有適當的負責人，可資接洽政治的意見。

蘇班德里奧最近雖曾榮陞——於印尼首席部長朱安達逝世後，被陞爲副總理仍兼外長，但他在印尼的地位，似不及拉查克在馬的地位。

一度宣稱被提名任首席部長的蘇班德里奧，最後却只能任副總理，與前總理沙勒同一職位，總理則由總統兼任。此種情形，顯出蘇氏與沙氏之間，勢力相持，在「毀滅馬來西亞指揮部」中，兩人地位也仍相同。而由於蘇加諾自兼總理，和戰之權仍歸蘇加諾所控制。

此外印尼尚有共黨勢力與軍部勢力，共黨勢力堅決要求全國與大馬鬥爭，「毀滅指揮部」可以說是投合共方要求而成立的；據安塔拉社說：這指揮部要：（一）加强對抗大馬各邦；（二）在星馬婆擴大援助「革命」鬥士；（三）組印尼志願軍，並且要（四）毀滅傀儡份子，（五）與「新興」國家聯繫。

這些都是共黨的綱領，由「指揮部」負責，隸於政府黨國民陣綫，而由兩位副總理主持。可是這些大部份屬於戰爭範圍內的工作，却未見國防部長芮蘇賢參加負責的名字。

在內閣改組、調整各部任務中，國防部所兼的職權，不少被移隸其他部門，如檢察長移歸內政部。退伍軍人事務劃歸發展部，部長由沙勒兼任。助理國防部長裁撤，原任助理部長希達札中將調任陸上交通部，歸分配部管轄，分配部長李曼諾，兼第二副總理。蘇班德里奧雖是第一副總理，但他並沒有沙勒和李曼諾所管轄那些部門，多數而且龐大。

何去何從

至於芮蘇賢國防部長，表面上似被削去一小部份的職權，但軍部力量絕不能忽視。姑無論軍部不能「我行我素」，最低限度它是蘇加諾的另一根支柱，它的行動不一定與政治相呼應。

以最近的事實爲例，「毀滅大馬指揮部雖告成立，但印尼與北婆邊境間，反而近一個月沒有襲擊行動。芮蘇賢在曼谷對記者說：過去一個月邊境沒有驚駭的事故發生，「馬來西亞與印尼關係，已趨和緩」。他並且說：如果依照馬尼拉協定，及「馬菲印尼」三國聯盟原則的話，則歧見很可能解決。

芮蘇賢此次出國，將分訪蘇聯及美國。在蘇聯方面，芮氏將要求援助印尼各種蘇製武器的配件，以加强印尼的軍力。對美國方面，他將表達印尼對馬來西亞的意見。

美國因爲南越如火如茶的政變，對印尼問題更懷戒懼，印尼爲該區最大國家，若有動亂，更難收拾。美國會代表團曾向總統及國會報告，謂印尼若然動武，影響英、澳、紐、菲，此四國均與美國有軍事同盟。故印尼若然動武，可能「牽涉美軍在內，演成世界大戰」。

因此美國一方面通過駐耶加達大使鍾士，與蘇加諾保持聯繫，要求印尼維持最低限度的中立。另一方面由聯合參謀長泰勒將軍，邀芮蘇賢訪美，將說服芮氏維持印尼的安定。鍾士自耶加達回美時，曾在星洲宣稱美仍將予印尼以援助。軍方是否預期予芮蘇賢以援助，尚無所悉。但印、馬是否衝突，將視國際因素而定，却似乎可以斷言。

·曼谷通訊·

北越政治經濟危機擴大

·阮氏珍·

南越吳廷琰政府被推翻了後，新的臨時政府亦告誕生，今後新政府如何善後，如何繼續推動反共鬥爭，雖然仍是一項嚴重問題，但南越的危局，至此總算告一段落，關心南越局勢的人士，現在總可以鬆一口氣了；且讓筆者乘此機會，掉轉筆鋒來報導一下北越的情況呢。

北越政權，是完全控制在胡志明一個人的手上的。他所控制的政府，是由共黨的親蘇派，親中共派，和一些民主傀儡所混合組成。目前，胡志明正面臨在莫斯科和北平間的一項取捨的抉擇。此外，他的眼前還浮泛着一團暗影，那就是他將來逝世後所引起繼後人的派系和權力鬥爭，而這項鬥爭，很足以使他建立下的功業全遭毀滅；因此，他曾在中、蘇共的思想衝突中極力設法避免捲入漩渦。迨至中、蘇共的思想衝突發展至如火如茶的時候，他更力圖保持北越與衝突的雙方（中共和蘇聯）的關係處於均勢，並且巧妙地避開了抉擇的禍災。無可否認：這是胡志明最聰明的表現。否則任何抉擇都將是吃力不討好；同時也將種下無限禍根。可不是嗎？如果胡志明捨棄中共而親近蘇聯，則將要釀成越盟內部的不和，並可能給予中共一個進侵的藉口，到了中共的武裝部隊分由滇、桂開入北越的時候，北越軍當然無法可以應付得來，而蘇聯在北越向無駐軍，且亦必不會以核子武器供應北越來對付中共，那麼，北越必陷於危殆。反轉過來，如果胡志明捨棄蘇聯而親近中共，則北越從此便再得不到蘇聯的援助，工業化計劃也要從此犧牲。而中共也是野心勃勃的，胡志明當然也知道，親近中共就等同替中共製造機會，使中共的勢力能夠透過親中共派的越共份子而滲入；這也將招致嚴重後災。胡志明當然還記憶在十年前對法戰爭時，假如那時容許反法戰爭成爲共產主義運動，借助中共的軍力來爭取勝利，則在那時早已被中共滲入而不難給中共支配了他的政權，幸而胡志明還夠機警，不致墮入中共圈套。十年後的今日，胡志明當然記憶猶新，因此他當然也不敢倒向中共。處此兩大（中、蘇）之間，要應付得宜，當然十分困難；更何況此兩大正在展開思想鬥爭，要不開罪任何一方而且在關係上保持均勢，那就雖非運用特殊機巧靈活的手法不爲功。幸而胡志明也是個圓滑的政治家，用能應付得頭頭是道，化險爲夷。

但是，胡志明雖能應付中、蘇共，惟對越北內部所面臨的政治和經濟危機，却一籌莫展。查越北的糧食來源，自一九五四年以來即被南越切斷；再加以人民的技術和資源，都十分缺乏，以致工業日趨衰落，近數年來，更在經濟上吃盡了不少苦頭。目前，整個北越且瀕於飢荒的困境。由於經濟的困難，也就影響了政治的不調協，馴至出現了混亂和不穩的迹象，弄致胡志明大感狼狽。

胡志明爲着挽救所面臨的危機，曾一度指示潛伏於南越的特工，倡導「越南中立化」。因爲「越南中立化」如果獲致成功，則北越可以獲得南越糧食的重新供應，解救北越的經濟危機；同時，也可使北越在間接上獲得一「實惠」，從而復趨安定。且更可希望終有一天在共產主義旗幟下南北越重行統一。但是，胡志明的「如意算盤」在近數月來已漸漸烟消雲散。爲的是：「越南中立化」是單方面的，北越並沒有表明放棄其對馬克思主義的忠誠。那末，「中立化」的祗是南越。這種跡近於「騙局」的理論，又怎能爭取到南越人民的信服和支持？

胡志明的「騙局」既無法可以實現，於是北越的經濟政治危機便日益擴大。以今日北越的局勢來說，如果我們用「風雨飄搖」這四個字形容，也決非誇大。

未來整個越南局勢的發展，當然也會影響到東南亞各國，亦不穩定；但以目前北越在經濟政治危機擴大的情況看來，則不穩定的程度，顯然是北越甚於南越。

北越的經濟政治危機仍在日益加深中，如南越的臨時政府能迅速搞好「善後」工作，則反共鬥爭仍可在短期內獲致勝利。

初賦驪歌（下）

——獻給大哥——

「大哥！」

「二弟，你回來了！」他一面收拾着寫字枱上的原稿紙。

「大哥！我的事……。」

「二弟！」他托一托幾乎滑到鼻尖的近視眼鏡：「其實你也不能太怪爸爸，事實上這幾年來店裏的生意不好，家庭的負累又越來越重，你看……」

「夠了，夠了，不用來再說！我完全明白，你這個自私鬼自己有書唸，就不會理會別人，哼！虧你還說替我想辦法，我早就知道你這書蟲是不會幹什麼大事的，算了吧！我也再不夢想升學了。」

「二弟！你……你平心靜氣聽我講好不好？我……」

「我才沒有你的閒心！哼！」

我氣憤憤的離開大哥的房間。媽剛好在廚房出來。

「媽！我決定不去台灣了！」

「爲什麼！」媽有點愕然：「你見過你大哥沒有？」

「他不配做我的大哥！自私鬼，自己有書讀，就不理會人家的前途！」

「他不理會你的前途？」媽似乎覺得很奇怪：「孩子，你一定誤會了他，還是我把事情告訴你吧！你坐下吧！」

我的內心起了一陣疑團，也包括有點後悔剛才的偏激。

「你爸爸已經答應你去台灣了！」

「眞的！」我高興而又帶狐疑，因爲這實在太意外了。

「我慢慢的告訴你吧！你知道你大哥是誰供他讀書的嗎？」

我搖了搖頭，平時我根本沒有關心大哥的事。

「我不說你是不會知道的！這一年來你大哥是自己寫點稿子，爲人家改文卷，又在出版社做一份校對來支持學費的。……」

這才不關我的事。我心裏這樣想着：

「現在他聽見你要去台灣升學，於是就決定放棄自己的學業來供你，所以，爸爸才會答應，……」

「眞的！」我內心起了一陣激動，但仍帶着一份懷疑。

「難道媽也會騙你嗎？你還是好好的向大哥道歉吧。」一邊說，一邊走到廚房裏去。

我的慚愧從內心湧了出來；四周的氣壓也似乎在增加着，爲什麼過去不好好的了解大哥？爲什麼不能認識大哥的偉大？

我輕輕推開大哥的房門，大哥正站在窗前，遠眺着，也似乎在沉思着：

「大哥……」

「二弟！」他猛然的轉過頭來，我發現他的眼睛有點濡濕。

「大哥！我……我太對不起你！……」我撲在他的懷裏，眼淚禁不住的流了出來。

「二弟！……二弟！……」他的聲音哽咽了，他的手，撫摸着我的頭髮，輕輕的拍着我的背，我知道他完全原諒我了。從他的聲音，我感到無限的親切，感到無限的溫暖。我抬起頭來，發覺大哥的深度的近視眼鏡，已爲淚水而沾濡得模糊了。

「大哥！我……」

「不要說了，我知道你因我要放棄學業便不安心去嗎？」

「……………」

「只要你好好的讀書，希望早日完成你的學業，我就比得到什麼來得更快活，你不用担心我，我自己還有辦法去求學問。」他除下眼鏡，抹着沾濡的霧氣：「早點休息吧，明天我和你去辦手續好了。」

××

誨暗的天色，使別情格外顯得沉重。

「船要開了，二弟！你好好的去吧！記着在外不比在家，一切要謹愼才好，所謂『出門靠朋友』，待人要誠懇，謙虛，彬彬有禮，千萬不要太任性，知道嗎？錢不夠的話，可以寫信來，我會立刻滙給你。」

在平時我聽這種酸溜溜的老夫子說道，必定會笑起來，可是今天的我卻覺得這是最有意義不過的說話。

「堅兒！你要自己保重，你是從來沒出過門的，本來我也不放心你去的，不過爲了你的前途，我是不能阻止你的，所謂『在家千日好，出外半朝難。』在家一寒一暖還有媽照顧你，在外頭你千萬要自己小心，這幾天天氣又不甚好，你要記着多穿件衣服，不要着涼，同學之間要互相照應一下，身子是第一要緊的事哪！」

「媽！我知道了。」

「一到步最要緊便要寫封平安信回來，不要使老人家担心。還有，你要緊記你媽和大哥的話，知道嗎？」

「是的！爸！」

汽笛響了，我眼睛留戀着三張面孔。黝黑的皮膚，，頭髮幾乎脫盡，額上皺紋多而深刻，算起來，爸爸已是花甲之年了。母親也蒼老了很多，灰白的頭髮被風吹得飛舞着。而大哥……

……

「二弟！船快開了，我們要走了，你一切要小心啊！」

「大哥！我……，我知道了。」

××

船緩緩的離開維多利亞海峽，我站在船頭遙望着香港。啊！維多利亞城，我眞捨不得離開你，在你那裏，有着無限親切的親情。

雨，下着，沾濕了我的衣襟，臉上一片冰涼，濕漉漉的，也分不出是雨水還是淚珠。

日本看花

張爰

紫棉絳雪枝枝爛，暫別重來歲歲情。乍釀輕陰須恣賞，方酣好夢莫敎驚。豐肌微減緣同病，艷色疑銷欲失聲。正欲移根無好土，敢將浮語誤傾城。

意氣能平夢已癡，貧如可逐我方疑。欲尋歸計愁兒女，試檢春衣覺老衰。扶杖登臨何處所，看花凝望祇相思。牛涔涸轍平生慣，乞貸監河祇費詞。

友聲集（五〇）

丙申清明述感步抱樸齋春宴均

旣澄

置身才與不才間，歷劫差同倦鳥還。送目自憐無好計，藏書竄復有名山。田園舊夢迷三徑，宰相新猷頌半閒。莫向斜陽哀故國，且留微命作殷頑。

贈黃澄宇

江夏無雙見一黃，始從叔度挹汪汪。須彌納芥虛能大，滄海揚塵變已常。政恐屠刀終減性，未妨埃壒暫埋光。枯魚涸轍勞相呴，爭似江湖得共忘。

酬程近秋夜卽事見贈

·韓翃·

長簟迎風早，空城澹月華。星河秋一雁，砧杵夜千家。節候看應晚，心期臥已賒。向來吟秀句，不覺已鳴鴉。

唐詩偶釋（九三）

鄧中龍

前半寫秋景，後半方入酬贈意，中聯是前後樞紐，此全章大勢。起聯寫近景，次聯寫遠景，而遠景中又分俯仰二意。唐人律詩排句分柱，不外遠近、俯仰、山水、聞見、人己、早晚、大小、賓主、開合數端，初學不可不知。「看應晚」「臥已賒」「吟秀句」「已鳴鴉」，句皆淺薄，非盛唐格調矣。虛字過多，每爲詩病。大家下筆，恒能注意及此，乃能臻渾厚深沈境界。詩如必假虛字以爲脈絡者，必其起承轉合之間，力有未逮，乃不得不假手於虛字耳。偶用或可傳神，數見便乏語味。中唐而後，此調最多，不足爲法。

然亦有全賴虛字傳神者，則必在警句以後。蓋虛字宜於極力蓄勢後放出，萬不可在平平敘述之中藉虛字以湊字數耳。盛唐大家固無論矣。卽晚唐如義山樊川輩亦深悟此理。樊川「早雁」詩云：「金河秋半虜弦開，雲外驚飛四散哀。仙掌月明孤影過，長門燈暗數聲來。須知胡騎紛紛在，豈逐春風一一廻。莫厭瀟湘少人處，水多菰米岸莓苔。」前四句一氣呵成，其勢極緊。第五句「須知」二字一頓，神韻全出。此詩如無「須知」「豈逐」「莫厭」（莫厭或作莫怨）等字，可以不讀。李義山「隋宮」詩云：「紫泉宮殿鎖煙霞，欲取蕪城作帝家。玉璽不緣歸日角，錦帆應是到天涯。於今腐草無螢火，終古垂楊有暮鴉。地下若逢陳後主，豈宜重問後庭花。」「於今」二字一頓，令讀者於驚濤駭浪中稍稍舒氣，然後用「若逢」「豈宜」四字極盡其搖曳生姿之妙。此詩如無「於今」「若逢」「豈宜」六字，亦可不讀。虛字所以傳神，所以換氣，顧絕非湊合字數。韓君平此詩，虛字雖多，第以用之不當，反覺意興索然。固知用字遣詞，本無定法，要在作者之善用耳。

君平天寶十三年進士，大歷十才子之一。以「春城無處不飛花」一詩，蜚聲朝野。然不擅於律詩，亦才氣所限也。遍閱君平律詩，殊平淡，鮮深情老韻。或謂其比諷深於文房，亦浮譽耳。彼君平者，烏足以望文房哉！

陳風子治印

陳風子，別號瘦翁，浙江杭州人，鑽研金石文字凡數十年，爲西湖西泠印社得前輩大家家法最深之浙派後人。本報今後將逐期刊載陳氏作品，以饗讀者。

放懷天地間

普門侍者

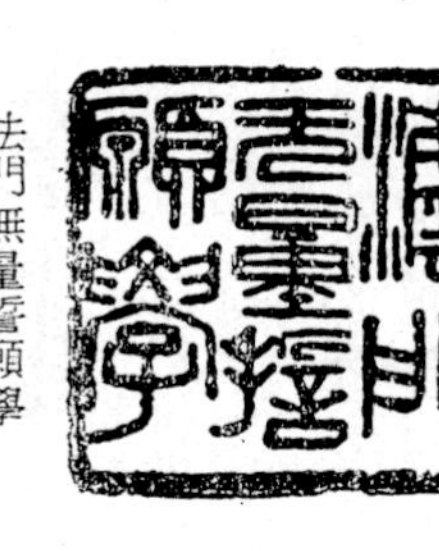

法門無量誓願學

時還讀我書

點帆樓主珍藏書畫印

中國現代史資料評介之十四

左舜生

梁任公先生年譜長編初稿（五）

（B）任公與戊戌維新（2）

任公到我們的長沙講學，儘管時間只有四個月，儘管他自己在學問的造詣上也還沒有怎樣成熟，可是在任公的一生中却是一件了不起的大事。任公在所著『清代學術概論』，有一段文字追述這件事說：

『……已而嗣同與黃遵憲、熊希齡等，設時務學堂於長沙，聘啟超主講席，唐才常等為助教。啟超至，以『公羊』、『孟子』教，課以劄記；學生僅四十人，而李炳寰（虎村）、林圭（述唐）、蔡鍔（松坡）稱高材生焉。啟超每日在講堂四小時，夜則批學生劄記，每條或至千言，往往徹夜不寐，所言皆當時一派之民權論，又多言清代故實，臚舉失政，盛倡革命。其論學術，則自荀卿以下漢、唐、宋、明、清學者，掊擊無完膚。時學生皆住舍，不與外通，堂內空氣日日劇變，外間莫或知之；及年假，諸生歸省，出劄記示親友，全湘大譁。先是嗣同、才常等，設南學會聚講，又設「湘報」（日刊）、「湘學報」（旬刊），所言雖不如學堂中激烈，實陰相策應；又竊印「明夷待訪錄」、「揚州十日記」等書，加以案語，秘密分佈，傳播革命思想，信奉者日衆，於是湖南新舊派大鬨！葉德輝著「翼教叢編」數十萬言，（舜按：名義上編者為蘇輿），將康有為所著書，啟超所批學生劄記，及「時務報」、「湘報」、「湘學報」諸論文，逐條痛斥；而張之洞著「勸學篇」，旨趣畧同。戊戌政變前，某御史臚舉劄記批語數十條指斥清室鼓吹民權者具摺揭參，卒興大獄，嗣同死焉，啟超亡命，才常等被逐，學堂解散，蓋學術之爭，延為政爭矣。』

任公在這裏所記的，只是一個概畧，應加以詳細解釋者甚多。原來在甲午戰爭以後，列強對中國乃大肆侵畧，於強佔沿海奧區外，且各有所謂「勢力範圍」的指定，瓜分中國之說更喧騰於國際間。這個時候任湖南巡撫的為陳寶箴（右銘，江西義寧），他是二十二年到湖南的，年齡已六十有六，因感於國家前途的嚴重，求改革之心甚切；他的兒子陳三立（伯嚴），又多方贊助之；加上兩任以新學課士的學台，前任江標（劍霞，江蘇元和），後任徐仁鑄（研甫，直隸），湖南的風氣乃漸漸起了變化。二十三年夏，黃遵憲到了湖南，以鹽法道署理按察使，更是一位主張維新的急先鋒；而地方紳士如譚嗣同、熊希齡（秉三，鳳凰），皮錫瑞（鹿門，善化），唐才常（紱丞，瀏陽）等，也莫不同心協力以改革湖南為職志。因此，湖南自二十二年以後，所倡辦的新事業如內河小輪、商辦鑛務、湘粵鐵路、時務學堂、武備學堂、保衛局、南學會、「湘報」、「湘學報」等，乃次第出現。守舊派王先謙（益吾，長沙）葉德輝（奐彬，原籍江蘇，寄籍湖南）等，對其他事業尚無所謂，惟獨對任公等在時務學堂所提倡康有為一派的學術思想乃大表反對。先謙曾任江蘇學政、國子監祭酒，對舊學有深造，著述甚富，時任嶽麓書院院長，學生甚多；德輝以學人而兼嘗商業，其人剽悍，文字尤鋒銳，羣衆也不少；他們對康梁的攻擊，儘管多少帶有一點學術之爭，如民權、革命等說法，確為他們所不能接受，而康等主張廢八股、停科舉、改全國書院為學堂，乃尤其與他們的地位與利害大相衝突，因此，乃引起如前面任公所述那樣一場軒然大波，王葉年輩在任公上，而舊學根柢，也決非當時的任公所能及，但他們不惜以全力對付此一二十五六歲的廣東青年。（參看筆者所編中國近代史四講第二講）「翼教叢編」的編者蘇輿說：『自黃公度（遵憲字）為湖南鹽法道，言於大吏，聘康之弟子梁啟超主講時務學堂，張其師說，一時衣冠之倫，罔顧名義，奉為教宗，其言以康之「新學偽經考」、「孔子改制考」為主，而平等民權，孔子紀年諸謬說輔之。偽六經，滅聖經也；託改制，亂成憲也；倡平等，墮綱常也；伸民權，無君上也；孔子紀年，欲人不知有本朝也。……我湘如王葵園（先謙別署）祭酒、葉奐彬（德輝字）吏部數先生，洞燭其奸，摘發備至。……余惄焉憂之，以為匪發其覆，衆醉不可醒也，爰倡輯諸公論說及朝臣奏牘有關教學者為叢編，命之翼教……』

王先謙更是氣得大吹鬍子，他在一封答復洪教諭的信上說：『……總之，學術非可強同，何況名教綱常之大，豈容稍有假借？弟在講席一日，必竭一日維持之力，雷霆斧鉞，所不敢避，如宗師（指學台徐仁鑄）必查究倡議主筆之人，即坐弟一人可也。』嶽麓書院生徒賓鳳陽等，在一封寫給先謙的信上也說：『戴德誠、樊錐、唐才常、易鼐等承其流風，肆行狂煽，直欲死中國之人心，翻亘古之學案，上自衡、永，下至岳、常，邪說浸淫，觀聽迷惑，不解熊、譚、戴、樊、唐、易諸人，是何肺腹，必欲傾覆我邦家也。』葉德輝則附會康及任公有合種、通教之說，更對之大肆攻擊，他在一封寫給俞明震（恪士）的信上說：『……人之攻康、梁者，大都攻其民權、平等、改制耳，鄙人以為康、梁之謬，尤在於合種通教之說。梁所著「孟子界說」，有進種改良之語，「春秋界說」九，論世界之變遷，隱援耶穌創世紀之詞，此等異端邪說，實有害於風俗人心。……然自彼通之（丁文江按：謂外人引用儒書），謂之用夏變夷，自我通之，謂之開門揖盜，此中界限，守之不可不堅，彼談時務者，乃敢倡言於衆，曰通教以保教，抑何喪心乃爾也。』（上四段均見『任公年譜長編』所引『翼教叢編』）幸而王葉諸人當時還沒有機會看見譚嗣同所著的『仁學』，否則更不知道他們鬧到何等的景象了。總而言之，這次在湖南發生的新舊衝突，比之辛亥以前『革命』與『君憲』之爭，『五四』以後『古文』與『白話』之爭，『科學』與『玄學』之爭，其情形之熱烈與影響之大而且久，實在不相上下，一直到今天似乎還沒有終了，這是研究近代學術思想的人所不可不特別注意的。

近年所出版的近代和現代史資料已經不少，但『翼教叢編』應該是研究戊戌政變背景的一部很重要的書，好像到現在還沒有重印，這是很可惜的。

憶陳果夫先生（四五）

宇人

我說：「剛才賴同志提到所謂派系的問題，我有幾句話好久就想說出，祇因沒有機會，如鯁在喉。今天的這個機會却最為適當不過。他所謂的派系，揭開來說，即是指的黨和團。我個人在黨部方面，做過中央黨部的職員，地方黨部的負責人，現在是中央常務委員；在團部方面，也做過中央團部的職員、地方團部的負責人和中央團部的常務幹事。從表面上看去，似乎黨部和團部都有我的份；可是，如果你們在黨部團部裏面有什麼秘密小組織，今天你們兩方面的人都在此地，可以當着總裁的面指出來：我是否參加你們那一方面的小組織。過去若干年來，不但外面有人懷疑我是屬於你們之中的那一派系，即你們也因為我不是你們的派系中人，常把其他派系的帽子扣在我的頭上。我平素都不屑申辯，今天當着總裁的面，你們還要把什麼派系牽上我，我就不能容忍了。」梁寒操繼起發言，他對立夫先生對黨的忠實和努力，極為稱道；但言外之意，仍不贊成他做立法院副院長。立夫先生也起立發言：假如我是他，在當時的情形之下，我一定會說：「為了我個人的問題而花費大家這麼多的時間，引起激烈的爭論，大家內心實感不安；同時也証明我平素誠信未孚，未能得到很多同志的諒解。如今開始行憲，黨內的團結，最關重要，我更不願因為我而引起同志間的不和諧。因此，我請求總裁另提其他比較適當的同志為立法院副院長候選人，俾得保持黨內的協調。我自己聽了各同志的這許多批評以後，也可藉此做一番反省的工夫。」眞的，如果立夫先生當時肯作類似的表示，大家對他的反對必然會大為緩和的。就我個人來說，我在上文曾經提到，雖然CC——尤其是中統對我已採取敵對的行動，但我對果夫、立夫先生仍無敵意。祇要他們能把那種狹隘的作風稍加改正；不要再縱容中統向蔣先生亂作情報誣陷同志，我對立夫先生做立法院副院長候選人的態度就會有所改變的。但立夫先生却說：他「一向祇知効忠本黨和服從領袖，過去所作的事沒有一件不是遵奉領袖的指示，今後也一唯領袖之命是從。現在領袖要他做立法院副院長，他祇有遵命。」這就是說，無論引起怎樣大的風波，他還是要做立法院副院長的。我聽了他這番話之後，更加強反對他的決心。即向坐在兩旁的倪文亞和白尚之耳語道：「如果總裁付表決，我們都不要起立。」倪說：「大概不會表決的。」但他還沒有繼續說下去，蔣先生即宣佈表決，要贊成的人起立。不但CC的中常委一致應聲而起，即與青年團有關的中常委也相繼起立。我仍坐着不動，另外還有湯如炎則遲遲始作半坐半立狀。蔣先生問他：「你那個樣子是贊成，還是反對？」湯原是反對立夫先生最力者之一，經此一問，即以一種近於憤激的語氣答道：「既然大家都贊成立夫先生，我當然服從；如果立夫先生將來在立法院選不出來，我願意辭去立法委員。」蔣先生又轉過頭來望着我說：「你的態度很好，說贊成就贊成，說反對就反對。但是，你講民主，民主是要少數服從多數的。現在在場的人，除了你一人而外，都已表示贊成陳立夫同志，你是否服從？」我起立答道：「這個問題如果今天在這裏能夠解決，那麼，現在已經解決了，因為立夫先生已經絕大多數的人起立通過了。可是，事實上這個問題並沒有解決。立夫先生是否能做到立法院副院長，還是要等到立法院投票以後才見分曉，我們今天在這裏起立的人根本代表不了其他的立法委員，甚至於就是他自己的一票，將來也不一定投給立夫先生。至於我要起立，也祇能代表我自己的一票而已，同樣不能代表其他的立法委員。因此，我認為起立與否，都沒有實際意義。」蔣先生聽我說了以後，似乎甚為震怒，但尚忍着未發。一時全場寂然無聲，空氣顯得十分緊張。坐在蔣先生旁邊的蔣夫人宋美齡女士帶着微笑向蔣先生低語道：「今天的聚會已經為時很久，我看大家都很疲倦，可以休息了吧？」蔣先生即宣佈散會。

在當時的情形之下，假如蔣夫人不提議休息，真難料隨後將發生怎樣的事。有一位中常委在事後向我說：他很耽心蔣先生可能在盛怒之下，順手將桌上的玻璃杯向我擲來。我對蔣夫人用輕描淡寫的幾句話便將那種極度緊張的氣氛結束，第一次由衷的感到她確有可敬之處。

我從蔣先生的官邸退出後，吳鐵城先生邀我坐他的車，說是先送我回家。劉健羣、王啟江雖然各自有車，也走過來同車。在車中，他們用開玩笑的口吻向我說：「我們眞佩服你那股牛勁。」我問他們：「是否還要反對立夫先生？」他們齊聲說道：「當然要反對。」我說：「你們剛才都起立表示贊成，現在又說要反對，豈不自相矛盾？」他們仍說：「起立自起立，反對自反對，兩者不能併論。」

當晚，與青年團有關的立法委員約百人在青年部聚會，我沒有參加。大家得知中午在蔣先生官邸開會的經過情形，對與青年團有關的中常委起立贊成以立夫先生為立法院副院長一事，大肆抨擊；對我之未曾起立則同聲讚佩，有人還提議應全體起立，向我表示敬意。劉健羣解說中午他們在蔣先生官邸起立，並不是贊成立夫先生；而祇是對蔣先生表示尊敬。因為蔣先生要大家起立，等於軍隊裏面的指揮官叫「立正」的口令，大家自不能不服從。但他們服從的祇是這個等於立正的口令；並非衷心贊成以立夫先生為立法院副院長，假如在場的同志決定反對立夫先生，他們一定追隨的。劉健羣的這番解釋，雖然並不能使大家滿意，但當晚的聚會即決定不論蔣先生的意旨如何，都要反對立夫先生為立法院副院長。（待續）

本刊已經香港政府登記

每逢星期五出版

聯合評論

週刊

United Voice Weekly

第二七二號

督印人：黃宇人　總編輯：左舜生

社址：九龍通菜街三十八號二樓　電話：805641

承印者：嘉華印刷有限公司　香港仔漁師道5號

總代理：友聯發行公司　每份港幣一毫

本報美洲版總經售處：美國紐約中美出版社

CHINESE - AMERICAN PRESS, INC
199 CANAL STREET.,
NEW YORK13 N. Y. U.S.A.

美洲航空版每份零售美金一角

悼甘迺迪總統

噩耗傳來，舉世同悼

黃宇人

上週末（十一月二十三日）的清早，我正在準備為本刊寫一篇批評美國對外政策的文章，適早報送來，一眼看去，便見到甘迺迪總統在德薩斯州被刺身亡的大字標題。我對甘迺迪總統的對外政策雖有不以為然之處；但看了他遇難的消息，立即受到很大的震驚，一連數日，一直惻然莫釋。會見的朋友，全是以此為談話的主題，而且沒有一個人不為這位總統——年紀如此青青竟遭逢這樣的不幸表示深切的哀悼。這種情形，在我的生活經驗中，可以說是很少有的。

再看這幾天來的報紙，除了北平而外，全世界都充滿了哀悼的氣氛。美國舉國上下固然悲痛愈恆；其他許多國家的政府和人民也齊表哀悼。無數與甘迺迪總統素昧生平的人，還為他悽然流淚，而尤以西柏林的市民為甚。莫斯科的市民為了急欲知道他的死訊，冒雨到街邊大排長龍，輪購報紙。赫魯曉夫在致詹森總統的電文中，更說蘇俄政府和人民對美國人民的哀悼，深表同感。其妻親到美國駐俄大使館表達她對甘迺迪總統的敬意時，亦珠淚盈眶。就是古巴的卡斯特羅，雖然指責甘迺迪總統曾將世界帶到戰爭邊緣，仍說，他的死訊是一個很悲慘的損耗。由此，可見無論是友是敵，除了北平而外，都對甘迺迪總統的遇難，表示不平常的哀悼。在美國的歷史上，總統於任內被刺身亡的，前此已有二人之多；但獲得這樣深廣的舉世同悼者，則未曾有。甘迺迪總統雖然死得很慘，當亦可以含笑九泉矣。

由於甘迺迪總統已經遇難，我對他的對外政策中某些部份的批評，自應暫時保留。同時，我認為他確也有許多難能可貴之處，特舉其最顯著的兩端於后，以作我對他的悼念。

甘迺迪總統的崇高理想

首先，我覺得甘迺迪總統是一個具有崇高理想的大政治家。近若干年來，西方國家政治家們所給予我的印象是，祇求近利，缺乏崇高的理想，有時甚至不計後果，因而他們在處理國際事務時，總是頭痛醫頭，腳痛醫腳，毫無高瞻遠矚的原則和計劃可言。卻美其名曰注重現實。以致世事愈演愈紛，迄無寧日。他們高談正義，而我們如今所面臨的，仍是一個崇尚強權的世界；他們高談和平，而在過去的短短四十多年中，卻已發生了兩次世界大戰。如今第二次世界大戰的瘡痍尚未盡復，人類又早已感到第三次世界大戰的威脅。這正是西方政治家們祇講現實，不顧原則的必然結果。但甘迺迪總統卻有與衆不同之處。他在就職之時，即以鮮明肯定的詞句，矢言將不惜代價，以維護美國革命的信念——天賦人權；並主張建立一個強者公正，弱者安全的法治新世界，而非勢力的新均衡，以確保永久的和平。果能依循這兩大原則做去，就前者而言，鐵幕後的人民以及其他各地被剝去天賦人權的人民，均將受其鼓勵而奮起與騎在他們頭上的極權統治者作殊死戰，各色各式的對外擴張主義就要自顧不暇，而無力再向其他國家作滲透、傾覆等不法活動，更不可能發動對外戰爭了。就後者而言，一切愛好和平——尤其是較弱小的國家，必將樂於和美國站在一邊，以策安全。目前國際間那些依違兩可於自由世界和共產集團之間的投機主義者，自無法再施其伎倆。如此，不但可以對共產集團發生釜底抽薪的功用；而且才可以使自由世界的陣營日益鞏固和擴大。這是不戰而勝共產極權主義的正本清源之道。自由世界如欲銷除民主自由制度在目前所受的威脅，同時又能避免觸發核子戰爭的危險，我以為捨此莫由。可惜甘迺迪總統在任將及三年，對於這一方面的努力，尚嫌太少。但他既能有見及此，假如再有較多的時間，以他這樣一位活力充沛，又具有當仁不讓美德的年輕總統，當不致對其在就職演說中所鄭重申言的這兩大原則，置而不顧，則是很可相信的。因此，我覺得他的遇難，實為自由世界的一大損失。

甘迺迪總統的最大成就

復次，美國的國力——尤其是國防方面，在艾森豪總統的任內有了很大的衰退，從獨霸核子武器的秘密坐使蘇俄在核子試驗和太空發展方面反而有後來居上之勢。赫魯曉夫公然一再大言炎炎，要以越洲飛彈對付英、法諸國，由於國力的衰退，美國對外的聲望也曾一落千丈。艾森豪總統入主白宮之初，雖然曾聲言決不承認鐵幕現狀，似乎很有志於解放鐵幕後的人民；但在任八年，不但未見有所行動，甚至匈牙利發生革命，東德發生暴動，他仍坐視不援，以致功敗垂成，共產鐵幕得以危而復安。在另一方面，赫魯曉夫反而在美國的後門——古巴栽培了一個共產政權。其後，艾森豪總統在巴黎被拒於赫魯曉夫，欲訪問自韓戰發生以來，即飽受美國扶植的日本，亦過門不得而入，世界各國的元首，罕聞曾有遭受如此的屈辱。但甘迺迪總統當政以來，形勢為之大變。雖然他甫入白宮，便受到古巴流亡美國的人士在猪羅灣試圖登陸不幸慘敗事件的困擾，接着又面臨國內的許多棘手難題，他對赫魯曉夫的諸般挑戰，仍抱定憑實力談判的原則，既不輕視，也不畏縮，一面密切注意敵方的動態，一面積極充實美國的國力。如今美國的國力，較前大增，終於迫使赫魯曉夫不得不暫時有所顧忌。古巴的飛彈基地在甘迺迪總統一怒之下即行拆除，美國對柏林問題和南越局勢的立場，則仍採取堅定不移。美國對外的聲望，實已恢復不少；冷戰的形勢，因而稍見緩和。這是甘迺迪總統的最大成就。

希望案情早日大白

自甘迺迪總統遇難的消息傳出後，人們在哀悼之餘，無不以一種急迫的心情，想及早知道兇手行刺的原因及有無背景。但次日疑兇奧斯華爾又復在從達拉斯城被解往德薩斯州監獄的途中，被一名開設夜總會的人開槍擊斃，實令人如墮五里霧中，驚訝不已。雖然美國司法部發言人已於二十四日表示：聯邦調查局將繼續偵查，並不因疑兇的被殺而結束本案，但案情將因此而不能早日大白於世，則是很顯然的。以一位廣獲世人崇敬的總統，如令其死得如此不明不白，將是人世間最大的遺憾。究竟疑兇為何要刺死甘迺迪總統？那個開設夜總會的人又為何要刺死疑兇？美國聯邦政府的保安人員和德薩斯州警察當局為何如此一再疏於防範？這些疑問，都急待解答。日來雖然也有種種傳說，也有人在作否認，我們仍不願有所推測。但希望美國的有關當局能早日將案情查個水落石出，庶可稍慰甘迺迪總統的英靈，並消除舉世的疑慮。

最後，我願在此向美國人民致深切的同情。

台北的愚昧

效微

美國甘迺迪總統被刺殞命，世界各國齊聲哀悼，美國的盟邦，或由國家元首，或由行政首長，或兩者一齊前往華盛頓參加他們的葬禮。舉其重要者言之，英國是女王的丈夫愛丁堡公爵和何謨首相，西德是呂布克總統和艾哈特總理，加拿大是皮爾遜總理，法國的戴高樂總統於甘迺迪總統在世前，曾一再和他分庭抗禮，亦親往參加葬禮。在亞洲方面，澳洲總理哥白克，菲律賓總統馬卡柏佳，南韓總統朴正熙，總理金顯哲，日本首相池田勇人也前往執紼。這不僅是對甘迺迪總統個人表示悼念，也不僅是國與國之間的一種禮貌；而乃是同盟國家休戚與共的應有舉措。我們的台、澎、金、馬，在大陸淪陷後所以尚能屹立至今，中華民國在聯合國的席位所以尚能保持無恙，可以說，全賴美國的支持。今後如要反攻大陸，也必須爭取美國的同情和援助。現在美國政府和人民遭受如此重大的變故，論情論理，蔣「總統」和陳副總統兼行政院長都應前往弔唁，直接向美國人民表達我們對他們的同情。並可藉此機會和曾經訪台的美國新總統詹森及其他各國的政府首長有所接觸，使他們對蒙難中的中華民國多有一些印象，豈不是一舉兩得的事。不意，不但蔣「總統」不去，即陳兼院長也不去；僅派我國駐美大使就近代表參加。這真是一個不可思慮的愚昧。有人說，此等事，蔣「總統」和台北的黨政大員們當然是想得到的；祇以家天下主義從中作祟，蔣「總統」既有其不出國的原因，如要蔣經國代表去，雖自覺太不成體統；由陳誠去，雖然是順理成章的事，但又恐增加了陳誠在國際間的份量，於傳子的既定政策不利。因此，蔣「總統」就不出聲，陳誠自然也不便毛遂自荐；其他的黨政大員為了懼怕蔣經國，更不敢提出請陳誠代表的意見，於是，就祇好派蔣廷黻就近代表了。果真如此，怎不令人為我們的國家前途躭憂？

沉重悲悼甘迺迪總統被暗殺

劉裕畧

美國總統甘迺迪先生已於十一月廿二日突然被暗殺了。除中共歡欣外，這是舉世震驚，這是一切愛好自由民主的國家和人士的噩耗！

兇手是美國人奧斯華。奧斯華是一個曾經到過蘇聯又準備入蘇聯籍而娶有蘇聯妻子的馬克思主義者，但奧斯華被捕後，又立即被美國人洛比所刺殺而滅口，於是刺殺甘迺迪總統的幕後背境更顯複雜。

但不管如何，甘迺迪總統之被暗殺，不僅是他個人生命之大不幸，實在更是整個世界的反共鬥爭事業的沉重打擊，實在更是「對這個黑暗世界的全盤人性而言，它像是一道光明突然殘忍熄滅」。（麥米倫弔甘迺迪語）

本來，「凡人皆有死」，甘迺迪先生將來終久要死的；本來，「人生自古誰無死？留取丹心照汗青」，無論甘迺迪先生這次如何死，他已在人類歷史上，永垂不朽了；本來，「馬革裹屍」，「為國捐軀」是中外古今一切偉大男兒的素志，今在總統任內被暗殺，總比在家裏老死好得多；何況臨死典盛，備極哀榮，靈柩亦被安放在國家英雄墳場。（下轉二版）

中共準備乘機侵入高棉

黃之華

由於高棉（柬埔寨）的所謂國家元首施漢諾一直在搞什麼「中立」，所以，隨着而產生的高棉局勢，便給中共以插手之機。

在今日世界中，以共黨集團與自由世界的尖銳對立形勢來說，尤其以蘇聯赤化世界的打算及中共對東南亞的勃勃野心來說，置身於東南亞地區作為中共政權的一個鄰邦——高棉而言「中立」，實在已經是荒謬滑稽。但過去的高棉雖然在所謂中立的口號下親共，尤其親中共，但由於高棉同時還可接美援而獲平衡，直到最近，施漢諾忽然拒絕美援，要求美國顧問團和文化、經濟各種人員撤離高棉，於是，這就給中共以更好的機會了。

從表面上和形勢上看：施漢諾之所以拒絕美援，請美國人員撤退，是為了害怕美方人員之顛覆，并為了改取法國援助之故。事實上，法國的戴高樂也確實仍對東南亞地區感到興趣，遠者不談，單以南越來說，當吳廷琰政權未被推翻以前，法國就曾有意使南越拒受美援而改受法援的。法國現在之對高棉，正復如此。所以，說施漢諾事前未與法國有所協商，若說施漢諾事前未得戴高樂同意就貿然拒受美援，那是絕對不確實的。但我們就能因此認為法國可以保護高棉之中立而不為中共所影響嗎？那却絕對不能。

基本上講，法國根本不是今日世界的真正強國，戴高樂有意振興法國是真的，但如果說法國已因戴高樂之有意振興就已到達非常強大的程度，那就完全不確了。因此，要說高棉就能因法國之援助而可阻絕中共，那更是癡人說夢。

無可否認，美國派到亞洲來的工作人員往往不符理想，那是事實。但說一個國家，無論該國家是南越抑是高棉，如要在反抗共黨侵略過程中平衡或抵消共黨，則仍非倚靠美國不可。所以，可以說、施漢諾目前之忽然拒絕美援，表面上看，好像很有一點小小的英雄氣概。其實，只敢談中立的人，只敢對中共阿好的人，又焉有什麼英雄氣質哩！何況，中共今天雖因格於形勢，不得不暫時對施漢諾給點顏色，以擴張以鼓勵此種有利於中共的所謂中立，因而在表面上和形勢上暫不侵犯高棉，甚至還給施漢諾以若干虛偽禮貌，從而便於把施漢諾加以利用，但中共對高棉的真正野心却是極大的。只待時機以便侵入而已。

據中共新華社北平十一月二十一日電：中共政權於十一月廿一日曾以所謂「中華人民共和國政府」的名義發表了一篇「關於支持柬埔寨王國政府維護國家獨立和主權、反對外國干涉和侵略的聲明」，聲明原文說：「最近，美國及其僕從南越和泰國當局正在加緊對愛好和平的柬埔寨王國進行露骨的侵略和顛覆活動，嚴重的威脅着柬埔寨王國的獨立和安全以及東南亞地區的和平。中華人民共和國是柬埔寨王國的鄰國和一九五四年日內瓦協議的參加國，對於美國及其僕從國家恣意破壞這個莊嚴的國際協議，對柬埔寨進行公然的侵略活動，不能置若罔聞，中國政府鄭重聲明：如果堅守和平中立政策的柬埔寨王國竟然遭到美國及其僕從國家所策劃的武裝入侵，中國政府和中國人民將堅決站在柬埔寨王國一邊，并且給予全力的支持。美帝國主義必須承担因此而產生的一切後果。中國政府希望，有關國家採取必要措施，立即制止美帝國主義對柬埔寨的武裝干涉和侵略，維護這一地區的和平」。

看這上述中共一九六三年十一月二十一日聲明後，很容易使人看到中共正在盤馬彎弓，準備揮手高棉。它所說「美國武裝干涉和侵略」，世界上所有的人當然都充分明白這完全是中共顛倒黑白之詞。事實上，美國從未用武裝去干涉高棉，而只是在軍事上與文化經濟上援助高棉，而且這些援助都是高棉本身所需要，從而才能平衡高棉的左傾姿態的。即以現況而論，施漢諾雖然因為意欲改取法國援助而放棄美國援助，但施漢諾也從未指摘美國用武侵略高棉的話。由此可見，中共的這些說法，不但完全是淆亂是非之詞，而且正是中共企圖藉此插手高棉的飾詞。

司馬昭之心，路人皆知也，獨惜施漢諾執迷不悟而已。

施漢諾之所以執迷不悟，也并非由於施漢諾真是為了他的國家的什麼利益，而只是為了想在左右矛盾中，利用這些矛盾來鞏固其個人及家族之利益吧了。否則，如果施漢諾真的想把高棉變成一個現代化國家，那末，施漢諾為什麼不好好的把民主政治制度在高棉奠定呢？然而前幾天施漢諾還在公佈：他已指定他的十八歲而又現今正在中共大陸留學的兒子作高棉國家元首繼承人，而不是讓高棉人民將來自由選舉政治負責人，這都可見施漢諾內心打算的究竟是什麼。

本來，中共對亞洲各國尤其是對亞洲各鄰邦的威脅和侵略意圖，是極明白的。原本，亞洲各國尤其鄰接中共控制地區的各鄰邦都應該合擊中共以消滅亞洲區這一禍根，從而解除亞洲各國的自身危險才是，但是亞洲各國中仍有許多缺乏見識的人，他們只知利用左右兩大勢力的矛盾而求取個人的權利，甚至還有少數人，由於過去未能在美國獲得特殊禮遇，而中共則反大大的給予面子，以滿足其個人欲望，殊不知，像中共之所以每當施漢諾訪問大陸都給予熱烈迎送，完全是誘騙施漢諾，企圖利用施漢諾而已，在毛澤東眼中，連秦皇漢武都不看在眼裏，連赫魯曉夫都要痛罵，根本看不起，怎會反而看得起施漢諾呢？奉勸施漢諾先生，還是不要自作多情吧！

重悲悼甘廼迪總統被暗殺

劉裕畧

（上接第一版）求仁得仁；應無所怨，更何況，甘廼迪出生於一個不虞經濟匱乏，無須經過艱苦生活掙扎的家庭，而又生長於業已建立了民主政治制度的美國，只要自己有才華，有意志，只須自己對正政治目標來奮鬥，不必把生命去賭博，便可在四十四歲的英年通過民主選舉而掌握美國政權，從而領導自由世界；從個人命運來講：甘廼迪先生的一生，已經算是人類社會比較遭遇良好的幸運兒了；現在雖然早死，似亦不必過於悲弔。

但我覺得上述一切，都不過個人命運問題，就甘廼迪先生個人的識見、才華及意志而言，誠然已是一個傑出人物，值得欣賞，再就甘廼迪先生個人品格來說，他對世界問題有整體觀念，他對人類社會有新意境，他對政治奮鬥有長遠而偉大目標，無論他遲死早死，無論他成功失敗，他的每一奮鬥，都已像一枝藝術之筆，正在創作他那一幅生命的藝術畫，不管這幅畫已否畫成，他的每一筆都不失其偉大，實已成為定論，現在死了，似也不必為他過於悲傷。

但我仍然以為甘廼迪先生之死，是極其值得悲傷的，那就因為今日世界正面臨國際共黨的嚴重威脅。今日領導自由世界以抵抗共黨勢力，並對鐵幕以內億萬人民提供希望的，只賴工業生產力和財力物力龐大之美國，假如沒有美國，今日世界早已赤化了。而美國是一個總統制國家，總統的權力極大，所以担任美國總統職務的人，其人識見與魄力如何？便密切的關係着整個人類之命運，假如担任美國總統的人對共黨威脅認識不清，或者魄力不夠，整個世界便將因此而赤化了，而甘廼迪總統則是我所認為最適當担任美國總統和領導自由世界的人，他在一九六一年一月廿日第一次國情咨文所說「時間對自由世界並不一定有利」，死前最後所說「今日的世界自由可能會不經一次投票和子彈的投射而消失」，都是認識極端深刻的名言，只有基於這種卓見，只有本於這種警覺而製定出來的反共方案，也才真正可能挽救這個世界。然而，具有這樣深刻認識，而又具有堅強意志和魄力的能有幾人呢？而正具有這種品質和能力的甘廼迪總統竟突然被刺死了，這固然太殘酷，這對於人類社會的長遠影響，則更是無法估計的了。這對世界性的反共大業，則更是無比損失，則更是不能再大的沉重打擊了。如果自由世界不警覺，如果美國的繼起領導人沒有這種警覺沒有這種識見沒有這種堅強意志和魄力的話，我想：自由世界將被赤化的命運也許已經在甘廼迪總統被刺的瞬間業已在人類歷史上註定了！

有很多人把希望寄托在自由世界的警覺上，其實，自由世界內在矛盾極多，自由世界的極大多數人都是昏昏懂懂迷迷惑惑的，何能期其覺醒!?

有很多人把安全感寄托在美國的民主政治制度上，覺得美國的政治制度已上軌道，死了一個甘廼迪總統，又有一個詹森總統依法繼任，美國的基本政策根本不會大變，對整個世界的反共鬥爭亦不致發生任何特別影響，其實，這完全是皮相之談，膚淺之見。殊不知、這只是政治形式而非政治實質，在整個世界的反共鬥爭中，時間因素，關係極大，全盤性的強力領導，亦關係太大，甘廼迪總統已有的才華和魄力再加上已有的聲望，使他確能掌握時間，使他確能樹立強力領導，故甘廼迪總統就任總統職務不過兩年多，即已把前任總統艾森豪的遲誤和拖沓在太空競爭等許多方面的劣勢扭轉過來，並且更有一種新興氣象。現在甘廼迪總統死了，這一切便又立刻受到不利影響了，無論詹森總統的才華和魄力如何？他在一九六五年一月廿日滿期的這一年多時間，可以斷言，他無論如何只能採取應付性質的方畧，以渡過目前的情勢，等到將來詹森連任或下屆新總統上任，纔能談到其他。然而，並又須經過一段時間纔能再樹立強有力的新領導了，這是說一九六五年一月廿日就職的總統果有才華和強力領導的話。然而即令如此，今後兩年的時間就必然在尖銳競爭中變質了落後了貽誤了。所以，我說甘廼迪總統之死，對人類社會的未來影響是無法估計的，假如一九六五年一月廿日就職的美國總統，再是艾森豪威爾那一類缺乏高度警惕而又庸才而又近乎鄉愿的人的話，人類的命運，那就更不堪想像，人類就必然將是整個人類社會命運的悲慘發展。

由此可見，甘氏之被暗殺，就他個人命運而言，雖曰不幸，畢竟也只是他個人的身，孤兒寡婦，雖然值得同情，但這類事情在人類社會也就太多，都還不是我寫本文來悲弔的意思，然而甘廼迪總統之死，對整個世界的反共鬥爭，却是關係到不可想像之大的。有很多人對此看不出來，但我則是以極端沉重的心情來悲弔着，而且今後都將以極端沉重的心情默想和注視着。嗚呼！

× × × × ×

中共第五次抨擊蘇共公開信 說赫魯曉夫在搞最大的騙局

彭信傲

自從蘇聯共產黨中央於七月十四日發表了那篇抨擊中共的公開信，把中共的好戰本質完全揭開，把毛澤東的種族主義野心完全暴露以後，毛澤東看了之後，恨之刺骨，體無完膚，但由於蘇共所駁各點，都抓住了毛澤東的弱點，都指出的是事實，所以毛澤東雖然異常憤怒，但也無法立予還駁，而必須慢慢的找理由來還駁。截至十一月十八日止，毛澤東已以中共人民日報編輯部及紅旗雜誌編輯部的名義發表五篇反駁蘇共七月十四日那一封公開信，但我們站在公正而客觀的立場來，把中共與蘇共各自發表的文章來比較，中共的反駁文章雖然寫得多，蘇共只發表了七月十四日那一篇，中共卻已陸續發表了五篇，而且還有着將要繼續發表下去的樣子，這就可見中共的理由欠充分，否則，何必一次還駁不足，還要二次還駁，二次還駁之不足，還要第三次還駁，第三次還駁之不足，還要第四次還駁，四次還駁之不足，仍有第五次之還駁呢？

中共第五次還駁蘇共七月十四日公開信是十一月十八日發表的。主題是「在戰爭與和平問題上的兩條道路」，附題是「五評蘇共中央的公開信」。本報曾應讀者要求，將蘇共七月十四日公開信在本報連續，節要其原文，刊出過十期，其主要原因，也就因為[illegible]

茲因中共第五次抨擊蘇共之文，把蘇共和赫魯曉夫都罵得很厲害，所以特將中共第五次抨擊蘇共之文加以節錄一部份，這一篇文章，我們之所以只節錄一部份，原因是原文太長，長達二萬餘字，只能節錄其中極少部份的原故。在中共十一月十八日這篇文中，對美國總統甘迺迪[illegible]

共第五次抨擊蘇共原文情形，節要於下：

中共說赫魯曉夫在搞最大騙局

「歷史的教訓」，中共原文說，列舉列寧與史大林的話，[illegible]而是應該相信戰鬥的。然後說赫魯曉夫在搞最大的騙局，原文於下：「世界上最大的騙局，莫過於把世界和平的主要敵人美帝國主義說成是愛好和平的天使。」「第二次世界大戰以後，美帝國主義代替了德、意、日法西斯的地位，企圖建立一個空前未有的世界大帝國。[illegible]美帝國主義在世界各地，十八年來不斷地進行侵略戰爭，武裝干涉別國的革命，並且積極準備新的世界戰爭，事實很清楚，[illegible]

帝國主義仍然是現代戰爭的根源，[illegible]一九五七年宣言和一九六〇年聲明都作了明確的論斷。[illegible]赫魯曉夫正像第二國際修正主義者一樣賣勁。[illegible]

中共說老赫進行核訛詐

[illegible]

蘇共領導認為，在核武器出現以後，被壓迫人民和被壓迫民族必須放棄革命，必須放棄進行正義的民族革命戰爭和民族解放戰爭，否則，人類就要毀滅。他們說，「任何一個小小的「局部戰爭」都會成為引起世界大戰的火災的星星之火」；「現今，任何戰爭，即使由普通戰爭、非核戰爭開始，也會變成毀滅性的火箭——核戰爭。」這樣，「我們將會毀滅自己的諾亞方舟——地球」，

總起來說，在蘇共領導看來，自從核武器出現以後，社會主義陣營同帝國主義陣營的矛盾，資本主義國家內無產階級同資產階級的矛盾，被壓迫民族同帝國主義的矛盾，都統統消失了。現在，世界上一切階級矛盾都根本沒有了。他們把當代世界的矛盾，看成只有一種矛盾，就是他們虛構的所謂帝國主義和被壓迫階級、被壓迫民族共同[illegible]毀滅的矛盾。

在蘇共領導的腦海裏，什麼馬克斯列寧主義，什麼宣言和聲明，什麼社會主義和共產主義，一古腦兒都拋到九霄雲外去了。

請看「眞理報」說得多麼直爽：「要是丟了腦袋，原則還有什麼好處呢？」

這就等於說，一切為俄國革命，為十月革命勝利而犧牲在反動派屠刀下的革命者，一切在反法西斯戰爭中英勇犧牲的戰士，一切為反帝國主義爭取民族獨立而流血的英雄，古往今來一切為革命事業獻身的烈士，統統都是傻瓜。他們何必為堅持原則而丟掉自己的腦袋呢？

這是道道地地的叛徒哲學。這是在叛徒的自首書中才可以看到的無恥言論。

正是在這種核迷信、核訛詐「理論」的指導下，蘇共領導認為，保衛世界和平的道路，不是當代各種維護和平的力量聯合起來，結成最廣泛的統一戰綫，反對美帝國主義及其走狗，而是美蘇兩個核大國合作解決世界問題。

赫魯曉夫說：「我們（美蘇兩國）都是世界上最強大的國家，如果我們為和平而聯合起來，那麼就不會有戰爭。那時，如果有某個瘋子想挑起戰爭，我們只要用手指嚇唬他一下，就足以使他安靜下來。」

從這裏，誰都可以清楚地看出，蘇共領導認敵為友已經到了何等地步。

中共再罵老赫卑躬屈節

罵完老赫的詐騙之後，跟着中共又罵赫魯曉夫卑躬屈節。由於赫魯曉夫曾經辱罵及諷刺毛澤東所最得意的民兵不過是「一堆肉」，所以毛澤東也在這裏回敬老赫一杯，說：

「我們還要質問蘇共領導：社會主義國家究竟怎樣使用核武器來支援被壓迫人民和被壓迫民族的革命鬥爭呢？是社會主義國家對正進行民族解放戰爭和國內革命戰爭的地方使用核武器，從而使各國革命人民同帝國主義者一起遭到核打擊呢？還是在帝國主義使用常規武器進行侵略戰爭的情況下，社會主義國家就首先對帝國主義本國使用核武器呢？很明顯，無論這兩種情況中的那一種情況，社會主義國家使用核武器都是絕對不能允許的。

實際上，蘇共領導揮舞核武器，並不是眞正為了支援各國人民的反帝鬥爭。

有的時候，他們只不過是發表一紙根本不準備兌現的聲明，為的是獵取廉價的聲譽。

有的時候，例如在加勒比海危機中，他們心存僥倖，投機取巧，不負責任地進行核賭博，以便達到不可告人的目的。核訛詐一旦被對方識破，並且遭到對方的反訛詐，他們馬上節節敗退，從冒險主義滾到投降主義，在核賭博中輸得精光。

我們願意指出：偉大的蘇聯人民和蘇聯紅軍過去是，現在是，將來也會是維護世界和平的偉大力量。但是，建立在核迷信和核訛詐基礎上的赫魯曉夫的軍事思想却是完全錯誤的。

赫魯曉夫的眼睛裏只有核武器。在他看來，「在現代軍事技術發展的條件下，空軍和海軍已經失去了它過去的意義。這類武器不是要削減而是要被代替。」担負地面戰鬥任務的部隊和士兵，當然更是無足輕重了。他說，「當前決定國防力量的不是我們有多少士兵肩荷槍支，有多少人身穿軍大衣。」「國家的防禦力量在決定性的程度上取決於火力如何，取決於這個國家掌握着什麼樣的發射工具。」

至於民兵和民衆，那就更不在話下。赫魯曉夫有一句著名的話：民兵，對於有現代化武器的我們來說，這不是軍隊，這是一堆肉。」

赫魯曉夫這一套軍事理論，完全違背了馬克思列寧主義關於戰爭與軍隊的學說，照這種錯誤方針做去，只能瓦解軍隊，從精神上解除自己的武裝。

很明顯，任何一個社會主義國家，如果接受赫魯曉夫的錯誤的軍事戰略思想，就只能把自己的國家置於十分危險的境地。

赫魯曉夫盡可以給自己加上「偉大的和平戰士」之類的稱號，給自己頒發「和平獎金」，給自己戴上英雄的勳章，但是，不管他怎樣自吹自擂，都不能掩蓋他輕率鹵莽地玩弄核武器的危險作法，都不能掩蓋他在帝國主義的核訛詐面前卑躬屈節的形象。」

空中走私案的新發展

台北警局外僑組集體貪污

（台北通訊）台北最近發現的空中走私案，自經市警局移送台北地檢處偵辦後，忽然爆出一件集體貪污的大案，市警局外僑組組長葉堅及其他七名警員，均因在偵辦該案時集體貪污舞弊而被扣押。

台北地檢處檢察官周德美承辦該案時，接獲在押走私犯高尚志家屬的一件密報，指出「辦案警員曾接受高等的賄賂，故意將主犯倪燃署去，並將所查獲的走私貨物以多報少」；立即傳訊省警務處外事組科員馬芳蹤及台北市警局外僑組全體警員。馬芳蹤接到傳訊後企圖自殺未遂，使周檢察官對該案的追查更爲積極。十六日晚，倪燃因檢方追緝甚急，自知法網難逃，乃自行投案，坦白作供，此一集體貪污案即被揭露。據倪供稱：他才是走私案的大股東，因他過去曾在美僑單位工作，獲悉美大使館進口物品，均可豁免關稅。他離職後，即與高尚志合作，僞造美使館証明文件，從事空中走私，由高尚志利用其在美國海軍輔助中心工作的關係，負責從機場提取貨物及運輸工作，再由百貨掮客莊石水負責推銷。他們已先後走私六次，獲利數百萬元，高尚志還買了幾幢洋房。他又透露，市警局外訊組傳訊他時，曾經供認不諱，後來拿出新台幣五萬元及美金三百五十元送給他們，並允他們將查獲的走私貨物隱匿兩大箱（據說值五十五萬元以上）不報，辦案人員即當着他的面將他的口供筆錄撕毀，並將高尚志的口供筆錄中涉及他的部份塗改，因而警局移送地檢處的案卷中沒有他的名字在內。

周檢察官據供後，認爲案情重大，即將市警局刑警隊外僑組組長葉堅，巡官陳靖國，刑警隊員劉琪，陳鐵琪、劉廸光、秦輝光、楊恩慶、謝錦祿等八人扣押。拘押的地點，是刑隊大隊二樓的新公室，並禁止與外人接觸。至於是否尚有其他辦案人員涉嫌在內，周檢察官也很注意，正擴大範圍追查中。

省警務處闢謠

在葉堅等八人被扣押後，省警務處即發表公報說，該處處長張國疆對台北市警局刑警隊處理倪燃，高尚志等的空中走私案，有瀆職及不法情事，極表震怒，決心從嚴究辦，決不寬假。但二十日周檢察官又接獲一封與上述告密信同一筆跡的告密信，檢舉省警務處的官員三人，其中一人爲單位主管，一人爲股長，一人爲課員，曾在歷次的空中走私案中獲得不法利益一百餘萬元。街談巷議，更傳警務處還有更高級的官員和一些名女人集團，才是空中走私案的幕後支持者。警務處又發表聲明說：「空中走私案除倪燃、高尚志、莊石水、倪尹娟（倪燃之妻）、許金獅（莊石水岳父）、陸光培（司機）等六人涉嫌走私，及北市警局外僑組長葉堅　陳靖國等八人涉嫌瀆職已被扣押偵辦外，目前並無任何外傳所謂「更上級的人員」「地位很高的幕後主持者」「一些名女人集團包括歌女、票友、交際名花、和由這些名女人結拜的姊妹」以及所謂「一本案主要人物俞姓姊妹花等牽連在內。」

貪污警員在押 太太告刑訊

獨　清

被押的警員如何作供，因警檢兩方均守口如瓶，不得而知。但葉堅之妻吳如玉，陳靖國之妻黃慶雲，劉琪之妻王金蘭，劉廸生之妻張秀美四人忽於二十日晚九時到台北地檢處按鈴申告，指控刑警大隊對他們的丈夫使用刑訊，值勤檢察官林鶴麟予以受理。二十一日上午，她們又到地檢處找首席檢察官焦沛澍，由主席書記官樊貞松接見。她們呈遞一份請求書，請求地檢處制止刑訊，趕快將她們的丈夫提回司法院—至於同案同時被押的其他警員四人，據說因涉嫌較輕，已各交一萬元之店保候訊，他們的太太也就沒有參加控告了。

省警務處得悉前情後，即發表申明說：涉嫌空中走私案瀆職的北市警局外僑組刑警劉琪等人係經獲有積極的証據後，在台北地檢處周檢察官指揮下，由本處督察人員會同刑警大隊人員加以偵辦，根本沒有刑求迫供的事實，劉琪等久任警職，當知刑求迫供之非法，其家屬等當亦知誣指刑求迫供不足以推卸刑責，今竟抄襲狡黠之徒的手法，故意捏造事實，企圖淆亂大衆視聽，實益增其恥辱。」

過去常有人指控刑警隊用刑迫供，警務處當局則否認其事。現在葉等的家屬又指控該隊刑訊，如果屬實，顯見該隊對於外人和對自己的老同事，均一律看待，不知是否是蔣「總統」所謂法律之前人人平等的一種証明。值得注意的，是這些被拘押的警員，論官職的大小，葉堅是組長，其餘的人都是他的屬員，論本案的秩序，葉堅是主犯，論控告人的排名秩序，葉堅之妻吳如玉是第一名。但警務處的這個申明，不但不提葉堅組長，而且也不提第二名犯陳陳靖國巡官；祇說刑警劉琪等，是不是暗示將給葉陳兩人網開一面，祇有待將來的事實來解答了。

台灣缺乏政治家

孫寶剛

當然在一個獨裁的國家是沒有政治家的，除以獨裁者可以決策以外，其他都是行政官，最多也不過是一個專家，供獨裁者垂詢而已。所以我以台灣缺乏政治家爲題，似乎是多餘的。不過我常常聽到台灣來的人說：「老先生」是老了，所以許多事不希望使「老先生」多操心，因此許多海外的人士入台，當和「老先生」見面之先，一定有人通知，少和「老先生」講話，免得他費神。從這個事實看起來，蔣先生在今日，似有獨裁之名，實際上，也許沒有獨裁，旁的人在挾天子以令諸侯而已。假如這個判斷不錯的話，那麼，台灣定需有政治家爲蔣先生操勞」。退一步講，即使蔣先生是眞的獨裁者，我想他也應該有一批好的專家，以供獻正確的意見和資料，使他能作正確的決定。拿破崙當然是個獨裁者，可是讀軍事史，我們很明顯的知道，自他以後，司令官便須置有幕僚，以輔助司令官的作戰，因爲自拿破崙以後的戰爭，已經比以往的戰事爲複雜，所以非有幕僚來輔助了。而幕僚之中，幕僚長是最重要的，當第一次世界大戰時，路頓道夫元帥做了興登堡的幕僚長，他們常常相對激辯有關作戰的處理，興登堡常常會放棄了他自己的主見而採取了路頓道夫的。因爲在作戰的能才上來說，無疑地路頓道夫確比興登堡高明一些，而且這也是興登堡的人格偉大處，可以接受幕僚的建議。再進步來說，假如司令官的材能差一些，甚至老了，對於現代的作戰不十分內行，可是爲了威望，不得不請他當司令官，那更須有一個富於魄力而對現代作戰有才能的幕僚長和幕僚等來輔助。日俄戰爭時，大山元帥任司令官，他是一個武士道型的人物，在日本威望極大，可是對現代戰爭不甚內行，所以配上了兒玉參謀長，兒玉那時才從法國學軍事回來不久，年紀也輕，對於現代的作戰，雖然學養有素，但他的資望不是以任司令官的。但他和大山配合在一起，便成了很好的一對。當日俄戰爭的最高潮，遼陽會戰時，大山問兒玉，前幾有沒有戰事。兒玉以遼陽會戰已經開始對。從這一點來說，大山眞能信任兒玉而有自知之明，兒玉確也能實際地担當起這個大任！

今天在台灣，蔣先生的威聲是無可疑問的，但是他確也老了，他對於現代政治的修養，不客氣的說一句，是不夠的。所以我想，台灣仍當有政治家，至少有政治家型的專家。但是我怎能武斷說缺乏呢？我從最近對日的外交上可以作一個証明。

台灣最近因爲日本售了整個尼龍廠給中共，又因爲周鴻慶的事而和日本的關係鬧得十分緊張，甚至有不惜和日本斷絕邦交的趨勢。在我看來，這未免有些兒戲國事了，台灣假如有政治家，決不會和日本因爲上述兩件事而鬧成這樣僵局的。

日本在戰敗之後，蔣先生表示寬大，不要他們賠償，這是蔣先生給了日本以很大的恩典，現在蔣先生給中共趕到了台灣，中共當然是蔣先生的最大仇人，而日本却以整個尼龍廠售給中共，這是日本太不講道義。不過我要問，今天的世界是不是個道義世界，蔣先生本身，對於道義到底身體力行到了什麼程度，同時，日本是不是一個素來講道義的國家呢？今天日本人偏處在三島之上，人一天天在增加，工業因爲美援和其本身努力的關係，也非常發達，假如他們找不到市場，人民的生活水準怎樣維持，工業製成品又怎樣銷售呢？所以找求市場成了日本的生命所繫的一個大問題。再加上美法德義等國都已經和中共貿易了，美國的商人也躍躍欲試，日本爲什麼不能去嘗試一下，以就得他們的製成品的一個大市場，以維持他們的民生呢？在這樣的一個形勢之下，我們要責日本以道義，是不是有些不識時務。當然站在我們國家的立場上，去責他一下不講道義，並無不可，要是我主政也會這樣做的。但是因此而採取不實際的辦法，甚至要斷絕邦交。試問邦交斷絕了之後，日本會覺悟麼？還是我們中國有了什麼利益呢？很顯然的，不但日本不會覺悟。我相信日本對中共的貿易，祇要有機會，必至大做特做。利之所在，權衡輕重，他眞不在乎和台灣斷絕邦交。假定邦交眞的斷絕了，對中國有什麼好處呢？我却看不出什麼好處來。那麼叫人不說是不識時務，又怎可得呢？

周鴻慶的事更是無聊。周不過是翻譯員，隨了中共科學團去日本，他本身不是一個大科學家，爭取來了，又有什麼作用呢？假如我的記憶不錯的話，他當時是想去投奔蘇聯大使館的。我們如以多疑的眼光去看周鴻慶，我認爲周並沒有徹底反對共黨主義，他也許是在反對中共的馬列教條主義，而贊成赫魯曉夫的修正主義和和平共存等一套主張而已，我們爲了九牛二虎之力去爭取來，有什麼意義呢？至於說他本要投奔自由中國的，走錯了地方，走到了蘇聯大使館。這又是自作多情的說法。周是一個翻譯員，當然懂得日本話，他怎會把車子叫錯了而誤往蘇聯大使館呢？這樣的一個人，他自願的來自由世界，當然也無大碍，以邦交來一博，眞眞的政治家不做的。

好在現在和日本的關係，還沒有鬧得十分僵局。日本似乎也歉然於心，想對台灣有所補償的樣子，我認爲台灣應適可而止。

道義是人類的一個理想，可是人類在精神文明上的進步，畢竟不夠，所以人和人間打交道，常常違叛了道義。國與國間更是如此。因爲今天的世界，還是民族主義和國家主義盛行的時代。現在固已有人在提倡人道主義，世界主義，把國家的主權或利益要喪失一部份，使全世界的人類受其益，但也沒有說，不許我們的朋友去和我們的敵人打交道。當知一個國家能夠立於世界各國之林，還是要靠自强不息，自己能夠克服敵人，阻止朋友不和敵人打交道，是沒有多大用處的。而況在朋友的國計民生之所繫的關頭上，怎會因爲和你有道義關係，而叫朋友自己犧牲呢？反過來說，我們也成了不道義嗎？

十一月十八日十九日

國軍游擊隊突襲福建林森縣 擄獲人民公社共幹一名返台

另有兩隊突襲霞浦與南日島

綜觀

據台北十一月二十日公佈：國軍游擊隊會於十一月十八日以迅雷不及掩耳的手法奇襲了福建省閩江口林森縣屬的琅琦島。而於十一月十九日返防。該批國軍游擊隊係採利刃穿心式的正面突襲戰術，有效地穿越共軍海上封鎖線及陸地防線，登陸琅琦島的東歧。以快速的行動，突襲該地人民公社，擄獲該人民公社之生產隊長一名，擊傷或擊斃共軍十餘名。幷獲得文件多種。

另據台北公佈：十一月十九日午夜十一時三十分，另批國軍游擊隊突襲福建霞浦海尾鎮。該鎮駐有共軍六六五三部隊第五十六分隊的一個班。該批游擊隊乃對該共軍營房實施包圍突襲。該班共軍出而抵抗，但火力不支，紛紛逃避，該批游擊隊遂進入共軍營房搜索。終於搜得該班共軍班長姜某的日記、筆記、私函、及「人民公社條例」、「民衆守則」等文件。隨後該班共軍獲得其他共軍之支援，向國軍游擊隊反撲，國共兩軍當即發生戰鬥，共軍十餘人被擊斃，三名民兵及步槍兩支同時被擄返台灣。

另據台北同時公佈：十一月十九日晚零時三十分，另有國軍游擊隊一批突襲福建南日島。當該批游擊隊自基地往目標區航行時，海上刮着七級強風，船在驚濤巨浪中進行。但在該批游擊隊接近南日島時，被據守該島之共軍發覺。共軍遂派出四艘快艇來圍攻這批國軍游擊隊，由於該批游擊隊早已探知中共在南日島構有堅强工事，像一個圓形的堡壘，更由於地形對共軍有利，共軍火力可環射全島外圍的海面，且中共據守南日島的兵力亦相當雄厚，計有一個公安團與一個炮連，所以，該批游擊隊既見共軍已經發覺了自己，即未再進攻，只向南日島西端擲了一顆手榴彈，便脫離共軍包圍，返回基地。

以上是台北官方於十一月二十日及二十一日分別發佈的消息。依照向例，所有此類游擊隊之登陸事均屬可靠。惟一問題是台北正如中共公安部的戰報一樣，常常將戰果誇大而已。

截止十一月廿二日止，尚未看見中共公安部對上述國軍游擊隊的突襲經過發表公報。依理，中共公安部對此是應該發表公報的。因爲琅琦島適扼閩江口，地形重要，把閩江分成兩歧，南面的水道是閩江的主流，國軍游擊隊登陸的東歧，位於島之東南，正面臨閩江口。而自國軍退避台灣的十四年來，國軍在戰略形勢上，扼守馬祖列島，正可以說是對閩江口的封鎖堡壘，因此，共軍亦不得不在閩江口——尤其琅琦島嚴密設防，島之四週，更必然有嚴密之海上封鎖線，但國軍游擊隊一予突襲，即能順利登陸足見共軍官兵戰志之鬆懈。假如中共公安部對此不正式發表公佈以報告其「全殲」國軍游擊隊之「輝煌成績」，那就反映共軍確在這幾次國軍突襲中吃敗仗了。我們不妨等等看中共公安部究竟發不發表戰報。

大陸簡訊

白帆

蘇聯釋放美教授巴洪 中共反對認爲可悲嘆

到蘇聯去攷察的美國教授巴洪自在蘇以間諜嫌疑罪被捕而又被釋放後，中共即對此事發表了反對的評論。

十一月十七日中共人民日報曾報導美國教授巴洪被蘇聯逮捕的消息，但却同時以「可悲可嘆」的字眼爲標題，表示反對和鄙視蘇聯之此一釋放。

中共諷刺蘇聯，說由於美國高級官員「關懷」，被蘇聯國家安全機構逮捕的美國間諜巴洪，「未加審判即被釋放」云。

中共文化代表團訪阿 幷在阿拍攝紀錄影片

對於阿爾巴尼亞，毛澤東爲了支持它反對赫魯曉夫，故予以照顧可謂不遺餘力。數年以來，大陸人民雖飢寒交廹，但毛澤東仍將大批食物送給阿爾巴尼亞的共黨領導人謝胡與霍查，以穩固謝胡、霍查二人在阿共的領導地位。中共新華社十一月十六日消息，中共又派遣了一個由中共文化部副部長徐平率領的所謂文化代表團訪問阿爾巴尼亞，此外，又派遣了中共電影導演郝玉生和攝影師王德成到阿爾巴尼亞去拍攝紀錄影片，阿共領導人霍查已予接見云。

中共派遣特務進駐古巴 名曰科學技術合作專家

在毛澤東與赫魯曉夫的衝突中，古巴的卡斯特羅初期原極傾向中共，迨卡斯特羅赴蘇聯訪問後，古巴的態度稍有轉變，已比較更傾向蘇共。但毛澤東對此仍爭取不遺餘力，除以大批物資援助古巴外（最近即曾以膠鞋一百萬雙贈送古巴），惟恐古巴過度親近蘇聯，同時爲了加强對古巴的控制，所以，毛澤東決定藉所謂「中古科技合作」的名義，將大批中共特務以「專家」名義進駐古巴。

據中共新華社十一月十五日哈瓦那電：「中國和古巴科學技術合作協定執行議定書今天在這裏簽訂」。又說「在這裏發表的關於議定書的聯合新聞公報說：關於上述議定書的會談，自始至終一直在親切友好和相互合作的氣氛中進行的。根據這項議定書，兩國政府決定互派專家進行技術合作和調查研究，幷互派實習生接受訓練，交流技術情報，交換種子和工業、農業、建築和衛生事業方面的樣品等」。

當然，在中共所派的專家中，一定是有一些眞幹工業農業的技術人員的。但其中必然夾雜許多「特務專家」，也是不容否認的事實。毛澤東之所以如此，主要目的當然就在利用這一派遣，使中共的這些「專家」滲進古巴的各個機構，從而「調查研究」古巴的情勢，幷加强其對古巴的控制，則可斷言。

中共贈送小麥給古巴 第一批已運抵哈瓦那

正當中共大陸的人民每天只有四兩米的配給，因而吃不飽的時候，毛澤東却爲爭取古巴對他個人的支持，而將大批物資，包括米麥在內而贈送古巴。這對於中國大陸的人民來說，眞是一種殘酷的諷刺。

據中共「中國新聞社」北平十一月十六日電：「中國政府和人民捐贈給古巴災民的小麥中的第一批計一萬一千八百零六噸已運抵哈瓦那。中國駐古巴大使館參贊黃文友十四日在港口附近的磨粉廠碼頭把這批小麥交給了古巴中央計劃委員會供應部長」。但舉世皆知中國大陸之人民，不但飢寒交廹，而且在共黨統治下根本沒有私有財產，那末，所謂「人民捐贈」，試問誰個人民會有米麥捐出來呢？這就可見完全是謊言了。

僑鄉近訊

鍾之奇

中共要求僑鄉青年到邊疆進森林

青年原是國家的瑰寶，如果中共政權眞是一個賢明而又愛護青年的政權的話，便該多方培育青年，使之成爲國家的主人翁，但是中共政權則不然，只在驅使青年毀棄學業，到邊疆到森林去吃苦去受勞役。

中共最近又在僑鄉提出了兩個口號，幷且正在根據口號在要求僑鄉青年採取行動。這兩個口號便是「到邊疆去」、「到山區森林去」。

對此，中共「青年報」最近曾介紹一個典型例子說：「廣西花坪原始森林區，科學家稱之爲自然博物館，多少年來人們一直傳說那裏山高谷危，密林陰森，禽獸出沒，渺無人烟。……目前，二十多名科學技術人員已陸續到這裏安居，他們都是剛走出校門」。「一出校門就進大森林，……剛一合眼，耳邊一陣陣山風的呼嘯，一群群的野獸怪叫，不覺心驚胆跳」。

難怪今日僑鄉青年都說「自由可以使奴隸變人，到森林去被奴役，則使人變鬼變野獸」云。

共報造謠阻止僑鄉青年到香港

去年五月的逃亡潮是舉世皆知的驚人事實。中共因此大丟其臉，僑鄉青年現在雖由於鐵幕低垂，邊境被嚴密封鎖而不得逃往香港，但僑鄉青年嚮往之心甚切，仍隨時希望獲得逃亡機會。爲此，中共廣州羊城晚報遂採取卑鄙手段，製造所謂「香港通訊」，硬說香港的學生畢業即失業，雖想到農村去工作，亦沒有機會。

且看下列八月十三日羊城晚報所刊「陳仲仁寄自香港」的一篇「香港通訊」即可明瞭。它的題目是「失業在等待着畢業生」。「也許找份所謂牛工比較容易吧？其實也不見得。目前香港的各行業都在鬧不景氣，到處都要裁減人員，失業和半失業工人的隊伍經常保持數十萬人，而且年年在增加」。「爲什麼學生就業如此艱難，除了社會制度這個根本原因外，還因爲香港是個彈丸之地，它所容納的勞動力到底是有限的。在工商不振，經濟蕭條的情況下尤其如此。又沒有廣大的農村爲青年人安排就業的出路」。言外之意，當然就是欺騙僑鄉青年不可前往香港，應該好好的聽中共的命令到森林或人民公社去被奴役了。

廣州共幹說耕田就是最好的出路

八月十三日廣州羊城晚報香港通訊叙說了香港不可去之後，八月十四日羊城晚報隨即對僑鄉青年作了進一步的誘廹宣傳。宣傳的主旨是「畢業後的最好出路是下鄉揸鋤頭」。粵共幷且還像演戲一般，又製造了一幕又一幕的自動請求到農村去典型例子，共報從而宣傳說，中學畢業生已「紛紛响應號召，踴躍申請參加農業生產」。

羊城晚報甚至還說「革命幹部的子女已帶頭報名，堅決服從需要，投身農業第一線」。羊城晚報還舉例子說：「廣雅中學應屆高中畢業生，共青團員黃建寧，父親是個老革命幹部，他在報名時表示，要繼承革命家庭的傳統，樹立革命者志在四方的思想，請求批准他到條件最艱苦的農場去。班裏十三個共青團團員，都像黃建寧那樣，堅決申請到農村去」云。

其實，這都是中共幹部事先安排好的一齣戲，每當共黨有什麼號召，共幹就照例秘密佈置少數所謂黨員團員出來做戲，一屆開會討論的時候，便站出來「自動請纓」，儼然做得激昂慷慨的樣子，以誘廹其他天眞而又純潔的青年起來响應。事實上，由於共黨幹部從來善於安排和演出這種誘騙青年的戲，所以許多青年學生都一時被驅衝動而提出同樣要求。實則最後被派到農村去就是這些被誘廹的青年，至於那些帶頭的共青團團員則仍留在城市，等候下次再演了。

金邊「政變」論

張光漢

南越的一波方平，高棉的一波又起！緬甸尼溫政府與左派談判破裂，印尼與馬來西亞和解僵持。東南亞人民在經過英法殖民之後，曾再受南進日軍鐵蹄的踐踏！可是鼠牙雀角的爭端不息，聯盟戰爭的陰影仍存！東南亞人民原來只企望在力田之餘，能夠在椰樹陰下睡每一個午覺！巨奈隆隆雷聲，警告着熱帶暴風雨快將來襲。「樹欲靜而風不息！」一冷一熱的氣流，儘在這個區域盤旋不去！這些年青而弱小的國家，究竟能否再經得起颱風暴的洗刷？高棉不過是這些在弱小國中的最小者！

不食「嗟來食」？

高棉元首施漢諾親王，突然聲稱「高棉將拒絕美援」，惹起了軒然大波！像高棉那麼一個最爾小邦，跟美國那樣一個富強大國。居然能夠「發生磨擦」？這似乎是超常識的。然而事實俱在，施漢諾親王的脾氣，正是「正式」向着白宮的方向唾吐。而給人以軍經援助的美國，却唯恐「銀紙有人使」一般，懼怕高棉關住荷包，拒美金於千里之外。以為金錢萬能的美國，總統向國會力爭「挖納稅人的口袋」，向遙遠的東南亞「派銀紙」，可怎料得到天下竟有「黑溜眼睛見着白銀」而話「唔吼」的人？

生長在西半球彼方新大陸的美國人，究竟也是一個偶然年青的民族；他們，沒有受過「不食嗟來之食」而寧願餓死的東方哲學的薰陶。他們不瞭解到美國使用並非彼地方使用的美金，替高棉建築自金邊至白馬那樣寬敞美麗的馬路，一任施漢諾親王及妃嬪驅車馳騁，却是勞而無功反惹起反感！他們也不瞭解，美國着力於進行替高棉開闢一個獨立的唯一出海港，以免海運經過西貢而致與南越發生磨擦。但高棉可始終認為南越泰國對高棉「強霸」，乃是由於獲得美國支援的勢力！

可是，這究竟僅是「嗟來食」的問題嗎？

「大迂迴」的形式

施漢諾親王雖然聲稱「不接受美援」，但得分別清楚的，是施氏這一句話，是以執政黨「人民社會同盟」黨魁資格說出，而並非以元首的地位發言。十一月十九日金邊大運動場舉行的「人社黨」緊急羣衆大會，施氏以黨魁資格演說：「為我們的光榮」，要求政府立刻通知美國政府，由今日起撤去他們的經濟、文化、軍事援助。僅外交關係持續——此乃為不激怒美國人民，將「人民」與「政府」分開處理。

這個大會也是施氏要求召集的。這麼一來，事情便成為下列的算式：（一）「人社黨」黨魁施漢諾，召開羣衆大會；（二）施漢諾在會上呼籲羣衆，由黨魁（施漢諾）執行大會「拒受美援」決議；（三）黨魁兼大會主席施漢諾，向政府（元首施漢諾）要求「今日起拒受美援」。

本來元首可以逕行「立刻通知美國政府」的，何須召開大會？為徵詢民意？為給元首有斟酌機會？此中作用，也只有施漢諾能夠答覆。無論如何，在形式上，這是一種「大迂迴」。

設伏「炸」元首

「美國人滾出去」的標語，遍貼大運動場四週及金邊主要街道，還是緊急大會之前緊急張貼的。金邊老百姓包括華僑可絕不覺得奇怪，因爲演說、貼標語、呼口號、寫文章，都是施漢諾親王自年青時玩慣的一套。不過也有些「心水清」的人們，擠在多數人社黨羣衆之中，聽施漢諾親王指責美國人，「還藉援助，設伏」炸他！這說法也不令人驚異，因爲親王也曾在同一地點憤激地詈爲：「共產黨要割我的嚨喉」。

為了指証「美援與設伏」有關，大會舉行公審兩名「自由高棉」份子，據說他們，來自南越戰略村，村中有「自由高棉」電台作反政府播送，而戰略村則是聽命於美顧問的。准此，就是「美國支援高棉叛黨反高棉政府」。

美國已一再否認與「自由高棉」有關，更指出「自由高棉電台」係在邊境，並不斷移動以避邏者。可是施漢諾不滿意此項解釋，他十七日已宣以元首地位聲明：若迄至十二月三十一日止「自由高棉電台」不停止廣播，他就要拒受美援。新聞署十九日更發佈公佈，謂如有任何反元首及政府之行動，應由「自由世界及其附庸泰國與南越負責」。

立嗣「防暗殺」

新聞署聲明是針對「高棉電台」散佈「金邊將有政變」的神經戰而發，該台謂反元首政變「即將發生」，此事引起施漢諾憤怒或恐懼，他認為此乃山玉成散佈的謠言。「自由高棉」領袖山玉成，曾任總理，是一個相等于南越現總理阮玉書的人物，戰後有「平民宰相」之稱。自山玉成從金邊出走至泰邊山岳地帶打游擊後，他是施氏所最忌憚的人物。

是不是山玉成散佈此項謠言，事關「電台之音」，無從証實。但北越共黨機關報「勞動報」則說：美帝欲承南越倒吳之餘威，顛覆高棉元首。不但如此，他們更計劃政治暗殺，陰謀推翻施漢諾親王及其政府」。他們對於山玉成的顛覆計劃」，知之更詳。

「事情」涉及暗殺施氏本人，難怪他的憤怒，憤怒他所指的山玉成而至兩個對頭國南越泰國，從而「禍延」泰越的支持者亞美利堅。

為了抵制謀殺，他立即宣佈「立嗣」，以他的兒子納拉狄波為承繼人。他自讚犬子「聰明有禮」，堪承大統。他之所以只能作此四字之評語，乃他兒子年方十八歲，尚在北平留學。也許他認為萬一「不諱」，中共會出兵金邊，為他繼絕嗣。正如十九年前法國人由西貢中學把年方十九的施漢諾送回金邊登其王位一樣。

「陪太子讀書」

高棉元首承繼人在北平留學，是否「為質於泰」？事情很難說。不過不久前周恩來曾請這位小親王吃飯，「陪太子讀書」。以中共如此大國，對施漢諾兒子如此足恭，不但沒有沙文主義的表現，更足令施漢諾死心場地，為中共奔走。實際上自張茜（陳毅之妻）及劉少奇先後訪問高棉以後，高棉接受中共支援更多，金邊共特滿佈，施漢諾已形左傾。在以前，泰棉邊境衝突中，施氏曾揚言向中共請兵，中共也聲稱支持，以致一度泰方曾盛傳中共軍已駐泰邊棉境。這次事前高棉會在聯大提議准中共入聯合國（與阿爾巴尼亞聯名），而中共也重申支持高棉「抵抗侵略」。施漢諾似乎因此壯了胆，廿一日已正式要求美國停止美援了。

假如僅是不食嗟來之食的話，高棉的行動是令人欽敬的。其奈在施一邊拒絕了美援，而這一邊却頻頻接受中共的援助。中共「技術人員」已前來金邊，填補行將撤出的美援人員的空缺。

實際上高棉右翼發動政變不易，倒是左派包圍宮廷，已完全成功。只差沒有與中共訂軍事同盟條約。

雖在兩大之間難為小，但一面倒究竟不是辦法。施漢諾也許已消除了他對美援的恐懼，可是大概不會太久，他又會發覺「共產黨要割我的嚨喉」了！（東南亞某地通訊）

印國大黨領導力漸低落

喬芳

印度國大黨自於今年夏天在北方省中途補選而連續遭受嚴重失敗，并失去了國會的議席後，其領導力量即漸告衰頹；此中原因，完全由於該黨懦弱無能，失掉人民的信心，乃屬自取之咎。無可諱言，這個歷史悠久、組織龐大的國大黨，在積漸而來的散漫腐化情形下，確已陷於無可作為的境地；如不迅予改善，可能有分裂之虞。

在補選失敗之後，該黨的高級幹部原已經過多次檢討，分析失敗的原因，并接受了前任麻德拉斯省首席部長卡瑪里買的計劃，建議在政府裏身居高位的內閣部長自動辭職，放棄執政黨的發展；黨務則由經驗長久的重要領袖直接領導活動，并使黨內的「新血」進入政府中任職，增強行政的效能。這個計劃，目的就是要把中央政府的部長以至地方政府的官員，均予重新改組，增加新的活力。當時調職的包括內政，財政，法律，糧食農業，文化教育，國會事務部各部長。當地輿論，稱之為「罕見的人事變遷」。此外，該黨的另一措施，是在中央工作委員會內設立許多專門委員會，用以主持黨務；其中以組織委員會的權力最大，它是由若干重要領袖組成，對黨務的發展當然具有很大的影響。

組委會業經立即決定要求中央政府和地方政府由熟悉國大黨的人物組織「反貪污委員會」，積極矯正時弊。經過這一番改革後，滿以為國大黨從此可以一振聲威；詎事情之發展并不如理想，蓋在中印邊境衝突時，尼赫魯所表現的領導能力已轉衰弱，再不為人民所擁戴，從而國大黨也失掉了人民的信心。因為，那時的國大黨雖然可憑藉改革的行動來整頓內政，但對邊境戰爭的失敗却無從挽回，於焉惹起了人民的怒潮，群起對國大黨交相責難，并指斥尼赫魯沒有對中共作戰的決心。那時全印人民群情洶湧，意氣激昂，他們都準備拼死和中共一戰，可是尼赫魯却色厲內荏，因而人民的愛國熱情變成失望，隨即刺激起人民對國大黨的不滿和憎恨。因此，國大黨雖努力改革，依然不能挽回民心！

還有：那就是尼赫魯被中共迫至瀕於危殆的時候，徒知放棄其「不結盟政策」，爭取西方國家的軍經援；過於重視美國援助所帶來的利益，却忽略了人民拒抗外侮的精神的意義。於是，更使人民感覺到國大黨統治印度和保衛印度的辦法，祇有一條路；那就是依靠美國！而國大黨的本身，却是腐化，無能，不能領導印度人民建設其國家，保護其國家。民心如此，國大黨又焉得不着着失敗？

更何況內政方面，依然尚有人口問題，未易獲得解決。印度人口激增，根據聯合國的估計，由一九五六年到現在，竟增加了六千五百萬人；目前的人口總數，已到達了四億四千五百萬。若照現在的增加率來推算，則到一九八六年的時候，人口將增至七億七千五百萬。這可怕的人口激增率，勢必把印度的經濟建設計劃壓破。國大黨面對這隱憂，實大感焦慮。政府方面，雖曾花了極大努力，實施「釜底抽薪」辦法，開設大量診療所，訓練醫務人員替人民節育，并無條件供應避孕藥，但仍不能遏止人口的急激膨脹。政府方面又曾施行了另一項辦法，馬上成立一個獨立的「家庭設計部」，配合衛生部、中央社會福利部等與合作部、工商部、社會發展部，大力推行節育運動，除了大量使用避孕藥外，還說服那些已有兒女的男女接受「絕育」手術。同時又製訂了「合法墮胎」辦法，進行「減產」。可是這麼的三管齊下「避孕、絕育、合法墮胎」也僅使生育率減低了千份之十七四，依然未能解除「人口威脅」。換言之，就是印度政府的經濟計劃將在人口增加的情況下無法可以獲得較符理想的成就。——這也是足以打擊國大黨的聲望的！

國大黨對內對外都飽受挫折，人民對它便失掉信心。一個使人民失掉信心的政黨，又怎能順利的領導國家推行政務？在互為因果的形勢下，國大黨的領導能力衰頹似乎是注定的了！

唐詩偶釋（四〇）

鄧中龍

江鄉故人偶集客舍　·戴叔倫·

天秋月又滿，城闕夜千重。還作江南會，翻疑夢裏逢。風枝驚暗鵲，露草覆寒蛩。羈旅長堪醉，相留畏曉鐘。

首句先布一句景，次句落到客舍，次聯便入「江鄉故人偶集」六字。五、六句寫客舍所見之景，末聯仍寫偶字意。此全詩語脈。

首句非閒文，蓋淹留異地，離親別友，對此明月，未免有情，題中神韻已反逼欲出。是以次聯轉落，最爲得勢。且首句提出月字，則五六句亦月下情景，「暗鵲」「寒蛩」，必在月下始能傳「暗寒」二字之神，清麗之至。

三四句流水對，且似對非對，甚妙。五六句，對極工整，於散行之後，壓以矜鍊之句，此律詩常法。夜鵲驚於風枝，寒蛩覆於露草，此詩家調色調聲之筆，學者宜特別注意。風露驚覆暗寒等字，皆所以逼出羈旅之苦，而自其反面言之，則亦所以逼出故人偶集客舍之不易，故第七句乃即緊承以「羈旅長堪醉」，便倍覺有力矣。

黃庭堅嘗謂洪氏諸甥言：「作詩不必多。某生平詩最多，意欲止留三百篇。」諸洪皆以爲然。徐師川獨笑曰：「詩豈論多少，只要道盡眼前景致耳。」戴幼公此詩，平易近人，意與悠遠，是眞能道盡眼前景致者。固知好詩不重矜博鬥奇，亦不重塡塞故實也。眼前之景，平常之語，無一而非詩意，要在作者知所驅遣耳。宋人爲詩重使事，窮其極，至於牽強鬥湊，而不復見詩家之性靈，遂失渾成之妙。

戴叔倫，字幼公，師事蕭穎士爲門生。賦性溫雅，善舉止，能清讀，無貲不肖，相接盡心。其爲詩，意興悠遠，平淡處可上追王孟，而略遜其渾涵，然亦中唐之皎皎者也。

五言律三四句流水對，初唐詩家常用。盛唐較少，至中唐，戴叔倫輩又習用此法。叔倫之詩雖不甚多，然章法率皆爲前四句一氣呵成，五六句矜鍊。第七句緊承轉落，幾成通例。「別友人」、「除夜宿石頭驛」、「廣陵送趙主簿自蜀歸」等詩，格調全同，學者可互閱。

附「別友人」詩：

「擾擾倦行役，相逢陳蔡間。如何百年內，不見一人閒。對酒惜餘景，問程愁亂山。秋風萬里道，又出穆陵關。」

又：「除夜宿石頭驛」詩：

「旅館誰相問，寒燈獨可親。一年將盡夜，萬里未歸人。寥落悲前事，支離笑此身。愁顏與衰鬢，明日又逢春。」

神話中的黃帝（一）

徐亮之

大約在距今五千年前，崑崙山的少典族（一）裏有一位名叫附寶的少女（二），也和三千年後的聖馬利亞般陷於同樣的命運，還沒出嫁便已懷孕了。

事情的經過是這樣：有一天晚上，附寶獨自在門外看星星消遣；忽然發現強烈的電火繞着北斗樞星閃動，把大地照得通明透亮；一顆黃澄澄的星兒，猶如一個春情衝動的少年對一個少女出其不意的強暴進襲一般，飛箭也似從太空向着她的身體直衝而來，嚇得她登時昏暈了過去。從這天起，她便有了孕；再經過二十四個月之後，便在名叫軒轅丘的地方，生下了這一個頭顱四副面孔胸紋並隱隱有「黃帝子」三個字的怪孩子。而這個怪孩子，便是所謂「北斗黃神之精」的投胎人間（三），也便是後來人天舞台聲光煊赫成爲中國民族共同祖先和五帝之首的黃帝（四）。

黃帝姓公孫，名軒轅（五）；他姓公孫的來歷，現在已經不可考。至於他名軒轅，則大概因爲是出生在軒轅丘的緣故（六）；這猶如他後來遷居到姬水旁邊又改姓姬一般（七）。

他因爲本質上既是一個星宿下凡的孩子，所以從小就聰明異常；還在母親懷裏，便能說話，便能運用思想（八）。纔交十歲，便懂得分析政治徵候，暢談天下大勢，同時斷定神農氏的腐敗的統治必然失敗與垮台（九）。由於他諸如此類輝煌卓越的領袖天才的表露，所以從小就爲族人所敬愛，成爲他後來統率各部大舉東進的一筆非常可靠的軍事與政治的大資本。

祂是在神農氏的政權傳到第八代時才出世的（十）；距離老神農在位、即這個政權的黃金時代，已經五百年左右了（一一）。本來，神農氏也和他一樣同屬少典族裏的一支（一二）；可是自老神農這位功在萬世的農藝與醫藥的發明者下世以後（一三），繼承者的聲光，便一代不如一代了。到了第八代的帝榆罔手上，更是精華已竭，威信毫無，弄得部族離心，兵戈四起，天下騷動，恰成爲雄才大略年輕力壯的黃帝大顯身手的好機會。

那末，黃帝怎樣去掌握和利用這樣的好機會呢？這卻得從兩方面來說：

首先，從主觀方面說：他既和最高統治者的神農氏是異支同族，自然應在天潢遺冑之列；所以一到成年，便被封做了有熊的國王，成爲熊圖騰的大酋長（一四）；同時，因爲神農氏早已把政治中心放在東方（一五），他既以親族關係而受封，拱衛政治中心，自然便成了無可委卸的責任；自然便也帶了本支族人，從遼遠的姬水流域，遷到新封邑人文薈萃的中原地區河南新鄭來（一六）。也即是說，由於主觀上先獲得了這樣的優厚的條件，他的卓越的才華，便更容易盡情發揮了。

其次，從客觀方面說：正因爲他具備着這樣優厚的主觀條件，再加上他本人的求才若渴，「同聲相應，同氣相求」，便自然而然成爲各方面不滿現狀而企圖另打政治出路的人物的趨附的對象。有名的六相七輔和許多技術專家，可能便都是他在這個時期所誠心發掘或互相援引而來。所謂「六相」，便是指用懂天道的蚩尤管天文，用懂地質的大常管農業，用懂東方情況的奢龍管地政，用懂南方情況的祝融管教育，用懂西方情況的大封管軍事，用懂北方情況的后土管司法（一七）。所謂「七輔」，便是指風后、天老、五聖、知命、窺紀、地典、力牧等經常在他左右的七位大智囊（一八）。由於這樣地智囊團設計勤於上，專家們慘淡經營於下，於是乎他的雄才大略，一步一步展開了，許多空前無古人的偉大事業，便奇蹟般一樣一樣出現了。

更正

「初試驪歌」乃楊偉民君所撰，刊出時竟遺漏其大名，至用抱歉。按楊君及「梧桐山」作者岑順翹君均係大同書院之同學。本版固極歡迎大專同學投稿也。——編者

友聲集（五一）

挽鄭振文（鐸宣）同心　閔生

重陽風雨黯南瀛，通德門中失老成！萬里書遲傷隔世，千金諾重感平生。已孤氣類天胡奪，空矢精誠國入傾。應與隆昌同不朽，雄文絕筆鐸銷聲。

君逝世前三日來信，除關懷民主潮經費困難，並言將撰「我與曾慕韓」一文寄來發表，書到台北，君已作古！

又　濤聲

萬里雲天接地陰，南溟忽報客星沉；重陽節屆人偏去，一紙書來感不禁！賈誼哀時餘痛哭，朱公遯跡漫侵尋；傷心霹靂炎荒路，欲賦招魂淚滿襟。

又　偉東

卅載同仇意氣深，曾輸肝胆結苔岑；傷心驪別成長往，入夢楓青待再尋？與學育才期遠大，歸耕無計愧浮沈。繁英待盡秋光老，私痛公誼迸一吟。

陳風子治印

陳風子，別號瘦翁，浙江杭州人，鑽研金石文字凡數十年，爲西湖西泠印社得前輩大家家法最深之浙派後人。本報今後將逐期刊載陳氏作品，以饗讀者。

逸齋老人

逸齋老人沉遊四海六十以後所作書畫

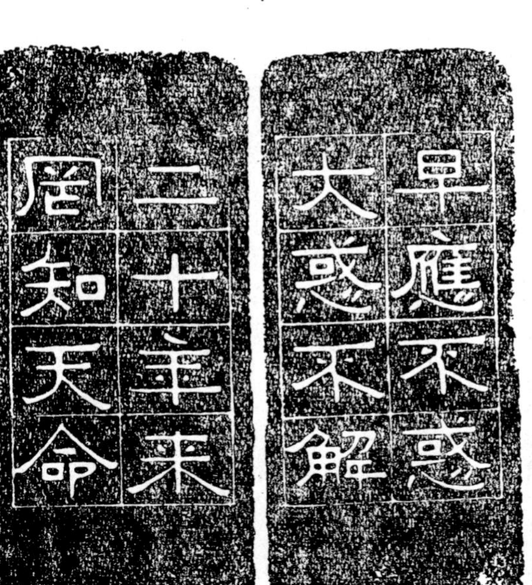

中國現代史資料評介之十四

梁任公先生年譜長編初稿（六）

左舜生

（B）任公與戊戌維新（3）

戊戌維新一名『百日維新』，其所以有這樣一個名稱，乃是說從光緒二十四年四月二十三日下詔定國是算起，到同年八月初六日發生政變爲止，僅僅只有一百零三天，說『百日』者，舉成數而言也。

我們只要看下面由四月二十三日以後所發生的若干事實，便可了解在這一百多天的時間，維新運動的進行確實是非常積極而且緊張，反對方面的佈置，也可以說是眼明手快。

一、四月二十五，侍讀學士徐致靖（子靜）奏保康有爲、張元濟（菊生）、黃遵憲、譚嗣同、及任公。同日奉上諭：『翰林院侍讀學士徐致靖奏保通達時務人才一摺，工部主事康有爲，刑部主事張元濟，於本月二十八日預備召見。湖南鹽法長寶道黃遵憲江蘇候補知府譚嗣同着該督撫送部引見。廣東舉人梁啟超着總理各國事務衙門查看具奏。欽此。』

二、四月二十七，反對方面有三項重要的舉動：（一）翁同龢開缺回籍；（二）調直隸總督王文韶入值樞廷，遺缺以榮祿署理；（三）令在廷臣工，以後遇有太后賞項及補授文武一品或滿漢侍郎，均須恭詣太后前謝恩。

三、四月二十八，康第一次見光緒帝，所談方面甚廣，內容亦重要，尤其廢八股文一點，與此次談話有關。結果命康在總理衙門章京上行走，康藉口編書，始終未就職。

四、五月十五，光緒帝又召見了任公，並命他進呈『變法通義』一書，以六品銜辦理譯書局事務。同日，御史黃均隆參劾黃遵憲、譚嗣同及任公，帝置不問。

五、六月初八，孫家鼐建議改上海『時務報』爲官報，以康督辦，上照准，實孫等有意逐康出京，但康遲遲未行。

六、六月十四，上諭裁汰京內外冗官：京內有詹事府、通政司、光祿寺、鴻臚寺、太常寺、太僕寺、大理寺等衙門；京外有湖北、廣東、雲南三省巡撫，東河總督，鹽道佐貳等官，維新派更爲人所嫉視。

七、七月十九，禮部尚書許應騤懷塔布及侍郎堃岫、徐會澧、溥頲，曾廣漢六堂官同日革職，以其阻撓禮部主事王照（小航）請帝東遊日本，痛抑守舊一摺不肯代奏也。同日，並罷免李鴻章，敬信總理衙門行走，於是新舊如水火，實爲促成政變主要原因之一。

八、七月二十，擢用內閣候補侍讀楊銳，刑部候補主事劉光第，內閣候補中書林旭，江蘇候補知府譚嗣同，加四品卿銜，在軍機章京上行走，參預新政事宜，實代閱奏摺，代擬上諭，位同宰相，於是軍機大臣更側目而視。

九、七月二十八，光緒帝決心開懋勤殿，設顧問官，命譚嗣同考查雍正、乾隆、嘉慶三朝開懋勤殿故事，以便親往頤和園向西后請命，但卒不爲西后所許，以致擱淺。

十、七月二十九，即在開懋勤殿不成，帝與西后有所爭執以後，帝乃頒下兩密詔，由楊銳帶出，其一與軍機四卿，其一則兼及有爲。第一詔云：『近來朕仰窺皇太后聖意，不願將法盡變，並不欲將此輩老謬昏庸之大臣罷黜，而登用英勇特達之人，令其議政，以爲恐失人心。雖經朕屢次降旨整飭，而且有隨時幾諫之事，但聖意堅定，終恐無濟於事。即如十九日之硃諭（指禮部六堂官革職事）皇太后已以爲過重，故不得不徐圖之，此近來實在爲難之情形也。朕亦豈不知中國積弱不振，至於阽危，皆由此輩所誤；但必欲朕一早痛切降旨，將舊法盡變而盡黜此輩昏庸之人，則朕之權力實有未足。果使如此，則朕位且不能保，何況其他？今朕問汝；可有何良策，俾舊法可以漸變，將老謬昏庸之大臣盡行罷黜，而登進英勇特達之人，令其議政，使中國轉危爲安，化弱爲強，而又不致有拂聖意？爾等與林旭、譚嗣同、劉光第及諸同志等妥速籌商，密繕封奏，由軍機大臣代遞，候朕熟思審慮，再行辦理，朕實不勝十分焦急翹盼之至。特諭。』第二詔云：『朕惟時局艱難，非變法不足以救中國，非去守舊衰謬之大臣，而用通達英勇之士，不能變法；而皇太后不以爲然，朕屢次幾諫，太后更怒，今朕位幾不保，汝康有爲、楊銳、林旭、譚嗣同、劉光第等，可妥速密籌設法，相救，朕十分焦灼，不勝企盼之至。特諭。』

其時康已勸帝重用袁世凱以爲己助，並召袁來京陛見，袁已於二十九日到京，八月初一日即召見，並即日奉上諭，命以侍郎候補，專辦練兵事務。次日再度召見，更勉勵有加。但同日帝另有一密詔由林旭帶出與康，促康迅速出京。詔云：『朕今命汝督辦官報，實有不得已之苦衷，非楮墨所能罄也。汝可迅速外出，不可延遲。汝一片忠愛熱腸，朕所深悉，其愛惜身體，善自調攝，將來更效馳驅，共建大業，朕有厚望焉。特諭。』

用袁由康起意，嗣同執行最力，林旭不以爲然，任公似無所可否。康譚等看了上面三個詔書，知道形勢已非常緊急，非力謀搶救光緒帝不可，於是乃有八月初三日深夜譚嗣同到袁所住法華寺說袁殺榮祿，圍頤和園之事，經袁告密，因而有八月初六日政變突發的一幕。其詳見袁事後所寫的『戊戌日記』，雖文字上不無掩飾及渲染之處，但事實實爲袁所承認。任公年譜長編的編者，對此事經過少所發揮，我在『中國近代史四講』的第二講，曾就袁當時所處環境，說明袁之所以出於賣友求榮的一着，雖與袁之性格有關，實亦爲當時形勢逼迫使然，我的看法是道樣的：

一、袁驟被調京，這在袁心裏早經明白必與維新派的舉措有關；且康在事前，曾命徐仁錄到小站有過一番遊說，康等準備用他以爲己助，以袁的狡猾，豈有不猜到幾分之理？

二、袁去京係從天津出發，必然與榮祿有所密酌，袁不敢背榮以獨樹一幟，榮是有相當把握的；可是爲策萬全起見，他還是把董福祥的甘軍移駐在北京彰德門外的長辛店，到八月初三，更有一部進入城內，其目的即在拱衛北京。同時，他又把聶士成武毅軍的一部，由蘆台調到天津，命其駐紮陳家溝一帶；陳家溝在北京以東，小站以西，足以截斷袁軍去京的交通。其時董聶兩軍被調動的可能不少於兩萬，而袁所統的新建軍總數不過七千人，且勢不能全部移動，袁軍固稱精銳，聶軍也素號敢戰，在這樣一種形勢之下，袁如何敢動？道可看出榮祿十分老辣。

三、榮祿在北京的耳目甚多，袁七月二十九到京以後，即四出拜客；八月初一召見，光緒帝給了他不少的誇獎，並傳旨開去他直隸按察使缺，以侍郎候補，專辦練兵事務。初二，袁再見光緒帝謝恩，帝又告以與榮祿各辦各事。其時若干滿洲大員及御史楊崇伊等，隨時奔走於頤和園與天津之間，袁在京的舉動，榮祿自無不知道之理（姑假定袁本人沒有隨時向榮報告）。可是袁留在北京太久，他究覺不放心，因又造出一英俄兩國已在海參威開戰，而各國軍艦也已雲集大沽口的謠言，促袁迅速回防。袁覺得榮祿對他不能無疑，乃不得不作出京的準備。

袁本來是一個工於自謀的人，自他與譚經過一度緊張的談話以後，選擇於打破現狀與維持現狀的二者之間，他當然只有拋棄前者而採取後者之一法；同時他審度自身所處的環境，在他明瞭維新派全盤的想法以後，想要隱忍不言裝作不知道已無可能，因此他一不做二不休，斷然出於告密，並加重維新派之罪，作一網打盡之計，則他自身不僅可以免罪，而且可以有功，袁之狡猾與凶狠固屬姦人之雄，但康等無知人之明，且於當時情勢，也不無隔膜之處，自亦失敗之一因也。（待續）

憶陳果夫先生（四六）

宇人

與青年團有關的立法委員既作此決定，自必聯合CC以外的立法委員共同行事，才有成功的可能。當時國民黨籍的立法委員，除了CC和與青年團有關的兩大部份各有幕後的活動而外，其他的人亦分別約集或多或少的友好舉行聚談。由於我平素的態度比較公正，大都約我參加。因此，我便成了與青年團有關的立委和CC外的其他立委之間的一個橋樑。後者對果夫、立夫兩先生多有宿怨，一經接觸，他們即欣然表示。願意爲反對立夫先生而共同努力。可是，究竟應以什麼人來代替他，大家最初仍不一致，後來我想到傳斯年，主要的理由是：（一）他是學術界中人，以他爲行憲後首屆立法院的副院長，不但可以證明我們反對立夫先生並非是黨內的派系之爭，而且可使國內國外對立法院有一種新的觀感。（二）他在國民參政會的時代，曾反對孔、宋兩集團甚力，選他做立法院副院長，足以鼓勵立法委員們繼續作同樣的努力。（三）他雖不是國民黨員，但其立法委員則是國民黨所提名的；若干重要的CC分子還和他是好朋友，推選他出來和立夫先生競選，不致引起黨性強烈的國民黨人的反感，且可減低CC分子的敵愾之氣。（四）他是山東人，由於蔣先生主政十餘年，其所重用的政府大員，多屬南方人，北方人士早有煩言，推選他出來競選，較易獲得北方籍立委的支持。（五）他在參政會和政治協商會議中，與民、靑兩黨的領袖們相處很不錯，可望爭取兩黨的選票。（六）他正在美國醫治高血壓，CC不可能利用蔣先生向他施壓力，迫其中途退出競選。

我首先將上面的意見向甘家馨兄談及，他很贊同。便約定由他再商之於與朱家驊先生有關的立委，我則徵詢青年團立委們意見，兩者均表同意，乃進一步分別向其他立委提出。大出我的意料，有幾位曾任國民參政員的立委竟持異議，尤以羅衡女士反對最烈。她說：傳斯年雖然和我一樣反對孔、宋；但他乃是別有用心。他所反對的祇是孔、宋兩人，並不是孔、宋所代表的官僚資本主義和豪門政治。幾經疏解。她才勉强同意。於是，我們便約集有關的立委在靑年部開會，舉行投票，開票的結果，傳斯年獲得百分之八十五以上的票，至此，才正式確定以他爲立法院副院長候選人；並於次日將我們反對立夫先生和支持傳斯年的理由寫成書面聲明，送交各報發表。

爲了防止孫科先生與立夫先生聯合競選，我們一開始便向孫先生表達一致擁護的誠意，希望他保持超然的態度。但他及其親信經過副總統選舉失敗後，信心大失，對於我們的保証仍恐沒有把握，我們仍決定由素無派系的老立法委員陳顧遠領銜先提出一項立法院院長副院長選舉罷免辦法，規定院長副院長分兩次選舉，先選院長，後選副院長。其主要的用意，就是表示要將孫先生首先選出，使他安心。同時，又規定院長副院長有失職或不稱職時，經立委××人以上的提議，××人以上（人數已忘）的連署及過半數的通過，得予以罷免，這是我們預先爲院長副院長戴上一頂緊箍咒的帽子，使他們有所顧忌，不得不謹慎從事；並非是專爲立夫先生可能當選而設的。但我們預料CC的立委必然要猛烈反對，乃商定必要時可將罷免二字修改爲改選二字，並將提議和連署的人數略增，以作讓步。後來，CC的立委果然對罷免的條款羣起反對，激辯結果，我們照預定的計劃作了上述的讓步，仍獲通過。

院長、副院長選舉辦法通過後，即定期選舉，我們於副院長選舉前二日的晚上，約集反對立夫先生的立委在一間餐館茶會，我首先報告開會的意義，僅強調行憲伊始，應實行改革，才可一新耳目，振奮人心，克服國家當前所面臨的種種困難。到會的立法委員多人相繼發表演說，文羣先生指陳反對立夫先生和支持傳斯年的理由多端，要求大家齊一步伐。劉同則抨擊蔣先生左右的腐敗無能。其他發言的立委，亦一致認爲立法院的副院長不應由一位在黨裏面搞派系的人來充任。會場情緒十分熱烈。合衆社駐南京的記者張國興亦到場旁聽。

本刊已經香港政府登記

每逢星期五出版

聯合評論 週刊

United Voice Weekly

第二七十三號

CHINESE - AMERICAN PRESS, INC
199 CANAL STREET,
NEW YORK 13 N. Y. U.S.A.

美英兩國首長的更迭

許子由

（一）甘廼迪「站起來」

美國總統甘廼迪之死，對自由世界以至世界的損失到什麼程度，尚有待於未來歷史的衡量，但其爲損失可無疑問。連到甘氏的敵人也致予衷心的哀悼，這決不僅是爲了「國家的禮貌」，而可能是像三國演義所說的，孔明柴桑弔孝，對着周瑜的靈位哭道：從此天下，更無知音！

甘廼迪的獲得舉世讚譽，在於內外政策的正確，尤其對外政策方面。以個人說，機智活力和氣魄，都有過人的表現。在國內種族歧視風潮中，他堅毅地提出民權法案的對策，要用立法來洗滌這歷史遺留的污垢殘跡。如果事實証明他是死於這一風潮的話，那麼他將是第二個林肯，名垂千古。在對外政策上，他的「和平戰略」相當成功，尤其古巴一役挫折了赫魯曉夫，把世界從戰爭的邊緣挽救，獲得舉世的喝采。目前「冷戰解凍」的呼聲，也是以這一役爲轉機。

曾記甘廼迪就任不久，於六一年在維也納初晤赫魯曉夫；當時一般以爲像甘廼迪這樣的年青總統，世家子弟，與共產革命黨徒出身、歷經史太林殘酷統治仍能倖存、更擊敗貝利亞、馬倫可夫而奪得政權的「老狐狸」赫魯曉夫舉行談判，難免不爲赫魯曉夫所乘。實際上赫氏當時也確視甘廼迪爲稚子，所提要求條件的强硬，一要求的冷酷方式和提出要求時的侮辱方式」，曾經一時令人震驚。

據說赫魯曉夫曾告左右，謂身爲世界最强大國家元首的美國總統甘廼迪，何以當他跑進來時「竟站起來」？他誤以禮貌爲懦怯，誤以教養爲柔弱。也許，赫魯曉夫基於此一錯誤印象，乃有古巴之失。

古巴一役，美國正式照會蘇聯說：「如有任何從古巴對美國的攻擊，從美國將唯蘇聯是問，進攻蘇聯」。從此，甘廼迪「站起來」了！

（二）詹森總統的「曹隨」

古巴問題，「放任」自是下策；一轟炸在古火箭基地，可能是上策；甘廼迪所執行的，應屬中策。但美國人不輕言戰爭，在美國立場說，不行「險棋」便認爲是上策。無論如何，美國及自由世界，所獲已多，這確是一旋轉乾坤」的措施，難能可貴。

然而「天公忌才」，甘廼迪正在大可有爲的時候，突然死去。在這個世界正處於戰爭與和平的分水嶺的時候，已被看出有力量幫助世界走向和平的甘廼迪，突然死去，這寧不是世界的一大損失？

「甘廼迪政策」雖被確定將予繼續，無論在美國，在蘇聯，在英國，都有一致的呼聲。但在執行程度的等差，時間的先後，往往造成了很大距離的結果，所謂「毫厘千里」者，應加注意；尤其是各國內政的影響到外交政策，更爲值得担心。

美國詹森總統的任期，明年便即屆滿。在這一年之中，能否有「甘廼迪式」的表現？要看機智和魄力，也要看時局和機會，在「曹隨」的情形下，大概不會有超過甘廼迪的突出表現。如果明年他獲選連任下去，是不是還會繼續强力執行甘廼迪政策？抑是有可能逐漸傾向於南部那種「孤立保守」的思想和做法？這尚有待於未來事實的証明。

政治家很難不受他所自出的政治團體所囿，政黨領袖做國家領袖也往往做得不好，美國的領袖且必需兼任自由世界的領袖，他甚至必須設法去影響敵對國家的領袖，這一切要統籌兼顧，實在不易。副總統與總統地位相隔雖微，但宦海浮沉與領袖群倫差異極大。詹森總統過去自有他的事功，但最要緊的是他寧可忘記過去南部參議員的身份，而從事於世界領袖的偉業。也希望美國的輿論民意，加以督促，完成甘廼迪未竟之志。

（三）何謨訪美「拖後腿」

英國新首相何謨，在就任不久即赴華府弔甘廼迪之喪。不久將與詹森總統再晤會談，蘇聯已通過米高揚呼籲何謨，採取主動緩和美蘇局勢，何氏本人也謂將集中努力於尋求與蘇聯之新協議。英報謂何謨可能致函赫魯曉夫，且預料他明年訪蘇，也不足爲奇。

何謂首相是以美蘇和平「誠實的掮客」登場的，英國「每日素描報」說：何謨訪美，亟欲阻止詹森，爲安撫他的南部保守投票人而不惜對蘇採取該項之立場。何謨爵士認爲，與蘇聯可能有新協議，「不祇因爲蘇聯顯然面臨經濟困難，抑且也由蘇聯領袖對於核子彈毀滅性及中蘇邊境事件之評價；中共在短期內，將擁有其自己的核武器」。

和緩美蘇緊張，原則上未可厚非。英國對美國「拖後腿」，如在韓戰越戰兩役，也有顯著效果。但當年如不「撤麥」，任麥克阿瑟對中共不宣而戰，今天必沒有中共的猖獗。若任美軍支持法國在北越作戰，也無今天南越糜爛之局。古巴事件，英國不是埋怨美國不先與英國諮商嗎？如果諮商，甘廼迪還能開步嗎？

不能忽視的，是英國明年乃總選之年，「在這選舉年頭，獲新的外交成功，總是（對選舉）有用的」。（親保守黨英報語）可見何謨首相的和平政策，一則以英國「怕事」態度爲基調，再則以爭取選票爲前提。

與蘇聯謀新協議，不外鬆弛歐洲正面的緊張。美英尤其英國便以爲可以透一口氣。但對於短期內將有核子武器的戰爭論者中共，英美蘇似都無奈之何？西方政策，切勿重蹈重歐輕亞的覆轍！因爲和平是不可分割的。

（十二月三日）

日本親共政客無好下場

日本本屆大選教訓之一

自中共於十四年前以武力佔據中國大陸以來，日本國內發生了很多離奇幼稚的可怪現象。

大抵由於日本這個國家的一部份人太沒有腦經，所以換來換去，竟然以中共爲師，羨慕中共，以爲中共真有什麼了不起。於是，左傾的日本幼稚青年固然愚蠢而可笑的去崇拜毛澤東，甚至日本政壇中居然也有糊塗低能而無恥的政客去走中共的路。

日本的這種政客可以一向主張日本親近中共的石橋湛山與片山哲二人爲代表，這二人都曾在日本政壇担任要職，而且至今一直仍在日本政壇活動。以石橋湛山來說，他最近就曾經訪問過北平，在北平主持過價值五百萬美金的日本展覽會。石橋在北平時不但與中共一般人員打得火熱，而且還受到周恩來陳毅等人的形式上的禮遇。最可笑的，則是石橋這老頭兒最尤居然還在北平當着中共大員的面大放厥詞，說要終身爲日本與中共之親密友誼奮門。就石橋來說，他老而不死，熱中名利，仍想採取親近中共之路，再在日本當一任首相。因爲在石橋片山哲等日本政客眼中，原以爲左傾姿態是可以博取日本選民的同情的，他們以爲日本選民眞是向左的。

其實，石橋的老眼畢竟昏花了，石橋的這種判斷也畢竟是一種昏瞶了，可不是嗎？本年十一月廿二日揭曉的這一次日本大選就終於對石橋湛山與片山哲等人以迎頭痛擊的莫大教訓哩！出乎他們想像之外，他們全不受日本選民歡迎，以致他們都在競選中慘敗而落選。別人落選，並不奇怪，他們這兩個老政客也落選，這就充分反映日本的眞正民意是在反對親近中共，假如親近中共的作法乃日本選民所歡迎的話，試問，以石橋湛山與片山哲這一類首相級的人物何至連在日本國會的一席議員也會失掉也會爭不到呢？

再看：在日本這一屆的選舉中，由於前任日本首相，日本元老政治家吉田茂之自動引退，不肯再競選議員，於是，曾任日本首相而得以當選爲本屆國會議員的就只岸信介一人。而岸信介是以反共著名的，這就可見日本這一屆大選，已明明白白的顯露日本政壇的趨勢是反共人物仍然在事實上得到民心，岸信介之得以當選，是一明証，而親共者不得民心，石橋湛山與片山哲等人之慘敗，是相對的又一鐵証。

對此，我們希望日本左傾政客清夜捫心，切實反省一下，趕快把錯誤的親共態度自動的糾正過來。日本的左傾政客應該知道：使日本走中共的路，不但對日本國家不利，而且也是對自己的政治前途極不利的。．巨眼．

悼鄭振文先生

張君勱

四十餘年來，國家多故，忽而北伐統一忽而對日抗戰忽而撤守大陸，鐸宣本其愛國之忱，留學之日投身於青年黨中，除其獲德國博士學位任教中山大學之外，可謂與國內政治結不解緣矣。戰事之中，公棄教職，任國防參議，繼被選爲參政員，行憲之日被選爲制憲國大代表，又特任爲行政院政務委員。公以中立不倚之性格，列席於議場或參預行政，無不以其不激不隨之態度對政府發爲正直之忠言。總統任期屆滿，公自海外返台，堅持守憲之主張，旋知不爲政府所容，則又飄然離台而去，非特立獨行不與世浮沈之士而能若是乎！抑鐸宣之於我，又有其阿好之私。當其任教於中山大學之際，嘗發爲青年民社兩黨合併之議，然兩黨各有黨史，此意不易爲多數人所接受，及其赴美治病，又追懷往事而重複言之。此則我所以視鐸宣爲民主政治之門士也。抑我與鐸宣遇合之多，爲尋常意料所不及，抗戰之前夕，同任事於中山大學，遷都重慶，早夕相見者數年之久，及撤守大陸相遇於澳洲之雪泥。及其患鼻癌來美，則遇之於金山。既居紐約四月，醫以爲病愈，乃由美返港來，道經金山，又告以三四年內可以無恙。孰謂爲期不過六月之內竟溘然長逝，嗚呼傷哉！夫國家之興，賴乎人才，博學多聞，識見通透，意志堅強之士尤爲思想與行動方面之核心。吾輩與鐸宣雖忠於爲國，然自第一次歐戰後左右兩派專政突然出現於政治舞台，吾輩之輕黨而重國，不信階級鬥爭與一黨獨霸者，乃成爲左右兩派之怨府。公之所以死者，豈非憔悴抑鬱有以使之然乎！雖然青年黨之健者舜生幼椿兩先生方抱定民主主義，流亡之中，而奮鬥不懈，嗚呼鐸宣，政治思想，有如晴雨，國人當知以慰公於地下矣。

（十一月廿日）

更正啓事

本刊上期第一版「台北的愚昧」文內「在亞洲方面，澳洲總理哥白克」句，是「澳洲方面」之誤，特此更正，並向作者和讀者致歉。

編者啟

肯南論美國外交政策

自明

最近一期的展望雜誌（Look 11. 19. 1963）載有該刊編輯莫士金（J. Robert Moskin）撰肯南氏（George F. Kennan）論美國現時外交政策一文。肯南氏為美國著名蘇俄及共產主義專家外交權威。最近辭去駐南斯拉夫大使職位；目前在普林士頓大學高級研究所。肯南氏辭職的原因，據他自稱係美國國會束縛政府對南斯拉夫的經濟政策，使之拒絕正常的貿易關係，他不能有效地執行職務；他認為美國錯失了爭取南斯拉夫傾向西方的絕好機會。他說：「我不願意為聽國會吩咐，不能自主的為政府服務。」

肯南氏之不能順利執行大使職務，正表示美國領導階層的遲疑不決，招致外交上的失敗。他認為美國現時外交，實陷於惡性的僵凍狀態，一片混亂，無法開展，使國家利益大受損害。這比孤立自守更壞。他檢討造成這種局面的因素有三：一是國會。其中一小部分的人，特別是財經（控制）委員會，專事束縛政府行動，一般政客，（乃至報紙）皆為保持地位，怕被右派扣紅帽子，不敢作為。二是官僚化的無能的科吏政府。他們對時勢的反應太慢太呆滯，不適用。三是盟國皆自私自利，美國反被拖下水了。而病源所在，乃是美國外交缺乏一個總目標。肯南氏說，美國還沒有決定「我們要的是什麼樣的世界」。沒有這個總目標作指南，我們的行動也就失去了標準；沒有計劃，沒有掌握，所以步步艱難，只好努力維持現狀。遇到事變，不免忙亂。如此下去，冷戰繼續，危機四伏，決不是辦法。美國是自由世界的領袖，若不能解決這種窘狀，地位必不能持久。

肯南主張強國外交，現實主義。他的話很明白；美國若不能以大國姿態做事，不如退居自守，免得搞成一團糟。然而這是「氣話」。他積極的一面，是要美國認清國家利益所在，從而建立奮鬥目標。依據原則，制定標準和具體方略。除了「退却」的消極辦法外，肯南建議修正美國政制。他認為，「目前的政制不宜於決策」；「華盛頓的權力太分散了」。他建議（像英國式的）議院制，更可放手做事。其次，舉行公開辯論，求取民意。他希望這樣可以產生「美國觀點」，作為總統及政府行動的依據和後盾。

僵局必須打破。雖然美國有極端分子主張退回孤立主義，自守西半球，肯南是不幹的。他提出四個問題，作為決定外交政策總目標的前提，特別要美國執政者考慮清楚：一、是與共產國家談判或是要摧毀他們？二、以武力結束冷戰抑以政治結束冷戰？三、外援的原則？四、對中共蘇俄分歧當作何反應？肯南固頗有議論；作為中國人，有幾點最值注意！

一、外援問題，肯南不很相信外援，尤其不以外援為接受者不投共之條件為然。他主張外援只給予有決心自助，能自助的。他說，「我們應該幫助那些說『你幫不幫我們，我們都照樣幹下去』的」。應該裁去腐敗無能，招搖撞騙的那一份。至於那些形勢重要，不能自助的地方，肯南進一步說，「我們便當把它全盤拿過來。……」

二、中共問題。他認為目前與中共建立關係，沒有什麼希望；中共「太兇暴、太野蠻、太衝動了。」可是，他又說：「終有一天我們要和他們坐下來談的。只要魔王統有資本，有我們的代價，我們便得準備和他談」。另一方面，他雖然覺得中共進了聯合國，將與蘇聯一樣，成事不足。但若聯合國中多數贊成中共加入，美國便應該讓中共進去；美國或可以予中共以「事實上」之承認，派個代辦到北平去。

三、肯南要的是和平談判，不要戰爭。和平談判是政治的交易。此方讓步，彼方取得；彼方讓步，此方取得。雙方皆以自身利益為出發點；美國人的談判，自然以美國利益為第一，其餘的不過是手中籌碼而已，最是倚賴不得。類似肯南的話，目前可謂甚囂塵上，足使我們警惕。現實主義的國際關係中，自助自强是唯一出路。（十一月七日華盛頓）

毛澤東衆叛親離

十一名中共黨員宣佈脫離中共

他們都已從廣州逃到海外因而發表共同宣言

（本報特訊）最近又有十一名中共黨員及幹部從廣州逃到海外，他們而且於十一月十九日發表了他們共同的反共宣言。他們的姓名及資歷是：

張光：中共廣州市公安局委員會芳村總支部委員，中共青年團芳村總支部書記，芳村公安局指導員。

陳國端：中共廣州市公安局越秀公安分局青年團總支部委員分局刑警隊長。

鍾扆：廣州市公安局拘留所長。

歐華：中共青年團廣州公安局郊外分局總支部委員分局刑警隊長。

黎啟炎：中共廣州市公安局郊區分局總支部赤崗派出所支部委員派出所警察。

蔡明生：中共廣州市建設局總支部委員建設局行政科科長。

林良廣：汕頭軍分區守備排長。

陳炳耀：廣州市建設局道路隊隊長。

陳光燦：中共台山縣六村鄉委員會書記兼六村鄉鄉長。

劉清：中共廣州市協同和機器廠廠委協同和機器廠技師。

劉和：中共江西贛縣八〇一礦場黨委會委員，八〇一礦場警衛除長。

他們在公開的宣言中說，當中共竊據大陸時，他們還是學生，由于思想簡單被騙參加了共黨，在壓迫下執行着清算鬥爭政策，曾被迫殺害自己的父母與親友，替共黨做了沒收別人土地財產的工具。

他們說，由于中共的暴政，使十餘年來全國人民均在飢寒交迫中度日，其悲慘情形，為人類有史以來所未見，他們雖曾經為共黨做過幫兇，但良知未泯，自知不但對不起已死的父母親朋，更對不起被害的良善同胞，所以從今天起，脫離「中國共產黨」並向全世界人民控訴毛澤東的罪惡，予以正義的制裁。

讀者投書

編輯先生：由於貴報是一份着重政治評論的報紙，而我的這一封信所要發表的話，都是有關政治的，所以，希望貴報能予發表，尤其希望世界上一切愛好自由愛好民主的反共政治家提高警惕，防備國際共黨繼續使用暗殺手段來暗殺世界上的每一個擁有權力的反共政治家。事實說明，愈有權力的政治家，愈是國際共黨想要謀害的對象。

共產黨人平時總是常說馬克思主義者注重的是客觀形勢，不是個別人物，因此不主張用暗殺手段對付個別人物。實則這不過是國際黨的一種表面說法，試想托落茨基逃出俄國後，是誰刺死他的呢？難道不是蘇聯共產黨人嗎？

赤色暗殺威脅每一政治家

美國保安人員太低能太疏忽

江聲豪

在今日世界，共黨集團與反共的民主集團實已到了最後搏鬥的時候，其最後結果不是你死，便是我亡，所謂和平共存，原本只是欺人之說；原本只是欺騙小市民和眼光淺短的人的幻想。而要為了爭取時間，而要為了打擊民主集團的領導，共產黨人是極欲採暗殺手段來對付反共陣營中的堅強而又具有高度智慧的領袖人物的，假如認為目前毛澤東正在與赫魯曉夫鬧分裂，假如認為蘇聯正想與美國講和平共處，因而蘇共就不想謀害自由世界最英明最堅決最有智慧而又最反共的甘迺廸先生，那就未免太天真了。

甘迺廸總統被刺殺後，兇手奧斯華立即被逮，而蘇聯立即廣播說刺殺甘迺廸總統的兇手必是右派份子，但事實証明奧斯華不但不是右派，而是一個人所共知的馬克思主義者，這就可見蘇共從莫斯科發出的廣播的，正是「此地無銀三百両」的自供。

奧斯華被捕後，起解時又被人暗殺，更說明案中有案，主使的幕後人力謀殺戮奧斯華以滅口，惟恐奧斯華將有關事件之內幕供出。這都可見此一暗殺案絕不簡單，而是有着極複雜的背境的。

我從前在中共統治下住過三年時間，曾看見中共的「首長」，無論職位之大小高低，皆是戒備森嚴的，輕易不在群衆前出現，偶有出現，亦必左右前後及附近房舍屋頂皆有武裝戒備森嚴，如臨大敵，以共黨平時控制之嚴，臨時尚且如此警惕，民主自由散慢慣了的美國，當然與此不能倫比了。但這也就更給國際共黨以暗殺機會。基本看來，甘迺廸總統之被暗殺兇手又隨即被人暗殺，說明美國保安人員太疏忽太低能太大意了。

由於國際共黨已在此鬥爭緊關頭，採取卑鄙而又心狠的暗殺手段，但願美國的現任領導人及未來領導人乃至世界各國其它反共國家的政治負責人都要絕對提高警覺才好！

江聲豪留啟

重讀甘廼廸著的「當仁不讓」

志士不忘在溝壑　勇士不忘喪其元

幼椿

美國甘廼廸總統遇刺而死，感動了全世界。無論是美國的友邦或敵國，莫不同聲惋惜，因為大家至少都能感覺到他是一個勇士！

甘廼廸就任總統後，第一篇向國會的演說，即已表現出他的意志堅強，要為美國，為世界人類，排除萬難，有所作為，這就是他所標榜的「新境界」。但是這一新境界的作為，在左邊明顯的站立着一個堅強的障碍，共產集團；在右邊，也有不少的荊棘與阻力，美國仇視黑人的保守一派的蠻橫，早已成為不可理喻，而貽美國平等立國以恥辱，這也為他新境界所不能相容的！

甘廼廸在對於左邊的共產勢力，有決心，有勇氣，以不惜一戰的表演，竟將赫魯曉夫壓服，將共產集團打敗，這是出於世界人士的意料之外，尤其是自由世界因之舒了一口氣；並且在等待他的第二步向蘇俄的挑戰作法：「我們會付出任何代價，負起任何責任，應付任何困難，支持任何朋友，藉以確保自由的生存」！可惜這位勇士，挑戰未已，竟死於戰場上的敵人暗算，筆者為追悼他，因將他的「當仁不讓」重讀了一遍。

甘廼廸著的當仁不讓這本書，英文名叫 Profiles in Courage 直譯可稱為「勇敢的形像」。據著者自序所標題，稱為「大勇與政風」，開頭即說：「本書主題是人性中可愛的一面——勇氣，海明威下的定義是：『威武不能屈的美德』。書中提到八位參議員，都曾為情勢所困，卻能有肩受得起的風度，儘管當時一生事業成敗在此，所採方向又是衆矢之的，名望大受影響。有時却也雨過天青，名和主張終於有反敗為勝的時候……。」

筆者一口氣再讀完其書，了然著者之所謂「大勇」乃是美國這八位參議員，當時為了國家民族，以及人類正義的大是大非所在，不顧一身毀譽，甚至眼前生與死的危機，所在而毅然的站出來，與當權者爭，與本黨同志爭，甚至與多數的本州選民相爭，不顧一切，非爭不可，而其爭法又大半皆是粗綫條作風。在明哲保身，或者鄉愿者流，看見這種爭法，必不免稱之為「匹夫之勇」；然而這一匹夫之勇，所抵死以爭者，不是自身之利害與恩怨，而是自己所一向信仰的大義原則，故足稱為「勇敢的形像」！

筆者讀甘廼廸之書既畢，深有感於我們先聖孟子之言！中國的知識分子也當熟習於孟子之言：

「吾嘗聞大勇於夫子矣：自反而不縮，雖褐寬博，吾不惴焉；自反而縮，雖千萬人吾往矣！」（譯成白話是：如果自己問心，道理確是不直，雖然對那穿粗布衣的平常人，我也感到恐懼慚愧；如果自己問心，道理確是直的，雖遇千萬人反對，我也要勇往直前的對敵啊！）

「生亦我所欲也，義亦我所欲也；二者不可得兼，舍生而取義者也。生亦我所欲，所欲有甚於生者，故不為苟得也；死亦我所惡，所惡有甚於死者，故患有所不避也！」（白話是：遇到禍患也就不逃避了！）

孟子這兩段話，也在提倡「勇敢」，尤其有力的提倡：「志士不忘在溝壑，勇士不忘喪其元，孔子奚取焉？取非其招不往也」！

讀甘氏之書，令人憶孟子之言，更想到中國先秦時代，中國文化燦爛發揚時的燕趙悲歌慷慨之士。中國文化之中，在古人行止的示範上，本有一種「威武不能屈的美德」，惜乎，此風在今天「不勁」罷了！

筆者於此還要介紹另一勇士，就是十年以來一直到前月，在西德執政的愛登諾總理。有一本愛登諾傳，邢紀章先生編，是從德文本譯出。筆者認為愛氏也不愧眞勇士。他的勇敢倒不一定在他的傳中第二章，九、與希特勒鬥爭，十、革職，十一、逃亡，十二、拘捕，十三、放逐，十四、再被捕，十五、逃獄等等，而是在第二章第一節所述，一九四五年，在科崙市廢墟担任市長，突被英國佔領軍司令革職的那一幕！

這事的經過，一連串均表現愛登諾的硬骨頭來。一九五四年初，大家都注意市長的行動，看他先從何方面着手，去解決這貧窮和混亂的社會問題。」他第一砲是違反佔領軍追究戰爭責任，隨意拘禁德國人的意旨，而毅然將集中營的德國人釋放了！「有一天，他忽然叫交通處負責人來，命令他派公路車到布操森，達操，雷新城等處集中營，將一切政治犯運回來，並給他們以應得的自由。他說：我們對這些可憐的人們是有罪過的！」

愛登諾市長被英國佔領軍革職是有如下的記載：「愛登諾市長的思想及行動，可代表德意志民族精神，但不適合於盟軍的胃口。盟軍需要的是奴才般的市長，盲目的服從命令和實行一切。……不列顛軍事總督下令將科崙市中心周圍的綠園中樹木完全砍下來，作為大衆的燃料。愛登諾拒絕這個命令。他聲明拒絕的理由：施行這樣的計劃，實際上沒有絲毫補救燃料的缺乏，只有損壞科崙市的美觀。反之，他建議，英軍交出所沒收的煤，以及把魯爾區的煤生產品發給市民做家庭的燃料。」於是一九四五年十月六日英軍司令的命令到了，命令說：「照我的意見，你未能完成對市民的任務。因此，你今被免去科崙市市長之職。你須盡可能的快些離開科崙，無論如何，不能過十月十四日。」愛登諾立刻辦了移交，但他並不怕英軍司令在命令上的最後兩句話：「你將不許參加以往的政治工作，和其它一切政治活動；你將須謹守上面各種規定，不然的話，你將受軍法處分！」愛登諾被免職後，並未離開科崙市。他以看護在醫院中患着嚴重的骨髓病妻子為理由，每禮拜兩次來到科崙市中。雖然講人道的英軍司令，對他太太患重病需要看護的理由無法去加以拒絕，但是監視愛登諾的行動仍特別的嚴厲：「由他家到醫院的道路路綫也是指定的！」在這樣的環境下，「愛登諾不但不灰心，而且決心去做一個政治家，重建一個新德意志！不只是在廢墟上的科崙市，他卸事後回家數天，就計劃創辦基督教民主同盟，及其政綱的基本原則……」（見以上括符中句，愛登諾傳書中八三至八七頁）

愛登諾以基督敎民主同盟的黨魁，出而執政，建設出一個嶄新的德意志聯邦，百業之繁榮，國人民生活之富足，其今日已為舉世所艷稱，這不過十年而已！

中共毫無人性

中共反對哀悼甘廼廸

綜觀

自從美國總統甘廼廸先生於十一月廿二日在美國達拉斯市被暗殺死了之後，噩耗到處，哀悼隨之，驚震隨之。蓋人性如此，人皆有惻忍之心，人皆有同情之心，對此，雖奉列共產主義之俄國與乎奉行共產主義之東歐各國一是如此也。雖然，進一步看，蘇聯及東歐之哀悼甘氏，與自由世界之哀悼甘氏，容有不同。自由世界之哀悼甘氏，出自至誠，而蘇聯及東歐衛星國家則可能出自政治技術或曰出自手段也。然而不論如何，蘇聯及東歐衛星國家與自由世界在形式上採取了一致的哀悼方式則一。惟一例外，只有中共，以及由中共挑唆和慫恿之少數人。

當然，中共之所以絕不哀悼甘廼廸，甚至在此時期，反而大罵甘廼廸，不僅大罵甘廼廸，而且連繼甘廼廸而接任總統之詹森亦大罵之，這就可見中共絕無人性，不但沒有人性，而且絕無理性，絕無政治風度。中共的這種態度，當然也絕對不能代表現時淪陷在大陸的五六億中國同胞，而只能代表滅絕人性相信唯物主義的馬克思主義者而已。

據中共「中國新聞社」北平十一月廿九日電：「華沙消息：在二十八日世界和平理事會開幕會議上，發生了一件企圖利用崇高的和平講壇，為世界和平的主要敵人——美帝國主義塗脂抹粉的怪事。

「法國天主教人士馬道爾，在就核戰爭威脅和裁軍問題作報告時，大肆吹捧不久前被刺的美國總統肯尼廸，甚至建議大家起立為肯尼廸默哀。這一提議根本未經主席團會議討論。當馬道爾的提議還沒有被英語譯員譯完時，全場照明燈就大亮，紛紛拍攝電影。可見這是經過事先週密布置的。是在一小撮人的指揮棒主使之下玩弄的陰謀。這時，蘇聯代表團團長考涅楚克首先帶頭起立表示無限悲痛，接着印度代表團全體成員垂頭喪氣的站起來。中國代表唐明照立即憤慨的站起來表示反對。並且要求發言，嚴正抗議這一可恥的行動。但是會議執行主席，波蘭代表德烏斯基却不同意中國代表團的正當要求。這時，中國、越南、朝鮮、日本、印度尼西亞、越南南方民族解放陣綫、阿爾巴尼亞以及一些歐洲國家的代表端坐不動。拒絕為肯尼廸默哀。有一些事先知道這一陰謀的代表在早一些時候從會場上避開了。

「中國代表發言時，全場一片寂靜，各國代表都嚴肅地屏息聆聽了中國代表的發言，特別是中國代表要求為反美鬥爭的烈士默哀的建議，博得了熱烈的掌聲。許多國家代表跑來向中國代表表示熱烈讚揚和祝賀。首先是美國代表跑來和唐明照以及中國其他代表握手。他們都說你們的發言非常好！一位智利代表和一位瑞典代表也都認為唐明照的發言合情合理，表示完全同意和支持。比利時代表也曾積極支持唐明照的建議，在會場上要求發言表示同意中國建議，但是主席團對他的要求採取「可恥的置之不理」的態度。莫三鼻給、烏干達等許多非洲代表在上午會議結束後，都跑來同中國代表熱烈握手，表示支持中國代表團的立場。越南代表團這天為此發表書面聲明，譴責和抗議世界和平理事會會議為肯尼廸默哀」。

本來，所謂「世界和平理事會」原就是由蘇共領導組成的一個國際統戰工具，其目的在宣揚所謂「和平」，實則只是顛倒是非淆亂黑白，專門把美國及自由世界的和平與防衛說成是戰爭與侵略，而把共產黨的侵略則反而說成是和平的一個東西。但是由於毛澤東與赫魯曉夫發生個人衝突後，中共與蘇共便也在這一統戰機構發生了衝突，中共更欲在它裏面爭取領導權，所以，為了向甘廼廸總統默哀問題，中蘇共之間就各有想法與作法。

另據法新社十一月廿八日華沙電：「中共在此間今日的和平理事會議中，猛烈抨擊莫斯科禁試核子條約，是顧全美國的戰畧利益。中共代表廖承志，在今晨會議中，並跳起身，反對法代表的提議，向甘廼迪總統夫人慰唁故總統的逝世。大聲向主席叫道：『我抗議』！他說對抗世界共產主義的敵人是美國領導的帝國主義。蘇聯代表考湟楚克讚揚美總統甘廼迪對於和平解決國際糾紛有很多貢獻。他並強調莫斯科條約及和平共存的價值，廖承志則指摘許多國家談和平運動，實際上並不信任。他說想獲取和平，並不是兩三個大國合作，便能解決世界和平，這簡直是向帝國主義乞求和平，廖承志發表演說的時候，常時大聲疾呼，座上四百代表，有三分之一向他歡呼。蘇聯發言人不想和中共代表爭論，但蘇聯代表談到赫魯曉夫是反戰中一個勇敢的鬥士時，中共代表目視天花板，或閱讀文件，並不附和其它代表」。

不管中共蘇共在這一國際共黨的統戰機構裏的爭執如何？也不管它們之中，誰將取得領導。但中共沒有人性，中共任意顛倒是非黑白，中共絕對仇恨美國，不只仇視美國總統，而且還絕對仇恨一般美國人民，則是誰定的了。因此，美國國內居然還有人想與中共和好，那眞是癡人說夢了。

據新聞報導：美國刺殺甘廼廸總統的兇手奧斯華，最近曾經讀過毛澤東的書，這就可見毛澤東不但以美國為絕不妥協的主要敵人，而且事實上正在極力滲透美國，以便在美國國內製造混亂製造顛覆力量哩！

台灣簡訊

志清

一、稅務人員考試也發生貪污案 兩官員收受賄賂，塗改試卷分數

台灣省政府財政廳於最近舉辦稅務人員考試，於十一月十五日計算分數時，發覺參加工作的人事室股長陳偉將兩份試卷的分數塗改。該廳即指派視察室主任江文章等三人督促工作人員十餘人漏夜進行徹查，將全部試卷記分表及彌封號碼重新鑑定及核算結果，於十一月二十七日發表消息稱：其他試卷的分數，尚無塗改情事。已被塗改的兩份卷子，因被及時發覺，亦未錄取。塗改試卷分數的陳偉亦已簽報省府予以停職，並移送公務員懲戒委員會依法懲處云云。但陳偉則向往訪的新聞記者辯稱：祗代人事室應考的一位小姐陳青美在記分表上改過考積分數，而且是奉人事室主任汪國瑗之命而行；並出示經汪國瑗蓋章的考評清冊爲証。這份清冊上面，陳青美的成績是八十四分，但記分表上原爲七十九分。他又透露，專案調查小組向他詢問時，叫他不要多講話；祗直接承認好了，不會有什麼了不起，至多不過記過了事。因而他才承認陳青美的考積分數是他改的。而今卻要停職，使他一家九口的生活馬上成問題，他不得不照實講出。但汪國瑗則予否認。

據聯合報載：此一舞弊案之發現，導源於汪國瑗向一位屬下小姐討好而起。這位小姐本來已經合於錄取標準，但汪國瑗爲她把分數改高了。事情爆發後，她曾在辦公室大哭一場，從此不再上班。對於考卷之竄改，汪國瑗與陳偉兩人共同從事。竄改地點在陳偉的住處，汪國瑗在中興新村辦公時也居住在陳偉處的。他們改考卷是用退色藥水竄改的，因事機不密，經人向稅務處密告，稅務處先發現人事室某位收發小姐的卷子改了，接着又發現八份經過竄改的試卷，共計爲九份。財政廳內在此案發生後有一項耳語傳說，竄改一份考卷，報考人在北部者爲兩萬元，在中南部者爲一萬五千元。

二、經濟部、僑委會兩官員貪污被扣，涉嫌利用華僑名義進口管制物資案

四十九年間政府因鼓勵華僑回國投資，規定華僑可以其自備金鈔，自國外進口本省的管制物資，在省內出售後，將該項資金在本省投資於工商業上。緯綸公司總經理朱逸民乃利用此機會，冒用在香港某華僑名義，申請回國投資，獲得批准後，再與該公司職員高金輝，以套滙方式，在本省搜購五、六萬元的美金支票寄往香港轉自日本進口價值數百萬元的管制物資——羊毛綫。朱逸民在進口該批物資時，並由報關行職員潘港生，向海關估價員何能善行賄，依到岸價值低估稅款，以獲得雙重不法利益。今年三月間朱逸民因代另一假出口案的蕭伯煌活動脫罪，向司法人員王鎮等行賄二百萬元而被查獲扣押，緯綸公司業務即由經理陳再生負責。陳仍冒用華僑投資名義，進口價值二百餘萬元的自用的限制進口物資。案經人向調查局檢舉，偵辦人員偵查結果，發現朱逸民等在冒用華僑回國投資名義，申請管制及限制物資進口時，曾向經辦該案的經濟部工業司專門委員楊德仁行賄獲得批准，乃報請台北地檢處檢察官下令將陳再生，楊德仁，何能善及潘港生等四人扣押。

楊德仁原負責主辦華僑回國投資案件，所有華僑回國投資名義，申請進口管制物資案，均由他送與有關單位簽註意見後，再提由經濟部華僑回國投資審議委員會審查，如獲該會通過，即可獲准進口管制物資。據悉：楊德仁在經辦朱逸民等申請案件時，明知朱等係冒用華僑名義，竟接受賄賂朦混該部審議委員會予以通過批准。

十一月二十七日，偵辦人員又查出僑務委員會第三處經濟科專員吳銘輝在經辦緯綸公司冒用華僑名義回國進口管制物資案時，涉有非法行爲，乃報請檢察官一併下令扣訊。因爲依照規定，華僑申請進口管制物資者，須經僑委會先確定其華僑身份後，再轉由經濟部核辦。吳銘輝在審核該案時，已知朱逸民冒用華僑名義，但因收受賄賂，故仍予核准。據說，本案可能還將有進一步的發展。

三、公車溢料案忽起高潮

本年七月初，台北市政府公共汽車管理處代處長何柏林根據密報，在該處的一個倉庫查出未經登記的材料一大批，並經市議會決議移送治安機關偵查；但以後便無下文，何代處長隨即辭職不幹。遲至十一月下旬，刑警大隊忽報請台北地檢處檢察官李海瀾下令先後將公車處購料課職員江如燮，劉永龍，林繼侯，課長江維敦及汽車材料商葉寬勇，李英雄等扣押。據悉，公車處每年需購器材約值台幣一千四百萬餘元。平均每月都在百萬元以上。依照規定，應經過招標手續；但江等與商人勾結，改爲比價方式；而且往往以本省出產之劣貨冒充外國進口貨，並以少報多，從中收取回扣，其貪污數字頗爲可觀。李檢察官以該等材料既未經合法手續購入，主計單位爲何予以核銷，頗有研究之必要，將擴大偵訊。

四、中信局副局長被撤職

中央信託局副局長兼易貨處經理王慎名、副理黃其鯤，第五科主任石衍壽，辦事員梁振時等四人於四十年七月經辦中國竹化製材公司申請竹製夾板外銷貸款時，未依規定命該公司覓兩家廠商作保，亦未派員駐廠監督，以致該公司負責人獲得貸款後，逃往香港，使國庫蒙受損失，經監察委員王冠吾提出彈劾，於十一月二十五日由公務員懲戒委員會議決：王慎名、梁振時各撤職一年，黃其鯤，石壽衍各撤職二年。

五、議員侵佔公款被扣

基隆市議員曾金元於十一月十六日被司法行政部調查局基隆站傳訊，即予扣押。據悉：曾於四九年元旦起，至本年六月間，担任基隆市家畜市場主任，其任內有記載未收票據之公款二百餘萬元，去路不明，因此涉有侵佔嫌疑，調查局基隆站曾於本月初携去該市場有關帳冊核對，然後於十六日對曾金元採取行動。

又，基隆益世電台台長楊慕時，向警方控告曾金元於本年三月間以他人的空頭支票，向其詐騙新台幣十萬六千元。該案亦經警方移送地檢處偵查。

十八，二十兩日，該市場管理處總務組長林逢斌，主計組長徐又新亦先後被調查站拘捕，顯示本案乃是一件集體貪污委。

台北市議會的兩大傑作

見微

一、維護違建高樓

（台北通訊）台北市舘前街違建大樓案，報上喧騰，經已年餘，最近公務員懲戒委員會並決議：市政府公務局長劉鼎文應負責任，予以撤職處分，市政府因決定將該大樓的違建部份予以拆除。但市議員張立中却在市議會內提出一項提案，經該會討論結果，決議三點如下：

（一）請市府對舘前大樓超高部份，在台灣省訴願委員會等機關未決定前，暫緩強制拆除。

（二）台北市工務局長劉鼎文，因舘前大樓案受到降屬處分，應由市府設法補救。

（三）其他類似違建案件，應改善處理辦法，以示公允。

據張議員說，台北市的違建大樓有三百多幢，包括第一人壽大樓、新台北大飯店、東方大飯店、中國大飯店、南京大飯店、第一大飯店等，尤以第一人壽大樓超高十六公尺及新台北大飯店超高八公尺的情形，比舘前大樓更爲嚴重。這些超高或違章案件不取締，而僅取締舘前大樓，實在太不公平。他並認爲，市府工務局官員因舘前大樓案受到撤職或休職處分，太過份，而且有點冤枉。

其他發言的議員亦認爲，違章建築案的發生，警察廳負很大責任，因爲事前不制止，事後才要拆，這其中有無內幕，令人懷疑。現在本市有不少無建築執照者與建房屋，而且能够登記產權，如果要像舘前大樓案追究責任及取締，恐怕市府、警方和民防指揮部都難辭其咎。葉生進和王松林兩議員更主張修改建築法令，以免本市三百多家高樓的違章部份被拆去。在法令修改之前，對這些違章者，應改爲處罰金。

不久以前，監察院的專案委員會向該院院會提出報告，指出台北市的違築大樓，不但違反建築法令，而其安全更極爲可慮。經過若干年後，這些高樓均將變爲危樓。省政府調查舘前街大樓的報告亦復如此。但市議員們却認爲應修改法令，化不法爲合法（劉愛山議員的話），顯見其中大有文章。十一月二十五日市政府爲拆除舘前街大樓的違章部份舉行招標，也無人到場承包。據說，也是由於市議會的先聲奪人之故。

二、擁護黃啓瑞復職

台北市議員王習孔等三十六人於十一月二十五日向該會提出臨時動議，請台北市政府在三天之內，直接呈報省府核定黃啓瑞市長復職；並要求代市長周百鍊在市議會這次大會期中將本案辦理情形提會報告。此一臨時動議提出後，市議會立即通過，該會秘書室亦以最快的速度於當日下午函送市府辦理。黃啓瑞貪污被判無罪而以其妻黃朱金鳳爲代罪的羔羊，（被判徒刑一年半，但緩刑一年），居然還想復職，已可謂無恥之尤；市議員們又復不分黨派，急切擁護，可見孟子所謂「羞惡之心人皆有之」這一句話，是不適用於今日之台灣的。不久以前陶百川在監察院指出，承辦黃啓瑞案的兩位法官，在將他改判無罪後，均已升職。現在市議員們又進一步而擁護他官復原職，果能如願以償，他們的前途也就更不可限量了。

我國沒有派大員赴美參加葬禮的經過

獨清

（台北通訊）美國甘迺廸總統的葬禮，我國沒有派大員前往參加，曾引起立法委員的質詢和海內外輿論的指責，聯合報記者有一篇專欄報導，對其中的經過有所透露：據稱：甘迺廸總統被刺殞命在十一月二十三日凌晨三時到達外交部，沈昌煥於天明不久後分別向蔣「總統」和陳兼院長報告。行政院即通令全國自二十四日起下半旗三天誌哀。外交部曾舉行高層人員會議，討論是否派大員赴美參加葬禮的問題。蔣廷黻亦有急電拍來，報告法國總統戴高樂等將赴美參加葬禮，但討論結果，仍未有所決定。二十四日，有關方面又舉行了一次會議，原則決定派一位大員赴美，很好的人選是陳誠；但人們顧慮到他剛剛恢復健康，是否適於長途飛行。有人把這些意見向陳報告，陳表示他可以支持，並願意不辭勞瘁。不過後來大家再加研究，時間已經來不及，因而就決定派蔣廷黻就近代表。

從聯合報的報導，顯然有人在故意拖延時間，使陳誠不能代表赴美送葬。同時，更可見陳誠雖然是行政院長；但關於此等事，不但他沒有決定的權力；而且不能參加討論。此中原因，聯合報雖然不敢直說，但人們已可從字裏行間窺見了。

甘廼廸總統死後

中共續繼抨擊詹森總統

這是中共繼續仇恨美國的具體表現

黃雲光

甘廼廸總統被暗殺了，副總統詹森依照美國憲法繼任美國總統了，中共對美國的態度是否轉變了呢？答案是中共一絲一毫也絕對沒有轉變，因為中共又緊接着它對甘廼廸的辱罵與抨擊而又繼續對詹森總統開始抨擊了。

據中共「中國新聞社」北平十一月廿九日電：「人民日報今天刊登美國新總統約翰遜（詹森）就任後的第一篇演說。報紙的標題是「約翰遜決心繼承肯尼廸的兩手策略，美帝國主義的侵略政策與戰爭政策是變不了的」。

而在此之前，中共新華社曾發表了許多有關美國現任總統詹森的資料，硬說詹森是代表美國壟斷資本家的反動份子，從而指出詹森仍是中共的重大敵人。

事實上，不到美國已被赤化的一天，中共是一天也不會把美國放鬆的。中共始終堅持的目的，是世界革命的目的，是把全世界都置於共黨統治之下。在以前，中共對於這種赤化世界的工作，還只站在協助蘇聯的地位，但自毛澤東與赫魯曉夫發生個人衝突，中共與蘇共隨之發生矛盾以後，中共已在毛澤東領導下，企圖單獨負起此一赤化世界之領導工作。而美國是領導自由世界與民主集團以對抗國際共黨之國家，而且，在自由世界與民主集團中，也只有美國的國力最強大，所以國際共黨如果打倒了美國，便即可以傳檄而定天下，其餘諸國皆不足以抗衡國際共黨，因之，中共便一直認定美國是國際共黨進行世界革命的主要敵人。之所以要打倒這個敵人，就因為打倒這個敵人的辦法乃是一種擒賊擒王的戰略之緣故。也就因為如此，所以，甘廼廸作美國總統也好，詹森作美國總統也好，乃至其他的人作美國總統也好，中共是一律把他看成是罪魁禍首的。現在死了，中共不但不會哀悼他，不但不會同情他，相反，中共倒是異常歡欣的。假如美國總統不死，而中共赤化世界的陰謀得逞的話，不消說，中共會斷然把美國總統當成世界主要罪犯來處以絞刑的。那末，由此可見，中共現在不追悼甘廼廸，而且甚至還敎唆其它的人也不追悼甘廼廸，那是絕不偶然的。

大陸簡訊

白帆

毛澤東在北平看戲作樂

甘廼廸總統死了，毛澤東的心也隨着鬆了，毛澤東也有看戲作樂的心情了。

據中共新華社北平十一月廿九日電：「毛澤東主席今天晚上在懷仁堂觀看了南京部隊前線話劇團演出的話劇『霓虹燈下的哨兵』。觀看今天演出的，還有總政治部副主任蕭華上將，公安部部長、公安部隊司令員謝富治上將等。演出結束後，毛主席登台同這個戲的作者沈西蒙上校，前線話劇團團長張潭易中校和演員們一一握手，並且同他們一起照了相」云。

中共將派兩個代表團訪問法國

據法新社十一月廿九日巴黎電：「法國——亞洲商會今天宣佈：一個由八人組成的中共計算測量器械代表團最近將訪問巴黎」。

又說「一個中共石油工業的代表團料即將來巴黎。該代表團將參觀法國各大石油化學設備數星期」。

當此法國即將承認中共政權之說甚囂塵上之際，中共忽然派兩個代表團訪法，顯然是值得注意的事。

北平工人幹部配布量暫時增加

多年以來，大陸人民久已陷於飢寒交迫的可憐狀態中。大陸上的每一人每天只有少數的配給米，根本吃不飽，每年也只有三尺布，多年來如此，所以衣着匱乏到了無法抵禦風寒的程度。

現在，中共為了改善對外觀瞻起見，特將北平市居民的布的配給量暫時提高了一倍。據路透社十一月廿八日北平電：「北平大部份人本月份得到布的票數量增加，所有工人、機關幹部和學生每人都可以還票購買十三尺布。但一般市民並未獲通知說這些布票將用多久，他們認為大約只有今年」。

上述電訊說明大陸其它各省市人民並未獲得布的配給量的增加，而在北平增加的也只工人、幹部與學生而已。北平的普通老百姓則是仍未獲增加的。

中共賣米給印度尼西亞

正當中國大陸糧食不足，必須向外購買米麥之際，中共又幹了另一件荒唐事，竟將白米賣給印尼，忍令大陸人民飢餓。

據耶加達十二月一日美聯社電：「印尼與中共於星期六日在此間簽訂一項協定，印尼將向中共購買食米四萬五千噸，其中半數將於本年底以前交付，其餘則在一九六四年初交付」。

國際間早已盛傳印尼大部人民正在飢餓中掙扎，於此又可得一明証。而中共之所以賣米給印尼，當然也另有企圖，那就是中共企圖把印尼完全變成中共之傀儡與馬仔而已。

中共將在高棉開闢航空線

愈來愈多的事實証明高棉（柬埔寨）拒受美援後，已更投入中共懷抱，中共對高棉的滲透也愈來愈深了。茲悉，中共又已決定開闢中共至高棉之航空線。這一航空線顯然沒有經濟價值，但卻對中共富有政略戰略價值。

據中共「中國新聞社」十一月廿五日北平電：「金邊消息：中華人民共和國政府和柬埔寨王國政府今天上午在金邊簽署了一項航空運輸協定。這項協定在簽字之日起生效。根據協定，中國和柬埔寨之間將建立班機航線，這條航線將進一步加強這兩個友好國家之間的經濟和文化聯繫。中國民用航空代表團是十一月十日到達金邊的，中柬兩國代表團自十二日起開始在誠摯、友好、互相合作和諒解的氣氛中舉行了談判」云。

中共與北韓共同開發鴨綠江

當此國際間盛傳中共與蘇共曾在鴨綠江附近中共邊境最近發生邊境衝突事件聲中，另一值得注意的消息，是中共突然與北韓協議共同合作開發鴨綠江與圖們江。

據中共新華社十一月廿五日長春電：「中朝兩國關於一九六四年開發和利用鴨綠江、圖們江的合作協定，今天在吉林省長春市舉行簽字儀式」。

又說「中朝鴨綠江、圖們江航運合作委員會第三次會議於十一月十五日到廿五日在長春市舉行。這次會議通過雙方代表親切的會議和同志式的協商，取得了圓滿的結果，並達成了一致的協議」。

中共為什麼突然要與北韓合作「開發」鴨綠江圖們江呢？除了經濟意義以外，難道沒有對抗蘇聯的軍事意義嗎？這是值得研究的問題。

僑鄉近訊

鍾之奇

中共强迫僑鄉青年下鄉拾糞

本報最近報導過中共强迫僑鄉青年「到邊疆去」，「到森林去」的消息，現在又從廣州來人及中共報紙獲知共幹又在僑鄉强迫僑鄉青年下鄉去拾糞了。

由於廣大僑鄉的青年都不願做這種拾糞工作，所以十月十五日中共北平出版的「中國青年報」特為此發表了一封編輯室答讀者的信，說這「正是革命幹部的本色」。

中共「中國青年報」編輯室的答信還說「知識份子下鄉種田拾糞是並不背時的」。它並解釋說：「拾糞也是農活的一種，既然農業生產需要拾糞，你就要加勁的幹」。該覆信最後還說：「誰說讀書人只能拿筆桿，而不能拿糞杖，……我們不是說要聽黨的話嗎？你响應黨的號召到農村去，你服從生產隊的分配去揀糞，這就是聽黨的話的具體表現」！

據廣州來客說，中共儘管如此號召，僑鄉青年也儘管被迫不得不下鄉去拾糞，但廣大僑鄉青年是各有大志，各有响往自由的心，因而對中共無不怨氣冲天，極望早日推翻中共政權以解救自己的。

粵晚稻豐收但人民口糧無增加

據中共「中國新聞社」十一月廿八日廣州電：「廣東晚造水稻全面黃熟，從山區到沿海：加緊進行收割工作。晚造季節較早的韶關專區和海南島各地，已經收割過半數，潮汕平原、珠江三角洲和西江兩岸等糧產區也全面進入收割大忙，大多數地區晚稻收成都很好。

「各地在秋收中十分重視選留明年晚造所需的良種，全省已經選得良種三千多萬斤。新會、東莞、高州、揭陽、潮安等許多縣還設有專用的種子晒場及種子倉庫。」

粵共為什麼今天特別注重選種呢？這就因為去年及前年大陸各地普遍發生種子不足的現象。種子不足的原因，則是因為人民糧食配給量太少，人民公社的幹部和社員都經常飢餓，於是各人民公社的幹部與社員便偷偷地將所存的種子拿來吃了，所以，中共中央今年曾明令各地必須好好選擇種子，並且必須妥為保存種子。

據廣州來人說：今年廣東各地有些地區確比去年增產，但也有一些地區收成不好，平均來說，廣東全省今年糧食產量是比去年增加了一些。因此，飢餓了多年的廣東人民，今年很希望中共當局在今年這種增產的情況下，能將人民每人每日的糧食配給量增加，但據粵共表示：並不準備增加人民的糧食配給量云。

粵共又將副業生產收歸公營

自中共近年准許人民保有小片自留地，並准許人民經營一部份農村副業以後，窮苦萬端的僑鄉人民生活，總算稍為比以前好了一點。因為人民可以在自留地上種一些菜或養一兩頭猪，用以改善生活。但中共最近又認為人民只顧自己，不顧公有生產，因而動搖了和破壞了人民公社的集體經濟。而人民公社是毛澤東和中共最注重的。所以，粵共最近又和大陸其它各省一樣，將幾十種原本准許人民私營的副業生產收歸人民公社公營。對此，中共最近出版的廣州南方日報曾刊出消息說：「單梅縣各公社就將砍柴、燒炭、燒灰、生產木器、竹器、磨粉、碾米、造紙、製松香、竹器編織，……等數十種副業收回生產經營」。

中共對大陸人民的剝削，一向是一鬆一緊，這一緊又叫僑鄉的廣大僑眷大吃苦頭了。

緬共重返森林

沙溫

緬甸政府與緬甸共黨及喀倫族叛軍的和平談判，在歷時二月之久以後，終於宣告破裂。這項談判破裂的結果，一面是引起嚴重的政潮激盪；一面則可能兵戈相向，爆發劇烈的內戰。

「國內和平」

剛在七月下旬到八月初旬的時候，在軟禁中的前總理宇努所屬的反法西斯同盟，曾向尼溫將軍作要求下野的攤牌。由該同盟主席宇巴威，前駐美大使宇溫等，公開抨擊尼溫將軍的革命軍事委員會，施行法西斯統治，採取極端社會主義經濟政策，以致經濟蕭條，人民不滿，要求尼溫引退，釋放宇努，公開選舉，還政於民。屬於這一派系的報紙，以大字刊載上述演說，並油印分發各大城市，要發動「人民自由」運動。但卒之遭到軍政府的鎮壓。

軍政府於八月九日黎明，即針對反法西斯同盟的大事逮捕，宇巴威，宇溫，宇戈仁（同盟副主席），宇羅源（同盟所屬英文國家日報總編輯），及其他宇努時代部長次長等九人，概被扣押。軍政府情報部宣稱：此舉乃「為了國內和平」。

軍政府所指「國內和平」，便是指的與緬共及喀倫叛軍的談判。當時尼溫將軍曾呼籲共軍「走出森林」，舉行和談；共方及叛軍也表示接納，故軍政府嚴厲對鼓動政爭的政客的，接着便與共黨展開談判。

談判破裂

尼溫將軍先已宣佈保障走出森林談判的共黨們的安全，更保証設若談判不成，也可讓他們重回他們原來的地點。於是，「紅旗共黨」老牌領袖德欽素，乃居然到他睽違十五載的仰光，來與政府舉行談判。談判的內容雙方都沒有公佈，但只不過三天的時間，德欽素又飛回緬北重返他的根據地。政府當局只說：德欽素對國內和平，完全沒有誠意。

紅旗共黨的談判沒有結果，並不影響「白旗共黨」與當局的進行談判。「白旗」方面派出戈泰率領一個先遣代表團，於九月開始即到仰光，與政府代表舉行談判。接着以喀倫族為首的民族民主團結陣線——包括喀倫統一黨，新猛邦黨，吉仁尼族進步黨，喀欽族最高機構等，也組成一個代表團，由晏巴贊率領，在十月初旬參加談判。在對政府談判上，緬共與其他各談判黨派，均包括「在民族主義團結陣線」之內；但對「陣線」與政府討論或提出條件，緬共卻强調會商，並各派有否決權。因此「陣線」方面的意見，很難統一。所以雖然戈泰代表團是自九月二日開始談判，整個「陣線」代表團也自十月十四日開始談判，但談到十一月十四日，終於無法協議，而宣佈談判破裂。軍政府於十五日晚發表談判破裂的聲明。戈泰的代表團，十四下午已離仰光，遄回緬北的包康，晏巴贊代表團也於十五早離去。

破壞停火

左傾的和平委員會主席德欽哥都邁，對談判破裂表示遺憾，但沒有說出談判破裂的原因。只說「有障碍」，並讚許戈泰和晏巴贊的代表團，「言行都很能夠克制」。政府方面獲知談判內容人士，指出談判中並沒有什麼言辭上的衝突，不過關於大赦、及停火等問題，選舉討論甚多，但對於整編共軍及叛軍的核心問題，却不能獲得原則上的同意，及到談判破裂，政府方面方才知道，共方及陣線的談判技術，是先啟一些政治問題深入討論，試探政府的態度，但對於軍事問題，他們却是深閉固拒。可是政府方面的原則，却是要共軍及叛軍放下武器，走出森林。政府即予大赦，然後討論在一個不太長的時間後——或者六個月之類，舉行選舉。

可是直接促使談判破裂者，仍不是談判不能獲得協議的原故。而是白旗共軍利用停火令，在停火期間中向政府軍的據點攻擊，從而破壞了停火。共軍利用停火，不斷改善他們的戰略地，並襲擊政府軍兩個哨站。尼溫將軍接獲報告後，認為共方缺乏誠意，談判徒為他們所利用，所以中斷談判，並着共方與陣線的代表團離開仰光。

展開逮捕

軍政府不但中斷談判，放棄了「結束十五年內戰」之努力，並且接着採取强烈的鎮壓行動。在十六及十七日兩天，在仰光等二十三個市鎮——差不多全國的範圍內，軍事情報官兵和特別警察，分頭舉行大逮捕，約四十八小時內同時發動，逮捕了四百二十九人。當局宣佈這是保安措施，鑒於談判破裂，及共軍襲擊政府軍之故。到二十一日，被捕者達七百三十七人。

這些被捕者多是政客，工會首領及頭目，報館人員及作家等。重要的有「陣線」總書記波妙兌，工會大會主席德欽滔，統一工人黨政治局委員宇巴昂，中委波丹敏，德欽拉聚，宇膠門等。和這些黨派工會在仰光以外城市的地方負責人等，並有若干名職業學生。

左傾的統一工人黨及人民進步黨人，對於政府施行大逮捕都發出抨擊，說逮捕「人民力量」，徒令帝國主義者及國內反動派高興。逮捕「努力和平」人士，等於削弱和平力量、壓制人民民主；他們都要求釋放被捕的人。但政府方面却另有看法，當局以為必須打擊這些左傾政黨及工會，以及報人、學生等，方才可以避免罷工罷課，及其他政治風潮的發生。政府方面認為，說得嚴重一點，保安措施的必須採取，不但為了維持秩序，並且也為了杜絕萬一共軍及叛軍進攻時的內應。

內戰前途

至於在軟禁中的宇努，和八月間逮捕的反法西斯同盟若干領袖，現也仍在軟禁、拘留中。這樣所造成的形勢，便是軍政府與差不多所有有力量的黨派發生磨擦，而對「陣線」有利。

但這些似乎是陣線（包括緬共）有意造成的。他們曾經支持宇努，在選舉中擊敗尼溫，尼溫不流血政變取得政權後，對反法西斯同盟鎮壓，「陣線」又擁護尼溫的「國內和平」政策，到了當局切實與共軍及叛軍談判時，他們却又多方刁難，務使談判破裂。經過情形，與中國國共內戰時代的談談打打，有些相似！

目下軍政府還有下令，分向共軍及喀倫叛軍進攻。而共軍的游擊戰，週來似甚沉寂。但雙方都在作軍事部署，已顯明難於因為談判的結果，就只有「打」之一途：據接近軍政府靈通方面的透露，認為政府此後除運用所有的軍事力量向共軍及叛軍進攻外，似乎已別無他途可循。而這也即是說，短暫的停火不是曇花一現，往後的戰爭也將恢復，而且很可能更趨擴大。據估計白旗共軍人數超過一萬，喀倫叛軍在五千人以上，喀欽軍約二千餘人，這些人的實力，當不能與政府軍相比。可是因為他們所盤踞的，是邊區山區森林，地方社會有他們的背景，共黨軍又有國際的背景，政府軍想要一舉一一消滅他們，似乎是不容易的。而且也不可能奪取城市，而只有游擊戰的階段，不過內戰必然會長期化，直到國際上有什麼變動。共軍乃一時而起。緬甸的統一和進步，前途並不能看好。（仰光通訊）

印尼對大馬將採取進一步行動

自大馬成立以來，印尼就一直展開了威脅大馬的行動；雖經美國和泰國致力調處，但印尼依然態度强硬，繼續採取斷然的手段，不僅對大馬斷絕經濟往來，還不斷在沙巴、沙勝越邊境進行騷擾，甚至侵襲大馬的海域，劫掠大馬的漁船。因此，雙方的緊張，愈益加深。

由於印尼與大馬的交惡逐漸擴大，遂使南中國海局勢轉趨惡化。泰國以毗鄰的關係，利害相關，故曾多方調解折衝；其目的固然是欲使南中國海的惡劣風雲化險為夷，避免印尼與大馬演成「熱戰」；而另一方面，也是為着泰國本身的安全會間接受到影響，蓋印尼現正與共產國家勾結，乘機對沙勝越泛起了領土的野心，這一行動，當然對泰國極為不利。

組成大馬之主要原因，是由於新加坡，沙勝越等地的左傾勢力日益膨脹，馬來亞總理拉曼鑒於此種情勢之發展，其前途至為可慮，倘任它如此發展下去，則不特新加坡和馬來亞受害，且將威脅到東南亞的安全，因此乃策動聯合馬來聯邦，新加坡，沙勝越，沙巴，及婆羅乃等五地，組織大馬聯邦，其中婆羅乃雖因石油抽稅問題而臨時退出，但對反共政策並無影響。馬的原意：拉曼的計劃，卒告完成。

大馬成立了後，立刻引起印尼的反感。其原因是大馬的組織係包括了沙巴和沙勝越，蘇加諾認為沙巴與沙勝越均位於北婆，過去為英國佔領，現在應歸還印尼，因此乃發動反對大馬。時至今日，印尼與大馬的糾紛，業已發展至情況惡劣的程度！

印尼之反對大馬，一方面固然由於領土野心，另方面，則由於蘇加諾已轉向親共，而共產國家深恐大馬的組織本着反共的立場，與泰國和南越加强團結，成為一股特別堅强的反共力量，使共黨在東南亞的發展受到嚴重打擊，故唆使印尼向大馬進行搗亂。蘇加諾也是個野心的傢伙，為着滿足他的「英雄主義」的奢望，遂亦甘於接受共產國家的利用，借着民族主義的幌子，乘變實行其擴張與侵略的計劃，是以印尼便不顧一切，毅然對大馬加以威脅。

印尼威脅大馬，直接間接都足以影響東南亞整個局勢；自由世界各國，均寄望於可倫坡計劃國家在曼谷舉行的第十五屆會，由泰國外長把印尼和大馬外長拉在一起，談出一個解決糾紛的辦法來。惟印尼和大馬的關係已惡化到嚴重程度，欲求解決雙方的糾紛，並不容易。第一、印尼的反對大馬，幕後有共產國家「導演」和支持，同時還有印尼共黨在國內推波助瀾，製造反馬的機會來加强自己的實力；二、蘇加諾也乘機利用這一行動來鞏固自己的統治權，故亦不斷製造新緊張來刺激失望的民意，同時也企圖藉此來遂行其擴展的野心。馬來西亞國防部長曾坦率指出：蘇加諾政權受到印尼共黨的壓力，迫於向馬來西亞提出領土要求，執行共黨侵略南中國海的任務。

最近沙巴、沙勝越迭次發生共黨份子的顛覆行動；這些共黨份子都是由印尼邊境滲入而和印尼共黨份子會合的。顯然，印尼是正在鼓勵共黨份子向北婆兩國邊境進行顛覆現政權的計劃。沙勞越首席部長已宣佈過，印尼的進侵與共黨的顛覆陰謀，是沙勝越所受到的最嚴重的威脅。他並指出：共黨已秘密組成了一個恐怖份子的行動集團，該集團中並有中共的幹部潛伏在內——說得清楚一點，在沙巴、沙撈越活動的共黨份子，是包括有國際共黨，中共，和印尼共黨；這就顯示出印尼的威脅大馬，背景絕不簡單。蘇加諾的所謂「反對殖民主義」，祇是一句動聽的口號吧了！在這句口號的背面，正隱藏着國際共黨活動的陰謀！

以目前的態度來說，印尼對大馬的威脅已逐漸瀕臨「熱戰」邊緣。蘇加諾已於十一月十二日宣佈「全國戒備」，並空投了大批軍事人員於隣接沙巴、沙勝越的邊境。這正反映出：印尼對大馬，將採取進一步行動。

·華剛·

神話中的黃帝（二）

徐亮之

在這些偉大的發明當中，最爲突出的便是武器製造的精進。一個名叫揮的專家發明了弓，牟夷發明了箭（一九）；他自己也繼揮和牟夷之後，發明了用機械發射更比弓箭厲害的弩箭（二十）。而尤其厲害的是蚩尤，居然發明了冶鍊術，利用葛盧山和雍狐山被山洪衝出來的銅鑛，大量地鑄造劍、鎧、矛、戟等銅兵器（二一）；一轉眼間，便把個石器時代推進到了銅器時代。

他不但在武器方面有這樣空前的成就，在生活用具上的成就亦復如此。在他以前，人們冷天只懂用獸皮護體，熱天只懂用樹葉遮身；而且只懂把長長的頭髮圍任頸額（二二），和只懂光着脚版走路的；到了他的時代，方才創造了衣裳帽子和鞋子（二三）。在他以前，人們都是在靠水的小山坡上挖洞居住，老是冬天擋不住霜雪霧露的侵襲，夏天捱夠了蚊虫跳蚤的騷擾的（二四）；到了他的時代，方才創造了房屋（二五）；方才出現了前所未聞的宮室、門戶、庭、階、殿、堂、樓、閣、臺、榭、觀、廟等形形色色的奇怪的名字（二六）；同時，屋內也方才配置了牀（二七）、席（二八）燈（二九）、鏡（三十）等便體和照明的舒適設備。在他以前，水上交通只是靠着簡陋的竹筏或木排，陸上運輸更只是靠着老實的肩揹或頭頂（三一）；到了他的時代，他却居然因爲看見了空心斷木能浮水而發明了船，因爲看見了蓬草受風會轉動而發明了車（三二）。在他以前，人們對米麥的去殼工作，進行得是非常笨拙的；到了他的時代，方才發明了「斷木爲杵，掘地爲臼」的舂擣米麥的方法（三三）。在他以前，人們對於米麥的吃法，多數只是放在燒熱了的石塊上面炕熟的；是只懂得利用火力，而不懂得滲和水份的（三四）；到了他的時代，方才一方面發明了竈（三五），另方面發明了釜甑和鑿井就近取水（三六），也方才出現了「亨（烹）穀爲粥，蒸穀爲飯」的奇蹟（三七）。不但如此；到了他的時代，人們不但生活方面有着飛躍的改善，甚至對疾病和死亡也有着合理的安排了。就疾病說：在老神農時代，中國的醫學還只不過是個萌芽階段；還只不過纔把藥物寒溫平熱的性質初步弄清（三八）；他的時代却不然；由於他和專家岐伯、雷公、馬師皐們的共同努力，不但對病人已經懂得把脈，可以鍼灸，能够對症下藥；而且連馬病了也有得醫了（三九）。至今黃帝內經十八卷、外經三十七卷，還煌然著錄在漢書藝文志中。就死亡說：在他以前，人死了照例只是丟到野外，讓蒼蠅蚊虫去姑嘬，讓狐狸豺狼去吞食的（四十）；他的時代却不然；可能由於他的惻隱之心或衛生之念的驅使，給發明了棺槨和墳墓（四一），向時扮演方相去驅邪（四二），從此以後，死者的靈魂和軀殼方才有了永遠的安息與潛藏。

總之，從生活到戰爭，從養生到送死，從個人到社會，他都解決了前人所沒法解決的問題，掌握了前人所沒法掌握的技術。完成了前人所沒法完成的業績。他所領導的集團，是進步的，有力量的，一旦政治上機會成熟，自然他會要操刀而割的。

（附註）（一）少典：譙周古史考以爲乃有熊國君之名；不如司馬貞以爲乃「諸侯國名」，非人名」（見史記五帝本紀索隱），義長。所謂「諸侯國名」，實即氏族之名耳，故定爲少典族。又帝王世紀以爲「有熊今河南新鄭是也」云云，証之黃帝與昆侖之虛之關係，亦斷非原始地望。關於黃帝與昆侖虛之關係，今可考者有莊子至樂篇：「昆侖之虛，黃帝之所休」。天地篇：「黃帝遊於赤水之北，登乎昆侖之丘」。穆天子傳：「天子升於昆侖之丘，以觀黃帝之宮」。西山經言軒轅之丘在昆侖之丘西千八百里。大荒西經有軒轅之台，軒轅之國，均叙在西王母之山後，依西山經里數計，軒轅之丘僅在西王母所居之玉山西四八〇里。具見黃帝本族發祥之地，實在今新疆塔里木盆地（即昆侖之虛）一帶。（章太炎撿論序種姓上以爲「黃帝之世，宜在印度、大夏、西域三十六國間」，即依上引諸書爲說。）黃帝既祥於新疆，不應其出生之少典族反在河南；故定此族之原始地望爲崑崙山。至於其後裔征中原，族人徙東進，去瘠就腴，自亦人情之常，形勢所許；故新鄭不妨有有熊之墟，而黃帝復有生於壽丘（山東曲阜東北六里）——帝王世紀之傳說也。（待續）

唐詩偶釋（一四）

鄧中龍

送李端

盧綸

故關衰草遍，離別正堪悲。路出寒雲外，人歸暮雪時。少孤爲客早，多難識君遲。掩泣空相向，風塵何所期。

故關句題頂，次句落題，三四完題，已意盡詞畢矣。五六另筆提起，追懷舊事，却向題前；掩泣句折落正面，末句放出題後。細味其前後結構，乃知名家之詩，妥貼安詳有如此者。俗手僅湊成數句好話耳，學者能分雅俗，始有定見。

律詩句法，有前用實字略頓，下四字直下緊完者，極是妙句。杜子美之「露從今夜白，月是故鄉明」（月夜憶舍弟）李太白之「山隨平野盡，江入大荒流。」（渡荊門）錢仲文之「竹憐新雨後，山愛夕陽時。」（谷口書齋寄楊補闕）孟襄陽之「氣蒸雲夢澤，波撼岳陽城。」（臨洞庭上張丞相）此詩之「路出寒雲外，人歸暮雪時。」均爲首一字略頓，下四字直下緊完，不復偃仰。五律句法，此其一也。

盧綸字允言，大曆進士，與吉中孚、司空曙、韓翃、錢起、苗發、崔峒、夏侯審、李端、耿湋等，聯藻文林，且同臭味。時號大曆十才子。司空曙且與盧綸爲表兄弟，交誼夙篤，時有詩篇往還，風格亦甚相近。「故關」之「關」，時見於司空曙詩中，盧綸亦常用。「送韓都尉歸邊」詩末聯：「今來部曲盡，白首過蕭關。」「春日登樓」詩末聯：「誰念爲儒多失意，獨將衰鬢客秦關。」皆押關字韻。詩人每有常用字，一若劉長卿之愛用「飛鳥」，錢仲文之愛用「夕陽」，固無所用其軒輊也。

論世知人，本非易事，而尤以詩家爲然。朋輩唱和，每能相互影响，故論詩者必先窮其交遊之迹，以彼例此，乃有定評。司空曙「喜外弟盧綸訪宿」詩云：「靜夜四無鄰，荒居舊業貧。雨中黃葉樹，燈下白頭人。以我獨沉久，媿君相見頻。平生自有分，況是蔡家親。」試以盧綸此詩較之，格調幾全同。允言與文明時相過從，其詩格之相互影响，殆無足異。然此等詩，在二人集中，並非佳作。偶論及友朋往還之關係，遂借以相況耳。

「離別正堪悲」句，「正」字姚合極玄集作「自」字。韋莊又玄集亦同。

「少孤爲客早」句，「早」字唐詩紀事作「慣」字，不當。慣爲去聲，聲較高，殊不宜於此處，以第一及第七句之末字均爲去聲也。

「掩泣空相向」句，「向」字又玄集作「見」字，不當。「向」較渾涵，而「見」鮮含蓄也。

友聲集（五二）

米襄陽拜石圖

淑陶

下河嶽，上日星，是乃天地正氣之流形。海有珠，山有石，是乃天地餘氣之精英。珠晶瑩，石堅貞，直與蒼昊爭清明。君不聞：不周山崩大柱傾，女媧鍊石補太清。吁嗟乎，石在山兮空寂寂，長伴芳草無人識。上窮碧落想雲根，橫抵中流艱砥存。碎身散落塵土間，縱橫委地任投擲。乃有奇人米襄陽，衣冠下拜神飛揚。拜兄具骨眞清氣，拜兄上接日月光。俗子何解謂顛狂，草聖蒼勁賴此力，禹金那比百鍊剛。繪書下筆有深意，豈但憤此徒悲傷。眼看石破天又缺，來者誰復同媧皇。

星斗

前人

獨立平灘上，披襟迓遠風。水清沙渚白，秋老夕陽紅。薄霧橫江口，孤雲出岫中。吾懷誰與接，星斗自蒼穹。

寄懷湘潭林又日

前人

三楚分攜日，千山草木枯。風狂喧曠野，湍急破平湖。久病憐偏縶，親仁德不孤。相思大海濶，天地本爲廬。

陳風子治印

陳風子，別號瘦翁，浙江杭州人，鑽研金石文字凡數十年，爲西湖西泠印社得前輩大家家法最深之浙派後人。本報今後將逐期刊載陳氏作品，以饗讀者。

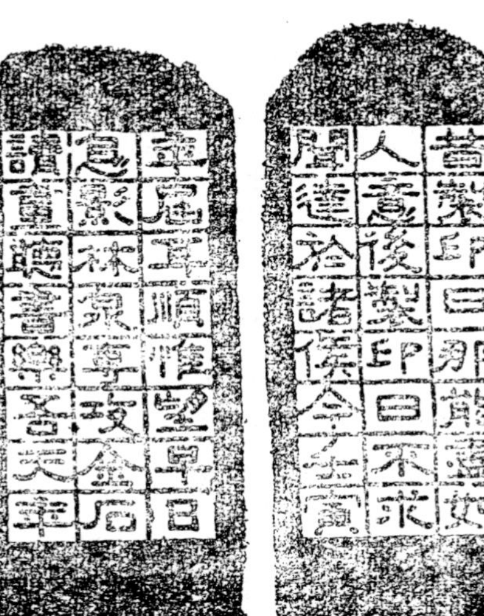

與世無爭

天下英才得而教之

中國現代史資料評介之十四

梁任公先生年譜長編初稿（七）

左舜生

（C）由戊戌到庚子拳變

戊戌一幕失敗，譚嗣同（復生，瀏陽），林旭（暾谷），楊銳（叔嶠，綿竹），劉光第（裴村，富順），楊深秀（漪春，聞喜），康廣仁（幼博，南海）六君子被殺，李端棻，徐致靖，陳寶箴，張蔭桓，黃遵憲，文廷式，王照，張元濟，熊希齡等得罪有差。康有為到上海，由英人保護赴港，旋轉日；任公則由日人保護，由天津直接前往東京。

任公避難東渡，有『去國行』之作，錄之可看出他其時的心情。

嗚呼，濟艱乏才兮，儒冠容容，佞頭不斬兮，俠劍無功。君恩友仇兩未報，死於賊手毋乃非英雄，割慈忍淚出國門，掉頭不顧吾其東。

東方古稱君子國，種族文教咸我同，爾來封狼逐逐瞰西北，唇齒患難尤相通。大陸山河若破碎，巢覆完卵難為功。我來欲作秦廷七日哭，大邦猶幸非宋聾。

卻讀東史說東故，卅年前事將毋同？城狐社鼠積威福，王室蠢蠢如贅癰。浮雲蔽日不可掃，坐令螻蟻食應龍。可憐志士死社稷，前仆後繼形影從。一夫敢射百決拾，水戶薩長之間流血成川紅。爾來明治新政耀大地，駕歐凌美氣蔥蘢。旁人聞歌豈聞哭，此乃千百志士頭顱血淚迴蒼穹。

吁嗟乎，男兒三十無奇功，誓把區區七尺還天公。不幸則為僧月照，幸則為南洲翁；不然高山蒲生象山松陰之間占一席，守此松筠涉嚴冬，坐待春回終當有東風。

吁嗟乎，古人往矣不可見，山高水深聞古蹤，瀟瀟風雨滿天地，飄然一聲如轉蓬，披髮長嘯覽太空，前路蓬山一萬重，掉頭不顧吾其東。

任公到日本僅五天，康亦由香港抵日，時孫中山及陳少白也在東京，經日本友人平山周宮崎滔天等撮合，中山及少白曾訪康表示慰問之意，但康託故不見。孫梁之間則往返較多，且建立有相當友誼，假如康不堅決反對，則梁大有與孫合作可能。蓋戊戌失敗以後，梁本有革命傾向，即其他康門中人，贊成革命者亦復不少，因此此一兩派的合作運動，實延長至一年以上，光緒二十五年四月，中山的同志楊衢雲，曾與任公有所商談，是年秋任公回港，亦曾與陳少白見面，至同年十一月任公去檀香山以後，始銷沉下去。

在任公的『夏威夷遊記』裏，有一段文字，敘述他自中日戰爭以來的浪遊，及戊戌己亥間一年多在日本的生活，甚為扼要，錄出如下：

『……甲午二月如京師，十月歸廣東。乙未二月復如京師，出山海關。丙申二月南下，居上海，十月遊杭州，十二月遊武昌。丁酉二月復還上海，十月入長沙。戊戌二月復如京師，八月遂竄於日本。九月初二日到東京，以至於今，凡居東京者四百四十日，自浪遊以來，淹滯一地之時日，未有若此之長者也。此四百四十日中，師友弟子眷屬來相見者，前後共五十六人，至今同居朝夕促膝者尚三十餘人。日本人訂交形神俱親，誼等骨肉者數人，其餘隸友籍者數十。橫濱諸商，同志相親愛者，亦數十人，其少年子弟來及門者以十數。其經手所辦之事，曰『清議報』，曰高等學校，此外有關係之事尚數端，倡而未成，成而未完備者亦數端。又自居東以來，廣搜日本書而讀之，若行山陰道上，應接不暇，腦質為改易，思想言論，與前者若出兩人。每日閱日本報紙，於日本政界學界之事，相習相忘，幾於如己國然，蓋吾之於日本，真所謂有密切之關係，有許多之習慣印於腦中，欲忘而不能忘者也。……』

『清議報』為橫濱商人集資所創辦，係一種旬刊。任公到日本不久即開始籌議，至二十四年十一月出版。任公所撰『戊戌政變記』一書，及『飲冰室自由書』各短篇，最初即在此刊發表。等到二十五年任公赴檀，乃改由麥孟華主持，一共出了一百冊，殆延長將近三年始告停刊。

任公到東以後，更提倡教育甚力，橫濱大同學校原為革命派所倡辦，延聘康有為弟子徐勤任校長，即逐漸變為保皇派所有。其後神戶，新加坡，泗水，域多利等處，均有與此種類似的學校建立。所謂高等學校，程度較大同稍高，設在東京，實為大同等校學生升學之所，任校長者，即民五討袁一役死於海珠之湯覺頓也。

任公赴檀香山，在二十五年十一月，實奉康命到檀創辦保皇會，蓋徐勤，麥孟華暗中反對革命甚力，曾有信寄新加坡告康，謂『卓如漸入行者圈套』，康得信大怒，故嚴命任公非離開日本不可。任公原擬由檀入美，但為檀香山防疫所阻，至滯留該地在半年以上，至光緒二十六年庚子六月，以國內發生大變，同志函電促歸，任公不得已返回上海，其遊美計劃，延至二十九年始克實現。

檀香山本為革命派興中會策源地，任公赴檀，攜有中山介紹信多件，因而與興中會諸人有所往還。任公到檀後十天，即有一信與中山，說明他到檀後的活動情況，茲錄如下：

『弟於十二月三十一日抵檀，今已十日，此間同志大約皆已會見，李昌兄誠深沈可以共大事者，黃亮，卓海，何寬，李祿，鄭心皆熱心人也。同人相見，皆問兄起居，備致殷勤。弟與李昌略述兄近日所布置各事，甚為欣慰。令兄（指中山胞兄孫德彰眉）在他埠，因此埠疫症，彼此不許通往來，故至今尚未得見，然已彼此通信問候矣。弟在此不無從權辦理之事（指創辦保皇會而言）但兄須諒弟之境遇，望勿怪之。要之，我輩既已訂交，他日共天下事，必無分歧之理。弟日夜無時不焦念此事，兄但假以時日，弟必有調停之善法也。』

此可証明任公在此時對兩派合作仍未斷念也。

憶陳果夫先生（四七）

宇人

這天晚上的集會，是由口頭分別通知的，因而到會的立委不需出示被邀請的証件。我們在事前估計至多有三百人參加，所以祇準備三百人的茶點費，由我們發起召集會議的十來個人分担，交與劉健羣請原在中央團部工作的某君經手支付。但當晚到會的立委甚為踴躍，有好幾位屬於中統的立委也來參加，我們雖然深知他們的用心所在，亦以份屬同仁，自不便予以拒絕。散會時，餐館送來賬單，我們原來預備的錢不够支付，某君向劉健羣請示，他也沒有帶錢。適邱昌渭適在旁，他表示和餐館的主人很熟，可以代簽一個字，次日再補餘數。次日，某君送餘數往付，索回邱昌渭簽字的賬單，餐館主人答以已遺失，他也沒有懷疑。但隔了兩天，與軍統局有關的立委忽告知我們：中統已向蔣先生密報，誣我們那晚的集會是桂系所發動的，並提出邱昌渭簽字的那張賬單為証。大家對CC這種卑汙的手段，甚為憤慨，從而更意識到我們這些人今後可能還要被他們扣上更多和更毒的帽子。

此時，我還接到一封匿名的恐嚇信，交與首都警察廳長黃珍吾兄拿去研究的結果，認為是中統所為。谷正綱復第一次來我家，勸我不要反對立夫先生，他說：「他們如果指使下面那些人（暗指中統）來對付你，實在不值」。其口吻與那封匿名信頗有互相發揮之妙。我答以「我既然敢於公開的反對立夫先生，難道我還怕那些小嘍囉嗎？」他看見不可能有什麼結果，祇好廢然告辭。

我在上文曾提到，當時我想到傅斯年的理由之一是，他遠在美國，CC不可能直接向他施壓力，迫其中途退出競選。不料他們想出另一辦法。當我們正積極為傅斯年展開活動，胡適先生突然從北平發來一電，說傅斯年因北京大學的校務甚繁，無暇兼顧他事，回國後將辭去立法委員，請萬勿選他做立法院的副院長云云。我們雖然知道胡先生受了CC的利用；但北不使公開的予以指責。CC即利用這個電報大為宣傳，我們頗受影響，因為應允投選傅斯年的立委，絕大多數與他並不相識；但都知道他和胡先生的關係很深。如今胡先生既來電說，他連立法委員都要辭去，許多人就不願意因為他而開罪立夫先生了。同時，我們這些支持傅斯年的人都是臨時才聯合起來的，羣龍無首，遇事必須協商，人力財力，又兩均缺乏，因而對競選工作，多感心有餘而力不足。CC方面則有現成的指揮系統，又有國民黨中央組織部，及其他與他們有關的黨政機關的人員，和交通工具可以任意調用，所需費用，更可開支公賬，出力人員還可望升職。他們的競選工作之普遍而深入，實為我們所望塵莫及的。例如貴州籍的立法委員李仲公在國民黨中央常會決定候選人時，張道藩曾向孫科先生進言，想把他去掉，因為我的支持，才獲得提名。但他一到南京，CC即去包圍他，並撥一輛小轎車供他使用，他也就唯他們之命是從了。其他類似的例子，舉不勝舉。因此種種，在投票以前，我們就已料到立夫先生的選票必然要超過傅斯年的；不過我們仍希望他在第一次投票時不能獲得當選所必需的過半數票，這樣，我們就有機會在第二次投票時，將他擊敗。

在投票之日，蔣先生忽然離開南京，往遊太湖。據說，是他已放棄迫使我們就範的原意，因而才在這最後的關頭去遊覽名勝，以免煩擾。投票之前不久，曾在江蘇省黨部做過我的秘書的一位CC立委謝澄宇在會場向我說：「許多朋友都希望你不要再堅持下去，免得以後大家都不好見面」。我說：「這真是笑話，我和立夫先生都可以見面，難道你們一班老朋友反而不好和我見面嗎」？此時，立夫先生適由外面進入會場，我即走過去向他招呼，並說道：「立夫先生，我希望你選傅斯年一票」。他說：「如果你選我一票，我一定選他一票」。我說：「假如我是支持傅斯年的，怎能選你一票」？立夫先生說：「那麼，我祇好選我自己」。他說完後，我們相顧一笑，便各自走向自己的席位。投票時，我恰好和立夫先生同時將選票投入票櫃，和平日報的會場記者立即攝入鏡頭。我當時並未注意，第二天，黃少谷向我說，並出示該報，我才知道。他還說，「這是一個很好的歷史鏡頭。」

開票結果，立夫先生當選，劉不同找我說，我們已經失敗了，應該電賀立夫先生。他拿出已經擬就的電文給我看，胡健中也跟着過來。我看他的電文，對立夫先生仍多指責之辭，認為未免太過小氣。他說：「那麼就請你修改修改」。我即代他修改。大意說：「立夫先生，此次本院副院長選舉結果，顯見本院大多數同仁對於先生仍存厚望，尚希本總理天下為公的精神，與本院同仁共同為建立民主憲政之良好基礎而努力」。胡健中說，「改得很好。他們兩兄弟那種狹窄的作風，我也不贊成的。我願意拿去交東南日報代為拍發」。劉不同說，「電文是你改的，請你也加上個名字」。胡健中也勸說如此更好，我也就簽了名。

立夫先生所以能在第一次投票便獲當選的原因，除了CC的競選工作做得無孔不入，十分嚴密而外，軍統有關的立委多人因為不敢再觸怒蔣先生，臨時作了一百八十度的轉變，從極端反對他忽然又回過頭來支持他，也是其中的重要因素之一。

聯合評論

週刊

本刊已經香港政府登記

每逢星期五出版

United Voice Weekly

第二十四號

督印人：左舜生　總編輯：李璜

本報美洲總經售處美國紐約中美出版社

CHINESE - AMERICAN PRESS, INC

199 CANAL STREET.,

NEW YORK13 N. Y. U.S.A.

美洲空版每份美金一角

雷案與反共建國聯盟

李璜

三年之前在台北發生的雷震一案，將退守台灣聲言行憲的國民政府，與海外反共而愛好民主自由的人士，在中間深深的劃了一道鴻溝！雷震判處十年監禁，不只是一個寃獄，而且在其時不尋常的關閉了「自由中國」半月刊，更明顯的表現出執政當局打擊言論自由的決心！在我們四十年來即主張非實現民主不足以反共的人認為，言論自由是民主憲政的起碼條件，而不意中華民國，已經制憲，號稱行憲，而政府竟不能容許反共人士的言論自由，這未免太不顧及民情，何足以言反共！

在前月二十四日台北的確息傳到香港，我們知道在監禁已整整達三年的雷震，忽於二十日宣言絕食以抗議禁止外人對他的探訪，這在一個「柏臺霜氣，夜凄凄」中的知識囚人，其含寃莫白，苦悶而至於想早點死了，完事，本是可以想像得到的。因此，由左舜生兄發動，由張君勱先生附議，並要我連署，我們三人便曾於二十五日與台北張岳軍先生拍去一電，請其轉陳當局對雷震加以假釋就醫。「假釋就醫」這四個日本式的法律名辭，我個人並不贊成，不過張左兩位為要想救一個六十七歲，平常身體並不健康而又已拘囚達三年以上的朋友出獄，見見天日，與妻兒團聚，也就姑且用此四字試試，並囑聯合評論暫不發表任何消息與議論，以免減損這一電報的效力。

然而，我早知其無效！何以故？台北當局一向便不自反省，將大陸撤守的責任，一古腦兒的推之於主張民主憲政的人們身上；豈特對還要在台北推進民主、成立新黨的雷震，認為其罪不可恕饒；就是張君勱、左舜生、李璜這班人，至今還要在海外主張政治民主與言論自由，也是令人討厭得很的啊！

現在台北當局忽然又要談反共建國聯盟了！

反共在今日，早經不是談論與紙上文章的問題，我們這班號稱民主鬥士的人，在海外不斷做文章反共，一反就已經十四個年頭，曾不足以動毛澤東之一毫毛，我們已感到有點無聊！何況在朝黨有軍士、有民、有軍隊、有外援；在此中共內無糧草、外無救兵的時候，正好大張撻伐，傾全台的力量，為乾坤之一擲，大舉登陸，必然得手；何必還要約人來談，發言盈庭，幹這種與軍事不相干，議決不行，徒添是非之事！

有人說，在民二十六，政府在全面抗日作戰的前夕，還不是曾經約集多人，開過廬山談話會，表示全國大團結，然後軍事便進行得有聲有色，終得着全國團結的效果了。不錯，我個人也曾參加廬山談話會。然而在這個廬山談話會的前夕，蔣先生即已下了決心，寧為玉碎，不為瓦全；廬山談話會只是一個表面，而骨子裏，在談話時，如何將全國人才，不論在朝在野，不論平日崗位如何，一一用來配合全面抗日的軍事，都已在秘密的個別商籌與行動之中，這不只是如像陽明山談話會那樣，談了便散，各人又回到自己的崗位，仍舊是天下太平。

在全國抗日的前夕，主持國家大計者是蔣先生一人；今日在台北，至少我個人，還是承認主持國家大計者是蔣先生一人。在全面抗日之前，「和平未到最後關頭，決不輕言犧牲」；雖然我們當時在野如何的叫囂，蔣先生是絕對不為之動心的。一旦他決心了，即使還有人想阻止他，蔣先生也是斷然不顧的。這情形，我在八一三的前夕，親身得見；在抗日戰爭前後十年之間，也接觸甚多；故對於今日大舉登陸，是否蔣先生已下決心，我也能審知一二。

因此，我曾對新聞天地的卜少夫先生，說過以下的兩句話，這兩句話，卜先生不懂；許多人至今還在批評這兩句話，還是未懂；即十一月廿五日台北自立晚報談到勱老、舜生與我，又引出這兩句話，是：「政府要先有所作為，即使不邀請，我們也會自動請纓，自動歸隊。」卜先生誤認為我在提條件，其實我這條件，就是大舉反攻四個字，故以下纔有「請纓歸隊」字樣，這字樣就是要去打仗的意思，並不是只在台北坐而論道，就算盡了反共復國的責任了啊！

至於談到建國，當然不只是指的建設台澎與金馬。在我，一向就感到，即使將台灣建設成一個真正的寶島，也並非誓死反共復國的愛國愛同胞的男兒所能滿意。茲言「建國」，當然指的是大陸河山；然而，這必須到打上大陸，方纔足以言有國可建！

如果照十一月二十二日中央日報所載，國民黨九中全會所通過，反共建國聯盟的要點第五點：「中華民國反共建國聯盟會議決議事項，其屬於政府職權者，經由政府有關方面採擇施行」，則似乎其施行範圍還是侷限於台澎而已。台北的議政機構，已有立法院、監察院；每日集中一兩百人在那裏不斷討論台灣施政的得失，並且還有台灣的省議會，本省議員中敢言之士也不少；對於台灣一省來說，我們已經感到發言盈庭，說得太多，而做得太少！

如果說，要新添一個反共建國聯盟會議，無非要聚集海外人士，聽聽台灣以外的反共的意見或建國的方針，則此一會議，最好去集中近兩年來纔從大陸逃出來的青年反共分子，聽取一下他們對中共的「好話說盡」的事「做盡」的行事，因此他們不能造反，只有冒死逃出，這一些實際情形以供政府的參考，藉「以為今後共同行動的準據」，我覺得，建國的方針無他：民之所好好之，民之所惡惡之，如是而已！

五二、一二、一〇、聯合國人權日

我對於籌組「反共建國聯盟」的看法

羅永揚

最近國民黨九全大會通過了該黨總裁交議的籌組中華民國反共建國聯盟一案，綜觀提案要旨，在與海內外仁人志士才智賢彥，推誠合作。果如原案旨趣，開誠付諸實施，自不失為一種明智的舉措。當茲國際瞬息萬變之際，外援固不足盡恃，而求其在我，合億萬人之心為一心；聚億萬人之力為一力，一本反共抗俄既定的國策，堅苦奮鬥，纔是穩渡難關爭取將來的唯一出路。凡是海內外愛好民主自由的人士，莫不鑒於當前形勢，而不痛感國家與個人同其命運，因而對於政府當局任何足以扭轉局勢爭取勝利的方針，莫不寄以深切的期望。

國民政府播遷台灣，已經十四年矣！衡以生聚敎訓之義，時間不為不長。而在此十四年中，默察國內外的變化，曾經不止一次的構成了反攻致勝的因素，亦不為不多。歲月如此的消逝，良機如此的坐失，而政府與人民間的意見，又不能有所溝通，隔閡愈多，誤會愈甚，遂致忠心謀國之士，由失望而悲憤，由悲憤而責備，甚至產生了若干意氣之爭。其實一個真正的民主國家，不同意見的存在，幾乎成了極其尋常的現象，決不能以此為病。所可惜者，則眾意未能集中，眾力未能發揮，無形中延緩了反共建國事業的邁進。然而，忘羊補牢，猶未為晚。痛苦的經驗啟示了人們，反共鬥爭的勝利，決非取決於軍事力量的強大，過去在大陸上的失敗，即可作為前車之鑒，最基本的還是需要政治上的民主。唯能實現民主政治，保障人民基本權利，則原案所謂「舉國意志更加集中，才智更加發揮，行動更加一致」的目的，才不難一舉可成。我們逃亡海外，於此顛沛流離之中，猶不惜殫精竭誠，奔走呼號，以倡導民主運動者，無非欲加速反共的勝利，使國家早日走上民主的軌道而已。

今天國家面臨的兩大問題，一是反共救國的問題。一是民主建國的問題。而此兩者之間，在進行的程序上，我並不否認其緩急輕重之別。反共救國，有如救焚，一有差池，唯恐皮之不存，毛將安附！但在長遠的目標上，又不能不於此急則治標的同時，打開民主規模，培養民主力量。而我個人是堅信民主才是反共鬥爭的利器，在民主團結號召下所表現的全民一致性，才必然可以掌握形勢，爭取勝利。猶憶對日抗戰時期，昭示着一面抗戰；一面建國，所以人心振奮舉國一致，所以當時「地無分東西南北，人無分男女老幼」，同為神聖抗戰而犧牲，同為建國理想而奮鬥，八年之間，寫成了中華民族史實最光輝的一頁。如今面對反共救國和民主建國的兩大問題，爭取一次徹頭徹尾的總改革，更是理所應該。

先就反共救國的迫切任務來看，反共即是戰鬥，戰鬥需要嚴肅而機動的戰鬥體制，雖然在某些方面，應該表現一些異於平時的施為，但只要不背於立憲國家的基本精神，固不難獲得國人的諒解。我一生承認事實；同時也重視法理。我認為在國家艱危處境自生民以來未有甚於的今日，蔣先生以其北伐抗戰的功績，繼續担承此一反共救國的重任，自是適時的人物，這是事實。何況國民黨自辛亥革命以迄於今，經歷過五十餘年的苦鬥惡戰，北伐以來，軍隊由其一手指揮，政事由其一手部署，環顧現實情況，此一反攻重責，當然應由蔣先生肩負起來，此點我並不反對。不過承認事實之外；更有一點國民黨應該知道，憲法是國家的根本大法，未可以因環境變遷人事牽涉而增訂臨時條欵，必須根據法理，衡量事實，計議一個合情合法的公允妥善辦法，才能適應時機。人們之所以耿耿於懷者，對人則以為失之於愛人以德；對事則以為影響了法治精神，成為過去，於此點亦不能無言。而在另一方面，當局者為「適應戰時需要而狃於故習或牽涉人事，因而對當前應興應革事實，却很少有克服的勇氣。譬如一個平時龐大臃腫的政府機構，依然原封不動的還到戰時的台灣，其運用失靈，甚致陷於癱瘓狀態，乃意料中事，十四年來迄未試圖予以調整或改進。論者或以為茲事體大，可能涉及憲法的規定。而此種應行改革的大事，則又何竟不在法理與事實兼顧之中，尋求解決途徑呢?!類此事例，均應重行檢討，總期達成適合此時此地的至善增界。

在反共救國的現階段中，國家利益重於黨派利益；公是公非，重於個人恩怨。縱然在國家大計上，仍然存在着若干歧見或爭論，亦宜本着相忍為國的精神，暫時保留，以待大陸重光之日，付之全國人民公斷。我認為自今日起，全國上下應一切為反共，一切為救國，才是當務之急。（下轉四版）

革命黨和民主政黨

孫寶剛

以往的中國人，對於「黨」這個字總是有一種偏見，什麼君子不黨啊，黨是尚黑啊！現在的人，對於黨也有一種恐懼的心理，和不懷好感。所以叫一個朋友參加一個社團很容易，叫朋友去參加一個黨，就相當困難。這是什麼原因呢？

依照中國的傳統，一個人學而優則仕，又匹夫以天下爲己任，可見中國人應該都是政治型的。易言之，應該個個都對政治有興趣的。而黨就是幹政治的一個團體，今天世界各國的事實擺在我們的面前，凡是一個人要幹政治，便須參加一個黨，那麼，照理中國人會個個參加黨去做政治的工作，爲什麼反而對黨有一種偏見呢？

在我想來，這恐怕是中了帝皇制度的流毒！在今天來說，每一個國家的政治都是非常複什的，不是一個人的力量可以找到妥當的答案的。所以在今天，個人去從政，作一名出類拔宰的名宰相的時代已經過去，須集許多人在一起，並且這許多人又須有着不同的知識經驗，大家分工合作來研究國家的各種政治問題，才能使國家的各種政治問題能有一套比較妥當的答案，這才能制定一套比較妥當的政策，作爲國家施政的根據。

並且一個國家之內有各種的人，對於政治問題的看法，即使是同一個政治問題的看法，也不相同的。所以可能，也是必然地，在一個國家之內，大別之，有幾套不同的看法，也就是說，有幾套不同的政策，各不相讓，都以自己的政策爲最好。所以現代的國家中，便必然地會有幾個政黨，祇少是兩個。而所有對政治有興趣的人，必然會參加了某一個政黨。

但這一套理論對中國古代來說，不很適合。中國古代是一個原始式的農業社會，天子垂拱而治，所以可以說政治是非常簡單的，再加上思想定於一尊，而思想是政策的根據，所以中國幾千年來歷朝的政策，沒有什麼不同，凡是依照孔孟之道去做的，其朝必興，反其道的必衰或必亂。一句話說，勞民傷財，是爲政者的大忌。所以說，政治要愈簡單愈好，農業社會的政治，本來已很簡單，再要去垂拱而治，於是更簡單了。而這最簡單的政策必始源於孔孟之道。所以根本不需要結成政黨，去分工合作的去制定政策，更不需要去向民衆宣傳，或教育民衆，使民衆接納你的政策。因爲聖天子在上，你的政策向聖天子上一道奏章，祇要聖天子採納便可去實施。反過來說，站在聖天子的立場上，當然也不願意其臣僕有組織而團結成黨，聰明的儒者便體會了聖意，便說君子不黨，黨是尚黑，換句話說，結黨的人，都不是光明正大的，却成了黑社會的人物。所以我說，以往的中國人對「黨」這個字沒有好感，是中了帝皇制度的流毒，也是當時的社會本質使然。現在皇制度已經沒有了，社會也變了，人們的思想和概念沒有變，那是無知，是非常可憐的。

以上是說明了以往中國人對於黨的看法。那麼，現在的人對於黨也有恐懼心理，和不懷好感，不願參加，爲什麼原因呢？在我想來，這是中了不民主的流毒！

中國的政黨歷史，可說起自清末的同盟會，一直到今天的國民黨，共產黨和民青兩黨等。在這短短的不到一百年的政黨史中，所有的黨都具有兩種性質，第一是對當局的不滿，甚至是痛恨，有非把當局者打倒不可的同仇敵愾的心理基礎。反之，當局者對於在野的這些政黨，也時時加以壓迫，甚至屠殺的。所以中國的各政黨都是些革命黨，並不是英美各國的民主政黨。凡是一個革命黨，爲「在暴政下生存和打倒敵對的政權起見，必須要秘密，要有紀律，時時要去冒險做許多暴烈的行動。因此對於每一個黨員要求以身家性命來保障對黨的忠誠，一經入黨，原則上便不能退出黨，假如有叛黨的行爲的話，黨的主持人便不許可其生存下去，而派出自己原來的同志去屠殺他。即使沒有叛黨的行爲，因爲須有嚴格的紀律，許多黨員對於時時須去做暴烈的和冒險的行動，也時時提心吊胆。我在年輕的時候，那時國民黨北伐才成功，改用青天白日滿地紅的旗子爲國旗，而那時我們仍主張用五色國旗爲國旗，所以要秘密地在晚上去全城的各街道上貼以五色國旗，當時命令我和幾位同志去國民黨市黨部的大門上貼以兩張六平方尺大小的五色國旗，而那時國民黨的氣炎高張，逮捕或殺戮，任意施爲，市黨部的門口，有站着裝有刺刀的武裝士兵在守衛，要去貼兩張這樣大的五色國旗，是不很容易辦到的，我們總算沒有失敗，居然貼了上去。但是叫一般人去幹這樣的事，恐怕是有些爲難的，但是拿一個革命黨來說，殺人放火，拋炸彈，是常有的事，所以一般人雖有愛國之心，有着濃厚的政治興趣，但對於入黨總是有些恐懼而裹足不前了。

再進一步來說，我們無可諱言，所有的黨都沒有辦好，儘量他們唱的是爲國爲民，要求民主，連共產黨也沒有例外，可是一旦執政，甚至參政，便不守諾言，倒行逆施，不亞於他們以前所要打倒的政權，以現在的共黨來說，那更是史無前例的不把人民的生命當作生命，人民的幸福當作幸福，所以有志之士，頭腦稍爲簡單一些的，對「黨」這個字，便不懷好意了。

其實這種心理是完全錯誤的。我們不能因噎而廢食。不過，須得補充一句話，今天依照歷史家的研究，一個國家之內，不管執政的人怎樣壞，是不宜用暴烈的革命手段的，正如國家和國家之間，不管怎樣敵對，不宜於用戰爭作爲解決的手段的。

所謂政治不良意思即是說，當局者沒有把人民當作人民，把人民的幸福當作幸福，但是如用暴烈的革命的手段去解決，其破壞性是非常利害的，一旦革命雖然成功，整個國家的政治，經濟，社會的命脈，常常被破壞無遺，不要說革命黨的主張不一定完全對，即使是完全準確的話，要去恢復因爲革命而破壞的一切，很不容易，歷史上有許多例子，革命雖然成功了，但人民却更窮困，會更吃苦，這不是與革命的初意大相逕庭麼？現在的趨勢，大家以爲改革比革命較爲準確。今天的一個國家，千頭萬緒，非常複雜，假如人民眞正覺悟，主張改革，（當然連軍人也在內）執政者決計無法控制和維持其政權，所以今天的黨應該是民主的黨，主要的是研究準確的政策，不厭煩的去喚醒民衆，組織民衆。到了大多數的人民都醒覺了，不難改革政治的，黨的組織果然需要，但不須以身家性命來維持鐵的紀律的。我們還是應該注意黨的領導層的品格智慧和才能，繼續不斷去喚醒民衆。這樣做，果然在時間上要拉長一些，但是流毒少，一人也容易來參加。一旦成功，當局不會再蹈覆轍，即使仍舊壓迫，究竟不會太慘毒。

國府至今還不出兵嗎？

悼甘迺迪之後的一個切感

謝扶雅

美國甘迺迪總統於十一月廿二日中午在達拉斯城受市衆歡迎時突被暗殺的槍聲，驚醒了全國人民對國際共黨醜惡鄙卑陰謀的無限憤怒。而這自供爲一向憎恨「帝國主義」之馬列信徒的兇手，竟於擊死甘迺迪不過四十八小時內，由警署移解本城監獄之際，又被一個當地夜總會的老闆混入警署而當場狙擊致命；顯然旨在滅口。儘管從法律的立場，這大疑案的陰遠背景及根源，恐永未能水落石出。然甘迺迪總統之慘死於以「恨」及階級鬥爭爲人生觀的馬列主義者血腥之手，則已爲天下人有目共睹的事實。兇手出生於失父的寒苦家庭，年少時即浸淫於共產主義書物，在海軍陸戰隊服役三年，不知從何處得來了旅費，而跑到蘇俄工作者亦三年，娶了一個俄婦而回；近在達拉斯城作一書舖店員，而身懷手槍（拒捕時即擊殺了警察），又買得高度描準器的機槍，隱藏在堆書的倉樓上。這樣的行徑和經歷，固不必親口招認爲國際共黨的鷹犬，而情跡已極顯然。總之，他是百分之百地充滿所謂無產階級意識和仇恨的一顆炸彈！

因此，我不能不馳想到在大陸中共統治，馬列主義日夜洗腦之下，已養成了這樣的無數炸彈；而每日出生及成長的幼嫩的心靈，又被天天泡製在狂熱階級仇恨的大鎔爐。六億人口中，總有一半像狙殺甘迺迪那樣歲數的青年。這樣，又何怪乎毛澤東能誇口大陸有的是精神的核子彈，又何怪乎他會惹起國際上黃禍論之響徹雲霄。我們不必從世界人類禍福來預測中共於一九七〇年造出眞正核彈以後的世運，單從炎黃胄裔——其中特別是青年人，目前在大陸所受自晨至夜的魔鬼教育來看，就已無法可忍，讓其長此殘酷地狂搞下去。即使明日立能把大陸光復，而這億萬千已被毒化了的青年及兒童，將如何收拾及再教育？喪失了民族精華的一個民族，將如何重立新邦？？這是何等迫不及待的一個嚴重問題！

不容說，流亡在海外的中國人和全球華僑，自然個別對大陸同胞應更負起援救的義務，但我們本有一個正式的中華民國，而退守台灣瞬屆十五個年頭的國民政府，固日夕宣言以反攻復國爲使命。尤其是曾冒違憲之大不韙，以取得三屆連任總統的蔣先生，亦只有從及時復國的責任感，才可乞恕及見諒於國人。然而反攻的時機，一而再，再而三地錯過，到了今日，還只以十幾、數十人所組成，實在起不了作用的游擊隊去沿海騷擾一下，來掩飾所謂發動反攻；內心却只期待着大陸有大規模的起義來歡迎國軍去「接收」。我們斷定，大陸軍隊自有其響應倒毛的可能，但必須至少等國軍實行登陸，收復一兩省之後，而且還要國府在政治改革上的新作風，爲如何。其實倡導設立孔孟學會的蔣先生，應該知道孔子所編訂、所講授的書經裏，和孟子多次所引用的「弔民伐罪」，「仁義之師」，「湯以七十里」，「文王以百里」，「一戎衣，天下大定」這一些話。本來搶救同胞出水火，何得有片刻躊躇踟躕之餘地。

倘是在實際上，有不少關於出兵的問題，如運輸，物資，與糧食接濟等等，必須仰給於美國的，則本「爲民請命」的心情，跟美國當局熟商解決，今日正是最好的時機。美國過去對蘇共和中共，誠然有若干安撫及姑息之處，但如上述，全國愛戴的元首，一剎那間遽遭馬列主義的毒手。她本是基督教國家，素奉耶穌之愛爲人生基本態度，但現在已深悟「愛」與「恨」不能兩立，理性與暴力決不相容。所以打鐵趁火熱，負國家首先重責的蔣先生，何不親自出馬，來華府一作懇談，甚至效包胥秦庭之哭。這種出於救世救民的惻怛之誠，且同爲了中美雙方的切身利益，應毫無所感於卑禮或卑躬。美國今且出售大量小麥於蘇聯，豈有反不接濟糧食給盟邦的情理。美國爲解放黑奴而發動南北內戰，且林肯總統曾以此而殉身。今於其甘總統公忠爲國而犧牲之際，正所謂「同仇敵愾」，對中國本身拯救國內同胞的義戰，能無同情及援助？

問題的關鍵，仍在國府當局的誠心與決心，並眞正懷有天下爲公的信念，而放棄一黨專政，排絕小圈子包辦的私心。倘以誠信仁愛與海內外國人相見，即不難步武湯以七十里，文王以百里而王。而況對付這正搖搖欲墜中的毛共。爲馬列仇恨所狙殺的英勇甘迺迪，已贏得了本國及世界反共人士的同心激勵。死有重於泰山，死有輕於鴻毛。素稱獻身反共的蔣先生，能不以其最後生命，身先士卒，慷慨西征，而向中華五千年歷史傳統作交代嗎？

五二、一一、二六自美東

變節美兵貝姆談大陸十年見聞

張知遠

韓戰時，曾有一部份美國兵被中共所俘，在被俘的美國兵中，又有少數人傾向中共，不願回到美國，而願留在中共，接受共黨思想，甚至為中共工作。但是，經過十年之後，這些原本願意留在大陸幫忙中共工作的美兵是否仍然對中共有好感呢？答案却是否定的。事實上，他們經過十年來親自在大陸的生活體驗，他們再也不認為共產主義社會是天堂了。他們已改變原來的親共態度，從而响往自由。貝姆是這種改變的典型例子之一。

貝姆是韓戰時的一個美國兵，他曾經傾向中共，因而在中國大陸的中共統治下參加工作，甚至和中國女人結婚。他被中共分派在山東濟南工作多年，直到本年八月二日才偕同他的中國妻子及三名兒女從中國大陸渡過中英邊境之羅湖橋經過香港而回到美國。下面所介紹的便是他回到美國後所談的中共實況。原文載於美國星期六晚郵報。以下是他十年來在大陸所見所聞之簡述：

「一九五四年二月，貝姆和另外二十個美國變節者，穿上了平民的服裝，他們乘火車離開北韓，經過工業化的東北，到達山西省的太原。

「在受過六個月的訓練後，這批美國人中，有些被送到北平的學校中去，少數被送到農場，貝姆和另外五個人，被派到山東省會濟南一家造紙廠，貝姆說：『事前沒有人跟我商量，我不知道我在一個造紙廠做什麼，也不知道濟南在什麼地方。』

「貝姆和他的同伴於一九五四年八月到了濟南，並被帶到山東造紙廠，他被指定作為一個電氣匠。

「這些美國變節者過着孤單而沒有安慰的生活，及沒有女伴，貝姆則因結婚而解決了這個問題，經由廠內工人給他介紹當地一個苦力的十八歲的女兒徐英，一九五六年三月，他們同去一個登記處，簽署了一些文件，草草地成為夫妻。

「貝姆和他的妻子，由廠方供給，住處是一座磚房，內有單人房，食水要到一百碼以外的公共用水處去取，廁所則為在地上挖的一個洞，由好幾個家庭共用。

「回憶這一段期間的往事，貝姆提到他的主要苦惱，是他曾要求進學校，但被拒絕，他也曾要求調換工作，共黨當局則似無法為他安排而拒絕，貝姆對於命運的承受，類似環繞他週圍的中國人民說：「如果以為共黨僅用恐怖與長懼來統治人民，這是錯誤的，他們很聰明，他們對付人民的方法，就像你餵一個不消一下子吃完一碗飯的小孩一樣，你會說『只吃一口』吃了一口以後，你又餵他一口，這樣，他很快就會吃完，這就是共產黨的辦法，一點一點來。」

「舉例來說，在一九五零年以後，這一時期，糧食配額似尚合理，共黨從「配額」，祇稱『計劃』，過了這一段時期，共黨總部在工廠住所內，大肆搜查，發現了一些飯屑，當廠內工人開會時，他們把這些飯屑放在桌上，並指為浪費。

「貝姆說：『一個黨員站了起來，並要求減少他的食糧配額，於是每一個參加開會的人，也被要求向他看齊，在經過一番討論後，共黨幹部即起立，對配額作一決定，你不能反對，以免在大家面前丟臉。所以，你祇有接受這個配額，幾個月以後，在另一次開會時，『計劃』再被提出檢討，共黨幹部又會拿出飯屑，並說這是浪費，而你也祇有同意減少你的糧食配額。』

「在大躍進到達高潮時，工作的速度加快了，由於木漿和舊衣缺乏，使用野草的纖維或蘆葦、稻稈、麥楷等作為原料，機器開動的速度，也大為加快，從每分鐘出紙八十碼，增加到每分鐘一百五十碼，甚至有人建議，增加到二百碼或二百二十碼，使機器轉動更快，不久，機器受到損毀，甚至連廠房也受到震傷。

「沒有一件事比一九五八年九月開始的大煉鋼來得更騷動，」貝姆說，「共黨幹部告訴我們，如果每一個人都集中去煉鋼，中國很快就會富強。因此，我們把其他的事都丟開，在廠裏建造磚爐，為了供應煉鋼原料，廠房裏的散熱器也被拆下，投入洪爐，在整個濟南，共黨幹部要求居民獻出他們的鐵鍋和鐵壺。為了供應這個全面的煉鋼運動的勞力，成千成萬的農民，因可獲得較好的工資，放棄了耕作，婦女們包括貝姆的妻子在內，也參加了敲碎礦砂和煤塊的工作。整個地方都是瘋狂的叫囂，煉鋼爐到處建立，在夜間把城市照得通紅，而路燈因要節約電力而取消了，室內的燈光，也十分黯淡，每個人的工作，都緊張到了極限，工人夜間站在煉鋼爐邊，白天到工廠工作，經常發生各種意外事故，但是鼓聲或鑼聲一响，人們又趕去煉鋼，他們以能夠製出鋼鐵，而感到驕傲。此外，參加煉鋼工作的人，可以吃到肉類和較好的菜，我想他們幾乎是為了獲得較好的食物，而願意做任何事情，問題是人類和機器，都不可能堅持這種可怕的衝勁。最後，這個大規模的煉鋼運動失敗了，這樣煉出來的鋼鐵，極大部份因為太粗劣或太脆而不能用來製造器具，『大躍進』這種渾沌的經濟更糟，較原始的工廠瓦解了，交通失了常態，農業也被疏忽了，在這些人為的災難到達頂點的洪水及其他自然災害，也接踵而至，造成了物資的奇缺。

「貝姆說：『當生產慢慢下降時，共黨幹部說，我們的工作並不辛苦，不需要吃這麼多，因此糧食配額被削減了，接着各種東西都變得十分稀少，衣服，牙膏肥皂，鍋壺等等，都沒有用的了。』

「一九六〇年初，糧食配額，降到延續生命的最低限度，一個普通的工人，每天只有一磅粗糙的玉米，小米或紅薯粉，除了一點蔬菜，魚肉類全無。

「不可避免的黑市，應運而生，農民把他們從人民公社偷到的穀物和蔬菜，在夜間小心翼翼地運到濟南出售，由於糧食缺乏的情況愈趨惡劣，乘機漁利的中間人，代之而起，物價也跟着飛漲，貝姆說：我曾付出全日的工資，為孩子購買一些蘋果。

「在一九六〇年至一九六一年的冬季，濟南一般人民在飢餓線上掙扎，他們湧往四郊，覓取可以食用的野草，樹葉和蘆筍等充飢，民兵守衛田間；對於偷摘作物的人，即開槍射擊，而飢餓而發的疾病，如水腫病等，普通蔓延，貝荷姆回憶說：他所在的工廠中的工人，至少有一半為手臂和足踝的腫脹所困擾。

犯罪的比例，急劇增加，濟南充滿了小偷，在農村地區飢餓的農民，挺而走險，攔劫路人，並伏擊貨車，飢民甚至向類相食，貝姆說：這件事，從未在報上登過，但是在一九六〇年的一天早晨，情況很糟，街上貼滿了傳單，敘述一個飢民如何殺了六個小孩，吃了他們的肉，並把多餘的出售，後來我們看到了這個人，他被雙手反綁，裝在一輛卡車上遊街，一個共黨幹部在大聲指述他的罪狀，最後押到郊外槍決。」

以上是貝姆在大陸十年對中共的真實觀感。他所說的一切，當然都是真的，一點也無虛假。事實上，共產主義和共產黨人往往總是很誘惑人的。沒有接近過它的青年人，尤其容易被它的宣傳所迷惑，但真正接近過它的人，尤其真正被它統治過的人，却立刻醒悟。貝姆就是一個典型例子。他之所以由紅色變白色，他之所以由親共傾共而反共，豈是偶然的呢？

透視中共第二屆第四次全國人代會

劉裕畧

據中共新華社十二月三日北平電：「中華人民共和國第二屆全國人民代表大會第四次會議今天下午閉幕」。

新華社又說：「在今天的大會上，通過了中華人民共和國第二屆全國人民代表大會第四次會議關於一九六三年國民經濟計劃和一九六四年國民經濟建設計劃，一九六三年國家預算和一九六四年國家預算初步安排的決議」。

中共所謂全國人民代表大會，原本規定一年一度舉行會議，其職權且經中共憲法規定是全國最高權力機關。但因為這不過是中共的一種御用工具，中共根本就不重視它。所謂憲法上的最高權力機關，不過是欺人之談。它根本不能與英美等民主國家的國會相比，它也根本不能代表民意。何況，中共政權是以武力起家，佔據大陸以後，亦以武力進行統治。今日大陸惟一最高權力機構，乃是中國共產黨，乃是中國共產黨的中央委員會政治局及中央委員會主席毛澤東，所以，所謂全國人民代表會便形同虛設，用以偽裝門面而已。

最滑稽的，也是最諷刺中共自己的，是這一個所謂全國人民代表大會既已經由中共憲法規定，每年應該舉行會議一次，但一九六一年中共竟未宣佈理由即將該會停開，由此可知，即在中共心目中，亦對它異常輕視。

再以今年的所謂全國人民代表大會來說，原應在每年春季舉行，但中共亦在未能說明理由的情況下，將該會舉行的日期一再延期，一直延到十一月十七日才正式開幕。

中共人代會絲毫不能代表民意，絲毫沒有民主氣氛，更從開會的情形可以反映出來。這情形是中共在舉行人代會時，竟無代表發言，質詢，而只能對中共歌功頌德。且只有中共領導人的官式報告。這就可見中共所謂全國人民代表大會連北洋軍閥時代曹錕賄選的猪仔議會也不如了。

尤其滑稽的，尤其諷刺的，是中共憲法明明規定中共所謂全國人民代表大會有決定國家經濟計劃及批准預算決算之權。那末，事情很明白，假如未經這一人民代表大會批准，便依法應該沒有經濟計劃沒有預算和決算之事了。假如有之，也一定是非法的了。但是一九六一年既未舉行所謂全國人民代表大會，中共却仍有一九六一年的經濟計劃與預算，試問這些所謂一九六一年的經濟計劃與預算又是怎樣來的呢？人民代表大會中竟無一代表敢對此提出質詢，這就可見中共刀鋸斧鉞之下，誰也不敢多開口。

在本年十一月十七日開幕至十二月三日閉幕的這一次大會也極荒唐。一九六三年的時日已經只餘二十幾天就完了，但中共一九六三年的所謂國民經濟計劃及一九六三年的所謂國家預算才提出來，那末所謂「通過」云云，究竟是怎麼一會事呢？假如真如中共憲法所說，所謂經濟計劃及預算應在事前經過所謂全國人民代表大會的批准，那末，中共政權在今年一月至今年十二月三日該會通過前的經濟計劃及預算究竟是根據誰的命令來批准呢？中共憲法既未規定全國人民代表大會之上還有更高權力機關，那末，即使站在中共憲法立場來說，難道中共政權這一年來的一切經濟計劃及預算不是非法的嗎？

至於這一屆中共人代會只能對一九六四年度的國民經濟計劃及一九六四年度的國家預算作「初步安排」，那當然更說明中共政權本身對明年的一切也無把握了。

黃啟瑞貪污無罪，官復原職

獨清

（台北通訊）黃啟瑞在台北市公共汽車管理處和市民住宅興建會的兩大集體貪污案，自經高等法院改判無罪後，決心競選下屆市長的市議會議長張傳祥即積極發動擁護他官復原職的運動。其中的原因並不是由於張黃兩人的關係特別密切，更不是市議會確信黃啟瑞復職後對於市政建設或市民福利能作較好的貢獻；而乃是藉此將代市長周百鍊擠下來，使他不能再利用代市長的優越形勢，在國民黨內爭取提名。

周黃的宿怨

黃啟瑞當年爭取國民黨提名爲台北市長候選人時，周百鍊曾和他競爭甚烈，後來他雖然獲勝，而周却也因而做了台灣省政府的委員。爾後不久，周奉派督導全省環境衛生，在工作報告中，把台北市的環境衛生列爲全省最壞的地區。黃啟瑞當時即認爲周有意揭露他的毛病，藉以報復競爭提名失敗的一箭之仇，於是心存忌恨。迄黃啟瑞的兩大貪污案相繼爆發，台灣省政府即予以停職處分，並派周爲代理市長，黃啟瑞更懷疑周有推波助瀾之嫌。黃周交接之日，黃又認爲周有故意使他難堪之處，因此恨上加恨。以故一經張傳祥的策動，黃啟瑞即頓起復仇之念。但最初尚恐「上級」不諒，招來後日的禍患，不得不以一種欲迎還拒的態態，聲言一爲「上級」之命是從，並不敢輕率的自請復職。自經市議會決議，促請復職後，「上級」並無不悅的表示，他終於鼓足勇氣，於十一月三十日具文向省政府民政廳申請復職。並發表一篇書面談話，自稱是承萬千選民的關懷，有很多人還責備他在法定的任期未滿以前，爲了自私的打算，應該復職而不申請復職，是違法行爲。他才覺得如不申請復職，實在對法令無法交代，所以提出申請云云。

招待記者喜氣洋洋

黃啟瑞申請復職的呈文到達台灣省政府後，即由民政廳簽奉黃杰批示，准予復職。此一消息傳到台北，黃啟瑞不及等待接到省政府的命令，即提前於本月六日下午在家舉行記者招待會，並喜氣洋洋的讓記者拍照。他說，他復職後，將首先做到便民，整整風氣和提高行政效率；至關於物質方面的市政建設，因任期祇餘五個多月，很難發揮，但他仍決心盡力去做。

至於黃啟瑞之妻黃朱金鳳，報紙上近來沒有她的消息。有人推測，她對黃啟瑞必然十分抱怨。因爲他不但被改判無罪，而且官復原職；但她則仍被判有罪，應服徒刑，雖然緩刑一年；但身負一個貪污罪犯的惡名，怎好再去享受台北市第一夫人應得的種種便利和榮譽？尤其是黃啟瑞在被改判無罪後，多次稱頌法律的公正。這無異是說，她的被判徒刑也是公正的。既然如此，她今後還有什麼臉出去活動？可是，也有說，他們夫婦兩人共同貪污，所得的錢財當然也是共同享受，祇要黃啟瑞能從新得勢，她雖然失之東隅，仍舊可望收之桑榆的，她又何樂而不爲？至於身負貪污之名，那更是小而又小的事。因爲在家天下的台灣，原就是笑貪不笑貪的。

統治者的御術

從黃啟瑞被提名爲台北市長，忽而又被控貪污，判處重刑，如今又改判無罪，官復原職的經過看去，海外讀者也許會懷疑當權派爲何愚昧至此，竟致自毀政府的聲譽：今日既然要將他改判無罪，並使其官復原職，爲何當年又要判他有罪而令其停職？他如果沒有貪污情事，爲什麼又要指控他犯了兩大集體貪污案，而且牽涉甚廣，喧騰中外，使政府的聲譽受了嚴重的影響？實則稍悉台灣內情的人們都知道這正是統治者用人的秘訣；祇要你一心一意的爲一人一姓做忠貞分子，不但可以升官，而且可以貪污無罪。反之，假如你一不小心，被疑爲不忠貞，不但要立即失去所任的職務；而且還要被加上種種罪名而身繫囹圄；最輕的即是以貪污論罪，重的可能還要以匪諜或掩護匪諜論罪。這就是黃案的經緯。至於說到政府的聲譽，統治者從來就不注意的。因爲時至今日，最不名譽的事，莫過於家天下的主義，他們尚公然爲之而無所忌，何況其他？

我對於籌組「反共建國聯盟」的看法

羅永揚

（上接第一版）如此一目標不能確立，則將來更屬渺茫，此爲常識問題，毋待申論。但是眞正有效的合作，必須置於共同願望與共同目標的基礎之上。於此，我鄭重的提出以下的要求，作爲團結合作的有力保證。

第一；建立精簡的戰門體制，在政治、經濟、軍事、文化、總體作戰中，發揮高度的靈活性與機動性。同時；應起用新人，以與此新體制相配合。國民黨執政三十餘年，照說應該培養了不少的後起之秀，若能愼選重用，則一個活力充沛朝氣蓬勃的新陣營，固不難一新耳目。

第二；從速採取反攻行動，除了選擇有利時機和具備有利條件進行大規模的軍事反攻外，政治反攻，經濟反攻，文化反攻應立即有計劃的展開。而不應只限於軍事。

第三；樹立民主自由的楷模，先應就治權所及的地方做起，於推行地方自治之中，着重自由選舉。並確切給予人民以人身、居住、遷徙、言論、集會結社自由的保障。尤應於台灣一省首先造成，纔可以激起海內外人民的景從和嚮往，更無須俟諸收復大陸之日。

第四；扶助海外華僑有關經濟教育福利事業，並應由靈活的外交方式，改善僑胞與僑居國間的關係。華僑僑居海外的總數，約在一千五百萬人以上，超過台灣人口的總和，其熱愛祖國之至忱與貢獻並不後人。政府如何培養和壯大此一眞實的力量以與台灣基地互相聲援，此又爲反共救國運動的迫切任務。

第五；加強外交活動，解脫反攻行動在外交上的一切約束；並爭取國際同情和支援。尤其是對美外交，應重行檢討有關中美聯防協定中之涉及反攻部分者。我們必須堅持反攻屬於內政問題，不受任何干涉或阻擾，並且要具有充分理由要求美國站在共同反共立場，履行其道義和物資的援助義務。

再就民主建國的長遠目標來看；現代政治思潮和海內外人民的願望，都已表明中國必須走上民主自由的康莊大道。民主自由的具體表現，就是確守中華民國這一部完整的憲法。據國民黨九全大會宣言，闡明了「預期軍事反攻勝利之日；及早舉行普選，改組政府，那就是憲法重光時期。大陸同胞的生命財產和一切自由，也就同受憲法的保障，共進於民主法治的境地」。國民黨既有此諾言，敢相信其對民主自由確有進一步的了解。但願執政者應從即時即地起，將這部憲法的基本精神，體現於實際行動之中。並且看守這一部完整的憲法，以俟大陸收復之後，全國一律進入憲法之治。即或憲法應有補充修改之處，亦應交由經過普選產生的代表全民的新國民大會，斟酌當時社會變遷的情形和人民的實際需要，爲適當之補充與修改。憲法以外的任何臨時條欵，祇是非常時期的一種非常措施，若用之於平時，則很難得人民的同情和遵守。

凡是一個民主的現代化的國家之建立，總應特別重視兩件民主建國成敗所關的大事，一是黨派退出軍隊；一是黨派退出學校；前者所以促進軍隊國家化；後者所以促進文化思想的自由發展。而此二者確是民主建國成功的鎖鑰，不能取得這個鎖鑰，民主之門，終將可望而不可即。中國近半世紀以來，造成國家混亂的最大根源，即是軍權與政權的互相倚從，誰掌握了軍隊，誰便掌握了政權。衡諸現代國家，無一有此惡例。我認爲促成軍隊國家化，是民主建國的前途所關，必須在不慮控制的自由環境之下，實行自由選舉，以決定政權之更替，才能體現民主的實質。再則黨性教育，無可否認的成爲青年思想的桎梏，自由文化生長於自由土壤之中，近代學術之發達，科學之進步，皆由思想自由的果實。過去黨性教育的推行，已經不能適存於今日的時代，必使任何黨派撤離於學校之外，保持文化思想的自由發展。我認爲自由發展的文化思想，由民主建國的精神所寄，必須培養自由文化的動力，作爲政治民主的推進器，才能保持民主的勝利。反共救國事業，經緯萬端，我只能就此述其梗概，希望能引起朝野人士之注意。

最後；我尚有欲言者，「兩個中國」的陰影，在國際姑息主義者的意念中，並未完全消逝，因而必須從事實上粉碎「兩個中國」的迷夢！舉凡政府一切措施，應從全國範圍全民利益着眼，固不能自圍於台灣一隅。此次國民黨決定籌組反共建國聯盟，從其主旨來看，似乎是一種全民性的結合。較之以往有關全民團結反共的措施，確是邁進一步。倘在執行上不能符合原旨，則恐流於形式主義，尤慮失之空談無補，其未來發展如何，吾人當拭目以待。

基隆市公車處也發生集體貪污案

侵吞票欵百餘萬元，處長課長多人被扣

宣平

（基隆通訊）繼黃啟瑞在台北市公車處的集體貪污被改判無罪之後，基隆市的公車處也發生了一件集體大貪污案。據省財政廳，交通處和主計處派往基隆查案的人員透露，基隆市公共汽車的各種車票向由中央印製廠整批印好後，交市府監驗委員會保管，車管處按照實際需要，塡表向檢驗委員會領取，檢驗委員會即蓋印發給。車管處處長張民串通秘書洪西岑、總務課長潘廼柏，票務股長馬世英，股員潘以修等人將實際售出的票子以多報少，從中吞沒票欵，據已發現者，普通票短少五萬餘張，學生月票短少一萬九千五百張，其他票欵短少四萬七千餘元，貪污總數，可能在百萬元以上。

車管處在此以前，曾相繼發生福利社主任林文宗挪用公欵及興建辦公大厦招標舞弊等瀆職案，均在法院審訊中，處長張民，總務處長潘廼柏，工務員李建平已因涉嫌在後一案中被省府明令停職。

本案發生後，警方即將馬世英、洪西岑、潘以修三人扣押，馬洪兩人均供認共同舞弊不諱，但推說，所挪的票欵均交與張民和潘廼柏兩人。

張民在案發後，即未到車管處辦公，亦未至警局應訊，警方查悉他曾在案發之初約集潘等四人在家密議，因而嚴密注意他的行動，以防脫逃。本月四日，張民才到警局，自稱到案應訊，警方即予扣押。他表示願負行政責任，但堅決否認曾參預貪污及有潛逃之企圖。

總務課長潘廼柏於案發後，即逃離基隆，直至六日清晨才由警方在台北縣土城鄉捕獲歸案。據供，所得票欵，大部份均交與張民。警方曾令在押的五人對質，潘等四人均指着張民大罵，說他拿錢最多，却將責任推到別人身上，太沒良心。

據警方初步偵查所得，該案被侵吞的票欵大部份爲張民所得，潘廼柏祇得十二萬元，馬世英得十三萬元，潘以修得二萬四千元，洪西岑得一萬六千元。警方已握有分配贓欵的具體証據。

又據悉，張民在十二月一日獲悉已被另案停職的消息後，即約集潘廼柏等四人在家密議，會商彌補所吞票欵的辦法，各人均願吐出所吞的部份，惟張則以爲數甚鉅，無法吐出。最後決定由潘廼柏一人頂罪，張則負責潘家的一切生活費用。不料本案爆發後，馬世英之妻褚寶蓮及潘以修之妻李重香氣憤不平，挺身向警局作証，供出馬潘二人侵吞公欵的事，乃是張民和潘廼柏所示意，所得票欵的大部，也是交與他二人的。因而打破了他們的預定計劃。

又據本月六日聯合報載，本案還可能牽涉基隆市政府的高級人員。

中蘇共在世界和理會爭領導權

中共路線未能獲得支持 大會接受蘇共思想路線

綜觀

所謂世界和平理事會議原本是國際共黨的一個統戰機構，以往，中共與蘇共一直在這類國際統戰機構中扮演雙簧，但自毛澤東與赫魯曉夫發生個人權力衝突因而引致中共與蘇共發生衝突後，中蘇共在這類場合中便亦隨着發生爭執，不僅爭執而已，中共且一直在向蘇共挑戰，另外提出它的好戰路線，以打擊蘇共的和平戰略，以打擊蘇共之領導聲光，從而爭取中共自己在這類機構中的領導權。

就以往來說，本年七八月在日本廣島長崎舉行所謂反原子彈會議時，中共即已與蘇共在日本之該項會議上發生了衝突，因為在日本廣島長崎舉行的該項會議亦是國際共黨暗中操縱主持的國際統戰機構之一。但中共當時是在該大會中擊敗了蘇共而取得領導權的。但中共這一次在波蘭華沙舉行所謂世界和平理事會中與蘇共之鬥爭，則被蘇共擊敗。大會接納了蘇共之思想，而拒絕了中共的思想。出席這次華沙大會的中共代表團團長是廖承志，廖承志上週曾在大會上反對悼念甘迺迪總統。

茲僅將路透社十二月三日華沙電訊有關此次中共在該會的慘敗情形列後：

「中共的強硬政策企圖取得共產世界的支持，本日在共方控制的世界和平理事會中遭受慘敗。中共發言人猛烈抨擊蘇聯的政策，將表決延至午夜後，終無補於事。一代表謂該表決票數約為二百八十四對四十。

「本月初該理事會曾否決中共企圖取得蘇聯對該會的領導權的提案。

「該理事會通過反映蘇聯思想路線的四項報告，表示中共路線失敗。該四項報告為關於：（一）裁軍，（二）民族解放運動，（三）文化與經濟合作，（四）世界和平運動的未來活動。大多數代表（約有八十國共黨派代表參加）對該等報告加以鼓掌，但中共，北韓，北越，及一些印尼和日本代表則默然或不理會大會主席。

中共關於全世界民族運動關鍵問題的提案遭否決。據宣佈：關於全世界民族解放運動這個關鍵性問題，中共與蘇聯政策正面衝突。中共提出反對抗提案。提該報告的黎巴嫩代表泰北特宣佈贊成原報告（提案）的有八十二票，反對的十一票，另七票棄權，於是中共提案被否決了。」

今年曾一度來港 郭棣活又被迫害鬥爭

陳遠聞

郭棣活是廣東省的著名商人，十四年前，中共以武力佔據大陸，廣東淪陷於中共時，郭家雖有許多人出走香港，但郭棣活因業務關係，未及出走，中共認為郭棣活是較有人望的資本家之一，中共為了籠絡海外的資本家，同時亦為了欺騙華僑，所以中共便將郭棣活任命為廣東省副省長，實則人所週知，像郭棣活這種靠攏人士是不但毫無實權，而且還要隨時受到經濟壓榨及財產方面以至精神思想方面的清算鬥爭的。要想自由的進出鐵幕，要想單獨到香港來與家人聚一聚，除非有患病等特別原因，亦根本不可能。在中共控制底下的十四年中，郭棣活只在去年被中共批准來香港住了極短的時間，但因郭棣活在港期間洩露了中共的少許秘密，所以郭棣活回到廣州後，立刻被中共查問和清算。郭棣活不得已，最近只得在中共「全國工商聯合會」所辦的「機關刊物」「新工商」上面發表了一篇悔過式文章，再表示接受中共的洗腦與改造，「正確認識自己，決心加強改造自己」，是郭棣活文章的題目。郭棣活在他的自我檢討說：「……剝削工人是多麼醜惡，……既然自己過去是醜惡的資本家，今後只有加強改造自己了」。這就可見郭棣活名義上雖然是中共的廣東省副省長，實際上正受到中共的迫害。

大陸簡訊

陸聞

中共派人至巴挑撥印巴關係

為了孤立印度，為了打擊印度，為了籠絡巴基斯坦，中共是一直在挑撥巴基斯坦與印度之關係的。

最近，中共又派了一個負責中共財經貿易的主腦人物到巴基斯坦藉談貿易為名，而進行挑撥之計。這被派去的人便是中共「國際貿易促進委員會主席」南漢宸。

據印度時報駐喀剌蚩特派員十二月三日訊：「中共國際貿易委員會主席南漢宸本月一日在巴基斯坦之海德拉巴城舉行記者招待會時宣佈：巴基斯坦一旦與印度交戰時，中共將出面援助巴國。南漢宸之上述保証，當晚即由巴基斯坦電台廣播。南氏稱：中共與巴基斯坦現共同遭受印度之軍事威脅，而中巴兩國亦被迫以一部財力，用於應付國防。南漢宸係率領一個八人代表團赴巴出席第四屆亞非經濟會議者」。

從上述南漢宸之談話，可以很清楚的看出中共是故意在挑撥印巴關係，更把中共對印度之威脅，說成是印度對中共之威脅以欺騙巴基斯坦人，從而企圖使巴基斯坦人傾向中共，達成中共最後赤化巴基斯坦之目的。

中共在墨西哥開展覽會

對於中南美之滲透工作，中共一向進行不遺餘力。中共進行此項滲透工作之主要手段之一，則是貿易。

為了實現這一以貿易為餌之手段，中共現已定於十二月七日起在墨西哥舉行一個貿易展覽會。

對此，美聯社曾於十二月四日自墨西哥城發出電訊報導說：「中國經濟與貿易展覽會將於十二月七日在這裏開幕。展覽期連續三天，目的在發展對墨西哥之貿易關係」。

事實上，我中華民國僑居墨西哥之愛國反共華僑，為了維護自由，原本對中共在墨西哥舉行之此一展覽提出反對。但由於墨西哥當局糊塗，不了解中共之陰謀，故該中共展覽會竟得以舉行，殊屬抱恨之至。

周恩來與陳毅往非洲活動

為了擴展中共對非洲的陰謀，為了挽救和加强中共與埃及之關係，中共偽政權之國務院總理周恩來與國務院副總理兼外交部長陳毅已經前往非洲活動。

但因周恩來與陳毅之非洲行必須經過印度上空，為策安全起見，中共勢必取得印度之同意及保証以飛過印度。

茲據十二月三日新德里消息：印度外交部發言人星期二（十二月三日）說：印度已准許中共總理周恩來和外長陳毅在本月飛經印度前往非洲。這兩名中共領袖將乘坐英國和荷蘭的噴射機飛往，途中須經過印度」云。

毛澤東健康不佳但仍繼續見客

盛傳毛澤東健康不佳聲中，毛澤東仍在北平拋頭露面，繼續見客。據中共新華社說毛澤東曾於十一月廿六日在北平接見古巴詩人羅德里格斯夫婦。二十七日又接見中共人民解放軍全軍幹部會議及砲兵院校政治工作會議的全體人員云。

僑鄉近訊

鍾之奇

粵閩僑鄉行政區劃又有變更

自中共以武力霸佔大陸後，中共政權對大陸各省市縣的行政區域之劃分，已屢有更動。最可笑也是最把中共表現得低能而又胡鬧的事，莫過於中共常常把大陸各省市的行政區域今天這樣劃分，明天自我否定，顛三倒四，舉棋不定，又再作另外的劃分。最顯著的例子，是中共曾在中國大陸的中部新劃出一個平原省，但未隔多久，又把平原省撤消，平原省所屬各行政區仍劃歸河南省河北省等。

對於各省所割縣市行政區域的劃分，中共中央也屢屢有所改動，隨後又分又合，使人莫知所從。最近，中共又宣佈了一批各省市縣行政區域的變動情況，其中涉及我福建與廣東兩大僑鄉者則如後：

關於廣東省的部份：

一、恢復「惠陽專員公署」，惠陽專員公署駐惠陽縣。

二、將廣州市領導的佛岡縣劃歸韶關專員公署領導。

三、將肇慶專區的高鶴、新會、台山、開平、恩平五個縣和江門市劃歸佛山專區。

四、撤消欽縣，設立欽縣僮族自治縣，以原欽縣的行政區域為欽縣僮族自治縣的行政區域。

關於福建省的部份：

將南平專區的屏南縣、吉田縣和保安專區的羅源縣劃歸閩侯專區。

以上是中共最近這一次關於閩粵兩省廣東僑鄉之變動部份。而自中共控制大陸十四年來，以它這一次所變動的高鶴、新會、台山、恩平、開平等縣來說，這已經是不止一次的變更了。中共曾經一時把它們劃歸江門專區領導，一時又把它們劃歸肇慶專區領導，朝令夕改，形同兒戲。使佛山專區的僑鄉人民深感無所適從之苦，可以斷言，不久的將來，它又要再改的。

粵共叫僑鄉青年到荒原沙漠去結婚

婚姻是人生的一件大事，中國古語所謂男大當婚，女大當嫁，是一句極有理的名言。但廣東省共幹最近却反罵青年注重家庭生活是一種墮落。而迫使僑鄉青年到荒源沙漠去結婚，以便好好的做中共的奴隸。

對此，八月十日中共廣州出版的羊城晚報曾發表言論說有人以為「找到了情投意合的愛人，結了婚，建了個小窩兒，購買了精緻的日用傢具，或者還有收音機：下班回來，聚在一起，享天倫之樂，便是最大幸福」。羊城晚報說「這種幸福，顯然是受資產階級自私自利貪圖安逸享受思想的表現」。「有為青年應在祖國的高山深谷間，在茫茫草原和沙漠成婚」云云。可見中共平時口裏說要替中國青年謀幸福，實則全不為青年的幸福着想，而只專在奴役青年方面動腦經哩！

廣州共幹工作時間大玩撲克

許多天真的青年，總以為共產制度是比較有效率的，總以為中共幹部與工作的態度是比較認真的。其實，共幹的工作態度絕不認真，也絕不嚴肅，整個大陸的情況，固皆如此，這裏不妨把中共廣州羊城晚報最近刊登的一則消息作例：

廣州羊城晚報說：「光揚街辦事處有些幹部在星期三下午學習時間大玩撲克，嘈聲震屋，『鬥大』熱潮高漲，由三時五十分一直鬥到四時卅五分，整整超出工作時間三倍」，共幹愛胡鬧，真是驚人了。試問[illegible]自由世界工業已上軌道的國家，工人會在規定時間如此大玩撲克嗎？可以斷言，那是決不會的。

廣州巴士司機沿途嬉戲

凡汽車駕駛人原本都是應該專心駕駛以策安全的。但廣州的巴士[illegible]則常常一面駕駛一面嬉戲，置車輛及乘客的安全於不顧。廣州羊城晚報說：「九月八日上午十一時許，四路十五號公共汽[illegible]駛至西門口時，突然急刹車，有的乘容幾乎被摔倒，以為發生了甚麼意[illegible]一探問，原來是司機陳某，為了接十九路公共汽車一司機拋給他的[illegible]表演絕技，勞動紀律太差了」！共報且如此嘆息，其餘可想而知。

永珍的政治暗殺案

萬清

政變和暗殺充滿了近來的新聞，似乎成爲一種流行病，遠自美國，近至東南亞，都被暗殺的陰影籠罩着，要人們「風聲鶴唳」。這項卑鄙的手段一經被使用，便可能發生惡性循環，因爲被狙擊傷害的一方，往往便會以牙還牙的，施行報復。而在若干本來混亂的國家中，暗殺事件往往隱藏着嚴重的政治背境，引致更大規模的互相斫殺。像寮國的暗殺事件，便含有很濃厚的火藥味道。

劉安上校被刺

寮國中央情報局局長劉安上校，十二月五日午夜過後一時三十分，在距離他的寓所數碼的地方，被刺斃命，兇手在逃。但由於劉上校的地位，私人關係，以及當前的環境，和目擊者報告兇手的情況，顯然這是一項政治暗殺案。

劉安上校現年四十歲，法國軍校出身，是傅馬總理所屬的中立派人士，也可以說是總理的親信之一，他是少數有權直接向傅馬報告的一人。他爲人和氣，但因担任的是情報局工作，不免與其他派系磨擦，可是劉上校的表兄蘇哈旺將軍說：劉上校與人絕無私人恩怨，他的被刺，顯係政治暗殺無疑。

蘇哈旺將軍也是中立派人士，是傅馬總理的軍事參謀長，他指出此次暴徒行刺劉安上校的行動，是「有組織預謀週密的陰謀」。據街上目擊者說，劉安上校當時駕自用私家座車回家，在他車後不遠有兩輛吉普車跟隨着他的座車，人們也不以爲怪，但到達接近劉上校寓所地方，有另一輛吉普車迎面開來，強烈的燈光射向劉上校的車窗玻璃，當劉氏的座車受影響而緩駛時，吉普車上即發出一陣槍聲，劉氏當被射死車內。

事後查出劉氏的汽車一共中彈十八處，子彈有手槍、排槍、自動步槍。三輛吉普車上至少共有七人，都穿制服，但各車沒有看見符號或車牌。一輪槍聲過後，幾輛吉普車即乘黑夜馳去。

兇徒多人使用幾輛吉普車和自動步槍行刺，當不是一二人的兇手個別行動，也不是私人所能做到的大規模買兇的所爲，由於這集體的行動，可以判定，是某一派系的所爲，尤其是軍事人員的「傑作」。

暗殺案的追溯

劉安上校的被刺斃，已是寮國本年政治暗殺的第五次；以官階來說，他是上校級而被刺斃的第三人。最先是中立派李江將軍的左右手，康混上校被暗殺，地點是瓦瓶平原。其次，是左派外長科西納在永珍遇刺斃命。再下去又是李江將軍左右的重要人物，吉山納上校，也在瓦瓶平原被狙殺。另外的一人是川壙區教育官金孚芝。

科西納的官位最高，引起的風潮也最大。那次事後，左派人物幾乎全部退出永珍，並要「中立永珍」。康混和吉山納兩上校的被暗殺，則明顯地由於寮共分化中立軍而起，李江部的杜安上校叛變投共，先後就發生了康混和吉山納兩宗命案，他們兩人，是被共方指爲「反動、死硬」份子的。而就在拱一役，共軍與杜安的聯軍，自李江手中，奪得了整個瓦瓶平原的控制權。比較起來，這兩位上校的被暗殺，事件發展的後果並不比科西納案小，而且可以說是關係更大。無論如何，暗殺則是冤冤相報，而每一次暗殺，總是在寮國不能治療的政治創傷上，再度刻上更深重的創痕。

傅馬在轉變？

左翼退出永珍和奪取瓦瓶平原兩事，已成爲寮國不能治療的政治創傷。前者由於蘇發努馮的出駐瓦瓶平原的康開，形成一個康開政府，與永珍原來的聯合政府對立。共方奪搶瓦瓶平原及分化李江部隊「起義」，使李江部隊削弱及失去地盤，迫使李江與昔日的戰爭對手諾沙旺將軍的右翼接近。本來李江永珍叛變時，是自諾沙旺治下發動的，不久諾沙旺自素灣那吉反攻，光復永珍，把李江逐往瓦瓶平原，一度與共軍攜手，擁立傅馬於川壙，然後才成立「三頭馬車」的永珍聯合政府。但同床異夢的結果，暗殺先行發生，分裂繼之而起，而分裂的結果，就是戰爭。

在李江逐步失去瓦瓶平原當時，傅馬總理曾嚴令李江不得收復失地，信任他本人的談判政策。但傅馬會親赴康開與他的異母弟蘇發努馮談判，也無結果。兩個多月前共方派出新聞部長馮希率百餘名衛隊到永珍談判，不但談不出什麼協議，還由於他的衛隊向右翼軍開排槍射擊，被右翼大軍團團包圍，將予繳械。幸由傅馬及英蘇兩大使冒險調解，將左翼軍調出郊外，事始寢息。傅馬對此，對蘇聯表示感謝，認爲莫斯科支持他的中立政府，並派李江往訪蘇聯，竟獲蘇聯答允軍火援助；李江爲此特首次訪問泰國，向乃沙立元帥及乃他儂將軍，商允蘇軍火假道泰國運寮。李江所部自永珍叛變時，所攜的是美國軍火，在失去瓦瓶平原後，這一部份軍火已獲傅馬要求由美方予以補充完畢。李江在平原與共方合作時所獲蘇聯軍火，配件及彈藥則於平原易手時被共方截斷供應。傅馬及李江卻由外交逕向莫斯科得來補充。這種分分合合，昔敵今友，局外人也不易看懂。

中立軍克旺永

可是從這些線索看上去，似乎傅馬總理對於與共方談判，已逐漸感到厭倦。而由於共方對他的基本部隊中立軍李江的打擊，使他對左翼發言的力量減低幾至無效，於是使他回轉頭來，先行整補——要求美蘇軍火整補李江的中立軍。李江本人在瓦瓶平原被逐出後，以殘餘兵團在平原邊緣旺永郊外機場固守時，右翼軍卻在平原東部出擊及發動苗族游擊隊自東北部襲擾共軍後方，無形中與李江部成爲犄角之勢，減輕了共方對李部的壓力，李江對右翼軍又漸有好感，無形中逐漸消解宿怨，與右翼軍也逐漸接近。

經過站穩及整補後的李江，於十一月三十日反攻並克復旺永，這是自他在平原失敗七個月來第一次的反攻勝利，他的部隊且向旺永鎮外北向推進十五公里。中立軍奪回旺永後，共軍司令辛加浦立即致電李江，要求在雙方防地的無人地帶會談，但李江予以拒絕。李江認爲辛加浦雖號稱司令，但實際不過係寮共中委會的一個聯絡官，「並無決定權力可進行談判」，而且他已與共方談判數月了，並沒有談出一個頭緒來，所以於此時談判，殊無用處。

實際上共方對於旺永之失是殊不甘心的，因爲旺永是由南部進入平原的一個重鎮，雖然目下還看不出李江有收復整個平原的企圖，但這總是他重返平原的第一步。所以共軍退出旺永後，就在北面的芒馬西進行整編及補充生力軍，準備向旺永反撲。

被刺殺的中立派上校劉安情報局長，在刺殺前就是到中立軍辦事處舉行軍事會議的。這個會議自晚餐後舉行直到午夜，討論的問題雖屬秘密，但有武裝及特務在永珍的左翼，卻倒可能獲知若干內容，那麼劉安上校的遇刺，是與中立軍的軍事活動有關，而這暗殺事件，又是瓦瓶平原戰火再發的預兆。

·永珍通訊·

緬甸可能爆發內戰

·房文生·

緬甸局勢日益動盪，似將爆發內戰！

月前，革命政府主席尼溫自與反叛的「紅旗」、「白旗」共黨，撣邦獨立軍，及其他較小黨派舉行一連串會談而卒告失敗之後，政府方面，已進行大規模拘捕左翼份子，共達四百餘人；這正顯示出尼溫將軍已放棄了妥協政策，準備與共黨及叛軍「硬拼」。換句話說：緬甸的內戰，可能即將慘烈地展開！

尼溫於去年三月發動政變，推翻了宇努政權，並揭示出「拯救緬甸」的革命目標。他認爲宇努曩昔給予撣邦以更大的自治權，是無形中損害了國家的團結和統一，故此改變了宇努的措施。同時，尼溫對宇努的「解除外國貿易控制」是深表不滿的；但他也不同意與共產國家作過多的貿易。因此，他也立即宣佈：「繼續維持中立政策」，並派出代表以「不結盟國家」立場參加日內瓦裁軍會議。

尼溫的十七人革命委員會的內閣，除外長宇齊漢外，其餘全屬軍人。尼溫自兼國防、財政、司法三部部長，這是百份之百的獨裁作風。尼溫執政後，他的所謂「獨立社會主義」政策到底有甚麼成就？以目前緬甸的經濟情況來說，可以說距離其理想還是很遠。今年一月四日，緬甸慶祝獨立十五週年紀念時，尼溫雖重申「向社會主義途徑邁進」的政策，但其農工業的發展未能配合計劃，產品亦未符合水準，是以仍然需要外國經援，投資，貸款，而所謂「中立」，所謂「不結盟」，於焉變質。

以擺在目前的事實來說，緬甸不僅接受了中共的貸款，而且還跟中共有軍事協定，規定緬甸不得讓任何國家假道襲擊中共。顯然，這一「緩衝區」是中共以三千萬鎊貸款向緬甸換來。此外，中共並派了五十名以上的「專家」，到緬甸去，籌辦水電廠，樹膠廠，紡織廠；姑不論這些工廠將來能否建立成功，最低限度，它已反映出緬甸的所謂「中立」是蒙上了一層黑影。

至於政治和軍事，尼溫政府也未能搞好。更由於尼溫政府最近與「紅旗」共黨頭袖德欽素會談失敗，現已有跡象顯露「紅旗」共黨正準備聯同各叛黨武力，進行顛覆活動；而德欽素所首先發動的，當然是再加緊反尼溫的宣傳，並重新展開游擊戰。尼溫當然是知道得很清楚，德欽素的游擊戰是相當刁悍的；同時，他的危險幅度，是遠達北平。在這樣的態勢下，尼溫政府的對策，顯然是隱伏着重重困難。尼溫雖然業已下令全國軍民，對中共派在緬甸的工作人員保持警惕，並警戒「紅旗」共黨游擊隊爆炸橋樑，鐵路，及工業設備的陰謀，但對共黨的地下活動，尼溫政府所把握的情報尚感缺乏，要防範共黨游擊隊的破壞行動，實在並不容易。何況「紅旗」共黨的最大目的和最後目的，是要赤化全緬甸。在此相持的局勢下，目前顯已瀕於「攤牌」的邊緣。所謂「攤牌」，就是雙方兵戎相見；換言之，就是爆發內戰。

在內戰陰霾籠罩下，當地人士認爲：尼溫必須恢復前總理宇努的自由，並和統一黨攜手，加強政治陣勢，始能對抗共黨。倘若尼溫繼續與反對黨爲敵，則不啻在政治基礎上給予共黨以可乘之機，同時也是自己形成孤立，這祇有對共黨有利。反過來說，就是尼溫政府失敗的根苗。

最近被釋出獄的前宇努政府的部長、統一黨主席德金丹，已提出了一項統一全國、支持革命委員會的建議，他開列了五項原則：一、建立堅強的全國民主；二、不作政治戰爭；三、不容許外國資本樹立據點；四、不容許任何形式獨裁；五、信賴「合法權力取自人民」之原則。並強調聲言：革命政府不能浪費智慧卓越的政治家宇努的才能。這就是暗示着：一定要恢復宇努自由，並和宇努携手合作。

在今日瀕臨內戰關頭，且靜看尼溫對上述德金丹的建議採取怎樣的態度吧。倘若緬甸再爆發內戰，東南亞的危險局勢，當然也再加深了！

神話中的黃帝（三）

徐亮之

（二）孝經鉤命訣，帝王世紀作附寶，拾遺記作昊樞。（三）呂氏春秋貴公篇：「醜不若黃帝」。尸子（輯本）卷下：「子貢問於孔子曰：『古者黃帝四面，信乎？』孔子曰：『黃帝取合己者四人，使治四方；不謀而親，不約而成，大有成功，此之謂四面也』。」河圖握矩（繹史五引）：「黃帝名軒，北斗黃神之精，胄文曰黃帝子」。（四）參閱本篇附錄黃帝子孫解。（五）史記五帝本紀：「黃帝者、少典之子，姓公孫，名軒轅。」（六）帝王世紀：「（黃帝）居軒轅之邱，故因以為名，又以為號。」關於軒轅邱之地望，辭海謂「故址在今河南省新鄭縣西北」；殆因今本竹書紀年言黃帝居有熊，史記五帝本紀集解引皇甫謐「有熊即今河南新鄭」為說。水經渭水注則引姚瞻說，以為「黃帝生於天水，在上邽（按在天水西南）城東七十里軒轅谷」。而山海經則舉軒轅之丘歸之海外西經；西山經則言其尚在昆侖之丘西千八百里。是軒轅地望實有河南、甘肅、新疆之三說。愚則以為証於註一所謂軒轅之台、軒轅之國、均祇能求索於新疆，則新疆之說實較勝。又北山經言軒轅之山「又北二百曰謁戾之山」；謁戾山，郭註：「今在上黨郡湼縣」。郝疏：「山在今山西樂平縣」。按樂平即今昔陽；位於昔陽之謁戾之山既在軒轅之山北二百里，則軒轅之山當在昔陽之南二百里河北山西交界之太行山中矣。顧愚以為凡此以軒轅名山、名谷、名溪（水經渭水注有軒轅溪）之地，皆應導源於新疆黃帝根據地之軒轅之丘或軒轅之國。黃帝之族乃依此故居東向以爭天下者；故居而外所以多以軒轅名地，其故要不出下列二端：一為黃帝之族曾據其地所自名，猶楚鄀江陵名鄀，後徙陳城，再徙壽春仍名郢是。一為後人紀念黃帝功德所追名，猶之禹娶塗山，而四川巴縣、安徽懷遠、浙江紹興均有塗山是。及後黃帝功業大弘於東土，西域交通中斷於中國，則中土之名益顯，而塞外之名轉晦；馴且膠膠擾擾以為黃帝即出生於甘肅、河南、或山東矣。（七）國語晉語：「黃帝以姬水成，……故黃帝為姬。」說文：「黃帝居姬水，因水為姓。」（八）五帝本紀：「黃帝：生而神靈，弱而能言，幼而徇齊，長而敦敏，成而聰明。」（九）鬻子：「黃帝十歲，知神農之非，而改其政。」依繹史五引，今本無。）（十）帝王世紀：「炎帝神農氏：凡八世：帝承、帝臨、帝明、帝直、帝來、帝哀、帝揄罔。」（一一）春秋命應序（繹史四引）：「炎帝號曰大庭氏，傳八世，合五百二十歲。」（一二）國語晉語：「昔少典娶于有蟜氏，生黃帝、炎帝。「後人遂或誤為炎黃同父同母，不知二人相隔已五百年，亦即不知少典、有蟜皆族名而非人名故。（一三）春秋元命苞：「神農三辰而能言，五日而能行，七朝而齒具，三歲而知稼穡般戲之事。」（繹史四引）管子輕重戊篇：「神農作樹五穀淇山之陽，九州之民乃知穀食，而天下化之。」淮南子修務訓：「於是神農氏乃始教民播種五穀，相土地宜，燥濕肥墝高下；嘗百草之滋味，水泉之甘苦，令民知所避就。當此之時，一日而遇七十毒。」（一四）帝王世紀：「（黃帝）受國于有熊。」史記五帝本紀正義：「按黃帝有熊國君，乃少典國君之次子，號曰有熊氏，又曰縉雲氏，又曰帝鴻氏，亦曰帝軒氏。」按所謂「有熊國君」，實即表示黃帝乃熊圖騰的部落酋長。（一五）帝王世紀：「炎帝都于陳，又徙魯。」按陳即今河南淮陽縣，魯指今山東曲阜。（一六）史記五帝本紀正義：「按黃帝有熊國君，乃少典國君之次子，號曰有熊氏。」集解引皇甫謐曰「有熊今河南新鄭是也。」（一七）管子五行篇：「黃帝得六相，而天地治，神明至。蚩尤明乎天道，故使為當時；大常察乎地利，故使為廩者；奢龍辨乎東方，故使為土師；祝融辨乎南方，故使為司徒；大封辨乎西方，故使為司馬；后土辨乎北方，故使為李。」按李、理同音通用，故「行李」與「行理」並見，「大李」與「大理」不分，說見段氏說文「李」字注。「大理」乃皋陶刑法之官，見禮月令：「命理瞻傷察創視折」注。（一八）見繹史五引論語摘輔象。（一九）見世本。（二十）見古史考。（二一）見管子地數篇。（二二）淮南子氾論訓：「古者有鍪而綣領以王天下者矣。」註：「鍪、放髮也。綣繞頸而已，皆無飾。」（二三）世本：「胡曹作衣」。「胡曹作冕」。「於則作扉履」。註皆作黃帝臣。呂氏春秋勿躬篇亦言「胡曹作衣」。唯世本又言「伯余制衣裳」（淮南子氾論訓亦言伯余初作衣）與「黃帝作冕旒」。易繫辭則言「黃帝堯舜垂衣裳而天下治」；大戴禮五帝德更言「黃帝斧黻衣，大帶、黻裳」。（二四）淮南子氾論訓：「古者民澤處復穴，冬日則不勝霜雪霧露，夏日則不勝暑蟄蟲蝱」。（二五）新語：「天下人民，野居穴處，未有室屋，則與禽獸同域；於是黃帝乃伐木構材，築作宮室；上棟下宇，以避風雨」。白虎通佚文：「黃帝作宮室以避寒暑；此宮室之始也」。（未完）

文聲集（五三）

叔雍先生以和蘇之作見示依韻賦呈

希頴

舌敝仍嘵嘵，寒氈少暇日。和蘇作紛來，驚歎惟合十。筳磬本同音，不知所從出。東坡千秋人，章蔡苦抵隙。南槎去逾遠，何用慨今昔。我視彼猶龍，一飛眞破壁。蹉跎坐耽詩，棄繻誰少日。衆口謏五子，謂繼南園十。聞語益自喜，繭縛不能出。身世兩何補，日月駒過隙。海涯檢平生，髮白惟勝昔。苦吟老冬烘，豈異蟲在壁？

寄題周懷璋青漪別墅

一鶴

頻年嵐氣未沾衣，相約移尊入翠微，一臥方驚秋病暑，重來已見柳成圍。試迴烟水青溪棹，為叩詩人白板扉。猶有山光還割取，碧雲深處引節歸。

點筆

前人

點筆猶餘節物新，看雲心事到殘春。坐憐肝胆生冰雪，肯使江山付劫塵？衆鳥喧枝爭自託，一花除我更誰鄰。樓陰未是天涯路，聽能朱絃不見人。

唐詩偶釋（二四）

鄧中龍

雲陽館與韓紳宿別

·司空曙·

故人江海別，幾度隔山川。乍見翻疑夢，相悲各問年。孤燈寒照雨，深竹暗浮烟。更有明朝恨，離杯惜共傳。

首二句題前反振，次聯轉落，一氣流奔。中聯寫館中情景，令人想見寂寥情事，所以反逼結聯。見得即此促膝共話時，亦且離情滿眼，況來朝又遠別乎！此全詩語脈。

前四句一氣呵成，略無停滯。五六一聯乃必有鍊句，方能鎮壓紙面。唐代大家，鮮不知此。律詩句法，此其一也。詩不可過於流麗，亦不宜偏於矜鍊。流麗之失，易流於淺近；矜鍊之失，易陷於晦塞。必也流麗之中有端莊，矜鍊之中有婀娜。然此固難為淺學道也。

首聯題前，末句題後，中四句寫宿館正面。相逢又別之詩，幾同一格調。李益「喜見外弟又言別」一詩，與此詩格調略同，學者可參閱。

盛唐五律，惟老杜外，王孟並稱。摩詰之詩，幽閒古澹，而理致極遠，故筆力內勁；襄陽之詩，淡而不幽，閒而匪遠，往往即事之句，流麗輕揚，有類口號。二家優劣，於此可見。然襄陽挾雄勁之才，御淺易之句，自有其縱橫自得之趣。雖不能與工部、摩詰爭短長，亦勝大歷諸公遠矣。大歷諸公，才遜於襄陽，偏效其淺易，既鮮幽遠之致，兼失閒澹之趣，而詩格乃陡降。盛唐之渾涵，至大歷諸公已成絕響。所見者生拚硬湊，卑易凡近，不可卒讀。邇巧思或間有佳句，第已失渾成之妙矣！間常以司空曙盧綸李益諸公所作相逢又別之詩考之，則知其來源或皆瓣香於孟襄陽之「過故人莊」。襄陽此詩，有來路，有去路，循序漸進，極便初學，然非詩之佳者。大歷諸公取法乎中，又幾何不流而為下乎！

中唐之詩，多巧句而鮮佳篇，是其面目也。司空曙之「乍見翻疑夢，相悲各問年。」李益之「問姓驚初見，稱名憶舊容。」盧綸之「路出寒雲外，人歸暮雪時。」亦刻畫入微，纖巧可喜。然前後章法未能扛起全詩，便失覺體芬芳之致。豈才力所限乎？抑時運使然乎？李杜而後，難乎為繼矣！

附：李益「喜見外弟又言別」詩

十年離亂後，長大一相逢。問姓驚初見，稱名憶舊容。別來滄海事，語罷暮天鐘。明日巴陵道，秋山又幾重。

陳風子治印

陳風子，別號瘦翁，浙江杭州人，鑽研金石文字凡數十年，為西湖西泠印社得前輩大家家法最深之浙派後人。本報今後將逐期刊載陳氏作品，以饗讀者。

餐經養年

求是山房

無量壽

應如是觀

憶陳果夫先生（四八）

宇人

立夫先生當選之次日，青年團的立委們又舉行會議，檢討失敗的原因，白喩主張應迫他辭職。事緣道德重整會在美國開會，立夫先生被邀前往參加。很多人不明該會情形，以爲他去美開會，必有相當長的時間逗留，因而那天在蔣先生的官邸激辯時，曾有人提出立夫先生既然即將出國，爲何還要競選立法院副院長。蔣先生顯然未加考慮，答以「他出國時可以辭職」。白喩即欲據此爲理由而迫使立夫先生辭職。我認爲不可。我說：「那天總裁的話並不能拿來做根據，因爲總裁當時曾要大家贊成立夫先生，但我們並沒有遵命行事。我們也就沒有理由要求立夫先生一定要單方面的遵守。同時，我們是第一屆的立法委員，我們在院內的行動，將爲以後的先例。立夫先生剛剛當選副院長，我們無緣無故的又迫他辭職，不但要引起種種無謂的糾紛，而且還將創下一個惡例，影響所及，實足以使我國的民主憲政，更難步上正軌」。我說了以後，白喩沒有再發言，此議也就作罷。

立夫先生赴美開會的前數日，楊興勳忽又來訪，他說：「立夫先生和他的夫人想請你和大嫂到他家便餐，陪客祇有我和內人，你去不去？」我答：「這還用問嗎？我反對立夫先生做立法院副院長，祇是不贊成他的某些作風，並非對他有何仇恨。他如請吃飯，我當然是隨請隨到的」。隔了一日，即接到立夫先生的請帖。屆時，我偕內子到立夫先生的公館，楊興勳夫婦已先到了。席間，立夫先生說他在立法院副院長競選期間，他曾到過我家。不過我迄未知道。這是我和立夫先生最後一次的聚會。雖然他由美國回來後，也曾出席立法院多次，但沒有機會和他聚會。

立法院的院長副院長選出後，蔣先生召集國民黨籍的全體立法委員到中央黨部舉行談話會，好多人都沒有參加，我也是其中之一。蔣先生提出以張羣先生爲行政院長，要大家支持。發言的人多雜亂無章，更有不少的人逕自離去。蔣先生也未俟會畢，即先退席。CC的立委主張用假投票的方式舉行選舉，以供蔣先生的參考。吳鐵城先生知道他們的用意，乃是反對張羣先生，因而在投票後不擬當場開票，但未爲參加投票的立委所接受。開票結果，何應欽先生得票較多，張羣先生見此情形，立即離京飛渝，以示決心不做行政院長。何應欽先生也謙遜一番。於是，蔣先生又提名翁文灝。

照常理言之，CC反抗蔣先生的決定而使行憲後的首任內閣胎死腹中，其嚴重性當然大過於我們僅反對立夫先生做立法院副院長；可是蔣先生對於他們則顯得頗能諒解，他們也依然處處自認爲是最能服從黨命和擁護領袖的忠實同志。祇有我們這些反對立夫先生做立法院副院長的人，則被指爲違抗黨命和目無領袖的叛徒。

此時，與CC有關的立委已組織了一個團體，名曰革新俱樂部。他們採用俱樂部名義的原因，是那天在蔣先生的官邸討論提名立夫先生爲立法院副院長之前，曾有人提出國民黨籍的立委是否可以組織俱樂部一類的團體，藉以聯絡感情，交換意見，俾使在院內採取一致的行動。蔣先生答可。雖然當時提出此議的人並未言明是集合有黨籍的全部立委而組成一個俱樂部，抑分別組爲若干個俱樂部，但蔣先生既已首肯，CC即搶先以俱樂部的名義，建立組織，以示並未違反蔣先生的指示。我們反對立夫先生爲副院長的立委們也覺得有組織聯繫的必要，因而也決定組織一個聯合座談會。張國興得此消息，即向美國發出電訊，並誇大其詞，稱說「我們已組成了一個反對黨」。此後，吳鐵城先生每遇見我時，即戲呼我爲 His Majesty's Opposition。

籌組聯合座談會的工作，進展頗爲遲緩，經過了幾次的聚會，仍顯得十分散漫，劉健羣、王啟江等多人認爲不足以與CC抗衡，主張一面繼續推動聯合座談會的組織，一面把青年團的立委和朱家驊先生有關係的立委組成一個比較堅實的團體。我最初不以爲然，我說：「如此一來，參加聯合座談會的其他朋友必將另行組織，我們的聯合陣綫也就無法維繫了，豈不正是CC所想望的」？此後我即因病，一連多日沒有出席，他們繼續交換意見，仍認爲有組織之必要，並擬定名爲新政俱樂部。果然不出我所預料，參加聯合座談會的其他立委，立即採取具體的步驟，另自組織一個團體，後來定名爲民主自由社，並獲得吳鐵城先生的支持。劉健羣，王啟江見此情形，深恐聯合陣綫從此分裂，又來找我，要我出面請一次客，把參加聯合座談會的其他若干立委請來，俾得當面解釋新政俱樂部組成後，仍將與他們繼續保持最密切的關係。形勢發展至此，聯合座談會已無法進行，我祇得作不得已而求其次的打算，一方面同意組織新政俱樂部的擬議；同時，希望籌組民主自由社的朋友能形成一個健全的組織，然後由兩個團體結成一條聯合陣綫，或可比較以個人爲單位的聯合座談，簡而易行。因此，我也就約請雙方有關的立委約五十人來家餐敘，大家都坦誠相見，保證雖然分別組織，仍將繼續聯合一致。至此，國民黨籍的立委即分爲三大組合。在革新新政兩俱樂部和民主自由社而外，尚有一個一四座談會，是由幾位退役老軍官和老立委所發起，但因並無組織，僅是每星期一和星期四舉行座談會各一次，參加的人又多同時參加上述三個團體中之一個，甚至兩個，他們沒有自認爲是一個組織的單位。（待續）

呂蒙陸遜合謀關羽與孫曹夾擊關羽

三國人物故事評論之十一

劉裕畧

在赤壁戰後，劉備得了荊州，及至劉備諸葛亮相繼入川，遂以荊州之事付托關羽。

荊州乃四戰之地，北有曹操，南有孫權。鎮守荊州，原不是一件很簡單的事。但劉備無人可托，雖然關羽並非守荊州之適宜人物，但也只好付托關羽。

在初期，魯肅當事的時候，關羽的危機尚不算大。因爲魯肅以西和劉備、北拒曹操爲最高政略戰畧。但後繼魯肅之人物，如呂蒙如陸遜，對荊州的態度，就異常積極，不是以妥協相安爲目的，而是以奪取荊州、謀敗關羽爲目的了。其間尤以呂蒙與陸遜對關羽用心最深，蓄謀最久。

當魯肅代周瑜之日，魯肅將往陸口，路過呂蒙屯下，魯肅素尚輕蒙，無意前去拜訪呂蒙。有人提醒魯肅說：「呂將軍功名日顯，不可以故意待也。君宜顧之。」魯肅才勉強前去拜會呂蒙。酒酣時，呂蒙問魯肅：「君受重任，與關羽爲鄰，如何計畧，以備不虞？」魯肅隨便答道：「臨時施宜。」呂蒙却說：「今東西雖爲一家，而關羽實熊虎也。計安可以不豫定？」乃爲魯肅代畫五個計策。魯肅本人原本就是一個大謀略家，但如何對付關羽？事前却未定策。因爲魯肅認爲這是不必要的，及至聽了呂蒙的五個計策，居然觀察週到，用心綿密，魯肅亦不能不佩服呂蒙有才能。所以魯肅一改輕視呂蒙之心，越席就之，並拊其背曰：「呂子明，吾不知卿才畧所及，乃至於此也。」遂拜蒙母，結友而別。由此可知，在呂蒙尚未担負荊州大事時，即已蓄謀對付關羽了。

初期，魯肅等以爲曹操在北方虎視眈眈，孫劉兩家宜相輔協，與之同仇，而不可失。但呂蒙却向孫權密陳另一相反之意見，他說：「今征虜守南郡，潘璋仕白帝，蔣欽收游兵萬人，循江上下，應敵所在，蒙爲國家前據襄陽。如此何憂於操，何賴於羽？且羽君臣矜其詐力，所在反覆，不可以腹心待也，今羽所以未便東向者，以至尊聖明，蒙等尚在也。今不於強壯時圖之，一旦儼仆，欲復陳力，其可得耶？」孫權很以爲然。於是呂蒙又進一步建議孫權，並分析徐州之爭奪，說：「今操遠在河北，新破諸袁，撫集幽燕，未嘗東顧。徐士守兵，聞不足言，往自可克。然地勢陸通，驍騎所騁，至尊今日得徐州，操後旬必來爭，雖以七八萬人守之，猶當懷憂。不如取羽，全據長江，形勢盆張。」孫權尤以呂蒙之此一分析爲當。

及至呂蒙後來代魯肅而鎮陸口，他在陸口更表面上極力與關羽結好，實則，內心則積極圖之。當時關羽與曹軍作戰，揮兵進攻樊城。但另一方面，關羽却仍在公安南郡等地留重兵把守。呂蒙認爲由此可以証明關羽對東吳戒備仍嚴，但呂蒙是希望關羽鬆弛其戒備，然後乘機圖之的，所以，呂蒙乂故意借養病爲名，帶了一部分軍除回建業，以便關羽對東吳不再戒備，並以此計密陳孫權，孫權納其計，乃露檄召呂蒙還江東，實則秘密部署以攻關羽。

在呂蒙回建業養病的時候，呂蒙又推薦與自己有同樣用心的陸遜去代守陸口，這都是呂蒙對關羽的一貫用心。而關羽一直在被迷惑中也。

關於江東孫權對荊州策略的轉變，如何由甘寧計劃到魯肅計劃，如何由魯肅計劃到周瑜計劃，如何由周瑜計劃到呂蒙計劃，筆者在前面已總詳細地評論過了。總而言之，當關羽以「虎女焉配犬子」拒絕孫權爲其子求婚之後，孫權即已決心攻襲關羽了。

在另一方面，自劉備從北方逃到荊州以來，曹操原本就一直注視着劉備的行動的。赤壁之戰，曹操固然在想侵佔荊州地盤，但想把劉備敵底擊敗，甚至予以活捉、却也是曹操南征荊州的企圖之一。隨後，赤壁之戰，孫劉聯合陣線雖然，把曹操擊敗，曹操不得已乃退回北方，但荊州被劉備所得，曹操是極不甘心的。以曹操與關羽的私人情感而論，曹操曾對關羽有恩，且並不仇視關羽個人。但劉備命關羽守荊州，荊州乃劉備之物，而曹操乂極不願劉備繼續擁有荊州，所以曹操雖不仇視關羽個人，但却因仇視劉備擁有荊州之故，遂亦有謀害荊州主將關羽之心。這是關羽守荊州時，兩面受夾攻的基本形勢。最可惜的是關羽處此情勢，却並不完全了解這一形勢對他和對整個劉備集團所可能帶來的災害，同時，關羽又不懂得東和孫吳，北拒曹操的政治妙用，而一味只知打鬥，那末，關羽之敗，與荊州之失，自是必然。

當關羽在荊州聲威最盛的時候，也正是曹操與孫權都極嫉視關羽的時候。建安二十四年即公元二一九年劉備進位漢中王，拜羽爲前將軍，假節鉞時，關羽曾率衆往攻據守樊城的曹仁。當時曹操遣于禁往助曹仁，在這一戰役，關羽大獲勝利。結果是于禁投降了關羽，此外關羽又斬了曹操的大將龐悳。因之，關羽在荊州的聲威，遂亦到達了最高的境界。對此，曹操方面，曾有從許都遷徙，以避關羽之鋒之意，但當時的司馬懿與蔣濟却向曹操建議，認爲關羽如此得勢，亦必非孫權所願。因此，曹操可以派人到江東聯絡孫權，叫孫權暗中派兵追躡關羽，出其不意的在關羽之後襲取關羽。如此則關羽必敗，而樊城曹仁之圍可解。如這一計劃成功，則曹操可割江南之地，以封孫權，用以引誘孫權。關於上述情況，蜀志關羽傳亦有一段記載。它說：「羽威震華夏，曹公議徙許都以避其銳，司馬宣王、蔣濟以爲「關羽得志。孫權必不願也。可遣人勸權躡其後，許割江南以封權，則樊圍自解』。曹公從之。」

客觀說來，司馬懿與蔣濟對曹操的這一建議，確實是很毒辣的，如果孫權允許曹操的要求，則關羽必敗無疑，很不幸的事，是當曹操派人來勸孫權合謀關羽的時侯，正是孫權派人謀娶關羽之女爲媳而被關羽拒絕和辱罵不久之後，再加上呂蒙這時侯亦力勸孫權襲取荊州，所以，一經曹操派人來勸孫權，孫權便決心襲取關羽了。關羽被夾攻之結果是曹孫合謀成功，關羽兵敗被斬。

本刊已經香港政府登記

每逢星期五出版

聯合評論

週刊

United Voice Weekly

第二五七號

督印人：黃宇人　總編輯：左仲平

社址：九龍通菜街三十八號亞南書局 849126

印刷：嘉華印刷有限公司　香港仔港灣道5號

總代理：友聯圖書發行公司　每份港幣一毫

本刊美國總代理處：紐約中美出版社

CHINESE-AMERICAN PRESS, INC

199 CANAL STREET,

NEW YORK 13 N. Y. U.S.A.

美洲航空版每份美金一角

從時局談到對幾位青年所提問題的解答

左舜生

一、『話說天下大勢』

前兩天，忽然接着一位久不和我見面的M太太的電話，說有要緊的事要找我談談。昨天中午，我正在印刷所校對上一期的本刊，M太太果如約翩然蒞止，她的態度還是那樣親切，幾乎親切到使我受不了！她正準備把她的話匣子打開，我覺得，印刷所的人是那樣多，而且每個人都站在他們的崗位正在忙忙碌碌的工作，假定這位太太的高談闊論就在當地發揮，一定對大家的工作多少有些妨碍，於是我只好故示鎮靜地對她說：『請坐一會，我的工作再有十分鐘便可完，我們一陣到隔壁餐廳去從頭細說。』

陸續到達餐廳的朋友們一共有十來位，包括兩位王老五；萬綠叢中一點紅，今天更加上這位能文善辯而且大家都熟識的太太，氣氛覺得格外熱鬧。可是我們吃得却很簡單：每人一碗牛肉麵或羊肉麵，一位中山樵的本家新近兼任『教主』的朋友自告奮勇，掏出一張十元鈔票，高聲喊着：『添菜，添菜，我請客！』於是兩大盤蒸餃，一大盆羊雜湯便到了桌上。大家吃得很高興，也談得很痛快：我們談到七十七歲的蔣老先生，談到七十高齡走路已經要人扶的毛老大，還談到行年六十有七被台北某政客公報私仇，至今還坐在陸軍監獄裏絕食的雷震，更談到歐洲某國那位標新立異，專殺偏鋒的尖鼻子老頭；：另有一位仁兄更慨歎的說：『我真不懂得毛老大何所恃而不恐？他既要反美，又要反蘇，他這幾條爛槍，對付一隻『紙老虎』，已經不起作用，居然還要左右開弓兩隻同時對付，他這種『不信邪』的怪癖，總未免怪得太離譜了吧？』我對他解釋說：『老兄，您錯了，毛澤東就再笨，但他這一點點小聰明還是有的。他懂得：今天世界上不大歡迎美國的人確實不少；討厭蘇聯的更自來很多；而全世界的人都只想得過且過，絕對不願打仗，他更看得明明白白；他既然有決心要做一個空前絕後的『千古風流人物，』碰上了這樣一個好題目，他當然決不放過，正好放開手來做上幾篇充滿土氣息的洋八股。若干年以來，他們的反美宣傳，確實做得相當到家，大陸的老百姓和軍人，尤其是一般三十以下的青年和小孩子，他們早已不知道美國是怎樣一個國家，甚至誤會到美國簡直是世界上第一個弱國，而且是世界上第一個腐敗國家。好在毛澤東的對美政策，只是永遠動口不動手，抗議可由一百次兩百次提到三百次五百次，美國究竟是不是一隻『紙老虎，』既永遠不會揭曉，中共是不是一隻『紙貓，』『紙兎子』也永遠不會拆穿，這在大陸一般孩子們的眼中，豈不是一個太好玩的把戲？因此，他們就餓着肚皮，也要大跳其扭腰舞，也要高唱着『太陽滿天紅，』於是乎毛老大這位『風流人物，』總算完成了一半！

『至於過去蘇聯在大陸的顧問們，技術人員們，他們那種高視闊步的氣燄，那種『像煞有介事』的面孔，原早已把大陸的老百姓恨得牙癢癢；再加上，郭沫若還高叫着什麼：『永恒的太陽，』『親愛的鋼』，『斯太林爺爺』『伏老，』：：這一大串無聊，無恥的稱謂，已經害得大陸的老百姓肉麻了十年，恨不得要吃這個『文妖』的肉！這一切一切，毛澤東也早已看在眼裏，明白在心裏，正待找個機會發作以爭回他一點『人氣』；沒料到『姓赫的』忽然高喊着：『反對個人獨裁』，提倡『集體領導』，打倒『個人崇拜』，而且正當大陸的老百姓餓得面黃肌瘦，水腫連年，眞到了『岌岌不可終日，』而『姓赫的』在這個當兒，不僅不給予半點同情，却把他們的一千多個技術人員一律召回；幾百個合同全部撕毀；而且還要索還歷年的積欠！其意若曰：『好小子，您眞要和咱老子爭取世界共產陣綫的領導權嗎，您眞有能耐準備『自力更生』嗎？『爛拖鞋，』眞有種，您就表演給咱老子瞧吧！』這一來，眞把我們這位正在睡着『風流覺』的風流人物，氣得『三尸神暴跳，七孔內生煙，』眼前找不到其他的武器，只好掄着兩管禿筆，一連揮灑着十幾捲又長又臭的裏脚布，正對着這位『姓赫的』頭上打過去！平心而論，『姓赫的』這一連串的粗暴行爲，也眞够『氣煞人也，』不要說向來以『不信邪』自負的毛老大忍不任要還手，便連滲這個素來『信邪』的，也要對我這位敝同鄉洒一掬同情之淚啊！何況是大陸上身受刺激的老百姓，安有不被他迷惑的道理呢？於是乎這位『風流人物』的地位，在大陸一般老百姓的心目中，總算又穩住了其他的另一半。

『因此我說：反美同時反蘇，在毛澤東想來，無論基於外在和內在的原因，他都覺得有此雙管齊下的必要；爲了加強共產黨的政權，或鞏固他個人的地位，他更覺得非如此不可，這火色他是看得相當準確的。

二、毛澤東走的不是『獨木橋』！

『老兄，您當眞以爲向美蘇左右開弓便算是老毛冒着天大的危險嗎？事實剛好相反：假定他反蘇，而不反美，或反美而對蘇更加親熱，這倒是一個險着；惟其他左右開弓；這在美國想來：他儘管對我不客氣，但對我的第一個敵人，却在繼續拼命的攻擊，至少這一點畢竟嫵媚得可愛；在『姓赫的』想來：他儘管對我不留餘地的破口大罵，但對我那位永遠的生死寃家，却不惜『脫下褲子打老虎，』至少在這一點上仍不失爲我的同調。美國前總統甘廼廸在他臨死的前一週，在一個記者招待會中曾說：『只要中共能表示與美國及其他鄰國和好，美國亦將重估對中共政策。』本月十三，美國國務院主理遠東事務的助理國務卿希斯曼在舊金山一篇演說，儘管對中華民國仍給以相當的敷衍，但他的基本精神却與甘廼廸所說的沒有多大出入。赫魯曉夫截至現在爲止，固然仍在陰一句陽一句對毛澤東實行『非禮』但他却隨時放出空氣，說中蘇共兩方還是停止相互攻擊，大家坐下來談談的好。這些，可以說明美蘇都沒有對中共完全決絕的意思。原來在毛老大的腦經裏有一套簡單的邏輯，他之向美蘇左右開弓，實質上並不是二加二等於四，而是二減二等於零；反美是他反蘇的保險，反過來說，反蘇也正是他反美的保險。尼赫魯只懂得向雙方『獻媚』作爲他的『中立，』毛澤東却發明了向雙方『撒嬌』以完成他的另一種『中立。』這叫做『把戲人人會變，各有巧妙不同，』以技巧來說，毛澤東比尼赫魯似乎還要略勝一籌，您不看他對美對蘇，正在打情罵俏時候，世界上第二流的帝國主義者，如法，如西德，如日本，：：都在一齊向他伸手嗎？這樣一來，說不定『老大哥』更想要和他重拾墜歡，美國大少爺也不惜傾囊破鈔要和他去打交道哩！那裏還談得上什麼危險呢？』

三、回到M太太的本題

我們的話說得太多，M太太已經有些不耐，於是她把外套一脫，從她的公事皮包裏，取出五張『新民報，』『老師，這些青年們太可愛了，我實在窮於應付，也惟恐辜負了他們這一種難得的動機，已在電話上告訴他們，說請您老答復他們幾句。』我接着報紙畧畧翻了一翻，順手擱在我坐後的窗枱上，以急弦緩戀的口氣對她說：『讓我想一想吧。』『不行，不行，走吧，走吧，我送您老過海，無論如何，今天總要給我一個結論。』在輪渡上，在的士上，她還是嘩啦嘩啦地說個不停，總覺得對青年們提供一些意見，應該是我們這些老一輩的不可避免的責任。

她坐在我辦公室寫字枱的對面，再從報紙上把這五篇文字按照發表的先後用鉛筆圈出，又叮囑着說：『請再看一遍，答復越具體越好，最好能交我發表，否則就在聯評發表也非常歡迎。』我答應：『一切如命照辦』，她連忙把手錶一看，『啊！我廣播的鐘點快到了！』於是她才匆匆告辭下樓跑了！

這便是我在下面所寫一大段文字的由來。

原來從上月二十二到本月十號陸續在『新民報』發表的五篇文字，乃是目前正在香港間大專學校讀書的四位青年所寫的，M太太緊追着要我細看，而且指定要我答復，我確實反覆看了三遍。不看猶可，看了乃使我非常感動。不要說還有M太太的強迫，即令她就不強迫，我也非自動的說幾句話不可。至於我說的對不對，那便是見智見仁，要請看了我這段文字的讀者細細斟酌，我決不敢自以爲是。

四、由M太太交出五篇文字的內容說些什麼？

這五篇文字本來不算太長，可是要詳細徵引，却又爲本刊的篇幅所不許，無已，我只好把她們四位的大意，在這裏摘要的提一提，以便看我答復的讀者，了解這個問題的意義和它的性質之嚴重。

第一篇的標題是『更大的不幸。』作者的筆名叫『念漢。』他的大意說：比他們老一輩的人自然也是不幸，但在『不幸之中，却仍有與不幸掙扎的機會，』即令他們只是失敗者，但祖國的這付擔子，他們畢竟挑過一程，最低限度，他們還可玩味着他們失敗的回憶。至於『我們這一羣出生在四十年代香港』的人們是怎樣呢？『祖國的面貌在我們的印象中是模糊的，放任我們膊頭上的是一付空擔子！』即令『我們不是一個悲觀主義者，但『我們却不能不對我們的前途感到渺茫，感到迷惑！』（十一月二十二）

第二篇是一位署名『火種』的大學高年級同學所寫的，內容是針對上面『念漢』君那篇文字而發。不僅精神異常積極，態度非常正確，即以文字論，也是一篇非常有力的散文。我相信，像他這篇文字，不僅一般青年朋友們讀了會要驚心動魄，就是我這個七十歲的老頭，也不能不怦然心動！我要破例在這裏多抄錄幾段，以便大家共同欣賞。

『火種』君對前舉『念漢』君的那篇文字，有贊成有不贊成，他說：『我承認，我們這一代不能生活在祖國的瑰麗河山下，須要寄人籬下，確是莫大的不幸。然而，我無法同意『念漢』君的另一句話：『我們膊頭上放的是一付空擔子』，於是他乃大聲疾呼的說：

『大陸不是中共的，台灣也並不屬於國民黨。我們堅決否定一切違反民意政府的合法存在，：：假若我們膊頭上仍舊只放着空擔，那只是因爲我們沒有擔起我們早就應該擔起的擔子。』

（下轉二版）

從時局談到對幾位青年所提問題的解答

左舜生

（上接第一版）他更加重語氣的說：『今天的中國，每一寸土都是在極權鐵掌鎮壓之下，大陸同胞所過的，尤其是豬狗不如的悽慘生活，在海外的我們，是否因為如此即可不要祖國呢？斷然不可！我們不滿意于當政的黨派，並不是不滿意于國家；我們反對當政的黨派，並不是反對國家；中國是六萬萬中國人共同享有的國家，不是任何人，任何派，任何黨私有的財產！……一個忠于中國的中國人，並不需要，也不應該盲從任何既有的黨派，他應該選擇一條真正適合中國人的道路。倘若眼前沒有這麼一條路，那麼，他便有責任來找出，來開闢出這一條路！……這責任是你的，是我的，是每一個當自己是中國人的：我深信不疑：只有當責任意識再度在中國人的心裏燃燒，當中國人能普遍地掙脫心理上奴性的鎖鏈，開始自動地為自由及幸福奮鬥，中國的太陽才會再度的升起!!（大陸的共產黨諸君聽者！台灣國民黨的朋友們聽者！所有全國各大學（包括港九）的先生們聽者，這才是今天海外青年們所叫出的心聲！）（十一月二十九）』

寫第三篇文字的署名『妙叔，』他的題目便是他所提的問題：『我們這一代的擔子，應該挑些什麼？』他對『火種』君的這篇文字非常感動，他慨然對他自己所提的問題作回答說：『中國必將復興，這信心我們該傳播在每一個中國人的心上。我們中國人民該掌握自己的命運。我們要使每一個人認清：對極權長縮所換得的，只是更深一層的痛苦；那批野心家絕不會為了人民的痛苦而放棄其野心的擴張！必須將我們胸中積壓下的悲憤，化成力量！將千千萬萬中國人的力量，滙合成一股力量的洪流！來擊毀極權，重新整頓中國，發揚中國：這便是我們這一代的擔子。（本月四日）』

第四篇依然是『念漢』君所寫的，他也是讀到上面『火種』君的那篇文字而『感到興奮，』因而要『再談擔子』問題。』就他這篇文字的內容來說，不僅『渺茫』與『迷惑』的感觸已經減輕，而且是變得相當的冷靜了。他以檢討過去的口吻說：『我們中華民族的子孫並非沒有醒過：戊戌維新是一次醒覺；辛亥革命是一次醒覺；五四運動更是一次大的醒覺。可是中國却並未會好好地被拯救起來。這是我們沒有認識到我們的責任嗎？這是我們沒有挑起過我們的担子嗎？不，是担子是不知幾次被挑起過了，然而，愈挑，這担子愈沉重；愈挑，這担子愈覺凌亂。到頭來整肩担子翻倒了，也就成了我們這一代所挑的空担子。』『我沒有推卸責任的意思。我只覺得我們現在所寄居的雖然是繁華之地，却無異於死寂的冰谷；只要狂叫一聲，便會引起雪崩。那麼，我們便應甘心被凍僵在這冰谷之中了事麼？絕不，我們總可以滑動，總可以耳語，冰谷雖險，也是阻不了我們的！』『我絕沒有反對大聲疾呼的意思，有時在極度沉寂之中叫上一兩聲，也的確會喚起共鳴的。然而中國近百年的狂叫却太響亮了，就是缺乏了純潔理智的自制。我想：減少幾句口號式的高叫，也許會把那撒了一地的東西，慢慢地給我們收拾好，重挑在我們的肩上吧？』『沒有波濤的水，其實流得更深；不見熊焰的火山，更不能說它已經死去！』這些話都耐人尋味，但我多少還有些不同的看法，留到下邊再說。（本月八日）

第五篇署『蓓蕾』，據M太太告訴我，說作者是一位女青年，可是細玩她的語氣，既豪放而又明朗，我必得讚歎一句：『是何意態雄且傑！』尤其，她這一篇文字所要說明的，乃是說：『在挑上担子之前，我們應有所準備，』真可說是『一語破的。』所謂準備，她指出的有下面兩點：『一、深切認清楚自己，檢討我民族的特性，優良的必須發揚光大，惡劣的更須大胆的提出來，好讓每個中國人醒悟，然後斬草除根，徹底改正。二、明瞭祖國的現狀，祖國的需要，然後把自己的志向，興趣，和工作，仔細思量，我自己能够為她幹些甚麼？對於未來新中國的建設，我又能貢獻些甚麼？前人說得好，『哀莫大於心死』，只要祖國的新一代，有重整山河的雄志，國家必然會復興的。……我們是中國的繼承人：……這担子是我們的責任，我們決不能推卸，即使有千斤重，我們還是要咬緊牙關，硬挺挺的担起來，等待時機成熟，重新建立起六億五千萬同胞夢想着，渴望着的新中國。』

五、姑且提出我五點意見

就上述種種來說，在原則上我幾乎沒有什麼不同的意見；但依據我五十年來的經歷，和我從失敗中所得到的實感，我却還有若干補充的看法，幾點較為具體的建議。

一、從上面幾篇文字的摘要，我可以看出：幾位青年朋友其所以有這樣一番熱烈的討論，其惟一的動機只是由於當前時局所引起的不安；尤其對自己國家的現狀，更感到利害切膚，不能不發為一種悲憤。因悲憤而引出對祖國的熱愛，進一步更意識到對國家的責任感，我覺得這確實是難能可貴。因此，我對各位的第一個希望，便是把這一股熱情，好好地保存下來，醞釀復醞釀，使其逐漸形成一種力量。切不可因一時感到無從着手，而聽其慢慢地冷却。

二、我絕對沒有意思鼓吹或慫恿各位立即肩起這付救國的担子，從前我們的老輩也曾要我們『救國莫忘求學』，我至今依然覺得這句話並沒有什麼不妥。『蓓蕾』君要大家在挑起担子以前應有所準備，實際也就是這個意思。您們必須體會到：六七十年來其所以把國家弄成如今天這個樣子，何嘗不正是由於一般不學無術的人所鬧出的結果呢？我確信：只要每個人能發揮一種刻苦求學的精神，換言之，即每人能在求學階段具備一套看家的本領，進可以戰，退可以守，我相信您們的目的便終於會有達到的一天。

三、我們也必須認識：要把像中國這樣一個歷史包袱異常沉重，人口特別衆多，現代知識和現代產業都十分落後，一變而為一個像樣子的現代國家，確不是一件輕鬆的工作。一次一次遭遇到失敗，從內內外外受到無數的打擊，與其視為偶然，毋寧視為當然。只要我們能够愈失敗而愈奮發，愈受打擊而愈沉着，成績由於不斷的積累而來，開花結果只能得自勤懇的栽培與灌溉，自然可以日起有功。惟有灰心，喪氣，鬆懈，乃至自暴自棄，才是我們真正的敵人。

四、無論如何，個人或少數人的力量畢竟是太有限的。『妙叔』君所謂把『千千萬萬中國人的力量滙合成為一股力量的洪流』，這只能得自人為，而不能聽其自然，『風雨如晦，雞鳴不已』，即令您們還在求學期間，似乎已經可以開始物色您們志同道合的朋友們而有所組織了。您們可以『學會』，『座談』，『聚餐』，『遠足』……種種的姿態出現而不拘一格。

五、『念漢』君在他第二次發表的意見裏，似乎有點憂慮到我們當前的環境不大適於展開我們愛國的活動，我覺得這可能是一種過慮。我們不應該忘記：中國六十年前兩位從事改造中國的領袖人物——孫中山與康有為，英國人都曾一度把他們從死亡的邊緣救起。英國人有這種優良的正誼傳統，決不會干擾我們理智的愛國行為。何況我們這種行動絕不給予當地秩序半點不良的影響呢？

想說的話還很多，但所佔的篇幅已經不少，姑止於此，留待有機會再談吧。

為什麼不起來幹一下？

孫寶剛

前幾天有一位老先生，拿了一筆款子委托新民報徵文，討論怎樣解決阿飛的辦法，同時在香港也時有許多其他的先生們大聲疾呼在提倡道德，可是效果不大。今天上午我把一堆積着的由各方面寄來的雜誌一一檢讀，因為最近已經有好多天沒有把那些雜誌按期閱讀了。偶然讀到了鍾期榮博士的一篇文章，題目是『談現代青年的徬徨』，使我非常感動。她在第四節中說：『……更可悲的是虛榮，崇尚奢侈與物質的享受，開拓了人類的眼界，開拓了人類的無止境的慾望，但同時也需求，而一切決定的因素唯金錢是賴，金錢萬能，金錢是魔王，能購買一切，人類之所需的，乃至愛情，都可以買得，人格，地位，權力，一切都商品化了，人為了慾望的滿足，世人莫不角逐於金錢，變成金錢的奴隸，為牠奔走，社會遂一變而為萬惡的淵藪。……正直，誠實，守本分，一向為我們所推崇的美德，却變成愚蠢與可笑了。世人讚賞成功，我們祖先教給我們用來作為社會準繩的道德，已從根摧毀。我們所熟知的『種瓜得瓜，種豆得豆』的古訓，已發生動搖，似乎今日的社會只可講碰運氣，不勞而獲，只要會鑽營，坐享其成，運氣好，飛黃騰達；至於那辛勤耕耘的，也許如果運氣不好，或一無所獲，窮困終生。人懷疑哲明訓，究有幾分真理？使人不禁要仰首問蒼天，公理安在？正義安在？固有的道德已不足以說明今日的社會，新的道德猶未建立，就是應該需要的道德根本不知道是什麼？或竟人就像這個圓顱方趾的長足動物，在生的畜牲，人在橫流的物質文明的生活中，一樣機械化了。』

野蠻，我想，怎不教人苦悶徬徨？那位老先生們讀了鍾博士以及許多提倡道德的話，老先生應該獲得一半的答案：為什麼年年有人提倡道德，阿飛却愈來愈多，年年為阿飛焦慮，而無法維持這個環境對於人的決定力是最大的。在今天這樣的一個社會中，既然以錢為一切問題解決的中心，所要解決的問題，切問題的既不是外乎物質的享樂，那末，生長在這個社會中的青少年們，他們自小所見所聞，便是這一套，並且以能達到這一套的人們為榮耀，那末，他們當然要相繼效尤了，而況香港人對於用什麼手段來達到的，又都不加選擇，我常常聽到人說，香港的人是笑貧不笑娼，意思就是說，你如貧了，人家要恥笑你，但你如為娼，人們不會恥笑你，過得去就是，因為生活本來是可笑的事。你們沒有想一想，在這樣的社會為什麼不做一個娼？試問在這樣的社會風氣之下，為什麼不做阿飛呢？

我們說到這裏，要提倡道德，所以我們要知道，提倡道德的先生們：其實他們在日常生活中的行為是一般人的標準。中國幾千年來的傳統道德，是儒家思想籠罩下的原始農業社會中的一套標準，香港今天已經進入了工商業時代，也已進入了現代化的社會，香港的人們同時也多所影響了各家思想，同時歐美在這多少流行的情況之下，可見中國舊道德不一樣的非個適應現代社會需要，再加上香港社會是一個為港人所提倡中國舊的道德易見的道德，先生們怎樣他們並沒有把中國舊道德具體的實施于今天社會的方法作過研究，也無從做起。不要說一般人即使要做得通，和做不通了！所以我認為唯有以不變的原理為出發點，即鍾博士文中所說的正直，誠實，守本分，和正義平等，自由等為人類的原理，任何時代，任何社會所不會變的，為標準而出，以本身在社會上為對象，演譯出政治上經濟上，社會上的道德標準，可說是適應于現代社會的原則來，文化上應該怎樣做的道德，還是不够的，必須準備着組織的力量，一面在社會上用口說，但是祗靠同志們合作向政府，也要向社會身體力行，上集合同志時促使政府也要向這個方向走了，然後可以把社會的少年的環境改變的阿飛等類的青年自然會消滅了，整個的環境對於人的決定性是最大的，所以我們要從改變社會環境着手。

但這樣的做法不是成了一個政黨？這樣的一些個團體一不錯，是成了一個政黨，英國工黨是一個政治運動了，政黨說主義，英國工黨所信奉的民主社會主義，實際上就是一種道德運動，並且成為一個道德標準，把它非道德運動，以道德運動為號召的政黨，也可以說是一個有益的政黨，其實也就是一個以發揚正義道德，運動提倡道德的團體。所以我們人們應該去參加，人民大衆却是政治的，少數人所壟斷的權力，政治的爭政權的團體，不是今天的！

中共極力挑撥蘇聯與非洲之關係

綜觀

周恩來與陳毅現在已到達非洲進行國際統戰工作。雖然中共的目的并不只是與蘇共爭奪非洲，但挑撥非洲與蘇聯之關係，從而加强中共與非洲之關係，却也是毛澤東這一次派周恩來與陳毅率領大批隨員，以空前龐大的規模，前往非洲活動的主要目的之一。

爲了呼應周恩來與陳毅在非洲的活動，爲了故意挑撥蘇聯與非洲諸國之關係，中共政權外交部發言人還於十二月十二日在北平發表了正式的聲明。

中共政權外交部於十二月十二日發表的聲明首先說：

「聯合國大會第十八屆會議目前正在討論亞非國家要求增加它們在聯合國主要機構中的代表席位的問題。

「中國政府一貫支持亞非國家在這個問題上的公平合理的要求，並且曾經把中國政府的這個立場明確地通知蘇聯政府和一些亞非國家政府。

「一九六三年十二月十日，蘇聯出席聯合國大會代表費德林在聯合國大會特別政治委員會上所作的聲明中有關中國態度的部份，是同中國政府的一貫立場完全不相符合的。尤其令人遺憾的是，蘇聯代表還以此爲根據來反對亞非國家在聯合國主要機構中獲得公平合理的席位分配的建議。有鑒於此，中國外交部發言人現在奉命將事實經過說明如下。

「一九六三年九月，中國政府曾將它的下述立場，分別通知了蘇聯政府和一些亞非國家政府。這一通知的全文是這樣的：

「現在聯合國主要機構中的席位分配辦法，對於亞非國家是極不公平、極不合理的。中國堅決反對聯合國對亞非國家的這種歧視。中國政府一貫主張亞非國家應該在國際事務中發揮積極作用，並且始終不渝地積極支持亞非國家要求增加它們在聯合國主要機構中的席位的一切努力。

「目前，亞非國家在除五個安全理事會常任理事國外的聯合國會員國中，佔半數以上，它們的人口佔三分之二以上。中國政府認爲，在安全理事會非常任理事國席位中，亞非國家至少應佔半數，其餘席位可由其他區域的國家協商解決；經社理事會和其他機構席位的分配也應該採取同樣原則。只有這樣，才能公平合理地反映亞非國家在聯合國中的眞實地位。

「關於增加亞非國家在聯合國主要機構內席位問題的辦法，可能有兩個途徑。一個途徑是修改聯合國憲章的有關條欵，這種辦法牽涉到的問題十分複雜，手續又極爲繁多。另一途徑是暫不修改憲章，也就是說，不改變憲章規定的席位總數，而對席位的分配由各方協商後進行合理調整，使亞非家國家佔至少一半的席位，這種辦法比較簡單，在目前情況下比較容易實現。

「一九六三年十月二日，陳毅副總理兼外交部長發表的講話中，公開申明中國政府積極支持亞非國家增加它們在聯合國主要機構內的席位的一切努力。

「一九六三年十月四日，蘇聯駐華大使曾就中國的上述通知要求澄清。中國外交部曾湧泉副部長當即根據中國政府的立場，作了明確的解釋。

「一九六三年十二月五日，蘇聯駐華大使又就這個問題向中國政府送交了備忘錄。中國政府在十二月八日答覆蘇聯政府的備忘錄中，再次闡明了中國政府的上述一貫立場。

「中國外交部發言人認爲有必要再次强調指出，中國政府始終不渝地支持亞非國家增加它們在聯合國主要機構內的席位的一切努力。在聯合國主要機構席位分配方面對於亞非國家的極不公平、極不合理的狀況，必須改變。這是現在在聯合國內的所有國家的不容推卸的責任」。

另據中共新華社報導：謂蘇聯出席聯合國大會首席代表費德林在十二月十日舉行的聯大特別政治委員會上發言，宣佈蘇聯將拒絕支持關於擴大亞洲和非洲國家在聯合國安全理事會及經濟和社會理事會的代表權的提案。他在發言中「別有用心」地歪曲中共政權在這個問題上的立場，企圖混淆視聽，挑撥中共同亞非國家的關係。

此外，中共新華社還抨擊了許多有關蘇聯對這一問題的談話及態度。其主旨皆在証明蘇聯對亞非國家不友好，只有中共政權才對亞非國家友好，從而拉攏亞非國家對中共之關係，并離間亞非國家對蘇聯之關係。

其實，明眼人都很容易看出：中共僞政權既不代表中國人民，又不是中國的合法政府，合法的中華民國政府早已派有正式代表出席聯合國大會及所屬各種會，有關聯合國內的任何問題，中共自無發言資格。何況，中共政權本身尚不被聯合國所承認，且曾在一九五〇年及一九五〇年隨後的幾年公開在韓國與聯合國軍作戰，被聯合國判定爲侵略者，試問中共有何資格對聯合國內有關的問題發言？然而厚顏無恥與雙手沾滿了中國人民鮮血以及聯合國軍鮮血的中共政權竟自發表謬論，這就可見聯合國決不能容許中共這種份子進入，看過中共挑撥蘇聯與亞非國家之關係的上述作法後，更容易看出：假如中共眞的一旦進入了聯合國，那末聯合國便無安寧之日，中共勢必每日每時都在聯合國內製造糾紛，今天挑撥這幾國，明天又挑撥另外幾國，天天鬧事了。

讀者投書

台北偏安政局需要新人才

梁敬雲

台北的偏安局面，最近又有人事更動了。行政院長陳誠辭職照准，前財政部長嚴家淦繼長政院。隨着嚴院長的新任命，行政院的各部長及政務委員都照例的全體辭職一番，以示責任內閣之意。不過，像我這樣一個流亡海外而又謳心祖國動態的人，却又增加了一次失望。最根本的，是我一直認爲偏安台北的中華民國現政權實在太缺少新人。

以中華民國現階段形勢講，是確確實實在偏安。十四年前，這一個政權，大抵也就是現在担負政治責任的這一批人，這批人或者就像聯合評論諸君子平時指他們爲所謂國民黨當權派吧，確確實實就是他們把大陸丟了，而今天呢？却仍由他們在負國家的主要責任，不，甚至可說他們仍在壟斷國家大權，俗語說得好，敗軍之將不足言勇，亡國士大夫不可圖存，試問他們如何能負起反攻復國的責任呢？

他們也許會說今日的陸海空三軍中，不是有很多新人嗎？今日台北各院部會不是有很多新幹部嗎？難道這些不是新人？其實，這完全是循詞，這完全是不懂政策的皮相之談。不錯，今日台北的陸海空三軍中確有很多新人，這是值得可喜的現象，人們原不否認十四年來的國軍確有進步，但說到政治方面，這所謂政治方面，指的應當是決策的人事方面，那就太欠理想了。老實不客氣的說，國民黨現政權中仍嫌老朽太多，仍嫌派系複雜，而未有新人與新風氣，因此更無新作風與新政策。而今日台灣的偏安局面却是需要眞正的新的領導性的人才而不僅是在各部會多幾個新幹部就能了的。

即墨之戰，是中國歷史上一次著名的大戰。當時燕將樂毅率軍攻齊，連下齊七十餘城，齊國慘敗之後只剩下即墨與莒二地而已。其偏安危急之形勢，較今日之台北局面實更過之，當時，燕軍將齊軍圍之重重，似已決定齊國必亡之命運。然齊國突有新人田單出，田單用火牛陣新法，遂將燕軍擊敗，迅即恢復齊國。今日台灣國民黨當權派中有田單一類人嗎？却是沒有的。今日台北政局在國民黨當權派的少數人壟斷下，能夠使田單那樣的新人浮現出來嗎？却是不可能的。今日台北之當權派以私人利益爲重，對人事問題仍充滿可笑與可恥的封建色彩，動輒以對領袖是否忠貞爲問，而不以其人是否對國家有利爲問，試問這又如何能浮現新人？

沒有新人，又如何能有新局面？我們知道：民主政治制度雖然并不是一個絕對完美的政治制度，但任何其他一種政治制度却都比民主政治制度更差。所以，比較起來，民主政治制度仍然肯定的是一種比較好的制度。民主政治制度最好的一點，尤在能夠孕育新人，只要這個國家眞有新的人才，他便能夠憑藉民主方式而浮現而突出，從而有貢獻於國家。獨裁與專制則不然，它只能培養奴才，它只能摧殘人才了。我之所以擁護民主政治，原因雖然不止一端，但民主制度能使新人輩出，却也是我之所以擁護民主政治的原因之一。反過來看：今日台灣既未能眞正建立民主制度，那末，自然也就不能浮現新人才了。沒有新人，又怎能有新局面呢？這是我要再三重覆向國人致意的。

憑良心講，我也并不認爲蔣介石先生并非一個不想用人才的人。這從蔣介石先生民國十五年北伐以來的許多事實可以証明。但今日之事，問題的關鍵不在蔣先生是否有心用人才，而在蔣先生現刻對人才的標準尺度如何？以及蔣先生今天有什麼機會接觸人才？

依我看，蔣先生雖有求才之心，但蔣先生所認可的人才與當前形勢所需要的人才頗難一致。因爲蔣先生所需要的往往是聽他命令去執行工作的幹部人才，而不是另有政見另有政策的領導性人才，而今日台灣的偏安局面却是需要另有高明政策的新人才纔能旋轉乾坤的；另一方面，蔣先生雖有求才之心，但蔣先生身處台灣一隅，而新人才雖然并不一定不在台北，却也未必一定就在台北。假如不在台北，蔣先生又怎有機會接觸呢？何況，即令新人才正在台北，蔣先生日理萬機，又怎能有時間來尋覓新人才呢？

本來，蔣先生左右應該有人經常替蔣先生物色新人才，但蔣先生左右多半都是「忠貞」之士，一向以對「領袖」是否忠貞爲價值判斷與是非判斷之標準，而新人才未必就是「忠貞」之士，正如今日大陸的人才未必就是黨性（指共黨黨性）很强的人，宜乎中共政權不可能在大陸起用新人才，也宜乎在台北現局下，大家既以「忠貞」爲最高要求，也就不容易浮現新人才了。

至於國民黨當權派的聯戰工作，一向只做分化工作，一向只在友黨中或民主人士中找傀儡和御用工具，當然也不可能物色人才了。

本年十一月十二日在台北舉行的國民黨九全大會，曾通過蔣介石先生提議的籌組「反共建國聯盟」議案，似乎有意網羅各方面的人士。但蔣先生的本意究竟是網羅各方面的官僚性質的人呢？也還是網羅新人才呢？抑或還待台北的作法才能見分曉，但無論如何中華民國政府處此偏安局面急需新人才則是千眞萬確的。這是我再三攷慮後的結論，尚祈貴刊將這封信刋登出來，以供各方參攷。

讀者梁敬雲敬上

行政院改組與嚴家淦組閣

一鳴

（台北通訊）行政院改組的傳說，近兩年來已經是不只一次了。尤其是本年夏天，陳兼院長突然稱病請辭，而且避居台中杜門謝客，因而引起行政院改組的風聲一時更囂塵上。甚且誰人繼任院長，誰又出任副院長都已經最高當局決定了的訛傳，更不脛而走，但後來由於陳院長又突然自動消假視事，此一風波才暫時停止下去。其實熟習內幕人士早已知道陳院長的消假，並不是打消了辭意，而是短期間的「看守性質」，一俟國民黨的九全大會召開之後，陳誠不再兼長政院才是最高當局早已作出的預定。筆者當時對這位不願透露姓名的內幕人士所說的這一番話，並未加以特別注意，原因是，有關內閣改組及陳院長的三番兩次辭職的消息實在聽得太多，因而感覺到有些煩膩了，所以在為本刊寫通信稿時，也沒有報導此一消息。不過，這位人士當時還向筆者透露；未來的閣揆人選為蔣先生的首席智囊張其昀先生，蔣經國先生則有出任副揆之說，以便經國先生名正言順的肩負起國家的責任來，不再站在「幕後使法」了。

今天果然在九全大會閉幕後，行政院隨即正式宣佈改組了。但繼任人選並不是張其昀，更不是從前盛傳最有希望組閣的那些熱門人物，而是誰也事前沒有料到的財政部長嚴家淦！這一巨型冷門的爆出，敢相信不僅是我們在台灣的老百姓感到意外，就是平時一般自認為熟習內幕政治行情的觀察家，亦無不跌落眼鏡而感到驚詫不已。

有關陳誠辭職的報導：「據政府方面消息，蔣總統已批准副總統陳誠辭去兼任政院長職務，陳副總統自四十七年兼任行政院長，已有六年，曾因健康關係迭次請求辭去兼職，但未獲批准，這次又係因身體不適，堅請辭去兼院長職務。他在當選副總統以前，曾於卅九年三月奉命組閣，出任行政院院長，四十三年五月，因當選副總統後辭職，四十七年七月，再度組閣，兼任行政院長，以迄於今。」

依照政府方面發出的消息，陳院長此次辭去兼職，還是為了健康問題，而並無其他政治上的原因。據筆者所知，則不盡然。陳院長一貫健康欠佳，却是事實。但他到了台灣以後的健康情況，却又比在大陸時強壯得多，這是隨時接近他的人們所一致公認的。而他在担任行政院長的六年期中，每次辭職都以健康欠佳為理由，則又未免使人費解？吾人如果對此疑問要想作出一個比較接近的解釋，只能說是我們中國自古以來的官場惡習，過去專治時代的王公大臣，近代的政治風雲人物，每每到了事情不如意的時候，或者是為了「明哲保身」，或者是「以退為進」，不是向皇帝稱疾歸田；就是向政府要求辭職。這一些惡習慣，古往今來，如出一轍，實在值不得我們老百姓驚異的了。

然則陳院長此番辭職究竟為了什事呢？而居然又能得蔣先生立即批准，而並未像從前那樣加以挽留，這其間的確有說明的必要。

據筆者所知，陳院長此番失去兼職，是為了反攻經費的籌措問題上與蔣先生的意見相左所致。誰也知道蔣先生自退守台灣以來，幾乎無時無刻不在準備反攻大陸，而反攻大陸的諾言，又是蔣先生賴以維繫海內外人心的唯一號召。自從中共不德，一九五九年所謂之大躍進失敗，更進一步陷大陸人民於水深火熱之中。蔣先生反攻登陸的決心至此更為堅定，尤其是近來反攻條件幾乎樣樣具備，但尚欠「東風」。雖然為了籌措反攻經費，曾在台灣征收了國防特捐，與乎政府與人民省吃儉用節餘了不少的金錢（據說政府已存儲有美金一億五千萬元，專門作為反攻之用），但是仍有不足之感。為了使反攻經費更加充裕，蔣先生乃於最近命令行政院在一九六四年期內再籌足台幣五十億元（等於美金一億有多）。而陳院長則以不能勝此重任為辭，因而使蔣先生不滿。所以陳院長此次之「退避賢路」，其真實原因即在乎此。

不過陳院長此次辭職的程序則有些不合之處，從前他幾次表示倦勤，都是向總統遞上辭呈，而此番則與往常不同，他是於十二月三日，逕行向國民黨中央呈請辭去行政院長兼職，而後才由蔣總裁提出十二月四日的中央常務委員會討論後予以批准，並未經過向總統辭職的正常程序。此一不合程序的離奇現象，在台北引起了不少的猜疑，致使台北人士認為陳誠下台並不是出於自願，而是黨的強迫執行。對此一傳說，筆者個人則認為，不管他是自願與強迫，國民黨是以黨治國，這是它們的家務事，我們可以不必去理它。何況陳院長主政以來，其間的是非恩怨，也實在太多了，尤其是外傳他與蔣經國之間的恩怨究竟如何，局外人是很難加以解說的。且幸陳院長今已掛冠而去了，果如健康欠佳，趁此機會休養，也未嘗不是件事，何況他在台灣省政府主席任內，有名的「三七五減租」德政，至今台省人民還是對他感恩的啊。

新任行政院長嚴家淦，人們只知道他是一個經濟專家，是一個理財好手，其他可能海外人士對他感覺陌生了。他是政府還台後才逐漸露出頭角來的，他過去在台灣省主席任內，也漢漢無聞，至到他出任了財政部長，纔被國際或內人士所重視，加之嚴氏平素安份守己，除了他本身業務以外，對國際國內政治問題很少發舒意見，究竟他的政治抱負如何？處理政事的能力如何？此時如果要加以判斷，則未免言之過早，不過有一點值得注意的，國民黨過去所推出來充任閣揆的人物，大都從人事背景優厚方面作打算，從來就沒有推出一個像嚴家淦這樣一個對黨既說不上資深，而又無人事背景作後台！但居然能得蔣先生的垂青而委以重任，翻開一本國民黨「陞官圖」來看，已經是一種奇蹟了！

雖然有人說；嚴氏之被推任閣揆，無非是「俞鴻鈞翻版」。但我們在未明白嚴氏作風以前，是應該從好的方面着想，總希望他的才幹能力能担負起反共抗俄的重任來。

台灣簡訊

志清

一、市議員的最後砲聲

在市議會擁護黃啟瑞復職聲中，周百鍊不斷遭受議員們的砲轟。何宗儀議員說：「舘前街違建大樓斜對面的中國大飯店，據說是周代市長的親家開設的，該飯店的各層樓均向馬路凸出，是不折不扣的違章建築，為何不取締」？鄧建信議員說，「最近他審查市府若干單位的決算案，核對賬冊，發現國民住宅與建會竟以數百萬元的鉅款貸給私人應用，社會局也被人借出四十萬元。他如煤汽公司，蔬菜市場，魚市場，家畜市場等附屬單位，都有以公款借給私人的違法行為；而借款者則又都是有特殊地位的人，其中還有市議員。借款的方式也各有不同，有的立字為據，有的以定期支票作抵，但大多好幾年還未還清。又水肥會新的總幹事交接已經數月，尚有一百多萬元的賬目未清，亦應追查」。黃煥榮議員說，「聽說本市某長官夫人和一位楊先生與公車溢料案有關，究竟某夫人是誰，楊先生是誰」？周百鍊不堪刺激，立即答道：「某夫人大約就指的是我的內人，楊先生大約就指的是我的女婿楊鴻游。我和我太太並沒有離婚，她如有過失，也應該由我負責。」言外之意，即指黃啟瑞的太太黃朱金鳳在公車集體貪污案中被認為貪污贓款三十五萬元，判處徒刑，而黃啟瑞却要官復職。周百鍊說了這幾句話後，憤然離開麥克風。王習孔，張立中兩議員指責周的態度不好，主張休會抗議，會場立即吵吵鬧鬧，成了一片亂哄哄的景象。最後議長張祥傳勸大家平靜下來，周百鍊也經其左右勸告，會議才繼續下去。這是本月二日的事。

但黃啟瑞經省政府核准復職的消息傳到台北後，市議會對周百鍊的態度又有了一百八十度的突變，決議以市議會的名義贈一塊匾額給他，酬謝他兩年多來對市政工作的辛勞和貢獻。

據熟悉內情者透露：國民黨籍的市議員們所以對周百鍊發動總攻，乃由於張祥傳決心競選市長，認為是周是唯一大敵，故運用市議會將周轟下台。現在黃啟瑞官復原職，周已定於本月十六日移交，張祥傳的預期目的已經完全實現；雖然國民黨對下屆台北市長的提名尚未決定，但周百鍊顯然已居下風矣。同時，中華民國政府所在地的台北市竟把一個貪污主犯的市長恢復原職，今後台灣在海外的信譽，也就可以想見了。年來蔣「總統」倡導「革新，動員，戰鬥」運動，其成效原是如此啊！

二、法院改隸，一拖十年

監察院舉行年終總檢討會，本月二日袁晴暉委員指出「法院改隸問題，自經監察院提出後，拖延七年，大法官才予解釋。自大法官解釋後，至今又是二年有餘，尚未見諸事實。一個如此重要的問題，一拖便是十年，我們的行政效率，未免太差」。黃寶實委員說，「年來法院方面的風氣每況愈下，王鎮案發生後，國際間更有不良的影响。聯合國人權委員會，我國未被選為理事及在華美軍地位問題的談判中止，都是緣於人家認為我們的司法不獨立」。他主張依據大法官的解釋，提出糾彈。

根據黃寶實委員的報告，法院改隸問題擱淺的主要原因，是司法行政部不肯將人事權交出來。張秉智委員提出他在奉派巡查中央司法機關後，曾獲得有關資料甚多。司法行政部除仍要屬於行政院而外，還要求繼續主管：（一）各級檢查處及監所，（二）非訟事件（包括提存公證法人登記等）與公設辯護及訴訟輔導，（三）調查局，（四）核發律師證書與律師登錄懲戒及其行政上之監督。人事行政於總統府設司法人員審議委員會，由副總統任主任委員，行政院長及司法院長分任副主任委員，司法行政部長為秘書長。

據熟悉內情者透露，以上五項乃是鄭彥棻秉承蔣經國意旨的精心之作。如此一來，縱然將法院之一半（即審判部份）改隸司法院；但各級法官之任命，司法行政部長仍握有很大的權限，所謂司法獨立，也就是空有其名而已。

三、國營事業用人不依法

監院提糾正

監察院於本月六日向行政院提出一項糾正案，略稱：各國營事業機構，年來每多引用未經考試合格人員，或由本機關擅自訂立人事規章，自行考試，非惟與法不合，且易引起糾紛，影响人事制度之建立甚鉅，如經濟部所屬事業機構：電力、糖業、肥料、碱業、鋁業、石油等公司，均自行考試或甄選用人，僅於四十九年三月呈考試院制定特種考試經濟部所屬事業機構工務及管理人員考試規則，曾舉辦該項特考一次，以後即未見再行舉辦，又如國家金融機構：中央、中國、交通等銀行及中央信託局。近年雖曾請由考試院舉辦特考多次，公開錄用新人，然辦法互異，標準不一，亦未臻完善。他如省屬金融機構、台灣銀行、土地銀行及第一商業銀行、華南銀行、彰化銀行以及合會公司等政府投資少者在百分之五十以上，多者則佔百分之九十以上（如合會公司）其用人從未依法公開舉行考試。查憲法第八十六條規定：公務人員任用資格及專門職業及技術人員執業資格，應經考試院考試銓定。又考試法第一條規定：公務人員之任用與專門職業及技術人員之執業，均依本法以考試定其資格。由上觀之，公務人員之考試任用，由考試院掌理，其他機關無權辦理。

復查公務人員任用法施行細則第二條規定：本法所稱之公務人員指左列各機關學校組織法規中定有職稱及職等之文職人員：……公營事業人員，自包括於公務人員之內。年來各國營事業機構並未依照考銓法規定任用人員，自有未合，轉依監察法第二十四條之規定，提出糾正」。

鄧小平是中共政權來未總理

劉裕略

本來，無論鄧小平是未來中共政權總理也好，陳雲是中共政權未來總理也好，抑或還是陳毅是中共政權未來總理也好，對中共政權的本質都是并無改變的。不過，反共的人們往往特別重視中共的人事變動，他們常常在研究毛澤東死了之後，誰可能繼承毛澤東呢？是劉少奇嗎？抑或還是周恩來？毛澤東一旦死了，中共內部會不會引起鬥爭？有如史大林死後，克姆林宮所演出的一般呢？這也是人們常常注意和常常揣測的問題。事實上，如果毛澤東死了，在對中共政權所可能引起的影響或內亂，確實是嚴重的和必然的。若就何人將來繼周恩來出任中共政權政務院總理這一事來說，其嚴重程度，則根本不能相比，因為毛澤東一死，中共與蘇共之關係勢必又有新的轉變，而毛澤東死了之後，由於中共內部無一人有足以與毛澤東相比之威望與權勢，所以，中共屆時將發生內部人事鬥爭，那是必然的，至於周恩來或死或休之後，誰繼周出任總理，其牽連則沒有那樣大。

不過，我們也不要以為中共內部都是支持周恩來當總理的。不要以為沒有人想取周而代之。事實上，中共清算高崗——饒漱石的所謂反黨聯盟時，高饒的主要「反黨」事件之一就是要排除劉少奇與周恩來。這就可見周恩來在中共政權內的總理地位并不是絕對穩當。

凡人皆有死，毛澤東也是人，毛澤東當然遲早也會死。其死期，看樣子，大約不會超過五年，所以，五年左右，中共內部必然會發生重大人事鬥爭問題。雖然這與反攻復國仍然是兩件事，但是，屆時如果周因繼承毛澤東之位而使中共政務院總理出缺，或者是周恩來因被鬥倒而出缺，或者是劉少奇轉任毛澤東的中共中央主席的位周繼劉少奇出任中共「人民共和國」主席位子而出缺，依目前形勢看：將來出任中共政權總理的可能人選一共有三個人：一個是陳雲，一個是鄧小平，一個是陳毅。如果屆時的局面是劉少奇周恩來暫時合作的相安之局，而周恩來又頗有權勢的話，則陳毅是最可能繼周而任總理的人。因為陳毅與周恩來是一派，否則陳雲與鄧小平的機會都將在陳毅之上。

依以往的形勢看：陳雲本來是在周恩來之外最可能出任中共政權總理的人選，但據中共「中國新聞社」十二月十二日北平電：「中華人民共和國主席劉少奇批准：在國務院總理周恩來訪問阿拉伯聯合國，阿爾及利亞民主人民共和國，摩洛哥王國期間，總理的職務由鄧小平副總理代行」，這就可見鄧小平將來出任中共政權總理的機會正在增加，因爲以往任何一次周恩來出外訪問，都未正式派人代行，而這一次却派了鄧小平，雖說這可能是周這次出外的時間稍長，但却說明鄧將來出任中共政權總理的機會增加了。鄧與周恩來陳毅同係留法勤工儉出身，但周陳自成一派，鄧却早已是毛的重臣，以往一向代替毛澤東監督劉伯承的第二野戰軍，中共佔據大陸，開府北平後，則儼然是中共政權的要角了。

大陸簡訊

陸聞

中阿共擴大經濟合作

據中共「中國新聞社」十二月八日電：「中華人民共和國政府貿易代表團和阿爾巴尼亞人民共和國政府貿易代表團發表了會談公報，公報說：兩國政府貿易代表團最近在地拉那就一九六四年互換貨物問題和繼續擴大兩國經濟合作問題進行了會談。會談是在誠摯、親切友好氣氛中進行的」。

並簽定了議定書，規定「中華人民共和國將供應阿爾巴尼亞人民共和國糧食、各種鋼材、各種機械、農業機械、橡膠、紙張、棉花、潤滑油、各種鋼管、和其他商品；阿爾巴尼亞人民共和國將供應中華人民共和國鉻礦石，鐵鎳礦石、原油、瀝青、銅、烟草、香烟和其它商品」。

中共與阿共簽訂這一協定時，並在所發表的公報中說這一協定，「而且必將有助加強社會主義陣營的團結和力量，有助於保衛世界和平的事業」，其實，中共之所以不顧大陸人民之死活，而將物資遠遠的送去資助阿共，純粹是為了加強阿共對毛澤東之依附，從而便於毛澤東對赫魯曉夫展開鬥爭，所以，這是加強共黨陣營內部之分裂才是真的。毛澤東一向主張用武力用打戰的方式赤化世界，所以「保衛世界和平」之言，亦恰恰是顛倒之談吧了。

中共在大陸提前收購八種土產

為了提前運銷海外，以便提前換取外滙，從而應付中共之外滙支付，中共最近曾在大陸將凡是可以提前超額收購之土產一律提前收購。

據中共「中國新聞社」十二月九日北平電：「中國八種主要土特產品的全年收購任務已經提前兩個月完成。這八種土特產品是毛竹、篙竹、棕片、生漆、葦席、蜂蜜、蘆葦和稻草。據全國供銷合作總社統計：今年前十個月收購的生漆比去年同期增加了一點二八倍，其它幾種產品也分別增加了百分之廿九」云。

四千多萬青年被下放到農村

把忠貞於毛澤東個人和忠貞於中國共產黨的青年吸收到中共黨政軍各部門工作，從而享受較好生活；另一方面，同時把不忠貞於毛澤東不忠貞於中共的知識青年下放到各地農村去勞動去受苦，是毛澤東控制大陸十四年來的得意傑作之一。對此，中共時常在宣傳所謂「下放勞動」，似乎只有被下放勞動的人才是被送進天堂去了似的。實則人們不免要問那些不被下放勞動的青年是否就是留在地獄呢？

毛澤東十四年來究竟用「下放勞動」的方式奴役了幾多人呢？據中共最近公佈，十四年來被下放勞動的知識青年總數是四千多萬。

對此，中共「中國新聞社」最近曾有統計總數字發表。它在十二月九日自北平發出的電訊說：「新中國成立以來，全國已經有四千多萬知識青年奔赴農村，獻身於農業。這批知識青年有高小和初中畢業生，也有高中和大學專科畢業生」。這真是今日中國大陸青年的浩刧啊！

周恩來陳毅在阿聯會合

周恩來與陳毅前往非洲進行國際統戰活動，已誌本報。周陳此次前往非洲，是分別出發的。陳毅先走，周恩來後去，兩人然後在阿聯會合。據中共「中國新聞社」十二月十三日北平電：「中華人民共和國國務院總理周恩來，應阿拉伯聯合國總統加麥爾・阿卜杜勒・納賽爾和部長會議主席阿里・薩布里的邀請，到阿拉伯聯合共和國進行友好訪問。今天下午乘專機離開昆明去開羅。陪同訪問的中華人民共和國國務院副總理兼外交部長陳毅元帥，將於參加肯尼亞獨立慶典後，由肯尼亞直接前往阿拉伯聯合共和國，周恩來總理在訪問阿拉伯聯合共和國後，還應阿爾及利亞民主人民共和國總統兼總理艾哈邁德・本・貝拉和摩洛哥國王哈辛二世陛下的邀請，將前往阿爾及利亞人民共和國和摩洛哥王國進行友好訪問」云云。所謂「友好訪問」云云，當然就是進行赤化工作之另一別名。

僑鄉近訊

鍾之奇

廣州共校到處都是臭蟲

自英國前工黨領袖艾德禮數年前訪問大陸出來後說大陸已無蒼蠅之後，許多天真的人便信以為真，真以為今日大陸是非常衛生的。其實，這只是艾德禮先生的錯覺，其後，中共亦自己承認大陸蒼蠅滿天飛，最近，中共羊城晚報則更透露廣州中共辦的學校內，到處都是臭蟲。

羊城晚報說：「大新路的學校二樓南面課室內的枱椅，潛藏着不少臭蟲，最近借用過這些教室的越秀區等單位，已經消滅了部份，寄語該校，除害及早，趕快接力圍殲臭蟲，以保障同學健康」。

該校平時善待臭蟲，不予處理，等別人借用時才代為消滅，該校共幹大約認為臭蟲愛吸人血，與共黨同，故予優容吧？

福建共幹成立訴苦會

福建共幹為了要叫人民吃苦，最近竟由中共福州市黨委員會成立一種訴苦會，以實行吃苦教育。據中共報紙說：中共福州市委員會最近動員了閩西山區七十多個「革命老人」、「老工人」、「老紅軍」，組成了報告團，由本年八月至十月，向職工家屬，機關幹部，華僑大學生，下鄉參加農業勞動的中學生等作了十七次報告，報告他們本身的吃苦經過，以及舊社會的種種苦難，叫僑鄉人民接受吃苦的「革命傳統」，並要僑鄉人民「聽黨的話，聽毛主席的話，把革命的傳家寶接過來，傳下去，做一個革命人，而且要永遠的用革命精神做好工作」。

共實，這都是中共的愚民政策，難怪赫魯曉夫公開挖苦毛澤東，說中共只知道革命就是吃苦，不知替人民改善生活。試想毛澤東一向胡說八道慣了，僑鄉人民怎會相信他？

廣州賣肉場有秤無鉈

俗話說：「公不離婆，秤不離鉈」，意謂分斤賣両，不可沒有標準也。但最奇怪的事，是中共在廣州開設逢源肉菜市場，雖然賣出各種食物，却只有秤，沒有鉈。由此可以想知，中共在廣州開設的什麼公司，搞的什麼買賣是如何的一場糊塗了。

對此，中共廣州出版的羊城晚報也不得不嘆息說：「有秤無鉈，無可奈何！逢源肉菜市場公秤處更勝一籌，秤架上空空如也，許多想對秤鉈顧客，都愕然而退」云。

福建加緊收購橄欖

橄欖是福建的特產之一，只因它也是外銷物資可以換取外滙，所以，中共除了強迫福建人民擴種之外，又用低價強迫收購。

據中共「中國新聞社」十二月九日福州電：「閩侯特產的橄欖已上市，目前供銷社已收購七千多担，比去年同期增加七成以上」云。

福州自來水廠被破壞

據福州來人談：在十月十日左右，福州自來水廠曾被反共志士破壞。當時這家自來水廠的濾水設備確實被人暗中破壞了。其後，中共動員了大批工人，始將該廠修復。但中共福州市公安局及中共福州市黨委會均認為破壞該廠的人是屬於「反動份子」，用以紀念雙十國慶的。所以，中共公安局曾在夜間對若干住戶施行突擊檢查，並拘捕了數十人。為此，中共福州市副市長馮錦文且曾向市民廣播，要求市民「提高警惕」，「嚴防潛伏與潛入的反革命份子進行破壞」云。

廣州電話傳呼站不傳不呼

由於大陸各地缺乏電話機，所以，中共的得意發明是設立所謂電話傳呼站，代人傳呼電話。但最近的廣州羊城晚報說：「如意坊一三八二四號電話傳呼站，常由一些不是本站的少年人代接電話。由於他們好玩，往往一個電話你聽一下，我聽一下，有時一邊聽話一邊喧鬧。據說他們有一次聽了即傳電話後，竟放在一邊而忙於買戲票或睡大覺，多麼誤事」云。

從乃沙立到乃他儂

何之湄

泰國總理兼三軍統帥乃沙立元帥，於十二月八日以五十五歲的中年病逝。沙立元帥患病經月，在距曼谷卅公里的避暑勝地挽盛別墅療養及醫治，不見起色，乃由直昇軍機載回曼谷陸軍醫院，美國特派數年前在美為沙立治癒肝病之希頓醫官，飛泰主診，但因胃、腸、肝的疾患頗深，併發腦病，終於不治逝世。他的死亡，在泰國以至中南半島，都引起一番政治的波動。

曼谷謠言

乃沙立元帥逝世的前幾天，尚在挽盛而未返曼谷的時候，在曼谷已有不少他的噩耗的謠傳，不少政府機關接到怪電話：「沙立死了嗎？」或是「沙立已死了！」這些詢問或報告，顯屬故意造作的謠言，但市面盛傳「沙立已死」，以至物價波動，因為「相驚伯有」者大有人在。一則由於泰國是一個多政變的國家，再則乃沙立元帥一人所兼的職責，除總理外，還有三軍統帥，陸軍總司令，警察總監，集軍、政、警權於一身，一旦撒手，難免令人憂慮到局勢會有任何意外的變動。

為了這些謠言和人心的恐慌，當局乃正式發表乃沙立元帥的病狀公報，作為闢謠，並把他由挽盛遷回曼谷醫治，但僅在發表第一個病況欠佳的公報以後，沙立元帥便正式的死了。雖然沒有像謠言或憂慮那樣「可能有變」的明顯跡象，但當局採取極端審慎的多方面措施，俾政權的交替能平安的渡過。

蓋棺論定

自一九五七年九月，沙立將軍辭去國防部長之職不久，即以陸軍總司令及第一軍軍長「進軍曼谷」，驅逐鑾披汶元帥而執政以來，忽已五載。當時沙立元帥「革命團」發動政變的背景，乃由於鑾披汶前總理有走中立主義的趨向，顯然為此舉不利於泰國。政變甫告成功，世界正矚目於新總理人選之際，沙立氏支持東南亞公約秘書長乃樸，出任總理，因乃樸係泰國僅次於萬親王的國際知名人物，在國民人緣也好，一時安定了內外的人心。不久乃樸重行出任東約秘書長，沙立元帥又荐請泰王委乃他儂將軍代理總理。在這兩任的總理時期中，政黨活動頻繁，中立主義的衝擊力仍大；在左傾方面，因鑾披汶以前的總理乃比里被中共所收容，在西雙版納（雲南車里）設有「自由泰國」的影子內閣，因寮國共亂日亟而乘便遣共黨份子向泰國北部及東北滲透。沙立元帥乃奏准解散議會，自任總理並兼軍警最高統率，嚴行搜捕共黨活動，曾捕殺泰共書記及破獲東北部共黨地下軍。當寮共南侵威脅永珍時，他更毅然根據泰美聯防協定，邀請美軍進駐東北邊境，永珍賴以轉危為安，他與寮國右翼統帥諾沙旺係表兄弟，加以右翼軍在形勢上成為泰境屏藩的緣故，他實際上予諾沙旺以不斷的支持。在與高棉因拍威漢山古寺爭界事衝突中，因國際法庭將該寺判歸高棉，泰國民情憤激，沙立却能曉諭人民守法，下旗由該寺撤退，並沒有因軍力比高棉更強而採取騷擾報復。大致上說，他總算有安定泰國之功。假如沒有乃沙立革命，讓鑾披汶繼續下去，泰國政局必趨混亂。假如寮共南進攻勢銳利時，泰國不邀美軍進駐協防，永珍必已不守。泰東北也必成游擊區了。

乃巴博的合作

乃沙立可以說是「厚重少義」的一類人物，同時泰的議會，議員雖有半數由泰皇委派，也總算是有政黨政治的國家，政治技術在中南半島仍可首屈一指。即以乃沙立的革命團廿六人委員會，雖多數是軍官，也不少有政治才幹的人物。如乃他儂將軍，乃巴博將軍，乃他納上校等。對於迭任聯大主席、外長、駐美大使的萬親王、及乃樸，均能加以禮遇，引為當局師友，這都是乃沙立集團幾年來能安定泰國的原因。

就中乃他儂可算是沙立的第一副手，曾代總理並兼國防部長，自沙立患病，即代行總理職權。故沙立病逝，革命團立即建議以他儂繼任總理，泰皇也即頒命令予以眞除。他儂上將晉覲國王後並立即廣播：三軍不得擅離防地，採取戒備。乃巴博將軍則以內政部長播告各府尹，督率各級協同征剿及邊防部隊，維持邊境安寧，並特別提示注意滲透破壞活動的防範。

乃巴博上將以內政部長兼副警察總監，為僅次於乃他儂將軍的人物，地位有如鑾披汶時代之乃炮警察總監，勢力不弱。另一副總理係萬親王，不過他的任務是溝通皇室與政府之間，及以老資格外交耆宿指導外務。他儂與巴博，實係沙立之雙臂。好在他們兩人又是兒女親家，所以在過去雖有兩人「不大和協」的傳說，但實際未曾發生若何問題。此次尤其兩人的竭力合作，安然渡過了政府領導人更迭的時期。本來由於謠言的蠭起，以致美國協防泰越軍司令哈金斯將軍，曾自西貢趕至曼谷為故總理探病，直至他儂獲膺新命後方行離去，足見美方也非常關心整個的局勢。

高棉幸災樂禍

乃他儂總理就任後首次的宣佈，是依照沙立元帥政策的成規。內閣也已於不逾規定七天之內成立，重要人事為總理自兼國防部，萬親王蟬聯副總理，巴博上將升任副總理仍蟬聯內政部長，升副三軍統帥，警察總監，正所謂信任有加。乃他納蟬聯外長，其餘任部長者全皆蟬聯，只有新任乃樸出長建設部長。這樣等于第二沙立內閣，巴博則得居於以前他儂的地位。乃他納的蟬聯及乃樸入閣，親西方色彩似更濃厚。並且由於過去對越寮軍政問題及美軍駐泰等，如費爾特、哈金斯將軍，傅馬總理，李江將軍等訪問泰國，除謁沙立元帥討論原則外，有關實際具體接洽實施，幾全部由他儂將軍承辦，所以他的承繼沙立遺職，不但絕無困難，抑且可能更為親政，更可圓活運用。

可是在泰國正在為沙立隆重舉行喪禮的時候，高棉金邊國家電台却對此幸災樂禍，宣佈學校放假一天，官員每大放假一小時，「以示慶祝」乃沙立之死，並引及「在南越敵人」暨該等「敵人侵害者之後台老闆」之死，把沙立元帥、吳廷琰、以及甘迺迪總統的不幸事件，作為狂歡的對象。曼谷方面對此極憤激，指為「瘋狂」。美國也表震驚與憤慨，訓令駐金邊美使館查明實情後，提出抗議。分明在金邊、曼谷均已錄得上項高棉國家電台的公佈，但施漢諾元首却否認，他們曾語涉甘迺迪（僅承認對沙立及吳廷琰兄弟）並且施漢諾更乘機撤賴，在美大使非立浦向他提出抗議之後，他立即下令召回高棉駐美大使。同時，他更發佈另一命令，禁西方記者進入高棉，只有他認為態度客觀的可以例外。

高棉的態度，對西方越加敵視，也更採取中共的態度及中共的作風，對中南半島尤其泰國將是一項禍亂之源。高棉最近受中共授意，要求開十四國會議，泰國因共黨在寮國破壞協議，反對此項會議舉行。高棉借「慶祝」乃沙立之死，更加深兩國的惡感。現在似乎已可預料，兩國的軍事衝突又將重演了。‧曼谷通訊‧

施亞努拒絕美援索隱

阮玉仁

高棉元首日前曾發表了一項公開聲明，除表示高棉推行「進步的社會主義」外，並強調稱：高棉決拒絕接受美國的援助。這一項宣佈，當然會使人感到無限詫異；尤其是對於「拒援」，引起了諸多忖測。當地的觀察家已分別透露出三種不同的意見：第一，有人認為施亞努的「拒援」，是有鑒於南越的政變，吳廷琰兄弟槍下喪生，統治了南越九年的政權，一旦崩解，因而發生疑懼，深恐他的小朝廷在長久的美援下也不難會遭受到同樣的命運。施亞努對自己生命和權勢的安危，是相當敏感的，更何況他曾聽到了來自西貢方面的謠傳，謂高棉不久也將發生政變，因此他就更有所憂疑和戒懼，心目中泛起重重可怕的陰影。第二，也有人認為施亞努已懷疑到美援已被利用為破壞他個人地位的工具；他曾指責過美國情報局以軍火和金錢來支助「自由高棉運動」；「自由高棉」的秘密電台經常播放着不利於他的統治權的消息。第三，另有些人則認為施亞努之「拒援」，是受到中共的壓力。

姑勿論施亞努的「拒援」起因是怎樣，其後果都是相當嚴重的。高棉近十多年來，都是靠外援來支持。外援中除中共和蘇聯外，就是美國。無可否認，高棉獲得美國的援助最多；從一九五五年至一九六〇年，高棉所接受的美援達二億美元。高棉的武裝部隊的武器，大部份是由美國供應。直至最近的一九六三年財政年度，美國仍給予一千八百八十萬美元的經濟援助，和一千零四十萬美元的軍事援助。現在，施亞努竟打起「中立」的幌子，拒絕美國的援助。可是，他却反而乞援於中共。誰都已知道，高棉之依賴中共支持，刻已達到了公開的程度；施亞努經發表過，他曾接到中共政府的照會，答應高棉，在高棉萬一受到泰國或南越侵犯時，中共將給予充份軍事、政治、和外交的支援。施亞努還欣欣然有喜色的說過：「中共是高棉的好朋友」。那末，施亞努所唱的「中立」的調子，祇是裝模樣，企圖騙騙他人吧」；實際上，施亞努的腦袋裏，已湧起了親共的如意算盤。有關高棉「拒援」是因受到中共壓力之說，顯是有所見而云然。

本來，美國之援助高棉，其所求於高棉的，並不太奢，祇是要求高棉在目前危機四伏的東南亞動盪局勢中，堅守真正中立的立場，不受共黨利用，而威脅泰、越的安全；僅此而已。可是施亞努却對美國猜疑，恐怕美國會伸手插人來干預到他的權勢，因此他一受到中共的挑撥，對美國的疑慮就益大，於是掉過來反而信賴中共，接納了中共派來顧問，協助高棉建立所謂「進步的社會主義」社會。馴至再進一步，宣佈拒絕美援。很明顯的，高棉目前已逐步走向共產主義的路綫了！倘若將來高棉完全變成了共產黨國家的附庸國，則泰國與南越，當然不能高枕無憂；這關係於整個亞洲形勢，也是相當重大的！

當地人民已有不少人深信，施亞努確是已計劃着使高棉成為一個「社會主義」的「人民共和國」，藉此來鞏固他的政權。當地人士還指出：施亞努曾解釋過「他的社會主義並不是共產主義變相，而是佛教國家的社會主義」；施亞努的措施也許會與目前緬甸革命政府的措施同樣微妙。——但這恐怕祇是一個過渡階段的情況；將來淪為共黨附庸國的危險性依然是存在的。

施亞努不特使高棉放棄美援，而且最近還促請南越也放棄美援。從這一點看，更使人有理由相信施亞努不特受到中共的壓力，同時也甘於接受中共的利用，施亞努過去是倡議過，由棉、寮、越組成一個「中立區」。這點，正適合於中共的「胃口」；中共可以利用這「中立地區」來遏阻南越的「剿共」，因而唆使施亞努向南越提出「放棄美援」的建議，來作為恢復邦交締結盟的條件。假如南越接受的話，即等於停止與越共的戰爭，正配合了中共的陰謀。當然，南越對施亞努這唐突的建議是決不會接納，但施亞努有此建議，則更反映出其本身拒絕美援的心情。

神話中的黃帝（四）

徐亮之

（二六）凡此種種建築名色，前人多以創自黃帝。見王三聘古今事物考（叢書集成本）P七、一三一、一三二、一三三。（二七）黃帝內傳有七寶登眞之牀。陳振孫書錄解題謂「此書誕妄不經，方士輩所託也」。（二八）拾遺記：「軒皇使百辟羣臣列圭玉于蘭蒲席上」。（二九）黃帝內傳：「王母授帝九華燈檠」。（三十）同上：「帝既王，母會于王屋，乃鑄大鏡十二面，隨月用之」。（三一）近世出土的新石器時代的陶甕，往往見底部凹入而有兩耳者，即爲取便頭頂者。又用頭頂物而行，今日若干落後民族中仍多有之。又淮南子氾論訓：「古者大川名谷，衝絕道路，不通往來也；乃爲窬木、方版以爲舟航。」按窬木即易繫之「刳木爲舟」，亦即獨木舟。方版即桴，亦即竹木排。（三二）淮南子說山訓：「見窾木浮而知爲舟，見飛蓬轉而知爲車，見鳥迹而知著書，以類取之。」易繫辭：「黃帝堯舜垂衣裳而天下治，蓋取諸乾坤。刳木爲舟，剡木爲楫，舟楫之利，以濟不通；致遠以利天下；蓋取諸渙。」世本：「共鼓、貨狄作舟。」註：「二人黃帝臣也。」古史考：「黃帝作車，引重致遠。」（三三）見易繫辭。又世本：「雍父作舂」。註：「黃帝臣」。（三四）古史考：「加物於燧石之上食之」。（三五）見逸周書逸文。（三六）同上：「黃帝作井，始竈。」古史考：「黃帝始造釜甑，火食之道成矣」。（三七）逸周書逸文。（三八）帝王世紀「炎帝嘗味百藥，著本草四卷。」通鑑：「炎帝始味草木之滋，察寒溫平熱之性，辨君臣佐使之義；嘗一日而遇七十毒；遂作方書以療民疾，而醫道立矣。」（三九）通鑑：「黃帝命岐伯雷公究息脈，巫彭桐君處方餌，而人得以盡年。」帝王世紀：「黃帝有熊氏命雷公岐伯論經脈，傍通，問難八十一，爲難經。教制九針，著內外術經十八卷。」（四十）孟子滕文公上：「上世嘗有不葬其親者，其親死則舉而委之於壑。他日過之，狐狸食之，蠅蚋姑嘬之。」（四一）古今事物考卷一：「易曰：『古之葬者，厚衣之以薪，葬之中野，不封不樹。後世聖人易之以棺槨』。棺槨之作，自黃帝始。」（四二）同上：「本記曰：『黃帝周遊，元妃嫘祖死於道，令次妃嫫母監護，因置方相；亦曰防喪。』此其始也。俗號『顯道神』。周禮有『方相氏』；大喪，先柩；及墓，入壙，以戈擊四隅，毆方良。故葬家以方相先驅。」按「方良」即魍魎，山川之精物也。

二、果然，機會來到了，而且恰到好處地就掌握着了。因爲黃帝已經認識清楚，他的時代乃是一個政治中樞無能，地方羣雄爭霸的時代；而他有的是新式武器，有的是新式配備，因而天經地義也便該是這個時代的寵兒。所以，當他的首席宰相蚩尤一利用葛盧山的黃銅鑄成功劍鎧矛戟時，便立即使用於作戰；也便就在這年征服了九個部落。又當蚩尤再利用雍狐山的黃銅，鑄成功更犀利的「雍狐戟」和「芮戈」時，又立即使用於作戰；更便就在這年征服了十二個部落（一）。亦即是說：只不過短短兩年之中，二十一個部落的中土地和人民便都做了他的政治新資本。血液做基礎，再加上政治的分化，外交的聯絡，文化的影響，經濟的援助，日積月累，自對他擁護和投靠的部落只有越來越多；自然他最後的軍事指標，要指向那個可憐的中樞，當時已經局促阪泉一隅（二）的炎帝八世的榆罔政權頭上的了（三）。而果然前後只不過交兵三次，便把這個延續了五百三十年的老政權推下了歷史舞台（四）。

把榆罔政權打倒了，他的新政權成立了，雄才大畧實現了，人間的崇高地位確定了；也便是說：他對人道的責任已經初步盡到了，該是再以大神的資格宜告成功於大地鬼神的時候了；於是，勝利的凱歌一奏，他便選擇了西泰山做會場，率領有關的幹部，召集有關的鬼神，在那兒舉行慶祝大會了（五）。

文聲集（五四）

過鴨脷洲 有序

中龍

十二月一日與兆禎蘭堂及聯大書院諸生遊香港仔，鴨脷洲，船孃年可十七八，頗伶俐解人意，與客相與謔浪舟中，賦誌鴻爪。

薄霧輕籠鴨脷洲，西風逐浪亂中流。微憐癡小船家女，故惹清愁上客舟。

遊香港仔上石排灣探水庫

前人

萬艇喧漁港，層雲壓市聲。水塘徒壁立，山路少人行。自在寒禽喚，參差野果明。殊方餘遠夢，天外未休兵。

省中初見燕子

明志

炎洲爲客見來稀，乍喜銜泥出翠微。江海羽儀仍秀整，樓台風日有光輝。猶憐片影亭亭去，臆抱危心惘惘歸。莫是雕梁舊時侶，含情休更問烏衣。

紅桑極目海漫漫，重碇危檣去路難。還向寥空避鷹隼，偶容清禁侶鵷鸞。芳池雨密開簾待，華館風高罷扇看。轉眼時年春社近，舊巢重傍上林安。

甘迺迪總統挽詩

曾克耑

文德資興繼，悲心振溺焚，白宮三載勤，赤帝九州氛。未覩副車中，翻虞大道分。萬方紛雨泣，何計答憂勤。

高居持運會，神策幹幾先。一怒古巴慴（註一），孤恫尼各纏（註二）。謀人更謀鬼，如日更如天。遺烈追林肯（註三），堪嗟髮尚玄。

大勇知無敵，深仁總不疑（註四）。陰風騰虺蜮，漲海攪鯨鯢。靈瞰達拉士（註五），聲昭普立茲（註六）。腐儒想雄畧，空鑄淚成碑。

（註一）古巴國名

（註二）尼各即黑奴 Negro 此美之家庭問題也

（註三）林肯以解放黑奴故爲人所刺，甘氏亦有黑白問題待解決

（註四）甘曾著當仁不讓一書原名"Profiles in Courage" 此書專述美議員忠勇故事

（註五）甘遇刺在德薩斯州之達拉士城 Dallas, Texas,

（註六）甘著「當仁不讓」一書獲普立茲獎"Pulitzes Prige"

陳風子治印

陳風子，別號瘦翁，浙江杭州人，鑽研金石文字凡數十年，爲西湖西泠印社得前輩大家家法最深之浙派後人。本報今後將逐期刊載陳氏作品，以饗讀者。

拾遺補缺

求是山房

放懷天地間

熊式一

唐詩偶釋（三四）

鄧中龍

喜外弟盧綸見宿

·司空曙·

靜夜四無隣，荒居舊業貧。雨中黃葉樹，燈下白頭人。以我獨沉久，愧君相見頻。平生自有分，況是霍家親。

前四句說自己，尚在題前作反揭之勢。五句承上，六句落題，末聯以外弟作結，此全詩語脈。

「獨沉久」三字，即指上四句，讀此句須會上半意。詩中必有樞紐關鎖，而後結構緊湊，是以疊句之下，每以一句總括，此律詩常法。

末聯緊承第六句，言彼此之所以相見頻繁者，一爲平生有交誼，一爲有中表之親。「自有」與「況是」關鎖極緊，所以爲第六句下註脚者。

前半極力寫家居荒涼之狀，乃一筆轉到相逢，是爲題中「喜」字傳神。詩中無喜字，而文中逼出喜意，是其格高處。前四句皆有意蓄勢，以逼出第六句，而仍用暗筆，「愧君」之「愧」，如易「喜」字，不可讀矣。

次聯五字渾成，兩層並集，爲絕妙句法。如「思婦樓頭月，征人馬上霜。」「浮雲遊子意，落日故人情。」「亂山殘雪夜，孤燭異鄉人。」均爲上二字畧頓，下三字直下緊完，五律句法，此其一也。

詩之可貴，不在下僻字，造怪句，而在平淡。寓深意於平淡，乃能化腐朽爲神奇。此中亦無奧妙，要在體物耳。「龍鳳以藻繪呈瑞，虎豹似炳蔚凝姿。雲霞雕色，有踰畫工之妙；草木賁華，無待錦匠之奇。夫豈外飾，蓋自然耳。」此數語者，劉彥和以之原道也。道何在？道在自然。天地萬物，莫不有文，由靜觀而攝取，何莫非詩。眼前之景，平常之物，藉詩人之智慧加以綜合，往往爲絕妙詩詞。「雨中」「燈下」「黃葉樹」「白頭人」，皆人人所見之狀，一經配合，便見深情。固知詩不在故意求工也。村女蛾眉，不知脂粉爲何物，而臉泛桃紅，眼如秋水；都市婦女，日惟乞靈於鉛粉胭脂，然妖氣駭人，其甚焉者且至不可嚮邇。着意雕琢之詩，猶都市婦女之化妝耳。妖冶之氣太多，自然之韻愈少，縱遍身羅綺，滿臉白粉，烏足以爲貴哉！

「以我」與「愧君」之句，詩中罕見，宋人詩常有此，元遺山尤常用，中唐殆已漸變矣。詩固不禁假虛字以傳神，然絕非此等句；而尤以君我二字對用，極是俗氣。司空文明爲大歷十才子之一，所作詩，筆調流麗，竟體輕快。此種風格，宜於七言而不宜於五言。「喜外弟盧綸見宿」一詩，在文明五律中，又非上乘者，則尤不宜據此以論其詩也。

憶陳果夫先生（四九）

宇人

國民黨籍的立法委員既已分別成立了革新，新政兩俱樂部及民主自由社等三個團體，假設國民黨當權的人能因勢利導，使其臻於健全，再由每一個團體推出若干人爲代表，合組一個黨團幹事會，或將國民黨的中央政治會議改爲由這三個團體推派代表組織；政府的重要政策，均先提交他們討論，並酌量接納大家的意見，不但可以挽救國民黨員在立法院分崩離析的種種現象，而且還可促進黨的團結和改革，並建立民主憲政的基礎。可是，在蔣先生左右當權的所謂黨國要人迄無此雅量，祇是挾「總裁的指示」和「中央的決議」以逼大家就範，以致我們與蔣先生和中央黨部的距離愈趨愈遠。同時，CC方面對我們這些人——尤其是對我個人，視如深仇大恨，隨時隨地都想藉端陷害，因而同志和朋友間的情感也大受影響。例如，此時國民黨正在舉辦黨員總徵審，依照規定，凡不參加徵審的黨員即喪失其黨籍。上文說過，我們在第六次全國代表大會後，對黨即大感失望。以後雖然曾鼓餘勇參加革新運動並被蔣先生指定爲中央常務委員，亦深覺於事無補。半年來，且已不出席中央常會。可是，由於過去的半生都是爲國民黨奮鬥犧牲，我的父親還爲我參加國民黨的工作而被貴州軍閥周西成囚死，以故一直沒有脫離國民黨的念頭；祇是對黨的熱情大不如昔而已。所以也就沒有趕先參加徵審。一天，蔣先生召集中央黨部各部處會的負責人立夫先生，吳鐵城先生和谷正鼎等（此時立夫先生已將中央組織部長交與谷正鼎繼任）在官邸餐叙，問及辦理總徵審的情形，谷即報告中央常務委員亦有人不參加徵審，工作進行甚感困難云云。蔣先生聽了之後，勃然大怒，問「中央常務委員有誰不參加徵審」？他即舉以對；並請求蔣先生下一手令，以便遵辦。就事實而論，當時總徵審的期限尚未截止，我沒有加參徵審，祇是尚未參加，並不能視爲不參加徵審；而且當時尚未參加徵審的中央常委也不止我一個人。谷正鼎在蔣先生詢問時，特別提出中央常務委員有人不參加徵審一事，並在蔣先生發怒之後，單獨舉我爲例，更要求蔣先生下一手令，其用心，顯然是藉此刺激蔣先生，希望他以嚴厲的手段來對付我。但大出他們的意料，蔣先生的手令，却僅是「中央委員之未徵審者以違反黨紀論」寥寥數字。不但沒有指明黃宇人不參加總徵審應開除黨籍或應予某種處分，而且根本沒有提到我的名字。谷正鼎雖然拿到一紙手令，CC却也對我無可如何。以蔣先生的性格而論，他在盛怒之下祇寫了那樣的一個手令，可以想見得到他是十分克制的。我得此消息後，對蔣先生處處寬容，頗受感動。但對CC的藉端陷害，則深切痛恨。不過，我並不怨恨谷正鼎，因爲我和他素無恩怨，而且還可說相處不錯，我很能諒解他之所以如此，乃是由於立夫先生提攜他做組織部長後，環境使然。

稍後，立夫先生和陳誠先生忽然又聯名宴請與青年團和CC有關的若干立法委員，余井塘兄也在座。席間兩位陳先生均說時局嚴重，大家應該團結。我認爲此乃CC的一項詭計，企圖以此方式來拆散我們的聯合陣綫，立即予以前所未有的抨擊。我說，「說到團結，我相信在座的同志沒有一人不贊成的。可是，就今天立法院的情形而論，除了我們兩部份人而外，還有其他方面的很多同志。要講團結，就必須把他們一齊請來商談，然後才可望達到全面團結的目的。假如祇由我們這兩部份人關起門講團結，縱能出現奇跡，彼此獲得某些妥協，對整個的立法院來說，還是無補於事的。倘或利用團結的美名以拆散他人的聯合那更是其心可誅了。復次，要團結，就得把不能團結的因素除去。本黨同志過去不能團結的因素甚多，其中有些因素是我們今晚在座的同志就可以除去的。舉例言之，本黨的組織工作，自北伐之初即由果夫先生負責，如今仍是等於由果夫立夫兩先生所主持。中間僅有朱家驊先生曾負責很短的一個時期。以致各省市黨部負責者，幾乎全是與果夫立夫兩先生有關的同志，其他的同志多被排擠。本黨的財務，在政府奠都南京後，即由果夫先生主持，現在果夫先生更是中央財務委員會的主任委員；而且因爲舉辦黨營事業的關係，許多工廠，行號乃至戲院都被納入財務委員會的系統，所有董事，董事長，經理等人事的任命，全是以與果夫立夫兩先生有關的同志爲限。各級黨報原是屬於宣傳部，但自改爲公司歸入黨營事業後，亦變成了果夫先生屬下的機構。尤其是中統局，祇有果夫立夫兩先生能指揮，其他的同志反而成了他們調查統計的對象。設立中統的原始目的，本來是對付共產黨；但年來他們却以製造假情報，陷害同志爲能事。再說到國家金融機構，在過去，黨務工作同志原是不屑參與的。但近若干年，果夫先生却向國家金融機構發展，如今所謂四行兩局一庫，果夫先生已佔了兩行一局一庫，在形式上言之，已超過了孔宋的總合。與果夫立夫兩先生有關的很多同志都做了國家的金融機構的董事，總經理或什麼長，有人還去拜倒在杜月笙的門下，換來一個紗廠董事長肥缺。又如各省市政府的社會處和地政局，也幾乎都是非與果夫立夫兩先生有關的同志不能担任。凡此種種，實爲造成不能團結的重大因素。現在要談團結就必須把這些不合理的現象改正過來，然後才可達到精誠團結的目的」。我說了以後，立夫先生並未說話，張道藩則說：「既然認爲果夫先生在國家金融機構的勢力已大過孔宋的總合，就沒有什麼好談了」。於是便不歡而散。散席時，谷正鼎做出一種氣憤的神情，自言自語說道：「在人民法庭再見」，大家也沒有理他。

單刀會的經過及成功的原因

三國人物故事評論之十二

劉裕畧

單刀會的經過，演義所說的與史志所載很有差異。首先，諸葛瑾奉使至蜀討取荊州，劉備的回答，三國志說：「先主言須得凉州，當以荊州相與。」而三國演義則說：「子瑜可暫回，容吾取了東川漢中諸郡，調雲長往守之時，那時方得交付荊州。」二者自以史志所說待取凉州爲是。

其次，魯肅與關羽會見時，三國演義說：「魯肅驚疑，接入亭內，叙禮畢，入席飲酒，舉杯相勸，不敢仰望，雲長談笑自若。」又說：「雲長右手提刀，左手挽住魯肅手，佯推辭曰：公今請吾赴宴，莫提起荊州之事，吾今已辭，恐傷故舊之情，他日令人請公到荊州赴會，另作商議。」又說魯肅魂不附體，被雲長扯至江邊，呂蒙甘寧各引本部軍欲出，見雲長提刀，親握魯肅，恐肅被傷，遂不敢動。由於三國演義有上列說法，所以後世不察史實者都以爲在單刀會中關雲長是很鋒利的，魯肅是很溫順的，因之後代的戲劇也便以此爲藍本而演出。湘潭王闓運（壬秋）有一段故事，說南京修建了一所關帝廟，廟前照例要有一付對聯，清末民初，對聯之風甚盛，南北文人都準備臨塲逞能，又南北文人都有意作這付對聯以壓倒這位既不屬江南亦不屬河北的湖南名士王闓運，殊不知王闓運到塲之後，却提起筆來，替關帝廟寫了一聯，南北文人一看，都爲之驚佩不置，皆不敢再獻醜。王闓運上聯是：「匹馬斬顏良，河北英雄齊喪膽。」下聯是：「單刀赴魯肅，江南名士盡低頭。」當時王闓運就是借關雲長單刀會壓倒江南名士魯肅的故事來挪揄清末的江南名士的。不過，話要說回來，在單刀會上，詞鋒銳利、態度強硬的却不是關雲長，而恰恰是魯肅。這只要看吳志魯肅傳就知道了。

吳志魯肅傳說：「備既定益州，權求長沙零桂，備不承旨，權遣呂蒙率衆進取，備聞自還公安，遣羽爭三郡。肅住益陽，與羽相拒，肅邀羽相見，各駐兵馬百步上，但諸將軍單刀俱會。肅面責數羽曰：國家區區，本以土地借卿家者，卿家兵敗遠來，無以爲資故也。今已得益州，既無奉還之意，但求三郡，又不從命。語未究竟，坐有一人曰：夫土地者，惟德所在耳，何常之有？肅厲聲呵之，辭色甚切。羽操刀起，謂曰：此自國家事，是人何知？目使之去。備遂割湘水爲界，於是罷軍。」可見在單刀會上魯肅態度很強硬，相反，關羽的態度却是非常溫順的。至於座中忽然發言之人，三國志未記明其人爲誰？演義則說其人是周倉。不管其人是否周倉？要皆爲關雲長事先準備好的一個人，有意在魯肅索取荊州時，出來唱花臉，以試探魯肅的態度是否堅定，因爲在這塲合之下，是不適宜於由關雲長自己來唱花臉的。蓋雲長乃此會中之一個主將，若由雲長唱花臉時，則會議有破裂之虞，雲長自應顧慮。而當時曹操進軍漢中，劉備必須與孫吳妥協，所以雲長的態度必須溫順才是。魯肅乃大政畧家，早已瞭然於劉備必與孫吳妥協的內在情勢，所以故意表現得辭色甚切，以促成劉備的退讓。縱觀雲長一生，單刀會所表現的做法實爲一生傑作之一，因爲雲長在單刀會上表現得很理智，而不像平常那樣意氣用事，這值得一書。但蜀志關羽傳却也對此隻字不提，殊屬缺憾也。

前面說過，單刀會實係一次和會，而這一和會之所以能夠開成，一方面，固然是孫權雖欲討回荊州之一部，却無對劉備用武之心。另一方面，曹操進兵漢中，劉備有後顧之憂，劉備既不能兩面作戰，自不得不與孫權議和。

我們看孫劉兩方，誠然都各有不得不聯合抗曹的苦衷，但以劉備這個人來講：對於江東，却總似乎有一種情感上的衝動。對於東和孫吳、北拒曹操的決策，劉備雖然在理智上很懂得，而且行動上也曾實踐，但劉備對這一決策時常表現一種情感上的反動，這只要看他後來毅然不顧諸葛亮的勸告，以替關羽報仇爲名，率大軍順江而下以攻東吳，以及這一次孫權派呂蒙進攻長沙，劉備就率五萬大軍離四川、下公安，令關羽爲前鋒，前進到益陽（在今湖南益陽縣東八十里，城爲魯肅所築）對東吳擺出戰鬥的姿態，大可以看得出來。劉備的情感何以會有此衝動？或因劉備與孫夫人情感不恰，劉備內心存有憎恨孫吳的情緒之故。

單刀會這一件事發生於建安二十年，即公元二一五年。依理，這不算一件小事，但對於這一件事，魏志武帝（曹操）本紀及吳志孫權傳均無一字之記述，可謂怪異。蜀志劉備傳對此雖有記載，但亦頗爲簡畧，但云「先主引兵五萬下公安，令關羽入益陽，是歲曹公定漢中，張魯遁走巴西，先主聞之，與權連和」而已。祇算把劉備引兵五萬東下之後，忽然迴路轉，不與孫吳打戰，而與孫吳媾和的原因說明了。

以劉備取西川後的戰畧形勢來講，西蜀當然是劉備的根本，但無論攻守，西蜀却是不能沒有外圍基地的。從北面說，漢中是要緊的地方，必須握有漢中，才能確保西川，否則，西川雖然四圍有高山，地形亦極險要，但如果採純防禦的戰術，專守西川，則因處處防守，處處薄弱，所謂備多力分，西川終必守不住。所以[illegible]亦不可無漢中這一屏障；[illegible]荊州與西蜀唇齒相依，若[illegible]障，則荊州方面的敵人可[illegible]上西川。劉備從荊州入川[illegible]西川，正說明敵人亦可依[illegible]循劉備舊路而取川。所以[illegible]西川，荊州亦不可失。

再以攻勢戰畧來看，[illegible]中，正是西蜀攻畧中原的[illegible]對此，諸葛在隆中決策時[illegible]清楚，他說：「待天下有[illegible]上將將荊州之軍以向宛洛[illegible]率益州之衆以出秦川，如[illegible]與，霸業可圖矣。」可知[illegible]無論攻守，實爲西蜀戰畧[illegible]中尤以漢中爲重。蓋漢中[illegible]曹操乃最大敵人，而荊州[illegible]劉備與孫吳之間在成分上[illegible]少，何況，孫吳這次所索[illegible]長沙零陵桂陽三郡，並非荊州之全部，且此三郡之地理位置偏[illegible]，去此三郡，對荊州之戰畧價值實無減損，而漢中情勢緊急，所以劉備東下之後，便又立即使關羽在單刀會上與孫吳議和了。

本刊已經香港政府登記

聯合評論

週刊

每逢星期五出版

United Voice Weekly

第二七六號　督印人：黃宇人　總編輯：左舜生

CHINESE-AMERICAN PRESS, INC
199 CANAL STREET,
NEW YORK 13 N. Y. U.S.A.

本報啟事：本報下期排印時間，適逢新年休假，故本報下期休刊一期，以後照常出版，特此敬告讀者。　聯合評論社敬啟

有關中國民主反共問題答客問

張君勱

問：過去中國民主運動失敗的主要原因何在？

答：中國的民主運動可以追溯到孫中山先生和康有為先生梁啟超先生。孫中山先生主張用革命手段來達成，康梁兩先生主張用溫和改革用立憲來達成。但辛亥革命後，孫中山先生沒有把袁世凱這個人認清，以至把政權交給了袁。而袁則利用孤兒寡婦，玩弄權術，對民主毫無誠意，專以自私自利為務，所以，中華民國雖已建成，但民主卻落了空；梁啟超先生最初也同樣沒有把袁世凱認清，不該與袁合作，隨後袁帝制自為，梁氏始認清袁之為人，乃與蔡松坡先生等推翻洪憲，袁世凱死後，北洋軍閥割據，更談不上實現民主了。到民國十五年，北伐後，國民黨實行的只是一黨專政，甚至還有人實行法西斯，再後，中共奉行馬列主義，提倡階級鬥爭，反對民主自由，當然更無以語於民主了。總之，要實行民主，就當權者而言，有無誠意，有無守法精神，有無關於現代議會與政黨政治種種認識，至關重要。當權者如果只知玩弄權術，民主就一定不會實現的。

問：中國大陸的現況是必然要改變的，通過一個新的民主運動？還是通過人民革命？那一個可能性大些？

答：提起這個問題，使我想起我最先留意共產黨在俄國興起的事。為了瞭解俄國的共產革命，我曾經於一九一八年及一九二二年兩度親自到俄國考察，我當時不但細心研究共產主義，而且還將蘇聯憲法翻譯到中國來。蘇維埃這一個名詞，也還是我最先譯述，中國共產黨至今仍在採用。不過，談到共黨政權變動的方式問題，使我更想起我在德國時的一位教授，其名為高許氏（Korsch）。這位教授曾經是共產黨員，後來反共了。他告訴我：是當德國社會民主黨內部鬧分裂，分裂後的一派脫離出來跟着俄國共產黨走時，這些德國共產黨人便經常派人去俄國開會，謊報各種工作成績。俄共並時常嘉獎他們，並向他們說：只要德國共產黨第一天暴動，俄國第二天便出兵援助它。我這位教授慨嘆的對我說：國際共產黨人原本就是這樣經常互相欺騙哩！在德國，第一次世界大戰末期，曾經有人想用武力推翻德皇威廉第二。當時有一些德國學者來勸阻，說凡是用武力推翻舊政權，其結果也往往招致別人再用武力來推翻它。但是當時又有別的人站出來說：對於獨裁者，對於那些憑藉武力以行統治的人，若不用武力把它推翻，又怎能還有別的方法把它推翻呢？

再說：毛澤東可以憑武力統治而胡作亂為。今天可以下命令深耕密植，明天又下命令土法煉鋼。深耕密植的結果是謊報生產數字，損害了農村田地，所土法煉鋼的結果，所煉出的鋼，國有一個用處？試問一國能容許「一二人」長期如此胡作亂為嗎？假如中國是一個已建立了民主政治制度的國家，當權者當然不會像毛澤東這樣胡鬧，假如他也要如此胡鬧，那也必然會被人民本民主的精神把他推下台。但今日中國並未建立民主政治制度，使我們今天能以選舉方式使他們自下台呢？除非中共自己交出政權外，何能免於革命。

問：中國人民今天具體的要求是什麼？

答：我認定中國人民今天的具體要求，是治安，是自由民主，是經濟發展，是科學發達，是大家共同過幸福生活。

問：中國人民對於目前中蘇共鬥爭，應採取什麼樣的態度？

答：中國人民今天所希望的乃是與世界各國尤其亞洲各鄰邦友好，中國人民既不反美，亦不反蘇。相反，中國人民倒是希望世界各國都能共同幫助中國建設。中共與蘇共之爭，不過是中國共產黨與蘇聯共產黨之爭。他們誰是眞正的馬列主義者？他們誰不是眞正的馬列主義者？都與中國人民無干。中國人民對中蘇共之爭，大可不管。而應該共同致力尋求自由民主在中國之實現。

問：在當前的形勢下，海外的中國知識份子在中國民主運動中，應該從那些具體工作着手？

答：從整個形勢看：海外中國知識份子沒有不希望中華民國復興的。但中華民國政府却應當負起復興的主要責任，因為守國大陸的淪喪，是政府淪喪的，不是海外中國知識份子淪喪的。所有海外中國知識份子都是由於政府喪失了大陸才來過悲慘的流亡生活，如唐君毅先生所說，他們都是飄零的花果。十四年來，中華民國政府當局對海外中國知識份子實在太沒有顧到！處此情勢，今日海外中國知識份子唯有一面謀生活，一面向理想奮鬥。「天下興亡，匹夫有責」是中國古訓，近年，我時常旅行歐美各地，據我所知，今日散處在世界各國各地的中國知識份子對國家民族的熱誠眞是極高極高，假如大家聯合起來，站在民主立塲，站在反共立塲，必然仍將受到國際間的歡迎與重視。當然，也只有這樣，才能符合大陸同胞的期望。

從美國「敞開門戶」說起

許子由

美國主理遠東事務副國務卿希斯曼，發表對中共「敞開門戶」的談話，引起了台北要求解釋，及各方對美國亞洲政策將有轉變的疑慮。其實希斯曼的談話，不過是甘廼廸聲明的重申，就是所謂倘中共能表現和平睦鄰，美國也將重估對中共政策──放棄敵視，暗示可讓中共入聯合國。美駐聯合國首席代表史蒂文生對於甘氏聲明的補充，更使這一政策的輪廓明朗化。總括來說：就是美國始終沒有放棄中共可能轉變的幻想，也始終沒有放棄綏撫中共的政策。

魯斯克的政策「不變」

可是最近遠東的情勢，並不是中共有和平的傾向，可以令美國重估政策而改採對中共和緩的可能。反而是中共的反美似乎已着着生效，而使到美國有重估所謂強硬政策的必要──如果試行綏撫無效，是否能有其他較佳辦法？或是否能夠更強硬一些？但以目前來說，美國似未計及此，自希斯曼談話以至美國務卿魯斯克的發表「寧取共存不取黷武」，都說明美國尚在綏撫的幻想中。

魯斯克的發表曾被「錯誤解釋」為應助共存的蘇聯，反擊侵略的中共。因此魯氏特予修正如上，並重申美對中共政策不變。

「不變」是正確的。美國對中共政策，最先認中共是農村改革者，斡旋聯合政府。其後共軍渡江，司徒雷登大使留在南京，待與中共接觸。韓戰發生，美婉拒國軍參戰；更否決麥克阿瑟對中共「不宣而戰」主張，以至撤麥。最近，美國更在華沙答覆中共，謂美國不助國軍反攻大陸。希斯曼談話，也還說及中共相當「穩定」。

美國對中共如此客氣，說明綏撫政策是自有中共以來即已存在，絕對「不變」。但「可惜」的是，中共絕不領情，「門戶敞開」，中共却不肯進去。反而一貫反美，以反美為國策。不但自己反美，而且要策動「亞、非、拉」三洲反美，即與蘇聯的「分裂」，也是藉口赫魯曉夫親美。

史蒂文生四條件

美國與中共的矛盾太多，如果沒有劇變（如戰爭之類），似無與美國和好的可能。據史蒂文生的解釋，美與中共和好條件為：（一）結束韓戰（當指和約）。（二）停止鼓勵越共寮共。（三）解除對印度領土的威脅。（四）停止砲轟中華民國的離島。這些條件，中共都礙難遵命。不知美國何以提出此種試探？是否僅因擴大與蘇聯共存的美夢而發展的結果？

中共為爭取所謂反帝領導權，不惜將韓越寮棉日本印尼等共黨，自莫斯科治下割出。更與蘇聯爭取古巴，及拉攏非洲國家。在中共鄰境的侵略，是攻勢防禦，有鞏固外圍，造成緩衝地帶的作用。在遠處的經略，希望將來有一天會嚴重困擾西方。印尼的對抗大馬，已使西方難定決策；施漢諾雖明言「以中共為保鑣」，也不與西方為友，屬「小醜跳梁」，也使西方狼狽不堪──英美均曾拒絕施氏召開十四國會議的要求，均謂「可以考慮」，足見中共之計得售。

何況史蒂文生第四條件「停止炮轟離島」，內裏暗含「兩個中國」的謎底，中共又怎能接受？

這不是說中共如何富民族思想，或領土主權觀念強烈，[illegible]

到這一點。

周恩來的答覆

國說，周恩來（廿一日在開羅）答覆美國[illegible]

[illegible]在東南亞必定焦頭爛額，中共更可高枕無憂了。

美國若非穿如中共所說的「紙老虎」，但因看不到中共真正的[illegible]

[illegible]是否還有特種戰爭、局部戰爭[illegible]不能「在不適當的時機採取行動，在不適當的地方與不對勁的敵人」[illegible]「戰馬仔」的地步，而終打不到中共的[illegible]

（十二月廿二日）

毛澤東何以叫周恩來扶病訪非？

劉裕略

緊接着中共「全國人民代表大會」與「全國政治協商會議」於十二月三日閉幕之後，作爲中共政權政務院總理的周恩來就立即前往非洲訪問了。據中共前所宣佈：周恩來此次訪非洲對象是阿聯、阿爾及利亞與摩洛哥三國。中共政權政務院副總理兼外交部長陳毅則更比周恩來早幾天由大陸啟程訪非，而於阿聯與周恩來會合。依中共中央於周恩來此次出外訪問時期中破例派人（鄧小平）代行其總理職權一事來看：周恩來此次將要前往訪問非洲的國家必不止中共前此所宣佈之三國。而且周恩來此行必將有相當長的時間。

但奇怪的是周恩來還在非洲訪問第一個要訪的國家阿聯時，周恩來就在參觀阿聯的亞斯旺水壩時昏迷，而且流鼻血以致被隨行的西方記者都看見了。

據美聯社十二月十八日開羅電：「來訪之中共總理周恩來，今日之一陣昏迷及流鼻血，更加强外間忖測謂最近他的健康或者有嚴重的問題」。

美聯社又說「另一項增加了對周氏健康的忖測者是他的同行者中有兩名醫生及兩名護士。顯然一名醫生是不離左右，正如星期三日周氏在亞斯旺水壩短時的昏迷一般，與周氏同行的兩名醫生已証明爲邊志强及趙青，其護士則爲王與明及鄧玉淸」。

美聯社又說「自上星期六（十二月十四日）他抵此之後，曾引起普遍注意之一點是他絕未伸直其右臂，在他休息的時候，他的左手可垂直，但其右忖，則常在二十度角度左右。他的右臂常微彎，好像他因某種理由而這樣。握手時雖自由使用之，但有搐動」。

從以上報導可以看出周恩來確是早已有病在身，雖不嚴重，却並不適宜作訪非之行。因爲非洲氣候極熱，又多風沙，對周恩來的健康自不適合。據我個人平時從照片等留心觀察中共中央各首要人物的健康狀況來說，我的印象是劉少奇現在算是最好，鄧小平從前有肺病，現在也已完全變好了。朱德的精神老而强堅，林彪的身體亦大致不差，毛澤東心廣體胖，雖稍嫌痴肥，但和以上諸人一樣，都比十四年前打游擊時代好多了，只有周恩來近年來特別顯得憔悴，這是我平時的一貫感覺，証以他這次在亞斯旺水壩的昏迷與流鼻血，再証以隨行左右寸步不離醫生及護士達四名之多來看，可知周恩來的精神雖仍可以勉强支持，但身體內部有病，則是可以肯定的了。

那末，毛澤東及中共中央爲什麼要叫周恩來扶病訪非呢？是外在原因嗎？還是內在原因呢？

我的答案是：可能既有外在原因，可能又有內在原因哩！

外在原因之一，是中共確切要與蘇聯爭奪非洲。

非洲與中國大陸本來相距遙遠，中共亦缺乏現代化交通工具以縮短彼此間距離，且非洲諸國皆文化落後，工業不發達，對中共亦無經濟意義可言，非洲諸國對中共更無軍事上的戰略價值，假如毛澤東所言「政治是經濟的集中表現」是正確的話，那末，非洲對中共實無急切需要，用不着中共急急忙忙派有病在身的周恩來率領最龐大的一個代表團前往非洲訪問了。然而，中共現在却確實在與蘇聯爭奪非洲，其故安在呢？仔細分析起來，主要原因端在非洲諸國對今日中共實有極重大的政略價值之故。

這一政略價值產生的主要來源是非洲新興國家多，以及所謂亞非集團和所謂亞非會議。亞非集團雖並不是一種眞正的中立集團，但其間許多國家一向以中立爲標榜，若在戰時，可以說，它們都無價值，無論把它們加在作戰的任何一方，對戰爭的最後結果，可能都無決定性影響。對參加的一方都不是幫助，而只是袍袱。但亞非國家中許多國家愛好投機，平時在聯合國中更有某些縱橫捭闔作用，平時亦對自由世界具有某些輿論價值，故在平時，它們雖然沒有戰略價值，却有很大的政略價值。何況中共至今未能進入聯合國，其在國際間的地位，就只能在亞非集團中求之，所以亞非集團對中共政權的態度如何？即是中共政權在聯合國以外是否陷於完全孤立的考驗。若中共與蘇共之間無矛盾，蘇共自可將它與亞非集團中之關係轉而幫助中共，無奈毛澤東與赫魯曉夫現已發生衝突，若亞非集團親近中共，疏遠蘇聯，則蘇聯顯然又將在政略上陷於孤立之困境，不但對蘇聯及蘇聯所領導之東歐衛星國不利，而且亦將引起赫魯曉夫本人在其國內地位之動搖，因爲，蘇聯集團今日與民主集團正在抗衡中，蘇聯此時此際固極需對亞非集團加以運用以展開其國際政略，更需藉此以打擊毛澤東也。而毛澤東則更利用蘇共是白色人種，中共是有色人種，非洲亦是有色人種之事實，以挑撥非洲諸國與蘇聯之關係，從而爭取非洲諸國對中共之友誼，所以，當此赫魯曉夫即將於明年訪問非洲之前，中共特派周恩來等人前往非洲訪問，絕不偶然。

周恩來到達開羅不久，蘇聯外交部副部長納賓亦到達開羅，且準備在開羅勾留到周恩來離開阿聯之日纔同時離開阿聯，足見蘇共中央及赫魯曉夫對周恩來此行之注視。

事實上，以亞非諸國與中共之關係來說，是既有對中共之有利情況，但亦有對中共之不利情況存在着的。

中共是有色人種，亞非諸國亦皆有色人種，這是對中共有利因素之一。

中共經濟落後，亞非諸國亦多經濟落後，因之，在情緒上與政治的要求上，便有不約而同之處，這與蘇聯人民之一般經濟生活已較中共遠爲改善，殊不一致。這也是許多亞非國家尤其親共的亞非國家常常站在中共一邊比站在蘇聯一邊更近的一個原因。

中共是一個位置在亞洲大陸的政權，蘇聯雖然地跨歐亞，但蘇聯在亞洲部份的疆土並不發達，它與亞洲諸落後小國在地理位置上亦較隔離遠，不及中共與它們接鄰，所以，中共便在亞非集團中擁有北韓、北越等共黨政權作伙伴，而蘇聯便沒有這等伙伴了。

再從當前階段的政略形勢看：蘇聯的根本企圖雖與中共相同，都在企圖赤化整個自由世界，但蘇聯的當前政策與當前手段却是保持現狀；中共則要打破現狀，蘇聯不願聯合國安全理事會爲了增加亞非國家的席位而改組聯合國，中共則藉此取好亞非國家，而主張改變聯合國安理會的現狀，而中共的這種作法，當然比蘇聯更易取好亞非國家。

但有關亞非國家問題中，同樣亦有對中共不利，對蘇聯有利之情勢在。

無可否認，在芸芸亞非諸國中，亦有主要國家與次要國家之分，印度、埃及、南斯拉夫、印尼等四國無疑正是亞非諸國中最具影响力的國家。其中印度已與中共在戰場相見，阿聯也早已站在印度一邊，南斯拉夫更是中共的死對頭、所以，比較親近中共的就只印尼一國。但印尼與蘇聯之關係亦甚良好，所受蘇援之多，遠過中共之所予。而印度、印尼、阿聯三國平時所得蘇援，固已高達蘇聯整個對外援助總數三分之二。（下轉第三版）

中共對港澳寄大陸郵包
最近又有新的苛刻規定

黃正華

大陸同胞數年來一直在飢餓線掙扎，海外僑胞爲此非常痛心。故海外僑胞無論貧富數年來一直在設法由香港澳門郵寄一點食物與衣服回去救濟。但最使海外僑胞莫明其妙的是中共對港澳郵寄大陸包裹的規定，時有更改。同時，所有港澳郵寄大陸包裹，大陸親友往往收不到。更有甚者，是大陸親友偶而收到港澳僑胞所寄包裹時，亦往往課以重稅，而大陸各地課稅之標準又極不一致，據我們所知，有些港澳僑胞曾將價值不足港幣十元之包裹寄往大陸親友，大陸親友竟繳了四十一元人民幣（約合八十元港幣）的稅始將該包裹取得，以致許多大陸僑眷均不敢接收海外包裹，甚至包裹到達時，亦寧願放棄收受，而免繳付驚人之高稅。

況且，中共對港澳寄郵包之辦法，不但時有更改，使人莫知所從，更使人莫明其妙的，是中共每次所改辦法，都說得不够明白，使海外僑胞無法懂得中共的新規定究竟是怎樣的。因此，許多港澳僑胞不得不寫信給中共以詢問究竟？

茲據中共「中國新聞社」十二月十八日北平電：中共海關現在又規定郵寄包裹的新辦法了。據說，這也是由於港澳同胞紛紛去信詢問才作出這一新規定的。但讀完中共這一新規定後，仍覺它仍是規定得不够明白！

茲僅照錄中共「中國新聞社」報導原文如下：

十二月十九日香港大公報說：「中國新聞社北京十八日電：『最近本社接到一些港澳同胞來信，詢問海關對由香港通過郵局寄往內地的棉布、毛線、日用品等物品的管理辦法。經本社記者向有關方面了解，中國海關法令規定：自香港澳門寄入內地的自用郵包，屬於海關對寄自或寄往香港澳門的個人郵遞物品監管辦法所附限量表內未列名的其他物品，包括棉布、毛線、食品、日用品在內。凡是自用，數量零星，每人每月一次（一包）並且每次價值在人民幣五元以內的准完稅放行。超出上述規定的，不准寄入』。」

以上是中共的新規定。但這一規定仍欠明白。其中最不明白的一點是所謂「價值在人民幣五元以內的，准完稅放行」一語，不僅有欠明白，而且還在事實上造成很多問題。

第一，是所謂「價值人民幣五元以」，究竟指的是該項包裹在香港澳門的價值呢？抑或還是該項包裹在收件人所在地的價值呢？依我們所知，在香港僅值港幣二元（合人民幣約一元）的物品，在大陸收件人所在地往往價值二十元人民幣以上。若以收件人所在地的價值作標準，則許多包裹都在不准寄入之列。而中共新規定未將估價標準說明，是使人不明白者一。

第二，中共新規定所謂「准完稅放行」一語，並未說明應在何處上稅，稅率標準若何？亦未說明。因此港澳寄件人自己亦往往不知所寄包裹已否上稅，而香港與大陸又無可以「掛號」的郵政協定，所以投寄之後，便根本不知道收件人能否收到？更不知道收件人將在收受時繳稅若干？大陸僑眷既依靠每月收受一包食物維生，當然負担不起中共的重稅，而海外投件人又不知道收受郵包之僑眷在收受地應否上稅？應上若干稅？以便寄包裹時同時又滙上稅的錢去。於是大陸僑眷亦往往因爲無力在收件人所在地上稅，而被追該項郵包放棄，對此，一般共幹通常是並不强迫收件人收受的。因爲收件人既不收受，共幹們便可樂得享受了。至於共幹將未能收受的包裹寄還港澳的不是沒有，但那已是鳳毛麟角了。

最滑稽的，是當包裹到達僑眷手上時，許多共幹往往匯府分享僑眷之所得，更有甚者，是許多僑眷被迫向海外華僑寫信，請海外親戚在給他們寄郵包時，亦同時給某某等共幹亦按月寄一份郵包。某君最近曾寄一件雨衣及一條褲子在同一包裹內給他在大陸兒子，結果他的兒子只收到褲子，至於雨衣則不翼而飛，這都可以說是今日大陸收海外郵包時相當普遍的怪現象。這些且不說，它，中共對港澳郵寄包裹辦法，歷來規定得不够明白，實是最錯誤。總之，事關僑眷利益，中共應該把估價繳稅等問題規定得十分明白才是。此外，中共更應嚴飭共幹不得偷竊不得吞沒務必交給收件人收受才是。

毛澤東何以叫周恩來扶病訪非？

（上接第二版）南斯拉夫之狄托與赫魯曉夫連結在一起打擊毛澤東，更是舉世週知之事實。所以，中共要在亞非集團中起作用，要在亞非集團中完全打敗蘇聯，可以說現在是絕不可能。甚至，我們還可以說，無論周恩來出馬，抑或還是毛澤東親自出馬，要在亞非集團中突破印度、南斯拉夫與阿聯這三關，就已很難。

從形式上看：這次周恩來訪問阿聯，是相當成功的。因為阿聯總統納薩特別接待他特別陪他，依外交慣例，只須阿聯總理陪待周恩來就够了，但納薩却親自為之，其實，這並不表示納薩將拋棄狄托與尼赫魯，而只是由於納薩一則想從周恩來口中知道中共在亞非集團中之圖謀，再則故作阿聯與中共之友好姿態，從而威脅蘇聯，迫使赫魯曉夫將來訪問阿聯時，又以大量支援來爭取納薩而已，納薩這一類的國際投機主義者原本知道周恩來是窮鬼，能够給的小惠太有限，赫魯曉夫則是真正可以大拋銀彈的。

不過，話說回來，無論印度、南斯拉夫與阿聯阻礙中共，中共還是要與蘇聯來爭奪非洲則可斷言。這因為尚有其它許多非洲國家可以作為中共爭取的對象之故。

假如中共能在非洲諸國中取得較好的形勢，則不僅可以使中共在非洲集團中的地位足以改善，事實上，是尚足以威脅赫魯曉夫在蘇聯的領導地位的。而毛澤東與赫魯曉夫的個人衝突，始終是中蘇共衝突之實質，固不可不知。

自周恩來將訪非洲的消息傳出以後，英美報紙及香港台灣的許多報紙，都認為中共與蘇聯爭奪非洲是周恩來此行之惟一目的。我以為這是偏而不全的看法。除此之外，周恩來此次訪非，實同時尚有同樣重要的目的，此目的是什麼呢？即與今日偏安台北之中華民國政府爭奪非洲之與國是也。

查今日非洲已先後有三十四個新興國家加入聯合國。自一九五七年以來，已有十五個國家與中華民國建有邦交，而與中共建交者則截止筆者執筆時止，尚只十三國。這十三國是一九五六年五月與中共建交的阿拉伯聯合共和國，一九五八年十一月建交的摩洛哥，一九五八年十二月建交的阿爾及利亞，一九五九年二月建交的蘇丹，一九五九年十月建交的幾內亞，一九六〇年七月建交的加納，一九六〇年十月建交的馬里，一九六〇年十二月建交的索馬里，一九六一年十二月建交的坦葛尼喀，一九六二年十月建交的烏干達，一九六三年十二月建交的桑給巴爾，一九六三年十二月建交的肯尼亞以及一九六三年十二月建交的布隆廸。所以比對之下，中華民國與非洲國家建交的國數尚超過中共。而這些非洲國家對中華民國在聯合國的地位能否保持是極重要的。因為今日之聯合國共有會員國一百一十三個，非洲國家幾佔全數三分之一。而在未來的短時間內，預料尚有幾個新興的國家將在非洲產生，換言之，不久的將來，非洲可能有四十個國家，如此，則非洲國家將在聯合國會員國總數中佔三分之一矣，這也是關係中共能否在進入聯合國的投票數字具有關鍵性的重要數字。何況，中華民國外交部長沈昌煥及外交部次長楊西崑最近均會訪問非洲，由台北派往許多非洲國家的農耕示範隊都成績極佳，替中華民國散播了良好的友誼種子，所以，為了爭先在赫魯曉夫明年訪問非洲前，去挑撥和破壞蘇聯與非洲國家的關係，中共固然不得不叫周恩來扶病訪非，為了破壞非洲許多國家與中華民國的友誼與邦交，中共也是不得不叫周恩來扶病訪非的。這都可以說是中共這一次派周恩來訪非的外在原因。

從某種人事鬥爭的角度看，毛澤東及中共內部此時此際一定要叫周恩來扶病訪非，當然也可能存在着一種對周恩來的折磨和謀害在內，這可能是周恩來被派訪非的內在原因，惟此種可能性之真象如何，尚須繼續觀察；但從另一方面看：中共此時此際能够派到非洲去作既與蘇聯又與中華民國作鬥爭工作的確也只有周恩來一人而已。因為周恩來多年來一直代表中共出席亞非國家的有關會議，對亞非的人事及情形比較熟悉，聲光既比陳毅高，手段也比陳毅狡猾，使之訪非，自屬中共之最適宜人選。

不過，周恩來此次訪非，是否真能完美達成上述雙重任務呢？依我看：這還得視其它情況而定。

以周恩來此次訪非之行來講，包用專機兩架，隨員共達五十人之多，中共副總理陳毅及外交部副部長等多人皆在內，陣容之龐大，就中共而言，已屬空前，周恩來除訪前所宣佈之阿聯、阿爾及利亞及摩洛哥外，茲悉周恩來尚將訪問加納、馬里、幾內亞與蘇丹。此外，又將前往歐洲之阿爾巴尼亞訪問，之後將再在回程中訪問若干亞洲南部的國家，預定行程將達兩個月之久，亦可見決心之大。

客觀來分析：中共要想全部囊括非洲使之反蘇，並使之疏遠中華民國，目前決難辦到，這主要因為赫魯曉夫明年即將訪非，蘇聯目前已有改變它在聯合國有關非洲國家進入安理會的政策的迹象，以抵制中共，從而拉攏非洲國家，赫氏屆時親往非洲，自必更將以經援為吸引，而打擊周恩來此行之結果。以今日亞非國家愛好投機存心敲詐的作風來看，蘇聯比中共富有，蘇聯應在蘇聯與中共爭奪非洲的鬥爭中，相信它亦有它的一套辦法。

至於對中華民國來說，真正的危機在法國今後對中共的態度。因為現在與中華民國建交的十五個非洲國家中，有十個非洲國家屬於說法語的馬拉加西聯盟，它們的外交政策極可能跟隨法國。所以，假如法國承認中共政權，則這十個已與中華民國建交的非洲國家與中華民國的邦交便有隨之轉變之可能，所以，這將可能是周恩來此行將來在非洲的真正收穫，惟其如此，這才是今日台北當局在外交上不可不切實注意不可不加倍努力的事了。

雷鳴遠與抗日戰爭

——讀中文本「雷鳴遠神父傳」後感

孟　戈

稔知中國對日抗戰的一代人，當然熟悉雷鳴遠這位天主教神父其人與其事。他是比利時人，但歸化為中國人。他為抗日戰爭流盡最後一滴血，吐完了最後一口氣，靜悄悄地長眠在中國土地上。從中國人的眼光看來，他可算是個完人，從天主教會的尺度衡量起來，他也算是一位聖賢了！

雷神父逝世已有二十三年了。他為中國的獨立自由而奮鬥，為中國天主教會爭取國籍主教而鬥爭——這一長串有聲有色，可歌可泣的事實，一直要在他死後二十三年才面世——雷鳴遠傳紀中文本才公諸世人。這不但是我們的中華民國政府對不起他，亦是每一個有良知的讀書人都感到不安的。原來，在中國天主教會裏，他的獨特行為和驚世駭俗的工作，一直被某些人惡毒歪曲着、非議着、肆意抨擊着！十幾年前，雷鳴遠神父的法文傳記出版後，曾惹起軒然大波，幾乎被列為禁書。好在公道自在人心，接着英文本、德文本、西班牙葡萄牙本的雷鳴遠傳紀本先後出版了。某些反對他的人們才壓縮了氣燄。中國人畢竟已經醒覺了！天主教皇已准許雷神父的建議，中國教會裏中國神父可以陞任主教、總主教，以至有紅衣主教了。據知中文本出版後，又是一番騷動。但已經不再是明目張胆干涉，而是暗地裏反對。

雷神父死後——一九四〇年七月十八日，中華民國政府，明令褒獎說：「雷鳴遠原籍比國，早歲呈准歸化，歷在平津等處創辦慈善事業，並設立報社，久為社會所推重，此次抗日軍興，組織救護團隊，在各地竭力救護，收效頗宏。為國宣勞，始終不懈，遽爾溘逝，悼惜良深，應予明令褒揚，以彰勞勛。」抗戰時期，他出生入死於槍林彈雨之中，為捍衛中華民族而戰，為維護中華民族文化而戰。這實與挾船堅炮利而東來傳教的某些教士不可同日語，難怪乎中國人會念念不忘雷鳴遠了！

七七戰火燃燒以後，他就組織起一支三百多名教友的救護隊，隨軍轉戰南北。他的信條是簡而有力的：「不積極的愛國就是最大的罪人。」「不作官、不要錢、不怕死！」「與傷兵共存亡、總不許拋棄傷兵。」由於他的精神感化，有着強烈的宗教信仰與愛國心的救護隊員，以大無畏勇氣，奔馳於洶湧火海間，不知拾回了多少生命。短短兩個月時間，他就接受了國府頒給的「陸海空甲種勳章」一座，這是無上的榮譽。

他第一次見蔣先生時，當面提出了三點計劃：（一）到國外去宣傳，為正義而呼籲歐美各國援助中國抗戰，並企圖在比國捐得一部份機槍，幫助作戰。（二）組織公教軍，為抗日而戰鬥。（三）組織全國性救護隊。結果，他祇能組織了一個督導團，這是被贊許的一個戰地組織，啟發戰地民眾民族意識，督導戰地民眾協助抗戰。名之為「軍事委員會華北戰地督導民眾服務團」。或許就是這一點緣故吧，所以，雷神父死後，戴笠曾「親自押送過一口楠木棺材」。當然，雷鳴遠祇是一位極端愛國的神職人士而已，他祇忠於中國，與任何派系無關，更與任何特務組織無緣。

督導團的工作開展得積極而大有成績：第一件值得大書特書的事是雷神父說服了北方的紅槍會與大刀會等富於幫會與迷信色彩的組織，而使參與全民抗戰事業。日本人是十分迷信神佛的民族，不敢傷害紅槍會和大刀會的人馬，盡量迴避——避免軍事衝突。雷神父就利用這一個有利條件，創造軍事上的方便與有效的形勢。第二件值得紀載的事是雷神父組織鄉村負責人，健全民眾工作，務使軍民一家，從而協助政府抗戰。一九三九年六月，他再度飛渝見蔣先生時，蔣先生對他連說三句：「您做的再好沒有，您做的再好沒有了。」我相信蔣對雷說的是實話。因為那個時候國府與中共正互爭做民眾工作，而雷神父的工作開拓，對中共是十分不利的。

如所周知，抗戰軍興，中蘇簽訂了互不侵犯條約，毛澤東要手法，願與國府合作，取銷蘇維埃政府，「奉行三民主義」，所謂八路軍歸入國府指揮。表面看來真的是國共合作，一致對外了。所以，雷神父和朱德就有過一段交情。朱德曾拍起胸膛對雷神父說：「祇要有事，您便寫信給我，我一定要給您幫忙。」就因為他以「基督的愛」對人，竟輕信謊言。朱德一句話，使他後來輕入虎穴，誤陷中共的誘捕計，而被磨折到百病叢生，才放逐回到重慶，終於病逝於戰時陪都了。

雷鳴遠無疑的是一位可佩可敬的中國國民，他熱愛中國文化，他努力於中華民族復興的神聖工作。他強調孔孟思想是與基督教義相融，從而相輔相成一種新文化體系，這是最現代化的文化體系。時至今日，雷神父的故友門生，都在從事於反共救國的艱巨工作，應該是一個示範——一個抱着宗教精神，自發自動的去救國救民的模範！

當某些批評天主教內的文字陸續出現時，我除了希望大家能讀讀新舊約之外，不妨讀讀「雷鳴遠神父傳」。也許可以澄清若干錯覺和直覺，也許可以重新認識許許多多天主教的神職人員，這是我寫本文一個目的。

雷鳴遠無負於我們的國家，反而，我們的政府似尚未重視「雷鳴遠神父傳」的問世，這是我的感慨！

嚴院長安份守己難

孫寶剛

聯合評論編輯要我寫一篇有關台灣問題的文章，這真是一個難題了。我根本不是一個台灣人，也沒有想去做台灣人；更不相信台灣可以反攻大陸，所以對於台灣的一切，近年來已不大關心。祇是台灣原是中國的一省，自己既是一個中國人，所以偶然的閱讀一些有關台灣的消息而已。在這樣一個情形下要寫一篇有關台灣的文章，確是一件難事。

今天閱聯合評論二百七十五期，上面載有「行政院長與嚴家淦組閣」一文。主要內容是陳誠前院長的辭職是被迫的，因為他無法籌措五十億元台幣，作為反攻大陸之用。嚴家淦新院長平素安份守己，除了本身業務之外，對國際和國內政治問題很少發舒意見。究竟他的政治抱負如何？處理政治的能力如何？未可預斷。

對於反攻問題，我以往寫過許多文章，說明反攻的不可能，現在已不需要再多說了，我祇須作一個結論說：即使台灣已儲有一億五千萬美元，再加上五十億元台幣，仍是不可能。因為在現代作戰上來說，這個數目字並不算什麼，而況反攻問題不單是軍事問題。

我想對嚴院長的為人來作一個短短的評論。當然這也有些荒謬，因為我並不識嚴院長，而嚴院長對於本身業務以外，又很少發舒意見，一向漠漠無聞。那麼，怎可以遽加評論呢？所以我在評論以前，先得向讀者作一個申明，我的批評，還是理論性的，我祇在說明一個行政院長，應該不應該是一個安份守己，對國際和國內問題很少發舒意見的人？

第一我們要瞭解，一個行政院長和一個普通小百姓不同。在一個普通小百姓來說，要做到安份守己已不容易，因為安份守己這四個字就字面來說：安份是指不去追求自己所不應得和不應做的一切。守己是指絕對受外力所悔，能守在自己的崗位上，怎樣困難，也得要去做，並且一定做，決不退讓的意思。譬如作一個商人，能夠安份守己的，祇少要童叟無欺，勤勤懇懇地去買入貨品，絕對不會去買次等貨，也絕對不會屯積居奇，更絕對不會過份去壓低伙計的工資。繳稅時也必應繳多少便繳多少，不會少繳一點。至於勾結官府，予以方便等等，當然是絕對不做的。試想今天的商人能夠做到這樣的不是不很多麼？守己兩個字更難，尤其在政治不上軌道，社會上黑勢力橫行的時候。敲竹槓啊，收保護費啊，隨時可以遇到，能夠守己的商人，決計不會屈服，而能抵抗這些惡勢力，而正軌地去做生意。我相信一般商人在無可避免惡勢力的時候，大都自認悔氣，和氣傷財了。但要是這樣做，已經是不能守己了！不過話雖這麼說，要是運氣不很壞，而所處的環境又是不很壞，一個商人，假如真的立志要做到安份守己，確也並不十分困難的。

但是在今日的台灣，做一個行政院長，要做到安份守己，那是難於登天，也可說是不可能的事。依照中華民國的憲法，採用的是內閣制，行政院長是行政的首領。他大權在握，假如他是安份的話、他必須不擅用職權，不任用私人，和不貪污。我前天看見報紙上的消息說，嚴院長上任後第一件新猷便是管制民間的無綫電收音機。在同一天的報紙上我又看到一篇德國皇太子所寫的報導說，德前總理阿頓諾所以下台，其中原因之一，便是准許特務人員在電話上搭綫竊聽。因為自是侵犯了人家的自由，我不知嚴院長作何感想，假如他也看到這一個消息的話。進一步來說，嚴院長自己不擅用職權，祇能說安份，還要監督所有政府人員都不能擅用職權，才算做到守己，以蔣總統的隨時亂下條子，加上台灣政府積習之深，許多官員不知民權為何物，我相信，嚴院長要守己是不很容易的。但這還是指消極方面而言。如以積極方面來說：行政院長是決定內政外交的一切政策的主腦。第一他對於整個中國須有一個藍圖，換句話說，他對於中國先要有一個認識，內在的情形怎樣，國際的環境怎樣？由此而計劃出，當他在位之時，他要把中國造成怎樣一個中國？換句話說，就是整套的計策。以往他不在其位，所以對於國際國內政治很少發舒意見，還情有可原。現在作了行政院長，應該宣佈。並且要多多地闡明他的整套對內對外的政策了罷！可是據我從報紙上所看到的，他祇說是蕭規曹隨而說反攻復國的國家政策已進入了新時代而已。我在從前已經說過，國民黨執政決四十年，根本是腳痛醫腳，頭痛醫頭，從未有過整套政策。並且所謂醫者，嚴格的說起來，也並沒有好好的醫，祇是敷衍塞責而已，所以把國家弄成這一地步。陳院長執政多年，說來說去，祇是一個三七五減租，勉强還可一提，其他也一無政策可言，現在嚴院長要蕭規曹隨，我不知道隨些什麼？至於說反攻復國政策進入新時代，是不是指，在他任內將籌集五十億反攻費用，假如真的如此，那豈不是笑話麼？

我常常在懷疑，台灣的許多政要，是否瞭解現代政治的演變。中國古時所謂無為而治的時代早已過去。學了一些特務管制的使倆，把人民管得一動都不能動，任其自生自滅，使執政者可以高枕無憂的辦法，終究是要失敗的。現代的政府應當是一個萬能的政府，一方面果可無所不管，但另方面要使管的結果，是在有計劃地擴大人民的自由，增進人民的生活水準。在台灣的政府來說，恢復大陸的政權，當然也是政策之一，但這也要看能否主動地改良國際的環境，和能否增進所有中國人對台灣政府的向心力，以及敵我的力量對比，究竟怎樣？這是一個實實在在的問題。祇靠一兩億美元，擴充一些軍事設備，決不能達到反攻復國的願望的。

所以結論一句話：以一個今日台灣的行政院長做到守己兩字，不很容易，我不相信嚴院長可以做到的。人家沒有把他當作行政院長，而當他是一個小百姓，那才可以批他能安份守己。

台灣簡訊

志清

一、貪污無罪市長復職記略

曾因兩大集體貪污案而被停職並一度被判徒刑三年有半的黃啟端，由於主子的回心轉意，又於十二月十六日再度坐上台北市長的寶座。並招待記者，宣佈：今後市府的一切工作，均將遵循下列四個原則去做：第一、遵守法令，確立制度，一切公務處理決不徇私情，所有工作，必尊重各單位的職權，分層負責，決不因人設事，更不因事毀法。第二、安定人事，信賞必罰——現有人員只問其能否勝任，決不問其背景如何，非萬不得已，決不輕易更動；凡工作勤奮表現優異的，一定依法獎賞，觸犯法令延誤事功的，必予懲罰。第三、控制預算，點滴歸公——財務調度，一定依照計劃，撙節使用，用之有效。第四、改革風氣，加強服務——成立風紀督導小組及聯絡中心，以求隨時改革機關風氣，加強服務精神，激勵服務情緒，增進行政效率。台北市議會為給黃啟瑞「冲喜」，還特別舉行一個聯歡會，歡迎他復職，並推派女議員鄭李足向他獻花。台北有如此的市長和市議會，亦可謂二難具矣。

二、縣府集體貪污，縣長判刑七月

彭湖縣長徐詠黎，據說因平時公私應酬浩繁，開支甚鉅，於五十一年四至六月間無法報銷之招待費累積達十二萬餘元，遂於去年七月間，召集主任秘書及財政、主計、建設暨事務股等各單位主管，開會研商如何報銷。因意見未獲一致，又與事務股長蔡明清個別協調，擬於追加五十一年公有建築修建費項目預算列入報銷。財政科長朱瀛洲主計室主任均表不滿，並透露渠等亦有因公應酬未能報銷之情形，事務股長蔡明清即將情報告徐，為便利自己報銷，表示可併案處理，並囑蔡負責辦理。蔡明清奉命後，即召集科員侯繼尋、辦事員姜朝鳳、雇員林秋惠面告詳情，並指示假藉整修第一賓館金龍廳，中正堂，縣府職員宿舍等電線名義，及火燒坪林投公園職員宿舍下水溝，暨修理縣府辦公廳桌椅等為由，草擬修繕工程簽呈十件，並分別向熟悉商號索取偽單據十六張，共為報銷十八萬零一元。其中除主計室部份二萬六千九百六十元，因該室未肯提出單據，欵尚留存外，已付十五萬三千零卅一元，內被告朱瀛洲虛報私人應酬費二萬九千零十元，案經澎湖縣議會五屆六次大會中議員提出質詢，被檢察官獲悉依法檢舉。

經澎湖地方法院審訊終結，於十二月十二日宣判徐詠黎處有期徒刑七個月，朱瀛洲、蔡明清、侯繼尋、林秋惠、姜朝鳳等五人均判有期徒刑六月；商人孔子玉、吳文華、呂盛滿、陳文姬、林登爵、鄭順意、謝順喜等七人，各處徒刑四月，緩刑兩年。

本查宣判時，徐詠黎沒有出庭，據縣政府主任秘書孫學津向聯合報記者稱，徐將上訴。以本案與黃啟瑞的兩大集體貪污案比較，實為小巫見大巫，當年黃啟瑞在兩案中，均被判三年六個月的徒刑，合計為七年徒刑。但祇要主子回心轉意，不但最後改判無罪，而且還得官復原職，因此，徐詠黎上訴的結果，也可能獲判無罪的。

三、中信局經理涉嫌舞弊

立法院財政、經濟兩委員會於十二月十九日舉行聯席會議。邀請財政部長陳慶瑜率同有關單位人員中信局長陳漢平等列席，審查一件人民請願案，其內容是揭發中央信託局在標購枕木、柏油、人造棉紗、食鹽等案時，經辦人員涉嫌貪污舞弊。列席首長曾要求改開秘密會議，經討論後進行表決，在場立委四十三人，有廿五人贊成公開會議，列席官員請開秘密會的要求遂遭否決。

檢舉請願人李國棟，原在中信局易貨處第三科担任外銷業務，據稱：四十六年十二月十日韓國標購一批枕木，在開標前數日，中信局議決將此標分交建設及和信兩公司出面投標，當時和信公司並無枕木標及交貨經驗，裘家齊赴韓國後，擅將此標交和信公司獨家出面投標，代表建設公司的台產商行曾為此向中信局提出抗議，中信局謂此標交和信公司一家出面係裘家齊在韓國所決定者。至開標當天，我方以最低價得標，裘家齊及中信局駐韓代表謝兆芬，前林管局副局長王敏慶三人聯名用英文信通知和信公司投標商佣金百分之四，半數計美金三萬八千餘元（合台幣一百五十餘萬元）由中信局匯交與本案無關之同泰公司。裘返台後，將前述英文信副本書明「密件呈閱後祈密存」字據後，呈易貨處陳經理錫（現已故世），由王副局長愼名加署。四十八年三月和信公司代表在易貨處向裘家齊論計佣金時，檢舉人獲悉同泰公司憑空取得半數佣金美金三萬八千元，檢舉人當時向裘家齊請示同泰公司分取半數佣金之原委，但裘家齊不予理會。

李國棟告訴立委說：同泰公司憑空分取枕木案鉅額佣金，使檢舉人憶及四十六年柏油外銷南韓，本市衡通行以同泰公司名義由裘家齊處領取半數投標商之佣金及半數石油公司之貸欵（柏油案由和信公司出面投標與同泰公司無關）兩項共計美金九千八百餘元。同泰公司不應不勞而獲枕木案之半數佣金，應不應取得柏油案之部份貸欵及半數佣金，乃呈請局方向同泰公司收回其不應得之美金外滙共約四萬八千元。

檢舉人又表示其後他曾無故被調至其他單位，而多次簽請陳漢平局長調查事實，但陳局長不依法查明，不無祖護之嫌。

檢舉人並列舉柏油案、人造棉紗案、食油案等起，裘家齊涉嫌勾結貪汚舞弊之資料。

檢舉人說明後，立委金紹賢、李宏基、張鴻學、張九如等四人向檢舉人提出詢問。

因時間關係，決定另行集會向中信局長提出質詢。

中共六年來未借外債的原因何在？

劉裕畧

十二月四日，中共人民日報曾在社論中有一段頗帶自負語氣的話，它說：最近六年，未借外債。

人民日報的原文說：「在我們具體工作中曾經發生一些缺點和錯誤，也給經濟建設帶來了困難。在這個期間，我們還遇到另一種意想不到的困難。就是蘇聯當局在一九六〇年七月間，竟然乘機對我們施用壓力，把中蘇兩黨思想意識分歧擴大到國家關係方面，突然片面地決定全部撤退在我國幫助工作的一千三百九十名專家，撕毀了三百四十三個專家合同和合同補充書，廢除了二百五十七個科學技術合作項目，並在此以後，大量減少了成套設備和各種設備中的關鍵部分的供應，這使我們的建設事業遭到嚴重的損失，從而擾亂了我國發展國民經濟的原定計劃，大大加重了我們的困難。」「蘇聯當局破壞協議，撤退專家等背信棄義的行為給我們造成的困難，也已經被我們戰勝了。在這期間，我們不但未借一文外債，而且如期地償還了向蘇聯所借的各項債款和應付利息。在我們最困難的這幾年，却正是我們償還外債最多的幾年。從一九五〇年以來，我國向蘇聯所借的債款和應付的利息，現在絕大部份都已償還，剩下的一小部份將按照協定在一九六五年年底以前全部償清」。

且不論其它，單以對六年來未借外債一事而說，中共頗有自我吹噓之意。其實，這是騙不了明眼人的，因為中共所謂六年來未借外債，不過是未正式向外借債，却仍非正式的在多方面借債而已。

而中共之所以未正式借外債，則又因為無處可借之故。何以說呢？因為中共是一個共黨政權，它原不可能向自由世界中的大國如美國者借債，而只能向共黨集團中的大國蘇聯借債。然中共最近幾年與蘇聯交惡，毛澤東既已與赫魯曉夫衝突，由赫魯曉夫領導之蘇共自然不會借債給中共，而其它共黨國家既窮且小，如阿爾巴尼亞之流，還仰賴中共支持，更何能有錢借給中共？所以，中共所謂六年未借外債，並不是中共不想借外債，而乃由於無處可借，這是我們必須弄清楚的第一點。

其次，中共雖未向外正式借債，但中共向外作變相的借債却很多，這話怎麼說呢？只要看中共的對外貿易就清楚了。

原來中共的對外貿易，是在進行時含得有很多作法的。中共向澳洲向加拿大購買小麥，動輒數億美金，並非中共全部立即付現，而是採取延期的和分期的付款辦法，這延期的和分期的付款辦法，實即一種變相的外債。

不僅向澳洲及加拿大購買小麥如此，就以中共向日本購買那一價值兩千萬美金的整套尼龍工廠設備來說吧，中共也是並未立即付現，而是延期付款的。本來，中共以前向蘇聯借債，也不過是以該款向自由世界和向蘇聯購買工業設備或物資，現在從澳洲、加拿大以及日本等地既亦可以購入設備及物資而不必立即付款，可見中共這種對外貿易，實即一種變相的借外債，中共現在竟然揚言六年來未借外債，有欣欣自得之意，其實，這西洋鏡是經不起一拆的。有何得意之有？

×　×

大陸簡訊

白帆

周恩來談中共辦人民公社理由

如所周知，毛澤東所搞的人民公社，已為舉世所責罵，但中共為什麼要辦它呢？毛澤東本來早已說明過許多理由，不過，這一次周恩來訪埃及時，又對記者說出了另一理由。當記者問他時，他說：「中國有七億人口，我們怎能對付這七億人口呢？辦人民公社之後，就可把它變為七萬個公社了」。周恩來這一說法顯然透露中共頗難對付這七億人口，因而採用「智者治衆如治寡」的辦法，把他們組織起來，每一公社約一萬人，於是問題就比較簡單了。其實，周恩來此言是沒有道及毛澤東要辦人民公社的全部理由的。同時，也只見辦公社之利，而未見其害的。

中共抨擊美艦隊進駐印度洋

美國第七艦隊的一部份進駐印度洋，原本是符合印度洋附近各國的人民利益的。但中共惟恐美國第七艦隊將要阻碍中共對該方面之侵畧，所以，對美國的此一行動，故意予以歪曲的解釋和抨擊。

十二月二十日中共人民日報發表評論說：「美國第七艦隊進駐印度洋的決定，是為了挽救它的侵畧政策在亞洲的嚴重挫折。……：值得注意的，是這一侵畧計劃是美國參謀長聯席會議主席泰勒專程趕到印度同尼赫魯會商後宣佈的。……這是印度進一步勾結美帝國主義行徑，在接受了美國空中保護傘之後，又引進美國的海上保護傘」。人民日報又說：「亞洲的二十世紀六十年代已非帝國主義執行砲艦外交的時代。」但中共除了口頭咒罵之外，又有什麼力量與美國第七艦隊抗衡呢？縱如中共所說，印度又引進了美國的海上保護傘，難道中共就全然忘記中共雖然與蘇共有衝突，但中共却仍然無恥的依賴蘇聯核子保護傘的保護嗎？如果中共眞能獨立自主，為什麼不主動宣佈拒絕蘇聯的保護呢？

中共向意訂購煉油設備

中共的煉油設備極缺乏，而需要極殷，所以，事急亂投意，到處訂購設備了。據中共「中國新聞社」十二月十九日北平電：「中國技術進口公司同意大利斯納姆公司訂購一套石油加工聯合裝置成套設備進行了友好的談判，並已達成協議。今晚雙方在北京簽了合同」，可見中共現在又向工業並不特別發達的意大利也訂購設備了。

共軍頭目羅榮桓死了

共軍頭目之一，被毛澤東封為十個元帥之一的羅榮桓於十二月十六日在北平死了。

羅榮桓曾任林彪所率第四野戰軍的政委，死前的職位則是：中共中央委員、中共中央政治局委員、全國人民代表大會常務委員會副委員長、國防委員會副主席。並曾任中共人民解放軍總政治部主任及總幹部部部長等職。死年六十歲，是民國十六年加入共產黨的。

據說羅榮桓是因為長期患病，醫治無效，所以死了。中共最近舉行所謂全國人代會時，未見羅榮桓出席，究竟患的是什麼病，中共未予宣佈，但毛澤東曾對羅榮桓之死作出很悲悼的樣子。毛澤東不但是羅榮桓治喪委員會的委員，據中共新華社說：「中國共產黨中央委員會主席毛澤東等黨和國家領導人：……陸續前往北京醫院，向羅榮桓同志的遺體告別」云。

這當然也只是毛澤東的籠絡手法之一，現在中共只剩九名元帥了。大體，毛澤東的親信，中共特務頭子，現任中共總參謀長羅瑞卿是最可能繼起而被封為「元帥」的。因為羅瑞卿現在的軍階還是「大將」。

僑鄉近訊

鍾之奇

廣州正在提倡節育與遲婚

根據廣州來人所談及廣州出版的中共報紙所載，中共目前正在廣州及廣東各地提倡遲婚與節育運動。

據廣州來人說：中共目前正從各個不同場合大力提倡節育，這種節育運動已熱烈的出現在許多學校。學生代表會也响應了這一提倡，許多學校甚至還規定了學生不得結婚，如若結婚，便作為退學。另一方面，共幹且喊出了結婚者不得享受高等教育的權利。

對於遲婚，廣東各地也正和大陸各地一樣，正被共幹提倡，中共青年報最近且為此一再發表評論，認為「無產階級幸福觀的出發點，是為了集體和大多數人」。「因此應該先公後私，忘我勞動，不要計較個人享受，不要忙於建立小家庭，不要沉迷於家庭小圈裏」云。

對於節育，中共報紙往往給予另一較好的名辭，曰「計劃生育」，對於遲婚，中共也給予另一較好的名辭，曰「晚婚」，其實，所謂計劃生育即是節育，所謂晚婚也就正是遲婚。據共報透露：中共總理周恩來不久以前且曾出面提倡遲婚，在中共某一工廠向全體工人宣揚計劃生育與晚婚，曾要求大陸工人「要把個人生活的安排同國家利益結合起來，希望未婚男女青年要注意晚婚」云。

薛覺先馬師曾粵劇受清算

薛覺先與馬師曾是靠攏中共的著名粵劇演員，以往，中共也一直以此二人對未靠攏中共之反共粵劇演員進行統戰，時常誇張時常宣傳薛馬二人在大陸如何受尊敬如何受優待等，以圖欺騙其他粵劇演員往大陸。但現在共報透露薛覺先馬師曾二人之劇已在大陸受到批判與反對了。

最先透露薛馬二人受到批判和清算消息的是十二月十三日中共光明日報。它所刊載的一篇由中共華南文聯副主席李門的一篇文章，尖銳地批評薛覺先的「白金龍」馬師曾的「賊王子」、「佳偶天成」等劇是「封建主義，資產階級思想與殖民地意識的混合物」。並說「粵劇為資產階級和以市民服務的歷史已不算短，不少劇目充滿資產階級的意識，舞台上呈現出一片光怪陸離的現象。有的甚至散播出資產階級和封建主義的臭味來。如『女兒香』通過一個胡漢之爭杜撰的故事，向觀衆宣傳一種寧人負我，毋我負人的妥協哲學以及為情而死的資產階級愛情至上觀點」。「我們對此必須進行批判」。

中共所謂批判即是清算和整肅的別名。中共華南文聯副主席李門的文章不是他個人的意見，而乃中共有意清算薛覺先馬師曾的打算。

中共指摘粵劇不該替市民服務，這當然也是奇談。而從上述李門的文章看來，中共有意清算的還不止薛馬二人，也不止上述幾個劇目，而是全部粵劇呢！

廣州清算鬼神和忠義粵劇

由於粵劇裏出現鬼神及宣揚忠義的故事特別多，所以十二月十三日光明日報又同日刊載了文章對此作了抨擊。它說，「鬼神是唯心主義思想的具體表現。是我們一貫堅持和宣傳的無產階級的世界觀——辯証唯物主義格格不入的」。光明日報的文章並說大陸的戲劇界應多演一些「現代劇」，諸如「紅霞」、「雷鋒」、「地下聯絡員」及「年青的一代」等等。又說根據老工人在憶苦會上發言的控訴材料而編寫成的戲劇，實乃「激發工人對舊社會的階級仇恨和對新社會的熱愛的好戲劇」。

由於這些言論都是中共中央文化部門有計劃安排好的。所以，隨着這些批判與抨擊而來的行動，便是廣州共幹召集所有粵劇演員的思想改造與整肅。據廣州來人談，由於一向受中共捧場的薛覺先馬師曾亦受到嚴厲批判，其他粵劇演員均人人自危云。

「印尼洋」上的風雲

俊華

印尼與馬來西亞已經短兵相接，這雖不是戰爭中的衝鋒，但它比戰爭更爲恐怖，而且也是戰爭的前奏。印尼的破壞及顛覆大馬陰謀被破獲，說明了蘇加諾他們的「對抗」馬來西亞，已經無所不用其極，甚至使用爆破、暗殺、內部破壞……等等卑鄙的手段。

星洲炸彈案

在暗殺的風謠聲中，馬來西亞王夫婦，拉曼總理，以及馬來西亞其他重要高級官員，已由保安官員採取加強保護的措施，因爲星加坡已發現了「瘋狂投彈人」——一項漫無目的的鬧市炸彈案，一枚汽車投擲的炸彈，將該車炸毀及死平民兩人。當時警方無法估計擲彈者的目的何在，及到破獲印尼破壞組織之後，問題方才得到答案。或者是他們錯認了汽車，或者是他們原來準備擲彈破壞某項公共設備，却因爲保安部門防衛的週密，不能得手，因此把帶出的炸彈投在鬧市，聊以洩忿，而也達到他們進行小型破壞的目的。同時，在鬧市中他們也易於逃脫，迄今爲止，「瘋狂擲彈人」逃之夭夭，並沒有破案。

公共事業機構，如發電廠、電話局，已加派員警予以保護，尤其是自柔佛經過星、馬長堤下面通星加坡的大水管，更加以刻意的保護，因據供認，那是印尼破壞組織暴徒計劃中毀壞的目標。他們要在大馬內部，進行破壞、騷亂、顛覆、破壞經濟和統治——那是印尼「對抗」大馬的另一種戰爭——地下戰爭。

破獲印尼特務

當拉曼總理在馬來西亞國會報告破獲印尼破壞組織的時候，在場的議員都爲這意外的報導而目瞪口呆。拉曼對議員說：印尼政府已在距離星洲數里的廖內群島中實古邦島上設立一個顛覆大馬的特務機構，印尼對於此事，陰謀及進行已有年餘，由於大馬保安當局最近對該機構潛入特務的破獲，保安及警察人員在過去幾天所進行的逮捕，已拘獲三十四人之多，並搜出大批衝鋒槍、手榴彈及炸彈。暴徒的第一個目的是對付星馬本島，要破壞秩序，攤瘓經濟，他們的計劃中，要破壞星洲電廠、星洲至柔佛的大水管，及其他馬來亞各本州的重要公共設備。

實古邦島上的印尼特務機構，對於派遣潛入星馬破壞份子施教的課程，有正常軍事訓練，各項詳細破壞技術，爆炸鐵路、大建築物、橋樑、水管、及供應線等。訓練期間三個月。

他們還「煽動武裝叛亂，這煽動已及於營級的單位」。

暴徒包括印尼人及大馬人民，對於後者，拉曼痛斥之爲「賣國及罪行之破壞者」，「聽命於印尼懦夫」。

親印尼馬來人

一名曾駐星洲的印尼軍官，担任實古邦島上特務機構領導者，他是巴圖魯中尉，曾任印尼駐星領事館副海軍武官。另一名較低級的他的舊部已在星被捕，當時因特務網已發生破綻，他正擬乘漁船逃往印尼屬的廖內島。廖內由於距星數里，印尼飢民逃有逃來，當局爲人道主義，也曾於封鎖中網開一面，准許印尼漁民在星市面採購糧食肉蔬。這些曾駐星洲的印尼特務頭目，也就視爲往來自如的滲透捷徑。

除了五名印尼頭目而外，被捕的顛覆份子大部是大馬人，更多是青年份子，據星加坡總理李光耀所指出，這些人是「同情印尼及對馬來西亞抱敵對態度」的馬來人，遠自一九六零年，他們已被作文化的及理論的滲透，作爲印尼的同情者，及反對大馬合併；其中有五十人且願爲印尼解放西伊里安運動効力，志願前往印尼受訓，曾分別被編入在印尼的解放西伊里安志願軍及其對西伊里安解放工作機構中。

這些同情印尼的青年，絕大部份是左傾份子，但也有數人是執政黨「巫統」的人員，爲馬來族巫人反省的緣故而投身支持印尼的收復西伊里安運動。其中一人曾經參加過一次「行動」，及後發覺印尼計劃過於凌厲，目的是要使整個大馬陷於混亂，爲了愛國心的驅使，終於向親友自白而特向當局報告。廖內島上的反大馬活動及訓練營情況，便是他自新後所憶述的。

星加坡文化部長拉惹勒南曾就此事在立法議會指責左翼「社會陣線」份子說，他們進行反大馬路線的結果，將會不可避免的「走上叛國之途」，而叛國之結果，非被判死刑即爲終身監禁。倘非懸崖勒馬，勢將後悔無及。

「共產黨與社會陣線，無法憑藉暴力，奪取政權，也無法通過制憲議會而執政，終於唯有走第三條路，即通過外國勢力進行奪取政權，而最後的方法，便是叛國的途徑」。拉惹勒南的警告，獲得議會熱烈的掌聲，社陣議員則面面相覷。

星洲當局，已通告曾參加西伊里安一役之大馬人回國，倘無破壞行爲者，可向警方報到。

社陣走「叛國」路線

雖然星洲的「社陣」議員在議會受抨擊，以及他們中的一部，於六三年二月左翼陰謀大暴動失敗時，在大逮捕中被拘禁，（當時拘捕一三三人，一部份尚在獄中。）但馬來亞的社陣，因不牽涉顛覆活動，仍在國會中頗爲活躍。就在拉曼報告破獲印尼特務機構的第二天，社陣議員還公開反對英馬聯防對抗印尼的政策，那是在討論一九六四年預算的時候，社陣議員對於軍事部份預算——基於英馬聯防而草擬的，認爲是不切實際，就中最激烈的發言說：英國防衛馬來西亞，勢將會蹈一九四二年的覆轍，「不戰而走」。（按四二年珍珠港之役，英國「威爾斯親王」等兩母艦破日機在星洲突襲炸沉後，陸上英軍未能作何有效抵抗。）他們更說：「大馬政府放棄同種的兄弟，而與歐洲人勾結，將是不智」。

大馬與印尼確係同文同種，應該親親睦鄰自是正確的理由。可是當前的問題，並不是大馬要反印尼，而是印尼決心對抗大馬，一而再再而三「將大馬粉碎」。其中因素，由於蘇加諾野心，要成爲南洋群島帝國的領袖；同時自尼赫魯與中共携貳之後，蘇加諾又想代起而成爲「亞非」的亞洲領袖，與埃及的納薩一面要做阿剌伯帝國巨人，又想兼非洲各國首領，情形正是一樣。蘇加諾把印度洋接近印尼的一部份，改稱爲「印尼洋」一事，便可說明他的野心——雖然他曾在菲律賓大學演說中說及此事，而爲該校學生所嗤笑。

亞洲的「亞非」運動，實由中共所策動，故早已與共黨結不解緣。印尼共黨勢力特盛，自中共份子所主持的馬共在馬來亞以至星洲失敗後，中越共（胡志明曾任共產國際駐馬來及印尼的督察）即通過印尼共黨，指導及接濟馬共，以印尼爲基地，以「社陣」及星洲左翼工會爲外圍，自馬共武裝叛亂，星洲議會鬥爭，罷工，暴動，相繼失敗。現在共黨僅存的顛覆大馬希望，就只寄託在印尼身上。

印尼特務雖被破獲，但顛覆活動不會停止。在美國第七艦隊開入「印尼洋」之際，蘇加諾仍針對着，強調要粉碎大馬。美英澳紐支持大馬的表示，能不能够戢止蘇加諾的野心呢？

·吉隆坡通訊·

南越「戰畧村」面面觀

·黎文滔·

南越吳廷琰政府被推翻了後，迅即由革命軍事委員會掌握了南越的政權，同時接替吳廷琰政府反共鬥爭的主要任務；但是對於反共鬥爭這項巨艱工作，顯然不是單純軍事問題，而是包括了政治、經濟、民生、和社會等複雜問題。此外，還有一項在吳廷琰政府中對反共鬥爭已卓著成效的「戰畧村」，其存廢問題，目前也是革命軍事委員會所急需解決的。

「戰畧村」的設立，從表面上看來，它是建立着對越共游擊作戰的根據地，也是堅壁清野方式的碉堡作戰計劃；但從其另一方面的目標來說，可能是吳氏政府利用來統治人民的工具。所以在對越共作戰中，「戰畧村」雖發生了很大效用，但在一般人民心目中，却不滿意其存在。主要原因，就是「戰畧村」把人民管制得過嚴，而被認爲吳廷琰獨裁統治手段之一。當時越共方面也就會利用着人民對「戰畧村」的不滿，擴大宣傳，極力挑撥起人民對吳廷琰政府的反感。現在，吳廷琰政府是被推翻了；在革命軍事委員會中，這「戰畧村」的存廢決策，便馬上成爲一項傷透腦筋的重要問題。

革命軍事委員會是要繼續負起反共任務的；「戰畧村」既對打擊越共游擊隊著有成效，則似應予以繼續推行。但既要繼續反共，便必需大力爭取民心；可是「戰畧村」却爲人民所不滿，似又不應繼續使其存在。——這項重大的抉擇，顯然，是足以影響今後反共工作的全局的呀！

越共覬準革命軍事委員會目前還在舉棋未定中，於是馬上把握時機，由河內電台向南越的「革委會」呼籲統一越南，並提出八項要求：（一）廢除全部「戰畧村」，及其他變相的集中營；（二）恢復一切爲政治原因而被捕者的自由；（三）立即宣佈實行民主之自由，包括集會自由，言論自由，新聞自由，信仰自由，營業自由；（四）根除法西斯獨裁政制下的殘餘份子；（五）立即停止一切迫害，和武力鎮壓行爲；（六）解散一切聯保組織，及其他一切控制形式；（七）停止將青年、婦女、公務員强迫軍事化；（八）廢除各項無理的苛稅。

越共上述八項要求中，第一項就是「廢除全部戰畧村」，由此正反映出南越的「戰畧村」在反共戰爭中的重要性。同時也使人意味到越共對「戰畧村」的存在，是感到威脅。

那末，在南越「革委會」目前的新階段，對於「戰略村」的政策，是加强？改善？抑還予取銷？却是相當重大的問題。這問題，也許是決定「革委會」反共戰爭勝敗的主要因素之一。

南越「戰畧村」的政策，原是取法於馬來亞反共作戰的措施，把共黨活動地區遮斷，切斷共黨與非共區的人民來往，并斷絕共區的糧食供應來源，迫使共黨陷於孤立，飢餓，失去戰鬥力而屈服，業已行之有效，把馬共驅向泰、馬邊區的荒山野嶺中，不能爲患。吳廷琰採取這策畧之初，也是計劃着在整個南越都建立「戰畧村」，而使越共游擊隊缺乏活動地區，漸趨失敗。越共方面，當然也看到這一危機，深恐政變後的繼任者把「戰畧村」的作戰策略再予改善，一方面給予人民較多自由，一方面賦予更大作戰能力，則人民當然樂於接受而勇於作戰；如此，則越共將無法立足了。

「革委會」楊文明將軍對越共廢除「戰略村」的要求又將怎樣應付呢？楊文明對「戰畧村」看法，認爲它的設計原是好的，但在實施時却離開了目標，把它變成統制人民的工具，反而使人民受到痛苦。故楊將軍對其存廢問題，刻正予以深切的考慮；也許，將另行制定改善的辦法。但是越共的行動，是不會讓新政府有喘息時間的。換言之，楊將軍在慎重考慮期中，越共便會吹響了進攻的號角。目前，已有不少「戰畧村」被越共游擊隊侵擾。「革委會」的領導要員，該怎樣的爭取時間來裁決他們的應付策畧才是哩！

神話中的黃帝（五）

徐亮之

可是，他出發開會的儀仗隊，却風光顯赫而光怪陸離得出人意表。那時，給他拖車的是一頭大象六條蛟龍；坐在前面給他駕車的是首相蚩尤；傍着車轄（六）給他護車的是有名的人面孔、鳥嘴爪、青毛羽、紅花紋、白鶴身裁、一出現便有火災的畢方鳥（七）。給他掃除道路的是鹿頭鳥身名叫飛廉的風伯（八）；給他清除塵埃的是渾身漆黑，手弄烏龜、耳掛青蛇紅蛇、名叫屏翳的雨師（九）。同時，這枝神秘的儀仗隊，乃以黃帝的龍車象輦為中心，以立體的陣容編成的；即前面是虎狼開道，後面是鬼神扈從；地上是騰蛇翼衛，空中是鳳凰翔舞（十）；便這樣無比雄壯，威猛而嚴肅地，風馳電掣，浩浩蕩蕩，由河南新鄭向山東的西泰山而去。到了西泰山，舉行封禪禮（一一），演奏清角曲；告成功於天地，証受命於鬼神；然後才在人天交慶萬衆騰歡的狂熱氣氛中收隊而歸。

的確，就黃帝的代表天神性的一面說，是充滿了神秘的色彩的。他的儀仗隊，神秘得不可思議；他的清角曲，同樣神秘得不可思議；這由後來隔了二千一百四十多年後，晉國發生一幕音樂演奏上的古怪事件，其情致便不難想見。這時，晉國的國王是酷愛音樂的平公。有一次，衛國的靈公帶了大音樂家師涓拜訪晉國，路過濮水，夜晚忽然聽得一種非常輕鬆美妙的音樂，從水上飄送而來。連忙派人打探，却是一個人影也沒；知道乃是幽靈所彈奏，便叫師涓調好琴絃默下來。到了晉國，便在施夷宮的洗塵宴上，喜孳孳地命師涓奏給平公聽。不料還沒奏到一半，晉國的大音樂家師曠忽然嚴肅地站起來制止說：「這乃是亡國之音；得了得了，不好再奏了！」平公詫異說：「你說這是亡國之音，有什麼根據？」師曠說：「這個淫靡的操子，乃是不登大雅之堂的靡靡之樂；乃是師延迎合商紂的心理譜成的。（待續）

文聲集（五五）

淺水灣酒肆偶成

希穎

一灣波趁晚晴舒，深淺從看揭厲殊。負手已甘閒處着，垂頭休訝苦吟迂。水邊膩理逢多麗，杯底朱顏覓故吾。何必鵝潭重回睨，眼前風物是方壺。

辛丑歲盡賦寄叔雍

殘臘蒼榕葉未凋，如何人意暮鑪銷。棲蟬紙上謀生拙，披荔山阿託恨遙。春入舊年催嫩蕊，霜凝危閣度寒宵。好懷那似陽台曲，碎羽零宮久不調。

有懷

張齡

不能解脫不纏綿，此念深深祇自憐。殘月寢餘旁死魄，他鄉長是未歸年。剖心作札將誰寄，銜石無功有恨填。縱戴三光仍隔世，恍知一海即重泉。

夜市歸途口占

沸海停波得小休，勞勞萬衆是身謀。似魚少水斯何樂，被髮為戎有大憂。八表驚烽方遍熾，一丸涼月又西流。百年算是生來誤，豈只沈哀為感秋。

凌波曲　並序

·龍城逋客·

蓋聞化國日長，則民皆多暇而能蓄餘力；浮生夢短，則人盡寡歡而謀諸夙心；此殆可喻之恒情，抑亦不移之至理也。近頃有電影演員曰凌波者，以東甌之麗人，雅工顰笑；於南國之銀幕，忽露鋒芒。由是粲粲者星，不惟光搖於霄漢；娟娟此豸，寖且譽播於蓬瀛。島上淑媛，固無不心焉向往；朝中攸司，亦為之優禮有加；嘗於其翩然蒞止之日：盛其供帳，待之如國之上賓；獎以重金，視之如邦之瓌寶。而民間之望塵而拜，遮道以迎，雖繞殿之雷，不能擬當時之轟動；縱燒空之電，無以媲彼美之顯明。倘亦所謂不宜之寵光，罕覯之盛事也。昔唐玄宗在東都，晝夢一女拜於牀前曰：「妾凌波池中龍女也！陛下洞曉鈞天之音，乞賜一曲。」玄宗於夢中為「凌波曲」；及覺，盡記之，與文武臣僚宴於凌波宮，臨流奏新曲，池中波濤盡起。今此曲不傳，予迺不自揣譾陋，試踵而歌之，其詞曰：

龍戰玄黃師未晉，海國從容開閫閣；生聚教訓十年過，海不揚波波早恬。豈意別有一波起，此波初非滉漾水，迺是回龍觀裏一仙葩，（凌波小字海棠。孫國敉「燕都遊覽志」載：『回龍觀舊多海棠，旁有六角亭，每歲花開時，上臨幸焉。』）偶然幻作嬋娟子。（初登銀幕時，曾以小娟為藝名。）嬋娟子，何嬌嬈，天生窅娘有細腰；羅襪能作凌波步，啼妝工為愁眉妖。一自躍登銀幕上，聲華並時覺無兩；同場姊妹側目看，異域仕女引領望；爭道此豸好丰容，為釵為弁兩供工；樓臺一會化蛺蝶，教人不能辨雌雄。難得伊人動遊興，東向蓬萊朝絕頂；消息方傳舉國驚，盛情一片如何領？且喜生當清晏，上下燋心無可施；昔人運甓常百遍，此日捧星聊亦勤四肢。羣衆相約連朝俟，雲軿果自天外至；此時擁彗為蛾眉，此際班馬俱不齒。驛路十里飛黃埃，萬口傳呼迎夜來；但見車從塡咽處，早自歡聲迸發如殷雷。竈下婢子不燎火，道旁阿姥欲擲果；遂令天下父母心，重男重女兩難可。小男小婦首頻搔，軟語商量夜復朝；萬一高樸眞可穠，不如生箇鄭櫻桃。櫻桃似男還似女，人盡可寄心與膂；倘能贏得國盡狂，也有光彩生門戶。聲滿東氾說嬋娟，嬋娟不暇整花鈿；膳府爭開洗塵宴，官家罔惜水衡錢。堪歎人心有向背，昔日貧賤今日貴；賤日無計搶鏡頭，貴來有人爭拷貝。世風祗今重色相，芳踪到處謁者忙；羊城父老問宗族，鶯江子弟認同鄉。獨恨身非萬千百，難共知己數晨夕；歡晤未竟驪歌催，相逢倏忽又相失。佳人一去如冥鴻，惟有眞眞在畫中；從此深秋簾幕夜，最難秉持是寸衷。人世何為有落寞，遠跡還須忘路促；一旅未興凌波軍，（「江南野錄」：『嗣主許民競渡，勝者加以銀盌，謂之打標。後盡蒐為卒，曰凌波軍。』）一市且歌凌波曲。曲終廻見數峯青，更向峯巔望滄溟；風濤猶看搖天綠，慰藉癡兒騃女情。

唐詩偶釋（四四）

鄧中龍

賊平後送人北歸

·司空曙·

世亂同南去，時清獨北還。他鄉生白髮，舊國見青山。曉月過殘壘，繁星宿故關。寒禽與衰草，處處伴愁顏。

題為送人北歸，却先說當年世亂南去之事，是題前陪筆。第三句頂首句，第四句頂次句，下半皆寫北歸情景，此全詩結構。

中聯一早一晚，以平排之句撐起，結聯復總括之。上平排，下總括，此格最多。無平排之句，則格局難立，每病於單弱；無總括之句，則大勢難束，恆病在破散。此詩文要訣，特難為株守者道耳。

後半即承青山句說出，不若前半之分承到底。亦為全詩分承者，法非一法，貴會其通。

世亂同南去，久處他鄉乃生白髮；時清獨北還，還舊國應見青山猶在。誠恐山河猶在，人物全非，沉痛之情，溢於紙上。「殘壘」「故關」「寒禽」「衰草」等字，極寫亂後荒涼景象，與杜子美「春望」詩前半意境同。

殘壘故關，皆當年南去所經之地。首句必先說到「南去」者，正所以為此等處作伏綫耳。否則，殘壘故關便成為懸空揣想之詞，了無深意矣！大家立論，每能首尾兼顧，前後交代；易俗手為之，生拼硬湊，窮其極不過為形容詞總滙而已，非詩也。

中二聯句法相同，惟並不覺其平板，殆以一屬上文一屬下文故。此詩前後半須分讀，始能得其韻味。

前四句分劃承遞，後四句獨承第二句，傳「獨」字之神。曉月過殘壘，繁星宿故關，已極淒涼矣，乃益以寒禽衰草，有意加重其冷峭清絕之境，則「愁顏」二字，已是呼之欲出。中晚唐詩中，末句有愁字者頗多，然無如此詩之有力者，固以前數句着意摩盪，字字傳神也。

陸放翁詩：「蕭蕭白髮臥扁舟，死盡中朝舊輩流。萬里關河孤枕夢，五更風雨四山秋。鄭虔自笑窮躭酒，李廣何妨老不侯。猶有少年風味在，吳牋著句寫清愁。」（枕上作）此亦為末句有愁字者，前六句亦極意為愁字蓄勢。學者可參閱。

高手為詩，不言愁而愁自見，不言怨而怨自深。盛唐大家，杜工部王摩詰能臻此境，孟浩然已不逮矣。大歷諸公，司空曙輩猶能蓄勢以言愁，尚為其佼佼者。俗手為詩，全無可愁之境，亦無可愁之意，而愁言滿紙，恨語連篇，是殆雇人哭靈之流耳。情之不深矣，哭何能哀乎！

陳風子治印

陳風子，別號瘦翁，浙江杭州人，鑽研金石文字凡數十年，為西湖西泠印社得前輩大家家法最深之浙派後人。本報今後將逐期刊載陳氏作品，以饗讀者。

蔣彝

靜觀自得

國外看山不諱貪

維摩丈室侍者

中國現代史資料評介之十四

梁任公先生年譜長編初稿（八）

左舜生

（C）由戊戌到庚子拳變

光緒二十五年十一月任公之赴檀香山，其最終目的地本在美而不在檀，但到檀以後，為該地防疫所阻，致滯留檀島到半年以上。二十六年庚子四五月之交，北方拳變起，舉國皇皇不可終日，清廷自西后那拉氏迄載漪、剛毅等頑固分子，以戊戌後廢立不成，而康梁在海外有保皇會的組織，更托庇於外人之下，乃積恨仇視外人，因有利用拳匪大舉排外的一幕，結果引起八國聯軍及辛丑條約的出現，以促清室於亡。

先是唐才常、林圭、沈藎、李炳寰等，對戊戌一役的遭受打擊，不勝憤慨；他們在思想上所接受的不是康有為的一套，乃是譚嗣同和任公在時務學堂及在『清議報』上所宣傳的另一套；而嗣同之死，他們在私人感情上更異常的激越，非汲汲為這位朋友報仇不可；於是唐林等乃主動的有『自立軍』的組織，雖對光緒帝仍保持好感，但那拉氏必去，而清廷也非根本改造不可，卻是很堅決的。這件事不僅得着康梁的支持（康梁在海外所籌之款，用於此一役者，為數約三十萬元），即中山在精神上也曾予以贊助，因而革命派也有少數人參與了他們的實際工作。

關於『自立軍』的組織及其失敗的經過，我不能在這裏敘述（請參看我寫的『中國近代史四講』第三講第四節的最後一段，P. 222—228），我在這裏所要提到的，只是任公和這件事的關係。

任公其時滯留檀島，後來在他的『三十自述』中有一段文字說：『……至庚子六月，方欲入美，而『義和團』變已大起，內地消息，風聲鶴唳，一日百變。已而屢得內地函電促歸國，遂回馬首而西，比及日本，已聞北京失守之報（舜按：聯軍攻破北京，為是年七月二十一日），七月急抵滬，方思有所效，抵滬之翌日，而漢口難發，唐、林、李、蔡、黎諸烈先後就義（舜按：唐林等被張之洞捕殺在是年七月二十八日），公私皆不獲有所救。留滬十日，遂去適香港，既而渡南洋，謁南海，遂道印度遊澳洲，應彼中維新會之招也。』（舜按：任公這段文字裏所說的『唐、林、李、蔡、黎諸烈』，李名炳寰，字虎村，湖南慈利人；黎即黎科，廣東人；蔡名鍾浩，字樹珊，湖南常德人，時務學堂學生，曾留學日本，因參加『自立軍』活動，事後在湖南為俞廉三所捕殺，非與唐、林等同時殉難之天津人蔡成煜也。）

綜觀任公的一生，自從他二十六歲在戊戌維新一幕失敗以後，一直到他五十七歲死去，他還有過三十年的長期奮鬥。在他這三十年的奮鬥史中，除生病外，我不能指出他曾好好地休息過三天五天！就政治說，他算是一個失敗者，但這不能怪他，我們合觀這五六十年來從事政治活動的人物，能說那一個是真正的成功者呢？而他在打倒袁世凱帝制和反對張勳復辟的兩幕，都表現得非常精采，雖然這只能有一種消極的作用。說到他的文教工作，他留卻下了近千萬字的著作；儘管內中的一部分，只是針對一時一事發言，但他整部的書籍，多數都可供治文史者的參考。至於直接受過他薰陶的學生，和間接受過他影響的讀者，其人數便簡直是無從統計了。以他生平治學治事的縱歷來看，確不失為近代一個生龍活虎的人物。可是儘管如此，但他居留檀香山的半年，依然遭遇過一度『女難』，險些兒弄得不能脫身。現在任公的文集裏邊，存有他二十四首紀事的絕句（見飲冰室文集之四十五『下』），現在選錄半數在下面：

（一）人天去住兩無期，啼鴃年芳每自疑；多少壯懷償未了，又添遺恨到蛾眉。（二）頗媿年來負盛名，天涯到處有逢迎；識荆說項尋常事，第一相知總讓卿。（三）青衫紅袖講筵新，言語科中第一人；座繞萬花聽說法，胡兒錯認是鄉親。（四）眼中既已無男子，獨有青睞到小生；如此深恩安可負，當筵我幾欲卿卿。（五）惺惺含意惜惺惺，豈必圓時始有情？最是多歡復多惱，初相見罷話來生。（六）後顧茫茫虎穴身，忍將多難累紅裙？君看十萬頭顱價，遍地鉏麑欲噬人。（七）匈奴未滅敢言家，百里行猶九十賒；怕有旁人說長短，風雲氣盡愛春華。（八）一夫一妻世界會，我與劉陽實創之；尊重公權割私愛，須將身後作人師。（九）含情慷慨謝嬋娟，江上芙蓉各自憐；別有法門彌闕陷，杜陵兄妹亦因緣。（十）華服盈盈拜阿兄，相從談道復談兵；尊前恐累風雲氣，更譜軍歌作尾聲。（十一）匆匆羽檄引歸船，臨別仍慳一握緣；今生知否能重見，一撫遺塵一惘然。（十二）猛憶中原事可哀，蒼黃天地入蒿萊；何心更作喁喁語，起趁雞聲舞一回。

我在中學的時候，便見過任公這些詩，當時以不知道他這一『羅曼斯』的本事為憾。近年任公這部年譜出版，發表了他寫給他的夫人李蕙仙的兩封長信（見任公年譜初編P. 134—138）則任公已將這件事的經過詳細說明。這一華僑女子名何蕙珍，年二十，任當地學校教師，曾充任公對西人演說時翻譯，外文報紙有對任公批評者，何亦撰文代為辯護。何對任公既傾倒備至，任公對何亦不勝繾綣之情，且有人受何暗示，從中說合，但任公以自己已經結婚，且以自身負有重大責任，更不願辜負國人對他的希望，乃婉辭謝之。可是任公仍告他的夫人說：某次，他與何握手道別以後，『愈益思念蕙珍，由敬重之心，生出愛戀之念，幾不能自持。明知待人家閨秀，不應起如此念頭，然不能制也。酒闌人散，終夕不能成寐，心頭小鹿，忽上忽下，自顧生平二十八年，未有如此可笑之事者。今已五更矣，起提筆詳記其事，以告我所愛之蕙仙。不知蕙仙聞此將笑我乎，抑惱我乎？我意蕙仙不笑我，不惱我，亦將以我敬愛蕙珍之心而敬愛之也。我因蕙仙得諳習官話，遂以馳騁於全國；若更因蕙珍得諳習英語，將來馳騁於地球，豈非絕好之事。而無如揆之天理，酌之人情，按之地位，皆萬萬有所不可也。我只得憐蕙珍而已。然我觀蕙珍磊磊落落，無一點私情，我知彼之心地，必甚潔淨安泰，必不如我之可笑可惱。故我亦不憐之，惟有敬愛之而已。蕙珍贈我兩扇，言其手自織者，物雖微而情可感，余已用之數日，不欲浪用之，今以寄歸，請卿為我什襲藏之。卿亦視為新得一妹子之紀念物。……』

在任公一生的歷史上，居然有這樣一個故事，將來真可為他的傳記生色不少也。

×　×　×　×

懷陳果夫先生（五〇）

宇人

第二天上午，我去看余井塘兄，他責備我不應該說那樣的話，他的理由是，我過去在組織部工作多年，備承果夫先生的愛護；並說他本來預備講幾句話的，因為聽見我的那一番話所以沒有講。我說，如此，我對你很感抱歉。果夫先生過去對我很好，我至今還是銘感的。但近年以來，他們卻把我當作敵人，甚至不惜縱容中統及其他有關的工作人員，藉端陷害，我實在無法忍受。但我昨天晚上所說的話我以前從未在任何地方向任何人講過。昨晚我說了出來，也並不是心存報復。我的用意祇是把不能團結的若干因素坦率指出，希望果夫立夫兩先生能改變作風，俾得實現全黨同志的精誠團結，共同挽救當前的危局。假設我們在黨內關起門來講團結，大家都不說真話，表面上虛與委蛇，實則仍各懷鬼胎，試問又怎能達到團結的目的呢」？井塘沒有再表示意見。這是我和他在大陸上最後一次的見面。

立法院第一個會期快結束時，蔣先生又召集國民黨籍的若干立委舉行會談，聽取大家對改革黨政的意見，我也欣然參加。這種心情，可說還是我在第六次全國代表大會後的第一次。緣自上次為了提名立夫先生為立法院副院長，在蔣先生的官邸有過激辯後，我即向若干朋友表示，假設蔣先生以後能和這次一樣，先將國家和黨的重大問題提交中央常會或有關同志討論，讓大家盡量發表意見，他縱然對大家的意見不一定接納，我也可以考慮改變態度。因為我認為祇要能建立一種制度，使大家有充分發表意見的機會，仍有希望促進蔣先生實施改革的。且鑒鄭彥棻向我透露，每逢政府有重要議案提交立法院審議時，假如他有機會見着蔣先生，蔣先生總向他探詢我的意見。因此之故，我對蔣先生仍有餘戀。所以那天的會議，我雖然自始至終未發一言；但卻聚精會神的聆聽他的講話，觀察他是否已有改革的意向和決心。發言的立委也一致認為國民黨已到了非改造不可的境地。可是，蔣先生仍未作肯定表示，祇說，暑假立法院休會後，再約集大家繼續研究。

由於蔣先生召集這一次的談話會，國民黨籍的立委也紛紛交換改造黨的意見，許孝炎還擬了一份長達二萬餘言的方案，邀請我和其他四五個立委共同商討。大家都認為唯有蔣先生下決心，然後改造才有可能。此後，剿共戰事突然逆轉，濟南和東北相繼陷落，蔣先生也就沒有再召集前項會議。不過，卻有人在開始組織青年反共救國團，上文曾提到，我雖然被邀參加談話數次，因堅持反共與反官僚資本應同時進行，他們向蔣先生請示的結果則是應先反共，其他的事，俟剿共勝利後再說，我即拒絕參加。至此，我對蔣先生的改革與希望又歸於幻滅。

繼東北陷落之後，平津復告危急，徐蚌戰事也着着失利，再加上幣值一落千丈，人心日漸浮動，政府的基礎頓呈動搖之勢，大家都很憂慮。一天，孫科先生約集一部份立法委員談話，發表演說，指出戰事惡化，非有外援不能挽救危局；並認為單事經援和一般性的軍援已經無濟於事，主張寧可暫時犧牲國家的一部主權，要求美國派海空軍協助我們防守長江，然後再圖重振。在場的立委均熱烈鼓掌以示贊同。接着蔣先生即提名孫先生繼翁文灝為行政院長，不少的立法委員認為他不足以担當大任；但我們有關的朋友則深感他在那天所發表的主張，確是救急的唯一可行之道，希望他能付諸實施，因而一致予以支持。不料，孫先生的提名獲得立法院同意後，卻滯留上海，遲遲不回南京。表面的理由，是為了割治腿上的一塊肉瘤；內中的原因，則有種種傳說。引起許多立法委員的不耐，在院會上提出指責，我還為他辯護。其後不數日，孫先生腿瘉入京組閣，邀請立夫先生和張治中等出任政務委員，說是要組成全黨一致的實力內閣。

孫科先生和立夫先生既均離開立法院，CC方面即與劉健群接觸，表示願意擁他為副院長，希望新政俱樂部方面能同意以CC方面的人為院長。其理由是革新與新政兩個俱樂部的同志都是忠於蔣先生的，應該團結一致。劉健群對此頗感興趣。但民主自由社則推出吳鐵城先生為院長，亦希望新政俱樂部推出副院長人選，並聯合競選。新政俱樂部的立委大多反對鐵城先生，因為他被認為是政學系；同時，也不很贊成劉健群。有好幾位青年團的朋友都勸我競選副院長；民主自由社方面亦有人向我作同樣的鼓勵，我因無意於此，未為所動；主張副院長一席仍以劉健群為最宜。

（待續）

本刊已經香港政府登記

聯合評論

每逢星期五出版

週刊

United Voice Weekly

第二七七號

督印人：黃宇人　總編輯：左舜生

社址：九龍通菜街三十八號A三樓 電話：849126 承印者：嘉華印刷有限公司 香港灣仔軒尼詩道

總代理：友聯發行公司 香港每份售價港幣一毫

本報美洲版總經售處美國紐約中美出版社

CHINESE - AMERICAN PRESS, INC

199 CANAL STREET.,

NEW YORK 13 N. Y. U.S.A.

美洲航空版每份售價美金一角

挑戰與應戰——看一九六四年及其方來

李璜

一

英國史哲家湯恩比在其歷史研究著作上，曾提出在歷史過程中，一個民族及其文化的盛衰之理；曰挑戰與應戰；挑戰而不能應戰時，則其勢必致撤退。這一看法有點像德哲黑格爾的獨斷之論：歷史是民族的審判台，存在的便是有理的。不過湯氏並不同於黑氏，他並無意對這興衰成敗的每一史蹟，去給予它一個優劣的價值判斷；但他特別對於這挑戰的情勢，反覆說明，自西方希─羅及其古典文化的興衰，以至於西方近代及其科學的興起，因而戰勝東方；且依此理，一路挑戰起去，世變日亟，便只見不能應戰即一路撤退下去；撫今追昔，湯氏即對於其母國──大英帝國，有十九世紀之光榮盛況在繼續衰頹，不復回頭，至為惆悵。因是湯氏的鑒往知來的結論是：時時刻刻，一民族及其文化皆在考驗之中。

本來，自生物進化論影響到了文、哲、政、經的思想以後，優勝劣敗、天演公例之見不免更將西方的功利之爭與勢利之尚，推波助瀾，加甚其習。在十九世紀後半期，以至於我們這一代之六十年間，西方各民族彼此挑戰之勢，大有一時一刻都不肯絲毫放鬆；西方列強競相向外膨脹，因而引起第一次的世界大戰。第一次大戰之後，此風且吹向東方，以日本之欲獨霸東方而挑戰，又引起東方積弱各民族的覺醒；以中華民族對日本的挑戰而應戰開其端，畢竟又釀成了第二次的世界大戰。

在第二次世界大戰中，我們中華民族曾總全民合力，奮勇抗戰，不只八年（應從長城內外義勇軍抗日作戰算起），卒致準備充分，勢吞中國的日本戰敗投降。因是中華民族的應戰精神，時頗令西方人為之驚異，另眼相看；這一精神也令我們自己增加了民族的自信心：至少我們曾經親身參加過抗日戰爭的這一代人，受過了那一種血肉的，精神的特殊艱苦考驗，我們是應該有中華民族及其文化遇到了挑戰便足以應戰，而不會輕易的撤退下去的自信了罷！

二

第二次大戰結束以後，蘇俄崛起，乘東西兩方在戰後的疲乏情況，凶狡陰狠的史太林得着機會，以發展其共產革命的新式帝國主義，謀人之國，其計至工至巧：一方面以打倒西方的殖民主義來迎合東方的民族主義的覺醒，因而得以滲透與擴大其俄國稱霸的陰謀，不但在亞洲各地，且及其美、非等落後地區。一方面又以其社曾共產的功利思想去動搖西方的國家獨榮的功利主義，因而第三國際的別動隊又得以遂其企圖於西方列強之中。於是在五十年代左右，乃造成世界思想與形勢的大混亂；既使英法等舊式的帝國主義者固手足失措，無法應戰，紛紛撤退；而一向並不從事擴張領土，而較重視國際自由與平等的美國，也向共產勢力低頭，向蘇俄的擴張主義撤退。因此，中國纔會在這一思想與形勢的大混亂中，竟將整個大陸淪喪於史太林及其所豢養與指揮的中共之手！

然而，我們曾能敵得過日本軍閥的猛烈進攻，終獲勝利；轉眼之間，我們竟不能敵中俄共的動亂，而且撤退的速度達到了驚人的地步，其故安在？一為八年以至十多年的艱苦抗戰之後，民族元氣既已大傷，而在朝的文武兩班，無論其所掌執的權力，或大或小，人多老人，將多老將，既驕且蹇，甚矣其疲，其勢已不堪於應戰。二是被日閥一再逼成中國全民族團結的人心，在抗戰後，政府乃不知愛惜：復員工作既做得七零八落，頓使退伍的下級軍官與離鄉戰士成為失業流民以至難民；而黃金儲蓄與金元券兌現竟成騙局，尤足以使全國人心解體，士氣因之頓失，此所謂人謀之不臧；而人謀之不臧，乃由於大小政治權力久握於少數人之手，至聰而亦已轉聵，至銳而亦已轉鈍，措置乖方，人心因轉而思變，並非而且絕非大多數中國人以及中國的文化都禁不住淺薄的所謂馬恩列史的主義的考驗也！

三

本上所述，我中華民族及其文化的堅韌性格，曾在抗日戰中表現出來，實足以排除萬難，終於達到最後的勝利；戰後因一時人謀之不臧而致大陸撤守，並不足以構成我們長此悲觀的理由。

何況中共工業大躍進的失敗，特別是農業的集體化，達到了完全破產的地步，這都是中國大多數人在向中共挑戰；十年以來，大陸多數人一路向中共挑戰，而中共皆不能應戰，只有撤退：由大辦工業撤退到大辦農業；由大辦農業撤退到向外購糧，以養其共幹與士兵；結果，毛周輩及其高幹無不弄得焦頭爛額，精疲力竭；而且毛澤東更是神經衰弱，大發脾氣，與赫魯曉夫爭吵不已；向外到處發瘋，到處碰壁，此西方政治家所以一致認為中共局面之必變也。

蘇俄的工業基礎遠強於中國，而因俄共的集體農業遇到了俄民大多數的挑戰，農業生產萎縮，大鬧飢荒，故赫魯曉夫不得不變；何況中共的集體辦法──人民公社，更來得大胆！其必遭大陸人民的反抗，以致經濟全部破產，大衆離散，已為世所共見。如果毛澤東對這全民的挑戰，一定要「不信邪」，不撤退，則必有大變，而且變得很慘的！

其實，我們並不希望大陸必變之局變得來天下大亂，或以暴易暴，或以獨裁再為獨裁所代替，而是要使它照着我們一向所指示的尊重個人人格尊嚴與自由作業的民主路線去變革，然後中國全民始得以享受眞正的和平與幸福。──這就要看我們海外民主人士的努力如何耳！

五十二年除夕

「資本主義的愚蠢」

許子由

赫魯曉夫於一九六三年除夕，以私函致送各國元首或首腦，建議簽訂協定，放棄使用武力解決領土或邊界爭端，作為蘇聯對於和平的高調。若果單從題目的票面價值加以接受，似乎放棄使用武力而用談判解決爭端，大概總有多少裨益於減輕世局的緊張吧？可是實際上的情況，與上面粗疏的想法大相逕庭。蘇聯的所謂和平建議，如果不是詭計，所可能的是陷阱。它不但不是實際可行的辦法，反而由於蘇聯的仍然在規劃構害自由世界的陰謀，冷戰「解凍」無望，甚且可能再過份。這值得醉心和平人士，過份高估核子初步禁試協定的西方政治家所應警惕的。

德國

赫魯曉夫建議，「保証不以武力改變現有國家邊界」，即是把現狀凍結起來，要求共同承認保持兩個德國，兩個越南，兩個韓國等現狀。以這二個被分裂的國家來說，除韓國的形勢十年來比較固定，也即比較均衡而外；德國和越南都是富有危機性、流動性的地區，也是歐亞冷戰的中心所在。德國方面，西德政治經濟的成功使東德相形見絀，柏林圍牆便是共方作守勢支撐的証據。凍結個德國，違反西方拒絕承認東德的原則，並且基於赫氏建議「不得以不承認為口實而採軍事行動」，很可能限阻了西方於必要時以武力維持柏林的通路，因為那條走廊乃東德「領土」，也可解釋為「邊界」。再者，既然原則上不可使用武力，理論上也毋須使用武力，蘇聯就可進一步要求撤退柏林盟軍，而那遠景就是「柏林自由市」。

越南

越南的情形佔上風的乃是共方，南越戰況即使不如共方所宣傳的，越共游擊隊已佔領土地「四份之三」，但鄉村普遍遭受越共竄擾或控制，城鎮也不少被突襲、攻陷。如果在赫氏建議凍結的原則下，並認為游擊隊的所為是「間接侵略、進攻」的話，豈非所有越共都應撤回北越的轄境？可是誰能期望共黨肯接受事實，承認南越的動亂是北平河內軍力所直接支持，間接策動的？儘管美國指出共黨運送軍火至東南亞，造成越寮泰棉等國緊張的問題，造成越寮的戰爭狀態，但共黨依然強調，南越寮國之戰乃是「內政」。

但除非美國處理錯誤而自南越撤兵，否則越共未必使「必然勝利」，一如中共所宣傳的。如單以「消耗」來說，中共加上北越都不夠美國國力的能耐長期的消耗。不過共方的企圖，是希望美國不耐於人力的消耗，一旦輿論轉變，就會突然改弦易轍，像當年在「結束韓戰」口號下，用「鋸箭法」不了了之。

美國不犯這個錯誤的話，游擊隊愈加勝利，更加轉入陣地戰的話，美國便也必須轉入陣地戰，那便是說戰爭非擴大不可。一旦擴大，共方必受損傷，凍結領土，就可以保障北越，而讓北越軍在南越長期內亂。

台灣

台灣問題在赫氏建議中，被予以特別處理。因為莫斯科不承認中華民國，而以台灣為中共領土。蘇聯既明言「不得以承認為理由而使用武力」，又何得因蘇聯之不承認台北，而同情或進而可支持中共對台灣使用武力？這不但牽強，而且矛盾。

蘇聯認為「如非另一個國家──指美國──的干涉，台灣早已同中共結合」。這是與中共一鼻孔出氣，說「美國侵略台灣」。準此的話，也可以說美軍如果退出南越，早已和北越結合，或南韓早已和北韓結合，甚至西德也然。由此可以看出，蘇聯的用意是要求美國自這些分裂的國家之反共部份退出。為什麼該退出呢？──即基於共方對反共政府多不承認，再則因為有了放棄武力條約。然則美國放棄防守（及進攻）時必要的反攻，就換取一紙廢約──杜魯門所謂：「與蘇聯簽約，不及其條約紙張之價值」的廢紙。

迎合？

阿登諾在（五日）他八八壽辰時，警告西方勿為赫魯曉夫所欺騙說：「美國眞能瞭解蘇聯嗎？他們相信赫魯曉夫星期一說的，又相信他星期二及星期三說的，但不知他說的每天不同」。而資本主義者要幫助赫魯曉夫，[illegible]而沒有得到他要和平的確切証明！[illegible]佔取西歐「考慮」！[illegible]尼龍[illegible]工廠、半租賣[illegible]以化學工廠援助中共，[illegible]高棉[illegible]法國[illegible]荷蘭被逐出印尼，英國填補眞空[illegible]你能說英國資本主義不愚蠢嗎？

和平固然值得苦心去追求，但並不是可以「整個包裹」照票面價值，加以接受。蘇聯所講廢棄武力，特別指明「領土」、「邊界」，旨在排斥集體防衛，避免國際戰爭，而容許「革命」及滲透顛覆。西方如果想予「迎合」，正是俗諺所說：「張天師被鬼迷」一樣。可看看資本主義在「搶生意」的情況，正是有些「色不迷人人自迷」呢！（一月七日）

遣周鴻慶到大陸是池田內閣軟弱墮落表現

一個國家或一個人，在自己的友人面前強橫，在自己的敵人面前軟弱和媚事，決不是光榮，決不是勇敢，而只是一種可憐的軟弱，和可恥的墮落。

周愛華

日本池田內閣對中共的政策所表現的軟弱和墮落的事象，不自周鴻慶事件始，但却以處理周鴻慶事件把這種軟弱和墮落表現無遺。

當岸信介卸除日本首相池田出而担任首相時，池田內閣給人的初步印象原本似乎是很強而有力的，這從兩件事可以看出來。

第一件，是池田當時號稱為了建立一個強力內閣，曾將日本自民黨內各派首腦網羅入閣。因此，在外形上，尤其在人事陣容上，給人一種池田內閣是一個強力內閣的印象。

第二件，是岸信介担任首相時，日本曾發生龐大的反政府示威，不但原定要到日本訪問的前美國總統被迫取消訪日行程，甚至日本當時的反政府示威波濤洶湧，大有一發不可收之勢，以致日本之偉大政治家岸信介亦不得不被迫下台，然池田上台之後，原本形勢洶湧的反政府示威竟至迅速由衰落而平息。於是，給人的印象，便是顯得池田內閣很強很有力。

由於上述二事，所以，池田內閣給人的初步印象，便是強而有力的一個日本政府。

但這種印象給人不久，便很不幸的發生了變化。變化之由來，不在其它，而在池田內閣對中共的政策一再顯得軟弱，從而也就使人覺得池田內閣並不是一個眞正的強而有力的內閣了。

從空間來看：從整個亞洲的形勢來看：日本在亞洲是有它的獨特性和突出性的。因為自十八世紀工業革命以來，工業最先發達的地區和國度是在歐洲，二十世紀以後，美國後來居上，逐漸在工業上執世界之牛耳。至於亞洲，說到工業建設，眞可說是漠漠大野，竟是荒原一片，只有日本，算是例外，它的工業成就，可以說是遠遠的超過其它亞洲國家的。而工業成就乃是科學與技術的高度表現，又是軍力與經濟力的潛源。沒有工業，不只國防，就是人民的日常生活也必然落後。相反，日本既在亞洲擁有惟一突出的工業，日本自應成為亞洲的主要國家。至少，決不應該成為別的國家的附庸的國家。何況，自中共於一九四九年以武力強佔中國大陸之後，實行的是與日本政治制度及社會制度極端相反的共產制度，且中共政權成立之初，一開始便與蘇聯訂立軍事同盟，而以日本為假想敵。在此情勢下，日本是應該而且必然成為亞洲的一大反共支柱，從而恢復日本的國譽，從而對中共推行強硬政府，一則以保衛自己，再則以抗拒和消滅亞洲之共黨勢力才是。

然而池田內閣對中共的政策如何呢？却完全喪失了一個大國應有的風度，只斤斤計較於一億元兩億元美金之貿易，完全變成了一個小家子像，一點也沒有強國和大國風範，這與西德在歐之峙立，且以西德之工業與經濟支援他人之魄力，眞是賢不肖不可同日而語了。而日本與西德之處境，原本頗多相同哩！

由於中共才是日本的惟一眞正敵人，中共的工業又遠比日本落後，而日本不但不敢強硬的對付它的這惟一敵人，甚至反而處處採取媚事中共之政策，這就充分反映池田內閣本身並不眞強，而只是一種眞正的軟弱，因為池田政府在友人（如中華民國政府）面前強，而在眞正惟一的敵人前表現弱，這就是眞弱了。

前面不是說過池田內閣給人的初步印象似乎很強，何以終於却是很弱呢？

有人也許會說這是日本商人想與中共進行貿易之故。而日本是一個建立了民主政府制度的國家，不能不理日本左翼商人之需要。殊不知，這一解釋正是池田內閣患了軟弱症的說明。因為一個強有力的政府，應該本身來衡量來批准來控制左傾商人的行動，而不應該被左傾商人所左右。若被左傾商人或左傾勢力所左右，那就恰巧表明這一個政府不是一個強力政府，而是一個軟弱的政府了。美國也是一個建立了民主政治制度的國家，美國也有想與中共進行貿易的左傾商人，但美國政府並沒有任由美國左傾商人或左傾勢力所擺佈，從而滿足美國左傾商人之要求，這就可見這與民主不民主無關，而只是與日本政府之強弱有關了。

至於有些人所強調的，說日本政府是為了對中共進行貿易，企圖作一二億元美金之買賣，而與中共打交道，那更不成理由。因為像日本這樣一個國家，並不是一窮二白，相反，却是亞洲首屈一指的工業強國，若謂眞正急需這一二億的貿易，那是把日本看得太貪窮了。日本國土雖小，何在乎這一二億元美金？

而池田內閣自上台以來，即一再在客觀事實上給人一種媚事中共的感覺，我以為這實在是由於池田內閣實質軟弱的表現。

而把周鴻慶遣返到大陸，則更是池田內閣由軟弱而變為國際道德行為以及日本政府的對外聲望的重大墮落了。

可以說，自周鴻慶從去年在日本冒生命危險以逃出中共代表團，奔赴自由起，日本政府就處理無方，反應遲鈍，未能認清事件之本質及嚴重性，而表現着一種缺乏強國風度缺乏人性的無政府狀態。所以，池田內閣一直舉棋不定，時而這，時而那，時而準備遣返，時而又準備拘留，拖延復拖延，把池田內閣的軟弱性格和墮落本質都暴露完了。

池田內閣為什麼對周鴻慶事件的處理拖延復拖延呢？全以池田內閣對此等事件之處理太無原則之故，也可以說是太不能堅持原則之故。最後之所以終於決定要把周鴻慶遣到大陸，則又完全由於懼怕開罪中共之故。而終於不顧慮中華民國從台北所發生之處置，則又完全是池田內閣乘中華民國偏安台灣之危，輕視中華民國之故。

像日本這樣一個在亞洲首屈一指的工業強國，自己沒有立國原則，自己一點都不從國際道義考慮問題，只敢乘友人——中華民國政府之危，使用強而無理悍而無義的態度對自己的友人，另一方面，則以媚事中共的姿態對自己惟一的眞正敵人，人們不難看到，這是眞弱呢？還是眞強呢？是池田內閣在替日本樹立威望呢？還是在替日本全國人民表現墮落，丟日本人的臉呢？

曾記得，不久之前，由於大馬來西亞之建立，印尼與馬來亞之間，菲律賓與馬來亞之間，曾發生嚴重衝突，池田首相曾發表談話，儼然把日本作為亞洲之大國，要出面調停馬來西亞與菲律賓以及印尼之爭。我們一向尊重日本人民，而且也希望日本眞能成為亞洲的一個既強且能主持正義的大國。但曾幾何時，池田的調停聲音完全沉寂了，為什麼呢？池田首相本人難道不該反省反省，要使日本成為一個大國，能夠毫不講道義嗎？

別的國家對你這種不講道義，只知在自己友人面前逞強，而反在敵人面前嬌媚的人會尊重嗎？只怕不會罷？

郭沫若毛澤東詩罵老赫是人妖

陸又聞

據中共新聞社一月四日北平電：「北京各報今天都在第一版以整版篇幅，刊登了毛澤東主席十首詩詞。各報還同時刊登了毛主席的巨幅近照。毛主席這十首詩詞是第一次公開發表的。」

又說毛澤東新發表的十首詩詞如下：

「人民解放軍佔南京」詩：「鍾山風雨起蒼黃，百萬雄師過大江。虎踞龍蟠今勝昔，天翻地覆慨而慷。宜將剩勇追殘寇，不可沽名學霸王。天若有情天亦老，人間正道是滄桑。」「到韶山」詩，據說是「一九五九年六月廿五日到韶山，離別這個地方已有三十二周年了」。湖南省湘潭縣韶山村原是毛澤東故鄉，原詩是：「別夢依稀咒逝川，故園三十二年前。紅旗捲起農奴戟，黑手高懸霸主鞭。為有犧牲多壯志，敢將日月換新天。喜看稻菽千重浪，遍地英雄下夕烟」。「登廬山」詩：「一山飛峙大江邊，躍上葱蘢四百旋。冷眼向洋看世界，熱風吹雨灑江天。雲橫九派浮黃鶴，浪下三吳起白烟。陶令不知何處去，桃花源裏可耕田」。「為女民兵題照」詩：「颯爽英姿五尺槍，曙光初照演兵場。中華兒女多奇志，不愛紅裝愛武裝」。「答友人」詩：「九嶷山上白雲飛，帝子乘風下翠微。斑竹一枝千滴淚，紅霞萬朵百重衣。洞庭波湧連天雪，長島人歌動地詩，我欲因之夢寥廓，芙蓉國裏盡朝暉」。「為李進同志題所攝廬山仙人洞照」詩：「暮色蒼茫看勁松，亂雲飛渡仍從容。天生一個仙人洞，無限風光在險峯」。「和郭沫若同志」詩：「一從大地起風雷，便有精生白骨堆。僧是愚氓猶可訓，妖為鬼蜮必成災。金猴奮起千鈞棒，玉宇澄清萬里埃。今日歡呼孫大聖，只緣妖霧又重來」。並附郭沫若原詩如下：「人妖顛倒是非淆，對敵慈悲對友刁。咒念金箍聞萬遍，精逃白骨累三遭。千刀萬剮唐僧肉，一拔何虧大聖毛。教育及時堪贊賞，猪猶智慧勝愚曹」。

另毛澤東「詠梅」「卜算子」詞一首：「風雨送春歸，飛雪迎春到。已是懸崖百丈冰，猶有花枝俏。俏也不爭春，只把春來報。待到山花爛熳時，她在叢中笑」。據說這是「讀陸游詠梅詞，反其意而用之」。

毛澤東「冬雪」詩：「雪壓冬雲白絮飛，萬花紛謝一時稀。高天滾滾寒流急，大地微微暖風吹。獨有英雄驅虎豹，更無豪傑怕熊羆。梅花歡喜漫天雪，凍死蒼蠅未足奇」。

毛澤東最後一首「滿江紅」，據說也是「和郭沫若同志」的：毛詞是：「小小寰球，有幾個蒼蠅碰壁。嗡嗡叫，幾聲淒厲，幾聲抽泣。螞蟻緣槐誇大國，蚍蜉撼樹談何易。正西風落葉下長安，飛鳴鏑。多少事，從來急；天地轉，光陰迫，一萬年太久，只爭朝夕。四海翻騰雲水怒，五洲震盪風雷激。要掃除一切害人蟲，全無敵」。所附郭沫若原詞則如下：「滄海橫流，方顯出英雄本色。人六億，加強團結，堅持原則。天垮下來擎得起，世披靡矣扶之直。聽雄雞一唱遍寰中，東方白。太陽出，冰山滴，眞金在，豈銷鑠？有雄文四卷，為民立極。桀犬吠堯堪笑止，泥牛入海無消息。迎東風革命展紅旗，乾坤赤」。

整個看來，毛澤東的詩詞現在是越做越壞，意境既不高，氣度尤衰竭了。最下流而且也是最可恥的，則是在這些詩詞中用下流語句亂罵赫魯曉夫。

郭沫若罵赫魯曉夫是人妖，毛澤東從而和之，其實，郭沫若本人才是眞正人妖，毛澤東猶自以為得意，試問毛澤東一九五八年訪問莫斯科時，曾說「社會主義陣營必須有一個頭，蘇聯就是這個頭」，而當時赫魯曉夫已是蘇聯之領導，然則，毛澤東當日何以要擁護赫魯曉夫這「人妖」作頭呢？

將何以「聯」？又何以「盟」？

——個人對「反共建國聯盟」的感想

孟戈

國民黨的總裁蔣先生，已在國民黨九全大會上，交議組織「反共建國聯盟」；而等於總統的幕僚長——嚴家淦先生上台第一砲，也在强調「我們需要團結，這是不變的原則。」古詩云：「行行將日暮，何時還闕庭？車輪爲徘徊，四馬躊躇鳴。」以台灣的現狀而論，好像面對河梁落日；我並不懷疑蔣老先生對於此時與此地的衷忱。

但在屢喊團結而又屢經差遲之後，又使人無疑於這是又一回的假話！當李承晚垮台時，台北曾大呼特呼團結，召開「國是會議」。雷案引致國內外輿情强烈反感時，台北又曾大喊特喊舉行「陽明山會議」，結果不談政治了事。當此南越獨裁者慘敗時，台北似乎又來唱一唱「團結」的老調，哼一哼「聯盟」的催眠曲了！

然而，肯定的，我不懷疑蔣先生反對共產黨的決心，也十分相信蔣先生的反攻大陸的打算。特別是新近國際風雲險惡，日本既不賣賬，法國又與中共眉來眼去，而我們最可靠的盟邦——美國公開說出：「如果紅色中國願意和美國及其鄰邦和平相處，則美國願將改變對紅色中國的政策。」而且，「美國對中共正遵循一項門戶開放政策，下最大決心，來保持開放對變更可能性的門戶。」這是等待了十四年來的國際變化情勢！這明朗的情勢證明台北方面多年來的若干幻想是破滅了！何況白髮催人老，蔣先生一旦「千秋萬世」以後，地下若逢孫總理，他必須有所交代的！這是我相信蔣先生不像台灣其他官僚，心境中得過且過就可以算了的。

這次九全大會上，蔣先生說過一句值得深省的箴言——「內擧不避親，外擧不避仇。」那就是說在籌劃反攻大陸的决策中，決定「用人唯才」了。假使他說前一句是用來解釋寵用自己的兒子蔣經國先生的話，那麼後一句是不是用來爲未來借重在野反對派的自由反共的人士呢？試想，在國際與國內的輿論中，都認爲蔣先生在一手製造「家天下」的今天，能在中華民國反攻聲中網羅若干反對派人士共同主持國事，不祇可以改變國際觀感；亦可一新中國人民的耳目，更可製造反攻大陸的大好條件嗎！

南韓從李承晚的垮台到朴正熙的還政於民，這個國家顯然走在我們的前頭了。南越從吳廷琰的被殺到楊文明與阮玉書的組織過渡政府。這個國家亦必然會跑過我們的前頭了。在遠東反共前線的三個國家——南韓、南越、自由中國，過去以孿生兄弟，現在祇算是「難兄「難」弟了！然而，他們都有前途，我們還一步一步走向死胡同底——十四年來，在危局中，老是一成不變！

因而，我個人纔對這一次「反共建國聯盟」提案發生一點點感想。

那麼，將如何「聯」？又如何「盟」呢？

所謂「聯」就是「A（反共點）聯結B（反共點）而成一條的AB（反共）直線」是也。換句話說，就是在朝黨聯結在野黨與無黨派的反共人士成一條完整而又堅强的反共陣線是也。

過去，國民黨舉行過一、二次「陽明山會議」。所出席的人馬，都是國民黨員或準國民黨員，不是執政黨的「傍友」，就是執政黨的「馬仔」，再加若干海外僑領及素來不注意政治的學術界人士，以閙熱場面而已。但那祇叫做「結」，而不叫做「聯」。我並不反對國民黨大擧集結它們自己的力量，但大可不必驕人說「反共力量都已團結了」。

並無例外，任何一個民主國家，必有在朝的力量，亦必有在野的力量，有執政的力量，亦有反對的力量。明乎此，今日我們，要講「聯盟」的話，那就是執政黨與反對勢力——在朝黨員與民主人士的結合而已。故所以，執政黨所要「聯」的對象當然是在野的反共力量，亦當然是與政府有不同意見的反共人士。

又如何「盟」呢？

今日的結盟已不必「殺牲歃血」了，亦不必「取血盛於玉敦，以血作盟書」了。我們祇需要執政黨拿出誠信與寬容來。至於「盟書」呢！我們最現成的「盟書」就是中華民國的神聖不可侵犯的憲法。

因此，我感到爲聯盟起見，必須先將中華民國憲法上所規定的人民自由權利那幾條：言論及出版自由，集會結社自由，等等實現一些出來，然後此盟自易聯成。

爲此，蔣先生必須先做出幾件爽快明朗的事：

一、開釋雷震先生，協助「自由中國」復刋。

二、廣開報禁，准許言論自由。

三、協助民、青兩黨團結。至少停止唆使與「經援」那幫分裂分子。

四、先與各在野黨派領袖及政府認爲「不受歡迎」的好自由說話的海外反共人士協商出聯盟基點。庶幾這個聯盟可以達到眞正的聯與盟，否則又會落空。

一九六三、十二。聖誕前夕

中共與蘇聯會在邊境發生大戰嗎？

陳望戈

據美聯社十二月三十日華盛頓電：「美國新聞與世界報導雜誌稱：在蘇聯與中共之間的四千里邊疆一帶，眞正的緊張在增漲中，使這塊歷史上向稱多事的地帶突然值得重視」。並說「中蘇共之爭，已不限於文字，現在它們已在四千里邊界互相對峙。在陸軍兵力上，估計中共等於蘇聯五倍，邊境衝突之消息時有所聞。中共指責蘇聯曾作大規模的破壞活動，並謀推翻當地的中共政權。據報，中共現已將更多的軍隊調入新疆」。

本來，如果毛澤東眞正有種，如果毛澤東眞正是一個民族主義者，如果中共政權眞是一個愛國政權的話，則中共與蘇聯發生邊境大戰，並非不可能，因爲俄國侵畧中國，歷有年所，大塊中國土地久已被佔。赤俄承其餘緒，對中國的侵畧，一仍舊貫。赫魯曉夫在淸算史大林時，亦曾將史大林在生時視中共爲殖民地一事明白指出。且蘇聯曾經拋棄中共之中央政權，逕與中共之地方政權——由高崗領導之東北人民政府訂立「國際條約」，其對中國之公然侵畧，實已至爲顯明。其後，中共雖清算了高崗，指其成立獨立王國，但並未反擊蘇聯之此種侵畧。外蒙本屬中國領土，任何愛國政府自必將之收回。但毛澤東無此愛國心，反靦顏事仇，公開宣佈向蘇一面倒。可見，中共無意爲維護中國之領土而對蘇作戰。

不錯，近年以來，誠如蘇共宣佈：在過去三年中，蘇共已發生邊境事件多次。但這並不是由於中共忽然變成了愛國者，更不是中共忽然變成了有意向蘇聯索取土地的民族主義者，相反，這只是由於毛澤東與赫魯曉夫發生個人衝突，所以，今天的中共與蘇共，雖然可能繼續發生這種因個人衝突而引起之邊境衝突，但却仍不會變爲戰爭。而且雙方也不會立即宣佈這些衝突的。根本說來，目前雙方雖在邊境加强警戒，但並不是說雙方有意作戰。相反，中蘇共之軍事同盟尚未取消，它們對外仍是並肩作戰的盟友哩！

廣州共報何以要叫廣東人憎恨香港人？

綜觀

一九六四年的新年又開始了，我無意提倡人與人之間的憎恨，原本很想在聯合評論報導大陸新聞和評述大陸新聞的實貴篇幅上多報導一些人與人之間相愛相善的故事，但提起筆來，首先接觸到的大陸新聞卻是廣州共報叫廣東人務要切實憎恨香港人的故事。

叫廣東人務要切實憎恨香港人的故事，近來一再見之於廣州出版的「南方日報」與「羊城晚報」，而此二報都是中共在廣州出版的機關報。它倆最近發表了許多篇抨擊和醜化香港的文章。以十月廿五日出版的羊城晚報爲例來說，它就刋有一篇題爲「見怪不怪」的短文，假作一個工作在港九鐵路列車的服務員眼裏所見到的香港來客的「怪象」。從而抨擊這些香港來客，說這些香港人的衣着是「奇形怪狀，令人作嘔」。並說他與這些香港來客交談，則聽了之後，都是使他「週身起疹瘩的怪話」。

一輪醜惡的描述之後，該報乃繼而對大陸人民作出號召，叫大家對香港人要保持高度警惕。所謂高度警惕的辦法，則是要「調查研究，觀察對比，尋根問底，透過那些被西裝革履，尖鞋硬裙所包裹着的祗知金錢第一的卑污的靈魂」，並進一步作出結論說：要「劃清是非，抓住本質，擦亮眼睛，提高警惕，對那些來自另一個世界的事物應該愛恨分明」云云。

所謂「愛恨分明」，當然就是共報要大陸人民尤其廣東人切實憎恨和仇視香港人了。

中共何以忽然高叫要憎恨和仇視香港人呢？難道由香港到大陸去的人不是中國人嗎？當然都是中國人。中共何以要叫中國人自己憎恨和仇視中國人呢？初看起來，似乎奇怪，其實，這纔眞正見怪不怪。

這所以是「見怪不怪」，根本上實乃由於馬克思主義原本就是一種以仇恨爲基礎而主張打破國界而行階級鬥爭的殘酷荒謬言論。毛澤東信仰這種言論，中共中央諸首腦皆信仰這種言論。所以，他們不但不以憎恨中國人仇視中國人爲奇，而且，也絲毫不以憎恨香港仇視香港人爲奇了。

其次，香港雖是一個殖民地，但對中共統治下的整個大陸來說，則恰巧是一面自由的鏡子。這面鏡子的正面反映了香港乃至整個自由世界的自由，而這一鏡子的另一面，則恰巧起了照妖的作用，把中共統治下整個大陸的奴役與暴虐都纖毫畢露，如影隨形的照了出來，難怪自中共控制大陸十四年來，就有幾百萬人逃到了香港，就以前年（一九六二年）五月的逃亡潮來說，就有幾十萬廣東人向香港逃亡，其中偷渡入境者冒險越過梧桐山的仍近十萬人之多，尤使中共不安的，是愈接近香港的人，愈想隨時逃亡，其未能逃出者，對於香港來客亦莫投以羡慕的眼光，他們羨慕的，不是別的，更不僅僅是香港來客吃飽穿暖的衣食，而尤在香港人的自由。俗話說，只有失掉了自由的人，纔更知道自由之可寶貴。廣東及所有大陸上的中國人，他們既已被關進鐵幕達十四年，他們怎不羡慕香港人的自由哩！

本來，中共是毫無理由去憎恨和仇恨所有那些香港來客的。因爲那些香港來客都是經過中共審查和批准乃至嚴格檢查纔入境的。何況其中頗多都是親近中共或靠攏份子？但是，由於中共憎恨和仇視所有香港人，所以，不對「香港來客」一律要憎恨和仇視了。

廣州共報此時此際特別要叫大陸人民尤其廣東人民憎恨和仇視香港人，當然還有一個理由，那就因爲大陸人民尤其廣東人民近年越想逃往香港之故，爲此，中共早已防不勝防，早已大感頭痛，所以，遠在去年，廣州共報就一直在經常刋登「香港通訊」，把香港說成是一個地獄，並說香港工商業凋疲，失業人數衆多，以遏止廣東人逃到香港來。但這些愚民政策下的愚民新聞，並不足以愚弄與瞞騙廣東人，因爲廣東是廣大華僑之鄉的人民對於海外僑情最清楚不過，中共的玩弄這種愚民新聞，不過再次表示中共自己畢竟智慧低劣而已。

今後中國的問題，還在僑居在海外以及居留在台灣省的中國人幾時纔能眞正推翻中共這一殘暴而又愚蠢的政權哩！

台灣簡訊

志清

一、台北市公車處購料舞弊案提起公訴

正當曾因在市公車處購料舞弊被判處徒刑並被停職的黃啟瑞復職還不到半個月的期間，台北市公車處的另一購料舞弊案又經台北市地檢處偵查屬實，而提起公訴。被控的官商達十四人之多，這是懲治貪污條例公佈後第一個依據該條例起訴的案件，重要之被告及被控罪名如下：

一、江如炎，公車處職員，被控違背職務行為，收受賄賂新台幣一萬元，觸犯貪污治罪條例第四條第六款，該罪可判處死刑，無期徒刑或十年以上有期徒刑。

二、江維敦，公車處職員，被控對於主管之事務，圖利他人，觸犯該條例第六條第三款，該罪可判處五年以上有期徒刑。

三、劉永龍，公車處職員，因所收賄賂未滿銀元三千元（折合新台幣九千元），以刑法一二一條起訴，該罪為五年以下有期徒刑。

四、林繼候，公車處職員，被控偽造文書罪。

五、六、葉寬勇、李英雄二人，商人，被控關於違背職務行為，向公務員行賄，觸犯貪污治罪條例第十一條第一款，該罪可判處一年以上七年以下有期徒刑。

七、此外尚有賴萬川（大裕交通器材公司），陳三郎（交通行），施怡翼（協源汽車材料公司），黃吉川（永吉汽車材料行），林俊傑（義豐汽車材料行），林茂宗（益安汽車材料行），林耀宗（福源進出口貿易行），林煥楹（協亨交通器材公司）等八人，均依刑法詐欺罪起訴。

據起訴書指出：被告江維敦於今年元月十四日被派任台北市公共汽車管理處物料課長之後，即派其心腹江如荄為採購員，自今年二至八月間，公車處採購汽車材料共九百二十餘萬元，其中公開招標僅一百五十餘萬元，其餘則化整為零與商人葉寬勇、李英雄等勾結，以比價方式每次採購不足二十萬元的材料，同時每次比價均由葉寬勇等勾結提出兩家價格較高的假估價單，使第三家能得標，其得標之價格均事先與江維敦商量，有時由江指定，致有時價格高出百分之二十三。七個月來葉等獲得不法利益達一百餘萬元之多，其間葉寬勇、李英雄二人，連續向江如荄行賄共一萬元。

被告劉永龍公車處城中材料庫管理員，於葉寬勇等送材料至倉庫時，予以方便，每月收取葉之賄款八百元，共計六千四百元。

被告林繼候係中崙庫管理員，担任汽車材料保管領發職務，經常接受葉寬勇、李英雄的宴請，將屬於備用性質材料，填急用材料請購單共二十張向物料課請購，使江維敦有藉口作零星緊急比價購進汽車材料。

二、黃啓瑞之妻也要翻案

繼黃啟瑞貪污無罪，官復原職之後，其妻黃朱金鳳也要翻案，日前聯合報有一則消息，照錄如下：

「台北市公車購料舞弊案，其中的黃朱金鳳、郁雲梯、蔡天賜、徐源健等四人，於昨（廿）日經最高法院發回高等法院更審。

本案被告共有十人，黃啟瑞、呂志超二人，經高等法院更審改判無罪，由檢察官捨棄上訴而告定讞。被判處有期徒刑各兩年的莊謙義、張伯英、羅雲登、及判刑一年六月的徐德綸，均放棄上訴。

黃朱金鳳（黃啟瑞之妻）被判刑一年，緩刑二年，並判決她所得的利益三十萬元全部沒收，郁雲梯判刑二年，蔡天賜、徐源健各判刑一年六月，並判決他們所得的利益數十萬元全部沒收。他們對高院的判決表示不服，又提起上訴，經最高法院判決：「原判關於黃朱金鳳、郁雲梯、蔡天賜、徐源健部份撤銷，發回台灣高等法院更審」。

三、證券行也有官商勾結

台北市証券市場最近發生有人利用各種不法關係，從中操縱，實行買空賣空，以大吃小，以致善良客戶無端遭受嚴重損失，或在該行放聲大哭，或挺而走險，竟要毆打經理。市警局經過詳查後，乃將所得情形向台北地檢處報告。承辦檢查官認為有加以搜索的必要，乃於十二月二十三日簽發八張搜索票，指示警局人員對涉嫌違法違章的大信、滙豐、鼎康等三家証券公司及其董事長總經理和會計的住宅等，以迅雷不及掩耳方法進行徹底搜索。由於被搜索的大信証券公司及該公司董事長徐復、總經理馬錦文、會計蔣舜山，滙豐証券公司及該公司總經理劉瑞芳、鼎康証券公司及該公司總經理陳鼎臣等猝不及防，致在各公司及他們的住宅搜查到頗為完整的不法資料。在搜獲的原始交易私賬上發現涉有場外交易、大戶名單、交際應酬及官商勾結等不法資料。証券管理委會及証券交易所會希望警方把查扣的有關資料移交主管單位處理，但為警局所拒絕。據警方透露，本案可能還有進一步的發展。

四、農會貪污，牽涉廣泛

台北縣淡水鎮農會總幹事王慶賢盜賣七十萬公斤肥料案，經台北地檢處偵查後，又發現他除了盜賣肥料外，還盜賣了二十九萬公斤公糧，合計約值新台幣三百餘萬元。此外，王慶賢又利用淡水鎮農會名義挪用淡水鎮公庫公款八十餘萬元，迄未歸還。糧食局台北事務所股長陳正義因與他有勾結情事，亦經承辦檢查官於十二月二十五日予以扣押，並禁止接見，以防串供及走漏消息。一俟犯罪証據搜集齊全及與有關方面協調後，即可採取進一步之行動。

十二月二十六日，本案又有新的發展，查案人員又查出縣級民意代表、省級民意代表以及某機關高級職員，曾向王慶賢調借鉅額款項，總數達二百餘萬元之多。同時王慶賢又利用淡水鎮農會在台灣省合作金庫總行開設的往來存款戶支票，開出空頭支票七十餘萬元。向王慶賢調借鉅款的縣級民意代表，省級民意代表以及某機關高級職員，係以空頭支票或僅寫一張借據，向王慶賢調借公款，承辦本案檢察官已指示調查人員調查：（一）借款人是否明知向王所調借之款係屬公款；（二）借款人有無幫助王慶賢從中奔走作有利王盜賣公糧肥料，虧空公款等貪污行為。

至於王慶賢利用淡水鎮農會在台灣省合作金庫往來存款戶開出的空頭支票七十餘萬，在該農會出納與會計部門，均未登帳，係調查人員在王的合作金庫支票存根中查出。究竟流在市面的合作金庫支票面額總數是否已超過此數，目前尚無法得知。照支票存根記載，所開出的支票，大部份係從今年五月份起陸續開出，但持票人均未向合作金庫兌現，故從合作金庫存款戶中亦無從查出數額，究竟王開出支票數額若干，只有等待支票全部回籠才能查出。據調查人員判斷：流在市面上的支票未向合作金庫兌現的原因，可能是王慶賢經營地下錢莊，以支票當收據交給存款人，每月付給利息；另一可能是持票人受王拜托，暫不前往提現。該支票雖由王慶賢以私人債務關係開出，但支票係屬淡水鎮農會公家的名義，如果不能兌現，持票人有權要求淡水鎮農會賠償。

蔣「總統」再談「反共聯盟」

見微

（台北通訊）蔣「總統」於五十三年元旦，照例發表一篇告全國軍民同胞書，其中再度提到「反共聯盟」的問題。他說，「為了反攻復國的勝利，已經日益接近，也為了革命建國的責任，大家必須及時担承，中正今謹號召組織一個全民性的「反共建國聯盟」，團結一切大陸、海外、自由基地的反共力量，融滙所有民族的、團體的、個人的思想意志；集結每一個志士仁人，青年才俊——包括所有敵後支援抗暴、敵前策應起義的共黨、共軍幹部在內，讓大家共同一致來精神加盟，行動歸隊，人心一向，人才集中，成為一個精誠無間、智慧和力量的大結合。今天同為反攻復國聖戰而奮起，明天共同為重建三民主義新中國的建國大業而努力！自然這個全民性的「反共建國聯盟」，絕不是一個政治利害的團體；也不是一個形式的一時的結合，而是一個肝胆相照的、反共建國、共同責任的聯盟！」他又說「在復國建國進程中，我們必須做到「一切為反共！一切為團結」！我們也必定做到「不是敵人，都是同志」！我們尤其必須貫徹「國是決之於公意」，「政權公之於全民」！這是我們一貫的態度，也是大家所當共同信守不渝的前提！」

他認為「十四年來，我們國家所面對的是空前殘暴的敵人！我們人民所遭受的是史無前例的浩劫！而且我們民族所忍受的亦是史無前例的污辱！但在此期間，卻也領悟了過去五十二年來革命未成的癥結所在——也就是認識了我們今後反共革命，必須畢其復國建國、革命破壞、與革命建設之功於一役的眞理，所以我們反共革命的準備：第一就是要建立一個足為三民主義新中國的基地；第二是要建立一支精銳勁練的反共武裝力量；第三就是要建立起一個全民一致、共同奮鬥的團體——「反共建國聯盟」。這個聯盟的建立，也就是我們復國建國，同時並進，第三個勝利成功的憑藉！」

從蔣「總統」的這篇文告看去，他似乎已經有所徹悟。在過去，他總認為大陸的淪陷以及我們國家民族今天之所以遭受如此史無前例的浩劫，都是由於有人主張民主和自由，沒有百分之百的向他個人效「忠貞」。因此，他的一貫主張，顯然是「不為同志，便是敵人」；而他的所謂同志，也就是無條件服從領袖之意。如今他居然反過來說，「不是敵人，都是同志」，要集結每一個志士仁人來成立一個「肝胆相照的，反共建國，共同責任的聯盟」；並認為這是「復國建國同時並進，勝利成功的憑藉」，不能不說是一種重大的改變。尤其是「國是決之於公意，政權公之於全民」這兩句話，就是那些平素被目為「大逆不道」的民主人士，也很少能說得這樣的簡切明確。如果他老人家眞能表裏一致，言出必行，記者相信一個舉國一致的反共陣線必可順利形成。可是，台北政治圈內的人士，仍多抱懷疑的態度。他們指出政府退守台灣後，國是不但不是決之於公意，也不是決之於黨；而祇是決之於蔣「總統」父子兩人，從而政權的屬性也成了畸形，表面上是憲法政府，是國民黨執政，實質上則是家天下，是蔣經國當權。現在蔣「總統」要把「國是決之於公意，政權公之於全民」，蔣經國是不是能同意？過去蔣「總統」曾號召舉行反共救國會議，行政院還邀請了民青兩黨的人合組一個籌備會，已屬勢在必行；但由於蔣經國的反對，不但胎死腹中，擁護召集反共救國會議最力的雷震，還被撤去政府職務和開除黨籍。自此而後，蔣經國所做的，都是孤立乃父的事情，蔣「總統」需要美援，他卻反美，蔣「總統」需要黨內黨外的支持，他卻內而排斥異己，如今陳立夫，吳國楨等都被迫流亡在外，即陳誠也朝不保夕；外而化友為敵，使蔣「總統」完全變成了一個孤家寡人。因此種種，除非蔣經國能大徹大悟，反共建國聯盟的展望，還是未可樂觀的。

周恩來訪問阿爾巴尼亞有四大目的

劉裕畧

訪問埃及、阿爾及利亞與摩洛哥之後，中共又叫周恩來扶病訪問阿爾巴尼亞了。

阿爾巴尼亞位於巴爾幹半島西部，西瀕亞得里亞灣，面積只得二萬八千七百平方公里，人口也只有一百二十多萬。首都地拉那的人口也只十五萬。山地既多，物產又少，可以說是一個貧窮而又弱小的國家，距離中國遙遠，原本不值得周恩來前去訪問。不過，阿爾巴尼亞雖是蘇軍在第二次大戰後建立的傀儡政權，但阿爾巴尼亞的赤色傀儡從前雖俯首聽命於史大林，目前卻與毛澤東結成反對赫魯曉夫的同伴，而以往到達阿爾巴尼亞的都不過是中共的次要人員，為了加強中共與阿共關係，為了加強毛澤東與阿共領袖霍查的反赫拍擋，所以毛澤東便叫周恩來乘此次訪問非洲之便前往阿爾巴尼亞訪問了。因此，可以說，為了加強反赫活動，實是中共叫周恩來訪阿的第一個原因。

阿爾巴尼亞原本屬於蘇聯的東歐衛星集團內之一員，今東歐衛星集團內只有阿爾巴尼亞一國反赫，羅馬尼亞雖在經濟計劃上與蘇共有矛盾，但尚未正式違離蘇聯集團，其餘東德、波蘭、匈牙利、捷克、保加利亞等東歐衛星國則仍擁赫擁蘇。怎樣挑撥東歐衛星國家與蘇聯之關係？怎樣改善中共與此等東歐衛星國家以削弱老赫？怎樣爭取羅馬尼亞並加強羅馬尼亞與蘇聯之矛盾，從而分化蘇聯之東歐衛星集團，必定也是周恩來此次訪阿的另一目的，因為阿共領袖謝胡與霍查對東歐共黨諸國之瞭解，定必較中共為多了。

南斯拉夫之狄托，是毛澤東及中共的死對頭。而阿爾巴尼亞與南斯拉夫接壞，狄托久欲推翻阿共現在的當權派，另行建立親近南共之傀儡，但迄未達到目的，而阿共領袖謝胡與霍查二人對狄托亦時在提防，今後如何對付南斯拉夫之狄托？自亦成為周恩來此次訪阿時與阿共領袖會談之又一主題。

阿爾巴尼亞地瘠民貧，不足自活，自蘇援斷絕後，阿國全國人民俱已陷在衣食兩缺的狀態中，只因阿共領袖反赫，與毛澤東相契，故毛澤東不顧中國大陸人民之死活，而將物資不斷運到阿爾巴尼亞，以示支持。但阿共究竟缺少什麼？需要什麼？中共今後將如何予以供應？自必是周恩來此次訪阿的再一會談主題。

據中共宣佈：周恩來已於十二月卅一日自摩洛哥之拉巴特飛抵阿爾巴尼亞之地拉那。阿爾巴尼亞勞動黨第一書記霍查及阿國部長會議主席謝胡等親在機場迎接云。看樣子，周恩來是有意在阿爾巴尼亞過年，以示親熱的。過了元旦，便舉行會議。

據中共新華社地拉那一月二日電：「一九六四年一月二日，中華人民共和國國務院總理、中國共產黨中央委員會副主席和阿爾巴尼亞人民共和國黨政領導人開始在地拉那舉行會談」。又說中共方面參加的有周恩來及中共「政務院副總理、中央政治局委員陳毅，國務院外事辦公室副主任、中國共產黨中央委員會候補委員孔原，外交部副部長黃鎮，國務院總理辦公室主任童小鵬，外交部部長助理喬冠華，中華人民共和國駐阿爾巴尼亞大使羅士高」。

阿爾巴尼亞方面參加的則有霍查，謝胡以及各部部長二三十人之多云。足見阿共領袖霍查與謝胡亦正在利用周恩來此次到訪而為阿共各級人員打氣。

可以斷言者，除非阿共或中共內部有變，中共與阿共今後將必更加聯結以抗赫魯曉夫及蘇共了。

大陸簡訊

白帆

中共改派王幼平任駐古巴大使

如何爭取古巴，如何使古巴的卡斯特羅在赫毛個人衝突中站在毛澤東一邊？乃是中共目前的主要工作之一。而這一工作是經常由中共駐古巴大使担負着的。

以往，卡斯特羅曾一度疏遠蘇共而親近中共，但自卡斯特羅去年訪問蘇聯回古巴後，古巴的態度即已轉而親近蘇聯，同時稍稍的疏遠了中共。對此，中共認為有在目前撤換一個駐古巴大使的必要。據中共北平一月四日宣佈：中共已正式撤換原任駐古巴大使申健，而改派王幼平任駐古巴的大使了。顯然這是毛澤東企圖派王幼平到古巴去扭轉形勢的一種努力。

中共黨員亦不滿下放勞動

毛澤東所搞的下放運動，早已搞得大陸人民怨氣冲天，而且，由於下放的人都不是對農業生產有興趣的人，又無農業技術，所以，也同時打亂了和破壞了中共的農業。但自中共工業緊縮後，龐大的人口無出處，遂仍只有將城市廣大人民下放農村去勞動之一法。據中共最近公佈：僅以青年學生來說，就已下放了四千多萬人。

把中共黨員和幹部下放到農村，亦是毛澤東近年的作法之一。據一九六三年十二月十九日北平人民日報說：「幹部參加集體生產勞動，確實是一場深刻的思想革命」。又舉例說山西省朔縣下放黨員幹部「大夫莊黨支部書記李滿元從小是當長工出身的，自從當幹部卻很少勞動。開始鋤田時，腰痛腿酸，坐臥不安，想打退堂鼓」云。

凡中共人民日報抨擊某一件事而舉例說明時，通常都是由於該項現象已在大陸上成為普遍現象之故。由此可見，今日大陸不僅一般人民反對下放，就是中共黨員幹部也反對下放了。

大陸化學肥料仍極欠缺

化學肥料充足與否？是關係中共農業生產成敗的一大關鍵。過去幾年，中共農業生產萎縮，遭受普遍反對的人民公社制度固然是一大主因，但肥料缺乏也是一大原因。

在去年這一年，中共雖極力設法增產肥料，但據一九六四年元旦日中共人民報以「乘勝前進」為題而以檢討經濟生產為主要內容的社論說：「其中化學肥料產量增加了百分三十九」。這數字是否已經誇大？且不管它。即以所增不足百分之四十來說，其與實際需要的數量，實仍相差太遠。據專家估計，除非增產現有總產量之十倍肥料，實不足以充分供應大陸之所需，蓋中共新開荒地甚多，此等荒地極耗肥料也。

中共青年團表揚黃三妹挑糞

為了對大陸男女青年進行愚民政策，以使大陸青年都比較馴服的作中共的農奴，中國共產主義青年團十二月九日又通過它的機關報——中國青年報表揚女青年黃三妹。

據說：黃三妹原是一個高中畢業學生，曾經為了「打破舊觀念，為後代打開一條路」，而自願下鄉勞動，但她到達人民公社後，「她挑大糞，不好意思，低着頭走路」。於是就有人諷刺她教育她：「三妹呀三妹！挑大糞也怕人譏笑，還說什麼熱愛農村，熱愛勞動」？黃三妹經過了思想上的激烈鬥爭，終於「每天來回挑五六趟，半個月共挑八百多担」云云。

這顯然都是中共愚弄青年的手法。海外華僑青年如果願意回大陸去挑大糞，那真是太倒霉了。

僑鄉近訊

鍾之奇

共報抨擊廣州大佛寺三元宮香火旺盛

中共是無神論者，多年來一直在設法破除人民對鬼神的迷信，但說來真也奇怪，無論中共怎樣努力破除迷信，廣州人民的迷信卻似乎愈來愈甚。這從廣州大佛寺以及三元宮等處寺廟的香火竟愈來愈甚的事可以証明。

正因為這一現象恰巧反映了廣州人民對中共沒有信心，迫不得已只有將自己的命運寄託在鬼神身上，所以，粵共當局最近除飭令廣州羊城晚報特闢一個破除迷信的專欄外，還動員了很多科學家和教授，針對占卜、扶乩、風水等迷信活動，作科學解釋。但廣州大佛寺三元宮等處香火則仍舊旺盛云。

現在粵共極討厭這一現象，羊城晚報最近更慨嘆說：「相信鬼神的人，頭腦裏必有宿命論思想，容易向困難低頭，……希望日子過得好，都不願付出艱苦的勞動」。又說：破除迷信的同時，必須對「人民進行階級教育，社會主義教育和唯物主義教育」云。

下放知識份子不受人民公社歡迎

據中共公佈：全大陸已有四千多萬青年被下放到人民公社去生產，去永遠從事農業。這些被下放的知識份子固然不滿中共之所為，內心極不願意下放，另一方面，各地人民公社又是否歡迎這些下放者呢？

據最近廣州出版的中共南方日報透露：這些被下放的知識份子，是一點也不受各地人民公社的歡迎的。

南方日報，最近曾舉出下放到廣東寶安縣的情況說：「有些幹部却怕麻煩，認為要解決他們（指五百多名下放青年）的吃的問題，就增加了隊的負担，還担心他們手指尖，皮膚嫩，不能勞動」。後來經過共幹解釋之不足，又經人民公社對全體社員約法三章，規定人民公社所有社員一律「不得歧視下放知識青年」，並要「照顧體力弱的」，才算勉强解決。但下放知識青年從此苦矣！除非中華民國能够光復大陸，否則，這些被下放的四千多萬知識青年勢必不能翻身了。

粵共規定廣州市今年有七大任務

據中共公佈：中共廣東省第三屆人民代表大會第一次會議已於十二月十七日開始舉行，而於廿七日閉幕。共幹陳郁繼續担任偽廣東省長。

又據中共說：該會議經已通過決議，「決定了廣州市一九六四年的七大任務：第一，增加生產，提高質量，發展品種，把工業生產推向新的高潮。第二，掀起農業生產新高潮，爭取農業全面豐收，進一步鞏固和發展人民公社集體經濟。第三，商業工作要更好的為生產和生活服務。第四，加强市政建設和城市管理工作。把廣州市建設為整潔、美麗、安靜的社會主義工業生產城市。第五，加强對敵鬥爭，徹底粉碎敵人的破壞活動，進一步鞏固人民民主專政。第六，進一步加强科學文化教育、衛生、體育工作。第七，積極提倡計劃生育，以利於人民生活的逐步提高，利於母親的健康和利於後代的體質和教育」。

所謂「積極提倡計劃生育」，即是節育之另一名稱。

中共在廣州積極提倡節育

節制生育曾經一度在大陸被推行，這是中共前幾年進行的事。隨後中共又宣佈絕不推行節育，於是，節育之說，又一度被中共報刊所抨擊。但中共對此玩了一些手法，不曰節育，而美其名曰「計劃生育」。

到了最近，中共又再度自我矛盾而公開提倡節育了。

據廣州來客談，中共現刻已在大陸各地積極推行節育與遲婚，藉以節制人口和減省糧食。廣州許多商店已公開普遍出售避孕具。同時，中共推行「計劃生育」的宣傳亦已在廣東各地展開，指導避孕的機構亦已在廣東各地普遍設立云。

大馬控訴印尼侵畧

俊華

　印尼的「對抗」馬來西亞，已逐漸進入戰爭狀態。最先是外交官員的撤退，沒收馬方在印尼產業，繼而貿易斬斷，經濟全面絕交，因杜絕走私的活動，形成了海軍封鎖，不斷發生印尼艦艇擄大馬貨船漁船事件，隨着對抗大馬機構的成立，秘密的間諜及破壞組織，也分別潛入星馬婆各地區進行破壞工作，上月星馬地區所破獲的印尼廖內島間諜，計劃破壞星洲電廠及柔佛橋大水管一案，看出了印尼已使用了一切顛覆損毀大馬的手段，除了宣戰而外。

　北婆與印尼邊界的印尼武裝越境突襲，已達四十餘次，他們的襲擊，人數越來越多，規模越來越大，侵入大馬國境也越深入。若干邊區原有印尼少數民族住居，或大馬產業機構所雇用的印尼工人，更發生了「內應」的問題。去年十二月廿九日，一次迄今為止最大的印尼武裝襲擊大馬邊境，就發生於沙嵯（北婆）地區的著名海港斗湖，現被稱為「斗湖之役」，這次襲擊，使印尼與大馬關係，更形緊張，刺激大馬的人心，更形憤慨；同時也把雙方業已惡化的現況，推到了戰爭的邊緣。

斗湖之役

　據沙嵯首府亞庇馬來西亞軍事發言人的宣佈：印尼恐怖游擊隊十二月廿九日越境襲擊沙嵯斗湖區的一個哨站，殺死馬來西亞軍人八名。

　廿九日的夜晚，雖是陰曆十四，但因天氣不佳，月亮被濃雲遮蓋，印尼恐怖份子即乘夜晚的黑暗，侵入斗湖區加拉島向該地警署襲擊。斗湖是沙嵯著名出海港之一，有大宗木材出口，因為毗鄰印尼邊境，木廠雇有不少印尼工人，當晚竟有部份印尼工人，獲得武器而與印尼恐怖份子外攻內應。來襲的印尼恐怖份子估計有卅餘人，及數十名內應奸細，携有長短槍、手榴彈、小臼炮，向加拉警署也即邊境的軍事哨站轟擊，馬方軍警於夢中驚起應戰，雙方毆火達一小時，馬方火力不敵，守軍突圍逃出，結果有馬軍八名被殺，其中有連長一人，另平民一人中流彈身亡，傷者軍士十九人，平民傷者五人。印尼恐怖份子獲勝後越境而去，遺屍二具。

　過去印尼武裝的越境襲擊，多數發生在沙勝越邊區，前後大小雖有四十七次之多，但比較上屬於輕微的襲擊，僅有英軍（包括居喀兵）數人犧牲，及北婆警察邊區斥堠的傷斃。馬來西亞軍人因印尼「對抗」大馬政策而流血，這還是首次。

　由於事態的嚴重，現場死傷者被運到斗湖醫院後，奉吉隆坡當局命令，轉運回吉隆坡醫治及處理，於是又由斗湖轉運至納閩，（英在北婆海空基地所在）由馬來西亞軍機飛至納閩島，接運到吉隆坡，分別入院醫療及檢驗殮葬。這些軍隊，全部是本土人士，他們的親屬趕到機場接機時，哭聲震天。

　這是幾個世紀來第一次馬來人殺馬來人的流血，這一筆血債必定被記了下來，而且他可能引起「血債血償」的報復行為，使馬來族從此分裂。南中國海也多種下了一次戰爭的因素。

印尼「志願軍」

　馬來西亞沙嵯首席部長史蒂芬斯，抨擊印尼在衆目睽睽之下進行侵畧，他呼籲聯合國派兵保護北婆與印尼接壤的邊界。他指出印尼恐怖份子自今（六三年）四月以來即已不斷侵擾，沙嵯防衛力較強，但沙勝越邊界漫長，防衛稀薄，邊區又有不少祖藉印尼的少數民族住居，正是印尼進行擾亂的最好目標，斗湖之役印尼工人協助恐怖份子，可為例証。

　拉曼總理在年終準備發出他的新年[illegible]時，因接到斗湖襲擊的消息而把演詞修改，他說：沙嵯邊區被襲造成八死十九傷的事件，顯示「侵畧已正式開始來臨」，保護我們自由的人的生命，已被暴徒所損害，我們必須保衛國土，倘進攻者為印尼正規軍，我人勢須要求聯合國出面干涉，倘聯合國不肯出面，世上任何地方將無自由與和平，而「淚點將洒在聯合國憲章之上」！

　在印尼方面，印尼外交部謂尚未接到馬方對斗湖事件抗議之照會，泰國駐吉隆坡大使，尚未轉來大馬此項抗議，因泰方代理印馬雙方的外交傳遞。但印尼外部否認印尼軍隊直接進行斗湖襲擊，並謂「深信此乃『北婆自由戰士』所為。」印尼軍方也聲明否認陸軍領導此項侵入行動，該方面引述參謀總長納蘇賢談話，謂印尼將不直接牽涉北婆之戰事，「但印尼會訓練『北婆自由戰士』，也不阻印尼志願軍協助游擊戰」。所謂『北婆自由戰士』，即婆羅乃叛黨阿哈扎里的游擊隊，納蘇賢會說要替他們訓練三千人。

　印尼這些聲明，否認直接參戰而承認間接參戰，因所謂印尼（援助北婆自由門士）志願軍，是由印尼各軍中精銳抽調的，實質與印尼正規軍並沒有兩樣。

　同時就在這緊張的時候，蘇加諾總統在獨立宮召集最高作戰司令會議後，下令印尼武裝軍隊：「加緊粉碎馬來西亞」。

寄望聯合國

　由於印尼人口逾億，馬來西亞只有千餘萬；印尼陸軍四十萬，馬來西亞不過數萬；印尼有強大海空軍，馬來西亞幾等於缺如。所以馬來西亞面對印尼可能發動的大舉侵畧，有着既是憤慨而又緊張的情緒。但吉隆坡當局似尚能鎮定應付，目下正在分頭進行防衛。

　由大馬本土增兵北婆已立刻進行，甚至在泰馬邊境防共的部隊，也抽調了一部份。同時進行擴軍，增加步炮兵團及補充新的武器，副總理兼國防部長拉查克，對國會要求國防費一億五千餘萬叻幣，以維持星馬婆之治安，「應付印尼之威脅」。但若與印尼比較，武力仍然不足，且建立軍隊，也需相當時日。

　直接的辦法仍然只有根據英馬聯防的關係，向英、澳、紐的聯邦請求，要他們增兵，防守北婆邊境。

　澳洲對於上項消息，表示尚未接到正式請求，僅表示此事須先由英國與馬方商討。但據幕後消息說：澳洲堅決支持馬來西亞，不過他們可能不願派兵，因印尼的西伊里安，與澳洲的東新畿內亞同一島嶼。紐西蘭方面，也認為沒有立即許諾增兵大馬的可能，加強訓練及技術的協助，則當儘可能提供馬方的需要。

　英國國防大臣桑尼格羅夫出巡亞非兩洲的英國防務，到星馬後將赴北婆視察，看來防衛大馬的重担，暫時仍只有落在英國的肩上，據說英國在必要時，可能將現駐星馬軍隊，調赴北婆，而由德國調兵到星馬填防。

　大馬的另一應付方法，是向聯合國抗議印尼侵畧，政府致聯合國秘書長宇丹的電報，指印尼「襲擊我國領土及毀營地侵犯領空及其他侵畧行為」。同樣，內容的抗議書，並由吉隆坡泰國大使館轉致印尼，指責印尼「蓄意施行」破壞大馬「領土」，「幕後支持」對大馬的突襲。

　拉查克說，現正靜待聯合國採取何種行動，據權威方面說，大馬尚未要求聯合國派兵，因為目前還不能充份証明斗湖襲擊是印尼正規軍的行動。這樣看來聯合國是否能採何種有效行動，又似乎是言之過早了。

．吉隆坡通訊．

在兩隻魔掌下的尼泊爾

·公孫華·

　喜馬拉雅山麓的小王國尼泊爾，由於位處中共與印度之間，原早已成中共和印度的爭取對象；其後印度在尼泊爾的勢力逐漸被迫退，再加以在邊境糾紛中印度被中共打擊得一敗塗地，於是中共的勢力就轉而控制了尼泊爾。然而風雲幻變，中共在尼泊爾亦難長久地「獨享其成」；自蘇聯和中共鬧翻了後，莫斯科方面當然不會放過中共而讓中共在這小王國裏擴展勢力的。以目前跡象所顯露，蘇聯的勢力，也已經大步踏進了尼泊爾。

　有一項很明顯的事實：日前尼泊爾的部長會議主席居里訪問莫斯科時，赫魯曉夫便表示接受尼泊爾國王的邀請，將定期親到尼泊爾的首都加德滿都訪問，並曾經由赫魯曉夫和居里共同簽署發表了一項公報，表明了加強蘇、尼兩國關係的完善計劃。這更足以反映出：蘇聯加緊進行爭取尼泊爾，已是鐵一般的事實。

　居里訪莫斯科時曾發表過：蘇聯對尼泊爾的援助，現在已超過了中共。居里又說：蘇聯將協助尼泊爾興築一條全國公路，建設一間製造農具的工廠，並支持尼泊爾某項工程計劃（居里沒有說明是甚麼工程）。

　那末，尼泊爾將要處在中共和蘇聯的兩隻魔掌之下，是無可避免的了！

　蘇聯魔手之伸進尼泊爾，當然是屬於「初到貴境」，在時間來說，乃遠在中共之後。中共在一九五五年尼泊爾王登基時，已全力對尼泊爾討好，當時尼國的總理普拉薩已被邀請到北京訪問，且獲得中共經濟援助的承諾，協助尼泊爾在南部建設一所水坭廠。因此可以說：中共由那時開始，已把魔掌逐漸伸進尼泊爾的心臟。雖然該項建水坭廠計劃中共已以「不經濟」為理由而宣佈撤回，但是中共對尼泊爾的另一項担承建築西尼公路（由西藏至尼泊爾）現仍在進行中，總有一天，這條公路會由西藏一直貫通到加德滿都。據尼泊爾最近傳來的消息，目前已有中共的公路專家六十人抵達尼京，並携同小型工具二百噸同來，至於重機械，亦不日即可運到。這正說明了中共的魔掌目前在尼泊爾是如何的活躍；也更足以說明它將和蘇聯的魔掌展開激烈的鬥爭。雙方勢力，在不久之將來，極可能會達到短兵相接的階段。

　中共方面，當然是不甘願被蘇聯在尼泊爾破壞其影響力的。在赫魯曉夫接受尼泊爾國王邀請訪問加德滿都的當日，中共的軍事首腦朱德，已對在北京作客的尼泊爾代表團作「熱情」的表示：中共是經常站在尼泊爾人民的一邊，是尼泊爾的最忠實最可靠的朋友；雙方的友誼，都應加强發展。──這就是中共準備拒抗蘇聯在尼泊爾擴展勢力的伏線。至於將來赫魯曉夫前赴尼泊爾訪問時，則中共當然更可能要出另一套手法來打擊赫魯曉夫；雖然事情的發展如何是後來的事，但中共跟蘇聯針鋒相對的來爭取尼泊爾的「友誼」，是一齣必然會上演的把戲。

　中共和蘇聯，都有大使館設在加德滿都；雙方的特務人員，也都已深入到尼泊爾的各個階層。尼泊爾國王目前雖然仍可以運用圓滑手腕應付得來，但事情若繼續發展下去，中共和蘇聯的「爭奪戰」達到白熱化的時候，則尼泊爾國王將有「順得哥情失嫂意」的麻煩和困難。到了那時，在兩隻魔掌之下，尼泊爾國王必有寢食難安之感。

　從目前的迹象來窺測，北京與莫斯科間為了爭取尼泊爾，似已露出了敵視的態度。尼京裏的中共特務和蘇聯特務，經已互相磨擦摩掌。蘇聯方面最近已公開發表了一項聲明，表示反對「一切方式的殖民地化」。這雖然似是指中共之對待西藏而言，但同時也是映射到中共之對待尼泊爾的。中共呢，則宣稱「無論如何，要做尼泊爾的忠實朋友」。雙方的說話，都是露出了絃外之音。

　今後的尼泊爾，在中共和蘇聯的兩隻魔掌之下，當然是其危險性將日益加深。這個喜馬拉雅山區的小王國，勢將更顯出不安和動盪了！

神話中的黃帝（六）

徐亮之

後來武王伐紂，師延向東逃走，投到濮水自殺。所以凡聽見這種音樂的，必定是在濮水旁邊。而且凡聽過這種音樂的國王，他的國力必然會因而削弱；所以還是別奏完為妙。」可是，平公正聽得出神而欲罷不能，便以央求的口吻對師曠說：「你知道，寡人愛好的便是音樂，還是胡亂奏完了算數罷！」等到奏完了，又問師曠說：「這操子到底該屬那一調？」師曠說：「這便是所謂清商調。」平公說：「這樣看來，清商調倒是音樂裏面最悲哀的了！」師曠說：「不，還不如清徵。」平公說：「那末，你可奏一個清徵來聽聽嗎？」師曠說：「不成；古來凡是有資格聽清徵的，都是有德義的帝王；如今國王的福德淺薄，恐怕聽它不得。」平公說：「你知道寡人愛好的便是音樂，還是胡亂奏一個來大家聽聽罷！」師曠沒法，祇得勉强援琴演奏起來。纔一開始演奏，便有玄鶴二十八只，從南方飛來廊簷上。接着，便二十八只玄鶴自動分成行列；再接着，便都戛戛長鳴，翩翩舞蹈起來；鳴聲舞態直和琴上的宮商節拍相應，融合無間，直飄漾到長空的行雲杳靄中。使得滿座皆大歡喜。演奏完畢，平公特別滿滿地斟上了一爵酒，親自送到師曠手上道謝。回到自己座位時又問師曠說：「這樣看來，清徵調該是音樂裏面最悲哀的了！」師曠說：「不，還不如清角。」平公說：「那末，你可以再奏一個清角來聽聽嗎？」師曠說：「這越發地不成。從前黃帝集合鬼神在西泰山上開會，坐着龍車象輦，畢方守護車轄，蚩尤担任駕駛；風伯打掃道路，雨師清除塵埃；虎狼前面開道，鬼神後面跟隨；螣蛇警衛地面，鳳凰保護天空；參加會議的都是鬼神一流，所以才能放心放手演奏這個神秘的樂章。如今國王福衰德薄，是千萬聽它不得的；勉强聽了，一定要出亂子的。」平公又以央求的口吻對師曠說：「你知道寡人愛好的便是音樂，不管會不會出亂子，還是胡亂奏來大家欣賞欣賞能！」師曠沒法，又祇得勉强援琴演奏起來。纔一開始演奏，便有玄雲從西北方面蠢湧而來，一會兒便遮蓋得天昏地黑。接着，便大風陡起，大雨傾盆；吹得帷幕破裂，俎豆粉碎，廊瓦紛飛；嚇得客人四散逃走，平公魂飛魄散，蜷在廊屋角落，不敢動彈；從此便得了半身不遂的病症。而晉國也便從此赤地千里，大旱三年（一二）；即是因為奏了這個神秘的樂章，所招來的不可思議的災難。

再則，就黃帝的天神性一面說，又不但他譜出的樂章神秘得不可思議；他居住的宮殿，乃至他的宮殿所坐落的地方，尤其神秘得不可思議。前面說過，他乃崑崙山上少典族中的支系子孫；而他的一座最大的宮殿便是坐落在這神秘的崑崙丘上（一三）。崑崙丘也叫做崑崙虛（墟），乃位於西海之南，流沙之濱，赤水之後，黑水之前的一座聖地神山（一四）。面積是八百方里（一五），高度却達一萬一千里又一百一十四步二尺六寸（一六）。山的周圍是奇怪的弱水環繞着；這種水簡直弱得連羽毛都承載不起；水裏又有龍頭般的怪物窫窳遊弋往來，見人便吃；所以除了乘龍跨鳳，凡人簡直就沒法渡得過去（一七）。不但如此，弱水的外邊，還有炎火之山橫亘着；這種奇怪的火山，雖然內部照樣有動植物生長，雖然是體重千斤，毛長二尺的特種火老鼠活動的天地；可是一碰上外來的東西，尤其是人類，却是一燃即着，毫無例外（一八）。而這也即是說：縱過得了第一關炎火山，決過不了第二關弱水淵；凡人要上崑崙丘，百分之百是夢想。

但是，如果真有辦法上得去了，却又真正了不得了。因為崑崙丘只不過是構成整個崑崙山的第一層級（一九），只不過是崑崙山總高度的三分之一；既上了崑崙丘，只消再走上一倍路，便是崑崙山第二層級的涼風山；到了那裏，便可以長生不老了。如肯再走上一倍路，便是崑崙山第三層級的懸圃山了；到了那裏，便可以耳目聰明，呼風喚雨，法力無邊，隨心所欲了。如肯再走上一倍路，那便是上了天了；便是到了黃帝的天上宮闕了；而你也就自然而然會和黃帝一樣體質上具有天神性的了（二十）。但這究竟是凡人永遠難於實現的美麗的夢境啊！

黃帝宮殿坐落的大環境約畧交代過了，現在可以進一步來看看這宮殿的本身及其氣派的一斑了。原來這宮殿直巍峨偉大得浮塵濁世的任何建築無與倫比；與其謂為宮殿，毋寧謂為都會，因之前人也有認為這乃黃帝的下界都城之說，確實不無見地。因為它的基層建構，直和八百方里的整個崑崙丘面積同其廣大；而它的九層城牆，從下到上的高度的總和，也直和一萬一千多里整個崑崙丘高度不差分毫。像這樣偉大的梯城的建構，是祇能認為乃都城的建構，而不能認為即宮城的外郭；事實上，在崑崙丘中所能認作宮城和宮殿的，祇不過是五座內城和十二座大樓而已（二一）；（待續）

友聲集（五六）

近代海內兩大詩世家（通州范氏福州曾氏皆傳十二代歷四百載）刊成敬集杜句題其後

國有乾坤大，猶聞奕葉光，風騷共推激，江海日淒涼，浩劫浮雲衛，儒門舊史長，精微貫溟涬，迴立向蒼蒼。

鴻寶寧全秘，神物有所歸，森羅移地軸，出處各天機，已結門閭望，其如儔侶稀，家聲蓋六合，宗祀日光輝。

嶷然　賢後，會心眞罕儔，雲山已發興，江漢忽同流，雄筆映千古，長鯨吞九州，沖融標世業，二美又何求。

題馬武仲媚秋堂尋詩圖

大綱

未許東籬事耦耕，結茆招隱計全紆，江湖滿惜春無主，蜀賦初成海已枯，往事婆娑餘病樹，花時躑躅半泥塗，披圖眼挂滄桑影，惆悵冬郎鬢亦疏。

唐詩偶釋（五四）

鄧中龍

蜀先主廟

劉禹錫

天地英雄氣，千秋尚凜然。勢分三足鼎，業復五銖錢。得相能開國，生兒不象賢。淒涼蜀故妓，來舞魏宮前。

首二句健舉，與結句相對照。一薰一猶，感歎之情出矣。三四句言雖與吳魏分爭，未成一統；顧能正位定號，光復舊物。舊註謂上句叙其創始，下句叙其成功，殆未能悟其布局之妙耳。

詠昭烈一生行業，必先提孔明，後及阿斗。五六二句，是人物斷語。就詩法言：五句括上，六句啟下，亦律詩常法。何信陽「中原無社稷，亂世有君臣」，意亦奇警。

律詩結法不一，而常見者不過數端：或就題結完，或另轉一意，或托放空中，或跌進一層，或總括全詩，或與首句相呼應。此詩末二句承上轉出一意，與上半作峯起徑落之勢。此一法也。

前半何其熱烈，後半極盡淒涼。「英雄」與「故妓」，「凜然」與「淒涼」，前後呼應，令人不忍卒讀。「生兒不象賢」，僅一句提出，下即以蜀妓舞魏宮，輕輕作結。學者宜於此領悟其前後布局，方可有得。夢得懷古詩，往往於雅健中寓蒼茫之韻，此詩與西塞山懷古，同為不可多得之作。

蜀妓舞於魏宮，明其國已亡矣。乃不明言亡國，是其格高處。杜少陵詠懷古蹟詩云：「運移漢祚終難復，志決身殲軍務勞。」亦未嘗不佳，然直而不婉，露而不蓄，較夢得淒涼蜀妓之句，味稍遜矣。名家之詩亦多可議者，要在博覽而慎思之。

詩以意境為尚，而鍊句次之；句不鍊則意境亦無由顯；意境不顯，韻味不出。是以大家重修辭。讀杜少陵詩，如論其句法，則「春望」、「登高」、「秋興八首」等詩尚焉。詠懷古跡五首，僅詠明妃一詩可取，餘亦平平，以其句不鍊而味亦不厚也。夢得此詩，布局命意遣詞，均臻上乘，可入盛唐。

夢得貞元九年進士，與王叔文柳宗元等善。憲宗立，叔父敗，斥朗州司馬。久之召還，欲任南省郎，而作「玄都觀」詩，語涉譏忿，當路不喜，又謫守播州。旋易連州，又徙夔州。後由和州刺史，入為主客郎中。宰相裴度薦為翰林學士，俄分司東都，遷太子賓客。公恃才任性，不檢細行，晚年益偃蹇寡合，乃以文章自娛，與白居易酧唱頗多，白極稱其詩，以為有「神物獲持」。讀「蜀先主廟」一詩，「淒涼故妓來舞魏宮之句，始信白之所以許夢得者，非過譽也。

阿斗亦非庸才，特姜維輩誤國耳，第五句稍可商畧，然已與詩法無關。

陳風子治印

陳風子，別號瘦翁，浙江杭州人，鑽研金石文字凡數十年，為西湖西泠印社得前輩大家家法最深之浙派後人。本報今後將逐期刊載陳氏作品，以饗讀者。

橫掃五千人

春來無夢不江南室主

皆大歡喜

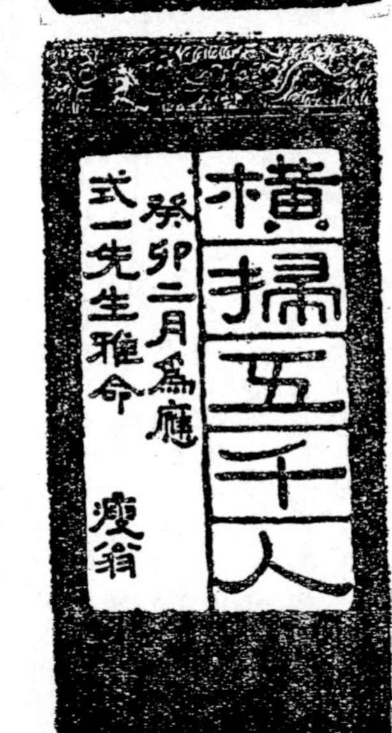

曹操赤壁戰時的心理作戰攻勢

三國人物故事評論之十三

劉裕略

心理作戰是對敵作戰的一種重要手段。人們已知這種手段是現代戰爭的重要方法之一。其實，中國古代早已發現及應用此一手段，曹操尤其是最擅此道的一個人。

當曹操開始大舉南征時，劉表既死，劉琮背劉備舉荊州以降，劉備在荊州的處境從一方面看，可謂已達危險與困難之最高峰，因爲當時劉備所面臨的現實，是不得不自新野撤樊城，再從樊城遠遁。而他在長阪坡被曹操五千輕騎追及，打一大敗仗，傷亡與被俘者極多，徐庶亦於此時轉而投操。但從大勢看，從最艱苦過程中的轉機看，新的因素却也正在這艱苦中產生，正如一切嫩芽都是經過寒冬才發生一樣，可喜的另一面，却也要靈乍展，正在此時，孫權已派魯肅到荊州來，遠遠的向劉備伸出友誼之手，準備併肩戰鬥了。

當然，這不是說諸葛亮所希望的問題都已完全解決。事實上，諸葛亮爲要奪回荊州，此時此際始終仍然存在三個關鍵性問題。第一個關鍵性問題是孫劉聯合陣線究竟能否形成？第二，是孫劉聯合陣綫假如能够形成，又究竟能否擊敗曹操？第三，是縱然聯合擊敗曹操，又是否能使劉備取得荊州？而魯肅之來，則不過是可能解決第一個問題之開端而已。嚴格的說，魯肅雖來，連第一個問題也還沒有眞正解決。因爲孫劉聯合陣線之眞正形成，還有待於諸葛亮到江東去說服孫權；何況，正在此時期，曹操更對江東孫權及其左右採行了極兇狠的心理作戰，以逼降孫權，從而根本消弭諸葛亮的孫劉聯合希望呢？

從表面上看：曹操的心理戰攻勢，並非針對諸葛亮而發，而是打在孫權身上並從而反映在張昭等人身上。實則曹操的這一切攻勢，都着實的打在諸葛亮身上和心頭。因爲正在以曹操爲敵以策劃一切，且正在圖謀扭轉整個形勢的，正是諸葛亮這一個有心人。

再就江東方面情勢看，孫權雖已派魯肅到荊州。但敵人兵力龐大，形勢眩人，加以曹操的心戰攻勢，正在江東內部起作用，迫使孫權不得不先在柴桑（今江西九江）擁兵觀望形勢。

綜合的說：曹操在赤壁戰時所採心理作戰攻勢，實分三項辦法在進行。

第一，是曹操先在漢廷罷三公之官，改置丞相，並以自己作丞相，以便自己南征時能假天子的名義行事。蓋荊州劉表及劉備俱皇室宗親，曹操自己不過是一個權臣，以一個權臣在當時來打皇室宗親，以號召江東，總嫌不够名正言順，所以，建安十三年他出師前一個月斷然改組漢獻帝劉協的中央政府。按漢朝政制，前漢設丞相，後漢不設丞相，分設太尉、司徒、司空三公，以免丞相專權，但曹操這時爲了便於自己南征，爲了便於自己假借天子名義來征伐，所以就取消了三公之制，仍置丞相，並且就以自己作起丞相來。對此後世雖然有人指責他「挾天子以令諸侯」，但這却也是他心理作戰的成功處。

曹操心理作戰的第二着是故意誇大宣傳他所訓練的舟師。據「魏志」載：「建安十三年春正月，公還鄴，作玄武池以肄舟師」。按舟師即水師，今日如此，古代亦然。凡技術兵種都非短期所能訓練成功，更非短期訓練就可使用，何況鄴城甚小，在此小城之內之玄武苑鑿一池練水師，其池之小，可以想見；其必不能練成大規模的精良水師，亦可想見。半年後，即建安十三年秋曹操出征荊州，此一水師之必不能實用，亦可想見。但曹操却在出征前後，故意對擁有水師作主力的江東孫權作誇大宣傳，用意無他，旨在攻心而已。蓋孫權之外，劉表亦擁有水師，曹操要攻擊他們自非在這方面故意誇張實力不可。

曹操心理攻勢的第三着，則是直接指向孫權。曹操南征之初，劉表一死，劉表的兒子劉琮既降，曹操乃還空得到劉表在荊州所練之水軍七八萬人。此七八萬水軍之戰鬥力原本不強，況新附曹操，但曹操却立即寫信給孫權，恐嚇孫權說：「今治水軍八十萬，方與將軍會獵於吳」。如此誇大其辭，意在逼降孫權，至爲明顯，乃對孫權之心理攻勢，亦至爲明顯。

以上是曹操南征前所行的三大心理攻勢。其第一着是政畧攻心，第二着是戰畧攻心，第三着是戰術攻心。若對此三大攻心，若在諸葛亮等明眼人看來，自無絲毫作用。但曠觀每一時代，尤其在戰亂紛紜的時代，眞正具有慧眼者究有幾人？前面說過，與諸葛亮一向爲友的徐庶石廣元等尚且無此慧眼，則在江東方面，孫權左右以張昭爲首的主降派又那能有此慧眼呢！他們一則曰：曹公豺虎也，然託名漢相，挾天子以征四方，動以朝廷爲名，今日拒之，事更不順，這是顯然上了曹操政畧攻心的當的反映；再則曰：「且將軍大勢可以拒操者，長江也。今操得荊州，奄有其地，劉表治水軍，蒙衝鬬艦乃以千數，操悉浮以沿江，兼有步兵，水陸俱下，此爲長江之險，已與我共之矣！而勢力衆寡，又不可論」愚謂大計，不如迎之！」這更是上了曹操戰略戰術攻心的當的反映。所以，不要以爲曹操的三大心戰沒有用，他這些心戰對深具慧眼，不爲當前表面現象所迷惑的人誠然沒有用，但對一般平庸之士，却是有用的。否則，江東內部不會發展成爲主戰主降兩派，孫權也不會在柴桑躊躇觀望而不決了。

如何掃除曹操這一些心戰在江東內部所投的暗影？如何促成孫權斷然一戰的決心？如何利用魯肅之來具體形成孫劉聯合陣綫？並爲劉備將來取得荊州奠定基礎？乃成了諸葛亮江東之行之主要任務，下回，我們再談諸葛亮江東之行。

憶陳果夫先生

（五一）　宇人

關於院長的人選問題，我也認爲鐵城先生並非上選。惟以他旣經獲得民主自由社的提名，倘若新政俱樂部不表同意，他自無當選的可能；但新政俱樂部亦沒有足够的力量單獨支持另一個候選人，其結果必然是CC方面的人當選無疑。同時，我們的聯合陣線也將從此破裂，以後更難望在院內有所作爲。因此之故，我仍決定支持鐵城先生。新政俱樂部舉行全體會議討論此一問題時，我除了將這個理由向大家指陳之外，並說，「我一向對政學系並無好感；對吳鐵城先生的那種官僚作風，更曾不止一次的在中央黨部的各種會議中予以抨擊，這是很多同志都知道的。可是，所謂兩利相權，取其重者，兩害相權，取其輕者，吳先生雖然有可反對之處；但就我所知，他却未曾在總裁之前陷害過同志；也未曾因爲有人罵他，便去向總裁告狀。因此，我認爲我們選他爲院長，對於我們今後在院內的言論行動，並不會發生任何阻碍。反之，假如換了一個CC分子來做院長，中統人員還可能利用職權，製造種種虛假的情報，向總裁誣陷我們」。我說了以後，經過冗長的討論，大家仍決定支持吳鐵城先生競選院長。參加民主自由社和一四座談會的周雍能得此消息，即請由一四座談會的發起人陳逸凡，王逵天向鐵城先生面洽，表示一四座談會願與民主自由社和新政俱樂部採取一致的行動，希望鐵城先生當選後，提周雍能爲立法院秘書長，鐵城先生雖未作明確的答覆，但王等認爲他已默認，也就參加了我們所組成的聯合競選辦事處。

此時，由於徐蚌戰事的失利，南京曾作緊急疏散。立法院會期雖然尚未結束，但許多委員均已先行離京，尤以CC方面的人爲多。爲了爭取選票，聯合陣線和CC方面均以最迅速的方法通知有關的立委趕回南京投票。民主自由社的童冠賢亦已去到上海，準備舉家遷往台灣，也是接到有關朋友的通知，才臨時轉回南京的。

在新政俱樂部尚未決定支持吳鐵城先生之前數日，參加革新俱樂部的江一平向我說，希望新政俱樂部推出幾位朋友，由他來請一次客，大家談談團結的問題，我問以立夫先生是否參加，他答否。我說，「那麼，請你不必多此一舉了」。他說，「我們總算是參政會的老朋友，難道我連請你吃飯的資格都沒有嗎」？我說，「這是你誤會了。假如你請我個人吃飯天，我當然是隨請隨到的。可是，你是爲了談團結的問題，沒有立夫先生參加，團結又何從談起」？他說，「我可以代表立夫先生」。我說，「我和立夫先生相識的時間比你長久得多，如果你也可以代表他，我更可以代表他了」。他略事思索後，說將與立夫先生商量，約定次日再見。我又向他聲明，「假如立夫先生願意商談團結，則不應祇以新政俱樂部爲限，對民主自由社方面也應一律看待。不過先和我們談談，再找他們，我也可以同意」。江一平說，他也是這樣想法。第二天，江一平向我說，立夫先生已同意參加商談，除了立夫先生和他兩人而外，還有張道藩、谷正綱、程天放三人，希望新政俱樂部亦推出代表五人。新政俱樂部乃推劉健群、王啓江和我及其他兩人爲代表。爲恐引起民主自由社的誤會，我們先將經過情形告知他們，並保証如果初步接觸如有相當的成果，我們一定請他們參加商談，他們均表示諒解。但後來立夫先生又不願參加，因此，我也沒有去。劉健群、王啓江等四人和張道藩、谷正綱、江一平等四人面談後，毫無結果，這也是促成新政俱樂部決定支持吳鐵城先生的原因之一。

在民主自由社推吳鐵城先生爲院長候選人之初，我即想到孫科先生可能邀請他入閣。因此，我曾去拜訪他，問以假如孫先生邀他入閣，他將如何決定。我說，「假如你臨時放棄競選，我們就很難下台了」。他答以「一定斷然拒絕」。我說，「假如孫先生請總裁出面強迫你入閣，你是否也能抗拒」？他加重語氣答道，「老弟，請你放心，這回我一定像你那樣的堅定，絕不會受到總裁的影響」！我說，「這樣，就很好了」。但正當我們加緊進行競選活動時，鐵城先生忽然說，孫先生要他做外交部長。假如他不應允，孫先生也不就行政院長。總裁責備他不應該在此危急之時，增加政府的困難，他祇好服從；要求我們諒解，另提他人爲候選人。在此情形之下，我們祇好召集新政俱樂部，民主自由社和一四座談會的全體立委，在華僑招待所的餐廳舉行聯席會議，商討院長的提名問題。

在開會之前，有好幾位民主自由社北方籍的立委向我提出童冠賢，我與童並不很熟識；但因在中央組織部工作時，曾在檔案中得知他在北伐以前即已參加國民黨，而且是北平各大學青年同志中的積極分子之一。我當時有一種偏心，認爲他們在北洋軍閥統治之下參加革命，實爲一種愛國愛黨的最高表現，因而對於他們無論是否認識，均具好感。基此原因，我即欣然表示同意。可是，若干北方籍的立委則反而各有所活動；東北籍的立委更有意支持王化名。我們在華僑招待所開會的同時，國民黨中央常會也舉行會議，蔣先生提出河北籍的李培基爲立法院長候選人，劉健群爲副院長候選人，當經無異議通過。劉健群立刻以電話告知我，並很興奮的說道，「現在這樣就好了，院長候選人既不是CC，我們就可以照樣選舉，不致再揹上違反黨紀的罪名了」。

（待續）

本刊已經香港政府登記

聯合評論

週刊

每逢星期五出版

United Voice Weekly

第二七八號

督印人：黃宇人　總編輯：左舜生

社址：九龍通菜街三十八號南亞書局 849126

承印：昌羅印刷有限公司　香港灣仔馬師道5號

總代理：友聯發行公司　售價每份港幣一毫

本報美洲總經售處美國紐約中美出版社

CHINESE-AMERICAN PRESS, INC

199 CANAL STREET.,

NEW YORK 13 N. Y. U.S.A.

美洲航空版每份零售美金一角

中日關係平議

台北對周鴻慶事件的龍頭蛇尾

黃宇人

自所謂周鴻慶事件發生後，台北方面即擺出一種不惜與日本斷絕邦交的姿態，雖經日方派遣大員到台北請求諒解，亦毫不爲動。其態度的堅決，曾引起國內國外人士的廣泛注意。可是，如今周鴻慶已被送回北平，台北方面的反應，却限於由外交部發表一篇空空洞洞的官樣文章，使人讀了之後，祗覺得他們龍頭蛇尾，適足以招致他人的輕蔑和日本政府的竊笑。本月十一日，台北聯合報載，外交部長沈昌煥在監察院外交委員會的一個秘密會議中，說「中日兩國邦交今後如何發展，完全視日本政府的誠意和態度而定」。日本政府在以整套尼龍工廠的設備供給中共之後，又不顧台北的强烈反對而將周鴻慶送回北平，其對中華民國的誠意和態度如何，已經很够顯明了；然而沈外長居然還要等到再有所「視」，始能有所「定」，不能不令人懷疑他所採取的是一種鴕鳥政策，因爲假如他不是故意將頭埋在沙中，又何致有眼不能視，竟至於此。人們指責台北的外交技術拙劣，實則有了如此的外交當局，欲求外交技術不拙劣，其可得乎？

據近日報紙上的消息，台北官方對周鴻慶事件所採取的對策，雖然祗是如此而已；但民間的反應則仍有餘波蕩漾。許多人民團體正在醞釀抵制日貨，師範大學的學生還寫血書向日本駐華大使館抗議。我認爲台北最初並無與日本絕交的決心和準備，而輕以不惜絕交的姿態，企圖迫使日本就範的策略已經完全失敗，現在果有抵制日貨的決心，就應採取切實有效的辦法，付諸實施；如再虛張聲勢，不但於事無補，而且還將在國外和國內招致不良的後果。尤其是學生們寫血書抗議之舉，我實在看不出有何必要。須知青年們的熱血是最可寶貴的，倘若祗是爲了掩蓋拙劣外交的失敗而使其視寫血書爲等閒事，日本人固不會有所感動，青年們的純潔心靈，則可能要受到不易補救的損害，不可不愼之戒之。

日本應有所澈悟

近年以來，每當中日兩國關係趨向低潮時，台北方面即重提當年日本無條件投降後，承我國寬大待遇的往事，指責日本不應忘恩負義。我認爲今日的世界，雖然號稱文明時代，但決定國與國之間的關係，仍是以利害爲最主要的因素。縱有所謂恩義的成份存在，也是微乎其微的。因而台北和日本政府講恩義，顯然也是多餘的。但提到中日兩國過去的關係，我們即不能不連想到日本侵畧中國的歷史；尤其是日本軍隊在中國的種種野蠻行爲，姦淫、擄掠，燒殺，無所不用其極，更令人永不能忘。今日中國所遭受的災難，就外在的因素言之，台北官方及其有關人士常歸咎於美國；實則推源禍始，一手製造中共的是俄國，而促成中共壯大的則是日本。遠事且不必再說，即以國民政府統一中國後的史實而論，假如日本不對中國發動一連串的侵畧，中共必不能有今日的發展。最顯著的例証，是每當國民政府以全力剿共時，日本即乘機在中國製造事端，致使國軍的剿共計劃，一再功敗垂成。九一八事件和一二八事件，都是如此。當時國民政府爲了安內（即是以剿共爲主），曾含垢忍辱，對日本的侵畧盡量退讓；但日本反而得寸進尺：在侵佔東北四省，成立傀儡組織之後，復進據冀東；繼又要求冀、察、綏特殊化；猶以爲未足，更發動七七事變，迫使國民政府不得不放棄剿共計劃而作全面的抗戰。已經敗退陝北，僅餘極少數老弱殘兵的中共乃得死裏逃生，重振旗鼓。經過了八年的抗戰，日本雖然無條件投降，中國的元氣亦已大損；再加上俄國以繳獲日本所謂關東軍的武器及裝備轉給中共，共軍才忽然轉弱爲強，卒至席捲中國大陸。凡此種種，十足証明日本實爲造成中國今日悲劇的主要負責者。

人們如非健忘，當還記得日本當年侵畧中國時，常以誠恐中國赤化，危及日本爲詞。所謂廣田三原則，即是以共同防共爲最主要之一環。但自中國大陸變色後，日本似乎反而認爲中國的赤化，爲他們帶來了福音，不時向中共秋波頻送。如果不是碍於美國的關係，我相信日本政府早已承認北平僞政權了。

依我的看法，中共實爲日本的最大威脅。假如北平僞政權繼續存在下去日本很難免於被滲透和被傾覆的厄運。中共今日雖然以反美的姿態出現，但其最主要的原因，則是由於美國協防台峽和支援日本，使他們不能逞其滲透和傾覆的圖謀。從這一個角度來說，中華民國和日本乃是休戚相關的。爲了確保日本人民的自由和國家的安全，我認爲日本不但不應對中共政權再存任何幻想，而且應支持中華民國及早光復大陸，才是中日兩利之道。至於日本有所謂「政治台灣，經濟大陸」之說，則更是自欺欺人的謬論。中共一向標榜所謂政治掛帥，日本人不會毫無所聞的。北平僞政權的一舉一動無不有其政治上的目的，日本和中共展開貿易，縱能暫時獲得某些利益；但必爲中共舖平滲透和傾覆的道路，則是可以斷言的。當此中日兩國外交關係不絕如縷之時，我希望日本政府能有所澈悟；更希望日本的有識之士能及早奮起，挽此危機。

××　××

國際共黨已在美洲非洲建立了橋頭堡

劉裕畧

在人類社會中，世事本紛紜，加以各人各有其自己注重之事，所以，人們的注意力便往往爲當前的事象尤其是許多小事所眩惑所吸引，而對眞正重大的事却忽畧。其實，無論從整個人類社會的命運講，抑或從最能決定個人命運的大事講，今天最重要最能決定全盤形勢和最能制約我們每一個人的命運的實只一件事，這一件事便是國際共黨對整個世界的威脅。

它之所以威脅到我們每一個人，是因爲局部在全體中存在，全體的變必將影響到每一個個體。而國際共黨是以世界革命，是以澈底改變整個世界的全部政治經濟和社會結構爲目標，而且又是以暴力和其它強迫手段針對目標而無時無刻不進行的。所以，它的成敗，它的消長，便不但將要決定整個世界形勢，而且也將不可避免的連帶決定我們每一個人的命運。然而，可以慨嘆的，是今日世界的許多人對於國際共黨與我們每一個人命運的這種密切相關，却無深刻認識。似乎自己超然於這一世界，有些人有時甚至還發爲「在商言商」等謬論，好像自己並不存在於這一全體之中，似乎自己的命運並不被國際共黨所決定似的。

就整個人類社會來講，有很多人確實是既悲且弱，他們看不見他們自己的命運將被什麼形勢所決定，這自然是一種愚。有些人一味企圖苟安，高喊苟安式的和平，則更是一種弱的表現。曠觀今日許多國家的執政者，當他們在其本國之內從事各種政治鬥爭時，偶爾表現一些眼光和勇敢，也往往使人有未嘗毫無可取之感，但說到對整個人類社會的命運問題，尤其對整個反共鬥爭問題，有魄力有眼光的人就極少了，不被當前現象所吸引所迷惑的人就極少了。這只要看看自第二次大戰結束以來，國際共黨對世界的威脅如此的嚴重，如此迅速如此繼續的在發展，而今日世界的許多政治家和政客却懵然無知，還只以爲今日世界是在兩個集團相持的對抗形勢中，還只以爲國際共黨的侵畧洪流已被遏止，其實，世界大勢，並不完全這樣。

自赫魯曉夫高唱和平共存高調後，一則由於共黨集團內部出現矛盾與分裂，再則由於共黨集團內部發現經濟困難，於是今日世界的許多人便眞以爲國際共黨已未能再有擴張，蘇聯已無意進攻美國。實則赫魯曉夫去年之所以將飛彈秘密運入古巴，且在古巴秘密建築飛彈發射場，都是赫魯曉夫顯然企圖仿行二次大戰時日本人偸襲珍珠港故事以偸襲美國。然而值得驚奇的，是這一偸襲秘密被揭穿後，赫魯曉夫不得不下令將秘密安裝在古巴的飛彈拆退時，人們反而顚倒是非，覺得赫魯曉夫在尋求和平！試問：赫魯曉夫的眞正動機是和平共存呢？還是在用突襲方式打垮美國呢？

整個自由世界的另一重大錯覺，是許多人以爲國際共黨的擴張趨勢已被阻止，實則今日共黨集團雖未發動大戰，但他們早已用冷戰代替了熱戰，因爲他們估計到用冷戰手段亦可逐漸赤化全世界。他們已在一天一天的接近赤化整個世界這一目標，他們現在是正在採用量的漸變的手段以求質的突變，這種量變，開始於二次大戰後蘇聯最先建立的東歐衛星國家，其次，是中國大陸的赤化，和挾持六七億人口的中共政權的出現。隨後又有半個韓國（北韓）半個越南（北越）在事實上的構成，以及寮國大部份土地之被寮共所控制。這說明國際共黨已由蘇聯一國進展到東歐，再又由東歐迅速的進展到亞洲的廣大區域了。

到了最近幾年，也正是一般人以爲國際共黨的擴張已被遏阻的幾年，國際共黨更在歐亞二洲之外，進而突破了美洲與非洲，且早在素無共黨政權的美洲與非洲已建立起共黨國家了。卡斯特羅所領導的古巴，正是國際共黨在美洲建立的一個共黨國家，由彭・貝拉所領導的阿爾及利亞正是國際共黨在非洲建立的一個共黨國家。所以，檢討整個世界形勢，共黨集團雖有內鬨，但無害於它的擴展，赫魯曉夫雖高唱和平共處，但並未停止他對整個自由世界的侵蝕。可以說，國際共黨無論蘇共或中共，都正在把古巴用作滲透和赤化美洲的橋頭堡，同時又正在把阿爾及利亞用作滲透和赤化非洲的橋頭堡。簡言之，今日世界，除澳洲以外，都已有了國際共黨所建立的政權和國家了。事態的嚴重，還不止此，事實上，國際共黨今日仍在大踏步的向世界各個角落邁進，東非的桑給巴獨立國又已在本年一月十一日一夜之間赤化了，因爲桑給巴的共產黨已在當晚由中共訓練出來的共黨份子巴布發動政變，取得勝利，而在非洲建立起第二個共黨國家，在美洲，國際共黨亦正利用巴拿馬運河事件在挑起變化，這都顯然可見美國數年來天天在喊反共，有時高叫解放政策，有時高叫圍堵政策，實則不但未對鐵幕施行解放，甚且圍堵也未成功。可以說：自二次大戰結束以來，只見一個又一個的自由國家被國際共黨所攫取，而從未看見任何一個共黨國家被改變，這種不幸的趨勢，實乃整個世界之隱憂。所以，我以爲整個自由世界今天都應由對上述嚴重事實，切實檢討反省，製定且實行眞正的解放政策才行。否則，眼看整個世界一半被奴役，一半有自由，已不合理，何況，攻擊才是最好的防禦，若不能攻，則儘僅防守也是必不能守的。

留美華僑的自力與合力

謝扶雅

　中國來到美洲的僑胞，一向是志在賺點子辛苦錢，然後與盡回國，所謂「葉落歸根」。然而這個方針，隨着祖國大陸的淪於中共而漸漸改變；最近因在美故總統甘廼廸殉國的事上頗受刺激，而更表現了一種突變。本來「華」而曰「僑」，自然只視僑居地爲旅客暫留之所，而依懷宗國中華爲其歸宿。即在僑居期內出了什麼困難問題，也頗多仗本國的大使舘或領事給他們幫忙解決。但是這種依戀和依賴，漸由疏淡而脫離。祖國既不可靠，惟有自力更生，老家的懷抱既無可歸，當然只好求自立於異域。雖然台灣顯然挂着「中華民國」的牌子，可是國府邀一些華僑去台一行的，稱作什麼「觀光團」。這名辭已是不倫不類地隔膜了僑胞跟本國的血緣關係，而況對某些華僑，還無端不准許其入境。

　在美國的華僑，不容說都是反共恨共的。但另一方面對國民黨政權也越來越失望，甚至恨之反之之程度，視對毛共竟有過之無不及。三年多前爆發了雷震這一冤案，使得此間連國民黨報紙也和一般僑界與論同聲惋惜。偏逢前一個多月，那曾特准中國難民自香港於一年內進入美境一萬多人的甘廼廸總統，被刺身亡，震動了全世界，立刻法國元首，英國皇夫（女皇只因懷孕數月不便出門），西德總統和總理，以及其它許多國家，包括東亞的菲律賓總統，南韓總統，日本首相等，都趕來送喪。單單不見中華民國的元首，甚至虛擬期待的副總統陳誠，亦一時盛傳可到而不到。華僑們從電視中，或至少在收聽廣播中，宛如皆自置身於國葬的偉大場面。當前行列中出現了所有盟邦友邦，以至共產集團領導者的蘇聯，一大批國賓貴賓，可是沒有中國的形子。而大陸上的反應依然是痛罵美帝這一套。與對繼任總統詹森的詆毀惡言。這才把全體華僑都氣壞了！

　街談巷議，及在幾乎所有華報上，無不將這件「失禮」的事對台北當局，大肆其批評；並對後來沈外長的聲明「並無疏忽」，又加連續駁斥，振振有詞。中華素稱禮義之邦；中國人情特重；而況台灣每年接受一億美援，乃竟顯出如此「寡恩」。有一百多年歷史的三藩市世界日報，直以「蔣介石該死」爲題，劈頭便說，甘廼迪不該死而死，蔣介石該死而不死。這些議論誠然不免過火，可是一向亢爽出骨的廣東人，表情絕不留餘地的。

　的確，在美國人民方面，爲這次總統的不幸事件而普遍引起無上哀思。却在華僑方面，見到自己國家的反應和應付，比之別國竟如此其相形見絀，心中實在難乎爲情，並慮此後如何再與美國人相處。由是不約而同地，各地各埠華僑，紛紛自己舉行追悼會。紐約與華府鄰近，更決定大舉表示，故即由八十僑團聯合發起，於十二月十五日在華埠開了一個空前盛大而亦相當成功的悼甘大會。過去彼此冷淡甚或相互齟齬的一些團體，在這事上，心同理同，合作得非常密切。中國駐紐約總領事自然不能不來幫同主持。節目合式而合儀，秩序肅穆而莊重，東方哀樂深動人心。着黃色袈裟的佛教法師誦梵經，佛號，天主教的神甫，耶穌教的牧師，均各扮演角色。只見其配合和諧，全無鑿枘雜混。可見現在華僑的合作力與團結力已大有可觀了。

　據說紐約的留學生會亦曾電促台北國府爲此事設法補救。「禮失而求諸野」，海外遺黎還是自己來吧！接着追悼大會之後，紐約民治日報寫出「機動進行對美國民外交」的社論，鼓吹發起全美華僑組代表團前往華府國家墳場，瞻拜甘故總統靈墓，並順晉謁白宮，對詹森總統致敬，申述在美華人一致擁護之誠，從而請求力促甘故總統生前所提人權法案及修改移民法案的通過。凡此，皆無非表示今日華僑正在隨時把握機會，自己團結起來。月前曾見僑界某前輩寫專文，鼓勵新入境的中國難民與原日僑胞，均應致力打入美國的社會，好像南洋的華僑與當地的馬來亞人並組建大馬新國。華裔檀香山公民鄺友良，既能當選爲國會參議員，別州華裔豈亦不能如此。而由參議員或衆議員甚不可像甘廼廸和詹森那樣又當選作總統或副總統。日本人譯稱U.S.A.爲「米利加合衆國」。她本是由許多不同外國移民「合衆」一力而組成的。甘故總統介弟甘洛勃檢察總長且曾說過，美國十年後，安知不有一位黑人被選舉爲總統。華人的智力才力，原不遜任何民族。截至今日爲止，華僑以外的中國知識分子已達兩萬人，其中尚在肄業的留學生，什九企望永留而不回去。港台每年源源新來不已。十年以後，美國政府機關及各社會研究團體，尤其是文教機構中，將見華人佔一相當比重地位。這從中華祖國來說，誠足以興嗟「花果飄零」；然而客觀環境迫得非到這樣地步不可，除非大陸政治有一百八十度的激變。好在二十世紀的下半，因踏入太空世紀而地球上人類已不能不隱隱地向「大同」的目標步步邁進。炎黃胄裔只要能爭氣自强，自不憂不在世界歷史上扮演其主要角色的。

六三年歲暮　自美東

郭沫若眼中的「人妖」與「太陽」

趙遙

　在本年一月四日由中共各報新發表的毛澤東詩詞十首，其中兩首是正式題明「和郭沫若同志」的。

　毛澤東「和郭沫若同志」的第一首，是一九六一年十一月十七日作的。毛詩說：「一從大地起風雷，便有精生白骨堆。僧是愚氓猶可訓，妖爲鬼蜮必成災。金猴奮起千鈞棒，玉宇澄清萬里埃。今日歡呼孫大聖，只緣妖霧又重來」。毛澤東爲什麼要寫詩來和郭沫若呢？這倒不是真的爲了什麼妖霧又重來的問題，端的只因郭沫若做了一首罵赫魯曉夫的詩，不但大罵赫魯曉夫比猪還蠢，甚至還對赫魯曉夫作了最粗野最下流的人身攻擊，硬說赫魯曉夫是人妖。而赫魯曉夫是毛澤東的死對頭，毛澤東是與赫魯曉夫有着最嚴重的個人衝突的，所以，毛澤東看罷郭沫若這首罵赫魯曉夫爲人妖的詩以後，不禁「龍顏大悅」，便提起筆來寫詩和郭沫若了。

　郭沫若的原詩是這樣：「人妖顛倒是非淆，對敵慈悲對友刁。咒念金箍聞萬遍，精逃白骨累三遭。千刀萬剮唐僧肉，一拔何虧大聖毛。教育及時堪讚賞，猪猶智慧勝愚曹」。

　郭沫若這首詩所謂「對敵慈悲對友刁」是指赫魯曉夫對美國企圖和平共存，而對毛澤東及毛澤東所領導之中共則不惜斷絕援助，撕毀幾百個合同而言。所謂「人妖」，指的當然更是赫魯曉夫本人了。

　本來，如果中共中央諸首腦多少還有一點國家民族思想的話，包括毛澤東在內的中共中央諸首腦就既不應該准許中國人對外國人作超出範圍的卑鄙恭維，也不應該作太下流太放肆的咒罵。否則，就應該對這類太過火的恭維和太過火的咒罵予以「整風」才是。但是毛澤東沒有這樣做，中共中央諸首腦也在毛澤東淫威下，無人敢於這樣做，所以，中共的文風便隨着軍風政風而越來越不像樣子了。

　試看郭沫若當年以「斯大林萬歲」爲題，歌頌殺人魔王斯大林是表現了何等的無恥與無聊！郭沫若說：「偉大的斯大林，親愛的鋼，永恒的太陽！人類有了你，馬列主義才能有今天的發揚！人類有了你，無產階級才能有今天的茁壯！人類有了你，解放事業才能有今天的輝煌。是你領導着我們，朝宗於大同世界的海洋；是你教育着我們，西方切莫忘記了東方；是你團結着我們，形成了史無前例的力量。有和平堡壘的蘇聯，有亞歐新民主國家立着，無比堅强，有中華人民共和國，蟬聯着，蒸蒸日上，有萬丈光芒。人類史的內容，已經改換了嶄新的篇章。自然界的序列，也將服從於革命的方向；斯大林的名號，能永遠成爲了人類的太陽。萬歲，偉大的斯大林！萬歲，親愛的鋼」！

　試看，這種超出範圍的歌頌，是何等的卑鄙無恥！然而，毛澤東當時沒有糾正他。爲什麼？因爲毛澤東當時是時一句也不敢批評斯大林，儘管赫魯曉夫說斯大林當時早已把中共看作殖民地。但因爲毛澤東當時正在高歌「一面倒，倒向蘇聯的懷抱」，像郭沫若一樣無羞無恥，所以，毛澤東沒有糾正郭沫若，沒有整郭沫若的風。

　現在，郭沫若爲了迎合他的主子毛澤東，又顛倒是非，過分的咒罵赫魯曉夫是人妖了。但毛澤東也沒有糾正他，也沒有整郭沫若風，相反，毛澤東甚至還同聲相應，同契相求，竟與郭沫若對人妖唱和起來了。這沒有說明別的，只恰好說明中共的文風，是愈趨愈下，是愈來愈不成樣子，是愈來愈下流了。

　以上是從文風的觀點來看的話。再從政治的觀點來看，更容易看出：毛澤東與赫魯曉夫的個人衝突，現在是又邁進到一個新的階段了。因爲，中共方面最初對赫魯曉夫的攻擊，還不敢直指其名，而只在指桑罵槐，一直以狄托爲明白指罵的對象。隨後，進入第二階段，在中共咒罵赫魯曉夫的一切文件中，不提赫魯曉夫之名，而以「蘇聯領導人」代之。而且，迄今以前，中共所有咒罵赫魯曉夫的文字，一直都還是從政治行爲與理論觀點出發，絕未出於人身攻擊。而這一次郭沫若罵赫魯曉夫是人妖，毛澤東更從而和之，則說明中共對赫魯曉夫的攻勢，已達到了一個新的階段，這新的階段便是以下流的人身攻擊爲內容了。

　就中國人和中國社會的情形來講：使用「人妖」一詞來罵人，可以說對所罵的人已是一種無可再重的侮辱。毛澤東默許而且唱和郭沫若使用這一無可再重的名字來侮辱赫魯曉夫，除反映了毛澤東的老羞成怒，已完全不擇手段以外，更反映了毛澤東已對赫魯曉夫作了最大的決絕之心。現在，且看赫魯曉夫和蘇共中央諸首腦懂不懂得這種辱罵的嚴重性；如果懂得，且看赫魯曉夫又將如何反辱過來？

　讀過毛澤東詩詞近作十首之後，人人都立即感到中共文風低落，氣象確實衰竭了。這正是：「十首毛詩無可驕，雄圖不見見人妖。三風到此俱淪落，遙見紅朝氣已銷」。

台北應隆重歡迎吉田茂訪華

王雪林

據一月十日來自日本的電訊報導，謂去年十月在日本東京逃出中共代表團，向蘇聯大使館請求庇護，隨後被送交日本政府，而向日本政府明確表示願意選擇自由前往台灣之周鴻慶已於本年一月九日被日本遣送回大陸了。人們都知道，這是日本池田內閣處置失當，罔顧國際信義，完全違反人道的一件既不名譽又極殘忍的事情。

對於這件事情，遠在池田內閣還在舉棋不定，今天似乎準備把周鴻慶送到台北，明天似乎準備把周鴻慶遣返大陸，後天又似乎準備讓周鴻慶長期居留在日本的當兒，台北已有極明白的態度表達出來，這態度就是日本應該把周鴻慶送到台北來，而不可以把他送回大陸去。假如池田內閣不如此，則台北將以極嚴厲的態度對待日本。

但池田內閣一方面有意以此事件取媚中共，一方面毫無正義，完全漠視國際道義，另一方面又輕視偏安在台北之中華民國政府，遂在拖延再三之後，終於最後決定把周鴻慶遣返大陸。

對此，台灣方面除中華民國政府已有表示外，台灣民間亦有氣表現，他們已在台北示威，台北的若干家報紙更已決定拒登日本廣告，海外各地華僑及僑報更風起雲湧抨擊日本。客觀的說，這些表現和舉動都絕對正確。日本對台灣包藏禍心，廖文毅等漢奸至今尚在日本作叛國活動，所以，偏安在台北之中華民國政府是應該讓台灣民間的反日民氣發揮出來的，因爲這對於國家的前途有好處。中華民國政府對此採取外交上撤退步驟，也完全正確。

不過，有一點，是台北當局始終執迷不悟，一再見之於政府當局口中及文件中。此一執迷不悟的事便是台北當局經常掛在口邊的所謂「日本以怨報德」這一句話。

這一句話，可以說是含有極濃厚的封建色彩而且極不符合外交辭令的。不錯，當二次大戰結束時，日本戰敗後，蔣先生確曾代表中華民國保存日本之天皇制度，並放棄向日本索取賠償，又曾將當時在華日俘及二百多萬日本僑民，在安全及自由原則下，遣送回日本，這都確實是中國的偉大地方。不過，話說回來，中國古話說得好，「施恩不望報」，望報的恩，就不是一種眞正的施恩。所以，縱然中國曾對日本施恩，也不宜在此時期屢屢提及，如果把這種話屢屢提及有如一月九日中華民國外交部所發譴責日本之聲明所云，實在已是一種施恩求報之錯覺與幻想。何況，善有善報，惡有惡報，只偶然適應於社會上的個人行爲，絕不適應於今日之國際行爲。因爲今日之國際行爲，只講利害，不講道義，池田內閣更是一個只知打算盤的日本政府，池田本人就是一個搞財經問題起家的政客，既不是偉大政治家，更不是一個講道義的人，所以，不說我們應該保持施恩不望報的態度，就是眞的要和池田本人講道義，那也決不能以池田這種品質的人爲對手，我們把我國以往如何寬對日本的事實詳細叙述，自有必要，而且應該。但只叙述事實就夠了，不可在叙述事實的同時，寫上什麼日本應該報恩報德的話。如果寫上，便是大錯。更何況，在周鴻慶事件上，我們譴責日本有極多理由，最能引起國際間同情的，莫如指責池田內閣違反國際義務，不能給予一個尋求政治庇護的人以自由。這就足以引起人們對中華民國的同情了。假如不以此等正大光明之理由爲理由，而太着重強調從前中國對日本寬大的話，則容易使人覺得中華民國爲周鴻慶事件對日本所提要求，不是以國際道義爲重，而是以兩國間的私自恩怨爲重，而且給人一個最壞的印象，好像中華民國是在以過去的施恩作爲這次對日本進行要挾的資本。而事件的眞象却完全不是這樣的。所以，我以爲凡屬中華民國的人，無論在台灣，抑或在海外，對周鴻慶事件，日本採取嚴厲態度，以抵制和抨擊日本池田內閣，乃完全必要而且正確的，政府的基本態度也完全正確，但不應該再談什麼「寬大」與「報德」的話，再談就是自己獻醜。試問：誰叫你當時要寬大呢？寬大而不能有所獲，難道不是自己當時就根本把態度決定錯了嗎？

不過，話說回來，我們譴責日本池田政府是一件事，對日本的長遠態度又是一件事。池田內閣只不過是日本若干屆內閣中之一屆。在池田內閣之前，日本固然尙有若干別的內閣，在池田內閣之後，日本將來也必然尙有若干內閣。在池田內閣之前的吉田茂內閣和岸信介內閣反共態度堅強，與中華民國的友誼也極隆厚。池田內閣既不是終身內閣，而不過只是日本整個政治舞台的一個過程，甚至還極可能是一個過渡的短短過程；再說，日本人中，有的固然不講道義，但眞正講道義的人也還很多，有些日本人固然卑鄙無恥的親共媚共，甚至資共，但反共的日本志士正亦不少。所以，當此整個世界分爲兩個陣營之日，當此日本國內也分作親共陣營與反共陣營之日，我們是絕對不能而且絕對不應該因池田內閣的這一乖謬措施就對日本絕交的。須知池田內閣根本不能代表全體日本人啦！

不僅如此，事實上，我們應該知道中日同文同種以及目前同受共產主義威脅的事實。縱然日本人中有一部份人正在糊塗，正在被共黨麻醉，但我們爲了愛護同文同種的日本人，我們今天尤應恢宏氣度，竭盡各種力量與方法以提醒日本，幫助日本。就整個世界的反共戰鬥以及整個亞洲的反共戰略形勢來看，我們任重道遠，尤應爭取和聯結日本國內所有堅決反共的人。

凡是反共態度堅決的日本人，我們都應多方爭取，切實聯絡，並支助他們在日本國內發展起來。在所有反共的日本人中，講道義的我們固然應該爭取聯絡，不講道義的，只要他們反共，我們也應該爭取聯絡。而我們的這種爭取和聯絡，決不望報，相反，而是無條件的。以上所言，都是從理智來考慮問題的話。須知，意氣不應該是我們對外政策的依據，理智的考慮和共同的利害才是我們對外政策的依據。而台北當局往往以意氣來對外用事，那是極不當的。

由於以上的種種理由，所以我以爲日本政府如果眞的請吉田茂訪華而又成行的話，無論吉田茂此次能給我們帶來什麼，甚至一點也不能帶什麼來，只因吉田茂是日本一位堅持反共原則的偉大政治家，我們就該予以熱烈歡迎，予以特別禮遇，決不可再像最近以前對大野伴睦訪華那樣冷落。

事實上，與日本絕交絕對不應該是中華民國的國策，而只能是一時的手段，否則，只便宜了中日兩國的共同敵人了。那是親者痛仇者快的事。雖然池田內閣的乖謬措施也是一種使親痛仇快的事，但我們應該知道池田內閣本身今後縱然不能改變它的乖謬政策，它的壽命也是有限的。沒有一個日本內閣會在日本永遠執政。客觀冷靜的看，我們今天是必須努力爭取和聯絡日本的反共人士和反共勢力，以加強和改變日本的政策，這是我們的根本。

至於吉田茂訪華時，台北的反日示威應否停止呢？那是另一問題。因爲台灣的反日示威和海外華僑的抨擊對象，乃是日本池田內閣的乖謬措施，並不是反對所有日本人，更不是永遠反對日本。台北應讓吉田茂看看，中華民國所反對的乃是親共媚共資共的人，至不堅決反共的人；及這事，像吉田茂先生這樣堅決反共的人，不但不被中華民國所反對，而乃極受中華民國所歡迎哩！

戴高樂不應承認中共

陳雲舉

法國將承認中共之說，近來愈傳愈盛了。法國總理最近曾說法國尙未決定承認中共，但法國認爲中共是作爲一個國家那樣而事實上存在着。法國前總理富爾則更露骨的明白表示，法國應承認中共。

對此，美國國務院已於一月九日表明其反對法國承認中共的這一件事，美國國務院說如果法國承認中共，「對美國或對其他自由國家都無好處」。

基本上講：美國在此時此際表明它對這件事情的態度，完全是應該的。

不過，我們如果把問題進一步看一下，立可發現所謂法國應不應該承認中共的問題，實在就是戴高樂應不應該承認法國的問題。何以說呢？因爲法國雖是一個已經建立了民主政治制度的國家，而且戴高樂的登台也不是用武力把政權奪來。但無可否認，戴高樂的聲望，實高出於法國的任何一人，戴高樂的總統權力，也高出法國以前的任何一個總統：自戴高樂登台後，法國的內閣總理一直是在秉承戴高樂的意旨辦事，所以，表面上看：法國承認中共與否？似乎將由法國內閣決定，實則却是完全是戴高樂決定。換言之，法國承認不承認中共，只在戴高樂將軍一念之間耳。

我們以爲戴高樂將軍是決不應該承認中共政權的，這無論從法國本國的當前利益或法國的長遠利益着想，都是如此，如果就整個自由世界的情勢看，這情勢也是如此的。事實上，美國國務院所說法國如承認中共，對於美國或其他自由國家都無好處」一語仍說得不夠明白，不夠徹底。因爲眞正的事實是如果法國承認中共，則不但對法國對美國有害，對整個自由世界有害，甚至還對戴高樂將軍本人亦有害。

須知，法國地處中歐，昔年曾受德國的攻擊，二次大戰後，則受到蘇聯的威脅，假如國際共黨的勢力繼續膨脹，則法國所受的威脅亦愈大。而中共無論與蘇共之間的矛盾如何？它們畢竟都是國際共黨份子之一。它們畢竟都以赤化整個世界爲最後目標。何況，中蘇共目前雖有赫毛個人衝突而有分離，但它們迄今並未眞決裂，將來更可能復合與重好。所以，今天培養中共的聲望，實在就是飼餵未來的敵人。這很明顯，對法國的前途以及整個自由世界都不利的。

嚴格說來，法國的地理位置正在歐洲的戰略樞要上，自以堅持自由民主的法國光榮傳統，同時抑止任何或左或右的勢力始爲決策上的眞正高明，而非洲新興的法語國家約有十國，其對中國之外交均視法國爲轉移，倘法國承認中共，則不但替自由世界減少了十個非洲國家與反共的中華民國之關係，而且還給中共增添龐大外交力量，這不僅對自由世界不利，而且也對十個法語非洲國家也不利。因爲中共與它們建交後，勢必滲透它們，從而也將危害法國在非洲的基礎了。

再說，二次大戰後之歐洲，本來有三個偉人，一個就是戴高樂，另外兩個就是英國的邱吉爾與西德的阿登諾。然邱吉爾與阿登諾現今均已退休，至今仍在歐洲政壇活動世界政壇活躍者因此就只戴高樂將軍一人。而邱吉爾與阿登諾二人過去同戴高樂將軍一樣以反共著名，假若碩果僅存素以愛國著名的戴高樂將軍到此垂暮之年不幸因承認中共而做出有損法國長遠利益有損整個自由世界利益的事，我想那決不是戴高樂將軍初意所願的。所以，無論爲法國利益計，爲整個自由世界利益計，戴高樂將軍更應以反共強人的態度獨步歐亞非三洲乃至整個自由世界才是。假如戴高樂將軍也仿效政客，向左右兩勢力作國際投機，那就不是眞偉大了。

須知中共所說美國反對法國承認中共是美國干涉法國內政的話，實乃中共挑撥法美關係之詞。法國如聽信中共此類讒言，則是上了中共之當。請戴高樂將軍想想，當非洲的阿爾及利亞叛離法國時，中共難道不是法國的敵人，曾經大力支持阿爾及利亞嗎？

從周鴻慶案看政府對日外交的軟弱無能

高瞻遠

（台北通訊）近來為了日本不顧國際公法和違反人道主義，祗求諂媚中共，硬要將一個居心投奔自由而向蘇俄駐日大使館請求政治庇護的中共人員周鴻慶，強指為「逾期居留」，而將其遣返中國大陸。因而引起了中國海內外人民和輿論的悲憤填膺。在台北人民間引起了普遍的反日高潮，掀起了全國人民一致主張對日絕交的呼聲，而我們的政府當局還在舉棋不定。根據目前政府當局的表現，還是軟弱無能，還未下定對日斷絕邦交的決心！除了將駐日大使館的幾個主要人員召回台北外，祗由外交部發表了一個不痛不癢的聲明說：「中日關係發展至目前嚴重階段，其基本原因，是日本政府昧於利害，不顧是非採取親共政策，並縱容共黨，在日展開滲透活動，而未能警覺其對本身之危險，此種情形，不僅嚴重損害中日關係，且已助長共黨對外滲透侵略之氣燄，使整個亞洲之反共形勢蒙受極端不利之影響」。這一些不關痛癢的外交詞令，豈是對一個無信無行而又著名為利是視的日本政府能起什麼決定性作用嗎？外交部的聲明中還說：「如日本政府一意孤行繼續其媚匪親共政策，罔顧我國以德報怨之精神，不惜犧牲中日兩國間之既存關係，則今後在中日關係上所產生之一切嚴重後果，日本政府應負完全之責任」。

根據外交部這一篇軟弱無力的外交聲明，台北人民對政府當局的無能發生了普遍的不滿和反感。有識之士更指出政府當局對日本多年來的親共政策，未能在日本政府開始與中共勾搭之時，予日本政府以嚴重警告。縱容日本自一九五一年以來，即與中共偽政權眉來眼去。讓中共與日本假藉發展貿易為名，或藉口所謂之溝通中（中共）日文化。而暗中卻在進行其政治勾搭的陰謀。所以中共與日本雙方每年都有幾個類似的代表團互相往來。

照一般道理來說；日本是站在自由世界反共的一邊。而且又是自認以領導世界從事反共的美國而且把日本從亡國廢墟上扶持起來的。而且日本與中共又沒有建立什麼外交關係。若我政府能在發現日本與中共有不正常的外交行為發生時，即能對日本政府提出強硬的抗議，使日本當局有所戒懼和警覺，又何致於使短視淺薄的池田政府放肆至此。

據我政府有關方面的人士透露；日本過去之能派遣各種各樣的代表團到中共大陸，這一異常的措施，是日本方面透過美國轉而求得中華民國政府的諒解和同意的。原因是：日本的後台老闆——美國，因為要想刺探中共內部的真實情況，而美國人又無法踏進竹幕半步，因此不能將此一刺探中共虛實的間諜工作，假手於它的馬仔，使日本能在其派往中共的各式各樣的代表團中掩護一些美國僱用的日本特務份子潛進中共大陸，搜集中共大陸情報。

據說，美國人為了佈置此一偵察工作，所有日本歷次派往中共區域的代表團的全部經費，都是由美國駐日中央情報局假手於日本有關方面，中各種不同的方式所支付。

雖然我們的盟國——美國，在日本派往中共的代表團中所潛伏的特務人員，搜集了不少有關中共內部有價值的情報，但我播遷台北的中華民國政府所蒙受的損害是無法補償的！何以說呢！誰也知道日本是一個島國民族，其民族性的狹小和短視是早已聞名於世的。過去由於日本軍閥的淺薄和狂妄，因而招致我國八年的長期抵抗和美國的逐島進攻。終致使一貫自視甚高的日本陷於亡國之境。幾乎使日本大多數良善人民同時陷於萬劫不復之地。若不是當時我國民政府及美國政府當局犯了反共幼稚病，誤認戰後的日本維持政府能悔過自新，很可能與自由世界站在同一的反共道路上，因而破格予日本以寬大。否則，恐怕日本本土至今尚在盟軍佔領之中。

由於在亞洲的共同反共，當時的中美當局寬恕了日本在戰時的滔天罪行，使日本在不數年間，恢復了它的主權。扶助了日本走向自由民主之路。誰知尚未完全擺脫美國控制的歷屆日本政府當局，並不以中美之寬大為德，而反以被中美所戰敗為恥為仇，將其罪魁禍首的責任忘記得一戡二淨，時思對中美兩國施以無憎的報復。一遇機會則惹事生非，對中美兩國從不稍留顏面。

在日本對中美兩國不以為德反以為仇的報復措施來說，日本對中共的頻送秋波，無微不至的討好中共，企圖藉中共以打擊中華民國政府。企圖藉中共以困擾美國。從其一貫親近中共的作風中早已表現無遺。甚致有一個日本左翼社會黨的領袖（忘記其名）居然在北平參見毛澤東時，竟厚顏無恥的要求「毛主席」將日本劃為中國的一省。

在表面上看來，日本對至今尚在替它震懾着蘇俄不敢向日本侵犯的美國，至今還在予日本大量經濟援助的美國，還有二分懼怕和顧忌外，但是，若從美國前任總統艾森豪威爾訪日遭到空前未有的擋駕示威，終至使艾森豪總統被迫取消訪日之行來看，從長近美國核子潛艇無法進入日本海軍基地來看，即可反應出日本人對美國心存仇恨和有意報復的一般了。

致於對我式微偏安的中華民國政府，則更不在日本當局的眼中。不久前池田勇人在新聞記者招待會中，曾公開的譏笑台灣對反攻大陸無望的輕視之語。今又為了進一步向中共獻媚，硬將一個投奔自由的周鴻慶強指成為是在日「逾期居留」而將其遣返中共大陸，希望以此來求得中共當局的青睞。更公然在周鴻慶留日期中，不讓周鴻慶有一次公開招待新聞記者的機會。更不讓我國在日外交人員與周鴻慶有所接觸，而竟將其交與日本親共團體之手。讓中共在日本特務能有機會向周鴻慶施行威脅利誘，終於在不明不白的當中將之遣返大陸。此種不顧國際公法，違反人道主義的荒謬措施，日本當局居然幹得出來！其心目中當然早已視中華民國政府如無物！其用心之險惡可想而知了。

在此情形下，如果我們的政府當局還說得上「有種」的話？應立刻下令駐東京大使館下旗歸國。立即與日本斷絕邦交，才是有骨氣的政府當局理所當為的明智之舉。

但是，我們的政府並沒這樣的強硬做法，除了指示外交部發出一個軟弱無力官樣文章的聲明外，更提不出一個對抗的步驟來。枉費了我們台灣人民及海外輿論對政府支援的熱忱，正所謂「一船上人不得力，岸上人掙斷腰」。政府的外交政策和手段如此的軟弱無能已至於此！能不使人浩嘆。

其實對日絕交，並不算是一件了不起的大事。以高棉數百萬人口的國家，為了發覺美國中央情報局在其國內有「陰謀顛覆」的行為，居然不長美國的強力，也能立刻宣佈與美斷絕邦交。無他；施漢諾王子領導的高棉政府有種和有骨氣而已。難道說，素以反共建國為己任的蔣介石總統，尚不及施漢諾王子的雄才大略嗎？我以為政府雖然退居台北。還擁有第一流裝備的六十萬大軍。萬一不幸將來就演變到要對日宣戰，在我們愛好自由的人民看來，也算不了一回事，何妨對日先來一個絕交呢？何況絕交並不是宣戰。宣戰可能要慎重考慮，絕交又何必多所顧忌呢？

根據東京消息傳來，當日本政府決定將周鴻慶遣返大陸消息傳出後，由於台北各界人民的反日情緒高漲，當時日本政府方面還感覺到有些為難。為了平息台北人民的憤怒，還有要想請他們退休了的元老吉田茂赴台向中國政府解釋一番的擬議，說明日本政府有不得不將周鴻慶遣返的苦衷，要求我政府和人民加以諒解之意。後來見我政府表現出來的手法軟弱無能，日本方面也就中止了吉田茂訪台之行，同時池田勇人也還在等候他的大老闆——美國對中日糾紛的臉色行事。後來某美國通訊社傳出消息，美政府對中日為了周鴻慶事件的爭執無從中調解的意願。這一來，更增長了池田勇人對台北的輕視。更留下吉田茂不遣了。

照理來說，美國政府對中日此一糾紛是不能放手不問的。如果中日眞走到絕交之途，對美國在亞洲的兩個前哨反共據點來說，是非常有害的。但美國何以至今仍袖手旁觀呢？據有識之士指出，可能是美政府已看清了我政府當局沒有與日斷絕邦交的決心所致。

如此說來，像我政府當局的軟弱無能，對日本尚且如此，又怎能為自認強大無比的美國所重視！無怪我國在國際上，無處不吃大虧，無處不受人欺負，更無怪美國國務院副國務卿希斯曼要大開與中共妥協之門，法國的戴高樂總統也要與中共建立邦交，日本隨之而對我輕視，又何足為怪呢?!

唐榮公司每況愈下

見微

（高雄通訊）曾經政府不顧輿論的猛烈抨擊，斷然引用國家總動員法予以大力支持的唐榮公司，自改為省屬公營事業後，已三易總經理，但業務狀況仍每況愈下，本月七日，省議員張富、黃奇正等在省議會提出質詢，指出該公司的資本額為一億五千萬元，但前兩任總經理已虧損了八千餘萬元，超過資本額半數以上，至今還不召開股東大會處理，他問建設廳長林永樑：「如此拖延下去，將來如何收拾」？張富議員又說，「唐榮公司雖然虧損如此之大，但該公司的新年度預算，仍編列盈餘二萬元，簡直可笑之至」，他要求政府嚴予監督。

建設廳長的官腔

林永樑答稱：「唐榮公司是為公營事業，其虧損應由投資的金融機關，對於它本身事業統籌計算，因此，省府本身不列在歲出入的總預算上，省府目前所行使的指揮監督權，是命令各該金融機構股東代表人來行使，這是合法的。又該公司經營情況未臻理想，虧損甚巨，應依公司法規定，飭知該公司董事會依法召開股東會，提出報告，現省府已將該公司所擬改進辦法一併轉請行政院核示中。」政府為了唐榮公司曾花費鉅額的公帑，更不惜為該公司創下許多惡例；但主管該公司的建設廳長卻祇是以飭知該公司提出召開董事會，提出報告；並將其所擬改進辦法呈請行政院核示了事，毫無半點責任感，這正是今日台灣的官場本色。

總經理說要裁員

唐榮公司總經理蔡勁仁則向省議會報稱，該公司已決定裁汰冗員，以節開支，凡是不能勝任的職員，將予裁汰，雖然此事在執行時，不免要遭遇困擾；但該公司將不顧一切，認眞去做，並已要求省府派員協助執行。話雖如此說，但能否見諸事實，顯然是大有問題的，因為該公司的所謂冗員，尤其是那些支領高薪的顧問，都是特權階級，監察委員曾一再向該公司索取名單亦不可得，恐怕蔡勁仁如果眞要將他們裁汰，結果還是他自己先被淘汰吧。

主秘自殺

又訊，唐榮公司主任秘書江叔安於最近忽然自殺，外間盛傳乃由於移交不清。據說蔡勁仁在答覆省議員的詢問時說，江是一位好人，由於責任心重，工作過於緊張，到任不久，精神就不大正常，他到目前為止，還沒有發現江有移交不清的情事。至於究竟因何要自殺，他也不了解。

唐傳宗要求發還

由於唐榮公司的每況愈下，唐傳宗即乘機活動，企圖捲土重來。他連日除向立法院，監察院等有關機關請願而外，並發表談話稱：「舊唐榮公司及唐家私人所有工場宿舍用地九一、二〇五坪中，經中國生產力中心調查估價，其可能成交總值為一億三千五百五十萬元，但事實依照此查定標準而升值作價者，不過三四九四五坪，尚餘五六、二六〇坪土地，不但未予升值，且被削減七八、八三三、一三六．九八元。」因此之故，他要求政府重新估價，「對舊唐榮工廠工場宿舍用地創減地價七千八百八十三萬餘元，請予恢復升值，並重行檢定舊唐榮公司之淨值，以保物權。」

他又說：「唐榮公司自監時期至曾桐總經理時期的三年間，計虧損一億二千九百九十六萬元。如加上利息，實虧當已超過一億五千萬元。新公司尚未來得及舉行第二次股東大會，便已將資本虧損殆盡，今後仍將每月虧損四百萬元，五千萬元的民股股東對此實不能安心，所以要求發還民營。」

柯慶施慨嘆中共戲劇不受歡迎

綜觀

中共為了實現「戲劇要為政治服務起見」，曾限令各地禁演傳統劇，必須上演所謂現代劇。為此，中共華東局還曾於去年十二月廿五起在上海舉行包括山東、江西、江蘇、安徽、浙江、福建、及上海、南京、福州、濟南等十省市十六個現代劇團的「觀摩演出」。

據柯慶施在觀摩會上發表講演說：「目前有一個值得我們嚴重注意的問題，這就是：有些人，包括一些共產黨員在內，熱中於資產階級封建階級的戲劇。對於反映社會主義革命和社會主義建設的生活和鬥爭，反而缺乏興趣，缺乏熱情。近幾年華東地區有的話劇團在一九六〇年上演的現代劇，只佔全部劇目的百分之七，一九六一年佔百分之十七，一九六二年連一個也沒有了。有的話劇團在一九六一年和一九六二年兩年裏，連一個現代戲劇也不演，有的話劇團還一度上演了不少宣傳封建主義和資本主義的戲」。

柯慶施還慨嘆的說：「資產階級思想，封建階級思想，是阻礙和破壞社會主義經濟基礎的力量。這些東西泛濫起來，就會發展資本主義，就會破壞社會主義，就有反動復辟的危險」。「有些人，特別是還有一部份共產黨員幹部，對此不痛心，不干涉，不阻止，不反對，甚至還去找理由去替它辯護，豈不是咄咄怪事」！

我們曉得柯慶施是毛澤東的重要親信之一。也是中共佔領大陸後竄紅的一個共黨高級官員，十三年前中共攻佔大西南時，他曾在中共第二野戰軍工作，隨後調上海工作，現在已是中共中央政治局委員兼中共中央政治局華東局第一書記，是中共華東黨政軍的最高負責人。他在這十省市戲劇觀摩會的慨嘆，絕不偶然，必定是他所說的這些現象早已在整個華東區反映出來了之故。

事實上，這現象也不僅反映在華東區，而是反映在整個大陸的一切戲劇上的。

我之所以說這是一種「反映」，是對柯慶施所說的這一現象作進一步的指出和分析，因為大陸人民及共黨幹部之歡迎封建劇戲，不愛中共的現代戲，並不是因此足以導致「反動復辟」，相反，這正是中共目為「反動」的那些意識早已普遍存在的反映。而這種「反動」意識之存在，甚至普遍存在則更是中共政權以及馬列主義思想完全不受歡迎的暴露。因為某些戲劇之受不受歡迎的這件事，並不是孤立的。尤其當中共把戲劇當作一種重要的宣傳武器時，它所表現的受不受歡迎，就恰好正確的反映了人民乃至一部份共黨員的真正意向了。所以，表面看來，人民對戲劇的傾向如何，似乎是一件不甚重要的事情，實則它在反映今日大陸的民意方面，則非常有價值哩！

大陸簡訊

藍鳥

中共特務陪周恩來訪突尼斯

周恩來訪問阿聯之後，再訪阿爾及利亞，與摩洛哥，由摩洛哥轉訪阿爾巴尼亞，並在阿爾巴尼亞過年，又再於一月九日到突尼斯訪問了。

突尼斯也只是一個小國，全國面積只有十二萬五千多平方公里，人口也只四百萬。不過，位居北非，扼地中海咽喉，農產尚豐，尤盛產橄欖油。它在一九五八年已與中共簽過貿易協定。此次周恩來訪突，據中共新華社說：「陪同」的人除陳毅外，尚有中共國務院外事辦事室副主任孔原，外交部副部長黃鎮，國務院總理辦公室主任童小鵬，外交部部長助理喬冠華，外交部西亞非洲司司長王雨田，外交部新聞司司長龔澎，外交部禮賓司司長俞沛文，對外貿易部副局長劉希文，外交部辦公廳副主任王凝，公安部副局長李樹槐。

從上述新華社所宣佈的「陪同」訪問名單看，中共公安部高級特務王樹槐竟亦赫然在內。查周恩來此次出外訪問，隨員共達五十人之多，可見其中中共特務尚不止王樹槐一人。周恩來之所以由中共特務陪行，照顧安全，固然是一個理由，但嚴密防止出外訪問人員伺機投奔自由，嚴防他們在各該訪問地請求政治庇護，同時，又在訪問各地搜集情報，收買和佈置情報人員，也都是他們的主要任務哩！

中共與敘利亞開放長途電話

據中共「中國新聞社」一月八日北平電：「中國和敘利亞兩國主管電信部門通過友好協商，就建立北京——大馬士革間直達無線電報電路達成協議。直達電報電路自一九六三年十二月廿三日起開放公衆業務，直達電話電路自一九六四年一月六日起開放公衆業務」。

所謂「開放公衆業務」之說，當然是騙詞。須知大陸人民與敘利亞人民之間是沒有什麼民間公衆業務的。而中共卻將它的電訊交通伸到敘利亞，不過說明中共已對中東具有滲透野心，企圖通過這種直通電話今後便於從事特務工作而已。

中共北平副市長吳晗被清算

吳晗是中共北平市掛名的副市長，他之所以被任為掛名市長，是因中共欲以此一被目為史學家的「民主人士」來裝點中共的獨裁場面，但最近也終在思想上被清算了。

被清算的原因，據中共報紙說是因為他向來認為大陸必須「批判的繼承」過去的道德則。但中共最近出版的「哲學研究」等刊物，都認為「必須堅決摒棄封建道德，徹底埋葬，絕不能繼承」。還些攻擊他的報刊並說：「忠孝節義是麻醉人民的毒素」，「孔子孟子岳飛文天祥等也只在歷史上有一定作用」「他們的道德，畢竟不是勞動人民的道德」云。

毛澤東接見中共八個會議人員

自赫毛衝突尖銳化之後，毛澤東已越來越多的抛頭露面了。茲據一月八日中共新華社說「中國共產黨中央委員會主席毛澤東以及黨和國家其他領導人劉少奇、鄧小平、彭真、李富春、薄一波、羅瑞卿、楊尚昆等，今天下午接見了出席中國人民解放軍全軍政治工作會議，全軍後勤工作會議，中國人民公安部隊幹部會議，全國工業交通會議，全國省市自治區工會主席會議，全國職工業餘教育工作會議，第一機械工業部工廠設計工作會議，成套設備工作會議的全體人員」。

值得注意的是共軍政治工作會議，共軍後勤會議及執行特務工作的中共公安部隊幹部會議近年都頻頻在北平舉行，而且每次均由毛澤東親自接見。可見共軍內部的問題確已越來越多了。

中共內部密件說少數民族反共

在中共內部發行，且只允許「團級」以上幹部始能閱讀的一份通信小冊，最近曾在檢討「民族工作」時透露：在一九六三年國內各少數民族地區均曾有反共破壞活動發生。其中尤以雲南，貴州，西藏，新疆和青海等省和自治區最嚴重。

據該小冊子說：在雲南南部的少數民族地區，狙擊中共幹部的反共活動曾普遍發生，僅佧瓦山區的佧瓦族，去年就曾發生三十幾次反革命活動，被狙擊而致死傷的共幹達三百餘名之多云。

該通信小冊又說西藏仍有反共游擊隊，一般藏民均極仇恨共幹。而新疆的反抗活動則以集體性為多，其中尤以維吾爾族及哈薩克族的反動性較大。

該通信小冊並說國內少數民族中之一部份反革命破壞活動，係受「國際反動份子和現代修正主義者」所挑撥或策動云。

僑鄉近訊

鍾之奇

廣州兒童公園收費太重

中共時常在它的報刊宣傳它們正在為兒童謀幸福，並又常對廣州的兒童公園的設備加以渲染。但西洋鏡終於被中共自己的報紙拆穿了。原來所謂兒童公園不但設備簡陋，而且巧立名目，收費極重，遂使貧病交迫的僑鄉兒童均為之裹足不前。

對此，最近中共羊城晚報曾以讀者投書方式揭露廣州兒童公園的真象說：「我和兩個孩子三個全得買票。於是，進門是三個三分錢，瞧瞧哈哈鏡，又是三個三分錢，看猴羊蛇聯合展覽還得三個五分錢」。「兒童公園是兒童的校外活動機構，管理費精打細算，使門票的收費降得更低一些，改變掉那種重重收費現象看來是應該的」。

其實，兒童根本沒有錢，因此，兒童公園根本不應該收費才是。收費是資本社會的玩意兒，中共既標榜共產主義，又誇稱為兒童謀幸福，結果樣樣要錢，重重收費，這不但拆穿西洋鏡是謊言，而且可見中共連兒童也實行剝削了。

寶安迫使漁民推行生產競賽運動

魚是可以換取外滙的重要物資之一，故中共多年來一直在千方百計剝削漁民，加強漁民之勞動強度，以達中共增加魚產之目的。

茲據廣州共報透露：中共已在廣東省沿海之寶安等縣「展開了隊與隊船與船，人與人之間的生產競賽運動。勤出海，多下網，每週出海多至七天，一。又說「組織社員和家屬參加修船和運輸木材等工作，以及實行舊網代竹麻了，廢機油代桐油，舊釘翻新的辦法，總共節約了四萬五千多元的開支，解決了人力資金及物力不足的部份困難」云。

從上述共報所說，可見不止中共目前正在用加強勞動強度的比賽方式，壓搾漁民，另一方面，則又暴露中共的漁業設備至今仍在「人力資金及物力不足」的困難中哩！

廣州人民結婚用龍鳳禮餅也受批評

由於中共近年曾向大陸飲食業強調要發揮和恢復食品的傳統特色，所以廣州餅食店最近特地經售傳統的「結婚龍鳳禮餅」。但卻未料得因此引起廣州共報對它進行嚴厲而尖銳的批評，指責「龍鳳禮餅」的封建味太重。廣州共報說：「結婚龍鳳禮餅與我們的時代太不相稱」。羊城晚報還說：「買賣婚姻制度已經不容存在於今天，對這種東西因循守舊，念念不忘以至「當作傳統」，實在是不應該的」。

其實，這不是「當作傳統」，而確確實實真正是傳統。因為這種傳統的目的在勉勵男婚女嫁，大家要慎重和諧，不可苟且馬虎。故不但今日海外華僑對此傳統極端重視，僑鄉同胞亦對此極端重視。但中共卻指為封建，又責僑鄉人民對此「念念不忘」，然則真要推行一杯水主義嗎？

中共正在廣東推行五好運動

五好運動是中共最近在大陸正在普遍推行的又一玩意兒，這玩意兒現刻正在廣東各地推行。

所謂五好，據共報解釋，就是「勞動好，工作好，執行政策好，紀律作風好，學習好」。

為了推行這所謂五好運動，中共又一如慣例的施行愚民政策，對某些積極份子，尤其對中共政權之鞏固以及對中共之特務工作有貢獻之積極份子，予以「五好」的榮譽稱號。據最近在廣州出版的南方日報所舉的一個「五好」例子說：「倉邊街第二屆委員會治安組長黎雪英，發現一名從香港來的旅客行動可疑，這個人每次來市所用的名字都不同，又與壞份子關係密切。乃及時將情況向公安機關報告，並嚴密監視他的行動，終於協助公安機關抓住了這個特務份子」。從而表揚了黎雪英，並予以「五好」稱號。

另據中共羊城晚報說：去年被中共廣州市公安當局表揚的「保衛地方，捉拿特務，檢舉親人及檢舉香港潛回的特務，共有二千八百零八名獲膺五好稱號」云。

蘇加諾的戰爭、和平二重奏

莊前水

在馬來西亞總理拉曼指責印尼已對大馬「不宣而戰」之際，印尼總統蘇加諾，特於百忙之中訪問馬尼拉；用不着說，蘇加諾當前及訪問菲律賓的課題，仍是他的「對抗大馬」——換句話說，蘇加諾要到馬尼拉來，探討菲國對馬來西亞的態度，以便於他進行下一步「對抗大馬，粉碎大馬」的舉措。

「英空母活動」

環境似乎不大有利於蘇加諾，即使僅從「兆頭」來說。

蘇加諾原定七日下午四時五十分抵達馬尼拉，但結果他延至七時十五分方才到達。菲總統馬卡柏佳，自四時半即已到達機場迎候蘇氏，迄未獲得印尼方面任何變更行期的通知，一直待到七時過後，才接到蘇加諾座機快要降陸的消息。

原來蘇加諾原定是乘坐印尼「加路達」客機來菲，但臨時却變更計劃，改乘總統府的專機。原定自印尼國際機場起飛的地點，也改為自耶加達郊外的軍用機場，並有三架噴射軍機護送。因此而使馬卡柏佳總統苦候達二小時半之久。

蘇加諾這種「行踪詭秘」，據說是因為有英國航空母艦在海外游弋，因而可能有英軍機在他的航線上梭巡；至於在印尼境內的更易起飛地點，是否為了避免印尼國內「反動份子」的窺伺？局外人當不會知曉。但蘇班德里奧印尼外長，坦率承認變更飛航時間，乃是為了「英空母活動」之說。事實上「英機擊落蘇加諾」是不可想像的，但蘇加諾有他的「安全的理由」，也許是「作賊心虛」的緣故？可是，即此一端，已足以象徵，蘇加諾的對抗大馬，前途荆棘密佈。

印尼的「皇牌」

在菲律賓，也有對蘇加諾安全不利的謠言。馬尼拉紀事報曾接到一個怪電話，說要採用「奧斯華爾的方式」刺殺蘇加諾。「奧斯華爾式」指的自是甘廼廸遇難之役，由遠處向巡視中的開蓬車中射擊，所以蘇加諾儘管愛出風頭，在馬尼拉也有五天之長的時間，但却不敢乘車出遊市上。為了避免真的有「奧斯華爾」其人，作博浪錐之一擊。

儘管是「草木皆兵」，風聲鶴唳，但蘇加諾為了「粉碎大馬」的雄心，却不能不向馬卡柏佳移樽就敎。蘇加諾的代表團，一行達四十二人，有第一副總理（因蘇加諾自兼總理，第一副總理即等於總理）兼外長蘇班德里奧，兩名外次；陸軍司令占尼，財長蘇瑪諾，發展部長、農業部長、貿易部長、國防次長等，從在陣容之龐大，及逗留五天之長久，顯示出印尼對會談的重視，及會談內容的必然廣泛。

蘇加諾所以隆重其事，是他認為「有機可乘」。蘇加諾手上所認為的「皇牌」，是「印尼支持菲律賓要求北婆羅洲領土」——因為自從菲律賓與馬來西亞復交談判破裂後，馬菲重歸和好的航路觸礁，而最大的礁石，就是馬來西亞拒絕菲方對於北婆羅洲（沙咨）的領土要求。所以蘇加諾認為，利用菲律賓對北婆的領土慾望，也許可能把菲律濱引入「對抗大馬」的共同陣線。可是儘管菲、馬仍在絕交狀態之中，但菲律賓却不乏有識之士，認為不應輕易與鄰邦啟釁。像參院外交委員會主席蘇慕隆，使已預早於蘇加諾抵達之前夕，公開向馬卡柏佳總統提出警告，謂「切不可與印尼成立秘密協議」。蘇慕隆對此補充說：蘇加諾此來，表面為討論經濟貿易，但從各方面報導及情勢判斷，「跡其用心」，似欲拉攏菲國加入印尼「對抗大馬」的聯合陣線；倘若如此，「實有悖於不以武力解決國際爭端之非國國策」。蘇慕隆又說：印尼若認為馬來西亞乃所謂殖民地國家，他儘可向聯合國申訴以求解決。蘇慕隆的地位，和他振振有辭的說法，不啻予蘇加諾以當頭棒喝。

議員「警告」總統

蘇慕隆的警告，獲得了當局迅速的反應。因為他既是參院外委會主席，又是反對黨國民黨員。政府當局，似乎恐怕他的指責——蘇加諾此來，會把菲律濱導入戰爭——會獲得國民的入信，而引起對執政黨的不滿。所以翌日外交部羅培茲即行公開招待記者，說菲律賓「決不與印尼簽訂秘密協定」。所有會談，均將係公開的。

這麼一來，似乎杜絕了蘇加諾引誘「瓜分北婆」的企圖。但接近反對黨的記者們還不肯放過，他們要自印尼貴賓的口中，迫出話來。

某記者在機場問蘇班德理奧說：印尼是否有意鬆弛「馬菲印尼」三國的關係？蘇班德里奧說：我不知道，我們需要和平，但英國武裝過於傲慢，我們永遠不為英國武裝所嚇倒，假如英國以為我們將服貼承認某種強加的方案，則此事永不會發生。不過，我們並非戰爭販子，蘇加諾總統將與貴總統試圖檢討此項僵局，但我總統之意，主要乃在兩國工業貿易方面之經濟安排。

「印尼是否試圖使菲律濱在經濟上與印尼共同對抗馬來西亞？你以為印尼的對抗政策成功了嗎？」

「我以為是的。是否成功，你們可以判斷」。

蘇班德里奧否認與菲律賓加強經濟聯繫，「並非因為與星加坡斷絕貿易的緣故」，但却不諱言企圖拉攏菲國在經濟上對抗馬來西亞。這一說法顯屬予盾。實際上印尼不但斷絕與星加坡而且即將斷絕與香港之貿易，耶加達已禁止印尼人前赴香港。因此印尼正亟欲尋覓其另一出入口貿易的轉口港，目標港是菲境的宿霧。而希望以一些經濟的利益，把菲律賓拉緊。

要「驅逐」美國艦隊

經過三天在菲總統府的會議，據官方的透露，雙方已達成幾項原則的協議：（一）印尼不要求菲律賓參加對抗馬來西亞。（但印尼本身的對抗則不放棄。）（二）印尼支持菲國對北婆領土主權的要求。（三）印尼將不要求第三國參加對抗行動。據說：協定認為「復活馬、菲、印尼聯盟的目前障礙」並非不可克服者，從而他們希望馬來西亞重返此一「三國聯盟」，「只要她擺脫了英國的支配」。他們還強調不但將來可與大馬聯盟，並且希望泰國、寮國、高棉、緬甸等，也有機會加入。

羅培茲與蘇班德里奧已會同草擬協定，將由馬卡柏佳與蘇加諾批准後公佈。從協定三原則看，相當空泛。但由於菲律賓方面在開始即宣佈「不願參加對抗」的立場，印尼也只好聲明「不要求參加對抗」，俟徐圖之。但據說馬卡柏佳總統會經力勸蘇加諾，不要造成緊張局勢影響這一區域的安全。終於達成第（三）項「印尼不要求第三國對抗」的協議。這却是菲律賓和緩局勢努力的成功。因為一般認為，印尼若欲與大馬及英國作戰，勢必從共產集團中的任何一國，獲得強有力的撐持。

馬尼拉會談的結果，對蘇加諾自是不能滿意。而菲總統的立場也獲得國人的讚賞。但在會談中同時，印尼武裝又第二次襲擊北婆的斗湖，印尼共黨頭子艾廸地，却在耶加達大會上，呼籲，「粉碎大馬」，把美、英艦隊驅出印度洋」。這可以說是蘇加諾的戰爭、和平二重奏。·馬尼拉通訊·

泰新政府前途光明

屠里

泰故總理乃沙立逝世後，受命繼任總理的乃他儂將軍，雖然自稱是「一介軍人」，但很顯明地表露出，他是具有高度的政治才幹，和豐富的政治經驗。他在受命之日，便立刻發表聲明：泰國對國內外政策，均將循前任總理乃沙立的既定原則而無所改變。他又稱：泰國將堅定保持反共立場，並繼續推行六年計劃，以發展經濟，安定民生。——祇看乃他儂上述的簡短聲明，便可以知道他的智慧是何等的偉大。

自乃他儂的新閣組成後，曼谷方面的接近官方人士都認為，這個政府的組織，有若美國的詹森繼甘廼廸出任總統，一切都「蕭規曹步」，詹森繼任總統之日，也是聲明美國的對國內外政策也不變的，現在乃他儂也是走詹森的方式，藉以保持安定的局面。此種說法，大部份是對的，但仍畧有不同，原因是詹森受命於變起倉卒之際，而乃他儂之繼任總理，是在乃沙立久病逝世之日，政權的轉移，從容不迫，他是有時間考慮改變乃沙立的政策的，可是他却依然不予改變，足見他對乃沙立的政策相當了解，並認為乃沙立的政策完善，對外交方面，可獲更順利的發展，對內政方面，也可期在安定中使國家經濟獲致更大的成就。因此，一般都相信：泰國新政府的前途定必光明。

新政府的內閣人選，大部份是乃沙立的得力人員，這顯示出乃他儂對舊人也相當信任，並表露出其本人繼續推行乃沙立未完成工作的決心。乃他儂這樣幹是很明智的：泰國年來經濟發展順利，政治局面安定，人民生活提高，這一切都是前任總理乃沙立的政績，也就是前任政府努力的成果；乃他儂為着使這成果再發揚光大，遂堅定地使其新政府繼續推行舊政府的政策。

泰國這幾年在「經濟第一」的原則下，特別重視農業的發展。據國家發展部長乃樸報告：六年經建計劃係始於一九五九年，預定一九六五年結束；實行三年後，部份計劃已完成，但仍有部份計劃尚待繼續推進。為適應國家發展需要，有些計劃將予改變或修改，有些計劃則須予擴大。全部經建計劃大小約一百八十項，最重要者為公路建設計劃，該計劃將可獲得外國資助推進，完成這計劃後，則全泰各地均可通車，城鄉交通情況將完全改觀，物資交流通暢，當然對經濟發展有很大的幫助。——這項計劃，新政府刻是在努力推行中。

這是無可諱言的事實：泰國本身資力是有限的，在經濟計劃推行中，當然需要外國的經濟援助。至一九六五年期內，預計將需向外國貸款卅八億銖，另須獲得經援十五億銖。欲完成這願望，當然要靠外交政策的推動。今新政府既依照乃沙立的外交內政政策，則期望達成上述的目的，決不會是一件難事。

泰國自一九五九年起，即已進行「一年二造」計劃，以增加稻穀產量。這計劃，新政府亦在努力推動中；一般相信，必能獲致符合理想的成果。

泰國新政府對於外國投資發展國際貿易，也備極注意；據目前所獲悉，外國投資於泰國的，已接近百宗，總資金達十五億銖。不少外國的資本家，都認為泰國是東南亞地區中最合投資理想的國家之一。至於國際貿易方面，新政府亦已決定派出代表團赴歐洲中東開拓銷場。

泰國的國民經濟和生產，在新政府的努力下，確已逐漸改善，逐漸擴大；以其目前的蓬勃的情形來看，是很可樂觀的。若再假以時日，新政府將更有機會把政治再進一步改革得更有效率。可以肯定地說：新政府前途一片光明。

至於乃他儂個人，是廉潔自持的，是具有誠實美德的，國際人士都對他很表崇敬，很有信心。同時，他也具有堅決的反共志向，美國政府對他尤抱好感，並表示決予以大力支持，使泰國經濟發展。——顯然，乃他儂領導下的新政府將可以獲得更大的成就，而安定地成為東南亞反共力量的一大支柱。

神話中的黃帝（七）

徐亮之

這才是名符其實的所謂「黃帝之宮」。不過，這宮城內部究竟神秘得不可思議到什麼程度，卻是我們今日所不能知道的事，也是我們將來所永遠無法知道的事。我們今日所獲的一鱗半爪的材料，都只不過關於外城的表面記載罷了。根據這些材料，我們知道每座大城都有一口玉石欄檻的大井（二二）；井水之美，天下無匹（二三）。我們知道：每座大城都有九面，每面都有城門，都由虎體、人面、九個頭顱而永遠注視東方的開明獸把守。同有守城責任而崗位在開明獸西邊的，是美麗的鳳凰和鸞鳥，卻都頭上頂着盾牌和蛇，脚爪底下也踏着蛇，胸脯上更纏掛着一條紅色的蛇。此外，在開明獸北邊，是無數珍貴的樹林、天然食料和飲料。就樹林說：裏面有沙棠、柏樹、璇樹、珠樹、不死樹、文玉樹、玗琪樹、琅玕樹。琅玕樹更特別派了名叫離朱的三頭人守在服常樹上監護。離朱的三個頭顱永遠是輪流休息的，永遠是有一個頭腦清醒的；因而樹上的琅玕，永遠不會有被盜被竊的機會。就天然食料說：屬於蔬食的，有長五尋大五圍的木禾，一顆米凡人三天吃不完。有聖木，只消一吃它的果實，愚人也會變成哲學家。屬於肉類的有「視肉」，乃形如牛肝，上有兩眼，由地裏長出而永遠割吃不盡的自然肉。就天然飲料說：有甘水和醴泉；前者是芳甜沁人的清泉，後者則是香醇無上的美酒。而所有崑崙丘中的天神們，便是在這樣的嚴密保護與神秘供養下自由自在地生活着（二四）。只有挾有不死藥的巫彭、巫抵、巫陽、巫履、巫凡、巫相六位，帶着被貳負臣所殺而他們所活的窫窳，是住在開明獸的東邊；則大概是為了便於收放窫窳下弱水，去吞噬企圖偷渡的凡俗人的緣故（二五）。至於開明獸的南邊，除了為視肉的產區外，主要乃城中動物園的所在。那兒鳥類有豹鳥、誦鳥、白鶴、青鵰和黃毛紅爪六頭的鸞鳥等；獸類有蛟、蝮、蛇、蜼等；此外，便是有一座名叫華池的池子，一些絳樹，和圍繞華池的秩樹（二六）；乃城中最單調不過的地區。這樣看來，黃帝這座主要的下界都城，就氣派說，雖然偉大，壯麗、莊嚴、神秘兼而有之，卻未免只能給人以恐怖的印象，而不能給人以諧和的美感；尤其硬派鳳凰鸞鳥頂盾踐蛇，站崗守衛，不但殺風景，簡直惡作劇，而充份表現其審美觀念的缺乏。宮外情調如此，宮內想必也不會兩樣，雖然我們並不知道實情究竟如何。

那末，黃帝下界的都城如此，天上的宮闕又怎樣呢？這不消說，我們越知道得不多。我們所能知道的只是：他自從取得搶罔政權後，在人間是統治中國的人帝，在天上則是位據中央「執繩而制四方」的天帝（二七）；亦即無論人間天上都是最高的權力者。而也正因為具有這樣的權力與地位，才激起了首相蚩尤覬覦的野心；才演成了下節所述一幕動員範圍遍及人天而規模空前的戡亂大戰爭。

（附註）（一）管子地數篇：「（黃帝）修教十年，而葛盧之山發而出水，金從之，蚩尤受而制之以為劍鎧矛戟，是歲相兼者諸侯九。雍狐之山發而出水，金從之，蚩尤受而制之以為雍狐之戟，芮戈，是歲相兼者諸侯十二。」（二）逸周書史記篇：「武不止者亡。昔阪泉氏用兵無已，誅戰不休，並兼無親，文無所立，智士寒心。徙知至於獨鹿，諸侯叛之，阪泉以亡。」註：「神農本都陳，又都曲阜。榆罔徙于獨鹿，在阪泉之側，因又稱阪泉氏。」按獨鹿即涿鹿，括地志：「阪泉今名黃帝泉，在嬀州懷戎縣東五十六里，東出五里至涿鹿」；故註言獨鹿在阪泉側也。（三）帝王世紀：「炎帝神農氏：在位一百二十年而崩，葬長沙。納奔水氏女曰聽訞，生帝臨魁；次帝承；次帝明；次帝直；次帝釐；次帝哀；次帝榆罔；凡八世，合五百三十年。」（四）史記五帝本紀：「軒轅之時，神農氏世衰；諸侯相侵伐，暴虐百姓，而神農氏弗能征；於是軒轅乃習用干戈，以征不享，諸侯咸來賓從。……軒轅乃修德振兵，以與炎帝戰於阪泉之野，三戰然後得其志。」按阪泉即今察哈爾涿鹿縣。（五）韓非子十過篇：「昔者黃帝合鬼神於西泰山之上，駕象車而六蛟龍；畢方竝鍺，蚩尤居前；風伯進掃，雨師灑道；虎狼在前，鬼神在後；騰蛇伏地，鳳皇覆上。大合鬼神，作為清角。」集解：「有小泰山稱東泰山，故泰山為西泰山。」（六）上引十過篇之「鍺」即「轄」字。急就篇注：「轄、豎貫軸頭制轂之鐵也。」（七）海外南經：「畢方鳥……其為鳥，人面一脚。」西次三經：「有鳥焉，其狀如鶴，一足，赤文青質而白喙，名曰畢方。其鳴也自叫，見在其邑有譌火。」（八）離騷：「後飛廉使奔屬」；王逸注：「飛廉，風伯也。」漢書司馬相如傳：「推蜚廉」：引郭璞曰：「飛廉、龍雀也；鳥身鹿頭。」（九）天問：「蓱號起雨」；王逸注：「蓱，蓱翳，雨師名也。」初學記：「雨師曰屏翳，亦曰屏號。」海外東經：「雨師妾在其北，其為人黑，兩手各操一蛇，左耳有青蛇，右耳有赤蛇。一曰在十日北，為人黑身人面，各操一龜。

友聲集（五七）

秋宵集芷町齋　錫基

奪壘爭墩詫客能，海隈萍聚髮鬅鬙，天教一月迷殘魄，人似初花膂老藤。酒氣醲薰新畫本，古藩深護短燈檠。吾才縱誕邀眞賞，異代歐陽重宛陵。

歲暮懷敬羣　太希

客裏流光盡可憐，每逢殘臘倍淒然。風飄泉列知何世，天動星回復此年。半畝荒園容小住，一庭冷月照無眠。朝來春酒為君壽，心逐飛鴻到海邊。

和太希見懷韻　逌翁

平生蛩駏最相憐，隔海遙知各惘然。試數舊遊纔一瞬，寧論世事已千年。江湖憔悴天方瞶，肝胆輪囷夜不眠。臈鼓聲聲勞問訊，暫開懷抱付吟邊。

遊浮山望大陸　中龍

適成一水隔天涯，北望雲山不見家。十里沙堤行踏盡，孤舟含日傍蘆花。

唐詩偶釋（六四）

鄧中龍

沒蕃故人　·張籍·

前年戍月支，城下沒全師。蕃漢斷消息，死生長別離。無人收廢帳，歸馬識殘旗。欲祭疑君在，天涯哭此時。

首二句直起，為全詩張本；末二句就題結完，為全詩終局。中四句，上聯渾舉說，下聯指實說；上二句概言其情，下二句實指其事。此全詩章法。

歸馬識殘旗，鑄成好句，「識」字尤為畫龍點睛之字。詩中名句，關鍵處每在動詞或形容詞，一字有力，全詩皆活。前已言之，不復贅述矣。「欲祭」一頓，「疑君在」又一折，「天涯哭此時」直下神完，韻味悠然。如畫蘭然，必一筆作數番欹側，作數番脫卸；倘一筆直出，便無味矣。詩中句法之妙，亦復如此。此等詩規模卑狹，牆宇淺平，如溪澗小水，洮洮易盡，一覽無餘矣。其季世之音乎！

張籍字文昌，貞元十五年及第，歷官太祝、秘書郎、國子博士、水部員外郎、國子司業。世稱張司業，其所作詩，流傳至今者，約四百五十餘首。近體詩約三百六十餘首，餘皆為古風樂府。司業以古風見稱，尤長於樂府，白居易讀其詩集，曾賦詩贊之曰：張公何為者，業文三十春。尤工樂府詞，舉代少其倫。為詩意如何，六義互鋪陳。風雅比興外，未嘗著空文。」又姚合嘗讀公詩云：妙絕江南曲，淒涼怨女詞。古風無敵手，新語人是知。其為當時文士推服也如此。司業之古風，誠有其可取處，求仙行、築城詞、賈客樂等詩，布局運詞，導白居易之先路。白氏所作新樂府之末句，幾全類張籍古詩風格，是其明証。然律詩極差，集中五七言律一百餘首，可讀者不逾十首，大率淺陋而無深味。略示數例，可概其餘矣。「共賀春司能鑒識，今年定合有公卿。」（喜王起侍郎放牒）「鄉里親情相見日，一時攜酒賀高堂。」（送李餘及第後歸蜀）「天子親臨樓上送，朝官親出道邊辭。」（送裴相公赴鎮太原）「詩名往日動公卿，首首人家卷裏有。」（送楊少尹赴鳳翔）「會取安西將報國，淩煙閣上大書名。」（贈趙將軍）

中唐以後詩，格本卑弱，尚未見有淺陋至此者。以張籍之才，雖不敢望其能與李杜並駕，亦應可與大歷諸子一較短長，自不致全部近體詩皆作此等淺陋語。思之復思之，余乃別有說焉。籍本與韓愈善；少年浪蕩江湖，「略無相知人。」（張籍祭韓愈詩語）北遊偶遇，賴韓公「盛語相稱明」，乃得「名因天下聞」。韓公為古文運動健將，其於詩亦主不落凡人窠臼，是籍之所以故作淺近語，殆欲以掀起詩界革命，而為韓公作桴鼓之應也。然乎？否乎？是則為研究詩學發展所當注意者也。

陳風子治印

陳風子，別號瘦翁，浙江杭州人，鑽研金石文字凡數十年，為西湖西泠印社得前輩大家家法最深之浙派後人。本報今後將逐期刊載陳氏作品，以饗讀者。

江南春色獨佔先

普門侍者　法門無量誓願學

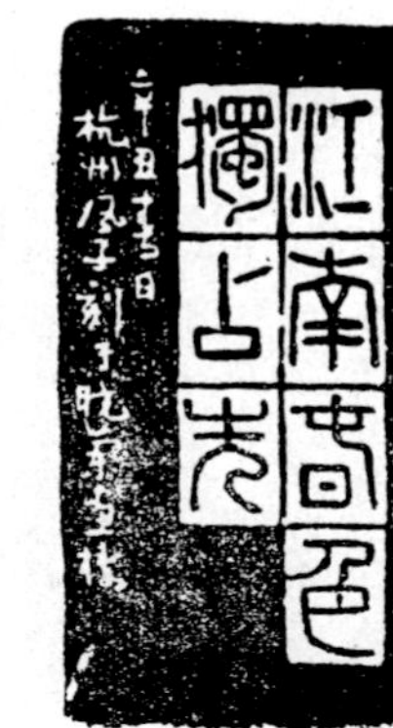

中國現代史資料評介之十四

左舜生

梁任公先生年譜長編初稿（九）

（D）任公在清末民初的言論（上）

保皇派自庚子年經過『自立軍』失敗以後，從此便不敢採取任何暴力行動。任公於此一役無所成就，即於是年八月，往遊澳洲，歷時約半年以上，而於次年四月仍返回日本。此後除光緒二十九年曾一度遊歷美洲以外（著有『新大陸遊記』一書），殆即傾其全力以經營報紙。

任公辦報，托始於光緒二十一年『強學會』的『中外紀聞』（任公自述稱此報爲『中外公報』，『年譜長篇』亦沿用公報一名，但戈公振『中國報學史』及張靜廬『中國近代出版史料』均作『中外紀聞』，似較可信。）其時北京尚無鉛字與印報機，僅用粗木雕版，日出一小張，隨『宮門抄』附送，每日由任公或麥孟華撰短文一篇，內容非常簡陋。出版在是年的秋天，是年冬，即與『強學會』同被封禁。據說印數也居然到達了三千份左右。

光緒二十二年，任公應黃遵憲，汪康年之招到了上海，乃利用上海『強學會』餘款，有『時務報』的創刊。每十天出版一次，每期二十餘頁，約三萬字，用連史紙石印，每冊收費一角五分。名義上雖由任公與汪合辦，但撰文，改稿，編輯，校對，實由任公以全力支撐。『時務報』第一期出版於二十二年的七月初一，任公以次年十月始離開上海到長沙時務學堂講學。計任公由二十二年三月到達上海，他這次留在上海的期間約在一年半以上，除以全力爲報紙工作以外，關於朋友的交遊也以這一時期的方面爲最多（參看拙著『中國近代史四講』P. 108-110）。任公所著『變法通議』及『西學書目表』兩書，便分期在『時務報』上發表。該報既銷行到一萬份以上，因而梁啟超的大名也爲舉國所周知，在戊戌前後『康梁』之所以並稱，這與他在上海辦報和在長沙講學是有相當關係的。雖然如此，可是任公在光緒二十七年寫『清議報一百冊祝辭……』一文的時候，他自己對『時務報』乃大表不滿。他說：

『時務報』起，一時風靡海內，銷行至萬餘份，爲中國有報以來所未有，舉國趨之，如飲狂泉。作者當時，承乏斯役。雖然，今日檢閱其舊論，輒欲作嘔；覆勘其體例，未嘗不汗流浹背也。夫以作者今日之學識、思想、經歷，其固陋淺薄，不足以當東西通人之一指趾，甚明也，則數年前之庸濫悉謬，更何待論；而舉國士大夫，乃嘖嘖然目之曰：此新說也，此名著也，嗚呼傷哉，吾中國人之文明程度，何低下至於此極也！」

任公生平治學以日新爲務，對他自己所印行的著作，從來不曾在事後表示如何的滿意；甚至在他晚年寫『清代學術概論』的時候，也依然不惜對自己的思想，學力加以嚴格的批評，我覺得他這種精神，確實是今天的學人所值得效法的。

『清議報』也是一種旬刊，以光緒二十四年十一月出版於日本的橫濱，其經費係僑商馮鏡如，馮紫珊，林北泉等募集。在第一期上，任公有叙例一篇，說明『清議報』的宗旨有四：『一、維持支那的清議，激發國民之正氣；二、增長支那人之學識；三、交通支那日本兩國之聲氣，聯其情誼；四、發明東亞學術，以保存亞粹。』這大概多少帶一點還就環境敷衍日本的意味，進入『新民叢報』，『國風報』，『庸言』的各時期，任公便斷然不會這樣說了。現在在各地書店還容易買得的『戊戌政變記』，以及『飲冰室自由書』等，便都是任公在『清議報』上分期發表過的。

『清議報』繼續了三年，共出了一百冊，到二十七年的十一月，始行停刊。

繼『清議報』而起者爲『新民叢報』，創刊於光緒二十八年的正月，每月一日十五日各發行一次，實爲一種半月刊。同年十月，更有『新小說』雜誌出版。計任公所辦之報，以『新民叢報』支持得最久，蓋自創刊後至三十三年七月停刊，實延續了五年有半；而任公生平言論所生的影响，也以『新民叢報』爲最大，尤其以三十二年與『民報』討論君憲與革命的一場大辯論爲極有關係。任公自己在『清代學術概論』有一段提到『新民叢報』和『新小說』的話；「……自是啟超復專以宣傳爲業，爲『新民叢報』『新小說』等諸雜誌，暢其旨義，國人競喜讀之，清廷雖嚴禁，不能遏。每一冊出，內地翻刻本輒十數，二十年來學子之思想，頗蒙其影响。啟超夙不喜桐城派古文；幼年爲文，學晚漢，晉，魏，頗尚矜鍊；至是自解放，務爲平易暢達，時雜以俚語及外國語法，縱筆所至不檢束；學者競效之，號新文體；老輩則痛恨，詆爲野狐。然其文條理明晰，筆鋒常帶情感，對於讀者，別有一種魔力焉。」（見『清代學術概論』P. 141-142）

黃遵憲對『新民叢報』也稱許備至，他在二十八年四月有一封寫給任公的信上說：

「『清議報』勝『時務報』遠矣，今之『新民叢報』又勝『清議報』百倍矣。（原注：如『清議報』所載『國家論』等篇，理精意博，然言之無文，行之不遠。計此報三年，公在館之日少，此不能無憾也。）驚心動魄，一字千金，人人筆下所無，卻爲人人意中所有，雖鐵石人亦應感動，從古至今文字之力之大，無過於此者矣。羅浮山洞中一猴，一出而逞妖作怪，東遊而後，又變爲『西遊記』之孫行者，七十二變，愈出愈奇，我輩豬八戒，安所容置喙乎？惟有合掌膜拜而已。」（見任公年譜長編 P. 150 所引。）

憶陳果夫先生（五二）

宇人

我向劉健羣說，「據我所得到的確息，CC已決定以程天放爲副院長候選人。總裁的提議，顯然是接受CC的建議。他們知道我們支持童冠賢，由於很多北方籍的立委都希望選舉一位北方籍的同人爲院長，童當選的可能性很大，所以抬出與他同省籍的李培基來分散他的選票。至於他們仍推你爲副院長候選人，也並非好意；祇是企圖藉此來拆散我們的聯合陣綫。因爲如果我們照着中常會的決議去做，李培基自然穩獲當選，你却將失去民主自由社的支持而無法與程天放競爭。李培基現在陷身共區，一時自不能再回到立法院，程天放就可以順理成章的代理院長。依我看來，不但民主自由社方面將拒絕中常會的決議」，即新政俱樂部的同志也不會接受的」。他聽了我這一番話之後，仍半信半疑。我促他立即趕來華僑招待所開會，如認爲必要，可將他的意見向大家提出討論。」

接着，參加開會的其他朋友，也有多人接到電話，得知中常會的決議，劉健羣到後又作了一番報告。果不出我所料，大家都認爲不能接受，並決定以投票方式另選一位院長候選人。在投票之前，我顧慮到童冠賢很難獲得過半數的選票，因提議以得票較多者爲當選。我說：「現在前方戰事已十分緊急，實在沒有很多的時間來進行選舉。因此，我提議選舉院長候選人以投票一次爲限，如有人能獲得出席人數過半數的選票，固然很好；否則即以得票較多者爲當選。反正，祇要是我們的朋友。誰做候選人都是一樣。」並强調無論何人當選，大家均應一致支持，以免分散力量而爲CC所乘。當經無異議通過。在投票時，王化名走來我的旁邊，出示他的選票，藉以証明雖然有若干東北籍的立委支持他，但他所選的仍是童冠賢。開票結果，童冠賢得票還不及出席人數的五分之一，王化名也祇得十餘票，其他的人得票更少，因而童仍以較多數當選。

童冠賢被確定爲院長候選人後，我們檢查在京的立委人數，認爲已可獲勝，乃於次日商請一位平素不大爲CC所注意的立委向院會提出一個臨時動議，主張於第二日舉行院長副院長選舉。CC方面因爲與他們有關的立委尚多仍未趕回南京，堅持異議。辯論後提付表決，臨時動議卒以過半數的贊成獲得通過。當晚，雷震自告奮勇，邀請民青兩黨的八九位立委在中央飯店闢室餐叙，爲童冠賢劉健羣爭取兩黨的選票，約童劉兩人和我參加，童因預有他約未到。席間兩黨的立委均表示願意支持。但未及終席，侍應生進來向劉健羣說，他家裏有人在外面找他談話，劉健羣出去不一分鐘即回來向我們說，因家有要事，必須先退，請大家原諒。我當時並未介意，仍繼續與民青兩黨的立委交換意見。後來，侍應生又進來向雷震說，外面有人找他說話，雷應聲而出；回來後面有不愉之色。我雖然感到其中必有緣故；但不便探詢。直到散席後，雷說送我回家，邀我坐他的汽車。在車上，他問我：「你猜，剛才在中央飯店找我的人是誰」？我說，「我怎能猜得到」？他說，「是劉健羣」，我問以「劉健羣既然回到中央飯店，爲何不進入我們吃飯的房間」？雷說，「他剛才稱說有事必須回家，原來是總裁找他。他去見總裁後，竟向報告我在中央飯店宴請民青兩黨的一部份立委，爲童冠賢和他助選，總裁吩附他立刻趕來告訴我不應違反黨的決議；並要我轉告民青兩黨的立委：兩黨既然與國民黨合作，就應一致支持國民黨中央所提的候選人。我一片好心爲他助選，他却向總裁告我一狀，眞是豈有此理」！雷震言下不勝憤慨之意。我當時也大爲驚異。但因時已深夜，明天就要舉行投票，假如將此事傳出，大家必然[illegible]嘩。而事實上我們已來不及另提候選人，其結果必然是便宜了CC。乃將此意告知雷震，勸他暫時忍耐；如果劉健羣當選後再有這類的行爲，我一定聯合有關朋友，依循院長副院長選舉及改選辦法的規定，予以改選。雷震想了一會之後，也認爲祇好如此。但他送我回家後不久，又來電話，說接到立夫先生的電話，責問他爲何不顧中央常會的決議，私自宴請民青兩黨的立委爲童冠賢助選。他說，他並不會因爲立夫先生的一個電話，便放棄了我們原來的計劃；但他很奇怪爲什麼立夫先生會知道他宴請兩黨立委的事。我問：「是不是兩黨立委將消息外洩」？他答，「如果是兩黨立委將消息外洩，立夫先生必然早已知道，不會遲到此時才打電話給我」。我問，「是不是總裁打電話告知立夫先生」？他答「照總裁平素的習慣，這種事他不會打電話給立夫先生的」。我說，「那麼，請你等一等再通電話，待我設法從其他方面查詢一下」。我收了綫後，立即打電話到劉健羣家，接電話的人回答說，他去中央飯店吃飯，還未回來。我再打電話到立夫先生的公館，說是劉委員健羣公館打來的，請劉委員接電話。接電話的人回答說「劉委員剛剛走」。我又打電話到劉健羣家，劉健羣已經回來，我問他剛才到何處去」，他答以去看幾位朋友。我說，「你祇是去看一位姓陳的朋友，對嗎」？他知道不能再隱諱，直認曾去立夫先生家；並說總裁召見他時，問他競選的情形，他覺得總裁對他很關心，所以將雷震宴請民青兩黨的立委爲童和他助選的事報告出來。其目的祇在向總裁表示他當選的可能性得大；不料總裁却發了脾氣，要他立刻通知雷震不應如此違反黨命，他沒有辦法，祇得遵命行事。同時，他認爲與CC合作，必可穩獲當選副院長，犯不着爲了一個素無關係的童冠賢去違抗黨命，所以才去找立夫先生。我說，「你簡直是在做夢，如果明天早上大家知道你這種臨陣降敵的行動，還有誰會投你的票？倘若新政俱樂部和民主自由社都反對你，CC還會支持你嗎」？他說「你說的也很有道理；但我此刻實在拿不定主意」。我和他在電話上交談的結果，他終於同意仍遵守聯合陣綫的決定，我耽心又會發生變化，要他於次晨先到我家，然後一同去立法院。隨即將此情告知雷震，時已深夜一時矣。

中華民國五十三年一月二十四日　　聯合評論　　第一版（星期五）

聯合評論
週刊
本刊已經香港政府登記
每逢星期五出版
United Voice Weekly
第二七九號
CHINESE - AMERICAN PRESS, INC.
199 CANAL STREET.,
NEW YORK 13 N. Y. U.S.A.
美洲出版空郵每份零售美金一角

怎樣纔能抗擊中共在非洲之擴展？

美國應請中華民國協助發展非洲反共工作

劉裕略

當我提筆準備寫本文的時候，對於本文的題目，曾再三考慮過：我想把「美國應協同中華民國發展非洲工作」作題，又想把「中華民國應協助美國發展非洲反共工作」作題，但我終於最後還是確定以「美國應請中華民國協助發展非洲反共工作」作題。主要原因，是我覺得非洲的反共工作，誠然也是中華民國應該自動担負的。但一則中華民國本身進行這一工作，所備條件有限，再則這一工作却也更是美國的世界政略戰略所必須；而且，就目前整個世界的反共形勢及非洲形勢言，美國更應主動的担負發展非洲反共工作才是。

我之所以忽然提出這樣一個題目，絕非標奇立異，亦非專為中華民國之前途設想，而乃鑒於今日非洲對上述工作已越[illegible]越需要之故。

我之所以此時此際特別明白的提出這一題目最主要的原因，實乃由於中共在今日非洲已有迅速擴展，而且已非美國英國法國所能抵擋之故。

我們曉得：自二次大戰以來，國際共黨已由蘇聯一國之共黨政權，在東歐發展了幾個國家之共黨政權，隨後，又在亞洲的中國大陸發展了中共政權，以及亞洲地區之北韓共黨政權與北越共黨政權，當東西德在歐洲對峙之際，當北韓北越分割其國土而在亞洲對峙之際，美國正在高唱對共黨國家的圍堵政策，蘇聯也正高唱和平共存的調門，於是，自由世界的許多人遂幻覺國際共黨的擴張已被遏阻，共產集團已停止了它的侵略。然而，眞象完全不是這樣。國際共黨在最近高唱和平共存的幾年，實已利用和平共存作烟幕，不但由歐洲擴張到了亞洲，而且更從亞洲擴張到了美洲與非洲。古巴是今日美洲的共黨國家，阿爾幾利亞則是今日非洲之共黨國家，已是人所共知的事實。

以非洲來說，最近幾天，又有一件極端値得注意的大事發生，那便是中共的勢力已在非洲大大增進，這不僅表現在中共政權國務院總理周恩來卒領了五十名隨員以極龐大的規模訪問非洲，更不僅早有十三個非洲國家已與中共建交，亦是由中共訓練出來的共黨特務竟於本月十一日以武裝暴動的方式，顚覆了桑給巴（尚巴西）這一東非獨立國，而且同時建立起了非洲的第二個共黨國家。因為桑給巴新政府已於一月十八日正式宣佈今後桑給巴已正式定名為「桑給巴人民共和國」了。所謂「人民共和」，即是共黨政權統治的一種正式名稱，俱如中共阿爾巴尼亞等所有共黨政權都是定名為所謂人民共和國的。中共為政權的正式名稱，也就是這種人民共和國，而曰「中華人民共和國」。

關於桑給巴一月十一日政變的眞象，現在已在全世界揭開，那是由中共訓練出來的共黨份子巴布等人領導的。美國國務卿魯斯克本月十六日向參議院外交關係委員會說：「現已有証據可以証實最近桑給巴（尙巴西）發生的政變事件，乃為當地部份曾在古巴及中共地區受過訓練的土著所發動者」。美國合衆社本月十七日電訊又說：「魯斯克在參議院外交關係委員會舉行的一項兩小時秘密會議中，討論有關桑給巴問題。他所提出的意見，並由該外交關係委員會主席富爾布來向記者發表。富爾布來引述魯斯克描述尙巴西局勢已甚為困難。魯斯克並指出：美國在桑給巴沒有任何承諾責任。故而不受直接牽連，但間接方面，已受到影響。因該處的新政權顯然可能會對整個非洲地區造成不安局勢者」。

本月十七日紐約時報評論桑給巴問題時亦說「目前對桑給巴局勢發展，可以很肯定的看出英國原以為這個香料國於去年十二月獨立後，該處的蘇丹可以加强與英聯邦的關係，現時，共黨插手該處叛亂行動，是顯明可見的。而中共對此感到特別興趣亦最顯然」。

關於中共訓練出來的非洲共產黨徒在非洲從事叛亂的事情，紐約時報亦同時作了另一報導。它說：「剛果的叛亂首領名穆列勒，曾任吉森嘉為首的巴被廢黜的政權的駐開羅大使。穆列勒在開羅及中共區亡命一年半後，於去年夏天潛返剛果。他與他的黨徒在貴洛省會合。在他返回不久，貴洛省即開始發生各種恐怖事件。若干行政機構大樓與學校被焚，還有一些橋樑與碼頭被破壞。剛果政府於森林中破獲穆列勒游擊隊的游擊訓練營。在該營地發現的書冊，包括中共頭子毛澤東論游擊戰的小冊子」。

紐約時報還說：「並有文件証明穆列勒正在接受中共支援」。

以上都可見崇奉毛澤東為國際共黨領袖的非洲共黨份子，確實已在非洲大大活動。事實上，在非洲這些文化和經濟落後的小國中，中共的那一套，尤其是毛澤東的那一套游擊戰法和顚覆手段，確實可以派用場。現在蘇聯雖已正式承認桑給巴新政府，但它與中共的血緣更深。事實上，多年來，由於毛澤東企圖由他領導國際共黨進行全世界的赤化工作，所以，中共早已在中國大陸訓練非洲共產黨人。桑給巴的政變，在事實上証明中共訓練出來的非洲共黨份子更具顚覆能力，更具「革命性」，而且，也在事實上証明中共對非洲的政策並不僅僅在爭取非洲那些非共國家之承認與建交，且更在根本推翻非洲那些非共國家，改建為共黨國家。

以蘇共來與中共比較：蘇聯軍力之强大及財經物資之富足，雖多過於中共，但在爭取非洲的效果上，蘇共實不如中共。這其間的一大原因便是因為中共是一個工業落後國家，非洲諸國也是一個工業落後國家，彼此間的要求比較接近，容易獲得同情；另外一個更重要的原因，則因蘇共是白色人種，中共是有色人種。有色人種與白色人種之間本不應有分歧，但由於白色人種以往常常歧視有色人種，南非聯邦對有色人種的歧視，尤其舉世聞名，難道非洲黑人不知南非聯邦的白色人如何歧視黑人？所以，蘇共在非洲販賣的雖然是共產主義，中共在非洲販賣的也是共產主義，但中共却更容易受到非洲共黨份子之歡迎，且更容易與非洲黑人中之非共份子接近。這是蘇共今天以前在非洲的工作不及中共的一大原因，相信這一大原因今後仍將宿命的注定蘇共今後在非洲之工作必然不及中共出色。

也正因為同樣理由，也正因為非洲的有色人種對白色人種有一種反歧視的歧視，所以，美國在非洲的工作，便不可避免地將受到一定的限制，因為美國人也是白色人，正如白色的蘇聯共產黨人在非洲也不免受到一定的限制是一樣。

本來，天賦人權，人人生而平等，種族歧視尤其不對。白色人種固然不該歧視有色人種，有色人種也不該歧視白色人種。但這是理論，不是完全的事實。美國雖然是一個富有自由民主的大國，但由於歷史的包袱，以及社會進化的殘餘，今日美國仍有一部份人存在着種族歧視，尤其對黑種人的歧視，是誰也知道的事實。那末，要想非洲的黑人完全不對美國存在一種因反歧視而引起的歧視，當然也不可能了。

正因為一部份非洲黑人對美國仍有不盡融洽和隔閡不通之情形，而美國政府，自賢明而有遠見的甘廼迪總統看到美國應派工作隊到各個落後地區去工作，且美國早已在事實上成立了海外工作隊，再加以今日之國際共黨已在非洲大大擴張，尤其中共最近已在非洲大大擴張，大大在訓練非洲人，以進行非洲的全盤赤化的事實，所以，我以為今日美國為了對抗國際共黨，尤其為了對抗中共這一有色人種的共黨政權在非洲的滲透和顚覆，實有一方面由美國自已加强非洲的反共工作，另一方面還有邀請中華民國這一有色人種的反共國家幫助美國協同美國在非洲開展反共尤其反擊中共工作之必要。我相信，今日美國面對國際共黨尤其面對中共在非洲的赤化工作，必須加强它與共黨展開爭取非洲的競爭，由於美國是白種人，而白種人與非洲的有色人之間不可能毫無隔膜，美國對非洲有色人種的動機雖極善良，但工作成效仍將受到打擊和限制，所以，必須邀請中華民國協助。何况，中華民國無論為抗擊中共對世界侵畧，無論為打擊中共在非洲的工作所形成的對中華民國之不利，也都必將樂於與美國在非洲共同開展反中共的工作。

我這裏所說中華民國，當然是合反共的中華民國政府及中華民國反共的海內外的人士而言。因為要在非洲開展反中共的工作，中華民國政府與中華民國海內外反共人士都各有一定用處。

總之，中共在非洲的赤化工作，已從桑給巴政變顯示現在是越來越猖獗了。而要對抗和抵制中共這一工作，則非有中華民國的反共力量參加不易奏效。因為反共的中華民國人士與中共黨人是同文同種的同一有色人，顯然只有這樣的有色人纔能彌補白色的美國人在非洲工作之不足，而能深入的反擊中共在非洲之所為。

說起來，桑給巴的政變也確實出人意外。桑給巴原係英國屬地，而英國對於它的屬地是一向處理得極好的。而且英國一向富有政治鬥爭經驗，人們大都相信英國在桑給巴獨立之前必然做好了桑給巴獨立後足以生存的若干準備，但出人意料的，是桑給巴剛於去年十二月獨立，不料僅僅只經過了短短的兩個月時間，便被中共訓練出來的共黨份子把它推翻，這就可見中共訓練出來的共黨份子在非洲極有潛伏力量。同時，這也對自由世界作了一次敎訓，這敎訓便是某些地區某些國家在過早的時候獨立，並不能達成它的獨立願望，相反，只恰好便於國際共黨的攫取了。

本來，桑給巴不過是一個位於東非印度洋上的一個小國，全國人口不過三十萬，中共訓練出來的共黨份子把它攫取去了似乎不緊要。殊不知，桑給巴雖小，畢竟仍然是一個國家，它在聯合國內和其它任何大國同樣擁有一票。因此，它就具有一定的政略作用，不因其小而減色；另一方面，桑給巴扼肯尼亞與坦葛尼喀咽喉，一向是西方進出「黑暗大陸」的進出口，而且東非肯尼亞向以毛毛恐怖組織聞名，而領導桑給巴政變的共黨份子中有的正是原日肯尼亞的毛毛。何况，從東非的整個形勢看：桑給巴正位置在北扼紅海南臨馬達加斯加灣西向剛果東臨印度洋的戰略要點上。因此，近而言之，它是進出東非的跳板，遠而言之，它足以側擊印度與馬來西亞。故其戰略地理位置極重要，戰略價値極高，美國國務卿魯斯克發桑給巴政變足以威脅整個非洲之安全，確非過甚其辭。今後中共一方面可以北非的阿爾及利亞為基地深入非洲，另方面可由東非的桑給巴深入非洲，就中共而言，這就在政略戰略上構成中共向非洲採取全面攻勢的雙鉗了，它必然一面抗擊蘇共之深入，一面將必乾淨徹底[illegible]把美英法各國之勢力逐出非洲。長此以往，由於非洲各國皆落後而弱小，而共產主義思想又恰巧最容易在這些貧窮落後地區發展和生根，再加上中共對非洲的種族仇恨的煽動，假如法國一旦承認中共，說法語的十個非洲國家步法國後塵，疏遠中華民國轉而接近中共時，則中共在非洲之勢力，勢必更加迅速膨脹，非洲將來必不是法國的天下，也不是蘇聯的天下，更不是英美的天下，而是中共的天下了。試看桑給巴政變後不過五天，美國駐桑給巴的代辦秉領事皮卡德就立卽被驅逐出境，四名進入桑給巴的美國記者亦被扣，英國人亦不得不撤退。而在中共訓練出來的共黨份子進行這種顚覆時，又極可笑的被國際間目為一種「內政」，英美只能袖手旁觀，不能干涉。所以，如此演變下去，一個一個的非洲國家勢必都會在「內政」為名，顚覆是實的情形下變色不可。一葉知秋，自由世界必須提高警覺，察其未來，確實認清非洲局勢之嚴重，從而施行有效對策才是。而中華民國之農耕示範隊已在非洲具有印象與基礎，反是與中共在非洲展開各種爭鬥的適宜對手。[illegible]此我才認為美國應請中華民國協助美國存非洲展開反[illegible]工作，[illegible]並[illegible]專為中國打算，而[illegible]更為整個世界[illegible]美[illegible]打算。

羅香林教授所著關於宗教與交通三書讀後記

李璜

一、流行於贛閩粵及馬來亞之眞空教
二、唐代桂林之摩崖佛像
三、唐代廣州光孝寺與中印交通之關係

香林先生，承贈大著三冊，近週課畢，輒就燈下讀之，得益不少。茲畧抒讀後感於下：

一

流行於贛閩粵及馬來亞之眞空教，此類民間特出優秀所先後創立而傳播之教派，在古典的佛教道教之外，大抵皆尚三教合一，內外兼修；或自宋以來，此風已盛。因宋末道士亦有主張三教合一者，如全眞教即其著者，第不列入在家人之教派而已。中國民間在家人所創教派情形，在宋、明、清三代學人筆記中，亦間有紀載；但本於歷史科學眼光，源源本本，既廣為搜集材料，又加以批判的系統叙述，則尚未之見。（邪教造亂如宋之方臘、鍾相，明之聞香教，清之白蓮教、紅燈教等，不在此論之列。）

先生此書，對眞空教之淵源流變，探之甚周；不但搜集材料，本末俱備，且對其發生之背景，傳播之因由，教義與教儀，操行與功用，發現無遺；旁徵側及，用力甚勤，足供社會史的史材應用，且有裨於社會學在比較宗教見地上，益處不少也。

敝省四川，此類民間教派甚多，統稱之曰「玄門」，除永川縣彭祖師所倡之「同善社」較著而流傳於各省之外，其餘派別尚夥。弟十五六歲時，亦曾接觸一派玄門，供奉儒釋道三尊，內修講求性命之學，外修主張行善積德。性學說法，則對中庸孟子，斷章取義，而附會以方士導引之術；聞命學說法，則取諸易經。弟淺嘗輒止，命與天道，未之得聞。且只憑口授，不見經典；是時年方稚弱，無力尋究；願就當時所習而尚能憶及之處，於下月寒假之中，得暇寫出，以就正於有道。

二

唐代桂林之摩崖佛像大著中，弟深佩南道（海道）傳入佛教及其雕刻藝術，與曾由永昌一道而達滇蜀之見。（交廣一道，既曾以桂林為中心，亦應影响於西南邊省。）因弟於民國二十八年，曾自成都，經岷江下游，至於雅州；又由雅州而南，遍游四川西南之舊稱寧遠府屬各縣，及於雲南之西北邊境；偶見越雋、西昌各地之佛教造像，與在川北所見者，風格有異；因其線條柔和，胸挺腰細，不類川北石佛之較壯偉而輪廓肥厚。（彼時抗戰正緊張，弟係奉命安撫邊地夷人，故未暇細考石佛年代，其經過曾有文述及，載於去年春季出版之祖國周刊中。）

在法人色伽蘭所著中國西部考古記中，亦曾述及其在四川西南所見佛教造像，與其在川北所見者有異，作風各別，派別較多，且有年代特早者；著者因擬「或為民族所固有者，亦未可知」。（見馮承鈞譯色氏書台北影印商務舊本六十六頁）惜色氏一行，因第一次世界大戰爆發，行至雲南麗江，匆匆回國，未及對滇西以至寧屬一線加以考察，故對於南道來源一點，似未探得。但色氏曾在書中提及，「雅州之高頤碑曾為法人阿隆氏所認識。（見馮譯十三頁）弟知阿隆氏（Ollone）曾於六七十年前，深入雲南，且及於四川之西南，以接觸倮、擺等少數民族，並間中考古。弟四十年前在巴黎時，亦於圖書館中得讀阿隆著述數種，但去夏曾函巴黎書商，為覓阿隆之書，至今未得。（不過川中碑闕之類古蹟，似與佛教無直接關係。）

西方學人在中國考古，發現能力甚強，以其政府津貼或學術團體基金，先下準備工夫，配合影搨諸具，探幽選勝，按圖索驥，不似我國學人之單獨從事或偶爾幸遇。但惜西方來我國考古學人，對於中國的文史通識，除少數特殊如沙畹、伯希和等外，修養多嫌不足，故不免對於年代每有誤會，對於鑒別每涉想像。如上舉色氏書中，著者即對於四川巴州千佛龕的時代認識有誤，弟曾為文質疑，文載祖國周刊五二年十月七日出版之四四卷二期中。（大著七四頁上之巴縣二字或為巴州之誤，馮譯色氏書中第二頁亦有此誤。）

三

唐代廣州光孝寺與中印交通關係一著，開端序篇五節，精審之至！佛教及其藝術傳入分四道：北道敦煌，東道青州，正南道交廣，西南道永昌，以之為入手辨別，至為扼要。以弟所見，則四川北道，自巴州西指，橫溯廣元，以至綿州一線，自然受北魏以來的影响較多；而四川南路，特別在成都西南，岷江下游，自彭山、眉州、經嘉州而至叙府；又由雅州經夾江、洪雅，而至嘉州，所謂青衣江流域，則在此兩區之中，佛教造像既特多，且風格不一；前引色氏所見，亦驚為其多殊異（見馮譯色氏書五六至五八頁）。或者在此兩區中，自敦煌北道而來之影响，自永昌西南道而來之格調，更從齊梁府時代溯江而上之雕刻技師，均曾在嘉、眉、雅三州之間，先後有所表現，是則尚有待於詳為考察與鑒定也。

先生囑作書評，以弟學淺識疏，何敢妄評；僅以上述經歷所得之粗畧印象，寫出就教方家，藉報屢次贈書之盛意而已。

五三、一、一一

英美必須協防大馬來西亞

郭志遠

美國總統詹森派美國司法總長羅拔甘廼廸到東京與印尼總統蘇加諾會商，以期和平解決印尼與馬來西亞之衝突以及非律賓與馬來西亞之間的意見，這完全是很正確的步驟。

羅拔甘廼廸素以青年幹練著稱，曾協助其兄約翰甘廼廸競選總統。當約翰甘廼廸任總統未被刺時，曾派羅拔甘廼廸到過印尼協助印尼解決印尼與荷蘭之糾紛，且曾獲得圓滿結果，所以詹森此次派羅拔甘廼廸來，可謂人選適當。雖然，對羅拔甘廼廸來說：此行任務是極艱鉅的。比之前次，其任務之難易，眞有天淵之別了。因為前次是美國有意幫助印尼，故前次之工作容易，美國此次確實必須幫助大馬來西亞，所以，此行任務便極艱鉅了。

羅拔甘廼廸於東京與蘇加諾會談後，已於一月十八日飛抵南韓，隨後並將由南韓飛菲律濱與馬卡柏佳總統會商，然後飛馬來亞與大馬來西亞總理拉曼會商，以協助印尼、非律賓與大馬之間的糾紛之解決，亦可謂處理適當。

羅拔甘廼廸東來時，首先表示此行旨在協助解決問題，其措辭立意允稱完美。

不過，話說回來，印尼、非律賓、大馬來西亞之間的問題，是否美國的態度正確就能解決呢？這却是未可知的，主要原因，是蘇加諾對這個問題實在橫蠻無理。蘇加諾一再宣稱一定要消滅大馬，就是蘇加諾完全橫蠻無理的具體表現。可以說，印尼總統雖然一再宣稱反對帝國主義，反對殖民主義，印尼本身亦係新興獨立不久之國家，但印尼政府對馬來西亞及婆羅洲的態度，則恰正犯了它所反對的那一毛病。

試問：印尼有何理由反對和嫉視大馬來西亞之建立？難道馬來亞與新加坡與北婆合併不是一件好事嗎？然而，印尼不僅口頭反對大馬之建立，據沙勝越古晉一月十八日合衆社電：「據此間安全部一發言人尾期五告記者稱，自從去年四月十二日以來，印尼恐怖份子向沙勝越境內發動武裝進侵共達五十宗。恐怖份子經被殲滅的人數，迄今已達七十四人，並有六十三名被俘。經截獲收繳武器中，包括臼砲四門，機關鎗七挺，座砲將近七十尊，來復槍二十支，鳥槍二十八支，手溜彈六十三枚，短槍一支，無後座力的火箭砲二門，以及大量軍火。該發言人說，印尼方面向沙勝越領空發動進侵先後曾達六次」。

此外，印尼還在大馬邊境集結軍隊，這都說明印尼敵視大馬，不僅是口頭的，而且是行動；不僅在擾亂大馬，而且還想消滅大馬。然而，大馬正如印尼一樣，不但有天賦人權，而且有天賦獨立權。僅以此種人類自由平等及天賦權利而論，已絕對不容印尼對大馬之破壞。

況就整個亞洲的形勢看：東南亞是亞洲的一部份，亞洲又是整個世界的一部份，而今日世界正面臨着國際共黨集團的侵畧與赤化危險，所以，在自由世界之內，原本不應發生印尼仇視大馬這種事情。因為就印尼與大馬之間的糾紛，與非律賓與大馬之間的糾紛來加以比較，非馬之間的糾紛比較容易解決，因為非律賓並不像印尼那樣一定要消滅大馬，所以，這三角糾紛的重心，還在印尼與大馬之間。

何況，中共現今正在積極滲透和正在逐個顛覆東南亞各個國家。在東南亞各國家中，越南及寮國已因中共之直接指揮與直接援助而淪陷了一半以上，緬甸的態度不够堅強正確，高棉的施漢諾也正在親共的態度下投機，印尼在親共姿態下投機的事實更多；在東南亞國家中，目前眞正態度正確反共堅決的就只南越、泰國和大馬來西亞。所以，無論從穩定東南亞的戰畧形勢看，無論從反抗中共侵畧的政畧形勢看，支持和援助大馬，實乃絕對必要。英國首先表示協防大馬，且準備與大馬併肩作戰，這是英國偉大而正確的地方，值得特別讚美！

也正因為印尼與大馬之間的衝突不知能否因羅拔甘廼廸之奔走與努力而得解決，所以，我們認為能使印尼、非律賓、大馬來西亞之糾紛能因此解決，當然最好。如若不能解決，我們認為英國及東南亞條約各國，以及澳洲都應支援大馬，協防大馬，如果印尼敢於橫行覇道的話，就應一致對印尼作戰才是。

從美國所負的世界領導義務看，美國當然更有理由更該協防大馬。不過，從美國領導世界的反共策畧看：如果由於英國的協防大馬以及東南亞公約之協防大馬，而足以保衛大馬的話，美國自不必在形式上介入。假如上述諸國對大馬之協防仍不足以妥切維護大馬之建立與獨立的話，那末，美國自應對大馬負起協防的責任，縱然與印尼作戰，也是應該的。

前不久，日本池田內閣曾想調停印尼、非律賓及大馬之間的糾紛，但因池田內閣只知媚事中共，只知與中共擴展貿易而貪小利，以致損害了日本之國際地位，故未能實現池田之願望。但池田內閣如果善於反省，痛改前非的話，以日本國力之強大，尤其日本工業基礎之雄厚，日本是仍不難在亞洲取得突出地位的。但這就要看日本政府究竟能否堅持反共原則，能否站穩道義立場了。因為能否堅持反共原則？能否站穩道義立場，顯然是別人別國衡量日本應否取得突出地位的尺度。如果印尼敢於入侵大馬，日本當然也是應該站穩反共的正義立場，毅然協防大馬才是。假如日本政府不能看清是非，又不能站穩反共正義立場，而只知貪圖小利，只知在國際間做點小小的投機取巧行為的話，那末，可以斷言，那就正是日本政府自己墮毀自己。

毛澤東想組織反美統一陣線

綜觀

巴拿馬與美國之間為運河區懸旗發生糾紛了，美軍與巴拿馬人民互有死傷，一向企圖插手拉丁美洲的中共黨人高興起來了，他們以為這是足以利用來作為和擴大反美鬥爭的，於是，毛澤東特別親自出面為此發表了一篇支援巴拿馬反美的聲明。

毛澤東的聲明發表於一月十二日，原文說：

「目前巴拿馬人民正在英勇地進行的反對美國侵略、維護國家主權的鬥爭，是偉大的愛國鬥爭。中國人民堅決站在巴拿馬人民一邊，完全支持他們反對美國侵略者，要求收回巴拿馬運河區主權的正義行動。

「美帝國主義是全世界人民最兇惡的敵人。

「美帝國主義不僅對巴拿馬人民犯了嚴重的侵略罪行，精心一意地策劃扼殺社會主義的古巴，而且一直在掠奪和壓迫拉丁美洲各國人民，鎮壓這些國家的民族民主革命鬥爭。

「在亞洲，美帝國主義霸佔着中國的台灣，把朝鮮南部和越南南部變作它的殖民地，對日本實行控制和半軍事佔領，破壞老撾的和平、中立和獨立，陰謀顛覆柬埔寨王國政府，對亞洲其他國家進行干涉和侵略，它最近又決定把美國艦隊派到印度洋，威脅東南亞各國的安全。

「在非洲，美帝國主義加緊推行新殖民主義政策，力圖取代老殖民主義者的地位，掠奪和奴役非洲各國人民，破壞和撲滅民族解放運動。

「美帝國主義的侵略政策和戰爭政策，也嚴重地威脅着蘇聯、中國和其他社會主義國家，它還力圖對社會主義國家推行和平演變政策，實行資本主義復辟，瓦解社會主義陣營。

「美帝國主義甚至對它在西歐、北美和大洋洲的盟國，也實行弱肉強食的政策，力圖把它們踩在脚下。

「美帝國主義稱霸全世界的侵略計劃，從杜魯門、艾森豪威爾、肯尼廸到約翰遜，是一脈相承的。

「社會主義陣營各國人民要聯合起來，亞洲非洲拉丁美洲各國人民要聯合起來，全世界各大洲的人民要聯合起來，所有愛好和平的國家要聯合起來，所有受到美國侵略、控制、干涉和欺負的國家要聯合起來，結成最廣泛的統一陣線，反對美帝國主義的侵略政策和戰爭政策，保衛世界和平。

「美帝國主義到處橫行霸道，把它自己放在同全世界人民為敵的地位，使它自己越來越陷於孤立。美帝國主義手裏的原子彈、氫彈，是嚇不倒一切不願意做奴隸的人們的。全世界人民反對美國侵略者的怒潮是不可阻擋的。全世界人民反美帝國主義及其走狗的鬥爭一定會取得更加偉大的勝利」。

仔細閱讀毛澤東的這一全篇聲明，任何一位閱讀者，只要他稍為明白世情，對自由世界的一切自由民主和國際趨勢，稍有瞭解，都可發覺毛澤東不是在故意顛倒是非便是在自己糊塗荒謬。

試想：台灣是一個什麼地方？難道不是中華民國的一省嗎？中華民國難道不是一個獨立國家嗎？台灣省區何曾被美國佔領呢？但毛澤東竟痴人說夢，硬說「美帝國主義霸佔着中國的台灣」，這是何等的滑稽？

當一九五○年，斯大林為了一舉攻佔南朝，以直接威脅日本，曾唆使北韓揮兵突襲南韓，以美國為首的聯合國軍不得不援助南韓以抗擊北韓和中共之進攻。到今天，可以說美國是仍在一直為了抵抗北韓共黨的叛亂而支持南韓，世人皆知南韓至今仍是一個獨立國家，而且南韓的近年的一再政變，也完全不受美國歡迎。因為美國支持的是韓國的張勉等人，而把張勉等人推翻的則是原先與美國並不調協的朴正熙等，南韓現今且正由朴正熙執政，但毛澤東在這一聲明裏竟說「美帝」已「把朝鮮南部和越南南部變作它的殖民地」，這眞叫人笑掉牙齒了。

自第二次大戰結束後，國際共黨即在越南從事武裝叛亂，並隨即以暴力控制了越南北部，從而建立了北越共黨政權，於是，北越與南越分治。但國際共黨仍不以此為滿足，更向越南南部進行武裝游擊戰及其它種種顛覆工作，務期赤化全部越南，進而赤化整個東南亞。美國在不得已的情況下，不得不挺而維護南越的存在以及南越的獨立與自由，但毛澤東也說美國已把南越變作了美國的殖民地，當然也是大笑話了。

總之，談到國際問題，毛澤東無不亂說一通。其事例不勝枚舉。

再說美國的內部情況吧！誰都知道美國是一個民主國家，凡是民主國家，國內必同時有兩個以上政黨，甲黨與乙黨的政見必有不同，美國有民主黨，又有共和黨，彼此在政策上極相異，即在同一黨內，彼此之間的政見也大有差別。杜魯門、艾森豪威爾、甘迺迪（肯尼迪）、詹森（約翰遜）雖然都曾經作過，或正在作美國總統，但它們之間的對內對外政策，殊不一致，艾森豪是共和黨。其餘三人則是民主黨，然這三位民主黨總統的政策也不相同。然而毛澤東竟說「美帝國主義稱霸全世界的侵略計劃，從杜魯門、艾森豪威爾、肯尼廸到約翰遜，是一脈相承的」。毛澤東如果眞的認為如此，那末，毛澤東大概以為美國的任何一位總統，或者說美國的「壟斷資本家」都有一本像毛澤東所信奉的馬列主義那樣一本書在作教條罷！否則，他們怎會一脈相承呢？難道艾森豪承繼了杜魯門的「脈」嗎？難道甘迺迪又繼承了艾森豪的脈嗎？然而，大家都知道杜魯門是民主黨，艾森豪是共和黨，甘迺迪又是民主黨，如果毛澤東的話不錯，那末，便是共和黨的艾森豪承了民主黨杜魯門的「脈」，民主黨和甘迺迪又承了共和黨艾森豪的「脈」了。然而稍知美國政情的人都知道艾森豪與杜魯門私人之間極不和恰，艾森豪任期屆滿後所支持的總統候選人是尼克遜，甘迺迪則正是尼克遜的競選對手。杜魯門曾經出兵援韓，艾森豪上台後則迅速地結束了韓戰。所以，無論從任何角度看，說杜魯門、艾森豪、甘迺迪、以迄詹森是一脈相承，眞是太沒有常識了。以這種違反常識的話作為毛澤東的反美理由，那沒有說明別的，只恰巧說明毛澤東太無知太缺乏頭腦，太顛倒是非太淆亂黑白罷了。

當然，我們不可否認，毛澤東這樣胡說亂道，也有他自己的目的，這目的便是由他發動建立和組織一個國際性質的反美統一陣戰。

當然，我們也不可否認所謂「統一陣線」或曰「統一戰線」，簡稱「統戰」，乃是毛澤東過去在國內從事武裝叛亂的一大傑作。他在抗戰之前，公開喊過「民族統一戰線」口號，企圖建立所謂抗日的民族統一戰線，以緩和國民政府對它的鎮壓，從而利用抗戰起家，檢討起來，他的那一民族戰線的統戰工作，對中共而言，確實是收到相當效果的。

抗戰末期，毛澤東為了孤立國民政府，為了把一切可能利用的黨派和個人都團結在他周圍，以便利用他們來從事打擊國民政府的工作，毛澤東當時又高喊過所謂「民主統一陣線」的口號，檢討起來，他當時也確用這口號欺騙了很多人。

值得注意的，是毛澤東今天竟然要想建立和組織國際性質的反美統一戰線。無疑，毛澤東又想在國際間搞統戰工作，而且用國際統戰工作來孤立美國打擊美國。他所說「社會陣營各國人民要聯合起來，亞洲、非洲、拉丁美洲各國人民要聯合起來，全世界各大洲的人民要聯合起來，所有愛好和平的國家要聯合起來，所有受到美國侵略、控制、干涉和欺負的國家要聯合起來，結成最廣泛的統一戰綫」，「反對美帝國主義」，恰好是他現刻正在想建立和組織廣泛的國際性質的反美統一戰線的具體說明。

顯然，今日之毛澤東是把今日之美國政府，當作當年的國民政府，今日之毛澤東是把今日之中國大陸，當作當年的延安，他以為當時既可以用幾桿爛槍，以延安作基地利用統一戰線而把國民政府搞垮，那末，今日自亦可以利用廣泛的國際性質的統一戰線而把美國搞垮。在毛澤東想來，把國民政府搞垮，就可控制中國，那末，把美國政府搞垮，當然也就可以赤化全世界了。

在毛澤東看來，美國政府手裏雖有原子彈氫彈，這些武器誠然都是現代化武器，但國民政府當日所擁有的機械化部隊何嘗不是當時的現代化武器呃？當時的中共既可戰勝使用現代化武器的國民政府，那末，今日之中共當然亦可搞垮今日之美國了。何況，美國雖有原子彈氫彈，但美國受國際輿論與國際共黨和平統戰言論的壓力，只敢尋求苟安式的和平，不敢眞正主動挺身出來作戰，更只敢在某些共黨武裝叛亂地區打小型有限度戰爭，不敢使用原子彈與氫彈。而打小型有限度戰爭並非美國所長，相反，却是中共及所領導的國際共黨份子所長，韓戰固已顯示美國不敢使用原子彈氫彈，越南的戰門。[illegible]都更顯示美國在這些地區的有限度戰爭中並不見長，越共與寮共都在中共指導下不但足可與美國及美國所領導的反共武力抗衡，甚至還常常可以佔有優勢，這就使毛澤東在對美國進行有限度戰爭更有信心了。

根本說來，毛澤東想建立反美統一戰線的如意算盤雖並不像毛澤東想的那樣容易打得通，但，毛澤東確因以往的勝利而冲昏了頭腦，乃有他的一套想法。自由世界完全忽視或輕視毛澤東的這一套想法也是不對的。事實上，如果美國的原子彈與氫彈眞的只敢庫存而不使用的話，毛澤東對美國確實是無所畏懼的。這也正是毛澤東敢於要搞反美統一戰綫的眞正理由。

日共在中共資助下實力大增

徐鈞

日共既在毛澤東與赫魯曉夫的個人衝突中站在毛澤東一邊，於是，毛澤東乃以中共名義資助日共在日本之一切活動，這本已既是公開的秘密。值得注意的，是日共最近一年確已在中共之資助下，大大的擴張了它在日本國內的勢力。

日共這一擴張情形，可從日本政府中央警視廳最近所發表一本題為「前瞻與回顧」的小冊子看出來。

據日本中央警視廳的這本小冊子說：「在一九六三年之內，日共已增收黨員二萬六七千人，使其黨員總數膨脹至十三萬人。日共機關報——赤旗報之銷路則已增至十五萬份，已超出其黨員之數字」。

日本中央警視廳並謂「日共在日本國會之勢力雖微不足道，但在日本全國八九七個地方議會中，則總共佔有一千一百七十二議席，本年內，日共從中共取得之金錢支助亦高於一九六二年。」

就日本的基本情形講：日本的左翼勢力首推日本工會總評議會。它擁有數百萬工人，是日本最近數年舉行各種左傾示威的主力。但日本總評被掌握在左傾的日本社會黨手中，日本共產黨在日本並無強大勢力，自毛澤東與赫魯曉夫發生個人矛盾，從而引致中共與蘇共之間亦發用矛盾後，日本共黨內部亦發生親中共或親蘇共之爭。依理，如果日本政府及在日本執政的自民黨眞有作法的話，是大可利用日共內部因中蘇共之爭而帶來的矛盾以削弱甚至瓦解日共的。但自民黨缺少這種鬥爭能力，池田內閣也只能坐視日共內部之爭執，而不知道利用。反而自己淺見的一意發展日本與中共間之貿易，遂使日本左傾商人或投機商人得勢，間接的助長了日共之發展，這都可見池田內閣在國內反共工作缺少能力。

當然，日本社會黨也是一再表現了它的自甘墮落的態度的。因為它們也是眼光淺短之見，只知媚事中共，不知有效的削弱日共和打擊日共，反使日共在中共支助下坐大有如上述。

從整個形勢來看：日本自民黨雖尚可穩握日本政權，因為日本保守的反共的日本農民是日本國內政局不致全部左傾的基石，但從長遠看，自民黨代議士每改選一次，就減少一次，左傾勢力就增大一次，雖然這兩者之間的增減數量不大，但自民黨的前途頗足可慮的。如果日本政府不對中共改採強硬政策，則今後日共勢力勢必將在中共資助下繼續擴張哩！

台北外交大失敗

望洋

（台北通訊）繼日本綏撫中共之後，法國又將與中共建立關係，這兩項國際關係的風暴，同時夾襲，對於台灣來說，正是禍不單行，顯示了台北外交大失敗。

自從日本以維尼龍工廠用賒借的方式售給中共開始，中日之間早已展開外交上不愉快的一頁，到了周鴻慶事件而達到危險的高潮。台北雖並非不瞭解日本拉攏中共的政經傾向，但在對日交涉中卻舉棋不定，龍頭蛇尾。不但適足以獲致失敗的結果，更是貽笑友邦。以尼龍工廠與周鴻慶事件比較，前者毋寧說更重要於後者。因為在蘇聯撤回專家撕毀合同，斷絕對大陸經援之後，中共在一窮二白的情況下，侈談自力更生，實無異癡人說夢。日本卻適逢其會，雪中送炭，把技術和物資送給中共，去蘇涸轍之鮒！而且以尼龍工廠開始，還可以看得出日本已立意擴大對大陸貿易，這毋疑地是以日本的工業機器，去交換大陸的農礦產物等原料。日本前首相石橋湛山的前往北平主持日本展覽會，充份說明了日方的企圖。姑無論石橋是怎麼樣的「無聊政客」，無論如何總是曾任首相的元老級人物，執政黨中一個派系的首領。不能與那些什麼「日中友協」的在野左傾人物相比的。

可是台北卻不在那個時候發動抵制日貨的經濟制裁，嚴重抗議警告等外交對付。而把「全力」用在周鴻慶事件上。

周鴻慶不過是中共若干訪日代表團之一的一名譯員，即使如後來推測的報導，說他是中共的「重要黨員」，實也不見其如何重要，因其名不見經傳，即使爭取了過來，不見得就如何有損於中共，而有益於台灣。老實說周鴻慶可能還比不上周榆瑞那麼重要——後者暴露了中共特務的野蠻，描繪中共海外宣傳機構頭子的醜惡，提出了「彷徨與抉擇」，給若干竹幕以後的知識份子啟示了問題，可說其功不少。無論如何，周鴻慶雖然姓周，他總不是周恩來呀！

就以「爭取」來說，台灣駐東京大使館對於此事，可說是一籌莫展。除了向日本外交部交涉，獲得對方的敷衍之外，便絕無其他辦法，一任日本左翼團體與共特包圍周鴻慶，那幾乎可以說是「刼持」。台灣駐日大使絕沒有與其他右翼日方人士，可以轉移日本當局的方向。也沒有任何右翼團體，可與那些左翼鬥鬥熱鬧。原來這些運用，是須要在日常早有聯絡早做工夫，並不是急時抱佛脚，可以濟事的。於是，張厲生大使藉請示回台而辭職了之，使館人員也大部份奉命撤退。但既不能毅然絕交，又不歡迎吉田茂的訪問。本來，早知爭取無把握無效，又沒有準備絕交，便不該發動全力去爭取，以絕交為威脅。小題大做又做得不漂亮不澈底，處理尷尬，還不是顯出外交的無能？現在徒然向日本重提大戰結束前後蔣總統保留天皇，放棄賠償的恩惠，日本人卻已事過境遷，當作「馬耳東風」了。

說到法國快將承認中共一事，本來也是其來也漸，並且早就有「不祥徵兆」。當沈昌煥外長訪問歐非的時候，主要是為爭取非洲那些新國，設法建交，俾使他們在聯合國中支持中華民國的席位。由於非洲那些新國與歐洲的舊宗主國有很深刻的淵源，就順道訪問有關的歐洲國家，這也可以說是打通與非洲新國互相承認的途徑。但沈外長在巴黎時與戴高樂的副官合影了一幀照片，拿在法國報章上發表，卻被立法委員指責，加以質詢抨擊，認為不成體統，沈昌煥無辭以對。本來以外交部長的地位，如果能與戴高樂總統合影，固可以顯示法國元首對中國的重視。否則與對方總理或外長合影，也不失為外交儀注，平等身份。沈昌煥與戴高樂副官合影並在報上發表那幀照片，實在不知所云。現在法國將承認中共事件益亟，這事也就被重新提起，認為是不祥之兆。

法國準備承認中共，在富爾第二次訪問北平，原已談得相當具體。尤其富爾也是法國前任總理，訪平之行係得到戴高樂首肯同意，事情就不簡單。証諸戴高樂標奇立異的作風，及法國企圖重建在遠東的影響觀察，正是一種空穴來風。但台北外交當局卻平淡視之，當報紙盛傳法將承認中共時，外交部還發表糾正，說這不過是推測之辭。

外交部之所以如此敢於對外電報導及輿論的警告發出糾正，自以為手裏是擁有幾張皇牌。皇牌之一，認為法國要承認中共，必先與美國諮商，而美國不會同意。皇牌之二，聽信法方外交人員的解釋，謂法國不會「承認」中共。皇牌之三，認為法國承認中共條件，以不撤銷承認中華民國為前提，而此種兩個中國的格局，中共決不會接受。可知道，這三者都估計錯了。

現在法國是「通知」美國，謂法有意與中共建交，不是與美國「諮商」。並且此種通知，乃在美副國務卿希斯曼正式發表反對法與中共建交之後，其實如果証諸法國在寮國造成反美的中立派，及主張統一中立越南，就可見它的遠東政策，是與美國背道而馳，並絕不顧美國的意向或困難。

至於駐台法方人員向外交部作「不會承認」中共的解釋，原來只是在玩弄字義。富爾與中共的密商，而是「建立關係」，如先派經濟文化代表團，然後派外交代表駐於北平，卻不談承認及撤銷承認那一套。

至於中共怎麼會接受呢？這一點外交部也看錯了。他們錯認中共是「硬漢」。卻沒有注意中共走投無路的現實。中共經濟，亟須在貿易名義下，獲得外來的支援，已至飢不擇食的程度。中共反蘇反美，亟望與一班第二等帝國主義拉攏；對蘇可以表示他並不空虛，對美有撬牆脚的作用。因此，中共對日貿易堅持政治條件的原則已放棄了。對法建立關係而不談承認的掩耳盜鈴方法，也就可以接受了。共產黨原是只要有利，男盜女娼無所不為。說過的絕不算數，台北可還以為中共是黃花閨女呢！

由法國開其先河的影響，義大利、比利時、盧森堡，和非洲十個說法語的馬拉西加同盟的國家，很可能唯法國馬首是瞻，轉而承認中共。非洲在聯合國三十四個國家，承認中共者十一國，承認台灣者十五國。如果減少十國加到中共那邊，便是承認中共者二十一國，承認台灣者五國了。這麼一來，國府在聯合國的席位，岌岌可危。這項外交的慘敗，已令人警惕到，即使中共無力進攻台灣，偏安之局亦不可以久了！

（一月十九日）

台灣簡訊

志清

一、黃啟瑞忽請病假

貪污無罪的台北市長黃啟瑞於申請獲准復職尚未足月之後，忽然又向省政府請假一個月，據說，是因為脊骨疼痛，須作身體檢查和短時期的治療。但據聯合報的透露，黃啟瑞身軀魁梧，素有「大象」的外號，而且復職以來，每日上午八時即到市府辦公，市府每週三次的早會，他都親自主持，下午下班後，都是出外交際應酬，酒量之大，很少的人能及得上，顯出並無任何病象。因而儘管自稱因病請假，但人們仍懷疑其別有原因。

該報還指出黃啟瑞復職時，曾經公開表示，市府及附屬單位的人事，除非萬不得已，絕不輕言調動，但是一個月下來，市府及附屬單位部份人事調動，有的人同情，有的人批評。同情他的人認為，黃啟瑞五個多月的任期實在太短暫了，要求表現，勢非有得力的人手來幫忙不可，因此，合理而又合需要的調動是沒什麼可以物議的。但是，另有人認為黃啟端復職以來，雖然表面上說不隨便安揷自己的人，實際上仍有不少人並非由於工作的需要被安揷在各單位的，簡言之，他仍然沒擺脫掉「一朝天子一朝臣」的作風。

該報又說，這個月來，有關人事調動的「新聞」，更引起黃啟瑞和周百鍊之間不快，並使黃啟瑞受到上級的「壓力」。關於黃、周之間的不快，雖然沒有表現化，骨子裏却很激烈。不久以前，周百鍊即曾因他任內安插市府某防洪單位的執行秘書，由於該單位工作結束，黃啟瑞沒另外安置他，解決他的生活，而表不滿。最近，又傳出市府更動十七名人員，而且都是總務人員，更加深了雙方的磨擦，一位周百鍊任內請來的市府二級主管被牽入這件磨擦糾紛內。

由於市府最近被調走的人為數不少，雖然市府有所解釋，却免不了挨省府一頓指責。有人認為黃啟瑞請假原因複雜者，便是根據這理由。

從聯合報的報導，可見黃啟端的稱病請假，實另有內幕，年來蔣「總統」提倡革新，動員，戰鬥，其效果即是如此。

二、郵務員監守自盜

台灣郵局保險科郵務員張伯岩曾畢業於台灣師範大學，參加高考及格，奉派在該科工作，竟監守自盜，竊去愛國公債券六百萬元，經該局報請台北市警局偵查屬實，並將被竊債券全部起回，於本月十八日移送台北地檢處偵訊，經檢察官諭令收押。台財政部長陳慶瑜以該局辦案人員能於兩日之內破獲本案，殊屬難得，特發給獎金新台幣一萬元，以資慰勉。

三、各機關待遇不平　監察院專案調查

監察院財政經濟兩委員會於本月十五日舉行聯席會議，監委王冠吾等以各機關待遇不平，亟待糾正，主張推派委員進行調查，並提出改善意見。出席委員咸認為在同一政府之下的公務員，竟有待遇懸殊的現象，不但影響工作效率，且易激起不平，一致主張應予糾正，討論結果，決議設置七人專案委員會，並限於一個月內提出報告。

四、林務局的一篇濫賬

監察委員郭學禮於本月十七日向該院財政委員會提出一件對台灣省林務局浮濫開支，浪費公帑的調查報告，計分五大項目：（一）無論大小會議，必有聚餐：該局每有會議，必有聚餐費，計五十二年二月十日及十一日的業務會議，亦支付聚餐費三萬二千餘元之多，檢討會至少數人員研究開源節流辦法會議，亦支餐費一千餘元。（二）浮濫開支旅費：該局於五十年度支出旅費一百七十五萬四千餘元，但核其內容，頗有可以撙節之處。如：技正邱文琛常川奔走於南北各縣市，據說是為省議員聯絡，全年出差五百一十九日，支旅費一萬八千五百二十元；但該局各級主管，在省議會開會期間，又得列席有關會議，亦報支鉅額旅費，何需又派專人聯絡？其他類似之重複支出，甚多。台灣省府審核該局決算時，曾兩度通知（注意）撙節旅費，但該局均置若罔聞。（三）玉田印刷文件違法失職：該局長陶玉田秉承林業委員會主任華林中，違法將印刷文件不依法招商招標，承印林業彙編三百本，事後又無故增印二千七百本，該局印就後，該會財務幹事陳逸雄簽呈事實，陶玉田批准每本着價十八元，以八折計算，但林學會本年一月向林務局收款時，獲得十八萬元外利益二萬三千四百元。（四）濫支員工加班費：該局員工加班費十八萬九千元，其附屬單位尚未算在內，其中復多重複支出，前經台灣省府審核該局結算認為，此項加班費實屬浮濫，係變相津貼，應予剔除。（五）對上級機關調用人員，仍由該局付給薪金，五屆臨時人員二百二十人，薪金超過規定待遇，局又臨時人員三百八十人，其名義完全與現行公教人員無異，違反政令，曾經台灣省政府一再電令糾正，但該局竟延至五十年底始遵行改正，致使公帑蒙受損失達七十三萬餘元之多。事室主任郭湛堂、主計室主任李雲飛人等顯違法失職，浪費公帑，應依法處理。

中共與加納策動召開「反帝」會議

薛正昌

毛澤東現在赤化世界的步驟之一，是建立國際性質的反美統一戰綫，以孤立美國和打擊美國，本報已有專文討論過了。

現在，周恩來訪問非洲的活動，已正式印証了這一看法。因爲周恩來日前訪問加納共和國的結果，周恩來已根據毛澤東的上述想法，而與加納的總統恩克魯瑪建立了一致的主張，主張召開國際性的反帝會議。

中共與加納的這一協議，已見於周恩來與恩克魯瑪於一月十六日發表的聯合公報中。公報原文說：「在周恩來總理應邀訪問加納期間，同恩克魯瑪總統進行了會晤和會談。……交換意見的過程表明，對帝國主義和新老殖民主義，普遍裁軍，全面禁試核武器，通過和平談判解決國際爭端以及亞非人民加强團結反對帝國主義等問題的意見是一致的」。聯合公報又說：「目前人類面臨的最大危險來自帝國主義、殖民主義和新殖民主義。如果不同帝國主義的侵畧政策和戰爭政策進行堅決鬥爭，就不能有持久的世界和平。因此，雙方保証完全支持非洲、亞洲和拉丁美洲反對帝國主義和殖民地主義鬥爭。雙方認爲全世界一切反殖民主義運動應該團結起來，對帝國主義、殖民主義和新殖民主義進行聯合鬥爭。雙方認爲召開一次非洲、亞洲、拉丁美洲人民的反帝國主義會議是有益的。並且應該探索召開這一會議的可能性。雙方也認爲，需要召開一次亞非會議，並且應該爲召開這一會議進行積極的準備」。

讀過上述公報後，很容易發現下列三點事實：

一、毛澤東所倡建立廣泛的國際性質的反美統一戰綫，並不只是一個口號，而乃正在中共的積極行動中。

二、周恩來訪問非洲之行，現在顯然又增加了一項新任務。這項新任務，便是促成毛澤東所倡建立反美統一戰綫之具體實現。而且，周恩來的這一努力已在加納獲得首次成績，加納總統恩克魯瑪現在成了毛澤東這一倡議的第一個附和人。

三、可以斷言，周恩來及中共其它人員今後還將在各洲各地就不同國家不同團體不同個人進行這一工作，以擴張參加這一反帝統一戰線的單位。

我們曉得：「反帝」雖然是共產黨人常常使用的一個名詞，英國法國美國都是它所指的帝國主義。但毛澤東這裏所說「反帝統一戰綫」，則是針對美國而言。因爲毛澤東一再說過：「美國是最兇惡的帝國主義」。所以毛澤東這一反帝統一戰線，實際上便是反美統一戰線。

最可笑的，是當此毛澤東絕不妥協的仇視美國，而且多方面孤立美國包圍美國之際，美國方面居然還有人期望毛澤東放下屠刀，這豈不是太幼稚的妄想。而且美國政府也一直缺乏對中共的强硬政策，那就更使毛澤東洋洋得意了。

大陸簡訊

藍鳥

北平二百二十萬人反美示威

當美國國內尚有少數人對中共存着安撫幻想之今日，中共却正藉口巴拿馬運河糾紛，在中國大陸各地發動了極龐大的示威遊行。僅以中共僞政權之首都所在地而論，據中共宣佈，就已連續舉行三日，總人數已達二百二十萬人參加這一反美遊行了。

據中共新華社一月十五日北平電：「北京今天又有一百多萬人舉行了廣泛的抗議集會和遊行示威。這是首都人民連續三天聲討美國帝國主義侵畧巴拿馬罪行的大示威。今天的示威活動大規模的擴展到了遠在郊外的工業區、礦區、建築工地、市鎮和農村人民公社。萬衆一心的抗議和呼聲，顯示了六億五千萬中國人民的英雄氣概和戰鬥的國際精神」。

又說「三天以來，北京參加示威活動的羣衆達到了二百二十多萬人。在這個聲勢浩大的示威隊伍中，包括了各行業各個階層的人民，到今天晚上爲止，全市所有工廠、企業、學校、團體、商店等基層單位，普遍舉行了各種形式的抗議集會」。

陳叔通等被迫參加遊行

依照中共新華社消息：現在靠攏中共的陳垣雖在臥病在床，亦被迫在病床上發表了一份口頭抗議書，送到「北京師範大學」的反美示威集會上宣讀。原文是：「美國佬的安全後院，已經成了鬥爭的前哨，鬥爭的火燄，蔓延着太平洋的東岸，憤怒的火花席捲了整個巴拿馬運河。巴拿馬兄弟！你們的鬥爭是不孤立的。你們的朋友通天下，全世界的人民力量是强大無敵的，我們要聯合起來，頑强鬥爭，勝利必屬於我們」。

此外，陳叔通黃炎培等人亦被迫參加遊行，而且中共還極殘忍，迫使這些年逾七十的老人舉着反美旗幟走在遊行隊伍的最前列。

中共方面參加遊行示威的人，據中共宣佈：還有「中華全國總工會主席劉寧一和中國保衛世界和平委員會副主席、亞非團結委員會主席廖承志，以及中國拉丁美洲友好協會會長楚圖南，全國婦女聯合會主席許廣平，中國文學藝術界聯合會副主席、名作家老舍、陽翰笙，共青團中央書記處書記、全國青聯副主席黃照華等」。

又說「參加遊行示威的各個團體負責人還有：吳德峰、張志讓、范長江、王芸生、周而復、馬純古、曹孟君、朱子奇、鄭森禹、呂冀、劉開渠、葉淺予、蔡楚生、原華、查阜西、盧心遠、吳雪、高元鈞、侯寶林等」。

又說「正在北京的古巴友好代表團以及美國英國比利時的一些國際友人，今天也走出北京街頭，滙入北京各界人民支持巴拿馬人民反美愛國正義鬥爭的遊行示威行列，他們冒着嚴寒，舉着標語牌，一路高呼口號，來到天安門廣場。古巴友好代表團團長和團員遊行到天安門廣場以後，在那裏看了正在演出的活報劇『巴拿馬的怒吼』，隨後，馬索拉團長向觀看演出的人羣發表了講話。他憤怒的譴責了美帝國主義在全世界到處進行侵畧。他最後高呼美帝國主義從巴拿馬滾出去！」

鄧小平李富春等主持大示威

而中共在北平舉行的這一連續性的大示威則是開始於一月十三日，他們首先開會於北平人民大會堂。

據中共宣佈：「國務院代總理鄧小平，國家的其他領導人李富春、郭沫若、黃炎培、陳叔通、程潛以及政府部門、各民主黨派、各人民團體和北京市的負責人出席了大會」。

又說「在北京的拉丁美洲、亞洲、非洲國家的朋友，著名和平人士和留學生們，也都參加了集會」。

總之，目前的巴拿馬與美國爲巴拿馬運河懸旗事件所發生的糾紛雖然極可能迅即解決，但中共却居心煽動，惟恐這一事件得到解決。顯然，這也正是中共惟恐天下不亂的反映，目前整個中國都正被中共强迫舉行這類示威哩！

僑鄉近訊

鍾之奇

廣州共報說四會青年存心搗亂

僑鄉青年的反共心情，又從最近出版的中共南方日報作了一次透露。

據南方日報說，廣東四會縣上崗村有一個搗亂集團，這集團的份子都是青年。

南方日報說該集團是以一個年齡二十歲的羅瑞天爲首，經常聚集很多青年人在一起講故事，挑動一般青年之反共情緒，說農村無出路，使該地農村青年不安心勞動，有的青年在太陽升得很高時還不出勤，有的在太陽還高西掛時就大叫收工。

南方日報又說羅瑞天曾領導該搗亂集團爭取青年，並羣集在中共黨員羅谷標主持的夜校舞獅子，影響夜校學生的讀書情緒，更猖狂更大胆的，是羅瑞天竟公然率衆進入羅谷標的夜校發表諷刺言論云。

廣州松子糖變成了蟲子糖

據中共平時宣稱：中共的一切食品，都是最講衛生的，所有輸送到香港及海外的食品都是清潔的。但最近出版的中共羊城晚報却有如下一段記載，它說：

「某顧客到廣州永漢路聚美齋買松子糖，看見糖瓶中有多多少少的甲殼蟲，便向售貨員提意見，對方唔了一聲，還問你買不買？幾天後，那些有蟲的松子糖，仍然在該店照賣，這位顧客特爲之取名『蟲子糖』」。

由此可見，海外僑胞買大陸食品時，確須小心，因爲我們怎能知道我們所買的大陸糖食不是羊城晚報所見到的那種蟲子糖呢？

近年來，香港僑胞貪圖價錢便宜而購中共罐頭以致中毒者，已不是新聞，所以，海外僑胞爲了本身健康，還是少買大陸糖食爲是。

佛山共幹迫年青女子下鄉勞動

人們都知道：僑鄉的青年僑眷，是不願意下放到農村去勞動的。但共幹却非叫他們和她們必須下鄉勞動。爲此，在廣大僑鄉活動的共幹遂假勸說爲名，實際上則强廹僑鄉的男女青年下鄉去作中共的奴隸。

對此，中共南方日報最近也透露了一個例子。南方日報之所以透露這個例子，是南方日報故意宣傳共幹的勸說工作如何如何有效，實則，這所謂勸說，便是强廹的另一別名。

南方日報說：佛山市「充分了發揮街道基層幹部和教育的積極性，通過他們深入家庭訪問，許多基層幹部還以帶頭送子女下鄉的行動作榜樣；……使參加農業生產成了街談巷議的中心」。「文沙南居委會的居民們發現女青年羅帶開的母親捨不得女兒下鄉，曾幫助她說服母親，從上街買菜，河邊洗衣，直到回廠上工，人們總對這個母親懇切相勸，多方啟發說服，……終於同意女兒到農村去」。

其實，共幹及共幹所發動的人們，無論羅帶開的母親在那兒，上街買菜也好，河邊洗衣也好，進廠做工也好，都糾纏着她，要她把女兒送下鄉去，這種繼續不斷的精神廹害與糾纏不休，她母親怎能不答應呢？試問這難道不是强迫，還是什麼真正說服嗎？

下鄉青年不許叫苦叫累

這些青年下鄉之後的生活情況究竟如何呢？去年十一月廿三日出版的中共「中國青年報」更有一個活生生的例子。它在「一根扁担繞山轉」爲題的一篇通訊中說：有一個初中女生王華竹下放到農村，隨身只有一根扁担，日夜不停在山區賣貨，挑了三十多斤貨進山，終日叫累叫苦，後來，她就受到了嚴厲批評，「終於慢慢地的愛上這個工作」哩！

閩粵共幹命人民加强監視香港客

自中共在閩粤廣大僑鄉發動敵視香港人後，爲了進一步使廣大僑鄉人民普遍監視香港回來的客人或過路客人起見，茲據廣州來人談，中共公安部已明令各公安派出所將加强監視香港客之辦法普遍學習，都要以前次舉發特務之黎雪英作榜樣云。

國際候鳥蘇加諾

俊 華

美國故總統甘迺迪之弟羅拔甘迺迪在東京與印尼總統蘇加諾的會晤，引起東南亞尤其是吉隆坡的關注；為的是羅拔甘迺迪乃詹森總統的特別使節，專為告訴蘇加諾以美國對於「印尼、馬來西亞糾紛」的態度，兼程東來。蘇加諾則於馬尼剌與菲總統會議後，更抹冗轉道金邊，與新近反美的高棉元首施漢諾聯名發表「反新殖民主義」聲明後，始赴日與羅拔甘迺迪會晤。究竟蘇加諾的下一步驟，將會依循菲總統馬卡柏佳的原則，勿採過激行動，逐漸和緩局勢，謀求談判解決？抑是夥同高棉，走向「反新殖民」的極端？吉隆坡官方人士認為，在會晤羅拔甘迺迪之後，蘇加諾該在這徘徊的歧途上，決定他要走的是那一條路？

迄今為止，羅拔甘迺迪的與蘇加諾會談，是美國對於馬來西亞問題所採最重要的行動，顯示美國的可能（一）出面調解，（二）介入，或（三）干預——在此之前，只有美駐印尼大使鍾華德氏，曾以詹森總統私函面交蘇加諾，道達詹森關懷印、馬和平的意向——而馬來西亞人士一向就渴望美國能夠澄清她對印尼「對抗大馬政策」的立場，更希望由於美國本身政策的澄清，從而澄清印尼對抗大馬影響下的緊張局勢。

「訪問」世界第一

蘇加諾是一頭「國際候鳥」，也是「外交的幸運兒」。他的統治印尼，與其說着重在國內，毋寧說更注意於國外；他是世界上出國訪問最為頻繁的元首，以一國執政認識世界各國執政或元首的人數而論，也以蘇加諾為第一位。其中若干國家，他並且訪問兩三次或數次以上。譬如日本，他就訪問了將近十次，官式拜訪，私人訪問，遊覽渡假，與第三者的會談——如與拉曼及與羅拔甘迺迪的會談，甚而至印尼在日本造船購料時，他也督率有關屬員前往，親自主持，在赤坂的「待合」及夜總會流連，在日本流傳下許多「風流總統」的風流韻事。

一般國家的執政者，很多因為國內發生某種重要的事件，或者所謂政務羈身，減少，改期或取消出國訪問。但蘇加諾却剛剛與此相反，他往往在國內發生黨爭，政爭，甚至發生軍事叛亂，或與別國進入戰爭狀態的時侯，出人意外的出國訪問。如在印尼革命軍叛亂時期，印尼為收回西伊里安與荷蘭軍事衝突時期，以及目前馬來西亞拉曼總理指責印尼「不宣而戰」時期，蘇加諾就沒有一次不出國訪問，並且在國外逗留的時間，並不太短。

在那些「緊張」或「危機」的日子，卻也沒有因為蘇加諾的離國而鬧出什麼亂子。要說他慣於利用國際關係去鬆解國內危機，似乎也沒有什麼不對。

外交的「幸運兒」

奇怪的是國際關係每一次對蘇加諾有利，那似乎不能完全歸功於他的「手腕」，而似乎有一部份是屬於「命運」。蘇加諾的運道太好了！

在日本佔領印尼時代，蘇加諾是傀儡機構「民族總力結集運動」的主席，任務為輸財服役支援日軍。印尼共黨與印尼政府分裂時，就曾在電台謾罵蘇加諾為「日本時期的奎斯林」，「勞務者」的販賣者；「兵補」的宣傳員，「造成了兩百萬印尼寡婦」。（據印尼獨立後的許多紀案說：蘇加諾與後來曾任副總統的哈達與日軍合作，係與反日地下組織先有聯絡的。但哈達因做日軍的情報，會受懷疑。蘇加諾扮演親日脚色到東京「謝恩」，還受過東京的獎章。）可是日本投降時，駐印尼日軍將領，認為與其將土地交回歐洲殖民者，倒不如向印尼做個「順水人情」，耶加達日本海軍司令前田中將的寓所，竟借給獨立運動的發起人及蘇加諾等作舉行第一次宣佈獨立會議的會場。這可以說是蘇加諾第一次得到外國人士對他攬印尼獨立的協助。

在此後印尼的獨立過程中，蘇加諾得到英美的協助不少；英國曾力為印、荷調處，獲得初步協定。美國出任聯合國調處委員，對荷蘭施加壓力，終於支持印尼完全獨立。至於最近美國支持印尼取得西伊里安，更是蘇加諾一次意外的收穫。在這些印荷鬥爭的回合中，蘇加諾的長處是極力向世界尤其是聯合國呼籲，但他的外交成功仍是「幸運」，那便是美國、澳洲、印度等對印尼獨立的同情。

「同情」站在那一邊

現在蘇加諾發動對抗馬來西亞，「同情」是否仍在蘇加諾這一邊？

英國是印尼的「被門」者之一，用不着說。澳洲，已宣佈支持馬來西亞。印度，似乎傾向同情馬來西亞一方面。與印尼關係——經濟關係和獨立淵源——頗深的日本，似乎也認為印尼對抗大馬，偏於魯莽。

一月十六日蘇加諾與日本首相池田勇人會談達三小時，僅雙方外長大平正芳及蘇班德里奧在座。據說蘇加諾告訴池田：（一）他在馬尼剌與菲總統會談有關馬來西亞問題的經過；（二）他在金邊與施漢諾同意的對西方、「反新殖民主義」的觀點；和（三）與羅拔甘迺迪會談中他所將採取的立場。蘇加諾提綱叙述，蘇班德里奧便沿沿不絕的加以補充及發揮。

雖然日方徇印尼之請，不將會談情形公佈，可是靈通人士仍說：池田首相希望蘇加諾放棄充滿火藥味的對抗馬來西亞的反對態度。

「蘇加諾面露嚴肅的表情」，當他與池田會談後離去時，這種反常的表情，被記者特別加以指出——蘇加諾向來如不是笑臉迎人，便是以開玩笑的態度公諸大衆，如在歡迎劉少奇時，扒陸軍部長的荷包之類。蘇加諾把印尼這國家「玩」了十八年，一向以「輕鬆」的表示出之，「表情嚴肅」的報導，這似乎還是首次。

日本不同意印尼激烈對抗馬來西亞，也不至於切斷經技協作，印尼毋須恐懼。池田勇人有什麼說話能令蘇加諾震動呢？恐怕是在答覆蘇加諾關於對羅拔甘迺迪會談時印尼將採的立場這一方面。

蘇加諾到東京時，當即發動由蘇班德里奧宣讀的談話警告：謂若被英國所逼，印尼將與其他國家訂立軍事協定。蘇班德理奧指英國在香港採不利於印尼的獨斷經濟措施，「倘此為全面經濟攻勢，則總統於此次旅行返國後，將全面檢討政策——檢討過去不與大國結盟之政策。」

對英警告要與其他「大國」結盟，當然不是美國，而是蘇聯（或者中共？）那麼，印尼是以恫嚇倒向共產集團，對西方（英美）進行要脅了！

池田對於蘇加諾這種態度有什麼勸告呢？是否有如東京十四日「外交人士」所傳：「羅拔甘迺迪將告蘇加諾：美國將武裝防衛馬來西亞，倘印尼向大馬進攻的話」。該方面人士又說：羅拔甘迺迪此來非向蘇加諾提出讓步，而為「警告」渠勿作軍事冒險」。

羅拔甘迺迪聲稱「亞洲人自行解決糾紛」，似乎在支持馬卡柏佳的調解。但第七艦隊決開入印度洋，未始不是為防備萬一。

蘇加諾與施漢諾究有大巫小巫之別。如果眞個必須攷慮與共產國結盟，蘇加諾就不能不表情嚴肅了。

·吉隆坡通訊·

印尼人民將陷飢餓困境

·宋萊·

印尼原是一個土地肥沃的國家，可是由於蘇加諾採取對抗「大馬」政策，將在經濟上自食其惡果，而使人民陷於飢餓的困境。目前的事實已是這樣悲慘：西爪哇芝欠沙爾地方的居民，已貧窮到無法買得起白米，被迫以杧菓核作為粮食充飢，米價高漲得驚人，致使老百姓祗能在三天內僅吃一頓飯。——這正是印尼宣佈與馬來西亞斷絕經濟貿易關係後所引致粮食價格飛漲的現象。而印尼的幣值，亦如江河下瀉；最近已發行了五十盾單位的新鈔，至於五盾面額的鈔票，則已買不到一條香蕉。在這樣的情形下，遂使印尼人民更陷於貧苦的境地！

然而蘇加諾政府當局對此經濟危機與民生痛苦仍是麻木似的，絕不感覺其嚴重性；政府官員還自欺欺人地說：「不久情形就會好轉」。外長蘇班德里奧也對外宣稱：「印尼國家經濟雖然一時陷於緊張，但這不算是最主要的問題，政府不會因此影響而崩潰，一切困難，將可在數月內獲得解決」。可是事實擺在目前，又焉能掩飾得來？印尼自採取對抗馬來西亞政策，斷絕其經濟貿易關係，沒收馬來西亞在印尼的產業，并發動反英示威，掠奪外僑資產，推動排華示威；這一連串行動，更使其經濟危機倍增嚴重，目前已因此形成政治與經濟脫節，種下了民生困苦的根苗。在印尼三千多個島嶼來往的航運業，由於印尼政府當局拒絕使用在新加坡註冊的商船，已使各島嶼間的航運業接近停頓。政府當局已承認，至少有百份五十印尼商船留在船塢，因缺乏零件而不能開動，因此影響各島農產品缺乏運輸工具，以致米粮不能運銷，缺粮地區的人民，遂無以為食。此外，一般普通商人，亦以政府已切斷對馬來西亞的經濟貿易而抱着無限隱憂，認為這是「自作自受」！

印尼的有識人士也對政府的政策表示不滿，并指出：印尼與馬來西亞斷絕貿易往來，首受其害者將是印尼而非馬來西亞。可是蘇加諾卻執迷不悟，還强硬地聲明：「印尼決對抗馬來西亞到底，因為她是一個新的殖民主義國家，其目的在維護英國在東南亞方面的利益」。

現在，印尼的樹膠及其他輸出品均堆積在各地的碼頭上，因缺乏船隻，無法可以將之輸運出口。但是政府卻公佈說：私營出口商應於限期內清除積存的貨物，否則政府將施行統制。——這顯然是暗示出政府將予以沒收；然而政府卻沒有告知商人如何始能把積存的貨物全部輸出，因此商人們依然採取觀望態度，等待政府再作進一步的解釋，或提出具體的辦法，然後再作打算。目前堆存着的出口商品，貨價已低跌了百份之二十强；看情形，還會再下跌。這樣受影響的當然是人民。換言之，就是人民將會受到更大的苦難。國家經濟，當然也再受到嚴重的打擊！

印尼政府為着要杯葛新加坡檳榔嶼的轉口港地位，會擬訂了幾項措施：（一）開闢一個自由商港和十個轉口港，集中貨品，以便輸出；（二）設立和指定的海港即改善貨倉碼頭等所需設備；（三）禁止利用馬來西亞為輸入印尼的轉口海港；（四）禁止西里伯斯群島使用馬來西亞貨幣；（五）尋求新市場，并援助出口商與製造商。印尼政府這些措施，是希望歐洲與亞洲國家與印尼直接貿易，不須經過新加坡與檳榔嶼的轉口。但是目前并無跡象顯示印尼政府的希望將會實現。印尼政府又計劃將所產的樹膠在國內加工然後輸出，但缺乏資本，缺乏器材，缺乏技術人員，這計劃之欲求達成，必又是困難重重！

印尼人民雖然習慣於「聽天由命」，甘於食貧，但國家經濟日趨下坡，放眼遠望，更貧困，更苦難的厄運已擺在前頭而陸續迫到身上來，安份守己的印尼人民恐怕也難於再捱下去。事實已顯透出：印尼人民的不滿情緒和怨懟氣氛已漸漸擴大。當然，經濟的危機將會引起政治的不穩。土地肥沃的國家而鬧到糧食漲價，人民捱餓抵餓，這不是執政者應負其咎嗎？

神話中的黃帝（八）

徐亮之

（十）參閱註五。（一一）管子封禪篇：「黃帝封泰山，禪亭亭。」又：「古者封泰山禪梁父者七十二家；……皆受命然後得封禪。」（一二）上述師涓和師曠的故事，均據韓非子十過篇。（一三）穆天子傳：「天子升於昆侖之丘，以觀黃帝之宮。」（一四）見下引大荒西經。（一五）海內西經：「崑崙之虛方八百里，高萬仞。」（一六）見淮南子地形訓。（一七）大荒西經：「西海之南，流沙之濱，赤水之後，黑水之前，有大山名曰昆侖之丘。……其下有弱水之淵環之。」玄中記：「昆侖之弱水，鴻毛不能起也。」海內南經：「窫窳龍首，居弱水中。……食人。」輿地圖：「昆侖弱水，非乘龍不至。」（一八）大荒西經：「（昆侖之丘）其外有炎火之山，投物輒然。」搜神記（一三）：「崑崙之墟，地首也；是惟帝之下都。故其外絕以弱水之淵，又環以炎火之山。山上有鳥獸草木，皆生育滋長於炎火之中；故有『火澣布』，非此山草木之皮枲，則其鳥獸之毛也。」神異經：「南荒外有火山，……火中有鼠，重千斤，毛長二尺餘，細如絲；但居火中洞赤，時時出外而毛白。以水逐而沃之，即死。取其毛績紡，織以爲布；用之若有垢涴，以火燒之則淨。」（一九）爾雅釋丘：「三成爲昆侖丘。」注：「昆侖山三重，故以爲名。」關於三重之山名，水經河水注引崑崙說曰：「崑崙之山三級，下曰樊桐，一名板桐；二曰玄圃，一名閬風；上曰層城，一名天庭。」按淮南地形訓已暗示昆侖之丘、涼風之山及懸圃爲三重山名，而以增（層）城屬之昆侖虛。崑崙說混玄圃閬（涼）風爲一，以層城置之最上，不知何據。似淮南說長，茲從之。（二十）淮南子地形訓：「崑崙之邱，或上倍之，是謂涼風之山，登之而不死。或上倍之，是謂懸圃，登之乃靈，能使風雨。或上倍之，乃維上天，登之乃神，是謂太帝之居。」按西次三經：「昆侖之邱，是惟帝之下都」；穆天子傳：「天子升於昆侖之邱，以觀黃帝之宮」；兩相比証，知西次三經之「帝」實指黃帝。「下都」乃「上都」之對，黃帝既有「下都」，則淮南所謂「太帝之居」，必即黃帝的「上都」無疑；亦即「太帝」實指黃帝無疑。（二一）淮南地形訓高注：「昆侖虛中有五城十二樓」。（二二）海內西經：「昆侖之虛，面有九井，以玉爲檻。」（二三）呂氏春秋本味篇：「水之美者，昆侖之井。」（二四）以上雜據海內西經及淮南地形訓。海內西經：「海內昆侖之虛在西北，帝之下都。昆侖之虛方八百里，高萬仞（按初學記引此經作「高萬一千里」）。上有木禾，長五尋，大五圍。面（初學記引作「上」）有九井，以玉爲檻。面有九門，門有開明獸守之。百神之所在，在八隅之巖，赤水之際，非仁羿莫能上岡之巖。」又：「開明獸身大類虎，而九首皆人面，東嚮立昆侖上。」又：「開明西有鳳凰鸞鳥，皆戴蛇、踐蛇，膺有赤蛇。」又：「開明北有視肉、珠樹、文玉樹、玗琪樹、不死樹。鳳皇鸞鳥皆戴瞂。又有離朱、木禾、柏樹、甘水、聖木、曼兌、一曰挺木牙交。」按沙棠、琅玕見地形訓。又：「服常樹，其上有三頭人，伺琅玕樹。」郝疏引莊子逸文：「天又爲生離珠，一人三頭，遞臥遞起，以伺琅玕。」（二五）海內西經：「開明東有巫彭、巫抵、巫陽、巫履、巫凡、巫相、夾窫窳之尸，皆操不死之藥以距之。窫窳者，蛇身人面，貳負臣所殺也。」（二六）並見海內西經及注。（二七）淮南子天文訓：「東方木也，其帝太皞，其佐句芒，執規而治春；南方火也，其帝炎帝，其佐朱明，執衡而治夏；中央土也，其帝黃帝，其佐后土，執繩而制四方；西方金也，其帝少昊，其佐蓐收，執矩而治秋；北方水也，其帝顓頊，其佐玄冥，執權而治冬。」

三

談到蚩尤，便不像榆罔那樣容易對付了。光就他的本身說，就是一個不容易對付的怪物。他生成銅的頭顱，鐵的腦殼；劍戟似的髮鬢；四只眼，兩只角，八隻手，八條腿；身子雖像人形，脚部却是蹄形；不食人間烟火，專吃鐵屑沙子和石頭（一）。只還這些特殊的生理條件，任何普通人就已經吃他不消；何況他還特別具有的是：科學的腦筋，神秘的法術，靈活的政治手腕，豐富的造反經驗；連許多神也幾乎奈他不何！

他本是以九黎族會長的身份（二）參加炎帝的部族的，所以也姓姜，而成爲姜姓部族構成的重要氏族之一（三）。榆罔並曾封他在少昊舊都的曲阜，以卿位代表中央監察四方（四）；可算信任寵幸無比。但當他一看準了黃帝更有政治前途時，便立刻背叛榆罔而歸黃帝，後來並担任了進攻榆罔的前敵總指揮（五）。等到榆罔一垮台，西泰山會議一結束；他看準了軍事復員還沒完成，政治基礎還沒鞏固，部族意志還沒統一，便又立刻混水摸魚，對黃帝背叛起來。他便是這樣一個吃鐵石長大而鐵石心腸的反叛專家。

（待續）

友聲集（五八）

近代海內兩大詩家（通州范氏福州曾氏皆傳十二世歷四百載）刊成敬集杜題后

克耑

奕葉班姑史，巴陵染翰光，歌謳互激遠，裘馬頗淸狂，浩蕩風塵外，提携日月長，貫穿無遺恨，中道許蒼蒼。

鴻寶寧全秘，馨香舊不違，未辭炎瘴毒，永息漢陰機，一覽衆山小，高懸列宿稀，沖融標世業，衰白有光輝。

神物有顯晦，蒼茫雲霧浮，故園當北斗，大火復西流，江國踰千里，乾坤到十洲，兩家誠欵欵，不待致書求。

聲華當健筆，曝背竹書光，羽翼懷商老，過逢類楚狂，轉蓬行地遠，看劍引杯長，同調嗟誰惜，高煙燋上蒼。

儒術誠難起，有心遲暮違，蛟螭深自橫，雞犬亦忘機，秋水淸無底，春池賞不稀，神交付冥漠，百祀發光輝。

放神八極外，宇宙此生浮，回首黎元病，還軒洙泗流，世家存舊史，吾道付滄洲，寬亮貞文德，斯焉心所求。

陳風子治印

陳風子，別號瘦翁，浙江杭州人，鑽研金石文字凡數十年，爲西湖西泠印社得前輩大家家法最深之浙派後人。本報今後將逐期刊載陳氏作品，以饗讀者。

點帆樓

大建畫記

吾家錢塘江邊

詩書繼世長

唐詩偶釋（七四）

鄧中龍

旅宿

·杜牧·

旅館無良伴，凝情自悄然。寒燈思舊事，斷雁警愁眠。遠夢歸侵曉，家書到隔年。湘江好煙月，門繫釣魚船。

羇旅悄然，寂無良伴，惟見門外煙月，獨繫釣舟。首尾回映，中四句平排，半實半虛，此全詩大旨。凝情悄然，尚未就寢，故承寒燈句；坐思既久，勢必就寢，故承斷雁句；愁眠之後，勢必寐矣，故承遠夢句；侵曉而其夢始達於家，則路遠可知，故承家書句。全章語脈，次第相承。

結聯一筆擲向空中，名家每有此種意境。前六句極其緊張，此二句乃故作閒適。此詩中濃淡疎密之法。寒燈斷雁，一句作無數層看：舊事本難堪，一層；思舊事，二層；何況爲燈下思舊事其難堪之情可知，三層；更益以對寒燈而思舊事，四層。層層轉進，每轉愈深，此其所以爲佳句。

斷雁句解法與上句同。

小杜才氣橫逸，詩文均有名於時。所作阿房宮賦，至爲當時文士傳誦。爲人剛直有奇節，不拘細行，美姿容，好歌舞，風情頗張，不能自遏。牛奇章帥維揚，牧之在幕中，多微服逸遊。牛聞之，以街子數輩潛隨，防不虞。後牧之以拾遺召，臨別，牛以縱逸爲戒，牧之始猶諱之，牛命取一篋，皆爲街子輩報帖，云杜書記平善。乃大感服。（晷昇苕溪漁隱叢話引芝田錄）其風流不拘有如此者。遣懷詩：「落魄江湖載酒行，楚腰纖細掌中輕。十年一覺揚州夢，贏得靑樓薄倖名。」殆即指維揚逸遊事也。凡風流倜儻才氣縱橫者，多不宜於五言，而尤不宜於五律。恃才縱筆，重氣與意而不重句，自宜出以七言詩，以其較有廻旋餘地，而奇氣與新意，足以掩其句之平易也。歎花詩云：「自是尋芳到已遲，往年曾見未開時。如今風擺花狼籍，綠葉成陰子滿枝。」此爲膾炙人口之詩，如易爲五言，絕不可讀。能悟此中微妙處，乃可與論小杜之詩。

晚唐詩人，李義山外，牧之自是大家，七絕最佳，七律畧遜。然其佳者，猶足以與盛唐大杜較一日之短長。五律其最下焉者也。現存杜牧詩四百五十首，五律約一百一十餘首，適爲四之一，然可資欣賞者絕少。旅宿一詩，亦無大深意，且前後太散，中四句過鍊，殊不相侔也。中四句句法全同，亦微嫌板滯，牧之五律，類此句法極多，不足爲訓。

沈歸愚別裁唐詩，其中去取雖不無可議者，然五律不選杜牧，可謂卓見。

湘江或作滄江，誤。

中國現代史資料評介之十四

梁任公先生年譜長編初稿（十）

左舜生

（D）任公在清末民初的言論（中）

『新民叢報』一經出版，何以便受到這樣的歡迎呢？我們看『任公年譜長編』所選錄任公對該報言論態度所寫的三條宗旨便可明白：

『一、本報取大學新民之義，以爲欲維新我國，當先維新我民。中國所以不振，由於國民公德缺乏，智慧不開，故本報專對此病而藥治之，務採合中西道德以爲德育之方針，廣羅政學理論，以爲智育之原本。

『一、本報以教育爲主腦，以政論爲附從，但今日世界所趨重在國家主義之教育，故於政治亦不得不詳，惟所論務在養吾國家思想，故於目前政府一二事之得失不暇沾沾詞費也。

『一、本報爲我國前途起見，一以國民公利公益爲目的，持論務極公平，不偏於一黨派，不爲灌夫罵坐之語；以敗壞中國者，咎非專在一人也。不爲危險激烈之言，以導中國進步當以漸也。』

我們今天翻閱任公在『新民叢報』所發表單篇的文字或成部的專書，（指保存在任公文集和專集屬於這一時期的作品而言。）可證明他在大體上確實沒有違背他所標的宗旨。甚至就是他與汪精衛等辯論的文字，也還是樸實說理，並沒有怎樣流於意氣，還其所以受到一般讀者的歡迎而且使大家非常感動，一決非偶然的；乃至我們要研究這五十多年的中華民國所以弄成如今天這樣子，任公當日的言論也還是是非得失之林，值得我們加以平心靜氣的檢討啊！

原來『中國革命同盟會』成立於光緒三十一年七月二十日（陰曆），他們的機關雜誌『民報』（月刊）即於同年的十月二十一日（陽曆十一月十七日）出版。其時『新民叢報』已出版三年以上，其在海外銷行之廣，在國內翻印之多，在當時我國的言論界可稱獨步。可是等到『民報』一經出版，任公乃遭遇了一個不容易克服的勁敵。近年大陸的『科學出版社』已將『民報』影印，任公與『民報』有關的文字，則大抵錄存在他的文集第六、第七兩冊（中華版）。『新民叢報』反對革命的文字，自以任公爲主體；『民報』反駁『新民叢報』的長文，則以汪精衛寫得最多。『民報』第六期後主編的章太炎，原係與任公在『時務報』共事的老友，就到晚年，似乎他們的交情也還不壞。任公死後，太炎有一聯輓他：『進退上下，式躍在淵，以師長責言，匡復深心，姑屈己；恢詭譎怪，道通爲一，逮梟雄僭制，共和再造，賴斯入。』這不僅表章了任公對民國的功績，但也道出了任公心迹的一斑，比之國民政府對任公的褒揚令實在高明多了。至於汪精衛與任公的關係，可以說是『不打不成相識』，宣統三年十二月，任公回國的時機還沒有成熟，經濟情況甚窘，精衛曾托范靜生（源濂）匯贈任公兩千元；民國元年一月十七日，精衛曾有致任公一函，自稱『後學』，態度亦異常誠懇，這兩件事都是我以前所不知道的，現在把汪這封信錄在下面：

『任公先生執事：兆銘前此爲反對君主立憲甚力之人，以此之故，致唇舌筆墨之際，往往開罪於先生，其實於先生之爲人，未嘗不心焉嚮往也。今者以國民之力，使中華民國立於大地之上，兆銘敢決先生必不以其與夙昔宗旨相歧之故，而不願其有成，此其取証，蓋有在語言文字之外者，想先生必不以爲謬也。方今共和之治，畢露萌芽，中國前途悲觀樂觀，交縈於愛國者之胸中，以積學養望，夙以指導國民爲念如先生者，其可無以敎之乎？吾黨之士，於此常有含意未申之苦，兆銘冒昧輒爲一言，如先生不以爲不可敎，乞賜覆書，是所深禱。此上即請道安，後學汪兆銘頓首。』

任公誠信孚於黨外，精衛於異黨亦毫無歧視之心，蓋兩有足稱也。

『新民叢報』於光緒三十三年七月停刊，任公曾想續刊，但卒未實現。

先是光緒三十年（1904），日俄戰爭在我東北爆發，次年（1905），俄陸海均敗，樸資茅斯和約告成；日本以一個新興的君主立憲國家，乃於十年之間，戰勝了世界兩個最大的專制帝國，於是當時期待清廷立憲的人振振有辭，認爲謂不是日本的武力能戰勝中俄，實立憲戰勝了專制。這不僅民間的輿論如此，乃至駐外的使節和地方督撫，也有不少的人持這種論調和看法。清廷一面逼於立憲派的要求，一面又鑑於革命派也一天天趨於活躍，尤其在東京上海一帶所表現的事實，更使他們怵目驚心。於是在這一年的九月，清廷乃有派遣載澤等五大臣出洋考查憲政之舉。次年七月，這般人考查歸來，清廷乃有預備立憲詔書的頒布。可笑的乃是所謂考查憲政的報告，却有一部分係展轉托人請任公捉刀！可是任公依然想假戲眞做，於是在光緒三十二三年之間（1906—1907），任公與熊希齡，蔣觀雲，徐佛蘇等乃汲汲謀政黨的組織，原想拉楊度合作，且期待他作爲主要幹部之一，但以楊別有懷抱，卒未實現。延至三十三年八月，清廷有設立資政院的上諭，九月，又有各省設立咨議局的上諭，於是任公等乃有『政聞社』的組織（未約楊度列名），十月更有『政論』（月出一冊）的刊行。

『政聞社』以是年九月十一日（十一月十七日）開成立大會於東京，徐佛蘇在『梁任公先生逸事』裏，追述當時情形如下：

『政聞社於清光緒丁未秋成立於日本東京，會員約一千五百人，均係留學生，在錦輝館開成立大會，選推職員百餘人，梁先生演說約二時餘，暢論「世界各國政治革命不注重國內種族問題」之理由，及政黨政治之先例，演說未畢，突遇同盟會人張繼氏率領二十餘人闖入會場，直撲演台，梁先生神色鎮靜，口不輟演，旋經在場日警勸阻，反對黨人出場。頃刻當地警察長復率十餘人到場查詢敵派擾亂情形，並云政治集會是經警署特許者，警署即有保護開會人之責，如甲派人開會，而乙派人闖入毀物毆人，是違反警律及刑律，本署故特派人來會場調查實情，以便決定是否以法律解決此事。當時梁先生深恐吾國人因政見不同之細故，致煩外國官廳之傳訊，乃派會友向日警力白會中之稍稍紛擾，純係本會中人偶起爭論之故，既非他黨來襲，亦未毀物毆人，請貴廳勿介意此事。日警唯唯而退。後來日本名流及報紙頗讚美梁先生之有「政治德量」云』（見任公年譜長編 P. 250—251）

懷陳果夫先生

（五三）

宇人

第二天上午八時許，劉健群如約而來，我們去到立法院後，仍坐在一起。不一會，他的家裏又有人來找他，據說，侍從室有電話來通知，蔣先生請他立即去見。他問我應該怎麼辦，我說：「你當然不能去，告訴你家裏的人打電話回報侍從室，說找不着你，就可應付過去了」。他很勉強的接受了。隨即舉行院長選舉，童冠賢當選。下午選舉副院長，劉健群當選，程天放也獲得一百七十餘票，足見CC方面在院長選舉失敗後，仍未改變支持程天放的預定計劃。劉健群至此才向我說道：「這回幸而你看得很準，我幾乎又上了CC的大當」。

院長、副院長選出後，尚有很多的CC立委趕到南京，但已遲了一步。童冠賢由上海折回南京的原因，原是爲了投吳鐵城先生一票；而結果，却於短短的四日中，不費吹灰之力，即坐上立法院長的寶座，可謂幸運之至。同時，聯合陣綫在許多人看來，都以爲是群龍無首，一盤散沙，成事不足，敗事有餘，此次竟一舉而使CC遭受前所未有的挫敗，大家那種同心協力的精神，實在是難能可貴的。假如時局不發生鉅變，國民黨籍的立委可能還得因此而有進一步的發展。

綜觀此次立院的院長副院長選舉，聯合陣綫對國民黨中央常會所決的候選人，可以說是拒絕一半（拒絕院長候選人李培基），接受一半（接受副院長候選人劉健群）CC也是拒絕一半（拒絕劉健群），接受一半（接受李培基）。因此，如果說我們違抗黨命，那麼CC也同樣違抗黨命。可是，我們則被指爲「大逆不道」，他們仍是「忠貞同志」，顯見國民黨祇是屬於他們的。

自此以後，大局即日趨惡化，蔣先生發表文告，聲言人民久苦戰禍，如中共有誠意與政府尋求和平，他對於個人的權位無所縈懷。後來，共方有了反應，政府派出張治中，劭力子等五人爲和談代表，蔣先生隨即宣佈引退，由副總統李宗仁先生爲代總統。當時，我們對於蔣先生的若干措施，雖然堅决反對，其目的仍在於促醒他實施改革，絕大多數的人都沒有背棄他的意念。而戡亂建國這一大原則，更是大家所衷心擁護的。假如蔣先生不自行引退，無論爲和爲戰，在立法院來說，必然仍可獲得廣泛的支持。不料蔣先生引退後，却在其故鄉——溪口，設置電台，繼續發號施令，任命官員，調遣軍隊，儼然在政府之外，又形成了一個太上政府，不但破壞國家的體制，而且自毀政府的基礎，我們實在無法贊同。行政院長孫科先生更令人失望，既未能如其所言，爭取美國特別的軍援以扼守長江，復於蔣先生引退後，即離京赴穗，政府各院部會的首長亦多去滬觀望，南京頓成了一座被委棄的空城，僅有李代總統一人孤零零的留着未走。此時，曾對中共作戰甚力，迭建大功的華北剿匪總司令傅作義早已在北平和中共接洽所謂局部和平，杭州及上海市參議會亦發出類似的呼聲，在白崇禧先生的華中剿匪總司令部所在地——漢口，也邀集了廣西、河南、湖北等省的若干參議員和地方士紳舉行會議，醞釀和平運動。我們認爲政府係既無力與中共繼續作戰，我們和談自可避免的事。但政府尚擁有西北及長江以南的廣士衆民，欲與中共談和，亦必須堅守長江，才能有談和的憑藉，並爲國家民族保持最後的命脈。倘若共軍尚未進逼，即先將南京放棄，其結果必招致全面的崩潰，爲國家民族帶來前所未有的浩劫。而且，共軍僅憑其所謂人海戰術取勝，即較新式的戰車和大砲亦未曾有，更無海空軍。政府據有長江之險，又有海空軍協防，如不自我解體，共軍實無可能越雷池一步。因而在立法院第三個會期將屆復會時，尚留在南京和上海一帶的立委即不約而同的主張仍在南京復會，以期振奮人心，挽回士氣。不料幾乎因此而演成立法院的雙包案。

先是第二個會期結束時，由於徐蚌會戰已完全失敗，政府曾作疏散的準備，各機關均派員前往廣州預作遷移的部署，立法委員亦有多人南下。可是，政府並未頒佈還都的明令，因此之故，我們認爲南京既然尚可開會，依法而言，立法院亦應仍在首都復會。但CC和其他一些自以爲効忠於蔣先生的人士却主張在廣州復會。他們認爲我們主張在南京復會，是擁李反蔣的；甚至還造出種種謠言，說我們準備投共，又說我們計劃倒閣，孫科先生也就不無所疑而滯留廣州。時余井塘已去台灣，頗能顧全大局，力勸在台的CC立委來京開會，李宗仁先生更親到廣州向孫科先生促駕，孫先生和吳鐵城先生及若干立委才回到南京。但立法院的第三個會期雖然終於在南京復會，却仍有不少的立委留粵不來，而且對我們主張在南京復會的立委甚爲仇視。

當若干立委醞釀在廣州復會的期間，各地的立委也紛紛交換意見，倪文亞曾在台北的一次立委談話會中，力戰群儒，堅主在南京復會。廣州方面，粵籍立委陳逸丸，伍智梅還寫了一封聯名信給我，表示贊同在南京復會，但希望不要倒閣。我回信說，我主張在南京復會的唯一目的，祇是不忍看見敵人尚未來，政府當局即棄首都而遠走的自我崩潰現象，認爲唯有立院在京復會，促使政府負責首長回京坐鎮，才可望堅守長江。並指出如讓各地所謂局部和平運動繼續發展下去，共軍大可不戰而越過長江，到時，我們即無可能再戰，亦不足以言和。我希望他們勸孫科先生速回南京坐鎮，內求各方面的團結，外洽美國的支援，才是挽救危局的正道，我並表明我個人並無倒孫科之意，而且相信留京的大多數立委也是如此，祇希望孫先生切實負起責任，將其未被提名爲行政院長以前召集一部份同人談話時所作的主張，付諸實施。

本刊已經香港政府登記

聯合評論

週刊

每逢星期五出版

United Voice Weekly

第二八〇號

本報美洲版總經售處紐約中美出版社
CHINESE-AMERICAN PRESS, INC
199 CANAL STREET.,
NEW YORK13 N. Y. U.S.A.
美洲版每份零售美金一角

從人才問題談到當前外交的緊急狀態

左舜生

我們自己願意拖，別人却不耐煩陪着我們拖，實際一般的情況都是如此；單就外交的觀點說，我們尤其覺得國家的前途，早已爲一種可怕的陰影所籠罩，換言之，即國際間的變化，隨時都有可能給我們一種無情的襲擊，這原在稍有常識者的意計之中，而決非意外。

就我個人所知道，六七十年以來人才的缺少，要以今天最爲突出。其所以有這種現象的產生，原因相當複雜；可是要把這些原因一一列舉出來，却也並不太難，但我不願多說，因爲把這類的事實說得太多，便不免帶得有一點追溯既往的意思，國家的危險已經到了如今天的境地，我們還有什麼心情去算過去的一篇爛帳？同時，人才之被摧毀，被埋葬，被閹割，被公然排擠，被陰謀陷害，被造謠中傷，被誣衊而搆成罪狀，被打擊而灰心喪氣，而自毀自殺，……我只要閉着眼睛想一想，便有無數的這種例子一一出現到我腦子裏來！然而我不願實指，一經實指，便好像責人的意味太多，而自責的意味太少，這實在與我的性格不合。舉一件事實來說：在學校不能不說是一種造就人才的地方，尤其是大專一級的學校，更是直接爲人才之所自出；梁任公在光緒二十三四年之間，曾在長沙時務學堂任過一時期的總教習（其時他不過二十五歲），時間不足四個月，學生僅四十人，可是戊戌他亡命到日本的時候，時務學堂的學生不憚跋涉跑到日本去追隨他的，乃多到十一個；而漢口自立軍一役，他這羣學生爲國事而犧牲的更超過半數以上，最後還有一個押陣大將蔡松坡，也因他們師生合作討袁，積勞而病死於日本的福岡。近年我在香港看見教育界若干不愉快的事件，想起任公這一段教育生涯，總是感不絕於予心。以我自己來說，我濫竽於大專學校教書，從民國十九年開始，前後已在三十年，以上所經歷的學校不少於七八處，在我班上聽過講的學生，何止四五千人，儘管他們中間有成就的也不算少（尤其是近年在國外專攻科學的許多人），但我總覺得他們所得到的好處都是得自其他的先生們，至於說我能給他們何等的印象，我實在是無可自信，更不要說什麼精神感召了。

因此，說到近幾十年人才的缺少，我眞是愧則有餘，責人何敢？可是，我儘管對當前人才缺少的原因，不願具體的實指，但近年政治作風的惡劣，與政治形勢的突變，不能不說是最基本的。此外，敎育仍有不少的毛病，尤其敎育界的領導者，無一個足以轉移風氣的人物，恐怕也不失爲最主要的原因之一。目前對這一人才問題，我所願指出的只有這兩點，也許可供有心人一種共同反省的資料。

說到辦理外交的人才，眞也是不容易養成的一種：第一要天才，第二要素養，第三要資望，此外還要懂得若干的技術。如銳敏的觀察，分析的頭腦，精熟的外國語文，作一個外交官必須具備的豐富常識，以及對駐在國國情的了解，和整個國際局勢的認識，……如此等等，都不是具有某一程度的天才與素養的人所容易辦得到的。至於說到資望，則更難說。非更事甚多積有長期的資歷，與一個外國老練的外交家一經接觸，在一席普通談話以後，郎可能被人衡量出只有多少的分量！

自政府退到台灣以後，對一切還有邦交的國家，其駐外的機構總也算是應有盡有。可是要求得一個內容充實，足以對一件突來的事變或遭遇着一次無情的襲擊，而能應付裕如，不致張皇失措的；實渺不可得。例如過去南越吳氏家族政權的危機，近年日本政客與工商界對大陸的勾搭，乃至最近戴高樂所採的步驟，假定我們的駐外機構，事前有過精密的研究，對政府提出過詳盡的報告，我想政府在應付上決不會除抗議以外無行動，除撤退以外無辦法。

我們必須知道，凡在目前只能作出種種消極的考慮，皆由平日太無積極的做法所使然。

我們對這樣一種事實，確曾抱有無限的隱憂，因此本刊同人對如何加強外交陣容一點，也曾提過不少的意見。即以我個人而論，我便主張對外交陣容的加強，政府應該採取重點主義，換言之，必須就幾個據點集中人力物力，切實的幹一幹。在美洲應以華盛頓爲重點，其責任不單只辦理對美的外交，實應兼顧南北美洲以及聯合國等等方面。在歐洲應以巴黎爲重點，其責任也不全在應付法國，實須兼顧到整個歐洲以及非洲與中東。亞洲重點可設在東京，自然也不是專對日本，而應顧及亞洲的各方面，兼及澳紐。凡重點所在的外交機構，除正面應付當地外交的人員以外，都該有一個富有研究性的機構附屬之，資料應儘可能求其完備，較有專門研究基礎的人員也不厭其多，所謂正面應付當地外交的人員，其工作也應與這種機構打成一片。這種研究機構所得的研究結果，不僅應以提供該重點所兼顧的各方面，當然更應提供政府的上層機構，而使內外各方面在精神上都能保持到息息相通。如此，則國際上一有重大的事變發生，便可如身之使臂，臂之使指，在應付上當不難立即產生一審愼而正確的方案，而不會感到無從下手。

有人說：「您這種想法，依然只是一種高調，您既知道今天人才太少，而政府的財政又極不充裕，如何能實現您這種措施？何況事無前例，以今天的政治作風更何能有這種創舉？即有，也還不是依然要變質？」我不是這樣想法，今天政府的財政其所以顯得窘迫，並不是無錢可用，實際是不當用的用得太多，應該用的則用得太少。說到人才一層，其實那些重點以外的機構，實在有事可做的人並不怎樣多，爲什麼不可以調他們去參加重點所在的工作？所謂創舉，其實在我們雖無例可援，而在別的國家，則實在是尋常而又尋常。我記得第二次大戰一經開始，英國調到美國的外交人員，比較平時何止增加十倍？大陸一經變色，一個美國駐港的領館，也變得龐大空前，這豈不是眼前的事實？我知道政府因循怕變，可是今天已經到了生死關頭，能變還可死裏求生，不變則惟有坐以待斃，變固然有些可怕，難道死活也可以不管嗎？

一個中國或兩個中國的基本關鍵何在？

劉裕略

高樂的法國政府已於一月廿七日正式宣佈承認中共政權了。這引起人們對法國此一乖謬措施的鄙視與憤怒。像法國這樣一個久具自由光榮傳統的國家，今天也對中共極權主義示好，像戴高樂這樣一位崛強愛國人物，今天也染上國際政客的投機取巧作風，不能不使人慨嘆許多國家的執政者對中共政權之本質認識不清。很多人今天都已經不起時代之嚴格考驗而墮落了！

法國此時承認中共除助長中共野心，提高中共地位外，很對容易引起其它國家之繼起效尤，使中共今後容易進入聯合國；又足使兩個中國之形勢因此更趨形成。從而引起中華民國的尷尬與困惑，中華民國若因此與法國及今後繼續承認中共政權之所有國家一個又一個的絕交，則中華民國將來在國際間必將陷於孤立，中共之形勢及國際地位反而日見增高；假若中共將來竟致倖而進入聯合國，中華民國退出聯合國的話，中華民國在國際間的處境勢必更爲不利。相反，假若中華民國不與法國絕交，那就無異兩個中國在國際間的正式出現。這當然也不是中華民國政府之初願。

唯其如此，所以法國這次承認中共，有人偏於義憤而主張與法絕交，有的則基於冷靜的理智而反對絕交。其實，追源溯始，兩個中國這件事，根本就是毛澤東及中共中央諸首腦囂意製造的。所以，所有在國際間形成兩個中國的責任便應該由中共完全担負。台北當局是一點也不必負這種責任，台北當局若因反對兩個中國之出現而與法國絕交的話，便上了中共的當。因此，中華民國絕對不可與法國絕交。

我之所以說兩個中國乃中共所製造，係因中國本來只有一個中華民國。但當中華民國並未被消滅而僅在大陸戰敗而暫時退到中華民國所屬的台灣省的時侯，毛澤東便於一九四九年十月一日在北平另行僞造一個「中華人民共和國」，請求各國承認，當年英國和這次法國所承認的便是這一毛記「中華人民共和國」。所以，所謂兩個中國，便是這樣來的。它由中共蓄意造成，其理至明，其事至顯。

再看：寮國原本已與中華民國建交，但年前中共並不先要寮國先將寮國與中華民國之邦交撤銷，就派遣大使到寮國去，足見中共當時就已有着一種陰謀，認爲中華民國會因憤怒而自動撤出寮國，其後，中華民國果然憤而自動退出，於是，中共輕易的獲得了它與寮國的邦交；而惟一的中國的國號儼然出現。這一次中共重施故技，又根本未先要求法國與中華民國絕交，就與法國建交，中共明知中華民國與法國邦交未斷，而中共仍與

[illegible]

從甘迺廸到詹森

（美國通訊）

乾

我們中國有句俗話說：「天有不測風雲，人有旦夕禍福。」用這兩句話來形容美總統甘迺廸及強森二人的遭遇，我想應該是最恰當不過的比喻。誰也沒有料到一個懷有理想，英年有為的甘迺廸氏，於去年十一月二十二日，在萬衆夾道歡迎的場面下，突遭暗殺喪命。所以，當甘迺廸總統被刺的消息，在廣播中傳出之時，美國人莫不相顧愕然，有着難以置信的驚疑神色。詹森總統也絕不會料到有達萊斯（Dallas）城的一幕慘局發生，使他能於剎那之間，入主白宮，領導美國人民，一躍而成為世界上的風雲人物。在電視中，看到甘迺廸氏喪禮的行列，各國權要們齊集華盛頓的盛況，以及詹森總統接應不暇緊張的情形，使任何人看過之後，會興起一種禍福無常之感。

甘氏喪禮於十一月二十五日完畢之後，詹森總統於十一月二十七日向參衆兩院聯席會議上發表演說時，鄭重保證繼續甘氏生前政策，並請求參衆兩院通過民權及減稅兩案（Civil rights tax cut bills）早日採取行動。（按詹森總統於元月八日向本屆國會提出的咨文中特別提出此兩案件。）這都表示着詹森總統決心實現他繼續甘氏政策的諾言。

詹森總統既以繼續甘氏政策為其今後施政的原則，我們不妨就去年一年內，美國政治上的一般情形（包括內政與外交各方面）作一叙述，藉以瞭解[illegible]，並進而探討詹森氏所以繼續甘氏政策的原因所在。

一、國內

1. 根據美國最近公佈的消息[illegible]

[illegible]家的一些重要政策，都難以按照原定的計劃去進行，形成行政上的停滯現象。

3. 種族衝突：二十世紀以來，美國人在世界上以扶植弱小民族，反對殖民地，高唱人權。然在自己本國內，却有着種族歧視的現象存在，這對美國人說，自然是一項諷刺，也可以說是「白圭之玷」。共產黨人以此來攻擊美國人，平情而論，亦不是無的放矢之言。近年來黑人的政治意識日漸提高，對白種人的歧視，自然不滿，權利平等的要求，由口號逐漸變為行動，去年春天黑人的示威運動，由南而北，幾遍及全國，後來雖因甘迺廸氏之措置得宜，未能釀成大亂，然已使美國社會上呈現不安，經濟上遭受到很大的損失。甘迺廸氏有見於此，所以不顧及南方白人之反對，毅然提出民權法案的原因，即在於此。不過，美國的種族問題，是一個由來已久的問題，將來是否能因此一民權法案的成立，即可使美國的種族問題，獲得徹底的解決，有待於未來的事實證明了。

二、國外

1. 蘇聯：去年甘迺廸氏在外交上的得意傑作，首數他與蘇聯總理赫魯曉夫所簽訂的核子禁試條約，這一得來不易的一紙核子禁試條文，雖祇是一項初步協定，並不是核子問題的根本解決，其內容亦有議之處，然在大家的心理上，都覺得有條約總比沒條約好，對之仍寄以很高的希望，尤其對美國人的「恐戰」心理上，更有着高度的誘惑力，希望由此條約的簽訂，可以免除核子戰爭的災難，所以，甘氏的身價，在美國人民的心理上，因這一核子禁試條約的簽訂，無形中增高了許多。

2. 柏林：由於去年蘇俄內部的經濟困難，及與中共間又發生激烈的爭執，赫魯曉夫才高唱和平共存的口號，在表面上與美國維持着友善的關係（如核子禁試條約的簽訂）。然對柏林問題，蘇聯在去年始終不會讓步，柏林情勢，仍如以往多年一樣在緊張而無衝突的局面下度過，仍係冷戰中一個主要戰場。

3. 中共：美國政府要員們，在去年外交上最失望的國家，恐怕要算中共。他們雖一再聲明大開着與中共的和平談判之門，並諄諄勸告中共，希望改變其好戰的態度，坐下來同美國人談談。然中共的答覆，仍舊是美帝國主義者侵略中國，佔領台灣，緊閉着美國朝野所希冀的「和平談判」之門，而周恩來反去到非洲，與那些新興的小國家，促膝談心，大拉交情，使那些美國要員們，大為掃興，頗有不得其門而談之憾！

4. 同盟國間：在西方盟國之間，英國關於世界的局勢，與美國雖有着歧見，然尙不至表面化。而法國總理戴高樂則不然，卻處處表示其泱泱大國的態度，不論在歐洲事務上，或北大西洋公約方面，都處處表示其特立獨行的立場。他既拒絕英國加入歐洲共同市場，在北大西洋公約內，亦和美國處於分庭抗禮的地位。美國與蘇聯簽訂禁試條約之後，除中共之外，盟國間表示反對的，就是法國。戴氏在其新年的文告中，明白表示法國今年的政策，自繼續努力製造氫彈與團結西歐國家兩點。戴氏的解釋，法國惟有繼續製造氫彈，才可以應付外來的侵略，保障國家之獨立。只有團結西歐，使其能在政治、經濟、軍事與美國達到充分之瞭解。這充分暴露出西方大國間意見的紛歧。

5. 越南：在去年越南是世界冷戰中唯一「熱戰」的地區，亦係美國化錢最多，出力最大的國家。自從去年秋末吳廷琰的「兄弟政權」被軍人推翻之後，越南的局勢出乎美國人意料之外，未能獲得預期的效果，情勢反而愈形不利。軍人間的明爭暗鬥，剿共戰爭的一再失利，人心的不滿，士氣的低下，已迫使美國政府宣佈放棄其於一九六五年撤兵的計劃。越南情勢演變到如此地步，為美國去年在國外事務上一件最不如意之事。

6. 古巴：美國紐約時報，在新年中有一副漫畫，劃着赫魯曉夫在敎室裏，手中拿着敎鞭，下面坐着卡斯特羅，敎室的黑板上劃着古巴及拉丁美洲的地圖，赫魯曉夫用敎鞭指着古巴地圖，告訴卡斯特羅說：「一個小洞能夠沉一條大船。」由這漫畫的含義，不難明瞭美國人對古巴問題的重視，念念不已的視卡斯特羅政權為腹心之患。

從上述的分析，我們可以瞭解去年甘氏內政外交的得失所在，亦可以知道詹森總統可以繼續甘氏政策的原因為何？大致而言，甘氏過去的政續，在美國人的印象中，有着相當高的評價。經濟繁榮與蘇聯所簽訂的核子禁試協定，固為美國人民所稱道，卽就援外欵項的過於削減，民權減稅兩法案在議會的擱置，一般與論多批評議會之不當，對甘氏的政續，毫無損色。至於外交方面，共產國家與歐洲大國之間的意見紛歧，那是基本上利害的衝突，不在人的問題，民主黨當政，共產黨是如此，法國的戴高樂亦是如此，共和黨執政，共產黨亦然，法國的戴高樂更是亦然，至多是技術上的差異而已，根本上不會有何不同之處。去年美國在外交上唯一可議之點，是越南問題，這一國家局面演變到今天，美國駐越人員，應負着大部責任。

我們於本文行將結束之際，特別提出的，今年是美國大選之年，任何一個政治家，為想展其抱負，必須要有政權在手，詹森氏亦不例外，如何贏得大選，繼續執掌政權，自然是他當前的首要之務。從外表看去，詹森氏對大選的佈置，一方面利用他的地利與人和，以期獲得南方各州民主黨人的支持。另一方他更要憑藉甘氏生前的政績，去爭取北方民主黨和一般自由份子的支持。詹森總統心中明白，他今天只有憑藉甘氏的政績，才能够容易贏得大選，他今天一面保証繼續甘氏政策，另一面盡量安撫甘氏生前的人事，最近報紙上有他要求甘氏妹丈（Sargent Theiver）為他副總統候選人的消息，這都証明詹森氏如何處心積慮的來借重甘氏的政績與人事關係。

總之，自從甘迺廸氏被剌喪命之後，詹森氏已於剎那間成為天之驕子，就大的形勢言，在本黨內選中，不僅民主黨內沒有人可以與較一日之長，卽共和黨的洛克非勒、高華德、洛奇等亦遠非其匹。我想假定他在十一月能當選的話，以後四年內的美國政策，大致仍不會越出甘氏政策的範疇。

一九六四年元月十二日於金山旅次

讚羅拔甘迺廸遠東之行

黃訓文

美國總檢察長羅拔甘迺廸此次到遠東來調停馬來西亞、印尼、非律賓之間的糾紛，已獲相當成功，實有可讚之處。

羅拔甘迺廸，是已故美國總統約翰甘迺廸之介弟，現年不及四十歲，曾協助乃兄競選成功，顯露了他的非常才幹，本已值得讚美，但這仍然不是我在本文所要予以讚美的地方。

我要特別讚美羅拔甘迺廸的地方，實在還在他一貫的堅決反共態度。我們曉得，美國國會曾有一個鳳毛麟角似的著名參議員麥卡錫，曾以絕對堅強的反共著稱，以致蘇共與中共均對麥卡錫刺骨痛恨，不時破口大罵。事實上，麥卡錫也確是美共及國際共黨的真正敵人，因為麥卡錫曾經切切實實打擊過美共與國際共黨。而羅拔甘迺廸呢，當時則正是這位以堅決反共著名的麥卡錫參議員的助手，他曾經大力幫助過麥卡錫，所以，並不是乃兄約翰甘迺廸作了總統，他作了總檢察長，他才反共。最難得的是遠在他的乃兄當選總統之前，他就堅決反共了。只以幫助麥卡錫參議員的那種堅決反共態度來說，已屬值得特別讚美了。

我曾經在中共人民日報屢次看到抨擊羅拔甘迺廸的文章。可見，中共早已把他看成一個重要敵人。通常，中共人民日報是不會抨擊到一個像他那樣只在美國政府僅僅担任總檢察長的人的。而中共最恨的人中，有一部份就是最值得我們讚美的人，因為中共所以恨他，正因為他堅決反共，我們之所以要讚美他，也因為他堅決反共。嚴格的說，美國政府中反共的人雖不少，但像羅拔甘迺廸那樣堅決的人卻不多，對於真心堅決反共的人，我們當然應該毫無保留予以讚美。

而他這一次到遠東來，先到東京與蘇加諾會談，以調停印尼與馬來西亞之糾紛。有人以為他不應該來，理由是他此行任務蘇加諾態度橫蠻，假如他此行不能圓美達成詹森總統所賦予的使命，對他未來的政治生命來說，可能是一種損害。因為他不但可能在今年作民主黨的副總統候選人，與詹森拍擋競選，而且，他將來還有作美國總統候選人之可能。所以有人替他設想，為了避免不能達成任務而對他引起損害，認為他此次不應該來。殊不知，這真是他的勇敢和忠於國家的表現，也正是他在冒險中建立更大威望的機會。試想，假如一個人只知為自己政治利益打算，而不為國家打算，只知避免可能對自己的損害，而不敢從危險中去表現才能，這種人還是政治家嗎？這種人還值得人們愛戴嗎？不錯，他此次到遠東來調停印尼、非律賓與大馬之間的問題，確實是異常艱巨，確實是很可能失敗，他本人何嘗不知道。但他畢竟毅然來了，而且迅速的完成了任務，這不僅充分地表現了他的才能，實更充分的表現了他的勇敢。這種不顧個人利害而冒險進行工作的勇敢，原是一種最寶貴的品質，乃兄約翰甘迺廸原本具有這種寶貴品質，現在，他又以行動與事實表現了這種寶貴品質，故尤應予以讚揚。

現在，他已在極短時間從東京到南韓，再到非律賓，又到馬尼拉、耶加達，經曼谷、倫敦飛回美國了，沙勝越的邊境也已停火了，大馬、印尼、非律賓三國會議也將舉行了。可以說他的遠東之行，已初步成功，而使中共大大失望。因為中共原是希望印尼、非律賓與大馬之間擴大衝突，以收漁人之利的。愈使中共失望的人，當然也是我們應該讚揚的人。

再看台北官場，自私自利者多，爭利惟恐不先者多，避害惟恐其後者多，為國家前途計，我們更應該表揚像羅拔甘迺廸這一類不但堅決反共而且完全不計個人利益的人物啊！

中共向全世界發出號召
反美戰線由五方面組成

正式組織反美統一戰線

綜觀

我在上期本報曾經根據毛澤東一月十二日爲巴拿馬運河發表的談話，正式指出毛澤東正欲建立和組成廣泛的國際性質的反美統一戰線，現在，事隔數天，已經由中共北平人民日報一月廿一日的社論完全証實了。因爲一月廿一日人民日報已向全世界正式作出號召，組織毛澤東所提出的反美統一戰線。

我們知道：北平人民日報是中共中央的機關報，一向代表中共中央發言。

人民日報這一社論是以「全世界一切反對美帝國主義的力量聯合起來」爲題。原文說：

「毛澤東同志一月十二日對人民日報記者發表談話，表示中國人民堅決支持巴拿馬人民反對美帝國主義侵略的愛國主義鬥爭，並且號召全世界人民，所有受到美國人民、控制、干涉和欺負的國家聯合起來，結成最廣泛的統一戰綫，反對美帝國主義的侵略政策和戰爭政策，保衛世界和平。毛澤東同志的談話，獲得了世界輿論的廣泛響應」。

又說「美帝國主義是人類有史以來最兇惡、最狂妄的侵略者。在第二次大戰結束以後，美帝國主義依仗它在戰爭中大大膨脹了的經濟力量和軍事力量，特別是它的原子壟斷地位，積極推行征服全球、奴役世界的計劃」。

又說「當然，美帝國主義仍然是一個強大的帝國主義，它還擁有相當雄厚的經濟實力和軍事實力，它有成億噸的鋼鐵，有原子彈有氫彈，有遍佈全球的軍事基地，但是到處樹敵，不得人心，戰場遼濶，戰綫漫長，有如十個指頭按十個跳蚤，顧此失彼，動彈不得，實際上是外強中乾，極其虛弱。哪裏有美國的魔爪，哪裏就有反美鬥爭的風暴，就有地震。美國在全世界各地建立起來的軍事基地反過來變成套在它自己頸子上的絞索……一句話，美帝國主義野心很大，而力不從心，它的這種致命弱點，是無法克服的」。

又說「社會主義各國人民要聯合起來」，「亞洲、非洲、拉丁美洲和世界各國人民要聯合起來」，「美國人民，包括工人、農民、革命的知識分子和其他開明人士要聯合起來」，「所有愛好和平的國家和人民要聯合起來」，「一切受美國侵略、控制、干涉和欺負的國家要聯合起來」，「總之，不包括美帝國主義及其走狗在內的一切力量，都是可以聯合起來的」。「這就是建立最廣泛的反對美帝國主義的統一戰綫的客觀基礎」。「我們深信全世界反對美帝國主義及其走狗的統一戰綫，必將日益擴大和發展，必將取得越來越大的勝利」。

以上是一月廿一日北平人民日報的原文節要。我們很容易從上述節要中看出中共中央已接受毛澤東一月十二日爲巴拿馬運河糾紛所發表談話的提示，正式由中共中央通過它的機關報向全世界發出號召，正式建立毛澤東所主張的反美統一戰線。

有人說：巴拿馬與美國間的糾紛很快就會解決的，中共爲此大賣氣力，事屬多餘。其實，中共何嘗見不及。不過，中共仍舊是要盡力煽動巴拿馬與美國之間的糾紛的，而且希望把它擴大。在毛澤東看來，這一糾紛能夠擴大，自屬最好，如不擴大，毛澤東也是要利用和假借這一糾紛來成立反美統一戰綫的。

毛澤東這一反美統一戰線主張之提出，本不足奇，因爲毛澤東倡導的是領導國際共產黨繼續戰鬥，通過一個又一個的革命，完成世界革命的目的，進而打倒美國，赤化全世界，他認爲美國既是「帝國主義陣營中最兇惡的一個」。所以，毛澤東的反美戰略，便是擒賊擒王，只要把美國打倒，其餘不足論了。像法國之流，算得什麼呢？所以，毛澤東提出建立反美統一戰線這一主張，正是中共窮兵黷武，毛澤東有意領導國際共黨的必然發展。在策略上講，這是與赫魯曉夫所提與美國暫時和平共處的策畧完全相反，完全針鋒相對的。換言之，這也就是毛澤東在赫魯曉夫所提的路線之外的另一路線。

我們還可確切確定的，是毛澤東和中共既已倡議建立這一反美統一戰綫，毛澤東及所領導的中共勢必繼續堅持這一反美統一戰線，不管法國承認中共也好，美國承認也好，中共甚至獲許進入聯合國也好，毛澤東及中共都將繼續堅持它，決不會中途放棄。相反，假如中共獲得更多國家的承認，它勢必利用這一種承認將這一反美統一戰線的組織向更多國家發展；假如中共獲許進入聯合國，則中共勢必更將這一反美統一戰綫帶進聯合國，以擾亂聯合國，以孤立和打擊美國在聯合國的控制地位。

基本言之，毛澤東的這一反美統一戰綫原本就是一種國際統戰工作，其目的專在孤立美國和拖垮美國。

至於毛澤東這一反美統一戰綫的組成分子，照上述一月廿一日人民日報的原文來看：它顯然不全是以國家作單位來組成，而是以個人、團體以及國家來混合組成。總共由五方面來共同組成。它所說「社會主義各國人民要聯合起來」，而不曰「社會主義各國要聯合起來」，顯然是把所謂「社會主義各國人民」，即共黨政權統治下的一部份人民作爲組成這一反美統一戰線的五個方面的一個方面。

人民日報原文所說「亞洲、非洲、拉丁美洲和世界各國人民要聯合起來」，這也正是毛澤東所要組成的反美統一戰線的五個方面的第二個方面。我們甚至可以判斷，這個方面，還是毛澤東組成反美統一戰線的主要方面。

人民日報所說「美國人民，包括工人、農民、革命的知識分子和其他開明人士要聯合起來」，這當然也是毛澤東眼中的五個方面的第三個方面。而且是不可或缺的一方面。事實上，這一方面，也正是毛澤東用以顛覆美國政府和擴大美國內部矛盾的一方面。有人也許會担心毛澤東及中共怎能吸引美國人來參加這一反美統一戰線。其實這是完全不必替毛澤東担心的。因爲美國國內左傾幼稚人士（即人民日報所說革命的知識份子及開明人士）正大有人在，何況美共內部亦已在毛赫個人衝突中，有人站在赫魯曉夫一邊，但亦有人站在毛澤東一邊。最近曾到北平訪問的美國黑人羅伯特威廉就是最顯明的擁毛份子。

人民日報所說「所有愛好和平的國家和人民要聯合起來」，大概是中共有意把所謂「世界和平大會」的一部人拉過來同時參加毛澤東這一反美統一戰綫，以湊人數。因爲，自毛赫衝突導致中蘇共衝突之後，國際共黨一向御用的什麼保衛世界和平委員會以及什麼日本廣島反核子彈和平大會一類國際統戰機構，亦已發生擁赫與擁毛之兩派分裂。中共曾在去年八月於日本廣島舉行的此類集會上擊敗蘇共，但蘇共隨後又在歐洲舉行此類集會上擊敗中共，故中共尚可把此類原有的國際統戰機構中那些擁毛的人拉過來同時參加這一反美統一戰線，作爲這一反美統一戰線組成分子的第四方面。

人民日報又「一切受美國侵略、控制、干涉和欺負的國家要聯合起來」，這算是毛澤東這一反美統一戰線組成分子的第五方面。這方面的人不會很多，甚至很難物色。因爲由個人或團體作成分子容易找人，用國家作單位來參加毛澤東的這一反美統一戰線的就少了。

不過，話說回來，非洲的加納共和國已於週前周恩來到訪時，由加納共和國總統恩克魯瑪與周恩來發表聯合公報，聲明共同策動組成「反帝國主義」。所謂反帝原本就是反美的別名，但將來究竟由加納派人以個人名義參加呢？派人以團體名義參加呢？抑或還是以加納國家名義參加呢？目前尚難預斷。

所可斷言者，毛澤東這一反美統一戰線大體是必然會組成的，雖然共規模之大小，我們目前尚難預斷。毛澤東這一反美統一戰線究竟能起何種作用，今日也不宜言之過早，但毛澤東及中共必將盡量擴大這一組織，必將堅持這一組織，則又可以斷言。

××
××

南越戰場對美國及自由世界的教訓

孫繼武

南越的剿共軍事形勢，在吳廷琰統治的時代，已越來越糟，楊文明將軍所領導的政變，把吳廷琰的家族統治推翻以後，南越的剿共軍事行動，也還未能立即扭轉。相反，據中共方面的報導，南越戰場的戰爭形勢，現在是越共更佔優勢了。這是爲什麼呢？南越戰場的整個形勢給予自由世界以及美國的教訓，又是怎樣的呢？這都是值得注意的問題。

關於南越方面之所以發生共黨游擊隊，本來已經就是一件大教訓。因爲南越與北越劃分國土各據一半國土後，國際姑息主義原就以爲可以將整個越南的問題長期安定下來。他們以爲在這種南北越的分治下，北越再也不致於顛覆南越吞蝕南越。殊不知，中共與北越共黨既不以中共之名義出面，亦不以北越共黨之名義出面，但卻仍由中共與北越派人到南越打游擊，而以「越南南方民族解放陣線」之名義來對南越政府進行武裝顛覆，試想這對於那些以爲共黨是以一定情況就滿足的姑息主義者是何等嚴厲的教訓！

美軍介入南越戰事後，南越政局雖已經由楊文明將軍之政變而較爲良好，但仍不足以剿平南越之武裝叛亂份子者，其原因則在：

一、所謂「越南南方民族解放陣綫」所領導之武裝游擊隊，並不眞是什麼南越人民，而是來自北越來自中共之游擊隊。北越與中共既可以無限人力與兵力，長期繼續投入這一個有限度的戰場，所以這一個有限度的戰場上有限度的戰爭，便由於它的背景雄厚而長期化。

二、美國誠然是一個世界上舉世無匹的強大國家。但它的強大是指它的原子彈、氫彈以及其它正規部隊而言。假如派美軍去打或去指導不用原子彈不用氫彈不用一切最新式武器的游擊戰，那末，美軍便是用其短而非用其長。

再從反面看：中共軍隊的軍事裝備誠然不如美國遠甚，它既無原子彈，又無氫彈，北越共軍比中共軍隊也儘管更有不如，但中共與北越在南越戰場上對美軍及美軍所指導的南越軍隊作戰，所打的卻是適合於落後地區的游擊戰。而這種游擊隊並不需要原子彈與氫彈，也不需要特別超越的現代化武器，所以，中共與北越便是用其長，而非用其短。

正因爲美軍與自由世界是用其短，中共與北越是用其長，所以，這戰爭便將長期的繼續下去了。

由此可見，美國若要在整個世界戰勝共黨，便非打大戰不可。僅僅在某些局部地區進行有限度戰爭，對美國是決不有利的。假如說美軍在這些局部地區打這種有限度戰爭有何意義的話，那就只有一種意義，便是利用這種戰場來作戰爭的試驗，以爭取經驗而已。

台北最後可能不與法國絕交

高瞻遠

（台北通訊）國民黨當局爲了日本遣返周鴻慶的餘波，至今尚未澄清的時候，突然又發生了法國要與中央正式建立邦交。法國總統戴高樂此一聳動世界的決定，切身感到不安和痛苦的當然是國民黨當局。

根據中央社廿四日發佈的消息：中華民國政府已向法國政府提出嚴重抗議。此一抗議究竟嚴重到如何地步，外交部並沒有公佈抗議書內容。祇由外交部發言人孫碧奇在行政院新聞局的記者招待會中，答覆記者詢問時說：「我們曾經一再忠告法國政府，中共政權黷武好戰，經常利用滲透顛覆方法，企圖赤化世界，如予承認，實屬非常危險的事。我們曾經迭次告知法國政府此項行動，將嚴重損害中華民國和所有國家自由的利益，對於法國本身危害亦重，今法國政府竟不顧一切，出此下策，其影響世界必將遺患無窮，此事所導致的一切嚴重後果，法國政府應負全責」。

從孫碧奇的談話中，可能包括了我國政府提出的抗議書內容的大部份意見，也是一種外交詞令的官樣文章，也就是毫無對策的具體表現。

讀者如不健忘的話，可能記得一月以前，當日本政府不顧我國反對，硬將投奔自由的周鴻慶遣返大陸的時候，我們的政府也曾向日本提出個類似的抗議書，其結果至今成爲懸案，還不是祇有不了了之。

此次法國要承認中共的事件發生，雖然政府當局也擺出一付要與法國絕交的樣子，但是，既不與日本絕交於前，而今又說要與法國絕交，可能也是說說算了。因此，台灣的輿論和人民對此嚴重事態，反轉不感到興趣了。

實在說起來，此次法國要承認中共之事，比之日本遣返周鴻慶，其嚴重性何祇百倍。因爲此舉無疑的是造成「兩個中國」的先聲！吾人認爲，如果國民黨當局心困死在台灣？則因法國之承認中共而製造所謂之「兩個中國」，則正中下懷。如果將來還要想在大陸有所作爲的話？則對法國此舉無論在任何情況下都不能容忍。因爲這一問題對中華民國前途的影響實在太大了。究竟國民黨當局對此嚴重問題最後會作出什麼樣的決定來，還是聽從戴高樂的呼籲和美國的勸告嗎？還是爲了正義而立即與法國斷絕邦交呢？吾人此時還很難加以預斷。

筆者爲了使海外人士明瞭目前經過，祇有暫時將與政府有關方面透露的內幕消息，先行作一報導。

據曾參與畢治哥夫（法國特使）與蔣總統會談的某高級官員事後透露：法國七十九歲高齡的畢治哥夫特使，此次是携有戴高樂總統致蔣總統的秘函來到台北的。

戴氏信函中，除了勸阻蔣氏勿因法國之承認中共而與法國斷絕邦交，並向蔣氏保証，法國承認中共，目的非在摧毀中華民國與法國之間的關係外，畢治哥夫特使還口頭轉達了戴氏對蔣氏的一番「善意」，聽起來實在有些賴人尋味。

據畢氏口稱：「法國承認中共之眞正目的是在維護中華民國，因爲「兩個中國」的存在，是早已成爲「事實」。美國不承認此一事實的陳舊政策早已不實用於今日，以台灣目前處境而論，若能先有「兩個中國」的存在，隱忍待時，然後靜觀世界局勢的變化乃最明智之舉，總比俯仰隨人而終有被出賣之一日之爲愈也（此語的意思，可能是暗指某國正大開與中共妥協之門而發）。今中共既不以法國與台北仍舊維持邦交爲非是，台北又何樂而不爲呢」。

據說，畢特使轉述戴高樂這一番「善意」，蔣先生聽了雖然不盡同意，但與戴氏之坦白眞誠和直言無隱，深深的受到感動，認爲戴氏在禮貌上比之日本政客之無情無義，似覺高明得多，而有「君子絕交，不出惡言」之慨。

由於蔣先生此一感情的流露，致使國民黨內部和立法院原本一致主張「法國承認中共之日，便是中國與法斷絕邦交之時」的堅決立場無形間發生了動搖。因而對如何應付法國承認中共的問題而分裂成爲兩派。此兩派包括國民黨中常會及立法院人士在內。

主張與法國絕交一派人士認爲，如果法國承認中共而不與法絕交，不僅違反了我國一貫反對「兩個中國」的立場，同時本年秋天在聯合國安全理事會的我國席位，豈不大受影響。如果中華民國在安理會席位不保，試問我國還有什麼國際地位可言、與其將來受人奚落和排擠，就是因與法絕交而陷於孤立，也還可望博得世界上一部份有正義感國家的同情。如果默認法國此一荒謬行動扮演下去，我不管以「台灣共和國」自居！如此不僅反攻大陸遙遙無期，可以說是根本無望！爲了中華民國的前途，應該强迫政府當局切不可退後讓步，應毫不猶豫的與法國絕交。

主張隱忍從事一派人士認爲，如因法國承認中共而與法絕交則應該先行考慮後果。雖然今後步法國後塵而與中共勾搭的國家可能不少，若因每一國家宣佈承認中共，我國即與之絕交，如此一來，豈不陷我國於孤立地位。誠然「兩個中國」的出現非我所能容忍，但勢逼處此，亦祇有效越王勾踐之臥薪嘗膽，然後徐圖恢復。何況因法國承認中共，而與我有同樣痛苦的美國，也一再勸告我們維持對法關係。因爲與法絕交牽涉過於廣大。我政府應加以從長計議和考慮，決不可輕易從事，應該顧慮到後果。

爲了兩派意見分歧，以致國民黨中央常務委員會開會討論如何應付法國承認中共問題時，兩個有勢力的中常委即蔣經國和陶希聖，發生了相左的意見，以致無法達成任何決定。立法院外交委員會五十五名委員，亦舉行了一次秘密會議；還邀請了外交部長沈昌煥出席報告，結果對於法國一旦承認中共，我國是否應立即與法絕交事，由於贊同絕交與不贊同絕交者各佔一半，無法提出表決，亦未定繼續討論日期而散會。

由於有關各方面意見不能集中，我國是否與法絕交一層，至今政府高級官員也無法預斷，不過據筆者得來的內幕消息，我國將來可能不會與法絕交，因爲蔣先生是站在不贊同絕交的一面的，孤置之，以觀後驗。

一月廿五日於台北

「西方狄托」打擊台灣

望洋

（台北通訊）法國承認中共一事，在台灣所投下的震動，正不下於四十七年的中共炮轟金門，甚且更有過之。外交問題的嚴重，竟超過了軍事問題，確以此爲首次。

過去無論共軍在海峽有如何强烈軍事行動，炮轟、海戰、空戰，以至一度盛傳共機可能空襲台灣而作疏散準備的時候，市內挖掘防空壕洞，一如戰時狀態。但官民不但處之泰然，反而產生一種敵愾的心理，好像抗戰時期一樣；對於台灣安全的確保無虞，也正如當年確信最後勝利一樣。可是這次因法國承認中共所引起的失望、消極、悲觀，無能爲力而無所措手足，尤似一個無防衛力而等待着被攻陷的城市一般，空有沉鬱和憤恨。

凡是賭徒們大概都會有這種經驗：如果是有可以「搏」或「搏」過的，即使因此而虧負甚鉅，也仍然心安理得，雖敗猶榮。假使始終只有一些爛牌，每一副牌或大或小都要賠掉一些，終於也是所輸不少。那就要徒呼負負，悔不採取「搏殺格」的賭法了。

法國承認中共一事所給予當局的打擊，情形正是後者。因爲假若與中共作戰而告失敗，那不過是其家常事，大可藉此淬厲，三年拜賜。可是現在打擊台灣者並非中共本身。而竟是戰後五强之一的戴高樂，絕對無法加以任何報復！

這分明是「寃家路窄」，戰時「五强」巨頭的羅邱史之外，就是蔣主席和戴主席了。羅斯福與史太林，久作古人，邱翁也退休多年，遨遊歲月。只有蔣戴兩位總統，仍以高年執政；兩人的歷史，又竟有太多類似之處！他們兩人，同是軍人出身，抗日抗德時期，一則播遷西蜀，一則流亡三島，但其後皆能光復故土，成爲民族英雄，晉位總統。所不同者，只有蔣總統似乎「擇善固執」，始終執掌政權。戴高樂卻豹隱多年，東山復起。現在蔣總統以七七高齡，竟要捱受年已七四的戴高樂的打擊，殊非始料所及！早年盟友，居然今天下石之人，廻首前塵，寧不令人唏噓太息！

這當然是戴高樂的不是！據說蔣總統有一密函致戴高樂，其中便曾述及中法當年共對軸心作戰，及國軍接收越南北部仍以之移交予法，國情事由某深諳英文學外交家屬草，情文並茂。此函係由法國前駐華大使貝克科夫將軍轉致。貝將軍也已達七九高齡，久已退休林下，不問政事，此次突有訪台之行，且曾秘密獲蔣總統之接見，一直到上週四他離台時，外間方知有此一事。其爲應戴高樂邀請而來的特使，可無疑問。但可惜貝氏所負使命，並非代表戴高樂與蔣總統有何諮商，而僅係婉達法國必須承認中共之一種定局，從而力勸台方於法既承認中共之後，切勿對法絕交而已。

國府「早已知道」法將承認中共，確是事實。原來當外交部尚對此事發表謂爲「推測之詞」時，最高方面早知法方確有此項決定。駐美大使蔣廷黻於一日中兩訪美國務卿魯斯克，便是爲此事要求美國對法施加壓力，設法阻其實現。美國務副卿希斯曼發表反對法國承認中共，及其後美國正式照會法國，「不贊成」法國承認中共，認爲削弱西方同盟。便是蔣廷黻交涉的結果。美國照會的措詞，不可謂不强硬，其奈戴高樂不賣賬何！據說當局接獲蔣廷黻電報美國肯出面干涉時，便以爲必然有效。詎知戴高樂卻輕鬆地拒絕，於是又嗒然若喪。一則以喜，一則以憂，也難乎爲當局了！

在「定局」之下，剩下來的只有是否對法絕交的問題。立法院袞袞諸公，舉行外委會秘密會議，主張立即決絕者與主張令中共面臨「兩個中國」抉擇者，人數相近，終未能達結論。爲什麼不提付表決呢？據說若干身爲黨的中常委而兼立委的委員認爲，此事應由總統自作權衡，不可採取表決的「硬性」做法，任何一方的決定，都有危險。一則總統權衡的意向未明，再則友邦仍就此事不斷向我諮商中。不要因爲「定局性」的損失而牽涉到與其他友邦的交誼，更犯不着云云。

美國確曾力勸國府勿與法國絕交，免得加强自由世界表面分裂，固然美國本身也深對法國政策不滿。美國務卿魯斯克此時前往日本，雖以參加經濟會議爲名，實際上乃欲阻止日本受法國的影響而有「離心」的傾向。魯斯克於赴日首途上特別召見蔣廷黻，即告以美國對於法國的既成決定雖無法扭轉，但決意盡力遏阻這項因法國帶頭而引起的承認中共的歪風。蔣氏也已有電報告此事。

亞洲國家的同情和南越政府的反法，算是整個不幸事件中僅有的慰藉，可惜是幫不了什麼忙。問題的發生並不是這些小國而是那些大國，對於以「大國」自命而已有携貳的日本，又不得不予以加强注視了。

也許是法國的打擊過於劇烈，相形之下，似覺日本在「周案」中的做法還算有些保留。也許是鑑於法國這種「歪風」的可能蔓延，如果過份自行其是，就不難迅速面臨安理會席位保衛戰，所以朝野反日的氣氛可一且低沈了，抵制日貨的行動也無形中停止了。

有人說戴高樂是「西方狄托」，可是狄托對蘇造反多年，不見得如何有害於共產集團。這位西方狄托煞是厲害，一出手便把台灣給打傷了！這種外交戰的失敗更慘於在選舉或戰場中的失敗，事關一發便不可收拾。因此又有人强調非反攻大陸不可了！

共軍何故頻頻舉行政工會議

薛正昌

從中共人民日報的報導看，從毛澤東親自接見前往北平出席共軍政工幹部會議代表的圖片看，都可看出中共人民解放軍最近已屢次在北平召開政工幹部會議一類有關共軍政治工作的會議。雖然，其中有些會議原是中共當局應該定期召開的，但却也有些會議並非定期性質而係臨時舉行者。這究竟是爲什麼呢？

根據資料及中共報紙的透露，實因中共軍隊內部有了許多問題，尤其有了思想問題之故。

我們曉得：中共軍隊的編制及指揮系統，在組成上，就與一般自由國家完全不同，一般自由國家的軍隊屬於國家，中共的人民解放軍則屬於黨——中國共產黨。同時，黨又是指揮政治的，所以，毛澤東及中共中央對於共軍的黨性問題及共軍中的政治思想問題，便一直特別重視。

也正因爲如此，所以，中共中央不但一向在各級共軍中設有地位崇高的政委，而且還同時設有龐大的政治部。

中共各級軍隊中的政委在該級軍隊中的地位，是比各級指揮官更具實權，除指揮作戰的戰術指揮權外，其餘一切，都是政委高過指揮官。質言之，政委是各該部隊的黨代表，擁有基本上的領導權。

共軍各級部隊的政治部，設有部長，其地位雖比政委畧次，但亦負有全軍的政治思想的責任。故仍極重要，現在中共人民解放軍總政治部一再在北平召開政工幹部會，足見共軍中確已發生了某些普遍發生的問題。

是些什麼問題呢？

據中共人民日報透露，這一次從去年十二月二十日開始舉行而由共軍總政治部召開的會議，一共開了二十幾天，直到本年一月十四日才結束。主要的討論之一，是中共中央發現各級共軍嚴重錯誤極多，而各級幹部採取隱瞞態度。

主要的討論之二，是中共中央發現官兵思想動搖，階級覺悟及政治水平低。

主要的討論之三，也是中共中央認爲最嚴重的，是各部隊現今正在滋長着「資本主義的自發勢力」，且「存在着資產階級的生活方式」。因此，中共中央訓令中共人民解放軍總政治部務必號召各級幹部對「四好連隊運動」，每年一定要大抓幾次。認眞做好初評和總評工作，「使幹部和戰士們在嚴重的尖銳的階級鬥爭面前，能够看得清楚，頂得住，站得穩」云。

中共中央通過共軍總政治部及各級軍隊政治部對共軍官兵的這一要求，是否辦得到呢？依我們客觀而冷靜的研究，却是不可能辦到的。這主要原因是軍心基於民心，民心既已違離，軍心當然必也隨之動搖了。民心違離之後，軍心而不動搖的事，是沒有的。中共政權既不挽回民心，只圖在政治技巧上挽回軍心，自必辦不到。

大陸簡訊

藍鳥

去年有四組反共游擊隊福建登陸

據中共新華社一月廿二日福建前綫電：「福建省最近召開第三屆民兵代表會議。檢閱三年來前綫民兵在守衞海防和保衞社會主義建設中的光輝成就，表揚先進單位和先進人物，交流經驗」。

新華社又說：「會上有二百六十九個先進集體單位受到各種獎勵。這些受獎的民兵單位，有不少在對敵鬥爭中表現了英勇頑強的愛國主義和革命英雄主義精神。去年從漳浦、詔安、福清、莆田地區先後偸渡登陸的四股美蔣特務，一爬上岸，……在戰鬥中先後有二十個民兵連、排、班和一百二十九名民兵榮立戰功。還有五十七名民兵受到表揚」，「受到獎勵和表揚的民兵，有許多是在長年累月守護工廠、倉庫、鐵路、橋樑以及在搶險救災、防火護林、除害滅獸鬥爭中的先進集體單位和人物」。「會議期間，中共福建省委書記處書記伍洪祥和福建前線部隊首長鮑奇辰少將分別在會上致詞」。

從上述報導，可見中共正在對福建民兵打氣，而在上述報導中，却同時透露了在去年這一年確有四組反共游擊隊從中共的福建前線登上大陸。且曾發生激烈戰鬥，否則，中共民兵受到獎勵的人不會有這樣多呢！

中共北京周報又增加印尼文版

印尼是近年來特別傾向中共的一個國家。現在，不僅印尼共黨黨員數目在亞洲僅居中共之次，在全世界，也屬前五名，且蘇加諾在國際間取巧投機，故對中共而言，是等於把印尼對中共之滲透和宣傳完全給予開放的便利了。

爲了進一步赤化印尼，中共又自本年一月廿三日將原有的「北京周報」增加發行印尼文版了。

對此，中共新華社曾於一月廿二日發出報導說：「北京周報印度尼西亞文版將於本月廿三日創刊。今後每逢星期四出版，航空發行」。

查中共發行的「北京周報」，完全是對外宣揚中共建設和宣傳共產主義理論的一種刊物。其對象是外國。它是在一九五八年三月創刊，因爲它負有廣泛的國際統戰任務，所以它先後已有英文、法文、西班牙文和日本文四種版本，現在增加印尼文版本，已共有五種文字來發行了。

中共與幾內亞闢直通電話與電報

直通無綫電話與電報是近代最方便最迅捷的通訊工具，如用作滲透、指揮、報告以及傳遞情報，它是極重要的手段。

爲了中共便於對西非的幾內亞獨立國進行各種赤化工作，中共現在又利用周恩來於一月廿一日抵達幾內亞訪問之機會，將上述直通電話建立起來了。

據幾內亞國首都科納里克一月廿一日中共新華社電：「幾內亞有關當局和工作人員爲了讓中國人民能够最迅速地知道周總理在這個西非國家訪問的情況，盡了最大的力量，闢了一條直接的無綫電話和電報綫路，他們日以繼夜地試驗這條直接聯系綫路」云。

幾內亞開門揖盜，正是中共求之不得的事了。

中共强迫一千六百萬人遊行反美

本報上期曾報導中共正在借口巴拿馬運河糾紛三天內在北平動員了二百二十萬人遊行示威集會反美。

茲據中共「中國新聞社」報導，中共此一反美遊行集會示威，現已由北平擴展到全大陸，僅在自一月十三日至一月廿一日的最初八天，就已有一千六百萬人被動員遊行示威了。

它說：「中國人民舉國一致聲援巴拿馬人民反美愛國正義鬥爭的大示威，持續了八天之久。反美鬥爭的怒火燃遍全國所有大中城市和邊遠地區。據各地報導，捲入這個反美示威運動的達一千六百萬人以上。這是一九六四年伊始，中國人民支持世界人民革命鬥爭的第一聲春雷巨响」云。

僑鄉近訊

鍾之奇

廣東各地嚴重缺乏磷肥

缺乏肥料，始終是今日大陸各省各地的普遍現象。而缺乏磷肥，則是廣東全省各地的特別嚴重問題。

中共新華社一月廿日電訊亦承認：「廣東省的絕大部份是紅色土壤，缺磷較多，全省有百分之八十的土地適於施用磷肥，其中約九百萬畝即佔全省水田面積百分之二十五左右的鹹酵田、黑泥田、山坑冷底田等低產田，更需要磷肥來改造土質。各地對建立化肥工業特別是磷肥工業有迫切要求」云。

由於肥料缺乏，尤其磷肥缺乏，所以廣東各地的農業生產便亦受了影响。另據新華社說，雖然廣東省各地是如此嚴重的需要化學肥料，但截至一九五八年止，中共尚未在廣東各也任何一處建立過化肥廠。直到一九五九年以後以迄於今，興建的大小化肥廠也才二十七座而已。這是與廣東各地的實際需要相距甚遠的。

廣州共報責六歲小兒就有虛榮心

人類社會中的任何一個人，原本都有天賦的生存權利和自由權利，也原本都有把自己的生活情況改善的權利。所以，把自己的窮苦生活改善是應該的向上的，而不是虛榮的。但廣州羊城晚報最近却大事責罵六歲的廣州兒童已有了「資產階級的腐朽思想」。

什麼「資產階級腐朽思想呢」？據羊城晚報的一名作者說：當該作者在一個朋友家，朋友家的孩子竟問他：「你一月賺多少錢」？又說：「我們生活過得好，我們有收音機，單車，我爸媽都有手錶」？接着又上下打量了來客，鄙視地說：「你賺的錢一定沒有我爸媽多」。作者答道：「爲什麼」？小孩子不屑回答，把頭一歪道：「你出門沒有騎單車，手上也沒有錶」！「使得作者有一種不安的感覺驀地跳上心頭」。

看上述羊城晚報的一段文章，可以立即發覺所謂騎單車，帶手錶，已經是中共統治下的特殊階級。其實，就以香港這一殖民地來比能，誰人沒有手錶呢？誰人不能騎單車呢？坐汽車的人多得很，騎單車算得什麼？但騎單車帶手錶已經是廣州的特權階級，可見一般人民的生活水準窮困到何種程度了。是而中共報紙認爲騎單車帶手錶的思想也是「資產階級腐朽思想」，眞天下奇聞了，其實這是自由世界人類社會中最起碼最起碼的生活。

湛江專區靠挖木薯爲食度冬

儘管中共報章雜誌天天吹噓大陸各地今年農業已增產，但大陸人民的生活的窮苦，則仍是駭人聽聞的。對此，中共報章雜誌封鎖得很嚴，通常決不許消息外洩。但有時又不自覺的暴露了一些出來。

廣東湛江專區人民今年無糧食過冬的情形，就曾經在中共廣州出版而由中共中央政治局華南分局主辦的南方日報有過些微透露。

據南方日報說：由於「天災」，湛江專區的農民今年不得不提早挖掘木薯過冬。但却因此導致木薯「每畝比正常的收成減少六百至一千斤」。南方日報乃從而呼籲：「爲了減少不必要的損失，各地應不要過早收獲木薯」。如果不過早收獲木薯，以代糧食，農民又吃[illegible]？南方日報[illegible]，可見今日之僑鄉，仍在飢寒交迫中哩！

廣州共報勸人莫作媒人

中共近年已在大陸推行節育與遲婚運動，但仍嫌[illegible]作媒人[illegible]，所以廣州羊城晚報最近又以「且慢做紅娘」爲題，勸人莫作媒人。

它說：「因爲談戀愛，結婚，生孩子，固然[illegible]家室之累，更不免要逐漸消磨青年人的雄心壯志[illegible]之間樂於充當紅娘這一角色」，「只從朋友中發[illegible]情」，「不應自告奮勇當紅娘，這是一種不太[illegible]

北婆邊境停火以後

美國「開步」了

俊華

印尼和馬來西亞雙方下令北婆邊境停火，尤其是由蘇加諾先行下令停火，然後才由拉曼響應停火。這一項似乎意外的收穫，顯示羅拔甘廼廸調停的成功。

雖然停火並不意味着印、馬糾紛的解決，但正如蘇加諾在下令宣佈停火時所申述的：有關方面同意停火以舉行談判，並不因開火而影響談判。無論如何，它打開談判之門，給談判以一個良好的氣氛。

在此之前，馬來西亞的拉曼總理只答應與非總統馬卡柏佳在金邊會晤，但仍不願會見蘇加諾，雖然「馬、非、印尼（聯盟）」的口號高唱，而事情也牽涉到三國；但拉曼認為，在印尼陳兵沙嶗及沙勝越邊境不時越境襲擊之下，馬來西亞沒有理由在威脅下與蘇加諾舉行會談，抑且也不能相信，會談可能達成任何積極性的結果。

所以馬來西亞對於馬尼剌印非兩巨頭蘇加諾及馬卡柏佳所發出，對馬來西亞作「重返聯盟」的呼籲，提出的反建議是印尼停止襲擊，及自沙嶗邊境撤兵。但是吉隆坡並沒有估料到，這項條件會為蘇加諾所接受。

羅拔甘廼廸與蘇加諾在東京的會談，他的對蘇加諾的勸說，居然能夠達成停火，並且由蘇加諾先行停火，這當然是羅拔的空前成功。而羅拔的這項成功，也是美國在東南亞政策成敗的一個關鍵性考驗。自從南越政變以來，越局未能一新世人耳目，反而導致高棉的強烈反美；蘇加諾把施漢諾引為同志，一面加強沙嶗邊境軍事，一面飛到金邊，與施漢諾發表「反對新殖民主義」的共同聲明。這使得美國在東南亞的地位，發生了「走下坡」的趨勢。在這樣的一個情勢下，人們所急要知道的，是美國一面宣佈支持馬來西亞，而她的對印尼政策究竟怎樣？而現在，美國已開始她的對印尼政策的第一步了！

如果美國成功，她自然可以恢復她在東南亞的令譽和優勢。如果失敗呢？那很難說，也許就是戰爭。在這個地區迄今為止最大規模的戰爭！這不是美國東南亞政策的一個考驗性的關鍵嗎？

印尼在歧途上

美國對於印尼對拉馬來西亞的糾紛，已到了不能不正式出面，干預或處理的地步：自從澳洲宣佈她的支持馬來西亞立場之後，美國的牽涉又緊接了一步。本來由於馬來西亞與英國聯防，英國已成為糾紛兩造中的一方，為印尼所敵視；英國佈防沙嶗沙勝越邊境，與印尼「志願軍」作斥堠戰，一旦印尼大舉進襲，便是英與印尼的戰爭。而英國與印尼同為東南亞公約國，而美國為東約國的美國有根據憲法採取行動應援的義務，何況東約負有北緯廿一度以南的安全責任，不能放任馬來西亞境域的被侵；更加大馬的由英國援引加入東約，是極可能的形勢。現在澳洲與馬來西亞共進退，在美澳紐安全條約上，美國又有應援的義務。那個條約並且是「自動應援」的，不須依憲法程序經國會的通過。那就是說，只要澳洲軍隊赴援馬來西亞，而印尼有一兵一卒侵入東新幾內亞的話，美國便有出兵支持澳洲的義務。

從上述的公式獲得的結論，便是印尼若然進攻馬來西亞，美國終必參戰，必須與印尼為敵。

可是美國的政策一向是要「爭取」印尼，明知不能一爭取它走正確中立（像印度那樣）的立場也仍認為必須予以「爭取」，目的是支持蘇加諾勿使為印尼共黨所折服，「俾免印尼赤化」。剛在七個月以前印尼自荷蘭（表面是由聯合國）手中接收西伊里安，便是美國這項爭取政策的直接結果。事實上西伊里安地理上非印尼羣島，人種非馬來人而是巴布亞人，並且印尼當時進攻西伊里安是軍事失敗。可是美國壓迫荷蘭放棄該島去綏撫印尼。

只要虛張聲勢，便可獲得領土，助長了蘇加諾的氣燄；有權過問東南亞國際事務，成了印尼的原則。印尼對抗大馬事件的發生，便是由於印尼認為吉隆坡不應沒有先行徵求並接受耶加達的意見，而與英國「私相授受」，成立馬來西亞。

加上印尼共黨的推波助瀾，印尼的對抗大馬運動乃成為一種擴張性及排外性，前者形成軍事行動，發展為沙嶗邊境的越境襲擊；後者替所謂「羣衆行動」打下强心針，發展為耶加達的焚燬英國大使館。共黨工會及他們的武裝，在這兩役中者派上了用場。共黨工會自從接收（沒收）荷蘭產業以後，久已英雄無用武之地。他們投效於解放西伊里安的「人民武裝」，也沒有機會與荷蘭軍隊作戰。現在正好把他們歸納到北婆邊境的印尼志願軍裏面去。

蘇加諾的道路

鑒於印尼國內這種情勢，所以吉隆坡方面儘管熱誠歡迎停火，但對印、馬談判的能否獲得協議，却認為言之過早。蘇加諾雖然接納羅拔甘廼廸的建議，頒下停火令並雙方同意由泰國負責監視邊境，同時作為初步的談判，於下月初先在曼谷舉行馬非印尼三外長會議，俾為未來重新舉行的三巨頭會議舖路。但印尼可能並沒有放棄它的對抗大馬政策。

剛在羅拔甘廼廸（廿二日）抵耶加達訪問蘇加諾的數小時之前，蘇加諾仍然强調印尼「粉碎馬來西亞」的決心。而在同一時候，印尼共黨工會正在進行掠奪英商渣打銀行，工人要求對該銀行予以「接管」。最後警察趕到，工人方面沒有能夠實現他們强行接管的企圖。可是，蜆殼石油公司，廿一已被工人接管。在蘇門答臘方面，英商哈里遜及格魯斯菲公司，迪利橡膠園，已被左翼工會策動工人以「接收」名義而霸佔了。蘇門答臘省長正向耶城中央請示，是否自工人手中由政府將各該公司接管？英駐印尼大使對此一連串的工人非法行動，只有提出抗議，僅致函印尼外長蘇班德里奧，希望秉公處理。印尼政府如何處理這些內部的反英糾紛，將是印尼當局「反大馬」態度的寒暑表，也是蘇加諾能否壓服國內共黨的考驗。

印尼共黨的計劃，極力使印尼與英國關係惡化，並由反英進而反美，把蘇加諾推向對馬來西亞及英國作戰的道路上。他們反美的理由是美國不該「插手」支持馬來西亞。美國第七艦隊開印度洋是要「包圍印尼」。十八日耶加達千餘羣衆示威向美大使館舉行「示威」，同時也向英大使館辦事處示威，就是要把英美「一起來」。羣衆「抗議」美艦隊開入印度洋乃因印尼反大馬事件而「向印尼恫嚇」，「抗議」中並指責美國在古巴、巴拿馬、南越等處的「帝國主義行為」。

在印尼共黨製造事件及製造民意的情況下，蘇加諾雖接受聲稱感謝美國的關心調解，但他沒有可能把局勢作一百八十度的扭轉。最多他只能走折衷的道路。那便是所謂「亞洲人理亞洲」的原則，而這也似乎為羅拔甘廼廸所接受。本來大馬一度有意要求聯合國視察沙嶗邊境，如果實現就會是印度、北歐國家負責調停及視察。蘇加諾接受停火，使他同時提出泰國作調處者，以免聯合國及印度、北歐國家代表的干預，印尼比較便於對付，價值就看泰國。這一手法如何？

吉隆坡通訊。

南越局勢已露出明朗輪廓

董晴

南越局面自經軍事革命委員會主席楊文明將軍一番努力後，現已正常軌道前顯露出明朗的輪廓。各軍區指揮的人事正作重新的調配，確立中央領導的權力，那就是第三軍區司令宗新將軍專任安全部長，陳文敦將軍成為實際的領導作戰指揮官；這項調動，顯然是對越共游擊隊作戰將發生積極而有效的作用。至於政治的情勢，自革命委員會成立後，即已再三申明反共建國的決心，已表示目前主要目標是反共鬥爭。並清楚指出：在北越仍在共黨統治之下，絕不能談中立問題；中立主義祇有給共產黨鋪平奪取政權的道路。——新政府發表了上述的意見，不特打擊了法國欲以「中立化」為藉口而重行伸手干預越南的希望，同時也堅定了南越人民對新政府的信心。猶記去歲抄西貢數以萬計的大、中學生發動的反共反中立示威大巡行，當時這批愛國的學生曾集結在法國駐越大使館前高呼口號，及呈遞抗議書。這正表明了越南的智識份子對南越前途的關切，不願意法國重行伸手來干擾。

美國助理國務卿希斯曼亦曾公開發表過意見，他說：「把中立化加諸南越，是完全不能接受的。越南人民多年來的英勇鬥爭，業已顯示出他們的意志是要消除北越共黨。美國政府已決定支持他們這種英勇的反共行動」。希斯曼的意見，與南越新政府的意見是吻合的。南越軍事革命委員會也作出這樣的表示：「革命軍人謹守唯一的立場，這就是反共。革命軍人刻已提高警惕，認清共黨的陰謀，及其造成的危急情勢，目前是決不能談到中立化問題」。臨時政府的執政者阮玉書曾於一月七日再度申明政府的政策：「革命運動在突飛猛進中，人民都熱烈地參加革命，我已清楚地看到每個人都充沛着革命的精神。臨時政府的溫和式革命，將先改變舊政策的錯誤，和全盤檢討新政府所依賴的基礎，及完成革命所採取的步驟。臨時政府是一個過渡性政府，到了人民的自由和生命財產已確確實受到民主法律所保障時，臨時政府的責任即告終止」。——阮氏的談話，是說明了臨時政府在適當時期定必迅速還政於民。在建立民主政治制度之前，現政府小心翼翼地以避免重蹈過去吳廷琰政府的覆轍。在實現該項理想的進行中，各政黨均接受軍委會的邀請，大家團結在「協助臨時政府實施符合全民革命」的路綫上，並由各政黨，社團，及各階層的德高望重人物共六十餘人，組成「賢達諮詢委員會」。這委員會將與軍委會，臨時政府，結合為一，採取齊一步驟，共謀國是。顯然，這將是南越人民反共建國，進向民主政治的一項最有效，最適應實際的結合。

軍事方面，雖然仍受到越共游擊隊的打擊。最近西貢西南部的政府軍曾與越共游擊隊有過一連串的接觸，雙方作戰情形，異常激烈，傷亡數字頗多；湄公河三角洲地區的激戰，政府軍且喪失金甌，美拖，賓知等省內的許多據點；幸而這些軍事上的失利，對大局的影響還不嚴重，政府軍在不久之將來，便可以在完整的計劃下，把局勢扭轉。希斯曼對目前的軍事態勢也曾經發表過意見，認為不能同意「繼續惡化」的批判；他說：「湄公河三角洲確是重要地區，現在新政府的武裝部隊的安全推進到鄉村的計劃，已在沿海地區及山區各省進行得十分順利。新政府是需要有一段時間來重新部署其軍事的，越共游擊隊就利用這段時間加强他們的行動，因此雙方就發生了更多的接觸，政府軍也許一時畧感吃虧，但相信這會情況不久便可獲得解決」。——希氏的說法，並不諱言湄公河三角洲的最近軍事失利；但他指出：新政府前途樂觀，軍事行動將可在新政府的領導下迅速加强。軍事局勢是隨政治局勢變動的；新政府的政治局勢既日趨安定，則軍事力量當然逐漸增强。何況越南人民均對新政府有極大信心；人民心的歸附，就是新政府的最大成就。將來新政府還政於民，當然更可使整個南越局勢面目一新。

神話中的黃帝（九）

徐亮之

他一反叛，對黃帝的打擊可嚴重了。他身爲首相，一切政治機要，一切人事關係，他全知道了；他兼任總指揮，兼管兵工署，一切軍事秘密，一切武器生產，他全掌握了。而尤其厲害的是他的軍事佈置，居然能與政治搗亂配合進行，靈活運用。他用八十一個全是「獸身人語，銅頭鐵額」的九黎兄弟做核心；用無數人面獸身四足而善於迷人的魑魅和混身古銅色、狀如三歲小孩、紅眼睛、長耳朵、卷頭髮、山精水怪的魍魎做基幹（六）；同時，對於有關的團體和個人，不惜威迫利誘，雙管齊下；他謂動一班平民，搗亂社會秩序；他强迫苗族部落，起來一致行動（七）；他更引誘雨師風伯，脫離黃帝集團（八）。總之，戰爭還沒開始，便給他弄得風聲鶴唳，滿天神佛，社會解紐，人心皇皇；急得黃帝只有手忙脚亂的份。

果然，一正式作戰，黃帝只有招架之功，並無還手之力；敗陣的總是屬於黃帝這邊。只不過雖然屢戰屢敗，却能屢敗屢戰；因而才勉強能在失敗的邊緣掙扎，不致全面崩潰罷了。

有一次，兩軍合戰，黃帝佔着優勢，看看勝利就在眼前，不料蚩尤立即發動魑魅魍魎施展魔術，從四方八面發出蕩人心魄沁人骨髓的聲浪，迷得黃帝的將士個個神魂顛倒，人人鬥志毫無。眼見戰況馬上逆轉，就要全軍覆沒；黃帝才猛然警覺，知道邪不敵正，知道魑魅魍魎最怕龍吟；才命令號角手，一齊仿效龍吟奏起號角，方才把魑魅魍魎嚇退；受迷的將士方才醒轉；一些殘兵敗將，也方才能够勉強撤退回營（九）。

又有一次，黃帝放出許多受過特種訓練的熊、羆、貔、貅、貙、虎打頭陣（十），想一鼓就把蚩尤的八十一個兄弟殲滅。正在鬥得難解難分的時候，忽然蚩尤中軍噴出一股大霧，一眨眼便白茫茫籠罩了大地；弄得南北不分，東西莫辨；前面的獸羣失驚奔突，衝得後軍人仰馬翻，自相踐踏，嚷成一片；鬼哭神號。蚩尤乘勢猛攻，只殺得屍橫遍野，血流成渠。幸虧這次力牧也在軍中，他的頭腦冷靜，這時忽然想起了人們晚上常常看北斗星定方向，而斗柄又永遠固定地指向一個地方，因而認為只要把握住一個固定的方向，便衝出霧幕並非難事。於是立即向黃帝獻議，一面挑選一個有特殊定力的仙人，用手指持續而準確地指向南方，站在戰車上引路；一面集中殘部，跟在這部特殊的車子後面，準備衝鋒。黃帝照着辦了；果然便給衝出了；而這部特殊的車子，黃帝便叫它做「指南車」（十）。

但是，光有指南車而不能破掉蚩尤發霧的妖術，在實際作戰時仍是處於劣勢的。於是黃帝決心要尋求能破蚩尤霧陣的方法了。他想：霧只不過是質量輕微的雨，假使能够發一陣大雨，便必定能够破霧陣。可是專管發雨的雨師却早和風伯一道投降了蚩尤，怎麼辦呢？人間天上除了雨師以外，是否還有能够發雨的脚色呢？他這裏想來想去，老想不出一點結果。最後忽然想到，天神人鬼裏面除了雨師外，雖然誰都不能發雨，但龍不也是發雨的好手嗎？破霧陣並不需要怎樣了不得的大雨的，這有限的雨量，龍一定是能够辦得到的。於是檢查龍籍，這才發現住在凶犁土邱山上的有翼神龍應龍（一一）；才聘請牠做專破霧陣的主角來。不料蚩尤却更狡猾，他好像早就料到黃帝會有這一着似的，一接到應龍正在蓄水準備行雨的情報，便立即先發制人，變霧陣為雨陣，致雨師風伯一齊出馬，不等應龍起飛，便立刻搞出漫天的大風雨來（一二）。這時，雨壯風勢，風助雨威，蚩尤揮軍瘋狂般出擊，只殺得黃帝方面神愁鬼慘，個個落湯雞般落荒而逃；應龍無所施其技，也只得垂頭喪氣，保護着黃帝的車兒，狼狽而歸。

霧陣變作雨陣，雨陣一來，連應龍竟也奈何不得；這新劣勢的如何挽回，黃帝又得動大腦筋了。他想：雨的對頭是旱；一想到旱，便立刻聯想到他天上的女兒魃小姐來了。提起這位魃小姐，雖然長得醜陋，頭上一根青絲也沒，永遠只愛穿青色的衣服，使人望而生厭（一三）；可是體內却包藏着一股無比的熱力；隨便什麼地方，只要她一到來，保証赤地千里。馬上雨散烟消。黃帝向來本不許她在人間輕易拋頭露面，以免造成下界的災禍並給凡人知道他竟有一個這樣醜陋的女兒；縱使她嚷着要下凡，頂多也只不過讓她在大荒北境人跡罕至的係昆山共工臺上蹓躂蹓躂（一三），超過這範圍，是向不許可的。可是這回要想扭轉戰爭的頹勢，情形又當別論，非她下凡不可。果然，她一下凡助陣，戰局立刻改觀；漫天風雨立刻被蒸發得無影無蹤，敵方將士立刻被薰灼得汗流浹背；雨師風伯嚇得沒命飛跑，蚩尤兄弟慌得手忙脚亂。黃帝就勢挺進，方才破題兒第一遭打了一個大勝仗。但從此這位可憐的小姐却遭殃了；也許是用力太猛，本身受了暗傷；也許殺傷太過，暗中遭了天譴；永遠回不到天上去了！而另方面，由於她乃一個天生成火辣辣的熱情小姐，熱得誰也受不了，吃不消；因而到處捱撻捱趕，直逼得她欲哭無淚，上天無路，入地無門；連父親黃帝也愛莫能助，徒喚奈何！最後還是田神叔均慈悲大發，一方面為免得她的熱情影響人間的農作；同時也為了解除黃帝的困難，建議把她遣送到遼遠的赤水北岸去；為旱神，不許流蕩在農業區域；偶爾光顧這類區域，一聽到人們「神北行」的咒語，便必須回到赤水北岸本位去（一四）；這幕悲劇方才不了了之。

文聲集（五九）

木蘭花慢　有序

遜翁

曇花出天竺，名優曇缽華。法華經云：譬如優曇華，一切皆愛樂。即此花也。余四年前，得一本植盆中，久候無蓓蕾，乃棄置籬畔，聽其自為生滅，不復措意矣。癸卯七月望前一日，忽見此花在草叢中，發紫莖逾尺，含苞即待展放。時內人寬素方禮佛作中元薦，急移入室中。夜漏初下，瓣蕊漸舒，將屆三鼓，盛放如椀。縞衣絹裳，明艷勝於白蓮，異香氤氳，益覺夜氣之清也。於時月色一庭，荒雞再唱，余徙倚其側，不忍就寢。念佛說優曇鉢華，時一現耳！而余於不意中，幸未失之交臂，是亦一因緣也。因走筆寫此闋，以志一時之愛樂；但未能會心於笑之中，猶不免為著相耳。

正新秋露冷，問叢菊，恨籬笆。乍籬畔逕邊，草莽異卉，抽條瓊瑤。是誰咒鉢擒花靈，失喜上眉悄，未怨頻年冷落，清齋許供今宵。招邀。月姊出雲霄，天女幻嬌嬈。為維摩問訊，室中華散，座上香飄。一難描，似蘭似蕙，似靈芸，環佩夜來嬌。縱是驚鴻一瞥，還須紅燭高燒。

唐詩偶釋（八四）

鄧中龍

秋日赴闕題潼關驛樓

·許渾·

紅葉晚蕭蕭，長亭酒一瓢。殘雲歸太華，疏雨過中條。樹色隨關迥，河聲入海遙。帝鄉明日到，猶自夢漁樵。

紅葉二句，虛虛引起；中四句寫驛樓情景，上聯仰，下聯俯；末以不樂仕進之意結之。此全詩語脈。晚唐句法，多纖巧而鮮渾健，此詩中四句神遠韻厚，不事琢削，自成佳句，在爾時幾如翹楚矣。

殘雲疏雨，亦是偶然情景。舊註謂「寫大雨過後，必有斷雲，故曰殘雲；殘雲過去，必有疏雨。」未免太泥。樹色隨關迥，言其曠遠也；河聲入海遙，言其雄遠也。亦不必若舊註之所謂「見雨後之樹色，聞雨後之河聲」，且黃河之水，亦非雨所能助勢也。

「殘雲歸太華，疏雨過中條。」腰字鍊。「殘」「疏」二字雖鍊，而其運力處仍在腰字。如「白雲依靜渚，芳草閉閑門。」「依」字「閉」字鍊。「泉聲咽危石，日色冷青松。」「咽」字「冷」字鍊。四字平實，中一字點化，便成佳句。此一法也。或有謂「殘」「疏」二字甚鍊者，則請舉孟浩然之詩以為証。孟詩曰：「微雲淡河漢，疏雨滴梧桐。」世皆激賞「淡」「滴」，而不及「微」「疏」。許丁卯之「殘雲疏雨」，全祖浩然，僅易「微」為「殘」耳。何鍊之有？賞「殘雲疏雨」者，皆中無定見而任耳之過也。詩豈易言哉！

五律首句，多不押韻，間亦有押韻者：王摩詰之「風勁角弓鳴」，將軍獵渭城」，李商隱之「淒涼寶劍篇，羈泊欲窮年」，孟浩然之「八月湖水平，涵虛渾太清」，可參閱。

鍊字鍊句，須有遠神遠勢；寫情寫景，亦須有遠神遠勢。若營口於跬步之間，求新警而貪尖巧，便墮入魔道，無由參上乘禪矣。詩不重一字之奇，一句之巧，而貴在謀篇布局，立意遣詞。謀篇貴能觀其大，立意貴能居其高，布局須穩，遣詞須厚，學者能玩味於盛唐之詩，熟讀深思，自可悟其所以高人一着處。

晚唐詩格誠較卑弱，以杜牧之才，於五律猶嫌其生硬，[illegible]才遜於杜牧者，自更無論矣。許渾與杜牧同時，亦均不擅五律，杜較優，許較麗密，難定優劣，要亦晚唐之錚錚者。胡元瑞謂許才不如杜，則誠是矣，然亦指絕句或七律而言。至於五律，伯仲之間耳，許且略勝於杜焉。孫光憲曰：「世謂許渾詩不如不做，言其無才藻，鄙其無教化也。」（胡震亨「唐音癸籤」卷八引）過激之論，難為定評。要必如方回所言：「工有餘而味不足」，始足以論許渾也。其季世之音乎！

陳風子治印

陳風子，別號瘦翁，浙江杭州人，鑽研金石文字凡數十年，爲西湖西泠印社前輩大家，家法最深之浙派後人。本報今後將逐期刊載陳氏作品，以饗讀者。

致虛極守靜篤

點帆樓

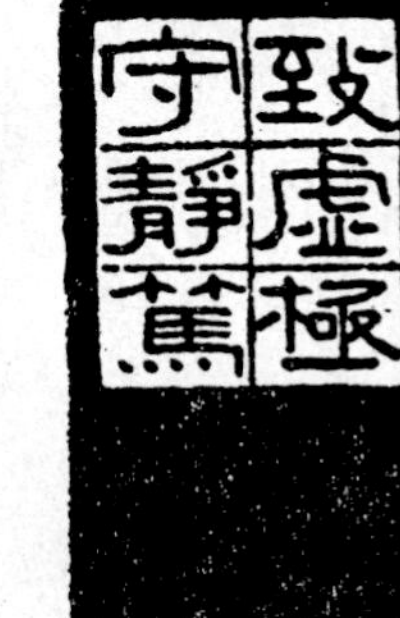

大風居士珍賞

憶陳果夫先生（五四）

宇人

孫科先生回京後，先舉行茶會招待立法委員，並發表簡短的演說。他說，他一向主張必須在平等的基礎上才可與中共談和，政府前經派出和談代表五人，現在中共也派了五人爲和談代表，已構成了平等的基礎，因而和談即可開始。又說爲求和平的實現，我們自應對過去所定的方針和政策有所改變，才能適應當前的需要。他認爲就是三民主義也可修正。新政俱樂部的李荷卽席指出：我們贊成和平；但却無意修改三民主義以就中共，他指責孫先生之言不當。我對孫先生的意見雖亦不以爲然；祇以不願當衆和他爲難，故始終未發一言。

立院復會後，有人提出兩個議案，其一，爲政府各部應立卽還回南京；其二，爲既與中共和談，應卽停止接受美援。我對後一議案，主張緩議，意卽予以擱置；對前一議案則在院會席上主張修改爲：在和談期間，政府各部首長應在南京辦公。我的理由是，我們雖然贊成和平，但中共有無誠意尚未可知；故不能不全無準備，嘗經院會通過。

數日後，孫先生出席立法院報告施政方針，最後聲明已向李代總統提出辭呈，我對他所存的一番希望——爭取美援，固守長江，也就隨之幻滅了。

孫先生宣佈辭職後，北方籍的若干立委卽發起聯名上書李宗仁先生，建議以閻錫山先生爲行政院長，簽名的立委達三百餘人之多，已佔到會立委百分之六十以上。後來，李宗仁先生提出何應欽先生爲行政院長，許多立委均覺得選非其人，新政俱樂部的同人也有此情形。但我和若干朋友仍決定支持他。

事緣蔣先生發佈準備下野談和的文告之初，我以爲他之所以突然出此，乃是鑒於剿共軍事一再挫敗，經濟已呈崩潰之象，非有緊急的外援不足以挽救危局；而他和美國政府的關係又難望改善，故不得不暫時退避，一方面，藉以緩和共軍的攻勢；同時，一讓李宗仁先生來領導政府，實施改革，內而收拾人心，外而爭取美援，庶可轉危爲安。換言之，我以爲蔣先生的引退，乃是出於自動的。尤其是，他在尚未引退前卽以與桂系向有淵源的吳忠信先生爲總統府秘書長，吳到職後，往還於蔣先生與李宗仁先生之間甚爲頻繁，據程思遠的透露，這是蔣先生爲使李先生對總統府事務預先有所了解的一種安排，更使我相信蔣先生和桂系已在對抗中共的問題上獲得基本的協議。但後來我才知道，蔣先生之決定引退，乃是受了桂系的一再逼迫，所以CC和許多忠於蔣先生的軍、政人員才對李宗仁先生採取一種近於拆台的態度，若干立法委員醞釀在廣州復會，亦此之故。

我和若干朋友感於蔣李之間的這種新裂痕如果不能迅予彌補，大局必將演致不可收拾。因此，我們對於何先生之被提名爲行政院長，寄予很大的希望，其理由有四：第一，他一向是擁護蔣先生的人，可望獲得蔣先生的支持。第二，他與李宗仁、白崇禧兩先生也有悠久的歷史關係，十六年夏蔣先生在南京通電下野後，孫傳芳卽傾全力反撲南京，時何先生與李宗仁、白崇禧兩先生均任北伐軍的總指揮，駐守南京及其附近一帶，他們合力抵抗，卒在龍潭將孫軍完全擊潰，使南京轉危爲安，因而穩定了北伐的初基。否則，當時的局勢必將爲之大變，蔣先生縱能復職，亦不可能仍在南京繼續北伐。第三，陸、海、空軍的將領大都對何先生信仰有加，他出任行政院長，更可收到安定軍心之效。第四，我們又獲悉蔣先生引退時，桂系曾有密議要蔣先生辭職，由李宗仁先生繼任總統，並預定以張治中爲行政院長，組織所謂和平內閣，以與中共談和。後來，蔣先生祇宣佈「退休」，而且祇以李先生爲代總統；李先生終於同意；孫科先生提出辭呈，李先生亦立予挽留；桂系內部曾對李先生猛烈指責。我們認爲這正是李先生顧全大局的優良表現，不能使他在行政院長的提名問題上再遭受立法院的挫折。因此種種，我們向有關朋友竭力疏解，指出唯有何先生出任行政院長，庶可望對蔣李的關係有所協調，然後也有可能團結內部，以扼守長江。結果，總算獲得大多數立委的同意。

當時，國民黨爲了容納民青兩黨參加政府，卽所謂共同制憲，共同行憲，曾將行政院的組織擴大。我們對民青兩黨參加政府的事，在原則上仍然同意；但認爲不應因此而在行政院增設許多虛有其名的新機構；國家的財政也無力再負担如此龐大的行政費用。同時，我們雖然贊成和談，而對中共的和平誠意則自始卽深感懷疑；認爲在和談期間，固應加強軍事準備，務期堅守長江，一旦和談破裂，更須繼續作戰。基於如此的考慮，我們商定行政院的組織，應力求精簡，以符戰時內閣的需要；並推陳顧遠領銜向院會提出一個議案，主張修改行政院組織法，將水利、地政、衛生、社會、農林等部裁撤。當經院會通過。

何先生的提名獲得立法院同意後，我去他的公館拜訪他，白崇禧先生已在，我說，希望你們李、何、白三位先生團結奮鬥，重建當年龍潭的戰績。他們均說，恐怕力有所不及。繼而何先生開始組閣，竟發生前所未有的奇事。此時的行政院雖已縮減爲內政、外交、財政、經濟、教育、國防、交通及司法行政八部，他却深感找不到八個部長。後來，勉強湊成一個陣容很弱的內閣，不但對中共的和戰大計毫無辦法；卽對蔣李關係的協調，亦未獲致預期的效果。（待續）

孫權何故在柴桑擁兵觀望成敗？

三國人物故事評論之十四

劉裕畧

前往江東聯結孫權，是諸葛亮心中早有的腹案。但何時前往，則有待情況之發展與時機的成熟。魯肅奉孫權之命前來荊州致意之後，孫劉聯合陣綫抗曹的可能遠景，已在諸葛亮眼前展開。迨劉備退到夏口結好劉琦，關羽所率水軍亦已抵達而加整理之後，諸葛亮認爲時機成熟，乃向劉備自告奮勇，「請奉命求救於孫將軍」。

諸葛亮此時之所以自告奮勇，是因爲他知道此行任務艱巨，關係隆中決策今後之能否實施，且江東陰雲密佈，正被曹操的心理作戰攻勢分裂爲主戰主降兩派，非他冒險前去說服不可。後來，他到江東果然做到了下列三點：一、把孫劉聯合陣綫正式組成起來；二、使「權大悅，卽遣周瑜、程普、魯肅等水軍三萬，隨亮詣先主，幷力拒曹公」；三、奠下日後取得荊州的基礎。

諸葛亮前往江東時，孫權正在柴桑擁兵觀望成敗，孫權何以要在柴桑擁兵觀望成敗呢？這是諸葛亮必須先把握住然後才能針對孫權的背景及心理下說詞的問題。否則就會像隔靴搔癢一般，將搔不到癢處。

按東漢政制，柴桑縣原屬揚州豫章郡。吳初置武昌郡，始移隸焉。旋省武昌郡，柴桑乃改隸江夏郡。故當日之柴桑，卽是今日江西省九江縣西南二十里地方。我仔細研究孫權之所以在此擁兵觀望成敗，實有特別原因。

原來江東軍隊之主力係水軍。鄱陽湖則係江東水軍之一大根據地。柴桑位於鄱陽湖口，所以，當荊州形勢緊迫時，孫權特留駐於此。

以江東孫氏之建軍史來講，孫權之父兄幷未擁有強大水軍，但孫權繼起之後，孫權之水軍已在周瑜以鄱陽湖爲基地的訓練和統率下逐漸長成和壯大。看建安八年（公元二〇三年）孫權「西征黃祖，破其舟軍」，建安十二年，孫權再「西征黃祖，虜其人民而還，十三年春，權復征黃祖，祖先遣舟拒軍，都尉呂蒙破其前鋒，而凌統、董襲盡銳攻之，遂屠其城」（以上均見吳志），孫權水軍居長江下游，黃州居江夏，位長江上游，孫權竟能在仰攻情勢下三攻三勝，可知孫權水軍實已具備相當規模，乃江東戰鬥力中之主力，已無疑義。

既然水軍是江東整個戰鬥力中之主力，那末，臨到戰爭邊緣時刻，作爲江東統帥之孫權前進到自己主力所在的地方去，豈不非常適當？豈不非常應該？況孫權自己當時決心尚未全定，孫權手下却已分成主降主戰兩派，孫權到主力所在地去坐鎮，正可防止意外事變之發生，同時，先把主力控制在手裏，一待決心確定，則對主力之處置，更有迅速使用之好處。以曹操當時在荊州進軍之快銳而論，若孫權不先自到達主力所在，誠有備戰不及之虞。我們曉得：魯肅雖然是在長阪坡之戰時趕到路途中來與劉備及諸葛亮相會的，但諸葛亮則是「事急矣！」始「請奉命求救於孫將軍」的（見蜀志諸葛亮傳）。事急之時，本有不及求救之弊，但諸葛亮竟然是在事急之時才去求救孫權，這倒不是諸葛亮疎忽了荊州情勢之緊逼，也不是諸葛亮沒有時間觀念，而是諸葛亮對於可能聯合孫權的這一件事，深具信心；同時，諸葛亮亦極明瞭江東主力在鄱陽，與荊州距離不遠，只要孫權一下決心，對於兵力之運用，在時間上仍有餘裕。這是諸葛亮眞正知兵，對整個戰爭有豐富想像，早有正確判斷的地方。

另一方面，就整個江東形勢來講：柴桑亦比較接近前方。而荊州的情況，隨着曹操南征大軍之發展而千變萬化，這千變萬化的情況都與江東今後的命運息息相關，爲了能够充分把握敵情，以便於在適當時間作出決心，這也是孫權必須身赴前方的理由。所以，對此，諸葛亮當然一目了然，所以，諸葛亮到江東去見孫權時，必須要有荊州方面的第一手情報帶給孫權，以促成孫權之出於一戰。否則，在孫權遲疑猶豫中，諸葛亮用什麼去說服孫權？

孫權在柴桑觀望的原因，還有一個極緊要的理由，那就是鄱陽湖既是江東水軍之根據地，則江東水軍之全部或大部在未出動作戰之前是集中在鄱陽湖內，但鄱陽湖連接長江，居長江中下游，曹操之水軍則居長江之上游，因此，曹操水軍在戰略形勢上就居有優勢，且有順流而下之利。若曹操水軍行動迅速，或孫權決心太遲，或孫權決心雖不太遲，而其本人距離鄱陽湖太遠的話，由於當時交通工具不發達，通訊器材亦不充分，作戰命令傳達不快，則江東整個水軍有被曹操水軍在鄱陽湖口予以封鎖，因而江東水軍有一種根本不及駛出鄱陽湖之危險。

基於上述種種原因，所以孫權在未下決心之前，就先到達柴桑這一適當地點了。由於柴桑扼鄱陽湖口，江東水軍主力就在鄱陽湖內，他是有着便於掌握戰鬥部隊之主力，又由於柴桑接近荊州前綫，尤便於搜集荊州方面的各種情報，以判斷大局的諸種有利條件的。中外古今的任何戰爭，固皆以任務與情況爲決心之基礎。命令必須根據決心而適時下達。如果孫權決心與曹操一戰，則孫權要對江東水軍下達作戰命令卽可在柴桑就近頒發，江東水軍之主力卽可自鄱陽湖出動，逆江而上，迅速進出夏口，在距離本土之遙遠地區，求敵之主力，而攻擊或拒止之。如果孫權不決心與曹操作戰的話，孫權亦可就近下達撤退命令，將江東水軍迅速開出鄱陽湖，向長江下游移動，以免江東水軍被曹操順流而下之水軍在鄱陽湖口把它封鎖圍困了。

孫權在柴桑擁兵觀望，未下決心前的情況既是如此，所以，諸葛亮一看卽能以慧眼看破其中情形，到了江東，就針對孫權內心的這一遲疑，與乎江東內部主戰主降兩派之這一爭執，予以對症下藥之方案。故終能促成孫劉聯合陣綫之形成，從而贏得赤壁的一場大戰。

本刊已經香港政府登記

聯合評論

週刊

每逢星期五出版

United Voice Weekly

第二八一號

督印人：黃宇人　編輯：左舜生

849126

CHINESE-AMERICAN PRESS, INC
199 CANAL STREET,
NEW YORK 13 N. Y. U.S.A.

美洲航空版每份零售美金一角

本報啓事

敬啓者，本報原定二月十四日及二月二十一日出版之兩期，適值農曆新年，工友照例休假，故本報香港版及紐約航空版均休刊兩期，以後照常出版。謹此敬告讀者！

聯合評論社敬啓

在嚴重危機中的澈底醒覺

左舜生

遠在『兩個中國』說初起的時候，我便曾經說過：中共反對『兩個中國』，只是口頭上說說而已，其內心則不僅不反對，而且惟恐『兩個中國』不能提早實現。中共反美，好像多年來都是一貫，其實中共非眞正反美，遠在杜爾斯未去世以前，我也曾說過：世界上第一個熱切希望和杜爾斯坐下來談談的人，就是周恩來。中共完全講現實，絕對無所謂理想。中共滿口的馬克斯、列寧，正等於若干人的滿口三民主義，實際都不是那末一回事。

很顯然，『兩個中國』的出現，對中共只有好處，並無壞處。在抗戰勝利以前，台灣本來在日本的統治之下，等到日本戰敗投降，然後我們才收回了這塊領土。換言之，即在十八年以前，中國沒有這塊土地，仍不失為泱泱大國，今天在台灣存有一個中華民國政府，說中共便會感到如何受不了，這是不合情理的。不過，『兩個中國』對中共沒有了不起的壞處，敬聞命矣，但以反說對中共只有好處呢？原來『兩個中國』的形勢，本來就是中共一手造成的，假定中共佔領大陸以後，不改國名，不換國旗，則不僅我們一般反共的人非常尷尬，即今天未承認中共的多數國家以及聯合國，也很難應付。幸而中共被勝利冲昏了頭腦，毫不瞻前顧後的搞出一個所謂『中華人民共和國』，青天白日又改為五個星星，於是『兩個中國』的態勢乃從此出現。過去十幾年，世界大國承認了中共的只有蘇、英兩個，而英國且與中華民國保持了一種藕斷絲連的關係，即在倫敦和台灣彼此都有一個代辦機構，便是這一事實的表現。這次戴高樂妙想天開，要實現他重返亞洲的美夢，同時也想在美、蘇、英之間重建她自己一個大國地位，而以在歐陸的領導者自居，於是乘毛赫反目這一間隙，中共陷於孤危，因而才與中共一拍即合，而多少提高了中共的國際地位。我敢斷言：當中共開始與法方洽談的時候，對建交以外，確沒有附任何條件，其所以事後對法方不與台灣正式斷絕關係，還要發出幾句怨言，這也只是要保持他們『口頭反對兩個中國』一原則而已，此外別無意義。

說到中共對美的態度，與其說是『反美』，毋寧說是『逼美』，凡中共對古巴的支持，對美國人種問題的挑撥，對最近巴拿馬問題的爆動，乃至隨時以亞非與南美相提並論，以及周恩來陳毅等的四出遊說：且聲言要造成一全世界反美的統一陣線，無一不是對『逼美』這一着下工夫。『逼美』的目的何在？逼迫美國以優厚的條件和她妥協而已，逼迫美國不妨碍她竄進聯合國而已。

日本只能以美國的態度為態度，一旦美國的態度有了變化，或中共居然進入聯合國，日本便當然只有對中華民國表示愛莫能助，而無法不隨大勢為轉移。至於目前她之不願隨法國跟進，這無論為他們自身的利害打算，或顧對美的關係推敲，還附帶要和緩最近中日關係的繼續僵化，她都只能採取對中共暫不建交的這一姿態，而對大陸的貿易却依然要積極擴充，決不會放鬆半步。

至於中共對蘇關係的惡化，由於毛赫個人間的英雄意氣者半，由於蘇聯過去對中共採取不留餘地的決絕態度者亦半，其他關於理論或立場之爭，却並無如何的重要性。只要中共對蘇聯繼續如現狀的惡化下去，則美方對中共存有幻想的人們，便還要繼續活動，而希望美國對中共採取攤牌行動，或毅然決然對我們的復國運動加以援手，乃決無可能。因此，中（共）蘇關係如目前的互不相下，對中華民國並無何等好處，反而他們的關係好轉，還有提高美國警覺的可能。

我對目前的國際形勢對中華民國具有若干影响者，大致的看法如此。假定台北當局能深切反省，承認中華民國所以陷於如今天的這一危險境地，乃三十餘年以來一貫的政治作風所逐漸演成，而決非成於一朝一夕，能够拿出『割骨還父，割肉還母』的勇氣，來一次脫胎換骨的幡然改圖，則即在今天的現狀之下，也還有我們掙扎的餘地，否則我便不敢涉想，也不忍多說，恐怕最高限度，也只能成就一個海外扶餘，聊存中華民國的正朔，以靜待歷史的裁判而已！

所謂『掙扎』的時間並不太多，最多只有一年到兩年左右，絕對不容許我們再拖！掙扎之道，萬緒千頭，一言難盡，但有兩個觀點，必須切實把握：

其一，在復國運動的過程中，對軍事第一或政治第一的二者之間，必須作一明確的選擇。我不否認軍事在復國過程中自有其一定的重要性，但偏重之點不同，即一切措施將因而有很大的差別。如果說根據過去十五年的教訓，已知道單純的軍事反攻可能性很小，則當然應把政治的重要性移置第一，而使軍事作用屈居於第三第四。政治第一的最要意義，在使全國人民澈底明白：復國乃是恢復全國人民所共有的中華民國，決不僅限於恢復某一黨派的政權。這一點非常重要，一定要在目前的台灣即以眞憑實據提供於國民，否則即無以轉移大陸的人心，融洽海外的空氣，而加强其團結復國的信念。

其二，對十餘年來的一切措施，應毫不猶豫的予以補救，決不能以不着邊際的空言搪塞，或拒人於千里之外。要知道今天的寶島，已為苦悶的空氣所充塞，且發生了蔓延於軍隊的徵候，絕不應掉以輕心。

我在本刊上期，主張加强外交陣容，應集中人力物力建立華盛頓，東京，巴黎三個重點。如果覺得對日對法鬧成僵局，對我方仍是害多利少，則更應該利用此一難得的空隙，採取積極的行動。我所主張建立重點一說，似乎仍值得參考。

戴高樂的東南亞政策

兩個二等國家勾結

許子由

戴高樂承認中共一事，是最近世界政壇的重大事件，它在亞洲的影響，更大於在歐洲。不過從整個的形勢來說，也並不過份嚴重。因為那不過是一項插曲——一項過渡時期的產品；而登場的人物，也是第二流第三流的角色。

中共與法國建交，是中共採的主動。也是『（共）蘇交惡』與『美、法疏遠』的產物。如果探求這些現象產生的原因，則是由於美蘇的『冷戰解凍』——換句話說，那是因為核子武器威脅下，『核子僵局』把戰產押後的原故。如果中歐前線緊張，法國就必須參加北約的核子部隊，戴高樂沒有獨樹一幟的可能。同樣的，假使遠東發生陣地戰，毛澤東也就必須躲到蘇聯的『核子保護傘』下去，無從有政治外交可以玩弄。

法國並沒有造成獨立的核子武器，戴高樂也沒有退出『北約』的傾向，她仍是西方集體防衛聯盟的一員。中共還沒有被蘇聯開除，儘管它「堅持論爭」，却不能夠有戰爭行動去支持它的「主戰派論調」。又不敢一語涉及廢除「中蘇軍約」，中共標榜的「獨立」，獨立性也得大打折扣。從世界的範圍說，最大的支配力仍是美蘇，法國與中共的影响力不大，因為它們的力量不够。

中共被蘇聯拆了機器，發生飢餓的風潮，「自力更生」又是指向落後深淵之路，不得不轉而求諸「西方」——包括日本——的物資和科技。主動放棄對日「貿易與政治不可分」的原則，更主動與老牌帝國主義如戴高樂相聯結。中共的被迫從「政治立場」後退，實有不得已的苦衷。否則何以中共抨擊蘇聯不應「與美帝勾結」，中共自身却可以與法帝勾結？實際上，這不過是第二等共產國家與第二等資本主義國家的勾結。

張伯倫「搭車誤點」

可是法國承認中共，對遠東尤其東南亞的影响却是相當重大。儘管戴高樂未必能得其利，中共倒可能實受其益。據說戴高樂要重新進出遠東，尤其是在東南亞方面，「一雪奠邊府之恥」。殊不知今天的東南亞，無論在南、北越，在泰、寮，泰、棉邊境，印尼與大馬邊境，到處都是兵戈對峙之局，決不是西歐那些雞尾酒會的外交手段可以施展的地方。基於「與中共妥協」的幻想，等於張伯倫綏撫希特勒。因為中共正是「一場打罵勝過三頓請宴」那種人物——西方在東南亞用兩次日內瓦條約綏撫中共；在中共還要在寮國南越打將出來。蘇聯實行斬斷對中共援助，便迫得它放棄「反兩個中國」原則，向帝國主義者妥協。這豈不是明証？

戴高樂想利用傳馬，施漢諾，保大，陳文敦之流，恢復法國在東南亞的聲望。可是寮國中立派正被寮共炮火的洗禮中，戴高樂先生無法叫寮共不要開火。施漢諾與其說被法國爭取，倒不如說是被中共爭取了更為適當。保大申請回越，為楊文明所拒，而陳文敦也被整肅」。這樣的情勢而仍認為可以「一雪奠邊府的恥辱」，那不是張伯倫的「搭車誤點」麼？

何況戴高樂標榜「東南亞中立」，並沒有跟胡志明接過頭。有一萬五千部隊在南越作戰的美國，詹森總統也反對此說，重申堅持戰爭勝利。寮國高棉現在就是「中立」了，難處恐怕倒是戴高樂難以向中共取得讓寮棉眞正中立的保証。至於印尼大馬泰國等東南亞國家是毋需乎法國替她們確定政策的。

「不要揷手」的呼聲

泰國外長乃他納，就批評戴高樂這「中立東南亞」政策，叫法國「不要揷手」，認為東南亞國家會處理他們自己的事，毋須法國越俎代庖。相信這是今天東南亞國家大多數的願望，因為法國現在的國力和地位，對東南亞國家只能夠做做生意，談經濟技術援助、文化交流這一類而已。並沒有像美國那樣能夠出兵至南越抵禦共黨，替泰國守衛邊境。也沒有像英國那樣增兵大馬邊境衛成，決心為大馬作戰這種能力和氣慨。東南亞國家有什麼迫切仰望於法國的？

戴高樂實在也可以已矣。但是以戴高樂的剛愎自用，他是不會放棄他的一套想法的，那麼結果便會給東南亞國家帶來了危害。以過去來說，寮國中立派李江永珍叛變，據說便是法方攬出來的，但結果却為共黨所利用。施漢諾拒受美援，聲稱「大把國家要援助我」。法國便是侯補國家之一。可是法援未到，中共的經技隊伍已開入高棉。戴高樂只知施漢諾曾在法國讀書，却沒有計算到施漢諾的兒子（已立為高棉未來元首）可是送到北平讀書的。

往後戴高樂也許可能要隨着荷蘭之後，到印尼去塡補英國產業退出後的眞空。甚或在中共的東南亞勢力圈中，做些生意。但問題是並非中共能聽戴高樂的指使或勸導！而是戴高樂在追隨中共，「為虎作倀」。因為人家是地頭蛇，跟上去只能是「傍友」。

戴氏東南亞政策的展望，是成事不足，敗事有餘，美國和東南亞國家，就應愼防其敗事。美國既反對法式中立，堅持抗共，就不應考慮撤兵和耗費，貫澈抗共戰爭；必要時打過十七線去，替法國「一雪奠邊府的恥辱」。東南亞國家都有「自己處理自己事」的觀點，就應不援引外力，傾軋鄰邦。目前泰菲進行調處印尼與大馬糾紛，是東南亞或治或亂的分野，也是東南亞國家能否自行處理自己事的試金石。東南亞國家若能好自為之，美蘇也無法揷手，更不論中共和法國了。（二月四日）

包孝肅公奏議序

張君勱

包孝肅公因包公案一書之流行，乃成為婦稚皆知之人物。然攷之史傳，包公一生豈專以平亭訟案為事，如世之所傳者哉！其平生大事，載諸奏議，皆正色立朝，極言直諫之文，朝廷典禮刑賞銓選邊防馬政錢糧戶口靡不言之，剴切詳實，如燭照數計。其於立儲一事，宋仁宗詢以卿欲誰立？包公答曰：臣乞豫建太子所以為宗廟萬世計，臣行年六十，且無子，非邀後福者，此誠臣心如水之言，絕君心之疑忌而安定王朝根本之忠言也。其七事一奏之第四事曰：臣聞議者云，陛下頗主先入之說，臣謂帝王行事，但顧理道之如何，固不計其於先入後陳，倘必以先入為是，則姦罔之人逞其敏捷，巧中人或陰圖事，惟恐居其後矣。此乃直入君心之堂奧而攻之，非尋常群臣所敢言者也。今日讀包公奏議，令人佩公之天性峭直，誠天地之正氣，歷久遠而光耀彌著，眞能實現孔子所謂人之生也直之教訓者也。吾人既知直臣之造福於國家，然亦不可不知鄙夫佞臣所以為害於國家。孔子曰：鄙夫可與事君也與哉，其未得之也，患得之，既得之，患失之，苟患失之，無所不至矣。孟子亦曰：有事君人者，事是君也，則為容悅者也。朱子注之曰：阿徇以為容，逢迎以為悅，此鄙夫之事妾婦之道。嗚呼，今之從政者，衡以孔孟之言，類皆以阿附逢迎為技倆，安得不令四千年古國之民，陷於水深火熱之境哉！此則孝肅公之文章，所以讀千百遍，愈覺其意義之深遠，張叔通君以其所藏包公奏議宋板孤本請予作序，讀其各篇之文，更為一序以歸之。

中華民國五十三年十二月張君勱序

巴拿馬事件與美對外政策

謝扶雅

中美洲巴拿馬是現代世界上一個最小的國家，全人口還不到一百萬，但這次在運河區與美居留民發生衝突以致兩國絕交的事件，實將為美國整個對外政策的嚴重考驗。我們姑不迂濶地照述孟子那句話：「惟仁者為能以大事小，惟智者為能以小事大」，然而平等，公道，與正義，總是國際社會以及整個人類社會的根本原則。誰都知道，國際共黨在全世界各地的滲透顛覆，蠶食，鯨吞，眞是無微不至，無孔不入的。但中國有句老格言：「物必先自腐而後虫生之」。共黨只是虫類中一條最惡毒的虫，而其生長和蔓延在世界萬物裏，仍必乘這些物體本身「先自腐」的機會。所謂無孔不入，畢竟所「入」在「孔」。果如無隙可乘，雖強何從打入。許多人常說什麼什麼是共產主義的溫床，但實在對共黨的最好溫床，毋寧是那些足以引生共產黴生虫的本身「腐」化，缺點，漏洞。

美故總統甘迺迪在去年九月聯合國大會的演講中，就坦白承認過「很明顯地，美國在種族歧視方面就是一個污點」。而就在這點上給毛澤東大加利用而特加利用；那條天安門前的大虫，有機會鑽「入」了新大陸這個「孔」隙。南越的萬千僧侶，本是虔潔的宗教信徒，但因吳廷琰家族政權的橫加壓廹，授人以隙，而共產分子遂乘機滲入去了。在那部代表作「醜陋的美國人」裏所刻繪出美國外交官以及在外居留人士對當地人的優越感，無形中便孕育了「被壓迫者的心理」，而這正是馬克思神主牌最能發生效用的靈符。古巴加斯圖在初期，確不過是一個神經質的民族主義者，但泰半由美國應付不當，遂不旋踵而逼他走上國際共黨的梁山，弄到自己後門口公然擺着這麼一顆炸彈。不，整個拉丁美洲的危機，就都是赫魯曉夫和毛澤東不約而同的大動食指。

巴拿馬運河區一月十日騷動死傷的發生，當時純乎是由民族思想所激起。三萬多美國居留民的特區裏，有本地人的學校，卻不被允許懸巴拿馬國旗，這當然太不尊重巴國的主權了。不用說，這事一方面立刻引起莫斯科和北平——尤其是後者的叫囂，遊行，示威，另一方面，美國當局不能把它用快刀斬亂麻的手腕爽快地予以解決，遂至共黨分子的滲入搗亂，並趁勢更蔓延中南美各地。當年埃及運河事件發生，美前國務卿杜勒斯曾大力追促英法放棄特權，不幸之小幸地成了今日納撤中立主義的局面。旁觀者清，當局者迷的美國，對巴拿馬運河特區竟任令拖延到半個世紀，連年租一百萬也過了很久而不倍加——至少也可把應當多加的租金就用在讓巴國培養共同管理運河人才的事上。美國本身是一個以殖民地獨立起家，而百餘年標榜撲滅殖民地主義不遺餘力的國家，而巴拿馬運河特區明明是殖民地之一種。這一地帶的居留民已與從前在北非阿及里亞的法人情況相埒。從可料知一般拉丁美洲，不是將一律古巴化，至少也會阿及里亞化。

現階段美國的外交，幾乎皆是「美援」外交，而美援的政策，眞可以用一句廣東話來說明：「貼錢買難受」！不，比這更可悲者，有如對吳廷琰政權時的南越，竟讓美援花在吳廷儒的特務去屠殺當地平民。美國表面上每說不干涉別國內政，又說美援不附帶任何條件。須知援助別國以財力武力，即已深重影響到該國，而況該國政權，若顯然用以非法壓廹人民及自己貪污，則美國豈不等於「我雖不殺伯仁，伯仁由我而死。」至所謂不附帶條件，其實也不應是絕對的。美國本質上是個民主自由主義的國家；所花的每一文錢，應對信奉民主自由的每一納稅人負責。準此，她對所援的國家必須責成其本着民主自由的原則去支配這筆錢；例如由立法監察機關，決定預算，審核決算等依法活動。這應是美援的必要前提。否則只落得誤人誤己，以至害人自害。

美國對外政策，也每與其對內政策一樣，只從現實的立場，逢到一個問題發生，臨時去應付這個問題。試看，解放黑奴的南北戰爭，已過了一百年年，而至今日種族歧視，尚成為給敵人利用的頑固「污點」。如果很早從「百年」樹人的教育下手，不知已生出好幾個黑人總統了。同樣，對外政策的根本方針，從自由世界領導者的美國立場來說，端在置意對手方的人才，道同志合的人才，甚至不惜從私人團體，民間去物色，訪求，更甚至及早設法去培養，扶植，鼓勵，後一點對落後國家更應如此。這比之國務院年年在美援各國裏邀幾個人來新大陸走馬看花地觀光一下總會切實得多吧。

讓我奉勸美國當局，與其對共產鐵幕國家所行的一些政策，如圍堵，嚇阻，談判，以至希士曼新近所唱的「開放」，無寧先對自己和一切友邦的污點，缺點，漏洞，乃至傲昧無知（像目下日本和法國所顯出的），澈底地而且根本地加以補苴才好。我們大家都要先積極地健全自己，然後才能積極地對付敵人。

一、廿五自美東。

美軍太平洋空運演習之意義及教訓

綜觀

去年，美國曾經作過一次美軍由美國本土用飛機飛越大西洋而到歐洲參加作戰的空運演習，本年一月下旬，美國又作了一次用飛機把美國軍隊從美國本土飛越太平洋的空運演習，這兩次演習，關係今後美國在歐洲及在亞洲的戰略部署。故對今後美國之世界戰略，極為重要。

所謂演習，原本是軍事教育與軍事訓練上的一種術語，其目的，在對其所擬具之作戰計劃用實際行動來測驗它的效果和實用程度，從而製訂它的戰略戰術。故「演習」是現代軍事教育及軍事訓練上的一樁重要事情。在第一次及第二次世界大戰前之德軍，為了預期將在東歐作戰，所以，德軍參謀部對德軍演習的嚴密，曾使舉世聞名。今美國既乃自由世界之領導國家，它對歐洲與亞洲既負有對共黨侵略實行作戰的軍事同盟條約，而蘇共及中共又隨時可能在歐洲及亞洲採取軍事行動，故美軍經常對歐洲或亞洲之戰事作假思的演習，原是非常必要的，也是愛好自由的歐洲人民與亞洲人民所歡迎的。

不過，值得檢討的，是美軍最近這兩次空運演習，表面上似乎很成功，實際上，則確有教訓在。

以這一次美軍橫越太平洋的空運演習來說，是以美國駐夏威夷的陸軍第二十五師的一個旅來担任的。美國陸軍第二十五師原是一種在熱帶作戰的閃電師，這次以它這一師的一個旅約四千人用適當數量的長程運輸機搭載，飛越五千哩的長距離，其順利成功的情況，確屬可喜。同時，這亦顯得美軍空運力量的確強大。但進一步分析，這一順利成功的演習，畢竟只包括兵員之空運而言，至於該旅四千人所用之重裝備，則仍然并不能用空運，而必須另以一個艦隊裝載，這就可見，今日美國之空運能力仍須海軍協同，始能全面完成。空軍本身仍不能單獨完成一切。

況且，另以一個艦隊來裝運重裝備，畢竟也不是最好辦法，因為若在戰時自美國本土用空運的方法增援，敵人之飛彈與飛機，仍可截擊這些長程運輸機，因為長程運輸機本身并無戰鬥力，何況，敵人之潛艇及飛彈亦可在海上截擊那些裝載重裝備的另一艦隊。所以，若美國的世界戰略部署如果放棄歐亞兩洲之軍事基地，改採後退配備，認為未來戰爭，只憑美國從本土來長程空運便可應付的話，那便成了大錯。

更何況，依靠美國艦隊裝運重裝備并不能充分隨時供應一切必須的後勤補給，要能達到美國在歐亞兩洲的作戰勝利，是仍須保有軍事基地才行的。這是這一次美軍空運演習的又一教訓。

此外，美國決策人士及美國國防部更應了解一點，那就是美國若在歐亞兩洲保有必要的軍事基地，除可充分補充後勤外，更有一種政略上與心理上的影響。因為人們總覺得美軍在某處保有軍事基地，實乃美軍有意保衛該地和有意在該地附近作戰之決心，若放棄該基地，則使人容易感到美國有從該基地附近撤退之意向。為了加強歐亞兩洲同盟國之軍心與民心，所以，縱使空運能力能够担負一切供應一切，仍不宜完全放棄歐亞兩洲必要的軍事基地，何況，美國去年及本年一月下旬這兩次長程空運演演已在事實上証明美國不可能只憑空運及海運完成作戰行為的一切要求呢？

當然，不可否認，美國這兩次長程空運演習的成功，是有極大的示威和實際作用的。因為這可以對國際共黨表示美國的龐大作戰力及龐大而迅速的增援赴戰力，使國際共黨自不得不側目而視。假如美國一面繼續保有歐亞兩洲之作戰基地，一面又繼續發展美國的長程空運力的話，對於國際共黨當然更有鎮攝作用。

×　×　×

兔年歲尾談國事

（台北來稿）

在台灣的人，對國家的前途和個人的命運，都抱着聽天由命的態度。有些高級知識份子，守口如瓶，不談國事；也有若干知識份子，談古而不論今，縱然論今，也很少談論時事，這種風氣，當非今日始，而由來久矣！所以這裏的人，內心裏是痛苦的，而表現出來的是無言的抗議。但是，台灣比大陸中共要好些，就是說這裏還有沉默的自由。

現在，我想把台灣當前的若干問題，加以報導，以饗留居國外的「聯合評論」的讀者，並特別談談台灣的議會現狀。

就地方議會現狀言，比如正在競選中的台北市第六屆議員的候選人，國民黨提名候選人，並非以政見來爭取選票，而是用錢買票，每票六十元，由所謂助選員作掮客從事活動，分別向選民進行登記選民的姓名和住址，如同軍人發餉名冊一樣，按名發放。不但如此，國民黨的候選人，由台北市政府每人補助四萬元作爲公開賄選，名義是修理巷弄道路和裝修路燈。也有人用味精、香烟換選票。

而無黨派的候選人，則以政見來爭取選票，尤其他們私辦政見會的場所，都是設在寺廟前或國民學校面前，這實在是極大的諷刺。設在寺廟前的，含意是：大家在菩薩面前，憑着良心說話，假如言行不一的話，則遭天誅地滅；在國民學校門口談民主政治，這顯示我們的民主政治尚在小學一年級的階段，而且永遠是不升學的留級生。黨外候選人在政見中說：我們支持政府反攻大陸，而政府何以不反攻大陸呢？我們的司法審判不獨立；凡是不民主的政府，如南韓李承晚政府，如越南吳廷琰政府，由於不民主而被其國人推翻；還有一位候選人批評國民黨政府是「歪哥政府」；指責國民黨是「貪污黨」云云。

國民黨提名的候選人，既是以金錢的力量而當選，在當選後，自然要設法撈回這筆資本和利息，於是乎各走門路，搞府會一家，搞地皮公司，處處以特權身份營利，總之，連議員任內的內衣褲，都是由政府事業單位供給，甚至民意代表與政府貪官污吏相勾結。各得其利；縣市議會如此，省議會亦復如此。省議員李建和就是因他係省議會交通組的召集人，所以鐵路局不得不維持台北萬華到新店綫的鐵路，而每年虧損三千多萬元。因爲李建和有煤礦在新店，若用汽車裝運，則所耗費至鉅，因而他不同意將萬新綫鐵路拆除，若鐵路局一定堅持既定政策而拆除的話，則鐵路局的預算，勢必遭遇省議會交通組的削減，爲此，鐵路局只好把納稅人的錢作政治交易。

至於中央民意機關；國民大會與立監兩院既有國會名稱之爭於先，繼之，國大與立委又有創制複決兩權之舌戰。而今大家各行其是。立監委員們，尤其若干所謂忠貞份子，常常以效忠的名義，來掩護其護航不法的行爲，於是門戶林立，三人一派，五人一組，向政府進軍——要錢，行使特權。像監察院若干重大糾彈案件，如殷台案，如石門水庫案，如國營事業浪費虧損案，如杜絕浪費調整軍公教人員待遇案，如台灣銀行土地銀行等不法呆賬案，如高地兩院改隸案等，都胎死腹中了。若干委員且以護航獲得邀功呢？立法委員們，有些人也是如此，比如立委吳廷環爲了維護其同派的行政院，當嚴揆組閣後列席立法院時，吳氏即咬文嚼字，引經據典，否定多數立委行使的質詢權，這就是護航的具體事實。而吳氏一反以往態度，究爲何來？個中眞情，明眼人不言而知。

由於國大代表沒有特權可使，乃設計一套創制複決權行使的辦法，美其名曰臨時條欵，實質上係修改憲法，來達到其利益的目的。這就是我們的議會政治，可以說多彩多姿。

提起我們的輿論，台北沒有一張報紙不是國民黨人辦的。自從李萬居主持的公論報社，被國民黨人搶去之後，這裏的新聞報導，或社論，都是大同小異，千篇一律，各報都朝社會方面發展，諱言政治問題，最特出的，是人權自由毫無保障，社會記者可以任意誹謗，甚至無中生有，而政治是非，無人敢說，有什麼說什麼，簡直是沒有的事。是故有人說台灣是文化沙漠，實不爲過。試問，沒有健全的輿論，何來政治清明？政治上沒有是非，沒有公道，自然影響風氣；政治風氣虛假，社會當然爾詐我虞，久而久之，行成一種危機，也就是亡國的危機。所謂種瓜得瓜，種豆得豆，這是自然的結果。這個惡果，先吃虧的是在野人士，最後，國民黨也免不了自食其惡果的命運。

台士

關於選舉問題，更是令人痛心萬分。由於國民黨加強地方政治的控制，所以在選舉方面，做出種種不法的弊端，而使民間怨聲載道，終至喪失民心。欲求健全地方自治，必須建立三黨共同監督選舉的制度，廢止一黨包辦選舉，同時完成省縣自治通則的立法程序，要做到秘密投票，公開活動，台灣的選舉，却倒行逆施，即秘密活動——買票，公開投票。現行的選舉行政法規，在每一屆選舉之前，必定由省政府聘請所謂專家學者，加以修改一番。修改的內容，乃是針對黨外候選人競選活動而修改，換句話說，係限制非國民黨人的活動，加強「安全措施」。像最近修改的法規，其中規定「候選人不得設聯合辦事處」，其目的在禁止黨外候選人以聯合行動來增強競選活動，因爲黨提名候選人隨時可與他們的縣市黨部或區黨部連絡，故縣市黨部或區黨部即國民黨候選人的聯合辦事處。又如：「助選人不得越區助選」，台北市候選人的助選員不得超過三人，這都是爲限制黨外候選人而設的，因爲國民黨每個黨員都是助選員，動員組織的力量，來幫助其黨提名候選人的活動。故法規修改一次，等於大姑娘纏小脚，纏一次小一次，纏到最後，終有一天，搖搖欲倒的樣子，而不能走路了！最使人驚奇的是：選舉法規竟包庇選舉舞弊而不處罰，這是任何民主國家所沒有的奇聞，也是中華民國國民黨政府的創舉。比如設，過去台灣高等法院受理黨外候選人控告選舉事務所選舉舞弊或控告國民黨當選人賄買選票，當選無效案，儘管判決書上承認選舉舞弊，或承認當選人確有賄選不法情事，但由於舞弊或賄選「不足以影響選舉結果」，所以駁回原告之訴。可是國民黨候選人張彩鳳控告李秋遠當選無效案，却成立了。這不僅說明「司法審判配合國策」，同樣說明選舉是不公平的。

像嘉義市長蘇玉衡案，其中因國民黨提名而涉嫌國民黨省黨部主任上官業佑和該黨一位總幹事，結果，雖轟動一時，終於不了了之。這個案子，它告訴國人，所謂國民黨提名的實乃行使貪污的方法而已！堂堂的要員不但未受法律制裁，且仍就好官我自爲之，逍遙自在，這還成什麼政黨，簡直是荒唐之至。而貪污風氣，並未通過立法院內懲治貪污條例而減少，相反的，貪污風氣越來越熾，其故安在？因爲政府黨並無整肅貪墨者的決心和勇氣。

最後，我想談兩件「大事」，一件是今年召開國大臨時會議；一件是國民黨一再宣傳的反共建國聯盟會議。

關於前者，從當前國內外的形勢觀察，是可能的。因爲召開臨時國民大會，先有五、六百位國大簽名連署，要求政府召開，而後才有今年內召開的宣佈。就國內政治型態而言，由於國民黨籍的立法委員對於中央黨部的指示或訓令，往往置之不理，甚至反其道而行，因而頻使當局傷腦筋，現在，國大代表既然要爭兩權，而且又是針對立法院而爭，此乃給立委顏色看的良機，不可失，乃有運用國大制裁立委之議，同時，也可以對國際間宣傳一番；中華民國將採取反共的行動，這樣，可以以使立委們聽話，又可以在國際上虛張聲勢一下，豈不一舉兩得嗎？至於後果呢，那是將來的事，將來的事將來再說。

至於反共建國聯盟會議，無論在野黨領導人是不是參加，總是要開的。因爲召開是一回事，而在野人士參加與否又是一回事。召開的目的，在應付國際上朝夕萬變的世局，而並不是集思廣益。故有入說，反共建國聯盟會議是陽明山會談的延續，這從國民黨的並無促進民兩黨團結的態度和不放鬆地方選舉的原則，即可瞭如指掌矣。

外傳海外人士曾要求當局開放報禁，假釋雷震，此間有識之士，咸一笑置之，或者說要求者太天眞而已。因爲這是絕對行不通的，君不知「時與潮」週刊爲什麼停刊一年的事嗎？因「時與潮」發表有關雷震新聞而停刊，這不是最明白的事例嗎！中華民國的政治，或許在五十年後或者一百年後，才能走上憲政常軌，在我輩有生之年，是不要夢想了。

拉雜寫來，這則通訊，到此不得不暫時擱筆，他日有機會，再談吧！

法國承認中共後亞非兩洲反應如何？

陳永昌

法國已於一月廿七日正式宣佈承認中共政權了。法國已與中共協議在三個月之內互派大使。法國與中共之外交關係；今後是否順利？雙方是否眞能在三個月內互派大使而不受波折？目前尚不得而知。不過，有一點事實，即法國承認中共後，在亞非兩洲所引起的反應，則是異常值得注意的。

自由世界對非洲的最初的顧慮，原本恐怕由於法國承認中共，於是非洲說法語而且與法國關係極密切之十二個非洲國家，亦跟隨法國之後，轉而承認中共。但現在的事實証明，說法語的十二個非洲國家，並無意跟隨法國之後，轉而承認中共，至少，目前的情勢是如此，所以，這可以說是最使中共失望的一項事象，也是中華民國及自由世界最值得欣慰的一項事象。

當然，這不是說這十二個說法語的非洲國家今後永遠不變，不過，初步反應殊屬良好，今後它們與中華民國的外交關係，就看中華民國的努力如何了。

其次，是亞洲國家的反應。可以說，亞洲國家的反應亦極良好。首先是一向在亞洲堅持反共原則的泰國和非律賓立即嚴正抨擊了法國，並立即正確的指出了法國這一行爲對亞洲所予的嚴重威脅，泰國總理乃他儂於一月廿日說：「泰國對法國深爲不滿，因爲法國此一舉動，將協助加速及加強中共對其它國家之侵略」。足見泰國乃他儂總理的嚴正態度。

非律賓總統馬卡柏佳亦致函戴高樂說：「在這亞洲自由國家面臨着中共直接威脅的時候，身爲西方三大領導國家之一的法國，在這特殊關鍵，承認北平政權，將嚴重的擾亂我們這一地區力量的均勢」。這說明非律賓對法國的乖謬措施亦極反對。

馬來西亞總理東姑拉曼則更明顯的說：「我們無意追隨法國承認中共，我們反對中共加入聯合國」。

此外，就以一向媚共的日本池田政府來說，這一次的反應，也甚良好。池田政府首先表示了，日本政府無意追隨法國承認中共，而且甚至還說除非中共進入了聯合國，日本不會承認它。

而最值得讚美的，則是南越的新政府。因爲戴高樂這一次承認中共的目的之一，便是與中共秘密締結慕尼黑式的協定，將南越中立化，然後進一步將東南亞中立化。但作爲法國的亞洲據點的南越，却最先立即給予法國這類幻想以最嚴重的打擊。因爲當南越由楊文明領導的軍事委員會內部有少數人亦响往中立時，一月廿九日晚，南越的開明反共軍人由阮慶將軍領導立即進行了一次反共反法反中立的政變，而立即將楊文明所領導的那一內部不純的軍事集團予以推翻，而另外建立了堅決反共，堅決與共黨作戰到底的反法反中共的新政權。可以說，這完全是出乎中共以及戴高樂預想以外的突變，這一突變，至少暫時完全粉碎了戴高樂及中共互相秘密勾留以中立南越中立東南亞的乖謬措施。所以這也是值得欣慰的。台北當局今後如果尚知努力的話，外交前途還是有可爲的。

暗礁重重的「反共建國聯盟」

明心

（台北通訊）在去年國民黨九全大會閉幕典禮上，由該黨蔣總裁提出要組織「反共建國聯盟」。今年元旦，蔣先生又在其告全國軍民書中，正式「號召組織一個全民性的反共建國聯盟，團結一切大陸，海外，自由基地的反共力量，並且包括起義的共軍共幹在內」。他又說「這不是一時的結合，而是一個肝胆相照，共同責任的聯盟」。又說，「一切為反共，一切為團結」！要貫徹國是決之於公意，一切政權公之於人民！這是大家共同信守不渝的前提！這個聯盟的建立，也就是我們復國建國，同時並進，第三個勝利成功的憑藉」！

根據蔣先生這一席談話，從表面上評價，的確是他自退守台北以來最值得頌揚的一個號召。如果真能付諸實施，而內容又確能如蔣先生所說的「是一個肝胆相照，共同責任的聯盟」。與乎「要國是決之於公意，政權公之於人民」，那未嘗不是一個反共建國的有力組織。惜乎國民黨內部意見並不一致，並未把他們總裁的「偉大號召」着手進行組織，相反的國民黨中常會有幾個重要人物，正在想設計破壞此「聯盟」的組成，或是想設法減少此一「聯盟」組成後的重要性。

說至此，筆者為使海內外人士明瞭蔣先生何以要組織「反共建國聯盟」，是出於蔣先生自己的意圖嗎？還是為何人所建議。如果不把這一根源弄清楚，是很難加以批評和對此「聯盟」未來成敗作出判斷的。下面所舉出來的事實，是筆者費了不少時間從有關各方面得來的內幕消息，特將其一一舉出，以供關心此事的各方面人士作為參考：

依據蔣先生為了要組織「反共建國聯盟」，而對外正式公開號召的內容來看，即是十四年以來海內外民主人士和輿論一並要求政府召開的「反共救國會議」，或者是「國是會議」這一類的根據而來。卸任不久的行政院長陳辭修先生，在其任內也曾不祇一次的公開宣稱：「政府正在籌備召開一次國是會議」。或者說：「政府在反攻大陸以前，一定要舉行一次反共救國會議」這一類的話。但「祇聽樓梯響，不見人下來」，與陳院長從前在大陸剿共時所說的，「三個月剿滅共匪，六個月消滅共黨」的說法，一樣成了不兌現的支票。

而今蔣先生既有鑒於要反共必須團結。要團結才能反共。所以他在其「元旦文告」中強調，「一切為反共，一切為團結」！蔣先生既有此光明磊落的決心，宜乎國民黨內部不應該有不同的意見，方合道理，誰知事實並不如此，原來蔣先生提議要組織「反共建國聯盟」，事前並未經國民黨中常會加以討論過。當蔣先生於「九大」閉幕禮中突然提了出來，不但很多人當時不明所以，就是素以蔣「總統」親信顧問自居的陶希聖也深感驚訝和不安，因為陶希聖近年以來在蔣先生面前，早已成為重要人物，不僅蔣先生的對內對外文告都由其一手草擬，即是有關國家大計，亦無不與之相詢相商，而今要組織「反共建國聯盟」這樣重大的問題，而陶希聖事前竟毫無所聞！使他感到驚訝和不安，自然是意料中事。

事後查明，才知道組織此一「反共建國聯盟」的動機，是出於國民黨內幾個比較年輕，而又比較開明的中央委員與中常委與蔣經國經過一番週詳計劃，而秘密向蔣先生建議的。

蔣經國與這批建議的委員們，因有鑒於「陽明山第三次政治會談」，其所以拖延至今而未舉行的原因，是由於海內外某些有名望的政治領袖人物，不願來台參加「第三次政治會談」所致，而某些政治領袖人物不願參加的原因，是為了陶希聖發言不慎所釀出來的。事實是這樣的：

當「陽明山第三次會談」正在向各方面政治人物發出「請帖」之時，陶希聖對新聞記者作了如下的一段談話：「陽明山政治會談的大門是打開了的，某幾個政治領袖人物參加與否，政府和我們的黨對此並不重視」。

本來「陽明山會談」這個「名詞」，就是一個似驢非驢，似馬非馬的一個組合，所以名之曰「會談」，而不用「談話」或「會議」的名稱，即是政府及國民黨當局避免對此「會談」中的決議，担負任何責任的表示。

所以當時有識之士，早已認清國民黨當局的意圖在於敷衍卸責，而非真心誠意接納衆議。所以真心謀國之士對此「會談」，早已不感興趣。加之陶希聖口出不遜之言，更使很多人為此裹足不前了。

蔣經國等為何要組織此一聯盟，是因感於國事日亟，非團結所有海內外一切民主反共力量，不足以反共圖存。要集中所有一切反共力量，又非開誠坦白不為功。若將為了團結而欲組織之「反共建國聯盟」動議，事前向「中常會」提出討論，則難免發生一些不必要的困擾。尤其是怕陶希聖從中留難。因而在蔣經國將組織「反共建國聯盟」建議書呈送蔣先生之時，當面要求乃父事前不向「中常會」提出討論，應於「九大」閉幕之日始行公開宣佈，首先造成事實，使黨中有異議者反對無及。

在蔣經國及其同志們佈下這一棋局不為不高也。但陶希聖亦真不愧自許為理論家和策畧家，他明瞭了此一內容後，明知此事既經蔣先生公開提出，阻止已成為不可能之事，但胸中一口惡氣難消，乃運用其渾身策畧的下絕招，在「中常會」討論「反共建國聯盟」組織規程時，陶希聖首先提出此「聯盟」經費不能由黨中開支，應由行政院負担「聯盟」全部經費。

陶氏其所以提出經費問題，實欲藉此以阻擾「聯盟」召開時間，因陶氏明知行政院無此預算，縱使行政院承認負担，但因經費過於龐大，事前亦必須向「總統」請示；或者還要在立法院中提出通過，這一來，「聯盟」召集時間受阻乃必然之事。

又當「中常會」討論到將來「反共建國聯盟」組織範圍和人事時，陶希聖又提出「聯盟」人數應盡量擴大，至少應在三百人以上，理由是：人數過少，則難免被幾個有聲望有地位的在野黨領袖或民主人士所利用，如在抗戰時期的「國民參政會」，就是因為人數太少，容易被少數人利用來批評政府，或動輒干涉蔣先生的用人行政，故非將人數加多則不能減輕這般人在「聯盟」中的影響力。

因為陶希聖兩項提議，在表面上看來，一是為黨設想，使黨不負支國庫的惡名，一是打擊真心反共人士將來在「聯盟」中的作用。同時又可為領袖蔣先生減少不必要的麻煩，而實則達到了陶氏阻擾「反共建國聯盟」的私願，而又對領袖表現了「忠貞」！

因此，陶希聖這兩項建議，均在國民黨中常會中一致通過。

以上所舉的事實，並非筆者憑空揑造，為加强此一事實根據，特將在台灣本年元月十六日出版的「中華雜誌」所刋的「時事短評」一則，摘錄一段於後。（編者按：中華雜誌為政論家，現任立法委員胡秋原先生所發行）。

查中華雜誌，在「時事短評」中有關「反共建國聯盟」問題有如下的一段記載：『：團結反共，自是天經地義。然以這幾年來情形而論，渙散消沉之象，有時反多於同舟共濟之心。然今日形勢，又確有加强團結反共之必要。可是各方面對於蔣先生這一重大號召，反應似不如應有之熱烈。這自有各種原因。想到這些原因，我們以為有兩件事似乎是應該注意的」。

『第一，執政黨應約束其黨內策畧家停止離散運動。我們相信，今日只要是反共的人，斷無人不尊重蔣總統的領導地位。即令有之，那也少而又少。無奈今日有一種策畧家，他有「慧眼」，認為不少，他今日罵這個反動，明天那個反動。他自許理論家和戰畧家，一身策畧，但其策畧不對共黨，專門對自己人。如是乎有無黨派乃至黨內反共著作家，被誣為幫助共黨或漢奸。被他們整得打官司，應該够了，還怕人不知他的意思，乃以大法官似的身份，指示說，中國「有法條，無法理！」這決不會是執政黨之意。但據說他是自由中國政府權威政治顧問。無論政人者是何種身份，無論被整者是何人，影響所及，得謂與蔣總統肝胆相照的團結之意相符否』？

『第二，既然政府將反共建國聯盟賦以「勝利憑藉」之重要性，當然只許成功，不許失敗。因此，應該慎之於始，不好成為宣傳之場面，反變為離析之根源。務使此一聯盟不但有觀瞻作用，且有凝結和發動力量的真正效果』。

依據上面『中華雜誌』短評中所指的對「反共建國聯盟」散佈「離散運動」的策畧家，而這位策畧家又是「自由中國政府權威政治顧問」，其所指的人呼之欲出，讀者不難知其為何人了。

說至此，吾人能不慨嘆國事之艱難，皆由於一些只顧私人恩怨，而枉顧國家存亡！豈不傷哉！

有人說，蔣先生過去對北伐成功和領導抗日勝利，本可以名垂千古。無奈其屬下有不少陽奉陰違之輩，以致為蔣先生令譽之玷！信哉斯言！

「政以賄行」！

去惡

（台北通訊）查政府自遷移台灣以來，由於籌集反攻經費，極力節省行政開支。以致公教人員待遇甚低。但天之驕子的立法委員老爺們，則薪俸優厚。此種不平等待遇，早為識者所譏。但立法老爺們仍不知足，除了他們在利用職權方面可以得些「額外利潤」外，他們還隨時向政府大敲其竹槓。十多年來，他們透過政府當局，向銀行借錢購地皮，借錢建築私人住宅之事不一而足！因為首席民意機關的代表們尚且如此，當然監察委員，國大代表亦要求有同樣享受！政府方面為了「一視同仁」，當然只有楊枝普洒，以求「天下太平」。我們中國有句俗話說：「不怕官，只怕管」，今天台北的官，也在「怕管」之例。能對官都可以「管」的，除了「立監委」，「國大代」又有誰人呢？

俗話又說，「心中無冷病，那怕吃西瓜」，想來政府官員，在以盛產西瓜著名的寶島上，吃西瓜吃得太多，因而官員們的「心中冷病」過多，故不敢過於負了「管者」之意以致之也。

閒話休提，書歸正傳，據確息，立法委員最近又向政府要求借支新台幣每人六萬元。且以成為事實，已紛紛領取支票，正向銀行提欵中！而且此項借欵訂爲十年，償還的辦法，是分十年在借欵人薪俸內扣還，並說明為無息借貸。即等於奉送一般，何況是否將來在薪俸內扣除，尚是一個未知之數。

立法委員借欵六萬的消息傳出後，國大代表當然「義不後人」，亦向政府請求援例。政府當局對此當然不敢漠視不理，何況新任行政院長嚴家淦既對立委們有所借重，對「國大代」亦不能不有所表示。

但因「立委」人少，「國大代」人多。如果也如「立委」之一樣一律借支六萬元，則此筆數字過於龐大，而政府財政確又在困難之境，焉能突然增加此一筆預算，為了討價還價，據說政府方面擬每位「國大代」准予借支四萬元。

因「立委」只有四百餘人。而「國大代」則人數在一千五百人以上，如援例借支，政府實有碍難籌措之苦。

據聞「國大代」仍堅持援「立委」借支數目，不得短少分文，否則今年四月召開之「臨時國民代表大會」中，「阿拉要擺點顏色給儂看」！筆者按：（在去年十二月「國大代表年會」中，蔣先生已當衆宣佈在今年四月舉行臨時大會。有關臨時國民代表大會問題，容後續報）

似此「政以賄行」！其何能肩負起反共救國的重任！古諺有云：「國家將興必有禎祥，國家將亡必出妖孽」！我們不知台北的低薪公教人員，對此作何感想！？

毛澤東親自出面煽動日本人民聯合反美

薛正昌

本刊曾在最近兩期確切指出毛澤東想組織而且正在組織反美統一戰綫。現在，中共的各種事項顯示，它正在擴大進行這一件事情，而且，由於毛澤東想把左傾的日本人民聯結在他所倡導的這一反美統一戰線內，所以，竟致迫不及待的親自出面來煽動日本人民與中共來聯合反美了。

據中共新華社一月廿七日北平電：「毛澤東主席今晚接見正在我國訪問的日本亞非團結委員會常務理事、日中友好協會副會長、日中貿易促進會理事長鈴木一雄，日本亞非團結委員會常務理事、亞非及太平洋區域和平聯絡委員會副秘書長西園寺公一和日本共產黨中央委員會機關報赤旗報駐京記者高野好久。接見時，毛澤東主席就最近日本人民反對美帝國主義的愛國正義鬥爭發表談話。如下：

「日本人民在一月廿六日舉行的反美大示威，是一次偉大的愛國運動，我僅代表中國人民，向英勇的日本人民，致以崇高的敬意。……這些年來，日本各階層人民反對美帝國主義侵畧、日本壓迫和控制的愛國統一戰線不斷地擴大，……中日兩國人民要聯合起來，亞洲各國人民要聯合起來，全世界一切被壓迫人民和被壓迫民族要聯合起來，一切愛好和平國家要聯合起來，一切受美帝國主義侵畧、控制、干涉和欺負的國家和人士要聯合起來。結成反對美帝國主義的廣泛的統一戰線」。

毛澤東接見鈴木一雄等人時，中共方面尚有康生、廖承志、吳冷西。這些話不由別人說，而由毛澤東本人親自說，可見毛澤東已迫不及待親自出面來搞反美的國際統一戰線。毛澤東顯然想利用自己在日本左傾人士中的偶像作用來進行這一反美統一戰線，而且想把日本國內過去已有的反美示威擴大起來，聯結起來，變成毛澤東所倡導的反美統一戰線中的一個環節。從而打擊美國，孤立日本，把日本變成一個反美的一個重要據點哩！

有人以爲日本人民未必會響應毛澤東的這一號召，殊不知，自第二次大戰後，日本憲法既已規定了日本政府的軟弱性，而一部份日本人民又喪失了民族自尊心與自信心，他們之中有很多人，震駭於毛澤東之突然席捲大陸，因而崇拜毛澤東，崇拜中共，而且最可笑，最可鄙的，是日本左傾份子中，居然曾經有人代表日本人民請求毛澤東把日本變爲中共的一省，可見日本方面決不是沒有人響應毛澤東。

再看：依據中共「中國新聞社」一月卅日北平電：「東京消息：日本和平委員會理事長尾形昭二說：『毛主席對日本人民這次反美統一行動給予很高的評價，這證明，日本人民的反美鬥爭，在反對美帝國主義、維護亞洲和平的鬥爭中佔有何等的重要地位！日本人民要進一步加强鬥爭，對亞洲各國人民反對美帝國主義的鬥爭作出貢獻』。」

中共發佈的新聞消息又說：「日本民主青年同盟中央委員會常務委員吉村金之助說：『日本青年知道不同美帝國主義進行堅決鬥爭，就沒有日本的眞正解放，也就沒有青年的幸福。毛主席的談話，對我們日本青年是一個莫大的鼓舞，使我們增強了勇氣』。日本中國友好協會理事長宮崎世民說：『這次毛主席又發表談話支持日本人民反美統一行動，我們感到具有特別重要的意義』。日本國家公務員工人共同鬥爭會議議長木條嘉久雄說：『毛主席的談話，對於同亞洲、非洲和拉丁各國美洲人民並肩進行反美鬥爭的日本人民和工人是一個很大的鼓舞』。」

此外，日本共產黨也通過它的中央機關報─「赤旗報」表示擁護。這就可見這一個被中國人民鄙視的毛澤東，却被日本左傾幼稚份子視同神聖呢：誠然，日本的左傾力量，尚未發展到掌握日本政權的程度，但日本左傾力量並不太小，却是不可否認的。毛澤東對他們的號召確有影響，這也是不可否認的。然而麻木不仁的池田政府至今還在盡力推行資共媚共政策，這就更加助長了毛共對日本的煽動力了。

大陸簡訊

藍鳥

中共與法國同時宣佈建交

據中共新華社一月廿七日北平電：「中華人民共和國政府和法蘭西共和國政府關於中法兩國建立外交關係的公報：『中華人民共和國政府和法蘭西共和國政府一致決定建立外交關係。兩國政府爲此商定在三個月內任命大使』。」

依據上述宣佈：可見法國確已採取乖謬措施，期在國際間造成兩個中國，法國並企圖與中共妥協，促使東南亞中立化。而中共竟在法國並不與中華民國斷絕外交關係的情勢下而與法國建交，這亦足以反映中共表面上雖揚言反對兩個中國，實際上，則想使用這種手段迫使台北中華民國政府因反對兩個中國而主動與法絕交。台北當然不可上中共的當，而中共的無恥陰謀更由此暴露無遺了。

與中共建交的國家或偽政權的統計

法國現在又與中共建交了。那末，在今日世界已與中共建交的國家或尚未被自由世界承認的共黨偽政權總共有多少呢？據中共宣佈，其總數及名稱如下：「蘇聯、保加利亞、羅馬尼亞、匈牙利、朝鮮民主主義人民共和國、捷克斯洛伐克、波蘭、蒙古、德意志民主共和國、阿爾巴尼亞、越南民主共和國、印度、瑞典、丹麥、緬甸、印度尼西亞、瑞士、芬蘭、巴基斯坦、挪威、南斯拉夫、阿富汗、尼泊爾、阿聯、也門、錫蘭、柬埔寨、伊拉克、摩洛哥、阿尼及利亞、蘇丹、幾內亞、加納、古巴、馬里、索馬里、老撾、阿拉伯叙利亞共和國、坦葛尼喀、烏干達、桑給巴爾、肯尼亞、布隆廸、突尼斯、法國、英國、荷蘭。」

中共在全大陸加緊搜括糧食

中共政權手裏既無大量黃金或外滙，而各種開支又異常龐大，所以，中共政權便一向注重如何向全大陸的農民，進行搜括，以供各種開支。

據中共新華社一月廿七日北平電：本年度中共「全國糧食徵購計劃，提前兩月超額完成」了。它說：「我國糧食徵購年度是從當年的四月一日開始到第二年的三月底爲止。到一月十五日，全國購糧入庫的糧食已經佔一九六三年度計劃的百分之一百零一點三，比去年同時期增百分之八點八。這是近幾年來糧食入庫進度最快，任務完成得最均衡的一個年度。不但完成糧食徵購任務的時間比往年提早了兩個多月，而且入庫糧食的質量也很好，上中等糧食佔百分之八十以上」。新華社又說：「雖然有一部份地區遭受嚴重的旱澇災害」，「各地向國家交售糧食比往年更加踴躍。許多人民公社提出不是好糧不出隊的口號，他們把糧食晒了又晒，揚了又揚，挑選水份少雜質少的好糧水陸兼程趕送到國家糧庫」。由以上中共自己的報導，可見中共財經極度支絀，故提前超額完成徵糧。而大陸各地農村之上中等糧食均被大量搜括，農民終年辛苦，自己吃不飽，眞可謂苦矣！

僑鄉近訊

鍾之奇

新豐江發電廠機器破壞

據廣州來客消息：中共新豐江發電廠發生重大破壞，廣州市的供電亦已成了問題。茲經中共廣州羊城晚報作了進一步的証實。

中共廣州羊城晚報最近刋登了一項「廣東省廣州市人民委員會關於新豐江升壓變壓器檢修期間調整負荷節約用電的通告」。羊城晚報說中共廣東省廣州市人民委員會對於這件事不再行文，所以這一通告便等於全部公文。這一通告被中共廣東省廣州市人民委員會編爲「會經字第五七九號」通告，它說：「新豐江升壓變壓器，因故不能繼續供電，故電業部門，決定進行搶修。搶修時間暫定爲三十天（以後如有更改，另行通知）。在此期間，廣州市電力供應暫時減少。爲了統籌兼顧，節約用電。除各主要用電單位已分配負荷外，現作如下規定，希各用電單位注意。

「一、除直接由廣州市調整負荷用電辦公室分配各工礦，企業單位負荷外，其它用電單位（包括中央、省、市的工礦企業），一律按所在地區調整負荷方案，執行重叠輪休。

「二、前經廣州供電公司審批同意星期日輪休，加班補點用電的工廠（包括三班工廠）在供電設備檢修期間，一律暫時停止，加班補點用電。

「三、除已專案分配電量的工廠外，廣州地區及郊區的原屬工廠的動力用電，每天由十八時至二十二時卅分（卽下午六時至十時半），一律不得動用動力」。

由中共廣州市人民委員會發出的該項通告又說「在限制用電期間，各局、公司、工廠，應組織安排在深夜時間多生產，以彌補壓電的損失」。

據廣州來客說：中共新豐江發電廠受到潛伏的反共志士的重大破壞，決非一個月所能修復云。

粵劇胡不歸白金龍等均被清算

本報前已報導粵劇演員及劇目現正在被廣泛清算。繼粵劇「白金龍」、「佳偶兵戎」及「苦鳳鶯憐」之後，現在又正在清算「胡不歸」等劇。

中共指責「胡不歸」一劇的罪名是「站在封建道德立場去寫人物」，並且「掩蓋激烈的階級鬥爭」，而「爲小市民服務」。羊城晚報更指出「胡不歸」這類戲的「封建思想恰如百足之蟲，死而不僵」，「不僅騙過了一些市民觀衆，連有些藝人和戲劇工作者也被蒙騙而不自知」。又說它「把風流與戀愛，和花酒看待得一樣」，是「資產階級戀愛觀點的典型」。

據粵共宣佈：此外尚有「盲公問米」、「扭紋柴」、「慈雲太子走國」、「背解紅羅」等粵劇將受清算云。

閩粵各交通要點遍設回鄉旅客監視站

農曆新春轉瞬又將屆臨了。中共爲故示寬大計，又特許港澳各地部份僑胞回鄉省親。但中共在表面上雖歡迎僑胞回鄉省親，實質上則惟恐回鄉僑胞窺見中共各種弱點，故中共除嚴令閩粵各地僑眷不得對回鄉親友洩露中共秘密外，又特由中共派駐閩粵兩省之公安部會同其中共中央情報局以及中共中央派駐各地之情報搜索站組成監視隊，分駐閩粵各交通要點，有些中共公安人員更化裝旅客，與回鄉旅客混在車船中，或同住旅店中，以監視和探詢回鄉旅客之情況及動向，並防範發生反共破壞行動。據粵共公安部透露：中共已在僑鄉設置天羅地網，故港澳回鄉探親者，務必提高警覺，不可亂說亂看，以免遭中共毒手云。

粵共又切戒共幹勿學精仔

去年，毛澤東曾親自倡導雷鋒運動。其目的端在鼓勵大陸共幹及人民都要學習雷鋒的「全不利己，純然利人」的精神。但大陸人民根本對此貌合神離，固不必說，卽一般共幹，事實上也根本不學雷鋒。爲此，廣州出版的南方日報曾出面告誡幹部「切勿學精仔」。它說「有些幹部竟認爲雷鋒只擠奶，不吃草，沒有物質生活享受是吃虧的」，並指責幹部「只會鑽營，善於投機取巧而已」。「他們參加革命，不是爲了實現社會主義和共產主義，只是想滿足私慾」云。

西貢政變探微

戴高樂的陰影

林世賢

西貢已成了政變的城市。在不夠九十天之內，發生了兩次的政變，這兩次政變連續地發生，已使西貢成為政變的城市。

繼續發生的政變，是有它的連續性的。也可以說，上次「十一、一」推翻吳廷琰政權的政變，在其後所組成的政府，基礎並沒有鞏固。因此，另一次的政變，乃接踵而來。新政變要把舊政變「革命」的目標予以貫徹。新政變份子，不滿於舊政變領袖的不能實踐三個月前革命的目標。而新政變份子原來也就是舊政變中的份子，僅只是當時並非由他們領導。

去年「十一、一」政變的發動，據說最關鍵的事件是軍方截獲陳麗春的密電，有關南越與北越「和談」及「中立越南」。因之「十一、一」政變所標榜的是加强勦共——反和談與反中立。

可是，「和談」和「中立」的陰影，仍然在南越晃搖！那是共黨的陰影，也是戴高樂的陰影。共黨企圖藉和談作政治攤瘓；戴高樂以標榜中立而獨樹一幟。可是它們却在西貢這城市「宿命性」地遭遇了，交織成西貢連續的政變。吳廷琰、廷儒兄弟屍骨未寒，現在另一次政變又爆發了！

當然，每一次政變都强調「民主」，但這項政治基本原則却似乎是附帶的；人們也並不予重視，因為如果民主就毋須乎政變，而這些談民主的又都是干政的軍人。

一次「鴻門宴」

阮慶與陳善謙之為軍人，正和楊文明與陳文敦之為軍人一樣。舊政變領袖之距離民主尚遠，也正與新政變領袖的方纔踏上所謂民主的初階一樣。他們都是美國這民主國家門檻上的門徒，必須有這麼一說的。假如美國的軍事領袖也和南越的軍事領袖一樣，那麼艾森豪用不着競選便可以驅逐杜魯門。或許杜魯門已在「韓戰擴大與否」的爭論中為麥克阿瑟回師所驅逐，不可能等到艾森豪膺選繼任。

據說阮慶與楊文明曾經有過一次類似「鴻門宴」——僅在政變前的十餘小時，舊軍委會會議中有過「中立抑否」的爭論，主張中立或認為中立有可能者人數較少，反中立派形勢較優。阮慶要求扣留委員三人，而楊文明予以拒絕。於是阮慶乃「自己執行」，並取代了楊文明的軍委會主席之位。舊軍委會乃改組為新軍委會。

阮慶所扣留的三人，便是陳文敦、黎文金、宗室訂，舊政變中的首腦人物。這三人已被解往茶叻軍區看管，那是阮慶第一軍區司令駐地所在，為防守「十七緯線」的前線。楊文明消息不明，可能在軟禁之中，有一說新政權也許還可以保留他一些名義的職位。總理阮玉書被革職，廢為庶民，但只是回家韜晦，沒有被捕。

阮慶「黃袍加身」

新政變比舊政變更富戲劇性，不但沒有流血，而且西貢街上市民照常活動！沒有那些迫宮、迫擊、勸降、墜逃、最後等刺激的鏡頭，也許是為時僅只九十日的楊文明政權，究竟不及久歷七年的吳廷琰政權那樣「有勁」？

這種過於輕鬆的戲劇性，現被歸功於阮慶的「深得人心」，理由是他竟能得到各軍區司令各師師長的同情（而按兵不動）！何況，阮慶還是在星期三晚才由茶叻飛抵西貢，而星期四便已發動政變，並且成功！

這些軍區司令和重要師長、特種部隊司令，都已被列名新軍委會。他們的不採取行動（按兵不動），當對政變有功。但採取正面行動的自是首功，那是陳善謙少將，第三軍區司令，他的部隊駐防西貢，執行了政變的主要任務。在過程中，阮慶好像有些「黃袍加身」的情況。

陳善謙取代了陳文敦的地位，他是政變中的關鍵人物，雖然其他軍區司令、師長的「同情」是不可少的。

這些普遍的同情來得「突然」——譬如說吳廷琰、廷儒因反佛教而鬧到天怒人怨，眾叛親離。同情便歸於楊文明這一邊。可是楊文明並沒有什麼重大的倒行逆施，同情為什麼會突然集中到阮慶的身上？

目前只能懸疑。但不是沒有跡象可尋。

「同情」的轉移

楊文明沒有能夠迅速穩定他的政權，問題人物是宗室訂、阮慶。他們是出身北部的將領，與楊等的南部集團，有些格格不入。

宗室訂曾被假想為「十一、一」政變可能發動下一次政變的人物，被免去軍區司令調任內政部長。但這次他同被拘捕，可能是因他向「南部」投降？

阮慶始終沒有投降，他於空軍政變時曾為吳廷琰剿亂，「救了吳氏一命」。「十一、一」迫宮時，吳氏曾以無線電向阮慶呼援，但他終於袖手，也許格於形勢，也許別有原因。從今天他獲「同情」來看，他當時的袖手是明智的。

三個月前的楊文明，剷除犯眾惡的暴君吳廷琰，代表救民義師，同情站在楊文明一邊，其勢不可犯。

三個月後的現在，楊文明弱點畢露，其勢有可乘。「同情」跑到阮慶這一邊來，阮慶就先發制人，把楊文明制服。

楊文明當然有他的弱點，可是以一度是「南越救星」——聲名藉甚的吳廷琰，七年而不能搞好南越，叫楊文明在九十天中，如何軍事政治，雙管齊下？成敗既可論英雄，公論又怎能談是非呢？

一種「隔離」措施

以致力剿共為首務的楊文明政權，一開始便為諸「從龍之士」所困惱。儘管帶兵已經「十三陞、到總兵」，但做官可是更寫意的事。「十一、一」革命元勛們即使不是爭權奪利，也未免過份耗費精神在人事的安排上。以致沒有機會發揮一次軍事政權的軍事勝利，不能一戰定天下。

森林中、城市邊沿間的越共，不但對軍事政權集中攻擊力充份警戒，並且先發制人在三角洲處處加强戰鬥，間中採用一些集中的陣地戰；但軍事政權始終不能夠爭回主動。局勢便迅速趨向惡化這一方面。從在西貢市沿的高樓外望，湄公河上有健美的南國女兒臨流嬉水，但更遠處縷縷白烟，便是軍隊與越共作戰的炮火！這樣的首都顯然並不安靜，這首都的元首當然也不能安定。

身為軍人而不能作戰、或作戰不能獲勝，是同袍軍人的恥辱。向人民許諾平亂而亂勢趨烈，難免失去人民的同情。當然還會失去其他方面的同情。楊文明政權不能履行剿共的任務，下台便是必然的。何況戴高樂式的「中立主義」，已經影響到高棉傾向中共，楊文明政權既被這種細菌所侵入，而又不能證明它本身有免疫性。不願意犯「中立病」的人們便對他採取隔離措施了。

西貢滿佈反法旗幟，新政權要對法絕交。這些政治外交手法，吳廷琰、施漢諾均優為之。問題的考驗，是阮慶政權能否打勝仗？證明政變有用。如不能夠，那就得看美國用什麼方法——麥納瑪拉說，美國要用「一切方法」，贏得南越的戰爭。（堤岸通訊）

尼泊爾將受中共進一步威脅

中共興築透過尼泊爾北部而橫過喜馬拉雅山麓的公路，將在一年至一年半的時間，便可以完成、通車；這條貫通亞洲兩大國——中共與印度——的現代公路，將打通一道曾經是無可突破的山岳屏障。於是此位於山區的中古小王國尼泊爾，勢將受到中共進一步的威脅。

中共興建這條新公路的費用，大部份是由中共對尼泊爾之四千二百四十萬美元援助計劃欵項下撥支的。這公路係通過喜馬拉雅山之最低走廊，使尼泊爾首都加德滿都與西藏首府拉薩互相貫通，其路程由加德滿都至邊境，需五小時，至拉薩則需時兩天，長一百零二公里，其自尼泊爾邊境通入西藏的交界地點是戈達里山隘（位於加德滿都東北），拔海六千英尺，跨過布可西河的一道大瀑布。現有的龐大人力，正在加緊進行開山爆石，和舖路的艱巨工作。據尼泊爾政府當局估計，中共已動員了幾乎整個步兵師的兵力，約一萬人，以從事完成由邊境到西藏商業中心古堤的最後兩英里路程。古堤是現時通到拉薩的新公路的終點。據中共工程師透露：由邊境通至古堤的一段，經過拔海一萬二千英尺的尼雅拉姆山隘。目前在尼泊爾境內，也有當地勞工六千五百人，由中共工程師六十七人監督，加緊工作。

這條公路的工程，分為六段，每段十七公里，在番加爾谷設置一工場，建造木橋，中共希望利用木橋為臨時交通工具，期於今年十月完成一段可用的公路，以俟最後公路於下年建成時，將有四座鋼鐵大橋代替臨時木橋，另有較小的橋樑卅六條，亦可竣工。加德滿都至戈達里的公路完成後，將不僅貫通拉薩，抑亦與最近完成的一條公路相連。——這公路是行經西藏，尼泊爾及印度邊境，透過西藏布拉馬普特拉河流域，位於喜馬拉雅山脉以北約五十英里。中共對這公路，當然是包藏有很大的野心。

從目前中共所表露的動向可以看得出：中共是有控制尼泊爾的意圖。中共現正從事興建五條軍事補給支線，溝通布拉馬普特拉的公路幹線，直達尼泊爾北部邊境。第一支線由達克拉卡（西藏）通至尼泊爾西部與印度交界的邊境；第二支綫貫通在洞室的中共駐軍防地與尼泊爾之麥斯唐地區；第三支線由另一個中共軍基地走朗莊通至尼泊爾之拉蘇亞加爾山隘；第四支線直達尼泊爾東部之華龍曾戈拉谷地，——中共特務已在這地區爭取了許多林布族人的支持；第五支線透過齊堪比谷地（位於錫金王國的北方附近），通至納圖拉。這些具有軍事作用的路線，顯然對尼泊爾有着重大的威脅性。可是，尼泊爾當局對此，却漠不關心，當國王馬罕德拉被詢及「中共對尼泊爾有何危險」時，他祇說：「我們不歡迎輸入共產主義」。

尼泊爾目前與中共的關係很是微妙，正如巴基斯坦之親近中共一樣，其主要原因是由於憎恨印度。印度是企圖繼續左右尼泊爾內政的，同時更由於印度駐在尼泊爾的官員態度傲慢，行為囂張，於是引起尼泊爾官民的不滿。尼泊爾既對印度不滿，且對印度有戒心，故轉而親近中共，企圖藉賴中共的聲威來遏止印度侵略的野心。湊巧印度與中共因邊境糾紛而一度發生戰爭，因而中共也樂於接受尼泊爾的「親善」，藉以加深印度方面的顧慮；微妙的關係，於焉形成。惟是中共決非「善男信女」，所以它除了利用尼泊爾來加深印度的顧慮之外，還對尼泊爾蘊藏着很大的陰謀。——這陰謀，就是把它的勢力擴張到尼泊爾的內部。為了達成這陰謀，除了政治侵略之外，更佈下了軍事侵略的優越經緯，那就是加緊闢建軍事性的公路，以備將來發動軍事進侵尼泊爾時，在最短促的時間中可獲達到目的。

毫無疑問，中共所建的新公路五條支線完成之日，就是尼泊爾受到中共進一步威脅之時。

中共的最後目的，是攫取尼泊爾；在目前的態勢看來，其意向是十分顯明的了！然而尼泊爾政府當局，直至今日，還好像懵懵然躺在夢中哩！

·文壯·

神話中的黃帝（一〇）

徐亮之

黃帝這樣犧牲女兒終身幸福所換得的勝戰，雖然還不能說是決定性的最後的勝戰；可是，過去曾經九戰九勝的蚩尤，突然遭遇這樣慘重的打擊與損失，客觀上却已走上了決定性的失敗之路了。要想挽回頹勢，非大大地補充戰力不可；而巨人夸父便在這要求之下成為蚩尤爭取的對象了。夸父不但是天生的大力士，而且是天生的飛毛腿。他為着要看太陽到底落向西方什麼地段，曾神經質地和太陽賽跑過；跑到河渭流域時，又曾因渴一口氣把黃河渭水吸乾還不夠，更想北吸貝加爾湖的水補充；不料還沒到達，畢竟因為渴得太過厲害，手杖一丟，化作綿亘幾千里的桃花林，便倒地而死。不過，蚩尤却確實知道他並沒有死，只是因為賽跑失敗，不顧見人，隱姓埋名在桃花林裏隱居着。所以，蚩尤出面一邀請，好強使氣的他，便馬上毅然決然，不顧世人恥笑，大搖大擺，跟着蚩尤下山（一五）。

蚩尤有了夸父，自然聲勢大振；但黃帝在休戰空隙中所作的種種準備，却尤其有着壓倒對方的聲勢。首先，他發明了銅錫合金法，利用昆吾山的赤銅和錫鑛鑄成了切玉如泥的青銅劍；比較蚩尤的黃銅兵器，不知道要犀利多少倍（一六）。其次，東海流波山上有一種名叫夔的怪獸，形狀像牛，渾身青色，沒有角，只一隻腳；從海裏出入都有風雨跟着；身放毫光；如日月，口發吼聲如雷霆。黃帝把牠捉來殺了，把皮剝下，蒙了一面大戰鼓。雷澤裏面住有龍頭人身的雷神，一拍自己的肚皮，便有隆隆的雷聲發出。黃帝也把他捉來殺了，拆下骨頭，做了一個大鼓槌。擂起這種戰鼓，周圍五百里全可聽見（一七）；聽見了全要為之驚心動魄。也可說是黃帝方面的新銳武器。而尤其重要的是黃帝在泰山休假的一幕；這時山上已是一連續了三天三晚的大霧，可能是蚩尤的霧陣的餘波也未可知；只要山上山下，雲霧不分；山中的景物，形同虛設；寶貴的假期，行將虛度；黃帝正自煩悶得了不的。忽然在這當兒，一個人面鳥身的女子神秘而含情脉脉地出現在他的面前，嚇得他急忙跪倒，連頭也不敢抬一抬。

「您大概不會嫌我唐突吧！」這神秘的女子大刺刺地發話：「我便是九天玄女。您心裏想有什麼要求，儘管對我說吧！」

「哦，哦！」原來是玄女仙子到了！」一聽說是九天玄女，黃帝倒反吃了定心丸了；單刀直入提要求了：「我便不再說客套話了。仙子定然知道，我的敵人太強大；我曾連吃九次敗仗，最近才算勉強勝利一回；但我女兒的幸福却因而犧牲了！所以，我不是從此怯戰，也不是要求別的，只是要求萬戰萬勝。」

「這要求並不過份。這不是很難的事，自然也不是很易的事；只看您的悟解如何。」

玄女說完，立刻把一部書遞給黃帝，便撥霧冲雲冉冉而去。原來却是一部兵法（一八），一種比夔皮鼓青銅劍更犀利的精神的武器，勝戰的天書。

黃帝得了這三種新武器新法寶，儘管蚩尤善飛（一九），夸父善走，便再也逃不出他的天羅地網，妙算神機的了。果然，兩軍一交，黃帝一一照兵法預定的步驟行事；戰場之上，鼓聲如雷，劍花如雪；地面是鬼神和獸軍凌厲無前的闖攻，天空是英勇的應龍矯捷無比的衝擊。弄到蚩尤方面，防得地面，防不得天空；顧了天空，顧不了地面；人人喪魂失魄，個個胆戰心寒；雨師風伯望塵乞命投降，魑魅魍魎聞風銷聲匿跡；不上半天功夫，便告全線崩潰。而應龍這次為要一洗過去吃癟的恥辱，不但大奮神威，把凶頑無比的巨人夸父當場殺死（二十）；而且大顯身手，把罪魁禍首的蚩尤生擒過來，上了腳鐐手拷，解赴中冀總部，驗明正身，明正典刑；以身首異處異葬的方式，使這一代梟雄的乖風戾氣永遠絕滅於人間（二一）。於是，這偉大的叛徒蚩尤肉體和精神都死定了；除了他的鮮血滲入地底變成了解州的鹽池（二二），尚能令人每飯不忘，感傷無已以外；除了每年十月，山東壽張縣闞鄉城他的頭塚裏面，照例要在人民祭祀時噴出一種絳帛似的所謂「蚩尤旂」的紅色氣體以外（二三）；但這也許不是什麼乖風戾氣，而只是他靈魂的苦悶的象徵，失敗的歎息的吧！而尤其奇怪的是，人間從前本來沒有楓樹；自從他死後，桎梏過他的手拷腳鐐，後來居然變做了這種充滿詩情畫意的樹種（二四），如血如火地每年點綴在魚龍寂寞的秋江之上，萬古無言地給他做着招魂祭；亦即無窮無盡地以其冷艷的癡情，淨化的血淚，去紀念這位失敗的英雄直到地老天荒！

不過，蚩尤固然不幸，而擒蚩尤、殺夸父，勞苦功高的應龍也同樣地不幸。牠大概也因為受了內傷或受了天譴，不能再上凶犂土邱，而只能在南方低溫的地帶飄流着；竟和另一勞苦功高的魃小姐陷於同樣的命運。只不過人民如果扮成牠的形相求雨時，牠却無不如願以償，毫無吝色（二五）；倒也深得民心，歲時祭祀，禮數稠疊，頗不寂寞；比起動輒得咎，到處碰壁的可憐的魃小姐、倒要算不幸中的大幸了！

友聲集（六〇）

歲晚夜坐

公遂

獨對明燈倚夜闌，窗痕風細雨聲殘。老之將至詩心覺，逝者如斯刧影寒。往日雲雷收海市，餘生珠玉惜儒冠。遙憐故嶺松楸冷，猶有當時淚未乾。

臘日偕遯翁蝶衣小飲用公遂韻

亦園

野外梅花報歲闌，當年綺夢漫拋殘。人經浩刼身猶在，地託炎荒氣不寒。遣興何妨敲臘鼓，居夷還喜見儒冠。東風漸起消塵慮，杯酒相從未許乾。

公遂兄將有台北之行再疊前韻以餞

遯翁

有夢還鄉夢已闌，醒來水賸更山殘。漫為哀郢作天問，且放吟懷共歲寒。粗糲百年甘素履，棲遲一紀尚南冠。遠遊故舊如相訊，憑告傷時淚已乾。

叔美兄今年當老而傳之慶三疊前韻以壽

前人

酌酒觴君酒未闌，行吟海角抱叢殘。鄉關路斷欣同客，松栢冬深慣耐寒。今日座中推國老，何時天下復儒冠。且為美意延年祝，要看蓬萊水屢乾。

唐詩偶釋（九四）

鄧中龍

早秋

·許渾·

遙夜汎清瑟，西風生翠蘿。殘螢栖玉露，早鴈拂金河。高樹曉還密，遠山晴更多。淮南一葉下，自覺洞庭波。

以清瑟引起早秋，以下句句切定「早」字意。非無清雅之氣，第局勢散漫，風格卑弱。前四句格調全同，五六句，下三字稍變，而「高樹」「遠山」亦與「殘螢」「早鴈」同格。杜牧「旅宿」詩，中四句同一格調，余已評之為「不足為訓」，則於此詩前四句所犯之弊，不擬論列矣。

詩以意高為尚，而高意每賴奇局。晚唐詩人，義山於此領悟極深，往往可以驚風雨。用晦牧之輩非不能悟。然才氣難以健筆，終不免流於板滯，而鮮空靈之致。詩不可過於踏實；纔一踏實，便乏神韻。古畫訣曰：「凡畫山水，意在筆先。丈山尺樹，寸馬分人。遠人無目，遠樹無枝，遠山無石，隱隱如眉；遠水無波，高與雲齊，此是訣也。」噫，知此悟彼，可以為詩矣。

殘螢句俯視，早雁句仰觀；高樹句近看，遠山句遙望。唐人律詩，率以高下大小遠近動靜分柱，此常法。淮南洞庭，皆唐人常用字，不必拘泥。許渾「送人南遊」詩：「山昏幽谷雨，木落洞庭波。」則乃實指洞庭波也。

此詩純係描寫早秋光景。或謂「西風比叛逆之臣，翠蘿比嬪妃之類，柔媚招風，以啟禍端。殘螢比忠憤之臣，偏失其權；早雁比吐蕃之賊，致入寇。高樹比近臣，遠山比遠臣，以近臣尚有報國之心，遠方豈無鎮守之士。洞庭波，言四境不平也。」穿鑿附會，令人噴飯，讀書誠大難矣！而詩騷之旨，尤易差錯，是以毛詩楚辭，妄解紛紜，而詩尤甚。漢唐諸儒說詩，必着意牽合，於詩人即景吟情處，妄加穿鑿，盡失作者營構之旨，至朱子始廓而明之，其得力處，乃在依文索義，少雜己意，就詩還詩，不事附會，然論關雎一詩，君子仍以屬文王，淑女猶繫之后妃，猶未脫前人窠臼焉。甚矣，論詩之難也。孟子曰：「故說詩者不以文害辭，不以辭害志，以意逆志，是為得之。」以意逆志，誠不易之論；顧志在古人，果何從而逆之乎？必也論其世，知其人，讀其書，而後可以逆其志。能逆其志，則其義自易明。余於諸家之詩，每喜於評論之餘，詳析其身世交遊者，殆以此也。善乎黃叔暘（昇）之序「詩人玉屑」曰：「詩之有評，猶醫之有方也。評不精，何益於詩；方不靈，何益於醫！然惟善醫者能審其方之靈，善詩者能識其評之精。」竊不自量，偶釋唐詩，亦惟就其智之所能及，盡其力之所能為。至謂善詩，則吾豈敢？

陳風子治印

陳風子，別號瘦翁，浙江杭州人，鑽研金石文字凡數十年，為西湖西泠印社前輩大家家法最深之浙派後人。本報今後將逐期刊載陳氏作品，以饗讀者。

放懷天地間

寒松閣主珍賞　靜竹齋主　靜竹齋

憶陳果夫先生(五五)

宇人

在桂系方面,他們逼迫蔣先生下野談和,似乎祇是希望能和中共劃江而治,然後再徐圖後計。白崇禧先生雖然在漢口說了一句名言——備戰謀和,但却沒有扼守長江的計劃和準備。至於和談失敗後如何繼續與中共作戰,他們顯然未作深謀遠慮。加以蔣先生引退時將海空軍基地移往台灣,中央銀行的黃金白銀及外匯儲備,亦隨之而去。負責保衛首都的京滬警備總司令湯恩伯,則將所部移防上海,南京在事實上已成了一個不設防的城市。這一切都顯出蔣先生有意讓共軍過江來佔領南京,藉以打垮李宗仁的代總統局面。李宗仁、白崇禧兩先生亦束手無策。因而我們這些希望蔣李協調,堅守長江的人,也就徒嘆奈何了。

且說,何應欽先生就任後,立法院即通過決議,擁護李代總統的和平措施,政府所派出的和談代表亦即飛往北平,與共方代表開始談判,在孫科先生辭職後,我曾向李宗仁先生建議:設立一個和談指導委員會,除五院院長爲當然委員外,並應包括孫科、張群、吳鐵城等先生,舉凡有關和談的問題,均先提交該會研討和決定,然後再付諸實施,以期協調黨內各方面的意見,而收到團結抗共的實效。我作此建議的主要目的,乃想藉此機構來溝通蔣李的關係,以免他們鷸蚌相爭,而使中共坐收漁人之利。李先生欣然接納。張治中於動身赴平之前一日,還親到溪口向蔣先生請示機宜,我也曾寄以很大的希望,以爲他當可獲得蔣先生的若干諒解。但爾後的事實,証明我全屬幻想。

和談代表到北平後,經過很草率的談判,共方即以送哀的美敦書的姿態,提出所謂國內和平協定八條二十四款,其內容無異於要政府作無條件的投降,政府斷然予以拒絕。但和談代表竟認爲可以接受,黃紹雄回南京請示時,還塡了一首詞,起首兩句即是「北國正花開,已是南國花落時」,十足顯出他此時雖然身爲政府的和談代表,但其靈魂已經完全倒向共產黨那一方面去了。後來政府南移,全部和談代表都在北平集體降敵,與李宗仁、白崇禧兩先生關係最深的黃紹雄和劉斐還替中共到香港活動甚力,實爲中外政治史上罕見的醜行。

何應欽先生向立法院報告政府已決定拒絕共方所提的「國內和平協定」;並宣佈政府即日遷往廣州,繼續與中共作戰,全體立委均熱烈鼓掌表示支持。更有許多人嚷着不必再詢問。我主張仍應提出詢問,因爲我還想作最後五分鐘的努力,準備在院會上重申必須堅守長江的主張,藉以加重政府當局的責任和決心;但大家此時已無心繼續開會,未被接受。

立法院秘書處隨即宣佈自即日起,在三天內將在京委員分別送往廣州,請大家即往登記,並將國民身份証交去,或乘江輪,或搭飛機,或坐火車,均可自擇。許多委員都說先登記,指定要在即日或次日內離京,我不願爭先,乃向秘書登記,願在最後一日離京。

二十一日晚,我往訪何應欽先生,探詢守江的情形。他說荻港方面已有一部共軍渡過長江,我問人數多少,他答約一千餘,並透露湯恩伯不聽命令,很難守江。我說,「難道我們對付千餘共軍的力量都沒有了嗎?」他表示已有命令下去,希望能調集尚可勉強調動的部隊,予以殲滅。我辭出何公館時已深夜二時,江北的砲聲愈來愈近。至此,我雖然對堅守長江不再存希望,但仍未想到南京竟會在旦夕之間,即告陷落。

第二天早餐時,我和妻說,「此次離開南京,又不知要何年何月才能回來,我們乘這兩天的時間,去各處遊遊,好嗎?」她表示同意。我即打電話向有汽車的朋友借用他們的汽車,準備先遊中山陵園及明陵。但打了幾個電話,都接不通,妻說,「何不向立法院要車」?我說,「院內車少人多,這兩天要車的委員更多,我又何必去和他們爭」。因爲借不着汽車,我和妻乃決定改遊玄武湖。我們先在湖內漫步一遍,才在一個餐館午餐。飯後又划船。由於遊人寥落可數,湖內的山光水色,顯得分外的寧靜,似乎蝴蝶飛舞也有聲可聞。我想到對日抗戰勝利後,和龐鏡塘同機飛經南京,轉往北平公幹的往事,我們在南京停留時,祇在在方飯店略事休息,大家都非常興奮,還在草地上照了一張相,但如今爲時僅三年有餘,又要重離南京,內心實有無限的感嘆。尤其是妻,在抗戰期間,我因工作關係,無暇顧家,她曾飽嘗逃難之苦。武漢撤退之前夕,她獨自帶着兒女在兵荒馬亂中由漢口搭船去重慶,經過宜昌時,還受到敵機的空襲,目覩鄰近船隻被轟炸的慘況。次年二月,她獨自帶着兒女到貴陽,又碰上最殘酷的二四大轟炸。後來敵軍侵入黔南,她也是在最危急的時候,獨自帶着兒女離開貴陽。抗戰勝利後,我家由偏僻的金沙還到重慶,又到北平,再轉來南京,都是她獨自帶着兒女。徐蚌會戰失利,南京作第一次的緊急疏散,因爲找不着交通工具,她也曾自動表示願意獨自帶着兒女暫留南京,勸我先走。後來局勢稍安,她又將兒女送到她的家鄉——湖南藍山,單獨轉回南京來陪伴我。因此,一提到逃難,她所感到的辛酸,自然是遠甚於我的,爲了避免引起彼此的傷感,我們都盡量談些比較輕鬆的話題,直到下午三時許,才興盡而歸。

諸葛亮到江東怎樣說服孫權?

三國人物故事評論之十五

劉裕署

江東之行是諸葛亮出山後,親自出馬辦外交的第一次,也是諸葛亮一生僅有的一次。諸葛亮生於公元一八一年,他作江東之行這一年,僅二十八歲。以這樣一位年輕的人初次出馬,原不容易得到對方重視,但他是劉備的使者,又素有臥龍之目,他的胞兄諸葛瑾又早在江東,魯肅由荊州回江東後又替他做過一些工作,所以他之此行,倒也受到江東上下人物之歡迎。三國演義寫他到江東後曾舌戰羣儒,場面寫得很熱鬧,却不是事實。三國演義喜歡用這種筆法來顯揚諸葛亮的才華,其實諸葛亮的才華並不在言辭論辨上,而更在政略戰略的見解與運用上。更在國家大計的謀劃上。不過,話說回來,諸葛亮到江東後舌戰羣儒的場面雖然沒有,但諸葛亮到江東後,曾經在個別人物的接觸上以及在部份人物的集體會談上,或者用正面的說法,或者用反面的說法,對江東的一部份人,尤其對張昭爲首的那一部份人進行說服工作,則是眞的。當時孫權左右原本分爲主戰主降兩派。主降的正是在江東負有重望以張昭爲首的一羣人。爲了打消曹操對江東的心理攻勢,爲了解除孫權左右的主降氣氛,從而達成諸葛亮所企求的孫劉聯合對曹作戰的理想,諸葛亮自有對這一羣人的錯誤觀念予以澄清說服的必要。因爲張昭等人那一種投降主張,與魯肅等人的主戰完全衡突,亦與諸葛亮的孫劉聯合主張完全對立的矛盾,故諸葛亮必需努力將這一對立的矛盾消除。蜀志諸葛亮傳全文並不太長,對於諸葛亮一生之大事皆只有扼要的敘述,但其中却記載着兩段說辭,要佔去其中很多字數。一段是記敘劉備三顧茅廬時,諸葛亮的隆中對策;一段則是抵江東後在柴桑對孫權的說辭。以如此寶貴之篇幅,不厭其詳的記述如此這般的兩段說辭,這倒並非三國志作者陳壽本人特別愛好辭辯,而是這兩段說辭俱極重要極精彩。而前者在表明諸葛亮對天下大勢之分析與政略戰略的策劃,後者則在說明諸葛亮在江東的傑出活動。

照三國演義的說法,魯肅本主張亮從正面去說孫權,但諸葛亮採用了反激的說法。三國演義說這是因爲諸葛亮善相,他看見孫權方面大耳,只可用反激,實則諸葛亮採用反激說法固有其它理由。當時孫權年事尚輕,與諸葛亮年相若也。少年人血氣方剛,且自尊心強,用反激自比從正面去說更好。諸葛亮當時曾對孫權說:「海內大亂,將軍起兵,據有江東,劉豫州亦收衆漢南,與曹操竝爭天下。今操芟夷大難,略已平矣!遂破荊州,威震四海。英雄無所用武,故豫州遁逃至此,將軍量力而處之;若能以吳越之衆與中國抗衡,不如早與之絕;若不能當,何不案兵束甲,北面而事之?今將軍外託服從之名,而內懷猶豫之計,事急而不斷,禍至無日矣」!這是諸葛亮說孫權的第一段話,這一段話是諸葛亮平情衡理,設身處地,替孫權設想,且指出孫權目前處境的一段話,詞簡意賅,深中肯要。既無高調,亦非空談,既無意氣,亦無詭辨,故極能打動孫權之心,吾人讀歷史,固屢見蘇秦張儀之徒遑其雄辨,於是以爲天下事只在唇舌之間。殊不知作說客亦不是一件單簡的事,若非先有平情衡理的客觀分析,纔有言之有物的精確見解,其根本則尤在替對方設想,否則,天下大事,又豈是游辭詭辨巧言令色所能影響的,更何說服之可言。惟諸葛亮之所言係針針見血之談,乃能打動孫權之心,故孫權隨即向諸葛亮反問道:「誠如君言,劉豫州何不遂事之乎」?至此、諸葛亮向孫權用反激,因孫權之這一反問,遂有如箭在弦之勢,諸葛亮之言乃應聲續曰:「田橫齊之壯士耳、猶守義不辱,況劉豫州王室之胄,英才蓋世,衆士仰慕、若水之歸海,若事之不濟,此乃天也,安能復爲之下乎」!?這眞是一段極貼切的反激,寥寥四十九個字,有如百步穿楊箭一般,箭箭射在孫權心上。「權勃然曰:吾不能舉全吳之地,十萬之衆,受制於人,吾計決矣!非劉豫州莫可以當曹操者,然豫州新敗之後,安能抗此難乎」?僅在此一對一答之間,孫權內心的情緒已被諸葛亮把他激動了。但天下大事,畢竟不是情緒激動就可了事的,且孫權畢竟也不是平凡人,所以在情緒激動後,仍有充分理智來反問諸葛亮,問劉備又有什麼力量來抵抗曹操呢?這一問題原本是孫權在柴桑擁兵觀望過程中存在於內心的一大問題。如果這一問題不解決,則孫權的情緒縱然被一度激動,但終究仍會平靜下去的。因爲國家大事終須以理智來作利害上的衡量、若諸葛亮對此問題不能有進一步的解答與設計,則孫權的情緒雖會有波動,孫劉聯合陣綫的結成將仍渺茫。在這種情況下,諸葛亮遂亦將問題歸到純理智的判斷上,而將敵情(曹操方面)、友軍、我軍三方面的情況,對孫權作了一個綜合性的判斷。他說:「豫州軍雖敗於長阪,今戰士還者,及關羽水軍,精甲萬人,劉琦合江夏戰士,亦不下萬人。曹操之衆,遠來疲弊,聞追豫州輕騎,一日一夜行三百餘里,此所謂強弩之末,勢不能穿魯縞者也。故兵法忌之曰:必蹶上將軍。且北方之人,不習水戰,又荊州之民附操者,偪兵勢耳!非心服也。今將軍誠能命猛將,統兵數萬,與豫州協規同力,破操軍必矣。操軍破,必北還,如此,則荊吳之勢強,而鼎足之形成矣!成敗之機,在於今日」。

諸葛亮上述談話眞是珠玉奪目,好極了。當時,曹操的外形極龐大,人們往往缺乏慧眼去看破其中弱點,故在敵人這種龐大形勢的震駭下,許多人都變成了失敗主義者,認爲自己方面已無力與對方爭勝,此所以曹操南征後,原本支持諸葛亮最力的徐庶石廣元都藉詞投操,此所以張昭等人都出而主降,但眞有超越智慧的人,是能以他的慧眼來看破敵人的弱點和敵人的可敗之道的。孫權對此原本遲疑,但經諸葛亮這一冷靜而確切的分析,孫權的信心便突然提高了,作戰的決心便立刻堅定了,孫權內心而且迅速的充滿了喜悅。故蜀志諸葛亮傳對此大書特書曰:「權大悅,即遣周瑜、程普、魯肅等水軍三萬,隨亮詣先主,並力拒曹公」。

至此,可以說:諸葛亮已經完全達到了他江東之行的一切目的,而赤壁之戰也就跟即展開。

本刊已經香港政府登記

聯合評論

每逢星期五出版

週刊

United Voice Weekly

第二八二號

督印人：黃宇人　總編輯：左舜生

社址九龍通菜街一百三十八號南亞書局 849126

承印者：中華印刷有限公司香港灣仔馬師道5號

總代理：友聯發行公司　每份港幣一毫

本報美國總經售處：紐約中美出版社

CHINESE - AMERICAN PRESS, INC
199 CANAL STREET.,
NEW YORK13 N. Y. U.S.A.

美洲　空郵版每份美金一角

美國對共的守勢政策必然要失敗到底

李璜

十二年前，美國杜魯門政府毅然介入韓戰，以攻勢政策對付共黨，當時自由世界翕然向風，民主國家一致景從；大家對於侵略與反侵略，正義與非正義，是非黑白，分辨得甚為清楚；而且美國挾着原子武器的絕對優勢，聯合國尚未衰墮的國際聲光，本可以一戰而勝，奠立了世界的永久和平的。

可惜！白白犧牲了美國十萬青年的傷亡，而杜魯門在韓戰勝利之頃，竟自陣前撤帥，甘於退守三八線；以至於今，南北韓的這一前線，還是要勞及美軍困守，終於無法解決問題！而且自韓戰採取守勢以後，美國歷任總統，無論民主黨與共和黨，都拘守於這一對共的守勢政策。十年以來，防阻得來東西遠戍；對共黨的不斷攻勢，處處要防，着着可慮，完全居於被動，美國的陸海空三軍幾於疲於奔命，這一明白的形勢，已足見守勢政策不但居於下風，而且勢不可久！

最可惜者，自從居於自由世界領導地位的美國對共黨採取守勢政策以來，而要其他同盟國也隨之採取守勢，不是禁止別人動用武力以攻共黨，便是禁止別人與共黨國家通商。於是一九五六年十月，英法對納薩傾共搗亂而用兵，美國竟不惜橫加干涉，強追英法停火，這一來，就開始傷了追隨者的英法的心了！自由中國承美國十年來還據的幫忙，而我們要反攻復國的中國人，無論朝野，總對美國都有點不滿意，其原因也不外此！

美國既不願在戰爭上贏得和平，而又不願別國與共黨徹底通商；自己禁運，而又強迫別人禁運；以美國人民之富，資源之充，固可以關門自足，而別國則不能隨着美國老是如此勒緊肚皮，拖起下去！故自古巴事變後，共黨竟在美國後門上放起火來，美政府且不能劍及履及，以攻勢立刻解決自身的危險，而仍舊採取守勢，則英、法、日本等國皆看清楚了美國這種守勢的拖法，已經成為無法改變，因是英、法、日本等國都不能不進一步各打自己生活的主意，而更向中俄共大開其後門了！（其實美國也已向俄共開了後門，出賣餘糧！）

昨今兩日，我看見兩段要聞：一是日本議會開會，一議員們高喊「自主外交」，不願意再事追隨美國，並且明白說出，美國的對遠東的作法是注定失敗的。一是英美會商，英國與古巴禁運一點，與美未能妥協。甚至今日（十九）港報載十八日華盛頓美聯社電，因此美國於星二宣佈停止給與英國、法國及南斯拉夫的軍事援助，因為此等國家並未採取步驟，以阻止其船隻與飛機從事對古巴的貿易。

以第一條日本議會的呼聲而論，固然發言的議員是左派，然而其言有曰：「最近美國在亞洲的政策着着失敗。對亞洲方面，美國政策是盲目的，欠缺的，多弱點的；那麼，所謂日美的夥伴精神，就是不高明的。」在筆者本人細味其言，也覺得在事實上，不是無證據可尋，並非無的放矢：如美國縱容印尼的蘇加諾去取得新幾內亞，不惜使荷蘭傷心，而且使印尼的共黨勢焰日益囂張，以有今日印馬的衝突，卒致北婆羅洲三邦騷然不寧。又如美國公然贊成寮國與高棉中立，使美國自身既喪失其立場，而又使戴高樂的東南亞中立主義藉之得以振振有辭，更形加重遠東的糾紛，而且使美國在南越從事勞民傷財，反而失掉了向自由世界圓滿解釋其行動的一貫意義。

至於對古巴的禁運，如此其認為嚴重，甚至與英、法等國不惜反臉，然而又何以解釋竟讓英、法、日本等國一律向中共大做其生意呢？古巴的共黨纔算是美國的仇敵，然而中國的共黨竟是美國的朋友嗎？最令人不解的是：當其中共高喊大叫不已，反對俄共與美合作，而自稱馬烈主義的正統派，一再宣稱要消滅美國帝國主義者時，而美國主管遠東事務的助理國務卿希斯曼忽然於去年十二月十三日發表演講，說「中共實會改變」；莫明其妙的發表對中共實施門戶開放政策，認為「我們決心保持門戶開放，等待可能的轉變，絕不關閉門戶」……。這一來，實在是為法國戴高樂承認中共開路。故美國官方既表示對中共開放，實無理由去反對法國承認中共；而且希斯曼既主張「促成中國大陸的改變」，則戴高樂頗有理由的向美國人說，「讓我來促使中共改變罷」！因此，我們自由中國的朝野可以反對法國承認中共，令戴高樂有點愧對中國人的慚色；而美國政府的這種向中共誘和，而乃反對法國實行講和，實足使戴氏齒冷而已！

美國至今似尚未放棄其領導自由世界之企圖，故對自由世界這一面，無論那裏出亂子，美國政府還在到處插手，如近日美國羅拔甘廼迪之奔走馬、菲、印尼之爭端，美國地中海艦隊之防止希土進一步的衝突；以及對南越防共戰事，美國務卿一再宣稱美國絕對不放棄其責任，而反對法國的中立化政策實現於越南。然而這類言行愈來愈令人感到缺乏力量了！何以故？美國對共的守勢政策，做到今天，業已形見勢絀，所言所行，只有自己起勁，而引不起其同盟國家的共鳴了！不能自立，而只得依附美國的同盟國家，正隨時對美國這種搖擺不定的守勢政策，提心吊胆，防被出賣；而已能自立，不用再依附美國的同盟國家，很明瞭在對美國或明或暗的各行其是，甚至有意搗亂。

以領導自由世界而言，美國對共的守勢政策已做到了盡頭，並且是失敗的盡頭。如果再不依據明明白白的事實經過，自行檢討其矛盾不成其為政策之處，而長此搖擺不定，則勢必失敗到底的！

五三、二、一九

美國必炸河內

許子由

一、山窮水盡疑無路

美國考慮「把戰爭伸展到北越」，是華府當前所面臨的重大決定；也將是亞洲局勢的轉捩。美國這一將會實行的舉措，對於亞洲自由人民來說，與其凛於戰爭擴大而恐慌，毋寧瞻望局勢澄清而鼓舞。

筆者在討論東南亞問題時，一涉及南越局勢，就強調美國應該「炸河內」，把戰爭帶到北越。像上述的主張，在本刊提出者便達三、四次之多。這決不是「坐山觀虎鬥」，那種幸災樂禍的心理；也不是基於流亡份子的立場，希望別人「火中取栗」。而是認為事有必至，理有固然。美國若不炸河內，就不能「結束越南戰爭」，除非自南越撤退。

越共黨游擊隊的不能夠以美國特種戰爭（反游擊、或防堵戰）去加以消滅，理由很明顯，就是因為有中共北越的背景，和越棉寮的共黨游擊走廊可源源供應將士及軍火。它形勢不同於馬來亞剿共，馬來式戰略村收效不大。從在「防堵」來說，破壞交通和爆炸戲院，是師承中共八路軍在華北「扒路」，及越共在河內海防道上埋地雷對付法軍的方法，防不勝防。除非讓共黨也受到相對的破壞與困擾，否則決無法終止這些破壞滲透。我們看過國軍在華北、及法軍在奠邊府的失敗，所以能比美國人早幾個月提出炸河內的主張。美國在應付東南亞事務上往往非得到過且過，且因此接受了綏撫政策，已產生惡果力，現實已到山窮的境地，決不肯拿出力量來幹一幹。換句話說，美國不能曲突徙薪，寧願焦頭爛額。

二、十年舊事話滄桑

誤認中共為「農村改革者」的結果，美國打了一場韓戰。假如美國不自大陸撤兵，把打韓戰的力量就在青島打的話，不會有今天抨擊法國承認中共的事吧？就說越戰本身奠邊府之役，美國母艦曾自非駛西貢準備參戰援救，為英首相艾登所阻而簽了日內瓦越南協定。如果美國當年援法，扶植越南獨立，至少整個越南就是自由的世界。現在南越糜爛之局，就是日內瓦協定綏撫的惡果，事隔不到十年。寮國高棉的綏撫發生不良副作用，更不在話下。

英國該知道綏撫的效用和惡果了，但「蘇格蘭人報」仍說：轟炸河內為瘋狂之舉，除非南越支持美國澄清前途，否則美國可能認為「中立化」乃一代替方法云。

即使退一百步認「中立化」為「方法」，它的有效性和有效時間性如何呢？寮國中立便是一個活生生的答覆！戴高樂的主張，不是因為不能強制（或影響）中共履行，而被認為無價值嗎？請問：誰給中立以保證？還不是要使用以美國為骨幹的聯合國軍力嗎？

中共北越，均在越南及寮國協定簽字。但它們並不固守十七線；也不維持三頭馬車的政府。這正如杜魯門所說：與共黨簽條約，「不及所用紙張之價值」。共黨並非紳士，它只認識形勢和力量。當前形勢，是日內瓦協定已受破壞，便不能想予維持，更無謂另簽新約。說到力量，你以力量來，我便以力量往；來而不往非禮也。這不是「瘋狂」或「戰爭販子」的問題，乃是Fair而已。不但理有固然，也是事所必至。

三、此中有人呼欲出

如將南越中立，正如希斯曼所說：「送孩子入虎籠」，而且「可能威脅：泰國、高棉、馬來西亞、及緬甸」。這就是說，若南越奉送，等於奉送東南亞。這東南亞裏面，就有英國將不惜為之一戰的馬來西亞在內！

事實上，美國在越南政策之能否堅定，與印尼的是否發動戰爭，是有直接影響的。美國若在越南有較大的軍事行動，必然同時防止共黨從海上增援，那便杜絕了蘇加諾必要時要求共軍增援的幻想。（蘇加諾大概也不敢與北平河內簽訂軍事同盟！）而所謂「堅定」，便是前進，因為美國當前在南越已不可守，非退即進。

詹森總統聲明反對中立越南，貫徹戰爭勝利。這不能是空談，是有其背景，且需有事實表現的。

從背景說：打擊法國的中立主張，對英法表示美國獨行其是——有如英法對古巴貿易的獨行其是，直接保障泰、馬，及使印尼高棉緬甸勿更左傾。間接影響日本延緩考慮承認中共，對北越一擊，效果甚大。

美國將要大選，南越將為抨擊焦點。（洛基菲勒密電洛奇「應負部份責任」，與共和黨競選有關。）若無刷新，不能交卷。所以詹森聲明反對中立貫徹勝利的外表，必然有實際行動的內容相配合。國務院發言人在成立南越委員會時解釋詹氏南越受「外力」干預，「暫予假定是北越，不知是否適用於中共」。這種要「唯北越是問」的態度，已是呼之欲出。

美國，非炸河內不可了。（二月廿五日）

西德僑情

（西德通訊）

遊子

德國在第二次大戰時，據估計（無正式統計）原有華僑及留學生約九百至一千人，大戰剛畢後，回國者甚多，留下華僑四百餘，留學生四十餘，散佈東西德各地，而以柏林，漢堡居多。華僑中除柏林有「華僑工商會」，漢堡有「中華公所」組織外，並無全德性之華僑會社組織。留學生則有全德性之「留德同學會」。連戰後新去之少數留學生，共五十餘人。之後國內政局變化，中共在東柏林設大使館，留學生中有六七人靠攏，以為中共使館必予重用，乃利用同學會做靠攏活動，出一小型刊物，擁護中共，謾罵國民黨。但之後彼輩並未被重用，乃停止活動，然同學會卻因而解體，此時東西德亦分裂，東西德華人聯絡日少，目下東德情形，不得而知，故本文之所敍述，僅西德僑情而已。

國內政局變後，若干戰後原已攜德籍妻子返國華僑，又復偕妻子兒女返回西德，加上其他方式赴德華人，至今西德華僑約有一千，留學生（僅指在學者）百餘。

華僑職業，與歐、美各地同，以飯館業為最多，目下西德全境，共有中國餐館一百三十餘家，規模多係中等，因西德近年經濟繁榮，故營業均甚佳，致小富者頗不乏其人。其次則為海員，多在漢堡，包辦德國數大輪船公洗衣事務。過去曾有不少華人洗衣館，由于近年來西德經濟繁榮，業洗衣者有所積蓄，甚多已轉業餐館，故目下除漢堡有數家中國洗衣館外，其他各城，則未見之。第三則為裁縫業，此乃戰後一種新的生意經，蓋戰後美駐軍西德，業此者住于美國駐軍區，為美國兵量身，將尺寸寄香港定製，製就空郵寄德。此業多係從香港赴德之浙江、寧波同鄉。第四則為小販業，此業多半為浙江、青田同鄉，散佈西德各城，推銷中國、日本工藝品。近年因西德經濟繁榮，有積蓄者，亦多轉業餐館及門市，致此業所剩並不多。第五則為國際貿易商，僅六七家而已，多在漢堡，但規模並不大。一般而言，西德華僑雖無大富，但一般水準生活，均能維持，所謂「小康」則不少。此外，西德尚有不少印尼籍之華人，多營國際貿易，因其在印尼多有聯號，生意均甚佳。

因西德華僑人數不多，又散處各城，故無法創辦中國學校，華僑德籍妻子所生兒女，均不通中國語言。去年漢堡華僑，乃商得漢堡一所學校，借用教室一間，招收中國學童，每週教授中文數次，其經費則由各華僑認捐。現漢堡華僑，正倡議捐款購房屋一棟，一面作為華僑會所，一面用以教授華僑子弟中文，以漢堡華僑目下經濟情形，若能同心協力，主持得人，此事之成，必無問題。

二次大戰後，我國在柏林原駐有軍事代表團，在北德之漢堡及南德之斯圖加特，各有領事館一所。因當時德國受盟軍分區管制，故領事館管區，亦依佔領區而定，即駐漢堡者，辦理英國佔領區僑務；駐斯圖加特者，辦理美、法佔領區僑務。軍事代表團屬下，則有領事事務組，由外交部派員担任職務，辦理柏林及俄國佔領區僑務。後因國內政局變化，政府短于經費，遂在一九五〇年前後，軍事代表團及領事館，均先後自動結束，于是華僑數百及新舊留學生數十人，均成為無保護者之外國人，護照延期，須寄往巴黎我國駐法大使館辦理，因該館不明東西德可通往來之情形，對曾往東德而其護照蓋有東德警察印戳者，即予留難，追究，因此若干華僑放棄中國護照，而領取德國之「外國護照」（德國發給無國籍者之護照）。此種情形，遭受華僑痛恨，造成政府與華僑間隔膜，殊為憾事。現法國已承認中共，若國府一旦與法國絕交，則西德華僑護照，又須轉寄駐他國（大約駐比利時）使領館辦理延期，一年一次，頗感麻煩。若在中德建立邦交以前，政府能委托友邦（例如韓國）駐德使領館照料僑務，則于華僑便利多多矣。

十年前德國戰後貧困，在德華人生活，均甚艱苦，加上國內政局混亂，有家歸未得，寄人籬下，保護無人，有如喪家之犬，悽慘萬分，盼望國內安定心切，見面均以「有無國內消息」相詢。每談國事，則均搖頭嘆息，痛國內之不安，歸鄉之無期。今絕大多數華僑之生活問題，均較解決，無人保護之狀態，亦已漸成習慣，故目下西德華僑，均能發奮自為，不復如十年前遭受物質及精神之雙重壓迫矣。雖然如此，但絕大多數，仍懷歸國之心，故取得德國國籍甚少，不如美國部份華人，竟無恥的取得該國國籍而自豪。

中德目下雖無邦交，但華僑與德人相處甚睦。德人在希特勒統治時代，雖有民族優越感，今則已不復存在，即當年納粹黨徒，今日對黃色人種，亦無鄙視心理。反之，一般德人對中國社會情形，均甚感興趣，企求瞭解，對華人亦甚友善，喜交中國朋友。惟目下西德政府，礙于國際政治環境，未便建立中德邦交，兩民族間所存友誼，未能以官方途逕，增進、加深，是為美中不足耳。但中華民國政府仍應對西德政府多多努力聯繫，以促進邦交才是。這不僅是留德華僑的利益問題，實乃我國外交上的大問題也。

代郵：

西德遊子先生：尊稿「西德僑情」一稿已於本期本刊刊出，承賜稿，至感！尊著甚佳，本刊仍盼先生繼續惠稿，並請賜示尊處地址，以便聯絡！

聯合評論編輯部啓

日本政府應即重訂其對中共政策

中共在亞洲的地位與聲光愈龐大，就顯得日本在亞洲的地位與聲光愈沒落。

劉裕畧

無論為日本本國利益計，無論為日本在亞洲的形勢計，也無論為整個自由世界的大勢計，客觀而確切的說，現在確實已是日本政府應該切實省察它的對中共政策，迅即修改它對中共政策的緊要時刻了。

我們知道：今日世界的任何一個國家，它都是在為自己的國家謀利益，而決不會不顧自己國家的利益，去為別的國家謀利益的，因為，任何一個國家任何一個政府的政策，是應該而且也必然是以它本國的利益為中心來製訂的。正因為如此，所以，我認為如果我在這裏所說的話，只是站中華民族的立場，專為中華民國打算，以致希望日本如何如何，認為日本應該如何如何，我相信對日本政府來說，這將都是廢話。

不過，話說回來，假如這裏所說一切都是替日本的利益設想呢，我想日本政府就應該注意和切實研究了。而我現在所要說的，正是從日本國家利益來着眼的。

第一，我認為法國之承認中共，對日本確實是一個大教訓。當法國於本年一月廿七日正式宣佈承認中共政權時，日本國內的親中共分子曾企圖促成日本亦步法國後塵而承認中共，海外也有很多人以為日本政府將會以此藉口即轉而承認中共，其實，這完全是笑話。除非日本政府完全無知，除非日本政府真的意氣用事，除非日本政府糊塗得毫無理智，日本政府是將不會立即承認中共的。這道理很簡單，因為法國突然承認中共，對日本不但絕無好處，相反，只恰好給日本帶來了極大的威脅而已。換言之，法國承認中共的事，只恰好提高！中共在整個世界尤其在亞洲的地位，而日本在亞洲原本有其突出地位的。一山難藏二虎，中共政權在亞洲的聲光與地位愈高，那就反映着日本在亞洲的突出地位的消失。當日本在亞洲的突出地位愈愈消失時，日本在國際間的一般地位和一般利益也就勢必受到打擊和影响了。因為，日本人尤其日本政府應該知道，你，你們的政策是現實的，你們的政策是只為你們自己的本國家利益着想的，別人又何嘗不如此呢？難道別人還會不顧他們自己本國的利益來為日本着想嗎？所以，在亞洲的基本形勢上，既然一山難藏二虎，中共愈龐大，就顯得日本愈沒落，因此，任何提高中共地位與聲光的措施，都不但對日本無益，而實有害。正因為如此，也正因為日本政府對此也已有一點感覺，所以，日本政府這一次看到法國承認中共時，不但沒有追隨法國，而且還立即聲明，除非中共入了聯合國，日本始予承認。這是為什麼呢？這就因為中共愈龐大，地位愈高，就將反襯日本越來越渺小。假如中共真的入了聯合國，又甚至代替中華民國而任安理會常理理事的話，任何人都可看出，日本是將會大吃苦頭的。所以，日本今天沒有跟隨法國承認中共，幷非表示日本政府有何愛於中華民國，而只是為日本本國的利害打算罷了。假如不是如此，我相信任何呼籲都不能阻止日本承認中共，日本可能早已承認中共了。

但是，正因為中共的形勢愈龐大，中共的地位與聲光愈高，對日本就愈不利，已從法國承認中共的事而大大顯示出來，所以，為日本國家利益，日本就更從法國這一次突然承中共對日本帶來的不利，切實吸取教訓，從頭反省，澈底修改日本對中共的政策，製訂出一種絕不許中共提高其地位與聲光的政策，製訂出一種絕不讓中共得利的政策，那是上策。而目前日本對中共的政策，是消極的成份太多，積極的成份太少，資共助共的形式太多，反共擊共的事實太少。而這就不但助長了日本內部的親共勢力，從而且在事實上變成一種自掘墳墓的做法，一天一天的助長日本國內的親共勢力，到頭來就必然大大的有利於中共，以致最後埋葬自己，而且，日本現行政策是一點也未能打擊中共抑制中共對自己的威脅的。

第二，另一最顯著的事實，是法國幷不與日本協商解決東南亞問題，法國只與中共暗中協商謀使東南亞中立化，這說明日本已失去它在亞洲的首要地位，這表明法國根本不尊重日本，根本看不起日本，否則為什麼不與日本來協商如何解決東南亞的問題呢？

何況，法國與中共的密謀如果實現，則將來東南亞表面上雖是中立，但法國也僅僅在形式上回到亞洲而已，真正掌握東南亞中立鎖匙的決非法國，更非日本，而是中共。屆時，東南亞表面上雖屬中立，實則將是中共第五縱隊的天下；何況，日本工業生產力龐大，農業生產力因地方太小而不足，東南亞乃日本工業之主要市場，若無此等市場，日本的龐大工業生產力實有窒息之虞，所以，愈把中共的地位提高，則形勢與事實都很顯然，不但對日本的政治前途不利，而且對日本的經濟前途亦極不利，而中共與日本又不但在政治上有着嚴重的衝突，而且也在經濟上有着極重要的競爭的。所以，法國這一次承認中共，對日本確實是一個大教訓，如日本不立即吸取這一教訓，則日本必將沒落下去。

美國政府與越南政局

楊永乾

元月二十九日，越南又發生了一次政變，這是未及三月來的第二次政變。這次政變的發動者，是越南一批青年軍官，他們用三月前同樣的方法，很輕而易舉的推翻了陳文明將軍前所主持的軍政府，成立了另一新的軍政府，這一新政府雖在名義上仍由楊文明將軍領導，但發動政變的阮慶將軍則握實權。

新軍政府加於舊軍政府的罪名，是違背反共諾言，及有中立越南的企圖，新軍政府的負責人，並對外保証肅清共黨，並反對中立越南。就已知的消息，在這次政變過程中，未發一彈，未傷亡一人，僅逮捕前軍政府內四位要員，其他一切安靜如常，人民亦無何反應，此外，美駐越南大使洛奇發表聲明，說這次政變與美國政府無關，僅於事變前獲得通知。

從上述簡略的消息中，雖不足以瞭解這次越南軍人策動政變的全部眞象，然就人民反應的冷淡情形，可以推測出，不外乎軍人間的意見及權利之爭。就這次政變的責任言，美國政府官員，縱未直接涉及，然在間接方面亦難推脫關係，因為大家都知道美國政府是上次越南政變的實際策劃者。所以，當這次越南政變發生後，美國輿論對之特別重視。

一月三十一日，紐約時報的社論，把這次越南政變的發生，歸之於舊軍政府負責人的無能，數月來無論在軍事與政治各方面，皆大失人望，故輕易的即為人所推倒。該社論並認為越南這次政變，係美國人的一種恥辱，因舊軍政府為美國一手所扶植者。紐約論壇報的社論中，更老老實實將越南這次政變的責任，推在美國政府身上。該報指出，越南局勢之愈變愈壞，皆起因於軍人干政，用軍人推翻了吳廷琰的政府，以致造成軍人間的權利之爭，搶奪政權，招來兵變不已，這完全是美國政府的措置失當。

在去年十一月初，陳文明將軍發動政變，逮捕吳廷琰兄弟，且將之殺害，取得政權之後，立即釋放政治犯，當時大家既痛恨於吳氏兄弟政權的殘暴，又感於軍政府成立之初，保証反共與民主政治，越南人民莫不歡欣歌舞，國際間輿論，對軍政府亦寄以殷切期望，美國政府官員，亦認為是他們的得意傑作，以為從此之後，越南政局可以全部改觀，反共的戰事，亦可以在他們的協助之下順利的進行。美國軍事當局甚至宜佈，於一九六五年自越南撤兵的計劃。當時大家對越南政局的前途，一致表示樂觀的看法。

當大家對越南上次政變，都寄以很高度希望的時候，我曾對越南前途，作過以下的各種推斷：

一、軍政府在陳文明將軍的領導下，依據其政變時的諾言，在人民的支持，及美國的援助下，彼此協力合作，致力於內部共黨游擊隊之肅清工作，然後實行普選，還政於人民，使越南成為一個名副其實的民主國家。

二、軍政府於肅清內部游擊隊之後，地位已趨於穩固，不顧其當初對人民及美國政府的諾言，斷然實行軍人專政，像南韓一樣，成為一個軍事獨裁的國家。

三、軍政府並未獲得全體軍人一致支持，處處表現脆弱無力，在美國政府大力支持之下，才能夠勉強存在。

四、吳氏兄弟的親信，或其他有野心的軍人，看到用兵變不崇朝即可以奪得政權，美國人又一樣予以援助，都會去尋找機會，製造口實，以發動另一次兵變，如此，越南政局陷於軍人們的循環政變之中。

在上述四個推斷中，我對於第一個假設，寄以很大希望，因為我認為只有如此，才可以挽救越南，才可以使那次的兵變，不辜負了外內的期望。由於當時美國輿論，對軍政府大加渲染，說軍政府如何獲得人民及軍人的支持，在那種空氣之下，實在說，我內心眞担心着越南將來也會像南韓一樣，出現個「強人政治」。走向軍人專政的老路，給越南帶來一個以暴易暴的政治局面，到那時候，就夠美國政府難堪了。誰也不曾料到，為時未及三月，又發生一次兵變，竟是我四個推測中的最壞一個，眞不知美國政府作何感想了。

說句實在話，當上次越南政變發生之後，大家對之正寄以莫大希望的時候，我却不以為然，我的所以不以為然，並不是對吳廷琰兄弟家族政治，存心有所偏袒，我是在基本觀念上，反對軍人干政。從這多年的實際教訓中，深知道凡是一個軍人跋扈的國家，不惟政治上不會清明，更不是共產黨的敵手，何況一個處於內憂外患的越南，如不從根本上着手，在政治上設法改革，爭取人心，僅利用幾個軍人，出來耀武揚威的蠻幹一場，就可以使國家的政局改觀，消滅掉狡詐多計的共產黨，那是一種大眞的想法，不是解決問題所應有的作法。再者軍人干政之例一開，很可能使其他軍人起而傚尤。尤其對一些青年軍人，他們思想又未成熟，在權利及私慾的引誘下，看到政變不崇朝，就可以取得政權，再喊幾聲反共口號，美國人一樣的予以援助，政權來得如此之易，誰都想躍躍欲試，找機會來幹一下。在彼此爭奪權利，憑武力來決定是非的國家，正是共產黨發展有利地區。所以，我認為還是美國的下策。

再就事實經過來看，越南去年的政變，美國政府雖是幕後的主謀者，但他的計劃並不周詳。陳文明將軍是以迅雷不及掩耳的攻擊，將吳廷琰兄弟逮捕之後，立即予以殺害，這完全是一種擒賊先擒王的手段，用意在吳氏兄弟死後，使他們原來的追隨者，失去領導重心，而易於控制。這就是說，吳氏兄弟雖死，他們的力量尚存，也可以知道，軍政府並未獲得軍人間的一致支持。假定越南內部沒有共產黨的作戰，軍政府還可以逐漸削弱吳氏兄弟的力量，設法改善其地位。現在軍政府一方面要應付共黨游擊隊，另一方面還要提防其他有野心的軍人，或吳氏兄弟的力量，這已註定了軍政府的脆弱無能的地位，即使在美國政府的支持之下，能勉強維持着本身的存在，絕不足以實現他肅清共黨的諾言。軍事政變的目的，如不能有效的對付共產黨，而只能做到推翻吳氏兄弟的家族政府，那完全是小題大作，代價太高，其結果也必然是走到今天的局面。

越南吳氏兄弟的私心為用，不以國家前途為重，到後來與佛教徒間的衝突，完全變為意氣之爭，其不顧大局，終遭國人之唾棄，兄弟們罹殺身之禍，過去歷史上這類例子很多，都不足為奇，所奇怪的是美國政府，吳廷琰氏原係一介書生，赤手空拳，美國政府把他由美國送回去，一手扶植起來，後來吳氏家族政治，內部既失去人心，又有共產黨的腹心之患，其處境本已很困難，假若美國政府眞想把他兄弟除掉，方法應該很多，何必一定要出此一着，勞師動衆去借重軍人，給越南開一個軍人干政的惡例。當然，美國政府官員也知道越南戰爭之焦灼情形，我美國除駐有一萬五千軍隊之外，每天還要付出一百萬到一百五十萬美元的費用，這在美國政府官員的算盤中，自然是一項沉重負担，希望能早日擺脫。眼看到共產黨游擊隊的聲勢日增，而吳氏兄弟又一意孤行，不聽忠言，戰爭將要無限期的拖下去，使美國政府迫不得已，才用軍人來把吳氏兄弟除掉。可是他們沒有料到，政變的結局，不但沒有給越南人民帶來光明前途，反使越南局勢更陷於混亂。

最近法國戴高樂總統承認中共的理由之一，即是說美國政府：這多年來，雖承担着保衛東南亞的責任，然他們做得並不很好，並不能安定東南亞的局勢，現在應該讓法國人代替美國人來担負這個責任。戴氏這話將來能否兌現，那自有將來的歷史，證明，用不着爭辯，不過，他說美國政府這多年來，在東南亞的成績不佳，這倒是事實，沒有冤枉美國人，至少可以最近越南的例子，證明美國政府作的是不大高明。當然，另一方面，戴高樂主張把越南中立，那也是大錯。

總之，越南政局演變到今天，吳氏兄弟，美國政府及越南軍人，都負了很大責任，以吳氏兄弟所負的責任尤大，他們不能為國家重任，不以國家前途，以造成越南目前的危殆之局，雖死亦不足惜。現在新的政府即將成立，越南政局是否可以從此轉危為安，那要看美國政府官員的智慧，及越南軍人的能否公忠為國了。

一九六四年二月五日於僑金山

「夫人」與「愛人」階級分明

楊應明

夫妻制度是人類社會中已有長遠歷史的事。在中共統治大陸以前，以及在今日的香港或海外其他各地，男人對自己的配偶，一般都稱為妻子，社會上一般中上階層人士的妻子，則往往被稱為太太，上層人物的妻子，則有被稱為夫人的。但自中共統治大陸後，認為「太太」或「夫人」這兩個名詞的封建和官僚味太重，「妻子這一名稱亦與封建社會的倫常有關，而中共自稱是一向反對倫常反對封建反對官僚的，於是既不准大陸人民中的男人稱自己的配偶為妻子，更不准人稱自己的妻子或別人的妻子為太太或夫人，而一律改稱為「愛人」以示平等。

以「愛人」這一名詞來稱呼某一男人已婚的配偶，原本就是非常不妥的。因為照一般習俗來講：「愛人」也者，只是未婚男女間婚前的一種關係而已。其間是顯然沒有含得已婚或已成為家屬已成為配偶之意在內的。但是中共却硬性規定了這一名詞。所以，中共報紙不僅對一般人民的妻子一律稱為某人之愛人，就是對一般幹部而言，也一律只稱為某人之愛人，從不稱為太太，更不稱為夫人，以示中共政權上下一律平等。

但中共的馬脚終於還是暴露出來了，「夫人」之名終於出現，原來中共報章雜誌雖經一再強調「愛人」一詞最適用於一切人士的通稱，但中共報章雜誌對毛澤東的妻子，却並不名之為毛澤東之愛人，而名之曰毛澤東夫人。對劉少奇之妻子，亦不曰劉少奇之愛人，而曰劉少奇之夫人。

最近，等而下之，凡中共省級部級以上首長的妻子竟一律稱為「夫人」了。於是，「夫人」與「愛人」之間階級分明，紅朝新貴的官僚封建意識竟在這一階級分明的鮮明對照上表現無遺了。

如若不信，請看中共新華社二月十五日廣州電：所有前往廣州車站歡迎日共總書記宮本顯治時，中共中央總書記鄧小平的老婆浦卓琳，中共中央中南局第一書記、中共廣東省委第一書記陶鑄的老婆曾志，中共中央中南局書記處書記陳郁的老婆袁溥之等都被中共新華社稱為「夫人」，而且堂而皇之的登在中共人民日報上，請大家想想，大陸上那些家庭被拆散，既不准稱為妻子，又不准稱為太太的「愛人」們作何感想？這難道還是什麼平等嗎？

我們曉得：中共之所以不准一般人民把自己的配偶稱為丈夫或妻子，實有其殘酷陰謀，而絕不偶然。中共何嘗不知道所謂愛人，原本不是正式家庭中之一員，又何嘗不知道已經正式結了婚的配偶，不應再稱為愛人。但中共却硬性規定人民及一般幹部要把配偶稱為愛人，此其原因端在中共政權原本有一個拆散人們家庭的打算。而要拆散人們的家庭，就得先從人們的夫妻關係下手。若能先把夫妻關係的偏重觀念及神聖性減輕，當然就對拆散人們家庭的目的接近了一步。而把已婚的妻子名為愛人，使已婚與未婚的關係混淆不清，這正是中共減輕夫妻倫常及家庭觀念的一個重要手段哩！

台北發現「反動」刊物

名曰「東方巨流」

屠光

（台北通訊）在農歷新年前，台北市突然發現一種在東京印制的大批刊物，名曰「東方巨流」。

這刊物的型式，是採「活頁」排編而成，其中有成編主要文章，是用中、英、日三種文字對照印行，文章的內容，除了對國共兩黨作同等無情的評擊外，對美日兩國目前的亞洲政策，也有批評。

由於這刊物的幾篇文章措詞辛辣，而更把自命為正統派的國民黨當權派與中共政權一體看待，儼然有以「第三勢力」自居之慨，因此使台北當局大為震驚。所怪的是，台灣省的郵電檢查素以嚴密著稱，平時祗要是有涉及政治或對當局有所批評的私人函件，也無一不遭到特務機關的扣留或對受信人加以傳訊，今此大批反動刊物公然私自進口，究竟是用什麼方法偷運來台，又是何人接收分發，這些都是台北憲警機關目前急於要找尋的綫索。

其實，這一刊物——「東方巨流」上載的幾篇文章，在我們正處於同等徬徨而又對國家有責任感的中國人來說，都是值得一讀的。不過由於篇幅有限，不能將該刊上所有文章一一加以介紹，祇能先行將該刊的「發刊詞」抄錄於后，使讀者從此中可以知其梗概。

『二十世紀六十年』代的今天，我們翹首世局，人類正陷入混亂，徬徨與恐懼中，東西方核子戰爭的電鈕，只要一擧手指，隨時可以毀滅整個人類世界。由於物質文明的飛躍猛進，科學驟速的發展，已縮短了時間與空間的距離，更帶來了人類精神道德的墜落，黑暗的逆流，已伸向歐亞大陸心臟，而有滲入南非大陸和太平洋西岸及湮滅整個世界之虞。蔑視人性與泯滅理性的極權勢力，已澎漲到危害人類的頂峯！使人類祖先幾千年遺下最純潔最崇高的生活傳統，人與人之間最眞誠最親切的友愛關係，無論在理智上情操上都要遭到毀蕩。

我們面對如此緊張的世局，加以冷靜的反省與檢討，就不難知道世界的動亂是受到整個亞洲不安的影響——如印度麥馬洪綫走廊上的濃烈火藥氣味，南北韓三八綫無法解決的休戰狀態，越南叢林的狙擊戰爭，寮國的談談打打，馬來西亞與印尼的爭端與背景，以及許多國家已發生或將要發生的顚覆陰謀活動。

西方雖有柏林對峙的局面急待解決，但柏林問題是在均勢談的氣氛與基礎上。惟有亞洲新興諸國的動亂，才帶來整個世界流血與不安。誰都知道所謂亞洲問題，無一不與中國問題有關，簡而言之，沒有和平統一的中國也就沒有安寧的亞洲，既沒有安寧的亞洲，根本就不會有和平繁榮的世界。所以要解決今日的世界問題，必定要首先解決中國問題。

人類舞台的中心，自古至今皆在於東方。在政治上中國繼波斯之後，秦漢以及隋唐均活躍於西域（今之中亞、西亞、）和南洋一帶。即以西洋為中心，也由地中海、大西洋而轉至太平洋。在文化上，漢武帝以儒家思想為中心而成一統的帝國，隨唐時代，長安為吸收融滙波斯、印度、羅馬、阿拉伯以及西北遊牧民族的文化中心，並且不斷向鄰近的朝鮮、日本以及吐蕃、南詔、南洋等地，散佈施展中國的文化，而形成光燦的世界文化系統。卻不象古羅馬帝國缺乏中心文化，後來雖依賴基督教作精神支持，亦終于亡國。

中華民國則受到悠久文化的滋養，所以能屹然於世永不滅亡。中國受到一次外族的侵擊，反能更為光大，其原因亦在此。中華民族「天下一家」的恢宏氣度，以及「民胞物與」的偉大情操，自古以來對鄰邦如同手足親人，只有政治的友愛關係，而無經濟上的剝削壓搾；這與西方對殖民地在政治以「主」「奴」强制，在經濟上以搾取為目的是完全不相同的。所以中華文化實為亞洲與世界和平繁榮的基礎。

由於近代工業革命以還，高度工業生產膨脹，發展的結果，帶來了唯物主義的毒菌，因爭奪市場所引起的連續戰爭，更帶來了赤潮的汎濫。尤其是中國近百年來為了適應西方工業文明的挑戰，在政治上力求改革，經戊戌政變而至辛亥革命的成功，結束了幾千年的皇權勢力，而回復到「民為貴」、「民為邦本」的民主自由的政治體本位。二次大戰中，中華民族由西南大遷移與混合，更形成了嶄新和統一的現代中國形態。但由於長期的苦戰，造成了蔣黨獨裁與專橫；又由於突然的勝利，貪污腐化溶解了蔣黨的靈魂，因此蔣黨不能順應這一歷史的大好形勢與發展，反而導致赤流的汎濫。

毛共繼蔣黨以政治詐術盜竊了抗戰勝利的果實，藉民族愛國主義的偽裝，佔領了整個大陸，實則承受了史達林國際蘇維埃的恐怖統治陰謀指使，一面奴役大陸六億同胞，一面則極力摧毀我民族文化優良傳統。在經濟上以「土改」、「鬥爭」、「農業組合」、「農業合作化」、「人民公社」、「大躍進」與「總路線」等強暴卑劣手段，企圖達到所謂「生活集體化」、「行動戰鬥化」的極權統治目標，以便能實行毛澤東軍國冒險主義的好戰野心。毛共為了防止人民的反抗，在「向天要糧」、「到邊疆去」、「到荒地去」、「支援落後地區經濟建設」的所請「服從黨的分配指示」下，將大陸人民「東向西」、「北向南」顚倒縱橫徙移，其目的是折散人民家庭，的摧毀傳統的地域社會人情交往，以便易予控制，尤其在大陸屢年飢荒之中，毛共竟把糧食白白送給其他共產國家，對中國人民的死活反而不顧，暴露其「民族主義」的謊言。在國際間，毛共則極力製造「武裝顛覆叛亂」，以「支援亞洲民族解放戰爭」和「打倒美帝國主義」為首的資本主義等口號，煽動整個亞洲及世界各地的流血暴亂。從最近毛、赫間的衝突鬥爭中，不僅暴露了從前流血鎮壓匈牙利和波蘭的東歐民族獨立運動為毛共所賺使，更暴露了毛共要以三億人命打核子戰以毀滅人類的罪行。

由於毛共指「美帝是「紙老虎」」，而被赫魯曉夫斥為「對核子戰爭的無知者」。毛共且更無恥地大聲疾呼要為史達林所遭受的鞭屍清算伸寃，企圖憑藉史達林的幽靈嘯聚國際黨徒對亞、非重施欺壓東歐的故技。但這一陰謀在他的主子面前，不但得不到同情，且在國際共產黨中遭到無情的圍攻，就更揭穿了毛共所謂「馬克斯列寧主義」的理論外衣。這一切一切，在世人面前已赤裸裸地顯現了毛共好戰的醜惡原形。

中華民族自古以來就是愛好和平的民族，中國人傳統「息事寧人」的和平美德，以及樂善好施，散財濟貧的慷慨大傳統，幾千年來綿綿源流。這一切都証明毛共之所為，非但為世人所不齒，且更為中國傳統的民族美德之叛逆。我們是一個飽經憂患的民族，每遇一次民族劫難，中國人都能剷除排排列於自己面前的障碍物，起來推翻暴政，改變現狀，歷史上的例子比比皆是，不勝枚擧。尤其今天中華民族遭受又一次的大浩劫，由於毛共的倒行逆施，胡作妄為，已驚醒了整個民族的自覺。毛共標奇立異得鼓吹的「深耕密植」、「土法鍊鋼」和「政治掛帥」，不但無法高擧「三面紅旗」，其罪孽且已造成年年不息的水旱災荒，無論毛共怎樣推委責任，把災荒歸諸天意，但飢餓與反抗的怒火則更加速了毛共暴政的崩潰，毛共企圖控制人民的交錯徙移，無形中奠定了民族融和大團結的基石，而且幹部和政治犯的「下放」與「勞改」，更把不滿意的知識份子與農民結合起來。因此，新生的中華民族民主自由統一的力量，已在毛共暴政下潛滋暗長，並滙結海外和台灣內革命主力，團結一切愛國反共力量，只待時機成熟，這新生的革命力量就像春水泉湧，往山間田野，四面八方，如黃河之怒濤，長江之狂浪，結成一瀉萬里的東方巨流，冲垮獨裁暴政，湮沒毛朝共黨。

在國內外每一炎黃子孫，承襲了先賢智慧與堅忍的氣質，到了忍無可忍的境地就挺身奮起，尤其是年輕一代，每個人都飛躍着民族靈魂的火燄！過去對蔣黨是「怨」，現在則是「遺忘」；過去對毛共是「怕」，現在則是拚命反擊，歷史的發展是鐵面無私的，毛共所造成的黑暗逆流，已達到登峯造極的頂點，到了突然轉變的關頭，毛共勢必在這一繼承民族傳統的新革命力量的膨漲中而告滅亡。

我們更衷懇地勸告蔣黨，希望能好好地順應今天千載難逢的東方巨流的新時代，革心洗面，從失敗中反省悔罪，從腐化中新生圖強，更不能讓「傳子接位」的獨裁卑劣罪孽繼續深積。回頭是岸，以行動向國人表達誠意，向一切反共愛國人士看齊，為當前民族所遭受的劫難與解救人民的痛苦共同奮鬥。否則罪孽累累，為史筆所不饒。

「東方巨流」適值新春創刊，在萬衆歡騰，一元復始的季節，紫氣來至東方，旭日春風隨「巨流」而甦醒大地，這將預兆着人類從黑暗苦難中渡向光明與幸福的開端。「東方巨流」是順應歷史的必然發展而誕生，我們堅信中華民族今天所遭受的黑暗必因它的誕生而重見光明。我們且更繼承以往在東京活動的同盟會、與中會以及諸先烈的革命精神，幷為中華民族的光輝樹起新的和平統一的戰鬥大旗！

我們對全世界的友人和中國同胞宣佈，我們將全力奔赴下列四大目標：

（一）團結一切反共的民主自由力量，尤其策動並聯絡在大陸及台灣的革命力量，共同協力打擊極權獨裁的兩個中國的現狀，創造民主自由和平統一的新中國。

（二）打破新階級及舊官僚資本之剝削，消除共產主義之流弊，在集體化與自由企業之間，求得公平合理的經濟，務期「人人有飯吃，個個有工作。」

在人類經濟方面：建立分區、分業的生產和互惠平等的貿易之國際合作經濟——從建立進步的亞洲共同市場做起。

（三）反對橫暴無知者摧殘中國文化，並反對頑固保守者盲目復古；建立融滙貫通東西文化的新時代，新生活方式。

（四）為推動上列政治、經濟、文化的重大任務，凡我華僑華裔，均應與各住在國合作，促進當地之繁榮，各國政府亦應以平等對待我僑胞。

我們將遵循這些基本的方針，與一切愛國的志士攜手邁進，讓嶄新的民主自由統一的中國及和平繁榮的亞洲，在我們迎接「東方巨流」的大勢前進中實現！』

中華民國五十三年二月十五日於台北

中共正式宣佈：廣州迫害八名反共愛國志士

藍鳥

在農曆春節期間及平時，中共雖然不得不採取懷柔手段，准許一部份港澳華僑回鄉探親，但本報曾經報導中共對這些回鄉探親旅客仍是監視極嚴，絲毫也不放鬆的。只要你對僑鄉的情形，多一點關心，到處東問西問的話，或者你除了探望你的直系親屬之外，又去探望別的親友的話，中共就認爲你是有意刺探情報的「美蔣特務」，那就要被迫害，輕則判刑，重則被槍斃！

現在，春節已經過去，但最不幸的事，果然又有八名被中共迫害，硬被指爲「美蔣特務」哩！

對此，中共已予正式宣佈，中共在香港控制的大公報也於二月十二日在第一版以大字標題「廣東處理八名美蔣特務」刋登了出來。

據香港大公報廣州專訊說：最近中山縣和東莞縣人民檢察機關，分別發現四名美蔣特務，「都是去年美蔣特務機關從香港、澳門派遣來的。他們接受特務機關佈置的任務，陰謀爆炸工廠、鐵路、橋樑、水閘等重要設施，散發反動傳單，發展特務組織，竊取軍事情報」。他們的姓名是林德，明，男性，十七歲，李志軍，男性，三十三歲，高瑞南，男性，廿三歲，方讓，男性，廿六歲。

大公報還說：「與此同時，廣州市中級人民法院和中山縣、三水縣、梅縣等人民法院還分別依法判處了四名美蔣特務份子。這些特務接受了特務機關的任務，從香港澳門潛入，妄圖進行各種破壞，……一一被我公安機關偵察破獲，……這四名美蔣特務是：黃添，男性，廿七歲，……企圖爆炸中山縣長別後山水閘橋，陰謀未遂即被捕獲，判處死刑，緩期兩年，強迫勞動，以觀後效。並剝奪政治權利終身。楊景珊，女性，廿四歲，原住香港畢利街，……於同年十月二日經深圳潛入廣州市，楊犯潛入後，積極引誘拉攏其兩個舊同學參加特務組織，被對方拒絕，並曉以大義，要她向政府坦白交代，但楊犯不聽規勸，仍繼續進行特務活動，楊的兩個同學遂向人民政府檢發，並協助公安機關將楊逮捕歸案，判處有期徒刑二十年，剝奪政治權利七年。邱耀祥，男性、二十二歲，原住九龍青山道，同年十月廿五日經深圳潛回梅縣原籍，陰謀發展特務組織，竊取情報。在進行活動時被捕，判處有期徒刑二十年，剝奪政治權利五年。歐其輝，男性，原住九龍黃大仙，同年八月八日經深圳潛入三水縣原籍，爲公安機關捕獲，判處有期徒刑十五年，剝奪政治權利五年」。

從以上被中共追害的八名反共愛國志士看，有六名都是二十幾歲的青年，一名歲數最高的也不過三十三歲，而最年輕的林德明，更僅十七歲而已。這就可見中華民國大有前途，這些年輕的志士都在以生命在對中共暴殘統治搏鬥，其中廿四歲的楊景珊女士更是女中豪傑，堅貞不屈，這些反共志士才是眞正的中華好兒女，也才是國家民族的堅強基石。這如果把海外許多只知自私自利的青年來比，這如果把現在居留美國，無意報國而只在孜孜圖謀加入美國籍的少數青年來比，其賢不肖眞是不知相去幾遠也。筆者謹此向這些冒險犯難的中華好兒女致敬。

大陸簡訊

黃昌華

日共總書記訪問北平

日本共產黨在赫毛個人衝突中，究竟站在赫的一邊？抑或還是站在毛的一邊？這是對赫對毛都極關重大的。所以，赫魯曉夫也好，毛澤東也好，都極力在爭取日共。而以往，日共一直是站在毛澤東一邊的。

正因爲如此，所以，赫魯曉夫就以蘇共的名義邀請日共總書記訪蘇，準備進一步把日共從中共懷抱裏爭取過來。毛澤東眼見及此，誠恐日共被老赫爭取過去，遂亦同時邀請日共總書記宮本顯治夫婦訪問北平，蓄意予以懷柔。

由於毛澤東有意示好日共總書記宮本顯治，所以，當宮本顯治經香港乘火車到達廣州時，毛澤東即不遠千里派了中共中央總書記兼代國務院總理鄧小平專程飛到廣州來迎接。

據中共新華社二月十五日廣州十五日電：「日本共產黨中央委員會總書記宮本顯治和夫人宮本壽惠子，以及宮本顯治同志的隨行人員日本代代木醫院內科主任、日本醫學博士長畑一正等。應中國共產黨中央委員會的邀請，前來我國休假，於今晚由深圳專車抵達廣州」。

新華社又說：「專程從北京前來廣州迎接的中共中央總書記鄧小平和夫人浦卓琳，中共中央政治局候補委員，中共中央書記處書記康生，中共中央委員伍修權，中共中央機關負責工作人員李啟新前往車站歡迎。

「前往車站歡迎的還有：中共中央委員、中共中央中南局第一書記、中共廣東省委第一書記陶鑄和夫人曾志，中共中央委員、中共中央中南局書記處書記陳郁和夫人袁溥之，中共中央候補委員、中共中央中南局書記處書記黃永勝，中共廣東省委第二書記趙紫陽，中共廣東省委書記處書記區覺夢。中共中共廣東省委秘書長李子元、中共中央機關負責工作人員莊濤今天前往深圳迎接，並陪同宮本顯治同志和夫人到廣州」。

毛澤東接見新西蘭共黨總書記

在宮本顯治到達北平之前，一向反對蘇共反對赫魯曉夫，而公開站在毛澤東一邊的新西蘭共產黨總書記威爾科克斯也已休做名義到達了北平。而且，據中共新華社說：毛澤東曾於二月九日在北平接見了威爾科克斯夫婦。看情形，毛澤東不但正在加緊掌握，不惜支出鉅資以助日共之發展，且尚在與威爾科克斯商討如何爭取歐美各地共黨傾向毛澤東，以對抗赫魯曉夫哩！

赫魯曉夫要想把日共從毛澤東手裏爭取過去，恐不容易。

中共缺乏煉油設備不夠輸出石油

中共在最近一個月以前，曾發動它的宣傳機器，誇稱中共的石油產量已能自給自足。對此，不但自由世界引爲詫異，蘇聯也認爲這是奇聞。

那末，究竟中共的石油產量是否眞已能夠自給自足呢？其實這是很容易解答的。只看中共仍須從蘇聯及羅馬尼亞輸入大量石油，便知中共的這種虛僞宣傳不足騙人，而只能騙那些無知的人了。

不過，中共現在又進一步決定要在今年輸數十萬噸到日本了，這又究竟是什麼原因呢？其實，問題也很簡單，只因中共最近在大陸新發現了一些油田，可以出產一些原油。但中共的煉油設備不夠，近來雖欲向法國，向日本購買煉油設備，但此一買賣尚未做成，何日做成？已是問題，做成之後，何日能夠安裝完畢？也是問題。於是，中共最近派了一個代表團到日本，準備把這些因缺乏煉油設備而無法提煉的原油無可奈何的輸往日本了，這說明今日中共根本仍然大量缺乏煉成的石油，有的只是無法提煉的原油罷了。且此項原油的數量爲數亦不多哩！

中共與阿根廷簽貿易協定

中共雖年年大吹糧食增產，實則糧食生產仍然不足，故不得不把用人民血汗換來的有限外滙去向外國購買小麥。

但中共知道許多西方國家是無知的，中共可以藉購買小麥爲名，以進行政治滲透，並引誘它們在外交上承認中共。

爲此，中共最近又向拉丁美洲的阿根廷下手了。據中共公佈：中共已於二月十八日與阿根廷簽訂一個協定，「再次以大批小麥賣給北京。協定昨晚簽字，規定阿根廷出賣小麥四十萬噸，每噸價二十四磅五先令（按總額約合一千萬英磅），以現款支付，於今年三四月交貨」。法新社阿首都二月十七日電訊曾說：「阿根廷外交部長奧蒂斯今天在這裏說，阿根廷希望中共除向阿根廷購買農產品外，也購買工業品」云。

僑鄉近訊

鍾之奇

中共在穗推行五好職工運動

中共在全大陸推行的所謂五好職工運動，現在已在廣東省各縣市普遍推行了。

所謂「五好」，據二月二日中共人民日報解釋說：「所謂五好企業，即政治工作好，完成計劃好，企業管理好，生活管理好，幹部作風好」。所謂五好職工運動，則與上述五好企業相配合，而大同小異。即是「治政思想好，完成任務好，遵守紀律好，經常學習好，團結互助好」。

而中共的這類運動，則都是根源於毛澤東最近曾叫大陸人民都要學習中共人民解放軍的作風而來。由於中共近年曾在共軍內部推行所謂「四好連隊」運動及所謂「五好士兵」運動，所以，中共現在對於工商企業也來一套所謂「五好企業運動」和五好職工運動。

據在春節期間回鄉探親返港的華僑說：「中共對這類運動，雖煞有介事的推行甚力，但工商界及一般職工則毫無自發的意識來響應它，相反，只感覺疲勞恐懼與煩厭而已。

之所以恐懼，是因爲中共的這種運動，仍是以政治掛帥的。所以無論五好企業運動也好，五好職工運動也好，其第一個要求，便是「政治工作好」與「政治思想好」。而一般工商界及職工則是對中共一天到晚所强調的什麼馬列主義什麼政治思想根本不感興趣的，而中共又對此要求甚嚴，稍有問題，便被下放到農村去長期甚至永遠勞動改造，故一般職工之內心均心懷恐懼云。

中共在廣東各地農村實行人海戰術

自毛澤東把指揮軍隊的戰術運用到經濟生產方面，從而產生許多怪現象以後，現在，中共又號召大陸各地人民公社都要「學習人民解放軍」，都要學習解放軍的「高度集中」戰術以從事勞動。

中共認爲各地人民公社使用勞動力，應完全按照作戰方法，有如大兵團的展開一般，必須把勞動力（兵力）高度集中使用，不可分散使用，以期農業生產之確能增加。故大陸人民對中共的這種要求，私下均名之曰「農村的人海戰術」。

這一戰術目前在廣東僑鄉之推行狀況，最近在廣州出版的中共南方日報曾有敍述。它說：「僅廣東東北部的韶關專區，最近每天就有四十多萬人在公社幹部指揮下，以大兵團作戰的方式，展開了積肥活動，成羣結隊的從事燒石灰，上山割草，下河取茜等工作，造成了一片熱騰騰的積肥熱潮」。南方日報又說「在汕頭專區，平均每天有十萬人出動上山採集松、杉、桉、相思、木蔴等林木種子」。「肇慶專區的新興山區公社，每天出動上山採種的人數則爲兩千多人」云。

粵閩共又在農村實行四定責任制

除了實施人海戰術外，粵共又向大陸各地農村，在廣東福建僑鄉推行所謂四定責任制，以强迫僑眷及一般人民之勞動。

據南方日報透露，這四定責任制，便是「定任務，定期完成，定報酬，定獎罰」云。

廣大僑鄉的人民仍抱消極反抗態度

在中共刀鋸斧鉞之威迫下，僑鄉人民固不得不在形式上依從中共之要求，但內心則極端反對與厭惡，故中共雖使用高度人海戰術及四定責任制，但僑鄉人民則在執行上則只是陽奉陰違。

爲此，粵共當局遂又派出以公安人員爲中心之特務檢查隊來檢查各縣之執行實況。據南方日報在一篇以「清遠逐隊檢查落實冬種計劃」爲題的報導透露：「最近，縣委派出工作組到太平公社沙塘、蒲清兩個大隊檢查冬種計劃的實行情況，發現不少問題。……兩個大隊下達冬種計劃三千三百畝，而各生產隊只準備種植二千八百畝。根據各地的滙報，許多地區也有類似的情形。不少幹部與社員不願搞冬種，有些社隊，還準備壓縮冬種計劃。附城十五個大隊的冬種計劃，沒有一個大隊達到下達的任務」云。

三國會議流產內幕

何之湄

馬菲印尼三國第二次曼谷會議已無限期予以押後，實際上等于「流產」。泰國的應邀監察印尼，大馬邊境的觀察隊，因之也尚未派出，沙岭與沙勞越邊境，衝突頻繁。敵對的雙方，關係可趨嚴重。這次突然的變化，內情相當複什。

僅有的成就

三國第一次會議的經過得予以迴溯。當二月初旬在曼谷舉行這次會議的時候，泰國外長乃他納曾作相當的樂觀，非律賓外長羅培茲也極力斡旋。他所持的理由，便是假若印、馬不趨於協調，其結果便是東南亞大戰，將給這個地區帶來無窮的災禍。會議初期，泰、菲的勸說，相當獲得印、馬雙方的重視。

同時那也是一次純粹東南亞的會議——沒有西方人士參加的會議。美總統特使羅拔甘迺廸的原則，便是讓亞洲人自己解決亞洲事務。印尼一向力持此議，泰國及非律賓也極力承担，盡其所能設法調處。「讓我們自己處理」的呼聲，唱响亮。三外長會面及會議的上半段。大家有說有笑，並且對協議相當滿意。一直到會議將近結束，方才發生了暗礁。

會議不能說完全沒有成就，重伸停火是其中之一，正式邀請泰國出任停火監督是其中之二，泰國的監督停火，是由三國報請聯合國加以委派，是成就之三。主要是表示願意使停火繼續，以免影响談判，俾通過談判而進入高峯會議。其次是確認泰國的調停人地位，並決定雙方派出之聯絡官，隨同泰方人員執行職務；及泰方爲執行職務，得在印、馬雙方境內自由進出。這些都是遵重調停人，及雙方似乎誠意的表示。至於請由聯合國出面委派將國出任監督，目前是似無何重大關係，但實際上也即不摒除聯合國的干預，總算爲聯合國未來的處理，開闢了一條途徑。

雙方不讓步

可是會議到達最後，便出現了一個難題。那便是馬方要求印尼將「遊擊隊」撤出大馬邊境，而印尼方面沒有答應。印尼外長蘇班德里奧當時的表示相當客氣，他並沒有直接地拒絕，而婉轉地說那是在他受權以外，他必須向印尼總統請示，然後才能夠有所決定，可能要經過印尼內閣的討論；不如暫把問題保留，俟另一次會議再加研究云云。

大馬副總理拉查克對於此事，實際相當不滿，因爲印尼遊擊隊是在大馬境內，而大馬與印尼實際並未開戰，說不上什麼「就地停火」之類，也不算什麼「撤兵」，那麼嚴重的問題，印尼的「婉拒」，顯見無理。但當時也並沒有嚴詞駁斥，只反覆申述「馬非印尼精神」，意在希望印尼讓步。但印尼外長終於表示無能爲力。拉查克只好表示：若然此次「遊擊隊」不撤回印尼，則停火難以鞏固。結果會議在禮貌中結束，會預期於二月廿五日前後，再舉行第二次三國外長會議。

可是在第一次會議後不到兩週的時間，沙岭及沙勝越邊境的印尼遊擊隊，仍然繼續活動，至於與守軍發生二次的衝突。衝突的程度雖不嚴重，但顯見耶加達所發出的停火命令，其效果令人發生疑問。即對三國會議中印尼外長所表示的停火以利談判的誠意，也予以相對的抵銷。大馬方面因此變更決策，致函泰國，表示「暫不參加」第二次三外長會議，並發表同一意旨之聲明，認爲印尼正規軍及遊擊隊尚然留在大馬境內時，「談判沒有用處」。

印尼對大馬在第一次曼谷會議的要求，顯已作否定的答覆。耶加達聲稱「執行總統命令」，而蘇加諾當時的停火命令，是「留在原陣地，用武器防衛你們自己」。印尼並且向泰國洽商，要給這些留在馬境的遊擊隊以糧食的接濟，或者採用空投的方法，或者由陸路運輸。泰國還沒有來得及進行洽商。大馬對此已表示憤怒，謂不能在被侵略下談判，並聲稱要實行包圍此次不過二百餘人的印尼遊擊隊。

蘇班德里奧外長似乎也不示弱，他說印尼固願談判，但絕非軟弱，也不能單方面投降。「戰爭乃會議桌外唯一解決之途徑，難道大馬要戰爭嗎」？

客觀的第三者泰國乃他儂總理說：泰國的監督印馬邊境停火隊員，尚未派出。因印尼與大馬，「雙方皆不肯讓步」。

假如印尼肯讓步，便該撤出遊擊隊再談。大馬肯讓步的話，便不堅持印尼先撤遊擊隊。現在是大馬認爲不能在威脅下談判，而印尼則不肯撤去這項威脅。

共黨的牽制

據內幕權威的申述，印尼與大馬雙方，堅持互不相讓，乃有其內幕者。據大馬方面，因爲羅拔甘迺廸當時的斡旋停火，是「模糊」的，只使雙方會談，並沒有任何具體辦法。雖然羅拔甘迺廸曾在倫敦告訴何謨首相，謂蘇加諾希望英國撤減大馬部隊，並沒有說美國同情蘇加諾的意見。但何謨爵士反而告訴甘氏，說英國決心防衛大馬，希望美國在必要時，瞭解及支持此一立場。因爲最近英國爲對古巴貿易，與美國發生歧見，美國會停止對英軍援，故英國沒有如何重視美國未有正式表露的意見。再者英國也認爲美國在印尼收回西伊里安時支持印尼取得該島，造成印尼的嚣張是一種錯誤，現在不能再予以姑息。在傳說中，印尼還要取得葡帝汶島，且要迫美軍退出菲律賓。英國不但要提醒美國的注意，並且要在履行對大馬的聯防協定上，獨行其是。這可能是決定進行圍捕馬境印尼遊擊隊的由來。

印尼方面，蘇加諾當時在東京接受羅拔甘迺廸的調處，一方面固是願意接受美國將來的支持，但更重要的是印尼國內糧荒，及經濟凋敝，實際不能對英馬作戰，除非援引蘇聯或中共的援助——但這最後的一步，蘇加諾却不敢跨過去，因爲若受共黨陣營全部支持，則印尼共黨將在國內先行取代他的政權，不俟與英馬戰爭的結束。

可是蘇加諾的妥協表示，却使印尼共黨極端不滿，在內外政策上，對政府施加壓力。印共機關報哈里安查特拉，謂政府對糧荒一點沒有辦法，惟有實行共黨農業政策、經濟制度、土地改革，才能解決。此必須使共黨入閣，方能負責進行。現政府機構腐化，不能制止貪污、投機、地主壟斷，致迫使佃農窮困棄耕、貧農賣女爲娼。棄耕農民流入城市，擾亂秩序云云，極盡挑撥之能事。

對外方面，由於「解放北加里曼丹（北婆）」志願軍，其中多是當年準備收回西伊里安的共黨份子，從沙岭及沙勝越吸收到印尼境訓練青年的工作，也是由印尼共黨所主持，所以這些遊擊隊可能不聽蘇加諾的命令。蘇加諾可能不敢要求他們撤退，除非政治條件（撤減英軍）獲得對等的補償，但馬來西亞既不肯此要求，英國也絕不放棄。雙方認爲此均屬於內政，不容外國干涉，這就形成了僵局。蘇加諾受印尼共黨的牽制，乃是印馬談判的致命傷。蘇加諾正往耶加達晤非律賓總統馬卡柏，佳會晤拉曼總理之後，且看他是否能加遏阻邊境的戰火？

。曼谷通訊。

看看高棉的所謂中立

鄺德

「中立」這個美麗的名詞，除了瑞士，奧地利等國能夠名符其實幹得徹底之外，其標榜着「中立」的，都是含有很濃厚「掛羊頭賣狗肉」的成份，祗是假借了「中立」的美名來自欺欺人，以求其所大欲吧了！如「亞非不結盟國家」，都是屬於這一類，實際上她們是企圖在東西兩方大保壘中左右逢源，攫取符其所需要的利益。最顯明的，就是印度總理尼赫魯，他原是倡導「中立主義」的，可是他自藏印邊發生了衝突後，便不斷伸手向英美及蘇聯求取軍經援助；印尼總統蘇加諾則爲着要滿足其擴張領土的野心，便接受了蘇聯的軍援；這都是犖犖其著者！現在高棉元首施漢諾，也步着尼赫魯和蘇加諾的後塵，高唱其「中立」的調子；而骨子裏，也是和尼赫魯、蘇加諾這兩個老奸巨滑的傢伙如出一轍的。

高棉自脫離了法國的統治以來，施漢諾政府曾先後接受過美國的軍援和經援逾二億美元。一九五六年一月，高棉還要求美國增加軍援未遂，施漢諾便老羞成怒，於同年四月向美國提出警告，說「如果美國將對高棉的援助撤銷，則高棉可能接近共黨陣營」。這種醜態，眞使人冷齒。而且後來由於中共經濟危機日益加深，自顧不暇，對貧乏落後的高棉實感無能爲力，於是施漢諾便又靦顏於一九五八年一月再發表反共的演詞，重復接受美國的援助。迨去年十一月中旬，施漢諾又以「自由高棉運動」的秘密電台事件，再與美國反目，并通知美國，着即撤退其經濟、文化、軍事等代表團，同時聲言拒絕美國援助，且發動高棉人民展開反美運動；跟着，又公開表示：戴高樂領導下的法國政府，將替代美國來負起協助高棉中立政府的任務。其所謂「中立」，原來是如此如此！

那麼，高棉的所謂「中立」，目前究竟是「中立」到怎樣的程度呢？讀者如非健忘，該還記得蘇加諾在不久之前曾表示過這樣的談話：「無論在任何情形下，我們寧願站在支持中共的一邊」。他還解釋說：「這是因爲中共是準備確保我們的生存，係站在我們一邊來鬥爭的唯一國家，對於我們是十分重要」。是則施漢諾的所謂「中立」，無疑地是已達到了變質的階段；變質的「中立」，正顯示出施漢諾的狡猾政治手腕雖然還未追得上尼赫魯，但也可以說是向尼赫魯努力學習了！

施漢諾除了親近中共之外，現在又向戴高樂大送秋波了！本來，施漢諾對法國的殖民政策，原已早有認識的。猶憶在第二次世界大戰結束後，施漢諾即竭力要求高棉獨立。一九四九年十一月八日，高棉已與法國簽訂了協定，確定高棉政府有權自行處理政治、經濟、及外交問題。但是，後來由於法國久未履行該協定，因而施漢諾於一九五三年六月中旬出奔曼谷歸來，即在金邊向法國提出强硬照會，要求使高棉獲得眞正獨立，如英國給予印度和巴基斯坦的地位一樣，否則實行退出法聯邦。法國無可奈何，終於在同年十月實踐諾言，把一切軍事、司法、警察等主權，也都交還高棉政府，施漢諾便於同年十一月復位，并制定憲法，成立國民議會。迨至一九五四年七月，日內瓦會議九國協定，其中有關於高棉問題的：「高棉獲有充分的獨立和主權，在和平的國際社會担負一部份任務。高棉將不參加任何外國軍事聯盟；法國軍隊亦予撤退」。那時，從表面上看來，高棉問題似已獲得解決，實際上，共產國際在高棉境內所進行的陰謀，并未休止。共產國際誘導施漢諾走上中立途徑，而施漢諾則一方面親近共黨，一方面再與法國勾結。他的所謂「中立」，顯然是大大的玩弄着「魔術」。

去年杪，高棉政府已正式通知美國，拒絕再接受軍事、經濟、技術、及文化等方面的援助。然而高棉是一個落後國家，此後她便將要接受中共的援助和法國的援助。「中立」云乎哉！這祗是施漢諾所表演的一齣不體明的把戲吧了！

神話中的黃帝（一一）

徐亮之

（附註）（一）龍魚河圖（太平御覽七八引）：「蚩尤兄弟八十一人，並獸身人語，銅頭鐵額。」歸藏（繹史五引）：「蚩尤八肱八趾。」述異記：「（蚩尤）俗云人身牛蹄，四目六手。秦漢間說：蚩尤耳鬢如劍戟，頭有角。」龍魚河圖：「（蚩尤）食沙石子。」述異記：「（蚩尤）食鐵石。」（二）呂刑馬融註：「蚩尤、九黎君名。」鄭康成註：「三苗、九黎君名。」按馬註義長，茲從之。（三）路史：「蚩尤姜姓。」（四）逸周書嘗麥篇：「昔天之初，誕作二后，乃設建典，命赤帝分正二卿，命蚩尤宇於少昊，以臨四方。」註：「赤帝、神農之後帝楡罔。」（五）同上：「蚩尤乃逐帝，爭於涿鹿之河，九隅無遺。赤帝大懾，乃說於黃帝，執蚩尤殺之於中冀。」按嘗麥篇乃認黃帝殺蚩尤在敗炎帝（赤帝）之前，與先秦若干記載異。茲爲統一觀點，故如是說。（六）史記五帝本紀索隱引服虔云：「魑魅、人面獸身四足，好惑人。」說文：「魍魎、山川之精物也。淮南王說：魍魎狀如三歲小兒，赤黑色，赤目、長耳、美髮。」通典：「蚩尤氏帥魑魅與黃帝戰於涿鹿，帝命吹角作龍吟以禦之。」路史後紀：「蚩尤乃驅罔兩，以肆志於諸侯。」（七）尚書呂刑：「蚩尤惟始作亂，延及於平民，罔不寇賊，鴟義姦宄，奪攘矯虔。苗民弗用靈，制以刑。」（八）詳後註（九）參閱註六。（十）志林（太平御覽一五引）：「黃帝與蚩尤戰於涿鹿之野，蚩尤作大霧彌三日，軍人皆惑。黃帝乃令風后法斗機作指南車以別四方，遂擒蚩尤。」宋史輿服志：「指南車，上有仙人，車雖轉而手常南指。」（一一）大荒東經：「大荒東北隅有山名曰凶犂土邱，應龍處南極。」註：「應龍，有翼龍也。」（一二）大荒北經：「應龍畜水，蚩尤請風伯雨師縱大風雨。」（一三）同上：「有係昆之山，有共工之臺，有人衣青衣，名曰黃帝女魃。」郝疏：「玉篇引文字指歸曰：『女妭禿無髮，所居之處，天不雨也。同魃』。」（一四）大荒北經：「蚩尤請風伯雨師縱大風雨，黃帝乃下天女曰魃；雨止；殺蚩尤。魃不得復上，所居不雨；叔均言之帝。後置之赤水之北。叔均乃爲田祖；魃時亡之；欲逐之者，令曰『神北行』，先除水道，決通溝瀆。」（一五）海外北經：「夸父與日逐，走入日；渴欲得飲，飲於河渭；河渭不足，北飲大澤；未至，道渴而死。弃其杖，化爲鄧林。」大荒北經：「夸父不量力，欲追日景，逮之於禺谷。將飲河而不足也，將走大澤，未至，死於此。應龍已殺蚩尤，又殺夸父。」後者所述，殊爲矛盾。郭註於此僅解爲「明其變化無方，不可揆測」；未免晦昧，政另爲解釋如上。（一六）拾遺記：「昆吾山，其下多赤金，色如火。昔黃帝伐蚩尤，陳兵於，地掘深百尺，猶未及泉，惟見火光如星。地中多丹，鍊石爲銅，銅色靑而利。」又郭璞註山海經中次二經「昆吾之山其上多赤銅」云：「以之作刃，切玉如割泥也。」（一七）山海經大荒東經：「東海中有流波山，入海七千里。其上有獸，狀如牛，蒼身而無角，一足。出入水則必風雨。其光如日月，其聲如雷，其名曰夔。黃帝得之，以其皮爲鼓，橛以雷獸之骨，聲聞五百里，以威天下。」又海內東經：「雷澤中有雷神，龍身而人頭，鼓其腹。」黃帝內傳：「黃帝伐蚩尤，玄女爲帝製夔牛鼓八十一面，一震五百里；連震三千八百里。」

（待續）

陳風子治印

陳風子，別號瘦翁，浙江杭州人，鑽研金石文字凡數十年，爲西湖西泠印社得前輩大家家法最深之浙派後人。本報今後將逐期刊載陳氏作品，以饗讀者。

壽永年長

忠厚可載福　勤儉以尊生

忠厚啟於仁慈，勤儉原之樸約，無內外之分，爲修齊治平之本。辛丑三月泉唐瘦翁陳風子刻

杭州陳楚珩　如松之壽

唐詩偶釋（〇五）

鄧中龍

落花　·李商隱·

高閣客竟去，小園花亂飛。參差連曲陌，迢遞送斜暉。腸斷未忍掃，眼穿仍欲歸。芳心向春盡，所得是沾衣。

高閣句引起，次句落題，中間排四句：上聯說落時；下聯說落後；末聯承中聯一轉，結完全詩。次第說來，層次分明，此全詩結構。

以高閣客去，引起小園花飛，題前着筆，故舉陣超忽。此等筆法，義山擅長。

鍊字不如鍊句，鍊句不如鍊意。善爲詩者，每能化無情爲有情，變無理爲有理，此則有賴於超絕之智慧，非率爾可幾者也。「桃花仍舊笑春風」，笑果何曾解笑？「江山何事笑人忙」，江山之笑，亦詩人想象語耳。「孤燈燃客夢，寒杵搗鄉愁」，實則夢不曾燃，愁何可搗？特見孤燈之燃而悲客夢，聞寒杵之搗乃有鄉愁。翻意說來，便覺情趣橫生，用意深厚，又不徒在造句新穎已也。如此詩第四句，落花竟能遠送斜暉，揆之常理本難說通，而在詩人意境中，此正爲其智慧語。學者於此，可悟其命意高遠處。

有高閣之客去，乃有小園之花飛。亦惟有客去之情，乃能引起第六句欲歸之意。此詩中綫索，不悟此不足以傳詩之神。客既去矣，花亦飛矣，而腸斷，而眼穿，然仍用「未忍」「仍欲」等字，於淒涼落寞之中，布迷離惝怳之境，摩盪盤旋，有聲有色，然後一筆折落。芳心向春盡句，語本平常，第以安排於摩盪盤旋之餘，便覺筆力萬鈞。此等處爲初學所宜悟，直恐難悟耳。

「腸斷」「眼穿」，本晚唐詩家常用語；然用於五言詩中，總嫌過露。紀曉嵐評此詩云：『芥舟曰：「起聯眞是超絕，『眼穿』『腸斷』，吾不喜之。」』近人張采田評曰：「老杜詩紀氏所奉爲金科玉律者，亦常以『眼穿』對『心死』矣，何獨惡乎義山？」又曰：「腸斷眼穿亦晚唐詩家常用語。且此二句詞極悲渾，不得以字面論其工拙也。芥舟臆見可笑。」（見「李義山詩辨正」）采田精史學，獨愛義山詩，亦頗能發微抉隱，所作「玉谿生年譜會箋」，旁疏曲證，至纖至悉，有足多者。然素不喜紀昀之評李詩，洶至每事與之對立。如此詩之「腸斷」「眼穿」等字，紀引芥舟語而不置評，采田乃必欲大發議論，以示不同於紀之意。而細味其辭，於上述數字亦殊不贊許也。所論「詞極悲渾，不得以字面論其工拙」，有同感焉。

義山擅七律，五律稍遜；落花詩尤非其五律之佳者，固不宜據此以論義山也。晚唐詩家，樊川七絕，玉谿七律，不作第二人想；然均不長於五言。凡恃才使氣者，多躓於五言；而一入七言，則馳騁縱橫，廻旋自若矣。悟此可以論義山。

文聲集（六一）

大寒後五日諸公小集山居用公遂除夕文韵

遯翁

山居幽僻歲將闌，尙有琴書理缺殘。作賦小園忘是客，詠梅東閣不知寒。朋占簪盍來鴛侶，世競風流陋鶡冠。自笑盤餐兼味少，一詩聊佐酒盃乾。

次和癸卯大寒後五日遯翁山齋招飲

亮之

又屆垂垂歲向闌，閉門唯是擁囊殘。漸無苦語文孤賞，剩有詩盟破峭寒。嶺外看雲迷故國，閑中閱世愧儒冠。年來端羨阮生醉，管得桑柔滄海乾！?

亮齋即事用公遂韻

幼椿

坐飲行歌興未闌，藉君杯酒餞年殘。依山小築供偕老，照戶初陽足解寒。時有文章哀北國，每懷身世感南冠。幽情好演蟠桃記，欲召麻姑說海乾。

敬次遯師闌韵

肇炘

林泉雅叙到更闌，抱道能宏缺與殘。海角淸商賓主美，天南朔氣歲時寒。好從丘壑娛梅鶴，不向京華羨蓋冠。燭畔尊前縱騷賦，濁醪盃到莫辭乾。

讀史雜記

舜生

現在香港的大專學校，大抵都有『中國通史』一課。這一課程最不容易講得好；截至現在爲止，我們也還找不到一部簡明扼要，文字又寫得相當生動的教科書。因此，不論教者與學者，都對這一課程感到非常的沈悶。

事實上是無怪其然的；中國的歷史，具有四千年左右的文字紀錄，儘管是眞僞雜糅，瑕瑜互見，但首尾畢竟相當的完整，這在世界現存的國家中，幾乎是無與倫比的。

希望一位講通史的教員，從這樣一個冗長，複雜的史蹟中，能區別何者重要不能不詳，何者不重要可以從畧，爲學生們大概講明，給他們一個全部中國歷史的剪影，一以啟發他們承先啟後的志氣，一以激發他們愛護國家的心情，使他們能知道中國文化演進的概況，並畧畧知道在並世文明國家中，我們位居何等；這眞是談何容易，談何容易。

對於有四年工夫專讀史學系或文史系的學生，即令也不容易安排，但總還有辦法可想；惟獨對於其他各系的學生，仍不能不以最少的時間，多少灌輸他們一點對本國史的認識，則困難滋多。

近年我在兩處學校担任了若干歷史部門的課程，深深感到一個在香港高中畢業的學生，對本國史的常識大都異常缺乏；想在大學『中國通史』一課給他們加以補救，乃大費躊躇：不用課本，教他們寫筆記，不是他們的國文程度所能勝任；根據教科書來對本宣科，教他們死讀死記，作爲應付考試的準備，以現在大學教本的內容來說，便可把他們一點讀史興趣摧毀無餘，而且一位在大學教歷史的先生，也不應如此偷懶。

大專級學校可以有『名著選讀』一課，上學期我規定要我的一班中國語文系學生選讀『史記』，特別開快車，在一學期中，爲他們講了二十幾篇『世家』與『列傳』。其目的之一在爲他們補充『通史』一課之不足；另一目的則在使他們知道在兩千年前中國便有這樣一部光芒萬丈的史書，而且文字的謹嚴活潑，幾乎能使得我們與兩千年前的一羣形形色色的古人如晤言一室。我相信這一點對學生們的國文進修也有相當的幫助。

我每講一篇，自己都另有筆記，在一學期的時間，居然積有三萬多字的稿子，現在畧加整理，拿來補本刊的餘白，『敝帚自珍』，本不上有什麼貢獻，聊備同學們的參考而已。

（一）游俠列傳

漢初承戰國餘風，辯士，刺客，游俠，這類人物，多能鼎名當世。司馬遷稱道游俠，說他們：『其言必信，其行必果，已諾必誠，不愛其軀，赴士之阨困，既已存亡死生矣，而不矜其能，羞伐其德⋯⋯』這便是他要爲游俠立傳的本旨。

司馬遷遭李陵之禍，『家貧，貨賂不足以自贖，交游莫救，左右親近不爲一言』，卒至身受腐刑，爲『閨閤之臣』，爲『掃除之隸』。以司馬遷那種『倜儻非常』的個性，而受此莫大的侮辱，其內心的鬱結憤悶，自不待言。他說：『文王拘而演周易，仲尼厄而作春秋，屈原放逐乃賦離騷，左邱失明，厥有國語，孫子臏腳，兵法修列，不韋遷蜀，世傳呂覽，韓非囚秦，說難孤憤，詩三百篇，大抵聖賢發憤之所爲作也。』他便本着這種旨趣，寫成了這部『史記』。王允說『史記』是謗書，由現在看來，司馬遷秉筆直書，稍稍暴露了專制時代的黑暗，同時也多少發揮了他個人的孤憤，則誠有之，謗是談不到的。（引號內的文字，均見司馬遷『報任安書』）

司馬遷在『游俠列傳』上高叫出『緩急人所時有』，這可以說是他全篇文字的關鍵所在，我們至今讀起來，還如見其人，如聞其聲。游俠之所以可貴，即在能急人之急，『而不矜其能，羞伐其德』，至於近代受人僱傭而從事暗殺者流，還不過是一種鼠竊狗偸的行徑，僅可作大盜的奴才，並司馬遷所謂『居民間的盜跖』也談不上了。

在這篇列傳中，所述主要的游俠，僅朱家，劇孟、郭解三人；其餘的都不過附帶一筆；乃至對三人中的朱家，劇孟，也着墨不多，比較敘述得詳細的，僅一郭解。其原因大致由於郭解是司馬遷所親身見過的，他所知道郭解的事也較多，因而縱筆寫來，不覺其冗，而使我們感到親切有味。本來朱家也很重要，但他生平可傳的故事，僅有救季布一幕，這件事的經過，已詳細紀錄在『季布欒布列傳』，爲『避免重複』，所以在『游俠列傳』中只輕輕一提便算了事。蘇轍批評司馬遷的文章，說它『疏蕩頗有奇氣』，像這類的寫法，便大致是所謂『疏蕩』的一種方面了。

關於朱家救季布的經過大致是這樣的：

季布楚人，曾爲項羽將兵，好幾次窘迫過劉邦。項羽失敗以後，劉邦做了皇帝，乃懸賞購拿季布，並說明有敢藏匿季布的罪及三族。其時季布躲在濮陽周氏的家裏，周氏知道終於藏不住，乃勸季布把頭髮剃了，頸上戴上一個鐵圈，完全扮成一個奴隸樣子，然後派人把他車送到魯地朱家處作爲田奴出賣。朱家知道是季布，但他依然買下，把季布好好安頓在田莊上，他自己則到洛陽去見夏侯嬰，要夏侯去見皇帝劉邦，勸劉不可對季布追得太緊，否則季布是可以北走胡，南走越，實行來一次報復的。夏侯知道朱家是一位大俠，說得到便做得到；同時他也明白季布罪絕無可能，於是他同意向劉邦去說。劉邦是一位大才的流氓皇帝，聽夏侯一說便完全明白，立即把季布赦了，而且用了他作一名郎中。

憶陳果夫先生

（五六）

宇人

回到家裏，工人說，有很多人打電話來，好像有什麼緊急的事。我打電話向有關的幾位朋友探詢，才知道他們都走了。最後，我接通了童冠賢的電話，他很驚異的問道：「怎麼你還沒有走」？我答以我向立法院秘書處登記的日期還有兩天。他說，昨夜共軍在江陰渡江，京滬鐵路已被截斷，今天上午，行政院召集緊急會議，限定各機關即日撤離南京。最後一架飛機，即將起飛前往上海，他原是預定搭該機的，要我夫婦兩人立刻趕去，看看是否可以擠得上去。此一消息，對我有如晴天霹靂。因爲由於蔣先生與桂系鬥法，我雖然已意識到不可能堅守長江；但中共竟能於一夜之間不戰而渡，且將京滬路截斷，則仍是我的始料所不及的。我很匆忙的打電話給在浙贛鐵路任職的一位親戚，托他爲我收拾留在家裏的衣物，並設法送到廣州，即和妻同坐三輪車前往童公館。因爲誠恐臨時增加了我們夫婦兩人，超過了飛機的載重量，我們不但沒有攜帶任何行李，即外套也留在家裏。

在三輪車上，我不免有些着急，因想到數日以前，李宗仁先生的夫人郭德潔女士由南京飛往桂林之前夕，李先生曾囑程思遠打電話給我，邀妻和她同機飛桂，並說，他們可以在桂林爲我準備住處。我因避免與桂系有較密切的關係，答以準備不及，謝謝他們的好意。不一會，李先生又親自打電話來。他說，如果和談破裂，家屬撤離南京，可能要遭遇困難，勸我還是讓妻和他的夫人先離京爲佳，並重申他們將爲我在桂林準備住處之議，請我放心。我仍答以準備不及，對他的盛意，祇好心領。不料事隔數日，情形竟至如此狼狽。如果到飛機場時，機上不能容納我們兩人，我雖然自信就是步行，也可以逃離南京；但勢必將妻留下，於心何安。因此，我不免有些懊悔，覺得縱然不願住廣西，妻到桂林後，也可從從容容的折回廣州，不應該拒絕了李宗仁先生的一片好意。但隨又自作安慰：幸而今晨因借不到汽車，改遊玄武湖；如果照原定的計劃，往遊中山陵，靈谷寺及明陵，勢必到五時後才回家，豈不是連擠這最後一架飛機的機會也失去了嗎？

我和妻抵達童公館後，即一同趕往機場，幸而沒有超過重量，我們總算安然到了上海。第二天早上，會見行政院副秘書長梁穎文，交通部次長馬崇六，得知交通部長端木傑將於次日飛往廣州，機上尚有一個空位，我即託他們爲妻訂下。次日，我送妻到飛機場，端木傑已先到，站在機傍。我們也走過去和他站在一起，見有一名校官在機上逐一盤查旅客，歷時甚久，態度甚爲傲慢，最後，強迫已經購票入座的旅客兩人下機，另換兩人上去。端木傑向我耳語道，「這傢伙是警備司令部的人，新上飛機的兩個人，據說，是該部的人員，有緊要公事，必須搭這班飛機前往廣州，所以要將他們認爲無關重要的兩名旅客擠下來，實則乃是假藉名義，攜帶黃魚」。並透露：「一條黃魚的價錢已漲到好幾條黃金」。我聽了之後，大爲驚異，因問到，「警備總司令部居然敢在交通部長所坐的飛機上搭黃魚，可謂無法無天。你既然知道，爲何不加干涉」？他以肘觸我，示意我將說話的聲音壓低；並說，「老兄，今日的上海，已經變成了湯恩伯的天下，就是貴同鄉（指何應欽先生）也把他莫奈何，我又何必自討麻煩呢」？

妻走後，我和立委徐公逵同住一間旅館，他得到次日上午有專機送立委到廣州，我和他即按時前往龍華機場。但等到傍晚尚無消息，又逢天雨，我甚感不耐。適遇江蘇省黨部組織處長王振先搭機去台灣，得知老友馬元放仍在上海，不肯離去。振先希望我能去勸勸他。

我和元放先生交，開始於民國十八年，他原在南京市政府任科長，張道藩任該府秘書長時，認爲他忠實幹練，頗加賞識，乃介紹他到國民黨中央組織部編纂科任總幹事，因爲他是一個責任心很強而又富於正義感的人，我們一見如故。十九年春，道藩奉派爲國民黨江蘇省黨部宣傳部長，即邀請元放爲該部秘書。同年夏，江蘇省黨部再次改組，道藩辭職，我奉派兼任省黨部組織部長，元放繼道藩爲宣傳部長。我和他在江蘇省黨部同事期間，相處甚爲融洽，蔣先生扣留胡漢民先生時，我提議向中央黨部提出抗議，並通電各省市黨部一致主張，元放完全同意，電文還是他起草的。抗戰勝利後，元放任南京市政府副市長兼教育局長，由於CC和我爲敵，我們之間漸甚少往還，立法院成立後，我即未和他見面，直到他離開南京市政府時，才寫一封很簡短的信給我，大意說，他對我在立法院的所爲，最初亦曾覺得稍嫌太過；但爾後則認爲除此而外，實別無他途；祇恐爲時已晚，無補大局。並說，他此後將在上海閉門讀書，無心再問外事。因爲他並未將他在上海的住址告知我，所以我也沒有回信。如今聽了王振先的一番話，並獲得他的住址，乃決定在上海多留一日，以便找他詳談。

正在此時，機場忽然宣佈飛往廣州的飛機已到，請旅客入閘上機。我在衆多立委的擁擠之下，無法後退，祇得隨着人潮前進。警備總司令部有人守住閘門，要搭機的人出示國民身份証，才准進入。我的國民身份証，在南京時，已交與立法秘書處，尚未交回，乃據實以告。

本刊已經香港政府登記

聯合評論

每逢星期五出版

週刊

United Voice Weekly

第二八三號

849126

CHINESE - AMERICAN PRESS, INC
199 CANAL STREET,
NEW YORK 13 N. Y. U.S.A.

泛論世界大勢

——憂念中華民國的前途

左舜生

周恩來帶着陳毅等五十餘人，在非、歐、亞三洲，行色匆匆的跑了三個月左右，其目的何在？其一在迫美國屈服，其一在迫蘇聯回頭。

中共不太重視能否進入聯合國，但假如在今年秋天果然讓他們竄進聯合國，這當然是迫美迫蘇最有效的一着。他們現在還只能在聯合國外面吵，等到他們一旦進了聯合國，便好比孫悟空攢進了牛魔王的肚皮，他們便耍弄他們那桿可大可小可長可短的『如意棒』，在牛魔王肚皮裏橫衝直撞，這個時候，最難堪的當然是美國，其次便是蘇聯。

只要中共能進入聯合國，不必等到美蘇對中共妥協，日本當然便要搶先承認中共，這是大平公開向他們的議會有所說明的。我奉勸台北諸公：千萬不要對吉田茂之來存過高的幻想：像吉田和岸這類的人物，只是對上次戰爭所受刺激比較深刻，所以他們才不惜採謹慎態度，對台北虛與委蛇，但不能忘情於台灣，不能忘情於大陸，他們却與其他的日本人完全一致。日本是今天世界上一個最特殊的國家：像美國和蘇聯這類地廣人稀得天獨厚的國家，假如他們果然希望和平，他們却也真正可以和平，像日本這個國家，他們却是雖想和平而勢所不許。

我們不可低估了近年日本武力的進步。在上次日本無條件投降的時候，他們自己承認了『科學不如人』，但最近十幾年，他們對於科學的發展，却正在突飛猛晉。他們關於火箭的製造，已經僅次於蘇聯和美國而位列第三，關於飛機製造的改進和核子的研究，乃至一切交通器材的精益求精，他們更是不遺餘力。至於海陸空軍明明暗暗的擴充，當然更不在話下。如果世人因為日本上次有過一度的失敗，而仍以吳下舊阿蒙看她，這是一定要吃虧的。

自然，日本人今天高呼和平確也是響澈雲霄；對於核子武器的反對，她也似乎比任何國家來得澈底；可是像這樣做並不是由於某一人或某一黨派在那裏領導，實際是由於日本的現狀，確實還需要有五年到十年的埋頭苦幹，才能在實力上一空倚傍，為所欲為，卻是他們共同的認識，說日本會像從前一樣甘為戎首而發動戰爭，這似乎不會，可是在五年十年之內，世界一旦有變，他們便要脫穎而出，卻是不難想像的。

任何一個國家，他們所遵循的外交路線，多少都不免要受他們自身歷史的支配。在上次大戰以前，乃至第一次大戰以前，日本向外發展的途徑，原有所謂『北進』『南進』兩派；北進的敵人是帝俄或蘇聯，南進的對手則為英美。像日本這樣一個一字長蛇的國家，處在太平洋，這樣一個微妙地位，他們既在勢不能不向外發展，要發展便當然不出此南北兩途。蘇聯和中共繼續衝突，這當然是日本所樂意的。可是日本要向北發展，其目的地仍不外韓國和我東北，這樣一個動向一經顯著，便立即可促成中共與蘇聯的復合，這一大敵當然不是目前的日本所能克服的。因此，她便只好着重對大陸作經濟的滲透，等到大陸對日本的經濟關係逐漸加深，然後才可徐圖其他。世人只知道中共與日本經濟提攜，在政治意義上，能於日本不利；但日本對大陸作經濟的深入，或中共對日本過度的倚賴，又何嘗不是中國未來的隱憂？日本今天已經在事實上不能不作對外的發展，北進既一時尚無可能，惟一的出路便只有對南發展，日本今天南進的目的地，包括台灣，港九，以及整個的東南亞，亦即是過去的所謂『東亞共榮圈』。自然，他們還不會使用武力，但經濟競爭的激烈，實比較武力競爭有過之而無不及。正當日本遂行這一國策的時候，忽然攢出了一個戴高樂，要大做其重返亞洲的白日之夢，這當然是日本所不能容忍的。戴近視眼鏡的朋友，以為這次日本不肯輕於追隨法國承認中共，也算是對中華民國的一種好意，這真可說是糊塗透頂！

台灣今天所患的是神經衰弱症兼小兒麻痺症，不僅一動不敢動，乃至連想也不能想。其惟一所倚仗的，在整個世界中，依然只有一個美國。一部分美國人儘管對中華民國在嘴上還是說得很甜，可是他們內心的打算却又另是一回事。例如他們在口頭上恭維台灣的經濟如何進步，實際乃是他們要停止經援；在口頭上恭維台灣的軍事如何如何良好，實際乃是他們要削減對台的軍事負担；至於『兩個中國』說儘管發動的不一定是美國，但美國傾心贊成却是事實；而且他們還只把這樣一種做法看成一個階段，以後還有下文。

說到美國這個國家，真也奇怪：假如她肯打仗的話，以他們海陸空軍配搭的健強，工業潛力的偉大，武器的精良，兵源的充裕，以及他們在前兩次大戰中所表現軍人的勇敢，她仍不失為世界第一強國。可是美國的人民却是不要戰爭，以美國的國體來說，他們的當政者無法不以人民的意見為意見，於是他們也只好隨波逐流來談和平，談共存，談妥協。所謂和平，共存，妥協也者，這是外交之事，而直接與軍事無關。講戰爭美國是世界第一強國，講外交美國却是異常的低能！美國今天其所以弄得四處碰壁，處處不討好，甚至用了許多金錢幫助別人而買得却只有反感；所以得到這樣一種結果，其總原因即因美國在世界的現狀之下，只能用其所短，而無法展其所長。我這樣說絕不是希望美國以戰爭來解決世界問題，我只是要說明一切倚仗美國的國家，所能得到美國的幫助，確有一定的限度，而不能作非非之想。以中國問題來說、假定中共果然竄進聯合國，而其他在今天仍屬相對反共的國家又從風而靡，即令美國還能不拋棄她的原則，已屬孤掌難鳴，其所能給予中國的助力，豈不更為有限？因此，我深深感到今天的中華民國從外交上所能掙扎的途徑已經不寬；以武力作孤注一擲，我又期期以為未可，且為事實所不可能；無已，惟有從政治作澈底的改革，或倘有幾希之望。可是，國民黨這一政權，自北伐成功以來，已快有四十年的歷史，黨國的結習難除，恐怕依然不敢輕於嘗試！於是乎中華民國這塊招牌便只能在『兩個中國』的形式下還延幾時，等到台北的領導者有了自然演變，或內部發生更深刻的矛盾，到那時侯：國際對我來一次缺席裁判，一個以台灣土人為本位，以美國居名日本居實的托管之局，或且終於出現！果然到了那樣一天，像我們這類七十以上的老頭子，上無以對創造中華民國的先烈，下無以對我們哀哀無告的子孫，我們真是萬死以不足以敝其辜！

西方國家為什麼要承認中共？

孫寶剛

當法國承認中共的時候，我正在倫敦，所以回港後很多人問起我，關於英國人對法國承認中共的看法。我對他們說，我在英接觸的人，以工黨的議員和研究中國問題的專家居多，在他們看來，法國承認中共是天經地義的事。

第一，他們認為今天世界上，尤其美蘇兩陣線間，最重要的問題是裁軍。以裁軍來說，又分為核子武器的裁減和一般地面部隊的裁減。對於裁減核子武器來說，當然是美蘇兩國的問題，英國雖然也有核子武器，但在工黨看來，不值得討論的。他們正在反對保守黨要保持獨立的核子武器和部隊。他們認為以核子武器來說，祇有美蘇兩國有資格來競賽，以英國的國力，以及核子武器的現有進步的程度，而繼續保持獨立的核子武器和部隊是愚蠢的。因為在工黨想來，英國如一旦和蘇聯發動核子戰爭，假如沒有獲得美國的支持，不就等於自殺麼？反之，假如在美國同意之下，如與蘇聯作戰，英國即使沒有獨立核子武器，而在美國補給之下，不也可以作核子戰爭麼？所以全無必要去保持獨立的核子武器和部隊。但是另一方面說，即對於地面部隊說，不特英國有其重要性，世界上許多國家都有其重要性，尤其以中共這樣一個國家，擁有這樣多的人口和地面部隊。所以一談到裁減地面部隊而沒有中共參加，不和中共有個協議，其餘的世界各國即使達成協議，也是空談。所以中共應參加世界的裁軍會議乃是必需的。但是世界各國如不承認中共，中共便不會來參加。所以他們主張承認中共，並使中共能進聯合國，使中共對世界各國負有責任，易言之，使談判世界的裁軍問題時，中共一定參參加。

第二，他們認為中共是世界最大的市場，尤其在中共和蘇聯有了歧見以後，這個市場是西方國家的了，英國是靠國際貿易而生存的，歐洲共同市場各國，這幾年來的生產擴張率極高，也在尋求市場中，其他如日本，以及歐洲共同市場以外的國家，看中了中共這個市場的也很多，這些國家當然都想和中共貿易，但是要貿易，當然希望要和中共發生正常的外交關係，才能使貿易方便進行。當然這許多國家中，有的為着內部和外在的形勢，不能立即承認中共。譬如以西德說，西德怕人家承認東德，所以對於承認中共一節不敢苟同，也有些國家是主張兩個中國的，所以不顧因承認中共而和台灣絕交、或因贊成了中共進入聯合國而把台灣的中華民國逐出聯合國，所以在觀望中。但是大勢所趨，恐怕遲早要承認中共，或贊成中共入聯合國。

第三，他們認為不問你贊成中共與否，最緊要的是先要瞭解中共，但是要瞭解中共，便須和中共多接觸。承認中共之後，可以增加和中共接觸的機會；也就可增加了瞭解中共的機會。在美國人的想法，今天已不可能再有一次世界大戰，更不可能有一個外在的武力去消滅中共政權，他們對台灣的高呼反攻大陸，認為是夢話，所以你如不贊成今天的中共所施行的政策的話，唯一辦法是使中共自動改變。怎樣可以使中共自動改變呢？唯有和中共多接觸，以影响中共的執政者，同時使中共的執政者多到西方國家來，使知道今天西方國家的情形，和馬克思所說的資本主義社會大不相同，所以勞資對立政有十九世紀之盛，西方國家的社會不會立即崩潰的。反之，歐洲的共產國家連蘇聯在內，都在變，都要給人民以較大的自由，都為注意到人民的生活水準，都認為世界革命是不可能了。那末，中共的執政者自然會變，變成較接近西方國家式的一個國家。

基於以上的理由，在大部英國人的頭腦中，尤其工黨的人士，認為承認中共是理應如此的。祇是他們希望台灣不要逐出聯合國，但這也基於他們本身的外交運用，並不是對於台灣有什麼好感，或有什麼特別的重要性。

他們對於中共還有一個樂觀的看法：他們認為全世界的共產國家既都在提高人民的生活水準，而且中共這一年來也在這樣走，將來如中共和許多西方國家建立正常關係的話，定有源源不絕的西方人士去中共，而中共的執政者也會源源不絕地去西方國家，在這樣的情形下，中共的內部政策，不可能再走入恐怖和大規模的清算人民的路上去。可能一天：會溫和化，而使一般人對於中共以往的恐怖和清算的印象冲淡了些。

上面所述，是我在倫敦時所接觸的人士和所看的報紙雜誌後，所得到的一個概念，他們的意見是相當一致的。說到這裏，有人問我台灣的前途如何？尤其這幾天報上載着，日本和美國都有台灣的人們在發動台灣人的獨立運動了。在我想來，假如台灣的當局者認瞭解今天的情勢。（下轉二版）

詹森總統所面對的內外難題

謝扶雅

美詹森總統就任於甘廼廸遭變倉猝之際，雖在他在副總統職時，曾每被邀參加白宮主持的全國安全會議，畢竟會談商討是一回事，而臨機應變的執行又是一回事。中國語中的「蕭規曹隨」，根本不可能適用到美國的最高當局。美國是個崇奉實驗主義而富有動力的國家，好為隨時隨遇以應機變，實無嚴格成規之可言。自然，當舉國一致同情甘廼廸英勇殉職的熱浪期間，詹森必然須宣稱繼續甘氏政策為其今後施政的原則。誠然，他也正在大力推動國會早予通過甘氏所遺下的民權與減稅兩案。而況今年適逢大選之年，詹森而欲代表民主黨贏得大選，續掌未來四年的總統政權，策略上必須憑藉故總統的甘棠政績，保証賡續甘氏治國的方針，以資號召，而達獲選的成功。

但當詹森總統就職後一個星期，於十一廿九日第一次向參眾兩院聯席會議發表其政策演說，幾乎全部集中在國內，顯然為了贏得大選的目標，想不到在十六之後，便在中美洲巴拿馬運河區爆發了一件國際衝突的流血事變，以致美巴不得不立刻斷邦交。這不幸事件發生導因之一，是由於恰好幾個月前美國駐巴大使即為運河區問題與國務院意見相左，而離職。府院尚未想妥繼任適當人選，不久甘總統遇害，這事便拖下來。如果早有一個精幹大使在巴，這次必能制止區內美居留民學生不應扯下巴國學生所懸的國旗，而避免雙方都有重大死傷的慘局。這也可以說前後兩政權交替期間的一個漏洞。而這一小漏洞便沉了一條大旗艦！接着古巴卡斯特羅又到了莫斯科一趟，回去以後，為了幾十個漁民被美國在古巴的關搭拿摩島海軍基地捕去，便斷絕了該軍港的食水供應，並引起蘇聯又一次（二月六日）對美的譴責，助古巴吶喊。據聞巴西不日也將承認中共而與之建交。總之拉丁美洲的赤化，大有燎原之勢：這是美國最重的後顧之憂。

法國戴高樂總統突然承認中共，無疑地給予美國一個極大的打擊。本來美與法在傳統上因同爭民主自由而革命，應是極其志同道合的良朋。當十三州獨立之戰爭中若不是聯法作一臂之助，成敗之數將未可知。所以甘廼廸總統一上台首先便走訪戴高樂，保証美法的傳統交情。而甘氏遽遭不測之際，戴將軍也是頭一個宣佈親來執紼送喪，而占外賓的首席。近一兩年來法之不顧身為北大協約之一員而獨斷獨行，已令美國相當感到頭痛；去年夏秋之際，更與中共眉來眼去，外交界已預測他會承認中共。但要等到詹森上台，戴高樂情知詹氏沒有甘故總統那樣氣魄，乃遂決心宣佈承認中共大陸政權，而不睬美國的一再警告了。詹森自己目下顯然忙着應付國內問題，並經宣佈暫時不出國門，而把對外完全交託國務卿魯斯克；這跟甘故總統的作風剛好相反。甘氏長袖善舞，潤斧大刀；詹氏保守兢兢，老成持重。所幸現在蘇聯為欲自美獲取大批糧食，處處與美妥協，不搞麻煩。然而志高氣傲的戴高樂，便毫不給詹森留面子了。

大傷腦筋的南越問題，[illegible]以來，情勢愈加惡化，剿共軍事節節失利，西貢郊外都已滿佈着北越的游擊隊。吳廷琰餘勢復和中立派分子勾結。美國雖派出了萬餘軍隊和每日耗費一百萬美元之巨，但很顯然這局勢比從前韓戰還要糟。倘使這糧倉一旦為中共攫去，東南亞將盡付赤焰，[illegible]詹森幸而央乞甘故總統介弟羅拔往東方一行，勉強勸阻印尼蘇加諾在北婆邊境停火，當然大馬印菲的冷戰，仍無解凍之可能。要之，美國在南太平洋，除只靠第七艦隊遊弋防堵而外，恐不能再進一步有所効助於這一地域局勢之改善了。

非洲一帶新興國家，無論為舊法屬或英屬，無不從美接受或多或少的經援，但很少有動輒不「反美」的。背景主要為美在國內黑人種族問題，而常給毛澤東反美帝以一大藉口，並順手誘致黑非，加以滲透煽動。二月一日迦納政府宣佈驅逐迦納大學四美籍教授——包括一法學院院長在內——出境，認其有破壞政府安全的陰謀。一九六〇年自法管獨立的加麥隆總統，於二月八日公開宣佈考慮承認中共，並願投贊成票准其入聯國。果爾，它將為非洲法語系統十二國中追隨法國而承認中共的第一個國家了。東非舊英屬的桑克巴，雖是新近獨立的一個小國，但即為共黨分子推翻把持，而逐去美國勢力。地中海的塞浦路斯島，最近由於國中希臘族與土耳其族突糾紛，美國附和英國提議由北大國家派兵駐防塞島，以資彈壓及調停，美又首先聲明願即進軍島上，致激動全塞公憤，兩次炸爛美駐塞大使館；並蔓延至希臘首都雅典，由三千五百大學生與希臘正教教士聯隊巡行，向美英大使館示威抗議。倘由塞島種族糾葛而釀成土希兩國互鬨，則蘇聯螳螂正伺其後，將必爭取土耳其而牽其黑海艦隊，通過達達尼爾海峽開入地中海來，製造中東的大變亂了。

以上都是詹森總統就任後兩個多月所發生的國外難題。至於國內，他雖以削減本年度預算的代價，換取減稅案的兩院通過；但這減稅是否直接有助於經濟發展，殊成疑問。而國中失業人數，依然保有全人口百分五以上的統計。詹氏現正高叫「向貧窮宣戰」，欲對年入五千元以下的家庭（占全國五分一），加以補救。但究如何進行，尚無具體計劃。不用說，這都無非為了爭取選民大衆的歡心。但素以保守見稱的詹氏，雖在南部各州不無地利人和之便，而南方的黑人票，仍要看詹氏的民權法案將怎樣修改折扣地被通過而定。至在自由氣氛濃厚的東北各州，詹氏如何爭取，殊為棘手的問題。假使那萬萬富翁煤油大王的孫子、現任紐約州長洛克斐勒得以代表共和黨而為總統候選人，則詹森將連招架之功也都沒有了。這是幾個月內便可分曉的事。

一九六四、二、十三自美東

法國承認中共後對歐洲反應如何

法國已於一月廿七日正式宣傳承認中共政權了。法國承認中共政權後，對非洲亞洲乃至歐洲所引起的反應，素為各方所注視。因為這將決定法國此舉對中共究竟有利到何種程度，從而幷判斷中共政權是否即能迅速進入聯合國。因法國承認中共而由其所引起的反應來估計，當然也應

對亞洲與非洲之初步反應如何？我已於二月十三日出版之香港聯合評論（亦即二月十二日聯合評論紐約航空版）予以綜合報導。那一評論報導之主要內容是非洲十二個說法語的國家，并沒有跟隨法國行動，它們都已紛紛表示并不承認跟法國之後承認中共，甚至它們還因此引起對中共之進一步警惕，認為中共極可能滲透它們顛覆它們。這當然是一項極為值得欣慰的消息。

自二月十三日我綜合報導過的非洲反應後，二月廿三日查德共和國總統蒙巴且亦於二月十三日公開表示：「法國與中共政權建交，與查德共和國無關」。「查德對中華民國的政策，決不受其他國家的影響」。而查德共和國是一向支持中華民國的，可以說這是最近兩週所繼續看到的好消息，可以作前文之補充。

而亞洲方面，首先是在南越引起新政變，由反對中立而又堅決反共的阮慶將軍，把南越統治集團內有意接受中立而親法的楊文敦宗室汀等四巨頭拘捕了，而由阮慶自己出來組織了一個反共而又反中立的新政府，這可以說是戴高樂與中共共同謀使南越中立化及進一步中立東南亞的大失敗。此外，泰國、非律賓都對法國作了嚴正評擊，日本也表示并不跟隨法國之後承認中共，所以法國承認中共之舉，可以說其初步反應是并不如原先所想像的那樣惡劣。

那末，法國此舉在歐洲的反應又如何呢？其間最值得注意的國家，莫過於西德與義大利對此事的態度。西德總理艾哈諾曾於法國承認中共後訪問巴黎，而與戴高樂會談，所談會涉及中共問題，據外電報導，艾哈德訪問巴黎時，曾向法國當局表示他對法國承認中共政權事，對北大西洋公約組織與美法關係可能造成的損失，都甚有隱憂。據巴黎世界晚報說：艾哈德與法國官員會談時，曾指出戴高樂於一月三十一日舉行記者招待會時，曾表示法國對世局採現實看法。艾哈德說：那麼，如果這便是法國政策的話，他担心有一天法國會承認東德的存在亦係一個事實。

目前西德雖與中華民國無邦交，但無可諱言，西德乃是法國在歐洲政治舞台的重要夥伴，法國承認中共政權之舉，顯然更將增加西德對法國的疑懼。因為法國這一現實外交原則如繼續推廣運用的話，顯然會終於走上承認東德之路，以致損害西德。

至於意大利，可以說：法國承認中共政權一舉，它對意大利引起的反應實在很大的。因為意共在國會擁相當大的勢力，它是極欲乘法國承認中共政權一事而促使意大利亦跟隨法國之後，立即承認中共政權的。但親近中共的人，在意大利國會所提承認中共政權一案，却已被國會討論後所否決。這是由於意大利大多數政黨都反對承認中共政權之故。

據意大利天主教民主黨表示：中共政權在本質上具有侵略性，是反西方的，根本不應予以承認，以免影響自由世界。

意大利右傾社會黨則認為承認中共政權，將有害六國市場及北約組織，同時也將對聯合國發生惡劣影響。

其餘的，如像意大利的新法西斯黨、自由黨、保皇黨、共和黨，都是反對承認中共政權的，所以，意共及意大利左傾社會黨雖欲促使意大利政權承認中共，但未能如願。

意大利總統最近曾訪巴黎而與戴高樂會談，會談公報亦說法意兩國在外交上頗有歧見。

至於歐洲的西班牙，它一貫反共，當然不會追隨法國的做法。比較有慮的，是葡萄牙，葡屬澳門接近中共，故不久之前曾一度傳說葡國即將承認中共，但迄今又已渺然。

當然，在非洲尤其說法語的十二個非洲國家中，也絕非任何一個國家都不致承認中共，事實上，非洲兩個剛果共和國的那一個以布拉柴爾為首都的剛果共和國，就於上週繼法國而承認中共了。此外在歐洲方面，由於中華民國主動的斷絕了法國邦交，法國亦已於上週否決了中華民國參加歐洲六國共同市場的事。

所以，綜合非洲、亞洲、歐洲的初步反應來說，總算比預想稍好。但台北當局應該提高警惕，不可因此疏忽。因上述各項反應，畢竟只是法國承認中共政權後的初步反應，將來變化尚未可知。因為今日國際間講的不是道義原則的外交，做的是現實無情的事。而且，很多國家的執政者的眼光均極淺短，他們之中真正對國際共產主義有認識的人並不多，所以，中華民國政府必須自己努力，既不可專靠美國，也不可專靠外交運用。中華民國政權固然應該在外交上盡各種手段，以打擊中共的活動，以維持和發展自己的與國，但尤應團結海內外，加強自己的實施反攻，用自己的行動，來開拓自己的命運，才真正可靠。（陳永昌）

西方國家為什麼要承認中共？

孫寶剛

（上接第一版）

而能面對現實，不要再作欺人之談，天天說反攻大陸，好好地把台灣這個地方，自外交，內政澈底改進起來，那麼我也相信駐美中國大使館的話是對的：真正的台灣人祇有高山族，其他的台灣人，都是中國大陸去的，不過在時間上有先後，根本談不到台灣人獨立這一件事。台灣當然可以安穩的存在下去，不然的話，恐怕在中共佔據大陸後去台灣的人們中間，也會不贊成今天的政府，那就糟了。再進一步來說，今天兩千萬的華僑，果然有一部份是贊成中共的，但是大部份在反共。假如中共能進入了聯合國，和各西方國家建立了正常關係，又能把對內政策溫和化，一變其往時的恐怖和清算政策，恐怕全部華僑却要投入中共的懷抱。到那時台灣才真正孤立了。唯有台灣的中華民國真正能成為一個民主自由而進步的國家，人們才願為中華民國的國民，即是小一些，又有什麼關係呢？

美國應堅定其對華政策

楊永乾

自從元月二十八日，法國與中共宣佈建立外交關係之後，時間不及一月，在國際間已引起若干變化。譬如，近來戴高樂氏對中共的事事遷就，已迫使在台灣的中國政府，於本月十日聲明與法國斷絕外交關係。日本的左翼黨派及一般商人，已使用更大的壓力，迫使自民黨政府，隨法國之後，去承認中共，這樣的壓力，且在逐漸增長之中，以致日本政府推行其「政治台灣」，「經濟大陸」的兩面政策。其他的民主國家，已因此而開始動搖其對中共的堅定態度。

在最近的一些演變中，最值到注意的，是美國政府近來的態度。美國這十多年來，是唯一實際支持我們的國家，在法國準備承認中共之前，他曾極力予以勸阻，當法國承認中共之後，美國亦是除我國之外，唯一向法國政府提出抗議的國家，從這些事實的經過中，足以証明政府對我國的支持，仍舊是信守不渝。不過，本月初以來，美國報章上，不斷傳出國務院有重新考慮防守金門、馬祖等島嶼的消息。這類消息，對我國當前的處境而言，其嚴重性，並不下於法國的承認中共政權，我們應該早日予以注意。

對於這一消息，叙述較為詳細的，是最近的一篇華盛頓報導，題目是：美國對金門、馬祖政策的檢討（U.S. Reviews policy on quemoy, Matsus）作者是艾倫與司考特（Robert S. Allen and Panl Scott）二人，他們倆人的這篇報導，將最近美國國務院及國家安全會議所擬定的中國政策，曾有扼要的叙述，故特摘錄於后：

法國戴高樂總統決定承認中共之後，已使國務院對於中國政府所防守的金門、馬祖政策，重作考慮。由羅斯陶博士（Dr, Walt Rostow）所主持的國務院政策設計委員會（Policy planing comil）已開始研究，在國家利益之下，去尋求一項辦法，以維持美國的聲望，及使中國政府撤退這些島嶼的駐軍。這項富有爭論性政策的檢討，原計劃於今年十一月大選之後，然由於巴黎與北京建立外交關係的緣故，魯斯克國務卿已命令該委員會，對金門、馬祖政策，立即加以檢討。

魯斯克氏指示羅斯陶等，於當前情勢下，為着美國利益，不論是撤離這些島嶼的中國軍隊，或者維持美國的聲望，在二三中，去作一決定。魯斯克氏並告訴該委員會，對法國的新外交政策作一估計。繼續防守這些島嶼，對我們目前情勢的價值與危險。及在金門、馬祖等島嶼撤退後，其所發生的變化，對西太平洋地區可能產生的心理影響。魯斯克國務卿並把國家安全會議（National Security Conncil）的一個文件，交給羅斯陶等，這個文件的內容，是對中共執行一項新的門戶開放政策。

這一項富有爭論性的政策，大部已為羅斯陶氏所手擬，其要點是：「假定於一九六四年，中共可能完成其氫彈試驗之前，從金門、馬祖撤退軍隊，較之於中共完成其氫彈試驗之後，再從事撤退，將有着某些利益：……。」在過去，美國政府曾勸告中國政府放棄台灣海峽內，隣近大陸的這些軍事基地，已為中國政府所斷然拒絕。現在中國政府大約有五萬人駐在金門，一萬二千人駐在馬祖。

關於防衛台灣本島的政策，在國務院內，並未考慮到任何變動，因為這已很明顯的，載於中美防衛協定之中。

以前國務院雖已使用美國政府的援助與影響力，促使台灣作政治改革，及擴大人民支持的基礎。由最近越南事件，已清楚顯示出，政治改革的重要，當時美國政府對越南政府亦曾予以同樣的勸告。某些美國政府官員並相信，只有實行這種政策，才能夠改善現在中國政府的處境。

關於法國承認中共一事，美國國務院雖曾送一簡短抗議給法國政府，而詹森總統對中共所採取的政策，實際上和法國非常相似，不過是時間問題而已。

國家安全委員會對中共政策的梗概，大半是偏重於與中共擴大貿易，外交及文化方面的保持接觸。其結論是：「我們應該明白，美國與中共間開始關係，並沒有最後的阻礙，假使中共準備放棄其現在的侵畧政策。」

看過上面這篇報導之後，我們所得的印象是：

一、美國政府在今天提出來討論金門、馬祖政策的原因：一是由於法國的承認中共。另一是恐怕中共在今年完成其氫彈試驗。

二、美國政府準備對中共採取一項新的外交政策。

三、希望台灣的中國政府，勵行政治改革。

關於二、三兩點，是近來報紙上常見的消息，已為衆所周知，故畧而不論，現在且就第一點，來作一說明。

去年秋天，法國醞釀承認中共的時候，美國政府曾用南韓和越南的例子，勸告法國戴高樂總統不要承認中共。當時美國的理由，認為這樣除助長中共的聲勢，拆散西方民主國家的團結，破壞亞洲政治、軍事上的均勢之外，對法國本身來說，亦不會有任何利益，徒表示像一個大國的樣子而已。到今天事實証明，美國政府當初勸告法國的話，完全正確，一向在民主國家間高視濶步的戴高樂氏，在與中共建立外交關係之後，就已知的事實，對中共的交涉，並不順利，毛澤東的自視之高，不下於戴氏中共所表示的大國的子，似乎還在法國之上，戴高樂氏原來中立越南的計劃，現因美國與越南政府的反對，無從着手，而將來中共又不知有何花樣。在今天來評論法國承認中共的唯一成就，是他替中共開拓了今秋進入聯合國道路。這就是說，法國與中共建立外交關係的結果，勝利者是中共，而並非法國，美國政府在過去既看出法國承認中共的錯誤，那麼，在今天何以自己反因法國的承認中共，就動搖其原來的信心，忙着來檢討金門、馬祖的政策，甚至還設法使中國政府從這些島嶼上撤退，這是我們所困惑難解者。若說恐怕中共在今年完成氫彈之後，再從這些島嶼撤退，有損於美國的聲望，為着面子問題，不若早日從事撤退。在我們看來，美國政府這種恐懼心理，對中共的鼓勵，並不下於法國的承認，就某些地方看，且有過之。因為共產黨人的一貫作風，是虛張聲勢，避實就虛，他們看到你恐懼什麼？就用什麼來恐嚇。譬如，過去美國人說：「中共擁有幾億人民，不能忽視大陸上這個强大力量的存在：…。」於是中共就大事宣傳說，他們地大人多，不怕原子戰爭，這都是針對美國的恐懼心理的宣傳，而且這種宣傳十分收效。金門、馬祖這些隣近大陸具有軍事價值的島嶼，中共這多年來，無時不想奪取，都未達到目的，今天如在他的氫彈試驗的恐嚇之下，即作撤退的準備，豈不是較法國還要錯誤的想法。退一步說，即使今後中共眞有原子彈，也不一定為這些島嶼而使用，更不一定為這些島嶼，就與美國人作原子戰爭的冒險。而且金門、馬祖與台灣是一水之隔，以原子武器的威力，在地理上無何差別，如中共眞想用原子戰爭來奪取金門、馬祖，到那時他也一樣可以用原子戰爭來解決台灣問題，決不是恐懼可以避免的，也不是解決問題的有效辦法。

當然！應付中共問題，責任並不全在美國，中國政府要負着更大的責任。好像越南一樣，政治上不能團結，美國亦愛莫能助，反給共產游擊隊造成坐大的良機，這自然是不幸之事。可是，我們深以為在應付中共問題上，美國政府不能再事退讓，應堅定其立場。本年初遠東局勢之所以惡化，完全是戴高樂氏的一念之差，他為着個人的一種幻想，不肯與民主國家合作，獨行其是，卒使中共達到其從來未有國際聲望，法國既錯誤於前，希望美國政府不要再錯誤於後！

一九六四、二

十九日

美國必須繼續協防金馬

薛正昌

最近有消息說美國國務院又在研究是否應該撤防金門馬祖，初聽之下，對於這一消息之正確性，實在使人懷疑，因為這原本是不應該發生的事。但話說回來，美國人中雖然確有許多優秀及有眼光之人物，但美國人當中確有很多莫明其妙的人，美國官員中也確有很多眼光淺短，在客觀事實上帮忙中共的人，所以，人們不能不注意這一條消息，也不能完全忽視這一條消息。

如果這條消息是眞的，那末，美國國務院又何以忽發從金馬撤退的奇想呢？據我推想，這有兩個可能：一個可能，是恐怕中共製成原子彈，中共因而將用原子彈攻擊金馬。屆時如美國不用原子彈對中共還以顏色，則金馬終將不守，故不如及早撤退。其實，這想法是完全錯誤的。因為這想法完全假定在中共可能製成原子彈的這一假想上。當然，無人能肯定中共絕對不能製成原子彈，但應該特別嚴正指出的，是中共絕不能立即舉行原子試爆，說中共即將於一九六四年舉行原子試爆，那完全是神經過敏之談，何況，在製造核子武器和使用核子武器上，舉行原子試爆是一件事，製成原子武器又是一件事，使用原子武器又是一件事，其間程序煩多，時間相距極大，可以斷言者，中共是決不能在一九六八年以前使用原子武器的，所以，美國國務院在今天是絕不能因為這種不合時宜的假定來亂造政策的。假如美國眞因恐懼中共擁有原子武器便撤防金馬，那末，豈不是將因同樣理由而撤防台灣？

美國突然研究撤防金馬的第二個理由可能是因為法國最近承認了中共政權，而在美國國內及國際間又有一種暗暗的傳說，說中共將乘勢用兵襲取金馬。美國或者有人因為恐懼中共之此一進攻，遂又有是否應該撤防金馬之議。殊不知，只要美國現政府稍有勇氣，稍有政畧戰畧頭腦，稍能遵守美國前總統艾森豪以至甘廼廸總統之政策，便不應再考慮現在是否應該撤防金馬。因為自艾森豪威爾時代起，美國政府已對金馬問題採取了一種彈性的協防政策，該政策曾明白規定：一旦中共對金馬用兵，如果中共用兵的目的，只在進攻金馬的話，美國便不協防；如果中共進攻金馬的目的，乃在進攻台灣的話，則美國將斷然協防，因為美國與中華民國訂有協防條約，對中華民國負有協防義務也。

嚴格言之，美國的對華政策，原本就欠正確，不夠積極。須知，中共本是亞洲禍根，美國既在今天領導整個自由世界進行反共爭鬥，美國在亞洲的政策便應該消滅中共政權，協助台北的中華民國反攻大陸才是。但美國的政策製定人見不及此，已屬大錯。倘再因恐懼中共而撤退，而地球雖大，撤退之後又撤退，美國恐亦在這一地球上將無容身之所。因為美國既可以因恐懼中共而自金馬撤退，那末，美國下一步當然也可以因恐懼中共而自台灣撤退，再下一步，美國當然更可以因恐懼中共而自菲律賓、關島、冲繩而撤退，等而下之，美國當然又更將因為恐懼中共而自夏威夷撤退了。屆時，如果中共繼續恐嚇美國，事實上，毛澤東今天已在全世界組織國際性的反美統一戰線，而且中共蓄意打倒美國，赤化全世界，到美國從太平洋撤退到夏威夷，又從夏威夷撤退到美國中部時，中共是仍然不會與美國妥協，而將繼續進迫美國的，那末，美國除非撤退到月球，恐怕再也無地可撤了吧！所以，如果美國無意向中共投降的話，美國在今日世界，既負有領導自由世界的榮譽與責任，美國是絕對不可以從世界任何角落撤退的，當然也不應該自金馬撤退。

根本言之，美國政策製訂人今天應該時刻記住，美國今天的榮譽責任是解放全世界，打倒共黨，而不是恐懼任何共黨而撤退。

「國民大會臨時會」

說穿不值半文錢

高瞻遠

（台北通訊）自從政府播遷台灣以來，在這十五年中，幾乎每年都在醞釀「國民代表大會」有召開「臨時會議」之說，這其間究竟是什麼道理？實在目前有加以說明之必要。

根據中華民國憲法規定，本屆（其實已經是三屆非法連任了）國大代表職權衹有兩項：一是選舉總統，一是罷免總統。其他並無任何職權可言。而今既不是選舉總統之年，而國大代表目前要求召開「臨時大會」，又不是要罷免總統，而其理由是要求取得「創制複決權」，這一要求，說起來不僅滑稽而且有些近於荒唐了！

查「憲法」上明文規定，中華民國人民代表，如要取得「創制複決權」應在行憲十年之後，必須俟全國二千幾百餘縣地方選舉逐縣完成，「國民大會」才能有「創制複決權」之設立。今政府偏安台北，政權衹能及於台灣一省，對共黨奴役下的大陸六億五千萬人民早已失掉統治能力，何況今日留在台北的「國大代表」衹能代表他們自己本身，根本即不能稱為人民的代表，更說不上要取得什麼「創制複決權」，所以每次「國大代表」提議要召開所謂「臨時會議」時，蔣先生都堅持不允，所以每次都沒有實現。

至到去年（一九六三）十二月「國大代表年會」期中，一部份「國大代表」又提議要於中華民國五十三年召開「臨時大會」，據說簽署此一建議的「國大代表」為數有九百餘人之多，以台灣現有一千五百名左右代表名額來說，實已超過「法定人數」。（根據憲法規定，「國民大會臨時會議」之召開，祇要有三分之二以上國大代表連名簽署，總統即得依循代表之意非召開不可）由於此次參加簽署人數眾多，而又號稱是已符合「法定人數」（其實全國國大代表總數為三千四百餘人，就是隨政府來台的一千五百餘人全體簽署，也不夠三分之二）。大有假戲真做之慨。因此迫得身為總統的蔣先生不得不屈從眾議，竟於「國大代表年會」閉幕席上，當眾宣佈接受代表們的建議，並承認定期於中華民國五十三年（一九六四）四月召開「國民大會臨時會議」。

而論，依據一般常識，任何一個民主國家到了其國會要召開臨時會議的措施時，則非有關國家的緊急重大事故不可，而召開「臨時會議」的非常舉措，當然為全國輿論所重視。所怪的是蔣先生承認召開「國民大會臨時會議」的非常決定，竟不為台北報紙所重視，除了台北報紙的幾家民營報紙對此一「非常決定」有所記載外，國民黨的黨報「中央日報」及政府喉舌（新生日報）對蔣先生此一「非常決定」更一口不提，更說不上擁護和重視了。由於有此一離奇現象發生，因此台北的有識人士對「國民大會臨時會議」已認定其無此可能，有人甚至責備蔣先生輕諾和違法。但其中究竟是怎麼樣一回事呢？經筆者從權威方面得到的消息，原來其中「國大代表」們又要請求召開「臨時大會」，其真實目的並不是要追使蔣先生如期召集，也不是要真取得什麼「創制複決權」，而是往常一貫的用召開「國民大會臨時會議」為藉口，因而達到他們向政府需索的私人目的！說至此，筆者得首先聲明，並不是某權威人士有意對「國大代」的厚誣，而是有往常事實作根據的。

據某權威人士對筆者稱：按照國民大會規章，國大代表是不領取薪給的。自政府還到台北後，由於情況不同，才規定代表們每月支取車馬費三百元。最初兩年都還相安無事。後來有一部份喜歡搞風搞雨的「國大代」，因對立法委員的優厚待遇發生眼紅，乃組織一批「國大代」連名向政府要求取得與「立委」同等待遇。政府當局當時認為不合規章，毅然拒絕。「國大代」們為了非達到目的不止，乃以召開「臨時大會」作威脅。果然政府當局在他們的脅迫和另有企圖下，承認了提高「國大代」的待遇，因此代表們的薪給由三百元車馬費一變而為二千八百元之最高待遇，儼然與立法委員薪給看齊。由於以召開「臨時大會」作武器而吃到了甜頭，因而助長了「國大代」們的貪得無厭。

所以，當立法委員向政府借錢購地皮建築私人住宅，經有關方面批准後，國大代表也要求有同樣的借貸，否則，又將搬出召開「臨時大會」的絕招。政府當局明白了他們的企圖，為了息事寧人又批准了「國大代」與「立委」同樣借貸。

至到去年（一九六三）立法委員又以有了地皮，與建上蓋需款為理由，又向政府請求借款六萬元作為建築住宅之用。其時正逢新任行政院長嚴家淦上台，嚴院長對立法委員的請求，當然不能置諸不理，當然批准無疑。「國大代」對此，焉能輕易放過，為了從速達到目的起見，又搬出他們的最後武器——國民大會臨時會議。不過此次「國大代」甚為齊心，一簽署就有九百餘人之多，而且聲勢洶洶，大有非達到目的不可之慨。據說當時蔣先生對此甚表震驚，後來經某權威人士向蔣先生陳明「國大代」此舉之真正目的是在要求與立法委員同等待遇的企圖後，所以蔣先生才敢於在「國大代表年會」上，一方面承認他們建議。一方面手令行政院每一代表准予借支四萬元。所謂之「國民大會臨時會議」，也就從此烟消雲散。無怪明瞭內幕的「中央日報」與「新生日報」對蔣先生在「國大代表年會」的承諾認為是無足輕重而絕口不提了。

台灣簡訊

一、撤消陳少輝入黨申請

中國國民黨台北市黨部，於二月二十三日一次例行委員會中，決議撤消台北市議會副議長陳少輝的入黨申請，理由是他的入黨申請雖經市黨部接受，但現正在考訓期間，不聽從組織勸告，競選市議會副議長，使國民黨提名候選人周財源落選，缺乏入黨誠意。

陳少輝是在廿一日市議會成立典禮後的正副議長改選時，以卅四票對廿一票擊敗國民黨提名的候選人周財源，而當選第六屆市議會副議長。他的入黨申請被國民黨撤消後，他將成為全省各縣市第六屆議會中，惟一担任副議長而非國民黨黨籍者。於此，吾人可以看出國民黨對黨員的選擇標準，究竟是注重能力？還是注重關係呢？！

最可笑的是，國民黨台北市黨部副主委陳英烈，竟因該黨部提名的副議長周財源落選而引咎辭職。這更表明了一黨專政的邪惡作風。更表明了民主政治在台灣的分量究竟有多重？國民黨對其本黨黨員競選尚且如此「認真」，無怪在台灣的民青兩黨視競選為畏途，當選無因的了。

二、每輛機器三輪車要繳五百交際費

台南市機器三輪車公會秘書吳石泉，涉嫌向會員收取交際費被人向警局提出控告，案中並牽涉接受交際人員的紅包問題。據說警方對此甚表重視，全案正調查中。

據警方調查：台南市機器三輪車會員數百人，由於行車時常因牌照不合規定等問題而被警方人員扣留，因此機器三輪車公會異想天開，由秘書吳石泉向會員收取「交際費」每車主五百元，凡繳納交際費的車輛，由公會發給一個「暗牌」，收藏駕駛人員身上，如行車時遇到檢查，駕駛人即出示公會發給的「暗牌」，檢查人員則免予追究放行，凡無此「暗牌」者，即予扣留罰辦。

據警方目前調查所得，車主繳納五百元交際費者，為數以在兩百人以上，所收交際費共達十餘萬元之鉅。因此警方對該案甚為重視，因有權查扣無牌車輛的單位，非一二機構，十餘萬元鉅款交際費，究竟由那些機構接受，實有澈底調查明白之必要。

又據警方透露，這是一宗計劃週密的行賄案件，案中還牽涉到三位地方有力人士，這三位有力的地方人士因受到「紅包」的催促，經常向查扣車輛的單位說情。

據控訴人指出，機器三輪車公會每車要繳會費三百八十元，再加上五百元交際費，共需八百八十元，深感難以負荷，因此他們才將此一黑幕揭穿。

三、集體貪污歷史重演 總幹事等涉嫌被拘

桃園縣大園鄉農會總幹事鍾生森，總務股長李茂田，因涉嫌貪污，於十天前畏罪逃亡，治安機關追緝中，倉庫主任郭木下已被治安機關扣留。

大園鄉農會理事許木塗等五人，要求理事長黃永樹即依法召開緊急臨時會議，商討善後措施，以免影響會務。

這一案件據傳牽涉甚廣，詳情各方傳說不一，據有關方面透露：將又是一件集體貪污的重演，案發之初，治安機關於十天前展開偵訊行動，並派員逮捕有關人員，當時被扣留的有該會總務股長李茂田之父李木秀（前大園鄉長，現任桃園水利會財務組長），及該會和平辦事處倉庫主任郭木下兩人，該會總幹事鍾生森，李茂田則聞風逃逸，經警方數度圍捕均未落網。

李木秀被押解台北後，因患高血壓症，經治安機關釋回。鍾生森潛逃前，請事假十一天，據主管單位說：這項請假與農會管理規程不合，農會總幹事出差或請事假十天以上者，必須報請理事會核准。因此理事會覺得事態嚴重。大園鄉農會每年代收各項公谷總數在百萬公斤以上，折合新台幣四千萬元左右，業務甚為龐大。三年前該會曾發生集體侵佔「步留米」案，當時價值在五百萬元，此事曾轟動全省。總幹事游英勇判刑後，乃由現任鍾生森繼任，現全案已送移新竹地方法院檢查處偵辦中。

吾人於此可以看出台灣政治制度之腐敗不良，從中央以至地方大小貪污案件層出不窮，其原因，一方面固然是公務員待遇菲薄，薪金不足以養廉。一方面也由於上行下率有以致之，此風若不嚴加剷除，焉能有反攻大陸之望。

四、監委調查黃啟瑞案 發現高院推事失職

監察委員陶百川，黃寶實兩人，在院會中提出關於法官審判黃啟瑞案有無枉法失職的調查報告。

這是監察院年來足以引起各方重視的一件大事，調查報告全文約二萬字以上。

台北市長黃啟瑞因公車購料及市民住宅兩案瀆職而被判停職兩年，自被高院判決無罪後，監委陶百川等人認為判決不當，懷疑法官有玩法枉法失職之嫌，因之在去年十一月的院會中提出動議，主張加以調查，當時院會推派陶百川及黃寶實委員進行調查。

調查報告中指出經過調查結果，對黃啟瑞所涉及的兩案，發現有新証據是過去懲戒會所未審議的，調查委員建議對黃啟瑞案彈劾。

調查報告中認為公務員懲戒會在審議黃啟瑞案時有抹煞事實及故意庇護之處，因此，也建議彈劾。

調查報告中並認為高等法院的兩位承辦推事有枉法失職之處，同時建議提出彈劾。

一件調查報告中同時建議提出三件彈劾案，這是監察院多年以來所僅見者，然而，由於調查報告中所涉及的各方面關係，至為錯綜複雜，今後在院會討論時能否順利通過，尚在不可逆料中。

據筆者所知的內幕消息，黃啟瑞瀆職案件本早已確定罪名，高院之宣判無罪，乃是奉令而行！監委陶百川等縱欲辯明是非，恐亦難得償所願。

毛澤東接見法代表團

親口咒罵赫魯曉夫是紙老虎
又說赫魯曉夫不久即將垮台

綜觀

毛澤東與赫魯曉夫發生個人衝突，至今已不是新聞。中共與蘇共之間互相罵陣，至今也不是新聞。但毛澤東親自出面破口大罵赫魯曉夫，一則說老赫是紙老虎，再則說老赫不久必將垮台，這在今天，實在還算新聞。

這一則新聞是由最近訪問返北平的法國國會議員洩露的。因為，毛澤東大罵老赫的話，就正是毛澤東最近接見他們時當面說的。

據路透社二月二十日巴黎電訊說：「據法國國會議員代表團團員（曾訪中共，近返巴黎）稱：中共黨主席毛澤東日前與該代表團談話歷一時半，稱赫魯曉夫為紙老虎，并預言其將垮台。本日「巴黎報」刊出該代表團團長柏納關於該談話報導。毛氏用激烈之詞說『我上次訪蘇聯是一九五七年，我將永再不入蘇境。他們撕毀了條約，但我們有蘇共朋友與蘇聯人民在我們一邊。』毛氏向該代表團員三十六歲的戴高樂派議員柏納康氏說：『你最年輕，你將看見赫魯曉夫的垮台』。毛氏說到中共與蘇聯之爭，謂『蘇聯技術人員忽忽離去，簡直是破裂，二十四小時內攜文件方案而去』。毛說到原子彈，謂『我知道你們較我們領先，但我們亦將有我們的原子彈，它是導致力量的。但這非意味我們將使該彈。現在有兩個大國，打算領導世界而不商諸任何人。它們（指美蘇）曾商諸戴高樂將軍嗎？莫斯科核子禁試條件是騙局。決不容許該兩國擅自決定，加諸我們』。毛氏對蘇聯使用的憤激的字眼與對美國的一樣。他說『不容美國人留在我們的國土台灣。……我們曾用美國軍火進行我們的革命，美國運來的軍火在十五億美元以上』。他預言南越將會使用美國軍火進行革命。法代表團一些團員指出：法國受美國恩惠甚多。毛氏答道：『我了解這點，美國人離開台灣，彼此就可成朋友』。」

對於這一消息，法新社亦於二月二十日自巴黎發出電訊說：「近訪問中共的法國國會代表團長柏納本晚說：蘇聯技術人員自中共撤退後，赫魯曉夫大概會想與中共談判該等技術人員再往共產中國事。但毛澤東感到其國家尊嚴受傷，已予以拒絕。毛對蘇聯所使用的字眼與對美國一樣不客氣。毛說：『我們不想蘇聯人和美國人污我們的國土』。」

法新社又說：「柏納（二月初曾訪中共、北越、高棉、印度）謂北越處境困難。因其只有二千四百萬人口，而中共則有七億人口。因此，在政治上，北越追得徘徊於北平和莫斯科之間。他們有蘇聯的技術人員，又有中共、波蘭、捷克、東德的技術人員」。

現在拋開法國國會代表團所說北越情形不談，只以中共的情形，尤其毛澤東親口大罵赫魯曉夫的情形來說，確已進一步証明毛澤東與赫魯曉夫私人間的衝突已到達絕對不能彌補的程度。只要毛澤東繼續領導中共而又由赫魯曉夫繼續領導蘇共，則中共與蘇共之間的矛盾也勢必隨之不可調和，直到毛、赫二人中有一人死亡或被推翻，這情勢才有變化之可能。

至於柏納所說毛澤東之所以拒絕蘇聯技術人員重返大陸，乃是由於毛澤東不想「蘇聯人與美國人污我們的國土」的話，當然不是毛澤東由衷之言。因為毛澤東不是一個愛國者，而只是一個國際共產主義者；他講的是階級愛，而不講國家愛；何況，毛澤東多年來一向提倡倒向蘇聯，接受蘇共援助，早已污辱了中國與中國人，毛澤東又怎會忽然有羞恥心呢？可見這都不是毛澤東的由衷之言，而只是格於赫魯曉夫的條件，同時更怕赫魯曉夫利用重返大陸的技術人員來顛覆毛澤東耳。

大陸簡訊

藍鳥

中共向英購煉油設備

中共最近曾吹噓它的石油產量已能自給自足，并謂已有多餘之石油可以輸出。其實，中共的石油并不能自給自足，它之所以有數十萬噸石油將於今年輸往日本，實乃中共最近曾發現新油田，故原油產量較前稍有增加，煉油設備，自蘇聯停止供給後，即久已極感不足。故迫不得已，一方面將一部份原油輸往日本，一方面則盡量向各國購買煉油設備。

據法新社二月二十日倫敦電：「英國西古蒙汽壓抽水機製造廠今天証實，該廠已接到中共的訂單，訂購價值二十五萬英磅的為煉油加工用的抽水機。此項訂單訂購各式抽水機六十八架，定六月起開始向中共國家機器出入口公司交貨。連同此項訂單，該行在過去三個月內向中共出口的訂單，價值共達五十五萬英磅」云。

中共透露蘇聯有意軍事控制大陸

「一面倒向蘇聯」，雖然是毛澤東及中共喊了多年的口號，「感謝蘇聯老大哥的無私援助」，雖然也是毛澤東及中共曾經高喊入雲的口號，但自從赫魯曉夫於清算史大林時，透露出一個驚人內幕，原來史大林是一向把中共政權看成殖民地的。而中共最近派到日本去從事國際統戰活動的趙安博則更透露蘇聯曾於一九五八年想以軍事控制大陸哩！

據泛亞社二月廿三日東京電：「以中日友好協會秘書長身份訪日的中共統戰份子趙安博於東京的一間餐室內發表演說，謂蘇聯曾於一九五八年企圖軍事上控制中國大陸。蘇聯當時提議建立一個中蘇聯合艦隊以及與該隊有關長程海航援助站，該援助站亦設於中國大陸。趙安博對蘇聯之領導階層大加抨擊。并曰，蘇聯之領導份子已犯自我主義與大國沙文主義之錯誤，吾人已不承認蘇聯為吾人之同伴」云。

中共派宋之光為駐法代辦

法國政府倒行逆施，已於一月廿七日與中共同時發佈公告，要正式建交，而且彼此先派代辦，然後於三個月之內再互派大使。最近，法國已派了它的代辦，經過香港，進入了大陸，中共亦已派出了一個名叫宋之光的人前往巴黎任代辦。

據巴黎二月二十四日合衆社電：「中共派駐法國的代辦宋之光，由於沒有大使館，今日祇有把他的外交舖子，設在一間旅館的客房中開始營業」。

合衆社電訊又說：「宋之光於星期日奉派來到巴黎，替中共的大使打前站。但宋之光却無大使館可入，因為中華民國的外交代表團已將佐治第五街的使館大厦交給出席聯合國教育科學文化組織之中華民國代表團。這一行動，最少亦已暫時阻止中共使用這個大厦」云。

僑鄉近訊

鍾之奇

表報太多粵共叫苦連天

中共在延安時期，對於公文的處理，一向推行所謂游擊作風，即不講求表報等形式，而只由各級共幹負責處理。中共當時認為表報工作是一種官僚主義作風。

迨中共於一九四九年佔據大陸後，即逐漸感到如無表報，則公文與公事之處理將無依據，同時，更發現一般共幹均利用游擊作風而大貪污，遂又改掉游擊作風，而行表報工作。自毛澤東及中共中央嚴行所謂沒有調查工作就沒有發言權之後，大陸上的表報工作，乃多如牛毛，於是，大陸各地共幹又深苦之。一則因其麻煩，再則因其浪費時間與精力也。

對此，廣東各地共幹對表報工作亦叠次叫苦連天。中共在廣州出版的南方日報最近承認中共的表報工作確實太多的毛病。它并且舉了一個例子如下：「遂溪縣委農業辦公室，農村部，生產救災辦公室，糧油指揮部，縣財政局，水產局，民政科等七個單位，在三個月中，就曾出各種統計表四十五種，總共九百七十欄，其中有月報，旬報，周報，甚至有些每週要二次的。這樣，基層幹部為了應付這些表格，就必須整天纏在辦公桌上或電話枱旁」。并說開會時，「也多數要當場填寫一批表格，或者把一批表格帶回隊裏填寫」。

但是南方日報并沒有對此表報太多現象提出解決辦法，粵共負責人也并沒有提出改善辦法云。

粵共派二十多萬技術員控制農村

農民本來就是反共的。何況，毛澤東利用農民起家後，就只知道加緊搾取農民之勞動果實，完全不替農民謀福利，所以，自毛澤東實行滅絕人性的人民公社後，農民更恨中共刺骨。加之，中共近年不斷下放，農村人口人多於事，遂使大陸廣大農村益呈不安。於是，中共中央乃命令各省共幹對各地農村進一步採取控制措施，一方面培養所謂又紅又專的農業技術員，一方面加派此種兼負生產與特務雙重任務之農業技術員到農村去控制。據粵共宣佈：在廣東全省，現已有二十多萬農業技術員分駐各地。他們不僅控制着人民公社的生產大權，而且他們都是中共黨（團）員或積極份子，對人民公社更有「安定」作用云。

廣州學生寒假要耕田

最近又已渡過寒假了。僑鄉學生的寒假生活是怎樣的呢？他們可以像海外學生這樣自由幸福嗎？却是沒有不是這樣的

據中共廣州出版的南方日報及羊城晚報說：廣州學生在寒假裏，時間是不能由學生自己控制的。他們必須以三分之二的寒假時間，接受黨團的命令及組織的分配。學校當局也是完由聽黨團命令，對學生作了如下的幾種規定的。粵共竟已規定廣州全體學生必須利用寒假進行「革命傳統教育」、「艱苦樸素教育」及「耕田光榮」等。

凡是被分配去「耕田」時，固然苦不堪言，而在接受「革命傳統教育」及「艱苦樸素教育」，每星期三晚上都要回學校的俱樂部去聽故事員講古。講的都是學生們最討厭聽的「紅岩」、「苦菜花」、「血淚仇」等宣揚中共的故事。

此外，在寒假裏，所有學生還被黨團或學校組織起來，分成若干小組，去集體訪問工廠裏的老工人，聽中共指定的老工人講如何吃苦如何加强勞動的故事。又要到農村去聽中共指定的老民兵或農村的勞動範講如何「忘我勞動」的宣傳。老民兵講的通常都是延安的「光榮傳統」及老八路的「革命故事」以及「舊社會的痛苦生活」。

此外，在寒假裏，所有學生還被指定必須每人都寫日記，都寫一篇「家史」一篇「街史」」云。

「襲擊北越」的醞釀

林世賢

「改變戰畧」說

週來此間盛傳美軍計劃進攻北越，影響西貢人心緊張。但表示歡迎與懷有疑慮，恰成强烈的對照。樂觀者的看法，以為如果美國對越共動手，「把戰爭帶到北越」的話，游擊隊必然銷聲匿跡，南越人民便可安居樂業。敏感的商人，甚且希望發一點戰爭財，並且向軍事物資下手購囤。穩健一些的人物，却認為事情未必那麼簡單，即並不太容易成為事實。即使一旦美國真的實行起來，越共必然抵抗，或且引致中共參戰，兵連禍結，戰爭擴大，後果如何，也很難以逆料。甚而有恐懼因此引起世界大戰者。

這些莫衷一是的看法，固然都是一些泛泛之論，對戰爭作「膚淺的反應」或「連鎖的反應」，過於簡單的看法。但這兩種背道而馳的方向，也未曾不是官方兩項對立主張的意見，也即有兩派的主張，一派認為戰爭非擴大不可，一派則認為即使擴大戰爭，也不是容易勝利結束，故仍以在現狀下想辦法打下去，免冒風險。雙方都有根據理由，問題牽涉也多，很難遽下評判。

無論如何，駐越美軍軍方建議「改變戰畧」的電訊，已由西貢發了出去，而在華府及世界若干首都發生爭論。所謂改變戰畧，也即是「把戰爭帶到北越」的建議；不過，究竟「帶到」的方式如何？程度怎樣？是全面進攻？還是局部襲擊？尤其是這項建議究竟會不會實現，正是此間紛紛揣測的主題。

「泰勒戰畧」第二部

追溯這種戰爭「伸展至北越」的戰畧思想，是自泰勒將軍制定政策當時，便已存在。泰勒將軍奉甘迺迪前總統決定南越抗共政策時，便已有必要時則把戰爭「伸展」（至北越）的一種設計，但當時所決定執行的，仍是在南越境內的特種戰爭，以美國負責全部後勤，指導作戰，協助軍運特別是直昇機空運，及戰畧村計劃等為基礎。後來並且認為戰事大有勝利希望，更宣佈預定於一九六五年底撤退一萬五千名美軍的大部份。

可是自吳廷琰政權末期，政府與軍人、人民、美方均不協調，剿共戰事不利，以壓迫佛教徒風潮為契機，發生了兩吳下台的政變悲劇。楊文明政府成立未久，又有整肅陳文敦等，清君側的「宮廷政變」。據說楊文明政變的發動，由於發覺吳廷儒與北越密談越南中立。而陳文敦等的被幽囚，也是由於可能發動中立主義的政變。那是由於戴高樂的中立越南主張的影響，及一部份當年被吳廷琰驅逐的親法軍人政客，紛紛謀劃回越及有些經已潛回活動，造成了急迫的情勢。

北越及其傀儡所謂南越解放陣線，更響應「中立、和平」，企圖消解軍人的戰志。更適逢楊文明政權未能迅速掌握軍事行動，越共乘機轉採攻擊，戰畧村的陣地戰形成軍事逆轉的趨勢。在這些刺激之下，泰勒將軍棄置不用的第二段戰畧，便被重新提出，認為應予迅速付諸實施。

北越「秦庭哭師」

據說美駐越軍方急進派認為，若果甘迺迪總統仍然健在，則必然會接受他們的進步戰畧。因為甘迺迪氏英勇果斷，必能以像處理古巴事件的精神，應付越南戰爭。甘迺迪所以邀請共和黨大員洛奇出任駐越大使，便是採取「兩黨政策」路線，賦予「先斬後奏」的大權，俾能充份發揮，爭取在南越的勝利。但是他們對於詹森總統，却認為他趨向穩健，不敢寄予過高的奢望，以能投准他們的「戰爭伸展」計劃。因此他們也並非建議擴大戰爭——即並不由特種戰爭轉為局部戰爭那種方式。

他們所堅持的，據說僅是瀝陳事實，即由於北越的不斷滲入增援，且有鹵獲中共武器的發現，「戰爭不能一味捱打」，必須予敵方包括其强力支援者以反擊；方能求取勝利。方法方面，可以以轟炸北越若干重要基地，以海空軍力量阻截對游擊隊的支援，消滅對方增援的有生力量，同時加强南越內部的進剿，庶幾能夠計日呈功，及時結束戰事云云。

由於美太平洋司令費爾特將軍訪西貢時，曾經聽取此項戰爭伸展的計劃，雖然他是否贊同採行此一方法，並無任何透露。但共黨方面却已大為叫嚷，河內方面宣稱，準備再打一次「奠邊府之戰」。蘇聯塔斯社則說，美國準備擴大越南戰爭。英國報紙和法國當局表示，炸北越「不是辦法」，大概不能消滅南越的游擊戰爭。法國的表示反對，自然是意中事。英國官方保留批判，可能正在向華府諮商中。但北越可能是認為美國將會有此一舉，他們已派代表團到莫斯科作「秦庭之哭」，而獲得蘇聯「不能漠視」的聲明。蘇聯究竟會否眞個採取援救北越的行動？抑僅是為了與中共爭取越共，而發出一紙空洞的聲明？這尚是懸疑莫決。

「進攻」與「襲擊」

詹森總統對駐越軍方建議的反應，似乎既不否定也不肯定，他在哥大的演說，明言南越「受外力干預」，說這些干預是「危險的玩弄」。前者表示他認為南越戰爭已可不作「內戰」處理，後者則為對於北越的警告。但他並沒有明指要如何向這些「危險的玩弄」者制裁，或要他們負起任何後果。

美國議會方面也有强硬及和緩的兩派，前者主張撤出在越軍眷，表示作戰決心。後者認為應用外交方法，甚至「讓戴高樂去試探」。前參謀總長雷德福，主張爭取勝利，「做任何應做的」。

剛在這時，美國務院特設一個處理越南戰事的委員會，由哈里曼氏助手外交家蘇利萬充任主席。主理遠東事務的助理國務卿希斯曼，因此辭職。據內幕消息說，希氏因越南委員會削減他的職權，及他在對越南事務中，與總統的安全助理，和國防部國際安全助理兩人，意見衝突。而國防部的一向是主張在南越採行强硬政策的。

越南委員會（又稱特種部隊）的成立，旨在專一事權，加强軍政部門的聯繫，俾爭取戰爭的勝利，像「改變戰畧」的重大事件，似乎不會由委員會決定，而仍須取決於決策階層，即總統、國務卿、參謀總長、國防部長方面，關鍵可能在國防部。

麥納馬拉部長不久前，在國會委員會報告，[illegible]毋須打[illegible]，並沒有使用美軍的計劃[illegible]。但這[illegible]進攻北越，可是也沒有否定「襲擊」北越的計劃，而西貢的建議，僅是屬於「海空軍襲擊」的範圍。「襲擊」時的「阻截」外，[illegible]類似「封鎖」，在法理上可能構成戰爭行為。

紐約時報針對塔斯社「不能漠視」聲明說：蘇聯無須擔心美國進攻北越，本來並無此意。不過美國「寧願予南越也有在北越境內作戰的機會」，像北越現時對南越那樣，以示公平之競爭。「內幕」這未必是事實，但可能因美國不想大打，但越戰又非求新出路不可。麥納馬拉東來，檀島會議，費爾特後到南越視察，大概要與遠東及駐越美方暨越南軍方商定，這項襲擊北越計劃是否實施，還待下回分解。

·堤岸通訊·

蘇加諾將被迫轉向英美求援

儘管蘇加諾要出渾身解數，强爭出頭，然而印尼目前的經濟危機，愈益嚴重，確使蘇加諾「面青唇白」傷透腦筋；其中尤以中爪哇的糧荒，更使蘇加諾應付維艱。現在，蘇加諾政府當局所能撥付給中爪哇的米糧，僅及其所需的四份一。三十四萬人刻已無法求得一飽，紛紛要求政府救濟。省長莫達已成立了「反飢餓司令部」，準備在各地設公衆食堂，發售廉價餐，並督率農民與政府合作，大量種植玉蜀黍，希望能克服糧荒；但遠水不能救近火，人民餓火中燒，恐在今後五六個月內，糧荒情形更會惡化，那時可能有更嚴重的局面出現，蘇加諾可能要向「美元」低頭。

事實現已迫使印尼政府採取緊急措施，不得不要從有限的外滙儲備中撥出一筆專款來作向外購糧之用。但這一緊急措施卻立刻影響了工業原料之輸入，勢將使到若干工業機構關門；當然，這更使印尼的經濟危機加深。目前中爪哇地區卅餘間針織廠，已因原料供應缺乏而將被迫停閉；花裙紡織業亦因此而逐漸衰退；這都是反映出印尼的經濟係在繼續惡化中。民營工業既如此，國營工業又何嘗會有例外？

印尼本來是原料輸出國，如椰乾，樹膠等，每年都有大量輸出，為國家外滙主要來源。樹膠的輸出，是先輸往馬來亞，加工後再運銷各地；但自與馬來亞斷絕貿易關係後，首受嚴重打擊的當然是樹膠。過去印尼平均每月輸出樹膠三萬噸到馬來亞或星加坡，加工後再行輸出。現在，此路已不通，堆存在倉庫內的生膠，不能不要急謀銷路，否則外滙更枯竭。因此，印尼政府乃於去年十一月計劃與蘇聯簽訂「售膠協定」；但是蘇聯却乘機來另謀「甜頭」，提出要在印尼設廠加工的要求。這無疑地是蘇聯的一記殺手鐧，欲藉此機會來全面控制印尼的樹膠業。當然，蘇加諾對此拒絕了；於是這一計劃便又告吹。

那末，印尼的經濟危機將如何解救？

一般推測：蘇加諾於走頭無路時，祇有向美英求助。上文已說過：蘇加諾可能向「美元」低頭。蘇加諾雖然企圖賣弄一下手法；但現實的嚴重情況，勢將迫使蘇加諾「減頸就命」，向美英伸出求援之手。

印尼此次的糧荒嚴重，及引起經濟危機的惡果，完全係蘇加諾自取其咎。如所週知：印尼之對抗馬來西亞，係受到共黨利用的一種極愚昧的行動。由於印尼此種愚昧行動招致星、馬的反感，共國家經濟立刻受到打擊，加以與馬來西亞問題有直接關係的澳洲，也感到互相間昔日的「友好」已受損害，因而也改變了對印尼的政策。澳洲外交部當局對蘇加諾揚言「粉碎馬來西亞」的說法，刻已感到極度憤慨；並認為有採取强硬態度對付印尼之必要，務使印尼相信澳洲確有全力維護馬來西亞的決心；這一來，印尼可以說是陷在「四面受敵」的厄境。

澳洲是印尼靠近的鄰邦，在新畿內亞島上，兩國還有一條共同的邊界線。澳洲政府為了其北部地區的和平與穩定，故必全力支持馬來西亞。印尼之抗議馬來西亞，當然使到澳洲大感不滿，要對印尼加重壓力。這一來，印尼的經濟所受到的打擊就更為重大。

無可諱言：糧荒與貧困目前確已使到印尼的局面陷於厄境。——糧荒將會引起人民暴亂，搖撼着蘇加諾的政權。貧困也促使印尼國家經濟瀕臨破產邊緣，迫使蘇加諾改變政策，轉向英美求援。同時，蘇加諾的「英雄主義」也將被迫放棄；據最近印尼政府中人透露：印尼刻已同意在與馬來西亞交界的婆羅洲地區停止戰爭；但僅此一端，相信雖然節省了一部份經費，仍然不能挽救其經濟危機。但最要的還是與馬來西亞的貿易關係破裂，這是印尼加深貧乏之主因。可是印尼與馬來西亞的貿易關係裂痕，目前實在是無辦法可以彌補得來！

但無論如何，蘇加諾一定要尋求辦法，來挽救印尼的危機的；那末，他除掉靦顏轉向英美求援外，實無他途。

裘茵

神話中的黃帝（一一）

徐亮之

四

黃帝打勝了蚩尤，不消說，其意義卽等於打平了天下。但這一大勝利，與其說是軍事的力量，倒遠不如說是軍事力量得到有效的藝術配合，更爲實際。戰爭本身也同政治一樣，都是一種藝術，或一種綜合藝術的高度發揮的哩。而黃帝正是深懂這種竅妙的人；他過去不但爲了要聚合鬼神而創作了清角曲；爲了要振奮士氣而創作了短簫鐃歌；而且爲了要在這次大勝利後，揚威耀武，收拾人心，更創作了空前偉大的扛鼓曲十章哩（一）。

的確，扛鼓曲的演奏，是一個空前偉大的羣衆歌舞的場面。這只消一瞧這曲的總名和章名，便不難想像。從這曲總名叫「扛鼓」看，足見黃帝認爲這次大勝利的許多因素中，最特別的便是那八十面夔皮雷槌鼓，所以才把這爲主題，而編譜出以戰爭藝術爲背景爲樂曲和舞掐來。再從這曲章名全是什麼「靈夔吼」、「雷震驚」、「龍媒蹀」、「猛虎駭」、「鷙鳥擊」、「鵰鶚爭」、「石盪崖」、「波盪壑」、「壯士奪志」、「熊羆哮咟」一類看，足見全是以夔鼓雷桴爲中心，描寫實際戰爭的武舞和武曲。要演奏這樣慷慨沉雄的武舞武曲，場面小了是絕對行不通的。因爲八十面夔鼓和八十根雷槌，平均最少以四人輪流扛兩人輪流擂計，便非四百八十個人不成。再依九天玄女的估計，這鼓聲浪的幅度，一震是五百里，連震便是三千八百里。這估計如果不錯，則演奏這種樂曲時，非在中心地區有着萬人以上的大合唱，非在三千八百里以內的人民一齊參加大和唱，休想壓得住這樣幅度的大鼓聲。這眞可說是一個空前偉大的歌舞場面啊！緊接着大勝利之後，馬上便安排出一個這樣場面的大慶典，就政治的意義與影响說，又是如何沉雄壯濶的一種藝術手法啊！於是，從此以後，黃帝的聲望，眞乃上出層霄，外薄四海；威加萬國，信乎人神；眞乃「普天之下，莫非王土；率土之濱，莫非王臣」的了！

當時，受這種影响而爭先恐後前來朝獻的，除了中國本部的氏族部落不計外，最引人注目的是海外貫胸、深目、長肱等國代表的來朝（二）；最使人驚異的是南夷代表騎着白鹿來獻圖（三）尤其是蠶神親自抛頭露面來獻絲。

提起這位蠶神，實在未免令人感慨萬端！她本是人間一位美麗的少女，可是自從歸神以後，却變成雌雄合體，而且是人馬合體的怪模樣了。她有着永遠吐不完的情絲，永遠用她的情絲衣被天下；人間却永遠看不到她光暉的本來面目；這眞未免太令人類替她抱不平！而她的所以弄成這樣的下場，却正是一個離奇哀艷的悲劇的下場。原來遠在她還是人間少女的時代，家中除了父親以外，唯一的生口只有一匹公馬。後來父親出了遠門，剩下的更只有公馬和她，實在寂寞得了不的。有一天，她實在寂寞不能忍耐了；便在餵馬的時候，不知不覺地對馬說：「我天天餵着你，你却一點不能幫助我，你能聽我的話嗎？假使你能把我的父親馱回來，我便一定嫁你做妻子。」（待續）

文聲集（六二）

癸卯冬至節後，珠海書院文史學會同學函約郊游，值是日雨霽，海光山色一新，爽氣怡人，途次屏山，憩於黎教授山居，招待甚殷；復飯於元朗市，彭敎授同游，索予近作，歸途得小詩二首，卽以奉正。（幼椿）

氣爽因山近，車輕追海斜，同游忘少長，不厭語諠譁。沙岸增新圃，冬蔬間晚花；千松憑指引，處士二樵家。

昔日屯門道，攜樽訪艇家，蝦鮮呼白水，魚汎趁黃花。墟落頻年盛，市聲入耳譁；先生應受饌，飲罷日西斜。

甲辰元旦用亦園韵

遯翁

獻歲年年新舊分，今年龍記合書雲。野人祈穀正相賀，海客談瀛已厭聞。去國久枯哀郢淚，敲詩猶有運風斤。春盤辦得屠蘇酒，容我揮毫掃祲氣。

北曲正宮端正好

甲辰歲朝頌　遯翁

一眨眼又新年，喜處處春風面，滿街上爆竹聲喧，更天上斗旋星轉，都道是今歲新猷居，龍來兎去般般變，興雲雨清洗坤乾，人間萬事俱如願，合慶祝須歡忭。

滾繡球　我也自掃門庭張綵箋，插瞻瓶供水仙，瀹短瓢汲泉洗硯，祭舊詩收拾陳篇，拂琴書鋪冷氈，治屠蘇辦酒錢，利市封，新鈔細選；糖果盒，妙製須全，張羅竟日迎今日，准擬今年勝去年，笑底忙，欣接龍躔。

倘秀才　前日裏春回海甸，今日箇，春來客邊，消領這美景良辰過眼前，正門外車轚轂，人摩肩，似龍翔，傾城游衍。

靈壽杖　念頻年苦旱南天徧，從深井枯到山泉，魚泣池乾，鷺愁沼乾，多只爲蒼龍睡，便早到蓬萊淺，且喜得今番龍值年，定不負爲霖應利見。

前調　念頻年棲止海南邊，從猿鶴借得林泉，且隨俗推遷，且隨緣寄廛，休再笠乾初九，更懶作難馴辨，只莫遺詩情遜去年，待辦取春郊蜡展穿。

前調　出門到處占龍見，人車擁，漫衍蜿蜒，滿渡口船邊，路頭站邊，更滿到戲院舞廳場爆，茶座酒家門塡，君莫訝人龍偏市廛，這便是羣龍笠在田。

叨叨令　正茫茫宇宙紛龍戰，更芸芸港九紛龍變，有猛龍變到天爲轉，有烏龍變到神爲眩，似恁般變化多也麼哥！似恁般變幻奇也麼哥！這龍年，看得你，眼花撩亂，難分辨。

啄木兒煞　祝神龍從今首尾現要全，兕乖龍從今缽底化作蓮，願九州同此春風吹噓徧，好椒花頌獻，萬方同樂慶龍年。

甲辰元旦後二日益智仁室寫

唐詩偶釋（一五）

鄧中龍

蟬

·李商隱·

本以高難飽，徒勞恨費聲。五更疏欲斷，一樹碧無情。薄宦梗猶汎，故園蕪已平。煩君最相警，我亦擧家淸。

前四句寫蟬，卽以自喩；後四句說己，仍歸到蟬。讀此詩須悟其章法之妙。

首聯搖曳而起，意在筆先。首句「高」字，末句「淸」字，兩相回映，解此便知「亦」字之妙。第三句承次句，第四句承首句。五六二句另提，末二句拍合最緊。此全詩結構。

義山詩每好徵引，或至失之堆砌。此詩獨一氣淸空，自有精力。作者其有難言之隱乎！義山之詩，往往滿腔幽憤，凄凉悲壯，雖云遭逢非時，要亦情之獨厚耳。駱賓王有「在獄詠蟬」詩，自正面寫其苦鳴之狀，亦極凄苦矣，然猶未及此詩之沉痛也。則知同一題材，出之於不同性格之作家，其手法與其所表現之氣氛，固有迥異者。能爲「討武則天檄」之駱賓王，殆不可能寫出「五更」「一樹」之句，非其體物之不深也，要亦情之所不能至也。朱彝尊曰：「第四句更奇，令人思路斷絕。」則誠是矣，然亦惟義山能臻此境耳。詩重意趣，尙境界，義山詩之境界，乃在朦朧之美。是以閒情偶詠，一若盡有深託。「非關宋玉有微詞，卻是襄王夢覺遲。」一自高唐賦成後，楚天雲雨盡堪疑。」此義山「有感」詩也；「盡堪疑」三字，用以形容歷代詩家對待義山詩之態度，可謂適當。近人蘇雪林稱義山爲「詩謎專家」，（見蘇著「唐詩概論」第十八章）當否姑不置論；然其詩別具意境，則固爲人所共感。詩家風格每與個人心理狀態有關，此則評詩家所當注意者也。

義山遭時多迍，固盡人能言之；婚於王氏女而難見諒於當路之全狐綯，亦平常事耳。歷代詩人處境之苦於義山者，不知凡幾，曷嘗有於詩中具朦朧之美如義山者乎？讀義山詩至「春蠶到死絲方盡，蠟炬成灰淚始乾」，每不禁扼腕欷歔，因而想見其爲人焉。七情六慾，人所共具，而遣情之法，萬有不同。情之深也，或放懷於物外，乃出之以曠達；或沈鬱而難返，乃出之以纏綿。春蠶吐絲，死而後已，纏綿之極致者也；義山之於情也亦然。必先有此纏綿之情，乃能於詩中具此朦朧之境，悟此，可與論義山矣。有義山之處境，尤須有義山之用情。否則，此朦朧之美，猶海上仙山，可望而不可卽。世有主從義山入手以上溯不美者，則或爲異才深情者言之耳。無春蠶吐絲之情，自難具沈鬱纏綿之境。畫虎而類犬，奚在其爲畫也？學者愼之。

陳風子治印

陳風子，別號瘦翁，浙江杭州人，鑽研金石文字凡數十年，爲西湖西泠印社得前輩大家法最深之浙派後人。本報今後將逐期刊載陳氏作品，以饗讀者。

是知也齋　華則仁印

寒玉堂弟子　聞得墨香心自悅

憶陳果夫先生（五七）

宇人

守閘的人即說：「沒有國民身份証，不能搭飛機」。其他立委聞而大譁，他們抗議道：「這是立法委員的專機，立法委員有了出席証，即可証明其身份，自無再驗國民身份証之必要」。另有幾位在機場候機到台灣的旅客也在傍大聲嚷道：「黃委員是大家都熟知的，你們竟如此無理刁難，實在太不像話」。我勸他們不必動氣，我說，我剛剛纔知道有一位老朋友還留在上海，我必須去看他，正想明天再走，如此更好」，於是便停留在閘邊。因為昨天上午曾聽端木傑說了那番話，我以為警備司令部稽查員留難我的原因，乃是想藉此搭上一條黃魚，絕不疑有他。等到其他立委均入閘後，我看見教育部次長吳俊升到機場送客，我知道他也是馬元放的聯襟，乃前去和他招呼，邀他一同去訪元放。

我們在一層偏僻的假四樓上找到元放的住處，他適在家。全層祇有前後兩個房間，後面的一間，大約是他的子女們共住，前面的一間，則是元放夫婦的寢室兼書房及客廳飯廳，臨窗放了一張四方桌和幾把木椅，後面靠牆處是一張雙人床，牆上掛了一些元放的衣服，床下塞滿了許多零亂的東西，另一邊，則放着一個書架，架上全是舊書和報紙。整個房間，顯得陳舊和雜亂。元放留我們晚餐，我因為想和他多談談，首先表示同意。他的夫人就在窗外的一個小平台上烹飪，能夠聽到我們的談話。我勸他去台灣或廣州。他答道：「我實在沒有力量籌集這麼多的旅費舉家逃往後方；而且，我已經是一個老百姓了，照目前的情形，縱然有錢也買不到船票，更不要說飛機票了。反正，像我這樣的人，就是逃到後方，人家也會覺得礙眼的；留在上海，中共來了，如要清算鬥爭，至多是一死了事，我又何所懼怕呢」？我勸他一人先去廣州，再設法來接家屬。他的夫人即在窗外抗議道：「上次他把我們留在四川幾乎餓死也沒有人理，現在如果又要將我們留在上海，豈不是要我和兒女們的命？無論如何，我均不能同意」。說時聲淚俱下，元放也表示已決定留在上海和家人共患難。

事緣抗戰期間，元放被派為國民黨江蘇省黨部主任委員，繼又兼任教育廳長，因在敵後工作，把家屬留在四川江津。後來元放在上海被中統局局長葉秀峯的親信張北生出賣，為敵偽的特務機關拘捕，雖因周佛海的營救，幸免於難；但亦身繫囹圄達數年之久。自他被捕後，他的家屬即無人接濟，生活一度陷於絕境，元放在渝的朋友很遲才知此事，向國民黨中央呼籲，僅獲得些微的救助，以致他的夫人艱苦備嘗。因而一聽到我勸他先離開上海的話，即不禁悲從中來。我見此情形，祇好黯然告辭，打算到廣州後找張道藩給他設法，要CC在上海的機構協助他和他的家屬撤離上海，因為我知道CC有人在上海發補助費給與他們有關的立監委員及其他人員，有的還代購飛機票和船票。元放本是CC分子，過去曾被重用，雖以守正不阿，與立夫先生的親信葉秀峯尤格格不入，不免遭受若干影響；但道藩却對他十分友好，我認為道藩決不致坐視他淪在上海而不加以援手的。

第二天上午，我去立法院臨時辦事處要回我的國民身份証，並請他們另為我訂購機票，據云，無法尋找，可能已經遺留在南京。他們要我在下午搭童冠賢所搭的那架專機，因為是由另一道閘門進入機場，不須經過檢查。我和童冠賢飛到廣州時，已經傍晚，立法院接機的人說，妻住在新雅酒店，我即前往，妻見到我時，悲喜交集，未及和她說話，何應欽先生即來訪。他說，「你的夫人對你非常恩愛，頗為難得」。我當時就覺得妻的態度和何先生的說話必有原因。何先生辭出後，妻詳告一切，我才知道她曾受了一場很大的虛驚。

原來昨天京滬警備總司令部的那個機場人員曾於涂公遂和其他幾位立委入閘後向他們解說道，他不准我入閘的真正原因，並不是因為我沒有帶國民身份証，而乃是由於我平素專門和政府為難，該部已決定不讓我「這種搗亂分子再到後方去搗亂」，言外之意，顯然是要在上海拘捕我。涂公遂等到廣州後，將此事告妻。一時廣州盛傳我已在上海被湯恩伯拘捕，妻立刻往訪何應欽和吳鐵城兩先生，請他們設法營救。有些CC分子即向何吳兩先生進讒言，說我的思想已經轉變，湯恩伯拘捕我，可能別有原因，勸何吳兩先生不必過問。他們還舉兩事為證：其一，立法院在南京復會後，江蘇籍的立委許聞天忽被秘密在南京捕去，其好友某立委（已不記其名）適在附近，目覩其事，乃報請立法院秘書處向行政院查詢，初說不知其事，後經與其友好的立委數人一再催詢，行政院才查出係被京滬警備總司令部拘往上海，據說，許聞天曾參加一個名為孫文主義學會的團體，有煽動軍事投共的情事。行政院亦認為警備總司令部拘捕許聞天的手續與憲法規定的程序不合；但因對湯恩伯莫可奈何，表示無能為力。與許聞天友好的立委，乃將此事在院會提出。

（待續）

諸葛亮諸葛瑾弟兄間之政治關係

三國人物故事評論之十六

劉裕畧

諸葛亮有同胞兄弟三人，大哥是諸葛瑾，二哥是諸葛亮，三弟是諸葛均。瑾仕吳，亮與均俱仕蜀，另有非同胞兄弟諸葛誕則仕魏。他們如此分仕蜀魏吳三國，一方一個，說湊巧也真湊巧，說有趣也真有趣，世人不免要問他們如此分仕，究竟是偶然呢？抑或還是先有默契呢？

有人以為他們如此分仕三國，確曾有所安排，但我以為諸葛瑾前往江東時，不但遠在諸葛亮出隆中參加劉備集團之前若干年，且瑾往江東，亮尚年輕，其時，江東孫權尚無吳的稱號，劉備也尚未到南陽三顧茅廬，更未取得荊州，所以，從「時間」、「空間」、「人物」、「故事」等情形來看，可以斷言，他們弟兄之分仕三國，決非事前計劃。那末，他們弟兄之間後來就毫無政治聯繫以通欵曲嗎？則又不然。

據蜀志諸葛亮傳載：「建安二十年（公元二一五年），權遣瑾使蜀通好，劉備與其弟亮俱公會相見，退無私面」，似乎又極避嫌疑，毫無私人政治聯繫了。但我以下列二事而懷疑：

其一是建安十三年秋，曹操南征時，魯肅自告奮勇到荊州，適逢曹操大軍南下，魯肅趕到長阪與劉備及亮相會。吳志魯肅傳說：「備徑邁奔走，欲南渡江，肅徑迎之，到當陽長阪，與備會，宣騰權旨，及陳江東彊固，勸備與權並力，備甚歡悅，時諸葛亮與備相隨，肅謂亮曰：我子瑜友也，即共訂交。備遂到夏口，遣亮使權，肅亦反命」。所謂子瑜，指的即是諸葛瑾。蓋子瑜乃瑾之名，而魯肅一經提出諸葛瑾之名，且特別示以本人乃瑾之友，此處所謂友，自非社會上普通朋友，端指政治上之密友而言，肅與亮遂即因之訂交，可見亮與瑾之間，固早有政治上之諒解與了解。

其次，是諸葛瑾以其次子過繼諸葛亮作兒子的事。有人也許會反對我把他們兄弟之間的兒子過繼的事也拉上政治關係。但我認為諸葛亮確實是一個把一切都指向政治事業的人。他年輕時欲擇美女為妻，但終於娶了黃承彥的黃髮黑膚女兒，為的什麼？為的就是政治關係。所以，他過繼兒子的事實亦可能含有政治意味，惟其如此，乃不能不把諸葛亮的每一件事，都用政治作尺度去衡量一下。

對於常人來說，一切都以政治來作尺度，似乎是不正常的。但諸葛亮既是一個全心全意復興漢室的大政治家兼大軍事家，他早就準備對政治獻身，那末，他把一切都指向他所期望的政治事業，自係非常合理。只有那些鄉愿氣很重的人，既好空談政治理想與抱負，隨時又好高調國家民族，但一點也不肯為政治理想犧牲，不僅不肯冒險犯難，擲頭腦，洒熱血，甚至又怕這有損個人尊嚴，那又有損個人格調，這種小人心理，可以說全不存在於諸葛亮心中。他是真真實實忠於政治理想，全心全意把一切指向政治理想，同時，又在行動上確實對自己的理想負責的；他既講求策略，他又講求政治技術。所以，他不是一個三年造反不成的秀才，也沒有一般知識分子的鄉愿氣，更沒有一般知識分子的假道德面孔，而敢作敢為。

正因為諸葛亮是這樣一個嚴肅的忠於政治理想而又靈活的講求策畧和鑽研方法的人，所以，我對於諸葛亮把諸葛喬過繼的事，也認為其間有一些政治作用。這作用在藉此加緊和加密他們弟兄之間的關係，可以使遠隔萬里的兩弟兄會因為這一件過繼兒子的私事，而有更多的書信往來。否則，諸葛亮是不應該在年僅四十歲時就過早的把他長兄的兒子承繼過來的，因為四十歲左右的諸葛亮，還大有生育可能。後來的事實亦証明這一過繼的事太早，而且不必要，因為諸葛亮夫婦後來確又自己有了生育。戰死綿竹的諸葛瞻便是諸葛亮的親生子哩！

那末，他們弟兄之間的這種特別聯繫是否說明他們另有特別野心呢？却又沒有。因為他們弟兄都是宰輔型人物，不是帝王型人物。他們說不上自創天下的野心。同時，他們又畢竟只是宰輔型人物，所以，他們之間的政治諒解與聯繫，也只在疏通人事關係，各為其國，好在蜀漢與東吳原本就需共同聯合對曹，所以，他們雖有政治諒解與聯繫，終其結果，則如諸葛瑾向孫權所說，亮之不來，猶瑾之不往也。他們弟兄之間的任何一位，誰都不會拋棄自己的政治立場去附從對方，而且，誰都不會幹出對其本國不利的事情來的。其關係的微妙處，也就在此，或者說是在此而已。

三國演義說諸葛亮參加劉備集團後，諸葛均仍躬耕南陽，那是不確的。事實上，諸葛均隨亮作官，蜀志已經說得很清楚。至於後世評諸葛瑾諸葛亮諸葛誕三人為龍虎狗。比較起來，葛誕之才能似乎稍差，但誕也在曹魏方面獨担一面，且曾造事，也不可完全忽畧。祇以史籍缺少較詳記載，故難於作進一步的判斷。歷史上被湮沒了的人和被歪曲了的人很多，豎子成名者亦不少。人知難，知人亦不易，諸葛亮弟兄之所以成名，誠非豎子，但諸葛亮弟兄數人中，諸葛均只是一個依傍乃兄的人物，亮與瑾之已有表現又皆畢竟只是宰輔型人物，諸葛誕曾經造事，他是否帝王型人物呢？這也是無從判斷的。我向來不以成敗論英雄，我向來只從其人本身之抱負與品質去衡量，對於史料不全的人，我向來保留批評，所以，諸葛誕究竟是否他們三弟兄中之「狗」？我實不敢斷言，但就其舉事不成來看，才智似乎確有不足罷了。

本刊已經香港政府登記

聯合評論

週刊

每逢星期五出版

United Voice Weekly

第二八四號

督印人：黃宇人　總編輯：左仲平

社址：九龍通菜街三十八號南亞書局 849126

承印：嘉羅印刷有限公司 香港灣仔馬師道5號

總代理：友聯發行公司

本報美洲版總經售處 美國紐約中美出版社

CHINESE - AMERICAN PRESS, INC

199 CANAL STREET.,

NEW YORK 13 N. Y. U.S.A.

南越戰局對美國有三大教訓

劉裕略

南越戰局，在形式上雖然只是越南局部地區的內戰，但其本質實係民主集團與共黨集團在南越的一場鬥爭，也是兩大集團關係東南亞地區是否赤化的一場鬥爭。所以，我們對南越戰局，不能如秦人視越人之肥瘠而漠不關心。

所不幸的，南越戰局明明是民主集團與共黨集團的一大鬥爭，而且是不僅關係南越，而且關係整個東南亞的一場鬥爭，但積極的站在南越一邊的，在民主集團內之大國，卻只有美國。至於民主集團內之另外兩個大國，則英國並不積極，法國甚至還與中共勾結，主張把南越中立化；相反的一面，則蘇共也好，中共也好，則一致在武器、兵員、技術等方面全力支援北越，絕未因為中共與蘇共之內在矛盾而在支援北越的態度上有所分離。這是我們今日檢討南越反共鬥爭最先看到的不幸的事，也是今日民主集團內部所表現的一個不幸的事。

從整個世界的形勢來講，美國是自由世界的領導國家，當北越侵入南越，並且以游擊武裝顛覆南越時，美國不管別的國家的態度如何，自己首先英勇的支援了南越，這是首先值得讚揚的。事實上，當此整個世界被分成兩大集團而進行鬥爭時，自由世界的任何一個國家任何一個人都確應把南越的反共鬥爭視為自己鬥爭工作中的一部份才是。惟其如此，所以，我們今天更該冷靜而客觀的來檢討這一場鬥爭的得失和教訓。

說到教訓，我認為在南越內部發生共黨游擊隊，以致演變成如此這般的南越戰爭，這對美國及整個自由世界來說，根本就是一大教訓。因為南越與北越早已分治，這一分治原已決定越共統治北越，反共的越南政府統治南越。而且這一分治原本也是通過民主集團中的大國及共黨集團中的蘇聯與中共的幕後協議而確定的，如果共黨集團眞正遵守諾言的話，那末，

[illegible]

西方不易了解東方

——有感於法國對中共的幻想

幼椿

一

西方人對於東方的觀察與研究，打從馬可波羅（一二五四——一三二三）的游記說起，一直到今天西方的所謂「漢學家」，其對古中國看得都過於深奧一點，總感到有點神秘莫測，奇妙非常的味道；雖然不少有名的漢學家用歷史學與考古學方法，將古代中西交通及文化互相影响處，考據出不少成績，然而對於中國人的思想及其人生態度，仍嫌不去求眞的了解，而總有神秘之感。

但是，近若干年來，以最近而論，從這次大戰後說起，西方人求在政治上、社會上來了解東方的現代中國人，又似乎看得都過於淺得一點；總覺得中共向俄共學習，便學會了；而且用俄共式的集產主義便統治住了中國六億人口。所以中共一如俄共，是能够崇拜唯物主義以至工業主義，本於管理大的工廠或一個工程樣去統治一個國家，一點也不神秘奇特，完全與西方人一樣。

於是近來西方看待中共，便自然趨於兩個結論：一是既然中共趨向唯物，則西方應以「物」誘之，或以工業的效能誇示之，而便可以取得中共的合作；二是中共既向俄共學習，而有今日控制中國大陸的成效；今天俄共既已變爲學習西方，則中共亦勢要傾向於學西方的。

在表面上看來，美國人之「等待中共之可能改變」，法國人要「實行促使中共去改變」，好像只是希斯曼或戴高樂的政治策畧，想去如何揮手於中國大陸的藉口的說法；但在美法向稱「中國通」的，也在著書作文的如是云云，那就不能祗認爲是一時策畧與藉口，而必須根究其所以誤解之癥，而加以駁詰了。

二

不錯的，毛澤東輩也常想以工業建國，並且雖於一九五一至五八之間，普遍宣傳「大辦工業」，而在中共的報紙上，彼時經常是以工業的創造一類新聞登載於第一版的首欄。這在西方人看來，便從他們理智中去認爲中共乃是在打算中國的現代化，而決心的將中國大陸的現代工業辦好，以作中國獨立、繁榮，而且强大的基礎。因此，當時中共只靠俄共的機器及其技術來創辦工業時，「美國之音」曾常向中共廣播，說美國的機器與技術都比俄國的好，進步得多，你中共所認識的「老大哥」的先進經驗，乃不及西方特別是美國遠甚。言下大有爭生意或引誘中共傾向美國的意思。

其實，毛澤東的大辦工業，他的目的，不是在中國非有工業不能自强自救；人民非有工業，生活不能提高，在這一個爲國爲民的想法上面，而其主要的是在增加工人隊伍，把勞農變成勞工，集中到都市工場中，以便擴大工人階級，而且便於組織與訓練，以鞏固其名符其實的工人政權，此毛澤東所稱的「政治掛帥」的根本見解所在。

因爲中共首腦部之發展工業，其主要目的在如何趕造一個强大「工人」黨，以符合其馬列主義的勞工專政，故他的政治目的便恰恰取銷了工業目的，而使他的大辦工業非大大的失敗不可！

對於現代工業，物力，人力，組織，及其所追隨的目的，都有一定的標準，一定的效率，一定的作法與一定的計劃的，必須在資本上，技術上，時間上，與首腦部的精力集中上，都在有其不能逾越的程序；然後方能循序進步而有所成就。固然自由作業，在工業發展上說來，比集體統制，要能够在一國之內或國際之間，因彼此競爭，而進步得快一些。但即以集體統制而論，要去學俄共，也不能像毛澤東那樣着急法，一天等於十年，十五年便想趕上了英國！

因之，毛澤東的工業與政治，不是二元分立論，而是政治的一元化，明白點說，在毛的幻想中，他的大辦工業，就好像變戲法一樣，因之纔有家家鍊鋼，人人鍊鋼，就可以把廢鐵變成眞鋼的傻事做出來！或者說，把他的大辦工業，當作日本幕府鎖國時代的「神風」想法，只要這一陣風吹來，便把帝國主義打倒了！

所以，近兩月來，毛澤東隨時在罵赫魯曉夫把俄國的工程師與技師召回俄國，連藍圖都拿走了，並撕毀了一百餘個合同，這是在搗他的亂，太對不起他；在我看來，恐怕這是因爲毛澤東太性急了，把工業建造直當成變戲法一樣，而在他「政治掛帥」的指揮下的俄國工程師實在受不了，只好走路了事！

三

這一向，因爲法國承認了中共，法國報紙上大事渲染法國的機器及其技術，如何的可以幫助中共去改進大陸工業，如煉油與煉鋼等，都認爲可以使中共大得助力，而企於强盛；這好像法國的先進經驗，比俄共的還可以大行其道於中國大陸樣！

但我認爲這是幻想，這是西方難於了解東方的又一証明；其理由，在我個人的體驗中，說來便很明白：一是中共首腦部，特別是毛澤東，毫無科學頭腦與工業常識，他們認爲大辦工業可以鞏固他們的共黨政權，其想法並不科學，而頗有其神秘性，至少是唯心派，而並非唯物的與工業主義的。二是他們這樣不依程序的大辦工業，把曾認爲是老大哥，是同伴的俄共都搞得頭痛而撤走；未見得他們便會一旦信任他們心目中還認爲是帝國主義者的法國的先進經驗罷！

五三、三、九

中共正在世界各地進行顛覆活動

乍得民族聯盟擁護反美統一戰線

黃貧文

自從毛澤東與赫魯曉夫發生嚴重到不可調和的個人衝突後，其第一步的直接影響是中共與蘇共亦隨之衝突，第二步影响，便是毛澤東領導中共另搞國際共產黨的鬥爭路線，反對蘇聯階段的和平共處手段，而主張繼續武裝鬥爭，以達成世界革命。毛澤東所以要建立國際性廣泛的反美統一戰線，便也是在這一情勢下提出來，而且加以推動的。

我們知道，中共並不是一個空談理論而不務實際的黨，毛澤東更不是一個不做實際行動的人。所以，如所週知，毛澤東現在除了全力建立反美統一戰線之外，更在實際行動上，用各種方法和方式進行滲透和顛覆。而且，毛澤東所搞的這種滲透和顛覆的地區，決不限於亞洲，它是在世界各地，包括歐洲美洲非洲等地都是在同時進行的。

這裏，我們不妨舉出兩個小例。

一個小例，是非洲桑給巴共和國的政變。現在，全世界都已知道正當周恩來率中共龐大代表團訪問非洲的時候，由中共訓練出來的桑給巴共黨分子巴布就在桑給巴發動了政變。一夜之間，就將桑給巴政府推翻，而另行成立了一個由共黨控制的反西方的政府。桑給巴原係英國殖民地，但剛剛獨立不過兩個月，就給中共訓練出來的共黨分子推翻，這說明中共的滲透顛覆工作，確有一手。桑給巴新政府現已將英美外交人員驅逐，可見這種由中共訓練出來的共黨分子都是共黨分子中的極端主義者，一點也不對西方妥協的。而桑給巴共和國距離中共甚遠，一在非洲，一在亞洲，但中共卻仍能在遙遠的非洲搞顛覆活動，可見中共的滲透和顛覆工作，正如水銀瀉地，無孔不入。中共不但對英美法等大國進行顛覆活動，同時，即使是最小的國家，中共也從來沒有把它對它們的滲透與顛覆工作放鬆一步的。

關於這一點，我們再看一個小例子。

盧安達也是世界聞名的一個小國，但是中共那一滲透與顛覆的魔掌也深深地伸入了它的內部。這情形是由盧安達駐西德大使館的代辦在西德最近招待新聞記者公開報告的。

據馬德里二月十八日電訊說：「盧安達駐西德大使館代辦最近在西德舉行記者招待會，公開指摘中共特工分子三人，參加盧安達逃亡的圖西族叛軍游擊隊。這位代辦說：盧安達政府軍自叛軍手中所俘獲的追擊砲、機關槍和其他武器，都是中共製造。並自俘虜口供中，証實圖西族叛徒曾經聘有外國顧問。這須消息馬德里各報都以顯著地位刋登。圖西族是盧安達的舊統治者，中共目前正積極運用該族，對盧安達作滲透顛覆的陰謀」云。

這就可見中共的野心確實不小，居然連遙遠而弱小的盧安達的叛軍也既予以人員的援助，又予以武器的援助了。

而乍得民族聯盟正式發表聲明，支持毛澤東所倡導的要建立反美統一戰線，則不但說明中共的陰謀活動又已深入了乍得，而且由於乍得民族聯盟的這一擁護性質的聲明，又使毛澤東的反美統一戰線增加一個成員哩！

據中共「中國新聞社二月二十日北平電：「阿克拉消息：乍得民族聯盟指導委員會辦事處十九日在這裏發表的一項聲明中，表示熱烈歡迎和完全支持毛澤東主席一月十二日就巴拿馬人民的反美愛國鬥爭的談話中關於建立最廣泛的反對美帝國主義的統一戰線的號召。聲明說：

「建立這樣一個反美統一戰線已經成爲我們革命時代的不可少的需要。

「當亞洲、非洲和拉丁美洲各國人民爭取民族解放、民主、和平和社會主義的反對殖民主義、新殖民主義、帝國主義的疾風暴雨般掀起並進入決定性階段的時候，美帝國主義這個國際憲兵和世界人民頭號敵人現在拚命企圖以各種手段來取代老殖民主義者，以便永遠保持其殘暴統治和不人道的剝削。」

乍得民族聯盟的聲明最後並强調主張：「全世界革命者團結起來反對我們的共同敵人——美帝國主義」。這都顯然可見它是中共的又一應聲蟲。中共的陰謀已深入他們的心，而且這一以「乍得民族聯盟」的名義和形式出現的乍得共產黨，在毛澤東與赫魯曉夫的衝突中，也是站在毛澤東一邊的哩！

綜合起來看：毛澤東及所領導的中共，確實正在世界各地作犯罪活動。而且，它的這些犯罪活動的規模與實質，都正在越來越大，若不及早撲滅它，中共政權實不止爲害亞洲而已，它顯然是將會危害整個世界的。

中共強迫大陸全體人民學習解放軍

綜觀

叫人民向軍隊學習，這是一件很滑稽的事，也是只會產生於極權制度下的事。如果在自由民主的國家，政府決無權要求人民向軍隊學習，也無理由要求人民向軍隊學習。有之，只有德意日法西斯才有這種作風。所以，這是二十世紀人類怪現象之一。但是最不幸的，是這一現象現在又居然出現在中國大陸。因為中共中央已於二月一日正式透過它的機關報——人民日報向大陸全體人民提出這一要求了。

二月一日中共人民日報社論曾以「全國都要學習解放軍」為題，提出這一要求。並且還以副題說明「一個學習解放軍熱潮，已在全國興起」。

毛澤東及中共為什麼要叫大陸全體人民學習解放軍呢？據人民日報說：這是為了加強政治思想工作。為什麼學習解放軍就可加強政治思想呢？據人民日報說：這是「可以從中國當前的革命和建設任務來看的」。

怎樣看法呢？人民日報又說：「中國現在正在進行社會主義革命和社會主義建設」，「這些任務是光榮而又艱巨的，要順利完成這些任務，必須把執行這些任務的人的頭腦武裝起來，那就是說：要用社會主義和共產主義思想把人們頭腦武裝起來，要用毛澤東思想把人們頭腦武裝起來。而人們的頭腦一旦被武裝起來，就會出現奇蹟，就會出現嶄新的局面，朝氣勃勃，生龍活虎，勇於同一切困難進行鬥爭，把工作做得又多又快又好又省，出色地完成所付托的各項任務」。「由於解放軍在長期不懈的政治思想工作中積累了比較全面的、比較系統的經驗，因而也就成了各個部門各個地方的學習對象」。

那麼，中共又究竟叫大陸人民向解放軍學習什麼呢？

據人民日報說：「當前提出來討論並號召全國學習的，主要有下列三方面的經驗：一、『四個第一』；二、『三八作風』；三、『四好連隊運動』」。

所謂四個第一，翻查中共以往文件，原來指的是政治思想中和軍隊建設中的四個關係問題。即：「在處理人和武器或物的關係時，人的因素第一；二、在處理各種工作和政治工作的關係時，政治工作第一；三、在處理政治工作中的事務工作和思想工作的關係時，思想工作第一；四、在處理思想工作中的書本思想和活的思想的關係時，活的思想第一」。人民日報說：「全國各單位各部門學習解放軍堅持四個第一——人的因素第一，政治工作第一，思想工作第一，活的思想第一——的原則，工作就能把人們的積極性創造性充分發揮起來，把人們的革命精神更加發揮起來」。

所謂「三八作風」，則是出自毛澤東的創導。人民日報說那「是解放軍在長期艱苦的革命鬥爭中養成的一個優良作風。毛主席把這種作風概括為三句話、八個字。三句話是『堅定正確的政治方向，艱苦樸素的工作作風，靈活機動的戰略戰術』。八個字是『團結、緊張、嚴肅、活潑』」。人民日報說中共中央之所以要大陸人民及各單位各部門普遍學習「三八作風」，則是中共中央認為三八作風是一種巨大的精神力量，一旦成為羣衆的自覺行動，就可以轉化為強大的物質力量。學習解放軍的三八作風，人們的精神面貌就會煥然一新，一個單位形成了這種優良作風，工作也就會蒸蒸日上，蓬勃發展」。

所謂「四好連隊運動」，則指的是「政治思想好，三八作風好，軍事訓練好，生活管理好」而言。這也是毛澤東搞的玩意兒。毛澤東認為這種「四好連隊運動」，可以「加強基層建設，全面提高連隊戰鬥力」。

又因為毛澤東開展所謂四好連隊運動時，同時還開展了一個「五好戰士運動」，所以，中共現在要求大陸人民及工商企業，除了相應的全面開展一個五好企業運動以外，並同時普遍開展一個五好職工運動。

所謂五好企業，便是「政治工作好，完成計劃好，企業管理好，生活管理好，幹部作風好」；所謂五好職工，則是「政治思想好，完成任務好，遵守紀律好，經常學習好，團結互助好」。

此外毛澤東又提倡了一個「比學趕幫」運動。而且還規定一九六四年是「羣衆性比學趕幫的一年」。所謂比學趕幫，據人民日報解釋，就是「比先進，學先進，趕先進，幫後進」。

因之，現在正在整個大陸推動的學習解放軍運動，據人民日報說：學習解放軍，就成了「全國比學趕幫共產主義競賽中的新內容，在今年裏，全國各個企業各個職工都會在比學趕幫的活動中，以解放軍為榜樣，用毛澤東思想武裝起來，更加發揚革命精神，養成不斷向前有不斷比先進的風尚。養成虛心再虛心不斷學先進的風尚。養成永遠不落後，不斷趕先進的風尚。養成以助人為樂，處處幫後進的風尚。有了這種風尚，就可能保証中國生產建設和生產技術指標不斷提高」。

自從中共中央向大陸人民提出「全國都要學習解放軍」的要求後，中共中央即同時立即發動了它的統治機器與嚴格的命令，把這一要求變為普遍的事實。所以，中共官方通訊社於二月十日報導這一於十天之前提出的運動時，即說：「人民日報『全國都要學習解放軍』的社論，發表雖然只有十天，但學習解放軍已在各地成為人們議論的話題和實際行動。譬如：上海各行各業目前都派人到解放軍駐滬部隊參觀訪問，請解放軍駐滬部隊的幹部去作報告，頻繁地同解放軍指戰員交流經驗」。

最近，中共中央還召集了一次「全國工業交通工作會議」，該會議之議決案，也說「要在毛澤東思想和總路線的指引下，學習解放軍，加強政治思想工作，廣泛開展比學趕幫運動，掀起「增產節約的新高潮」。該會議的議決案並曾進一步說：「要加強政治思想工作，就是要用馬列主義，毛澤東思想進一步武裝幹部和工人的頭腦，就是要學習解放軍堅持四個第一、發揮三八作風，創造四好連隊的經驗，使廣大職工羣衆更加革命化，使工業管理機關更加革命化，使現代化企業更加革命化」。

縱觀上述各節，可以很容易看出中共這一次發動的所謂「學習解放軍」，又是根據毛澤東的意向提出來的。它並且不止於言論，而是自二月一日通飭中共中央機關報——人民日報用社論方式提出後，立即同時在大陸各地展開。展開的主要目的之一，是毛澤東仍嫌大陸各地人民及各單位各部門的組織與精神不够軍事化，不够嚴密，乃又企圖以這樣一種學習解放軍的辦法來武裝所有人民的頭腦，從而赤化每一個人民的神經，並使大陸各單位各部門都能按照軍隊的作戰方式與生活方式來提高生產。另一個目的，則是毛澤東更欲以此來防止反共思想的產生以及親蘇思想的產生。

毛澤東的這一運動，一再強調的仍是「政治思想好」，也是「一再優先要求政治思想好」，可見，毛澤東要從思想下手來進一步鞏固它已有的統治，正是他的一個主要目的。二月一日人民日報解釋「學習解放軍具有重大意義」時說：「學習解放軍，加强政治思想工作，對於在中國建成獨立自主的現代化國民經濟體系，對於反對帝國主義、各國反動派和現代修正主義，對於防止資產階級思想的影響和侵蝕，都具有重大的意義」。這尤可見毛澤東及中共中央此次強迫大陸各業人民硬要學習解放軍，原不止於經濟意義之一端，而是更有着鞏固內部以加強他的統治的目的。其實，這也就非常荒謬滑稽，當人類文明已進化到二十世紀的今天，自由民主已是人類社會的主流，但毛澤東及中共中央諸首腦却尚圖以法西斯方法來從事統治，曠觀今日世界，可以說已無任何一個政府強迫它的人民硬要向它的軍隊去學習的。有之，亦惟有中共而已。

中國大陸被中共強暴統治，今已十四年，大陸人民早已恨中共刺骨，人民所需要的自由與民主，人民所期求的，是比較富裕的生活，但是中共既不給人民以自由，又不給人民以民主，甚至也絕不設法改良和提高人民之生活水準，而只站在統治者立場設想，一味加強剝削，一味加強組織，一味要求人民吃苦，這不但違背自由民主世界大潮流，而且也是根本違反人性，甚至也是根本與馬列主義原想提高工人生活水準的說法極端違離的。大陸人民在刀鋸斧鉞下與中共的貌合神離，自係必然的了。

中共命令全體解放軍學習「好八連」

陸閒

中共已自本年二月一日起，強迫大陸人民都要學習解放軍，並且已規定一九六四年度為大陸全體人民及各單位各部門學習解放軍的主要年度。

事實上，毛澤東的辦法就是在一九六三年度發動全體解放軍學習「南京路上好八連」，而一九六四年再強迫大陸全體人民及各單位各部門又向解放軍學習。所以，歸根結底來說，「南京路上好八連」，便是從去年到今年這一個學習的中心。

關於一九六三年度全體解放軍學習好八連的情形，據中共報紙透露：「中國人民解放軍轟轟烈烈、扎扎實實的創造四好連隊運動，一九六三年已經推進到一個新的高峯：全軍上下處處創四好，人人爭五好，思想風格都有很大的提高」，「經過年終總結，評選出大批『南京路上好八連』式的四好連隊和雷鋒式的五好戰士」。

然則，中共所要為真正的向南京路上好八連看齊而且學好了的四好連隊究竟有幾多呢？據中共報紙透露：卻仍是不多。大抵在很大的地區也只有極少的連隊被變為四好連隊。這被認為已經到了南京路上好八連的連隊，便到最緊要的方面去担負任務，同時又作為該廣大地區的模範式的標兵，再要求其它未好的連隊向它看齊，向它學習。

在廣大的廣東地區中，據中共報紙透露，也只有一個連隊真正學好了南京式好八連。而這一個學好了的連隊就被中共廣州部隊首長命名為「鋼八連」，且被調派在接近香港的地區駐紮。對此共報最近透露說：「被廣州部隊立為四好連隊標兵的某部鋼八連，駐守在珠江口外，同資本主義世界只一水之隔。全連官兵面對着複雜尖銳的階級鬥爭，眼睛看得清，立場站得穩，美蔣特務的各種陰謀破壞活動，都在他們的堅強警惕下被粉碎」。

可見，被中共認為學好了南京路上好八連的這一鋼八連，原來不是什麼真正能征慣戰的部隊，而只是從事特務的部隊而已。

關於全體解放軍學習南京路上好八連的活動，一九六三年雖已到達高峯。但迄今並未停止，中共說：「創四好爭五好的活動，還使各部隊形成了一種空前活躍的比學趕幫運動。不論先進部隊、後進部隊，大家都在你追我趕，你學我幫。許多部隊派人到好八連去『取經』，也派人到兄弟連隊去送『寶』」。

那麼，說來說去，中共所謂南京路上好八連究竟又是怎麼一回事呢？它的「好」又究竟好在哪裏呢？原來，中共在前幾年製造了一條新聞，說中共駐南京部隊的某一個第八連，勤儉持家，不但紀律好，身體好，工作成績好，而且一套軍衣補了又補，可以穿幾年，一條軍毯蓋了又蓋，蓋了七八年以上而仍然被戰士喜愛，而其中最突出的，則是南京部隊的那一個第八連竟是最能够信仰毛澤東思想，最能聽「毛主席」的話的。於是，中共中央以此作出廣大宣傳，把它命名為所謂「南京路上好八連」，要求全體解放軍向它學習。因此，中共報紙又說：「要成為好八連式的四好連隊」，「必須讀毛主席的書，聽毛主席的話，按毛主席的指示辦事」。「毛主席著作好字字句句是個寶，戰士讀了覺悟高，立場堅定站得牢，雷不打動，風吹不搖」，「凡是學習毛主席著作好的連隊，差不多連續幾年都是四好連隊，凡是學習毛主席著作好的積極份子，幾乎都是五好戰士等先進人物」。

所以，拆穿來說，所謂好八連所謂四好連隊等運動，都不過是毛澤東的統治權術，其目的端在鞏固內部，不但是一種愚民政策，而且還是企圖把毛澤東個人更加神化的一種愚兵政策哩！

所謂台灣「兵變」的眞實情形

岸　一

（台北通訊）月前在台南發生的所謂裝甲兵叛變案，一時曾引起中外人士的極端注意。更由於傳說紛紜莫衷一是，更使此一事件增加了不少撲朔迷離的神秘色彩。原因是此案與其他普通的民事案件不同，是不交由法律機關審訊，而是特組之軍事法庭秘密審問，將來軍事法庭在審訊終結後，是否有公開報告發表，此時此刻任何人都難加以判斷，或許從此即無聲無臭把此案完全隱蔽起來，也是是很有可能的事。因為事屬軍事範圍，外界是很難加以過問的。

筆者為使海外人士首先明瞭此案發生經過，特將從有關方面得來內幕詳情報導如左：

查台灣裝甲兵團，為國軍中的主力部隊。從大陸起始，一致即為先生的二公子蔣偉國所統率。政府遷來台灣後，對此一裝甲兵團的擴充和裝備更不遺餘力，在政府的軍費預算中佔有主要部份。裝甲兵團所使用的戰車槍炮，都是由美國在「軍援」項下直接補給，部隊中更有美國軍官和技術人員參加訓練工作，確為一支擁有最現代化裝備和戰鬥力最強的第一流部隊。

此次「事變」的首要疑犯為裝甲兵團副司令趙治華，趙為中央陸軍軍官學校第十期學生，東北瀋陽人，在國軍部隊中已有廿餘年的資歷，由尉官晉升到少將，一致都在蔣偉國部下任職，由於勇敢善戰，且能一貫盡忠職守，故多年以來即為其長官蔣偉國所器重，所以能隨蔣偉國之擢升而至於裝甲兵團副司令之職。

去年（一九六三）當時任裝甲兵團司令蔣偉國中將忽然奉命調任陸軍參謀大學校長之職，（據傳蔣偉國之調職，是與其兄對裝甲兵團之用人行政和訓練方式意見不合，因而被調往訓練機構任職。因不在本報導範圍之內，故從畧）當時蔣偉國即力保趙治華接充裝甲兵團司令之職，但不為最高統帥所允，改派他人接充。據說趙治華為此曾心存不滿，且曾口出怨言。誰知新任裝甲兵團司令某資歷才幹均不及趙資深，而位反居於趙之上，因此使趙治華心中更為不安，曾呈請辭去副司令職務，但未被批准。

去年十二月新任裝甲兵團司令某，忽又調往「實踐學院」受短期訓練，照說趙治華代理司令職務是順理成章的事，（因前年蔣偉國赴美受訓時，司令一職亦是由趙治華代理）誰知「統帥部」並未緣例，另派一與裝甲兵團素不相關之某將領代理。因此使趙治華更為難堪。據說趙為此曾向其舊長官蔣偉國哭訴寃屈，要求立刻離職，但為蔣偉國百般勸慰乃止。

但趙治華從此精神恍忽，喜怒無常，朋輩中覩此情形，早已知其不久於位，但還不料其有此一「傑作」發生。

「事變」之日，本裝甲兵團一部份行演習之期，當三個團的裝甲兵列陣廣場準備出發之頃，按規定應由「演習指揮官」下達「演習課目」，趙治華將「課目」下達完畢後，忽然在腰間拔出其自用手槍，指着在場官兵高聲大叫道：「我們軍人應該以身報國，替人民解除痛苦，今天我們在大陸的六億五千萬人民在共黨暴政之下天天都在盼望我們反攻，但反攻不是單靠軍事，而是要有良好的政治配合，然後才能反共救國救人民，今天我們在台北的政府不僅貪贓枉法，懦弱無能，而且用人行政無不自私自利，我們為了挽救國家的危亡，我們應該把這一批貪污官吏驅逐出政府之外，我們軍人於必要時應該向總統施行兵諫！你們大家（指在場官兵）認為我的話說得對嗎」？

趙副司令此一驚人演說，當時在場的官兵，有鼓掌表示歡迎的。有大聲叫「對」的。正於此時，突然有一軍官高舉右手走向趙副司令面前，高聲叫到：「我擁護副司令的建議」！

趙見有人擁護，高與萬分，用手撫此軍官之背曰：「你贊成我的主張，即是我的好同忠」。並伸出手來與此軍官相握，誰知此一軍官乘趙不備，一拳將趙手中手槍擊落，乘勢將趙攔腰抱着，並高呼憲兵前來，登時將趙綑綁！所怪的是，當場近萬官兵，竟無一人對趙治華加以支援，也未發生混亂情事，所有官兵仍然原地不動，任由此一軍官和在場的四個憲兵將趙治華綑綑索綁而去！而所謂「兵變」的風波，也就即此告止！

事後調查；才知道出面用計誘捕趙治華的軍官為「政治部」派往該兵團的「政訓員」某少校。

由於某少校之「靈機應變」深得當局嘉獎，為了酬勞有功，某少校得連升三級的殊榮（由少校升少將）。四名出手綑綁趙治華的憲兵，亦各獎新台幣八萬元以資鼓勵。

所謂台灣「兵變」的表面經過已如上述，事後據說，平時與趙治華比較親近的朋友，鄉中有卅餘人被當局逮捕偵訊，看來此事尚有一大段波，不過台北部份人士認為，趙治華可能是神經不正常而因而搞出此一「傑作」。如果認為趙治華事前早有預謀，則很有可能在當時引起暴動。理由是；當場近萬官兵，竟無一人挺身而出為趙救援，任由某「政訓員」將趙挾持而去，可見是趙一時神經錯亂，沒有想到「兵諫」二字的嚴重性。總之，不管趙治華是神經錯亂也好，是「擅自發表演說」（官方加趙的罪名）也好，以一個現役軍人而敢提「兵諫」二字！如何是屬罪無可逭，如何懲罰，就要看當局的仁慈了。

黃啓瑞案引起爭議

法官監委互指是非

明　心

（台北通訊）監察院會通過陶百川、黃寶實兩委員所提關於台北市長黃啓瑞案審判法官是否涉嫌違法失職的調查報告，二十天來，引起司法機關部份人員與監察院間看法不同的爭端，成為今年引人入勝的有趣新聞。

監察院所通過陶黃兩委員的報告中，建議提案彈劾六位涉嫌庇護罪犯，有辱職守的法官，同時對黃啓瑞也要提案彈劾。

監察院通過的調查報告在報上刋載後，首先引起最高法院推事陳綱、廖源泉的抗議，陳廖兩人是調查報告中所列應予彈劾的法官，他們指責監察委員這種調查報告是干涉審判獨立，侵害司法權。同時認為負責調查的陶黃兩監委，洩漏彈劾案內容，有違反監察法第十三條之規定。

陶黃兩監委則認為監察院的調查報告並不足以構成干涉審判獨立或侵害司法權。同時監察院公開調查報告，也不違反監察法第十三條的規定。

監察委員認為陳廖兩法官所指摘的各點，並不能成立。如要明瞭監察法第十三條的內容，這條條文是這樣的：『監察院人員對彈劾案，在未移付懲戒機關前，不得對外宣洩。監察院於彈劾案移付懲戒機關時得公佈之』。

監察委員們指出，在本月八日之前，監察院只有本案的調查報告，根本就沒有彈劾案，本月八日院會通過調查報告後，才授權負責調查的委員依法處理，換言之，負責調查本案的委員在本月八日以後才依法起草彈劾案，監察院所公開的是「調查報告」，並不是「彈劾案」，陳廖兩法官所指摘的「監察人員對於彈劾案件在未移付懲戒機關前不得對外宣洩」一點，顯然是有所誤解。

因此，本月十二日陶、黃兩委員在報上對陳廖兩法官所作的辯解後，監察委員們都同意陶、黃兩委員的見解。並指出院會通過的調查報告，是在公開會議形式下所提出的資料，並不是秘密會議的資料，報紙採訪刋載，監察院認為並無不當。

監察院的院會，除了涉及國防外交及政府決算的問題外，全是公開會議，不但新聞記者可以自由旁聽採訪，即一般國民，也可旁聽。陶黃兩委員是奉監察院會推派負責調查審判黃啓瑞案的法官是否有枉法裁判的事情，當他們調查告一段落時，必須向院會提出報告，一向是公開的官讀，在場的新聞記者及旁聽者，都能一字一句的聽到調查報告的內容，而新聞記者中，不乏速記能手，且有人攜帶小型錄音機，因此，在公開會議中宣讀的調查報告，事實上是無法保密的。

其後，陳廖兩法官又於本月十七日聲明「調查人員對案件內容不能向外宣洩，應受監察法第廿六條之約束」，關於這一點，陶黃兩委員於本月十七日聲明他們在調查過程中一向慎重，從未將調查內容向外宣洩，監察院秘書處也同時聲明並未將院會通過之調查報告公開。

查監察法第廿六條規定「調查人員對案件不能對外宣洩」也不牽涉到紀律問題，一位監委指出行憲後的監察院只有一個調查報告因為涉及軍事問題而沒有公開，其他所有調查報告都是在公開會議中處理的，此次調查報告之公開，是依據過去慣例處理，並不例外。

一位監委舉出恰當的例子說：法院檢校官的起訴書，刑事訴訟法規定偵查不得公開，檢察官不得洩漏調查與監察院約束調查人員不得洩漏。此報告內容的情形相同。但檢察結束時，起訴書依法公開，而且必須公開，因為當事人要看，與當事人有關的人也要看，此正如同監察院調查報告在調查告一段落後，必須提出報告的性質相同。

至於有人說調查報告中批評及某公務員，將來彈劾案不能成立時，豈不損害及某公務員的名譽。但這是無法避免的事，正如起訴書中的被告被宣判無罪時，檢察官也不負起訴書中所列罪嫌之責任，調查報告的情形，正是如此。

其次談到陳、廖兩法官指摘的干涉審判獨立及侵害司法權的問題，陳廖兩法官曾指出：「就法院審判案件而言，關於供証之取捨，法律上賦與法官以自由心証之權，不容他人妄事干涉，正所以維持審判之獨立。調查報告內，就法官採証職權之行使，任意指摘，顯係代替法院審判案件，無異以第四審職權自居，不能謂非侵害司法權，似非法治國家所宜有。」對於這些指摘，陶黃兩委員也曾聲明辯正，他們指出：監察院對於法官自由心証一節向極尊重，除非案情特別重大，被人控告於監察院，監察人員向例不在其審判期間即行調查或彈劾，均俟審判結束後方為調查，此即所以尊重審判獨立。但任何自由，皆有限制，皆應負責。法官如果在採証方面顛倒事實，混淆黑白，以致枉法裁判，使無罪者含寃莫伸，有罪者逍遙法外，在此場合，一般人民尚可告發，監察院自當依據憲法第九十七條及第「九十九條予以彈劾，案」移送法院辦理」，在法治國家，如日本，認為法官有違法情事，皆由其國會自行彈劾並自行裁判。例如日本憲法第六十四條規定國會為裁判受罷免追訴之裁判官（法官），設彈劾裁判所，以兩院議員組成之。但吾國監察院只許彈劾，並不由監察院自行懲戒或審判法官，若此對法官之保障，已較優於他國，更謂法官可以藉口自由心証，任意失出失入，而不准監察院就其裁判之枉法辱職，提出彈劾，此項論調，不獨違反憲法，亦非愛護司法，殊乖法治國家之常軌。

由於監委與法官雙方各以法理爭辯，在表面上看來，似乎監察委員的道理盡佔優勢。不過，此案有根本原因，即是法院之宣判黃啓瑞無罪，是奉命而行，是國民黨為了黃啓瑞之貪污情事喪盡面子，黨為挽回顏面計，乃授意法官在第二審時為黃啓瑞開脫罪名，誰知一部監察委員糾纏不捨，硬要搞一個水落石出，以致早已不為人所注意的「黃啓瑞案」，近日又在台北引起軒然大波。歸根結底，還是一個「法治」問題，今日之台灣是否還有「法治」，明眼人不難一目了然，依據吾人的看法，此案祇有不了了之。

中共與羅馬尼亞共黨在北平舉行兩黨會議

綜觀

中共與羅馬尼亞共黨於三月三日在北平開始舉行兩黨會議。這是關係國際共黨內部矛盾很大的一次會議，也是關係毛澤東與赫魯曉夫個人權利衝突的發展方向的一次會議。

據中共新華社報導：「羅馬尼亞工人黨中央委員會代表團，由羅馬尼亞工人黨中央委員會政治局委員楊・毛雷爾率領，於三月二日下午乘專機到達北京，在機場受到中共中央副主席劉少奇，中共中央總會記鄧小平等同志的歡迎」。

又據中共「中國新聞社北平三月三日電：「由副主席劉少奇担任團長的中國共產黨代表團和政治局委員楊・格・毛雷爾担任團長的羅馬尼亞工人黨中央委員代表團，今天下午在友好的氣氛中舉行會談。雙方代表團的其他成員參加了會談。今晚中國共產黨中央委員會設宴歡迎羅馬尼亞工人黨中央委員代表團。中共中央副主席劉少奇，總書記鄧小平等出席宴會。賓主在宴會上為中羅和兩國的友好團結，為兩黨領導人毛澤東和喬治烏——德治的健康乾杯。羅馬尼亞代表團在劉少奇、鄧小平陪同下，今晚還出席了中國文化部為歡迎他們而舉行的文藝晚會，觀看了中國藝術家演出的中羅兩國歌舞節目。今天上午，這個代表團遊覽了北京市區，參觀了北京車站和工人體育館」。

台北派游擊隊突襲福建連江 鹵獲步槍電話及秘密文件等

陸又聞

據台北公佈：台北派出的反共救國游擊隊曾於三月四日晚間突襲福建連江中共軍事據點。並以巨量炸藥炸毀連江塘沙附近尖峯山的共軍坑道。

據說當突擊隊於三月四日深夜登陸後衝入共軍塘沙隊部時，企圖抵抗的中共黨委書記趙善貴，助理會計趙善燦及民兵大隊長梁祖仁當即被擊斃，並從上述三人身上繳獲步槍三支，上海中原電話器材廠出品軍用電話一部。此外，反共突擊隊並在該處搜得標有「秘密文件」字樣的文件兩種。

其一，是「關於進一步鞏固人民公社集體經濟發展農業生產的決定」，其二，是「貫澈八屆十中全會決議，鞏固集體經濟發展農業生產」。後者且標有「會議文件注意保密」字樣。

以上是台北這一次派遣武裝小組突襲福建連江的台北報導。依照以往情況，凡屬台北對大陸沿海所施之此類突襲，台北固必發表消息，中共亦向例由中共政務院公安部發表消息。但現在尚未看到中共公安部的消息。因此不能對上述消息加以對照。不過，所有反共愛國僑胞當然都是欣然聽到台北對大陸的任何襲擊行動的，最盼望的，尤在反攻。只是台北連年所施行的這類武裝小組突襲，尚與局反攻距離甚遠而已。

大陸簡訊

藍鳥

中共正在努力擴大非洲貿易

毛澤東曾經說過：「政治是經濟的集中表現。」所以，中共一向把貿易問題，當作政治之餌，以誘惑各國。而爭取非洲，是中共當前對外問題中之一個重要主題，所以，中共現在便也正在努力擴大它與非洲的貿易關係及貿易額。

據中共自己說，它與非洲的貿易，現在正從北非西非擴大到了東非。

中共「中國新聞社」三月二日北平電訊說：「中國和非洲國家的貿易關係，近年來有很大發展。貿易區域已從北非、西非擴大到東非國家。貿易額從一九五七年一九六三年增長了百分之一百二十七。

「中國同非洲國家的進出口商品也日益擴大。中國從非洲進口的商品，已從棉、蔴、阿拉伯膠、鑽石，乳香、沒藥、丁香等，擴大到咖啡，可可，橄欖油，棕欖仁，花生，芝蔴，橡膠，沙丁油，和礦產品；中國向非洲出口的商品則從茶葉、棉布、絲綢等擴大到自行車、收音機、紙張、文具、橡膠製品，建築材料、醫藥製品、五金鋼材、電器、機械和日用百貨等」。

查中共政權最近八年來，已同阿聯、突尼斯、摩洛哥、幾內亞、馬里、加納、蘇丹和索馬里等八個建交國家先後簽訂了貿易協定，同時，中共也同其並未與中共建交的非洲國盡力發展名為民間性的貿易關係。而且中共還在非洲許多地區派駐了商務機構，一方面從事貿易，一方面從事情報和顛覆工作。此外，中共又經常邀非洲國家的工商界訪問北平，以加强聯繫。這都可見中共正在處心積慮以爭取非洲！台北當局必須加緊努力哩！

中共即將開闢巴基斯坦航線

為了利便中共對中東及歐洲的聯繫，為了進一步孤立印度，中共正在加緊勾結巴基斯坦，而中共與巴基斯坦的航線最近也即將開航了。

據中共新華社三月二日北平電：「中國民用航空總局副局長張西三今天晚間舉行宴會，熱烈歡迎巴基斯坦國際航空公司執行經理恩維・加馬爾率領的巴基斯坦航空公司技術業務代表團」。

又說「由於雙方共同努力，準備工作即將告成，中巴航線即將開航」云。

周恩來訪緬巴錫後同大陸

周恩來前往非洲訪問了五十五天，突然取消了訪問東非的原定計劃，而飛回昆明，然後又再由昆明飛緬甸訪問。之後，再訪巴基斯坦。隨後又再偕中共手頭玩弄着的傀儡宋慶齡一同往訪錫蘭。

據中共通訊社宣佈，宋慶齡及周恩來等已於三月一日由錫蘭飛回了昆明。由於昆明的氣候良好，而周恩來又是帶病訪非，所以，周恩來這次飛回昆明後，又再作了幾天休息，才又到成都休息。

至於中共之所以忽然把宋慶齡這一傀儡派到錫蘭去，那是一則因為錫蘭共黨內部有親赫派，又有親毛派，更有托派。而且親毛派勢力小，親赫派及托派勢力大，所以，中共便缺少了錫共作內部呼應。中共為了麻醉和充分運用錫蘭，錫蘭的現任總理是一個女人，這女人便是斑達拉奈克夫人，所以中共便把宋慶齡派去幫助周恩來影响和說服錫蘭這位女總理。拆穿來看，足見中共很用心機，它是在什麼場合，就玩什麼把戲的。

中共派宋之光為駐法參贊

自法國與中共建交後，雙方規定先派代辦，然後於三個月內派大使。現法國已派代辦到了北平，中共亦已派宋之光為代辦到了巴黎。但中共又於三月五日宣佈：「派宋之光為中華人民共和國駐法蘭西大使館參贊」。這就可見中共已決心加强它與法國勾結，不採以往對英國的態度。英國已往雖承認中共，但中共並不派大使到倫敦，這一次却顯示中共即將派大使到巴黎了。中共此舉用意很顯明，其目的在於充分利用戴高樂的個人英雄主義，以達到中共的各種國際陰謀哩！

僑鄉近訊

鍾之奇

廣州學生開會學習解放軍

自毛澤東提出了「學習解放軍」號召後，現在大陸各地，包括廣東福建各地僑鄉均一律奉命推行，一律都要學習解放軍。

據廣州最近出版的中共南方日報說：現在廣州各級學校亦已開展此一學習，所有各級學校的學生都在舉行座談會與報告會時，更曾特別邀請中共「人民解放軍」的「先進連隊」和「標兵人物」到校作模範事迹報告，以資各地大專學校男女學生之學習，更用以「激發和鼓舞學生學習解放軍的勁頭」云。

中共派政委到閩粵各地工廠

政委制度，是毛澤東堅持在中共軍隊裏必須貫澈到底的一種制度。中共在中共軍隊裏所設政委，最先曾一度不用政委之名，而用黨代表之名。但隨後則迄今一律稱為政委，而不稱為黨代表。各級共軍中之政委，實際則是黨代表，因為共軍中之政委並不同於政治部的工作人員。而且毛澤東一直認為中共之所以有今天，共軍之所以於十三年前席捲大陸，政委制度關係甚大。正惟其如此，所以毛澤東這一次號召大陸學生及各行業一律要學習解放軍，於是，共軍中的政委制度現在也被廣泛推行到各學校及各工廠。據廣州來人談，中共現在已正在開始派遣政委到各工廠去「領導生產」云。

廣東學校共幹强迫學生送禮

毛澤東現在雖然强迫學生學習解放軍，但各級學校的共幹不得不强迫學生學習解放軍是一件事，各級學校的共幹，在校裏專橫，經常利用其在黨內所擁權勢以壓迫學生，又是一件事。事實上，共幹在學校內利用黨的地位以壓迫學生，顯然未因毛澤東的任何號召而減輕，相反，共幹們却因此而便於利用權勢。廣東各地學校內共幹們强迫學生送禮，可以說是共幹們猖狂大胆胡作亂為的一個小例子。

據最近出版的中共南方日報的「南海潮汐」專欄說：「廣東興寧縣刁坊中學三年級的班主任，號召快要畢業的學生，向老師們送禮，以答謝老師們三年來對他們的辛勤敎導。這位班導師還將禮物列為明細表，着學生可按表送禮。如熱水瓶玻璃杯及籐椅等日常用品。學生們的反應不佳，該公開索禮的人類靈魂工程師因此老羞成怒，大發雷霆，拍着敎桌道：不贈也要贈，把班費扣下來」！

南方日報對這位班主任備致諷刺之意，其實這位班主任倒可算是毛澤東的得意黨徒哩！如果共黨平日不專橫，如果共黨幹部平日不處處利用權勢壓學生，他敢這樣猖狂嗎？我不信。

閩粵共推行「三老四嚴四個一樣」

共黨政權，眞可以說是一個口號政權。它天天提出號，事事提口號，這一個口號尚未結束，第二個口號又接踵而來。難怪有人說毛澤東別無所長，只是會叫口號而已。

福建及廣東兩省共幹，現在又像其它各省一樣，對各地的大小工廠，提出了幾個新口號。這新提出的號，便是所謂「三老」、「四嚴」、「四個一樣」。

什麼叫「三老」呢？據南方日報解釋，便是「當老實人，說老實話，做老實事」。

什麼叫「四嚴」呢？便是「嚴格的要求，嚴厲的訓練，嚴密的組織，嚴明的紀律」。

什麼叫「四個一樣」呢？便是幹起工作來，黑夜和白天一樣，壞天氣與好天氣一樣，領導不在場與在場一樣，沒有人檢查與有人檢查一個樣」。

總括一句話，共幹的這是口號無非要求僑鄉各地工人都要乖乖的給中共做奴隸。

三外長會議又破裂

東南亞人的驗攷

何之湄

印、馬、菲第二次三外長會議，在缺乏良好的背景下集議，以致此間的有關政治外交家們，在會會議一開始時，便担心到它會終於失敗。雖然泰國外長乃他納，菲律賓外長羅培茲，還着他們斡旋同族間紛爭的熱心，爲避免爆發戰爭作九牛二虎的努力，但終於不能够把印、馬雙方的意見，拉近一步。爲了南越問題已趨緊張的東南亞局勢，加上了馬來西亞糾紛達到爆炸的邊緣，實在令人爲之扼腕！

上次的第一次三外長會議，雖說沒有什麼具體的進展，僅是在原有高峯會議「停火」的基礎上，對雙方停火的意願，加以重申。同時也就「鞏固停火」的基礎上，試作努力。那便是由三國連署一項報告，請由聯合國委派泰國，担任印尼屬婆羅洲與馬來西亞婆羅洲的沙峇沙勝越之間，負責停火的監督。聯合國當下已即照予委派，泰國也同意担任，並立即計劃派出人員，前往當地執行停火任務。當時印、馬雙方，並且同意，泰國執行停火官員，得在印馬雙方邊境地區活動，俾利職務之執行。

這不能不說雙方當時擁有互相迎合的傾向，並且會議中「有說有笑」，確實也表現出一種唯一沒有西方人士參加——並且沒有東南亞地區以外人士參加的會議，「純粹的東南亞會議」的情調。那種氣氛，剛與乃他納外長答覆戴高樂的話相近：「東南亞人能管東南亞自己的事」。可是目前，這個原則正在受到考驗。

東南亞人固然，也應該能够管自己的事。但是第一個問題是：東南亞人是否通通願意實行這一原則？其次，「外力」是否因此便放棄干涉？

印尼的兩面手法

事實上述問題的答覆，似乎都可能是否定的。印尼在第一次外長會議後，仍然多次重申「粉碎馬來西亞」、「粉碎新殖民主義」，便是癥結之一。本來沙峇與沙勝越合併於星馬而獨立，正是殖民主義逝去的表現。但印尼認爲「新殖民主義」，而不能容忍，顯是接受了外來的觀點，也是左傾的「亞非」的觀點。

印尼在與菲馬舉行和平會議，和在沙峇沙勝越邊境的行動，撤似玩弄「兩重手法」。這不祇是由於蘇加諾總統的雙重性格、騎牆政策；而更深入的看法，應該歸咎於印尼內部的「兩個力量」。印尼國內的這種「矛盾表現」，已不祇一次。最近的事例，是印尼政府聲言保護英人產業，但印尼共黨總工會，却遙自「接管」英人產業，耶加達也無如之何。

目下現實的情況，仍然是印尼政府與印尼共黨，似乎各行其是，顯出背道而馳。

蘇加諾在東京向羅拔甘廼廸答應停火，蘇班德里奧在曼谷向馬、菲外長答應停火，可是在北婆邊境的印尼共黨——他們已大部份爲印尼志願軍姿態出現的，却並不停火。他們破壞停火，超過十次以上。不祇破壞停火而已，並且繼續由印尼境內派出更多人數滲入大馬境內。在開始停火當時，在大馬境內的印尼志願約爲二百名強；但宣佈停火後迄今，這項志願軍已超過了一倍——共達四百餘名之衆。

增兵破壞了停火

這就是馬來西亞嚴厲指責印尼「言行不一致」的事實根據。停火令等于無效，破壞者更源源越境而來。馬來西亞在第一次外長會議中，本是要求印尼先撤退已經潛入大馬境內的「正規軍及遊擊隊」。印尼拒絕撤退，還實行「增兵」！印尼的態度，如何能够解釋，說是有着和平的意願？

第二次外長會議，就是在這樣的背景下開幕。馬來西亞副總理拉查克，指責印尼違背停火的諾言，從而要求印尼必須撤軍，然後才能够停火，又然後才能够舉行其他問題的談判。印尼的答覆，竟然堅決地反對撤兵，並聲言除非先討論其他問題——即印尼所稱的「政治解決」，則印尼將不撤兵。

這樣所形成的局面，便是印尼在派兵越境搗亂的威脅下，要求大馬屈服於印尼的政治條款。而那項條款，却是所謂「消滅新殖民主義」，要求英軍退出北婆。

假如英軍退出北婆的話，印尼就將成爲南中國海的統治者。從而，站在自由立場的馬來西亞，便得跟隨印尼，去走左傾的「亞非」路線。這怎是馬來西亞所能接受的。

苦了「信差」羅培茲

於是會議一直在「先撤軍，後談政治條款」，與「先談妥政治解決，然後撤軍」，這兩個爭論中盤旋。乃他納，羅培茲極力斡旋，仍不收效。三月四日，會議形成破裂，拉查克，蘇班德里奧，都已決定乘機回國。但乃他納仍派專使到機場，把拉查克和蘇班德里奧請將回來，「再作最後的努力，試行最後的談判」。

拉查克重回泰國賓館，蘇班德里奧也返駐印尼大使館。五日下午，羅培茲外長便常川來往於印大使館與泰國賓館之間，「充任信差」，在酷熱的天氣下，奔走達五小時。試圖求取一項「折衷辦法」。折衷辦法的理念，是試看可否把「撤軍」與「政治解決」，作出一項聯繫。因爲據曼谷「世界報」所載，印尼外部發言人哈蘇諾有一項談話：「政治談判開始，可以撤兵」。拉查克認爲，如果此訊屬實，可能印尼會同意撤兵，接着舉行政治談判。因此，馬方也表示說：進一步談判，「可能有用。於是他們自機場折返。

危機越來越尖銳

可是事實証明三外長徒然在曼谷多留一天，問題「澄清」之後，瞭解到印尼仍然堅持，政治談判，再談判撤兵。那即是說，除非政治條件能令印尼滿意，印尼方可撤兵。

馬來西亞在吉隆坡方面已發表聲明：由於印尼之破壞停火，「停火不再有效」。馬來西亞且要進行她的「維護法律和秩序的必要行動」。換句話說：要肅清大馬境內的印尼遊擊隊。

拉曼說：必要時「不惜一戰」。如果開戰，則大選將不舉行。大選原定在四月下旬舉行的。選舉問題，又是促使馬來西亞强硬的主因，因爲執政黨過份示弱，致惹起人民的不滿。

印尼因爲國內共黨勢力膨脹而强硬，最近蘇加諾攷慮接受共黨份子入閣的要求，顯出共黨的股票看漲。馬來西亞爲大選而强硬，却標示着大馬人民的不願左傾。「外交是內政的延續」。雙方情勢如此，就難怪外長會議的失敗了。

對於泰國監督停火人員的派出，原來已在準備之中。但馬來西亞方面，因印尼不肯撤兵，對此並不熱心，因爲泰方只派出文官負責，而非派出部隊，事實上，在漫長的印馬邊境上，泰國也沒有這許多部隊可以遣派。

泰國似乎也認爲印尼拒絕撤兵，有欠公道，並覺得情勢如此，停火殊難監察執行，最後已決定停止遣派停火監察。乃他儂總理說：在印尼遊擊隊仍留大馬境內之際，泰國「心裏感到不舒服」。可能泰國也要退出調停人的地位，這麼一來，熱戰的危機是更尖銳了。

．曼谷通訊．

南越戰事暫不致伸展至北越

光年

南越剿共戰爭將伸展至北越嗎？

這個問題，不特最近引起了南北越人民的注意，同時也引起了國際人士的重視和關懷。

構成這個問題的主因，是由於美國的駐西貢高級官員，最近曾向華盛頓當局提出了一項建議：將南越剿共游擊政策作一次重大改變。這項改變，就馬上使人意味到南越的剿共戰爭極可能伸展至北越共區。——毫無疑問，這將是亞洲局勢的一項使人震驚的轉變。

初時，也許還會有人認爲：上述的建議，在美國來說，將是事在必行的一項策略，不僅要把北越共黨的軍事基地予以破壞，而且還要對北越作重點進攻。爲的是，對駐南越的美軍早已不斷地受到共黨游擊隊的打擊；現在則已瀕臨最嚴重階段，例如勦共戰爭仍繼續局限於南越，則其結果很可能是失敗。此時此地，美國惟有從速在下列兩辦法中作出一項決定性的抉擇：第一，將戰爭伸展至北越，解除共黨游擊隊的壓力；第二，與北越共黨談判，使美軍在「挽回面子」的原則下退出南越。在目前的態勢中，第二項辦法是決不會行得通的。那末，惟有對第一項辦法加以考慮。據南越政府高級官員所傳出的消息：駐越美軍固然極力贊成這項新的軍事行動，南越「强人」阮慶也極力支持這項新政策，將剿共戰爭帶至北越境內。

據南越新政府中人物指出：南越局勢的嚴重性，現已發展至不容漠視的程度，因南越地區內的共黨游擊隊在北越的援助下不斷增强其襲擊行動。他們的對象不僅是南越政府的反共的武裝部隊，連美國派駐南越的萬餘軍事顧問人員也是他們的襲擊目標。共黨游擊隊已加緊展開反美的恐怖活動，使美國人員的生命日益加深其危險。自去月開始迄今，單就西貢一區來說，美國人員所常到的地方如餐室，酒吧，舞廳，及其他娛樂場所等，已不斷地發生投擲炸彈事件，美國人員被炸死炸傷的，日見增加。最可怖的就是最近西貢「潘與球場」的大爆炸案，美軍被炸死者兩人，被炸傷廿三人。美國對這類恐怖事件當然無限憤激，於是更促使美國駐西貢的高級官員改變剿共政策的決心。

北越共黨對詹森「加强援越」的談話，也予以極度嘲諷。河內政權表示：我們的人民，永遠不會畏懼美國，相反地，美軍派到這裏來祇是送死，我們一定會把他們擊至慘敗，逐出越南。北越共黨繼又發生進一步恫嚇：如果華盛頓當局採取另一政策，反擊河內對共黨游擊隊的支持，則情形必立刻演變，——那時，美國勢將與中共作戰。——換言之如美國果眞把南越剿共軍事帶到北越的話，則很可能演變成另一場韓戰式的大戰。

美國是否會冒這風險？我們不妨在這問題上推測一下。

據觀察家指出：正因爲美國即使眞的要把戰爭伸展至北越，也決不是直接派出軍隊去進攻北越，而祇是由南越部隊担當突擊的任務，美國軍事人員則負担援助和支持的任務，他們決不會親自踏進北越領土。

然則，美國的態度果眞是這樣嗎？

事實上確已揭露出：美國改變對越共的軍事戰畧，實屬必要。越共游擊隊的勢力現已越來越强大，攻勢越來越猛烈，行動越來越恐怖；其主要原因，是由於潛伏在南越的越共游擊隊能够透過柬寮邊境而獲致北越日益加强的接濟；因此，如要遏制越共游擊隊繼續、加强活動，則必須封鎖越、柬、寮邊區。爲實現這一行動，把戰爭伸展至北越係屬刻不容緩。

惟以目前美國的局勢來看，則在今年之內，美國的「有限度捲入越戰」的政策，將不致有多大改變；其最主要的原因，就是今年係美國選舉年，越南必然是競選爭論課題之一。任何一黨，都必不甘願負「擴大越戰」的後果責任。因此，「有限制度捲入越戰」的政策將仍予以照舊執行。所謂「把南越戰爭伸展至北越」，將是作爲一種新調子，俾沉悶的局面中來高唱一下吧了！

神話中的黃帝（一二）

徐亮之

她原只不過這樣胡亂說着耍子罷了，不料馬一聽了這話，立即絕韁而去。去到她父親那裏，做出種種悲鳴跳擲的姿態。她父親以爲家中出了什麼事，果然立刻便騎了牠回來。回來知道家中並沒有出什麼事，只是女兒寂寞想念他；從此便不再出門去，並特別愛重這匹馬，天天用好馬料餵給牠。不料牠却老是一點也不肯吃，而且老是一見着他女兒便做出種種怪樣，或是歡喜地長鳴，或是憤怒地亂跳；完全不同從前，令他莫明其妙；便問女兒到底什麼緣故。女兒沒法，只得飛紅着臉把經過告訴他。他聽了不覺勃然大怒，便暗伏弩箭射死牠，並且剝了牠的皮，掛在院中晒太陽，才恨恨地出門看朋友破悶兒去。不料出門不久，他女兒和女伴們來院中遊戲，掛着的皮却忽然一躍而下，沒頭沒腦地包了她女兒便走，一會兒便走得無影無踪；驚得女伴們幾乎暈倒；連忙向她父親報信；她父親也連忙到處派人尋找；找了幾天幾晚，才發現女兒和馬皮已經合體化做了蠶，正在一棵大樹上吐絲。大家看了那光景，知道再也無法挽回，只有泫然太息；便叫那棵大樹做桑樹；「桑」「喪」同音，意思即是說，在這棵大樹上面曾喪失了人間一位美麗的姑娘（四）。

蠶神獻絲，不但引起了當時人們對她的淒艷身世的回憶與同情；同時，也帶來了人類的大福音了。這便是黃帝的元妃嫘祖對她的工作非常感到興趣，特別向她討了些蠶種來飼養。從此以後，人間才始有了家蠶；中國某些地區的農村，採桑養蠶繅絲才始成爲婦女的主要作業；而後人爲了紀念嫘祖的功德，也便祀她做「先蠶」（五）。有了蠶絲事業的興起，人們的衣服，便不再是前期伯余們所作的魚網鳥羅似的衣服（六），而可以作成非常細緻美觀的衣服和帽子，正式確立冠制和服制的了（七）。

不但如此，由於蚩尤叛亂的敉平，社會秩序的安定，他更大力從事各種開國建設，也同樣地有着一日千里的成績了。

首先，便是畫野分州（八），確定部族行政區域；經土設井（九），均平人民經濟生活。

其次，便是命大撓作甲子，容成作曆，羲和作占日，尙儀作占月，后益作占歲（十）；合成了一部原始的太陰曆，頒布天下。使得人民知道時令節氣，工作休息有定準，不再糊裏糊塗過日子。

其次，便是命伶倫考正樂律。伶倫奉到這命令後，便親自去到大夏之西崑崙之北的嶰谷地方，採選空圍勻正厚薄相等的竹子，在兩節之間截取三寸九分，用口吹着，就把吹出的這種音階音色，作爲黃鍾的宮調，定名叫做「含少」。再用這種宮調做標準，順着音階音色的規律，編成長短不齊的十二個竹筒，代表六律六呂，帶到崑崙山下去吹，好和鳳凰的鳴聲印證。吹的結果，和鳳凰的鳴聲完全符合；於是十二律的音階音色，便這樣都正確地確定了。伶倫又奉命和榮猨設計鑄大小不同的十二口鐘，去調協宮商角徵羽的五音，每年仲春乙卯日當太陽行在奎宿的位次時，便搬出來演奏，叫做咸池之樂（一一）。這樣，便五音十二律都有了一定的標準，便奠定了後來音樂建設的堅實的基礎。

其次，便是由於考正樂律時的技術上的需要，或者由於蠶神獻絲時，人們見了蠶絲馬尾的啟發，而同時完成了度量衡的建立（一二）。兼之，隸首又奉命編成了算數（一三），更創作了規矩準繩（一四）；這便又對後來的工業製造商業交易創設了不可缺少的先決條件。

其次，便是由於天圓而地方乃當時人們最普通的常識，因而便利用這觀點而加以神聖化；建築圓壇祀天，方壇祀地（一五），以及封禪天地，望祭山川（一六）等，作爲齊一民志團結民心的手段；也開後世「神道設教」的先河。

最後，也最重要的，便是文字的創造。主持這事的是左史倉頡。倉頡姓侯岡，原本族居陽武的史皇氏的酋長。黃帝統一中國後，因慕他的才名，才調他到部族中央服務的。他生得龍頭大口，一表堂堂；長着四隻眼睛，靈光炯炯。他和另一同事沮誦從事文字創作，乃先受了河圖洛書的啟發；再加上自己遇事留心，從天空奎星圓曲的圖案，到地上龜的甲紋，鳥的羽翮，獸跡，乃至山的形勢，水的姿態，無不精心研究，刻意摹畫，才始創作成功的。這偉大的創作一經成功，天地鬼神立刻爲之震動；天給他降下糧食慶賀，鬼給他急得晚上啼哭，龍給他嚇得海底深藏（一八）；而人類的文化生活也從此步入一個嶄新的境界了。

由上面這一系列的事實看來，在物質和精神上建設幅度之弘大，影響後代的深刻，實在不但祇是一種偉大的開國規模，簡直就是一種空前的創世規模，這真不愧爲中國民族的共同祖先，「功蓋天地，道冠古今」的大聖人，大領袖啊！於是，他對人民的功德雖然輝煌如此，自己心裏却總覺得還不滿足。理由是鳳凰還一直沒有出現；鳳凰沒有出現，總是表示他的功德還沒到家的。他爲這件事，真乃煩悶得寢食不安。

文聲集（六三）

悼林君秀芳十四韻

遯翁

世事等蜉蝣，人生一夢寐。愴懷哀樂多，彈指滄桑異。傷哉吾黨林，邈矣風徽逝。纔聞摩詰病，遽報葛洪睡。靈前一束芻，堂上三號淚。嗟君本耽詩，此外百無累。掉臂南海南，五載五聲氣。相期楚澤吟，共樂箕山志。如何鏤肺肝，筆健身覺顇。悽惶茂陵秋，怛惻荃灣瘞。交遊俱歎息，風雨況如晦。失此洛社英，詩腸誰鼓吹。道篇定不朽，昔夢空成慨。回首南皮遊，更雪山陽涕。

秀芳五虞賦此以祭

前人

三一園中展印時，高華座上角巾欹。遽爲桑戶嗟長往，欲遣巫陽招已遲。海外待傳刪定稿，篋中猶有未刊詩。可堪日過彌敦道，搔首層樓更望誰。

寄懷湘潭林人白

淑陶

三楚分攜處，千山草木枯。風狂喧曠野，湍急破平湖。久別情偏繫，親仁德不孤。相思江海窄，天地本爲廬。

星斗

前人

獨立平灘上，披襟迓海風。水清沙渚白，秋老夕陽紅。薄霧橫江口，孤雲出岫中。吾懷誰與接，星斗自蒼穹。

唐詩偶釋（二五）

鄧中龍

章臺夜思

韋莊

清瑟怨遙夜，遶絃風雨哀。孤燈聞楚角，殘月下章臺。芳草已云暮，故人猶未來。鄉書不可寄，秋雁又南廻。

「怨遙夜」三字爲全詩張本，以下即從此處開出。律詩中有此一格。三四句承遙夜，五六句說怨字，至此題意已盡。第七句稍稍推去，却緊接以秋雁南廻句，此律詩常法。王海「次北固山下」末二句：「鄉書何處達？歸雁洛陽邊。」李商隱「春雨」詩末二句：「玉璫緘札何由達？萬里雲羅一雁飛。」皆爲上句一喝，下句逸接，余於王海一詩中已言之詳矣，讀者可參閱。

五六二句，蹈襲前人，魏晉齊梁之際，套用此語者多矣。魏文帝「秋胡行」云：「朝與佳人期，日夕殊未來。」陸士衡「擬庭中有奇樹」云：「芳草久已茂，佳人竟不歸。」謝靈運詩：「圓景早已滿，佳人殊未適。」江文通「擬湯休」詩：「日暮碧雲會，佳人殊未來。」梁武帝「鼓角吹橫曹」云：「日落登雍台，佳人殊未來。」沈約「洛陽道」云：「佳人殊未來，日暮徒倚。」凡此皆一意蹈襲，而此語乃幾成濫調。唐人近體詩，鮮襲此語，韋莊祇以之入律。其後乃有宋寇萊公「楚江夜懷」詩：「明月夜還滿，故人秋未來。」亦與韋莊及陸士衡詩絕類。究不足爲訓也。雖然，端己以詞稱，而於詩亦惟七古與七律，五律絕非所長。善哉其序「又玄集」云：「左太冲十年三賦，未必無瑕；劉穆之一日百函，焉能盡麗。是知班、張、屈、宋，亦有蕪辭；沈、謝、應、劉，猶多累句。」此雖爲選詩者所當服膺，要亦足供評詩者之參考焉。

韋莊，字端己，晚唐時人。以才名寓蜀，王建割據，遂羈留之。有詞名，所作小重山，謁金門等詞，情意淒怨，人相傳播。莊應舉，正黃巢犯闕，兵火交作，遂著秦婦吟。有云：「內庫燒爲錦繡灰，天街踏盡公卿骨。」（唐才子傳作天街踏盡却重廻。以上下文韻脚而論，應以公卿骨爲是。）亂定，公卿多訝之，雖爲秦婦吟秀才。此詩凡一千六百餘字，描寫兵燹亂離境況，可爲詩史。前此詩人，鮮有能爲此長篇者，其中轉韻之處，酷類白居易之長恨歌琵琶行，然其精神韻味，固得力於杜少陵之三吏三別也。莊有弟名藹，嘗爲「浣花集」作序，中有云：「庚申夏，自中諫辛酉春，應聘爲西蜀書記。明年，浣花溪尋得杜工部舊址，雖蕪沒已久，而柱砥猶存，因命芟夷，結茅爲一室。蓋欲思其人而成其處，非敢廣其基構耳。」讀韋莊詩，必先識其流離轉徙之迹，否則，徒隔靴搔癢耳。

陳風子治印

陳風子，別號瘦翁，浙江杭州人，鑽研金石文字凡數十年，爲西湖西泠印社得前輩大家家法最深之浙派後人。本報今後將逐期刊載陳氏作品，以饗讀者。

紫氣東來

多樂軒書畫之印　書畫雅趣

史雜記

(二)刺客列傳

犇生

我們讀司馬遷的書，有三點該首先明白：

一，司馬遷因李陵一案，身受腐刑，這是一個富有生命力的人所絕對受不了的；因爲他的內心充滿了抑鬱，因而發爲文章，便不免時有不平之鳴。同時，根據他這種心情，無論記事記人，也就要經過一番選擇，凡某一事或某一人，最便於發揮他自己心情的，他的文章便往往非常精采，否則即無法顯其特長。因此，如果我們說司馬遷這部『史記』乃是如何如何的客觀，全不雜有他個人的成見，眞是夢話。我信世間永遠只能有接近事實的歷史紀錄，永遠不會有完全合於事實的紀。今人李長之有幾句話說得頗妥當，他說：『司馬遷是一個哲人，也是一個詩人，他往往還他的智慧而對史料有所抉擇並貫串，又還他的情感和幻想而有所虛構。』(見李著『司馬遷之人格與風格』P.165)

二，可是儘管如此，但司馬遷因爲繼他的父親司馬談爲太史令，他是有機會讀到當時所存史料最多的一人。他說：

『維我漢繼五帝末流，接三代絕業，周道廢，秦撥去古文，焚滅詩書，故明堂石室金匱玉版圖籍散亂。於是漢興，蕭何次律令，韓信申軍法，張蒼爲章程，叔孫通定禮儀，則文學彬彬稍進，詩書往往間出矣。自曹參薦蓋公言黃老，而賈生晁錯，明申商，公孫弘以儒顯，百年之間，天下遺文古事靡不畢集太史公。太史公仍父子相續纂其職。』

因爲他有了這樣一種豐富的憑藉，因而他才能夠『罔羅天下放失舊聞，王迹所興，原始察終，見盛觀衰，論考之行事，略推三代，錄秦漢，上記軒轅，下至於茲。』他自己讀他這一部五十二萬六千五百字的巨著，足以拾遺補闕藝，成一家之言，協六經異傳，齊百家雜語。……』可以說並非誇大。(上所引均見『史記』『太史公自序』，文字參照『漢書』『司馬遷傳』。)

班固說：『司馬遷據『左氏』『國語』，采『世本』『戰國策』，述『楚漢春秋』，接其後事，訖于大漢，其言秦漢詳矣。』以司馬遷所生的時代而能獨詳秦漢，可以說這是他的特識。近人於司馬遷所不能明白的古史，還要從斷簡殘編上面去找，博雅則誠有之，以言效用，似乎並不太大。至於班氏批評司馬遷『是非頗謬於聖人』，在我們看來，敢於與聖人立異，這又何嘗不正是司馬遷的偉大呢？

第三，司馬遷不僅是一位歷史家，同時他還是一位旅行家，他在『自序』裏說：『遷生龍門，耕牧河山之陽，年十歲則誦古文。二十而南游江、淮，上會稽，探禹穴，闚九疑，浮於沅、湘，北涉汶、泗，講業齊魯之都，觀孔子之遺風，鄉射鄒嶧，厄困鄱、薛、彭城，過梁、楚以歸。於是遷仕爲郎中，奉使西征巴、蜀以南，南畧邛、昆明，還報命。』

以當時交通的困難，他遊蹤所及的區域，可算是相當的廣大了。而且他也不單是爲流連光景而遊歷，凡他所到有著名史蹟的地方，他往往能感發興起，因而他在敘述這一史蹟的時候，文字也顯得特別親切。

例如：他在『五帝本紀』贊論裏說：『余嘗西至空峒，北過涿鹿，東漸於海，南浮江淮矣，至長老皆各往往稱黃帝、堯、舜之處，風敎固殊焉。』……他在『孔子世家』贊論裏說：『余讀孔氏書，想見其爲人。適魯，觀仲尼廟堂車服禮器，諸生以時習禮其家，余低回留之不能去云。』他在『魏公子列傳』的贊論裏，更有幾句遷弔夷門監者侯嬴的話：『吾過大梁之墟，求問其所謂夷門，夷門者，城之東門也。』又在『淮陰侯列傳』的贊論裏，他更有幾句話能把韓信少年時的懷抱寫出：『吾如淮陰，淮陰人爲余言，韓信雖爲布衣時，其志與衆異。其母死，貧無以葬，然乃行營高敞地，令其旁可置萬家，余視其母冢，良然。』以一個在仲尼廟堂裏低回留連過的人寫孔子；以訪問過夷門的人寫信陵君，寫侯生；以一個連韓信母親的墳上都實地踏勘過的人寫韓信；其能往往有神來之筆，夫何足怪？

『刺客列傳』這篇共寫了五個人：一、曹沫；二、專諸；三、豫讓；四、聶政；五、荆軻。寫前三人所用的文字都很簡略，聶政較詳，荆軻更詳。刺客與游俠本來是一類的人物，我把『刺客列傳』與『游俠列傳』兩篇對照着看，覺得文章的格調和布局也極相類似。對於荆軻其所以寫得更詳，實際是因爲『戰國策』有一篇記荆軻刺秦王的長文，司馬遷即據之以爲藍本。可是司馬遷筆底的荆軻，比較『戰國策』多了前面的幾段：一、說明荆軻爲衛人；二、曾以術說衛元君；三、與蓋聶論劍；四、與魯句踐博爭道；五、記荆軻在燕不僅愛高漸離，還加上一個不知名的狗屠；又說荆軻『深沈好書』，且歡喜『與賢豪長者相結』，並舉田光能賞識荆軻爲証。最後一段，記荆軻死後高漸離以筑再刺秦王，寫得原原本本，也爲『戰國策』所沒有。這乃是把荆軻烘托得更爲出色。這都是司馬遷常用的筆法，最宜玩索。

荆軻刺秦王這件事發生於公元前二二七(即秦始皇帝的二十年)如果司馬遷的生年(公元前一四五年即漢景帝中元五年)之出生去秦王之被刺，相去僅八十年左右；即司馬遷到了二十歲，相去也不過一百年。假定當時在場目擊秦王被刺的夏無且，其時的年齡僅三十，而他後來活到八十或九十歲，晚年把他四十年前目擊的這個故事告訴了他的青年朋友公孫季功與董生，而公孫季功與董生也活到七十八十，他們兩位又在晚年再把這個故事轉告了青年的司馬遷(老年人最有向青年人講故事的興趣)，則經過的時間已可能在百年以上，則司馬遷能聽到夏無且的朋友公孫季功與董生對他轉述這個故事，並不是不可能的。

因爲司馬遷在『刺客列傳』的贊論裏說：『始公孫季功、董生與夏無且遊，具知其事，爲余道之如是。』李長之認爲在時間上不可能，因而他懷疑『刺客列傳』或出自司馬談的手筆，而非司馬遷所作，但我卻認爲可能，何況司馬談有不有整篇的『史記』文字交給司馬遷已屬可疑呢？

憶陳果夫先生

(五八)

宇人

我和許聞天是在立法院才認識的，平素並無來往，是所謂孫文主義學會，我亦未有所聞，他是否有煽動軍隊投共的情事，更一無所知。祇以我曾在國民黨江蘇省黨部工作一個時期，知道他原屬於汪精衛的改組派，抗戰勝利，王懋功任江蘇省政府主席，派他爲該省幹訓團的敎育長，立委提名時，又提他爲候選人，在國民黨中央黨部審核候選人時，谷正綱復以全力支持他，因得通過。我與他雖然祇有點頭之交；但認爲湯恩伯不遵循憲法規定的程序而秘密予以拘捕，行政院既明知其非而卻有所顧忌，未敢干涉；倘立法院亦不過問，湯恩伯必將更加氣焰萬丈，橫行無忌」。乃在院會上予以抨擊。我說，「如果許聞天確有煽動軍隊叛變的情事，不但予以拘捕，就是予以槍斃，也是罪有應得的。可是我們現在已經是行憲時期，一切自應依憲法的規定行事。湯恩伯在拘捕許聞天之前，既未徵求立法院的同意，在拘捕之後，亦未通知立法院，甚至行政院和首都的治安機關，也毫不知情。湯恩伯不但目無立法院，也是目無行政院，目無憲法。他對立法委員尚且如此大胆妄爲，其對一般老百姓必更變本加厲，實可想見。倘若不予制止，今後我們立法委員固然要人人自危，而一般老百姓的安全，也就更加可慮了。」我主張立法院應責成行政院予湯恩伯以適當的制裁；至於許聞天個人的問題，如果確有煽動軍隊叛變的情事，亦應先將他送回立法院，再由行政院依照憲法的規定的程序，徵得立法院的同意，重行予拘捕，依法偵辦」。當經院會通過。當晚，我往訪何應欽先生探詢許聞天是否確有煽動軍隊叛變的情事，他說：湯恩伯並未將有關案卷送來，不知其詳。我說，如果確有其事，最好由行政院預先備好一份公函，說明許聞天煽動軍隊叛變的事實，請立法院同意予以拘捕。如此，則許一經送到立法院，即可立即再予拘捕，以防其乘間脫逃」，何先生表示同意。我和何先生談話時，似乎行政院秘書長黃少谷也在傍。但後來許聞天被送回立法院，行政院並無請求立法院同意拘捕他的公文到來，我沒有機會再向何先生探詢原因，許聞天也未曾再和我見過面。有些CC份子即據此向何吳兩先生說，可能湯恩伯查出我與許案有關，所以才將我拘捕。其二，是和談代表前往北平之前數日，我接到李宗仁先生請在總統府茶會的請柬，向程思遠探詢被請的是些什麼人，他答以留京的中常委和一部份立法委員，我到會後，才發現祇是國民黨中央執監兩委員會的常務委員。我久已不出席中常會；但既經到了，而且又是茶會，自不便再退出。談話會開始後，有的主張向中共要求劃江而治，有的則注意聯合政府的席次。我很不以爲然，因起立說道：守江全靠我們自己的力量，如果我們沒有守江的決心和準備，而祇要求共軍不要過江，共產黨必不會同意的。至於想和共產黨組織聯合政府，更是一種幻想。我們過去一黨專政多年，尚弄到今天的這般景況，今後還想在共產黨主政之下的聯合政府爭席次，不但自貶身價，而且即使爭到了也絕不可能做好的。我認爲今天的根本問題，不是在和共產黨討價還價，而是如何挽回民心，重振士氣，並取國際上的同情和支援，然後才可望扭轉危局。我以爲國民黨中央應在此時發表一篇宣言，標明本黨對和談的基本立場如下：第一，人民的生命，財產和自由必須有確切的保障，不容依據一黨一派的主義而予以侵害；第二，國軍在對日抗戰的八年中，經過很堅苦的奮鬥和慘重的犧牲，才能獲得最後的勝利，因此，今日的國軍乃是對國家民族最有勳勞的軍隊，是國家的軍隊，不是任何黨派的軍隊，不容依還一黨一派的利害而有所歧視；第三，中華民族經過半世紀以上的奮鬥犧牲和最近八年的浴血抗戰，才能廢除不平等條約，恢復國家的自由平等地位。中國現在與美，英，蘇三國同爲聯合國的四強，共負維護世界和平的重任；美國過去對中國人民爭取自由，平等的運動向極同情，在抗戰期間，更對我們多方支援，不遺餘力。因此，中國今後必須保持獨立自主的外交，繼續維護與美，英，蘇三國的友誼，不容依據一黨一派的立場而有所偏倚，重使我們的國家淪爲他國的附庸。爲了確保這三項基本原則，本黨對中國共產黨祇有一個簡單的要求，和平實現後，在全民再次舉行選舉產生新的憲法政府以前，勢必有一個過渡期間的政府。此一政府必須設立一個代表民意的議事機構，凡有關限制人民自由，改編國軍及變更對外關係的措施，均須先提經此一機構三分之二以上的通過，才能生效，本黨祇要求在此一機構中佔三分之一的席次。如果中共接受這三項原則和一個要求，本黨自願無條件退爲在野黨，讓中共來組織政府」。我又進一步解釋道，「這個宣言的目的，乃是向全國軍、民和美、英等國表示，本黨所關心的並不是自己的政權，而是人民的自由，國軍的前途，和國家的獨立及對美、英諸國的友誼。假如中共不接受，那麼，就可充分表明我們今後繼續對中共作戰，並非是爲了戀棧本黨的政權而戰；而乃是爲了確保人民的自由和國軍的前途，國家的獨立，和維持對美，對英諸國的友好關係而戰。在如此的號召之下，我們庶可希望能造成一種新的形勢，從而挽回民心，重振士氣，並改善與美國的關係」。因爲祇是交換意見，談話會並未作任何決定。散會時，張知本先生還向我說他完全贊成我的意見。有些CC分子即據此說我曾主張向中共無條件投降一。

聯合評論

週刊

本刊已經香港政府登記

每逢星期五出版

United Voice Weekly

第二八五號

督印人：黃宇人　總編輯：左舜生

CHINESE-AMERICAN PRESS, INC
199 CANAL STREET,
NEW YORK 13 N. Y. U.S.A.

當前的兩個重要問題

左舜生

『昔日戲言身後意，今朝都到眼前來』，每一想到中華民國的前途，眞令我不能無此感慨。

這幾天，從各方面來的朋友很多：有來自美國的，有歸自日本的，也有從台北出發，目的地不在香港，而路過此間的。大家見了面不能不談，所談的內容相當複雜，但主題要不外中華民國現狀的分析及其未來的預測。

有些消息，過去我們只微有所聞，經過這次多方的印証，乃使我們有了進一步的了解。有些傳聞，我們過去信以爲眞，經過這次的訂正，才知道事實並不如所傳之簡畧。

朋友們來自美國，日本，台北，在我們，當然願意聽取他們在當地的聞見；他們的想法相反，說我們住在香港，且近大陸邊緣，地位比較凌空，也許有若干看法，超出他們的想像之外。

要把這三天以來的談話逐一詳細紀錄，不僅無此可能，且亦無此必要；我現在只把目前比較重要，及大家若干的看法，概括的叙述如下，聊備留心時局者的參考。

就談話中一般的空氣說，我沒有聽到任何人有過一句樂觀的語調，但苦思深索，想找出若干可以見諸實行的辦法以圖對時局有所補救的心情卻還是有的。我們先後在一塊談話的不少於十四五人，大家都懂得：『高調』在目前絕對無用；不過可悲觀的，乃是我們認爲已經低到無可再低，而台北可能實現的空氣，依然異常稀薄。

以下僅就當前兩個重要問題分別來說一說：

一、反攻問題　無論在海外，在台北，主張反攻不計成敗利鈍，不惜孤注一擲，甚至不管能否得到國際支援，立即開始反攻的人爲數確實不少。他們其所以有此主張的心理不難理解：他們覺得今天的人心其所以陷於異常苦悶，甚至精神都有些失常，最主要的原因，即在叫了十幾年的反攻，始終不能兌現。一旦多年來大家所抱的這一希望果能見諸行動，則人心自然振奮，不僅若干大家所認爲難於解決的問題可以迎刃而解；即最難團結的人心，也將自自然然的趨於一致；這有當年抗戰初期的事實爲証，並非出於一種主觀的推測。因此，他們覺得：萬事都可暫作緩圖，惟有立即反攻，乃爲一種包醫百病的良藥！不過，表面的情形儘管如此，但十五年來究竟只有這種慷慨激昂的論調，而不能兌現的事實却依然存在，其所以無法不聽其存在的理由則有以下各端：

一、今天世界上我們看不見一個敢於單獨作戰的國家，我們要找一個利害完全一致眞正可以共生死共存亡的與國，從何處覓取？

二、美國誠然反共，但他們防止大戰爆發的心理，遠在不惜投入戰爭的心理之上，不必舉過去的韓戰，與當前的越戰爲例，即與美國近在咫尺利害切膚的古巴，她尚且不敢輕於破裂，其他更何待說？三、中美間儼然有條約存在，要實行反攻，就必得先與美國磋商，否則惟有斷然拋棄美國這個朋友，請問這是否爲當前台灣的情勢所能容許？四、說我們的反攻不一定會引起世界大戰，這究竟只是一種大胆的假設，請問我們向大陸的南部投下幾顆炸彈，能不能斷定中共決不會轟炸台澎而實行反擊？中共轟炸台澎而美國袖手，即等於美國違背條約，放棄台澎，否則即等於大戰已經爆發。美國既以防止世界大戰作爲她當前的國策，則制止台灣闖禍以拖她下水，便算是她執行國策的一端，期待美國變更國策以從我，豈不等於擬人說夢？五、說反攻不須曠日持久即可大告成功，這也不免過於樂觀：過去的抗日戰爭，我們有空間可以換取時間，今天我們的本錢只有過去的幾十分之一，我們期待台北當局以這點僅有的本錢賭乾坤的一擲，豈非強人所難？此外如渡海運輸的工具；兵源，軍火，食糧的補給；財政支持的限度；台灣內部的安全穩定；……在在都有問題，可以存而不論。

二、『反共建國同盟』問題　我們會有人向台北來的朋友請敎：台北當局何以忽然有這樣一個提議？就其提案所說明的理由，眞可以說異常懇切，而且磊落光明，是不是當局確已有了澈底改革政治的決心，而且已有成竹在胸，不過願意聽取各方的意見以資印証，以求其能夠推行盡利？抑或當局並無任何成算，只不過願意虛心坦懷，使各方面不同的意見能夠充分提出，然後針對台灣的現實，儘可能製成具體的方案，付諸實行，以求得目前這種沈悶空氣的打破，亦即以之作爲一種政治反攻的張本？

像這類的問題，我們的朋友都未能給我們以切實的回答。好像他們在台北不能了解當局此一動向的動機，一如我們在海外之不能了解完全一樣。其實，他們之所以不能回答，也就是一種回答。例如：由黨部諸君草擬一個召集這一會議的具體方案，遲遲數月不能交卷，豈不足以証明即黨部諸君對當局這一提案的用意，亦尚未能充分明白？又如，若干年來我們期待當局在召集此類會議以前，先就國民所迫切希望而於反共建國又絕對有益無損的事項，切實舉辦三件五件，好像：一、雷厲風行，徽辦幾個貪污有據的分子而不加以回護；二、對言論自由切實放寬，只問其反共不反共，不問其對政府批評劇烈或和緩而聽其流通；三、加强防共人員的責任，而絕對禁止其但憑意氣或個人利害，動輒以『紅帽子』入人於罪，且對近幾年所製造的既成事實予以糾正；四、毅然決然裁撤或縮小若干在今天絕對無用的機構，以節省國庫開支；五、對軍事及公敎人員確實無法生活的事實予以正視，酌量提高其待遇而使其安心供職；同時對若干職守有虧，成續不舉，乃至公然誤國的從政黨員，斷然加以罷免而毫不客氣……如果說連這類的事都無法實行，請問再多開幾次反共建國會議，除興師動衆，大家熱閙熱閙以外，究竟有什麼好處？

馬來西亞南越均應聘用留港中國軍官

劉裕畧

馬來西亞政府已於三月十日正式宣佈要征兵了。據吉隆坡三月十日路透社電：「馬來西亞政府今日宣佈：馬來西亞將實行征兵入伍，參加軍事服役及民防工作。上述大馬的宣佈，是在其與印尼舉行和平談判決裂後而採取的行動。馬來西亞政府在其所召開的一項特別內閣會議結束時發表聲明稱：政府方面計劃徵召那些年齡在廿一歲至廿九歲的壯丁入伍服役。該項由馬來西亞總理新聞秘書蘇利雲向報界發表的聲明中，顯示內閣方面認爲現時局勢極爲嚴重，故頒下令召集那些年由廿一歲至廿九歲的壯丁入伍服役，執干戈而衛社稷。上述徵召入伍壯丁，將包括在軍隊中受訓及派於民防方面服務」。

我們知道：馬來西亞政府這項決定，確係由於印尼對大馬的敵意與戰意而被迫不得不採取。事實上，印尼總統蘇加諾確曾一再揚言定要粉碎大馬，蘇加諾又於三月十六日親自呼籲印尼青年參加志願軍，以摧毀大馬；而且，自馬來西亞國成立後，印尼早已一再派遣武裝特務進入大馬境內從事破壞工作，邊境亦曾開火，雖然經過美國詹森總統曾派美國總檢查長羅拔甘廼廸東來調停，但只在非律賓與大馬的關係上有了改善，印尼與大馬的關係，則尚未能挽回。換言之，印尼現在是仍然蓄意隨時隨地要侵入大馬消滅大馬的。

印尼之所以如此，印尼總統蘇加諾的個人英雄主義固然是一個原因，而印尼共產黨與中國共產黨視大馬爲眼中釘，務欲去之，也是一個更重要的原因。中共之所以嫉視和仇視大馬，是由於大馬乃是一個新近成立而又位於東南亞的一個反共國家。大馬的成立，在中共看來，對中共侵畧東南亞和顚覆東南亞的打算，實在是一個大打擊。東南亞情況原本複雜，目前只有一個國土完整的泰國堅持反共，越南的反共態度雖然堅決，但只剩了半個。緬甸及高棉則都在中立的標榜下親共，寮共則更已在寮國佔領了大部份土地；印尼共黨黨員人數之多，已列國際共黨第三位，僅次於中共與蘇共而已。且印尼共黨在赫魯曉夫與毛澤東的個人衝突中亦堅決站在毛澤東一邊。所以，在中共嗾使下，印尼共黨不但一直在印尼國內煽動對大馬的仇視，且與中共配合，一直在用種種手段策動新加坡的共黨份子及親共份子，阻礙和破壞大馬之建立。可以斷定，中共與印尼今後仍將繼續破壞大馬，印尼軍隊將來正式侵入大馬，也完全可能。而印尼是一個擁有人口將近一億的國家，加上中共對印尼的煽動與支助，大馬的人口則不及一千萬，所以，正義雖然站在大馬一邊，强暴則在印尼一邊。印尼胆敢揚言定要粉碎大馬的原因亦在此。

現在，大馬政府宣佈徵兵，可謂非常必要。不過，大馬是一個新近建立的國家，經濟雖然繁榮，人民對外國作戰却無經驗；大馬的任何一個公民雖然都有勇敢起來執干戈以衛社稷的義務，但敵人兵多，自己兵少。而且自己方面亦缺少素有訓練及富有作戰經驗之軍官。所以，我以爲馬來西亞政府現在大可起用現今留在香港之中國軍官。現今留在香港之中國軍官，曾在大陸與中共作戰有年，雖然中國大陸業已淪陷，他們已在逃亡之中，但他們之中，仍多英勇善戰之士；且馬來西亞國內華裔公民極多，華僑亦不少，對留港中國軍官來說，正可以說是具有天時地利人和三個條件。在他們之中，有的可以作大馬軍隊之顧問，有的可以作大馬軍隊的幹部，無論作戰與訓練，相信他們都能勝任愉快，而且他們必然樂於協助大馬，所以我希望馬來西亞政府對此予以考慮。

同類的理由，我以爲亦適用於南越。南越軍隊原已相當堅强，乃無可否認的事實，南越軍隊已打過許多次輝煌的仗，也已舉世週知。不過，今日活躍於南越境內的共黨游擊隊，眞正的南越人實在不多，有之，亦係北越的共黨份子。而在事實上領導和指揮南越境內游擊隊的，則是中共黨人。爲了對付中共黨人，南越政府自亦應該起用反共的中國人爲助。而由大陸逃到香港來的中國軍官，則恰好是最適宜對付南越境內那些中共游擊份子的最好人選。再說，南越境內共黨游擊隊人數雖不多，但中共可以無限制補充其人力與兵員，美國則只能對南越無限制補充資源與武器，除非美國正式介入越戰，否則便不可能補充兵力。而南越兵源畢竟有限，軍官之養成更不簡單，故南越政府如果起用現今留在香港之中國軍官，相信必可有助於越戰。因爲留在香港之中國軍官數以萬計。這一點，南越政府不知已經知道否？

×　×　×

為什麼要信仰民主社會主義

孫寶剛

許多人聽到社會主義這四個字，總覺得有些異樣。所以許多人聽到我要在香港組織一個社會民主黨更覺得奇怪！這是因為他們不瞭解社會主義，祇少是誤信了共產黨，以為共產黨的所作所為就是社會主義。其實共產黨的所作所為，和社會主義完全相反。他們是冒牌的社會主義者，當然也有些人是誤信了資本主義的宣傳，以為資本主義主張自由競爭，可以發揮每個人的天材，使每個人的努力都獲得了代值。在「供」和「求」的原理之下，生產和物價自然地得到了平衡。其實這是欺人之談，事實上，今天的資本在集中化，中國的俗語所謂大魚吃小魚，一般僅有小資本的人，怎能和大資本的人自由競爭呢？最後大資本者勢必壟斷了市場，到那時，「供」「求」可以維持生產和物價的平衡，也成了夢想。再說到一般的窮人，在勞工市場之下，任由資本家來剝削，以至終日勤勞，家中不能一飽。沒有工作的人更不用說了，餓死了也沒有人可憐！試想大家是一個人，難道小資本者和窮人們就應該餓死或被淘汰麼？社會主義者反對這種現象，才興起了社會主義運動。易言之，社會主義者認為我們既然是人的社會，應當以人為本位，人是最有價值的。物質是供人來應用的，不能因為物質的價值而否定了人價值，或是把人的價值和物質雙提並論，而把人也當作物質的一種。

所以社會主義者雖然也主張增加生產，但其目的是在提高全體人類的生活水準，不並是完全為了謀利。我們最低限度要使所有的人，都要作為一個人地活下去。英國的羅勃曉．勃辣起福特說：假如你走到所有的大城市的街上去，便可看到富有而閑暇的人們，正在浪費他們的財富，不特他們自己是可恥的，同時也為害了其他的人們。窮苦的人們擠在不衛生的街道上，既髒而且面有飢色，但是他們的面前就是奢侈的俱樂部，百貨公司，大酒店和輝煌的戲院子，一般的人都是工作過渡，而工錢太少。教會正在似乎很親熱的宣傳愛心，可是邪惡和貧窮依然在滋長着。

中國的古語說，四海之內皆兄弟也，我們應該把兄弟分成不勞而獲而浪費的一類兄弟，和另一類工作過度而不得一飽的麼？這是很顯然的，既稱兄弟，便不應分為二類。另有許多慈善家和社會服務者在救濟窮人和改良社會，他們當然是好的，可惜些微的改良，怎能使整個社會的病態去除呢？救濟更不能使一般的窮人的生活提高來。所以社會主義者認為：唯有將整個的政治，經濟和社會制度加以改變，才能真正醫好這個病態的社會，而最要緊的，還在確定人的價值。所有的人都須作為一個人似的活下去，必須是平等的，自由的，並且人和人之間，真要做到皆兄弟的境界。

社會主義者怎樣可以造成這個社會呢？其實也非常簡單，就是要使人與人的收入不要相差太遠，並且要使每一個人有充分的機會去受教育。人類的所以有不平等現象，就是因為收入的財富相差太遠，在香港來說，每月收入最低的和最高的要相差幾百倍，有些人的月薪祇有幾十元，有的人却至萬元以上，這是非常奇怪的一件事，即使在西方的資本主義國家內，也決沒有這樣的差別。所以香港這個社會，在經濟上的不平等，是最為利害的，要去除這個現象，一方面要靠資本家們自動的覺悟和調整，另方面還在政府對於所得稅，應該含有調整人民所得的作用在內，同時工人們應該組織起來，集體的議定工資，再加上施行大規模的社會服務。但最為重要的，還在政府要主動的，使全體人民都有工作可做，所以使全體就業，成了今日政府的最重要的政策。

但是上面所說的，對窮人來說，還是在治標，照着上面的原則做起，窮人們可能沒有像現在這樣窮，只以活得像一個人，可是窮人還是窮人，反之，依照上面的原則去做，富人們的收入雖然減少了，但是富人還是富人，平等兩字還是沒有做到。所以社會主義者又特別注意於教育。社會主義者不特主張每個人必須受初步的教育，並且主張，教育的機會，對每個人要平等。這即是說，一個有天才而有志追求高等學問的人，不能因為窮而喪失了他求學的機會，反之，追求高等學問的機會，不應握在有錢人的手內。因為教育是使人類平等的一個最重要的因素，即以今天在資本主義的社會內來說，受有高等教育的人是受人尊重的，即使他很窮，但稍有頭腦的富人不會去輕視他，甚之樂與為伍，這不是創造了平等的基礎麼？再進一步來說，有了學問，對社會可作更多貢獻，他在社會上的地位，可能還高於富人，但可能他是從一個很窮的家庭內出身的，於是一般的人，自然地會把貧富來決定不平等的觀念可以改變了。所以社會主義者對於教育是最為重視的，一個國家除了國防以外，應該以教育經費為最大的支出才。

上面所說，雖極簡單，但已經是個大概的輪廓，可知社會主義者的理想是非常實際而可以實行的。它不須要像共產黨所做的那樣要用暴力革命，要取消所有的私有財產，要實施恐怖的清算，更不會使大家餓了肚子來工作。反之，社會主義者正要使每人的肚子立即裝飽呢？

胡適之，陳獨秀，另有一位不為國人注目者，即上海亞東圖書館主人汪孟鄒，發行胡適之，陳獨秀等著作，陳獨秀主辦新青年亦是亞東發行。此三人均為安徽人，與筆者一面緣，汪為書業同行，尚多交往。汪似猴皮瘦：說話尖銳怪叫，聲達戶外。

胡適之三字，改為白話文：「往那裏去？」

他願去任美大使，不肯去競選總統。（胡搞不行）軍人主和，胡適說：「和比戰難」。又自號過河卒子，更倡「知難行亦不易」說。抗戰時在美宣稱游擊隊對抗戰不起作用，徒擾害淪陷區人民云云。此真實話也，引起陪都盲目報界大轟擊。

這位往那裏去先生，在時代上是起作用的，中共批判胡適思想專書，出版十多冊。

胡適之從懷疑態度到實驗主義，一言一行，是偽大智的老滑。（據傳曾跪拜宣統廢帝。）

陳獨秀（陳章甫）又是中共的「開山老祖」，民國十二年在廣州南堤創辦宣講員養成所，搬出一套馬克思主義的資本論來，許多人莫明其妙，又大談俄羅斯「公棲共產」，却被傳為「公妻共產」，廣州報紙上指他為「毒獸」。不久，他就溜到上海去了。這個宣講員養成所後由陳公博代理（原為陳獨秀助手）陳公博十分賣力，二年之間，製造了一羣幹部工作人員，不少人成為中共的先鋒隊了。

陳公博後來改變初衷，發現了退出共黨的聲明，轉而加入國民黨了。終而為漢奸。公博也者，其正如公開的博客，墨字收場，引頸成一快！

政治舞台，原似呼盧喝矢的賭場，勝則為王，敗則為寇。民國十三年，國民黨改組，宣佈「容共」，於是毛澤東，林伯渠，譚平山，林祖涵，等都被選為第一屆中央委員。至蔣毛稱兄道弟，乾杯互祝鏡頭，更有案可查。痛哉我民！慘哉我民！

這位陳章甫即陳獨秀，被中共人物斥為「托派」，開除黨籍，直到死亡。又被國民黨拘押。抗戰開始以後，陳獨秀在南京出獄，某巨公送國幣四萬元，為陳拒絕。蔡元培（孑民）亦致送五千元，並附函懇請收納，陳亦謝之。

陳獨秀窮愁潦倒。（俗人看法）不貪名利，廉潔是其本性；不肯狠狽為奸，為其主因。一貫主張，為國共所不容！抗戰時病歿四川。公子現在香港，兼營出版。

甲辰年初，閉關三日，閱讀一九二二年上海亞東版獨秀文存。

陳獨秀自序謂：「……我這幾十篇文章，不但不是文學的作品，而且沒有什麼有系統的論證，不過直述我的種種直覺罷了；但都是我的直覺，把我自己心裏要說的話痛痛快快的說將出來，不曾勦襲人家的說話，也沒有無病而呻的說話，在這一點，或者有出版的價值。……」

陳獨秀始終是喊打倒孔家店的。（胡適喊打，到了中途，孔家店打不倒，也就停口了，五四運動的人，又祭孔來了。）始終是擁護民主革命的，……這類文章，現在讀來，反覺麻木不仁了。又隨感錄一類，亦不及時了。概不輯入。

陳氏為人，實在真誠，沒有裝腔作勢。一個中共開山老祖，竟被開除黨籍。國民黨又視為洪水猛獸。他始終不妥協；不投降：堅持到底！豈與左右逢源，專為自己功名利祿而搶喊革命招牌者可比？相差十萬八千里了。

陳獨秀之人格是崇高的；生活是誠實不苟的；儒者的風格是濃厚的：浩然的氣魄；寬宏的度量，如斯人也，民國能有幾人？不與雞鶩爭食，爭機奪利，一枝獨秀在人間！

世事多含糊歪曲，兩黨割據，明明是兩個中國——要知不統一，即是兩個：形勢如此；哲理如此；數理如此；理論如此；事實如此。總統也主席也，又分任之，同是拜孫中山為偶像，官冕上又各不承認為「兩個」！嗚呼！黃帝子孫哉！黨爭以人民為芻狗；籌碼。

陳獨秀；敬告青年，人生真義，我之愛國主義，勞動者的覺悟，偶像破壞論，我人最後之覺悟，文學革命論，抵抗力，等文，更是真實不過的，為愚民政策的統治者所痛忌。仍可為我們的未亡人埋頭一讀！並傳其久遠。

甲辰年初　輯者鄒挽沉痛筆

中共加緊搾取華僑滙款　寄大陸糧包比去年大減

陳均寶

由於中共採取加緊和加強壓搾僑滙的辦法，所以，最近一年，由香港去大陸的僑滙，已顯著增加，而由香港寄往大陸的糧包則已相對的顯著減少。

香港方面最近公佈的郵寄糧包數字是本年一月份寄往大陸的糧包尚有八二六，一五〇件，但到了二月份，却減少到了二四七，五三〇件。如果與去年同期數字相比，其減少程度更屬驚人。蓋去年一月份港寄糧包是一，二一八，七二〇件，二月份為五四二，八二〇件。那末，港寄糧包數字何以如此銳減呢？是因為大陸僑眷的糧食配給量有了巨額增加嗎？絕對不是。考其原因，則是因為中共近年，對由香港寄往大陸之糧包，往往故意不交到僑眷之手，有的甚至退還港澳，於是僑胞迫不得已，乃停寄或少寄糧包，改寄滙款。況中共為了鼓勵華僑滙款，凡一次滙寄人民幣一百元以上者，中共對大陸收款人均有特別配給，故華僑明知中共意在搾取僑滙，但為養親之故，亦不得不忍為之。這是最近一年由港澳寄大陸糧包銳減之真正原因，決非中共對大陸僑眷之生活有任何改善哩！

讀史的觀點

為清華書院公開講演會講演大綱

李　璜

我中華民族文化特色之一，爲對於歷史一科頗多貢獻。以言歷史著述，則曾有甚遠甚早的成績，從尚書、春秋、史記，以至於漢史以來之二十四史，整齊詳明；言體例，言博治，在世界各先進民族歷史著作中，自應首屈一指，毫無愧色。

因之，中國歷來讀書人均好讀史。而且一開始讀書，便由老師去敎以歷史。舊日，我們小孩子時，一發蒙識字，去讀三字經，其中便有一大段，敎孩子們去背誦歷史及其朝代的；稍長，讀六經，如果照章學誠的說法，「六經皆史也」，則六經確是給予我們的古史知識不少。

所以，中國的人文學科中，不但史學特別發達，而且讀史成爲一般唸書人的相沿習慣，一讀書便自然在讀史，但是，讀史不只要讀的人止於去記故事，肚皮裝得多，便算完事。讀史還須有讀史的觀點，然後纔能貫通史的意義或者得着歷史的敎訓。於此，我們的前輩讀史，便有哲人的、政治家的、科學家的，與乎詩人各種傳統的觀點昭示後學，我個人今天便來談談這種讀史的觀點。

一、哲人的觀點——也可稱作歷史哲學的觀點，這就是讀史而對史事的變遷，或在政治制度上，或在人事與廢上，發生出一個統整的概念，所謂「萬變不離其宗」，所謂「千古興亡一例看」，即是此種綜合的見解。以傳統而言，這觀點應始於我們的先聖孔子與孟子。

孔子：「殷因於夏禮，所損益可知也；周因於殷禮，所損益可知也；其或繼周者，雖百世可知也。」——禮即是政治制度。孔子認爲制度的歷史變革，均有其因襲之處，可以推之百世；這個「因」字，便是孔夫子讀史的哲學觀點。

孟子：「天下之生久矣，一治一亂」。——治亂循環說，這又是孟夫子的史哲觀。（中國小說上，「話說天下大勢，合久必分，分久必合」，即本於孟子的這一觀點。）不過，孟夫子在治亂循環之間，還擬定了一個大概的時限的：「五百年必有王者興，其間必有名世者」，照他的看法，五百年期便應有一個治世出現的。

我國的先秦諸子及歷代學人本於史事立說的哲學觀點甚多，茲因時間有限，只引孔孟爲例。

二、政治家的觀點——儒家未有不談政治的，因爲儒家所講究的「正心、修身、齊家」，其目的在「治國平天下」。且儒宗孔孟，都是要以歷史的見解或自著歷史來糾正當時的政治及社會上的不好的行爲。孔孟言政，則言必稱堯舜，這是在舉出歷史上的好榜樣，來使當時人君有所學習；而孔子作春秋，使亂臣賊子懼，更是在用歷史著述的褒貶筆法，爲政治上撥亂反正之助。

因是，讀史的政治家的觀點，在孔孟以後便大爲顯著而盛行。這個傳統的觀點，到了宋朝的司馬光，他著史便明顯的取名爲「資治通鑑」，表明其觀點是爲政治上治國之道的借鏡的。不但在資治通鑑裏，夾着「臣光曰」一段一段的史論，是將他本人的政治觀點指示與人君；就在唐宋八大家文中的許多史論文章，也是大半各有其政治觀點的，歐陽修「護伶官傳」說得最明白：「嗚呼，盛衰之理，雖曰天命，豈非人事哉！原莊宗之所以得天下，及其所以失之者，可以知之矣！」

三、科學家的觀點——科學家的觀點，乃是懷疑與求証；這在中國讀史的觀點上，也早有此種精神，這也應從我們的孔子孟子兩位聖人說起。

孔子：「夏禮吾能言之，杞不足徵也；殷禮吾能言之，宋不足徵也，文獻不足故也。足，則吾能徵之矣。」——徵就是求証；孔夫子認爲文獻不足，便暫時只宜言一個大概，足見他求証的精神！

孟子：「盡信書，則不如無書；吾於武成，取二三策而已。」在尚書裏，一篇「武成」的史料，在古代至少要用百十個竹板（策）來寫的，而孟夫子只相信其中的二三個竹板爲可採取，這足以稱得是科學家的懷疑精神了！

中國讀史的學人有稱：「兩眼自將秋水洗，一生不受古人欺」的，就是這種懷疑求証的精神。本此一讀史觀點去治史學，到了三百年前，乾嘉時代的考據學便大顯其效用，故清代樸學大師的史學工夫足以比美於近世西洋的歷史的科學研究。

四、詩人的觀點——最後談談中國詩人之咏史。中國文化既富於歷史研讀的興趣，則中國詩人自必多有咏史之作。不過詩歌是抒情的，故詩人讀史，對於歷史上的興衰成敗，大半只加以感嘆；即蘇東坡所謂「獨對陳編弔興廢，窗前山雨夜浪浪」，這一「弔」字，足以概之。不過弔古傷今之作，其中有感於宇宙間人事之無常的，所謂「俯仰之間，已成陳跡」；如

李太白：「越王勾踐破吳歸，壯士還家盡錦衣，宮女如花滿春殿，祇今惟有鷓鴣飛！」（越中弔古）

也有對興亡的人事加以感喟，且寫有諷刺之意的，如

李義山：「華清恩幸本無倫，猶恐蛾眉不勝人，未免被他褒女笑，只敎天子暫蒙塵。」（華清宮）

此外杜甫之稱爲詩史，則因其歌行多咏當時的社會及政治紛亂情形，而留與後人以感嘆。

總之，中國讀書人，自孔孟以來，對讀歷史却特感興趣，而興趣中各有其觀點的，茲因時間所限，只談以上的四點而已。

五三、三、一五

欣聞台北用科學方法研究中藥

黃賀文

關於提倡中醫中藥與反對中醫中藥之爭，是中國最近數十年來一個久已在論辯中之論爭。其實，如果論爭者本身不戴上有色眼鏡，不先有成見，而又稍有病理知識與醫藥知識的話，對這問題原本可以很清楚很簡單的把它弄得分明，那就是西醫西藥有西醫西藥的價值，中醫中藥有中醫中藥的價值。說中醫中藥毫無價值的人，只是一種毫無知識的人而已。

當然，無可否認，看起來，西醫西藥是更科學化些。但這並不就是說中醫中藥一定違反科學，更不就是說中醫中藥不能醫好病人。事實上，在中國社會裏，在海外廣大華僑社會裏，信仰西醫西藥者，固不乏人，而信仰中醫中藥者也是大不乏人的。西醫西藥固然治癒了很多病人，中醫中藥却也是治癒了很多病人的。就以筆者來說，就曾經三度患嚴重的病，經過最好的西醫西藥都無效果，但最後都被中醫中藥治好了。這是鐵的事實，相信有此經驗者還有人在。

在最近十年，中共在中國大陸全力提倡中醫中藥。可以說，中醫中藥在今日大陸確有相當發達。但這並不是說中共眞正愛好中國文化，更不是中共眞正愛好中醫中藥，而乃中共的西醫西藥設備不夠，大陸人民信仰中醫中藥者既多，所以，就陰錯陽差的造成了這一結果。我們曉得：中共原本是一面倒向蘇聯的，而且也認爲只有蘇聯的一切才是先進經驗，在醫藥上，中共也一向愚蠢的只相信蘇聯的「先進醫藥經驗」，只相信史大林讚揚的巴夫洛夫學說，而對中國固有的一切，包括中國的醫藥在內，一向「薄古厚今」的。直到赫魯曉夫爲了打擊毛澤東，突然停止援助中共，中共才被動的被迫停喊一面倒的口號。中共的這一愚蠢，試想可笑到何種程度！

中國醫藥的傳統針灸，現在雖然尚未在美國流行，但却已在歐洲的德國和法國普遍的受到重視與應用，而在日本，則被重視的程度，可能還在一般中國人之上。這且不去說它，單以香港來說，很多人民是顯然仍舊信仰中醫中藥的。香港早已有幾所中醫學院，但大都不夠水準，最近又有大律師趙冰博士在大力提倡，主張香港中文大學開辦中醫學院，事雖不成，但熱心之士正在另行籌辦獨立的大規模的中醫學院，這不能說不是一項好消息。

但最好的消息，却還是中華民國的台灣省，現在也已着手用科學方法研究中醫中藥。

據台北三月十四日電：「一羣台灣大學醫學院藥學系師生，經過七年來分析考驗，在五百餘種不同的生藥中發現有幾種生藥，具有治癌効力。該系負責人說：這幾種藥，作動物試驗時，具有治癌功效。但一直還沒有臨床實驗的証明。一種名曰日春，又名曰四時春的生藥，是種開白花或紅紫花的草木植物，在中藥方中，一直是治血病的良藥，經該系化驗結果，不僅可治子宮出血，腸出血，和吐血，也可治血癌。此外，中藥中的金銀花，經該系的分析結果，發現也能治胃腸潰瘍，更可治胃瘤。川貝母，寶貝，浙貝都是治咳嗽的良藥。加以分析，可以治癌和初步的癌症」。

以上的消息，顯然是可喜的消息，這一消息說明台大醫學院之研究中藥，業已開始了七年。七年的時間，雖不太短，却也並不太長，在七年之中，已有上述若干成就，自應予以大書特書。因爲科學研究出來的成果，原是日積月累的。如果台灣大學今後仍能繼續堅持對中藥的這種研究工夫的話，相信將來還將大有成就。

從另一方面看，台灣大學的這一研究，嚴格的說，當然還只是它的附帶工作，而且，也還只在研究中藥而已，並未眞正研究中醫。依照判斷，台灣大學的醫學院一定仍然是西醫西藥系統，只附帶的研究一下中藥，並未全力研究中藥，更未全力研究中醫。所以，台北當局還應該鼓勵和開闢對中醫中藥的進一步的研究才是。

我們應該知道，對於一個民族或一個國家，保健工作，原是一樁極重要的工作，關係這一個民族這一個國家的存續强弱與民族生命力的繁衍極大。而中國民族在海禁未開之前，完全用的是中醫中藥，海禁既開之後，西醫西藥設備也僅限於大都市與小城市。至於一般鄉村和偏僻縣市，則仍完全使用中醫中藥。而中華民族則一直是世界上人口最繁殖民最强，而且也是文化最悠久的最大國家最大民族，這就可見他所使用的醫藥一定很有效，而且極能適應於他那體質，因而長期的保衛了這一民族的健康。雖然今日之西醫自亦有其不容否定的價值與效用，但中醫中藥之價值與效用却也是從中華民族的繁榮滋長而充分反映了出來的。所以，我們稍一檢討稍一回顧我們這一偉大民族的長遠歷史與强大，便可發現中醫中藥對於偉大中華民族的輝煌貢獻。

有些反對或輕視中醫中藥的人說：中醫中藥是不科學的。其實，所謂科學，原本離不開實驗，「神農嘗百草」，又何嘗不是一種實驗。歷代無數中醫對歷代病人之施以治療，又何嘗不是最具體的實驗？只是實驗的方式與形式與今日現代科學稍有不同而已。假如今日之中醫更能吸取西醫西藥之所長，而且更能把中醫理論科學化的話，相信中醫中藥還將發揚光大哩！

台灣省議會大會

通過各種議決案要求政府改革施行

明心

一、省議會請政府撤除不合理措施

台灣省議會於本月十二日通過財政部門議員提案八十餘件，送請省政府辦理，其中重要者畧誌如次：一、請省政府減免飼料進口稅，以減輕毛猪生產成本案。二、請政府放寬記賬方式，按月彙報一次，以減輕廠商負担案。三、請政府降低魚業用油貨物稅，以減輕漁民負担案。四、請政府對十噸以下機動漁船，如係直接從事生產之漁民，應免征營業稅案。五、請政府俯察實情，准予寬延農戶地價繳納期限案。六、請政府設立專管省營事業之機構，以加強管理監督案。七、請政府再度降低存放款利率，以利工商業發展案。八、請政府飭令各金融機關改善信用放款納息換單手續案。九、爲輔助本省民營企業，請政府取消對於公民營事業差別放款利率案。十、請政府降低美援台幣貸款利率，以利台省建設案。十一、請政府早日修訂公佈財政收支劃分法，合理分配地方應得稅收，以解決當前地方財政困難案。十二、請政府將地方稅收全部劃歸縣市鄉鎮征課，以充裕基層建設經費案。十三、請政府對於縣轄市廳特別補助，以利市政推行案。

大會並通過省議員葉寒青等臨時動議，請政府制止烟酒公賣局自購汽車，自運公賣品，以免影響稅收，而維運輸業者的生存。

二、省議會請設縣市銀行

台灣省議會通過省議員蔣淦生提案，請政府轉請中央准予設立縣市銀行，以充裕縣市地方自治財源，而利地方建設。蔣議員在提案中指出本省自光復以來，人口激增，各縣市地方設施，每限於財政無法配合，遇有重大建設，不得不向其他銀行借款，而其經費及經征稅等收入存放銀行，既無分文利息，而其所借貸之款，必須每月付息，似此，無異增加人民負担，按憲法第一百十條第八款，及台灣省地方自治綱要之規定，縣市銀行依法當屬地方自治權責，更屬地方自治財源之一，前台北市曾數度請求，旋奉通知有待於銀行法之修正，但各縣市地方建設急待擴張，自難久縣等待，應由省府迅速建議中央可按各縣財政情況，擇其較優者先行試辦，俾利地方建設。

三、省議會請將省營企業移交民營

台灣省議會通過省議員項重光提案，請政府將不宜於省營之企業，迅速移交民營。提案指出：政府自四十二年公佈公營事業轉移民營條例以來，公營事業移轉民營爲既定之政策，對於直接交涉及國防秘密之事業，專賣及獨佔性之事業，暨大規模公用或特定目的之事業，必須由政府經營外，其他企業應逐漸移轉民營，實際上，政府絕少將適合移轉之企業開放民營，而所開放民營之企業，均爲應清理之企業。又政府經營企業，除財政目的外，另有特定使命，是不得已之措施，政府應不參與人民可經營之事業，當今民間游資充斥，無投資機會，爲使游資導入生產事業，如能將公營事業開放，一則解決游資之出路，再則省府有充分之資金從事經濟建設。

四、省議會請撤消國有財產局

台灣省議會通過蔡李蕎議員提案，請政府撤消國有財產局，以減輕國家担負。蔡李議員認爲，國有財產處理業務，大部份已經結束，而機構龐大，弊端百出，浪費國帑甚巨之「國有財產局」，應立即予以撤銷。

議會同時通過郭雨新議員提案，請政府重新劃定地方稅收，以健全縣市財政，而利地方建設之事，應刻不容緩，早日付諸實行。

五、省議會請中央確定公賣政策拓展外銷

台灣省議會通過該會公賣事業考察小組報告書，送請政府研究改進。報告書中特別提出：請政府確定公賣局爲省屬事業機構，並確立公賣政策，以發揮企業機能。報告書中說：公賣局之行政系統，改隸於財政部，又屬於財政廳，其預算既經省議會通過，尚須送立法院再議，以是該局由省與中央分別管轄一則，對於該局之業務改進，省方所贊成者，中央未必同意，中央所同意者，省方未必贊成，但任何一方之阻力，均構成事業推展之障碍，如該局五十三年度事業預算案，省議會決議爲自明年度起，可由公賣局在事業利益項下，提列百分之二百公積金之意見，却遭立法院刪除，又省議會增列四千二百萬元爲該局公積金之決議，亦遭立法院刪減二千萬元，在該局缺乏資金週轉之際，省議會欲其不斷充實生產能力，以達事業使命之諸種決議，因立法院之反對，致不能實行。再則公賣事業機構，其業務內容之繁雜，業務性質之瞬息萬變，自非一般行政機關可比，業務既繁而又要機動，則貴乎極少之牽制，始克發揮最大之效用，而今公賣局既受兩方之監督與牽制，殊難發揮企業機能，深望中央政府俯視特殊情形，明確規定烟酒公賣事業歸由本省直接經營，以解決公賣局之隸屬問題，而維事業於不墜。

關於公賣政策之確立，報告書中說：公賣局爲政府經營之獨佔機構，其業務包括原料之收購，成品之產製、銷售等，爲一大規模之農產品加工企業，秉賦財政，經濟及政治三大使命，惟歷年來，政府之財政困難，公賣利益年年增加，爲應付政府之財政需要，馴致以財政目的爲公賣事業之惟一使命，而置經濟使命及政治使命於不顧，實屬遺憾。

報告書中並請政府修正公賣法令，健全人事制度，加強設備，充實資金，調整組織機構，拓展外銷，釐訂合理價格，加強配銷業務，拓展種烟面積，調整收購價格，淘汰滯銷捲烟等，以求達到業務之健全和發展。

台灣簡訊

一、教育部設專門機構研究改進大專聯考

教育部決定成立一個專設機構，研究改進大專學校聯合招生的有關問題。這一個機構，將由二十九位專家學者和大學校長組成，定本月十八日舉行第一次會議。

教育部有關負責人說：這一個專設機構，將就大專學校聯考問題作通盤的研究，和規定，並訂出一個具體的辦法，速即公佈施行。但是大專學校聯合招生的原則，將不變更。負責人說：改進大專聯考技術，有兩個大目標：一是如加重報考科系相關主科成績計分的比重，一個是特殊性質學校單獨招生的問題。這兩件事情，教育部都希望能在今年開始實施。

又教育部正在研訂新法，擬增加大專學生就業問題。據教育部負責人說，有關大專畢業學生就業機會將包括下列各點：一是使大專學校課程，更能適應社會需要。二是加強公教人員退休辦法，促使各機構人事的新陳代謝。三是擴大實施建教合作。四是各大專學校設立畢業生就業輔導機構，指導學生就業問題。

二、水肥會總幹事貪汚市議員提出抨擊

台北市水肥會員工檢舉該會總幹事蕭季璋違法失職，向市議會提出檢舉書，內容十二點相當充實，大部份與事實接近，在市議會議員質詢時，使蕭季璋手足失措，焦頭爛額。據市議員們表示，爲了徹底整頓水肥會，將進一步嚴密調查，將違法的地方移送法辦。

本月十三日上午九時，市議會開會質詢各單位工作後，陳連祿議員首先將水肥會員工提出的檢舉書內容一一提出質詢，其內容要點如下：

（一）蕭季璋担任水肥會總幹事後，在沒有秘書編制的水肥會裏，擅自設立秘書，安揷自己帶來的親信周維新担任，並以自己的弟媳繼任水肥會出納。（二）今年度消毒水預算十餘萬元，既不採購合格藥品，而向地下藥廠以賤價買僞藥，並以高價報銷。（三）浮報吉甫車修理費一萬六千元。（四）汽油預算與上年度相同，但每天平均減發汽油三百餘公升，每月減發一萬公升左右，以賤價賣出，飽入私囊。（五）葛羅里颱風後，虛報財務損失一百七十餘萬元。（六）三重埔職員宿舍修理費六萬九千元，實際只用去一萬餘元，不交工程隊修理而另請包商來修，藉此中飽舞弊。（七）去年六月至十月動用交際費五、六萬元，違法在消毒費雜支費項下開支。（八）去年七月份起增加清掃公廁工人卅五人，經幹事公館佔用一人。（九）任親信張楚材爲水肥第二隊隊長，張楚材佔姦有夫之婦，被一隊員捉獲，不但不查辦，且將告發人開除，又因該婦賠償離婚費八千元，向隊員、司機攤收金錢，然後又藉結婚發帖子，要各隊員送禮，經該隊班長向市府檢舉，才把請帖收回，然後改在隊員司機的薪餉中扣發禮金。（十）爲準備下屆市長選舉舞弊，上任不到一月，即將住在市外的員工百餘人戶籍遷移市內，形成「空戶」，違反戶籍法，企圖向未來市長邀功，以保持現有地位。（十一）爲佈置本屆議會「護航」議員，致送部份市議員候選人每人五千元及競選宣傳車輛所用之汽油。（十三）水肥會幹事劉春木聽說蕭季璋要調他担任里幹事，氣憤死亡，遺缺報由蕭的勤務兵宋文銓遞補，服務多年的僱員技工則無法優先遞補。

蕭季璋在議員陳連祿追根到底的質詢下，承認關於任用親信担任額外秘書，以及弟媳出任出納等事實，並辯說，弟媳蕭易方廉曾担任機關出納，而且又是軍眷，才請她出來工作的。

陳連祿，李清泉等議員指出，水肥會沒有秘書的編制而設置一位額外秘書，實屬違法，安揷親信更不應該。後來這位秘書與蕭不合作，又被打入冷宮，不再讓他處理應做的工作，這是否分贓不均之故？李振棠議員更進一步說明，依照公務人員任用法，任用弟媳担任出納人員是違法的。關於消毒水購買費十六萬元，蕭季璋承認沒有採購向來購買的合格藥品，而改購另外一種牌子，但都是依照程序採購的。李清泉質問說，這種牌子的藥品據說是地下工廠出品，是否合格？蕭啞口無法回答。李清泉要蕭弄清楚，下午向大會回答。

下午四時，蕭季璋列席備詢，他說找不到採購承辦人，還不清楚這些藥品是否合格。這時陳連祿起立大呼說這定然有毛病，要不然今天怎麼會有某些安單位的人前來議會，顯然是有人在幕後爲蕭撐腰，請議員們要注意蕭的背境，將大事化小，小事化無，否則當牽涉蕭季璋向周百鍊代市長的「效忠」問題，因爲蕭是倡導「效忠」的人。議員李振棠現握有蕭向周百鍊代市長「效忠」簽名書可爲証據。

爲了水肥會總幹事的貪汚，因而爆出總幹事與代市長的「效忠」問題，於此，可見台灣官場一般了。

中共特務怎樣在深圳檢查旅客
「邊防之鷹」陳惠芳受到特別獎
這是中共自己的供認

藍鳥

中共常常在它的報章雜誌上宣傳說它不是依靠特務統治，但中共自己的報章雜誌卻紙包不住火，仍然經常透露出它那憑藉特務統治的醜惡嘴臉。

這裏所引用的報導，便是節錄中共報紙的原文，足見中共是如何的利用各種男女特務來進行迫害旅客的事。

「廣東某邊防檢查站女邊防檢查員、執勤能手陳惠芳，再次為祖國為人民立下了新的功勛。去年以來，她機警靈活地先後查獲了十三名企圖入境進行破壞活動的美蔣特務分子。三八婦女節前夕，中國人民公安部隊廣東總隊領導機關，第三次給她記了二等功。

「人們都說鷹眼銳利。女共產黨員陳惠芳長期堅持學習毛主席著作，心紅眼亮，明察秋毫，被同志們譽為「邊防之鷹」。邊防站的檢查大廳內，每天有數以千計的入境旅客，堅持以毛澤東思想武裝自己的陳惠芳，精神集中，心意不惑，把披着偽裝的美蔣特務分子一個個地無情揭穿。

「今年一月，一個手戴金戒指、腕戴新手表的年輕西裝客，十分熱情主動地來跟陳惠芳攀談。他一面訴說自己在資本主義社會中遭遇的不幸，一面又讚頌祖國邊防建設一新，決心回來安心生產。陳惠芳幫他拿行李，向他宣傳兩種社會制度的本質不同。西裝客表現出很受感動的樣子。可是，階級嗅覺敏銳的陳惠芳，已經從這人身上發現了許多蛛絲馬迹。她立刻把這些情況告訴負責檢查行李的另一個同事。經過細緻檢查，果然從西裝客所帶的一條小孩褲子的褲管裏，查出了一個另有所用的信封。西裝客在事實面前低頭認罪了，供認是美蔣派到沿海地區收集軍事情報的特務分子。

「有一次，時正中午。其他檢查員都到飯堂吃飯了，留下陳惠芳獨自值班。在熙熙攘攘的旅客中，她察覺到一個工人打扮的四方臉旅客，雖然強作鎮靜，卻掩不住滿腹心事。她走向前去，和藹地跟他解釋入境檢查手續，讓他勿多疑慮。不料四方臉更顯得坐立不安。陳惠芳看在眼裏，疑團在心間。幫他填寫證件時，也發覺矛盾不少。到陳惠芳鋪開棉胎檢查時，四方臉抓起一個麵包拚命地啃，企圖掩飾內心的緊張。可是，他馬上張着嘴吃不下了——陳惠芳當着四方臉的面，熟練地從棉胎裏取出了一包高級密寫藥粉。這種藥粉包裝極小，重量不到一厘，混在棉胎中萬難摸到。接着，陳惠芳和別的女檢查員又連續摸出了五小包來。四方臉當場表捕獲，原來是台灣派來的特務。

「美蔣匪幫為了讓特務分子混過檢查站這一關，不知對這些家伙進行了多少反檢查訓練，採取了多少毒辣手段，但是在像陳惠芳這樣的忠誠機警的邊防調查員面前，卻遭到了徹底的破產。有一次，陳惠芳檢查一個穿着華麗的青年店員。他是請假獨自回內地來探望同學的。態度十分從容，還有些調皮。再看證件，也是真的。一切都好像破綻。可是鬥爭經驗豐富的檢查員們，並沒有為巧妙的裝扮所迷惑。陳惠芳首先警覺到了第一個疑點：資本主義社會中的一個店員，如果僅是為了一般地探望多年不見的同學，會不會請這樣長的假？何況又不是學校假期？這是一種巧遇還是另有陰謀？陳惠芳從這個疑點往下追，終於牽出了兩個一道入境的美蔣特務。

「陳惠芳在邊防前線已經堅持鬥爭了十個春秋。從一九五三年夏天的一個青年女文化教員成長為今天的邊防巾幗英豪，她經歷了艱苦的鬥爭和學習的途程。當時，這個年紀不滿二十歲的廣西姑娘，不但缺乏階級鬥爭經驗和社會知識，連廣東方言也不懂。但是在邊防檢查站黨組織和同事的幫助下，她的階級覺悟和業務能力都進步很快，不到一年就光榮地加入了中國共產黨，三年後就榮獲了「執勤能手」的稱號。十年來，進來的美蔣特務不論是「老牌」或是「新棍」，不論喬裝為花花公子或是「工農羣衆」，不論是什麼「中委會」、「特情室」或是「美新處」系統的，都沒有脫逃出女檢查員陳惠芳的眼和手！

「陳惠芳還不斷總結自己的鬥爭經驗，並熱情地幫助新同事提高思想覺悟和鬥爭本領。先後跟她一道工作過的新手孫桂秋、石許珍，去年都光榮地評上了五好檢查員；年紀最小的馬鳳茹，也查獲了一名美蔣特務分子，受到了獎勵。

「她又毫無例外地讀毛主席著作，寫心得作筆記，堅持不倦地提高自己的思想覺悟。她很少說自己，總是說成績是黨和全體同志的。話題常常還轉到她在一九六二年上北京參加國慶觀禮的難忘回憶中去：她看見了偉大的領袖毛主席時，流了歡樂激動的淚水：後來到鞍鋼、第一汽車廠參觀時，又流了歡樂激動的淚水。她這樣對我們說，實實在在的，沒有祖國的邊防，就沒有祖國的一切！為了祖國社會主義建設，為了共產主義，為了千千萬萬旅客和後方父老姊妹們的安全，我願一輩子站守在祖國的大門口！」

看中共政權使用其沾滿了人民鮮血的公安特務機構，將陳惠芳這一類天真無邪的少女，在短期內訓練成毫無人性，專門殘害反共愛國人士的兇手，可見中共政權是如何的兇狠毒辣，難怪一般回過大陸的旅客，都認為通過港粵邊境中共的這一關，正如通過一個鬼門機哩！

大陸簡訊

白帆

蘇贛五省二百餘萬青年下放

自從蘇聯的援助中斷後，中共的工業不能不大部停擺，於是，龐大數量的男女青年都毫無出路。毛澤東對此的唯一辦法，便是把這些知識青年下放到農村，去當中共的農奴，去為中共增加農業生產。

據中共「中國新聞社」三月八日北平電：「河北、江蘇遼寧、貴州、江西等省及北京市最近兩年又有二百多萬知識青年到農村參加農業生產勞動」云。

毛澤東宴請羅共代表團

羅馬尼亞共產黨代表團專程飛到北平，與中共派出以劉少奇鄧小平為首的代表團會談已逾一週，截至三月十一日止，雖尚未發表會談公報，但從毛澤東於三月十日宴請羅共代表團一舉來看，它們之間的會談實已接近尾聲了。

據中共「中國新聞社」三月十九日北平電訊說：「中國共產黨中央委員會主席毛澤東，今天下午會見了由政治局委員楊·格·毛雷爾率領羅馬尼亞工人黨中央委員會代表全體成員，並同他們進行了友好的談話。毛澤東主席今晚還設宴招待羅馬尼亞代表團。中共中央副主席劉少奇、總書記鄧小平參加了會見和宴會。羅馬尼亞駐中國大使杜米特魯·喬治烏也參加了會見和宴會」云。

僑鄉近訊

鍾之奇

粵共宣傳好女勿嫁香港客

由於僑鄉在中共統治下太殘酷，太沒有自由，太貧窮，所以，僑鄉的少女們，都期望能夠逃出地獄，走向香港這一天堂，更希望能夠嫁給香港人。但中共認為僑鄉女女們的這種思想是一種反共思想，而且，此風不可長，長此下去，勢將更加動搖中共統治下的社會基礎，於是，粵共最近特在廣州及各地僑鄉，發出宣傳，說「香港客要不得」。

粵共的這一宣傳，已如火如荼的在廣州展開。中共在廣州出版的羊城晚報也發出號召，號召「女同志」要「熱愛農村」，不要嫁給香港客。更不要想到香港去過「腐朽的生活」。

但僑鄉青年男女都對中共的這一宣傳嗤之以鼻，於是，粵共又編排了一句戲，配合這一宣傳在廣東各地人民公社上演，以遏止少女們渴望奔向香港之心。

粵共排演的這句戲，叫做「愛情的風波」，劇情是說一個正在懷春的少女，誤信一「媒婆」的一把油咀，拋棄了一個「積極分子」的愛人，去嫁給「香港客」，結果被幹部說服，企圖利用這一戲劇來廣泛的說服僑鄉的一般少女咧！

廣州共報渲染楊彩英姑娘

在中共宣傳好女不嫁香港客時期，廣州共報又報導了一則楊彩英姑娘反對嫁香港客的故事。據共報說，這是眞人眞事。但中共統治區沒有自由採訪，究竟是眞人眞事？抑或還是中共的「本店製造」，則無從証實。故事是說廣東寶安縣橫崗人民公社有一個二十三歲的姑娘叫楊彩英，父要把她許配給一個香港青年，這個香港青年也有信及像片寄去求婚，但楊彩英拒絕了。那個「洋裏洋氣的香港客」則繼續第三封信去，楊彩英連看也不看就扔掉了。楊彩英的父親便當着女兒把信打開，說：「妳看，人家是一表人才，家裏又有錢，妳就是打着燈籠也難找哩」！但楊彩英聽後氣得臉上緋紅，「克察」一聲，把像片和信都撕了。後來人民公社幹部知道這件事，都向楊彩英表示慰問和支持，並對她「敢於和封建思想和資產階級思想」作鬥爭的行為予以讚揚與鼓勵云。

廣州共報登載的上述故事，不管是眞是假，抑或還是製造，其目的在於把彩英的這一故事作典型故事來進行反香港的宣傳，則甚明顯。

粵共繼續加緊清算粵劇

中共雖然時常宣揚它們如何注重民族文化，如何注重地方戲劇，實則凡是不合中共口味的，中共都是一律要予清算的，管它是民族文化也好，是地方戲劇也好。

在以往幾年，中共對於這些將要予以清算的劇目及劇人，還畧予容忍，以便進行統戰，最近，則殘暴面目益見暴露，許多著名的粵劇名伶及劇目都紛紛被清算了。

最近，馬師曾在廣州被清算，是一個顯著的例子。羅品超寫文大罵粵劇又是一個例子。

最近羅品超在中共廣州羊城晚報寫文說：「今天我們演員中資產階級思想主要的仍然是爭名奪利。比如報紙或廣告的排名次序，就是有些演員最關心的問題。利是也很關心，斤斤計較報酬多少，薪金多少。羅品超接着還呼籲「我們演員應覺悟到今是而昨非，把背負數十年的資產階級思想包袱——粵劇的那些陋習扔掉。並以馬列主義的唯物史觀去整理舊的劇目和新編的歷史劇」。

羊城晚報則更大罵粵劇誨淫誨盜，「出現過好多品質極端惡劣的資本階級流氓，他們都是油頭粉面，這類人物的必備條件之一，是殷商巨賈，將相王侯；二是才貌雙全，傾城傾國；三是未有妻室，卻已有許多女子追求，他對女性的挑選條件，像選衣料，四，倜儻」。「畸形產物」，「枯燥灰色的生活」。

羊城晚報從而要求必須清算之後，粵劇「負起社會主義共產主義思想教育人民的責任」，「要演現代題材，反映階級鬥爭」云。

高棉能中立多久？

示威流行病

林世賢

如果把金邊的高棉暴民搗毀英美大使館一事，認為是突發的事件，固然是犯了重大的錯誤。即使根據施漢諾所說的話，「人民痛恨帝國主義的心情可以瞭解」，因而認為搗毀是出於「人民的心情」，更是一種莫大的錯誤。

單是以東方人來說，集體「上街去」的人究竟不多，參加群衆行動更是他們所不喜歡。尤其是東南亞這些熱帶地區的人民，他們只喜歡到椰子或橡膠樹林下熟睡，絕不願意做什麼暴動示威，擠一身臭汗。不但華僑諳他們的性情，就是旅遊人士到此，也很容易會有這種領會。

可是示威，暴動究竟時髦起來了。

在西貢有反法反中立的示威，在金邊則有反帝反英美的示威。印尼示威反英反馬來西亞，馬來西亞示威親英反印尼。一連串地，此起伏。形成了一種暴動示威的流行病。

東南亞人幾時起學上這些西方時髦？一時也不遑細考。也許是跟他們的穿西裝、吃大菜有關。可能這就是「以其人之道，還諸其人之身」的一法——表演些西方時髦給西方人看看。

說到「表演」，儘管如何迫真，可就與「人民心情」無關。猶如電影明星的喜怒哀樂的表情並不是他們內心的欣悅悲憤，而是出於導演或編劇的要求。

西貢示威或金邊示威，都只能「作如是觀」。

司馬昭之心

高棉的唯一最大的大導演，誰都能夠指出，是施漢諾王子。自一九四一年施漢諾由法國扶登王位以來，雖然中間有五年多他曾讓位給他父親，但他却是廿多年來一貫的執政者。王帝，總理，元首，政黨領袖，三軍司令，都是施漢諾。在一九六零年他就任元首時的「選舉」中，在約二百二十萬的投票數目，他所痛心疾首的叛黨山玉成僅得一百三十五票，其餘百份之九十九點四的票數，都集中於施漢諾的名下。

誰都知道，在金邊，如果施漢諾不說「動」，就沒有人敢動，反之，施漢諾說「不動」，也就沒有人敢動。事實的表現也往往恰如其份。如斷絕美援，他先發表了談話，議會接着通過。他放假一禮拜慶祝乃沙立之死，電台便咒詛乃沙立，吳廷琰，甚至甘廼廸。後來他只承認乃沙立和吳廷琰合該咒罵，不承認對甘廼廸被刺斃命而幸災樂禍的眼。「楚王好細腰，宮中多餓死」。這也許是「下必有甚焉者」，執行的偏差吧？即使施漢諾對暴動表示遺憾，宣稱道歉及要對英美大使館的損失予以賠償。可是在印支這個角落，路人對於施漢諾心情的瞭解，比他對人民的心情更為瞭解。那就是他決心導演一齣矛盾統一的戲劇——姑無論它的結果是喜劇、抑是悲劇。

為了「轉移目標」

「這次暴動顯出是曾經良好計劃的」，因為「數以千計的人自許多集中地點，同時前往英美大使館。高棉人是不做這類事的，除非他們的政府要他們那樣做」。

把這一個判斷質諸任何東南亞人，沒有人會加以否定。准此，美國國務院的指責「高棉官員參加暴動」，已是多餘的。因為如果領隊者沒有到場，隊伍可能就凌亂渙散。甚至，如果沒有施漢諾在卜一天大罵美國破壞高棉中立」那一番話，即使有許多領隊者，也很可能不能組成這麼一幕暴動。

施漢諾大罵美國，是為了撤回高棉美泰國南越四國會議的建議，這項原來是高棉的建議，要由四國保証高棉邊界及中立。這原是高棉拒受美援後，菲總統馬卡柏佳及英國斡旋的結果。但北越和中共為了美國不肯開日內瓦會議而不滿，因北越中共是日內瓦（越南協定）的簽字國，他們要藉討論高棉中立的會議，在國際上重申日內瓦越南協定，杜絕美國在越南的「北進」政策。他們認為叫施漢諾跟美國搗搗蛋是最好不過的，不但「轉移目標」的作用大，就僅祇最小的國家跟最強的搗蛋，也更有充份的戲劇性。

「斬蔡陽」的表示

施漢諾徘徊於馬卡柏佳與蘇加諾（蘇加諾要他反新殖民主義。）及英國與中共之間。終於他傾向於後者，他宣稱要與北越及戰鬥寮劃定邊界，對北越建交及簽訂不侵犯協定。寮國方面因高棉與傳馬政府原有外交關係，故他與戰鬥寮將只達成君子協定。這種君子協定為什麼不需要日內瓦會議？當然是北越與中共給他保証。

至於東南部與南越及泰國的邊界，施漢諾聲稱必要時與中共締結軍事同盟，加以保守。他設如（不依照高棉的辦法）讓高棉中立，他就要由中立主義轉入共產主義。

一個龐大的高棉軍事代表團，由副總理兼國防部長郎奧率領的經已抵達北平，並且要前往莫斯科，目的在要求軍火援助。中共在歡迎郎奧之際，特別重申中共將予高棉全力援助，倘高棉受外國部隊侵略。中共更讚美施漢諾和郎奧與他們「阻撓美國侵略印尼及東南領土」，後者當指北越。金邊暴動的效用竟然這麼宏偉，那是經過中共詮釋然後才能瞭解的。

不錯，這就是所謂「反帝的一環」，一場暴動，暴動群衆所持的牌示，有「打倒自由世界」的。高棉人向來不做這些，這些，都是中共的標誌。

而在要求共產軍火援助之前，打一打英美大使館[illegible]平成為必要。那是「斬蔡陽」。

老鼠咬獅子

即使是赫魯曉夫，也只說過要「埋葬資本主義」，而沒有提出要「打倒自由世界」，而高棉却提出來了。這是破天荒的。埋葬資本主義，雖或拖垮自由世界，但至少他不包括「非共」在內，如中立主義國家。自稱中立及實行中立主義國家的高棉，要打倒包括本身在內的自由世界（它並非共產世界）；那豈不是奇事？唯一合理的解釋，那只有一個，即高棉已自認它並非自由世界，而自認共產世界。

美國除強硬抗議干擾使館的暴行外，並向高棉詢問「能維持幾許中立？這一疑問，似乎顯出華府更感清醒了一些。本來在金邊示威後，美國遂什聲稱：高棉謂美國阻撓四國會議，「出誤會」，重申美國支持四國會議，支持施漢諾有關四國會議的聲明，並謂開會並無先決條件。可是施漢諾已撤回集會建議，顯示他的決心，決心轉變，

據設美國一方面仍想避免與絕交，一方面却恐懼高棉與中共北越締結軍事同盟，以致威脅南越、寮國、泰國等三鄰國，因此覺得高棉「能維持幾許中立」成了疑問，這種維持幾許的中立又能「維持多久」？[illegible]疑問了。

「應[illegible]一步行動[illegible]已面臨華[illegible]慮。但這[illegible]老鼠咬獅[illegible]為。使得[illegible]動尚有待[illegible]南越的進[illegible]「北進」[illegible]久還沒有[illegible]決定，對[illegible]一步行動[illegible]樣的呢？[illegible]軍高棉？[illegible]

美國[illegible]棉寮分開[illegible]可不知道[illegible]可能影響[illegible]是昨天受[illegible]影響。如[illegible]能在南越[illegible]對高棉似[illegible]能為力。

堤岸通訊

巴基斯坦進一步靠左

、華文山、

中央公約組織及東南亞公約組織的會員國巴基斯坦，從最近種種迹象看來，顯已進一步靠左了！

巴基斯坦總統阿育汗雖曾表示親美，但他於最近跟到訪的中共總理周恩來作過一次長時間的秘密會談之後，却明顯地改變了態度，就是逐漸放棄着對美國的親近，轉而逐漸向中共靠緊。

巴基斯坦的立場，本來早已不穩。自一九六二年以來，巴基斯坦便已和中共互相勾結。第一、雙方曾解決過邊境問題；第二、雙方曾解決過一項貿易協定；第三、雙方曾達成過航空協定，——根據這項航空協定，巴基斯坦的國際航空公司民航機將於今年夏季開始飛往廣州與上海，中共的民航公司客機則飛往達卡和客拉蚩。此外，還有一項傳說，謂巴基斯坦最近有意跟中共締結軍事協定或互不侵犯協定。

這郎是說：巴基斯坦的靠左將有進一步的表現。儘管阿育汗一再聲言站在西方那一邊，可是他却一連串地幹出與中共政權眉來眼去的勾結活動。

也許有人認為巴基斯坦之向中共送秋波，拋媚眼，係有特殊的苦衷，因為巴基斯坦刻正在四面受敵：一、印度仍在分裂的喀什米爾停火界線上駐有重兵，對巴基斯坦具有很嚴重的威脅性；二、阿富汗企圖從巴基斯坦的北部劃出一部份地方，成立一個新的「巴丹」國，這完全是敵對的行為；三、蘇聯也虎視眈眈，并企圖插足入巴基斯坦境內；四、中共存心擴展勢力，巴基斯坦也是其擴張的目的地區之一；因此，巴基斯坦不能不要出「術」應付。

猶憶在兩年前，巴基斯坦原是一面倒的靠向美國的，然而自從印度和中共於一九六二年在喜馬拉雅山區發生大流血的邊境戰爭，英美均加强援助印度，使印度軍事實力增强之後，巴基斯坦便立刻感覺到惴惴不安，因而對美國的信心動搖，並且認為，印度決不會利用英美的軍援去對付中共，反之，印度將會利用這些軍援來打擊巴基斯坦。因此，阿育汗在這種矛盾的心情下，遂轉而靠向中共，並與中共達成一項諒解，意圖藉此衝出四面受敵的重圍，蓋中共正與印度在交惡中，可以利用中共的勢力來抵消印度的威脅。阿育汗曾公開說過：「美國給予印共的軍事援助，將被利用去對付其較小的鄰邦。在過去兩年時間內，美國曾在印度境內做出了若干項事情，都是跟巴基斯坦的安全問題有了重大的打擊的」。阿育汗的主觀是如此，於是巴基斯坦毅然放棄了親美政策，轉而靠左。美國的軍援印度，雖曾向巴基斯坦作過一次解釋，說明六千萬美元的援印計劃，不單只協助印度本身的增强防衛力，而且也間接對巴基斯坦的安全有了保障，使巴基斯坦也不致受到中共的壓力。但是阿育汗却不相信美國這項解釋，他說：印度的軍隊將强大到超過應付中共的程度，印度刻已計劃利用此種實力來恫嚇別國的人民。美國的加强援印，就是間接危害到巴基斯坦。其後阿育汗並曾對周恩來說過：「大規模的軍援，使某一國加强其軍事設備，永遠不能解決國際糾紛」。阿育汗這一番話，顯然是在周恩來面前放冷箭指責美國，並表示出巴基斯坦與中共「聯繫」的決心。——換言之，就是巴基斯坦進一步靠左的前奏。尤其是在周恩來訪巴基斯坦的八天時間中，阿育汗領導全國官民予以熱烈歡迎，更反映出巴基斯坦之造行勾結中共已達到如何程度。

雖然巴基斯坦目前仍是東南亞公約組織和集體防衛的中央公約組織的會員國，但是到了今時今日，無可諱言，巴基斯坦的立場已告轉變；這轉變，就是靠左的行動，且已日漸加强。一方面是與西方自由國家漸離漸遠，另方面是與中共越靠越緊。

一般相信，到了夏季巴基斯坦與中共的民航機互相通航的時候，巴基斯坦將會更受到中共的誘惑，其靠左的行動，將會更幹得急進。顯然，這是華府當局所面臨的最傷腦筋的問題。

×　×　×

神話中的黃帝（一四）

徐亮之

「鳳的樣子和德性到底是怎樣的？」有一天，他實在忍不住了，便這樣問常識廣博的天老。

「鳳嗎？那樣子和德性眞奇怪極了。」天老如數家珍地說：「牠生成前半像天鵝，後半像麒麟；蛇樣的頸，魚樣的尾巴；龍樣的文彩，龜樣的身裁；燕樣的下頷，雞樣的嘴爪。牠的本性，仁、德、忠、義，樣樣具足。牠的聲音，小時像鳴金，大時像擂鼓。牠的動作，只消頸一伸，翅膀一洒；馬上五色繽紛，光彩奪目；和風馬上跟着吹來，甘霖馬上跟着降下。牠絕不亂吃東西，飲水姿態尤其妙絕。政治沒希望的國度牠絕對不去，對人民沒功德的領袖也絕對見不着牠。牠眞可說乃和天地正氣同呼吸禮樂道德共榮枯的一種靈禽。所以任何國家的領袖，只消具有鳳德的一種，牠必然會從那兒經過；具有兩種，牠必然會在那兒翱翔；具有三種，牠必然會在那兒降落；具有四種，春秋兩季牠必然會在那兒小住；具有五種以上，則牠必然會永遠就在那兒居住，不再離開。」

「啊呀，眞能這樣該多好啊！」他聽了眞羨慕得歎息起來；「祇是我却不敢存這奢望哩！」

從這天起，他便穿了黃袍，戴了黃冕，在宮裏持齋把素，誠心誠意禱告鳳凰來儀。不上幾天，果然有了感應；數不淸的鳳凰漫天飛來，幾乎連太陽都給遮蔽了。於是，他連忙從東階拾級而下，向西跪下叩頭說：「謝謝老天賜福，不敢不敬謹拜領！」從此以後，鳳凰便都住在他東園的梧桐樹上，用他園裏的竹實做食料，天天供他和人民賞玩了（一八）。

鳳凰來了是祥瑞，然而這還只不過一個開端罷了。過了三百六十天，更大的祥瑞出現了；這便是天派龜龍贈送黃帝的河圖和洛書（一九）。這時，正是秋季七月的庚申日，從這時起，忽然下了三天三晚的大霧，下得天昏地黑，白天正午對面也看不見人，慌得黃帝什麼也似，連忙召集天老力牧容成一班高級幹部說：

你們各位研究研究，這到底是什麼道理？」

「我聽說」，天老說：「國家太平，帝王能修文德，便鳳凰自然會來；國家紛亂。帝王祇重武功，便鳳凰自然會去。如今鳳凰已經早在東園住着，載歌載舞，高高興興；發出的聲音，恰如商調的夷則，正和七月的音律相應，正是透露天的消息。這樣看來，可能不久天就要另有嚴肅的命令頒示，倒要小心謹愼才是。」

黃帝聽了，兀自猶疑不決；便叫太史占卜，看看卜兆到底如何，不料龜版都鑽灼得已經焦黑了，卜兆却依然現不出來。急得太右公滿頭是汗，祇得無精打采地報告說：

「這事很奇怪，臣實在沒辦法再卜了。陛下還是請教請教一下聖人們，看看到底是怎麼回事吧！」

「已經請教過天老力牧容成他們幾位了；都不能肯定會發生什麼事。」

「這就對了！」太史知道自己沒干係，喜得連忙跪下叩頭說：「靈龜不和聖人立異；聖人們都不敢肯定，龜祇好任鑽任灼，也出不了卜兆的了。」

時候，不消說，這個外面世界塞滿了霧，黃帝心裏也同樣塞滿了霧。可是三天一過，沉霧一開，他和幹部們同逛洛水時，怪事又出現了。只見一隻大魚就如一座小山般衝波鼓浪而來，嚇得他大驚失色，當即吩咐殺牲釀祭；却偏又招來了七天七晚的滂沱大雨，猶如當年打蚩尤時霧陣之後繼以雨陣一般，使得他不期然而然地不寒而慄。直到大雨過後，山洪暴發，水位陡高，把大魚送歸大海，眞正的瑞物方才正式出現；龍負的河圖，龜負的洛書，方才分別由黃河洛水正式遞給了他。也方才証明天老所說的話，一點也沒錯；而所有鳳凰之歌，霧雨之警，大魚之游，都祇不過天將頒瑞的前奏曲罷了（二十）。

黃帝獲得了這兩件隆重無比的瑞物後，當即交給一班聖人天老力牧容成倉頡沮誦們研究；只見洛書全是些數目符號的排比（二一），大家一時全看不出所以然。祇有河圖上面那些紅底䕃葉似的紋絡，大家都一致認爲乃代表天語的如左的字句：

渾渾噶噶，
芬芬雉雉，
萬物盡化。（二二）

這樣的字句，如果當時的聖人們翻譯得並沒錯誤；又不消說，乃上天對黃帝功德的讚美詩。上天的確是無私的，公平的；因爲黃帝的功德，的確是值得讚美的呢！

「附註」（一一）歸藏（繹史五引）：「蚩尤出自洋水，八肱、八趾、疏首。登九淖以伐空桑；黃帝殺之於青丘，作棡鼓之曲十章：一曰雷震驚，二曰猛虎駭，三曰鷙鳥擊，四曰龍媒蹀，五曰靈夔吼，六曰鵰鶚爭，七曰壯士奪志，八曰熊羆哮呫，九曰石盪崖，十曰波盪壑。」

」按「棡」通考樂考作「掆」；匡謬正俗：「或問曰：『吳楚之俗謂相對舉物爲掆，有舊語否？』答曰：『扛、舉也，音江。彼俗音謂，故謂扛爲剛耳。既不知其義，乃有造「掆」字者；固爲穿鑿也。』」是「掆」爲「扛」之謂，「棡」又爲「掆」之謂；「棡鼓曲」應作「扛鼓曲」。

友聲集（六四）

水調歌頭　山居遣興　天正

眼底絕塵事，落筆有淸芬。琴書惠我，幽趣吟嘯，不榮辱，豈須論。莫負秋佳日，且泛[illegible]，泥鱗鳳，邱一片石，可以[illegible]溪雲。翠波[illegible]，新鴿燒豬，[illegible]山恩。林泉悅耳，鷗鷺日相親。[illegible]陶杜許爲一醉，舞嫵媚明月宵。

摸魚兒　南山懷舊感賦　前人

過南山，一抹晚烟千樹，溪流水，潺潺將夢俱去。歎懷舊侶還今吊古，宋玉悲秋，江淹賦恨，[illegible]金樽，鑾暉塞草，未幾長亭外，得花前聚。抵此情苦。陽關路，看盡飄萍墜絮，百年塵事如許！西園俊賞知誰在，空[illegible]，夜闌酒醒燈窗雨。君記否？人[illegible]，冥冥斷翼，俯仰碧雲暮。歸期又阻。對漠漠遙烽，[illegible]

滿庭芳　前人

天淡星眸，雲迷山黛，夜闌自引淸觴。露妝梨雪，倩影隔莓牆。遙念繡幃深掩，自調絃索，應噎離傷。朱門外，圓蟾一點，通曉射斜光。徘徨，知幾許，礪懷漸老，詞筆都荒。奈舊時襟袖，猶染餘香。可惜今宵夢淺，相逢際，未把銀缸。沉吟久，荒雞遠喚，愁醒鬢邊霜。

唐詩偶釋（三五）

鄧中龍

登樓　·杜甫·

花近高樓傷客心，萬方多難此登臨。錦江春色來天地，玉壘浮雲變古今。北極朝廷終不改，西山寇盜莫相侵。可憐後主還祠廟，日暮聊爲梁父吟。

首二句爲倒裝句法，易俗手爲之，或且以首句爲次句，次句爲首，便平拙無力矣。凡平常語，一經顚倒，便見筆力。大家於此等處，鮮有不細意斟酌者；所謂詩貴推敲，亦正指此等處。

通首均爲樓中所見，因而感懷君國，須句句會憑欄遠眺意。錦江、玉壘皆在四川，緣少陵此時已在蜀邊耳。

首二句從登臨直起，揭明主腦；頂聯便接寫所見之景，腹聯寫樓中望遠之情；末二句，托出心事，亦樓中所見，因而有感於懷也。此全詩意脈。

代宗廣德元年，吐蕃入寇，陷京師，代宗避難幸陝，賴郭子儀平之，未幾，乘輿反正，然吐蕃勢頗猖獗，侵擾地方及蜀邊，而陷松維保三城之戍。是時少陵已避地蜀邊，其明年二月，會嚴武代高適爲西川節度使，少陵往從之，論詩者遂以此定爲廣德二年春在成都之作。然歷代註家釋此詩，甲乙紛雜，迄無定說，而以末二句爲尤甚。有謂後主比代宗，梁甫吟爲少陵自比臥龍；有謂後主不宜在廟，乃作梁甫吟以傷世道；有謂代宗用姦臣程元振魚朝恩等，致招蒙塵之禍，故諷以蜀後主用黃皓以致亡國之事。（錢謙益即主此說）實則此皆就「後主」二字穿鑿言之耳。愚謂此詩必先澄清時地問題，否則，終難圓滿解釋。以淺意度之，杜甫作此詩時，或尚未到成都，即有，亦未聞郭子儀收京之訊。「北極朝廷終不改」，言代宗終能光復也，故下乃接以「西山寇盜莫相侵」。若少陵已聞子儀收京而作此語，則直與浮猾者作囂張語耳，有何氣象之可言乎？末聯從首句，以全詩格局推斷，則知少陵所登之樓，必在後主祠廟附近，或竟爲後主廟之樓。此句本無深意，特借眼前景而言。後主遂能享祠廟，則代宗之必能光復舊業可知，第八句，寓有臥龍其人以輔佐之耳。若少陵已聞子儀收京之訊，則子儀即可比臥龍，自不致再有第八句之感慨矣。釋此詩必須從舊註家中抽身拔出，始可望淸順明白；否則，直以訛傳訛耳。爲古人詩文下註脚，當先察其時代背景，著作動機，然後以詩格詩律細論之，就詩論詩，務期運合自然，合[illegible]者明。千餘年來，杜陵登樓一詩，[illegible]爲迂儒輩肢解無完膚！得愚說而存之，其庶幾可得而理歟！

品節正，性情厚，心胸大，眼界高，魄力雄，風雅中有此老，匪惟高踞千秋，且令人不敢目詩詞爲小道。

陳風子治印

陳風子，別號瘦翁，浙江杭州人，鑽研金石文字凡數十年，爲西湖西泠印社得前輩大家家法最深之浙派後人。本報今後將逐期刊載陳氏作品，以饗讀者。

心遠廬主人　老來伴石親　壽世壽人

天開雲瑞

憶陳果夫先生（五九）

宇人

因此種種，妻顧請何應欽，吳鐵城兩先生設法營救我時，他們都有難色。妻雖然向他們兩位大哭大吵，也無結果。後來，陳逸凡，伍智梅出示我在南京復他們的那封信，由梁寒操領銜致函何吳兩先生，保証我仍是反共的，他們兩位才應允立刻設法營救。但鑒於湯恩伯絕不會接受行政院或中央黨部的電令，乃決定改走小路，打電話給時在上海協助湯恩伯的袁守謙，請他勸說湯恩伯將我釋放。袁回電話說，並未有拘捕我的情事，妻和何吳兩先生及其他關心我的安全的朋友們都認爲必是湯恩伯將我秘密拘捕，不肯告知袁守謙。因爲如果湯恩伯沒有拘捕我的決定，那名機場檢查員又怎敢作如此的妄言。請袁守謙從旁幫忙的辦法既不能獲得預計期的效果，何吳兩先生認爲祇好直接求助於在溪口的蔣先生。但又恐蔣先生懷恨我在立法院的言行，一旦向他報告我被湯恩伯拘捕的消息，可能還將刺激他對我作極不利的決定；因而他們又有些遲疑。

可是，如果不報告蔣先生，湯恩伯又絕不會接受其他任何人的命令或勸告，我也就絕無恢復自由的可能。經何吳先生反覆研究後，仍認爲湯恩伯既然拘捕了我，他們縱然不報告蔣先生，湯恩伯也必然要向蔣先生請示的，因而我是死是活，完全操之於蔣先生；唯有向蔣先生呼籲，才有一綫的希望。乃由吳鐵城先生打電話給蔣先生，據說，蔣先生慨然應允即打電話通知湯恩伯恢復我的自由；祇關照吳先生，到廣州時，要他勸我以後少說話。於是，妻和關心我的安全的朋友們才安靜下來。

我聽了妻敘述這一天的經過情形後，深深感到有些CC分子居然想落井下石，恨不得假手湯恩伯將我殺害。但由於時局的嚴重，我也沒有心情和他們計較。第二天上午，我往訪何應欽先生，探詢政府有何堅守華南的計劃。大出我的意料，所得的答覆，完全是一片悲觀之論。據他透露，以軍力而論，要想堅守華南，已經很難；再加上軍隊不受指揮，例如劉汝明部，國防部曾命其向浙贛路以南撤退，他卻向東撤到福建，這分明是有人要他這樣做，好讓共產黨南來銷滅兩廣的勢力。因此種種，他自認爲已無能爲力，決心辭去行政院長；並說了許多牢騷話。他說，「依憲法規定，行政院長是國家的最高行政首長，實際上，我祇是一個工具，蔣先生利用我做工具來保護他的荷包，李先生利用我做工具來掏蔣先生的荷包。桂系平素罵蔣先生干預行政院的事，事實上，他們又何嘗不干預行政院的事？他們不但干預行政院的大事，甚至連中央銀行的一個小職員和粵漢鐵路的一個小局長，他們都要。我對這個有名無實的院長已經厭透了，無論如何，都不願再幹」。稍後，自南京退出，即滯留桂林的李宗仁先生來到廣州，雖有人醞釀團結粵桂，堅守華南；亦因當事人的主觀條件不足以成大事，蔣先生又認爲粵桂合作是一種反蔣的結合，對於他的復職大有防礙，又從中予以拆散。於是，華南的命運，已注定必陷落，而整個大陸的變色，也就不可避免了。局勢演變至此，正所謂大勢已去，我認爲過去半年的奮鬥以及一年以來在立法院所作的最後努力，均屬枉費心力，無補大局，因而心灰意冷，所以立法院在廣州復會後，始終未發一言。但有些CC分子則反而趾高氣揚；對我們這些曾在南京支持危局的立委處處顯出前所未有的仇視，似乎不但表明出他們派系的利害高於國家民族的利害，而且還將政治上的鬥爭變成了對個人的仇恨。他們更製造種種謠言，說童冠賢的賬目不清，又說，我們在立法院選舉院長時支持童冠賢的人，曾在立法院領取了許多分外的錢。與CC似乎並無組織關係而在此時卻以急先鋒姿態出現的潘朝英甚至在院會上指名童冠賢到香港購買房產。實則童在此以前迄未到過香港。而我們這些支持童冠賢做院長的人，就我來說，不但從來沒有向立法院領過一文分外的錢；即分內的錢，也因不願爭先領取，而常受損失。例如金圓券的信用開始崩潰後，南京即出現許多出賣銀元的街邊「無牌小販」。本來，私藏銀幣是法所不容的；但因各機關發給薪資後，文武公職人員不堪幣值低落的損失，無不立即將所領的金圓券兌換銀元，立法委員也沒有例外。某次立法院舉行院會，某立委起立準備發言，忽有一枚銀元自其衣袋內落下，沿地急滾，鏗鏘作聲。他顯得十分尷尬，可說是金圓券政策中的一種最大諷刺。和談破裂後，立法院宣佈每一委員有疏散費五十萬元，大家立刻爭先領取，秘書處的若干職員，甚至在立法院領到現款後，即先他們自己認爲應該領的一部份扣留，並幾度發生紛擾。我就是看到這些情形，祇好等大家領完後再領；但不料南京隨即淪陷，因而也就失去領錢的機會。到上海後，爲了要訪馬元放多留一日，才知道可向立法院在上海的臨時辦事處補領；但領到時祇換得銀元八元，在南京撤退之前夕，五十萬元的金圓券，尚值銀元五十元，已損失了百分之八十以上。

在CC立委的猛烈攻勢之下，我們有關的立委主張由立法院設置一個專案委員會從事調查，委員會人選讓CC佔優勢，開會數次，並未發現童冠賢有賬目不清和我們這些被指爲與他有關的立委有多領款項的情事，潘朝英也提不出童在香港購買房產的任何事實，CC的立委才啞口無言。（待續）

周瑜與諸葛亮無直接衝突

三國人物故事評論之十七

劉裕略

由於三國演義這一部小說及由這一部小說所編成的戲劇的影響，關於諸葛亮江東之行，中國民間流行着許多與史實不符的傳說。譬如周瑜與諸葛亮的衝突，就是一個明顯的例子。

據三國演義說：當諸葛亮到江東時，周瑜是很想謀害諸葛亮的。其實，周瑜向無謀害諸葛亮之心，亦向無謀害諸葛亮之行。相反，在聯合抗曹的主張上，他們倒是非常合拍的。同時，他們兩人在孫權面前對曹操這一敵人所作的敵情分析，也正相同。而周瑜的主戰與周瑜的敵情分析，固直接影響孫權的態度，而間接則影響諸葛亮江東之行的成敗。

我們曉得：當建安十三年秋曹操開始南征時，最先以敏銳頭腦觸及荊州問題，且迅即向孫權自動請求孫權派他到荊州去相機聯絡劉備的是江東大政略家兼大戰略家魯肅。但魯肅在江東的地位和發言的力量都不十分夠，江東的重臣，也是赤壁戰前主降派首領張昭就是最輕視魯肅，並在孫權面前最反對魯肅的。所以，在諸葛亮前往江東之前，雖有魯肅到荊州聯絡劉備的一幕，但這並不是說孫權眞已下了作戰決心，更不是說江東內部已無問題。而要進一步解決這些問題，諸葛亮江東之行固然極關重要，但江東內部主戰主降兩派意見的消長，顯然也是此一問題成敗的另一要素。而周瑜則是在這一問題中舉足輕重的人物。

據吳志魯肅傳載：當孫權在柴桑擁兵觀望成敗，以張昭爲首的主降派正在大發謬論時，由於和戰之計不決，而其時周瑜因有使命去了鄱陽，於是魯肅就建議孫權，把周瑜召回來商決大計。其時，張昭等主降派的議論是：「曹公豺虎也，然託名漢相，挾天子以征西方，動以朝廷爲辭，今日拒之，事更不順。且將軍大勢可以拒操者，長江也。今操得荊州，奄有其地，劉表治水軍，蒙衝鬥艦，乃以千數，操悉浮以沿江，兼有步兵，水陸俱下。此爲長江之險，已與我共之矣。而勢力衆寡，又不可論，愚謂大計，不如迎之！」周瑜則針對張昭等人的錯誤，並針對當面敵情加以聰慧的分析說：「不然，操雖託名漢相，其實漢賊也。將軍以神武雄才，兼仗父兄之烈，割據江東，地方數千里，兵精足用，英雄樂業，尚當橫行天下，爲漢家除殘去穢，況操自送死，而可迎之耶！請爲將軍籌之。今使北土已安，操無內憂，能曠日持久，來爭疆場，又能與我校勝負於船楫乎？今北土既未平安，加馬超韓遂尚在關西，爲操後患。且捨鞍馬，杖舟楫，與吳越爭衡，本非中國所長。又今盛寒，馬無藁草，驅中國士衆遠涉江湖之間，不習水土，必生疾病。此數四者，用兵之患也，而操皆冒行之，將軍擒操，宜在今日。瑜請得精兵三萬人，進駐夏口，保爲將軍破之。」這是周瑜所明白表示的堅主作戰態度，也是周瑜所作的敵情分析。周瑜的這一主戰態度，與諸葛亮的孫劉聯合抗曹主張顯然相同，尤以周瑜此一段談話中，有「進駐夏口」一句。而夏口當時卻是劉備與劉琦駐軍之地，若不與劉備聯合，江東之軍何來進駐夏口之可言。可知周瑜心中亦早已把聯合劉備的事放在預算之內，從知他也認爲孫權是應該與劉備聯合的。因此，我們確認周瑜的主戰主張與諸葛亮的孫劉聯合作戰計劃，事實上，完全合拍。兩人所作敵情分析，諸葛亮認爲「北方之人不習水戰」，周瑜認爲曹操「捨鞍馬，杖舟楫，與吳越爭衡，本非中國所長」，「驅中國士衆遠涉江湖之間，不習水土，必生疾病。」更是完全一致。且彼此之間，雖大敵當前，尤同具勝利信念，諸葛亮當時對戰爭前途的判斷是「誠能命猛將統兵數萬，與豫州協規同力，破操軍必矣」。周瑜當時對戰爭前途的判斷是「瑜請得精兵三萬人，進駐夏口，保爲將軍破之」。由此看來，周瑜對諸葛亮不但無謀害之心，在主張上與作法上，且是異常一致的了。

說到這裏，有人會對此發生一個問題，這問題就是周瑜與諸葛亮表現得如此合拍，究竟是不謀而合呢？抑或還是先謀而後合呢？

從表面上和形式上看：他們似乎是不謀而合的。但筆者仔細研究，確認他們並非不謀而合，相反，卻是有謀而合。而魯肅與諸葛瑾則是這「謀」這「合」的牽線人與撮合人。

那末，他們是純粹因爲這種人事關聯，乃致有謀而合嗎？卻又不然。事實上，他們的戰略見解與政略要求一致，才是他們有謀而合的眞正原因。假如不是這樣，則他們之間儘管有很多人事關聯，卻仍不能使他們所謀相合。

他們的政略要求，是周瑜也好，諸葛亮也好，當時都共同主張孫劉聯合抗曹，同時，他們在戰略上又一致認爲孫劉聯軍足可擊敗曹操，所以，他們便不謀而合了。

本刊已經香港政府登記

每逢星期五出版

聯合評論
週刊

United Voice Weekly

第二八六號

督印人：黃宇人　總編輯：左舜生

社址：九龍通菜街三十八號南亞書局　電話：849126

承印者：嘉羅印刷有限公司　香港仔馬師道5號

總代理：友聯發行公司　港澳零售每份港幣一毫

美洲總經售處：紐約中美出版社
CHINESE-AMERICAN PRESS, INC
199 CANAL STREET,
NEW YORK 13 N. Y. U.S.A.

美洲零售每份美金一角

罪言

左舜生

『憶昔西池會，鵷鷺同飛蓋。攜手處，今誰在。日邊清夢斷，鏡裏朱顏改。春去也，飛紅萬點愁如海。』

『茫茫來日愁如海，寄語羲和快着鞭！』

這裏兩個『愁如海』，叫出前一個的，乃宋代詞人秦少游；叫出後一個的，則為清代詩人黃仲則。秦籍高郵，黃籍武進，他們都是江蘇人。因為他們愁成這個樣子，所以秦只活到五十一（1049—1100），黃更剛到三十五（1749—1783）。

『憂能傷人』，處在當前這樣一個時代，假如大家不把心境放寬一點，真有活不下去的危險。

在港九，幾乎每一個月都有幾次跳樓的慘劇發生；為了斷然與塵世脫離，不惜從十幾層的高樓向地上奮身一躍，確乎需要很大的勇氣，自然我們不會去加以鼓勵，但對死者總不能不激起我無限的同情。

從一方面說：『人之患莫大於有生』，能斷然決然一瞑不視，或者未嘗不是一種解脫；從另一方面說：『死生亦大矣』，又未嘗不值得審慎審慎。

前幾天，偶然和兩位老友閒談，我們相互提到了近三十多年來若干死去者的名字，其中一部分，可以說直接間接死於國民黨的政治；另一大部分，則在大陸淪陷初期，直接為共產黨所屠殺。在這近一百個名字中，其有半數曾和我們做過多年的朋友；其餘的半數，至少也和我們有過銜盃酒接慇懃的餘歡。當他們宛轉就死的時候，除掉重慶一位過了六十的老者以外，其餘大抵都還在盛年；連過了四十的，都極少極少。他們有的已在學問上小有成就，有的則已在事業上開始有所表現，假定過去這三十多年的時間，不完全在胡鬧中白費，使各方面的情況能漸進於小康，我相信此所謂一百人者，可能有多數早已蔚為國家的人才了。這裏所說的，只是我們三數人一種偶然的回憶，其可驚的情形已經如此，假定交遊比我們廣擴的人們，也回想您們的朋友中在這幾十年白白被摧毀了的又有多少呢？這豈不是一件更可怕的事實嗎？

不久以前，蔣先生以國民黨總裁的身分，曾向黨方有一提案，要成立一個所謂『反共建國同盟』，照他提案的說明，好像在蔣先生的心目中，中國眞還有不少人才的樣子，這不可以說遠出我這種稍帶悲觀的意想之外。前年我在美國住了四個月，曾有過若干方面的接觸，知道當時留美的學生已超過八千，大部分還在求學期間，小部分則已學成就業，所學者多數屬於理科，文科則少到不成比例。這與六十年前的東京留學界恰好成一對照，而情況顯然不同。因為環境安定之故，他們中成績優異者確實不少。假定我們已進入『建國』的階段，對這類的人才能夠廣為搜羅，他們當不難回到祖國一顯其身手，然而非所語於戡亂。

我自從退出大陸以後，涸跡於港九敎育界與出版界者倏忽已逾十年。就我所知道這兩方面的情形來說，在最初一期，一般人都剛從大陸走出，四大皆空，莫不皇皇如喪家之狗，於是想出種種辦法：手中還稍稍剩有幾個錢的，便小本營生，合伙開上一間『士多』，其目的無非逐十一之和，想找得一碗飯吃，倒也心安理得；錢稍微多一點的，便呼朋引類，集股經營一間小規模的工廠，或一種手工業，其方法無非穩扎穩打，希望由小而大，另找一條出路。最可悲的，乃是由大陸逃出的所謂知識分子，或自來就窮得可憐的一般敎書匠，他們既無能力，又無本錢，工商業他們是無法參與的，於是他們妙想大開，也五個一羣，三個一組，向當地的仁翁善士，勉強捐得幾個錢，租得幾間破破爛爛的房子，開上一間『學店』，最初大抵都很勤苦，大有自力更生，苟全性命於亂世的一股神氣，其努力原也很可佩服。後來由大陸逃出的人越來越多，小孩子和青年自然也按照比例增加得不少，於是此類『學店』，居然逐漸發達。其中有成績較優，活動能力較強的，更居然博得若干外國仁翁善士的青眼，這裏找得一分津貼，那裏求得一點補助，於是有少數『學店』，其基礎也居然日趨穩固。其最初創辦這類『學店』的老闆們，生活起居當然也逐漸改良，其神氣也今非昔比。至於高談什麼學術，鼓吹什麼文化，這都是後起之義，好比在『學店』的招牌上塗上一層金，外表顯得輝煌，內容却依然一樣，此所謂敎育的商業化。其門戶必須緊嚴，利權不能外溢，自係題中應有之義，不必加以苛責。至於所謂出版界，情況大抵與敎育界差不多，其最初的窮苦奮鬥也同，其必須求得津貼或外援也同，其剝削寫稿者或著作者，也和『學店』之剝削學生及其家長完全一樣，更有少數眼光銳敏或手腕靈活者流，乃懂得以『武俠』相號召，以『黃色』廣招徠，以『內幕』顯特色，因此而居然發達者，也大有其人。至於像清末民初那些發行報紙，出版書籍或刊物的人們，大抵有一定的宗旨，一貫的精神，能產生力量，能形成運動，求之今天的港九，實渺不可得，此所謂文化的商業化。不過求如敎育界之人數衆多，勢力雄厚，又確能做到名利兼收，還稍遜一籌就是了。

現在政府以反共建國相號召，求人才於留學界則留學生的實況如彼；求人才於港九，港九知識分子的實質又如此。其他各地，可以類推。我自然也希望政府這一號召能產生多少力量，但所謂人才集中，却不必過存奢望就是了。

王安石有一首借題發揮的絕句：『尚有殘紅已可悲，更憂回首秖空枝，莫嗟身世渾無事，睡過春風作惡時。』我讀之不勝感慨。

張之洞在宣統元年快死以前，也寫過兩首絕句，其一題曰『讀宋史』：『南人不相宋家傳，自詡津橋警杜鵑，辛苦李（綱）虞（允文）文（天祥）陸（秀夫）輩，追隨寒日到虞淵！』其二題曰『讀白樂天「以心感人人心歸」樂府句』：『誠感人心心乃歸，君民末世自乖離，豈知人感天方感，淚洒香山諷諭詩。』我讀之更覺悲涼。我希望這只是我個人的神經過敏，中華民國的前途，或許仍不會演變到這一步。

美國不能在東南亞拖下去

許子由

昌荻村意外事件

當中南半島局勢動盪的時候，意外地發生了南越軍隊誤襲高棉邊境昌荻村的事件，引起了高棉對南越及美國提出嚴重抗議，也影響到南越與高棉間邊境談判未能展開。這不能不說是一項意外的不幸。

高棉因為與南越及泰國交惡，正受中共挑撥而製造反美事件，逐漸傾向與共黨結好之間；襲擊棉境可能加速或促成它投向共黨陣營的步伐。在南越方面來說，所要對付的目標是境內的游擊隊和北越，與高棉加深結怨是節外生枝，防碍對共黨的戰鬥。這兩項可能的發展，都對自由世界有不良的影響。

可是襲擊事件却無可否認地屬於意外，正如南越美國所解釋，係看錯地點。因為美國方面，雖經高棉近來拒受美援及聲稱將向中共北越求取保護等『反美』行動的衝擊，但仍然在設法舉行保証高棉中立的國際會議之中。南越遣派赴高棉談判邊界的代表團，又剛好在襲擊昌荻村當日抵達高棉金邊首府。這都是襲擊事件確屬意外的有力証據。無論如何，無論南越或美國都沒有襲擊昌荻村的必要，襲擊對於他們絕無作用也沒有任何意義。

阮慶公開認錯

更意外的是南越和美國對於高棉抗議的有限度接受。美國已向高棉表示遺憾，因當時有幾個美國人在場，事發時有一人而事發後有四人抵達該處。南越總理阮慶在國內公開認錯，說要査明處罰弄成錯誤的人員；對高棉正式道歉並願負責賠償。對於『澈査、懲兇、道歉、賠償』四點都表示願意做到。被稱為『外交史上沒有前例者』，這又是出乎國際上一般意料之外。過去國際上這類事件，不外是以各自抵賴、互相指責，或『惡人先告狀』等方式出之。能夠這樣坦白承認過錯，圖謀善後，尤其是南越赴棉代表團的親自馳抵現場，向村民道歉及慰藉，都是一種大智大勇的所為，值得稱許。

如果以小國向大國道歉，或弱國向強國道歉，那就不算一回事。大國強國而向小國弱國道歉，那才能一新國際[illegible]的耳目。因為高棉絕非南越與美國的敵人，郎使高棉想與美、泰、越的任何一個國家為敵，也似乎有些牛頭不對馬嘴。但中共正利用美國對高棉『勝之不武』的形勢，使高棉肆意搗亂，以便利共黨從越寮鉗形南進的政策。美國不肯上這個當，大致上是正確的。

可是由於施漢諾王子的『吹無定向風』，高棉問題也不一定因南越美國的願意鬆弛而能解決，換句話說：綏撫也並非萬應靈藥。尤其是如果客觀環境若有所變動，施氏的『無定向風』就更容易轉向。

綏撫有效嗎？

越棉寮三國領土犬牙交錯的情況，使其餘兩國對高棉發生重大的影響。目下寮共在瓦瓶平原不斷蠶食中立軍，而在永珍刺殺了右翼保安首長。預定在王都舉行的三派巨頭會議備受打擊，傳馬總理被迫請國際監督委員派衛隊到政府首長官邸站崗。『寮國中立』實際上等於『掩耳盜鈴』，可是『南越中立』仍在被鼓吹中，美國却還不能作出北進的決定——可以紛碎『中立』叫囂，嚇阻寮共南侵的決定。任令寮越共南進，綏撫高棉豈不等於枉費。

美國在東南亞『得過且過』的苟安，實由於政策的錯誤。（參議員高華德且說詹森政府『沒有外交政策』。）分割越南協定；是默認英前首相艾登的『鋸箭療法』，美前國務卿沒有在協定上簽字，但讓十七線成為事實。中立寮國協定，是承認法國策動傳馬、李江永珍叛變，線欵開府的結果，勉強使『獅虎同籠』，却派出一個鞭長莫及的馴獸師國際監委員去看管這個鐵（？）籠，明知只是拖延時日而已。

對於馬來西亞糾紛，美國的態度也正類似。英國決定與聯邦堅強防衛大馬，美國却認為蘇加諾正在『阻延』共黨接管印尼政權。（哈里曼與英外相會談中的表示。）美國曾經照會高棉，詢問金邊能夠中立至什麼程度？能夠中立多久？人們大可以借用來詢問美國：東南亞這個東倒西歪的殘局，能倚靠傳馬、施漢諾、蘇加諾他們，而拖延得多久？或再簽幾個『日內瓦』協定而拖延得多久。

中國一句老話：『有文事者必有武備』。沒有堅決、整個的政策，便不能辦外交。外交決不是頭痛醫頭、扶得東來西又倒地疲於奔命。如果甘廼廸沒有『攤牌』的決心，何能迫蘇聯把飛彈從古巴拆運回去？

美國方在準備大選，當政者不願有太大的更張，這情況是可以理解的。但不得已而拖一個時期，與以拖為常規的辦法，其間正有天淵之別。美國的東南亞政策以至亞洲政策，側乎再拖不了多久，拖不下去。智囊們和决策階層，應及早制定有效的辦法。

（三月廿四日）

平等，自由

孫寶剛

我在「爲什麼要信仰民主社會主義」一文中已提及，社會主義者要所有的人須作爲一個人似的活下去，必須要平等的，自由的，並且人與人之間要有兄弟的精神。

（一）

當然，人是生來就不一樣的，有的聰明些，有的强壯些，他們的個人環境也各有不同，長大起來，對於工作能力便有不同。再加上興趣和氣質的不同，所以要大家一樣是不可能的。所以平等的意思，並不是個個人都受一樣的待遇。我們所要求的平等，就是說，不能有特權階級。爲什麼一個人偶然地生在某一個家庭內，或某一個階級或種族內；他便獲得種種的特別利益和權力呢？大家既都是人，應該大家站在同一的基礎上，這叫做機會平等。關於這一點，就是非社會主義者也大都已贊同了的。不過社會主義者還要進一步。我們都知道：一個人的成就，有賴於其品質再加上機會。社會可以決定大家的機會，但不能決定品質，但是機會多少可以彌補品質的不足。有些人說，美國的社會比較上機會平等，一個極窮的人，祗要他努力，他可以一步步的向上爬，爬到社會的頂點，現在的美國總統詹森便是由窮苦出生，一無特機而爬到頂點的。這一點固然不錯。但是許多人在出生時就有些缺陷，或智力和體力較差，對於這些人，社會雖然給予平等的機會，也很難有所成就，甚至生存下去。譬如像現在的一般學校中的功課，在一個智力特別差的學生很難按年升級的，但有些學校規定，不能升級的，或連上二年不能升級的，便予開除，這不是剝奪了那個學生的終身的求學機會麼？對於這種學生，在社會主義看來，應當設立一類專爲低能的學生求學的學校，才使他有繼續求學的機會。推而廣之，社會主義者要對所有缺陷的人，在他一生中，都有繼續不斷的機會，使他能繼續不斷的努力作爲一個人。決不因爲他有某種缺陷而中途把他淘汰了。易言之，在社會上有着許多梯階，能力好或最努力的人，固應爬得最高，次一些便低一些，最次的最低。但決不能祗有一個梯階，因當有許多梯階，每個人可以度德量力去選擇自己所適合的一個梯階去爬，這才是眞正地做到機會平等。我們也可以這樣說：社會上的機會是屬於社會全體的，即使是智能最低的人，也應該給予他以公道的機會。現在的社會，尤其在工業方面，當不景氣的時候，就把一部份智能較差的人辭退了，這不是說智能較遜的人，便不要生活下去，應該淘汰了麼？所以社會主義者主張，一個人即使在社會不景氣時，或即使他已老得不能工作時，或他因先天或後天所發生的缺陷時，他也應該有最低限度的生活。社會安全制度和社會服務制度的產生就是基於這個理由。

反之，以一般智能在水準以上而機會又不壞的人來說，他們當然不需要社會特別爲他服務，因爲他們有他們的工作收入。但是今天最高收入（暫時不談不勞而獲的收入）的人們和最低收入的人們相比較，相差太遠了，兩者的距離，以香港來說，相差數百倍。我們如客觀地說一句，世界上並沒有一個準確的標準可以客觀地分成這個倍數的相差的。倍數的相差完全是主觀的人爲的，但相差太多倍數之後，便造成了人與人生活間的懸殊，有的眞在天堂，有的便在地獄，這就造成了人與人的不平等。所以社會主義者主張，人們的收入，果然因爲工作有難易而分高低，但是不應該相差太遠。

總括上面所說的，祇是要做到每個人都要有一個最低限度的生活，不能工作的人也有社會服務去幫助他們，每個孩子都能受到教育，每個人有醫藥和每個人應有居處而已，其實離開眞正的人與人平等的距離還很遠。不過現在連這些也沒有做到。所以要求再進一步的平等，更是談不到了。

（二）

平等的目的，是爲了自由。平等可以說是使人獲得自由的一個方法，每個人都知道自由的可貴，即使是個獨裁者也都知道自由之可貴，可惜他專去剝削人們的自由，以增加自己的自由。我們也可以說：凡是剝削人的自由，便在偷竊人家的自由。不過自由的量是可以增加，因爲人類不斷地在和自然鬥爭，依着人類文明的進步，不特防止了天災，也已增加了各式樣的生產，以及創造了各式樣的智識和制度，所以人類的自由的總量增加了，當然接着的問題是怎樣去分配這個總量給所有的人類。在資本主義者說，在自由市場之下，你可以自由去選擇工作，也可以自由去購買你所選擇的物品。但是工人們便要問：假如無工可做，或工作的機會太少，你怎去選擇工作呢？假如錢袋內空空地，怎能選擇物品呢？所以社會主義者在經濟上來說：一面主張有計劃地生產，不特使生產增加，並且創造了工作機會，另一面獎勵工會組織，集體評議工價，使人人眞有機會去選擇工作，並且有錢去選擇物品。同時對於工作的環境也非常注意，使工人們在工作時，還能像一個人地工作着，使他覺得是在爲社會而服務，不要完全成了機器的一部份，連奴隸的生活都不如。在政治上來說，當然是主張民主的，所以社會主義者反對任何方式的專政。同時社會主義者還注意人們在工餘的生活，對於公園運動場的建設，圖書館和音樂廳的設立，社會中心，以及各種正當娛樂的設備，却是社會計劃的一部份。易言之，社會主義者要使每一個人，在生活之外，還要進一步的使個個人能追求智識，追求文明，並使其生活美化。現在有許多政客，常常主張減低賦稅，以取悅人民，其實，政府如眞正爲個個人民謀福利，有時無法減低歲收的。反過來說，有時正因爲提高了歲收，才能使人民能進一步的平等，和獲得進一步的自由呢！

照現在有許多社會主義者的理想，他們還要積極地改革現在的工業結構，因爲現在工業的皮帶制度之下，工人們的工作實在太單調，他們希望能像畫家一樣，在工作中包含了他個人的個性和興趣，並且也知道生產的過程和目的，如此，使在工作中也充份的表現了自由的情緒。這在我們這個社會說，離現實太遠了，祇要能減少一些工作時間，已經很好了。

周恩來何故取消訪問東非

綜觀

周恩來於去年十二月十三日離開雲南昆明，率領隨員五十八人，前往訪問非洲。預定先往埃及，然後轉訪阿爾及利亞、摩洛哥及阿爾巴尼亞，再訪非洲其它國家，訪問東非三國後，再訪緬甸錫蘭及巴基斯坦等國。

但周恩來一行，訪問非洲各國的預定程序尚未完成時，即突然中止訪問東非三國，而於二月五日急劇的提前飛返昆明。這顯見其中必有重要原因。依種種迹象看，中共中央諸首腦，似乎曾在昆明舉行重大會議，不僅僅在聽取周恩來之非洲之行的報告，也不僅僅在檢討法國承認中共後，中共如何策定它對緬對錫蘭對巴基斯坦的政策，而似乎更有內部人事上的重大衝突急需開會決定。

昆明會議結束後，周恩來與陳毅同時飛往四川成都過農曆新年，然後又於二月十四日飛緬甸訪問。

從像片上看，周恩來帶病訪非歸來後，容顏是更憔悴了。事實上，周恩來這次的非洲訪問，失敗之處很多，收穫雖然也有，但收穫却很少哩！

周恩來此次訪問，至突然中斷他的訪問爲止，總共歷時五十五天。他先後訪問的，計有非洲的阿聯、阿爾及利亞、摩洛哥及歐洲的阿爾巴尼亞；隨後又有非洲的突尼斯、加納、馬里、幾內亞、蘇丹、埃塞俄比亞、索馬里等十個非洲國及阿爾巴尼亞那一個歐洲國。

看形勢，周恩來此次扶病率領空前龐大的代表團預期以兩個月的時間訪問非洲，其原定目的是很大的，而且，可以判定中共與法國之間，關於法國承認中共問題，早在周恩來動身訪問非洲之前，就已有了默契，法國將於何月何日與中共同時宣佈建交；周恩來亦早已瞭然於心。毛澤東及中共中央之所以派周恩來扶病訪非，而不稍等待到法國宣佈承認中共之後；中共顯然有一個打算，就是準備在周恩來訪問非洲途中迎接法國承認中共的消息，然後乘勢向非洲進行外交攻勢，一舉而把說法語而且一向在外交上唯法國馬首是瞻的十幾個非洲國家拉過來，使它們步法國後塵而立即承認中共，並使它們與中華民國絕交。使台北來一個措手不及，無法挽救。以上，是周恩來訪問非洲的最低打算。法國承認中共後對台北的打擊，也是中共自以爲必可行得通的如意算盤；之後，由於中共與法國之勾結，已暗中擬有中立南越進而中立東南亞之默契，於是，中共的預定計劃，便是派周恩來乘他在非洲的勝利，以及戴高樂對南越高棉等地的中立計劃，再使周恩來乘勝訪問緬甸錫蘭與巴基斯坦以進一步推進和奠定中共對東南亞的陰謀。

殊不知，在這時期，對中共給予無情打擊的一個重大事件，是桑給巴的政變。桑給巴雖然只是東非的一個小國，但桑給巴的政變却是經由中共訓練出來的非洲共產分子策動和領導的。就政變本身而言，確屬成功，因爲中共訓練出來的共黨分子手法高妙，只只在一夜之間，便把桑給巴變了色。而且政變次日就成立了一個激烈的共黨政權，驅逐了英美的外交人員。這是本年一月十一日的事。其時周恩來才剛剛開始訪非之行不過二十七天，距離法國宣佈承認中共政權也還相差二十天，因爲法國是在一月廿七日宣佈承認中共政權的。表面上看，中共暗中嗾使的桑給巴政變雖然成功，而且中共訓練出來的桑給巴共黨份子居然就在周恩來率龐大代表團訪問非洲的時間中作出了這樣的傑出表演，以歡迎周恩來。殊不知，桑給巴的這一政變，有利亦有弊，由於這一政變之突然而來，却使得其它非洲國家大爲吃驚，僉認中共政權對其他非洲國家實在是一個大危險。於是，許多非洲國家都因此提高了警覺，從而也就影響了那些在外交上一向以法國馬首是瞻的非洲國家。

誠然，截至現刻爲止，說法語的非洲國家中，已有兩個剛果中之一個剛果在最近承認了中共，但絕大多數說法語的非洲國家則至今尚未承認中共。其原因固不止一端，但他們對中共因桑給巴政變而提高了警覺却也是原因之一。因此，周恩來訪非之行，固然有其一定的收穫，但却也有着上述重大失敗，因爲中共原以爲派周恩來扶病訪非，可以爭取時間，利用形勢，可以在途中乘法國承認中共之適時宣佈，從而得以一舉而將若干非洲國家拉攏過來，結果，則完全並未符合中共的打算。相反，周恩來便不得不中途提前返昆明，並臨時取消原定訪問東非三國之計劃。周恩來爲什麼要取消他原定到東非三國去訪問的計劃呢？也就因爲桑給巴位於東非，桑給巴的突然政變，對東非各國的刺激特別大，爲了減少那業已在東非引起的刺激與疑懼，於是，周恩來只好臨時取消他原定到東非去訪問的行程了。

這實在是中共對非洲進行滲透與顛覆行動操之過急所發生的一項對中共極不利的反應哩！

敬致胡秋原先生

（來稿）

孟　戈

二十年來常讀你的「文不加點」的讜言，對你的恢宏雅達的文采，面折廷諍的氣概，欽遲奚似！南來投荒，又常看到你那風骨凜然的作爲——拒絕簽署「自由人」停刊，反對立法院通過「出版法」，特別是爲雷儆寰先生鳴冤，那種深厚的人情與道義，義無反顧的良知與責任感，眞使我感佩之極了！語云：「所守者道義、所行者忠信、所惜者名節」。你可以問心無愧了。

前年春天，台北「文星」月刊發動中西文化論戰，你那股「當年睥睨揮羣敵，常勝旌旗是自由」的豪情未了，竟被打得落花流水。由於我對你愛護與尊重的成份在，絕對沒有片紙隻字干犯你，萬想不到你竟還怒到我身上來。據說：

（一）在立法院會上，質詢陳誠先生時，說我「誹謗」鄭學稼先生。而且，指我專在「聯合評論」批評當道的「打精神」勇士。

（二）在立法院記者招待會上，說我「誹謗」鄭學稼先生。

（三）在控告蕭孟能、李敖的「自訴書」上，說我「誹謗」鄭學稼先生。

（四）至於我不能看到的某些書面文字，以及不易聽到的若干口舌攻訐，那就更不在話下了！

我是否「誹謗」鄭學稼先生，這不是單純的「法律」問題，而關乎中國讀書人的品格與良心問題。我早在一九六二年七月號台北「文星」一篇「鄭學稼腦袋裏的東西」上有交代，又在一九六二年九月號香港「展望」一篇「『鄭學稼腦袋的東西』原本」亦有清清楚楚的交代，更在一九六三年十二月號越南「自由太平洋」一篇「論鄭學稼以身試法」上更有詳細確鑿的交代了。事實就是事實，不祇詭辯不能改變事實，就是咱們的「司法配合國策」的法律又焉能明目張膽改變事實呢？

我深信你是「情感重於理知」的政論家。你雖然自詡：「在中國，首先並能批評黑格爾馬（克思）這一套的，除我以外，還有鄭學稼先生等好幾位朋友。」（文星53、35）「口氣大得可以」。我不管，我所注意的是你倆互相標榜之歷史淵源。莫非你與鄭先生的私交彌篤，才不惜出此下策而向我施放明鎗暗箭嗎？這，豈是知者所應爲？長者所當爲的嗎？

但，我盡量壓縮衝動的情緒，容忍你一而再、再而三的「誤會」。我寧願還就你的強烈優越感與自尊心，在你一怒而風雲變色下，祇旁敲側擊促你懸崖勒馬，這全出於尊敬長者的一片衷忱。因而，去年秋天，徐訏先生寫信告訴我，順筆提到你要辦一份「中華雜誌」時，我就拜托他寫信給你——順便轉致我對你的敬意；並希望彼此做到「河水不犯井水」。我相信徐訏先生的聲譽且與你的交情，會使你重新認識孟戈這個人。想不到你變本加厲。我祇是與世無爭的青年，現在還有一顆良心、一點道德、一個獨立人格的漁樵耕讀者。譽之不喜，毀又何傷，但，因我而戕賊長者的厚德，那眞是罪過罪過了！

「國民黨中央評議員蕭同茲的兒子」蕭孟能先生和「居正的兒子」居浩然先生，我與他倆素昧平生，向乏交往，祇是從你們認爲不算（？）「人身攻擊」著作中，才知道都是閥閱子弟。但我對他倆的膽識、言行、良知與氣度，確實佩服。至於「光人」李敖先生，我喜讀他的文筆，却反對他那「睚眦必報」的狹窄胸襟。我贊許他那——今日台灣青年所缺乏的「狂妄」「浮誇」素質，但亦不滿意他過分輕視中國傳統的忠恕之道。要說我們這一羣人思想似較接近尚可以，要說我們「關係特殊密切」而對你們進行大規模的、有計劃與有組織的聯台圍剿，這不祇無人會相信，恐怕連你亦半信半疑吧！

「胡秋原的眞面目」，我知之矣！至少現在你還是我眼前的一位民主自由前驅。從「閩變」到行憲、從丟掉大陸到偏安台灣，你始終在吶喊民主自由，積極在爭取實現民主自由政治。衆目睽睽，公道自在人心，又何懼乎「片言之貶」呢？何況，在我看來，「中華民國憲法」未誕生前的「閩變」，算不算「叛國」？是不是「叛國」？焉能遽爾論定也。

二十年來不算短，我的黑髮已成斑駁與蓬鬆，正像你一樣，我還是熱烈期望民主自由的中國出現。我看過中共要的「民主自由」把戲，我反對了！回頭來再看台灣，又還在表演「黨天下」的活劇，良心不泯，我是不甘緘默的。過去我在呼叫民主自由，現在又何嘗不在强調民主自由呢？我從未爲國家作過孽，亦未吸吮過人民一點血和一滴汗，今日落得與那幫豪門軍閥和貪官污吏，「亡命天涯」，言之可恨又可笑。

時至今日，國家到了山窮水盡，黨獄繁興，讀書人的品格蕩然。讀「凌波瘋魔寶島」的大新聞，才想起這不正是重演「桃花扇底送南朝」的玩意麼？

當你看到「聯合評論」上我寫的「蔣先生一生繫國族安危」時，大可不必說我向過「當道」叩頭。又當你翻出「自由中國」來，知我寫過「毛澤東的沁園春寫來並不算壞」時，你更不必懷疑我又向「老毛」巴結了。我祇說我心裏的話，做我喜歡做的事。至於你們給我戴「紅帽子」也好、「什麼帽子」也好，任何誣蔑中傷，我祇引以爲自豪，等而下之的「飯桶」才使用誣詆與讒罵的，因之我的身價就越發水漲船高了。我可以正告秋原先生，我尚未靠任何方面吃飯，亦不懂向任何方要飯吃。我祇靠神、靠良心。難怪乎香港一位教授兼牧師的朋友對我說：「孟戈，你不聰明。這個社會不屬於你。」

胡適先生是「人」不是「神」，他要我們「大胆的懷疑」一切，當然亦要我們「大胆的懷疑」他。他的「虛雲和尚年考」發表後，我就寫過一封信給他說：「愛因斯坦都可以相信耶穌是大衛王的苗裔。您爲什麼不可以相信虛雲和尚是官家子弟呢？」他的答復是一張印有「敬賀新年」的咭片，這等於他老人家幽默地笑了一笑。他可以批評人，人亦可以批評他，不過，一不可讒罵、二不可誣詆，至於竟用「馬克思的思想」而又「偷襲中共的「批判胡適」的觀點」，那不祇是荒謬得無以復加，亦愚昧到不堪設想了。因而，我寧可佩服你的「左伯桃與羊角哀」的精神，但不能同意你的「飛象過河」的「幫腔」作風，知我罪我，無法計及，亦無暇顧及了！

亞非各國應拒絕參加所謂二屆亞非會議

陳永和

現在，印度尼西亞又準備籌開所謂第二屆亞非會議了。其實，印尼是根本不應再籌開這一會議的。

據中共新華社三月廿一日雅加達電：「印度尼西亞爲行將召開第二次亞非會議而舉辦的學術討論會昨晚在這裏開幕」。對此，蘇加諾曾有賀電予以鼓勵。

印尼爲什麼要籌開第二屆亞非會議呢？據印尼第一副總理蘇班德里奧三月廿一日在該學術討論會講演說：「必須堅持萬隆精神和迎合日益高漲的亞非團結的要求」。蘇班德里奧並已當場宣佈第二次亞非會議預備會議將在四月十日舉行。

蘇班德里奧講演時並說：「在國際會議問題上，我們的政策是：必須支持旨在反對帝國主義和殖民主義的一切會議。但是，如果某些會議，例如不結盟國家會議，只是爲了使莫斯科與華盛頓彼此更加接近，那末，這種會議，將是毫無價値的」。

蘇班德里奧甚至還說：「人們不應該有通過不結盟國家會議破壞亞非團結的任何企圖」。

印度尼西亞民族黨總主席、第一次亞非會議的主席阿里．沙斯特羅阿米佐約更與蘇班德理奧同樣荒謬的宣稱召開第二次亞非會議的時機已經成熟。他甚至又還荒謬的抨擊一些國家的政界人士說什麼目前很難召開第二次亞非會議。他抨擊時說：在第一次亞非會議將舉行的時候，也曾有一些困難，並遭到某些人的反對，但是事實証明第一次亞非會議取得了成功的勝利」。

什麼勝利呢？阿里．沙斯特沒有說，蘇班德里奧也沒有說。照蘇加諾打給該會的電報所說，他們主要的議題乃是「在反對帝國主義、殖民主義和新殖民主義」。那末，當此，全世界都受到共產主義威脅的時候，當此全世界竟有一半被關進鐵幕而被奴役的時候，當此中共正在亞洲以比舊帝國主義更兇惡的進行的時候，當此中共在非洲各國各地從事滲透顚覆的時候，蘇加諾及印尼當局爲什麼不把它作爲亞非團結的主題來討論呢？這都可見印尼發動的所謂亞非會議，不强調反共，只强調反帝國主義，只强談反新舊殖民主義，而這些都並不意味反共在內，實另有用心。實別有背境。

印尼的用心之一，是借此媚事中共，用心之二是，更想利用這所謂第二屆亞非會議來增加印尼侵畧馬來西亞的聲勢和資本。

印尼忽然意圖召開第二次亞非會議的背境，則是蘇加諾內受印尼共黨的影响，外受中共的壓力。周恩來於去年十二月十三日起扶病訪問非洲，歷時五十五天，後又再訪緬甸，巴基斯坦與錫蘭。可以說，召開第二次亞非會議便是周恩來訪非的主題之一。但周恩來訪非之行有得有失，非洲國家並未多數同意中共之此一要求。而中共僞政權既未能進入聯合國，只能在所謂亞非會議中活動。且中共一向把亞非會議視爲它對亞非國家進行國際統戰的場合，也想把它變成在赫毛衝突中的反蘇場合，更想把它變爲中共能滲進入聯合國的場合。因爲中共在利用所謂亞非國家會議做一些周恩來此次訪非未能做到的事情，從而爭取非洲國家對中共的建交與支持。所以，中共便通過它的尾巴——印尼共黨在印尼國內施壓力，更利用蘇加諾想以此加强印尼對大馬的形勢而誘迫印尼從速籌開這一會議。

所以，從表面上看，好像印尼將會在這一會議中取得便利，實則眞將取得便宜的則是中共。

中共知道：尼赫魯原是亞非國家中最具聲望的政治家，但尼赫魯最近正在害病，而尼赫魯正是中共在亞洲政治舞台上的大敵，印尼與高棉的那些自我標榜民族主義與中立主義的人，則不過亞洲國際間的小醜，中共自然樂意玩弄這些小醜，所以，可以說，中共是比印尼更想從速籌開這一會議的。

印尼共黨第一副主席魯克曼最近發表談話極力主張立即召開第二次亞非會議，這都反映了中共對於這一會議的野心，因爲印尼共黨現完全墮落爲中共的尾巴了。印尼共黨的要求，恰好反映了中共的陰謀。所以，蘇加諾如果不甘做中共的尾巴與傀儡的話，原是不應籌開這一會議的。

也正因爲印尼籌開所謂第二次亞會議，只恰好便利了中共這一亞洲禍根，所以，假如印尼定要愚蠢而荒謬的召開這一會議的話，亞非各國爲了本身的利益，也應予以拒絕才是。

台灣刑訊之風仍盛

巨川

法律界座談求改善

（台北通訊）台北律師公會最近曾邀請司法人士舉行座談會，討論法庭禮貌與審判實務的採証等問題，對於「被告之自白」及「共同被告不利於己的自白」的採証，均主張應切實遵照法律之規定，愼重採斷，他們討論的結果，將送請正在修正刑事訴訟法的立法院參考。

司法行政部為防止刑訊迫供，對於現行的檢警聯繫實施要點中的申請延長羈押，已加修正，該修正草案已報請行政院審核。

法學界人士也認為根據「被告自白」判罪，是落伍的辦法，而根據「共同被告不利於己的自白」判其他被告的罪，更是一件危險的事。因為自白（即口供）可以用刑求或其他不正的方法取得，極易造成苦打成招的冤獄。

採證被告自白　應再嚴格規定

一位法學界人士表示：根絕刑訊或其他不正方法取供的治本法辦，是對於刑事訴訟法第二七〇條關於被告自白採証規定，應有更進一步的嚴格限制，對於最高法院的一八七五號判例的共同被告所為不利於己的陳述的採証判例，不應予以推翻。這位法學人士並舉出根據自白判罪造成冤獄的實例：不久之前，高等法院判決王茂燈港台販毒案的被告廖月英，台北地院根據她的自白，及同案被告林牛哥的自白判她入獄六年，但高院查出並不無其他証據，乃改判廖月英無罪。

去年底被基隆地方法院判刑十三年的販毒案被告侯皆得，上訴高院後才查出是同案被告陳阿磚，在警方刑訊下，誣指她的毒品是向侯皆得買來的，因為她一句話，侯皆得坐了三百天的冤獄。

八德鄉滅門血案的被告穆萬森，新竹地方院判他死刑，上訴高院因查無証據改判無罪，他說：穆萬森由死刑改判無罪，曾經轟動一時，但目前法院中，仍有根據被告一紙自白，及無不在現場反証的嫌疑等，將其判處死刑！

冤獄雖有賠償　損失無法彌補

這位法學界人士說：冤獄之可怕，是使無辜的人損失自由及生命。固然有的冤獄官司打到二，三審後能獲得平反，並可得到冤獄賠償，但一個人無辜的被關上一年半載，所受的精神上的痛苦，及名譽和物質上的損失，並非每天四至六塊錢的冤獄賠償所能補償的，而無辜被判死刑執行後，雖可獲得四至六萬元之撫慰金，對死者又有何用。

這位對大陸法系頗有研究的法學界人士說：現行的對被告及共同被告不利於己的自白之採証，以及刑事訴訟法第二六九條「証據之証明力由法院自由判斷之」的自由心証的糾纏制度，可以說是由刑訊蛻變而來，在十七，八世紀時期採用大陸法系的國家，如法官認為被告有罪而被告不肯招供時，可以用刑拷問，我國清朝尚有用刑取供，最近上映清末「楊乃武與小白菜」案的電影，可看出當時用刑取供的情形，以及刑訊迫供造成冤獄的事例，因為當時判罪是以口供為主要証據，但人身似鐵，官法如爐，所以刑訊取供，不知造成了多少的冤獄。

他說：目前法律已有相當進步，我國刑法第一二五條第二項即規定：「意圖取供而施强暴脅迫者，處一年以上七年以下有期徒刑」。第二欵規定：「因而致人於死者，處無期徒刑或十七年以上之有期徒刑。致人重傷者，處三年以上十年以下之有期徒刑」。法律已禁止刑訊取供，但事實上刑訊並未根絕，因為依刑事訴訟法第二四條規定「偵查不公開」，同法第二七條規定被告於起訴後始能選任辯護人（律師），在這種情形下，偵查時只有被嫌疑人與辦案人員，不能有第三者在場，如受刑訊，也無法找到証人，而況辦案人員還可以用「較進步」的疲勞訊問或威脅，利誘等方法來取供，而被嫌疑人一旦被迫或被騙而「招供」，就很難推翻他的原供，因為法官有一種「採証首重初供」的慣例。

宣佈破獲案件　鮮有平反機會

被告自白之採証，在刑事訴訟法也有規定，該法第二七〇條：「被告之自白非出於强暴、威迫、利誘、詐欺或其他不正之方法，且與事實相符者，得為証據」，同條第二欵：「被告雖經自白，仍應調查其他必要之証據，以察其是否與事實相符」，但事實上刑訊或不正方法取供既不能根絕，而這種方法取得之口供，多數與事實相符，因為與事實不符，辦案人員仍會追問到認為滿意為止，而在「採証首重初供」的觀念下，司法警察機關和治安機會的偵訊筆錄，易為檢察官所採信，而推事對於檢察官的起訴也易於採信，因此，治安機關宣佈破獲的案件，除非被告能提出極有力的有利証據，或碰上較為愼重的推事，很少有平反的機會。

該人士說：日本在戰後吸收了英美法的優點，所以日本的訴訟法就比我們進步，他們對被告之自白，必須在審判時經過被告之同意，承認他在偵查中所說的口供是事實，始能採為証據，如被告推翻在偵訊時原供，無須提出任何理由，只要說：「我不同意將原供作為証據」，該項原有的口供即告無效，檢查官必須提出其他有力証據使其俯首認罪，或以盤問的方法使其說出實話。同時被告還有不說話的權利，他可以拒絕答覆任何對他不利的訊問，在這種情形下，刑訊迫供自然會根絕，因為被告在偵查時的口供沒有什麼效力，何必徒費精神，冒着違法的危險去刑訊迫供。

吸收他國優點　不致增加困難

日本現行的刑事訴訟法尚有另一優點，即檢查官起訴後，案卷並不移送刑庭，使審判推事不會有先入為主的觀念，日本審判的推事，如同英美法系的陪審員，他客觀的在法庭上聽取原告——檢察官——被告雙方的陳述及審核証據。

他說：有人認為如採用日本的刑事訴訟法，對於偵破案件將會增加不少困難，這固然是一件值得考慮的事實問題，但並非不可克服的難題，例如過去所偵破轟動一時的公圳分屍案，就破得很漂亮，除了被告盧家祥的自白，還有許多的物証，以及人証，可見所謂困難是肯不肯做，及肯不肯花錢做，並非不能做。

他說：如果立法院此次修改刑事訴訟法時，對於自白之採信訂得更為嚴格，甚致吸收英、美法制度優點，規定檢察官只是國家律師，將扣押人犯及搜索權力歸於刑事推事，檢察官向刑庭推事請准羈押被告後，在十天之內，應即提起公訴。這種進步的刑事訴訟法，將來實施之後固然會有一個短暫的過渡困難時期，但司法警察機關基於事實上的需要，自然會逐漸改進，以適合新的辦法，如此司法才會進步。

他說：國家依賴司法來維持公序良俗，所以對犯罪之人，檢察官應自動予以追訴，而人民依賴司法來保護他的權益，如私權受到侵犯時，可以訴人於法以求得直，如刑訊不能根絕，司法就不能盡到保護人民的權益的職責，無法為人民信賴，此後果是相當嚴重的。

筆者按：台省司法機關刑訊之風至今猶盛，尤其是警察機構及治安機關（警備司令部）不僅對盜匪亂用刑訊，即是走私販毒與乎政治犯亦擅自動輒用刑，對民主法治的規章毫不顧忌，所以才有立法院重新修改刑事訴訟法的措施。試觀台北律師公會及司法界人員在座談會中所舉出的各項理由，確有值得採擇之必要，希望立法院在修改刑事訴訟法以後，更應監督實行，認真根絕刑訊不良作風，使人民眞正得到法律的保護，才合民主國家楷模。

台北「政治評論」言論傷人

岸一

監察院決採法律行動

（台北專訊）監察院於本月十四日院會時通過臨時動議案，對本月十日出版之「政治評論」（第十二卷第一期），深表不滿與憤慨，決定由該院秘書處採取法律行動。

臨時動議是由監委葉時修、馬空羣、曹啟文等三人聯署提出，動議案中說：

「查本月十日出版之政治評論（第十二卷第一期）其社論第二篇「評監察委員與法官之爭」一文內，論及發表調查報告之責任問題有如下辭句：「……這就是說，出席院會的監察委員全體違法，難道院會不由出席的監察委員組成嗎？情形好比：個人偷東西個人犯法；若干人開會後如偷東西，若干人全部犯法，這是不容懷疑的事。」

社論中又說：「監察委員違法濫權，已成習慣」。公然發佈文字毀損本院名譽及全體監察委員之人格，顯以觸犯刑法第一百四十條對於依法執行之職務公然侮辱罪及刑法第三百一十條之誹謗罪。

查該刊自詡為「宣揚法治」，乃竟任意誹謗全體監察委員，乃至比之如偷東西的小偷，實以令人無可容忍，吾人對於彈劾法官案之各方言論，向極尊重，倘就法理方面發為評論，縱對本院有所指責，本院亦僅據理以辯，從未涉及意氣，乃該刊一再以本院為對象，肆意謾罵，公然侮辱，此次更存心誹謗，顯以越出辯論事理之範圍，妨害他人之人格，該刊負責人，實應負法律上之責任，擬請本院秘書處依法交涉，以重法治，而保院譽案」。

提案委員葉時修說明後，委員張國柱、王冠吾、張岫嵐、張一中、陶百川、郭學禮、丁淑容等相繼發言，對該刊惡意損毀院譽及誹謗全體監委人格，一致表示憤懣，並認為該刊負責人及作者已構成侮辱謾罵等刑責。最後院會決議：「由秘書處將有關資料函送最高法院檢察署依法辦理」。

查監察院為高等法院法官宣判前台北市長黃啟瑞無罪，因而被監察委員陶百川等向主審法官提出彈劾，此一富有歷史性的彈劾案件，近來在中外報章上以連續刊載，結果如何，早為法律界人士所極為重視和注意，萬不料一波未平一波又起，致使此「監委彈劾法官案」，平地裏節外生枝。

而「政治評論」刊物，又為任卓宣所主辦，此次監察委員所指之「該刊負責人」當為任卓宣無疑。

本刊在歷次報導黃啟瑞一案當中，曾一再指出「黃啟瑞案」背境為國民黨中央黨部，高等法院法官在第二審時改判黃啟瑞無罪，乃是國民黨從中指使，原因是，黃啟瑞之出任市長，乃國民黨所支持，而黃啟瑞在市長任內所犯的罪名，的確有傷國民黨的顏面，黨部方面其所以要為黃啟瑞開脫罪名，並非有所厚愛於黃啟瑞，而實在顧全黨的面子，今任卓宣主辦之「政治評論」向監察委員們開砲，亦是根據上項因素而來，惟此案牽涉越來越廣，更形成了「案中有案」，將來的結果如何，雖然誰也不能預料，不過，不談法制則已，如果還有「法制」的話，吾人總希望能根據法理作出一個像樣的榜樣來，使人民知道誰是誰非，才是當前最重要的一個課題。尤盼國民黨當局不要「因人玩法」為幸。

羅瑞卿透露中共有意入侵高棉

陳文甫

中國古代有一句成語，叫做「小醜跳樑」，這現象可以今日高棉的媚共姿態目之。

施漢諾以媚事中共的姿態而叫囂中立，本已可笑，而中共特務頭子，毛澤東最大親信，中共殘暴政權劊子手，中共公安部長兼中共人民解放軍總參謀長羅瑞卿日前忽然高叫中共要把軍隊開入高棉，更把中共想要侵略東南亞的野心暴露無遺了。

為了媚事中共，高棉（柬埔寨）忽然派了一個以副首兼國防大臣兼皇家武裝部隊總參謀長朗諾中將為首的代表團於三月十三日拜訪北平。

羅瑞卿於當晚設宴歡迎，出席者，除賀龍外，據新華社說：尚有中共「國防部副部長許光達大將，外交部副部長姬鵬飛，中國人民解放軍高級將領劉亞樓空軍上將、彭紹輝上將、張愛萍上將、楊成武上將、王新亭上將、傅鐘上將、李聚奎上將、陳士榘上將、李志民上將、劉震空軍上將、李達上將、劉志堅中將、蕭向榮中將、劉道生海軍上將等」。羅瑞卿並在宴會上說「如果堅守中立政策的柬埔寨王國竟然遭到美國及其僕從國家所策劃的武裝入侵，中國政府和中國人民的堅決站在柬埔寨王國這一邊，並且給予全力支援」。

羅瑞卿所謂中共將給予全力支援云云，當然就是中共有意將共軍開入高棉之意，只是中共目前尚未找到藉口，一旦找到藉口，中共勢必侵入高棉。而中共之藉口，顯然又在故意僞言「美國及其僕從國家策動武裝侵入」。其實，美國怎會策動其它自由國家武裝入侵高棉呢？這都可見中共已蓄意尋找藉口罷了。

大陸簡訊

藍鳥

周恩來返抵北平

於去年十二月十三日離開昆明扶病前往非洲訪問之周恩來及陳毅等人，直到三月十五日才又由成都飛返北平。

先是周恩來訪問非洲五十餘天之後，突然臨時取消了前往東非訪問的原定計劃，而返回昆明。過了幾天之後，又才飛往緬甸、巴基斯坦及錫蘭訪問。周恩來訪問上述亞洲三國之後，又再回到昆明，但未立即回到北平。先在昆明休息，隨後，周恩來與陳毅兩人又飛到成都。然後才於三月十五日從成都飛回北平。

事實上，周恩來原本是帶着病到訪非洲去的。加以周恩來近年心情極不好，面容清瘦憔悴，已可從中共最近發佈的各次照片就能清楚的看得出來。所以，他到昆明及成都休息，延期返北平，更充分說明了體力已極感不支而已。

據中共「中國新聞社」北平十五日電訊說，周恩來及陳毅返北平時，中共曾舉行盛大歡迎，毛澤東及劉少奇均曾到機場迎接。

中共新聞社還說他們曾在機場搞過下述一些玩意兒：「周恩來總理的專機於下午四時抵達，當他和陳毅副總理含笑走出機場時，毛主席，劉少奇等領導人迎到飛機前，同他們熱烈握手，互相親切問候。這時全場高呼：歡迎周總理，亞非人民團結萬歲！中國和阿爾巴尼亞人民友好萬歲！一群少先隊員跑上前去，向周總理和陳毅副總理獻了鮮花。隨後，毛主席、劉主席同周恩來總理陳毅副總理等一起，和前往歡迎的首都工人、學生、機關幹部、解放軍官兵和首都民兵會見。這時機場上出現一片歡騰的場面，彩花飛舞，鑼鼓喧天，人們不斷歡呼中國共產黨萬歲，毛主席萬歲！當他們走到民兵隊伍面前時，周恩來總理和陳毅副總理把手中的鮮花，贈給站在前列的兩位女民兵。毛主席、劉主席和周恩來總理、陳毅副總理等一起走進民兵的隊伍，同民兵們合影。他們還同中國人民解放軍陸海空軍三軍官兵合影。黨和國家領導人繞場一週，不斷向歡迎群衆招手致意，全場熱烈歡呼，經久不息」。

又說到機場歡迎的，除鄧小平外，「還有中共中央政治局委員彭眞、李富春、賀龍、李先念、譚震林，中央政治局候補委員陸定一、陳伯達、康生、薄一波，中央書記處書記李雪峰、羅瑞卿、中央書記處候補書記楊尙昆，人大常委會副委員長郭沫若、黃炎培、陳叔通、林楓、國務院副總理鄧子恢，政協全國委員會副主席李維漢」等云。

毛劉周等人亦可謂善於做戲矣！

北平又開支持阿拉伯人民大會

北平的反美集會好像永遠開不完，它像長江大河一樣，一波之後又一波，一個集會之後又一個集會。

現在，中共又强迫北平各界人民舉行支持阿拉伯人民的反美大會了。

據中共「中國新聞社」三月二十日北平電：「北京各界人民今天隆重集會，堅決支持巴勒斯坦和阿拉伯各國人民反對美帝國主義侵略和干涉的正義鬥爭。大會通過一份支持電，表示中國人民願為加强同阿拉伯國家人民之間在反帝鬥爭中的團結友誼而進一步努力」。

又說「中國亞非團結委員會副主席茅盾在會上講話：譴責美國慫恿和支持以色列改變約旦河河道；譴責美國第六艦隊在地中海支持以色列以及英美軍隊開到塞浦路斯島。」

還說「我們必須通過武力作出犧牲去爭得自由和珍貴的生活。我們將通過武力來取得我們的權利」。

顯然，中共的這一利用阿拉伯問題作藉口的反美集會，具有兩個目的。其一，是中共企圖藉此擴大毛澤東所進行的反美統一戰線，並把阿拉伯人民統在它的這一戰線內；其二，藉此煽動阿拉伯人民在中東造亂。

毛澤東接見波多黎各學生

為了煽動各洲各地青年反美，毛澤東又親自出面進行了。這一次便是毛澤東對波多黎各的學生的接見。

據中共「中國新聞社」三月十九日北平電：「毛澤東主席今晚接見正在中國訪問的波多黎各學生代表納爾希索・拉貝爾・馬爾丁內斯和瑪爾培・桑切斯・奧爾梅娅，同他們進行了友好親切談話」云。

中共派藝術代表團訪法及西德

為了對歐洲進行統戰活動，一個由中共駐法代辦宋之光指揮的所謂藝術代表團到巴黎作了表演之後，又在西德作了表演。這顯見中共正在利用所謂「藝術」來拉感情，以麻醉歐洲的一般人民。其對象不僅法國而已，且以西德為對象，台北應知警惕才是。

僑鄉近訊

鍾之奇

福建開始爛秧共幹只知開會

據中共福建省人民廣播電台三月十七日廣播：中共福建省委第一書記葉飛，最近曾指責福建各縣市共幹，說福建各地目前已發生爛秧現象，春麥也發生了銹病，主要是福建共幹，都只知開會，不去多搞田間生產管理工作之故。因此，葉飛硬性規定：「從現在起，到春耕大忙結束，一切妨礙當前生產的會議，一律不開；現已召開的會議，要迅速停止」云。

事實上，共幹忙於開會，以致疏忽田間工作，乃是中共毛澤東路線本身的一個無法解開的矛盾。因為毛澤東搞的人民公社，擁有社員人數通常皆在萬人以上，一切行動既是集體的，所以，無論下達命令，總結經驗，從事檢討或聽取報告，均不得不以開會方式行之，況中共政令多如牛毛，人民公社各級組織每日塡寫調查統計報告在二十種以上，共幹們固不得不整日開會也。

歸僑僑眷及青年均被下放勞動

在海外世界各地的華僑，大都從事工商貿易，絕少從事耕種者，如果强迫他們去耕種，不但用非所長，而且他們更是不勝勞苦了。但中共把部份華僑騙回大陸後，先勒索了他們的財富，再强迫他們勞動，而又別無工商業職位以安置他們，所以，中共近年便命令所有歸僑，無論知識青年也好，僑眷也好，不分男女老幼，一律都下放到農村人民公社去勞動。但中共仍說這些被迫下放勞動的歸僑是自動響應「國家的號召」哩！

據中共「中國新聞社」三月二十日北平電：「各地有不少歸僑、僑屬知識青年，積極響應國家號召，和許多國內青年一起，奔赴農業第一線，為建設社會主義新農村貢才能」。「一九六三年到福建省國營常山華僑農場參加農業生產的一百多名歸僑學生在不到半年時間裏，開墾了六十畝梯田，改造了八十畝果園，種植了一萬多株果樹；一九六二年以來，先後到廣東省寶安縣光明農場落戶的歸僑學生，自己動手修建房屋，開荒種菜。僑眷莊春鑑一九六二年高中畢業後回鄉參加農業生產。去年莊春鑑所在的生產隊有十二畝處於半山的旱稻田，遭到嚴重乾旱，他組織十多個青年，把三個乾涸的水窟挖取深水灌田，還到一里外的地方挑水。可見被騙回到大陸去的華僑青年，是正在如何的慘被中共奴役了。

粵共鼓勵人民穿爛衣服

大陸人民在中共政權統治下，啼飢號寒，吃不飽，穿不暖，是人所共知的事實。中共無意改善人民生活水準，只知替高級共幹增加享受，也是人所共知的事實。最妙的，也是最荒謬的，是粵共最近居然提倡和鼓勵人民穿爛衣服，幷作出荒謬的宣傳說這才是光榮哩！

對此，中共在廣州出版的羊城晚報說：「衣服襤褸是光榮」，並稱頌那些穿補釘衣服、破鞋子破棉衣的人是「英雄本色」。甚至還說衣服越破濫，褪色了，「英雄本色」也就自然的流露出來。

對此，羊城晚報還舉例說：有一個倉庫管理員王育才，他長時間穿補釘短衫褲，足蹬舊布鞋，毫不為苦。又說廣州膠廠中共支部書記楊合，她的衣着及飲食，都是最樸素的，她幾乎沒有穿過花布衣服。冬天就披上那件褪了色的棉衣。而且她還以廠為家，愛廠如家。

羊城晚報又還舉例說中共汕頭專署副署長余錫渠，終年累月總是穿着那雙水陸鞋，因為他一想起一雙舊襪子補了又補的雷峰，就捨不得再買。

羊城晚報最後的結論則說「穿好一些，吃好一些，就會陷入難以自拔的泥坑」。如果羊城晚報這一結論眞正正確的話，則馬克思共產主義所說要使無產階級穿好吃好，其意乃欲使無產階級陷入泥坑而無以自拔了。

阮慶要做「新强人」

共黨估計錯誤

林世賢

南越總理兼武裝軍司令阮慶，最近發表「統一全越」的談話，聲明「攻勢是最好的防禦」，並準備實行總動員計劃，加强軍事，改革政治。這種大刀濶斧的作風，不但是楊文明時代所沒有的，就是吳廷琰方其盛時，與敎派軍戰爭的時候，也沒有像阮慶這樣的做法。阮慶已被稱爲南越的「新强人」，當然這尚有待事實的証實。但無疑地，他正在向着「新强人」的目標前進。

西貢的政變頻仍，曾經使人担憂，原因是如果政局動盪不定，必然會響到軍事失敗。共黨方面也作同樣的看法，越共遊擊隊在阮慶政變直到，和美國國防部長麥納馬拉訪越期間，一直就在加强攻勢，基本的便是想在阮慶尚未站穩的時候，打擊他的政權，像他們把楊文明打到措手不及一樣。如果阮慶也不能站穩馬武、展開拳脚，又像楊文明一樣令美方感到失望的話，那麼，美國是不是就有可能認爲，援助南越對共黨作戰的政策，失却了適當的對象嗎？如果美國對南越的幾個新舊政權都感到不耐煩，那麼美國是不是就會攷慮「中立南越」那種認爲不可接納的方案嗎？越共絕對不敢把正規軍開過十七線，南下接收在動亂中的南越。他們所使用的方法，只是要把美國「打到會議桌上」來，承認「中立南越」。這正如高棉要把美國「駡到會議桌上」來，同樣是出於北平和河內的唆使策劃。可是中共和越共對美國估計錯了，對阮慶，他們也同樣作了錯誤的估計。

討厭遊擊隊

麥納馬拉訪問越南所受的熱烈歡迎，是出乎西貢預料之外的。麥氏一行受人民簇擁，到了「任何人都能把一枚炸彈放進麥氏或泰勒袋裏」的情況，那決不是金邊暴動那類「下令演習」所能做到的逼真。這事實說明了南越人民知道所謂「越南南方解放陣線」的遊擊隊，就是北越所玩弄的把戲，儘管他們已能裹脅群衆，攻城略地。如果他們要解放越南，名稱應該是「越南解放陣線」，要是只要解放南越，就該稱爲「南越解放陣線」。使用前者的名稱，他們便有連北越也要一起解放之嫌，若用後者的名號，又怕解放後會自成一國。使用「越南南方」這麼一個方位式的名稱，已充份表現出傀儡的情態。

阮慶似乎看到了南越人民厭惡遊擊隊的心理，既然南、越已經劃分，即使不能統一也不要互相騷擾的心理。他提出了北進的口號，那便對北越的反騷擾，以打擊他們對南越的騷擾。南越群衆歡迎麥納馬拉，大抵就是希望他支持北進，把遊擊隊打回北越去，好讓他們安居樂業。北進的傳說和北進的可能，在麥大抵越前後，幾乎就是萬應仙丹，而被認爲有權或有影響力決定北進的麥納馬拉，一時就成爲南越群衆所期望的救星。阮慶的主張鼓舞了民氣，民氣又感動了麥納馬拉，使他成爲北進論的支持者，也成爲阮慶的支持者。他到處演說支持阮慶，及重申美國支持南越到底。在民心士氣方面，軍事經濟方面，着實給南越和阮慶打了氣。這一來，產生了與共黨預料相反的結果，那大非北平河內始料所及。

攻勢防禦計劃

麥納馬拉與阮慶的「北進」計劃，並非揮軍北進之謂。剛在麥氏來越之前，尚稱美國不在越南打另一韓戰。阮慶也說不贊同此時進攻北越。他們的「北進」計劃，不外是秘密破壞，打遊擊這一類，即所謂「以其人之道治其人之身」。

當然這並非即行實施，而是相機行事。他們再三强調，特別注重南越境內的剿共軍事，南越政府組成遊擊隊，也是首先在南越境內，對共黨遊擊隊去打遊擊。美國決定在南越設立訓練遊擊機構，便是爲了這一目的。

除了「以遊擊反遊擊」之外，麥納馬拉宣佈美國給越南的援助將「不限時間和數額」，這項宣佈已經美政府正式聲明証實，援助「直至擊敗越共爲止」。以前擬議一九六五年底撤退大部美國人員的預定，已予取銷，「必要時增派人員前往」。這表示美國不但不肯退縮，反而將有更廣泛更深入的介入。

據估計麥納馬拉與阮慶所商定增加的美援約三億八千萬，增强南越空軍海軍及機動部隊的裝備，提高士兵及下級軍官軍餉，這些對戰鬥力及士氣有直接影響，阮慶說：當他們（士兵）看見長官在一起時，「即行戰鬥」。

「我們的將軍都到戰場去」，這是阮慶的口號，因此他反對「另一種人」在西貢夜夜飲宴，他「不容許西貢內有兩種人存在」，他要徵壯丁，實行總動員法，使全民出動對越共作戰，採取攻勢，實行他的「攻勢是最好防禦」的戰略。

這也就是華府聲明所指，越南政府（阮慶）已提出健全作戰計劃，並經麥納馬拉，泰勒，洛奇連署，認爲「幾個月內可以見效」的。

外交也有一手

在外交上，阮慶也居然有他一手，那倒是意料之外的。由於寮國右翼副總理諾沙旺的訪問南越，越寮兩國已立即復交，永珍的南越大使館經已重開。阮慶與諾沙旺，並當面商定阻截北越共軍經由寮南走廊滲入南越的辦法。對於高棉方面，阮慶也已通過日本非律賓兩國，由該兩國駐金邊大使，打通了與高棉的談判，南越代表團已首途飛往金邊，討論兩國關係。阮慶並說：他要抹出時間晤施漢諾，親自直接討論。施漢諾因聲言要與北越訂邊界協定甚至不侵犯條約，河內並沒反應，他因此聲稱願與南越談判，阮慶便乘機楔進。在高棉正藉口泰越壓廹而與美國厮煩的時候，阮慶的和協高棉政策，無形中解除美國局部的外交困難，並可望使高棉勿過于急激投入共產陣線。

阮慶想親晤施漢諾討論的，除兩國關係、邊界、領土問題外，最重要的仍然是那個古老問題，那寮國高棉絕不能准越共假道，或被利用做遊擊隊的庇護所。現在在與寮棉談判或「協防」生效，他已派出部隊封鎖這些入越通道，先斷絕北越共黨的滲透增援，然後在南越內部逐地作戰克復扼守，希望逐步把越共遊擊隊肅清。

現在逆料阮慶計劃能够成功與否，似乎爲時過早。不過計劃全面動員，軍事政治外交配合，和鼓勵民心士氣並進，「改守爲攻」，不能不說是整套及全新的設計，也是比較有希望的，如果動員及配合得好，麥納馬拉他們的報告、「數月內改善局勢」，也許可以兌現。

不過西貢關心時局的人們，仍然認爲除非與寮棉的協調能達到終止共軍滲透的目的，否則共方（北平和河內）也必然會向美國跟進，添注再賭，那麼，「肅清」就恐怕不是容易的事。因此他們仍然寄望於泰勒和麥納馬拉，希望他們帶回美國去那些在湄公河三角洲鹵獲中共武器，能証實越共對南越干預，或者詹森總統有一天會批准對北越反擊。「北進」依然是南越人民和阮慶的目標。

・堤岸通訊・

菲國華僑的悲慘遭遇

・吳乙・

馬尼拉的華僑，於二月廿日曾受一次空前浩劫：那就是華僑集中地的「中國城」發生大火！在這一場火災中，數以千計的華人商店和住宅，盡付一炬；華文報館「公理報」和「大中華日報」，中華總商會大厦等建築物，亦被焚燬。華人財產的損失，估計達菲幣二億五千萬以上。還有更使人惶惑憤慨的，就是有些公務員竟利用這「機會」而向災區華僑進行勒索鉅額金錢！據「馬尼拉紀事報」的報導，指出若干人員在消防車開喉之前，竟有勒索金錢事件發生」。「馬尼拉公報」亦有同樣報導，謂有許多華僑要湊合一筆數字可觀的欵項付給某些公務員，然後才獲得消防員協助救火。該報還指出：有一名華僑要求救火時以支票作茶資，竟遭拒絕，對方竟聲言一定要現金。此外，尙有一位華僑曾於二月廿七日在馬尼拉市民前作証說：廿一日大火時，他曾看見有四名公務員向災民勒索五千披索，災民給予四千，他們不受，堅持要五千。——這種「趁火打劫」式的事件，使人立刻想到旅菲華僑平日的遭遇是多麼的慘痛！

華僑旅居菲國，已有二千多年歷史，其總數約達廿五萬人；而居留在馬尼拉的則約佔五份三。在華僑社會中，向有各姓宗親會，各業公會，福利會：：等組織，幷辦有學校，醫院，公共墳場。單以馬尼拉來說，華僑設辦的學校（已立案）有廿五所，學生逾三千人。華僑協助菲國當局發展建設，工商業和社會事業，貢獻是相當重大的。可是自一九五二年以來，華僑便經常受到當地政府和人民的排擠和歧視；打擊最嚴重的，就是零售商的「菲化」」案。這一項措施，使華僑經濟受到極大的損害！猶憶在一九五八年七月菲當局突擊涉嫌販賣中共貨品的商店時，檢查人員竟乘機興波作浪，幾乎達到了排華情緒的最高潮。那時，菲當局竟擬將二千七百名「非法入境」的華僑遣送出境。其實，菲當局所指的所謂「非法入境」者，是一九四九年間因逃避中共迫害而以難民身份到達菲國的；他們入境時除了由其親屬依例繳交担保金和每月付出十元到費外，還曾受到不良的官吏登門敲詐。還有更令人髮指的：一九五四年間，曾有華僑三百餘人，被加以「莫須有」罪名，囚於「水牢」；後雖經我國駐菲大使一再交涉，始釋放了一部份，仍有百餘人難見天日！——此種慘痛的往事，華僑至今仍感惶慄。

無可諱言，菲律賓是一個經濟枯竭的國家，其排華因素，百分九十係覬覦華僑的財產。政府官員的待遇，更是頗爲菲薄的，因此他們每每伺機向華僑進行勒索。而華僑之申請入境，也被一些不肖份子視爲一項重大的「財源」；其所辦理的簽証事項，早已形成一個原則：「有錢則通」。事實上是華僑未到菲國前，便要先行破財，到達了後，更非「破擋災」不可！當地華僑早已自知其處境不利，久經養成了「忍辱」的精神，抵受一切「意外痛苦」，即使對方得寸進尺，亦惟有聽由宰割；他們的工商業曾飽受摧殘，資財屢受損失，甚至生命亦經常受到威脅，他們都是眼淚向肚裏流，咬緊了牙根，爲他們的事業奮鬥，再奮鬥，因而頗有成就，詎以此更遭遇到菲國士人進一步的嫉恨，於是壓廹華僑事件，越來越兇，使華僑所受的痛苦，也越來越大！直至今年二月廿日的這次馬尼拉「中國城」的火災，華僑在浩劫中仍然再受到勒詐，當地華僑的遭遇的悲慘，於此可見一斑。

中、菲原有良好的邦交，雙方在亞洲方面的關係也相當密切。菲國官民本應以友好態度對待我僑，並與我僑攜手協力，共同當地社會事業，始屬合情合理。詎菲人不作此圖，竟以其狹隘的胸衿來嫉視華僑，並施出種種背悖公理，違反人道的手段，加諸華僑身上。行文至此，不禁爲之擲筆三嘆！

× × × ×

神話中的黃帝（一五）

徐亮之

（二）尸子：「四夷之民，有貫胸者，有深目者，有長肱者，黃帝之德嘗致之。」按山海經海外南經：「貫胸國……其爲人胸有竅。」大荒北經：「深目民之國（海外北經作深目國）盼姓，食魚。」郭注：「亦胡類，但眼絕深。」「長肱」海外南經作長臂國，淮南子地形訓作修臂民；高誘注云：「一國民皆長臂，長長於身，南方之國也。」（三）宋書符瑞志：「黃帝時，南夷乘白鹿來獻鬯。」按鬯乃鬱金草和秬黍釀成用於祭祀的酒。（四）搜神記（一四）：「舊說太古之時，有大人遠征，家唯有一女，牡馬一匹。女思念其父，戲馬曰：『爾能爲我迎得父還，吾將嫁汝。』馬乃絕韁而去，徑至父所，共鳴不已。父亟乘以歸。爲畜生有非常之情，故厚加芻養。馬不肯食；每見女出入，輒喜怒奮擊。父怪問女，女具以告；於是伏弩射殺之，暴皮於庭。父行；女與鄰女於皮所戲，馬皮蹶然而起。卷女以行。後經數日，得於大樹枝間，女及馬皮盡化爲蠶而績於樹上。因名其樹曰桑。桑者，喪也。」又黃帝內傳：「黃帝斬蚩尤，蠶神獻絲，乃稱織維之功。」（五）蠶經（路史引）：「西陵氏始勸蠶。」又路史後紀五：「元妃西陵氏曰儽祖，以其始蠶，故又祀先蠶。」「儽」史記五帝本紀作「嫘」。（六）淮南子汜論訓：「伯余之初作衣也，緂麻索縷，才經指挂，其成猶網羅。」（七）大戴禮五帝德：「帝黃黼黻衣，大帶黼裳。」世本：「黃帝作冕旒。」（八）沿革（古今事物考四引）：「黃帝分州畫野，得百里之國萬區。」（九）文獻通考（一一）：「黃帝經土設井，以塞爭端；立步制畝，以防不足。使八家爲井，井開四道，而分八宅，鑿井其中。」按此乃井田制度創於黃帝，實不可信。然言黃帝神話，固不妨引之。（十）並見呂氏春秋勿躬篇。（一一）呂氏春秋古樂篇：「昔黃帝令伶倫作爲律；伶倫自大夏之西，乃之阮隃之陰，取竹於嶰谿之谷，以生空竅厚鈞者，斷兩節間，其長三寸九分，而吹之以爲黃鐘之宮，曰含少。次制十二筒，以之阮隃之下，聽鳳凰之鳴，以別十二律。其雄鳴爲六，雌鳴亦六，以比黃鐘之宮適合；黃鐘之宮，皆可以生之。故曰黃鐘之宮，律呂之本。黃帝又命伶倫與榮將鑄十二鐘，以和五音，以施英韶。以仲春之月乙卯之日日在奎始奏之，命之曰咸池。」阮隃、漢書律歷志、說苑修文篇、風俗通音聲篇、世說德行篇皆作昆命，今從之。榮將、御覽作營援，路史作榮猨，注引隋志及國朝會要亦作榮猨，故從作榮援。（一二）宋葉適習學記言：「司馬（光）范（鎮）論鐘律，……凡物度數，必由分寸起，……自然之數也。故宮繫於分，分不繫於宮；黃鐘繫於寸，寸不繫於黃鐘。」此言度量起樂律之前。孫子算經：「度之所起，起於忽，……蠶吐絲爲忽。」易通卦驗：「十馬尾爲分。」此言度量起於蠶絲馬尾之啟示。（一三）世本作篇：「隸首作算數。」（一四）同上：「倕作規矩準繩。」（一五）黃帝內傳：「帝築圓壇以祀天，方壇以祀地。」（一六）通典：「黃帝封禪天地。」「黃帝祭於山川。」（一七）外紀（繹史五引）：「或云黃帝命蒴頡爲左史，制字。」按「蒴」當爲「蒼」之譌。春秋元命苞（繹史五引）：「倉帝史皇氏名頡，姓侯岡，龍顏侈哆，四目靈光，實有睿德，生而能書。及受河圖錄字，於是窮天地之變，仰觀奎星圓曲之勢，俯察龜文鳥羽山川，指掌而創文字；天爲雨粟，鬼爲夜哭，龍乃潛藏。」世本作篇：「沮誦、蒼頡作書，並黃帝時史官。」（一八）韓詩外傳：「黃帝即位，施惠承天，一道修德，惟仁是行，宇內和平。未見鳳凰，惟思其象，夙寐晨興。乃召天老而問之曰：『鳳象何如？』天老對曰：『夫鳳象，鴻前麟後，蛇頸而魚尾，龍文而龜身，燕頷而雞喙。戴德負仁，抱忠挾義。小音金，大音鼓。延頸奮翼，五彩備舉。明動八風，氣應時雨。食有質，飲有儀。往即父始，來即嘉成。惟鳳爲能通天祉，應地靈；律五音，覽九德。天下有道，得鳳象之一，則鳳過之；得鳳象之二，則鳳翔之；得鳳象之三，則鳳集之；得鳳象之四，則鳳春秋下之；得鳳象之五，則鳳沒身居之。』黃帝曰：『於戲、允哉！朕何敢與焉!?』於是黃帝乃服黃衣，戴黃冕，致齋於宮；鳳乃蔽日而至。黃帝降於東階，西面再拜稽首曰：『皇天降祉，不敢不承命！』鳳乃止帝東圓，集帝梧桐，食帝竹實，沒身不去。」（一九）河圖挺輔佐（繹史五）：「黃帝修注立義，天下乃治；乃召天老而問焉：「余夢見兩龍，挺白圖以授余於河之都。」天老曰：「河出龍圖，洛出龜書，紀帝錄，列聖人之姓號，與謀治大平，然後鳳凰處之。今鳳凰已下三百六十日矣；「天下授帝圖乎？」」

（待續）

文聲集（六五）

題卞和洞

文擢

野翠寒蒼鎖石岑，獨傳瑰寶到而今，雀飛玉碎尋常事，辜負當年抱璞心。

埋歿人間是與非，不辭刀斧釋羣疑，一朝石破連城出，神物於人信有時。

讀楊震傳

關西夫子漢鴻儒，老向三台曳履裾，垂死夕陽亭下路，悔教黃雀啣鱣魚。

鏡中時見白髮

何處人間問宛枯，風塵而外有眞吾，朱顏自古辭明鏡，羞遣松煤染鬢須。

水龍吟

絜生

癸卯臘盡日先麟兄自香港貽書極稱往歲京時逐年陳往鄧尉探梅之勝緬想昔遊倚聲作答

春風先到吳門，妝山成海香千頃。（鄧尉山探梅處名香雪海）吟節拂雪，歌鬟壓酒，娛魂紅冷。濺淚驚心，玉龍慢舞，後期難準。自何郎去後，寒雲鎖磴，無人拾，橫斜影。　花際過烽成陣，換鑾暉臨流淒凭，凋年寒草，迷魂瘴雨，俊遊慵省，多謝瑤箋，付遺春夢，霜絲禁鏡。騰垂簾瞑坐，茗烟花氣，護維摩定。

唐詩偶釋（四五）

鄧中龍

黃鶴樓

崔顥

昔人已乘黃鶴去，此地空餘黃鶴樓。黃鶴一去不復返，白雲千載空悠悠。晴川歷歷漢陽樹，芳草萋萋鸚鵡洲。日暮鄉關何處是，煙波江上使人愁。

眼前之景，衝口而出。前四句三用黃鶴，本非律詩正格。然盛唐詩人崔司勳，李青蓮因時出古意以爲律體，則其變者也。李白「夜泊牛渚懷古」詩，八句散行，而其精神乃屬五律。悟彼可以知此矣。

大家之詩，不拘常格，亦每能驅策自如。此詩前四句，一氣呵成，出以散行；五六二句較鍊，則所以鎮壓紙面者。寫景之句，僅漢陽之樹歷歷，鸚鵡洲之草萋萋，下即接以日暮鄉關，煙波江上，開出遠勢。「使人愁」者，愁昔人之不見乎？愁黃鶴之不返乎？愁鄉關之何在乎？恐作者亦迷離惝怳，難於置答矣。

世傳崔顥題詩武昌黃鶴樓，爲世所誦。李太白負大名，尙曰：「眼前有景道不得，崔顥題詩在上頭。」欲與之較勝負，乃作金陵鳳凰台詩。唐詩紀事作者疑其恐未必然，然以崔李二詩相較，則吾又恐其或然也。先錄李詩，後涉評論。

登金陵鳳凰臺

李白

鳳凰台上鳳凰遊，鳳去台空江自流。吳宮花草埋幽徑，晉代衣冠成古邱。三山半落青天外，二水中分白鷺洲。總爲浮雲能蔽日，長安不見使人愁。

崔詩三用黃鶴，李詩三用鳳凰，其同者一也。末句均用「使人愁」三字作結，其同者二也。二詩均用尤韻，六八二句韻脚且全同，其同者三也。三同具在，自可畧覘其門勝之迹。然律以詩味，則崔詩且較勝焉。崔詩末二句，暮字、是字、上字、使字均爲上聲，上聲較啞，宜於表難堪之情，置於此處，可謂千金莫易。李詩非不佳，然第七八句中，去入聲字逾三之一，由去轉平，可以達慷慨之情，或未能表懷古感今之隱。此則已入詩家絕技，頗難爲初學道也。

嚴滄浪論唐人律，許崔顥黃鶴樓爲第一。蓋就其氣概而言也。然究非律詩正格，初學切不可試。五六句似對非對。歷歷形容漢陽之樹，而萋萋乃形容芳草，一屬下，一屬上，適不相侔。而字面對仗頗工整，則詩人之技巧所致也。

第一句「黃鶴」二字，國秀集、又至集、才調集皆作白雲，以第四句有「白雲」也。凡四句一氣流走而下，以第三句緊承第二句，第四句遙承第一句，雖爲常格。然大家之詩，行所無事，固不必以此繩之也。此詩如就其韻味而論，第一句仍以用「黃鶴」爲宜。

陳風子治印

陳風子，別號瘦翁，浙江杭州人，鑽研金石文字凡數十年，爲西湖西泠印社得前輩大家家法最深之浙派後人。本報今後將逐期刊載陳氏作品，以饗讀者。

山中看慣風雲意　萬松深處是吾家

彩墨娛情　學鈍室　游于藝

懷陳果夫先生 （六〇）

宇人

由於CC對我顯出如此的仇恨，我不願去找張道藩，也就沒有機會和他談到馬元放的事。十年以前，我在港報上看見元放被中共殺害的消息時，內心甚感不安。因爲，假設我當時去找道藩，他或者可能設法援助元放離開上海的。

李宗仁先生來到廣州後，何應欽先生卽提出辭呈，李先生提名居正先生繼任行政院長，在立法院投同意票之前夕，李先生請我晚餐，希望我爲居先生爭取支持，我認爲桂系既無堅守華南的具體計劃，又不能與蔣先生取得妥協，誰做行政院長都不能挽救危局，祇允我自己投居先生一票。投票結果，居先生所得的同意票較反對票多了兩張；但因有人棄權，就出席立委的人數計算，僅得其半，尚差一票才能達到過半數的規定。

事緣，政府退到廣州後，蔣先生決心復職的跡象日趨明顯。過去曾在南京支持李宗仁先生苦撐危局的許多立委，本希望李先生代總統後能領導改革，對內對外開拓新局，因而對蔣先生在幕後所作的種種牽制備極不滿，這並不是反對蔣先生個人而擁護李先生個人或桂系，而乃是維護政府的體制，謀求國家的利益。但李先生代總統數月，除了他本人平易近人，給人好感而外，他對和對戰都拿不出較良好的辦法；甚至與何應欽先生亦不能合作無間；而僅知與蔣先生爭權。他的唯一的得力助手白崇禧先生亦有贊成蔣先生復職的趨向。在如此的情形之下，這些立委多感到過去支持李先生的目的已經全部落空，倘若繼續再支持他，卽無異於擁護李先生個人而反對蔣先生，自然不願爲之。原屬新政俱樂部的若干立委更轉而支持蔣先生的復職運動。但桂系的立委則反而毫無警覺，有幾位李先生的親信且在立法院投同意票時，去香港留連不返，這是居先生未能獲得立法院多數支持的原因。

立法院投同意票之次日，CC及其他支持蔣先生復職的立委卽在院會指出：居先生所得的同意票未能達到過半數，應作不同意論；桂系及一部份對李宗仁先生尚存若干希望的立委則辯說，居先生所得的同意票多於不同意票多兩張，卽同意票多過於不同意票，應作同意論。雙方爭辯良久，其他許多立委均採取不介入的態度，我也是其中之一；並卽於當日傍晚舉家遷往澳門，開始流亡生活。因而後來李宗仁先生改提閻錫山先生爲行政院長時，我未曾參加投票。

我選擇澳門的原因，乃由於陳逸凡已先在那裏租定住處，據云生活低廉，另有一位朋友又說可爲妻在澳門華僑學校謀一教職。此時CC的若干立委都向政府領了外交護照，準備於必要時遠走高飛，我既無此心情，也無此經濟力量，祇好求其近了。

在我留廣州的期間，得知曾被果夫先生譽爲全國唯一無二的黨務人才的陳惕廬，利用浙江省訓練團教育長的身分，勾引駐軍叛變投共，被湯恩伯捕獲正法。我和果夫先生的裂痕，可以說，完全是由他開始的。因爲果夫先生偏信他一面之言，貴州省黨部調查室的那班人才敢於對我採取敵視的態度，並在果夫先生之前製造種種挑撥離間的虛假情報，果夫先生才對我由懷疑而疏遠、而歧視，以至CC視我爲深仇大恨。假如投共的不是陳惕廬而是我，果夫先生和若干CC分子一定會說，他們有先見之明。可是，事實却是陳惕廬投共，而且企圖勾引駐軍叛變，我不知果夫先生有何感想。同時，在貴州方面，當年共軍由江西經貴州逃往陝北時，原曾留下不少的種子在貴州；但大陸變色時，貴州省內却未發現所謂土共，凡是了解貴州情形的人，都說，這是我在貴州兩年多的工作成績。但與陳惕廬關係深的少數中統分子，其中有一人名爲向賢書還先後做過國民黨重慶市黨部調查室主任和中央調查統計局的科長，竟在貴陽附近組織所謂民主聯軍，事敗被貴州省政府主席捕獲正法，由此，可知陳惕廬這班人，原是別有懷抱的。

我到澳門以後不久，黃紹雄在香港發動四十餘人簽名發表聲明，接受毛澤東所提的投降條件，他們推舉留港立委張潛華去澳門找童冠賢和我，勸說我們參加，童冠賢和我都不允，張潛華回到香港後，並將我們的住處告知大公報和文滙報的記者，隔數日兩報卽派記者數人到澳門訪問我們，第一次，我拒絕見面，第二天，清早，我剛起床，兩名記者卽直接進入我的客廳，兼飯廳兼小孩的寢室，因爲我祗租了一個半房間，沒有大門，所以他們才能直入。在此情形之下，我祗好接見，那幾名記者問我：「爲何拒絕「向人民靠攏？是不是仍認爲舊政權存有希望？」我說：「唯一的原因，是我確信共產黨決不能把中國弄好」，我還勸那幾名年輕的記者，回去翻翻過去二十年的舊報紙，卽可發現今日被共產黨譽爲棄暗投明的許多所謂進步分子，都是國民黨當年北伐時的對象，足証共產黨全無公是公非，祗有黨派的成見。他們辭出時，我又說，「無論你們對我如何寫法，我都不介意；但假如你們把我沒有說過的話寫成是我說的，我將在香港的報紙上刊登啟事，指出你們造謠」。他們回答說，「不會的，請黃先生放心」。

諸葛亮未借東風

三國人物故事評論之十八

劉裕畧

赤壁這一戰，在中國歷史上極爲有名，它的特色，是以劣勢兵力擊敗龐大的敵人，創造了一個以小擊大，轉弱爲強的典型例子。且其所以致勝，則又可以說是一個充分發揮了智慧的典型。試以今日的情勢來看：中共擁有整個大陸，號稱人口七億，偏安台北之國軍則不過六十萬人，在數量的對比上，亦何異弱小的孫權劉備聯軍之與龐大的曹軍之對抗。宜乎今天有少數反共人士總認爲台北國軍不足與中共抗衡，殊不知勝敗之數，並不如此簡單，那些自以爲可以從簡單的數字便可判定反攻無望者，只是自己無知而已。若運用得宜，以劣勢兵力擊敗敵人優勢兵力，原非困難之事。試想中共當年，又何嘗不是以劣勢兵力擊敗遠較共軍爲優的國軍呢？由此可見，勝敗之關鍵，並不只在兵員數字這一因素上。智慧的運用，至少也是勝負主因之一。

對於赤壁大戰、三國演義及有關戲劇對諸葛亮的某些部份實嫌過於誇張，對於諸葛亮的另外一些部份又嫌過於忽畧。譬如：對於諸葛亮在江東代表劉備協商整個戰畧部署，是忽畧了的。相反，對於前方的戰術和戰門部份則是誇張了的。其中尤以借東風一事，最爲誇張最爲歪曲。

不錯，赤壁一戰，孫劉聯軍是用火攻來揭開勝利之幕的。但如何去燒乃是一種戰術問題。這種戰術問題依照作戰體制是應該歸軍隊指揮官根據既定戰畧去決定，不必由最高統帥部決定的。事實上，主用火攻的人，既非諸葛亮，亦非周瑜，而是江東水軍的前鋒黃蓋。

對此，吳志周瑜傳說得很清楚，它說孫劉聯軍與曹軍在赤壁遭遇後，瑜部將黃蓋曰：「今寇衆我寡，難於持久，然觀曹軍方連船艦，首尾相接，可燒而走也。乃取蒙衝門艦數十艘，實以薪草，膏油灌其中，裏以帷幕，上建牙旗，先書報曹公，欺以欲降，又豫備走舸，各繫大船後，因引次俱前，曹公軍吏士，皆引頸觀望，指言蓋降。蓋放諸船，同時發火，時風盛猛，悉延燒岸上營落。頃之，炎燄張天，人馬燒溺，死者甚衆。軍遂敗。退還保南郡，備與瑜等，復共追，曹公留曹仁等守江陵城，徑自北歸」。這正是赤壁之戰的戰門概畧經過。也是黃蓋主用火攻的可靠說明。但三國演義却把主用火攻的功勞寫在諸葛亮與周瑜身上了。

對於借東風以行火攻一節，三國演義尤多歪曲。三國演義對借東風一事，把諸葛亮故意神化。其實，諸葛亮根本不是那樣一個道士型的人。後世誠然有一部份人並不相信諸葛亮可假神力以借東風。但這些人却仍以爲諸葛亮假神力以借東風的事固然不確，但要用大火來燒曹操，則東風總是非要不可。因之，這些人遂又想到諸葛亮通曉天文，熟悉江漢一帶氣候，早知將有東風吹到，乃故弄玄虛，假托神力。實則諸葛亮既無假神力以借東風的事，那些認爲要火攻曹操就必須要有東風的想法也是一千多年來的一大錯覺。我們再研究這一戰役的實際情況，火燒赤壁，實在是不需東風，甚至連東南風也是並不需要的。

從大方向來說，長江由西向東流，這是不錯的。曹軍由江陵順江而下，大方向上，位置在西，孫劉聯軍溯江而上，位置在東，這也是不錯的。東面的孫劉聯軍欲燒西面的曹軍，想像中自非東風不可，這也是我們共有的直覺。不過，有一項事實，一千多年來的古今人物却都沒有注意到，江流並非筆直，而是彎彎曲曲的。我曾經仔細考察長江流到赤壁附近的地形，長江是先屈折向南流，隨卽又轉向東北流的。這從較大的地圖上也可以看出。故兩軍在赤壁遭遇後，由於該一彎曲河道之關係，曹軍的眞實位置乃在西南，而孫劉聯軍之眞實位置乃在東北。這是初期遭遇時的情勢。以如此方向如此角度，欲燒曹軍，自無需東風或東南風之理。但兩軍一經遭遇後，並非立卽作戰，無論古今戰術，此時雙方的第一要着，皆是儘先各自爭取有利陣勢，以便大軍便於展開，從而獲得整個陣形的優勢，以期戰門之遂行有利。曹操善於用兵，當然懂得這一原則，同時，也是必然遵守這一原則。所以，當兩軍在長江中遭遇轉而相對取陣時，曹軍便以長江北岸爲依托來佈陣（兵法說：陣而後戰，兵法之常。兵法又說：善戰者以陣合，以奇勝），但爲了自己取得更有利的形勢，並爲了陷孫劉聯軍於不利陣勢起見，曹操當時是依恃自己的龐大兵力，而把赤壁附近一帶長江南岸的小部份也一併先自佔據了的。可見曹操用兵眞有一手！

在此情勢下，孫劉聯軍的戰術要着，就是先要把南岸爭奪回來，以維持陣勢的平衡，然後再相機擊敗敵人或殲滅敵人。據吳志周瑜傳說：「權遂遣瑜及程普等併力拒曹公，遇於赤壁。時曹公衆，已有疾病，初一交戰，公軍敗退（公指曹公，卽指曹操），引次江北，瑜等在南岸，瑜部將黃蓋曰：今寇衆我寡，難與持久，然觀曹軍方連船艦，首尾相接，可燒而走也」。可見周瑜也很知兵。他也是按着戰術原則，先爭南岸的。所謂「初一交戰，公軍敗退，引次江北」，可証周瑜是先把南岸爭回來之後，才採納黃蓋的火攻計劃。而在火燒之前，曹軍已全部退到北岸，從而形成南北隔江對陣局面。此際而言火燒曹軍，顯而易見，所需要的應該是南風，而不是東風了。

然再看火燒曹軍的實際戰術部署和實際戰門行動，黃蓋是用木船去燒曹軍的。當時的木船無法直綫橫渡長江，長江水湧，必被冲向下流。所以，要想到達北岸的某一點，就不能從南岸相應的某一點出發，而必須循南岸上行，斟酌江的寬度、流速、划力等，利用流線，前赴北岸。流線乃江流最急之線，熟諳水性的人，都了解流線，流線之位置，並非必在江之中央，亦非必在江之一側，更非必成一直線，而是或在中央，或在一側，或由此一側斜向彼一側的。它總是曲曲折折，反反復復，而不一定的。江東水軍係孫權主力。黃蓋更是名將，熟諳水性，自無問題。對於從何處放船？如何利用流線等等，自亦有充足把握。今赤壁南岸上游，尚有所謂黃蓋湖，這湖的附近，便是黃蓋昔日放船的地方。黃蓋湖命名之由來亦以此。

細看吳志周瑜傳所說：「蓋放諸船，同時發火，時風威猛，悉燒岸上營落」。當知此所謂「蓋放諸船」乃言黃蓋利用流綫從南岸上游放船之謂。黃蓋湖既在赤壁南岸上游，所以，由黃蓋湖附近放船，就方位言，實乃由西南放向西北，因之所需之風，乃西南風，而非東南風，更非東風了。

由於上述種種實際形勢，從而說明火燒赤壁，根本不需要東風或東南風，那末，三國演義所說諸葛亮登壇借風的一節，當然也就不攻自破了。

事實上，諸葛亮自有其偉大處。他的偉大處是他的復國決心，以及他的慧眼和他的政畧戰畧，對於他是不需要用這種神化來故意烘托的。在我們評論諸葛亮時，我們必須去掉這些不必要的僞說與歪曲，而應該把諸葛亮的本來面目還原出來。

本刊已經香港政府登記

每逢星期五出版

聯合評論

周刊

United Voice Weekly

第二八七號

督印人：黃宇人　總編輯：左舜生

849126

代理：友聯發行公司　每份港幣一毫

本報美洲版總經售處美國紐約中美出版社

CHINESE - AMERICAN PRESS, INC

199 CANAL STREET.,

NEW YORK13 N. Y. U.S.A.

美洲航空版每份零售美金一角

政治家需要遠見

李璜

政治家需要遠見，這句話好像是應該如是，不必多說的。然而，在歷史上，有遠見的哲學家和智者卻不少，有遠見的政治家則不多見。但是，這並不是說，歷來政治家便缺乏天才或者沒有學問，不過天才與學識往往敵不過權力的慾望與勝利的興奮，因之幾許聰明才智人物一接近權力，便會變得忽然愚蠢；一遇到勝利，便會被沖昏了頭腦的。

以第一次世界大戰後，主持和平會議的英國首相路德喬治與法國總理克勒滿梭兩人來說，前者當其任英國財政大臣時，一九〇九的財政預算案，毅然的打富以濟貧，博得國人多數的喝彩；一九一一的國會改革案，剝奪貴族院干涉民意的權能，使英國更近於自由與民主，這都是這位「獅子首相」有遠見的作風，造福於英國前途不小。至於所謂「老虎總長」的克勒滿梭，還原來是一個小說家，他所著的一本膜外風光（林紓譯名），中寫一盲詩人，復明而因不願見其環境之惡劣，便又自抉其目，寧願再成瞎子，這也足見他的識見，至少是不願自己去造罪惡的一個文人。然而這兩位身當其衝，打敗了德國，於凡爾賽宮主持戰後和平，乃又重犯了一百年前維也納會議中奧國首相梅特涅的同樣毛病，矜才使氣，任意宰割天下，割裂得使德奧無法生存下去，而又深深種下了第二次世界大戰的禍根！在當時，美國總統威爾遜曾於和平會議中提出了十四點計劃，而乃最主要的是主張「民族自決」，而乃被路德喬治與克勒滿梭兩人指笑為書生之見，過於理想，不予重視，以致威爾遜失望歸國，美國復返於門羅主義；因令舊國聯雖然設立，而無法表現力量，終致左右兩極權主義與起，或挑撥弱小，或侵略弱小，國際局勢陷於混亂，而第二次大戰乃終於不可避免。

在第二次世界大戰中，美國的羅斯福總統原是抱着和平與正義的理想而來參戰的；故於打算參戰之前，即發表「四大自由」的宣言，繼又發表大西洋憲章，美國始與日德的戰事不可免，而終於以美國之力，打敗了德日軸心國，獲致了第二次大戰的結束。但羅斯福總統本是有遠見的政治家，乃因急於求勝利，而又復犯了無遠見的錯誤：於雅爾達會議中，竟將中國滿洲權益，秘密的允予蘇俄，以擅慷他人之慨，以啟史太林更進而侵略中國的野心，因有今日東方的大禍，而美國人命與金錢，還在繼續的犧牲。並且答應了蘇俄在聯合國安理會所要求的否決權，以致羅氏的和平理想所寄託的聯合國組織受了致命的傷害，至今行動不得，令人感到羅氏的為德不終，遠見不足，其原因仍是權力在手，勝利在望，而心中目中便只見近而忽遠也。

以上一段，算是筆者的老話重提，好像有點算舊賬似的；筆者之所以有感及此，乃因為近來看見美國政治界對中共問題，不斷在發表他們的遠見高論，而其實仍是近視，而且不免幻想。筆者曾於本刊及最近「祖國」周刊五八四號中批評了許多這類的遠見高論；近又於紐約寄來報紙中，發現兩段，使筆者於百忙中不得不再予以批評。

一段是說，像台灣、南越這類地方及其政治界，由於他們的國土分裂，並且見着共黨長期的向他們及其人民壓迫着，因此產生一種恢復國土的強烈要求。但是這班執政者的軍人及其左右，除了要恢復其固有的舊秩序，以重行掌握其全國的政治權力外，並沒有更積極的思想內容，足以與西方合拍，對東方貢獻，故西方社會對之，並不感到何種的興奮。

另一段是說，既然認為原子戰爭是人類文化的絕滅而不能打，而且西方社會已經接受了和平共存這一事實；俄共已經改變為和平競爭，則只有等待中共的變向和平的一途。因之於東方，越戰只能限於防堵，而不能向北越擴大；台灣海峽的風雲也不能引向中國大陸去的。

這兩段話均見於近月先後發表的紐約時報中，而且在美國其它刊物也時有類似的說法。筆者讀了，立刻感到，這兩段話真是彼此矛盾之點大多，試畧舉出之。

第一是，既認為台灣、南越這班執政者的軍人及其左右，他們要求復國，除了想恢復舊秩序，重握舊權力而外，他們沒有更積極的思想內容，換句話說，這一遠見是料定他們只要權力，不會變的，然而何以又料得定中共便會放鬆權力，終於變向和平之一途呢？

第二是，美國政治界以及美國人已經密切的接觸了台灣十四年（連抗戰及其前後的密切接觸加起來，且已二十年有多），而何以竟不能以美國更積極的思想內容使台灣有所改變；乃今並未接觸中共，而其所接觸，皆於戰場上打得焦頭爛額的，便忽然會遠見到中共會變向和平的一途呢？

第三是，台灣固無更積極的思想內容，與西方合拍，對東方貢獻，使西方社會感到何種的興奮；然則中共便有更積極的思想內容，足以與西方合拍，對東方貢獻，而使西方社會感到了何種的興奮嗎？

第四是，所謂遠見也者，總得要有所根據，遠見到中共之要變向和平之一途，則自來以至於目前，中共要打倒資本帝國主義，並沒有鬆過口勁，而且於事實上亞非各地拼命煽動新興國家，攻美帝，做得十分明顯，我並不知美國的政界所稱的「等待」，所根據的是甚麼？美國的政治界至今不能放棄其自由世界的領導權，且繼續花鉅款貼米的，其勇氣固可佳，然而以政治家的遠見來說，則不足也！五三、四、一

我對中國局勢保持樂觀看法

劉裕略

近來提筆，總覺得國內外有很多問題要寫。譬如：岸信介石井等人最近在日本對池田施壓力，以圖改變池田政府的現行對華政策，這是值得寫文喝採的；又譬如：美國參議院外委會主席富爾布萊最近發表對中國問題毫無道義，毫無遠見，鼠目寸光，足以導致與中共妥協的荒謬談話，也是值得寫文抨擊的；眼見美國對自由世界的領導地位，漸趨動搖，其根本原因何在？也很值得詳細評述。但我終於還是選擇了本題，主要原因之一，便是我覺得中國問題纔是我們的根本問題；主要原因之二，便是我發現關心中國前途的愛國之士，對中國前途正存在着較悲觀與較樂觀兩種看法，而各有理由，值得深入探討。

本來，悲觀論也有好處。只要不因悲觀而放棄努力的話，則憂勤惕厲之沉積於中，斯蹈奮發揚之致極於外，所謂憂從中來，正可興國；況當世許多現象，確也有些值得憂慮的地方。能夠先天下之憂而憂，便往往可以預防不幸事件之來到。因此，悲觀論實在往往是盲目樂觀與不知禍之將至的救藥，足以稍醫官僚政治的病。不過，我又覺得今日大局固然存在着值得憂慮的一面，卻也同時存在值得樂觀的另一面。

再說所謂悲觀與樂觀，其間又可分為情緒的與理智的兩種境界。我本身對事一向常有樂觀的情緒，這不失為我對中國前途保持樂觀的一個原因；但最主要的原因還在我冷靜思維的結果。我認為十四年來的中國反共形勢，不但已經越來越開展，而且現在確已有了致勝之道。

中國的命運，原本一方面被世界的全體形勢所決定，同時又被中國本身之努力所決定。中國是世界的一部份，在全體中存在，如果整個世界被赤化，中國自必不能獨存。而整個世界的問題表面上雖似乎繫於民主集團之共同奮鬥，究其實際關鍵則還在美國的警覺與行動。如果美國像現在這樣不夠警惕，美國的執政者都像富爾布萊這類短視，將來當然也會被赤化。人類的本性原本就常常是不受刺激就不知警惕不知奮發的。假如國際共黨不在一九五〇年發動韓戰，假如沒有東西柏林之對峙，沒有古巴越戰對美國的刺激，美國今天也許還會比今天更麻痺；美國對共黨威脅的認識也許會更不如今天。而我相信國際共黨今後在事實上一定會對美國給予更多教訓的，這些教訓比之我們對美國進行勸告實更有用，所以，我以為國際共黨尤其中共，對美國愈進迫一天，就對美國愈有教訓和刺激作用，這種進迫到達直接威脅美國生存的那一天，整個世界自然就會大變。因為那時候，美國自必與國際共黨起而決鬥了。所以，我每看到國際共黨愈進迫美國，我就對世界大局前途愈感樂觀一分，也就對中國前途愈感樂觀一分，國際共黨如果整個失敗，中共自亦不能獨存。

再從中國本身來看，我有着更樂觀的理由。當我在一九五〇年逃出中共控制前，我曾經在中共控制區內對中共的黨政軍作過仔細的實地觀察。表面上看，中共確實很龐大，組織也似乎很嚴密，但我的真正結論，卻是中共不值一打。我發現中共內部弱點極多，如果採用適當方法，我深信要打垮中共，絕對辦得到。加之，最近幾年，中共越來越走下坡，大陸內部已成火藥桶；國際形勢，如法國之承認中共，似乎對中共有利，但另一面更有中蘇共分裂等對中共極不利的事也在發生；何況，對中共有利的事，多是虛浮的，表面的，且對中共嚴重的內部困難無補；而對中共不利的事則是實質的，深刻的，如果不被這些對中共似乎有利的國際表面現象所眩惑的話，我確信中共絕對無法在二十年內解除它內部所遭遇到的困難。更

何況，偏安台北的中華民國已從十四年前的逃亡喘息到達了安定，從十年前的驚魂甫定到目前的軍力重整。誠然，目前的中華民國仍然面臨着若干矛盾，諸如反攻與中美協防條約的矛盾，反攻與民主的矛盾，軍事的要求與政治的要求矛盾等等，但我認為這些矛盾都有辦法可作兼籌並顧的解決。至於時賢憂慮的[illegible]國託管問題，我也[illegible]因為中華民國政府[illegible]六十萬國軍。這些[illegible]但有為中華民國反[illegible]流汗流血的神聖責[illegible]台灣作為中華民國[illegible]。如果聯合國胆敢[illegible]管台灣，或者如像[illegible]台灣獨立的話，我[illegible]萬國軍必將用流血[illegible]，執干戈以衛社稷[illegible]國也好，富爾布萊[illegible]不能使用足以戰勝[illegible]軍的那種龐大軍力[illegible]幻想。所以，我認[illegible]誠然可能還會很多[illegible]的國際形勢也誠然[illegible]要我們先立於不敗[illegible]地，在穩定中求改[illegible]作有計劃的配合，[illegible]建國兩大目標作適[illegible]華民國前途還是大[illegible]

對於蘇聯的十三個觀點

張華

根塞的歐洲內幕和亞洲內幕等書，從前有中文譯本，並且很暢銷，茲摘譯其一九六二年版的蘇聯內幕的十三點結論，以供參考。

一、赫魯曉夫的蘇聯，比之以前的蘇聯，已大不相同。雖然在制度的基本性質上和以前仍是一樣，但自斯太林死後，確已有了大的改變。從前是頑固的，現在則在動，動得很快，並且帶有試驗性的，所以對於今日的蘇聯動態，很難預測。

二、蘇聯的政權是穩定的，雖然內部仍有對立的或不滿的份子存在，但很難看出有暴發革命的可能性。

三、但沒有一個獨裁的政體是有永久性的，所以從遠處來看，假如蘇聯的執政者不注意人民的願望和意志，那末蘇聯也會崩潰的。但現在的蘇聯執政者已很瞭解這一點，所以與斯太林時代完全不同，他們不特在安撫人民，並且在使人民參加政府的工作。

四、在蘇聯內部當然有不滿，並且有强烈的激動，但這祇能說：每個監獄內都有不滿的人們，不一定就會越牢。

五、有一點必須注意的，不然就很難瞭解今日的蘇聯，他們在重建一個制度，即是以黨爲權力的中心。在斯太林時是由史氏個人包攬一切的，現在他們在試行集體領導制。赫魯曉夫雖然在頂尖上，但不能認爲集體領導制已經毀滅。赫氏的去除馬倫可夫等，乃是巧妙地運用了中央委會獲得了多數票而達成目的的，這就和史太林時代的手法大不相同。並且莫諾托夫等也沒有遭到公審或槍斃。

六、我們不能說赫魯曉夫是很開明的，不過他的政府確是蘇聯革命以來最溫和的，現在的蘇聯，警察統治的成份已大爲減低，人民的恐怖的氣氛也在消失中。但也不能說，不會隨時改變的。

七、蘇聯政府有一個主要特點，和世界的其他政府不同，甚至和其他的獨裁政府也不同，即是它絕對的强調秘密性，服從性和一律性以及執行者的決定性，秘密性的好處使敵人不知道眞相而無從建立有效的對策。

八、黨的特性在變更中，技術人員，即經理層的人們已漸漸作爲黨的基幹。一般人對於馬克思主義已不感興趣。他們所關心的還是民族國家和黨的存在，所以由這趨勢看去，恐怕連共產主義都要被忽視。

九、蘇聯對於東歐的衛星國家是不會放棄的，不過他們現在很謹慎，使衛星國家不會太不滿意而發生叛變，甚至難以駕馭。匈牙利事件是給予蘇聯以很大的打擊的。

十、蘇聯當然是希望和平的，他們認爲和美國作戰的後果是不可想像的，不過他們心目中的和平，有其特殊的解釋，和西方人的腦中的想法完全不同。

十一、蘇聯內部的最大弱點是農業的財政和房屋問題。又官僚化的杜撰，重複，簡陋和困執使工業的進展遲緩。赫魯曉夫現在將工業分權化，增加了工業的生產。日用品已較前爲多，但以西方國家的標準來說，還是落後的。

十二、蘇聯的教育，尤其是對於科學的教育是驚人的。但就文化的觀點來說，除了科學以外都不足道，對於世界各國的文化更不瞭解，所以蘇聯今天，雖然特別在強調其所謂的文化運動，實則和世界文化是脫節的。

十三、最後我們須注意蘇聯的混雜性，狂暴性，矛盾性和神秘性。蘇聯是一個龐大而在激動中的蜂巢。在那個裏面，什麼事都可發生的——希望，悲苦，信仰，熱情，理想主義，犬儒主義和失望等等。蘇聯人是又嚴酷而又誇大的，既原始性而又頗具野心的。沒有一個民族像蘇聯民族這樣的蠻幹的；也沒有一個民族，會像蘇聯在一個角度上是非常進步，而在另一角度上又非常落後，更沒有一個民族像蘇聯這樣，對於技術又精巧而又笨拙，又被人重視而也被人輕視的。

平等自由和兄弟精神（下）

孫寶剛

（三）

兄弟精神這四個字，本來在中西文化中都是很着重的，在中國來說，「四海之內皆兄弟也」這句成語，凡是讀過書的人都知道的；在西方的文化來說，讀過基督教的聖經的人們也定然知道，基督教是很注意交契精神的，易言之，就是兄弟精神。可惜現在這個世界，人的價值否定了，人們都重視物的價值，所以兄弟精神完全喪失。二十世紀以來，工人運動的興起，工人們的權利雖然在很多的地區已經獲得保障。但是人們生活在一個社會上，絕不可能處處堅持着本人應得的權利而專門爲己而能大家一輩子相處下去的。事實上社會所能供給各人的權利，是全社會的人們共同工作的總所得的分配而已。而分配之時，或各人在工作之時，各人如一定要分毫不爽的堅持其應工作或應獲得的一份，根本是不可能的。所以全社會的人們要有兄弟精神，是一個良好社會所以形成的非常重要的因素。什麼叫做兄弟精神呢？簡單的說一句：就是每一個人在貢獻其應有的一份之外，還應超出其一份，以協助人家；小之，要在日常生活中，對人有禮貌，擴而大之，要有無我的精神，對社會作可能的貢獻。易言之，常常要爲他人着想，不要斤斤較量其應有的一份。正如一般人在家庭中對其家人的作風似的，不需要互相鬥爭，也不會以不公道的事加諸家人，且以能爲家人服務爲快事。所謂兄弟精神的含義，要使全社會的人們，作爲一個生產者來說，他一定努力而忠實地工作，因爲他的不努力和不忠實，會使他人受其害。作爲一個消費者來說，他一定不浪費，因爲他的浪費，便使他人有所缺乏。處處地方他應感覺得他是社會的一份子，他不特有自尊性，同時也尊重人家，一個社會中的份子，假定有着這個精神，即兄弟精神，這個社會才是一個快樂的社會，所有的份子都是快樂的。

社會主義者所以在平等和自由之外，還提倡這種精神。我們唯有承認了這種精神的必要性，才會同意累進的賦稅法，和社會的福利計劃，也才會同意人們是在合作之下，共謀社會的福利，而放棄階級鬥爭。不然的話，上文所說的平等和自由也決不能達成。資本主義的流弊，將永遠爲人類的大患。

從新共總書記的講演看中蘇共衝突

劍生

最近盛傳羅馬尼亞共黨與中共在北平舉行的兩黨會議，是爲了調停中蘇共黨之爭，眞象如何？尚無確論。因爲中共羅共在北平舉行的兩黨會議究竟是否爲了調停中蘇共之爭，殊難確定，但可以確定者，則係中共羅共之兩黨會談，無論其討論之主題爲何，其討論已歸於失敗，則屬顯然。因爲羅共代表團離開北平之日，中共羅共之兩黨會談，連它們的聯合公報也無法發表也。

在另一方面，則當中共羅共在北平舉行會談之前，新西蘭共黨總書記維·喬·威爾科克斯則在中共廣東省委黨校發表講演，反對中共與蘇共在目前的論爭中休戰。

新共總書記維·喬·威爾科克斯在赫毛個人衝突中是一向站在毛澤東一邊的。他於二月十八日在中共廣東省黨校的講演經由中共中央機關報——人民日報及中共中央機關刊物——「紅旗」半月刊於三月十七日同時刊出，實屬值得注意，因爲這顯然反映着毛澤東仍將繼續打擊老赫的決心。

此外威爾科克斯二月十八日在中共廣東黨校的這一篇講演，透露了許多蘇共與新西蘭共黨之間的爭執情況，也頗值得留心中蘇共衝突的人研究。

據中共新華社說威爾科克斯二月十八日曾說：「新西蘭共產黨堅定不移地支持一九五七年宣言和一九六〇年的聲明，而反對修正主義者片面地修改這兩個文件」。新華社並說他强調必須擊敗現代修正主義，以保証社會主義在全世界的勝利。

新華社引述他在中共廣東黨校的話，無非証明新西蘭共黨在反蘇反赫方面，是與中共完全一致的。

新華社又在他的講演還說：「修正主義者實際上是在帮助世界上最反動的勢力，美帝國主義，保持它目前在帝國主義陣營中的統治地位而不受到挑戰。他們要求被壓迫國家和人民不用武力求解放，而走上與帝國主義合作的道路。他們要求資本主義國家的馬克思列寧主義政黨放棄在革命鬥爭中的領導地位，而採取解散主義的道路」。

新華社又說他二月十八日在中共廣東黨校還說「修正主義故意抹殺這些矛盾，他們把衰落中的帝國主義看成是磐石一塊，因而企圖把帝國主義看作一個整體來同它打交道」。

從新華社所引上述諸語，可以很明顯的看出這位新西蘭共黨總書記也是和毛澤東的主張一樣，他們都是主張用武力完成世界革命的。同時，他又和毛澤東一樣，認爲自由世界尤其美國是已在衰落中；甚至在對付自由世界方面，他也和毛澤東一樣，主張用各個擊破的辦法來打倒自由世界，而不主張把自由世界看成一個整體來對付的。

當然，在誣辱以及歪曲赫魯曉夫的主張方面，他與毛澤東也是一致的。因爲硬說赫魯曉夫所代表的修正主義，正在帮助美國保持統治地位，這眞是天大的荒唐和信口開河的笑話。因爲自由世界的任何人，原本知道赫魯曉夫及蘇共一直蓄意埋葬美國，而不是帮助美國。僅僅赫魯曉夫所用以埋葬美國的方式與毛澤東不同而已。但這裏可以看出共產黨人是如何殘酷的排除異己，他們往往爲了一己的私利，對自己的國際共黨同志，也可以完全歪曲，完全撒謊。

對於威爾科克斯的話，比較值得注意的，則還在所透露的蘇共怎樣威脅新共的情形。

據新華社說：蘇共曾以將新西蘭共產黨驅逐出兄弟黨的隊伍爲威脅。威爾科克斯透露他與蘇斯洛夫會談時的談話是這樣的：

「他（指蘇斯洛夫）毫不猶豫地說：你們是錯誤的。我們曾經希望你們會改變。如果你們改變，你們將能留在世界馬克思列寧主義兄弟黨的隊伍中。但是，如果你們不改變，那末，當然你們將被排除在外」。威爾科克斯說他立即答覆蘇斯洛夫，指出蘇斯洛夫正在採取一種大國沙文主義。但是蘇共則回答說：「威爾科克斯同志，我們對於新西蘭共產黨採取的立場，對於你們領導的立場深感不安，你們是小國沙文主義」。

威爾科克斯又說：「新西蘭共產黨在早期曾經號召停止公開論戰。因爲我們認爲當時公開進行論戰是有害的。當時以赫魯曉夫爲首的蘇共領導不肯同意」。「現在談談，他們爲什麼在這個時候要求停止公開論戰呢？這不過是一種詭計。他們的策畧是瘋狂地發射出子彈，到處毒害人們的思想，反對馬克思列寧主義的捍衛者，然後說，請你們不要使用你們的重武器。現在我們大家都停手，讓時間來解決問題吧！」「不，我們不能接受這種建議，我們的世界性運動必須對爭論的問題進行探討」。「我們認爲，在目前階段不能停止公開論戰。現在爭論的問題是根本性的問題」，「現在只有修正主義者放棄他們的修正主義言行，才可以停止論戰」。

從中共人民日報及紅旗同時刊登威爾科克斯的演講，可見毛澤東也是完全不準備在目前與蘇共休戰的。所以，如無其它變化，我們可以由此看出赫毛個人衝突以及因此引起的中共蘇共衝突，最近將無調和可能，甚至還將可能有進一步的擴大與發展。

美國輿論界論今年大選

楊永乾

今年係美國四年一度的大選年，選舉在美國人看來，不僅是一件大事，更認爲是自己的責任。現在距十一月間的選舉，雖還有半年以上的時間，然美國全國上下，都正爲今秋的選舉而用心。民主、共和兩黨的領袖們，爲本年度的大選，早於今年之初，不是處心積慮的暗中佈置，即是各地奔走，展開活動，希望爲自己，或爲自己的黨，能贏得今年秋天的選舉。各地的報紙雜誌，亦都把競選的消息，放在重要地位，必要時還將那些競選人的言論，加以分析及評述，向讀者報導。有些報紙雜誌，更根據社會上的反應，對每一位競選人的情況，對兩黨未來選舉的大概情形，作出種種預測，在過去的選舉中，這些報紙雜誌方面的預測，往往非常正確。因之，大家對於這些事前的預測，都十分重視。目前美國言論界，對今秋大選，紛紛議論，有着不少的預測。現在把那些議論與預測，綜合起來，作一說明。

美國總統的選舉程序，大概說起來，分兩個步驟，一是先獲得黨的提名。其次在獲得黨的提名之後，才能夠代表黨去從事總統的選舉活動。如今兩黨人士的競選活動，尚在爭取黨的提名階段，各競選人的能否成爲黨的總統候選人，決定於黨的代表大會的。就兩黨的提名的趨勢看，民主黨的詹森總統，如沒有特殊的變化，他已順理成章的，爲今秋民主黨的總統候選人，他現在表面上非常鎮靜，實際上在暗中佈置總統的競選工作。共和黨則不然，該黨現正處於羣龍無首狀態，相互間的明爭暗鬥，亦很激烈，已展開競選活動的，有高華德參議員，有紐約州長洛克菲勒，伺機而動的，有前副總統尼克森，現任駐越南大使洛奇，其他如史克蘭敦(Scranton)州長等，也都想躍躍欲試。這些共和黨領袖們，究竟誰人能贏得六月間黨代表大會的提名，自爲大家所關心的事。美國報章上，對這些共和黨領袖們的看法，大致可以歸納於下：

一、高華德參議員：高氏原來的力量，在南部各州，惟自甘廼迪總統被刺，詹森繼任總統之後，這一情勢發生了變化，轉變爲不利於高氏，因詹森總統出身於南方，素爲南部各州人士所擁戴，過去南方人士，雖不滿於甘廼迪氏之黑人政策，然因地理與人和的緣故，對詹森總統的支持，仍然如故，甚或有過之，這對高華德參議員的黨的提名工作，不庸諱言，是一項重大挫折。再者，高氏政見過於保守，過於保守的政策，不太適合美國人的心理，因之有人將他比之以前的塔虎脫氏，認爲他的力量，已日趨衰微，成功的機會不大。

二、洛克菲勒州長：洛氏出身巨富，其言論與主張，亦比較現實，不似高華德參議員的過於保守，不過他與共和黨的其他領袖間，感情不甚融洽，很難獲得內部的全力支持。

三、洛奇大使：洛氏在艾森豪政府時代，爲駐聯合國代表，一九六〇年爲共和黨副總統候選人，現任駐越南大使，政治經驗豐富，爲前艾森豪總統所賞識。他的缺點，是後面沒有有組織的競選機構，與黨內其他領袖間，亦沒有特殊的情感。

四、尼克森：尼氏的政治條件，比之其他共和黨人士，都爲優越，他以前作過參議員，八年副總統，一九六〇年爲共和黨總統候選人，雖失敗於甘廼迪氏之手，然相差極爲有限，國內外的行政經驗，都很豐富，在共和黨的領袖們看來，他仍係今年秋天對抗民主黨詹森的唯一對手，他近來暗中的活動已積極。惟他的問題，自一九六二年競選加州州長失敗之後，現已遷居紐約，失去了競選的實力基礎。

五、史克蘭敦州長：史氏爲共和黨內後起之秀，亦深爲共和黨內領袖們所器重，人緣亦很好，所差的是資望尚淺，一般人印象不深刻，人還須繼續培植其聲望，在今年六月間黨的提名大會中，史氏很可能成爲副總統候選人，提名總統候選人的機會不大。

美國新聞（U.S. News）週刊，根據上述的分析資料，爲民主、共和兩黨，預擬了一個今秋競選陣容：

民主黨：總統候選人詹森，副總統候選人韓富瑞或甘廼迪。

共和黨：總統候選人尼克森，副總統候選人史克蘭敦。

從這個陣容內，美國新聞週刊，並進一步將兩黨可能獲得的選舉人票，也作了一個大概的估計。美國的選舉人票，共計五三八張，這就是說，任何一黨的總統候選人，要想當選總統，他至少須獲得五三八張選舉人票數的半數──二七〇票，才可以當選。美國新聞週刊，估計兩黨票數分配的情形：

一、民主黨：

基本票：南部各州一一一票，邊地各州四六票，合計爲一五七票。距必須之二七〇票，差一一三票。

可能票：紐約州四三票，馬薩諸塞州等州的四六票，合計八九票。

基本票與可能票兩者合計起來，爲二四六票，較必須之二七〇票，仍差二四票。

二、共和黨：

基本票：俄亥俄州等州一一五票，較必須之二七〇票，差一五五票。

可能票：北德克薩斯州等州二十票，另有山地各州的二九票，共四九票。

基本票與可能票，兩者合計起來，爲一六四票，距必需之二七〇票，仍差一〇六票。

從上面的數字，雙方比較起來，詹森所領導下的民主黨，在實力上遠較共和黨爲雄厚，假定美國新聞週刊這一預測，是正確的話，那麼共和黨要想贏得今年的大選，他們必須努力深入民主黨的勢力範圍之內去爭取選票，否則的話，不論尼克森也好，或其他任何共和黨領袖也好，要想領導共和黨贏得十一月間的大選，都很少有勝利的把握。

在此要有所說明的，即上面的敘述，是依據最近的情形，在美國的選舉中，可能隨時發生變化，有所謂「黑馬」的出現，亦即我國之所謂爆「冷門」。在新罕布夏州的初次預選會中，共和黨即出現了所謂「黑馬」。競爭提名最積極的高華德參議員與洛克非勒州長二人所得的票數，反在駐越南大使洛奇之下，洛奇氏遠在數千里外，又沒有參加該州的預選名單，竟能獲得這樣的成績，使洛氏的聲望大增。因此，即有人預測，六月間共和黨在舊金山的提名大數中，很可能提出洛奇氏爲共和黨總統候選人，以史克蘭敦副之，這自然是過早的推斷，因爲像新罕普夏州這類的預選會，其他各州將次第舉行，說不定另有變化。不過，美國是一個重視民意的國家，在這次預選會之後，確使共和黨內的形勢爲之一變。一、高華德參議員與洛克非勒州長兩人，在黨內提名的希望，更趨暗淡。二、尼克森氏更積極暗中活動。三、洛奇大使很可能因此次的勝利，而取得未來黨的總統候選人資格。

至於民主黨內部，雖沒有共和黨內部之綜錯複雜，競爭的表面化，內部並不是全沒問題。詹森總統的主要力量，固然在他的家鄉南部各州，可是僅憑此南部的票，並沒有一定致勝的把握，他或許要借重前總統甘廼廸在北部的實力。近來報紙上不斷傳出詹森與羅拔·甘廼廸不和的消息，這些消息，雖爲兩人所否認，其中絕不是空穴來風。今天民主黨內，想取得副總統提名的，有韓福瑞參議員，有羅拔·甘廼廸部長，由於南方人士反對前總統甘廼廸的黑人政策，羅拔·甘廼迪如爲詹森的副總統候選人，南方人士會不會同意，自有問題。且最近外間盛傳，詹森氏已決定韓福瑞參議員爲他的副總統候選人，如此會不會影響到民主黨內部的團結，甚至影響到十一月的大選，那就非局外人所知了。

總之，就當前的情勢，來論美國今年秋天的大選，大概是民主黨的詹森與韓福瑞，對抗共和黨的尼克森（或洛奇）與史克蘭敦。勝利的希望，是民主黨高於共和黨。致於將來如何變化？那就非現在所能知了。

一九六四年，三月二十日於舊金山。

美國應制止中共在阿根廷設貿易處

黃賢文

據法新社布宜諾斯艾利斯三月二十日電：「阿根廷商務部人士今晚說：中共已取得阿根廷商務部在原則上同意其在這裏設立一個貿易辦事處。該方面人士說，這個步驟可能被認爲是兩國之間建立正式貿易關係的一個主要步驟。這個決定必須首先獲得阿根廷外交部同意，然後也需要伊里亞總統本人批准的」。

基於上述消息，我們可以確斷的指出，中共如果眞正被批准在阿根廷設立貿易辦事處，則該中共貿易辦事處所進行的決不單純的只是貿易問題，因爲中共一向以貿易爲餌，以誘惑阿根廷在政治上與它發生關係，因爲中共一向是以貿易作手段，來增加和誘發彼此的政治關係的。最近幾年來，中共常常在甲國買進物貨，又常常把這些貨物賣給乙國，甚至高價買進，低價賣出，自己不惜蝕本，其目的都無非顯示和烘托中共是一個有着極大貿易額的國家，以欺騙那些短視與眼光淺短的個別商人，同時，又以欺騙那些唯利是圖，不講道義，罔顧長遠利益的國家和政客。如像日本的池田內閣，就正是這一種對象。中共之所以如此，第一個原因是毛澤東認爲「政治是經濟的集中表現」，只要增加彼此的經濟關係，便可增加彼此的政治關係。而中美南美各國是毛澤東及中共極欲滲進的國家，所以，中共對中南美各國，便一直想以貿易作香餌，來與他們逐步建交。

中共之所以如此的第二個原因，是中共極欲在中南美展開宣傳工作。其宣傳目的，一方面是傳播共產主義思想，二方面是吹噓毛澤東思想及中共情形，三方面是煽動中南美洲各國的民族情緒及階級覺悟，以增加各該國家的內部矛盾，四方面則在離間中南美各國與美國之關係。

中共之所以極想在阿根廷設立貿易辦事處的第三個原因，則在藉以掩護中共對中南美洲的滲透及顚覆工作。從而企求從量的漸變，以達到質的突變的赤化目的。

在毛澤東看來，轉變中南美洲各國對中共政權的關係，不但是中共現刻極圖打開國際出路，得以進入聯合國的當前要務，而離間中南美各國與美國之關係，則更是完成毛澤東所倡組織國際反美統一戰線的重要步驟。而從貿易方面下手，則容易收效。

中共在阿根廷設立貿易辦事處的第四原因，則是由於中共極欲利用它在阿根廷設立的這一辦事處，作爲它進一步再與其它中南美洲建立貿易關係的典型例子。假如其它中南美國家，亦步阿根廷後塵，同樣准許中共在它們的國家設立同樣的貿易辦事處的話，那末，中共對中南美的一切工作，自必更爲順利了。

由於以上種種原因，自由世界，尤其美國與中南美各國必須提高警覺，趁着阿根廷外交部及阿根廷總統尚未批准中共在阿根廷設立這一貿易辦事處之前，立即予以制止，以打擊中共利用貿易作餌的陰謀才是。否則，眼見中共又將一步又一步的滲入中南美了。現在居留在中南美的華僑當然也應起而反對才是。

陳誠被迫辭職的經過補述

——台灣來客談台情之一

效微

最近有幾位從台灣來到香港的人士，談到台灣這幾個月所發生的若干事件和台灣的一般情形，其中或有本刊已有報導，但仍嫌太過簡略的，或為我們未之前聞的，特摘要錄後，想為本刊讀者所樂於知道的。茲先補述陳誠被迫辭去行政院長兼職的經過。

蔣經國忌恨陳誠是其主因

如所週知，陳誠是蔣介石最親信的人，他在政治上的地位，可以說也是蔣一手扶植的。可是，自蔣經國的勢力逐漸擴張後，陳誠的地位就開始動搖了。尤其是三任總統非法連任以後，蔣介石對陳誠也頗疑忌，因而陳誠遲早一定被擠下台，已是留心台灣政情的人士早就料到的。陳誠此次被迫辭職，人們並不覺得驚異，即此之故。

從中央常會不歡而散說起

雖然陳誠被迫辭職的主要原因，是為了與蔣經國的利害衝突；但導致蔣介石斷然准許他辭職，也有若干近因的。首先是，去年有一架飛機飛往大陸投向中共，美國人曾有責難。蔣介石在國民黨中央常會席上提出此事，參謀總長彭孟緝認為是由於軍隊的待遇太過菲薄所致，蔣即指示應增加軍人待遇。陳誠則說，一旦增加軍人待遇，則文官的待遇勢必隨之增加，政府實無此財力。張其昀，谷正綱亦主張增加軍人待遇，陳誠很不高興，認為他們有意和他為難，反問他們從何處籌錢，並斥責他們說話「不負責任」。蔣即拂袖而退，陳也聲言將辭職不幹，這一次的中央常會也就不歡而散。稍後，蔣為了要任命蔣經國的人做國防部長，準備將原任部長石覺調為交通部長，陳誠認為現任交通部長沈怡的政聲甚佳，不宜更動，表示堅拒，蔣乃將石派為考試院銓敘部長，但對陳如此不服從指示，深致不滿。

為甘迺廸送葬事 成了導火線

美國故總統甘迺廸安葬，蔣廷黻曾來急電詢問是否將派大員前往送葬。沈昌煥得電後，立即直接向蔣介石請示，結果決定祇派蔣廷黻就近代表，陳誠始終未聞其事，後來美國輿情大表不滿，留美華僑更為憤怒，蔣介石也覺得過意不去。陳誠曾在行政院會議席上對沈昌煥大加指責。接着行政院醞釀局部改組，陳誠擬以張厲生為副院長，陳雪屏為教育部長，並準備將沈昌煥及司法行政部長鄭彥棻，經濟部楊繼增免職。蔣經國即欲以鄧傳楷為教育部長，並維護鄭彥棻，蔣介石和宋美齡也維護沈昌煥。陳誠則認為沈非去不可，又在行政院的會議席上，對沈大加指責，沈自恃能兼得蔣家父子夫婦三人的寵信，竟亦反唇相稽，陳誠一怒而離席，行政院那次的會議幾乎無法結束，還是政務委員余井塘以和事佬的姿態出來打圓場，才草草了事。

陳誠離開行政院後，餘怒未息，即向蔣當面報告經過，並表示辭職不幹。他也許以為可以迫使蔣同意將沈昌煥撤換，却不料蔣即順勢說道：「你太辛苦了，休息一下也好」。隨即把前此陳誠因病請辭的一件舊呈文取出，在上面批了「准予辭職」四個字，用總統府的正式公文發回行政院，於是，陳誠不得不辭職了。

嚴家淦繼任的由來

蔣介石迫陳誠辭職後，為了安撫後者，又囑他推荐繼任的人，陳乃推荐嚴家淦並建議以余井塘為副院長，蔣表示接受。但余井塘初不允就。陳認為如余不就，勢必被蔣經國或屬於他的人所奪去，乃親往勸駕，蔣介石大約亦認為愛子的機會尚未十分成熟，亦召見余，囑其勉力從事，余始應允。為了防止蔣經國的人乘機滲入，其他各部會首長也就祇好一律不動了。這是嚴閣組織的經過。但照目前的情形看去，嚴閣祇是一個過渡性質的內閣而已。

為酬同意票，立委獲鉅欵

由於陳誠的個性倔強，平素不大「賣立法委員們的賬」，他此次被迫辭職，許多原屬CC系的立委都引以為快。嚴家淦被提名為行政院後，CC的元老余井塘為副院長；但CC系的若干立委仍表示決不聽余井塘的話，迫得嚴分別登門造訪，他們始允支持，結果，嚴所獲得的同意票，還比陳誠當年所得的為多，人們最初還以為這是嚴謙恭為懷的收獲。但事後的事實證明，實別有原因。在嚴閣組成不久後，立法委員即每人獲得向國家銀行借款六萬元，分十年償還的優惠待遇，蛛絲馬跡，使人不能不懷疑這是他們投同意票的交換條件。此事本屬秘密進行，不料被國大代表得悉，即發動簽署運動，要求「總統」召開國大臨時會議，蔣「總統」深知代表們的用心所在，一面宣佈即將召開臨時國大，一面指示行政院，應即依照立委先例，給予國大代表以長期借欵。但因人數太多，每人減為四萬元。代表們還空得了這筆鉅欵後，也就不再堅持召集臨時國大了。不過因此一來，國庫即無端損失約一億元之鉅。

陳誠有怨言，又奉命靜養

陳誠被迫辭職之初，尚隨時向人表示，他並沒有病，他的辭職，完全是被迫的。事聞於蔣經國，立向乃父報告，於是蔣「總統」又頒發一道命令，說陳誠的病雖因免去行政院長的煩勞而日漸康復，但仍不宜操持副總統及光復大陸設計委員會主任委員的職務，准其離開台北，擇地靜養，俾得早日復元。陳誠奉到此一命令後，雖然仍在台北，但祇得在家閉門靜養，拒見外客了。

立法院質詢教育問題

教育部長黃季陸答覆

台北聯合報載：立法委員皮以書、劉漢、周傑人、廖維藩、董正之等人，在立法院向行政院就有關教育問題提出質詢，由教育部長黃季陸答覆。

皮以書委員就大專聯考，私立學校財團法人登記，獎勵私人興學，防止人才外用及建立自立的科學基礎等問題提出質詢，黃部長答覆時稱：大專聯考辦法，固不免有缺陷之處，但教育部並不打算廢止的，對於必須改進的地方，已組織專門機構，隨時予以改進。致於私立學校財團法人之規定，教育部已列為法規整理之中。關於建立自立的科學基礎，目前仍然求之於國外，故留學政策必須繼續推行。惟對於鼓勵學人及留學生回國服務，經近年來之努力已見倍增。

黃部長對劉漢委員詢關於延長義務教育問題時答稱：關於延長義務教育問題，上次院會已有答覆，劉委員認為在義務教育未能延長之前，必須將現有六年國民基本教育辦好，這是正確的。致於初中入學應否考試常識科，社會上爭論甚多，本人認為常識科在基本教育中有其份量，將來考與不考，教育部將綜合正反意見後，將有所決定。

黃部長在答覆周傑人委員質詢關於改善教育政策及重視青年出路時說：重視教育基本方針是配合國家經濟文化的發展，現在雖有若干現象未能做到配合，但「經合會」在方面設有人力資源小組，其任務就是如何配合有效使用，惟要徹底實施，尚有一段時間和努力。

「離島管訓」作「學經歷」

男女議員醜詆一場

岸一

（台北通訊）現任台北市參議員林水泉，前因案曾被送「離島管訓」。後來「管訓」期滿回到台北，竟將他被管訓的一段時間作為他的「學經歷」，並公開將此一「學經歷」刊印在官方選舉公報上，因此引起台北市人民的議論紛紜。

市議會於本月十四日市政總質詢時，一部份市議員猛烈抨擊市府民政局准許林水泉把「曾送離島管訓」的字眼刋入選舉公報內列為「學經歷」，大家認為此事有損市議員聲譽。當時在場的女議員鄭李足對此事也曾發表意見，她認為此事未免近於荒謬，要求市民政局對此事應向市民作澈底解釋，以免引起外間議論紛紛。當時，林水泉議員不在場，他是在第二天報紙上才知道議會內有人攻擊他。

昨天上午市政總質詢時，林水泉向市長質詢五點後，接着向鄭李足女議員開砲。

林水泉說：「關於送往離島管訓一事列為學經歷，我與鄭女士看法截然不同，以我的見解，鄭女士的最高經歷是嫁給大地主大富翁，如果是嫁給一個販夫走卒，對於我被管訓的經過當有另一種看法」。

林水泉說完上面一段話後，市議員並沒有人起來反駁他，但他接着說：「因為鄭女士屁股坐在米缸上，手扶着錢筒（即富有之意），所以才會對我說風凉話」。

這句「屁股坐在米缸上，手扶着錢筒的兩句話，直氣得在場的鄭李足女議員面孔鐵青，她認為林水泉講此粗口已失去對事的立場，而且直接攻擊到人，乃跑到麥克風前大聲要求林水泉向她道歉。

大會主席執行職權，立刻阻止這場緊張氣氛的惡化，會場空氣才暫時平定下來。但至下午五時，鄭李足又起立發言要求林永泉道歉。在座議員又有不少人支持鄭李足，會場情況一時大亂，身為主席的陳少輝立刻起立要求大家冷靜，幾經勸說，會場秩序乃漸歸平靜。

同時有宋霖康、黃信介和謝世輝等黨外人士也說：「如果林水泉議員確有說錯話之處，希望鄭李足議員看在同事份上原諒他一次」。

鄭李足堅決的說，難道要我白白挨罵？他是明明白白指名指姓罵我的呀！我有錢，可並不是搶來的，我嫁什麼丈夫與他何干？他在會議上攻擊私人是不對的。

她一面說，一面用手猛拍桌子。正在鬧得不可收拾的時候，突然有位陳鄭岐議員走到麥克風前倚老賣老的說：姑念林議員年紀輕，當議員沒多久，還是原諒他一次吧。鄭李足仍怒氣不息的說：怎可以原諒，我這一把年紀當得起他的媽媽，他怎能隨便罵我？

坐在議席上的林水泉，一聽到陳鄭岐自居老大哥的說話，突然大叫道：我有自由發言權，老議員怎可以欺負新議員？而且，在議場內怎可以說當得起我的媽媽？這算是什麼話！

這幾句話還沒說完，會場內不少老議員怒目對着林水泉，而且，噓聲四起，立刻使林水泉成了衆矢之的。於是，議員們紛紛起而向林水泉指責，王松琳說：什麼叫老議員欺負新議員？陳鄭岐說：一個人說話要有人格。葉依坤則乾脆指責說：林議員大有不對。陳致敬則主張開座談會解決。紀明認為應該開錄音帶聽聽，究竟誰是誰非。（台北市議會開會時，有錄音設備）

會場內吵成一片，主席陳少輝苦口婆心勸大家冷靜無效，只好答應散會後開錄音帶聽聽。

錄音帶於下午六時廿分放完，「和事佬」宋霖康等議員認為，林水泉說得並不怎樣難聽，勸李鄭足原諒了事，李鄭足則認為確曾挨罵，如果林水泉不向她當面道歉，她決不干休，並聲明要回家研究對策，看來此事尚有下文。

英保守黨報紙正式報導：

大陸各地發生反共叛亂　民兵打游擊工人起暴動

綜觀

據英國保守黨在倫敦出版的「星期電訊報」三月廿二日報導，在中國大陸的許多省份，現正發生了反對中共政權的騷亂，情況最嚴重是雲南省。「星期電訊報」說：「在這個國家的許多地區內爆發了不安事件。其性質包括游擊活動，不滿現狀的工人進行之群衆暴動，以及懸掛打倒毛澤東的標語」等。

星期電訊報說：造成這些騷動之主要原因之一，是由於放棄了好高騖遠的工業化計劃之後所造成的普遍失業現象。

「星期電訊報」又說：中國大陸與緬甸為隣的雲南省西南部，為動亂最甚的地區之一。並謂中共兩個補充團已趕到該地，以應付使該省損失重大的四百名反共游擊隊。

「星期電訊報」又說：此等反共游擊隊係民兵中之不滿份子。該報引述中共大陸不靖之其它証據，有「打倒毛澤東」口號出現以及一九六二年至一九六三年中共火車之屢次出軌，被縱火及其它破壞共達一萬四千六百宗。該報並謂此種數字係得自未經指出的中共刊物。「星期電訊報」又說：「西方觀察家雖不信此等事件即等於全國叛亂，但當知其對中共政策之影響，實甚為重要」。

以上是英國星期電訊報的報導。這報導是確有根據，而且極為正確的。因為據我們所得大陸可靠消息，不但大陸各省之偏僻縣份與鄉村經常發現反共標語及打倒毛澤東之標語，而且，此等標語，若在十年前，則根本難於發現，如有即被共幹塗去或消毀，且共幹及公安特務即追根追到「底」，必至經過人人坦白之詳細過到過程，將人捕到為止。但最近三四年，不但此類標語在大陸各地時常發現，且有些地區之反共標語，有經過一個月以上之時間，共幹亦未予以塗去或消毀者。可知共幹對此肅反工作亦持消極及同情態度。而上海市區亦屢有胆大青年學生臨街散發反共標語者，其後，該等學生雖被捕去，因而下落不明，但足見大陸人民反共態度已逐漸趨於普遍化與表面化，這實在是台灣施行局部反攻之良好機會，同時也是西方各國應該及時打擊中共之良好機會哩！

大陸簡訊

藍鳥

毛澤東接見日共代表團

毛澤東與赫魯曉夫發生個人衝突以來，日本共產黨即一直站在擁毛反赫立場，毛澤東對日共的這一卑鄙態度，一向認為滿意。

不過，蘇共最近仍在設法引誘日共，同時，毛澤東為了進一步嗾使日共在日本國內發動反美活動，以加强毛澤東所要建立的國際反美統一戰線，所以，毛澤東又飭令中共中央邀請日共中央派代表團到北平訪問，以便由毛澤東對日共中央當面指示機宜，並予鼓勵。

據中共「中國新聞社」三月廿三日北平電：「中國共產黨中央委員會主席毛澤東，今晚會見日本共產黨中央委員會政治局委員、中央書記處書記袴田里見和由他率領的日本共產黨中央委員會代表團團員：日共中央政治局委員松島治重，中央書記處書記米原昶，中央委員西澤富夫。毛澤東主席同袴田里見等人進行了親切友好的談話，談話以後設宴招待日共中央代表團。參加會見宴會的，有中共中央副主席劉少奇，總書記鄧小平，政治局委員彭眞，政治局候補委員康生，中央書記處候補書記楊尚昆，中央委員廖承志，中央候補委員廖毅敏等」。

另據中央新華社三月廿三日北平電：日共代表團全體成員於毛澤東會見他們的當日上午，「在中共中央政治局委員彭眞陪同下，今天上午遊覽頤和園，並且泛舟昆明湖上，觀賞四周景色」。

中共說大陸石油藏量極豐

由於蘇聯中斷了對中共的工業援助後，中共缺乏石油之說，亦為各方所公認。但中共最近却在宣傳上硬說大陸石油已能自給自足。事實上，中共正在不斷探測油田是事實，發現了一些新油田也是事實。但說中共石油已能自給自足，則全係吹嘘。因為中共雖發現了一些油田，但缺乏煉油設備，而原油是不能供飛機等使用的。故中共空軍近年已極少出現，甚至還因汽油缺乏而無法作飛行訓練。

至於中共新近發現許多油田的事，據中共說，其經過是這樣的：

「中國是貧油還是多油，這是近些年來一直爭論着的問題。世界有機生成學派中的一些學者，根據各國油田分佈的資料，斷言只有在過去地質學歷史時期中由海洋沉積形成的海相地層才能生成石油，他們認為中國的地層大部份屬於內陸湖泊等沉積形成的陸相地層，因而是個貧油國家。但在人民政府領導下的石油勘探人員，並沒有被這種謬論嚇倒，他們在陸相地層中不斷找到了石油。在過去十幾年中，中國各地新發現了幾十個油田和氣田，使已知的石油儲量大為增加」云。

中共選拔幹部往非洲活動

茲據特別有關方面從大陸得來可靠消息，中共正在其黨員中，繼續挑選男女黨員，派赴非洲，從事正面的外交、文化、宣傳等活動，又側面的從事滲透、顛覆乃至打游擊等活動。

另據美國「記者雜誌」報導：中共正在努力向非洲新國家布隆廸滲透。

美國「記者雜誌」又說，在本年二月份，位於中非的一個名叫魯安達的國家，曾有數萬名華吐西部落難民到布隆廸，其中一萬名至二萬名難民，被布隆廸殺害。這批無知的部落即是受到中共的特務所驅使，企圖奪取布隆廸政權的。中共並且曾以大批欵項供給在肯雅流亡的華吐西部落的酋長凱吉里。以便該酋長便於在非洲造亂。

又據美國「記者雜誌」說在當地活動的中共特務人員，名叫高梁（譯名），係以中共新華社的記者的名義在中非已活動達兩年之久云。

事實上，中共派到外國去任何一個人員，無一人不是特務，亦無一人不是黨員，而中共中央規定，凡中共黨員，都是宣傳員，都是戰鬥員，都是情報員，都是組織員。所以，凡是中共派到外國的人員，也都是受過特別訓練，身兼數上數職，縱然中共派出的只是一名貿易人員，亦無不皆是中共的特務情報人員哩！

僑鄉近訊

鍾之奇

粵共規定共幹每週勞動一天

由於蘇聯援助中斷，毛澤東喊出「工業下馬」口號後，工人大批失業，學生亦無出路，中共中央遂將各地幹部及大批知識青年下放農村勞動。因之，各地幹部及知識青年均怨聲載道，對於那些安坐辦公而不下放的，尤屬憤憤不平。

於是中共廣州市黨委會及市人民委員會於去年十一月即開始作出規定，規定一部份機關幹部定期到基層單位去參加勞動。並定為每星期四為全市機關幹部的勞動日。

茲據中共新華社三月廿三日廣州電：「每逢星期四這一天，廣州市絕大多數機關的幹部，除了年老與值班人員外，都無例外地到基層單位去參加勞動。記者在最近的一個勞動日訪問了幾個機關的幹部，在車輛行人往來頻繁的解放北路路口，廣州市公安局副局長蘇青和幾位公安幹部就像一個普通警察那樣值勤。在顧客滿座的亭棧飯店裏，廣州市第二商業局副局長劉品一和幾個幹部，正忙着為顧客送茶，製糕點」云。

廣州共報全力抨擊名位思想

正因為毛澤東有意勞役全體知識青年，有意把知識青年下放到農村去勞動。而青年們覺得這是他們終身幸福被斷送的事情，所以，對毛澤東的這一措施，無不極度仇恨。

對此，毛澤東並不反省，中共中央也不敢對毛澤東的荒謬措施提出檢討，而只認為青年們之所以反對下放勞動，乃是由於「名位思想」作祟，中共中央乃發動各地共報全力抨擊所謂名位思想。

據中共廣州羊城晚報大肆抨擊名位思想的文章說：在共產黨統治下，任何人都不應該要求什麼名譽和地位，而只能像雷鋒一樣，不要名，不要利，而為黨作一切犧牲。

羊城晚報還說：「一個革命戰士的可貴之處，重要一點，就在對待個人名位，猶如對待金錢一樣，是棄之如糞士的」。

又還說功名地位，「僅僅是紙帽而已，紙帽一戳就破，樣子又難看，自然是該嗤之以鼻的。對於眞正的共產主義者說來，他的責任只能是勞動，以及獻出生命，而決不是為了個人什麼揚名才去做什麼」。

共報儘管如此說，但一般被迫害被下放的知識青年，却明知道這是毛澤東的愚民政策，大家心裏都在說，如果共產主義者不該爭名位，那末，毛澤東與赫魯曉夫又為何要爭名位，難道毛澤東不是人嗎？

廣州共幹服務態度極惡劣

據最近出版的羊城晚報說：「永漢南路太平沙市塲水產一組有個姓陳的高個子女售貨員，上月廿六日賣魚時，對兩個熟人特殊照顧，其他顧客提出批評，她還大發雷霆道：這是貓魚，我不知道妳這衰婆妥。又公然宣稱，我不懂什麼叫服務態度」。

廣州共報說香港人民穴居野處

由於大陸人民嚮往自由，都想逃到香港來，於是，近年以來，中共使用各種方法抑制人民此種逃港心理，於是廣州共報先後提出「好女不嫁香港客」，「香港人是壞人」等口號都說出來了。而共報一而再，再而三的在報上把香港寫成一個地獄，寫成一個貧窮落後的宣傳，也一再出現。

下面是廣州羊城晚報最近的「香港通訊」，讀之，可發一笑。共報竟說香港大多數人都在穴居野處哩！

「長期以來就有數以萬計的貧民連一住處也沒有，這些人終年露宿街頭穴居野處，到處流浪，居無定址」。「當然，還有為數衆多的勞動人民，不能算是沒有竇口，但他們的竇口則是搭蓋在荒山野嶺，或是樓宇天台上的木屋。有的甚至在樹上築巢或在岩洞設竇」。中共對香港政府的難民與建的大批徙置大厦隻字不提，反說有人在樹上築巢，眞是極盡撒謊的大成了。

中立之道苦

何之湄

南越和高棉的緊張事件，掩蓋了印支半島其他地區的騷亂，像寮國中部瓦瓶平原的戰鬥，寮都永珍的暗殺事件，都似乎曇花一現般，在電訊中發出一兩次的報導，接着便好似被人們所淡忘。實際上這個中立政府名義掩護下的國家，所發生的戰況僅次於南越的激烈。政府的被癱瘓和削弱，必較南越更爲厲害。而從在地理來說，它却接近半島的中心地帶。泰國在高棉傾向親共、寮國秩序日壞的兩面威脅之下，也已感到恐慌了。

傅馬說退休

寮國中立總理傅馬，上月曾有一次金邊之行。他是中立的寮國的總理，本身又是國內的中立派身份可以說是雙重的中立。因之他的訪問自稱中立的高棉，乃是「同聲相求」的事，但是這位「雙重中立」的總理，對於東南亞的中立環境，却似乎沒有多少信心。

傳馬自金邊回國時發表談話，警告西方國，必須設法保証高棉中立，否則不堪設想。他說：施漢諾向西方警告，若不有效保障高棉中立，則高棉將與北越中共，締結軍事同盟。這一說法，「並非他的吹牛」，因他深知施漢諾的性格。傳馬又說：施漢諾若認爲「此種（與北越中共的）同盟」是有必要的話，施氏便從政壇退休」。那就是說，要讓高棉的親中共派人物，出而主政。

談論高棉危機，當是傳馬總理對鄰邦的關懷，也是對西方的一種獻議。但是傳馬跟着又說：如果那種局勢，即高棉與共黨締盟、施漢諾退休成爲事實，那麼，「我也將起而仿傚，我也要退休」！

傳馬在永珍機場說「要退休」這一句話，使前往歡迎他的西方使節，吃了一驚！他們以爲聽得不大準確，忙向在場的記者索閱紀錄，紀錄都一樣沒有錯：如果……「要退休」下文並有傳馬的補充說：諸位已見到寮國勢，我勢須變成超人方能完成工作，這樣，我寧可隨着施漢諾的例子了」！

還不是說：「中立之道苦」麼？

李江再辭職

在中立總理感氣壓低降的時候，中立司令李江將軍，更是毫無表情。這位揭櫫中立旗幟，發動永珍叛變，當年像初生之犢一樣的將軍，數年來在「左、中、右的三頭馬車」的顛簸中，弄得頭昏眼花，轉戰寮中，幾無一日安靜。他帶着右翼所配給的美式武器，對右翼叛變；而接受蘇式武器，與左翼併肩對右翼作戰。接着又被左翼割斷蘇援武器，受左翼軍攻擊，以致與右翼軍默契，犄角而陣與左翼作戰；重新抓着美式武器。因此他曾一度消極辭職，說已飽厭軍旅生涯，假使能任他選擇官職的話，他只願被派去做駐非律賓的武官，「再做上尉」。大概李江是羨慕碧瑤海灘風光了！

可是傅馬總理並不接納李江的辭職，傳馬的對於李江，不但當年線欵擁立之功尚在。即以「共赴國難、共跳火坑」的初衷來說，迄在水深火熱中的傳馬，決不能任由李江獨自跳出火坑，正是他「倚畀方殷」的理由。可是多捱了幾個月之後，李江又再度辭職了。

週前李江召集幹部會議，宣佈決定辭職，因無法執行職務」，他說：「右翼部隊接受美國彈藥，一次過付六個月；左翼部隊軍火，也有共方源源的接濟。可是我的部隊，駐在交通困難之區，又值雨季，沒有任何供應」。

他的左右要求他，即使他眞的倦怠軍旅，不願領導戰鬥的話，也必須保留總司令的名義，否則中立軍「將會解體」。李江不會不明瞭中立軍的困難，但是對寮國中立及中立軍前途的看淡，似已使他失去一個高級將領所應有的堅強控制意志。當然，李江比之傳馬，更絕不能是「超人」。

永珍暗殺案

可是一重又一重的打擊，仍向着傳馬總理和李江將軍，作無情的當頭棒喝。就在「中、左、右」三派同意在王都琅吧喇邦舉行三巨頭會議的直後，寮國政府安全局首長普里蘇少校（右翼），突在永珍遇刺斃命。當三十六歲的右翼少壯份普里蘇氏於晚飯後在寓所的陽台休息時，一顆槍彈射中他的頭顱，當堂倒地畢命。槍彈是點四五口徑的手槍，目擊者說，刺客行近普氏門廊，以手槍向他發射命中，即逃向湄公河邊匿跡無蹤。

算將起來，這已是寮國中立後第六次暗殺，顯是左翼的報復所爲，且有政治作用。因左翼堅持「中立永珍」，要求組織三派聯合軍警巡邏隊，負責永珍治安。而在組織聯合政府時「分」得首都軍警權的右翼，當然堅拒此一辦法。那麼，「請君入甕」的做法，就是指出安全首長本身、「並不安全」。

傳馬總理據報，據說是頻頻搖首，但他實在也無能爲力，終於只有要求國際監督委員會，派出衛兵到政府重要部門及首長官邸，站崗守衛。事實上這麼一名門口衛兵，絕不能防止暗殺，也許是希望在暗殺事發時，有監督委會的人員做個見証吧？

曼谷傳風

普里蘇少校被刺，已給三巨頭會議以不良影響。李江所部軍隊二連叛變，投入「親共中立軍」杜安上校麾下，和寮中共軍進攻中立軍及右翼軍陣地，更把「巨頭會議」轟到銷聲匿跡。對於後者這些事件，傳馬總理也是咨請監委會派員調查，監委會自然循例前往出事地點，走走一遭，又循例提出他們的報告，用「不了結」的方法了結這些公案。

普里蘇遇刺時，右翼巨頭諾沙旺正訪問曼谷，參加他的表兄乃沙立百日忌舉行的火葬禮。諾沙旺與曼谷既有親戚關係又是熟客，此來又是爲的弔喪，說不上有什麼重要會談，但他與乃他儂總理、乃巴博內長等無所不談，當然不會忽畧泰寮邊境的局勢。

剛在那天，曼谷民主紀念碑前有人放置鮮花及散發傳單，也有寄發至報館的傳單，抨擊乃沙立前總理，專向沙立的火葬禮「攞景」，提及沙立遺產糾紛的個人抨擊外，更攻擊他的政治立場，且涉及現政府「繼續沙立的壓廹路線」。警方除拘得兩名疑犯外，當局立令軍隊停止週末休假，全國戒備，防範暴動或叛變。

兩週前已有鑾披汶元帥自日回國的謠言，累得警察廊曼機場苦搜索終日。本來披汶離泰已不久，當局對他已不大注意，可是最近國內有一些失意政客，乘沙立之死企圖活動，國外又有法國提倡東南亞中立，致勢乃他納外長予以駁斥，而鑾披汶前元帥的倒台，正是由於盛傳他決心在泰國實行中立主義。所以乃他儂元帥不得不聲稱：披汶此時實「不便回來」。

寮國和高棉的「中立」，是在怎樣的動盪痛苦狀況中，已有先例可見。偏生中立之說，却仍能發生「魔力」，影響到如泰國那樣反對中立的國家」。這無非是「中立」說法本身，足以欺騙人民，同時爲失意政客所利用。但在失意政客的背後，操縱這些傀偏的，却是在雲南邊境的中共機構。那些旣乏潛力又無武力的「中立」「政治家」，也只有親共的一路可走。·曼谷通訊·

泰局出現動盪現象

居平

泰國政局，邇來竟出現了動盪的跡象；最顯著的，就是在故總理乃沙立元帥逝世後還未滿百天，即有部份軍政人士秘密集會，企圖發動政變，攫取政權！

據總理乃他隆及副總理兼內政部長乃巴博上將的先後透露，是有一批失意的政客及軍人，圖謀使用武力，奪回已失落的權勢。現政府對那一批陰謀政變份子的主腦人物，集會地點，重要文件等，都已偵查得很清楚，如果他們繼續策劃叛變，則政府決以最嚴厲手段對付。——乃他隆和乃他博的談話，正反映出「動盪的跡象」已漸趨表面化，已使現政府感受到相當威脅性。

此外，還有兩件與泰國政局息息相關的兀突事件發生。

第一：警方曾於二月下旬接獲一項情報，說在日本渡着流亡生活的前總理鑾披汶，擬在最近返國，於是立刻派出「特別警察」一大隊，由副警察局長率領，開赴飛機場駐守，準備在鑾披汶一到達機場，即予拘訊，但是一連等待了數天，竟然全無鑾披汶的影跡。——上述的情報雖然「擺了烏龍」，但有關鑾披汶意圖返泰的消息，自去年十二月初乃沙立病逝以後，即曾兩度嚣傳，其一是說他擬於今年三月中旬回泰參加乃沙立的火葬大典；又其一是說他打算回泰久居。這兩項傳說，空穴來風，其源有自，使人推測到鑾披汶會有返泰的意圖。先行播放「空氣」，也許就是當事人的「投石問路」，試探一下乃他隆對他返泰是否容許？但所得到的反應，是「閉門羹」，警察總監巳先行簽發了命令，如一發現鑾披汶的行踪，即立予逮捕。他表示：鑾披汶尚有危害國家民族的罪嫌，必須拿他來審個明白。乃他隆總理也說：鑾披汶如返泰，將使當前的局勢更爲不利，故政府將拒他入境。

第二：乃沙立逝世了後，他的遺產立刻引起了糾紛，刻已由他的妻、妾、子、女的爭產發展到由政府清點和追查的階段。這爭產糾紛其始誠然是「私人事件」，但演變至今時今日，已混和了濃厚的政治色彩。而其中最使人訝異的，就是有人指出乃沙立的遺產中涉及混雜有巨額公欵在內。政府爲了徹查眞相，乃由總理頒下命令，正式成立五人小組審查委員會，清查乃沙立的泰幣十六至二十億銖的遺產中，是否有公欵在內；如有發現，立予凍結及追回。政府並已授權該小組委會，可以採取必要的行動，包括傳訊証人，搜集証據，查詢銀行存欵等。還有人傳說：乃沙立在生時，其親信每挪用大量公欵來經營私人商業，或其他投機用途；如果認眞追究起來，則他們應繳付利息給政府，而該批利息的數字也相當可觀。

上述兩事，均對泰國現政府有着很嚴重的影響！而兩者各有其背景及意義。——鑾披汶之意圖回泰，正反映出他依然是「雄心勃勃」，同時也反映出泰國境內仍有他的潛勢力。這種潛勢力，足以威脅乃他隆的政權。至於乃沙立遺産糾紛，月前更是具有濃厚的政治作用；這不特足以摧毀乃沙立生前的威望和功續，並足以打擊現政府的聲譽和地位，共產黨徒和別有用心的陰謀份子，勢必利用上述兩事件來混水摸魚。泰國東北部的左傾集團，刻正大力利用乃沙遺產糾紛這事件來作煽動，滲透，和宣傳的資料。

以目前的情形來看，泰國現政府可能已受到三方面的威脅：一是虎視眈眈不斷策動顛覆乃他隆政權的共黨；一是亟欲再度攫回權勢的失意失權失勢軍政人物；又一就是六年前被乃沙立趕走的鑾披汶及其親信屬僚。——前者勢力已逐漸增強，現政府已感到難於應付。後兩者的潛力雖然還未擴大到驚人的程度，但他們極有合流的可能；他們合流了後，自然可以産生一股強大的力量。

泰局動盪的跡象是很顯露了！內政部長乃巴博對此動盪跡象已嚴予戒備。最近，乃巴博已加強了他本身的安全，住宅裏已派駐了一排衛兵；他出入時，也都增派了一卡車陸軍和憲兵隨同保護。但這祇是對他個人的安全措施吧了；對於整個泰局的危機，迄仍未能予以消除！

唐詩偶釋（五五）

鄧中龍

孤雁

崔塗

幾行歸塞盡，念爾獨何之？暮雨相呼失，寒塘欲下遲。渚雲低暗渡，關月冷相隨。未必逢矰繳，孤飛自可疑。

開筆照出所詠之物，中四句即從此開出，着意描寫。末二句故作反筆，餘韻無窮。此全章大旨。

以疑問起，以疑問結。末句「自可疑」三字，與第二句「獨何之」三字，聲息暗通，秋波頻盼，悟此，可知照應之妙。細按此詩詩律，首尾二聯，一意相承，幾可自成一詩；中四句不過着意爲孤雁描寫耳。

暮雨相呼而失其伴，寒塘欲下而意故遲疑，寫孤雁失羣之狀，可謂妙絕。欲下而實未下也，故下句即接以暗渡。渚雲與寒塘相關，先有寒塘欲下之情，而後乃有雲低暗渡之景，此等處密針細縷，讀者亟宜注意。雁渡渚雲，不可見矣，舉頭望月，覺惟有此月相隨耳，此詩人想象語。下一「冷」字，應上「寒」字，亦所以襯托第二句之「獨」字，更所以開第八句之「孤」字。

雨、塘、雲、月，爲全詩之景，而以「暮」「寒」「低」「冷」等字實之，便覺悲涼無限。此雖詩家應有之着色技巧，然亦惟能者無所不能。淺率者不足與語此矣。詩貴推敲，即指此等處。作者爲此詩時，求「失」「遲」「暗」「冷」等字之安排，恐非落筆即爾也。

崔塗爲晚唐詩人，所作五律，佳者可上窺盛唐，此等詩是也。黃庭堅獨以爲無奇，而激賞老杜之「孤雁」（附本篇後）人各有見，固不得強同；然黃氏論詩多偏，亦不可無辨焉。老杜「孤雁」詩，僅首二句實寫，後四句拓開說，而尤以末二句特奇。然不得以此例彼，而藉以較崔杜二詩之高下也。崔詩正面寫雁，杜詩以雁爲題，而抒寫其個人之情，此二詩者，命意不同，作法迥異，比較無自，高下何來？黃庭堅之賞杜詩，殆以老杜之用心正大耳，不知老杜以憂國憂民爲己任，故每念不忘致君於堯舜，其詩亦以此念爲最多，則以其人之用心如此，本不足爲奇。崔塗處末世，其行事用心亦不類杜甫，自不必期其於詩中寫致君堯舜之理。知遲以此而定詩之高下，吾恐除老杜而外，詩盡可廢也，有此理哉！酸腐迂濶，爲中國傳統文人之通病，迂而至於酸，則其所見者多蔽。黃庭堅正此類人物之典型也。文學批評之事，貴能見其大，概其全，一入酸腐，無足觀矣。

附杜甫孤雁詩：

孤雁不飲啄，飛鳴聲念羣。誰憐一片影，相失萬重雲。望盡似猶見，哀多如更聞。野鴉無意緒，鳴噪自紛紛。

神話中的黃帝（一六）

徐亮之

（二十）宋書符瑞志：「秋七月庚申，天霧三日三夜，晝昏。黃帝以問天老力牧容成曰：『於公何如？』天老曰：『國安，其主好文，則鳳凰居之。國亂，其主好武，則鳳凰去之。今鳳凰翔於東郊而樂之，其鳴音中夷則，與天相副。以是觀之，天有嚴教以賜帝，帝勿犯也！』乃召史卜之；龜燋。史曰：『臣不能占也；其問之聖人。』帝曰：『已問天老力牧容成矣。』史北面再拜曰：『龜不違聖智，故燋。』霧除，遊於洛水之上，見大魚，殺五牲以醮之。天乃大雨七日七夜，魚流於海，得圖書焉。龍圖出河，龜書出洛；赤文篆字，以授軒轅。」禮月令：「孟秋之月，其音商，律中夷則。」

（二一）按孔安國謂河圖上面有「文」（紋），洛書上面祇有「數」，劉歆則謂尚書洪範篇自五行至六極，凡六十五字，都是洛書的本文。說詳宋程大昌易原。今從孔說。

（二二）河圖挺輔佐（繹史五引）：「魚汎白圖，蘭葉朱文，以授黃帝，名曰綠圖。」按「綠圖」「龍圖」均指「河圖」。圖文十二字，見文心雕龍封禪篇。

五

前面所說黃帝的功德，都還是人民肉眼看得見的功德，可以思議的功德；至於他所締建的肉眼看不見的功德，卻是不可思議的功德了。現在也不妨說出一兩件，以見他憂國憂民，無時無刻都是爲人民幸福奮鬥的一斑。

一件是：他看了鬼魅常常毫無忌憚出入人民家宅，認爲這乃無形而嚴重地侵犯了人民居住的自由，非嚴加制止不可；卻老想不出確切而可以統一推行的辦法。他想：要能制訂統一辦法，必須了解基本事實；於是便親自跑到鬼門關去實地考察。原來這座鬼門關，乃坐落在大荒之北大海之中的度朔山中。這山長有一棵屈蟠三千方里的大桃樹，關址便建在向東北的一根大枒枝上，無數的鬼魅便都是打這兒出入。關門左右站着兩個天神，一個名叫神荼，一個鬱壘；氣象威猛，專司監視懲罰工作。遇見害人的鬼魅，便用蘆葦索子綁了，丟下餵餓老虎。黃帝看了這種情況，不覺觸動靈機；回來之後，便馬上叫人刻了一個大桃人，在門上畫着神荼鬱壘和老虎的形像，旁邊懸掛一條蘆葦索子，造成和鬼門關上的氣氛和格局一樣；果然鬼魅一齊不敢造來（一）。把這辦法向人民宣傳推廣，人民紛紛仿辦，也果然能收到同樣的效果。這便是中國門神的起源。

另一件是：他看了鬼魅更常常毫無忌憚地潛入人民的體內，以致無緣無故忽然瘟疫流行，認爲這比擅入民居更嚴重萬分；但也老想不出確切而可以統一推行的辦法。後來有一次看到首創巫術的巫咸（二）作巫術，時而手舞足蹈，時而張脈僨興，氣出咻咻，汗涔涔下；又不覺觸動靈機。他想：自己過去和岐伯雷公討論醫學時，人體的構造不是已經研究清楚了的嗎？鬼魅潛入體內，只要病人氣血流通，內臟不受阻滯，便再也潛伏不住。而巫咸行巫的姿態，可能正是活通內臟流通氣血的好辦法。便命巫咸參証巫醫原理，詳研對策具報。聰明的巫咸奉到這個命令，果然不久便想出了一套有效的對策來：便是：首先齋戒沐浴，以便導開病人的九竅；接着擂鼓搖鈴，以便振奮病人的精神；接着激烈運動，以便揮散病人的抑氣；接着飲酒吃葱，以便疏通病人的五臟；這些步驟一一完成，鬼魅在體內再也沒法潛伏，然後才糾合大衆，大力擂鼓，大聲呼叫，一舉而趕跑它（三）。人民照着實行，又果然病患若失。這便是中國驅邪趕鬼術的起源。

像這樣對人民由人事直到鬼事，無不設想精到，防範周全；便是大領袖黃帝的特色。然而，他卻毫無一點大領袖的架子；他從來不以領袖的地位驕人，也從來不以領袖的資格訓人。恰恰相反，他爲了對宇宙最高眞理的發掘，爲了對人民最大幸福的爭取，反而不辭紆尊降貴，博訪周諮，無遠弗屆；反而不知撞過多少高人逸士的申斥教訓，耳提面命，暗諷明譏；而總是低聲下氣，虛心領受；一點也不冒火，一點也不厭煩；虛心得就如空洞的深谷一般，溫柔得就如嫻靜的少女一般。

文聲集（六六）

訪佛堂門咸淳石刻兼寄簡又文教授

文擢

七百年前事，沉冥到海畿，巖荒喬木老，石壽昔賢非，潮咽鮫人淚，苔疑帝子衣，南堂煙火寂，古塔認依稀。

海行無百里，發興自晨舟，棟宇斜陽外，人烟古渡頭，摩崖疑一字，偶地足千秋，爲問前朝事，孤帆天際流。

極目東龍外，聲酸白雁前，幅員猶上國，金石壯南天，數典主人好，鉤沈學士賢，他年寰宇記，文獻麗山川。

見說嚴夫子（立石書文者官富鹽場主官嚴益彰）。風流困下僚，難回天水碧，來看佛堂潮，刀筆論肥瘦，興亡復暮朝，夷歌猶處處，歸路問漁樵。

軍次武進金星台故第觴於介石亭即賦

前人

城頭向晚殷春雷，野郭棠梨取次開，一水有情依第宅，百年經亂此樓臺，論兵劍自廊腰舞，買醉春從盞底回，易世平泉成故壘，因風愁聽角聲哀。

花窠詩葉（癸卯）

陳蝶衣

癸卯元日出行口占

飲罷先春（茶名，見「茶譜」。）春在望，出門盡是喜神方。花供一市尊狂客，（桃爲狂客，見「三柳軒雜識」。）人湧三朝樂異鄉。不意遜荒吾亦耄，漸知羈旅日方長。眼前恰有川原秀，卜食茲邦正未妨。

元夕憶大陸兒女

燈下思兒女，寸心又感然。祇愁添永感，不忍破浮圓。骨肉乖離日，江山變亂年。何時棖闑內，復有短檠前。

春晚過宋皇臺公園，見向之樹栽三尺者，今已漸長，因復有賦。

帝子蒙塵到處家，上林移苑在天涯。暫時華表無歸鶴，歷代觚稜有亂鴉。蜃氣樓臺空縹緲，龍形松栢漸騰拏。不知百易星霜後，留得清陰幾畝遮？

陳風子治印

陳風子，別號瘦翁，浙江杭州人，鑽研金石文字凡數十年，爲西湖西泠印社得前輩大家家法最深之浙派後人。本報今後將逐期刊載陳氏作品，以饗讀者。

泉唐徐慶堂陳家子孫珍藏印

萬松書屋主

訥夫長年大利

傳紳

讀史雜記

（三）留侯世家，陳丞相世家（上）

舜生

『初作難，發於陳涉；虐戾滅秦，自項氏；撥亂誅暴，平定海內，卒踐帝祚，成於漢家。（秦楚之際月表）這幾句話是司馬遷就秦楚之際約五年的時間，所包括無數的事實，作一提要，眞說得簡潔之至。

『……運籌帷幄之中，決勝於千里之外，吾不如子房。鎭國家，撫百姓，給餽餉，不絕糧道，吾不如蕭何。連百萬之衆，戰必勝，攻必取，吾不如韓信。此三者，皆人傑也，吾能用之，此吾所以取天下也。項羽有一范增而不能用，此其所以爲我擒也。』（見『高帝本紀』）這是從劉邦口中，說明漢之所以興。

『……項王喑噁叱咤，千人皆廢，然不能任屬賢將，此特匹夫之勇耳。項王見人恭敬慈愛，言語嘔嘔，人有疾病，涕泣分食飲，至使人有功當封爵者，印刓敝，忍不能予，此所謂婦人之仁也。項王雖霸天下而臣諸侯，不居關中而都彭城，有背義帝之約，而以親愛王，諸侯不平。諸侯之見項王遷逐義帝置江南，亦皆歸逐其主而自王善地。項王所過，無不殘滅者，天下多怨，百姓不親附，特劫於威彊耳。名雖爲霸，實失天下心，故曰其彊易弱。……』（『見淮陰侯列傳』）這是從韓信口中，說明項羽之所以敗。

張良，陳平是劉邦的兩大策士，劉項的成敗，關係他們兩人所策劃的很多。以『留侯世家』與『陳丞相世家』這兩篇參合着讀，張良陳平的品格才調也躍然紙上。

張良的祖父開地，相韓昭侯、宣惠王、襄哀王。父平，相釐王、悼惠王。秦始皇帝十七年（元前230）滅韓，其時張良的父親已死二十年了。張良既生在一個兩代相韓的家庭，可想像他的敎養不錯；當他毀家求客刺秦王爲韓報仇的時候，他有家僮三百個，更可想像他家庭的富有。張良下面還有一個弟弟（史稱他『弟死不葬』），我們更可推測秦滅韓的時候，張良的年齡可能已在三十左右了。

張良以力士用鐵椎擊秦皇帝博浪沙中，乃始皇帝二十九年的事（元前218），其時去秦之滅韓又過了十二年，張良的年齡可能已經到了四十以上。可是我們讀『史記』張良在下邳『圯上進履』這個故事（索隱：下邳人謂橋爲圯，音怡），這位把『太公兵法』這部書送給張良的『老父』，却叫張良爲『孺子』。一則曰：『孺子，下取履！』再則曰：『孺子可敎矣。』三則曰：『十三年孺子見我濟北，穀城山下黃石卽我矣。』不管這位『老父』老到怎樣一種程度，但稱呼一位年過四十的中年人爲『孺子』，多少總有點不近情理。司馬遷在『留侯世家』的贊論說：『學者多言無鬼神，然言有物。至於留侯所見老父予書，亦可怪矣。高帝離困者數矣，而留侯常有功焉，豈可謂非天乎？』大凡司馬遷在『史記』裏寫出這種閃爍之辭，便是表示他對某一件事不大相信的意思。照我想來，『圯上進履』這個故事，可能就是張良編造出來的。果然如此，請問他編造這個故事所爲何來呢？我可以說：正是爲的對付劉邦。理由很簡單：

一、劉邦『慢而侮人』（此王陵語，見『高祖本紀』），尤其不歡喜儒者，有儒生去見他，他可摘下其人的帽子，撒上一泡尿，其無賴的程度，着實可驚。張良很了解劉邦這種脾氣，因而造出這個故事去對付他。『留侯世家』裏有幾句話：『良數以『太公兵法』說沛公，沛公善之，常用其策。良爲他人言，皆不省。良曰：『沛公殆天授』。』這個意思便是說，我根據這部『天書』所提出的意見，惟有像沛公這種天亶聰明的人才能懂得。這種話在劉邦聽來是何等的舒服啊！

二、張良談『天授』還不止於上擧的這一處：漢六年，封功臣，劉邦命張良自擇齊三萬戶。良曰：『始臣起下邳，與上會留，此天以臣授陛下。陛下用臣計，幸而時中，臣願封留足矣，不敢當三萬戶。』乃封張良爲留侯。這自然是由於張良的性格恬淡，但也是由於他深知劉邦猜忌性成，貪多會有危險。他編造這個故事，一方面恭維劉邦，說您之所以懂得這部神秘的天書，您這種聰明乃是天所給您的；就是我根據讀這部天書的心得來幫助您，也正是天把我送給您來聽用的。處處運用這張天牌壓劉邦，看他是何等自估身分！後來『蕭樊囚繫』而『韓彭葅醢』，至於破口罵人，更是劉邦的家常便飯，惟獨對於張良，劉邦乃一直客氣到底，子房這種玩梟雄於掌股之上的本領，確實是了不起的。

三、我曾說過：劉邦是一個具有天才的流氓皇帝，張良要的這一套，他豈有不知的道理？爲什麼他反而裝着十分相信的樣子呢？其實他的這一裝，正是他的天才進一步發展。劉邦微時，他便曾和他的老婆呂娥姁（呂后名雉，見『漢書』，字娥姁，見『史記』『外戚世家』。』）創造過不少的神話：明明是他的媽媽在田間與人野合，他却一定要說：在雷電晦冥中，他的爸爸曾看見一條蛟龍伏在他媽媽的身上，因而才產生了他。於是他便『隆準而龍顏，美須髯，左股有七十二黑子』，儼然龍種。後來那位賒酒給他喝的王婆，也在他醉後睡倒的時候，常看見他的身上有龍。再後，劉恆（漢文帝）的媽媽薄姬，本來是魏王豹的宮女，魏王豹被虜，薄姬收入漢宮，劉邦第一次召薄姬侍寢的時候，薄姬說：『昨暮夜妾夢蒼龍據吾腹！』劉邦說：『此貴徵也，吾爲汝遂成之！』於是與薄姬春風一度，居然便產生了劉恆（事見『史記』『外戚世家』）。劉恆這個『蒼龍』的故事，正可與他祖老太太的『蛟龍』故事遙遙相對。人身上有『黑子』，並不是太稀奇的事，我曾見一個小孩，頸上便有三顆細微的黑子，但不經指點不容易看出。劉邦的黑子既有七十二顆之多，而且長在『左股』上，假如不是脫了褲子讓他的老婆呂娥姁給他一顆一顆的數過，他數字怎會這樣正確？如果他們不把編造的這個故事宣布出來，更有誰會知道這個秘密？此外劉邦和他的老婆所編的神話還很多：例如一個『老父』爲劉邦夫婦和他們的子女在田間看相，而說劉邦的相『貴不可言』；如劉邦在路上偶然打死了一條蛇，而造出所謂『白帝子』和『赤帝子』；如說劉邦躲在芒、碭山澤巖石之間，其上常有雲氣，別人找他不着，但他的老婆一找便着；如此等等，不必細述。總而言之，天下大亂，正是大家歡喜製造神話的時候，如陳涉，吳廣，也曾變出『篝火狐鳴』，『魚腹藏書』一類的把戲，則張良造出『老父予書』的這一故事，又有什麼可怪呢？劉邦知道而裝出十分相信，這因爲他自己便是一個創造神話的專家，假如他對張良說的故事不相信，又如何敎人相信他所造的故事呢？

憶陳果夫先生（六一）

宇人

隔了兩天，香港文匯報卽刊出一篇專欄，說我是「腐蝕了的大炮」，不求「進步」；每日祇是敎小孩的書，有時和小孩下象棋，問我看過毛澤東的新民主義沒有，也答沒有看過。又說，我雖然對「貪污腐敗的蔣介石政權不再存希望；但却認爲共產黨來了也不能把中國搞好」，所以拒絕靠攏。（大意如此）。該報記者雖然把我批評中共的許多話略去，但對我所說共產黨來了也不能把中國搞好的原意，仍是照刊的。不料，國民黨中央監察委員會却自廣州給我一封公函，問我是否曾向香港文匯報的記者說過「我對貪污腐敗的蔣介石政權已不存希望」這一句話。不消說，這又是監察委員會常務委員中某些CC分子的傑作。在當時那種情形之下，在港澳向靠攏的報刊記者抨擊中共，指出他們也不能把國家搞好，我可說是唯一無二的人。文滙報記者的那一篇特寫，並沒有直接引用我的談話，而祇是就該報記者的立場而言，所謂對貪污腐敗的蔣政權已不再存希望」一詞，乃是該報記者所作的描寫，並不是引用我的談話，任何人都可一看便知的。但中央監察委員會却要問我是否曾經說過這句話，顯然是有意要藉此來對我加上一項罪名。我此時已無心再和他們理論，乃置之不理。以後也沒有聽到有何下文，想必是他們自覺無聊或其他監察委員不以爲然之故。

由於我在澳門的住處已經在報上公開，我覺得不可再住下去，遂於廣州淪陷前夕還來香港。到此以後，又有機會碰見幾位CC朋友，得知大陸淪陷時，各地區的黨營事業，大多「下落不明」。有的主管人且捲鉅款遠走外國去作寓公。一位曾在果夫先生主持下的金融機構歷任要職的CC朋友還向我透露：在大陸淪陷以前，合作金庫主持人壽勉成的手中有美金五十萬元。這筆巨款是合作金庫的賬上所沒有的；但却是果夫先生所知道的。可知壽勉成從合作金庫的公款中套出這筆巨款，縱非果夫先生所授意，至少也是果夫先生所同意的。他又說，在東北危急時，瀋陽的農民銀行曾與衞立煌勾結，用飛機將軍費（金圓券）整箱整箱的運到上海來購買黃金美鈔。以後上海的農民銀行與合作金庫又假藉放農貸之名，用飛機將金圓券運往浙江的若干縣城，購買銀元。但這兩件事，果夫先生可能否知道。

政府退守台灣後，立法院在台北復會，曾經發表文告聲明引退的蔣先生又宣告復職，當時立法院秘書處有人在香港爲立法委員辦理代購入台船票及發給旅費等事務，他曾問我準備何時赴台，以便代訂艙位，我尙未答覆，卽接到國民黨中央黨部決定召開中央全會，請屆時出席的一份通知。裏面說，政府卽將修改管制出入境辦法，不日卽可正式公佈：凡入台者必須先經台灣省警備司令部的許可，發給入台證，始得入境，希望我依照規定，趕快辦理入台手續。這個一般性的通知書原非專對我而發的，但我認爲台灣乃是中華民國的領土，並非當權者少數人的私家禁地，政府當局根本無權限制人民自由入境；而在大陸變色，無數的反共同胞正在逃避共禍之時，政府當局更不應利用他們先到爲主的形勢，緊閉台灣的大門而迫使這些反共同胞流亡在外。因而也就決定不去台灣。

立法院在台北復會後，有一部份立委留在香港，仍委曲求全，依管制出入境辦法的規定手續申請入台，但未獲許可；其中有兩位，還在大陸變色時，因無交通工具，淪陷在昆明，後來經過很多的艱難困苦，才得到達香港的。他們既不能獲准入台，祇得向立法院請假。可是有些『忠貞』立委（大部份是CC分子）不但不對政府當局不准這些立委入台開會的不法行爲，視爲當然；[illegible]一項議案，主[illegible]須有醫生証明書，[illegible]還要請醫生寫証明書。直到兩年以前，其中一位立委走通了蔣經國的路線，他們才獲准入台；但已經流亡香港十餘年了。

[illegible]

（完）

本刊已經香港政府登記

每逢星期五出版

聯合評論

週刊

United Voice Weekly

第二八八號

督印人：黃宇人　總編輯：左仲平

社址：九龍通菜街三十八號南亞書局 849126

承印：嘉羅印刷有限公司香港灣仔馬師道5號

總代理：友聯發行公司　售價每份港幣一毫

本報美洲版總經售處美國紐約中美出版社

CHINESE - AMERICAN PRESS, INC

199 CANAL STREET.,

NEW YORK13 N.Y. U.S.A.

美洲航空版每份零售美金一角

空肚革命與出錢交友

（一）老赫「警句」詮釋

許子由

國際上最近有兩種可怪的現象，牽涉到中共與美國對外政策。前者是赫魯曉夫對北平的譏諷：「空肚革命」。後者成爲美國當前的困惱：「出錢交友」。一個是極端富有的強國，雖然慷慨解囊去辦外交，卻吃力而不討好，處處感到困擾。一個是家徒四壁的集團，可打腫了臉充胖子，任何場合都有它充潤的一份，人民竟「不穿褲子」，而這兩種絕不合理、絕對相反的政策，竟然在國際上打得難分難解，居然有半斤八兩的情勢，你能夠不說這是可怪？

「空着肚子喊革命」，是赫魯曉夫譏誚中共的原來証句，老赫沒有再加以詳細的詮釋，不知道他眞正的命意所在。如果從在赫毛交訴的經過中去搜索赫氏所指，則有三個可能：第一是赫魯曉夫於中共實行人民公社之初，即認爲此種共產制度，必須生產充份進展、物資充盈，方能實行；一窮二白如中共者，決不可以試辦。後來中共大躍進失敗，悉如老赫所逆料。足見中共「空肚革命」的狼狽。

第二，中共因爲堅持反美，杜撰出「美帝是紙老虎」這麼一句口號，大罵赫魯曉夫對美帝投降，並拒絕簽署赫氏所認爲傑作的核子局部禁試協定。老赫不能忍受，對中共加以警告說：紙老虎乃有核子牙，而「民兵不過是一堆肉」，並且譏笑中共「在蘇聯的核子保護傘下說風涼話」，言外大有暗示：有種的就不妨要求取銷中蘇聯防條約。中共對此並不敢正面答覆，尤見立不住脚。這又是指出中共狂妄不經的一面。

第三，中共在赫毛交訴中，一向抨擊「蘇共領導人」及最近指名攻擊謾罵赫魯曉夫，而在攻擊的文句下往往附上「中國人民與蘇聯人民友好」，或強指蘇聯人民也必定反對修正主義。這顯然是共黨手法「分化」的那一套，要使蘇聯人民起而批判赫魯曉夫。只看中共在蘇聯境內散發論爭文件，蘇當局加阻截，以致爆發驅逐中共人員出境、拒絕中共人員入境，引起外交糾紛及邊境衝突，足見蘇聯對此的絕不姑息，蘇斯洛夫指責中共圖使赫魯曉夫在「蘇聯領導中及蘇聯人民中」陷於孤立，不曾是指中共試圖在蘇聯內部進行顚覆，散佈政變種子。而赫魯曉夫在相對改善蘇聯人民生活之際，（這是爲了改進農業生產。）也就特別對中國人民提醒「空着肚子」喊革命這一句話，算是以牙還牙。

俄國作家妥恩退夫斯基有一句批評革命的話說：「你們把黃金時代期許給後人，但有什麼留給你們自己呢？」而中共在它革命成功奪得政權快十五年的現在，還在大喊「革命、革命爲子孫」！中國農民如都聽見赫魯曉夫「空着肚子」的話，他們是會加強反對中共這種不斷革命的。

（二）給中共「喊」的機會

赫魯曉夫所指出的，不能不說是事實。但要說空着肚子就不能喊革命，卻也不是眞理。

假如被中共認爲第一號敵人的美國，或者高喊反攻大陸的台灣，在中共公社大躍進失敗，流亡載道秩序大亂的時候，能夠適時採取相當的行動，燃起大陸眞正革命的火種，使苦於中共以革命爲壓廹的人民有機會表達他們對中共眞正的好惡的話。中共既破革命，它的「革命」就不能喊了。

假如美帝這隻「紙老虎」不願蒙受這樣的侮慢之名，祇是使用核子牙以外的其他牙齒，向中共一試紙虎虎威如何時候，中共便會「虎（苦）相畢露」，它的「革命」也就不能喊了。

因爲中共的所謂「革命」，不是在實行——實行會碰釘子——而祇是在「喊」，並且全世界都在給中共以喊的機會。自美蘇法英、以至東南亞部份「中立」國，非洲部份新興國。古巴、阿爾巴尼亞等，更無論了。

中共爲什麼不喊？

中共喊革命，至少可以壓縮人民的口糧，以壓榨人民的勞力，以實行飢餓輸出和飢餓援助。中共代辦在巴黎揮金如土，潤綽令人矚目；中共在亞非圈子中以「老細」姿態出現，「係威係勢」。誰去理會中國人民大都是赤脚大仙，中國人民許多還「光着屁股」呢？

這不過是中共對內喊革命有利的一面。在對外的一面，中共到法國做京戲，要到日本辦商展。雖然未能以此洗脫中共紙老虎的印象，但那些穿着帝國主義禮服的共黨，已駸駸乎躋身國際外交之林，同時他們也似乎喜歡藝術，有心做生意，這不是可以掩飾、洗刷侵略的一面麼？即使美國根據結束已十一年的韓戰而指中共侵略，但戴高樂已不是這樣看法了。當然美國可以進一步說中共沒有放棄侵略的證據。可是美國既不能強要中共簽署海峽停火做證據，又不願指出中共在越寮侵略的新證據。只要美國不願指出，大家既有生意可做，又有「中立」任何糾紛地區的會義可開，又何必太認眞呢？

（三）「掩耳盜鈴」之例

實際上中共眞是不侵略麼？麥納馬拉自西貢帶回華府展覽那一批鹵獲的中共武器是什麼？阮慶指出游擊隊中有中共軍官又是什麼？寮國境內有北越軍及中共人員，更是古老的問題了。這些問題，沒有遭受嚴厲的責難或窮究，只有詹森總統說過一句：「這是危險的玩弄」。但玩弄既有先例而未見危險，又何妨一而再呢？掩耳盜鈴，美國詐作沒有聽見鈴聲，中共自然就當作沒有鈴聲了。

寮國既可以由打游擊而至成立「中立」聯合政府，爲什麼在南越就不可以呢？美國幫助蘇加諾取得西伊里安，蘇加諾還要走向美國的主要盟友英國「埋手」，美國又是採取一片息事寧人的態度。施漢諾爲什麼不大叫大跳，拒受美援，幾乎要與美國絕交，而認中共做最靠得住的朋友，並且以要與中共北越締結軍盟來威嚇呢？

中共以空肚喊革命，以極少的代價去亞非圈子中搗亂，頗有成效。美國長期花大把美鈔去援助落後國家，卻往往交不到朋友，甚且屢受反噬！一般以爲一面慨行援助，一面卻在打做買賣的算盤有關；但這猶屬其次。最重要的，是美國本身既不強硬堅決反共，又怎能要求其他盟邦或受援國家堅決反共？美國議員天天叫嚷着美國孩子不能在越南流血，叫嚷着對中共採彈性政策，這些姑息主義的抬頭，綏撫主義的滋長，會不會被戴高樂看在眼裏，認爲美國並無在東南亞戰勝的決心，有可與中共妥協的傾向，所以他不惜先行一步，預備在美國與中共之間做一個長期的掮客，先談中立東南亞，再談中共放棄侵略，到聯合國中「坐下來談」。法國自認不夠力量，恐怕美國不易「放盤」，還邀同日本做混份經紀，日本也頗想染指。像法日這樣的自由國家，難道無端端做叛徒？還是看見美國已有「雞肋」之思，趕着先來打退堂鼓？

（四）打「錯誤的敵人」

這樣，就造成不利於美國的情勢，適如中共所說：「堅決作反美帝戰爭，戰爭就打不起來」。當然，美國不能打蘇加諾或施漢諾，而共方在與美國戰爭的，只有南越那幾萬名游擊隊。美國既顧忌不願北進搗毀賊巢，又想不用增兵，埋怨多花費少收效。幾萬名在南越的游擊隊就能困擾美國如此之厲害，難道眞是「東風壓倒西風」？

美國在韓戰中不願用原子彈，是根據「局部戰爭，用局部武器」；結束韓戰，是認爲「在錯誤的時間地點，與錯誤的敵人戰爭」。現在在越戰中，可能也是認爲游擊戰只可以游擊戰對之，可惜的是在「錯誤的敵人」這一方面，錯誤更大。因爲它既非蘇聯，又非中共，甚且不是北越共黨！比較韓戰，豈不是等而下之？

中共叫人把美國打成紙老虎似的，中共自己卻不敢踏出金門馬祖一步，試與美國一碰，顯然地紙老虎正是中共本身！但這正是中共的策畧，空着肚子喊革命的策畧——它不出手，儘站在後面喊。它只派出少許人員，一些武器，自有寮共去替它賣命。另一方面，它又利用富馬，施漢諾等拉攏英法，由英法從外交上拖住美國的腿子，叫美國「紳士犯不着與流氓鬥」，美國這位大少爺，只要被勸說到氣平下來，就隨便給流氓一些利益（如失奠邊府，便割河內）算了，只求相安一時，至於這「一時」能有幾久？流氓賊性不改，那卻是後事不提。既然搗亂勤索而往往能有所得，怎能夠怪流氓一再搗亂？

中共不祇在寮越如此，就是在印尼柬埔寨，也是如此，只要屬於非共的世界有糾紛，便是共黨的好機會。以美國對北越的公然滲透寮國南越，尚且不能有相應的對付行動，當然對蘇加諾、施漢諾更無所措手足。在對巴基斯坦方面，中共也利用印巴克什米爾糾紛，肆行挑撥，巴基斯坦的政情已逐漸左傾，如果也弄到將來拒受美援的地步，美國所苦心經營的東南亞聯盟及中央公約——以巴基斯坦爲交义點的，也就成爲笑話。

至於中共在非洲和古巴的活動，粗看似乎是外圍之又外圍。但非洲國家在聯合國的投票權，將來傾向如何很難逆料，如果被中共收買得太多，也許有一天美國阻止不了中共入聯合國，那時如必須以「退出」爲威脅，那就太提高中共的聲價了。

至於古巴問題主要是蘇聯主持，中共不過有他一份。美國國務院報告對撤退飛彈仍在誇功，當然這是了不起，但當時保証不進攻古巴，筆者就認爲做得不撤底。現在南美若干騷亂，皆因古巴而起。正不必沾沾自喜。中共的在每一件反美事情它必要有一份，即使無力無干，也要叫嚷一番，「拉別人裙帶自己腳」，這都是要使美國有一種錯覺：到處碰到中共的麻煩，中共眞可惡得了不起！

中共支使別人去麻煩美國，拉攏英法影响美國勿走對中共強硬的路線，這都是中共的策畧——自知本身是紙老虎，不堪美國一碰而製定的策略。可是美國不察，以爲中共的徒孫已很厲害，朋友們又都替中共求情，就不去找中共算賬。

美國上下都不願再有「韓戰」，卻沒有檢討麥克阿瑟「被縛着一隻手」作戰，及那個時候中共的內外環境。美國在遠東有事，總離不開中共，要有必要時打局部戰爭的決心。大陸的民情在這十年下來已今非昔比，現在絕沒有老百姓說中共的好話，這是中共最大的弱點，美國要能夠看得透。「亞洲問題須找中共」，這話不錯，用戴高樂的方法，抑杜爾斯的政策，華府該有抉擇。

四月五日

經濟安全

孫寶剛

前文說到了平等，自由和兄弟精神，但用什麼方法可以達到呢？在社會主義者看來，像許多道德運動者這樣，專使人心改變是不够的。我們非得在經濟制度上也有所改變，才可以達成。而制度改變的第一步，就是要使每一個人在經濟上獲得安全；即是使每一個人都有足够的東西活下去，而不要每天有活不下去的恐慌，或常在等待旁的人去救濟。易言之，也就是每個人要有沒有缺乏的自由。第二步是要使所有的人都要獲得國家總收入的公道的一份。易言之，在現社會上，有錢的非常有錢，窮的即使達到了第一項，但僅能生活下去，還是不公道的。第三步要使生產事業可以整個擴大，不然在「無」的社會中講分配，不是沒有什麼可以分配麼？第四步是經濟民主化，即勞動的人們和消費者重要參加生產管理。

有產階級當然不會覺得衣食住行的困難，一般的人們為了衣食住問題，則必須獲得工作，拿到了工資或薪金，才能活下去，但這要和他們的同階級的人們爭，同時要看老板們的眼色。即使獲得工作以後　也常常恐懼失去工作，尤其在工商業不景氣時為然。所以我們可以說，工人們是沒有經濟安全的。這是資本主義社會中的一個恥辱，富人們的財產，國家用種種力量去保護，視為神聖，一般人的最低生存條件，政府反視若無睹，以人命為不足道，這不是錢的價值高於人的價值了麼？所以經濟安全是最為重要的。到這一點，第一應使人們個個有工作的保障，第二要使每個人工作所得足够維持其家庭。第三要使人們在沒有工作時，或在童年未能工作，以及在老年不能工作時，也或子女太多的家庭，也都有生活的保障。福利國家這四個字，其實就是指此而言。

所以，政府須對全國經濟有假通盤計劃。使全國人民都能獲得工作，有時如工作的機會不够，政府也應為人民創造工作機會。有些人對於政府使全國人民都有工作這一個原則表示懷疑，其實，祗要考思一下：假如每個人都有活的權利，與其救濟他們使他們活下去，不如使他們有工作而使他們能自己活下去。所以在原則上而論，政府應盡其一切付出最大的代價，來實施這個原則。有時可以政府自行投資以增加人民的工作機會的。

其次工會的組織是非常重要，有了工會才能集體議工資，工資才較合理，工人在工會保障之下，才不須事看老板的眼色，任由資本家剝削。其他對於工作環境等的改善，也才能有可能性。

但上述二項祗對一般有工作能力的工人，而家庭負担也不很大的工人而言。假如工人失去了工作能力，不論是暫時的或永久的，便須有特別的救濟。總之一個人自搖籃中起至年老而死亡止，中間除了一段可以工作，及幼年時父母可以培養之外，其他的階級，政府應加以保障，關於這些問題的解決，我們名之曰社會福利制度。

現在將對全國經濟通盤計劃這一點畧加說明，在社會主義者所謂通盤計劃，和共產主義者的通盤計劃不同，共產黨是將全國工商業都收為國有，所以共產主義者的通盤計劃是站在老板的地位上計劃，他的計劃是硬性的，對每一個工廠或每一個公司都有一定的硬性規定，所有人民都是政府的雇員，祗有政府是老板。社會主義者則不然，它不過對全國的經濟結構有所計劃和調整而已。譬如紗廠太多了，便應使紗廠減少，製鐵廠太少了，便應使其加多。但紗廠也好，製鐵廠也好，多是私有的。政府依據市場的供求統計，知道了某種企業太多或太少，並且預知其將來的趨勢，所以通常利用銀行的放款，以及政府的預算，和營業執照來誠整之。易言之，那一項企業過剩，銀行那一項企業的借欵，應提高其條件或利率，使那項企業向銀行借欵時站在不利的地位，使那項企業中的幾家成績較差的工廠或公司自會轉業。進之，政府的預算中，如對某種企業的增稅或減稅，對某種貨品的購入，甚至自行投資，以調整企業。有時政府還替某種企業訓練技術人員及工人，有時政府還對某種企業予以津貼，這便使每一項企業有調整的作用，如此使供與求維持平衡，並且使新生的企業得以建立，而市場中還可擴充的企業也可以擴大。而經濟可以穩定，並擴張，全國人民都有了工作的機會。

但是現社會中，有錢的人太有錢了，他們以錢來博錢而愈有錢，一般人們在最低生活之下，即使有了保障，僅僅過着最低的生活，所以社會主義者在達到第一步以後，還要進而求第二步的實現，即是使個個人有國家總收入的公道的一份。

但是怎樣可以使個個人有公道的一份呢？共產黨的清算，徒然帶來了慘無人道的事蹟，真正行得通的，依照各國的經驗所得，唯有賴之賦稅。即是說：我們要利用累進的所得稅和遺產稅，使各人的所有和所得再分配，而使與人人間的收入相差雖不能一致，至少也減短了中間的距離。因為政府自所得極大的人徵收了所得稅後，被徵收的人的所得是減少了，同時政府從賦稅內所得的，可以用來補助最低收入的人們。同時也可以支出於養老金，家庭津貼，疾病津貼等等。有些人認為國有化不是把生產工具國有了，全部所得為國家所有，不是一勞永逸麼？將所得更可平均的分配給人民，其實以英國的十餘年的經驗看來，這祗是國家強迫地購入一筆財產而已。意義並不十分重大，所以現在國家所經營的僅屬於社會的基本工業，而私人不感興趣的，或新興工業而冒險性很大的，或對於各種工業的研究和訓練等，或對於每個人都有益的如教育和衛生等事業。對於國有化的理論已大有修正了。反之，有人以為累進的所得稅太重了，可以使資本逃避或使人們不踴躍積蓄？這不是使經濟擴充受了影響，其實不是如此，現代的經濟擴充，是靠商業的積蓄，即是沒有分配的利潤。基於個人在並不重要，同時政府的積儲倒是非常重要，政府為了要投資於某種企業，便可加重稅收，或發行公債。在理論上說，累進稅愈加重，愈是達到了經濟平等的原則，不過在實施上，會引起許多政治上的阻力，所以在事先須使人民徹底瞭解為什麼要加稅的原因。才不會因加稅而發生政治的危機。

最後論到經濟民主化。這就是說，一切的生產為了社會，所以祗是資本家在處理生產是不公道的。工人們既只是參加生產的，那麼有許多地方，工人的意見它可改善生產，所以應當參加生產的決策和管理，進之，消費者是生產者的對象，生產的不良，影響他們最大，所以消費者應組織消費者協會以參加生產者的決策。另外政府當然也站在監督的地位，如此由各方面參加而生產時，所有生產真正在為社會服務，也就民主化了。

以上四步就是社會主義者要達到平等自由和兄弟精神的方法。

× ×

蘇共透露中共正在消滅蒙古族
蘇共又說中共已經威脅全世界

綜觀

據合衆國際社四月一日巴黎電：「一位蘇聯外交官員在星期二把中共比做美國右派分子和納粹，並指責中共採取一種沙文主義和種族主義的政策，這是包括通過中蒙締婚消滅蒙古人」。

合衆社又說「率領蘇聯代表團於最近出席在阿爾及利亞舉行的亞非團結會議的加佛羅夫告記者稱：中共不但對蘇聯，而且對歐洲以及其他地區所有國家構成威脅」。

他又說「中共在亞非會議上的行為眞像流氓，中共的行動沒有得到支持」。

他又說「中共的現行政策是一種種族主義和沙文主義，這與納粹主義以及美國希望戰爭的激烈反共分子沒有什麼分別。」

他又說：「難道法國不了解中共希望聯合黑人和黃種人反對歐洲嗎？這種沙文主義和民族主義的蔓延，不僅對蘇聯，而且對歐洲和其他國家構成威脅。」

他又說「中共强迫實行同化蒙古人的政策，漢人要與蒙古通婚，這種方法是要消滅蒙古族」。

不錯，中共强迫蒙漢人通婚，由於漢人多，蒙人少，結果確實會消滅蒙古人，至少消滅中國國內蒙古人這一少數民族。然而中共平日經常大事吹噓它在如何尊重國內少數民族，現經最了解中共內幕的蘇共黨人對此加以揭穿，中共所謂平等優待國內少數民族的謊言，顯然完全揭穿了。大抵，中共正在進行消滅的國內少數民族，絕不止蒙古人而已。對於國內其它少數民族，中共原本也是以優待為名打擊是實的。否則，西藏的達賴拉嘛何至冒險間關逃往印度呢？中共今天抗議印度支持達賴分訪亞洲各國，原因之一，也正是害怕達賴將中共虐待少數民族的眞象揭穿。而中共的這種作法是完全違背人道的。

事實上，這也毫不奇怪，中共心目中原本只有黨的利益，甚至只有毛澤東的個人利益，中國大陸的漢人且被中共成千累萬的屠殺，那末，中共對國內少數民族實行奴役、屠殺和消滅，正也毫不足奇。

何況，就在共黨內部，毛澤東及中共中央少數寡頭，也一向效法斯太林在蘇俄之所為，對於異己，雖屬黨人，也是一律要予排除的。毛澤東早在延安時代，就已發表了他那著名的排除異己的方法，名之曰「整肅」。兩年前，毛澤東且揚言規定，中共內部必須每兩年整肅一次，可見，中共今天虐待蒙古人西藏人，實在是意中事了。

不過，中共正在進行消滅蒙古族的事，竟由蘇共人員透露出來，這就不能不使人特別注意了。可以確信，蘇共除此之外，一定還獲悉中共其他的許多秘密。這些秘密，勢必將隨中蘇共裂痕之加大，中蘇共衝突之加深加大，而更多的暴露出來。

對於國內蒙古族，原本不應該把它消滅的。因為隨着社會的進化，中國國內各少數民族已與漢族逐漸進化而為一個大中華民族，這些少數民族都應在民主基礎上，成為中華民國之一員，而不應予以歧視，更不應予以消滅。

至於蘇共近亦感到中共不但對蘇聯是威脅，而且對整個世界都是威脅一事，比之上述消息，實更驚人。而且隨着這一看法的發展，對未來世局之演變，誠有不可估計之影響。

誠然，發表上述中共不但威脅蘇聯，而且威脅整個世界一談話的，目前還只是蘇共出席亞非團結大會的代表團團長加佛羅夫個人，但依照共黨組織原則，任何共產黨人都是沒有言論自由，都是不能擅自發表私人談話的。那末，加佛羅夫的話，便應該是蘇共對中共的整個看法了。

加佛羅夫又說法國難道不知道中共正在組織黃種人黑種人以反對歐洲的話，則意在挑撥中共與法國的關係，尤屬至為明顯。

事實上，本報的評論早已指出毛澤東懷着一種種族主義，不但反對資本主義的白種人，亦反對白種人蘇共。而且本報早已指出毛澤東原是要以此來團結他的羣衆，以此來拆散蘇共的羣衆，從而一面在共黨集團內從蘇聯手中奪取國際共黨的領導權，一面圍攻美國，孤立美國，以暴力革命為主要手段來赤化世界，加佛羅夫的話則恰巧對本報過去的言論和看法作了印証而已。

加佛羅夫說中共現在正和納粹分子差不多，又說中共在國際外交場合上完全是一個流氓，這話也全對。但蘇共眞敢對中共採取制裁行動嗎？則尚待表現哩！

中共八評蘇共中央的公開信

中共要求蘇共清算赫魯曉夫

黃質文

自毛澤東與赫魯曉夫發生個人衝突因而引起中共與蘇共之間的衝突後，這一衝突現在是愈來愈擴大了。而其理論之爭，則仍是圍繞着去年七月十四日蘇共中央發表的那封公開信的內容在發展在演變。去年本刊曾節錄過蘇共公開信原文，現特再節錄中共四月一日八評蘇共公開信原文之一部分。因原文長達三萬字左右，無法全文刊登。但中共在這裏肯定暴力革命是惟一道路，且首次正式指名道姓要求蘇共中央清算赫魯曉夫，則可以說是中蘇共衝突的尖銳發展，值得注意！

中共八評蘇共公開信之部份原文則如下：

「從蘇共第二十次代表大會開始，赫魯曉夫提出了同十月革命道路根本對立的所謂『和平過渡』道路，也就是『通過議會的道路向社會主義過渡』。

「讓我們看一看赫魯曉夫等人販賣的所謂『議會道路』究竟是一些什麼貨色吧。

「我們在這篇文章中，不厭其詳地引述赫魯曉夫和伯恩施坦、考茨基的言論以及列寧批判伯恩施坦、考茨基的言論，為的是証明赫魯曉夫的修正主義，正是不折不扣的現代的伯恩施坦主義和考茨基主義。同伯恩施坦和考茨基一樣，赫魯曉夫對馬克思主義的背叛，也正是最突出地表現在反對革命暴力，『把革命暴力化為烏有』。而且，在這方面，伯恩施坦和考茨基現在顯然沒有保持世界紀錄的資格了，因為赫魯曉夫已經創造了新的世界紀錄。赫魯曉夫不愧為伯恩施坦和考茨基的門徒，而且是青出於藍，更勝於藍了。

「工人運動的全部歷史告訴我們，承認不承認暴力革命是無產階級革命的普遍規律，承認不承認必須打碎舊的國家機器，承認不承認必須用無產階級專政代替資產階級專政，歷來是馬克思主義同一切機會主義、修正主義的分水嶺，歷來是無產階級革命家同一切無產階級叛徒的分水嶺。

「斯大林也說過，無產階級的暴力革命。無產階級專政，是一切資本統治的國家轉向社會主義的必然的和必不可免的條件。

「沒有暴力革命，沒有無產階級專政，能不能對資產階級的制度進行根本改造呢？斯大林回答說：『顯然是不能的。如果以為可以在適合於資產階級統治的資產階級民主制範圍內，用和平方式來進行這樣的革命，那不是精神錯亂、神經失常，就是公然無恥地背叛了無產階級革命。』

「毛澤東同志根據馬克思列寧主義關於暴力革命的原理，根據無產階級革命和無產階級領導的人民民主革命的新經驗，提出了『槍桿子裏面出政權』的著名論斷。

「毛澤東同志說：『在階級社會中，革命和革命戰爭是不可避免的，捨此不能完成社會發展的飛躍，不能推翻反動的統治階級，而使人民獲得政權。』

「毛澤東同志說：『革命的中心任務和最高形式，是武裝奪取政權，是戰爭解決問題。這個馬克思列寧主義的革命原則是普遍地對的，不論在中國在外國，一概都是對的。』[illegible]有用槍桿子的力量才能戰勝武裝的資產階級和地主；在這個意義上，我們可以說，整個世界只有用槍桿子才可能改造。』

「總之，暴力革命是無產階級革命的普遍規律，這是馬克思列寧主義的一個最重要的原理。赫魯曉夫正是在這個最重要的問題上背叛了馬克思列寧主義。

「在一九五七年各國共產黨和工人黨代表會議期間，關於從資本主義向社會主義過渡的問題，中共代表團同蘇共代表團進行了尖銳的爭論。

「中共代表團明確地表示不同意這些錯誤觀點。十一月十日，中共代表團向蘇共中央系統地說明了我們關[illegible]方都堅持自己的立場，不能達成協議。最後，中共代表團考慮到各國兄弟黨普遍要求在這次會議上能夠產生一個共同文件的願望，才在這個問題上又作了一次讓步，再一次照顧蘇共領導的需要。我們同意把一九五七年宣言上關於這個問題的幾段文字，照抄在一九六〇年聲明上。同時，我們在這次會上，散發了一九五七年十一月十日中國共產黨關於和平過渡問題的意見提綱，並且表示，這是最後一次對蘇共領導的照顧，以後再也不能照顧了。

「現在，如果有的同志批評我們當時對蘇共領導的這種照顧是錯誤的，我們樂於接受這種批評。

「毛澤東同志還指出：『搗亂，失敗，再搗亂，再失敗，直至滅亡——這就是帝國主義和世界上一切反動派對待人民事業的邏輯，他們決不會違背這個邏輯的。這是一條馬克思主義的定律。我們說帝國主義是很兇惡的，就是說它的本性是不能改變的，帝國主義分子決不肯放下屠刀，他們也決能成佛，直至他們的滅亡。』

「事實說明：今天，一切被壓迫人民和被壓迫民族，要進行革命，要爭取解放，不但必須對付本國反動統治階級的暴力鎮壓，而且必須充分準備對付來自帝國主義，特別是美帝國主義的武裝干涉。沒有這種準備，不堅決在必要的時候用革命的暴力回擊反革命的暴力，就根本談不上革命，更談不到革命的勝利。

「赫魯曉夫的修正主義，具有深刻的歷史根源和社會根源，帶着時代的特點。正如列寧所說：機會主義不是偶然的現象，不是個別人物的罪孽、疏忽和叛變的產物。而是整個歷史時代的社會產物。

「第二次大戰以來，國際共產主義運動在獲得巨大發展的同時，在它的內部產生了它自己的對立物，即反對社會主義的、反對馬克思列寧主義的、反對無產階級革命的修正主義的逆流。這股逆流的集中代表者，首先是白勞德，其後是鐵托，現在是赫魯曉夫。赫魯曉夫修正主義不是別的，正是白勞德和鐵托修正主義的繼續和發展。

「赫魯曉夫的修正主義，就是代表這種資本主義的利益，並且為它服務的。因此，赫魯曉夫的修正主義，絕不會給蘇聯人民帶來什麼共產主義，而是連社會主義成果也受到嚴重威脅。它正在為資本主義的復辟而大開方便之門。這也就是美帝國主義所追求的和平演變的道路。

「無產階級專政的歷史告訴我們，從資本主義向社會主義的和平過渡是不可能的。而從社會主義和平演變到資本主義，則已經有了南斯拉夫的先例。現在，赫魯曉夫的修正主義，也正在把蘇聯引到這條道路。

「這是無產階級專政歷史上最嚴重的經驗教訓，一切馬克思列寧主義者，一切革命人民，以至我們的子孫後代，都千萬不能忘記這個大教訓。

「從蘇共第二十次大會到現在，時間才過去八年，在這個短短的歷史瞬息裏，赫魯曉夫修正主義給蘇聯，給國際無產階級革命事業造成的損害，却是够大的了，够嚴重的了。是時侯了，是批判和清算赫魯曉夫修正主義的時侯了。

「在這裏，我們願意奉勸蘇共領導同志，過去有多少機會主義者和修正主義者都被丟進歷史垃圾堆，你們何必一定要跟着他們的「脚印」走呢？

「在這裏，我們也希望其他犯修正主義錯誤的兄弟黨的領導同志們認眞地思索一下，跟着蘇共的修正主義走，究竟得到了什麼結果？我們知道，除了那些深深陷入修正主義泥坑的人以外，不少同志是受迷惑的，被欺騙的，或者是被强制走上錯誤道路的。我們相信，只要是無產階級革命者，終將選擇革命的道路，拒絕反對革命的路線，終將選擇反對馬克思列寧主義，拒絕修正主義。對於這一點，我們抱着很大的希望。

「讓我們用共產黨宣言的結語來做本文的結束吧：

『共產黨人認為隱瞞自己的觀點和意圖是可鄙的事情。他們公開宣佈；他們的目的，只有用暴力推翻全部現存社會制度才能達到。讓那些統治階級在共產主義革命面前顛抖吧。無產者在革命中失去的只是自己頸上的鎖鏈，而他們所能獲得的是整個世界。全世界無產者，聯合起來！」

從上述中共文字中，巳可充分看出中共是蓄意以武力來進行世界革命的。但富爾布萊之流却仍在幻想中共會轉變得緩和，仍自作聰明的以為中共可以安撫，眞可謂無知，眞可謂做白日夢了。

白崇禧電責李宗仁原文

陳聖言

[illegible]

旅居海外，迭發謬論，危及邦家，為親痛仇快。近據傳聞，共匪在海外加强統戰工作，以李濟琛偽人民政府副主席及民革主席之地位，以餌我公。禧初聞之，決不之信，乃近閱報，法國與共匪建交之後，我公竟於二月十二日，投函紐約前鋒論壇報，公然支持共匪，勸說美國學步法國，與共匪調整關係。如所傳非虛，我公對國難既不能共赴，反為共匪張目，危害國家，是誠何心，是眞自棄其立塲矣！自毀其歷史矣！自絕於國人矣！禧旬日以來，朝夕苦思，繞室徬徨，仍願本君子愛人以德之義，知其不可為而為之，盡吾愛吾友之初衷，作最後之忠告，倘我公幡然憬悟，毅然自拔，則君子之過，猶日月之蝕，固無損及夙昔之風光，而為萬民所共仰也。憶昔大陸戡亂，東北平津相繼淪陷，徐州會戰，又告失利，繼冒精銳大損，人民陷於永深火熱。總統蔣公，不忍大局糜爛，毅然引退，由公以副總統代理總統，派員赴平，與共匪謀和。和平談判破裂，戰事延及長江，國軍又相繼失利，中央政府先還廣州，繼遷重慶，崇禧當時目睹局勢嚴重，非蔣公親臨領導，無法挽救危局。乃在渝與公及吳禮卿邱毅吾諸人，商討時局，敦勸我公辭代總統職，央吳先生專機赴台，迎接總統蔣公來渝復職，以資號召，而利大局。我公贊同斯議，當時崇禧私衷感奮，有非筆墨所能形容者。承總統蔣公俯允抵渝，我公竟先走避昆明，□復轉赴桂林南寧，擬赴美養病。崇禧曾苦勸以大局為重，不可遠離，若必須赴美，應先辭代總統職，對國人對歷史，應有一交代，未蒙探納。此當時崇禧愛護我公，忠於國家之心跡也，諒為公所深知，固勿待煩言者。其後，中央政府播遷台灣，國內外民眾團體及中央民意機關，均一致敦請總統蔣公復職，崇禧當時承吳禮卿先生轉達蔣公意旨，用吳與禧二人名義□電徵我公同意，以副總統特使身份留美，一面養病，一面爭取美援，內外相維，共謀國是。電上未覆，崇禧與吳先生再電我公，以蔣公復職在即，如不同意前電辦法，亦望切勿反對。同時前參軍長劉任夫將軍，亦奉蔣公之命，電我公徵求相同意見，蒙電復贊成。孰料此間總統復職文告，甫經頒佈，乃我公在紐約即舉行記者招待會，表示反對。此舉有失國人同情，而中央對公則仁至義盡矣。崇禧過去感公知遇，推心置腹，詢及務蕪，豈意善始未能善終，大陸戡亂之際，總統復職之時，為國家歷史絕續關鍵，崇禧一再進言，棄若敝履，以視曩昔之見信，有若天淵之別矣。今者受宵小之蠱惑，為共匪宣傳之工具，須知共匪殘暴成性，不恤民命，老弱轉乎溝壑，壯者散而之四方，凡有血性之倫，其誰能忍？而對此歷史空前之暴政，又誰信其能久遠乎？伏望我公激發良知，遠離宵小，毅然悔悟，以全晚節。臨書愴惻，無任主臣。專此敬叩鈞安。奮鬭白崇禧敬啟。五十三年三月十八日。

轟動一時的司法、監察權之爭

制憲國代有一番合情合理的論斷

明心

（台北通訊）近月以來，轟動一時的監察院爲了「黃啟瑞案」，因而彈劾最高法院法官違法失職一事，不僅提案檢舉的監察委員與被彈劾的法官，不斷在報紙上互提辯証，互指違法。就是一般關心此案的海內外法學界人士，亦多有對此空前創舉的彈劾案，提出不少的引証與評論。現在此案已經由監察院移付司法院懲戒委員會處理，究竟誰是誰非，可能在不久的將來得到一個答案。

筆者爲使海外人士對於此案有進一步了解和研討，特將三月十一日台北聯合報記者羅積君的一篇報導介紹於后，以供關心人士之參考：

「就憲法上來看，監察院對於違法失職的司法官，是可以彈劾的。這是數位當年參加制憲的國大代表對記者表示的共同看法。他們認爲所謂違法失職，是指司法官於執行審判職務時，由於採証不當而引起判決錯誤，至於司法官個人的敗德行爲，當然也是應受彈劾的。

自從最近監察與司法兩權行使的爭論發生以後，引起若干不相同的看法，數位當年的制憲國大代表，在與記者談論此問題時，願意就目前爭執之點加以澄清，但他們不允在報上公開其姓名，因爲他們不願捲進這場論爭的旋渦。

首先談到的，是監察院是否可能彈劾司法官？要答覆這個問題，可參看憲法第九十七條之規定：「……監察院對中央及地方公務人員，認爲有違法失職情事，得提糾舉或彈劾案」，同時，憲法第九十九條也有下列的規定：「監察院對於司法院或考試院人員失職或違法之彈劾，適用本憲法第九十五條，第九十七條及第九十八條的規定」，因此，監察院對違法失職的司法官提出彈劾案，在憲法上是有其根據的，此點實不應成爲目前爭論焦點之一。

何時「干涉審判」？

另一爭論的焦點，有人認爲司法官的個人敗德行爲可以由監察院提案彈劾，至於司法官在進行審判時所有的採証、判決，監察院是不能過問的。數位制憲國代的看法與此種見解頗有距離。他們指出：審判獨立爲天經地義的，當審判正在進行中，監察院如果提案彈劾足以構成干涉審判。但是，如果在審判最後確定過後，經發現有採証不當而產生判決錯誤的情形，使明知有罪之人卻作無罪的宣判，或明知無罪的人卻作有罪的宣判，監察院經過調查認爲確有違法失職時，監察院可以提出彈劾案。因爲這種事後的彈劾，已不能改變原已確定的判決，則此種事後的彈劾，實不足以構成「干涉審判」。

數位當年的制憲國代在此處特別強調在判決確定後而提出的彈劾，是無可厚非的。他們希望社會一般人不要有一種混淆不清的觀念，那就是把「審判進行中」和「審判最後確定後」混爲一談。他們同意在審判進行中，不但監察院不可以中途進行調查及提出彈劾案，即使是社會上的任何批評與指摘，都是不可以的。這就是維護司法審判獨立的精神。

他們並指出司法官在審判過程中，採証，判決就是司法官的任務，如果採証不當，判決錯誤，事後不能由職司監察的監察院提出彈劾，則監察司法的制衡作用，將蕩然無存！

兩權並無「衝突」

談到司法和監察兩權究竟有無衝突或互相抵觸的問題。當年制憲的數位國大代表認爲並不衝突。他們指出憲法第七章司法與第九章監察，並無抵觸。

憲法第七章條文自第七十七條至第八十二條，其立法要旨在闡述司法權的行使方式和組織，有關司法獨立的是第八十條「法官須超出黨派以外，依據法律獨立審判，不受任何干涉」。司法獨立的理論，倡自法儒孟德斯鳩，孟氏篤信自由爲人類最高的善德，但凡人有權，必將濫用，政府濫用權力，人民絕無自由之可言，因此，孟德斯鳩認爲欲防止政府濫用權力而確保人民的自由，則必須以權制權，於是立法、行政、司法三權分立，互相制衡之學說於焉產生。國父孫中山先生更進一步將三權修改，獨創五權分立，中華民國即根據此五權分立的精神而制訂。

憲法第九章是說明監察方面的執掌及範圍，而彈劾權是監察權中的主要部份。從我國憲法看，我國彈劾權的行使對象爲總統、副總統、中央及地方公務人員。對於公務人員的彈劾程序，依照憲法第九十七條第二項的規定監察院對於中央及地方公務人員，認爲有失職違法情事，得提出糾舉或彈劾案，如涉及刑事，應移送法院辦理。第九十八條又規定：監察院對於中央及地方公務人員之彈劾案，須經監察委員一人以上之提議，九人以上之審查及決定，始得提出。由此可見監察委員提出彈劾案應獨立行使職權，而監察委員審查彈劾案，也是單獨行使職權。彈劾案經審查成立後，則應以監察院名義移送懲戒機關（即公務員懲戒委員會或法院）監察院只以提出彈劾案爲止，至於被彈劾人應否予以懲戒或如何懲戒，則是懲戒機關的職權。

懲戒權的劃分

公務員之懲戒權，憲法中規定屬於司法院，這也是獨立審判的表現。一位制憲國代指出，監察院行使彈劾權提出彈劾案，不啻法院檢察官之提起公訴，而懲戒委員會受理彈劾案，究應如何議處，屬於懲戒會議處權之行使，懲戒會的地位，正如法院推事對於檢察官所提起訴案之受理，懲戒會處理結果應否受懲戒，正如法院推事審理案件之結果應否判以罪刑。

這種法律上的劃分，在立憲當初之原意，乃使監察院對公務員的彈劾權及司法院對公務員的懲戒議處權，予以明確的分制，使不混合爲一，目的也就是經過兩個不同的機關，可以得到慎重向公正的處理，雖然在程序上較爲冗繁，在時間上較爲緩慢，但對於涉嫌違法失職的公務人員應否議處，則較爲慎重。

我國監察院行使之彈劾權與美國參議院行使之彈劾權，是大同小異的。

美國彈劾案是由衆議院提出，參議會則司審判彈劾案，我國則由監察院提出，司法院公務人員懲戒會司懲戒之議，美國彈劾權行使範圍，依照美國憲法第二條及第四條的規定，雖可及於總統、副總統及一切文官，實際上僅包括內閣人員，外交人員及聯邦法院的法官，在這些人員中，又只指較高級人員而已。

根據美國政治史的記載，至一九三六年止，有九位法官被彈劾，經參議院決定有罪者有四位法官，他們的姓名是John Pickeyirg, West Humpherys, Robert W. Archbzld, Hzlstep L. Ritter。

因此，一位制憲代表認爲：我國與美國行使彈劾權雖在程序上有不同，但法官如果違法失職，是可以由彈劾權行使權關提出彈劾，中外是一致的。

基於前面的分析說明，制憲代表一致認爲目前的爭論是多餘的，在憲法上本來沒有問題的，現在要找出一些似是而非的說法來增加困擾，這是叫做「天下本無事，庸人自擾之。」

台灣簡訊

一、嚴家淦要整飭政風

行政院長嚴家淦在立法院對於整飭政治風氣問題，作了二點具體的表示。他在答覆立委趙惠謨的質詢時說：行政機關主管對於其直接部屬的貪污有其連帶責任，而公務人員上酒家的行爲，也應研究作有效的取締。

嚴院長說，根據法律規定，行政機關主管對其直接部屬的貪污行爲，至少應負失察的責任，事實上目前因貪污案受到行政處分和法律制裁的。也不限於直接受賄或貪污的人員。

嚴院長指出，公務人員上酒家可引起不良的風氣，目前在法律上及行政處分的規定上雖無適當的制裁方法，但政府正重視此一不良風氣的糾正，將積極研討有效取締方法。查公務人員貪污，主管官應連帶負責，這一個問題，想來海外讀者不言而喻，而不許公務人員上酒家一層，筆者認爲海外讀者對此一定會發生迷惑，因爲酒家各地皆有，既名之曰酒家，是任何人也可得而上去飲宴的。台灣公務員是人，當然有上酒家飲酒作樂的資格和權力，爲什麼一個堂堂的行政院長居然會干涉到公務人員「上酒家」的問題上來呢？這其間的內幕，筆者認爲有向海外人士報導一番的必要。

查台灣「酒家」，如照顧名思義來說，當然是一般人飲宴之所，而台灣酒家則除了飲宴之外，而實際上是一個徵歌選色之場，客人在酒家可叫「酒家女」陪酒，與從前在上海租界裏叫「長三堂子」的姑娘陪酒一般無二，人們只要一走進酒家，即可聽見打情罵俏之聲不絕於耳，而這般在「酒家」征逐的人們，不是大商家，即是政府高級官員，或許是高級民意代表，而每席消耗動輒數千金乃至萬金不等，絕非一般低級公務人員所能得而享受，似此不良風氣，確非一個臥薪嘗胆銳意反攻的政府治下所應有。今天嚴院長說要加以糾正和取締，我們到要看他的魄力如何？

二、改善科學研究環境　子女出國嚴加審核

行政院長嚴家淦在答覆立委劉漢質詢時，曾強調政府對鼓勵留學生返國服務的重視。他說，若干留學生的滯留海外，與待遇固有關係，但國內研究環境與各項條件不合理想，亦爲一重大原因。政府針對此一情形，正由教育部及國防部共同研究改善國內科學研究環境之中。

嚴院長指出：改善科學研究的環境，自狹義的意義言，必須充實研究機構設備，但在廣義上看，必須從事於經濟與社會的發展，使經濟與社會發展的本身，生產科學研究的需要，由此造成有利於鼓勵科學研究的環境。

嚴院長在立法院表示，他將要外交部與教育部對於國人出國攜帶子女出國留學嚴加審核，一切必須經過合法手續。這是他對立委唐國楨的答覆。他在答覆時並說明，行政院爲了提高行政效率，現正配合考試院從事於改進人事制度。嚴院長認爲，革新政治與提高行政效率是必須隨時隨地去做的工作，政府的作法是將此項工作與各種措施配合起來，改進人事制度便是一種配合工作。

三、解釋立法與行政兩院關係說明非常與平常時期區分

行政院長嚴家淦在立法院答覆立委董正之質詢時表示：立法院與行政院的關係，依據憲法規定，院與院之間，雖有制衡作用，但兩院之間的任務卻是相輔相成的。他說，政府一切施政有賴於立法院的支持合作，行政方面如有成就也就是立法的成就。

嚴院長對於立委董正之所提「請勿以非常時期認作平常時期」的問題有所解釋，他認爲現在雖是非常時期，但亦有許多平時性的建設必須推展。因爲我們負担着反共復國與建設台灣的雙重任務，建設台灣也即是增強反共復國的力量，所以對於政治、經濟、教育、文化、社會建設各方面都得兼顧，任何一方面都是不可缺少的。

繼大公報周榆瑞之後

香港正午報主編褚保衡投奔自由 是中共衆叛親離人心離散之鐵証

陸又聞

「統戰」工作，宣傳工作，原是毛澤東及中共用以起家之得意傑作。但隨着中共政權的整個動搖，中共的統戰幹部與宣傳幹部也紛紛發現叛變，而選擇自由了。

為了達到欺騙海外僑胞，中共在香港原本不惜人民血汗辦了很多家宣傳報紙。其中有全紅色的，淡紅色的，更有以黃色小說武俠小說以及馬經狗經等引人注目的。但基本說來，由於中共政權已在最近十年將它自己的殘暴面目暴露了出來，所以，中共的統戰手法儘管越來越下流，其結果却是越來越慘敗。僅以最近十年來說，就沒有一個正經人被中共統去，相反，人們却不斷的看見中共的人一個又一個的逃奔出來。而自中共在香港所辦的報紙中選擇自由的，正午報的褚保衡已不是第一人了。

關於褚保衡逃奔自由的新聞，三月廿九日香港時報曾有詳細報導。迄今未見香港正午報否認，可見該項逃奔自由的新聞全屬事實。

茲僅照錄香港時報原文，以見一般。

據本年三月廿九日香港時報「台北二十八日中央社電：香港正午報電訊版編輯主任褚保衡，已於日前脫離在香港的共匪統戰機構正午報社，返回自由祖國台灣，現正由有關方面妥予接待。據悉褚保衡又名王昌年，浙江餘杭人，五十九歲，北大文學士，褚保衡是他原來的名字，王昌年是他參加匪偽統戰以後所使用的化名。褚保衡於北大畢業後即在新聞界工作，其思想深受左傾報人之影響，曾時期替共匪担任統戰工作。早在三十七年他從大陸到達香港曾參加星島日報工作，褚復於四十八年十月間應共報人林靄民之邀參加這一尾巴報刊，任該報電訊版主編，仍使用王昌年名字。據悉：褚保衡對匪的統戰陰謀及其欺騙僑胞逼害僑眷的卑鄙行為，將於日內公開接見加以揭露」云。

據我們所知：褚保衡的胞姊係嫁與中國名書家現在北平的沈尹默，所以，他投奔自由的一事尤其值得重視。

無疑，所有一切愛好自由的民主反共人士，對於任何一位中共人員投奔自由，都予以歡迎和鼓掌。他們投奔自由後，前往台灣也好，留在海外也好，到歐洲也好，到美洲也好，只要他們反共，我們基於民主反共，都同樣歡迎的。

大陸簡訊

藍鳥

中共在亞非團結會斥蘇代表

中共最近除了發表八評蘇共公開信，要求蘇共中央驅逐赫魯曉夫外，中共出席在阿爾及利亞召開的所謂亞非人民團結理事會第六屆大會的代表團團長郭建又在會上公開嚴斥蘇共代表。

據中共「中國新聞社」三月廿九日北平電：郭建曾代表中共發表聲明說：「蘇聯代表團把一系列的錯誤而又反動的觀點帶到了會議上，他們企圖迫使會議通過一項決議，赫魯曉夫所謂放棄以武力解決領土爭端和邊界問題的建議。這個建議實際上是為帝國主義的利益服務的。它把帝國主義的侵略和亞非國家間的邊界問題混淆起來。它荒謬地把亞非國家間的邊界問題說成是戰爭的根源，要被壓迫的國家和人民放棄以武力來解決他們被帝國主義强佔的領土問題。這完全是要保護帝國主義、殖民主義和新殖民主義者的既得利益，不准人民對帝國主義侵略作鬥爭」。

郭建的聲明又說：「蘇聯代表團吹噓自己對包括中國在內的新獨立國家的所謂無私的援助，實際上，當提供這種所謂援助時，蘇聯總是採取一種大國沙文主義和民族利己主義的態度，這損害了受援國的經濟和政治利益，從而毀壞了社會主義國家的聲譽」云。

但人們奇怪的，是毛澤東當年為什麼要高叫一面倒向蘇聯？中共為什麼一直在高呼「感謝蘇聯老大哥的無私援助」呢？

中共在國際民法會罵蘇代表

所謂亞非人民團結大會，原本是國際共黨的統戰工具，所謂「國際民主法律工作者協會」也是國際共黨的統戰工具。以往，中共代表是一向在這些會上做蘇共的尾巴，對蘇共的聲音幫腔的，現因毛澤東與赫魯曉夫發生個人衝突，中共與蘇共便也在這些會上發生衝突，彼此責罵，公開演出狗咬狗的新聞了。

最近，除中共代表郭建在阿爾及利亞所謂亞非團結會上大罵蘇共外，中共派到布達佩斯出席所謂國際民主法律工作者協會第八屆代表大會的代表團團長韓幽桐也在會上大罵蘇共，因而引起騷亂和衝突。

據中共「中國新聞社」四月二日北平電：中共代表團長韓幽桐曾於三月卅一日在會上責罵蘇共代表說：「美帝國主義是人類有史以來最兇惡、最狂妄的侵略者，是現代國際法準則最大的破壞者，是世界和平最危險的敵人，但是有些人（韓幽桐正式聲明這所謂「有些人」是指蘇聯）對國際民主法律工作者協會加以控制和利用，向各國民主法律工作者鼓吹所謂和平共處的總路線，散佈全面徹底裁軍的幻想，企圖使各國民主法律工作者放棄正義鬥爭，使國際民主法協淪為一個國家的對帝國主義實行投降政策辯護的律師協會」。

韓幽桐還「列舉事實，指出國際民主法協的某些領導人跟着指揮棒沿着錯誤的道路越走越遠」。從而賣罵那些擁護蘇共的人。

須知，中共也好，蘇共也好，他們所謂「民主法律」，與自由世界所謂民主法律都是完全不同的。自由世界所意識自由民主及法律，是指肯定個人的人性以及個人的財產尊嚴等而言，共產黨則認為自由世界的現行法律旨在控制和廝殺無產階級，它只在替資產階級服務，所以中蘇共黨所謂民主法律則講的是如何清算如何鬥爭資產階級及小資產階級，而專為共產黨鞏固統治，從而利便共產黨屠殺人民哩！

中共組織波多黎各學生反美

為了實現毛澤東打倒美國赤化世界的目的，中共近年已在大力吸引拉丁美洲及亞洲非洲各國各地之左傾青年到大陸，由中共給予秘密訓練。

現在據中共新華社三月卅一日電訊透露，中共現已把波多黎各到大陸的學生組織起來，進行反美了。

新華社三月卅一日北平電說：「中華全國學生聯合會和波多黎各爭取獨立大學生聯合會最近在北京簽署聯合聲明，表示兩國學生要在反對美帝國主義鬥爭中，加强團結，並肩前進」。

新華社又說：「中華全國學生聯合會熱烈讚揚波多黎各人民和學生不甘心於美帝國主義的殖民統治」。「波多黎各爭取獨立大學生聯合會代表團表示完全深信中國是波多黎各人民在反對美國殖民主義和帝國主義爭取民族獨立正義鬥爭中的强大的同盟者。中國和波多黎各兩國學生將繼續加强團結，相互支持，為不斷發展兩國學生組織之間的友好合作而共同努力」云。

僑鄉近訊

鍾之奇

中共在穗汕等地大捕青年

茲據廣州來港人士說：中共現正在廣州、汕頭、湛江及其他較大城市，實行大規模的下放。要在今後三個月內下放這些城市的四十萬青年下鄉勞動。

目前且已下放了十餘萬青年。但青年們却不甘心下放，不甘心做中共的永遠農奴，所以，被下放的青年被送到農村後，又紛紛從農村逃回各城市。對此，中共廣東公安部及中共設在廣東的特務機構，已採聯合行動，明查暗訪，實行拘捕，拘捕後，紛紛審訊毆打，然後又再送往各下放農村，交各該人民公社嚴密監視云。

粵共報紙不准人民講賺錢

人民想做生意來賺錢的念頭，現在也成了中共指責的罪惡思想，不能不說是一種新聞。事實上，今日海外僑胞，千辛萬苦，離家別井，在海外從事工商業，誰不為的是賺錢呢？但僑鄉共報却大事責罵這種賺錢思想哩！

據中共廣州出版的羊城晚報說：「德政中路有個姓黃的小孩，不滿兩歲，剛學話，街坊問起他的爸爸，爸爸去賺錢買魚給我吃。有人聽了，稱讚不已。親愛的家長啊，你可知道，讓小孩子從小留下『賺錢……與我』等等觀念，給接受資產階級利己思想大開方便之門，又怎能把他培養成共產主義的接班人」？

羊城晚報似乎根本不知道中共政權遲早必垮，人民原本無意培養他的子女作「共產主義接班人」啊！

粵共重申廣州市畜犬管理條例

最近，粵共的鬥爭對象，又指到了狗的身上，粵共最近又在大聲疾呼不准養狗了。

據三月廿二日廣州羊城晚報給狗主的一封公開信說狗有三害，必須除去。

該公開信劈頭就說：「去冬以來，在市內外養狗的人多起來了。街頭巷尾，不時可見狗踪。某些工廠、企業、遊覽場所也有養狗的習慣。像人民造紙廠的食堂，前些日子還是大狗小狗成群，蜂湧追逐」，「第一，影響市民特別是小孩子的安全，如泮溪酒家，龍津西路一百七十四號樓上馮某，南岸新馬路手工業局五金倉庫，米市路四十八號三樓黃某，擢甲里二十三號之一地下吳某養的狗都曾經傷人，萬一有些狗患了狂犬症，對群衆生命安全的危害性就更嚴重了」。

羊城晚報給狗主公開倒敘述狗的第二害處，說：「妨碍公共衛生，德政路八十一號之二，之六，之七，養的幾頭大狗小狗，就到處亂跑，拉屎拉尿；狗還容易長上狗虱，這一討厭的東西，會吸吮人的血汗，是多種傳染媒介」。

「第三，增加嘈音，擾人清靜。維新路賢藏里，南金里一帶有兩三戶養狗的，半夜狗吠聲音往往驚醒小孩好夢，鄧家巷，風水基等處，有不少狗甚至跑上人家屋頂，弄得瓦面扎扎作响」。

我們知道：今日僑鄉人民吃不飽穿不暖，每天只有幾両米的配給，誰還有餘糧餘力來養狗。今天養狗的實在只有生活享受很高的高級共幹，惟其只有高級共幹養狗，所以，狗之為害，才有羊城晚報所述這樣猖獗。

記得一九五七年，粵共曾經為了防止這些高級共幹養狗，曾經製定個「廣州市畜犬管理條例」。後因共幹養狗的人仍多，乃於一九六二年重申上述條例，但收效甚少。

事實上，自中共於一九四九年控制大陸後，當時即勒令人民不准養狗。所以，今日大陸養狗的已不是任何普通老百姓，而只有共幹。前幾年人民日報曾報導西北地區高級共幹由於薪給豐足悠閒，曾一度盛行養兎子，人民日報並說曾有共幹以五百元人民幣賺一頭兎子用飛機運到西北云。可見今日養狗的正是他們。

麥納馬拉十二項

林世賢

南越對付越共的戰爭方式，迄今似乎還是流動不定——沒有形成一個新的戰略，因爲這次戰爭的指導原則，尙然是一項秘密文件：「麥納馬拉十二項」。

除了華府有關高級官員，麥納馬拉、泰勒訪越團主要成員，洛奇和駐越美軍司令而外，南越強人阮慶，也可能沒有窺見這項文件的全豹。一般只知道麥納馬拉的越南戰爭計劃是十二項，而沒有人能指出它的內容。它究竟被接納，被批准了？或是實施了其中的若干項？同樣是不明瞭的。人們只好把麥納馬拉訪越以後的變革，作爲「麥氏秘密文件」的項目。並就各種「已有的」和「可能的」加以估計，希望把「十二項」加以証實。也許眞正的「十二項」並不像人們所估料的完全一樣，可是在事實和形勢的公式計算下面，似乎也可能測出若干個未知數，看出了「麥氏文件」是一項廣泛的、多方面的設計。

四萬民政團

麥納馬拉計劃是一項軍事計劃，基於「軍事是政治的繼續」這原則，它是由於「美國決不放棄南越」的政治原則而產生的。華盛頓認爲：美國若撤出南越，則東南亞將失去；美國在亞洲無威望，亞洲政策要崩潰，而美國必越於孤立。所以美國將積極援助越南，「不管它距離我們的海岸多遠」！麥納馬拉在越南未返華府報告，便已宣稱「無條件無限制」援越，便是基於詹森「決不放棄」的政治原則。

援助的首要目標當然是軍事，但鑒於吳、楊兩任的政權，一個與人民爲敵，一個不能得人民協助，於是又有改進政治經濟社會的設想。「增兵五萬」的阮慶計劃已被接受，除把民防改爲正規軍外，並實行徵兵。在經濟上要實行輕微的土地改革，使農民樂於保衛及和平耕種土地的憧憬。一個龐大的「民政團」將爲施政的目標而次第組織，其中有教師、農業及衞生技術人員，其他技術人員，本年度最少有七千五百人，最後將達四萬人，分佈於一萬多個戰略村和戰略邑。

更好的飛機和陸軍的機動武器，由美國增加供給。一枝內河的海軍，將由美援的小型炮艦組成，試圖控制西貢附近的三角洲水道。過去這些河道，白天是政府軍運和民用的交通途徑；但到黑夜，卻是共黨遊擊隊的水上走廊。

國軍參戰說

這些措施，即使不是慢緩的政經社會改造，就算是軍事方面，也不易立刻見效的，原因是敵方也同樣可以增加兵力及破壞。無論如何，這些都屬於南越內部的，僅佔「十二項」的一部份。而人們都知道，「十二項」並不限於加强內部

阮慶政變的第一個支持人陳慎謙將軍的訪台北，剛在南越新政府百忙中成行。便被認爲必定有重要任務。據公開發表的陳氏代表團訪台目的，是要台方武器援助，及對共作戰的心理的社會的，以遊擊對遊擊等經驗的汲取，像自馬來亞學習戰略村計劃一樣。當然，爲了戰略村計劃，南越曾經聘用馬來亞老於此道的官員。因此，在反遊擊戰計劃的實行下，也同樣需要邀聘一個數目的台北軍官及政訓社會幹部。

最惹人注意的，便是傳說南越可能「邀請國軍參戰」。在這個題目下有許多說法，最大規模的一個說法是把意想中「東北亞聯盟」一分子的台灣與南越聯鎖，然後與東南亞聯盟聯系，國軍既可到越作戰，也可側翼打擊中國大陸。較小的說法，據說已磋商派遣一枝特種部隊，到南越與越共作戰。

越軍可入寮

這是不是「十二項」中的一項？是一種正式建議抑僅是提供攷慮的計劃？但任何人都能作如下的想像：越共遊擊隊是北越軍滲透而成的，北越發動對南越遊擊隊，使用中共武器及在中共支持及其人員指導之下。能夠對付中共就是最好的辦法，於是就必然想到國軍這一方面來。人們當然也沒有忘記，美國曾經婉拒國軍參加韓戰，那麼，現在是不是就會同意國軍參加越戰呢？

如果照美國前副總統尼克遜的話，贊成「一切可爭取戰爭勝利的方法」，自不能也不應排除國軍。而麥納馬拉十二項，據說目標也是必求戰爭勝利，正像當年麥克阿瑟元帥的主張一樣。

不過「使用國軍」究竟是在目前，抑或在以後某種情況下的階段實施？現在還沒有人能夠對這問題提供答覆。

與陳慎謙代表團的訪台同時，寮國的諾薩萬代表團來訪南越，與新强人阮慶在茶叻舉行會議。諾薩萬回寮之後，南越隨卽派出駐永珍的大使，並爲富馬親王的政府所接納。這也是一件奇特的事，因爲寮國原來是承認北越的河內也有使節派駐永珍，富馬親王却要他們「和平共存」。

富馬親王別開生面的做法是否基於他的中立觀念，要使印支各方試行協調？抑是那樣法可以調整寮國左右兩個勢力的均衡？他又是否會接受其他方面的勸說？

在現階段中，還沒有發生任何事實可以証實的意旨。不過諾薩萬將軍與阮慶交歡，可能不只在越寮建交的形式，而是與「寮越走廊」的軍事有關。由於封鎖北越滲透捷徑，南越曾誤炸高棉邊境村落，寮邊境也是越共走廊之一，阮慶希望諾薩萬的右翼軍能助他一臂之力，阻塞越共由寮入越。據諾薩萬經已答允，任由南越軍進入寮境，追剿越共，或作事先的搜捕。同樣的，如寮右翼軍追擊寮共，自也可越過南越境內。

美國聲稱他們「未聞有此協定」。當然這並非越寮間外交問題，而是諾薩萬與阮慶間的軍部密契。有如諾薩萬過去與乃沙立軍隊在泰寮邊境的合作一樣。這種把越寮棉看成一個戰場的合理看法，會不會又是麥納馬拉「十二項」中的一個概念？

片面的「韓戰」

最後的一個問題就是「北進」了，這已明顯地在十二項之中，而且是最後最大的一項。麥納馬拉一再說「在研究中」，「並不排除北進的可能性」，卽使詹森總統聲言，目前無意北攻。

民主黨議員摩斯却強烈抨擊「南越麥納馬拉戰事」，說是詹森政府「必須予以排斥」，假如它不放棄支持「麥氏戰事」的政策，他認爲麥氏的南越「戰事發展」建議，乃是一項「韓戰工作」，但這項「韓戰」，却並不像韓戰一樣，有聯合國爲之支持。

摩斯抨擊麥納馬拉主張美國片面介入「韓戰」，且不惜將戰事帶到「北越甚至中共境內」。

「把戰爭帶到北越」，是近來爭論的主題，但「不惜（把戰爭）帶到中共境內」，却是自杜爾斯「戰爭不限於越境」以後所沒有聽到的。麥氏建議，看來是大胆的設計，但若站麥帥「戰爭必求勝利」的立場，可不能說有什麼錯誤。

不過麥納馬拉也並不是「非北攻不可」論者，他的解釋是，北攻與否，要視對方如何而定。假如就南越內部加强還不能呈功，那就恐怕「十二項」非要逐項實施不可。詹森總統指責越共，在作危險的玩弄，也毋非意味着如此攪法，有擴大戰爭的危險。這說法正與麥氏建議吻合。

・堤岸通訊・

高棉威脅着東南亞防共政策

高棉自一九五三年十一月宣佈正式獨立後，雖然是一個小王國，面積僅十八萬一千方公里，人口不過四十二萬，現有武裝軍隊，也不超過二萬人，但由於其元首施漢諾利用着亞洲局勢的矛盾，不斷地「搞風搞雨」，不斷地搖旗吶喊，因而引起了東西集團的矚目。現在，這個小王國在亞洲各國中已儼然高踞着一個重要的地位。

以目前的情形來說，高棉除了接受着法國的軍事、經濟、文化、和技術等全面援助外，並派出了一個以副總理衆部長耶奧爲首的軍事代表團，訪問北平，擺出了與中共密切勾結的姿態。於是，更使西方國家大感不安。同時，施漢諾也數度公開表示過：高棉爲了保衛國士，將請求中共出兵援助，或倒向共產集團。這一來，就更威脅着東南亞的安全！

中共方面哩，當然也把握這時機，伸手揷入高棉，好得與得與滲入北越的潛力，會成犄角的形勢，夾擊南越；故中共當局也一再表示願意全力支援高棉。三月十三日，中共的參謀長羅瑞卿在歡宴高棉軍事代表團席上，也公開發表：「倘高棉被外國部隊侵畧時，中共保証以全力支持。該日的中共「人民日報」社論，則激烈地指責「美帝」對高棉進行顚覆活動及侵畧行爲，並表示中共決心全力支持高棉反抗「美帝」。於是不特反映出高棉除了大力標榜「中立」之外，還明朗地顯露出已進一步倒向共產陣營，威脅着美國在東南亞防共的全盤政策。

施漢諾的反美行動，最顯著的是：（一）指責美國，於去年十一月支持叛黨，企圖推翻他的政權；（二）今年一月初斷然拒絕美國經援。——美國原有援助高棉計劃，每年約二千七百萬美元；在過去十年中，美國給予高棉的軍經援共達二億七千萬以上。近數月來，美國政府仍希望對高棉恢復援助，曾派出高級官員前赴金邊斡旋，同時菲總統馬卡柏佳上次赴金邊時，亦作過改善美高關係的努力，但結果均告失敗。因此，一般觀察家目前都已認爲：施漢諾與中共結成軍事同盟的恫嚇，快將見諸事實！假如上述的軍事同盟一日實現，則對東南亞國家，包括南越，泰國，寮國，馬來西亞等，都將受到極嚴重的威脅！

誰都知道，高棉面積雖小，但戰畧性的地位却很重要。這小王國位在印度支那半島，東界越南中圻，西臨暹羅灣，南與越南南圻相連，北與泰、寮接壤；東以南越山脉爲界，西北環繞着無數的細小丘陵，中南則爲廣大平原，包括湄公河及洞庭里湖盤地。西南的貢不至莊他武里，多屬山巒重叠，可以找出高至一千五公尺的山峯，海岸綫則沿暹羅灣伸展至四百公里；尤其境內的湄公河，長約四百五十公里，成爲泰、寮、棉、越的天然界綫，亦爲目前阻遏共黨侵入的天塹，如果高棉完全倒向共黨，則共黨必利用高棉以打擊美國在東南亞的防共計劃；東南亞的安全，也將受到極嚴重的影响。

就現在東南亞的情形來說，除南越局勢異常嚴重外，「戰鬥寮」也不斷向中立派軍隊發動攻勢，且屢佔上風。而泰國和馬來西亞，也可能受到威脅。加以高棉與上述各國之間，其關係早已極爲微妙，有部份更是「世仇」。——十七世紀時，由於高棉內部政權之爭，演變成越南與泰國勢力的衝突，至一八一三年，越泰雖有協議，但泰國在棉的軍隊仍不肯撤走，棉王祇得還都金邊，並由越軍駐棉協防。一八二四年，暹王征服寮國和馬來半島諸國，使高棉也大受壓廹，故於一八四七年，忍痛將馬德望，暹粒，詩疏風三省割讓給泰國，並割嘉定，朱篤給越南。一八六三年，高棉成爲法國藩邦後，始免受泰國壓廹。迨二次大戰結束，施漢諾登位，泰國才自動將馬德望等地歸還高棉，惟有一座古廟，迄今仍成泰、棉兩國的爭端。倘若高棉完全倒向共黨，則高棉將憑藉共黨的勢力，首先向泰國「還以顏色」。影响所及，整個東南亞局勢也將湧起新的浪潮。

・阮明・

壽王鐵髯

遊子

鐵髯貽我一紙書，手揮吉語頌懸弧，梅花風骨鐵石軀，盍以通爪比麻姑，自壽有詩復示予。爲言誕降同三閭，（君與屈子生日，同爲正月初三）索和催我逾催租，來而不往禮之乎？交手等休躊躇，我聞妙論心遂遽。默想王郞周郞儻並呼，鐵髯鐵梅便爾洽一鑪，漫訝頰邊早有鬚。此頰沐雨霜皮膚，此鬚如戟誠丈夫！我築鐵梅館，君營翠竹居，此榜我館者天下于。（于右老爲書館額）竹居君却弱操觚，我愛君書異墨豬，我愛君詩放不迂。天高地迥龍翔舒，嶽峙淵渟虎負嵎，（君撰天高地迥龍翔舒，嶽峙淵渟一聯，亦予嘗爲作擘窠書）淋漓元氣酣醍醐，森森玉蕊倖名姝！人言無聞寧阿諛！我詩深慚陋復麤，我書醜拙類描符，欲負華嶽走且趨，欲持溟渤吸而濡，不稍量力何其愚？我行我素聊自娛，成周直前敗亦徂，猶憶年時覽揆初，草草爲詩勵故吾。默中有句請重據：「萬毀能全見宏毅，百年忝半念征誅」。包舉微尚頗無餘，一言以蔽原才疏。緊惟王郞眞吾徒！睥睨羣倫陞八區，與汝補壽意何如？位汝以鳳立高梧，祝汝以鶴健雲衢，期汝以竿拂珊瑚！觴汝以大海寬湖，汝晉期頤我引裾，汝有豪情我不孤！待點竄長卿名句壯雄圖，喝雉霸權還一擲，管教掌下必成盧，行看蕩寇與擒胡，漢幟搖天樹兩都，高歌破陣賦歸歟！共葆此萬金寶劍藏秋水，共葆此一片冰心在玉壺。

鐵髯壽我以詩，並示自壽詩索和，謂屬有往有來，平等交易，因賦長句補壽之，亦以自壽。

甲辰花朝前二日，遊子奏稿於鐵梅花館

神話中的黃帝（一七）

徐亮之

五

當他統一中國進入第十九年的時候，聽得涼州北界的空同山上，有位得道高人廣成子，便立即輕車減從拜訪他。

「久仰先生大道高深」，他行過禮後，即開門見山說：「請問大道的精華究竟是什麼？我想攝取天地的精華，來帮助五穀的生長，增加人民的糧食，有沒有這可能？我想設官分職，權責分明；猶如陰陽二氣，有條不紊；好給人民的便利；能不能够辦到？」

「那末，你既這樣問到我，我便不再客氣了。」廣成子鐵面嚴冷地答復說：「老實告訴你，你所想問的都是粗俗不堪的東西；你所想幹的都是雞零狗碎的事情。自從你主政以來，老是雲朵還沒有合，便下雨了；這表示你對人民的潤澤太有限了！老是草木還沒枯黃，便凋落了；這表示你在人間的殺業太深重了！由於你這種作風的感召，太陽和月亮的光輝，都因而越來越暗淡了！你簡直是個花言巧語而心地淺狹的人，那裏够得上談什麼大道！」

黃帝聽了這話，頓如冷水澆背，愧汗直流；知道再說無益，祇得諾諾連聲而退。回來以後，一切政務，不聞不問；祇特闢一間靜室，整天躺在白茅草上面，澄心淨慮，休養精神。

整整過了三個足月，然後再往空同請教。一到空同，只見廣成子向南睡着，連眼角也不睬他一睬。他却恭恭敬敬，膝行而前，叩頭要求說：「久仰先生洞明大道，請教一個人要怎樣養生，方才可以長久？」

「你問的是養生？」出乎他的意料，廣成子竟從榻上一躍而起，與孳孳地對他說：「問得好；來來來！我現在就把大道告訴你吧。別以爲大道是什麼了不得的東西；大道的精英，祇不過是窈窈冥冥；大道的終極，祇不過是昏昏默默呢。對於外境，瞧着等於沒瞧，聽着等於沒聽，永遠保持精神的寧靜，身體自然跟着純正。必須心身澈底清靜，別疲勞你的身體，別搖亂你的精神，自然便可以長生。眼中沒有妄見，耳中沒有妄聞，心中沒有妄知；你的精神自然便可以控制身體，身體自然便可以長生。記住！謹愼修養內心，堅決斷絕外緣，妄知妄見越多，大道越給破壞。祇要能够勘破這些，我便保証你超出那大明的頂尖，去參加那動的宇宙的了；便保証你進入那窈冥的內室，去欣賞那靜的世界的了。天地本有一定的規律，陰陽本有一定的份際；你只安份守己，自然功德圓滿；大家安份守己，自然天下太平。我生平沒有別的，只不過僅能堅持一理，還它和同萬緣罷了；所以痴活了一千二百年，還兀自沒現衰老相。」

「先生眞是和天地同德的了！」黃帝又叩頭說。

「來！我再告訴你；」廣成子說：「物理本是變化無窮的，人們却總以爲有窮盡；物理本是微妙難測的，人們却總以爲有終極；這沒別的，妄知妄見作祟罷了。所以，能懂我這道理的，拿世俗地位說，上焉者不難爲皇爲帝，下焉者不失稱君稱王。反之，不懂我這道理的，就生死意義講，上焉者，活着祇是白在世上受陽光，下焉者，死了祇是水在地下做土壤。你明白嗎？世間任何生物，不管怎麼昌盛，總是生於土壤，歸於土壤，沒有誰能在生死關頭大解脫的。所以，我不久也快要離開你的了；要搬進那無窮的廣廈，要遊歷那無極的曠野的了。我要和日月同樣光明，我要同天地同樣壽考的了。當前的一切，不在我的眼中；過去的一切，不在我的心上。儘管世人都死光，我却依然健在着呢！」（四）

這樣玄之又玄的論調，黃帝聽了實湧起聞所未聞的喜悅，便欣然叩頭而歸。

又有一次，黃帝聽說大聖人大隗住在榮陽密縣的具茨山上，也立即專誠拜訪。由聖人方明昌寓駕車，張若謵朋引路，昆閽滑稽侍從，連黃帝自己一共七位，急急忙忙，向密縣進發。不料走到襄城的野外，七位聖人全迷失了路途，全不知道該從那個方向前進才對。這時，附近恰好有個牧馬的孩子，便由引路的張若謵朋上前問訊：

「喂，小朋友！您知道具茨山在什麼地方嗎？」

「知道。」

「您知道大隗先生住在具茨山上什麼地方嗎？」

「知道。」

（待續）

遊子花甲索詩呈政

世昭

欲把梅花比鐵石，幽香一縷莫與敵；
麻姑通爪五百年，爲頌周侯壽無極。

甲辰自壽柬遊子

世昭

讀騷空自憶靈均，我與時王同日生；
頭白竟然忘甲子，亂添鶴算問長庚。

唐詩偶釋（六五）

鄧中龍

和賈至舍人早朝大明宮之作

王維

絳幘雞人報曉籌，尚衣方進翠雲裘。九天閶闔開宮殿，萬國衣冠拜冕旒。日色纔臨仙掌動，香煙欲傍袞龍浮。朝罷須裁五色詔，珮聲歸到鳳池頭。

王維七律，每多平仄不諧，惟此等和韻或擬制詩，則往往講究詩律，不少逾越。

賈至原唱，有劍珮聲隨玉墀步，又有共沐恩波鳳池裏，此詩末句，用珮聲歸到鳳池頭，得和韻之體。從雞人報曉，說到朝罷歸來，層次井然。或嫌右丞四用衣冠之字，未免冗雜，則不免吹毛求疵耳。就格局氣象而論，此盛唐律詩正格。

和賈舍人原唱者，王維而外，尚有杜甫岑參，下錄三人之詩，以便比較焉。

早朝大明宮呈兩省僚友

賈至

銀燭朝天紫陌長，禁城春色曉蒼蒼。千條弱柳垂青瑣，百囀流鶯遶建章。劍珮聲隨玉墀步，衣冠再惹御爐香。共沐恩波鳳池裏，朝朝染翰侍君王。

同和

杜甫

五夜漏聲催曉箭，九重春色醉仙桃。旌旗日暖龍蛇動，宮殿風微燕雀高。朝罷香煙攜滿袖，詩成珠玉在揮毫。欲知世掌絲綸美，池上于今有鳳毛。

同和

岑參

雞鳴紫陌曙光寒，鶯囀皇州春色闌。金闕曉鐘開萬戶，玉階仙仗擁千官。花迎劍珮星初落，柳拂旌旗露未乾。獨有鳳凰池上客，陽春一曲和皆難。

論堂皇富麗，四人之詩則皆具矣，若強論其高下，則以切與不切爲準焉。賈至原唱，標題爲早朝大明宮，和詩必切早朝意，始能盡原唱之旨，王右丞之詩，用日色纔臨，九天閶闔；岑補闕之詩，用曙光曉鐘，星初落，露未乾，皆着意在早朝二字着眼。杜工部詩，非不佳，然第五句已標明「朝罷」，而三四句旌旗日暖宮殿風微，亦不切早朝之景，以日暖非早時也。蘇子瞻曾激賞杜詩三四句，或亦就句論句耳，至以四人之詩而銓定其名次，則岑參宜爲冠軍，王維次之，賈至又次之，杜甫其下焉者也。

方回「瀛奎律髓」論此詩，謂京詩喋血之後，瘡痍未復，而四人誇美朝儀如此，意或譏之。迂儒輩每多謬論，固不足與論詩矣。杜牧詩：「東風不與周郎便，銅雀春深鎖二喬」，妙絕千古。而許彥周乃謂孫氏霸業，繫此一戰，社稷存亡都不問，只恐捉了二喬。則正與方回輩同其淺薄耳。論詩如此，不如不論。

文聲集（六七）

與中行夜話次韻見寄

文擢

茗盌詩筒掬肺肝，不勝遙夜語千端，孤懷耿耿向人盡，萬族勞勞袖手難。糞壤論材空樹木，裸鄉爲佩未宜蘭，金荃才調蓬萊遠，故苑花明入夢看。

（中行曾掌故宮圖書館）

春來冷雨連宵悵然有作

前人

一春懷抱漸無憀，客味鄉惆兩不勝，眼纈事隨池水皺，鬢絲愁接暮寒增，幾番節物餘飛絮，一例文章祇鏤冰，待遣鴻濛蘇萬涸，窮溟北望氣騰騰。

贈湛銓

前人

嶺表經神數譽髦，簡深陳博禮山高，叢殘至竟關時會，絕續眞疑到我曹，蟻穴槐根紛聚散，畫衣陵舄費爬搔。堂堂合有元精在，斂吻何因得客勞。

秋懷

前人

尋常躡地即鄉愁，況是蟲鳴一夜秋，不耐客懷孤迥處，自攜新月上南樓。

恨臥江湖百不任，起看桐葉墮牆陰，殊鄉又覺逢今夕，歸夢如烟不可尋。

經時去國成孤憤，有淚還家但五噫，不信流光眞一瞥，隔窗輸與夜螢知。

讀史雜記

（三）留侯世家，陳丞相世家（下）

弇生

當劉邦和項羽相持於滎陽、成臯間，戰事連年不決，項羽對劉邦說：『天下匈匈數歲者，徒以吾兩人耳，願與漢王挑戰決雌雄，毋徒苦天下之民父子為也。』劉邦笑笑，回答項羽：『吾寧鬥智，不能鬥力！』（見項羽本紀）這個時候范增已經離開項羽，而且已經死了；就在，項羽也還是相信武力萬能，決不會多聽范增的話。劉邦不然，張良、陳平兩個智慧最高的人，經常在他左右，而劉邦對他們兩個，也幾乎是言無不聽，計無不從，僅此一點，劉項的成敗，便已完全決定了。

我在上面說明『圯上進履和老父予書』這個故事，只是基於我一種興趣，提出一種看法，對與不對，都無關宏旨。可是進一步研究張良的一生，他畢竟是一個了不起的人物，以下可分作幾點來觀察：

一、『漢初諸臣，惟張良出身最貴，韓相之子也。其次則張蒼，秦御史；叔孫通，秦待詔博士。次則蕭何，沛主吏掾；曹參，獄掾；任敖，獄吏；周苛，泗水卒史；傅寬，魏騎將；申屠嘉，材官。其餘陳平、王陵、陸賈、酈商、酈食其、夏侯嬰等，皆白徒。樊噲則屠狗者，周勃則織薄曲，吹簫給喪事者，灌嬰則販繒者，婁敬則輓車者。』（見趙翼『廿二史箚記』卷二）甚至就是足以左右劉項與亡的三員大將如韓信，彭越，黥布，也都是起自布衣。這是說明張良的家庭環境與人不同，因而他的知識也就高出其他諸人之上。

二、張良的投袂奮起，有一個堅定的宗旨，乃是『為韓報仇。』他之毀家結客，乃至『學禮淮陽』，『東見倉海君』，一直到他『與客擊秦皇帝博浪沙中』，既不失貴介公子的本色，也有着戰國以來那種任俠勇敢的氣概。當他一擊不中『亡匿下邳』的時候，還是過着那種任俠生活，項伯殺人，便曾得着他的掩護。這一點在張良的一生中好像是一着閒棋，可是項伯這個人，却是成就張良功名的一個關鍵人物。否則鴻門一役，劉邦即不遭遇項羽的襲擊，也可能死於項莊的劍下，則後來的大局便可能完全兩樣。到了劉邦的晚年，他因寵愛戚姬之故，乃有將呂后的兒子盈廢掉，而立戚夫人的兒子趙王如意為太子的意思。呂雉叫她的哥哥呂澤問計於張良，且一再強之，良知道處人骨肉之間，不是空言所能有效，乃建議由太子卑辭厚幣召致為劉邦所不能致者四人。四人者年皆八十餘，鬚眉皓白，衣冠甚偉，至則時時侍太子入朝，劉邦怪而問其姓名，乃知即不顧為己用之東圓公，角里先生，綺里季，夏黃公，今則居然肯出助太子，以是知呂后布置甚周，羽翼已成，廢立因而中輟，固不知實出張良所策畫。此可見劉邦鬥智究也鬥不過張良。

三、漢四年，韓信破齊，請為假王，時楚方急圍滎陽，信使者至，劉邦發書，怒其不以兵來助，乃欲自立為王，幾至決裂。『張良、陳平躡漢王足，因附耳語曰：「漢方不利，寧能禁信之王乎？不如因而立，善遇之，不然，變生。」』劉邦立悟，即遣良往立信為齊王，徵其兵擊楚（見淮陰侯列傳）。此着亦關係當時局勢甚大，果不如是，信即不反漢為楚，不必待武涉、蒯通獻策，三分鼎足之勢固早已出現了。

四、此外如（1）劉邦初入秦宮，即迷戀秦宮室、帷帳、狗馬、重寶、婦女，不欲舍去。樊噲諫不聽，張良却認噲說為忠言，勸其納之，劉邦乃還軍霸上。（2）項羽封劉邦漢中，劉邦之國，張良送至褒中，即勸劉邦燒絕所過棧道，以示無意東向與項羽爭天下之意。（3）方劉邦之敗於彭城，至下邑，表示願捐關以東棄之，問：『誰可與共功者？』張良謂：『黥布楚梟將，與項羽有隙；彭越與齊王田榮反梁地；此兩人可急使。而漢王之將獨韓信可屬大事，當一面。即欲捐之，捐之此三人，則楚可破也』，劉邦聽之，卒以破楚。（4）方項羽急圍滎陽，劉邦與酈食其謀橈楚權，食其請立六國後，劉邦許之。張良以為不可，謂：『天下游士離其親戚，棄墳墓，去故舊，從陛下游者，徒欲日夜望咫尺之地。今復六國，立韓、魏、燕、趙、齊、楚之後，天下游士各歸事其主，反其故舊墳墓，陛下與誰取天下乎？』劉邦以為然，封六國後議乃罷。（5）良又勸劉邦封平生最所憎惡之雍齒為侯，以安其時尚未及封各功臣之反側；更勸邦納婁敬說棄洛陽，都關中。凡此種種，都為當時極有關係的大計，張良所見者遠，劉邦真也是從善如流，卒為劉家創四百年基業，夫豈偶然？等到大局一經穩定，張良為韓報仇目的已達，他便稱病消極，經年杜門，甚至道引不食穀，欲從赤松子遊，蓋他眼見功臣如韓彭，不免一死；親如蕭樊，且身受侮辱；劉邦固不容易對付，呂雉的眼明手辣，尤其不容易伺候，為潔身遠禍打算，發揮他一種獨往獨來的品格，確能表現他的特色。程伊川（？）說他『有儒者氣象』或不盡然，但以任俠始，以黃老終，於出處進退之際，思之爛熟，不是一輩不學無術者所可同日而語，要為一種事實。

陳平也『好讀書』，其見事之敏，似亦不下張良，但綜其生平，究屬功名之士。其家本甚寒微，且不事生產，所謂『門外有長者車轍』，大致是被若干老一輩的人看為一個有希望的青年就是了。為了結婚，他也要多方設計，非討到一個有錢人家的女孩子以找得一份政治活動的資本不可，其風格究與張良不無差別。他曾做過魏王咎的太僕，項羽的都尉，但都不足以發揮他的才智，乃卒因魏無知求見劉邦，邦一見即加寵信，拜以都尉，使為參乘，典護軍。這樣一來，乃為劉邦的若干舊人如周勃、灌嬰等所反對，而且向劉邦正面攻擊陳平，說他盜嫂，受金；曾事魏，乃亡歸楚；曾事楚，又亡歸漢，簡直是反復亂臣，希望劉邦注意。劉邦聽了這些話，不能不疑，既責介紹人魏無知，也對陳平有所質問。陳平對盜嫂一點，不予答辯；對其他各點，他便坦率的對劉邦說：『臣事魏王，魏王不能用臣說，故去事項王。項王不能信人，其所任愛，非諸項即妻之昆弟，雖有奇士不能用，平乃去楚。聞大王能用人，故歸大王。臣裸身來，不受金無以為資。誠臣計畫有可采者，願大王用之，使無可用者，金具在，請封輸官，得請骸骨。』劉邦畢竟明白，且真能破格用人，聽陳平說得這樣理直氣壯，乃對平信任有加，且拜為護軍中尉，使盡護諸將。史稱平凡六出奇計，大致即指以金錢離間楚君臣，勸劉邦偽游雲夢以擒韓信，以及奉命往說闕氏以解平城之圍等等而言，其事多屬一時機智，亦即陳平自己所說的所謂『陰謀』一類，此或為張良所不能為，不屑為，至於聽陸賈之說以交歡周勃，共誅諸呂，即使張良猶在，亦未必有以遠過也。

憶陳果夫先生後記（上）

宇人

在我開始寫這篇憶陳果夫先生的紀念文之初，原祇想寫一萬字左右，追述他所留給我的若干良好而深刻的印象。繼因裏面觸及的問題很多，接到不少的讀者來信，有的還寄自遠洋，希望我擴大範圍，將所經歷的有關事實，作一個翔實的敘述，好讓大家知道國民黨何以會演變到後來的那種紛崩離析，腐敗不堪的現象，而清苦自持的果夫先生又為什麼會一變而對金融業務特感興趣。有幾位曾在國民黨中央黨部或地方黨部工作很久的讀者，且多次找我，當面催促。同時，我這些年來，困處香港，苦悶已極，對於久已鬱積於懷的許多往事，也有非吐不可之勢，於是，就順便把我與CC的經過擇要一併寫出，不知不覺的就連續寫了一年多。後來自覺太過冗長，儘量收縮，竟也長達十三萬字以上。這是我最初執筆時所沒有預計的。

我所寫到的有關果夫先生的若干事跡，說不定CC的朋友中，有人會以為我因懷恨果夫先生，有意毀他的清譽。實則儘管我和果夫先生的關係後來很不好；但想到在中央組織部工作時期，他那種實幹，苦幹的精神，愛讀青年的熱忱，以及對我優容有加的盛情，我至今還是很追念他的，這是我開始寫這篇上文的原意。至於立夫先生，雖然在立法院的那一段經過，似乎我是他的死對頭；但如今事過境遷，他和我一樣流亡異城，同屬天涯零落人，我對他祇有同情，更無怨恨之可言，因而我寫到他時，仍是盡量保留的。我所以寫了若干可能使某些與果夫先生有深切關係的CC朋友看了之後感到不快的事，乃是藉以說明果夫先生的作風到後來確實變了。像果夫先生那樣堅苦卓絕的人都會變，讀者於此，也可窺見大陸變色的若干內在因素，我覺得還是我們身歷其境的每一個人都應該對後一代的人有所自白的。

果夫先生為什麼會變呢？在我看來，完全是因環境使然。換言之，即是因為有了CC這個秘密小組織的關係。本來，像國民黨那樣龐大的一個黨，裏面有派系存在，不但是不能避免；而且還可說是理所當然的。假設那些派系的形成，乃是基於不同的政見，各為其主張而奮鬥，那麼，在他們相激相盪之下，還可促成黨的進步。可是，當年蔣先生下面的三派，政學系祇求做大官，別無政見可言。CC和復興社則一開始便以向蔣先生爭寵，藉求鞏固和擴大自己的權勢為主要的目的，雖然他們在言論上似乎各有一套，但在實質上，仍是競相逢迎蔣先生而唯恐不及的。有時為了爭取專寵，還不惜千方百計的去搜集甚至虛構對方有何可以被解釋為不忠於蔣先生的言論或行動，藉以打擊對方而抬高自己的地位。軍統和中統對此等事，尤顯得格外熱心和努力。在此形勢之下，他們自然而然的養成了兩種習慣：其一、可謂之為奴性。其二、可謂之為亂扣帽子的伎倆。他們一方面對蔣先生的歌功頌德，你說他是民族救星，英明偉大，我說他是天縱之聖，萬能萬是。其目的都在於取悅於蔣先生。另一方面，則嚴約所屬成員，不得對蔣先生有任何懷疑或批評。在末有CC的組織以前，我在中央組織部祇是一名無足輕重的小幹事，而却不止一次的反抗蔣先生（兼組織部長）交辦的案件，例如三全大會開會，蔣先生交下要以楊虎為代表，並預定為三屆中央的中委；但我和吳倚滄，楊興勤等則將楊虎的黨員登記查為不合格，使他根本沒有做代表的資格。蔣先生要以張學良為三屆中委，我認為為求國家統一，給張以國民革命軍副總司令和國民政府委員的名義，都屬應有之舉；但以他為國民黨的中央委員則萬萬不可，因而在三全大會提出三屆中央委員會的人選標準，使張學良根本沒有資格做中委候選人。其後蔣先生扣留胡漢民先生，我在江蘇[illegible]部提出抗議，[illegible]主張[illegible]擊蔣先生此舉乃是軍閥[illegible]第四次全國代表大會開會[illegible]。這些事，在當時雖[illegible]不滿，但事後仍對我信任如故，可是自有了CC的組織以後，此等事就不再容許了；假如有人敢於對蔣先生有所批評，不但立即被目為反蔣分子，還可能被扣上種種紅帽子。兩個小組織雖然都是以擁護領袖為標榜；但蔣先生祇是他們的太上領袖，他們自己仍各有其領袖，[illegible]的人，祇能透過擁護他們的領袖去擁護蔣先生，並不能直接去擁護蔣先生。因而形成了一個小組織的領袖人物自形成一種權威。[illegible]在發起組織時就是一種集體領導的形勢，兩[illegible]情形有所不同，所以[illegible]立夫兩先生所領導，[illegible]CC則是由[illegible]威，敢於對[illegible]如[illegible]滿，縱然是出於善意，也往往被爭寵的人拿去作告密的好材料[illegible]上，CC裏面又無形中分成若干小[illegible]戶，每一個小頭目也把自己作為中心[illegible]。擁護於是便形成了一種特殊的擁護[illegible]先生，[illegible]須先擁護CC裏面的某一小頭目[illegible]而假如有人得罪了某一小頭目[illegible]要被指為反對果夫、立夫兩先生，而且還要被指為反蔣；可是，擁護小頭目甲，則又見忌於小頭目乙，不但[illegible]多善良的人，就在這夾縫中被[illegible]至被犧牲了。

本刊已經香港政府登記

每逢星期五出版

聯合評論

週刊

United Voice Weekly

第二八九號

督印人：黃宇人　總編輯：左仲平

社址：九龍通菜街三十八號南亞書局 849126

承印：嘉羅印刷有限公司 香港灣仔馬師道5號

總代理：友聯發行公司 售價每份港幣一毫

本報美洲版總經售處 美國紐約中美出版社

CHINESE - AMERICAN PRESS, INC

199 CANAL STREET.,

NEW YORK13 N. Y. U.S.A.

美洲航空版每份零售美金一角

美國在自由世界的領導地位何以發生動搖

——兼論美國應有的政策原則及富爾布萊的談話

劉裕略

國家這一組織形態，雖然不是人類社會的最高和最後的組織形態，但在人類社會進化的現階段，它卻仍是各該國家現時的最高組織形態。因此，國與國之間，雖有強弱大小之分，論其地位則仍是一律平等。通常，誰也不能高過誰，誰也不能領導誰。不過，話說回來，當此共產主義控制着整個世界的一半，且又威脅着另一半時，這被威脅着的半個世界（自由世界）卻不能不團結起來，基於弱者的推崇，強者的自動領導，以與共產主義戰鬥。其目的，消極方面，在求這半個世界的自保，積極方面，在求整個世界的普遍解放。而美國是被共產主義威脅着的這半個世界中的最強大國家，所以，無論從美國的利益計，從整個世界的需要計，美國確應當仁不讓的來領導這半個世界，這半個世界的各國也確應自動支持美國的這一領導。事實上，當此國際共黨以各種方式嚴重威脅自由世界的時候，假如沒有美國的正確領導，假如美國在自由世界的領導地位發生動搖的話，這是只有利於敵人，決不利於美國，也決不利於整個世界的。

以我個人來說，我與美國素無任何關係，我亦素無任何奴才性的崇美思想；我對於那些盲目崇拜美國的少數中國人，我對那些到美國去不以求學為中國用，專以媚事美國的中國青年，一向投以鄙視的眼光，認為他們是中華民族的不肖子孫和敗類。但我於一九五〇年逃出中共鐵幕以來，我清楚的看見：除了美國以正確方式領導自由世界始足以戰勝或抗衡國際共黨以外，整個自由世界實無其它途徑可資選擇。這是不管我們喜不喜歡美國，而業已確定了的一個世界形勢。假如說這是一個不幸的形勢，為了與國際共黨作戰，也只能承受這個不幸。假如說支持美國，只是自由世界其它各國此時此際面臨共產主義威脅無可奈何不得不採取的一個手段，不得不採取的一個過程的話，那也是一切愛好自由的反共國家不得不終於還是要忍痛要走的一條無可奈何的路。

惟其如此，所以我對於美國的領導方法及其地位是否發生動搖？也一向極其關心。由於上述種種理由，我當然極不願看見美國的反共策略有任何乖錯，也極不願看見美國在反共過程中對自由世界的領導地位有任何動搖。然而，極端不幸的，是美國在自由世界的領導地位現在確已發生動搖，這可以法國違離美國的外交政策而獨行其是的事明顯看出來。

那末，法國總統戴高樂為什麼要違離美國的外交政策呢？為什麼要獨行其是呢？是完全因為法國的錯嗎？抑或還是因為美國對整個自由世界的反共策略有錯呢？這就值得深深冷靜的探討了。

我以為法國現在獨行其是的政策誠然也有錯，但從根本來看，美國在自由世界的領導地位之所以發生動搖，卻還在於美國自身。因為美國領導地位是否動搖，是與它的領導內容是否正確相關的。

首先，我覺得美國政府雖然也常常高談什麼政策什麼策略，但它自己卻根本未曾瞭解自由世界需要美國領導的原因與形勢究竟何在？

其次，是美國政府或一部份美國人常常只在高談自己國家的利益，高談「現實」，而忽略了一個道理，這個道理就是美國太注重現實，太注重自己國家的利益，就必然會與其它國家的理想脫節，就必然會在現實上與其它各國爭其所爭，從而導致自由世界的分裂。

前面說過：國與國之間平時在原則上原本是應該平等，誰也不需要誰來領導的，只在特殊時期，才在事實上產生下列規律：

一、自由世界各國面臨共產主義的威脅，才需要美國領導，假如沒有共產主義的威脅，自由世界各國便不需要美國的領導；

二、共產主義對自由世界的威脅程度愈重，這種需要愈殷；

三、這種威脅的程度愈小，則這種需要也愈少；

四、在共產主義威脅自由世界的過程中，美國的反共政策愈堅強，冷戰或熱戰的戰鬥進行得愈積極，則美國在自由世界的領導地位愈鞏固，自由各國也以美國為中心而團結得愈堅強；

五、在共產主義威脅自由世界的過程中，美國戰志愈鬆弛，愈強調和平共存，則自由世界與美國的關係就愈分離，美國在自由世界的領導地位就愈動搖；

六、美國的外交政策愈缺乏理想主義的成分，愈着重現實，自由世界各國與美國的關係也愈分歧，彼此之間也愈易在現實上發生衝突與矛盾。

冷靜的看上述這些規律的發生，原是一點也不奇怪的。因為國與國之間在原則上，其地位既係平等，國家這一組織既然又是各該國家的最高政治組織形態，除了為了對共同敵人作戰，任何國家原是不需要而且也不願意別的國家來領導它的。假如美國領導自由世界的方向不是指向共同的崇高理想，那末，自由世界內的各國，勢必很自然的對美國喪失其凝聚力；假如美國不準備領導各國對國際共黨進行戰鬥，而只準備領導各國與國際共黨和平共存，則自由世界各國當然也必然各行其是，因為美國既然準備與國際共黨和平共存，各國也可自行與國際共黨和平共存而不需要美國來領導。假如美國政府或美國外交方面的重要人物如美國參議院外交委員會主席富爾布萊參議員等人所着重的只是現實，只是美國一國的利益，那末，自由世界各國當然也沒有理由要為美國一國的現實利益而接受美國在自由世界的領導了。

試想：如果美國只知爭取自己一國的利益，只知從現實而不從理想與國際道義決定問題，只知謀求和平共存，而不惜犧牲別國，以謀苟安，那末，大國如英法，次國如印度印尼，小國如高棉錫蘭，它們為什麼還要接受美國的領導呢？它們為什麼還要唯美國之馬首是瞻呢？它們為什麼不也可以去謀求它與國際共黨的和平共存呢？它們為什麼不也可以拋去理想與道義，而從現實去求取自己一國的利益呢？難道美國就該求取美國一國的利益，別人就不該嗎？難道美國就該拋去理想與道義，別人就不該拋去理想與道義嗎？難道美國可以與國際共黨謀取和平共存，別人就不可以嗎？難道天賦美國以領導地位，別國在和平共存時也該接受美國的領導嗎？

所以，事情極明顯，如果美國愈放棄反共的各式戰鬥任務，如果美國只知謀取自己一國的現實利益，美國在自由世界的領導地位就必然愈加動搖，直到完全喪失為止。美國愈加担負起反共的戰鬥任務，愈加着重理想與道義，則美國在自由世界的領導地位也就愈堅強鞏固。須知：只有對外戰鬥，才能使自己的弟兄愈加團結，如果對外懦弱與對內自私，就必然加速自己弟兄的叛離。

中國俗語說得好：「一葉落而知秋」，法國現已違離美國之外交領導，而獨行其是了，這說明美國在自由世界的領導地位確已開始動搖。這是美國的危機，也是整個世界的危機，美國應該警惕才是。

富爾布萊參議員說：整個世界在變，美國的世界政略戰略也應該重行修訂。這話在原則上是不錯的。但應該指出的，整個世界雖然確已在變，但變的方向，卻與富爾布萊所看見的不同，因之，美國應重行修訂的世界政略戰略也與富爾布萊參議員所主張的大大不同。

無可否認，富爾布萊參議員在美國國內有他自己的地位與成就，但極不幸的，像他這樣一位對國際問題缺乏眼光，對國際共黨的威脅缺乏警覺，對中共問題的本質認識不清的人，卻被美國人民錯誤的安置在外交椅子上。富爾布萊參議員最近所發表的外交意見和所嚮往的外交道路，詳細分析起來，只是自私的現實道路，只是放棄理想，鬆弛鬥志，違反國際道義的道路，只是削弱美國在自由世界領導地位，加強與加速各國與美國分道揚鑣的道路，所以它也只是便於國際共黨對各國進行各個擊破，最後也把美國埋葬的道路。

從另一方面看：假如美國放棄理想，放棄反共戰鬥，放棄國際道義，放棄自由世界各國與美國的團結，美國自己一心一意謀取和平共存，美國就真能孤立的與國際共黨達到和平共存的目的的話，則富爾布萊的意見也無可厚非，因為它縱然不管別人死活，總可以替美國帶來孤立的生存。無如今日的世界已不是一百年前的世界，一百年前的世界可以容許某些國家關起門來，實行門羅主義，而能單獨生存。但今日世界已不是那個世界。那個世界已在人類社會歷史上一去不返了，如果今天某一個大國仍想生存於那一已經過去的歷史條件中，那就是夢境，而不是現實。何況，國際共黨一個又一個的擊破自由世界中的國家，國際共黨最後也必不肯與美國和平共存。自由世界各國一個又一個的被赤化之後，國際共黨對美國就會形成包圍之勢了。所以，美國雖然強大，但卻不能孤立的生存。這是今日的人類社會歷史條件決定了的，今日世界，是各國必須依靠美國，美國亦須依靠各國的局面，合則可存，分則皆敗。富爾布萊及其他部份美國人，皆膏粱子弟出身，居安而不思危，見到問題的一面，而未能見到問題的每一面，而所見又關係甚大，所以，我不能不予以無情的指出。

當然，我也並不否認，太過於強調理想，那也是空談，太過於強調國際道義，那也近乎迂腐，事實上，我希望富爾布萊先生暨美國其他政策製定人，應該知道最好的政策，原是綜合現實與理想構成的，原是綜合道義與個別利害構成的，原是綜合個體與全體之關係構成的，只從理想只從道義只從個體來看今日世界問題，來決定美國的全球政略戰略固然不對，只從現實來決定一切也一定不對，所謂彈性外交實即無原則的外交的別名。

從整個人類社會歷史看：由於共產主義的威脅，歷史已給美國以寵遇。美國正面臨人類歷史的空前機會，在共產主義以空前規模向人類傳統文明挑戰的時候，如果美國能在這一挑戰中，用堅強的領導來達成反共的任務，則人類社會歷史上的空前榮譽將屬於美國。否則，美國與自由世界都將遭遇嚴重危機。

一個民主社會主義的經濟制度

孫寶剛

我在上文已將經濟安全，公道的公配，經濟的擴張和經濟的民主畧畧說明，由此可知，社會主義的經濟制度和資本主義經濟制度之不同，前者是要把經濟力量由社會控制起來，使為全體社會的福利而生產，易言之，一切生產工具的生產目的是為了整個社會的每一個人。後者却把經濟力量由少數的資本家各自去控制，藉市場的供求以決定生產，目的全為了那些資本家的利潤。依據以往幾十年來，世界各國的經驗。政府完全不干涉經濟活動，而完全由市場來決定生產的動向，事實上已做不通。即以香港來說，許多人在強調，香港是在實行自由經濟，政府也一再這樣說，其實一個工廠自開辦起到運貨出口，那一項手續不在政府控制之下。所以十九世紀式的自由經濟已經在世界上絕跡，現在各國的經濟多少是受政府控制着的，不過我們覺得，專由政府來控制還不十分妥當，應該另有一部份社會的力量去參加，並且一切的生產目的，應以整個社會的利益為前提。我們不反對每一個經營生產者有合理的利潤，但生產決不能完全為了生產者的利潤而生產。

這是很明顯的：專為生產者的利潤而生產，那麼，那一項生意的利潤好，大家便去生產那一項東西，結果一定在短時期內生產過剩，於是一部份工廠或商店便倒閉，以往香港的工商業，有關這一個現象的例子最多。但因香港的游資較多，工人們又以散工居多，所以資本的損失，工人的失業，沒有被社會所注意。不過我們祇少覺得香港的窮人愈來愈窮，富人愈來愈富了，譬如以地產商來說，現在却發了財。這是因為他們所投資的地產的那個地區的工商業發達了，或是交通方便了，所以他們的地產漲價了。所以他們發了財。試問是否公道呢？稍有頭腦的人，稍加思索，便知不公道的。他們所投資的土地的地區所以發達，是由於那個地區的工商界的努力所形成的，和那個投資土地的商人毫無關係，但是發財的是那個地產商人。反之，在那個地區努力的工商界，反因為地產漲價，屋租也漲價了。而受了損失。假如實行了社會主義的經濟制度，便不會有這種現象。

說到這裏，不是把一切都共產，收為國有，如馬克思所說的，不好麼？我想知道共產國家的情形的人們，一定不會贊成，因為把政權和經濟權拼在一個政府之內是非帶危險的。所以我們還是認為所有權是私有，但社會加以控制，比較妥當些。

以往很多社會主義者反對生產工具私有。其實私有制度確是增加了生產的自由。譬如有人新發明了一個生產方法，他就可以警行生產，如係完全公有制，須經政府批准，這便減少了許多機會使人們有試行新的方法以生產的自由。這不是減少了人民的自由的總量麼？同時以往的人們以為所有權是不可能分割的，以為私人所有了生產工具，一切由他主宰了，其實不然，我們可以把整個所有權，劃分為（一）決定生產什麼，（二）應得多少利潤的決定，（三）怎樣去支配生產工具，（四）工人的雇用權等。可知則使係私有制度，政府，工會，以及合作社等都可揷足在上述的四個問題的決定中。譬如以利潤來說，政府的稅率便影響了利潤，工人的雇用和開除，更常常受工會的牽制。此外如生產，分配，貨物的價格，資金的週轉，政府都可用法令來規定。所以現在的社會主義者，除了對於基鍵工業還主張公有以外，不贊成一切工業都公有。即以基鍵工業的公有而論，舊的也在幫助去控制其他生產事業而已。

依照我們的分析，經濟力量由所有者控制的微乎其微，今天的大工廠或大公司，股東已和工廠、或公司並不發生直接關係，他們祇是股票交易所中的一個賣出或買入者，眞正在控制工廠和公司的是經理們。再加上銀行，保險公司，公會和工會，以及合作社，而最重要的還是政府。因為一個政府又可以用法令來控制以上各個因素的力量而形成平衡的狀態，而決定了那個工廠或公司的供和求。同樣地，政府如把全體工廠或公司都控制起來，不是可以使全社會的供求成了平衡狀態麼？假如那個政府是民主政府，那麼這個平衡狀態一定是基於整個社會的福利的。

所以在我們看來，假如政府對經濟有一個計劃，這個計劃和共黨所實施的不同，並不是計劃要設多少工廠或公司，而是對整個經濟市場有所計劃，使在達到經濟的安全，每個人有公道的一份，並使整個經濟可以擴張的目的下，供求可以平衡。但每一個私，不論是勞方或資方，都可自由選擇其工作或投資，並且可以自由選擇其消費品。當然在必要的時候，政府也可以從事生產，並大量購買，以補法令之不足，而使生產更容易地達到供求的平衡。易言之，在今天來說，政府的預算，實在是一個很重要的工具。假如政府要使經濟安全，便在政府的用錢時有所抉擇，以維持「求」的數量，而充份就業就可辦到了。假如要使分配公道，政府便可用賦稅率的增減，一面再實施社會福利。再如對經濟擴張要有所作為，政府便可直接使全國的總收入，對於投資這部門有所決定。

不過上面已經說過，祇靠政府，有時還不夠，並且也不妥當，所以要有社會的力量參加。社會上如能組織消費合作社，這也可以協助政府使供求平衡，而現代的廣告術，往往使消費者對於商品的選擇，混淆不清，所以社會上也應有機構，專門供給消費者以資料，使消費者不為廣告所誤。再進一步來說，工會，或工人直接參加生產機構的決策組織，也是防止經理們專為利潤而生產的一種辦法。假如能這樣做，我們相信，定可使資本主義的經濟制度的缺點，可以改除，而整個生產的動向，對着整個人民的福利的。

巴西革命政府應嚴懲古拉特

楊韻聲

巴西反共革命已經獲得決定性的勝利，這是自由世界值得大書特書的事。

自第二次大戰以來，國際共黨不斷蠶食自由世界。最先就有東歐許多國家被蘇聯蠶食，蘇共當時在斯大林指揮下，進攻德國，佔領了東歐若干國家，並在該等國家建立紅色傀儡政權，它們迄今仍是蘇共的衛星國，這包括波蘭、捷克、匈牙利、東德、羅馬尼亞、保加利亞等。

隨後，蘇共又幫助中共佔領了中國大陸，再後，中共與蘇共又共同幫助北越共黨佔領了半個越南，幫助北韓共黨佔領半個韓國，幫助寮共佔領了寮國的大部份，到最近幾年，國際共黨且又在非洲建立了阿爾及利亞與桑給巴兩個共黨政權，三年前，卡斯特羅更在美洲建立了紅色的古巴。

所以，把國際共黨侵畧整個世界的事實算一筆流水賬，立可發現國際共黨一直在擴張，它們已由蘇聯一國擴張到了東歐，又由東歐擴張到了亞洲，再由亞洲擴張到了非洲與拉丁美洲。美國領導自由世界反共，不但未能解放任何一個共黨政權，相反，却只見自由世界的國家一個又一個地被赤化被攫取，而自由世界麻痺如故，美國政府軟弱如故，美國政客對共產主義的愚蠢與無知如故。今天巴西的反共軍人把巴西從赤化邊沿挽救回來，實在算是難能可貴。因此，特別值得一讚。

被推翻的巴西總統古拉特原是一個左傾分子。其本人是否參加過共黨，雖不得而知。但古拉特本人的行動及言論却都與共黨分子一模一樣。他年前曾以巴西副總統身份訪問過中共，極擁護毛澤東，古拉特訪問中共後，且曾發表過應准中共進入聯合國的荒謬主張。當他訪問中共後回巴西，適值巴西前任總統死亡，他乃繼任總統。但他繼任後，一切都採取共黨措施，且在巴西國內培養左翼勢力，遂為巴西的反共省長及反共軍人所發覺，乃高舉義旗，向首都進軍，古拉特遂被迫逃亡，而這一反共革命乃獲大勝。

本來，用軍事行動來推翻一個政府，就制度來看，自非最好辦法，但當該政府被共黨分子握權時，則除了用軍事手段把它推翻外，實亦別無辦法。

現在，我除在這一遠銷巴西的刋物向遙遠的巴西反共人士致賀致讚外，我特再向巴西反共人士建議，務必嚴懲古拉特這一類左傾禍國份子。並切實肅清巴西的共黨分子。

古拉特究竟逃往何處去了？初時尚不明瞭。但現已明瞭他在蒙得維的亞居然招待記者了。他是否將繼續逃往蘇聯或中共，尚不得知。但他勢必在外陰圖禍亂，以顛覆巴西反共政府，而欲捲土重來，則可確斷。所以，巴西反共政府務必深體除惡務盡之意，無論古拉特逃到天涯海角，都務必把他抓回來處以極刑。因為他是禍首，我一向主張對不知悔改的共黨首腦份子絕不寬恕，而對深知悔改的共幹放寬。像古拉特這種首犯是絕不能仁慈的。試想，假如他不被推翻，巴西將會有多少家庭將因他而流血？中南美形勢，試想又將演變成何等危殆？所以，他眞是罪魁禍首，自由世界各國也應一律幫助巴西政府查緝，把他送回巴西法辦才是。

古拉特逃亡外國，將利用國際複雜關係，繼續作惡，並非揣測之詞，而是可以從他自己逃出後招待記者的話可以印証的。

據美聯社蒙得維的亞四月五日電：「巴西下野總統古拉特今天在這裏的招待會說，那些把他趕下野的人是打起反共名堂的，但是，他說：『這是一句使人發生不正確印象的口頭禪，因為他們沒有一個不知道，我一貫都推行着民族主義的政策』。」

古拉特眞是一個共產黨人了，看他招待記者的這一套辯護，竟完全與共黨分子的作法相同。因為把自己的共黨身份隱瞞起來，或者裝成是一個民族主義者，或者裝成是一個社會改革者，原是國際共黨分子的老把戲。中共首腦們及毛澤東不也曾經是裝成過一個土地改革者嗎？古巴的卡斯特羅不也曾經是裝成過一個民族主義者嗎？那末，古拉特的偽裝又怎能欺騙人呢？

古拉特在烏拉圭招待記者時還說：「他本人並未提請辭去總統職務」，從這一句話來看，古拉特現在還以巴西的總統自居，那末，他至今還在想要重掌政權以赤化巴西，是很顯然的了。所以，反共的巴西新政府更應設法必須把古拉特引渡回來，處以死刑。

對於巴西的共黨分子，巴西新政府也確該予以完全而普遍的整肅，否則，古拉特在外指揮，共黨分子在內策應顚覆，巴西是仍舊危險的。

據中共新華社報導，巴西新政府已在巴西境內施行拘捕。這可以說是完全正確的措施。因為巴西共黨已在巴西具有相當勢力，巴西共黨的同路人及巴西那些幼稚而被共黨利用的左傾分子，為數也不小。不把他們加以普遍整肅，巴西政局決不能眞正安定下來。

據巴西反共政府公佈，巴西政府已經拘捕了九名中共特務，這九名中共特務帶有大批金錢，正在巴西訓練游擊隊，這就足見中共勢力早已侵入巴西，而古拉特也確與中共有密切勾結了。尚望巴西政府對這些中共特務予以嚴辦才是。

美國眞不會承認中共嗎？

謝扶雅

自法總統戴高樂承認中共之後，美國當局除向法國深致不滿而外，一再聲明它自己對華政策不變，意即是，美國決不效法承認中共、並在下屆聯大內繼續支持中華民國的代表權。然而美國政府近對中共經已改取彈性政策，只要中共不是那麼瘋狂反美，只要中共對美稍微加以辭色，美國極想與它握手商談一切的。美國雖然自己反共（但仍許國內共產黨存在），却不反對任何別國採取共產制度。它倒眞是一個衷心願與各國「和平共處」的國家。截至今刻爲止，美國所不承認及建交的共產國家，只限於國際條約約束的東德，北韓和北越；（與古巴絕交爲例外）而對於中國大陸的中共政權，也並沒有在中美協定裏明白宣稱不承認它。戳穿來說，美國隨時可以承認「中華人民共和國」，只要後者亦同承認這個美與國府所結的聯防台灣海峽協定。雖則看來大陸在毛澤東掌握之一日，似不可能容忍美國在台佔有軍事基地；但條約都是人爲的，人事可有變遷，情勢亦可有變遷，國府決不應依賴美國的不承認中共而認爲可以久安實島。國際間一向是無人情可講的。

事實上，與美有血緣及同盟之誼的英國，當年承認中共，不聞美國半點加以反對。近年若干新興國家亦頗多承認中共者，美國都並不出聲。即使這次法國承認中共，美國輿論界且亦有人加以贊許。難怪法國前總理福佑於去年底代表戴高樂去訪北平，返至巴黎之日，即公開說，法國承認中共，可以給美國鋪路，可以爲自由世界打開大陸中共之門。美國的名政論家如李普曼，如史偶，時時爲文批評，指出十數年前杜魯門時代所訂定的對華政策，因最近國際情勢之劇變，非即加以調整而作新適應不可。著名全宇的紐約時報，於一月十二日的社評中，又發表一次最露骨的主張，認爲明明是有「一個以北平爲首都的中國，一個是以台北爲首都的中國」，一如戴高樂所宣言的：『我們承認中共，無它，只是承認「眞實」（Reality）便了。』所以美國當局追究之所以反對法國承認中共，並不是在原則上的反對，而只是爲了時間上的不適宜，更是爲了條件上的不明晰。換句話說，美國本身在與中共商洽了明確的某條件下，亦無不可承認中共政權。法國承認中共之一藉辭，是在計劃中南半島，特別是南越的中立化。

而這一點，美國就目前在越南的工作而言，所不能不予反對的。不過，美國也沒有辦法保持南越將來一定不中立化，假使南越本身終不能把內部游擊隊加以肅清的話。美國當然不可能代南越來執政，並直接統率其軍隊；而況欲剿滅這日益滋蔓强大的游擊隊，實非飛炸北越的以至遠自昆明來的供應綫不可。然美國又決無意採取這種戰略；於是南越剿共的前途就極黯淡。這樣再拖一年半載，勢將被迫產生一個中立化聯合政府，而爲寮國之續，而爲高棉的同路人。美國無如之何也！

這些變遷的趨勢，無非意指中共的蠶食愈益成功，亦即表明中華民國的處境愈益窘迫——迫到實際與台澎合一，而「中華民國」只成一個空名。另一方面，無論裁軍的問題，禁核的問題，以及其它關於維持世界和平的問題，勢不能不邀大陸中共參與討論。中共今後既然在國際上將扮演一個主要的角色，既然將在更多的國際協定上與美國一同簽名，則美國承認它而與之建交，瓜自屬順理成章，熟蒂落的結果。

今年九月待開的第十九屆聯合國大會，中國代表權問題自必再有一番劇烈的討論。現在到九月，只有半年時間，容或一百十多個會員國不會急遽轉變到有三分二以上票數贊成中共政權來取代"China"這一席。但隨國際形勢之推移，票數的變化又誰能預測。而況大會中難保不另有新的提案出來，即以中國代表權給大陸中共，而考慮另爲台灣闢一會員國，或暫交美國託管——這將是美國所甚首肯，且即使那個共產集團之「頭」的蘇聯，也不會加以阻撓的。這時國府當然只有退出聯國。而不論「台灣」會員國的出席聯國與否，美國對於這已加入聯國，且任安理會常務理事的一個國家，難道還不承認它，還不與之建交嗎？

誠然，美國人大都是不喜歡中共的。美國民間有一「百萬人反中共入聯國委員會」的一機關，是事實。但另一方面，代表十多倍於「百萬」之信徒的基督教全國協會（沒有天主教在內），於五年前在克利扶崙開大會，會通過籲請本國政府早日承認中共，同時附帶聲明：「外交的承認不等於道德的承認」。這一事件也是人所共知的事實。不過，中共還在天天狂罵「美帝」，使得美國礙難伸出手來。然而客觀大勢所趨，愈來愈促令美國有不能不謀與中共談判建交的必要。這確是今日最使美國當局絕對感到頭痛的問題。可是，

我們中國人與其代美國担憂，自應儘先顧到自己。針對世情，中華民國究將如何應變呢？法國承認了中共，國府便報以絕交。倘使美國有一天也承認中共，國府亦將與之絕交算了嗎？數年前，將勻田氏在台灣翻譯了及披露了美國一件關於提議「兩個中國」的所謂康隆報告，而又自加幾句序言，大意說，我們應在心理上有所準備。西諺有云：「希望着最好的，準備着最壞的」。我們切不可拿希望當事實，却要看準最壞的局面來到，而作未雨之綢繆。

悼麥克阿瑟元帥暨其戰畧思想

黃偉華

美國麥克阿瑟元帥已於四月五日下午二時卅分（香港時間爲四月六日上午四時卅九分）在美國華德里特陸軍醫院逝世了。除共產黨人外，舉世均予敬弔。

麥克阿瑟逝世時，享年八十四歲，「人生皆有死」，活到八十四歲的人死了，從年齡上講，應無遺恨。不過，麥帥在生時，他身上已發生過很多爭論，有些新的爭論，則隨着他的死，又更有產生。

在有關他的爭論中，被牽入爭論中的，最初就有杜魯門與艾森豪威爾。死後，復被牽入的則更有艾契遜李奇威等人，美國的盟國英國且亦被牽入爭論的漩渦中。

事實上，無論這些爭論何時消逝，有兩點却已在歷史上被肯定。這已被肯定的兩點之一，是麥帥本人確實是一個將才。

這已被肯定的兩點之二，是麥帥本人對中共確曾有一套偉大的戰略計劃，足以擊敗中共，改寫亞洲現代歷史，却未被採用。

麥帥之所以確是一個將才，決不是因爲他曾經担任過美國的參謀總長，也不是因爲他曾經担任美國的太平洋區統帥及盟軍統帥，更不是因爲他曾經參加過第一次第二次世界大戰。我們評論歷史人物時，切不可從他的官職的大小來衡量他的偉大與否。歷史上原有很多成名的幸運兒，他們常只偶然倖而當了高官，而作了顯官，究其本質，則是渺小的。所以，我們評判歷史人物時，切不可從其人的官職與虛名去衡量，而必須從他的抱負與行爲以及見解去衡量。

依照美國現行軍隊人事制度，美國的參謀總長及太平洋一類地區統帥，每兩年必須更換一次，可知若干年來，曾經担任過美國參謀總長及地區統帥職務的人，其人數之多，縱不如過江之鯽，但也多得驚人。設凡曾担任此等官職的人都是眞正偉人，豈不是偉人太多？設其人個皆值得敬佩，豈非値得敬佩的人也太多？所以，這決不是人物的衡量標準。事實上，美國軍人中担任過麥帥曾經担任過的職務的人，試問誰能與他比呢？以艾森豪威爾來與他相比，艾氏亦係現今尙存的美帥兩個元帥之一，且曾與他同時担任歐洲盟軍統帥，戰後又更作過兩任美國總統。官勢顯赫，艾森豪實比麥帥更有過之。然而艾森豪能與麥帥之偉大相比嗎？却是決不能的。在表面上，艾森豪就任總統後，即將韓戰結束，似乎對和平有功，實則不過把敵人放鬆，有利敵人而已。

且艾森豪任美國總統八年，既將競選時的「解放政策」口號全置腦後，甚至故作雍容，貽誤太空競賽，讓美國及全世界均見敵人迎頭趕上，美國，使美國失去對蘇優勢，我相信，後世的史家在審判麥氏與艾氏時，艾氏將是歷史罪人，而麥氏則是眞有眼光的統帥。

要作爲一個眞正偉大的統帥，看似簡單，實不簡單。除一般才能外，偉大的個性與明銳的戰略見解，最爲重要。大體言之，艾森豪就只具有一般才能，麥帥則具後述偉大品質。

麥帥所說「沒有什麼可以代替勝利」，這實在是一句有關戰鬥的名言。但被人歌頌的美國現行民主政治制度，却規定了一種戰略必須服從政略。當然，假如戰略見解不錯，政略見解也不錯的時候，我相信政略與戰略兩種見解之間並不至於發生矛盾。麥帥晚年在韓戰戰場所遭遇的不幸，則是他的戰略不錯，白宮的政略判斷則有錯，於是麥帥固然不幸而被撤職，最重要的，則由於當時未能及時對中共施行膺懲，以致造成中共今日不僅威脅亞洲，而且威脅整個世界的形勢。

當韓戰正在進行時，麥帥曾經主張轟炸鴨綠江以北的中共基地，除用原子彈對付中共，且又主張用駐紮在台灣的國軍，實行在大陸登陸，以擊敗中共。但白宮未予允許，且將麥帥撤職。白宮當時的政略見解是懼蘇聯以此支援中共，而在全世界打起原子大戰來。白宮的這一估計，當時似乎很有理由，因爲白宮當時是更把蘇聯的問題聯繫着來看，而不是只把中共的問題孤立起來看。

其實，麥帥又何曾把中共問題孤立起來看呢？麥帥又何曾沒有把蘇聯的可能行動加以考慮呢？麥帥當時却已明智的判定蘇聯不敢因此動手打原子戰，所以，美國儘可轟炸中共。但白宮的判斷却與麥帥的判斷不同。事後證明，麥帥的判斷原本才是正確的。但最不幸的事，却是白宮根據美國現行政治制度所賦予的權力加上白宮自己的錯誤判斷，而把麥帥撤了職。

對麥帥這樣一個偉大人物來講，個人命運上遭遇撤職或不撤職，原亦只是小事。但由於美國少數政客愚昧無知而將足以擊敗中共的戰略埋葬，則是最可眞正弔惜的。我相信像麥帥這樣偉大的人，對於任何職務，都絕不迷戀的。但對於他所持的正確戰略見解被埋葬，從而造成中共後來以迄麥帥逝世時的這種越來越猖狂越來越足以爲禍世界的形勢，定必死不瞑目。難怪麥帥死前數天還在期望中華民國能夠反攻。

從另一方面看，像麥帥這樣對共具有正確見解的戰略見解，被美國淺見的政客所埋葬，而對中共完全無知的人如富爾布萊之流却高踞美國參議院外交委員會主席職務，擅自發表對中共之謬論，且其謬論浸浸乎甚可能變成美國對中共的國策，世道又何其不平呀！人類世界又何其不幸耶！當前之受害者固爲中華民國，但最後之受害者還不就是美國自己嗎？

台灣來客談台情之二

失敗的「玄武門」之變

效微

不久以前駐於台南的裝甲兵團發生所謂政變的事，其經過情形，本刊的台北通訊曾有報導。

此事的起因乃由於該兵團司令蔣緯國對乃兄蔣經國的所作所為不表贊同，在有關該兵團的人事和訓練方面，常持相反的意見。經國認為裝甲兵團乃國軍的主力，非予掌握不可，於是向乃父迭進譖言，卒將緯國調任一個有職無權的參謀學校校長，緯國雖不願意，却以父命不可違，祇好勉強接受；但力保該兵團副司令趙治華繼任其遺缺。因趙在該兵團歷史悠久，過去蔣緯國出國公幹時，均由他代理。不料，蔣「總統」竟順應蔣經國的要求，另派一名與該兵團素無關係而其資歷還遠不及趙的人接任。未幾，此人奉調往實踐學院受訓，照常例，自應由趙代理司令；但蔣「總統」又委派蔣經國所保荐的另一人前來代理。顯出蔣經國對於與蔣緯國有關係的舊人十分歧視，該兵團的各級幹部多憤憤不平，而尤以趙治華的態度最為激烈。但不敢直接指責蔣經國，乃轉而對參謀總長彭孟緝時有怨言。在所謂兵變之日，趙治華即在該兵團的一項集會中號召出席的官兵集體前往台北向彭孟緝「算賬」。可是，蔣經國棋高一着，他在該兵團裏面所佈置的特務爪牙——政治部人員及憲兵早就奉命作了必要準備。他們在表面表現出完全與趙治華等站在一起；而且裝腔作勢，顯出比趙還要憤慨萬分。但在事實上，却是暗中予以嚴密的監視。祇俟有機可乘，即可下手。趙治華等則一無所知，還以為政治部的人員也和他們具有同感，未作任何的防備。所以當場就被一名少校階級的政治部人員指揮憲兵在台上予以逮捕；在台下的人，也被其他特務人員就地監視，不敢有所動作。至於趙治華何以敢於公開號召該兵團的官兵向台北進軍，是否受了蔣緯國的指示？局外人自不得而知；但此事發生後人們在竊竊私議時，都稱之為失敗的「玄武門之變」。

由於此事的發生，蔣經國認為必須從幕後走出前台，才能從正面取得控制三軍的大權，而不致誤了他日的「大事」。因此，他決心要拿到國防部。祇以國防部部長俞大維深得美國的信任，若把他去掉，可能影響美援，於是別創一格，改做國防部的副部長。依照行政院組織法的規定，行政院所屬各部，除了部長而外，祇設政務次長，常務次長各一人，而且是簡任，祇有部長是特任。大約為了表示蔣經國的地位特殊，不同凡响，所以國防部特於法外增設副部長一人，而且是特任。看情形，俞大維今後將成為一個有名無權的部長，除了仍將被利用去向美國爭取援助而外，對國防部的一切用人行政自不能再有所過問，以便蔣經國能為所欲為了。

某政要口中的「三大矛盾」

某政要在私下向人表示，今日台灣處在三大矛盾中。

一、反攻與中美聯防條約之矛盾：某政要說，「反攻大陸」是我們唯一的生路。年來海內外人士，都要求國軍及早反攻，蔣總統也不時作反攻的號召。但要反攻則必須先修改中美聯防公約，然後才可能向美國取得我們所想望的。而在目前的局勢下，美國是不可能同意的。如果不依修約取得美國的有效援助，則自己的反攻又很難下此決心。眼見國際局勢一天一天的逆轉，反攻的良好時機一再錯過，實不知如何是好。

二、經濟建設與軍事建設之矛盾：某政要說，如果一時不能反攻大陸，自應先將台灣的建設搞好；但以言建設台灣，則又必須以經濟建設為首要之圖。而目前這麼龐大的軍費開支，實為經濟建設的最大障礙。可是若精兵簡政，又恐兵力縮小，一旦內部有事，不能應付。於是顧了軍事，就顧不了建設。現在美援已開始減少，長此下去，後果實堪憂慮。

三、民主憲政與特務統治之矛盾：某政要說，依照憲法規定，政府應實行法治，確保自由。這是國內外一致要求的，也是政府深知的。可是，這十多年來，台灣事實上是在戒嚴時期，特務統治隨處可見。雖然今日台灣都是一片歌舞昇平的平時現象，似乎沒有必要再延長戒嚴期間；但為了政治上的顧慮，一時自無法取消戒嚴，因而法治和自由也就不大可能，民主憲政打了折扣，政府所實行的是特務統治，實有不得已的苦衷。某政要認為以上的三大矛盾，一時無法克服。

反共聯盟，衆皆莫名其妙

不久以前，蔣「總統」忽然倡議組織反共聯盟，由於大家事前一無所知，他突然作此宣佈後，不但一般人莫明所以，即國民黨的黨政要員也如墮五里霧中。與「總統」最接近的某政要被人詢及也答稱不知蔣「總統」的動機為何。因為很多年以前，國民黨中央曾宣佈召開反共救國會議，行政院還邀請民青兩黨人士共同組織了一個籌備會。但以後不但沒有召集，蔣「總統」反而說，海外民主人士受了中共的統戰影響，主張召開反共救國會議，組織聯盟政府。因為有了那一次的經驗，大家不知道他的葫蘆裏面究竟賣的是什麼藥，所以國民黨的黨政人員均保持一種極為審慎的態度，以免開罪。同時，一般有識之士，也認為根據上述某政要的「三大矛盾」論，當權者既無以自力反攻的決心，又無意於精兵簡政以建設台灣，更無意取銷特務統制，實行民主憲政。在此情形之下，所謂反共聯盟又有何意義之可言呢？何況今日的台灣，乃以蔣經國為主，他連蔣緯國都要排除，還會有善意和他人聯盟嗎？不過，在野黨人却對此大感興趣，又重新醞釀團結運動，以便分配反共聯盟的席次。假如果因此而導致早已支離破碎，聲譽遠溢的民青兩黨重新實現團結，亦不失為一佳事也。

台灣簡訊

一、台北市有民「盆」代表

台北市議會為澄清市議員間的操守問題，特別成立專案小組，展開市議員間的自清工作。

原因是去年市政府撥發貧戶臨時救濟款一百四十萬元，部份市議員以冒領或抽頭方式朋分數十萬元。其抽頭的方式是，由市議員介紹貧民到市府社會局請求臨時性救濟，每人每次可獲數百元，介紹的議員可向每位貧民抽頭一百元左右。市議會對這種不利於民意代表的傳統，不問其事實真假如何，對於民意機關的尊嚴和民意代表的名譽，都有澈底澄清的必要。故特成立專案小組，並推舉市議員林水泉、葉依坤、盧莊合等為小組委員，對市府所發放的臨時救濟款逐條清查。

二、其父攘羊而子証之

台北市議會第六屆第一次大會中，發生了一件「其父攘羊，而子証之」的有趣故事。當市議員對市府各單位質詢中，指責市府地政科官員有涉嫌向市民索取紅包的黑幕。他們要求市政府除了澈底追究外，並應根絕這一惡習。

這一指責首先由宋霖康議員提出，他說，本市地政人員操守之差，實在令人咋舌，市民請求測量地界、地目、都必需請客送紅包，否則便很難順利辦好。

陳連祿議員又接着說，宋議員的指責是有証據的，本會議員林水泉的父親，在林水泉當選議員之前，即曾向地政局有關人員送過紅包，才使一椿九萬餘元不合理的土地增值稅，降至萬餘元。如果不送紅包，林家買進的七十八坪土地，便要多負七萬餘元土地增值稅。

林水泉議員當即向幾位議員和新聞記者証實他父親確曾送過紅包，因為市政府對這七十多坪評定土地增值稅每坪竟達二千元，比這塊地兩旁的地皮增值稅貴了一千四百元，實在太不合理。我父親為求合力負担稅款，才同意送四千元紅包，但是，後來每坪負担減至九百元，還是很貴，才僅送一千五百元的紅包，這一千五百元是以松山合作金庫門戶人李清金的支票開出的，支票號碼我還記得。但是林水泉不願進一步說明這一千五百元紅包究竟送給誰，他只表示，如果誰不相信，他願意對証一下。

地政科長郭曉鐘辯說，土地增值稅是由評議委員會評定的，林家買的七十多坪地，從未評定每坪應繳土地增值稅二千元，地政科官員也不致於拿紅包。

陳鐵科議員則指郭科長的話不實，他說，如果不曾評定每坪應徵土地增值稅二千元，為何通知林家繳九萬多元土地增值稅？他請市政府澈底調查此事。

由於此一「紅包」案牽涉到市議員的父親向人行賄，而出面証明確有行賄情事的人，又是這位「行賄父親」的兒子，現任市議員林水泉。依照法律來說，「行賄與受賄同罪」。如果要澈底追究起來，林議員的父親亦有同等罪名，因此很多人稱讚林議員公而忘私，甚致有人誇獎他「大義滅親」呢。

三、出租公園預定地也有人收了紅包

市議員黃信介向市政府質詢說，本市十四號公園預定地出租給商人舉辦商展，外傳商人曾向市府主辦人員送卅萬元紅包，事實眞相如何，應該加以澄清。他並要求市政府說明什麼人把這塊公園預定地放租給商展會的。

市府財政長黃震球答覆說，這事地政科知道。地政科長郭曉鐘推說工務局知道。工務局長魏炳麟則表示他也不知道。

議員們見這三位市府官員對市有財產的放租事茫無所知，表示不滿，會中決議，限市政府在本次大會前務要提出答覆，不得再以不知為對。

四、基隆公車處吞票款案地檢處初用懲貪條例

轟動一時的基隆市前任公車處長張民等七人涉嫌侵吞票款案，頃經基隆地檢處檢察官周偉傑偵查終結，依貪污治罪條例及刑法侵佔，偽造文書等罪嫌提起公訴。

本案為基隆地檢處首次引用戡亂時期貪污治罪條例起訴的一案，涉嫌本條例第四條第一款的被告，有處長張民，票務股長馬世英，票務僱員潘以修三人。另有秘書洪西苓及總務課長潘廼柏，業務課長陳朝波，因侵佔時間在五二年七月一日貪污治罪條例公佈實施以前，僅依普遍刑法侵佔及偽造文書罪嫌起訴，司機蔡萬揆依湮滅証據罪起訴。本案引用的貪污治罪條例第四條第一款，違犯者可以判處死刑，無期徒刑或十年以上有期徒刑，除死刑外，並得科十萬元以下的罰金。

據起訴書指稱：被告公車處長張民（四七歲，住基隆市豐稔街十三號），自四九年担任處長後，酬應支用浩繁，遂致虧累不堪，先後向案外人曾順正調借支票五六次，票面合計四十五萬六千零九十六元九角，及其他友人調借現款七萬餘元，因而左支右絀，週轉困難，為應付到期借款及利息等，乃連續向潘以修及馬世英，取用公車票款。被告馬世英，潘以修，洪西苓，潘廼柏等相繼效尤。各人侵佔數目如下：張民共侵用票款四十二萬元。馬世英計侵用票款十三萬六千七百零六元。潘以修共侵用公款二萬四千元。潘廼柏共侵用票款七萬元。洪西苓共侵用票款一萬六千八百元。

以上共挪用票款六十萬七千五百零六元。包括：市區線普通票五萬五千張。學生票一萬九千五百張。上午班銷售票款四萬七千餘元。通用優待票一萬餘元。預收學生月票款三萬五千餘元，應存土地銀行專戶票款二千元。

中共新華社記者在世界各地幹什麼

從新華社記者在巴西訓練游擊隊說起

綜觀

從表面上看，中共新華通訊社的工作，亦如美國的合衆社美聯社英國的路透社，同樣都只是一種從事新聞工作的通訊機構。實際上，中共新華社的工作重心與工作方向在本質上是與合衆社美聯社路透社完全不同的。如果人們把它們給予同一看法，那就完全是自己無知自己愚蠢。英法美的通訊社基於國家的民主制度以英美所崇尚的新聞自由，它們原是民營的，政府不加干涉，而且也不得予以強力控制的。但中共新華社則不然。中共新華社正如中共另一通訊社——「中國新聞社」，都不是民營，而是黨的機構，而且都是黨的特務機構，所以，中共新華社的記者，表面上是一個新聞記者，實際上則是中共的一個情報員、組織員、戰鬥員和宣傳員。他們的重心工作，並不全在採訪新聞，而在從事煽動從事顛覆從事戰鬥。這一點，不僅中共派到自由世界各地的新華社記者是如此，就是派到其它共黨國家去的記者也往往要做破壞和歪曲工作的。

他們都是經過中共極嚴格的特務訓練的。所以，他們能夠担任多方面的工作。

去年，東歐共黨國家曾數度驅逐中共新華社記者，是人所共知的了。

最近出版的美國記者雜誌報導中共派到非洲去從事顛覆的工作人員也用的新華記者名義，其中一名名叫高梁的人，就在非洲煽動並以金錢支助魯安達國的華吐西部落到布廸隆國去搗亂，而這一個名叫高梁的人，也是以中共新華社記者名義在非洲活動了兩年。

最近，在日本也發生過一件事。那就是中共要在日本舉行商展，池田政府批准中共商展代表團入境後，發覺與中共商展團隨同到日本的中共新華社記者吳學文竟是中共經常派到日本對日本政府從事煽動從事詆毀從事誣衊的老客，日本政府乃不准吳學文入境，但中共商展代表團猶欲强迫日本政府准許入境。竟說如果日本政府不批准該新華社記者之入境，則中共商展團亦不到日本。後因日本政府覺得中共太以主子自居，對日本太難堪，日本外務省稍爲作了一點反應，中共才撤消原議不再强迫該新華社記者入。可知中共是經常利用商業貿易等來維護新華社記者的破壞活動的。

最使人吃驚的事，則是中共最近居然派了很多特務到中南美去訓練游擊隊，準備用武力推翻各該國家政權，在巴西，現已有九名中共特務被反共的巴西政府捕獲。其中兩名是中共新華社的記者！

據路透社巴西里約熱內盧四月三日電：「拉斯達省長公署說：此間政治警察今日扣留數名華人，携有訓練游擊隊的文件。公署補充說：警察並搜出一份將校的名單。將在暗殺之列。據省長公署說：被捕的華人，帶有四千萬巴西幣，合二萬三千五百鎊，供給他們在里約熱內盧祖保巴地區訓練游隊」云。

由此可見中共派到世界各地的新華社記者，全是幹犯罪活動的中共的特務哩！

大陸簡訊

藍鳥

中共中央研究蘇斯洛夫報告

中共中央於四月一日公佈八評蘇共公開信，直接抨擊赫魯曉夫，並要蘇共中央清算赫魯曉夫後，蘇共隨即於四月三日公佈了蘇共書記蘇斯洛夫於二月十四日在蘇共中央委員會的長篇報告。該報告是責罵中共不該繼續推行個人崇拜的。

蘇斯洛夫的報告曾明白暗示蘇共之所以與中共發生衝突，完全起因於毛澤東，因毛澤東欲在中共繼續維持其個人崇拜。

蘇斯洛夫報告又明白宣示莫洛托夫、卡岡諾維奇、馬倫可夫三人均已被蘇共開除黨籍。而該三人都是史大林的重要助手，一向與中共勾結甚深，而且一向與毛澤東勾結着以反對赫魯曉夫的。

蘇斯洛夫說：「本黨已粉碎了反黨的莫洛托夫、卡岡諾維奇、馬林可夫集團」。

對此，中共作何正式反應呢？據悉：中共正在詳細研究蘇斯洛夫報告之原文，然後再定如何反應云。

陳毅在匈駐平使館撒野

據法新社北平四月四日電：「今日在此間匈牙利大使館參加匈國慶節宴會的各國駐北平外交團人士，發生了一陣相當大的騷動。當時匈牙利大使哈拉茲建議『為兄弟般的蘇聯匈牙利的解放者而乾杯』，接着又說『為蘇匈人民之間不破裂的友誼而乾杯』。身為首席貴賓的中共外長陳毅跟着建議『為匈牙利及中國人民而乾杯』，接着就退出宴會，較宴會的結束時間早三十五分鐘。陳毅發表的簡短致詞中，引起全場嘉賓的普遍震驚，他替匈牙利大使改了名，匈牙利大使的全名為約瑟·哈拉茲，而被陳毅則呼他為伊墨爾·哈拉茲。伊墨爾為一九五六年匈牙利反蘇叛亂領袖伊墨爾·納基的名字。陳毅究竟是出於無心抑或有意，現尚無法知道，這正成為北平外交團的談話資料」。

其實，事情很明顯，陳毅是完在有意侮辱匈牙利，侮辱匈牙利大使。因為匈牙利大使兩次提議乾杯，都為的是蘇匈友誼，而絕口不提中共與匈牙利之友誼，陳毅始自動提議為中共與匈人民友乾杯，乾杯後，提前三十五分鐘離去，也完全為此。

從這一件事可以看出，陳毅故意提出反蘇人物伊墨爾名字，其意顯然在挑起匈牙利的反蘇情緒，而匈牙利駐北平大使則故意强調與蘇友誼，益見中共與匈牙利的關係已很壞了。

中共駐桑給巴代辦下田勞動

據中共新華社桑給巴四月五日電：「今天清晨，桑給巴的首都居民一萬五千多人，打着鑼鼓，唱着革命歌曲，熱情洋溢地前往基津巴尼的一所國營農場參加志願勞動。桑給巴總統卡魯姆，副總統漢加和內閣部長們以及革命委員會的委員們乃至許多政府官員也和參加志願勞動的人們一起在田間工作。中國駐桑給巴大使館臨時代辦劉千和其他一些國家的外交人員也參加了今天的志願勞動」。

桑給巴是位於東非的一個國家，去年十二月才脫離英國獨立，但獨立後不及兩個月就被中共訓練出來的特務把它顛覆了，現已成了阿爾及利亞之外的另一非洲國家。阿爾及利亞親蘇，桑給巴則親中共，中共駐桑代辦下田勞動，可見這位代辦也是屬於做戲之流了。

中共派農耕人員到非洲

台北中華民國政府曾派出多批農耕隊到非洲的若干國家去指導生產，幫助勞作，現在中共亦派出農耕人員到非洲了。

據中共「中國新聞社」達累斯薩拉姆四月六日消息：「中國水稻專家黃繼和鍾樹福在坦噶尼喀產稻區進行兩個多月的考察」，「他們在這個靠近赤道的國家跑了幾千英里路，訪問了二十二個地區，四十九個地方，仔細研究了不同階段水稻的生產情況和自然環境」，顯見中共現在也已在幫助非洲人從事農耕的方面來與台北中華民國競爭了。台北當局以往成績很好，今後還應特別注意才是！

僑鄉近訊

鍾之奇

共報承認民兵對訓練不感興趣

自毛澤東與赫魯曉夫發生個人衝突後，蘇聯援助中共的現代化武器停止供應了，於是，中共四千架飛機絕大部份因汽油缺乏不能起飛，陸海軍的現代裝備也供應不上。毛澤東乃自誇他有三千萬民兵，足以橫掃一切。但赫魯曉夫却嘲笑毛澤東的三千萬「民兵不過是一堆肉」。但中共則仍在常自吹它的民兵戰志如何高強，訓練如何嫻熟。可是，共報有時仍免不了透露出中共的民兵，不但技術訓練差，裝備壞，而且根本對中共的訓練不感興趣。這可以從本年一月十七中共政治局華南分局所辦的機關報——南方日報（在廣州出版）的報導可以看出來。

「南雄縣黎口公社農場大隊基幹民兵連民兵，最近在冬季訓練的一次實彈射擊中，全部採用舊武器，農場大隊民兵冬訓初期，對使用舊武器射器缺乏信心，一些沒有參加過實彈射擊的民兵更是心中沒有底，因此大家練武的勁頭不高。針對這種情況，民兵營的領導除了加强民兵的階級教育，提高他們的思想覺悟，激發他們練武的積極性外，特別着重教育民兵認識射擊成績的好壞，同槍的好壞雖有一定的關係，但主要的是在射擊技術的好壞」。與此同時，領導幹部還很重視射擊場上的政治思想工作」。

從上述南方日報這一篇報導，人們立可發現中共對於民兵，並沒有充分能够掌握。民兵的技術既差，情緒又低，而且，中共對民兵很不放心，所以發給民兵的武器，都是一些舊武器。

再看：南方日報報導的這一個例子，還是中共人民公社的「基幹民兵連民兵」，那末，基幹民兵連的情形尚且如此，那些不是基幹的民兵的情形，豈不更糟。看樣子，中共究竟敢不敢把舊武器（指七九步槍）發給其餘那些非基幹民兵連，也根本成問題哩！

我們知道：凡是中共報紙刊登的事例，都決不是個別存在的。凡是個別存在的事，中共報紙通常都不予刊登。中共一向把它的報紙當作宣傳與教育工具，凡中共報紙所刊事例，一定具有普遍性，何況南方日報是中共中央政治局華南局的機關報。這一例子不由羊城晚報一類中共地方報紙刊登，而由華南局的機關報刊登，正所以說明上述民兵情形，正是華南各省縣市的普遍情形。由此至少可以看出中共華南地區的民兵，無論訓練、裝備與士氣，都很低劣，與中共平時所吹噓，絕不相符咧！

汕頭華僑糖廠連年虧本

閩粵兩省是華僑最多的省區。所以，人們一向把閩粵兩省視為僑鄉。由於海外廣大華僑在海外之辛苦經營，有些華僑抱着落葉歸根思想，所以，中共就利用這種思想對海外華僑行騙。說什麼華僑回鄉辦廠一定可利保息啊！又說什麼華僑回鄉投資保無虧折啊！其實，這都是中共的欺騙。事實上，凡是被中共騙回大陸的僑胞，其所辛勤積蓄的財富，莫不全被中共清算勒搾，少數由海外華僑投資的工廠，也莫不蝕本。最近中共南方日報也透露了一個例子。

它說汕頭華僑糖廠已連續二年虧本。據它分析說：「前二年（一九六一與一九六二年）該廠設備事故多，日搾量沒有達到原設計生產能力，糖份收回率低」。該報從而要求投資該廠的華僑要「老實承認自己落後」，並要該廠「從找差距入手，展開比學趕幫活動，挖掘生產潛力等」。所幸最近數年，海外廣大華僑都已明白了中共政權的殘暴面目，絕少華僑再上當。事實告訴海外廣大華僑，要達到自己落葉歸根的目的，要達到解救僑鄉僑眷僑屬的目的，海外中國人只有大家合力把中共政權推翻。

文覺非羅品超在越秀區作清道伕

中共又要在四月十五日於廣州舉行出賣人民血汗的所謂進出口貿易大會了。為了打掃廣州街道，粵共已命令文覺非羅品超等粵劇大老倌到越秀山區作清道伕帶領勞動。這是中共羊城晚報報導的。

拉曼責蘇加諾棄義背信

暗殺拉曼傳說

俊華

甘迺迪總統被刺殞命之後，不丹的總理又遭受暗殺。東歐共產圈內，盛傳毛澤東進行買兇暗殺赫魯曉夫；馬來西亞總理拉曼，據說已在暗殺的威脅之下。「暗殺」這項卑鄙的行爲，如果被視爲政治手段，甚且牽涉及外國的主謀，很可能就會導致天下大亂。第一次世界大戰，不是就起因於奧國奧迪南太子的被暗殺，成爲一個直接的導火線麼？

在從事競選運動中的拉曼總理，曾被警告勿往北馬的吉蘭丹州作競選旅行，因爲可能有「瘋狂的極端份子，親印尼的恐怖份子」要暗殺他。吉蘭丹的州政府，現由反政府的泛馬回敎黨執政，是極端右派的根據地。

印尼刺客滲透北馬的疑慮，也正由於有九把降落傘在北馬樹膠園中被發現而告增加。九把降落傘並有一個大袋子，在膠園中被檢獲，疑是印尼特務在此地空降着陸。警察及民防隊曾在附近搜索，但沒有發現降落者，因此懷疑到印尼特務的潛入，已受當地親印尼恐怖份子的掩蔽。印尼特務及破壞份子在馬東岸登陸，放置計時炸彈，是早已發現的事。一度爆炸柔佛大橋之下的大自來水管及爆破星洲電廠，幸被當局破獲。現在可能空降北馬的印尼特務，却傳說與暗殺政府各領袖有關，氣氛就更趨嚴重。

馬來文「前鋒報」說，拉曼總理透露：有一群來歷不明有組織的人物，想在北馬或東岸謀刺他的閣員，因他們多須至鄉間競選，他「很關懷閣員們的安全」。他說，倘若卑鄙的暗殺能夠成功，則「危機將隨之而生」。

拉曼對於自己的安全問題，表示並不介意。他說：「我的生命在上蒼手中，唯有上蒼能決定我的命運」，我的左右很憂心我的北馬之行，他們認爲我不宜在公衆場合露面，免冒被恐怖份子襲擊之險。」但這有什麽辦法？担任總理的人，沒有法子避免危險」。

他對於「九把降落傘」事件說：沒有人會給這小東西所嚇倒，我們早已準備應變，請隨便來吧！縱有任何恐怖，我們也將予以應付。「如果一定要來的話，早來比遲來更好！」

這些印尼的登陸滲透，空降滲透，雖還沒有達成重大的破壞或暗殺，造成拉曼所說「危機」的程度；但對於大馬當局，委實極傷感情。因爲迄今爲止，大馬並沒有實行向印尼作任何滲透或破壞。而印尼却爲了印、馬在北婆邊境的糾紛，極力要把恐怖或騷亂，帶到馬來亞本土。

要求承認佔領

在北婆邊境，印尼遊擊隊不理會什麼「停火」，不時施行襲擊。這項現實的行動，不但打擊非律賓的調解方案：「印尼撤退遊擊隊，同時印馬舉行政治問題談判」，而且已有印尼正式聲明，支持遊擊隊在大馬境內活動。蘇加諾最近再次聲明：印尼不撤退在馬境的遊擊隊，除非政治問題談判，已有成就之望。印尼官方「安塔拉」社公佈蘇加諾在作最高會議中對陸軍司令占尼等的訓示：（一）雙方有實際的停火。（二）遊擊隊留於佔據地。（三）馬來西亞不能進行對遊擊隊掃蕩。（四）承認遊擊隊在馬來西亞屬北婆佔領之地區。

這項印尼片面公佈，要求承認印尼在北婆「佔領區」爲合法，當然引起大馬的憤怒，大馬外部發言人說：「此乃「荒謬之尤」！任何有主權國家，均不能容許外軍在國境之內，「何況予以承認」！

拉曼說：任何有自尊的國家，將不能容許外國敵性遊擊隊在其領土內成爲「合法」。馬來西亞將繼續軍事行動，把滲入的印尼恐怖份子趕走」。

大馬外交部發言人指責印尼的「遊擊隊合法化」一荒謬主張，乃是「一項陰謀」。事實上，印尼遊擊隊只是越境襲擊，或潛匿森林中流竄，「並沒有任何『袋形』陣地」。他們之所以宣稱『有袋形陣地』，乃欲使世人有一印象，以爲印尼對大馬的軍事冒險，已有相當的成功，而欲藉此討價還價。那知這種「成功」的說明，暴露了印尼的侵略。

大馬接受挑戰

拉曼因此指責蘇加諾「棄義背信」。指蘇加諾同意停火，却在沙拉越「謀殺」——在古晉邊區殺戮大馬士兵及居喀籍英軍。但當他們追擊時，他又建議停火。拉曼描述印尼與荷蘭爭取西伊里安時，馬來西亞如何同情印尼，及他本人爲了謀求這項糾紛作有利於印尼的解決，他曾經到荷蘭及美國，去替印尼作說客，美國對荷蘭施加壓力，使它放棄西伊里安。馬來西亞並且拒絕給予荷蘭以運兵前往西伊里安防守的便利。『我人援助印尼抗荷，情同手足』，而現在印尼却要對抗大馬，粉碎大馬！大馬有什麼開罪於印尼，致勞蘇加諾要來「粉碎」？印尼有什麼勝於大馬的？難道要大馬人民，過印尼人民一樣悲苦的生活？印尼不過是妒忌馬來西亞的繁榮吧！

拉曼在北馬巴根西萊的民衆大會中，盡情傾吐印尼對大馬的陰謀。他指出印尼從中「攪鬼」的亞非會議，通過了接受印尼對抗大馬的議案。該「亞非人民」團結理事大會邀請馬來西亞前往參加，但當大馬代表團抵達時，他們却把大馬代表團列爲「觀察員」，只准列席會議，不得發言。難道邀請我們「參加」，只是爲了聽取印尼在大會中對大馬抨擊，而大馬方面，不能一言申辯？

拉曼演說說到憤激處，舉手在空中揮舞說：來吧！蘇加諾！來吧！印度尼西亞！如果你們進攻，我們也必傾全力把你們粉碎，我們已準備好了，我們將以過去「曾經在十二年緊急時期中對付共黨遊擊隊一樣的戰鬥，與印尼週旋。蘇加諾及其爪牙的鐵腕統治，必會倒下一天，它將覆亡。而大馬將永遠不向印尼承認失敗；「我們有朋友」。

除了英國，還有澳洲表示了支持大馬。印尼駐廖內半島海軍令蘇狄里狄中校，指責「英澳紐」艦艇，「對印尼艦隊挑釁」，據說英機追踪印尼艦隊，英澳紐及大馬海軍，在馬六甲海峽接近印尼艦隊挑釁。印尼因此已向澳洲警告，勿干預他們與大馬間的糾紛。

印尼駐澳洲大使蘇阿第准將，奉召回耶加達接受蘇加諾的訓示，返回任所經雪梨時，即發表對澳洲的警告，要澳洲維持對印尼的友誼，不要干預。因大馬糾紛乃亞洲人應謀解決之事，非亞洲國家已經干預過多，澳洲「幸勿犯此錯誤」！

所謂亞洲國家自行解決亞洲問題，聽起來是相當漂亮的。但大馬方面却指責說：印尼爲什麼不强調東南亞國家自行解決東南亞問題？與印馬有深厚淵源的亞洲國家印度，印尼又爲何要拒絕她參加斡旋大馬問題。（按：蘇班德里奧最近拒絕尼赫魯邀他到新德里會談的邀請。印尼又爲什麼偏要與曾經進行顛覆馬來亞的中共，攪亞非團結會議，還在進行另一個亞非會議？那樣說法，不外是便於亞洲共黨對非共國家的侵略，那又何曾不是「援引外力」。何況所謂解決問題者，並非坐下來討論解決，而是派兵入侵，要求承認承認領土的佔領，那又怎能够解決？

・吉隆坡通訊・

緬甸用右腕行左政

孟立

緬甸革命政府自實行把出入口業務收歸國營之後，一切私營的進出口業務，都迅即陷於完全停頓狀態；而靠外來貨品供應的百貨商行，也由於上述原因的影響，以致貨品來源斷絕，存貨漸賣漸少，於是形成了商品鬧荒的現象。一般百貨商行的老板們，早就已預料到將來的結果，必演進至無業可營，因此大家就拼命把存貨「揸緊」，並把貨價盡量提高，弄成了人爲漲風，物價普遍昂揚。據目前所獲得的消息：原因每斤三元的椒乾，現在購價漲了一倍；原日每斤二元的碩莪米，現也漲至二元至二元五角；原日每斤五元的椰油，現則漲至十八元；椰子每個由六十分漲至二元；肥皂每條由一元漲至二元四角；花沙籠每條由六元漲至十八元；其他日用品不論是帕來貨抑是本地貨，無不漲價兩倍至三倍。有些商店老板則更投機，他們索性把店門關閉，不做生意，反而派店伴前往別家商店，把人家的貨品搶購回來囤存，以便物價再漲時得以爭取更高利潤。另一方面，當地居民也醞釀起搶購潮，祇要知道某一商店有貨品出售，則不管是否自己所需，都立即趕去排隊購買，於是處處出現搶購人龍。加以政府過去並未明令限制物價，故更使到投機商人肆無忌憚的把物價抬高得相當驚人，漲風遂更不可收拾！

然而尼溫「革命政府」却硬把物價暴漲歸咎於「反革命份子」，謂「反革命份子」存心與革命政府作對，破壞社會主義的實施。尼溫將軍曾頒佈過「維護建設社會主義經濟制度條例」，反映出革命政府實行社會主義的決心；但這一來反而使到經濟情形更趨混亂。尼溫不特不知「對症下藥」來挽救經濟危機，反而加緊進行消滅反對份子，認爲唯有制止和消除反對份子的破壞才能迅速建立社會主義經濟制度，因此宣佈由實施上述條例之日起，凡對政府制訂的政策和工作計劃，或政府執行的任何工作，進行破壞或煽動破壞，或對國家財物進行破壞或煽動破壞，或對列入建設社會主義制度的生產事業運輸事業貯藏貿易與銀行業務等進行騷擾或煽動他人騷擾，或非法輸入物資等，均將被視爲違反社會主義經濟制度條例，最輕是判處十年徒刑，最重則爲判處死刑。這樣的嚴刑峻法雖然可以把漲風暫時遏止，但一切物資則更形缺乏。革命政府老羞成怒，突於三月十九日派出軍隊進入仰光市，把三千間私營商店收歸國營，被沒收的商品價值達五億港元，並在各商店改掛着「人民商店」的招牌，將所沒有的商品發售。這一措施，立刻引起當地市民的恐懼和憂慮，而市面也籠罩着動盪的氣氛。

緬甸政府現已宣佈，要在今年內使全國經濟完全受國家控制，不容私人商業破壞政府的社會主義化的進行。緬甸政府對國有化的政策，現確已推行得相當積極：目前尚待國有化的，僅是仰光街頭上的食物攤檔而已。

被國有化的商店老板對政府强迫的措施，雖是逆來順受，但其內心的憤恨，是必然的。例如某商店老板宇敏翁，他被沒收了約值七十萬元貨物之後，累到破產，因而切齒痛恨政府，屢對人發洩其內心對政府的不滿。另一位被國有化的商店的老板，也悻悻然痛罵政府的政策失當。諸如此類的事實，迭有所聞。由此可知一般民心民意，對政府的所謂國有化，係泛起了極度的反感。

緬甸政府此次實施國有化政策的受害者，除了緬人民外，華僑與印度僑民所受的打擊也很重大，他們胼手胝足，在緬經營工商業，勞一生，辛告成就，薄有積蓄，詎在一紙國有化之命令下，即完全血汗之資，盡歸烏有，其憤激之情，固莫可言喻。緬政府雖曾謂願予賠償，但賠償率如何？何時始行賠償？其賠償辦法是否合理？刻仍一無所知。華僑與印度僑民，均憂心忡忡，惶惶不可終日；蓋財物已蕩然，日後生活將大有問題；更何況還就慮到政府可能再作進一步迫害？於是不論緬人，華人，印度人，均湧起了怨懟的心情。緬甸的社會又怎能不醞釀發生騷動哩！

神話中的黃帝（一八）

徐亮之

五

「奇怪！這孩子不但知道具茨山的所在，而且知道大隗住的所在。這一定是個非常人物，機會不可錯過，得要好好請敎他。」黃帝在車中聽了他們的問答，不知不覺這樣自言自語；隨卽一躍下車，走到孩子的面前說：「小朋友！具茨山和大隗先生，您都清清楚楚，佩服佩服！我現在卻要請敎您，怎樣才可以把國家治好？希望您別客氣，認眞指敎指敎！」

「治好國家嗎？大不了也祇不過這樣罷啦，還特別治個什麼來！」孩子大刺刺地說：「告訴你：我從小便糊裏糊塗在浮塵世界裏面流浪，卻不知不覺流浪出一個頭昏腦脹的毛病來。那時，有位長輩指點我：『你還是白天工作，晚上休息，到襄城郊外牧馬去吧！包管你的病會慢慢地好起來。』我照着辦了；果然病就慢慢好起來了；而我現在卻正準備到浮塵世界之外去流浪流浪的了。治好國家嗎？大不了也祇不過這樣罷啦，還特別治個什麼來！」

「要是担負實際責任，當然我不敢麻煩您；不過，我現在所要請敎的，祇是：該用什麼方法才能把國家治好？」

「我不懂這些事體。」孩子推辭說。

「無論如何，得請指敎指敎。」黃帝央求說。

「這還不簡單嗎？」孩子又大刺刺起來；「治好國家不也和牧好馬一樣嗎？把害馬的東西去掉便得了。」

黃帝聽了，高興得連忙叩頭，稱呼孩子做「天師」；知道這便是大隗的化身，也不再訪具茨山，便循原路而歸（五）。

黃帝爲了人民，爲了眞理，便是這樣不恥下問，不辭跋涉的人。不過，他雖然求賢訪道不辭勞苦，可走起路來卻也眞快。有一次，他叫風后背書，常伯佩劍，從陰浦地方出發，去遊覽相隔好幾萬里的洹流。洹流乃是一種流沙，又名沙瀾；人一踐踏，立刻滅頂，深不可測。這種沙塵，給風颼起，往往蔽日遮天，就如黃霧一般。黃霧裏面有無數的神龍魚鼈，全都能飛能舞。又有一種植物，名叫石蕖，青顏色，質地又堅又輕；一莖百葉，千年開花一次。隨風搖曳，綽約生姿，冲淡洹流的恐怖氣氛不少。這地方現任黃帝陶正的甯封子，因爲一時誤食飛魚，曾死過兩百年。復活以後，曾留下有名的沙海頌說：「青蕖灼爍千載舒，百齡暫死餌飛魚」；可說正是這裏的卽景卽事詩。但說也奇怪，黃帝一行在這兒飽遊飽看之後，當天晚上便居然能够趕回陰浦來（六）。

正因爲黃帝有這種善走的本領，所以他的踪跡，幾乎遍於全中國。在東方，他曾到過現在的山東，看過東海黃海，登過丸山泰山；在西方，他曾到過現在的甘肅，登過空同山雞頭山；在南方，他曾到過現在的湖南湖北，看過長江，登過熊耳山湘山；在北方，他曾因爲追擊葷粥族到過現在的察哈爾，在釜山會師，在涿鹿建都（七）；至於現在新疆的昆侖赤水一帶（八），乃他的龍興之地，下都所在，流連的時間必多，自更不在話下；他並且在赤水遺失一顆黑色的寶珠，一批一批派聰明人尋找，最後還是他瞧不起的象罔給找着的哩（九）。又正因爲他的行踪這樣廣濶，所以便有機會使他見過許多奇怪的動物，吃過許多奇怪的食品。就動物說：他曾因巡狩東海，獲得了一頭白澤獸；能說人話，能懂得任何動物的意向，天下鬼神的心理（十）。他又不知在什麼地方神贈他一頭解廌獸，形狀像牛，獨角；夏天喜住水澤區，冬天住在松柏上；每逢訴訟開庭，把牠帶去陪審，那理虧的一方，必定被牠用角觸倒（一一）；竟和另一種奇怪的屈軼草專指向心術不正的人一般（一二）。就食品說：他曾吃過峚山的白玉膏。他曾把玉膏灌溉丹木，五年之後，也五味齊全，甘芳可口。他並曾把峚山的玉榮移到鍾山南邊栽種，因之鍾山也出美玉；於是豪華的鬼神們都紛紛學他，把玉做食料；豪華的凡人，雖沒資格吃玉物，也紛紛琢玉爲飾物，佩戴起來（一三）。

（待續）

友聲（六八）

甲辰花朝國風藝苑社招飲醉月樓

亮之

又是春歸二月天，高樓觴詠集羣賢。南來桂樹能招隱，西向松枝不計年。投老都閑千劫外，覽揆獨佔百花先。（是日座中壽翁甚多唯愚與遊子任難均誕花朝前而愚尤忝先數日）風流餔歠追陪舊，看取長鯨吸巨川。

過屈原祠

文擢

憔悴江潭日，倉皇薄宦時，西風尋古道，汨水拜靈祠，沙淺寒流滑，山平落日遲，[illegible]問，爲唱遠遊詩。

蘭靳今尤烈，彭咸古與鄰，孤忠嫌褊介，九辨出清新，楚國多才士，長沙有替人，年年春草碧，長爲弔江濱。

中夜風雨交鳴起作

前人

旅夜客心遙，蒼涼起暮潮，樹低雲氣近，人靜雨聲驕，禿筆成詩苦，孤衾索夢饒，自憐花事寂，乞取放晴朝。

花窠詩葉（癸卯）

陳蝶衣

夏令時間

一睡銷亡一小時，晨興迎得曉風吹。林禽不減殷勤哢，賴是朝暾欲上遲。

登樓

偶覺與人無可語，登樓仍覓酒周旋。骨非輭美身難屈，歌不箴規飲自便。此日閭侯多巨賈，何時風漢有霄年？匆匆又過黃花節，魏闕江湖兩寂然。

十年　效劍南體

十年踪跡混樵蘇，太息浮生負壯圖。夜[illegible]偶然驚鼠竊，晨興常是擾禽呼。學謳未免聲過激，習射渾忘臂欠粗。猛志猶存時不與，篋中塵色黯陰符。

唐詩偶釋（七五）

鄧中龍

奉和聖制從蓬萊向興慶閣道中留春雨中春望之作應制

王維

渭水自縈秦塞曲，黃山舊繞漢宮斜。鑾輿迥出千門柳，閣道廻看上苑花。雲裏帝城雙鳳闕，雨中春樹萬人家。爲乘陽氣行時令，不是宸遊玩物華。

首聯言山水，從大處寫。次聯寫鑾輿出閣道中，而以花柳二字點出春景。三聯點出春雨，而以城闕人家實之。前六句皆寫景，末二句抒情，此律詩常法。

應制之詩，例須有頌聖之意。則以其體裁如此，不足責也。此詩末聯，乃爲天子春遊作廻護，惟微嫌太直耳。

唐代應制詩，極少愜人意者。蓋一涉及天子，自不免多所顧忌，不敢任意發揮，則惟有在宮殿服飾車馬景物中力加雕飾，故乃以富麗堂皇爲第一義。然雕琢過甚，詩趣自失；益以套語過多，便成千篇一義，[illegible]或猶可以稍掩其窘迫之態，或[illegible]低，才氣不足以馭詞，則窘態畢露，不忍卒睹。卽以此詩而論，前[illegible]堂皇，末二句乃另轉急結，[illegible]與前此迴不相涉。繩以嚴格之詩[illegible]末聯實不免突兀，然每一念及其爲應制詩，固不忍深責耳。唐人應制詩，或有好句，而無好詩；其橫被嗟賞之句，大率爲吐語較富麗者，然詩固不在僅有一二好句，而在意境與氣勢也。

應制之詩，率爲侍從詞臣應天子之命而爲之。此等近臣，或才名早顯，或爵位甚高，惟以體裁受拘束，立論自不敢放恣。應制詩如此，塲屋省題詩乃尤甚焉。有唐三百年，塲屋省題詩無一佳者。錢起湘靈，胡元瑞許其爲「龍中傑出」，猶惜其有科舉習氣，與起他作殊不相類，則李肱李郢輩，益無足道矣。文苑英華具載，可以概見。

胡元瑞於盛唐七律，極許王維。然於此詩，亦譏其「才甚藻秀而篇法多重」。蓋以第二聯之柳花，與第三聯之春樹，不免重沓也。知此爲應制之詩，自宜悟其篇法多重之苦，過事深責，豈得謂平？

右丞之詩，以理趣勝，而此詩獨乏理趣；右丞之詩，以使事勝，而此等詩乃僅能描眼前之景，不重使事。詩不能發揮作家個人之所長，則其詩是否可讀，無待細究矣。應制之詩，本不宜於任何作家，而尤不宜於王維，然亦可以醫其不拘平仄之病。王維詩，平仄不諧者極多，獨於應制及酬唱諸體，則字字工穩，聲調鏗鏘，殆能者無所不能也。

陳風子治印

陳風子，別號瘦翁，浙江杭州人，鑽研金石文字凡數十年，爲西湖西泠印社得前輩大家家法最深之浙派後人。本報今後將逐期刊載陳氏作品，以饗讀者。

荷花世界夢昏香　　年年如意

十方皆是有緣人

歲歲平安

憶陳果夫先生後記（下）

宇人

復次，果夫，立夫兩先生既然是ＣＣ的領導中心，為了鞏固其領導權威，在用人方面，自然免不了要以對他們兩位「忠實」和「有用」為主要的標準；至於其人的節操與才華，則又在其次了。在未有ＣＣ的組織以前，凡是青年有為的同志，祇要忠黨，愛國，縱然對蔣先生的某些作為表示反對，果夫先生也嘗開誠接納，因而無形中為蔣先生做了不少的化敵為友的工作。ＣＣ開始組織時，若干曾經反對過蔣先生的青年，都參加其中，即此之故。可是，自從有了小組織以後，果夫先生所提携扶植的，則限於ＣＣ分子，對於不願意參加ＣＣ組織的人，不免有若干疑忌，乃至歧視，因而不但為蔣先生增加不少的化友為敵的因素；而且也為自己播下許多化友為敵的種子。同時，為了所謂家醜不可外揚，每當ＣＣ分子做出違法亂紀的事，也不得不予以維護，以致黨務工作人員原有的那種純樸之風為之敗壞殆盡。

第三、在國民政府奠都南京之初，黨內同志紛請果夫先生介紹工作。記得當時果夫先生公館的會客室內，掛有他的親筆字條一張，大意是謝絕向金融及稅務機關寫介紹信的一切請託。但有了小組織後，果夫先生卻對國家的金融特感興緻。若干與果夫先生有特殊關係的ＣＣ分子都做了國家銀行的要員，而且迭有套取公款的情事。依我的推測，可能是為了便於籌集ＣＣ的活動費，不能不出此下策。因為ＣＣ在組織之初，雖然獲得蔣先生的認可；但蔣先生所撥給的經費，當屬有限。尤其是為了要和復興社爭功邀寵，果夫先生自不得不另籌財源。可是，果夫先生原是正人君子，他當然不會敲詐勒索，更不會賣官納賄。而ＣＣ又是一個秘密的組織，也不能公開籌募款項。於是，祇得向國家金融機構打主意。在他看來，取之於公，用之於公，自無不可。果夫先生一生清苦，我對他個人的操守，至今仍深信不疑；但許多ＣＣ分子卻乘機混水摸魚，則是鐵的事實。因而，果夫先生所直接或間接主持下的國家金融機構和他一手舉辦的黨營事業，也就成了他的盛德之累了。

第四、就蔣先生來說，在黃埔軍校時，他常訓誡我們不要以他為中心，並說，「如果你們以校長為中心，一旦我死了，或是反革命了，你們將怎麼辦呢」？在中山事件發生後，他又說，軍閥不是一個人所能做的，而是環境造成的，他承認他的性格中，可能有做軍閥的成分；但假如環境不逼迫他做軍閥，他絕不會變成軍閥的。當時蔣先生雖也曾自負，祇有他才能繼續中山先生的遺志；但却沒有自以為神聖不可侵犯的情形。相反的，他隨時隨地都表現出願意接受批評的雅量。有一次，一位姓熊的黃埔同學寫了一封長信給他，對黨事校事有所批評，而且指責他的某些言論。蔣先生還不厭其煩的詳加解說，並將熊的原信和他的覆信一併在校刋上披露。由於蔣先生當時具有如此的有公無我的精神和虛懷若谷的襟懷，黃埔學生除了別有用心的共黨黨徒而外，無不對他愛戴有加。但自從有了上述的小組織以後，在他們競相獻媚求寵之下，蔣先生被捧為萬能萬事的超人，無人敢於再對他有所批評，更不用說指責了。但蔣先生在表面上，雖然達到了所謂英明，偉大的唯一領袖的至境；而事實上卻成了一個不折不扣的孤家寡人。沒有一個足供勸善規過的朋友，也很難聽到一句真話。在如此的環境之下，蔣先生性格中的優良成分，自然無由發揮了。

總而言之，自從有了小組織之後，蔣先生完全變了，果夫先生也變了。我認為果夫先生雖然不是一位政治家；但卻具有潔己奉公，誠信樸實的美德和勵精圖治，勞怨不辭的精神。假如沒有ＣＣ的組織，我相信他對國對黨必有較好的貢獻。至於參加ＣＣ的分子，據我所了解，他們多屬忠黨愛國之士。可是參加ＣＣ以後，由於爭寵和派系鬥爭的關係，大家也就習非為是了。其中也有極少數始終不變的朋友，但卻不能發生任何作用。例如余井塘在ＣＣ中素有「聖人」之稱，他的地位原僅次於果夫立夫先生，但對ＣＣ的影響則甚微乎其微的。抗戰勝利後，他在重慶發起革新運動，費了很大的心力，總算在團結黨內同志這方面建立了一點初基。後來ＣＣ突然單方面的把這一點團結的基礎毀去，他也無可奈何。最近台北行政院改組，他被邀出任副揆，聽說立法委員中的某些ＣＣ分子，還聲言絕不聽他的話，可知，他在ＣＣ裏面實在是空有其名而已。

記得，蔣先生出師北伐時，曾留了一個簡短的臨別贈言給黃埔學生，刋在黃埔同學會的會刋——黃埔潮上，原文如下：「各同志，禁絕小團體。小團體分散革命的力量，亦就是本黨的敵人」。可見蔣先生原是不以小團體為然的。不幸，後來，他卻認可小ＣＣ和復興社兩個小團體；而且有意使他們互相為敵。據說是為了便於控制。但他又怎能料到在他們的互相鬥爭中，許多人的良知都喪失了，政風士氣敗壞了，國民黨也隨之而支離破碎了。再加上後來蔣先生又和桂系鬥法，於是大陸便被拱手送給中共了。

赤壁大戰的戰畧背景

三國人物故事評論之十九

劉裕畧

自孫權接受了諸葛亮及周瑜等人的意見後，迅即確定了以軍事行動對付曹操的決心。孫權當時「即遣周瑜、程普、魯肅率水軍三萬隨亮詣先主，並力拒曹公」。周瑜當時是江東水軍都督，魯肅是贊軍校尉。所謂贊軍校尉，即類似現代軍隊組織中的參謀長，其任務就在助劃方畧，周瑜所率的三萬水軍，便是當時孫劉聯合陣線對抗曹操南征大軍的主力。至於劉備的軍隊，則不過是助力而已，所以當時江東水軍担任的是主攻，劉備的部隊則不過是担任助攻。

但無論主攻任務之劃分與助攻任務之劃分，無論戰畧與戰術的決定，諸葛亮都是一概參豫的。這主要因為江東水軍的一切作戰行動和後勤補給，都將與駐在夏口的劉備劉琦發生密切關係，所以，作為劉備全權代表的諸葛亮，在江東水軍未出發前，就必須與主力部隊之作戰行動取得充分協調，並且諸葛亮與周瑜之間，必須先對此一戰爭之最高指導方針，在原則上商議一致，然後，才能根據最高戰爭指導方針，劃分任務，部署軍隊，從而確定戰畧戰術。

諸葛亮與周瑜當時所確定的是什麼一種戰畧呢？據我研究，乃是攻勢防禦戰畧。

在西洋歷史上，許多大戰，常以一攻一防開始，亦常以一攻一防結束。而在中國歷史上的好幾場著名大戰，則都是遭遇戰，這似乎很奇怪。

構成遭遇戰的基本原因，是雙方均以戰鬥目的與戰鬥姿態前進，而後在某一點碰頭，即成遭遇戰。

以赤壁大戰而論，曹操在長阪坡擊潰劉備後，即進軍江陵，因為江陵有軍實糧秣，所以曹操就以江陵為他的戰畧據點，順江而下，攻畧夏口及江東地區，企圖一舉掃蕩劉備的殘餘部隊和孫權的主力，從而佔有整個荊州及整個江東。

而在另一方面，孫劉聯軍亦越夏口溯江而上，將主力指向曹軍，這樣一來，雙方自然在長江中的某一點遭遇了。

按孫權與劉備的結合，原以確保江東及荊州為目的，並非以進佔曹操的北方根據地為目的，原以抗拒曹操之進攻為目的，不以根本摧毀曹操整個力量為目的，所以，孫劉聯軍當時基本上是站在防禦地位上。但為了達到防禦的目的，當時的敵情，地形等情況則又制約着孫劉聯軍的戰畧必須採取攻勢防禦。從戰畧理論來講：為了達到防禦目的原有兩種方式行之。一種是純防禦也叫專守防禦，是一種在戰術上採取防禦手段從而達成戰畧上的防禦的行為；另一種，則是在戰術上採取攻勢為手段，從而達成自己的防禦目的的行為，這種行為，在現代軍事理論上，便叫攻勢防禦。

至於曹操，不消說，曹操當時是採取純攻勢戰畧的。他的戰爭指導方針，端在尋求速戰速決。

若僅以實力來看，則曹操當時誇稱百萬之師雖屬吹噓，實際兵力亦確有步騎兵及水軍共達二十三四萬，用以對付孫劉聯軍，原可採取持久戰法，逐漸消滅敵人，但曹操表面兵力雖大，他的後方，問題很多，誠如周瑜所云：「今使北土已安，操無內憂，能曠日持久，來爭戰場，又能與我較勝負於舟楫乎？今北土既未平安，加馬超韓遂尚在關西為操後患」，所以，就曹操的政治形勢講，曹操既在北方有後患，則他的內在形勢便制約了他，非在荊州採取速戰速決的攻勢不可。

針對曹操速戰速決方針，諸葛亮與周瑜原有兩種方式可供選擇與比較。一種方式就是採取專守防禦的持久辦法，使敵人屢攻不下，或使敵人欲速不達，敵人自必知難而退。另一種方式則是，孫劉聯軍一開始就予敵人以猛烈打擊，使敵人知道對方銳不可當，那末，敵人自然也就撤退了。在以上兩種方式中，究應採取何種方式為宜，依照戰學原理，自當視敵我雙方的具體情況而定。中國古代兵學家之所以力言知彼知己之重要，其理也就在此。在古代，由於戰爭雙方所使用者皆係短小兵器，所以在防禦的這一方，如果有堅固的城池，足以深溝高壘的話，那是不難持久的；如果防禦的一方，擁有特別適宜的地形，那也是可以持久的；如果防禦的一方，有特別適宜的武器，那也是可以持久的；如果防禦的一方，擁有特別廣大的空間，足以用空間來換取時間，那也可以持久的。然而三國時代的水軍並不適宜於作防禦之用，而孫劉聯軍卻是以水軍為主力而組成，所以，從軍種的性能看，孫劉聯軍是不適宜作持久防禦的。

從地形看：長江上游與長江下游形勢不同。居上游者有居高臨下，順流而攻的優點，居下游者，欲對上游強大敵人作純防禦，往往非易事。若孫劉聯軍以鄱陽湖水軍根據地附近地區作防禦地區，則江夏一帶，即將淪入曹操之手。且鄱陽湖有被曹操順江而下的水軍封鎖之危險。若孫劉聯軍以夏口及其外圍作陣地來設防，則夏口仍有被曹操水陸兩路大軍包圍之可能，況夏口乃一城市，既無堅強堡壘，且附近地區亦無廣闊空間來換取時間，這都說明孫劉聯軍進行持久防禦不當。

再以兵力言，曹操所誇稱的「今治水軍八十萬」之數雖不可靠，但曹操原有步騎兵及其水軍十六七萬，加上荊州劉琮陸軍，其總數亦確有二十三四萬之多。而孫劉聯軍之總兵力則不過五萬人，其中水軍就佔了四萬（孫權三萬，劉備數千）。所以，若孫劉聯軍在夏口（今武昌）作持久戰，則曹操勢必根據其速戰速決最高指導方針對孫劉聯軍予以猛攻，猛攻之下，雙方必有重大傷亡。而曹軍人數衆多，攻擊的一方縱然損失較多，但損失八九萬，仍有十五六萬，仍可繼續採取猛烈攻勢，若孫劉聯軍損失二三萬，則孫劉聯軍所剩無多，其勢就將不能持久了。

況且，防禦的一方，往往由於採取守勢之故，不斷的被敵人攻打，士氣容易低落，民心亦易動搖，備多力分，處處設防之結果，尤易產生防禦力量處處薄弱之弊。而擁有強大兵力之曹軍，是可以主動地集中力量選擇防者之弱點，而予以致命的突破的。

由於上述種種原因，所以諸葛亮與周瑜非常明智的揚棄了專守防禦的打法。

惟其諸葛亮與周瑜所採取的是攻勢防禦的打法，所以，周瑜程普魯肅所統率的三萬水軍，奉到作戰命令後，即自柴桑出發，溯江而上，先到夏口，與劉備劉琦之軍取得密切聯繫，並從夏口溯江再上，而在長江中途迎擊曹操了。

本刊已經香港政府登記

每逢星期五出版

聯合評論 週刊

United Voice Weekly

第二九○號

督印人：黃宇人　總編輯：左仲平

社址：九龍通菜街三十八號南亞書局 849126

承印：嘉羅印刷有限公司 香港仔馬師道5號

總代理：友聯發行公司 售價每份港幣一毛

本報美洲版總經售處美國紐約中美出版社

CHINESE・AMERICAN PRESS, INC

199 CANAL STREET.,

NEW YORK13 N. Y. U.S.A.

美洲航空版每份零售美金一角

本報重要啓事

本報自下期起，每星期五改出一張，美洲航空版仍照常發行。特此敬告讀者！

聯合評論社敬啓

中共第二代會改變毛澤東的對外政策嗎？

劉裕畧

由於毛澤東領導的中共政權，對外一直採取強硬擴張政策，於是，自由世界中有人發生下列兩種想法：一、如果中共不對外擴張，只對內埋頭建設，對中共自己豈不甚好？二、中共這一代的領導人雖對外採擴張路線，但中共第二代領導人將來繼起之後，會改變這種路線。

不錯，世界上的事物，都是必變的。說現在的世界情勢與現在的中國情勢將永遠不變，自屬荒唐。但它們將變向何處去呢？會變向與它自身情不相應的方向去嗎？卻又絕對不會。變是必然的，但變向何處去？卻受它本身內外條件所制約。正由於這種制約，所以中共過去十三年命定的只能對外採取擴張的路；今後也只能對外採取擴張的路。「人事有代謝」，中共第一代領導人毛澤東誠然遲早必死，但毛澤東死後，中共繼起的第二代領導人卻未必向毛澤東的相反方向變，它向何處變？則還是將被與它本身有關的情勢規定。美國少數人期望中共第二代領導人將來會變到與中共本身情勢制約之外，會變向毛澤東相反的方向去。我認為那只是美國少數人的主觀幻想。

那末，中共政權何以必被它本身的條件所決定呢？它為什麼對外必採擴張政策呢？它為什麼不可以關起門來自己埋頭建設呢？中共第二代領導人將來究竟將被什麼形勢所制約呢？以上問題是假如中共政權還能存在到足以產生第二代領導人那個時間而尚未被推翻的話。

首先，我們應該知道：中共信奉的是馬列主義，這馬列主義並不是一種國家共產主義，而是以赤化整個世界為目的的國際共產主義。中共從民國十六年八月一日開始採取武裝暴動路線起，毛澤東就一直認定只有槍桿子才能革命成功。所以，就中國共產黨的思想目標及它在實踐方面的活動範疇來講，它原本就是世界性的，而不是國家性的；再加上毛澤東的馬列主義思想中夾有濃厚的種族主義，及強烈的個人英雄主義，所以，希望毛澤東的行為只限於中國國內，而不向外擴張，那完全不合實際。

在中共向外擴張中，它何時何地採取軍事行動？何時何地採取冷戰行動？則胥視與它自己有關的各種內外條件而定。在目前，由於中共本身軍力並不充分，所以還不曾向外採取大規模的軍事攻勢。而只能暫時把它的擴張路線，寄託在對外的小型熱戰、宣傳、滲透、拉攏、顛覆，以後對其它國際共黨的操縱運用上。但不可忽視，由於中共的好戰性，它今天卻仍在多條戰線上採取了有限的戰爭的陣勢：一、在中印邊境；二、在南越游擊戰中；三、在北韓背後；四、在金門馬祖前線及台灣海峽；所以，將來中共真的把它的現代化軍隊建成之後，將來中共真的握有原子彈之後，中共必將以更大規模的軍事行動來作它那擴張路線的內容，實可斷言。

也正因為中共的本質根本就是一個國際性的黨而不是一個國家性的黨，所以，中共第二代領導人縱然在毛澤東死後起來執政，又怎能擅自把一個國際性的中共改為一個國家性的中共呢？

何況，毛澤東所倡導在蘇共之外另以中共為中心形成的國際共產主義運動，現在已有阿爾巴尼亞共黨、日共、印尼共黨、韓共、越共、新西蘭共黨等，惟它馬首是瞻，奉它為領導。且此一運動目前尚在毛澤東的努力下逐漸壯大，那末，趨勢很明白，縱然毛澤東本人將來必死，但毛澤東死後，較毛澤東年輕七八歲的劉少奇及其它第二代領袖卻不會放棄中共對那些國際共黨的領導而自願將中共變為蘇共附庸的。

更何況中共今後的變，除受上述精神因素的制約以外，尚受經濟等條件的制約，人們總以為蘇共今天在赫魯曉夫領導下似乎已有一些變化，但究其實，蘇聯的這種變，本質的成分少，形式的成分多，目的的原因少，手段的成分多。如果以為蘇共現已放棄赤化世界的野心，不再有意埋葬美國，那真是最危險的痴人說夢。而中共未來十年，如果尚未被推翻的話，則中共之經濟情形決不能趕上今日蘇聯。因為今日蘇共已建立了政權四十年，中共則不過十餘年。蘇共今日之經濟情況已較十月革命後最初二十年大有改善，中共今後十年，一則人口壓力太大，農業生產有限，再則蘇援工業中斷後，龐大的工業計劃早已付之東流。另一方面，中共之財政開支則仍極為龐大，只能以壓搾農民血汗來支持，所以，在今後經濟發展上，士地面積有限而人口多至七億的中共決不能與士地面積極大而人口不過兩億的蘇聯相比。因之，十年後中共第二代執政的時期，中共仍將是一個人口多，糧食不足而又手握原子彈既飢餓又強橫且又擁有部分國際共黨擁戴一向標榜世界革命的政權。若說像這樣一個內在多煩悶外在多誘惑而又手握有核武器背後有國際羣衆的中共政權，屆時會改變它對美國對自由世界的強硬政策而變得更溫柔，而變得不再向外擴張，甚至反而會縮向內部去，我實在無法想像。美國部分政策製定人常常強調「現實政策」。但卻不敢面對毛澤東那一兇惡的現實嘴臉，而把希望寄托於飄忽不定的未來，而且只寄託在基於自己主觀願望所幻想的中共第二代，未免懦弱不智了。請看看蘇聯的情形吧！難道列寧不是蘇共的第一代執政者嗎？難道史大林不是蘇共的第二代執政者嗎？然而誰都知道手中握有原子武器的史大林是比蘇共第一代對整個世界更有威脅力的。那末，手握原子武器的中共第二代執政者將來又怎會比手無原子武器的中共第一代執政者更軟弱呢？所以，我相信手握原子武器的中共第二代，確將有變，不過，不是質變，而是量變。他們不會在本質上修改毛澤東的對外擴張路線，而將在量的方面修改毛澤東的擴張路綫。這一量變，不是把它變得更小，而是變得更大。換言之，它將不會比毛澤東變得更溫柔，而是將比毛澤東變得更強硬。

中共的命運

胡越

今天是一個混沌的時代。常理、常識、常情都不能做為判斷事情的尺度了，目前中共肆無忌憚的胡作非為就是一突出的例子。

大陸內部被三面紅旗搞得千瘡百孔，每年以大部外滙來買糧食，近半數的工廠關門，驅趕失業羣衆下鄉就食，這種現狀，就常理判斷正是所謂危急存亡之秋也。可是中共卻氣勢洶洶，硬裝好漢，豎起革命的旗號，要打倒美帝！不但此也，同時還要反修正主義，與蘇俄為敵。以一個破爛攤子的本錢，敢於對當代兩大最強國家擺出不惜一戰的姿態，這股邪勁兒只有清末的義和團可以媲美。

對於中共這種天不怕地不怕的潑皮作風，有些眼皮子淺的人還鼓掌叫好！其實這才是真正的紙老虎！拿反美來說，十五年來我們只聽見震天喊聲，沒看見行動；與反攻大陸的喊聲同樣的使人欲嘔。如果毛澤東眞有種，美帝就擺在台灣海峽，你怎麼不開砲打呀？說穿了是虛張聲勢。再拿反蘇來說，更顯出中共的十足阿Q。中共今天敢於公然與美國為敵，其實還是託蘇俄的福，如果沒有蘇俄的核子力量，與美國形成均勢的僵局；難道毛澤東眞的不怕原子彈嗎？毛澤東拼命反蘇，顯出他兩點不智；第一他把蘇俄推向美國一邊去，使它自己在自由世界及共產世界都陷於孤立；第二，証明他對共產主義運動無了不得的眞誠，為了權力地位不惜把共產國際裂成兩個。

中共儘管這般胡鬧，可是它依然能夠維持在大陸的統治。對於這一點，那些眼皮子淺的人，禁不住又鼓掌叫好。認為中共的統治，是鐵打江山，怎麼也垮不了的。在一九五六年以前，誰能預見匈共政權一夜之間就垮了？當年武昌起義成功的時候，孫中山在美國正一籌莫展，第二天看了報紙上的消息，還不敢相信。一九一七年俄國二月革命成功時，列寧正在瑞士的松林裏和夫人徜徉午睡。孫中山和列寧都是革命大師，他們都沒能預見滿清和帝俄之垮，我們又怎麼能預斷中共一定垮不了？

中共確有垮的因素，大陸現狀已經夠壞的了，據西方記者得自中共秘密文件，在一九六三年大陸上就發生了一萬四千六百餘嚴重的反共事件。平均每天約有四十件。這些反共鬥爭雖然在中共的鎮壓和封鎖消息之下，成為過去了，但是生產不能好轉，自由不能舒伸，在人民生不如死情況之下，這類事件仍要繼續發生，現在每天也正在發生！

單是現狀壞，如果政策不壞，情況可望好轉。無奈中共的政策已走進了死胡同，毛澤東不死，絕不能改；毛澤東死後，劉少奇一派當權，也不會改。（一）就對外政策來說，老毛因為跟老赫鬧成勢不兩立，他一定不會改變死硬的革命路綫。他必須化很多的錢在對外援助上，支援各地的武裝叛亂上，對美對蘇的特務活動上，分化各國共產黨，支持親中共的新黨上，招待世界各國左傾人士在大陸豪華旅行的開支上。浪費金錢還是小事，並且隨時惹禍。中共的第一號敵人「美國」也許不會跟它交手對打，不過挨得最近的老大哥，絕不會放過搗亂的機會。一旦積不相容，新疆必成為戰場。在一九四九之前，蘇俄境內的少數民族，向華界逃亡；現在是從華界向蘇境內逃亡。據說已逃去約有十萬之衆。這些善於騎馬，勇悍好鬥的部族，如果得到裝備，回竄新疆，以蘇境為根據地打起游擊來，我看毛老大就要吃不消兜着走了。遼濶的西北，素來缺糧，民族複雜，交通阻塞，反抗之火一點就着。中共反蘇繼續下去，必吃這個眼前虧！可是毛老大脖子硬，他轉不回頭了。

（二）對內政策方面，三面紅旗是催命符。老毛為了這道催命符整治了彭黃右傾集團，他在位一日，說出大天來，也不能取消的。一九六一中共下了半旗，對農民少做讓步；現在只靠那每戶一畝「自留地」度命。可是仍是氣息奄奄起不了床。有個風吹草動，受點內熱外感，就可能鬧出不可救藥的併發症來。

歸納起來說，中共有垮的因素，可垮的因素又不能去，所以中共現時仍有垮的可能。未來的發展，是非變即垮，讓我們走着瞧了。

談賭博與運氣

有感於麥克阿瑟將軍身後是非種種

幼椿

我對於流行的「國賭」——麻雀牌都是玩不成的人，更無論老式的天九與新式的撲克，以及「馬」與「波」，一概外行，從不沾手，又如何够得上來談賭博呢！

然而，我知道賭博是要靠運氣的；即打牌時所謂的手氣或手風。手氣或手風好的時候，一個初學的生手可以打敗身經百戰，自命精明的能手；而能手在手氣或手風不好時，所遇輒左，所算輒與路數不合，其結果只有擱牌三嘆，自認該輸，此即所謂運氣是也。

故善博者，要趁運氣；手風不順，即適可而止；一定不服氣，輸了，還要「纏」着打下去，就非弄到所謂「三光」不可！——此之所謂知時，時不順則不賭。又善博者須擇人擇地，人不對不賭，地不宜不賭，是皆我側聞善於博者所言，非敢自命即已了解其中三昧，不過以之比於軍事，頗有幾分相像。

軍旅之事，亦猶賭博。古今以來，戰陣之上，以生命相搏鬥，決王寇於俄傾，以梃與刃，殺人盈野，一將功成而萬骨已枯，這眞賭博中之最大者！故有謂「吾寧鬥智不鬥力」者，有稱「以陛下爲孤注」者，有竟致「身死國滅而爲天下笑者」，是皆顯明的說出戰爭是危險的大賭博，而且其中有運氣好壞的道理。因是，曾國藩以百戰辛勞，而打平了太平天國，大功告成，乃竟稱：「不信才能信運氣」！

在中國歷史上，長於戰爭的賭博，而運氣最不好的一位，乃是吾家飛將軍李廣！廣，漢成紀人，文帝時，從軍擊匈奴有功；景帝立，擢將軍，與匈奴大小七十餘戰；多所斬獲，匈奴畏之，號爲飛將軍。武帝朝，從衛靑擊匈奴，以失道，急責廣之幕府對簿，憤而自殺。史稱，廣善戰，而「數奇」，數者運也；奇者不偶也；質言之，運氣不好；故廣雖善戰，而往往爲匈奴所敗，終不得封侯之位。

但後人論李廣，又有：「使李將軍，遇高皇帝，萬戶侯，豈足道哉！」之說，這是認爲，廣雖善戰，而生不逢時。廣之盛年，有力善射，一矢穿石；且治軍簡易，與程不識同稱名將。然而，生逢文景之世，天下承平，尚文輕武，故武將多不得顯達。馮唐對漢文帝言：「賞輕罰重，雖得頗牧，亦不得用；雲中令魏尚拒匈奴，斬首獲虜，上功幕府；而首府以所上首虜差六級，文吏遽純以罰，削其爵；賞未行而罰已至！」設使李廣生當漢高祖之時，必可與彭韓並駕，至少也不致夜行而厄於小小亭長了！

因是，近日以來，我讀到各報所載，麥克阿瑟將軍在韓時所遭遇的是非種種，對其不幸，亦與吾家飛將軍的不偶，作同等觀。

當其太平洋戰爭初起，日軍攻下菲律賓時，麥克阿瑟將軍下一賭注，曰：「我定回來！」結果，逐島戰爭，着着勝利，麥帥不但如其所期的回到了菲律賓，而且還一直勝利的打到了日本本土，在米蘇里軍艦上親身接受了日本的無條件的投降！

這個時候，可算得麥帥在賭場上手氣最好，手風最順的時候；但麥帥的勇敢而多能，並不是在這運氣中便不算數的：麥帥在太平洋逐島爭奪戰中，其計劃，其毅力，其指揮得法，均足以名符其實的稱爲戰敗日本的二次大戰中的功臣！

後來，在韓戰中，仁川的登陸，漢城的反擊，鐵三角的爭奪戰，以至一直打到鴨綠江不遠，也足見麥帥的勇氣還在，毅力猶存！但勝利在望，而杜魯門不打了，艾森豪更是要急求和平了！在今天，讀麥帥的對韓戰的計劃，其轟炸鴨綠江對岸的基地；其請中華民國出兵五十萬參加前線；其在北韓地帶散佈一道有放射性的原子地帶，使敵人無法通過，以保證全韓的長期安全；即此三點，全勝並不是難事。然而，麥帥的時不我與，計劃不但不得用，而反被撤職！杜魯門不惜陣前易帥，艾森豪竟自勝而求和，草草了事，傷亡十萬，花美金百億，而仍回到了三八線上，使美國贏得一個「紙老虎」之名！麥克阿瑟將軍又安得不至死而尚有餘憾呢！

然而，這只能說是麥帥在韓戰這一賭場上運氣不好。比之吾家飛將軍，也可以用「時」與「地」俱不偶來說明之，以見古與今實有同樣的可慨之事！

太平洋抗日戰爭時，大家都要打，盟國也非求勝利不可，而麥克阿瑟所遇合的三軍總帥，又爲放得開手，對大氣磅礴的羅斯福總統，此所謂「使李將軍遇高皇帝」也！

及第二次大戰既已結束，美國人及其不可或離的夥伴英國人，都在痛定思痛，亟願休養生息。當一九五一—五二之時，豈特英國人不願打，而要拖住美國的後腿；即美國人又何嘗願打！民主共和兩黨均以結束韓戰爲競選總統的號召，其情可知！——是證明爲時不偶！

有責杜魯門又要出兵南韓大打幾仗，而又稱「在不適當的地方，打不適當的戰爭」，乃爲前後不符，近於兒戲者。以我淺識揣度之，或者是南韓一地乃爲有工業潛能的日本的外圍，共黨如竟佔據此一外圍，則足以進侵日本，而英美均不願工業國家再落於共黨之手，如虎添翼，故必須守住南韓這一工業日本的外圍。至於人雖多地雖大而並無工業潛能的北韓與中國大陸，其價值乃不值得犧牲美國人的生命與錢財去爭取之，此美國的世界戰略終於是重歐輕亞；而在亞洲也只是專重日本而已。五三、四、二一

六十時代的政府

孫寶剛

中國的商人總有一個成見，以爲在商言商，絕口不談政治，更不敢去幹政治。其實在今天來說，經濟決定了一切，所謂政治，實際上全是經濟，也可以說，政府一天到晚在爲工商界服務，所以政府的良否，全看它對工商業服務的成績如何。那麼，身爲工商界的人，怎麼，反對政府的一切政策和設施，完全不顧呢？

我舉幾個例子來說：現在的民主政府，無論那一黨執政不管是左或右，第一個問題必定是全體人民就業的中國。可見所有職工，都受過這條政策影響，假如這條政策決定得不妥當，或執行得不善，便造成很多人失業，而這些失業者之中，可能你就是一個，那麼你怎何以不關心呢？

今天稍有常識的人，個個都聽到「福利國家」這個名稱，意思就是說，每一個人生活在國土之內，都應當安定的生活着，他或她不會受經濟缺乏的恐慌，有職業的人不會天天在恐慌失業，失業的人也不會一籌莫展，政府要予以援助，一面使她或他能再獲得職業，另一面在未復業以前，政府要予以救濟。照福利國家的原則，一個人自媽的腹中還沒有出生起，到他年老而死亡爲止，政府卻要關心他或她，使他一直沒有受到經濟的恐慌。試想這樣一個政策，對於一般人民來說，是多麼重要，因爲他們既沒有大量銀行存款，也沒有大批產業，一個人在一生之中，必有生老病死，也必有失業的時候，所有政府實行這樣一個政策，他作爲一個人才有安全感。可是我們中國人，就以香港來說，還沒有施行這樣一個政策，但是這一個政策，在從前果祇有社會主義者在提倡，現在已成了任何政黨的政策了。易言之，自由主義，或保守主義者，也承認了這個福利政策，他們執政時，也在這樣做。這已經成了二十世紀六十年代的一般政治家，不論他是左或右，所公認的政策了。我們住在中國，或住在香港，還沒有受到這樣一個政策來保障我們，我們作爲六十年代的一個人，不是落後了麼？

再進一步來說，我們在香港，無論開什麼工廠或商店，交了二十五元港幣去登記，政府就給你登記，政府絕不會告訴你說：你所要登記的那種工廠或商店，在香港已經成了飽和狀況，所以你雖然投資於這一門工商業，將來恐不易發展，甚至要虧本倒閉。政府所關心的是收稅，你有沒有生意，或技術上有什麼問題，或工人找不到，政府更不會顧問的。前年政府請了一個經濟專家來研究香港經濟，那個專家說，香港的工業不應集中在現在的這幾行，應該多關幾項新的工業。假如你聽了這個專家的話，但想開闢一門現在香港尚未有的工業。但是你一定會想到香港沒有適當的工程師和工頭，也沒有適當的技術工人，假如一切都要自己來解決，不特事實上不可能，即使可能，花錢也太多，一個工廠便會虧去一筆大資金，並且以一個新的工業來說，規模上，信用上當然會不及外國的同樣而已經開設了很久的工業，所以在初初設立的幾年和外國的同行爭取市場是相當困難的。這許多問題經你考慮之後，你也就心寒了，不敢開設一行新工業，所有資本家都這樣想，所以香港仍保守在這幾門舊有的工業中，但是舊有工業的市場已成飽和狀態，沒有辦法擴張，也就是沒有辦法增加生產，而香港人口卻一天天在增加，所以一般人說，香港的前途是悲哀的。假如國外有的市場，再來一個限額進口，香港的工商業更不堪設想了。這個事實，香港的工商家都已經驗過，不用我細述。

但是這種情形是不是必然的麼？絕對不然。六十時代的現代政府，已經都替工商界負起這個責任了。現代的政府對於國內應當新興的工業，不特免稅，還要予以津貼；不特隨時予以技術上的指導，還要爲了這新興的工業，開設訓練班，研究所，使這門新興的工業所需的工程師，工頭，以及技工等等應有盡有。同時政府還要替所有做工商業在世界各地搜尋市場。所以資本家也樂於投資，因爲在政府這樣的協助之下投資，當然是安全的，即使不能在短時期內獲利，也決計不會虧損而倒閉。

我常在想，以香港這一羣工業每年的生產品數字，在整個世界的消費數字中，眞是小巫見大巫，不算一回事的，可惜香港人的目光，都集中在兩三個國家，所以這三個國家才覺得香港貨充塞，假如分散至全世界二百幾十個國家，必然一無問題。可是香港的工商業以中小型的居絕大多數，他們有什麼辦法個別地向全世界二百數十國家去搜尋市場呢？這唯有政府担當起這個責任來，才有辦法！

我有一天和一個英國朋友談起這件事，他就對我說：要這樣做，就須把香港的整個經濟結構作一個大改革，在香港的英國人來說，他們在英國已經見到，在戰後經濟結構的改革，所以不難瞭解，他們相信現在政府的主持人，祇要稍爲關心現代經濟發展的官員，應該也知道，不過對一般的工商界而論，他們是否瞭解是個問題。政府的一條政策，要是沒有獲得人民的瞭解和支持，是很難成功的。何況要對整個經濟結構加以改革。所以他們認爲政府的官員，尤其是英國來的官員，他們在五年或十年以後就須返國，他們唯一的希望，是能在他的崗位上蕭規曹隨，以奉公守職，使香港的法律與秩序可以維持，已經算是盡了他的責任，希望他們掀起一個結構的改革，未免奢望罷！這是本地的思想家和政治家的責任，他們應以畢生的力量，喚醒一般人民，組織一般人民，使一般人民先有這個瞭解，然後羣策羣力，以謀結構的改革，才能有希望。

我認爲這個見解是中肯的。我們不能對英國官員希望太奢，唯有生於斯，長於斯，永久住下去的人們，爲了自救，爲了自己的安全，應該起來作一個長期的奮鬥，不然的話，香港的經濟，在最短期內，必至不堪設想。

富爾布萊德的外交主張

楊永乾

近一月來，美國執政的民主黨要員們，都在高談美國的外交政策，在們他的言論中，有一共同之點，卽認爲世界局勢已有轉變，美國的外交政策，不能夠仍舊墨守舊規，應該隨之有所改變。詹森總統上月在華盛頓的一個集會中說：「世界局勢已有變化，我們應改變政策，以維護世界和平，大的戰爭已不可能發生，……。美國人民及世界人民對他們領袖所期望的，不是在顯示殘忍的力量，而是期望爲他們作更多的事……。」

在一個星期之前，美駐聯合國大使史蒂文生在普林斯敦大學演講時，也指出世界局勢在改變中，史氏說：「卽使是有限度的核子戰爭，亦很危險，今天我們這個時代的主要趨勢，是阻止戰爭與轉向和平。」他並說：「聯合國是維持世界和平的主要角色，建立聯合國常備軍的計劃，在目前雖言之過早，然許多國家，都願意爲和平而有所貢獻……。」

批評美國外交政策最力，特別強調外交政策應該改變的，是參議院外交委員會主席富爾布萊德），富氏於三月二十五日，在參議院發表了一篇轟動世界的外交政策演說，據說當發表其演說時，在座的人數並不多，然當他的演詞經記者們在報紙上刊出之後，立卽引起白宮、國務院，及所有駐華盛頓外交官員的重視。因他的這篇演說，也引起美國朝野和輿論界，對美國外交政策的爭辯，到目前爲止，這些辯論，並未停止，且有繼續下去的跡象。

富爾布萊德參議員演詞的內容，主要是說，美國現行的外交政策，已不能適應當前所遭遇到的複雜與動盪的國際局勢，他認爲美國面對着新的國際情勢，不能夠仍舊墨守着過去的「神話」，外交政策應該有所改變。他在的轟動一時的演講內，曾列舉下列一些國家與事實，來批評美國的外交政策，爲自己的主張作辯護。

富氏首先指出，在冷戰中的「神話」說，所有共黨集團的國家，都不是眞正的政府組織，是一種叛亂組織，而且這些共黨集團國家，一致決心要毀滅自由世界。不過，事實上並不完全如此，有些共黨國家的態度，對自由世界是有者威脅，有些很少威脅，甚至可以說沒有威脅，他們的政府，也在作他們自己的事。假設我們對這些共黨國家，能予以區分，或設法去影响他們，不失爲安定自由世界的一項辦法。以蘇聯爲例來說，我們雖仍認爲蘇聯是一個可怕的對手，但他目前對自由世界已停止敵視態度，願意與自由國家從事往來，緩和冷戰局勢。

其次他對古巴的意見：一方面說古巴的卡斯楚政權，對美國是一個嚴重威脅。另一方面又說，卡斯楚只是一個暫時性的威脅，我們可以用經濟封鎖，政治壓力等方法，將他消滅。我認爲我們應該放棄這些「神話」的想法，古巴的卡斯楚政權，對美國只是一個討厭的事件，但不是一個威脅，用經濟封鎖制裁古巴的辦法，已証明無效。富氏並認爲古巴卡斯楚政權的繼續存在，對美國在西半球的目的，並不是一個主要障碍，我們應該給以援助，以冲淡他與莫斯科之間的密切聯系。

對巴拿馬運河事件的批評說：巴拿馬運河區的爭執，我們美國人應該鬆馳下愚昧的情感，我不瞭解，何以與這樣一個貧窮、弱小，而又沒有軍事力量的國家發生爭執，我們固執，但非勇敢的拒絕弱者的懇求，不是在考驗巴拿馬事件，而是我們的勇氣，在考驗我們的智慧、常識與判斷力，爲什麼我們不能修改一九〇三年的巴拿馬運河條約？

關於中共，富氏亦認爲在現在情形下，不應該予以承認，或使之進入聯合國，不過他不相信這項政策，需要永久如此下去。富氏並說：「關於中共問題，我們應該謹愼去作，保持着門戶開放政策，以等待將來改善與中共之間的關係。我們應該淸醒頭腦，瞭解事實，沒有兩個中國，僅有一個中國——中共所統治下的大陸。」

越南問題，富爾布萊德完全支持美國政府的現行政策，他堅決反對中立越南的計劃，他亦認爲中立越南的最後結果，是把越南送給共黨集團。

白宮方面，對富氏上述言論的反應是：「很感興趣」。但聲明：「關於古巴及巴拿馬運河問題，富氏的意見，不能代表政府……」魯斯克國務卿在新聞會議上，對富氏的言論，有所答覆說：「富氏認爲古巴的卡斯楚政權對美國僅是一個討厭的事件，而他認爲卡斯楚對西半球是一個威脅。」並否認對古巴經濟封鎖政策的失敗。惟魯斯克氏後來又說，富氏的言論，雖過於煽動，然他亦承認，有許多地方，很同意富氏的意見。

由於富爾布萊德參議員係民主黨的要員，他又是參議院外交委員會的主席，在通常情形下，他的外交言論，很可能影响政府的外交政策，他這次發表言論的時間，恰巧又在詹森總統及史蒂文生大使二人演講的距離不遠，雖然詹森及史蒂文生二人的言論，較爲含蓄溫和，不似富氏演詞的明確與煽動，並列舉事實，然他們都主張美國外交政策應該改變，則是一致的。所以，當富氏在參議院的演講發表之後，立刻引起國際間重視——蘇聯對之大爲稱讚——揣測紛紛，或認爲這些言論是美國外交政策開始改變的先聲。

外間又盛傳說，富氏的這次講稿，早在一月之前已擬就，某些政府要員早已知道講稿內容，加以某些報紙，特將詹森總統、史蒂文生大使，及富氏三人的言論，列在一起，因此更引起外間的揣測，說富氏這次的演講，係政府授意，替政府做試探工作，對外試探一下，外間對政府外交政策的反應如何？這一說法，雖爲魯斯克國務卿所否認，至今美國有些報紙，仍持有這一看法。

也有人說，今年是美國的大選年，選舉轉瞬卽至，美國人民都希望和平，故民主黨的要員們，先發出各種和平外交政府的言論，爭取選民，杜絕共和黨在大選時對民主黨外交政策的攻擊——傳說共和黨準備在大選時，攻擊政府外交政策——推測他們三人這些言論，實際上是競選的一套策略。因爲說出美國外交政策應該改變的，不自今天始，早在一九六〇年甘迺迪氏競選時，就已提出這類口號。最近富爾布萊德參議員又說，因他這次演講，以引起的辯論，對政府來說，是有益處的。由此也難怪外間之有此揣測了。

不管外界對富爾布萊德參議員這次言論的批評如何？惟他這次的言論，的確說到問題的實質，美國輿論界，亦是見仁見智，反應各有不同，然大致的批評不壞，至少說他敢於面對現實，敢說出問題。不過，外交政策的改變，也不是一件易事，要牽涉到許多方面，甚至牽涉到美國的基本立場，更要看客觀的環境如何？尤其要看共黨國家今後的態度如何？蘇聯今天對西方國家遷就的主要原因，是在內部與中共發生嚴重的爭執，形勢上不得不然，萬一將來蘇聯與中共利害趨於一致，到那時有誰敢保証他們不會再聯合起來，對付西方國家，推行其赤化世界的一工作。何況越南與古巴問題，一天不解決，美國對共黨國家的政策，就很難有大的改變，不僅是越南的得失，影响到東南亞的問題，甚至影响到整個亞洲安全，這是美國與中共必爭之地，美國政府目前每天以兩百萬美元的代價，支持越南軍人政權的原因，卽在於此。古巴的卡斯楚政權，美國人對之如芒刺在背，蘇聯支持卡斯楚而不遺餘力，所以，我想富氏這次演詞中，最不受美國人民歡迎的，恐怕要算他這段古巴「神話」，難怪白宮及國務院，迅速批駁他對古巴的意見。

這次富爾布萊德參議員的演詞中，最值得我們注意的一段話，卽他說：「……沒有兩個中國，僅有一個中國——中共所控制下的大陸。」美國民主黨要員們，這多年來，一心一意的進行兩個中國計劃，則爲我們所久聞，只有一個，而且所指的大陸，倒是中共控制下的，這是我們初次聽到的怪論。魯斯克國務卿在新聞會議上說：「除古巴問題之外，他多同意富氏的意見。」那麼至少在表面上，美政府似乎並不反對富氏對中國問題的意見，我不知道，我們在台灣的國民政府，對此將作何感想？

四月八日於舊金山

日本對韓國問題應有的覺悟

黃景韓

爲了日本與韓國政府間的談判，在韓國國內和在日本國內，均已引起反對日韓談判的嚴重示威。不消說，無論韓國國內的學生示威或在日本國內的各種示威，其背境雖不盡同，其目的，則都同是企圖阻止和破壞日韓談判的。所以，極爲值得注意。

在韓國要人金鐘泌訪問東京，並在東京與日本政府商談日韓關係時，韓國國內發生了極大規模的反對示威。他們以學生爲主，他們全力反對日韓談判。他們之所以如此，是因爲這些天眞純潔而又熱愛韓國的韓國靑年學生，至今仍未忘記日本軍閥對韓國的帝國主義作風，舊恨未除，所以，他們仇視日本，因而反對日韓之間的那種足以導致日韓之間發生更密切外交關係的談判。可以說，韓國靑年學生的示威，在動機上，原是無可厚非的。

至於日本國內也有人反對日韓談判，那倒是相當奇怪的。因爲，假如日本人眞的對過去的軍閥及侵略稍有反省的話，便決不致反對日韓談判。但日本的左傾政團及左傾人士在中共及日共的支配下，却正在全力反對日韓談判。這形勢很顯然，他們決不是什麼天眞純潔，而另有大陰謀。因爲中共及日共都極怕日本與韓國之間建立友好關係，從而加強了亞洲的反共形勢，更怕因此形成東北亞以中華民國、日本及韓國的同盟。所以他們便也在日本國內發動日韓談判了。形勢很顯然，國際共黨原是希望日本也好，韓國也好，都陷在個別的孤立中，以便國際共黨來各個擊破它，最怕它們聯合起來的。所以，我們可以說：在日韓兩國內部反對日韓談判的人，是各有不同動機的。因之，日本政府就特別應該反省，因爲日本政府近年來對亞洲許多國家，儼然還存在一種歧視，自以爲自己了不得，有一種很看不起南韓的樣子，其實南韓早已在一九五〇年的韓戰中表現了它的英勇偉大，日本人何嘗應該歧視韓國人？況且今日世界，任何國家，縱然它是一個最大的強國有如美國，也是不可能單獨而孤立的生存的。必也與其它盟國共存，自己也才能夠生存。日本國力遠不能與美國相比，僅僅只是在亞洲諸國中有首屈一指之工業生產力而已。但日本現今却正遭受着北面的蘇聯與西面的中共的雙重威脅，爲日本自身計，不但不該歧視韓國人，還應當主動爭取韓國人才是。因爲只有這樣，也才顯示日本眞是一個泱泱大國。

至於南韓靑年學生的純潔愛國心，當然也是極可寶貴極可值得稱讚的。不過韓國靑年學生應該知道日本的帝國主義作風的時代畢竟已經過去，德國與法國是世仇，現今尚且和解，韓日兩國人民當然也該釋嫌修好才是。因爲不如此，就不能聯合起來對付國際共黨這一共同敵人。

日本政府應該看看歐洲的德國，二次大戰後，德國的國是與處境與日本近似。但德國却能盡力主動爭取法國，又以其財力幫助工業落後國家，今年更將一億多馬克軍援其他國家，以視今天的日本，這是何等偉大的作風，在經濟上，斤斤計較於與中共的貿易，在政治上尤取好中共，難道不是已把日本顯得非常渺小嗎？日本政府應該反省和慚愧才是。日本有識之士應該奮起才是。

黃啓瑞貪污案餘波迭起

獨清

（台北通訊）自黃啓瑞夫婦在市民住宅興建會的一百萬元大貪污案，經最高法院改判無罪後，台北的街談巷議，無不認爲當權派又一次自我暴露了他們的本來面目。因爲黃啓瑞之妻黃朱鳳收受承建市民住宅的商人許富江一百萬元，並以「黃林氏蜜」，「李食婆」，「朱王網氏」，「蔡王蜜」等化名，分別存入華南銀行及其大稻分行，城內分行和第一銀行，優利取息，人証物証俱全；黃朱金鳳自知無法狡賴，亦供認收到該款不諱；祇辯稱是借款而非賄款。但黃許素無交往，許又非富有，而黃妻在許取得市民住宅的承包權時，即向其借款一百萬元之鉅，既無借據，復無利息，其爲賄款而非借款，雖三尺童子，亦能知之。因此，在初審和二審時，黃啓瑞夫婦均被判重刑，有人曾以爲也許是蔣「總統」提倡「革新，動員，戰鬥」的運動以後，當權派已體認到貪污足以亡國，從而開始對貪污大員採取懲處的行動。不料，高等法院仍將黃啓瑞改判無罪，使這位因迭犯兩大貪污案而名聞中外的主犯又官復原職，再一次證明當權派仍是江山易改本性難移的。蔣「總統」愈說得好聽，大家必須愈向壞的方面設想，才能與事實相符。

法官反噬監委

在黃啓瑞被改判無罪後，監察院陶百川、黃寶實兩委員認爲最高法院庭長陳綱，法官廖源泉庇縱罪犯，有辱職守，乃向院會提案彈劾，國民黨當權派原決定迫使此項彈劾案胎死腹中，曾秘令其在監察院裏面的「護航隊」發動有關監委杯葛審查會。因而審查會曾以不足法定人數而一度流會。繼以大多數監委激於義憤，本案才得審查通過，移送公務員懲戒委員會法辦。陳廖兩法官即連續發表三次書面聲明，指監察院「侵害司法」，「以第四審法院自居」；並指陶百川爲「含血噴人」，「觸犯刑章」，「極盡煽惑之能事」，「有矇驅監察院全體委員之嫌」「冀圖混亂社會視聽」。在其對公務員懲戒委員會之答辯書中，又指陶百川爲「太上法官」。彈劾案乃陶黃兩監委共同提出，陳廖兩法官以被彈劾者的地位，竟公然接二連三的發表書面聲明，對陶百川一人集中攻擊，顯然是國民黨當權派在背後發縱指使的。據熟識政情者透露，黃啓瑞之改判無罪，乃是當權派所授意，陳廖不過奉命行事而已。陶黃兩監委不顧當權派的意旨，提案彈劾，自然要觸當權派之怒；加以陶委員平素主持正義，勇於負責，雖然不敢打老虎；但却不時向一些不大不小的蒼蠅撲擊，更使當權派難忍；因而決定給他一點打擊，這是陳、廖兩法官所以敢於反噬陶百川的原因。

彈劾已難生效　監委祇好呼天

陶黃兩監委在報端看見陳廖兩法官的三次書面聲明和答辯書後，深知他們的背後，有人支持。雖然提出長達一萬八千餘言的意見書，經由監察院轉送公務員懲戒委員會，針對陳廖兩法官的申辯，逐項予以辯駁；但亦感前途暗淡。因而在意見內很沉痛的說道：「風氣敗壞至此，彈劾已難生效，意見尙有何用，是非混淆如此，徒然加速「圍剿」，似當退避三舍。但念中國不容亡，狂瀾終須共挽，用再奮其疲憊之心，重作沉痛之鳴。但願天佑吾國，相期共維法紀」。值得注意的，是「徒然加速圍剿」一語，由此，可知以陶百川爲攻擊之對象者，除了陳廖兩法官而外，尙有其他方面的人在焉。本來監察委員爲了黃啓瑞被改判無罪而提案彈劾承審的法官，適可以証明今日台灣的官場還未達到天下烏鴉一般黑的程度，對當權派來說，還可挽回一些顏面。可是，他們却認爲陶百川不能仰體黨意，予以圍剿。在此情形之下，陶黃兩監委除了呼天而外，還有什麼辦法呵？

警總刑警有刑求　檢查官非法訊問

在陳、廖兩法官所提出之聲辯書中，還指摘黃啓瑞貪污案在警備總司令部和刑警大隊偵訊期間，對許富江有刑求的情事，又說，台北地方法院陳葉兩檢察官在警務處訊問許富江的供詞，「均係非法訊問之結果」；但同時却向警總和刑警表示歉意。顯出祗因被監察院彈劾，他們兩位才不得不將這種刑求的內幕公開。如此看來，台灣仍盛行刑求，已是鐵一般的事實。地檢處的檢查官在警務處偵問罪犯也是非法詢問。既然如此，可知今日的台灣的司法，眞是黑暗重重了。據陶黃兩監委在其所提的意見中說，監察院正擬對陳廖兩法官所指的刑求問題派員澈查，如果屬實，將對警總和刑警有關人員提出糾彈。

台灣交通建設

省府加速開發東部將築五條產業道路

台灣省政府現正計劃開闢五條東部的產業道路，以加速東部的開發工作。

一、興建由利吉到池上的一段公路，全長六十公里。二、興建東河到富里一段公路，全長四十五公里。三、興建丰濱到百里灣一段公路，全長十公里。四、興建泰源到南溪一段公路，全長十四公里。五、興建蓮花到壽丰一段公路，全長六十三公里。

這五條產業道路，第一步將闢暢通大型汽車的土石路，以求沿途的豐富物產資源得以迅速開發，同時使附近居民受到交通上的便利，第一步工程完成後，再視財力逐步加以改善。

據省政府表示，這五條道路的工程費，共需新台幣八千三百二十八萬元，現正向美援方面請求貸款或輔助款來協助興築。省府在下年度預算中，也將籌列專款興築。

省府認爲東部的加速開發，在目前台省人口漸增的情形下，已成爲刻不容緩的交通發展。省府除成立「東部開發委員會，專責規劃以外，並預備今後增加東部開發經費，配合地方力量加速進行。

另據台灣省新聞處宣稱：台省北部橫貫公路亦已竣工，現已全部通車。

台省北部橫貫公路是繼中部橫貫公路開通以後，又一條新闢的由西而東穿越高山林野貫通桃源宜蘭兩縣的公路，這條公路是於去年（一九六三）五月一日正式動工，以桃源爲起點，經八德、大溪、復興、高義、蘭豐原而達棲蘭與中部橫貫公路宜蘭支線銜接，通至宜蘭。全長一百三十九點七公里，現已全部通車。

新聞處又稱：北部橫貫公路通車後，對沿線地區經濟資源的開發極有裨益：

第一、爲有助於開發沿線大溪及太平山兩個森林事業區的四十個林班。

第二，電力公司將在沿線的大嵙崁溪籌建高義蘭及玉峯水源，據估計可發電四億八千萬瓩。

第三、是礦產的開發，此路西站的角板山一帶蘊藏豐富，東站富附近則產硫化鐵，將來開採外銷，當可賺大量外滙。

台灣第四期經建計劃　明年可望開始實行

明心

（台北通訊）據經濟合作委員會副主委李國鼎稱：爲了達到台灣十年長期經濟發展目標，第四個四年經濟計劃已在研究擬議中，並將於明年開始（一九六五）這項四年經濟計劃，對於農林、漁牧、工礦、電力、交通、公共工程，都市建設均包括在內，因此，這一期的四年經濟計劃，將比過去三期的範圍較爲廣泛，同時，在四年經濟計劃中，進一步再研究個別計劃，因爲我們的資金有限，我們必須在個別計劃中，找出那些計劃比較好的，然後優先推行，使我們的資源能有效的運用，增加就業機會，來解決我們的經濟困難，這就是我們已在研擬的經濟發展的三個階段。

李氏又稱：在推行十年長期經濟建設計劃中，常常發現很多法令和手續與經濟發展不能配合，我們必須多方面研究，加以改善。由於這個原因，就發生了一般人所知道的「瓶頸」問題。如果進一步分析，造成「瓶頸」的原因有三：

一、由農村經濟進爲工業經濟，原來很多法令手續不能適合，必須加以修改。

二、缺乏長期總體的籌劃，各部門沒有長期的看法。

三、各部門聯繫不够。

爲了推行整個經濟計劃，必須要打掉以上三項瓶頸。李氏並舉出四個例，說明政府在數年來已盡力改善瓶頸現象：

一、台北到基隆造超級公路，很快完成基隆港的倉庫，增加碼頭擴建，這些都是爲了應付對外貿易增加，進出口貨物增加的需要，但是在北基二路途中，有一段路面過於狹窄，這是運貨的主要道路，由於路面狹窄，使運貨發生困難，猶如瓶頸一樣，我們發現了這個現象後，立即和省府會商，加以改善，早日把路面擴寬。

二、工業用地，在發展工業方面，是重要的條件，如果工業用地發生問題，則辦工廠的人得不到土地，辦工廠的人就不會發生興趣。同時在土地轉讓等有關法令和手續，有許多都不能配合，因此，政府就劃出工業區，在六堵附近，一年來，已經有許多工廠建立，工廠在工業區買土地，手續很簡單，土地問題就可以解決。

三、依照原來法律規定，工廠向銀行借款，應以機器作爲抵押，而實際上，機器作爲抵押，就難免不阻碍生產，三十年以來，政府一直在研究這個問題，最近財政部已擬定動產交易法，並以經過立法程序，這對於工廠的困難，解決了不少的阻碍。

四、推廣出口，要多方面配合，例如，豌豆莢冷凍起來就可以外銷到美國，有一家公司已接到美國的訂單，價值一萬二千美元，將來擴展外銷，可希望達一百數十萬美元，但是，要銷到美國，必須經過檢驗，而這種檢驗又要符合美國標準，日前「經合會」爲了這件事，開會討論檢驗標準而解決了豌豆莢外銷的問題，這些解決「瓶頸」的例子太多，總之，要推動長期經濟發展目標，必須大家努力，才能達到一定的理想。

糞坑愈攪愈臭

爲了黃啓瑞的兩大貪污案，已經使台灣官場的臭名滿天下，鬧了兩年多之久，又忽然把他改判無罪，官復原職；而黃啓瑞也恬不知恥，居然以重登台北市長的寶座爲榮，更是臭上加臭。如今陳、廖兩法官又來自攪糞坑，愈加臭不可聞。但當權派却似乎不覺其臭，可見他們已經麻木不仁了。

聯合評論 週刊

United Voice Weekly

第二九一號

本刊已經香港政府登記

每逢星期五出版

督印人：黃宇人　總編輯：左舜生

CHINESE-AMERICAN PRESS, INC
199 CANAL STREET,
NEW YORK 13 N. Y. U.S.A.

從台灣地方選舉看民主

左舜生

最近台灣二十一個縣市的選舉，香港各報都有較詳的記載，尤其關於選舉的結果，各報更作了若干分析，說明其成敗得失……國民黨在三市（台北、台南、基隆）一縣（台東）的失敗……

……造成一個民主的形式，則民主國家一個國民大會……第一次總統副總統的選舉……孫哲生（科）先生……李德鄰（宗仁）先生……

自由與和平是不易倖致的！

李璜

近月來，除非是不看報；無論看中文英文報紙，其中每日總看到一兩篇西方，特別是英美政治界或專欄作家的對中、俄共分裂後的想法的文字，有時甚至想入非非；揣其用心，無非在希望自由和平。然而自由與和平是不可能倖致的！

……莫斯科與北京爭奪世界領導權……

神話中的黃帝（二〇）

徐亮之

【附註】①山海經大荒北經（今本脫，依論衡訂鬼篇引）：「滄海之中，有度朔之山，上有大桃木，其屈蟠三千里。其枝間東北曰鬼門，萬鬼所出入也。上有二神人，一曰神荼，一曰鬱壘，主閱領萬鬼。惡害之鬼，執以葦索，而以食虎。於是黃帝乃作禮而以時驅之。立大桃人，門戶畫神荼鬱壘與虎，懸葦索以禦。凶魅有形，故執以食虎。」②說文：「古者巫咸初作巫。」③莊子逸篇（繹史五引）：「游鳧問於雄黃曰：『逐疫出魅，擊鼓呼噪，何也？』曰：『黔首多疢，黃帝氏立，巫咸使之沐浴齋戒，以通九竅；鳴鼓振鐸，以動其心；勞形趨步，以發陰陽之氣；飲酒茹葱，以通五職；擊鼓呼噪，逐疫出魅。黔首不知，以爲魅祟耳』。」④莊子在宥篇：「黃帝立爲天子十九年，令行天下。聞廣成子在於空同之上，故往見之曰，『我聞吾子達於至道，敢問至道之精？吾欲取天地之精以佐五穀，以善民人；吾又欲官陰陽以遂群生；爲之奈何？』廣成子：『而所欲問者物之質也。而所欲官者，物之殘也，自而治天下，雲氣不待族而雨，草木不待黃而落；日月之光，益以荒矣。而佞人之心翦翦者，又奚足以語至道！』黃帝退，捐天下，築特室，席白茅；閒居三月，復往邀之。廣成子南首而臥，黃帝順下風，膝行而進，再拜稽首而問曰：『聞吾子達於至道，敢問治身奈何而可以長久？』廣成子蹶然而起曰：『善哉問乎！來！吾語女至道。至道之精，窈窈冥冥，至道之極，昏昏默默。無視無聽，抱神以靜，形將自正。必靜必清，無勞女形，無搖女精，乃可以長生。目無所見，耳無所聞，心無所知，女神將守形，形乃長生。愼女內，閉女外，多知爲敗。我爲女遂於大明之上矣，至至陽之原也。爲女入於窈冥之門矣，至彼至陰之原也。天地有官，陰陽有藏；愼守女身，物將自壯。我守其一，以處其和，故我修身千二百歲矣，吾形未嘗衰。』黃帝再拜稽首曰：『廣成子之謂天矣！』廣成子曰：『來！余語女；彼其物無窮，而人皆以爲終；彼其物無測，而人皆以爲極。得吾道者，上爲皇而下爲王；失吾道者，上見光而下爲土。今夫百昌皆生於土而返於土；故余將去女，入無窮之門，以遊無極之野，。吾與日月參光，吾與天地爲常。當我緡乎！遠我昏乎！人其盡死，而我獨存乎！』」⑤莊子徐無鬼篇：「黃帝將見大隗乎具茨之山，方明爲御，昌寓驂乘，張若謵朋前馬，昆閽滑稽後車。至於襄城之野，七聖皆迷，無所問塗。適遇牧馬童子，問塗焉，曰：『若知具茨之山乎？』曰：『然。』『若知大隗之所存乎？』曰：『然。』黃帝曰：『異哉小童！非徒知具茨之山，又知大隗之所存。請問爲天下？』小童曰：『夫爲天下者，亦若此而已矣，又奚事焉？予少而自遊於六合內，予適有瞀病，有長者教予曰：若乘日之車，而遊於襄城之野。」今予病少痊，予又且復遊於六合之外。夫爲天下者亦若此而已矣，又奚事焉？』黃帝曰：「夫爲天下者，則誠非吾子之事；雖然，請問爲天下？』小童辭；黃帝又問。小童曰：『夫爲天下者，亦奚以異乎牧馬者哉？亦去其害馬者而已矣。』黃帝再拜稽首，稱『天師』而退。」⑥拾遺記：「帝使風后負書，常伯荷劍，旦遊洹流，夕歸陰浦，行萬里而一息。洹流如沙塵，足踐則陷，其深難測。大風吹沙如霧，中多神龍魚鼈，皆能飛翔。有石蕖五色，堅而甚輕；從風靡靡，覆其波上；一莖百葉，千年一花。其地一名沙瀾，言沙踴起而成波瀾也。仙人寧封食飛魚而死，二百年更生。故寧先生遊沙海七言頌云：『青蕖灼爍千載舒，百齡輕死餌飛魚』；則此花此魚也。」⑦史記五帝本記：「天下有不順者，黃帝從而征之；平者去之。披通道，未嘗寧居。東至于海，登凡山及岱宗；西至于空桐，登鷄頭；南至于江，登熊湘；北逐葷粥，合符釜山，邑于涿鹿之阿。」⑧山海經海內西經：「赤水出（昆侖）東南隅，以行其東北。」⑨莊子天地篇：「黃帝遊乎赤水之北，登乎昆侖之丘而南望，還歸，遺其玄珠。使知索之而不得；使離朱索之而不得；使喫詬索之而不得也。乃使象罔，象罔得之。黃帝曰：『異哉！象罔乃可以得之乎？』」⑩軒轅本紀（繹史五引）：「帝登恒山，於海濟得白澤神獸，能言，通於萬物之情。因問天下鬼神之事。命寫如圖，作祝邪之文以祝之。」廌說文「廌」下云：「解廌，獸也；似牛，一角。古者決訟，令觸不直者。」又「廌」下云：「獸之所食草，從廌艸。古者神人以廌遺黃帝，帝曰：『何食何處？』曰：『食廌。夏處水澤，冬處松柏』。」⑫宋書符瑞志：「（黃帝）聖德光被，群瑞畢臻；有屈軼之草生於庭，佞人入朝，則草指之；是以佞人不敢進。」⑬山海經西次三經：「峚（音密）山其中多白玉，是有玉膏，其原沸沸湯湯，黃帝是食是饗。是生玄玉。玉膏所出，以灌丹木。丹木五歲，五色乃清，五味乃馨。黃帝乃取峚山之玉榮，而投之鍾山之陽，瑾瑜之玉爲良。堅粟精密，濁澤而有光，五色發作，以和柔剛；天地鬼神，是食是饗。君子服之，以禦不祥。」⑭史記五帝紀：「黃帝居軒轅丘，而娶於西陵之女，是爲嫘祖。嫘祖爲黃帝正妃，生二子，其後皆有天下。其一曰玄囂，是爲青陽；青陽降居江水。其二曰昌意，降居若水。昌意取蜀山氏女曰昌僕，生高陽；高陽有聖德焉。」索隱引宋衷云：「玄囂青陽是爲少昊，繼黃帝立者。」⑮帝王世紀：次妃方雷氏、曰女節，生青陽。」⑯見漢書古今人表。帝王世紀作夷鼓一名蒼林。⑰軒轅本紀（繹史五引），「黃帝納醜女，號嫫母，使訓宮人；而有淑德，奏上德之頌。帝周遊行時，元妃嫘祖死於道，帝祭之，以爲祖神。令次妃嫫母監護於道，以時祭之；因嫫母爲六相氏。」

邊際效用

孫寶剛

凡是讀過經濟學的人都知道「邊際效用」這個名詞。似乎不須要再作專題討論。但這個名詞是民主社會主義者的經濟理論的根據，非社會主義者也接受了這條原則，形成許多經濟，財政和福利政策，所以這條原則在今天世界各國却已發生了極大的影響。那麽，再來闡釋一下，並非沒有意義的。而况以一般中國人來說，無論政府和人民，他們的經濟活動所表現的，似對這個原則還不甚瞭解，尤其一般的香港的資本家爲如此，這是根據我十幾年來的觀察所得的結論，所以更使我覺得，有闡述一下的必要。

依照經濟學上所說：每一樣東西，都有其效用。但是那樣東西如不斷的增加，效用便不斷在減少，到了一定數量後，其效用便等於零。那個時候我們就稱它爲效用的邊際，也就是那東西的邊際效用。假如那東西還要增加，便超出了邊際而成爲反效用了。譬如以我們常日吃飯說，到了肚餓的時候，便想吃飯，這就是說，飯對你很有效用。你如愈是肚餓，便覺飯的效用愈大，當你吃進第一口飯的時候，你眞覺飯的味道美好不堪，但你一口一口的吃下去，美妙的感覺便一口口在減少，等到你吃飽時，當吃到吃飽的最後一口飯時，吃不吃已無所謂，這就說那時的飯對你的效用已到了邊際。假如有人還要强你再吃些，初時你有些厭惡或勉强，到後來簡直肚痛起來，成了消化不良的痛症。這就是反效用。

這個理論是非常平淡的，除了小孩子不知飽餓，貪吃不厭而時時患肚痛以外，成年人大概都不會有這個毛病罷。可是奇怪得很，同是這一條原理，當應用到另一方面去，成年人竟如小孩子一樣，不瞭解適可而止，並且患了病，還不知道，甚至患了殺身之禍，竟毫無覺悟。

這句話怎樣說呢？說來也很簡單。上面不是說，每一樣東西都有其效用，都看其邊際，和都有其反效用麽？所以鈔這一樣東西，也不能例外。每一個人都要生活，或需要做一番事業，生活和做事業都需要鈔，所以鈔對於每一個人是有效用的。但是一個有頭腦的人，一定有他們人生觀，也就是說，對他的生活和事業，一定有他的一貫的弄法和範圍，假如以做在香港的人來說，普通的一個人家，每月有五六百元便可生活了，有一千幾百元的人家，已經是上等人的生活了，有三四千元的人家，那是富人的生活了。你當然自已有一個決定，以你這樣一個人，生長在香港的社會中，應該過怎樣一個生活，假如你的生活目標，已經達到，就大可不必拼命的再把生活向上爬。因爲拼命的把生活向上爬，所謂「上」是無止境的，你便一生做了生活的奴隸，一生辛勞，永不舒適或快樂。依照中國的傳統道理，唯有懂得安生以當事，飽食以當內的人，才能過安閒的生活，有着一種恬淡的樂趣。能做到這樣生活的人，在今天物慾的世界中，當然不容易，可是你總得有一個自已的目標，並且這個目標不應太高，你才能達得到，而達得以後，你才能把你的精力用在更有意義的方面去，使你的人生更有價值。

講到做事業的人，個人的事業是很有限度，公共的事業決不是一人之力可以達成，所須的資財，也非一個人的力量所能獲得，暫且不談。說到個人的事業，依我想來，只有工商界的人們需要一筆資本以外，其他的人當然不須自已有一筆資本去從事事業，但工商界的人，也有勞資兩方。勞方是無須資本的，資方固須資本，也當度德量力，決不須一定要有如何大的資金，才算滿足，並且在現代的資本主義之下，企業和資本已經分離，資方只在股票交易所買賣股票，在個人而論，更無須一定的資本額。所以在今天的經濟現象看來，每個人所需要的錢是有一定限度的，主要的還是爲了生活。

上面已經說到，一個人的生活，也應有其一定限度，不可拼命的向上爬。所以鈔對於每個人便也發生了邊際效用問題，在民主社會主義者看來，根據了邊際效用的原則，一個人如據有幾萬萬或幾千萬，甚至幾千億，對他的生活毫無關係，其實他是被錢在奴役，弄得每天忙碌不堪，有時被鈔在使他忿怒，有時被錢在使他痛苦。眞正和他有關係的，最多是每月幾千元而已，假如他想過一個正常的生活的話。

我再明白的舉一個例子：假如一個人以三千元爲他每月的生活費，但他每月可賺三萬元，所以每月盈餘二萬七千元，他以之存入銀行，或作爲經營生意的資本。在三十年後他死了，在銀行中或在他投資的生意中，積了九十餘萬元，加上利息，達到一百餘萬元，試問這一百餘萬，到底和他發生了什麽關係。

所以，政府從他那裏，多拿些錢出來，以補助生活不足的人們，原則上來說，對他並沒有犧牲。反之，正因爲他少了些錢，少受了錢的奴役，使他生活也許要輕鬆而快樂些。但是對最低限度的生活還不够的人來說，因了政府有錢來做福利事業，使這批人，可以維持最低限度生活，使不能受教育的人受了教育，使失業的人得以就業，這是多麽重要呢？在邊際效用原則來說，錢在多餘的人們那裏，那些錢已成了反效用，至少到了動用的邊際。可是政府拿來，確發生了大得不可計算的效用。我們明白了這一點，可見現代國家，都在徵收較重的累進所得稅，是有其理論的根據。而我們在賺錢的一點上，也應有較深刻的認識，不需貪得無厭，多多益善，甚至一毛不拔，謀財害命，而自己也因此身敗名裂了。

自取其辱而不知恥

毛澤東電賀赫魯曉夫壽誕 反被蘇共中央把毛罵一頓

這是毛澤東人格分列前後矛盾自討沒趣

綜觀

自中共於四月一日發表它那八評蘇共公開信的長文，且指名道姓公開宣佈赫魯曉夫是拉扱，蘇共中央應予清算之後，人們都以爲毛澤東眞是有種，居然也公開站起來要推翻赫魯曉夫了。殊不知，中共公開提出清算赫魯曉夫的要求才不過半個月，正當赫魯曉夫於四月十六日年屆七十的時候，毛澤東竟又厚顏無恥的連同劉少奇、朱德、周恩來共同電賀赫魯曉夫的壽誕。

毛劉朱周致赫的賀電中甚至還厚顏無恥的說道：「親愛的同志，在你七十壽辰的時候，我們向你祝賀，祝你健康和長壽」。難怪蘇共中央書記處書記安道盧波夫隨即對毛澤東的這一賀電立即予以抨擊和諷刺，赫魯曉夫本人也一再對毛澤東本人予以侮辱和幽默。

據莫斯科四月廿二日美聯社電訊：「蘇共各領袖星期三對毛澤東劉少奇朱德周恩來致赫魯曉夫七十壽辰的賀電齊聲揶揄。在克姆寧宮的集會上，赫魯曉夫及蘇共中央書記處書記安道羅波夫致詞時，齊對中共之電文攻擊。發言以安道羅波夫爲多，但赫魯曉夫隨後附和安氏之指責，謂中共的電文并無誠意。」

「安道羅波夫特別指出中共電文中之一段所稱『遇到世界重大危機之時，我們兩黨，兩國及兩個民族將必毫無疑問的站在一起，以對付我們的共同敵人』。安氏說：『這個聲明當然很重要，但怎樣可以與中共指我國與帝國主義同謀的誹謗宣傳相諧和』？『這就是中共各頭子在某一場合則刊佈對蘇聯誹謗的宣言，但在另一場合，他們却迫得要說什麼中蘇團結了』。」

「蘇共中央的上述指責，就是說中共中央的電文無誠意。安氏說：『凡讀過這封電文的人，祇有感覺這文件的本質是無誠意。現在問題來了，我們總能明瞭這種作法，我們又怎能明瞭中共頭子們的行動？他們今日發出賀電，但同時在中共報刊上刊佈反蘇的言論』。」

「安氏這時表示意見說：『也許中共頭子們對於中共報紙所載的文字是不肯負責的。關於此點，安氏繼續說：『凡人都知中共的情形，這就是北平人民日報的誹謗文章所表示的中共官方立場，并且通常是由中共頭子們自己撰作的』。」

美聯社的電訊又說：「安道羅波夫說到這裏，赫魯曉夫露着笑臉高聲插嘴說：『他們也奉命打殺蒼蠅的』。赫魯曉夫跟着又高聲說道：「他們也奉命捕捉麻雀的』。」

以上係美聯社從莫斯科發出的報導，應屬可靠。對此，我們總覺得既有趣，又滑稽。毛澤東爲什麼忽然又心血來潮要打電報去賀赫魯曉夫的七十壽辰呢？既要推翻他，既要清算他，又打電報去祝他健康長壽，毛澤東的這一舉動，實在太欠考慮，換得蘇共對他臭罵一場，實在是毛澤東自取其辱！毛澤東的舉措前後矛盾若此，也難怪赫魯曉夫親口罵毛澤東「白痴」了。

大陸簡訊

藍鳥

共青團要大收團員

據中共青年團機關報——「中國青年報」最近發表的社論說：共青團是一個有年齡限制的組織，如再不吸收大量新血，則將發生三種惡果：一、「收入」不敷「支出」，團員數量減少，團的基礎將動搖；二、超齡團員一年比一年多，超齡團員太多的結果，就會喪失團組織的活躍作用；三、由於超齡團員太多，團的性質也將改變。

該報社論并透露：「在有些地方，特別是在農村、團組織的力量還很薄弱，全國農村團員只佔農村青年百分之十三。大約有百分之十的生產隊沒有團員，有百分之三十的生產隊只有一兩個團員」。

中共青年團新團員之所以越來越少，據從大陸逃到香港來的許多青年學生說：是由於中共青年團最近幾年已對大陸青年失去了吸引力。在十年前，中共政權初成立時，大陸青年及海外華僑青年均極響往中共青年團，均極希望參加共青團。但最近幾年，一般青年均眼睛雪亮，看透了中共的一切，不願去參加共青團，團員乃日少，所以共青團的機關報也不得不嘆息新血之缺乏了。

中共厲嚴抨擊孔子後裔

中共最近已對孔子遺族尤其對衍聖公府展開嚴厲抨擊。

據中近出版的中共「解放日報」說：「衍聖公府剝削手段毒辣」，又說衍聖公府在清代時，土地遍及山東、河南、河北、江蘇四省。向細戶征收的地租很重，實物與貨幣兼收。地分上中下次四等征納，紋銀多達一兩二錢，少者亦達紋銀三分。租糧有每畝地征租七斗者，對於不一定有收成的下地，乾脆收租銀，而且還規定荒歉無減免。

解放日報又抨擊衍聖公府時常勾結封建王朝，鎮壓農民起義，在這方面，且常向清政府遞送情報和資助糧餉。

此外，解放日報又指責衍聖公府是把政權與族權結合在一起的。違反了它的規定的，就等於違反了政府的法紀云。

中共輸出大批死屍換取外滙

據四月十七日美國「時代」週刊說：中共將大批輸出死屍，以助中共政權賺取外滙。該刊在「世界商案」欄中報導說：中共正忙於運北平，鴨子赴哈互那，而換取輸入碩大的古巴牛隻，并說法國醫藥雜誌上週已報導中共將輸出解剖的人體，亦即是俗稱的死屍云。

中共暗殺不丹首相多爾吉

喜馬拉雅山之小國——不丹的首相多爾吉最近被人暗殺了。不丹首相被暗殺的時期，正是中共積極滲透不丹，企圖掌握不丹的時期。而這位被暗殺的不丹首相向來反共親印，所以，他之被暗殺，早就有人判斷是中共所爲。隨後，這位被暗殺的不丹首相的兒子作了進一步的證實，他說他父親確係被中共派人所暗殺。

到四月十七日，印度政府又對此作了更進一步的證實。據法新社四月十八日新德里電：「印度外交部發言人昨日正式表示：印度政府懷疑不丹總理多爾吉本月九日之被暗殺，係由於中共之幕後唆使。兇手已知與中共人員有關。印度外交部發言人說：中共在喜馬拉雅區之活動，有如一個手掌之活動，五指分向尼泊爾、錫金、不丹、印度之拉達克區與東北邊區行政省」云。

僑鄉近訊

——共報透露福建農民罷耕

鍾之奇

由於中共多年來一直無情的壓榨農民的勞動果實，早已引起了僑鄉農民反感。農民生產越多，中共對農民也勒索得愈多，到頭來，農民終年辛苦，仍是飢寒交迫，所以，農民用不肯出工的方式罷耕，已是大陸各地的普遍現象。

最近出版的中共福建日報也承認這是事實。據福建日報所舉福建閩侯縣南嶼公社南井大隊的一個例子說：這個地方的農民不肯出工，生活也很困難。後來這個公社的生產大隊的黨支部開了兩次會，并且學習了毛澤東著作！關心和解決了羣衆生活的困難，春耕生產的面局才打開云。

曾生强迫歸僑貢獻更多財物

中共廣州市市長曾生最近曾在廣州召開「廣州市第五次歸僑僑眷代表會議」，據南方日報說，共有廣州市各區及花縣從化兩縣的歸僑僑眷男女代表五百餘人參加。

曾生曾在會上號召歸僑及僑眷「作出更大貢獻」，因此，該會議已在中共强迫下通過決議，「號召全市歸僑僑眷立即行動起來，和廣州市人民一道積極參加社會主義教育運動，投身到當前的比、學、趕、幫運動和增產節約運動中去。發揚華僑熱愛祖國的光榮傳況，團結國外廣大僑胞，共同爲祖國社會主義建設貢獻更大力量」云。

蒲田四萬多頭瘟猪

大陸瘟疫流行，已禍及禽獸，中共現在也不能不公開承認了。

據中共政務院商業部的最近指示說：「農村的猪禽疫病防治力量很薄弱，有不少地方猪禽瘟疫仍在繼續蔓延。影響着生產的發展」。另據中共福建日報說：目前福建各地，猪禽瘟疫正在流行，僅福建省蒲田縣一縣，就有四萬二千多頭生猪正在患病。於此可見大陸各地猪禽瘟疫嚴重之一般。而所有患瘟疫而死之猪禽，中共各礶頭廠仍一律以之作爲礶頭食物，輸出海外，以換外匯，故海外僑胞今後務必小心謹慎，不可購買中共此類瘟疫所裝之礶頭了。

「生肉飽」生而不熟

中共儘管時常吹噓它的衛生設施如何良好，不過，由於人民吃不飽穿不暖，所謂衛生，實在是說不上的。

中共廣州出版的羊城晚報最近又露透一件小事，足見中共所謂衛生情況良好云云，全係欺人之談。

據羊城晚報說：「十二日早上，中山五路華北飯店點心部出售了一批名符其實的生肉大飽。包餡裏的猪肉紅紅的，飽中心的麵成粉成白粒團狀，都還沒有熟呢！事後，該店有人還說，每天銷售這些多，不敢保證全部熟透」

對此，羊城晚報也不得不嘆息道：「原來如此，那顧客到該店買點心時，可得要帶上透視機了」！

馬師曾在北平過勞去世

靠攏中共著名粵劇名演員馬師曾（紅線女之夫）已於四月廿一日在北平去世了。這是中共通訊社公佈的。中共通訊社報導此一消息時，但說馬師曾享年六十四歲，未說明因什麽病去世。但據香港方面熟悉馬師曾的人說，馬師曾之所以突然病死，係因馬師曾操勞過度，經常要赴各地勞軍，身體吃不消；且粵劇劇目及劇人，最近多被中共清算，馬師曾心中抑鬱憂憤；再加上中共最近提出口號，且由中共解放軍劇團示範，要大陸全體戲劇界都達到「一個曲藝即是一堂政治課」，馬師曾亦深感難於辦到。馬師曾曾與紅線女當年回大陸時，曾在廣東省文化局會議席上爲評薪問題與局長丁波發生衝突。當時馬紅要求月新人民幣千元，被丁波斥爲資產階級思想，貶爲人民幣六百元月薪。其後雖因紅線女與中共中央高級要員搞上特殊關係而對丁波報復將丁波解職下放勞動，但紅線女與中共中央要員之秘密愛情關係，殊使馬師曾傷心，而又無法逃出大陸，遂終於突然在北平死了。

台灣簡訊

奎永

一、教部修訂留學規程 鼓勵青年赴歐深造

教育部最近完成了「國外留學規程」的修訂工作。新的規程又放寬了免試出國的規定，並鼓勵青年到歐洲深造。

修訂後的國外留學規程，在新增的申請教育部免試出國條文中有：一、國內大學或獨立學院專科學校畢業生，參加教育部歐洲語文訓練中心結業成績優良，有志到歐洲深造者。二、國內大學或獨立學院專科學校畢業成績優良的學生，有志到非洲、近東各國，或政府指定的學習科目的國家深造。三、職業學校畢業學生，在企業機關或工廠服務一年以上，經服務機關或工廠選送到國外受專業技術訓練，並參加教育部歐洲語文訓練中心結業成績優良，但此項出國人員不得以攻讀學位爲目的，出國期間由服務機關担負一切費用，並保證學成回國後，在原機關服務。四、國內專科學校畢業生，獲得國外大學修讀同性質學科一年獎學金者。

新的留學規程，並將原條文第八條第五欵修證爲：「國內大學或獨立學院師範專科學校畢業，或高等考試及格，在國內各級學校担任專任教員三年以上，或任專科學校行政四年以上，成績優良者」。亦可申請出國留學。

修訂後的規程，並增加：「由團體或個人捐助獎學金，由教育部將在日內把這新修訂的國外留學規程，呈請行政院核定後公佈施行。

二、獎學金管理會決定 獎勵學生留學歐洲

台北教育部接受捐助獎學金管理委員會十七日開會決定，補充該獎學金辦法第二條第四欵「獎勵赴指定國家留學」的規定，並將這個補充規定納入正在修訂的國外留學規程中。補充規定三點是：一、獎勵赴指定國家留學，應不指定受獎人；指定留學的國家，以歐洲國家爲主。二、獎勵赴指定國家留學獎學金，分三種：學費每年一千美金。生活費每月一百二十萬元，全年一千四百四十美元。旅費，出國回國各六百五十美元。這三項獎學金，依捐助人意願財力，捐助某一項目或全部，捐助名額多寡，也由捐助人指定。三、教育部接受這項獎學金，由該會依據國外留學規程的規定審核授予。

三、各種教育法規 一律加以修改

教育部長黃季陸，向立法院教育委員會說：爲了配合新的情勢，各種教育法規一律亟待修改。像大學法，私立學校法等問題，希望短期內得解決。他解釋修改法規以適合時勢的重要性說：你們現在天天批評「升學主義」不好，但我們的教育部組織，卻有國民教育司，對科學教育，職業教育，國民體育，則沒有專司。對於鼓勵私人興學問題，黃部長說：私人興學就是要辦好的學校，像輔仁大學，中國文化學院，師資及教育設備統夠水準，這種的私人興學，不啻對公立學校「挑戰」。但我們願意接受「挑戰」。他解釋稱：因爲有他們興學，解除了部份大學量的問題，政府這時纔可以騰出一部份財力去充實多大學校的研究設備。

四、中美科學合作會議 進入討論實際問題

中美科學合作會議，舉行分組會議，討論實際執行的各項問題，決定中美雙方各組一個委員會，負責推進兩國今後的科學合作事宜。中美雙方代表分別集會，就日前大會推選的五人小組所提組織方案，作初步研討。這五人小組是由美方代表柯立芝，許樂浦，及我方代表李先聞，姚淇清，錢思亮所組成，他們負責擬訂中美科學合作的計劃和組織方案。中美雙方的分組會議，曾對這個方案內容詳加討論，並有若干修正。中美雙方的小組，在中研院蔡元培館舉行聯席會議，討論五人小組所擬訂的方案，以及科學合作的範圍和優先秩序等問題。經愼重商討後，同意各組一委員會，負責推進中美兩國今後科學合作事宜。中國委員會由中央研究院組織。美國委員會由美國科學院組織。委員會的人數，由雙方自行決定。但中心組織在美方應有五人，在我方應有十一人至十五人。有關政策的決定，雙方委員會互相磋商，協同決定。中美委員會的聯席會議，在最初三年，至少每年舉行一次，以便決定政策，計劃方案及檢討進度。

美方代表會表示，美國國家科學院爲美國最高的科學顧問及諮詢機構，他們建議我國亦應有相似的機構，担任此項全盤計劃的科學發展工作。

寮國政變點滴

王湄

寮國政變，使政變成爲印支國家的通病，並且都是軍人政變。可能這是「軍事時期」，倘非軍人，就不能够發動政變。

南越政變與寮國政變，性質相同，但方式殊異。蓋因環境、人物，俱不同之故。

寮變之前，曼谷會盛傳政變經已發生，且謂係沙納尼空所發動。沙納尼空數年前曾繼續傅馬任寮總理，拘捕蘇發努馮即在他的任內，現任國民議會議長。故說及反共，反傅馬，就令人提起沙納尼空。實際却是不然。

越寮政變「性質相同」一點，便是反共、反中立。楊文明政變，因政府剿共無功。吳廷儒與北越接觸，及「中立」之聲甚囂塵上。寮國甲希將軍政變，不滿寮共在瓦瓶平原蠶食中立軍及右翼軍地盤，不滿傅馬遷就共黨。這些政變，都因共黨勢力擴張所能起的反應。軍人積怨已久。

琅吧喇邦三派巨頭會議，是政變的契機。本來傅馬，蘇發努馮，諾沙旺，經已協議遷都——由永珍遷往王都琅吧喇邦。但蘇發努馮堅持：必須同時確定「中立琅吧喇邦」。諾沙旺不予同意，主張技術問題另議」。三巨頭會議乃無結果，傅馬因此聲稱：決要辭職。右翼少壯軍人，憤共方要求「中立永珍」不遂，便議遷都，遷都又要「中立王都」。而他們却正是衛戍司令和警察首長，認爲中立即無治安，首都癱瘓，國將不國了。不如迫傳馬辭職，來一個右翼政府最多打仗。事實上，仗已不斷在打了。這是他們簡單的想法。

得之爽脆，失之單簡，所以他們提不出政治方針。聲稱守日內瓦協定，却拿不出一套辦法。於是各方仍要傅馬。傅馬確有能耐，南越吳氏兄弟喋血伏屍，傅馬雖落政變集團之手，仍能兩飛王都，悠然吸其烟斗。人望仍在，美英法蘇中共，仍要傅馬。

中共指政變係「美國指使」，那知美國大使却告傅馬：余奉命通知，我國支持閣下。於是中共才又改口說：是美國防部策動。聊以解嘲。泰國却反對美國干涉寮變，認爲此是內政，「何必强出主張」。然而當今之世，到處是大國沙文主義，小如寮國者，又何能倖免？

談談印共的擴大分裂

·邵圓·

這是邇來愈益顯露的事實：印度共產黨內部意見分歧，由於中共與蘇聯的思想衝突加深的影響，現已日趨擴大。

印共分爲兩派的；即所謂左派與右派。右派的領袖是丹奇；目前印共擴大分裂的焦點，就是落在他身上。

印共中央執行委員會，曾於兩月前設立了一個「起草委員會」，負責起草有關政治的文件，以備於下屆黨員大會時提出討論。這委員會最近在新德里開過一次會議，但結果是「會而不議」，沒有處理甚麼會務便宣告散會，其原因是有一個委員情緒太激動，爲了「丹奇的函件」造成困擾與混亂。據說：「丹奇的函件是十數年前發出的，其內容是向當時的印度政府提出共黨願與政府合作的建議。該委員提出這一「舊案」來大加指責，導致會議「不歡而散」。再加以莫斯科與北平間的「思想鬥爭」還在如火如荼中，將來可能發展至怎樣的地步，目前還沒有甚麼迹象可見，在如此情形下，印共對於政治文件的起草，實感無所適從，無法可以採定一條明確的路綫。因此，該委員會也就實在不便輕率地展開工作。

本來，印共內部的混亂早已不自今日始，現在再加上「丹奇函件」的揭露，更有以促使其黨內的混亂情況益趨惡劣；雖則黨的秘書處對「丹奇函件」的消息予以否認，但已不能阻遏其黨內裂痕的愈益加深，於是馬上動搖了大部黨員的團結。現在，丹奇的右派是要設法使人諒解，即使丹奇在年青時代曾經寫過那封信，但他後來的功績，亦足以補償其可能有的過失。可是，印共的左派份子，刻正把握時機，準備利用這情勢來清算右派的政策。此外，左派份子還找到了一項被視爲「王牌」的理由來打擊丹奇，那就是左派份子已獲得了一項消息，說丹奇與新德里的一家刊物有財務關係。

根據目前的迹象可以觀測得到：印共左派份子顯然在不久之將來便可能能要求黨的最高領導採取强力的行動對付丹奇如果左派份子能够有效地向最高領導施展壓力，則他們在黨內的鬥爭便可取得優勢而獲初步勝利，他們不難推出他們的核心人物南布狄里柏作爲「提名人選」，繼丹奇出任黨主席。退一步說，即使左派份子這一着失敗，而左派勢力從此亦可提高而與右派抗衡。換言之：印共是必然地將分裂成爲兩大壁壘：未來的鬥爭將更激烈，實屬意料中事。到了那時靠向北平抑靠向莫斯科？將必然地要作出一項決定性的抉擇。

以目前的情形來看，印共的左派份子刻正在加强展開爭取較多的附從人物，利用這些附從人物來壯大自己的聲威，增强自己的潛力，給予左派以徹底的打擊。

現在可見的事實：印共左派人士正採另一方式，煽動右派中的不穩份子脫離右派；或設法鼓勵右派中的失意份子，公開攻擊丹奇。此外，左派的主要人物刻正以最大的努力，擬就一項「政治宣言」，如果他們是繼續保持現有的「黨的地位」，而未與派正式分裂，則他們將把該宣言向黨大會提出，藉此爭取在黨內的勢力；但如果他們在黨大會尚未召開前，已與右派正式分裂，則他們就將該宣言作爲他們的黨派的政綱。——這即反映出：左派已準與右派正式分裂，而自成立一個黨。

由於印共的內部裂痕業已日趨擴大，黨務固然無法可以推行，黨的活動也漸陷於停頓。這樣的一個政黨，目前除了在職工聯會中仍可派用場之外，其餘在任何社團，集會，它都已再起不了作用。換言之：它已瀕於靜止狀態的邊緣；除了左右兩派人士的嘶聲還繼續可聞外，已再沒有甚麼可以吸引別人注意的了。

今後印共分裂的進度，據一般觀察指出：是不會太緩慢的。原因是左派人士認爲必須打跨了右派，始能把他們的黨重新振作起來；而這一項工作，是進行愈快愈易獲致成功。——但其後果如何？則目前仍難預測。

本刊已經香港政府登記

聯合評論

週刊

每逢星期五出版

United Voice Weekly

第二九二號

督印人：黃宇人　總編輯：左舜生

[illegible] 電話：849126 [illegible]

CHINESE-AMERICAN PRESS, INC
199 CANAL STREET,
NEW YORK 13 N. Y. U.S.A.

美洲航空版每份零售美金一角

反攻次大陸

許子由

矛頭指着中共

中共四月廿八日抨擊美國：「督促蔣介石集團參與越南戰爭」「操縱東南亞條約組織公然作出了干涉南越事務的決定」。說如果把「蔣幫殘匪」引進了越南，這就意味着「把矛頭針對中國（中共），從南方威脅中國的安全」，因此中共不能漠視。

比中共的抨擊早了四天，河內發表「越南南方民族解放陣線」的聲明，說美國加強武裝南越「偽軍」，與寮國諾薩萬勾結，騷擾並準備向越南北方冒險發動進攻。同時，胡志明對澳洲記者貝却敵談話，說美國要把戰爭推到北越，越共已有準備，「並且有強大的朋友時刻準備去幫助它」。兩者的結語，都是「美國必敗」。

單是中越共抨擊美國這些上述的摘要，就牽涉到美越（南）軍北進問題，東南亞條約國援越問題，越寮右翼軍併肩或犄角作戰問題，國軍入越問題等。又照共方的表示，北越已準備迎擊，中共也暗示參戰。從輪廓着，這已是一次韓戰型的戰爭，在短短的篇幅中，無法全面加以討論。我這裏只想就「國軍參與越戰」作為主要的一點，提供意見。其餘只好俟之異日。

美國決心如何

國軍與聯軍併肩對中共作戰，韓戰時已有此議。當時國軍願出兵三個師，但為麥克阿瑟元帥所婉拒。近因麥帥逝世，韓戰秘辛發表，方知麥帥原建議國軍出兵五十萬，「婉拒」乃出於白宮之政略決定。我曾寫過韓戰戰史，（書名「反共十字軍」。）深感當時韓戰的勞師無功，純因政畧失敗，並非兵力不足。假如麥帥不是「被縛着一隻手作戰」，能進攻東北中共窠穴及米格機基地，再配合國軍進入大陸，毛澤東何能豎子成名。

目下所談國軍入越的形勢，與韓戰當時不盡相同，但有一點沒有差異的，就是必須配合「向北推進」戰畧，作用才能有效發揮。如韓戰的在韓本土作戰，南韓軍已極表現英勇；若國軍加入，能越鴨綠江，在大陸本土作戰，意義便更見重大。越戰的塲合，國軍必須入北越，追近滇桂，方能給中共以攷驗。（另一方面，當然國軍也須在與中共軍作戰下受攷驗。）美國現在要求東南亞國家支援越戰，必須有北進的決心，甚至作「戰爭不限於越境」（杜爾斯戰畧）的打算，否則即使非國出兵，國軍加入戰團，效用也不會太大。因為北越中共地區如仍是庇護所，中共不至引火自焚，就不怕再打一次韓戰型的越戰。

三項優越條件

但在國軍方面，無論美國有沒有北進決定，都必須爭取參加越戰。國府最為人詬病者，是「高唱反攻大陸」，而少事實表現，儘管蔣總統說游擊登陸「足以引發反攻」，若照以往不超過單位一百人的規模，似乎引發的距離尚遠。但國軍如能在東南亞有所作為，引發反攻的可能性，比之從東南沿海滲入，大了不知若干倍：

第一，它毋須敵前登陸建立灘頭陣地，先有可根據的基地。第二，有華僑深厚力量的支持，後勤甚至後方兵員不虞匱乏。第三，美國現在不肯正面助國軍反攻大陸，但在越戰北進的場合，無形中美國已在後面支持。

從中共方面說自華北華東華南以迄海南島，是中共二十年來用兵的所在，（魯東、蘇北、浙東、閩北、粵東、海南、陷共前已是游擊區，）也是十餘年來國防經營要地，（防國軍，防美，防日）總是比較堅强。但西南却是中共軟腹，留緬國軍，中共無法消減，迫緬甸和美國叫國軍撤退，撤退後的「殘餘」，仍把雲南騷擾到幾無寧日。印度之戰，中共進軍「如切牛油」，但仍不敢深入；美蘇為印撐腰因是原因，中共敵人決非印度，尤為基本要素。日軍南進，打到星洲，仰光，新畿內亞，仍然失敗。因急功近利，不指向莫斯科華府的主要敵人進攻。

中共主要敵人，仍為美國、日本、及國府。三國國力國府最弱但中共仍不能不忌憚：「如把蔣幫引進越南，就意味『矛頭指着中國』，（含有帶李承晚接收之意），從南方威脅中國安全。」因從南方威脅，國軍有上述三優良條件，兼從中共軟腹進擊，故此從東面隔海威脅為厲害。何況中共自公社躍進失敗下來，對人民的紙老虎業已洞穿，國富民心與韓戰時今非昔比何敢輕言大規模的局部戰？毛澤東胡志明的叫囂，並非欣然迎擊，而是希望藉着重提奠邊府及朝鮮之役，使美國憚於另一次韓戰，而「把戰爭限於（南）越境」。也許美國就看不穿。

英雄用武有地

美國的維持現狀政策，與國府的不能維持現狀環境，大不相同。且不說修改中美條約俾能反攻大陸。現在放着一個反攻「次大陸」的機會，就看國府能否爭取？能否運用？

國軍與中共之爭，不局限於金門馬祖與廈門福州。在東南亞更是短兵相接。可是過去，馬來亞因回教關係，會邀白崇禧訪問，台當局不予放行，致失去與馬來亞及大馬建交機會。印尼承認中共，沙佛魯可反蘇加諾，建立革命政府，國府何不予以承認？甚且派志願軍助其作戰？緬邊關軍，為何要聽美國意旨撤退？現在大陸中原鼎沸，東南亞正多事之秋，國府認為應「避之則吉」呢？還是認為反攻次大陸，可以引發大反攻，是英雄用武有地的好機會呢？請把事實向二千萬僑胞答覆？

僑務和外交，應與反攻次大陸配合，如孫立人，白崇禧等在西南及東南亞有影響力將領，應予起用。如果不祗看小圈子，自由中國有的仍是人才！

（五月二日）

我也談「中國的希望」

謝扶雅

台北的中華雜誌發行人胡秋原先生，曾於本年元月號該刊上發表了「中國的希望」一文，原是為着答覆香港徐訏先生一封給他的私信（但也不妨說是代表海外許多關心國是的人所欲共同徵詢的公信）中所提出『一般人對於國運並不樂觀，……台灣的希望究竟如何？』的疑問的。胡文認為台灣的希望和中國的希望分不開，並再敞開一步，認中國的希望又和世界的希望，以至人類的希望分不開，於是高談闊論地講了一番人生希望的大道理。大道理固然無錯可言，但是，它却不能解決徐訏先生以及海外同樣要求的人心中一些憂慮。

本刊三月廿七日（美航空版四月三日）左舜生先生那篇「罪言」，就是代表上述「對於國運並不樂觀」的一種說法。接着次一期（美航空版四月十日）劉裕畧先生「我對中國局勢保持樂觀看法」一文，顯然和胡秋原先生一樣，是在給一般抱悲觀的人打氣。的確，目前中國的局面，特別是，局處台灣的中華民國政府，老實說，我看不出什麼希望來。誰都知道，國府的唯一出路端在反攻復國。然而「反攻」是個軍事詞義。既言軍事，則中美聯防協定和蔣杜聲明皆具體表示國府出兵必須事先徵得美方同意。而美國過去，現在，以至最近的將來，都不會，亦將不會同意國府反攻。國局當局單方面，則不能，亦不敢自行反攻。台灣一直在賴美軍經援為生，又怎能不唯美命是聽。至於政治性的反攻，原本很可以做到，無如，由於民主憲政法的一股腦兒都給一黨獨裁與特務統治所扼殺，所以政治反攻也等於零，或竟等於負號了。

然而台灣反攻之不可能性，絕非包含大陸中共之必不敗性。我們說中共必敗，是指其本身有必敗的因素，而無關外在以及國際上對它的若干助力。蘇聯當局經已聲明，中共今後不再需要蘇聯「保護」。最近承認了中共的法國，及一半承認了它的日本，甚至時時表示想承認它的美國，皆斷乎無法阻止中國大陸的反共革命運動。滔滔東去的大江江水，決不會倒流的。毛澤東已做足了「反修正主義運動」，他以外及以後的人，將無一倒退至更倒退的「擁護斯太林運動」。毛澤東既做足了反赫魯曉夫，却不反斯太林，更不反馬列，表示他本欲利用民族感情，而實不啻自掘墳墓。繼「社會主義教育運動」之後，他現在又正掀起「學習解放軍運動」。赫魯曉夫尚且會評論：中國人民所需要的是大米，不是戰爭。我們的老話是「以馬上得天下，不能以馬上治之」。解放軍足以打勝當時腐敗無能的國府，却不等於現代科學技術化的農具和肥料，可以產生足够的粮食和民生所必需。毫無現代知識的毛澤東，着着都在倒行逆施，怎不惹起「反動」和「反側。」武昌起義一舉推翻了數千年的帝制，雖然僅僅挂上了一塊民國的招牌，然而袁皇帝以及張勳扶宣統重登大寶，終究歸於曇花一現。歷史的巨輪總不會倒走的。大陸這一代的青年，已從千錘百鍊的煉獄中掙扎起來了。近年逃出的大陸青年志士，也做了海外一群愛國青年和內地的工農青年及知識分子學生的媒介。這一股裏應外合的潛流，在日日增長及壯大中；一且遍地開花，毛共政權便要宣告崩潰。

這不是本文作者的空望或幻想。這中國前途希望所繫的一群內內外外青年，是活騰騰的現實。他們不但有志氣，有決心，有活力，兼且有門有路，有法子，不張揚，不沮餒。我可以說，他們比之當年黃花崗諸烈士已進一步了。事實上，這次推翻毛共政權，已不能沿用往日同盟會革命黨人的手法。不過，我們亦沒有把台灣基地兵力計算在內，像辛亥革命年代原亦並無海外基地來做憑藉一樣。連台北現在所作的一些沿海騷擾，其實也沒有什麽幫助，反只打草驚蛇吧了。

當然，七年之病，三年之艾。不大明瞭中國行情的外國人，口口聲聲說在大陸的中共統治顯出「有效」而且「穩固」。不錯，這確非一朝一夕所能把它拉下來的。好在乎我們也不這樣急急，因為我們應當借革命工作來自己培養建設力量。換言之，要將推翻舊政權和建立新政權同時推進；這就需要更多的時間，和更艱苦的奮鬥，沉着地來做，澈底民主方式地來做。以上次的抗日戰爭為例，我們那時只喊出了抗戰必勝、建國必成的口號，却沒有做到邊抗邊建，即抗即建，以致抗戰雖倖成功，而建國即大失敗。這是一個前車不遠的很好教訓。我們倒不怕毛共來得兇，不憂它的「有效統治」。當年日本皇軍愈深入，也愈為它的投降鋪路。納粹希特拉一時所向無敵，然不數年而蹈於覆亡。人意和天意必然一致。老百姓的眼睛是雪亮的，青年們是最敏感的。我們六七十的老一輩，應向這在大時代磨煉出來的青年人再學習，並亦予以全力支持。這才是中國的希望。

風向在轉變中

孫寶剛

馬克斯的預測，以英美爲共產主義革命最容易達成的地方，因爲在十九世紀來說，英美的資本主義最發達，所以他認爲在英美最容易實行共產主義革命。但是到了今日，世界上實行共產主義的國家倒已經不很少，英美却不特沒有實行共產主義革命，連共產黨的力量也不大。這是不是馬克斯的預測錯誤麼？以實事來說，當然馬克斯的預測不對，但所以使馬克斯的預測不對，倒不是馬克斯的預測的本身錯誤，而是資本主義的風向轉變了，因爲英美現在的社會情形和馬克斯當年所見到的大不相同，這當然使馬克斯的預測失去準確性。假如十九世紀以來，英美的資本主義仍始終不改變其作風，在英美掀起一個共產主義的革命並不是不可能的。這猶如一個汽鍋爐，要是鍋爐內部不斷增加壓力，總有一天壓力太大了，便把鍋爐爆破，唯有在到達危險程度以前，漸漸把鍋爐內的壓力輸泄，使內部壓力不會太大，這個鍋爐才是安全的。

在十九世紀初期的資本主義現象，確是十分惡劣。資本家愈來愈富，農工們愈來愈窮，因着人口的不斷增加，所有的人都集中到都市去，所以都市內的勞工市場，常常供過于求，工價便天天在跌，工人們辛勞終日，家中不得一飽，並且時時有失業的危險。中國古語也有說過：狗急了要跳牆，人急了當然要造反。英美的資本主義發達得最早，所以英美的勞動階級最窮困，所以共產主義革命便會在英美最先爆發。

那知資本主義的發展，並不如馬克斯所預料。工資漸漸增加了，工作情形也改變了，國家有了許多保障勞工的法令，今天在英美的工人，生活已大體上過得去，並沒有愈來愈窮。

這是什麼原因呢？第一是政治民主化，實行了普選，工人們組織起來可以形成一個政黨，可以執政，可以決定國家的一切政策和法令，所以他們的利益有了保障。當然今天英美的工人還沒有滿足他們的要求，可是他們已不需要去挺而走險，也即是說不需要革命。可以用慢慢的奮鬥方式，以求改進他們的生活。

不過話又說回來，這還是因爲勞資兩方面都在覺悟，和都在努力。假如勞工不爭氣，沒有團結的組織起來，以形成一個鬥爭的力量實行集體議定工資，勞工們便不會有今日的成就，恐怕今天還在資本家的高度剝削之中，工作環境也不良，仍是辛苦了一天，不得一飽，甚至失業着，連辛苦都不可得。但是反過來說，假如資本家們不覺悟，一味唯利是圖，剝削勞工，自己的特權，一些不願放棄，首先以選舉權來說，不願使沒有財產的人也有選舉權，或始終認定工會是非法團體而加以壓迫，不願面對而來談判。那麼工人到了無路可走時，不也就起而革命麼？

一旦眞的發生了革命，讀過歷史的人都知道，革命是玉石俱焚，兩敗俱傷。破壞的慘烈，死亡的嚴重，往往在革命之前，爲了自由，爲了平等，或爲了飢餓而革命，可是在革命之後，連革命以前的自由，平等，或最低限的生活都不可得。所以稍有頭腦的人們，都已知道，革命是萬萬不可嘗試，應該大家覺悟，從事改良的方法，才能眞個解決問題。第二次世界大戰以後的風向，最爲明朗，現代化的國家由政府責起責任來提高窮人的生活，即所謂徵收累進的所得稅，來做福利事業。一面使整個經濟的生產增加，另一而使個個人有工作做，換句話說，即是一面增加生產，另一面使收入再分配，使所多的國民間，收入較爲平等。同時有殖民地的國家，不特協助殖民地獨立自治，還用經濟去資助其生產，不像以前的一味去剝削了。

這是第二次大戰以後的很顯然的風向，風向是很難用人力可以改變的，中國古語說，識時務者爲俊傑，我們現在可以說，識風向者爲俊傑。易言之，所有的人都應有一個新覺悟，唯有循着風向去走，大家可以平安無事，不然的話，狗急跳牆，人急了便挺而走險，便會革命，便會暴動，必至玉石俱焚，犧牲慘重。

今天的香港，祇有二三百方哩的一個地區，但現在已成了英國最大的殖民地了。爲什麼呢？英國的殖民地不是居北界第一位麼？以往大的殖民地多得很，怎麼香港成了最大殖民地呢？這就是由于風向，英國已把殖民地一一予以獨立與自由了。所以有人如以爲香港將永遠是一個殖民地，不可能獨立與自由的，那不是痴人說夢麼？既然總有一天會獨立或自治的，那麼我們爲什麼不早一些覺悟，預先有一個準備，不要一日獨立或自治時，手足無所措呢？

香港內部的政治經濟，也落後了許多。有選舉權的人祇有幾萬人，並且祇能選舉市政局議員，這不是笑話麼？爲什麼不一步步的迎頭趕上世界的風向呢？

香港的經濟情形，很相似于十九世紀的資本主義的社會情形，富者愈富，窮者愈窮。而最危險的是沒有財產的智識份子，也窮不堪言，勞苦終日，不得一飽。人們說，共產主義的威脅，促成了資本主義者的覺悟，香港所受共產主義的威脅，不亞于其他多處罷！那麼香港的資本主義者應不應趕快覺悟呢？我們今天一定要未雨綢繆，要勞資合作，不應使勞資對立起來。累進所得稅，社會福利是使勞資不對立，把收入再分配的最做得通的原則，是不是應該立即實行。香港的人口增加是最迅速的，政府應不應負起責任來，有計劃的使工商業躍進呢？這許多問題，在世界的風向之下，逃避決不能解決問題，唯有面對現實，一步步地準備，才能使香港永久繁榮和安全。我最近要在香港組織一個社會民主黨，目的就在此，希望大家能共同起來，共得努力。

蓋棺論麥克阿瑟將軍

楊永乾

本月五日，美國名將麥克阿瑟將軍經過三次手術之後，終於不治，病逝美國陸軍醫院，享年八十四歲。在一般人說，一個人能活到八十四歲的高齡，已是古稀之年，壽之上者，可以死而無憾，惟在麥克阿瑟將軍個人言，他可能是壯志未酬，食恨而終。

就麥克阿瑟將軍一生經歷言，他是一個健全的美國軍人，他睿智果斷，對事有獨到的見解，能固執到底，不受外界事物的影響，他的信念是國家，及如何報效國家，或如何爭取國家的榮譽，他一生爲美國立過不少戰功，他一生的事業，主要在亞洲，過去在非律賓住過很久，對亞洲問題有深切了解，對共產黨認識尤爲透澈。他的事業鼎盛於第二次世界大戰，及戰後佔領日本的一段時間，然最後他的事業，亦沒落於亞洲的韓戰，他的一生可以說是由亞洲而興，亦因亞洲而衰。

對於韓戰，身爲統率的麥克阿瑟將軍會主張由海空兩路進攻雅綠江北岸中共的補給地，再使用退到台灣的中國軍隊，與聯合國軍南北夾攻，統一韓國。麥氏這個主張，爲美政府所反對，深怕因此而引起第三次世界大戰，或引起蘇聯向歐洲進攻。據說那時他曾向美政府解釋，蘇聯沒有決心和力量，發動第三次世界大戰，或加入韓戰，假定蘇聯眞有心發動第三次世界大戰，那不過是遲早的事，還不如讓他早點發動。麥氏這個意見與杜魯門、艾奇遜等衝突，最後乃被杜魯門於一九五一年四月十一日解職。

關於韓戰，到今天爲止美國的輿論界雖也有人認爲，假定當時美國政府採納麥克阿瑟將軍的主張，那麼韓戰可能早已獲得勝利，如果韓戰能獲得勝利，使中共受到嚴重打擊後，或者中共不會退出越南，而法國戴高樂總統對美國或許另眼相看，不會像今天這樣的處處爲難。至於古巴的卡斯楚政權，蘇聯與中共亦不敢像今天這樣的公開支持。不過，亦有人認爲，依照麥氏的主張，即使在韓戰獲得勝利，亦不會引起蘇聯的參戰，或第三次世界大戰，然亦無法消滅中共，那樣將使中共更要附依蘇，不會發生今天共黨集團內部的分裂現象。

在第二次世界大戰中，美國出現了三位傑出軍人，一位是艾森豪威爾將軍，一位是已去世數年的馬歇爾將軍，另一就是最近才逝世的麥克阿瑟將軍。三人中的資歷，以麥氏爲最高，在二次大戰前，他們都是麥氏的部屬。第二次大戰中，馬歇爾將軍是參謀總長，鎮坐中樞，負運籌帷幄之責，艾森豪將軍担任歐洲聯軍統帥，負責對德作戰，麥克阿瑟將軍主持亞洲軍事，統籌對日戰爭。他們三個咸能竭其所能，不負使命，完成戰爭的勝利，替美國立下不世之功，亦爲他們自己爭得最高榮譽。然就三人事業的結局言，各有不同，艾森豪威爾將軍以大戰英雄的令名，兩任美國總統，功成身退，在美國人民及國際間享有極高聲譽。馬歇爾將軍大戰之後，任杜魯門政府的國務卿多年，實際主持美國的內外政策，他死後至今，人民仍念念不忘他對國家的勞績。麥克阿瑟將軍，雖也馳名國際，美國人民亦視之爲大戰的英雄，然他事業的結局，遠不如其二人，他最後的下場，是受到免職處分，他所最關心的韓戰，及他對韓的主張，終其人之身，並未能實現，這或許令他有含恨而終之憾！

上面說過，麥克阿瑟將軍的一生事業，既在亞洲，且不管美國人民，英國政府，甚或共產黨國家對他的批評如何？在我們亞洲人看來，他對亞洲有着不可否認的供獻：

1.日本：第一次世界大戰終了，日本無條件投降之後，麥氏以亞洲盟軍統率的身份，負責佔領日本的任務。當時有些人，甚至有些日本人，都主張廢除天皇，視天皇爲日本軍國主義的象徵，應廢除他以根絕日本國主義的再起，而麥氏則力主保存皇室制度，利用皇室以維系戰後惶惑的日本人心，在天皇制度下，逐漸推行民主政治，使日本政治趨於穩定。蘇聯對日本雖未實際作戰，然因同盟國的緣故，他本來亦要派兵佔領日本，由於麥氏的反對，未能實現，後來蘇俄佔領日本北部兩個島嶼，至今猶未交還日本。假使沒有麥氏的堅決與遠見，保存天皇，及拒絕蘇俄派遣佔領軍，那麼日本或許會如德國一樣，分裂爲二，東京說不定像柏林一樣，成爲亞洲的冷戰中心。日本政治能有今日的安定，不像德國那樣分裂的局面，麥克阿瑟將軍之功，實不可沒。

2.南韓：不論麥克阿瑟將軍統一韓國主張的能否實現，然他對南韓仍有着莫大的功績，因麥氏的堅持及對美政府的據理力爭，使當時杜魯門總統，艾奇遜國務卿，以及英國的工黨政府，都不敢對共黨作重大的讓步，因麥氏的堅持，使蘇聯與中共也只好知難而退，適可而止。據說，一九五二年艾森競選總統勝利之後，爲瞭解韓戰的實際情況，在總統就職之前，特赴韓國前綫視察。艾、麥二氏曾相會於杜勒斯家中，麥氏力陳其韓戰的計劃，可以贏得勝利，並肯定蘇聯絕不會加入戰爭，並勉勵艾森豪總統，再爲國家建立不朽之動，傳說當時艾氏聽後，很爲感動，決定如不能媾和，就按照麥氏的計劃，擴大戰爭，揮軍北進，統一韓國。後來的蘇聯與中共才肯接受韓國的停戰條件。由此可知韓國今天的分裂局面，亦有賴於麥克阿瑟將軍之力爭。

現在麥克阿瑟將軍已與世長辭，蓋棺而論麥氏，亞洲還能够保存着今天的半壁河山，不爲共產黨席捲而去，麥氏實居首功。假定當歐戰結束的時候，也能有人像麥氏這樣的堅定與遠見，我想歐洲的情勢，或許要好一點，至少說，柏林不致於成爲冷戰的焦點。假定韓戰能如麥氏的計劃，那些自命爲蘇聯或中共的美國專家們，也不致於對目前越南問題，而束手無策。那我們流亡海外的中國人，或許會有重睹故土的一天。言念及此，益增我們悼念麥氏的心情。

賽福鼎在維吾爾族人民大會公開報告

中共指蘇聯在新疆搞顛覆活動

說蘇聯誘迫中國數萬居民逃跑

又說蘇聯歪曲新疆歷史破壞中國各族團結

·綜觀·

隨着赫毛個人衝突的尖銳發展，中共與蘇聯之間的邊境衝突問題也隨着逐漸公開出來了。中共新疆維吾爾族自治區主席賽福鼎在最近舉行的新疆維吾爾自治區第三屆人民代表大會第一次會議席上對蘇聯的指責，也已由中共「中國新聞社」於五月廿八日自烏魯木齊發出的電訊號予以發表，而且還由中共新華社於同日予以廣播了。

據中共「中國新聞社」五月廿八日烏魯木齊電訊說：「賈福鼎在會上再次當選爲自治區主席」。「他在談到如何工作時强調指出：幾年來，蘇聯當局嚴重違反社會主義國家相互關係的準則，對新疆進行大規模的顛覆活動，引誘和脅迫數萬中國公民跑到蘇聯境內去，並且製造邊境糾紛。他們還在靠近新疆的阿拉木圖、塔什干、伏龍芝等地區開動報刋和廣播電台等宣傳機器，造謠誣衊，瘋狂攻擊中國共產黨的領導，歪曲新疆歷史，企圖破壞中國各民族的團結。他號召全區人民繼續警惕現代修正主義的陰謀，加强各民族的團結」。

中共「中國新聞社」又說：「各族代表對這個報告進行了熱烈討論，他們對蘇聯當局的顛覆活動表示了極大的憤慨，并且用自身的切身體會駁斥了蘇聯方面的造謠誣衊。代表們一致表示要加强團結，提高警惕，使現代修正主義的陰謀永不得逞。」

我們讀過中共所公開發佈的上述消息後，當然相信這消息的正確性。不過，人們不免想到中共難道是蘇聯的殖民地嗎？如果中共不是蘇聯的殖民地，爲什麼中共對蘇聯邊境全不設防呢？凡是華族人民炎黃子孫，誰不知道中國數千年來歷史上的外來大患皆在中國的西北方。那末，中共爲什麼不在西北方嚴密設防呢？新疆屬中國領土，這是誰都知道的。維吾爾族是居留在新疆省區的中國國內少數民族之一，這是誰也知道的，蘇聯怎會胆敢伸入新疆維吾爾族地區來引誘和脅迫中國人民呢？既然如此，中共平時養了數百萬現代化軍隊，又養了三千萬民兵，爲什麼不對蘇聯顛覆者開槍以保衛自己的人民呢？難道中共所堅持的要以武力解決邊境糾紛的原則，只適用於對付其它各國獨不適用於對蘇聯嗎？

照中共所說，蘇聯帝國主義實在已是在事實上破壞并侵略了中國，而日本帝國主義過去侵略中國，中國會經發動抗戰，那末，中共爲什麼不對蘇聯帝國主義發動全面戰爭呢？難道中共不怕日本，不怕美國，獨怕蘇聯嗎？

總之，如果毛澤東眞的有種，面對蘇聯給他的各種侮辱，面對赫魯曉夫罵他爲白痴的兇惡咀臉，面對蘇聯一再對新疆的顛覆誘迫，毛澤東及中共應即對蘇聯宣戰才是。至少也應自動宣佈先行絕交！

大陸簡訊

毛澤東及蘇共代表均未參加北平慶祝五一

藍鳥

中共照例要在五月一日勞動節這一天故意誇張慶祝一番，據中共新華社說，今年北平市參加慶祝五一勞動節的人數高達三百萬人。大陸其它各地，中共也用命令方式强迫了大批的人參加。

但今年五一，北平方面却有兩件對中共不利的事發生。

其一是毛澤東本人因病未能參加。因此主持天安門慶典的只是劉少奇周恩來朱德等人。

其二是蘇聯拒派工人代表到北平參加中共的五一慶祝，同時亦拒絕中共派工人代表前往莫斯科參加慶祝。

而中共在北平慶祝五一時所高呼的下列三個口號：「世界所有反帝力量團結」、「台灣一定解放」、「反對修正主義及保衛馬列主義」則說明中共今後的政策仍是以組織國際陣綫反美爲中心，而又同時大搞國際共產主義運動以反赫。「台灣一定要解放」之言，則更說明中共仍在對台灣用武力來解決的原則了。

中共工展會在日本獻醜

中共近年已在不斷採用在外國舉行工業展覽會的方式來宣揚它的工業成就，并同時藉此打開貿易關係，進而達到滲透顛覆等目的。不過，中共最近在日本舉行的工業展覽會，却收到了反效果。因爲日本是亞洲首屈一指的工業强國，把中共的幼稚工業成就搬到日本去展覽，無異斑門弄斧，徒自弄醜，反顯出中共工業遠比日本落後而已。

對此，可以日本駐中華民國大使木村的所見與所談爲證。

據路透社台北四月廿八日電：「日本駐華大使木村今日在此間說：據參觀過中共貿易展覽會的人說：北平比工業化國家落後約二十五年。」木村在台北機會對記者發表上述談話，他返國東京居住一週後剛返抵此間」云。

中共巴基斯坦航線開航

籌劃已久的中共與巴基斯坦的空中航綫現在已經開航了。這是巴基斯坦進一步被中共利用，中共得以縮短其與歐洲之間的航綫距離的初步實現。巴基斯坦原本希望將此一航綫伸長至日本，但日本方面未予允許。

據新華社四月廿九日上海電：「中國和巴基斯坦直達民用航空今天正式開航，第一駕來自巴基斯坦的班機，載着巴基斯坦和各國客人，今天下午四時三十四分在上海虹橋機場降落，在機場舉行了隆重的開航儀式」云。

中共請日本律師赴巴西營救共諜

中共派往巴西從事顛覆活動的間諜，已有九名在巴西被捕，這是舉世皆知的事了。這幾名中共間諜中包括七名中共貿易人員及兩名新華社記者，其名單早誌本報。茲悉中共已聘左傾的日本律師出面赴巴西代中共營救此九名中共特務。

據路透社四月廿九日東京電：「這批律師一共六人，他們將應中共方面的要求，訪問巴西，以取得有關被扣的中共間諜的第一手資料，并協助解決問題」云。

僑鄉近訊

鍾之奇

閩粵企業普遍出現三化現象

中共不准人民辦私人企業，却强調中共的黨營企業，本已荒唐。中共對閩粵僑鄉各地的企業原以爲可以操縱自如，殊不知，閩粵僑鄉各地之中共企業今日却正如大陸其它各省之中共企業一樣患上了種種毛病。對此，四月十四日北平出版的中共「工人日報」也不得不發出哀鳴，大大的嘆息今日中共的各個企業都已「衙門化」、「官僚化」、「文牘化」了。

這「三化」的結果，已使中共各企業癱瘓不堪，企業中人更不願下放第一綫去工作。因此「工人日報」不得不嘆息說：「有些同志一聽到要爲生產第一綫服務，心裏總覺得不是滋味，有的甚至捶胸頓脚，認爲是種無形降級的處罰。還有些同志說，科室既然作爲生產技術的管理部門，就不應到生產第一綫去服務，否則就會出亂子。因此他們仍要坐在辦公室裏來管」。

於是，「工人日報」從而批評中共的這些企業幹部說：「科室根據上級的要求和黨的方針政策，對生產第一綫担負着指導和督促檢查的責任。該管的一定要管，該卡的一定要卡。但是管不是脫離生產實際，不是凌駕於基層之上和群衆之上。卡也不單純的卡人家的脖子，給生產製造障碍，更不能光坐在辦公室小天地裏打轉轉，閉門造車」。但批評後中共各企業幹部之作風則照舊，由此可見中共黨內確已腐化，大多數的幹部都已變成了官僚。

福建下放青年苦於無書可讀

求知與上進，原是每一個青年的心願。除少數白痴與阿飛以外，一般青年的心理原本都是如此的。

但困處大陸的青年，却就非常命苦了。他們想上進，但中共政權却奴役他們，把他們下放到農村去長期勞動，永遠變中共的農奴；他們想讀書，但中共却無書給他們讀。

對此，福建僑鄉被下放的青年，一再對中共的這種殘暴措施表示了反感。中共福建省厦門市黨委員會才在「送一本書」運動下徵集了一千三百多本書送到農村。據中共南方日報說：中共厦門市委會及中共青年團支部等機構最近展開「爲農村青年送一本書」運動，完全是表示中共對下放青年的「關懷」。眞是好一個「關懷」啊！如果不是中共「關懷」他們，他們怎會被下放呢？比中共關懷更荒謬的，是中共下放了百萬以上青年到福建農村，却只「贈送了「一千三百多本」書，這眞是「毛主席的恩情說不完」了，足見毛澤東確是中國全體青年的公敵。

廣州迫害愛國青年謝淑儀

正因爲毛澤東是中國全體青年的公敵，所以，中國青年也一直在對中共政權展開鬥爭。據中共四月廿八日公佈：中共最近又在廣州逮捕了反共愛國青年謝淑儀和侯標慶。

據中共公佈說：「侯標慶原住香港九龍龍津道七十×號四樓，一九六〇年在香港參加美蔣特務組織，接受過特務訓練，今年二月間前來廣州，陰謀進行爆炸破壞，搜集情報，發展特務組織，以及散發反動傳單罪惡活動」。

中共四月廿九日又公佈它最近在廣州所迫害的另一反共愛國青年謝淑儀，「原住香港九龍砵蘭街一一×號三樓。今年三月在香港加入美蔣特務組織，於四月初潛入廣州，企圖發展特務組織，散發反動傳單和搜集情報等活動」。

中共四月廿九日還同時公佈說：「但是，這些特務份子均被我人民公安機關及時偵察破獲」。

此外，中共報刋又同時公佈還有由香港前往廣州省親的楊沙榮亦被中共指爲「美蔣特務人員」云。

台北市長選舉國民黨敗北

貝微

（台北通訊）此次台灣舉行第五屆縣市長選舉，全省各縣的縣長，除了台東縣一縣而外，均係國民黨的候選人當選；全省四個省轄市的市長，國民黨的候選人則祇有一人當選。以縣市長的總數計之，國民黨已獲壓倒的勝利；但由於被他們認為中外觀瞻所係，志在必得的台北市長一席，竟被會和雷震發起組織新黨的高玉樹奪去，國民黨做賊心虛，疑懼高玉樹可能又將乘勢組黨，對於他們的家天下大為不利，所以大大小小的工作人員，在選舉結果揭曉後，都相顧失色。

國民黨中央直接主持選戰

國民黨員參加縣市長的競選，例如由各該縣市黨部主持輔選事宜。但此次台北市長的選舉則頗為例外。由於高玉樹宣佈參加競選，該黨中央認為情事嚴重，深恐台北市黨部不足以担當大任，乃將輔選工作，改為由中央黨部直接主持，以期集中全黨的力量為該黨所提候選人周百錬輔選。如所週知自高玉樹與雷震發起組織新黨後，國民黨雖然為了他是台灣人，不能不有所顧忌，所以雷震被判徒刑十年，他仍安然無事；但對於他的防範都是從未放鬆的。如今他又來問鼎台北市長，國民黨自然不能讓他當選。本來，台北市機關學校林立，國營，省營及黨營軍營的事業單位，更是星落棋佈，其中的成員十分之九以上，自然都是國民黨的黨員，祇要國民黨員及其直系親屬能一致投票，周百錬即可穩獲三十萬票以上。換言之，他不用爭取黨外的選民已可當選。然而投票的結果，周百錬却為高玉樹所擊敗，估計至少有半數的國民黨員並沒有投他的票。

一份「緊急通報」

國民黨此次在台北失敗的原因很多，僅就競選技術來說，該黨中央負責人祇會坐在辦公室內發佈官楊文章，未曾作深入下層的活動，也是招致失敗的主要關鍵。該黨中央在形式上雖也曾成立了一個台北市各種黨部聯合會報，顧名思慮，其目的，自然是要滙集各種黨部的力量，共赴事功。但在事實上，他們除了印發大量的精美宣傳品滿街張貼為周百錬宣傳而外，就祇是以一紙公文通令全市黨員必須動員其家屬，親友，鄰居來投選周百錬，便算了事。四月二十日；也許他們覺得情事不妙，又用各種黨部聯合會報的名義發出一份緊急通報，特別注明是黨內文件，對外保密」，原文如下：「親愛的同志：下面的這些話你聽到了嗎？高玉樹及他的助選員宋霖康等說：有人叫我加入國民黨，他媽的，國民黨是什麽東西。中國國民黨的黨員，沒有一個是好的。國民黨好比山猪，來吃台灣地瓜；但我們台灣的地瓜要留給自己吃。黨選黨，民選民，黨員祇有十萬，民衆有九十萬，我是代表九十萬人與國民黨十萬人競選。現在我們以投票的行動來表示我們的傾向，將來我們要以武力來打倒國民黨。打垮國民黨。請大大先把市長奪過來，將來有機會，就可表現我們的民心。國民黨的政府沒有聽的自由，看的自由，選的自由。國民黨是特權階級，好比坐頭等車的人。究竟是少數。我們都是坐三等車的人，是多數，那有多數被少數統治的理由。

你聽了這些話後，我相信你一定能動員你的家屬親友，鄰居等一起來投周百錬同志的票以事實，行動，力量來答覆誣衊我們黨及同志的人。」

顯然，國民黨中央主持選戰的人以為發出了這樣一份緊急通告後，必可刺激全市黨員的同仇敵慨之情，而一致動員為周百錬助選。但結果祇徒暴露自己的弱點。據一位國民黨籍的立法委員向記者透露：立監兩院的黨部也一再通令黨籍委員遵照辦理。可是，絕大多數的黨員均置之不理。因為他們認為今日國民黨中央，已變成了一人一姓的事務衙門，祇要蔣經國認為對他個人忠貞，就是漢奸和共黨分子也可高高在上，壓根兒就不配向他人發號施令。尤其是監察院方面，由於陶百川，黃寶實兩委員提案彈劾將黃啓瑞改判無罪的那兩位法官後，即受到當權派的圍剿，凡有良心血性的監委無不憤慨萬分；自然更不會遵令投票了。

倪文亞引咎辭職

據說，在台北市長選舉結果揭曉後，蔣「總統」勃然大怒，大罵主持選戰的人無用，因此台北市黨部主任委員王成章，中央黨部第一組組長（組織）倪文亞均引咎辭職。王的辭職，尚在台灣省黨部核辦中，倪的辭職，則已被批准。蔣經國又乘機將他的親信詹純鑑升為國民黨中央的組長。

高玉樹的談話

高玉樹當選後，有些外國通訊社曾發出電訊，說台灣同胞「有一種獨立情緒」，又說，他將組織反對黨。他於四月三十日向美國合衆社記者宣稱，「我在好幾個外省籍居民佔多數的選舉都獲得具有決定性的勝利，證明這次選舉，乃國民黨與我國民黨之爭，不是本省人和外省人之爭」。他並斥責現居日本東京喧嚷台灣獨立的那個政客是「投機份子」。他又說，「我沒有時間和意圖組織任何反對黨」。由此可知他的興趣祇限於做做市長而已。但不知國民黨是否能因而減必對他的疑慮。

印度建軍面面觀

·翁剛·

印度的不結盟政策自一九六二年給中共軍隊動搖了後，尼赫魯便好像立刻「洗」過「腦」似的，加緊接受英美的搖助，積極建軍。現在印度的軍力，顯已比之被中共軍於一九六二年擊敗時强大得多了。

印度政府過去是向以領導世界的中立國自詡的，因此，尼赫魯也欣欣自得的强調誇耀他與東西集團的友誼，并自以為得計地不牽入東西兩集團的防衛協定。同時，他也由於此種幼稚心理的作祟，向不重視國防。直至一九六二年十月廿日中共軍隊開進了「邊境糾紛地區」，摧枯拉朽地把印度軍擊致一敗塗地，卒被中共軍侵入了國境數哩，然後又戲劇性地撤退之後，尼赫魯才痛定思痛，抱着羞愧的心情，加速建立國防軍。

在中共軍隊侵入印境的當日，印度的軍隊和人口比較，眞是少得可憐。那時，印度祇有「志願軍」型式及步兵性質的軍隊五十萬人，分為六個師，祇有十二隊裝甲兵，少數炮兵；空軍也祇有四百五十架戰鬥機，是英，法，美機的混合體；海軍則僅得二萬六千人，對悠長的海岸線，當然談不上保護二字。迨至一九六三年二月，印軍被中共擊潰而呼籲英美援助重建，然後由英美軍事代表團訪問印度，才被發現印度國防之所以瘋敗，完全是誤於尼赫魯的「不結盟」政策，誤於尼赫魯的「中立態度」。英美代表團於是立刻先救濟其「燃眉之急」，緊急供應其必需的現代軍火，并向尼赫魯建立刻建立小型山岳軍隊六個師，藉以防備中共軍隊的再度來侵。而印度政府這時也懂得作長期打算了，那時尼赫魯便向美國提出了在未來四年至五年供應現代軍事設備十億磅的要求；在空軍的擴展方面，也向西方國家要求予以「空中保護傘」的援助。後來西方國家即不斷供應各項軍事設備包括雷達網等予印度，并會舉行過英，美，印軍聯合演習。自是以後，印度的軍力確是進步了，顯已非昔日的吳下阿蒙。

目前印度的建軍目標，是加强原有的五十萬軍隊，另建立五十萬軍隊。由於印度有四億三千八百萬人口，故仍用志願應徵方法，構成三十個師。至於裝備方面，當然是依賴西方國家的供應了。技術人員，現已開始訓練。至於後備軍，各省原有二十萬，現擬增加一倍。保安隊原有百萬人，現擬重編配，由年齡十六歲至四十歲的志願兵組成，平時負責民防事務，緊急時則調至出事地區增援。此外，由青年組成的「志願軍來福槍隊」，現亦已在建立中，為保安隊之輔助部隊。

印度之積極建軍，固然是由於受到中共「大軍壓境」的教訓，但尚有另一原因，乃印度與巴基斯坦之傳統敵視，目前印度在中共與巴基斯坦間已有腹受受敵而無法應付之感。印度過去的國防軍，是向以巴基斯坦為假想敵，六師軍隊中有四師面對喀什米爾之巴基斯坦軍。在尼赫魯的幼稚頭腦中，認為印度既與中共友好，中共軍隊不會越過喜馬拉雅山而入侵印度，所以對這一條防線忽畧了。但到了一九六二年十一月中共軍隊長驅直入；尼赫魯才手足無措地趕緊從喀省調出兩師增援。——當時巴基斯坦并未乘印度之危而進軍喀省，由此可知尼赫魯腦筋愚鈍，眼光短絀，誤把敵人當作友好，却把并非敵人而視作大敵。這一着錯誤，直至今時今日，印度加緊建軍之際，依然存在；所以印度目前之建軍，其目標除了要抵抗中共外，還要應付巴基斯坦。尼赫魯最近曾發表過：印北中共軍隊集結，比邊境戰事爆發時更多。巴基斯坦即使不會和中共夾攻印度，但不友好的巴基斯坦軍隊足以牽制大數印軍，實是心腹大患。可知印度此次的建軍大計，因受到上述那一着錯誤心裏的困擾，其所獲得的效果，祇是事倍而功半吧了！

尼赫魯今為之計，實應從速設法與巴基斯坦解決「喀省糾紛」，而集中精力於「合理的建軍」，這一舉措，才屬上策。

國民黨將實現周百錬的諾言（？）

志清

據台北聯合報載，周百錬在競選台北市長時所作的五點諾言，國民黨中央已決定仍將予以實現，計為：（一）在不妨害都市交通的情況下，一定准許攤販在市區做自由買賣，做他們的小本生意，並且儘可能使每個攤販，都有一個固定的攤位，發給牌照。（二）從寬處理違建，讓違建戶可以就地整修，如果必須拆除的話，也一定做到先建後拆。（三）尊重三輪車伕的權益，改善他們的生活，提高收購三輪車的價格，准許過戶和換班，並要求有關人員，以同情的態度，處理三輪車問題。（四）建議中央，爭取減低違警罰鍰的數額，儘快實施，而在罰鍰以前，要求有關人員，應先勸告，未勸告以前，決不許罰鍰。（五）廢除計程車司機的違規記點處分制度。

又據英文中國郵報報導，國民黨中央認為不應因周百錬的落選而忽畧上述基層人民的福利問題。故決定不惜任何代價，必須於高玉樹就職前，實現這五點諾言。

但貪污無非，官復原職的黃啓瑞則說，他到五月二日為止，尚未奉到應在剩下的一個月任內實現周百錬所作五點諾言的指示。他又說，除了處理違建問題市府將擬定三年計劃之外，其餘四點恐難短時期內可以實現，因為牽涉到若干現行法令的修改問題。言外之意，就是說不可能在高玉樹就職以前（六月二日）實現周百錬所作的諾言。由此，可見國民黨中央的決定，不過是欺人自欺的老套而已。

本刊已經香港政府登記

聯合評論

週刊

每逢星期五出版

United Voice Weekly

第二九四號

督印人：黃宇人　總編輯：左仲平

電話：849126

CHINESE-AMERICAN PRESS, INC
199 CANAL STREET,
NEW YORK 13 N. Y. U.S.A.

當前的兩個重要問題之外

闞伯鐸

編者按：闞先生這篇稿子是從西德的 Munchen 寄來的，他的話說得非常質實而正確，我們對他表示感謝。

讀第二八五號聯合評論左舜生先生「當前的兩個重要問題」一文，頗有所感。關於反攻問題，當然在希望上人人期其成功，而在心理上又惟恐其失敗。尤其是當政的人，十五年的苟安，很多只圖眼前榮華，大有此間樂不復思蜀之慨。反攻也者，只是每年三數慶典上的照例文章。去年大搞其國防特別捐，我等海外之民，相繼走告，以爲這一個政府下了決心，渡海大戰必成事實。因爲咱們政府曾聲明美國政府不會阻止我反攻，政府所籌者，乃登陸成功後的補給，現在將此負担以國防特別捐名義加諸在台工商各界，雖然名稱值得商權，只要收了捐就採取行動，完成收復失土的責任，解救大陸億萬苦難同胞，名稱也者，不過文字遊戲，不必重視，可是特別捐抽過了，反攻據說早已開始了（見五月二日中央日報唐縱談話），可恨我等茫然無知。這所謂「早已開始」似乎應該不應以「口頭宣傳」爲限。

我們中華民國反攻大陸是一國國內事務，這便是我們不承認共黨爲代表中國合法政權的理由，因此，剿共反攻祗是我中華民國的內戰，應當不涉及戰爭時的與國問題。舉凡協助中共來對抗合法政府的外國，便構成國際法上的罪犯，我們可以視之爲敵國，并控之於國際組織。可是，今天之形成台北的政府不敢輕言反攻的主要因素，根本上政府就否定了自己的合法地位而默認共黨中國的合法性，基於此矛盾心理於是有時喊反攻是中國內部問題，不受任何條約限制；有時又高唱反共是國際問題。自亂步驟都是苟安惰性在作崇。例如有關中共入聯合國問題，既然中共匪幫爲暴力集團，爲什麼我們的代表不嚴正而強硬地在聯合國表示：這是屬於中國內政問題，勿容聯合國討論。却糊塗地只引用聯國憲章第四條指責中共不是愛好和平者？請問：萬一中共宣傳與赫魯曉夫走同一和平共存路綫，中華民國的代表先生們用什麽法條來阻止它進入聯合國？所以，對於左先生設想的「要找一個利害完全一致，眞正可以共生死共存亡的與國，何處覓取」？而爲不兌現反攻的理由，在我們將剿共復國引爲己任的政府，根本不該有此畏縮不前的想法。

或許有人以爲反攻的成敗，爲民族命脈絕續關鍵，只能出之以理智，不能動之以情感。今天中國這不死不活的僵局，在台灣有許多人發瘋，更有許許多多喪心病狂，密告滿天飛，這不正常的心理，可說完全是政治環境的低潮所影響造成的。試看裝甲兵團副司令趙治華的例子，他是要叛變嗎？絕對不是。一個知識份子的高級將領，要叛變豈能沒有預謀？豈能沒有熟思？豈能沒有事前的策動？豈能沒有志同道合者的埋伏與安排？爲什麽他單人匹馬要「兵諫？」一句話：瘋了。爲什麽瘋了？等是有家歸未得呀！所以，執政的人固然是重理智，我們老百姓可不能不重情感，尤其是當國的大佬們昏昏作睡眠狀，我們更不得不大聲疾呼，甚至破口大罵，主旨在刺激他們振作些，有爲些，不要一味存着抱美國粗腿的主義，國際上是不講道義的。

根據勦共是中國內政問題的法理，中華民國反攻大陸的軍事行動所引起的國際衝突或者說是第三次世界大戰，這一層是可以避免的。即使如左先生所料中共轟炸台澎，有防禦協守義務的美國，出之以彈藥資源戰備物的援助而不以軍力投入戰場，則不足引起另一陣營的「强出頭」；退一步想，即使眞的大戰爆發，我們爲復國救民而戰，當義無反顧，這不是美國人扯腿的問題。問題的重心在乎我們政府是否有自主自立精神，從前抗日，海外僑胞全力支持政府，出錢出力。今日雖然許多僑胞對政府失望，但祇要眞正行動起來，政府大軍登陸，海外僑胞必然會傾全力作後援。說到政府的自主精神，筆者願沉痛地告訴執政諸公，在歐洲許多知識份子的眼光中，台灣是美國的殖民地，說好聽一點就說是保護國。千萬別沉醉在那些駐外記者的歌功頌德報導中。筆者本人也是記者身份，還那種「悅目」的消息報導，只是免得在台灣的報社編輯「投鑑」。

左先生認爲主張不計成敗利鈍，不惜孤注一擲，甚至不管是否得到國際支援，立即開始反攻，是强人所難。可是，十五年的因循苟且，等待奇蹟嗎？是等蔣先生棄世，還是等毛澤東死亡？實際上蔣毛都被放棄其既得權益或兩皆死亡，中國問題還是得不着解決，我們應當着眼於「事」，不當着眼于「人」。就事論事，只談當爲不當爲。當爲的，作成計劃，放手去幹一塲，舵鳥生活龜縮政策，總不是久計。何況今日國際上的形勢對我極端不利，法國承認中共政權後前法屬堅强反共的剛果共和國政變，倒向左派。現在盛傳西德總理與赫魯曉夫將有會商，美國政府根本沒有把握左右歐洲盟國，拉丁美洲除中美外，美國也不足影響；非洲國家更是捉摸不透。外蒙古進入聯合國的前車之鑑方殷，不反攻何以圖存？

說到「反共建國同盟」問題。這會議召開與否都無關宏旨。最重要的還是政府能夠開誠心布公意，切實做到左先生的五項有益無損建議事項：懲貪汚，寬言路禁論一番，要經濟而有實效得多。如果當局諸位祇是以花錢點綴民主爲能事，這種自我陶醉，是誤國還是救國？同時反共建國同盟的提議，如果筆者料得不錯，其大前提乃在團結海內外反共力量，共赴時艱。實際上海外愛好民主自由的中國人，目標一致，都是堅決反共產，反極權的。我們政府只要撫躬自問，其所以不能導致團結的理由，毅然決然作出事實的革新以良好的政績表現拿出來，不召開會議，這海內外兩條心也會融合在一起。否則，即密告，併組織，平待遇。這比邀請許多海外人士回去高談潤論召開會議，有志有識之士不會參加，徒耗公帑，難補實際。說穿了，也祇是一句話：「實事求是」是也。唱高調，喊口號，座談會，發宣言，這一切都經不起時間的考驗。開一次空頭支票，或許僥倖可以應急，次數一多，法術就不靈了，大人先生們，醒來！醒來！

中共意圖向蘇出賣中國領土

劉裕畧

方今舉世皆知赫毛二人之個人衝突正愈演愈烈，中共蘇共間之距離亦愈來愈遙，余忽以中共意圖向蘇出賣中國領土之說陳諸世人之前，論者必以爲異，實則此事固有確切根據而絕不矛盾者也。

試閱中共五月五日所公佈中蘇共往來之七封函件，其中一九六四年二月廿九日中共中央致蘇共中央函對中蘇邊界問題所云之一切，即明究竟。該函曰：「隨着蘇共領導反華活動的發展，近年來蘇聯方面不斷地破壞邊界現狀，進佔中國領土，挑起邊境事件。更嚴重的是，蘇聯方面還明目張胆在中國邊境地區進行大規模的顚覆活動，公然通過報刊和廣播挑撥中國各民族的團結，煽動中國的少數民族從祖國分裂出去，并且誘騙和脅迫幾萬中國公民往蘇聯。」「現在，中國的鄰國只有蘇共領導和印度的反動的民族主義者，故意製造同中國的邊界糾紛」。「我們兩國政府的代表團已於一九六四年二月二十五日在北京開始舉行邊界談判。儘管歷史上簽訂的有關中俄邊界的條約是不平等條約，但是，中國政府仍然願意尊重這些條約，并且以此爲基礎合理解決中蘇邊界問題。」「我們相信中蘇邊界問題的解決應當是不困難的」。

以上皆係中蘇共本年二月二十五日於北平開始舉行邊界談判後第五天致蘇共函之原文。初讀之，猶以爲中共數十年夙昔高呼「廢除不平等條約」之口號，將在此次談判中予以澈底實踐，又以爲中共既已親受蘇聯近年屢擾中蘇邊界之苦，必以平等爲基礎，而將已往所失土地爭回。殊不知，中共厚顏無恥，一則曰仍願遵守該等不平等條約，再則曰願以該等不平等條約爲基礎以解決問題。可見中共現時正蓄意出賣中國領土，以求中蘇邊界問題之妥協，實已昭然若揭。

哀哉！中共所謂解決中蘇邊界問題應無困難之言。試想普天之下，尙有蓄意出賣本國領土而不能解決問題者乎？

然則，當此赫毛個人衝突及中蘇共間之矛盾愈益尖銳之際，中共何以忽採出賣中國領土之方式，以與蘇聯重訂不平等條約耶？仔細思之，余以爲其原因有二：

第一，乃由於中共刻正恐懼蘇聯故意繼續擴大邊境糾紛，以致演成軍事衝突。屆時，中共勢將處於進退維谷之境地。蓋中共屆時若以軍隊抗蘇，則共軍顯非蘇軍之敵，若不抗蘇，則中共無以交代。此皆於中共不利者也。故中蘇共間目前爭執事項雖多，中共特不得不將双方邊界問題迅即單獨提前舉行談判，并蓄意以出賣中國領土之方式，與蘇重訂不平等條約而解決之。否則，舉世各國談判彼此邊界問題時，斷無將己方願在不平等條件下與對方訂約之意，事先明告對方者。今中共之舉措竟如此，可知中共欲求單獨提前解決此問題之心情已極爲急切。

第二，中共所以如此之另一原因，係中共企圖以此換取「中蘇軍事同盟條約」之繼續維持。蓋中共尙欲於蘇聯之核子保護傘下苟活也。

須知：毛澤東今雖極欲推翻赫魯曉夫，并另組國際共黨集團，然毛澤東手中迄今尙無核子武器，故毛澤東及中共均尙需藉「中蘇軍事同盟條約」以保護其統治及其擴張。因之，毛澤東及中共於方今之反赫反蘇鬥爭中，仍以一面鬥爭一面利用爲手段，其極限暫以不與蘇軍發生衝突及不使蘇聯撕毀「中蘇軍事同盟條約」爲邊際。而中共方今之所以準備於不平等基礎上，出賣中國領土，以提前單獨解決中蘇邊界糾紛，其目的亦如此而已。故中共政權無權代表中國，所訂一切條約，將不爲國人所承認，自不待言。而中共採取此種出賣國家領土之方式，以徇一黨一人之私之無知恥賣國行爲，則尤爲全國人民所嚴斥者也。

談香港的民主自治

孫寶剛

我從前在軍隊中服務，我的上司是一位能作詩和能寫一手不算壞的字的人，所以一般人都尊他爲儒將。我和他相處了近一年，見到他每天練字和每天吟詩。可是很奇怪，他從不看軍事的書藉，所以對于作戰計劃，以及訓練軍隊等問題，他反不甚專門，當然他對于儒家的學說也是不很注意的。于是我深覺奇怪，他是既不儒，也非將，怎可以稱爲儒將呢？古之所謂儒將，必熟讀兵書，兼善謀畧，先完成了爲將之道，再通經典，一學一動有儒者之風，乃可以稱爲儒將。現在以練字，作詩，甚至學會了看相算命，便得爲儒將，所以我說，當年國民黨的軍隊不能打仗。因爲這是一個相當普遍的現象，一般軍官，研究軍事書藉的十分少，像我的上司這樣，練字，吟詩和研究看相算命的確非常多，這還成一個軍隊麼？

今天稍有現代頭腦的人都知道，現代的學問愈來愈專門化，所以今天的學者，專材多而通材少，因爲要做一個通材，定須把所有的學門却相當專了才能融會貫通，成一通材。當其在專材的階段，對其所專的那一門，也許是相當專，但對其不專的那些學問，有時全不知曉，簡單和不學無術的人一樣。所以頭腦清醒的專材，決不在他的研究範圍以外，亂發議論。我在大學內讀書的時候，是專讀物理和數學的，當時確也學習了一些物理和數學的專門知識，但後來改習了軍事和社會科學，幾十年來，一直在看軍事書和社會科學的書，有時偶然拿本現代的科學雜誌讀一下，簡直一竅不通。所以我對現代自然科學，簡直不敢妄發一辭。有的人以爲我識英文，有時拿了一張西藥的方單叫我解釋，常常使我面紅耳赤，方單上的生字實在太多，普通字典上也查不到，眞是無法解得出來。所以更使我相信，現代的學問是愈專門化了。作爲現代的人，眞應有自知之明，那一門是他的內行，那一門是外行，不可隨便亂說。

可是話又說回來，現代的學術果然愈來愈專門化，但在一個受過高等教育的人來說，對于他的專門，果然學有專門，對于其他方面，專門的學術果然沒有學習，總不能說連一些常識多沒有。以我來說，對于自然科學固已成了門外漢，但不能說沒有一些常識。上面我說，對于方單固然看不懂，但衞生常識，甚至醫學常識總有一些。尤其對于日常生活所接觸的範圍之內，雖非本行總也得着幾本書，讀幾篇文章，畧知一些常識。

最近因爲我要組織一個香港的社會民主黨，所以對于香港的問題，以及有關對香港問題的言論，比較很關心。然後知，香港是一個非常出我意料之外的地方。在香港有一句非常流行的話，而許多的人也毫不思考的加以附和，這句話就是說，香港是遠東的民主的樹窗。這不是天大的笑話麼？香港是英國的殖民地，香港政府有着絕對的權力，香港政府要這樣，所有住在香港的人便須這樣，香港政府是向英國政府負責的，並不對香港人民負責。所以香港人民沒有選舉權，市政局的選舉，祇選舉幾個並無政權的議員。他們祇是建議性質的一個職位而已。最明顯的一件事，如最近電話費加費，好像全香港的人却在反對，假如在一個民主國家，議員們一定要依照人民的意願，不准電話公司加價。而執政的人也就立須依照議會的決定而實行。香港能這樣做麼？

民主政治，一定有一個完全由人民選舉出來的議會，而議會的決定，就是法令，執政的人便須依照執行，不然的話，執政者便須辭職，或解散議會。但是在新議會中，如仍是通過了前屆的法令，執政者便須辭職，這叫做責任內閣。即是說，內閣向議會負責，也就是向人民負責，這是英國所行的民主制度。美國行的是總統制，總統不向議會負責，但是總統如不照議會的法令實施，法院便可判決總統非法的。

所以我說，許多人認爲香港是民主的樹窗，眞是天大的笑話。前些日子，我遇到一位香港的議員，他對我說，他贊成香港民主化，但不贊成自治。這更是笑話了。民主兩字，含義甚明，即是由一般老百姓來主持政治，而所謂自治，即是說由自己來治理，自己是誰，當然指一般老百姓。治理些什麽呢？當然治理政治。所以民主與自治是二而一，一而二的。

以我的推測，認爲香港還不能立即完全自治，因爲香港的人對于政治教育還不够，一切的準備也未完成，這還可以說得過去。不過實現地說一句，以一般人民來說，沒有什麽可以準備的。是非之心，人皆有之，香港人的智力和文化水準並不低，更不須有什麽準備。民主政治制度的特點，就是個個選民在選舉時去投票，而投票的目的，就是要選出代表自己利益和全體利益的代表。自己利益在那裏，個個人知道的，全體利益在那裏，比較複雜些，同時怎樣才能使政府自己最能獲得利益，這個問題更須經過許多研究和設計，所以民主政治和政黨又成了孿生兄弟，沒有政黨經常在調查和研究，便不得有一套最能代表自己和全體利益的最好政策，也無從知道，誰是代表這套最好政策的代表。必須有了政黨，並提出候選人，人民在投票時才很容易選擇。今天無可非議的，香港還沒有健全的政黨，所以要立即完全自治，或許成績不會太好。但是大家如不積極的組黨，或積極的去協助黨，香港又怎能有健全的黨呢？

總到一句話。香港沒有民主。民主即自治。贊成民主的人，決不能反對自治。因爲香港還沒有健全的政黨，所以香港還不能立即完全自治，這句話或許還說得通。不過要大家起來，協助或建立政黨，才會有健全的政黨出現，我們如不願意做奴隸，便必須贊成民主，且應爲民主而奮鬥，今天香港的殖民地政府，或許是相當開明的，所以我們在香港居住，似乎還相當自由，但理論上，或精神上來說，我們是不自由的奴隸。我們爲什麽一直要做奴隸下去呢？而況世界的潮流也不許可我們一直做奴隸，不要到了有一天，英國進于內外的趨勢，要釋放我們這批奴隸，而我們反茫然若失，一無準備，正如美國南北戰爭時，有一些南方的黑奴被解放時那樣。那麽，我們定會遭遇到許多不必要的困難和犧牲了。

詹森的作風

楊永乾

去年十一月下旬，美前總統甘迺迪遇刺之後，詹森副總統立即宣誓就職，接掌美國政府。這一件事，是變起倉促，當時美國全國人民，除以沉痛的心情，悼念甘迺迪氏的不幸遭遇之外，另帶有一種疑懼心理，懷疑着新總統是否適宜於擔任這個世界上最重要的工作。雖然美國人民都知道他過去是參議院內一個有力量的領袖，對議會有着豐富經驗，對國內政治情形，亦十分熟悉，並以處事穩健稱著。不過，大家總以爲他未曾實際負責過國際事務，在當前動亂不安的國際局面下，面對着變幻莫測的共黨國家，及西方自由國家間的意見紛歧，各行其是，他是否能够應付裕如，是持着一種惑疑態度。可是到現在爲止，詹森總統就任已將半年，從他這五個多月的作法看，不論在國內和國外，他已爲美國作了不少的事，完成了許多重要工作，使美國人民，當初對他所持的疑慮心理，現在已一掃而空，成爲過去。

在國內事務上，詹森總統自就職以來，始終使他的政府，維持着高度工作效率，按照已定的政策，去推進工作。去年年底，他平抑下國會的爭吵，使援外法案大部份獲得通過。減稅法案，在今年初，亦迅速而完整的爲議會所通過，由於減稅法案的刺激下，使目前美國經濟情況，特別繁榮，實業界及商人們，對詹森總統，更具有好感。麥子及棉花價格，政府盡力予以維持，避免商人們從中壟斷，農民利益受到損失。民權法案，這是一個爭執最激烈的法案，議員們在議會內大事爭辯，黑人們在街上舉行示威，使美國舉國騷然，這個法案，現已由下議院議到參議院，在參院審核之中，最後結果如何？雖不易斷定，惟據一般人的看法，不管怎樣，詹森總統一定設法使之通過，問題在修改後的民權法案，能否滿足黑人們的願望，而不再枝外生節。

最近詹森總統在內政上的重大成就，是他平息了美國的鐵路工潮，這是一個老問題，差不多爭執有五年之久，過去一切調解的努力，都告失敗，爲双方所拒絕。最近舊案重提，賴詹森總統的努力疏解，才使這一個久懸不决的老問題，終於獲得協議，未釀成事端，此不僅使美國避免了一次經濟危機，更使詹森總統的聲望大增，因美國人對這次鐵路工潮的解決，視爲一種奇蹟。

除上述之外，在本屆國會集會時，詹森總統在他致國會的咨文中，提出一項「反貧窮戰爭」，他舉出今天美國有三千萬人，在過着貧窮生活，許多五口之家，每年的收入，不足三千美元。政府對這些家庭，應該設法改善他們的生活。他的改善計劃，從消極的救濟，職業訓練，學校教育各方面着手，政府並設有機構，來負責這一計劃的推動。詹森總統最近更不辭勞苦的，親赴貧窮地區，作實際訪問，以瞭解情況，在上星期的新聞會議上，他宣佈說，關於「反貧困戰爭」，他將有新的計劃，向國會提出。詹森總統的這項計劃，雖爲共和黨人，如高華德等所批評，指出他故意危言聳聽，目的在爭取選民。然不論怎樣，詹森的這一計劃，在美國的所謂「貧窮之家」，留有深刻印象，最低限度，顯示出對他們的關切與同情心。

前總統甘迺迪時代，給人們的印象，是不分親疏，唯人才是用，自詹森就任之後，甘氏時代的幕僚，雖已有人離去，大致而言，甘氏以前所搜羅的幹練之士，詹氏仍多重用。如國防部長麥納馬拉，今天他在政府的重要性，有過於甘氏時代，越南的反共戰爭，詹氏完全負託給他，依他的主張去作，所以摩斯參議員批評政府的越南政策，是麥納馬拉政策，近來盛傳詹氏可能請麥納馬拉爲十一月民主黨副總統候選人，亦有傳說，他可能爲詹森當選後的國務卿。另如國務院助理彭岱，亦逐漸爲詹氏所重用，實際負責着外交的設計工作，有人戲稱之爲「副總統」。從這些人事上，足以說明，詹氏和過去甘氏一樣，在留心搜羅人才。

一個月前，美國新聞週刊，曾將詹森與甘迺迪兩人作一比較：說甘氏時代，他白宮內有一個小型的國務院及國防部，實際决定外交及國防政策，他們决定之後，再交由外面的國務院及國防部去執行，甘氏並聘請一些哈佛教授作智囊，這些人喜歡研究問題，當某一問題發生之後，交由他們去研究應付策畧，甘氏喜歡國際問題，把國內問題，置於次要，國會方面的爭吵，他不大關心，交給一些閣員去應付，所以他執政時代與議會關係，始終不很融洽。詹氏對國事的處理，完全憑閣員的報告，喜歡當面决定問題，不願對問題多加研究。詹氏另與甘氏不同之點，是他特別喜歡國內問題，尤其喜歡議員之間的應付，所以他同議會的關係處得很好。

總之，就最近情勢看：除非將來發生，特殊變化，十一月間的大選，勝利大約仍屬於詹森。

一九六四年五月十日於舊金山

新華社透露

在巴西被捕九名中共間諜已查出從事顛覆活動證據

黃建華

自從保衛巴西民主自由的巴西現政府，把親共的前巴西總統推翻後，英勇的巴西現政府即捕獲了中共派往巴西活動的九名間諜。

這九名中共間諜中的七名是中共派往巴西的貿易人員，另兩名則是中共派駐巴西的新華社記者。

中共派往巴西的九名間諜被捕後，曾引起全世界的注意，使全世界的人士都初次體認到中共派往各國各地活動的什麽貿易人員什麽新華社記者，原來都是中共間諜的化身。而中共當局也因爲這秘密這陰謀被初次暴露於世人之前，而大大驚慌起來。中共現在除極力否認它的這些人員不是間諜外，并動員了許多被國際共黨控制和運用的外國團體或個人呼籲巴西把中共這九名間諜予以釋放。此外，中共更聘請數名左傾的日本律師親往巴西營救。

但無論如何，中共九名間諜的各種罪行已被英勇正直的巴西當局所掌握，所以，中共新華社在發佈此批間諜的有關消息時，終於隱隱若若的透露了這九名共諜的罪行。

據中共新華社五月十二日北平電訊說「巴西外交部昨天表示，在里約熱內盧被捕的九名北京方面的中國人員被指控犯了危害國家安全的罪行。他們將受到審判」「瓜納巴拉州保安局局長古斯培沃·博希斯在當天舉行的記者招待會上對被捕的中國人員大肆誣衊，說什麽在里約熱內盧被捕的九名中國人，是依據國家安全法逮捕的，這些中國人是間諜，進行顛覆活動」。「博希斯在里約熱內盧還對外國記者說：中共貿易代表團團員七人以及新華社記者兩人已在巴西建立高級連繫，包括目前在南斯拉夫駐巴西大使館避難的前總統新聞秘書里夫」。

中共新華社又透露巴西政府已在中共九名間諜身上「搜出了像鳥狀的火箭彈設計圖」。

而在此之前，巴西政府早經宣佈，已從這九名中共間諜獲得了中共在巴西訓練武裝游擊的證據，此外，又還獲得了這九名中共間諜準備暗殺巴西反共政要的計劃及名單，可見中共眞是無法無天，完全蔑視國際法，專門從事對其它國家的顛覆與破壞。所以，宜乎全體愛好自由民主的人士，對於巴西現政府這一次毅然逮捕中共九名特務的舉行，無不交相稱譽，大大鼓掌。事實上，從上述中共新華社自己的透露與巴西現政府所已掌握的鐵證，可知中共雖狡猾，但亦已無法抵賴它的間諜罪行。觀乎中共貿易人員與新華社記者的這些罪行，世界其他各國原本也應效法巴西政府之所爲，對中共各種人員予以懲治才是。惜乎至今還有許多國家執迷不悟還在引狼入室，准許中共的貿易人員與新華社記者入境從事間諜工作咧！

（上接四版「寮國政變份子勢難得逞」）

共當然不會坐視，是則右派軍隊決非敵手；那時時消失了對共黨的牽制力量。更何況中立派也會突然走向戰鬥寮方面的，倘若情勢演變至如此階段，則那時局勢就更糟。因此，美國惟有對右翼大施壓力，免使中立派領袖埒台。照目前情形來看，寮國自經此次改變後，改變份子恐仍難得逞，勢必轉變到仍依舊由傳瑪繼續領導聯合政府。李江最近已發表了聲明，決全力支持傳瑪。這一來，傳瑪的地位就將更爲穩定。祇要日內瓦的簽字國確能共同保證寮國的獨立和中立，則寮國經過此次政變後，仍可以迅速地歸於安定的。

中共透露輸蘇物資數字

藍鳥

自中共僞政權於一九四九年十月一日在北平成立以來，中共僞政權究竟把中國人民血汗結晶的物資運了若干到蘇聯去呢？一直是一個謎。直到今年五月八日，中共公佈中蘇共間來往的七封信時，才有了一個數字的透露。

中共五月八日公開的這七封信，是中共從事反赫鬥爭的一種手段，也是中蘇共之間正在爭執的若干焦點，雖然中共在給蘇共的這些信件中所列的這些數字是否絕對正確，亦可懷疑。但這些數字無疑的却是中共初次公開提出的數字。且看蘇共今後是否還會反駁這些數字。

中共五月八日公佈的這七封信，其中三封是蘇共給中共的，另外四封是中共給蘇共的。蘇共給中共的三封，是一九六三年十一月二十九日，一九六四年二月二十二日及一九六四年三月七日由蘇共中央給中共中央的。

中共中央給蘇共中央的四封信，則是中共中央於一九六四年二月二十日，一九六四年二月二十七日，一九六四年二月二十九日及一九六四年五月七日給的。談到中蘇共之間的物資援助數字的那一封信。據公佈是中共在一九六四年二月二十九日給蘇共中央的信說：

「到一九六二年底爲止，我們向蘇聯供應的粮油和其他食品值二十一億新盧布，其中重要的有：大豆五百七十六萬噸，大米二百九十四萬噸，食用植物油一百零九萬噸，肉類九十萬噸等等。在同時內，我們向蘇聯供應的礦產品和五金值十四億多新盧布，其中重要的有：鋰砂十萬噸，鈹砂三萬四千噸，硼砂五萬一千噸，鎢砂二十七萬噸，壓電石英三十二點九噸，水銀七千七百三十噸，鈕鈮砂三十九噸，鉬砂三萬七千噸，錫十八萬噸，等等。這些礦產品中，有許多都是發展尖端科學、製造火箭和核武器必不可少的原料」。

中共同一封信跟着又說：「至於蘇聯對中國的貸款，必須指出，其中最大部份是我國用來從蘇聯購進軍事物資的。這些軍事物資的大部份都已使用和消耗於抗美援朝戰爭之中……長時期以來，我們每年都在爲蘇聯的這些貸款償付本息，它佔去我國對蘇聯出口的一個相當份額。這就是說，連在抗美援朝戰爭中向中國提供的軍事物資，也不是無償援助」。

既然這樣，中共爲什麽歷年都在高聲感謝蘇聯呢？再說，中共參加韓戰，原是奉史大林之命，但中共却須長時期爲韓戰所耗物資付償，豈不太荒唐？何況還是從中國人民手裏得來的血汗物資！這都可見蘇共對中共固無「兄弟黨」之情，而中共自己荒唐，對中國人民更是不仁不義極了。

人們至今仍然記得龍雲曾在北平中共舉行的重大集會上反對償還因韓戰而須償還蘇聯的債務，但中共當時認爲龍雲[illegible]加上「右派」帽子[illegible]。現在中共才將韓戰物資的債務問題暴露出來，可見軍閥出身的龍雲也比毛澤東高明，早在七八年前就發現問題的癥結了。事實上，中共原是不該參加韓戰的，但毛澤東竟是聽史大林之命而卒予參加，又一直榨取中國人民血汗來償還蘇聯的那些陳舊武器所折算的債務，實已是中共太下賤太卑鄙太愚蠢太殘酷了。

僑鄉近訊

鍾之奇

海南與湛江汕頭均已發生旱災

在中共殘暴統治下，我們僑鄉眞是過的多災多難的日子。災禍已與毛澤東的統治分不開，中共雖然年年在吹中共的水利設施，但僑鄉的事實却明白表示着災情已一年更比一年普遍，一年更比一年嚴重，一年更比一年來得早。

茲據可靠消息，廣東省所屬湛江區汕頭區及海南島區均已普遍發生旱災。

據中共「中國新聞社」五月十五日廣州電：「廣東最近連日喜雨，汕頭、海南及湛江等區的旱災已趨緩和。五月上旬，由於北方少量冷空氣南下，在廣東造成了一片大雨區，從韶關專區到佛山專區、廣州地區、惠陽專區、肇慶專區、湛江專區東部、海南島東北部，降下了不同雨量，隨着高空低壓的東移，雨區也逐漸東移到汕頭專區的潮梅各地，這次喜雨對緩和海南和湛江兩區的旱情也都有好處」。

但也足見只是對這些地區的旱情有「緩和」的「好處」而已，至今這些地區的旱災則是仍未根本解除的。

廣州貿易會成交萬九千餘筆

中共一九六四年春季出口商品交易會於四月十五開幕，而於五月十五日閉幕了。這是中共壓榨大陸人民生產品和搜集僑鄉人民血汗以換取外匯，從而進行對外擴張對內殘暴的一個交易會，所以其交易數額的增減，恰正反映了中共對人民剝削之多寡。而據中共正式公佈：中共這次在廣州舉行交易，在交易總額「已經達成了一萬九千餘筆」，「成交金額比歷屆交易會最大的一九六三年秋季交易會又有了新的增長」。「這次成交的商品非常廣泛，主要商品有：大米、大豆、凍肉、蛋品、罐頭食品、各種酒、果菜及其製品、桐油、松香、桂皮、香料、油、京果、藥材、山貨、土紙、陶瓷、抽紗、各種手工藝品、棉布、絲、綢、呢絨、服裝、針織品、地毯和各種產品、自行車、縫紉機、電風扇、鬧鐘、鋼琴、紙張、日用百貨、文教體育用品、玩具、化工醫藥、五金、鋼材、生鐵、煤、水泥、非金屬礦產品以及各種儀表儀器、車床和機械設備等等」。

顯見中共出賣的主要商品仍是從勤苦農民搜集來的農產品及農副產品，而且顯見中共大陸農民之搜刮已愈來愈多。另一原因，當然是中蘇衝突後，中共運往蘇聯的物資銳減，所以，中共便又在廣州交易會將其所搜括得來的人民血汗得以大量拍賣了。

我們知道中共在廣州舉辦此種交易會，始創於一九五七年春，這一次已經是第十五次，如果海外中國人不能及時迅速將中共政權推翻的話，看來，中共是必將繼續在廣州舉辦此類交易會，繼續搜刮僑鄉人民之血汗來出賣的。

粵共加强搜刮廣東各地物資

爲了換取更多外匯，中共除一面將已搜刮得來的物資在廣州舉行交易會外，一面進行更廣泛的搜刮。最近，粵共且將其搜刮矛頭指向了廣東各地的少數民族居留地區的深山高嶺。

據中共最近出版的南方日報說：「最近已在省內各少數民族聚居地方，增設一千二百多個大小商業點。」包括：「乳源傜族自治縣」、「連南傜族自治縣」「連山僮族傜族自治縣」、「欽州僮族自治縣」、「東興各族自治縣」等。商業機構則有「國營民族貿易公司」、「國營專業公司」、「供銷社」等。

中共南方日報又說：「在山高林密的五指山腹地，蜿蜒崎嶇的十萬大山山麓，都分佈有許多購銷點」。中共運往的廣東各少數民族地區推銷的不過是山鹽巴和針線等物，而中共從少數民族榨取的則包括玉桂、松香、紅白藤、八角、桐油、益智等重要物資云。

寮共進迫永珍外圍

葛清

寮國右翼自動解散並合併於中立派之後，總理傅馬的政治活動似又趨於積極。沒有人知道傅馬的看法和底牌，可是他顯然分別着手，然政治軍事等多方面，加以整飾，想努力創建一個新的局面。

右翼軍警宣佈由傅馬統率之後，將有一個雙方的軍事會議舉行，這是屬於「整編」，抑是為了「作戰」？並沒有明白宣佈，可能後者的成份較高一些。傅馬於五月十五飛赴李江總部所在地孟本，與李江討論這些問題。據說，傅馬也要就永珍新近成立的軍事指揮部，由十一名委員統一指揮以前右翼及中立軍隊一事，獲取李江的支持。

擴大政府基礎一案，也已逐步實行。左翼的外交部長，因不回永珍視事，已被傅馬免職。同時又增設幾個國務秘書的職位，協助國防、外交、財政各方面。

對左翼方面，傅馬早已發出要求他們向右翼學習的呼籲，把軍隊國家化。這一着看似强硬，但他却又把永珍的憲兵治安任務撤銷，代之以民事警察。這一措施，被認為是迎合左翼「中立永珍及王都」的要求。傅馬也沒有否認，雖然他對中立永珍之說，指為言之過早。

可是左翼却似乎正以無比的憤怒向傅馬抨擊，他們說傅馬是右翼政變集團「革委會」的囚徒，說不是右翼合併於中立派，而是中立派受右翼所控制。蘇發努馮更聲明反對改組政府，說傅馬雖職居首相，但無權可以任免部長。左翼認為這一切「都是無效」，因他們決不承認之故。

傅馬反對他本人是「囚徒」的說法，他說，「時間將會證明，我是寮國眞正的領袖」可是，左翼好像不願給傅馬以時間，他們認眞動武了，共軍傾全力攻佔了塔同，進抵萬榮，從外圍威脅永珍！塔同是距永珍東北一百五十公哩的重鎮，而萬榮距永珍僅一百公哩。

在寮國的西方人士認為共軍向南進，可能僅為對以前右翼進攻的反擊，及在雨季前預先保持補給線的目的。可是寮國方面也採取進攻的措施，來反對傅馬的中立政府及軍事反擊。這樣，當然也有應戰。戰事便不能不趨向擴大了。（永珍通訊）

寮國政變份子勢難得逞

·屈生·

寮國右翼軍人自發動政變，成立革命委員會，將中立派領袖傅瑪軟禁，而接管了聯合政府，滿以為從此可以順利地掌握政權，穩定政局，詎事實却大大出乎右翼軍人意料之外。這一政變行動，寮王堅決表示并不同意，繼且宣佈為違反憲法。其次，一向支持右翼軍人的美國政府，也對他們的政變行動深為不滿，并聲言立即斷絕經濟援助。此兩項重大的打擊，使到右翼軍人氣餒神沮大感狼狽，惟有迅即將在軟禁中的傅瑪釋出，并向之道歉，企圖利用傅瑪為之轉圜，來向寮王及美國政府打圓場，其後且終於要向傅瑪低頭，把右翼部隊轉隸傅瑪的中立派下。演變至此，政變份子之企圖顯然是無法得逞了！

寮國自此次政變後，立刻引致了兩大困難：第一，傅瑪雖復出領導聯合政府，但還要看他和左派的戰鬥寮如何獲致調協，使戰鬥寮繼續支持聯合政府；第二，中立派部隊與右翼部隊結合之後，是否將由傅瑪執掌指揮的實權？抑由右翼軍人控制右派與中立派部隊的實權？這都是很嚴重的問題。

左翼的戰鬥寮，曾重申立場，堅決要求取銷軍事委員會，這顯然是為針對右翼部隊與中立派部隊的實力結合而發。此外，戰鬥寮也聲明「聯合政府的組織不容變更」；據戰鬥寮指出：寮國係日內瓦會議的簽字國，該會議會經由參與會議的國家協議寮國不倚靠某一軍事軍團而採取獨斷式的統治，應以遵守和平獨立為原則，如果任何一方面違反了協議，日內瓦會議主席有權召開會議予以制止。戰鬥寮這一番話，是說得振振有詞的。

美國方面，也是不滿意寮國的右翼軍人遽然破壞了「聯合政府」，因此也就立刻聲明對右翼軍人控制着的政府斷絕經援。這一壓力，相當重大。寮國政府是全靠美援渡日的，目前二百萬人口中，有百份之九十是農民，而農民勞作所得，連自己也不够吃。政府財庫，完全空虛，既無稅收，更極少對外貿易，是以政府祇有倚靠美國每月四百萬美元的援助，藉以應付支銷。若美方一旦斷絕經援，則寮國政府將無法自存。右翼軍人從欲控制政府，可是祇能拿到政府的一塊「招牌」吧了！

寮國此次政變，本已有七個軍區司令擁護，如果美國不施壓力，他們可能組成新政府，但美國已於一九六〇年受過一次教訓，這趟不想再蹈覆轍，故自始即表示反對軍人政變。

一九六〇年，美國曾支持右派打跨傅瑪所領導的寮國政府，可是中立派的李江部與左翼戰鬥寮結成一條陣綫，與右派對抗。當時右派在美國軍援下，擁有六萬軍隊，而戰鬥寮部隊則僅有二萬五千人，李江部隊僅一萬二千人，然而右派的軍隊竟告鐵羽，不能不要交出政權，而組成聯合政府。這一個教訓，已提高了美國的警惕。

右派目前擁有七個軍區，合計起來共有軍隊約七萬人。中立派部隊則約有一萬五千至二萬人，裝備最為優良，至於戰鬥寮部隊，其實力如何，一時尚難估計；惟由於戰鬥寮獲得北越的無限兵源支持，當其兵力之雄厚，凌駕右派與中立派之上。且越共游擊隊早已利用戰鬥寮佔領區為蔭蔽大本營，并作為進攻南越的走廊地帶，若左右一旦火拼，越

（下接第三版下）

台灣簡訊

一、聯合報主張裁撤招商局

招商局所屬仲凱貨輪於本月十一日在日本鹿兒島附近海面爆炸沉沒，引起台北各界廣泛的驚異，咸認為該局腐敗已達極點，非予以澈底的改組不可。立法院交通委員會召集人湯如炎說，招商局的沉痾已深，倘再不澈底改組，不但我國在國際航海事業上的信譽無法挽回，而國家的財產和人民的生命也將繼續遭受無謂的損失。王長慧委員對於年來當局所謂整頓招商局，至今仍是「祇聞樓梯響不見人下來」，備極不滿，表示將在該院提出訊問。監察院交通委員會於十四日開會，亦决定推派宋英，陳大樁兩委員進行調查，追究海難責任。交通部長沈怡則仍推說，整頓招商局的工作並未停止，去年有關各方研究的整頓方案，現仍在行政院核示中。

聯合報於十四日發表社論，指出招商局自五十一年十月萬噸級自由型貨船海張號由高雄開往基隆中途沉沒，至今原因不明，五十二年以二百萬美金向意大利新購的海祥輪又在基隆附近海面沉沒，接着另一新購的萬噸級貨輪海富號尚未航抵國門即在美國擱淺，宣佈棄船，現在仲凱號又告沉沒。統計在短短的十九個月中，該局已沉船四艘總噸位為二萬七千多噸，損失海員七十餘人。該局平日靠賣舊船維持，負債超過資產，其積弊之深，已非枝枝節節的改革所能挽救。該報認為招商局太老朽，太衙門化，任何變更現狀的有效改革，都要碰到傳統的經營方式和人事上的阻碍。主張予以裁撤，另行組織企業化的新公司。

聯合報的主張可以說是一種對症的良藥，正是大家的公意；但由於今日的招商局是由以侍候蔣夫人得寵因而官拜中將的黃仁霖將軍所主持，以上一連發生的這幾件沉沿事件，都是在他接任以後的事。如此君行不去，招商局即一日不可能整頓，說到裁撤，便是談何容易？

二、水肥會買假藥水　市議長批准

台北市政府水肥會於上月二十三日以十六萬餘元買進公厠消毒藥水一批，據說是為了明年度全市公厠消毒之用。由於下年度的預算尚未經市議會審查通過，水肥會要提前動用這筆欵項，乃簽報市議會議長張祥傳批准。由張親批「姑准同意」四字，於是便於本月初如數撥付。事後有人向市議會檢舉，這宗買賣有官商勾結情事，經市議會組織專案小組調查，發現水肥會所買的消毒藥水，並不是一向使用的强烈性消毒藥水，而是八千九百小包由碎米和米糠做成的酵素。這種酵素並無消毒效能。而且過去是按月買進，此次則預支明年度全年的消毒費用。水肥會購買這批酵素時還是由市議員沈應松居間介紹，並代該會將請求提前動用預算的公文拿到市議會面請張祥傳簽字。此外又有一位平素經常檢舉水肥會弊端的議員也一反常態，而幫助該會獲准提前動支預算，顯有從中圖利之嫌。本月十一日市議會專案小組在議長辦公室開會，沈應松議員承認賣酵素的商人是他的同鄉，曾在議員選舉時幫過他的忙，他介紹這筆買賣並不是以議員的身份，而祇能算是個人行為。其理由是現在是市議會休會期間」。李福春議員指責張祥傳草率准水肥會提前動用預算。他說：「如果憑議長一人的批准，便可動用市府公欵，以後各單位均照此例做去，豈不是所有預算，都可由議長批准撥支，吳松林議員更說張祥傳胡亂准批這宗買賣，使市民膏血白白犧牲。陳蓮祿議員指出本案有不光明的內幕。因為五六個月以前，就有商人拿着這批酵素到市府推銷，經市府總務人員陳光輝試驗其成份，發覺並無消毒效能，未允買入。現在陳被調離開務課，換了一位姓高的人，居然買了下來。葉佗坤議員則另有高見，他認為沈應松議員介紹商人到市府做生意並沒有錯。因為議員在休會期間不做生意怎麽生活？問題祇是市政府買這這批東西，錢付的太快了一點。其他的議員則主張將本案移送司法機關處理，但因有幾位議會替沈應松議員講話。要求應俟衛生機構化驗酵素成份再做定奪所以未有辭論。

三、證券市場被控官商勾結

台糖公司民股股東具名向監察院提出請願案指控經濟部證管會少數職員與部份證券商涉嫌官商勾結，由證管會致函銀行公會請勿以有價證券（包括公債及公、民營公司股票）作為抵押而辦理放欵，致使股票市場發生驚人跌風，使股票持有人蒙受鉅大之損失，影響政府獎勵投資之政策。

該院財政委員會於本月十三日開會討論本案，出席監委咸認為近日證券市場掀起的跌風，顯屬有人操縱，尤以台糖股票在政府公佈股息紅利初步决定為三十三元餘後，市價應升不升，反而下降，而證管會致函請銀行公會勿以股票作為抵押而放欵，實為促成股市跌風之主要原因。證管會於證交易趨繁榮之時，突有此種舉措，實不能不令人懷疑其動機與目的。

討論結果决定建議院會組成三人專案小組，由財政、經濟兩委員會各推一委員及一位審閱值日委員，共同專責進行調查，如確有官商勾結操縱圖利等情。將依監察法規定進行糾彈。

本刊已經香港政府登記

聯合評論

週刊

每逢星期五出版

United Voice Weekly

第二九五號

CHINESE - AMERICAN PRESS, INC

199 CANAL STREET,

NEW YORK13 N. Y. U.S.A.

從蘇俄在美使館密設偷聽器說起

美國對共鬥爭之心理虛弱與行徑散漫

李璜

日來報載，美國駐莫斯科大使館忽在牆壁中發現密設的偷聽器，其數字竟達四十具之多！據說，這一秘密設置已在一九五三年，在美大使遷入的第三年，換言之，美大使館被人偷聽其言動，業已有八年之久；直到今天，纔被發覺，這不能不說是美國人對於提防邪惡的國際共黨作風的疏忽，而與共產帝國和平共存之難於安心也！

這也難怪。因為生活習慣於傳統的西方文明社會或東方文明社會的人們，都從來便浸潤於「交以道，接以禮」或「愛隣居猶如愛自己」，這一類典型的原理中，自然對邪惡的國際共黨作風，未必能時時注意，處處小心。因之，近二十年來，自由世界雖然在嚴防共黨的滲透，破壞以至突襲，然而稍不留意，便上當不小，吃虧甚多。大之，如東歐弱國之被捲入鐵幕，中國大陸之淪於魔手，古巴政權之被篡奪，印尼政治之失其自由等；小之，如原子秘密之屢次被盜，外交人員之屢被金錢女色所誘買，以至無孔不入的第五縱隊，在自由國家中暗組細胞，有如毒瘤的潛滋，發覺稍晚，便成大害！

此種侵略人國的共產帝國主義，從十九世紀二十年代開始向外發展，遍地肆虐，及今已歷四十餘年，自由世界的人們對之，不能不說是已經應有相當的認識；因之，在歐西始有北大西洋公約之實現，在遠東也有東南亞公約的組織成立，美國政府且對這兩個對共設防的公約國家寄予甚大的希望，而不惜以兵力錢財支持之。

但是，自由世界對共的物質力量雖强（如美國的原子武器之多，竟嚇倒蘇俄，而赫魯曉夫不能不附和暫時禁試之類︶，而自由人們對共的心理基礎則甚弱！只須赫魯曉夫在口中的「和平共存」，一喊再喊，西方人們便為之陶醉，以為自由世界眞可以與共產帝國和平共存得下去了。甚至毛澤東一口反對和平共存，而不斷的主張打倒「美帝」，且在事實上傾其貧弱的人力物力，一再予美國以打擊，而在美國的紐約時報所主張，以及舊金山的美國人近日簽名所表示，還在希圖中共能早點加入聯合國，這一個所謂「國際大家庭」來！

茲姑不談紐約時報所說，台灣問題的特殊解決是否可能（因為這是絕對不可能的事，勿煩在此辭費︶，且姑不論中共在毛澤東的這種氣吞牛斗的指揮下，是否願意犧牲一點去加入聯合國（毛也屢次表明不能犧牲台灣的赤化），只就，假如中共加入了聯合國後，毛澤東是否便能停止（或稍稍減弱）其孤立「美帝」，打倒「美帝」，以遂行其世界革命的野心？

以美國人民一般的畏戰心理來說，是只圖苟安一時。現在雖無大戰，然而像越南這樣的小戰，美還是在犧牲不多不少的人命，故在老百姓安居樂業的生存願望中，能與共產帝國妥協一時，不要流血，總是好的。不過共產帝國是不會停止侵略的。美國要想不流血，除非美國照着毛澤東所說的去做：美國乾脆的撤退出東方去！

我為美國想苟安一時的人們悲哀的是，即使美國贊成印度支那半島的中立政策，把越南、寮國，以至泰國奉送與中共，美國人還是得不到安寧生活的。因為中蘇共正在競爭着向中東、非洲，以及中南美洲發展；美國即使回復其昔年的「門羅主義」去，而新大陸已經不是美國人所能包辦得下去了！

我更為美國「力有餘而心不足」的人們嘆惜的是，現今二十世紀六十年代，世界交通發達，消息靈通，國際距離，日縮日短，不但無綫電傳眞，電訊宣傳，可以立刻發生影響的效果，就是人的空中往來，地球上任何國度，都可以朝發夕至。因此，自稱領導自由世界的美國人，不斷公開其心理虛弱，表示畏共，撫共，以至恭請高喊大叫打倒「美帝」的中共加入「大家庭」，這適足以令毛澤東雖窮得發慌，而精神反為之一振，必然更要加緊向寮國，越南進攻，多殺幾個留守的美國人，以便使心理虛弱者愈見虛弱，然後侵略東南亞方易得手。此一事理，至為明顯，我不知美國的傅來特雷諸公看得到這一簡單明白的事理否？

美國人對共產帝國的心理虛弱原因，不但是一味希圖苟安，而且是過份的囿於故常。美國地方，得天獨厚；美國生活，富足自由，因之養成美國人的天眞坦率，樂天放縱的民族性，這一種民族習慣，要拿去與中俄共的邪惡作風相鬥，其必然無法較其技巧，勝其陰狠。故美國政治家要去與中俄共鬥智時，則往往失敗，如羅斯福之於史太林，杜魯門之於毛澤東，都在鬥智中為其所欺以致失敗，而幾乎在大戰結束之際將整個東方失去！

然而，一旦眞正鬥力，則中俄共又勢在必退。如杜魯門於韓戰之毅然出兵，美國雖略有損失，而中共乃大吃其虧，至今尚難恢復，此於近日毛澤東大罵赫魯曉夫之逼債供狀中，足以見之。又如甘廼廸一怒而決心出兵古巴，不惜原子一戰，而蘇俄便立刻曳尾而逃，赫魯曉夫至今猶有餘悻。

故論美國之國力，誠然老虎也！猛虎在山，理應百獸震恐，然而反被毛澤東呼為紙老虎者，乃因其國人生活富裕，不免偷安。譬之富翁，一遇强盜，只有逃避；以財予盜，並不在乎；以命搏盜，則不值得，因是而養成美國人的心理虛弱與行徑散漫，此所以眞老虎而反被狐狸笑為紙做！

我出此言，並不想美國人要為我們東方人來防共作戰，進一[illegible]去犧牲美國人的寶貴生命。我的理由是，心理虛弱與行徑散漫，適足以招來共產帝國之猖獗，更要不斷向美國進攻也。

五三、五、二五

印支戰爭國際化

許子由

（一）國際化的內涵

寮共吞噬瓦瓶平原的戰爭，在越戰擴大危機的情勢上，更加强了戰爭國際化的危機。越棉寮戰場打成一片的趨勢，已呈現相當明顯的輪廓。

南越與北越原已是基本的對立，北越以「遊擊」南侵，使對立更尖銳化。寮共雖號稱在聯合政府之內，但最近的反富馬及進攻中立軍，也與永珍政府正面對立。寮共威脅永珍，等于威脅泰國：越共假道高棉南侵，使越，棉仇恨固結；高棉受中共利害，對泰國構成禍害。在寮共高棉背後，是北越和中共；在寮國南越泰國後邊的，則是美國。雙方陣綫分明，正是「一客不煩二主」。在本質上，它早已國際化。在實況上，北越軍早在南越及寮國打仗，中共人員也有參與。美軍也在南越與越共作戰，在寮國也有美偵察機參戰。現在所剩下來的問題，只是北越中共和美國，會不會以正規軍參戰？如果參戰，戰爭一定不限於目下的規模，而必然趨於擴大。那麼，所謂印支戰爭國際化問題，實際只是戰爭是否擴大的問題。

（二）戰爭擴大的規模

南越阮慶政變後，一度盛傳美越軍規劃北進。這是由於南越的遊擊及反遊擊之戰，沒有出路。迫使美國考慮打擊共軍在北越基地及補給線而起。越共最近攻勢凌厲，三路進迫永珍。使聯合政府名存實亡，日內瓦協定被撕成碎片，國際監察會，為戰場的「場記」。寮戰的沒有出路，又再度迫使美國考慮到對付北越，更由要討付北越而考慮到應付中共。形勢因此大緊。

事先美國的態度，是在南越防堵，在寮國敷衍，在高棉得過且過，這一切屬於姑息，却那知姑息養奸。姑無論美國如何姑息，但對於西貢、永珍、及泰國，它却不能不支持據守。現在西貢永珍在危難中，泰國也備受驚惶。美國就已面臨到挺身而出的抉擇。

美機飛北寮偵察，與美軍初介入寮戰，情況類似。但以「遊擊」為名的越戰，防堵尚且未見收效。集中攻擊的寮共進軍，當更不能希冀予以有效防堵。美國是憬悟到：這次若然參戰，就必須有（比越戰）更大的規模。所以有印度洋美艦分遣隊開回太平洋會合，有太平洋艦隊前哨開進東京灣，有冲繩島空軍及陸戰隊動員的準備。可以看出是要對付北越、監視中共。

（三）中共是「二仔底」

雖說中共集結大兵滇桂邊境，準備禦美軍北進：但外電報導北平「憂心忡忡」，更較屬事實。中共慣愛用韓戰來比例越戰，說美國「在韓敗北，在越必敗」。敗北固非事實，必敗也說不出邏輯。那只是符咒式，或夜行吹口哨，聊以壯胆而已。韓戰的軍火軍費，借自蘇聯；米格機實際上參戰。現在不但蘇聯無錢可借，大陸蘇式空軍配件尤感缺乏，那能同日而語？且不說戰事若一旦擴大到大陸，有引起革命及台灣反攻之虞。即使僅是長期在東南亞消耗，中共沒有蘇聯充股本，有什麼辦法跟美國拼賭注？何況毛澤東有一件最大的警惕：那便是萬一兵連禍結，勞師無功，內部發生齟齬困難，赫魯曉夫會不會乘機嗾使親蘇派倒毛，然後由他出面與美英法「勾結」，「與帝國主義和平共存」？

中共必不敢大打。共軍不敢深入印度，是一個前例。如要「立此存照」，共軍必不敢拿下永珍，即使它力能攻陷，當年美國出兵泰國，共軍即不敢席捲全寮，又是一個先例。

（四）美國的態度

毛澤東所謂「戰略上藐視敵人」，便是罵美帝「紙老虎」：「戰術上重視敵人」，便是避美帝，不敢與紙老虎接觸。否則，中共誇稱解放台灣，美國並沒有聲明協防金馬，中共何不拿下金門或馬祖？中共抗議美機侵境二百餘次，為什麼不打下一兩架來玩玩？

毛澤東論遊擊戰，說人民是水，遊擊隊是魚，隱喻如魚得水。這話只對了一部份，毛澤東的經驗中可能有過此種感覺，今日南越也可能局部有此情況。但南韓西德的「水」很多，為什麼沒有「魚」呢？毛澤東的軍事思想是「人海戰術」，强調遊擊隊和民兵，實則前者只優於破壞，後者也許在防止偷渡上有些用處。在赫魯曉夫看來，「不過是一堆肉」而已。

與中共作戰，如果是小規模的，它大有玩弄的餘地。若是規模有二次大戰中對德日作戰那樣大，不用原子彈，中共的毛澤東經典就會全部失效。

今日的東南亞問題並非中越寮共的猖獗，而是英國綏撫主義，法國中立主義，美國姑息主義所造成。美國如果覺得從西貢永珍撤退是太可恥及影响太大，那麼美國似乎應有堅決强硬的態度和手法。美國目前能强硬堅定，或者反而可以避免東南亞戰爭國際化。否則的話，必有一天要不國際化也不可得了。

（五月廿六日）

獨立存在性

孫寶剛

　　亞丹在伊甸園中，渾渾噩噩，一切依着上帝的安排，過着安逸的生活，無所謂快樂，也無所謂困苦。後來吃了智慧之菓，情形便完全變了。他覺得身上沒有穿衣服，有些羞恥了；他覺得太陽熱得很，及風霜雨雪之來，在在使他不舒適，所以感到需有一個房子了；他又感到毒蛇猛獸的可怕，和良辰美景的可愛。也許他也感到老是和夏娃兩個人在一起，太寂寞了。但是怎樣去做衣服呢？和怎樣起一座房子呢？我相信他一定經過了很長時間的思考和設計和工作，才把衣服和房子做了起來。使他才有閒暇來欣賞良辰美景，也才使他能防禦毒蛇猛獸。自此一天：爲着衣食住行工作着，並且不斷的設法改進，同時在工作之餘便欣賞着風景，或享受着他的工作的成果。這些成果，有的是他單獨做成的，有的是和夏娃合作做成的。等到夏娃生了兒女，情形更變了，以前的寂寞的感覺是沒有了，可也增加了許多新的麻煩。

　　上面的這一段話，當然是我杜撰的，世界上是否有過亞丹和夏娃作爲人類的祖宗，連我自己也不淸楚。不過，我要說明一個問題，就是亞丹吃智慧之菓的前後，有着顯然的不同。在有些人看來，亞丹眞是不該吃了智慧之菓，不然在伊甸園中，渾渾噩噩過一輩子都好。但另一些人却認爲，亞丹吃了智慧之菓才能眞正算是個人。渾渾噩噩地活着，不知喜怒哀樂，也不知道那些東西是太熱，那些東西太冷，有什麽意義呢？不是和木石一樣麽？吃了智慧之菓以後，固然要使你考慮，要使你肌肉勞動，天天要不停的工作，可是生活有意義了，世界的文明就是這樣進步的。

　　但今天我們，仍有許多人係亞丹一樣地生活在伊甸園中，一切受着人們的安排，但是也有些人，多少已吃了些智慧之菓，所以少是已有些智慧，所以在渾渾噩噩的生活中，有時也多少感覺到，人們所安排的這個生活，多少有些不對。不過他們沒有像亞丹這樣，日夜思考和繼續不斷的工作，以糾正這許多不對的地方。也許他們感覺到這個社會太大了，一個人生在社會之中，見到組織龐大的政府，高聳入雲的大厦，熙熙攘攘，到處是人，使他自己感到渺小，覺得無能爲力，他想起，一旦他起來改革這個社會，不是和所有的人和所有的力量對立麽？那麽，他一定成了一個非常孤立的人，必定使他更形困難。所以也祇有忍氣吞聲，同流合汚。他沒有想到：當他的祖宗亞當吃了智慧之菓以後，這就是說，他立時把神與他對立起來，也可說物與我分了開來，于是一切的一切都發生了問題，經過了繼續不斷的努力，才創造了他的世界。由亞當到今天已從原始的生活演變爲今天的文明世界，那是由于許多的往哲先賢，繼續着亞當的精神，將不合理的使其合理，粗淺的改爲精巧，才達到了今天這個世界，但當亞丹脫離了上帝，他的世界，以及往哲先賢的繼續爲眞理而奮鬥，他們在開始時，不也自己創造很孤立麽，不過，他們有着智慧之力在驅駛，所以沒有給無能爲力和孤立的恐怖所懾服，在理論上說，社會中沒有無能爲力之事，每一件事情在發軔時，總是由第一個人開始，那時他總是孤立的，假如他所提導是眞理，可以使這一個社會再進一步的，自然有第一二個人，以至千千萬萬的人來合作，于是初時認爲無能爲力的事，也就有能爲力了。

　　在心理學上說，每一個人有其獨立存在性。這種獨立存在性是依着一個人的成長而完成的。但有的人雖然到了老年還沒有完全長成這一個獨立存在性。我們看一個孩子，才自其媽胎中出生，那時他全無獨立存在性，一切依賴他的母親。漸漸地長大起來，才能離開他母親而學步，漸漸地可以自己在房內走動，但要等到他能和母親分房而睡，甚至能單獨出去旅行，那是要很久以後的事。有些人雖然到了成年，還不敢一個人單獨睡在一個房子內，或一個宇內過夜，這就是獨立存在性始終沒有完全養成所致。

　　我在抗戰期中，聽到人家說，在戰場上的士兵當在兩軍成了膠着狀態之後，剎那間發現了有利時機，能起而率先往前衝鋒的人是非常難能的。反之，當時機不利，第一個敢起而後退的，也是很難能的。一般的士兵，見到人家前進，他也前進，見到人家後退，他也後退。易言之，獨立存在性不是個個人能完全培養成的。不然的話，人人見到有利時機，便會人人不約而同的前進；反之，便會不約而同的後退。

　　不過話又說回來，在一個有訓練的軍隊，雖然不能說個個士兵，至少有許多士兵，一見時機有利，便會往前衝鋒，不利時，也會立定決心，不惜後退的。可見獨立存在性是可以由後天的訓練而漸漸養成的。

　　我們今天，生長在這個中國，也可說，生長在這個世界，應當改革的事，實在太多了。假如處處看到了自己的渺小，認爲無能爲力，而恐懼孤立，而不敢起而依自己所見到的而奮鬥，祇是忍氣吞聲，敢怒而不敢言，甚至怒也不敢，這即是證明了你的獨立存在性還沒有完全長成，也就是說你的人格沒有完全長成。

　　當我們聽到有人在批評你，沒有完整的人格時，你總是不高興的，可是你得問問自己，就獨立存在性有沒有完全長成，已可度量你有沒有完整的人格了。

再論十年來世界戰略形勢之基本變化

劉裕畧

　　我在五月十五日聯合評論（當時誤排爲五月廿二日）出版之香港版第二九三期，曾寫過一篇「美國應如何修改它的世界戰畧？」其中，我曾指出「今日世界的形勢却已完全變了。首先，蘇聯在今天已不再是能够領導全部國際共黨的惟一國家，在蘇聯之外，現在有一個中共在亞洲崛起，且已糾合了一部份國際共黨在中共之周圍。中共除已唱出了與蘇共和平共存相反的論調而外，甚至還在拉丁美洲非洲亞洲以及歐洲正在組織針對美國的國際性的反美統一陣綫，開展了各洲各國各地的顚覆與滲透工作。所以，今日世界戰畧形勢確已改觀，改觀到亞洲的戰畧地位已空前提高；同時，國際共黨對整個世界的威脅，亦已不再是以蘇聯爲惟一中心，而是以中共的挑戰性比蘇聯更高了」。但猶嫌語焉不詳，故再寫本文加以申論。

　　事實上，二次大戰後的初期戰畧形勢如何？近期戰畧形勢如何？確實是一個關係極大的問題。如果自由世界各國，尤其是領導自由世界的美國，對此初期戰畧形勢與近期戰畧形勢之變化，無所認識的話，那對於整個自由世界，便將是極嚴重的危機。而且，如果美國對初期的戰畧形勢何以變到近期的這一戰畧形勢，缺乏認識的話，那末，美國的世界戰畧畧便必然不完整，美國的世界戰畧部署便必然有漏洞。而在我看來，美國的現行戰畧部署便正是不完整，便正是存在着這種漏洞的。這可以列舉今日世界現存的三大防衞公約的各種漏洞來證明。

　　北大西洋公約、東南亞公約及中東公約是現存的三大防衞公約。其中美國雖未正式參加中東公約，但美國曾與參加中東公約的四個國家中的每一個國家——伊朗、土耳其、巴基斯坦、英國——都分別訂有防衞協定，且美國雖不是中東公約的會員國，可是，美國却參加了該公約的每一個委員會，故把中東約與北大西洋公約、東南亞公約同認爲美國世界性圍堵戰畧思想之產物，絕無不當。因爲自第二次大戰結束後，世界上出現一個與第一次大戰前第二次大戰前都不同的戰畧態勢。第一次世界大戰前，德國是向外積極擴張的國家，第二次世界前，德國也是向外積極擴張的國家，所以，第一次世界大戰及第二次世界大戰，許多國家都以德國爲作戰對象，當時之世界戰畧形勢，也就是以德國爲中心對象所形成。第二次大戰結束後之初期，世界戰畧形勢發生了與第一次世界大戰前及第二次世界大戰前都絕然不同的變化。因爲第二次大戰後，自由世界不再是以德國爲作戰對象之中心，而是以蘇聯爲作戰對象之惟一中心，因爲二次大戰結束後，德國戰敗，再也不能威脅世界，繼德國而威脅世界者，非德國，乃蘇聯。且蘇聯比當年之德國更兇惡，世界各地更有聽命於克姆寧宮之國際共黨作蘇聯之第五縱隊，何況，蘇聯更於二次大戰末，進軍東歐，製造了東歐各共產主義衞星國，史大林當時且更欲乘虛在歐西兩洲擴張，所以，美國便根據其世界性的圍堵政畧與圍堵戰畧以蘇聯爲對象與自由世界中許多國家簽訂了若干雙邊的與集體的防衞協定，更在世界各地保有或新闢數以百計的海外戰畧基地。總括其目的，可以說，都在圍堵蘇聯，却不是圍堵中共。而近期的世界戰畧形勢却已變化，正在向自由世界進行小型熱戰以及種種滲透顚覆工作的，已經不是蘇聯，至少不是只有蘇聯一個國家，而乃更有一個比蘇聯更好戰的中共，而以往的美國戰畧都不是針對中共的，所以，我們可以指出以往的一切協防公約，均已過時，且未能根據近期的世界戰畧態勢，針對中共而另作世界性的戰畧部署。因此，這也可以說是今日美國在世界戰畧態勢方面的重大漏洞和基本缺點。

　　當然，也許有人會說美國以往的世界戰畧部署雖以蘇聯爲作戰中心，但亦未嘗不可移用以對中共。殊不知，這是極膚淺之談。因爲美國之世界戰畧部署，并不是可以隨便移用的。蓋任何戰畧部署，必先有假想敵，在此一戰畧部署之成員中，又必須每一成員皆有對此一假想敵之共同敵愾心才行。北大西洋公約之成員範疇都在歐洲，其不足以移而對付中共，其理至明。中東公約原亦并非針對中共者，況中東公約中之巴基斯坦今已勾結中共，東南亞公約，以地區言，似乎最易用以對付中共，但東南亞公約成員國中之法國最近又與中共勾結，且法國對東南亞地區之態度，另有迎合中共之中立主張，試問東南亞公約又何足以對付中共？

　　基於以上種種原因，我以爲美國應重行檢視近期世界戰畧態勢之變化，確認中共爲今日美國世界戰畧作戰對象的一個中心，聯結亞洲諸反共國家，另訂以中共爲作戰對象的亞洲協防系統才是。因爲中美協防條約是不夠對付中共的。

中共軍隊參加寮戰被俘

綜觀

中共的窮兵黷武政策，最近越來越猖狂了。這未免是對美國那些幻想中共將會改變的人的一種重大諷刺。可不是嗎？中共最近除了在拉丁美洲訓練游擊隊，在剛果共和國指揮武裝叛亂以外，又正式派兵參加寮國的內戰，滲雜在寮共軍隊中，在寮國作戰了。這可以從寮國反共軍隊最近在寮北俘獲兩名中共軍隊官兵一事足以證明。

據合衆社五月廿三日永珍電：「親右翼的苗族人，已在寮國北端的豐沙里省，俘擄兩名中共軍。可靠人士報導稱：這兩名中共軍是於五月八日在孟新附近被俘的。雖然長時期來流傳着未證實的報導說中共顧問們正在協助親共的巴特寮，但這是中共軍隊違反日內瓦協定，在寮國出現的第一次確實的證據。被俘的中共軍在過去三日內因於北汕的國家陸軍部，苗族人從北部經過二百餘英里將他們帶到上述地點，北汕在永珍東面，這些部落民族將該中共俘虜帶返右翼的領土。苗族人向來是右翼部隊的朋友，他們亦是卓越的游擊戰鬥員。可靠人士說：兩名中共軍中一人是軍官，另一人是軍士。兩人年齡皆爲二十餘歲，被俘擄時，他們身上都穿着共軍製服。不過，現在，他們的文件已經拿走，而且也已經換了服裝，他們現在穿的是美製寮軍製服。根據同一位人士稱：在塔通所進行的戰事中，并鹵獲許多有中共標誌的武器。塔通是在永珍東北一百三十里」。

合衆社同日永珍電訊又說：「同時右翼部隊并俘擄一名年輕的巴特寮士兵，據該士兵說：他在共黨北越當司機，他顯然能講流利的越語。中立派總理富馬最近展示一文件，他說從這些文件中，可以證明，在巴特寮部隊中有北越軍隊的存在。中共與北越皆爲一九六二年日內瓦協定的簽字者，該日內瓦協定會規定禁止外國軍隊侵入寮國」。

由此可見，中共軍隊及北越軍隊都在與寮共勾結，從而違反了日內瓦協定，以幫助寮共作戰而侵入了寮國。中共軍隊有兩名官兵被俘，這是中共積極入侵的鐵的證明。

本來，中共的向外擴張政策，原本不必此類鐵證就早已明白了。但值得驚奇的，是美國國內竟還有部份政客幻想與中共妥協，這說明如果不是他們無知，那末，其中必有共諜從中操縱了。

大陸簡訊

中共外蒙關係益趨惡化

隨着中共與蘇共關係之進一步惡化，中共與外蒙之關係也更趨惡化了。

據泛亞社五月十八日東京電：「中共與外蒙之間的關係，最近顯益形惡化。過去三天內，雙方均曾互相攻訐。蘇聯塔斯社自外蒙首都發出之報導，謂外蒙當局已就中共在外蒙散發宣傳品事，提出抗議。新華社同日則謂：三批中共工作人員，由於外蒙當局要求，本月內已返回中國大陸。僅建築方面之返回中國大陸者，已有九批，共一千九百五十人之多。塔斯社昨日復自外蒙首都報導，猛烈抨擊中共阻擾蘇聯參加未來亞非會議之企圖」云。

看毛澤東碍於蘇聯在外蒙之淫威，只敢派人到外蒙散傳單，而不敢派軍隊去散發子彈，以收回外蒙，可見毛澤東畢竟還是沒種。

中共與高棉開闢航空線

緊接着中共與巴基斯坦開闢了航空綫之後，中共又與高棉（柬埔寨）開航了。

據中共新華社五月十九日金邊電：「金邊——廣州國際航綫今天正式通航。柬埔寨王家航空公司第一班客機今晨七點三十分從金邊機場起飛」。

另據中共五月十九日北平人民日報爲此所發表的社論說：「這條航綫是中柬兩國之間的一座空中的友誼橋樑」。「它將有助促進兩國的經濟和文化的交流」。

人民日報社論還說：「廣州——金邊航綫將經過河內，這對於加强中、柬、越三個兄弟隣邦的友好合作也見有重要的意義」。人民日報的這一番話，顯然透露了這一航綫之開航，實更便利了中共對東南亞尤其對越南及高棉的經畧咧！

中共尼泊爾簽最惠協定

中共修往尼泊爾的戰畧公路正加緊槍修，將於今年年底通車，於是中共與尼泊爾之間的貿易協定也簽訂了。

據路透社加德滿都五月十九日電：「尼泊爾與中華人民共和國，今天簽訂了兩國間第一個貿易協議，規定兩國間的全部貿易都享受最惠的優待」。

可憐的小國尼泊爾有什麽多餘物資輸往中共呢？當然是沒有的。今後顯然只會從中共輸往極多的物資。所以，事情極顯明，今後將獲得「最惠國」優待的實際利益的，決非尼泊爾，而僅僅是中共而已。尼泊爾開門揖盜，這是第一個證明。

中共以巨欵貸給怯尼亞

爲了實現毛澤東的對外擴張政策，中共最近又不惜人民血汗貸了一筆巨欵給怯尼亞。

據奈羅比五月二十日法新社電：「在奈羅比發表的官式公佈中稱：中共給予怯尼亞一項六千五百萬瑞士法郎的免息貸欵。同時有三百萬美元是贈送的。并供給專家及技術人員」云。

中共對內展開整肅運動

每隔兩年整風一次，是毛澤東排除異己，鞏固對內控制的一項重要法寶，據西德國際新聞社五月十三日說：許多跡象顯示，中共黨內牽涉到高級幹部的一項重大事件，即將產生。整肅解職或其他方式的威脅，已降臨到一千七百萬中共黨員身上。即使中共的高級幹部，亦無從倖免云。

毛劉盛大招待蘇丹元首

對於非洲和拉丁美洲的執政者，中共正在全力爭取。周恩來前次訪問非洲時，曾邀若干非洲國家的執政人物訪問中共，雖遭到不少人的拒絕，但也有人應邀前往。爲了籠絡這些應邀訪問的人，中共是出全力來盛大招待的。對蘇丹元首就是明顯例子。

據中共「中國新聞社北平十七日電：「劉少奇主席舉行盛大宴會，熱烈歡迎蘇丹共和國武裝部隊最高委員會主席、部長會議主席易卜拉欣．阿布德將軍。黃必武副主席、朱德委員長、周恩來總理等出席了宴會，陪同阿布德來訪的重地蘇丹貴賓也出席了宴會」。隨後，阿布德回宴中共請頭目時，毛澤東本人也特別前往親自出席。所以，一方面威迫利誘，一方面滲透顛覆，正是中共目前對亞非拉丁美洲諸小國同時使用之陰險手段哩！

僑鄉近訊

鍾之奇

中共尊毛澤東爲廣州榮譽市民

隨着中共對毛澤東個人崇拜的製造，最近，中共又在廣州鬧了一個新花樣，要尊稱殺人魔王毛澤東爲廣州市「榮譽市民」。

據中共廣州出版的羊城晚報一篇署名楊子羣所寫的文章說：他們之所以要尊稱毛澤東爲廣州榮譽市民的理由：

第一，是一九二三年毛澤東曾在廣州參加中國共產黨第三次全國代表大會，當選爲中央委員，并且還同陳獨秀張國燾等作了鬥爭。

第二，是毛澤東曾於一九二六年在廣州市中山四路，番禺學宮辦過農民運動講習所。

第三，是毛澤東曾在廣州寫這「中國社會各階級的分析」一文。

閩共强迫工人學習毛澤東思想

據四月二十四日北平出版的中共工人日報說：中共福建省總工會最近已決議要「動員和組織職工，高舉毛澤東的思想紅旗，把增產節約，推向新高潮」。

又說中福建省總工會主席何苹最近曾規定：一、要有計劃地組織廣大職工學習毛澤東的著作；二、要經常的抓職工的活思想，并運用毛澤東的思想來解決他們的思想；三、大抓基礎工作，實行雷厲風行的革命化作風云云。

閩粵共軍衣服破濫不堪

對於共軍之衣食等待遇，毛澤東本來向予以重視。因爲毛澤東深深知道軍隊是他打天下的惟一本錢，也是他鞏固統治的惟一本錢。但因爲大陸物資缺乏之故，所以共軍的待遇也不得不減低了。現在分駐大陸各地的共軍，已奉令嚴格節約。中共駐在廣東各地的共軍，亦常見其衣服破濫了。

對此，廣州出版的中共羊城晚報最近，曾有透露。它說：「黃元奇已搜羅了一大包破布，學起裁縫活來。遇到困難，他就到市裏縫衣店求師學藝，回來又苦學苦練，從此他就成了連隊的義務補衣員」。

羊城晚報又說：「從一九六〇年到現在，黃元奇利用工餘和假期，爲戰友縫補了二千八百多件衣服」云。

福州茶館專講紅色故事

茶館本來是人民休息或與人談話的地方，但中共認爲如果不把茶館控制住，則很容易從茶館滋生反共思想。另一方面，中共認爲如果把茶館控制住，則更可借此傳播赤化思想。因此，中共便對大陸各城市的茶館都予以設法控制了。最近出版的北平工人日報說：各地茶館裏常有人說書或評話，「將會產生非常惡劣的後果，會被引導到脫離改治的資產階級方向去。甚至會被資產階級思想或封建主義思想所侵蝕」。該報因此說到福建省福州市的一般人民常到茶館飲茶。中共福建市黨委會遂決定「要佔領這一陣地」，并且在這一陣地實行「一抓到底」的辦法，由中共福州市黨委會派大批「故事員」，常駐各茶館，專講「雷鋒」、「不朽的王孝和」、「二七烈士林祥謙」、「地下航綫」等等「革命鬥爭」故事云。

福建一萬四千隻漁船出海捕魚

自毛澤東命令大陸工農業生產單位一律學習解放軍，并把軍事上的集中殲滅戰術推行於生產第一綫後，大陸各地工農業便出現了人力集中與工具集中的現象。大陸沿海的漁業生產情形，也是如此。

何況漁業生產是可以換取大量外匯的一種生產，而外匯正是中共現時所最缺乏之的。故每到汛期，中共設在大陸沿海各地的漁業生產機構，便强迫漁民出海作業。

據中共「中國新聞社」五月二十日福州電：「福建漁區今年春汛生產規模比往年大，汛期投入生產的漁船有一萬四千多隻。僅頭三個半月，就收獲各種魚、蝦、藻等水產品一百一十三萬八千担」云。

但閩粵廣大僑鄉之漁民生活仍然極苦，因爲所有收獲都被中共搜刮去了哩！

印尼經濟新例能挽救危機嗎

·梁·

印尼政府當局的高級官員最近曾透露過：一九六三年十二月印尼貨幣的流通額是一千三百六十億盾。三個月後，到了今年三月，僅僅三個月的時間內，竟增加至二千八百億盾。由此可知，印尼的通貨澎脹情況確是已隨着蘇加諾「粉碎馬來西亞運動」的加强而愈益擴大；這正反映出印尼政府發動侵畧性的「對抗馬來西亞政策」後自食的惡果。——印尼經濟崩潰的危機，顯然是與日俱增了！

然而野心勃勃的蘇加諾仍是執迷不悟，他更否認印尼經濟危機是由於對抗馬來西亞政權所引致，而花言巧語地把這危機推在和荷蘭發生西伊里安島糾紛這一事件上。他說：由於那一次糾紛，印尼動員了全國的人力物力，以致引起了通貨澎脹。又說：釀成經濟危機，為着調整印尼經濟，去年五月曾頒佈經濟法令，打算於收回西伊里安島後把通貨收縮，納經濟生產於正軌，可惜這項計劃，竟告失敗，而失敗的主因，是由四億美元外援並未拿得到手，於是通貨繼續澎脹，以迄今日，已到了難於收拾的程度。——蘇加諾的意思，顯然是要把「對抗馬來西亞」的惡果推開，而把經濟危機的禍根轉移到另一件身上。可是，這又怎能掩得住印尼國內外人士雪亮的眼睛？

這是擺在目前的事實：印尼的出口貿易，過去是有百份之八十是靠星馬轉口，同時也靠星馬的轉口貿易來調整印尼國內經濟。但自蘇加諾宣佈「對抗馬來西亞政策」後，星馬立即斷絕的貿易關係，於是，印尼的經濟首先受到重大的打擊。跟着，由於美國支持馬來西亞，反對印尼的無理取鬧，遂於去年九月削減對印尼的援助，因而更在印尼的國家經濟中發生了波動，使印尼去年五月所宣佈的經濟法令頓告失效，輸出停頓，生產減少，惡性的通貨澎脹隨即日趨嚴重。這正是印尼經濟的致命傷！

抑更有可慮者：美國不特削減對印尼的援助，將來直截了當的終止援助也極有可能哩！目前美國國會議員中反對蘇加諾侵畧政策的，已向政府增加壓力，要求斷絕對印尼的經援；而負責遠東事務的助理國務卿廉班第也曾經暗示過，終止援助印尼已在考慮中。

印尼政府早就已意料到去年五月所頒行的經濟條例可能帶來痛苦，但想不到隨着對抗馬來西亞而來的通貨澎脹更動搖了國本，以至民不聊生！

蘇加諾企圖挽救這危局，於是在今年四月府又宣佈了另一項新經濟條例。然而這經濟新例，能够獲得預期的效果嗎？

該項經濟新例的容，主要的有下例三項：（一）規定印尼盾對美元的基本匯率為一比四十五盾；但輸出商的輸出所得，則以一美元值二百五十盾計，另給輸出商獎勵外滙百份二十；此外，為提高生產，對自行生產自行輸出者，另外附加配額外滙百份之五。（二）修改輸入品的稅率，劃分為五組，甲組為日用必需品及供國內生產用的主要原料，徵稅百份之十；乙組為消費的必需品，微稅百份之五十；丙組為非必需品及其主要原料，百份之百；丁組為半奢侈品，百份之三百；戊組為奢侈品，百份之八百。（三）控制物價，將由政府派員監督，規定物價的數字；物價的計算，根據生產費及輸入費，加上正常運輸費與合理利潤為標準。

從上列的要點來看，所謂經濟新例，祇是治標的方法。

治標的方法，怎能挽救得其經濟危機？

蘇加諾漠視了印尼經濟危機的基本原因完全是由「侵畧行動」迴發出來，如果蘇加諾一日不停止對抗馬來西亞，則印尼一日不能減少其軍事動員的消耗，和不能恢復後其對外貿易的受益；那麼，印尼的經濟危機，又怎能消除得來？雖然蘇班德里奧的解釋把這危機說成是一種「戰爭時期的經濟動態」，但這只是自欺欺人的說法。生產停頓，輸出銳減，粮食鬧荒、通貨澎脹，還不是經濟危機嗎？這危機，今日仍牢牢地籠罩着整個印尼！

急待改善的台灣教育問題

郁　民

台北通訊：台灣教育的發展，自台省光復迄今，教育在量的方面確有很大的發展，在質的方面也有相當進步，但這並不是說台省教育已做到了質量並重和均衡發展的階段。這只能說明政府當局對台省教育盡了很大的努力而已。

據教育界人士的分析，台省正由農業社會進入工業社會的階段，就人口增加率而言，每年平均為千分之三十五，為一般農業國家最高的人口增加率，但學齡兒童的就學率已達百分之九十六以上，接近一般工業國家學齡兒童就學率的最高標準。換句話說，台省目前是農業國家人口增加率，相反的，却有着工業國家的學齡兒童就學率。這就是目前台省教育困難問題的癥結所在。

教育困難的主要原因有兩項；一是教育經費籌措困難。二是師資有待提高。例如以教育經費來說，我國既不能仿照英、美等國可向地方人士徵收教育捐稅來充裕財源，也很少有人像歐美國家人民自動捐出大部欵項或遺產稅來興辦教育事業，我國只有在政府預算內列入一部份教育經費。雖然在我國憲法上規定有省縣市教育文化經費應佔總預算最高比率，但因總收入有限，教育經費實際分配數額不多，自難應付因學生人數增多，而必須增設大量學校以容納適齡學童的需要。

在此一情況下，政府設立學校愈多，則每校所獲分配的經費就愈少，學生招收得越多，學校所發生的困難就越大，政府每年雖勉力增設了若干學校，擴充了很多班級，但因經費缺乏，設備不足，自難免不影響到一般教育的水準。而且台省教育正由於擴充過速，需用大批教師，以致目前初級學校所感到的困難，不是優良教師的選擇問題，而是能不能聘到足够的合格教師問題。專家認為量的過速發展足以影響素質的提高，但需權衡輕重緩急，針對實際需要以謀發展。專家表示，國民教育是義務教育，兒童到了學齡，政府應有使他們接受國民基本教育的義務，各校畢生，志願升學者，如其身心健全，學能達到某種標準，政府也該儘可能使他們有接受較高教育的機會。設立足够而又優良的學校，固然是教育施政的目標，但在有限的財力人力的條件下，我們只能先求其有，再求其好，除了政府多設公立學校外，並須積極鼓勵私人興學，以減輕政府教育經費籌措困難的問題。

很多教育專家覺得今天台省各級學校所採用班級制度，頗像一般工廠「大量生產」的辦法，一位教師要教育幾十個學生，以求合於經濟原則，然而教育事業與生產事業不當相同，教育效果的大小，往往與教師所教學生人數的多少成反比例，這就是班級教學「大量生產」的經濟原則，與因材施教的「個別指導」的效果原則發生衝突的地方。

目前台省各級學校學生人數太多，一校多至五、六十班，甚至有一百班以上者，一班人數多至七、八十人，幾乎校長認不清教員，教師認不清學生，我國傳統的教育理想首重氣質，尤重品德教育，教師應以身作則，潛移默化，對學生應個別指導，因材施教，但一般學校多無宿舍，使學生僕僕於途，到校即上課，下課即離校，教師與學生個別接觸機會甚少，自難獲致因材施教潛移默化的效果。有些學生家長及社會人士批評目前的學校，僅是販賣知識的場所，忽畧了學生品德的陶冶，在目前學校班級人數太多及讀通學的情形下，實很難加以避免的不正常現象。

至於一般士大夫的傳統觀念，對政府發展生產教育的政策，亦產生了極大的阻力，他們說，政府近年來特別注重生產教育，職業學校增班很多，但是很多職業學校招不到學生，而普通中學則發生激烈擁擠現象，分析起來，乃是我國社會傳統的士大夫的觀念所造成。數千年來讀書人所講求的只是考據，詞章或心性之學，對於實用謀生技能視為雕蟲小技，加以科學制度的影響所及，多數人抱着「勞心者治人，勞力者治於人」的心理，造成今日升學主義的現象，這可以說是教育的歷史病，所以目前有許多家長，不顧及子女的智力與社會需要，只盼子女取得一紙大學文憑，就可以光宗耀祖。誰知畢業後因無一技之長，而寧願到鄉公所去當一名書記，用非所學，而國家經濟建設需用大批技術人員，但許多設備完善的職業學校，却無人前往投考，這眞是國家財力與人力的大浪費。

以下種種都是影響台省教育「量」與「質」的因素，所以教育專家認為，國民教育為義務教育之基礎，初中可視為義務教育之延長，根據先求其有，再求其好的原則，均應首重「量」的發展。

國民教育方面，今後應視政府財力之所及，進一步提高兒童就學率，並積極設法解決國民教育中現有之各項問題。中學方面，應逐步實施省辦高中，縣市辦初中的原則，以達到一鄉鎮，一初中的目標，作為延長義務教育的準備。高中為升大學之預備階段，應以質，量並重為原則，為提高一般教育水準，今後對增班設校，政府必須予以適度的限制。

專科教育，職業教育，師範教育，則因各有其特殊功能，亦須在質，量並重的原則下，分別配合經濟建設及各校師資需要情形，作適當的發展。

大學為人才教育，故應「質」重於「量」，力求充實內容，提高實質，俾能其正負起研究高深學識，以達到培養專門人才的使命。不過，政府若不從增加教育經費着眼，教育專家們的意見雖好，亦屬枉然。

本刊已經香港政府登記

聯合評論 週刊

每逢星期五出版

United Voice Weekly

第二九六號

CHINESE-AMERICAN PRESS, INC.
199 CANAL STREET,
NEW YORK 13 N.Y. U.S.A.

『必也正名乎』

左舜生

要問「反攻復國」有無可能，先要問中華民國這一觀念有無在一般國民心中復活的可能。

據中山先生自述，他是在光緒三十一年（1905）「中國革命同盟會」成立以後，才敢「定立中華民國之名稱」，也才敢要他的黨員們「各回本省，鼓吹革命主義，而傳佈中華民國之思想。」中山先生所說的「革命主義」，亦即所謂「中華民國之思想」，其最初的輪廓，原是很簡單的。

中山本人用文字說明他的「民族」，「民權」，「民生」「三大主義」，是從「同盟會」的機關報「民報」第一期的發刊詞開始的。

所謂「三大主義」最早的簡單解釋，就是「同盟會」十六個字的口號：「驅除韃虜，恢復中華」，便是當時中山心目中的「民族主義」，「建立民國」，便是「民權主義」，「平均地權」，便是「民生主義」。

「三大主義」最初本是一個一個獨立的，把它們聯在一塊，叫作「三民主義」，這是共產主義已在中國開始宣傳以後的事。至於望文生義，把林肯的「民治，民有，民享」這頂帽子，套在「三民主義」的頭上，這是現行中華民國憲法的第一條，當然更是民國卅六年以後的事了。

在「三民主義」這個名辭流行以後，乃有人著書立說，發揮這「三大主義」的聯環性；也有人去找「三民主義」的「哲學基礎」，這些都是後起之義，與中山先生最初提倡這三個主義的意思，原沒有何種關係。

當中山先生準備聯俄容共的時候，他確會說過：「民生主義就是社會主義，一名共產主義。」在我想來，這大致只是中山的一種策略，目的在使共產黨人了解：「你們的那種貨色，我這裏也是有的，只要你們願意和我合作，將來成功以後，自然有你一份。」這個意思是想把共產黨拉入國民黨的範圍，而不必獨立門戶。所可惜的是共產黨決不願這樣做。十三年毛澤東由廣州到上海，他便明目張胆，要憚代英，鄧仲夏多拉少年中國學會的會員參加在他們的一邊，他的理由乃是：「中山的病已經不容易好，只要大家通力合作，便斷然可以取國民黨而代之！」

以我記憶所及，在中山去世前，「黨軍」一名辭已經出現；至於「黨國」這個稱謂，以及「黨權高於一切」這一口號，好像是在蔣先生北伐告一段落以後才開始有的。既曰「黨國」而「黨權」又「高於一切」，則自自然然要走上一黨專政的「黨治」，毫無疑義。更可惜的，乃是中山所謂「以黨治國，乃是以黨義治國，並不是以黨人治國」（大意如此）這個意思，也早被國民黨拋到九霄雲外去了。

由中山先生主張一時期的「訓政」變成長期的一黨專政，便非永遠把全國國民看成「阿斗」不可；而一個長期專政的黨，更非在黨內陸續產生無數的「大諸葛」「小諸葛」不可。證以三十多年來的事實，則不僅「阿斗」不甘心永作「阿斗」，而且在他們中間產生了無數的黃巢、宋江、李自成、張獻忠……之流；在一個專政的黨內，自命為「大諸葛」「小諸葛」的誠然也很多，可是真正能夠「開誠心，布公道」「鞠躬盡瘁，死而後已」為「阿斗」效忠的，究竟是太少甚至一個也不會發現。而且也自認為「諸葛」的，其排他性往往都很强，於是黨內派系分歧，互不相下的事實，也一定非陸續出現不可。等到這種事實不斷出現，一個必然的歸宿，便是許多較小較弱的「諸葛」相繼消滅，而一個較大較强的「諸葛」巍然獨存，於是獨裁與極權也就自然成了事實的需要！獨裁與極權的態勢一經形成，於是個人崇拜的提倡，與繼任人選的角逐，也必然要相因而至。我們細看國共兩黨內部，在這三十多年來所演出的許多往事，不是一一如我所分析的一樣嗎？

自從大陸易手以後，以前所謂「黨軍」「黨國」這類的名辭，「黨權高於一切」以及「實為黨便」的這類口號和流行語，好像已經不甚「吃香」，可是默察這十五年來國民黨在台灣的一切措施，其比較過去確有不同的例子，我依然難於列舉。

中華民國現在已有一部三十六年公佈的憲法，而大家且覺得這一部艱難締造的法典，非共同加以維護不可；則憲法第一條，既已有「民治」字樣的規定，而第二條的全文，且明白確定為：「中華民國的主權屬於國民全體，」則「黨國」作風為憲法所不許，自屬事理之當然。

現在大家都在高唱着「反攻復國，」或「反共建國」，究竟所要「復」所要「建」的，到底是中華民國，還僅僅只是一黨的「黨國」，假如確係前者，則每一個國民都屬「義不容辭」；假如僅屬後者，則大家確實「愛莫能助」。孔老先生說得好：「名不正則言不順，言不順則事不成」，我們對「復國」「建國」既期其必成，所以我覺得有若干事項，必須由號稱行憲的國民黨首先實現。這些事項究竟是什麼呢？

一、「人民身體之自由應予保障。」（憲法第八條）這一條在今天的意義，即不許以「莫須有」三字，隨意入人於罪。

二、「人民有居住及遷徙之自由」。（憲法第十條）這一條的意義，即除共黨或共諜以外，不許再特定某某人不許離台，或某種人不許入台。要離台或入台，又非經過偵察或煩難的手續不可。

三、「人民有言論，講學，著作及出版之自由。」（憲法第十一條）這一條的意義，即指日報不許出版太多，定期刊物可以輕微過失隨意勒令停止出版，海外反共或對政府偶有批評的刊物即不許入台，都為憲法的精神所不許。

四、「人民有集會及結社的自由。」（憲法第十四條）這一條的意義，乃是必須讓人民自由組黨，即已有的任何黨派，也無須得到黨國的承認為合法。……

凡此，都是「卑之毋甚高論，」國民黨果有自救救國的勇氣，像這樣一種起碼的改革，似乎是可以開步走了。

毛澤東對召開國際共黨大會採拖延戰術

劉裕畧

自赫毛個人衝突引致中蘇共黨衝突後，赫魯曉夫固欲以黨作工具來打擊毛，毛亦欲利用黨作工具來打擊赫。而從速召開國際共黨大會以制裁毛所領導之中共，則是赫魯曉夫及所領導之蘇共對付毛及中共的一項重要手段。

赫魯曉夫及蘇共之所以認定從速召開國際共黨大會是制裁毛共的一項重要手段，是因全世界共約九十個國際共黨中，有七十五個左右是支持赫共的。明白支持毛共的則只有北韓、北越、日共、印尼共、新西蘭共黨、阿爾巴尼亞共黨及秘魯共黨等而已。在全世界約九十個國際共黨中，支持毛共的畢竟只是少數。所以，赫共老早便有從速召開此一大會之意。但由於下列三大原因，這一大會仍未能迅即召開；一、是意大利共黨極力勸阻赫共；二、是羅馬尼亞共黨與蘇共若即若離，且有站在中蘇共之間，另成第四勢力之模樣。（另外三個勢力是蘇共、中共、南共）。三、是此一會議召開後，若中共不屈服，則中蘇共勢必澈底公開破裂，而這是蘇共在可能範圍內要予避免，不到萬不得已時，不採取此一步驟的。而目前的各種形勢却已發展到迫使赫共非從速召開此一國際大會不可的時候，因為長此下去，形勢將對赫共更不利，而毛共則可能日趨强大，在國際共黨中轉而支持毛共的將愈來愈多，這使赫魯曉夫本人及蘇共中央最近不得不下決心，不得不拋棄意共之勸阻及羅共之依違，而斷然召開此一會議。此所以蘇共中央於今年三月七日致函中共時，即明白提議中蘇共在今年五月舉行兩黨會議，並且還要在今年六七月間即行召開「全世界兄弟黨國際會議」。

但正由於前面所說，目前召開國際共黨大會只對赫共有利，而對毛共不利，所以，毛共便對赫共的這一速戰速決戰術，採取了與赫共相反的拖延戰術，這從中共中央五月七日給蘇共中央的信，可以充分看出來。該信說：「照目前的情況看來，不僅今年五月舉行中蘇兩黨會談是不可能的，就是今年十月舉行也太早了。我們認為中蘇兩黨會議以推遲到明年上半年，例如明年五月較為適宜。到那時候，如果中蘇兩黨任何一方認為時機不成熟，還可繼續推遲舉行」。

赫共原想先在形式上與中共在今年五月先舉行兩黨會談，不管會談成不成功，都立即在六七月舉行國際共黨大會。殊不知，毛共却不上當，來個你急我不急，先把所謂兩黨會議作了不明確的拖延。

跟着，毛共又額外生枚，認為要舉行國際共黨大會，除了必先舉行中蘇共之間的兩黨會議之外，又須對國際共黨大會舉行籌備會議。中共並且提議「以阿爾巴尼亞、保加利亞、匈牙利、越南、德意志民主共和國、中國、朝鮮、古巴、蒙古、波蘭、羅馬尼亞、蘇聯、捷克斯洛伐克、印度尼西亞、日本、意大利和法國的兄弟黨」來担任籌備工作。這當然不是蘇共所能同意的。因為中共這一提議，把許多支持中共的國際共黨都列在內，無異明白告訴蘇共，除非由我中共及支持中共的兄弟黨來操縱籌備工作，否則，我就不參加。

隨後，蘇共對此提出反建議，認為應將籌備委員擴大為二十六國的兄弟黨。但中共只同意在原則上可以擴大，却不同意蘇共所說的二十六個兄弟黨。

不僅此也，毛共現在最怕的就是赫共不管毛共的態度如何，先自籌開國際共黨。所以，中共中央給蘇共中央的信又威脅蘇共說：「不應該也不允許由任何一個黨或幾個黨，違反兄弟黨協議的原則，片面地決定召開全世界一切共產黨和工人黨的代表大會。這樣做是非法的，完全錯誤的，會引起嚴重的後果」。

總之，毛澤東及中共對赫共所提議的召開國際共黨大會，採拖延戰術，已極明顯；中共所謂籌備會議，亦需四五年時間，更說明蘇共縱然同意中共所提十七個兄弟黨作籌備委員，則四五年內，這一會議也還只是在籌備期間，仍然不能正式開成的。而赫毛二人現時均已年屆七旬，來日無多，他們兩人都能再活四五年嗎？如若不能，那末，他們兩人在世之日，將永無召開這一會議的可能了。毛澤東不想在他自已有生之日，被赫共所召開的國際共黨大會予以處分，其意實已甚明。

除非形勢來一個突變，在二三年內，多數國際共黨都叛離莫斯科，轉而支持毛共，那末，毛共當然也會轉變到要立即召開國際共黨大會了。然而這一可能是不多的。

另外，除非赫魯曉夫及蘇共中央斷然決心揚棄現行步驟，不管中共參不參加，都單獨或協同其它幾個兄弟黨舉行國際共黨大會，那末，此一對赫共有利的國際共黨大會才會開得成。否則，在毛澤東的拖延戰術下，赫共所想召開的這一國際共黨大會，看來是顯然難於開成哩！

我對尼赫魯的觀感

孫寶剛

我在十幾歲的時候就讀過尼赫魯的自傳，但因時隔太久，已想不起自傳的內容說些什麽。現在祇記到幾個片段。我記得尼在監牢內還天天運動，並在監牢內寫了一連串的信給他的女兒教她歷史。尼的父親是一個大富翁，也是一個英國紳士式的大律師，是一個非常成功的大律師。初時他並不贊同尼參加甘地獨立運動，後來受了他的兒子的啓發，成了非常積極的獨立運動者，以他當時在印度的聲望能力，和擁有的財產，所以他對于參加獨立運動，是作了非常大的貢獻的。他後來還死在獄中。

我還記得在尼的自傳中，他一再提起甘地對許多運動的處置他非常不贊同，常常使他徹夜苦思，不能寐，但是最後總是因爲他信仰甘地的緣故，放棄了自己的意見，服從了甘地的意旨去做，而結果也常常證明甘地的處置是正確的。

來港以後，我去過兩次印度，可是並沒有和尼晤面，因爲我來往的朋友，以印度社會黨的人居多。有一次在談天中，偶然談及尼赫魯，我就問尼是怎樣一個人？那位印度朋友說（我也忘記了他是誰）尼是一個混合體，在尼的思想中，有社會主義的思想，但也有資本主義的思想和帝國主義的思想，以及許許多多思想，他在不同的時候和場合表演不同的思想，所以尼是一個混合體。

這十幾年來，尼在世界政台上確做成了一個重要的人物。可以說在亞洲的歷史上從沒有產生過這樣一個世界性的重要的人物，當他領導亞洲國家倡導和平五原則和不結盟原則，確是使世界政治因他而發生了極大的影響，又當他把中共捧得高高的時候，中共確因他而在國際上提高了地位。這固然是由于印度的亞非的重要性，但是尼赫魯的個人的智慧能力以及品格，確也是使亞非國家在世界舞台上起很大作用的主要原因。

不過話又說回來，我一方面固然不否認尼在世界政治舞台上所起作用之重要，但另方面，我對尼的觀念却並不十分好。爲什麽呢？問題就在那位印度朋友所提出的，尼赫魯是一個混合體。

他自稱是一個民主社會主義者，在印度國內，他常常爲印度的窮人着想，努力在改善印度的窮人的生活，所以我們不能否定說他不是民主社會主義者。同時他在國際間，他是很主張和平的，這當然也是世界民主社會主義運動的重要工作目標之一，不過民主社會主義者的基本信念之一就是正義，所以民主社會主義者雖然絕對主張和平，但決不中立，今天自由世界和共產世界對立，無可否認的是起因于共產主義陣營的擴張主義，尼赫魯站在正義的立場，是否對兩陣營的立場的看法，等量齊觀？我看多少年來，他是傾向于共產陣營，尤其對中共大捧而特捧，這不特有背于正義，且大有十九世紀的英帝國的外交作風，祇要本國的利益所在，正義也好，不正義也好，把人們犧牲了，在所不惜的。這種唯利是圖的做法，不是變了資本主義者的唯利主義麽？再看尼赫魯對于開希米問題，則頗有一些帝國主義的作風，人民有選擇自己的政府的自由，是民主主義的一條基本原則，凡是信仰民主的人是根本不能反對的，開希米既都是回教徒，不願意受印度政府統治，就由他們自由秘密投票，贊同和巴基斯坦合併的話，就由他們合併好了，何必要和巴國鬧成這樣撇紐呢？這很顯然，因爲巴國的軍力不及印度，所以尼赫魯便時時說不惜打一戰，這不是和他提倡的世界和平大相違反麽？

近年來，印度和中共的邊界問題，印度也有些荒謬的，麥馬洪綫是英帝國主義的遺作，去年英首相麥美倫不是大聲疾呼，風向在轉變了，要是英國人再以十九世紀的眼光看世界，還存着帝國主義的心理，那便要碰很大的釘子。所以我相信，即使中印邊境，今天還在英國人的手內辦交涉，英國人也決不會堅持麥馬洪綫的，可是尼赫魯却不然，還要比麥馬洪更進一步，這不是笑話麽？而況中共的作戰力比印度强很多，這就是說，以一個弱國來侵掠强國了，天下那有此理？在尼赫魯當時或許在想，中共要靠尼捧塲，這些土地都是些不毛之地，中共不會計較的，所以獲得佔一些便宜，可是他沒有想到，中共本身想領導亞非國家，所以非把你這個紙老虎的亞非領袖先行打倒不可。邊界問題不是很好地給中共以藉口麽？可憐尼赫魯十餘年在國際上所建立的聲望和形勢，眞地給中共打得一蹶不振！

論理在邊境失敗之後，既然知道中共的目的是消極的，應當在面子過得去的條件下和中共談和，可是尼赫魯又想利用戰爭的口號來爭取外援。結果外援所獲甚微，而印度的財政被戰神牽入漩渦之中，經濟建設大受影響。但經濟建設是印度的民生所繫，一捲入戰爭漩渦中，印度的前途是不堪設想的。

我替尼赫魯惋惜，他在今天離印人而去，是死不安心的。但所以至此地步，尼赫魯本身也應負責，依我看，他是一個絕對的民族主義者，他雖然因爲學問淵博，知道民主社會主義等思想，也具有世界智識，但這些都做了他的民族主義的工具，同時他富于幻想，好運用，所以獲得今日的地步，假如甘地還在，我相信，在某些年份中，或不及尼赫魯那樣在世界政治舞台上大顯身手，但對印度本身，甚至對世界，也許在實際上比尼所做者，貢獻爲較大。

我對軍事會下過幾十年功夫，所以知道，一個戰術或戰鬥的計劃，可以做得很靈巧複雜，但是一個戰畧的計劃反而很純樸的，絕不能有一些幻想在戰畧的計劃中，大複雜，太講求運用，常常會遭致失敗，政畧更是如此，所以政畧的决定在正確性而不在運用。印度今日的問題，第一在怎樣解决其民生問題，是確確實實做的問題，不可促使全國人有着一種幻想，以大同自居，大家在國際上去做些不切實際的事情。

郭沫若猜詩挖苦毛澤東

陳一得

狗咬人，不是新聞，人咬狗，却是新聞。以毛澤東與郭沫若之間的主臣關係來說，如果毛澤東挖苦郭沫若，決非新聞，郭沫若挖苦毛澤東，則是新聞了。

郭沫若是人妖，是佞臣，是一個畧有聰明的十足的小人，這是人所共知的。但以毛澤東的身份來與郭沫若作詩詞唱和，那已經對於毛澤東是一種侮辱了。郭沫若竟然挖苦毛澤東，則是奇聞了。然而這却是事實。這事實清楚的明白的表現在郭沫若註解毛澤東所作的詩的一篇文章裏。

自從毛澤東發表他那前後一共三十七首詩詞後，郭沫若就以文學侍臣的身份註解了幾首毛澤東的幾首詩。由於郭沫若私心極圖取好毛澤東，所以他的那些註解總算還有一些小聰明。但五月十六日北平人民日報發表的一篇註解，却非常離譜，而且無意間把毛澤東形容得狗屁不通，對毛澤東挖苦到極點了。

抛開毛澤東詩詞本身的好壞不談，但郭沫若以「芙蓉國裏盡朝暉」爲題註解毛澤東新發表的詩詞「七律答友人」一首詩，却把毛澤東的詩形容得來只能猜，無法解的不通地步。

毛澤東原詩是：「九嶷山上白雲飛，帝子乘風下翠微。斑竹一枝千滴淚，紅霞萬朵百重衣。洞庭波湧連天雪，長島人歌動地詩。我欲因之夢寥廓，芙蓉國裏盡朝暉」。

本來，以這一首詩來講，最值得注意的一句，是「我欲因之夢寥廓」，尤其「寥廓」二字，在毛澤東詩詞三十七首中，總共出現過三次，它究竟表現了何種意識形態，實是充分把握和瞭解毛澤東詩思的一個關鍵，但郭沫若未能看到這一點，所以，這一篇註解實在寫得極糟。

郭沫若全篇註解長達五千字，一開始就說：「我最初對於詩中的長島和芙蓉國兩個辭，沒有明確的了解，曾經作過種種的揣測，結果都沒有猜中。」

我們曉得：一首七言律詩原本只有區區二十八個字，如果那一首詩眞是完美的話，那末，其中每一個字必然都有一定份量，而且都有一定命意和一定的解釋。現在郭沫若說毛澤東的詩不可解，只能猜，這對毛澤東實在已是極大的諷刺了。何況，還如他所說：「曾經作過種種揣測，結果都沒有猜中」呢？然則，毛澤東的詩簡直不是詩，而只是一種謎了。

跟着，他又說他怎樣猜「長島」這一名詞。他說：「我曾經猜測爲廣西蒼梧縣的長洲，山東蓬萊縣北的長山羣島，乃至猜測爲日本，爲美國的長島，實際上都猜錯了，原來長島就是長沙西面在湘江中的水鷺洲或者橘子洲。洲是沙洲，其長七里，闊長沙之名即由此而得」。他猜來猜去猜不着，最後才說出毛澤東本人原來指的竟是湘江中的水鷺洲。把水鷺洲隨意改名爲「長島」，這大概只有毛澤東才這樣胡鬧了。古人詩每一修辭輒有根據，而毛澤東的詩則恰巧相反，只是由自己胡亂命名，難怪郭沫若猜不着，任何人也猜不着了。

對於毛澤東這一首詩的前四句，他又加以總解釋說：「我認爲：這所指的就是：根據高瞻遠矚，脫離高蹈，採取高屋建瓴之勢，到羣衆中去，投身於火熱的現實鬥爭中的時代精神。說得更鞭辟近裏一點，也就是把馬克思列寧主義和中國的革命實際結合了起來的毛主席的思想」。這就越說越離譜，既扯上什麼馬列主義，又扯上什麼革命實踐，眞可以說是東拉西扯一團糟了。

「關於『動地詩』，我也曾經作過兩三種揣測。李商隱瑤池七絕中有黃竹歌聲動地哀句，那樣的詩，當然和主席的詩聯繫不上的。……因而動地詩這一種猜法也猜錯了」。以上也是郭沫若說的。

隨後，他又說：「李白夢遊天姥吟留別中有句云：我欲因之夢吳越，句法和我欲因之夢寥廓正相同。但字法是有區別的。李白是眞正在做夢，主席却只是把夢字作爲懸想或想像用而已。夢寥廓便是把想像推到更廣濶的範圍。據說，主席所答的是湖南友人，故主席的夢寥廓只及於芙蓉國的湖南，而沒有更加擴大。在我看來，這範圍是允許我們讀者把它擴大的。大躍進不限於湖南，大躍進遍於全中國，那末，芙蓉國裏的朝暉，何嘗不可以擴大成爲神州赤縣盡朝暉呢」？

把一首詩全部向馬列主義和大躍進去解釋，這已經很滑稽，說李白是在眞正做夢，說毛澤東只在懸想和想像，更是歪曲和滑稽。我欲因之夢寥廓這一句詩明明從李白的那一句我欲因之夢吳越偸來，而郭沫若却硬說李白是眞正在做夢，然則，李白原句的那一「欲」字作何解呢？

總之，替毛澤東如此解詩，已把郭沫若的奴才相表露無遺，而毛澤東的詩無明確之解，只靠郭沫若用猜謎的方式來解，那就更把毛澤東的臉丟盡了。

中共圖用顛覆手段赤化整個非洲

綜觀

　中共正在非洲進行顛覆工作，且已有相當成效，這是舉世周知的事了。目前剛果共和國，正有一支由中共支持和指揮的武裝叛亂，是明顯例子之一。今年一月，中共訓練出來的特務，於一夜之間，顛覆了東非的桑給巴共和國，使桑給巴共和國成爲非洲的第二個共黨政權國家（另一個是北非的阿爾及利亞），是明顯例子之二。

　然則，中共對非洲的企圖究竟大到何種程度呢？它的企圖像某些人所說，只在抗衡蘇聯在非洲的勢力嗎？抑或意在全部赤化非洲呢？

　依我看：與蘇聯競爭非洲，固然是中共目的之一，但如果認爲中共之目的僅止於此，那就太淺薄了，那就太把中共的危險性估計過低了。事實上，中共與蘇聯競爭非洲，同時，亦與偏安台北之中華民國爭取非洲，都只是中共的附帶目的。中共的主要目的，却還在根本赤化整個非洲。而且是用顛覆手段來赤化整個非洲，作爲它赤化全世界的一個重要步驟。

　有很多人總以爲中共沒有原子彈，所以中共不足以赤化世界。殊不知，要赤化世界，并不一定要依靠原子彈。何況，中共是打游擊戰、打小型熱戰以及善於滲透顛覆的好手。加上，中共與非洲黑人都是世界上的有色人種，先就有了一種彼此容易結合和應該結合的種族意識，在這方面，不說西方國家不如它，就是白種人的蘇共也不如它，更何況，非洲正是經濟落後地區，而共產主義又最容易在這些經濟落後地區發展，并不是有如馬克思所說只在資本主義最發達國家才最容易發展，所以，我可以斷言，如果中共政權不垮，非洲必將受到中共的支持和鼓勵，不但接近中共，不會接近蘇聯，而且整個非洲的赤化時間亦必將比中南美洲的赤化時間提早到來。

　而中共現今正在意圖用顛覆手段以赤化整個非洲，則是可以從五月廿四日中共所發表的一篇聲明完看得出來的。

　中共五月廿四日這一篇聲明，是中共用「中國亞非團結委員會」的名義，紀念「非洲解放日」而發表的。

　它說：「目前，偉大的非洲人民正在高舉着反對帝國主義、新老殖民主義的旗幟勝利前進。剛果的愛國力量已經從新積累起來，拿起武器，進行轟轟烈烈的鬥爭。剛果人民的這一重大行動是具有極其重大的意義的。我們爲他們在鬥爭中的取得的每一勝利而歡欣鼓舞。我們深信，獨立的輝煌旗幟，一定能夠飄揚在剛果的土地上」。「阿爾及利亞人民武裝鬥爭的光輝榜樣，正爲越來越多的非洲人民所效法。我們深信這是非洲未獨立國家人民爭取獨立的正確道路」。「我們中國人民和非洲人民有過共同的遭遇，現在仍然有着共同的命運。我們一貫把支持非洲各國人民反對帝國主義和新老殖民主義的鬥爭看作是自己應盡的國際義務。」

　中共這一聲明最後還說：「覺醒的、戰鬥的，先進的非洲正在前進。當前的國際形勢對非洲人民的解放鬥爭十分有利。只要非洲人民緊密團結、堅持鬥爭，帝國主義和新老殖民主義必將被趕出非洲，一個沒有帝國主義和新老殖民主義的底解放的新非洲是一定要出現的」。

　中共所謂「徹底解放的非洲」是怎樣一個非洲呢？當然不是專指民族獨立和國家獨立而言。如所週知，中共所謂「解放」，正是專指共產主義化而言。所以，這才是中共對非洲的最後目的，如果以爲中共在非洲的工作只在拉攏非洲各國，以便中共進入聯合國；只在破壞非洲各國與中華民國以及與蘇聯的關係，那都小視中共了。

大陸簡訊

中共文化參贊在非起義

　據華盛頓五月卅日合衆社電：「此間官方報導，中共一名外交官逃亡於非洲新國布隆廸的美大使館。他們說：廿四歲的董治平被派布隆廸查姆布拉的中共大使館任助理文化參贊，他於廿五日抵達查姆布拉，廿六日他自行投入美大使館並請求政治庇護」云。

中共特務指揮剛果叛亂

　中共特務一直在非洲組織和指揮剛果共和國的武裝暴動及游擊戰，早誌本報。茲者剛果瑞典籍長老會會長巴克曼自剛果歸來，又再度予以證實。

　據合衆社瑞典維爾納摩五月廿九日電：「一位瑞典籍教士昨日說：剛果基輔省局勢之緊張，應該歸咎於中共特務，並說：大規模的叛亂，近在眉睫。在基輔傳道幾近一年的長老會會長巴克曼週二返抵此間，他說，他感覺該城形勢已超過令人震驚的程度。巴克曼說：中共特務在基輔省各地製造暴亂。他又說：有迹象指出，下一步驟將爲大規模的反利奧波德維爾政府叛亂。該叛亂應完全歸咎於中共」云。

中共軍三團助寮共作戰

　本報上期曾報導中共軍隊參加寮國內戰的事，已獲得了鐵的證據。因爲已有兩名中共軍隊的官兵在寮北被俘擄。

　茲據五月廿九日倫敦電訊報說：這名被俘的中共軍隊上尉已供認三團中共軍隊已進入了寮國，正在與寮共軍隊並肩作戰」。

　倫敦每日電訊報又說：「這次中共軍隊之上尉及其傳令兵被俘，可能使一項長期搜尋中共軍隊干預寮國證據的工作告一段落」。

　倫敦每日電訊報還說：「這名中共上尉及其傳令兵身上帶有中共軍人身份證，他們三被判明爲中共人民解放軍，第十三師第八十九團第三營。他的像片原本穿的是中共軍隊中之上尉制服」。

　倫敦每日電訊報最後還說：「這兩名中共被俘官兵，已被解往永珍，並很可能交由國際監察委員會偵訊」云。

中共極圖操縱三洲大會

　茲據獲自從北平的可靠消息，中共現正籌劃如何參加及如何操縱「三大洲反帝會議」。由於這個三大洲反帝會議將於今年年底在古巴召開，而毛澤東又是正在組織他所倡導的國際反美統一戰綫，所以，現在北平的中共國際統戰高級人員，正在籌劃如何在這個三大洲反帝會議（又名三洲大會）上，擊敗蘇聯的赫魯曉夫路綫，建立毛澤東路綫，從而把這個三洲大會變成毛澤東的國際反美統一戰綫的工具之一。

　按所謂三大洲反帝會議，又名三洲大會，原是國際共黨所操縱的亞非人民團結理事會於一九六一四月在印尼舉行會議時所建議召開的。隨後，又於一九六一年十二月在華沙舉行的所謂亞非人民團結組織的執行委員會正式通過，決定召開。跟着就由國際共黨授意選出亞非團結組織中的十二個國家及由拉丁美洲國家協商（亦係經由國際共黨之授意）選出六個國家共同的左傾分子進行籌備。但直到今年四月，才勉强總共在亞非拉諸國的左傾分子中湊了十二個單位開成了籌備會，而由主持該會的阿爾及利亞代表與古巴總理卡斯特羅商定於本年底在古巴舉行這個所謂三大洲反帝會議。

　由於該會議的籌備人員即將於本年七月先赴古巴籌備，所以，北平方面的中共國際統戰人員亦已開始一切籌劃了。

僑鄉近訊

鍾之奇

中共在廣州召開南海艦隊會議

　有一位曾經研究政情的觀察家說得好，他說：大陸上張貼擁護毛澤東的標語愈多，就說明大陸上反對毛澤東的人愈多；中共中央愈加高叫要穩固地掌握部隊，就表明共軍內部確已愈來愈動搖。中共最近「爲了貫澈毛主席穩固地掌握軍隊的方針」而在廣州召開中共人民解放軍海軍南海艦隊的「四好連隊五好戰士」代表會議，則正好說明中共海軍也已越來越不穩了。

　本來，自中共人民解放軍空軍飛行員劉承司駕米格機直飛台灣起義以來，中共中央就一直在設各種辦法來控制它的部隊。

　據三月三日廣州南方日報說：中共海軍南海艦隊的會議是二月二十五起在廣州舉行的。「會議舉行兩天，來自海防前綫艦艇、哨站、飛行部隊和工程部隊共四百七十八名代表」。中共「南海艦隊首長方正平海軍中將在會上作了指示，蕭平海軍少將在會上作了關於開展創造四好連隊運動的報告。」「廣州部隊領導機關代表郭成柱少將及中共廣州省委寇慶延等出席了會議，並在會上講了話」。除講話外，南方日報說：還「開展比學趕幫活動」，「勉勵官兵戒驕戒燥」，「發揚珍惜一滴油精神」。總之，中共南方日報雖對這一會議作了很多吹噓，但却毫沒有提及中共海軍力量有什麼增强的話，更絕口未提中共艦隻有何强大火力或續航力，也沒有提出什麼海軍官兵因作戰有功而獲獎，而只選出「有十二年如一日安心守衞海防的觀通站站長安秉坤，有積極做好思想工作的海軍航空兵某飛行大隊大隊長谷德合，有勤勤懇懇忠於祖國海軍事業的艦長楊青山，有被選出席共青團全國第九次代表大會的五好戰士雷明滄和學習毛主席著作標兵馬容輝等」。這都可見中共海軍南海艦隊是一支龜縮在華南沿海，缺乏戰鬥力，缺乏戰鬥精神而且沒有光輝戰績的海軍哩！否則，爲什麼沒有一個憑戰功選出的受獎人物呢！

粵共向兒童灌輸仇恨思想

　依照中共規定，每年六月一日是中共的兒童節，今年的兒童節日又到了，所以，五月下旬以來，粵共即在廣東籌備兒童節。但中共與別的國家不同，別的國家都是以「愛」、「和平」、「道德」等觀念灌輸兒童，教育兒童，中共則不然，它竟以「仇恨」、「階級鬥爭」、「反抗父母」等思想毒害我僑鄉的後代。

　據中共新華社五月廿三日宣佈：中共「中國少年兒童出版社」已決定以四十種兒童讀物在全大陸推出，以向兒童灌輸革命觀念及鬥爭觀念。其中包括「階級鬥爭常識小叢書」、「萬惡的地主階級」、「活閻王的罪行」、「榨取工人血汗的資本家」、「在資本家的笑臉後面」、「血染煤海」、「舞台生涯」等。

　中共新華社說：除此之外，新出的兒童讀物，尚有專門描寫少年兒童與反革命分子鬥爭的「反特」小說，如：「綠色的遠方」，「奇怪的舅舅」，以及宣揚人民公社的兒童讀物：「以社爲家」、「荷花滿綻」和「小山子的故事」等。

　除了推出上述兒童讀物之外，粵共又於六月一日這一天召集各地兒童免費觀看以共產主義爲中心的「階級教育」影片；并派解放軍、老工人，老幹部分往各處講「革命故事」。階級教育影片則有「紅花朵朵」及「罪惡的地主莊園」等。

　總之，中共對兒童灌輸的，完全不是符合人性的東西，而是完全違反人性的東西。所以，對於我廣大僑鄉之可愛兒童，實在是一種無情的戕害。

粵共反對新婚點燭擺酒

　中共羊城晚報最近正式提出不准人民結婚時點紅燭擺筵席。羊城晚報說：「全國三八紅旗手黎翠容是新樂酒店的服務員，上月結婚時，以不點花燭、不擺酒，只用香茶糖果來迎賓客。這樣的婚禮，又節約又有意義，值得大家學習」云。

寮國可能爆發全面內戰

文尼

邇來由於寮共部隊明目張胆在瓦瓶平原進攻中立派部隊的陣地，引起了新的危機；這小王國，很可能爆發出全面內戰，使到東南亞的整個局勢，也受到不利的影響！

據國際觀察家指出：如果負責處理寮國問題的日內瓦會議共同主席的英國和蘇聯無法迅速着令寮共立刻停止軍事行動，則將觸發寮國的全面內戰；而這次的內戰，將成為亞洲地區的起點。──其嚴重程度，目前確已達到「即將爆炸」的邊緣。

在今日的情況看來，寮國正是東南亞侵畧者的一個十字路口。北越共黨絕不理會日內瓦協定，而將其幹部人員及作戰物資取道寮國，轉入南越，援助當地的共黨游擊部；甚至派出軍隊，屯駐在寮國境內，並不斷出動數營的兵力，直接援助寮共部隊進攻中立派和右派的軍隊。此外，中共也正在建築着一個公路網，其目的是在取道寮國的西北部地區而指向泰國。這一來，寮國因局勢就更難獲得安定了。

美國當局，早已決定使寮國成為一個緩衝同家；為維持寮國境內的「中立」，使中立派，左派，右派繼續保持均勢，故對寮國今日的形況，已準備採取「干預」的政策。北越共黨一而三的破壞日內瓦協定的行動，及寮共部隊用蠶食戰畧去擴大其地盤，美國對此，目前雖然祇是提出外交性的抗議，但將來到了忍無可忍的時候，美國極可能糾集東南亞公約組織的盟邦，實行軍事干預。猶憶在一九六二年五月當寮共部隊，在寮北大事集結時，美國故總統甘迺廸已會下令美軍開入寮境，粉粹了寮共向前推進計劃。現在寮共如大規模地恢復其軍事行動，迫使寮國爆發全面內戰，則美國現任總統詹森當然也會再來一次軍事干預。

無可否認：今日寮國的「和戰問題」，是直接受到中蘇共的思想爭論所影響。莫斯料和北平的最終目標，都是要使小王國成為共黨國家。不過，中、蘇共在計劃上所採的方法有所不同，故影響到寮共的「進、止」。蘇聯之所以支持寮國成立一個三派聯合的政府，其原因很顯明地是認定寮共可憑着其本身優越的軍事力量，及嚴密的政治組織能力，可在「三頭馬車」政府內獲得權勢。且蘇聯的重大利益是在歐洲而非亞洲，故蘇聯當局也担心寮共如果運用武力去攫取政權，則可能令美國有藉口出兵寮國，這樣，寮國的戰事不難演變成强國正面衝突的大災禍，那時就間接影響到蘇聯在歐洲方面的利益。因此，當寮共於五月初在瓦瓶平原恢復進攻中立派和右派的部隊陣地時，蘇聯的駐永珍大使立刻同英國駐永珍大使呼籲寮共停止攻勢。然而中共所採取的政策却恰與蘇聯相反、她敦促寮共採取更富軍事性的行動；換言之，中共是主張寮共加强武裝鬥爭。中共這一政策的目的，當然是欲在寮戰中「混水摸魚」。

寮共的實力，係操在激進主要份子傳沙芬和傳非漢二人手上；這二人是親越共及親中共的。那末，寮共部隊極可能接受中共的鼓勵而加强軍事行動。寮共部隊曾宣佈過，他們現在已控制着寮國五份三領土。又據西方國家的估計，寮共部隊約有一萬八千人，其中有不少是越共的幹部，並擁有由越共供應的大炮、彈藥、及醫療設備，同時受到越共幹部的政治訓練。軍隊的數量，寮共的不及右派，但軍隊的質量，寮共不會太弱，如果他們對右派及中立派部隊加强攻勢，中立和右派都會感到應付困難。而且寮國右派的內部，露出了分裂的蹟象，在這樣的情況下，寮共更可能受到誘惑而乘機爭取軍事上優勢，故此次乃明目張胆地調兵遣將，先行大舉進攻瓦瓶平原地區內部的中立派軍隊，如果此舉得利，則次一步驟當然威脅到右派的部隊。寮共的行動，顯然是蘊藏很大的野心。寮共返野心，當然很容易拉開了寮國全面內戰的戰幕。

倘寮國眞的再爆發全面內戰，則這一場內戰將比上次的內戰更混亂，更複雜，更激烈，其影響東南亞的局勢，也必更為嚴重。照目前情況所顯示，危機是迫在眉睫了！

台灣簡訊

志清

一、聯合報獻議收攬民心

聯合報最近一連發表多篇社論，標明是「對當政當局如何收攬民心的獻言。

一、逮捕和審訊必須合法：該報說：「我們不敢說現在仍有非法逮捕拘禁的情事，這是要有關機關自行檢討的。但至少我們可以指出三點：（一）有關機關逮捕拘禁人民，多不能遵照憲法規定將逮捕拘禁原因以書面告知其本人及其本人指定之親友。（二）其本人或他人向法院聲請追究非法逮捕拘禁時，往往不能期望到法院的採取行動。（三）司法警察機關逮捕拘禁嫌犯不免濫用行政權力而疏於充分的蒐集證據與調查犯罪事實。」該報認為此等做法，不但侵害人民的基本權利，而且是造成恐怖，私刑與特殊人物不法行為的一大原因，必須絕對嚴格禁止。

二、違警處分必須澈底改善。該報說：「違警罰法正是目前受到各方指摘而爭執最烈的一項單行法。主張廢止違警罰法的人認為，此法係以警察權加諸人民，其中施於人民的拘留、罰役，都是對於人身自由的處罰，與憲法第八條「人民身體之自由應予保障……非由法院依法定程序不得審問處罰」的規定牴觸，凡法律與憲法抵觸者應屬無效。」該報認為違警法縱然一時不能廢止，也應儘量避免。

三，不要使治安人員的手干預人民經濟活動。該報說「我們是一個傳統上迷信行政權力的國家。總以為政府的干涉可以解決一切，克服一切，因此，用行政權力來解決經濟問題的觀念根深蒂固的存在着。在抗戰時期，取締囤積與限價的經常的，或週期性的成了政府干涉人民經濟活動的手段。政府製訂與引用種種强制的法令動員警察與治安人員採取種種干涉行動。但是，過去的事實却無情的證明了「警察的手」及「治安人員的手」，並沒有能够解決商業資本的投機行為，也未曾有效的抑平過物價。

但非常使人感到困惑的，乃是政府迄今在台灣還固執的存着這種落後的治理經濟問題的觀念。」

該報認為如果政府堅持使用行政權力來干涉人民的經濟活動是必須的，也應用經濟部，建設廳等主管經濟的機關來負責，不能再讓警察和治安機關去獨行共事。

四、摒人情，除陋規，絕賄賂。該報說：「貪污是本文所論三種現象中最嚴重的。在談論本問題時，我們不能不注意下列幾種現象：（一）貪污的金額愈來愈大；（二）犯罪的人數愈來愈多，甚至成為集體的行為；（三）貪污的技術愈來愈高明，明是一樁貪污案件，却把它穿上徇情的偽裝；（四）從前有「賄賂公行」的話，現在不需要了，因為，他們可以有他的「代理人」和「掮客」；（五）更值得注意的是他的心理狀態，犯罪者對於身敗名裂，毫無所惜，對於坐牢亦安之若素，好像苦行者在受一種生活上的磨鍊似的，廉恥道喪，莫此為甚；（六）今天政府中的領導階層都能自愛，而他們對於廉潔政風的建立，竟然不能發生影響，這是「眞性貪污」，行政上的麻痺，道德上的墮落，兼而有之了」。該報認為當局應當有壯士斷腕的精神，對循情，陋規和貪污採取行動。

二、議會建大樓偷工減料

台北市議會興建大樓，工程拖延六七年之久，並有偷工減料情事，據說原因是有兩位市議員向承包商借去大批鋼筋和水泥，歷久不歸還。五月二十三日，市議會召開特別會議。李福長、林水泉、陳運祿三議員認為議會大樓的工程，市議會原處於監督的地位，且曾推出議員負責監工。現在傳說議員向承包商借了大批材料不還，使市議會蒙不白，主張市議會應舉行自清運動，並要求市工務局將借材料的議員姓名公佈。但陳梧桐議員則認為「今天的會議是在討論大樓工程是否偷工減料的問題，借材料乃是另一件事，主張另外解決。主持特別會議的副議長陳少輝也和陳梧桐議員抱同一的意見，結果，仍不了了之。

三、煤氣開放民營議員持異議

台北市的煤氣供應開放民營一事，醞釀了好幾年，祇因有若干市議員從中阻撓，迄未實現。最近省政府以快刀斬亂麻的手法，批准由吳三連？所組織的大台北煤氣公司承辦，市議會認為：煤氣為公營事業，公營事業的處理，屬於議會職權，而市政府竟將開放民營的事，移由省府決定由大台北煤氣公司獨家經營，與公營事業開放民營之處理程序不合。決議：函請市政府，立即停止辦理開放民營，應先依法送會決議後，再行辦理。

五月二十二日，聯合報以「烏烟瘴氣」為題，發表短評，裏面說：「議員指責市府「有負市民之重託」，也應當自己反省一下。到現在為止，市民們還在燒生煤，吸煤烟，健康、經濟，兩受損失。你們對「市民之重託」有無交代？不特此也，全省有若干處縣市議會，接受生煤商欵待，公然為他們護航。對於取締燃燒生煤辦法，或否決，或拖延，或明禁暗放（如加裝所謂「滅烟器」，在肺癌猖獗的今天，似此殺人不見血的行為，議員諸君問心有愧否？自然，這些人的怒火高升是有他們的原因。當初經該會通過開放民營，緊接着議員裏即有人出面申請經營，這叫做「肥水不落外人田」。而且將來議會決定一切，等於「自東自夥」，事情豈不好辦？哪知道，市府却送請省府核定了後來的一家，這豈不是等於「狼叨來的餵了狗」？但是如果這是有利之事，市議員們正該避避嫌疑，不到裏面去插一腿，才好站在超然的立場，代表市民認眞的負起監督的工作。如果這件事有風險，想來會做生意的議員們也不會去爭了。市議會說，市府「應以市民利益為前提」，今天市民的最大利益是及早完成這件事，議員們對新公司的成立應當抱了成功不必自我的胸襟，辦事要緊，不要再在銅錢眼裏翻眼頭了。說老實話，我們對於若干議員先生實在缺乏信心。最近有一位仁兄把值一萬元的消毒劑做價十六萬元，拍着桌子「賣」給水肥會。案發之後，居然有人出來護航，說這是「商業行為」。又有人說，如果東西不可靠，退錢算了。似乎是說騙得上就騙，騙不上下次再來。但是議會並沒有組織「專案小組」查究這件事。請想煤氣公司要是交給這類不講喜業道德的人「民」去「營」，好得了嗎

等

聯合評論

本刊已經香港政府登記

每逢星期五出版

週刊

United Voice Weekly

第二九七號

督印人：黃宇人　總編輯：左仲平

社址：九龍通菜街三十八號南亞書局 849126

承印：田風印刷公司 香港高士打道二一二號

本刊美洲總經理：美國紐約華美日報出版社

CHINESE - AMERICAN PRESS, INC
199 CANAL STREET.,
NEW YORK13 N. Y. U.S.A.

美洲航空版每份售美金一角

東南亞的合縱連橫

許子由

在寮國作偵察飛行的美國空軍奉令「還火」，和南越新的政教糾紛的爆發，對東南亞戰爭發生「火上加油」的作用。前者表示美國已被迫——因偵察機被共方擊落而被迫直接參加寮戰。後者表面雖屬南越內部問題，但天主教從示威中夾雜着「反洛奇」運動，說明越共已經滲入，因此它的性質便是北越與南越的鬥爭。再者南越政局若動盪不定，阮慶「先安定大後方」的政策便要失效；但由於美國決不放棄西貢，西貢的更加不安，不會影響美國守衛南越的決策，反而又是一種迫使華府考慮「北進」——對越共攤牌的壓力。迄今爲止，中共越共的做法，正是詹森所對他們警告的：「危險的玩弄」。

「北進」暫時雪藏

可是這種玩弄還沒有到達危險的邊緣，共方似乎深知這一點。美國軍政大員雲集的檀島會議，一度被認爲是美國東南亞政策轉趨强硬的反振點，但結果却沒有「北進」的肯定獻議，只加上「除非共方繼續進攻」，便將被迫出此，這麼一條尾巴。說明朗些，若非西貢永珍危臨城下，美國不會有新的重大軍事措施。

最重要的原因不是軍事的，而是政治的。有些是國際的，有些是美國國內的政治原因，主要是今年十一月大選的政治考慮。一個「韓戰型」的越戰解決不了東南亞問題，正如韓戰解決不了東北亞問題一樣。詹森在獲選連任以前，決不會批准像「北越」這樣大規模戰爭而又不能預期大規模勝利的計劃。所以儘管三軍參謀都主張北進，即儘管軍事上有着這種迫切的要求，可是政治上却否定了這種要求。至少是把它「雪藏」起來，等待共方先行一險棋，拿下永珍或西貢，然後作激烈的反應；像漢城已失，斧山灝危，麥克阿瑟出兵時一樣。倘若是採取主動予以實施，也必須到現總統連任以後，方才會作考慮。

法國冷淡英國積極

美國在兩次世界大戰中都是最後參戰的國家，戰後雖一度執世界之牛耳，但仍不慣於獨來獨往。聯合國和集體防衛，可說是美國防堵政策中的兩個盾牌。但聯合國對東南亞政治只有極輕微的介入，東約却是名實相符的紙老虎。美國沒有集體力量可以運用，才迫得獨自出兵西貢。自越寮局勢敗壞，美國警覺到這個病症似已非「開刀」不可，但主割醫生，仍須找到一批助手，方才能動手術。

作爲東約一員的法國，却於此會倡議東南亞中立。美國認爲：不中立北越而僅中立南越，等于將南圻奉送。

强烈反對中立

後來戴高樂向美副國務卿波爾解釋，謂此非寮國式的中立，而爲奧國式的中立。美國才不反對。不過戴高樂既因中共與蘇聯分裂而直接與中共接觸，應知中共並非蘇聯，堅持戰爭論的中共，如何肯像蘇聯退出奧國那樣南越「奧式中立」呢？但無論如何，即使美國要實行「開刀」，法國也決不會戴上面罩入手術室了。

[illegible]

攤牌抉擇仍在後頭

[illegible]中共絕不可能與「有核子牙」的美國作戰，所以儘管中共口稱要與美帝作戰，却不是中共出面，甚且它還節制寮共越共，即使他們今天有力拿下永珍西貢，他們也可能三年兩年不拿下永珍西貢。這種表面的（僅止是表面的）適可而止的做法，便很符合西方那種得過且過的方針，因此把認爲麻煩的「開刀」行動押後，中共越共也不會有被危害的危險，蘇聯就不需要有制止或支持積極的積極行動了。

不過中共的「適可而止」只是表面的，骨子裏並非如此。毛澤東計劃是要「以面吃點」，使用「從量變到質變」的那一套，希望不戰（不經局部戰爭）而屈美國之兵。如政變，示威，暴動，暗殺，破壞，遊擊，都是中共在它的國外與美國作戰的方法。美國終必第二次面臨到是否要與中越攤牌的抉擇。因爲質量的變化，便是局勢的變化，變化超過西方可以容忍的程度，便是中越共的玩弄超越危險邊緣的時候。

擅島會議沒有決定「北進」，但已嚇阻中共急劇「南進」。由於十八國答允援助南越，雖然大多數不是軍援而是經援，也可以表現多數自由國家保持南越的態度，並爲「集體行動」組成初步的基礎。

越寮不會急遽失陷，問題也非迅速可以解決。它尚有待西方尤其是亞洲國家的致力支持。

讚揚高華德的堅强對外政策

劉裕畧

截至現在[illegible]

時間以來，一般人從表面和部份現象[illegible]已獲得大量選民的熱烈擁護，眼見共和黨內他的競選對手之一——洛基菲勒已有敗下陣來，從而放棄競選之意了。這從六月二日紐約時報所載下列消息可以明白的看出來：

紐約時報華盛頓訊息說：「六月二日在加州預選中遭參選員高華德擊敗的洛基菲勒，已告知共和黨領袖們，他不能再負責領導反對高華德之運動。在加州競選之後，洛氏已函告各大州之共和黨領袖們，謂如要遏止保守派之高華德被提名，則必須另有人採取主動」。同日紐約時報又說：「前任副總統尼克遜會於六月四日說他不會參與可能發表之任何阻止高華德之運動」。這都可見高華德的堅强而積極的對外政策，是如何的獲得選民的同情與共鳴了。因此，我覺得：不管高華德將來能不能成爲共和黨總統候選人，也不管他將來能不能擊敗民主黨總統候選人詹森，因爲這將被其它許多因素所決定，但高華德現時的競選順利，却無論如何說明了一項事實，這項事實就是美國選民中的極多數人並不害怕堅强並不害怕積極，並不懦弱到只歡迎那些高喊妥協高喊綏靖政策高喊退讓的人。因此，這不但反映了美國政壇現在並不都是胆小怕事眼光淺短的人，我在五月十五日本報香港版第二九三期所寫「美國應如何修改它的世界戰畧」一文，會以「自由世界的領導地位期諸美國，並且也以新的領導人的浮現期諸美國」，現在居然有高華德這種人浮現出來了，所以，我要予以讚揚和喝采了，另一方面，這還反映着美國極大數目的選民並不怕戰，那就更表示美國在世界性的反共鬥爭中仍有領導自由世界的精神和品格，當然，由於美國選民的這種顯示附帶的洗脫了某些人對他們所加的侮辱性見解——認爲他們懦弱，這也是値得爲那些勇敢那些敢於應戰的美國人慶幸的。

說到這裏，我也想到美國雖是一個早已建立了民主政治制度的國家，但如果人們過於深信競選人的政策宜傳的話，那是仍舊容易陷於天眞和失望的。因爲我早已體認到政治宜傳與政治實際並不絕對相合，甚至事實上它們是常常相反相離。就以美國前幾屆總統候選人來說吧，我至今最清楚的記得的艾森豪當年會以解放政策作競選宜傳，結果却是他進白宮後立即結束韓戰，根本從未致力解放鐵幕的事，相反，他甚至還只在尋求苟安，因而貽誤了整個世界；再以甘迺迪來說，他在競選時，會極力表示願意爲美國偵察蘇聯事，向蘇聯道歉，又會一再宣稱他如果當選，將主張撤離金門馬祖之中華民國駐軍。但他當選後，他不但未對蘇聯道歉，也絕未眞的撤退金馬駐軍。這就可見，若干競選常常在競選時玩弄技術，口頭說得强硬的，他的行動未必强硬。口頭說得軟弱的，他的行動未必軟弱。以彼例此，如果高華德眞的競選成功，他的行爲究竟如何？也還得進一步觀察才是，決不能只憑目前的宜傳就來預定。不過高華德能在此時此際人們多唱低調的時候表現强硬，已屬難能可貴，所以，不管將來如何，我現在仍願予以喝采與讚揚，至於美國部份選民所已表現的這種勇敢，則是我現在要絕對予以喝采和讚揚的了。

英工黨的外交與國防政策

孫寶剛

照最近一般人推測，今年十月的英國大選，大概是工黨要勝利，也就是說，將來英國的執政黨，將是工黨。所以工黨的外交政策和國防政策，我們是應當瞭解一下的。

英國工黨假如執政，她最注意的是怎樣和西方的盟國維持緊密的關係，尤其對美國。但這不就是說，一味的遷就西方國家，並且她的政策也和保守黨不同。

就以原子武器作一個例子罷！英國工黨是贊成美蘇兩國包辦原字武器的，她不贊成其他國家也擁有原子武器，連英國擁有原子武器她也不贊成，一待英國現有的原子武器陳舊以後，她不贊成保守黨的主張：要向美國去購買原子武器，以維持英國在原子俱樂部的地位。

在工黨看來，只有地面部隊才是有用的。假如美蘇的原子力量維持平衡，這就是說，今後不可能有原子戰爭，所以唯有地面部隊才是有用的。

國防和外交政策是以世界的現實爲基礎的。世界上只有美蘇兩國可以有力量眞眞地壟斷原子武器，所以美蘇兩國是超等强國，其他的國家，也許因了在世界上的地位，以及其他的原因，當然也可在世界上處予非常重要的地位。英國可以爲其中之一。

但要照上述的政策做，便須和美國澈底談判，第一項把納沙協定重新討論，然後再協議一個遠大的協定。這將是工黨執政後的第一件任務。易言之，工黨一面固承認美蘇可以壟斷原子武器，但是對美國的原子政策和戰畧的形成，英國一定要參加協議，並且一定要使英國可以接受的。而其最後使用的權力，一定要在美國總統的手中。工黨認爲對于原子武器的展開，原子武器的目標，以及美國總統所賴以決定使用原子武器的原則，英國卻應當參加協議。

這在表面上看來，不是工黨有求于美國者太多了麼？其實不然，工黨承認了美國在西方的原子武器壠斷的地位，並且將協助美國，勿使其他國家也有原子武器。同時，工黨又主張在北大西洋公約二十年條約期滿之後，應另行組織一個機構，以繼續北大西洋公約的任務。

工黨認爲德法兩國在西方盟國內的角色應和英國一樣。對于法國來說，應歡迎其在西方盟國間唱一個要角，可是絕不能幫助其獨立製造原子武器，對德國來說，工黨也不應贊成德國擁有原子武器。這所以工黨是反對西方國家的共同原子部隊的組織的，假如歐洲人的心理上，眞需要一個原子部隊的話，可以由整個歐洲國家來發展一個獨立的原子組織。

工黨主張整個西歐應當合作，但不主張再向六國來協議參加共同市場之事。工黨也不主張和五個聯合起來反對法國，因爲沒有法國參加，也就不成其爲共同市場。

工黨主張英國的關稅可以和六國一致，也主張相互投買，對于歐洲的共同的計劃也應該積極參加，相互間的獲照可以取消，而另行協議其他的安全措施。

假如將來有可能性使英國進入共同市場，工黨主張對于英國和美國以及大英聯邦的關係，應予愼密討論。

工黨是贊成歐洲在政治上進一步的團結的，但是不贊成歐洲的原子防禦，因爲如此，不是違叛了西方盟國要在整個的和不可分的一致行動下來防禦的原則麼？

工黨的防禦計劃是改良地面部隊，主要的是使地面部隊現代化而改進其裝備，而不需要擴充兵額的。

工黨承認，英國在歐洲的任務，但英國在印度洋也有任務，工黨主張取消在新加坡和埃頓的基地，而代以浮游基地。工黨認爲：英國果然應注意東西方的關係，但南北方向的關係也應注意。一切的援助，不應附以條件。這就是說：民主世界對于爭取南半球國家的友誼而與共黨鬥爭一事，應更有自信心。

工黨認爲，一個新成立的國家，不論是由殖民地而獲得解放，式由于他國經濟壠斷而獲得解放，在他們的心理上，獨立是最爲重要的，所以支援而予以條件是不很聰明的。

對于有些國家的社會革命，工黨認爲應採用最忍耐的態度，即使是不很愉快的話。工黨不贊成直接的雙邊支援協定。工黨主張應提高後進國家的主要出產品的價格，因爲用這種方式去支援，就完全沒有條件了，也免去和共黨國家競爭的麻煩。

工黨主張改善英國和南美國家間的關係，工黨果然承認美國在南美的特別利益，但仍有許多事英國可以做的。

工黨不贊成美國阻止對古巴的合法的貿易。我們當然不贊成以軍用物資支援古吧。但工黨認爲美俄既可獲得麥子，爲什麼不准古巴獲得巴司呢？

工黨主張改善和中共的關係，並支援中共進聯合國。工黨認爲一個不受控制的中共在聯合國之外是危險的，大家應與中共接觸，使中共受到聯合國內世界各國的意見的壓力，同時不可使中共懷疑在中蘇睽盾中，自由國家是同情蘇聯方面的。

在使美蘇間的共同利益擴大，所以對于裁軍和防止意外襲擊等的措施，英國將十分努力協助。進一步，主張在某些地區減少駐軍，以達成互不侵犯協定。工黨堅定主張西柏林的獨主性，和通路的維持，工黨將不會和東德建立外交關係。工黨也不贊成現時即行協商德國的邊境問題。

工黨將盡力支持聯合國，如能將聯合國的効用擴大，就是人類的一大進步。

工黨認爲英國在世界上的重要性不在購買原子武器，而在她的國力和世界上的地位，尤其對于英聯邦的關係這一點說，遠非美蘇等國家所能具有的。

最後，工黨認爲維持英國在國際上的重要地位，主要的還在看英國有沒有智慧的外交政策。

不打垮中共不能解決東南亞問題

明鳴

美國在擅香山召開的會議又於上週結束了；會議的決定如何呢？迄今未見公佈，可以說還是一個謎。

美國這一次在擅島召開的會議之所以引人注目，還不是因爲參加這一次的擅島會議盡是美國的軍政要人，如美國國務魯斯克，美國國防部長馬拉麥納，美國駐越南大使洛奇，美國聯合參謀會議主席泰萊將軍和美國太平洋三軍總司令費爾特上將等，而乃由於這次擅島會議討論的主題是越南問題，尤其是如何援助越南作戰的問題。究竟應該把戰火伸到北越乃至中共去嗎？抑或仍然只至南越地區內挨打？這一戰畧性的重要決定，不僅關係越戰前途，而且關係到今後的整個東南亞，所以，便爲世人注目了。

從表面上看，參加這次會議的雖有美國這樣多的軍政要人，而且還在費爾特上將佈有地圖的秘密室舉行，南越戰場的形勢，目前又正值非常的不好，既經過兩天的檢討與商談，宜乎這次會議對越南戰局必可作出明智決策才是。然而人們應該知道的，這次會議實在不是一個具有決定權力的會議，嚴格言之，仍然只是一種幕僚性質的會議而已。因爲如何在越南打戰的問題，是否把南越之戰延伸到敵人到敵人內部去的問題，這一會議只有向總統作出建議之權，並無決定及指揮之權，必也經過這美國總統詹森核准之後，這一會議的建議才可能見諸實施。所以，究竟如何打越戰？目前仍待美國總統詹森之最後決定，這也就是各方現今仍然不知道這一會議究竟作了何種決定的一個原因。換言之，這一會議的建議究竟是否將被白宮採用？目前還是未知。

據一般揣測，目前正的競選美國下屆總統即將進入高潮的時候，美國現任總統詹森正謀如何獲取下屆總統的白宮寶座，因此，詹森不會在此期間擴大越戰。我認爲這種看法自然不是毫無理由。不過，這一看法是假定在如下的兩個基礎上的：一、是作這一揣測的人，先假定了美國選民畏懼擴大越戰，因此，不投主張擴大越戰的候選人的票；二、是假定了詹森正是這樣一個只知迎合選民的政客，而未能假定詹森原是一個只知注重國家利益的政治家。

事實上，美國選民果眞都是懦怯怕戰的人嗎？這是一個問題。

事實上，詹森果眞只知迎合懦怯的選民而決不依循正道以決策嗎？這是問題之二。

事實上，目前共和黨方面正在競爭總統候選人的高華德參議員一貫主張擴大越戰，那末，如果詹森也定採取擴大越戰的辦法，何況這一辦法，正是越南作戰的最正確方法最有效方法，難道就眞的損及詹森的選票嗎？這是問題之三。

事實上，如果美國選民識破詹森放棄美國對越南的最好作戰方案不用，而只知迎合選民，那末，美國選民難道不對詹森發生反感，因而更損及詹森的選票嗎？這是問題之四。

總而言之，無論詹森的最後選擇如何？無論美國選民是否都是懦怯怕戰的人？有一個基本事實，必須要讓美國選民知道，那就是中共原乃亞洲禍根，更是東南亞一切戰亂的幕後指揮者和策動者，如果，不先把中共搞垮，那末除非美國從東南亞撤退，從亞洲撤退，從菲律賓、日本、冲繩、關島撤退，再從擅香山、舊金山撤退，最後且向中共及其所領導的國際共黨投降，則美國縱然不在東南亞作戰，美國人也無法不在美國本土流血。目前的世界局勢已發展到不是美國人惹不惹中共的問題，而是中共及其領導者毛澤東早已蓄謀與美國爲敵，早已決定用暴力來赤化世界，早已決定在不打原子戰的情況下，以游擊戰與小型熱戰在世界各地來進行逐個地區的顚覆。所以，美國人現在所面臨的形勢和所能選擇的，已經不是美國人願不願意打戰的問題，因爲美國人縱然不願打，中共也要打美國人；已經不是美國人準備流不流血的問題，而是如何流得少以及如何早日結束這種流血的問題。

然則，美國人要怎樣才能少流血呢；美國人怎樣才能儘早不流血呢？一個總答案，就是美國人應該對亞洲禍根採用擒賊擒王的辦法，絕對放棄頭病醫頭脚病醫脚的辦法，不要把寮共越共當作眞正敵人，而要把指揮和策動寮共越共的幕後人——中共眞正敵人，並且先把中共打垮，用一切冷戰和熱戰手段把中共打垮，那末，正本清原，東南亞的一切問題，都解決了。因爲，如果沒有中共在背後煽動與支援，寮共也好，越共也好，都是不足一打，而且不足爲患東南亞的。所以，東南亞問題也好，亞州問題也好，都極容易解決，只要美國人勇敢一點，智慧一點，這些問題都立刻就可解決了。

中共收買日本國家公務員

黃建華

對於如何滲透日本，如何收買和控制日本的左傾分子及左傾團體，原是中共多年來不遺餘力進行着的一件事。對此，中共一直做得有相當成績。

不過，最近兩年，中共對日本工會總評議會這一個日本最大的工會組織的控制力，已在減弱中；中共對日本社會黨的影响力，也不如此往來得大，甚至，中共對日本左傾學生的誘導力，也較前遜色。但這不是說中共已經無法控制日本左傾分子，更不是說中共業已對日本放棄其滲透與控制的工作。相反，它却是更加在策劃，以圖對日本各方面更加强其滲透等工作的。米高陽最近訪問日本，表面工作是與日本政府打交道，側面工作却是與中共競爭對日本左傾分子的控制。這從米高陽訪日期間，一向親近中共崇拜毛澤東的日共內部發生分裂，忽然出現了日共國會議員志賀義雄等人之親蘇行動，可以充分證明。

也正因爲這種一方面要加緊對蘇共展開在日本的競爭，一方面又要照毛澤東對日本的赤化工作所指出的要按有高潮有低潮而又隨時把低潮引向高潮的指示去做，所以，中共最近更全面化的對日本採取統戰攻勢。什麽與日本交換記者呀！什麽與日本交換設立私人辦事處呀！等等工作都在萬箭齊發，齊頭奔進。

而中共最近又以其所御用之工會名義出面與日本「國家公務員工會」簽署共同反美聲明，用收買的方式，支持和鼓勵日本國家公務員在中共指揮下，從事國際統戰對日本的赤化工作，更是一個明顯的例子。

據中共新華社五月卅日北平電訊說：「中國財貿、建築、郵電、農林、公路、運輸五個產業工會和日本國家公務員工會共鬥會議代表團，今天下午在北京簽署了一項聯合聲明，表示中日兩國工人和人民要聯合起來，同全世界工人和農民在一起，結成廣泛的統一戰綫，堅決反對美帝國主義。」

聲明還說：「雙方注意和警惕到，美帝國主義並不甘心它的失敗。」「美帝國主義是中日兩國人民的共同敵人，也是全世界人民最兇惡的敵人」。

又說：「中日兩國工人和人民在反對共同敵人的鬥爭中，必須進一步加强團結和互相支持。」

怎樣加强團結和互相支持呢？聲明雖未列出，亦不便列出，但可以想像得到，而且是中共一向使用的方法，便是由中共對日本國家公務員工會給予金錢及其它物質的支持，而且本國家公務員工會則成爲毛澤東那一個國際廣泛性的反美統一戰綫下的一分子。同時，日本國家公務員之若干人更以情報供給中共，顯然，由於日本國家公務員工會的會員都是日本國家的公務員，他們手中本已握有極多有價值的情報，他們更容易以其公務員身份接觸和竊取日本國家的重要情報，所以，這必然會對日本國家造成極大損害，而將對中共極爲有利的。

另據中共新華社說：參加這一聲明的，在中共方面，則有中共「中華全國總工會」書記處書記狄子才，以及各有關方面負責人李雲川、宋仲元、宋川、劉善長、金求眞、李紀、楊道新、封夫信」等人；日本方面在五月卅日於北平簽字的則有「日本國家公務員工會共鬥會議訪華代表團團員精田綽夫和橋本正道」云。

大陸簡訊

停止購買法機改購蘇機

無論中共自己怎樣對它的工業生產力吹牛，它至今尚不能自己生產巨型飛機，總是鐵的事實。而中共不得不向外購買巨型飛機，也是中共航空交通落後的反映。

據美聯社莫斯科六月二日電：「蘇聯當局稱：中共已決定購買五架蘇製客機，而不購買法製客機。據塔斯社宣佈：這些飛機是中型伊留辛式旋槳推進機，價值一千零五十萬盧布，合一千一百萬美元，另三十個發動機，共值三百五十萬盧布，合三百八十萬美元。塔斯社說：合約已由中共政府之技術出口公司簽字，它說中共年前曾與法國談商購機，但後來改變主意，購買蘇機。蘇當局相信這批飛機將用以飛行新的北平——莫斯科——夏灣拿航綫」。

中共爲什麽忽然停購法機改購蘇機呢？中共方面無所說明，而中共駐法大使黃鎭及法駐中共大使均剛到任，就突然而來停購法機的事，這對那些愚蠢淺見想與中共做生意的外國商人，實在是一項最大的教育和諷刺哩！

積極擴建西南公路系統

自中共於十四年前以武力强佔大陸以來，其交通設施，一直在注重中國大陸之西北地區及西南地區。而放輕東南沿海之交通設施，這是因爲中共當時衡量其國防形勢，既以英美爲敵，而與蘇聯背靠爲援，故貫穿西北以達蘇境之公路與鐵路交通，乃成爲它的設施重心。西南與西北相聯，故對西南交通設施，亦極重視。此所以川陝鐵路成渝鐵路均提前完成也。

而自中共與蘇共交惡後，中共對西南方面之交通建築，更加重視。況西南交通設施如何，亦直接間接關係中共對緬甸印藏之經略，因此，中共近年對西南內陸之公路建築，益趨積極了。

據中共新華社六月四日貴陽電：「貴州省新建的從江縣到貫洞的公路已經在最近通車。當兩輛掛着毛主席像和彩旗的汽車由貫洞開進從江縣城的時候，受到了各族人民的歡迎。到此爲止，貴州省的八十個縣市都通汽車了。」

又據中共新華社六月四日成都電：「四川省在最近半年又新建了四十七條山區公路。這些公路的總長爲八百公里，目前都已正式通車」。又說：「四川省公路交通部門負責人告訴記者說：這些公路通車之後，把山區的人力運輸改爲汽車運輸，每年可以節約農村運輸勞動力八百萬個，節約運輸費用六百萬元」。

新華社又說：「據四川省交通主管部門提供的資料說：到目前爲止，四川全省的一百九十一個縣市已經有一百八十三個縣市和三千六百多個人民公社通了汽車，公路里程共是三萬五千多公里」。

從以上的情，很容易看出中共西南內陸公路擴建工作之積極。在大陸淪陷於中共之前，四川省原只轄縣市共一百四十五個，後中共撤消西康省，改原西康省所轄各縣市均合併於四川省，遂使四川省區膨脹爲一百九十一個縣市，且與西藏直接壤。今中共如此積極建四川及原屬西康省之各縣市交通，足見中共亦有便於經營西藏之意存在其間也。

僑鄉近訊

鍾之奇

中共現代粵劇不受人民歡迎
廣東粵劇伶人消極反抗中共

中共報紙刊物雖然常常虛構一些廣東粵劇伶人如何擁護共產黨，如何响應黨的號召的故事，但終於不免仍舊暴露出了廣東粵劇伶人根本不滿中共，以及廣大僑鄉人民根本不喜歡中共「現代劇」的實情。

廣州最近出版的南方日報就有頗多透露，它說：「最近一段時期的廣州粵劇舞台，時代聲音仍然微弱，這種情況應引起有關部門的足够重視。」

南方日報又說，中共中央雖然一再號召粵劇劇人要丟掉傳統的粵劇日改演宣揚中共宣揚共產主義的現代粵劇（即所謂現代劇），但「對於這一方向性的號召，粵劇舞台反映得非常緩慢，從廣州粵劇舞台上演現代劇的情況來看，去年下半年，一共演出了二百三十六個劇目，其中現代劇目只有三十八個。佔百分之十一左右，在演出總場次一千七百九十多場次中，現代劇也只佔百分之十四張。」

南方日報又說：「上演的現代劇劇目數量這樣少，演出的質素又怎樣呢？有一些劇團對於現代劇沒有高度的政治熱情和責任感，甚至態度極不嚴肅。例如廣州市郊區羊城粵劇團一月十八日晚在廣州文娛劇場演出『雷鋒』時，舞台上出現的鞍鋼工人，竟是上梳離奇古怪的貓頭鷹髮型，下穿筒褲的標準阿飛裝。」

南方日報又說：「一個從縣裏來的粵劇團演出『紅岩』時，受刑後的許雪峰却穿着燙得筆挺的白襯衫出現在觀衆面前，在『江姐罵奸』一場中，還出現了一些不大健康的動作。有個粵劇團演出『奪印』，把階級鬥爭的氣氛減弱，而着意渲染春梅與廣清的戀愛，有些粵劇團拿表演才子佳子的一些庸俗動作，奪在革命英雄頭上」。

南方日報又說：「直到現在，粵劇界中還有不少人對現代劇存在着錯誤認識。在一些粵劇界人士中，流行着演現代劇是『應景文章』『一陣風』的說法。一位粵劇團的編劇上對記者說：現在領導上抓得緊，在一個時期內應該多演現代劇。但戲曲畢竟是戲曲，且現代劇的底子薄，長此以往就困難了。更有某劇團的負責人公開說：『演現代劇不過是一陣風』，刮一刮就會過去的』。有些劇團只安排次要演員去演現代劇。有人會要求担任現代劇角色，技術室的編劇人却對他說：就要過去了，是排什麽？有些劇團演現代劇，連服裝都不肯購買，藉口是現代劇不常演，購買服裝花不來」。

南方日報又說：「尤其需要指出的，在曾經上演的現代劇中，反映本省鬥爭，只有三個，反映本省能放十四年以來的生活和鬥爭的只有兩個，其中還有一個是短劇」。

南方日報又說：「所謂應景文章與一陣風的論調有何根據呢？據一些粵劇界人士說：演現代劇沒有觀衆，不『收得』，因此少演了」。

南方日報又說：「由於粵劇現代戲的創作，編導趕不上演出的需要，廣州粵劇舞台上封建時代的帝王將相，才子佳人仍舊居統治地位。而且宣揚封建、迷信、低級趣味的東西也對有表現。來自省內一些專區和縣的劇團，雖然帶來了一些好的新劇目，但也帶來了不少缺乏積極意議的舊劇目，甚至帶來一些壞戲，對廣州的粵劇時台起了不良的影嚮」。

於是，南方日報從而大聲疾呼，一定要打垮舊粵劇，使粵劇爲中國共產黨服務。它說：「粵劇舞台和其他思想陣地一樣，沒有什麽中間地帶。社會主義不去佔領，封建主義和資本主義的東西就會賴着不走」。

其實，中共的這些大聲疾呼，並不表明它眞能打垮舊粵劇，而恰好充足表明中共的所謂現代粵劇是如何的不受人民歡迎，而且也如何的遭到我廣大僑鄉之粵劇伶人的輕視和反抗而已，可見中共中央號召的一場戲劇就是一堂政治課的要求，一定將在中國傳統劇面前敗下陣來！

蘇加諾加緊勾結毛澤東

施桃

印尼總統蘇加諾的手段，最近已越來越狡獪，越來越險惡，他為着要滿足他的野心，已加緊勾結毛澤東，借助中共的實力，在東南亞方面迫使英美低頭。

中共方面，刻已明目張胆地協助北越共軍，對付南越。毛澤東的目的，是要把美國的勢力逐出南越，高棉，寮國，及泰國。印尼方面，是繼續對抗「大馬」的，蘇加諾的目的則要迫使英國放棄其在馬來西亞的軍事基地和經濟利益。他們各有所圖，一經加緊勾結，其後果當然會使到整個東南亞局勢面臨威脅。

中共現已以支持越共和寮共來對美國作戰，甚至連高棉也會受到利用為共黨在東南亞擴展作工具；這一來，美國要應付目前的局勢，當然更感到棘手。

印尼政府則繼續加强其對抗「大馬」政策，並不斷地援助馬來西亞境內的親共份子；印尼的「志願人員」，也不斷地滲入馬來西亞進行破壞工作。英國對此，也大受困擾，尤其是「大馬」內部刻仍在動盪中，英國更難安枕。

從東南亞過去十八年來的歷史來看，已可以知道共黨是怎樣的利用當地的民族思想來驅除西方國家的勢力。在第二次世界大戰以後，法國會首先嘗試恢復在越南殖民地統治，但結果造成越南被分割，棉，寮兩國也獨立。其後美國協助南越，並欲使寮國成為反共堡壘，但最近也陷於進退維谷的境地。以目前情形來說，寮國大部份領土已被共黨控制，高棉則完全陷入共黨懷抱中，且準備承認北越，和與中共訂立軍事同盟。當然，美國是受到重大的打擊！

至於印尼，她原是首先獲得美國支持，脫離荷蘭的統治，宣告獨立。其後美國又支持印尼，迫使荷蘭把新幾內亞交回。但是，蘇加諾現在却倒向中共。蘇加諾認為：如果獲得中共的協助，他可採取强硬的行動，使馬來西亞就範；因此，他便向毛澤東拋媚眼，送秋波。毛澤東也正欲利用印尼再擾亂東南亞局勢，好得混水摸魚的機會又告增加。這兩個傢伙今日的加緊勾結，顯是各有所圖。

英、美兩國，雖然都擁有足夠的武器，以至核子彈，足以遏止中共和印尼的野心，但是這兩個國家刻正困擾於「殺鷄是否要用牛刀」這一問題中，因此蘇加諾更有機會楊威耀武，而毛澤東也沾沾自喜。

美國的決策人士，原曾擬出把戰爭帶進北越的計劃，但未為最高當局接納。英國駐馬來西亞的軍隊，也被倫敦的最高軍事當局限制着，只許他們在境內清剿游擊隊，而不准他們作大規模的軍事行動，禁止他們對在沙巴及婆羅的沙撈越的印尼陸軍全面進擊。在這樣情勢下，印尼和中共便佔盡上風了！

馬來西亞境內的游擊隊，就地取糧原是較為困難的，因此，他們的糧食就大部份仰賴印尼的供應。印尼的空軍為此，已在婆羅洲邊境建立了一批基地，以便使供應行動較為順利。在地理勢來說，是使印尼獲得很大便利的。換言之，也即是使共黨的勢力更容易擴張！

反觀英，美，均未盡全力支持馬來西亞去抵抗印尼。假如蘇加諾加緊勾結毛澤東之後而獲致進一步的支援，再使破壞「大馬」的行動發展到最嚴重的程度，那時，美國當更為狼狽。而英國方面，雖然有防衛馬來西亞責任，但在印尼獲得中共的進一步協助後，也很可能受到勢形上的壓力而退縮。到了那時，任何動搖東南亞現局的事情也都會發生。

今日印尼境內的部隊是聲聲要粉碎馬來西亞的，蘇加諾要達成粉碎「大馬」的目的，當然是日益把毛澤東拉緊。中共要印尼成為他們在東南亞擴張實力的工具，當然也把蘇加諾視作「盟友」。於是，事態的發展，顯已日趨急進。蘇加諾和毛澤東，都是已看透了英，美不會進攻他們的本土的，他們的行動將愈來愈兇，實是意料中事。這兩個傢伙，極可能成為東亞為「魔王」！

教育部鼓勵青年留學

柳青

台北通訊：關於教育部修改留學生出國規程，放寬留學生出國深造人數，本刊前已畧為報導。最近教育部正式頒佈的「國外留學規程」，其修改的重點，不僅將出國留學的人數增多，同時還以免試出國為主，這一留學尺度的放寬，初為一般人意料所不及。

據教育部長黃季陸宣稱：政府之作出此一決定，其目的在鼓勵青年到歐洲，非洲與乎近東各國去深造，所以在免試出國留學方面，新增了五項之多，申請出國留學的範圍也非常廣濶。例如在台畢業的大專學院學生或高考及格者，在行政機關及公營事業任職三年以上者，或担任各級學校教員三年及職員四年，成績優良者，均可申請免試出國深造。根據這一放寬規定，就可使很多人得到免試出國的好機會。

查台灣過去每年舉行留學生考試，是非常嚴格的，但每舉行留學考試時，投考的學生人數總有七、八千之多，而被取錄的只有一千六百人左右，因此有四分之三以上的人不能達到留學願望。因此有很多落選的人指責政府對留學考試缺乏公平。甚致有人埋怨說：只有特權階級和大官貴人的子女有留學資格，普通平民子弟有天大的學問，也難得到錄取。誠然我國的科學落後，兼之學校設備欠缺完整，所以一般有志深造的大專畢業生想出國求學，研究高深學問，以便將來學成歸國，對國家社會作更大的貢獻，這本是很好的一種現象。但是，相反的，今天台灣青年對出國有如此的狂熱，除了深造學問以外，根本問題還是在台灣不能求得適當的工作，有些人在大學畢業已後，即使能找到一官半職，往往也「學非所用」，因此不能不另謀出路，而唯一之出路，只有出國留學之一途了。

根據教育部對最近三年來台灣大專院校畢業生在社會服務情況的調查所得，結果有百分之二十五的人担任其所學非所用的不同性質工作，此外，還有百分之三十的人表示他們所讀的科系與志願不合。由此可見，今天台灣大專畢業學生，幾乎在半數以上是「學非所用」和「學非所願」的情況下，他們內心的病苦可想而知，不然，他們不會對出國留學如此的狂熱，如此的重視。

台灣每年大專院校畢業生，據統計已達到萬人以上，照說，這些都是青年有為的專門人才，在此反共救國聲中，在台灣的工商業蓬勃發展期中，無論政府機關與乎工商業機構，對這般有用的人才，應該為各方面所歡迎才是，但是，眞正歡迎他們的，却少之又少，因此，大家都感覺到在台灣的確前途渺茫，唯一的出路，就是籍留學來解決艦業問題。

所以，他們達到留學目的以後，除了少數人由政府規定必須在學成回國者外，很少人作回國的打算，尤其是留學美國的學生，幾乎百分之九十以上在國外久居下來，寧肯將他們的高深學識貢獻異邦！無怪有人講笑話說：美國軍經援華，台灣則以「人才援美」，觀乎美國在製造原子彈和火箭的國防工業中，都有中國人參與主要設計來看，講這句「人才援美」的笑話的人，並不見得沒有道理。

在一個國家來說，「人才外流」！却是一個相當嚴重的問題，因為在一般說來，凡能考取留學的青年，其學識都已達到相當標準，國家花費了相當的金錢，培植青年到一、二十年之久，結果却為外國所用！豈不哀哉。

據中華民國駐美大使館文化參事處的調查統計，目前共有一千四百五十七名中國學人在美國高級教育機構與其他研究機構工作，這批學人當中，有百分之八十七獲有博士學位，五十八人担任美國大學院長，系主任或學術單位主管職務。

另根據該文化參事處每兩年編製一次的調查統計的最近一次調查結果。以這次（一九六三年至一九六四年）的統計，與上次（一九六一年至一九六二年）的統計來比較，中國學人們的博士學位及大專院系主管的數目更為增加。

在現在的一千四百五十七人當中，有一千二百八十一人獲有博士學位，一百四十人獲有碩士學位，另有九人獲有學士學位。以職位來分別，他們當中有五十八人担任大專學校的院長，系主任及其他部門主管，二百六十人担任救授，二百四十六人担任副教授，一百六十六人担任研究副教授，三百二十八人担任助教，五十九人担任公私機構的研究單位主管。

以研究科學來分別，他們當中有四百七十三人屬於自然科學與物理學，四百零五人屬於工程，二百三十九人屬於社會科學，一百二十二人屬於醫學，一百十人屬於文學，五十三人屬於農學，三十九人屬於教育及十五人屬於企業行政。

根據上例統計，我國「人才外流」其驚人程度到了如此地步！今天教育部還要修改留學規程，還在鼓勵更多的「人才外溢」，其目的又安在呢？

據黃季陸部長說：「今天中國留學生在美國發揚光大，這不叫做「人才外流」，而是我們把這批人才暫時的借用，因為現在的台灣一省，實在容不下這大批人才，到了我們反攻建國之日，他們這批學人難道還會「捨己之田，而耘人之田」嗎？到了有時他們都會自動回國的，因為他們都是黃帝子孫喲」。黃部長這一遠景的確不錯，吾人總希望他這一遠景不會落空，才是中國人之幸。

本刊已經香港政府登記

聯合評論

週刊

每逢星期五出版

United Voice Weekly 第二九八號

849126

CHINESE - AMERICAN PRESS, INC
199 CANAL STREET,
NEW YORK13 N. Y. U.S.A.

美國政府對東南亞的言與行

黃宇人

一、從魯克斯的演說說起

據本月十四日路透社電訊，美國魯斯克國務卿在麻省威廉斯學院的畢業典禮中發表演說，聲言美國決不放棄寮國和南越。他又說：「讓世界各國共產黨曉得，他們不能憑藉黷武，滲透與欺騙等侵略行爲而取得報酬。共黨若一旦攫取寮國，即如其攫取南越一樣的不可接受，東南亞之其餘地區將受危害。如要予以挽救，不若及早在寮越兩國將侵略者擊退。否則將付出更大的代價，而整個東南亞若淪陷於共產黨之手中，則是不可容忍的事（根據本港星島日報的譯文」）。

我對魯斯克國務卿的見解完全同意；然而他是否祇作一篇虛有其表的空言，抑另有具體而有效的實施方案，使他的理想能變成事實，則不能無疑。

二、美國政府過去的言與行

會憶早在艾森豪總統時代，美國對於越南問題，即已說了許多名言讜論，並曾擺出不惜一戰的姿態。但事實却是祇聞樓梯响，不見人下來。奠邊府陷落後，美國還參加日內瓦的所謂十四國會議，同意將越南分而爲二。這就是說，共產黨不但可以憑藉武力取得報酬，而美國亦同意付與報酬。自此以後，越盟即不斷的向南越作武力滲透的不法活動，如今在他們指揮和支援下的游擊隊已在南越星羅棋佈，爲患日烈。美國雖然被迫而不得不派遣軍隊協助南越政府作戰，且遭受重大傷亡，却仍無計以動北越的毫毛。越共游擊隊既有此不虞被攻的廣大安全地帶爲其補充訓練的大後方和遭遇危難時的逃避處，美軍和南越政府軍縱能於某一時期，在某一區域將其擊潰，他們亦可自北越方面獲得及時的援救和補充而捲土重來。在如此的形勢之下，美國即令再投入更多的人力物力，犧牲更多的生命財產，亦不可能扭轉南越的危局。其事甚顯，其理甚明。

再說到寮局。當年反共政權出現時，美國曾予援助，寮局也確一度好轉。但自李江上尉永珍發動事變後，美國又轉而支持號稱中立的傅瑪親王。近年以來，在中立聲中，寮共的勢力即日益澎漲，如今且已進一步而奪取中立軍所轄的若干重要據點，其目的顯然在於擴大佔領區域造成既成事實，以便侍機成立一個赤色政權，使寮國再步越南的後塵。這是中立寮國的政策給寮共造成的機會，也是美國祇求局部苟安，不求解決全局，因而自甘接受共黨滲透和欺騙的必然結果。

三、美國招架政策的惡果

總上所述，足證美國祇願在南越招架，無計向北越還擊的戰署和中立寮國的政署，不但未能產生預期的效果，反而招致更大的挫敗。假如再不改弦更張，寮國和南越的局勢還要更加惡化下去。這是可以斷定的。因此美國既然定下如此的戰署和政署，寮越兩國的軍民必將更感到在美國現行政策之下，不可能將各該國的共產黨擊潰，他們國家的統一遙遙無期，美國祇爲了自己的利害和需要而反共，並不顧及他們的禍福和要求；美國今日雖然號召他們共同抗共，明日即可放棄他們而單獨與共黨妥協。他們爲國爲己，都沒有支持美國現行政策的理由。假如寮越兩國的軍民一且在心理上產生了如此的反應，美國即不能激發他們的鬥志。近來年，南越抗共戰爭的負担，日漸集中於美軍的肩上，南越的軍民反而不甚出力。寮國的情形，亦有同樣的趨勢，就是這個原因。因此種種，美國果眞無意放棄寮越兩國，有决心及早在各該國擊退共黨的侵署，我以爲除了立即放棄過去那種祇顧招架的愚蠢想法而外，並應採取行動，向北越作有效的反擊。捨此，實在無他法可尋。

四、美國依然畏首畏尾

不久以前，華盛頓方面也曾一度有進擊北越的聲音，而且繼軍政大員頻頻飛往西貢作實地的視察和研究之後，美國有關部門的負責者又在檀香山密議，似乎此番將有所作爲，一洗自艾森豪總統以來那種說了不做的舊習。然而與此同時，美國那些平素最善於爲共黨的利益設想的專家和盟國又齊聲嚷道「假如進擊北越，必將引起中共介入，演成第二個韓戰」。此等專家和盟國一向祇會說助長敵人氣焰，減殺自己聲威的陳腔濫調。他們不但不顧反共友邦的死活，似乎也忘了美國自己的榮辱和安危。他們反對向北越還擊，原無足怪。但美國政府却隨即趕快發表聲明，並無意將南越的戰事擴展到北越，顯見還是畏首畏尾，作不了新的决定。因此，我讀了魯斯克國務卿的上述演說以後，雖然覺得他說得很好，却不免有「既不能行，又何必多說」之感。

五、一個簡易可行的有效辦法

我所謂向北越還擊，也並非主張美國應派遣大軍，攻入北越。我認爲最低限度，也必須訓練若干批南越的志士進入北越，實行遊擊戰，由南越政府隨時予以充分的補充和支援，亦即是以其人之道，還諸其人之身。[illegible]繼而逐漸瓦解，即越盟亦將以全力自顧而不能再向南越和寮國興風作浪。如此，美國祇須担負訓練，裝備和給養的責任，用不着再派美軍參加作戰。即現在已在南越的美軍亦可侍機撤退。這是簡易可行的有效辦法。不知一向對於東南亞的反共問題說得多，做得少的的美國政府當局會否考慮及此？

寮國容共聯合政府破裂對西方之教訓

劉裕略

對於幾年前美國力主寮國應該成立容共的聯合政府，而由中立的富馬出任這一聯合政府的首腦，我曾經一再在本刊寫文予以評論，認爲那是不能解决寮國問題的美國幻想，現在，這一幻想畢竟破滅了，所以我以爲美國及其他們國家任何對寮國的聯合政府幻想應該醒了，就是對其他地區其他任何國家，美國法國英國乃至其他任何國今後也不應用再有什麼容共的聯合政府什麼中立的幻想了。

聯合政府這一形式，本來不是絕對的壞事。當一個建立了民主政治制度的國家，如遇對外戰爭發生，或者一個黨派在國會的議席有限，爲了獲得國會較多議席的支持，因而組織聯合政府，原屬常常必要。不過，這是指某某民主性質的黨與某某另一民主性質的黨的聯合而言，而决不是指與共產黨組織聯合政府而言。如把共產黨也容納在聯合政府之內，尤其把擁有武裝部隊的共產黨容納在聯合政府之內，那末，該聯合政府必然不健全不穩定，必然終被該被容納在內的共產黨所破壞所顚覆，則可斷言。

但最不幸的，是自第二次大戰結束之後，以致美國政府在第二次大戰後，對那些正遭受共黨從內叛亂的國家，提出一種極不智的方案，期圖那些正遭受着共黨從內部叛亂的國家採用容共的聯合政府形式，來得到安定。這就是美國政府當年會派馬歇爾到中國來調停，壓迫中國組織容共的聯合政府的原因，這也就是陰魂不散，幾年前美國又力圖寮國組織一個包括巴特寮在內的富馬中立聯合政府的原因。

殊不知，這種容共的聯合政府形式，決不能眞正解决任何一國面臨武裝共黨造亂所形成的問題，而只恰好便利該被容入聯合政府的武裝共黨之滲透顚覆。主要原因，就在任何一個共黨原不以參加聯合政府爲滿足，它們都有它們一致的堅定目標，它們一致的堅定目標就是對外進行世界革命，對內奪取政權。僅僅作爲聯合政府的一部分，絕不能安撫它們，它們的終極目的，成立一個由共黨掌握一切軍政權力的無產階級獨裁專制政府。且同時協同其它國際共黨進行整個世界的赤化。那末，它們就會斷然拒絕或反對美國政府的這一聯合政府形式嗎？却又不會。相反，它們而且是必然予以歡迎的。事實上，美國政府當年之所以發出容共聯合政府這一幻想，是出於兩種原因：一、是出於部分政策製訂人對共黨本質缺乏深切了解，因而產生的一種安撫及苟安的幻想；其二、是深入到美國政府內部的共黨份子故意製造出來。試想，這種配合，怎使當年的中共及今日寮共不歡迎呢。

任何一個國家內的共黨，原本都最講策署。它們爲了達到它們的最終目的，它們通常都有各種策署，而統一作戰的方式，又是它們達成發展的基本策署之一。所謂統一戰綫（簡稱統戰）是共產黨暫時聯合別人別黨別團體共同統一在共黨目標下鬥爭的一種名稱。所以，聯合性質的形式，正是它們每一階段都在追求，只是每一階段的聯合形式與聯合對象不同而已。以中共來說，中共在抗戰以前，毛澤東原本老早就叫出過「民族統一戰綫」的口號，希望組織民族統一形式的抗日聯合政府；抗戰結束後，毛澤東又販賣過「民主統一戰綫」；希望組織民主聯合政府。不消說，毛澤東所主張的抗日聯合政府也好，民主聯合政府也好，當然都是希望包括中共在內的。那末，毛澤東就以此滿足嗎？當然又不是。他不過以此作手段來滲透來顚覆來掩護中共，使中共能利用抗戰起家，使中共能利用民主聯合政府起家罷了。對於聯合政府本身，它毫無誠意，它只是希望通過這一聯合政府的形式，達到它進一步的發展，進一步吞滅一切的道路，如若不能達到它的這種陰謀，它便隨時與你破裂。今寮國富馬中立聯合政府之忽因寮共之武裝進犯而破裂，正是由於寮共未能稱心如意，通過聯合政府形式消滅寮國反共軍隊之故，所以寮共現在又稱兵作亂了。至此，西方國家實在應該覺醒，不要再幻想中立或聯合政府的方式可用於寮國及越南。對於共黨，除堅持鬥爭以外，實無第二條路。暫時與共黨分土而治，如東西德如南北韓也比容共的聯合政府的方式爲好，這是現今正在幻想中立南越的法國尤其應該瞭解的！

熟柿問題

孫寶剛

昨日偶然讀到瀨川次郎作的轉變中的共產主義一文，他追憶他在京大作學生時代，在一個研究會中所討論的熟柿問題。

河上肇博士說：資本主義發展到最高階段，必然會起革命的，這等于一個柿子，眞眞的熟了的話，一定會從樹上跌到地面上來的。當時有一個學生發問說，柿子熟了跌落地上，這是自然的現象，並沒有人為的因素在內，假如以同樣的原理來說明資本主義的崩潰，不就是說，和革命的起來，有了矛盾麼。是不是因了崩潰的客觀條件沒有具備，所以要人為他去革命，正如一個柿子還沒有熟，還沒有跌下來，所以拿一枝竹杆把柿子打下來。

這個學生的質問，那時共同參加的討論，學生有的贊成，有的反對。最後河上肇博士回答說，問者的理論是對的，不過以熟柿來比資本主義，不過是個比喻而已，自然現象和社會現象有所不同。在資本主義來說，客觀的崩潰現象雖已具備，倒底還要用人為的革命的努力，才能把它打倒。

在我想來，河上肇博士這個答復，並不十分精確。以熟柿來比資本主義的崩潰，固已不甚確當，就以資本主義的崩潰，一定要由人為的革命來促成，也不一定正確。說句笑話，也許因為現代的農場內，絕不會等一個柿子熟了，由它自然的跌落下來，而在沒有熟以前，已經把它摘了下來的，所以我想，在今天不可能有一個資本主義的社會，客觀條件已經完全具備了崩潰的條件，而還在等待人為的力量去革命的。反之，大都在沒有完全成熟時，已經給人摘下來了。

在瀨川次郎那篇文章內，又引述一段話說：五六年前，美國落幾斯坦大學的經濟學教授鄧克盟氏到日本來，有一天在京都的美國文化中心內開一個座談會，座談的中心是美國的資本主義。誰都知道，美國人喜歡把他們今天所施行的一套經濟制度稱之為人民的資本主義。最後瀨川次郎質問說，今天美國的經濟是循着人民資本主義的原則而在變，今後也一定還在變，會不會有一天，變為社會主義呢？我的意思當然不是由革命而造成的社會主義，而是在和平的狀態下，漸漸轉移成的社會主義。

那位美國教授聽了這個質問而色一變，那以急促的語調答復說，美國絕對不會成為社會主義，美國所施行的乃是社會化。絕對不是社會主義。

在美國人的心目中，所謂社會主義，乃是蘇聯所實行的沒有自由的計劃經濟制度。所以美國人一定要以社會化來自別于社會主義。其實這是一個很幼稚的想法。

瀨川次郎在文末提起蘇聯近年來的情況，也漸漸在使人民的生活水準提高，許多方面也自由了許多，但假如有人問蘇聯，這樣一步步的變下去，是不是有一天會承認自由主義。

我們從美國和蘇聯近年來的轉變，便可知道，窮富總不能太懸除，所以美國一面要抽很重的累進所得稅，一面在儘可能的舉辦社會福利事業，說他這是社會主義，也好，社會化也好，總是必須向着這個方向去走，即是說，必須把每人的收入重新分配一下。

蘇聯以前所施行的比收入重分配更進一步，而實行了共產主義，所以現在反須後退，承認在某種限度下，可以准許一些私有的財產。另一方面在人民的自由來說，比西方國家落後太多，所以現在也要自由化了。

從這兩個國家的轉變中，我們可以知道，財產或收入的再分配，使人與人間，在經濟上不要太不公道，同時在政治上，思想上，以及其他一切方面，人們都須有相當的自由，那也是天經地義的，所以兩個國家，儘管一個還以資本主義自鳴得意，但不得不以社會化了另一個以社會主義自鳴得意，但必須自由化了，總之社會化和自由化已成今天的車子的兩個輪子，缺一不可。走得已經遠一些的可以慢一些前進，落後的則需急起直追，美國的社會化和蘇聯的自由化，就是這個道理。

但是今天這個時代，已如現代的種植家處理生菓一樣，不需等瓜熟蒂落，然後摘取，也就是說，不需等柿熟了，自然地跌落地上才去拿來吃或賞，因為到那時，已經太晚了，祇少要運到很遠的地方去賣是不可能了。愚蠢的統治者，才會等待客觀的崩潰條件完全具備，而被人們起來打倒。所以我要警告所有全世界的人們，不管是資本主義者或共產主義者，應當在你們的社會的崩潰條件，還沒有完全成熟前，就起而改革，所以我認為，美國的社會化，和蘇聯的自由化，確是一個好現象，這樣的做法，不特阻止了內部的革命，也可使東西方的距離，日漸接近。

名政論家李普曼最近也說，近來對于世界原子彈大戰的威脅是減輕了許許多多。所以今天又已進入一個新時代，就是說，我們今天在一方面，固然還不能不備戰，但另一方面確已有了和平的曙光，所以在備戰以外，應當計劃和平時的即永久的一切問題，關于這方面，我想，文化問題，政治經濟問題，當然是更重要的了。

國軍游擊隊突擊青島附近地區

斃傷共軍官兵卅餘人

一死三傷六人漂往南韓餘返台

李秉銘中尉殉國台北隆重追悼

·綜觀·

最近，台北國軍游擊隊又對大陸作了一次突擊。這次突擊特別值得注意。因為這一次突擊規模雖小，但目標却很遙遠。他們這一次是從台灣的突擊基地出發，冒強烈風雨，越過遙遠的海洋，到華北地區的山東省青島附近地區作了突擊。我們知道：青島是距離中共首都「北京」極近的著名戰略要地，突襲後數天，台北派出的飛機又飛往山東地區偵察，因而被擊落，這說明台北這次選擇青島附近地區作突擊點，是具有極重要的戰略意義的。而且，台北當局派反共游擊隊前往如此遙遠的地區去突擊，對台北國軍游擊力量和越洋作戰力量，也正是一種嚴格的考驗和測驗。他們這次居然能夠越過一千公里的海洋，仍能冒強烈風雨，乘夜實施突襲，而且將一個死者李秉銘的屍體及三個傷者同時搶回，可以說這次突襲實在是很有意義而且很成功的。

台北之所以在六月二日凌晨二時左右這次突襲青島附近地區之後，再派飛機偵察青島及山東沿海，台北當局顯然在想進一步了解這次突擊對華北共軍佈防及增援情形所引起之影響，以便對今後之突擊及反攻行動提供重要之參考。

關於這次突擊情形，據美聯社台北六月九日電：「國軍游擊隊會對中共區作突襲。六月二日，對青島附近作了這次突襲」。「這些游擊隊冒着烈風與大雨，登陸山東半島的龍山，進攻的游擊隊，運用機關槍，且曾以刺刀作白刃戰，使共軍傷亡卅餘人。」「突襲者死了一人，傷了三人，全部安返基地」。

另據合衆社漢城六月九日電：「在中國大陸之海岸發動突襲之六名國軍游擊隊，經被南韓一漁船拯救」。「進行突襲之六名隊員，在損毀之摩托艇上曾飄流海上四五天。這些國軍由一南韓漁船西蒙第一號救起，將載返漢城，遣回台灣」。

另據韓國日報稱：「這些國軍擁有手槍四支，卡賓槍五支，手榴彈九枚及電台一座」。「他們的姓名是唐利上尉及不明官階王徐冲、黃勝星黃權樑、韓文萬、萬文咸」(譯音)。

另據中華民國政府有關機關稱：「我反共救國軍游擊隊，於連續對福建沿海實施突擊行動後，匪軍的警覺性已較前提高。惟沿海漁民對反共救國軍的行動，表現甚為合作。故我突擊隊為求更有效的打擊敵人，乃再將突擊地區及目標，擴展為遠離台灣海峽之山東半島，并冒惡劣氣候，作長距離的海上航行，深入重地，突擊匪軍在山東半島尖端的強大軍事據點。此次我突擊隊於六月二日凌晨冒惡劣天候，乘夜深人靜之時，突擊登陸偽山東省石島特區龍山前海岸，奇襲匪軍據點，以猛烈火力，向圖逃的匪軍射擊，把匪軍打得潰不成軍。附近匪軍雖聞聲向海灘射擊，但均隱伏在陣地內，不敢出來迎戰或反擊。我突擊隊始發覺匪軍在該處重要據點設防，亦僅徒見空架子。故我突擊隊於勇殲敵軍完成任務後，仍能以有效火力壓制數倍於我之共軍，從容清理戰場，與由部份同志，背負陣亡的一位健兒的遺體，返回突擊船，及扶助受傷的三人登舟，分組便離撤離目標」。

「在這一次突擊行列的全部過程中，更充分顯示匪海軍艦艇，根本無冒惡劣天候出海巡邏的力量，更缺乏冒險出海反擊的勇氣，同時在惡劣的天候中，莫邪島的燈塔，反成為我突擊隊進襲和返航的有效航標。因此，我突擊隊於進入公海後，就像最平常的一次冒風雨作遠程航行訓練一樣，安然經黃海東海返航。其中僅有突擊小舟一艘，因機器故障，在强風驟雨中，迷失方向，其後遇南韓漁船救起」。

在這次突擊時陣亡的一人，據台北當局宣佈是李秉銘。台北并宣佈李秉銘烈士的生平事畧如下：「李秉銘烈士，卅五歲，安徽阜陽人，先後畢業於陸軍官校通訊大隊，砲兵大隊及砲兵學校聯合大隊。李烈士少懷救國大志，抗戰期間，憤日兵蹂躪國土，毅然投軍從戎，參加青年軍二零四師對日寇作戰。抗戰勝利後，烈士以共匪叛亂，禍國殃民，乃決心繼續留營服務，不打垮共匪誓不回家。民國卅八年冬，烈士曾在金門參加古寧頭殲滅戰，年前烈士請纓作反攻大陸先鋒，參加反共救國軍游擊隊某部，此次遠程奇襲，烈士堅請參加行動」，「李烈士曾任國軍榴彈砲某營勤務連少中尉補給官，第某軍高砲連中尉組長，及反共救國軍某部中尉隊員」。

對於李秉銘烈士之喪，台北已決定以極端隆重之方式舉行。并已由主持反共游擊隊訓練事宜之葉翔之中將及任建鵬少將任治喪委員會正副主任委員，這當然也很應該。事實上，今日之中華民國眞正最需要的也就是李秉銘這一類奮不顧身的英雄人物，有人以為這種犧牲沒多大有意義，其實這是具有無限重大意義的。試看孫中山先生革命時，不也是由少數革命先烈之奮勇犧牲才推翻滿清嗎？今天要打倒中共，是非要這種犧牲不可的。

台北這次突襲青島，究竟派出了若干人？中共迄今尚未發表戰報，台北亦未對於人數加以說明，但看起來，這次突襲却是成功大，意義大，而犧牲則是極小的。

西德商人透露：

中共脅迫外商簽名營救中共間諜

黃建華

自中共派往巴西從事顛覆活動的九名間諜被巴西政府發現并予以拘捕後，中共內心異常驚慌。因爲這九名中共間諜中，有七名間諜的外表身份是中共派往巴西的貿易人員，另外兩名則是中共新華社的記者，巴西政府現正在審訊這九名中共間諜，顯然，這九名中共間諜是必將洩露中共的許多秘密的。所以，中共現在極力設法想使巴西政府把他們全部釋放，但巴西政府拒絕把他們釋放。而巴西政府是愛好自由民主，而且是堅決反共的，中共既與之無邦交，所以中共便無法直接親自出面營救，而只能利用國際左傾分子如日本的左傾幼稚的律師出面，但中共仍顧慮日本律師出面營救效果有限，而欲利用更多的外國人或外國的團體來爲它工作。於是，更使中共丟醜的事又從西德商人口中洩露出來了。原來中共厚顏無恥，爲了製造虛僞的營救言論，竟使用下流手段，普遍脅迫與中共做生意的外國商行及前往大陸做生意的外國商行及前往大陸做生意的外國商人出面來呼籲巴西釋放這九名中共間諜。

以下是西德萊茵郵報的報導。它說：

「中共現在拼命設法，要巴西釋放被拘的九名中共特務。主要原因可能是担心他們會洩露在拉丁美洲顛覆活動的總計劃。

「和中共做生意的幾家西德公司，也像其它和中共貿易的商行一樣，接到中共的要求，要它們利用其影響力，促巴西釋放那九名中共人員。

「向來關心不會丟臉，現在却請求『資本主義國家商人』出頭幫忙，中共這種未之前見的舉動，引起不少人揣測，北平這種向西方民衆求救奇怪行動，目的究竟何在？

「要釋放被拘的九名中共特務，當然不是中共的唯一目的，中共這種拼命拍電報的行動，好像有更重要的原因在。就像中共出版的一份英文雜誌『北平周報』所指出，中共生怕巴西當局會將他們的人員移交中華民國。由於被捕人員熟悉海外機構情形，所以北平特別感覺不安。巴西是中共在拉丁美洲作顛覆活動的中心，被捕人員已負上顛覆活動罪名。北平現在顯然害怕巴西會找出支持那些罪名的文件，或是被捕人員會招供出來。中共這次大規模攻勢的目的，也可能防止巴西進一步利用這次事件，以及作爲對南美諸國特別對智利的一種警告。中共正在南美國家共黨中找取友人。另一種揣測是：中共可能是利用這事作試驗，萬一中共將來遇到了更重要的問題，利用西方商人以增進北平利益，究竟可以利用到何種程度？不管實情如何？北平的行動，已使西方和中共有交易的商人都處於尷尬地位。」

以上是西德這一家報紙的報導。西德另一家杜塞爾夫報紙社論說：「從廣州回到香港的許多西方商人，都非常失望和煩惱。因爲中共要求到大陸的外賓在一份反對巴西逮捕九名中共人員的抗議書上簽名。許多訪問中共大陸的人都稱此爲勒索。大多數在廣州的商人和商行，包括德商行在內，都在中共壓力下屈服，不得不在中共發出的電報上簽名，表示同情和態度一致。有一位德國商人說：如果我們拒絕簽字，我們的商行將來可能接不到中共㝎定單。瑞士的商人最妙，他們接到中共要求簽名的電報時，他們回電給中共：說他們只是商人，不問政治。」

看以上內容，可知中共自己又大丟其醜，而且又再次自己揭穿了那些共報平日刊登的營救呼籲的內幕是怎樣一回事。

大陸簡訊

藍鳥

中共誣美國綁架董濟平

自中共派駐非洲布迪隆國大使館文化參贊董濟平投奔自由，自動前往美國駐布迪隆大使館請求政治庇護後，正如中共駐巴九名特務被捕一樣，中共僞政權即異常驚慌，因爲巴西政府所捕九名中共間諜，足以洩露中共在拉丁美洲之顛覆活動情形，而董濟平之投奔自由，則又恰好將要揭露中共在非洲若干顛覆活動之內幕也，故中共現極力企圖挽救董濟平之投奔自由，而硬說董濟平是被美國人所綁架。從而壓迫布迪隆國，要求立即釋放董濟平，使董濟平重新落入中共之魔手。

爲此，六月十一日中共人民日報發表專文說：「美國駐布迪隆大使館綁架中國使迪人員後，蔣介石匪幫正在積極爲此進行活動。人民日報并警告美國政府，必須立即把董濟平交來，讓他返國中國駐布迪隆大使館。」

又據中共新華社瓊市拉六月九日電訊說：「中華人民共和國駐布迪隆王國大使館今天在這裏發表聲明說：「美國駐布迪隆王國大使館不顧國際法的起碼準則，侵犯基本人權，在一九六四年五月廿六日綁架了中華人民共和國駐布迪隆王國大使館工作人員董濟平」。布迪隆王國也是絕對應該拒絕中共的無理要求，而讓董濟平前往美國或台灣的。

中共在非洲訓練少先隊

中共殘暴成性，以往一直在國內用脅迫手段，麻醉和訓練十二三歲之小孩子，組成所謂少年先鋒隊，以對敵人進行戰爭。現在中共又把這一套殘酷辦法搬到非洲去上演了。

據伊利沙日維爾六月五日合衆社電：「由中共作後台的剛果叛徒，以十二歲的孩子組成小鬼隊前導，已在基伏省對剛果陸軍佔到新勝利」。「軍方人士稱：進攻的叛軍，在陣前死亡逾一百五十名，有許多十二三歲的小孩，携帶短矛及盾，高呼巫師保護我們」云。另一方面，中共現又邀請了東非坦噶尼喀和桑給巴爾·聯合共和國第二副總統拉希迪·姆福米·卡瓦瓦率同前在中共受訓之巴布等人於六月十一日抵北平訪問，這都可見中共對非洲顛覆活動工作進行之積極。

僑鄉近訊

鍾之奇

共幹做生意錯入不錯出

僑鄉人民與共幹或中共經營的店鋪做生意，吃虧的總是人民，佔便宜的總是中共所經營的店鋪或共幹，這差不多現已成爲千遍一律的規律。十四日出版的中共廣州羊城晚報對此又報導了一個小例子。它說「顧客余某十三日到廣州歧興肉菜市場永利合作店買鴨蛋，售貨員高某先秤了三隻，然後再將它分開來秤過，逐次計價，給三個鴨蛋當場貴了三分錢，余某再買鷄蛋，又被多收了一些錢，顧客提出批評後，高某還詭辯說：做生意不能保證沒有錯。不錯出就錯入，錯出你有好處，錯入我佔便宜。」

但羊城晚報却不懂事的加以嘆息道：「可是，這兩次偏偏只錯入不錯出，眞是如意算盤」。其實羊城晚報似乎還未懂得共產主義的眞諦。毛澤東的共產主義，原本就是「你的就是我的，我的不是你的」。那末，中共所經營的合作社，又安得不是只錯入不錯出呢？

共幹看電視不守秩序

自從中共用武力强佔大陸以後，中共早已成了掌握一切的黨，共幹也早已成了大陸上的特權階級，一切不守秩序的事情，也無不是他們做的。

據中共羊城晚報說：「七月晚上，去文化宮電視室許多觀衆都正靜靜地在觀賞電視節目，有個大漢忽然將櫈子翻過來坐，擋住了後面觀衆的視綫，一時秩序大亂，櫈子也被踩斷十幾張」。誰家大漢敢在中共廣州文化宮撒野呢？又紅又專的共幹也。

中共叫僑鄉人民父母死不辦喪事

父母死後，子孫辦喪事，本是中國傳統文化中的美德之一。不但發揚孝思，而且表示愼終追遠，正所以敦風勵俗也。但中共既主張子孫要無情的鬥爭父母，所以也反對子女替父母辦喪事。

最近，由於中共人民日報轉載了中共浙江日報所刊登的一個反對替父母辦喪事的故事，所以閩粵兩省的共幹，最近也在大力鼓吹不替父母辦喪事。據人民日報說：浙江有個老農名叫董阿虎，最近死了，死前曾立遺囑，他的遺囑說：「一、一不請和尚道士吹吹打打，也不要尼姑來念經。二、不叫兒孫披白麻，戴重孝來表孝心，要子孫多憶階級苦，永遠跟住共產黨，毛主席走。三、不要親戚朋友送齋飯，浪費錢，要把錢用到生產上去」。

於是，中共人民日報對董阿虎加以表揚，閩粵兩省廣大僑鄉之共幹則正在勸迫我廣大僑眷要學習董阿虎，不可辦喪事云。

千餘粵劇伶人被迫下鄉演現代劇

本報上期僑鄉近訊曾經報導中共不滿傳統粵劇要改演宣揚共產主義的現代粵劇，但粵劇界對此不熱心，現據中共羊城晚報報導，中共已動了火，已決定把現在廣東全省的一千餘名粵劇工作人員全部編成二十三個粵劇團，强迫他們下鄉去演現代劇了。

據羊城晚報說：「被規定參加這二十三個粵劇團下鄉表演的編導人員，著名粵劇工作者，音樂家，曲藝演員有羅品超、文覺非、郎筠玉、呂玉郎、譚玉眞、盧啓光、衛少芳、鄭綺文、陸雲飛、馮鏡華、馬麗明、新谷鶯、孫艷琴、羅榮臣、曾嫩珠、林青而、林兆明、張悅揩、龐娥、梁倫、王文友、李南華、林素芳、麥細奴、白燕仔、黃少梅、關楚梅、區少佳、鄭壽山、崔良玉等一千餘人」。

演出的劇目，羊城晚報說已由粵共硬性「規定全部是反映當前階級鬥爭和歌頌黨，歌頌毛主席的劇目」。「其中包括反映當前農村階級鬥爭『奪印』，擊退資產階級思想向青年進攻的『年青的一代』，歌頌人民解放軍的『智取威虎山』，控訴反革命破壞份子的『車從深圳來』，反映舊社會羅惡的『血海深仇』『山鄉恩仇記』『紅色的種子』等。

值得注意的印度今後動態

高和

一連担任了十七年總理的尼赫魯逝世之後，未來的印度政局，是最爲世人所注視的；這個在一九四七年八月才獲得正式脫離英國統治而獨立的國家，初期是由新領袖內長南達繼任總理，執掌政權，今後的動態如何，對整個東南亞的形勢，當然是有了新的影響。

誰都知道，尼赫魯是一個具有雙重性格的人物，他在外交方面，堅決採取「友好的中立政策」，且擅左右逢迎，既有理想，而又追求現實。他是主張施行共和政體及社會主義的，但他也同意共和的印度成爲英聯邦之一員。爲了使到印度在和平發展的步驟下達成「福國利民」的目的，他也願意跟資本主義妥協，由於手段超卓，應付環境得宜，使印度的地位確是鞏固了不少。他生前的十七年總理任期內，雖然毀譽不一，但在印度來說，他誠然是不愧爲一個傑出的政治家。雖然自獨立以來即與巴基斯坦以喀什米爾問題迄仍爭持不下，但這是由於宗教信仰不同所造成，乃無可如何之事，不能苛責尼赫魯。單似他領導着國大黨，能使種族語言不同的印度達成統一，不致發生內戰來說，已足够資格被稱英雄人物了。他執政以來，對內的主要政策，是完成五年計劃的經濟建設，而對外則走中間路綫。這不特顯露出他的獨特的見解（也可以說是狡猾的陰謀），同時也發揮了他的「雙重性格」，而印度也確有賴乎此而建立起適應環境的基礎。不過，尼赫魯的「左右逢源」手法到底「有時而窮」，到了一九六二年，終於爲着邊境問題，與中共發生戰爭，而且軍事失敗，以致大受打擊，他的「不結盟」政策因而「褪色」。但印度之在亞洲，畢竟還是大國之一，同時也是足以使中共受挫折的國家之一。現在尼赫魯逝世了，褪色的「不結盟「政策」又將演變成怎麽樣子？這對東西國家的影響，也都相當重大的。

尼赫魯是一個富有家庭中的獨生子，爲了爭取印度的獨立，他寧願捨棄舒適的生活而從事艱苦的反抗工作，并嘗透了鐵窗的風味，但他的理想終於獲得實現，并進一步的在他的國家獲致獨立後決定其命運。他面臨過三方面艱苦的任務：（一）設法鞏固印度內部的團結，（二）調整印度與巴基斯坦的關係，（三）確立印度的外交政策。除第二項外，第一，三兩項，他都順利地達成了。現在，他已告逝世，印度和巴基斯坦的關係是否會轉趨更惡化？固然是很值得重視的問題，而印度內部的團結是否會因他的逝世而引起動搖？外交政策是否會發生重大的政變？這也是世界人士所密切注視的。原因是：印度今後的動態，對整個東南亞，以至世界局勢，都將有嚴重的影響。

此外，尼赫魯還有一種「特質」，恐非他的繼後人所能承繼。他曾在自傳中坦白直書：「我是一件古怪東西的混合品」。他的繼後人也會是「一件古怪東西的混合品」嗎？這是最使就慮的事！

尼赫魯爲甚麽要自稱是「一件古怪東西的混合品」呢？原來他雖然生下來便是信奉印度教人物，且經常參與宗教儀式，但他并沒有宗教上及種族上的歧見，所以印度的回教份子，基督教份子，及其他宗教份子，都對他很有信心，信賴他在處理宗教問題或少數民族問題都能大公無私。因此，又因他在英國受過西方教育及生活習慣所薰陶故對西方人士也能應付得很得體。就是這樣，他便能順利地把印度領導到安定和壯大的境域。他的繼後人能够承繼他這種「特質的衣砵」嗎？

暫時繼任總理的內長南達，曾在第一次出席會議時表示過「繼尼赫魯的遺策不變，這就是不加盟政策與民主社會主義」。但是，尼赫魯能够適應時機，接受英美的援助，藉以挽教印度的命運，把「不結盟」生動地運用着（這即所謂褪色」）。新總理夏斯德里能承繼這手法嗎？此外，對宗教問題，對種族問題，（也毫無歧見嗎？這對整個東南亞局勢以至世界局勢，都必然地將有相當重大的影響。

美援停止後

台灣經濟前途展望

明心

（台北通訊）：美國停止對台灣經濟援助一事，並不是突然發生的事件，遠在五，六年前台灣政府就了解到美國經援終有停止之一日，不過直到最近才由美國國務院正式通知將於明年六月底停止對台灣的經濟援助罷了。

在此美援將要停止的情況下，在對台灣未來經濟前途有何影響呢？至今政府與民間的反應是不一致的。

政府當局雖然口口聲聲說：美援停止對台灣經濟前途並不要緊，政府方面早已有未雨籌繆之計。其實政府當局暗中是傷透腦筋的，因爲事實擺在而前，美援停止後對台灣的財政經濟有着很深重的危機，是無可諱言的一件事。

爲了挽救此一危機，前日行政院特別召開了一次行政會議，由院長嚴家淦主持，各財經部門首腦人物都參加了此一會議。討論結果，在會上擬訂了四個臨時辦法，以應付美援停止後的台灣經濟形勢。這四個臨時辦法內容大概是這樣的：

一、在財政預算上，力求做到收支平衡，惟對已列入預算的開支，則仍維持不變。

二、加强對外貿易，除台糖外，其他貨品亦要增加出口，廣爲外銷。

三、對國際開發基金，開發協會，以及開發銀行的各種貸欵，應善爲運用，同時加速省內開發。

四、對國內外私人或團體資金之能運用於省內經濟發展者，應善爲誘導，並協助外國銀行來台設立分行。

根據行政院擬訂的這四項辦法，其內容不僅空泛而不着實際，甚至可以說完全不能解決因美援停止所引起的經濟危機。有人認爲行政院所擬訂的辦法，還忽畧了最重要的兩點，那就是：第一要切實杜絕一切浪費；第二要切實整頓稅收。

在我們看來縱使加上以上的兩點，對台灣的經濟前途仍然不會有好轉的希望，謂予不信，請看民間的反應自知。

據一貫尚能代表民間言論的「聯合報」社論在論及浪費問題時稱：「台灣的經濟病態，在於支出中的消費性遠大於生產性，這是不合理的。例如在數以百億（台幣）計的歲出總額中，軍費支出佔了百分之八十，而教育文化支出只佔百分之二點七。軍費支出雖然重要，但太大的消費性支出就是浪費；至於公務員的貪污，那就更不用說了。所以，政府必須痛下決心，切實剔除公共支出中的浪費以及杜絕貪污，否則整個財政非垮不可」。

吾人認爲，「聯合報」社論所說的台灣在歲出總額中，軍費佔了百分之八十。才是一針見血的指出了病源所在。不過「聯合報」處於言論不十分自由的環境下，不敢明目張胆的說出來，而用「太大的消費性支出就是浪費」，隱蔽了今天台灣龐大的軍費支出是屬於「浪費」的一流。於此可見，政府當局對美援停止後的半樂觀姿態，與民間的看法，是不相同的。

台北另一家民營報紙「微信新聞」在以「經援終止後影響將如何」的一篇專欄報導中，則主張應趁此機會謀求台灣經濟的「自立更生」。該報指出：「作爲一個獨立國家，當然貴於能經濟獨立，在我國來說，經濟獨立就是不需要美國經援，雖然我們今天還沒有完全的把握，可是絕不會因爲十五年那麽長期對美援的接受而長出不可看恕的倚賴心理，好像沒有美國經援，我們的經濟就會無依無靠似的，在今日，我們並不是因爲糖價還有一年好景就有膚淺的信心，而的確是因爲我們對台灣的經濟發展已嗅出有一股力量可以使我們在經濟方面獨立。

該報專欄中，爲了加强其謀求經濟「有立更生」還特別將台灣年來經濟進步的幾項指標引證出來：該報認爲，「從衡量經濟進步的幾項指標可以看到：

一、台灣資本形成，在一九五二年的新台幣廿八億元增加到一九六一年的一百四十六億元。

二、外人及華僑投資自一九六〇年元月至本年五月底已積有美金八千九百九十二萬九千元，平均每年二千餘萬美元，雖然不多，但較過去每年六百萬已有長足之進展。

三、外滙收入在一九五二年只有一億一千九百五十二萬七千萬元，但一九六三年已有三億五千七千五十二四千美元。

該報專欄中還特別指出：「美國經援停止後我們的做法是多方面的，所謂多方面包括有國際長期貸欵，聯合國的援助，國外工廠的分期付欵器材，國內的投資，國外的私人投資，其他國家的可能貸欵，還有約二億美元的外滙準備，只要我們把這些因素綜合起未運用得法，相信事在人爲，別人可以做到的，絕不是我們所做不到的，只要大家對公事沒有私心，能盡力以赴，美國經援停止之日正是我們「自立更生」之時，我們應爲美國經援的停止而喜悅」。

吾人根據「微信新聞」這一篇專欄報導，如果從單純方面着眼，對美援停止後的台灣經濟前途是應該樂觀的，誰也知道既然是一個獨立國家，是不應該依靠別人而是應該求自立更生之道的。不過，以今天像台灣這樣一個頭大尾小的局面，而又處於一個隨時都在與敵人駁火的地區，軍費的龐大開支絲毫不可減少，而休養生息的客觀環境亦不容易產生，何况目前不管官方與民間輿論所擬訂和指出的辦法都有未能對症下藥之感，縱使美國經援不斷，對台灣經濟前途又有何補呢？

聯合評論 週刊

本刊已經香港政府登記

每逢星期五出版

United Voice Weekly

第二九九號

督印人：黃宇人　總編輯：左舜生

社址：九龍通菜街三十八號亞南書局　849126

承印：田風印刷公司　香港高士打道二二一號

總代理：友聯發行公司　僑每份港幣一毫

本週美洲版總經售處　美國紐約中美出版社

CHINESE · AMERICAN PRESS, INC
199 CANAL STREET,
NEW YORK13 N. Y. U.S.A.

美洲航空版每份零售美金一角

栽花與種刺

從印度尼赫魯葬禮說起

· 李璜 ·

日前讀報，印度空軍飛機，據合衆社電，於本月十二日，將其故總理尼赫魯的骨灰，散佈在他領導獨立的這個國家二十處地方的田野及山區，其表示尼氏雖死，其軀體及其精神仍與印度不會分離。——這種葬禮儀式具有宗教的常住不滅的意義，是印度信仰的特色，並無足異。所可異者，當其將尼赫魯一部份骨灰散之於某河流時，竟有若干印人奔赴河中，打算自殺，以殉尼氏，爲嚴密戒備的軍警所阻止：是則尼赫魯的一生行事，對於印度人心，必定有深切的感動影響存在。

平心而論，尼赫魯雖對國際反共陣綫陷於零亂，要負大部份的責任，因之不能爲我輩爲自由而反奴役者所諒解；然而他畢生爲印度奮鬥與犧牲，處處爲印度多數人的和平幸福着想；將這個世界上最不容易團結統一與獨立生存的印度，維持了十七年的國家形勢（今後能否繼續維持，就要看後任人的本領了）；而且在窮困中千方百計想辦法以增加農工業生產，以爲印度膨脹不已的人口消費之資。最後乃仍躲不了中共的大兵壓迫，但又居然由於尼氏應付
多方，這一薄弱至極的印度竟未被中共壓碎；而且在左右逢源中，印度反佔了上風，這也不能不說是尼赫魯的長於肆應！

綜觀尼氏的一生，有宗教的殉道精神，有英國的紳士風度，學有素養，政重安民；以戰後亞洲新興國家的開國領袖來說，尼赫魯還算是爲其國家民族的前途，去栽花的人，而不是種刺的人。

栽花或種刺繫一念之間

反過來看，戰後亞洲新興其它國家，其開國領袖，也曾爲其民族自由與國家獨立，如像尼赫魯一樣的奮鬥犧牲者，並不乏其人。如大韓民國的開國元勛李承晚，當其抗日革命，百折不回；流亡半生，艱苦異常；是皆非常人所能及者。

及其開國執政之後，其初也能循民主的軌道行事，知非如此不足以勝過共黨。在韓戰之中，尤顯出其救國的意志堅强，對國民的愛護備至，故在毅然釋放俘虜一事，乃贏得舉世的喝彩！——這一連串的爲國人示範，爲民族爭光的舉措，李承晚做的多是栽花工夫，其開國表現本足以令人欣賞者。

惜因年老而爲左右所包圍，由一念之私，而信任親近者太過，排斥異已，人心既已離去；而又加剛愎用事，以致不復栽花，而竟自行種刺；民變一起，悲劇隨之；不但李氏既失敗以去，而且大韓民國的政治至今上不了軌道。今日我們對李氏，雖仍佩服其堅苦精神，然總令人有爲德不終之嘆。

再以另一亞洲新興國家開國者，南越南的吳廷艷而論，其在天主教徒的清修自守，世無閒言；一旦天降大任，也能承担；看他能蕭清西貢高台教等的混亂局面，亦有如李承晚的氣魄；至反共態度之堅決，更是東南亞新興國家領袖中之難能可貴者。

乃吳廷艷昔日能棄官不做，而立志去當天主教士，所謂「不婚不宦」人慾去半」者，而終因一念之私，不能超脫於其家庭環境之外，竟爲其兄弟與弟媳輩所蒙蔽，招權納賂，胡塗顢頇；吳氏身爲大權獨攬的南越南總統，竟莫能防微於機先，補救於事後，甘爲傀儡，致釀大禍，直令人爲之扼腕嘆惜不已！

其實南韓與南越的民族情勢，比印度單純得多，國小而土肥，又比印度易於統治得多；乃因這兩位開國者一念之私，自行種刺，遂令兩國至今荆棘叢生，政潮起伏不已！考一念之私之所由來，無非爲的鞏固自身的權力地位；其實一個開國者，只要不變初心，始終爲國爲民，則大多數人的信任是不會衰歇的，又何苦去自囿於小天地中，而示人以氣度之不廣。因此孫中山先生常寫「天下爲公」四字，以爲從政者的座右銘，實在大有見地：栽花或種刺，即繫於爲公爲私的一念之間！

中華民國開國者的氣度

談到中山先生，筆者深感於其政治氣度之不可及！中華民國的前途，如果是光明的，則必繫於其開國元勛的「天下爲公」這一氣度上面。

當中山先生將大總統的地位推讓與袁世凱時，在二次革命以後以至今日還有人認爲是民黨內部分裂或中山先生上了他人之當，而不知中山先生的眞心是在爲國爲民，並不一定要做總統；其敝屣尊榮，乃是在要以身作則，盡力於社會的培養開化，其所主張二十萬里的鐵道政策，乃是中山先生開通這一大中華的必要的與首先的栽花工作，乃當時淺識者竟以中山此一主張爲放大砲（孫大砲之名由此而來）；及今便足見中山先生的思想是走在一切中國人的前面的。惜乎，中山先生當時所主張的國民黨完全在野，把政權讓給袁世凱，只要朝野合作，能夠從事建設，方足以利民生，此一天下爲公的先知之見，不爲國民且其黨人所了解耳！（至於袁世凱後來叛國，此又爲另一回事。）

中山先生之所以有此一開國氣度，則本於平素所信服的進化論而來。孫文學說第四章有言：『人類進化之目的爲何？即孔子所謂「大道之行也，天下爲公」；耶穌所謂「爾旨得成，在地爲天」，此人類之希望，化現在之痛苦世界，而爲極樂之天堂者也。近代文明進步，以日加速，最後之百年，已勝於以前之千年；而最後之十年，又勝於已往之百年，如此遞推，太平之世，當不在遠……。』

讀此一段，便足知中山先生的懷抱，又豈願假虛位以自娛，或戀權位而植私黨，以就誤「政治者，衆人之事」！進化之最後十年，既已勝已往之百年，則人生欲求有益於世，只管栽花，大可不必自己要看花開。讀中山這段文字，使我憶及昔人兩句詩：「我亦平生有心事，好花留與後人看！」旨哉其言！

赫魯曉夫及蘇共有日趨孤立可能

劉裕略

在赫魯曉夫與毛澤東個人權利衝突所引發的一連串的衝突中，最先直接引發最重要的衝突，莫過於蘇共與中共之衝突。

目前就要斷言在這一衝突中赫毛二人誰勝誰負？目前就要斷言蘇共或中共誰勝誰負？都覺言之過早。但要能把握住它們在這一衝突中的發展情況，却又不可不隨時檢討它們在每一階段的火併情形。而在目前階段，確有多種事實顯示毛澤東及中共在這國際共黨集團的內部衝突中，正向有利的方向發展，赫魯曉夫及蘇共反在向不利的方向發展。這可以從支持赫魯曉夫及蘇共的國際共黨日在減少，支持毛澤東及中共的國際共黨反在相對增加的事實很明白的看出來。

在最初，我曾經在本報寫文指出支持中共的國際共黨，只有北韓共黨，日共，印尼共黨以及阿爾巴尼亞共黨。以北越共黨來說，它最初也還是并未明白表示支持中共，胡志明最初也還準備調停中蘇共之間的爭端的，隨後，北越才正式站在中共一邊。

但只經過了一個短暫時期，叛離蘇共轉而支持中共者，就有一個白色人種的新西蘭共產黨，這是值得注意的一個轉變，因爲毛澤東的共產主義路綫既夾有極濃厚的個人英雄主義與種族主義成分，赫魯曉夫本人及蘇共報紙又一再揚言中共有亞非地域觀念與有色人種的種族觀念，則遠離中國大陸的白色人種的新西蘭共黨應該不致倒向中共才是，然而新西蘭共黨畢竟倒向了中共，所以，這是極端值得注意的一件事。

本來，赫魯曉夫對毛澤東所加上的那一頂種族主義帽子，依常理觀察，對白色人種共黨傾向毛澤東的事，原應有一定的阻塞力與影響力才是，但當我看到新西蘭共黨總書記一再訪問北平，且在中共高級黨校發表理論性講演，大肆抨擊老赫及蘇共後，我就意識到也許還有其它白色人種的國際共黨將步新西蘭之後塵轉而支持毛共。因爲種族主義的帽子既未能阻塞住新西蘭，當然也將不能完全阻塞住其它的國際共黨。

最近，在政治路綫上顯然接近中共而遠離蘇共路綫的又一國際共黨是委內瑞拉共產黨。委內瑞拉共產黨目前尚未正式提出反赫反蘇口號，但却已提出了與中共一致的「鬥」爭路綫。

據中共新華社六月三日北平電：「委內瑞拉共產黨中央委員會政治局最近就國內局勢發表聲明。聲明指出：「只有進行根本性的鬥爭，不抱幻想和不怕犧牲，才能取得人民的勝利」。「共產黨號召委內瑞拉人民堅決地同萊昂尼政府進行鬥爭。丟掉對萊昂尼所許諾的改革的幻想。利用一切可能的機會加强行動，利用鬥爭的最高形式和一切形式。號召人民不論是現在還是將來爲爭取經濟權利，政治權利，釋放犯人，反對鎮壓而鬥爭」。「成立一個民主愛國政府，實現民族解放和我們祖國的改造。號召人民更有力地支援日益壯大的在法爾孔、葡萄牙薩、拉臘山區和東部地區活動的英勇戰士們，固它民族解放陣綫和民族解放軍的隊伍，它是解救我國人民眞正的希望」。

這就可見委內瑞拉共黨現在對內走的路綫正是中共所主張的路綫，將來極可能與中共一鼻孔出氣。

但人他還可以說委內瑞拉共黨的反蘇態度畢竟未明，而比利時共產黨明白反赫反蘇，則已完全充分表露出來了。

比利時共產黨中央委員會書記雅克・格里巴最近訪問北平，六月十日且曾在中共高級黨校發表長篇講演抨擊老赫及蘇共。

據中共新華社六月十二日電訊說：「格里巴在報告中揭露了和批判了以赫魯曉夫爲代表的現代修正主義路綫。他說：「修正主義當了帝國主義幫兇。他們加緊在社會主義陣營中，在國際共產主義運動中和在各國共產運動中，陰謀製造分裂」。「修正主義的領導人向美帝國主義投降和合作，只會鼓勵它的侵略性，并且增加對蘇聯本身的威脅」。

此外，奧地利共黨內部也有親毛共的勢力正在誕生。而羅馬尼亞共黨現今雖未正式站在中共一邊，但也正在日趨違離蘇共。因此一個大趨勢已甚明顯，那就是在蘇共集團內不斷有人走出來，雖不一定走向中共一邊，却也有人走向中共一邊。其所以如此之原因固然甚多，但長此下去，如果赫魯曉夫不能在短期內對毛共斷然採取迅速而有效的制裁辦法的話，則赫魯曉夫要想在赫毛個人權力衝突中戰勝毛澤東，其前途展望顯然是并不良好的；而且，蘇共在國際共黨內部的伙伴勢將愈來愈少哩！

美國的黑人問題

謝扶雅

黑人問題可以說是美國所特有的一個問題，而且目下更形成了在社會上及政治上一個很緊張的嚴重問題。甚至遠在北平的毛澤東，也不惜借它增加反美帝的叫囂，並籠絡誘致非洲各國，挑動他們的種族心理，拿它來雜在階級仇限當中，掀起反自由資產階級的鬥爭，包括新近和西方資本主義國家妥協的白種人蘇俄「老大哥」在內。

不過美國國內的黑人，幾代以來，早成美國本國的公民，跟非洲新興諸國及南非著名種族歧視的羅陀西亞，全無任何國際政治關係，也不像今日塞普拉斯國內的土耳其裔人和希臘裔塞人，具有劇烈的種族分歧及宗教分歧，以至外圍的土塞兩國間國際緊張，弄到不得不由聯合國出馬彈壓。美國黑人基本上只是國內的一個社會問題。溯最初歐人殖民到新大陸，在開拓特別是南部各州時，大量買了非洲販來的黑奴役使墾植，的確主奴階級森嚴。但自十三州殖民地宣布獨立，揭櫫天賦人權平等的大道理，訂定憲法，而況傳統崇奉基督教，相信人類盡是上帝子女，何有於黑白貴賤之分。接着林肯總統任內的一場南北戰爭，更取得了解放黑奴的勝利。然而林肯至今不過百年，三十年爲一世，百年三世而已。這樣，祖父母原本是十足不扣的奴隸身分，現在子孫兒女們，長大，雖在國籍上，憲法上，及宗教信仰上，早與白人一律平等，而心理上（不說皮膚），社會習慣上，生活方式上畢竟雙方彼此大不相同，不是那麼簡單而迅捷地可以眞個骯髒一氣，融洽相安。

因此，南北戰爭後的南方各州，習俗上依然黑白分明。不論在住居區域，在學校裏，在教堂裏，在火車及公共汽車上，俱樂部，旅店，餐館，理髮舖等等，都是涇渭隔離，不容混雜交錯。人誰不具或多或少的自卑感與自尊心，但若一分成兩個隔離的社會，這一方就優越感越來越强，那一方便自卑感越來越重，相形之下，黑人自然感受着無限的壓迫和無窮的委屈。

很有名的那部「黑奴籲天錄」漢譯小說，大概晚近的所有中國知識分子，都會讀過，並會表極大的同情。美國北部，開明自由氣氛濃厚，黑白隔離的故事幾乎絕跡。首都華盛頓和著名國際性的紐約市，更加特意要表現種族平等，以資觀瞻，而實證這一名實相孚的民主平權國家。不過黑人大本營的南方各州，隔離行之有素，因而依然我行我素。就量言，自然黑多於白，但就質言，不免距離甚遠。「種族與理性」一書的作者卜德門（C. B. Putman），搜集了人類學上及遺傳學上的許多證據，謂高加索族的腦部組織，在二十萬年前，曾與目下黑人的相類似，進化的階段，不許一縱身而躍過，先天遺傳和後天教育都得一步一步地來；由硬性的法律促成它，不但無用，而且雙方反蒙其害。

然而黑人在美國全人口中已占十分之二，加以一向比例，黑人多產，視生育節制的白人幾爲什一之比。美國總統是普選制，所以故甘迺迪總統提出保障民權法案，既爲他在下屆大選時，求贏得全國黑人的票數，但又爲了結好南方有勢力的白人，會於去年十一月赴越南方最大，亦是全國最大的一州德薩士演說，不意竟在達拉斯城突被狙擊身亡。對這疑案，國內及全世界猜測甚多，與黑人問題不無關係。甘氏出身北部最開明自由的麻薩秋色滋州，且畢業於最自由進步的高等學府哈佛之所以向國會提出這民權法案，原則上雖在宣揚美國自由平等的立國精神，但亦可以說大半爲討全國黑人的好意；然而是否同時亦逢某些保守白人的大忌，致遭暗算，誰能決之？這法案瞬屆一年，雖月前幸得衆議院通過，但擱在參議院裏，審查復審查，修改復修改，折扣復折扣，據說大致可望不觸到南方諸參議員的暗碍了。不過所付的代價已經太大了。

筆者所寓居的麥迪臣小邑，也是一向開明自由空氣充足的一個文化城，多年黑白合混，相安無事。但有意大利裔美國公民所開設的理髮店，素不剃黑人的頭，黑人有黑人自理的理髮舖。據說黑人的頭髮特別硬，難以下剪，又說黑人身上分泌氣味特重，白人顧客不願與之隣座。但這次爲了響應全國開明分子遊行運動，促進民權法案早日通過，本城哲吾大學及十幾所教會聯合起來，勸告白人理髮室平等開放，不可拒絕黑人顧客，因而也像其它各地一樣無端攪起風波，恐嚇謠言四起，炸彈暗發，流血騷亂。以致大學的圖書館長亦以妨礙公安而被逮罰欵。大學總務長爲了維護學校安全，晝夜巡邏而致病倒，單像這樣一點小小的促進，就已弄到滿城風雨，全國之大，可想而知。照此看來，黑人自身品質上的根本改進，至與純粹白色人種看齊，似非短短幾十年以至幾百年所能做到，而這種通常白人坎內種族歧視的潛意識，畢竟亦並非一朝一夕，一道兩道法令所能移去的啊。

中華本土，早以五族共和相稱。而今日在馬來西亞聯邦內的華僑和本地馬來人並肩建國，合作得很好的樣子。這是值得我們欣慰的一件難得的事。

六四、五、十八

中共對西南亞垂涎欲滴

陳一得

自中共於十四年前以武力强佔中國大陸以來，由於中共的擴張野心，東南亞就立刻陷於戰亂與不安，東北亞也早已嘗到中共的好戰苦味了。中共於一九五〇年之參加韓戰，且迄今尚在支援北韓，破壞韓國的統一，是中共經畧東北亞的顯著事實；北越及寮共之擁有武裝，并胆敢採行叛亂行動，正是中共侵畧東南亞的明顯例子。

而當此東南亞與東北亞都正在戰亂不安之際，中共又對西南亞垂涎欲滴，更說明中共確具無限野心，眞是亞洲的禍根了。

六月九日人民日報特別刊登了一篇它眼中的西南亞情形，可以說正是它已在垂涎西南亞的表示。以下是它眼中的西南亞：

「印度與地中海之間的廣大地區，從它的位置而言，處於亞洲西南部，故稱西南亞。

「西南亞主要包括阿富汗、伊朗、伊拉克、土耳其（部分在歐洲）、黎巴嫩、以色列、約旦、沙特阿拉伯、科威特、也門、阿曼等國家和地區。面積六百多萬平方公里，人口約八千六百萬。主要民族爲阿富汗族、波斯族、阿拉伯人、土耳其人、希臘族等，絕大多數居民信奉伊斯蘭教。

「西南亞北爲黑海和裏海，西爲紅海和地中海，南爲阿拉伯海和波斯灣，所以可說是一個大半島，也可稱爲介於西歐大陸與非洲大陸之間的一個地峽區域。

「從地質構造上看：西南亞可分爲小亞細亞——伊朗高原和阿拉伯半島兩個部分。

「小亞細亞——伊朗高原是年青的折皺帶，其南北兩邊形成較高的山系。北面有龐庭山脈，厄爾布爾士山，科彼特山，興都庫什山等；南面有托羅斯山脈，扎格羅斯山，普德山脈等。南北山系之間是小亞細亞高原和伊朗高原，高原山分佈着許多死火山，地面上佈滿火山噴射時流出的熔岩流。因此，這裏常常發生地震。高原內部是廣闊的沙漠地帶。

「阿拉伯半島基本上是個高原，其地面西南高而畧向東北傾斜。半島上從黎巴嫩到巴勒斯坦有一條南北間的陷落谷，稱叙利亞地塹或約旦陷落谷。陷落谷兩邊地形陡急，谷頂拔海約一千米，而谷底却在海洋水平面以下，約旦一河流經谷中。北面的加列里海和南面的死海都位於這個陷落谷中。

「西南亞除南面阿拉伯半島外，全年多吹北風，夏季吹西北風，冬季吹東北風。它的西北部屬地中海型氣候，氣候溫暖，每年十月至次年五月，常有陣雨，是雨季。小亞細亞——伊朗高原，由於四周受山脈阻擋，高原內部年雨量僅二百五十至三百五十毫米，屬草原氣候和沙漠氣候。阿拉伯半島大部份位於副熱帶高氣壓之下，形成雨量稀少之沙漠區，是世界上夏季最熱的地區之一。

「本區自然資源豐富。地中海沿岸是以常綠灌木爲主的地中海型植物，山麓上是橘樹，稍高的山坡上爲橄欖葡萄，更高爲松樹森林。農產品以種植大麥，小麥各種水菓以及蔬菜爲主。伊拉克的椰棗聞名世界，年產量在三十萬噸以上。高原上有廣大的草原，因此，本區畜牧事業發達，主要是驢、馬、駱駝、牛、羊，其中尤以阿拉伯馬最著名。礦產中，石油最豐富，如科威特與伊拉克的原油年產量，分別居中在第一位及第三位，居資本主義世界的第三位及第六位。沙特阿拉伯已探的石油蘊藏量達六十二億噸以上，佔資本主義世界總蘊藏量百分之二十以上；伊拉克的石油蘊藏量佔資本主義世界總蘊藏量的第五位。其它如阿曼、也門、巴林羣島等，都有豐富的油田。約旦的磷酸鉀蘊藏量佔世界第一位。其他礦產如銅、鐵、錫、鉛、鋅、鎢、鉬、金、石墨、石棉、雲母等也較豐富。巴林羣島的波斯灣一帶，是珍珠的採集中心，每年約有二萬多人從事採集工作」。

以上是中共人民日報所刊載用以教育中共幹部的一項資料，也可以說是中共眼中的西南亞的小國甚多，在政畧上對中共頗有用處，與蘇聯競爭中東時，這些小國都對中共極有用場。何況，中共將來要進聯合國，更非努力拉攏這些小國不可。

也就正由於上述許多原因，所以中共現已正式揷手西南亞了。這從中共最近特別邀請西南亞的也門國總統訪問北平，并簽訂中共與也門之間的友好條約可以證明。

據中共新華社六月九日北平訊：「中華人民共和國和阿拉伯也門共和國今天簽訂了兩國友好條約，條約的簽字儀式今晚在北京隆重舉行。劉少奇主席和阿卜杜拉·薩拉勒總統聯合公報同時在今晚簽字」。「今晚同時簽字的還有中華人民共和國政府和阿拉伯也門共和國政府文化合作協定；中華人民共和國政府和阿拉伯也門共和國政府經濟技術合作協定」云。

中共財貿部門更加黨化特務化

綜觀

中共政權下的一切，本來就一直是由共黨控制着，這是誰也知道的。不過，値得注意的，是中共對於這些業務部門，尤其是對這些財經貿易部門的控制，却仍感不滿意，乃於最近又決定進一步控制這些部門，決定在這些業務部門一律由黨委來領導了。

這顯然是中共政權自上至下普遍響應毛澤東的號召「要向解放軍學習」的結果。因爲毛澤東認爲中共人民解放軍之所以打勝仗，之所以値得學習，就因爲中共人民解放軍設有各級黨政治部，由各級黨委領導之故。

這顯然也是毛澤東多年所號召「政治掛帥」的又一具體實踐。

這顯然也是中共更進一步把財經貿易部門戰鬥化，把財經貿易特務化的另一嚴密措施。大抵，由於巴西政府捕獲了中共九名共特中有七名是中共的貿易人員，中共仍嫌這些貿易幹部的間諜能力不符理想之故。

關於中共財經貿易部門更加黨化更加特務化的決定，是六月六日閉幕的中共「全國財貿政治工作會議」決定的。它的這一決定，據中共新華社六月六日宣佈：「這一會議會指出：「加强財貿部門的政治思想工作，加强對職工的社會主義教育，用毛澤東思想武裝全體職工，使財貿隊伍更加無產階級化，更加革命化，更加戰鬥化，是財貿部門的一項重大任務」。

新華社又說：「會議指出：「財貿部門的政治工作，應當做到，通過人的思想革命化，進一步把社會主義的財政工作和銀行工作做好，把商品流通工作做好」。

又說：「鑒於財資企業百業單位的業務活動同各地黨委的中心工作同當地生產和人民生活有密切聯繫，會議確定，各級財貿政治部的工作，實行地方黨委和上級財貿政治部雙重領導，以地方黨委領導爲主的制度」。

另據中共新華社六月六日電訊說：「這次會議是從五月十五日開始的」。又說：「商業部，糧食部，對外貿易部，中國人民銀行總行，中國農業銀行總行，中華全國供銷合作總社和財政部稅務總局都已陸續建立了政治部，這是財貿各部門學習人民解放軍，加强政治思想工作的一項重要措施。這些部門的政治部建立以後，一方面調配幹部，充實和健全機構，一方面根據本部門的特點研究如何活用解放軍的政治工作經驗」。「爲了做好財貿系統的思想政治工作，各部除了從人民解放軍調入一批政治工作幹部以外，還開始培訓本系統的政治幹部」。

這就可見中共今後派到各國各地的貿易人員，一定是更加特務化了。

大陸簡訊

藍鳥

新疆今仍月有千人逃蘇

據蘇聯公佈，在過去兩年中，新疆居民會有五萬多人因不堪中共之迫害，而逃入蘇聯境內。中共則說這五萬多人之逃入蘇境，是受蘇聯之誘迫。因此，雙方各執一詞，成爲赫毛個人衝突尖銳發展聲中一項重要之邊境衝突。

那末，此一問題之目前情況如何呢？據美國「星期六晚報郵報」記者史諾在「記者雜誌」報導說：「中共和蘇聯的思想衝突可能在新疆演爲危險的軍事衝突」。

又說：「自一九四九年以來，大大小小的反抗行動，一直不會在新疆停止過。一九五七年六月發生第一次叛亂，第二年又再發生一次。逃抵香港維吾爾人說，在新疆有六萬名游擊隊在對抗中共。不過，大約在三年前，一些親蘇的回民分子開始在回民中煽動，偷偷散發蘇聯入境證。相信總共約有五萬人逃入蘇聯，也是一種巧合，一九六二年的春天，新疆回民紛紛逃往蘇聯的時候，廣東人則紛紛逃往香港。中共於一九六二年五月底封鎖邊境，不許人民移動。許多維吾爾人和哈薩克人因爲和越界進入蘇境的親友被中共切斷，或則由於平日之積怨，而在五月廿九日聚積在庫佳市政府前暴動」。「隨後又在庫佳與迪化之間的一個油田引起暴動。許多回民油田工人離開了油田，致使當時的油田會在幾個月中減產百分之廿五」。

又說：「一九六二年底，新疆已經看不見蘇聯顧問。自此之後，新疆已經變成了一個軍營。但是，儘管中共已加强邊境管制，但每月仍有一千人左右回民逃入蘇聯」。

以上是史諾最近訪問一位白俄醫生米欽科得來的消息。米欽科是從新疆庫佳逃出大陸，經香港前往澳大利亞安居的。

史諾可說：「據可靠消息：中共已將新疆人民撤出深達廿五里的不安靖的邊境地區。邊境地區已封閉，只許軍事交通。在邊界的另一方，蘇軍也在趕築工事，築路，并建立補給站」云。

粵漢路被水淹列車停開

香港的水荒，剛因下了幾場雨而稍緩和的時候，廣東許多地區又忽然大鬧水災，中共自己也承認粵漢鐵路被水淹而受阻了。這眞是上天對中共所吹噓的水利建設的最大諷刺和無情的揭露。

據中共控制的香港大公報六月十九日所刋「本報廣州十九日電話」說：「京廣、滬廣綫鐵路在昨日修復後，因連江口至黎洞段再度塌方暫時停開」。

這就可見粵漢路確已一再中斷，廣東部分地區確已大鬧水災了。

廣東洪水爲災又破紀錄

除了粵漢鐵路受洪水影響一度停車，已對中共平日所吹水利建設予以無情揭露外，現在，廣東各江水位高漲又破紀錄，這實在是對中共所吹水利建設另一無情揭露。

據倫敦六月十八日路透社電：「廣州電台今晚報導稱：廣東省已遭洪水之禍，數十萬人已參加防洪鬥爭。該電台謂，在該省主要河流之上游，水勢已經減退，惟各江下游水位仍處於破紀錄的高度。根據該電台稱：約有十萬名農民及幹部『英勇地保護』韓江上的堤壩，並且防止它不至潰決。搶救隊仍在從事修繕及巡邏的任務。在東江區，則有三十萬人參加防洪工作」云。

中共煽動亞非脫離英美

據中共「中國新聞社六月十七日內瓦消息」「中共代表團長方毅十六日下午在第二次亞非會議經濟預備會議上發言時强調指出：亞非國家要發展民族經濟，取得經濟上的獨立，主要地還是依靠自己的力量。同時，也需要亞非國家彼此間互助合作」。

方毅并說；「帝國主義和新老殖民主義決不願意看到亞非國家在獨立發展的道路上繁榮富强起來。它們力圖保持剝削者地位，繼續控制亞非國家的經濟命脈」。

由此可見，中共不但在政治上把蘇聯排除在亞非集團之外，而且也正在煽動亞非諸國在經濟上脫離英美咧。

僑鄉近訊

鍾之奇

開平僑眷被迫用私蓄替公社買牛

據四月十八日廣州出版的中共南方日報說：「開平縣水口公社聯竹大隊那竹之隊有一個女社員叫張萬根，是華僑眷屬，很會打算盤，又養得一手好肥豬，她養的豬每頭都在一百四十斤以上。但是，最近她養的一頭豬，還不到一百二十斤就賣去了。知道的人都很奇怪，不知什麼原因，而隔了幾天，生產隊的幹部却往水口墟買了一條耕牛回來。許多人也感到奇怪，因爲他們都知道生產隊銀根很緊，沒有錢買耕牛，後來大家一查，才把事情弄清楚了。」

據南方日報說：「原來事情是這樣的，在訂春耕生產計劃的時候，生產隊長說：隊裏耕牛不够，又沒有錢，如果有錢再買一條牛就好了。生產隊長談話的時候，僑眷張萬根恰巧也在座」。

這一「恰巧也在座」的結果，僑眷張萬根終於在共幹脅迫下，「她點點自己的積蓄，才一百元左右，而買一隻耕牛，最少也要三百元，這樣，她睡，在床上左思右想，想到了自己養的大肉豬身上，可是，肉豬正在長肉的時候，提早賣了，自己不是損失嗎」。

但結果還是她受不了共幹的脅迫，把自己的所有積蓄拿出來，又把肥豬提早賣了，而替人民公社買了耕牛。由此可知，我廣大華僑縱然多寄金錢回僑鄉給僑眷，結果還是終被共幹全部壓榨去了事。

閩粵各地用黑板報評功擺好

中共所謂評功擺好，就是僞造輿論，評論某人好某人不好，以精神壓迫的方式，一方面控制僑鄉人民，一方面脅迫僑鄉人民。對此，中共本採有多種方式，最近，則更在閩粵廣大僑鄉，利用黑板報來評功擺好，施行進一步的精神迫害了。

據四月十八日中共南方日報說「去年樂昌縣白石公社當陽大隊的十二個生產隊，都設立了黑板報。由知識青年當編輯，定期出版，把好人好事編成山歌，快板，寫在黑板報上，對鼓舞社員的生產積極性起了很大作用。但是有些地方對採用黑板報廣播筒等工具來進行宣傳，是做得不够的。有的，甚至把原有的黑板報也取消了。目前農村中正評功擺好，開展比學趕幫運動，如果能够設立或恢復起黑板報，廣播筒，對做好宣傳教育工作，是很有好處的」。

共幹眼中顧客分親疏彼此

據最近出版的中共羊城晚報說：「七日上午，海珠市場水產一組兩位售貨員，男的親自動手爲熟客挑選鮮魷魚，女的却禁止另一顧客援例照揀。她說：不准挑選，否則，別人有意見呀！她說的道理本來對，可惜只許州官放火，不許百姓點燈，難道別人有意見嗎」？

其實，中國共產黨本來就一直騎在中國人民頭上，只許自己放火，不許百姓點燈的，這不過是表現在共幹身上的一個極小極小的事例罷了。不過，海外廣大華僑都相信終有一天中國人民會不許中共再騎在人民頭上隨意放火的。

農民訂貨共幹却完全忘記了

南斯拉夫前任副總統（南共重要領導人）吉拉斯說得好，他說共產黨取得統治權之後，共產黨就立刻變成了新的統治階級。而這一新的統治階級也必然官僚化。

僑鄉共幹業已完全官僚化的例子太多，眞是般不勝舉，這裏不妨舉出中共羊城晚報最近刊的一個小例。羊城晚報說：

「仁化縣水歷生產大隊兩個多月前，到廣州市手工業產品服務部購買鑼鈸，雙方講明春節前付到，現在清明都過去了，鑼鈸還沒有出服務組的門。水產大隊特派人上門追問，該部經辦人員查了半天賬，才恍然大悟說：唉喲忘記了」。

中共報紙最近連續揭露的官僚腐化事例，都是些出在下級小幹部身上的。但已說明共報只敢拍蒼蠅，不敢打虎，不敢說高級共幹的官僚腐化情形。但下級共幹尚且如此，高級共幹的情形更可想而知了。

台灣簡訊

一、各級民意代表勒索政府的形形色色

志清

年來，台灣的貪風愈演愈甚，號稱代表民意的立監委員，國大代表和省縣市議員也普遍發生集體利用職權，勒索政府的情事。六月十六，十七日兩日，台北聯合報曾以「意思意思」為題，發表一篇連載的評論，具體指出他們集體勒索政府的若干事實，特摘要照錄於后：「（上略）但是：聽明的官吏有時會採取斧底抽薪手段，從收購議員開始，雙方合作分肥，府會兩利。這樣一來，上下交征，整飭政風、吏治就談不到了。更進一步，議員以不通過預算、法案、計劃等為要脅，而要政府為他們的私人利益為過分的服務。是則官兒原是好官，但是如果想公事辦得通，自己（在職位上）活得下去，就不能不賄賂民意代表，以圖苟全。國事至此，就超過了可悲而進入可怕的境界了。

「中央級民意代表「借」四萬元過年事件已經鬧得滿城風雨，海外報紙逕稱為「勒索」，因其與院長同意票及台糖贏餘分配發生關連。後來雖經各方面百般解釋、冲淡，但是說服力量並不太大。因為老百姓會意，我們能不能以同樣的「担保」，也借那麼多錢呢？如果不能，那不是特權是什麼？這是舊話，表過不提。

「却說十三日的民族晚報上，又有一條議員敲市府的消息。說是自從台北市議會揭幕後，新人行新政，捏住五十四年度總預算的脖子，一定要市府對每位議員「意思意思」。「意思」了以後，各單位的預算就可以照原案通過。要怎麼樣才够「意思」呢？有人提出送每人電視機一架，電冰箱一個，也有人要電單車。最後的方案是每人每月由市府津貼車馬費兩千元，作為通過預算的條件。據一位黃議員說，電視機、電冰箱是謠言，電單車的確有人想要，但是因為祇有使用權而無所有權，因作罷論。至於二千元津貼，市府原則上已經答應，但是報銷上有問題，正由主管單位研究辦法。這筆錢的來源，是想在工務局的監工費項下開支。（中略）又議會主祕林家楠說，要錢是少數議員的「一廂情願」的想法。可能受省議員最近每月由省府津貼四千元福利金的影響。同時聽說基隆市議員是由市府以一萬八千元為每人裝一部電話。台南市府送每位議員一部電單車。這種「歪風」傳到本市後，有人怦然心動，也提出要求。（中略）

「議員與主祕都不否認有這些「交換條件」可知北市議會的這個「勒索」案正在醞釀中。雖然說這可能是「少數議員」發動的，但是在「多數議員」默許下，也可以看出這是「有志一同」之事。

「（中略）林主祕稱議員向地方當局要東西是一種「歪風」，胆子够大的。但是那些人可能還覺得很委屈，因為和中央級的鐵飯碗比，他們只有四年任期。而且他們硬的是花過本錢，在這四年光陰中，將本求利，何「歪」之有？再說，省議員每月向省府具領福利金四千元，則縣市議員兩千元總也值了。基隆市由市府代裝電話還不是錢？在電話價高的時候，有的民意代表是以申請了電話再賣出去為業的。

「我們有理由相信這種歪風正在四處吹。十三日本報有一條宜蘭市消息說，十二日市民代表會工作詢問時，副主席蘇阿松嚴厲指摘說市立當舖急而設立，并不是為市公所報銷的附屬機構。結果洩了底，據說很多民意代表到酒家喝酒，或市公所招待客人的費用，都交市立當舖設法報銷，因此當舖每年虧本。宜蘭是以「拍賣主席」出名的都市，現在該市的民代又把當舖吃得脫了底兒，和台北市議員吃水肥輝映，可見這類人眞有「水銀洩地」的鑽勁兒。台灣的縣市議員（中略）時時刻刻要官吏「意思意思」，吃了花酒要官吏報賬，這樣「手心朝上」的議員，還有什麼臉面去監督官吏？而競選時所許的「打倒貪官汚吏」的諾言，也就不值一文錢了。」（下略）

從聯合報的這篇文章看去，今日台灣的政風已經敗壞到何等的田地，讀者當然可概見了。

二、魏道明使日內幕

此次魏道明被任命為我國駐日大使，台北聯合報曾有一篇專欄報導，指出他脫離實際政治已十餘年，今日再膺重任，事不尋常。該報又說，以我國駐日大使的人選標準而論，許多人都覺得：以言在彼邦的聲望，他遠不及張羣和何應欽，以言對彼邦的瞭解，他不及邵毓麟。言外之意，顯出其中別有原因。茲探息經過情形如下：

緣魏一生靠人事關係做大官，但過去由於人事滄桑，對他提携扶植甚力的王寵惠博士和為他奔走聯繫有術的鄭毓秀傅士均先後作古；其他與他有淵源的顯要亦多失勢，他自十多年前交卸台灣省主席後，即不得不在外國作寓公。可是，他的從政之念，仍很強烈。前年，孔祥熙獲准回國在台久居，也認為機不可失，懇求孔到台灣後，在蔣「總統」之前代為說項，俾得重獲重用。孔果然不負所托，在一次和蔣談得最為歡恰時，乘機向蔣報告，魏道明頗欲回國，再效忠貞。蔣答道：「好，可以打電報叫他回來」。孔遂據此轉告張羣，請張發電。張為人素稱圓滑，蔣既有此表示，孔又當面請托，也就樂得做過順水人情，拍電給魏，說「總統」召他回來，魏接電後，大喜過望，立即携眷入台。不料，一連數月，消息毫無，焦心如焚。好在他在任台灣省主席時，早就在台北市效的風景區自置了一所精徵洋房，生活極為舒適，因而決心再等下去。原來，蔣「總統」答覆孔祥熙的那句話，只是順口而發，也就忘得一乾二淨了。可是，所謂「君無戲言」，魏既奉台而來，且又死等不走，政府中人為了保持「領袖」的威信，自不得不設法安置。何況蔣夫人對他也曾一度賞識，當年胡適任我國駐美大使時，頗得彼邦朝野的尊敬，而我政府却突然以魏道明繼胡，即是蔣夫人對他另眼相看之故。只以今日的台灣，內政方面的位置有限，實無他分羹之餘地。魏亦深知此情，也就在外交方面着眼。於是，「如何安頓魏道明」這個問題，便落在沈昌煥的肩上。去年中法邦交尚未斷絕時，我國駐法代辦出缺，沈昌煥問魏是否願意暫時先任此職。魏初覺有機會重到花都，也可順便一溫當年的種種舊夢，即表示願加考慮。旋思：花都雖然誘人，但官職僅係代辦，假若飢不擇食，自貶身價，勢必從此一蹶不振，復又向沈婉謝。稍後，我國駐羅馬公使于某有他調之說，魏認為公使雖比大使低了一級，但比代辦却又高出多矣。對之頗感興趣，沈昌煥也會首肯。不料事為于某所悉，兼程回台北，求助於蔣夫人。蔣夫人以于之使羅馬，原出自己意，自應予以維護，但又不願因此阻塞了魏的出路，乃召見沈昌煥，輕描淡寫的問沈是否除了羅馬就無其他地方可以安置魏道明」。沈這點聰明當然是有的，乃囑于安心返任工作。最近，東京方面表示，一侯我國任命駐日大使，日本外相即可訪台。於是，魏道明就被任命為駐日大使了。比一任命發表後，一般人都窈窈私議，很不以為然。因為今日的駐日大使之重要，僅次於駐美大使，而其任務之艱鉅猶有過之。以魏道明之才能，以望以及與日本朝野人士的關係而論，實無一足以勝任。但從他被任命的經過看去，人們即可知道當權者完全是為人擇事而非為事擇人的。

巴基斯坦仍充滿矛盾

房光

巴基斯坦有一億人口，是世界上最大的回教國，同時，也是第六位人口最多的國家。然而，這個國家却充滿矛盾：第一是人民貧富懸殊，第二是飽學之士不少，而文盲也很多，第三是現代生活方式與古老習俗共存共榮，第四是既有新式噴射機經常掠空飛行，而駱駝商隊也經常一隊一隊的在泥濘的路上行走──各走極端的事物，都在每一個城市中同時出現，使人感覺到眼花撩亂。

這一個充滿矛盾的國家，是在一九四七年英國終止對印度殖民地統治後，從印度劃分回教區及印度教區時誕生的，由那時直至現在，國勢依然未獲穩定，而經濟命脈也依然握在印度銀行手上；國土方面也被印度的千多哩土地隔開為兩段，東西兩部文化背景迥異，唯一相同的，僅是信仰回教吧了。除此之外，幾乎成為兩個國度。

西巴基斯坦面積有三十一萬多哩，由阿拉伯海起，橫越西南部荒野及[illegible]

[illegible]

（喀拉蚩通訊）

本刊已經香港政府登記

每逢星期五出版

聯合評論

週刊

United Voice Weekly

第三〇〇號

督印人：黃宇人　總編輯：左舜生

CHINESE - AMERICAN PRESS, INC
199 CANAL STREET.,
NEW YORK 13 N. Y. U.S.A.

美國中共開戰的估計

許子由

美國與中共會不會為東南亞而戰？這該是當前亞洲人士所最關心的問題。

越共由寮國入侵南越；美機用南越機場爲中繼站，轟炸寮中。寮越戰場逐漸打成一片，人們已不能單獨衡量寮戰，越戰，而統稱之爲東南亞戰事。美國爲支持自由方面的一方，共產方面的背景是中共。「一客不煩二主」，由於雙方徒弟鬥殺的激烈，使得雙方的「師祖」也站出面來，表示排牌。

爲阻共黨蹂躪東南亞，美國「不惜冒與中共開火之危險」，哈金斯，麥納馬拉都作此表示；最後且由詹森總統聲言：爲維護和平，不惜冒大戰危險。他雖未明指越南，但對於和平的陳義，認爲須不用武力，及尊重他人的權利。這却正是美國警告中越共「勿干預隣人」的重複申述。由於共黨在越寮的困擾，迫使美國考慮到「擒賊擒王」的方法，要向中共尋求解決。有如古巴危機時華府向蘇聯致送最後通牒一樣，美國照會北約諸國，說美國是一個「兩洋國家」，必須履行在亞洲義務，幸勿等閒視之！說明美國準備於必要時，在亞洲採取重大的行動。

中共接受「挑戰」

美國軍用品的運泰儲備，南越機場的擴建，第七艦隊陸戰隊候命開拔，美機對寮中的壓迫性轟炸；這些準備或初步參戰行動，顯出並非徒託空言。尤以聯合參謀長泰萊將軍出任越南大使，隱然是放下了一枝大規模戰事指揮者的棋子。麥納馬拉計劃（綏靖越南），和泰萊戰署（必要時北進），已結合而具體化。美報認爲這是純軍事觀點出發，阮慶說以武力對武力，必要時將根絕亞洲共產主義。法方人士以爲，泰萊使越有如法國當年起用大戰英雄塔錫尼將軍加强越戰。這些觀察，都很正確。蘇聯（塔斯社）更說：這位將軍穿上外交家服裝前往西貢，很清楚的，是一項進攻的作戰命令。

美國已經擺出了這麼一個「戰鬥格」，那麼，中共的反應怎麼樣呢？陳毅的答覆，主要在檢討中共與美國的糾紛，說美國不肯自台峽撤退，中共不能與美國和忭。中共爲安全與世界和平，也不能放棄核子武器。至於東南亞，陳毅聲稱，中共不能任令邊境外和友邦被侵而坐視不理，而要「還擊侵略」。這是表示中共接受挑戰，要再來一次「抗美援越」。

戰爭一觸即發？

那麼，是不是「另一次韓戰」一觸即發呢？

美國確已備戰，但泰萊北進計劃，是必要時才付諸實施，這「必要時」照麥納馬拉解釋，要看共黨行動如何而定。詹森總統在聲言不惜冒險時，也一面强調談判。更由於法國主張中立東南亞，英國希望談判，所以拖延的時間還是儘有的，只要共黨不急亟南進。

中共雖聲言接受挑戰，但實際色厲內荏，東南亞固是中共寤寐以求的殖民地可是日本因南進亡國的教訓猶新，中共不致不能汲取這一前車之鑒。何況它知道共軍進抵泰邊以前，在寮越境內就將遭逢美軍的截擊。所以中共的主要辦法仍是政治的，利用高棉，法國，甚或重託英國以至蘇聯，召開寮越問題日內瓦會議，極力緩和局勢。除非河內已被外軍圍攻，否則即使美空軍助中立軍奪回瓦瓶平原，中共也是不會出兵東南亞的。

蘇聯是否過問？

中共雖然以韓戰舊事勸美國「懸崖勒馬」，實際上中共就不想打第二次韓戰，除非是迫不得已。因爲中共內政失敗，無復當年民心士氣，韓戰時蘇機參戰，及軍火軍費貸助，現在也不可得。蘇聯對東南亞戰爭的態度，對中共對美國，都是一個謎。

照筆者的看法，中共不想與美國在東南亞開戰，但如被迫過甚，還是會出兵援越的。可是假如美國決心對付中共，包括進攻大陸，中共絕不敢想像與美國全面作戰。

美國在東南亞與中共開戰，如必要時即可實行，但全面對中共作戰，却不易決定。中共人口衆多是一個原因，蘇聯干預是更大的顧忌。

蘇聯對於中共一旦抗美援越，它是會坐觀的，因中未共被侵略，無應援的義務，美議員艾肯說：開戰是以一項屆時蘇聯將不過問的諒解爲基礎，當指此而言。但如全面解決中共，蘇聯可能會要干預。

照這形勢，美國顯佔上風，所以美國大可要求寮共交還瓦瓶平原給寮政府；要北越撤退在南越遊擊隊，否則即助寮王軍收復失地，轟炸北越，迫中共出戰，而不必進攻大陸。

中共國力，決不堪與美國言消耗，不出兩年，中共必呈敗象，美國人所估量不到的大陸革命，可能發生，那時候中共就得放棄武力放棄核子武器了，當然，在人力上，其他自由國家的協助是必要的。

（六月三十日）

從香港社會看反共復國

左舜生

中國散居海外的僑民究竟有多少？十分精確的數字是很難說的，但大致估計在一千二三百萬至四五百萬之間，去事實總不會太遠。香港當前的人口爲三百五十萬以上，外僑實不足三十五分之一，然則說香港華僑實居全世界華僑四分之一左右，當然更屬一種事實。香港以外的華僑，往往散居各地，像港九這樣全數聚居一處，也確實是沒有的。

在大陸淪陷以前，港九居民不足百萬，目前這種人稠地密的現象，僅僅只是最近十五年以來才有的。這與上海人口增加的事實，多少有些類似：蓋自太平天國以來，中國每經一次動亂，上海人口即有一次增加，百餘年間由幾十萬逐漸加到六七百萬，乃使我們聯想到中國內亂的頻繁。

這十五年以來，香港居民不只數字驟然增加，財富也在增加，居民中的知識分子也在增加。因此，不但工商業的繁榮年有進步，即其他的文敎事業，似乎也表現一種方興未艾的樣子。

再加上，散居香港以外的華僑，除歐州根本不多，美洲及日本、南韓、泰國、馬來亞、南越等處情況還好以外，其他各地則近年遭到無謂的歧視，或共產黨的挑撥與搗亂，使得我們的僑胞不能安心穩步以開拓其前途者，却往往而有。就這一點來說，香港總算是還好的。其原因則以百二十年以來，香港的開發與進步，確實與中國人的努力是分不開的。

依據上面這一簡單的看法，於是有人把反共復國的希望，第一寄托於台灣，其次則不能不多少屬望於香港。自然這不完全是一種空想，可是畢竟經不起進一步的分析。

根據我自己十五年來的靜觀與體驗，我對香港前途及其在反共復國這一使命上所處的地位，我確實不敢怎樣樂觀，甚至說我多少還抱着一種隱憂也未嘗不可，請言其故：

第一，分析目前香港三百五六十萬的居民，幾乎有四分之三是最近這十五年才陸續遷入的；而且來自四面八方（自然仍以自香港接近地區遷來者爲多），習慣上多少有些不同，語言也不無隔閡，在了解與共事上不免發生若干困難。記得我初到香港不久，有一位朋友請客，同桌九人，八位都講廣東話，不能說也聽不懂的，只有我一個，他們談笑風生，我則有同聾啞，這確實是我生平最感到窘迫的一回。即以學校上課而論，假定一班學生有四分之三是說廣東話的，當他們提出問題的時候，如果我不勉强他們用國語重述一遍，也幾乎無從置答。我相信，這種困難不是永遠不能克服，但還要假以相當時日。

第二，因爲香港近年有了一種畸形的發展，因而貧富懸隔的現象也一天天顯著。一部分富有階級的生活，已逐漸與世界糜爛生活者並駕齊驅，甚至取過之而無不及；但終年勞動，依然貧無立錐，乃至天天都發生生活問題的人，却逐目皆是，而且有增無減。再加上，像近年香港若千的暴發戶，他們其所以能掌握大量的財富，並不一定是由於他們對事業的努力經營，實際乃由於不勞而獲。例如過去擁有若干土地或幾處舊式房產的人們，因爲近年人口的驟然增加，工商業的加速發生，新式高樓大廈的建築，乃如雨後春筍。於是依於他們的舊有憑藉，平地起樓台，或以舊翻新，加以改造，一轉移之間，無端端坐致數百數千萬者，乃多到不可勝數。依於資本主義在初期發展地區所表現的自然趨勢，一個人要白手成家乃千難萬難，一些掌握有若干資本的人們，在這樣一種社會結構中，自有無數的機構直接間接爲他們服務。於是他們要由數百萬變爲數千萬，由數千萬變成以億計，却並不要自己多費氣力。

再加上，依據中國的一般情況，有錢者往往無知，他們只感到『有錢萬事足』，對自身所處的環境多數不能了解，於是鬧出的笑話，也以他們特別多。好比近年有一位至少已暴發到三千萬以上的某君，他因爲要參加某一種的救濟運動，捐出了港幣一千元，乃請人爲他寫上一篇小傳，再加上一張他本人的『玉照』，迸到報紙上去大登特登，要人們承認他是社會名流，仁翁善士！其實豈僅某君如此，凡近年一切有錢的人，願意拿出他們萬分之一的餘瀝，去參加某一慈善機關或福利機構，也無非要取得某一種頭銜，提高他們的社會地位，以便在當前這種環境中好去繼續剝削，至於香港這一畸形社會，是否十分安全，時機一到，是否在一個星期以內，便可全部歸於幻滅，舉不在他們的考慮之列。香港多的是這類有錢的人，居然還有人希望他們對反共復國能作出何等的貢獻，豈不是滑天下之大稽！

第三，也是最後，我還想就香港的敎育界說幾句話，這算是我比較看得清楚，也體驗得比較眞切的另一方面。像那些開設學店由幾個合資經營的老闆，按月就所得盈餘，來平均分配他們的紅利的學棍，姑且不去談它。像那些目的並非爲中國或中國人辦的學校，也無須細說。即好像並非志在佯利，多少還帶有一點爲中國辦敎育意味的學校，其內容也不堪分析。以大專一級的學校來說，有一個顯著的特色，即他們所敎的東西，完全與中國國家民族的前途生不起任何的關係是也。這些學校關於理科或技術方面的課程，由他們造就的畢業學生，也許還有一部分可以在當前這個香港社會，混得一碗飯吃；至於文科方面，乃更離奇怪誕，幾乎使人不懂得他們的目的何在。在這方面表現得最爲清楚的，即他們完全與現實脫節，更絕對不許涉及政治是也。更可笑的，乃是有一部分標榜儒家，高談孔孟的人們，也好像以脫離現實與政治最爲四平八穩。其實中國的儒家或孔孟，乃至任何其他的一家一派，果然能舉出一個眞正與他們的時代不生關係的例子嗎？其所以如此，也許他們是別有苦衷，可是中國當前的復國或是未來的建國，不能產生何種作用，總是一種事實吧。

中國的希望在那裏？

（讀者投書）

殷懷遠

聯合評論第二七七號刊載謝扶雅先生「我也談中國的希望」一文。據謝先生說，是他看了台北中華雜誌胡秋原先生「中國的希望」一文，以及左舜先生在聯合評論的「罪言」，劉裕畧先生的「我對中國局勢保持樂觀看法」兩文之後，覺得胡、劉兩先生都同樣「是在給一般抱悲觀的人打氣」，於是提出其對中國局勢的另一看法。謝先生的看法並不盡是悲觀的，有悲觀，也有樂觀。我想在這裏提出來商權的，不是樂觀悲觀這一問題的本身，而是謝先生之所以悲觀及所以樂觀的根據。

謝先生很肯定的認爲：「的確，目前中國的局面，特別是，局處台灣的中華民國政府，老實說，我看不出什麼希望來。」他之所以覺得中華民國政府沒有希望，是基於如下兩點。第一，軍事的，中國政府受中美條約的限制，不可能反攻，他說：「而美國過去，現在，以及最近的將來，都不會，亦將不會同意國府反攻。國府當局單方面，則不能，亦不敢自行反攻。台灣一直在賴美軍經援爲生，又怎能不唯美命是聽？」第二，政治的，他說：「至於政治性的反攻，原本很可以做到，無如，由於民主憲政法的一股腦兒都給一黨專政與特務統治所扼殺，所以政治反攻也等於零，甚竟等於負號了」。

大陸淪陷了十五年，政府尙未展開反攻，的確使國人失望，而中美共同防禦條約的簽訂，更爲國人所詬病。但是我們也得冷靜的思攷一下，在力有未逮及時機未熟之時貿然反攻，究竟是不是明智之舉？中美條約誠然對我反攻有一種拘束力，但也使台海得到一段免於被侵的安定時期，以更充實本身的力量。然而無論如何，反攻都得靠本身的力量，既然是靠本身的力量，在時機成熟之時，我相信一個民族復國的決心，決非任何條約所能阻遏得了的。是以問題純在於如何加强本身的力量，而這一問題自然又與政治的改革息息相關，是以時賢論政，皆多從這一點着眼。

國民黨是執政黨，「專政」自然是順理成章的事，沒有什麽不對，問題在於「專」得好不好，不好，就應該批評。政府今天依然有許多缺失，更有不少値得批評的地方，但硬要說一黨專政和特務統治扼殺了「民主憲政」，却絕非公平之論。難道台灣要像當年大陸一樣，一些別有居心的「民主人士」可以隨時有爲匪張目的自由，共黨及其同路人隨時有「反內戰」「反飢餓」以至「吃光運動」的自由，才算得是符合「民主憲政」麽？如果要實施這樣的民主憲政，我敢說台灣必早已面目全非，我們大家也已成了亡國之民了。我們批評，有時也得按着事實往好的方面看，台灣在政治，社會，經濟各方面的安定，是不應被抹煞的。

談到「特務」，並世各國那一國沒有特務？許多外國名詞一搬到中國來，其眞義往往馬上走樣，「特務」即其一例。自一九三○年代以來，「特務」成了罵國民黨最刻毒的形容詞和名詞，說起來，那還是中共的得意傑作，不過今天依然套用來批評國民黨，似嫌陳舊也過於籠統了。說台灣是在「特務統治」之下，更是完全不切實際的說法，但是政府遷到台灣以後，大大地加强了政治的組織和控制，再也沒有大陸時那樣的顢頇，鬆懈，無能，却是不爭的事實。老實說，如果國民黨到了台灣還不會加强政治的組織和控制，那麽他們可眞的要成爲中華民族的千古罪人了。不要說隨時有遭受共黨及一些民族敗類顚覆的危險，同時一些過於熱心的外國朋友，也可隨時畧施小術來給我們「更迭」政府，甚至掛上另一塊招牌了。

謝先生對中國前途抱樂觀的看法，則是基於如下兩點：（一）中共「本身有必敗的因素」。（二）大陸及海外青年的結合：「大陸這一代的青年，已從千錘百鍊的煉獄中掙扎起來了。近年逃出的大陸青年志士，也做了海外一羣愛國青年和內地的工農青年及知識份子學生的媒介。這一股裏應外合的潛流，在日日增長壯大中；一旦遍地開花，毛共政權便要宣告崩潰」。

中共本身有其必敗的因素，是大家所公認的，而大陸與海外青年的結合（假定眞的可以結合起來），自然也是促成中共崩潰的因素之一。然而以中共控制的嚴密，鎮壓的殘酷，儘管其本身有必敗的因素，但如沒有巨力從外面予以打擊，它也是不易自潰的。至於大陸與海外青年的結合，我們只能盡力去促成，幫助這一個因素的成長，而不能把一切希望完全放在這一尙未成熟的因素上。現在就說「一旦遍地開花，毛共政權便要宣告崩潰」，正如有人說「一旦世界大同，人間便不會再戰爭」一樣的空泛飄渺。

綜觀謝先生的看法，其認爲悲觀之處，並不盡屬悲觀，其抱樂觀之點，亦不盡可樂觀。今日言復國，比歷史上任何一次的推翻暴政的革命，不知要艱難復雜多少倍，更不知多少大大小小的因素相配合，以竟其功。但是無論如何，將來中共的敗亡，大致是由如下三個因素來促成：

（一）相當龐大的力量從外面反攻，並與

（二）大陸抗暴力量相呼應，裏外夾攻，且獲得

（三）海外，特別是與大陸毗連各國華僑的支援。

這三項因素，特別是第一項，是絕對不能缺少的，沒有强大的海外基地作主導的支援，即使大陸發生大規模的抗暴，也終要給毛共鎮壓下去的。所以對于中國的未來，海外基地是希望之所在，這也是爲什麽我們要重視和珍惜台灣這一反攻的基地。

編者書後

本刋對於讀者投書，向極歡迎；只要大體不違民主反共的主旨，縱其見解和主張有所不同，亦樂予刋載。前文作者殷懷遠先生是本刋的海外長期讀者，他對謝扶雅先生不久以前在本刋所發表的「我也談中國的希望」一文，有所討論，我們除了照刋而外，還希望謝先生再爲文答之，俾眞理得以愈辯而愈明。編者亦願藉此機會表示一些意見。殷先生的結論說，將來中共的敗亡，大致是由於如下的三個因素來促成：（一）相當强大的力量從外面反攻，並與（二）大陸抗暴力量相呼應，裏外夾擊；且獲得（二）海外華僑支持。殷先生認爲第一個因素尤爲重要，因而主張要重視和愛惜台灣這一反攻基地。這正是本刋多年以來的一貫主張。可是，政府退守台峽，已快有十五年，儘管當權者隨時都以反攻復國四個字掛在嘴邊；事實却是坐令天賜的反攻良機，一再失去。最近雖然派遣極少數的人員組成突擊隊前往大陸邊緣施行突擊，但顯然尙無大舉反攻的决心，與殷先生所說的以相當强大的力量從外面反攻的要求相距甚遠，以致無法收到與大陸抗暴力量相呼應和獲得海外華僑支持的效果。這就是說，今日的台灣尙不足肩負反攻基地的重任。要如何才能使台灣能肩負此一重任呢？我們認爲除了實施施民主改革而外，絕無他法。我們所說的民主憲政，並不是如殷先生所說，要『台灣和當年大陸一樣，一些別有用心的「民主人士」可以隨時有爲匪張目的自由，共產黨及共同路人隨時有「反內戰」，「反飢餓」以至「吃光運動」的自由』。請問殷先生，你是會在本刋上看見過這樣的言論，如果沒有，我們希望你不要再說這種無中生有的話。我們所要求的民主憲政，簡單的說，祇是要求當權者遵守憲法，取銷一切違反憲法的措施，如此而已。關於這一點，我們和蔣「總統」的憲見，可以說是完全一致的。殷先生想來也不止一次的在聽報告或者親自聽見蔣「總統」的肯定的詞句，申言「憲法是反攻復國的重要武器，應該予以維護和尊重」。所不同的，祇是蔣「總統」說的是一回事，做的又是一回事。舉其最著者言之，他一方面說維護憲法，同時却破壞了憲法，關於限制總統連任次數的規定。我們則認爲既說遵守憲法，就不應連任做憲法所不容許的三屆總統。請問殷先生，一個國家的總統不遵守憲法規定的任期，不應該反對嗎？

再說到特務統治問題，我們並未會主張取銷特務，我們只是反對以特務來統治一切。假如特務人員只限於偵查和防範共產的活動，我們不但不反對，而且還將支持之不暇。可是今日台灣的特務，則秉用來對付異已。他們不但可以不經法定的程序，隨意捕人，而且還可以隨意將「匪諜」或「掩護匪諜」的罪名，加於當權者所憎恨的人，雷震案就是一個很好的例證。請問殷先生，這種特務橫行的現象，是不是特務統治？

中共駐蘇大使館會撤退嗎？

陳一得

據印度加爾各答英文巴特里加報之柏林通訊說：「德方人士紛傳，中共與蘇聯間外交關係之破裂已迫在眉捷。渠等作此項揣測之原因，乃由於有人發現中共駐蘇大使館內，數日前突有大批待運出境之箱篋行李。柏林方面已相信中共駐蘇人員已開始清理一切，準備雙方關係再告惡化時，即撤出蘇京。此一時刻，相信不會太久」。

由於以上消息，遂引起一個新問題，那就是中共僞政權駐莫斯科大使館是否將會撤退？若是撤退，將是被迫撤退？抑或還是自動撤退？又其撤退時間，究竟將在何時？中共駐蘇大使館如果眞的最近會將大批行李運回北平，是否就是中共僞政權駐蘇大使館即將撤退之微兆？

依我看：中共僞政權最近會將駐蘇大使館內若干文件裝箱，運回北平，確屬可能。因爲這是赫魯曉夫與毛澤東個人權利衝突引發到蘇共中共兩黨之後，又再引發到蘇聯政府與中共僞政權之間的所謂「國與國」之間的嚴重衝突後的可能結果。

就毛澤東來說，今天採的是拖延性的兩面戰術，即一面與赫魯曉夫及赫所領導的蘇共中央進行不可調和的鬥爭，另一面却又仍想置中共政權於蘇聯核子保護傘下。此所以中共中央一再責蘇共不該將兩黨間之矛盾發展爲「兩國間」之矛盾。而所謂「中蘇友好軍事同盟條約」則是所謂「兩國間」的條約。中共誠恐赫魯曉夫下毒手，將此一條約廢除。若然，則中共僞政權將四面受敵而無保護了。且若撤退大使館，即無異斷絕「兩國邦交」，故可斷言，中共今日自己既無原子彈，必須抑賴蘇聯核傘之保護，因此，中共是絕對不會自動撤退其大使館的。

但蘇共方面最近通過蘇聯政府之機關報（而不再是通過蘇共中央黨機關報）警告中共，說中共外交部長陳毅早就說過「中蘇軍事同盟等於廢紙」，大有一種顯示，顯示蘇聯將有正式廢止「中蘇友好軍事同盟」之意。若蘇聯政府果眞採此一着，則中共自可能撤退其大使館。而中共目前雖不欲赫魯曉夫下此毒手，但毛澤東及中共目前亦無從判明蘇聯是否果將如此。因此爲防患未然計，中共目前即將其駐蘇使館之部分重要文件先行運回北平，自亦可能，而且屬於必然。

至於中共是否眞將撤退其駐莫斯科大使館呢？這就要看蘇聯是否眞將廢除「中蘇友好軍事同盟」而定，也將看赫毛二人在國際共黨內部鬥爭的其它發展而定，就目前趨勢看，赫魯曉夫除採取此着始可眞正打擊毛澤東及毛記中共中央外實無其它辦法哩！

中共派往尼泊爾築路專家

黃榮生投奔自由逃抵台灣

最近中共駐外人員，繼中共駐非洲布迪隆國文化參贊董濟平之後，又有黃榮生在尼泊爾選擇了自由，輾轉逃抵了台灣。黃榮生是中共派駐尼泊爾，担任修建公路之青年工程專家。據黃榮生六月廿六日在台北公開招待記者說：「每一個中國人都應爲發揚中國悠火的歷史文化而努力，但中共政權却正在毀滅中國歷史文化之傳統。所以我不顧一切的危險和困難，堅決的選擇了自由，回到祖國的懷抱」。黃榮生現年僅二十四歲，是四川渠縣人。一九四九年畢業於中共的「公路學院」。繼而又畢業於中共在北平所辦的「公路研究院」，是有關公路建築的工程專家。一九六二年四月被中共派往尼泊爾，協助尼泊爾修築加德滿都到柯達里的公路。他因痛恨中共對內壓榨對外侵略，乃於今年四月十三日乘中共監視人員鬆懈的時候，逃出尼泊爾，輾轉到達台灣。據他說：「我不能透露我逃亡的經過及路綫，因爲大陸上尚有千千萬萬的人民可能也要經過這條路投奔自由。」

他又說：「大陸上的知識分子非常慘，一般老教授及科學家攪學術前都要先把毛澤東及馬列主義攪通，否則就要被下放」。他又說：「今日大陸知識分子對抗中共的惟一辦法，就是陽奉陰違，拖一天算一天」。他又透露了中共利用工作人員滲透和顛覆尼泊爾的情形。他說：「中共利用築路，或其它援助作掩護，從事政治及間諜活動」。他又說：「現在有五百名中共人民解放軍的工兵人員在尼泊爾，他們表面穿着便服，但實際上是一支軍隊。他們把許多小型武器混在補給品中，運到尼泊爾各地的秘密聯絡站供給顛覆分子。」他又說：「尼泊爾政府本規定由加德滿都到柯達里的公路橋樑載重量爲八噸。中共却提高爲六十噸。使中共的重型車及坦克車將來都能通過。但尼泊爾政府到現今還蒙在鼓裏，不知道中共的這種陰謀」。

此外，黃榮生還携帶了中共的兩項秘密文件出來。一項是中共的「使館外工作條例十二條」；另一項是中共「援尼中國公路組治安規則三十九條」。

大陸簡訊

藍鳥

大陸人民全體迫受軍訓

據路透社六月五日北平電：「中國大陸城市居民，將依中共大頭子毛澤東全民皆兵之格言授以後備軍事訓練。根據中共體育報所發表的一項通令，短暫的軍營，將較前更大規模的在大城市內及郊外的學校，工廠礦場及大學附近設立，以使人民接受軍方教官及共黨官的政治及軍事訓練。該通令是國家體育會，陸軍參謀部，教育部，工會，婦女協會與共青團所共同發出的。中國大陸目前正進行學習人民解放軍政治工作方法的大規模運動，中共的愛軍擁軍運動亦正在全大陸舉行。據北平觀察家稱：平民受訓之目的，似乎是增加兼任民兵之數目，此種民兵目前已有數百萬」。

顯然，這是毛澤東進一步擴大民兵人數的一項步驟。毛澤東會自吹中共擁有三千萬民兵，但赫魯曉夫却針對毛澤東此言而嗤之以鼻，且諷刺毛澤東這三千萬民兵「不過是一塊肉」而已。事實上，這些被迫受訓的民兵，并非毛澤東之資產。因爲這些被迫受訓的民兵早已仇共恨共，只無機會只無武器舉事而已。今毛澤東授以軍訓，海外廣大僑胞可以確信這正是毛澤東自掘墳墓，因爲他正在加强訓練他的敵人，他的敵人自必俟機反轉來埋葬他。中共近年正在大陸推行一種運動，說「天下人皆可能有錯，只有毛主席决不會有錯」。這顯然是中共的一項愚蠢性質的神話，毛澤東不斷加强訓練其敵人，足見毛澤東現在業已糊塗對自己有害的事也分辯不出來了。

支持非洲所有武裝叛亂

以往，中共所正式表示支持的，還不過某一地區的某一武裝叛亂，最近，中共甚至又進一步正式表示要支持亞非各地的一切武裝叛亂了。

中共的這一表示，見之於中共與非洲坦噶尼喀和桑給巴聯合共和國外所發表的聯合公報中。

這一公報是坦桑聯合共和國副總統卡瓦瓦最近訪問北平而於六月廿一日正式公佈的。

它說：「雙方爲尼亞薩蘭和贊比亞人民即將擺脫殖民主義枷鎖走上獨立發展的道路高興；雙方對津巴布韋，南非，安哥拉，葡屬幾內亞，莫三鼻給，桑蘇陀蘭，斯威士蘭，貞專納，西南非洲，岡比亞和法屬素馬里等國人民的正義鬥爭表示深切的同情和堅決的支持。」

另據中共新華社達喀爾六月十九日電訊透露中共所支持的葡屬幾內亞的情形說：「經過一年半的戰鬥，葡屬幾內亞的人民愛國武裝已經解放了約百分以四十的國土。……最近，游擊隊還在布拉，貞熱內，奧洛薩抗和孔圖博等地的公路上用地雷炸毀敵軍車七輛，炸死敵軍若干名。另外由康士坦丁特克塞拉率領的游擊隊挫敗了六艘葡萄牙汽艇企圖把一批葡萄牙軍隊送到坎比德讓河右岸的計劃」。

這都可見毛澤東幷不只是坐在北平故宮高談闊論的坐而論道，而是劍及履及在全世界從事全面的顛覆活動。如果以毛澤東的這種龐大陰謀及野心來看，赫魯曉夫未眞是遠不如他，難怪世界戰略形勢也因毛澤東的崛起與擴張而基本改變了。

贈貸坦桑一千六百萬鎊

毛澤東儘管承認中國大陸一窮二白，但爲了實現他的對外擴張野心，他仍然揮金如土，不顧人民生活，又給予坦噶尼喀和桑給巴聯合共和國以大量贈欵及貸欵。據路透社達累斯薩拉姆六月廿一日電：「坦桑聯合共和國副總統卡瓦瓦今天證實，中共將貸欵或贈坦桑共和國大約一千六百萬英鎊。卡瓦瓦率經濟代表團訪北平後昨日歸來。據今天在此地公佈的中坦經濟技術協定，中共將以一千萬英鎊無息貸給坦桑。……卡瓦瓦還公佈中共將分兩期以三百萬美元贈給坦桑。這三百萬美元一半以外匯，一半以貨物支付」云。

再貸欵一千萬鎊給也門

中共爲了澈底赤化坦桑，已付出一千六百萬鎊代價外，爲了插手西南亞與中東，中共又貸欵一千萬英鎊也門。據美聯社也門薩那六月廿一日電：「據今天也門官方報導，中共答應以一千萬英鎊的貸欵，供給也門共和國建築公路，工廠、學校和醫院。官方人士說，此項貸欵協議是薩拉勒總統最近訪問北平時簽訂的。」

這都可見毛澤東完全爲了實現個人野心，不惜對大陸人民實行飢餓政策，而在國際間假充濶佬。大陸人民若要謀取自己幸福，只有起來推翻中共政權了。

僑鄉近訊

鍾之奇

水淹鐵路旅客滯留廣州

廣東各地已開始鬧水災，有些河流的水位已高到破紀錄的程度，中共所謂「京廣鐵路」，「滬廣鐵路」均已被水淹而中斷。滯留在廣州的旅客均叫苦連天。

據中共控制的香港大公報六月廿四日「本報廣州專訊」說：「最近，廣州車站內，一批旅客因北上的列車受洪水所阻暫停開行而留下來。而一下子誰也無法預計到究竟要留下多少天。有些旅客所帶旅費所剩無幾了。有些生病了。還有住宿問題，遇到這種情況該怎麼辦呢」？「當時天氣很熱，加上焦急的心情，旅客們感到熱得難受。」「有一個年青的婦女謝汝蘭，她這次帶着一個還需哺乳的孩子，準備到山西探望丈夫。不料孩子生了病，她的奶水又不夠，孩子吃不飽，哭喊不停」云。

陸豐人民歡迎反共突擊隊登陸

今日閩粵兩省廣大僑鄉人民在中共暴政下，衣不暖，食不飽，家庭被折散，還要在人民公社夜以繼日的勞動，眞是苦不堪言了。其中少數僑眷雖尚按時獲得海外僑胞之救濟，或者寄點錢，或者寄點粮食包，但僑鄉人民之根本希望則還在解脫中共政權所加的迫害，所以，僑鄉人民無不日夜盼望台灣反攻，盼望海外反共志士登陸。六月二十日午夜，奇襲廣東陸豐縣山門地方反共救國軍登陸時，受到當地漁民及村民之引路與歡迎，是閩粵兩省廣大僑鄉人民心情的眞正反映。

沿海漁民自動替登陸突擊隊引路

據有關方面透露：「六月二十日晚八時左右，反共救國軍某部突擊隊的舟隊，在微風輕浪陣雨及淡淡月色的良好氣候中，深入汕頭以南海面，接近海岸航行，當晚十時左右抵達碣石灣北面之田尾角海面，以田尾山的燈塔作航標，向碣石灣最深入處的烏坵港推進。至六月廿一日凌晨二時左右，於月落前抵達烏坵港口東南海面目標區。」

「突擊舟隊秘密抵達目標地區海岸後，即涉水登陸，并按既定計劃，留置部份兵力於灘頭，控制烏坵港水道及附近海面，掩護接應登陸人員登陸後，即分組在黑暗中推進。」

當突擊隊沿海岸推進約五十公尺左右，即發覺有漁民六人，正在黑暗中整理漁具。他們發現反共救國軍的突擊隊後，都非常興奮，主動向突擊隊報告該處共軍佈防情形。并告訴突擊隊必先制服前面小高地之共軍瞭望哨，及山門村附近之共軍瞭望哨，始能有効襲擊駐在山門村後之共軍據點。漁民們并告訴突擊隊必須注意獅山的共砲。」

「突擊隊將所携帶的宣慰品交與該處漁民後，即由兩位志願協助反共救國軍之青年漁民作响導疾趨該處小高地之共軍瞭望哨，但突擊隊抵達前，該瞭望哨於點燃一把稻草後，即先行溜跑。突擊隊撲滅火燄，繼續由這兩位青年漁民指引，疾趨山門村。」

「斯時突擊隊以共軍可能已警覺，乃即由一位漁民指引搜素組，負責捕提高地前面之共軍哨兵，由一位漁民指引火力組，繞山門左側，襲擊共軍營房。……果然當突擊隊迫近山門村時，村內多處亮起火把，并響起鑼聲，突擊隊的爆破組及宣慰組，乃即佔據有利地位，嚴密控制山門村道口。但當時自村內走出來的都是拿着長矛的民兵，一路高喊共軍已於村後逃跑了，他們是出來交武器，請游擊隊不要開火。突擊隊乃以部分兵力控制現場，部分兵力接受村民繳交長矛文件和子彈。這時村裏出來的人越來越多，個個穿得衣服襤褸，還赤着雙足，情況非常可憐。當突擊隊把自台灣帶來的優美的花布，童裝，毛巾及日用品等分散給羣衆時，村民都歡喜若狂，紛紛要求游擊隊把他們帶到自由地區」。

「突擊隊在山門村外會合撤離時，當地羣衆紛紛要求突擊隊協助投奔自由。突擊隊以人數過多，突擊舟隊無法載運，凌晨三時二十分，在山門村獅子亦傳來共軍的砲聲，突擊隊乃携帶爲他們作响導的兩位漁民及托負長矛等戰利品的民兵一名後撤，疾行二十分鐘後，返回登陸地點，始安全撤退返航」云。

蘇聯軍援印尼　大馬軍事形勢突緊

·俊華·

蘇加諾退出東京三巨頭會議，重新揚言『粉碎大馬』之後，馬來西亞形勢突緊！印尼電台說：『大馬已為印尼所包圍』，這說法雖言過其實，便印尼積極準備向北婆羅洲進軍及向星馬本土滲透顛覆，如吉隆坡開往星洲的鐵路軌上放置炸彈，爆炸五節車廂；炸駐大馬緬甸大使館；及破獲三處印尼顛覆份子的軍火隱藏庫等，都顯出印尼『粉碎』大馬的魔爪已多方面向大馬伸張。東京會議破裂的幕後，突然是由於蘇加諾插手與拉曼抵觸；據說：蘇聯外交特務對印尼到東京方面蘇聯即給予援助，印尼對抗『新殖民主義』。蘇聯方面撐腰，使蘇加諾態度突轉強硬，故在會議中，未終席即拂袖而去。蘇聯早為印尼建立一支南亞最強的海軍，蘇聯早把一批海空軍艦隻又贈給印尼，叫印尼『從帝國主義手中奪回』婆羅乃。最近印尼參謀總長納蘇往訪蘇聯，要求軍援，這些勾結，原是一脈相承。

大馬要求以印尼撤退遊擊隊為東京會議條件，蘇加諾曾經答允，及赴東京開會，原非誠意，而係迫於事勢。因澳洲正式向印尼提出警告：澳洲為英聯邦國家，部隊已駐馬境，有與英馬並肩作戰的義務，澳洲也暗示美國「紐約防務條約」，係倘澳洲與外國開戰，美國自動援助。在英澳美三國暗示一致的壓力之下，蘇加諾才不得不到東京去開會。但要他把『粉碎大馬』旗鼓一旦偃息，他是老大不願意的，他無時無地不在尋求突破這項壓力的辦法。

蘇聯插手大馬糾紛，支持印尼，對蘇加諾正是投其所好，不但對於撤退遊擊隊的諾言食言自肥，即對馬卡柏佳和池田勇仁的息爭勸導，也置若罔聞，決然退出東京會議，重申決心「粉碎」大馬，他並明言，若大馬爭取外軍援助，印尼也將使用「聯合部隊」。

起初，一般還不明白「聯合部隊」的涵義，及到米高揚在耶加達聲明：蘇聯以「十分新型」武器，援助印尼粉碎大馬。吉隆坡方面方才知道，印尼重新捲起糾紛，是獲得蘇聯支持。東京會議期間，馬方駐日人員雖也獲得蘇聯印尼有所勾結的報告，但尚未料到，蘇聯插手東南亞，公開與親西方的東南亞集團為敵。

非律濱對蘇聯的干預，表示憤怒，大馬當局則已呼籲友邦及早支援，免致印尼進軍北婆，造成「另一越南」的局勢。

·吉隆坡通訊·

寮共行動充滿爆炸性

陸永德

印度支那半島上的南越、北越、高棉、寮國、國境毗連，禍福相關；只要其中一國局勢發生了變化，就會立刻影響到其他三個國家。以最近所發生的例子來說，五月中旬寮共在北越共黨的支持下發動攻勢的時候，原因是如果寮共部隊佔領了寮北，攻勢成功，則北越共黨便可更容易利用寮國的補給線路去接援南越境內的游擊隊，使共黨游擊實力增強，發動襲擊，對南越政府的戰事極度不利！在這種情形下，寮國要繼續維持其本身中立地位，當然也會極度棘手！

……都永珍或北攫王都鑾巴拉邦，都可揮洒自如，寮局及印度支那半島局勢也更危殆！

南越與寮國毗連的邊界，長達七百哩，而邊界地帶都是叢林障天的山區；這一條邊界綫，每年都有數以千計的共黨游擊隊由此越過而進入南越，使西貢政府傷透腦筋。此外，南越也是與高棉比隣的，共黨游擊隊也利用高棉為通路，既利用棉越邊境的地形來進行滲透的計劃，同時也利用高棉邊區來作避難所。曾經有幾個被南越政府軍俘獲的共黨游擊隊員坦白地承認過：他們被西貢軍隊追擊時，一退入高棉便獲得安全。他們還說：有不少共特在高棉境內接受政治訓練。——從這情形看來，顯然，寮共得勢後，越共即以寮國作為一個前鋒站，而其向高棉滲透已獲致成功，又使高棉成為共黨的另一個前鋒站與庇難所。憑着這兩個前鋒站來向南越進軍，那時不特西貢政府感到極大威脅，就是美國政府也將感到應付維難。

是在印度支那半島上的南越、北越、寮國、高棉這四個國家，彼此之間是國土相連，戰畧相關，政治也互相影響。但美國方面，目前是側重於支持南越，可是對於越共由寮直接滲入南越，協助潛伏在南越的共黨游擊隊出擊；及同時假道高棉，指向南越，構成了夾攻的形勢，却未有對策南越的軍事態勢混亂，就是這個原因。

無可懷疑，目前寮共對南越的威脅力最大；其次是高棉。至於整個南亞，也是受到間接影響。而今日寮共的力量已在逐漸增強中，這顯然已成為東南共黨的一枝尖兵。這一枝尖兵的行動和發展，是充滿爆炸性的哩！

陸運濤在台的生榮死哀

岸一

（台北通訊）馬來西亞華僑巨子陸運濤不幸在台中飛機失事中，陸氏夫婦同時遇難，此一慘劇的發生，不僅陸氏高齡老母悲痛欲絕，親友含悲，即平時與陸氏素昧平生的人們亦爲之悲嘆不已。

陸運濤遭逢不幸的消息，連日中外報紙已詳為紀載，這裏不必再談，筆者要報導的是一般為人所未道的有關陸氏夫婦來台的一些內幕消息。

人們只知道陸運濤在星馬是富可敵國，只知道他熱心於電影事業，可知道他此次來台是參加「亞洲影展」，而不知道除了參加「亞洲影展」之外，還借此機會對祖國政府和人民供獻他的能力和財力，這才是他回到台灣的目的和抱負。如其不然，以一個初到台北的海外華僑，怎能受到政府官員的特別禮遇，怎能得到政府與人民對他的生榮死哀。

據筆者在有關部門得到的可靠消息，陸運濤氏此次回國對我國與馬來西建立邦交的未來關係上具有莫大的影响，早在陸氏未到台北以前，即曾向我某方外交人員表示，願担任未來馬來西亞與我國建立邦交的橋樑。雖然陸氏並非獨立不久的馬來西亞政府中的高官顯要，但陸氏深深的了解馬來西亞是一個堅决反共的國家，且其國處境正與我國相同，所以中馬雙方未能建立正當外交關係者，是因人事上做得不够所致，故陸氏願以其在馬來西亞國會中的潛在力量影响其政府與人民與我國建立良好的關係。這說明了陸氏不忘祖國的崇高思想，供献其能力的優良作風。

其次是，陸運濤氏夫婦在觀見最高當局時，即曾向台灣當局誠懇的表示：願在其財力所及，在政府實行反攻大陸之日供獻於新台幣四十億元（合美金一億元）之金錢物資，並曾與各經建部門首腦人物表示，願對台灣經濟建設作重大投資，此次陸氏夫婦在百忙中抽暇前往台中，即是應台灣電影製片廠長龍芳之邀，參觀電懋公司在台中建築電影製片塲的地址而前往的，（龍芳廠長亦與陸氏夫婦同機罹難）其他，陸氏夫婦尚捐助了一些慈善救濟機構美金廿五萬元。

於是可見，陸運濤氏此番來到台北並非純為「亞洲影展」而來，而另有其反共報國的崇高志願。因此，在飛機失事慘局發生後，台北政府與人民無不同聲悼惜，當非無因也。

當陸氏夫婦遺體六月廿四日在台北極樂殯儀館舉行公祭時，政府方面有總統府秘書長張羣代表蔣總統致祭，教育部長黃季陸，國防部代部長蔣經國亦親往祭弔，其他參加祭弔的三千多人中，其中可能說有十分之八，九都是與陸氏素昧生平的人們，大家對着陸運濤夫婦的放大照片凝視，無不嘆息流淚，為這位壯志未酬人已死的愛國華僑巨子悲悼不已。

筆者報導陸運濤氏來台的此一內幕消息，或者會有人不相信，認為筆者過肆誇張，或許會認為筆者對陸氏過份的捧塲，或者是認為筆者受過這位慘死的億萬富翁什麼恩惠或提拔，其實筆者與此次參加極樂殯儀館的大部份人一樣，與陸氏從未謀過面，更說不上過去有什麼交情了。筆者為了進一步證明所報非虛，特將國民黨中央委員會第六組主任陳建中，在其悲悼海外歸來的自由鬥士的撰文中有關陸運濤氏的悼辭摘錄如後，讀者從此中即可看出筆者所言非虛了。

陳氏的撰文中說：「陸運濤先生，是一位虔誠的愛國者，也是一位有高度領導才能與智慧的事業家，他雖身居海外，心在祖國，當他踏上祖國土地的第一次聲明，就是「他生平的第一個志願，是能回到祖國」，陸氏的愛國與反共表現，在多方面，馬來亞之由左傾而轉變為積極的反共方向，陸氏幕後予有力焉，在其所領導的事業機構中，無一不表現為自由而奮鬥，如電懋公司之製片與內容充分發揮了高度的反共精神，我們之哀悼陸氏夫婦，不是為他富可敵國，而是他這一份愛國表現的眞誠，以及未來中馬雙方為反共而合作，失此橋樑，這一捐失，是無法可以彌補的，而陸氏為祖國效力之志未竟，亦必遺恨終天」。

從陳建中氏這一悼文中，吾人可以看出陸氏此番身遭不幸，不僅是陸氏家門不幸，而也是自由中國一項莫大的損失，何以說呢？自政府播遷台北以來，雖然遭到共黨的沉重打擊，然而內政與外交仍未做的盡善盡美的境地，因而影響到華僑社會對祖國的冷淡與漠視，在留居各國的一千二百萬華僑當中，可以說有百分之九十幾已失掉對祖國的熱忱，他們在其居留國中，雖然受盡當地政府的壓迫和歧視，他們也不願回到政府所在地的台灣，他們寧願改換國藉，或從這一殖民地還移到另一殖民地，這一離奇出醜的現象，我們當然不能責怪僑胞，而祇能譴責政府的負責當局。此番陸運濤氏對祖國的熱忱表現，雖因其墜機慘死而未能達到他的實際願望，但陸氏熱愛國家民族的作風，以及他的慷慨表現，在今後的華僑社會中相信可能成為一般有志報國的僑胞們的優良榜樣，而對災難中的祖國作深一層的了解和報效。吾人相信海外僑胞中如陸氏之有心報國者當不乏其人，如何引導其走上反共救國之路，其責任就在於政府當局今後之表現如何耳。

其他，有關陸氏夫婦遺體處理的經過，與乎民航失事致使陸氏夫婦及其他五十五人同時羅難的責任問題，鑒於台、港、馬各地報張刋載多不一致，也想順便在此作一番眞實報導，使海外讀者明瞭眞象。

由於飛機起火觸地爆炸，致使機上人員無不血肉橫飛，其中只有香港商人邱德根的太太屍首比較完整外，其餘屍首大多四分五裂，簡直辯別不出誰是誰的屍身，陸氏夫婦的遺體一直遲到廿一日上午十時卅分，才由一個工人在距離飛機觸地五十餘尺的樹林中水溝裏發現一隻女人的手，因為手上帶有一隻鑽戒，經到塲認屍的影星雷震認出此鑽戒為陸夫人所有，後來又在水溝中鈎起一件黑灰色的西裝上衣，衣袋內有陸氏常用的黑框眼鏡一付，因此才在水溝中將陸氏夫婦遺體找尋出來、但已殘破不堪了，只能靠白布將屍體各部連繫起來，所以陸氏妹夫朱國良前往榮民醫院認屍後，乃決定將陸氏夫婦遺體火化運回。

致於民航機失事的責任問題，在台北已引起各方面的追究，將來究竟誰負責任，雖尚在調查中，但筆者得指出一點為人所未道的事實問題，即是〝四十六型的飛機是否能搭載五十七人之多，這才是誰當負此慘局發生的主要關鍵問題。

本刊已經香港政府登記

聯合評論

週刊

每逢星期五出版

United Voice Weekly

第三〇一號

督印人：黃宇人　總編輯：左仲平

社址：九龍通菜街三十八號南亞書局　849126

CHINESE-AMERICAN PRESS, INC
199 CANAL STREET,
NEW YORK 13 N.Y. U.S.A.

從美國的舉棋不定談到台灣應以自力反攻大陸

黃宇人

美國仍舉棋不定

自南越和寮國的局勢相繼更加惡化後，華盛頓方面即有進攻北越的醞釀。前些日子詹森總統更聲言不惜冒與中共作戰之險；並出派曾在韓戰時率領美軍與共軍作戰甚力的宿將泰萊將軍爲駐越大使。有人以爲這是美國準備採取某項軍事行動的先着。然而，七月一日魯斯克國務卿又在記者招待會上宣稱「美國的政策是致力于求取容許東南亞各國人民自行掌握其命運的和平。我不知道如何和何時始能達到這目標，但最不能去尋求戰爭，當然由于有維持該地區和平的協定在，而無須擴展戰爭而獲致該目標應該是可能的」。有記者問他「何以政府當局對于東南亞戰爭危險的觀感時有不同？」他的答覆是「該處局勢確很嚴重，並非美國自己所能控制決定，要看共方如何行事」。由此可見美國政府至今仍舉棋不定。

又據本月五日路透社的華盛頓電訊，泰萊將軍將在南越停留兩三個月，然後回國報告美國對越政策的成就及檢討將戰爭擴大至北越的需要。據說「美國的設計者經已發展了對北越報復的兩種可能方式；其一是，倘若南越有一補給庫被轟炸，即轟炸一個北越的補給庫以爲報復；其二是倘若南越的局勢在雨季節尚無進步，即對北越的補給綫作較廣泛的轟炸」。果爾如此，則美國在今後兩三個月內，仍將繼續其「祇招架，不還擊」的政策。而在兩三個月之後，縱然基於泰萊將軍的報告，認爲有兩北越採取報復行動之必要，也不過是對北越的補給庫，至多是補給綫實施某種限度的轟炸而已；依然沒有派遣地面部隊向北越施行反突擊的決心，更談不上動中共的毫毛了。

美國自己嚇阻自己

美國政府似乎仍以爲中共是可以用大言嚇阻的；但在我看來，受嚇阻的並不是中共而是美國自己。當年中共介入韓戰，犧牲慘重，實已無力支持。在所謂有限度的戰爭的政策之下，聯合國軍隊縱然不再揮戈北進，祇要繼續作戰下去，依然可以把中共拖垮的。俄國有鑒於此，因而會經爲了企圖排斥中華民國在聯合國的席位不遂而聲明不再出席聯大的馬立克忽又恢復出席，並提議談判停火。美國不明敵情，以爲中共還有再接再厲的潛力，竟放棄了已經來到的勝利，接受停火的建議，致使在韓國戰場上死傷的美國青年成了白白的犧牲，毫無代價可言。自是以後，奸狡的毛澤東輩即看出美國沒有決心和中共作戰，也就虛張聲勢，一方面繼續抨擊美國是帝國主義，是紙老虎；同時並向東南亞及其他有機可乘的地區進行滲透和傾覆的活動。鄰近中國的中南半島固然首當其衝；即遠如非洲和南美，中共也要染指。美國這種自我嚇阻的政策所招來的困擾，可以說正方興未艾。最令人驚奇的，是十餘年來中共雖然不斷的辱罵美國和處處與美國爲敵；但某些美國人似乎不僅不以爲侮，反而不時發出不利於中華民國而適足以助長中共氣焰的種種議論：有的主張恢復對中共的貿易；有的主張承認北平僞政權；有的主張「兩個中國」。最近還有一位參議員提出「一中一台」的謬論；紐約時報的社論也說中共終將被承認爲代表中國的政府而獲准加入聯合國」；認爲「一中一台」是解決中國僵局的最佳辦法。據熟悉內情者透露：在香港各種美國機構中多負責人，已確信中共政權在大陸上根深蒂固，不可輕侮，因而聽到主張反攻大陸的言論，即爲之不快。這些人只希望中國人贊成「兩個中國」或「一中一台」的主張；並不希望中國人反共到底，以故會因反共而獲得美援。某某文化機構方面也奉命改變工作方針，專門搜集中共資料，並作出適合美國口味的言論，不得再發表反共言論。及從此凡反共的活動，種種事例都指出，中共愈辱罵美國，愈處處與美國爲敵，某些美國人似乎對它愈有好感；反之，對反共者，愈主張推翻中共政權，愈希望美國堅定反共的立場，以爭取最後的勝利，他們似乎愈認爲多事。過去十餘年，美援滿天飛，美軍的血處流，却贏得「醜陋的美國人」這一罵名，實在不是沒有原因的。假如美國對中共的現行政策再要延續下去，我恐怕有朝一日美國的軍心也可能發生動搖。因爲既要派遣他們到海外作戰，又限制他們只能在某一地區內招架，不得向敵人的要害進擊，這豈不是要他們去白送死嗎？

台北應以自力反攻大陸

基於以上的分析，假如台北當局還要希望先得美援，然後反攻，實無異於白日做夢，適足以誤國誤民和自誤。過去十五年間，我們本來已經有過兩次很好的反攻機會，不幸均被當權者等閒錯過。我認爲目前又是一個反攻的良機。是因爲中共與俄共的分裂正在加大，美國也因南越和寮國的問題，而未聞再有安撫中共的怪論，假如台北能以破釜沉舟的決心，派遣相當強大的國軍，攻入大陸，不但中共不可能從俄國方面獲得及時的支援，即美國也可能暫時採取觀望的態度。一旦國軍在大陸上獲得立足之地，國際間對中國問題的看法必將隨之而變，自不患沒有外援。但在目前則絕不能再存先獲美援，然後反攻的幻想。

不過，話說回來，如要憑自力反攻，則必須先在海內外造成朝野一致的反共大形勢，然後才能收到近悅遠來，衆志成城之效。但在台灣現局之下，則絕無此可能。舉例證之；前年，當局召集陽明山會談，其目的當然也是想造成一種團結的形勢；可是，舉行了兩次會談之後，被他們宣稱爲最重要的第三次會談，却胎死腹中。此無他，當權者自知假戲假做，騙不了人，故不得不悄然停止進行。去年，蔣先生又倡導組織反共建國聯盟，我敢斷言，如果台灣的現局再無所改革，縱然有人去台北捧場，其結果也不過如陽明山的第一二次會談而已。

談到改革，有些人便不免想到聯合政府，台北的某些在野黨派對參加政府更是久已心嚮往之。但我基於過去的經驗和對現狀的了解，確信這些黨派果有參加政府之一日，其貪污過其腐敗，還將超過國民黨。因此，我所謂的改革，乃是取銷特務統治，廢除一切與憲法抵觸的機構和措施，厲行法治，確保人權。至於政府的人事，是一黨一派或各黨派，我均不重視。再就團結問題來說，我認爲如果目前那種家天下主義的作風不變，不但不能造成海內外朝野一致的反共大形勢，就是要勉强湊成一個虛有其表的反共聯盟，也將徒費心機。因爲人們鑒於時至今日，會受蔣先生一手扶植起來的陳立夫先生和一向被蔣先生認爲心腹之將的陳辭修先生都不能見容於家天下主義，誰還有信心去聯盟呵？

七月六日

西方對亞非會議應有的策略

劉裕略

所謂亞非會議，本已是被國際共黨運用的一個機構。自中共與蘇共發生衝突後，這一機構更逐漸成爲中共所支配工具。所以許久以來，中共一直在多方面努力，希望促成這一會議之召開。

在中共看來，今日之亞非地區正是中共政策運用的最好地區，亞非各國也正是今日中共最好運用的對象。這主要原因是美英法德都地處歐美，天然的不能參加這一亞非會議。惟一稍有顧慮的是日本，因爲日本也是亞非地區的一個國家，且日本的工業生產能力，在亞非諸國中，首屈一指，不但遠駕印度阿聯之上，而且也遠駕中共之上。假如日本政府眞有魄力和策略的話，它是足以左右亞非諸國而不會讓中共在其中獨自猖狂的。無如日本國內左傾人士中既有當面請求毛澤東將日本全國變爲中共一省之卑鄙份子，池田內閣又是氣度狹小，眼光淺短，自日本明治維新以來，最沒有政治抱負與政治氣魄的一個低能政權，平時既然只知取好中共，平時既然在應付中共時已感吃力萬分，那末，還怎能希望日本能在亞非會議中與中共爭一日之長短呢！因此，在西方諸大國本身既不能參加的情況下，却又無法把抗衡中共的希望放在懦弱無能的池田內閣身上。

在日本以外的亞非其它諸國，也都不足以在亞非會議中負抗衡中共責任。故眞足以使中共顧慮和畏懼的，還在蘇聯參加亞非會議。因爲蘇聯果能參加，則蘇共與中共之矛盾與衝突，自必就將被蘇聯帶到亞非會議中去，從而嚴重打擊中共在亞非會議中的那一儼然霸主的形勢。惟其如此，所以，蘇共雖在努力活動，以圖參加，中共也在全面努力，予以拒絕。

本來，就西方的立場言：第一最好的辦法，是根本粉碎這一所謂亞非會議；如若不能，則次好的辦法，是扶持和提高其它亞非國家（如以往的尼赫魯）在這一會議中的地位，以抗衡和抵制中共在這一會議的優勢。但尼赫魯現已去世，其它的亞非國家條件不備，比較最具條件的日本，又是扶不起的阿斗，所以，西方目前對付亞非會議的惟一辦法，就莫如美英法德各大國各自利用其本身之影響力，使中共顧忌的蘇聯能夠參加。那末，讓蘇聯與中共在這一會議中去互鬥，西方坐收漁人之利，還算是目前惟一可能行得通的最好辦法。

事實上，蘇聯現在是極想參加這一會議的。因爲蘇聯的政畧戰畧活動範疇畢竟是世界性的，亞非諸國尤係蘇聯今天不可或缺政畧戰畧活動地域，若亞非諸國被中共操縱，不但將在國際共黨內部衝突中對蘇聯形成極大的不利，而且也將使蘇聯對自由世界的鬥爭形勢處於呆滯與劣勢，所以，許久以來，蘇聯毫不諱言它極欲參加亞非會議的打算。

爲了實現蘇聯的這一打算，赫魯曉夫最近特派米高揚往訪亞非會議主要國之印尼。而且不惜以軍援印尼打擊大馬來交換印尼對蘇聯參加亞非會議之支持。據耶加達七月二日法新社電：「蘇第一副總理米高揚今日稱：印尼現已全贊同蘇聯有出席明年三月在非洲舉行第二屆亞非會議之權利」。那末，爲了加强中蘇共之間的互鬥，西方更應使用各種方法讓蘇聯去參加了。

美國對南越戰事的新戰略

孫寶剛

這一個多月來，許多人主張進攻北越，以挽救南越的危境。美國防部長親自到南越去視察，並申言將加强對南越的支援。這幾天的消息，更以洛奇大使的辭職，而代以美聯合參謀長泰萊和副國務卿莊士，這當然證明了美國對南越局勢加强。一般人更以泰萊將軍的使越，而相信美國眞要進攻北越了。

我是否定這種看法的。洛奇大使今日的談話說，越南戰局不會擴大，且前途是樂觀的。我認爲是實話，倒可以相信的。

爲什麼我說可以相信呢？因爲每一個戰爭，一定有其特性。也可以說一定有其目的。所以在大體上說，我們可以把戰爭分爲二類。第一種是無限度的戰爭；第二類是有限度的戰爭。

當兩個國家到了勢不兩立，而一且爆發戰爭，而雙方都有傾覆對方，而甘心而作起戰來，這種戰爭便叫做無限度戰爭，即是盡其一切以殲滅敵人的一切。以歷次的世界大戰就是這種典型。反之，如作戰的目的，祇在達成某限度的企圖。那麼，在作戰時所用的一切手段，便應有一定限度，切不可超出預定的限度，假如不如此的話，便可使目的原可達到而反且失去。

在中日戰爭的初期，日本政府的目的，祇想在華形成一個特別區域。假如在上海一帶的日軍攻勢不超過南京的話，以蔣介石這樣一個現實的人，當然可以從何梅協定而進一步地把中國的主權送給日本人，而使日政府的企圖完全達到的。但是上海一帶的日軍太猛進了，其實也許可以說，中國的軍隊太猛退了，使日軍超越了南京，進至武漢，這一來，日軍的禍闖大了，對中國的要求提高了，使蔣介石雖要犧牲主權以求和而一下子轉不彎來，于是成了中國的全面抗戰。而使中日兩國都受了更大的災害。

說到這裏，我們很欽佩中共在印度的處置。中共在粉碎印度的邊境守軍之後，依中共的力量本可駐直入，即使把新德里佔領起來，也非難事。可是這樣行動，便成了兩國生死之戰，即成了無限度的戰爭了。與中共原來發動戰事的目的不合，所以中共竟在勝利之後，自行撤退，關于這一點，不管你反共或不反共，在軍事上來說，中共的行動是正確的。

現在我再說到正題。美國對南越的政策是要在使用最少限度的兵力之下，使南越的政權可以穩定，假如在南北越分界綫以南能完全在南越控制之下，固是最好，最低限度，須在西貢以南相當距離內，南越要維持安全。像現時這樣，攻擊南越政府的游擊隊，已到了西貢市區，這是絕不可容忍的。

所以在理論上說美國也好，越南也好，所要達成的，都是有限度的，所以美國即使去把河內海防炸爲平地，並有軍隊在北越登陸，對于上述的政策，不特不能達成，反且距離更遠。因爲在西貢附近的游擊隊，仍會在西貢附近打游擊，西貢的治安仍在恐怖的狀態下，南越的政權仍不能穩定，反之，美國所使用的兵力反擴大了。美國以不派遣正規軍到南越爲原則的。假如美國眞想在北越登陸，恐非南越的兵力所能單獨做得到。這不是違背了基本的政策麼？而況美國即使在北越登陸成功，甚至把北越趕到中共邊境，北越仍會打游擊，西貢附近也仍有攻擊南越政府的游擊的。假如因爲在北越登陸，中共和蘇聯，以及其他國家的反應對美國或南越不利的話，事情更麻煩了。

以我個人的觀察，在南越的游擊隊，決不是北越的正規軍，北越和中共在道義上或在補給和訓練上，或許給予了相當的支助。游擊隊的本身還是南越人。所以在我想來，進兵北越，甚至轟炸北越是多餘的。問題恐怕還在南越軍隊本身的士氣以及作戰能力。以及南越的政治和經濟的措施，能否獲得南越人民的衷心擁護。

南越的游擊隊，無疑的是受了共黨蠱惑的南越人。但是我不相信，他們眞的信仰共產主義，而爲着理想在拼命。他們可能是生活無着，不滿歷來南越政府的許多政策，甚至那些無能而貪污的官吏，動輒壓迫人民，所以使他們不得不挺而走險。所以研究那些游擊隊，在怎樣的心理狀態和物質的背境下，受了共黨的蠱惑，而形成了反對政府的游擊隊，然後求去其根源是最爲重要的。說到這一點，我想在本質使南越這新的政權，眞能有效地去爲人民服務，恐怕是基本的問題。

至于怎樣去改進南越軍隊的作戰能力，使能眞正有效的去打游擊隊，雖然重要，還在其次要呢？

我希望泰萊將軍和莊士能看到這一點，才能對症下藥，可以把南越政權穩定下來。南越的游擊隊是不可能在短期內消滅的，祇要他們的游擊力量，不能到達西貢附近，這已是很好的成績了。必得使南越的政治經濟完全上了軌道，所有南越的人民眞正在南越政權之下，產生了一個新的信心，再加上南越軍的優越的戰鬥力，才能使反政府的游擊隊崩潰，而北越和中共也失去了支持南越游擊的信心。才能夠形成像南北韓這樣的對峙的局面，但要澈底的使雙方相安無事，也是不可能的。

外蒙驅逐中共全部援助人員

綜觀

外蒙本是中國領土，只以蘇聯對外蒙使用帝國主義手段，把外蒙從中國版圖內分裂，變爲蘇聯之殖民地。對此。如果中共僞政權稍有愛國心的話，早應向蘇聯提出交涉，收回外蒙；如蘇聯不允交還外蒙，則中共應即使用武力將外蒙收回才是。

猶憶一二八抗戰前，只因日本帝國主義强佔我東北，我國遂對日本作戰，今蘇聯之佔我外蒙，實與當年日帝佔我東北無異。但中共政權平時雖用「愛國主義」一詞欺騙天眞華僑，但它本身却一點也不愛國。乃至厚顏無恥，不但不收回外蒙，反與外蒙稱兄道弟，正式劃分「國界」，且又派出數千員工，支援外蒙之建設。但外蒙在蘇聯慫恿之下，先則在中蘇共衝突中站在蘇共一邊，近則更對中共提出强硬通知，叫中共將援助外蒙的工作人員六千多名全部撤退。毛澤東不敢拖延，據中共新華社宣佈，現已撤退五千餘名，其餘九百餘名亦將遵命在最短期內撤回云。

對此，中共新華社於六月廿二日自外蒙烏蘭巴托發出電訊說：「到二十一日爲止，已有二十七批中國援蒙員工五千二百餘名撤退。至此，在蒙古人民共和國全國十八個省幫助建設的中國員工，都已先後離開蒙古回國。目前仍在烏蘭巴托工作的九百多名中國員工，也將在最近回國」。

新華社又說所有這些中共員工的撤退，都不是出自中共的意願，也不是由於中共對外蒙的所謂援助工作已經做好，而是突然「根據蒙古人民共和國政府的『提議』，經過中蒙雙方的『安排』，從四月二十四日開始，中國援蒙員工陸續離開蒙古回國」的。這就可見外蒙在蘇聯慫恿下，對中共毫不客氣，限令中共人員在極短時間內就要撤完。

查中共曾於一九五五年與一九六〇年與外蒙訂過兩次協定，固而派遣了上述這六千多名「援蒙」人員。自赫魯曉夫與毛澤東發生個人權利衝突後，毛澤東原本希望外蒙能够站在中共一邊，殊不知外蒙却站蘇聯一邊。隨後，毛澤東仍圖不惜分割中國領土，示好於外蒙，以爭取外蒙在赫毛個人衝突中對毛支持。因之，毛澤東又命令中共僞政權邀請外蒙領導人到北平來訪問，使中共僞政權與外蒙正式劃定「國界」，以安撫外蒙。殊不知，外蒙僞傀儡政權之領導人雖然應邀到了北平，又與中共僞政權在「友好」氣氛下劃分了「兩國的國界」，但外蒙傀儡政權領導人回到烏蘭巴托之後，却立即在蘇聯報紙撰文大罵中共，所以毛澤東賠了夫人又折兵，不但白花了很多錢，白白的派了六千多名員工幫助外蒙建設，未能爭得外蒙對他個人的支持，甚至出賣中國領土，曲從蘇聯帝國主義外蒙的侵畧，也未能改變外蒙的媚蘇姿態。據莫斯科透露：此次外蒙之所以突然驅逐全部中共人員，乃因中共工作人員在外蒙挑撥「蘇蒙兩國感情」之故。這就反客爲主，蘇帝更把外蒙視作它自己的領土了。

中共在外蒙驅逐全部中共人員期間表現得最無恥的行爲，尤在中共在這期間又派姬鵬飛往外蒙「首都」簽訂「中蒙兩國邊界議定書」。

據中共「中國新聞社」七月二日北平電：「中華人民共和國政府全權代表，外交部副部長姬鵬飛，前往蒙古人民公社共和國簽訂中蒙兩國邊界議定書以後，今天乘飛機飛返北京。中蒙邊界議定書是六月三十日在烏蘭巴托簽訂的。姬鵬飛副部長和蒙人民共和國外交部第一副部長斯·索索爾巴拉姆，分別代表兩國政府在議定書上簽字」。

毛澤東爲什麼要在此時日遠遠的飛到烏蘭巴托去簽這種賣國條約呢？這是很使人莫明其妙的。

對此，我們在客觀事實上可以作兩種判斷：一，是中共誠恐中共與外蒙之間會因邊界不明白，而引起邊界衝突，從而引起中共與蘇聯間的邊界軍事衝突，二，是藉此安撫外蒙，使外蒙在赫毛衝突所引發的中共與蘇共的衝突中，能站在毛共一邊。

查中共最先邀外蒙首腦到北平商談邊界問題時，確在外蒙尚未對赫毛衝突表明態度時，中共當時實欲用分割國土的辦法以爭取外蒙擁毛。殊不知，邊界協定初步議定後，外蒙首腦由北平返烏蘭巴托後，即在蘇聯眞理報寫文擁護老赫，而反對老毛。所以，老毛分割國家領土以遂私願之計亦落了空，變成了賠了夫人又折兵的情況。

嚴格而客觀的說：承認外蒙獨立雖是國民政府時代的事。但國民政府隨後已將該一承諾取消，因此，中共如果愛國的話，大可否認外蒙獨立的這一件事，更不應該進一步與外蒙訂什麼「國界」。因爲這一議定「國界」的工作，當年的國民政府也是沒有作的，那末，中共自然大可不必去作。但中共竟然去作。而且竟然在對方正在驅逐自己全部工作人員時去作，這就更完全是喪心病狂了。

陳毅的話值得玩味

葉一秋

由於寮越形勢愈趨惡化，美國態度已轉趨強硬。首先，是美國軍政要人集會檀香山商討寮越戰局，跟着是美國海軍艦隊的一部分開到了泰越水域，隨後，美機一面偵察寮共所佔地區，一面展開連續性的轟炸，在此期間，洛奇辭職，美國總統詹森更引人注意的派美國聯合參謀會議主席泰勒將軍担任駐越南大使，全世界都意識到這一不平凡的措施，是美國對寮越共黨及其幕後支持者中共即將展開強硬行動的具體步驟。

美國即將採取的行動，究將強硬何到種程度呢？在範圍上說，美國對付越共將仍止於南越地區嗎？抑或將進一步進攻北越，甚至轟炸中共呢？在所使用的武器來說，美國將仍僅僅使用舊武器，抑或還將使用小型原子彈呢？總之，這些都是問題。但美國對寮共越共及中共的態度，業已準備有所改變，如果寮共越共及中共仍肆無忌憚的話，則是舉世皆知的。

那末，中共敢在寮越即對美國展開相對的強硬態度嗎？抑或中共採取狡猾政策，力求避免與美國打硬仗，而只繼續採用游擊戰以纏困美國呢？這也正在舉世揣測中，對此，中共的陳毅最近對駐在北平的外國商人發表了一些談話，值得玩味。

據東京商界人士透露：「日本日中貿易促進會於六月廿八日會獲駐北平聯絡處通知：駐在北平的外國商人，包括日本，法國，西德，比利時，加拿大，澳洲等二十多個國家的商人或貿易機構，紛紛接到他們本國方面的電報和信件，詢問自美國表明決心不惜與中共一戰及蘇聯暗示不支持中共後，北平方面之態度如何？一旦戰爭擴大，美國若將第七艦隊封鎖中國大陸沿海，轟炸粵漢平漢等鐵路後，北平有否妥當辦法維持對外貿易？為此，各外商乃詢問中共對外貿易委員會。該會主席南漢宸乃於六月廿六日召集各國駐北平外商開會座談，幷由中共外長陳毅出席作了分析。據悉陳毅會坦直的說：『你們不要看美國及蘇聯的態度如何，你們應看北京的動向如何。坦白地說，我們認為對戰有利的時候就戰，對和有利的時候就和。或戰或和，主動完全操在我們手裏。你們不要看蘇聯的態度如何，而要看我們。我們認為中蘇軍盟條約是團結的保證，我們就要它。我們認為中蘇軍盟條約是套在我們頸上的鎖鍊，我們就廢了它。說實在的，美國總統約翰遜和蘇聯總理赫魯曉夫是一對懦夫的連孖體，想以戰爭來恐嚇我們是辦不到的』。陳毅還說：『各位先生認為戰爭擴大，美國將封鎖中國沿海，轟炸中國大陸交通線，破壞我們對外貿易，使我們發生經濟危機，這是在我們攷慮戰或不戰的範圍內，也是攷慮全面戰爭或局部戰爭的原因之一。總之，你們和我們的利益是一致的，不必縮手，大可放手和我們做生意，歷史經驗證明，我們最後決策是明智的』。』

陳毅這一色厲內在的話，值得玩味哩！

大陸簡訊

藍鳥

中共第三百次警告美國

中共經常向美國提警告，而且提的都是叫什麼「嚴重警告」。但人們實在無法瞭解中共之所謂警告，究竟警的什麼？更不知有什麼「嚴重」？如果眞有什麼嚴重的話，則一次警告已足，何必重複到三百次之多。足見中共對美國之所謂嚴重警告，實際上就等於放屁。初無任何嚴重可言，難怪中共的老大哥赫魯曉夫前幾個月也出言譏諷中共此一所謂嚴重警告，乃是隨便放屁，毫無嚴重可言。

據中共新華社六月廿九日北平電：「六月廿九日十一時二十八分至十四時零七分，美國潛水艇一艦，侵入我廣東省平海以南地區領海。對於美國軍艦的這種軍事挑釁，我外交部發言人奉命提出第三百次嚴重警告」。

值得特別奇怪的，是中共與美國幷無邦交，美國根本不承認中共政權，而中共竟然把「美國的這種軍事挑釁」，當成外交事項，而中共外交部照例提出嚴重警告，則其意義之無聊，也就可想可知，則中共之不敢眞正在太歲頭上動土，不敢眞正打在美國身上，更屬顯明。

據中共公佈，美國是隔四五天就有這樣一次軍事挑釁，不是船隻「侵入」中共領域，便是飛機進入大陸，但毛澤東欺軟怕硬，一直不敢動手，中共尾巴報紙也不敢正視這一問題。以中共在香港控制的大公報來說，它在六月三十日第一版右下角刊登了中共這一提第三百次嚴重警告的新聞，左上解却刊出一篇無恥社論，社論題目是「對美國的當頭棒喝」。讀者對照之下，還以為中共對美國眞正採取了什麼還擊，却原來完全不是那麼一回事。大公報「對美國的當頭棒喝」社論所說的，竟完全是與美國無干的事，而乃說的是中共如何抗擊國軍游擊隊登陸的事。足見中共還是那樣無恥下流，為什麼中共不對美國的「侵入」大陸領空領海，直接作出「當頭棒喝」呢？把對抗國軍游擊隊的事說成是「對美國的當頭棒喝」，只醜劣的表現中共的阿Q臉嘴吧了。

中共抗議印度議員訪華

最近，由於印度國會議員十人前往台灣訪問中華民國。其中包括印度執政的國大黨議員在內。他們在台北且曾正式表示印度應與中華民國復交。而且還表示印度政府之所以准許他們到台灣來，正是含有特殊意義。

於是中共偽政權着慌了，惟恐印度拋棄中共，轉而承認中華民國。遂於六月廿六日向印度抗議。

據中共「中國新聞社」北平六月廿九日電：「中國外交部二十六日照會印度駐華大使館，對印度議員代表團於六月十八日到中國的台灣省進行所謂訪問一事，提出強烈的抗議」。

事實上，中共是無理由干涉印度政府之行動的，更無理由反對印度議員之所為。中共這種抗議，顯然在侮辱印度，干涉印度之外交政策。現在印度的對外政策，確應修改以往的辦法。為印度本身利益計，為亞洲安全定計，印度確應與中共絕交，轉而恢復與中華民國之邦交才是。

中共軍隊武器落後卅年

中共外形雖然龐大，實則不值一打。大陸人民固然普遍反共，共軍軍官及士兵的素質也絕不能與延安時代相比。因為當時共軍官兵尚有所謂「革命」精神，今則大部腐化了。中共軍隊的武器則尤落後。據美國主管遠東事務的助理國務卿賓迪五月四日在衆議院撥欵委員會作證時，對中共軍隊的配備會說：「數年以來，中共軍隊的配備，無疑地是每況愈下，因為它從蘇聯獲得的援助，十分微小」。

賓迪又說：「中共地區部隊全部裝備，比我們現在所有的落後三十年」云。

僑鄉近訊

鍾之奇

北江東江韓江洪水均破紀錄

廣東各地久未下雨，正鬧旱災，到本年六月中旬，天下大雨，廣東各地又立刻出現水災了。這都可見中共平時對水利方面毫無建樹。

據中共「中國新聞社」七月二日廣州電：「廣東省六月中旬發生歷史上罕見的特大洪水」。「六月十六日到十七日，北江，東江，韓江相繼出現洪峯。三江的水位都超過歷史最高紀錄。這場洪水的特點是雨量急驟，時間集中，範圍廣，洪峯高，持續時間長。北江的清遠站超過歷史最高洪水位的時間延續兩天零九小時。」

對此，中共雖然迄今仍在宣傳上隱瞞洪水所造成的災情，但中共所謂「京廣鐵路」及「滬廣鐵路」既已一再被水淹而中斷交通，則洪水在廣東各地所造成的嚴重災情是可想而知的。何況，一百年以來最強烈的颱風——芸妮小姐在馬尼剌橫掃，造成巨災使馬尼剌五十萬人無家可歸之後，又於七月一日在廣東登陸。廣東廣大僑鄉人民在中共統治下，顯然更慘了！

中共在廣東勒索人民比去年多四成

據中共「中國新聞社」七月二日廣州電：「據有關部門統計，今年四，五月份全省農副產品收購總額，分別比去年同期增長三、四成。猪、禽、蛋今年頭五個月的收購量，和去年同期比較，猪增加百分之六十二，家禽增加百分之三十一，蛋品增加百分之五十二」。「今年頭五個月，國營商業部門收購的水產品，比去年同期增加四成多」。

以上是中共勒索廣東農民比去年更多的一篇自供。蓋中共所謂「收購」，事實上是以極低極低的代價付給人民，強迫人民將上述各產品售給中共的國營公司，以便中共國營貿易公司輸出海外，換取外匯，所以，中共這一種收購，實際上也即是一種對人民的搶刦和勒索，人民是沒有不賣的自由的。

大批僑生被中共下放到農場耕田

十四年來，海外華僑的子弟不斷有人被中共騙回大陸去「參加革命」。實際上，不過是被中共騙回去奴役而已。所以，只在前年這一年，就有四千多僑生利用暑假回家探親之名，而逃回到香港。最近，中共對僑生更加虐待，不斷有人被中共送到農場或人民公社去勞動改造，有的甚至被送到農村去長期落戶耕田。

據中共僑委會最近出版的「僑務報」說，又有一百二十多名僑生被送到海南島華僑農場。而海南島華僑農場是中共強迫那些天眞的歸僑到海南島的深山大林去開荒的。

中共「僑務報」還說：「他們之中有的年齡較大，有的是高中或初中畢業生哩。」

韶關共幹賣魚怕費事不肯開刀

下面又是中共羊城晚報最近刊登的一個官僚腐化故事。這故事的主人翁，一面是普通顧客，一面是售賣鮮魚的低級共幹。羊城晚報的原文如下：

「短劇：開刀。

時間：一日清晨。

地點：韶關市井巷市場。

顧客甲：同志，請你給我秤半斤鮮魚好嗎？

售貨員：（冷冰冰地）唔（不）賣！

顧客甲：為什麼？

售貨員：一條魚不止半斤，要買就買晒（完）。

顧客甲：切一半給我好嗎？

售貨員：（不耐煩地）費事開刀！

顧客己：（路見不平，對售貨員）吶，我們兩人共買一條，你幫切開可以嗎？

售費員：（還是冷冰冰地）費事開刀。

旁觀者：（感嘆！這種作風差矣！」

共幹對洪水災情消極不理

廣東各地已大鬧水災，但據中共廣州南方日報說：「目前防洪工作仍存在一些問題。主要是有些地區的幹部和社員還存有麻痺思想」。「此外，有些地區的防汛器材物資準備不多。遠遠不能供防洪搶險的需要」云。

胡志明對今後越戰的態度

黎文容

由於詹森總統之派出三軍參謀總長泰勒對越接替洛奇之大使遺缺，一般相信，美國已決定加强對越共的戰爭；戰爭的範圍，更可能擴展至北越。——在這形勢的發展下，北越共黨領袖胡志明的態度怎樣？也很吸引世界人士的注意。

現年已屆七十四高齡的胡志明，自一九五四年從日內瓦協定中獲得承認其在北越境內的控制權後，他馬上在這塊土地上建立起穩固而嚴密的政權，目前，他已成爲東南亞局勢中最惹人重視的人物之一。這位被北越人民稱爲「胡伯伯」的老傢伙，現在正發動一項深謀遠慮的計劃，以北越爲基地，併吞南越和寮國，進而把美國的勢力驅逐出東南亞。當胡志明按步就班地實施這項計劃之際，美國竟然加强了「剿共」的决心，這對胡志明當然是一項嚴重的打擊的打擊；但胡志明并不會感到詫訝，更不會感到傍徨，蓋胡志明早已準備與美軍週旋到底。至於能否成功？都是另外一個問題。胡志明始終堅持着他的計劃；換言之，就是務求達到上述的目的。

胡志明統治下的北越，及受其控制下的南越共黨游擊隊和寮共，其最近情況如何？我們且先來認識一下：

先說北越。北越人民每天早上五時左右便要起床，參加健身運動，然後再到工廠或田間工作，及參加政治討論會，或成人教育課程，直至晚上十時，才得拖得疲乏不堪的身軀返回家裏休息。他們雖是過着如此辛勞，緊張，和機械的生活，他們已被訓練到「擁戴胡伯伯」的頭腦。同時，由於蘇聯及中共給予的援助達三億五千五百萬元，人民生活確已較過去改善，更使胡志明的政權益趨穩定。於是，胡志明就可以運用其優越的條件與美國展開鬥爭。

誰都知道，胡志明對美軍發動攻勢的主要武器并不是軍隊和大炮，而是「民族主義」的政治思想，和潛伏在南越及寮國的那些數以萬計的特工。胡志明的特工都作這樣深入的宣傳：胡志明的政府雖然訓練，供應，及管制許多軍隊和南越境內的游擊隊，以至寮共，泰共部除，但事實上胡氏祇是一個慈祥的老父，他决心替越，寮，泰人民謀幸福；尤其是對越南，他是要把昔日印度支那五境重新統一，然後交回老百姓，由他們自己去統治。——這一番宣傳，深入到老百姓以至寮，泰人民的心坎裏，鼓勵了他們的民族精神和勇氣，就足以抵擋十萬美軍！

北越共黨的戰畧家武元甲也這樣誇耀過：「我們的戰畧是馬克斯政治性戰畧，它能令我們解决不可能的事情」。他的「攻心」手法，確是收穫到很大的效果。

此外，還有一項值得注意的事實：凡是到過北越的人，無不承認北越共黨確有一股革命的熱情。

上述種種，都是胡志明所擁有的優越條件，即使美國確已下了重大决心擴大越戰；即使泰勒確有一套行兵調將的新策畧，恐怕不能影響到胡志明繼續作戰的意志和决心。尤其是越戰的重心，是政治性比軍事性更佔上風。

但筆者這個說法，却又不是謂胡志明并不重視軍事。相反地，胡志明的武裝部隊，早已在日漸增强中。而且，他正跟中共勾結得相當緊密；毛澤東也正利用這機會大力支持胡志明。倘若美國眞的把戰爭帶到北越，相信胡志明在軍事上也不會怎樣吃虧。

日前中共的副總理兼外交部長陳毅已公開宣佈過：「中共絕對不會坐日內瓦協定被撕毀，而讓戰火燒到自己的身邊」。這個意思就是說：如果美國擴大越戰，中共也必動手。——如此，便極可能演變成另一場「韓戰」。

另一場「韓戰」的勝負問題，如果目前來討論或推測，當然是屬於「言之過早」。但姑不論其將來勝負如何僅以目前來說，胡志明既已獲得中共的支持，無論如何，在軍事上聲威大振；在軍心上，也是注射了一枝興奮劑。胡志明掌握這優越的條件，對今後越戰的態度，自然也更顯得強硬了。

印尼的作戰方式

·俊華·

蘇聯軍援印尼，使大馬危機激化，吉隆坡當局，最近特舉行會議，檢討印尼「粉碎」大馬的各項可能的行動。

自米高揚在耶加達聲稱，蘇聯願以十分新型的武器援助印尼之後，緊接着印尼的軍火購買團，由外長蘇班德里奧率領的，已首途赴莫斯科，向蘇聯洽購軍火。該代表團，已由蘇加諾授予便宜行事的大權。印，蘇軍火賒購，前已由參謀總長納蘇賢在蘇接洽，談判早有基礎；蘇班德里奧此行，必獲成議。蘇加諾的自大狂，與蘇聯插手東南亞野心結合，正如「姣婆遇着脂粉客」。

大馬和英國；一向把蘇加諾看成一個「言多行少」的人物。認爲他只是給大馬「製造麻煩」，不是有力及決心進攻。現在雖加上了蘇聯軍援的因素，情勢較緊，但預料原則仍不會變更。

那便是說，預料蘇加諾仍不會大舉進攻大馬，而會採取多方面行動；（一）向北婆滲透。（二）在星馬破壞。（三）進行顛覆活動。尤以策動潛匿山林的馬共，使其死灰復燃，是令馬方談虎色變。

大馬當局發覺，若千大馬土生親印尼份子，以及左傾華僑，偷渡至印尼受訓，秘密潛回，從事破壞及恢復馬共游擊的話動。拉曼總理已呼籲西方國家及早預防，勿使印馬糾紛爲共黨所利用。

台灣簡訊

一、航機失事，載重有關

據一位經常從事訓練C—46駕駛的飛行教師對聯合報記者稱：每架飛機載重量的多寡，是有一定的規定，此次台中失事的九〇八號民航機，會經航空局核准其起飛重量爲四萬八千磅，降落重量爲四萬六千八百磅，該機在水湳機場起飛重量爲四萬五千磅並未超重，但載重與平衡有密切關係，若是重量偏重於機尾，由於臂力過長，勢必影響其平衡，萬一飛機發生故障，飛機易成側扭現象，是極易造成「失速」的，他說不久前，空軍有一架C—119在馬公一帶從事空中勤務，即發生過這種危險。當時唯一解救的辦法是把載重物抛除，但假若坐着的是人就有困難了，他說像空軍C—46型飛機最高載重不超過四十人，（由由座位係分兩邊，與民航不同），中華航空公司同型飛機也只限載四十八人，連同駕駛艙人員不超過五十一人，民航公司這次是載五十七人，他們的座位究竟是怎樣分配的，最好列出一張平面圖，當能有助於公衆的瞭解，不然，載重到五十七人之多，因而發生嚴重慘案，這一點是很難使人加以諒解的。

最後這一位有經驗的航空界人士表示，空難性質是與海難相同的，在千鈞一髮之際，臨時應變有幸與不幸，他們都是從事空勤任務的人，這次民航機慘遭不幸，無論對民航公司或對同機罹難者均表萬分哀悼，他應記者之請提供上述了解與經驗，祇不過是供有關方面的參考，希望不久的將來，在各方面公正的調查下，能獲得正確而眞實的失事原因，以供航空界的參考。

二、台灣證卷市場混亂

台灣證卷市場發生不正常現象，由來已久，此次省議會財政詢問中，省議員陳重光要求政府採取有效措施加以整頓，以挽救金融危機。

陳重光是省議會財政組召集人，據他指出，目前本省游資爲患，在證卷市場興波作浪，已影響整個金融市場。例如台紙公司股票其股本有一千五百萬股，一億五千萬元，每股面額十元，自四十九年至五十二年（一九六○——一九六二年）不但無股息分配，且向台銀公司貸借八千萬元，但其股票的價格由三百九十九元漲至二千零九十元，價格之高，漲幅之大，可以想見。陳重光說：如無人操縱，何至如此。政府亟應早日着手整頓證卷市場，陳議員建議，在治本方面應導游資於經建事業，在治標方面應立即制止證卷市場操縱股票及賭博欺詐之行爲，才能使本省經濟益趨於安定，使整個游資向正途發展。

財政廳長周宏濤於答覆此項詢問時表示：目前本省證卷市場情況確已超出常軌，政府當切密注意，採取適當方法加以防止。周廳長同意陳議員所提誘導游資於經建事業的主張，並說：政府正積極於朝此方向努力。但據證卷市場方面傳來消息，操縱股票的人，都是一些有勢力的政府官員或公家銀行作背境，還有一些「皇親國戚」暗中主使。周廳長本人是否有所顧忌？則不得而知了。

三、審查預算形同分贓

台灣省議會分組審查台省五十四年度（一九六四）總預算議程，經過一星期審查後，從表面上看來，這一個案子雖然很順利的通過了第一關，實際上這個關卡是在有條件的情況下闖過的。正因爲有些部門的預算附帶了條件才獲得通過，而引起了一部份議員的不滿，在他們私下談論中，筆記發覺這個預算案中若千「問題預算」，在進行二讀或三讀時可能發生其他枝節，除非事前有人從中疏通。

有一位議員告訴筆者，有某個審查委員會於通過某一單位數達一億五千萬以上一筆預算時，首先有若千位議員主張將這項預算予以削減，後經政府官員向這幾位民意代表折衷的結果，決定對該預算不作分文削減，但附帶有個條件是：從這筆巨額預算中，拿出一百五十萬元分配當時在場的省議員，由他們自行指定用途。政府官員終於答允了這項附帶條件。

於是有人當場清點議員人數，計在場共有十一人，此時，恰巧有組外某議員及時趕到，在「見者有份」的原則下，這位組外議員也被列入，因而形成了十二人瓜分一五○萬元的局面。

據告訴筆者這段瓜分預算的幾位議員表示：這是歷屆省議會罕見的怪現象，他們說：這等於政府官員向省議員行賄，而身爲民意代表者，如果接受此項變相賄路，不但有虧職責，且使整個神聖議壇蒙羞。

這幾位議員很慨嘆的說：在黃朝琴做議長的最後一段時期，會有人提出議員自清運動，並且表示今後不隨便接受政府的邀宴，以資節約。效果雖有，惜維持的時間不長。如今的情况與前大不相同了，他們認爲政府機關有時宴請議員，對政府會合作，加强連繫是有助益的，但如果官員和議員整晚泡在酒家，舞廳聯誼，未免不像話了。

有人在報張上一再提到台灣早已成爲一個「上下交征利」的世界！萬想不到省議員也會幹出這樣的汚濁把戲來，於此，我們對台灣整個政治前途，究竟能存什麼希望？

四、台灣都市平均地權

台灣省政府正式公佈實施都市平均地權條例，並將全省地價於七月十日公告，地價公告後，依照規定將有三十日之時間接受申請，對低報地價者當通知另報，不申報地價者當通知補報。

省府主席黃杰於條例公佈後，特發表談話，呼籲土地所有權人勿輕於放棄申報。

黃主席說：此次辦理規定地價後，條例對地價稅率雖有調整，但因同時取消戶籍與防衛捐，實際稅率反較前稍減。同時條例對於土地增值稅之課征，已規定以重新規定之地價爲計算基數，對地主出售土地之稅負減輕更多。加以施行細則內又規定農業區及現爲農地使用之都市土地，在未建築使用前，仍照「田賦征收實物條例」之規定辦理，故都市計劃範圍內之農地亦未增加負担。何况實施都市平均地權爲重要國策，其主旨在於抑制土地壠斷投機，促使地權平均，地利共享，並提高土地利用價值，進而加速都市建設之發展。深盼本省同胞一本歷來擁護國家政策之熱忱與政府通力合作，使此都市平均地權政策在本省繼耕者有其田後克竟全功。福國利民，兼有裨益。

本刊已經香港政府登記

聯合評論

每逢星期五出版

週刊

United Voice Weekly

第二三〇號

督印人：黃宇人　總編輯：左舜生

社址：九龍通菜街一百三十八號四樓　電話：849126

CHINESE - AMERICAN PRESS, INC
199 CANAL STREET.,
NEW YORK13 N. Y. U.S.A.

毛澤東會像參加韓戰一樣參加越戰嗎？

劉裕畧

毛澤東將否正式公開參加越戰，有如當年參加韓戰？在今天，這還是一個假設性質的問題。因為如果美國不擴大不延伸越戰，不把南越的戰火帶到北越去，這問題便根本不成立。但由於美國最近有被廹將南越之戰延伸到北越去的可能，所以這一個假設性質的問題，才被舉世當作問題在討論。

我在題目上之所以不說中共是否將會參加越戰，而曰毛澤東是否參加越戰，這是因為毛澤東自民國廿四年一月中共中央政治局遵義擴大會議取得中共領導權以來，此類大事，實質上都必由毛澤東親自決定。因此，這類問題雖必經中共中央政治局討論通過，但眞正最後決定，還繫於毛澤東一念之間。

要準確判斷毛澤東對這問題的最後決定，必須握有此一問題的正確情報才行。在沒有正確情報的現況下，大家自必只能就新聞資料以及有關毛澤東的一般基本情況來分析研究來推想。

談到推想及對問題的思維，便往往涉及思想方法。若問某一問題究竟可能有些什麼變化，我們先將各種可能列舉出來，一一加以觀察，再作深一層，乃至深幾層的研究，這在思想方法上是很重要的；戰爭學理還說判斷情況的要領在冷靜在客觀，切戒先入為主；判斷敵情時，尤須周詳攷慮敵人的處境與具體情況，并以對敵人本身最有利的那一可能來預想敵人的可能行動；戰學原理更說在判斷敵人的可能作法時，尤需掌握住敵人的基本目的。因為敵人的基本目的，就是敵人在它自己行動中的任務和指針。而敵人的一切行為都是圍繞着它的任務與指針來確定的。

此外，另一種思想方法是要求人們對問題不要孤立的看，而要聯繫的看。當然，我們對任何一場戰爭，更不能孤立的只看某一單方面，而必須把作戰雙方對照起來看綜合起來看的。這道理很簡單，因為任何一場戰爭，原本是由互相敵對的兩方共同形成的，否則，便不成為一場戰爭了。

然則，毛澤東究竟將否參加越戰呢？假如南越之戰一旦延伸到北越的話。照香港目前的一般輿論看，差不多都一致判斷毛澤東將不參加。對此，我却有稍微不同的看法。

一般輿論認為中共將不參加越戰不外下列兩大理由。

一、中共當年參加韓戰，有蘇聯供應軍火，而今日中蘇共現今正在交惡。

二、美國軍力強大，毛澤東善用「敵來我走」戰術，因此，中共不會與美國硬拼。

其實，在我看來，這兩大理由都并不眞正成立。而且我還可以提出更充分的理由來支持中共將不參加的論證。

以上兩大理由何以并不眞正成立呢？首先來說：中共軍隊裝備依照美國助理國務卿賓迪的估計，實較今日美國落後三十年。因此，若無蘇聯供應軍火，中共軍隊似乎頗難作戰。殊不知這觀念不能算很正確。因為中共軍隊誠然較今日美軍落後三十年，但這指的是對美國的現代核子武器的進步情況而言。但是如果美國再像韓戰一樣只在越南打有限度戰爭，而不使用核子武器呢？則今日中共軍隊參裝備雖仍不及美軍裝備，但絕不相差三十年了。中共尚可用組織力及龐大兵員數字來彌補它那裝備方面的弱點；在另一方面，蘇聯現在雖然不會對中共供應所需軍火，但應該知道，中共參加韓戰時係中共初佔大陸之時，它當時尚不能大量生產軍火，今則中共已佔大陸十四年，最現代化的武器中共雖至今仍不能生產，但一般武器，中共是早已能夠生產的。何況越南戰場面積不大，規模有限，所以，我認為今日蘇聯縱然不對中共供應軍火，并不成為中共不參戰之有力理由。

第二，是美國軍力強大問題。其實這一問題也要看毛澤東對這問題如何判斷？更要看美國是否決心使用核子武器。假如美國仍像韓戰一樣不使用核子武器，我實在看不出有何理由共軍一定不如美軍。因此，我也找不出毛澤東一定不敢與那不使用核子武器的美軍作小型熱戰。毛澤東大可不必「敵來我走」。

所以，我認為一般輿論所判斷的理由都欠充足。我倒另有理由來說明毛澤東極可能不正式公開參加越戰。

什麼理由呢？我以為毛澤東今天雖高唱世界革命，認為武裝革命是無產階級革命的普遍規律，雖力反赫魯曉夫的和平共存。但這并不是中共立刻就要與美國打世界大戰來力拼，嚴格的說，手中現時尚無核子武器的毛澤東是還沒有資格立即與美國打世界大戰的。因此，毛澤東雖堅持世界革命，但他却是階段論者，而是用一個階段到另一個階段來逐次完成世界革命的。顛覆南越赤化整個越南只是他現階段的局部目標。況共軍最擅長的是打游擊。而他心目中的主要敵人美國恰好不擅長打游擊。充分利用敵人弱點充分發揮自己優點這一戰術原則當然是毛澤東所深知的，所以，毛澤東在當前階段對他自己最有利的戰法，便是支持北越到南越境內打游擊，并將作戰地區局限於南越，用游擊戰顛覆南越，用長期消耗戰以纏困美軍。等到南越內部政治、經濟、社會、人心全部削弱、混亂以及崩潰的時候，南越屆時便瓜熟蒂落，毛澤東便也手到擒拿了。所以，就毛澤東本身來說，他最不需要擴大越戰。因為美國若不擴大越戰就對毛澤東最有利。

不過，這只是毛澤東單方面的如意算盤。戰局的發展和變化并不全會依着毛澤東的希望走。目前的特別問題是今天的南越局勢確對中共及越共有利，但綜合雙方來看：愈對毛澤東有利，就愈對美國不利。南越戰局愈來愈惡化的結果，現在已迫使美國在下列三條路中必須選擇一條。美國現時面臨的三條路：第一，是中立南越；第二，是從南越撤退；第三，是擴大越戰，把南越戰火帶到北越甚至帶到中共去，以確保南越。

從最基本來看，美國對越南的政策，原本只是美國世界政策的一部分。其目的僅在維持南北越分治，從而保衛和防守南越的完整。可以說，美國從來就無解放北越進攻北越意圖。這也就是美國防衛南越的政畧從而產生了防衛南越戰畧，隨而產生了防衛南越戰術，直到今天，美國始終只在南越境內打反游擊戰的原因。我們可以說，假如不是中共越共咄咄逼人，以致南越戰局愈來愈惡化，惡化到今天美軍幾乎無法再保有南越的話，美國政府是仍然絕對不會攷慮變更戰畧戰術，將戰事延伸到北越去的。所以，我們也可以說，只因局限在南越境內作戰對中共越共大有利，以致美國被迫不得不在上述三條道路中還擇一條。然而要美軍從南越撤退，那是辦不到的。因為那等於美國向中共分期投降，等於要美國放棄東南亞放棄整個亞洲；而戴高樂中立南越的提議，除非國際共黨也承認同時中立北越，否則，詹森總統絕不接受；於是，剩下來美國惟一可走的路，便只有改變美國的戰畧戰術，採用打擊北越甚至打擊中共的方式以保衛南越，而不再像以往只在南越境內作戰了。

對此，美國本來有一個顧慮，怕因此引起蘇聯的參戰，有如當年杜魯門在韓戰時顧慮蘇聯參戰是一樣，但這一顧慮現已因中蘇共衝突而不存在，但美國又因為缺乏政畧上的遠圖，只在保衛南越，所以近來南越戰局雖然已在事實上告訴美國刺激美國必須延伸戰火，但因它的政畧只在保衛南越，以致直到今天，美國對如何延伸戰火到北越去的事仍在猶預遲疑，仍在極力實驗每一種可以仍在南越有效作戰的方案，仍在極力擺出即將延伸戰火到北越去的姿態，以圖恫嚇中共與越共，想使他們適可而止。

依我揣測，如果美國眞的被迫擴大戰局的話，美國的第一步可能仍是以報復為目的，在越共游擊隊襲擊南越或北越共軍進擊南越時，襲擊北越某一點；如仍不能抑止越共之猖狂行動，則第二步將是對北越據點及補給線實施轟炸；如再不能抑止越共的活動，則將以正規軍進攻北越；屆時，如中共參戰，則美國的第四步才是轟炸中國大陸封鎖大陸沿海等。

對此，毛澤東也有三條路：如果今日之毛澤東還是延安時代之毛澤東，則他很可能採取一條對他自己最有利的路，這就是適應美國的意圖，暫時放鬆南越游擊隊的壓力，極力抑留美越軍隊於南越境內而長期消耗之纏困之，以待變化。但今日之毛澤東已因勝利了衝昏了頭腦，認為既可以在韓戰與美軍打平手，就可以再在越戰與美軍打平手。如果毛澤東判斷美國不會在越戰中動用核子武器的話，則毛澤東的第二條路便是敢於出兵。因為毛澤東現時還有一個內在矛盾，那就是他近年一直在猛烈抨擊蘇聯對美太軟弱，當美軍把戰火延伸到北越時，他自己又怎能對美太軟弱呢？如果毛澤東在美國轉趨強硬時龜縮，將何以樹毛澤東在國際共黨路線中之威信？又何以消北越屆時之憤怨？豈不使毛澤東將從反赫反蘇的另一條國際共黨運動領導地位上跌下來嗎？

當然，共產黨人都是無信無義不講面子的，如果毛澤東判斷美國將在未來的越戰中使用原子武器以對中共的話，則毛澤東第三條路便是不參加越戰，只在國際外交塲合上去為北越緩頰，使北越減少活動以至暫時停止戰鬥，也不無可能。因為毛澤東知道美國的基本目的既在保衛南越，那末，使北越停止進擊南越，使美國覺得能將南越保住的話，天大的事，便也烟消雲散了。

總之，由於美國對南越對東南亞對亞洲的基本政畧只是消極的苟安的，最多只在防衛，所以無論美國怎樣改變戰畧戰術，其意義總是有限。嚴格認眞的說，今天最根本的，還在美國需要斷然揚棄它對南越對東南亞對亞洲的消極苟安政畧，進而改為積極久安的政畧。再由積極政畧產生積極戰畧戰術。如果美國總統和美國政策製定人眞有眼光，則美國應該知道要眞正永久保衛南越，便只有摧毀北越，使越南恢復統一；要眞正永久安定亞洲，要眞正永久使整個世界不致赤化，則惟有將中共政權摧毀。否則，頭痛醫頭，脚痛醫脚，北越終將為禍南越，中共終將為禍東南亞為禍亞洲為禍世界。美國人與其隨時逐次到世界各地去分批流血，何不一舉而擊潰中共，從而把整個世界安定下來呢？何況，中共擅長的只是打游擊打小型有限度熱戰，美國則不擅長這些，而擅長打大戰，那末，毛澤東知道用自己之長擊敵人之短，美國何以不知？

世界各國的社會黨

孫寶剛

在西歐各國的社會黨，不是執政黨，定是參加了政府，爲執政黨之一。例如在瑞典與挪威的社會民主黨是單獨執政的，奧國，比利時，丹麥，意大利，冰島，瑞士的社會黨是參加了聯合政府。祇有英國工黨和德法的社會黨完全在政府之外作在野黨。

法國的社會黨當一九六二年大選時所提的候選人，比之一九五八年要少一百名，共得八十萬張選票，雖然比一九五八年時少了些，但結果所得議席，反由四十一席增至六十七席。且今年的地方選舉，則已成了法國最有力量的黨。

德國的社會黨在一九六一年選舉時，就要比一九五七年爲多。共得一百九十個議席，即增不了三十一個議席。德國的執政黨是基督民主黨和基督社會聯盟，共得二百四十一席。

意大利的社會黨，由沙拉咖所領導，在今年的選舉中獲得了三十三個議席。比之一九五八年多了十一個議席。由南寧所領導的則還要損失了許多，主要的是因其內部又告分裂。

挪威的一九六一年選舉工黨，比之一九五七年的少了四席。于是在議會中共失去了多數黨的地位。所以工黨在去年便成爲在野黨，但在地方選舉中，選票有增加了許多。

瑞典的社會民主黨在一九六〇年的大選中增加了主席，在地方選舉中也增加了選票。丹麥的社會民主黨在一九六〇年的大選時增加了六席，多了一百萬的選票。不過丹麥在今年九月又將舉行大選。

芬蘭在一九六二年的大選是減少了選票，現有三十八席，主要的是因爲和友黨分裂了。冰島的社會民主黨在去年的大選中，少了一席。但仍參加了聯合政府。

比利時的社會黨在一九六一年的選舉中，議席依舊，不過選票增加了。現仍和天主教基督社會黨組聯合政府。

荷蘭的工黨，在一九六三年的選舉中，減少了選票，但現仍爲聯合政府的執政黨之一，盧森堡的社會黨是在野黨，但今年又將舉行大選。照一九六三年的地方選舉看，社會黨的票數在增加。

奧國的社會黨，一直和天主教黨組聯合政府，一九六二年的大選、合獲票稍遜，失去了二席。但在總統選舉中，社會黨的總統，仍獲聯任。最近在地方選舉中，選票在增加。

瑞士的社會民主黨在一九六三年的大選中，增加了三席，現在是聯合政府中最強的政黨。

以上是西歐的社會黨情形，大體說來，西歐的社會主義力量是在增進中，假如今年英國的大選，工黨能得勝的話，民主社會主義者在西歐的聲勢，將大大地增加。

至于西歐以外的社會黨，澳洲和新西蘭的社會黨是很有基礎的，但澳洲的工黨在一九六二年的大選中，損失很大，新西蘭的工黨則一九六三年的大選中稍有增。其他各國的社會黨大部歷史不很攸久，並且都在新興的國家中，譬如以非洲的情形特殊，他們所提導的社會黨，其理論和西歐的頗有出入。照例，現在的社會黨，依據佛蘭福特的宣言，不特在政治上贊成民主，並且要在經濟文化社會各方面却要民主化。宣言上說，沒有民主便沒有社會主義，沒有社會主義也就沒有民主主義。非洲的社會還是在種族的公產主義制度之下，酋長們的力量還是非常利害，新的一代，當然却受了歐洲的教育，但是要把西歐的民主社會主義整套地推行非洲可是很困難的。所以我們可以說，非洲的社會主義運動現在很是蓬勃，但決不是西歐的一套，將來發展到如何情形，現在還難逆料。

亞洲在十餘年前，社會主義也曾蓬勃一時，可惜因了緬甸尼文將軍的專政，緬甸的社會黨一時不能抬頭，尼文將軍所實行的，也自稱是社會主義，將來會不會太傾向于中共式的共產黨主義，我們很難在今天就下結論。

印尼的社會黨原來也已有了基礎，近年來因爲蘇加諾的專政，共產黨的力量日益澎漲，印尼的社會黨已被壓制。許多社會黨員被捕下獄，這是一件悲慘的事。

日本的社會黨是一個大黨，但是政策太偏于左。民主社會黨的政策被接近于西歐的社會黨的政策，力量太小了些。

其他除了以色列還是由社會黨執政以外，錫蘭的政府也可能是社會黨的政府。馬來亞，南越，以及南韓也有社會黨，力量是不足道的。新加坡的人民行動黨是執政黨，但自馬來西尼成立後，變成了地方性的將來是否擴展至全馬，要看本身的努力。香港最近要組織一個社會民主黨，但是還沒有正式成立。所以總刮一句話，民主社會主義運動在世界各國，祇能說西歐是確立了鞏固的基礎，其他地方的發展，還有待將來才可予以結論呢；

周恩來訪緬任務

・之湄・

周恩來突然帶同陳毅訪問緬甸，事先沒有公佈，僅於抵達之後，始謂係應尼溫將軍之邀請，由於行動的突然及帶有神秘性，引起各方對彼等此行任務的推測。

北平一度傳出周恩來將晤印度總理的消息，已先經印駐北平使館，及其後由新德里方面所否認。剛在中共正向印度抗議印機及軍人侵入中共境內之際，周等不會訪印；印總理此時也無暇出國。

因米高揚離開緬甸僅爲六天，一般認爲周陳訪緬有估量蘇聯對緬影響，及抵銷米高揚活動的作用。這可能是周等的任務之一，鑒於蘇聯軍援印尼，及抨擊中共僅對印尼作口惠之「支持」，實際仍與大馬貿易。可知中共與蘇聯在東南亞的鬥爭，實在是針鋒相對。

不過這仍不是周恩來的主要任務，主要的仍是寮國問題。因美國拒絕聯合國秘書長宇丹召開十四國日內瓦會議建議，中共乃乘機楔入，要求緬甸出面，向富馬親王建議：寮國三派巨頭之會，可在仰光舉行。以前寮共建議在金邊或耶加達開會，上述地址，均爲富馬所反對。傳說周等將晤蘇發努馮春水，有此可能，不過地點可能爲寮邊之十二板納，當係秘密會見。據情報，中共亟欲召開政治會議，以防美國擴大越戰。

・曼谷通訊・

中共反臉無情突然大罵富馬

馮雲

古人有一句話說得很好，他說：「伴君如伴虎」。事實上，凡是今日親共的人，却也正是「親共如親虎」一般。

老虎是不講人情的，中共也是不講人情的，所以，你今日親近它，它明日就可吞噬你。中共對於國內國外的所謂中立分子的態度，更是如此。

富馬是寮國中立派領袖，也是寮國政府的總理，這是誰都知道的。富馬曾經屢次強調他的中立主義，因而屢次獲得中共及蘇共的喝采，同時，更曾屢次訪問中共與蘇聯，幷在訪問時，獲得中共與蘇聯的熱列歡迎，這也是舉世皆知的。

但現在中共忽然翻臉，轉而辱罵富馬了。中共辱罵富馬的言論，已正式見諸七月六日的中共中央機關報人民日報。

中共人民日報抨擊和辱罵富馬的文章，是由所謂「評論員」名義發表的。「評論員」是誰呢？中共從未佈，但赫魯曉夫曾經揭穿中共人民日報所謂評論員的眞實身份。赫魯曉夫說：凡中共人民日報用評論員名義寫的文章，也多就是中共中央諸首腦，尤其是毛澤東與劉少奇等人化名寫的。所以，中共人民日報用評論員名義寫文來抨擊富馬，絕不是偶然的事。

中共人民日報抨擊和辱罵富馬約有下列三點：

一、是說富馬已愈來愈遠的離開了中立道路，而成爲「美帝」的工具。

二、是說富馬最近不止一次的誹謗中共。

三、是說富馬政府最近所發表的兩篇聲明，其中之一，是指責中共駐寮經濟文化代表團是非法的，其二是說中共正在建築第二條由雲南通往寮國北部的公路，是中共對寮國採取的吞併政策。

於是，中共轉而敵視富馬，辱罵富馬了。其實，富馬的話都是對的。從第一點來說，只因富馬站穩了寮國人的愛國立場，指出了中共對寮國的侵畧，不願繼續再當中共的侵畧工具，不願再當中共的尾巴，所以，中共便反噬富馬，變成「美帝」的走狗了。

至於說富馬誹謗中共，那更是有事實作根據的，而不是隨意亂說的。就以第三點所包含的兩件事來說：中共以援助寮國爲名，從而修建一條由雲南通往寮國的戰畧公路，本報早就指出那是中共侵畧寮國的通道，據富馬說，中共現在居然又另外建築了第二條通往寮國的戰畧公路。難怪富馬現在也發覺中共的這一陰謀了，只因形勢所迫，富馬今天才指明出來而已。事實上，中共原是在亞洲各處經常借援助爲名，建築公路，以入侵其他國家的。如中共最近正在幫助尼泊爾修築的中共通往尼泊爾的戰畧公路，正是另一例子。

至於富馬所責中共駐寮經濟文化代表團是非法一事，中共的詭辯說那完全不是非法，更是欲蓋彌張。試看中共的詭辯是何等缺乏理由。中共說那是在一九六一年與富馬訂過協議的。殊不知，這一詭辯更加暴露了中共駐寮經濟文化代表團的非法性。因爲中共既於一九六一年與富馬訂有協議，那末，道理很簡明，中共派往寮國的所謂經濟文化代表團便該駐在富馬担任首相（總理）的政府所在地才是。但是誰都知道，當中共駐寮經濟文化代表團被炸時，是在寮共首領蘇發弩馮的軍隊所在地被炸的。這就可見中共派到寮國的所謂經濟文化代表團，根本沒有駐在寮國政府所在地，而是與寮共軍隊一起駐在火線上的。那末，這不是非法是什麽？事實，明眼人都可看出，中共派到寮國去的什麽經濟文化代表團，幷不眞是什麽經濟文化代表團，而只是協助和指揮寮共軍隊如何作戰的中共軍事代表團而已。

由此可見，中共今天反臉無情來對富馬又辱罵又恫嚇，正是對一切中立主義分子的良好教訓！戴高樂施漢諾都該引此爲戒才是。

七月六日中共人民日報以「評論員」名義發表的文章，其題目是「正告富馬親王」，其內容實則是「恫嚇和警告富馬親王」。它說「六月二十四日，萬象政府的外交大臣，方・豐薩萬在富馬親王的授意下向報界宣佈，中國駐老撾的經濟文化代表團是非法的。六月廿七日，富馬親王親自出面，向西方記者誣蔑中國對鄰國「始終奉行一種兼併政策」。他的根據是中國正在修建「把雲南省同撾北部連接起來的第二條公路」。而老撾同中國「幷沒有達成修建第二條公路的協定」。他還說：關於修建第二條公路的證據是老撾「俘獲」的兩名所謂「共產黨中國俘虜」。」

以上便是中共中央首腦化名「評論員」所數富馬的罪狀之一。而人民日報則根本否認富馬的這些對中共的指責。其實，富馬的看法沒有錯，中共本是亞洲禍根，中共對亞洲各鄰邦推行的確實始終是一種兼併政策，只是富馬覺悟得早，而戴高樂及施亞諾之流至今不悟罷了。中共俘虜的話當然也完全可靠，因爲中共軍隊進入寮國協助共作戰因而才有有俘虜，這是誰也無法否認的。所以中共現在警告富馬也正是中共開始仇視富馬了。

中共與西德秘密貿易談判破裂

楊永華

據獲自極端秘密方面的消息：最近在中共與西德之間會談判一項秘密的貿易協議，終因西德對一項秘密條款之堅持，而使這一秘密的貿易協議流產。

我們曉得：最近數年以來，中共正在加强以貿易爲餌的對外政策。大陸人民一窮二白，本無任何購買力。但中共一直意圖以貿易爲餌來與自由世界的國家發生經濟關係，然後利用這一經濟關係來促進它與中共之間的政治關係，從而達到中共一石二鳥的如意算盤，一方面解決中共的部分經濟困難，一方面打開政治出路。

中共的這一打算，是根據毛澤東的一句話來的。因爲毛澤東認爲「政治是經濟的集中表現」，所以，中共便認爲加强兩者間的貿易經濟關係，便可加强兩者間的政治關係。

對於日本，對於加拿大與澳洲，對於法國和英國以及其它國家，中共都一直在採用這一辦法，中共對於西德，自不例外。所以，長久以來，中共便有一種與西德加强貿易的打算。

西德是世界上一個很突出的國家。它的處境微妙，對事情又另有它的一套辦法。西德對中共可不像日本那樣只向中共獻媚。據我們所得秘密消息，中共與西德之間，最近對此有一項特別要求。西德向中共表示訂立貿易協議是可以的，但彼此間的貿易協議上，必須加上中共承認西柏林是西德的一部分的這樣一條，那末，西德便可允准這一貿易協議。

西德堅持的這一條，關係重大，不止是一個貿易問題，而是一個牽涉和關係甚大國際政治問題，它是與柏林現狀及東德的存在有關的。終因中共不敢答應西德的這一要求，所以，中共與西德之間的這一秘密的貿易談判便流產了。

流產後的具體反應，首先是西德總理艾哈德正是表明西德支持美國在東南亞的政策。中共首腦亦以「本報評論員」的名義在七月五日人民日報發表了一篇以「不容西德軍國主義者放肆」的文章，抨擊西德。它說：「全世界都知道，西柏林從來不是西德的一部份。西德聯邦議會憑什麼要跑到那兒去選舉總統呢？波恩當局這種做法，完全是別有用心的。正如他們自己所說的，是爲了支持他們要把西柏林變爲西德的一部份」。「艾哈德甚至公然支持美國對東南亞的侵畧，誣蔑越南民主共和國，想充當美國侵畧越南方的幫凶」。「中國人民本着反對西德軍國主義的一貫立場，將繼續支持德意志民主共和國波蘭和捷克斯洛伐克人民以及其他各國人民反對軍國主義的正義鬥爭」。

這就可見中共眼見西德不上中共的當，於是，中共就大力反對西德辱罵西德，蓄意與西德爲敵了。因此，也可看出國際間最近所傳西德將與中共締交的話至少暫時決不可能了。戴高樂近來不斷充當毛澤東的尾巴，作各種有利中共的活動，顯然也是與西德的利益衝突的。

大陸簡訊

藍鳥

毛澤東購最貴豪華汽車

據倫敦消息：毛澤東及其它少數共黨首腦即將在車輛稀少的北平街道上，坐着英國的最豪華汽車，招搖過市。

據悉：中共已向英國購買二十輛最豪華汽車。其中一輛價值達七千三百英鎊以上，另一輛亦達四千五百英鎊以上。這項價格尚不包括汽車內其它名貴裝飾品之價格。其餘十八輛隨後亦即運往北平去。

支持羅共向蘇索還領土

據七月八日倫敦合衆社電：「據今天權威消息報導，具有反抗性格的羅馬尼亞，對蘇聯於戰後吞併該一個稱爲比薩拉比亞的大省，業已提出挑戰。東歐外交家們說：目前正在爭取更大的方式，提出了驚人的挑戰。以表明他們與克姆寧宮之間的爭執已愈來愈烈。按比薩拉比亞地區廣大，一度曾北起戰前的波蘭，南至黑海爲止。第聶根德河把它與蘇聯的烏克蘭和莫爾達維亞共和國分開。這一地區之併入蘇聯，乃是史達林主義戰後的重要攫奪之一。當時在布加勒斯特新成立的羅馬尼亞共黨政權，只能順從的承認了。該地區之面積爲四千四百二十平方公里，約有人口三百萬。這些人士說，至少到目前爲止，羅馬尼亞尚未直接要求蘇聯返還該地區。而據維也納七月八日路透社電，則謂中共已與羅共協議擴展雙方在石油、化學、食物工業及農業的技術合作，中共并似乎有意支持羅共向蘇聯索還領土云。

其實，羅共當然是應該向蘇聯索還比薩拉比亞地區的，中共如果眞的支持羅共此一要求，也屬應該。不過，如果僅僅支持別人向蘇聯索還領土，而中共自己不向聯蘇索還外蒙，及其它一切被蘇俄歷年來侵畧去了的中國領土，則中共至爲無恥了。

中共仍繼續留難董濟平

中共駐非洲布迪隆王國文化參贊董濟平奔入美國駐布迪隆大使館，請求政治庇護，以便前往美國或台灣，度其自由的反共生活，早誌本報。

茲據中共新華社七月六日報導，中共仍在壓迫布迪隆王國，使董濟平不得離開美國駐布大使館，以遂其投奔自由之志願。

「新華社七月六日說：中共「中華全國總工會、中華全國民主婦女聯合會、中華全國青年聯合會和中華全國學生聯合會，最近分別寫信給布迪隆有關團體，譴責美國駐布迪隆大使館綁架中國駐布迪隆大使館工作人員董濟平，侵犯布迪隆王國主權和蹂躪基本人權的暴行，并希望布迪隆朋友的努力促使美國駐布迪隆大使館迅速，交出董濟平」。

董濟平之所以自動投入美國駐布大使館，完全是出於自由意志，但中共爲了企圖刦回董濟平，所以便硬說董濟平是被美國所綁架，這當然完全是撒謊式的胡說八道。中共之所以如此誣蔑美國，其意圖顯然在挑撥美國與布迪隆王國的感情，并圖利用布迪隆的左傾人士與左傾團體出面來阻止和期回董濟平，以免董濟平遂了投奔自由，并以警告其它中共人員，使其它中共人員不敢效法董濟平之行動而已。

事實上，前次中共派往日本之工作人員在日本選擇自由，由於日本池田內閣懦弱無能，不顧國際道義及基本人權，會將該投奔自由的中共工作人員周鴻慶，强迫遣回大陸，中共現在對布迪隆王國，顯然又在重施故技哩！布迪隆王國政府應站穩人道立場，斷然拒絕中共的無理要求才是。

中共宣佈封鎖海南海峽

中共最近公佈，決正式封鎖海南海峽，所有通過的船隻，均需在四十八小時前申請許可證。對此，倫敦七月三日合衆社電訊說英國靈通人士認爲「中共顯然爲阻止蘇聯進入北越活動。曾禁止船隻經過海南海峽。此項禁令規定經過此峽到北越活動須經北平特別許可證」，「據謂中共這一航運限制，影響到蘇聯海參威與河內的交通」云。

僑鄉近訊

鍾之奇

廣州中共醫院醫生胡亂診病

據最近出版的中共羊城晚報說：

「中山醫學院附屬第一醫院內科張育君醫生，翻開病人陳某的病歷瞄了一下，便忘忽忽地在臨床診斷一欄填寫起來：『扁桃線肥大，咽喉充血：：』。病人不解，問道：『你沒有檢查我的口腔，怎知我扁桃線大，咽喉充血呢？』答曰：『你以前是這樣』！病人說：『以前是這樣，現在也只能這樣，按照這樣的邏輯，還用治病嗎』？」

原來中共的醫生，竟是如此替僑鄉人民治病的！

廣州中共醫院配藥部胡亂配藥

不僅中共醫生亂診病，更危險的，是中共醫院的配藥部竟隨便亂配藥，全不攷慮僑鄉人民之死活。

以下的事例，也是廣州出版的中共羊城晚報刋登的。蘇照原文抄錄於後：

「病人：爲什麼我的藥一服兩劑不一樣？

發藥者：一樣的，看清楚些罷！

病人見配藥部配錯藥還不認賬，便把藥拿去請敎醫生，醫生也說有問題。發藥者才將藥倒出來再看，果然是配錯了。這是上月二十九日發生在市中醫院的事。」

廣州共幹亂發空白證書

又據最近出版羊城晚報說：「郊區良種繁殖場負責人鍾永華，常常亂發空白證書給職工使用。連持證人的姓名及有效日期也不塡」，於是羊城晚報從而嘆息說：「這種方便之門，後果不堪設想，快快堵塞」！

兒童教師用膠布封兒童之口禁止講話

最近中共羊城晚報又還刋登了一則新聞，說廣州中共辦的兒童園內，竟有兒童教師用殘酷方法，使用膠布把兒童的嘴吧封住，以免兒童講話。

羊城晚報說：

「九曜坊幼兒園的小朋友，吃飯時，有個孩子亂講話，該園陳老師爲了禁止講話，硬用膠布（橡皮膏）封任那個孩子的嘴巴。這是上月十六日發生的事，後來，該孩子回家向家長哭訴，才把問題揭露出來」。

於是，羊城晚報從而批評說：「對於孩子吃飯時講話的壞習慣，用簡單粗暴的封口，代替勸導，只會損害孩子身心健康的惡果。前事不忘，後事之師，這面鏡子，値得認眞照照。」

其實，羊城晚報不了解這位幼兒園的陳老師，他却是毛澤東的「好學生」，毛澤東今天在大陸不是正像這位陳老師一樣，用粗暴惡毒的手段硬把大陸人民的嘴巴封住嗎？那末，毛澤東爲什麼不拿這件事作鏡子來自己照照呢？羊城晚報爲什麼不也拿這件事來照照大陸的一切，原本都採用着陳老師的辦法呢？

廣東共幹打撲克廢寢忘餐

大陸上的各種事情，眞是一榻糊塗。據羊城晚報說，廣東各地共幹現在大家大打撲克，以致打得來廢寢忘餐哩：

羊城晚報對此舉例說：

「近來，石歧鎮有些撲克迷，打撲克不但廢寢忘餐，而且花樣百出。如有些修理單車的工人，把烏黑的車油和粉筆等，塗在戰敗者的臉上。有些商店的職工，還精心製作烏龜帽，要戰敗者戴上，以此作樂」。

僑鄉運動員不相信毛澤東思想

近年來，中共鑒於大陸上一般運動員都不相信共產黨，也不相信毛澤東思想，更不相信運動成績是從信仰毛澤東思想才能得來。於是中共體育部號召僑鄉運動員「要使自己革命化，最根本的辦法，是大學毛主席著作，用毛澤東思想武裝自己，永遠高舉毛澤東思想紅旗，就永遠立於不敗地位」。但一般運動員認爲這些話都是狗屁。因而中共就批評一般運動員驕傲。中共體育報說「廣東有個運動員不滿意敎練員批評他驕傲，他傲慢地說：早知你說我驕傲，」我根本不跳過兩米的高度。可見大陸運動員都自己知道自己的運動成績是自己練出來的，與毛澤東的什麼思想根本不相關哩！

越人對泰勒使越的意念

黎　廣

美國政府當局派出三軍參謀長聯席會議主席泰勒將軍接替洛奇，繼任駐越大使，南越人民對此，首先泛起了一種意念，就是對越共的軍事行動，今後定必加强，同時極可能擴大；至於後果如何？則他們認爲一時尙難忖測。

南越有不少智識份子都這樣的指出：在泰勒被派使越前，華府的高級官員曾接二連三地向中共和越共提出警告，表示謂如果中共直接介入越戰，則美國將不惜與中共開火。現在，美國眞的派出高級軍人來當大使了，這顯然是表露出美國對越戰的决心。南越人民都說：詹森總統的委任泰勒出使南越，是極不平凡的决定。但也有一份人士這樣的推測：詹森總統除委派泰勒當大使外，還委派在國務院坐第四把交椅的副國務卿約翰遜來畔副大使，作爲泰勒將軍的助手。是則除了着重於軍事之外，同時也着重外交。但無論如何，美國對付越共的行動，是一定會逐漸加强。此外，另有一項進一步的觀察，他們認爲美國不特準備擴大越戰，而且還準備對東南亞的軍事也要加强。——這項觀察，南越總理阮慶將軍也有同感。阮氏曾發表過這樣的話：「泰勒將軍是一位了不起的軍人。南越的自由鬥爭和解放北越的活動行將迅速强烈地展開」。於是，一般南越人民更指出：目前已五艘美國供應艦駛抵泰國，這正使人意識着是一項配合泰勒將軍加强東南亞軍事的行動。

美國政府當局對南越人民的種種意念似也早有所聞，因此，詹森總統於泰勒將軍尙未抵達任何時便先發表了一項談話說：「美國民意採取急激行動，亦無意尋求擴大戰事的計劃。然而，美國却决心使用本身力量，去協助那些正採取自衞行動來反共的人。我們是一向愛好和平，但决非胆小」。——詹森總統的意思，是想利用這一番談話來冲淡南越人民對泰勒將軍使越的種種忖測。但相反地，却增加了南越人民「擴大戰事」意念；爲的是，詹森總統已明顯表示：「决非胆小」。美國國際部官員也作出這樣的解釋：泰勒將軍是國防部裏最富文人想的一位將領。至於國防部的官員，則謂「我們不想在南越方面打一場較大的戰爭。我們正當試的計劃着，在不用火上加油原則下，勝利地結束南越的剿共軍事。假如南越戰事宣告擴大與加深，則北平與河內均應負責」。——上述的談話傳抵南越人民的耳中，所得到的反應，却是認定了美國加强越戰的决心已更爲顯露；尤其是「假如南越戰事擴大與加深，北平與河內均應負責」這兩句語氣凌厲的話，更反映出美國對越戰今後的態度：換言之，就是說：如果中共和越共使越戰擴大，則他們要先考慮一下後果。這正暗示出：美國「决非非胆小」，屆時將予中共和越共以嚴重的打擊。

但越戰局勢，是相當複雜的，因此，南越人民又湧起了另一項意念。他們都指出：越局的發展，將受到越南鄰邦的不利影响，那就是寮共的勢力已日趨擴大，這就等於南越的軍事極可能受到側面打擊。美國雖意圖擴大越戰，但應付側面的威脅却并不容易。更何況北越共黨刻已完全了完善的交通網，其武裝部隊可以假道寮國南部而進入南越北部各省，這一來，北越共軍大可以運用「流竄戰畧」與美軍和南越政府軍展開捉迷藏戰」，把美軍「拖」住，使泰勒將軍也傷透腦筋。他們都說：「拖」，就有利於越共。

南越人民也是很了解北越共軍總司令武元甲所用的戰畧的，他們都曾目擊過一九五零年九月越共打擊法軍之役，越共是靠游擊來反敗爲勝的；那時武元甲手上的作戰「資本」，僅得在共區訓練中的十四個營，及一些炮兵隊，但他擅於「突襲」，擅於「小吃大」。卒把法軍打到棄甲曳兵。

今日的形勢，北越共軍已相當壯大，而他們的「突襲」和「小吃大」將演出得更有聲有色。

因此南越人民對於泰勒將軍將來的擴大越戰，雖然深信將是必然的行動，但對於效果方面，却一致表示未能預測。

台灣簡訊

一　物價起波動，政府又說將緊縮開支

一向尙稱穩定的台灣物價，近來忽起波動，黃金美鈔的黑市也如直綫上昇。本月九日聯合報載，政府爲收縮通貨，已决定緊縮開支，一切非急需的支出，均將停止。在公共工程方面，凡非目前緊急者，將停止開工；即已開工者，如非十分重要，亦將暫時停止。在貸款方面，貸款在一千美元以上者，須先經由財政首長所組成的小組批准，始准貸出，包括工業貸欵及公共事業貸欵在內。據該報透露，此項緊縮政府開支的方案，正在行政院核定中。政府認爲此次物價波動，乃由於通貨急劇增加，信用日益擴張，以致游資過多之故。如不加以抑止，則艱行的爛頭寸及存欵一旦流入市塲，整個經濟的安定將被破壞無遺。縱因收縮通貨使經濟暫時受到若干不利的影響，也在所不計。又悉，自去年到現在，台幣的供應量已增加約二十七億元之多，主要的原因，即是彌補預算上的赤字。

二　日本外相訪台帶來些什麽

繼政府正式派魏道明爲駐日大使後，日本外相大平正方即來台訪問，先後與蔣「總統」和沈昌煥，張羣等洽談多次，已於本月五日公畢返日。據沈昌煥向立法院報告，中日關係已有良好的開始；但據熟悉內情者透露，大平之來，祇是帶着以下的幾個既成事實，要我們承認。

一、周鴻慶已經被遣回大陸了。

二、維尼龍工廠已經賣給中共了。

三、中共的駐日貿易代表已經在東京設立了。

四、中共的統戰份子孫化平已經到東京駐定了。

換言之，儘管蔣「總統」前此爲了日本繼以維尼龍工廠賣給中共之後，又將周鴻慶遣回大陸，一怒而撤回駐日大使張厲生，頓使中日邦交不絕不縷；但日本不僅未爲所動；反而准許中共的貿易團和統戰份子進駐東京。此次大平之來，祇是表示友好之意，給我們一點小面子而已。他不但未作任何新的承諾，而且根本沒有和我們討論任何實質上的問題。這正是日本外交的奸狡之處。不知蔣「總統」有何感想？

三　胡適墓園荒凉，紀念館有段滄桑史

胡適之先生逝世後，有關方面即决定將他在中央研究院的故居改爲紀念館，並爲修建墓園，事隔兩年有半，人們必以爲墓園早經完成，紀念館也一定佈置得盡善盡美。但事實却並不如此。最近胡夫人江冬秀女士覺得過意不去，計劃自己出手，整座墓園，並在紀念館後面加蓋一個陳列室，以便陳列她新近由美運回的一部份胡先生的書籍。她並發表一篇書面談話，原文如後。

「適之去世是五十一年二月二十四日。那個月底，研究院代理院務的李濟先生來看我，說要把適之在南港的住它保存，作紀念館。我當時再三不同意，再三謝了他，因爲怕保存下去不容易，將來保不住，要虎頭蛇尾。但是李濟先生還是在這座房子門上貼了條子，說這是總統特別撥欵蓋的，要留作紀念館，除胡適之先生家屬不得進去。後來王世杰先生當了院長，要用這個房子，命令人動手把東西搬出去，快要搬空了我才知道，我說要自己來搬才可以，這樣不通知我，就不對了。搬傢俱還事小，搬書事大，就算借人的書，怎可以不告我就搬走？到那年十月十五日，適之落了葬，第二天報上就發表研究院當局的談話，說要把胡適住宅改作王院長阮總幹事辦公室。再第二天，研究院有八十幾位同人用書面主張保存胡適住它，王院長才改變主意，院長開會全體通過成立胡適紀念館，這樣我才同意。

從去年七月紀念館開放以來，參觀過的中外人士很多，大家都看到原來客廳外面的玻璃廊（原也是待客的地方）作了陳列室。這個地方很窄，陳列的東西很少，光綫很不對，空氣很不流通，稍多幾個參觀的人就轉不開。

因此我現在預備由我出錢，請工程師設計，利用紀念館後面空地，蓋一個陳列室。有幾樣好處：（一）玻璃走廊可以恢復原樣；（二）新蓋的陳列室自然要蓋得合用；（三）我從紐約後運回的一部分適之的書，現放在一間下房裏（是不能保存書的地方），可以收藏在新蓋的房子裏；（四）以後收集關於胡適一切資料也可以收藏在裏面。

我現在預備用的錢有兩筆。一是適之去世後蒙國家給我的十萬元撫郵金。二是適之生前自備一輛車的車價，他去世後，這輛車賣給了研究院，就是現在院長用的，價錢是九萬六千多元。有這筆錢，可以蓋一間小房子了。我想這樣作法，對得住國家給我撫郵金的厚意，也對得住總統當初撥欵給胡適蓋住宅的厚意。

胡適的墓在研究院牆外一座小山半腰上，現有的工程是一步一步做起來的，用費大部分是政府的錢，研究院的錢有限。有一千包水泥是嘉新、台灣、亞洲三家公司捐的，我先不知道，大家也不知道，我心裏很感激的。一個紀念亭是北大同學捐的，一座半身銅像是中國公學同學捐的。現在墓地前方山下還是亂草、雜樹、沙堆、石堆、雜亂無章。王院長在胡適逝世一周年宣布胡適墓園環境有幾步工程要完成，研究院若承認這片雜亂無章之地是墓園範圍之內，我也可以籌欵整理。

眼前我要辦兩件事。一件是在墓的附近蓋一間休息室。一件是墓前方土坡加强防止崩塌工程。這個土坡，照基泰工程司設計，本要用五萬元，可以作好。研究院總幹事阮維周勉强肯用二萬多元，修了一道擋土牆，果然防不了崩塌。去年八月我在美國，聽見崩塌的消息，趕快托國內朋友想法了，才可以修補。有兩位美國朋友，衞利韓先生（We. P. Hunt），帕特森先生（Richard C. Patterson, Jr.），聽見這事很同情，自動要幫忙。他們兩位本要去年十月到台灣，臨時延期，衞利韓先生還叫他在台北的衞利韓公司派人到研究院來看崩塌的情形。當時阮總幹事拿一個工程圖樣給他看了。到十一月十日，那兩位朋友從美國來了，阮維周接待他們，給他們看圖樣，他們覺得沒有問題了，也不要他們幫忙了。誰知那兩位先生走後，阮維周與張昌華工程司和包商商量，私自改了圖樣，工程差多了，省了一筆三萬多元，至於實際材料施工情形，就不知道了。這是在工程開標，經過審計部審查備案之後的事情。我今年二月從美國回來，聽說此事，不問他們的手續問題，只問他們私自改圖樣的理由，得不到明白答覆。這個工程是靠不住的，將來再有大颱風，那是不保險的。因此我要請基泰工程師設計，加强土坡的防護工程。

這兩件小工程，我也應當負責籌欵來辦的。」

本刊已經香港政府登記

聯合評論

週刊

每逢星期五出版

United Voice Weekly

第三〇三號

督印人：黃宇人　總編輯：左舜生

CHINESE - AMERICAN PRESS, INC
199 CANAL STREET.,
NEW YORK 13 N. Y. U.S.A.

從哈林事件說起

許子由

「美國現在正在眞正危險事端的邊緣」。英國保守黨的每日素描報對於美國哈林區的黑人暴動，簡括地下了上述的評斷。

如果更嚴格、更遠見、看深一步說：「世界現在正在眞正危險事端的邊緣」。這說法也沒有人能夠否認。種族糾紛這一危險的事端，不斷的發生，又頑固地堅持。有如在塞浦路斯，馬來西亞，美國的這些事態。一旦它潰決泛濫，將會淹沒這些苦心建立及有光榮歷史的有關國家，而那就是自由陣綫的崩潰，就是世界大戰。

塞島希、土兩族的大規模械鬥，英國的應邀彈壓維持秩序，疲於奔命，仍然吃力不討好。詹森向希土兩國的調處，也未能使他們放棄武力搏鬥的觀念。這兩個同是「北約」機構的國家，現在尚不知道「集體安全」爲何物。他們的民族憤恨爆發的時候，歐陸南翼防衛、地中海防衛就立即解體。

馬來西亞檳城州大山脚的華巫衝突事件，雖經軍警的鎮壓而平息，並在兩族合組的親善自衛團巡視疏導中。但華巫問題的鬼魂却在星洲構成龐大的陰影，英報更認爲結果的嚴重，可能導致星洲退出大馬聯邦。

星洲總理李光耀公開對馬來領袖們指出：印尼之宜傳指責星加坡迫使馬來人退出星洲，以確保華人之控制。「巫統竟參加此種宜傳攻勢」，該黨備忘錄，會責政府蓄意將馬來人驅出市外，實際星洲政府絕未對馬來人作過不榮譽或錯誤之事，「一切紀錄可讓民民嚴格檢查」。拉曼之巫統係負責全國之政黨，宜傳須有限制，若超出此種限制，「國家將告崩潰」。李氏更說：余所大惑不解者，巫統已組成行動委員會，包括泛馬回教黨極端份子，急進份子等，尤惡劣者，被大馬政府公開宜佈爲印尼特務之馬來聯盟代秘書塞因，也被羅致加入該會。」

美國的哈林事件，民權運動領袖法馬指出：哈林事件當時本毋須拘人，警察也不應亂棍掃打男女，他認爲「警方應負最大責任」。

民權運動領袖們在紐約市政局緊急會議中提出，要求拘捕槍殺黑童的警官，控以謀殺嫌疑之罪；要求派較多黑人警察至黑人區；更要求市政局每兩星期舉行一次獨立的民意大會，聽取關於警察暴行的投訴。法馬說：若這些建議被接受，相信目前危局中的緊張將大部份消解。

種族鬥爭的禍害，在於它的本來已有長期的抑積，訴諸原始的感情，爆發容易，蔓延迅速，防止難以遏密，收拾特別困難。如大山脚事件在馬來西亞華巫人口的比數上，不過是九牛之一毛。但不數天却變成執政黨巫統部份領導人物，公開組織機構，謀向星洲執政黨行動黨及星政府與百萬華人對抗，且不惜與印尼對抗大馬同調，這是何等可怕的癌毒蔓延！

法馬（美國種族平等全國大會主席）在接受電視訪問時說：週六在哈林街上的示威進行，不僅限於哈林，可能延至整個紐約，甚至整個國家。而在哈林，那現場就是「浴血」。如果紐約及美國全國「浴血」的話，恐怕就沒有所謂「自由世界」了！

蘇聯消息報造謠說：人們得到的印象是，他們（警察）會奉命「儘管射殺黑人」。中共則更爲高興，分析美國黑人運動出現四特點：（一）從法院走上街頭；（二）鬥爭目標擴大；（由反對公共場所隔離，至反對在學校，住宅等隔離。）（三）鬥爭規模更大；（每次參加的人更多，各地加起來更多。）（四）轉向暴力自衛；（拋棄了非暴力主義。）因爲毛澤東在無奈美國何之際，幾個月前就想到了挑撥種族糾紛，現在毛澤東再一次成爲先知預言者，而美國不幸，被他不幸而言中。當然，另一位散佈星馬排擠馬來人謠言的印尼總統蘇加諾，也一定已摸着下巴微笑說：拉曼小子！看你還不中了山人之計？

這些發生於自由世界內的不幸事件，沒有一件不是「親者痛，仇者快」！而事件的背後又都有共黨的陰影，更顯現危機的嚴重。共黨挑撥離間，在使自由國家自行作戰，國內人民互相殘殺，然後它們就要過來接收。這些「病灶」的活動，蔓延潰爛，都足致自由國家的死命。

自由國家或自由世界，都該盡力，集體制止及處理種族糾紛。種族糾紛的火種，危險有逾於所有共產軍隊的集結進攻。後者我們可能抵抗、反擊；但對於前者，倘若我們不能抵抗，就將不能反擊。

但問題的焦點在那裏？概括來說，是我們號稱「自由世界民主社會」，自由和民主的程度，在朝者有自由，應讓在野者也有自由；多數人有民主，應讓少數人也有民主。從美國，經塞島、到馬來西亞，加强自由民主的發揚，撲滅種族糾紛的火燄！如果我們不能證明所誇耀的制度有更高的價值，請問執政諸公：誰願意爲此制度而戰？

（七月廿一日）

高華德對美國現行外交政策的影響

李璜

我這篇短文，並無意於比較詹森與高華德的對外政策的是非（至其對內政策更不在本文範圍之內），且無意於推測高華德的總統候選結果如何，我只是看見莫斯科十八日法新社電，「蘇聯廣播評論家希拉金說，美國極右派參議員高華德當選爲提名共和黨候選人，大概會影響美國的外交政策」。我覺得這個話是不錯的，因此，我便就這一點說幾句話。

本來，美國四年一度的總統選舉是常事，而選舉時，照例民主黨與共和黨的總統候選人都要發表一下他們各自的對內對外主張，也是常事。然而自第二次世界大戰結束以來，美國競選總統時的兩黨各自的對外政策，便特別引起其他各國人們的注意，此無他，美國確是在以其人力物力領導自由世界，以與共產國際相抗衡的原故。因此，已故甘廼廸總統的「新境界」，便確會引起一時的注意；而在其枉死之後，足以令美國人及自由世界人們不勝惋惜與思念者，也因爲古巴問題上，甘氏毅然宣佈不辭一戰，令俄共不能不向後退，從此纔表現出美國的威力來，令韓戰以來美國對外政策的頹勢爲之一振！

我覺得，如果分析一下高華德的競選言論，其在對外政策上，並沒有甚麽出乎美國政治界，無論那一派的意料以外的非常之論。不過高氏不顧用外交辭令，而所說的都是老實話而已。這些老實話，本已早就存在於一部份美國人的心理中，今突被高氏不加修飾的說了出來，其所以能得「選舉人票」壓倒的多數，就是這一個簡單的原因，並無足驚異。

美國民主黨執政時的故國務卿杜勒斯曾公開表明他的「戰爭邊緣」的對外政策，民主黨的故總統甘廼廸又曾表示與蘇俄不辭打原子戰，假使赫魯曉夫不立即撤退古巴的飛彈基地；而且民主黨的現存但已退休的杜魯門總統還下令出兵與中俄共打過韓戰；爲甚麽共和黨的候選總統人就不能說「對蘇俄撤消承認的話？說了，是不是便會眞的實行？即使實行了，便會眞的引起原子大戰的災禍嗎？都還得要看下面分解，又何足驚異！——我覺得高華德的「撤消承認」還比不上艾森豪的「解放鐵幕」這四個字來得犀利！

高華德以壓倒多數當選共和黨候選總統人之後，最有趣味的一幕是，好好先生艾森豪去要求高華德闡明其對於極端主義的看法。高氏答復艾氏更爲明瞭：「在保衛自由上，最極端的行動就是戰爭。當閣下（艾氏）領導盟軍在曼第登陸時，閣下就是極端主義者。」

其實，以保衛自由而論，美國自韓戰以來，至今十二三年，美國與中俄共無時無刻不在戰爭之中，不過是一些小戰事而已，如柏林之封鎖與反封鎖，如打下了U２及其它的隨時美機被打下來，如現正進行而得益加緊的寮戰與越戰，而且還有隨時可以爆發的中非洲與印馬的戰爭，又要勞及美國人出錢出力，這一些數不完，而且日益增加的小戰中，美國都在花費其納稅人的大量金錢，以至每天都在犧牲美國青年的生命，——這篇十餘年來的保衛自由而不惜犧牲的賬目，美國人豈有不比我們外國人更爲清楚之理！與中共固然難於和平共存，與俄共究眞的可以和平共存得了嗎？

這些，不僅是對於美國人是事實的教訓；而且對於美國人，如果眞心要保衛自由的話，乃是一良知問題！我認爲美國的民主黨人，即使是自由派，又豈無良知！——我所以認爲高華德的主張，即使他不能獲選總統，也足以對美國的外交政策要發生影響，其原因便在於此。

不過，美國尙策署的大部份政治界中人認爲，要領導自由世界對抗共產世界，必定要拉緊英國：第一因爲英國所影響的幅面大而人口多，第二因爲英國畢竟老謀深算，如果不要打原子大戰，則英國的先予後取，沉着待變的姑息政策，也有其作用；又何況共產國際正在鬧分裂，何必去促使中俄共有同命之感而復行團結起見。此高華德的主張所以引起英美姑息派一致攻擊之由來，其情理也並無足奇異。

眞正的問題存在：毛澤東要「美帝」退出亞洲，情勢目前已擺得非常明白。這情形有點像日本軍閥在抗戰期間所提出的「東亞共榮圈」與「建立亞洲新秩序」的意味，因此中共正加緊在東北亞與東南亞向美國進攻，使美國不能不起而應戰。這情勢，如果中共不向越南寮國退一步的話，則美國現政府業已感到非一味以虛聲阻嚇所能了事，故美國現政府始向英、澳、紐、以及非律賓等國呼援，而以大將泰勒將軍出馬！

目前美國的詹森政府劍及履及的指向越南，正在向中共試探，是否毛澤東敢於眞的如韓戰時，再來一個「抗美援越」？在這個時候，有高華德的極端主義（在保衛自由從事戰爭，並非罪惡）的呼聲，這却於美國現正向前推動的對外政策是有利的。

民主政治的兩黨或多黨制度，在野反對在朝，有時爭論不休，異常激烈，在獨裁國家便認爲這是不健全，不一致，而有害於國政；但民主國家在朝者所以要容忍反對黨，則因爲反對者的主張，有時看似相反，而適是相成的。我們不是美國人，對美國民主共和兩黨，無所軒輊於其間。高華德現在被美國褒之者認爲非常人物，如果當選，必定可使石破天驚；而美國貶之者，則又認爲他粗疏，大言炎炎，足以誤事；我們對此，都無所容心。我個人只是感到，在野黨與在朝黨有相反的言論，表面相反，往往實質相成，高華德這一向的言論，對美國現行的外交政策，乃是發生有利的影響的。

五三、七、二一

從美國大選展望說起

謝扶雅

今年十一月間的美國總統大選，無疑地已注定給現在執政的民主黨詹森垂手可得了。在野共和黨的總統候選人，將於本月十三日全黨代表大會中產出，本文發表時，候選人為誰自然業已揭曉。憶四年前今日，在朝共和黨的尼克森與在野民主黨的甘迺廸「角逐中原」。尼氏以八年副總統的身份，受當時總統艾森豪的强烈推薦及支持，但在普選中只差了不及百分之五的票數，而讓英敏過人的年青參議員甘迺廸攫去了白宮的實座。同時，會為尼克森作拉拉隊之一的台北國民黨政權，亦惹了一鼻子的灰；延至去冬甘總統英勇殉職那個時候，猶以不派陳誠親來華府弔喪為此間僑胞所責怪以迄於今。再過去，國府還會花了很大的一筆錢助共和黨杜威（當時任紐約州長）競選，亦告失敗。這次紐約州長洛克斐勒本為共和黨中最有學問，最具資望的開明分子，但不幸因鬧婚姻私事的關係，在初選中出了一兩次馬，竟慘敗於極端保守分子高華德參議員之手。等到折衷派的賓州州長史克蘭敦出來，並特由那位曾任駐聯合國首席代表多年，近又派充南越大使之險要職務的洛奇，辭職趕回助陣；畢竟為時太促，挽救不了目下本黨選民一時馳趨極端的羣衆心理。

美國自參加第一次和第二次世界大戰以來，顯然已扮演了國際政治舞台的主角，兼為民主自由陣營的領導人。它早已不可能回至極右的孤立主義的老路。今後白宮主人，無鄙出自那一政黨，無論如何，亦總不可能由一著名的保守分子來充當。所以這次共和黨若竟意外地提出這位最近在國會民權法案通過中悍然投反對票的高華德參議員為總統候選人，無非更給七月二日簽署了這歷史性該案的現任總統詹森坐收白宮實座蟬聯之利而已。

但是，人們亦當畧畧知道何以這回高華德氏在各地初選運動中居然受到了大羣選民喝采的必理背景。如月前本刊劉裕畧先生文中所指出的，高氏在競選演說中的反共口調，的確帶了若干火藥氣味。最近對南越戰事及寮國問題，美國羣衆中自然有不少人激於黷武成性的中共駸駸焉欲鯨吞東南亞，遂不免借高氏的强硬反共演說，而聊作過屠門之一快朶頤是了。然而，假使高華德本人眞個進至白宮，以美國的民主政制，他也不能獨自「大權在握」，而逕對中共宣戰。他甚亦辦不到發令轟炸北越及中共供應綫，更不會為台灣担任大批海運空運國軍到大陸去作戰，除非毛澤東瘋狂到眞個砲轟第七艦隊。但老毛對內儘為胡闊，對外並不妄為。他不但不敢對紙老虎美帝撚一根鬚，即對寮國皇都及永珍，今天亦尚買美國嚇阻政策的賬。他對南越亦全然取內部腐蝕政策，並不明使北越向西貢開火。所以南越的剿共，與其為軍事，無寧成為較長期的政治問題。

詹森之贏得上屆副總統，與幾個月後之將由蕭規曹隨的繼任總統進而實在當選為總統，其原因當然為一般美國人於比量較核領導人才之餘，認詹森為穩當可托。大家也未嘗不知他不能像甘故總統那樣有胆氣，有魄力；但在目下兩黨都沒有比較理想的人，而煤油大王令孫洛克斐勒不幸偏以婚事自鍛其羽，致令我們對美國政治前途，尤其國際領導地位前途，不無憂惶之感。事實上，即使如三十二年前，雄才大畧的羅斯福擊敗了胡佛而當選為總統，一舉把國內經濟，由大不景而至繁榮，然其對遠東九一八事變後的軍國日本，不敢抑制其進侵中國，對第二次大戰末期的中蘇關係，更上了史達林的大當，馴致世界今日竟任一個湖南土包子毛澤東長成作了混世魔王！美國的政治力量固然早已自中國大陸被掃除，而不久是否更將從東南亞完全退出，亦未可料。乃至拉丁美洲是否漸就赤化的問題，及國內的黑人問題，也都給毛澤東來搞鬼，搗亂！

準此，美國的國策不但絕不能回至孤立主義，亦不應再重歐輕亞。美國政治措施上的最大缺點，是不了解亞洲。特別是，因不了解中國而使整個世界包括她自己在內，大蒙其患，中華民族自更不待說了。美國今後如產生大政治家，他必定是一深刻瞭解亞洲，而有遠見，有魄力，並對中國有辦法的人，倒不是什麼草紙反共或衝動反共如高華德者。當然，現在徒知向中共招手的一些政論家，更不懂得如何解決中圖問題，及如何保障東南亞的安全和自由了。剛卸任的南越大使洛奇，已明白今日南越勦共問題非單純軍事所能解決，國內本身的政治，社會及民衆教育，才是南越問題的根本關鍵，而這非有一批領袖人才不可。同樣，中國問題端繫乎一羣新起的青年領袖足以担當國是者。美國當局會大力扶植印度，期其能安定亞洲。現在專靠日本做耳目。這自然都不是對中國問題的根本辦法。

七、九、寄自美東。

中共「九評蘇共中央的公開信」
大罵老赫為假共產主義
又罵老赫篡奪蘇共黨權
全文三萬多字出諸老毛手筆

陳一得

中共第九篇抨擊蘇共中央公開信的文章，又於七月十五日由中共中央機關報──人民日報及中共中央理論刊物──紅旗半月刊聯合發表了。名義上雖是由上述兩個報刊的編輯部所發表的，實則其中許多主要內容都與數天前毛澤東在中共青年團第九屆大會的講詞差不多，所以，可以推斷中共這篇「九評蘇共的公開信」的文章是出自毛澤東的手筆的成份多。

中共九評的正式題目是「關於赫魯曉夫的假共產主義及其在世界歷史上的教訓」。全文共長三萬多字，分為七個節目。都是針對去年蘇共中央那一封抨擊中共中央的公開信而發的。

記得去年七月蘇共中央發表那一封公開信時，本報編者即認為蘇共中央那封公開信將成為中蘇共爾後理論爭辨之中心，中共中央還擊蘇共中央之理論爭辨都將圍繞那一封信發出，故本報會不惜篇幅將蘇共中央那一封公開信在本報連續數期刊出，並指出它將是中蘇共今後理論鬥爭的焦點，值得讀者特別注意。但當時有些朋友對此認識不清，看不到那一封信在中蘇共理論鬥爭過程中的長期作用，認為本報浪費篇幅，現在事實證明一切發展果如本報預料，毛澤東已親自起草或親自修改一而再再而三的乃至第九次抨擊蘇共中央那一封信了。

就中共以往已發表的這九篇抨擊文章來說，總字數已超過二十七萬字，眞有「無端怒罵蕭蕭下，不盡還攻滾滾來」之感！眼見毛澤東還將繼續發表其「十評」、「十一評」哩！

不過，嚴格檢討起來，中共還攻蘇共公開信的文章總數量雖已超過十倍，但說到內容，說到抓癢處，說到擊中要害，則還推蘇共中央那一封公開信遠比中共前後九篇抨擊都精彩。也正因為如此，所以，蘇共中央的一封公開信，就引起中共中央這麼多篇的還擊。其實要言不繁，中共中央還擊的文章與字數愈多，只恰好反映中共中央以及毛澤東在反赫反蘇理論上仍居下風也。中共還擊的文字，實在是牽强與謾罵居多，敵不過蘇共論點的簡明與有力，這也就把毛澤東這位自命為馬列主義理論大師的人顯得顏面無光了。

以下節錄中共「九評」部分原文以見一般：

「……僅僅這些材料，就足以說明，在蘇聯，從城市到農村，從工業到農業，從生產領域到流通領域，從經濟部門到黨和國家機構，從基層到高級領導機關，從大量地出現了同無產階級敵對的資產階級的猖狂活動，這些反社會主義的活動不是別的，正是資產階級對無產階級的尖銳的階級鬥爭。在社會主義國家出現新舊資產階級分子向社會主義進攻，這本來是不奇怪的。只要黨和國家領導是馬克思列寧主義的，這是不可怕的。但是在今日的蘇聯，問題的嚴重性在於赫魯曉夫修正主義篡奪了蘇聯黨和國家的領導，在蘇聯社會上出現了一個資產階級的特權階層」。

「赫魯曉夫篡奪了蘇聯和國家的領導以後，蘇聯的階級鬥爭形勢發生了根本變化」。

「赫魯曉夫實行了一系列的修正主義政策，為資產階級服務，使蘇聯的資本主義勢力急劇的膨脹」。

「赫魯曉夫在反對個人迷信的幌子下，醜化無產階級專政和社會主義制度，這實際是為資本主義在蘇聯復辟開闢了道路」。

「赫魯曉夫用所謂物質刺激來偸換社會主義各盡所能按勞分配的原則，不是縮小而是擴大極小部分人同工人農民和一般知識分子之間的收入差距，扶植那些佔據領導地位的蛻化變質分子，使他們更放肆地利用職權，侵佔蘇聯人民的勞動果實，加劇蘇聯社會的階級分化」。

「赫魯曉夫破壞社會主義的計劃經濟，實行資本主義的利潤原則，發展資本主義的自由競爭，瓦解社會主義的全民所有制」。

「赫魯曉夫宣揚資產階級的意識形態，宣揚資產階級的自由、平等、博愛和人性論，向蘇聯人民灌輸資產階級的唯心主義和形而上學，以及資產階級的個人主義、人道主義、和平主義的反動思想，敗壞社會主義的道德風氣」。

「赫魯曉夫在所謂和平共處幌子下，勾結美帝國主義，破壞社會主義陣營和國際共產主義運動，反對各國被壓迫人民和被壓迫民族的革命鬥爭。推行大國沙文主義和民族利己主義，背叛無產階級國際主義」。

「由於赫魯曉夫的修正主義，偉大的蘇聯人民用血汗創立的世界上第一個社會主義國家，正面臨着空前嚴重的資本主義復辟的危險」。

「赫魯曉夫修正主義集團所代表的蘇聯特權階層只佔蘇聯人口的百分之幾，他們在蘇聯幹部隊伍中也只佔極少數。他們同蘇聯人口百分之九十以上的蘇聯人民，同蘇聯廣大幹部和共產黨員是根本對立的。蘇聯人民同他們之間的矛盾，是當前蘇聯社會的主要矛盾，是不可調和的對抗性的階級矛盾」。

「由此可見赫魯曉夫的共產主義，就是土兵燒牛肉的共產主義，就是美國生活方式的共產主義，就是向魔鬼要貸款的共產主義」。

「對於蘇聯出現赫魯曉夫集團，我們馬克思列寧主義者的態度，同對待一切亂子的態度一樣：第一條，反對；第二條，不怕。……共產主義必將在地球上獲得完全的徹底的最後勝利」。

依照毛澤東的邏輯，所謂不可調和的矛盾，便是敵對矛盾，便非使用武力推翻對方不可，然而「九評」全文之總結，却只是「反對」與「不怕」，可見毛對老赫仍是咀硬而已，仍是力不從心非常軟弱哩！

毛澤東親向日本社會黨表示

中共支持日本向蘇聯索還千島
幷說蘇已佔我黑龍江以北地區

綜觀

據法新社東京十二日電：「毛澤東七月十日對日本與蘇聯關於日本北面島嶼領土爭執表示支持一事，引起日本人士之重大注視，認爲足以顯示中蘇共糾紛之嚴重性。據謂毛澤東會於七月十日對訪大陸的日本社會黨領袖表示蘇聯應交還北海道東北千島羣島的齒舞與色丹兩島。該兩島現爲蘇聯所佔領。毛澤東說蘇聯在中國東北之黑龍江區域及東歐及外蒙取去領土太多。此乃毛澤東公開支持日本領土之第一次。

「此間觀察家認爲毛澤東的聲明顯示中共蘇聯分裂的嚴重性，他們認爲毛澤東的話是北平向日本討好尤其是對日左翼以期獲取日本支持中共對抗蘇聯的思想爭執。

「日觀察家指出中共蘇聯均在日本爭取日左翼之支持。日共黨支持北平，但日本社會黨却贊成莫斯科，雖然有少數分子是支持北平的死硬派。

「據說北平決心與修正主義對抗。毛澤東並且詼諧的表示：『因爲紙上談兵，不會有人命死傷』。

「日本社會黨代表團又說他們會在北平會見周恩來。周向他們表示，惟有日本廢止與台灣的條約，日本與中共外交關係才能正常化。」

以上是法新社的報導，日本其它的報紙也有同樣報導。而且據香港方面消息，當日本社會黨訪問北平的代表團離開大陸經過香港回日本時，即會在香港對日本記者透露了上述消息，可見上述消息完全是眞的。

另據時事社東京十三日電：「日本務省有關人士十三日就毛澤東向日本社會黨代表團表示支持日本向蘇聯索還千島，以及提議在日美安全條約存在的現況下，簽訂日中互不侵犯條約，係意料中事。

日外務省人士說：中共今後的目標，將以日本爲中心，對美國與蘇聯兩面作戰。一方面支持日本對蘇聯的領土要求，另方面提議在日美安全條約存續狀況下，簽訂日中不侵犯條約，想在千島問題上取得日本歡心：則簽訂不侵犯條約，以求國交正常化。屆時，中華民國必與日本絕交。同時，日美兩國對日本政策對立，日美安全條約即使存在，協防關係自將削弱。日本外務省又說：中共這種離間日美關係的策畧，如果實現，中共以後可能對日本施加壓力，則不侵犯條約將成爲一張廢紙，是以日本必須愼重。」

由日本外務省正式對毛澤東的話發表評鄙，更證實毛澤東七月十日確說過上述各段話。日本外務省對毛澤東的策畧與陰謀的分析，大體也是正確的。

事實上，日本是亞洲首屈一指惟一工業國家，中共則正缺少工業，假如能够赤化日本，把日本的工業變爲中共從事世界革命的生產力，毛澤東何樂而不爲。何況，日本國內正有親中共分子作內應，在毛澤東眼中看來，日本的這羣社會黨人，也許都是請求毛澤東把日本變爲中共的一省的那一類人，那末，毛澤東當然要面對他們大玩弄策畧了。依我看：毛澤東對日本的策畧，仍在孤立削弱日本的防務，所以，毛澤東現在退一步只要日本允許，日本縱不先廢日美安全條約，中共也可在日美安全條約的存續下與日本簽互不侵犯條約了。

至於毛澤東想獲取日本左翼團體及人士的支持，那是更不待言的。這只要看毛澤東的這一聲明的發表恰巧與日本社會另一代表團在成田知己領導下訪問莫斯科及眞理報發表成田知己文章的同時，而成田知己的文章是抨擊日共拒絕訂立局部禁試條約的，就可以知道毛澤東在力求運用日左翼，同時，在力求把日本社會黨從部分親蘇的情況下變成完全親中共。總之，中共對日本絕無好意，只有無限陰謀，在手段上，它是軟硬兼施的，日本應該特別警覺才是。

至於我們中國人，要因此特別讜責和質問毛澤東的是，毛澤東既承認蘇聯侵佔了中國大塊土地，毛澤東現在既支持日本索還齒舞與色丹兩島，爲什麼中共不向蘇聯索還中國領土呢？中華民國曾爲日本軍閥佔我東北而發動對日抗戰，毛澤東爲什麼不爲索還土地而向蘇聯作戰呢？

大陸簡訊

藍鳥

中共舉行援越南鬥爭週

中共新華社七月十三日宣佈：中國大陸各地即日起至七月二十日止，普遍舉行「支持越南人民反對美帝國主義侵畧共同週」。並說中共將在大陸各城市開會及舉辦圖片展覽和放映影片，以擴大宣傳。

按中共在一九五〇年正式公開參加韓戰前，亦會經在大陸各地瘋狂地展開過一個所謂抗美援朝活動。

中共再給加納八百萬鎊

由於非洲加納共和國總統恩克魯瑪對中共表現得非常忠心，甘願作中共侵入非洲的幫兇，所以，中共加給了八百萬英鎊的貸欵給加納。

據法新社阿克拉七月十六日電：「這裏今天披露，中共已同意再給加納八百萬英鎊的免息貸欵。在這以前，中共已答應七百萬英鎊了」。「根據昨天在這裏簽字的中加經濟技術協定，全部一千五百萬英鎊，將由加納分十年償還」云。

周恩來陳毅訪問緬甸

在越戰緊張聲中，中共僞政權總理周恩來偕副總理兼外交部長陳毅突然在事前未會宣佈的情況下於七月十日及十一日訪緬甸，事後雙方會以周恩來與緬甸總理尼溫名義發表公報，謂雙方「特別是有關東南亞的問題，交換了意見。」公報並說雙方重申所簽「友好及互不侵犯條約第三條所分別承担的義務」。

按該公報所指第三條係指一九六四年一月二十日於北平所簽訂的所謂『中緬友好互不侵犯條約』第三條之規定而言。該第三條之內容係：「締約雙方保證互不侵犯，不參加針對另一方的軍事同盟」云。

中共培養後代革命到底

目前正有一些西方人以爲目前不必推翻中共，中共之下一代可能自動放棄革命。殊不知，這完全是某些西方人的幻想。

對此，本年七月十一日曾在北平舉行「中共青年團第九屆全國大會」，毛澤東親自出席，並會警告好好培養「革命接班人」。中共「中國新聞社」說：「培養社會主義接班人，已被列爲中國無產階級革命事業的一個重大戰畧任務」云。

中共派貿易聯絡員駐日

日本左傾幼稚分子前在北平與中共商定由雙方互以私人名義派人駐對方聯絡，中共方面則以「廖承志派駐日本貿易聯絡員」名義派出。茲據日本外相大平正芳表示日政府已予批准。但日政府「絕不意味着日本政府承認中共政權」，且「限制該等中共人員只作貿易活動不得作政治活動」云。

僑鄉近訊

錢之奇

中共又下放廣東七十萬青年到農村

數年來，中共早已逼迫閩粵僑鄉之青年子女數百萬到農村，最近，中共又繼續在廣東下放了青年男女七十萬。

據倫敦七月十日路透社電：「據廣州中共電台今晚廣播，謂廣東省約有七十萬知識青年，已到農村參加農業戰鬥第一綫的工作」。

廣東各地同胞仍不斷逃到澳門

據澳門可靠消息：由大陸逃到澳門人數最近又續有增加。在七月四日至七月十一日之一週內，共有十一批難民或從陸路或泅逃澳。其中包括中醫師、護士、學生、工人、農民等。

據有關方面統計：其逃來者，計爲七月四日，有中山縣白蕉公社石礦工人一批共六人。七月五日有順德縣杏檀公社一批七人。同日還有中山縣沙溪公社農民一人。七月六日有廣州市工人三名，又有中山縣神灣公社三人。七月七日有中山縣坦洲公社一批七人。七月八日，有中山縣灣仔公社一批四人，同日又有乾霧公社一批五人，另一批工人兩名。七月九日有順德縣杏檀公社中心醫院一名，中醫師和護士各一，又民衆四名。七月十日有中山縣三鄉公社社田心水庫工人一名。

閩粵各地集會支持越南反美

據中共報導已在廣東廣西福建等省展開支援越南人民之反美大會。據中共「中國新聞社」廣州七月十五日電：「廣東省廣州市各界人民二千多人今日舉行集會，紀念日內瓦協議簽訂十週年，支持越南人民的反美愛國鬥爭。廣東省省長陳郁，副省長林鏘雲等負責人出席了大會」云。

廣州幹部食堂大賣蒼蠅飯

大陸上的衛生情況，眞是越來越糟了。只是到大陸訪問的「外國貴賓」看不見蒼蠅罷了。所以，曾經到大陸訪問過的前英國工黨領袖艾德禮竟然也說今已無蒼蠅。

究竟有無蒼蠅呢？請看最近出版的中共羊城晚報。羊城晚報是中共廣州市黨部所辦的機關報，經常刊登廣州地方消息。它最近就刊登這一則廣州幹部食堂大賣蒼蠅飯的消息。原文如下：

「廣州重型機器廠幹部食堂六日大賣蒼蠅飯。有幾個職工都在飯中發現死蒼蠅。有人特地挑了一個樣本給食堂管理員看。想不到管理員馮某過來笑着說：『哈哈！怕什麼？不過一隻蒼蠅嘛！』另一管理員隨聲附和說：『對呀！這麼大的人，連個蒼蠅都吃不下去？』」

於是羊城晚報從而歎息說：「食堂管理員如此對待飲食衛生，不能不使人懷疑他們光食不管！」

中共廣州牛奶廠也有種種毛病

據最近出版的羊城晚報說：「市畜牧場營業部派送鮮奶的時間變幻莫測，有時七點，有時八點，有時九點，以後，甚至常常漏送。光復南路一百七十四號鮮奶訂戶劉某，對此深問送奶員何故？對方找出三個原因：一日下雨，二日翻車，牛奶倒掉了，三日換班，接班的接不上來。」

於是羊城晚報又從而歎息說：「這樣的原因，過可找出成籮，歸根結底，只有一個原因，就是服務無心」云。

廣州公共厠所糞池成陷阱

凡公共厠所，最重要安全與衛生，但中共的公立厠所，是既不安全又不衛生。對此，中共羊城晚報最近也舉了一個例。這一個例足以說明廣州一般公共厠所的情形。海外華僑眞想不到我們的僑眷在廣州進公共厠所時，竟然也會隨時墮入糞池哩！

羊城晚報說：廣州「興隆坊公厠成了陷阱，本月八日中午，李某到那裏小便時，踩在糞池木板蓋上，結果連人帶板一齊墮入糞池中。原因是拼成糞池蓋的六塊木板已毀壞，事後，原蓋依舊蓋回『陷阱』，因之，有人踏上去便墮落糞池了」。

印度「民主政制」能保持多久？

郁星

沙斯特里上月正式承繼了故尼赫魯的遺缺，出任印度新總理，於是馬上使人泛起了一項忖測：尼赫魯的「戲寶」民主政制在沙斯特里的領導下能保持得多久呢？

為的是，沙斯特里雖能完全承繼尼赫魯的「事業」，却不可能完全承繼尼赫魯的品質。因此，「印度型」的民主政制的「生命」，不能說是絕無問題。

印度在尼赫魯領導下的「民主政制」，其經濟建設程序，可算是一項最勇敢的試驗這個試驗，祇有尼赫魯才能實施得圓滑。誰都知道，民主的理想，只能在有良好教育的國家社會滋長並且要有民族團結的穩定力量才能使民主政制有效地建立，但印度却沒有這些條件。印度各省區的言語，風俗，信仰，以至種族，都是異常複雜，目前印度本身還未算眞眞正正的統一團結，新德里政府實際上仍未能將全印度的社會問題和經濟問題予以調協。幸而尼赫魯除了頭腦靈活外，還生具了一副堅強而勇敢的品質，所以他當時在極度艱苦中還能應付得來。現在這位卓越的政治家逝世了，印度不會出現「其人存，其政舉，其人亡，其政息」情形？這確是一件很值得顧慮的事。

尼赫魯在生時，雖然當衰老期中許多重要政務都不能親力親爲了，但對於許多嚴重問題，他都能適時決定採取有效行動，使面臨的困難獲得解決，現在他逝世了，雖然沙斯特里承繼了總理職位，但印度的統治權却實際上已進入了一個集體領導的階段，這一來，其處理問題的速度與效能，能否比得上尼赫魯？當然是一個很大的疑問。

印度目前面對着兩個極重要的問題：其一是貧困，又其一是人口。因此，沙斯特里繼續執行的第三個五年計劃的經濟建設，將運用怎樣的辦法以促其完成？以今日的情況看來這位新任總理似乎還沒有甚麽把握。至於人口問題，由於有四分三人口散居於各村落，怎樣使他們增產？怎樣調配他們的粮食？怎樣改善他們的經濟、生活、和教育？沙斯特里都會感到相當棘手。同時，政府方面也需要開支大量軍費，以增强其武裝組織。上述種種，都是印度經濟設建的一個絕大的困難問題。這個困難問題不要說「解決」，就是要稍爲應付得體一些，也不是一件容易的事。沙斯特里既沒有尼赫魯同樣的品質，當然也沒有尼赫魯同樣面對事實的魄力。這一來，對「民主政制」當然有很大影響。

據印度人民傳出的消息：沙斯特里接任總理後不久，曾深入到中部的一個村莊︵納格普︶去，訪問一個名叫比哈夫的印度敎隱士，和這隱士談論過很多有關印度的政治、軍事、經濟、宗敎等問題。照這情形來看，沙斯特里對於統治印度顯然還沒有怎樣傑出的方針。

印度今後的動態如何？最表示關懷的，當然是美國。美國現在已答允印度，將給予一億元的援助，以協助印度改進其軍事裝備和組織，及發展經濟建設。在華府當局的立場來說，印度是可以出現相對的事態的，如果新德里政府在民主政制下發展其軍事、經濟建設，其速率和效能都趕上中共所採取警察國家的方法，則共產主義的吸引力和煽動力都會急劇衰退；反之，則共產主義的吸引力和煽動力都會迅速加强。這不獨影响了印度，而且還影响到全世界的落後國家。因此，華府當局對印度的民主政制今後的進展或演變，都在密切注視中；幷加緊對新總理沙斯特里尋求進一步的了解。

據印度人民指出：沙斯特里的外表幷不像是一個有特殊才能的政治人物，當他主持一個內閣會議時，常把一雙眼睛低垂着；說話的時候，有時聲音極度低沉，有時則好像唱着高音的曲子。在每次會議中，他都把大多數時間聆取別人講話。他會作自我批評，說自己是個「平凡的人」。於是，一般人都私底下表示出：「這個新總理似乎懦弱一點」。——顯然，這就是沙斯特里不及尼赫魯的主要地方。以一個品質「懦弱」的政治領袖來推行民主政制，其成就當然是很有問題。也許，這個政制在保持了苦干時期之後，說不定會略有變質哩！

猛水之戰

萬清

曾經沉寂一時的寮國戰況，最近又展開劇烈的搏鬥。猛水之役，把寮戰推到新的高潮。

猛水在永珍迤北百一十英里，位於戰略性的第七號公路上，北通琅吧喇邦，南可進窺永珍，是中立軍在瓦瓶平原邊緣的最後據點。如果猛水失陷，永珍就會感到唇亡齒寒。

共軍進攻猛水，使用前所未有的重炮，轟擊該地及附近的中立軍陣地，然後四營寮共及越共的部隊，渡過孟甘河兩路進攻。中立軍沒有出戰，只堅强據守防地。而由王室政府的美援軍機之羣，出擊進攻的共軍，作密集的轟炸。這項轟炸，與共軍的攻勢同樣凌厲，終於把共軍擊退。

寮空軍的美式Ｔ廿八型機，不但對進攻的共軍轟擊，還分別轟炸其他越共及寮共的目標，如炮位、火藥庫、軍運路綫，及補給區域。據共方康開電台的廣播，六架Ｔ廿八機轟炸富科特山區，該地在康開以西二十公里。「王國政府所在地康開市」也被轟炸。有一架Ｔ廿八機，在富科特被擊落。永珍當局，已證實空軍機被擊落之說。

共軍進攻猛水，是否意圖南侵永珍，政府軍當局尙未能確斷。美機的「偵察飛行」正加强對共軍整個意圖的窺測，並極力破壞共軍可能的大規模集結。

（永珍通訊）

台灣簡訊

一，黃季陸在扶輪社講演 呼籲推行獎學運動

黃季陸部長在參加台北西區扶輪社午餐會上呼籲社會人士推行獎學運動。他說，在目前我們的教育需要上，「獎學」比「興學」更為重要，更為迫切。他首先指出：近數年來，各界熱心教育的人士，在興學設校上的努力和貢獻，已往很明顯地使教育事業大為改觀，在量的方面，私立大專院校已有超越公立院校的趨勢；在質的方面，若干私立院校在教學上設備上，都有令人滿意的成就。基於這樣的事實，在目前，鼓勵私人興學已較為次要，而鼓勵私人獎學則變為首要了。

黃部長說，所謂「獎學」，是個人或團體，以自己的力量，獎勵學術研究，鼓勵青年深造，蔚為國用，以立國家富强之基。他並指出，我們的「獎學」，應以獎勵高深科學的研究為主要目標。他認為「興學」是一件異常艱鉅的工作，而「獎學」則不然。他說興學需要龐大的經費，更須精勤於策劃管理慎選優良師資，確實是很費力的。而獎學在經濟上可以量力而為，有很大的伸縮性，收效則更切實而快捷。

黃部長說，教育部設有「接受捐助獎學金管理委員會」代為辦理獎學工作。在過去一年，這個委員會有很顯著的成績表現，曾經幫助三十幾名研究生，使他們完成了碩士學位。最近有很多熱心教育人士，向教育部接洽捐贈獎學金。他認為這一獎學舉措，對今後科學研究的進步，以及人才的培養，都有莫大的好處。如果海外各地富有華僑能有更多的慷慨捐助，則必將發生極大的優良影响。

二，台北市議員要挾高市長 越權推薦市府主任秘書

在國民黨千萬重打擊下終於獲選台北市長的高玉樹，自就任以來，在各方政敵的環伺下，無論用人行政無不遭到難以想象的困難，說起來，已經是够受的了。猶幸勢單力弱的高玉樹尙善於應付，逃脫了不少政敵們的暗算。

但是高玉樹的政敵們並未死心，還在繼續不斷的向他大搗其亂，甚致由市議員出面，公然干涉到應由市長委派的主任秘書問題上來了。

本月十一日突然有議員四十九名，由議長張傳祥，副議長陳少輝領函，推薦即將卸任的台北市警察局長張銧中為台北市政府的主任秘書。

查台北市議會共有議員五十九名，簽名推薦書的竟有四十九個之多，推薦張銧中的四十九位議員認為台北市長的幕僚長久經懸缺，影響市政，應早日物色幹練人選。他們認為即將卸任的台北市警察局長張銧中，在台北市任三年的任期中，穩重幹練，貢獻甚多，台北市民普遍對張有好感，因此請高市長接納他們的推薦委張銧中出任主任秘書之職。而且幾乎全體議員傾巢而出，聲勢洶洶，大有非達目的不止之慨。

據「聯合報」載：台北市長高玉樹對該報記者說：任何人都可以向他推薦主任秘書的人選，因為他還沒有找到適當的人。高市長不願表示他是否接受市議會四十九位議員向他推薦主任秘書的人選。

他說：「我還沒有接到推薦書，也沒有考慮到這件事」。議會四十九名名議員推薦張銧中的簽名書，據說已送去市政府。最使人笑話的是，推薦書還有副本送省政府，警備總司令部，省警務處及張銧中本人。居然把一個不合法推薦造成「公事化」，吾人不知市議員們送此「副本」的用意何在？還是要請各有關上級機關「備案」嗎？還是要請有關各上級機關撐腰？據一般常識而論，市議員們縱以人才為重而推薦張銧中，也祇能說是一種私人的推薦性質，何致於有分送「副本」的荒謬行為，吾人不知這幾個有關上級機關和張銧中本人收到此「副本」後作何感想和表示。

無怪高市長說：「立法權和行政權是平行的，人事問題不一定由立法單位來決定」。

根據高市長這一談話，看來他是胸有成竹的，深信府，會間的明爭暗門可能從此更趨激烈，台北市民不防拭目以待之。

三，禁止公務上酒家 此無異掩耳盜鈴

行政院長嚴家淦飾令所屬各部處會及直屬委員會，台灣省政府，福建省政府，對公務人員涉足酒家或其他類似冶遊之場合，參與酬酢情事，予以警戒。命令說：嗣後各機關公務員「如仍有玩忽法令，涉足有關足以損害名譽之場合者，應即按其情節輕重，依公務員服務法，公務員懲戒法及公務員考績法等有關規定，從嚴懲處。並於必要時，得依職權予以調職之行政處分，以肅官箴，而維法紀」。

據「聯合報」七月十四日社論稱：「嚴院長這一禁止公務員上「酒家」的命令，甚可重視。因爲它不僅表現政府注意到整飭政風的必要，而且把握着一項與當前政風具有密切關係的行爲。公務員上「酒家」，躭於醇酒婦人敗德行爲，對公務員的道德與職務同有損害。在道德上絕對違反了「官常」的標準，與公務員勤勉儉樸的品德要求衝突。在職務上則這種追歡逐樂的淫佚行爲，必然會在身心兩方面產生躭誤公務的不良後果，尤其嚴重的是，它成了賄賂公行的溫床」。

「聯合報社論」有如上的一段看法，或許與嚴院長要禁止公務人員上「酒家」有同樣的看法和意義存在。

吾人認爲，今天台灣公務人員之貪污腐化，賂賄公行豈能歸罪於公務人員之上「酒家」，難道台灣近年來所發生的公務員接受行賄事件都是在「酒家」上沾染得來的嗎？難道行賄，受賄事件捨了「酒家」就無其他「交易」場合嗎？

今天嚴院長對台灣之賄賂公行，不從根本上加以調查研究，譬如一種病症，主治的醫生不追究其病源何在，而祇求暫時的退熱減燒，這個病人痊愈的希望實在甚微了。

再說，酒家本爲飲食酬酢之地，酒家之設，與市面繁榮及政府稅收有關，行政院是中華民國最高行政機關，照說，所有中華民國的公務員都應該服從它的命令，如果所有公務人員爲了服從它的命令而不上酒家，向公務員行賄的商人對酒家已失去價值，商人也會裹足不前，而另選場合與公務員實行「交易」，試問「酒家」何罪？遭到嚴長的無情杯葛！想來祇有關門大吉了？故吾人認爲，行政院禁止公務人員上「酒家」，因而想杜絕賄賂公行，無非是屬於掩耳盜鈴的一類。

本刊已經香港政府登記

聯合評論

週刊

每逢星期五出版

United Voice Weekly 第三〇四號

CHINESE - AMERICAN PRESS, INC
199 CANAL STREET.,
NEW YORK13 N. Y. U.S.A.

世運推移與人才消長

左舜生

『世運推移』與『人才消長』這八個字富有濃重的玄學氣息，若干熱心提倡『中國文化』的先生們也許還能欣賞，至於那些懶惰成性，迷信三兩條原則，以為可以解釋一部人類歷史的人們，卻不見得會感到怎樣的興趣。

我的思想，從來不大『前進』，在若干方面，且不免作有計劃的後退。我因為在社會上已整整混了五十年，所認識的朋友，或素未謀面而彼此多少知道的人，確不算太少。從直接或間接聽到這類人對我的批評，乃有極端相反的兩種論調：有一位平日歡喜寫寫古文做做舊詩的老先生，在他所辦的一間學校，大致在一年前，請了我一位熟識的朋友去教國文。新近，他乃委托另外一位先生，對我這位朋友勸告，甚至可以說是警告說：『我們這裏有一個特色，乃是要提倡中國的一點舊東西，所以開辦不久，而能有三百以上的學生，即因此一號召而來，像您的老友左某人那一類的說法，我們這裏實在來不得，應請留意，否則我們的學生是要跑的！』這好像是把我歸入了新人一類。像這類批評，在我聽來，與其說是『求全之毀』，毋寧說『不虞之譽』我只好一笑置之。

另有一位常常歡喜跑到我這間雜亂無章的書房來吹吹的仁兄，看見我這裏有若干破破爛爛的歷史書，乃至連咸同諸老的遺著也似乎不少；甚至若干名家的詩文集，詞集，曲子，在我苦悶到無可排遣的時候，從半夜裏爬了起來，用一盆冷水洗過手臉，使頭腦弄得清醒一點之後，還要隨便抽出幾本來摸索摸索。記得三年前，在我窘到連吃飯都成問題的一個時候，把我所珍藏的六七十種詞集，以不到兩千元的代價，輕於賣去，至今還懊悔不置。尤其一部初印的『彊村叢書』，我以三百元的代價賣了，現在委託兩家書店，願以六百元買回，而終不可得，更不勝恨恨！我充分明白，我對這類的東西，至今仍一無造詣，但以不斷摸索之故，於欣賞與鑑別，也有了多少的進步，卻是事實。好比某處有一位自命的詞學專家，這十五年以來，我雖沒有光榮拜讀過他一首詞的作品，可是從一位記憶力最強的朋友口中，卻聽過轉述這位專家的兩首歪詩，我總覺得給這位先生敲上兩記手心，然後把他逐出學府，並不為過。這位常常來找我吹的朋友，在我這裏看到這些事實，聽到我這些怪論，往往目笑存之，儘管沒有當面給我以過分非難，可是從他的姿態，從他睜開兩隻眼睛望着我的那股神氣，我知道他內心已斷言我甘寞落，或決心落伍，大致是事實。可是我還是我行我素，決沒有以他對我的這種態度為何。

從一般的情況看來，香港這個社會好像是十分保守的。在香港的幾處學校裏，至今還有不少的人以孟老先生那種排楊墨的精神，仍在繼續的排斥胡適。他們這種死不饒人的倔強態度，確實是怪有趣的。其實我眼中的胡適，卻只是一位穿着西裝，戴上老光眼鏡，在說話的時候總歡喜夾上幾個洋文的標準保守派！假定有人說我多少也歡喜胡適，我承認也只在他保守的一面，而並不在他前進的一面。至於他深中乾嘉餘毒，以兩萬字的長文，考證注漢書的『臣瓚』之為『薛瓚』，反不如他考證『紅樓夢』的作者，以及以山東土話證明『醒世姻緣』作者即為著『聊齋志異』的蒲松齡，能多給人一點啟發。這種道理，當然不是一個實際中了胡適的毒，而又無條件排斥胡適的人所能夠了解的。

從上述種種，可看出我近來心境的一斑。但我新近覺得我這個『反動派』，越來越『反動』得厲害，甚至聽到人提到『革命』兩字，我便要掩耳卻走。原來自從十年以前，我看過哥德和他的學生一本對話以後，我對革命便漸漸起了一種厭惡之念。再經過這十幾年來的靜觀與體驗，我更覺得頻繁的革命，只足以敗壞國家，戕賊人才。尤其如毛老大所倡導的世界革命，更使得我深惡痛絕。

我默念這六十年以來，中國其所以弄得動亂不止，以致搞得大家有家難奔，有國難投，尤其人才的寥落，幾乎使人有國無人之感，何一不是由於受這種不斷革命之賜？

荒謬的學術思想與歪曲的歷史敘述，最足以獎亂長奸，有心人似乎非從源頭上做起不可了啊！

當陳玉成被苗沛霖捉了送到勝保那裏的時候，勝保幕府中一位裕朗西，曾私下問過陳玉成太平天國的人才，陳答：『只有馮雲山、石達開、李秀成差可，其餘均不足道。』我覺得『人之將死，其言也善，』四眼狗這幾句話，眞可以說是客觀而切近事實。孫中山說他在童年便崇拜洪秀全，可是到了光緒三十一年成立『同盟會』的時候，有人主張用『對滿同盟會』，中山卻加以反對，他說：『革命宗旨不專在排滿，當與廢除專制，創造共和，並行不悖。』這不能不說是中山的一大進步。我們看洪楊諸人從永安到南京一套烏烟瘴氣的搞法，會與今天毛澤東的舉動何異？假定當日的洪楊果取滿清而代之，這與今天共產黨取國民黨而代之又會有什麼差別？然則革來革去之效大可覩矣。

梁啓超當年駁『民報』的論調說：『公等求共和，其結果將適以得專制。』即以當時在『民報』寫文章最多的汪精衞，胡漢民，章太炎諸人而論，有那一個又不是在共和出現以後，仍在專制的虐燄下活活燒死？更不必談到共產黨佔領大陸以後的大肆屠殺了。是則革命最足以戕賊人才，豈不也是鐵的事實？這些道理都非萬語千言說不明白，我這類『反動』的論調，不過在這裏暫發其端而已。

「東南亞戰爭」的幕後

許子由

讚揚日警逮捕「台青會」六名首腦

日政府應即逮捕廖文毅送台北法辦

楊耀華

據七月廿四日東京時事社電：「東京警視廳外事第二課，七月廿三日以行使暴力及非法監禁罪嫌，搜查留日台籍學生組織的『台灣青年會事務所』（東京新宿區南元町），並將該會幹部留學生六名逮捕。被捕者計有黃昭堂（三十二歲），許世楷（三十歲），柳文卿（二十九歲），廖春榮（二十九歲），戴天昭（二十八歲）等六名中央委員，均爲東京大學、早稻田大學、法政大學或中央大學的留學生。據警方調查，六月二十二日晚上，該會另一中央委員陳純眞（二十八歲）被叫至該會事務所，指責陳將『台青會』內幕向中華民國駐日大使館洩露。並指陳是國民黨特務。陳純眞當日從晚上八時至翌晨一時被監禁在『事務所』內，並被黃昭堂毆打受傷」。

讀過上述消息後，任何一個有自尊心自信心和有人格的中國人，任何一個身上流着偉大民族血液的中華兒女，都必然對此感到傷心和痛苦。因爲黃昭堂等六名台灣省籍青年竟背叛祖國，企圖分裂祖國，從事台灣獨立的漢奸勾當，這眞是大不幸的事。

當然，從另一方面看，世界上任何民族任何國家都是常有少數內部奸細內部叛徒的，誠不足怪。不過，當此全世界正受着共黨嚴重威脅之日，當此中華民國正遭遇到大陸淪陷，政府暫時偏安台北省區之日，此等青年，懵然不知赤禍之嚴重威脅，懵然不知國難之嚴重，這就充分說明了黃昭堂等人之痲痺與墮落到了何種驚人程度。

黃昭堂等人應該知道台灣只係中華民國之一省，台灣省人民都是與其它各省人民一樣，只係整個中華民國之一部分。從種族及血統言，也係同偉大的中華民族的子孫。台灣省民不沒有任何理由可以獨立，而且確應對國家盡忠盡效才是。記得抗戰時期，政府亦會遠離南京，遷都重慶。當日之四川省成了抗戰基地，有如今日之台灣省成了反攻基地是一樣，難道當日之四川省應該獨立嗎？當然不該。如所周知，當日之四川省，尚被四川地方軍閥所統治所割據，但當日之四川軍閥尚不敢而且從來無人涉想到違反國家民族利益去獨立，那末，難道黃昭堂等在日本大學讀書之留學生，在品格上在知識水準上，尚不如當年之四川軍閥乎？

再進一步看：自中華民國政府於十四年前播遷到台灣省以來，台省同胞對國家，對政府熱烈支持，有口皆碑，舉世皆知。台省同胞對國家民族之偉大貢獻，亦深爲各省同胞所敬佩。這是台灣省人民的光榮，也是台灣省同胞的榮耀，同時，也是整個中華民族的偉大表現。所以，頻年以來，海外千萬僑胞雖明知目前在日本及美國均有極少數的台省籍同胞一時誤入歧途，幻想台省獨立，但從不認爲他們足以動搖國本。事實上，國家至上，民族至上，倘少數台省不法分子如果眞有舉動以背叛祖國分裂祖國的話，海外全體華僑是必不寬恕，而必將全力支持政府，採斷然手段予以鎮壓的。縱然流血，亦在所不惜。所以，我們仍希望黃昭堂等這一類極少數的人及早覺醒回頭。

照上述發生在東京的這一件事來看：陳純眞顯然是他們六人中比較值得敬佩的一個人。因爲他知道改悔。中國古聖先賢說得好：人而知悔，善莫大焉！又說：迷途知返，往哲是歟。所以，陳純眞的行爲完全是對的，他把「台青會」這一叛國組織的內幕洩露給中華民國駐日大使館，完全是正確的。完全是合乎民族大義的。表面上，他是背叛了「台青會」這一非法組織，但任何一個背叛非法組織的人，正說明了他的行爲的合法性。黃昭堂把陳純眞說成是國民黨特務，那完全不正確。事實上，任何中國人都有權利都有義務檢舉「台青會」這一類叛國組織，陳純眞這次檢舉「台青會」，正是陳純眞迷途知返的愛國表現。他的這一行爲是值得其他誤入歧途的類似同胞效法的。對此，尤希望刻在美國留學的極少數台籍同胞都能以陳純眞爲模範，揚棄叛國行爲，走回反共愛國行列。這不是爲國民黨，更不是爲姓蔣的或姓什麼的，而是爲了我們自己的整個國家。

嚴格說來，陳純眞檢舉「台青會」，表面上雖背叛了「台青會」，實則也是救了「台青會」的人。因爲只有這樣，才能使「台青會」這一叛國組織中的人不致繼續犯罪，至少，可以破壞他們繼續犯罪。所以，從另一方面看，凡是已經參加了這類謀使台灣獨立叛國組織的人，都應及早回頭，都應以陳純眞爲榜樣。

再進一步說，台灣獨立，不但在理論上說不通，而且也是事實上行不通的事，因爲台省同胞中萬分之九千九百九十九都是愛國的，忠於民族國家的，所以，極少極少的人想倒行逆施，結果必然失敗，此所以廖文毅只能永遠流亡在外，而不可能眞能有任何作法。何況，今日之中華民國政府雖然偏安，但尚有數十萬大軍在手，像「台青會」這樣僅僅六名叛國分子又何能打倒政府手中之數十萬大軍？不說六名叛國分子，就再有六十名六百名又何能有爲？更何況，在「台青會」六名叛國分子中，就有陳純眞其人迷途知返，毅然出而檢舉其他五人哩！

曠觀今日世界，怪事本來就很多，荒謬的事也本來多。就以美國來說！美國人中就居然有一種自命開明前進的人，就居然有一種身居高位而自詡其策畧的人，竟倡言「一中一台」之荒謬怪論。他們所謂「一中一台」，是說應將中華民國割裂爲一個中共的「中華人民共和國」和另一個以台灣省爲行政範圍的中華民國（甚至台灣共和國）。於是，中國人中一二數典忘祖的民族敗類，平時滿腦筋的崇美思想，便變而爲此類荒謬美國人的應聲虫。殊不知不但大陸上的數億中國人民不會接受此類美國人的安排，現今駐紮在台灣省的數十萬國軍也决不會任由此類荒謬美國人作命運支配。所以，少數人所想像的「一中一台」的幻想，决不會實現。因此，企圖迎合此類荒謬幻想的打算，也必然落空，學陳純眞的做法改過自新，當然比至死不悟好得多了。

說到這裏，人們又很容易想起從事此一勾當的老牌叛徒廖文毅來。廖文毅早就潛居日本，無恥的打着「台灣共和國大統領」的招牌，圖謀不軌。只因日本政府裝聾作啞，至今未予拘究，致令廖文毅至今仍然逍遙法外。當此人們讚揚日本警視廳毅然拘捕黃昭堂之日，凡屬中國人，顯然都希望日本警視廳對廖文毅等極少數叛徒亦採同樣行動，並將廖文毅等全部引渡到台灣，交由中華民國政府法辦，那就是日本政府對中國人民的眞正友善了。否則，這情況如仍許其繼續存在，則仍顯示日本對中國仍不夠眞正友善哩！

透視中共今年財政預算問題

劉裕畧

據中共新華社七月廿二日訊：「今天舉行的全國人民代表大會常務委員會第一百四十二次會議，聽取了李先念副總理代表國務院所作的一九六三年國家決算和一九六四年國家預算草案的說明，根據第二屆全國人民代表大會第四次會議關於一九六三年國民經濟計劃和一九六四年國民經濟計劃，一九六三年國家預算和一九六四年國家預算初步安排的決議，審查了國務院提出的一九六三年國家決算和一九六四年國家預算草案，決定批准一九六三年國家決算和一九六四年國家預算。」新華社又說：「會議在通過的決議中指出，一九六三年國家決算收支都超過一九六三年十一月國務院向全國人民代表大會報告的預算執行情況」。

中共國務院向中共人代會提出的一九六三年決算數字究竟是多少呢？中共把它當作秘密，一直沒有發表；中共國務院向中共人代會提出的一九六四年預算數字又究竟是多少呢？中共也把它當作秘密未予發表。但有幾點，却可以從上述報導看出來。

一、是中共一九六三年的實際支出，比中共國務院原先所提一九六三年預算數字要大。中共一九六三年收入比原先所提預計爲多，這可以從它所說「一九六三年國家決算收支都超過一九六三年十一月國務院向全國人民代表報告的預計執行情況」一語看出來。而其收入之所以增多，說明中共向大陸人民在去年又作了進一步的無情壓榨，以求接近它那龐大的支出數字。而它的支出數字的增大，則更說明中共僞政權既要供養其龐大政權結構，又要供養其兩千餘萬黨員，在對外方面，又更要處處充闊老，處處求擴張，難怪它的支出數字必然超過原預算了。

其實，中共一九六三年的決算僅就製訂預算的時間而言，是絕不應該超出的。因爲中共一九六三年預算數字並不是一九六三年初製訂的，而是一九六三年年尾十一月才製訂的呀！

二、依照中共僞政權之僞憲法規定，所有預算都應事前提經中共人代會批准。但上述中共新華社報導却將中共政權的預算根本未經中共人代會事先批准的情況暴露了出來。這只要看中共國務院向中共人代會提出一九六三年預算不在一九六二年，也不在一九六三年年初，而在一九六三年快要結束的十一月才提出就可知了；再看：中共一九六四年預算也不是在一九六三年尾提出，更不是在一九六四年初提出，而乃在一九六四年七月廿二日才提出，這都可見中共憲法所規定的人代會職權根本未被尊重。所謂人代會只是一個形同虛設的東西，至此已表現得十分明顯。

三、中共最近幾年一直沒有公佈它的預算及決算數字，當然是因爲其中有見不得天日的地方。最主要的，當然還在這些數字若予公佈，即將明白反映中共財政經濟的惡劣情況，所以，率性不予公佈了。而在以往，中共是公佈了它的這些數字的。查中共不再公佈它的這些預算決算數字，是從一九六一年開始。而中共於一九六〇年是會經公佈過它們預算及決算數字的。當時它所公佈的一九六〇年預算，收入爲僞人民幣七百億零二千萬元。比一九五九年決算增加一百五十八億六千萬元。預計支出也是七百億零二千萬元，比一九五九年決算支出增加一百七十二億五千萬元。而其時還正是毛澤東高唱大躍進時期，所以，其預算及決算數字都比一九五九年以前各年爲多。以一九五六年爲例來說，據中共自己公佈：其決算歲入爲僞人民幣二百九十七億五千四百萬元，歲出爲三百一十五億八千四百七十三萬元。以這一數字來與中共一九六〇年的預算比較，顯見一九六〇年的數字比一九五六年大有增加。幾乎超出了一倍多。但一九六〇年這一年，也正是毛澤東大躍進幻想被嚴重打破的一年，那一年中共蘇共劇烈衝突，中共財經情開始陷入極端惡劣的情況，所以，「自一九六一年以後各年以及今年的預算數字，中共便不再予以公佈了。收入方面大大減少，支出方面大大增加，是必然的。這只要看中共的財政開支越來越大，最近兩年既向澳洲及加拿大買了數億美元的小麥，又要歸還蘇聯十八億一千六百萬新盧布的舊欠，更要在亞非各洲提供龐大貸欵及滲透顛覆費，則中共最近幾年的財政赤字愈來愈大，乃極易看出事。就以中共自己公佈的一九五六年的決算數字來說，它自己也承認該年度是支出大於收入達一十八億三千零七十三萬元的。那末，現在收入已較前少，支出反較前大得多，巨大赤字的出現當然使中共不敢再公佈它的預算及決算數字了。

中共七月十九發表反美援越聲明

黃建元

關於越南問題，中共偽政權於七月十九日以所謂「中華人民共和政府」名義發表了一篇聲明。

聲明說：「一九五四年日內瓦協議的墨跡未乾，美帝國主義就拚湊了東南亞條約的組織，硬要把南越、老撾、柬埔寨置於這個軍事集團保護之下。與此同時，美國在南越扶植傀儡政權，對南越人民實行法西斯統治，並且嗾使南越傀儡集團，拒絕越南民主共和國政府根據日內瓦協議提出一九五六年舉行普選以實現和平統一越南的建議，使血肉相連的三千萬越南人民陷於長期分裂的苦痛。」

聲明又說：「美帝國主義明目張胆地破壞日內瓦協議……，同時，訓練、裝備和指揮了一支幾十萬人的南越偽軍，向手無寸鐵的南越人民進行血腥的武裝鎮壓。……偉大的越南人民進行了英勇不屈的反抗鬥爭，他們寧願站着死，也不願跪着生。覺悟了的人民是不可戰勝的。越南越多的事實證明，在敢於鬥爭的南越人民面前，美帝國主義只不過是一只紙老虎。」

聲明又說：「我們要坦率的告訴美國，中國人民絕不會坐視美國擴大侵略越南和印度支那的戰爭。回到一九五四日內瓦協議，為時還不太遲。如果要擴大戰爭，那肯定是不會對美國及其追隨者帶來好處的」。

從上述所摘錄的幾段原文看，已可看出中共偽政權的這篇聲明，有幾個特點：

一、它完全淆亂是非，顛倒黑白，明明是越共及中共不遵守日內瓦協議，派游擊隊到南越境內打游擊，以圖顛覆南越政府，赤化整個越南，進而赤化整個印度支那，但它卻反噬這是美國侵略越南。硬把美國在亞洲，在越南的正義行為，說成是侵略行為。這就可見美國若與中共同時參加日內瓦會議，在中共這種胡說八道的情況下，絕對無法日內瓦會議獲得協議，從而證明美國及其它自由世界各國，實無舉行和參加日內瓦會議的必要。

二、中共這一聲明，已充分說明中共無悔禍之心，而只在堅持它對外擴張政策。北越已十足變成了中共的尾巴。中共全篇聲明中，無一字提到蘇聯，更說明中共與蘇共，對越南問題的態度是不一致的。中共顯然仍在這一問題上堅持着它的好戰性。雖然，在策略上，中共仍企圖舉行日內瓦會議，但從它一味顛倒是非淆亂黑白措辭看，已充分透露它只想利用日內瓦會議來拖住美國的手，而絕對無意與美國眞誠地解決問題。

三、中共聲明最後一段所說「如果要擴大戰爭，那肯定是不會對美國及其追隨者帶來好處的」，尤屬好笑與滑稽。好像中共很維護美國，而恐美國因擴大戰爭而失敗似的。那末中共眞的忽然會發善良而維護美國嗎？當然不會。它既一再宣稱「美帝是全世界惟一最兇惡的敵人」，然則，中共的眞意何在呢？原來中共眞意只在設法使美國不擴大越戰，從而使美國仍然只在南越境內挨打，以便中共越共獲取最後勝利而已。

四、所以，看過中共偽政權這一篇聲明後，很容易得出一個結論，這結論是不可上中共的當，美國應該迅即擴大越戰，先把越戰戰火帶到北越，如果中共眞敢參戰，那就立即轟炸中國大陸，並且封鎖中國沿海。而絕對不與中共舉行什麼日內瓦會議，當然也不接受戴高樂的什麼中立建議。

大陸簡訊

藍鳥

上海大批青年移墾新疆

最近，中共大陸各地正在展開一個「支援邊遠地區運動」。這運動的主要目的，就在强迫和發動大陸各城市的知識青年到邊遠省區去殖民去開墾。

上海是今日大陸最大城市之一。人口最多，知識青年也最多，所以中共最近在上海的緊急工作，便是强迫上海青年到邊疆，尤其到新疆。

在今年三月，中共上海市黨委會曾召開過一次「母親大會」，主要是透迫一般青年之母親「把兒女貢獻給黨」。

據中共上海解放日報三月六日報導：共幹曾對那些母親說：「父母和長輩，必須把他們的孩子培養成國家和人民有用的人。教給他們遠離家庭的高尚觀念。「眞正的愛，是使他們的孩子適應祖國的需要」。但父母們都知中共這一號召，實際即是叫父母把孩子送給中共去邊地永遠奴役。所以一般父母內心都非常怨恨，但迫於中共的威勢，大批知識青軍現已被中共遠離上海，送往新疆去了。

毛澤東思想可以治癌症

毛澤東思想可治愈癌症，這是今日大陸的大新聞，也是整個世界的最荒唐的新聞。但中共報章雜誌却言之確鑿，硬說這是事實哩！

如所週知，癌症至今尚是人類未能有效對付的一種惡症，截至現在止，全世界的醫藥界都在努力研究它，却一直尚未在科學上，找到具體答案。但今日大陸，由於一再宣傳毛澤東思想偉大，有意把毛澤東神化，竟說毛澤東思想可以做這做好那。不但說運動員成績好是由毛澤東思想所創造，最近更說毛澤東思想醫好某人的癌症。

為了使大陸人民確實相信毛澤東思想可以治愈癌症，本年四月六日上海出版的中共「新民報」曾經報導「一個名叫彭加不的大學助教，患了癌症，但仍繼續工作，幾次前往新疆青海海南島等邊遠地區，最後他的病竟被努力工作和毛澤東思想征服了」。

毛澤東思想居然能夠征服癌症，豈不能說不是世界第一新聞。

中共建墨西哥情報基地

本報早經報導中共遠在數年前就已開始對中南美洲的滲透顛覆工作，茲據美國斯克利斯霍華德系報紙記者漢屈克斯於七月九日自墨西哥發出電訊說：「該基地在被形容為中共的耳目喉舌的新華社掩護下展開工作」。

漢屈克斯又說：「中共新華社分社中，有中共分子五人，他們都是情報人員，並非記者，其中包括三名軍官」。

漢屈克斯這篇刊於世界電訊太陽報的報導又說：「在新華社設有分社的國家中，只有巴黎分社的人員多於墨西哥分社。新華社此一分社與駐哈那分社以及駐古巴大使館均有聯絡。觀察家相信此一分社將担當一部分過去駐巴西九名特務負責的工作。因該九名中共人員已被巴西政府拘捕，至今仍在獄中」。

中共南非秘密進行貿易

為了拉攏和麻醉非洲其它國家，中共極力抨擊南非的種族歧視，但中共為了賺外滙，却又與南非進行秘密貿易。對此，蘇聯會特予揭穿。但中共則反噬蘇聯造謠。可是南非官方終於發表消息，說中共在一九六三前八個月從南非入口的貨物總值約六百萬鎊，較一九六二年的一百五十萬鎊大有增加。中共的虛偽面孔遂完全被暴露了。

僑鄉近訊

鍾之奇

廣東各地村莊多被洪水淹沒

對於廣東各地遭受水災的損失詳情，由於中共報紙只報喜不報憂，所以迄無正式報導。但中共報紙却在吹噓它如何救助水災的宣傳中，暴露了，廣東各地水災異常之嚴重。

中共廣東「省委」（即中共廣東省黨部）及「省人委」（即廣東省人民委員會）會於六月十八日寫信給中共廣東駐軍，感謝他們救助水災。原信說：「最近幾天，我省北部和東部廣大地區連天暴雨，山洪爆發，河水猛漲，部分地區堤圍崩場，村莊被洪水淹沒，羣衆給洪水包圍，人民生命財產受到嚴重威脅」。此外，最近出版的中共南方日報又說：「幾天來，連天暴雨洪北江、東江、韓江水泛急劇高漲，有些已經高過歷史最高紀錄。有的地方，水浸堤城鄉受淹，中共廣東省委作出决定，除了組織大批人員和器材到抗洪前綫外，還要求空軍支援，給被洪水圍困的羣衆空投粮食等物資」。

可見廣東僑鄉今年的災禍，又是異常兇慘了！

廣州中共報紙諷香港建築新樓

香港建築業在最近幾年，眞可以說是空前繁榮。新建成的大廈數十萬座。把毗隣香港的中共統治地區，更因比較而把大陸人民無衣無食無住的情形顯得更慘。於是，中共由嫉妬而謾罵而諷刺，乃至造謠中傷，以圖抑止大陸人民响往之熱情。

最近，廣州出版的中共羊城晚報，又以「罪惡」為題用漫畫加以打油詩諷刺香港的建築。原詩曰：

「招租廣告紅斑斑，海邊貼上扯旗山。
空有廣廈千萬間，寒士依然未歡顏。
昨日颶風今日雨，爛蓬破蓆都推翻。
瓦煲風爐當街坐，一家數口尋食難。
食也難，住也難，空見招租廣告貼滿
扯旗山」。

廣東各地塘魚被中共搜括輸港

塘魚也是可以換取外滙的重要物資之一，而中共外滙缺乏，所以中共對於廣東各地塘魚之搜括，亦不遺餘力。

茲據香港漁農處處長七月廿三日報告：「本年六月份，由中國大陸輸港之塘魚逾二萬九千六百担，比本年五月份增加二千八百一十三担」云。

廣州中共服務站的假服務

中共口口聲聲說一切都是為人民，其實中共都是為它自己才是眞的。中共口口聲聲說為人民服務，更只是欺騙人民而已。為了表示要對人民服務，中共特在廣州設了各種服務站，但它是怎樣服務的呢？中共羊城晚報最近舉了一個例。它說：「靖海路三十四號門口水電修理服務站胡某，八日到解放南第一小學修理水龍，大耍偷龍轉鳳手段。講明換新的，却把舊的鎰幾下了事」。羊城晚報跟着就嘆息說：「這樣的經營作風，那有服務味道」。其實，這才是毛澤東的得意學生，中共的典型幹部哩。

廣州供電公司亂收電費

在今日大陸，公營事業即是中共的黨營事業，亦即是中共的官辦事業。凡屬此一類事業，可以說，都是一楊糊模的。此類事業中之幹部，囂張拔扈，任意凌辱人民，欺騙人民，更是司空見慣的事。

中共羊城晚報最近登過一個故事，足以說明一切。它說：「本月七日，市供電公司劉勇强德政中路二百二十九號抄電錶時，一反慣例，只抄錶，不收費，瞄一下電錶就走了。用戶上前追問，劉某大方的說：上月你交電費有意見，這個月不收了。使用戶莫明其妙。事實眞象是劉某上月抄錶時擺烏龍，多收了一百度電費，所以這次不收了」。羊城晚報也不得不承認說：「做錯事不老實承認，還裝模作樣欺弄人，大錯特錯」。

越共擴大恐怖行動

·黎寬·

越共游擊隊的恐怖行動，自今年四月開始，已擴大實施。以前，越共祇是對南越部隊和美軍始實施恐怖攻擊，可是到了四月以後，他們對南越的平民也展開了恐怖的行動了！因此，殘暴，暗殺，和破壞等流血事件，都已不斷發生。最顯著的例子，是四月中旬，越共游擊隊把南越建龍地區的一位人民社團領袖剖腹挖腸，又把他的太太手脚都斬了下來。這種慘無人道的殘酷行動，使南越各鄉村都籠罩着恐怖的氣氛，鄉民人人自危。四月中旬，躲在南越中部山林裏的越共游擊隊，更截擊運載婦孺的車輛，曾擊斃及殺害婦孺共達廿七人，并有部份婦孺的屍體被挖出心臟來示衆。此外，又不斷在各公路埋下地雷，進行慘烈的屠殺，使遇害的平民都體斷肢零，血肉糢糊！鐵路的被破壞，也會令到無數平民喪生。五月一日，南越鐵路員工聯會曾嚴厲譴責過越共「用地雷毁鐵路和車頭車卡，使無辜的老百姓喪命」。然而越共的恐怖行動是有計劃地越來越兇，他們是要用恐怖的行動來威脅每一個平民！

五月三日，越共游擊隊還把恐怖行動加諸一個外籍人士的身上，那被害者是一位國際監督委會波蘭軍官，當時他是坐在插有一枝白旗的吉普車上，但埋伏在公路旁的越共游擊隊仍開槍把他射殺。

越共的恐怖行動，是遠在一九五五年已告展開，祇是到了今年四月，這種恐怖行動才作有計劃的擴大吧了。

由一九五五年起，以至一九六一年，南越政府向國際監督委員會提出抗議越共恐怖行動的建議書，已多達一百七十件，並提出了七百宗越共違反日內瓦公約的證據。一九六一年以後，南越政府提出的建議書更多，其中曾指出：越共游擊隊常在稻田裏和小路上撒下萬數千枚由毒液浸過的尖釘，使習慣於赤足工作的農民和婦孺雙脚被刺傷，而受到毒液的侵害，變成殘廢，甚至不治斃命。

越共方面，也是常以殺人自豪的。今年四月，河內電台曾廣播說：「到一九六三年底止，越共已殺死了南越人約一十六萬名」。越共這自供狀，正反映出其恐怖行動之「成績」。河內電台還自鳴得意地說：「我們並破壞了南越幾萬個村莊，千百公頃稻田，和數以萬計房屋」。其殘暴的行動，於此更可見一斑。

此外，由南越民間傳出的消息，則力予指證，在一九六一年十一間，湄公河三角洲附近的隆福村，曾有一少女，因拒絕替越共工作，致遭斬頭分屍。該村另一農民，則因曾到過一次西貢，被指爲與政府有聯絡，將他一家七口全部殺掉。——由此可知越共游擊隊的恐怖「傑作」是早已有之，於今爲烈。

自去年十二月以至今年二月，越共游擊隊又把恐怖行動加到美國駐西貢人員的家屬身上去。美駐西貢人員的家眷共有一千八百名，其中有七人被炸死，八十七人被炸傷。據說：這是越共的「神經戰」。這種「神經戰」，到了四月以後，越共更加强演出。六月廿六日，西貢市區，曾在十五分鐘內，發生三次爆炸，嚴重地破壞了四座建築物，死傷了十一人，其中包括了兩名美國人。這一恐怖事件，當即轟動了西（貢）堤（岸）兩市，頓使這兩個繁盛的都市立刻籠罩着濃厚的恐怖氣氛。六月廿九晚，非駐貢大使館也被越共游擊隊按擲手榴彈，炸毁了牆壁。七月二日，堤岸市街道上有美軍兩人，被越共按手榴彈炸傷了腿部和臀部。七月六日，美國新任大使泰勒到西貢前夕，美大使館又給越共投進一枚手榴彈。七月八日，越共更在南越的交通要衝上埋藏烈性地雷，結果，炸死了十六名婦人，和六個小孩子。七月十日，西貢以西地區，有美軍顧問三人被炸喪。——這一連串的慘劇，正顯示出越共的恐怖行動確已擴大展開，連無辜的婦孺，也是越共的殘殺對象！

越共擴大恐怖行動，據說，其目的係在威脅民心，使他（她）們人人自危，不敢參加反共的工作。

星洲種族衝突的因素

星加坡的種族衝突，在軍警彈壓下已趨於和緩，隨着宵禁時間的縮短，和解禁期間內公共交通的恢復，市面秩序有逐漸好轉的趨勢。可是鑑於衝突的難於預防，每一個人仍然對之提心吊胆，誠恐再有意外。

對於發生衝突的原因，表面上華巫雙方各有說法：大馬總理拉宣克說是出於「偶然的意外」。星洲總理李光耀則指責印尼從事離撥，及星洲巫族部份人的推波助瀾。也有些人認爲是共產黨在策動。至於黑社會份子，自然離不了是衝突中的主角。

所有市民們都很清楚事件的來龍去脉：即使衝突是因巡行的誤會而起，勉强說成是「偶然」的，可是假如沒有背景及預先的心理的鼓動，就不至死傷纍纍。印尼的挑撥自是無可否認，可是受挑撥的乃是華巫兩族，尤其是先動手的一方，至於共黨，它決不放棄利用任何一個機會，不過至今爲止，他們並不及黑社會在事件中所佔比重的重要，後者充任保鑣和打手，惟恐天下不亂。亂了，他們就可混水摸魚。

軍警的彈壓和拘捕，至要就以黑社會爲對象，在被捕的千餘名騷亂份子中，一部份是參加衝突的，而也有一部份是早有「黑底」，在黑名單中者。當局希望籍此措施，使事就平息。不過有心人士仍然認爲，肇事者須善自檢束，認識事情的嚴重，否則前途仍未能樂觀。（華樂）

台灣簡訊

台民航機失事原因　飛機逾齡駕駛疏忽　交通當局難辭其咎

（台北通訊）：據監察院調查民航班機墜毀慘案報告中，首先指出：此次飛機失事原因，既非飛機本身機械有何故障，亦非天氣惡劣，又非駕駛員遭受威脅傷害，而是駕駛員林宏基自持技術高超，乃有此次疏忽，因而使五十七人遭到慘死。報告中又指出飛機逾齡的安全效率遜於新機，該失事九〇八號飛機雖經檢驗合格，但總是第二次大戰時所遺留的，儘管配件相繼更換，然其安全率終遜於新機，且交通當局平時疏於監督，致有此空前慘劇發生，交通當局亦難辭其咎。

對於失事飛機殘骸內發現兩支手槍問題，報告中雖經查明與飛機失事無直接關係，但乘客携帶武器登機，實屬觸犯法令，治安機關亦有疏忽。

查正駕駛員林宏基，畢業於空軍軍官學校，並在美國駕駛員學校及儀器學校畢業，該員曾受完整飛航訓練，前後服務於空軍及民航公司之飛行紀錄甚佳，但林平時自信頗深，自負亦大，正因其有此個性，自恃其技術高超，因而容易疏忽，譬如善泳者之溺於水。根據民航公司負責人面告主持調查之監察委員：林宏基之屍體，距離駕駛台約三咪處發現，其安全帶尚留在駕駛台，足證林起飛時，未捆上安全帶，否則安全帶非折斷，即應捆於林之屍體上，於此可見林自恃疏忽之一般。

此次飛機失事原因的另一說法，疑係由於暴徒威脅。此一傳說之發生，蓋由於下列事實：一爲飛機殘骸中發現手槍兩支：一在駕駛室發現，另一藏於英文書本中。據警方檢驗結果，兩支手槍的槍膛中並無子彈，且未發現有發射痕跡。二爲駕駛員林宏基屍體上有二圓形小孔，根據外科醫生朱子奇之初驗與台中內科醫生王清木主持之複驗，結果未發現有彈丸遺留，似被槍擊跡象，可能爲硬器所刺。一爲副駕駛龔慕韓屍體骨灰中發現有兩塊奇怪金屬之物，經證明非飛機上所有，惟以常識判斷，倘駕駛員屍體上無此類金屬之傷痕，則可能判爲地面上原有之金屬，故不能判爲飛機失事之主要原因。

或謂以兩支手槍未經發射，不足，充分支持其與墜機無關，蓋一個人可能威脅駕駛員，企圖刦持飛機，或其他目的，而實際上並未發射。惟查藏槍旅客曾暘屍身上，捆有安全帶，則其本人不能自由活動，殊無持手槍威脅駕駛員之可能。

基於以上事實，發現手槍，與屍體上小孔，以及發現非飛機上所有之金屬物，似均與飛機墜毀無關。

惟目前應予以注意者，一爲曾暘於其借用之英文書內藏匿手槍，其動機及意圖何在？應詳加研究。一爲攜帶武器登機，實屬觸犯法令，治安機關何以事前未曾發覺。

查失事之九〇八號C四六飛機，係一九四四年由美國製造，距今已有二十歲高齡，爲一十足逾齡之老爺飛機。此次失事時間爲本年六月二十日下午十七時卅八分，對正航綫高度在一千五百尺左右，右面爲山地，前面爲零星房屋及溝渠樹木，如有暴徒威脅，定將飛機飛入高空時始有動作，斷不至在飛機起飛三，五分鐘內，採取行動，駕駛員屍體與安全帶分離，成爲駕駛員起飛未捆安全帶之證明，亦足證明其大意與疏忽。駕駛員自恃技術高超，採取不應在一千五百尺之高度，向左急轉之措置，企圖回降於起飛之原機場，以致該機在急轉中失速墜地。惟該機發生何種故障，據初步分析，認爲螺旋槳與操縱系統有毛病，以及機械有停頓狀態。

監察院調查報告中，對飛機失事之責任問題亦曾作初步研討，並指出五點不當之處如左：

一、此次飛機失事，造成五十七人之死難，震驚國內外，以爲萬分不幸。詎料不數日間，又有民航公司飛往馬尼拉飛機，又發生故障，起飛後折返原地，倘又忽署，幾乎釀成第二宗不幸事件，空中交通如此。陸上交通，邇來台灣時常發生公私汽車與火車相撞慘劇，海上交通前後有海張、海祥、仲愷等輪之沉沒，損失甚重。由於交通事故之不斷發生，致人人對交通失去信心與安全感，影响人心甚大。交通事故之發生固爲各地所常見。惟我國之海運，航空，與陸上交通事業設備陳舊，駕駛人員疏忽，幾成爲普遍情形，交通當局雖一再强調汰舊換新，但未認眞執行，對失職人員，亦未嚴加警戒，以致慘劇層出不窮，交通當局，實不能辭其責任。

二、民航公司向政府登記之資本額爲新台幣四十萬元，以今日航空事業之發達，客機設備之趨向快速與豪華，區區四十萬之數，豈能經營國際航綫？倘該公司所登記之資本額確爲實在，則其規模誠未具經營國內航綫之條件，違論國際航綫？主管機關對於航空公司設立之標準及應有資本額在法令上未有規定，顯屬疏漏。

三、查民航公司與亞洲航空公司於民國四十四年三月一日簽訂生效之服務合約，民航公司申請領取國際航綫執照及權利，以其所有之飛機及設備交由亞洲航空公司維護及使用，亞航應於其所有資力範團內供給必需之其他飛機，車輛及其他設備，人員，器材及流動資金，並接受民航公司合理範團內之指揮與管理，以民航公司名義代其盡力推廣，經營並辦理其航空業務，亞航依該合約代辦業務，民航應將全年所得純益百分之九十，交付亞航。合約有效期限七年，期滿得由亞航決定續訂與否。由此觀之，民航公司徒具盧名，而亞航實爲其幕後操縱者，獲利則爲亞航所得，虧損則歸民航公司。似此情形，欲求民航公司辦理健全，顯無可能。交通部對於此項合約內容，應屬深澈了解，何不予以注意，自爲不當。

四、檢閱民航公司現在飛機班次與飛行時間，則其現所使用之飛機數量，實不足應付，交通當局平時未能督飭添購新機，減少飛行班次，致肇禍端，亦屬疏忽。

五、中國民用航空駕駛員考驗檢定給證規則，係民國卅六年交通部公佈施行者，復於五十年予以修正一次。反觀美國因飛機之構造日新月異，對此類規章，幾乎每月加以修改。而機師雖領有執照，但六個月必須加以考驗。交通部制訂之民用航空駕駛員考驗規則，不能與時代併進，隨時修改，殊屬不當，亟應立予改進。

本刊已經香港政府登記

聯合評論

週刊

每逢星期五出版

United Voice Weekly

第三〇五號

督印人：黃宇人　總編輯：左舜生

CHINESE - AMERICAN PRESS, INC
199 CANAL STREET.,
NEW YORK13 N.Y. U.S.A.

美國對外的信望在衰退中

黃宇人

據美聯社七月二十三日巴黎電訊，法國戴高樂總統在記者招待會宣稱，歐洲現已能夠過自己的生活，美國稱霸西歐的時代業經結束。法國總統的話雖然不免有些過火，有人已責之爲令親者痛而仇者快；但按之當前的事實，亦非全無根據之談。

自第二次世界大戰開始，民主國家即渴望美國及早參戰，俾得領導盟國，爭取最後的勝利。即以法國而論，以一個戰敗降敵的國家，倘若沒有艾森豪將軍指揮盟軍在諾曼第登陸，當時流亡在倫敦的戴高樂將軍雖然雄才大畧，英勇蓋世，恐亦不可能光復已被德軍佔領的山河。戰後的西歐，包括法國在內，倘若沒有馬歇爾計劃的援助，亦不可能獲得如此迅速的復興而有今日共同市場的繁榮。從這一個角度看去，美國在自由世界的領導地位，並非出自美國有向外擴張或支配他國的野心，而乃是基於美國擁有雄厚的國力，能在戰時和戰後給予盟國以最大的援助，因而才爲自由世界各國一致擁戴。也可以說，美國的領導地位，並非美國强求於他國的；而乃是自由世界各國所仰望於美國的。

最可遺憾的，是美國肩負自由世界的領導責任後，不但未能善盡領的責任；而且謬誤迭出。揆其原因，約有兩大病根：

一、祇重視美國的利益，忽畧了盟國的利益。本來一個國家重視本國的利益，乃是天經地義的事。可是，美國既然做了自由世界的領導者，即有義務必須兼顧盟國的利益，才能收到協和萬邦，共同奮鬥的效果。不幸，美國政府雖然也常侈談「共同利益」；而其所行者則仍唯美國的利益是求，有時甚至不惜犧牲盟國的利益。以中國的事爲例，遠者如故羅斯福總統在雅爾達會議，擅將我國外蒙古的整個領土和東北的部份主權秘密讓與俄國，近者如限制台北不得以武力反攻大陸，都是犧牲中國利益以就美國利益的明證。再就美國與英法諸國關係言之，十餘年來，每當英法在世界各地遭受困擾時，美國常取他們的地位而代之，在中東和中南半島都是如此。又如核子武器的發展，美國獨霸核子秘密的時代早經過去，俄國在若干方面已有迎頭趕上之勢。自由世界多有一個核子國家，即多一分核子力量。但法國舉行核子爆炸時，美國却顯出十分不悅。似乎祇許自己和敵人擁有核子武器，而却厭聞盟國亦可發展此一武器。殊令人費解。

二、祇求與敵人妥協，忽畧了基本原則。自由世界的共同目標，原是維護自由民主制度，反對共產極權主義。然而時至今日，幾已完全變質。以言前者，若干原有良好憲政基礎的西方國家雖然在國內實行民主，確保自由，而其對外之所作所爲，仍多與民主自由的大原則背道而馳。其他側身於自由世界的國家，則在國內亦是民主其名，極權其實。甚至大獨裁如西班牙的胡郎哥將軍，一旦應允美國在該國設立基地，美國立即予以援助。以言後者，美國竟自甘步英國綏靖主義的後塵，不但南斯拉夫的共產政權久獲垂青；即共產元兇的俄國，亦欲與之「和平共存」。至於淪入共產鐵幕的許多國家和被共產奴役的數億人民，美國在四年一次的大選時也一總會有人提出「解放鐵幕」或「確保天賦人權，建立法治新世界」等等動聽的口號，但大選一經過去，也就忘得一乾二淨了。又如聯合國的創立，原爲世界和平，依照憲章的規定，必須愛好和平並接受憲章並履行憲章所規定之義務，始得爲聯合國會員國。然而中共並與聯合國作戰，並被聯合國譴責爲侵畧者，而美國朝野却不時有人發出謬論，主張允許中共入聯合國，顯然已將聯合國憲章視若廢紙。因此種種，不能不令人懷疑：美國所維護的祇是本國的利益，並非民主自由的制度；美國所反對的祇是俄國進犯美國的利益，並非共產極權主義。祇要美國認爲於美國有利，縱然是共產政權，美國也可視爲良友；祇要俄國不再進犯美國的利益，美國即樂意與之劃界而治。其他盟國縱然被共黨分割，美國因不但漠不關心，而且還認爲是不應再予變更的既成事實，隨時準備承認。此等事實，正因爲美國有此兩大病根，乃逐漸引起世人的疑慮，而認今日的世局，在本質上已變成了美俄爭霸，所謂自由民主與共產極權之爭，不過是外交辭令而已。於是美國的若干原是善意的措施，也被視爲損人利己的惡意企圖。例如北大西洋公約，原是美國幫助西歐防阻俄國侵畧，受益最多的自然是西歐諸國。但戴高樂總統却因法國在公約組織內未能受到其所希冀的尊重，反而視爲歐洲受了美國的支配。因之時生反感；如今更不惜獨樹一幟，以與美國抗衡。英國在表面上雖然仍爲美國的馬首是瞻；而在事實上亦是處處掣肘。而且有時不惜獨行其是，英國最近不顧美國的反對，而與古巴大做生意，即其顯例。又如美國協防台灣海峽，中華民國受惠實多；但以限制台北反攻大陸之故，台北官方的宣傳早已視美國爲其反攻復國的最大阻礙。再如美國協助南越，除給以一般的經援和軍援以外，還派遣軍隊參加作戰，可謂至矣盡矣。然而由於美國限制南越不得向北越反擊，阮慶將軍現已開始嘖有煩言。

總上所述，可見今日自由世界的許多國家，對於美國的疑慮正在增長，中，固不僅法國一國爲然也。倘不及時挽救，不但美國對外的信譽和聲望必將大受損害，即自由世界的前途亦隱憂重重。日前詹森總統在記者招待會中對於戴高樂總統指責美國所表現的態度，雖然頗有風度，但這祇是消極的應付之道。對於恢復及增進自由世界的互信與團結，尚須自我反省，另有積極的努力，才可望亡羊補牢，尚未爲遲。然而當此大選之年，我作此言，顯然又是多餘的。

複雜而且嚴重的寮越病狀

李璜

[illegible]過七十年毫無[illegible]的國家，其民[illegible]及其社會與政[illegible]這簡直像一個[illegible]類支離病骨，[illegible]；故在大戰中[illegible]共產黨便看中[illegible]力支援越南的[illegible]旺，使其迅即[illegible]五〇年八月，[illegible]鬥寮，就已打[illegible]寮成立了「老[illegible]年三月，北越[illegible]謂人民代表，[illegible]聲稱，三國人[illegible]抗拒法國殖民[illegible]義者。

[illegible]上面一段肉體[illegible]最初情勢乃是[illegible]了慢郎中」，[illegible]瓦會議與協定[illegible]衍了事，於是[illegible]的定局，而中[illegible]反被日內瓦協定承認爲一個單位，叫他立與寮國合法政府以對等地位相談判。──這一會議的協定，又不曾是庸醫在擴大病灶，而便於病灶中的毒素發展，細菌增强，以蔓延於病人的全身！

本來寮共力量，在日內瓦協定前後，是狠薄弱的，寮北山區人口既少，而寮共又與附近苗族相處得不好，大受限制，故一九五七至五八，巴特寮始以組織聯合政府爲條件，而投降過寮國的正式政府軍，而政府軍並收復過北部兩省，改編過巴特寮部隊一千五百人。

但到了一九五九，形勢便大變了，從此時起，中共與越共都不斷的滲入寮北，使寮政府一方面要增强邊境巡邏，以迎擊越共的入侵；一方面又向聯合國呼援，要求派緊急部隊，以應付由北而來的共黨攻勢。很可注意的是，一九五九這一年的七月，胡志明到過莫斯科，而一九六〇年蘇俄便開始了空運汽油與糧食，供給寮共，於是寮共的勢力，便在越共的直接指揮，中共、俄共雙方爭着扶助之下，日益壯大起來了！

而且，在這當中，一九六〇年八月九日，還來一個寮政府的傘兵營長康立之變，把政府推翻，使巴特寮勢力更爲伸張起來；十二月十日，寮國的左傾政府成立；次日，蘇俄的大炮便空運到了永珍；同月不但永珍全爲左派所把持，而寮北也全部落入寮共手中。幸而，康立不服寮共指揮與吞掉，雙方自行火併起來，然後始給予傳瑪親王以捲土重來的機會，否則六年之前，寮國早已成爲共黨清一色的天下，無所謂左、右、中三派的分立形勢，而也不要勞這些庸醫們在今天還要動腦筋了啊！

至於越南弄到今天這樣百孔千瘡的地步，固然是日內瓦會議的協定爲之厲階，至今爲梗；然而南越連首都西貢也屢次陷於混亂，現在還是隨時有炸彈殺人不絕，這一情勢，在美國這位醫生的身上，所負的責任要比較大些。

當一九五五，南越議會罷免了保大，次年選舉吳廷艷任總統，這一連貫的變化，都是美國在公開的加以支持的。美國固有心去支持南越，要他與北越南的共黨政府相對抗。但美國政府的決策人一着手便未深切了越南病情的嚴重性；胡志明挾着中共之力，會於一九五三在奠邊府打得法國所謂國際兵團近十萬人大敗而降，其勢之盛，其必欲併吞南越而始甘心，又豈是美國徒以其强大，而用少數力量，加以嚇阻，所能令越共以至中共遽爾縮手！

固然，美國政府中決策人已認識到，美國坐令中國大陸陷國際共黨之手，如再坐視南越也完全爲共黨拿去，則東南亞固無美國的立脚地，而東北亞也會向美國中立起來，結果，美國的亞東防綫便會崩潰，美國只有眞爲中共所咀咒「美帝與我滾出亞洲」去！但是美國要[illegible]圖在亞洲立脚，乃是要花大本錢的；像以往的在政治上既怕受干涉他人內政之[illegible]，而無法使西貢的政治上軌道；在軍事上又未能以飛機大炮在十七度前綫使胡志明以至毛澤東眞有所畏懼。至於今日，眞所謂症已深矣，力亦疲矣，幸得還有一個阮慶將軍，似乎他還有餘勇可賈；美國如果不願拋棄南越南，則對阮慶的北進全面反攻，只有出大力支援之一法，時乎不再了！

五三、八、二

共和黨全國代表大會參觀記

楊永乾

美國係一兩黨政治的國家，兩黨代表大會的召開，主要爲推舉總統及副總統候選人。因之，亦有人稱之謂黨的提名大會。今年是美國的大選期年，兩黨循例分別召開黨代表大會，推舉黨的總統副總統候選人。共和黨的全國代表大會，於七月十三日在舊金山的牛宮舉行，十六日晚閉幕，會議共計四天。我承友人的幫忙，獲得進入牛宮參觀的機會。

就四天會議的經過說，爭執相當激烈。這次共和黨人在大會中競爭總統副總統候選人提名的，計有二人，一是高華德參議員，另一是史克蘭敦州長。前者屬於共和黨的保守派，亦有人稱之謂極端派，後者屬於共和黨的中庸派，亦稱之謂溫和派。由於高華德參議員早就着手佈置——據說他於一九六一年起，就暗中在各州佈置，而且組織嚴密——他自本年初的各州初選始，一直居於優勢。史克蘭敦州長本不想出來競選，後因洛克非勒州長在加里福尼亞州初選中敗於高華德參議員之後，共和黨中的中庸派，認爲高華德的激烈主張，與過於保守的政策，恐怕不是詹森的對手，難爲共和黨贏得今年秋天的大選。以前總統艾森豪爲首的共和黨中庸派，如駐越南大使洛奇，艾森豪之弟米爾頓·艾森豪，紐約州長洛克非勒等，倉卒之間決定推出史克蘭敦州長來對抗高華德參議員，所以史克蘭敦州長之競選總統提名候選人的活動，實際開始於洛奇辭去越南大使之後，其距離共和黨全國代表大會的召開，只有一個半月的時間，這就是說，共和黨的中庸派這次是臨陣遣將，倉卒應戰。

共和黨的中庸派原希望用前總統艾森豪在黨內的聲望，來扭轉這一不利形勢，來打擊高華德參議員的聲勢，然而由於時間過遲，加以高氏之組織嚴密，並未收到預期的效果。相反的，高華德對艾森豪不惟不表示尊敬，還表出輕視的態度，在會議之前，高氏始終不拜訪艾氏，顯示出他的有恃無恐。

由上所述，可以知道，共和黨的中庸派一開始即處於不利局面。不過他們的戰略，還打算在第一次投票時，來阻止高氏當選，然後再作對策。可是他們這一策略，在第二天（十四日）所提出的黨章修正案時，已顯出毫無效果。黨章修正案內容有三點：一、人民權法案，二、貶抑極端言論。三、核子武器的控制。這三點修正案，是共和黨的中庸派針對高華德的原草案而提出，也是阻止高氏的初步計劃。惟表決的結果，這三點修正案，以八百九十餘票的絕對多數，遭到否決。此後，高氏的保守派，完全控制會場，凡是支持保守派的言論，受到熱烈的歡呼，贊成中庸派的言論，多受到阻撓，處處居於劣勢，已註定其失敗的命運。

從十三、十四兩天會議的過程中，凡是在場的人，都已預感到高華德氏的勝利已成定局。不出所料，在十五日下午十時半，投票的結果，高氏的票，已超過半數，而順利當選。這時史克蘭敦州長，洛克非勒州長，都依民主政治的慣例，向勝利的高華德氏致賀，並表示支持。會議，到此，已完成使命，至於十六日的會議，都是一些例行事務，如高氏提出紐約州下議員米勒爲副總統候選人，及向大會發表接受當選演講等。

感想：參觀後的幾點

一、大國風度：會議上給我最深刻的印象，美國不愧爲民主先進的國家，美國人民確有其大國民的風度。共和黨的領袖們，不論是中庸派或保守派，在發表政見時，皆盡力爲自己的主張辦護，很少有敷衍的態度，高華德與史克蘭敦的支持者之間，不論在會場中列隊遊行，或是喊口號，都秩序井然互不相犯。在我座旁的觀衆中，有擁護高華德的，也有擁護史克蘭敦的，各喊各的口號，彼此之間，絕無歧視的態度。會場的外面，有數百青年所組織的示威遊行，抗議高華德氏的反對民權法案，他們在指定的界限之外，手拉着手，圍成圓圈，中唱着歌，不知道的人，還以爲他們在做什麼遊戲。

二、對高華德氏的印象：高華德參議員這次之所以能贏得共和黨總統候選人，不是賴於輿論的支持，是全賴他的長期佈置，及嚴密的組織。因他的主張過於偏激，黨內的中庸派，固然不滿，以他有背於共和黨的傳統。全國輿論界，一開始即對之大事批評，如紐約時報等。不過高氏亦有長處，不論在任何情形下，他都能堅持其主張。我們雖不認識高氏之爲人，然從他這幾個月來的言論，及在這次大會上的表現，充分流露出一種誠懇的態度，不像一般人的處處敷衍場面。

三、共和黨的前途：這次共和黨全國代表大會，保守派與中庸派之間，陣綫分明，結果勝利屬於高氏的保守派，可是他這次的勝利，並沒給共和黨帶來光明的前途，相反的，黨內的裂痕，愈形深刻。高氏在接受當選的演講中，對中庸派的批評，至今還是受到各方的指責，引起很大的反感，洛克非勒等的指責，固不必說，即老成持重的艾森豪氏，也表示高氏如不把這句話加以說明，他將不支持高氏，最近紐約州共和黨兩位參議員查維斯與基亭，亦聲明如高氏不改變其態度，他們也不支持高華德參議員，從這些爭吵事件，可以看出共和黨內兩派尖銳的對立，有增無已，使該黨在今年的大選，處於相當不利的局面。至少在今天說，這一不利的局面，高華德氏還沒有把他改變的趨向。

七月廿一日於舊金山

中共聲明決不參加國際共黨大會

中共說：該會召開日即蘇共領導入墓時

劉裕略

中蘇共黨之衝突，已隨着赫毛個人衝突之尖銳化而更向尖端發展了。

最初，赫魯曉夫只想推翻毛澤東在中共的領導地位，不想與中共分裂，甚至還想掌握住不由毛澤東領導的中共。但赫魯曉夫未能推翻毛澤東，正如毛澤東未能推翻赫魯曉夫，而赫毛二人又至今仍然各自有效的掌握着他自己的黨，所以，他們二人之間的衝突，迅即發展成爲中蘇共黨之間之衝突，甚至還正在發展爲中共蘇共兩個政權之間的衝突。

爲了對付毛澤東，赫魯曉夫隨後的打算是想中共與蘇共之間於本年五月作一個直接談判。談判之後，再於本年七月召開國際共黨大會來譴責甚至開除毛共，但毛共首先拒絕與赫共直接談判，更反對國際共黨在今年七月開會。

於是，赫魯曉夫不得已，只好單獨籌備國際共黨大會了。關於此事，據莫斯科七月三十日合衆社電：「蘇共已要求中共及其它二十四國共黨參加籌備會議，作爲九十餘國共黨參加的國際共黨大會的初步會議。據說這被邀請的國家有：阿爾巴尼亞、保加利亞、匈牙利、北越、東德、中共、北韓、古巴、外蒙、波蘭、羅馬尼西亞、西德、捷克、法共、義共、英共、芬共、阿根廷共、巴西共、敘利亞共、印度共、印尼共、美共、日共及澳共。其中十四個支持莫斯科，五個（阿爾巴尼亞、北越、北韓、印尼及日共）支持北平」。先是中共會於今年二月廿九日對那遙遙無期的國際共黨大會提過一個比較有利於中共的十七國共黨作籌備委員的名單，但未爲蘇共接受。因而蘇共有意單獨籌開國際共黨大會的傳說更廣爲流傳了。

直到七月三十日，中共新華社正式公佈「中國共產黨中央委員會，答覆蘇聯共產黨六月十五日的來信」，更完全暴露了中蘇共黨之爭，又已進入了一個新階段，證明蘇共確已決心單獨籌開國際共黨大會了。而中共則在它七月廿八日的覆信中嚴峻拒絕了蘇共的邀請參加。

以下是中共七月廿八日答覆蘇共信函的一部分原文：

「你們的來信，對我們五月七日信件中的合理建議加以歪曲和拒絕，對許多兄弟黨要求團結，反對分裂的意見置若罔聞。你們在來信中，爲兄弟黨國際會議規定了修正主義的政治綱領和分裂主義的組織路綫。這就暴露了你們已經下定決心，要橫蠻地，片面地，非法地籌備和召開一個公開分裂國際共產主義運動的會議」。

「你們把一切都盤算好了：開什麼樣的會，什麼人籌開，什麼人參加，什麼人召集，一切都是你們說了算。在你們看來，所有兄弟黨都不過是傀儡，只有聽從你們發號施令的資格。你們這一套，侵透了大國沙文主義和老子黨的氣味」。

「我們決不參加你們分裂國際共產主義運動的國際會議和它的籌備會議」。

「你們現在要召集分裂大會，不，應該說是分裂小會。因爲全世界共黨人中，眞正相信修正主義的人，就共產黨人總來說，不過是一小撮人，而且這些人是肯定要失敗的。世界上的修正者們，十分不團結，意見不一致。眞正死心塌地跟着你們指揮棒轉圈子人，有一些，但是越來越少了。所以你們不經過協商，不取得兄弟黨的同意，就要片面地召開所謂大會，歷史將證明，只是一個爲資產階級服務的反共、反人民、反革命的極其渺小的會議。就像當年第二國際爲了反對列寧主義的召開的一些所謂大會一樣」。

「既然你們下定了決心，大概就得開會吧。如果不開說了不算數，豈不貽笑千古嗎？這叫做騎虎難下，實逼處此，欲罷不能，自己設了陷阱，自己滾下去，只得一命嗚呼。不開吧，人們會說你們聽了中國人和各國馬克思列寧政黨的勸告，顯得你們面上無光。要是開吧，從此走入絕境，再無迴旋餘地。這就是你們修正主義者在現在這個歷史關節上自己造成的絕大危機。這們還不感覺到嗎？我們堅信，你們所謂大會召開之日，就是你們進入墳墓之時」。

「誰都能看到，現在國際共產主義運動中的分歧是這樣嚴重，爭論是這樣劇烈，如果急急忙忙的召開國際會議，只會開壞，不會開好。如果你們不顧我們的嚴正警告，拋棄協商一致的原則，一定要非法地，片面地召開國際會議，那只能有一個結果，就是公開分裂」。

中共給蘇共的信件最後說：「親愛的同志們，我們願意再一次誠懇地勸告你們，還是懸崖勒馬的好，不要愛惜那種虛僞的無用的面子，如果你們不聽，一定要走絕路，那就請便吧！那時我們只好說無可奈何花落去，似會相識燕歸來」。

上述中共七月廿八日覆蘇共這一封信原文共長一萬二千字，依文辭及內容看，仍係出諸毛澤東手筆。如果赫魯曉夫不因其它原因而停開國際共黨大會的話，眼見中蘇共黨間之爭端，又將進入另一新階段。

毛澤東撥巨欵資助美國黑人武裝暴動

綜觀

本報早經報導毛澤東的魔手已經伸入了美國，但很多人因爲反共，因爲看不起毛澤東，便不相信毛澤東能夠在美國內部起作用，現在，由於美國黑人逐漸走上武裝暴動的路，不相信毛澤東的魔手能伸入美國的人也只好相信了。

事實上，這次紐約市哈林區的黑人暴動，雖不是由毛澤東直接指揮，但該暴動係由黑人中的共黨分子暗中策動，並利用一般黑人的反抗情緒而形成，是鐵的事實，策動和利用這次暴動的美國黑人中的共黨分子，在國際共黨關係上，是屬擁護毛澤東路綫反對赫魯曉夫路綫，也是鐵的事實。所以，美國紐約市哈林區這次黑人暴動走的正是毛澤東路綫，實行的正是毛澤東所謂「武裝暴動是無產階級革命的普遍規律」那一句話。

據紐約七月廿五日合衆社電：「警方星期六較遲時間對於哈林區黑人集團之一共黨頭子，正在交叉路口出現，開始進行抗議遊行示威時加以逮捕。此種抗議示威，是經警務總監畢斐下令禁止在案的。」這可見共黨分子確實是煽動這次黑人暴動的主要分子。

另據漢堡七月二十七日合衆社電：「美國黑人作家鮑爾温星期日警告說：美國的種族危機，可能會暴發成黑白人之間的內戰。按鮑爾雖沒有參加任何民權運動，但他的著作，在美風行，一向被認爲是其種族的發言人。上述談話則是他在西德與「明鏡」雜誌作長時談發表的。鮑爾温說：在哈林區和南部的人們業已以數年的時間，囤積武器，他們此舉的目的是爲一個不可避免的大流血衝突日子預作準備。」

另據中共新華社開羅七月十七日電：「美國黑人團結組織主席馬爾科姆·愛克斯今天在提交給非洲國家首腦會議的一份備忘錄中，強烈譴責美國當局實行種族主義，並呼籲非洲國家首腦會議支持美國黑人爭取人權的鬥爭。他說「我們堅持享有採取任何必要手段以自衛的權利。並且保留對我們的種族主義壓迫者行使最大限度的報復的權』。他又說美國黑人有權自衛，以暴力對付暴力，以眼還眼，以牙還牙。」

另據中共新華社七月二十三日哈瓦那電：「居住在古巴的著名美國黑人領袖羅伯特·威廉今天發表聲明，呼籲全世界人民對美國黑人的鬥爭給予道義上與物質上的支援。聲明指出「目前的局勢是如此險惡，因此，我們受到殘酷圍攻的人們如果要活下去，就必須實行武裝自衛』。聲明還說：「我們也需要金錢和武器的援助。」。」

羅伯特·威廉就是去年十月訪問北平，親自接受毛澤東煽動及經濟援助的美國黑人。他會經在北平高呼擁毛反赫口號，可見他是站在擁毛反赫立場上的一個美國黑人共黨分子。據我們獲自中共方面的可靠消息，毛澤東除支使羅伯特·威廉長住在古巴，就近策劃美國國內黑人從事暴動外，毛澤東經常給予經濟援助，這次紐市哈林區發生嚴重暴動後，加以羅伯特·威廉又呼籲金錢及武器之援助，所以，毛澤東又即刻撥了巨欵由中共駐古巴大使轉交羅伯特·威廉，使美國黑人自購武器。

事實上，毛澤東的想法是盡量利用美國的種族歧視現象，煽動美國黑人的反抗情緒，由反抗與不滿變成示威遊行，再由示威遊行形成組織與暴動，再由混亂、騷動、搶刦、鬥毆及無武裝的暴動，變成有武裝的暴動。這是毛澤東認定「美帝是全世界惟一主要敵人」後的擒賊擒王戰畧，在毛澤東看來，在美國形成黑人武裝暴動是可能的。如能滲透、擾亂美國，自可有助於他的赤化世界企圖。難怪中共七月二十二日人民日報評論很樂觀，認爲哈林區「黑人會在一九三六年、一九四三年爲抗議警察暴行，舉行這大規模示威。現在，隨着美國黑人運動的日益高漲，哈林區的黑人鬥爭也進入了一個新的階段」。現在，除了羅伯特·威廉外，又有更多的美國黑人如鮑爾温以及馬爾科姆愛克斯等人主張武裝暴動，這是毛澤東最得意的事

大陸簡訊

大陸學生全部入營

軍訓

赫魯曉夫儘管早已嘲笑毛澤東的三千萬民兵不過是一塊等待宰割的死肉，但毛澤東仍在擴大推行他的民兵計劃，毛澤東現在且更進一步强迫大陸全部學生一律必須入營接受軍訓，且將清華大學北京大學一律正式編爲民兵師了。

對此，中共新華社曾於七月二十五日自北平發出報導說：「今年北京市的軍事野營活動規模大」，「清華大學，北京大學，中央民族學院，北京鋼鐵學院，北京礦業學院，中國科學技術大學等院校五千多名學生民兵，現已到達部隊，正在設在部隊的野營點，學習政治課程命軍事課程。西城區的一千名民兵幹部，到達公安部隊和裝甲部隊以後，積極學習了部隊的光榮傳統、優良作風和軍事知識。最近到達野營的還有朝陽區的一千多名民兵，公共汽車公司的五百名職工民兵」。

中共新華社又說：「最近上海市數千名大中學校的學生和民兵，分別到了解放軍陸海空軍舉辦的軍事夏令營營地」。

新華社又說：「最近瀋陽市有許多工廠、學校、機關的民兵，通遍一年一度的軍事野營活動，普通增强了國防觀念和組織紀律性，豐富和提高了軍事知識與軍事技術」。

新華社又說：「武漢市民兵的野營活動開始於六月初，廣大民兵在野營活動中，積極學習了毛主席關於人民戰爭的思想和解放軍的光榮傳統；廣泛進行了軍事、防空、野營、警戒、偵察、射擊等軍事技術的操練。……曾在一九三五年遵義會議期間擔任會議警衛工作的警備連副連長，現任武漢市紡織工業管理局黨副委書記唐厚美，親自率領四十名機關民兵到鄭家店進行防空、射擊等演習」。

新華社又說：「江蘇省南京、徐州、南通等七個省市和部分縣城目前有數萬民兵和少年學生參加了軍事野營」云。

中共說不與葡萄牙建交

近年以來，國際間時常流行一個消息，說葡萄牙即將與中共建交。對此，中共新華社於七月二十八日特別發表了一篇「受權聲明」，說中共無意與葡萄牙。原因是由於蘇聯抨擊中共，說中共一面支持非洲黑人反帝，一面又與非洲黑人所反對的葡萄牙建交。憑良心講，中共本來是想與葡建交的。但爲了對付蘇聯的挑撥，中共只好暫時放棄兩面手法，一心爭取非洲黑人，所以中共便被迫昧着良心說不與葡國建交了。

七月二十八日新華社的「受權聲明」說：「眞理報發表的關於中葡關係的種種說法是毫無根據澈頭澈尾的捏造，是從帝國主義報刊那裏抄來的。其目的，同帝國主義一樣，在於挑撥中國和正在同葡萄牙殖民主義者進行英勇鬥爭的非洲人民之間的戰鬥友誼。中國從來沒有考慮同葡萄牙建立外交關係，中國對葡屬殖民地人民反對葡萄牙統治鬥爭的支持，歷來是堅决的，無條件的。堅决支持非洲、亞洲、拉丁美洲和全世界一切被壓迫人民和被壓迫民族反對美帝國主義以及一切新老殖民主義的鬥爭。包括武裝鬥爭，是中國堅定不移的方針」云。

僑鄉近訊

中共深入調查廣東地區少數民族

國內少數民族，始終是中共的大敵。主要原因是中共基本上歧視少數民族，壓榨少數民族。而中共企圖澈底控制少數民族，則因言語隔膜，生活習慣不同，少數民族散居各地，加以凡屬國內少數民族居住地區，都是崇山峻嶺交通極不便之地區，所以中共對少數民族始終感到頭痛。

據中共自己公佈，中共現在是正在更進一步設法控制少數民族地區了。中共目前採取的辦法，是一方面調查研究，盡力先行搜集資料，另一方面便是把交通網伸入到少數民族地區去。

據中共控制的香港大公報七月廿七日「廣州專訊」說：「科學研究人員已對廣東八個少數民族的社會經濟和歷史情況作了調查，編著出多種史料。這八個少數民族是黎、僮、瑤、苗、京、回、滿、畬，分佈在海南、粵北、粵西和粵東一帶，人口七十多萬」。「中國科學院廣東民族研究所廣東少數民族社會歷史調查組，深入這些偏僻地區，進行了幾年的調查研究工作。」「調查組搜集到大量原始資料，並整理出十幾種史料」云。

連南瑤族山區公路開始通車

除調查研究廣東省內八個少數民族外，中共又在積極修建通往各少數民族居住地區之公路。中共之目的有三：一、是便於施行政治控制；二、便於壓榨各少數民族之生產物資；三、如果國軍反攻，或在少數民族居住之山區空降，則便於共軍支援。有此三大原因，所以，中共最近動員了許多公路工程人員，而且强迫各少數民族之男女，一齊出來建築公路。

據中共大公報七月廿七日報導：「連南瑤族自治縣通往瑤山的第一條班車公路，七月上旬正式通車。這條公路由自治縣首府三江鎮通至寨崗，全長三十八公里。途經山溪、三排、連水、東芒、蜈公田等瑤寨」。又說「連南全縣近年新闢公路五條，共長一百三十多公里，其中有兩條是林區公路」云。

廣東今年早稻多災多難

據中共宣佈，廣東今年早稻已於七月廿七日前收割完畢了。收成究竟如何呢？中共沒有詳細說明，只慣例的吹噓說是「預計比去年增產」。這話靠得住嗎？中無人知道。不過，對於廣東今年早稻，中共自己却承認：「今年春夏，廣東省自然災害頻繁。早春播種期間，各地會遇到七次寒潮入侵。三、四月又有不少地區發生乾旱。五月底，水稻正抽穗揚花，却碰上了從珠江口登陸的强颱風。六月中旬，東江、北江、韓江相繼出現了，歷史上罕見的特大洪水。七月中旬，早稻剛剛黃熟，暴風雨又從海南島和雷州半島一帶掠過。各地還發生了相當嚴重的病虫害」云。那末，廣東各地今年早稻收成不管中共如何吹噓，只看它所供述的上列情況，就知道一定不會很好了。

中共在廣東各地區擴種甘蔗

中共近年已在繼續擴大廣東全省的種蔗面積。據中共新華社七月廿七日廣州電訊說：「廣東省歷年甘蔗的種植面積，佔全國甘蔗總面積的百分之五十左右。今年這個省的甘蔗區，根據國家的需要，在完成糧食作物播種的前提下，充分利用旱地坡地和零星土地擴種甘蔗。據有關部門統計，各地種植甘蔗的面積，比去年增加了百分之六十以上」云。

廣州茶館也成革命陣地

七月廿八日中共人民日報提出號召「佔領這個陣地」。它說：「茶館嘛，愛去喝茶聽書，這是個人興趣。言外之意，似乎不必去管。此言差矣，看武鋼耐火材料廠的集體宿舍，因爲位於偏僻地區，原來沒有俱樂部，兩家私營茶館設立了兩個說書場，以色情劍俠等等資產階級和封建迷信的東西，迷惑毒害青年。無產階級思想沒有佔領這個陣地，資本主義和封主義就乘虛而入了」。

正由於中共中央命令各地方黨委及共幹務必佔領這個陣地，所以目前廣東各地茶館也正紛紛被中共佔領，派革命故事員專門說書。

中共參加越戰蠡測

・屈圖・

月來西貢市面正盛傳一項驚人消息：中共將不惜冒着引起第三次世界大戰的危險，隨時均可能派出大軍開入北越，協助越共發動大規模的「南進戰爭」，藉以攘奪盛產米粮的肥沃地區；美越的軍事力量，實難抵抗中共紅軍的人海戰術。——這種傳說，當然是「共特」放出來的「空氣」，而南越人民確有不少被嚇倒，甚至奔走相告，認爲局勢危殆。更有不少人憂慮到「新式韓戰」即將來臨，使南越人民慘罹浩刼！於是，共黨大收宣傳之效，「心理戰」顯然是獲致成功。

「新式韓戰」眞的會在越南出現嗎？

以軍事觀點來說，韓局與越局幷不完全相同：第一、在韓戰中，中共「志願軍」渡過鴨綠江後，即隱藏於地形複雜的北韓山地，聯合國軍極難發現，致聯合國軍經常被中共軍的「人海」覷準了弱點來進攻，但此種「人海戰術」却無法可以在不同環境的地點使用的；第二、中共在韓戰中的最大優勢，最補給基地近在東北，當時由於「中蘇共同防禦協定」牽制着，故美國不准麥帥轟炸東北，有了這種「特殊庇護」，中共軍才得耀武揚威。可是現在中共軍的補給基地祇是滇、桂，已沒有「特殊庇護」；第三、中共自與蘇聯交惡後，「靠山」是否仍可靠？大有問題，加以日前由蘇聯代爲裝備的中共軍隊，現在已成落伍，而莫斯科早已停止供應中共以新式武器，如飛機、重炮、及重要零件等，其實當然大打折扣。那末，中共爲有胆量來捋具有「核子牙」的「紙老虎」的虎鬚？至於在地形方面，韓、越也逈異的。越南遍地是叢林，山地，與沼澤，不像韓國的易於大軍調動，中共軍倘若入越參戰，祇能以小股游擊方式進行，「人海戰術」無可施其技。

但是，若說中共決不會參加越戰，却又不盡然，祇是其態勢與宣傳言者很有距離。換言之，所謂「人海戰術」，所謂「新式韓戰」，都是一種「高調」吧了！實際上，中共軍之參加越戰，最可能的是派出較大量的技術人員和幹部；參與越共的戎機，及訓練越共的戰術；另方面，則予以物資和武器的援助，藉以增强越共的實力。至於「人海」云云，中共是受到客觀條件所限制，是辦不到的；即使中共不顧任何後果，實行「蠻幹」，恐怕越共方面也不會輕易接受，爲的是，那些人海的供養是成問題，而「尤須顧慮的」是「易請難送」，「得不償失」，更屬意料中事。

照目前形勢發展下去，中共是必然加强和加速援助越共的；越共的擴大越戰，也是必然的一項措施。現在，越共已採取重點襲擊的戰畧，他們的攻勢主要地區，是集中在西貢以北的四個省份。這些省份，全是一向被爲「安全」的，但由於這四個省份是與北越邊境接近，故越共先以主力向這些地區下手。過去兩三個星期內，越共的游擊隊已在該四個省份的若千據點上發動過數次攻勢，其用意何在？迄今未明。

南越總理阮慶爲北部各省區的戰事表示極度憂慮，他曾公開指出：北越的正規部隊已發動了「公然的侵畧」，那些北越正規軍是與游擊部並肩作戰的。美國駐越的情報人員也承認：曾受中共訓練的北越部隊，已源源南下，滲入了南越境內。還出現了一項耐人尋味的情形，那就是，北越共黨過去遣往南越的滲透份子差不多完全是南越出生而留居北越的人，但最近北越所派到南越的都完全是北越的土著。這一轉變，原因何在？眞是高深莫測。

西貢的政府軍，刻雖準備大規模反攻，但直目前，仍是「雷聲大，雨點小」。於是，中共更「作威作福」了，發出了這樣的聲明：「中共對任何侵北越的行動，決不袖手旁觀」。這就是說：「中共將參加越戰，協助北越抵抗任何侵畧」。

然而，「參戰」是有可能的。如何「參戰」？却是另一問題。以筆者最近獲得的消息，則認定中共無論如何不會在越使「人海戰術」哩！

見徵

破獲大漏稅集團

主犯却有稅官作掩護

（台通訊）省財政廳及警務處等有關單位最近破獲一宗大漏稅案、其牽連之廣與漏稅金額之多，可謂空前。過去層見迭出的漏稅案，僅係不法商人與少數不肖稅官勾結；本案則爲一個有組織的集團，專門替一些大廠商做掮客，向稅務人員勾串舞弊，逃避捐稅。全省二十二個縣市的稅捐局處，已發現有半數以上與註冊集團有關。實屬駭人聽聞。

此一漏稅集團，原由朱景賢（江蘇人）爲首，早於民國四十三年即已組成。其後他屬下的幹將王展懷（福建人）洪寶鶴（江蘇人）王自雲等三人又各立門戶，於是形成所謂四大金剛。各擁一批人馬，分別兜售生意；但仍保持密切聯繫，每月在台北舉行會議一次，交換情報。

依照現行稅法的規定，廠商出售產品與批發商人時，必須開出三聯式發票，存根聯由出售貨品廠商收存，作爲每月自動報繳稅欵的計算資料，收執聯交購貨的批發商，作爲進貨的憑證報核聯，則由售貨廠商於次月月初呈報稅捐處。但各縣市稅捐處每月所收到的報核聯爲數甚多（北市每月則有數萬件），爲了交換方便起見，每月中旬各縣市稅捐處均派員將所收到應交換的報核聯帶到北市稅捐處第六課，分別交換。屬於他們自己縣市的報核聯，因爲張數甚多，他們交換時，除了將十萬元以上金額的報核聯登記下號碼之外，其餘均祇登記張數。由於此一漏洞，遂使該集團有可乘之機。

漏稅集團與一批不法廠商事先有連繫，他們開出一張有辦法控制的縣市稅捐處名單交給廠商，而廠商則於每月底，將擬抽同所屬於某些縣市稅捐處的報核聯多少張，通知該集團「四大金剛」的手下即分別向各該稅捐處所可串的人員連繫，將所需要的報核聯抽出。這種抽報核聯工作，大多數是在各該縣市稅捐處的資料室下手，如果報核聯已被轉發至分處，他們也有辦法抽掉，台北市萬華稅捐分處股長謝康，就是因替他們抽轉發至該分處的報核聯案發而被扣押。該集團替廠抽報核聯的代價，是按照該報核聯上應繳千分之四的營業稅額計算，有時是千分之二，有的甚至高至千分之三。因爲抽掉報核聯，可以使買賣雙方的廠商均可憑稅，所以廠商也樂於付出千分之三的代價。

漏稅集團爲了使他們的「業務」地區能逐漸擴大，不惜使用陰謀佈下陷阱使稅務人員上了圈套之後，不得不俯首聽命，在微薄的報酬之下（有時抽一張報核聯祇得三、五百元的賄路），爲他們幹這種冒險工作。被扣押的某縣稅捐處資料室股長，即因在另一案件上，收了他們的紅包，而被他們抓住把柄，該股長因恐此事此事張揚出去，會被免職，在他們威脅之下，替他們幹抽報核聯的勾當。

漏稅集團，由於控制嚴密，幾年來始終是一帆風順，他們的「營業」範圍也日益擴大，他們的「客戶」有紡織、五金、化學原料、西藥、香茅油油等數十家大廠商，據初步估計，他們代「客戶」漏稅的營業額已達一、兩億元之多。

截至現在爲止，在檢警雙方抽絲剝繭手法之下，已抓到該集團的十名掮客，並將該集團所可串的苗栗、新竹、台北縣市、基隆、宜蘭、台南市、高雄縣等十四名稅務人員分別緝獲扣訊。但該集團的朱景賢、王懷、洪寶鶴、王自雲等四大首腦人物，雖經警方通令全省查緝，迄今仍逍遙法外，據說朱景賢等四人，是被與他們有關係的稅務人員所掩護，因此警方查緝他們相當困難。

台灣簡訊

志清

一　唐縱訪美歸來被迫辭職

國民黨中央常務委員兼秘書長唐縱最近應邀訪美，事前原經獲「總統」的核准。他在出國前夕，簽報蔣「總統」，擬請在其出國期間，准由副秘書長郭驥代理秘書長。本來以副代正乃是國民黨的傳統，唐縱之意不過是一種例行的手續，並無任何特殊的意義。不料，蔣「總統」未予批示，直到他離開台北後，才另以一紙手令，派谷鳳翔爲代理秘書長。原因是郭驥乃是該黨副總裁兼副總統陳誠的人，在陳誠業經失寵的今日，郭驥自然免不了要受池魚之災了。

至於谷鳳翔的得寵，也有一段經過。一年多前、雷震在獄中做一首新詩，台北的每朝週刊曾予登載，徐佛觀等還有詩和之。雷詩全是反省之詞，並無一字對當權派有一絲一毫的怨懟；但某日國民黨中央黨部舉行某項會議，由蔣「總統」親自主持，其時司法行政部有易長的可能，谷鳳翔頗有意於於此。乃在會上提出「雷震爲一被押徒刑十年的重要罪犯，但時與潮週刊竟登載他在獄中所作的詩，還有若千知名士人作詩和之，倘不立予制止，將來和詩的人還可不可能繼續增多，輾轉轉播，實足以影響人心，損害領袖的威信」。蔣「總統」聞言，立將當時亦列席會議的警備總司令責罵一頓，於是即席決定勒令時與潮停刊一年，並讚許谷鳳翔忠貞可嘉。自此以後，谷即備承寵信，惟以鄭彥棻乃是蔣經國的親信，至今尙穩坐司法行政部長的實座，谷無計可施，祇得另候機緣。此爲蔣「總統」派谷鳳翔代理國民黨中央秘書長的幕中原因。谷奉派後，即日到中央黨部視事，現在唐縱回國，他仍不表示交卸，大有久代不歸之意。又傳唐縱在美的若干言行，蔣「總統」父子亦表示不滿。唐縱在此情形，祇得申請辭職，雖然蔣「總統」尙未批示，是否照准，尙不得而知；但據熟知內情者透露，唐縱不再受寵信，已是無可否認之事實了。

二　陳誠「閉門思過」

曾經久獲蔣「總統」寵信有加，扶植備至的陳誠，在被迫辭去行政院長之初，尙不甘寂寞，隨時向人表示他的辭職乃係奉命。但自至蔣「總統」明令他「易地靜養」以後，他雖然仍在台北家中，却絕少出門。就是他昔日的親信也誠恐累及自身，不敢過從。數月以來，這位素以敢作敢爲見稱的政海紅人，也就過着深居簡出，幾乎與世不相往來的生活了。昔人有云，伴君如伴虎。如今雖然已是民主時代；但在我們的台灣，蔣「總統」還是以專制時代的「君」自居的。因而王威莫測，在其左右的政要和黨要隨時都可無緣無故的招來或大或小的不幸。陳誠之被賜在家靜養，比之於陳立夫之被賜流亡異域又畧勝一籌了。

三　反共建國聯盟又將胎死腹中

蔣「總統」所號召的反共建國聯盟，經於數月前明令派了若千人組成了一個籌備委員會。人們以爲這般可能將假戲眞做。但事實却是所謂籌備工作，已陷於停頓的狀態，某些籌備委員且已不出席籌備會議。以期「不做不錯」，俾免招惹煩擾。據說，停頓的原因很不簡單，其最要者有二。（一）數月以前，台南曾發生所謂兵變，此事雖已過去，但蔣經國却認爲台灣的軍心包括乃弟在內，並非完全向已，誠恐聯盟一且開會，不免有少數人將發表一些非其所願的言論，可能更將影響軍心，妨碍「大計」。因此，才決定出任國防部副部長，加緊對軍隊的控制。在其控制尙未臻於完美以前，聯盟將延綏進行。（二）蔣「總統」認爲美國下屆總統選舉，共和黨候選人高華德可能當選。高既主張不惜以極端對付共黨侵畧，自必對其號稱反共的獨裁政權另眼相看。果如此，他就可以獨斷獨行，不患沒有美援，自無需再召集什麼反共聯盟，自尋苦惱者。因此兩大原因，反共聯盟或將胎死腹中。據說，唐縱此次訪美原已向旅居外國的知名人士有所接洽，表達蔣「總統」希望他們能叵台參加聯盟，他們之中，也有熱心之士表示屆時一定叵國一行。唐縱之所以有此活動，原是向蔣「總統」請示並得其認可的；但以高華德之忽然當選共和黨總統候選人，蔣「總統」認爲形勢於他有利，忽又對唐在美的言論行動極表不滿，這也是唐縱請辭秘書長的近因之一。

本刊已經香港政府登記

聯合評論

週刊

每逢星期五出版

United Voice Weekly

第三〇六號

督印人：黃宇人　總編輯：左舜生
社址：九龍通菜街三十八號南亞書局　849126
承印：周田鳳印刷公司　香港高士打道[illegible]
CHINESE - AMERICAN PRESS, INC
199 CANAL STREET,
NEW YORK 13 N. Y. U.S.A.

赫毛個人衝突之背境與影響

劉裕略

論者往往以爲赫魯曉夫與毛澤東發生個人衝突，是由於老赫的政治權術不及史大林，故史可隨心所欲支配毛，赫則不能；論者往往以爲赫毛個人衝突是偶發事件，不是必然事件；論者又往往以爲他們之間的衝突，是導源於清算史大林，或導源於蘇聯撕毀援助中共的幾百個合約。其實，這都是皮相之談，或倒果爲因之見。

從馬克思理論講：共產黨原應由無產階級組成。而馬克思所謂無產階級，指的原是沒有生產工具的工人。並非指的是窮人，窮人以爲共產黨在爲他們革命，只是自作多情。那末，共產黨就是由沒有生產工具的工人所組成嗎？却又不然。列寧曾經大力反對共產黨由工人組成。列寧堅決主張共產黨可以代表工人階級，工人階級可以團結在共產黨周圍接受領導，但共產黨中央領導人物，應由「職業革命家」組成。所以，從共產黨的領導階層的組織成分看，可以很明顯的看出身居共產黨中央高位的領導人既不是什麽工人階級的領袖，也不是什麽政治家，而只是一批以革命爲職業的黨棍。這批黨棍雖然天天高叫革命，但他們內心天天盤算着的却是個人權利，天天進行着的却是個人權利，蘇共如此，中共亦如此，此所以乙得勢，甲便成了反革命，丙得勢，乙又成了反革命，是各國共黨千篇一律的普通現象。

史大林在世之日，權勢顯赫，誰都知道他是一個殺人不貶眼的魔王，誰也知道他從列寧死後，他曾寃殺無數個黨內革命同志、鬥垮過蘇共中央無數個「革命職業家」才站穩才掌握住黨的領導地位。所以，當史大林在世之日，內心反對史大林的赫魯曉夫當時也只能在史大林面前僞裝忠貞，才倖免於難，然仍不免於常受侮辱。迨史大林去世，蘇共中央那批身居高位的職業革命家便即展開爭奪領導權的內部爭鬥。本來，這也難怪，列寧在組織布爾雪維克時既老早就規定了他們黨的中央人物都是職業革命家，他們既以革命爲職業，那末，他們那能不把鬥爭當作他們的職業呢？在新領權爭奪過程中，他們彼此心領神會，一致對外宣稱那是集體領導。其實，這只是他們對外的共同僞飾。所謂集體領導即是新胎兒「新領導」的生產時期。那個新胎兒千遍一律一定是要經過內部權利鬥爭的劇痛才能產生的。以史大林死後初期來說，蘇共當時曾對外宣稱他們奉行集體領導。但就在那一集體領導時期，赫魯曉夫先聯合馬林科夫、莫洛托夫、布爾加寧及朱科夫等人把貝利亞用手槍清除了，當時他們曾異口同聲說貝利亞是帝國主義代理人，他們的內部鬥爭原就是那樣殘酷的啊！事情未從此停止，他們彼此聯合起來把貝利亞清除之後，剩下來的人又再繼續實行彼此間的內部鬥爭，作爲他們的革命職業，於是，赫魯曉夫又聯合布爾加寧與朱可夫把馬林科夫清算了。又把莫洛托清算了；跟着聯合布爾加寧把朱可夫清算了！再跟着，又聯合米高揚把布爾加寧清算了。集體領導內的原有領導分子一個一個被清算掉，定于一尊的赫魯曉夫獨霸局面才逐漸形成。但這時候的赫魯曉夫又不可避免的面臨兩個問題：一是如何在蘇聯內部進一步形成唯我獨尊的偶像；一是如何奠定他在國際共黨間的權威領導地位。而後一問題的困難是赫魯曉夫畢竟只是蘇共的第二代領袖，毛澤東等人則是中共的第一代領袖。毛的[illegible]像地位早已不可動搖。然而作爲共產主義祖國蘇聯的領導人的赫魯曉夫照例是要領導任何其它共黨國家的，於是，赫毛之開的個人權位便發生了矛盾與衝突、再則由於赫魯曉夫不是史大林親信，乃人所共知，假如老赫是史大林親信，老赫要在其內部確立偶象地位，大可從頌揚和抬高史大林地位着手。但人們都知道老赫不是史大林親信，老赫亦自知不能利用史大林這一像來培養自己的偶象，他又知道不打垮舊偶象，便不能樹立新」像，再加上蘇聯內部的社會條件與具體情況已不同於史大林時期，且史大林曾經對內作惡多端，也是事實。於是，赫魯曉夫爲了籠絡人心，樹立自己對內對外的新偶象，便假借反對個人崇拜來直接清算史大林，間接打擊毛澤東一類已有偶象作用而與他存在着權利衝突的人了。他的這個一石二鳥政策，全在替自已建立他本人在蘇聯內部以及他在國際共黨中的權威支配地位，自不待言。

但在清算史大林舊偶象以及反對個人崇拜的利害上，毛澤東却與史大林的利益一致，毛澤東固無愛於史大林，但老赫假借反對個人崇拜以直接清算史大林，間接打擊到老毛的，老毛就不能不爲自己的權利與地位作生死鬥爭了。所以，赫毛之間發生個人衝突實在是馬克思理論及共黨組織方式命定而且必然發生的情況，不是突然的，也不是老赫的政治權術不如老史，更不是蘇聯停止援助中共，毛澤東才反對老赫。事實上，老赫反而是把停止對中共的援助當作一種手段，來逼迫中共從內部推翻毛澤東的。

但我覺得直到今天爲止，毛澤東雖已逐漸瞭解到赫魯曉夫及其集團的出現不是偶然，毛澤東雖已逐漸瞭解現已不能隨意推翻赫魯曉夫，毛澤東也似乎覺察到因赫毛個人衝突而引起的影响異常廣泛而深遠，但赫魯曉夫則至今尙未認清這一衝突的社會背境，更未認清這一衝突的廣泛而深遠的影响。所以，老赫前幾年還以爲可以用撕毀幾百個援助中共的合同，撤退蘇聯人員，便可迫使中共內部發生變化，以從內部推翻毛澤東。可以說，老赫到今天還在拖泥帶水，不用廢棄所謂「中蘇軍事友好同盟」來嚴重打擊毛澤東及中共，正反映老赫到今天仍未完全了解中共內部之所以仍在支持老毛實有其特殊背境在。更可以說，直到今天，老赫還在孤立的看問題，以爲由赫毛個人衝突所引起的中蘇共衝突，只要毛垮了或毛死了，中蘇共衝突便可消除。

本來，早在三年前，我個人確定中蘇共衝突起源於赫毛個人衝突時，亦會確定赫毛兩人中有一人或垮或死，其衝突便可解除，但這是指當時的情況而言。從當時到現在，赫毛個人衝突在時間上講，已延續數年；在範圍上講，已牽連甚廣，而一切政治事物與人事關係都是在變的，事情的存在更不孤立，何況，國際共黨內部以及中蘇共自身本各自早已存在着不同社會背境，普天之下，一因一果的事本少，某些不同背境（因）本不一定能直接產生某些果，但假若另有主因如赫毛個人衝突，又假如這一主因延續時間太長的話，那末，原本未必發生問題的背境（因）便亦往往可因其它牽連而發生越來越複雜的併發症。當併發症不厲害時，主因消滅（赫毛個人衝突因二人中有一人或死或垮），連帶引起的問題自不難於醫治或萎縮。若併發症延續時間太長，主症副症可能不分，甚至副症取主症而代之，此時主因縱然消滅（赫毛二人縱然死去或垮下一人），則併發症仍有不能收拾的可能了。事實上，今日中蘇共衝突固導源於數年前發生的赫毛個人衝突，但拖延時日已久，各項併發症正隨着其它因素而在大大發展中。所以，今天若再認爲赫毛二人中有一人或死或垮，中蘇共之間的衝突以及由中蘇共間引起國際共黨內部之集團衝突等，便會立即還原立即消散，那就不是絕對的，而是相對的了。這也就是說，將來作那樣的變，只是可能，而不再像數年前那樣必然了。然而，赫魯曉夫至今仍以爲若能把毛澤東打垮，則中共必然仍將依附蘇聯哩！這實在是他未能看清中共與蘇共之間早已存在着的矛盾背境之故。人們對此忽視，僅僅因爲這些背境方面的矛盾，過去往往不爲人所注意，且未觸發爲中蘇共間的主要矛盾吧了。而這種背境矛盾，今天實已因赫毛個人衝突及中蘇兩共黨間的衝突而大大引發起來。

背境上究竟有怎樣一些矛盾呢？

依我看：在蘇共的背境上，俄國革命成功已逾四十年。十月革命成功後之初期，蘇聯人民的生活原本非常艱苦，蘇共幹部的革命意志亦相當高强，但今日蘇聯人民的生活水準，已較當初提高了許多，蘇共幹部的革命意志已遠較當初低落，加以美蘇是今日世界握有最强核子武器之國家，以美蘇來比，蘇又不如美，所以，假如蘇聯核子武器比美佔優勢，則蘇聯自不惜一戰，以壓倒美國，而求所請世界革命成功，但今日形勢却是蘇不如美，所以，在這一形勢下，若不暫採和平共存手段以爭取時間，則蘇聯勢必陷於危險之境，基於以上諸種原因，所以，蘇聯的政署戰署上之要求以及蘇聯社會之一般願望，便與赫魯曉夫目前所採路綫一致，此所以赫魯曉夫之領導地位不易被推翻，毛澤東亦不得不承認赫魯曉夫集團的出現不是偶然了；在中共方面，則許多基本情況都與蘇聯相反。中共佔據大陸迄今不過十四年，人民生活艱苦，且蘇聯人口少，土地面積大，比中共容易解決粮食問題，中共則人口多，土地面積小，比蘇聯更難解決粮食問題，故中共非向外擴張不可；加之中共初生之讀不畏虎，毛澤東等中共領導人亦正沉醉於自己的革命意氣；再加之中共地處亞洲，其隣近有許多共黨由於地理種族及經濟落後情況相同而容易成爲中共之附庸，從而容易與中共結成集體，此與蘇聯革命成功後十餘年時全世界仍只蘇聯一個共黨政權的形勢有着基本不同；何況，最近十年，非洲正在抬頭，非洲人既是有色人，非洲一般經濟情況又落後，中共亦是有色人，彼此聲應氣求，就更助長了和刺激了中共之野心。所以，赫毛個人衝突時日延續過久之後，因彼此背境不同之許多矛盾便逐漸被赫毛個人衝突而連帶引發。這些被連帶引發的矛盾與衝突究將發展到何種地步，今日誠然尙難作準確估計，但可斷言的，赫毛個人衝突迄今尙在作連鎖性發展，而未停止，已是人所共見的事實，此一衝突的時間延續愈久，衝突的程度愈强烈，則其影響愈深遠，則是必然的。中蘇共衝突可以復合或將不能復合的彈性極限究竟如何？目前雖亦仍然難於確切指明，但它們彼此間的衝突愈久愈烈，則將更接近彈性極限，則又可以確定

前面說過，老赫迄今未能認清中蘇共早已存在着的各自背境，其實，不止老赫，就是史大林當年也是曾經未能認清，甚至馬克思、恩格斯及列寧生前都未涉想到各個共黨政權會因它們各自出現的時間不同而形成階段與背境方面的嚴重矛盾。以狄托爲例，當一九四八年時，史大林亦只認爲狄托的叛變只是狄托個人問題，因而史大林自信小指頭一動，狄托之叛變即可終結，狄托之性命即可消除。但狄托卒未被權勢顯赫的史大林所消除。爲什麼呢？是偶然嗎？决不是的。基本主因就在狄托後面有其一定的社會背境。南國本小國也，何足與蘇聯抗衡？狄托亦共黨陣營中之小領袖也，又何足與史大林拗手？但史大林一生卒對狄托無可奈何，這不是狄托有什麼了不得，而是由於史大林無法消滅狄托的社會背境，所以，也就打不翻狄托了。所以，老赫今猶以爲一且打倒毛澤東便可重行掌握中共，未免太主觀。爲今之計，老赫現在只有廢除蘇共與中共之軍事友好同盟並把中共逐出共黨集團才是

再談中國的希望

——答殷懷遠先生

謝扶雅

聯合評論第三百號披露了殷懷遠先生的一封「讀者投書」對拙作「談中國的希望」（本刊二七七號）有所質詢。關於殷文中，爲台北當權派辯護的「專政」及「特務統治」兩系，經由本刊編者以「書後」爲題即在該期作了剴切詳明的答復，自無需筆者再爲贅詞。殷先生提出了反共復國之路應由三個因素促成：（一）相當龐大的力量從外面反攻；並與（二）大陸抗暴力量相呼應，裏外夾攻；且獲得（三）海外特別是與大陸毗連各國華僑的支援。殷先生特別認爲「第一項因素是絕對不能缺少的。……所以對於中國的未來，海外基地是希望之所在，這也是爲什麼我們要重視和珍惜台灣這一反攻基地」。

「基地」固然很好，但要保證確能做到「反攻」才是有用。否則基地對我們不過是一種裝飾品，而反攻便只成了一句空口號而已。十數年來，海外一般華僑以及流亡人士，一直寄望於台北當局之能把握時機，揮師西指。筆者也是歷經呼籲之一人。上月尙投文台北的中華雜誌，痛切陳明爲與大陸抗暴力量相呼應，國軍有即發動攻登大陸之必要。但該誌或懼惹起一種文字獄而不敢刊登，所以我只好在這種將該文中之段摘錄於左：

『……唯一疏浚振奮之道，端在毅然下令出征。國府擁有精兵六十萬，姑抽出十之一二，以空陣部隊及海軍陸戰隊沿海數處登陸，而集中於素日國際著名之淞滬，進據蘇杭，擁有江浙，豈止國際視聽立即改觀，海外一千數百萬僑胞將頓由離德而羣起簞壺漿以犒王者之師。欸項糧食將不絕成問題。遙聞國機往復大陸一次之汽油皆一一受美軍之控制；此種毀損國家尊嚴之謠諑，望即由實行軍事反攻而粉碎。中共近在新彊西藏駐屯重兵，而爲侵略寮越，又向濵桂遣往大批軍隊。故必須再由我軍登陸佔領包有海港之東部一或二省，吸住它另一大批軍隊，使彼心臟空虛，而後今日抗暴之各「點」，始可聯絡貫串成「綫」，復再擴張爲「面」，則北平政權之倒可立而待也。……』

右述的建議恐與殷先生的旨趣亦實不謀而同。可是，台北當權派對反攻這事的心理，的確極其矛盾錯綜。一方面既不許別人像雷震樣公然唱「反攻無望論」，另一方面却亦不願再見民間及海外人士促請實行反攻；似乎「反攻」二字只是當權派口中的專利品，以致海外人士無不懷疑台北對反攻的誠意與決心。讓我再摘錄舊金山華埠一家擁有七十多年歷史老資格的世界日報七月十日一篇社論「台灣六十萬兵何用？」文中之一段表示：留美華僑對台北反攻的一般論調：

『十餘年來，美國耗去三四十億元使台灣成爲一堅强堡壘。……但根據協防條約，蔣介石氏對大陸軍事行動，非有美國同意不可，即等於蔣氏無決定反攻大陸之權。……蔣氏每以保有兵力六十萬爲號召，但既不能用此大軍反攻大陸，究有何用。現美國又決定停止經援，並告蔣氏裁減不必要的兵力。這簡直要使他連空言反攻亦不能再說。蔣氏唯一出路，應在此最後五分鐘爲破釜沉舟之舉，傾所有之兵作孤注一擲之渡海行動。成敗利鈍，不必計及，還不失爲丈夫氣概，對歷史有個交代。』

但我們現在已完全明白：台灣六十萬軍力，名爲中國國民政府所有，實則全由美援造成，因而非能專由國府支配調度。國府只能自用少數的小型摩托艇，載十餘人去沿海「騷擾」一番爲止。這些船隻當然辦不到運輸大批軍隊登陸以建立橋頭堡的。飛機方面，美國只允間時派U2去偵察大陸動向，取得報告，絕對不許空運大量降傘部隊投下大陸，與海軍陸戰隊聯繫作戰，更不許出動轟炸機去炸中共基地。美國當局可能暗示過：要是中國大陸眞的大動亂至不可收拾地步，台灣可以在美國認許下酌量派兵平亂。所以台北當局只口口聲聲號召大陸作大規模的起義，而後前去「接收」。這正與殷先生所主張「沒有相當龐大的力量從外面反攻，……即使大陸發生大規模的抗暴，也終要給毛共鎮壓下去」的話剛好倒過來。美國當局到今日爲止的情報和判斷，仍是中共政權在大陸作着相當有効的統治。換言之，大陸還沒有大動亂，亦即是說，國府不可出兵。老實說，美國對這樣一個沒有獨立自主力的「阿斗」政權，無寧反看得起那胆敢和蘇聯老大哥對抗的毛澤東。偏安一隅的執政者，根本沒有勾踐般處心積慮，臥薪嘗胆，以尅期實現沼吳之大計，反而內部自相傾軋，自相踐踏，而悍然向「家天下」這條路走去。以這樣反法治反民主的一撮領導人，即使美國全力幫其反攻大陸，重登紫金山寶座，亦決不可能建立起一個好過中共的國家來。

中國的希望只在有一幫澈底領悟民主反共與民主建國合起來做的新興領袖。自覺的人生對周遭環境的適應，有「順應」與「逆應」兩法。中國一幫新領袖之必然應（逆應）運（惡運）而挺生，是經受了那腐化至終於無可救藥的國民黨政權和極權殘暴的毛共統治，從痛苦的血的教訓，而千鍾百煉以造成。美國人和一般外國人還看不到這個，我們中國人自己則至少不能失此信心。至於「基地」問題，儒家「大學」篇裏說得好：「有人此有土」。無人，土地有何用？六十萬兵有何用？果使人人都有「驅除韃虜」的要求，則赤手空拳而毫無基地的孫黃之輩，不是終於把滿清王朝以至數千年君主專制完全推倒了嗎？

七、廿九　自美東

毛澤東命中共培養千百萬接班人 保證後代子孫世世代代革命到底

梁平陸

據八月三日人民日報社論說：「培養無產階級革命接班人的問題，是毛主席提出的一個有重大理論意義和現實意義的問題，是馬克思列寧主義在社會主義歷史階段的一個重大發展」。因此，八月三日人民日報以「培養和造就千百萬無產階級革命接班人」爲題發表了一篇社論，號召和要求中共各級黨部把這一工作當作中共目前面臨的迫切任務。

社論說：「擺在我們面前的迫切任務，就是培養一代又一代的革命接班人，不斷加强黨的各級核心，把黨的正確路綫和政策堅持下去。領導核心是掌握革命事業前進的方向的。我們黨和國家的各級核心是不是眞正的無產階級革命家，決定着我們整個革命事業的成敗。蘇聯在十月革命幾十年後又發生了資本主義復辟的嚴重危險，就是首先由於赫魯曉夫領導集團的蛻化變質」。

自中共與蘇共因毛澤東個人與赫魯曉夫個人發生權利衝突而引起黨與黨間的衝突以來，蘇共目前採取了以和平共存的手段作爲對西方的暫時策略，中共則高叫武裝革命，認爲武裝革命是無產階級革命的普遍規律，反對和平共存，於是，在美國國內就有一小撮自命「開明前進」的人對中共發生一種幻想，認爲中共第二代將揚棄毛澤東的現行强硬政策，一改採緩和政策。殊不知，這只是美國一些對中共問題無知的人的主觀幻想。現在，毛澤東要求中共培養千百萬革命接班人，保證子子孫孫世世代代革命，務必把世界革命進行到底，可以說，這一方面固然是毛澤東不願見中共內部將來有親蘇的修正主義者出現，另一方面也正是對美國那一小撮抱有幻想的人的當頭棒喝。

據八月三日人民日報社論說：「無產階級革命事業接班人必須具備下列五個條件：第一，必須是眞正的馬克思列寧主義者；第二，必須是全心全意爲中國和世界的絕大多數人服務的革命者；第三，必須是能團結絕大多數人一道工作的無產階級政治家；第四，必須是黨的民主集中制的模範執行者，必須學會從羣衆中來到羣衆中去的領導方法，必須養成善於聽取羣衆意見的民主作風；第五，必須謙虛謹愼，戒驕戒躁，富於自我批評精神，勇於改正自己工作中的缺點和錯誤」。

社論認爲「無產階級革命接班人具備了這五個條件，就能夠經得起任何階級鬥爭的考驗，把社會主義革命堅持到底」。

看它所說「必須是全心全意爲中國和世界的絕大多數人服務的革命者」一語，可知毛澤東現在不但要求中共黨員中的後代接班人把中共在中國大陸的所謂革命進行到底，而且毛澤東顯然還要求他的後代繼承人要能成爲領導國際共黨的「政治家」，而把世界革命進行到底，換言之，毛澤東現在在他死前，就已決定要他的後代繼承者，一方面不可像蘇聯共產黨員那樣改走緩和路綫，另一方面，毛澤東還正在要求他的後代繼承者把他敵視美國的政策堅持下去，以便把美國這一個毛澤東眼中的「全世界最兇惡的敵人」打倒，從而實現世界革命。

所以，毛澤東在培養所謂千百萬革命接班人同時的另一手段，便是在中共內部整肅任何可能變爲親蘇的人，也整肅任何可能變爲親美的人。而且，毛澤東認爲這些人過去無論在延安時代或抗日戰爭時代立過何等功勞，無論他們今天的地位怎樣高，只要他們有可能變爲修正主義者的話，只要他們有可能不把革命進行到底的話，就必須予以清算與整肅。毛澤東現在在培養所謂革命接班人的同時，決心整肅和清算中共黨內的高級領導人，尤其清算和整肅中共黨內高級領導人員中的異己份子，可以從下列一段話明顯的看出來。

這一段話，也見之於八月三日人民日報社論。它說：「我們黨的各級領導核心的絕大部分成員，都是在歷次嚴重階級鬥爭中，特別是在國內革命戰爭和抗日戰爭中鍛鍊成長起來的，大部份人是用馬克思列寧主義和毛澤東思想武裝起來的。但是，應當注意到，我國的革命早已從民主革命時期進入社會主義革命時期。隨着社會主義革命更廣泛更深入地發展，必須重新教育幹部，重新整頓革命隊伍。我們不能滿足於各級領導核心過去的狀況是好的，也不能滿足於當前的狀況是好的，而要對各級領導核心和革命接班人提出更高的要求，要能夠堅決地把社會主義革命進行到底，要經得起階級鬥爭的更巨大的風浪」。

人民日報發表的這一篇社論，縱然不是毛澤東所親自執筆，至少是根據毛澤東本人的指示寫出，然後經毛澤東過目的。因爲上述這段話包含的問題很多，牽涉的問題很廣，它明白地表明毛澤東又要整肅他的黨了，而且不只是決心整肅普通黨員，而是更要整肅中共黨內的高級人員，甚至那些過去在國內革命戰爭和抗日戰爭期間表現得好的黨員，只要他們今後不合要求，便要把他們整掉。這就可見是完全出自毛澤東本人的惡毒用心，非一般人所能決定的了。

屬筆至此，我們不能不爲那些過去曾替毛澤東賣過命的人感到不值。革命云乎哉！還是逃出危險和魔掌吧！如果逃不出魔掌，那就乾脆在大陸造反，挺身出來打倒無情無義的毛澤東吧！

中共解放軍報社論透露共軍担任世界革命任務

張　雲

民國十六年八月一日是中共中央改走武裝暴動路綫，在江西南昌正式開始武裝暴動的一個日子，所以，中共隨後就確定每年八月一日這一天作為中共軍隊的「建軍節」。在中共佔據大陸的最初幾年，毛澤東常常於八月一日在北平檢閱軍隊，一則表示紀念，再則具有示威作用。但今年八月一日未見毛澤東在北平閱兵，毛澤東反而在八月一日前若干天閱過一次兵。今年八月一日僅由中共特務頭子毛澤東心腹現任中共人民解放軍總參謀長羅瑞卿在八月一日晚上舉行了一個招待會，對所謂「中國人民解放軍建軍三十七周年」作了慶祝而已。羅瑞卿在該招待會上，曾發出好戰性的叫囂。據中共「中國新聞社」說：「羅瑞卿大將强烈譴責美帝國主義在東南亞加緊策劃新的軍事冒險的罪惡活動。他嚴正警告美帝國主義：你們應該記得中國人民的鐵拳是什麼樣的滋味，如果你們不顧中越兩國政府多次警告，不顧世界公正輿論嚴厲譴責，胆敢進一步擴大戰爭，那末，可以斷言，你們妄圖撲滅越南南方和老撾人民正義鬥爭的癡心妄想，就一定要破產。你們伸入到東南亞的魔爪，就一定要被斬斷。」除了羅瑞卿特別舉行的招待會外，最值得注意的，是中共人民解放軍總部總政治部所辦的共軍機關報——「解放軍報」在八一共軍建軍節所發表的一篇社論。每當八一建軍節，「解放軍報」照例發表一篇半慶祝半鼓勵的社論，原本尋常。不過，值得特別注意的，是今年八月一日解放軍報所發表的社論，竟提出了「中國人民解放軍要做世界革命派」的口號，從而透露毛澤東儼然存有一種使用共軍來完成世界革命的意圖，則還是以往未曾有的表現。

解放軍報社論首先號召「全軍永遠高舉毛澤東思想的偉大紅旗，繼承和發揚井岡山堅定徹底的革命精神，從勝利走向新的勝利。」社論又說：「從中國第一個紅色根據地井岡山到一個偉大的社會主義新中國出現在世界東方；從一支弱小的工農紅軍，發展成為一支非常無產階級化、非常戰鬥化的强大的人民解放軍，這是具有國際意義的偉大勝利，這是毛澤東思想的偉大勝利，這是無產階級堅定徹底的革命精神的偉大勝利。」社論又說：「今天，我們正處於帝國主義走向崩潰，社會主義走向勝利的時代。我們人民更加意氣風發，信心百倍，為加速社會主義革命和社會主義建設而鬥爭，為反對帝國主義、一切反動派和現代修正主義而鬥爭，為支持世界人民爭取解放的正義事業而鬥爭。新的歷史使命要求我們，必須更高舉起毛澤東思想的偉大紅旗，進一步發揚井岡山堅定徹底的革命精神。這就是要永遠不忘階級和階級鬥爭，不僅要做中國革命的革命派，而且要做世界革命的革命派。就是要不怕苦不怕死，不怕一切困難和敵人，既有英勇無畏的革命胆畧，又有實事求是的科學態度，要敢於鬥爭，要善於鬥爭。歸根到底，就是要高舉毛澤東思想的偉大紅旗，用毛澤東思想武裝全體指戰員的頭腦。」

由此可見，毛澤東現已更加狂妄，他的確定了他的侵畧野心，他現已準備使用他那一支人民解放軍來進行世界革命了。誠如中共國防部長林彪所說，現在中共軍隊雖無原子武器，但有「精神原子彈」呢！毛澤東的「精神原子彈」的威力竟究如何？能否敵過物質原子彈？是否有如西太后的義和團？則待事實證明了。

大陸簡訊

中共說日蘇共爲錢爭吵

最近，由中共操縱的一個所謂「第十屆禁止原子彈氫彈世界大會」在日本舉行的時候，一共有五十五個國家的左傾及共黨分子參加。主持者則為日共。但日共在事實上乃係中共的傀儡，而中共又蓄意在大會上打擊蘇共及依附蘇共的人，所以，由於蘇共未能被選由中共操縱了的大會，蘇共遂率同其它廿七國代表退出了該會，另行參加由日本社會黨及日本工會總評議會主持的另一同類大會。同時，蘇共亦因此不把津貼給日共，日共老羞成怒，竟為了這少得可憐的幾個錢，而大罵蘇共。

據八月四日中共人民日報說：「出席第十屆禁止原子彈氫彈世界大會的日本共產黨代表團團長袴田里八月二日晚上在京都舉行的記者招待會上說：蘇聯代表團團長茹科夫在東京舉行的代表團團長會議席上所講的話，從頭到尾，都是對日本禁止原子彈氫彈協議會的侮辱。都是對世界大會參加者的挑衅。袴田里見說：蘇聯代表團一方面在它答應給第九屆世界大會的捐款中還拖欠了十三萬日元；另一方面却預付給分裂集會三百三十萬日元。他說蘇聯塔斯社最近關於世界大會的報導是充滿惡意和慌話連篇的，其目的是攻擊日本共產黨，並企圖把它從羣衆中孤立起來。」

日共與蘇共原來只是為了少數幾個錢爭吵。只因毛澤東對日共多給了幾個錢，所以日共甘心情願作中共的尾巴了。

黃河水位高漲達危險點

據路透社八月二日倫敦電：「北平電台今晚警告稱：最近因華中大雨而水位高漲之黃河及其支流，可能泛濫，並造成廣泛水災。緊急抗洪隊已組成，以日夜看守重要之河堤。廣播又稱：黃河若干段之水位已漲至危險點」云。

中共參贊董濟平已赴美

在非洲布廸隆國選擇自由自動投入美國駐布廸隆大使館請求政治庇護之中共駐布廸隆大使館文化參贊董濟平，雖經中共多方留難，將其刦回，茲據美國國務院宣佈，其業已正式經過羅馬到達美國紐約。美國國務院當時聲明，决予董濟平以政治庇護，並有國務院議員在機場歡迎。

據董濟平說，他於一九五八年毛澤東發動全民煉鋼時，發覺中共一切胡鬧，即已開始反共。他說一九五八年是他决心轉變，由擁共變為反共分子的一年云。

大批兒童被迫溺死長江

由於毛澤東七八年前曾經在數十人前呼後擁且又有救生艇隨時侍在側的情況下橫渡過長江，所以，當此共幹瘋狂般大呼「學習毛主席」口號時，中共中央竟命令各地少年兒童一律學習長途游泳，凡居住在長江流域之兒童，更須舉行橫渡長江之游泳比賽，以便為革命接班人。於是慘劇遂亦因而發生。據各地共報透露，僅在七月份中，長江沿岸各省中小學生慘遭淹死者即達千餘人之多。中共江西日報亦不得不特別發表短評說「沒有良好的技術訓練，沒有合理的救生設備，而要强迫組織十二歲以下的少年兒童橫渡長江，因而造成九江市前所未見的慘劇，是不難理解的」云。

其實，推源禍始，這都是毛澤東害人。

僑鄉近訊

廣東各地學生繼續逃亡港澳

中共佔據大陸十四年以來，大陸學生即紛紛不斷從大陸逃來港澳，其中尤以廣東各地學生得地利人和，更易逃港，此所以著名五月逃亡潮雖已過去，但廣東各地學生之冒險逃來港澳者，仍無日無之也。

以八月六日在澳門所發現的情況來說，當日凌晨三時許，就有兩名青年學生由中共統治之中山香洲，每人藉四個籃球胆作輔助，泅了九個鐘頭，到達澳門新口岸北角的虎鯊泳棚，為棚中人發覺，下水將兩青年救到棚上，這兩青年不願透露姓名，但表示他們原本是澳門人，從前在澳門粵華中學畢業後，於四年前往大陸升學，他們都是巴西僑眷，其中一名學生的家人曾替他申請巴西入境證，雖已發出，但他們在大陸申請中共准許他們離開大陸，則中共不予批准，故只得相約冒生命危險，逃出鐵幕，希望今後永遠過自由生活，並希望海外青年僑胞莫再像他們一樣上中共的當云。

中共廣州市長曾生潛往東南亞活動

據本港可靠消息：中共廣州市長曾生夫婦於八月六日晚由柬埔寨乘飛機抵達香港，然後由港返回廣州。

曾生夫婦係於八月六日晚八時五十分由柬埔寨乘國泰航空公司航機抵港。同行者有兩個隨員，曾在機場稍作停留，並由香港政府之警員嚴密保護。各報記者擬與曾生接觸，但曾生之隨員告知機場辦事人員，謂「曾生不願接見記者。」

事實上，曾生此次離開廣州，原係奉中共之命對東南亞作秘密活動，中共官員原是不敢見天日更不敢見記者的，所以，曾生在機場拒見記者，亦意料中事。

廣東共幹開會多苦惱大效果小

凡事都要開會，開會時，並不能眞正討論問題，而只能浪費時間，這是中共極權制度一慣常有的怪現象。

近年以來，除了已有的各式會議之外，又經常舉行學習毛澤東思想的會議，更使人悶上加悶。無論中共各級黨委把毛澤東思想說得如何天花亂墜，會議一般人則完全聽不入耳也。

最近出版的中共廣州羊城晚報舉廣州南中塑膠廠經常開會的例子說：「這個廠的工人過去都為開會多而苦惱。有一個時期，每週開四五次羣衆性會議，一開就是兩個鐘頭以上，而且動輒開大會。每逢開大會，上夜班的工人便要提前五小時回廠，這樣，會議雖然開得多，但大家精神不集中，實際效果很少。」

中共商品裝璜低劣招紙錯亂

又據中共羊城晚報說：「有些商品招紙上的拼音字母謬誤百出，例如銀鷹糖果出品的菠蘿香糖招紙，就把菠蘿拼成了玻璃，東方糖果的五味冰的招紙，也就把五味冰拼成了五梅冰。如此等等，由明星文具廠出品的紅棉牌墨水，紙盒上的紅棉，也錯拼為紅明。」

其實，在中共統治下，不懂裝懂的人太多了。就以毛澤東說，他對馬列主義，不也正是一直在不懂裝懂嗎？其他幹部，又何怪其然？

廣州共幹在洋樓上演大劈柴

又據中共羊城晚報說：廣州「梅花村四十號大樓（冶金廠安裝公司家眷宿舍）樓上經常咚咚連聲，何故？原來住在二三樓某些住戶，懶移玉步，就在樓上揮刀劈柴，有時清晨五點，有時中午一點，或是晚上十點，總之，正是人們休息的時候。樓下住戶提意見，樓上人竟說：劈柴者不止我一家，照辦可也。樓板當石板，不僅樓下人受罪，大樓也要短命數年。」

其實，中共羊城晚報這種批評未免小驚大怪，而且顯然喪失了無產階級立塲。如果住在大樓上二三層的人不把樓板當石板，不在洋樓上大劈其柴，豈不成了資產階級作風了嗎？在上者不管在下者痛苦，原是中共的慣性呀！

印度進入新的巨艱階段

・上官光・

無可諱言，印度自尼赫魯逝世了後，現在已進入一個新的巨艱階段；其中主要原因，當然是由於「其人存，其政舉，其人亡，其政息」。同時，更清楚地反映出新總理薩思特里必須再經過長時間的考驗，始能有所作爲。但這幷不是說薩思特里的才能遜於尼赫魯，而是因爲尼赫魯所施行的「人治」重於「法治」，他掌握了印度政權近二十年，用這麼長的時間來造就了他的聲威和地位，新上場的薩思特里，當然難以比擬了。更何況尼赫魯的「圓滑手法」，耍出了「左宜右有」的外交政策，尤非薩思特里在短期內可以施展得出來。因此，這一個巨艱的階段，如何渡過，那就要看執政黨的「法寶」了！

印度的國大黨，在組織上並不是一個現代化政黨，它祇是由印度不同地區階級所結合成的一個大集團，祇是倚靠着人數佔壓倒優勢，使反對黨低頭，藉此得以組成一個穩定的政府。現在尼赫魯逝世了，國大黨能否維持此「特殊優勢」？當然極成問題。而印度今日的巨難如何渡過？跟國大黨的命運，也有很大的關連。

在目前來說，國大黨的領袖中是沒有一個的威望能及得上尼赫魯，那末，國大黨將怎樣來維持其政權？尼赫魯死了不久，國大黨的領袖們爲着選後繼人問題，已一度幾乎鬧致分裂，新任總理薩思特里能够把這裂痕彌縫得圓滿嗎？顯然，這也是一個相當嚴重的問題。

尼赫魯對黨的兩翼，是一向獨斷獨行的，薩思特里當然不能這樣做，他最多只能對兩翼的要求採取折衷平衡的應付；但這樣應付可能難以維持得長久，左右兩翼的分裂危機依然存在。

更有一項值得憂慮的：國大黨在省州階層根本是沒有組織，如上勃拉台希，馬什勃拉台希，和拉加遜，都是派系發展得相當複雜，敵對得相當起勁，連政府的政令，都幾乎不能下達至這幾個省區。此外，有幾個省份的省長，其地位是相當穩固的，這幾個省長對政府的政令居然會「討價還價」地要求政府對他們的省遷就。這些情形，新任總理薩思特里當然更感難於應付。假如應付得不適當，則他們會爲着自己的利益而起來與政府對抗；那時，薩思特里當更手足無措。政府方面，也極可能因此而垮台。

薩思特里目前的最巨艱工作，是要向國大黨的全體黨員以至全國國民作出一個交代，證明他此次繼承尼赫魯出任總理並沒有被選錯；換言之，就是不要使黨員和人民交相後悔「所選非人」。——在這一段時期中，印度將歷盡艱險。

在內閣中，薩思特里將不能像尼赫魯的那麼具有號召力和控制力；充其量，他祇能以他的謙遜態度使同僚們暫時予以合作而已。但這「暫時合作」是有一定的尺度的；他們「合作」時間的短長，那就更看看薩思特里的手法是否高明，頭腦是否靈活，魄力是否充沛。

至於印度政府目前的最重要和最棘手的政治問題，當然是喀什米爾問題了。鴨都拿酋長是由尼赫手中釋放的，這一陣「政治風」吹過了喀什米爾山谷之後，接着就是鴨都拿進行調解印度和巴基斯坦的糾紛，前往謁見巴基斯坦的政府官員，當時尼赫魯是懷着高度的希望，祈求鴨都拿此行大功告成的。但是鴨都拿的任務現在却隨着尼赫魯的逝世而受到窒碍，除非薩思特里政府能够朝着尼赫魯的方向走，否則喀什米爾問題的複雜性和危險性，將會再度增加，這對印度是具有很大威脅力的。

此外，薩思特里對於印度的「民主政制」，對於粮食問題，人口問題，以至軍事問題，目前似乎仍是還未應付得就緒的。以今日的情況觀察，印度顯然是踏入了巨艱的階段。這個階段，薩思特里將受到無數的「試金石」所考驗；同時，印度的前途如何，也將在這個巨艱的階段中刻劃出一個吸引世界人士注目的輪廓來。

戒嚴下的南越

美機轟炸北越魚雷艇基地以後，南越戰局突然平靜。不但兩週前越共劇烈進攻的陣地戰，不可復見；就是游擊活動，也減少至幾等于零。

這是一個耐人深思的局面。

南越政府下令戒嚴，和美空軍的大量開入，固可視爲迫使越共匿伏的原因之一；但一般認爲這並非主要，最基本的，仍爲越共恐在此時如仍劇烈作戰，會引致美國對北越採取行動，若然他們在北越的老巢被襲，他們也終於不能在南越立足。因此越共的這項還伏，應係出於北平——河內軸心的命令。

這一事實的顯示，粉碎了前此那些說「北進不能解決南越內部游擊戰」的論調。北越與南越共黨游擊隊的關係，正是「皮之不存，毛將焉附」？

南越的戒嚴，似是作爲後方基地的需要而下的決定，美方經已同意。阮慶總理並巡視十七綫，宣稱隨時北攻，此後數週，將爲國家（整個越南）的「決定性」時刻，援助北越人民，掃蕩共產主義云。

一時還看不出南越揮軍北進的跡象，原因是必須美空軍配合。但由於共方避戰，美空軍似不會主動進攻。

可是正如阮慶所說，越共已增至十萬，有三萬四千人是北越正規軍。除非他們長此匿伏，否則，北進的危機仍然存在。（賢）

台灣國軍援越內幕經過

一清

（台北通訊）：台灣與南越受共黨的壓力比之其他東南亞國家，更爲嚴重，更爲迫切。因此在反共措施方面，也就比其他東南亞各國所感受的痛苦更多。所以在吳廷琰當政時代，台灣即會派了不少的農業專家去幫助南越發展農業，但只限於幫助南越發展農業，對南越的軍隊訓練，據說台當局也會向吳廷琰建議，由台派軍事人員訓練南越陸空軍游擊戰的技術訓練，台當局這一建議，是根據當時台灣派往南越軍事考察團的報告，認爲南越軍隊對游擊戰技術落後，對越共作戰經驗不够，台當局爲了共同反共的立場，用意是非常良善而友好的。

殊不知南越執政的吳廷琰自高自大，對台灣這種友好建議，不但不肯接受，反而認爲台當局小看了他，據說當時吳廷琰還說了一些無禮的話：說什麽，「南越與台灣都是在接受美國軍經援助，南越的隊訓練縱欲請人幫忙訓練，也可以求之於美國，也不會請求台灣，何况南越乃堂堂一國，比之偏安在一個小島上的中華民國，無論在地理上，形勢上南越都比之台灣爲强，今台不自量力，仍以大國自居，而想替南越訓練軍隊，這不啻對南越軍隊的一種侮辱」。因此對台灣當局這一番善意加以拒絕。

台灣當局對吳廷琰的曲解善意，不以爲德，反以爲仇的無禮態度，弄得啼笑皆非，同時對吳氏的謾罵，也起了一種反感和憤怒，以致有很長一段時期，台灣與南越的邦交陷於低沉。

繼至吳廷琰兄弟慘死，楊文明垮台，阮慶少將得美國支持出任南越總理後，台與南越不協調的關係乃又趨於正常，同時阮慶少將是由低級軍官出身，對越共游擊隊的幾年作殊死戰期中，深深的感到南越軍隊不僅技術訓練不够，而軍隊中的政治工作亦獨付缺如，軍隊技術方面，雖然有美國軍官和技術人員的協助，但美國人員到底是白種人，生活習慣和語言均與南越官兵格格不入，美國顧問雖然天天在訓練他們，但由於語言的不通，隨時把美顧問氣得來暴跳如雷。美顧問對人說：「我們對南越官兵的訓練，我們已盡了最大的努力。但是他們其蠢如牛，我們用哄騙、誘導、請求、叫罵以及各種方法，甚致於請他們吃雪糕，但一切方法都不中用，他們對於作戰更漫不經心，比方，有一次一營南越軍隊馳援一個被越共竄擾的村莊，他們在前進的時候，竟忘了派出前哨，結果全營中伏，被越共包圍，三百人大部被殲，只有六十餘人生還，像這種情形常有發生，其損失眞是難以估計」。

至於，軍隊中缺乏政訓工作，即如一個人沒有了靈魂，何況共黨游擊隊之能捨死忘生，全憑政治思想貫輸所致，阮慶少將有鑒及此，所以在其繼任總理後，即派國防部隊陳善謙來台訪問，要求台灣派遣軍事技術人員爲南越訓練游擊作戰技術，以代替一部份美顧問的訓練工作。

台當局對此甚合實際的請求，當然樂於協助，所以陳善謙在其訪問期中，即與台國防部簽訂了一個臨時秘密協定，依照協定，在未來的三個月期中，由台派遣一千二百名游擊戰軍官和技術人員分三批到南越參加訓練工作。

殊不知此一協定的簽訂，遭到美方的極力反對，美方認爲此舉可能刺激中共，使中共有所藉口，加緊其對南越游擊隊的支持，甚致派遣志願部隊公開介入越戰。

由於美方的反對，陳善謙與台國防部所簽的秘密協定以致無從付諸實施。台當局爲了不使南越完全失望，乃改由行政院出面，以技術物資援越爲掩護，避過美方千涉，派遣了極少數軍事技術人員前往，但此舉對南越軍隊的根本改造的願望，已經是大大的打了折扣了。

談到軍隊政訓工作方面，阮慶少將亦有借助於台灣之意，也會派阮玉禮中將率領代表團來台，作爲時一週的軍隊政訓工作的考察。主持台灣國軍政治工作的蔣經國上將會予阮玉禮中將以各種方便，引導阮中將參觀了國軍各種政訓工作事宜，說明軍隊政訓工作的要點和組織，檢交了軍隊政訓工作的材料與乎對共心理戰的一些珍貴資料。

不過，軍隊政訓工作非一朝一夕即能見效之事，非有相當時間不可，像南越今天所處的險惡局面，外而强敵壓境，內而人心不齊，政變之事隨時都可發生，在此情形下，則非依靠現炒現賣的軍隊政訓工作所能挽回。

因爲政訓工作，不僅在訓練官兵的政治思想，明白敵我的是非屈直。同時軍隊中有政訓工作也含有一種特務作風，主要的還是在平時控制官兵的思想行動。這是指極權國而言。民主國家的軍隊中雖無政訓工作的建立，但有宗教信仰和隨軍牧師或神父。不過前者是專治和被動。後者是民主與自由作區分而已。

台灣與南越的關係已如上述。談到台灣正規軍出兵援助南越，也是有這一回事的。

這一事件起始於美國軍政領袖的檀香山會議，此會議雖然是在秘密中進行，但由此會議而散佈出美國要將南越戰爭擴及北越呼聲震動了全世界。感到對共黨有切膚之痛的台，越雙方領袖，對此當然感到特別興奮。尤其是台灣更爲興高彩烈！台當局認爲台灣年來而希求的反攻大陸，皆爲美國所阻止，今天美國既有意與中共攤牌，難到還會捨棄我東南亞唯一的陸軍大國而不用嗎？而南越的阮慶少將亦認美國有了對共黨眞幹的决心，因此乃進一步要求台灣正式出兵相助。殊不知台，越雙方領袖皆誤解美國人的用意。美國雖然因檀香山會議而擺出了一些「攤牌」的姿態，但其目的仍在對共黨「阻嚇」，並無與中共不惜一戰的決心。因此，當中越雙方劍拔努張之際，美國又出面阻止了。不說正式由台派正規軍赴越不可能，即連改頭換面的志願軍，美方亦不承認。甚致台灣欲派陸軍上將胡璉爲駐越大使，亦遭到美方的反對。美方又認爲此舉可能刺激中共！台在美壓力力下，胡璉使越之命又只好告吹了。

吾人於此可以看出兩件事，第一件是；台灣之受制於美可說至矣盡矣！第二件是；美國的亞洲反共的政策仍在舉棋莫定，如此，則美國在亞洲的泥沼至能越陷越深！

現在爲了東京灣的越共魚雷艇襲擊美艦事件，美國好像有不尋常的强硬態度出現了，在吾人的看法，今後如果越戰不擴大則已。如果擴大？看來美與中共接觸之期當在不遠，到了那時，台灣國軍是否赴越助戰呢？這一問題，我們祇有留得以後幷說。

本刊已經香港政府登記

聯合評論

週刊

每逢星期五出版

United Voice Weekly

第三〇七號

CHINESE - AMERICAN PRESS, INC
199 CANAL STREET,
NEW YORK 13 N. Y. U.S.A.

東京灣事件以後

許子由

東京灣事件已過去了兩個星期，並沒有新的衝突爆發。東南亞戰爭的局勢確比較事件直後的幾天緩和，但緊張卻還沒有過去。

美國的報復性轟炸所以能夠緩和下去的原因，不能不歸功於共方的忍受了這種忍受的幾乎到了逆來順受的程度。儘管中共聲明說「主動權已操在人民的手裏」，意謂共方可以「報復」，但是任何人都不認為北越有進攻的可能，對於阮慶高呼北進的口號，北越並無一語針對說要南進的游擊；甚且在南越的游擊活動也顯著地沉寂，共方避戰的做法，非常明顯。中共雖然聲稱攻擊北越等于攻擊中共本身，但鴻基等地的被炸，顯然不等于青島塘沽等地的被炸，中共更沒有什麼可能的報復行動可以採取，即使有也可能不敢採取。因為與美國作戰究竟不是玩的，美國可能要跨過戰爭的邊緣，中共便到達毛澤東所謂「戰術上重視敵人」的階段。

中共也說過志願援越，並且強調「說過算數」，似乎唯恐人不信。也許將來隨着事態的發展，終有一個機會讓中共志願一下（如美國事先宣佈那是有限度戰爭之類），但就現階段說，中共參戰仍是言之過早。中共的反美運動不過是「戰略上藐視敵人」，即只動口而不動手。內部藉反美運動加強民兵，性質更是整理民兵百份之百，民兵不是可以守的，願出特別作戰的部隊，特別注重的演習點是福建，尤其廣東前者乃是台灣的正面，後者則為台灣游擊隊登陸最多的地區。至於在滇桂邊區迫少數民族接受軍訓，也無非是及早抓取，防止滲透利用，仍是完全防衛性的。

中共的蘇式機入越一說，係美國方面的報導，沒有其他方面的證實，但實際不無此可能。因為中共援越不能徒託空言，中共本身也必須禦敵於國境以外。依照美國的戰略計劃，最可能是對北越施行報復轟炸，而即使中共空軍參戰，美國也未必炸及大陸的中共空軍基地，一如韓戰當年的東北庇護所一樣。這樣中共便尚有迴旋的餘地，即不致妨害本身的安全。所以中共目前形勢雖不若韓戰時優裕（有蘇俄及人民有資財可資搜括），但為形勢所迫，仍不得不硬着頭皮，在越的賭桌上加注。

這種加注乃是萬不得已的。如果可免，中共是不願參加這場豪賭的。中共的強調日內瓦會議要求英蘇兩主席負責及北越武元甲電告國際監委會加以制止，正是如出一轍。本來國際監委會之在印支，到處被共方杯葛，正是泥菩薩過江，自身不保，現在卻被共方視為顯聖的靈神！日內瓦協定的被共方蹂躪，只要看今日寮共防綫與簽約當年防綫作一比較，以及南越境內的糜爛，便可說明一切。

而共方現在反「急時抱佛脚」，何等可笑！共方的惶急矛盾，襯托出問題的焦點。這便是共方先破壞日內瓦協定，南向侵略，迫得美國準備反擊，當然也可能破壞日內瓦協定。於是共方就想拿出日內瓦協定來束縛美國，美國當然拒絕，另闢途徑，希望由聯合國出面，維持東南亞和平，迫使共方退回日內瓦簽約時的防綫。在寮國，美國已提議寮共退回原防；在越南，美國也只期望南越不被騷擾。但因為聯合國沒有中共參加，無發言權，當然處於不利地位。因於美國的軍力及聯合國的政治聲望，使得共方被迫後退，遏阻了中共的向外擴張，打擊了中共在亞洲第一的慾望，損害了中共與蘇聯爭霸的企圖，所以中共不能不圖抗。

這樣的基本矛盾不會消滅，危機也不會消滅而可能緊張時起。美國在東京灣事件後的軍事佈置，固可以解釋作「獅子搏兔，全力以赴」，也可以說是預防共方報復的準備。但從美國當時的話（如果共方報復，美國不惜一戰）的決定，是要待共方討論而得一個滿意的答覆（退回原防），然後才肯撤退戰備。依美國所部署，在東南亞的軍力當非北越所能匹敵，但問題在他們認為共方擅於游擊戰爭和人海戰術，他們在越寮已給當地政府及美軍相當的困擾，幾乎贏得戰爭已經在望，故此不能放手。他們也知道美國不輕易使用地面部隊與北越中共作戰，他們就擺出「人海」來企圖嚇阻美國不要深入。依赫魯曉夫譏笑中共說：「民兵不過是一堆肉」。若中共大規模戰爭，中共北越正規軍也只是五十步與一百步之比。可是美國沒有決心大規模戰爭，因此就不能勸破這一關。目下美國似乎想在嚇阻北越之下，也沒有放棄整肅南越的必要，同時也有用兵北越的準備，聯合指揮機構的成立，及阮慶權力的加強，就是為了這雙重的目的。但北越背後有中共，單有阮慶是不夠的，只有歐洲國家在政治上支持美國，亞洲國家在實質上支援南越，才能維持東南亞的和平。

（八月十八日）

本刊六週年感言

黃宇人

時間過得真快，本刊自民國四十七年八月十五日創刊，迄今忽已滿六年。

在創刊之初，我們的願望，原不僅在於發行這樣一份小小的刊物，而乃是以「團結海內外民主反共人士，促進台灣改革，俾得內協人心，外固與國，及早反攻大陸，重建民有民治，民享之中華民國」為宗旨。然而六年的時間已經過去，就我們的宗旨來說，不但未能促成台灣改革和反攻大陸；即對海內外民主反共人士的團結，我們也未曾盡到應有的努力。

再就本刊來說，在表面上我們似乎尚有多少的成就。本刊發刊不久，即獲得紐約中美出版社吳敬敷先生的熱心支持，於同年十二月五日起，在紐約發行美洲航空版。其後銷路日增，航空版的訂報費源源而至，更於四十八年五月二十日起（星期一）擴充為兩張。在海外發行航空版的中國報史上，本刊實為創始者。而美洲航空版的銷路，且遠達到南美、歐洲和非洲。本刊首先應歸功於吳敬敷先生和中美出版社各位朋友的幫助之力。六年以來，本刊發行航空版，不但增加了吳先生他們的事務繁忙，必然還要遭受海外種種因素的煩擾，外人或本刊投稿者，又要承受很多讀者的投書，而引起一些不當權的學人忌恨，本刊或因此拒絕為他換發護照，這種不計本身的利害而支持本刊的精神，我們深受感動。

在香港方面，本刊承友聯出版社代為發行，友聯朋友每星期四常有幾位朋友至通宵達旦的工作，我們不勝感謝。本刊在香港的銷路，攤上買不到本刊，讀者們常抱怨我們，指責我們做得不好。作者雖然如此，本刊在同性質的刊物中仍一直保持最高的銷路，足證讀者對本刊的愛護。本刊入境台灣，是被禁止的；但在朝在野不少人士直接或間接向我們索取本刊，也有若干機關的人員至台灣秘密閱讀，這種閱讀者之一，亦常摘錄本刊的言論，加以歪曲；但由此可見他們也不能不注意本刊的言論。

據一般讀者的期望，本刊的言論仍是最高的；入境的資料，我們都必須加以摘錄。他們因此也可以看到本刊所編的言論的解釋，六年以來，我們雖然遭受到若干權威人士的誣衊，或其他種種的滲透破壞，我們仍一直在言論方面，或論時事，或研討問題，總是本着民主反共的一貫原則，不論是東南亞動態，無論是大陸消息，或台灣政情，都無負於讀者的期望，最近數年，本刊力求翔實，以期不負讀者。航空版的訂費和廣告費未見寄來，本刊的經濟狀況即日感拮据。我們早在前年就已將原已十分微薄的稿費停發，寫稿校對、印刷費和一切事務工作的必需開支，全由本刊同人分擔，其困難情形，則自非身歷其境者所能體驗。

綜上所述，可知我們雖然已經歷了孔夫子所謂三年有成的兩倍時間，但我們對於本刊僅有小小的成就，客觀環境的限制自然有很大的關係，但主觀條件並不夠，乃是最基本的原因。就我個人來說，尤其如此。我們則在海外，仍認為我們的責任並未完成；而且我個人對政府過去的貪污腐敗，呼籲了二十多年，卻從未想過天在大陸時，我佳奮鬥努力了二十多年，結果祇是眼看黨國事一天比一天的敗壞，以致大陸變色。足證不是我的努力不夠，便是我的智慧不足。否則又何致經過了那麼長久的時間，竟不能有所挽救？對黨國的貢獻，是最好的言論嗎？國民黨過去既然沒有做過什麼最大的貢獻，我們在香港力求有益於國家，我們有什麼貢獻？亦沒有做到。因此我們能說，我們祇是希望本刊之初，並未幻想此種刊物能成就什麼大事，我們祇希望我們的朋友及時努力奮起，激發比較有為的經驗和告訴同們，我們可以得到他們再我們的友們也可能得到他們的援助，也可能翻看過去，約翰也記載他的一段教會，他有一個長老督教徒，或者可以說他們都是基督教徒，有人說：「我祇是在曠野裏面喊着『為主預備道路；修直他的路』，我們也是在主共的曠野中，在反共運動中，喊一個聲音，為民主反共運動修直道路」；至於我們是否能做到，則有待於後一代的先知。本刊督促他們，比唱空城計的個位朋友，我們祇好比做本刊的老兵，在打掃街道，諸葛亮希望那些年青的朋友們，都能打掃的乾淨。六年以來，我們隨時都在警惕自己，老眼昏花，不但不能將街道打掃乾淨，甚或反而把街道弄髒了，究竟有無此等情形，則祇有請讀者們判斷。這就是我個人對本刊六週年的感想。

美國海空軍大調動嚇住了毛澤東

劉裕略

把南越戰場的形勢加以檢討，從本年八月起，可以說已開始變化。這變化是對南越政府及其支助者——美國比較有利的。當然，這並不是說南越問題已獲解決，相反，南越問題距離理想的解決境地實尚遙遠。但不可否認；由於美國對北越的報復政策的實施以及對中共的嚇阻性質的心理戰已告收效之故，中共及越共加在南越戰場的壓力確已暫時鬆弛了減輕了許多，這是可以從最近十天越共在南越境內的游擊攻勢及整個南越地區破壞事件減少的事實可以證明的。而八月十三日合眾社西貢電訊所說「今日有一千名南越降落傘部隊隨着內戰中之空中部隊之行動，在西貢西北約三十哩的叢林中撲殺越共游擊隊。據報，謂有二千名共黨分子在該處集結，其後把精銳的降落傘部隊在該區域降下，越共立即撤退一，更可看出越共的攻勢至少已暫時作戰術性的萎縮。所以，我認爲整個越南戰場的形勢已隨美國海空軍八月初的報復行動及大調動進入一個新階段。

南越戰場的惡劣形勢早已連續多年，何以忽然有此一變呢？是僅僅因爲美國海空軍八月初對北越魚雷艇的襲擊以及對北越沿海四個基地的轟炸，就懾服了中共及北越嗎？抑或還有其它呢？

無可否認，美國海空軍對北越魚雷艇的襲擊及對其四個基地的轟炸，當然是表現在這一問題的一個形式上的關鍵，但依我看：僅靠這種襲擊和轟炸的本身是並不足以眞能阻嚇中共及鎮壓北越的，而乃由於這攻勢襲擊及這一轟炸後面可能立即繼續而來的戰畧部署及戰畧力量懾服了它們。

本報本期第二版所刋楊永乾先生譯的「越南事變——美國的海空力量」一篇文章，原是美國名政論家李普曼寫的，其文極具見地，他在該文中隱隱若若的把美國軍事首腦五角大厦對付中共的現行軍事戰畧戰術思想勾劃了出來，說明美國軍方現時採用的軍事方面的戰畧戰術及戰畧部署是以使用美國海空對付中共爲主，而在原則上極力避免使用美國陸軍來和中共的陸軍糾纏。可以說，這是美國軍方處於白宮對越南的消極政畧之下的一種無可奈何中的最佳設計，也可以說這是五角大厦根據白宮只求防守南越的消極政畧所能在軍事戰畧戰術上所能製訂的最明智最進步的方案。因爲與中共打海空戰原是美國之所長，中共對此幾乎只有招架之功，並無還手之力，若美國與中共打游擊戰或陸上局部戰，則非美國之所長了。發揚自已之長，以擊敵人之短，原是中外古今放之四海而皆準的一條正確戰術原則，我早就在本刋一再爲文提醒美國，因美國過去一直只在用自已之短，所以，我在七月十七日本刋所寫「毛澤東會像參加韓戰一樣參加越戰嗎」一文之最後結語，特別指出「毛澤東知道用自已之長擊敵人之短，美國何以不知」？美國現今不但知，而且還由知而行，那末，毛澤東當然要望而却步了。

事實上，無論美國是主動抑或被動去襲擊北越的魚雷艇，無論美國怎樣去轟炸北越沿海的四個基地，北越的損失都是有限的，這一行動本身原都不足以阻嚇中共及北越。但從軍事眼光來看：美國海空軍襲擊北越魚雷艇，是含會有一種極重要的戰畧意義的。這一極重要的戰畧意義就在掃清東京灣的海上道路，以便將來其它小型艦艇如登陸艇之類可以不受威脅而登陸，因爲北越那些魚雷艇原不足以損毀正在東京灣巡邏的美國驅逐艦，美國軍方難道不知。八月一日至四日北越魚雷艇圍攻美國驅逐艦時，美艦絲毫未受損傷，更在事實上說明了美國襲擊這些北越魚雷艇，如果只是爲了保衛美國在東京灣的驅逐艦，實無必要，因爲北越魚雷艇根本不足威脅它，然而美國海空軍却認眞的把這些北越魚雷艇予以擊傷或擊毀，又把北越沿海的四個魚雷艇基地炸毀，說明美國的舉措含有更大的戰畧目的，其目的就在肅清東京灣的北越魚雷艇，以開拓其它部隊之登陸道路。而這就不能不使中共及北越深思了。

對中共及北越更具重要性的懾服力量，還不止此，也還不僅僅在此，更重要的，是在美國一連串的大規模的海空軍調動中，有二十架可載核子彈的巨型轟炸機亦已調來，這更使毛澤東嚇了一跳。

據路透社八月五日自華盛頓發出報導說：「美國國防部長麥克拉馬拉今天宣佈：增援駐太平洋美國部隊的具體措施已在進行中。他說：這些措施包括：一、由原駐大西洋的第一艦隊調一個攻擊型脫空母艦艦隊入西太平洋；二、調截擊機和戰鬥轟炸機入南越；三、調戰鬥轟炸機入泰國；四、由美國調截擊機和戰鬥轟炸機中隊到太平洋的前進基地；五、調一支反潛艇特種部隊入南中國海；六、精選陸軍和陸戰隊作好準備，隨時準備調動」。這顯然是美國所採取的一個以中共爲假想敵的攻勢戰畧部署。因爲美國這一調動只在對付北越的話，是絕不需要如此龐大規模的調動和部署的。何況海空軍在軍種性上講，本不是防禦用的：而是最適宜於攻擊用的，更何況陸軍部隊的準備只是這一調動中的次要事項，主要事項和主要配備全在攻擊。而所有上述這些調動，又還不過是美國全球戰畧勢力中的小部分，然而只此小部分已足使軍隊裝備比美國落後三十年的中共毫無還手之力了。因爲中共空軍力量薄弱，不値一打，中共海軍更只比北越那十幾支魚雷艇高明一些些，其不足以與美國抗衡，那是誰也知道的。靠武裝暴動起家的毛澤東豈有不知之理？

正當美國海空軍自世界各地分向中共及北越附近集中時，一條最使毛澤東頭痛的消息，是美國調動了二十架可以載核子武器的巨型轟炸機到南越，這就顯示美國有用核子武器對付中共之意。筆者在七月十七日聯合評論所寫「毛澤東會像參加韓戰一樣參加越戰嗎」一文會經說「依我揣測，如果美國眞的被迫擴大越戰的話，美國第一步可能仍會是以報復爲目的，在越共游擊隊襲擊南越或北越共軍進襲南越時，襲擊北越某一點，如仍不能抑止越共之猖狂行動，則第二步將是對北越據點及補給綫實施轟炸……第四步才是轟炸中國大陸封鎖大陸沿海等」。同時，筆者亦在該文揣測「如果毛澤東判斷美國將在未來的越戰中使用原子武器以對中共的話，則毛澤東的第三條路便是不參加越戰，只在國際外交塲合上去爲北越緩頰，使北越減少活動以至停止戰鬥，也不無可能。因爲毛澤東知道美國的基本目的既在保衛南越，那末，使北越停止進擊南越，使美國能將南越保住，天大的事，便也烟消雲散了」。

現在正因爲毛澤東看見美國的大規模海空軍是不止針對北越，而乃針對中共，二十架可載原子武器的巨型轟炸機既已東來，從而判斷美國必將嚴厲打擊中共，所以，毛澤東便不參加越戰了。而且，整個越南戰塲也正如我七月十七日所揣測暫時進入一個新階段。

說到這裏，也許會有人說詹森連日都在否認會有决心使用核子武器以對中共。我何以忽然在此强調美國可能使用核子武器以對中共呢？須知詹森的這些否認都是事後的解說，原不能說明白宮當時未會有此决心。仔細研究其中情形，白宮似會授權第七艦如遇襲擊，可使用任何常規武器進行報復，包括對中共在內。詹森並未授權第七艦隊使用核子武器却是眞的。但這並不足以說明白宮絕無使用核子武器之心，因爲僅僅白宮未授權第七艦隊使用核子武器而已，並不包括詹森自身屆時下達命令，叫第七艦隊使用核子武器的事在內。所以毛澤東當時判斷美國於必要時將使用核子武器對付中共一節，這判斷並沒有錯，不可以詹森連日的事後否認來看這一問題。

不過，話說回來，倘若美國眞的當時或今後只準備用美國海空軍的常規武器對付中共，而不準備使用核子武器對付中共的話，美國此一决定如果又眞被毛澤東知道了的話，我相信整個越南的形勢又將再變。因爲毛澤東屆時又將强硬，重新在南越境內發動攻勢了。而中共越共目前則是暫採退縮政策的。

從最基本的地方來檢討，美國目前的政策仍無澈底解决越南問題之可能，而只能暫時抑止一下。主要原因就在美國對越南對亞洲的基本政策仍是消極的。所以美國對南越的政畧，只在尋求一個苟安的暫保局面，而缺之一種積極的解放攻勢。須知，不從根推翻中共，亞洲就决不能獲得長期和平，美國國務卿魯斯克會在本月十五日於華盛頓向數百學生發表演說，承認「今後若干年，中共是對世界和平的主要威脅」。對此筆者早已一再論列，魯斯克現時看到這一點，當係很好的事。但我要提醒魯斯克先生，僅僅看到中共今後將成世界主要威脅的事，並不算解决了問題，最重要的還是在美國能針對中共今後將成世界主要威脅的這一事實製訂出有效的打擊方案才算眞有意義。而如何儘早推翻中共，又應該是製訂這一方案的基本中心哩！（八、十六）

越南事變——美國的海空力量

李普曼著　楊永乾譯

爲什麼河內政府決定攻擊美國第七艦隊，至今還不大清楚。但是這次衝突，正所以告訴世界，美國的海空力量，是環繞在東南亞的海上及東南亞的上空。北越及中共的步兵，不可能攻擊，或近於不可能擊破，留在那裏的軍事力量。

再者，亞洲大陸之上，任何事件無法改變這一事實，即美國不可能被驅逐出東南亞地區。這次突然事件的深長意義，是在證明美國能够停留在東南亞，不必在陸地上有何動作。

如此，可能是眞實的，即美國在叢林中作戰，不可能獲得勝利，亦同樣的眞實，即美國不需要在叢林中作戰，即使如此，亦不可能使美國在東南亞不能成爲强國的地位。

而且，我們只要有限度的，仁慈的及審愼的，使用我們的極大威力。如總統所表示的，那麼戰爭的危險，是有限度的。

更可以確定一種確切的事實，我們在東南亞的能够存在，主要是依賴我們的海空力量。此點既已確定，更穩定的採用談判方針，對於一個無結果與不能解決定勝負的叢林戰爭，談判是唯一的方法。

必要的是證明給中共看，他或許不眞正瞭解海軍的價値，因爲他沒有海軍，這好比一只象不能驅逐鯨魚到海洋之外。這是一個良好的談判的前提，中共將不能不承認，東南亞我們永遠有一個强大的力量存在。

我們亦須要說服美國人民，美國不會以戰敗國家的資格參加談判，反之，美國是以勝利者的姿態去參加談判，如這次打擊中共，美國乃是用一種不可抵抗的力量。

海軍是一種沉默的兵力，因這種原因，他對某種政策，是很適宜的一種工具，這種政策不是從事陸地上的征服，他僅是阻嚇與抑制軍事的擴張。

僅在幾年以前，美國已確立其軍事教訓，即美國不應該用其兵力在亞洲大陸之上。我們的力量是海上的力量。我們會經捨棄過這個教訓，或者當時非捨棄不可。

但是，美國政策的主要方針，是回到以海空軍爲主力的方針，根據本一方針，乃由於眞正瞭解美國在地球上所處的地位。

（原載於八月六日之San Francisco Chronicle報。）

越南的戰時體制

東京灣事件已過去了兩個星期，表面上似乎事情是「過去」了，可是南越內部，仍然醞釀着緊張的氣氛。各種跡象顯示，東京灣的襲擊及報復，只不過是告一段落。而下一個階段，可沒有人能够肯定，不會有爆炸性的發展。

美國方面的態度，有如詹森總統及國防部長麥納馬拉所宣佈的，要「視共方如何作法」而定。共方的表現見諸行動的，已有兩點：一是中共蘇式機開駐北越已被證實；另一次是寮共宣稱與越共併肩作戰，並在寮國邊境擊落美機。這些事實，即使不能够證實中共那次「全面支援」越共作戰的諸言，但至少可以說明，共方已準備把空軍投入印支戰場，作局部的參戰。

觀察家們的上項判斷是很合理的，因爲美方的「北進」，迄今爲止仍限於空軍轟炸的階段——即使實施北進的話。而只要沒有陸軍配合進攻，即使加上海軍封鎖北越港口，也只是非全面性的有限度戰爭——不但局限於地域，而且局限於兵種。更在河內北平領士還不受重要威脅情形下，中共也許想試行「跟上」，而未到達攤牌。在這時候，南越總理阮慶陸任總統，仍兼革委會主席，集軍政大權於一身。美與南越的聯合指揮機構，也在同時成立。這些變革，似乎顯出「戰時體制」的味道。（世賢）

千五百名白俄由新疆來香港
白俄說新疆常有反共游擊隊

綜觀

自本年七月初迄八月中旬，已有六百名以上白俄難民由新疆抵達香港，準備前往澳洲。這是香港許多新聞記者在九廣鐵路車箱內目擊的情形。

據一名年約六十歲的白俄尤魯斯拉夫說：「我們在新疆境內已居住了三十五年，自中共人民政府成立後，我們即被中共歧視，我們申請離開中國大陸，但未獲中共批准。直到中共與蘇共交惡時，我們才獲得通知，可以離開大陸，取道香港，前往澳洲」。

尤魯斯拉夫的國語說得很流利，他又說：「中共對待白俄的態度本極不好，但到了毛澤東與赫魯曉夫衝突後，中共對白俄的態度才『中立』起來。」

他又估計約有一千五百名白俄難民被批准離開，中共發給出境證，前來香港。他們由新疆動身，途中需換乘貨車巴士等，需時十三四日始能到港。其他白俄難民尚在繼續來港途中。

他又說：「因為白俄難民居住中國大陸本是臨時性的，所以，中共沒有強迫他們加入人民公社。」

他又說他今年年初在新疆時曾聽到一個傳言，說中共軍隊中一名副師長曾率數千名士兵投入蘇聯。後來大批曾在韓戰作過戰的共軍源源開入新疆，則是眞的。

他又說「新疆境內確實時常有反中共的游擊隊出現。他們的武器從何而來，不得而知，有很多新疆人民逃入蘇境，則是無法否認的事實。以時間來說，去年年底逃入蘇境的中國人民實屬最多」云。

當人們看見這些白俄難民時，心頭容易發生很多感想，他們之中的一部分，會經流落在上海等大都市，生活的遭遇極慘。但人們應該向一切白俄難民致敬，因為他們是全世界，最先堅決反共的人，同時，他們也是最先為了愛好自由保持自由而暫時遠離他們自己祖國的人，他們出外流亡，都是為了一種理想，他們生活環境遭遇悲慘，也完全是為了他們自己的寶貴理想。所以他們現在雖然是國際難民，但他們正同從中國大陸逃亡到海外的中國反共人士一樣，同具無限高貴的靈魂，同具可歌可泣的反共意志。同具復國雄心。

所不幸的，是他們離開他們的祖國——俄國後，再也沒有第二個俄僑社會存在於俄國之外，而我們中國人，則比他們稍微幸運。因為反共的中國人，不願接受中共的統治，逃到海外後，亞洲各地及歐美各地竟有千餘萬華僑生存着的華僑社會，而且更有台灣省作我們的反共復國基地，所以，中國反共人士是比白俄稍微幸運一些。

但是所有華僑和所有逃到海外的反共人士應該因為目擊白俄的慘況而反省加倍努力。而海外華僑更該由同情白俄而想到海外中國人將來會不會進一步變成白華。如果海外華僑不想自己將來變成白華的話，首要之務，就該在共同反共的基礎上團結起來，一方面鞏固和繁榮海外華僑社會這一方面保衛台灣這塊復國基地，改造台灣這塊復國基地，使它眞正成為復興中華民國的根據地，那末，我們不但可以避免我們自己和我們的子孫變成白俄似的白華，而且還可幫助白俄復國了。

在這裏，僅向堅決反共的白俄致敬！同時，向堅決反共的中國人致敬！

大陸簡訊

老毛連日看戲故示鎮靜

自八月四日美國因反擊北越魚雷艇而轟炸北越四個基地後，各方對於北越之後台老板中共之反應如何？均密切注意。毛澤東是中共首腦，故各方更密切注視毛澤東之動態。但在八月十一日及十三日中共「中國新聞社」卻自北平特別發佈了兩則毛澤東看戲的新聞。一則說：「毛澤東主席十日晚上觀看了山東省京劇團演出的京劇現代戲奇襲白虎團。同毛主席一起觀看的有鄧小平、李富春、柯慶施、烏蘭夫、康生、楊尚昆、胡喬木等。演出後，毛澤東主席和柯慶施、康生等，走上舞台同演員們親切握手，並一起照相」。一則曰：「毛澤東主席十二日晚上觀看了山東省淄博青島市京劇團演出的京劇現代革命戲紅嫂。同時觀看的有朱德、康生、薄一波、烏蘭夫、楊尚昆等」。

另據中共新華社八月十日北平電：「黨和國家領導人周恩來、陳毅、陸定一、羅瑞卿今天晚上接見了參加中國人民解放軍空軍首屆話劇歌劇會演大會的全體人員。」

鎮靜，這當然是毛澤東有意故示西方的，但則還在表示他無意（不敢）還擊美國在北越的轟擊。[illegible]是欺軟怕硬，低頭自古巴撤兵如同一轍，[illegible]可憐的北越嘍囉，又被老毛出賣了。[illegible]往的裝腔作勢[illegible]

北越迫美機師遊街示衆

據中共控制的香港大公報八月十二日載：「河內電台今天宣佈八月五日美國轟炸北越，被打下來的兩名美國飛行員，其中一名在他的飛機被擊落後，曾在鴻基遊街示衆。這裏收聽到的越南電台廣播說：美國中尉飛行員埃佛雷特阿爾瓦雷斯被越南人民俘虜之後，臉色蒼白，驚惶萬分，穿着一身骯髒的美軍制服，在自豪的越南人民陸軍人員保護之下，在鴻基的街道上蹣跚而行遊街示衆。」

依照中國人，尤其是亞洲人或東方人的觀點來看，強迫活人遊街示衆，實在是不但最違反人道，而且是對美國的整個侮辱，這顯然是中共藉此洩憤，支使北越這樣虐待美國俘虜的。就憑這一件事，美國海空軍也應該對中共及北越予以懲罰性的嚴重報復才是。

中共一千萬人遊行示威

面對美國強大核子力量的海空軍，雖不敢立即動手，但中共卻動員大陸人民示威借以養成大陸人民對美國之仇恨心理，另一方面，也就借此空呼口號，暫時虛張聲勢，安撫一下北越共黨。

據中共「中國新聞社」八月十日北平電：「中國人民反對美帝國主義武裝侵略越南民主共和國的怒潮，今天繼續高漲」。「據到今晚八點收到的消息，今天全國各地一共有六百五十多萬人舉行示威遊行和羣衆集會，使四天來全國示威遊行的人數達到一千六百五十多萬人」云。

東京成立廖承志辦事處

值得奇怪的，是正當全世界都在支持美國警告中共之際，日本池田政府卻進一步與中共作了勾結。據中共新華社八月十三日北平電：「廖承志辦事處駐東京聯絡員事務所常駐代表孫平化、吳曙東、陳抗和隨員二人，十三日晚飛機到達東京。」

所謂「廖承志駐東京辦事處」，簡直是一個不倫不類名不正言不順的名詞，池田政府批准了中共的這一請求，就只給全世界人士一個感覺，感覺到日本不是一個獨立國家，好像只是中共的附庸，否則怎會准許中共的人任意以私人名義正大堂皇在東京設辦事處呢？這好像東京是北京的分店了。

僑鄉近訊

鍾之奇

中共下放四千名大專學生到海南島勞動

最近數年，中共下放了很多學生到農村及邊疆，但究竟下放了幾多大專學生到海南島呢？中共以往迄未公佈，但最近出版的廣州南方日報（中共中央華南局機關報）卻對此有一透露，竟然有多到四千名的大學及專科學校的學生被下放到海南島勞動。

南方日報說：「解放十多年來，約有四千名大專學校畢業生，從全國各地來到海南島，參加開發，利用寶島的土地、森林、水利、地下、熱帶海洋資源等。」

南方日報又透露這些被下放到海南島去勞動的大專學生，「一直奔波在農村和荒山野林中，常常冒着酷熱，餐風宿露。」它說：「在參加開發寶島的大專畢業生中，不少人由於建設工作的迫切需要，所擔負的農務都不是原來學的專業。但是在黨的培養教育下，已把國家利益革命利益放在第一位，幹一行，愛一行，在實際工作中勤勞苦練。」上述一段話，實已把中共迫害大專學生，使我僑鄉廣大數量的大專學生學非所用的奴役情形，充分暴露出來了。

中共要佔領僑鄉人民的乘涼陣地

本報最近曾經報導中共中央已命令各地共幹要佔領人民之茶館陣地，並且派故事員到各茶館宣講革命故事，不讓人民在茶館說東說西。現在，據中共「青年報」報導，中共又要各地共幹務必要佔領各地人民的乘涼陣地了。

什麼叫做「乘涼陣地」呢？這眞正又是「毛主席創造的又一天才名詞」。原來現在天氣熱，人們不免在艱苦勞動之餘，利用夜晚極短的時間乘涼。但中共認為人民夜間聚在一起乘涼時，仍舊可能傳播反革命思想，遂呼籲各地共幹務必佔領人民的乘涼陣地，以杜反革命思想傳播與滋生。

[illegible]

中共青年報對此又發表短評說：「而且值得我們注意的就是人們忽視的地方，[illegible]我們要讓無產階級思想去佔領[illegible]」

[illegible]我廣大僑眷僑屬今後連乘涼休息的自由也沒有了！哀哉！

閩粵兩省民兵被迫連日演習

美機轟炸北越後，中共雖暫時尚未參戰，卻已強迫大陸民兵作空前規模之演習，準備有朝一日大打人海戰。

據中共新華社八月十三日廣州電：「廣州市廣大民兵最近連續舉行了五天的軍事演習。……表演了射擊、投彈、刺殺、爆破、武裝泅渡等各種軍事技術」。「這次演習是廣州市歷來最大的一次，參加演習的民兵，有的來自工廠學校，有的來自企業單位和農村」，「演習期間中共廣東省委書記廣東副省長林李明，中共廣東省委書記、廣州市委第一書記王德等觀看了演習。」

另據新華社同日福州電：「福建省十五萬工廠、企業、機關、學校的民兵和青少年學生參加了軍事野營活動」。「參加軍事野營的廣大民兵學生普遍學習了射擊、投彈、刺殺、通訊聯絡等軍事技術，進行了緊急集合急行軍等演習，有的還學習了夜襲、攻堡壘、越障礙等軍事技術」云。

東京灣戰火不會再擴大

阮桃芳

由於美艦在東京灣公海上遭受越共艦艇襲擊，詹森總統立刻下令轟炸北越，這一報復行動，迅即引致東南亞風雲突趨緊張，於是有人認爲：這一事件，可以被視爲越戰之擴大，甚至觸發另一型式的「韓戰」。然而依照筆者的觀察，却認爲這一局勢必不會再加强惡化，最主要的原因，就是美國和中共都不願在越作正面衝突。美國雖然具備充份的實力，但却不願意化在越南。中共雖然具備作戰的雄心，可是「國庫」空虛，軍器幼稚，力不從心，焉敢上陣？在如此態勢下，美國祇要「得些好意」，便會立即回手。中共哩，循例搖旗吶喊，作狀一番吧了。至於蘇聯，當然是不肯「勞師遠出」。那末，祇剩下了一個胡志明，這老頭兒又那敢闖事？

在該事件爆發之前，美國派出武將泰勒赴越，充任駐南越大使，這正反映出：美國是決心保衛南越；然而美軍在越之作戰，也祇是「有限度」性的而已。可是一向愛好耀武揚威的中共，竟大肆咆哮，並即發動全面性的「抗美援越」宣傳，繼且發表聲明：「中共決不讓美國把火燄燒到上門來」。迨至美艦巡駛東京灣，中共外長陳毅立即指出：「越局異常嚴重」。但中共祇是在言論上加强越局的嚴重氣氛，却沒有在行動上有怎樣大規模的援越。

現在，且讓筆者把擺在目前的事實來分析一下：第一，美軍此次之轟炸北越，是祇限於北越的一些海軍基地，及其出海供應站，而並沒有波及河內，因此，美軍的行動依然是有限度性的「還以顏色」，說得徹底一點，這祇是示威。也可以說是「面子問題」的報復。第二，詹森之下令轟炸北越，祇是在競選前演一齣「好戲」，決不是存心在越與中共火拼。中共方面哩，可以看得到的是：第一，北京政權的本身有很大的困難，沒有力量出兵北越。第二，中共已無法再取得蘇聯的援助，其形勢已與「朝朝」時迥異，又焉敢再惹起「火頭」？

再反觀美國駐越的軍事人員的態度，也可以看得出美國還未願意跟中共來一次正面衝突；同時，他們也認爲中共必不敢明目張胆地參加越戰。他們都指出：在韓戰時，中共是獲得蘇聯支持的，有了靠山，胆子便壯。現在，蘇聯對中共的態度已大變了，蘇聯已警告過中共 如果中共在寮越惹起火頭而致和美國直接發生戰事，蘇聯將不予支持。莫斯科的「消息報」於六月底已說過：中共在越有其特別的目的和利用，因此，在軍事上無法可以獲得蘇聯集團的協助。——勢孤力弱的中共，它正自顧不暇，又怎有胆量派兵入越？

我們不妨來估計一下美國和中共（包括越共）的實力：在這個半島上，中共（包括越共）的實力祇有「人海」；單以中共來說，還可以在一個月，把九個師的兵力投進越南戰場來。然而美國的實力，是海空控制權，他們的海軍和空軍隨時可給予中共和越共的工業，交通中心及軍事基地以重創。至於中共的空軍，由於燃料缺乏，力量極爲微弱；在一九五八年台灣海峽風雲緊急時，中華民國的空軍已和中共空軍較量過，那時中共空軍早已暴露出很大的弱點。至於海軍，中共更脆弱得很不像樣。那末，徒靠「人海」，祇是把數以萬計的人民生命來犧牲吧了！

中共方面，當然也是自知「力不如人」的。中共雖然還不斷大罵「美帝」是「紙老虎」，但中共又何嘗不知道他們自己才是眞正的「紙老虎」？

那末，現在我們可以獲得一個結論了：美國雖是有足够實力，但還未願意打。中共雖然好戰，但實力有限，還未有胆量打。說得明白一點，就是美國和中共目前不會在越發生正面衝突。

據本月八日的消息：美艦巡視東京灣的行動，數日後即予結束。亦不致再派軍隊，赴東南亞。——由此可知美國的意向；東京灣的戰火又怎會再擴大哩。

台灣獎勵投資修正條例經立法院審查接近完成

（台北通訊）：政府自遷台灣以來，瞬已有十五年光景。對於經濟發展雖然有些進步，但由於軍費支出浩繁，難免隨時感到拙襟見肘，近來更每況愈下。考其原因雖有多端，但外匯管制太嚴，人民入境手續煩雜，致使海外華僑及外國資本家對台灣投資視爲畏途，因而阻碍了台灣的整個經濟發展。近因美國經援將於明年七月停止，政府爲求謀補救之策，乃有獎勵投資條例之修正，企圖藉此以補台灣經濟之不足，招來外地對台投資，此舉是否能達到目的尚不得而知，但政府當局難免有臨渴掘井，雨後送梭衣之譏。

據台北「聯合報」專欄報導，此一獎勵投資條例修正草案，經過立法院六個委員會聯合審查已接近完成階段，依照目前進行情形，在立法院本會期休會前，將可完成立法程序。

查獎勵投資條例自民國四十九年九月公佈施行至今，前後將達四年之久。這項在我國歷史上具有劃時代意義的法案，自實施以後，對於改善投資環境，誘導外人及華僑向台投資，鼓勵儲蓄累積資本等，均有相當成效。今年初，政府爲配合新所得稅法規定，而提出修正案。於六月二十日經行政院通過後送請立法院審議。

正當立法院由經濟，財政，內政，交通，僑政，預算等六委員會聯席審議時，適逢美國宣佈自明年七月一日起的新會計年度，對華經援將部份停止，立委認爲美援雖爲部份停止，但對我國經濟發展，不能說完全沒有影響，因此，立法院中一部份委員，曾主動向行政院提出意見，如果行政院認爲因美援部份停止而在獎勵投資方面有所配合的話，行政院可以補送獎勵投資條例的新修正意見。立委此一意見，當然爲行政院所樂於接受，乃向立院提出「獎勵投資修正草案」的增加條文，送立法院併案審議。

這項因配合美援部份停止而擬增加修訂的獎勵投資條例條文，在立法院中引起相當熱烈的評詘，也是行政院與立委間歷時多次的辯論重心。

行政院擬增列的條文，是第四十一條之第一，第二，第三所列的三個重點。即可能移轉民營之公營事業，得經行政院核定計劃後，以股票上市出售之方式，移轉民營，不適用公營事業轉移民營條例第四條，第五條及預算法第廿二條，第廿三條之規定；公營事業轉移民營出售股票之收入，設置開發基金，基金之運用可不適用國營事業管理法及預算法第廿二條之規定，政府得指撥開發基金之收入爲償本付息之財源，並由國庫保證發行長期低利開發債卷，籌資運用。

前述修正條文之三點，經行政院代表李國鼎，陶聲洋等之解說後，立委在原則上是支持政府的政策，立委同意可移轉民營的公營事業可用出售股票的方式移轉民營，立委認爲這種增列的條文是進步的，也是解除多年來一直拖累的包袱，但立委不同意由立法院授權行政院，而將現行的「公營事業移轉民營條例」，「國營事業管理辦法」，「預算法」等法律的有關規定予以排除。

最近數日，立法院六委員會聯席審查此修正案已進入新的階段，截至八月十二日止，立法院經濟等六委員會的聯席會議已舉行卅六次，若干分歧的意見已逐漸消除。這個新法案在立法院中阻碍已大爲減少，因爲立法委員們已能接受新觀念，而不固執舊意見。

「聯合報」記者曾與數位立委就獎勵投資條例修正案的可能發展趨勢交換意見。據立委們的透露：行政院修正增列條文的原則將被立法院接受，可移轉民營的公營事業將採用出售股票方式，移轉民營，對於公營事業移轉民營條例第四條，第五條有關估價的規定，可依照行政院的意見予以排除，即可移轉民營的公營事業採取出售股票方式不必經過估價的程序。

但是立法委員却不能接受行政院所希望的「完全授權」，立委將提出一種折衷意見，採取「有限度的授權」，希望行政院在出售公營事業股票之前能先提「計劃」或「計劃及預算」於立法院，立委目前仍不同意將預算法的規定予以排除，這些目前僅餘的一個難解的「結」。

至於設置「設置基金」的問題，立在原則上是同意的。立委認爲公營事業移轉民營收入，成立基金，並爲特定工業之投資，辦理至能獲利時，並以同一方式轉移民營，如此循環運用，以開發資源，發展經濟，不失爲近代經濟開發的進步方式。

部份立委也同意開發基金投資之工業，如爲公營性質者，其董事及從業人員，除關於刑事責任爲依法從事於公務之人員外，均不適有關公務人員之法令。一位立委明白指出：這是指這些人，將不受公務人員法令的約束而僅支領公務人員薪津，這位立委說：如要使工業企業化，現行的待遇實不足以維持良好的企業人員，現在的公營事業無不以特別福利作變相的待遇，這項新的立法的待遇化暗爲明，建立良好的現代化企業。

根據幾立委的了解，政府將來第一步將出售民營的事業將是台糖公司的附屬台東鳳梨廠和彰化蔗板廠，三家國營紡織廠合併後的紡織公司，機械公司（農業化工廠等。至於現有公營事業股票的售出，將是台電，台肥等公司，台糖股票因近年來出售已有相當數額，將來出售的可能性不大。

至於設置開發基金首先將創辦新工廠目標，將是建立一座設備新穎而且規模的銅鐵廠，和設立石油化學工廠，這兩項新工業均需巨額資金，初步估計的需新台幣三，四十億元，因此，開發基金將担負艱巨的任務。

除了前述立法院與行政院對本法案意見不同的所在外，此次修正案另一進步的規定是將本國不能製造的機器，免除進口關稅。本來，各國發展經濟過程中，對於機器進口均屬免稅，但過去我國對此類機器進口仍課稅，現爲使立法更現代化，更項新的規定，將使今後發展工業，減輕一部份關稅負担。

綜觀立法院所修正的獎勵投資條例修正草案，還是局限於台灣本身的資金流轉，對吸引外國及華僑投資，仍然無什麽新顯之處，將來成績如何？吾人只有拭目待之。

本刊已經香港政府登記

聯合評論

每逢星期五出版

週刊

United Voice Weekly

第三〇八號

督印人：黃宇人　總編輯：左舜生

CHINESE - AMERICAN PRESS, INC
199 CANAL STREET.,
NEW YORK13 N. Y. U.S.A.

美洲航空版每份零售美金一角

論南越阮慶將軍的軍事獨裁

李璜

筆者在本刊八月七日第三〇五號上，談「複雜而且嚴重的寮越病狀」時，最後會說道：「……至於今日，眞所謂病已深矣，力亦疲矣，幸得還有一個阮慶將軍，似乎他還有餘勇可賈；美國如果不願拋棄南越，則對於阮慶的北進的全面反攻，只有出大力支援之一法，時乎不再了！」

這幾句話，寫於八月二日，等到刊出來時，美國的第七艦隊正在東京灣實施海空反擊，轟炸北越的魚雷艇基地。一時之間，中共越共頓形萎縮，而南越南當局也好像特別興奮，宣佈戒嚴，且加强對北越南的前綫軍事增援，阮慶將軍且親往巡視十七綫，宣稱隨時北攻，這好像筆者前面所說這幾句話快要實現了似的！但不兩日，美國態度又忽然軟了下來，聲稱只要中越共不再還擊，而美國也適可而止，並無對於北越領土有進攻的企圖：同時，阮慶將軍也與美國的聲明相呼應，說他的政府也沒有進攻北越的計劃。

像這樣的一緊一鬆，而且鬆[illegible]得太快，南越南的軍民羣衆，是要大爲失望的；失望之餘，是要對於美國與阮慶將軍都要加以抱怨，而認爲太不爭氣，這樣下去，戒嚴令又有何意義呢！

而恰在這種令民衆失望的情緒之下，阮慶將軍要實行軍事獨裁，且在匆匆之間，登上總統寶座，這可以說是不識時務！如果說，這是爲配合美國所主張的「美越聯合指揮機構」起見，則阮慶要加强其權力，也不必一定去做總統，把楊文清等人排擠了下去！

阮慶將軍得美國一時的支持，或者得意忘形，他就忽略了他個人雖乘楊文清等人無所作爲，而取得政權，但是他的資歷是不夠去担當獨裁的重任的；未立大功，未有勝過楊文清等人的軍事政治表現，而便忽然之間，過於出人頭地，這是必然要遭同僚的嫉視，惹起反感，發生內鬨的問題的。

何況美國的一時的支持，並不可靠，吳廷艷就是前車之鑒！固然阮慶將軍執政日短，未有惡行如吳廷艷之縱其家族爲非。但美國是一個民主國家，其政府中人是習慣順從多數人意見的。當其阮慶將軍做得國內風平浪靜時，美國人便相信此人是人物；及一旦有人公開反對，甚至示威暴動不絕時，美國人又會認爲此人大有問題了！——這一點，恐怕阮慶將軍簡直沒有想到！

這幾天，西貢學生以及佛教徒的舉動，敢於抗拒阮慶將軍的嚴重軍令，這明明是有後台支持者，這後台說不一定就是剛被排擠的楊文清等人。楊文清將軍在打倒吳廷艷以來，似乎在南越南還頗得人望；其一時無所作爲，似乎其責任也不完全楊將軍身上。今忽被排斥，武人性格，心有不甘，難免不爲其部下所利用，而引發出這一次西貢的暴亂來！否則，又一味把暴亂的原因，推在共產黨的陰謀上去，則南越南的前途更是無希望可言了！

南越南的病況，本已是四肢不靈，周身是創，最足注意者，是看他心臟是否還健全，還能否支持血脈的運行與外感的打擊？故自吳廷艷事變以來，本刋即不斷論到西貢中樞的重要性，以及美國要善於應付南越南繼長政權的軍人，而隨時加以善意的勸告與扶持，不要動輒說是不願干預別人內政，而到意外事件發生時，又往往乘人之危，落井而又下石焉！

自來武人執政，因頭腦單純之故，動以爲軍事獨裁，軍法部勒，在戒嚴令之下，一切問題便都可以解決了。殊不知軍法管制可以隨便變更社會通常秩序，而社會秩序反爲之更亂，此並非止亂之道；軍法判決可以隨便殺人，而便有許多人疑到自身會被犧牲，而先下手去掀動羣衆，以與軍法相對抗。此中國聖賢都早已見到此理，而有「民不畏死，奈何以死懼之」的名言也。

主政要懂得政治藝術，在今日交通發達，民智日開的時代，政治藝術尤須注意。阮慶將軍要交强其權力，其方法尙多；在外援上如抓得緊美國，則在內政上要爭取同僚諒解；實力固絕不放手，而虛名則不妨予之人，總統名義勢不可受；一接受高峰地位，則實如曹孟德所言，「置身於爐火之上」，爲衆人所指目了！

閱今日（二十五）早報，西貢暴亂有擴大之勢，但阮慶將軍似乎還能克制自己，並未動怒動兵。不過在此外患緊急當頭，內亂並不容擴大下去了！阮慶將軍對此內爭的突發原因，當然比我們局外人看得更清楚。外患既深，內亂只有力求化解之一法；其化解之方，莫外於即與其同僚以及反共黨派爲一次的澈底協商；協商結果，設使多數都不願他再當總統，獨攬大權，則爲顧全大局起見，自己便退讓下去，也並不是恥辱，而反足見其眞正忠於謀國之初心也。

總之，在美國這樣動盪式的扶持南越南之下，無論什麽人來當西貢政府的主持者，都是不容易幹得好的：一會兒美國喊緊，便須隨着加緊宣傳北攻，一會兒美國又要和平解決南北越之爭了，於是又不能不隨着美國說，並無北進計劃；像這樣朝三暮四的玩法，西貢政府未有不成爲越南人民的怨府的，阮慶將軍何其不幸也！

編者案，作者此文送來，已排好，而今晨報載阮慶將軍已辭去總統，廢止獨裁，適爲作者所預期。阮將軍之勇氣甚爲難得，可佩之至！）

論顯示軍力

許子由

美國在東京灣「顯示軍力」之後，中共北越是被「嚇阻」了。但嚇阻了祇是不敢報復，一時也還看不出有太大的積極的效果。顯示軍力，究竟解決了多少問題？又能不能夠徹底的解決問題？

中共北越不敢報復，早就在一般的意料之中；現在三個星期過去了，竹幕邊緣平靜無事，正是不出人們所料。事情相當明顯，即使中共已派空軍入越，也祇是爲協助防守，而絕非有任何進攻企圖。照美方的估計，中共飛機已算陳舊，性能和數量也絕不與美空匹敵。中共方面，大概也不致不知道這一情勢。

南越共黨遊擊隊在一個時期內的龜縮，也是爲了避免美國繼續「顯示軍力」。當詹森下轟炸令，播告國民，兩院通過授權「總統」採取必要措施時，美國是正在「氣頭」上，事情可大可小，若予觸怒，換來一場炸彈傾下，炮艦轟擊，實在無仇可報。李普曼所指出：「正如大象不能追鯨魚出海」的情勢，乃是鐵一般的事實。

美國海空軍的足以威脅北越與中共，毋庸申述，舉世皆知。但威脅是一件事，威脅的效果又是另一件事。這後果究竟如何？

美國局部空軍早已參加東南亞之戰，在南越的教練飛行，在寮國的偵察飛行都是極小規模的牽掣型的助戰。南越政府軍並沒有獲勝，不能歸咎於美空軍作用不大，而只能認爲：如果沒有美空軍，情勢可能更壞。至於在寮國，美空軍顯已阻碍了共軍的集結，解除王都及永珍可能遭受的威脅。

東京灣「海軍」的轟炸，雖然對於北越「海軍」，不能不說是嚴重的打擊；但那些破壞及損失，在全盤估計說不上什麽意義。最重要的意義不是純軍事的，而是在於這是第一次向竹幕內的轟炸。假使把當年轟炸北韓列入「交戰」的範圍，在非交戰情況下轟炸及於竹幕以內，自當以爲首次。

共方不敢報復，自是大大的失威；不過這種威望的損失，後果還不顯著，因爲轟炸太輕微了的緣故。如果八月五日美國是採取大報復的話，也未必會引起更危急的局勢，但後果却必然比目前爲佳——它可能給共方以更大的警惕。

唯其美國採取認爲「極有分寸」的做法，只在瞬間顯示軍力，所以共方絕無改途易轍的趨向，而只不過是避重就輕。似乎仍然要把這一局再賭下去。

西貢的問題迅速湧起，便是共方採取另一方式鬥爭的表現。自東京灣事件後的南越戒嚴，阮慶就任總統，建立戰時體制，乃是美越會商下的南越內部加强。首要目的，在藉顯示軍力的威勢下，扭轉對遊擊隊作戰的局面。進一步說，是可能作「北進」之用。即使是現代海空武器的戰爭，最後仍得着重陸軍的佔領。當年日本雖說屈服於原子彈之下，但如不是有下一步的必然佔領，未必就投降得那麽快。

西貢騷動便是共方直接打擊阮慶。它標榜反美，採暴動方式，學生與佛教徒「聯合陣綫」，各城市同時並動，都足以證明共黨背景。打擊阮慶不能揮軍，便沒有人北進。

如果能把阮慶打擊到不成政府，那更是共方所希望的。美國參議員攻擊「美國快要佔領南越」，便是指的這一危機。現在人們已不能希望美國把越南戰事全部負担，當然更不能想像美國把南越政治也一肩挑起。

北進計劃如被打了折扣，就是美國强調不放棄北進計劃，也就不能嚇倒共方。以毛澤東爲主腦的東南亞戰爭，他是認爲核子彈炸死三億人「還有三億」的，那會理會人民受海空轟炸，何況被炸的乃是北越？

顯示軍力或顯示軍力，在攻入竹幕這一點上，毋疑有深長的意義，它「開攻擊之先河」。但就現的階段來說，效果並不顯著。因爲顯示的規模不大，又不是繼續的顯示，它沒有扭轉共方的頑抗。

顯示軍力，並不等于使用軍力。就是使用軍力，如仍限於用海空軍，也不能輕易使共方屈服。但目前美國在東南亞，一則是有軍力而沒有決定使用。再則是即使不得已而使用，也只是使用海空軍而不使用陸軍。指望阮慶担任進攻的陸軍軍力的脚色，自屬言之過早。

歸根結蒂，美國有軍力，必須也有使用的決心。一旦使用，便應不是單獨使用海空軍，而必須有陸軍的配合，當然不一定要美國地面部隊，可是必須準備相當的兵力。

東南亞戰爭的背景是北平，美國已經知道這次東京灣事件，美軍的部署把中共參加報復計算在內，是進步聰明的做法。但迄今爲止，美國只有打擊北越計劃，而沒有考慮打擊中共，北進北越計劃也還有欠完整。

顯示軍力似不能使共方在會議桌上讓步，即使只要爭取談判的有限度勝利，可能仍須於戰場上求之。（八月廿四日）

董濟平的談話有重要價值

徐冋餘

董濟平是中共派駐非洲布廸隆國大使館的文化參贊。於本年五月廿六日自動逃出中共大使館，往美國駐布廸隆大使館請求政治庇護。卒以中共支使布廸隆國的左傾幼稚官員故意留難，延擱甚久。中共之目的，有如去年周鴻慶在日本投奔自由事件，硬說董濟平投奔自由，係美國所綁架，而不是出自董濟平自己心願，說美國所綁架，而不是出自董濟平本意，這當然都是中共的胡說八道。

但如果以日本池田政府所表現的人道精神及國格來與異常落後的非洲黑人國「布廸隆國」相比，則日本還比不上布廸隆。因爲布廸隆雖然親共媚共，但並未聽中共的話，硬將董濟平送交中共，而日本池田政府去年冬季則完全不顧人道硬將在日本投奔自由之周鴻慶遣回大陸，所以，人們可以看到董濟平比較幸運，終於在兩週前飛抵紐約，而與周鴻慶事件相比，則日本池田政府眞臉上完全無光也。

尤其值得慶幸和注意的，是董濟平飛抵紐約後的許多談話，對美國和整個自由世界都有重要參考價值，茲特摘錄其談話中之若干段，予以刋出，以供各方閱讀。

董濟平說：「當我未去布廸隆之前，中共高級官員曾召我訓話，說我們在非洲的最重要目標在剛果。因爲剛果所產鈾鑛是核子武器的重要原料。布廸隆是通往剛果的一條主要通道，所以，到布廸隆去担任外交，是很重要的。我們在布廸隆的工作，以往做得很好，不過，天主教力量很大是那裏的惟一障碍。幸而我們已經和布廸隆工會以及旅行社有了一些聯繫，將來可以大力發展。今後致力的目標，就在學生和青年團體。布廸隆的青年們已表現和我們合作，這是很好的，今後中國的外交官以此爲致力目標」。

董濟平又說：「中共在非洲也一樣使用銀彈政策，中共自以爲中共自己用錢用得很聰明，而美國人用錢用得十分笨。以此，中共用錢也如用兵，可以一以當百，甚而一以當千。中共的出手也不太低，一位馬里的新聞記者到北平去，寫了一篇替中共宣傳的東西，中共一送就送了六百美金的筆潤；有一位非洲政客，在一個會議內邊，做中共的豬仔，幫中共搖旗吶喊，中共一送便送他二千英鎊」。

他又說他的上級會教他如何使用銀彈：「我的上級說：用錢的時候，應該注意駐在國內那些不滿現狀的分子。不過，當我們和一些不滿現狀的分子接觸時，却要力求避免開罪那些當權者。我們不要像美國人那樣笨，祇識那些當權人物。我們可以敷衍那些當權者，但我們的嫌觸面務必十分廣泛。不要把錢用向那些已有權勢的人，而應該把錢用向那些有野心而又沒有權勢的人。」他的上級又告訴他：「非洲人是容易應付的，他們對中國人非常友好，很容易取得他們的歡心。有時送給他們一點小禮物，請他們吃飯，他們就可以做你的朋友了。他們是很愛戴高帽子的，不時送他們三五頂，他們就渾身皆酥。在使館內邊，有一批現金，你們要花錢的時候，就可以向使館支領。把錢給人的時候，有一件事是極重要的，那就是不要問人家怎樣花，給了人家便算，而且要裝成若無其事的樣子」。

董濟平的上述說話，不但有趣，而且他所轉述中共上級官員教他如何用錢的一段談話，確也反映了中共對非洲人處心積慮的研究心得，更確切的道破了美國部分官員平時那種顢頇自大，毫不虛心，粗心大意，胡作亂爲的暴發戶樣子。對於中共所說這種用錢方法，二十年前的部分日本人本來還深得此中五味，但近來的日本政府已越來越低能了。所以，很客觀的講：美國人對世界的動機是善良的，錢也用得很多，但效果小，甚至還到處挨罵，美國政府現時常去討教現時的日本政府，那也是問道於盲，如果眞肯改正，美國政府一定可以比中共做得高明。希望美國官員把董濟平所說的許多話仔細研究，改正美國少數官員的態度才好。

此外，董濟平又還說：「中共的新華社，最近奉了毛澤東的命令，大事擴張。新華社本來只有三千人，現已增到一萬人。新增駐非人員特別多」。

關於新華社記者所幹勾當，他也舉了一個例。他說：「以布迪隆爲例，這本是一個又小又窮的國家，對中共情況也一無所知。布迪隆獨立之初，據說原本準備與刻在台灣的中華民國建交，但新華社一個以往出沒於印度後來在非洲活躍的記者名叫高梁到達布迪隆之後，從事各種活動，布迪隆當局始改變主意，高梁立刻將這情報告了北平，北平立即派張燕率領一個譯電員，一個電報員，一個事務員，於本年春到達布京布加布魯。在張燕離開北平時，對他到達布迪隆後究應如何工作，並非胸有成竹，但到達加布加魯後，發現當地的人紛紛跑來向他要錢，張燕立即將這情形報告北平，北平資金源源而來，他就開始來者不拒，大規模的展開其收買人心的工作。同時，張燕到達後立即和當地克烏區的叛軍頭子已死的非洲共黨頭子盧蒙巴舊部沙米亞勞特搭上，他們同住在一家旅館，共同決定以金錢收買人民加人叛軍。其價格是只要一個人加入叛軍，立刻便可得到全年的薪餉。以後每打一仗，加一次特別犒賞，張燕從此變成了克烏叛軍的軍需處長，支配了該股叛軍。由於張燕的工作推動得異常順利，所以中共人民日報開始誇耀非洲革命情緒高漲。我到布加布魯的第一天，和張燕見面時，張就告訴我過去四個月他一直很忙，幾乎沒有一分鐘休息。而且非常得意的告訴我，他已經是布迪隆最大的債主」。

他說：「中共在布迪隆設立使館後，其以金錢收買當地貧苦人民的工作，做得更爲普遍。他們甚至在當地各教堂的坐位上遍置信封，信封裏裝着支票，布迪隆貧民可以拿着支票到中共大使館去取錢。布迪隆人民太窮苦太落後，任何小費都可以將他們收買，任何宣傳他們都會信以爲眞。所以，中共滲入非洲的工作，雖係蓄謀已久，但其工作之順利與開展之迅速，則出中共意外。中共滲入非洲的方法，第一步都是首先派出新華社記者到各國訪問其政府首長。試探其對中共建交的態度。並藉此宣傳利誘。這些新華社記者的身份的保密等級都很高，連中共駐在該地大使也不知道他們的來頭有多大。他們的電報是經常直發給中共外交部，外交部根據他們的情報立刻行動。倘有某一國願與中共建交，中共外交部便立即派人前往談判。然後雙方設置使館。」

上述幾段董濟平的話，也很值得台灣方面注意。試把台北派出的中央社記者與中共新華社記者比一比，立可發現台北派出的記者，在能力上及政治工作上，是常常比不上中共的。台北派出的記者常常只能做點小情報，做點小小的鑽營工作，其它就說不上了。事實上，台北今天的外匯也很貧乏，而反攻復國的任務却極艱巨。應該多派出一些能力高强的記者出外工作才是。台北當局與其把許多金錢花在海外收買一些無聊的文人政客，甚至收買一些莫名其妙不生效用的報刋，何不把這些有限金錢花在外交工作上！花在爭取與國的工作上！台北最近派出歌舞團到非洲去表演，那是很對的。但更可以同時携帶一些電影片去隨時各地放演，以聯絡感情，而收交實效。因爲非洲是落後地區，對近代電影一定很感興趣。何況，多製幾十套電影拷貝是花不了很多錢的。

說到中共內部的人事矛盾，董濟平說：「稍微有暇注意政治的人，可以很容易發現在中共中央領導人中，鄧小平最左，陳毅最右。陳毅且有中共的赫魯曉夫之稱。鄧小平的靠山是劉少奇，陳毅的靠山是周恩來。毛澤東以中間偏左的方式統治兩面，周恩來常以中間偏右的態度調和鄧陳。在這種情況下，毛澤東死了，繼之而來者必有一番內部鬥爭」。

董濟平又說：「中共常罵蘇共幹部已經退化，其實中共幹部的官僚腐化和傷風敗紀已足令中共垮台。中共跨言消滅階級，實則造成嚴格的等級制度。中共黍大陸全部公務員劃分爲二十五級。其中第十三級，即中共中央各部會的司長階級以上者，是較高統治階級。其中第十七級即縣長以上者是中等統治階級。升遷辦法是每五年升一級。因之，一九四九年畢業的大專學生到現在最多只能升到第二十一級。我自己外放時第廿三級。決定階級的根據並不是根據能力，而是根據黨齡。因而高及中等階級的共幹都生活得比較富裕，階級勢力無所不在，中共鳴放期間大家對此大罵，實超過帝王時代九品中正之制。……凡此種種都造成人民對共黨的深切仇恨。特別是大陸青年對中共的仇恨心理尤其激烈。中共以往一向以哄騙青年參加革命起家，但今日大陸青年已成中共防範的主要目標。北平各學校學生的反共暗潮就很潮烈。北平各大學內都有反黨集團。周恩來會經召集北平各大學生訓話，會公開指責學生說：我知道你們中間有很多反黨分子，但是我有辦法對付你們。周恩來的恐嚇也是眞的。因爲中共現仍加緊控制，大陸上的反共分子很難作大規模活動」。

總結說來，根據董濟平的話來看，美國應該支持中華民國反攻才是。

北平舉行科學討論會之際

中共卻大罵牛頓愛因斯坦等科學家 認爲雷鋒董加耕才是青年學習榜樣

爲了對抗歐美已有的科學成就，中共特別召開了一個科學討論會，據中共新華社報導，中共召開的這一科學討論會已命名爲「一九六四年北京科學討論會」。被邀參加者，則由中共決定只限於亞洲、非洲、拉丁美洲和大洋洲四十一國家或地區的三百四十七位科學家。可以說，這差不多都是一些沒有科學或科學根本不發達的國家或地區。據新華社說，被中共邀請參加的，「是阿富汗、阿爾及利亞、安哥拉、阿根廷、澳大利亞、緬甸、布隆廸、柬埔寨、錫蘭、智利、中國（指中共）、哥倫比亞、剛果（布）、古巴、幾內亞、印度尼西亞、伊拉克、日本、約旦、肯尼亞、朝鮮民主共和國、黎巴嫩、馬里、墨西哥、尼泊爾、新西蘭、尼日利亞、巴基斯坦、塞內加爾、索馬里、蘇丹、叙利亞、坦噶尼喀和桑給巴聯合共和國、泰國、烏干達、阿拉伯聯合共和國、越南民主共和國、越南南方、也門。此外還有玻璃維亞、達荷美、馬爾加什和塞拉勒窩內的科學家，正在前來的途中」。

凡是稍有科學常識和世界情勢的人，一看上列名單，當然就心裏瞭然中共召開的這一所謂科學討論會，實在根本夠不上稱爲科學討論會，因爲其中大多都是科學落後或者根本說不上科學的國家或地區。況且，中共所謂上述這些被邀請國家的科學家代表，並不眞能代表其本國。以日本及泰國爲例，它們都是根本與中共無邦交，泰國且極反共，根本就不會由國家派出代表，而只是由中共隨便找來兩國泰國人假充科學家湊數。日本也是根本不是由日本政府派遣，而是由日本左傾分子打扮的。

更滑稽的，是中共根本未曾邀請科學眞正發達的歐美國家參加，甚至連蘇聯及東歐的科學家也沒有，這還成什麼科學討論會呢？當然，中共僞政權根本不邀請到歐美的眞正科學家，歐美眞正的科學家縱令被邀，也不會去出席這種不夠格科學會議，那也是必然的。

而明眼人更容易一眼看出中共召開的這一個以亞洲非洲拉丁美洲大洋洲來湊數的科學討論會，既根本不夠科學水準，實質上只是毛澤東玩弄的又一國際統戰工作，則極明顯。

本來，據中共新華社宣佈，中共這一科學討論會已於八月廿一日正式開幕。但與此同時，中共的報紙及刊物，却正式向許多世界著名的科學家開火，其中包括牛頓、愛因斯坦、伽俐略等等，中共都說他們不値得學習，中共反說「只有毛主席的戰士雷鋒董加耕、向秀麗才値得中國青年學習」。

原來這事件是由民主同盟北平機關報「光明日報」所引起。爲了中共即將召開這一科學討論會，光明日報爲了迎合中共，遂刊出一篇以「讓青春發出光輝」爲題的文章，舉出了上自伽俐略下至泰戈爾一共二十七名世界著名的科學家一生的艱苦奮鬥過程，以及他們的偉大成就，來鼓勵大陸青年以他們作樣向他們學習。殊不知光明日報這篇向中共拍馬屁的文章，反而惹起了中共的仇恨。中共認爲光明日報舉出的這二十七個人中除與列寧有關係的高爾基外其餘都是資產階級科學家，根本不値得大陸青年學習。於是，中共各報刊進行圍剿光明日報。

中共指責光明日報說：「我們認爲在列舉的二十七人中，除了高爾基外，牛頓、愛因斯坦、陀斯妥也夫斯基……等都不能說有遠大的志氣和正確的世界觀」「能夠擺脫庸俗和瑣屑的個人慾望的也沒有幾人，把他們提出來作爲青年人的學習榜樣，不但不恰當，而且同黨和毛主席號召我們向雷鋒同志學習的精神也完全背道而馳」。

光明日報原先提出的二十七名科學家及文學家是：伽俐畧、泰戈爾、拜倫、普希金、牛頓、瓦特、克勞修斯、車爾尼雪夫斯基夫婦、狄更斯、雪萊、歌德、席勒等。但中共認爲其中除高爾基外，餘皆不足學。必須學雷鋒、董加耕及向秀麗。

雷鋒是何許人呢？原來是毛澤東的得意戰士，平時儉吃用，熟讀毛澤東著作，一件衣服穿十年，破了又補，永遠勞苦，被毛澤東認爲可以作大陸青年模範，董加耕則是一個知識青年，原住在城市，但却響應共黨號召，自動請求到農村工作，永遠熱愛農村熱愛勞動，願意永遠在農村落戶的青年。向秀麗則是會有勞動成績的女青年，毛澤東認爲雷鋒董加耕向秀麗才是「革命接班人」，而今毛澤東又正在號召中共培養千百萬革命接班人，而不是要培養千百萬科學家，所以中共認爲牛頓愛因斯坦的價値不及雷峯董加耕等。

本來，中國是需要尊敬科學家的。但像中共這樣只要革命接班人不要科學家，那末，再開十次百次科學討論會也是沒用的。何況代表中共出席的代表團成員中，俱如副團長范長江張友漁等都是黨棍，還怎能談得上代表科學家呢？

由此可知，要在中國發展科學，必須先建立中國的自由民主政治制度。自由民主制度才是產生科學家的温床，而共產極權制度則只能妨得科學。所以，爲了中國，海外科學家應大家起來，推翻中共才是。（綜觀）

大陸簡訊

北平支持美國黑人鬥爭

據中共新華社八月八日電：「首都各界人民今天下午在政協禮堂隆重集會，向正在進行英勇鬥爭的美國黑人兄弟再一次表示堅決的支持，並紀念毛澤東主席的『呼籲世界人民聯合起來反對美國帝國主義的種族歧視、支持美國黑人反對種族歧視的鬥爭聲明』發表一周年」。

新華社又說：「大會上的講話指出：毛主席在一年前的今天發表的聲明，深刻揭示了種族歧視問題的本質，是美國黑人和世界各色人種偉大的『解放宣言』。大會熱烈讚揚日益發展的美國黑人鬥爭是從美帝國主義心臟裏爆發出來的偉大的革命鬥爭」云。

另據新華社阿克拉八日電：「杜波依斯夫人說：「一年以前，我丈夫寫的最後一封信是給毛澤死主席的」。「她又强調說：在毛主席發出號召的一年以來，美國黑人的鬥爭已經加强了」。

另據新華社哈瓦那八月六日電：「正在古巴進行訪問的十一名美國黑人學生今天就毛澤東主席發表支持美國黑人反對種族歧視的鬥爭的歷史性聲明一周年發表聲明，向毛澤東主席及中國人民熱烈致意」云。

中共在瑞士設游擊學校

據紐約美國人報報導：「尼已從伯爾尼報館獲悉，伯爾尼已有中共游擊專家五百人以上」。「許久以來，中共便已侵犯瑞士的中立性，而在瑞士設置一系列的暴力革命學校。這些組織已活動於瑞士的小鄉村，在中共人員的偽裝下，不易爲人發覺。「象牙海岸會發生一次流血政變，象牙海岸政府從被捕的政變首領及有關文件中獲知這些革命首領都曾在瑞士西北部接近法國邊界的小村莊中受過中共的游擊訓練。」

中共全力挑撥羅蘇關係

目前羅馬尼亞正在中共與蘇共之間搖擺不定。於是，中共乃以全力破壞羅共與蘇共之關係。八月二十二日是羅共所謂解放二十周年，中共除派李先念率代表團前往致賀外，中共要員陳毅鄧小平等復在北平大事慶祝，以籠絡羅共云。

僑鄉近訊

鍾之奇

廣東公社人民隨游擊隊赴台灣

本年六月二十日，台北當局最派遣一組反共游擊隊突襲廣東陸豐。該組游擊隊的突襲行動是異常順利，除登陸後肅清附近地區的共軍哨所外，又會進入陸豐縣烏坎人民公社，獲得人民公社三百餘人民之熱烈歡迎。而在海邊工作的三名中共民兵則自動立即參加了反共游擊隊。他們是二十四歲的方火太，三十三歲的周阿笠及五十歲的黃木新。當時該地三百餘人民俱希望登陸之反共游擊隊能將他們全體帶出鐵幕，但反共游擊隊只有自己乘坐的幾支突襲舟，無法裝載三百餘人民，只將其中方周黃三名參加了反共游擊隊的三名民兵帶回了台灣。

美國記者柯普會隨游擊隊出發

當六月二十日這組游擊隊突襲廣東沿海時，現今駐在台灣採訪新聞的美國記者狄衛特，柯普曾隨軍出發。直到該組游擊隊到達接近廣東海域由母船下達到突擊舟時，柯普始與該組游擊隊分手。隨後該組游擊隊突襲得勝凱旋回來，柯普又最先與他們相會。柯普當時並曾與該組游擊隊所帶回的三位民兵晤談。以下是柯普所記他與這三位廣死中共民兵的談話紀錄的一部分。

山門村的人民個個饑餓

據這三位中共民兵說：「山門村是組成烏坎人民公社的數個村莊之一。村裏有十二名共幹管理村務。村裏的壯丁都得到民團金祥營裏去服務。民團的主要任務是防國軍反攻。民團的武裝只有幾支舊式步槍」。「像方火太那樣的年輕人，要從天亮到正午去捕魚，下午幹農活，晚上還得上政治課或站崗。婦女也要在農田工作。所有農田與漁船，都是人民公社的財產。人民必須付租錢用農具與漁網，他們無論種植什麼或捕得什麼，都必須交給公社。每到年底，共幹總是訓斥村民未能做到他們的工作指標，因而都欠公社的債」。「食物由共幹分發，數量極少，每餐約有二兩劣等米，一碗地瓜湯。煮地瓜湯時，先把大米放在鍋的中央，湯煮沸時，大米沉到鍋底，留給孩子們吃」。

「每一家庭都有一小塊自留地，以種植蔬菜，供自己食用。漁民所捕的魚中有一條將由自己吃，但仍得從工分中扣出這條魚的錢。偸竊食物的，必將受到嚴懲，但人民都已成了擅偸食物的老手」。

「疾病蔓延村中，幼兒的死亡率極高。村民都患營養不良症，逃出的這三位民兵，就都患砂眼及肝病。三位民兵中名叫方火太的頭髮就差不多全禿光了。村民沒有醫生，也沒有藥品，惟一的治病方法，是用薑湯，或者就用驅邪法，把魔鬼從身上趕走」。

婦女生產後卽需下田工作

「周阿笠的妻子最近生了一個女孩，生下頭部正常，但身體極短小。母親生產幾天後就必需回到田裏去工作，嬰兒無人照料。周阿笠的長女十歲，骨瘦如柴。父女二人輪流穿一套內衣。小孩子沒有衣服穿，村裏的兒童因饑餓爭奪食物而常打架。他們的父母管不了，村裏也沒有學校」。

大陸人民都相信就要變天了

「每晚都要舉行政治會，共幹在政治會上告訴人民，大陸上的一切將來會怎樣好。但大陸人民中年長的人使年輕人保持一種希望，年長的人不斷談說中華民國國民黨政府的事，並勸告年輕人忍耐」。「現在大陸人民都說中共的日子不多了。大家都說：『就要變天了』。村民們已聽說台灣中華民國的飛機在空投粮食。但共幹不准人民拾飛機投下的粮食，說裏面有毒」。「現在，大陸人民也已聽說中華民國反共游擊隊在反攻，於今，他們親眼見到了，所以立刻參加和協助反共游擊隊」。

據柯普自己說：他又問方火太：「一且中華民國反攻，大陸人民會有什麽反應」？方火太和他的兩位同伴都異口同聲的說：「我們相信，如果國軍大規模的登陸，大陸上的人民無分男女老少，都會起來殺死共幹，集體參加國軍」。

以上是這位會隨同反共游擊隊出發的美國記者狄衞特·柯普的記載的一部分，因然這是有關僑鄉的實貴消息，故特予刋出。以供海外僑胞參攷。

銀行放濫賬，國家受損失

特權階級作祟

獨　清

（台北航訊）監察院財政經濟兩委員會於八月二十二日舉行聯席會議，討論該院調查小組對中央銀行等十五個國家行庫濫肆放欵，造成呆賬致使國家遭受重大損失的調查報告。討論結果，決議先提案件正，再由原調查委員進一步查究特權放欵部份，並對金融主管官員的違法失職提案彈劾。

據調查報告稱：中央銀行、中國銀行、交通銀行、中國農民銀行、中央信託局、中國產物保險公司、台灣銀行、台灣土地銀行、第一商銀、華南商銀、彰化商銀、合作金庫、台省合會儲蓄公司、台灣產物保險公司、台灣人壽保險公司等十五單位，自四十七年至五十一年底的五年間各銀行等貨出放欵共計約十一億元左右，其中包括下列各項：（一）呆賬損失計二千一百二十餘萬元，此項係指應收欵項或應收票據，因無法收到而遭受損失之數字；（二）催收欵項二億七千餘萬元，指逾期收回困難之欵項，對內停計利息者；（三）呆滯欠欵六億一千餘萬元，美金六百萬元，港幣二百八十萬元，指逾期欠欵收回困難，但仍照計利息者。」

調查報告指出催收欵及呆滯欵中，頗多大戶，如台灣銀行的呆滯欠欵三億六千餘萬元中，圓山俱樂部、勵志社等欠欵，居相當數額。

調查報告認爲呆賬及呆滯欠欵的形成原因，主要是由於各銀行事前對借欵人信用於經營狀況之調查不實，收受押品之估價檢驗與保管未善，借欵到期後未能迅速處理，致押品變質損耗，以及監督管理制度之未盡嚴密等。

本案聯席會議討論時，多數委員均認爲呆賬的形成乃由於有人利用特權。王文光委員說，呆賬可能與官商勾結和人情有關，應將原因查明。金越光委員也認爲應再繼續調查借欵人及其內情。馬慶瑞委員主張對於不忠不法的放欵，除了必須查明其中的底細而外，還應追究責任。鄧景福委員是在監察院提案調查銀行的委員，他指出造成呆賬的原因，調查報告並未作明確的叙述。他認爲呆賬與特權有關，主張對主管金融機構的官員提案彈劾。吳大宇郝遇林兩委員認爲呆賬、呆滯欠欵，和催收欵雖然名稱不同；而在事實上卻並無不同，都是無法收回的濫賬，主張應在本年內查個水落石出，向社會有所交代。

據熟悉內情者透露：在今日的台灣，凡是能夠向國家銀行借到鉅欵不還的，無論在表面上是用何種名義，實則都是與當權者有關的一些特權人物。所謂特權人物，即是與家天下有關的那些人。銀行當局雖然明知他們有意借欵不還；但都不敢拒絕。即使拒統，他們也可以要上級機關下命令照借，因而才造成這麼龐大的呆賬。調查報告之所以沒有指明造成呆賬的原因，也就是在此。因此之故，儘管有好幾位監察委員在聯席會議中慷慨陳詞，主張進一步查明原因，提案彈劾；但結果一定仍是雷聲大，雨點小的。

被轟炸後的北越

華　永

許多人都會觀測得到，美國雖然於本月五日採取報復行動，轟炸過北越幾個重要地區，但不致引起大戰，原因是：（一）美國仍無意於擴大越戰：華府的軍事調動依然是嚇阻政策吧了；（二）蘇聯不願捲入東南亞糾紛的漩渦；（三）中共尚未敢大規模開入越北直接跟「紙老虎」作對；（四）北越共黨本身軍事力量脆弱，更不敢動彈。

美國此次的轟炸北越，北越的損失是相當重大的。據說：美國空軍當日是出動飛機六十四架次，除分別炸毀鴻基，玉甲，祿昭，廣溪等四個魚雷艇基地及二十五艘小型軍艦外，並炸毀了義安附近的一個大油庫——這一油庫，其貯油油量佔全北越的百份九十，祇這一項損失，已使北越的機械發動力陷於癱瘓狀態。其餘海附，奇海河口，廣北賴，化，寧平達河口，及其他沿海地區，也都受到美機的摧毀。據一般估計，北越受到這一次損失，在兩年內也不能恢復舊觀。

北越的最重要城市是河內和海防，前者是胡志明政權的首都，也是北越的政治，文化，交通，和商業的中心，這次雖未遭遇空襲，但當地官民早已受到嚴重的心理威脅；後者距河內約一百公里，距海口約五十公里，是全越的第二個貿易港口（第一個是南越的西貢），與河內有鐵路，公路，河道互相聯繫，居民達六十萬人，是商業繁盛之區，它已被炸得滿目瘡痍，這個富有經濟價值的都市，目前已人心惶惶了。

北越共黨建立政權之初，是沒有空軍設備的。陸軍方面，也祇有三零四，三零八，三一二，三一六，三二零等五個正規師，兵力共六十營，及另有廿四營民兵，總共兵力也不過五萬五千人。一九五六年以後，中共和蘇聯始給了一部份魚雷艇，然後在鴻基，玉甲，祿昭，廣溪等處建立了四個海軍基地，並在義安省會及邊水附近建立了一個大汽油庫，此次已被全部炸毀，其損失之重大，可想而知。其中尤以鴻基爲甚。鴻基是四個基地中最大的一個，位於中，越邊境，距芒衛僅卅五公里，與北海，海南島遙遙相對，是一個著名的產煤區，此次被轟炸，連產煤區也受到嚴重影響。

至於北越人民心理上所受的影響，其後果更無法可以估計。北越人民約九百八十萬（一九五九年統計），其中有百份之七十爲佛教徒，百份之十五爲天主教徒，百份之三點五爲華僑。這些人民，絕大多數是於胡志明控制北越之初因受愚騙而致被利用的。到了一九四六年三月，因胡志明和法國訂立了協定，答允尊重法國人在越的經濟利益，並准許法軍一萬五千人在北部和中部登陸，以致曾一度引起北越人民極度不滿，予以尖刻的抨擊。一九四七年，北越的智識份子包括律師，醫生，天主教徒，佛教徒，會共同發表宣言，拒絕胡志明的領導，反對越盟黨獨裁。由此可知北越人民對胡志明早已「不感興趣」。迨至一九五五年間，在胡志明政權建立了不久，內部也發生過一次糾紛，北越共黨書記之長征被肅整，就是遭受陸軍總司令武元甲鬥爭的結果。原來長征和胡志明都是親俄派，而武元甲則爲親中共派；因此，那時的胡志明，也成爲武元甲領導下的親中共派的鬥爭對象。特別是到了莫斯科與北京間發生了重大歧見之後，北越的內鬨，就更趨表面化。後來胡志明爲了還就現實，畧爲改變其態度，漸漸轉爲傾向中共，內鬨的氣氛才告和緩過來。然而由於北越農產品連年歉收，釀成粮荒，致使義安，清化，河靜，廣平，廣治等省的農民，不斷發生抗暴運動，充份顯露出北越形勢漸趨不穩。胡志明處此內憂外患環境下，早已大感應付維艱。

迨此次東京灣事件發生了後，北越受到美軍轟炸，民心自然更起怨懟，認爲胡志明這老頭兒既未能改善國內情況，反而招致外來禍殃，於是不滿現實的情緒，更爲高張。

美軍此次之轟炸北越，不特使北越的軍事，經濟，物資，受到嚴重損失，還使到北越整個政權受影響哩！

漏稅官商名單洋洋大觀

見　微

（台北通訊）在蔣「總統」提倡「革新，動員，戰鬥」聲中，台灣的貪風並未稍減。最近由財政廳，警務處稅務處合組的專案小組所破獲的一個大漏稅集團，涉嫌官商竟達四十餘人之多，與當年台北市長黃啓瑞夫婦的兩大集體貪污案，可說是後先輝映，各有巧妙不同。據專案小組所發表的消息稱：「本省各縣市近年來迭有不法廠商勾結黃牛掮客買賣統一發票逃漏稅捐案件破獲，惟因利之所在，不法之徒趨之若鶩，已蔚成不良風氣，一時無法遏止，去年十一月間刑警大隊又接獲情報，有不法之徒王展懷爲台北市漏稅集團中之閩南幫主要份子，因案情繁複，牽涉地區廣濶，乃將情報奉上級指定警務處經濟科，刑警大隊，財政廳稅務處合組專案從事偵查，今年五月間台南市警察局刑警隊查獲一專事僞造請購證購買統一發票之鎮波（化名周策，綽號長脚周者），供出該不法集團中之王令誇被捕到案後，就所得資料獲得全面瞭解，此一不法集團內約可分成內地、本省、閩南三幫：內地幫以朱景賢、陶鹿萍、王萍、陳良釗爲主，本省幫以賴柱、吳錦士（亨霖）、王目雲爲主，閩南幫中以王展懷、王令誇、洪寶鶴、黃杞相等爲主，根據所得資料綫索先行查獲王萍、郭國明到案後，又將吳亨霖查獲歸案，自王、吳供出曾勾結不法稅務人員代廠商將虛開出之統一發票報核聯抽除銷燬，取得每百萬額約五千元之佣金與稅務人員朋分圖利，乃先後捕得掮客李竹川、周金德等，同時查獲新竹稅捐處稅務人員陳清、黃金松。又在苗栗縣查獲漏稅案中之重要人物藍增財，藍非但勾結稅務人員抽去統一發票報核聯帮助漏稅，並且教唆稅捐處工友盜竊重要公文與北部掮客廠商從事漏稅非法活動坐收漁利。另在苗栗稅捐處查獲涉嫌不法稅務人員秦家鼎、黃秋順等三人。再依據掮客，稅務人員到案後所供述資料，對涉嫌漏稅情節重大之廠商進行求證，當即查明係經由掮客朱國衡、陶鹿萍、林志康、謝尊等所爲，乃再將林志康逮捕歸案。本案在偵查時不法集團之重要份子朱景賢、王展懷、洪寶鶴、黃杞相等均聞風逃匿，使查證工作發生困難，經積極展開全面搜捕工作，朱景賢見法網難逃，乃出面投案。相繼查獲掮客劉政輝，循劉綫索發展，終將內地帮中主要份子陶鹿萍逮捕到案後，繼續追查台北縣稅捐處稅務人員張正秀、羅力生、林樹、以及台北市、基隆市、宜蘭縣、桃園縣、雲林縣、嘉義縣、高雄縣、台南市等地稅務人員十五人，再對涉嫌廠商先後進行求證屬實，計先後捕獲不法掮客十六名，稅務人員十九名，涉嫌廠商九家，涉嫌經理、會計人員九名。

本案不法漏稅集團中之份子部份曾受大學、專科以上教育，因素行不良自甘墮落，部份經商失敗環境困難，走入歧際，其中三分之一以上係曾犯有前科之不良份子或因案通緝者。

專案小組認爲偵查工作已可告一段落，乃將全案分別移送法院及財政單位依法處理。另有涉嫌本案的重要逃犯王展懷、洪寶鶴、黃杞相、王自雲等四人由警方通緝中。在偵查期間，據該小組所發表的消息統計捕獲涉嫌稅務人員十九人，涉嫌不法掮客十六人，涉嫌廠家之經理會計人員九人，共爲四十四人；但本月二十日該小組公佈的扣押人犯則僅有三十七人，其中稅務人員僅有十二人，其餘的七個涉嫌稅務人員，大概已經被釋放了。是否由於官官相衞，那就非局外人所得而知了。

本刊已經香港政府登記

聯合評論

週刊

每逢星期五出版

United Voice Weekly

第三〇九號

督印人：黃宇人　總編輯：左舜生

社址：九龍旺角通菜街三十八號南亞書局 849126

[illegible]

CHINESE - AMERICAN PRESS, INC
199 CANAL STREET.,
NEW YORK13 N. Y. U.S.A.

南越的悲劇

黃宇人

南越自吳廷琰的家族政權被推翻後，在楊文明將軍主政的初期，雖然在反共鬥爭上未能表現任何成績；但在內部的安定上，似乎尚能勉強應付。不意，未及數月，阮慶將軍再度發動政變，將楊文明將軍推翻，後又自發自收，請後者復出担任國家元首而自任總理，掌握軍政實權。月前，阮慶將軍似乎又認爲猶有未足，忽由革命委員會於一夜之間頒佈了一個憲法，集合國家元首與行政首長於一身。在舉世的憲政史上，制憲如此草率和突然；而且完全由少數軍人一手包辦，實未之前聞。然而美國政府却聲言對阮慶將軍之集中權力，將繼續支持。若干年來，南越的局勢，可說是全賴美國的支持，阮慶將軍的獨裁政權既然有美國撑腰，似乎應該可以大展抱負了。

然而，南越的青年却不能容忍，立即大舉示威，繼而更演成佛教徒與天主教徒的混戰。阮慶將軍號稱强人，亦深感衆怒難犯，不得不宣佈取銷其軍制憲法，並自剛剛坐上的總統寶座引退，才使局勢緩和下來。這可說是南越不幸中的大幸。

綜合最近數日報上端的消息，南越的局勢雖已大爲緩和；但仍滿天迷霧，尚欠開朗。最使人注意的是楊文明，阮慶，陳秉善三將軍的三人執政委員會雖已產生，阮毅安教授的過渡內閣亦宣告組成；但阮慶將軍顯然並不滿意，日來迭有煩言。同時，美國政府似乎至今仍對阮慶將軍特別支持，美國駐西貢大使泰萊將軍還於八月三十一日親往茶叻促自三人執政委員會產生後即往該號休息的阮慶將軍返回西貢，而後者則提出若干先決條件。凡此種種跡象，均顯出南越的權力鬥爭，尚未完全中止。我們關懷越局者，實不能不引以爲慮。

我認爲今日南越的悲劇，美國實應負相當的責任。自吳廷琰政權成立時起，美國對於南越的基本政策，顯然祇在於扶植一個不求進取，一切唯華盛頓之命是從的政權。換言之，即祇在南越招架，不向北越反擊的反共政權。在如此的限制之下，南越人民既不能統一他們的國家，亦不可能根除北越共黨所加於他們的威脅，自無怪時間愈久，他們的鬥志愈趨消沉。美國雖然不惜派遣陸空軍參加作戰，但以遠涉重洋，風俗習慣迥異的美軍來到越南的土地上和土生土長的越共從事游擊戰，形勢當然是很不利的。再就南越的當政者來說，一個政府既不能統一國家爲人民澈底肅清共禍，自然得不到人民的愛戴和擁護。於是，爲了鞏固自己的政權，人不得不任用私人，限制自由，因而也就逐漸變成了獨裁政權，卒致與人民爲敵。吳廷琰原是一個愛國者，結果却免不了走上家天下的途徑，不但他個人身敗名裂，而且還給南越留下不易補救的後患，即此之故。由是以觀，如果美國的現行對越政策再要繼續下去，南越無論何人當政，都有重重的困難不易克服。至於妄想利用美援以建立個人極權統治的所謂强人，則終必再蹈吳廷琰兄弟的覆轍，實無疑慮。

但在另一方面，倘若南越的「强人」們能大澈大悟，放棄一切爭權奪利的慾念，而以爲國奉獻的精神，協和各方面有信譽，有作爲的反共鬥士，建立一個舉國一致，衆望所歸的民主政府，切實刷新庶政，整頓軍事，使民生有所改善，士氣得以振奮，亦未嘗不可憑自己的努力，清除南越的共患。到時，美國的態度也可能有所轉移，自不難再作進一步的奮鬥。

就此次動亂的經過情形看去，阮慶將軍突然頒佈軍制憲法，自作總統的舉措雖然犯了很大的錯誤；但他在南越人民動了公憤之後，不但沒有意氣用事，反而急流勇退，也是很值得稱讚的。南越學生關懷國事，及時奮起，復能適可而止，佛教和天主教人士更能相忍爲國，這些事實，在在足以表明南越並非無人。因而我希望南越的强人有所澈悟，也許不致落空。然而以目前的局勢論之，阮慶將軍的態度顯然最關重要。如果他能本着急流勇退的本旨，不再作獨攬大權的打算，而與有關各方面通力合作，鋪平兩月以後，召集國民會議，重建憲政體制的道路，南越或可從此次的事變步上一個有希望的前程。反之，倘若阮慶將軍恃有美國的支持，仍欲集中大權於一身，可能又將激起新的動亂，而給越共以可乘之機。果不幸而如此，南越的前途，就更加可慮了。

中國應如何同時走一面反攻一面民主建國的路

兼論英式漸變美式突變及中式特變三條不同型式的民主道路；和蔣先生所倡反共建國聯盟及民主計劃政治問題。

劉裕畧

我雖然參加民主運動多年，從未認爲民主政治制度是一種毫無缺點的政治制度。但從各種政治制度的利弊來比較，我却認爲民主制度是其中最好的一種，也是人類社會歷史上最進步的一種。

國家政治制度既有多種，我們現在爲國家選擇政治制度時，究應選擇那一種呢？是比較原始的酋長制度好嗎？還是帝王封建制度好呢？是一黨專政或無產階級專政好嗎？抑或還是個人獨裁好呢？是極權制度好嗎？抑或還是民主政治制度好呢？人言言殊，這便是許多人由理論爭執發爲各種鬥爭，以致今日中國陷於長期戰亂之由來。其實，如果把它們細心冷靜加以比較，不難發現各種制度原本各有優點與缺點，各有其所適可的社會歷史階段。民主制度再好，也決不能適用於原始社會，中外歷史固已證明酋長制會對原始社會具有價值；同樣，人類社會進化到今天，如果再有人說酋長制度封建制度是最普遍適用的政治制度，我想任何人都必知其非愚即妄。這就可見，如果那些誤入歧途的人好好想一下，終於就會承認在諸種政治制度中，還是民主制度比較好，還是民主制度比歷史上已有的一切制度更進步。

人類社會將來還有比民主制度更進步的制度嗎？

那末，人類社會將來還能從人的智慧設計出一種比民主制度更好的制度嗎？或者，由於人類社會的演進而出現一個比民主制度更進步的制度以繼民主制度嗎？對此，現在還無人明確提出，我個人則是在十幾歲時就懷着這個疑問，也屢思索或向人請教這個問題。記得一九四六年我在成都以人類社會在民主制度出現之後將有何種更進步的制度出現這一問題請問蕭公權先生的時候，他的答覆最乾脆坦白。他說他從未涉想這一問題，但願今後涉想，如有答案，定當奉告。迄今十八年，我再未與蕭先生晤談或通訊，不知他現在美國講學時還思索過這問題否？獲得答案否？但就我來說，無論將來是否再有更好的制度出現，中國現在應該走民主之路則是無疑的。馬克思雖會自吹他的共產式的社會主義是更進步的，且斥現代民主制度是資產階級的民主制度，必將被共產式的社會主義所代替，但這只是馬克思的自我陶醉，不是歷史事實。中共統治大陸十五年，兇殘橫暴，民皆欲與之偕亡，其價值，比之民主制度，真是相隔天壤，這恰好證明共黨極權制度不及民主制度好，中國更應走民主之路罷了。

「漸變」、「突變」與「特變」的三型民主論

但話說轉來，中國民主運動之展開既已至少六十年，何以經過如此長久歲月仍未將民主制度建立起來呢？康有爲梁啓超的「維新」與孫中山黃克强的「革命」，不都是以政治民主爲目標嗎？何以康梁維新派先得意，獲得了光緒皇帝的信任與支持，且曾一度參與朝政，而仍不能逐漸建立民主制度呢？康梁的維新夢破滅後，孫黃領導的革命派武昌起義成功，推翻了滿清，建立了民國，何以又仍不能把民主政治建立起來呢？對此，大家是應該進一步研究的。

過去，人們對孫黃康梁諸人之失敗有諸多解釋，但大都只見部分現象，找到部分原因，未作客觀的全盤檢討，更未追根到底窮詰中國究竟應該如何走民主之路才能成功，因之，自不能了解以往何以失敗。

然則，中國的民主道路究竟應該怎樣走呢？

我以爲要研究中國應該怎樣走民主之路，首先應該檢討西方對建立民主之道到底曾經有過什麼一些走法？因爲民主制度原本產自西方，然後再研究西方已有的走法在中國行不行得通？假如西方的每一走法都在中國行不通，便該再思索在西方走法之外，中國是否還能另外自創新法？

根據我的接觸和體察，中國的民主人士中很多人的熱誠勇敢和節操，都確屬可敬可佩。但却缺乏完成民主政治制度的具體而又可行的方畧和步驟。很多民主人士常常爲文對民主政治的價值加以發揮與宣揚，對不民主的人和事項都常作勇敢的抨擊，亦屬難能可貴。但對自己或民主團體如何腳踏實地以推進民主運動，尤其如何從基本上建立民主制度，却很少明辨的思維，更少策畧性的有效行動。所以在一般民主刊物上，抨擊執政者如何不民主的文章多，研究自己分析自己應該如何推動民主運動的文章便少之又少了。（未完，下轉第二版）

中國應如何同時走一面反攻一面民主建國的路

（上接第一版）

劉裕畧

民國初年，許多人認爲袁世凱是反民主的，於是有人出而責袁，有人出而反袁，以爲袁世凱一予接納或修改，民主政治便即可期實現。殊不知，袁的反民主行爲和不民主行爲是不會全改的，他縱然修改一部分去掉一部分，另一部分又會在別的問題上發生，或者今日去之，明日又捲土重來，可知若僅僅注意執政者的一時政象，如不從根本建立民主制度，只從枝節去希望當權者修改某些現象，到頭來，眞正的民主，還是要落空；有些人比較徹底些，倡議倒袁，或等待袁死，又殊不知，袁倒了死了之後，軍閥割據局面又隨着出現，民主政治制度仍因未從根本建立而落空。六十年來，中國國內局勢屢變，一批一批的執政者不斷倒下去，一個又一個的執政者相繼死亡，但眞民主一次也沒有出現過，反民主和不民主的情況却反而連續一幕又一幕的演出來。

國民黨當權派雖然退出了大陸，眞民主亦未能在大陸建立，反被與民主制度極端相反的共黨政權强佔了去，這一連串的慘痛教訓，實在值得民主人士反省和深思！我以爲這些教訓至少說明了大家若把建立民主的希望寄托在執政者身上，期待他們修改，便可建立民主，這固然渺茫，以爲他們死後，眞民主便可實現，那也一樣渺茫。大家若不設法把民主制度眞正建立起來，第一個反民主的人倒了，第二個第三個乃至無數個反民主的人又會起來，第一個不民主的政權垮了，第二個第三個乃至無數個不民主的政權又會接踵出現。民主人士怎可捨本求末，再陷覆轍，只注重人事現象及某些問題，而不思所以從根建立之道哩！說到建立之道，便該先在客觀事實上研究西方究竟已有一些什麽方法去建立民主制度了。

依我觀察：西方國家迄今爲止一共只有兩條建立民主的路，一條是英國式的；一條是美國式法國式的。英國式的是漸變的路，美法式的是突變的路。英國式漸變的路是改良式的維新式的路，美法式突變的路是革命式的路。然而它們都各自成了功。漸變式的優點是不流血，缺點是變化時間慢，因爲不是有計劃的變，所以變向何處去？事前固然不知道，何時變得成？事前也沒有把握。英國是終於經過幾百年和無數民主鬥士在英國國會不斷爭取然後才成功的；美法式的突變的路的優點是變化過程快，只要革命成功而不變質，則舊統治便可隨革命成功而被掃蕩，民主新制度便可隨革命成功而建成。故其缺點是要經過破壞與流血，中途或最後仍有變質之可能。英美法三國今日也是全世界民主制度方面最成功的國家，它們三國過去所走的民主道路却只有上述兩條，而世界其它各國又再無別的民主道路，那末立即隨着產生的問題，便是中國應在這兩條道路中選擇那一條呢？是英國式的漸變嗎？抑或還是美法式突變的路呢？如果兩條都走不通，那末，中國又該怎麼辦呢？

「民主計劃政治」是「特變型」

我對上述問題的答案，直截了當的說，是它們都不適用於目前的中國，它們都在中國走而未通。

何以故呢？先說英國式的漸變型吧！英國是一個島國，土地面積小，人口少，數百年前之世界形勢不及今日複雜，故有容許英國逐漸改變的時間，今日中國的情形則不同，不但人口多，土地大，問題複雜，而且國內外關係牽連多；國民黨政權尚有逐漸改變餘地，中共却憑藉武裝革命奪取政權，排斥一切，它以實現馬列主義爲中心，完全不是以在中國實現民主政治爲目的，故民主與它水火不容，決不能期其逐漸改變，康梁維新派之所以走英國漸變式的民主道路而觸礁，足爲中共比慈禧等更不能改變的殷鑑。

而美法式突變的路之所以也在中國行不通，主要原因則在民主人士手中並無足以進行革命的武力，亦不可能在目前另創一支革命武力。所以，道理很簡單，今天而希望中國民主人士仿效法國大革命的辦法，以建立中國的民主政治制度，事實上就顯然不可能。

本來，中山先生是很有遠見的。他不但早就看到了康梁所走英國式漸變的路走不通，於是，另走美法式突變的革命的路。且手訂軍政、訓政、憲政三個時期，以創造和孕育民主制度之最後建立。可以說，中山先生的這一想法不但偉大，而且確是一種有智慧的計劃政治。不幸他的黨員於北伐成功後，只着重一黨專政，而根本忽畧了中山先生原先手訂綿密計劃以求民主政治應在憲政階段實現之用心。這不僅現在這批國民黨當權派如此這般，即胡漢民汪精衛等革命元老也一向着重一黨專政。所以中山先生的革命目標之終於發生了偏差，也就從另一方面說明法國式的革命道路在中國也不一定行必有效。

因此，我們已經很明白的看到：西方已有的兩條民主道路，不僅在理論上不完全適合於中國，且已在事實上被證明在中國行不通。所以，我們面臨的另一問題便是我們是否能够自行設計，在西方已有的方式之外，另創新方式，另闢新道路。

對此，我以爲如果我們要替中國設計一條新道路，原則上，方針上，一定要力求這一條新道路必須兼具英國式及美法式之長，而無它們之短。換言之，即是要兼具損失少，時間快之長，不要有法國大革命那樣大的犧牲，又不會有英國那樣慢到幾百年而又毫無把握的漸變，而能在一定時間內期其必成。

根據上述原則與方針，我在二十年前想了一套辦法，我名之曰「民主計劃政治」，又名之曰「特變型」。這是我根據中國國情及民主理想參酌客觀事實製定的。我的想法，概畧的說，就是以形式的民主爲基礎（即是不完全的民主），憑藉周詳廣闊的計劃，在一定時期內，從穩定中孕育出一種完全的民主制度。以時間來說，不像英國那樣需要幾百年，在手段上來說，不需要民主人士重新建立武力以進行法國式的那種大革命，在範圍及性質來說，不但不需要推翻現政府，且更可以把現政府作中心來協同進行，從而可以期其必成，不致中途變質。

說到計劃政治，都知道它是以極權政治爲其基礎才有强大動力，也才有把一定的計劃在一定時間內予以推行和貫徹之可能。故一般社會主義者常常强調這種計劃，一般已經建立了民主制度的國家則否定之，且認爲與自由抵觸。但社會主義者所强調之計劃，偏重經濟設施，與我所說的民主計劃政治之偏重政治計劃有所不同；而且，我所說民主計劃政治，不以極權爲基礎，乃以形式的民主爲基礎，更以完成實體的民主或完全的民主制度爲目的，其間又以「計劃」連貫之，故絕無極權政治之弊，亦與社會主義者所强調的計劃經濟在本質上和範圍上及政治行爲的軌跡上都完全不同。換言之，我所謂民主計劃政治是主張把整個國家的事，作全盤着眼，更把各方政見作全面的商討和安排，分別輕重緩急與先後次第，訂成詳細計劃，予以實施，以求在一定的時間內，可靠的完成若干事情，且在穩定政局的情況下，收到各方協作之效，從而一面照常進行各種建設或戰鬥，一面把民主政治制度定期孕育出來。其具體辦法則在政府首先把眞有政見的黨派、團體及個人邀集攏來，廣泛發掘問題，普遍發表意見，詳細講述辦法，然後先將相同者彙列，相近者繼續討論，不同者暫爲保留，且進一步製成計劃，分期分地實施，像學校功課表一般，詳訂某年某月某日應完成之項目及進度，又其重點何在？亦應根據全盤考慮詳列計劃表內，各黨派各民主人士則予以監督而樂觀其成。如此則不僅執政者可以因政局穩定而放心，各民主人士如不求私利，自亦必然樂見其全部或部分政見之表達與伸展。從而解除整個政局所存在的盲目散慢互相矛盾等惡劣現象。我想：這必然對國家和各方都有利，而應爲各方所接受。因而把這一種通過一定計劃來產生目的的道路，名之曰「特變型」。以示它與「漸變型」及「突變型」之區別。

而我之所以把政府邀集各方人士的作法仍然認定只是一種形式的民主，而不是完全的民主，則是因爲實體的民主或完全的民主制度，必然以「選舉」爲不可或缺的手續，而邀集並不等於選舉，故這種邀集方式，仍然只能是形式的民主的一種，但却又非以此種形式的民主爲基礎不足以產生實體的民主或完全的民主。

當然，也許有人會批評我的這種辦法反而帮了當權者的忙，助當權者穩定天下，不錯，從人事和政局來看，這辦法確有替當權者穩定政局的作用。但我以爲人們應該不計較這問題，我們應該對事，不該對人。對國家有利的作法，是不應該因噎廢食，以爲它便宜了某些人便作罷了。事實上，我倒認爲只要對國事有利，就不必管它對人是有利抑或是有害。

我的上述想法早在二十年前的抗戰時期就已產生。那時的我頗憂心於抗戰後的混亂，故認爲欲使國家走上建設正軌，欲使國家現代化，必需先把國家安定不可。但我當時看到中共迷信武力，企圖以武力奪取政權的目的不可稍變，因此，欲與中共作政治妥協以謀國家之安定，便必不可能。所以我當時雖然已有上述一套民主計劃政治想法，却並不對當時的政治協商會議寄予希望，民國三十七年我到上海時，始向張君勱先生談到這套想法。我當時並批評國民青三黨聯合綱領領太簡畧，不足有爲。我當時用了四個半鐘頭的時間長談這套問題，承君勱先生特別獎飾，並托朋友轉達我，問我想幹什麽？凡他所能辦到的，一定辦到。這是君勱先生的長者風範，値得敬佩，但我惋謝了君勱先生的善意，直到於今，我很少和人談起這套想法，但我內心却在不斷觀察，不斷思索還有什麽其它辦法可以有助國家當前的問題。近年，我耳聞台北政局的許多內幕，目擊南韓南越內部的動亂與不安所造成之危機，再看到中華民國政府所面臨的民主與反攻的矛盾及其它各種矛盾，而國民黨當權派始終缺乏一個全面的和長期的既可進行反攻又可從事建國的周詳方案，所以，我就覺得有把我二十年來所思索的這套辦法提出來加以概畧的闡述的必要，我將來也許還將詳細闡揚我的觀點，寫成一本十萬字左右的書。

當然，也許還會有人批評我的這套辦法只在先求形式的民主，未免把台北當局太放鬆了些，而且這就成了民主的低調。不錯，我確實只在先求形式的民主或曰不完全的民主的實現，但我認爲六十年來民主運動的慘痛經驗告訴我只有如此尋求，始屬最後有望，而其它的各條路却已行不通。何況，當前中國又已不同於抗戰勝利時期，於今大陸淪陷，任何人領導台北這個偏安政府，也是決不可能把完全的民主制度具體實現的。因爲民主制度是以國家爲本位的一種政治制度，其政治軌跡也是以全國爲範疇的，全國民意代表現時且因大陸淪陷而不能按期改選，違論其它？不過台北當局假如私心自用，因而便把每一民主合理要求都歸之大陸淪陷，或委之於妨碍反攻，則又顯然不對。事實上，台北當局若能清理全盤問題，掌握民主計劃政治之原則及精神，則當前的若千矛盾與困難仍可以迎刃而解。

去年，我曾一度對蔣先生所倡「反共建國聯盟」發生幻影，因爲我覺得蔣先生把反共與建國兩大目標合在一起，作這個聯盟的工作目標，並使這聯盟成爲海內外各方的團結組織，雖不等於我所說民主計劃政治之實現，形式與性質却頗相近。假如這一聯盟的組織方式及人選適當的話，無疑，那是足以收到穩定政局、達成團結，調和矛盾，發揮力量，有助於一面民主建國一面反攻復國的目的的。當然這也必須這一聯盟的組織方式與人選適當才行，然而，最近幾個月來的消息，却是這一聯盟也終於難產了，那末，台北當局當然再提不出什麽全盤性長久性的方案了。因之，中華民國便仍舊缺少一個既富理想價値又切實可行，足以調和矛盾既利建國又利復國的全盤方案哩！

剛果總理向聯國控告中共

中共已派軍官指揮剛果戰事

中共指揮官一名被剛果軍擊斃

聯合國秘書處已通知各會員國注意

•綜觀•

據聯合國八月廿五日合衆社電：「茲獲悉剛果總理薛比指責中共處心積慮干預他的國家，準備製造世界新危機，薛比致函聯合國秘書長宇譚指明中共在剛果製造叛亂。該函已由剛果駐聯合國代表交與宇譚，宇譚已覆信，但因此一來往信件，均係官方文件，故不致批露。但這兩份來往信件已由聯合國秘書處分發會員國家注意」。

據悉「薛比的函件稱：目前的剛果局勢已爲中共所利用，它的目的是想在非洲領土上製造永久性的顚覆及國際緊張的新焦點」云。

另據布魯塞爾八月廿五日美聯社電：「羅馬天主教狄亞通訊社報導，卡坦加憲兵已在魯露亞堡首都的卡塞省附近，擊斃一名領導剛果叛軍的中共指揮官。該中共軍官的屍體已運到魯露亞堡的軍營」云。

又據紐約八月廿四日電訊說：紐約前鋒論壇報國外消息編輯佛瑞丁說：「老式與非法的非洲巫術，經中共給予近代藥物知識與思想訓練，在剛果成爲一把利器」。佛瑞丁從倫敦發出的報導說：「這種巫術從戰亂的東部剛果，已在戰鬥階層經過考驗，證明其有驚人效果」。「穆列勒會在中共受訓兩年，曾敦請中共支持和贊助訓練非洲的巫醫接受近代的游擊戰法」。

佛瑞丁又說：「在北平受訓的非洲學生會透露消息說至少在一年以前，非洲的巫醫就已經到達北平受訓。這些巫醫被教導在村落與部落社會如何將邪術及迷信與游擊戰術乃至粗淺的馬克思主義混雜起來。這些巫醫返回剛果後，便接受叛軍的任命，參加戰爭，以監視叛軍述隊。所有游擊單位都以之爲部落與社會的奇人，因此，可確保基層的效忠。會接受中共訓練的這些非洲巫醫，亦學會如何使用物與鎭痛劑，在戰鬥前，每由巫醫令叛軍部隊服食鎭靜劑，於用早餐時服食由大蔴提煉的麻醉劑。」

佛瑞丁又說「穆列勒回剛果時，當他至少率領了二十幾名巫醫分派在自己的部隊裏，當叛軍攻擊和佔領斯坦利市，那些巫醫們參加了那一戰鬥的。而叛軍是服食了興奮劑的」。

從上述報導看，中共顯然已決心奪取剛果作爲赤化整個非洲的重要政署戰畧據點。這是因爲國際共黨已在非洲北部建立了阿爾及利亞共黨政權，又在非洲東部建立了桑給巴共黨政權，如果再能建立剛果共黨政權，則不但可望迅即赤化整個非洲，而且還將掌握鈾鑛的主要產地，更可威脅中非，造成政署優勢。事實上，正由於中共現在非洲的勢力正在擴充，所以，鄰近剛果的中非共和國也於最近不得不親近中共了。而中共利用種族主義和有色人種聯合起來的口號，不但減弱了蘇聯那一白色人種共產黨在非洲的號召力，而且也因此更强大了毛澤東組織黑人起來的「反帝聯軍」，毛澤東以種族主義爲號召以黑人爲基幹的「反帝聯軍」是以美國爲敵人而與中共所推行的國際反美統一戰綫相呼應的一項軍事戰鬥組織，不要小看它，它雖沒有核子武器來與美國在越南戰場抗衡，却是可以打入美國的心臟而與美國國內的黑人裏應外合的。所以，中共在非洲支持黑人的戰鬥獲勝，那就更將鼓勵美國國內黑人去走武裝暴動的路！由此可見今日中共不但是亞洲禍根，而且已是整個世界的禍根了，但美國執政者却仍麻木不仁哩！可嘆！可嘆！

大陸簡訊

北平每年有一百萬病人

中共竊佔北平後，中共僞政權於一九四九年十月一日在北平開鑼，並正式改名北平爲北京，作爲中共僞政權之首都。

中共僞政權究竟對北平帶來了什麽呢？嚴格說來，除了破壞了中國這一古都的傳統氣氛外，可以說，什麽也沒有帶來。眞正帶來的，大概就只是疾病。

中共僞政權北平帶來普遍而嚴重的疾病，不是僞然的。因爲中共僞政權的嚴格殘酷的恐怖統治，就先威脅了北平人民的心靈和神經，又因中共僞政權的粮食配給不足，衣不暖，吃不飽，而又過度勞動，更戕害了北平人民的體力。

據中共「中國新聞社八月廿五日北平電：

「北京協和醫院，是在一九〇六年由英美幾個教會國體辦的……舊的病床最多時只有三百多張，每年接納兩萬八千多病。人接納兩千多個住院病人，現在，病床已增加到五百多張，每年接納五十多萬病人。」由此可知北平的病人在中共統治下眞是越來越多了。而協和醫院僅是北平的一個醫院，北平尙有其它醫院，故估計現在每年即有病人達一百萬人之多，這眞是中國人民的災難了。

北平科學討論大談政治

由中共召集的亞州拉丁美洲及大洋洲的所謂四大洲北平科學討論會業已開幕了。毛澤東也親自接見了參與討論的各代表。然則他們究竟討論着什麽呢？是眞正在討論科學嗎？對此，中共「中國新聞社」八月廿四日北平電訊會詳確報導。它說：「各國的許多科學家，就亞洲、非洲、拉丁美洲各國人民如何反對帝國主義經濟文化侵畧和自力更生地建設獨立自主民族經濟問題，熱烈地的討論了一整天。科學家們發言十分踴躍，討論時問一再延長。不少科學家在發言中指出，帝國主義的文化侵畧總是緊密地配合着它們的政治、經濟侵畧進行的。而文化侵畧的手法更加陰險、毒辣和隱蔽，而人們要更加警惕。在談到怎樣自力更生建設獨立民族的經濟問題時，人們一致認爲這是亞非拉丁美洲許多新獨立國家當前面臨的共同任務」。這可見他們在會上整天所談的並不是科學，而乃是政治。

最滑稽的是所謂「越南南方科學代表團團長阮文孝」在「科學討論會」上報告的題目却是「美國在南越的特種戰爭」。日本代表團也很奇妙，除提了一篇有關核子問題的一篇報告外，另一報告竟是「松川事件鬥爭的總結」，而且在全體與會代表中表現得最卑鄙的仍數日本代表，他們竟阿諛這樣落後的中共已在科學上「達到世界水準」哩！

事實上，中共代表團計有團長一名周培源算是科學界人士外，中共代表團共有副團長六名：其名單是張勁夫、范長江、張友漁、張維、錢信忠、于光遠，竟全是中共黨員。團員劉思慕、艾思奇、孟憲民、韓幽桐、管大桐等也是中共幹部。而現今淪陷在大陸的眞正科學家如竺可楨、華羅庚、茅以升、梁思成、金善寶等則被排斥於代表團之外，而僅被列名爲「特邀代表」與中共黨員何其芳、潘梓年、薛暮橋等同列。身陷中國大陸的著名科學家如錢學森、錢三强、李四光等則根本完全被排斥在中共科學代表團之外，那末，可想而知，所謂由中共黨員幹部爲主組成的所謂科學代表團，又怎能眞說科學呢？

眞正的科學在毫無自由的共黨極權暴政下，只有被扼殺，那是必然的了。

僑鄉近訊

鍾之奇

廣州中共醫院屢次亂配藥

把人民生命視同草芥，中共醫生及中共醫院或配藥部隨便亂配藥，是今日大陸司空見慣的事，也是今日僑鄉的普遍現象。

據最近到港的中共羊城晚報說：「廣州一德西路生草藥門診部對於代病人[illegible]藥的工作很不負責。七月廿三日該部人員竟胡胡塗塗把病人甲的藥交給病客人乙服用。病人乙不知底細，一飲而盡。後來病人發現問題提出質問時，該部人員先互相埋怨一通，後來竟說：『喝錯，就算了』。」羊城晚報從而批評說：「藥不對症，直接關係到病人身體健康，怎能如此不負責任，喝錯就算了呢」？

其實，羊城晚報全未想到，這才算毛澤東的好學生呀！毛澤東不是正在胡亂配藥給大陸人民喝嗎？毛澤東胡亂給大陸人民配藥，足以毒害大陸六億人口，羊城晚報何以視而不見，不加反對，而獨責這胡亂配藥的門診部呢？

中共女幹部檢查衛生是假摘葡萄是實

又據中共羊城晚報說：「七月廿四日上午，有幾個帶着臂章的姑娘，盤福新街二號檢查衛生。她們看見該戶後門邊的葡萄果實纍纍，連聲讚好，哪到，不問主人同意，便隨心所欲的亂摘一通。葡萄當然是好嘢，不問自取的行爲可就不是什麽好嘢了」。

其實，這批檢查衛生的姑娘如此亂摘民間葡萄，才眞算毛澤東的好學生。君不見毛澤東壓搾大陸人民的勞動果實，甚至還用清算鬥爭等手段出之，幾曾獲得過人民的同意。這一批衛生姑娘順手牽羊，只摘一些葡萄，沒有把葡萄架連根搬走，雖屬胡鬧，總算已比毛澤東的罪大惡極好多了。古人說：德之流行，速如置郵傳命。又說上有好者，下必甚焉。憑良心說：這批衛生姑娘不過熟讀共產主義，你的就是我的，向毛澤東的偷竊行爲學習而已。

僑鄉兒童不聽革命故事喜拍公仔紙

不過，爲了培養千百萬革命接班人，中共對於今日大陸的兒童教育特別注意。這不是說中共有意發展兒童的身心，使他們能夠自由發展，而是要使他們從小習非爲嗶，感染些「革命」氣息。但人畢竟是人，兒童們表現出來的正是人性，因爲他們對於中共散播給他們或她們的革命歌曲和革命故事，完全不感興趣。他們或她們感興趣的却還在拍公仔紙遊戲。

據羊城晚報說：「黨（指共黨）本來要少年兒童們在暑假期中參加「兒童團」、「少年先鋒隊」或「兒童輔導站」的集體，以便唱革命歌，聽三老（老黨員、老幹部、老工人）講革命故事。但「暑假以來，好多孩子便在街頭巷尾拍公仔紙。有些孩子甚至玩撲克亦以公仔紙爲賭注。以致弄到市百貨公司賣的公仔紙供不應求。要設法向蘇州、上海、嘉興等地進貨，才有得賣。他們甚至還想將這些印刷公仔紙的電版接到廣州來印刷，因黨的制止，才未運來」。

羊城晚報又說：「僅僅今年自嘉興運回廣州的公仔紙就有二十萬張，目前，雖然禁止，但仍有一些小商販，自行到外地販來，運回來高價出售，弄到街巷尾，都是玩這類游戲的孩子。連規定時間唱革命歌曲聽革命故事也沒有好多人去唱去聽」云。

中共强迫廣州市民二萬餘人橫渡珠江

由於毛澤東十年前喜愛游泳，自誇游過長江，於是，共幹們爲了學毛澤東，便在各地發動人民，强迫六七歲的小孩子也參加在內去橫渡江河。

據八月廿六日中共在香港控制的大公報的「本報廣州專訊」說：「二十三日、二十四日連續在航海俱樂部對開的河面舉行，參加渡江的有二萬多人，是廣州開展渡江活動以來規模最大的一次。參加渡江的羣衆很廣泛，有一家三代同渡的，也有一家六口到達終點的，年紀最大的是七十三歲的工人黃麗堂，年紀最輕的是七歲的朱輝。」

最近，中共報紙透露，爲了橫渡長江溺死了三千餘人，不知此次橫渡珠江又溺死多少人呢？

印度糧荒仍極嚴重

陸厘

印度的大鬧糧荒，由春初以迄現在，業經踏進了最嚴重的階段，若千地區，已發生了饑民騷動的現象，搶糧劫糧，層出不窮，形成了該國獨立以來最「黑」的氣氛。國民發展合作部長達耶也承認：目前印度糧荒情勢已危及印度社會的民主基礎。當地報章的報導也指出：糧荒嚴重的地區，已擴展至半個印度，包括達巴拉德斯，拉遮斯坦，馬哈拉斯特拉，馬德海拉巴拉德斯，拜哈爾，及西孟加拉等省份。最貧瘠的烏達巴拉德斯，且已有不少農民成爲饑殍。印度政府對此嚴重問題，刻仍一籌莫展！

造成糧荒的原因，官民雙方，有兩個不同的說法。政府方面，把責任推到米商及農民身上，據指出：小麥和白米幷沒有減產，祗是農民和商人囤積居奇，乃屬人爲糧荒而已。但人民方面，則認爲此係政府錯誤地過於側重工業發展，而忽略了農業生產所釀成。

官、民的爭論是另一件事，但擺在目前的事實確是如此：自前總理尼赫魯逝世以後，印度的糧食價格即提高了百份之二十至百份之三十。最受影响的，是每日供應加爾各答二十萬學童的一頓飯，現在也感到「窮於應付」了。

印度共黨及保守派人士，刻已因糧荒日益嚴重而開始對新任總理沙斯德里深表不滿，且予以大力抨擊。同時，他的執政黨進步黨，威望也跌至一九六二年中印邊境衝突時的最低水平。國會中的反對黨議員則更提出警告，說他們將於九月七日國會開會時，要求舉行不信任投票。——這一來，印度此次糧荒將可能把整個政局也衝擊得動盪起來，而新總理沙斯德里也將爲之更傷透腦筋。

去月廿七日，印度政府曾宣佈將採取步驟，强迫穀米商人及農民放出其囤積的米糧，藉以平抑糧價，緩和糧荒。但這項步驟要延遲到明年一月始實行，故對於目前的糧荒情況，仍無補於事。且這一步驟也將引起另一嚴重後果，那就是人生浮動；是則對整個政局打擊更大！

印度政府現已成立了一個委員會，制定糧食的零沽及批發的價格，幷增設官辦的「平價米站」，發售廉價米給予持有購米證的貧民；但這祗是小型的措施，還沒有做到普遍性的行動，又何會能够解救得到了嚴重階段的糧荒？

據目前所獲得的消息，由於糧食的缺乏和物價的暴漲，印度境內已有七十萬工人停工抗議，令到孟買第七千餘駕計程車及二千駕國營巴士因此而宣告攤瘓。至於亞美達市的搶糧饑民和警方發生衝突，則已死傷百餘人。而這種「不幸事件」，更可能繼續擴大，釀成暴動，也是意中事。

印度原是亞洲大農業國之一，農產品的產量應該是豐足的，何以現在竟會弄至這般田地？據一般觀察家的意見，則認爲有下列兩項原因：第一是農村裏的勞力問題；印度在過去有六千萬人被視爲卑下的「賤民」，通常是爲大地主的農莊所僱用，他們祗接受僱主的隨便給予，不能計較工資，這就是說，農村的勞力是充沛的，但至一九四八年以後，印度人的階級觀念已逐漸打破，這些所謂「賤民」也改而從事高尙職業，如理髮師，廚子，汽車司機等，於是，農村的勞力也逐漸減少了。第二是人口激增問題；印度係世界上第二個人口最多的國家，在英國統治時，祗有三億人左右，獨立初期，已增至三億五千萬，迨至目前，則更增至四億餘萬，這麽一來，即使糧食產量沒有減少，也不能供應人口的激增，何況近年來由於勞力缺乏而影响生產？因而糧荒情況也就更嚴重了！

另一方面，自從尼赫魯逝世了後，印度政府似乎頓失領導中心，新總理沙斯德里仍未得民心，加以反對派各政黨於是乘機利用糧荒問題來推波助瀾，尤其的共產黨，更視此爲絕好機會，他們已發動全國示威，抗議糧荒及物價高漲，於是整個印度政局，也就出現了岌岌可危的現象。

在未來兩個月內，是印度的所謂「瘦月」，糧米的生產，仍未達到收割時期。換言之，印度的糧荒情況，在短期內是還沒有希望可以和緩的哩！

「黑馬」阮春安

阮春安在西貢騷亂中出任越南總理，可以說是一個「冷門」。前此，並沒有任何人把他居於競爭執政者之列。可是實際上他正是一匹「黑馬」。

學生暴動及佛教徒與天主教徒的斫殺，使西貢進入無政府狀態達數十小時。但那種無政府狀態勢不能長久。教派的兄弟鬩牆，即使不致慮到共軍的進攻，或因共黨份子滲入而情勢惡化；長期互相斫殺，終的沒有目的。現在已沒有「教派軍」，教派雖干預政治，終不可能控制政治。除了楊文明，陳善謙兩將軍的呼籲之外，雙方的宗教領袖也已呼籲息爭。這是態勢趨於和緩的原因之一。

阮慶的對學生讓步是否爲與美方商討後的策略？此事尚不能證實。但阮慶在退讓之後而仍未能獲得學生與佛徒的諒解，他仍不能採取維持秩序的步驟，那不能不說是他的失敗。無政府狀態與互相斫殺一樣，同是不可以久的。美方認爲必須迅速終結糾紛，可能是和緩的原因之二。

哈佛出身的阮春安，在美十六年；美方對他有深切瞭解。他原任第二副總理，可順理「獲理」執政。他是文化而又兼佛教徒，適合於所謂「文人政府」的要求，佛教方面也自然態到滿意。俱備這些「黑馬」的條件，所以他比較會被阮慶指責的第一副總理阮崇環，更成爲時局的寵兒。（賢）

台灣簡訊

明心

一、招商局開放民營監委指爲假民營

監察院交通委員會，討論院會交議於交通部整頓招商局方案的管理辦法，經過熱烈討論後，決定成立七人小組研究處理辦法。

交通委員會推定的七位委員是金越光，鄒錦福、馬慶瑞、陳大榕、劉巨全、康玉書、吳大宇，七人小組當根據院會的決議迅速研究處理。

在討論此案時，監委康玉書首先發言，他說他不反對整頓招商局，但爲配合國策，必須有一家國營的輪船公司。依據交通部長沈怡的整頓方案中所提，新的航運公司民股只有台幣五千二百萬元就可經營二，三十萬噸位的船舶，這種情形當然容易賺錢。康委員主張應將招商局的輪船折價作爲投資，不足之數再招募民股。

金越光委員認爲整頓招商局方案，尚未經行政院通過作成定案，交通部長沈怡在政府未作決定之前擅自發表，顯屬個人的失當。而監察院討論本案的內容妥當與否，也應冷靜的檢討。

鄒錦福委員表示他要揭開這次整頓招商局方案中所謂「民營航運公司」的底牌，他說，新的民營航運公司，官方股份佔百分之四十，黨方股份（中央財務委員會）佔百分之三十，民股佔百分之三十，而此所謂民股實係開發公司投資，將來也可能由開發公司派人主持。鄒錦福說，這種民營是假民營，不是眞民營，因此他反對這樣的整頓方案。鄒錦福主張先整頓招商局本身，然後再仿效過去四大公司開放民營的成例，移轉民營。

鄒錦福同時認爲招商局是國營事業中的一個瘤，必須開刀革除，以大刀闊斧的精神和革命性的手段去進行。他同時表示：監察院並不袒護招商局，但對沈部長這種整頓方案，則表示反對。

張國柱委員認爲沈怡的這種整頓方案，是換湯不換藥的辦法，不會收到整頓的效果。整頓方案應對症下藥才能收效，但這種整頓方案是摧殘招商局。

陳大榕委員表示：外界對監院有誤會，這次沈部長的整頓方案，是假假營不是眞民營，監委立場超然，絕不偏袒任何一方。他說，他最近會和一位政務委員交換意見，認爲整頓招商局可仿照整頓台航公司的成例去做，簡而易行，又可收效。現在的整頓方案是新舊併存，而且監察院歷次提供整頓招商局的意見，應先將招商局本身加以整頓，然後移轉民營。陳委員說他並不是反對民營，過去多次提供意見都主張民營。

陳志明委員對處理方式提意見，他反對推派委員調查，主張應遵照院會決議迅速處理，處理的方式中包括研究是否構成足以提案彈劾的理由。

吳大宇委員認爲沈部長在整頓方案中一幷攻擊國營事業管理法及審計法，這是不對的如果認爲法律不妥，身爲一部之長，可以提出修改法律案，循法定程序修改法律，不應公開批評法律。

監委經過熱烈討論後，最後決定成立七人小組負責迅速加以處理。

二、經濟合作委員會監委提議應予撤銷

監察院討論一件請撤銷經合會的提案，該案經討論後，因委員意見分岐，不能通過，決定留待下次會議時再作決定。

這一提案是由監委曹啓文，張維貞，蕭一山，王文光，楊貽達，王冠吾等六人聯署提出，提案中說：查行政院因應美援之運用，有美援運用委員會之設。美援停止，於理於法，該會自應隨之裁撤，其業務應移交財經兩部接管，行政院不作此圖，乃竟先期改組爲「國際經濟合作發展委員會」，顯係蓄意朦混，以圖苟存而享特惠。據該會副主任委員李國鼎來院報稱：該會所欲實施之經建目標爲增加國民所得，爲增加國民就業機會，爲平衡國際收支，所欲設計者爲十年長期發展目標，爲第四個四年經建計劃，所欲配合者爲經濟發展，爲預算，爲金融，爲外滙所欲描繪之十年遠景，爲國民所得每人每年可得二百美元左右。李國鼎所稱，根據既欠詳實，試算多出懸想。故用特提出撤銷該會之議。

曹啓文委員說明提案理由後，相繼發言的委員有十數人之多，多數委員主張本案的處理應力求慎重，不可輕率決定。其中有陳達元委員主張本案應予以保留，他說，正當外界爲整頓招商局事對監察院發生誤會之時，再提此案，更容易增加誤會。其他各委員亦主張應慎重研究處理。有的更認爲監察院並沒有權力去撤銷一個機關，那是行政院和立法院的職權，但監察院可以調查一個機關的內部情形（如有違法貪污舞弊等），最後將陳達元主張保留意見提出表決時，因在場委員只有二十七人，不足表決法定人數，只好將本案留待下次會議再作決定。

三、海關放行走私馬達公會請予沒收

近有台北商人，將屬於管制進口的一四匹馬力以下馬達及一百四匹馬力，以下馬達大批，以廢鐵名義變相進口，海關當局受其朦騙，竟准放行。台灣區電器同業公會爲此籲請政府有關當局轉飭海關單位，將這批公然走私進口馬達，一律依法予以沒收充公，以維國法。

據公會負責人稱：本年七月初該會聞悉有不法商人收購鋼鐵外滙自美國進口大批廢鐵運台，內夾藏一四馬力以下馬達約二百噸，半數以上係完整成品，無需加工即可應市，企圖魚目混珠，朦騙海關以廢鐵進口課稅。此種公然走私，不但有違政府法令，而且影响國家稅收，更打擊本省馬達工業的生存，爲此，乃將上情呈請外貿會，台北及台南海關，財政部關務署等機關核辦。

現此項走私馬達已運抵高雄港口，經各有關機關會同查獲一百四馬力下之小型馬達約六十噸，一四匹馬力以下馬達約一百四十噸，但海關竟有准其將不堪使用者以廢鐵名義進口，可以使用者則照馬達進口稅率課稅放行。該會認爲海關當局此種措施，不啻聽任走私貨物進口使非法商人逍遙法外，因此希望有關機構，應予一律依法沒收充公，以維本省馬達工業爲幸。

本刊已經香港政府登記

聯合評論

週刊

每逢星期五出版

United Voice Weekly

第三一〇號

督印人：黃宇人　總編輯：左舜生

CHINESE - AMERICAN PRESS, INC

199 CANAL STREET.,

NEW YORK 13 N. Y. U.S.A.

奉獻與攫取

李璜

閱報，偶然在一角的特約稿裏，閱到「科學家看未來世界」，預測科學及其實驗，照近年這樣猛進不已，可於二十五年內，在人類糧食方面，因發展「海洋農作」，有效利用海洋資源，可以使世界食糖增加十倍；從海洋中可以取得淡水，源源不絕；對人類的壽命可以平均增加到八十五歲；甚至不少科學家相信幾十年後，可以用科學技術糾正人類遺傳的缺憾，使人類慧根普及。

這是科學家在不斷的向人類有所奉獻！自十九世紀近百年來，科學家在醫藥衛生方面，在生活環境方面，在種種人類福利服務方面，其奉獻之大，而且不斷增加其奉獻，這種情勢之偉大，不必在此陳述，多年已爲世人所了解。故我對於科學家以及各項建設的工程師，醫生等人，表示無限的敬意，雖然他們中間有人發明了原子彈這個絕滅生命的可怕的東西！

科學家的奉獻雖大，尚偶然足以害人，而藝術家的奉獻，則只有令人得到一種崇高的享受，超出物欲，而能得到精神上的慰安，如音樂家、繪畫家，以至詩歌等文藝家，都有對於人類甚爲寶貴的奉獻（當然低級趣味的應該除外）。試想，人類如果沒有了藝術的心靈及其奉獻，則這世界仍是非常寂寞的，無論在任何物質享受的環境裏面！

我們從科學的與藝術的奉獻方面，確切可以看得見人類的光明面與世界的進步現象。然而在國際之間或一國之內，人們又隨時在鬥爭不息，傾排不已，好像要我存在，就必得你死去不可；要我活得更舒展，更隨心所欲，就非一切人們都在我威力之下屈服不可；在我主義更伸張；更普遍，更足稱雄一時，就非用盡方法去破滅你的主義不可！——這就是反於奉獻的一面，而是攫取，擾亂他人，凌辱他人，騎在許多人們頭上的自私行爲的攫取！

今天世界上有一個最大的矛盾，就是科學家在拼命不斷的向人類去求有所以奉獻，而共產黨在拼命不斷的在世界上去圖有所攫取！醫藥家隨時在求有以延長人們的壽命，而共產黨到處在求有以縮短人們的壽命，並不惜犧牲之（如中共驅國人作牛馬，以及打最不人道的游擊戰，到處令人丟炸彈以殺傷無辜之類）！

共產黨似乎認爲，他們要這樣毫不講人道，無所顧惜的去到處造亂，好像是爲他們實現其世界革命的共產理想唯一法門，故爲目的便不擇手段的去到處攫取，以伸張其勢力。但共產黨就不知道，這樣的目中無人，乃是自私。中共要這樣的去到處攫取，以達到自私的目的，俄共也還不是一樣的自私，去到攫取，於是毛澤東便一定會同赫魯曉夫隨時搓頭，賭抓賭搶，而終成寃家對頭，兩雄便勢難並立了！

這些年來，以英美爲首的自由世界，因爲生活風尚不同，思想範疇兩樣，醉心建設，習於苟安，不免對於共產世界，處處讓步，着着失敗，遂令俄共中共的攫取政策大爲得手，特別在亞洲、非洲、中南美洲這些地方，中俄共各有所得，而且所得都不在少！因是毛澤東志得意滿，野心便愈來愈大，而赫魯曉夫在表面上雖似乎在讓步，而骨子裏仍未放鬆其攫取政策。如對中南美洲與在非洲，毛赫都競爭着在不斷放火，而近事如對印尼，則中共助印尼以人力，俄共助蘇加諾以飛機與軍械，實足令印馬之爭擴大，而將致不可收拾！

毛赫的攫取競賽，日益劇烈，令自由世界爲之騷然不寧，而落後地區人民因是而犧牲日益鉅大，這固令人感到是人類的大不幸！然而，本着歷史的經驗，帝國主義式的自私攫取政策，初而到處得意，勢不可當，便易使自命「風流人物」的帝國主義者發起狂來，認爲他這一套作法，將無敵於天下，而恣意擴張，結果終要挫着他國對手的打擊或本身自行崩潰，一旦便冰消瓦解了！

在歷史上，遠之如拿破崙及其帝國，近之如日本的少壯派軍人。其例最明顯的，莫過於十九世紀百年之間，大英帝國以其海軍的唯一優勢，在世界上所攫取的殖民地比之今日中俄共，毛與赫都是望塵莫及的。然而到二十世紀一開頭，民族主義一發展，民族自決一實現，便今昔異勢，局面兩樣了。——中俄共不要以爲他們所仗恃的民族主義這一潮流，便可以永久從中播弄，大得其法，而將舊式殖民地主義者的果子攫取在新式帝國主義者的手裏。這個果實是否拿得穩，吞得下？還是要看你們對於這些落後地區所奉獻的是什麼啊！

今天，中俄共爲爭着攫取這些亞、非等洲的落後地區，彼此都互罵「大國沙文主義」，這種强盜分贓不均，自行火併的彼此罵架，我們無意去理會他們的所說爲何。但是毛澤東與赫魯曉夫都應該各自去想一想，你們兩人爭着要去充當共產世界的頭兒，試問，你們各自在落後地區從來除了做些挑撥離間，使其人民自相殘殺的「缺德」事件以外，你們中俄共還對這些落後地區及其人民有何奉獻？——如果無奉獻，而只圖攫取以控制之，則這種把戲終必要被落後地區人民所看穿的，終必仍被這些地區的民族主義同樣去打倒的！

總之，只圖攫取，而無奉獻，不但一個大國在國際之間，無法長久稱雄；即一國之內的領袖權威亦然，一社會中的個人地位亦然。因此，我願奉告世界上任何大小的頭兒，任何個人一句話：請你想想，對於自己所處的地位所奉獻的是些什麼啊！

五三、九、八

談西貢騷亂

許子由

阮慶復職後的西貢政治情勢，據報導仍然流於混亂，看來一時也不易再上軌道。這到不單是阮慶信望未孚的問題，內裏的原因實在太複什了。

西貢騷亂的性質，複什的程度幾乎難以分析。學生與佛教徒跟政府過不去，可以認爲是在朝與在野之爭；但學生代表與佛教代表在這一次所表現的作風，如指名政府中某人必須被逐，某派人物必須排斥，以至大南、順化那些形似臨時地方政府的分裂運動，不但干政而且干涉得過份，隱然以他們自己爲國家的最高權力機構，而實際他們，不過是以騷亂破壞秩序爲威脅，並且除了是自私自保，他們也提不出一種公道適當的政治方針。如果說這便是愛國運動，令人不敢苟同。在大部份的羣衆，當然並非共黨份子，但共黨份子的已經滲入及發生作用，仍然是沒有疑問的。所以這樣的在朝與在野之爭，內底裏仍然是南北越之爭。東京灣事件想越共偃旗息鼓，西貢便突然掀起波瀾壯濶的民衆騷動。這毋非是越共避免使用劣勢的軍力與美國較量，却轉而向執政未久統治不穩的阮慶——所謂「美阮」中的一個弱點進攻。

阮慶就任總統一事，無論以他的對學生及佛教徒退讓爲美德，但那總是失敗的一幕，最少是他的行之過驟，在政府還沒有達到大部份一致的時候，便要建立獨裁統治。本來獨裁統治如非以鐵腕流血建立（如共黨國家那樣）的，絕不是一朝一夕可能建成。但阮慶既不利用他的優勢軍力，當然便只有失敗。可是他並非失敗於對佛徒和學生，那只是表面的。失敗的實質是由於他的政府內部不一致。他與大多軍事長官不能一致，又與政黨政客們不能一致。假如能够一致的話，政府即要讓步，也只是接納若干條件，而不是犧牲秩序以至陷入無政府狀態而讓步。

阮慶以囚禁四將領而登台，剝奪元首楊文明的實力，其後連名義也予以廢棄。他與新起的軍事勢力陳善謙、杜安等不睦。如果要說倒吳以後在政治舞台上的七八位將領都「不對」，可找不出事實可以支持什麼指責，這就不能不說他們只是大部份跟阮慶「不對」，很可能是阮慶信望未孚，未能和協太多的軍人同僚的緣故。

軍人執政當然是削弱政黨的實力，並且使政客們仰軍人的鼻息。如在緬甸，以吳弩政治根基的長遠，對尼溫將軍且無如之何。何況如南越的阮宗懷及大越黨。阮宗懷「拖阮慶的後腿」，這是不顧大局的做法。據說大越黨要結集兵力謀政變，佛教也可能組教派軍以便染指西貢政治。這些，不能不說是吳廷琰執政前西貢那些教軍林立的餘毒作祟，對阮宗懷的驅逐是適當的。

最後，說到阮慶與美方的關係，憑泰萊將軍對阮慶的始終支持，關係是很良好的。[illegible]是得到泰萊[illegible]總統一事可[illegible]爲，那是在[illegible]的，當時，[illegible]」。而就任[illegible]南越軍人內[illegible]聯絡不够。[illegible]太過輕視，[illegible]在若干事件中的一些小人物，他們雖是成事不足，却是一敗事有餘。鎮壓安撫兩者，必須擇一而行，不能不加估評，置之不理的。

泰萊將軍是一位有政治眼光的將領，但我們不認爲西方人士容易介入政治，如有資格任國務卿的馬歇爾將軍，在中國的幹旋便是失敗的紀錄，這不是人的才能問題，而是政治方針的原則問題。馬歇爾堅持「國共合作、聯合政府」[illegible]爲可能，便是根本的錯誤。這使得一切才具與努力，皆歸徒然。

現在，[illegible]不能北進，[illegible]一部份威脅。西貢的[illegible]於進一步打[illegible]亂西貢，[illegible]看美國是[illegible]時候？如[illegible]耐的時候[illegible]的辦法？

共黨報紙已在大聲叫好，說「西貢是美國的奠邊府」，認爲法國當年失敗，會在越南歷史重演，美國本身的輿論，雖不如此悲觀的看法，但也認爲美國如不想影響全盤東南亞及亞洲政策的話，美國仍想做「太平洋國家」的話，可能此時就必須改途易轍。

無論如何，西貢情勢是一項嚴重危機，危機必須予以扭轉，如何「改途易轍」，華府當然有許多「腹案」。但得指出的一點；便是不要令泰萊將軍「被縛着一隻手作戰」，一如當年的麥克阿瑟元帥，否則，錯誤歷史將會重演。

（九月九日）

蘇以開戰威脅中共不可索還領土
伊寧中共幹部仍謂蘇在新搞顚覆

毛澤東眞敢對蘇抗戰有如抗日嗎？這是毛澤東是否眞正愛國的一大攻驗。

綜觀

中蘇共衝突現在眞是已因毛澤東與赫魯曉夫之個人衝突而更加擴大了。

在政治及黨的關係上，赫魯曉夫已決心於本年十二月在莫斯科召開國際共黨大會的籌備委員會，各方預料，如照目前形勢發展，蘇共勢將運用國際共黨大會之名以嚴懲中共，尤其打擊毛澤東個人。

而在中共及蘇聯邊界問題及軍事形勢，蘇聯眞理報則更於九月二日對中共提出嚴重警告，謂毛澤東不可企圖改變中蘇邊界，而以蘇聯可能因此對中共作戰之威脅口吻向毛共提出。眞理報並謂毛澤東有意將世界領土重行分配，有如希特勒云。

對此，合衆社莫斯科九月二日的電訊說：「蘇聯今日警告中共，如中共企圖改變中蘇共兩國歷史相沿之國界，將引起中蘇戰爭。蘇聯之警告今日在該國共黨刊物眞理報發表。謂中共企圖盜竊蘇聯領土，其幅員之大，超過整個歐洲。眞理報質問假如世界所有國家效尤中共，提出修改歷史建立之國界，則將來有何事發生。不難想像，此即國際緊張局面，將無可避免而擴大及蘊藏戰爭危險。眞理報又指責中共領袖毛澤東所提普遍修改世界各國之邊界，及將地球上土地重作分配之主張。謂毛澤東此種建議之煽動性質，人所共知。眞理報將毛澤東與德國納粹魔王希特勒看齊。希特勒當年亦有擴張領土野心，不惜兵臨歐洲小國，求取生存空間。又指毛澤東企圖奪取蘇聯之太平洋海岸地區，特別着眼於西伯利亞東部及接近新疆之哈薩克與吉爾吉斯，此外又企圖奪取外蒙」。

對此，美聯社莫斯科九月二日電訊更說：「蘇共機關報眞理報社評指責中共對蘇進行冷戰。並對蘇聯大塊領土提出要求。該報社評評論毛澤東月前對日本社會黨人的談話。塔斯社將該重要社評向世界報導，該社評嘲笑毛澤東所謂中共與他們共黨的歧見只是紙上談兵，不會有死傷，故無大碍云云。該社論指責中共不斷刊出地圖，表明蘇聯、緬旬、越南、朝鮮、泰國、馬來亞（筆者按：恐係印度之誤）、尼泊爾、不丹、錫金的廣大地區應由中共管轄。中共對蘇聯要求的土地達一百五十萬平方公里（五十萬平方哩）以上。並質問道：「假如各國亦照北京辦法，互相提出領土要求，修改歷史性邊界，則情形如何呢？答：「這必然使國際局勢緊張惡化，引起許多軍事衝突」。該社評並指責毛澤東製造社會主義國家間領土問題，企圖搞起蘇聯集團之內部不安，這種企圖注定要失敗」云。

而中共「中國新聞社」又於九月二日自伊寧發出電訊說：「新疆維吾爾自治區伊犁哈薩克自治州第四屆人民代表大會第二次會議八月廿六日至廿九日在伊寧市舉行。全州十三個民族代表在會上聽取了州人民委員會的工作報告」、「代表們還對赫魯曉夫修正主義集團在伊犁地區進行的種種顚覆破壞活動表示極大憤慨，提出嚴正的譴責。」

又說：「自治州州長伊爾哈力在代表州人民委員會所作報告中强調指出這些成就是在同赫魯曉夫修正主義集團的各種破壞活動進行鬥爭中取得的。赫魯曉夫修正集圖集團越搗亂，越暴露了他們的醜惡面貌」。「現在，赫魯曉夫修正主義集團並不甘心自己的失敗，仍在千方百計地企圖進行新的顚覆破壞活動。特別是今年四月以來，赫魯曉夫修正主義集團利用廣播、報紙、雜誌等宣傳機器，歪曲我們自治州的歷史、挑撥自治州民族的關係，企圖破壞我們的民族團結；特別惡劣的是不斷製造邊境糾紛，擾亂我邊境人民的生產。他指出，赫魯曉夫修正主義集團的的這些罪惡活動，是有它的野心的，我們必須提高警惕，堅決粉碎它的一切破壞陰謀」。

按中共所謂「伊犁哈薩克自治州」，依中共政制區分，其轄區實包括伊犁、塔城和阿爾泰三個地區，共有二十四個縣，面積約有二十萬平方公里，所以，是一塊很大的邊區。它是我國國內少數民族哈薩克族的主要聚居地區。在中共所劃分的這一自治州中，共有一百多萬人口，哈薩克人佔二分之一以上。在以往，新疆雖一直是蘇俄窺伺之區，隨時企圖侵入中國，但在國民政府的自由及鞭長莫及的統治下，哈薩克的同胞尙自得其樂，故亦無違離國家立場的行動。但自中共强佔大陸後，各地百多個國內少數民族，均被中共予以所謂「自治」之空名，而在實際上加以殘暴無情的奴役與剝削，遂致叛亂迭起，乃有西藏達賴拉嘛等在西藏之反共起義及逃抵印度等事發生。而新疆鄰接蘇俄，過去毛澤東一面倒向蘇俄高喊史大林爲爺爺爲太陽爲鋼的時候，中共認賊作父對蘇俄全未設防，加以蘇聯境內亦有哈薩克人，所以，近年以來，這一地帶便也隨着赫毛個人衝突而展開了邊境糾葛。

但毛澤東是想繼續奴役各地少數民族的，所以，當此新疆地區發生嚴重混亂之日，毛澤東又派了中共僞政權民族事務委員會副主任丹彤代表中共借慶祝哈薩克自治州成立十周年慶典爲名，前往伊寧活動，要他們繼續接受中共的領導，高舉毛澤東思想及三面紅旗。

據中共「中國新聞社」九月二日電說，丹彤會在伊寧當衆發表講演，說：「近幾年來，帝國主義，現代修正主義和各國反動派，掀起了囂張一時的反華大合唱。在伊犁地區，最突出的是赫魯曉夫修正主義同中國的一小撮地方民族主義分子、反革命分子，壞分子勾結起來，瘋狂地進行顚覆活動。他們利用電台廣播、報紙造謠誣蟻，反對馬克思列寧主義的中國共產黨，全面攻擊我黨的對內對外政策，攻擊我黨的民族政策，煽動和脅迫我國邊民外逃，進行種種顚覆破壞活動，眞是無所不用其極」云。

那末，蘇俄現在究竟在用怎樣一種姿態在中蘇邊境對待中共呢？事實上，蘇聯現在除了在中共境內搞顚覆之外，又以大軍壓境，不准毛澤東提出領土要求及邊界問題，企圖永遠霸佔中國土地，若中共敢予反抗，則以戰爭恐嚇中共。所以，蘇俄現在除了在中共境內製造糾紛而外，又在鄰接中國邊境之蘇俄境內屯集大軍以備戰。

對此，九月二日紐約「華爾街日報」有一篇報導。這報導是該報記者史克拉維茨自蘇聯邊境之伯力地方發出的。他說：「沿中國東北與蘇俄遠東區之間長五百哩的邊境一帶，蘇聯很明顯地，有大量軍隊和裝備」。「伯力本身是一個軍事大本營，在一條鐵路的支綫上，可以發現二十幾門反坦克砲。離此不遠，是一列紅軍。坦克在接近邊界偏僻地區，油庫拖車也佈置於戰畧位置烏蘇里斯基鎮以南」。「從伯力通往海參威的鐵路的主要橋樑上，均有荷步槍上刺刀的士兵守衛。通往此一地區的大多數橋樑的通道，由機關槍陣地和有刺鐵絲網警衛。」史克拉維茨又說：「中共在新疆的邊境上，部署了二十五萬軍隊，促成蘇聯用十個師來面對這些中共軍隊。新疆的所有居民，已自邊境警戒地區撤退二十五里。武裝衝突可能隨時發生」。

從以上各項報導可以看出赫魯曉夫及蘇共確在顚覆毛共，又在以戰爭威脅毛共，企圖制止毛澤東不敢索還中國領土。殊不知，中國人不會忘記一六八九年之尼布楚條約一七二七年之恰克圖條約一八五八年之暖暉條約一八六○年之北京條約以及一八八一年之伊犁條約的。但這却把毛澤東原只以爲中蘇共之爭不過紙上談兵之爭的無恥與無聊幻想完全打破了。如果毛澤東自己稍有羞恥心，稍有愛國心，都應該起而發動對蘇戰爭，正式制止蘇聯之侵略行爲並將歷年所失於蘇聯之中國領土取回才是。

高華德的軍事幻想

李普曼作　楊永乾譯

國務院及國防部所說出的競選辯論，高華德方面已表示不滿，據說依照慣例，這些問題，應該與黨派的爭執分開。

誠然，有這樣一項慣例，但是亦可以依據另外的一種慣例，即政治停止在水的邊緣，國家重要的外交政策及國防政策，爲兩黨所同意的。自從牛宮會議之後，共和黨已向基本原則挑戰，並反對美國外交及防衛政策。在此情形下，負責任的內閣官員，他們不僅有權利，並且有責任去說明與辯護他們的政策，因爲他們對外交及防衛政策最爲瞭解，因爲他們有着僅次於總統的最高責任。

新聞記者的工作，他們所最關心的，是去發現正在進行些什麽？這些天來，大家似乎痛苦的去讀辯瞭解一本困難的書，多數的羣衆中間，吹着口哨，打着銅盤。但我們必需忍耐去讀。

例如：以我們現在的軍事力量，事實上我們能作些什麽？國防部長麥納馬拉對此曾有所說明，但是成爲問題的：越南的戰爭，我們沒有「勝利」。塞浦路斯我們有許多困難，剛果我們面對着未來的更多困難，新幾內亞仍是一個煩惱，卡斯特羅不能把他去掉。

高華德對這些問題的答覆，是所有的糾紛，都是來自莫斯科與北京的策動與控制，這些糾紛的平息，是假定我們有一位總統，能有勇氣，使我們的核子武器，可以迫使莫斯科及北京停止策動這些糾紛。

這些是單純而衝動的聲音，但是假使這些共產國家不中止他們的煽動，那麽高華德氏的戰畧，將迫使我們承認賭博之孤注一擲，與接受戰爭，兩者之間去作一選擇，戰爭可能使美國一億人民化爲灰燼。

這兩種方法，既不能得到大的勝利，這種單純的解決，實際上並不能解決一切問題，可能有更多的危險。其餘的問題：爲什麽用我們所有的軍事力量，何以不能使外界的行爲，照我們所想的一樣？爲說明這個問題，我認爲應該注意世界上第二個最强的國家，即如蘇聯，他亦有不可輕視的核子武器，及龐大的武力，然他亦同樣感到，不能實現他所有的希望。

最後的事實證明，蘇聯勢力的廣大，自北部亞洲以至於太平洋，何以在一羣亞非國家的集團內，竟爲人所否決，這就好像我們美國被逐出於美洲國家組織之外一樣。

假使我們把周圍多看一看，可以看到其他强國——不列顛，法國，意大利，德國及日本——同樣發現他們顯然有强大的軍事力量，這些世界上的前進國家，似乎亦處於一種矛盾之中，即他們的軍事力量已經很强，但他們的政治力量，在世界上大部地區業已縮小。

我相信這些矛盾，似可用理由來解釋，當那些强國，已使自己的力量逐漸强大，而另一些弱小人民，亦發明一種非常的作戰方法，其方法是使自己逃避戰爭，而避免大國間的大戰。

就現代的武器而言，不論爲通常的，或者核子的，二者同樣找不到射擊的目標，即將弱者的遊擊戰打敗。

擊敗遊擊隊的唯一方法，是佈置更多的人在地面上，如在叢林、池沼、平原及大山之中。非洲及亞洲的游擊戰爭，白種人不能贏得這些勝利。

一項顯然的事實，消滅游擊隊的主要工作，是步兵無不是空軍。高華德氏軍事戰畧的本質，主要的幻想是依賴空軍力量，他認爲這類戰爭用轟炸能獲得勝利，而且他認爲獲得勝利的簡便方法，是不經過池沼與叢林，僅僅依賴空軍。海軍與步兵不能分担這種幻想。

譯於八月二十日

中共内部又有叛毛事件

中共中委兼高級黨校校長楊獻珍等響應蘇聯反對毛澤東思想擁護老赫

與楊獻珍一起的艾恒武林青山等正在被清算

自毛澤東於一九四九年以武力强佔大陸以來，反毛事件先後已有多起。大鳴大放時固已反映人民之普遍反毛，呼毛爲「老和尚」，而中共中央副主席高崗及中共中央組織部長饒漱石之「反黨聯盟」及中共國防部長彭德懷元帥及中共總參謀黃克誠大將之反毛，亦會引起中外各方大大注意。現在，中共僅次於毛澤東劉少奇之第三名理論家中共中央委員兼中共高級黨校校長楊獻珍等又出面反毛了。

對此，很多人先本沒有看到這是一場具有國際背景關係毛澤東個人權位的政治鬥爭，而只以爲是一場哲學思想上的普通論辨。因爲事件開始於今年五月廿九日北平「光明日報」哲學專刊所發表的艾恒武、林青山所寫「一分爲二」與「二合爲一」的文章，以及別的人對此等文章的駁斥。但到今年八月卅一日中共中央機關刊物「紅旗」半月刊以「哲學戰綫上的新論戰」爲題發表的一篇綜合報導之後，才透露出這一鬥爭，並不是哲學的論爭，而是極複雜極龐大極殘酷的政治鬥爭和權力鬥爭，而且是由中共內部反毛關係到赫與毛、蘇共與中共的直接鬥爭。換言之，這也就是中共內部有人起而推翻毛澤東的領導的一種鬥爭。

對此，中共八月卅一日紅旗半月刊（及同日中共人民日報）說得很清楚。它說：「目前，我國哲學戰綫上正在開展一場新的激烈的論戰，這就是關於『一分爲二和合二爲一』的論戰」。「論戰的雙方陣綫分明，針鋒相對。這是當前國際國內尖銳複雜的階級鬥爭在意識形態上的一種反映」。「關於一分爲二和合二爲一的爭戰，早在艾恒武、林青山的文章發表之前，在高級黨校裏就開始了」。

又說：「一分爲二的革命辯證法愈來愈爲廣大同志和人民羣衆所掌握，成爲他們正確認識當前國際國內階級鬥爭的有力武器。它帮助人們認清帝國主義同世界革命人民的矛盾是不可調和的，馬克思列寧主義同現代修正主義的矛盾和鬥爭是不可調和的，它增强了人們同帝國主義和各國反動派及現代修正主義進行鬥爭的勇氣，增强了人們取得革命勝利的信心。可是，正在我們黨加强宣傳一分爲二的革命辯證法的同時，楊獻珍同志却大講其合二爲一論，同黨大唱對台戲。楊獻珍同志的調和矛盾、否定鬥爭的思想很早就有了。一九六一年十一月他在高級黨校講課的時候就說對立面的統一，矛盾的統一的意思，就是說：兩個對立面是不可分離地聯繫着的。我們學習辯證法就是要學會把對立面的兩個思想聯繫起來」。

又說：「黨對一分爲二的宣傳加强了，楊獻珍同志調和矛盾思想的散布也越來越多了。一九六三年十一月，他在高級黨校講課時，公開地把他的調和矛盾的思想概括爲合二爲一。一九六四年四月，楊獻珍同志在高級黨校新疆班講課時，更進一步發揮了合二爲一的論點，把他講得更加系統、更加完整了。接着，楊獻珍同志千方百計地宣傳他的合二爲一論，企圖把他的反辯證法的觀點塞到他所能塞到的地方去。高級黨校哲學教研室講師黎明同志也在課堂上宣揚楊獻珍同志的合二爲一論。五月十四日，黎明同志講課時說，現在一分爲二講多了，合二爲一講少了。實際上是說馬克思列寧主義，毛澤東的革命辯證法講多了，楊獻珍同志的反革命辯證法講少了。應該多寫點文章宣傳反革命辯證法的觀點。艾恒武、林青山都說他們在寫合二爲一文章的過程中，會多次同楊獻珍同志商量，楊獻珍同志幫他們修改，黎明也兩次給文章提了意思給他們修改」。「高級黨校不少同志在校內刊物上寫文章和討評會上發言批駁合二爲一論，但是，還有一些人堅持合二爲一論。」

「紅旗半月刊」又說：「楊獻珍同志的合二爲一論，在社會上也引起了很大的爭論，有一部份人表示響應和支持」。「從楊獻珍同志等一系列的言行中，清楚的認識到他在這個時候發表合二爲一論，不是偶然的，而是有目的有計劃的用資產階級的反動世界觀，來對抗無產階級的唯物辯證法的世界觀」。「楊獻珍同志在這時候大肆宣傳合二爲一論，正是有意識地適應現代修正主義的需要，帮助現代修正主義者宣傳階級和反階級合作，宣傳矛盾調和論。同時，也是有意適應國內資產階級和封建殘餘勢力的需要，給他們提出所謂理論武器，對抗社會主義教育運動」。

好傢伙！既然中共中央認爲楊獻珍有意親蘇反毛擁赫，再加上中共中央高級黨校內竟因此分爲毛楊兩派，再加上社會上也到處有響應，所以，毛澤東非清算楊獻珍不可了。不過，反過來看，楊獻珍不但是中共中委，而是又是中共第三名理論家，中共高級黨校又是培養中共高級領導幹部的地方，竟然發現如此這般嚴重的反毛擁赫思想及行爲，那就說明毛澤東的江山並不很穩，中共內部正是大有問題哩！

大陸簡訊

中共函蘇拒召開共黨大會

爲了對付毛澤東及中共，赫魯曉夫及蘇共已決定召開共黨大會，並決定於本年十二月召開由二十六國共黨組成的起草委員會，地點在莫斯科，蘇共於本年七月三十日致函中共，希望中共派代表團參加，並且要中共的代表團於十二月十五日前到達莫斯科，以商討將在明年年中舉行的全世界八十一個共黨參加的國際共黨大會。

但中共已於八月卅一日公開發表了它在八月三十日寫給蘇共的覆信，不但堅決拒絕了蘇共的提議，而且還在覆信中把老赫及蘇共中央臭罵了一頓。中共的覆信說：「我們決不受你們花言巧語的欺騙，決不向你們的威脅恐嚇屈服，決不能當你們的分裂勾當的同謀者，決不能分担你們分裂國際共產主義運動的責任」。「我們已經警告過你們，你們召開會議之日，就是進入墳墓之時。你們七月三十日的來信表明，你們不顧一切後果，又朝着自己挖掘墳墓大大的邁進了一步」。

毛澤東之所以拒絕蘇共之邀請，當然是因爲中共只在其中佔少數，如果參加這一由蘇共操縱了的大會，就必然對中共不利，故予拒絕。但蘇共召開國際共黨大會已勢在必行，據老赫說，中共已準備另開國際共黨大會，屆時，雙方自必陷於更大分裂了。

中共介入印尼大馬間戰爭

據九月四日出版的美國時代雜誌檢討兩星期來印尼對馬來半島的突擊，以及馬來西亞掃蕩這些印尼入侵分子的措施，它說「其中有些是華裔馬來人，顯示此項對馬來西亞的威脅，不僅來自印尼，與印尼游擊隊一齊被俘的，有中共製造的手榴彈，一面中共的旗幟，以及在北平印刷的小册子等」。足見中共現已暗中正式介入印尼入侵馬來西亞的戰爭了。中共是亞洲禍根，由此又得一證明。

中共經營非洲的積極，已是無所不用其極了。據非洲坦葛尼喀和桑結巴聯合國共和國正式宣佈，它已正式接受中共軍事顧問團，以訓練它的軍隊。它說中共軍事顧問團將由十一人組成。對此，中共亦已正式由其新華社於九月一日報導謂坦桑聯合國總統已於九月一日招待記者說中共派軍事顧問團的建議是可以接受的。

另據法新社九月三日報導，則謂「中共之來福槍及自動武器數噸昨晚已運抵三蘭，係坦桑與中共一千五百萬鎊協議中之第一批中共軍援坦桑之軍火」云。

僑鄉近訊

鍾之奇

閩粵各地重劃階級成分補鬥新地主

最近一年，中共在大陸推廣了一個「社會主義教育運動」。這一運動，不但在思想上宣揚毛澤東思想，反對赫魯曉夫的修正主義，更在實際行動上，補鬥了一批新地主。中共補鬥新地主的辦法，是以重新劃分階級成爲分開始的。現在福建廣東兩省各地農村都已開展這一鬥爭。據最近自大陸逃抵香港的人士說：中共這一運動的第一步，是首先學習雷鋒。進而逐步深入，在各地舉行訴苦會與鬥爭會，來進行新舊社會的對比。

「訴苦會」是由從前（解放前）的貧雇農伸訴過去自己生活的痛苦與災難，表現在「翻了身」，再對「共產黨」和「毛主席」感恩一番，作出生活上的對比，表示永遠接受「毛主席」和黨的領導。

「鬥爭會」亦如十年前土改時一樣殘酷。這次補鬥的對象，並不是什麼地主，因爲有房有地的地主早在十年前就已掃地出門清算鬥爭過了，這次已無眞地主可鬥。但中共認爲今日大陸各地雖已沒有房屋田地的地主，但却仍有很多人具有「地主階級思想」，這次補鬥的便是這批人云。

中共廣州部隊將領下放連隊蹲點

「蹲點」也是毛澤東近年提倡的一個運動。這個運動現已推廣到了廣東。中共廣州部隊高級將領均不得不遵照毛澤東的指示下連隊去蹲點。所謂蹲點，即是要他們蹲在下層和基層的點上了解問題研究問題解決問題。

七月廿八日中共南方日報說「廣州部隊高級領導幹部響應黨中央，毛主席和軍委的關於領導幹部下層蹲點的號召。今年上半年已有百分之八十的師長、政委以上主要領導幹部同志到基層蹲點」。

南方日報承認共軍內部問題，上下不通氣。它說：「領導幹部下去蹲點，同連隊幹部及戰士五同（即同生活同操練等），了解到許多在會議滙報和文件中了解不到的情況，使上頭和下頭更好的結合起來」。

又說「今年四五月黃永勝上將，劉興立中將分別到部隊蹲點，……某部李慶壽大校下連隊蹲點時，看到有些戰士上課打瞌睡，他不是當場就批評，而是查明原因，晚上熄燈後他親到戰士宿舍，計算戰士從上床到入睡的時間，查明每晚戰士只能睡六個半小時」云。

可見共軍生活如何不合理，難怪共軍士兵的精神和體力都很差了。

中共强迫僑生到農村永遠勞動

中共把大陸知識青年下放到農村去永遠安家落戶，是人所共知的事了。這其實並不奇怪，因爲中共工業建設自蘇援中斷，毛澤東不得不喊出「工業下馬」後，知識青年，既不能走向工廠，又無其它道路可走，因爲中共本身有二千多萬黨員需要安置，故其它機構都無法安插所謂知識青年，據中共自己報導，大陸已有六千萬左右的知識青年下放到了農村，最近，中共且又對華僑青年動腦經，誘迫華僑青年到農村永遠勞動。

據中共「僑務報」說：「滯留在「北京」及汕頭等地一百六十多名失學失業僑生 [illegible] 參加了海南島的農業建設」。[illegible]「歸僑知識青年到農村去落戶，是一個非常可喜的現象」。「僑務報」又說：「有些歸僑、僑眷和海外僑胞 [illegible] 有的認爲他們的子女必須繼續升學 [illegible]「萬般皆下品，惟有讀書高」的剝削階級思想 [illegible]」

[illegible] 中共罵海外華僑不該存有使子女升學的思想，尤屬荒謬。如果讀書是不對的事，那末，中共爲什麼要辦許多學校呢？如果父母不該期望子弟讀書，那末毛澤東劉少奇朱德等人之子女家屬爲什麼都要讀書不當文盲呢？這就可見中共所說都是狗屁不通。

談談阮慶

陳氏冰

發動不流血政變而攫得政權，其後又自任總統，旋於羣衆激烈示威下而低頭復又放棄總統的「奇異英雄」阮慶，去月廿八日，又突然稱病休假，隨即簽署一項命令，委派阮順安代替領導政府。顯然，阮慶將軍的病，祇是「政治病」，并不能說他是拋棄個人權力；爲的是，阮順安已有聲明，強調阮慶仍是實任總理。——阮順安是於去年十一月吳延琰被打倒後始由美國返越的，當時是在阮慶內閣中任副總理兼財政經濟部長，此次出任代總理，當然係負有緩和政局的任務；因爲他是無黨無派，而且係佛教徒，在目前情況中，由他出頭「料理」，一般人都認爲：尚屬適當。

至於阮慶這位「奇異英雄」，是一九二七年十一月八日在西貢以南七十五哩的康根村出生的。當第二次大戰波及越南而使越南在日本控制下那一段的時期內，他才是一個十多歲的小夥子，那時越南的民族主義運動已逐漸展開，因而他也參加胡志明所領導的游擊隊，稱爲民族主義愛國青年，他曾對人透露過，當時他們的武器祇是一些竹桿木劍。但是到了後來，阮慶他們的一隊游擊隊，終於被胡志明解散了，因爲他們是民族主義份子而非共產黨。阮慶經過那一次教訓了後，便進入法國主辦的陸軍大學肄業，至一九四七年，他以陸軍少尉身份前往巴黎接受高級軍事訓練，一九五零年返越，出任第一營傘兵司令。當時法軍與胡志明的越共部隊展開激戰，阮慶會率領着他的部屬跳下北越的好賓地區，後來法軍在該地區慘敗，他部掩護法軍退却。迫至越南被劃分爲南北越，南越總統吳延琰就委任他爲南越新組成的空軍首任司令。一九五七年，阮慶前往美國，進入肯薩斯以的「指揮與參謀」大學深造。返國後，獲升爲准將，那時他才三十二歲。不久，他被任爲南越聯合參謀部參謀總長。一九六零年，當傘兵發動一項反吳延琰行動時，他協助吳延琰將該項行動粉碎，旋即出任南越中部第二兵團區司令。但是，吳延琰後來終於被推倒了，他對於楊文明的那個軍事委員會是表示不滿的，他屢指該委員會是「昏睡而無朝氣」。

今年一月三十日，阮慶終於忍無可忍了；他於是暗中號召了若干道同志合的軍官，包括駐西貢郊區的司令官，於深夜發動政變。由於進行得有計劃而秘密，使到他的敵對的軍官都於酣睡中被俘。阮慶并說服了楊文明，出任有名無實的國家元首，他自己則獨攬着軍事革命委員會主席兼總理的大權。

阮慶的太太名陳芬麗，係在北越出世。自前他倆是有三個兒子和一個女孩（原尚有一幼子，但於去年在西貢一魚塘中慘遭溺斃），家庭氣氛是很和諧的。阮慶的嗜好，是養熱帶魚和海燕。他很少飲酒，但喜抽香烟，每天都會抽上三四十枝美國製造的薄荷烟。曾有新聞記者問過他：「你抽這麼多香烟，是否不怕肺癌」？他答得很妙：「作爲一個軍人，早已置生死於度外了」！他對於少飲酒，也作過這樣的解釋：「我之所以少喝酒，并不是因爲酒精有害，而是因爲恐怕被酒糊塗了我的腦筋」。他的談話，是被人認爲是够風趣的。他的個性原是相當堅强，但却又很能還就環境。他的服務精神和工作態度，也都很認眞。目前他的工作時間，每天長達十四小時至十七小時。他雖然是一個佛教徒，但對天主教徒也很能相處得來。他對下屬的生活很關心，對軍人的待遇尤其關懷；同時，他對老百姓很愛護，并經常去訪問農村。他雖然於八月十六日强行使自己當選總統，但經過佛教徒和學生們的連續四天示威反對後，終於能够向示威者低頭，放棄了歷時僅十天的總統職銜，這也算他够開明，能够還就環境。同時，也顯示出他並沒有特殊野心。

目前，阮慶是在稱病休假中。在南越局勢益趨混亂，緊强之今日，這位「奇異英雄」的心境，相信也是混亂和緊張。究竟他將「長病」下去嗎？抑霍然痊癒，銷假視事？直至筆者寄出這稿時，還未明朗哩！

（八月卅日）

星洲是印尼的目標

印尼游擊隊偷渡登陸及印尼傘兵空投柔佛之後，星加坡突又爆發種族衝突。這兩項事件都在差不多同一個間發生，確使吉隆坡爲之震動。

印尼正規軍所扮演的游擊隊，向馬來亞本土挑釁，等于是印、馬間「第二戰場」的開闢。從此以後，兩國的武裝衝突，已不祇婆羅洲的共同邊界地區了。

從地點來說，柔佛在大馬西南，與星加坡連接的邊緣。印尼向此處着手騷擾，可能別有用意，那就是以破壞星洲秩序爲目標。過去，印尼特務圖炸星洲電廠，柔佛通星洲的自來水管，都是着眼於破壞星洲。整個大馬，星洲是最大的城市。破壞城市的效果，影響大於鄉村不知若干倍。

因此大馬領袖們認爲星洲種族衝突乃的印尼特務所挑撥，欲使大馬分散無力去依保星洲的內部安全。更希冀因此有隙可乘，可讓印尼游擊隊有更多登陸的機會。針對印尼企圖癱瘓星洲這一個陰謀，大馬當局已預爲準備。除大馬軍警外，英軍及紐西蘭軍已調往柔佛。此舉一則爲阻截印度登陸降陸之游擊隊，再則可以就近調至星洲維持治安，如果必要的話。

如果印尼游擊隊再大舉登陸的話，他們將不止與英軍作戰，而是與包括澳紐的英聯邦軍作戰了。（華）

客自台灣來・暢談台灣

讀者投書

編輯先生：

最近我有一位在國民黨有悠久歷史的朋友從台灣來到香港，老朋友久別重逢，無所不談；而他又似乎有無限的積鬱在胸中，久無發洩的機會，一旦到了這個自由天地，可以百無禁忌，也樂得談過痛快，於是一經開口便如長江大河般的滔滔不停。我們足足談了兩個整天，他似乎還未談完。茲將有關台灣政情的部份摘要錄後，希望貴刊能予以發表。此外，他還談了「黨國」要人們的許多艷聞醜事，亦足以表現台灣的政風和黨風，姑且畧而不提。

國家不是屬於大家的

這位朋友說，今日的台灣完全是家天下，除了這「家」而外，其餘的人無論爲官爲民都覺得今日的中華民國並不是屬於大家的，大家祇是寄人籬下，看這個家「家」的臉色討生活。因而青年學生無不千方百計的設法到外國留學；而且一經出國，便如逃出地獄似的寧願終身流亡異域，絕不作回國的打算。就是貴爲院長部長者，也是抱着一種「混」的態度，不求對國對民有功；但求對這「家」無過，以故遇事不是推，便是拖，完全不敢負責。而一班奸狡之輩則以「忠貞」的姿態，大幹其爲非作惡的勾當。至於守正不阿之士，則祇好忍氣吞聲，度着苟全性命於亂世的生活。因此之故，在表面上看去，似乎尚能保持一種死氣沉沉的所謂安定；而骨子裏則充滿了怨和恨，隨時都可觸發變亂。不久以前的所謂台南兵變，就是一個很好的例證。試想，經蔣緯國一手訓練而成的裝甲兵團和他一手扶植起來的副司令都感到怨憤不平挺而走險，其他各部門的內情如何，也可想而知了。

然而，蔣經國的看法和想法都與衆不同。他並不覺得今日台灣的一切病根都在他自己的身上；而認爲是由於他的控制，尙不週密。因而在台南「兵變」以後，他一方面以「副部長」的特殊身份進入國防部，以期直接掌握三軍，一方面加強對黨政的人事從新署；於是曾經紅極一時的若干黨要和政要也遑遑不安了。

從唐縱到郭驥

國民黨中央黨部秘書長唐縱訪美返台後仍去中央秘書處辦公，但被人告以「可以勿需再來辦公了」；因而趕快具文請辭，以免再有後患後。副秘書長郭驥復有同樣的遭遇：郭原是陳誠的人，會紅極一時，自陳被迫辭去行政院長兼職後，人們還以爲陳雖失去實權，却仍是副總統和國民黨的副總裁，郭驥又祇是一個無關重要的副秘書長，再加以爲人小心僅愼，當可仍安於位。唐縱訪美時請以郭代秘書長，而蔣「總統」却另派谷鳳翔代理，人們亦以爲此僅表示蔣對谷信任有加，不一定要將郭去掉；但不料最近以復有人告「可以無需再來辦公了」。於是，郭驥也就不得不步唐縱的後塵了。

俞大維朝不保夕

多年以來俞大維在台灣即有不倒翁之稱。因爲他不但獲得陳誠的信任，蔣「總統」對他也很器重；又和蔣經國是兒女親家，他和美國的關係也很好。是以自接長國防部後即安如磐石，所以行政院各部長中任職最久的人。自蔣經國做了國防部的副部長後，他即去美國檢查身體，順便與美方有所接洽，這本來是他的例行之事，行之已久，一向公私兩便內內外外均無異言。但本年他在美檢查身體完畢時，即有人告以「可以無需回國了，」他也許有恃無恐，仍然回到台北，是否再有人告以「可以無需再去國防部辦公了」，雖然尚不得而知；但即使他仍繼續擁有部長的虛名，對於國防部的事，他將不能再行過問，則是勢所必至，而理所固然的。可見時至今日，就是皇親國戚也是朝不夕的。

蔣派特務的兩項謠言

近來蔣經國手下的特務突然散佈兩項謠言，其一是陳誠常向訪客說他住的地方是「瀛台」，暗指蔣「總統」爲戊成政變時的慈禧太后。陳誠數月以來，奉命在家靜養，除了不明我們國情的若干外賓來到台北時還要去向他作禮貌上的訪問，他也不能不接見而外；所有黨政軍人員都避免去看他，以免引起疑忌，殃獨及自身。陳誠是否曾說過如此的話，以及這些特務人員又從何得悉其事，局外人自不得而知。但此一謠言之散佈，其目的顯然在於刺激蔣「總統」，希冀他再對陳誠採取進一步的行動。很多人認爲照目前的局勢發展下去，除非出現奇跡，陳誠也許有一朝一日，要想步陳立夫的後塵也不可得呵！

第二個謠言是說：唐縱此次之被迫去職乃是中了CC的陷阱。據他們說，唐縱訪美時會向若干僑領和留美學人表示：「政府當局早已決心反攻大陸，祇因受了美國的限制，力不從心。」留美的CC要角潘公展等得悉其情，乃於唐縱到紐約時邀集若干人歡迎迎他，請他講演，引他再發表不滿美國限制台灣反攻的議論。然後在其所主辦的中美日報予以詳載，復譯爲英文寄與美國國務院，激起美方向台北表示極度的不滿；蔣「總統」爲了敷衍美國，才迫唐縱自動辭職云云。唐縱在美是否有不滿美國的言論，以及潘公展等有無計陷唐縱的情事，局外人自然無從得知；但唐縱的必去，顯然是在台北動身訪美以前就已注定的。因爲他當時簽報蔣「總統」在其訪美期間擬請以郭驥暫行代秘書長職務，而蔣「總統」却置之不理，另以手諭派谷鳳翔爲代理秘書長，且未指明代理期限，已經很够證明他老人已決定要去唐縱了。因此很多人都認爲這個謠言的用意，可能有人因爲在台的CC派因蔣「總統」號召反共聯盟醞釀請陳立夫囘國，特製造此一謠言以刺激黃埔派，希望黃埔派再掀起反CC的高潮，藉以抵制陳立夫。

蔣經國談陳立夫，康澤

最近蔣經國忽向人談到小組織的問題，並舉陳立夫康澤兩人爲例。他告誡他人不可搞小組織。他說過去搞小組織的能手莫過於陳立夫和康澤兩人，但如今都沒有好的結果；他希望國民黨人以陳康爲戒。

孫逸氏上

本刊已經香港政府登記

聯合評論 週刊

每逢星期五出版

United Voice Weekly

第三一一號

督印人：黃宇人　總編輯：左仲平

社址：九龍通菜街三十八號南亞書局 849126

承印：田風印刷公司　香港高士打道二二一號

總代理：友聯發行公司　售價每份港幣一毫

本報美國版總經售美國紐約中美出版社

CHINESE - AMERICAN PRESS, INC
199 CANAL STREET.,
NEW YORK13 N. Y. U.S.A.

美洲航空版每份售美金一[illegible]

本報重要啟事

根據本社本年七月廿三日第四十一次社務會議決議，本報香港版及紐約航空版均將於本年十月底以前停刊，特此預告讀者。

聯合評論社敬啟

九一八紀念有感

黃宇人

今天又是九月十八日了。

在三十三年前——民國二十年的今天晚上，駐於我國瀋陽附近的日本所謂關東軍乘東北軍政長官張學良無備，突然攻佔瀋陽，是為九一八事變。不但在中國現代史上是一件大事，就是在東亞乃至世界史上也是一件大事。原因是：假如沒有九一八事變，中國共產黨絕不可能獲得如此迅速的發展，今日的中國大陸即不致於變色；從而這十多年來的東亞形勢以至整個的世局也就必然兩樣了。

在九一八事變以前，中國共產黨雖已開始蠢動，但時起時潰，尚不足以構成大患。僅朱德和毛澤東所率領的一小股配備極劣的武裝部隊盤踞贛南的山區，當時的國民政府蔣主席亦經調集大軍，決心予以殲滅。萬不料正當剿共軍隊節節推進之際，九一八事變突然爆發，全國人民——尤其是青年學生立即掀起反日救國高漲。在此形勢之下，國民黨自不得不暫時擱置剿共的原定計劃，轉而對付日本的軍事侵略。迄後，日軍得寸進尺，於佔領東北四省，成立僞滿洲國之後，猶以爲未足，復進圖華北。在此期間，國民黨深知倘不肅清中共的武裝叛亂，終必爲國家民族造成大禍，乃含垢忍辱，先後與日本訂立淞滬協定和塘沽協定，俾得以全力剿共。但日本的侵略行動並未中止。每於一次事件解決之後，又易地製造另一新的事件，即據以爲新的軍事侵略的藉口。其處心積慮，顯然是要吞併中國，因而激起我全國軍民多主張停止剿共，一致對日。這是西安事變的時代背景。有了西安事變，國民黨的剿共軍事也就功虧一簣。在江西老巢不能立足，逃往陝北的朱毛殘部乃得絕處逢生。繼而七七事變又起，國民黨祇得實行全面抗戰，更給中共以發展的大好機會。凡此史實，在在說明：假如沒有九一八事變或自此以後日本不再繼續侵略我國，則國民黨剿共計劃不致一再受阻，當時所謂的朱毛匪幫確是很不易生存的。即以西安事變後的情形而論，假如不再有七七事變發生，中共也祇能困處陝北一隅之地，絕難向外擴張的。因此，實可以說，養育中共的是蘇俄；而再三再四爲中共解除厄運並給中共製造有利的發展條件者，則是日本。我們今天身受共禍，國破家亡的每一個中國人固然忘不了當年日本侵略中國的種種往事；其他面臨中共的滲透，傾覆等威脅的東南亞各國，亦不可對此一重要的歷史因素輕易忽略。

再說到當年日本軍隊在中國的諸般暴行，也是令人無法忘記的。世人多知他們在南京的大屠殺；但對其姦淫中國婦女的種種獸行，尚未盡悉。在抗戰期間，我曾多次直接聽見來自淪陷區域的人說及：有些日本軍人強姦我國婦女時，還迫使她的丈夫在旁觀看；有的則在強姦之後，復迫使被姦污的婦女赤身露體，甚至張開兩腿，讓他拍照，引以爲樂。因而婦女羞憤自殺的事，時有所聞。此等日本軍人是否尚有人性，實大可懷疑。又近年以來，每逢廣島被炸之日，日本人例必開會紀念，有時還要向美國提抗議。他們似乎已將當年日本飛機在中國後方肆行盲目轟炸的事實忘得一乾二淨。當時中國平民被炸死或傷的，何止十倍於廣島。而財產的損失，更非廣島所能比擬。因此之故，盟軍爲了報復和早日終止日軍的暴行，就是在日本東京投下原子彈，也是無可厚非的。盟軍祇炸廣島，正足證明盟國基於人道主義，不願以日本加於中國之道還諸日本之身。今天日本人要紀念廣島被炸，即須想到當年中國被炸的慘狀；如要抗議，應向發動侵略戰爭的日本人抗議。然而日本人卻似乎以爲他們當年對中國的諸般暴行，是應該的；而美國在日本投了一顆原子彈，則是罪大惡極。未免祇知責人，太不知自責了吧。

復次，當年日本對中國不斷的進行軍事侵略，其最主要的藉口，乃是爲防中國赤化。所謂廣田三原則，即以「共同防共」爲中心。可是，當此中國大陸經已陷共之日，日本不但不防共，反而時與中共眉來眼去。雖因碍於美國，尚不便正式建交，卻已大做其生意，而名之曰政治經濟分開。實則中共的凡百措施，都是以所謂政治掛帥，日本自無不知之理；其所云政經分開，不過是一種掩耳盜鈴的托詞而已。數年以前，我會在香港遇見若干日本人，問以爲什麼日本當年要求與中國共同防共而今卻要親共，他們都是支吾其詞，無人能作一個明確的答覆，顯見他們尚未考慮過此一問題。

我在今天重提日本侵略中國的往事，並非還想報復舊恨。相反的，我認爲中日兩民族必須拋卻宿怨，從新協和努力，才是兩利之道。我寫本文的目的，祇在於指出今日中國的災難，至少有一半是日本造成的。日本過去要求中國共同防共，結果卻幫了中共的大忙。如今中國大陸業經變色，中國人自然飽受其害；但倘若中共政權仍繼續下去，有朝一日，也必然要危及日本的。現在才眞正是共同防共的時候，我希望日本的朝野能夠及時反省，不要再對中共有所幻想了。

人類社會經濟結構需要徹底改造

人類社會需要在資本主義共產主義社會主義之外另闢道路

劉裕畧

我在上星期本報寫過一篇宣揚民主政治制度的價值及我所見中國應該如何通過「民主計劃政治」以「特變」到民主政治制度的路的文章，但我要加以說明的，是我並不認爲整個人類社會都走上了民主制度的路之後，整個人類社會的問題即可解決。事實上，整個人類社會的問題，並不是一經建立了民主制度便百般皆了的。整個人類社會面臨的問題非常多，過去，有過去所面臨的問題，現在，有現在所面臨的問題，將來，還有將來所面臨的問題。但不管過去會經有過一些什麼問題，也不管將來有一些什麼問題，大家現在應該把整個人類社會經濟結構加以具體的改革和改造，則是當務之急。因爲今日社會的經濟情況有太多的不合理的現象，而資本主義共產主義社會主義又都不健全，所以，非從根本加以改革和改造不可。

先說資本主義社會的現象吧！自由經濟制度雖然能夠刺激生產，發達企業，但企業的發達與否，並無眞正保障，一方面要看各人才能與眼光，另一方卻也要看際遇與幸運。而自由經濟的另一大毛病，是貧富太懸殊，財富集中在少數人手裏的結果，壟斷的現象自必隨之發生。所謂自由云云，事實上，便只成了資產階級的獨有權利，沒有財富的人雖在名義上一樣享有自由之名，實際上，他們並無自田創造之眞實機會，有之，亦靠幸運而已，這不僅僅成爲社會上的一種不公平，一種假平等，更重要的，整個人類社會也往往因此障碍了它的進步和進化。中國春秋時代的老子具有銳利眼光，他在當時就看到了「侯之門仁義存」的現象。而這種現象，不但在今天的中國社會仍然普遍存在，而且也在舉世各國各地的社會同樣存在。所不同的，在封建社會裏，常常是「侯」之門仁義存，而在工商業發達的資本主義社會或自由社會裏，則是「富」之門仁義存而已。然而，仁義眞的只存於「侯」之門或「富」之門嗎？絕對不。只因沒有財富的人雖有仁義之心，卻缺少行仁行義之資本，故無從表達其仁與義。於是，他們有時候就只有用性命用身體去表現其仁與義。這比之那些只用極少數財富去表達仁義眞是太殘酷了。

就整個人類社會來說，財富集中在少數人手裏或集中在少數國家裏，都是極不幸的事。這誠然與其人其國之背景及自然資源有關，但富有自然資源的國家而被其它國家侵畧掠奪者比比皆是。就我所見，如果財富集中在少數人手裏之後，其中固然亦有擁有財富的少數人以其資財從事對人類社會有意義的事業，但卻也有許多財富落入守財奴手裏，便無形中凍結了浪費了該項財富，使該項財富不再具有社會意義；而在另一方面，許多有智慧才能而又有心人卻往往因爲缺少資金而不能順利的迅速的對國家民族或整個人類社會作出貢獻，這對於那些有心人自然是一種損失，對國家民族和整個人類社會卻作成了更大的損失。因此，我對於那些企圖適應資本主義諸多不合理的現象而產生的部份道德準則，也就常常是要從另外的角度來再衡量的。但從道德與經濟的關係來看，有些倫常道德雖然是超乎經濟原因，而有其絕對價値，値得普遍遵守，並不如共產黨人所說，一切道德都是階級的，也不都如共產黨人所說，一切資本主義的道德都是廐醉無產階級的。可是一部分道德準則確與經濟情況有關，所以，澈底改革和改造人類社會經濟結構，我仍認爲是一件對許多社會問題許多政治問題起着基本作用的工作。所要特別指出的是應承認還有精神生活同樣重要。

馬克思主義及共產獅人的一個重大錯誤，便是他們把經濟問題當作了人類社會的惟一基本問題，因此，基於他們唯物辯證法便演釋出一套經濟結構是一切結構的基層結構，政治法律等都是建樂在這一基層結構的上層結構，所以毛澤東也武斷和不周延的說出「政治是經濟的集中表現」的錯誤的話。因而所有共產黨人都忽畧了人類社會生活中極重要的精神因素。

由於馬克思主義忽畧了個人及社會的精神因素。所以在所有共黨統治下，他們雖標榜着他們如何堅決反對資本主義及資本主義社會的一切現象，但他們並沒有眞能改正資本主義社會的一切不合理的現象，更未能防止和消除資本主義社會所未會有的另外一些不合理的現象。發生在共黨統治下驚人的恐怖，其殘酷甚至遠超資本主義社會的。（未完下轉第二版）

人類社會經濟結構需要徹底改造

劉裕略

（上接第一版）在某一部分人的直覺和想像中，往往以為資本主義的短處誠然是分配不均，但資本主義的好處是能夠因自由經濟而刺激生產；共產主義雖然不能自由的刺激生產，但分配方面卻較合理。其實，對於後者，完全是一種錯覺。共產主義不但幷沒有帶來好的生產制度，也幷沒有帶來好的分配制度。馬列主義原是反對平均主義的，它認為平均主義只是一般社會主義的幻想，馬列主義不但指責它，而且排斥它。它既然極力抨擊和嚴拒平均主義，可知它是決不可能帶來任何良好的分配制度的。何況利潤和財富的分配，必先承認私有財產制的存在，而共產黨人是根本取銷和否定私有財產制的。所以，在共黨政權下，只有一定的食物配給，幷無利潤或財富的分配，而食物配給與利潤或財富的分配是根本完全不同的，不可混為一談。

更何況，所有共黨政權，它們雖高唱馬列主義，但它們初步走的却是國家資本主義，於是，在它們統治下，就不可避免地出現比資本主義社會更不合理更殘酷的經濟現象。在資本主義社會尚可通過民主立法及政府權力防止或減除資本主義制度的一部分毛病，在共黨政權統治下由於共產黨人根本否定人性，所以，就不可避免的把它所統治的社會推向極端殘酷的對人民財產的清算鬥爭，把一切化為國有（其實是黨有），造成比資本主義社會更廣泛更普遍的全民奴役制度，造成比資本主義社會更兇狠更徹底的全面剝削制度，所以，在馬克思理論上講，雖然馬克思好像是特別提高了工人階級的政治地位和社會地位，實則共產黨是由「職業革命家」專政而不是無產階級專政。馬克思雖說所謂無產階級就是沒有生產工具的工人，但馬克思的這些話都是欺騙工人的，列寧更進一步把工人階級排斥在共黨領導核心之外，堅持共黨核心必須由列寧所謂「職業革命家」來組成，而不能由工人來組成，更規定所有工人都只能團結在共產黨周圍，接受共產黨的領導。所以，事態極明顯，共產黨人雖在宣傳上强調工人階級的利益，實際上則用提高勞動强度及延長勞動時間來壓榨工人，使工人們除了勞動以外，再無眞正翻身的機會，當然也無精神上的自由發展和財富方面可由積累而逐漸致富的可能。而在資本主義社會裏，少數幸運的工人却還有此可能。所以，馬克思的共產主義雖然是針對初期資本主的許多毛病而發，而且也確當的指出過初期資本主義的部分弊病，但馬克思本人及馬列主義思想却未能帶來比資本主義更好的東西，反而更帶來了更殘酷更違反人性的極權制度。它之不能代替資本主義而興，它之所以只能在落後地區流行，而不能如像馬克思本人所預言共產主義將在資本主義愈發達的國家愈早成功的道理也就在此。

本來，如像馬克思的共產主義一樣，近代興起的民主社會主義也是目擊資本主義的諸種弊端而倡行的。甚至，共產黨人往往把他們的共產主義他們的馬列主義也魚目混珠的自稱為社會主義。不過，嚴格說來，馬列主義（共產主義）與一般社會主義是有重大分別的。一般社會主義是以民主為基礎，改革社會為目標；一般社會主義採取的手段是溫和的改良的，共產主義則採武裝暴動手段，某些國家的共產黨未採暴力手段，只是由於形勢限制，幷不說明它們反對暴力，相反，它們都是以暴力革命為基本手段的；一般社會主義都具有或多或少的平均主義觀念，但共產主義則自馬克思起，一直反對和排斥平均主義；一般社會主義均以工人為重要成分，而且盡力拉攏或爭取工會參加，並且常常較為尊重工人階級的利益，共產主義則自列寧堅持以「職業革命家」為共產黨的組織核心與領導核心後，共黨雖仍然打着工人階級的招牌，實則只是騎在工人階級的頭上，冒充工人階級的黨而已；而一般社會主義均不否定私有財產制，共產主義則完全澈底否定私有財產制，這尤其是社會主義與共產主義不同的地方。

不過，話說回來，一般社會主義雖然也與共產主義一樣是針對資本主義而發，却也同樣未能帶來足以替代資本主義的路，它雖看到了資本主義的某些弊病，却也未能避免自己所帶來的毛病。一般社會主義所強調的計劃經濟似乎有很多理由，但妨碍自由競爭，也就不及資本主義那樣能够刺激生產了。而今日世界的人口越來越多，分配固然要緊，如何刺激生產以使生產量增多也是極端要緊的。何況一般社會主義所強調的平均觀念和人們所意識的更佳分配方式，一般社會主義也只是徒托空談，並無具體辦法。在我看來，社會主義在政治思想的領域上誠然有它的一定的創發，它對人類社會固然已有一定的貢獻，但嚴格說來，一般社會主義的思想，就以被一般社會主義者最稱頌的費邊社的思想造詣來說，雖有成就，畢竟還是淺薄的。可以說：民主社會主義也僅僅是與資本主義及共產主義是今日世界鼎足而三的三大力量，它們各有羣衆，亦各有地盤，就目前的形勢看，它們誰也不能消滅誰。很多共產黨人迷信馬列主義教條，如毛澤東之流，以為有了馬列主義，便可天下無敵，無論從理論或事實講，這當然是錯誤。試想：自馬克思恩格斯一八四八年發表共產主義宣言以來，迄今已達一百一十六年，在這一百一十六年中，共產主義固然在發展，民主社會主義何嘗又沒有在發展呢？如果共產主義眞是完善到能够壓倒一切的境界，社會主義應該在這一百一十六年中沒有羣衆沒有地盤了。然而事實却證明其不然，同樣的情形，有些人迷信民主社會主義，他們常常誇張的說：有了民主社會主義，便可消除共產主義，實則有些共產主義是仍在早就有了民主社會主義的地方或國度裏發展了起來，中國就是一個顯著的例子。當然，在世界其他國家也有很多例子如像英國，英國共產黨和英國社會黨一樣在英國憲法下平等的獲有宣傳和組織的自由，但英國共產黨就毫無實力，遠不能與英國工黨相比。說明社會主義仍然只能與共產主義並駕齊驅，而且他們又都並不能眞把資本主義完全打倒。

所以，我認為資本主義也好，共產主義也好，社會主義也好，它們都不完善，都各有重大缺點，而今日及今後的人類社會是既需要增加生產，又需要合理分配；既需要自由，又需要有效率；既不可以完全否定私有財產制，又不能讓資本集中造成壟斷；既需要人人都有自由創造的實際機會，又需要絕對消滅奴役與剝削，而資本主義、共產主義及社會主義都不能辦到這些，那末，要怎樣才能辦到這些呢？我認為：這就是今日世界面臨的課題了。

對此，我希望全世界的人們都好好的想想這些問題！我更希望未來世界不僅人人有創造的自由，不要因為全體便犧牲了個體，也不要因為個體便損及或犧牲了全體！我更希望個體利益與全體利益能綜合一致起來！未來世界能够讓人們不要為生活而工作，每一個人都從生活的掙扎和維持綫上解放出來，使他們的精力與智慧都為健全人生，美化人生，健全世界，美化世界而工作。

對此，我不僅希望別人好好的多想想這些問題，而且也勉勵我自己多想這些問題。事實上，我要向讀者報告的是我對這些問題已經想了二十多年，我而且似乎已經得出系統性的一套誹證。不過我的這套誹證對不對呢？我不敢肯定，一俟我個人發表這套論證的條件成熟的時候，我將發表它。所當奉告者：我將不會在聯合評論發表這些論評論，這主要是聯合評論不久即將停刊，也正因為這個原因，也以我要在這裏提出一個呼籲，呼籲大家都想想這些問題，將來能够互相發表，以資討論從而都來澈底改造人類所有和所屬的這個世界。

中共今年在廣東的搜刮額超過往年

中共南方日報透露人民均反對繳售

關僑心

海外僑胞都很關心我們留在大陸的眷屬最近所過的生活究竟如何？對此，中共「中國新聞社」有一則中共在廣州搜購物資的消息，頗能反映僑眷在大陸的生活情況。因為，如要僑眷在今日大陸生活得較好，就必須中共在僑鄉的物資搜購額較少才行。若中共在今日僑鄉搜購得太多的話，那末，相對的一方，即破中共搜購的一方，其生活情況當然就愈必不好了。所以，我們可以肯定這樣一個規律，那就是，我們的僑眷在僑鄉生活情況的好壞，全視統治她們的中共的搜購總量而定。中共從僑鄉搜刮愈多，那就是僑眷損失愈多，也就是僑眷的生活愈苦。而中共自己的報導，則是這樣的：

據中共「中國新聞社」八月十九日廣州電訊說：「今年以來，據統計，上半年國營商業和供銷社總購進商品總額，比去年同期增加百分之十一點七。第一商業系統收購的八十七種主要工業品中，比去年同期增加的有五十二種。全市收購總產值比去年同期增加百份之九點七。從市效的花縣、從化兩縣收購的生猪、家禽、鮮蛋、鮮魚、蜂蜜、鮮果等十五種農副產品，都比去年有不同程度的增加。同時，還有大批商品自全國各地源源而來。……其中猪肉，家禽和蛋品的銷售量，已超過歷史上的最高水平」。

由中共以上的自己報導，雖未能看到其詳確總數，但它却已自己承認其今年搜購量已達空前程度，那末，一般人民及僑眷之慘遭剝削，也就可想而知了。

然則，人民及我們僑眷之反應究竟如何呢？對此，我們不妨看看中共中央政治局華南分局所辦的機關報「南方日報」的透露。

它透露廣東各地農民普遍埋怨農民出賣糧食沒有自由；農民反對生產和出售產品都受種種限制；農民反對中共規定的硬性價格，更憤恨中共的收購價定得太低。南方日報甚至還舉例說廣東台山縣的許多農民，在把稻谷出售給中共時，都口出怨言。其中有一個名叫張天來的人，甚至還公開高叫大吃虧。南方日報因此發表評論說：

「凡說按照派購任務出售農產品就是吃了虧和諸多怨言的人，如果是個貧農和中下農，就是忘了在舊社會的悲慘情景，忘記了黨和國家的恩情，必須對他們加强『回憶對比』和『愛國主義思想教育』，要他們每一個人都要樹立識大體顧大局的愛國主義思想，向國家多賣糧賣好糧。如果說這些話和諸多怨言的人，是地主，富農和壞份子，那就必須視為『造謠破壞』處理，給予堅決的打擊」。

此外，南方日報又說：「對於未能完成糧食和副食品派購數字的農民或公社，都要對他們强調『回憶對比』和『愛國思想教育』，要他們永遠記住黨和國的大恩，用實際行動，把未完成的農產交售數字必須完成」。

由此可見，中共在我僑鄉不但愈來愈兇狠，而且一年一年還在加强。而我僑鄉之廣大人民及僑眷則是對中共怨恨連天的。我們要拯救我們那些陷身大陸的僑眷，除了我們大家團結起來把中共政權打倒以外，確實并無第二個辦法哩！中共高叫「在商言商」口號，要我們莫管大陸的事，顯然是一種陰謀，他們想永遠騎在大陸人民的頭上剝削我們僑眷，我們是決不能接受的。

毛澤東派李天佑主持援越軍事

綜觀

最近，香港許多報紙刊登一項消息，謂毛澤東派葉劍英主持援助北越的軍事工作，並謂一切有關越戰及中共與北越共黨聯合作戰的事，甚至俱如中共軍隊將來如何參加越戰的事，都已由葉劍英與北越之武元甲商討進行云云。其實，葉劍英主持援越的事早已過時，據我們所獲大陸消息，毛澤東現在所派主持中共軍事援越的不是葉劍英，而是李天佑。

對於李天佑這個名字，海外的人當然有點陌生。不過，對中共問題眞有研究的人應該知道而且承認毛澤東確實有派李天佑主持這一工作的可能的。

查中共軍制，中共人民解放軍現有總參謀長一人，副總參謀長八人。李天佑即是中共八個副總參長中之一個。李天佑現在的軍階是上將。中共八個副總參謀長各有其主管之工作，有的主管空軍，有的主管海軍，有的主管公安部隊。李天佑現在則主管援越的軍事事宜。

海外某些報紙所以認爲葉劍英是毛澤東所派援越軍事主持人，那是因爲越南與廣東廣西連省界，而葉劍英連廣東省藉的中共元帥，且葉劍英一向與北越共黨頭子胡志明有舊，便以爲毛澤東一定會派葉劍英主持對北越的軍援事宜。實則，這是不明瞭毛澤東的作風的一種想像。須知：毛澤東是一個依靠武力起家的人，至今仍依靠武力維持鞏固他的統治，他對軍隊既極予重視，故對共軍高級將領的人事亦極用心機，玩弄權術。不錯，葉劍英、朱德、劉伯丞、陳毅等在一九五〇年以前都是中共的高級軍事將領，都是中共打天下的功臣，但一九五〇年中共席捲大陸後不久，毛澤東隨即將四個野戰軍司令取銷，又將華東、華南、西南、西北等幾個軍政委員會取銷，於是朱德也好，陳毅也好，劉伯丞也好，葉劍英也好，都只由毛澤東給了他們一個「元帥」空頭名義，把他們的兵權一概取銷，內調爲什麽政務院副總理或人民代表大會副委員長等有名無實的名義。至今陳毅仍是中共政務院副總理，在共軍中素有「軍神」之稱遭毛澤東之忌之劉伯丞比陳毅更空只落得當一名人代會副委員長，而且還是被冷藏了很久經由朱德向毛澤東說情才得來的，而朱德本人原係中共人民解放軍總司令員，理應被封爲大元帥，才是，因爲中共原本規定應有「大元帥」一人，「元帥」十人，但後來却只封了元帥十人，空懸大元帥之名，一直未封任何人，原先担任中共人民解放軍副總司令員第一野戰軍司令員彭德懷後來的遭遇更慘，雖也被封爲「元帥」且担任過十年的國防部長，但只因反對毛澤東的左傾盲動主義的人民公社及大躍進，遂被毛澤東整肅至今下落不明。而葉劍英呢？可以說比上述諸人更不如，雖也被封爲元帥，但葉劍英一直連空頭副總理或副委員長名義都從未取得一個，只被調任中共武裝部隊監察部部長的冷板櫈而已。十年來，被毛澤東軍事上重用的，已不再是葉劍英、劉伯丞等元帥級的人，毛澤東恐懼他們尾大不掉，已不再願意把他們當鷹犬，而另外起用一批年齡較輕軍階較低的人當鷹犬，羅瑞卿便是毛澤東近年在軍隊中起用的第一號大鷹犬，李天佑也是毛澤東近年起用的主要鷹犬之一。

再說，現在担任中共人民解放軍總參謀長的羅瑞卿的軍階不過「大將」而不是「元帥」。大將是低於元帥一級的軍階，若以葉劍英爲中共援越軍事主持人，其人在軍隊系統上固必須接受共軍總參謀長指導，那豈不成了「元帥」反被「大將」指揮嗎？這也可見毛澤東不會派元帥級的葉劍英來担任這一工作的。事實上，毛澤東任何用大將級的人担任共軍總參謀長，就已關閉了共軍各元帥再出任軍職的可能。

更何況毛澤東現在對中共軍隊以着重控制爲主，故以從未指揮作戰從未担任過軍隊司令員職務而一向担任特務的公安部隊首長羅瑞卿担任總參謀長，這誠然與毛澤東防止純軍人如前任總參謀長黃克誠之叛變有關，但亦與毛澤東今後專用與中共特務有關之軍人出任要職亦有關係。而李天佑則也是與中共特務有密切關係的軍人哩！

大陸簡訊

中共賣蘇有意出賣東德

爲了反赫反蘇，爲了挑撥蘇聯與東德的關係，中共正在强調赫魯曉夫已準備出賣東德給西德。在香港控制的大公報九月九日會以「北京反對反對蘇聯出賣東德」爲題大罵赫魯曉夫及蘇聯外，中共人民日報復於九月八日用「評論員」名義以「反對罪惡的政治交易」爲題，發表專文，大罵老赫及蘇共。

它說：「最近，在美帝國主義支持下的軍事統治集團，在積極準備軍事冒險的同時，又千方百計地加緊進行孤立德意志民主共和國的交易，以圖達到所謂自由地重新統一的德國的目的，這是十分值得注意的一個陰謀」。

人民日報評論員的文章又說：「究竟是什麽東西使西德復仇主義敢於這樣明目張胆地提出收買德意志民主共和國的狂妄計劃呢！它們又根據什麽把德意志民主共和國看成了某些人手裏的待價而沽的商品呢？莫非他們從那些最近向西德軍國主者發出娓娓動聽讚詞的人那裏得到了默許和暗示？但是，他們算盤未免打得太如意了。它們當知慕尼黑的時代已經一去不返了」。

誠如赫魯曉夫前些時候所說，中共人民日報所謂「評論員」都是毛澤東劉少奇的化名。他們寫化名文章來罵老赫及蘇聯，在赫毛衝突早已公開之後，這是一點也不奇怪的。其實像東德與中共這類政權，本不應該存在。只要看每年從東德逃到西德的人有多少，而絕無人民從西德逃往東德，這正如經常有成千上萬的人從中共統治下逃出來，也就十足證明東德及中共政權都是不受人民歡迎的，把它們推翻或出賣都是應該的了。

中共印尼將闢航空運輸

中共爲了加强侵畧東南亞，印尼爲了取媚中共，並中共手裏獲取一部份物資，中共與印尼之間已加緊談判締結航空協定，開闢航空線問題。

據法新社九月八日耶加達電：「中共駐印尼大使姚仲明昨天在耶加達與印尼航空交通部部長伊斯肯達舉行了會談，討論關於在原定於今年簽訂一項航空協定之前，建立一條來往兩國之間的臨時航空綫」。「姚仲明會說北京耶加達之間的臨時航空綫愈早通航，對兩國愈有利」云。

中共支持印尼侵畧大馬

九月九日中共正式宣佈，對印尼侵畧馬來西亞的事將對印尼支持到底。這一公佈見於九月九日人民日報。它不但大罵美國，而且也大罵起英國來了。

它說：「如果美帝國主義竟胆敢對印度尼西亞發動侵畧，中國人民將盡一切力量支援印度尼西亞人民，直到把美帝國主義澈底打敗」。

又說「現在美英帝國主義和拉赫曼集團正在對馬來西亞地區的具有中國血統的人進行種種迫害，甚至不惜製造馬來人與中國血統的人之間的衝突」。「帝國主義們製造馬來西亞，其目的既是爲了反對印度尼西亞，也是爲了反對中國」。都是中共顛倒是非的荒謬說法。事實上，正在製造中國血統的人與馬來人發生衝突的，不是別人正是中共。而中共現在大罵英國，尤其值得英國注意了。

僑鄉近訊

鍾之奇

廣東各地「國營」商店出售腐臭食物

人們都知道中共政權對大陸老百姓是千方百計用各種手段進行搜刮的。中共把搜刮來的物資分作兩種用途，一種用途是供各級共幹享受，一種便是運出大陸以外，換取外滙。至於人民本身，十五年來，勤勞辛苦的結果，却是吃不飽，穿不暖。

但中共政權尤其殘酷荒謬和沒有良心的地方，是中共把物資從老百姓手上搜刮得太多，一時用不完，一時運不走，遂在囤集的倉內腐濫生虫發臭。對此，中共本應把這些腐濫發臭的食物抛了或毀去才是，但中共爲了再賺一筆錢，竟不顧人民健康，又將這些腐濫發臭以及生虫的食物交各地「國營」商店出售。現在且讓大家來看看中共把它們在各地出賣的情形。

翁源縣供銷社出售生蟲餅乾

據一個名叫沈學文的廣州市民寫信給南方日報。七月三日，南方日報不得不承認下列事實：「翁源縣三華鎭供銷社在六月十一日那天，大貼廣告，宣傳有大批可可餅及盲公餅出售，歡迎選購。我買了四包，打開來想吃，被嚇了一跳，原來裏面的餅乾已生了虫，虫蠕虫屎成堆，這餅乾已經變質，供銷社是知道的。所以降了將近一半的價錢來賣。如果不是有意和顧客的健康開玩笑也該是一種欺騙行爲」。

南豐合作商店的鷄粉是臭的

七月三日中共南方日報又記載另一人的同類遭遇說：「六月十八日，我由懷集坐汽車東返肇慶，在南豐車站，去飲食合作商店第四門市部吃鷄粉，發覺鷄肉有臭味。問服務員何故？答曰：鷄是昨天賣不完留下來的。言下之意，昨天賣不完的食品，變了味仍賣給顧客，好像是理所當然」。

開平縣供銷社餐廳的點心都有異味

中共南方日報又承認一個名叫鄧業的共幹，曾在開平縣遭遇過這樣的事：「六月十三日，我出差路過開平縣蜆崗墟，在當地供銷社餐廳，買了幾件點心吃，誰知一入口便有異味，無法下咽。向餐廳提意見，他們却滿不在乎。點心變了質，怎好繼續賣給顧客？將心比心，難道售貨員願意賣這樣的點心嗎」？

不錯，售貨員實是不願意賣這種點心的。但這一中共「國營」商店出售的，售貨員不過是奉命經手出賣的人而已，他縱不願意，又有什麽辦法呢？這只能怪中共國營商店，怪整個中共政權。原本不能怪售貨員的。

韶關食品店的豬紅粥又生又有豬毛

中共南方日報又被迫承認梁宗奇的另一遭遇。這一遭遇是「韶關市風度化路瑞昌和食品店製作食品很不講究衛生。我六月十八日到這間商店吃猪紅粥，吃不兩口，感到味道不同。細心看了一下，碗裏的豬紅還是鮮紅，並夾有豬毛，簡直是生又髒，出售這樣的食品，豈不是傳播病菌」？

其實這家食品店倒有相當幽默。今日大陸原本是「朱毛」當道，老百姓又十五年來一直在暗中高叫「殺豬拔毛」，這家食品店在豬紅粥裏面留下一些「朱毛」，不是「美蔣特務」才怪哩！

揭陽縣飲食門市部又骯髒又罵人

最妙的，是一個名叫劉松的人，他在廣東揭陽縣遭遇到一家中共國營商店飲食門市部的共幹，既不講衛生，又大罵顧客。對於這件事，中共南方日報經調查屬實後，也不得不承認，據劉松在南方日報說：「六月十一日，我走進揭陽縣龍尾飲食門市部，要了一碟豬肉炒粉，但見這間商店的廚房工友，用手抓起粉條往鑊裏撒，其中大約五分之一跌落在烏黑的鍋台上，他便馬上用手抹成一堆，抓回鍋裏去炒，我忍不住對他說：你們要講究衛生啊！誰料他竟睜起大眼，憤憤地的反駁說：我的鍋台，比你的屁股還乾淨哩！不講衛生還罵人，眞是不講理」。

其實，這位工友倒比毛澤東劉少奇等中共元兇總是還要好得多，因爲他不過自己不認錯，又要罵人而已，而毛澤東劉少奇等人則是自己既不認錯，又還要殺人哩！

成立了已歷一週年的馬來西亞

·文濤·

在印尼當局高呼「粉碎大馬計劃」的威脅下，馬來西亞終於在驚濤駭浪中渡到了一週年（據馬來西亞政府規定，八月卅一日是國慶日，但實際上於去年九月十六日始告誕生，本文的所謂一週年，是依照其國定國慶日期而言）。當地官民，無不一則以喜一則以懼。喜的是這個大馬計劃獲得實現，懼的是蘇加諾的「粉碎」行動仍在不斷進行中，馬來西亞所受到的威脅依然相當嚴重。

一年時間雖然不算太長，但多災多難却使到這個新成立的國家陷於風雨飄搖。這個新成立的國家是由馬來西，星加坡，北婆，沙撈越等組成的聯邦。星加坡與馬來亞，是靠一條很短的石堤來連貫；沙撈越與北婆，則與印尼的婆羅洲毗連，而距馬來亞約四百哩。這四個地區，有好幾點是相同的：一、曾經受過英國的統治；二、承受英國的法律；三、行使共同貨幣；種族均是由馬來人，華人，印度人，及土著部落所組成。全國人口總數約一千零六十萬；居重要地位的馬來亞人則有七百萬人，也都表現出堅强的反共立場，并已數平了已歷十二年的共黨暴亂。

這個聯邦的成立，其目的是要在這個混亂與不安的東南亞地區內建立了一項民主及健全經濟的影響力的，但却遭遇了印尼的强烈阻撓和打擊，以致危機百出，難關重重。

馬來西亞在東南亞的戰畧地位是非常重要的，她跟英國締結了聯防協定，使英國在亞洲地區內獲致海、陸、空軍的基地；同時，也是澳洲人的一塊友好踏脚石；對美國方面的反共政策，也有很重大的助力。故當總理拉曼於一九六一年首次提出「大馬計劃」時，英國便立刻表示熱烈歡迎。至於蘇加諾的反對「大馬」，則由到一方面是他已受於共黨的利用，另方面是他的稱雄亞洲的野心受到壓制，因而老羞成怒，不惜向馬來西亞施行軍事威脅。蘇加諾曾經大放厥詞，說英國是企圖利用馬來西亞來包圍印尼，故要粉碎大馬計劃。繼而，這位野心家便即採取了新政策，由斷絕外交關係，斷絕經濟關係，進而發動游擊式的軍事行動，由北婆伸展至馬來亞。雖然印尼的游擊隊尚沒有達到越共游擊隊的那麼大規模，但也足以使到馬來西亞政府傷透腦筋！

到了去月十七日，印尼的「粉碎大馬計劃」又推進到一個新的階段：蘇加諾派出了數逾六十名的恐怖份子，潛赴馬來亞的西南岸登陸，展開首次襲擊馬來亞本土的行動。這事件發生後，馬來西亞當局即譴責印尼「明目張胆侵畧」，蘇加諾將自食其惡果！

不錯，如果印尼侵擾馬來西亞的行動愈益擴大，勢必爆發大規模戰爭，屆時英國，沃洲，紐西蘭，當即協助馬來西亞，而美國也不必不會袖手旁觀（因美已與沃、紐訂立聯防協定），倘美國一捲入漩渦，則其演變實難以想象。

西方國家都已預料到，馬來西亞與印尼的糾紛相持下去，必會讓成「高度爆炸力」。因此，他們都主張和平解決。但這項和平解決的企圖已嘗試過好幾次，結果都令人失望。菲，泰，美等國已竭力設法斡施，可是依然失敗。美國經檢察長羅拔，甘乃廸曾安排過一項停火，而使雙方當事人同到談判的桌子上去，可惜的是兩項馬菲印尼外長會議，和一項馬菲印尼的高峯會議，均無法使到糾紛的雙方接近和平解決的途徑。

馬來西亞方面，現已採取了戒備的措拖，并經下令徵兵，又將發展建設的經費，移作增强國防用途，準備抵抗印尼的侵襲。

但可怕的是，在最近期間，星加坡發生了華、馬間的種族衝突，不斷演出流血慘劇！一般觀察家都認為：這種種族衝突事件所釀成的危機，可能比來自印尼的威脅更為嚴重！設法消弭這種種族衝突，實在比預防印尼的侵襲更為重要！原因是種族衝突足以使團結力消失，足以使內部分裂；而印尼的侵襲則仍可以全國一心，集中圖力抵抗得來。倘若內部一陷分裂，則整個馬來西亞的前途，便不堪設想了！

英計劃轟炸印尼

「新東京灣」事件可能發生的消息傳出之後，星洲情勢極爲緊張。印尼與大馬「公開開戰」，似乎達到危險的邊緣。若干事實的估證，預示戰爭的迫近。

自印尼傘兵空降柔佛以後，英方認爲印尼越來越兇狠，不可以理喻。於是一面由聯邦軍參與肅張印尼游擊隊之戰，一面增調英海陸空軍東來，日來所增調的兵力，已超過一般防衛的程度。同時，倫敦更重申護衛大馬、擊退印尼進攻的決心。

不過英國仍不願與印尼作戰，除非迫不獲已。於是，在英駐遠東將領與大馬當局間，產生出一種制止印尼進攻的計劃。認爲可以仿效美國轟炸北越海軍基地的辦法，對印尼基地施行空襲；候如印尼的再次入侵，比較空降柔佛規模更大的話。據說，英國已通知美國，謂可能對印尼採有限度軍事行動。

印尼並沒有示弱，耶加達方面剛在此時，舉行全國海軍演習，據稱是防外艦入侵。由於地點在爪哇蘇島等處，蘇島又密邇星洲，以致英艦不能經發他海峽進出星洲。

星洲總理李光耀認爲，一旦「新東京灣」事件發生，則星洲可能受印尼飛機轟炸。李氏已自倫敦趕回星洲，應付內憂外患的局面。（華）

台灣簡訊

中美科學合作

成功之期不遠

美國濮萊特博士來台洽商中美科學合作事宜，濮氏此行頗爲成功，對有關中美科學合作問題，已獲得甚多結論，除部份建議我國政府辦理外，並將提交本年底在美國召開的中美科學合作會議，擬訂具體方案實施。

濮萊特在台期間，與我國有關方面將中美科學合作計劃分三部份進行。

一、中國設置全國性科學策劃機構問題：雙方獲得一致結論，建議由行政院設立科學策劃機構，統籌全國科學發展事宜。濮萊特並與行政院長嚴家淦當面交換意見，嚴氏亦表示予以支持，有關此一機構的詳細計劃，濮氏將於離台前提出。

二、中美大學及研究機構合作問題：中美大學校際間的合作，在過去有成功大學與普渡大學的合作，台大與加州大學的合作，以及政大與密歇根大學的合作。這些合作除將繼續加强外，在濮氏此次來華的商洽中，並商討到美國卡洛琳納大學與交大，清華，和工業研究所的合作，以及清華與阿岡研究所的合作問題。代表我國與濮氏洽商此項問題的是台大校長錢思亮，清華大學校長陳可忠，成功大學校長閻振興。他們也舉行了多次會談，在會議所得的結論中，並建議我國選擇設備特優的院校，作爲研究中心，並設置講座和研究獎勵。

三，中美人文科學的合作問題：此項合作係有關中國歷史和中國語文的研究，在最近數年來，曾引起美國大學及其他研究機構的强烈興趣。目前美國就有四十多個大學開設此類課程。這一項合作，將有很多美國學者和學生來台灣訪問研究。與濮萊特博士洽商此項合作計劃的，是中央研究院歷史語言研究所所長李濟博士，雙方也有很多的具體決定。

據有關人士說，濮萊特博士此次來華訪問，爲中美科學合作開闢了坦途，在未來中美科學合作計劃中，將有賴於美國朋友給我們在研究設備上補足和更換，更緊要的是創造台灣的研究環境，使台灣的科學研究人員能安心從事研究，並使海外的中國科學人員樂於回國參加研究工作，而遣送我們的大學教授和學生去美國考察或研讀，也是一個普遍的要求。

有關人士又說，計議中的中美科學合作，並不是片面的交往。因爲人文科學合作方面，將有若干美國學人和學生來台研究中國歷史和中國諮文。

進口廢鋼與民爭利

台灣對外貿易委員會，通過進口廢鋼三百萬美元，以供應省內需要，此批廢鋼將由中信局斟酌省內廢鋼供需情形，一次或分批採購進口，有關本批進口廢鋼之分配辦法（包括內銷及外銷使用）由中信局會商各單位意見擬定報核。

該會要進口廢鋼的理由是：鑒於近來鋼材價格急劇上漲，五月間元鐵售價每噸四千一，二百元，現則漲至每噸五千三百元，分析原因乃由於唐榮鐵工廠原料不繼生產減少因而影响市面供應，乃決定進口廢鋼三百萬美元。

此一決定公佈後，乃引起省內各鋼鐵廠之反對，他們認爲縱使省內鋼材不足，亦應將此三百萬美元之外匯交與各鋼鐵廠向外採購，不應交與中信局辦理，因此批廢鋼進口，難免不直接間接影响到本省鋼材銷路，因而使本省鋼鐵廠蒙受莫大損失，故一致認爲此種廢鋼進口利潤，不應歸於中信局，否則外貿會此一決定，大有與民爭利之嫌。

本刊已經香港政府登記
聯合評論　週刊
每逢星期五出版
United Voice Weekly
第三二一號
督印人：黃宇人　總編輯：左仲平
CHINESE - AMERICAN PRESS, INC
199 CANAL STREET,
NEW YORK 13 N. Y. U.S.A.

對英美兩國大選中的繁榮口號有感

．李璜．

近一月來，英國五年一度的國會改選，業已開始了。開始的第一日，保守黨、工黨、自由黨三黨黨魁即出現於電視，都以獲致英國的繁榮為競選口號，而保守黨更誇其執政以來，業已獲致了國家的繁榮，如繼續執政，當進一步的去獲致。至美國的大選競選，業已開始了兩個多月，民主黨也以其執政以來，獲致美國空前的繁榮，去抵抗共和黨的外交失敗的批評攻勢。

甚麼叫做工業發達國家的繁榮以至空前的繁榮呢？計其大端，無非是，甚多的工業製造廠都開足了馬力，生產出更多的工業成品，而且能推銷得出去；因而獲致國家財政的富裕，工人失業的減少，國民生活的提高，以至於有餘力去作原子武器或衛星探月的試驗等等。

這一序列的所謂繁榮生活及其計劃，在現今，已成為西方人的普遍想望與求取，而且西方强國執政者還不斷在彼此競誇着；可以說，這樣子的繁榮的要求，在西方已成為天經地義，不待懷疑。

但在我們東方人看來，或者更狹義一點，在我們用中國傳統的思想去看起來，這樣子的繁榮辦法及其求取，乃是頗有問題，而應該去懷疑的。

固然一個國家不可以鬧到中共所統治的中國大陸那樣，人們都吃不飽，穿不暖，工業破產，農業遭災，纔足以稱作革命成功，主義勝利了；而且只在圖畫宣傳上，去誇示中國大陸的繁榮得未曾有；便認為勝過資本主義的工業西方了！

但是，像英或美那樣工業猛進不已，商業拼命競爭，眞的是把工人失業減少了，國民生活提高了，然而這其間，也有一個限度，未可以一味樂觀；應該去懷疑這一限度的到來，便將意味着資本主義的工業國家的衰敗，且將想像到共產主義的革命主張因之而得到結論！

談到這裏，用東方老話來一語說明，就是「天道惡盈」！照我們中國傳統思想，用普通語句來說明，就是，欲不可長，富不可久；好利而忘義，不奪不饜；爭端啓，禍敗隨之；此所以第一次世界大戰，乃爭奪殖民地戰爭；而第二次大戰告終，號稱打倒資本帝國主義的共產黨即以繁榮與貧困為對比，而到處煽亂也！

如果要誇繁榮，則維多利亞女王時代的英國（一八六一——一九〇一）纔足以誇耀！在十九世紀中葉，英國以他的進步的工業，以他的商業的組織，以他保有廣大的殖民地，而且用自由貿易方式，活潑的與穩定的把經濟關係在各個大陸建立起來。那時的英國人，可以說賺遍了世界上每一個角落的金錢。但英國以外的人們還是歡迎英國人，並不嫉視英國一國的特別繁榮。因為自由貿易的制度，英國固特別得到利益，而別國人也沾了英國人的光。一位法國政治家曾說道：「在十九世紀後期，西方人一離開家鄉碼頭，便立刻進入一個國際的商業共和國，他是在英國的保障下進行着，而在這共和國裏，英國的法子是到處發生作用；所有的西方人，都有如女王陛下的子民一樣，在平等待遇之下，大家都可以賺得利益；所有的白種人，都可以在英國牌號之下大得其利！」

然而，兩次世界大戰一打，殖民地紛紛獨立，所謂落後地區也漸次的自建工業，去堵住經濟侵略，金錢漏卮；白種人固都會依附英國的辦法與牌號去賺過大錢，但現在就是英國本國要賺錢以求自身繁榮，也就難了！這個時代，如果英國政治家還不了解「天道惡盈」的道理，不去從自求節制，且打算利人方能利己的辦法，則仍一味只知向外面銷貨品，增外匯，則這樣勉强的乞取繁榮，只有兩法可行：一為關稅壁壘高張，競爭之下，使朋友皆會變成仇敵，各個孤立起來；一為向敵人的共產國度去推銷貨品，認賊作父，終致飲酖止渴！

至於美國，其矜誇繁榮的作法，也不能為我們中國傳統思想所贊許。固然美國以重稅課得其納稅人的錢財，用來幫助落後地區，總算是富而好禮，甚為難得；然而，美國近年採取凱因斯的經濟學說，以提高國民消費，來刺激生產繁榮作法，這一種過於鼓勵物質享受的人生態度，不但於美國的立國精神有損，而且此風長此誇耀，實足以令貧困民族，與美國人愈離愈遠，並非好事！

即以人生觀而言，一個人求知作事，其傾向大半都在賺更多的美元，買更新的汽車、冰箱、電器等，以求過活得更舒適，更華麗，這種競誇百萬富翁的獲致及其享受，乃是適足以助長社會的病態的；以此病態，而反認為足以抗共，反共，這在我着來，其結果並不會如其所理想的。

美國自一九二九年以後，提倡國民消費，固足以解決了一時的生產過剩問題，工人失業問題；然而要知道人類欲望是無窮的，不可以過於放縱；國家的自然財富是有限的，不可以過於浪用！美國地方固得天獨厚，美國科學家固也長於物質享受方面的發明，然而美國人對於物質享受上的浪用，就也驚人了！我這個東方人，很憂慮，像這樣放縱物慾的文化，是不是會將它的本錢都一下玩掉了事？

英美今天還聲言是反共的自由世界的領導者，事實上他們也隨時在這目標上努力。然而，其目標之不易達到，有時且反乎目標，我認為其根本原因，便在太重視自身的繁榮生活了啊！

中共軍隊的性質軍制人事及實力估計

劉裕略

中國共產黨雖然是創黨於民國十年，但中共眞正走上武裝暴動的路，卻始自民國十六年八月一日南昌事變。爾後，中共皆依靠軍隊從事內戰。中共的軍隊初名紅軍，後改名為「人民解放軍」以迄於今，但不管其名稱如何，所有共軍都一律歸「黨」所有，這是不可不知的。

人民解放軍是中共的黨軍

先要了解中共軍隊是黨軍，這是它的性質，那末，才容易了解中共軍隊的編制及指揮系統，否則很不容易了解它何以另有一套編制，何以另有一套指揮系統，而與各國的軍隊有所不同，而與國軍的情況亦有極大的不同。

從民國十五年國民革命軍北伐時起，國民黨雖然一直掌握着國民政府的政權，它的軍隊雖然也以國民黨為中心，但嚴格說：國民黨卻是一個缺少嚴密組織，軍隊也是只有黨的形式而無黨的實質的。共軍則不然，作為黨代表的「政委」在共軍各級部隊中的權力是眞的高過各該部隊的司令員的。這與國軍後期根本沒有黨代表，亦無「政委」之設，只有政治部之設，而且國軍各級政工人員都在軍中受歧視，毫無權力情形完全不同。至少，在國軍退出大陸前的情形是絕對如此。誠然，在共軍中也有各級政治部之設，但共軍中是「除各級政治錯部之外，是另設有領導性質的政委的。這一制度，普通存在於各級共軍，只有連級政委才稱指導員，連以上則一律稱為政委。而政委即是黨代表，這是毛澤東在井岡山時代起即已堅持了的制度。

共軍與國軍另一極端相異之點，是中共毫不諱言它的軍隊是黨軍，而國民黨的軍隊，則躲躲閃閃，既像國民黨的軍隊，又像國家的軍隊，既不敢公開把軍隊隸屬於黨，又不敢不把軍隊屬於國家。所以，國軍的指揮系統及戰鬥系列當年是屬於軍事委員會，而軍事委員會又屬國民政府。行憲後總統是法定的三軍統帥，國民黨總裁並不是法定的三軍統帥，共軍則不然，雖然中共也於一九四九年十月一日在北平成立了「中華人民共和國」偽政權，而且也照例由「中華人民共和國」主席兼任國防委員會主席，但「中華人民共和國」政府轄下的「國防委員會」是空的，毫無實權，而且也在事實上並不指揮軍隊，眞正指揮軍隊的卻是「中共中央軍事委員會」，中共平時對於這一機構簡稱為「軍委」。中共中央軍事委員會主席則由中共中央主席毛澤東兼任，是指揮共軍的眞正大本營。而其所以如此，則因中共本就認為所有軍隊屬於黨的緣故，所以，這就成了它促成軍隊黨有的眞正體現的機構，我們必須先把這一點明瞭，然後才能完全了解共軍的性質及指揮系統。

現在，正因為中共中央軍事委員會的主席是毛澤東，所以，我們可以確定毛澤東現時雖已不再担任中共中華人民共和國主席，但所有共軍却仍在毛澤東手裏。

中共中央軍事委員會現有副主席三名，那就是林彪、聶榮臻、賀龍。但都沒有實權，只是掛名性質，一切承上啓下之權都集中在中共中央軍事委員會所設的秘書長之手。現任秘書長則是毛澤東現時的最大親信中共第一號特務大頭子羅瑞卿。至於中共中央軍事委員會雖然也設有常委，而且有七名中共元帥如劉伯承葉劍英等都是常委，但都無權，一切均由羅瑞卿直接報告或兼承毛澤東辦理，這可以從美國去年所獲中共「工作通訊」密件可以證明。蓋該密件中有一文件係羅瑞卿報告毛澤東者，毛在該文件上批曰：「可交林總一閱」。林總指林彪，可見未經毛指示，羅都是直接報告毛的。

中共中央軍事委員會內亦設有人民解放軍總部，但未設總司令（十四年前是朱德）內設有三個部，即總參謀部、總政治部，總後勤部，羅瑞卿又係總參謀部之總參謀長。至於中共中央人民政府政務院所屬國防部則係主辦軍事行政機關，並非軍令機構，所以這都可看出羅瑞卿現今實在是毛澤東掌握三軍及特務的第一個最高心腹，比之史大林之貝利亞，猶有過之。因為貝利亞當時只主管特務，不主管軍隊，羅瑞卿現在則不但多年來主管公安部隊即特務部隊，而且最近這兩年又進而操三軍實權。

中共軍隊官階分十五級

中共現任國防部長林彪是元帥，羅瑞卿除担中共中央政治局書記處書記等職外，又是國防部第一副部長總參謀長，他現在的軍階是大將。中共目前共有副總參謀長八名。即張宗遜、張愛萍、彭紹輝、楊成武、陳伯鈞、楊勇、王新亭、李天佑。他們的軍階都是上將。他們也都是羅瑞卿的助手，他們各自主管一個部門或各自兼管一個地區的軍事。以張愛萍來說，他是主管海軍的，彭紹輝是主管陸軍各兵種的。王新亭，兼領四川軍區，李天佑兼管援越軍事，情況不一，與一般國家的軍事區分頗有不同。而中共亦如一般國家，通常使用空軍海軍之名，但很奇怪的，是它把公安軍也劃分為一種軍種，却未使用「陸軍」一辭，對於一般國家陸軍所轄兵種，中共則逕直稱為砲兵部隊工兵部隊。

（未完下轉第二版）

黑人・赤華・與月球

謝扶雅

黝黑皮膚的人，赤色大陸中國，和皎白白的月亮，這三種不同色澤的東西，湊在一起作文題，顯得有些不倫不類；然而這三者正為目下美國最大的熱門。

作者有一個早年從大陸逃出來的朋友，寫文每署「黃華」，大概有意表示與「赤華」有別，而以炎「黃」嫡裔自居。中國民族既然皮膚黃色，則自大陸流亡出來的華人，自不應被擬照白俄例而稱為「白華」。但現在最使美國感着煩惱困惑的大問題則為"Red China"（赤華）。美國對那有越洲飛彈的勁敵蘇俄，似乎越來越覺可以相與；對後門門口放火的古巴，最近泛美協會決議，一致對它經濟制裁，這是美國在拉丁美洲政策上一次的最大勝利。惟獨對於毛澤東，簡直一籌莫展，尤其對於這在赤色王朝統治下佔全世界人口四分一的炎黃冑裔兆衆，更是一個大謎！他們究竟內心懷着什麽，是否眞個都已赤化，是否將貽大禍於世界人羣？美國差不多每種報章上，經常披露中國大陸羣衆遊行示威反美的鏡頭，從這些男男女女面上的表情，看不到他們心裏的底細。紐約時報八月二日星期雜誌第一篇文章，副題便是「與北京打交道，我們需要知識與了解，可是，我們極其微乎其微的知識，又只告訴我們多麼依然是不知道啊！」

上海巴基斯坦間開始通航已有幾個月了。最近且由每星期一次增為兩次，當然吸引了許多自西方去的遊客，而美國則不得與焉。美國雖間接地從這些遊客們得到若干報導，但與它泥足中的寮越戰事毫無所裨。華沙大使級會議一時中斷了之後，最近北平來了又一姓王的、和美國駐波蘭大使Carbot舉行了第一百二十三次會議（七月廿九），自然又不得要領而散。白宮於七月廿八日宣布增派美軍顧問五千人往南越，構成美軍在該處達二萬一千人之數，並下決心幫阮慶對越共游擊隊「長期抗戰」。美國雖明知寮越戰事的禍根端在赤色中國，但無法與中共攤牌。美國有的是核子彈，然怎能使用到赤色大陸去呢？最奇怪的是，毛澤東與他「老大哥」決裂，高唱自力更生，自强，而大陸居然安安穩穩地維持着「有効統治」。所以美國有一專欄作家寫道：赤色中國比之我們想登陸的月球，其不可知的因素還更多哩！

眞的，美國對月球的知識，於七月三十一日在舉國欣躍相慶中宣告創闢了人類科學史上的一大紀錄。太空船「遊弋者」第七號自加省派撒提拿基地飛升，照預定的行程，以六十八小時廿五分鐘航駛了二十四萬三千六百五十五哩而撞入月球表層的雲海。在衝撞前的最後十八分鐘內，船艙內所設置的六具電視攝影機，以不同焦點距離及寬窄角度，攝得四千三百二十餘張月球表層的照片，並由雷達訊號傳送至加省控制中心。科學家們指出，這些自較遠距離所攝的照片，雖與天文台上最大望遠鏡攝取的狀況約畧相近，但當太空船迫近月球時所攝者（最後的一幅是距衝撞僅三秒鐘）則為世上人類所從未窺見到的。這些歷史性照片，仍將被作進一步的仔細研究。不過全世科學界公認這是月球秘密首獲揭露的輝煌成就；而人類旅行月球的符券實在握了。

但美國儘管能以偉大的財力與技術能力登陸月球，却是，外無以對付赤色中國，內無以解決黑人問題。七月下旬紐約哈森區及布碌崙等地接續五晝夜的黑人大暴動，由於一個白人警長制止不住一個持小刀衝來的十五歲黑童而把他槍殺了而起。其間黑白互傷及種種損失，估計在一百五十萬以上。更沿及其它各州絡繹發生這一類不幸事件。儘管那很前進的民權法案已由國會通過，而於七月二日由總統署簽明令施行，但基本問題——心理的，社會的，政治的，依然存在有待解決。單舉哈林區與紐約市別處的若干比例統計：住居密度，前者每平方哩有六萬六千五百人，後者二萬三千四百人；嬰兒死亡率，在每千出生中，前者佔四十五點二，後者二十六點三；高度服用麻醉品，一萬人中前者有四十人，後者只五人。這可以暗示黑人多麼苦悶的心情之一背境了。眼前的，如紐約市當局和全國著名機關的黑人領袖們，開誠傾腹會談了三日，而單對黑人區與紐約市警察間之久伏齟齬如何消釋的一問題都得不到協議，莫說南部各州百年來黑白分隔的習俗與成見了。儘管現在各地致力推進民權運動工作中有不少白人（特別是牧師和大學生）奮勇協助，而政府及社會機構裏，例如紐約市警局，有的是黑人警察和職員。但彼此成見所存和意氣用事之結果，則一方面有被指斥為「白奸」，另一方面亦被痛罵為「黑奸」，而致互相襲擊傷亡或失蹤不見者，隨時隨地皆有，表示美國一般朝野對此問題多麼苦惱而傷腦筋了。

然而無孔不入的中共，對最近紐約黑人騷動，不但又作了反美帝宣傳的大好題目，而且確實慫恿了美國本身的左傾分子滲透其中。這樣無聊陰鄙的作為，實為歷代中國帝王統治者所從未出，只有史太林的下流徒弟才能做。無疑地，毛澤東才是中國文化思想上最醜惡無比的一名大漢奸。儘管他會塡些中國詞和寫作七律，然行家都知道這些歪詩全無中國文藝氣息。而他每次又長又臭王大媽子裏脚布式的理論散文，根本沒有一點中國文學或哲學的味兒。毛澤東眞是出賣中國思想給史太林屍骨的十足漢奸。我們誠不屑搖筆罵人，無非昭告國際人中國大大多數人的公論是：你們所認為有効統治赤色中國的頭子，將是中國歷史上永為萬年遺臭的罪人！

中共軍隊的性質軍制人事及實力估計

劉裕略

（上接第一版）

至於軍階，中共比國軍多三級。國軍的軍階從上到下是：特級上將、一級上將、二級上將、中將、少將、上校、中校、少校、上尉、中尉、少尉、准尉等共十二級，中共區分是：大元帥、元帥、大將、上將、中將、少將、大校、上校、中校、少校、大尉、上尉、中尉、少尉、准尉等共十五級，使中共軍官在官階上爬了一級又一級，老爬不完，這當然也是毛澤東的一種愚軍手法。毛澤東雖然早在十四年前封朱德、彭德懷、劉伯承、陳毅、林彪、聶榮臻、賀龍、徐向前、葉劍英、羅榮桓等十人為元帥，但至今仍將大元帥人選虛懸，這是毛澤東畢竟不好自封大元帥，而又不顧封別人為大元帥，以威脅自己之軍權。中共之十個元帥，目前已有彭德懷因反毛而下落不明，羅榮桓已死，故只剩八名元帥，却都無軍權。林彪雖兼任國防部長，但國防部主管的是軍政，不管軍令。且久已傳說健康不佳，甚少露面，劉伯丞在共軍中雖有「軍神」之稱，但最遭毛澤之忌，早已是「冠蓋滿京華，斯人獨憔悴」，其餘更不足論了。

中共現有十個軍區及其主管人

在一九四八年徐埠會戰時，中共共有四個野戰軍，轄二十個兵團，兵團之下轄軍，軍之下轄師。現則野戰軍番號及兵團番號均已先後撤銷，軍現在是共軍平時之最高單位了。戰時則組成方面軍，現時在各地指揮共軍的是所謂軍區。中共現將大陸劃分十個一級軍區，即所謂大軍區，另中共中央直轄三個軍區。這三個中央直轄軍區是西藏軍區新疆軍區及內蒙軍區，中共十個一級軍區及其司令員政委名單則如下：

一、北京軍區，轄河北省軍區及山西省軍區。司令員楊勇，政委彭眞。

二、瀋陽軍區轄吉林、遼寧、黑龍江三個省軍區，司令員陳錫聯，政委宋任窮。

三、濟南軍區轄河南省軍區及山東省軍區，司令員王建安，政委譚啓龍。

四、蘭州軍區，轄陝西省軍區甘肅省軍區及寧夏省軍區，司令員張達志，政委汪鋒。

五、武漢軍區轄湖北安徽兩個省軍區，司令員陳再道，政委王任重。

六、廣州軍區轄廣東廣西湖南三個省軍區，司令員黃永勝，政委陶鑄。

七、福州軍區轄福建省軍區及江西省軍區，司令員韓先楚，政委葉飛。

八、昆明軍區轄雲南及貴州兩個省軍區，司令員秦基偉，政委閣紅彥。

九、成都軍區轄四川省軍區，司令員王新亭，政委李井泉。

十、南京軍區轄江蘇浙江兩個省軍區，司令員許世友，政委王平。

以上是我所知中共十個一級軍區的劃分及人事的情形。其中有的轄兩三省有的只轄一省，如成都軍區只轄四川省軍區。但中共早已撤銷了西康省，併入四川省，所以成都軍區的轄區實際還是舊屬四川西康兩省。中共軍區皆以該軍區司令部所在地命名。軍區司令員之官階多係上將，但亦有中將。其中如秦基偉韓先楚都是中將。秦會參加韓戰打上甘嶺，王平是韓戰時中共志願軍政委，韓先楚也參加過韓戰。大抵，參加過韓戰的將領都比較升遷快，如像現在指揮廣州及昆明兩個軍區担任援越軍事工作的副總參謀長李天佑就是參加過韓戰的。而黃永勝老早當過廣州軍區司令員，隨後由李天佑接任，李天佑調副總參謀長後，黃永勝又再接任廣州軍區司令員，就因黃永勝沒有參加過韓戰，這也是毛澤東鼓勵軍人參加外戰的一種權術。

中共各軍區政委多由中共中央政治局各分局的第一書記或當地省委第一書記兼任。如宋任窮就是東北局（以前稱中共中央政治局東北分局，中共現一律去了「分」字簡稱東北局）第一書記，彭眞係中共中央政治局委員兼僞北京市長，汪鋒係甘肅省委第一書記，王任重係湖北省委第一書記，閣紅彥係雲南省委第一書記，葉飛原係第三野戰軍之兵團司令，指揮福建前線部隊，現則担任福建省委第一書記，陶鑄更是中共華南局第一書記兼廣東省委第一書記，李井泉更是西南局第一書記四川省委第一書記，而且還是中共中央政治局委員，這都可見這些軍區政委的地位及權力遠比司令員高。儘管王新亭楊勇都是中共軍的副總參謀長，但也不及這些政委顯赫。

依我的估計，中共現在正規共軍不過三百萬人左右，約有六十個軍，共約一百七八十萬人，另有砲、工、通訊等特種部隊。自蘇聯軍援停止後，裝備並不佳，大多仍是韓戰裝備，另有空軍部隊及海軍部隊。中共中央直轄的公安軍亦係中共正規部隊之一，其總數亦只如此而已，這是因為建立現代化部隊並不是一件簡單的事，更不止是兵員問題。中共公安部隊分三種，只直屬中共中央人民解放軍總部的公安軍，是正規軍，它們除担任特務外，又担任邊防及港口交通綫倉站之守衛等工作；二是所謂「公安總隊」，屬省，不算正規共軍，與過去國民政府在大陸時代之省保安團相似；三是所謂「人民武裝警察」，相似國民政府在大陸時代的縣自衛隊。中共現時各士兵之文化水準較延安時代高，體力亦較當時好，年齡亦較當時輕，技術訓練亦較當時充足，但士氣遠不及當時，故戰意低，戰鬥力弱，且無作戰經驗。今日共軍在裝備方面尤感缺乏的是現代通訊器材，為了這一原因，所以中共不久之前會在政務院之下設第五機械工業部，新任部長王錚原係中共通訊兵司令員，以王錚出任這一部長，可知中共目前亟欲大量製造軍用通訊器材。倘美國以海空軍襲擊中共，共軍是沒有抵抗力的，中共政權立可摧毀；如果偏安台北之中華民國政府對大陸採取局部反攻，從沿海及空中投入二十個小型兵團，每個兵團約二千人像放二十條蛇入大陸，我相信毛澤東亦將束手無策，因大陸地區廣闊，且必須在閩贛駐紮重兵，又必須在粵魯蘇浙等省沿海設防，又必須在東北及新疆乃至印邊設防，中共兵力不夠，處處設防，處處分散，所以，我們檢討敵情之結論，便是務要從速施行局部反攻。

周恩來下落不明之謎

綜觀

自本年八月十日以來，算至本文執筆時九月二十日止，周恩來整整經過四十天才又有下落。而在以往，周恩來是從未沒有像這次這樣長期沒有消息的。於是，引起了人們對周恩來下落不明之謎的猜測。

根據中共人民日報的記載，周恩來的最後露面消息是八月十日在北平和陳毅、陸定一、羅瑞卿、廖承志等人看戲（那一天也是毛澤東於美國轟炸北越在北平故示鎮靜而在另一處看戲的一天），八月十日這一天，周恩來還同董必武陳毅陸定一等參加過波蘭駐北平大使館的弔喪會（弔波蘭國務委員會主席薩瓦茨基去世），以後，就一直中斷有關於周恩來的消息了。而其間，有幾個重要集會，依例，周恩來是一定應該參加的。俱如：八月廿一日北平慶祝羅馬尼亞解放二十周年紀念；又如九月二日北平慶祝北越十九周年國慶紀念；又如九月八日北平慶祝保加利亞解放二十周年紀念；又如北韓大使館慶祝十六周年國慶紀念；又如八月廿一日至八月卅一日中共在北平召開的所謂四大洲「北京科學討論會」等等，都無周恩來的影子，因此，引起各方面的懷疑和揣測。

從客觀的可能情況來推測，這有三個可能：

第一，是周恩來到別處去了，不在北平。但如係到了別處，亦應有消息發表，卻亦無別處消息，可見不是因為到了別處。

第二，是休假，但中共亦可正式發表周的休假消息，然而從未發表，所以，也不像是休假。

第三，是被清算整肅。對此，可能性並不大，但也不是無此可能。事實上，周恩來對毛澤東「總路綫、人民公社、大躍進」三面紅旗雖未曾像彭德懷那樣反對，但也一直並不熱心。而中共政務院秘書長習仲勛被清算，卻也意味着其間的問題並不簡單，因為習仲勛雖然一向是第一野戰軍彭德懷的政委，但他與周恩來的關係也很深，所以，他才在周出任政務院總理時任政務院秘書長，不過，周為人圓滑，因反毛反黨而被清算整肅的可能，雖有，這可能卻是很少的。

第四，最大的一個可能，當然是他病了。事實上，我在本報早已一再指出過中共領導核心人物中，其餘的人諸如毛劉朱鄧等人的身體都比以前好，只有周的身體越來越壞。平時已顯得容顏憔悴，去年冬及今年春訪問非洲時又是帶病出征，所以，一度在埃及當衆病倒，其未當衆病倒的情況究有多少，尚不可知。本報會經指出周恩來去年冬及今春帶病訪非洲是毛澤東有意虐待和陷害周恩來的。因為周既早已有病，而非洲氣候炎熱，長途飛行，不但旅途勞頓，而且情況複雜，所以終於迫使周恩來不得不臨時取消東非之行，而提前趕回大陸，在昆明及成都休養。可以說，周恩來當時在毛劉鄧等有意陷害下而能留得一條命回來，已算倖運。月前，忽有意大利醫生應中共的秘邀飛往北平，據說是為中共首腦人物治病，各方即已揣測所治病人當係周恩來，現在看來，這可能是更大了。

根據兩週前日共代表團從北平來的消息，謂周恩來刻在北平中國醫科大學研究院附屬醫院內治病，所患何病則未悉云。倘此一消息屬實，則周恩來自係患了重病無疑。

倘若周恩來死了呢？中共政權當然一點也不會變質，仍然是一樣陰險兇惡的。因為周本是一個執行政策的人，不是製訂政策的人，中共政策製定人是毛澤東，毛澤東不死，中共不可能有任何改變。毛澤東縱然死了，中共繼承人也未必改變政策，所以不管周恩來死後是鄧小平出任中共偽政權之政務院總理？抑或還是陳雲陳毅出任總理，都只是人事上的形式的變更，一點也不影響中共政權之罪惡本質。無鄙如何，大家還是要繼續努力打垮中共才是。

大陸簡訊

大陸農村共有七萬四千個公社

違背人道，喪盡天良，加重剝削農民，惹起農民怨聲載道的農村人民公社是毛澤東於一九五八年倡辦的。六年以來，它分為兩條路在整個大陸的中共統治區發展。一條路便是農村人民公社；另一條路便是城市人民公社。而後者會在中途停頓，前者則一直在普遍發展中。

中共的農村人民公社是由毛澤東下令，實施農村人民公社以前的農業社作基礎來形成的。

據中共在香港控制的本年九月十七日大公報說：「現在，在七十五萬個農業社的基礎社組成的七萬四千個公社，已經包容了全國百分之九十九以上的農戶，遍佈在除了西藏和個別少數民族地區以及尚待解放的台灣以外的全國所有農村」云云，可見前此海外部分報刊所說中共已將農村人民公社停辦之說完全不確。對此，本報會一再指明人民公社是毛澤東要攬的，毛澤東不死不垮，人民公社是決不會停止的。現在中國大陸農民粮食配給量並未增加，而農民生活較兩年前稍好之原因，是中共在實施人民公社後，眼見弊端百出，而又不能推翻毛澤東之領導，遂規定各該人民公社以百分之五的土地作各該人民公社所有社員之自留地，隨後又對此類允許人民自行種植的土地再增加了百分之五，所以，一般農民的生活較兩三年前稍為轉好了一點之故。

羅瑞卿重申中共堅決支持印尼

為了製造東南亞地區的料紛，以便替中共侵畧東南亞多關道路，中共現在正在全力煽動印度尼西亞反美反英反大馬。這可以從毛澤東的員利亞中共特務頭子羅瑞卿日前再度重申中共支持印尼一事見之。

據中共「中國新聞社」北平八月十六日電：「國務院副總理兼中國人民解放軍總參謀長羅瑞卿大將和夫人郝治平今晚舉行宴會，歡迎印度尼西亞共和國部長、總統軍事顧問蘇里亞達馬空軍上將和印度尼西亞電影檢查委員會主席烏塔木·蘇里亞塔馬夫人。國務院副總理陳毅出了席」。「羅瑞卿大將在講話中譴責美帝國主義在擴大侵畧印度支那的同時，又勾結英帝國主義，利用所謂馬來西亞問題，對印度尼西亞進行軍事挑釁和戰爭威脅。他表示中國人民堅決支持印度尼西亞人民保衛國家主權和反對馬來西亞的正義鬥爭。他說：在反對美帝國主義的侵畧政策和戰爭政策，保衛東南亞的和平的鬥爭中，中國人民永遠是印度尼西亞人民最忠實最可靠的戰友」。

值得特別注意的，是中共最近不但極力煽動印尼，而且一再抨擊英國罵英國「是帝國主義」哩！大抵，自中共與法國勾搭上手後，中共對英國也狂妄得無禮起來了。

中共青年代表團在莫斯科搗亂

據莫斯科八月十七日路透社電：「莫斯科世界青年會議有一個混亂的開始，中共與親蘇的青年會互相嘲弄與譏諷。首先，一名親蘇的演說者，會抨擊中共代表團，跟着，中共代表團走上講台抗議一百個國家會議「放出反華運動的臭氣。」北韓與印尼代表會支持由四十名代表組成的中共青年代表團」。

事實上，這一次中共青年代表團被排斥於莫斯科「世界民主青年聯盟大會」主席團之外，中共非常惱怒。而這一會議原是國際共黨之國際統戰機構之一，中共派的代表也都是中共的御用工具，根本不能代表中國青年。所以，他們在大會上狗咬狗，那是毫不稀奇的。至於中共忽然訂了數百張自莫斯科赴北平的車票，外電以為在北平另開大會，這誠然可能，但也可能只是中共邀請其它國家的那些青年代表到北平觀光而已。

僑鄉近訊

鍾之奇

露比颱風在廣東沿海造成重大損失

本月初，本年最大颱風「露比」小姐在香港附近掠過，登陸廣東沿海各縣時，會引起重大傷亡及損毀。蓋廣東沿海各縣在中共統治下，早已民窮財盡，房屋破濫不堪，加以中共惟恐颱風損及它的公物，所以在風勢極端劇烈時，中共仍強迫人民護守公物，以致造成重大死傷。

正由於「苛政猛於虎」，僑鄉人民亟欲逃出中共魔掌，而平時逃亡機會甚少，故颱雖猛，僑鄉人民卻仍有冒劇烈的颱風出逃者。九月十二日上午，由廣東逃到澳門前往難胞總會申請救濟的難胞即達六十餘人之多，打破近月之紀錄。

據來自中山及順德兩縣之難胞稱：月初颱風吹襲時，上述兩縣之災情極為慘重，尤以中山縣各人民公社為甚。農作物損毀面積寬廣，石歧市環城公社和張家邊公社都受重大損失，人民傷亡數字亦大，惟傷亡總數若干，共幹不肯透露，依逃出難胞約畧估計，上述兩個公社之死傷數字至少有三百餘人，而房屋損毀之多，更屬驚人，因此許多人都無家可歸。石歧市長堤的八江大酒店亦被吹了一層，二區的大涌公社全村屋宇被損最重，石歧約達百分之十的屋宇都受損毀云。

中共提高廣東經濟指標加強剝削

儘管僑鄉人民早已民窮財盡，而且災患頻仍，但最殘酷無情的，卻是中共規定廣東省於九月中旬舉行所謂「廣東省第三屆人民代表大會第二次會議」時，竟又將本年度的「經濟指標」予以提高，實行進一步的搾取和剝削。據中共在香港控制的「大公報」九月廿日「本報廣州專訊」說：「廣東省第三屆人民代表大會第二次會議於十九日下午隆重閉幕。十七日上午，中共中央中南局第一書記，中共廣東省委第一書記陶鑄在大會上就當前國內外形勢等問題作了重要講話，並且作出決議，批准了陳郁省長所作的關於廣東省人民委員會工作報告，省計劃委員會副主任曾定石作的關於廣東省一九六四年國民經濟計劃執行情況和調整若干主要指標的報告。代表們為一至七月份計劃執行情況和若干主要指標普通調高所鼓舞，紛紛表示力爭全面完成和超額完成今年國民經濟計劃」云。

所謂調高經濟指標，正是中共對廣東省人民規定了更高生產量，並且提高了更多壓搾的別名，所謂爭取超額完成云云，當然更說明今後僑鄉人民的生活只有更慘的了。

中共在閩粵兩省廣建華僑農場

中共政權本是一個壓迫僑眷，危害國家，仇恨華僑的一個政權，但中共為了欺騙海外的天眞華僑，卻裝出偽善面孔，呼籲華僑返回大陸，實則華僑回大陸，等於投進了中共開設的黑店，重則被清算被鬥爭乃至被殺，輕亦財物全失，還要被中共強迫分發到偏僻地區去開荒去勞動，而華僑們今多在海外從事工商業，是根本不懂農業，不能從事農作的。但中共現正在向新疆及東北邊區之北大荒等地開設華僑農場，請君入甕。就以廣東與福建兩省來說，中共亦廣設華僑農場，以供老弱歸僑勞動。根據中共新華社福建九月十四日北平電訊說，中共現已在福建區設了十多個華僑農場，廣東也有十九多個，此外，廣西、雲南、貴州的荒僻地區中也開設了許多個華僑農場云。

廣州病人多醫院門前擺長龍

由於營養不良，勞動過度，再加上中共的恐怖統治，人民的精神不安和沉鬱，所以大陸各地的病人特別多。據自廣州逃抵香港的人士說：現在由於病人多，廣州各醫院門日夜都排長龍，中西醫藥都感缺乏，不但苦不堪言，而且性命不保，有的病人就死在長龍中云。

廣州一萬三千多中學畢業生全被送下鄉

教育的目的本在替國家造就各種人材，但中共自己已有二千多萬黨員，所以其它非黨團員的青年知識分子一律無法安插，便一律強迫送到農村去安家立戶永遠勞動。據上月廿一日中共南方報說：廣州市本年一萬三千多名高中及初中畢業生已全部在暑假期間被送到南海、番禺、東莞、花縣等縣去勞動了。可憐我們的僑鄉子弟啊！

印度饑民醞釀大規模暴動

·連文·

印度粮荒情況發展至今時今日，可以說是踏上空前嚴的階段。飢民搶粮事件，刻已普遍發生。新德里居民均指出：除非政府有足够的粮食而迅速地廉價發售予數以千萬計的飢民，否則大規模的飢民暴動，勢所難免！

距新德里約卅哩的哈普爾，原是印北最大規模的穀米市場，該區的米店，星羅棋佈，可是目前那些米店都「自動停業」，或是黑市居奇，因此，搶刦米店的鏡頭就經常演出。被稱爲繁榮，重大的城市加爾各答，也有搶粮事件發生。十治北哈，及其他出二個較小的城鎮，則搶粮事件更層出不窮。據一般估計：搶粮事件最嚴重的地區，其面積已佔了全印的一半已上。飢荒地區則包括下列各省區：阿達普拉達殊，拉查斯毋，瑪哈拉斯達拉，瑪第拉普拉達殊，拜哈，西孟加拉。——上述各省區，以阿達普拉達殊爲最貧瘠，因此，該區飢荒情形也最爲慘重，月來已有不少飢民被活生生的餓死！印度政府對此雖然力加否認，但隻手爲能遮天？

印度印府還說：印度實際上並非眞正缺乏小麥與穀米；祇是由於農民和粮商囤積居奇，造成人爲的粮荒。而一般反政府份子也就乘機散佈謠言，煽動民心，製造紛亂，藉以打擊政府，使政府的地位動搖。政府官員更指出：印度去年穀米生產超過四百噸，小麥生產也達一百二十萬噸，另由外國輸入的小麥也有三百二十萬噸；從這些粮食數字來看，印度又怎會粮荒？

然而，印度的民間經濟學者都認爲，政府所發表的粮食生產數字是誇大的。印度的知識份子還大力抨擊政府是犯了一項重大錯誤，在過去十四年來，祇知努力發展工業，而將農業生產丟在一旁，這一來，遂使粮食供應逐漸陷於極度缺乏的厄境。這完全是政府的失策！

究竟誰是誰非？我們暫時還未便置評。

但從各方面事實來觀察，我們就可以獲一項概括的情況：這就是自從六月間故總理尼赫魯逝世以後，印度粮價便開始暴漲，直漲了百份之十五以至百份之三十。印度人民，尤其是中下階層人民，便立刻受到重大的打擊。

同時，我們更可以獲一個結論：印度嚴重粮荒是實情；姑勿倫其原因何在。

由於印度確是陷於嚴重粮荒的苦難中，美國方面便立刻進行援助。美國駐新德里大使鮑爾斯業已宣佈：在今後七個月內，美國將以四百萬噸小麥供應印度，協助她緩和粮食恐荒的程度。鮑氏並表示：美國還打算以巨量穀米贈給印度飢民。此外，聯合國的救濟組織已實行由九月份開始，在加爾各答每天以免費餐二十萬份供應當地的童學。該救濟機構還表示：此種免費餐將擴展至每天七百萬份。由此可知，印度的粮荒是一項不能隱諱的事實。

印度粮荒的主要原因有三：一是由於旱災，農產品歉收；一是由於政府忽畧了協助農民生產，致使鄉村的農民大量遷移到城市，因而耕種的勞力銳減，產量更一額不振；另一是由於年來人口激增，再加以有一百萬人由巴基斯坦返回印度，愈益形成「生之者寡，食之者衆」，遂粮荒情況發展至今日極其嚴重的程度。而上述三項原因中，尤其是最後一項的「人口激增」，其對粮食供應的威脅，確使印度政府一籌莫展。據一般估計：印度的嬰兒出生率，迄今仍是每年幾達一千萬名。這個龐大數字雖然有死亡人數來抵消了一部份，但據當地人士指出：出生與死亡比對，可能仍超出一半有奇。因此，預料在三兩年內，印度的粮食問題，將依然是一項無法緩和的危機！除非印度人民，能够自己厲行節育，否則這一危機不特不能緩和，而且反會鬧愈嚴重，不難使到印度整個政局陷於極度混亂！

單以目前的情形來看，飢民的大規模暴動，似乎是一個無法避免的「未來事件」。印度政府縱使一時未能治其本，也該迅速設法治其標；否則薩斯德里政府的前途，將不堪設想！

監察委員揭民航眞面目

獨清

（台北通訊）監察委員郝遇林，馬慶瑞對民航空運機於最近不久以前在台南墜毀一事提出糾正案，案由是「爲民航空運公司客機，因維護欠週，駕駛員措施不當，失事墜毀，造成全機五十七人罹難之嚴重慘劇，交通行政當局對該公司平時姑息，疏於監督，致肇禍端，民航法令疏漏陳舊，不能與時代併進隨時增修，易生危險，亟應改善，特依法提案糾正。」

糾正案列舉下列各項：（一）釀成空中慘案震驚中外；二，政府對民航公司姑息優容；三，民航公司低報資本額逃稅匿產；四，亞航爲民航幕後主宰；五，設備簡陋，飛機破舊，外籍主管歧視華籍員工；六駕駛員考驗規則欠妥；七，失事賠實嫌遲誤。但最值得注意的則爲二、三、四三項，茲抄錄於後：

政府優待民航，民航竟轉交亞航代營

2 民國四十二年五月，我國爲適應時代需要，公佈實施民用航空法並爲使前由陳納德將軍領導之民航空運隊符合法律規定，政府當局歷經年餘之折衝，直至民國四十三年七月十四日「外國人投資條例」頒行後，該隊始於四十四年初改組爲「民航」與「亞航」兩公司，向我國政府呈請登記。此一變遷，實爲我國繼收回內河航行權之後，爲主張領空民航權大費週章不得已之舉措，乃有限期七年之諒解等措施。在此七年過程中，不獨該兩公司內部迭有變更，即國內外情勢與夫國際間民用航空事業之發展，無不在日新月異突飛猛進之中。我國爲鼓勵外國人來華投資，早在該外國人投資條例中，已明白規定若干優厚待遇，並予以適當投資保障，該項優遇與保障，並應認爲乃我國所能給與之最寬限度，自不宜再有任何例外，庶免國家主權遭受忽視；執行法律之行政有關機關更不應曲解法令，任其予取予求，姑息優容。查我國民用航空法第六十七條規定：「航綫執照不得移轉，其持有人並不得認爲已取得該航綫之專營權」；而民航與亞航兩公司，由民航空運隊分別改組成立之初，相互所訂之「服務契約」中，何以明白規定我國航綫執照，由民航公司出面領取，民航公司取得之航綫執照，又何必須交由亞航公司用民航公司名義代爲營運。此種代爲營運之關係，與航綫執照不得移轉之立法精神，是否相符，此類根本問題及其發生之背景與目的，交通部應有深刻了解。政府當局於該民航隊改組之初，因囿於當時之局勢環境，有其不得已之因素而爲之措施，但歷時七年以後，交通部復於五十一年二月十二日以交航（51）字第八九四號通知單核准此類顯與民用航空法第七十六條規定牴觸之不正常契約關係繼續存在，未能澈底研究其背景與企圖，適時予以糾正，率而核准備查。

資產已近美金九百萬元 僅報爲新台幣四十萬元

3 民航與亞航兩公司向交通部所爲之民用航空運輸業登記及向經濟部所爲之公司登記，其所申報之資本額均各爲新台幣四十萬元，迄無變更。以今日航空事業之發展，客機設備之趨快速與豪華，區區四十萬元，固不足經營國際航綫；即經營國內班機之必要條件，亦顯不足。據該兩公司負責人葛蘭第提供之資料稱：該兩公司在華投資總額，在公司登記之初，已近美金九百萬元，而今姑勿論其所稱當年之資產總值之眞確性如何，即以亞航於民國五十年添置之—V88—22M型客機一架價格而論，亦當在美金五、六百萬元之譜，但該兩公司迄今登記之資本額仍各爲新台幣四十萬元，從未變更，其所報顯非確實，要無疑義。而其以多報少之用心，不外逃避正當稅負及預爲將來清理時隱匿財產之準備。查行政院卅八年核准由交通部公佈並經五十年四月八日核准修正之「民用航空運輸業登記及管理辦法」第三條前段規定：「民航業之申請登記，經交通部核准後，方得依照公司法或商業登記法向主管官署辦理公司登記手續……」，又按同辦法第二條第二欵規定，民航業者之資本總額及繳付辦法又爲申請登記必須呈報之要件，而交通對於該兩公司資本實際情形，資產狀況迄未能詳爲調查審核予以糾正，固有未當；而該部對於航空公司設立之標準及應有資本額之最低限度，在法令上迄未作明文規定，亦屬疏漏。

民航民存實亡 亞航幕後主宰

4 民航與亞航兩公司於四十四年三月一日相互間，曾由王文山以民航公司董事長名義與「負責督導該（民航）公司一切事務」之民航公司常務董事葛蘭第，以亞航公司總經理之名義簽訂「服務契約」一種，並報經我交通部核備。其契約內容不獨以我政府核發之航綫執照飛航權之轉讓代營爲主要項目，涉及違反民用航空法第七十六條以規定範圍且因「亞航」爲「民航」服務之結果，訂有亞航有權「保留」爲民航營運所得純益百分之九十，而該項契約並訂有：七年「期滿得由亞航公司行使續訂與否之選擇權」，及在若干情形下「亞航公司得終止本合約」。而民航公司方面亦雖曰「得隨時終止本合約」，「惟須經民航公司董事會召開會議經足規定人數董事之出席及經出席董事的一致決議」。事實上該民航公司董事五人中又有必須兼顧簽訂契約之對方（亞航公司）利益之董事二人在焉，豈能求其兼籌並顧，而取得一致之決議？類此規定，實屬欺人之談，益足證民航公司徒具虛名，而永遠處於被動及不利之地位，而亞航則爲幕後主宰，既操民航公司之存滅大權，復可囊括民航公司純益，除依法應提百分之十公積金外，所餘百分之九十全部取去，此類顯失公平契約，是否合乎自由平等之原則，是否應受法律保障，殊屬問題。難怪亞航總經理兼負監導民航公司一切事務職責之常務董事葛蘭第向監察院提供之資料中，民航公司自四十四年四月成立迄今營運之財務狀況，年年均在虧損，少者一年虧損新台幣九百七十萬元，多者年達七千四百餘萬元，均由亞航予以補貼。按我公司法第十八條規定：「總經理或經理不得兼任他公司同等職務，亦不得自營或爲他人經營同類之業務」，該亞航公司總經理葛蘭第兼任民航公司「負責督導公司一切事務」之常務董事，而該公司又無總經理之設置，實質上該兩公司負責實際業務者，顯然同爲一人，是否適法，交通行政當局及主管外人投資與公司登記業務之經濟部，對此類顯不正常之契約關係，在前此特殊環境下，予以短暫之姑准，已有未當，而該兩公司於五十一年該約即將失效之際，續約一次，呈請交通部核備，該部及有關主管人員對其內容，竟仍忽視無覩，未能進一步予以適時之糾正，率而於五十一年二月十二日以交航（5）字第八九四號通知准予調查，實屬不當。

本刊已經香港政府登記

聯合評論 週刊

每逢星期五出版

United Voice Weekly

第三一三號

督印人：黃宇人　總編輯：左仲干

社址：九龍通菜街三十八號南亞書局 849126

承印：田風印刷公司 香港高打士道一二一號

本刊美國總代理：友聯發行公司 每份售價港幣一角

CHINESE - AMERICAN PRESS, INC
199 CANAL STREET,
NEW YORK 13 N. Y. U.S.A.

美洲空郵每份零售美金一角

論超越的觀念與超越的眼光

所有的人尤其共產黨人都應從所迷惑的牛角尖裏超越出來

劉裕略

鑽入問題與超越問題是兩件事。但在思想上比較能夠鑽入問題的人多，强調應該鑽入問題的言論也比較多，但在思想上能夠超越問題的人比較少，强調思想上應該超越問題的言論也比較少。實則超越問題與鑽入問題同樣重要，只知超越問題，不能鑽入問題固然不好，只知鑽入問題，不能超越問題也同樣不好。

某些超越的觀念、思想與眼光，雖然也可能產生於偶然，但主要却靠其人先有一個要把觀念、思想與眼光超越出去的意念，然後才能在思維過程中把思維範疇超越到原有的以外的領域。把這種超越的思想方法應用到實際事物或政治軍事經濟乃至科學上，也才能產生超越的眼光或嶄新的結論。而今日世界，無論在自然科學、社會科學乃至在人類社會當前所面臨的諸多問題上都是既需要鑽入問題又需要超越問題的。否則就不能日新又新，促成進步與進化，而且也就必不能從「迷」從「執着」從「蔽」的情況下解放出來。然而，世界上的人，既不鑽入問題又不超越問題，渾渾噩噩，被一些既有的存在觀念所奴役者固然極多，鑽入問題之後而不知道跳出以達超越境界者，實亦比比皆是。

古往今來的許多聖哲，許多在學術在事功方面眞有成就的人，他們雖未嘗特別强調「超越」一辭，但他們的意識形態裏却隱隱約約有着超越的觀念和眼光。

佛家戒「執着」，「執着」實在就是超越的敵人。

荀子力言去「蔽」，「蔽」實在就是羈絆超越的縲絏，去蔽正是達致超越的基本功夫。

兵家强調「不可先入為主」，先入為主確可障碍一切，致使判斷失明，慧眼不顯。

儒家所說「學而不思則惘」，也確是儒家顧慮學者被所學所迷惘，而不知越出所學以外再予思索。儒家所說「慎思明辨」的「辨」字更有勉勵學者超出原有範範外再從相對的另一範疇來加以明確攷察的意思。

至於老子所言「竊鈎者誅，竊國者侯，侯之門，仁義存」，「聖人不死，大盜不止」等話，則更是業已超越了的看法。

本來，這也是必然的，如果人們不把眼光從地球之內越出地球之外，就不會看到太陽系，不會看到地球存在於太陽系的關聯的情形；如果人們不把望遠鏡超出太陽系，那就不會看到銀河系，如果人們不把望遠鏡超出銀河系，那就不會知道宇宙間還有河外星雲，如果天文學家不把望遠鏡超出接近銀河系的河外星雲，那就無法去採知更大的宇宙。事情就是這樣簡單，它說明了超越問題，原是思想方法上的一種絕對的必要。當然，所謂超越問題，幷不是叫人一定否定或棄絕原有事物或原有問題之意，而只是叫人由原問題原事物移行到超越的境界去再考慮再衡量吧了。超越的結果，是反對原事物問題？還是肯定呢？是揚棄原問題原事物嗎？還是修正它呢？那是要看再衡量再考慮的結果才定的。但無論如何，鑽入之後，再超越出去，實屬至為必要。試想：假如楊振寧李政道兩位先生不先鑽入愛因斯坦的定律之內，再超越愛因斯坦的定律之外，他們能夠有新發現從而修正愛因斯坦的定律嗎？一定不能。所以，就從自然科學的創發方面來看，也證明超越是重要方法之一。至少，它是和鑽入問題同樣重要。

前面說過：佛家、荀子、兵家、儒家、老子都有超越的觀念，但他們也都只是具有部分看法上的超越觀念而已，並不是他們的全部學說思想都完全超越。

事實上，古往今來許多在歷史上有過特殊事功的人物，其特殊事功也是往往與其所具有的對某些問題的超越觀念與超越眼光分不開。以王安石來說，他的某些特立獨行，就常常是基於他的某些超越的觀念而產生。他所說「天變不足畏，祖宗不足法，人言不足恤」也正是一種超越的看法。而這些超越的看法，在當時的社會裏極為難能可貴。因為當時許多知識分子或士大夫言必稱堯舜，不是法先王就是法後王，他們不是囿於堯舜的觀念的圈子中跳不出來，就是限於先王或後王的圈子中超越不出去，但王安石斬釘斷鐵的說出「祖宗不足法」，這表明他不但能夠鑽研於堯舜禹湯文武之中，而且還能逸出堯舜禹湯文武之外。再看他的一件家事，他把他的媳婦出嫁，這在當時是有關名教的大事，許多人決不敢為，但他毅然為之，雖曰家庭小事，但亦足以表明他的對人對事物的超越觀念。

在今天回看起來，王安石也似乎沒有甚麼了不得，因為現在言不稱堯舜的人已經太多了。但我們應該知道，現在很多人雖然已經言不稱堯舜，但現在却有很多的人言必稱「馬列」，試想：這些言必稱馬列的人，囿於馬列主義的圈子鑽不出來，被馬列主義的某些觀念所迷惑，其淺薄可鄙，其愚蠢可笑，與王安石時代那些言必稱堯舜的人的淺薄愚蠢還不是一樣嗎？但直到今天，有許多人雖然已經知道別人言必稱堯舜，是一種淺薄愚蠢，却還不知道自己言必稱馬列是同樣的淺薄同樣的愚蠢！現今這些言必稱馬列的人自己不知自己的淺薄愚蠢，甚至反以為自己找到了眞理，和王石安時代那些言必稱堯舜的人自以為自己找到了眞理，正自完全相同。而其所以完全相同，則又因為他們和他們都被某些觀念所愚弄，所執着，所迷惑，所拘囿，鑽進去了，跳不出來之故。這眞是所謂「不識廬山眞面目，只緣身在此山中」，由此可知，眞要認識問題，超越出去確是一件重要事。自己不努力打破自己原有狹隘範圍，這事就不容易得來。但如果一經能夠把自己原有的小天地打開，那末，要超越出去也就幷不困難。

胡適之提倡懷疑，誠有相當價值。但却不完整，因為僅僅懷疑，而不超越出去的話，問題仍然不易解決。

胡適之又說跟着馬列主義走的不是好漢，跟着朱熹走的也不是好漢，這話很像有些超越的意思，但也只說對了一半。因為跟着馬列主義走的，跟着孔孟朱熹走的固然都不算好漢，但不跟着馬列主義走的和不跟着孔孟朱熹走的也未必就是好漢，眞正的好漢應該而且必定是那些眞能超越馬列主義超越孔孟朱熹乃至超越一切類似觀念的人。王安石之所以是好漢，是因為與王安石同時的很多人都言必稱堯舜，跳不出堯舜的圈子，而王安石則能高舉「天變不足畏，祖宗不足法，人言不足恤」三面大旗，王安石的這三面大旗，絕不同於毛澤東今天所高舉的「社會主義總路綫、人民公社、大躍進」三面大旗。因為王安石是超越了天變祖法人言諸觀念，而毛澤東却一直鑽進了馬列主義圈子，像春蠶作繭，層層自縛一般，超越不出來。所以，毛澤東的事功縱然超過王安石，智慧眼光却不能與王安石比。試想想：像毛澤東這樣一個跟着馬列主義走，不但今天高舉的三面紅旗和一切奮鬥都超不出馬列主義範圍，有如中國歷代許多知識分子都拋不掉手上捧着的那塊孔子牌位，又有如那些高僧都脫不掉身上拔的那件袈裟，而且他還在今大與赫魯曉夫爭做馬列主義信徒，這和那些爭做堯舜禹湯文武周公孔子孟子的正統的人的淺薄愚蠢難道還有不同？又和那些口中唸唸有詞，但所唸永遠不能離開阿彌陀佛的人的淺薄愚蠢又有何不同？可見毛澤東眞是太不超越了！毛澤東還自以為「數風流人物，還看今朝」，其實，永遠跟着馬列主義走的人已經不是好漢，不能超越馬列主義的人又何能數得上風流人物或英雄？不說毛澤東今天所暫時佔有的統治區，還不過只是中國大陸，毛澤東縱然把赫魯曉夫打倒，把馬列主義推行於全世界，超越不出馬列主義圈子的毛澤東也始終只能算是馬列主義觀念領域中的奴才，怎能說得上什麼呢？在毛澤東三十七首詩詞中，三用「寥廓」一詞，更有「我欲因之夢寥廓」之句，看來毛澤東也眞的只能夢夢而巳，超越不出馬列主義圈子的人，原是不可能知道天外有天的，更不可能「道通天地有形外，思入風雲變態中」的。

最可笑的，是毛澤東要與赫魯曉夫狄托等人爭做馬列主義的正統。其實，就算毛澤東是馬列主義的正統，又算得什麼呢？馬列主義不過就是那末一回事，不說做馬列主義的徒子徒孫，沒有什麼了不得，縱然毛澤東自己是馬列，也沒有什麼了不得。然而，照現在的情勢看，毛澤東既超越不出馬列範疇，當然也就只有繼續鑽牛角尖，越鑽越深，越深越超不出馬列主義的圈子。

在思想上，跟着馬列主義走的毛澤東不算好漢，跟着毛澤東走的當然更不算好漢，這自然不必談了。但毛澤東及共產黨人動輒愛談「解放」，其實，我倒覺得：毛澤東近年既有「勝似閒庭信步，今日得寬餘，子在川上日：逝者如斯乎」之人生感覺，可知往日忙於奮鬥，今日稍得寬餘，假如能夠省察一下，先把自己的觀念、思想及眼光和全體中共黨員從馬列主義小圈子中解放出來，超越到自由民主境界，脫掉馬列主義架裟，莫再當那只知道唸勞什子馬列主義的「老和尚」，那末「海潤隨魚躍，天空任鳥飛」，也才說得上「超越」二字了。否則，越深入，越沉淪，越鑽牛角尖，牛角尖的路就愈窄咧！

在中國著名的三國演義小說裏，諸葛亮七擒孟獲與趙子龍長阪坡大戰都被歌頌為英雄。不錯，他們確實都了不得，因為諸葛亮如果擒不住孟獲，固然不算英雄，擒住了不敢再放也不算英雄；趙子龍殺不進長阪坡，不算英雄，殺進去之後，殺不出來，也不算英雄。他竟殺來七進七出，自係英雄了得。所以，被任何觀念或圈子迷惑住的人都決不是英雄，是好漢是英雄就必然會像趙子龍一樣殺進殺出。而今日世界，有些人迷信資本主義，在資本主義圈子裏跳不出來，有些人迷信馬列主義，在共產主義圈子裏跳不出來，有些人迷信社會主義，在社會主義圈子裏跳不出來，更有些人等而下之，被什麼「和平共存」等偽善口號所蔽，其實，全世界的人都應該各自從所鑽的牛角尖一齊解放出來，超越出來，那末，世界大同才有希望，人類社會才可更進一步。而今日世界許多國家的執政者都是凡夫俗子政客鄉愿，要從他們身上找超越的觀念和眼光，眞是難上加難，所以，未來世界的一切，在人的方面主要是先要從他們超越，才可能有辦法，正如未來世界的一切，在思想及主張方面，必須從已有的資本主義共產主義及社會主義等等超越出來想辦法才有前途是一樣。馬丁路德超越了天主教，才產生了基督教，歐洲人超越了神權觀念才有歐洲文藝復興，法蘭西人超越了王權觀念，才有為自由平等博愛的法國大革命，美國人超越了殖民地觀念，才有美國的獨立戰爭，今日世界是一個充滿偽善自私分裂混亂矛盾骯髒壓搾與掠奪的世界，但也是接近世界大同人人平等的世界，只要人們能夠從舊有的桎梏中超越出來，我相信人類社會就必然會躍進一個階段，獲致一種新文明。

在清算中共中央委員楊獻珍同時

中共又對大陸學人周谷城與文字獄

最近，毛澤東多方發動文字獄，以殘殺大陸上有造詣有見解之知識分子，毛澤東這次進行文字獄的對象，不僅在黨內人士為止，而且株連甚廣，普遍牽涉許多黨外的人。或者指他們响應赫魯曉夫的修正主義，或者指他們販賣西方的資產階級思想，其實都是活見鬼，都是毛澤東意欲鞏固其統治，藉以排除異己，陷害稍有頭腦稍有獨立思考能力的人而已。這就可見在共產黨統治下，有人格的知識分子是活不出來的，遲早要被中共迫害。縱然你作了中共中央委員及高級黨校校長如楊獻珍也一樣逃不了這種被清算的命運。共黨以外的高級知識分子更不消說了。

近來中共各報刋都在圍剿現今陷在大陸的中國著名學者周谷城。據九月三日中共人民日報數周谷城的罪狀說周谷城所說的時代精神即是反動階級的反動精神，又說他宣揚階級合作，美化剝削階級。對於周谷城如何宣揚階級合作美化剝削階級，更列舉了四個事實，說周曾在所著中國通史裏宣揚「地主佃客相反相成」，這是事實之一；又說「羅馬地主與農民的感情頗好，作一個善良地主為最高的榮譽」，這是事實之二；又說「大壓迫固然可以引出大反抗，但大反抗也必然引出大壓迫」，這是事實之三；又說他曾主張「國際資本主義與民族資本主義互相融合」，這是事實之四。

中共這次圍剿和清算鬥爭周谷城的又一理由，竟說周谷城與楊獻珍似有預謀，互相配合，在黨內黨外一致反黨云。

此次，更奇怪的，是中共這次迫害周谷城竟還說他與中共最近所拍「北國江南」那一部電影的反黨內容不謀而合咧。

事實上，中共這次清算周谷城，是把清算楊獻珍以及清算「北國江南」這一部電影三位一體的拉在一起的。因為中共認為周谷城的「時代精神滙合論」與楊獻珍的「合而為一」論是一致的，而「北國江南」這部電影也是表現了這一類的意識形態，成了表面上擁共實際上反共的電影。對於「北國江南」這一部電影片的清算與鬥爭，當然並不只是清算一下這部電影的劇情及其意識形態從而毀掉其拷貝而已，主要的，當然是清算中共自己的電影廠及這一部電影的編劇人、導演、演員以及批准和事前審核這一部電影的一切有關人員，所以，其人事牽連之廣闊，也是極大極大的。

九月三日人民日報說：「近幾年來，周谷城先生提出了一系列的資產階級學術觀點，來和馬克思主義關於階級與階級鬥爭的理論相對抗」。「藥方只販古醫丹，周先生的時代精神滙合論雖然開的是新藥方，但出售的却是幾十年來他一貫販賣的老貨色。是他反動的歷史觀的老貨色。資產階級意識總是頑强的表現自己，儘管用馬克思主義的詞句作了一番打扮，但它的眞面目還是掩蓋不了的。外觀其辭，日新日巧，內觀其實，日薄日頹，這幾句話，對於周先生那套資產階級的歷史地位一文中，周先生提出：各個時代的時代精神都是統一整體，它們由不同階級的各種不同思想意識滙合而成，並且廣泛流行於整個社會。我們認為這種披着超階級外衣的，由不同階級不同思想滙合而成的統一的時代精神，是社會生活中根本不存在的東西」。「至於披着超階級外衣的，由不同階級不同思想意識滙合而成的時代精神，不過是資產階級用來進攻，或者抵制馬克思列寧主義的階級與階級鬥爭的騙人的花招。所謂超階級觀點本身就是為剝削階級服務的。因為，只有腐朽，反動，沒落的剝削階級思想家，才把它看作自己階級的救命草」。「必須指出：周先生的時代精神滙合論有兩副面相，不同階級思想意識的滙合，只是一副假相，而在滙合的掩蓋下，把反動階級的反動精神冒充時代精神，却是一副眞相，由這一點看來，他所宣揚的時代精神，確實不是什麽超階級的空洞之物，而是打上了反階級的烙印的」。

中共又清算周谷城「地主佃客相反相成」的思想說：「在中國通史一九五七年八月修訂重版本第二篇第五章第二節裏有一個目叫做地主佃客相反相成。周先生在這裏說：「自土地私有之制成立以後，貧富開始分化起來，私有制的畸形的發展，自兩漢三國至於南北朝既未間斷過，貧富分化的情形，也隨着沒有間斷。結果，貧富對立，成為社會的兩層，此兩層的利益本是相反的，但在階級意識不甚明顯，統治者又能勉强維持其統治之時，利益相反的兩層，竟合作而互相依靠。富者嘗招納貧者，為之生產，貧者嘗投奔富者，以圖托命。貧者借富者之保護，富者借貧者的勞力；相反的兩層，竟是相成的兩層；封建秩序維繫得十分穩妥。貧富兩極，經濟地位雖不相同，然至資本主義社會尚未出現之時，階級意識不甚明顯，貧富兩極，竟能結合，構成經濟單位」。試問：在這樣的統一整體內，還有什麽階級矛盾階級鬥爭？難道在資本主義尚未出現時，中國歷史上會經存在過一個沒有階級矛盾沒有階級鬥爭的封建社會嗎？……馬克思主義認為階級鬥爭，一些階級勝利了，一些階級消滅了，這就是歷史，這就是幾千年的文明史。拿這個觀點解釋歷史的叫做歷史唯物主義，站在這個觀點的反面的是歷史的唯心主義。什麽藤結什麽瓜，什麽樹開什麽花，周先生以反動的唯心主義歷史觀念去解釋社會歷史和文字藝術領域的問題，就必然會得出宣傳反動階級反動精神的時代精神滙合論」。「根源於反動的唯心主義的歷史觀，掛着超階級的假招牌，在滙合論的掩蓋下，一面否定革命階級的革命精神是時代精神，一面把歷史上反動統治階級的反動精神冒充時代精神，這就是周谷城先生用來向馬克思列寧主義挑戰的時代精神滙合論的反動實質。尤其必須特別指出的，是周先生那套反動的歷史觀，特別是階級合作論，從三十年代直到今天，一直沒有變過。比如：他的地主佃客相反相成說，一九五七年修訂重版中國通史，和一九三九年初版的中國通史，內容一字不差；他的大反抗必然引出大壓迫說，全部是從一九三一年出版的中國社會之變化一書中抄來，只在無關緊要的地方改了幾個字」。

而本年九月六日中共人民日報以「北國江南和周谷城的美學理論」為題從而抨擊說：「人們說美學是藝術哲學，但也有人抱怨這個藝術哲學經常不是缺少藝術，便是缺少哲學。看來，周谷城的美學似乎倒不如此，它既有與「合二為一」論相同的哲學作為理論基礎，又有「北國江南」這樣的作品作為印證。人們說「北國江南」是周谷城美學的具體表現，並不是簡單的以為「北國江南」的創作者們就一定是讀過周谷城的美學文章，直接捧着這些文章來構思，來創作的。這正如周谷城並不一定是先讀了「合二為一」論者的講義之後才來提倡他的「統一整體」論一樣。哲學、美學、創作，竟是這樣殊途同歸，用了「合二為一」論與周谷城作哲學理論上的對照以外，還很有必要再來一個對照，將「北國江南」這樣的具體藝術作品與周谷城的美學理論對照一下，這也就能更清楚更明確的看出他們共有的那個容貌的本色了」。

以上是中共最近在清算中共中央委員兼黨校校長楊獻珍等人的親蘇擁赫反毛思想同時，又以黨外的周谷城的政治經濟理論上的「時代精神滙合論」與「整體統一」論來既與楊獻珍在哲學上所倡的「合二為一」論加以對照，又與「北國江南」這一部影片所包含的階級調和論及其藝術觀點加以對照，從而予以清算的大致情形。假如這些論點都是錯的，那末，人人可見而棄之，中共大可不去清算，這些論點也起不了作用。問題就在這些論點和這些思想實在都比毛澤東的思想高明，所以，毛澤東既恨且妒，必須加以撲滅，不予准許其流行了。但更值得注意的，是這些黨內黨外的人竟如人民日報所說「殊途同歸，不約而同」，那就可見今日大陸反對毛澤東思想的人正是非常廣泛普遍，眞是人同此心，心同此理了。

毛澤東洗黨工作溯源

陳思漢

民國十五年國民革命軍打到武漢以後，由於共黨份子包藏禍心，準備利用國民黨的軍事勝利，進而篡奪政權。於是，國民黨對共黨分子採取了嚴厲的清黨政策，捕殺了部分共產黨員，對此，國民黨人謂之為清黨。至於毛澤東在中共內部排除異己或排除他的認為的壞分子，則不曰清黨，而曰洗黨，亦曰整風，則是與國民黨所謂清黨頗有區別的。

整風運動是毛澤東在延安時代正式提出的，每隔兩年正式整風一次，有時則不按一定時間而加以特別的整肅，這是毛澤東於民國廿四年遵義會議取得領導權以來，至今仍能掌握其領導的一大法寶。

可以說，毛澤東的洗黨思想並不開始產生於延安，而是遠在民國十七年他在井岡山時就已有了的。不過，那時他沒有叫它為整風，而把它叫為洗黨而已。

據毛澤東一九二八年十一月二十五日所寫的「井岡山的戰鬥」檢討當時湘贛邊區的紅軍失敗情況說：「紅軍大隊七月中剛到酃縣時，第二十九團官兵即因政治動搖，欲回湖南家鄉，不受約束；第八團反對往湖南，欲往贛南，但也不願回永新。杜修經導揚第二十九團的錯誤意見，軍委亦未能加以阻止，大隊遂於七月十七日出發，向郴州前進。七月廿四日與范石生戰於郴州，先勝後敗，撤出戰鬥。第二十九團隨即自由行動，跑向宜章家鄉，結果一部被土匪胡鳳章消滅，一部散在郴宜各地，不知所終。當日收集的不過百人，幸主力第二十八團損失不大，於八月十八日佔領桂東，二十三日會合井岡山來的部隊，議決往崇義上猶重回井岡山。當到崇義時，營長袁崇全率一步兵連一砲兵連叛變，雖然追回了這兩個連，但犧牲了團長王爾琢。八月三十日敵湘贛兩軍各一部乘我軍欲歸未歸之際，攻擊井岡山，我守軍不足一營，憑險抵抗，將敵擊潰，保存了這個根據地，此次失敗的原因是：一、一部官兵動搖思家，失掉戰鬥力，一部官兵不願往湘南，缺乏積極性；二、盛暑遠征，兵力疲憊；三、從酃縣冒進數百里，和邊界失去聯繫，成了孤軍；四、湘南羣衆未起來，成了單純的軍事冒險；五、敵情不明；六、準備不好，官兵不了解作戰的意義」。「邊界紅軍的來源：一、潮汕葉賀舊部；二、前武昌國民政府警衞團；三、平劉的農民；四、湖南的農民；五、許克祥、唐生智、白崇禧、朱培德、吳尚、熊式輝等部的俘虜兵；六、邊界各縣的農民[illegible]

毛澤東默認「新疆不屬中國」

黃正大

從帝俄時代起，一直到蘇共建立了蘇維埃政權以迄於今，俄國人一直霸佔了中國許多土地沒有歸還，這是誰也知道的。對此，任何中國人當然都絕不能對俄人予以容忍。但毛澤東及中共頭子於十四年前佔據中國大陸在北平開府製造中共僞政權時，竟認賊作父，稱蘇聯為老大哥，頌揚史大林是太陽是鋼是爺爺，又完全忘記了俄國人對中國的侵畧和掠奪，竟說蘇共給予中共的舉措不是侵畧而是「無私的援助」。好一個「無私的援助」，眞是無恥之尤啊！試看毛澤東當時的無恥嘴臉，毛澤東當時難道不是一再公開宣稱「先生，是，我們就是要向蘇聯一面倒」嗎？這眞是大胆賣國賊，比石敬塘那個兒皇帝還要卑污齷濁啊！

但奴才畢竟也是不好當的，儘管毛澤東率領中共中央的頭子們向蘇聯一面倒，蘇聯却仍然要繼續擴大侵畧中國。本來，無論蘇俄怎樣侵畧中國，毛澤東也是安之若素，不予理會，而且還繼續在說「中蘇親密如弟兄」的。但蘇俄領導人不但要侵畧中國，而且還覺得毛澤東太老大，看不順眼，硬要將毛澤東推翻，這樣，毛澤東才狗急跳牆，與赫魯曉夫發生起個人衝突來。

當毛澤東氣憤的時候，對蘇俄歷年侵畧中國的事也未嘗不口出怨言，作有意索還領土狀，但蘇共畢竟一直自視為中共之主子，把中共一直看作奴才，毛澤東作狀一次，赫魯曉夫就把壓力加強一次，最近，赫魯曉夫竟至狂妄到反而要向中國索取領土，而且甚至公開發表談話，說「新疆不屬中國」了。

赫魯曉夫的這一些話，是本年九月十五在莫斯科向一羣日本社會黨議員說的。據法新社九月十五日莫斯科電：「蘇聯總理赫魯曉夫今天向一羣日本社會黨議員說：「新疆不是中國」。他說：如果在必要時，蘇聯並不缺乏要求中國領土邊境若干部分的理由。他說：「蘇聯是不會不保護它的邊疆的。任何人如果越過蘇聯的邊界，必將受到必要的打擊」。他又說：「毛澤東說：蘇聯的版圖太大，沙俄吞併了太多的中國領土，我並不要替沙俄辯護，沙皇和中國皇帝是同類，中國皇帝征服了內蒙、滿洲、西藏和新疆。新疆並不是中國，哈薩克族和維吾爾族住在那裏。大多數的哈薩克人和吉爾吉斯人住在蘇聯的哈薩克和吉爾吉斯，但也有哈薩克、吉爾吉斯甚至烏茲別克族人居住在新疆」。赫魯曉夫又說：「同樣的，蒙古是一個獨立國，但它的人口只有一半，還有一半蒙古族居住在中國。毛澤東不根據政治基礎解決政治問題，而要根據種族的基礎。如果他們要根據這一點談判，我們並不缺乏理由。哈薩克斯坦本身必須決定它自己的命運。我們是支持民族的願望的，中國也必須如此。」」

以上是赫魯曉夫的親自談話，而且是向日本社會黨國會議員公開說的，香港中共報紙也於九月十六日刋登過上述新聞，但値得大家特別驚奇的是毛澤東本人及中共僞政權對此毫無反駁，截至九月廿九日筆者執筆時止，毛澤東及中共政權仍未對此發表任何正式反駁聲明，簡直默認了新疆不屬中國，內蒙、滿洲與新疆俱應步外蒙後塵而獨立似的。毛澤東何以這樣沒有種呢？難道一經赫老威脅便被老赫嚇軟了脚嗎？老赫眞是欺人太甚，完全沒有把毛澤東當人，毛澤東或中共今後縱然對此發表聲明，也已嫌爲時過遲，因爲對於老赫這些狗屁胡說，對老赫對蘇聯這種蓄意入侵內蒙滿洲及新疆的罪惡動機，原本是應該於九月十六日就予以嚴厲駁斥的，但迄今未見聲明，更未見行動，不但對內禍國歿民，而且還對外招致國恥了。須知赫魯曉夫乃蘇聯總理，其身份比之日本之田中更有過之，老赫這套侮辱及侵畧陰謀比之田中奏摺亦更惡毒，中國會爲日本侵畧中國而對日抗戰，如果毛澤東及中共政權稍有愛國心稍有個人羞恥心的話，亦應立即對蘇宣戰才是，否則就只有讓全中國人來對毛澤東治以禍國罪與賣國罪了。

大陸簡訊

中共在馬拉威國受小挫

據倫敦九月九日美聯社電：「此間權威人士對剛成立不久的馬拉威國毅然拒絕中共的賄賂，認為是中共在非洲活動的一個挫折。

「白宮官員當然是歡迎馬拉威總理賓達博士拒絕接受中共以五千萬美元的甘言誘惑所表示的態度。賓達於九月八日提出，在鄰國坦葛尼喀的中共大使館曾向馬拉威提供上述貸欵，只要馬拉威承認中共政權即可。賓達同時已革除了三位他所指稱為曾表示讚成中共的馬拉威部長」。

按馬拉威國係兩個月前才脫離英國而獨立的年輕國家，但也是中共正在處心積慮意欲加以顛覆的國家，故欲以五千萬貸欵變象的收買馬拉威國，殊不知馬拉威國總理賓達博士是一個極賢明的政治家，具有世界眼光，對中共陰謀尤有認識與警覺，故爾挫折了中共這一卑污手段。我們特別頌揚賓達博士。

中共想毒死馬拉威總理

中共偽政權眞是一個無惡不作陰險毒辣的集團，自從馬拉威總理賓達博士拒絕了中共的五千萬收買費之後，中共竟自嗾使早被中共個別收買了的那三名被賓達博士革職的部長毒死賓達博士。這是賓達博士於九月十九日自己作出的驚人透露。據馬拉威的布蘭泰爾九月廿一日合衆社電：「賓達總理九月十九日指責前部長們企圖用巫術害死他。賓達謂他們甚至派人到巫醫處，要求賜給藥物。賓達在馬拉威棉產中心加布的一個集會上稱，我很忙，不能死，而且我也不會退休。他告訴羣衆他與『貪婪』的部長們之間的分裂情形。分裂的原因是他們忌妬他，他最近將三位部長革職，并指責他們參與接受外國賄賂的計劃。該賄賂條件是要馬拉威承認中共」云。足見這三名已被革職的部長都是中共的鷹犬了。

實行大整肅防止假馬列

整肅運動本來是毛澤東排除異己鞏固個人權位的一項重要手段。毛澤東規定每隔兩年整肅一次。黨內異己分子這成了他們所以至今仍能穩定的領導中共的不二法門。目前毛澤東所要整肅的黨內對象是像楊獻珍那一類親蘇擁赫的修正主義者。中共另一重要特務頭子中共人事部長安子文於九月下旬出版的「紅旗」雜誌十七、十八兩期合刋所寫「培養革命接班人是黨的一項戰略任務」一文，充分透露了中共現已開始又一大整肅。它說：「無產階級要把革命進行到底，必須善於識別哪些人是眞正的馬克思列寧主義者，哪些人是假馬克思列寧主義者，必須特別慎重挑選革命接班人，把領導革命的責任交到眞正的馬克思列寧主義者手裏，防止假馬克思列寧主義者篡奪黨和國家的領導權」。

安子文又說：「我們的年輕幹部和老幹部，都應當到階級鬥爭、生產鬥爭和科學實驗三大革命運動中去鍛鍊，特別是要到基層單位去鍛鍊。不從親自蹲點中去鍛鍊，不從親自蹲點中去取得三大革命的直接經驗，就不會眞正懂得社會主義革命，在社會主義革命中就沒有發言權，就不能成為黨在社會主義革命時期的堅强可靠的骨幹。就沒有資格領導社會主義革命，就沒有資格作無產階級革命事業的接班人」云，可見這一次大整肅的範圍是極寬的。

僑鄉近訊

鍾之奇

陽江縣的信件在郵櫃裏睡了一年

據最近出版的中共南方日報說：「去年三月間，陽江縣合山公社新平小學，在田畔郵件代辦所寄了一份預算表和報銷單給陽江縣中心小學，寄後猶如石沉大海，數月無下落，新平小學曾多次到該所詢查，每次答覆都非常肯定的說已經寄出，收不到不關我們的事。直至不久前，『已寄出』的預算表和報銷單才寄到中心小學，原來，田畔郵電代辦所是今年二月才寄出的。他們讓預算表和報銷單在郵櫃裏足足『睡』了一年大覺」。這就是中共偽政權辦事的標準效率啦！

廣州市廿五間中學實行半農半讀

據中共在香港控制的九月廿二日大公報說：「廣州市包括從化、花縣今年新辦了二十五間中學，已陸續開始上課，本學期已有一千八百名學生，絕大多數是農民子女，這些中學學生全部實行半農半讀制度。學生半天上課，半天參加生產勞動，學制為三年，要求學生三年後畢業成為能文能武的新型農民」云。其實，所謂「能文能武」是假，中共企圖永遠奴役這些學生是眞！

廣東共軍直接控制人民公社

違反人性怨聲載道的中共人民公社，現在是越來越不穩了。尤其大陸沿海的人民公社的許多人民都暗中反共激烈，最近兩年，台灣屢次派突擊小組遊擊大陸沿海，每次均有大陸人民迎接游擊隊或響應游擊，這使中共更不放心。所以，中共中央最近已密令大陸沿海各地駐軍以加强駐軍與公社間之聯系為名，實行對沿海公社之直接控制，而肅清沿海各公社之反共思想，并防範公社響應國軍游擊隊。對此，七月廿五日廣州出版的南方日報曾有透露。它說：「解放軍駐汕頭地區某部各單位與駐地附近人民公社生產大隊生產隊建立和保持經常聯系，已經形成制度，除以人力物力技術力量給予公社外，還積極協助聯系，加强社、隊政治思想工作」。南方日報又說：「部隊各單位在歷次的農村政治運動中，先後派出一千八百多名幹部，在地方黨委統一領導下，到聯系社、隊協助進行階級教育和社會主義教育，教育社員堅定的走社會主義道路」云。南方日報又還舉出一個實際例子說：「廣和大隊在今年年初開始聯系時，發現有些地主、富農分子以講古為名，向青年社員宣傳封建迷信思想和色情腐化思想。在今年的社會主義教育運動中，汕頭駐軍便派出政治處副主任參加縣委工作隊，並組織營、連的力量，深入宣傳黨在農村中的方針政策，組織社員大學毛主席著作，開展新舊社會回憶對比教育，提高了社員的警覺，充分發動羣衆、揭發了敵人的種種陰謀活動，使羣衆的覺悟了有了進一步的提高」云。

番禺公社女共幹態度傲妄堅決不改

由於中共政權是一個從頭到尾都騎至人民頭上的政權，所以，表現在共幹身上的，無論男共幹女共幹，無論大共幹小共幹，無論城市共幹或鄉村共幹，他們都一律不把人民放在眼裏，態度踞傲，充分反映出中共政權的腐化與僵惡。中共南方日報最近舉了一個小例子，足以說明中共的這一切。

有一個人在南方日報寫述經過說：「我到番禺南村人民公社百貨商店買布，一位女售貨員只顧算賬，不理睬我。十分鐘後，她把賬算完了，却又去處理別的事情。還是不理我。於是，我便向她提意見，她却答覆說：「我就是這樣的態度，你可以提意見，我接受就是了。」」南方日報從而予以批評說，這眞可以說是「虛心接受，堅決不改」云。其實，所有共幹都是這種外表接受意見，因為中共一慣推行互相批評與自我批評，實則彼此都只把別人的批評當做放屁，自己則堅決不改的。

中共又在廣州殘殺四位反共愛國志士

據中共香港大公報九月二十日「本報廣州專訊」說「廣州市和中山、惠陽、陸豐縣人民司法機關最近分別召開公判處理大會，對四名進行破壞活動的美蔣特務分子判處死刑及無期徒刑」。又說黃惠昌化名黃少珍三十歲，今年四月從澳門進入中山，積極調查我幹部行蹤，陰謀進行暗殺，並準備爆破石歧汽車站及橋樑；譚昌二十二歲今年，今年七月一日進入廣州搜集軍政情報，判處死刑，又何中遠及鄭子嘉均被判無期徒刑。這都是毛共殘殺同胞之又一血債咧。

馬來西亞戰爭已有擴大跡象

·林雨·

馬來西亞南部的拉美士地區自發現了有印尼傘兵降落之後，很明顯地反映出蘇加諾對馬來西亞的進一步行動。換言之，馬來西亞戰爭已顯著地露出了擴大的跡象。

英國方面，早已很敏感地指出：馬來西亞戰爭今後的發展，是不難想象。

蘇加諾對馬來西亞的一事挑釁，作出了進一步措施，姑不論其效果是否微不足道，但在政治觀點而言，打擊了馬來西亞的安全，顯然獲致很大的成就。

邇來新加坡方面的種族衝突，不斷發生，這當然不能無疑地是由印尼特務與馬來亞左派份子有計劃的煽動；這正是蘇加諾擴大對馬來西亞戰爭中的一項「前奏陰謀」，其目的是在先行分裂馬來西亞的團結，增加華、巫間的歧見，然後乘此動亂的機會，唆使及協助馬來亞的左派政黨進行推翻政府，待到達成熟的階段時，再派出大軍壓境——這是蘇加諾的如意算盤，他認為這一來將一舉而使馬來西亞瓦解。

目前，新加坡方面又已發生了接二連三的政府示威事件，這就是馬來亞的左派份子應呼印尼「前奏陰謀」的行動，正配合着蘇加諾「大軍壓境」前的政治攻勢。

在蘇加諾的「如意算盤」中，他認為馬來亞柔佛西岸的民族，頗多是由蘇門答臘移來的人民，這些人雖然不大熱烈接受民族主義，但在各鄉村裏仍可看到他們高懸蘇加諾的肖像，依然是很大有可能，因此就選擇拉美士為傘兵降落地點，一來示威，一來是向這些人民測驗當地人民對他的擁戴程度；如當地人民給予印尼傘兵以掩護，便可達成破壞馬來西亞安定的目的；已估計着當地村民在政治上是沒有什麼組織，很容易接受印尼民族主義的宣傳，加上當地的「泛回教黨」的社會主義陣線的馬來亞左翼份子，當然是同情印尼的，蘇加諾這一行動，蘇加諾認為必有收效。但所得的結果，卻並不完全符合蘇加諾的理想；由笨珍強行登陸的兵士，和在拉美士降落的傘兵，都遭受到當地村民的敵對，且協助政府軍隊搜捕那些侵入者。野心勃勃的蘇加諾，為之大失所望。

然而蘇加諾的陰謀，并不因受挫稍戢，他認為作戰的信號既已響起了，他便不能就此罷休，接着便在北婆的邊界上，一千英里長的森林地帶，發動進攻。英軍方面，在北婆採取守勢，處處被動，即使可以用兵力來防守，但邊境龐大，仍然不能防止印尼滲透活動。印尼游擊隊以沙巴、加里曼丹為居留地，萬一有利於印尼時，他們便不會再對馬來西亞效忠。上述種種態勢，都使到蘇加諾對擴大馬來西亞戰爭，估計無限「光面」，因而更增強了蘇加諾的野心！

北婆國內，而且仍是困難重重，快將發生第一年前的叛變，第二越獄的共黨，期滿出獄的，公開性的組織起來，倘若他們一旦已與印尼人合作，那時進行顛覆活動，北婆便岌岌可危。

國際觀察家都指出：印尼當局是深知馬來西亞的軍事和政治的弱點，尤其是蘇加諾早已料度到馬來西亞政府無論如何都不敢毅然進擊，消滅印尼邊境游擊隊的根據地，因此他才決定擴大對馬來西亞的戰爭。

英國最近對馬來西亞的軍事增援，表面上看來似乎十分積極，但骨子裏，僅是英國的防範行動罷了，卻并沒有嚴重打擊印尼的意向。目前馬來西亞正好像一隻手縛着來作戰，在這樣的情形下，印尼更揚威耀武了！蘇加諾的野心也更不可一世了！

蘇加諾已出動到傘兵，降落於馬來西亞的領土，如果蘇加諾不是決心擴大對馬來西亞的戰爭，又怎會展開這一行動？一個國家的傘兵，降落到別一個國家的領土上進行滋擾，無論如何，都不能否認是進行軍事侵略，擴大戰爭的行動，而且看來侵略勢將接踵而來。看馬來西亞局着怎樣應付吧。

整個地區的和平，乃為危害。蘇班德里奧的答覆，蘇加諾本人與東姑雖在秘密之中，如何抵觸，但蘇班德里奧被認為已達成總理他納在曼谷會談的條件，泰國外長也認為會談是有相當結果的證據。

印馬又醞釀談判

在大馬及英聯邦軍警在柔佛肅清印尼游擊聲中，又傳出印尼與大馬恢復談判的消息，但表面看來似屬一致，實際並不如意。此外。

印馬關係一弛一張，可以說部份繫於蘇加諾、大馬方面之手。就蘇加諾來說，本不願與大馬作戰；而蘇加諾卻是一位翻雲覆雨的能手。針對英國的「動」，考慮仿效東京灣用海軍，蘇加諾會使作封鎖巽他海峽的姿勢，對英兵觀武，由於英國海空軍。印尼有完全的部署，究竟不敢挑釁，也許是由於這一緣故。談判的呼聲又起，奔走斡旋的，乃泰國外長他納，他約晤印尼外長蘇班德里奧，舉行密談於曼谷。據說他納力對東南亞衝突。

另一方面，在聯合國，大馬控訴印尼，印尼也在走廊中進行「聯合」的工作。調停大馬的印尼外長伊斯梅德里，國外部長鍾到吉隆坡，發表聲明：「印馬秘書長門洞開之說，有所據。」證明一緒可能又在東京舉行另一次會談。（湄）

台灣當的幾個問題

台籍國民黨員著書批評政府

譚士

（台北通訊）有一位姓熊名尊元的國民黨人，他曾主持過國民黨新疆省黨部的訓練工作，在抗戰時期，他從事於文化事業，台灣光復後，他回到故鄉台北市，寫了一本書，書名曰「現在是亂世嗎？」這本書的內容，對國民黨當局的許多措施，加以無情的抨擊。

他說：「台灣毫無亂世的景象，但我們的領導階層給世人的觀念弄昏了，政府退處台灣以後，猶如過去在大陸一樣的誤認善良的台灣老百姓為一羣暴民，動輒主張「治亂世用重典」，頒佈了一系列的戰時措施，

未適用於大陸收復之前，先把這些殘酷法令，在台灣老百姓頭上實施。三七五減租、耕者有其田政策，他認為：「僅憑一個不顧實際的決策，雷厲風行，收購中小地主的土地，發行十年期的實物債券，四大公司，組成統制經濟，似統一經濟，不似自由經濟，也不是孫中山先生倡導的耕者有其田，批評間不知道有許多孤兒寡婦的土地被征收，而變成了新興資產階級，一點土地被征收，以致換來的股票不久即因僅有的四大公司，至今仍在飢寒交迫之中。」

這位國民黨籍的熊先生，他指責了不少地痞流氓做政府方面的選舉，他說：「國民黨提名市長與省縣市議員，因而「幹你娘」的下流話，也出自由黨提名的省議員黃××之口。」他說：「候選人的素質太差，敗壞選舉。」

壓制自由言論　祇知排除異己

[illegible]

對外，非國民黨人的言論自由，則限制。[illegible]

本刊已經香港政府登記

聯合評論

每逢星期五出版

週刊

United Voice Weekly

第三一四號

督印人：黃宇人　總編輯：左仲平

社址：九龍通菜街三十八號亞南書局 849126

承印：田風印刷公司　香港高士打道二二一號

總代理：友聯書報發行公司　香港每份港幣一毫

本報美國總經售：美國紐約中美出版社

CHINESE - AMERICAN PRESS, INC

199 CANAL STREET.,

NEW YORK13 N. Y. U.S.A.

美洲航空版每份零售美金一角

慶祝雙十、愧對先烈

黃宇人

在本刊即將停刊之際，又逢雙十國慶，實不勝感慨繫之。

當年中山先生以二十餘歲的一介書生，赤手空拳，在香港發起革命運動，初僅得其西醫書院同學陳少白，香港政府華民政務司書記尤少紈暨耀記商號店主楊鶴齡等三人附和，親友且譏爲「四大寇」。據中山先生在孫文學說第八章所述，他的其他交遊，不以他爲「大逆不道而避之」，即「以中風狂病相視」。在他初次起義失敗後，「舉國輿論」莫不把他當作「亂臣賊子」，咒咀漫罵之聲，不絕於耳」。他的足跡所到之處，凡認識者幾手都視他爲「毒蛇猛獸」。然而他是就這樣的環境之下，經過了二十餘年的奔走呼號和十餘次的軍事起義，終於五十三年前的今天，推翻了二百餘年的滿清統治，結束了中國三千餘年一脈相承的專制政體，在亞洲創建了第一個民主共和國——中華民國。

青年志士，創造歷史

辛亥革命所以能够成功，中山先生的正確領導及其再接再厲，愈挫愈堅的革命精神，固然是主要的原因，而衆多的先烈能够捨身爲國，前仆後繼，義無反顧，也是很重要的關鍵。即以同盟會在日本東京成立後的情形而論。參加的分子都是各省的留日學生，而且以文學校的學生佔絕大多數。但他們不僅用口和筆來鼓吹革命；而且實地荷槍持彈，參加軍事起義。其中如是黃克强，他在同盟會的地位僅次於中山先生，胡漢民，汪精衛則是中山先生的左右手，且爲東京民報的主要執筆人。他們並不因爲自己的地位重要，便對自己的生命特別顧借而置身於槍林彈雨之外。相反的，他們也同樣不惜以自己的生命去和强大無比的敵人拚死。黃克强在戰場上的英勇事蹟，雖已事隔五十餘年，回憶起來，仍足以使頑夫廉，懦夫立。汪精衛後來做了漢奸，固然身敗名裂。可是他在同盟會時，眼見黨人因歷次起義，均歸失敗，對革命前途，不免有些失望，乃約同黃復生秘密北上，謀刺攝政王，以期振奮人心，挽回頹勢。他在香港出發前夕，致書胡漢民說：「我今爲薪，兄當爲釜」，足見他是抱着爲國犧牲的決心而北上的。他的這種壯烈行爲，也是令人永誌難忘的。再如黃花崗七十二烈士中的方聲濤和林覺民兩烈士。前者於起義之前一日，留遺書與父說：「祖國之存亡在一舉。事敗則中國不免於亡，四萬萬人皆死，不特兒也。如事成，則四萬萬人皆生，兒雖死亦樂也。」後者亦留遺書與妻說：「語云，仁者老吾老以及人之老，幼吾幼以及人之幼。吾充愛汝之心，助天下人愛其所愛，所以先汝而死，不顧汝也。」他們捨身爲國的精神，躍然紙上。我至今每讀他們的遺書，仍不禁熱淚盈眶。其他的許多先烈，也有同樣的悲牲事蹟，不勝枚舉。再追溯我們以往數千年的歷史，也充滿了青年志士捨身爲國的紀錄。中華民族原是一個多災多難的民族。然而每一次的災難，無論其爲內憂或外患，也無論其是如何的嚴重，我們或早或遲，終能復興，其中的主要原因。我以爲即在於每一代都有許多青年志士以天下爲已任，他們在國家存亡危急之秋，及時奮鬥起，不惜以自己的血和淚創下了種種驚天動地的偉績。所以我們的國家不但沒有被歷史上的那些大災大難所毀去；反而因爲災難，一代比一代更加壯大。我們的社會傳統，以訓勉青年做忠臣孝子爲中心，實在是有深意的。因爲唯有平素能忠能孝的人才能捨身爲國的。

台灣無望，海外無成

今日中國又遭受了另一大難——共禍。數億同胞處於水深火熱之中，業已十五年，亟待解救。中華民國在形式尙有台灣可作光復大陸的基地，且有一個至今仍爲許多國家所承認的政府和號稱數六十萬大軍。這一切，都不是當年中山先生及辛亥革命諸先烈所能想望的。不幸却被據爲一人姓的私家禁地，不但一再坐失反攻的天賜良機；反而關起門來實行家天下主義。主張民主反共，反對特務統治者固然被他們視爲大敵，造謠，滲透，破壞、不遺餘力；甚至貴爲政府的院長部長者，亦僅是獨裁統治者的點綴品，凡事均爲一人一姓之命是從，毫無自由意志與獨立人格可言。因而不求對國對民有功，但願對一人一姓無過，這是今日台灣大小官員遇事不推便拖，不敢負責的基本原因。即以所謂忠分子而論，他們在表面上雖然作福作威，似乎具有極大的權勢，但也不過是一人一姓的奴隸，全憑主子的喜怒而浮沉。自政府退守台峽後，迭有紅極一時的黨政軍大員忽然無緣無故的被打入冷宮，有的且被放逐異邦，即此之故。因此種種，假如台灣的現狀不變，不但不能反攻大陸，而且遲早還要把這個重投祖國懷抱不久的寶島斷送，則是可以斷言的。

再說到海外的民主反共運動。十五年來，香港方面也有不少的人士在這方面作過不少的努力，有的且以第三勢力爲號召，但却一事無成。在我看來，最主要的原因，即在有些人的所言與所行，並不相符，甚或背道而馳。因此不但很難獲得他人的信任，即自信似乎也很缺乏。就我個人來說，我雖然也是致力於民主反共運動之一人；但却從沒有寫過一個字或說過一句話，以第三勢力自居。因爲我認爲勢力不是空談所能產生的，更不是可以冒充的。我祇希望以自己的努力，爲這個運動做些舖路的工作。然而時間一年一年的過去，我却愈覺得自已的知識能力愈加不够。我深深的感到同盟會時代諸先烈那種坐言起行，赴湯蹈火，亦所樂爲的革命精神，實難企以及。他們能在七年之間，推翻專制，建立共和，絕非倖致。

紀念國慶，愧對先烈

我覺得台灣方面的倒行逆施，並不可悲，海外民主反共運動迄今無成，亦不足嘆。我認爲應該及時奮起的，則是這一代的青年。基於我在上文的叙述，中華民族的發展史，可以說，全是青年志士所寫出來的。然而這一代的青年，似乎已失去以天下爲已任的傳統。他們所念念不忘的，祇是如何建立個人的經濟基礎；對於國家的事，則採取不聞不問的態度。就是那些身在海外學有專長，職高薪優之士，也少有例外。他們或已入籍外國，或已取得在外國的永久居留權。似乎不但此生此世不作再回國之想，即後代子孫也將長作外國人。數年前，唐君毅先生曾爲文慨嘆中華民族之花果飄零，其憂時憂國之情溢於言表，可是如今連唐先生自己似乎也將隨着飄零下去，如要期望一般青年能負起救國救民的重任，顯然是尙需有待的。

雖然如此，我並不以爲中國即將長比被中共統治下去。相反的，我確信中共的暴政必然要被推翻的。祇是我們身居海外的中華兒女不能盡到我們應盡的責任，未免愧對先烈而已。

不可中毛澤東的陰謀

謝扶雅

只有一點皮毛的水滸知識的毛澤東，襲梁山泊「替天行道」「理想社會天堂」的故技，來愚弄和驅使拙樸老實的中國人民；又是「一氣化三清」地把山寨上一面杏黃旂改作三面紅旂。然而陳腐落伍的陰謀權術，畢竟挽回不了人性和「天公。」三年的大災荒，加上老百姓的實際怠役，毛澤東一看風勢不對，稍稍發還農民自留地，並開放自由市場以爲餌，又即厲行「反自發」及加强無產階級教育運動。其間正逢「老大哥」蘇聯撒走技術人員，撕毀技術協定，他遂和赫魯曉夫翻臉，一連串展開又長又臭的所謂馬列主義理論論戰。老赫當然不廿示弱，在三千多哩的中蘇邊界製造各種騷擾糾紛。於是老毛借故派遣廿五萬大軍到新疆邊境，聲勢洶洶，惹起老赫更公開怒斥毛澤東爲希特勒重生，黷武四方，擴張領土。我們海外一些愛國人士，尤其是一向眷懷故士的華僑，以爲這一回毛澤東眞要得，他醒悟了，會像當年抗日一樣發動對蘇抗戰。殊不知這正中了毛澤東攘外以安內的陰計。他看到四方八面抗暴迭興，惟有把這種普遍反感扭轉至民族主義情緒，假「搶口一致對外」的口號，以保全他搖搖欲墜的政權，不，不但保全他的秧歌王朝，還可以借抗戰總動員的名義，越發大權集中於一身，越發叫全國人民捧他爲民族救星，活菩薩！

昔年中山先生的民族主義，確激於列强拿中國作次殖民地，而號召「和平奮鬥救中國」，以「求中國之自由平等。」他不打算大動干戈，以謀恢復失土，這正是他得力於中國固有的政治哲學之處：「親仁善鄰，國之寶也」，「以德服人者王，以力服人者霸」，「近者悅，遠者來」，「舞干羽於兩階，七旬，有苗乃格。」

儒家對於强蠻戎狄，雖有春秋「尊」「攘」之大義，然必先求「修已安人」，安了百姓之後，才能應付外患。而況世界今日已演進至太空世紀，遠超越中山的時代背景。地球上卅億生靈，應依循聯合國憲章「和平相處」的原則，而謀共同解決問題，共求繁榮福利。若猶有片面地專崇民族主義，勢非倒退至「國家至上」，爭地爭城，民族互相仇殺，終於核子玉石俱焚不可。三四十年前胡漢民戴季陶諸氏已論列「三民主義的連環性，」不當三者孤立。今則政治學上「福利國家」之說盛行，即指示三民主義必須改由民生民權而民族，不宜再如往日之由民族而民權而民生。

毛賊「不仁，以百姓爲芻狗」，極奴役壓搾之能事，當然，更蔑視人權，並「思想自由」而剝奪殆盡。此實人類歷史上空前無比的暴君，爲天下之公敵。現在他四面楚歌，然情知尙有最後一張王牌的民族情緒可以利用，張皇喊出「全世界反華大合唱」，藉以挑起民族義憤及鬥爭，快其個人英雄主義之私慾，而晉六億同胞於熱核子灰燼之下。他不斷掀起反美帝國主義運動，今又加上反蘇修正主義運動，不惜驅使「人海」血肉，到處興師動衆，韓戰而後，印度之戰，印戰不已，寮越之戰，復以收復失土的美名，用事於東北西北。又不惜從民間高壓搾取來的血汗金錢，到世界每一角落，凡有隙可乘之處，進行「援助」，買收，挑撥，滲透。在中國傳統文化中，在中國固有政治哲學中，斷沒有這樣瘋狂胡鬧，而亦與中山三民主義中的民族主義，本質上絕不相佯。我們誠然都深具民族觀念的人，但我們主張中國與外鄰的關係，必須以文德，以公道及正義相周旋，而堅決反對拿民命去濟獨夫個人的權力慾。我們更必須指斥那利用這份純潔的民族情緒去掩飾英雄帝王及隱然自號爲眞命天子的殘暴行爲。

最後，本文並不包含說赫魯曉夫近來對中國大陸的手法爲對；北極熊歷來對華的謀畧，乃是另一問題，不在本文討論範圍之內。總之，就毛澤東說，他所有對內和對外政策，都在送中華民族走上死路。爲解救中華民族的痛苦與危亡，我們必先把毛澤東拉下來才是！

九、十九、中秋前夕　自美東

中共認爲早春二月宣揚人道主義繼楊獻珍周谷城北國江南遭清算

盧夕照

最近，中共正在大陸各地區各方面進行大整肅大清算。中共這次大整肅大清算的題目雖然都在表面上避免提到殺害的事，但中共這一次挑起學術爭論和藝術批判的整肅清算事件，都是異常殘酷的，因爲中共指責這些被清算被整肅的對象不是响應蘇聯的修正主義，便是販賣資產階級的人道主義，都在不約而同的「幫忙敵人」，有意與黨對唱對台戲，所以中共重視它，自己對楊獻珍的整肅和清算，把這一整肅和這一清算與蘇聯當年清算伯恩斯坦布哈林等人的事件相提並論。又由於同情楊獻珍的人太多，所以，此次事件誅連極廣，正當整肅和清算楊獻珍案件尚未完結之日，中共又同時相繼對周谷城以及中共自己所拍製的影片「北國江南」提出清算了。現在，正當「北國江南」這部影片尚未清算完結，中共中央又對中共自己所拍製的另一部影片「早春二月」進行清算了。

中共最近之所以清算楊獻珍，是認楊既是中共中央委員，又是中共高級黨校校長，但當毛澤東爭鬥赫魯曉夫，強調「分一爲二」的辯證法的時候，楊獻珍却處心積慮的提出與黨與毛相反的「合二爲一」的辯證論點，認爲楊獻珍事件不是偶然。楊獻珍事件是不是眞不偶然呢？他究竟與蘇聯有何秘密關係，中共迄未公佈，但從楊獻珍以下的資歷：他是共產黨員，畢業北平師範大學之後，曾赴蘇聯留學，又赴德國留學，一直在蘇聯宣傳部門工作，並曾担任蘇聯有關遠東宣傳評論之編輯工作，迄一九四九年始回到大陸等等資歷方面的過程看，楊確實是與蘇聯有過深切關係的。不過，就思想而言思想，這位被中共認爲是毛劉以外的第三名理論家，不但要比陳伯達等人高明得多，實在也超出劉少奇而與毛澤東相若，所以，他才能够被中共任爲中共高級黨校的校長，在思想上培養中共的高級領導幹部，否則中共不會叫楊來担任這一重要職位的。現在楊竟然在赫毛個人衝突劇烈尖銳化之日，出而擁赫反毛，甚至一如人民日報所云，中共黨內有很多人及黨外的很多人都响應楊，那末，毛澤東當然要對他下毒手了。

據中共說：周谷城等人正就是在黨外與楊不謀而合的人，所以，也要加以圍剿和清算。至於「北國江南」這部電影，據中共說，也是賣的同類貨色，所以，中共前些時就把楊案周案及「北國江南」案連在一起來清算，現在清算的「早春二月」，中共現在雖還沒有把它與上述三案連在一起，但中共也已把宣揚人道主義的罪名加在它的頭上了，其實，人道主義有什麽不好？難道獸道主義殺人主義才好嗎？現在且來看看中共如何抨擊它自己內部人員製造出來的「早春二月」這部電影。

據九月十五日中共人民日報說：「早春二月開始上演了，看過這部影片的人，有的十分欣賞，讚嘆備至，有的認爲它是金玉其外，敗絮其中」，只要撤下編導者爲主人公披上的金光閃閃的迷人的外衣，整部影片所散佈的資產階級個人主義，人道主義以及階級調和論等反動思想，就會暴露在光天化日之下。評介一部文學藝術作品的標準，是政治第一，藝術第二。早春二月這部影片是用什麽標準編導的呢？它宣揚的是什麽思想？提倡的是什麽方向？這部影片對於正在爲社會主義革命和社會主義建設而鬥爭的我國人民，會起些什麽作用？這是每一個看過這部電影的人都應當深思孰慮求得正確答案的問題」。

人民日報又說：「早春二月，是根據柔石一九二九年出版的小說『二月』改編的。它的情節大致是這樣：知識青年蕭澗秋，經過多年漂泊和苦悶徘徊，厭倦了城市生活，應老朋友陶慕侃之聘，來到芙蓉鎮教書。在這裏，他同陶的妹妹陶嵐發生了愛情，與正在追求陶嵐的當地豪紳之子錢正興發生了衝突。同時，蕭在這裏遇到了早年同學，革命軍烈士李志浩的妻子文嫂，她一家的生活正陷入困境。於是，蕭澗秋同情，救助了文嫂，最後並認爲只有犧牲自己同陶嵐的愛情，同文嫂結婚，才是救濟她的根本辦法。他同文嫂和陶嵐的關係，招來了鎮上的流言蜚語，最後文嫂終於自殺，在這種情況下，蕭澗秋只好逃往上海，不知所終。影片的時代背景，是一九二六年前後，那是轟轟烈烈的大革命時代，以五卅運動爲標誌的工人運動和反帝鬥爭，以湖南與廣東爲中心的農民運動，以三一八事件爲標誌的學生運動，從廣東開始的革命軍鬥爭，波及了全國。這時許多具有革命思想的青年紛紛起來迎接和投進了革命鬥爭的風暴，但是影片却根本沒有接觸到這個時代的主要脉搏，這裏所寫的，是一羣游離於革命鬥爭的人物。其中主要的，一個是還沒有參加戰鬥就已經十分疲倦，一心想尋找世界桃源的蕭澗秋，一個是把自己關在房間裏，不知道外面世界是什麽的陶嵐，一個是漂泊的孤雁，一個是籠子裏的小鳥。影片是以無限的同情描寫了這些人的糾葛和悲歡，描寫了這個小小的茶杯裏的風波。像蕭澗秋和陶嵐這樣的青年，在二十年代是存在的，也是可以寫的。問題是對於這種人物應當採取什麽態度。「早春二月」的錯誤，就在於它通過蕭澗秋和陶嵐這兩個形象，不是批判而是歌頌了逃避鬥爭的消極遁世思想和資產階級個人主義人道主義。所以，「早春二月」絕不是香花，而是一株毒草」。

人民日報又說：「也許有人要問：電影是根據柔石的小說「二月」改編的。柔石是共產黨員，我國無產階級文學前驅者之一；而電影又比原作者所提高，它怎可能成爲一株毒草呢？這並不奇怪，第一，共產黨員寫出來的東西，不一定就是無產階級的作品。現實生活中有多事例證明，有些共產黨員作家，由於世界觀和思想情感沒有發生根本變化，創作實踐常常是資產階級的。況且，「二月」還是柔石在沒有成爲共產黨員之前寫的。第二，改編的提高，可以是無產階級的提高，也可以是資產階級的提高，沿着錯誤方向的提高，比不提高會起更壞的作用。它可以粉飾原有的缺點，發展原作的消極面。「早春二月」的提高就是屬於後一類。第三，更重要的是時代變了，二十年代和六十年代的中國，處於兩個不同性質的革命歷史階段。過去從某些民主主義立塲出發的作品，今天也必須重新估價，有些在當時還有某種進步意義的作品，今天也可能走到反面，成爲沒有積極意義甚至只起消極作用的東西。這種情況在意識形態領域中是屢見不鮮的。何况「二月」原來就不算是具有多大積極意義的好作品」。

九月十七日人民日報更說：「改編者對集於蕭澗秋一身的徬徨、資產階級人道主義、資產階級個人主義竭盡歌頌之能事，使「早春二月」的藝術獨創性表現爲：把同社會主義共產主義精神相敵的資產階級人道主義和資產階級個人主義，美化成爲可以爲社會主義服務的高尚思想品德，這一切究竟對誰有利？爲誰服務的呢？」「他們雖不直接提出反對文藝工作爲工農兵服務，但他創造種種時新的論調：中間人物論，階級滙合論，使情成體說等等，以破壞和削弱無產階級文藝的戰鬥力量。他們所採取的另一端則是，根本不設社會主義，拉人們離開社會主義，熱心於刻劃古人，死人，或者借古人之口，大抄宣揚封建思想和資產階級思想，利用封建階級和資產階級文藝來反對無產階級革命文藝，「早春二月」就是這樣一部影片」。看人民日報對這部影片的編導人員加上這些政治罪名，許多人又要遭殃了。

讚揚英國對大馬堅決支援政策

劉裕畧

最近，中共對英國的態度頗現囂張，爲了英國援助馬來西亞問題，中共已一再指責英國。其實，如果我們對待世界歷史的態度很公正，對待人類社會進化的情勢看得眞正客觀一點的話，我們定必承認英國是一個了不起的國家，而且也定必承認英國過去及現在都一直在對世界作巨大貢獻。以英國對待它的殖民地來說，英國對殖民地的開發與建設也是舉世無匹的。當然，中共黨人又會說殖民地制度根本就是一種罪惡制度，殊不知，殖民地制度雖然不應永遠存在於人類社會歷史上，但在整個世界進化的一定過程中，殖民地制度却是不可避免的產物，能够像英國那樣對待殖民地，那樣開發殖民地，那樣建設殖民地，然後等待時機成熟，再讓殖民地獨立，眞是難能可貴，而且，這對於促進世界大同，實有不容否認的功用。

對於大馬來西亞的建立，英國的態度，尤屬高明。老實說：無論中共或蘇聯，今天是毫無理由反對大馬來西亞由殖民地而獨立建國的。依照蘇聯或中共那種强調反殖民地的宣傳來衡量，蘇聯或中共不但不應反對大馬的建立，而且更應鼓勵和援助大馬的建立才是。然而天下最怪的事和天下最矛盾的事莫過於蘇聯及中共之仇視大馬建國的事了。蘇聯及中共何以要仇視大馬建國呢？揭穿來說，這只表明蘇共或中共根本並不眞正贊助殖民地獨立，而只想利用殖民地的獨立運動來混水摸魚，來進行自己的赤化陰謀與侵畧陰謀，如果該殖民地獨立的事對蘇共或中共無利用價值或者是被拒絕利用時，中共及蘇共便立刻變成另一面孔，對於大馬獨立的事反而仇視了。

中共及蘇共仇視大馬的另一原因，當然是由於印尼問題。因爲目前印尼的獨裁者仇視大馬，而中共及蘇共又各自對印尼懷有加以利用的鬼胎，它們都想拉攏蘇加諾，嗾使蘇加諾與英美衝突，它們好從中得利；它們又極希望印尼與大馬發生衝突，從而打破東南亞的現狀，從而利便自己的擴張企圖。在這情況下，特別是中共，它是隨時隨刻都想向東南亞擴張，蘇聯與中共之間又有矛盾，蘇聯本身目前雖與中共對東南亞的態度有所不同，但蘇聯也想培養印尼作蘇聯亞洲方面之夥伴，所以，原本不應該反對大馬獨立建國的蘇共及中共，便也在蘇聯及中共這兩個一向高喊反對殖民地的人的身上發生了。這並沒有說明別的，而只恰好說明蘇聯及中共的赤色擴張政策，業已代替舊日帝國主義者的侵畧政策，而露出其猙獰面目了。

因此，在另一方面，人們就反覺得英國的態度來得合理而可愛，英國對大馬的毅然堅决的支援政策，尤其值得讚揚。因爲英國不但在過去的長時間開發了建設了馬來西亞，而且到今天還在以軍事實力來支持大馬的獨立建國以對抗印尼的無理取鬧，這眞可以說是難能可貴的。我們只要把軍力强大的美國在越南徘徊遲疑懦弱低能的情形拿來與英國對大馬的冷靜堅决支持作一對比，立刻就會發覺美國政府只是長於胡說八道而實無所作爲，英國政府則樸實無華却能眞幹，這其間的差別就很大了。根據最近消息：英國爲了支援大馬，除已在大馬附近集結了海空打擊力量，包括航空母艦三艘，核轟炸機一部份及巡洋艦驅逐艦一部份外，又有陸軍部隊調到大馬支援，此外，在澳洲方面，尚有澳紐的兩艘航空母艦及另一部份轟炸部隊在備戰，最近，英國的海空部隊且又進一步加强了它與美國遠東海空力量的聯繫，甚至還要舉行聯合演習；此外，英國又還對大馬作了種種實際而有效的其它支援，這都在在表明英國對大馬獨立的誠意與乎不惜一切的協助。所以，我們如果很公平的說，英國對待它的殖民地，不但在政策上非常開明，而且也確實在力求合乎人道力求殖民地社會的繁榮與進步。英國對大馬的支援是一個例子，英國對待香港的開明政策，也是非常明顯的一個例子，這是任何一個從大陸逃到香港長居香港的人可作證的，因此作爲一個亞洲人，我們是有理由把英國在事實上的這種開明的政策來與中共及蘇共的諸種陰謀加以對照的。馬來西亞的華裔馬人及華僑都應了解這種道理，不要受中共的欺騙才是。

蘇聯揭穿中共是國際最大毒販

揚清

久已傳說中共在國際間大販毒品的事，現在由於中共與蘇共發生內鬨，而由蘇共正式予以揭露了，證實了這眞是中共政權無惡不作的驚人販毒事件，因爲中共每年竟從販毒勾當收入外匯達五億美金哩！

據莫斯科九月十三日美聯社電：「蘇聯共產黨中央機關報眞理報今日報導說：中共每年在麻醉品走私方面，可以獲得五億美元的進賬。眞理報說：毒品走私爲中共頭子主要外匯來源之一，此項巨大數額的進賬，是被用以作爲國際統戰以及反蘇宣傳或支助親中共的分裂分子的。眞理報並引述日本全國調查毒品委員會主席的意見指出中共爲罌粟的主要生產地，而此種罌粟是製鴉片、嗎啡及海洛英的主要原料。在中共年銷五億美金的毒品中，每年輸入及經過日本者約爲一億七千萬美金。佔中共總產量三分之一。此外，中共並以大量毒品消售東南亞，甚至運往美國去。眞理報說：一九五二年中共的麻醉毒品年產爲二千噸，但一九五八年中共推行大躍進政策，已把毒品產量提高至年產八千噸」云。

對此，中共於九月廿一日以「觀察家」名義在北平人民日報發表文章否認眞理報的上述揭露。中共並且自以爲很有力的反駁蘇共說，如果中共眞的販毒，爲什麽在一九六三年五月八日蘇聯代表還替中共辯護說「這是純粹出於政治原因進行的虛假的和沒有道理的指控」殊不知，此一時也，彼一時也，蘇聯代表過去本就是爲了中蘇共政治關係才昧着良心替中共辯護的。但中共究竟販毒與否，蘇共是知道的。所以，等到中共與蘇共的破裂衝突到達了今天這樣巨大的時候，蘇聯就不再替中共掩飾，並且反而挺身而出的指證中共確實是國際間的第一大毒販了。可以說，蘇共今天指證中共販毒，正是有點像其子攘羊，其父證之似的。

本來，中共販運毒品的消息，不自今日始，早在數年前，聯合國就已一再發表文字公佈過中共的販毒情形，但由共黨集團的內部夥件出而證之，則以蘇共這次出作證人爲首次。

本來，毛澤東也承認中國大陸的情形是「一窮二白」，十年來何以中共忽然有很多錢在國際間搞風搞雨，隨便給這個非洲國家五千萬鎊，另一個非洲國家三千萬鎊，同時，又在經濟及物資等方面援越助柬援古巴，又甚至還有大量的金錢在國際間收買許多左傾分和左傾團體，俱如日本共產黨，日本工會總評議會及美國左傾擁毛反赫黑人羅伯特威廉等人呢？經蘇聯眞理報這一揭穿，中共在國際間充大享的這筆錢，原來都是從販毒而來，那末，中共得之既易，中共當然也就可以視之如糞土，用之如坭沙了。

依照詁計，中共用在國際統戰上的錢，再多也不會到達每年五億美金這一巨數，所以，中共還必然是以每年販毒收入的一部分來供養它那兩千多萬黨員及其它財政開支的。

大陸簡訊

中共在喀麥隆　中非加强活動

在目前階段，中共仍在竭力發展它對非洲各地的擴張。最近，中共雖然在非洲的馬拉威國遭了一次挫折，想以五千萬收買馬拉威，被馬拉威的偉大政治家賓達總理所拒絕，隨後，中共又派人謀害賓達，也被賓達所識破，但中共野心不死，迄今仍在大力開展它在非洲的活動。

據中共新華社九月廿四日雅温得電：「中國政府友好代表團團長盧緒章同喀麥隆聯邦共和國外交部部長貝努瓦巴拉今天在雅温得簽署了一項聯合公報。公報說：發展中國和喀麥隆之間的友好合作關係，不僅符合兩國人民的共同利益，而且有助於加强亞非團結和維護世界和平」。「雙方同意採取積極步驟，來促進中華人民共和國和喀麥隆聯邦共和國之間的關係的發展」。可見喀麥隆的官員中已經有人上了中共的當，如果它們之間眞的建立外交關係，那也只是便於中共滲透和顚覆非洲而已，與眞正的中國人民及喀麥隆都是不利的。在盧緒章訪喀麥隆之前，曾往尼日爾及達活美訪問。跟着，訪問了喀麥隆後，盧緒章等一行又於九月廿四日晚乘飛機到達了中非共和國去活動。中共顯然又在想以貿易和金錢爲手段來勾引這些非洲國家哩！

毛澤東著作在日本銷量激增

毛澤東本來沒有什麽了不得，毛澤東著作也很淺薄貧乏，但左傾幼稚卑汚無知的部分日本人却對毛澤東愈來愈崇拜，這眞不能說不是怪事。

據中共新華社九月廿四日北平電：「日本進步的極東書店經理安井正幸今天在這裏說：日本人民學習馬克思列寧主義經典著作和毛澤東主席著作的空氣越來越活躍。最近兩年半出版毛澤東主席著作的數量，接近了過去十年。安井正幸關於日本出版事案報告中，詳細介紹了中國書刋在日本出版發行情況。他說：目前日本許多偏僻鄉村都有「人民中國」和「北京周報」的讀者。魯迅先生曾寫過「於無聲處聽驚雷」的詩句，今天中國的書刋，已經成爲驚雷，迴響在整個日本」。可見日本已經在變爲中共政府領導下，把日本日本媚共思想上的殖民地了。

中共把整個東南亞視爲屬地

中共把整個東南亞視爲它的禁臠，視爲它的屬地，由毛澤東的變臣郭沫若最近所談的話，得到了進一步的證明。

據中共新華社九月廿四日北平電：「和平理事會主席郭沫若昨日在招待南越解放陣線的酒會中說：中共準備保衛整個中南半島，對抗美國侵畧。如果美國對越南民主共和國發動新武裝侵畧，並將其侵畧戰爭擴展，則中國人民將堅決站在越南和整個中南半島人民一邊作戰，直至美國侵畧被擊敗爲止。」

中共所謂「保衛」原本就是侵畧的別名，從文妖郭沫若的這一說話來看，他顯然已經洩露了中共早已蓄意囊括東南亞之野心。

中共十一偽慶　毛澤東閱民兵

一九四九年十月一日是毛澤東領導中共在北平製造中共偽政權形成兩個中國之開始，每逢此日，中共例必舉行慶典，其中主要節目應該包括示威性質的閱兵儀式才是。但毛澤東本人今年十月一日雖然登上了北平天安門檢閱台，但並無中共正規軍隊出現遊行列，只有中共把北平人民組成的所謂「民兵師」參加校閱。此何故呢？當然就是因爲中共軍隊裝備落後，實在不能登大雅之堂，不足以言誇耀武力，反足以示弱，乾脆派遣一部份民兵應景，擺擺塲面而已。

細觀毛澤東在天安門的像片，兩眼浮腫，眼神無力，顯示健康狀况不佳。周恩來更形痩削不堪。今年毛澤東仍未講話，而由彭眞講話。對於參加十一偽慶的外賓，中共派人到世界各地拉角，飛機票反正從中共販毒的項下開支，倒無所謂，但也只拉得國際小人物高棉的施漢諾非洲馬里共和國總統凱塔夫婦及剛果︵布︶總統代巴三人而已。其次則是羅馬民亞總理毛雷爾，此外就再沒有總統級或總理級的人了。惟一比較値的注意的是美國反赫擁毛黑人領袖羅伯特威廉也前往北平參加，更値的注意的，是中共發佈新聞時是把他放在各國政府人物名單中的。

僑鄉近訊

鍾之奇

中共强迫歸僑及僑眷作出更大貢獻

自九月七日至九月十日，中共偽政權在北平舉行過所謂「僑務委員會」第三次代表大會的第二屆擴大會議之後，中共僑務委員會主任廖承志副主任方方在該會規定所有歸僑及僑眷必須對中共作出更大貢獻後，奧閩兩省共幹即奉到命令，强迫和誘引歸僑及僑眷有錢者出錢，有力者出力，完全貢獻出來。

據中共新華社九月十四日電訊說：「會議號召歸僑，僑眷進一步提高愛國主義社會主義的覺悟，熱愛勞動，熱愛集體；積極生產，勤儉持家。堅持社會主義方向，在建設家鄉的工作中做出成績。國營華僑農場的歸僑要積極生產，努力學習，在發展生產的基礎上改善生活。歸僑及僑眷和知識青年要認眞學習，服從分配，做好本職工作」云云，都顯然是中共正謀在我閩粵僑鄉對廣大僑眷及歸僑加强榨取與奴役的又一具體步驟。據廣州來人說閩粵兩省各地共幹對僑眷之榨取方法，花樣繁多，僑眷及歸僑有苦難言，均極盼海外僑親努力反共，把中共政權推翻，救他們於水火云。

中共在厦門前線建築安業民紀念墓

福建是中共面對台灣國軍反攻的最前線，厦門又是福建前線之前線，故中共對於福建各地，一直嚴密注意兩件大事。第一件大事就是嚴密控制福建各地人民，防範他們起來反共；另一件大，就是竭各種辦法，以提高福建共軍之士氣，以防共軍戰志消沉，經不起國軍一打。然而，據最近甫由福建逃到香港的難胞說，不但福建各地人民普遍反共，駐在福建共軍的士氣也極低落，中共雖對共軍想了很多辦法來打氣，但共軍的氣仍然打不起來。於是，中共最近又把六年前被打死的一個共軍士兵名叫安業民的人搬了出來，作爲戰鬥英雄，爲他建立墳墓，並且擴別舉行典禮，派許多軍隊參加，以激勵士氣。

對此，中共新華社九月十日福州電訊亦有報導。它說：「九日上午，厦門前線軍民一千多人隆重舉行共產主義戰士安業民新墓落成典禮。中國人民解放軍海軍前線部隊首長左愛海軍少將，中共厦門市委書記處記張漸摩，厦門市副市長施耀和安業民烈士的父母親，安業民家鄉遼寧省開原縣副縣長任振族以及兄弟部隊的代表，參加了落成典禮。」新華社又說：「安業民烈士原是福建前線海軍部隊海岸炮兵戰士，六年前在一次激烈炮戰中，藥包被敵人打着起火，他冒着烈火搶歷火炮，獻出了年種的生命」，所謂安業民烈士原來也就只是如此平凡的經過而已，而且業已死了六年，然而中共現在却還把他抬出來作鼓勵士氣的典型，可見福建共軍中六年來皆是貪生怕死，沒有一個比安業民更勇敢的人，共軍士氣之低落，於此可見一般云。

閩共組織知識份子下鄉講革命故事

正因爲福建的人民的民心非常反共，福建共軍的士氣又非常低落，所以福建共幹一方面不得不設法鼓勵士氣，另一方面，又不得不向福建各地人民宣揚所謂「革命」故事。

據中共新華社福州九月十五日電：「福建龍海縣農村中的知識青年紛紛組織讀書小組，讀革命新書，講革命故事。目前龍海縣各人民公社已有二千多名知識青年組成二百多個讀書小組和圖書流動小組。這些讀書小組員除了自己讀新書外，還經常講革命故事。西林生產隊讀書小組蔡登躍、黃銀枝、蔡有水等，常常利用勞動空隙或會前會後向社員說「紅岩」等新書，很受大家歡迎。」

新華社又說：「去年以來，龍海縣文化館和各文化站會先後派人到農村調查，根據農村中有文化的農民迅速增加的情况，決定幫助他們成立讀書組，推動他們多閱讀革命故事書籍。海澄縣文化站幹部和蓮花公社前借大隊團支部配合，以西林生產隊的共青團員回鄉學生爲核心，組成了二十多人的讀書小組。這個組每半月派人向文化站借回各種圖書連環畫三四十本，在組內和周圍社員中傳閱，推動了農村中讀革命書講革命故事的活動」云。

但據福建來人談，中共雖派人到處講革命故事，讀革命書，實則人民並不眞讀，聽講也是左耳進右耳出，人民內心充滿了的是反共恨共情緒，希望的是自由與吃飽穿暖，革命云云，都無興趣哩！

北越經濟危機

·阮桃巴·

今年六月間，北越政府的喉舌報「人民報」，會發表了一篇痛斥工業生產患嚴重之「偏差」的文字，內容感慨地指出：許多製造計劃，都因機器發生毛病，工人技術不符水準，原料經常逾期數週仍未能運到，以致大部份工廠都陷於癱瘓狀態，數以萬計的勞工往往十天八天無工可做；這樣的大量浪費時間和人力物力，遂使工業生產一蹶不振！該報又尖刻地指出：有一家大規模工廠，在一九六三年製造了價値越幣七十萬元而不能應用的產品；這間工廠的機器損毀率，一九六一年是百份之八點六，到了一九六三年竟增至百份之十四點三。這些驚人的「偏差」，對國家的經濟影響異常重大！——從上述的實際情況中，我們斷言北越經濟目前已陷在百孔千瘡狀態，也不是誇張。

今年初，北越的工業情況，更顯得非常危殆。北越政府會狼狽地向其人民發出緊急呼籲，要求「努力增加生產」，要求「一個人做兩個人工作」；然而全無反應。這即是說：勞工們對北越政府的措施提不起興趣。因此，工業生產繼續衰退，經濟危機愈益加重。

北越的副主席黎清毅對此情形，會一度大為光火，於五月中旬在一家機器工廠中，面對着一千三百餘名工人，公開申斥了達一小時以上。黎氏既指出經濟和技術管理方面的錯誤和缺陷，也承認物資和工具的嚴重困乏。同時黎氏還責備工人盜竊政府的物資，責備工人沒有努力工作，責備工人所生產的貨物不合標準。他又慨着說：「我們的意識形態和思想，能力，都異常落後」！

黎氏是兼任工業辦公室主任的，也是「五年計劃」的主要設計人之一，這個「五年計劃」已實施了四年，到了明年便要結束，他必須在這一年時間內，使經濟情況改善，否則他必須負起「國家經濟政策失敗」的責任；他的着急，光火，焦慮，更反映出北越的經濟情況到了危殆的階級段，他似乎已經沒有甚麼辦法可以力挽狂瀾了！

北越的國家經濟由於工業失敗固然危機百出，再加以越盟武裝部隊分向寮國及南越進侵，消耗重大，遂使國家資源更為枯竭。而且這兩項「支銷」，目前仍是「無底深潭」，於是越北的經濟情況，愈益混亂。

黎清毅又曾經發表過：越是具有規模的機器廠，它的財政會計越是一團糟，以致廠內各部門都不能預算其所需的材料和產品的成本，結果是完全陷於浪費，使國家的經濟損失異常龐大。他又指指出：一、勞力運用失調；生產貨物質量都很糟；機器出了毛病沒有及時修理，既糟塔掉原料，也減少了產量，更使機器加速其損毀。凡此種種，都使國家經濟吃了不少悶棍。

黎氏又憤激地說：北越政府的許多失敗，追究起來，實在是要由共黨低級官員和國營工廠的經理負責的！其次，不少共黨黨員，也是不關心工廠裏浪費，損壞，失常；這就好像國家的經濟系統穿了一個一漏洞！

黎氏又會於巡視北越一處煤礦塌後，透過政府電台，發表了下述的談話：「我發覺這煤礦困難重重，特別是工人的調度和工作的分配，完全是沒有辦法可以將之納上軌道。而礦工食、住、衛生醫藥等需要，也是供應不足，很難使勞工們在生產上提高效率」。——黎氏這一番話，正反映出政府官員和共黨幹部都是執行政策失當，釀成混亂現象，引起勞工們對現實不滿，於是生產失常的後果遂相因而至，嚴重地損害了國家經濟。

同時，工業生產失常也導致了粮食缺乏。粮食計劃監督陳文賢也承認，這是互為因果的，互相關連的。不錯，許多農具要靠工廠製造的，倘若工廠生產緩慢，則農具供應不繼；農民們得不到充份的，合水準的農具來使用，確實難以單憑他們的一雙手和兩條腿來使農產品增加。事實就是事實，任何思想或理論，都不能把事實扭轉過來。

縱觀北越目前的現實情況，其國家經濟確是陷於危殆的厄境！

西貢的過渡時期

南越國家高級委員會，宣佈臨時憲法經已草擬完成。這憲法將由同委員會辯論後批准，再根據憲制，組織國民（代表）大會，並即由該大會選出國家的領袖。

若照預定，新的國家領袖必須於本（十）月廿七日以前選出，以便接收阮慶所交出的政權——阮慶前此已有諾言，謂他將於十月廿八日辭職」。

由現在到二十七日，不外是三星期的時間，但這是重要的「關鍵時間」，西貢將由軍人執政轉入文治。可是，人們仍有惶懼，恐怕不容易渡過彼岸。

一方面，「政變」的謠傳又起，傳說中與政變有關的各方，有天主教團體，學生方面，及總工會。南越高級委會力主政教分離，要宗教不干涉政治事務；但天主教自認為受迫害者，可能採取行動表示抗議。學生方面，又傳將舉行示威，要求加強整肅政府人員。總工會準備發動罷工，原因紡織廠的勞資爭議而起；但因一個工廠與工人的糾紛，便要發動全面罷工，難免令人懷疑到到會有其他作用。

阮慶氏的態度似已轉變，雖然他可能辭職。但他自已宣稱：不容許有任何騷動，他決將用武力鎮壓。自八月改變，阮慶會多次對學生及教徒們讓步。據說現在他認為讓步已到盡力，非維護國家安全不可了。

（賢）

台灣當前的幾個問題

譚士

蔣先生言而無信　兩會議胎死腹中

記得是去年（一九六三）國民黨召開九全大會於台北，身為總裁的蔣老先生突然心血來潮，在「九大」畢幕會上親口宣佈要在一九六四年期內召開一個「反共建國聯盟會議」，要邀請海外各地反共人士與乎散居各國的科學家和教育家齊集台北，共商反共救國事宜。而且蔣老先生為此還說了一些非常動聽的話，說什麼「精誠團結」呢。「開誠佈公」呢。「政權屬於人民」呢。「此一會議越早開越好」呢。「至遲不能超過一九六四年秋天即須召開」呢。

蔣老先生把這些他從來沒有說過的漂亮話說了出來後，當時國民黨內部為了實踐領袖的諾言，據說開初也會有過「三人小組」的設立，用來研討召集「反共建國聯盟」召開的一般事宜。後來又聽說「三人小組」已擴大為「籌備會議」，而且把這一「籌備委員會」直屬於總統府以謀增加聲勢和事權的專一。更為了邀集各方反共人士來台出席，本年唐縱訪美，高信訪東南亞，據說都含有邀約各方人士的任務，做出好像此會已到了成熱階段的姿態。但是，到現在消息傳出，此會議已無形中流產，而流產的原因，據說是唐、高兩位大員赴各地邀請反共人士時，都碰了釘子，繳了白卷，原因是許多海外人士對此會不感興趣，因而此會停開。

其實。據吾人所知，並不是高，唐兩位邀不到海外反共人士來台出席會議，而是國民黨內部對此會議召開並不熱心。除了他們的領袖說出了要召開此一會議的一些動聽的話而外，國民黨內掌權的「五人小組」，根本就沒有對此會議做過任何的具體安排。甚致也沒有向任何海外反共人士表示過具體的邀請。他們「五人小組」為什麼這樣不熱心呢？說穿了，還不是為了他們要保持他們在領袖面前的「既得利益」。以遂其朦蔽「聖聽」的一貫手法。因為他們平時在領袖面前「只有報喜，而不報憂」，把台灣當前的內外險惡處境一律隱蔽起來。他們認為，萬一「反共建國聯盟」召開，萬一邀來的海外人士當中有兩個不知好舛的人在領袖面前說出了眞話，豈不是會大大的影響到他們的「聖眷」嗎。因此，他們對此會議的召開，一開始就沒有認眞計劃過，都是在敷演了事，到現在，祇好以「無人自津」來搪塞老先生，把這一個會議根本取消了。

由於「反共建國聯盟」的停開，固然是達到了「五人小組」的私人目的，但是，替他們的領袖帶來了言而無信的無可補償的損失！這一點，「五人小組」是有意？或無意？則恐非外人所能揣測的了。

還有一個——「國民大會臨時會議」，也是蔣老先生在去年（一九六三）「國大年會」中親口宣佈的，要在今年（一九六四）召開國民大會臨時會議。（此會議是否應該召開，說來話長，且本刊前已有報導，故從畧）當時蔣老先生宣佈此決定後，他補充的說：「此會明年越早開越好，最好是能在春天舉行」。但是現在一九六四年已經快要結束了，而此會的召開，還不如反共建國聯盟」之稍具形勢，而簡直是無影無蹤了。

我國先哲孔子有云：「人而無信不知其可也」。孔子這句話，是指所有的人，是說普通一般的人都不可無信。何況言必信，法必行是一個國家元首不可缺的起碼條件。今天蔣老先生在一個年度，兩個重要會議之中所昭示與國人的決定，居然一個也不能兌現！像這樣的：…其何能以使命民呢！其何能見信於中外呢？嗚呼哀哉。

司法系統不正常　人身自由無保障

鬧了多年的高等法院與地方法院改隸司法院的問題，拖到今天，還是音訊杳然。按照憲法規定，高等法院以下各級法院應由司法院管轄，這件事，在監察院一年一度的總檢討會議中，都有監察委員提出來檢舉。

這個問題為什麼還沒有解決呢？由於司法行政部長鄭彥棻，極不願意把任用推事檢察官，書記官的權力交給司法院，乃設計一套與中華民國憲法不相干的辦法，仿照法國憲法規定，在總統府下面設一個司法官任用委員會來控制司法官的任個用權，於是司法院提出這個案子，就全擱淺了。因此，使我國在聯合國人權委員會常務理事國的席位沒有了，美軍在華地位問題的協議，再度陷於停頓。這個案子，是由總統府踢進國民黨中常會，再由中常會組「十八小組研議，並獲得協議，但結果還是被打入冷宮。據說，此一協議之未能實現，是一位汪精衛時代的要員——漢奸的傑作。

司法審判不獨立，不公正，凡是在台灣打過官司進過法院的人皆知道的事，故司法官稱為「五害」之一。現在的法官公開要錢，律師界的朋友，都能如數家常的說出，某也要錢，某也更要錢。甚致連採訪司法大厦的記者，也可順便做做「司法黃牛」，與法官打交道，講人情，說案情，也很平常，不足大驚小怪的事。

至於人權保障問題，在台灣，人不如狗，比如說，有錢有勢的人養了一隻狗失蹤，狗主人可以在報端刊登尋找啓事，但是某一個人失了蹤，其家屬無法尋找，也不敢刊登啓事。而新聞記也不敢發表某人失蹤新聞，因為新聞記者自身也難保呀！比如，台灣機器公會某君，是一位苦幹的企業家，因而獲得有關方面的賞識，而准其赴美考察，由於他在美國說了一句「台灣經濟全靠慘淡經營」，而沒有說台灣經濟繁榮，回國後即告失蹤，其家人雖明知拘押在那裏，也不敢去直問。由此可知，所謂人身保障問題，在台灣這個實島上，究竟是怎樣一回事。所以民間常有「看你橫行到幾時」的憤激之語。

國民黨人　自相殘殺

由於國民黨的革命教育與革命思想都是根深蒂固的建築在對內鬥爭方面，在沒有革命對象的今天，就把這一鬥爭的本領轉移到自己人身上。有人懷疑陸運濤之死，是死在鬥爭上面。更如，「政治評論」與「革命思想」半月刊唱對台戲；張益弘糾正葉青的思想不正；聯合報與徵信新聞在版面上互相醜抵，紀政事件便是例證。「經合會」第三處處長王作榮揭中央銀行徐柏圖的短處某主席與公路局金馬小的緋色新聞，都是國民內部傳出的，尤其是「老而無恥」的批語，就是黨內派系鬥爭的成果。我舉出這些事實，旨在說明國民黨內部既不團結，而欲團結海外人士，豈不是痴人說夢嗎？（續完）

本刊已經香港政府登記

聯合評論

每逢星期五出版

週刊 United Voice Weekly

第三一五號

849126

CHINESE - AMERICAN PRESS, INC
199 CANAL STREET.,
NEW YORK13 N.Y. U.S.A.

本報重要啟事

查十月七日香港時報十月八日香港大公報等報會刊載一項消息，謂有七名新聞工作人員被捕，內中有「聯合評論李懋」。讀後至爲驚異，本報從無李懋其人，本報亦從無任何人員被捕，特此聲明，以正視聽。此啟！

聯合評論社敬啟

必需喚起民衆

李璜

今年的中華民國雙十國慶紀念中，在香港的好幾張反共刊物上，都比較的在社論與雜感裏，多有對於孫中山先生創造民國，何以落在我們這一代人之手，竟自弄得亂七八糟，抒出失敗的觀感與反省之言，不勝悵嘆，這算是一種人心的進步。不知在台灣出版的刊物上，也能當此紀念，有深切反省之論否？

而且這類觀感與反省，大抵圍繞着孫中山先生的民族、民權、民生三主義來從事觀察過去，策勵方來，這也算扼住了成功與失敗的要點所在！可惜，以孫中山先生的爲總理的國民黨當權者，一旦權勢在握，便只知仗恃自己的少數軍警，去居高臨下的行使其統治，而便忘却了（雖然隨時在口中唸唸）其總理遺囑中一句緊要的話：「必須喚起民衆！」

中山先生這句話，是在民十四年三月十二日，臨逝世時發表出來的，故曰：「積四十年的經驗，深知欲達到此目的，必須喚起民衆」。換句話說，中山先生的四十年革命經驗告訴他，要實現其民族，民權與民生的革命主義，絕非少數的國民黨黨員，以及附和的一班知識分子，便足以達到革命建國的目的了。

檢討英、法、美等國的革命建國所以成功的歷史，便足以反映出中山所言有至理，以及我們這一代人的失敗的根本所在。

以英國而論，自十三世紀以至二十世紀之初，英國的民權不斷發展，民族發揚，以至於民生改善，乃是英國所謂的中層階級（Middle class），能够喚起民衆，去共同努力，故英國人盛誇其不從事於流血的革命，而竟能成爲民主的先進。即以英國在十九世紀後期而論，選民不斷增加，將貴族與地主區域的選舉權讓給平民，一八六七年增加選民一倍，一八八四年又增二百萬人，一九一七年實現了眞正的普選，這些都是維多利亞女王了解新興的工業分子與工人打成一片，而成爲國家的中堅的多數，便毅然聽任自由黨人去放手領導民衆，改善民生，將英國的貴族特權完全壓制下去，而英民族更能發揚於世界之上。

法國政治家的喚起民衆，更比英人爲猛烈，如一七八九年國民會議之求援於巴黎民衆，而終以內除路意十六的暴政，外抗普奧進攻法國的强權。特別在一八七一年，巴黎爲德軍佔領，要賠了軍費，德始退兵，而一旦由巴黎市民號召，很快的就償了賠欵，建立起第三共和來！

至於美國在一七七六年的革命建國成功，自發動以至於獨立，完全由於多數民衆的自動，其中如率領民衆抗英的華盛頓，起草獨立宣言的傑佛遜，穩定聯邦憲法的漢密爾敦，擴大民主的傑克孫等人，無一個是官，且其初皆不是黨人，故皆能以大公無私的去喚起民衆，臨時造成嶄新的力量，而以忠勇二字領導之，卒使抗暴成功，建立新國。

現在反省一下我們五十年來的革命建國，第一次的辛亥革命，成功得太快，一大半的附和者都是手握權力的官僚，這一些逢迎革命者的動機，大抵是爲保全祿位，甚至企圖更進一步去升官發達者，故辛亥後的民主適成爲官主，而令袁世凱得以遂其竊國的野心，並非偶然！——中山先生的遺囑上所言積其經驗，必須喚起民衆，其經驗之大者，莫大於官治之與民治，適難兩容，要想實現民族，民權，民生的三民主義，而去靠只知保全祿位，不惜賣國殃民的民初官僚，眞所謂南轅而北其轅！

可惜民十六的國民革命，又復蹈民元以來的覆轅！革命軍一達到武漢，則西南西北的早經殘民誤國的大小軍閥，頃刻之間，便變成了革命黨，而一律成爲國民革命軍的軍長，依然割據地方，依然高居民上，此輩豈但不知三民主義爲何物，即其自身大都是民族、民權、民生的荼毒者，所謂「革命的對象」是也！因之，民衆爲之齒冷，志士爲之灰心，而不肯的革命黨人，無聊的知識分子，大都去依附軍閥，貪汚如故，建設全無，此所以並不適合國情的中國共產黨得以乘機而起，死灰復燃，終成大患！

今當民國五十三年，革命所以尚未成功，一經檢討，則革命始終並未與大多數民衆打成一片，要爲一根本原因。革命之所以始終未與多數民衆打成一片的原故，則革命黨人實昧於中山先生的「天下爲公」之旨，而未以全民爲國家的主人，不但不符中山的民權之義，抑且不符孟子的民本之義。猶憶民國二十四年，我在上海的「國論」雜誌上，對當時國民政府所勵行的內政革新，曰：管、敎、養、衞，會經批評的說過：「談到管，衡以民權之義，則老百姓應舉出代表去管政府；而不是神權之義，天生民而之君了！談到敎，則衡以聖賢之義，乃是「天視自我民視，天聽自我民聽」，「民之所好好之，民之所惡惡之」，而不是「大義覺迷」的聖諭時代了！談到養，則今天日益增多的五萬萬民衆，如不提倡實業，俾多數老百姓去從事新的生產以自養，政府又拿甚麼去使衆多人民食飽穿暖呢？至於衞，則老百姓一旦離開政府，政府立刻便陷於孤立，不能存在，足見民衆乃政府之衞，非政府便足以衞民也！奈何，今之當局，見事誇而妄，致一切都看來倒起了啊！」（大意如此）

因是，我隨港報諸公的國慶觀感與反省之後，檢討到今日的反共救國事業，乃在必須的且如何的去喚起民衆，要喚起民衆去一致合作，則今日的中華民國政府當權者看事不要再倒起來看了啊！

五十三年雙十節後二日

「反帝」陣營的帝國主義者

許子由

開羅的不結盟國家高峯會議，已是曲終人散；會議的影響如何，自無遽予評價。但可以指出的是，在人們的觀感上，納薩絕不如尼赫魯，且不如遠甚。以納薩來充任不結盟會議的盟主，正是一代不如一代。

尼赫魯雖也被稱爲國際「政治掮客」，可是他看盤看得準，拉客拉得緊，生意做得大。像上一次的不結盟高峯會議，正當蘇聯片面恢復核子試爆，東柏林建立圍牆，世局緊張。尼赫魯會後訪莫斯科遊說和平，不惜拂逆蘇聯做法，也可說能切中時弊。當時會談內容如何，尼赫魯並無同憶錄遺下，赫魯曉夫也未公開發表；但印度不久即獲得蘇聯援助，用以對中共制衡，啓中共與蘇聯齟齬之漸；共存論接着抬頭，成爲今日國際政治基調。由尼赫魯的把舵，不結盟國儼然有「第三方面」的情勢。

可是這次納薩這位不結盟主所上演的鬧劇，却是軟禁剛果總理冲伯一幕，冲伯的飛機飛臨開羅，被拒降落，繞樹三匝，無枝可棲，轉飛雅典；其後再來，却遭軟禁，捱餓四天，始獲釋放。在再經雅典往巴黎入醫院時，冲伯指責埃及所爲「不人道，不能容忍」，謂將於以後的非洲會議中提出此事。納薩素以非洲領袖及非洲國的解放者自命，但看來他已在非洲樹立了一個敵國，及若干不同情埃及作爲的國家，因不但冲伯本人宿怨難消，剛果軍民且包圍埃及使館，以爲報復；即承納薩具函邀請參加會議之剛果總統卡沙武布，也向埃及正式抗議，指爲對剛果「有意之侮辱」。同時阿比西尼亞皇帝，利比里亞總統，突尼西亞總統，也都反對埃及此舉，但納薩一意孤行，似覺他自己便是非洲的統治者！

任何被不結盟國會議稱爲「帝國主義」的國家（自由國家），如果拒絕任何代表參加會議，祇能悉憑會議議決，也只能拒之於會議的門牆以外。即使不歡迎其入境，也只能於入境前予以拒絕。沒有理由也沒有必要像埃及總統納薩對付剛果總理冲伯這樣的做法。像納薩的這種做法，以近代來說，只有蘇聯的史太林對待他的附庸國領袖元首或小共黨頭子有之！史太林是不折不扣的赤色帝國主義者，自有他的朝聖者陷在他的祭壇前供受宰割，成爲犧牲。而納薩的使非洲國對開羅有戒心，是有損於他成爲無色（不紅不白）帝國主義者的迷夢呢！

在不結盟會議的巨頭之中，另一位是印尼總統蘇加諾。自從印度與中共交惡，中共要製造蘇加諾地位，使他可以取代尼赫魯成爲「亞非」的大頭目，蘇加諾以爲時機來到，可以在東南亞那一角落做他的盟主，便標榜起反新殖民主義的口號，策動婆羅乃叛亂和執行所謂粉碎馬來西亞。他意中以爲北婆羅州應該歸附於印尼的加里曼丹（西婆羅洲），以爲一億人的印尼馬來族人應統治一千萬人的大馬來族人，然後由馬來族去控制東南亞，造成印尼在東南亞的大帝國，他在印尼大學公開演說，說「印度洋」應該改稱爲「印尼洋」，引得學生哄堂大笑，但他大言不慚。

在要求取得西新畿內亞時，蘇加諾把這個人種不屬於印尼人，地理不屬於印尼羣島的島嶼，無理地堅持必須列入印尼的範圍，只爲它曾受荷蘭的統治，如果荷蘭以前在別一州有過殖民地，那也應該一併移交給印尼帝國做新殖民地嗎？

可惜蘇加諾粉碎大馬的壯舉，竟受到英國積極調兵防衞的阻礙，印尼遊擊隊在沙勞越森林中迭次都吃了虧，傘兵降陸馬來亞本土也不能得手。於是蘇加諾只好遠走莫斯科，乞求軍援，殊料結果不如理想。便又轉到開羅，要求不結盟國對「在馬來西亞的自由鬪士」給予軍援，而這批蘇加諾所稱爲「自由戰士」的印尼遊擊隊，却正是蘇加諾所遣派的，替印尼帝國攻打新殖民地的前鋒。

在反對新殖民主義的名義下擴展新殖民地，在反對帝國主義聲中實行帝國主義。這正是蘇加諾、納薩這一班「不結盟」巨頭的掩耳盜鈴做法。不結盟而要建立武力去對付帝國主義，何異結盟？不結盟而要求蘇聯軍援，及各不結盟國間的相互軍援，又怎能稱爲不盟？

蘇加諾要不結盟國軍援印尼侵擾大馬的要求，被狄托和印總理沙斯特里所阻止。納薩在開幕詞中主張及大會通過應該准許中共入聯合國，向中共送秋波，可是他所建議調解印度與中共的邊境糾紛，却遭受中共的預先拒絕，謂決不接受沒有中共在場的調解。這可見不結盟國份子複什，（如古巴也有參加）意見紛歧，結盟固難，要成盟主，尤其不易。

他們更大的困難，是中共不肯賣他們的賬。如要勸說中共勿作核子試驗，可能只得一「勸」字而已。因爲中共也是反帝陣營中大帝國主義之一。帝國主義如此之多，此世界之所以亂歟？

我對民主政治制度的看法

劉裕略

當今之世談民主政治的人非常多，但見解和看法頗不一致。我以為要解決這一個問題，必須先對究竟什麼是民主政治制度這一個問題作一番探討，否則，人們的觀念由於界說不清而極易混淆，一致的結論當然也就難於獲得。惟其如此，所以我現在很願意先就究竟什麼是民主政治制度這個問題談談我的看法，這些看法，也正是我九月四日在聯合評論所寫「中國應如何同時走一面反攻一面民主建國之路」一文的補充。當然，這也只是我個人的私見，正因為我的這些私見與各方的看法不盡相同，也許我的看法有錯，也許不錯而可供參攷，所以，不管如何，我都願意把它寫出來，作為對這問題的一種探索。

民主政治是由人民自己作主的政治

前面說過，我認為要談民主政治，必先研究清楚所謂民主政治究竟是什麼？是僅僅有一些民主政治制度的事物便是民主政治嗎？抑或在憲法議會等一般事物之外還有更基本的因素？對此，我多年來總覺得一般人總常常只着重於一般事物，同時又常常把社會上的自由生活與政治上的民主制度混淆，而依我的看法，這其間必須首先加以區分。在民主政治制度下，固然必有憲法議會等事物，固然必有自由的社會生活，但僅有憲法議會僅有自由的社會生活，卻並不一定就是民主政治制度。因為所謂民主政治，應該而且一定是指一種民主政治制度而言，絕不是止於形式，更不是只談那些自由民主的社會生活方式。

如果先同意我的上述看法，那末，我覺得隨之而來的一連串的問題，便該是「什麼是民主」？「什麼是民主政治」？「什麼是民主政治制度」？

究竟什麼是民主呢？大家對這一名辭的含義也總嫌界說不明。有些人甚至只主張保有一種模糊概念，而不願意它有一定的界說。我則以為它既是一種莊嚴而且關係極大的制度，嚴明其界說就成為必要的事，而且其界說也以愈嚴明愈好。

對此，我現在試為民主一辭加以嚴明的界說。依我看：既謂民「主」，它就與別的什麼「主」截然不同。既與「以民為主」不同，也與「以黨為主」不同；既與「以君為主」不同，也與「以階級為主」不同；既與「以獨裁者為主」不同，也與「以少數寡頭為主」不同，以民為主只是一種民本思想，以黨為主只是一種一黨專政，以君為主只是一種帝王統治，以階級為主只是一種階級專政，以獨裁者或少數寡頭為主只是一種法西斯，而都絕不是民主。所以，我對民主一辭所加的界說便是「由人民自己作主」。不是由人民自己作主，便絕對不得謂之為民主。

假如我的上述界說不錯，那末，什麼是民主政治這一問題，便亦隨之迎刃而解。因為所謂民主，既然指的是由人民自己作主，則所謂民主政治當然便應該嚴格限定是一種由人民自己作主的政治了。

事實上，由人民自己作主的這種政治思想，來得也並不偶然，它是從人的自我醒覺，人人應該自由平等，以及人類社會歷史演進到一定階段，人權思想及天賦人權的觀念流行，再加人民對神權王權的反抗而來的。可以說，今日英國今日法國今日美國的民主制度，都是從它們而來。當時完全因為它們的興起、活躍以及奮鬥，才有英法美今日之民主制度。所不同的，是英國的民主制度係走「漸變」的路而形成，法國與美國的民主制度係走「突變」的路而形成的。但其殊途同歸，英法美三國皆同樣的走向民主，則無歧異。在英法美三國建立其民主政治制度時，由於環境及所走道路不同，所採政治形式亦儘管在面貌上署有區別，如像英法就都是內閣制，美國則是總統制，英國與法國又有不同之點，是英國又因為走的是漸變的路，所以至今仍保有皇帝，法國則在現任總統戴高樂之前的各任總統都只是對外代表國家的象徵，初無政治實權，而又與美國有異；但無論英國也好法國也好美國也好：無論所採的是內閣制也好，抑或還是總統制也好，在形式上雖然好像有所不同，但它們在本質上卻同為真正的民主政治制度國家，乃屬毫無疑義之事。

中山先生說：「政是眾人的事，治是管理，管理眾人的事，便是政治。」我覺得中山先生的這一解釋雖然也很有一些意思，但眾人的事也常常是社會的事，如果只說眾人的事便是政事，那末，政事與社會的事便不易分開。所以，我覺得應該把政解釋為有關國家和人民之間的眾人的事以及國與國之間的事；而中山先生所解釋的政治的治字，只是管理，也嫌消極，且不周詳。事實上，在人類社會進化過程中，尤其在現階段，有關國內國際的政事非常複雜，有待解決的問題及有待推進的政事還是非常的多，並不只是加以管理便可了事；且今日某些政事，好像患了病一樣，需要醫治的地方也所在多有，更不是只予消極的管理便行，所以，所謂政治，便應該解釋為管理、醫治、解決和推進國內與國際間的眾人的事。因之，什麼是民主政治？其含義也就非常明白，所謂民主政治，便應該是由人民自己作主來管理、醫治、解決和推進的一種政治。而絕不是由一黨專政一階級專政一獨裁者一帝王或少數寡頭站在統治地位作主來管理、醫治、解決和推進的政治。

至於制度一辭，我以為它的標識及區分應在政治權力之重心所繫。譬如：政治權力之重心在酋長身上，即管理、醫治、解決和推進國內國際大事權力在酋長身上，那便是酋長制度；政治權力之重心在帝王手上，便是帝王制度；由一個黨不經選舉而用武力強佔統治地位，因而把一切政治權力之重心操在一個黨之手的制度，便是一黨專政制度；由一個階級用武裝奪取政權，操持一切政治大權的制度，便是階級專政制度；由一人操縱政治大權，那當然便是法西斯獨裁制度了。所以，綜合上述各點，得出的結論也很簡單，所謂民主政治制度便一定應該是政治權力重心操在人民自己手上，由各該國家的人民自己作主來管理、醫治、解決和推進國內國際的眾人的事的一種政治制度。非此就必然不是民主政治制度。

選舉是民主政治的基本要素

但是無論大國或小國，一國之內的人民總是非常的多，他們怎樣來自己作主呢？他們怎樣才能把政治權力的重心操在自己手上呢？無疑，選舉便成了如何能使人民自己作主的惟一答案。惟其如此，選舉工作也就成了民主政治制度的基本要素。沒有這一要素，便絕對不成為民主政治制度。因為無論是總統制也好，內閣制也好，是三權分立也好，是君主立憲也好，這些都仍然只是推行民主政治制度的方式，惟有選舉才是民主政治制度的實質。不是人民選舉出來的總統，縱有總統制度之名，能算民主政治嗎？不是由人民選舉出來的國會，再由國會選出內閣，縱有內閣制之名，能算民主政治嗎？又試想：縱然有了憲法，便算民主政治嗎？縱然有了議會，便算民主政治嗎？袁世凱時代不是也有憲法也有議會嗎？何以不算民主政治呢？中共政權現在不也是在形式上既有憲法又有所謂全國人民代表大會嗎？又何以人們都不承認它是民主政治制度呢？這就可見其間還另有道理在焉，而在民主政治制度真正建立之日，憲法與議會固然是必有的，但僅僅在形式上擁有憲法與議會，仍然不一定就是民主政治制度。因此，我以為憲法固為民主政治制度所必需，議會也固為民主政治制度所必需，遵守憲法固為民主政治制度所必要，尊重議會也固為民主政治制度所必要，但真正民主與否，還不能僅從這些事物來衡量，而要再看該憲法的內容，是否真正符合民主的標準？而要再看該憲法的規定是否被遵守？且需再看議會是否真能行使職權？而尤其重要的則還更要看該國家的人民是否真正在實行選舉。因為任何一個國家的人民既必然都相當的多，且百業分工，固不可能人人自己出而執政，必也採用選舉辦法，由人民自己選出自己所屬意的黨或人去執政，去管理、醫治、解決和推進國內國際的眾人的事，只有這樣，所謂人民自己作主之說，也才真正體現了出來，成為一種真正的民主政治制度。也惟有這樣，衡量民主的基本標準，才不在其它，而端在有無合法的適當的足以體現和反映民意的選舉。就民主政治制度而言，選舉之重要實遠超過憲法和其它一切事物。因為沒有憲法沒有議會固然必定不是民主，但僅有形式上有憲法有議會，而沒有選舉，仍然絕對不是民主。主要原因就在如果沒有選舉，便無由體現人民自己作主，人民自己作主的事不能體現，當然就不能算是真正的民主政治制度了。

大體說來，今日偏安在台灣的中華民國，既然有了一部民主憲法又有經過選舉而產生的議會，而自南京時代起，卻一直被認為不民主，其故何哉？主要原因就在國民黨當局未能完全遵守憲法，且未能充分尊重議會。至於中共在今日大陸，雖然也建立了一個政權，而且也有憲法也有所謂全國人民代表大會，也有所以被人認為絕不民主甚至完全違反民主者，一則由於中共政權原是由武裝暴動產生的，不是由人民意願產生的；再則由於中共絕不許人民自己作主，而在階級專政口下實行一黨專政；三則中共的憲法，一點民主意味也沒有，中共的所謂全國人民代表大會也完全沒有體現民意，而只體現了黨意，即共黨之意，而且作為選舉的要緊——自由競爭在中共統治下也是完全沒有的，一切候選名單，都全由共黨指定，最可笑的，是中共大陸的所謂選舉，都只有一個候選人，沒有第二個候選人，人民既無選擇餘地，所以，那簡直成了最滑稽的選舉，自然也就更談不上民主了；四則政黨政治也是民主政治制度的必然現象，而中共卻反對政黨政治，只由中共一黨專政。所以，中共政權的一切都完全違反民主，不僅違反而已，而且沒有任何可能把中共政權逐漸改變為民主的可能，而只能用突變的方式把它推翻，這也就是人們今天對台北仍存民主改革之心，對於中共政權則不存任何幻想，只準備用武力把它推翻之故。

怎樣提高民主政治制度的實質

把台北國民黨當局不夠民主與大陸中共政權完全違反民主的真實情況對照之後，我想應該再來談談形式民主與實體民主之區別以及怎樣提高民主政治制度的實質的問題。

前面說道：民主政治既是一種由人民自作主的政治，而選舉又是體現人民自己作主的基本必要因素，所以，任何一個國家的民主政治制度的民主實質究竟發揮到了何種程度？便容易找到一個衡量的標準，這標準便是以該國家的人民究有幾許人表達了他們的政見行使了他們的選舉權來衡量。我以為如果該國家的人民總數中有過半數行使了選舉權表達了他們的政見，該國的民主政治制度便算是一種實體的民主政治制度；或名之曰高級的民主政治制度；如果行使選舉權的人數不及該國家人口總數之一半，則我認為該國家的一切民主現象和條件縱然都具備，俱如它們雖有民主憲法民主議會和兩個以上的民主政黨等，但它們仍只算是做到了形式的民主，或曰初級的民主，而尚未達到實體的民主程度。因為以多數為依歸是一個民主原則，所以，我以為可以用各該國家人口總數之半數是否行使了選舉權作為形式的民主（初級的民主）與實體的民主（高級的民主）分野的變換綫。

加果採用我的上述辦法，我還以為不但足以鑒別民主制度的真為，而且足可鑒別民主制度質量的高低，從而，如何提高民主政治制度的實質的辦法也立刻可以產生出來。這辦法便是促成愈多的人行使選舉權，則民主政治制度的實質便也愈益提高。因之不但可以用此尺度來衡量世界任何國家的民主程度，而且也可以說明民主道路的方向究竟在那裏。而我之所以認為今日中華民國在大陸淪陷中國絕大多數人民不能行使選舉權時只能採用「民主計劃政治」的「特變」道路，從形式的民主在一定的期間內通過周詳計劃，一面反攻復國，一面民主建國以孕育和達成實體民主之具體實現，其道理也就在此。

周恩來因攝護病開刀

陸又聞

遠在兩年前，周恩來的健康情形，就越來越顯得不好，這不僅見過周恩來本人的人們非常明顯的感覺到，就是只從中共拍發的新聞照片來看，周恩來那一付越來越憔悴的樣子，也是很容易立刻映入眼簾的。

說來也很奇怪，在中共中央諸首腦中，就只有周恩來一人的健康情形，隨着中共統治的這若干年，竟至一年不如一年。在這樣情況下，如果中共中央諸首腦之間眞有什麼「同志愛」的話，在最近這一兩年，就應該給予周恩來以特別照顧，讓他多去休息一下才是。無如中共中央諸首腦間各懷鬼胎，竟不謀而合的故意陷害周恩來，叫他在去年年底抱病前往非洲訪問。而周恩來碰着頭皮不能不去，於是，去年十二月在埃及公開參觀時就演出了當衆昏倒了一幕。這周恩來的一件事曾被當時在塲的世界各國的許多名記者共同親見，所以，決非造謠，而立即把周恩來抱病的消息傳播開。

事實上，今年年初，周恩來在訪問非洲途中，突然取消訪問東非，專機折回昆明休養，然後再往緬甸錫蘭訪問，都完全是由於周的身體無法支持之故。

到了最近，自八月十日起至九月二十日止，整整經過了四十天周恩來從未在任何塲面露面，迄九月廿一日再露面時，人們已可從中共所拍發的新聞照片上看到周恩來的容顏是更憔，悴了兩頰更瘦削了，病容已經完全露在臉上了。人們不禁要問周恩來究竟患的什麼病呢？是不治之症嗎？還是可望治癒的病呢？

筆者茲從特別有關方面得來消息，周恩來最近這四十天原來是爲攝護腺病開刀。開刀後，休養了極短的時期，所以，又重新出現在某些塲合。

周恩來這身的病，並不止於這一次開刀的攝護腺病，但這一次開刀却是爲的這一個病。

西方記者常常注意周恩來的手，因爲周恩來出現時，他的右手通常總是擺在右胸下方，好像不能多所活動似的。以致所有周恩來的照片，都同樣的看到他那一隻右手的固定位置。因此，西方記者疑心周的手有特別毛病，亦因此疑心周這一次開刀與手有關。其實，他這一次開刀是與手無關的，他這一次開刀完全是爲了攝護腺病。至於他的手，也確實有病，不過，不是別的什麼，而是由於他曾經一次騎馬，從馬背上被摔了下來，摔傷了右手，一直未能完全復原，所以現在的右手便欠靈活了。

大陸簡訊

青鳥

中共與中非共和國建交

最近，中共對非洲的外交攻勢已取得了相當的進展。中非共和國代表與中共於本年九月廿九日在北平發表公報表示即將建交，是一個例子，將在本年十一月下旬獨立的贊比亞現已發表消息，謂將來獨立後將承認中共，是又一例子。本來，本報評論家早已一再指出中共正在對非洲加强攻勢，台北應特別加倍努力，但台北最近却對非洲缺乏進一步的努力，眞是台北當局低能和麻痺的表現。本報評論家也會經呼籲美國應協同台灣與中華民國共同對非洲採取攻勢，但美國政府也很麻痺，所以，終至形成中共在非洲越猖狂的現象。

查中共之所以能在非洲猖狂，一是由於中共新華社記者在非洲各處之活動，二則由於中共對非洲的金錢及貿易之引誘。但台北的記者大半低能，同時，也只能幹點普通記者的一般工作，而中共則經常密派大員喬裝爲新華社記者到各處活動，這是中共駐非洲文化參贊前此投奔自由的董濟平說的，而台北高級官員，則都中了官僚毒，做過大使的就不肯做公使，做過公使的就不肯做參贊，更不消說其它了。同時，台北外交部長差，只能辦事務，根本不是政務人才，所以，台北對非洲的外交形勢越來越差了。另一方面，台北現在雖然已經稍有覺悟，知道運用貿易作手段，但台北這一次組織貿易代表團，到中南美實則中南美今日的形勢不及非洲緊急，台北何以不先派貿易代表團訪問非洲呢？這是台北當局缺乏眼光，措施不當的明證。

現在，由中共僞政權貿易部副部長盧緒章率領的代表團尚在非洲各地繼續活動，一面破壞那些已與中華民國建交國家與台北的關係，一面勾引那些尚未與台北建交的國家，所以台北當局應該立即加倍努力才是。

毛澤東繼續玩弄施漢諾

國際間本有許多小丑，萬料不到這些國際小丑今天却以亞洲出產得最多。本來，當此强國不講道義弱國無以生存之今日，作爲一個小國的總統或元首，爲了爭取其本國之生存及利益，因而在國際間玩弄一點小聰明，原是可以諒解的。不過，却不要太卑鄙太下流就是了。然而，亞洲新興的獨立國家中，竟有不止一人都是這種以親共媚共姿態而成爲小丑的。

中共爲了擴大慶祝今年中共僞政權十月一日的所謂國慶，原本不惜工本，很想大事舖張一下，但天不從人願，世界上的眞正大國或稍有正義感的國家的領導人竟無一人前往參加。算是國家總統或元首的就只三個人前往。這三個人便是高棉國家元首施漢諾，非洲的馬里共和國總統莫廸博．凱塔以及非洲布拉柴維爾剛果共和國總統馬桑巴．代巴三人而已。那末，中共怎樣安排他們三人的次序呢？結果顯示毛澤東仍然在他們三人中著重安撫施漢諾。因爲從中共所拍毛澤東劉少奇等人在天安門檢閱遊行的照片看，施漢諾是被安放在毛澤東與劉少奇二人之中間，其它的人則都被安放在更外的位置，可見毛澤東仍有意繼續玩弄施漢諾。但是，可以作一個假定，假如蘇加諾也到北平呢？那末，可以斷言，一定是蘇加諾被安放在施漢諾那一位置上了。

中共與剛果簽友好條約

非洲布拉柴維爾剛果共和國被中共所誘惑，它的總統馬桑巴．代巴這次到北平參加中共十月一日僞政權國慶後，隨即於十月二日在北平與中共策行了所謂友好條約，這些友好條約包括了好幾個項目，無異對中共的侵畧大開方便之門，對剛果本身而言，則正是開門揖盜也。

據新華社十月二日北平電：「中華人民共和國主席劉少奇、剛果共和國（布拉柴維爾）總統馬桑巴．代巴在中華人民共和國和剛果共和國友好條約上簽了字。今天同時簽訂的還有『中華人民共和國政府和剛果（布）政府經濟技術合作協定』、『中華人民共和國政府和剛果共和國（布）政府文化合作協定』、『中華人民共和國政府和剛果共和國（布）政府海運協定』。」

可以預見，隨着這些協定的實現，中共一定是派出很多特務，假借所謂經濟技術合作之名，假借所謂文化合作之名，到非洲去從事赤化及滲透顚覆工作。

僑鄉近訊

鍾之奇

中共蓄意驅迫廣東全省人民赴越充炮灰

廣東與越南隣接，雲南也接近越南，所以中共把廣州軍區及雲南軍區指定爲援助越南的兩個軍區，而由中共中央副總參謀長前任廣州軍區司令員李天佑（上將）指揮。而粵共當局也暗中擬好計劃，一俟中共軍隊正式開入越南時，即動員廣東全省四千萬人民支援越南，補充兵員，担任後勤，以進行人海戰術。所以，中共現在蓄意驅迫我廣東僑鄉人民充當炮灰的打算，已是我廣大僑鄉同胞們人皆盡知的事。這是最近到香港的有關人士確切透露的。

再看中共新華社十月一日廣州電訊說：「廣州市各界三十萬人今天舉行盛大的集會和遊行，熱烈慶祝中華人民共和國成立十五周年」。「陳郁省長在大會講話，向全省人民熱烈祝賀節日，他在講話中還强烈譴責美帝國主義對越南民主共和國的戰爭挑釁，他說：一旦發生事件，首當充的廣東省四千萬人民堅決援助兄弟的越南人民」。可見中共既蓄意侵畧東南亞，又把廣東地區當前線，蓄意驅使我僑鄉人民充炮灰哩！

廣州十一僞慶挨戶迫人參加遊行集會

又據日前由廣州逃抵香港的人士說：中共新華社雖然發出電訊吹噓說廣州有三十萬人民參加十月一日中共僞政權成立十五周年慶祝，但實際參加者不過十萬人左右，所謂三十萬人參加之說，並不確實。而且這十萬人中，除中共軍隊及機關幹部學校學生乃至工會係集體參加外，其餘個別被迫參加的，都是中共公安派出所的共幹事前通知某些人必須參加，臨時又再派人挨門挨戶通知前往參加，但其總數仍不超過十萬人。至於被迫參加的人，當然事非得已，內心仇恨中共到萬分，口頭儘管不得不隨着共幹高呼「中國共產黨萬歲」！「毛主席萬歲」！內心實在是希望共產黨早垮，毛澤東早死云。

興寧收購站出怪事大蛇被收購了來

中共的收購政策，即是中共的壓榨政策，也就是中共以低價搜括人民物資的迫購政策。人民終年勞動，勞動果實自己不能享受，全被中共囊括了去，人民之仇共恨共是可想而知的。

惟其人民仇恨中共的收購政策，所以，中共擴散在各地的收購站便時有怪事發生。據廣州出版的中共南方日報最近說：廣東興寧收購站竟收購了一條三斤多重的蛇，而竟未發覺。

中共南方日報的原文說：「興寧縣羅崗公社收購站，不久前收購了一條三斤多重的蛇，由於該站人員粗心大意，結果在一天晚上溜定了，弄得左鄰右舍寢食不安，有人向該站收購員麥某提出意見，請他迅速設法尋找，豈料他却若無其事的說：這次走的蛇不很毒，不會咬死人。聽者愕然。」

由此可見中共收購政策招人怨恨，以及人民將大蛇隨貨繳售以對抗中共的心情是如何激切了。

保亭縣共在公路上亂槍殺豬

殺豬本來是用刀，殺豬也有一定的地方，但共幹們胡作亂爲慣了，豬跑了之後，竟懶得去攔截，就在公路上亂放槍來殺豬，這也眞是奇聞了。然而這種奇聞並不是只出過一次，而是一再連續的出現，難怪附近居民都爲之驚駭，惟恐共幹們殺豬的槍彈射到自己身上。而這些事都決不是反共的人造謠，實乃中共中央政治局中南局所辦的機關報南方日報自己刊登的。

以下是南方日報原文：「保亭縣金江農塲劏豬，因爲不小心，豬跑到塲外的公路去了，一個職工持槍追趕，不聽公路上行人的勸告，連發五槍，把豬打死，事隔兩天，該塲又逃出一頭豬，一姓黎的職工，同樣持槍追趕，在附近的響水橋把豬打死了」。如此亂槍殺豬，眞是成何體統呢？

但人們更奇怪的，是農塲劏豬的共幹，何以人人佩有槍彈呢？又何以人人都敢隨意放槍呢？如果不是中共平時放縱共幹作威作福，會有這些事情發生嗎？

萬花筒般的南越戰局

于啓光

無可諱言：南越戰局，宛如一個萬花筒。任何一個美國人，如果他張開眼睛向這萬花筒裏窺望一下，它便會立刻覺得它是千變萬化，詭譎莫測；要解決這個戰局，即使是最超卓的軍事學家，也會認爲相當困難。

爲什麼會認爲相當困難？原因之一：越南的內部，越共憑着他們的優越條件，政治手法要得相當到家。於是，誰是越共？誰是越南人？莫說美國人，就是當地越南人，也不是容易辨認得清楚。因而越共有時可以化整爲零，有時又可以集零爲整；姑勿論其化整爲零或集零爲整，他們都可以運用閃電的方式來進行。這一來，美軍和南越政府軍即使動用龐大的軍事實力，也不容易把越共游擊隊消滅。相反地，美軍和南越政府軍祇有經常中伏及被偷襲，而死傷枕藉的份子，而越共游擊隊的潛力却一天天壯大。

原因之二：越共已學懂了蘇共和中共的挑撥離間伎倆，從而利用了南越的宗教派別的不調協，把佛教徒和天主教分化起來，使他們互相仇恨，互相敵視，以至互相鬥爭，使整個政局都陷於紛亂，淪於動盪，以致影響着美軍和南越政府軍的軍事力量打大折扣；而越共游擊隊便大肆混水摸魚。同時，在目前的形勢來說，越共是以逸待勞，美軍和南越政府軍則疲於奔命。再說得清楚些，越共是處於主動，美軍和南越政府軍則處於被動，這自然是有利於越共而美軍和南越政府軍則愈益陷於極度困難。

原因之三：越共也向中共學會了煽動羣衆和利用羣衆的技巧，而且運用得相當成功。邇來南越各省市，尤其是西貢和堤岸，不斷發生羣衆示威運動，示威羣衆中，包括教徒、學生、婦女，而最近有「以示威反對示威」的事態出現，這都是越共特工煽動或導演的「傑作」。那些越共特工，扛着「反共」的幌子來活動的，他們是偽裝着反共份子，替共黨工作，如不細心深入偵察，不會發覺「大叫捉賊」者正是匪徒」。美軍和南越政府當局經常上了他們的大當，墮入他們的圈套和陷阱中，在政治上因此受到重大損失，在軍事上也因此而被他們取得許多情報，於是美軍和南越政府軍的行動更遭遇到重重困難。據本月四日的事實所顯示：（一）西貢北部十五哩的邊和市約有二千名羣衆高舉旗幟巡行示威，要求學生停止示威；（二）嘉定也有四百名羣衆集中省長官邸前示威，要求學生立刻停止示威；（三）西貢有數百名學生在大會堂集會示威，要求其他學生立刻放棄示威行動。——上述三事件，從表面看來，他們的要求是正確的，但他們之中，却滲雜有不少共特，從而使到混亂的局面更形混亂，影響到政府軍人心理，使到政府軍事上陷於進退維谷的境地。

原因之四：越共游擊隊的隱蔽潛匿工作，幹得相當週密和妥善，據當地人民透露：滲入南越的越共游擊隊，俱能與各鄉村的農民打成一片，日間替農民耕作，夜間才出來活動，因此他們都能以農民的身份逃過了美軍及南越政府軍的耳目。而且越共游擊隊謹守着一個原則：決不隨便發動攻擊；除非情勢對他們絕對有利。是以他們每一次出擊，必有所獲，於是使美軍和南越政府軍都大受困擾。同時，這些越共游擊隊也擅於製造事件，破壞人民對政府的信心，漸漸使到農民同情他們而不同情政府。有不少農村已發現這麼的一些事實：農民不特庇護越共，而且接受越共游擊隊的唆使，將美軍和南越政府軍愚弄，遂令美軍和南越政府軍的深入側擊，經常撲空，甚至中伏！

反映上述種種情況，一個主要結癥是：南越政府政治失敗，因而不能爭取民心，令到南越戰局成爲千變萬化的萬花筒。從左方看是這樣，從右方看却又是那樣；從靜的方面看是這樣，從動的方面看却又是那樣；今日看是這樣，明日看却又變成另一態勢。——這一來，苦透的是美軍、南越政府軍；而犧牲慘重的，是南越人民！邇來南越的政變浪潮，將更加重南越人民的災難哩！

台灣簡訊

一、雙十節的閱兵大典

今年雙十節的閱兵大典，據中央社的報導，其場面的偉大，是中華民國開國以來前所未有的。還說：各國駐華使節和來華訪問的外國高級軍事將領都一致讚揚這是一次最動人、最偉大的閱兵，充分顯示我國三軍的強大和進步。美國駐華大使賴特海軍上將更認爲這一次的閱兵很了不起。蔣「總統」在檢閱三軍後，訓勉他們「要枕戈待旦，嚴守紀律，繼承先烈拋頭顱、灑鮮血的犧牲奮鬥精神，來重建一個獨立、自由、平等的三民主義新中國」，並領導他們宣讀「軍人讀訓」。三軍將士宣讀完畢，高呼「總統萬歲」。

然而却有很多人在背後議論：台灣既然擁有這麼強大的軍隊，蔣「總統」又一向認爲領導「反攻復國」非他不可，爲何不乘目前共匪與俄國閙分歧的大好時機，大舉反攻大陸？正是不是要等待中俄兩共言歸於好或中共有了原子彈以後才動手啊？既不能即時自己反攻大陸，而又要勞民傷財來搞這種自吹自擂的閱兵大典，豈不等於自我諷刺？但須知養兵千日，用兵一時，蔣「總統」年事已高，在前年就因爲身體不適，未能舉行閱兵，今年他已康復，倘再不及時來一次盛大的閱兵，萬一明年他的身體又有不適，豈不是更沒有機會了嗎？再說，大陸雖然淪陷，流亡在海外的數萬千同胞多已家破人亡；但蔣「總統」總算得天獨厚。就公而言，十五年來，他在台灣一樣稱孤道寡，發號施令，如今更舉行遠比在大陸時代還要偉大的閱兵大典，足證他並沒有缺少什麼；在私而言，蔣總統雖然不能像在大陸時一樣，不時回奉化溪口小住，省視先人墳墓，但他早經在台北郊外大溪建立了一個蔣氏宗祠，不但此亦溪口彼亦溪口，可謂天造地設的萬分吻合；而且這個新建的蔣氏宗祠也比奉化的那個舊祠美奐美輪得多。因此種種，蔣「總統」也就感到「此間樂不思蜀」了。至於他不時提到反攻大陸，那不過逢場作戲，說來取悅觀衆而已。

二、呆賬數字不便公開

台灣的各公營企業機構，前經監察院查出有呆賬達十億元之多，無從收回。台北市議員李福壽在市議會向市財政局長黃震球提出一項質詢，他說台北市內盛傳市區的各個合作社亦有呆賬達一億元之多，不知此一數字確否？黃局長答稱：「目前這數字不便公開」。爲了「呆賬」問題，聯合報還有一則短評，頗能道出其中奧妙，特介紹於後：

全省公營金融機構，吃進呆賬多達十億元之鉅：如以每戶貸欵一百萬元計算，「呆賬戶」約爲一千人；如以每戶貸欵五十萬元計算，「呆賬戶」約爲二千人，這爲數一千或二千的「呆賬戶」，實在是我們社會上的「英雄豪傑」。如衆所知的，凡能向公營金融機構貸欵的，多非等閑之輩；其中泰半均爲有靠山、有背景的「大亨」，進而能有借無還，向公營金融機構賴賬的，其在「道行」上，當較「大亨」更勝一籌；無以名之，姑且稱之爲「特亭」。

公營金融機構吃進爲數十億元的呆賬，截至目前爲止，並無清理的辦法和追究的行動；仍然是一筆「糊塗賬」，也可以說是一筆「混賬」。適於此際，台北市區的合作社，也發生「呆賬」問題，據說爲數亦達一億餘元。倘無公營金融機構十億元的呆賬在前，則這一億餘元的呆賬，倒也駭人聽聞；但因爲有了大呆賬，相形之下，顯得這不過是小呆賬。正如小巫見大巫，相形見絀；小呆見大呆，也就微不足道了。

三、欠稅大戶名單不能公佈

台北市議員要求稅捐處公佈欠稅在五十萬元以上的大戶名單。歐陰斌議員指出稅捐處對市區欠稅無力繳稅，拖欠小量稅欵的升斗小民，動輒交法院強制執行；但對欠稅達致十萬元之多的大戶，却觀看風色，不敢催繳。他問稅捐處長饒運炎說：「饒處長，我不敢要求你把欠稅的大戶也和小市民一樣搞去法院強制執行；我祇要求公佈欠稅在五十萬元以上的大戶名單，是不是辦得到」？站在議會答詢台上的饒處長則面有難色。表示他無權，不便公佈這些欠稅大戶的名單。歐陰議員再問：「這有什麼不可以呢？根據稅務法，處長是有權公佈欠稅人的名單的」。饒處長仍推說他必須請示，其理由是這些人所欠的稅，不一定都是地方稅，其中還有省稅和國稅。小戶欠稅，坐牢或罰欵；大戶欠稅則消遙法外，這就是今日台灣的普遍現象。蔣「總統」常說，要把台灣建爲三民主義的模範省，原來如此。

四、聯合報論省物資局長貪污案

最近台灣省物資局長張仁滔因以公欵二十五萬元借與省議員李經如經商，經人檢舉，被台北市地檢處檢查官依戡亂時期貪污治罪條例及偽造文書罪提起公訴，聯合報特發表社論表示幾點感想：其中有云「像張仁滔案所涉嫌之情節，在今天的官場中，絕不是僅見之事。尤其是借欵對象是民意代表，是省議會的老議員，張仁滔又爲能不賣賬？因此，張仁滔因涉嫌貪污，圖利他人而被提起公訴一節，祇是不幸而被人檢舉，進入法律法階段。事實上，今天官場中類似的事實，絕非祇此一端，不過有幸與不幸之別而已」。海外讀者於此尚可概見今日台灣的政風；一般了。

五、國防組織法送議仍無期

立法委員劉錫五在本一會期中，又對行憲以來即未送請立法院審議的國防部組織法問題提出第二十九次的質詢。他說，這一項質詢是一個老問題，但却是不容放棄的重大問題，所以這一次質詢的題目，定爲「久懸未決的國防部組織法案」。他要求行政院長嚴家淦先以口頭作重點說明，然後再以書面答覆。

嚴院長當即答復說，國防部組織法尚未送到立法院審議，其原因是牽涉到軍事上的演進和體制上的進步，因爲隨時都必須要有進步的措施，以致國防體系與事實需要也日在演進之中，這是個事實問題，一方面要適合事實上的需要，另一方面又要能靈活運用，所以過去雖曾有兩次草案，但現今還須要重新研訂，這也並非是起草人的疏忽，而是上述事實不能配合，故應請劉委員原諒。

爲什麼國防部組織法如此難產呢？照嚴家淦的答覆，顯然永遠不能擬定，因爲「軍事上的演進和體制的進步」，是永遠不會停止的。可是其中的原因却十分簡單。因爲蔣「總統」乃是軍事起家，他對於直接處理軍事的事務，而是要親自處理的。在行憲後，他的一切特別用費又滿需出自軍費，因而國防部的若干編制和開支，祇是爲了便利他提取欵項以作他用的一種虛假項目。自政府退守台灣後，蔣經國的青年反共救國團，也是利用國防部的名義和經費。這些事都是憲法所不容許爲國防部組織法所無法納入的。因而他當取者乃決定率性不要什麼組織，以便無法無天，以便爲所新爲。此爲國防部組織新法所以經過十五年仍不能擬定的眞正原因。如今蔣經國巧立「副部長」的名目，既經側身於國防部，更永遠不會要組織法了。

本刊已經香港政府登記

聯合評論

每逢星期五出版

週刊

United Voice Weekly

第三一六號

督印人：黃宇人　總編輯：左舜生

電話：849126

CHINESE - AMERICAN PRESS, INC
199 CANAL STREET.,
NEW YORK 13 N. Y. U.S.A.

本報重要啟事

敬告讀者！

本報出版本期之後，本報香港版及本報紐約航空版均即停刊了。特此

聯合評論社敬啟

我為什麼贊成本報停刊？

左舜生

我們這份報紙，創刊於民國四十七年八月十五，到現在已經超過六年，時間一久，大家便不免感到一些倦意，因此，在五十天以前，我們便一致決定暫行停刊。

大家想藉此休息，自然不失為本報停刊的原因之一，但主要的原因，却不完全在此。我們這六年間的言論宗旨，大抵不出「反攻復國」與「民主憲政」八個大字。逐漸實現民主，推行憲政，這不僅是我們反攻復國的目標，同時也是我們反攻復國的方法。我們覺得無民主即無所謂團結，不團結則反攻必然落空；不抱定這部憲法作為逐漸推行民主的總原則，即復國也無多大意義。過去國民黨的政府，曾在大陸實行黨治二十餘年，其結果乃有三十八年的慘敗。政府遷台以後，不從這一病根上幡然改圖，却還要變本加厲的跟踪這一失敗的作風推行下去。經過這十五年演變，乃並所謂黨治也名存實亡。其所以有這一惡劣的現象產生，理由也並不複雜：蓋大範圍內的民主空氣愈益稀薄，其結果則並黨內的民主也不復存在。一個國家的政治，等到發蹤指示之權完全操於一二人之手，則其他任何人的聰明才智即將無所用之。所謂負責，只須對此一二人負責；即敷衍，亦只須對此一二人敷衍；乃至欺騙，也只須對此一二人欺騙；成功僅此一二人的成功，失敗也只是此一二人的失敗；此外則任何人都不相千。等到敗壞到不可收拾的時候，此一二人者如果還願意引為己責的話，最後也不過慨嘆一聲：「萬方有罪，罪在朕躬！」假定此一二人者並一點責任也不肯負，他們也還可以說：「朕非亡國之君，而諸臣實皆亡國之臣！」這是中國兩千多年以來一條亡國敗家的老路子，中華民國這十五年來的政治現象，乃不幸完全走上這條老路子而至今不悟！

走上這條老路子所能表現的事實，大抵不出以下數端：一、大體上只能以無動為大為宗旨，以維持現狀為目標，不僅人事與機構不敢輕於有所變動，即任何新辦法或新設計，也決不敢輕於嘗試。

二、您說他明天便有危險，他說：「這只是危言聳聽，明明白白我今天還定很安全。」

三、偶然受着一種新的刺激，也可以偶然的衝動一下，好像還想振作一番的樣子；等到過了十天半月，這一新刺激一經淡薄，或雖受刺激而另外找到一種自我安慰的說法，便還是行所無事，安然入睡！

四、只許指出敵人的弱點以自我陶醉，假如您說：「敵人的弱點固多，但他們的强點也不是完全沒有，眞要做到知己知彼，則對敵人的强點，似乎也不宜過於忽視。」他們一定說：「您這只是為匪張目，」輕則送您一頂帽子，重則可以指為匪諜，把您捉將官裏去。

五、人民責備政府年復一年的不動手反攻，最早的一個答覆，乃是「準備還未就緒；」經過了一十五年，前一答覆已經不大適用，於是只好說，一切準備都已完成，只等時機一到，便隨時都可行動。

六、所謂「等」大抵可以從兩方面看：一是等世界大局變，一是等敵人的內部變。最早的韓戰，算是一種變；大陸的大鳴大放，幾乎鳴放到近於全面暴動；三年的飢餓，餓得大陸的老百姓大批大批的往外逃；難道這還不是變嗎？可是依然推誘，說這只是小變而非大變，眞要反攻，還非等待大的變化不可。我相信世界大局是要變的，可是究竟變得於我有利還是有害，則全不可知；大陸也是斷然要變的，可是究竟變得比現狀更壞或變得較好，也依然在不可知之數。如此，便可看出「等」的意義是並不太大的。何況，世界固然要變，大陸也不能不變，但台灣自身就獨能超出變的範圍以外嗎？以台灣目前的地位說，只許變好，不許變壞，可是所已經具備只會變好而決不會變壞的條件又在那裏呢？

七、所謂「等」，還有一個意思，便是等待美國點頭。所謂美國點頭，也有消極和積極的兩面：消極希望美國對我們的反攻不加以防阻；積極則希望美國予以精神的和物質的援助。依照這個意思來說，如果我們眞正是「一切準備都已完成」，則所以不能立即反攻之故，其責任便好像完全在美國而不在我；這不僅在政府負責者的方面有這樣一種想法，即在若千天眞而並不明白今天實際情況的老百姓方面，也有不少的人是這樣一種想法。但我們這六年多以來的言論，其重點却全不在此。我們僅僅承認軍事是應該好好準備的一端；但比軍事更重要的，還有政治準備。單就軍事說，我們確有必須仰仗美國的地方，因而美國所能左右我們的，也僅以軍事為限。至於政治，則美國從來沒有加我們以任何千擾，一切一切都可聽憑我們自由發揮。台灣的政治如現狀，美國不會說過什麽〈至少美國官方是如此〉；如果這十五年以來我們便一直在民主軌道上前進，使得台灣，海外，大陸所有反共的人民，都一致期待我們反攻復國成功，難道美國還會說什麽嗎？像這類的話，我們六年來已經說得太多，但始終不能變更政治現狀的毫末，即繼續再說，也不會有什麽用處，因此，我們索性把這個刊物停了，換言之，我們也來等待，即「等」到最後同為於盡，也是無如何了。

老赫垮台中共核爆對中共有利有害

劉裕略

十月十六日這一天，國際間傳播了三件大事：一是赫魯曉夫突然垮台；二是中共在華西地區舉行首次核子試爆；三是英國工黨由競選勝利而組閣。其間尤以第一第二兩項消息聳人聽聞，亦最影響今後世局。

老赫何以會突然垮台？這是人們聽到老赫垮台消息後第一個要問的問題。老赫垮台後，中蘇共會立即重修舊好嗎？這是第二個要問的問題。老赫垮台，對中共的影響如何？這是第三個問題。中共舉行核子試爆，對中共有何好處？這是要問的第四個問題，中共舉行核子試爆後，除對中共有好處外，還有壞處嗎？這是要問的第五個問題。

對上述五個問題，現在國內外各方的答案頗不一致。我以為無論老赫跨台或中共核試，都並不是對中共只有利而無弊，事實上，它們都是對中共既有利亦有弊的，現在且分述我的看法：

首先，假如老赫跨台，純粹是由於老赫不該，與老毛衝突所引起的話，則老赫跨台後，蘇共自必立即與中共和好，而且必將在對中共有利的情勢下遷就中共，無如消息傳來，老赫並非由於赫毛衝突而跨，推翻老赫的那一羣人，並不是親近中共的那一羣人，而乃是原本一向敵視中共幫助老赫打擊中共的那一羣人，那末，形勢很顯然，老赫之跨，固然是老毛的稱心如意事，但中蘇共間之衝突却不會立即獲得彌補。至少暫時一定如此。倘若這一衝突再被證明已經正式延長，則勢將進一步證明中蘇共間之衝突在範圍上業已並不止於赫毛個人之衝突了。於是，展望未來形勢，共黨集團內部不可避免的就勢必更加混亂更加分崩離析。長此以往，縱然將來中蘇共之間可能會因蘇共之內部再變化而趨向和好，但誰又能保證其和好必能長久？誰又能保證其和好之關係會天衣無縫？所以，老赫跨台，對中共固然具有提高其在國際共黨內部之聲光地位，甚至還可聚集和爭取更多國際共黨作附庸之好處，但對中共最不利的事也有，那就是蘇聯今後在國際間之地位，既免不了要愈來愈低，那末，原本只以蘇聯為主要敵人的民主集團，其政略戰略今後自將隨中共之愈益抬頭而愈益被目為自由世界的另一主要敵人。而以蘇聯中共來對照：蘇聯原是不怕自由世界把它當作主要敵人的。因為它挾有與美國相埒的工業生產力和太空核子軍備；中共則不然，中共只在國際間擁有虛名，並無足以眞正與美國抗衡之軍力，無謀人之力而先就暴露自己為別人之主要敵人，且被人視為全世界的主要危險分子，顯然，這是對中共大大不利的。

老赫跨後，蘇共新領導人登台之次日，蘇聯眞理報即為文繼續斥責中共為分裂主義者，又大罵毛澤東態度「傲慢」，並揚言蘇共仍將召開國際共黨大會，在在說明蘇共新領導人縱不堅持反毛政策到底，至少也已還是認為中共應低首蘇共，毛澤東不可「傲慢」，只可再當蘇共之奴才，所謂中蘇共重修舊好才有可能。然而毛澤東既不向老赫投降，又豈肯向老赫的後輩投降？這樣一來，中共今後就只能陷在兩條戰綫上作戰，一面對以美國為首的民主集團一面對以蘇為首的國際共黨作戰了。

至於中共於十月十六日成功的舉行了它的首次核爆後，其對中共之實質影響也可以說是正與老赫跨台對它的影響差不多。因為，任何人都不能否認這將提高中共之聲望，因此也就可能有利於中共對國際間的若干圖謀。但話說回來，國際間今後勢必對中共更加戒備與警惕，亦係必然的事實。如果美國政策製定人眞有魄力和眼光，就不但將會針對中共而重訂美國的世界戰署，而且還將會支持和援助中華民國趁中共未製成眞正核子彈之前將中共推翻。所以，美國與自由世界各國如果眞有謀畧的話，中共舉行核子試爆之結果，不過是務虛名而實禍而已，不過是更增加其財政包袱而已。

以言中共將來擁有眞正核子彈後，如以核彈威脅金馬而圖强佔台灣，我以為亦未必能如願。因為屆時中美協防條約亦可因美國對台灣延展其核子保護傘而卒保。美國只需揚言中共若以核彈威脅台灣，則美國亦可以更大的核彈威脅中共，則中共就不敢動手了。這問題屆時實繫於美國的政策和決心，所以，我以為中共圖台之心，也未必因核試成功便有任何收獲。不過，這並不是中華民國的最好辦法。中華民國的最好辦法，還是儘早進行局部反攻。

中共核子試爆舉行後，國際間的某些小國當然可能更加依附中共，這是不消說的。但也正由於中共的這一試爆，對日本一類徘徊在十字路口的國家，却具有無限刺激和清醒作用。除非日本一類國家眞的準備和願意作中共的殖民地，日本顯然是勢必立即反省而且立即檢討其對中共以及對中華民國的全盤政策的。我想日本政府和民族不自甘墮落的話，眼見以日本為敵的中共隣居已經走在日本之前開始核爆，而且還將繼續舉行[illegible]未，日本自應立即堅强其反共政策，立即進行核武裝才是。如果只由日本政府或日本社會黨消極的提抗議，在毛澤東眼裏，那種所謂口頭抗議還不等於沒有志氣的日本人在說夢話嗎？

從楊傳廣的十項運動看中華民族的優越品質

黃華勝

本屆奧林匹克世界運動會，已於本年十月十日在日本東京開幕了。現在，引起全體中國人和全體亞洲人最注意的事是代表中華民國出席這一屆奧林匹克運動會的十項全能選手楊傳廣究竟能否因得冠軍而獲金牌，但大家認為無論十月十九日及十月二十日楊傳廣參加比賽的結果是勝是負？楊傳廣是全世界十項全能運動的最高紀錄的保持者，都是無可否認的事實。從楊傳廣以往所締十項全能運動的人類奇跡，已充分證明中華民族的優越本質，也是無可否認的事實。所以，無論楊傳廣十月十九及十月二十日在東京奧運的比賽結果如何？無論他能否獲得金牌，我們都應該讚揚楊傳廣，凡屬中華民族之子孫都應該為楊傳廣歡呼，因楊傳廣而增加民族自尊心與民族自信心。

何以說無論楊傳廣參加這次奧運能否勝利，我們都應該為楊傳廣歡呼？因楊傳廣而更增加民族自尊心與民族自信心呢？就因為無論楊傳廣這次勝利與否，楊傳廣過去所創九千多分的十項全能成績，都一直是人類世界今日以往的奇跡，這奇跡是壓倒中外古今的一切紀錄的，對中華民族來說，這比之中共試爆核彈實更有重大意義。所以，無論這次比賽結果如何？楊傳廣以往所創的那九千多分的世界紀錄，都是無可否認的光輝事實。如果楊傳廣不能在這一次奧運獲得金牌，那並不表明楊傳廣業已退化，也決不表明別的人比楊傳廣的十項運動更好，而只表明一種國際陰謀一種種族偏見在對付中華民族，故意臨時使用新計分法以降落楊傳廣得分數字，以打擊楊傳廣競賽情緒和其精神的，所以，如果楊傳廣這次失敗，決不是楊傳廣個人失敗，而是國際間種族歧見的少數狂徒的陰謀得逞，楊傳廣如果失敗，決不是楊傳廣有負於國家民族，而是國家民族有負楊傳廣，而是國家民族未能保障楊傳廣應有的表現。因為本屆奧運原是不應該臨時宣佈取銷原有計分法，原是不應該臨時宣佈採用那一針對楊傳廣而設計的新計分法，以對楊傳廣不利的。現在舉世皆知，依照原有計分法，楊傳廣可得九千多分，而其它任何選手只能獲得八千多一點點的分數，換言之，如果依照一慣使用和全世界早已普通採用的計分法，楊傳廣可以比其它任何國家的選手多得一千分，而穩穩當當的以一千分的多數壓倒餘子而大獲全勝而遙遙領先而獨佔鰲頭，但奧林匹克運動會中的某某小丑和和某些具有種族偏見而又妒恨偉大中華民族的少數人竟暗中使用陰謀，事先並不通告全世界，卻臨時宣佈改用新計分法，以使楊傳廣的九千多分的十項全能運動的優異成績，因新計分法而損失一千分，從而把楊傳廣的優異成績降落下來以便那些原本成績平凡的選手能與楊傳廣的成績相若，這顯然是體育運動上的一種不公正，這顯然是少數國際狂徒對中華民國所使用的陰謀的一部份。因此大家應該認定楊傳廣這次如果因使用新計分法而失敗，那並不是楊傳廣的真失敗，而只是正義與公正在本屆奧運會的失敗，同樣，如果楊傳廣在本屆奧運縱然奪得金牌，其分數也只是楊傳廣被陷害後的較低紀錄，而不是楊傳廣原本應有的最高紀錄。所以大家應該對楊傳廣以往所表現的奇跡有信心，無論楊傳廣在被陷害的情況下於本屆奧運的表現如何，凡屬中華民族的子孫，都應該一方面警惕，一方面譴責本屆奧運會中的少數陰謀者，另一方面，則是大家決不要因本屆奧運會中那些對楊傳廣的陷害，而失去大家對楊傳廣和對楊傳廣的表現失去信心，換言之，無論楊傳廣在本屆奧運如何被陷害，大家仍應堅決承認楊傳廣本身的真正奇蹟，而決不承認本屆奧運對楊傳廣所加陷害所形成的較低紀錄。從整個人類社會來講：體育運動確實是值得提倡的，體育道德也確實是值得注意的，但現有的奧林匹克大會卻仍然由於被操縱在少數人手裏而未符理想，所以，大家應該進一步改革和健全奧運會，使它真正成為全世界的一個最莊嚴最健全的組織，從而達致一種公正的競賽的目的。

本來，說到改革，那末，使用一些新的計分法，並不是絕不可以的事，只要合乎改革的要求，一步一步的採用新的更好的計分法，不但可以，而且也絕對應該，但要採用新計分法，第一是必須該新計分法一定更比舊計分法來得更合理；第二，是使用新計分法的程序必須合法而公正；第三，是採用新計分法的動機必須純正，且在事前必須通過各方的共同研究，共同認可。但本屆奧運對十項全能運動採用新計分法，則是臨時突然宣佈的，事前並未經過各方的了解和研究，而且其動機非常卑鄙，竟然是針對楊傳廣，企圖打擊楊傳廣，更何況新計分法並不比舊計分法合理，所以，我們必須揭發本屆奧運會的這種荒謬行為，鳴鼓而攻之了。所最不幸的，是我民族健兒楊傳廣終於被打擊而慘遭失敗。

我對聯合評論停刊的感想

劍生

聯合評論出過本期之後，就停刊了。這是聯合評論社務會議早在本年七月份的一次會議中就決定了的。也曾在本年九月十八日就登啟事預告過。所以，香港和海外曾有許多朋友和讀者來函詢問究竟，並致愛護與可惜之意，殊屬可感！現在我來談談我個人對聯合評論停刊的感想。

從好的方面說：聯合評論的停刊，也確實似乎是可惜的。因為，像聯合評論這樣一個始終拒絕外援，最初由本社同仁共同湊集的每月全部經費不過港幣二千一百元，隨後減少到每月全部經費港幣一千七百元，最後減少到每月全部經費只有港幣八百一十元的刊物，而能在本港每期穩定的銷一千多份，美洲航空版穩定的比香港銷得更多，且其銷路，遍及中美、南美、歐洲、非洲、澳洲以及亞洲各地，不能說不是一種難能可貴。

何況，作為一種評論性的刊物來說，銷路之多寡還在其次，主要的還在它的言論的影響力。而聯合評論自民國四十七年八月十五日出刊以來，香港八家中共報紙先後指名引述或評論聯合評論的文章總數不下數百篇，尤以中共在香港控制的大公報及新晚報晶報正午報等為數最夥；而北平出版的中共中央機關報——人民日報亦一再公開指名引述或評論我們的言論，中共對其高級共幹所發的秘密文件中亦經常抨擊和反對我們的言論，這都可見聯合評論反共言論的影響力是如何眞正的深入了敵人的核心。

另一方面，國民黨當權派在香港辦的香港時報以及香港的工商日報眞報等亦以數不清的次數引述和評論我們的文章，此外，又還有香港天文台雙日刊香港的新聞天地週刊台北的聯合報日報台北的徵信新聞日報台北的政治評論台北已停刊的公論報日報台北已停刊的民主中國半月刊台北仍出版的民主潮半月刊台北已停刊的自由中國週刊以及台北國民黨中央機關報——中央日報的一再引述、轉載或評論我們的民主言論，這也可見聯合評論民主言論的影響力又如何的深入了中國的人心。

再一方面，經常評介、呼應或轉載我們的民主反共言論的還有在歐洲出版的時事文摘和文摘月報，在東京出版的東方巨流，在紐約出版的聯合日報以及在舊金山出版的世界日報等。這也可見聯合評論的民主反共言論所引起的共鳴是如何的廣濶深遠。

至於說到我個人與聯合評論的關係，不但始終參與社務及編務，而且先後用各種筆名總共寫了大概二百萬字左右的文章，說到停刊，情感上自然更是不盡依依。

然而，我卻極端贊成聯合評論停刊，主要理由：就在從好的方面看，誠然有着上述許多好處，但嚴格說來，這些所謂好，實亦好得有限。如果超越出來看，便會立即發覺當前中國局勢對海外民主反共人士的需要卻極端殷切，而不止是聯合評論之表現便可滿足，換言之，海外民主反共人士是還需作更大的努力才行呢。而聯合評論所能表現的似已接近了極限，所以，我就覺得現在應該揚棄舊的，再創新的，讓大家能把精力與時間從舊的當中解放出來，從新部署，以便對國家民族作出更大的貢獻。惟其如此，所以就我個人來說，雖對聯合評論在情感上有些不盡依依，但理智的考慮還是贊成停刊；也惟其如此，十月十四日香港正午報發出微笑，以「第三方面的幻滅為題，說「九月十八日出版的聯合評論刊出一則重要啓事，聲明該刊將於本年十月底前停刊，這是碩果僅存的第三方面的旗幟最後撤除的訊號」。把聯合評論名為「第三方面」原本不當，中共以為海外民主反共人士從此撤除了民主反共訊號，也未免估計錯誤，也未免笑得太早了。據我觀察，海外民主反共人士是永遠不會撤除民主反共大旗的，而且必將與中共周旋到底，直到推翻中共，建立民主，才會終止。所以，聯合評論停刊，並不眞正可惜，它也決不象徵民主反共勢力幻滅，更不表明民主反共勢力撤退，而乃民主反共勢力一種作法，準備予敵人以更大打擊的一種必要步驟。

以上是我個人的感想，也是我個人的想法和看法，並不代表大家，但似應報告愛好和關心聯合評論的談話朋友和讀者。此外，我個人最後在本文結束時，僅借聯合評論停刊一期的出版機會敬作有關我個人的一個聲明，這聲明是與聯合評論停刊無任何直接關係或間接關係的。我個人的聲明便是我與台北民社黨斷絕關係，希望所有親友今後勿再視我為台北民社黨人之中一分子，實為至感！

讀樊著中國近代史

孫寶剛

樊仲容先生有名的國際問題專家。幾十年來我一直喜讀樊先生的關於國際時事的論文，來港以後，時相往來，更知樊先生對於中國史，尤以中國近代史，亦極有研究，我常聽樊先生有關歷史的高論，受益不淺。最近他以其新著中國近代史一書惠贈，全書不及二百頁，所以化了兩個半天便看完了。

像我這樣年紀的人，雖然對中國現代史，沒有多大研究，因為耳聽目睹，以及許多事，都是親身經過的，所以對於中國現代史，總有多少認識。而況也讀過幾本中國現代史。我覺得樊先生的中國現代史，自有其特點，確有價值一讀，第一樊先生認定中國近百餘年來，年年受着外力的影響，若習中國近代史，而不明白那時的外國背境，常常不能眞正地瞭解本國史。所以樊先生在敘述本國史時，總歷舉外國在那時的情形，這是非常合理的。

第二，樊先生在敘述歷實的同時，常常表達因果的關係，所以讀了以後，不但知道了歷史，也明白了成敗興衰的原因。

第三，本書篇幅不多，且行文流暢，對研究史學的人，果可一讀，即對不是研究史學的人，作為中國現代史的常識書讀，也是很適合的。就以我來說，僅花兩個半日，已把全書讀了一遍，使對百幾十年的中國有了一個梗概。

毛澤東何以慷慨軍援高棉

青島

據泛亞社十月九日電訊說：「訪問中國大陸後，於十月八日中午返抵金邊之東埔寨（高棉）元首施哈諾親王，對全國人民提出報告。消息稱：中共將派員援助，東埔寨將獲援助。施哈諾說：東埔寨要求中共在軍事方面給予援助，而在外交方面，我們要求明白，如果我們不知道中共將給東埔寨什麼，如果我們不將要事公開，它們將收買東埔寨人從事間諜工作，進行叛國活動。為了杜絕這一害處，所以我要在這裏告訴大家：中共要幫助我們武裝我們的民兵二萬和警察二師，中共要給我們的武器：步槍二萬二千支，手槍一千五百支，機關槍一千四百挺，手提機槍一萬四千挺，重機槍一百挺，總共步槍十萬七千挺，五十七厘米火箭炮二十門，八十二厘米迫擊炮二百門，直徑六十厘米迫擊炮一百門，七十五厘米無後座力炮六門，十二厘直徑擊炮一百門，手提機槍子彈二百二十萬發，步槍子彈二千萬發，手槍子彈九十萬發，機槍子彈一百六十萬發。如果我們打死一個敵人，至少可以打死十個敵人，我們的兵力九萬，只以我們的五十萬發子彈也可以打死敵人。火箭炮彈千發，迫擊炮彈八千發，其餘的兩種炮彈各二千發，無後座炮彈四萬發。中共總共還贈給我們六千發炮彈，中共還贈給機械修理所一個。我們也得到中共的援助，就以地方來說，很多國家向我們援助，我們無論如何不和越南、寮國、泰國作戰，也要求越南和泰國停止侵略。我們要求中共以國際保護我們，護照領土，根據協議由東埔寨自己處置，其他武器也可以以條件給東埔寨。」

這些武器，一點也不過問，中共將於空軍方面，周恩來表示希望東埔寨與法國和蘇聯去援助空軍，因為這些國家都在飛機工業方面比中共先進，中共方面正在試造米格十九型，甘一型也可以給東埔寨提供援助，如果成功，米格十九型是給東埔寨的，蘇聯目前比十七型要差，我相信多給東埔寨所以在這方面援助我們。

這些所說看施哈諾滿意得意的樣子，中共對東埔寨真是好笑，何嘗慷慨給予軍火，不過只有什麼好心，玩弄東埔寨是毛澤東進一步施哈諾的真正目的，對中共而言，也不過是一個小小的國家而已，施哈諾依存中共，從而向外進一步討好中共，洋洋得意，而不自悟，好比是打死敵人的數字，所計算的可以知識，而更是唐人所說的軍事出師的遠征卻更見荒唐。

和英、美等國特別值得亞州各國注意的，是東埔寨對東南亞國家的軍援，中共倒還是所蘊藏的陰謀，毛澤東以為這顯然是加強與東埔寨的關係，欲向越南、寮、泰國等國中共陰謀，不但張開了中共矛盾而已，南越得利美國，寮國與東南亞從而自盜，施之不自覺，而且以東埔寨的反共在鳴得意，而前途，這種人民領導及其錯誤，淺薄就可慘了。

大陸簡訊

青島

中共在華西舉行核子試爆

北平電：據中共新華社十月十六日北平十五時（北平時間）中國在西部地區爆炸了一顆原子彈，成功的實行了第一次核試驗。中國核試驗的成功，是中國人民加強國防，保衛祖國的重大成就，也是中國人民對於保衛世界和平事業的重大貢獻。中國工作人員、科學技術人員、工程技術人員和從事試驗的人員，以及全國各地區、各部門，在黨的領導下，發揚自力更生，奮發圖強，協同一致，取得了這次的成功。中共中央和國務院向他們致以熱烈的祝賀。

以上是中共新華社發佈這一消息的全文和原文之前，尚有「新聞公報」四個字，但新華社並未說清楚所謂「新聞公報」，究竟是中共政權即所謂「中華人民共和國政府」的新聞公報呢？還是新華社自己的新聞公報呢？依理，這新聞公報應無所屬於新華社自己，但中共公報是自己中央高級手擬稿件交新華社，新華社為求迅速發出，故也不敢增減。中共這一個無頭公報，出自中共中央，暫時擱置開中共核試驗這一意義的公報及其實質的影響，都是以這一新聞公報的措施所表達的，就是說，中共對新科學家極為荒謬，極端輕視，因為中共稱核子科學為科學家的技術，人員都是工人，都在發一定的居次要地位，所謂科學家，就不重要，依照中共公報把工人及工程技術人員列為首功，只將「科學工作者」列在末位，這是中共諸人首腦的人物，以科學家為不見重，並不尊重科學家，而且卻不利用科學家。

中共埋怨蘇報只刊登次要地位

中共於十月十六日下午三時在華西舉行了低級的，而又是首次的核子試爆後，為了增加中共的聲勢，各級共黨報刊都大吹大擂自己的核子試爆，如何聲勢中共自己的大吹大擂是中共各級共黨報刊都如何……

何世界的報紙，都以重要地位刊登了中共核子試爆的消息，但蘇聯的報紙，卻只以不重要的地位加以刊登，蘇聯和東歐各國有的報紙不但不肯把這消息刊在首要地位，而且把它登在次要的位置，被視為一個小新聞。中共的核子試爆消息，出於十月十七日在莫斯科「真理報」第四版的一個角落，這樣蘇聯報紙引述的，只有中共新華社的公報，並沒有評論。真理報的評論，把其他各國和中共的消息刊在第一版，而以炸彈說它的消息。十月十八日香港「大公報」說：中共的消息，在莫斯科所出版的報紙，都被刊在不重要的位置。為這些中共所說的，蘇聯報紙不但這樣，而且把中共核試爆的消息和中共的立場不一樣，中共看了並不理會。毛澤東看起來蘇聯報紙如此，也在心中是惡毒的，蘇聯看到毛澤東的反抗，直過自奴才的喊叫的總是，蘇聯當局赫魯曉夫倒台後，老毛仍然一個總是由蘇聯所以說一下赫魯曉夫的奴才，也就是蘇聯當局的奴才倒台，毛澤東就罵了「赫魯曉夫」，而毛澤東更難堪了。

選舉蘇共第一書記的時候，老毛就不滿意，但列寧「真理報」卻全是漢文的，中共毛澤東就罵為「蘇共的列寧」，但赫魯曉夫去職，卻仍不賀電，蘇聯都罵「勃列日涅夫」及柯西金。

毛澤東接見東方紅的全體演員

西金就職，多多而且甚至有電文賀電，寫拍報蘇聯共產黨的祝賀，同時新華社發表毛澤東、劉少奇、周恩來、朱德、鄧小平、董必武、彭真等，接見了全國人民的文藝大會演員，並且在北平人民大會堂接見他們，歡呼毛主席萬歲。

出席的有中共幹部全國各地的演員，群眾的是人民日報上的大歌舞「東方紅」。這出歌劇以中共黨史為主題的，寫了毛澤東的「太陽升起」，以及中國各地區的盛大「東方紅」演出，來歡迎北平的毛澤東在北平的出席。毛澤東等人的出席，接見了全體演員，並和他們一同照相，祝賀他們的演出成功。這是一個「大型的歌舞史詩」，最近由中共共產黨主導的，接見演員的人，全體演員熱烈歡呼「毛主席萬歲」，「萬歲萬萬歲」。這消息以上是香港大公報十月十八日的第一版新聞。

僑鄉近訊

鍾之奇

中共搜括大批物資在廣州拍賣

中共政權一直把人民血汗，每年定期在廣州出賣。舉行商品交易會，人民搜括的物資，以維持外匯，為了換取外匯，中共每年春季及秋季舉行「中國出口商品交易會」，作為一種重要手段，便成了中共延續統治生命的主要場所。

據中共的報紙所宜傳，今年秋季廣州中國出口商品交易會已定期於十月十五日開幕。這一次的交易會在商品方面，據中共新華社報導說：本屆交易會商品種類繁多，有天津鴨梨、山東花生、廣東乾果品、廣州糖、香港腸、「烏龍茶」、新製的肉類、火腿、包頭等物品，今年增加了不少新的品種，還有毛紡織品、蔴紡織品、絲綢、棉花等產品的交易。中共為了廣闊增加對外貿易，都是向華僑出口，各種商品的數字全是虛構的。

多年來，中共都把大陸人民的產品搜括，把各種新產品拿去賣，作出口，商品之多，在人民生活上，人民的衣服、鞋襪、日用品，都不能飽暖，中共就把這些產品用以換取外匯，共產黨所以能夠維持政權，是靠人民的血汗，換取外匯的。

第一個原因是中共的物資不足，以致大陸人民，因為年年飢荒，生活困苦，中共只有搜括人民的食物，以換取外匯，而人民卻大部份在飢餓中生活。中共之所以要拍賣，是為了應付對外的外匯危機，並且為了政權的生存。

僑鄉子弟因營養不良普遍患眼病

由於中共政權對僑鄉人民的殘酷剝削，使僑鄉人民生活極度困苦，僑鄉兒童都患上營養不良症，尤其是眼病，這是中共政權所造成的結果。據中共報紙報導，僑鄉兒童普遍患眼病，因為營養不良，兒童患眼病的人數增加，這些眼病是由缺乏營養引起的，中共的衛生部門卻說是不講衛生所致。中共為了掩飾，乃通令各地學校，建立所謂保護眼睛的制度，加強學生的眼睛保健，把學校的學生每天定時作眼保健操。

這是中共政權所製造的結果，但中共不但不肯承認，反而將責任推給學校與家長，要學校負責，學校長在校，要教師負責保護兒童的眼睛。

海南島華僑農場集體反抗中共

正因為中共政權無情剝削華僑，所以廣東各地的華僑對中共的仇恨越來越深。最近在海南島的華僑農場，發生了華僑集體反抗中共的事件。

據香港報紙報導，中共在海南島設有華僑農場，把歸國華僑及僑眷送往農場勞動，最近這些農場的歸僑，因為不堪中共的壓迫，集體反抗中共，中共派軍隊前往鎮壓，拘捕了百餘人。最近逃抵香港的歸僑中，有二十二名是由廣州的，他們帶來了海南島華僑農場的消息，其餘百餘人仍在中共的監獄中。這又是中共欠華僑的一筆血債。

倔强而狡獪的蘇加諾

莊洪

印尼總統蘇加諾日前在一次接見美國「新聞週刊」記者時，在他的談話中，充份地顯露出他狡獪而倔強。

蘇加諾說：我並不是共產黨的工具。印尼境內各政黨即使對我有歧見，但就大體情形看來，他們却是同意我的政策的。我的政策就「實行指導民主政制」。——就從他這幾句談話中，便可以充份地窺察出他的性格。

蘇加諾對其國內的粮荒問題，通貨膨脹問題，也都狡獪地否認，並倔強地表示他個人的意見。他說：印尼境內沒有人捱饑抵餓，何嘗是粮食鬧荒？至於通貨膨脹，目前還未達到惡化的程度，又何足懼畏？——顯然，這是蘇加諾一方面企圖隻手遮天，一方面則自欺欺人。

這個野心勃勃的傢伙又說：我决不是一個獨裁者；我的施政手法，祇不過是一種領導者執行實施「指導民主政制」吧了。他舉個例子來解釋：正如一個大家庭，做父親的當然要統一領導一切家務，其中大兒子有時會反對某一事，而第二兒子却贊成，第三兒子想這樣幹，而第四兒却又會認爲要那樣做去，因此，身爲父親的，便要肩負起裁決的責任，一經决定，便依照執行。他又說：「我是來自人民的，我就是印尼」。——他的口氣這麼大，他的腦袋是充塞着「朕即國家」的思想。同時，他祇知道他宛如一個大家庭的父親，而忘掉了大家庭的父親地位是純由血統所造成，沒有父親便不會有兒子，但是總統却决不是這樣，總統是由人民選出，沒有人民便沒有總統，總統是人民的公僕，他必須遵從民意，若有甚麼問題引起爭論，則負責裁决的是代表民意的國會，而不是總統；如果身爲總統而悍然獨斷獨行，便是獨裁！蘇加諾以做父親的姿態來統治印尼，其思想的糊塗，眞使人詫異。至於他所說的「我就是印尼」，那就更成爲一個專制君主的「專橫人物」了！

美國當局曾經表示過，由於印尼已露了左傾的迹象，應予停止援助。關於這一點，蘇加諾倔強說：「我們還是富庶的，並不需要援助。但是，他又狡獪地表示：如果是沒有條件的援助，我們却歡迎。印尼的資源，目前正需要友好人士來協助開發。

至於印尼共黨是否已加强活動企圖控制政權，和印尼政府是否已受到共黨的威脅等問題，蘇加諾直截了當的說：絕非事實。其實，目前他正是給共黨利用着，幹出了反對馬來西亞的行動。

可是，蘇加諾還倔強地堅持着他的反對馬來西亞的理由。他說：「沙撈越，婆羅乃，沙巴，這三個地方是曾經要求印尼協助他們爲爭取自由而鬥爭的，印尼經常都會協助那些爲爭取自由而鬥爭的人民，因此，我們如果派遣志願軍去上述地方，並不是第一次行動」。蘇加諾又說：「今年七月，我曾答允來一次對北婆羅洲民意的澈底調查，如果北婆羅洲的民動都贊成成立馬來西亞，那末我也會承認馬來西亞。北婆羅洲原是面積龐大的地方，然而聯合國派去的外交家僅費九天時間便完成了那項調查民意的工作。而且被調查的人，很可能站在四週都是武裝部隊的環境中，那就更無眞正民意可言了。因此，我就祇有堅決地反對馬來西亞的成立」。——蘇加諾這番話，從表面上看來，似乎是說得振振有詞，但他却忘記了干預別人的內政是完全不合公理的行爲。他還以爲「派遣志願軍到沙撈越等地區去並不是第一次行動」，便可以「隨意所之」，我行我素。這種强詞奪理的詭辯，更反映出他的狡獪，同時也顯露出其自驕自傲，給狹隘的英雄主義冲昏了腦袋。

蘇加諾還大言不慚地誇張着：「我認爲再過二十年，印尼便可以成爲世界上最富庶的國家。我們的八年計劃，一定可以順利完成。待完成了八年計劃之後，便可以達到國家富裕的目的」。他又補充着說：「我認爲精神與智慧的建設，跟經濟建設是同等重要」。誰都會領畧得到，蘇加諾這些談話，祇是聊以自慰的囈語吧了。

狂妄狹隘，倔强，能經得起事實的考驗嗎？休矣！蘇加諾！

東南亞對中共核試的影響

中共爆炸核彈對亞洲軍事均勢不會改變，美國和英國均作上述同樣的看法。在中共爆炸核彈之前，美國務卿魯斯克經事先指出，（足見美國對中共進行核試的窺測注意及準確，）並謂此種初步試爆，須若干年方能造成有效武器，又須發展載運核彈之飛機。共和黨候選人高華德，更謂中共上項發展，需時爲廿五年。

剛剛登台的英國工黨，正式聲明中共核爆並不影響亞洲軍事局勢，接着伸明英國防衞東南亞及北婆羅洲。這說明了核子俱樂部的會員，包括告訴日本社會黨謂中共將爆核試「不足爲奇」的赫魯曉夫，不把中共核試認爲如何嚴重。

但在沒有可能擁有核彈的東南亞，看法却有不同。泰國認爲中共核試，適値赫魯曉夫下台，若中共與蘇分裂獲得彌縫，泰國勢將面臨更險惡局面。印度、日本，均認爲中共不卹輿情，深恐中共怙惡不悛，引起亞洲情勢緊張。這都是基於中共的侵畧性而認定的。

直接受到中共策動顛覆的南越當局，對此尙無正式評論。但總理阮慶日來正強調「北進」，謂越戰不能以現在的方式取勝。「必須進攻北越，轟炸河內，及中共邊境」。同時，阮氏正考慮向東南亞公約要求，由泰菲等亞洲國家，派兵參加越戰。東南亞國家，可能有在中共未製成核武器前，與中共攤牌的想法。（賢）

「聯大」席位危如壘卵　政府當局猶在自欺

前溪

（台北通訊）：我國不僅是聯合國的創始國之一，而且位列該會安全理事會常任理事，擁有否決權。照常理而論，祇有我國「否決」別人，決無遭到別人驅逐出會之理。但不幸得很，自從政府播遷台灣以來，中共盤據大陸而後，在這十五年的當中，幾乎每年在「聯大」開會期中，都有所謂「中國代表權」問題的爭執，雖然至今仍得保席位於不墜，但並非是我國執政的國民黨有何德何能以博得大多數國家的支持，因而使我國席位不墜，而是我們的盟友——美國另有它的一套想法？所以每到所謂「中國代表權」發生爭論時，美國無一次不出盡八寶對與會國家或「說服」，或「威脅」，或「利誘」來替我國凑足這幾十票的多數票！使我國在「聯大」的席位從驚濤駭浪中又得平安的渡過一年，因而使國民黨當局對美國的依賴心理與年俱增。

有人認爲美國其所以對中國代表權問題每年不惜使出九牛二虎之力，無非是爲了共同反共，無非是對台灣有道義上的義務，所以不惜花錢出力，也要將中華民國代表權年復一年的保持下去，以阻止中共的踏入。

又有人認爲，美國之阻止中共進入聯合國，並非是有所厚愛於中華民國，而是憑藉中國代表權問題作爲一顆棋子以與中共討價還價，所以近十幾年來，美國歷屆政府的外交政策，都是如何的使中共對美態度友善，換句話說，就是祇要中共放棄其一貫反美之嬉笑怒罵，則美與中共一切都有得商量，所謂「康隆報告」之公開於世。所謂「一中一台」的主張，隨時都可在美國政府官員及國會議員口中聽到。

吾人對此雖不願對美國加以厚誣，但鑒於美國在聯合國中，將中國代表權問題只是一年復一年的作暫時性打算，而不肯作出一個一勞永逸之計，何以說呢？在一九五一年中共發動朝鮮侵畧戰爭，曾與以美國爲主力的聯合國軍隊血戰了幾年，當時聯合國曾經有個一致的決議，認中共政權爲侵畧者。後來雖然艾森豪威爾總統上台，中止了朝鮮的戰爭，但至今美國軍隊尙在南北韓三八綫上，與中共卵翼下的北韓軍隊針峯相對，而且隨時都還有流血事件發生。因此，美國若能以中共爲侵畧者的鐵的事實，憑藉美國在聯合國的影響力，一次就可將中共加入聯合國的問題擱置不提。也即是說，在聯合國未正式宣佈取消中共「侵畧者」的罪名以前，聯合國根本無所謂「中國代表權問題」之討論。今美國計不及此，致使每年一度的聯合國大會期中，使共黨集團及其追隨者又爲了所謂之中國代表權問題，一次又一次的無理取鬧，因而使一般堅決反共國家對美國發生誤解，吾人對此，也不能不表示遺憾。

以上所論例，實爲過去在聯合國中，所謂「中國代表權」的實質問題。所奇怪的是我們現在播遷在台灣的國民黨政府當局，雖然在大陸淪陷後不免有一些自卑感，但我們在聯合國中還佔有安全理事會的席位，爲何不在被別人趕走或被人出賣以前在聯合國大會中要求伸張正義，根本不許有所謂「中國代表權」問題之討論。萬一無人主持公道，我國即應毫不遲疑的宣言退出，也不致年年被人奚落，甚致一味的依賴別人以圖苟安。這不能不說是我們的政府當局無能和無恥。

自從法國突然承認中共政權以來，有識之士即在擔心本年度我國在聯合國的席位問題。當時我們的政府當局確也曾有一度的些微緊張。但後來看到非洲諸小國一時尙未因法國之承認中而轉向。美國的民主，共和兩黨又把阻止中共進入聯合國列入了它們的競選政綱。因此，我們依賴成性的政府當局，又以爲我國本年在「聯大」的席位可保無虞了。誰知近月以來，世局的變化一天對我不利一天！先則有非洲的幾個新獨立小國，宣佈與我國斷絕邦交，轉而投向中共。繼則有所謂四十七個「不結盟國家」在開羅舉行所謂之不結盟會議。該會議在閉幕的聯合聲明中，居然有一項是支持中共政權進入聯合國。以上這兩項轉變，確大大的影響到本年在聯合國大會中，美國失去不少爲我拉票的不少對象。

兼之，接踵而來的法國戴高樂總統的訪問南美十國。由於戴高樂主張應以國際公法來約束中共的「卓見」，據說，此番在戴氏訪問南美期中，博得有些南美國家的贊同。因此，將來在「聯大」投票時，南美國家也不會完全與美走同一道路的了。

英國於本月十五日大選，工黨獲勝，繼保守黨而主持英國大政。誰也知道，工黨對中共政策比之保守黨更和緩。工黨政府是一貫主張中共加入聯合國的。今既掌握大權，當然是不會自食前言的。由於英國工黨政府的政策是如此，難免不影響一部份英聯邦的轉向，這是無可諱言的。如此一來，更削弱了本年在聯合國中支持我國的票數。

不幸的消息還不只此也！前兩天中共突然在大陸西部爆炸起原子彈來！與此同時，俄國的獨裁者赫魯曉夫又突然被其黨徒被迫下台！以上這兩項爲世人所不料的消息幾乎同時發生，而此兩項的突變，說起來，都是中共政權在國際上增加了不少份量。由於這兩件事助長了中共的侵畧氣燄。別的不談，近日看見處在大陸邊沿的一些港澳反共報紙，在其「社論」中，或「新聞說明」中，都在說：「由於中共的核爆以及老赫的垮台，都是對中共政權非常有利的。因此，在本年聯合國大會中，對中國席位問題，在一百零幾個國家中，恐怕它們要重新考慮了」。

本來世人只有在錦上添花者多，而雪中送炭者少，何況當今之世，更是爲「力」是視的世界，所以當今在世界上執牛耳的美國，都一再強調其實力政策，也非偶然的了。

所嘆者，是我們的政府當局，至今還在夢中，外交當局還在說：「雖然近來有諸多消息不利於我，但我國在聯合國的席位，還可得以保持」。

在吾人看來，我國在「聯大」的席位，已經是危如壘卵，（除非是中共政權自己不願進去）。否則，我國可能在不知不覺中被人趕了出來！這並不是筆者危言聳聽！因鑒於我國當局之瘋痺和自欺與乎依賴性的特別強！他們只知一味依賴美國！要知，到了某種階段，恐怕美國已愛莫能助了！

國家圖書館出版品預行編目

聯合評論 / 陳正茂編. --臺北市 : 秀威資訊科技,民 98.07
冊 ; 公分

ISBN 978-986-221-265-3(全套 : 精裝)

1.臺灣政治 2.言論集

573.07 98012131

聯合評論 合訂本

策　　劃 / 蔡登山
編　　者 / 陳正茂

數位重製‧印刷 / 秀威資訊科技股份有限公司
http://www.showwe.com.tw
114 台北市內湖區瑞光路 76 巷 65 號 1 樓
電話：+886-2-2796-3638
傳真：+886-2-2796-1377
劃撥帳號 / 19563868 戶名：秀威資訊科技股份有限公司
讀者服務信箱：service@showwe.com.tw
網路訂購 / 秀威網路書店：https://store.showwe.tw
網路訂購：order@showwe.com.tw

98 年 7 月
精裝印製工本費：10000 元

Printed in Taiwan